DICIONÁRIO
LATINO-
PORTUGUÊS

GARNIER
DESDE 1844

Fundador: **Baptiste-Louis Garnier**

Copyright da tradução e desta edição © Ernesto Faria

Textos originais de domínio público. Reservados todos os direitos desta tradução e produção.

Direitos reservados e protegidos pela lei 9.610 de 19.2.1998.
Nenhuma parte deste livro pode ser reproduzida, arquivada em sistema de busca ou transmitida por qualquer meio, seja ele eletrônico, xérox, gravação ou outros, sem prévia autorização do detentor dos direitos, e não pode circular encadernada ou encapada de maneira distinta daquela em que foi publicada, ou sem que as mesmas condições sejam impostas aos compradores subsequentes.
4ª Impressão 2022

Presidente: Paulo Roberto Houch
MTB 0083982/SP

Coordenação Editorial: Priscilla Sipans
Coordenação de Arte: Rubens Martim (capa)
Foto capa: Shutterstock
Produção editorial: Eliana Nogueira
Arte gráfica: Bernardo C. Mendes

Vendas: Tel.: (11) 3393-7727 (comercial2@editoraonline.com.br)

Impresso no Brasil.
Foi feito o depósito legal.

Dados Internacionais de Catalogação na Publicação (CIP) de acordo com ISBD

Faria, Ernesto

Dicionário latino-português / Ernesto Faria. - 2. ed.- Belo Horizonte - MG : Garnier, 2020.
1378 p. ; 16cm x 23cm.

Inclui índice.
ISBN: 978-65-86588-21-7

1. Dicionário. 2. Latim. 3. Português. I. Título.

2020-1182

CDD 475.03
CDU (038)=124=134.3

Índice para catálogo sistemático:
1. Dicionário : Latim : Português 475.03
2. Dicionário : Latim : Português (038)=124=134.3

Direitos reservados à
IBC — Instituto Brasileiro de Cultura LTDA
CNPJ 04.207.648/0001-94
Avenida Juruá, 762 — Alphaville Industrial
CEP. 06455-010 — Barueri/SP
www.editoraonline.com.br

ERNESTO FARIA

DICIONÁRIO
LATINO-
PORTUGUÊS

Edição fac-similar

GARNIER
DESDE 1844

PRINCIPAIS ABREVIATURAS USUAIS

ABL. = ablativo
ABS. = absoluto, ou em absoluto
ABS.t = absolutamente
ACUS. = acusativo
ADJ. = adjetivo
ADV. = advérbio
CF. = confere, compare
COMP. = comparativo
CONJ. = conjunção
DAT. = dativo
DEM. = demonstrativo
DEP. = depoente
DIM. = diminutivo
DISTRIB. = distributivo
F. = feminino
FREQ. = freqüentativo
FUT. = futuro
GEN. = genitivo
IMPF. = imperfeito
IMPESS. = impessoal
INDECL. = indeclinável
INF. = infinitivo
INTERJ. = interjeição
INTERR. = interrogação, interrogativo
INTR. = intransitivo
LOC. = locativo

M. = masculino
N. = neutro
NOM. = nominativo
NUM. = numeral
ORD. = ordinal
PART. = particípio
PERF. = perfeito
PASS. = passado ou passivo
PES. = pessoa
PL. = plural
PREP. = preposição
PRES. = presente
PR. = próprio
PRON. = pronome
PREV. = prevérbio
REFLEX. = reflexivo
SG. = singular
SENT. = sentido
SINC. = sincopado
SUBS. = substantivo
SUBJ. = subjuntivo
SUPERL. = superlativo
TR. = transitivo
V. = verbo
V. = veja
VOC. = vocativo.

ABREVIATURAS DOS NOMES DE AUTORES E OBRAS MAIS CITADOS

A. GEL. = Aulo Gélio
APUL. = Apuleio
   APOL. = Apologia
   FL. = Florida
   PLAT. = De Platone
   M. = Metamorfoses
   MUND. = De mundo
CÉS. = César
   B. CIV. = Bellum Civile
   B. GAL. = Bellum Gallicum
CAT. = Catão
   AGR. = De Agricultura
CATUL. = Catulo
CELS. = Celso
CÍC. = Cícero
   AC. = Acadêmica
   AGR. = De lege agraria
   AMER. = Pro Róscio Amerino
   ARAT. = Aratus
   ARCH. = Pro Archia
   AT. = Epistulae ad Atticum
   BALB. = Pro Balbo
   BR. = Brutus
   CAECIL. = In Caecilium
   CAEC. = Pro Caecina
   CAEL. = Pro Caelio
   CAT. = Catilinárias
   C.M. = Cato Maior
   CLU. = Pro Cluentio
   COM. = Pro Roscio Comoedo
   DEJ. = Pro Dejotaro
   DIV. = De Divinatione
   DOM. = De Domo sua
   FAM. = Cartas Familiares
   FAT. = De Fato
   FIN. = De Finibus
   FLAC. = Pro Flacco
   FONT. = Pro Fonteio
   HAR. = De Haruspicum Responsis
   INV. = De Inventione
   LAE. = Laelius ou De Amicitia
   LEG. = De Legibus
   LIG. = Pro Ligário
   MARC. = Pro Marcello
   MIL. = Pro Milone
   MUR. = Pro Murena
   NAT. = De Natura Deorum
   OF. = De Officiis
   OPT. = De Optimo Genere Oratorum
   OR. = Orator
   DE OR. = De Oratore
   PAR. = Paradoxa

CÍC.
   PART. = Partitiones Oratoriae
   PHIL. = Filípicas
   PIS. = In Pisonem
   PLANC. = Pro Plancio
   POMP. = De Império Gn. Pompei ou Pro Lege Manilia
   PROV. = De Provinciis
   Q. FR. = Cartas ao irmão Quinto
   QUINCT. = Pro Quinctio
   QUIR. = Oratio ad Quirites
   RAB. = Pro Rabirio
   REP. = De República
   SCAUR. = Pro Scauro
   SEN. = Oratio in Senatu
   SEST. = Pro Sestio
   SULL. = Pro Sulla
   TIM. = Timaeus
   TOP. = Topica
   TULL. = Pro Tullio
   TUSC. = Tusculanae
   VAT. = In Vatinium
   VERR. = Verrinas
C. NEP. = Cornélio Nepos
COL. = Columela
ESTAC. = Estácio
   S. = Silvae
   Theb. = Thebais
EUTR. = Eutrópio
FEDR. = Fedro
FLOR. = Floro
GÉL. ou A. GÉL. = Aulo Gélio
HOR. = Horácio
   EP. = Epístolas
   EPO. = Epodos
   O. = Odes
   SAT. = Sátiras
   A. POÉT. = Arte Poética
JUV. = Juvenal
LUC. = Lucano
LUCIL. = Lucílio
LUCR. = Lucrécio
MACR. = Macróbio
   Saturn. = Saturnais
   Somn. = O sono de Cipião
MARC. = Marcial
OV. = Ovídio
   AM. = Amores
   A. AM. = Arte de Amar
   F. = Fastos
   HAL. = Haliêutica

ABREVIATURAS DOS NOMES DE AUTORES E OBRAS MAIS CITADOS

OV.
- HER. = Heróidas
- IB. = Íbis
- MED. = Medicamina Faciei
- MET. = Metamorfoses
- P. = Pônticas
- REM. = Remedia Amoris
- TRIST. = Tristes

PÉRS. = Pérsio

PETR. = Petrônio

PLAUT. = Plauto
- AMPH. = Anfitrião
- AS. = Asinaria
- AUL. = Aululária
- BAC. = Bacchides
- CAPT. = Cativos
- CAS. = Casina
- CIST. = Cistellaria
- CURC. = Curculio
- EP. = Epidicus
- MEN. = Menaechmi
- MERC. = Mercator
- MIL. = Miles Gloriosus
- MOST. = Mostellaria
- PERS. = Persa
- POEN. = Poenulus
- PS. = Pseudolus
- RUD. = Rudens
- ST. = Stichus
- TRIN. = Trinummus
- TRUC. = Truculentus
- VID. = Vidularia

PLIN. = Plínio (o Velho)
- H. NAT. = História Natural

PLIN. = Plínio (o Jovem)
- PAN. = Panegírico de Trajano
- EP. = Epistulae

PROP. = Propércio

Q. CÚRC. = Quinto Cúrcio

SAL. = Salústio
- C. CAT. = Conjuração de Catilina
- B. JUG. = Bellum Jugurthinum
- HIST. = Fragmentos de História

SÊN. = Sêneca
- APOC. = Apocolocyntosis
- BEN. = De Beneficiis
- CLEM. = De Clementia
- PROV. = De Providentia
- CONST. = De Constantia

SÊN.
- MARC. = Ad Marciam
- VIT. = De Vita Beata
- OT. = De Otio
- TRANQ. = De Tranquillitate animi
- BREV. = De Brevitate Vitae
- POLYB. = Ad Polybium
- HELV. = Ad Helviam
- EP. = Epistulae
- NAT. = Naturales Quaestiones
- AG. = Agamemnon
- HERC. F. = Hércules furens
- HERC. OE. = Hércules Oetaeus
- MED. = Medea
- PHAED. = Fedra
- OED. = Édipo
- TH. = Tiestes
- TRO. = Troadas

S. IT. = Sílio Itálico

SUET. = Suetônio

TÁC. = Tácito
- AN. = Anais
- AGR. = Agrícola
- GERM. = Germânia
- HIST. = Histórias
- D. = Diálogo dos Oradores

TER. = Terêncio
- AD. = Adelphoe
- AND. = Andria
- EUN. = Eunuchus
- HEAUT. = Heautontimorumenos
- HEC. = Hecyra
- PHORM. = Phormio

T. LÍV. = Tito Lívio

TIB. = Tibulo

V. FLAC. = Valério Flaco

V. MAX. = Valério Máximo

VARR. = Varrão
- L. ou L. LAT. = De Língua Latina
- MEN. = Menippearum fragmenta
- R. = Res rusticae

VEL. = Veleio Patérculo

VERG. = Vergílio
- BUC. = Bucólicas
- EN. = Eneida
- G. = Geórgicas
- CATAL. = Catalepton
- COP. = Copa
- CUL. = Culex.

A

a — subs. f. (ou n.) indecl. 1) 1ª letra do alfabeto latino (Cíc. Div. 1,23). 2) Abreviações diversas: a) A. = **Aulus**, Aulo (prenome romano); b) A.U.C.= **anno urbis conditae** «do ano da fundação da cidade»; c) a.u.c. = **ab urbe condita** «desde a fundação da cidade» (expressões freqüentes nos historiadores); d) a.d. = **ante diem** (nas datas, particularmente freqüente nas cartas); **aceppi tuas litteras a. d. quintum Terminalia** (Cíc. At. 6, 1, 1) «recebi tua carta no quinto dia antes das **Terminalia**»; e) **a** = **absolvo** (nos boletins dos juízes) «absolvo», donde Cícero denominá-la «a letra da salvação» (Cíc. Mil. 15).

ā, ou **āh** — interj. Veja **ah**.

a, ab, abs — prep. abl. e prev. I — Sent. próprio: 1) Ponto de partida (da vizinhança de um lugar, e não do interior do mesmo), podendo ou não ter idéia de movimento: **a signo Vertumni in Circum Maximum venit** (Cíc. Verr. 1, 154) «veio da estátua de Vertuno ao Circo Máximo». 2) Afastamento, separação: de, longe de: **ab oppido castra movit** (Cés. B. Civ. 3, 80, 7) «levantou acampamento (afastando-se) da cidade». 3) Ainda em sentido local: do lado de: **a decumana porta** (Cés. B. Gal. 6, 37, 1) «do lado da porta decumana». II — Dêsses empregos concretos passou a ser usada em outras acepções dêles derivadas, indicando: 4) Procedência de, da parte de: **legati ab Aeduis et a Treveris veniebant** (Cés. B. Gal. 1, 37, 1) «vinham embaixadores da parte dos éduos e dos tréviros». 5) Descendência: de, descendente de: **a Deucalione ortus** (Cíc. Tusc. 1,21) «descendente de Deucalião». III — Em sent. figurado: 6) Do lado de, do partido de, em favor de: **ab reo dicere** (Cíc. Clu. 93) «falar em favor do réu». 7) A respeito de, quanto a, acêrca de: **tempus mutus a litteris** (Cíc. At. 8, 14, 1) «época silenciosa quanto a cartas». Com verbos passivos, indica o complemento de causa eficiente: **a magistratu Aeduorum accusaretur** (Cés. B. Gal. 1, 19, 1) «seria acusado por um magistrado dos éduos». IV — Sent. temporal: 8) Desde, depois de: **a tuo digressu** (Cíc. At. 1, 5, 4) «depois da tua partida». Obs.: Como prevérbio, **ab** indica afastamento, ausência, e daí privação: **abduco** «levar para longe, afastar»; **amens** «privado da razão, louco». **Ab** é empregada geralmente antes de vogal e de **d, l, n, r, s** e da semivogal **i** (**j**); **abs** antes de **t** (raro); **a** antes das demais consoantes. Entretanto no uso corrente encontram-se exceções que mostram que essas regras não são de caráter absoluto. Em composição **ab** se emprega antes de vogal, de **h** e das consoantes **d, l, n, r, s**; **abs** antes de **c, t**; antes de **p**, **abs** reduz-se a **as**; **a** é a forma reduzida antes das bilabiais **b, m**.

abacŭlus, -ī, subs. m. Abáculo (pequeno cubo de vidro colorido para ornamentar pavimentos) (Plín. H. Nat. 36,199).

abăcus, -ī, subs. m. 1) Qualquer espécie de mesa, ou tabuleiro: ábaco. 2) Tábua de cálculo (Pérs. 1, 131). 3) Mesa ou tabuleiro de jôgo (Suet. Ner. 22). 4) Baú, arca (Cíc. Tusc. 5, 61).

abaliēnātĭō, -ōnis, subs. f. Abalienação (transferência legal), cessão por venda (Cíc. Top. 28).

abaliēnātus, -a, -um, part. pass. de **abaliēno**.

abaliēnō, -ās, -āre, -āvī, -ātum, v. tr. I — Sent. próprio: 1) Fazer passar a outrem, alienar, vender: **ea quae accepisset a maioribus vendidisse atque abalienasse** (Cíc. Verr. 4, 134) «ter vendido e alienado o que tinha recebido dos antepassados». 2) Desviar, privar (Cíc. Fam. 1, 8, 5). II — Sent. figurado: 3) Afastar, indispor (Cíc. De Or. 2, 182).

Abantēus, -a, -um, adj. De Abante, abanteu, abantéia (Ov. Met. 15, 164)).

Abantiădēs, -ae, subs. m. Abantíada, descendente de Abante, filho de Abante, i. é, Acrísio (Ov. Met. 4, 607).

Abăris, -is, ou **-ĭdis,** subs. pr. m. Nome de diversas personagens: 1) Ábare, nome de um rútulo (Verg. En. 9, 344). 2) Nome de um companheiro de Fineu (Ov. Met. 5, 86). Obs.: Ac. Abarin (Ov. Met. 5, 86).

Abās, -āntis, subs. pr. m. Abante, nome de diversas personagens (Verg. En. 3,286.),

abăvus, -ī, subs. m. 1) Trisavô (Cíc. Br. 213). 2) Antepassado (geralmente no plural) (Cíc. Har. 38).

Abazea, -ōrum, n. pl. v. **Sabazia.**

Abbassĭum, -ī, subs. pr. n. Abássio, cidade da Frígia (T. Lív. 38, 15, 15).

1. Abdēra, -ae, subs. pr. f. Abdera, cidade da Trácia (Cíc. At. 4, 17, 3).

2. Abdēra, -ōrum, subs. pr. n. pl. O mesmo que o precedente (T. Lív. 45, 29, 6).

Abdērītae, -ārum, subs. loc. m. pl. Abderitas, habitantes de Abdera (T. Lív. 38, 41, 9).

Abdērītānus, -a, -um, adj. De Abdera, relativo a Abdera, abderitano (Marc. 10, 25, 4).

Abdērītēs, -ae, subs. loc. m. Abderita, natural de Abdera (Cíc. Br. 30).

abdicātĭō, -ōnis, subs. f. 1) Ação de deixar de lado, renunciar a uma coisa (T. Lív. 6, 16, 8). 2) Deserdação (Sên. Contr. 1, 8, 6).

abdicātus, -a, -um, part. pass. de **abdĭco.**

1. abdĭcō, -ās, -āre, -āvī, -ātum, v. tr. I — Sent. primitivo: Negar, recusar-se a reconhecer. Daí: 1) Renegar (T. Lív. 40, 11, 2). II — V. refl. 2) Renunciar a, demitir-se de, abdicar: **magistratu se abdicavit** (Cíc. Cat. 3, 15) «demitiu-se da magistratura». III — V. intr. 3) Demitir-se: **abdicaverunt consules** (Cíc. N. Deo. 2, 11) «demitiram-se os cônsules». Obs.: No sentido nº 2, é usado por Salústio, e na prosa imperial, sem ser reflexivo: **abdicato magistratu** (Sal. Cat. 47, 3) «tendo abdicado a magistratura».

2. abdīco, -is, -ĕre, -dīxī, -dīctum, v. tr. (têrmo da língua religiosa). Recusar (não dar mais sinais favoráveis) (Cíc. Div. 1, 31).

abdĭctus, -a, -um, part. pass. de **abdīco, -is.**

abdĭdi, perf. de **abdo.**

abdĭtus, -a, -um. I — Part. pass. de **abdo** II — Adj.: 1) Retirado, afastado (Cíc. Tusc. 5, 38). Daí, em sent. figurado: 2) Escondido, secreto (Cíc. Or. 30). 3) Subs. n. sg. (formando expressões adverbiais) **ex abdito** (Cíc. Or. 79) «de proveniência secreta». 4) No pl.: as profundezas; as entranhas: **terrai abdita** (Lucr. 6, 809) «as profundezas da terra».

abdīxī, perf. de **abdīco.**

abdō, -is, -ĕre, -dĭdī, -dĭtum, v. tr. I — Sent. próprio: 1) Retirar, afastar: **carros... in artiores selvas abdiderunt.** (Cés. B. Gal. 7, 18, 3) «retiraram as carroças para os mais densos bosques». II — Sent. figurado: 2) Encobrir, esconder, ocultar (Cíc. Div. 2, 51). 3) Cravar, afundar, com dat. (uso poético) **lateri abdidit ensem** (Verg. En. 2, 553) «cravou a espada no flanco». Obs. Com abl., ou com **in** mais acusativo é também de emprêgo poético (Ov. Met. 8, 25).

abdōmen, -ĭnis, subs. n. I — Sent. próprio: 1) Ventre, abdômen (falando dos animais e principalmente do porco) (Plín. H. Nat. 11, 37, 84). II — Sent. figurado: 2) Gula, sensualidade: **insaturabile abdomen** (Cíc. Sest. 110) «ventre insaciável».

abdūco, -is, -ĕre, -dūxī, -dūctum, v. tr. I — Sent. próprio: 1) Afastar, fazer sair (Cés. B. Civ. 1, 15, 3). 2) Levar à fôrça, arrastar (Cíc. Verr. 5, 125). II — Sent. figurado: 3) Separar de, afastar, desviar (Cíc. Tusc. 1, 83). 4) Levar, destruir: **omnia sternet abducetque secum vetustas** (Sen. Marc. 26, 6) «a velhice abaterá e levará tudo consigo». Obs. Imperat. **abduce** freqüente na língua arcaica (Plaut. Curc. 693); (Ter. Ad. 482).

abdūctus, -a, -um, part. pass. de **abdūco.**

abdūmen = **abdomen.**

abdūxī, perf. de **abdūco.**

abēgī, perf. de **abĭgo.**

Abēlla, -ae, subs. pr. f. Abela, cidade da Campânia (Verg. En. 7, 740).

Abellīnum, -ī, subs. pr. n. Abelino, cidade da Itália, na Campânia (Plín. H. Nat. 3, 63).

abēna, -ae, v. **habena.**

Abentīnus, -i, v. **Aventinus.**

abĕō, -īs, -īre, -ĭī, -ĭtum, v. intr. I — Sent. próprio: 1) Ir-se, ir-se embora (e daí: partir) (Cíc. Cat. 2, 1). II — Sent. figurado: 2) Ir-se, desaparecer: **abiit ille annus** (Cíc. Sest. 71) «foi-se aquêle ano». 3) Deixar, livrar-se de (abl. com prep. **ab**) (Cíc. Div. 2, 22). 4) Mudar de natureza, transformar-se (ac. com a prep. **in**) (Ov. Met. 1, 236). 5) Na lín-

gua familiar: **abin in malam crucem?** (Plaut. Most. 850) «por que não vais para o inferno?» Obs.: Constrói-se com abl. com as preposições **ab, de, ex**, com acus. com **in**, bem como com infinitivo.
abequĭtō, -ās, -āre, -āvī, v. intr. Partir a cavalo (T. Lív. 24, 31, 10).
abĕram, pret. imperf. de **absum**.
abĕro, fut. imperf. de **absum**.
aberrātĭō, -ōnis, subs. f. I — Sent. próprio: 1) Meio de se afastar. II — Sent. figurado: 2) Distração, diversão (Cíc. At. 12, 38, 3).
abērrō, -ās, -āre, -āvī, -ātum, v. intr. I — — Sent. próprio: 1) Errar longe, desviar-se do caminho, extraviar-se (Plaut. Men. 31). II — Sent. figurado: 2) Afastar-se (sent. moral) (Cíc. Lig. 19). 3) Desviar o espírito, a atenção (Cíc. Of. 1, 100).
abes, ind. pres. ou imperat. de **absum**.
abĕsse, inf. pres. de **absum**.
abeūntis, gen. sg. do part. pres. **abiens** (v. **abeo**).
abfŏre, ou **abfutūrum esse**, inf. de **absum**.
abfŏrem, imperf. subj. de **absum**.
abfŭat, o mesmo que **absit**.
abfŭī, perf. de **absum**.
abfutūrus, -a, -um, part. fut. de **absum**.
abhinc, adv. I — Sent. local: 1) Longe daqui (Lucr. 3, 954). II — Sent. temporal: 2) A partir dêsse momento, a contar de agora (Cíc. Div. 2, 118). Obs.: Constrói-se com acus. e abl.
abhŏrrens, -ēntis. I — Part. pres. de **abhorrĕo**. II — Adj.: Importuno, inoportuno (T. Lív. 30, 44, 6). 2) Que não se pode conciliar com, incompatível: **huic profectioni abhorrens mos** (T. Lív. 2, 14, 1) «costume que não se pode conciliar com esta partida». Obs.: Constrói-se com dat.
abhorrĕō, -ēs, -ēre, -ŭī, v. intr. I — Sent. próprio: 1) Afastar-se com horror: **non debent... iudices a musarum honore et a poetarum salute abhorrere** (Cíc. Arch. 27) «não devem os juízes afastar-se com horror da glória das musas nem da salvaguarda dos poetas». 2) Afastar-se, distanciar-se (Cíc. Arch. 1). II — Sent. figurado (por enfraquecimento de sentido). 3) Ser estranho a, ser oposto, estar em contradição com (Cíc. Arch. 3) Obs. Constrói-se com **ab** e abl. ou só com abl. (Tac., Q. Cúrc.), ou como intransitivo puro (Cíc. Clu. 41).
abī, imperat. de **abeo**.

abībĭtur, fut. pass. impess. de **abeo**.
abicĭō, v. **abjicĭo**.
abĭdum (Ter. Heaut. 249) «vai-te, pois».
abiĕgnus, -a, -um, adj. De abeto (Prop. 3, 1, 25).
abiens, -eūntis, part. pres. de **abeo**.
abĭēs -ĕtis, subs. f. I — Sent. próprio: 1) Abeto (árvore) (Cés. B. Gal. 5, 12, 5). II — Daí, todo objeto fabricado com abeto: 2) Navio, nave (Verg. En. 8, 91). 3) Lança (Verg. En. 11, 667).
abĭgō, -is, ĕre, -ēgī, -āctum, v. tr. I — Sent. próprio: 1) Afastar violentamente, afastar aos empurrões, enxotar (Cíc. De Or. 2, 247). Roubar o gado, tocando-o (Cíc. Verr. 1, 28). II — Sent. figurado: 3) Fazer desaparecer, desaparecer, dissipar (Verg. En. 8, 407).
1. **abĭī**, perf. de **abeo**.
2. **Abĭī, -ōrum**, subs. loc. m. pl. Os ábios, povo da Cítia que passava por muito civilizado (Q. Cúrc. 7, 6, 11).
abitĭō, -ōnis, subs. f. Partida: **Quidve hinc abitio?** (Plaut. Rud. 503) «por que a partida daqui?».
abĭtus, -ūs, subs. m. 1) Partida, afastamento (Cíc. Verr. 3, 125). 2) Passagem, saída (Verg. En. 9, 380).
abīvī, perf. de **abeo**.
abjēcī, perf. de **abjicio**.
abjēctē (ou **abiectē**), adv. De modo abjeto, vilmente, e, por enfraquecimento de sentido: com desânimo, sem esperança (Cíc. Phil. 3, 28).
abjēctĭō (ou **abiēctĭo**), **-ōnis**, subs. f. I — Sent. próprio: 1) Ação de rejeitar, de deixar cair. II — Daí, em sentido moral: 2) Abatimento, desânimo (Cíc. Pis. 88).
abjēctus, -a, -um (ou **abiēctus**). I — Part. pass. de **abjicio**. II — Adj.: 1) Baixo, abjeto (Cíc. Mil. 47). 2) Abatido, desanimado, sem coragem (Cíc. Lae. 59). Na língua da retórica: 3) Banal, sem relêvo.
abjicĭō (abicĭo), -is, -ĕre, -jēcī, -jēctum, v. tr. I — Sent. próprio: 1) Lançar longe, atirar longe de si (T. Lív. 2, 46, 3). II — Daí, em sent. físico ou moral: 2) Jogar abaixo, rebaixar, rejeitar, abandonar (Cíc. Of. 1, 72). 3) Atirar-se, jogar-se ao chão, atirar-se aos pés de, deixar-se abater (reflexivamente) (Cíc. De Or. 1, 28). III — Sent. figurado: 4) Renunciar a, desfazer-se de (Cíc. Cat. 2, 14). Obs. A melhor grafia dêste verbo é **abicio, abicis, abicĕre**, etc..
abjūdĭcātus (abiūdicātus), -a, -um, part. pass. de **abjudico**.

abjūdĭcō (ou **abiūdĭco**), -ās, -āre, -āvī, -ātum, v. tr. I — Sent. próprio: 1) Privar alguém de uma coisa por sentença judicial, abjudicar (Cíc. Agr. 2, 43). II — Daí: 2) Rejeitar, renunciar a, recusar (Cíc. Caec. 99).

abjūngō (ou **abiūngo**), -is, -ĕre, -jūnxī, -jūnctum, v. tr. I — Sent. próprio: 1) Tirar do jugo, desatrelar: **maerentem abiungens iuvencum** (Verg. G. 3, 518), «desatrelando o novilho consternado». II — Sent. figurado: 2) Separar, apartar (Cés. B. Gal. 7, 56, 2).

abjūnxī, pret. perf. de **abjūngo**.

abjūrātus, -a, -um, part. pass. de **abjūro**.

abjūrō (ou **abiūro**), -ās, -āre, -āvī, -ātum, v. tr. I — Sent. próprio: 1) Negar por juramento, abjurar (Plaut. Rud. 14). II — Daí: 2) Negar, recusar (Cíc. At. 1, 8, 3).

ablātīvus, -ī, subs. m. Ablativo (acompanhado ou não de **casus**) (Quint. 1, 4, 26).

ablātus, -a, -um, part. pass. de **aufĕro**.

ablēgātĭō, -ōnis, subs. f. 1) Ação de afastar para algum lugar (T. Lív. 6, 39, 7). 2) Banimento, desterro, exílio (Plín. H. Nat. 7, 149).

ablēgātus, -a, -um, part. pass. de **ablēgo**.

ablēgō, -ās, -āre, -āvī, -ātum, v. tr. Afastar, mandar para longe, exilar (Cíc. At. 2, 18, 3).

abligurrĭō, -īs, -īre, -īvī, (ou -ĭī), v. tr. I — Sent. próprio: 1) Fazer desaparecer lambendo (Arn. Nat. 7, 3). II — Sent. figurado: 2) Dissipar, devorar (Ter. Eun. 235).

ablŏcō, -ās, -āre, v. tr. Alugar (Suet. Vit. 7).

ablūdō, -is, -ĕre, v. tr. I — Sent. próprio: 1) Não estar de acôrdo no jôgo com. II — Sent. figurado: 2) Afastar-se de, ser diferente (Hor. Sát. 2, 3, 320).

ablŭī, perf. de **ablŭo**.

ablŭo, -is, -ĕre, -ŭī, -ūtum, v. tr. Tirar lavando, lavar [o sangue ou o suor] (Verg. En. 2, 719/720).

ablūtĭō, -ōnis, subs. f. Ablução, ação de lavar (Plín. H. Nat. 17, 74).

ablūtus, -a, -um, part. pass. de **ablŭo**.

abnătō, -ās, -āre, v. tr. Salvar-se a nado (Estác. Ach. 1, 382).

abnegātus, -a, -um, part. pass. de **abnĕgo**.

abnĕgō, -ās, -āre, -āvī, -ātum, v. tr. 1) Recusar, negar, denegar (Verg. En. 7, 424/425). 2) Com infinitivo: recusar-se a, renunciar a (Verg. En. 2, 637).

abnĕpōs, -ōtis, subs. m. Trineto (Suet. Tib. 3).

abnĕptis, -is, subs. f. Trineta (Suet. Ner. 35).

Abnŏba, -ae, subs. pr. f. Abnoba, montanha da Germânia (Tác. Germ. 1).

abnōcto, -ās, -āre, v. intr. Passar a noite fora de casa (Sên. Vit. 26, 6).

abnōrmis, -e, adj. Que não está de acôrdo com a regra fixa (Hor. Sát. 2, 2, 3).

abnŭō, -is, -ĕre, -ŭī, -ūtum ou -uitum, v. tr. I — Sent. próprio: 1) Recusar por um sinal de cabeça; fazer sinal que não (A. Gél. 10, 4, 4). II — Sent. figurado: 2) Recusar, negar (Cíc. Leg. 1, 40). Obs. Part. fut. **abnuiturus** (Sal. Hist. 1, 50).

abnūtō, -ās, -āre, -āvī, -ātum, v. freq. Recusar muitas vêzes (com movimento de cabeça), recusar (Cíc. De Or. 3, 164).

Abolānī, -ōrum, subs. loc. m. Abolanos, povo do Lácio (Plín. H. Nat. 3, 69).

abolĕō, -ēs, -ēre, -ēvī (-ŭī), -ĭtum, v. tr. I — Sent. próprio: 1) Destruir, aniquilar, abolir, suprimir (Verg. En. 4, 497). II — Sent. figurado: 2) Fazer perder a lembrança de, olvidar (T. Lív. 10, 4, 4). Obs. Verbo raro (atestado apenas a partir de Verg. e T. Lív.), cujas formas mais freqüentes são o inf. pres. e o part. pass.

abolēscō, -is, -ĕre, -ēvī, v. intr. incoat. I — Sent. próprio: 1) Extinguir-se. II — Daí: 2) Decair pouco a pouco, perder-se, apagar-se (Verg. En. 7, 231).

abolēvī, perf. de **abolĕo** e de **abolēsco**.

abolĭtĭō, -ōnis, subs. f. I — Sent. próprio: 1) Anulação, supressão (Tác. An. 13, 50). II — Sent. figurado: 2) Anistia (Suet. Tib. 4).

abolĭtus, -a, -um, part. pass. de **abolĕo**.

abōlla, -ae, subs. f. Abola, manto de lã grosseira usado, principalmente, por soldados e camponeses (Marc. 8, 48, 1).

abolŭī, perf. de **abolĕo**.

abōmĭnāndus, -a, -um, adj. Abominável, abominando (T. Lív. 8, 24, 11).

abōmĭnātus, -a, -um, part. pass. de **abomĭnor**.

abōmĭnor, -āris, -ārī, -ātus sum, v. dep. tr. I — Sent. próprio: 1) Repelir como mau agouro (T. Lív. 39, 22, 5). II — Na língua comum: 2) Afastar-se com horror, detestar, abominar (Ov. Met. 9, 677).

Aborĭgĭnēs, -um, subs. loc. m. pl. I — Sent. próprio: 1) Aborígines ou os primeiros habitantes do Lácio e da Itália (Cíc. Rep. 2, 5). II — Daí: 2) Os aborígines, primeiros habitantes de um país.

aborĭor, -īris, -īrī, -ōrtus sum, v. dep. intr. Morrer, desaparecer, extinguir-se (Lucr. 3, 155).

aborīscor, ĕris, -ī, v. dep. intr. Morrer, desaparecer (Lucr. 5, 733).
abortĭō, -ōnis, subs. f. Abôrto (Cíc. Clu. 34).
abortīvus, -a, -um, adj. Nascido antes do tempo (Hor. Sát. 1, 3, 46).
1. **abŏrtus**, -a, -um, part. pass. de **aborĭor**.
2. **abŏrtus**, -ūs, subs. m. I — Sent. próprio: 1) Abôrto (Cíc. At. 14, 20, 2). 2) Obra (literária) imperfeita (Plín. Praef. 28).
abrādō, -is, -ĕre, -rāsī, -rāsum, v. tr. I — Sent. próprio: 1) Tirar raspando ou cortando, raspar (Cíc. Com. 20). II — Sent. figurado: 2) Roubar, extorquir, arrebatar a (Cíc. Caec. 19).
abrāsī, perf. de **abrādo**.
abrāsus, -a, -um, part. pass. de **abrādo**.
abrēptus, -a, -um, part. pass. de **abripĭo**.
Abrincatēnī, -ōrum, ou **Abrincatŭī**, -ōrum, subs. loc. m. pl. Abrincátuos, povo da Gália que deu o nome à cidade de Avranches (Plín. H. Nat. 4, 107).
abripĭō, -is, -ĕre, -ripŭī, -rēptum, v. tr. Arrebatar, arrancar, levar à fôrça: **abripere a tribunali** (Cíc. Verr. 5, 17) «arrancar do tribunal». Obs.: Constrói-se, na prosa clássica, com as preposições **ab, de, ex**; e com o dativo na prosa imperial.
abripŭī, perf. de **abripĭo**.
abrogātĭō, -ōnis, subs. f. Ab-rogação, supressão de uma lei por intermédio de outra (Cíc. At. 3, 23, 2).
abrogātus, -a, -um, part. pass. de **abrŏgo**.
abrŏgō, -ās, -āre, -āvī, -ātum, v. tr. I — Sent. técnico: 1) Pedir a ab-rogação de, ab-rogar, suprimir por lei ou decreto (Cíc. Br. 222). II — Daí, na língua comum: 2) Tirar, suprimir: **abroges fidem iuris iurandi** (Cíc. Rosc. Com. 44) «tires o crédito do juramento».
abrūmpō, -is, -ĕre, -rūpī, -rūptum, v. tr. I — Sent. próprio: 1) Separar quebrando, separar violentamente (T. Lív. 3, 19, 9). II — Daí: 2) Rasgar (sentido físico e moral), romper bruscamente (Verg. En. 3, 199). III — Sent. figurado: 3) Cortar, interromper bruscamente (Verg. En. 4, 388).
abrūpī, perf. de **abrumpo**.
Abrupŏlis, -is, subs. pr. m. Abrúpolis, rei da Trácia (T. Lív. 42, 41, 11).
abrūptē, adv. Bruscamente, abruptamente (Quint. 3, 8, 6).
abruptĭō, -ōnis, subs. f. I — Sent. próprio: 1) Rutura (Cíc. Div. 2, 84). II — Sent. figurado: 2) Divórcio (Cíc. At. 11, 3, 1).
abrūptum, -ī, subs. n. Precipício, abismo (Verg. En. 12, 687).
abrūptus, -a, -um, I — Part. pass. de **abrumpo**. II — Adj. — Sent. próprio: 1) Abrupto, escarpado, inacessível (Tác. An. 2, 23). Daí, em sent. figurado: 2) Perigoso, temerário (S. It. 7, 219). 3) Intratável (tratando-se do caráter) (Tác. An. 4, 20).
abs, veja **a, ab**.
abscēdō, -is, -ĕre, -cēssī, -cēssum, v. intr. I — Sent. próprio: 1) Ir para longe, ir-se embora, distanciar-se, afastar-se: **abscede** (Plaut. Aul. 55) «vai-te embora». II — Sent. figurado: 2) Ir-se, desaparecer (Ov. F. 3, 307). 3) Abandonar (T. Lív. 37, 25, 2).
abscēssī, perf. de **abscēdo**.
abscēssĭō, -ōnis, subs. f. Ação de se afastar, afastamento (Cíc. Tim. 44).
abscēssūrus, -a, -um, part. fut. de **abscēdo**.
1. **abscēssus**, -a, -um, part. pass. de **abscēdo**.
2. **abscēssus**, -ūs, subs. m. I — Sent. próprio: 1) Ação de se afastar, afastamento, partida (Verg. En. 10, 444). II — Sent. figurado: 2) Ausência (Tác. An. 4, 57). 3) Retirada (Tác. An. 12, 33).
1. **abscīdī**, perf. de **abscīdo**.
2. **abscīdī**, perf. de **abscindo**.
abscīdō, -is, -ĕre, -cīdī, -cisum, v. tr. I — Sent. próprio: 1) Separar, ou destacar cortando, cortar: **abscidere caput** (Cíc. Phil. 11, 5) «cortar a cabeça». II — Sent. figurado: 2) Cortar: **abscissus in duas partes exercitus** (Cés. B. Civ. 3, 72, 2) «o exército foi cortado em duas partes». 3) Tirar, arrebatar (T. Lív. 35,45,6).
abscīndō, -is, -ĕre, -cīdī, -cīssum, v. tr. I — Sent. próprio: 1) Separar rasgando, rasgar, arrancar (Cíc. Verr. 5, 3). II — Sent. figurado: 2) Suprimir (Hor. Epo. 16, 35).
abscīsē, adv. Concisamente, de modo conciso (V. Max. 3, 7,6).
abscīssus, -a, -um, part. pass. de **abscīndo**.
abscīsus, -a, -um, I — Part. pass. de **abscīdo**. II — Adj.: 1) Abrupto, severo, rigoroso (T. Lív. 32, 5, 12). III — Sent. figurado: 2) Intratável, áspero, inacessível (Sên. Clem. 1,2,2).
abscōndī, ou **abscondĭdī**, perf. de **abscōndo**.
abscondĭtē, adv. 1) Obscuramente, abstrusamente (Cíc. Inv. 2, 269). 2) Profundamente (Cíc. Fin. 3, 2).
abscondĭtus, -a, -um, I — Part. pass. de **abscōndo**. II — Adj.: 1) Escondido, invisível, oculto (Cíc. Phil. 2, 108). Sent. figurado: 2) Ignorado, secreto, misterioso (Cíc. Cat. 3,3).

abscōndō, -is, -ēre, -condĭdī (-cōndī), -cōndĭtum (cōnsum), v. tr. I — Sent. próprio: 1) Esconder, ocultar (Cíc. Nat. 2, 66). II — Sent. figurado: 2) Perder de vista (emprêgo poético) (Verg. En. 3, 291). 3) Dissimular (Cíc. Amer. 121). 4) Deitar-se, desaparecer (tratando-se de astros e na v. pass.) (Verg. G. 1, 221). Obs.: O perf. **abscondĭdī** é o clássico; a forma **abscondī** começa com Sêneca, o retor.

absēns, -ēntis. I — Part. pres. de **absum**. II — Adj.: ausente (Cíc. Verr. 5, 109). Obs.: Abl. sing. **absenti** (Plaut. Mil. 1341); (Plaut. Men. 492). Gen. pl. **absentum** (Plaut. Stich. 5).

absentĭa, -ae, subs. f. Ausência, afastamento (Cíc. Pis. 37).

absentĭum, v. **absinthium**.

absentīvus, -a, -um, adj. Ausente (Petr. 33,2).

absilĭō, -is, -ire, -silŭī (-silīvī), v. intr. Saltar para longe de, afastar-se saltando (Lucr. 6, 1217).

absim, pres. do subj. de **absum**.

absimĭlis, -e, adj. Dissemelhante, diferente (Cés. B. Gal. 3, 14, 5).

absinthĭum, -ī, subs. n. Absinto (Lucr. 1, 935).

absistĭtī, perf. de **absisto**.

absīstō, -is, -ēre, -stĭtī, v. intr. I — Sent. próprio: 1) Afastar-se de, retirar-se (Cés. B. Gal. 5, 17, 2). II — Daí: 2) Cessar de, deixar de, renunciar a (Verg. En. 6, 399). 3) Parar, não continuar (Verg. En. 1, 192). Obs.: Constrói-se com abl. e com inf. No significado 3) como intransitivo absoluto.

absolūtē, adv. De modo acabado, perfeitamente (Cíc. Or. 227).

absolūtĭō, -ōnis, subs. f. I — Sent. próprio: 1) Ação de desembaraçar-se, libertar-se. II — Daí: 2) Quitação, solução (Cic. Cat. 3, 9). III — Sent. figurado: 3) Acabamento, perfeição (Cíc. Fin. 5, 38). 4) Na língua retórica: exatidão (Cíc. Inv. 32).

absolūtōrĭus, -a, -um, adj. Que absolve, absolutório (Sên. Contr. 6, 5).

absolūtus, -a, -um, I — Part. pass. de **absolvo**. II — Adj.: acabado, perfeito (Cíc. Of. 3, 14).

absolvī, perf. de **absolvo**.

absōlvō, -is, -ēre, -sōlvī, -solūtum, v. tr. I — Sent. próprio: 1) Separar, desligar; **te absolvam brevi** (Plaut. Ep. 466) «eu te desembaraçarei imediatamente». II — Daí: 2) Absolver, perdoar (Cíc. Clu. 116). 3) Acabar, terminar (Cíc. Fin. 2, 105). 4) Acabar, dizer tudo. (Sal. C. Cat. 38, 3).

absŏnus, -a, -um, adj. I — Sent. próprio 1) Dissonante, sem harmonia, desafinado (Cíc. De Or. 3, 41). II — Sent. figurado: 2) Discordante (T. Liv. 1, 15, 6). Obs.: Constrói-se com dat., ou abl. com a prep. **ab**.

absorbĕō, -ēs, -ēre, -bŭī, v. tr. I — Sent. próprio: 1) Engolir, devorar (Cíc. Phil. 2, 67). II — Sent. figurado: 2) Absorver, engolir (Cíc. Sest. 13).

absorbŭī, perf. de **absorbĕo**.

absque, prep. abl. Na ausência de, sem, exceto (Plaut. Men. 1022). Obs.: Na época arcaica e principalmente em Plauto e Terêncio, aparece com sentido condicional, vindo acompanhado de abl. e do imperf. do subj. de **sum**, esset ou foret: **absque te esset, hodie non viverem** (Plaut. Men. 1022) «se não fôsses tu, hoje não estaria vivo».

abstēmĭus, -a, -um, adj. I — Sent. próprio 1) Que se abstém de bebidas, abstêmio (Hor. Ep. 1, 12, 7). II — Sent. moral: 2) Sóbrio (Hor. Ep. 1, 12, 6).

abstēntus, -a, -um, part. pass. de **abstinĕo**.

abstergĕō, -ēs, -ēre, -tērsī, -tērsum, v. tr. I — Sent. próprio: 1) Enxugar, limpar (Cíc. Phil. 14, 34). II — Sent. figurado: 2) Dissipar, fazer desaparecer (Cíc. Tusc. 3, 43). Obs.: **Abstersti** (Catul. 99, 8) é o perf. sincopado.

absterrĕō, -ēs, -ēre, -terrŭī, -terrĭtum, v. tr. I — Sent. próprio: 1) Afastar pelo terror. II — Daí: 2) Afastar, desviar (Cíc. Verr. 2, 142). 3) Tirar, recusar (com ac. e dat.) (Lucr. 4, 1234). Obs.: Constrói-se com acus. e abl. acompanhado ou não da prep. **de**, e com dat.

absterrĭtus, -a, -um, part. pass. de **absterrĕo**.

abstērsi, perf. de **abstergĕo**.

abstĭnens, -ēntis. I — Part. pres. de **abstinĕo**. II — Adj. 1) Que se abstém, abstinente (Col. R. Rust. 11, 1, 13). 2) Moderado, reservado (Cíc. Q. Fr. 1, 1, 11). 3) Desinteressado (Cíc. Of. 2, 76). Obs.: Constrói-se com abl. Em poesia aparece com genitivo (Hor. O, 4, 9, 37).

abstĭnēnter, adv. Desinteressadamente (Cíc. Sest. 37).

abstĭnentĭa, -ae, subs. f. I — Sent. próprio: 1) Respeito pelo que é dos outros, ação de abster-se de alguma coisa (Cíc. At. 5, 15, 2). II — Sent. figurado: 2)

Desinterêsse (Cíc. Of. 2, 77). 3) Abstinência, jejum (Tác. An. 4, 35).
abstĭnĕo, -ēs, -ēre, -tĭnŭī, -tentum, v. tr. I — Sent. próprio: 1) Ter à distância, manter afastado (T. Lív. 7, 27, 8). II — Daí: 2) Abster-se de tocar, abster-se (Cíc. Verr. 1, 93). 3) Intransitivamente: abster-se, conter-se (Cés. B. Gal. 1, 22, 3). Obs.: Intransitivamente é usado com abl. precedido da prep. ab ou sem ela, e em poesia com o genitivo.
abstĭnŭī, perf. de **abstĭnĕo.**
abstĭtī, perf. de **absisto.**
abstō, -ās, -āre, v. intr. Manter-se afastado, estar longe (Hor. A. Poét. 360).
abstrăhō, -is, -ĕre, -trāxī, -trātum, v. tr. I — Sent. próprio: 1) Levar puxando, arrancar, retirar: **ab matris amplexu** (Cíc. Font. 46) «arrancar dos braços da mãe». II — Sent. figurado: 2) Desviar, distrair, separar (Cíc. C. M. 15). Obs.: Constrói-se com acus., ou abl. com as preposições: ab, de ou ex. Obs.: Inf. perf. sincopado abstraxe (Lucr. 3, 650).
abstrāxī, perf. de **abstrăhō.**
abstrŭdō, -is, -ĕre, -trūsī, -trūsum, v. tr. I — Sent. próprio 1) Impelir para longe, empurrar. II — Daí: 2) Ocultar, esconder (sent. próprio e figurado): **semina flammae abstrusa in venis silicis** (Verg. En. 6, 6) «Germes das chamas escondidos nos veios do sílex».
abstrūsī, perf. de **abstrŭdō.**
abstrūsus, -a, -um. I — Part. pass. de **abstrŭdō.** II — Adj.: 1) Oculto, secreto, escondido (Cíc. Dom. 25). 2) Impenetrável (Cíc. Ac. 2, 30). 3) Dissimulado, fechado (tratando-se do caráter): (Tác. An. 1, 24).
abstŭlās, 2ª pes. sing. do subj. pres. de **abstŭlo** (arc.) = **aufĕro.**
abstŭlī, perf. de **aufĕro.**
absum, -ĕs, -ēsse, āfŭī (abfŭī), v. intr. I — Sent. próprio: 1) Estar afastado, distante de, distar (sentido local ou temporal): **non longe a Tolosatium finibus absunt** (Cés. B. Gal. 1, 10, 1) «não estão muito longe da fronteira dos tolosates». (Senectus) **haud procul absit a morte** (Cíc. C. M. 77) «...a velhice não esteja muito longe da morte». II — Daí: 2) Estar ausente (Cíc. Fam. 4, 3, 1). 3) Faltar (Cíc. Br. 203). 4) Diferir, ser diferente (Cíc. Of. 1, 50).
absūmō, -is, -ĕre, -sūmpsī, -sūmptum, v. tr. I — Sent. próprio: 1) Consumir, esgotar (T. Lív. 23, 12, 4). II — Daí: 2) Destruir, aniquilar (T. Lív. 24, 47, 16). 3) Morrer, perecer (T. Lív. 5, 7, 3). III — Sent. figurado: 4) Consumir, devorar, esgotar, dissipar (Cíc. Quinct. 34).
absūmpsī, perf. de **absūmo.**
absūmptus, -a, -um, part. pass. de **absūmo.**
absŭrdē, adv. I — Sent. próprio: 1) De modo discordante, desafinadamente: si **absurde canat** (Cíc. Tusc. 2, 12) «se cantar desafinadamente». II — Sent. figurado: 2) Estùpidamente, absurdamente (Cic. Rep. 2, 28).
absŭrdus, -a, -um, adj. I — Sent. próprio: 1) Que tem um som desagradável ao ouvido, desafinado, dissonante (Cíc. De Or. 3, 41). II — Sent. figurado: 2) Chocante, desagradável, discordante (Cíc. De Or. 2, 85). Donde: 3) Absurdo (Cíc. Phil. 8, 4).
absynthĭum, v. **absinthĭum.**
Absyrtus, -ī, subs. pr. m. 1) Absirto, irmão de Medéia (Cíc. Nat. 3, 48). 2) Rio da Ilíria (Luc. 3, 190).
Abudĭus, subs. pr. Nome de família (Tác. An. 6, 30): Abúdio.
abūndans, -dāntis. I — Part. pres. de **abūndo.** II — Adj.: 1) Sent. próprio: Cheio de água, transbordante (Lucr. 1, 282). III — Sent. figurado: 2) Cheio, rico, abundante (Cíc. Quint. 40). Obs.: Constrói-se com abl. e gen.
abundānter, adv. Abundantemente, copiosamente (Cíc. De Or. 3, 53). Comp.: **abundāntĭus** — mais abundantemente (Cic. Top. 41). Superl.: **abundantissĭmē** — muito abundantemente (Plín. H. Nat. 5, 57).
abundantĭa, -ae, subs. f. 1) Abundância, plenitude (Cíc. Ac. 1, 18). 2) Riqueza, opulência (Cíc. Cat. 2, 10).
abūndē, adv. Com abundância, em abundância, abundantemente. (Cíc. Fam. 10, 23, 6).
abūndō, -ās, -āre, -āvī, -ātum, v. intr. I) — Sent. próprio: 1) Transbordar, correr copiosamente: **amnis abundans exit** (Verg G. 1, 115) «um rio transbordante sai do leito». II — Sent. figurado: 2) Abundar, ter em abundância, ser rico (Cíc. C. M. 56). III — Têrmo de retórica: 3) Ser excessivo, redundante: **oratio omnibus ornamentis abundavit** (Cíc. Balb. 17) «o discurso foi excessivo em tôdas as pompas de estilo».
Aburius, -ī, subs. pr. m. Abúrio, nome de homem (T. Lív. 39, 4, 3).

abūsĭō, -ōnis, subs. f. Catacrese (têrmo de retórica): (Cíc. Or. 94).
abūsīvē, adv. Por catacrese, metafòricamente (Quint. 8, 6, 35).
abūsquĕ (=usque ab), prep. De, desde (Verg. En. 7,289).
1. abūsus, -a, -um, part. pass. de abūtor.
2. abūsus, -ūs, subs. m. Utilização de uma coisa até seu esgotamento, consumação completa (Cíc. Top. 17).
abūtēndus, -a, -um, gerundivo de abūtor: de que se pode abusar (Suet. Gal. 14).
abūtor, -ĕris, -ūtī, -ūsus sum, v. dep. tr. e intr. I — Sent. próprio: consumir no uso e daí: 1) Usar até à consumação, consumir, gastar, dissipar (Plaut. Pers. 262). 2) Usar completamente, esgotar (Cíc. Verr. 3, 61). 3) Usar (desviando do uso normal) (Cíc. Nat. 2,151). Donde: 4) Abusar (Cés. B. Civ. 3, 90, 2).
Abȳdēnus, -a, -um, adj. Abideno, de Abidos, cidade da Ásia Menor (Ov. Her. 18, 100).
ac, conj. v. atque.
Acadēmĭa, (**Acadēmĭa**), -ae, subs. f. Academia, ginásio onde doutrinava Platão (Cíc. Or. 12). 2) Ginásio de Cícero em sua casa de campo de Túsculo (Cíc. Tusc. 2, 9). 3) Em sentido metafórico: a filosofia de Platão (Cíc. Br. 149).
Acadēmĭca, -ōrum, subs. pr. m. pl. Acadèmicas, título de uma obra de Cícero (Cíc. At. 13, 19, 5).
Acadēmĭcī, -ōrum, subs. m. pl. Acadêmicos, filósofos da Academia (Cíc. Fin. 2, 34).
Acadēmĭcus, -a, -um, adj. Acadêmico, relativo à Academia (Cíc. At. 13, 19, 3).
Acadēmus, -ī, subs. pr. m. Academo, herói ateniense (Hor. Ep. 2, 2, 45).
Acalāndrus, -ī, subs. pr. m. Acalandro, rio da Lucânia, na Itália (Plín. H. Nat. 3, 97).
acalānthis, -ĭdis, subs. f. Pintassilgo (Verg. G. 3, 338).
Acamāntĭs, -ĭdis, subs, pr. f. Acamântide ou Acamantis, nome primitivo da ilha de Chipre (Plín. H. Nat. 5, 129).
Acămās, -āntis, subs. pr. m. Acamante, nome de diversas personagens gregas (Verg. En. 2, 262).
Acanthis, -ĭdis, subs. pr. f. Acântide, nome de mulher (Prop. 4, 5, 63).
Acanthĭus, -a, -um, adj. De Acanto, cidade da Macedônia (Plín. H. Nat. 31, 85).
Acānthō, subs. pr. f. Acanto, mãe do Sol (Cíc. Nat. 3, 54).

1. acānthus, -ī, subs. m. e f. 1) Masculino: acanto, cuja fôlha é muito usada como ornato arquitetônico (Verg. G. 4, 123). 2) Feminino: nome de uma árvore espinhosa do Egito e sempre verde (Verg. G. 2, 119).
2. Acānthus, -ī, subs. pr. m. Acanto, 1) Nome de uma cidade da Macedônia (Plín. H. Nat. 4, 38). 2) Nome de cidade da Ásia Menor, também chamada Dulópolis (Plín. H. Nat. 5, 104).
Acārnān, -ānis, subs. pr. m. Acarnane, nome do herói epônimo da Acarnânia (Ov. Met. 9, 914). Obs.: acus. sing.: **Acarnana** (T. Lív. 36, 11, 6); acus. pl.: **Acarnanas** (T. Lív. 26, 24, 6).
Acarnānēs, -ĭum, subs. loc. m. pl. Os Acarnanes, habitantes da Acarnânia (T. Lív. 26, 24, 6).
Acarnānĭa, -ae, subs. pr. f. Acarnânia, região da Grécia setentrional (Plín. H. Nat. 4, 5).
Acarnānĭcus, -a. -um, adj. Da Acarnânia, acarnânico (T. Lív. 26, 25, 16).
Acarnānus, -a, -um, adj. Da Acarnânia, referente à Acarnânia, acarnano (C. Nep. Tem. 1, 2).
Acāstus, -ī, subs. pr. m. Acasto, nome de um filho de Pélias (Ov. Met. 8, 306). 2) Nome de um escravo de Cícero (Cíc. At. 6, 9, 1).
Acbărus, -ī, subs. pr. m. Ácbaro, nome de rei árabe (Tác. An. 12, 12).
Acbatana, v. **Ecbatana**.
Acca, -ae, subs. pr. f. 1) **Acca Larentĭa**: Aca Larência, divindade da mitologia romana (A. Gél. 7, 7). 2) Segundo a lenda, a espôsa do pastor Fáustulo, a qual amamentou Rômulo e Remo (Estác. S. 2, 1, 100). 3) Companheira de Camila (Verg. En. 11, 820).
accāntō, (**adcāntō**), -ās, -āre, v. intr. Cantar junto de (Estác. S. 4, 4, 54).
accēdō, -is, -ĕre, -cēssī, -cēssum, v. intr. I — Sent. próprio: 1) Caminhar para, aproximar-se, ir ou vir para (sentido físico e moral): **hostium equitatus ad castra accedit** (Cés. B. Gal. 5, 50, 4) «a cavalaria inimiga se aproxima de nosso acampamento». Daí, com idéia de hostilidade: 2) Marchar contra, atacar (Cíc. Cat. 3. 8). 3) Juntar-se, acrescentar (Cíc. Lae. 66). 4) Colocar-se ao lado, aderir, aceder (Cíc. Verr. 3, 69). II — Empregos especiais: 5) Penetrar, misturar-se (com acus. de movimento) (Cíc. R. Amer. 92). 6) Acrescer (na expressão:

accedere quod — acrescer o fato que) (Cíc. At 1,19, 1). Obs.: No período clássico é usado sempre intransitivamente. Salústio e depois os escritores imperiais o empregam transitivamente (Sal. B. Jug. 62,1)

accelĕrō (adcelĕro), -ās, -āre, -āvī, -ātum, v. intr. e tr. I — Intr.: 1) Apressar-se **si accelerarę volent** (Cíc. Cat. 2, 6) «se quiserem apressar-se». II — Tr.: 2) Apressar, acelerar: **iterque accelerat** (Cés. B. Civ. 2, 39, 6) «e apressa a marcha».

accēndī, perf. de **accēndo**.

accēndō, -is, -ĕre, -dī, -cēnsum, v. tr. I — Sent. próprio: 1) Pôr fogo em, acender (Cíc. Pis. 5). Daí: 2) Iluminar (Cíc. Rep. 6, 17). II — Sent. figurado: 3) Inflamar, excitar, animar (T. Lív. 2, 42, 1).

accensĕō (adcensĕo), -ēs, -ēre (-censŭi), -cēnsum, v. tr. Acrescentar, juntar ao número de, associar (Ov. Met. 15, 546).

1. **accēnsus, -a, -um,** part. pass. de **accēndo** e de **accensĕo**.

2. **accēnsus, -ī,** subs. m. 1) Acenso, ordenança (oficial subalterno que acompanhava os magistrados mais categorizados) (Cíc. Verr. 3, 157). 2) Soldado de reserva, destinado a preencher as vagas nas legiões (T. Lív. 8, 10, 2).

accēntus, -ūs, subs. m. Acento, acentuação, entonação (Quint. 1, 5, 22).

accēpī, perf. de **accipĭo**.

acceptātus, -a, -um. 1) Part. pass. de **accēpto**. 2) Adj.: aceito (Sên. Ben. 2, 7, 3).

acceptĭō, -ōnis, subs. f. Ação de receber, aceitação, recebimento (Cíc. Top. 37).

accēptō, -ās, -āre, -āvī, -ātum, (freq.) v. tr. I — Sent. próprio: 1) Receber freqüentemente, ter o hábito de receber (Plaut. Ps. 627). II — Daí, por enfraquecimento de sentido: 2) Aceitar, acolher, suportar (Q. Cúrc. 4, 6, 8).

accēptor, -ōris, subs. m. Aquêle que recebe (com a idéia acessória de acolher, receber de boa vontade), o que aprova, recebedor, acolhedor (Plaut. Trin. 204).

accēptrix, -īcis, subs. f. Aquela que recebe, recebedora (Plaut. Truc. 571).

accēptum, -ī, subs. n. O que se recebeu, receita, crédito (Cíc. Verr. 2, 186).

accēptus, -a, -um, I — Part. pass. de **accipĭo**. 1) Consignado no haver, i.é, creditado (Cíc. Verr. 1, 92). II — Adj.: 2) Bem aceito, estimado, benquisto (Cés. B. Gal. 1, 3, 5). 3) Bem recebido, agradável (tratando-se de coisas) (Cíc. Phil. 13, 50).

accers-, v. **arcess-**.

accēssī, perf. de **accēdo**.

accessĭō, -ōnis, subs. f. I — Sent. próprio: 1) Ação de se aproximar, aproximação. Daí: 2) Acréscimo, aumento (Cíc. Lae. 11). II — Daí: 3) O que se junta a mais, suplemento, adjunção, anexo, acessório: **Syphax accessio Punici belli fuerat** (T. Lív. 45, 7, 2) «Siface (rei da Numídia) fôra um acessório (desempenhara um papel acessório) na guerra púnica». 4) Complemento, noção suplementar (linguagem filosófica) (Cíc. Fin. 2, 35). 5) Acesso de febre ou de uma doença (linguagem médica) (Sên. Ep. 72, 6).

1. **accēssus, -a, -um,** part. pass. de **accēdo**.

2. **accēssus, -ūs,** subs. m. I — Sent. próprio: 1) Chegada, aproximação (Cíc. Mil. 52). II — Daí: 2) Acesso (junto a alguém ou a um lugar), possibilidade de aproximação (Cíc. Q. Fr. 1, 1, 25).

Accheruns, v. **Acheruns**.

Accĭa, veja **Accius**.

Acciānus, -a, -um, adj. Do poeta Ácio (Cíc. Tusc. 3, 62).

accĭdens, -tis. I — Part. pres. de **accĭdo**. II — Adj.: Qualidade acidental, acidente (opôsto à substância), não essencial, acessório (Sên. Const. 9, 1). Obs.: Geralmente só empregado no pl.; o sing. é da decadência.

accĭdī, perf. de **accĭdo**.

1. **accĭdō, -is, -ĕre, -cĭdī,** v. intr. I — Sent. próprio: 1) Cair (para ou em direção a) (Cés. B. Gal. 3, 14, 4). II — Daí: 2) Chegar, acontecer (Cíc. De Or. 3, 28). 3) Acontecer (sentido favorável ou não): **quid praeclarius mihi accidere potuit?** (Cíc. Sen. 24) «que de mais magnífico me pôde acontecer?»; **quod acciderit, feramus** (Cíc. Sest. 143) «suportemos o que acontecer».

2. **accĭdō, -is, -ĕre, -cĭdī, -cīsum,** v. tr. I — Sent. próprio: 1) Começar a cortar (Verg. En. 2, 627). 2) Cortar de perto, cortar rente, derrubar cortando (T. Lív. 26, 41, 22). Daí, por enfraquecimento de sentido: 3) Abater, destruir (Cés. B. Gal. 6, 27, 4). II — Sent. figurado de emprêgo poético: 4) Consumir, comer (Verg. En. 7, 125).

Accĭēnses, -ĭum, subs. loc. m. pl. Os acienses, povo do antigo Lácio (Plín. H. Nat. 3, 69).

acciĕō, -ēs, -ēre, -īvī, -ītum, v. tr. Mandar vir (Plaut. Mil. 935).

accĭī, perf. de **accĭo**.

accinctus, -a, -um. I — Part. pass. de **accingo. II** — Adj.: 1) Bem ajustado. Daí: 2) Pronto, disposto (Plín. Pan. 20, 3).
accingĭer = **accingi**, inf. pres. passivo.
accingō (adcīngo), -is, -ĕre, -cīnxī, -cīnctum, v. tr. I — Sent. próprio: 1) Cingir, ligar por meio de um cinto (Estác. Theb. 1, 428). **II** — Daí: 2) Armar, equipar: **ipse Vitellius paludatus accinctusque** (Tác. Hist. 2, 89) «e o próprio Vitélio vestido com seu trajo militar e armado»; **accincta flagello** (Verg. En. 6, 570) «armada de um chicote». 3) Preparar-se (reflexivamente): **ad consulatum accingi** (T. Lív. 4, 2, 7) «preparar-se para o consulado».
accīnxī, perf. de **accingo**.
acciō, -īs, -īre, -īvī, (-iī), -ĭtum, v. tr. Chamar, mandar vir (Cíc. De Or. 3, 141). Obs.: Imperf. **accībant** (Lucr. 5, 996).
accipĭō (adcipiō), -is, -ĕre, -cēpī, -cēptum, v. tr. **I** — Sent. próprio: 1) Tomar para si, receber, aceitar: **ab defessis accipere scalas** (T. Lív. 26, 45, 6) «tomar as escadas das mãos dos fatigados». **II** — Daí: 2) Receber (pelos sentidos), ouvir, ouvir dizer, escutar (Cíc. Phil. 8, 28). Donde, em sentido intelectual: 3) Compreender, interpretar, entender (Cíc. Dej. 26). 4) Aprender (Cíc. Arch. 18). 5) Em sent. moral: sofrer, experimentar, suportar (Cíc. Tusc. 5, 56). Obs.: Fut. perf. **accepso** (Pac. Tr. 325).
accipĭter, -tris, subs. m. **I** — Sent. próprio: 1) Ave de rapina (de modo geral) e especialmente: falcão, açor (Cíc. Nat. 3, 47). **II** — Sent. figurado: 2) Ladrão (Plaut. Pers. 409). Obs. Feminino em (Lucr. 4, 1009).
1. accītus, -a, -um. I — Part. pass. de **accĭo. II** — Adj.: Importado, de origem estrangeira (Tác. An. 14, 20).
2. accītus, abl. **-ū**, subs. m. Chamamento, convocação, ordem de vir (Cíc. Verr. 3, 68). Obs. Geralmente só é usado o abl. sg.
Accĭus, -ī, subs. pr. m. Ácio, nome de família: 1) **L. Accius**, Lúcio Ácio, um dos grandes poetas trágicos romanos (Cíc. Fin. 4, 68). 2) **T. Accius Pisaurensis** (Cíc Br. 275) Tito Ácio Pisaurense.
acclāmātĭō (adclāmātĭō), -ōnis, subs. f. 1) Sentido favorável: aplauso, aclamação (T. Lív. 31, 15, 2). 2) Sentido desfavorável: clamor, grito de desagrado, vaia (Cíc. At. 1, 16, 4). 3) Exclamação (têrmo de retórica) (Quint. 8, 5, 11).

acclāmātus, -a, -um, part. pass. de **acclāmo**.
acclāmō (adclāmō), -ās, -āre, -āvī, -ātum, v. intr. **I** — Sent. próprio: gritar, soltar gritos. 1) Daí, em sentido desfavorável (uso clássico): soltar gritos de protesto, vaiar, apupar: **acclamatur** (Cíc. Pis. 65) «solta-se um grito hostil». 2) Sent. favorável: soltar gritos de aprovação, aprovar por aclamação, aclamar (acepção freqüente nos escritores imperiais) **populus et miles... Neroni Othoni acclamavit** (Tác. Hist. 1, 78, 3) «o povo e a militança aclamaram Nero Otão». **II** — Transitivamente: 3) Proclamar (T. Lív. 34, 50, 9).
acclārō (adclārō), -ās, -āre, āvī, -ātum, v. tr. Tornar claro ou evidente (T. Lív. 1, 18, 9).
acclīnātus, -a, -um, part. pass. de **acclīno**.
acclīnis (adclīnis), -e, adj. **I** — Sent. próprio: 1) Que se inclina para, inclinado, encostado a (Verg. En. 10, 835). 2) Inclinado (em declive) (Ov. F. 5, 154). **II** — Sent. figurado: 3) Propenso a, inclinado para (Hor. Sát. 2, 2, 6).
acclīnō (adclīnō), -ās, -āre, -āvī, -ātum, v. tr. **I** — Sent. próprio: 1) Inclinar (para ou contra), encostar-se (Ov. Met. 5, 72). **II** — Sent. figurado: 2) Inclinar, propender, pender (sentido moral) (T. Lív. 4, 48, 9).
acclīvis (adclīvis) -e, adj. 1) Em aclive, em rampas ascendentes (Cés. B. Gal. 7, 19, 1). 2) Íngreme (Cíc. Q. Fr. 3, 1, 4).
acclīvĭtās, -tātis, subs. f. Direção ascendente, subida, escarpa, encosta (Cés. B. Gal. 2, 18, 2).
Accō, -ōnis, subs. pr. m. Acão, nome de personagem gaulês (Cés. B. Gal. 6, 4, 1).
accognōscō (adcognōscō), -is, -ĕre, -ōvī, -ĭtum, v. tr. Reconhecer (Sên. Ep. 118, 12); (Petr. 69, 2).
accŏla, -ae, subs. m. O que habita ou mora perto, vizinho (Cíc. Verr. 4, 111).
accŏlō (adcŏlō), -is, -ĕre, -colŭī, -cultum, v. intr. Habitar junto de, nas margens ou nas proximidades de (Cíc. Rep. 6, 19).
accolŭī, perf. de **accŏlo**.
accommodātē (adcommodātē), adv. De modo apropriado, convenientemente (Cíc. Fin. 5, 24).
accommodātĭō (adcommodātĭō), -ōnis, subs. f. 1) Adaptação, conformidade, apropriação (Cíc. Inv. 1, 9). 2) Condescendência, espírito de acomodação (Cíc. Verr. 3, 189).

accommodātus (adcommodātus), -a, -um. I — Part. pass. de **accommŏdo.** II — Adj.: Apto, próprio para, conforme, apropriado para (Cíc. Of. 1, 42).
accomŏdē (adcommŏdē), adv. De modo apropriado, apropriadamente, convenientemente: **accommodissĭme** (Quint. 9, 3, 82) «muito apropriadamente».
accommŏdō (adcommŏdō), -ās, -āre, -āvī, -ātum, v. tr. I — Sent. próprio: 1) Adaptar, ajustar: **sibi coronam ad caput accommodare** (Cíc. De Or. 2, 250) «ajustar uma coroa à cabeça». II — Sent. figurado: 2) Apropriar, adaptar, destinar (Cíc. De Or. 22, 159). Obs.: Constrói-se com dat. com **ad** ou **in** e acus. e raramente como intransitivo.
accommŏdus (adcommŏdus), -a, -um, adj. Próprio, conveniente para (Verg. En. 11, 522). Obs. Constrói-se com dat.
accredidī, perf. de **accrēdo.**
accrēdō (adcrēdō), -is, -ĕre, -dĭdī, -dĭtum, v. intr. Estar disposto a acreditar, acreditar em, dar crédito a (Cíc. At. 6, 2). Obs.: Constrói-se geralmente com o dat. Subj. pres. arc. **accreduas** (Plaut. As. 854).
accrēscō (adcrēscō), -is, -ĕre, -crēvī, -crētum, v. intr. I — Sent. próprio: 1) Crescer, aumentar de volume, desenvolver-se: **flumen accrevit** (Cíc. Inv. 2, 97) «o rio cresceu». Daí: 2) Ser acrescentado ou anexado a, acrescentar-se, acrescer (Hor. A. Poét. 252). II — Sent. figurado: 3) Crescer, desenvolver-se (Ter. And. 539).
accrētĭō (adcrētĭō), -ōnis, subs. f. Aumento, acréscimo (Cíc. Tusc. 1, 68).
accrētus, -a, -um, part. pass. de **accrēsco.**
accrēvī, perf. de **accrēsco.**
accubitĭō, -ōnis, subs. f. I — Sent. próprio: 1) Ação de estar deitado (Cíc. Of. 1, 128). II — Daí (como os romanos comiam deitados): 2) Ação de tomar lugar à mesa, participação num banquete (Cíc. C. M. 45).
accubĭtus, -ūs, subs. m. O mesmo que **accubitio** (Estác. Teb. 1, 712).
accŭbō (adcŭbō), -ās, -āre, -cubŭī, -cubĭtum, v. intr. I — Sent. próprio: 1) Deitar-se, estar deitado. Daí (como os romanos comiam deitados): 2) Estar deitado à mesa, tomar lugar à mesa (Cíc. Tusc. 4, 3). II — Sent. figurado: 3) Estar deitado, repousar (Hor. O. 4, 12, 18). 4) Prolongar, estender (Verg. G. 3, 333).
accubŭī, perf. de **accŭbo** e de **accŭmbo.**
accŭdō, -is, -ĕre, -ūdī, -ūsum, v. tr. Ajuntar (a uma quantia) (Plaut. Merc. 432).
accŭmbō, -is, -ĕre, -cubŭī, -cubĭtum, v. intr. I — Sent. próprio: 1) Deitar-se junto de, deitar-se (Plaut. Most. 326). Daí (como os romanos comiam deitados): 2) Estar deitado no leito à mesa, tomar lugar à mesa (Cíc. Mur. 74).
accumulātē, adv. Com abundância, largamente (Cíc. Flac. 89).
accumulātor, -ōris, subs. m. Acumulador (Tác. An. 3, 30).
accumŭlō (adcumŭlō), -ās, -āre, -āvī, -ātum, v. tr. I — Sent. próprio: 1) Acumular, amontoar (Cíc. Agr. 2, 59). Daí. 2) Cumular, aumentar (Verg. En. 6, 884).
accūrātē, adv. Com cuidado, com diligência, com solicitude (Cíc. Br. 86). Comp.: **accuratius** (Cíc. Part. 14). Superl.: **accuratissime** (Cíc. Div. 1, 22).
accūrātĭō, -ōnis, subs. f. Ação de cuidar, zelar, prestar atenção (Cíc. Br. 238).
accūrātus, -a, -um. I — Part. pass. de **accūro.** II — Adj.: Feito com cuidado, acurado, completo (Cíc. Br. 283). Nota: Nunca se refere a pessoas.
accūrō, -ās, -āre, -āvī, -ātum, v. tr. Cuidar de, ocupar-se com cuidado (de alguma coisa ou de alguém) (Cíc. Inv. 1, 58). Obs.: Constrói-se com acus. (Cíc. Inv. 1, 58), ou acompanhado ou não de **ut,** ou de **ne** (Plaut. Mil. 165); (Ter. Hec. 738).
accūrrī, perf. de **accūrro.**
accūrrō, -is, -ĕre, -cūrrī (-cucūrrī), -cūrsum, v. intr. I — Sent. próprio: 1) Acorrer, vir a correr (para junto de), correr em direção a (Cíc. Verr. 5, 106). II — Sent. figurado: 2) Ocorrer, surgir repentinamente (Cíc. Div. 2, 138). Obs.: Constrói-se também com a prep. **ad** (Cés. B. Gal. 1, 22, 2), e com a prep. **in** (Cíc. At. 15, 3, 1) com dois dats. (Sal. B. Jug. 101, 10), e com acus. em Tácito (An. 15, 53). O perf. **accucurri** é raro.
1. **accūrsus, -a, -um,** part. pass. de **accūrrō.**
2. **accūrsus, -ūs,** subs. m. Ação de acorrer (para junto de alguém ou em direção a alguém) (Tác. His. 2, 43).
accūsābĭlis, -e, adj. Digno de ser acusado, censurável, repreensível (Cíc. Tusc. 4, 75).
accūsātĭō, -ōnis, subs. f. 1) Acusação, incriminação (principalmente em sentido jurídico) (Cíc. Mur. 46). 2) Discurso do acusador (Cíc. Br. 277, 3). Em particular os discursos de Cícero contra Ver-

res (Cíc. Or. 103). Obs.: a) Com gen. subjetivo: **Catonis accusatio** (Cíc. Mur. 7) «acusação de Catão, i.é, feita por Catão»; b) com gen. objetivo: **M. Aquili accusatio** (Cíc. Br. 222) «acusação de M. Aquílio, i.é, contra M. Aquílio».

accūsātīvus, -a, -um, adj. (casus) Acusativo (o caso) (Quint. 7, 9, 10).

accūsātor, -ōris, subs. m. 1) Acusador (Cíc. Br. 131). 2) Acusador de ofício (Cíc. Brut. 131). 3) O delator (Tác. An. 2, 28).

accūsātōrĭē, adv. À maneira de uma acusação, com paixão, como acusador (Cíc. Verr. 3, 164; 4, 2).

accūsātōrĭus, -a, -um, adj. De quem acusa, de acusador (Cíc. Clu. 11).

accūsātrix, -ĭcis, subs. f. Acusadora (Plín. Ep. 10, 59).

accūsātus, -a, -um, part. pass. de accūso.

accūsĭtō, -ās, -āre, -āvī, -ātum, v. freq. tr. Incriminar (Plaut. Most. 712).

accūsō, -ās, -āre, -āvī, -ātum, v. tr. I — Sent. próprio: 1) Acusar: **me tibi excuso in eo ipso in quo te accuso** (Cíc. Q. Fr. 2, 21) «excuso-me naquilo mesmo em que te acuso». Daí, na língua jurídica: 2) Acusar em justiça, intentar uma acusação (Cíc. Clu. 108). II — Expressões diversas: 3) **Accusare ambitus** (Cic. Clu. 114) «intentar uma acusação de cabala eleitoral». 4) **Accusare pecuniae captae** (T. Lív. 38, 51, 2) «intentar uma acusação de venalidade». 5) **De pecuniis repetundis** (Cíc. Clu. 114) «acusar de concussão». 6) **Accusare aliquem capitis** (Cíc. Fin. 2, 27) «intentar a alguém uma acusação capital». Obs.: Constrói-se com gen. de crime (nºˢ 3 e 4), abl. com prep. de (nº 5), com oração infinitiva (Tác. An. 14, 18), etc.

1. acer, -ĕris, subs. f. n. Bôrdo (árvore), madeira de bôrdo (Ov. Met. 10, 95).

2. acer, -cris, -cre, adj. I — Sent. próprio: 1) Agudo, pontiagudo: **acres stimuli** (Verg. En. 9, 718) «aguilhões pontiagudos». Donde, em sentido físico: 2) Penetrante (referente ao frio) (Hor. O. 1, 4, 1). II — Sent. moral: 3) Vivo, agudo (falando da inteligência e dos sentidos) (Cíc. Fin. 2, 52): 4) Impetuoso, violento, enérgico (falando do caráter) (Cíc. Br. 86). Obs.: O neutro **acre** usado substantivadamente significa: violência, rispidez (Hor. Ep. 1, 10, 14).

acērbē, adv. — Sent. próprio: 1) Asperamente, duramente, cruelmente, acerbamente (Cíc. Verr. 5, 19). Donde: 2) Impacientemente (Cíc. Clu. 59). Obs.: Comp.: **acerbius** (Cíc. Lae. 57); superl.: **acerbissime** (Cíc. Planc. 86).

acerbĭtās, -tātis, subs. f. — Sent. próprio: 1) Aspereza, agudeza, acidez das frutas verdes (Cíc. Planc. 92). II — Sent. figurado: 2) Acerbidade, rigor, severidade, rispidez (sent. moral) (Cíc. C. M. 65). 3) Calamidade, desgraça (Cíc. Cat. 4, 1).

acerbō, -ās, -āre, -āvī, -ātum, v. tr. Tornar acre, tornar amargo (sentido próprio e figurado) **acerbare gaudia** (Estác. Theb. 12, 75) «tornar amarga a alegria»; **acerbare crimen** (Verg. En. 11, 407) «agravar uma acusação». Obs.: Verbo de emprêgo muito raro.

acērbus, -a, -um, adj. I — Sent. próprio: 1) Acerbo, azêdo, áspero ao paladar, ao ouvido, ao olfato: **acerba uva** (Fedr. 4, 3, 4) «uva azêda»; **vox acerba** (Quint. 11, 3, 169) «voz estridente»; **acerbus odor** (V. Flac. 4, 493) «cheiro forte». II — Daí: 2) Prematuro, inacabado, imperfeito (Cíc. Prov. 34). Sent. moral: 3) Cruel, mordaz, penoso, hostil (Cíc. Br. 266). Obs.: O pl. **acerba** significa: coisas penosas, violentas (Verg. En. 12, 500).

acērnus, -a, -um, adj. De bôrdo (Verg. En. 9, 86).

acērra, -ae, subs. f. I — Sent. próprio: 1) Acerra (caixa de guardar incenso) (Verg. En. 5, 744). II — Daí: 2) Altar sôbre o qual se queimava incenso, perante um morto (Cíc. Leg. 2, 60).

Acērrae, -rum, subs. pr. f. Acerras. 1) Cidade da Itália, na Úmbria (Plín. H. Nat. 3, 114). 2) Cidade da Itália, na Campânia (Verg. G. 2, 225).

Acerrānī, -ōrum, subs. loc. m. Acerranos, habitantes de Acerras (T. Lív. 23, 17, 5).

accerrĭmē, adv. superl. de **acrĭter**.

Acerrōnĭus, -ī, subs. pr. m. Acerrônio, nome próprio (Cíc. Tul. 16, 17).

acersecōmēs, -ae, subs. m. Que não tem o cabelo cortado, escravo favorito (Juv. 8, 128).

acervālis, -e, adj. Que procede por acumulação [com referência ao sorites] (Cíc. Div. 2, 11).

acervātim, adv. 1) Em montão, conjuntamente, acumuladamente (Lucr. 6, 1263). 2). Em resumo, sumàriamente (Cíc. Clu. 30).

acervātĭō, -ōnis, subs. f. Acumulação (Sên. Nat. 2, 2, 3).

acervātus, -a, -um, part. pass. de **acērvo**.

acĕrvō, -ās, -āre, -āvī, -ātum, v. tr. No sentido próprio e figurado: acumular, amontoar, acervar (T. Lív. 5, 48, 3); (Sên. Ben. 2, 29, 5).

acĕrvus, -ī, subs. m. I — Sent. próprio: 1) Acervo, montão, grande quantidade (Cíc. Tusc. 5, 45). II — Daí: 2) Sorites (raciocínio composto de uma série de proposições, encadeadas umas às outras); (Hor. Ep. 2, 1, 47).

acēscō, -is, ěre, acŭī, v. intr. Tornar-se azêdo (Hor. Ep. 1, 2, 54).

Acesīnēs, -is, subs. pr. m. Acesines, rio da Índia (Q. Curc. 9, 4, 8).

Acĕsta, -ae, subs. pr. f. Segesta, cidade da Sicília (Verg. En. 5, 718).

Acestaeus, -a, -um, adj. De Segesta, acesteu (Plín. H. Nat. 3, 91).

Acestēnsis, -e, adj. De Segesta (Cíc. Verr. 3, 83).

Acĕstēs, -ae, sub. pr. m. Acestes, rei da Sicília (Verg. En. 1, 550).

acētābŭlum, -ī, subs. n. I — Sent. próprio: 1) Vinagreira, acetábulo (Quint. 8, 6, 35). Daí: 2) Prato ou vasilha, especialmente prato de baixela (Ulp. Dig. 34, 2, 19). 3) Copo de prestidigitador (Sên. Ep. 45, 8). Cálice das flôres (Plín. H. Nat. 26, 58).

acētārĭa, -ōrum, subs. n. pl. Legumes temperados com vinagre, salada (Plín. H. Nat. 19, 58).

acētum, -ī, subs. n. I — Sent. próprio: 1) Vinagre. II — Sent. figurado: 2) Espírito, graça, sagacidade, agudeza de espírito (Hor. Sát. 1, 7, 32).

Achăeī, -ōrum, subs. loc. m. 1) Aqueus, povo que vivia ao N. do Peleponeso (T. Lív. 27, 30, 6). 2) Gregos (expressão homérica) (Juv. 3, 61). 3) Habitantes da Grécia, reduzida à província romana (Cíc. Caec. 64). 4) Habitantes de uma colônia grega, no Ponto Euxino (Ov. P. 4, 10, 27).

Achăeĭas, veja Achaias.

Achaemĕnēs, -is, subs. pr. m. Aquêmenes, primeiro rei da Pérsia, avô de Ciro (Hor. O. 2, 12, 21).

Achaemenĭdae, -ārum, subs. loc. m. Aquemênidas, povo da Pérsia (Plín. H. Nat. 6, 98).

Achaemenĭdēs, -is, subs. pr. m. Aquemênidas, companheiro de Ulisses (Verg. En. 3, 614).

Achaemenĭus, -a, -um, adj. Da Aquemênia, aquemênio, pérsico (Hor. O. 3, 1, 44).

1. Achăeus, -a, -um, adj. Aqueu.

2. Achăeus, -ī, subs. pr. m. 1) Aqueu, herói epônimo dos aqueus (Sérv. En. 1, 242). 2) Rei da Síria (Ov. Ib. 299).

Achāĭa, -ae, subs. pr. f. 1) Acaia, região ao N. do Peloponeso, junto ao gôlfo de Corinto (Plín. H. Nat. 4, 12). 2) Grécia (em poesia) (Ov. Met. 13, 325). 3) Depois da destruição de Corinto, designava a Grécia reduzida à província romana (Cíc. Fam. 15, 15, 2).

Achāĭas, -ădis, subs. loc. f. Mulher da Acaia ou da Grécia (Ov. Her. 3, 71).

Achāĭcus, -a, -um, adj. 1) Acaico (Cíc. At. 11, 14, 1). 2) Grego (Verg. En. 5, 623). 3) Da Grécia (província romana) (Cíc. Fam. 4, 4, 2). 4) Acaico (sobrenome de Mummius) (V. Patérc. 1, 13, 2).

Achāĭs, -ĭdis, subs. pr. f. 1) Acaia, Grécia (Ov. Met. 5, 577). 2) Acaica, grega (Ov. Met. 15, 293).

Achāĭus, -a, -um, v. Achaicus (Verg. Catal. 5, 1).

Achārnae, -ārum, subs. pr. f. Acarnas, povoado da Ática (Estác. Teb. 12, 623).

Acharnānus, -a, -um, adj. De Acarnas (C. Nep. Them. 1, 2).

Acharnē, -ēs, subs. pr. f. Acarne, cidade da Magnésia (Plín. H. Nat. 4, 32).

Acharneus, -ī, subs. loc. m. Habitantes de Acarnas, acarnano (Sên. Phaedr. 21).

Achārrae, -ārum, subs. pr. f. Acarras, cidade da Tessália (T. Lív. 32, 13, 13).

Achātēs, -ae, subs. pr. m. Acates ou Ágata. 1) Rio da Sicília, no qual se encontraram primeiro as pedras chamadas ágata (Plín. H. Nat. 3, 90). 2) Acates, companheiro de Enéias (Verg. En. 1, 174).

Achelōĭas, -ădis ou Achelōis, -ĭdis, subs. pr. f. 1) Filha de Aquelôo. 2) No pl.: as Sirenes, filhas de Aquelôo e Melpômene (Ov. Met. 5, 552).

Achelōĭus, -a, -um, adj. Da Etólia, de Aquelôo (Verg. G. 1, 9).

Achelōus, -ī, subs. pr. m. Aquelôo: 1) Rio da Acarnânia e da Etólia, o mais importante da Grécia, hoje Aspropótamo (Plín. H. Nat. 4, 5). 2) Deus dêste rio (Ov. Met. 9, 96). 3) Água do rio, e, por extensão: água (Ov. F. 5, 343); (Macr. Sat. 5, 18, 3).

Achĕrōn, -ōntis, subs. pr. m. Aqueronte, 1) Rio do Bruttium, na Calábria (T. Liv. 8, 24, 11). 2) Rio misterioso dos infernos (Cíc. Nat. 3, 43). 3) Os infernos (Hor. O. 1, 3, 36). 4) Deus dêste rio (Verg. En. 7, 91).

Acherōntia, -ae, subs. pr. f. Aquerôncia, hoje Acerenza, cidade da Apúlia (Hor. O. 3, 4, 14).
Achĕros, subs. pr. m. = **Acheron** § 1: (T. Liv. 8, 24, 11).
Achĕruns, -ūntis, subs. pr. m. Aqueronte, rio dos infernos (Plaut. Capt. 689).
Acheruntĭcus, -a, -um, adj. Do Aqueronte (Plaut. Bac. 198).
Acheruntīnī, -ōrum, subs. loc. m. Aquerontinos, povo das margens do Aqueronte (Plín. H. Nat. 3, 73).
Acherūsis, -ĭdos, subs. pr. f. Aquerúsis, caverna da Bitínia (V. Flac. 5, 73).
Acherūsĭus, -a, -um, adj. Relativo ao Aqueronte. 1) Dos infernos, infernal (Lucr. 1, 120). 2) Relativo ao rio dos infernos (Plín. H. Nat. 3, 61).
achĕta, -ae, subs. m. Cigarra (Plín. H. Nat. 11, 92).
Achīlla, v. **Acīlla**.
Achīllās, -ae, subs. pr. m. Aquilas, assassino de Pompeu (Cés. B. Civ. 3, 104, 2).
Achillēon, -ī, subs. pr. n. Cidade da Tróade, onde se acha o túmulo de Aquiles (Plín. H. Nat. 5, 125).
Achīllēs, -is (ou -ī, ou -ei) (ac. -em ou -ea), subs. pr. m. 1) Aquiles, herói grego, celebrado no poema épico de Homero, a Ilíada; era filho do rei Peleu e de Tétis (Cíc. Tusc. 1, 105). 2) Sent. figurado: um Aquiles (Verg. En. 6, 89).
Achillēus, -a, -um, adj. De Aquiles (Plín. H. Nat. 4, 93).
Achillĭdēs, -ae, subs. m. Descendente de Aquiles (Ov. Her. 8, 3).
Achina, -ae, v. **Acina**.
Achīvī, -ōrum, subs. loc. m. Os aquivos, i. é, os gregos (Verg. En. 6, 837).
Achīvus, -a, -um, adj. Aquivo, grego (Ov. P. 1, 4, 33).
Achŏlla, v. **Acīlla**.
Achōreus, -ī, subs. pr. m. Acoreu, nome de um sacerdote egípcio (Luc. 8, 475).
Achradīna, -ae, subs. pr. f. Acradina, bairro da cidade de Siracusa, na Sicília (Cíc. Verr. 4, 119).
Acidalĭus, -a, -um, adj. Acidálio, de Acidália, fonte da Beócia, onde se banhavam Vênus e as Graças. Acidália era o epíteto de Vênus (Verg. En. 1, 720). Daí, o sentido: relativo a Vênus, de Vênus (Marc. 9, 13, 3).
acĭdē, adv. Amargamente, com azedume, de modo desagradável. Obs.: Comp.: **acidius** (Petr. 92, 5).
Acidīnus, -ī, subs. pr. m. Acidino, sobrenome romano (Cíc. De Or. 2, 260).

acĭdus, -a, -um, adj. I — Sent. próprio: 1) Azêdo, ácido (Verg. G. 3, 380). II — Sent. figurado: 2) Desagradável, agudo, penetrante (Hor. Ep. 2, 2, 64).
acĭēs, -ēī, subs. f. I — Sent. próprio: 1) Ponta, gume de uma lâmina (Cíc. Verr. 5, 113). Daí, por metonímia: 2) Espada. II — Sent. figurado: 3) Penetração, faculdade de penetração do olhar (Cíc. Fin. 4, 65). Donde: 4) Olhar (Cíc. Tusc. 4, 38). E, por metonímia: 5) Pupila (Cíc. Nat. 2, 142) e também: 6) Ôlho (Verg. En. 4, 643). 7) Penetração da inteligência, brilho da inteligência (Cíc. De Or. 1, 151). E: 8) Brilho, refulgência (Verg. G. 1, 395). III — Na língua militar: 9) Linha de batalha, exército formado em linha de batalha (Cés. B. Gal. 1, 51, 1). Daí: 10) Batalha (Cíc. Lig. 9). Notem-se as expressões: **prima acies** (T. Liv. 8, 8) «a primeira linha de combate ou linha de frente»; **secunda acies** (Cés. B. Civ. 1, 41) «a segunda linha de combate» etc.; **in aciem procedere** (T. Liv. 9, 27) «marchar em batalha»; **media acies** (Cés. B. Gal. 3, 24) «no meio da linha de batalha». Obs.: O gen. **acie** aparece em (Cés. B. Gal. 2, 23, 1) e em (Sal. Hist. 1, 41).
Acilĭānus, -a, -um, adj. De Acílio, o historiador (T. Liv. 25, 39, 12).
1. **Acilĭus**, -a, -um, adj. De Acílio (Cíc. Verr. 1, 26).
2. **Acilĭus**, -ī, subs. pr. m. Acílio, o nome de família, notadamente o historiador C. Acílio Glábrio (Cíc. Of. 3, 115).
Acīlla (ou **Acylla**, **Acholla**, **Achilla**, **Achulla**), -ae, subs. pr. f. Acila, cidade da África Romana, ao sul de Thapso (T. Liv. 33, 48, 1).
1. **acina**, v. **acinus**.
2. **Acina**, -ae, subs. pr. f. Acina, cidade da Etiópia (Plín. H. Nat. 6, 184).
acinăcēs, -is, subs. m. Cimitarra, alfange (Hor. O. 1, 27, 5).
acĭnus, -ī, subs. m. (ou **acinum**, -ī, n., principalmente no pl.). Bago de uvas, baga de fruto ou cacho (romã, sabuguciro, etc.) (Cíc. C. M. 52). Obs.: Em Catulo aparece a forma feminina: **acina**, -ae (27, 4).
acipēnser, -ĕris, subs. m. (ou **acupēnser** e **aquipēnser**). Peixe marítimo raro e muito apreciado (Cíc. Fin. 2, 91).
Acĭris, -is, subs. pr. m. Rio da Lucânia (Plín. H. Nat. 3, 97).
Acis, -ĭdis, subs. pr. m. Ácis. 1) Rio da Sicília (Ov. F. 4, 468). 2) Pastor amado

por Galatéia (Ov. Met. 13, 750). 3) Subs. f.: uma das Cíclades (Plín. H. Nat. 4, 66). Obs.: Voc. Aci (Ov. Fast. 4, 468). Ac. Acin (Ov. Met. 13, 861).
acĭscō, veja acēsco.
āclys (aclis), -ўdis, (-ĭdis), subs. f. Áclide, dardo pequeno (Verg. En. 7, 730).
Acmē, subs. pr. f. Acme, nome de mulher (Catul. 45). Obs.: Acus. Acmen (Catul. 45, 1).
Acmōn, -ŏnis, subs. m. Ácmon. 1) Nome de um companheiro de Enéias (Verg. En. 10, 127). 2) Companheiro de Diomedes (Ov. Met. 14, 494).
Acmōnēnsis, -e, adj. Acmonense, de Acmônia, cidade da Frígia (Cíc. Flac. 34).
Acmonĭdēs, -is (ou -ae), subs. pr. m. Acmônides, um dos Ciclopes. (Ov. F. 4, 288).
Acoetēs, -is, subs. pr. m. Acetes, 1) Personagem mitológica (Ov. Met. 3, 577; 582). 2) Companheiro de Enéias (Verg. En. 11, 30).
aconītum, -ī, (ou aconiton, -ī), subs. n. 1) Acônito (Verg. G. 2, 152). 2) Veneno violento, bebida envenenada (Ov. Met. 1, 147). Obs.: Geralmente usado no pl.: aconīta. No sg. aparece o ac. aconiton em Ovídio (Met. 1, 147).
Acontēus, -ī, subs. pr. m. Aconteu, nome próprio (Verg. En. 11, 612); (Ov. Met. 5, 201).
Acontĭus, -ī, subs. pr. m. Acôncio (Ov. Her. 19 e 20).
acōsmos, beleza descuidada (Lucr. 4, 1160).
acquĭēscō (adquĭēscō), -is, -ēscĕre, -quiēvī, -quiētum, v. intr. I — Sent. próprio: 1) Dar-se ao repouso, repousar, descansar (Cíc. Leg. 15). 2) Encontrar repouso em, encontrar alegria ou consolação em (Cíc. Fin. 1, 53). II — Sent. figurado (tratando-se de coisas): 3) Descansar, acalmar-se, estar em repouso, em segurança (T. Lív. 4, 60, 2). 4) Tomar o último repouso, morrer (C. Nep. Han. 13, 1). Obs.: Perfeito acquierunt (Cíc. Mil. 102).
acquīrō (adquīrō), -is, -ĕre, -quisīvī, -quisītum, v. tr. I — Sent. próprio: 1) Ajuntar a, aumentar: quod iam ad vitae fructum possit acquiri (Cíc. Cat. 3, 28) «o que possa agora ajuntar-se ao benefício da vida». 2) Adquirir, obter (vantagens) (Verg. En. 4, 175). II — Sent. figurado: 3) Juntar dinheiro, enriquecer (Tác. An. 16, 17). Obs.: Formas sincopadas: acquisisti (Cíc. Fam. 6, 11, 2); acquisierint (Cíc. De Or. 3, 131); acquisisse (Sên. Contr. 1, pr. 14).
acquīsītus, -a, -um, part. pass. de acquīro.
acquīsīvī, perf. de acquīro.
Acradīna, veja Achradina.
Acrae, -ārum, subs. pr. f. Acras, cidade da Sicília (T. Lív. 24, 36, 1).
Acraephĭa, -ae, subs. pr. f. Acréfia, cidade da Beócia (Plín. H. Nat. 4, 26).
Acrăeus, -a, -um, adj. Acreu, epíteto dado às divindades adoradas em lugares altos (T. Lív. 38, 2, 1).
Acragantīnus, -a, -um, adj. Acragantino, de Agrigento (Lucr. 1, 716).
Acrăgās, -āntis, subs. pr. m. Agrigento, cidade da Sicília (Verg. En. 3, 703).
acrātophŏros, -ī (ou acratophŏron, -ī, n.) subs. m. Acratóforo, vasilha para vinho (Cíc. Fin. 3, 15).
ācre (acus. n. de acer, empregado adverbialmente = acriter). Com ardor (Sal. Hist. 4, 76).
acrĕdŭla, -ae, subs. f. Nome de ave desconhecida, talvez a coruja ou o môcho (Cíc. Div. 1, 14).
Acrēnses, -ĭum, subs. loc. m. pl. Habitantes de Acras, cidade da Sicília (Plín. H. Nat. 3, 91).
Acrĭae, -ārum, subs. pr. f. Ácrias, cidade marítima da Lacônia (T. Lív. 35, 27, 2).
ācrĭcŭlus, -a, -um, adj. Ligeiramente picante, um tanto mordaz (Cíc. Tusc. 3, 38).
Acrīllae, -ārum, subs. pr. f. Acrilas, cidade da Sicília (T. Lív. 24, 35, 3).
acrimōnĭa, -ae, subs. f. I — Sent. próprio: 1) Acidez. II — Sent. figurado: 2) Dureza, acrimônia, austeridade (de caráter), aspereza, energia (Cíc. Verr. pr. 52). 3) Eficácia (de argumento) (Cíc. Inv. 2, 143).
ācrĭor, comparativo de acer.
ācris, v. acer.
Acrisĭōnē, -ēs, subs. pr. f. Acrisione (Dânae), filha de Acrísio (Verg. Catal. 9, 33).
Acrisĭōnēus, -a, -um, adj. De Acrísio, de Argos (Verg. En. 7, 410).
Acrisĭōnĭădēs, -ae, subs. m. Descendente de Acrísio (Ov. Met. 5, 69).
Acrisĭus, -ī, subs. m. Acrísio, rei de Argos (Hor. O. 3, 16, 1).
Acrītās, -ae, subs. pr. m. Ácritas, promontório da Messênia (Plín. H. Nat. 4, 15).
ācrĭter, adv. 1) Acremente, de modo penetrante (Cíc. Pis. 68). 2) Enèrgicamente (Cíc. Lae. 44). 3) Encarniçada-

mente: **acriter pungnatum est** (Cés. B. Gal. 1, 26, 1) «combateu-se encarniçadamente».
acroāma, -ătis, subs. n. Músico, artista (Cíc. Sest. 116). Obs.: Empréstimo grego. Pròpriamente: o que se ouve com prazer, audição, concêrto, sinfonia (Petr. 53).
acroāsis, -is, subs. f. Auditório erudito, audição (Cíc. At. 15, 17, 2).
acroceraunĭus, -a, -um, adj. Acroceráunio, dos montes Acroceráunios (metafòricamente: perigoso) (Ov. Rem. 739).
Acrocorinthus, -ī, subs. pr. f. Acrocorinto, cidadela de Corinto (T. Liv. 33, 31, 11).
Acrōn, -ōnis, subs. pr. m. 1) Ácron, nome do rei dos Ceninios (Prop. 4, 10, 7). 2) Nome de guerreiro morto por Mezêncio (Verg. En. 10, 719).
Acronōma (Acrun-) Saxa. Acrônoma, lugar desconhecido, perto de Roma (Cíc. At. 13, 40, 2).
acrostichis, -ĭdis, subs. f. Acróstico (Cíc. Div. 2, 111 — em grego).
acrŏta, -ae, subs. pr. m. Ácrota, rei dos Albanos (Ov. Met. 14, 616).
1. **acta, -ae**, subs. f. 1) Costa, margem, praia (Verg. En. 5, 613). 2) Prazeres de praia (Cíc. Verr. 5, 94).
2. **acta, -ōrum**, subs. n. pl. 1) Coisas feitas. 2) Ações, feitos (Ov. Met. 9, 134). 3) Atos oficiais (leis, ordens, resoluções de magistrados ou atos relativos ao Senado) (Cíc. Phil. 2, 83). 4) Registros de atos oficiais (Suet. Dom. 20).
Actaeōn, -ōnis, subs. pr. m. Acteão, filho de Aristeu, transformado em veado e devorado pelos próprios cães, por ter surpreendido Diana banhando-se com as ninfas. (Ov. Met. 3, 138).
Actaeus, -a, -um, adj. 1) Da Ática, ático, ateniense (Verg. Buc. 2, 24). 2) **Actaei, -ōrum**, subs. m. Os atenienses (C. Nep. Thras. 2, 1).
actārius, veja **actuarius**.
Actē, -ēs, subs. pr. f. 1) Antigo nome da Ática (Plín. H. Nat. 4, 23). 2) Acte, favorita de Nero (Tác. An. 13, 12).
Actĭăcus, -a, -um, adj. 1) De Ácio (Ov. F. 1, 711). 2) De Apolo (que tinha um templo no promontório de Ácio) (Ov. Met. 13, 715).
Actĭas, -ădis, subs. loc. f. 1) Da Ática (Verg. G. 4, 463). 2) De Ácio (Estác. S. 3, 2, 120).
actĭō, -ōnis, subs. f. 1) Maneira de agir, ação, atividade (Cíc. Ac. 2, 62). 2) Ação do orador (gestos, recitação, atitudes) (Cíc. De Or. 1, 18). 3) Ação de um magistrado no exercício de suas funções públicas (Cíc. Or. 148). 4) Na língua judiciária: ação, processo (Cíc. Mil. 36).
actitātus, -a, -um, part. pass. de **actĭto**.
actĭtō, -ās, -āre, -āvī, -ātum, v. freq. tr. I — Sent. próprio: 1) Fazer muitas vêzes (emprêgo raro e tardio). II — Daí: 2) Advogar muitas vêzes (Cíc. Br. 246). 3) Representar freqüentemente (Cíc. Rep. 4, 13).
Actĭum, -ī, subs. pr. m. Ácio, nome de cidade e de promontório da Acarnânia, célebre pela batalha de Ácio, que deu a vitória a Otávio (Cíc. Fam. 16, 6, 2).
Actĭus, -a, -um, adj. De Ácio (Verg. En. 3, 280).
actīvus, -a -um, adj. Ativo, em ação (oposição a passivo) (Sên. Ep. 95, 10): (Quint. 2, 18, 5). Obs.: Têrmo técnico da língua filosófica e gramatical.
1. **actor, -ōris**, subs. m. 1) Aquêle que empurra em sua frente alguma coisa, o que faz mover, avançar (Ov. Her. 1, 95). 2) O que faz alguma coisa, o executor, o homem de ação (Cíc. Sest. 61). 3) O que representa, o ator (T. Liv. 7, 2, 8). 4) Orador (Cíc. De Or. 3, 213). 5) Advogado, o que move uma ação (Cíc. Verr. pr. 2 — acusando) (Cíc. Sest. 75 — defendendo). 6) Agente, administrador, superintendente (na época imperial) (Tác. An. 2, 30).
2. **Actor, ŏris**, subs. pr. m. Áctor, avô de Pátroclo.
Actoridēs, -ae subs. m. Descendente de Áctor (Ov. Met. 13, 273).
Actorĭus Nasō, subs. pr. m. Atório Nasão, historiador (Suet. Caes. 9).
actuārĭa, -ae, subs. f. (subentendendo-se **navis**). Navio ligeiro. (Cíc. At. 5, 9, 1).
actuārĭŏla, -ae, subs. f. Barco pequeno (Cíc. At. 10, 11, 4).
1. **actuārĭus, -a, -um**, adj. Ligeiro, fácil de se mover (Cés. B. Gal. 5, 1, 3).
2. **actuārĭus, -ī**, subs. m. 1) Atuário, intendente militar, fornecedor (Eutr. 9, 9). 2) Atuário, secretário (Sên. Ep. 33, 9). 3) Guarda-livros, contador (Petr. 53).
actum, -ī, subs. n. O que se realizou, ato, ação (Cíc. Fin. 3, 58). Obs.: Geralmente usado no pl. V. **acta, -ōrum**.
actuōsē, adv. Com veemência (Cíc. De Or. 3, 102).

actuōsus, -a, -um, adj. Cheio de atividade, operoso, diligente (Cíc. Nat. 1, 110).
1. actus, -a, -um, part. pass. de **ago**.
2. actus, -ūs, subs. m. 1) Fato de estar em movimento, movimento: **actus facilis rotae** (Petr. 135) «movimento rápido da roda»; (Verg. En. 12, 687). 2) Impulso, empurrão (Cíc. Rep. 2, 67). 3) Ação (do orador ou do ator), gesto, representação (T. Liv. 7, 2, 11). 4) Ato (de uma peça teatral) (Cíc. C. M. 5). 5) Realização de uma coisa, execução (Quint. 10, 6, 1). 6) Cargo público, administração (Traj. apud. Plín. Ep. 10, 28).
actūtum, adv. Imediatamente, ràpidamente (Quint. 4, 3, 13).
acŭa, acuārius, v. **aqua, aquarius**.
1. acŭī, perf. de **acŭo**.
2. acŭī, perf. de **acēsco**.
acŭla (aquolo), -ae, subs. f. Fio d'água, regato (Cíc. De Or. 1, 28).
aculeātus, -a, -um, adj. I — Sent. próprio: 1) Provido de aguilhão ou espêto, que tem ferrão (Plín. H. Nat. 20, 247). II — Sent. figurado: 2) Penetrante, sutil (Cíc. Ac. 2, 75).
Acŭlĕō, -ōnis, subs. pr. m. Aculeão. 1) Cognome da gens Furia e Visellia (T. Liv. 38, 55, 5). 2) Célebre advogado, que se casou com a tia materna de Cícero (Cíc. De Or. 1, 191).
aculĕus, -ī, subs. m. I — Sent. próprio: 1) Aguilhão, ferrão, ponta: **aculeus apis** (Cíc. Tusc. 2, 52) «o ferrão da abelha». II — Sent. figurado: 2) Aguilhão (Cíc. Flac. 41). Daí: 3) No pl. com sentido metafórico: **aculei orationis** (Cíc. Sull. 47) «aguilhões da palavra» (i. é, palavras capazes de maltratar). 4) Sutilezas (Cíc. Fin. 4, 7).
acūmen, -ĭnis, subs. n. I — Sent. próprio: 1) Ponta, aguilhão: **auspicia ex acuminibus** (Cíc. Nat. 2, 9) «auspícios tirados das pontas das lanças». II — Sent. figurado: 2) Agudeza de espírito, sutileza, finura: **acumen verbi aut sententiae** (Cíc. De Or. 2, 244) «sutileza de expressão ou de pensamento».
acŭō, -is, -ĕre, acŭī, -cūtum, v. tr. I — Sent. próprio: 1) Tornar agudo, aguçar: **acuere serram** (Cíc. Tusc. 5, 116) «aguçar uma serra». II — Sent. figurado: 2) Aguçar (Cíc. De Or. 3, 121). 3) Estimular, animar, excitar (Cíc. De Or. 1, 115). 4) Têrmo de gramática: dar acentuação aguda, pronunciar de modo agudo (Quint. 1, 5, 22).

acus, -ūs, subs. f. Agulha (de coser, bordar ou de cirurgião) (Cíc. Mil. 65); **acu pingere** (Ov. Met. 6, 23) «bordar».
Acūsĭlās, -ae, subs. pr. m. Acúsilas, historiador (Cíc. De Or. 2, 53).
acūtē, adv. I — Sent. próprio: 1) De modo penetrante. II — Sent. figurado: 2) Sùtilmente, engenhosamente (Cíc. Lae. 6). Notem-se as expressões: **acute cernere** (Lucr. 4, 810) «ver distintamente»; **acute sonare** (Cíc. Rep. 6, 18) «ter um som agudo». Obs.: Comp.: **acutius** e superl.: **acutissime** (Cíc. Inv. 2, 51).
Acutĭlĭus, -ī, subs. pr. m. Acutílio, nome próprio (Cíc. At. 1, 5, 4).
acūtŭlus, -a, -um adj. Ligeiramente agudo, sutil (Cíc. Nat. 3, 18).
acūtus, -a, -um. I — Part. pass. de **acŭo**. II — Adj. — Sent. próprio: 1) Agudo, pontiagudo (Hor. O. 3, 27, 61). Daí: 2) Agudo, alto (tratando-se do som) (Cíc. De Or. 1, 251). 3) Penetrante (tratando-se de frio) (Hor. O. 1, 9, 3). 4) Picante (tratando-se do sabor) (Plín. Ep. 7, 3, 5). III — Sent. figurado: 5) Penetrante, agudo (Cíc. Planc. 66). 6) Agudo, fino, perspicaz, sutil (tratando-se da inteligência): **homo acutus** (Cíc. Verr. 2, 128) «homem perspicaz». 7) Fino, sutil, leve (tratando-se do estilo) (Cíc. De Or. 3, 66). 8) Têrmo de gramática: agudo: **syllaba acuta** (Quint. 1, 5, 23) «sílaba aguda». IV — Subs.: 9) Sons agudos: **acuta** (Cíc. Rep. 6, 18). 10) Riscos, perigos: **acuta belli** (Hor. O. 4, 4, 76) «os riscos da guerra». V — Adverbialmente: 11) Claramente, distintamente (Hor. Sát. 1, 3, 26).
Acȳla, v. **Acilla**.
Acys, v. **Acis**.
ad, prep. com acus. e prev. I — Como preposição indica: a) Aproximação, direção para (geralmente com idéia de movimento), aplicando-se ao espaço e ao tempo: 1) A, para, até: **cum ego ad Heracleam accederem** (Cíc. Verr. 5, 129) «como eu me aproximasse de Heracléia». 2) Com nomes de cidades e pequenas ilhas, indica a direção ou a chegada nas vizinhanças das mesmas: **ad Genavam pervenit** (Cés. B. Gal. 1, 7, 1) «chegou às vizinhanças de Genebra». Sent. temporal: 3) Até, em, durante, por, dentro de: **ad hanc diem** (Cíc. Cat. 3, 17) «até hoje»; **ad vesperam** (Cíc. Cat. 2, 6) «pela tarde»; **ad annum** (Cíc. At. 5, 2, 1) «dentro de um ano». 4) Indica a proximidade em seus

vários aspectos: perto de, junto de, em casa de, diante de, na frente de, do lado de (sem idéia de movimento): **pons qui erat ad Genavam** (Cés. B. Gal. 1, 7, 2) «ponte que havia perto de Genebra»; **fuit ad me** (Cíc. At. 10, 4, 8) «estêve junto de mim (ou em minha casa)»; **ad populum agere** (Cíc. Phil. 12, 17) «falar perante o povo»; **ad laevam, ad dextram** (Cíc. Tim. 48) «à esquerda, à direita». Dêsses sentidos gerais e básicos de «em direção a» ou «na vizinhança de», decorrem numerosas acepções derivadas: 5) Em vista, para: **ad omnes casus** (Cés. B. Gal. 4, 31, 2) «em vista de tôdas as eventualidades». 6) Relativamente a, com relação a, quanto a, (Cic. Verr. 5, 22). 7) Segundo, conforme: **ad naturam** (Cíc. Fin. 1, 30) «segundo a natureza». 8) Em comparação com (Cic. Tusc. 1, 40). 9) Cêrca de, pouco mais ou menos (com numerais) (Cés. B. Gal. 1, 4, 2). 10) Contra (na língua militar) (Cés. B. Gal. 5, 9, 1). II — Como prevérbio **ad** indica a aproximação, a direção para, e, dêsses sentidos, passa a indicar o comêço de uma ação, o que o faz entrar freqüentemente na formação de verbos incoativos: **eo, adeo, amo, adamo, venio, advenio, adolesco**. Exprime, também, idéia de adição: **do, addo, modum, admodum, augeo, adaugeo**. Obs.: Em composição, o -d- final do prevérbio geralmente se assimila à consoante seguinte, como em **accurro** de **adcurro, affero** de **adfero, aggero** de **adgero, appello** de **adpello**, etc. Mas, antes dos grupos consonânticos **gn, sc, sp**, geralmente sofre síncope o d de **ad**: **agnitus** de **adgnitus, ascribo** ou **adscribo, aspicio** ou **adspicio**.

adactĭo, -ōnis, subs. f. Ação de obrigar, obrigação, constrangimento (T. Lív. 22, 38, 5).

adāctus, -a, -um, part. pass. de **adĭgo**.

adaequātus, -a, -um, part. pass. de **adaequo**.

adǎequē, adv. De um modo igual, de tal maneira (Plaut. Cas. 857).

adǎequō, -ās, -āre, -āvī, -ātum, v. tr. I — Sent. próprio: 1) Aplainar, alisar, nivelar com (Cés. B. Gal. 3, 12, 3). II — Daí: 2) Tornar alguma coisa igual à outra, igualar (Cíc. Arch. 24). 3) Alcançar, atingir (igualando) (Cés. B. Gal. 1, 48, 7). 4) Comparar a (Tác. An. 2, 73) Obs.: Constrói-se na prosa de Cícero mais freqüentemente com abl. acompa-nhado da prep. **cum**, e ainda com acus. ou dat. Como intr. absoluto: (Cíc. Q. 2, 4, 6).

addallĭgo, -ās, -āre, -āvī, -ātum, v. tr. Ligar a (Plín. H. Nat. 17, 211). Obs.: Constrói-se com a prep. **ad** e com o dat. (Plín. H. Nat. 27, 89).

adamāntēus, -a, -um, adj. De ferro, duro como o ferro, como o aço, de diamante, duro como o diamante (Ov. Met. 7, 104).

adamantĭnus, -a, -um, adj. I — Sent. próprio: 1) Adamantino, de diamante, duro como o diamante (Plín. H. Nat. 37, 11, 73). II — Sent. figurado: 2) Inflexível, indomável (Hor. O. 1, 6, 7); (Prop. 3, 9, 9).

adǎmās (**adamans**), -āntis, subs. m. I — Sent. próprio: 1) Ferro ou outro metal muito duro, diamante (Verg. En. 6, 552). II — Sent. figurado: 2) Inflexível, inexorável (Ov. Met. 9, 614).

Adamāstus, -ī, subs. m. Adamasto, um habitante de Ítaca (Verg. En. 3, 614).

adamātus, -a, -um, part. pass. de **adāmo**.

adambŭlō, -ās, -āre, -āvī, -ātum, v. intr. Passear, ou andar junto de um lado para outro (Plaut. Bac. 768).

adǎmō, -ās, -āre, -āvī, -ātum, v. tr. incoat. I — Sent. próprio: 1) Começar a amar, apaixonar-se (Cíc. Amer. 121). 2) Amar profundamente, amar muito (raro) (Sên. Ep. 71, 5). Obs.: Não é atestado antes de Cícero.

Adāna, -ārum, subs. pr. n. Adanos, cidade da Cilícia (Plín. H. Nat. 5, 92).

adaperĭō, -īs, -erīre, -perŭī, -pertum, v. tr. I — Sent. próprio: 1) Abrir completamente, abrir (T. Lív. 25, 30, 10). Daí: 2) Descobrir (Sên. Ep. 64). II — Sent. figurado: 3) Deixar ver, tornar visível (Plín. H. Nat. 2, 47, 48, 129).

adapertĭlis, -e, adj. Que se se pode abrir, que deixa ver por uma abertura (Ov. Trist. 3, 11, 45).

adapertus, -a, -um, part. pass. de **adaperĭo**.

adaperŭī, perf. de **adaperĭo**.

adaptātus, -a, -um, part. pass. de **adapto**.

adāptō, -ās, -āre, -āvī, -ātum, v. tr. Adaptar, ajustar (Suet. Oth. 12).

1. **adauctus**, -a, -um, part. pass. de **adaugĕo**.

2. **adauctus**, -ūs, subs. m. Aumento, crescimento (Lucr. 2, 1122).

adaugĕō, -ēs, -ēre, -auxī, -auctum, v. tr. I — Sent. próprio: 1) Aumentar, ampliar (Cíc. Ac. 1, 21). II — Na língua religiosa: 2) Oferecer em sacrifício, consagrar (Plaut. Stich. 386).

adaugēscō, -is, -ĕre, v. tr. incoat. Começar a crescer ou aumentar, crescer (poético) (Cíc. Div. 1, 13).

adaugmen, -ĭnis, subs. n. Crescimento, aumento (Lucr. 6, 614).

adbĭbō, ĭs, -ĕre, -bĭbī, -bĭbĭtum, v. tr. I — Sent. próprio: 1) Absorver bebendo. II — Sent. figurado: 2) Escutar com atenção, ouvir (Hor. Ep. 1, 2, 67).

addĕcet, -ēre, v. impess. Convir (Plaut. Bacch. 128); (Plaut. Amph. 1004).

addensĕō, -ēs, -ēre, v. tr. Tornar denso ou espêsso, condensar (Verg. En. 10, 432).

addēnsō, -ās, -āre, v. tr. Tornar espêsso, condenar-se (Plín. H. Nat. 20, 230). Obs.: Só é usado na passiva.

addīcō, -is, ĕre, -dīxī, -dĭctum, v. tr. I — Sent. próprio: 1) Dar o assentimento a, estar de acôrdo com, aprovar (T. Lív. 1, 36, 3). Daí, na língua jurídica: 2) Adjudicar alguma coisa ou pessoa a alguém, declarar por sentença: **cum indicatum non faceret, addictus Hermippo et ab hoc ductus est** (Cíc. Flac. 48) «como não executasse o julgamento, foi adjudicado a Hermipo e por êle levado». 3) Pôr à venda, vender, adjudicar (em leilão) (Cíc. Mil. 56). 4) Consagrar, dedicar, entregar (Cíc. Planc. 93). Obs.: **Addico** é uma das palavras sagradas pronunciadas pelo pretor ao regular uma instância: **do, dico, addico**: «no meio o juiz, declaro o direito, confirmo a vontade». Imperat. arc.: **addice** (Plaut. Poen. 498); perf.: **addixti** (Marc. 10, 31, 1).

addictĭō, -ōnis, subs. f. Adjudição (do pretor) (Cíc. Verr. pr. 12).

1. **addĭctus**, -a, -um, part. pass. de **addīco**.
2. **addĭctus**, -ī, subs. m. Escravo por dívida (T. Lív. 6, 36, 12); (Sên. Ben. 3, 8, 2).

addĭdī, perf. de **addo**.

addīscō, -is, -ĕre, addidĭcī, v. tr. Acrescentar ao que se sabe, aprender além do que se sabe (Cíc. Of. 1, 23). Obs.: Com inf.: aprender a fazer alguma coisa (Ov. Met. 3, 592).

additāmēntum, -ī, subs. n. Adição, aumento, aditamento (Cíc. Sest. 68).

addĭtus, -a, -um, part. pass. de **addo**.

addĭxī, perf. de **addīco**.

addō, -is, -ĕre, -dĭdī, -dĭtum, v. tr. I — Sent. próprio: 1) Colocar junto de, pôr juntamente: **cui me custodem addiderat** (Plaut. Capt. 708) «tinha-me colocado junto do qual como guarda». II — Daí: 2) Ajuntar, acrescentar, aumentar: **pauca addit** (Cés. B. Civ. 1, 8, 4) «acrescentou poucas palavras». 3) Tornar-se mais corajoso, dar coragem (na expressão **addere animos**) (Cíc. At. 7, 2, 5).

addocĕō, -ēs, -ēre, v. tr. Aumentar a instrução, ensinar (Hor. Ep. 1, 5, 18).

Addŭa e **Adŭa**, -ae, subs. pr. m. Ádua, afluente do rio Pó (Plín. H. Nat. 2, 224).

addubitātus, -a, -um, part. pass. de **addubĭto**.

addubĭtō, -ās, -āre, -āvī, -ātum, v. intr. Inclinar-se à dúvida, estar em dúvida, duvidar de (Cíc. Nat. 2, 118).

addūcĕ = **adduc**, imperativo de **addūco**.

addūcō, -is, -ĕre, -dūxī, -dūctum, v. tr. I — Sent. próprio: 1) Puxar para si, fazer vir a si, levar consigo (Cés. B. Gal. 3, 14, 6); (Cíc. Div. 1, 123). Daí, por enfraquecimento de sentido: 2) Conduzir, levar: **adducere exercitum** (Cíc. At. 7, 9, 2) «conduzir o exército». 3) Na língua jurídica: fazer comparecer em juízo, chamar em juízo (Cíc. Verr. 1, 115). 4) Contrair, enrugar, emagrecer (Ov. Met. 3, 397); II — Sent. figurado: 5) Levar a (determinado lugar, estado ou modo de pensar) (Cíc. Br. 322). III — Na voz passiva: 6) Ser levado (emprêgo excepcional) **adducor litora** (Ov. Met. 3, 598) «sou levado à praia». 7) Ser convencido (persuadido) **adducti iudices sunt potuisse reum condemnari** (Cíc. Clu. 104) «os juízes foram convencidos de que o réu poderia ser condenado». Obs.: Imperat. ar.: **adduce** (Plaut. Stich. 151); (Ter. Phorm. 309); perf.: **adduxti** (Ter. Heaut. 819); inf. pass.: **adducier** (Plaut. Bac. 112).

addūctē, adv. (desusado): **adductius** comp.): mais vigorosamente, mais duramente (Tác. Híst. 3, 7).

addūctus, -a, -um. I — Part. pass. de **addūco**. II — Adj.: No sentido físico: 1) Contraído, enrugado (Ov. Her. 2, 131). No sentido moral: 2) Grave, sério, severo (Tác. An. 12, 7).

addūxī, perf. de **addūco**.

adēdī, perf. de **adĕdo**.

adĕdō, -is, -ĕre, -dēdī, -ēsum, v. tr. I — Sent. próprio: 1) Pôr-se a comer, roer, devorar (Verg. G. 4, 242). II — Sent. figurado: 2) Devorar, gastar perduláriamente (tratando-se de dinheiro) (Cíc. Quinct. 48). 3) Consumir, devorar (o fogo) (Verg. En. 9, 537). 4) Destruir, inundar (a água) (Hor. O. 3, 29, 36).

adēgī, perf. de **adĭgo**.

Adēlphī, ou Adelphoe, -ōrum. subs. pr. m. Adelfos, comédia de Terêncio (Ter. Ad. 10).

adēmī, perf. de **adĭmo**.

adēmpsit, subj. perf. de **adĭmo** = ademerit (Plín. Ep. 363).

ademptĭō, -ōnis, subs. f. Ação de tirar, supressão (Cíc. Dom. 78).

adēmptus, -a, -um, part. pass. de **adĭmo**.

1. adĕō, adv. I — Sent. próprio: 1) Até aí, até êsse ponto (sent. local) (Cat. Agr. 40, 3). 2) É também usado em sent. temporal, vindo freqüentemente reforçado por **usque** e seguido de **dum, donec, quoad**: até que, até ao momento: **usque adeo hominem in periculo fuisse quoad scitum sit Sestium vivere** (Cíc. Sest. 82) «ter o homem corrido perigo até o momento em que se tenha sabido que Sestio estava vivo». II — Daí, passou a ser empregado nas gradações (em correlação ou não com **ut**): 3) A tal ponto, tão, de tal forma... que: **adeone me delirare censes, ut ista esse credam?** (Cíc. Tusc. 1, 10) «julgas que eu esteja a tal ponto longe da razão, que acredite, serem reais estas coisas?» 4) Com maior razão (ou, quando precedido de **atque**): muito mais, ou melhor (empregos reforçativos) (Tác. Hist. 4, 80); (Cíc. Cat. 1, 5). 5) Aliás, principalmente (para pôr em realce uma palavra que o precede imediatamente) (Cíc. Verr. 3, 120); **tuque adeo Caesar** (Verg. G. 1, 24) «e tu, principalmente, César».

2. adĕō, -īs, -īre, -iī, ītum, v. intr. e tr. I — Sent. próprio: a) Intr.: 1) Ir em direção a (para), aproximar-se, ir ter com (Cíc. Verr. 4, 26). Daí, em língua militar: 2) Avançar: **Caesar... adit** (Cés. B. Gal. 6, 6, 1) «César... avança». II — Sent. figurado: 3) Empreender, encarregar-se de (Cíc. Pomp. 70). b) Tr.: I — Sent. próprio: 4) Dirigir-se a, aproximar-se (Cés. B. Gal. 4, 20, 2). 5) Ir encontrar (ver), visitar (Cíc. Dom. 30). II — Donde, em sent. figurado: 6) Recorrer a, invocar, consultar (T. Liv. 23, 11, 5). 7) Expor-se a, afrontar (Cíc. Amer. 110). Na língua jurídica: 8) Aceitar, tomar: **hereditatem non adire** (Cíc. Phil. 2, 42) «não aceitar a sucessão». Obs.: Constrói-se como intransitivo absoluto e com **ad** e **in**, e ainda como transitivo.

adeps, -dĭpis, subs. m. e f. 1) Gordura, terra gorda (Cíc. Cat. 3, 16). 2) Gongorismo, rebuscamento de estilo (têrmo de retórica) (Quint. 2, 10, 6).

adeptĭō, -ōnis, subs. f. Aquisição (Cíc. Fin. 2, 41).

adēptus, -a, -um, part. pass. de **adipīscor**: 1) Tendo conseguido, tendo adquirido, tendo conquistado. 2) Passivo: tendo sido conseguido (Sal. C. Cat. 7, 3).

adequĭtō, -ās, -āre, -āvī, -ātum, v. intr. Ir a cavalo em direção a, contra, ir a cavalo ao lado de (Cés. B. Gal. 1, 46, 1).

adĕram, imperf. de **adsum**.

adĕrō, fut. de **adsum**.

adĕrrō, -ās, -āre, v. intr. Errar, ou vaguear em tôrno de, ou junto de (Estác. S. 2, 2, 120).

ades, 2.ª pes. do indic. pres. e do imperat. de **adsum**.

adēsdum (de **ades** e **dum**), vem pois (Ter. And. 29).

adesse, inf. pres. de **adsum**.

adest. 1) 3ª pes. sg. Indic. pres. de **adsum**. 2) 3ª pessoa sg. Indic. pres. de **adĕdo**, em lugar de **adedit** (Luc. 6, 267).

adēsurĭō, -īs, -īre, -īvī, v. intr. incoat. Começar a sentir fome (Plaut. Trin. 169).

adēsus, -a, -um, part. pass. de **adĕdo**.

adeūndus, -a, -um, Gerundivo de **adĕo**: onde se pode ou se deve penetrar.

adf- = **aff-**.

adg- = **agg-**.

adhaerens, -ēntis, part. pres. de **adhaerĕo**.

adhaerĕō, -ēs, -ēre, -haesī, -haesum, v. intr. I — Sent. próprio: 1) Estar aderente a, aderir, estar ligado a, ficar fixo em (Cíc. Nat. 2, 137). 2) Manter-se ligado (Lucr. 3, 557). II — Sent. figurado: 3) Estar sempre ligado a, manter-se prêso (T. Liv. 41, 20, 2).

adhaerēscō, -is, -ĕre, -haesī, -haesum, v. intr. I — Sent. próprio: 1) Tornar-se aderente, aderir a, prender-se a (Cés. B. Gal. 5, 48, 8). II — Sent. figurado: 2) Prender-se a, ligar-se a (Cíc. Ac. 2, 8).

adhāesī, perf. de **adhaerĕo** e de **adhaerēsco**.

adhaesĭō, -ōnis, subs. f. Aderência (Cíc. Fin. 1, 19).

1. adhāesus, -a, -um, part. pass. de **adhaerĕo** e de **adhaerēsco**.

2. adhāesus, -ūs, subs. m. Aderência (Lucr. 3, 98).

adhālō, -ās, -āre, v. tr. Atingir com o hálito (Plín. H. Nat. 22, 95).

Adhērbal, -ālis, subs. pr. m. Aderbal, filho de Micipsa (Sal. B. Jug. 5, 7).

adhĭbĕō, -ēs, -ēre, -bŭi, -bĭtum, v. tr. I — Sent. próprio: 1) Aplicar a (sent. físico e moral) (Cíc. Sest. 135). Daí: 2) Empregar, recorrer, fazer uso (Cíc. (Verr. 2, 122); **adhibere vim alicui** (Cíc. Verr. 4, 116) «fazer uso de violência contra alguém». II — Sent. figurado: 3) Apresentar, oferecer, mostrar (Cíc. Fin. 1, 24). 4) Convidar, fazer aproximar (Cíc. Verr. 5, 70). Reflexivamente: 5) Proceder, portar-se (Cíc. Q. Fr. 1, 1, 22). Obs.: Constrói-se com acus. acompanhado ou não de **in** ou **ad**, com dat. e com abl. com **in**.

adhibĭtus, -a, -um, part. pres. de **adhibĕo**.

adhibŭi, perf. de **adhibĕo**.

adhinnĭō, -is, -īre, -īvī, -ītum, v. intr. I — Sent. próprio: 1) Relinchar ou nitrir para ou ao lado de (Ov. Am. 1, 280). II — Sent. figurado: 2) Relinchar (pejorativamente aplicado ao homem), gritar de alegria, exultar de prazer: **ad illius hanc orationem adhinnivit** (Cíc. Pis. 69) «relinchou de alegria ao ouvir as palavras daquele».

adhoc, veja **adhuc**.

adhortātĭō, -ōnĭs, subs. f. Exortação, encorajamento (Cíc. De Or. 2, 11).

adhortātor, -ōris, subs. m. Aquêle que exorta, animador (T. Lív. 2, 58, 7).

adhortātus, -a, -um, part. pass. de **adhortor**.

adhŏrtor, -āris, -ārī, -hortātus sum, v. dep. tr. Dirigir exortações a, exortar, encorajar, incitar (Cíc. Phil. 4, 11). Obs.: Constrói-se com ac.; com **ad** (Cíc. Phil. 2, 89); ou com **in** (Sên. Ep. 94, 37); com **de** (Cés. B. Gal. 7, 17, 2); com subj.: **adhortor properent** (Ter. Eun. 583) «exorto-os a se apressarem»; com **ut** (emprêgo comum): exortar a (Cíc. Phil. 1, 22); com **ne**: exortar a que não (Cés. B. Gal. 6, 37, 10).

adhūc, adv. 1) Até aqui, até agora, ainda (Cíc. Verr. 4, 102). 2) Ainda agora (Cíc. Amer. 18). 3) Emprêgo não clássico: ainda (referindo-se ao passado ou ao futuro): **cum vigerem adhuc viribus** (T. Lív. 28, 40, 10) «quando eu estava ainda em todo vigor de minhas fôrças»; **omnes adhuc tibi favebunt** (Luc. 7, 212) «todos então ainda te apoiarão». Diante de compar.: **adhuc difficilior** (Quint. 1, 5, 22) «ainda mais difícil». 4) Expressão idiomática: **adhuc_locorum** (Plaut. Capt. 385) «até agora».

adhūcine (adhucne), adv. Acaso ainda (Apul. Met. 9, 3).

Adĭabēnē, -ēs e **Adiabēna, -ae**, subs. pr. f. Adiabena, região da Assíria (Plín. H. Nat. 5, 66).

Adiabēnī, -ōrum, subs. loc. m. Adiabenos, habitantes de Adiabena (Tác. An. 12, 13).

Adiabēnus, -a, -um, adj. De Adiabena, adiabeno (Tác. An. 12, 14).

Adiatŏrix, -ĭgis, subs. m. Adiatorige, rei dos Romanos (Cíc. Fam. 2, 12, 2)

adicĭō = adĭjicĭo.

adiens, -eūntis, part. pres. de **adĕo**.

adĭgō, -ĭs, -ĕre, -dēgī, -dāctum, v. tr. I — Sent. próprio: 1) Impelir para fazer entrar, fincar (Cés. B. Gal. 7, 17, 3). II — Sent. figurado: 2) Obrigar a prestar juramento, obrigar a comparecer (perante um árbitro), exigir um juramento (Cíc. Ac. 2, 116). Daí, na época imperial: 3) Obrigar, forçar, constranger, compelir (Prop. 3, 29, 14). Obs.: Constrói-se com acus., acompanhado de **ad**, ou **in** e com dat. Subj. Perf.: **adaxint = adegerint** (Plaut. Aul. 50).

adĭi, perf. de **adĕo**.

Adīmāntus, -ī, subs. pr. m. Adimanto, nome de diversas personagens (C. Nep. Alc. 7); (Ov. Ib. 327).

adĭmō, -ĭs, -ĕre, -ēmī, -ēmptum, v. tr. I — Sent. próprio: 1) Tirar, arrebatar, suprimir, subtrair (Cíc. Ac. 2, 61). II — Sent. figurado: 2) Proibir: **adimam cantare severis** (Hor. Ep. 1, 19, 9) «impedirei de cantar às pessoas severas». Obs.: **adempsit = ademerit** (Plaut. Ep. 363).

adipātus, -a, -um, adj. I — Sent. Próprio: 1) Gordo, cheio de gordura. II — Sent. figurado: 2) Pesado, grosseiro (falando-se de estilo) (Cíc. Or. 25).

adĭpes, -is, v. **adeps**.

adipīscor, -ĕris, -cī, adēptus sum, v. dep. tr. I — Sent. próprio: 1) Chegar a, atingir, alcançar: **fugientes Gallos Macedones adepti ceciderunt** (T. Lív. 44, 28) «os macedônios tendo alcançado os gauleses em fuga os mataram». II — Sent. figurado: 2) Alcançar (Cíc. C. M. 4). Daí: 3) Obter, adquirir, apoderar-se de (Cíc. Leg. 1,59). Obs.: Inf. arc.: **adipiscier** (Ter. And. 332).

adips, v. **adeps**.

1. **adĭtus, -a, -um**, part. pass. de **adĕo**.

2. **adĭtus, -ūs**, subs. m. I — Sent. próprio: 1) Ação de aproximar-se, aproximação (Cíc. Phil. 5, 9) Daí: 2) Acesso, entrada: **non est aditus viris** (Cíc. Verr. 4, 99) «não há acesso para os homens». II — Sent. figurado: 3) Acesso, entrada (Cíc. Mur. 17).

adīvī, perf. de **adĕo**.

adjăcens, ēntis. I — Part. pres. de **adjacĕo.** II — **Adjacentia** — Subs. n. pl. adjacências, vizinhança, circunvizinhança (Tác. An. 1, 79).

adjacĕō, -ēs, -ēre, cŭī, v. intr. I — Sent. próprio: 1) Jazer perto, estar deitado ao lado (Tác. An. 1, 65). II — Daí, por enfraquecimento de sentido: 2) Estar situado perto, estar contíguo (Cés. B. Gal. 6, 33, 2).

adjacŭī, perf. de **adjacĕo.**

adjectiō, -ōnis, subs. m. 1) Adição, aumento, anexação: **Romana res adjectione populi Albani aucta** (T. Lív. 1, 30, 6) «o poderio romano aumentado pela anexação do povo albano». 2) Têrmo de retórica: repetição de uma palavra na frase (Quint. 9, 3, 18).

1. adjěctus, -a, -um, part. pass. de **adjicio.**

2. adjěctus, -ūs, subs. m. Ação de pôr em contacto, aproximação (Lucr. 4, 673).

adjiciō, (adiciō), -is, -ěre, -jēcī, -jěctum, v. tr. I — Sent. próprio: 1) Lançar (alguma coisa) ao lado de, atirar, jogar perto (Cic. Nat. 2, 144). Daí, por enfraquecimento de sentido: 2) Ajuntar, acrescentar, unir a, aumentar (acus. com **ad,** ou **in**) **duas legiones ad Servilianum exercitum adjicere** (T. Lív. 22, 11, 3) «ajuntar duas legiões ao exército de Servílio». II — Sent. figurado: 3) Dirigir ou voltar os olhos ou o pensamento para alguém (Cic. Agr. 2, 25). 4) Lançar (em leilão) (Cic. Verr. 3, 77).

adjūdicātus, -a, -um, part. pass. de **adjudīco.**

adjūdīcō, -ās, -āre, -āvī, -ātum, v. tr. 1) Adjudicar, atribuir (Cic. Agr. 2, 58). 2) Pronunciar, decidir (Cic. De Or. 2, 129). Obs.: Constrói-se com acus. ou dat.

adjūmentum, -ī, subs. n. Ajuda, socorro, auxílio, assistência (Cic. Verr. 5, 124).

adjunctiō, -ōnis, subs. f. 1) Ação de unir, união, aproximação (Cic. At. 7, 2, 4). 2) Adjunção (têrmo de retórica) (Cic. De Or. 3, 206).

adjūnctor, -ōris, subs. m. O que acrescenta (Cic. At. 8, 3, 3).

adjūnctus, -a, -um, I — Part. pass. de **adjūngo.** II — Adj.: 1) Atrelado, e daí: unido, junto, acrescentado (Cic. Clu. 30). 2) Como neutro, tomado substantivadamente: parte integrante (Cic. Leg. 2, 54).

adjūngō, -is, -ěre, -jūnxī, -jūnctum, v. tr. I — Sent. próprio: 1) Jungir, adjungir, atrelar (Tib. 1, 9, 7). II — Sent. figurado: 2) Juntar, unir, acrescentar, ajuntar (Cés. B. Civ. 3, 89, 1). Daí: 3) Aplicar, fazer incidir (Cic. Amer. 86).

adjūnxī, perf. de **adjūngo.**

1. adjūrō, -ās, -āre, -āvī, -ātum, v. tr. 1) Adjurar, afirmar por juramento, acrescentar por juramento (Cic. Fam. 9, 19, 1). 2) Em poesia: jurar: **adjuro Stygii caput fontis** (Verg. En. 12, 816) «juro pela fonte do Estige».

2. adjūrō = **adjuvěro.**

adjūtō, -ās, -āre, -āvī, -ātum, v. freq. tr. Ajudar, aliviar (Plaut. Cas. 579). Obs.: É usado a partir de Plauto, mas não aparece na prosa clássica.

adjūtor, -ōris, subs. m. 1) O que ajuda, auxiliar (Cés. B. Gal. 5, 41, 8). 2) Assistente, ajudante (título oficial) (Cés. B. Civ. 3, 62). 3) Substituto (no teatro) (Hor. Sát. 1, 9, 46).

adjūtōrium, -ī, subs. n. Ajuda, socorro, adjutório (Sên. Ep. 31, 5).

adjūtrīx, -īcis, subs. f. I — Sent. próprio: 1) A que ajuda ou assiste, auxiliar: **Minerva adjutrix consiliorum meorum** (Cic. Dom. 57) «Minerva que ajuda os meus planos». II — Sent. particular: 2) No Império, nome de duas legiões auxiliares de fuzileiros navais: **prima adjutrix** (Tác. Hist. 2, 43) «a primeira legião auxiliar».

adjūtus, -a, -um, part. pass. de **adjūvo.**

adjūvī, perf. de **adjūvo.**

adjūvō, -ās, -āre, -jūvī, -jūtum, v. tr. I — Sent. próprio: 1) Vir em auxílio de, auxiliar, ajudar, favorecer: **bonos cives adjuvat fortuna** (Cic. Phil. 13, 16) «a sorte ajuda os bons cidadãos». II — Sent. figurado: 2) Sustentar, manter, animar, realçar (T. Lív. 1, 25, 9). 3) Impessoal: ser útil (Cic. Fin. 4, 64).

adl- = **all-**

admātūrō, -ās, -āre, -āvī, -ātum, v. tr. Apressar (Cés. B. Gal. 7, 54, 2).

admemŏrdī = **admōrdī,** perf. de **admorděo.**

admēnsus, -a, -um, part. pass. de **admetior.**

admētior, -īrī, -mēnsus sum, v. dep. tr. Medir alguma coisa ou alguém (Cic. Verr. 3, 192).

Admētus, -ī, subs. pr. m. Admeto. 1) Nome de um rei de Feras, na Tesssália (Ov. P. 3, 1, 106). 2) Rei dos Molossos (C. Nep. Tem. 8, 3).

admīgrō, -ās, -āre, v. intr. Ir para, juntar-se a, ir juntar-se a (com **ad**) (Plaut. Pers. 347).

adminiculātus, -a, -um, part. pass. de **adminicŭlo**.

adminicŭlō, -ās, -āre, -āvī, -ātum, v. tr. I — Sent. próprio: 1) Escorar, estacar, empar (têrmo técnico tratando-se de videiras) (Cíc. Fin. 5, 39). II — Sent. figurado: 2) Apoiar, ajudar (Varr. Men. 105).

adminicŭlum, -ī, subs. n. I — Sent. próprio: 1) Estaca, escora (Cíc. Nat. 2, 120). II — Sent. figurado: 2) Ajuda, apoio, adminículo (Cíc. Lae. 88).

adminīster, -trī, subs. m. O que ajuda, auxiliar, operário, trabalhador: **unus puer victus cotidiani administer** (Cíc. Amer. 77) «um só escravo que ajuda a preparar o alimento de cada dia»; **sine administris** (Sal. B. Jug. 74, 1) «sem auxiliares». Obs.: Constrói-se com gen. ou com acus. acompanhado de **ad**.

adminīstra, -ae, subs. f. A que ajuda em alguma coisa, criada, auxiliar (Cíc. Pomp. 36).

administrātiō, -ōnis, subs. f. I — Sentido próprio: 1) Auxílio, ajuda, assistência: **sine administratione hominum** (Cíc. Of. 2, 12) «sem a ajuda dos homens». Daí: 2) Administração, direção, govêrno: **administratio reipublicae** (Cíc. De Or. 1, 165) «administração do Estado». 3) Execução (Cíc. Inv. 2, 163).

administrātor, -ōris, subs. m. O que administra, administrador, encarregado (Cíc. De Or. 1, 210).

administrātus, -a, -um, part. pass. de **administro**.

administrō, -ās, -āre, -āvī, -ātum, v. tr. e intr. I — Sent. próprio: Tr.: 1) Auxiliar, ajudar, prestar auxílio, servir (alguém) (Varr. R. 3, 16, 5). II — Daí: 2) Ocupar-se de, cuidar de, executar: **ad tempus omnes res administrarentur** (Cés. B. Gal. 4, 23, 5) «que tôdas as coisas fôssem executadas no momento oportuno». 3) Governar, administrar, dirigir (Cíc. Verr. 5, 43). 4) Administrar (tratando-se de govêrno), governar (Cíc. At. 6, 4, 1). 5) Cumprir as suas obrigações (Plaut. Epid. 418).

admīrābĭlis, -e, adj. 1) Digno de admiração, admirável, maravilhoso (Cíc. Lig. 37). 2) Extraordinário, prodigioso (Cíc. Phil. 3, 18).

admīrābĭlĭtās, -tātis, subs. f. O que é digno de admiração (Cíc. Nat. 2, 90).

admīrābĭlĭter, adv. 1) De modo admirável, admiràvelmente (Cíc. Nat. 2, 132).
2) De modo estranho, bizarro, diferente (Cíc. Tusc. 4, 36).

admīrāndus, -a, -um. I — Gerundivo de **admīror**. II — Adj.: 1) Digno de admiração, admirável (Cíc. De Or. 1, 76). Obs.: O neutro pl. substantivado **admiranda** — significa: coisas admiráveis, maravilhosas (Sên. Ep. 114,12).

admīrātiō, -ōnis, subs. f. 1) Admiração: **magna est admiratio dicentis** (Cíc. Of. 2, 48) «grande é a admiração pelo orador». 2) Espanto, surprêsa (Cíc. Nat. 2, 124).

admīrātor, -ōris, subs. m. O que admira, admirador (Sên. Contr. 2, 2, 8).

admīrātus, -a, -um, part. pass. de **admīror**.

admīror, -āris, -ārī, -ātus sum, v. dep. tr. I — Sent. próprio: 1) Admirar, olhar com admiração para, surpreender-se, admirar-se: **admirantibus omnibus** (Cíc. De Or. 3, 213) «tendo todos olhado com admiração». II — Daí: 2) Admirar com desejo, desejar, cobiçar (Cíc. Of. 1, 20).

admiscĕō, -ēs, -ēre, -miscŭī, -mīxtum, v. tr. I — Sent. próprio: 1) Juntar ou acrescentar misturando, misturar: **admixto calore** (Cíc. Nat. 2, 26) «pela mistura do calor». II — Sent. figurado: 2) Juntar a, confundir: **his Antonianos milites admiscuit** (Cés. B. Civ. 3, 4, 2) «a estas legiões juntou os soldados de Antônio». 3) Reflexivo ou passivo: imiscuir-se, ingerir-se, ocupar-se de: **admisceri ad consilium** (Cíc. Phil. 12, 16) «imiscuir-se na deliberação». 4) Misturar com (Cat. Agr. 115, 2). Obs.: Constrói-se com abl. acompanhado ou não da prep. **cum**, com acus. com a prep. **in** e com o dat.

admiscŭī, perf. de **admiscĕo**.

admīsī, perf. de **admitto**.

admissārĭus, -ī, subs. m. I — Sent. próprio: 1) Garanhão, reprodutor (Varr. R. Rust. 2, 8, 3). II — Sent. figurado: 2) Homem lascivo (Cíc. Pis. 69).

admisse = **admisīsse**, inf. perf. de **admītto** (Plaut. Mil. 1287).

admissiō, -ōnis, subs. f. Ação de admitir à presença de alguém, audiência (Sên. Clem. 1, 10, 1).

admissum, -ī, subs. n. 1) Ação, ato (no sentido pejorativo) (Lucr. 5, 1224). 2) Má ação, crime: **admissa Poppaeae** (Tác. An. 11, 4) «os crimes de Popéia».

admīttō, -is, -ēre, -mīsī, -missum, v. tr. I — Sent. próprio: 1) Deixar ir, deixar aproximar-se, dar acesso, deixar entrar, receber, admitir: **admittere in hostem**

equos (T. Liv. 25, 19, 3) «deixar ir os cavalos contra os inimigos». II — Sent. figurado: 2) Deixar fazer, admitir, permitir, ser favorável: **quod semel admissum** (Cíc. Fin. 1, 2) «o que foi permitido uma vez». 3) Permitir-se alguma coisa (sent. pejorativo), cometer, perpetrar: **admittere in se facinus** (Cíc. Mil. 103) «cometer um crime»; **admittere scelus** (Cíc. Q. Fr. 1, 3, 7) «perpetrar um crime». 4) Acolher, aceitar: **admittere preces** (Tác. H. 4, 60) «acolher as preces». Obs.: Constrói-se com acus. acompanhado da prep. **in** ou **ad**, ou com dat.

admixtĭō, ōnis, subs. f. Mistura (Cíc. C.M. 80).

admixtus, -a, -um, part. pass. de **admiscĕo**.

admoderātē, adv. Proporcionadamente, de modo adequado (Lucr. 2, 169).

admŏdum, adv. I — Sent. próprio: 1) Até à medida, até ao limite. Donde: 2) Inteiramente, grandemente, bastante: **admodum diligere** (Cíc. At. 1, 13, 4) «estimar grandemente». II — Daí, com numerais, indica que o algarismo não é exagerado, i.é, em número redondo: **admodum centum et viginti** (Cés. B. Gal. 5, 40, 2) «em número redondo cento e vinte».

admoenĭō, -is, -ire, -ivi, v. tr. I — Sent. próprio: 1) Fazer trabalhos de cêrco, cercar a muralha, sitiar: ...**oppidum** (Plaut. Pseud. 384) «sitiar uma cidade». II — Sent. figurado: 2) Preparar uma cilada (Plaut. Cist. 540).

admōlĭor, -iris, -irī, -itus sum, v. intr. e tr. I — Intr. Fazer esforços para, esforçar-se (Plaut. Rud. 598). II — Tr. Pôr em movimento para, aproximar, deitar a mão a alguém (Plaut. As. 570).

admonĕō, -ēs, -ēre, -monĭī, -monĭtum, v. tr. I — Sent. próprio: 1) Fazer lembrar, relembrar (Cíc. Verr. 4, 5). II — Sent. figurado: 2) Aconselhar, avisar, advertir (Cíc. Har. 44). Daí, por evolução de sentido: 3 Castigar, dar uma lição (a alguém), chamar à ordem (Sên. Clem. 1, 14, 1). 4) Excitar (Verg. En. 10, 587).

admonitĭō, -ōnis, subs. f. Ato de relembrar, recordação, evocação, sugestão, advertência (Cíc. Fin. 5,2).

admonĭtor, -ōris, subs. m. O que faz lembrar, instigador, evocador (Cíc. Fam. 9, 8, 1).

admonĭtum, -ī, subs. n. Advertência, aviso, conselho (Cíc. De Or. 2, 64).

1. **admonĭtus**, -a, -um, part. pass. de **admonĕo**.

2. **admonĭtus**, -ūs, subs. m. 1) Aviso, advertência (Cíc. At. 9, 10, 5). 2) Conselho, sugestão (Cíc. Verr. 2, 60). 3) Instância, palavra de encorajamento (Cíc. Rep. 2, 67). 4) Evocação, lembrança: **locorum admonitu** (Cíc. Fin. 5,4) «pela evocação dos lugares». Obs.: Só é usado no abl. sg.

admonŭī, perf. de **admonĕo**.

admōram; admōrim, admōrunt = **admovĕram, admovĕrim, admovĕrunt**.

admordĕō, -ēs, -ēre, -momordī, -mōrsum, v. tr. Em sentido físico e moral: morder, tirar mordendo (Prop. 3, 11, 53); (Plaut. Pers. 267). Obs.: O perf. também aparece sem reduplicação: **admōrdi**.

admōrsus, -a, -um, part. pass. de **admordĕo**.

admōstī = **admovistī**.

admōtĭō, -ōnis, subs. f. Aproximação, aplicação: **admotio digitorum** (Cíc. Nat. 2, 150) «aplicação dos dedos (às cordas de um instrumento)».

admōtus, -a, um, part. pass. de **admovĕo**.

admovĕō, -ēs, -ēre, -mōvī, -mōtum, v. tr. I — Sent. próprio: 1) Fazer mover para, aproximar, fazer aproximar: **hoc opus ad turrim hostium admovent** (Cés. B. Civ. 2, 10, 7) «fazer mover para junto da tôrre dos inimigos esta máquina de guerra.» II — Daí: 2) Aplicar, empregar, inspirar: **admovere orationem ad sensus animorum inflammandos** (Cíc. De Or. 1, 60) «empregar o discurso para inflamar as paixões do auditório.» III — Dêsses sentidos fundamentais desenvolveram-se numerosas expressões como: 3) **aurem admovere** (Cíc. De Or. 2, 153) «aplicar o ouvido, escutar». 4) **fidibus manum admovere** (Cíc. Br. 200) «aplicar os dedos às cordas de um instrumento, dedilhar»; **manus admovere** (T. Liv. 5, 11, 16) «pôr a mão». Obs.: Constrói-se com acus. acompanhado da prep. **ad**, ou com o dat.

admūgĭō, -is, -ire, -gū (gīvī), -gītum, v. intr. Responder mugindo, mugir para (Ov. Am. 1, 279). Obs.: Constrói-se com dat.

admurmurātĭō, -ōnis, subs. f. Sussurro: a) de aprovação (Cíc. Q. Fr. 2, 1); b) de censura ou reprovação (Cíc. Pis. 31).

admurmŭrō, -ās, -āre, -āvī, -ātum, v. intr. Fazer sussurro: a) em sinal de aprovação (Cíc. At. 1, 13, 2); b) em sinal de censura ou reprovação (Cíc. Verr. 5, 41).

admutĭlō, -ās, -āre, -āvī, -ātum, v. tr. Tosquiar, e daí: lograr, surripiar (Plaut. Capt. 269).

adn- = **ann-**.

adnāscor = **agnāscor**.

adnătō, -ās, -āre, -āvī, v. intr. 1) Nadar para (Plín. H. Nat. 9, 38). 2) Nadar ao lado de (Sên. Agr. 452).

adnātus, v. agnatus.

adnāvĭgō, -ās, -āre, -āvī, v. intr. Navegar para (Plín. H. Nat. 35, 81).

adnō (annō), -ās, -āre, v. intr. 1) Nadar para, em direção a, nadar perto de, ao longo de (Verg. En. 6, 358). 2) Chegar a nado, vir por água: ...**ad urbem** (Cíc. Rep. 2, 9) «chegar a nado à cidade». Obs.: Constrói-se com o acus. acompanhado da prep. ad e com o dat.

adolĕō, -ēs, -ēre, -lēvī, -dūltum, v. tr. I — Sent. próprio: 1) Queimar, fazer queimar (Ov. Met. 1, 492). II — Na língua religiosa: 2) Queimar, ou consumir pelo fogo em honra de um deus (Verg. En. 7, 71).

adolēscens, -ēntis, v. adul .

adolescentĭa, -ae, v. adul-.

1. adolēscō, -is, -ĕre, -lēvī, adūltum, v. intr. incoat. I — Sent. próprio: 1) Crescer, desenvolver-se, engrossar, tornar-se maior (tratando-se de sêres vivos, das plantas) **liberi cum adoleverunt** (Cés. B. Gal. 6, 18,3) «quando os filhos tiverem acabado de crescer». II — Sent. figurado: 2) Crescer, desenvolver-se: **cupiditas agendi aliquid adolescit cum aetatibus** (Cíc. Fin. 5, 55) «o desejo de fazer algo crescer com a idade».

2. adolēscō, -is, -ĕre, v. intr. (incoat. de **adolĕo**), tr. Transformar-se em vapor, arder, queimar (Verg. G. 4, 379).

adolēsse = **adolevīsse**, inf. perf. de **adolĕo** e de **adolēsco**.

adolŭī = **adolēvī**.

Adōn, -ōnis, subs. pr. m. = **Adonis** (Varr. Men. 540).

Adōneus, -eī (trissíl. oxít.) **subs. m.** = **Adonis** (Catul. 29, 8).

Adōnis, -is (ĭdis), subs. pr. m. 1) Adônis, que foi célebre por sua beleza (Verg. Buc. 10, 18). 2) Rio da Fenícia, ao sul de Biblos (Plín. H. Nat. 5,78).

adoperĭō, -īs, -īre, -perŭī, -pertum, v. tr. Cobrir, fechar (Verg. En. 3, 405). Obs.: Não aparece nem em Cícero nem em César. Só é usado a partir de Varrão e pelos autores do período imperial. É empregado principalmente no part. pass. **adopērtus, -a, -um**.

adopērtus, -a, -um, part. pass. de adoperĭo.

adoperŭī, perf. de adoperĭo.

adopīnor, -āris, -ārī, -ātus sum, v. dep. tr. Conjeturar, pensar, julgar (Lucr. 4, 816).

adoptātĭō, -ōnis, subs. f. Adoção, perfilhação (Cíc. Tusc. 1, 31).

adoptātus, -a, -um, part. pass. de adōpto.

adoptĭō, -ōnis, subs. f. Ação de adotar, adoção (Cíc. Dom. 34).

adoptīvus, -a, -um, adj. 1) Adotivo: a) Que adota (Cíc. Dom. 35); b) Que é adotado (Tác. An. 13, 14). 2) Obtido por enxertia (tratando-se de frutos) (Ov. A. Am. 2, 652).

adōptō, -ās, -āre, -āvī, -ātum, v. tr. I — Sent. próprio: 1) Tomar por escolha, escolher, fazer escolha de (Cíc. Phil. 6, 13). Daí, na língua jurídica: 2) Adotar, perfilhar (Cic. Dom. 37). II — Sent. figurado: 3) Ajuntar, reunir: **adoptare Caesaris libertis se** (Plín. H. Nat. 12, 12) «reunir-se aos libertos de César». 4) Dar seu próprio nome a, pôr um nome em: **Baetis provinciam adoptans** (Plín. H. Nat. 3, 9) «que deu seu nome à província de Bétis.)

ador, -ŏris, subs. n. Espécie de trigo (Hor. Sát. 2, 6, 89). Obs.: A quantidade do o nos casos declives deve ser breve.

adōrābĭlis, -e, adj. Adorável (Apul. Met. 11, 18).

adōrātĭō, -ōnis, subs. f. Adoração (Plín. H. Nat. 28, 22).

adōrātus, -a, um, part. pass. de adoro.

adōrĕa (adōrĭa), -ae, subs. f. 1) Recompensa dada aos soldados, adórea (Hor. O. 4, 4, 41). 2) Glória militar, adória (Plín. H. Nat. 18, 14). Obs.: Palavra de raro emprêgo; não aparece em Cícero nem em César.

adōrĕum, -ī, subs. n. Trigo, espelta (Plín. H. Nat. 18, 191).

adōrĕus, -a, -um, adj. De trigo: **adorea liba** (Verg. En. 7, 109) «bôlo de trigo».

adōrĭa, v. adōrĕa.

adorĭor = **adorĭor.**

adorĭor, -ĭris, -īrī, -dōrtus (adorsus) sum, v. dep. tr. I — Sent. próprio: 1) Atacar, assaltar: **adoriri aliquem gladiis, fustibus** (Cíc. Sest. 79) «atacar alguém com espadas, com paus». II — Sent. figurado: 2) Começar, empreender, tentar

(Cíc. At. 13, 22, 4). Obs. Subj. Imperf. **adoreretur** (Suet. Claud. 13).
adornātus, -a, -um, part. pass. de **adŏrno.**
adŏrnō, -ās, -āre, -āvī, -ātum, v. tr. I — Aprestar, preparar, prever, equipar: **Pompeius naves onerarias adornabat** (Cés. B. Civ. 1, 26, 1) «Pompeu equipava navios de carga». Daí: 2) Ornar, enfeitar, adornar (Cíc. Verr. 1, 58).
adŏrō, -ās, -āre, -āvī, -ātum, v. tr. I — Sent. próprio: 1) Dirigir uma súplica a, pedir (suplicando), implorar (T. Lív. 6, 12, 7). II — Daí: 2) Adorar, prestar culto a, venerar (Suet. Vit. 2). 3) Venerar, admirar, reverenciar (Sen. Beat. 18, 2)
adōrsus, v. **adōrtus.**
adŏrtus, -a, -um, part. pass. de **adorĭor.**
adpet-. v. **appet-.**
adpl-, v. **appl-.**
adpōscō, -is, -ĕre, v. tr. Pedir a mais (Hor. Ep. 2, 2, 100).
adpr-. adpu-, v. **app-.**
adquīro = acquīro.
adr-, v. **arr.**
adrādō, -is, -ĕre, -rāsī, -rāsum, v. tr. Raspar, tirar raspando, tosar (Hor. Ep. 1, 7, 50).
Adramyttēnus, -a, -um, adj. De Adramita, adramiteno (Cíc. Flac. 31).
Adramyttēum, -ī, subs. pr. n. Adramiteu, cidade da Mísia (T. Lív. 37, 19, 7).
Adrăna, -ae, subs. pr. m. Adrana, rio da Germânia (Eder) (Tác. An. 1, 56).
Adrānum, -ī, subs. pr. n. Adrano, cidade da Sicília (S. It. 14, 250).
adrāsī, perf. de **adrādo.**
Adrāstis, -ĭdis, subs. pr. f. Árgia, filha de Adrasto (Estác. Theb. 12, 678).
Adrāstus, -ī, subs. pr. m. Adrasto, rei de Argos (Verg. En. 6, 480).
adrāsus, -a, -um, part. pass. de **adrādo.**
Adrĭa, adriăcus, v. **Hadr-.**
Adrumētinus, -a, -um, adj. De Adrumeto, adrumetino.
Adrūmētum (Hadrumetum), -ī, subs. pr. n. Adrumeto, cidade marítima entre Cartago e Léptis (Cés. B. Civ. 2, 23, 4).
Adrўas, -ădıs, subs. f. Hamadríade, ninfa dos bosques (Prop. 1, 20, 12).
ads-, v. **ass-.**
adsp-, v. **asp-.**
adsum, -dĕs, -dĕsse, adfŭī ou affŭī, v. intr. I — Sent. próprio: 1) Estar perto, estar presente, estar entre, ou junto de: **qui aderant** (Cíc. Verr. 4, 85) «os que estavam perto»; **ad diem adesse** (Cíc. Verr. 2, 99) «estar presente no dia marcado». II — Sent. figurado: 2) Defender, favorecer, assistir alguém (Cíc. Fam. 6, 14, 3). 3) Participar, tomar parte, assistir: **tuis rebus adero** (Cíc. De Or. 2, 272) «defenderei teus interêsses». 4) Tratando-se de coisas: estar aí, haver (impessoal) (Cíc. Tusc. 5, 15); (Cíc. Tusc. 5, 62). 5) Ter, possuir (com dat.): **Domitiano aderat animus** (Tác. Hist. 3, 59) «Domiciano tinha coragem». Obs.: Subj. Pres. arc. **adsiet** (Plaut. As. 415); **adsient** (Ter. Phorm. 313).
adt-, v. **att-.**
Aduatŭca, -ae, subs. pr. f. Aduátuca, cidade da Gália Bélgica (Cés. B. Gal. 6, 32, 3).
Aduatŭcī, -ōrum, subs. loc. m. Aduátucos, povo da Bélgica (Cés. B. Gal. 2, 4, 9).
adŭlans, -ăntis. I — Part. pres. de **adŭlor.** II — Adj.: afável, adulador, lisonjeador (Plín. Pan. 26, 1).
adŭlātĭō, -ōnis, subs. f. I — Sent. próprio: 1) Festa que fazem os cães e outros animais (Cíc. Nat. 2, 158). II — Sent. figurado, aplicando-se ao homem: 2) Adulação, lisonja (Tác. An. 11, 21). 3) Ação de lançar-se por terra, prosternação (entre os orientais) (T. Lív. 9, 18, 4).
adŭlātor, -ōris, subs. m. Adulador, vil lisonjeiro (Sên. Contr. 7, 3 (18), 9).
adulātōrĭus, -a, -um, adj. Adulador, lisonjeiro (Tác. An. 6, 32).
adŭlātus, -a, -um, part. pass. de **adŭlor.**
adulēscens, -ēntis. I — Part. pres. de **adulēsco.** II — Adj.: 1) Jovem, adolescente (Cíc. Fam. 9, 8, 1). III — Subs. m. e f.: 2) Jovem, adolescente (de 17 a 30 anos) (Cíc. Clu. 11); (Ter. And. 488). 3) Para se distinguir duas pessoas do mesmo nome: **D. Brutum adulescentem... praeficit** (Cés. B. Gal. 3, 11, 5) «põe no comando... D. Bruto, o jovem». Obs.: Gen. pl.: **adulescentium** e, às vêzes, **adulescentum** (Plaut. As. 133).
adulescentĭa, -ae, subs. f. I — Sent. próprio: 1) Adolescência (período da vida que, nos homens, vai dos 15 aos 30 anos mais ou menos), mocidade (Cíc. C.M. 4). Daí: 2) A mocidade, i.é, os jovens (Cíc. Arch. 16).
adulescentŭla, -ae, subs. f. Mocinha, menina, adolescente (Ter. And. 118).
1. **adulescentŭlus, -a, -um,** adj. De homem novo, de jovem adolescente (Cíc. Phil. 8, 14).
2. **adulescentŭlus, -ī,** subs. m. Um homem bem jovem, mocinho, rapaz, adolescente (Cíc. Caec. 68).

adulēscō = adolēsco 1.

adūlō, -ās, -āre, -āvī, -ātum, v. tr. Aproximar-se fazendo festa, acariciar (Lucr. 5, 1070). Obs.: Verbo arcaico e raro.

adūlor, -āris, -ārī, -ātus sum, v. dep. tr. I — Sent. próprio: 1) Aproximar-se fazendo festa (tratando-se de animais), acariciar (Ov. Met. 14, 259). II — Sent. figurado, aplicando-se ao homem: 2) Adular, lisonjear (Cíc. Lae. 99). Obs.: Constrói-se também com dat. (C. Nep. At. 8, 6); (T. Liv. 36, 7, 4), construção esta reservada ao segundo sentido.

1. adūlter, -ĕra, -ĕrum, adj. I — Sent. próprio: 1) Alterado, estragado, falso (Ov. A. Am. 3, 643). II — Donde: 2) De adúltero, próprio de adúltero (Ov. Am. 3, 4, 5).

2. adūlter, -ĕrī, subs. m. 1) Adúltero (Verg. En. 10, 92). 2) Amante (Cíc. Sest. 39).

adultĕra, -ae, subs. f. Adúltera (Hor. O. 3, 33, 25).

adulterātĭō, -ōnis, subs. f. Adulteração, falsificação (Plín. H. Nat. 21, 32).

adulterātus, -a, -um, part. pass. de adultĕro.

adulterīnus, -a, -um, adj. I — Sent. próprio: 1) Adulterino, de raça cruzada (Plín. H. Nat. 7, 14). II — Daí: 2) Falsificado, falso (Cíc. Clu. 41).

adulterĭum, -ī, subs. n. Adultério (Tác. An. 4, 12).

adultĕrō, -ās, -āre, -āvī, -ātum, v. tr. I — Sent. próprio: 1) Alterar, adulterar, corromper, falsificar (Cíc. Caec. 73). II — Sent. figurado: 2) Seduzir, cometer adultério (Cíc. Of. 1, 128).

adūltus, -a, -um. I — Part. pass. de **adolēsco**. II — Adj.: em sent. próprio: 1) Crescido, grande, nutrido, e daí, adulto (Cíc. Br. 330). III — Sent. figurado: 2) Forte, desenvolvido, vigoroso (Cíc. Cat. 1, 30).

adumbrātim, adv. De modo vago, sem contornos precisos, imperfeitamente (Lucr. 4, 362).

adumbrātĭō, -ōnis, subs. f. Esbôço, bosquejo (sent. próprio e figurado) (Cíc. Or. 103).

adumbrātus, -a, -um, I — Part. pass. de **adūmbro**. II — Adj.: — Sent. próprio: 1) Esboçado, figurado a traços (Cíc. Nat. 1, 75). III — Sent. figurado: 2) Vago, superficial (Cíc. Tusc. 3, 3) Fictício, falso (Cíc. Lae. 97).

adūmbrō, -ās, -āre, -āvī, -ātum, v. tr. I — Sent. próprio: 1) Pôr à sombra, cobrir de sombra, sombrear (Col. 5, 5, 15). II — Sent. figurado: 2) Esboçar, delinear, pintar (Cíc. De Or. 2, 194). 3) Imitar, reproduzir de modo imperfeito, inventar, fingir (Q. Cúrc. 10,3,14).

aduncĭtās, -tātis, subs. f. Curvatura (em forma de gancho): ...**rostrorum** (Cíc. Nat. 2, 122) «curvatura dos bicos».

adūncus, -a, -um, adj. Recurvado, adunco (Cíc. Tusc. 2, 24).

Adunicātēs, -um ou -ĭum, subs. loc. m. Adunicates, povo da Gália Narbonense (Plín. H. Nat. 3, 35).

adūrens, -ēntis, part. pres. de **aduro**.

adurgĕō, -ēs, -ēre, v. tr. 1) Apertar contra (Cels. 7, 12, 1). 2) Perseguir (Hor. O. 1, 37, 17).

adūrō, -ĭs, -ĕre, -ūssī, -ūstum, v. tr. I — Sent. próprio: 1) Queimar na superfície, queimar ligeiramente, queimar: **sine gemitu aduruntur** (Cíc. Tusc. 5, 77) deixam queimar-se sem um gemido». 2) Queimar (tratando-se de frio) (Verg. G. 1, 92). II — Sent. figurado: 3) Inflamar, abrasar (tratando-se de amor) (Hor. O. 1, 27, 15).

adūsque, prep. com acus. Até a (Verg. En. 11, 261).

adūssī, perf. de **aduro**.

adūstĭō, -ōnis. subs. f. I — Sent. próprio: 1) Ação de queimar, queimadura (Plín. H. Nat. 20, 61). II — Sent. figurado: 2) Inflamação, esfoladura (Plín. H. Nat. 17, 116).

adūstus, -a, -um. I — Part. pass. de **adūro**. II — Adj.: Adusto, queimado, queimado pelo sol, escuro, bronzeado (Sên. Nat. 4, 2, 18). Obs.: O n. pl. **adūsta, -orum**, significa: queimaduras (Plín. H. Nat. 20, 71).

advectĭcĭus, -a, -um, adj. Trazido de algum lugar, importado, adventício (Sal. B. Jug. 44, 5).

advectĭō, -ōnis, subs. f. Ação de transportar, transporte (Plín. H. Nat. 9,169).

advēctō, -ās, -āre, -āvī, -ātum, v. tr. Transportar (Tác. An. 6, 13).

1. advēctus, -a, -um, part. pass. de **advĕho**.

2. advēctus, -ūs, subs. m. Transporte, viagem (Tác. Hist. 4, 84). Obs.: Só usado no abl.

advĕhō, -ĭs, -ĕre, -vēxī, -vēctum, v. tr. I — Sent. próprio: 1) Levar para, transportar para (Cíc. Verr. 5, 64). II — Daí:

2) Chegar (Verg. En. 8, 136). 3) Importar (Tác. Germ. 9). Obs.: Constrói-se com o dat., com o acus. (ling. poética) e com o acus. acompanhado das preps. **ad** ou **in**. Obs.: perf. **advexti** (Plaut. Merc. 390); Inf. Perf. **advexe** (Plaut. Merc. 333).
advĕlans, -āntis, part. pres. de **advĕlo**.
advĕlō, -ās, -āre, -āvī, -ātum, v. tr. Pôr um véu em, cobrir, velar, coroar, cingir (Verg. En. 5, 246).
advĕna, -ae, subs. m. 1) Estrangeiro (Cíc. Verr. 4, 130). 2) Adj.: m. e f.: Vindo de país estrangeiro, ádvena, estranho a (Cíc. Leg. 2, 19). Obs.: Pode ser aplicado aos três gêneros.
advĕnat = advĕnĭat.
advĕnī, perf. de **advenĭo**.
advenĭō, -īs, -īre, -vēnī, -ventum, v. intr. I — Sent. próprio: 1) Vir para perto de, chegar, sobrevir: **advenire in provinciam** (Cíc. Phil. 11, 30) «chegar à província». II — Sent. figurado: 2) Chegar: **cum id advenit** (Cíc. C. M. 69) «quando isso (o fim da vida) chegar». Obs.: Constrói-se com o abl. sem prep. ou precedido da prep. **ab** ou **ex**, e com acus. acompanhado da prep. **ad** ou **in**, ou como intr. absoluto.
adventīcĭus, -a, -um, adj. I — Sent. próprio: 1) Que vem de fora, adventício, estranho, emprestado (Cíc. Pomp. 24). II — Sent. figurado: 2) Relativo à chegada, pela chegada (Suet. Vit. 13). 3) Que acontece de maneira surpreendente, extraordinário (Cíc. At. 1, 19, 4).
adventō, -ās, -āre, -āvī, -ātum, v. intr. I — Sent. próprio: 1) Chegar ràpidamente, aproximar-se, chegar: **Caesar adventare jam jamque nuntiabatur** (Cés. B. Civ. 1, 14, 1) «já se anunciava César chegar ràpidamente». (Cíc. Fam. 2, 6, 1). II — Sent. figurado: 2) Chegar, aproximar-se: **quod tempus adventat** (Cíc. De Or. 1, 199) «o tempo que se aproxima». Obs.: É mais usado nas formas de pres. e impf. Constrói-se com acus. simples ou com **ad**, e raramente **in**, ou com o dat.
adventor, -ōris, subs. m. 1) O que vem visitar, visitante, cliente, freguês (Plaut. Truc. 616). 2) O que vem de fora, estrangeiro, hóspede (Plaut. As. 359).
adventōrĭus, -a, -um, adj. Que se oferece a quem chega, pertencente a um hóspede (Marc. 12, pref.).

advĕntus, -ūs, subs. m. I — Sent. próprio: 1) Ato de chegar, chegada, vinda (Cíc. Cat. 1, 16). Daí: 2) Vinda, invasão (na ling. militar) (Cíc. Rep. 2, 11). II — Sent. figurado: 3) Chegada (Cíc. Tusc. 3, 29). Obs.: Gen. sing. **adventi** (Ter. Phorm. 154).
advĕrrō, -is, -ĕre, v. tr. 1) Varrer, arrastar. E daí: 2) Exterminar, expulsar (Estác. Theb. 4, 203).
advĕrsa, -ōrum, v. **adversus, -a, -um**.
1. **adversārĭa, -ae**, subs. f. Antagonista, adversária, inimiga (em qualquer acepção) (Cíc. Fam. 2, 4, 2).
2. **adversārĭa, -ōrum**, subs. n. pl. Minuta, rascunho de um escrito (Cíc. Com. 7).
1. **adversārĭus, -a, -um**, adj. Contrário, oposto (Cíc. Caec. 4).
2. **adversārĭus, -ī**, subs. m. Antagonista, adversário, rival (inimigo em qualquer acepção) (Cíc. Mur. 9). Obs.: Gen. pl. **adversarium** (Ter. Hec. 22).
adversātor, -ōris, subs. m. O que se opõe, adversário, opositor (Apul. Socr. 5).
adversātrīx, -īcis, subs. f. A que se opõe, adversária, opositora (Plaut. Most. 257).
adversātus, -a, -um, part. pass. de **adversor**.
adversĭō, -ōnis, ou **animi adversio** (Cíc. Arch. 16), subs. f. Ação de dirigir para, aplicação do espírito, atenção (Tert. Marc. 2, 13).
adversor (advorsor), -āris, -āri, -ātus sum, v. dep. int. Voltar-se contra, ser contrário, hostil, opor-se: **adversante ratione** (Cíc. Tusc. 4, 14) «sendo contrária a razão». Obs.: Constrói-se com dat. (ser contrário a alguém) (Cíc. Phil. 1, 36). Obs.: Inf. **advorsarier** (Plaut. Amph. 703).
1. **advĕrsus, (adversum)**, adv. Em sentido oposto, em frente, contra (Plaut. As. 295); (T. Lív. 27, 2, 9).
2. **advĕrsus (adversum)**, prep. acus. I — Sent. próprio: 1) Em frente de, diante de, em presença de: **porta quae adversum castra romana erat** (T. Lív. 26, 14, 6) «a porta que ficava em frente ao acampamento romano». II — Daí: 2) Contra, ao encontro de (Cés. B. Gal. 4, 14, 2). 3) Em resposta a (T. Lív. 22, 40, 1). 4) Relativamente a, com respeito a, para com: **pietas adversus deos** (Cic. Fin. 3, 73) «piedade para com os deuses».

3. **adversus, -a, -um. I** — Part. pass. de **adverto. II** — Adj. — Sent. próprio: 1) Voltado para, face a face: **adversis hostibus occurrebant** (Cés. B. Gal. 2, 24, 1) — «encontravam-se face a face com os inimigos». **III** — Sent. figurado: 2) Contrário, oposto, inimigo (Cíc. Mil. 3). 3) Contrário, adverso, infeliz, difícil (Tác. An. 2, 53). 4) Em lógica: contrário, oposto (pelo sentido): **referunt adversa contrariis** (Cíc. Or. 65) «referem-se a têrmos de sentidos opostos». Obs.: O n. pl. **adversa, -orum** significa: «adversidade» (Ter. Hec. 388).

adverti, perf. de **adverto**.

adverto (advorto), -is, -ere, -verti, -versum, v. tr. I — Sent. próprio: 1) Voltar para ou contra, dirigir para ou contra, aplicar: **advertere terris proram** (Verg. G. 4, 117) «voltar a proa para a terra». II — Sent. figurado: 2) Prestar atenção, escutar (Verg. En. 8, 440). 3) Chamar a atenção, fazer lembrar, advertir (Tác. An. 12, 51). 4) Ver, notar (Cíc. Sull. 9) Obs.: Constrói-se geralmente com acus., e com acus. com **in**, ou com dat.

advesperascit, -avit, -ascere, v. impess. incoat. Entardecer, fazer-se noite, aproximar-se a noite (Cíc. Verr. 4, 147).

advexe = **advexisse**, inf. perf. de **adveho**.

advexi, perf. de **adveho**.

advexti = **advexisti**, 2ª pess. sg. perf. do indicat. de **adveho**.

advigilo, -as, -are, -avi, -atum, v. intr. Velar, vigiar, olhar por, estar alerta (sentido próprio e figurado) (Cíc. Leg. 2,39). Obs.: Constrói-se com dat., com abl. com prep. **pro**, ou com acus. com **ad** ou **in**.

advocatio, -onis, subs. f. 1) Assistência, defesa, consulta judiciária (Cíc. Fam. 7, 10, 2). 2) Reunião, assembléia dos defensores (do acusado) (Cíc. Sest. 119). 3) Prazo (de um modo geral) (Sên. Ir. 1, 18, 1).

advocatus, -i, subs. m. I — Sent. próprio: 1) Que assiste ao que foi chamado perante a justiça, assistente, patrono (sem advogar, ajudando o réu com sugestões, conselhos, etc.) (Cíc. Sull. 81). II — Sent. figurado: 2) Ajudante, defensor (T. Lív. 26, 48, 10).

advoco, -as, -are, -avi, -atum, v. tr. I — Sent. próprio: 1) Chamar a si, convocar, convidar (Cíc. Dom. 124). Daí, em sentido particular: 2) Chamar como conselheiro (num processo), chamar em seu auxílio (Cíc. Quinct. 69). 3) Tomar como defensor (na época imperial) (Sên. Clem. 1, 9, 10). II — Sent. figurado: 4) Apelar para, recorrer a, invocar a assistência (Ov. Met. 7, 138). Obs. Constrói-se com acus. com **ad** ou **in**, ou com dat.

advolatus, -us, subs. m. Chegada em vôo, vôo (poét.) (Cíc. Tusc. 2, 24).

advolo, -as, -are, -avi, -atum, v. intr. I — Sent. próprio: 1) Voar para, aproximar-se voando (Cíc. Nat. 2, 124). II — Sent. figurado: 2) Voar para, precipitar-se, acorrer (Cés. B. Gal. 5, 17, 2). Obs.: Constrói-se com o acus. com **ad** ou **in**, com o acus. sem prep. ou ainda com o dat.

advolutus, -a, -um, part. pass. de **advolvo**.

advolvi, perf. de **advolvo**.

advolvo, -is, -ere, -volvi, -volutum, v. tr. I — Sent. próprio: 1) Rolar para junto de, levar rolando: **advolvere ingentes montibus ornos** (Verg. En. 6, 182). «levar rolando das montanhas enormes freixos». II — Donde: 2) Deixar cair junto a, prostrar junto de (**advolvi** ou **se advolvere**) (T. Lív. 28, 34, 3).

advorsus, advorsum, advorto, v. **adversus, adversum, adverto**.

Adyrmachidae, -arum, subs. loc. n. Adirmáquidas, povo da Líbia (Plín. H. Nat. 5, 39).

adytum, -i, subs. n. I — Sent. próprio: 1) Ádito, a parte mais secreta de um templo, santuário (Cés. B. Civ. 3, 105, 5). Donde: 2) Mausoléu (referindo-se a um túmulo) (Verg. En. 5, 84). II — Sent. figurado: 3) Santuário (Lucr. 1, 737).

Aea, -ae, subs. pr. f. Éa, nome da Cólquida, nos tempos mitológicos (Plín. H. Nat. 6, 13).

Aeacideius, -a, -um, adj. Dos eácidas (Ov. Met. 7, 472).

Aeacides, -ae, subs. pr. m. Eácida, descendente masculino de Éaco (Verg. En. 6, 58).

Aeacus, -i, subs. pr. m. Éaco, rei de Egina, avô de Aquiles (Ov. Met. 13, 25).

Aeaea, -ae, (Aeaee, -es), subs. pr. f. Eéia, ilha fabulosa, morada da feiticeira Circe (Verg. En. 3, 386).

Aeaeus, -a, -um, adj. De Eéia, eécio (referente a Circe) (Verg. En. 3, 386).

Aeas, -antis, subs. pr. Eante, rio do Epiro (Ov. Met. 1, 580).

Aebura, -ae, subs. pr. f. Ébura, cidade da Espanha (T. Lív. 40, 3, 3).

1. **Aebŭtĭus, -a, -um**, adj. De Ebúcio (Cíc. Leg. 2, 21).
2. **Aebŭtĭus, -ī**, subs. pr. m. Ebúcio, nome de família romana.
Aecae, -ārum, subs. pr. f. Ecas, cidade da Apúlia (T. Lív. 24, 20, 5).
Aecānī, -ōrum, subs. loc. m. Ecanos, habitantes de Ecas (Plín. H. Nat. 3, 105).
aecāstor, v. ecastor.
Aeclānum (Aeculanum), -ī, subs. pr. n. Eculano, cidade do Sâmnio (Cíc. At. 7, 3, 1).
aecus, -a, -um, v. aequus.
aedĕpol, v. edepol.
aedēs (aedis), -is, subs. f. I — Sent. próprio: 1) Lareira, lugar em que se faz o fogo. O singular indica, especialmente, a morada do deus, o templo: **in aede Castoris** (Cíc. Verr. 1, 129) «no templo de Castor». Daí: 2) O plural **aedes, -ium** tem valor de coletivo e indica o conjunto de uma construção; casa, habitação (Cíc. Verr. 1, 53). Donde: 3) Quarto (Verg. G. 2, 461). 4) Templo (pl.). (Cíc. Verr. 4, 119).
aedicŭla, -ae, subs. f. I — Sent. próprio: 1) Pequeno templo, capela, nicho (onde se coloca uma imagem) (Cíc. Dom. 136). Donde: 2) No plural: casa pequena (Cíc. Cael. 17).
aedificātĭō, -ōnis, subs. f. I — Sent. próprio: 1) Ação de edificar, construir, construção (Cíc. Rep. 2, 44). Daí: 2) Edifício, casa (Cíc. Fam. 5, 6, 3).
aedificātiuncŭla, -ae, subs. f. Pequena construção (Cíc. Q. Fr. 3, 1, 5).
aedificātor, -ōris, subs. m. I — Sent. próprio: 1) Construtor, arquiteto (Cíc. Nat. 1, 18). E daí, pejorativamente: 2) Que tem mania de construir (C. Nep. At. 13, 1).
aedificātus, -a, -um, part. pass. de **aedifico**.
aedificĭum, -ī, subs. n. Edifício, construção (de um modo geral) (Cíc. Q. Fr. 3, 9, 7); (T. Lív. 5, 41).
aedifĭcō, -ās, -āre, -āvī, -ātum, v. tr I — Sent. próprio: 1) Construir, edificar (Cíc. Dom. 146). II — Sent. figurado: 2) Construir, criar, constituir: **aedificare mundum** (Cíc. Nat. 1, 19) «criar o mundo».
1. **aedĭlĭcĭus, -a, -um**, adj. De edil, relativo a edil (Cíc. Clu. 126).
2. **aedīlĭcĭus, -ī**, subs. m. Antigo edil (Cíc. Phil. 8, 24).
aedīlis, -is, subs. m. Ed[il], magistrado romano (Cíc. Sest. 95).

aedīlĭtas, -tātis, subs. f. Edilidade (cargo de edil) (Cíc. Verr. 4, 133).
aedīlitĭus, -a, v. **aedilicius**.
aedis, -is, v. aedes.
aeditĭmus (aeditŭmus), -ī (subs. m. = **aeditŭm**. Guarda de um templo (Cíc. Verr. 4, 96).
aeditŭens, -ēntis, subs. m. Guarda de um templo (Lucr. 6, 1275).
aeditŭus, -ī, subs. m. Guarda de um templo, porteiro (Plaut. Curc. 204).
aēdōn, -ŏnis, subs. f. Rouxinol (Sên. Ag. 671).
Aedŭī (Haeduī), -ōrum, subs. loc. m. Éduos, povo da Gália Central (Cés. B. Gal. 1, 10, 1).
1. **Aedŭus, -a, -um**, adj. Éduo.
2. **Aedŭus, -ī**, (sg.) subs. loc. m. Um éduo, habitante da Édua.
aedus, -ī, subs. m., v. **haedus**.
Aeēta, -ae e Aeētēs, -ae, subs. pr. m. Eeta, rei da Cólquida (Cíc. Nat. 3, 48).
Aeētēus, -a, -um, adj. De Eeta, eeto (Catul. 64, 3).
Aeētĭas, -ădis, subs. pr. f. (Ov. Met. 7,9). ou **Aeetīnē, -ēs**, subs. f. (Ov. Her. 6, 103) ou **Aeētis, -ĭdis**, subs. pr. f. (Flac. 6, 481). Filha de Eeta, Medéia.
Aeētĭus, -a, -um, adj. De Eeta, eeto (V. Flac. 6, 267).
Aefŭla, -ae, subs. pr. f. ou **Aefŭlum, -ī**, subs. n. Éfulo, pequena cidade do Lácio, destruída desde o tempo de Plínio (Hor. O. 3, 29, 6).
Aefulānī, -ōrum, subs. loc. m. Efulanos, habitantes de Éfulo (Plín. H. Nat. 3, 69).
Aefulānus, -a, -um, adj. De Éfulo (T. Liv. 26, 9, 9).
Aegae (Aegāeae, Aegēae, Aegīae), -ārum, subs. pr. f. Egas. 1) Cidade da Macedônia (Edessa, mais tarde) (Plín. H. Nat. 4, 33). 2) Cidade da Eólia (Plín. H. Nat. 5, 121). 3) Cidade da Sicília (Tác. An. 13, 8).
Aegāeōn, -ōnis, subs. m. Egéon. 1) Outro nome de Briaréu, gigante de cem braços (Verg. En. 10, 565). 2) Nome de um deus marinho (Ov. Met. 2, 10). Daí, metaforicamente: 3) O mar Egeu (Estác. Theb. 5, 288). Obs. Acus.: **Aegaeona** (Ov. Met. 2, 10).
Aegāeum (-ēum) mare, subs. pr. n. Mar Egeu (Cíc. Pomp. 55) ou **Aegēum pelăgus** (Varr. R. Rust. 2, 1, 8) ou **mare Aegāeum** (Cíc. Fin. 3, 45) ou sòmente **Aegēum** (Plín. H. Nat. 9, 52).
Aegāeus (Aegēus), -a, -um, adj. Do Mar Egeu (Verg. En. 3, 74).

Aegalĕōs, subs. pr. m. Monte da Ática (Estác. Theb. 12, 620).
Aegātēs, -ĭum (Aegātae, -ārum), subs. pr. f. Ilhas Egates (T. Liv. 21, 10, 7).
Aegēădēs, Aegēātēs, v. **Aegae**.
aeger, -gra, -grum, adj. I — Sent. próprio: 1) Doente, enfêrmo (Cíc. At. 6, 7, 2). Donde, substantivado: 2) Doente (Cíc. De Or. 2, 186). II — Sent. figurado: 3) Atormentado, inquieto (T. Liv. 1, 58, 9). 4) Penoso, doloroso, angustiante (Verg. En. 5, 432). 5) Infeliz (poético) (Verg. En. 2, 268).
Aegeria, v. **Egeria**.
aegerrĭmē, superl. de **aegre**.
Aegetĭnī, -ōrum, subs. loc. m. Egetinos, habitantes de uma cidade da costa da Calábria (Plín. H. Nat. 3, 105).
Aegēum mare, v. **Aegaeus**
Aegēus (dissílabo), -ĕī, subs. pr. m. Egeu, rei de Atenas, pai de Teseu (Ov. Her. 10, 131). Obs.: acus.: **Aegea** (Ov. Met. 15, 856).
Aegĭălē, -ēs e Aegĭălēa (ou -līa), -ae, subs. pr. f. Egialéia, mulher de Diomedes (Estac. S. 3, 5, 48).
Aegĭălēus, -ĕī, subs. pr. m. Egialeu, filho de Eeta, irmão de Medéia, também chamado Absirto (Pacúv. apud Cíc. Nat. 3, 48).
Aegĭdēs, -ae, subs. m. Filho ou descendente de Egeu (Ov. Met. 8, 174).
Aegiēnsēs, -ĭum, subs. loc. m. Egienses, habitantes de Égio (T. Liv. 38, 30, 1).
Aegīla (Aegīlia), -ae subs. pr. f. Égila, ilha do mar Egeu (Plín. H. Nat. 4, 57).
Aegimŭrus (Aegimŏrus), -ī, subs. pr. f. Egímoro, ilha perto de Cartago (T. Liv. 30, 24, 9).
Aegīna, -ae, subs. pr. f. Egina. 1) Filha de Asopo (Ov. Her. 3, 75). 2) Ilha montanhosa da Grécia (Cíc. Of. 3, 46).
Aeginēnsēs, -ĭum, subs. m. ou **Aeginētae, -arum**, subs. loc. m. Eginetas, habitantes de Egina (Cíc. Of. 3, 46).
Aeginiēnsēs, -ĭum, subs. loc. m. Habitantes de Egínio (T. Liv. 44, 46, 3)
Aeginĭum, -ī, subs. pr. n. Egínio, cidade da Macedônia (Cés. B. Civ. 3, 79, 7).
Aegīon (Aegīum), -ī, subs. pr. n. Égio, cidade da Acaia (T. Liv. 38, 29, 3).
Aegīra, -ae, subs. pr. f. Egira. 1) Cidade da Acaia (Plín. H. Nat. 4, 12). 2) Antigo nome de Lesbos (Plín. H. Nat. 5, 139).
aegis, -ĭdis (-ĭdos), subs. f. I — Sent. próprio: égide. 1) Escudo de Minerva, com a cabeça da Medusa (Verg. En. 8, 435),
2) Escudo de Júpiter (Verg. En. 8, 354). II — Sent. figurado: 3) Escudo, defesa, égide (Ov. Rem. 346).
Aegīsos, -ī, subs. pr. f. Egiso, cidade da Cítia (Ov. P. 1, 8, 13).
Aegisthus, -ī, subs. pr. m. Egisto, filho de Tieste, morto por Orestes (Cíc. Nat. 3, 91).
Aegĭum, v. **Aegīon**.
Aegīus, -a, -um, adj. De Égio (Plín. H. Nat. 14, 42).
Aeglē, -ēs, subs. pr. f. 1) Egle, uma das náiades (Verg. Buc. 6, 21). 2) Nome de mulher (Marc. 1, 72, 3).
Aegocĕrōs, -ōtis, subs. pr. m. Capricórnio, signo do Zodíaco, Egóceros (Lucr. 5, 615).
Aegōn, -ōnis, subs. pr. m. 1) Égon, Mar Egeu (Estác. Theb. 5, 56). 2) Nome de pastor (Verg. Buc. 3, 2).
Aegos flŭmen, subs. pr. n. Nome de um rio (Egos) e de uma cidade do Quersoneso da Trácia (C. Nep. Lys. 1, 4).
aegrē, adv. De modo aflitivo, com dificuldade, penosamente, de má vontade (Cés. B. Civ. 3, 63, 8).
aegrĕō, -ēs, -ēre, v. intr. Estar doente (Lucr. 3, 106).
aegrēscō, -ĭs, -ĕre, v. intr. incoat, I — Sent. próprio: 1) Adoecer (Lucr. 5, 349). II — Sent. figurado: 2) Adoecer, sofrer (tratando-se da alma) (Lucr. 3, 521). 3) Piorar, enfadar-se, irritar-se, afligir-se (Verg. En. 12, 46).
aegrimōnĭa, -ae, subs. f. Sofrimento (moral, principalmente), desgôsto (Cíc. At. 31, 38, 2).
Aegritomārus, -ī, subs. pr. m. Egritomaro, nome de homem (Cíc. Verr. 2, 118).
aegritūdō, -ĭnis, subs. f. I — Sent. próprio: 1) Doença (física) (Tác. An. 2, 69). II — Sent. figurado: 2) Desgôsto, inquietação, aflição (Cíc. Tusc. 3, 27).
aegror, -ōris, subs. m. Doença (Lucr. 6, 1132).
Aegrōtātĭō, -ōnis, subs. f. I — Sent. próprio: 1) Doença (física) (Cíc. Tusc. 4, 28). II — Sent. figurado: 2) Aflição, preocupação, ansiedade (Cíc. Tusc. 3, 8).
aegrōtō, -ās, -āre, -āvī, -ātum, v. intr. I — Sent. próprio: 1) Estar doente (Cíc. C. M. 67). II — Sent. figurado: 2) Estar doente, estar abalado, estar em má situação (referindo-se à alma) (Plaut. Trin. 72).

1. **aegrōtus, -a, -um**, adj. I — Sent. próprio: 1) Doente (Cíc. Tusc. 3, 12). II — Sent. figurado: 2) Preocupado, ansioso, inquieto (Plaut. Trin. 76).
2. **aegrōtus, -ī**, subs. m. Um doente (Cíc. Phil. 1, 11).
Aegȳla, v. **Aegīla**.
Aegȳpta, -ae, subs. pr. m. Egita, liberto de Cícero (Cíc. At. 8, 15, 1).
1. **Aegyptĭus, -a, -um**, adj. Egípcio (Cíc. Nat. 3, 59).
2. **Aegyptĭus, -ī**, subs. loc. m. Egípcio (Cíc. Div. 2, 22).
Aegȳptus, -ī, subs. pr. f. Egito, nome da região ao nordeste da África (Cíc. At. 2, 5, 1).
Aeliānus, -a, -um, adj. De Élio, eliano. Cíc. Br. 206).
aelīnos, -ī, subs. m. Canto fúnebre, nênia (Ov. Am. 3, 9, 23).
Aelĭus, -ī, subs. pr. m. Élio, nome próprio de homem (Cíc. Pis. 10).
Aēllo, -ūs, subs. pr. f. 1) Aelo, uma das Hárpias (Ov. Met. 13, 710). 2) Um dos cães de Acteão (Ov. Met. 3,219).
Aemathĭa, v. **Emathĭa**.
Aemilĭa, -ae (via), subs. pr. f. 1) Via Emiliana (Cíc. Fam. 10, 30, 4). Donde: 2) Nome da região em que se encontra esta via (Marc. 6, 85, 5).
Aemiliāna, -ōrum, subs. pr. n. Arrabalde de Roma, Emiliana (Varr. R. Rust. 3, 2, 6).
Aemiliānus, -a, -um, adj. Emiliano, sobrenome do segundo Cipião Africano, filho de L. Emílio Paulo (Cíc. Of. 1, 121).
1. **Aemilĭus, -a, -um**, adj. Emiliano (Hor. A. Poét. 32). 2) Escola (de gladiadores) fundada por um Emílio Lépido.
2. **Aemilĭus, -ī**, subs. pr. m. Emílio, nome de família romana, ilustrado por várias personagens, entre as quais L. Emílio Paulo, vencedor de Perseu.
Aeminiēnsis, -is, adj. Eminiense, da cidade de Emínio (Plín. H. Nat. 4, 118).
Aeminĭum, -ī, subs. pr. n. Emínio, cidade e rio da Lusitânia (Plín. H. Nat. 4, 113).
Aemon, v. **Haemon**.
Acmonĭa, Acmonĭdēs, Aemonĭus, v. **Haem**
aemŭla, -ae, v. **aemŭlus**.
aemulātĭō, -ōnis, subs. f. I — Sent. próprio: 1) Emulação (no bom e mau sentido), rivalidade, desejo de igualar (Tác. Agr. 21). Daí: 2) Rivalidade invejosa, inveja, ciúme (Cíc. Tusc. 4, 56).
aemulātor, -ōris, subs. m. 1) Que procura igualar, êmulo, competidor (Cíc. At. 2, 1, 10). Donde: 2) Rival (Tác. H. 3, 66).

1. **aemulātus, -a, -um**, part. pass. de **emŭlor**.
2. **aemulātus, -ūs**, subs. m. Emulação, rivalidade (Tác. An. 13, 46).
aemŭlor, -āris, -ārī, -ātus sum, v. tr. e intr. dep. I — Sent. próprio: 1) Igualar imitando, ser êmulo, procurar igualar, imitar (T. Lív. 26, 36, 8). Daí: 2) Rivalizar, competir, ser rival (tr. e intr.) (Prop. 2, 34, 19). 3) Invejar, ter inveja (intr.) (Cíc. Tusc. 1, 44). Obs.: Constrói-se com acus. e com o dat. e, às vêzes, com acus. ou abl. com a prep. **cum**, ou com oração infinitiva.
aemŭlus, -a, -um, adj. I — Sent. próprio: 1) Que imita, que procura igualar (no bom e mau sentido), comparável, êmulo (Tác. An. 13, 3). Daí: 2) Rival, adversário (Tác. An. 15, 13). 3) Ciumento, invejoso, inimigo (Verg. En. 5, 415). 4) Rival (em amor) (Cíc. Verr. 5, 133). Obs.: Geralmente substantivado no masculino, **aemulus, -ī**; ou no feminino, **aemula, -ae**.
Aemus, v. **Haemus**.
Aenarĭa, -ae, subs. pr. f. Enária, ilha vulcânica no mar Tirreno, na costa ocidental da Itália (Cíc. At. 10, 13, 1).
Aenĕa (Aenĭa), -ae, subs. pr. f. Enéia, cidade marítima da Macedônia (T. Lív. 40, 4, 9).
Aeneădae, -ārum, (-ŭm), subs. m. I — Sent. próprio: 1) Companheiros ou descendentes de Enéias (Verg. En. 7, 616). II — Sent. figurado: 2) Romanos (Verg. En. 8, 648).
Aeneădēs, -ae, subs. m. Filho ou descendente de Enéias (Verg. En. 9, 653).
Aenĕās, -ae, subs. pr. m. 1) Enéias, filho de Anquises e Vênus, famoso chefe troiano (Verg. En. 1, 92). 2) **Aeneas Silvius**, rei da Alba (T. Lív. 1, 3).
Aeneātēs, -um (-ĭum), subs. loc. m. Habitantes de Enéia (T. Lív. 40, 4).
aēneātor (ahē-), -ōris. subs. m. Tocador de trombeta (Sên. Ep. 84, 10).
Aenĕī, -ōrum, subs. loc. m. Êneos, habitantes de Enos, Trácia (T. Lív. 37, 33).
Aenēis, -ĭdos, subs. pr. f. Eneida, poema de Vergílio (A. Gél. 17, 10, 7).
Aenēĭus, -a, -um, adj. De Enéias (Verg. En. 7, 1).
aēnĕus, (ahēnĕus), -a, -um, adj. I — Sent. próprio: 1) Êneo, de bronze, de cobre (Cíc. Of. 3, 38). Donde: 2) Da côr do bronze (Suet. Ner.2). II — Sent. figurado: 3) Duro como o bronze (Ov. Met. 1, 125).

Aeniānēs, -um, ou **Aeniēnsēs, -ium,** subs. loc. m. Enienses, povo entre a Etólia e a Tessália (Cíc. Rep. 2, 8).

Aenĭdēs, -ae, subs. pr. m. 1) Filho ou descendente de Enéias (Verg. En. 9, 653). 2) No pl.: Habitantes de Cízico (V. Flac. 3, 4).

Aeniēnsēs, v. **Aeniānes.**

aenigma, -ătis, subs. n. Enigma, obscuridade, mistério (Cíc. Div. 2, 64).

Aenĭi, -iōrum, subs. loc. m. Habitantes de Enos, na Trácia (T. Lív. 37, 33).

Aeningĭa, -ae, subs. pr. f. Enfngia, ilha do Oceano Setentrional (Plín. H. Nat. 4, 96).

aēnĭpēs (ahēn-), -ĕdis, adj. De pés de bronze (Ov. Her. 6,32).

Aēnobārbus (Ahēn-), -i, subs. pr. m. Aenobarbo, epíteto dos Domícios (Suet. Ner. 1).

Aenos (Aenus), -i, subs. pr. 1) Fem.: Enos, cidade da Trácia (Cíc. Flac. 32). 2) Masc.: Rio da Récia (Tác. Hist. 3, 5).

aēnum (ahēn-), subs. n. Caldeirão, marmita, vaso de bronze (Verg. En. 1, 213).

aēnus, (ahēn-), -a, -um, adj. I — Sent. próprio: 1) De bronze, de cobre (Lucr. 1, 316). II — Sent. figurado: 2) Firme, inflexível, inexorável (Hor. O. 1, 35, 19).

Aeŏlēs, -um, subs. m. Eólios, povo da Ásia Menor (Cíc. Flac. 27).

Aeolĭa, -ae, subs. pr. f. 1) Eólia, região da Ásia Menor (Cíc. Div. 1, 3). 2) Residência de Éolo, deus dos ventos (Verg. En. 1, 52).

Aeolĭae insŭlae e **Aeolĭae, -ārum,** subs. pr. f. Ilhas Eólias, perto da Sicília (Plín. H. Nat. 3, 92).

Aeolĭcus, -a, -um, adj. Relativo aos eólios, eólico (Plín. H. Nat. 6, 7).

Aeolĭdae, -ārum, subs. loc. m. Eólios, antigos habitantes da Tessália (Luc. 6, 384).

Aeolĭdēs, -um, subs. m. Filhos ou descendentes de Éolo (Ov. Met. 12, 26).

Aeŏlis, -ĭdis, subs. f. 1) Natural da Eólia, Tessália (Ov. Met. 11, 579). 2) Região da Ásia Menor (T. Lív. 33, 38, 3).

Aeolĭus, -a, -um, adj. 1) Eólio, dos eólios e de suas colônias (Ov. Met. 6, 116). 2) De Éolo (deus dos ventos) (Ov. Am. 3, 12, 29).

Aeŏlus, -i, subs. pr. m. Éolo, deus dos ventos (Verg. En. 1, 52).

Aephĭtus, v. **Aepytus.**

aepŭlum, v. **epŭlum.**

Aepy, subs. pr. n. Cidade da Messênia (Estác. Theb. 4, 180).

Aepytĭus, -a, -um, adj. De Épito, da Arcádia (Estác. Theb. 9, 847).

Aepytus, -i, subs. pr. m. Épito, rei da Arcádia (Ov. Met. 14, 613).

aequābĭlis, -e, adj. I — Sent. próprio: 1) Igual em tôdas as suas partes, regular, uniforme (Cíc. Nat. 2, 23). Daí: 2) Que pode ser igualado a, igual: **jus aequabile** (Cíc. Of. 2, 42) «direito igual (para todos)». II — Sent. figurado (sempre igual moralmente): 3) Justo, imparcial, constante (Tác. An. 6, 31).

aequābĭlĭtās, -tātis, subs. f. I — Sent. próprio: 1) Igualdade, regularidade, constância, unidade (Cíc. Of. 1, 90). II — Sent. figurado: 2) Justiça, imparcialidade: **aequabilitatis conservatio** (Cíc. De Or. 1, 188) conservação de imparcialidade».

aequābĭlĭter, adv. Igualmente, uniformemente (Cíc. Verr. 5, 52). Obs.: Comp.: **aequabilius** (Tác. An. 15, 21).

aequaevus, -a, -um, adj. Da mesma idade, coevo, eqüevo (Verg. En. 5, 452).

aequālis, -e, adj. I — Sent. próprio:)1 Da mesma grandeza, da mesma estatura, do mesmo tamanho: **paupertatem divitiis esse aequalem** (Cíc. Leg. 2, 25) «ser a pobreza da mesma estatura da riqueza». 2) Da mesma idade, contemporâneo, (Cíc. De Or, 1, 117). E, finalmente: 3) Igual, uniforme, constante (Hor. Sát. 1, 3, 9).

aequālĭtās, -tātis, subs. f. I — Sent. próprio: 1) Igualdade, uniformidade (Cíc. Leg. 1, 49). II — Sent. figurado: 2) Harmonia (igualdade de proporções), regularidade na vida (Plín. Ep. 2, 5, 11); (Sên. Ep. 31, 8).

aequālĭter, adv. Em partes iguais, igualmente, uniformemente (Cíc. Verr. 3, 163).

aequanimĭtās, -tātis, subs. f. I — Sent. próprio: 1) Benevolência (Ter. Phorm. 34). Donde 2) Equanimidade, igualdade de ânimo (Sên. Ep. 66, 13).

aequātio, -ōnis, subs. f. Nivelamento, igualdade, distribuição igual (T. Lív. 8, 4, 3).

aequātus, -a, -um, part. pass. de **aequo.** Obs.: Locuções: **aequatis procedere velis:** «ir de vento em popa»; **aequatae aurae** «ventos favoráveis».

aequē, adv. I — Sent próprio: 1) Igualmente, da mesma maneira (Cés. B. Civ. 2, 10, 2). II — Sent. figurado: 2) Justamente, equitativamente, sem fazer diferença. Obs.: **aequissĭme**: muito equitativamente, com muita eqüidade (Cíc. Verr 3, 147); comp: **aequĭus**: mais equitativamente, com maior eqüidade, melhor (Sal. Hist. fr. 3, 93).

Aequī, -ōrum, subs. loc. m. Équos, povo vizinho dos Latinos (Cíc. Rep. 2, 20).

Aequĭcŏlī (Aequiculānī, Aequicŭlī), -ōrum, subs. m. Équos, eqüículos, ou equiculanos (Plin. H. Nat. 3, 108).

Aequĭcŭlus, -a, -um, adj. Équo, equículo (Verg. En. 7, 747).

Aequĭcus, -a, -um, adj. Dos équos, relativamente aos équos (T. Lív. 3, 4, 3).

aequilībrĭtās, -tātis, subs. f. Exata proporção das partes (Cíc. Nat. 1, 109).

aequilībrĭum, -ī, subs. m. Equilíbrio, nível (Sên. Nat. 3, 25, 6).

Aequimaelĭum, v. **Aequimelĭum.**

Aequimēlĭum, -ī, subs. pr. n. Equimélio, nome de um bairro de Roma (Cíc. Div. 2, 39).

aequinoctĭālis, -e, adj. Equinocial (Catul. 46, 2).

aequinoctĭum, -ī, subs. n. Equinócio, igualdade dos dias e das noites (Cic. At. 12, 28, 3).

aequiparābĭlis, -e, adj. Comparável (Plaut. Curc. 168).

aequipărō (aequipĕrō), -ās, -āre, -āvī, -ātum, v. tr. I — Sent. próprio: 1) Igualar, pôr no mesmo nível, equiparar (Plaut. Mil. 12). II — Sent. figurado: 2) Igualar, comparar, pôr em paralelo (Ov. P. 2, 5, 44). Obs.: Constrói-se com o acus. acompanhado da prep. **ad** ou com o ablat. precedido de **cum.**

aequipĕrō = **aequipăro.**

aequĭtās, -tātis, subs. f. 1) Igualdade, equilíbrio (sem pender para nenhum lado) (Cíc. Tusc. 1, 97). Daí: 2) Justiça, eqüidade, imparcialidade (Cíc. Verr. 1, 151). II — Sent. figurado: 3) Moderação, tranqüilidade de espírito (Cés. B. Gal. 6, 22, 4).

aequō, -ās, -āre, -āvī, -ātum, v. tr. I — Sent. próprio: 1) Aplainar, tornar igual, nivelar, igualar (Cés. B. Civ 2, 2, 4). 2) Tornar igual a (Cíc. Of. 1, 3). II — Sent. figurado: 3) Atingir, chegar a, igualar (T. Lív. 4, 10, 8). Obs.: Constrói-se com abl. com **cum,** ou com dat.

aequom, veja **aequus.**

aequor, -ŏris, subs. n. — Sent. próprio: 1) Superfície plana (em geral): **in camporum patentium aequoribus** (Cíc. Div. 1, 93) «na superfície plana das planícies abertas». Daí: 2) Planície (Verg. En. 10, 450). Donde: 3) Superfície do mar, ou das águas em repouso, mar, rio (Verg. En. 1, 29). II — Sent. figurado: 4) Mar: **magno feror aequore** (Ov. Met. 15, 176) «navego em alto mar», i. é, trato de um grande assunto.

aequorĕus, -a, -um, adj. Marinho, marítimo, equóreo (Ov. Met. 8, 604).

aequum, -ī, subs. n. I — Sent. próprio: 1) Terreno plano, planície (T. Lív. 22, 14, 11). II — Sent. figurado: 2) Eqüidade, justiça (= **aequitas**): **quid in jure aut in aequo verum esset** (Cíc. Br. 145) «o que houvesse de verdadeiro no direito ou na eqüidade».

aequus, -a, -um, adj. I — Sent. próprio: 1) Plano, liso (no sent. horizontal), sem altos nem baixos: **aequiore loco** (Cés. B. Gal. 7, 51, 1) «num lugar mais plano». Dêsse sentido geral, passou, especialmente na língua militar, a significar: Vantagem do terreno para um dos contendores. 2) Vantajoso, favorável) (Cés. B. Civ. 3, 73, 5); e daí, na língua comum: favorável (Verg. En. 9, 234). II — Sent. figurado: 3) Igual, justo, imparcial (Cés. B. Civ. 1, 26, 4). 4) Benévolo, amigo, propício (T. Lív. 38, 55, 4). 5) Igual, calmo, tranqüilo, resignado (Cíc. Amer. 145).

āēr, -āĕris, subs. m. I — Sent. próprio: 1) Ar (Cíc. Nat. 2, 42). II — Linguagem poética: 2) Ar (atmosfera) de uma região: **in crasso aere natus** (Hor. Ep. 2, 1, 244) «nascido numa atmosfera pesada». 3) Cimo (Verg. G. 2, 123). 4) Nuvem, nevoeiro (Verg. En. 1, 411). Obs.: Acus. sg. mais usado: **aera** (Cíc. Nat. 1, 10, 26). Gen. sg. **aeros** (Estác. Theb. 2, 693).

aerārĭa, -ae (cella), subs. f. Mina de cobre (Cés. B. Gal. 3, 21, 3).

aerārĭum, -ī, subs. n. I — Sent. próprio: 1) Tesouro público, erário (T. Lív. 28, 38, 14). Donde: 2) O dinheiro do tesouro, os dinheiros públicos (Cíc. Tusc. 3, 48). 3) **Aerarium sanctius**: tesouro secreto, a parte mais sagrada do tesouro, i.é, a reserva do tesouro, a caixa de reserva (Cíc. At. 7, 21, 2).

1. **aerārĭus, -a, -um,** adj. 1) De bronze, de cobre (T. Lív. 26, 30, 6). 2) Relativo a dinheiro, do tesouro (Cíc. Cat. 4, 15).

2. **aerārĭus, -ī,** subs. pr. m. Erário, cidadão que não tinha direito de votar e que pagava, apenas, uma taxa **(aes)** fixada pelos censores (Cíc. Clu. 122).

aerātus, -a, -um, adj. I — Sent. próprio: 1) Coberto de bronze, ornado, guarnecido, revestido de bronze: **lecti aerati** (Cíc. Verr. 4, 60) «leitos guarnecidos de bronze». Daí: 2) Feito de bronze (Verg. En. 11, 656). II — Sent. figurado: 3) Cheio do dinheiro, endinheirado (Cíc. At. 1, 16, 3).
Aerĕa, -ae, subs. pr. f. Érea, cidade da Gália Narbonense (Plín. H. Nat. 3, 36).
aerĕus, -a, -um, adj. I — Sent. próprio: 1) De bronze, de cobre, de latão (Verg. En. 7, 743). Donde: 2) Guarnecido de bronze ou cobre (Verg. En. 5, 274)
Āerĭa, -ae, subs. pr. f. Aéria. 1) Antigo nome de Creta (Plín. H. Nat. 4, 58). 2) Antigo nome dado ao Egito (A. Gel. 14, 6, 4).
Āerĭas, -ae, subs. pr. m. Aérias, rei construtor do templo de Vênus, em Pafos (Tác. An. 3, 62).
aerĭfer, -fĕra, -fĕrum, adj. Erífero, que traz bronze (Ov. F. 3, 740).
aerĭpēs, -ĕdis, adj. Que tem pés de bronze (Verg. En. 6, 802).
āerĭus, -a, -um, adj. f. — Sent. próprio: 1) Aéreo, do ar (Ov. A. Am. 2, 44). Donde: 2) Elevado, alto: **aeria quercus** (Verg. En. 3, 680) «carvalho elevado» Obs.: O adj. **aerius** é, sobretudo, poético.
Āerŏpa, -ae. e **Āerŏpē, -ēs,** subs. pr. f. Aéropa, espôsa de Atreu (Ov. Tr. 2, 391).
Āerŏpus, -ī, subs. pr. m. Aéropo, nome de homem (T. Lív. 29, 12, 11).
aerūgĭnōsus, -a, -um, adj. Coberto de azinhavre, ferrugento (Sên. Contr. 1, 2, 21).
aerūgŏ, -ĭnis, subs. f. I — Sent. próprio: 1) Azinhavre (Cíc. Tusc. 4, 32). II — Sent. figurado: 2) Rancor, fel, inveja (Hor. Sát. 1, 4, 101). 3) Avareza, cobiça (Hor. A. Poét. 330).
aerūmna, -ae, subs. f. I — Sent. próprio: 1) Sofrimento, provação, tribulação (Cíc. Tusc. 4, 18). 2) Aplica-se especialmente aos trabalhos de Hércules: **Herculis aerumna** (Cíc. Fin. 2, 118) «as tribulações, os trabalhos de Hércules». 3) Miséria, desventura (Cíc. Prov. 17).
aerumnābĭlis, -e, adj. Atribulado, aflitivo, desgraçado (Lucr. 6, 1231).
aerumnōsus, -a, -um, adj. I — Sent. próprio: 1) Cheio de sofrimento, de misérias; infeliz, desgraçado (Cíc. At. 3, 19, 2). II — Na linguagem poética: 2) Atormentado, perigoso (Sên. Ir. 2, 7, 1); **aerumnosum salum** (Cíc. Tusc. 3,67) «mar perigoso».
aes, aeris, subs. n. I — Sent. próprio: 1) Bronze, cobre, latão: **ex aere** (Cíc. Verr. 4,72) «de bronze». Donde: 2) Objeto de bronze (tábuas de leis, estátuas, instrumentos de música): **legum aera** (Cíc. Cat. 3, 19) «o bronze das tábuas das leis». II — Sendo a primeira forma de moeda em Roma para servir de base às trocas, compras ou vendas (o **aes grave,** i. é, o bronze a pêso), passou a significar: 3) Moeda, dinheiro, o asse e suas frações: **prodigus aeris** (Hor. Art. Poét. 164) «pródigo de dinheiro». III — Sent. figurado: 4) Fortuna, meios, recursos: **meo sum pauper in aere** (Hor. Ep. 2, 2, 12) «sou pobre (mas vivo) com meus próprios recursos.» 5) Dívida (Cíc. Cat. 2,4). 6) Sôldo, salário, ganho, lucro (T. Lív. 5, 2, 3). Obs.: Dat. arc. **aere** (Cíc. Fam. 7, 13, 2).
Aesăcos (Aesăcus), -ī, subs. pr. m. Ésacos, filho de Príamo (Ov. Met. 11,791).
Aesar, subs. pr. m. Ésar. 1) Deus dos etruscos (Suet. Aug. 97,2). 2) Rio da Calábria (Ov. Met. 15, 23).
Aesarĕus (Aesarĭus), -a, -um, adj. De Ésar (Ov. Met. 15, 54).
Aeschĭnēs, -ae (-is), subs. pr. m. Ésquines. 1) Famoso orador grego (Cíc. Tusc. 3, 63). 2) Discípulo de Sócrates (Cíc. Inv. 1, 31). 3) Filósofo da Nova Academia, discípulo de Carnéades (Cíc. De Or. 1,45). 4) Orador asiático, contemporâneo de Cícero (Cíc. Br. 325).
Aeschylĕus, -a, -um, adj. De Ésquilo (Prop. 2, 34, 41).
Aeschўlus, -ī, subs. pr. m. Ésquilo. 1) O primeiro dos grandes trágicos gregos. (Cíc. De Or. 3, 27). 2) Rétor de Cnido, contemporâneo de Cícero (Cíc. Br. 325).
Aesculāpĭum, -ī, subs. n. Templo de Esculápio (T. Lív. 38, 5, 2).
Aesculāpĭus, -ī, subs. pr. m. Esculápio, deus da medicina (Cíc. Nat. 3, 57).
aesculētum, -ī, subs. n. Floresta de carvalhos, carvalhal (Hor. O. 1, 22, 13).
aesculĕus, -a, -um, adj. De carvalho (Ov. Met. 1, 449).
aescŭlus, -ī, subs. f. Ésculo, variedade de carvalho (Verg. G. 2, 16).
Aesēpĭus, -a, -um, adj. Do Esepo (V. Flac. 3, 420).
Aesēpus, -ī, subs. pr. m. Esepo, rio da Mísia (Plín. H. Nat. 5, 141).

AESERNIA — 44 — **AESTUARIUM**

Aesernia, -ae, subs. pr. f. Esérnia, cidade do Sâmnio, destruída por Sila (Cíc. At. 8, 11d, 2).
1. Aeserninus, -a, -um, adj. De Esérnia (T. Liv. 10, 31).
2. Aeserninus, -i, subs. loc. m. Esernino. 1) Habitante de Esérnia (T. Liv. 27, 10). 2) Subs. pr. m. Nome de um gladiador célebre tomado como o tipo do lutador temível (Cíc. Q. Fr. 3, 4, 2).
Aesinās, -ātis, adj. De Esinas, cidade da Úmbria (Plín. H. Nat. 11, 241). No pl.: **Aesinates,** habitantes de Esinas (Plín. H. Nat. 3, 113).
Aesis, -is, subs. pr. m. Ésis, rio da Úmbria (T. Liv. 5, 35, 3), Obs.: Acus. sg.: **Aesim.**
Aesius, -i, subs. pr. m. Ésio, rio da Bitínia (Plín. H. Nat. 5, 148).
Aesŏla, v. **Aesula.**
Aesōn, -ŏnis, subs. pr. m. Éson, pai de Jasão (Ov. Met. 7, 5).
Aesōnēnsēs, -ium, subs. loc. m. Esonenses, habitantes de Éson, cidade dos Pireneus, na Espanha (Plín. H. Nat. 3, 23).
Aesonidēs, -ae, subs. m. Descendente masculino de Éson (Jasão) (Ov. Met. 7, 164).
Aesonius, -a, -um, adj. De Éson (Ov. Met. 7, 156).
Aesōpēus (Aesōpīus), -a, -um, adj. De Esopo, esópico (Sên. Pol. 8, 3).
Aesōpus, -i, subs. pr. m. 1) Esopo, célebre fabulista grego (Quint. 5, 11, 19). 2) Ator trágico, amigo de Cícero (Cíc. Fam. 7, 1, 2).
Aesquiliae, v. **Esquiliae.**
aestās, -tātis, subs. f. I — Sent. próprio: 1) Verão, estio (Cíc. At. 4, 2). II — Do sentido de verão, estação do ano, passou, no império, a significar: 2) Ano: **quae duabus aestatibus gesta** (Tác. An. 6, 39) «acontecimentos ocorridos nos dois anos». (cf. Verg. En. 1, 756); e daí: 3) Quadra de verão (Verg. En. 6, 707). 4) Calor do verão: **igneam aestatem defendit cappellis** (Hor. O. 1, 17, 3) «protege os cabritos do ígneo calor do verão».
aesti, veja **aestus.**
aestifer, -ĕra, -ĕrum, adj. I — Sent. próprio: 1) Que traz ou produz calor, ardente, abrasador (Verg. G. 2, 353). II — Donde: 2) Queimado pelo calor, que comporta o calor (Lucr. 6, 721).
Aestii, -ōrum, subs. loc. m. Éstios, povo da Germânia (Tác. Germ. 45).

aestimābilis, -e, adj. Estimável, que se pode avaliar, que tem valor (Cíc. Fin. 3, 20).
aestimātiō, -ōnis, subs. f. I — Sent. próprio: 1) Avaliação, cálculo, estimação; **aestimatio frumenti** (Cíc. Verr. 3, 202) «avaliação do trigo». Donde: 2) Pagamento pela avaliação (pl.) (Cíc. Fam. 9, 18, 4). II — Sent. figurado: 3) Apreciação, valor de uma coisa (T. Liv. 37, 59, 2). Na língua filosófica: 4) Preço de uma coisa, valor (Cíc. Fin. 3, 20).
aestimātor, -ōris, subs. m. I — Sent. próprio: 1) O que avalia, avaliador (Cíc. Pis. 86). II — Sent. figurado: 2) Apreciador (T. Liv. 34, 25, 8).
aestimātus, -a, -um, part. pass. de **aestimo.**
aestimō (aestŭmō), -ās, -āre, -āvī, -ātum, v. tr. I — Sent. próprio: 1) Fixar o preço ou o valor, avaliar, julgar do valor de alguma coisa: **aestimare frumentum** (Cíc. Verr. 1, 95) «fixar o preço do trigo». Donde: 2) Fazer caso de, estimar, ter na conta de, considerar: **aestimare levi momento** (Cés. B. Gal. 7, 39, 3) «considerar como de pouca importância». Daí, por enfraquecimento de sentido: 3) Pensar, ser de opinião, julgar (Sên. Nat. 1, 1, 13). Obs.: O último significado é raro, aparecendo, principalmente, com oração infinitiva.
aestiva, -ōrum, subs. n. pl. I — Sent. próprio: 1) Acampamento de verão (T. Liv. 27, 8, 19). Donde: 2) Tempo apropriado para campanha, expedição militar, campanha: **aestivis confectis** (Cíc. At. 5, 21, 6) «terminada a campanha».
aestivē, adv. Como no verão, com roupas leves (Plaut. Men. 255).
aestivōsus, -a, -um, adj. De verão, que tem o calor do verão (Plín. H. Nat. 34, 116).
aestivus, -a, -um, adj. De verão, estivo (Cíc. Verr. 5, 81).
Aestraeum v. **Astraeum.**
Aestriēnses, -ium, subs. loc. m. Estrienses, habitantes de Estreo, cidade da Macedônia (Plín. H. Nat. 4, 35).
aestŭans, -antis. I — Part. pres. de **aestŭo.** II — Adj.: Quente, fervente, estuante (Cíc. Har. 2).
aestuārium, -i, subs. n. I — Sent. próprio: 1) Estuário (lugar alagado pelo mar na maré alta ou deixado por ele na maré baixa) (Cés. B. Gal. 3, 9, 4). Daí: 2) Charco formado pelas inundações de

um rio, estuário de um rio (Cés. B. Gal. 2, 28, 1); (Tác. An. 14, 32).
aestumātus = aestimātus.
aestŭmo = aestĭmo.
aestŭo, -ās, -āre, -āvī, -ātum, v. intr. I — Sent. próprio: 1) Arder (tratando-se do fogo), ou ferver (tratando-se da água) (Verg. G. 4, 263); (Hor. O. 2, 6, 4). Donde: 2) Ser ardente, ter muito calor (Cíc. Tusc. 5, 74). II — Sent. figurado: 3) Desejar ardentemente, arder de amor (Ov. Met. 6, 491). 4) Inquietar-se, agitar-se, ficar agitado (Cíc. Verr. 2, 74).
aestuōsē, adv. Com calor. Comp.: **aestuosĭus** (Hor. Ep. 3, 17) «com mais calor».
aestuōsus, -a, -um, adj. I — Sent. próprio: 1) Muito quente, ardente, estuoso, abrasador (Cíc. At. 5, 14, 1). Donde: 2) Fervente, agitado; **freta aestuosa** (Hor. O. 2, 7, 16) «mares agitados».
aestus, -ūs, subs. m. I — Sent. próprio: 1) Calor ardente, ardor; **aestu febrique jactari** (Cic. Cat. 1, 31) «ser atormentado pelo calor e pela febre». Donde: 2) Agitação do mar, ondas encapeladas, maré: **furit aestus harenis** (Verg. En. 1, 107) «as ondas encapeladas revolvem com fúria a areia». II — Sent. figurado: 3) Agitação de espírito, perturbação, agitação violenta (Verg. En. 4, 532).
Aesŭla, Aesulānus, Aesŭlum, veja **Aefula,** etc.
aetās, -tātis, subs. f. I — Sent. próprio: 1) Idade: **aetates vestrae nihil differunt** (Cíc. Br. 150) «vossas idades em nada diferem». Daí: 2) Tempo que a vida dura, vida (Cíc. Br. 39). 3) Período da vida, época, tempo (Verg. Buc. 9, 51). 4) Geração, século (Cíc. Or. 186). 5) Juventude, velhice (particularmente falando): **aetas ejus dare potuit suspicioni locum** (Cíc. Cael. 9) «sua juventude pôde dar lugar à suspeita»; **aetatis excusatio** (Cés. B. Civ. 1, 85, 9) «a desculpa da idade avançada». Obs.: O gen. pl. mais usado no período clássico é: **aetatum.**
aetātŭla, -ae, subs. f. Tenra idade, juventude (Cíc. Fin. 5, 55).
aeternĭtās, -tātis, subs. f. I — Sent. próprio: 1) Eternidade (Cíc. Div. 1, 115). Donde: 2) Vida eterna (Cíc. Tusc. 1, 39).
1. **aetērnō,** adv. Eternamente (Ov. Am. 3, 3, 11).
2. **aetērnō, -ās, -āre,** v. tr. Eternizar, tornar eterno (Hor. O. 4, 14, 5).
aetērnum, acus. n. adv. Eternamente, indefinidamente (Verg. G. 2, 400).

aetērnus, -a, -um, adj. 1) Eterno (Cíc. Nat. 1, 20); (Cíc. Cat. 4, 22). Daí: 2) Perpétuo, que dura para sempre (Ov. Trist. 1, 3, 63).
Aethalĭa, -ae, subs. pr. f. Etália. 1) Ilha perto de Éfeso (T. Lív. 37, 13, 2). 2) Antigo nome de Quios (Plín. H. Nat. 5, 136).
Aethălos, -i subs. pr. m. Étalos, nome próprio (Ov. Ib. 621).
aethēr, ĕris (ou **-ĕros**), subs. n. I — Sent. próprio. 1) Éter (ar sutil, que envolve a atmosfera): (Cíc. Nat. 1, 37; 2, 42). Donde: 2) A parte superior do ar, o ar (Verg. G. 1, 406). II — Sent. figurado: 3) Céu (poét.): **rex aetheris** (Verg. En. 12, 140) «rei do céu». 4) Éter, deus do ar, Júpiter: **pater omnipotens, Aether** (Verg. G. 2, 325) «o pai onipotente, Éter».
aetherĭus, -a, -um, adj. I — Sent. próprio: 1) Etéreo (Cíc. Nat. 2, 42). Daí: 2) Aéreo, do ar (Verg. G. 2, 292). II — Sent. figurado: 3) Celeste, divino (Ov. Met. 2, 512). 4) Relativo ao mundo do céu (em oposição ao inferno) (Verg. En. 6, 762).
Aethĭōn, -ŏnis, subs. pr. m. Etíon, nome de um adivinho (Ov. Met. 5, 146).
Aethĭōpē, -ēs, subs. pr. f. Etíope, antigo nome da ilha de Lesbos (Plín. H. Nat. 5, 139).
Aethĭŏpes, -um, subs. loc. m. Etíopes, habitantes da Etiópia (Cíc. Div. 2, 96). Obs.: Acus. **Aethiopas.**
Aethĭopĭa, -ae, subs. pr. f. Etiópia, região da África (Plín. H. Nat. 6, 187).
Aethĭopĭcus, -a, -um, adj. Etiópico (Plín. H. Nat. 6, 209).
Aethĭops, -ŏpis, subs. pr. m. 1) Etíope (Catul 66, 52). 2) Etíope, filho de Vulcano (Plín. H. Nat. 6, 187).
Aethōn, -ōnis, subs. pr. m. Etão ou Éton 1) Nome de um dos cavalos do Sol (Ov. Met 2, 153). 2) Nome do cavalo do jovem Palas (Verg. En. 11, 90). 3) Nome de homem (Marc. 12, 77, 3).
1. **aethra, ae,** subs. f. I — Sent. próprio: 1) A parte mais elevada do céu, onde ficam os astros (Verg. En. 3, 585). II — Sent. figurado: 2) O ar puro, o céu (Lucr. 6, 467).
2. **Aethra, -ae,** subs. pr. f. Etra. 1) Filha do Oceano e de Tétis (Ov. F. 5, 171). 2) Mulher de Egeu, filha de Teseu (Ov. Her. 10, 131).
Aethrē, -ēs, subs. pr. f. Ilha perto de Éfeso (Plín. H. Nat. 5, 137).

aetiologĭa, -ae, subs. f. Investigação das causas (Sên. Ep. 95, 65).
Aëtĭŏn, -ōnis, subs. pr. m. Aécion, nome de um célebre pintor grego (Cíc. Br. 70).
Aetna, -ae, subs. pr. f. Etna, 1) Vulcão da Sicília (Cíc. Div. 2, 43). 2) Cidade ao pé do Etna (Cíc. Verr. 3, 57).
Aetnāeus, -a, -um, adj. 1) Etneu, do Etna (Cíc. Nat. 2, 96). 2) Da Sicília (por extensão) (S. It. 9, 196).
Aetnēnsis, -e, adj. Da cidade de Etna (Cíc. Verr. 3, 47).
Aetōlī, -ōrum, subs. loc. m. Etolos, habitantes da Etólia, povo da Grécia (T. Liv. 37, 4, 6).
Aetōlĭa, -ae, subs. pr. f. Etólia, província da Grécia (Cíc. Pis. 91).
Aetōlĭcus, -a, -um, adj. Etólico, da Etólia (T. Liv. 37, 6, 5).
Aetōlis, -ĭdis, subs. pr. f. Mulher da Etólia (Ov. Her. 9, 131).
Aetōlĭus, -a, -um, = Aetolĭcus, adj. Etólio, da Etólia (Ov. Met. 14, 461).
1. **Aetōlus, -a, -um,** adj. Da Etólia (Ov. Met. 14, 528).
2. **Aetōlus, -ī,** subs. pr. m. Etolo, filho de Marte, que deu nome à Etólia (Plín. H. Nat. 7, 201).
aevĭtās, -tātis, subs. f. I — Sent. próprio: 1) Idade, duração da vida (Cíc. Leg. 3, 7) Daí: 2) Longa duração, velhice, eternidade, imortalidade (Apul. Plat. 1, 120).
aevitērnus, -a, -um, veja **aeternus.**
aevum, -ī, subs. n. I — Sent. próprio: 1) Tempo (considerado em sua duração, continuada ou ilimitadamente) (Lucr. 1, 1004). Daí: 2) Duração da vida, existência (Cíc. Rep. 6, 13). E, por extensão: 3) Idade da vida, idade: **aequali aevo** (Verg. En. 3, 491) «da mesma idade». 4) Época, geração, século: **omnis aevi clari viri** (T. Liv. 28, 43, 6) «os grandes homens de todos os séculos». 5) Eternidade, longa duração (Hor. Ep. 1, 2, 43).
aevus, -ī, subs. m. (arc.), v. **aevum.**
Aex, Aegos (ou **-is**), subs. pr. f. Aigos. 1) Rochedo do mar Egeu, semelhante a uma cabra (Plín. H. Nat. 4, 51). 2) **Aegos flumen** (C. Nep. Lis. 1, 4) «rio Aigos».
af, prep. (arc.), v. **ab** (Cíc. Or. 158).
Afer, Afra, Afrum, adj. Africano (Ov. F. 2, 318). Obs.: No pl.: os africanos (Cíc. Balb. 41).
affābĭlis (adfābĭlis), -e, adj. A quem se pode fàcilmente falar, afável, acolhedor (Cíc. Of. 1, 113).
affābĭlĭtās (adfābĭlĭtās), -tātis, subs. f. Afabilidade, cortesia (Cíc. Of. 2, 48).
affābrē (adfābrē), adv. Artisticamente, com arte (Cíc. Verr. 1, 14).
affātim (adfătim), adv. Suficientemente, amplamente, abundantemente (Cíc. At. 2, 16, 3).
1. **affātus (adfātus), -a, -um,** part. pass. de **affor (adfor).**
2. **affātus (adfātus), -ūs,** subs. m. Palavras dirigidas a qualquer pessoa, discurso, fala (Verg. En. 4, 284).
affēcī (adfēcī), perf. de **afficio (adficio).**
affectātĭō (adfectātĭō), -ōnis, subs. f. Pretensão, aspiração para alguma coisa, procura, paixão (Sên. Ep. 89, 4).
affectātor (adfectātor), -ōris, subs. m. O que aspira a, ou se esforça pòr, pretendente (Sên. Const. 19, 3).
affectātus (adfectātus), -a, -um, part. pass. de **affecto (adfecto).** Obs.: Tem muitas vêzes um sentido pejorativo: afetado, rebuscado (Quint. 11, 3, 10).
affectĭō (adfectĭō), -ōnis, subs. f. 1) Relação, disposição, modo de ser, estado (Cíc. Tusc. 3, 10). Daí: 2) Boa disposição para com alguém, afeição, sentimento, paixão (Tác. An. 4, 15). 3) Vontade, inclinação (Tác. Germ. 5). 4) Influência (Cíc. Tusc. 4, 14).
affectō (adfectō), -ās, -āre, -āvī, -ātum, v. tr. freq. de **afficio.** I — Sent. próprio: 1) Meter-se a, abalançar-se a, empreender (Cíc. R. Amer. 140). II — Daí: 2) Procurar obter, pretender, aspirar, ambicionar (Sal. B. Jug. 66, 1). Obs.: Constrói-se com acus. ou com oração infinitiva.
1. **affēctus (adfēctus), -a, -um,** I — Part. pass. de **afficio (adficio).** II — Adj.: 1) Afetado, possuído de, dotado, tomado de, cheio de (Cíc. Tusc. 4, 81). 2) Que se apresenta desta ou daquela maneira; disposto (Cíc. Tusc. 3, 15). 3) Bem ou mal disposto, doente, abalado, enfraquecido, oprimido (Cíc. Cat. 2, 20).
2. **affēctus (adfēctus), -ūs,** subs. m. 1) Estado ou disposição de espírito (Cíc. Tusc. 5, 47). Donde: 2) Sentimento, impressão (Ov. Met 8, 473). 3) Sentimento de afeição (Ov. Tr. 4, 5, 30). 4) Paixão (têrmo da linguagem filosófica e retórica) (Sên. Ep. 75).

AFFĔRO — 47 — **AFFLĬCTUS**

affĕro (adfĕrō), **affers, -fērre, attŭlī (adtŭlī), allātum (adlātum),** v. tr. I — Sent. próprio: 1) Trazer ou levar (sentido concreto ou abstrato): **afferre candelabrum Romam** (Cíc. Verr. 4, 64) «trazer um candelabro para Roma»; **afferre scyphos ad praetorem** (Cíc. Verr. 4, 32) «levar as taças para o pretor». Daí, em sentido abstrato: 2) Trazer ou levar uma notícia: **afferre nuntium** (Cíc. Amer. 19) «trazer uma notícia». II — Donde, em sentido figurado: 3) Anunciar, comunicar, contar: **quidquid huc erit a Pompeio allatum** (Cíc. Fam. 7, 17, 5) «tudo o que fôr comunicado para cá a respeito de Pompeu». Donde: 4) Anunciar, comunicar uma ordem (T. Lív. 23, 27, 9). Na língua jurídica: 5) Trazer ou produzir um testemunho, uma prova, uma causa; donde: alegar, referir, dizer (Cíc. At. 11, 15, 1); (Cíc. At. 7, 9, 4). 6) Trazer como consequência, ocasionar, causar (Cíc. Phil. 6, 17). Obs.: Inf. Pres. Pass. **adferrier** (Plaut. Aul. 571).

afficio (adficiō), -is, -ĕre, -fēcī, -fēctum, v. tr. I — Sent. próprio: 1) Pôr em determinado estado, em certa disposição, dispor (Cíc. Verr. 4, 151); **animos ita afficere ut** (Cíc. De Or. 2, 176) «dispor o espírito (do auditório) de tal sorte que». 2) Impressionar, causar impressão (boa ou má) (Cíc. Fam. 16, 4, 1). 3) Enfraquecer, afetar (T. Lív. 28, 15, 4).

affĭctus (adfĭctus), -a, -um, part. pass. de **affingo** (adfingo).

affīgō (adfīgō), -is, -ĕre, -fīxī, -fīxum, v. tr. I — Sent. próprio: 1) Enfiar em, pregar em, fixar a, prender a (Cíc. R. Amer. 57); **affixus ad Caucasum** (Cíc. Tusc. 2, 28) «prêso ao Cáucaso». II — Sent. figurado: 2) Fixar, gravar, gravar na memória de (Cíc. De Or. 2, 357). Obs.: Constrói-se com o acus. sem prep. e também com as preps. **ad** ou **in**, e com o dat.

affingō (adfingō), -is, -ĕre, -fīnxī, -fictum, v. tr. I — Sent. próprio: 1) Imaginar além ou em acréscimo, acrescentar imaginando, ajuntar, anexar (Cíc. Nat. 1, 92). Donde: 2) Atribuir falsamente, imputar (sem razão) (Cíc. Or. 74).

affīnis (adfīnis), -e, adj. I — Sent. próprio: 1) Vizinho, limítrofe: **regiones affines barbaris** (T. Lív. 45, 29, 14) «regiões vizinhas dos bárbaros». II — Sent. figurado: 2) Cúmplice, que está imiscuído em alguma trama (Cíc. Sull.

70). E também: 3) Aliado, parente por afinidade, afim (Cíc. Verr. 3, 138). Obs. Geralmente **affinis** é subs. nesta 3ª acepção. Constrói-se com dat.

affīnĭtās (adfīnĭtās), -tātis, subs. f. I — Sent. próprio: 1) Vizinhança, contigüidade (Varr. R. Rust. 1, 16, 1). Daí: 2) Parentesco por afinidade, afinidade, parentesco (Cíc. Sen. 15). Obs.: O gen. pl. mais geralmente usado no período imperial é: **affinitatum**.

affīnxī (adfīnxī), perf. de **affingo**.

affirmātē (adfirmātē), adv. De modo firme, solenemente, formalmente (Cíc. Of. 3, 104).

affirmātĭō (adfirmātĭō), -ōnis, subs. f. Afirmação, segurança, garantia (Cíc. Of. 3, 104).

affirmātīvē (adfirmātīvē), adv. De modo afirmativo (Prisc. 18, 92).

affirmātus (adfirmātus), -a, -um, part. pass. de **affirmo**.

affirmō (adfirmō), -ās, -āre, -āvī, -ātum, v. tr. 1) Firmar, confirmar, corroborar, provar (Cíc. Inv. 1, 67). 2) Afirmar, asseverar, assegurar (Cíc. Ac. 1, 16).

affīxī (adfīxī), perf. de **affigo**.

affixus (adfixus), -a, -um. I — Part. pass de **affigo**. II — Adj.: Aplicado, atento

1. **afflātus** (adflātus), -a, -um, part. pass. de **afflo** (adflo).

2. **afflātus** (adflātus), -ūs, susb. m. I — Sent. próprio: 1) Sôpro, vento, respiração (Plín. H. Nat. 9, 6). II — Sent. figurado: 2) Emanação: inspiração: **nemo vir magnus sine aliquo afflatu divino unquam fuit** (Cíc. Nat. 2, 167) «nunca houve nenhum grande homem sem alguma inspiração divina».

afflictātĭō (adflictātĭō), -ōnis, subs. f. Dor, tortura, desolação, tormento (Cíc. Tusc. 4, 18).

afflictō (adflictō), -ās, -āre, -āvī, -ātum, v. tr. intens. I — Sent. próprio: 1) Afligir muito, bater com violência, arrastar (Cés. B. Gal. 4, 29, 2). II — Sent. figurado: 2) Perturbar, inquietar, atormentar, vexar, abater (Tác. Hist. 4, 79). 3) **afflictare se** (refl.) ou **afflictari** (pass.): cair em desânimo, afligir-se, estar sucumbido, estar doente de corpo e de espírito (Sal. C. Cat. 31, 3).

afflictor (adflictor), -ōris, subs. m. Aquêle que arruína, destruidor (Cíc. Pis. 64).

afflictus (adflictus), -a, -um, I — Part. pass. de **affligo**. II — Adj.: Abatido, acabrunhado, desesperado (Cíc. Of. 3, 114).

afflīgō (adflīgō), -is, -ĕre, -flīxī, -flīctum, v. tr. I — Sent. próprio: 1) Bater em, abater, lançar contra, bater com fôrça em, derrubar, despedaçar, quebrar: **ad scopulos afflicta navis** (Cíc. Post. 25) «o navio lançado contra os rochedos». II — Sent. figurado: 2) Abater, abaixar, atenuar, atormentar, destruir: **neque ego me afflixi** (Cíc. Div. 2, 6) «e eu não me deixei abater». Obs.: Constrói-se com acus. com **ad** e, às vêzes, com dat.

afflīxī (adflīxī), perf. de **afflīgo**.

afflō (adflō), -ās, -āre, -āvī, -ātum, v. tr. intr. I — Sent. próprio: 1) Soprar (para ou contra, ou sôbre), bafejar (Varr. R. 1, 12, 3) — Sent. figurado: 2) Exalar, espalhar, transpirar (Tib. 2, 1, 80).

afflŭens (adflŭens), -ēntis. I — Part. pres. de **afflŭo**. II — Adj.: Sent. próprio: 1) Que corre em abundância. Donde: 2) Abundante, copioso, cheio, rico (Cíc. Lae. 58). Obs:. Constrói-se com abl. e com gen.

afflŭēnter (adflŭēnter), adv. Abundantemente. Obs.: Mais usado no comparativo: **affluentius** (Cíc. Tuc. 5, 16).

affluentĭa (adfluentĭa), -ae, subs. f. I — Sent. próprio: 1) Fluxo, ação de correr para (Plín. H. Nat. 26, 94). II — Sent. figurado: 2) Abundância, superabundância (Cíc. Agr. 2, 95).

afflŭō (adflŭō), -is, -ĕre, -flūxī, -flūxum, v. intr. I — Sent. próprio: 1) Correr para, vir correndo, afluir (Tác. An. 2, 6). II — Sent. figurado: 2) Vir em grande quantidade, vir, chegar (T. Lív. 24, 49, 5). 3) Ter em abundância, abundar (Cíc. Fin. 2, 93). Obs.: Constrói-se com acus. acompanhado de **ad**, com dat. e com abl.

afflūxī (adflūxī), perf. de **afflŭo**.

affor (adfor), -fāris, -fārī, -fātus sum, v. dep. tr. Falar a (Cíc. C.M. 1). Obs. Verbo raro, arcaico e poético. Formas usadas em Cícero: **affari, affatur, affatus**; nos poetas: **affabatur, affamini, affare** (imperat.) e **affatu**.

affŏre (adfŏre), inf. fut. de **adsum**.

affŏrem (adfŏrem) = **adessem**.

affrāngō, -is, -ĕre, -frāctum, v. tr. Quebrar contra (Estác. Theb. 10, 47).

affrĭcō (adfrĭcō), -ās, -āre, -frĭcŭī, -frĭcātum ou -frĭctum, v. tr. 1) Esfregar contra, entrechocar-se (Col. 7, 5, 6). 2) Comunicar pelo contato, pelo ato de esfregar (Sên. Ep. 7, 7).

affrīctus (adfrīctus), -ūs, subs. m. Ação de esfregar, fricção (Plín. H. Nat. 31, 72).

affrĭcŭī (adfrĭcŭī), perf. de **affrĭco**.

affūdī (adfūdī), perf. de **affundo**.

affŭī (adfŭī), perf. de **adsum**.

affulgĕō (adfulgĕō), -ēs, -ēre, -fūlsī, v. intr. I — Sent. próprio: 1) Brilhar (tratando-se de astros), luzir, aparecer brilhando; **navium speciem de caelo affulsisse** (T. Lív. 21, 62, 4) «(diz-se) que no céu brilharam fogos em forma de navios». II — Sent. figurado: 2) Brilhar, aparecer, mostrar-se, luzir (T. Lív. 23, 32, 7).

affūlsī (adfūlsī), perf. de **affulgĕo**.

affūndō (adfūndō), -is, -ĕre -fūdī, -fūsum, v. tr. I — Sent. próprio e figurado: 1) Derramar em ou sôbre, espalhar, verter: **venenum vulneri affusum** (Tác. An. 1, 10) «veneno derramado na ferida». (Sên. Ben. 4, 11, 6). II — Sent. reflexivo **(affundere se** ou, na passiva **affundi)**: 2) Derramar-se sôbre, espalhar-se, lançar-se a (Sên. Nat. 1, 8, 2). III — Sent. passivo: 3) Ser banhado, ser regado (Plín. H. Nat. 3, 24).

affūsus (adfūsus), -a, -um, part. pass. de **affundo**.

Afrānĭus, -ī, subs. pr. m. Afrânio. 1) Afrânio, célebre poeta cômico (Cíc. Fin. 1, 7). 2) General de Pompeu, na Espanha (Cés. B. Cív. 1, 37, 1).

Afrī, -ōrum, v. **Afer**.

Africa, -ae, subs. pr. f. 1) África (Sal. B. Jug. 89, 7). 2) Província da África (Cíc. Pomp. 34).

1. **Africānus**, -a, -um, adj. Africano (Cíc. Dej. 25).

2. **Africānus**, -ī, subs. pr. m. Africano, apelido dos dois Cipiões: um, o vencedor de Aníbal, o outro, Cipião Emiliano, o destruidor de Cartago e Numância.

1. **Africus**, -a, -um, adj. Africano, áfrico (Cic. De Or. 3, 167).

2. **Africus**, -ī ou **Africus ventus**, subs. pr. m. O Áfrico, vento de SW (Plín. Nat. 2, 119).

ăfŭī (abfŭī), perf. de **absum**.

Agamatae, -ārum, subs. loc. m. Agamatas, povo vizinho do Palus Meótido (Plín. H. Nat. 6, 21).

Agamēdē, -ēs, subs. pr. f. Agamede, cidade de Lesbos (Plín. H. Nat. 5, 139).

Agamēdēs, -is, subs. pr. m. Agamedes, um dos arquitetos que construíram o templo de Apolo, em Delfos (Cíc. Tusc. 1, 114).

Agamēmnōn (Agamemno), -ŏnis, subs. pr. m. Agamêmnon, supremo comandante dos gregos em Tróia (Cíc. Tusc. 4, 17).
Agamemnonĭdēs, -ae, subs. pr. m. Filho de Agamêmnon (Orestes) (Juv. 8, 215).
Agamemnonĭus, -a, -um, adj. De Agamêmnon (Verg. En. 6, 489).
Aganippē, -ēs, subs. pr. f. Aganipe, fonte do Hélicon (Verg. Buc. 10, 12).
Aganippēus, -a, -um, adj. Aganipeu, de Aganipe (Prop. 2, 3, 20).
Aganippis, -ĭdos, subs. f. Consagrada às Musas (Ov. F. 5, 7).
agāso, -ōnis, subs. m. 1) Moço de estrebaria, palafreneiro, escudeiro (T. Lív. 7, 14, 7). 2) Lacaio, criado de baixa condição (Hor. Sát. 2, 8, 72).
Agassae, -ārum, subs. pr. f. Agassas, cidade da Tessália (T. Lív. 44, 7, 5).
Agătha, -ae, subs. pr. f. Ágata (hoje Agde) cidade da Gália Narbonense (Plín. H. Nat. 3, 33).
Agatharchĭdēs, -ae, subs. pr. m. Agatárquida, filósofo grego (Plín. H. Nat. 7, 29).
Agathŏcles, -is, (-ī), subs. pr. m. Agátocles. 1) Rei da Sicília (Cíc. Verr. 4, 122). 2) Escritor da Babilônia (Cíc. Div. 1, 50).
Agathoclēus, -a, -um, adj. De Agátocles (Síl. 14, 652).
Agathy̆rna, -ae, subs. pr. f. Agatirna, cidade da Sicília (T. Lív. 26, 40, 17).
Agathy̆rsī, -ōrum, subs. loc. m. Agatirsos, povo da Cítia (Verg. En. 4, 146).
Agāvē, -ēs, subs. pr. f. Agave, filha de Cadmo (Ov. Met. 3, 725).
age, agĭte. imperat. de **ago,** usado como interj.: Eia! Vamos! Coragem! Pois bem! (Cíc. Caec. 48); (Cíc. Mil. 55).
Agedĭncum, -ī, subs. pr. n. Agedinco, capital dos Sênones (Cés. B. Gal. 7, 10, 4).
Agelāstus, -ī, subs. pr. m. Agelasto (que não ri), apelido de Crasso (Cíc. Tusc. 3, 31).
agĕllus, -ī, subs. m. (dim. de **ager**) Campo pequeno (Cíc. Verr. 3, 85).
agēma, -ătis, subs. n. Corpo ou divisão de soldados, segundo a organização macedônica (T. Lív. 42, 51, 4).
Agendicum, veja **Agedincum.**
Agēnōr, -ŏris, subs. pr. m. Agenor, antepassado de Dido: **Agenoris urbs** (Verg. En. 1, 338) «Cartago».
Agenorēus, -a, -um, adj. Agenório, de Agenor (Ov. F. 6, 712).
Agenorĭdae, -ārum, subs. m. Descendentes de Agenor, agenóridas (cartagineses) (Ov. P. 1, 3, 77).
Agenorĭdēs, -ae, subs. pr. m. 1) Cadmo, filho de Agenor (Ov. Met. 3, 8). 2) Perseu, descendente de Agenor (Ov. Met. 4, 771).
ager, -grī, subs. m. I — Sent. próprio: 1) Campo: **agri arvi** (Cíc. Rep. 5, 3) «campos lavráveis». II — Daí: 2) Domínio (público ou particular), território (Cíc. Verr. 1, 82); **ager publicus** (Cíc. Agr. 2, 56) «território (domínio) do Estado». 3) Campo (em oposição a **urbs**) (Cíc. Cat. 2, 21).
Agēsilāus, -ī, subs. pr. m. Agesilau, rei de Esparta (C. Nep. Ages. 1).
Agēsimbrŏtus, -ī, subs. pr. m. Agesímbroto, almirante ródio (T. Lív. 32, 16, 7).
Agēsipŏlis, -is, subs. pr. m. Agesípolis, nome de um Lacedemônio (T. Lív. 34, 26, 14).
Agessĭnātēs, -ĭum, (-um), subs. loc. m. Agessinates, povo da Aquitânia (Plín. H. Nat. 4, 108).
Aggaritānus, -a, -um, adj. De Agar (Plín. H. Nat. 5, 30).
agger, -ĕris, subs. m. I — Sent. próprio: 1) Materiais amontoados, montão de terra (Cés. B. Gal. 7, 79, 4). II — Daí, nas línguas técnicas: 2) Terrapleno, muralha, trincheira, açude, baluarte, estrada, calçada (Cés. B. Gal. 2, 30, 3); (Tác. An. 13, 53); (Verg. En. 5, 273). III — Em poesia: 3) Elevação, colina, outeiro (Verg. En. 6, 830).
aggerātus, -a, -um, part. pass. de **aggĕro.**
1. aggĕrō, -ās, -āre, -āvī, -ātum, v. tr. I — Sent. próprio: 1) Amontoar terra. Daí, por enfraquecimento de sentido: 2) Amontoar, acumular: **aggerat cadavera** (Verg. G. 3, 556) «amontoa cadáveres». II — Sent. figurado: 3) Exagerar, aumentar, encher (Verg. En. 4, 197).
2. aggĕro (adgĕro), -is, -ĕre, -gēssī, -gēstum, v. tr. I — Sent. próprio: 1) Levar, trazer a ou para: **ingens aggeritur tumulo tellus** (Verg. En. 3, 63) «leva-se quantidade grande de terra para o túmulo». II — Sent. figurado: 2) Amontoar, acumular (Cés. B. Civ. 3, 49, 3); 3) Prduzir muito, produzir em massa (Tác. An. 2, 27).
aggēssī (adgēssī), pĕrf. de aggĕro.
1. aggēstus (adgēstus), -a, -um, part. pass. de **aggĕro 2.**

2. **aggestus (adgestus), -us,** subs. m. Ação de levar, transporte (Tác. An. 1, 35).

agglomero (adglomero), -ás, -áre, -ávi, -átum, v. tr. Enovelar, reunir, amontoar, aglomerar (Verg. En. 2, 341).

agglūtinātus (adglūtinātus), -a, -um, part. pass. de **agglūtino (adglūtino).**

agglūtino (adglūtino), -ás, -áre, -ávi, -átum, v. tr. I — Sent. próprio: 1) Colar a, grudar a, soldar, aglutinar (Cíc. At. 16, 6, 4). II — Sent. figurado: 2) Unir-se estreitamente a alguém (Plaut. Cist. 648).

aggravātus (adgravātus), -a, -um, part. pass. de **aggrăvo (adgrăvo).**

aggrăvo (adgrăvo), -ás, -áre, -ávi, -átum, v. tr. I — Sent. próprio: 1) Tornar mais pesado, sobrecarregar: **aggravare caput** (Plín. H. Nat. 25, 20) «tornar a cabeça mais pesada». II — Sent. figurado: 2) Agravar, piorar (T. Lív. 4, 12, 7). 3) Fazer carga, oprimir, acabrunhar: **aggravare reum** (Quint. 5, 7, 18) «fazer carga contra o réu».

aggredior (adgredior), -ěris, -grědi, -grěssus sum, v. dep. tr. e intr. A) Tr.: 1) Ir contra alguém, atacar, agredir (Cés. B. Civ. 3, 40, 1). Daí: 2) Sondar, procurar atrair (Cíc. Verr. 2, 36). 3) Empreender, abordar (Cíc. B. Civ. 3, 80, 7). B) Intr.: 4) Caminhar em direção a, dirigir-se a, ir em direção a, ir ter com, acercar-se de, aproximar-se: **silentio aggressi** (Cés. B. Civ. 3, 50, 1) «tendo-se aproximado em silêncio».

aggrěgo (adgrěgo), -ás, -áre, -ávi, -átum, v. tr. Reunir, ajuntar, associar, agregar (Cíc. Mur. 16).

agressio (adgressio), -ōnis, subs. f. Ataque, assalto (Cíc. Or. 50).

aggrěssus (adgrěssus), -a, -um, part. pass. de **aggredior (adgredior).**

agǐlis, -e, adj. I — Sent. próprio: 1) Que vai depressa, ágil, rápido (Ov. Her. 4, 169). II — Sent. figurado: 2) Ativo, vivo (Hor. Ep. 1, 18, 90). 3) Que pode ser movido fàcilmente (T. Lív. 30, 10, 3).

agilitās, -tātis, subs. f. Agilidade, rapidez (T. Lív. 44, 34, 8).

Agis, -idis, subs. pr. m. Ágis. 1) Rei de Esparta (Cíc. Of. 2, 80). 2) Irmão de Agesilau (C. Nep. Ages. 1, 4). 3) Nome de um habitante da Lícia (Verg. En. 10, 751).

agitābǐlis, -e, adj. Que se pode mover fàcilmente, agitável, ligeiro (Ov. Met. 1, 75).

agǐtans, -āntis, part. pres. de **agǐto.**

agitātio, -ōnis, subs. f. 1) Ação de pôr em movimento, agitação (T. Lív. 27, 29, 2). Daí: 2) Atividade, prática, exercício (Cíc. Of. 1, 17).

agitātor, -ōris, subs. m. Condutor de carros, nos jogos; condutor de cavalos, de bêstas de carga, cocheiro (Cíc. Ac. 2, 94).

agitātus, -a, -um. I — Part. pass. de **agǐto.** II — Adj.: Móvel, ágil, agitado (Cíc. Tim. 9).

agǐto, -áre, -āre, -āvi, -ātum, v. freq. tr. I — Sent. próprio: (com idéia de movimento): 1) Impelir com fôrça, fazer avançar; donde: agitar: **agitare equum** (Cíc. Br. 192) «fazer avançar o cavalo»; **corpora huc et illuc agitare** (Sal. B. Jug. 60) «agitar os corpos para cá e para lá». Daí: 2) Perseguir (sent. físico e moral), não deixar em repouso, excitar, inquietar, atormentar, censurar: **eos agitant Furiae** (Cíc. Leg. 1, 40) «as Fúrias os perseguem». II — Sent. figurado: 3) Remover constantemente (no espírito), pensar, refletir, debater, discutir (C. Nep. Ham. 1, 4). Daí: 4) Ocupar-se de, tratar de, falar de, deliberar, preparar (Sal. B. Jug. 66, 1). 5) Com idéia temporal (tr. e intr.): passar a vida, o tempo; viver, habitar (Verg. G. 4, 154). Obs.: Constrói-se com obj. dir., com abl. com prep. ou sem ela; ou intransitivamente.

Aglaïa, -ae, (Aglaïē, -ēs), subs. pr. f. Aglaia, uma das Graças (Sên. Ben. 1, 3, 6).

Aglaŏphōn, -ōntis, subs. pr. m. Aglaofonte, célebre pintor grego (Cíc. De Or. 3, 26).

Aglaosthěnēs, -is, subs. pr. m. Aglaóstenes, historiador grego (Plín. H. Nat. 4, 66).

Aglauros (Aglaurus), -i, subs. pr. f. Aglauro, filha de Cécrops (Ov. Met. 2, 560).

Aglosthěnēs, v. Aglaosthěnēs.

agmen, -inis, subs. n. I — Sent. próprio: Movimento para frente: 1) Marcha, curso, movimento: **leni fluit agmine Thybris** (Verg. En. 2, 782) «o Tibre corre num curso calmo». II — Na língua militar: 2) Exército em marcha, fileira, coluna: **ordo agminis** (Cés. B. Gal. 2, 19, 1) «ordem do exército em marcha»; **primum agmen** (Cés. B. Gal.

1, 15, 5) «a vanguarda»; **novissimum agmen** (Cés. B. Gal. 1, 15, 2) «a retaguarda»; **agmen constituere** (Sal. B. Jug. 49, 5) «fazer alto»; **lentum agmen** (Tác. Hist. 2, 99) «marcha lenta». III — Daí, na língua comum: 3) Multidão em marcha, multidão (T. Liv. 6, 38, 5). 4) No pl.: tropas, esquadrão (Verg En. 1, 490).

agmēntum, v. **amēntum**.

agna, -ae, subs. f. I — Sent. próprio: 1) Cordeira, ovelha nova (Tib. 1, 1, 31). II — Na língua religiosa: 2) Vítima, ovelha nova, oferecida em sacrifício (Verg. En. 5, 772).

Agnālĭa, -ĭum, subs. n. v. **Agonalia** (Ov. F. 1, 325).

agnāscor (adgnāscor), -āris, -ārī, -ātus sum, v. dep. intr. I — Sent. próprio: 1) Nascer ao lado, nascer junto: **quidquid agnascatur illis e caelo missum putant** (Plín. H. Nat. 16, 249) «o que quer que nasça junto a êles (os carvalhos sagrados) julgam enviado do céu». II — Na língua jurídica: 2) Nascer depois do testamento (Cíc. Caec. 72).

agnātĭō, -ōnis, subs. f. Parentesco pelo lado paterno, agnação (Cíc. De Or. 1, 173).

1. **agnātus, -a, -um**, part. pass. de **agnāscor**.

2. **agnātus, -ī**, subs. m. 1) Parente pelo lado paterno, agnato, ou agnado (Cíc. Inv. 2, 148). 2) Criança nascida quando já estão estabelecidos os herdeiros, naturais ou por adoção (Tác. Hist. 5, 5).

agnīna, -ae, subs. f. (= **agnina caro**). Carne de cordeiro (Hor. Ep. 1, 15, 35).

agnĭtĭō, -ōnis, subs. f. 1) Conhecimento, agnição (Cíc. Nat. 1, 1). 2) Reconhecimento (Plín. H. Nat. 10, 194).

agnĭtor, -ōris, subs. m. Que reconhece (Quint. 12, 8, 13).

agnĭtus, -a, -um, part. pass. de **agnosco**.

agnōscō (adgnōscō), -ĭs, -ĕre, -nōvī, nĭtum, v. tr. 1) Reconhecer: **Gabinium si vidissent duumvirum, citius agnovissent** (Cíc. Pis. 25) «se tivessem visto Gabínio como duúnviro mais ràpidamente o teriam reconhecido». 2) Conhecer (pelos sentidos ou pelo espírito), perceber (Cíc. Tusc. 1, 70). 3) Admitir, declarar, confessar, considerar como (Cíc. Fam. 5, 20, 5). Obs.: Part. Fut. **agnōtūrus** = **agniturus** (Sal. Hist. 2, 73). Formas sincopadas: **agnorunt** (Ov. Met. 4, 5, 5); **agnosse** (Ov. Met. 4, 613).

agnōvī, perf. de **agnōsco**.

agnus, -ī, subs. m. Cordeiro (Cíc. C. M. 56). Obs. Na língua antiga **agnus** era dos dois gêneros.

agō, -ĭs, -ĕre, ēgī, āctum, v. tr. e intr. I — Sent. próprio: 1) Empurar para a frente, impelir, fazer marchar na frente, fazer avançar, tocar: **vinctum ante se regem agebat** (C. Nep. Dat. 3, 2) «fazia marchar na frente o rei acorrentado»; **en ipse capellas ago** (Verg. Buc. 1, 13) «eis que eu mesmo toco as cabritas». Daí: 2) Dirigir-se para, ir, vir (reflexivo ou passivo com sentido reflexivo) (Verg. En. 6, 337). Donde, com dat.: 3) Fazer sair, lançar, expulsar, fazer ir, arrastar (Cíc. At. 11, 21,2). 4) Fazer entrar, afundar, introduzir, enterrar (Cés. B. Gal. 4, 17, 9). II — Sent. figurado (idéia de atividade com sentido durativo): 5) Agir, fazer: **quid agam** (Cíc. At. 7, 12, 3) «que farei?». Daí: 6) Ocupar-se de, tratar de, regular um negócio (Cíc. Br. 249). Empregos especiais: 7) Viver, passar a vida (tr. intr.) (Cíc. Tusc. 5, 77); **agere incerta pace** (T. Liv. 9, 25, 6) «viver numa paz incerta». 2) **Agere** em oposição a **quiescere**, agir (principalmente com gerúndio), fazer, ocupar-se (Cíc. Nat. 2, 132). Na língua jurídica (intransitivamente): 9) Encaminhar uma ação segundo a lei, agir, proceder segundo a lei, intentar uma ação, advogar, defender: **agere in hereditatem** (Cíc. De Or. 1, 175) «intentar uma ação a respeito de herança». Na língua comum: 10) Tratar de, discutir, sustentar, empreender (Cíc. Mur. 51); (Cés. B. Gal. 1, 13, 3). Na língua religiosa: 11) Cumprir os ritos dos sacrifícios (rituais), sacrificar (Ov. F. 1, 322). Na língua do teatro: 12) Representar, representar um papel (Cíc. De Or. 1, 124). 13) Proceder bem ou mal para com alguém (intr.) (Cíc. Quinct. 84). 14) Passivo — Estar em jôgo; estar na ordem do dia, estar em perigo (Cíc. Quinct. 9). Notem-se as expressões: **agere gratias** (Cíc. Phil. 1, 3) «agradecer»; **laudes agere** (T. Liv. 26, 48, 3) «glorificar»; **paenitentiam agere** (Tác. D. 15) «arrepender-se»; **agere otia** «estar em descanso»; etc. Obs.: Constrói-se com acus. de direção, com inf., com dat., com supino, com acus. e abl. com prep., e intransitivamente. O inf. pass. arc. **agier** aparece nas fórmulas jurídicas até no período clássico (Cíc. Of. 3, 61).

agōn, -ōnis, subs. m. Luta, combate (nos jogos públicos) (Plín. Ep. 4, 22, 1).
Agōnālĭa, -ĭum (-ĭōrum), subs. pr. n. Agonais, festas em honra de Jano (Ov. F. 1, 319).
Agōnālis, -e, adj. Que pertence às Agonais (Varr. L. Lat. 6, 12).
Agōnĭa, -ōrum, subs. n. pl. v. **Agonalia** (Ov. F. 5, 721).
Agōnis, -ĭdis, subs. pr. f. Agônis, nome de mulher (Cíc. Caec. 55).
agorănŏmus, -ī, subs. m. Magistrado encarregado da superintendência dos mercados em Atenas (Plaut. Capt. 824).
Agra, -ae, subs. pr. f. Agra, cidade da Arábia (Plín. H. Nat. 6, 156).
Agrae, -ārum, subs. pr. f. Agras, cidade da Arcádia (Plín. H. Nat. 4, 20).
Agrāeī, -ōrum, subs. loc. m. Agreus, habitantes de Agras (povo da Arábia) (Plín. H. Nat. 6, 159)
Agragantīnus, v. **Acragantīnus.**
Agrăgas, v. **Acragas.**
agrārĭī, -ōrum, subs. m. pl. Os partidários da lei agrária, da repartição de terras (Cíc. Cat. 4, 4).
agrārus, -a, -um, adj. Dos campos, agrário, relativo aos campos (Cíc. Of. 2, 78).
agrĕdŭla, v. **acredula.**
Agrei, v. **Agraei.**
1. **agrestis, -e,** adj. I — Sent. próprio: 1) Dos campos, relativo aos campos, rústico, agreste: **vita agrestis** (Cíc. Amer. 74) «vida do campo». II — Sent. figurado: 2) Silvestre, selvagem, grosseiro, inculto, bárbaro (Cíc. Amer. 74).
2. **agrestis, -is,** subs. m. Camponês (Cíc. Cat. 2, 20).
Agriānes, -um, subs. loc. m. Agriães, povo da Trácia ou da Panônia (Cíc. Pis. 91).
1. **agricŏla, -ae,** subs. m. I — Sent. próprio: 1) Lavrador, agricultor: **o fortunatos nimium agricolas** (Verg. G. 2, 459) «ó agricultores extremamente felizes». II — Adj.: 2) Rústico (Tib. 2, 1, 36). Obs.: Gen. pl. **agricolum** (Lucr. 4, 586).
2. **Agricŏla, -ae,** subs. pr. m. Agrícola, general romano, sogro de Tácito (Tác. Agr.).
agrīcultĭo (ou agrī cultĭo), -ōnis, subs. f. Agricultura (Cíc. C. M. 56).
agrīcultor (ou agrī cultor), -ōris, subs. m. Agricultor (T. Liv. 4, 25, 4).
agrīcultūra (ou agrī cultūra), -ae, subs. f. Agricultura (Cíc. Of. 2, 12).

Agrigentīnī, -ōrum, subs. loc. m. Habitantes de Agrigento, agrigentinos (Cíc. Verr. 4, 73).
Agrigentīnus, -a, -um, adj. De Agrigento, agrigentino (Cíc. Verr. 4, 48).
Agrigēntum, -ī, subs. pr. n. Agrigento, cidade da Sicília (Cíc. Verr. 4, 93).
agrĭos (-us), -a, -um, adj. Selvagem, agreste (com relação às plantas) (Plín. H. Nat. 12, 45).
agripĕta, -ae, subs. m. 1) O que luta pela posse de terra (na partilha das terras aos veteranos) (Cíc. At. 15, 29, 3). 2) Colono, i. é, o que recebeu uma parcela de terra, em partilha (Cíc. Nat. 1, 72).
Agrippa, -ae, subs. pr. m. Agripa. 1) V. **Menenius.** 2) **M. Vipsanius,** genro de Augusto (Tác. An. 4, 40). 3) **Postumus** (Tác. An. 1, 3). 4) Nome de dois reis da Judéia (Tác. An. 12, 23).
Agrippēnsēs, -ĭum, subs. loc. m. Agripenses, povo da Bitínia (Plín. H. Nat. 5, 149).
Agrippīna, -ae, subs. pr. f. Agripina. 1) Mulher de Germânico (Tác. An. 2, 54). 2) Filha de Germânico e mãe de Nero (Tác. An. 4, 75). 3) Mulher de Tibério (Suet. Tib. 7).
Agrippīnēnsēs, subs. loc. m. Habitantes de Agripina, agripinenses (Tác. Hist. 1, 57).
Agrippīnēnsis Colōnĭa, subs. f. Colônia de Agripina, que ficava sôbre o rio Reno, Colônia (Tác. Hist. 1, 57).
Agrippīnus, -ī, subs. pr. m. Agripino, sobrenome romano (Tác. An. 16, 28).
1. **agrĭus, -a, -um,** v. **agrios.**
2. **Agrĭus, -ī,** subs. pr. m. Ágrio, nome de homem (pai de Térsites) (Ov. Her. 9, 153).
Agrō, -ōnis, subs. pr. f. Agro, cidade da Etiópia (Plín. H. Nat. 6, 193).
Agugō, -ōnis, subs. pr. f. Agugo, cidade às margens do Nilo (Plín. H. Nat. 6, 180).
Agūntum, -ī, subs. pr. n. Agunto, cidade da Nórica (Plín. H. Nat. 3, 146).
Agyīēūs, -eī, ou -eōs, subs. pr. m. Agieu epíteto de Apolo, guarda das ruas (Hor. O. 4, 6, 28).
Agўlla, -ae, subs. pr. f. Agila, cidade da Etrúria (Plín. H. Nat. 3, 51).
Agyllēūs, subs. pr. m. Agileu, nome de homem (Estác. Theb. 6, 837).
Agyllīnus, -a, -um, adj. De Agila, agilino (Verg. En. 7, 652).
Agyrīnēnsēs, subs. loc. m. Habitantes de Agírio, agirinenses (Cíc. Verr. 2, 156).

Agyrinēnsis, -e, adj. De Agírio, agirinense (Cíc. Verr. 4, 17).
Agyrīnus, -a, um, adj. De Agírio, agirino (Plín. H. Nat. 3, 91).
Agyrĭum, -ī, subs. pr. n. Agírio, cidade da Sicília (Cíc. Verr. 4, 50).
ah, ou **ā**, interj. Ah! ai! Oh! Exprime fortes emoções, como a sua correspondente portuguêsa ah! Indica, assim, sentimentos diversos: dor, alegria, cólera, admiração, espanto, ameaça, indignação. Pertence, principalmente, à língua falada e à poesia (Plaut., Ter., Verg., Catul., Ov.); (Cíc Rep. 1, 59)
aha, forma reduplicada da interj. ah.
Ahāla, -ae, subs. pr. m. Aala, sobrenome de família romana, dos Servílios (Cíc. Cat. 1, 3).
Ahārna, -ae, subs. pr. f. Aarna, cidade da Etrúria (T. Liv. 10, 25, 4).
ahēn-, veja **aēn-**.
ai, interj. ai! Designa dor (Ov. Met. 10, 215).
aībant, 3ª pes. pl. imperf. sincop. de **āio**.
aiens, -ēntis I — Part. pres. de **āio**. II — Adj.: afirmativo (Cíc. Top. 49).
āin, forma sincop. de **aīsne**, usada na poesia: 2ª pes. sg. do pres. do indic.: dizes tu? (Cíc. Or. 154).
āiō, ăīs, v. defect. I — Sent. próprio: 1) Dizer sim, afirmar (Cíc. Of. 3, 91): II — Daí, por enfraquecimento de sentido: 2) Dizer (Cíc. Verr. 1, 117); (Cíc. Or. 155). Obs.: **Ait** aparece, muitas vêzes, ora intercalado, ora pôsto depois de uma citação, ora acompanhando um provérbio. Formas usadas: indic. pres. **aio, ais, ait, aiunt**; imperf indic.: **aiebam** ou **aibam, aiebas** ou **aibas**, etc.; imperat.: **ai** (raro); subj. pres.: **aiam, aias, aiat, aiant**; part. pres.: **aiens** (raro). Quanto à quantidade: **āis, ăīs** ou **ais** (ditongo); **ăīt** e **ait** (ditongo); **āī**.
āisti, 2ª pes. perf. de **aio** (Ov. Her. 11, 61).
Aius Locūtĭus (T. Liv. 5, 50, 5), v o seguinte.
Aius Loquens, -tis, subs. pr. m. Divindade que anunciou aos romanos a chegada dos gauleses (Cíc. Div. 1, 101).
Ajax, -ācis, subs. pr. m. Ajax. 1) Filho de Telemão (Cíc. Tusc. 1, 71). 2) Filho de Oileu (Cíc. De Or. 2, 265).
āla, -ae, subs. f. I — Sent. próprio: 1) Ponto de articulação da asa ou do braço, parte do braço desde a espádua até o cotovêlo, axila, espádua (Hor. Ep. 1, 13, 12). Daí: 2) Asa (de ave ou de qualquer ser alado) (T. Liv. 7, 26, 5). II — Sent. figurado: 3) Ala (de um edifício) (Vitr. 4, 7, 2). 4) Ala de um exército (sentido muito comum) (T. Liv. 27, 2, 6). 5). No pl. **alae**: a) esquadrão (poético) (Verg. En. 11, 604); b) caçadores a cavalo (Verg. En. 4, 121). Obs.: Depois, **ala** passou a ser aplicado especialmente à cavalaria (T. Liv. 26, 38, 14).
Alabănda, -ae, subs. pr. f. e **Alabănda**, -ōrum, subs. n. Alabandas, cidade da Cária (T. Liv. 33, 18, 7).
Alabandēnsēs, -ium, subs. loc. m. Alabandenses (Cíc. Nat. 3, 50).
Alabandēnsis, -e, adj. De Alabandas, alabandense (Cíc. De Or. 1, 126).
Alabandēus, -a, -um, adj. Alabandeu, de Alabandas (Cíc. Br. 325) e **Alabāndĭs**, -ium (Cíc. Fam. 13, 56, 1), subs. loc. Habitantes de Alabandas.
Alabăndus, -ī, subs. pr. m. Alabando, herói epônimo de Alabandas (Cíc. Nat. 3, 50).
Alabānēnsēs, -ium, subs. loc. m. Alabanenses, povo da Espanha Tarraconense (Prín. H. Nat. 3, 26).
alabārchēs, v. **arabarches**.
alabāster, -trī, subs. m. Vaso de alabastro para perfume (Cíc. Ac. fr. 11).
alabastrītēs, -ae, subs. m. Pedra de alabastro (Plín. H. Nat. 36, 182).
Alabāstron, -ī, subs. pr. n. Alabastro, cidade do Egito (Plín. H. Nat. 37, 143).
Alabāstros -ī, subs. pr. m. Alabastros, rio da Eólia (Plín. H. Nat. 5, 122).
alabāstrum, -ī, subs. n., v. **alabāster** (Marc. 11, 8, 9).
Alabī, -ōrum, subs. pr. m. Povo da Etiópia, os álabos (Plín. H. Nat. 6, 190).
Alăbis, -is; **Alăbōn**, -ōnis, subs. loc. m. Rio da Sicília (S. It. 14, 228).
alăcer (**alăcris**), -is, -e, adj. I — Sent. próprio: 1) Vivo, cheio de entusiasmo, esperto, impetuoso (T. Liv. 6, 24, 7). II — Daí: 2) Alegre, risonho, jovial (Verg. Buc. 5, 58). 3) Ágil, rápido, veloz (Sal. Hist. 2, 19). Obs.: O m. **alacris** é raro, aparecendo, porém, em Vergílio (En. 5, 380). O comparativo é de uso geral (Cíc. Rep. 6, 13), mas não tem superlativo.
alacritās, -tātis, subs. f. I — Sent. próprio: 1) Vivacidade, ardor, entusiasmo: **canum alacritas in venando** (Cíc. Nat. 2, 158) «o ardor dos cães na caça». II — Daí: 2) Alegria, jovialidade (no bom e mau sentido) (Cíc. Tusc. 4, 36).

Aländer ou **Alāndrus, -ī**, subs. pr. m. Alandro, rio da Frígia (T. Lív. 38, 18, 1).

alăpa, -ae, subs. f. I — Sent. próprio: 1) Bofetada (Fedr. 5, 3; 2). II — Sent. figurado: 2) Liberdade (Fedr. 2, 5, 25). Obs.: O senhor, ao alforriar o escravo, dava-lhe uma pequena bofetada, que fazia parte do ritual da cerimônia: a bofetada significava liberdade.

ālārīī, -ōrum ou **ālārēs, -ium**, subs. m. pl. Cavaleiros auxiliares, alários (Tác. Hist. 2, 94).

ālāris, -e, adj. Pertencente às alas de um exército (T. Lív. 10, 41, 5).

ālārĭus, -a, -um, adj. 1) Que pertence às alas de um exército (Cés. B. Civ. 1, 73, 3). 2) Alarii (substant.): tropas auxiliares a pé (Cés. B. Gal. 1, 51, 1). 3) Cavaleiros auxiliares (Cíc. Fam. 2, 17, 7).

Alāstor, -ŏris, subs. pr. m. Alastor, um dos companheiros de Sarpédon, morto por Ulisses (Ov. Met. 13, 257).

Alatrinas, v. **Aletrinas**.

ālātus, -a, -um, adj. Alado, que tem asas (Verg. En. 4, 259).

alauda, -ae, subs. f. 1) Alauda, calhandra, cotovia (Plín. H. Nat. 11, 121). 2) Nome de uma legião romana nas Gálias organizada às custas de César, (Suet. Cés. 24).

alaudae, -ārum, subs. f. pl. Os soldados da legião Alauda, acima referida (Cíc. Phil. 13, 3).

1. Alba, -ae, subs. pr. f. 1) Alba Longa ou Alba, antiga cidade da Itália, capital do primitivo Lácio (Verg. En. 1, 277). 2) **Alba** ou **Alba Fucentia**: Alba, cidade dos Équos, nos confins dos Marsos, na Itália Central (Cés. B. Civ. 1, 15, 7).

2. Alba, -ae, subs. pr. m. Alba. 1) Nome de um rei de Alba Longa (Ov. Met. 14, 612). 2) **Alba Aemilius**, confidente de Verres (Cíc. Verr. 3, 145).

Albāna, -ae, subs. pr. f. Via Albana, que conduzia à Cápua (Cíc. Agr. 2, 94).

Albānī, -ōrum, subs. loc. m. Albanos. 1) Habitantes de Alba Longa (T. Lív. 1, 29). 2) Albaneses, habitantes da Albânia (Tác. An. 2, 68).

Albānia, -ae, subs. pr. f. Albânia, região da Ásia, nas margens do mar Cáspio (Plín. H. Nat. 6, 36).

Albānum, -ī, subs. pr. n. Casa de Alba. 1) Casa de campo de Pompeu (Cíc. At. 4, 11, 1). 2) Casa de Clódio (Cíc. Mil. 46).

1. Albānus, -a, -um, adj. Albano. 1) De Alba (Cíc. Mil. 85). 2) Da Albânia (Plín. H. Nat. 6, 38).

2. Albānus Lacus, subs. pr. m. Lago Albano, perto de Alba (T. Lív. 5, 15, 4).

albātus, -a, -um. I — Part. pass. de **albo**. II — Adj.: Vestido de branco (Cíc. Vat. 31).

albens, -ēntis, part. pres. de **albĕo**.

Albēnsēs, -ium, subs. loc. m. Albenses, habitantes de Alba (Plín. H. Nat. 3, 69).

albĕō, -ēs, -ĕre, v. intr. Ser branco, alvejar (Verg. En. 12, 36).

albēscō, -is, -ĕre, v. incoat. intr. Tornar-se branco, alvejar (Cíc. Ac. 2, 105).

Albiānus, -a, -um, adj. De Álbio (Cíc. Caec. 28).

albicapillus, -ī, subs. m. Velho de cabelos brancos (Plaut. Mil. 631).

albicĕra olea, subs. f. Espécie de oliveira branca (Plín. H. Nat. 15, 70).

albicĕris, -is, subs. f., v. **albicĕra** (Cat. Agr. 6, 1).

Albīcī, -ōrum, subs. loc. m. Álbicos, povo vizinho de Massília (Marselha) (Cés. B. Civ. 1, 34, 4).

albĭcō, -ās, -āre, v. tr. e intr. A — Tr.: 1) Embranquecer alguma coisa (Varr. Men. 75). B — Intr.: 2) Ser branco, alvejar (Hor. O. 1, 4, 4).

albĭdus, -a, -um, adj. Esbranquiçado, álbido (Ov. Met. 3, 74).

Albingaunī, -ōrum, subs. loc. m. Habitantes de Albingauno, os albingaunos (T. Lív. 29, 5, 2).

Albingaunum, -ī, subs. pr. n. Albingauno, cidade da Ligúria (Mel. 2, 72).

Albinius, -ī, subs. pr. m. Albínio, nome de homem (Cíc. Sest. 6).

Albinovānus, -ī, subs. pr. m. Albinovano, nome de diferentes personagens romanos: 1) Acusador de Séstio (Cíc. Vat. 3). 2) **Celsus Albinovanus**, contemporâneo de Horácio (Hor. Ep. 1, 8, 1). 3) **Pedo Albinovanus**, amigo de Ovídio (Ov. P. 4, 10, 4).

Albintimilĭum, -ī, subs. pr. n. Albintimílio, cidade da Ligúria (Tác. Hist. 2, 13).

Albīnus, -ī, subs. pr. m. Albino. 1) Usurário romano (Hor. A. Poét. 327). 2) Autor de uma história romana em grego (Cíc. Br. 81). 3) Espúrio Postúmio Albino, que tomou parte na guerra de Jugurta (Sal. B. Jug. 35).

Albĭŏn, -ōnis, subs. pr. f. Álbion, antigo nome da Grã-Bretanha (Plín. H. Nat. 4, 102).

Albis, -is, subs. pr. m. Elba, rio da Alemanha (Tác. Germ. 41).
albĭscō = **albēscō**.
Albĭus, -ī, subs. pr. m. Álbio, nome de diversas personagens (Cíc. At. 13, 14, 1); **Albius Tibullus** (Hor. Ep. 1, 4, 1) «o poeta Tíbulo».
Albrūna, -ae, subs. pr. f. Albruna, nome de uma profetisa germânica (Tác. Germ. 8).
Albūcĭus (Albūtĭus), -ī, subs. pr. m. Albúcio, nome de homem (Cíc. Br. 131).
Albucrarēnsis, -e, adj. De Albucrara (Galícia, albucrarense (Plín. H. Nat. 33, 80).
Albŭla, -ae, subs. pr. m. Álbula, nome antigo do Tibre (Verg. En. 8, 332).
albŭlus, -a, -um, adj. dim. de **albus**. Esbranquiçado, branco, côr de espuma (Catul. 29, 8).
album, -ī, subs. n. 1) Quadro branco, em que se registravam os nomes dos magistrados, as festas solenes, etc., exposto pùblicamente para que todo mundo pudese ler o que continha. Depois, passou a designar qualquer registro, lista (Sên. Ep. 48, 10); (Tác. An. 4, 42). 2) Branco, côr branca, parte branca de alguma coisa (Verg. Buc. 2, 41); (T. Lív. 4, 25, 13).
Album Intimilĭum, -ī, subs. pr. n. Cidade da Ligúria (Plín. H. Nat. 3, 48).
Albunĕa, -ae, subs. pr. f. Albúnea, fonte perto de Tíbur (Hor. O. 1, 7, 12).
Albūrnus, -ī, subs. pr. m. Alburno, montanha da Lucânia (Verg. G. 3, 147).
albus, -a, -um, adj. I — Sent. próprio: 1) Branco (sem brilho, em oposição a **ater**) (Cíc. Tusc. 5, 114). 2) Pálido (por doença, terror, etc.), que faz empalidecer (Pérs. 3, 115). II — Sent. figurado: 3) Claro, límpido, sereno (Sên. Contr. 7, pref. 2). 4) Favorável, propício (Hor. O. 1, 12, 27). 5) Em expressões proverbiais, como por ex.: **avem albam videre** (Cíc. Fam. 7, 28, 2) «ver um melro branco, i. é, uma raridade».
Alcāeus, -ī, subs. pr. m. Alceu, poeta lírico grego (Cíc. Tusc. 4, 71).
Alcamĕnēs, -is, subs. pr. m. Alcâmenes, nome de célebre escultor (Cíc. Nat. 1, 82).
Alcānder, -dri, subs. pr. m. Alcandro. 1) Nome de um troiano (Ov. Met. 13, 258). 2) Nome de um companheiro de Enéias (Verg. En. 9, 767).
Alcānor, -ŏris, subs. pr. m. Alcanor, nome de um troiano (Verg. En. 10, 338).

Alcathŏē, -ēs, subs. pr. f. Alcátoe, nome dado a Mégara (Ov. Met. 7, 443).
Alcathŏus, -ī, subs. pr. m. Alcátoo, filho de Pélops e fundador de Mégara (Ov. Met. 8, 8).
Alcē, -ēs, subs. pr. f. Alce, cidade da Espanha Tarraconense (T. Lív. 40, 48).
alcēdo, -ŏnis (-ĭnis), subs. f. = **alcyon**.
1. **alcēs**, -is, subs. f. Alce, espécie de veado (Cés. B. Gal. 6, 27).
2. **Alcēs**, -is, subs. m. Alces, rio da Bitínia (Plín. H. Nat. 5, 149).
Alcēstē, -ēs, e **Alcēstis**, -is, subs. pr. f. Alceste, mulher de Admeto (Marc. 4, 75).
Alcī, -ōrum, subs. pr. m. Alcos, nome de duas divindades germânicas (Tác. Germ. 43).
Alcibĭădēs, -is, subs. pr. m. 1) Alcibíades (450? 404 a.C), filho de Clínias e sobrinho de Péricles, foi brilhante homem de Estado e general de valor (C. Nep. Alcib. 1). 2) Lacedemônio que tomou parte na guerra contra Roma (T. Lív. 39, 35).
Alcidămās, -āntis, subs. pr. m. Alcidamante. 1) Nome de rétor grego, discípulo de Górgias (Cíc. Tusc. 1, 116). 2) Nome de outras personagens (Ov. Met. 7, 368).
Alcidēmos, -ī, subs. pr. f. Alcidemos, epíteto de Minerva (T. Lív. 42, 51, 2).
Alcīdēs, -ae, subs. pr. m. Alcides, descendente de Alceu (Hércules) (Verg. En. 10, 460).
Alcimĕdē, -ēs, subs. pr. f. Alcimede, mãe de Jasão, mulher de Éson (Ov. Her. 6, 105).
Alcimĕdōn, -ōntis, subs. pr. m. Alcimedonte, nome de homem (Verg. Buc. 3, 37).
Alcinŏus, -ī, subs. pr. m. Alcínoo, rei dos Feácios (Ov. P. 2, 9, 42).
Alcippē, -ēs, subs. pr. f. Alcipe, nome de mulher (Verg. Buc. 7, 14).
Alcis, veja **Alci**.
Alcithŏē, -ēs, subs. pr. f. Alcítoe, uma das filhas de Mínias (Ov. Met. 4, 1).
Alcmaeo, -ŏnis, (Cíc.) e **Alcumĕus**, -ī, (Plaut. Capt. 562), subs. pr. m. Alcméon, ou Alcmeu. 1) Filho de Anfiarau (Cíc. Ac. 2, 52). 2) Filósofo, discípulo de Protágoras (Cíc. Nat. 1, 27).
Alcmaeonĭus, -a, -um, adj. De Alcméon, ou Alcmeu (Prop. 3, 5, 41).
Alcmān, -ānis, subs. pr. m. Alcmano, ou Álcman, poéta lírico grego (Plín. H. Nat. 11, 114).

Alcmēna, -ae, e **Alcmēnē, -ēs,** subs. pr. f. Alcmena, mãe de Hércules (Cíc. Nat. 3, 42); (Ov. Met. 9, 276).
Alco (Alcōn), -ōnis, subs. pr. m. Álcon, ou Alcão. 1) Filho de Astreu (Cíc. Nat. 3, 53). 2) Artífice siciliano (Ov. Met. 12, 683). 3) Nome de um escravo (Hor. Sát. 2, 8, 15).
Alcumaeōn, v. **Alcmaeo.**
Alcumēna, v. **Alcmena.**
alcyōn (halcyōn), -ōnis, subs. f. Alcíone, ou alcião, ave marítima (Verg. G. 1, 398).
Alcyōnē (Halcyōnē), -ēs, subs. pr. f. Alcíone. 1) Filha de Éolo (Ov. Met. 11, 384). 2) Filha de Atlas, uma das Plêiades (Ov. Her. 19, 133).
1. ālĕa, -ae, subs. f. I — Sent. próprio: 1) Jôgo de dados, jôgo de sorte, jôgo (Cíc. Phil. 2, 56). Daí: 2) Sorte (Suet. Cés. 32). II — Sent. figurado: 3) Risco, perigo, azar (Hor. O. 2, 1, 6).
2. Alĕa, -ae, subs. pr. f. Álea, cidade do Peloponeso, a NE da Arcádia (Plin. H. Nat. 4, 20).
āleātŏr, -ōris, subs. m. Jogador (Cíc. Cat. 2, 23).
āleātŏrĭus, -a, -um, adj. Relativo ao jôgo de sorte ou aos jogadores (Cíc. Phil. 2, 67).
Alebas, v. **Alevas.**
ālec ou **allec,** v. **hallec.**
Alēctō (Allectō), subs. pr. f. Alecto, a mais terrível das Fúrias: era o espírito da vingança, representada com a cabeça envolvida de serpentes (Verg. En. 7, 341). Obs.: É indeclinável.
ālēcŭla ou **allecŭla,** v. **halecula.**
Alēī (-iī) campī. Planície de Ale, por onde errou Belerofonte, depois de ter sido lançado fora de seu cavalo Pégaso e ter ficado cego por um raio de Júpiter (Cíc. Tusc. 3, 63). **Aleia arva** (Ov. Ib. 255).
Alēius, -a, -um, adj. Do território de Áleo, na Lícia (Cíc. Poet. Tusc. 3, 63).
Alēmōn, -ōnis, subs. pr. m. Alêmon, pai do fundador de Crotona, cidade da Magna Grécia (Ov. Met. 15, 19).
Alēmonĭdēs, -ae, subs. pr. m. Filho de Alêmon (Ov. Met. 15, 26).
Alentīnus, v. **Aluntīnus.**
ălĕō, -ōnis, subs. m. Jogador (Catul. 29, 2).
1. āles, -ĭtis, adj. I — Sent. próprio: 1) Que tem asas, alado (Hor. O. 3, 12, 4). II — Sent. figurado. 2) Rápido, ligeiro (Ov. Met. 10, 587).

2. āles, -ĭtis, subs. m. e f. 1) Ave (poét.) (Verg. En. 8, 27). 2) Auspício, agouro (na língua augural, uma vez que cabia às aves, pelo vôo ou pelo canto, dar os prognósticos felizes ou funestos de uma emprêsa) (Hor. Epo. 16, 24). Obs.: a) O feminino é mais freqüente que o masculino; b) gen. pl. **alitum** (Lucr. 2, 928) e (Verg. En. 8, 27).
Alēsa, v. **Halaesa.**
alēscō, -ĭs, -ĕre, v. incoat. intr. Crescer, aumentar (Lucr. 2, 1130).
Alēsĭa, -ae, subs. pr. f. Alésia, cidade da Gália (Cés. B. Gal. 7, 68, 1).
Alēsus, v. **Halaesus.**
Alētēs, -ae, subs. pr. m. Aletes, nome de um dos companheiros de Enéias (Verg. En. 1, 121).
Alētrīnās, -ātis, subs. m., f., n. De Alétrio (Cíc. Clu. 46).
Alētrīnātes, subs. loc. m. Aletrinates ou aletrinos, habitantes de Alétrio (Cíc. Clu. 49).
Alētrĭum, -ī, subs. pr. n. Alétrio, cidade dos hérnicos (Plaut. Capt. 883).
Alĕvās, -ae, subs. pr. m. Alevas. 1) Tirano da Larissa, morto por seus soldados (Ov. Ib. 323). 2) Nome de um estuário (Plin. H. Nat. 34, 86).
Alexăndĕr, -drī, subs. pr. m Alexandre. 1) Alexandre Magno (356-326), filho de Filipe II da Macedônia e discípulo de Aristóteles (Q. Cúrc.). 2) Alexandre, rei da Macedônia, filho de Perseu (T. Lív. 42, 52, 5). 3) Tirano da Tessália (Cíc. Div. 1, 53). 4) Rei do Epiro (T. Lív. 8, 3). 5) Outro nome de Páris (Cíc. Fat. 34).
Alexandrēa (īa), -ae, subs. pr. f. Alexandria, nome de diferentes cidades, entre as quais: 1) Cidade do Egito, no delta do Nilo, fundada por Alexandre Magno (Cíc. Fin. 5, 54). 2) Cidade da Tróade (Cíc. Ac. 2, 11). 3) Cidade da Síria (Plin. H. Nat. 6, 91).
Alexandrīnī, -ōrum, subs. loc. m. Alexandrinos, habitantes de Alexandria (Cíc. Rab. 14).
Alexandrīnus, -a, -um, adj. 1) Alexandrino, de Alexandria, cidade do Egito (Cés. B. Civ. 3, 110). 2) De Alexandria, cidade da Tróade (Plin. H. Nat. 15, 131).
Alexīnus, -ī subs. pr. m. Alexino, Filósofo de Mégara (Cic. Ac. 2, 75).
Alexīōn, -ōnis, subs. pr. m. Aléxion, médico do tempo de Cícero (Cíc. At. 7, 2, 3).

Alexirhŏē, -ēs, subs. pr. f. Alexirroe, ninfa filha de Granico (Ov. Met. 11, 763).
Alēxis, -is (-ĭdis), subs. pr. m. Aléxis, liberto de Ático (Cíc. At. 5, 20, 9).
Alfatērni, -ōrum, subs. loc. m. Alfaternos, habitantes de Alfaterna, cidade da Campânia (Plín. H. Nat. 3, 108).
Alfellāni, -ōrum, subs. loc. m. Alfelanos, habitantes de uma cidade dos hirpinos (Plín. H. Nat. 3, 105).
Alfēnus ou Alphēnus, -ī, subs. pr. m. Alfeno: **Alfēnus Varus**, jurisconsulto romano (Hor. Sát. 1, 3, 130).
Alfius ou Alphĭus, -ī, subs. pr. m. Álfio, nome próprio romano (Cíc. Planc. 104).
alga, -ae, subs. f. I — Sent. próprio: 1) Alga, sargaço (Verg. En. 7, 590). II — Sent. figurado: 2) Alga (indicando uma coisa de pouco valor) (Verg. Buc. 7, 42).
algens, -ēntis, part. pres. de **algĕo**: frio, que tem frio, gelado.
algēnsis, -e, adj. Que nasce ou vive na alga, ou se alimenta de algas (Plín. H. Nat. 9, 131).
algĕō, -ēs, -ēre, alsī, alsum, v. intr. I — Sent. próprio: 1) Ter frio, estar com frio, gelar (Cíc. Tusc. 2, 34). II — Sent. figurado: 2) Morrer de frio (Juv. 1, 74).
algēscō, -is, -ĕre, v. intr. incoat. Resfriar-se, tornar-se frio (Ter. Ad. 36).
Algĭdum, -ī, subs. pr. n. Álgido, cidade do Lácio (T. Lív. 26, 9, 11).
1. **Algĭdus, -a, -um**, adj. Do monte Álgido (Ov. F. 6, 722).
2. **algĭdus, -a, -um**, adj. Álgido, muito frio, gelado (Catul. 63, 70).
3. **Algĭdus, -ī**, subs. pr. m. Álgido, monte perto de Túsculo (Hor. O. 1, 21, 6).
algiōsus, v. **alsiōsus**.
algor, -ōris, subs. m. Frio, frio rigoroso, algor (Tác. Hist. 3, 22).
algōsus, -a, -um, adj. Coberto de algas (Plín. H. Nat. 32, 95).
algus, -ūs, subs. m. Frio, frio intenso (Lucr. 3, 732).
1. **Alĭa**, v. **Allĭa**.
2. **ālĭa**, v. **alĕa**.
3. **alĭā**, adv. Por outro lado (T. Lív. 38, 40, 8); **alius, alia** (T. Lív. 30, 4, 2) «um por um lado, e outro por outro».
Aliăcmōn, v. **Haliăcmon**.
aliae, gen. e dat. v. **alĭus**.
aliās, adv. 1) Em outra ocasião, em outras circunstâncias (Cíc. Fam. 9, 25, 2). 2) Aliás, de outro modo, sem o que (sentido condicional, a partir de Plínio, o velho) (Tác. An. 16, 1).

alĭbī, adv. 1) Em outro lugar (Cíc. At. 13, 52, 2). 2) Em outra coisa (T. Lív. 10, 20, 16).
Alicarnāssos, v. **Halicarnāssus**.
alicŭbī, adv. Em qualquer lugar, em qualquer parte (Cíc. At. 9, 10, 7).
alicŭnde, adv. De qualquer lugar, de qualquer parte (Cíc. Verr. 2, 48).
alĭd, v. **alis**.
aliēnātĭō, -ōnis subs. f. I — Sent. próprio: 1) Alienação, transmissão do direito de propriedade para outro (Sen. Ben. 5, 10, 1); (Cíc. Or. 144). II — Sent. figurado: 2) Separação, rutura, desinteligência (Cíc. Phil. 2, 1). 3) Alienação mental, delírio (na língua médica) (Sên. Ep. 78, 9).
aliēnātus -a, -um, part. pass. de **aliēno**.
Aliēnī (Forum), subs. pr. n. Forum de Alieno, cidade da Gália Transpadana (Tác. Hist. 3, 6).
aliēnigĕna, -ae, subs. m. Nascido em outro país, estrangeiro (Cíc. Font. 32).
aliēnigĕnus, -a, -um, adj. I — Sent. próprio: 1) Estrangeiro (Sên. Ep. 108, 22). II — Sent. figurado: 2) Heterogêneo (Lucr. 1, 860).
aliēnō, -ās, -āre, -āvi, -ātum, v. tr. I — Sent. próprio: 1) Afastar, distanciar (Cíc. Sest. 40). 2) Alienar (amizade), tornar inimigo, tornar hostil (Cíc. Sull. 64). II — Na língua jurídica: 3) Alienar, vender, transmitir os direitos de propriedade (Cíc. Agr. 2, 33). Na língua médica: 4) Alienar (a mente), perturbar (Cés. B. Gal. 6, 41, 3). 5) Sent. passivo (Sal. B. Jug. 48, 1).
1. **aliēnus, -a, -um**, adj. I — Sent. próprio: 1) Que pertence a outro, alheio, estranho (T. Lív. 3, 62, 9). Daí: 2) Estrangeiro (Cíc. Verr. 4, 114). II — Sent. figurado: 3) Afastado de, contrário, hostil (Cés. B. Civ. 1, 6, 2). 4) Inoportuno, deslocado, impróprio, incompatível (Cíc. Verr. 4, 109). 5) Prejudicial, desvantajoso (Cés. B. Gal. 4, 34, 2); (Cíc. De Or. 3, 155).
2. **Aliēnus, -ī**, subs. m., v. **Alliēnus**.
Alifae, v. **Allīfae**.
ālĭger, -ĕra, -ĕrum, adj. Alado, alígero (Ov. F. 4, 562).
ālĭger, -ĕra, -ĕrum, adj. Alado, alígero (Verg. En. 1, 663).
Aligĕri, subs. m. pl. Os Amores (S. It. 7, 458).
1. **alĭī**, v. **alei**.
2. **alĭī**, gen., v. **alĭus**.

alimēntum, -ī, subs. n. I — Sent. próprio: 1) Alimento, subsistência (Cíc. Tim. 18). Daí, metafòricamente: 2) Pensão dada aos pais já velhos, para sua subsistência (Cíc. Rep. 1, 8). II — Sent. figurado: 3) Alimento, pasto, assunto (T. Lív. 35, 23, 10). Obs. Usado principalmente no pl.

Alimēntus, -ī, subs. pr. m. Alimento, sobrenome da família Cíncia (T. Lív. 26, 23, 2).

Alīmnē, -ēs, subs. pr. f. Alimne, cidade da Frígia (T. Lív. 38, 14).

alimōnĭa, -ae, subs. f. e **alimōnĭum, -ī,** subs. n. Alimento, alimentação (Tác. An. 11, 16).

alĭō, adv. I — Sent. próprio: 1) Para outro lugar, para outra parte (com idéia de movimento) (Cíc. Fam. 14, 1, 7). II — Sent. figurado: 2) Para outro assunto, para outro fim (Cíc. De Or. 1, 133).

aliōquī ou **aliōquīn,** adv. Por outro lado, de outro modo (T. Lív. 27, 27, 11).

aliōrsum (aliovōrsum), adv. Para outro lugar, em outra direção (Plaut. Truc. 403).

ālĭpēs, -ĕdis, adj. I — Sent. próprio: 1) Que tem asas nos pés, alípede (Ov. F. 5, 100). II — Sent. figurado: 2) Rápido, ligeiro (Verg. En. 12, 484).

Alīphae, Alīphānus, v. **Allīfae, Allīfānus.**

Aliphēra, -ae, subs. pr. f. Alifera, cidade da Arcádia (Cíc. At. 6, 2, 3).

Aliphīraeī, -ōrum, subs. loc. m. Alifireus, habitantes de Alifera (Plín. H. Nat. 4, 22).

ālipĭlus, -ī, subs. m. Que tira os pêlos das axilas (Sên. Ep. 56, 2).

alīpta (alīptēs), -ae, subs. m. Alipta, o que unta e perfuma os atletas ou os que se banham (Cíc. Fam. 1, 9, 15).

alīquā, adv. 1) Por qualquer lugar, por qualquer parte (Cíc. Verr. 1, 67). 2) De qualquer maneira (Verg. Buc. 3, 15).

aliquāmdĭū (aliquāndĭū), adv. Durante algum tempo, por algum tempo (Cíc. Ac. 1, 12).

aliquam multī, -ae, -a, (raro) Bastante numeroso, bastantes (Cíc. Verr. 4, 56).

aliquāndō, adv. 1) Algumas vêzes (Cíc. De Or. 2, 326). 2) Outrora (Verg. En. 8, 602). 3) Algum dia, uma vez (Cíc. Cat. 4, 20). 4) Enfim, finalmente (Cíc. Verr. 3, 144).

aliquāntūlus, -a, -um, adj. Bem pouquinho (Plaut. Capt. 137).

aliquāntŭlum, adv. e subs. n. (diminutivo de **aliquantum**). Um pouco, em pequena quantidade (Plaut. Merc. 640).

aliquāntum, subs. n., mais empregado como advérbio. Grande quantidade, quantidade apreciável, bastante: **secum aliquantum nummōrum ferens** (Cíc. Inv. 2, 14) «levando consigo uma grande quantidade de dinheiro»; **aliquantum commotus** (Cíc. Clu. 140).

aliquāntus, -a, -um, adj. Bastante grande: **timor aliquantus** (Sal. B. Jug. 105, 4) «um temor bastante grande».

aliquāntĕnus, adv. Até certo ponto, até certo grau, um tanto (Quint. 10, 1, 74).

alĭques, v. **alĭquis.**

alĭquī, -qua, -quod, pron. indef. 1) Algum, alguma (Cíc. Inv. 1, 94). 2) Alguém, algum, alguma (sem acompanhar o subs.) (Cés. B. Gal. 5, 26, 4); **sive aliqua est oculos in se dejecta modestos** (Ov. Am. 2, 4, 11) «ou se alguma baixou modestamente os olhos». Obs.: **Aliqui** é mais raro que **aliquis.** Ocorre para o fem. uma forma **aliquae,** que é rara. **Aliquod** nunca aparece isolado, e **aliqua,** muito raramente. O plural é raríssimo no período clássico.

alĭquis, -qua, -quid, pron. indef. 1) Algum, alguém, alguma coisa (indeterminado, mas existente): **dum modo aliquis** (Cíc. At. 10, 15, 3) «contanto que haja alguém». 2) Algum, alguém, alguma coisa (não importa qual): **cum aliquam ob causam navigarent** (Cíc. Verr. 5, 72) «como navegassem por um motivo qualquer». 3) Alguém ou alguma coisa (de importância) (Cíc. Verr. 5, 11). 4) Alguma, alguém = qualquer (com sentido irônico) (Cíc. Phil. 2, 14). 5) Cêrca de, uns (com números) (Plaut. Men. 950). Obs.: Dat. sing. arc. **aliquoi** (Sên. Contr. 9, 5, 11); dat. abl. pl. **aliquis** (T. Lív. 24, 22, 14).

alĭquō, adv. I — Sent. próprio: 1) Para qualquer lugar, para qualquer parte (com idéia de movimento): **aliquo concedere** (Cíc. Cat. 1, 17) «retirar-se para qualquer lugar». II — Sent. figurado: 2) Para alguma coisa, para algum fim (= **ad aliquam rem**) (Cíc. De Or. 1, 135).

alĭquoi, v. **alĭquis.**

aliquōnde, v. **alicūnde.**

alĭquot, pron. indecl. Alguns, um certo número, vários (Cíc. Mur. 32).

aliquotĭens, adv. Algumas vêzes (Cíc. Br. 217).

aliquōvōrsum, adv. Para alguma parte (Plaut. Cas. 297).
Alis, alid = alius, aliud (Lucr. 1, 263).
Alīso ou Alīsōn, -ōnis, subs. pr. m. Aliso, fortaleza na Germânia (Tác. An. 2, 7).
aliter, adv. De outra maneira, diferentemente (Cíc. Verr. 1, 24). 2) Em expressões: **longe aliter** (Cíc. Amer. 133) «muito diferentemente», «de modo muito diverso».
alītis, gen. de **ales**.
alītus, -a, -um, part. pass. de **alo**.
aliŭbī, adv. Em outra parte, alhures (Sên. Ep. 99, 29).
ālĭum, -ī, subs. n. Alho (Plaut. Most. 39).
aliunde, adv. I — Sent. próprio: 1) De outro lugar, de outra parte (Cíc. Tusc. 4, 2). II — Sent. figurado: 2) De longe, de outra coisa (Cíc. Fam. 5, 13, 1).
alĭus, -a, -ud, pron. 1) Outro (falando de mais de dois) (Cíc. Flac. 39). 2) O pl. n. **alia** significa: outra coisa, outros fatos (T. Lív. 29, 18, 7). 3) Diferente, outro, diverso (Cíc. Fam. 11, 12, 2). 4) Os outros (**alii = ceteri**) (Cíc. Verr. 4, 44). 5) Outro (em lugar de **alter**) (Cés. B. Civ. 3, 21, 2). 6) Em locuções: **alius ac, atque, et, praeter, quam**, diferente de: ùnicamente (Cíc. Verr. 2, 128). 7) **Alius... alius** (repetido duas ou mais vêzes): um... outro; **alii... alii** (mais comum): uns... outros; **alius... alius... plerique** (Cés. B. Gal. 6, 37, 7): um... outro... a maior parte. 8) **Alius alium** (marcando reciprocidade ou alternativa): um a outro (Cíc. Rep. 3, 23). Obs.: Formas raras: gen. f. **aliae** (Cíc. Div. 2, 30); dat. m. **alio** (Sên. Ben. 4, 32, 3).
allābor (adlābor), -ěris, -lābī, -lāpsus sum, v. dep. intr. I — Sent. próprio: 1) Escorregar para, escorregar até, correr para, aproximar-se de (arrastando-se) (T. Lív. 25, 16, 2). II — Em poesia: 2) Chegar a, aportar, arribar (com acus.) (Verg. En. 9, 474); (Verg. En. 3, 131).
allabōrō (adlabōrō), -ās, -āre, -āvī, -ātum, v. intr. 1) Trabalhar em, trabalhar com esfôrço, ter um acréscimo de trabalhos (com **ut**) (Hor. Epo. 8, 20). 2) Ajuntar com trabalho, trabalhar para juntar (por juntar a) (Hor. O. 1, 38, 5).
allācrĭmans (adlācrĭmans), -āntis, part. pres. de **alacrĭmo** ou de **alacrĭmor**: chorando junto de, chorando por causa de (Verg. En. 10, 628). Obs.: Só esta forma é empregada, sendo, aliás, rara.
Allāntēnsēs, -ĭum, subs. loc. m. Alantenses, habitantes de Alante (Macedônia) (Plín. H. Nat. 4, 35).

1. **allāpsus (adlāpsus), -a, -um**, part. pass. de **allābor**.
2. **allāpsus (adlāpsus), -ūs**, subs. m. 1) Aproximação em silêncio (Hor. Epo. 1, 19). 2) Curso (de água), escoamento (Apul. Met. 5, 1).
allātrō (adlātrō), -ās, -āre, āvī, -ātum, v. tr. e intr. 1) Ladrar contra, injuriar (T. Lív. 38, 54, 2). 2) Bramir (tratando-se do mar), bater de encontro a (tratando-se de ondas) (Plín. H. Nat. 2, 173). Obs.: Êste verbo é empregado apenas em sentido figurado.
allātus (adlātus), -a, -um, part. pass. de **affěro**.
allaudābĭlis (adlaudābĭlis), -e, adj. Digno de louvor (Lucr. 5, 158).
allāudō (adlāudō), -ās, -āre, -āvī, -ātum, v. tr. Exaltar, louvar muito, encher de elogios (Plaut. Merc. 85).
allec, v. **hallec** (**allex, hallex**).
allēctō (adlēctō), -ās, -āre, v. freq. de **allicĭo**, tr. Atrair fortemente, convidar a (Cíc. C.M. 57).
allēctō, v. **alēctō**.
allēctus (adlēctus), -a, -um, part. pass. de **allěgo (adlěgo)**.
allēgātĭō (adlēgātĭō), -ōnis, subs. f. Missão, embaixada, solicitação (Cíc. Verr. 1, 44).
allēgātū, (adlēgātū), abl. usado na expressão «meo allegatu»: «por solicitação minha» (Plaut. Trin. 1142).
allēgātus (adlēgātus), -a, -um, part. pass. de **allěgo (adlěgo)**.
allēgī (adlēgī), perf. de **allěgo (adlěgo)**.
1. **allěgō (adlěgō), -ās, -āre, -āvī, -ātum**, v. tr. 1) Mandar, enviar, despachar, deputar (Cíc. Phil. 5, 14). 2) Alegar, dar por desculpa (Quint. 3, 18, 46).
2. **allěgō (adlěgō), is, ěre, -lēgī, -lēctum**, v. tr. Juntar por escolha ou por eleição, admitir numa corporação, associar, eleger (T. Liv. 10, 6, 6).
allēgorĭa, -ae, subs. f. Alegoria (Quint. 8, 6, 14).
allevāmēntum (adlevāmēntum), -ī, subs. n. Alívio (Cíc. Sull. 66).
allevātĭō (adlevātĭō), -ōnis, subs. f. I — Sent. próprio: 1) Ação de levantar, elevação (Quint. 11, 3, 83). II — Sent. figurado: 2) Alívio (Cíc. Fam. 9, 1, 1).
allevātus (adlevātus), -a, -um, part. pass. de **allěvo (adlěvo)**.
allěvī (adlěvī), perf. de **allǐno (adlǐno)**.
allěvō (adlěvō), -ās, -āre, -āvī, -ātum, v. tr. I — Sent. próprio: 1) Levantar-se erguer, elevar (Sên. Ep. 80, 1) II — Sent.

figurado: 2) Aliviar, mitigar, diminuir (Cíc. Br. 12). 3) Passivo: Aliviar-se, consolar-se, tomar coragem (Tác. An. 6, 43).

allēxī (adlēxī), perf. de **allicio (adlicio).**

Allĭa, -ae, subs. pr. f Ália, regato na região dos sabinos, onde os romanos foram vencidos pelos gauleses, em 390 a.C. (T. Lív. 5, 37).

Alliāna Regĭo, subs. pr. f. Região Aliana, entre o Pó e o Tessino (Plín. H. Nat. 19, 9).

allibēscō (adlibēscō), v. **allubēscō (adlubēscō).**

allicefacĭō (adlicefacĭō), -is, ĕre, v. tr. Atrair (Sên. Ep. 118, 6).

allicefáctus (adlicefáctus), -a, -um, part. pass de **allicefacio.**

allicĭō (adlicĭō), -is, -ĕre, -lēxī, -lēctum, v. tr. Atrair, seduzir, aliciar (Cíc. Tusc. 1, 6).

allicŭī (adlicŭī) = **allēxi.**

allīdō (adlīdō), -is, -ĕre, -lisī, -lisum, v. tr. I — Sent. próprio: 1) Esbarrar contra, bater de encontro a, ferir contra, quebrar: **ad scopulos allidi** (Cés. B. Civ. 3, 27, 2) «ser batido de encontro aos rochedos». II — Sent. figurado: 2) Ficar arruinado, sofrer dano: **in quibus damnationibus Servius allisus est** (Cíc. Q. Fr. 2, 4, 6) «nas quais condenações Sérvio ficou arruinado».

Alliēnsis, -e, adj. De Ália (Cíc. At. 9, 5).

Alliēnus, -ī, subs. pr. m. Alieno, nome de homem (Cíc. Fam. 12, 11, 1).

Allīfae ou **Allīphae**, subs. pr. f. Alifas, cidade do Sâmnio (T. Lív. 8, 25).

Allifānus, -a, -um, adj. De Alifas, alifano (Hor. Sát. 2, 8, 39).

alligātus (adligātus), -a, -um part. pass. de **alligo (adligo).**

alligō (adligō), -ās, -āre, -āvī, -ātum, v. tr. I — Sent. próprio: 1) Ligar (no sentido físico e moral), atar, amarrar, unir: **ad palum alligare** (Cíc. Verr. 5 10) «amarrar a um poste» Daí: 2) Apertar, contrair, tornar espêsso: **harenae quae humore alligantur** (Sên. Ep. 55, 2) «areias que pela umidade se tornam espêssas». II — Sent. figurado: 3) Amarrar, prender, reter, submeter (Cíc. Nat. 2, 64).

allinō (adlinō), -is, -ĕre, -lēvī, -litum, v. tr. I — Sent. próprio: 1) Untar esfregando, ungir (Sen. Nat. 4, 2, 9). II — Sent. figurado: 2) Pôr um revestimento em, pôr um sinal em, manchar, cobrir, impregnar (Cíc. Verr. pr. 17).

Allīphae, veja **Allīfae.**

allīsī (adlīsī), perf. de **allīdo (adlīdo).**

allīsus (adlīsus), -a, -um, part. pass. de **allīdo (adlīdo).**

allĭum, veja **alĭum.**

Allobrŏgēs, -um, subs. loc. m. Alóbroges, povo da Gália Narbonense (Cíc. Div. 1, 21).

Allobrogĭcus, -a, -um, adj. Dos Alóbroges, alobrógico (Plín. H. Nat. 14, 3).

allocūtĭō (adlocūtĭō), -ōnis, subs. f. I — Sent. próprio: 1) Alocução, fala, discurso (Quint. 9, 2, 37). Donde: 2) Palavras de consolação (Catul. 38, 5)

allocūtus (adlocūtus), -a, -um, part. pass. de **allŏquor (adloquor).**

alloquĭum (adloquĭum), -ī, subs. n. I — Sent. próprio: 1) Alocução, fala, conversa (Luc. 10, 174). Donde: 2) Palavras de consôlo, exortação: **deformis aegrimoniae dulcia alloquia** (Hor. Epo. 13, 18) «doces consolações do desgôsto horrendo».

allŏquor (adlŏquor), -ĕris, -lŏquī, -locūtus sum, v. dep. tr. I — Sent. próprio: 1) Dirigir a palavra a, falar a (Cíc. Clu. 172). Daí, como intr. 2) Fazer uma alocução exortar, arengar (Sên. Ep. 98, 9).

Allubēscō (adlubēscō), -ĕre, v. incoat. intr. I — Sent. próprio: 1) Agradar (a alguém) (Apul. Met. 7, 11). Daí: 2) Começar a agradar, gostar de, encontrar prazer em (Plaut. Mil. 1004).

allūcĕō (adlūcĕō) -ēs, -ēre, -lūxī, v. intr. I — Sent. próprio: 1) Luzir perto, brilhar junto de (Sên. Ep. 92, 5). II — Por enfraquecimento de sentido: 2) Brilhar, luzir: **nobis alluxit** (Suet. Vit. 8) «a luz brilhou para nós».

allūdĭō (adlŭdĭō), -ās, -āre, v. intr. Gracejar, brincar com (Plaut. Poen. 1234).

allūdō (adlūdō), -is, -ĕre, -lūsī, -lūsum, v. tr. e intr. I — Sent. próprio: 1) Dirigir gracejos a, gracejar, brincar (Cíc. De Or. 1, 240). Daí: 2) Aludir, fazer alusão a (Hor. Ep. 1, 10, 6).

allŭī (adlŭī), perf. de **allŭō (adlŭō).**

allŭō (adlŭō), -is, -ĕre, allŭī, v. tr. Sent. próprio e figurado: Vir molhar, banhar (Cés. B. Civ. 2, 1, 3).

Allūsī (adlūsī), perf. de **allūdō (adlūdō).**

Allūsus (adlūsus), -a, -um, part. pass. de **allūdo (adlūdo).**

alluvĭēs (adluvĭēs), -ēī, subs. f. Inundação, transbordamento (T. Lív. 1, 4, 5).

alluvĭō (adluvĭō), -ōnis, subs. f. Ação de trazer banhando, aluvião (Cíc. De Or. 1, 173); (Apul. Mund. 23).
allūxī (adlūxī), perf. de **allūcĕō (adlūcĕō).**
Almana, -ae, subs. pr. f. Almana, cidade da Macedônia (T. Lív. 44, 26, 7).
Almō, -ōnis, subs. pr. m. Almão. 1) Regato perto de Roma (Ov. F. 4, 337). 2) Divindade dêsse regato (Ov. F. 2, 601).
1. almus, -a, -um, adj. I — Sent. próprio: 1) O que alimenta, nutriz, criador, almo (Lucr. 2, 992). II — Sent. figurado: 2) Benéfico, propício, maternal, doce, bom (Hor. O. 3, 4, 42).
2. Almus, -ī, subs. pr. m. Almo, monte da Panônia (Eutr. 9, 11).
alnus, -ī, subs. f. I — Sent. próprio: 1) Amieiro, alno (árvore) (Verg. G. 2, 110). Daí, por metonímia: 2) Objeto feito de amieiro, principalmente barco (Verg. G. 1, 136).
alō, -is, -ĕre, alŭī, altum ou **alĭtum,** v. tr. 1) Alimentar, nutrir (sentido próprio e figurado) (Cíc. Nat. 2, 124). Daí: 2) Fazer crescer, desenvolver, animar, fomentar (sent. próprio e figurado) (Cíc. Cat. 1, 30).
alŏē, -ēs, subs. f. 1) Aloés ou áloe, nome de uma planta (Cels. 1, 3). 2) Amargor (Juv. 6, 181).
Alōēus, -ēī, ou **-ĕos,** subs. pr. m. Aloeu, nome de um gigante (Luc. 6, 410).
alogĭa, -ae, subs. f. Disparate, alogia, tolice (Sên. Apoc. 7).
Alōīdae, -ārum, subs. pr. m. Aloidas (Oto e Efialto, gigantes filhos de Aloeu) (Verg. En. 6, 582).
Alŏpē, -ēs, subs. pr. f. Álope, cidade da Lócrida (T. Lív. 42, 56).
Alōpeconnēsus, -ī, subs. pr. f. Alopeconeso, cidade do Quersoneso da Trácia (T. Lív. 31, 16, 5).
Alpēs, -ĭum, subs. pr. f. Os Alpes (Verg. G. 3, 474). Obs.: Constituem os Alpes uma grande cadeia de montanhas, situada ao N. da Itália. Dividem-se em três secções: Alpes Ocidentais, Setentrionais e Orientais.
alpha, subs. n. indecl. 1) Alfa, primeira letra do alfabeto grego (Juv. 14, 209). Donde: 2) Primeiro (Marc. 2, 57, 4).
Alphēĭas, -ădis, subs. pr. f. Alfêias, filha de Alfeu (Ov. Met. 5, 487).
Alphēnor, -ŏris, subs. pr. m. Alfenor, um dos filhos de Níobe (Ov. Met. 6, 248).
Alphēnus, v. **Alfēnus.**
Alphesiboea, -ae, subs. pr. f. Alfesibéia, mulher de **Alcmeon** (Prop. 1, 15, 19).

Alphesiboeus, -ī, subs. pr. m. Alfesibeu, nome de um pastor (Verg. Buc. 5, 63).
1. Alphēŭs, -a, -um, adj. De Alfeu (Verg. En. 10, 179).
2. Alphēus ou **Alphēos, -ī,** subs. pr. m. Alfeu, rio do Peloponeso, entre a Élida e a Arcádia (Ov. Met. 2, 250).
Alpĭcus, -a, -um, adj. Dos Alpes, álpico (C. Nep. Hann. 3, 4).
1. Alpīnus, -a, -um, adj. Dos Alpes, alpino (Verg. Buc. 10, 47).
2. Alpīnus, -ī, subs. pr. m. Alpino, nome de um poeta (Hor. Sát. 1, 10, 36).
Alpis, -is, subs. pr. f. Os Alpes (Ov. A. Am. 3, 150), v. **Alpes.**
alsī, perf. de **algĕo.**
Alsiēnse, subs. n. Propriedade de Pompeu, em Alsio (Cíc. Mil. 54).
Alsiēnsis, -e, adj. De Álsio, alsiense (T. Lív. 27, 38, 4).
alsiōsus, -a, -um (ou **alsĭus, -a, -um),** adj. Friorento, que teme o frio (Varr. R. 2, 3, 6) Obs.: **Algiōsus** é forma posterior.
Alsĭum, -ī, subs. pr. n. Álsio, pôrto da Etrúria (Cíc. At. 13, 50, 4).
alsĭus (comparativo neutro do desusado **alsus**): Mais fresco, mais frio (Cíc. At. 4, 8, 1).
altārĭa, -ĭum, subs. n. pl. Altar em que se queimam as ofertas feitas aos deuses. (Cíc. Cat. 1, 24).
altē, adv. 1) Em cima, do alto, ao alto (Cíc. Or. 98). 2) Profundamente (T. Lív. 1, 41, 5). 3) De longe, do princípio (Cíc. Or. 11). Obs.: Comp.: **altĭus** (Tác. An. 2, 82): mais profundamente; superl. **altissĭmē** (Plín. Ep. 5, 15, 5).
alter, -ĕra, -ĕrum, pron. 1) Um (de dois), o outro (falando de dois) (Cíc. Tusc. 1, 97). 2) O segundo (numa enumeração), o seguinte (Cíc. Br. 197). 3) Outro (Cíc. Lae. 80). 4) Outrem (Cíc. Quinct. 51). 5) **Alter... alter:** um... outro, o primeiro... o segundo; **alteri... alteri** (sentido coletivo) (Cíc. Sest. 96). 6) **Alterum tantum:** outro tanto, o dôbro (T. Lív. 1, 36, 7). 7) **Unus et alter:** um e depois o outro (Cíc. Verr. 2, 75). 8) **Unus aut alter:** um ou dois (Cíc. Mur. 43). 9) **Alter alterum:** um ao outro (Cíc. Clu. 122).
altercātĭō, ōnis subs. f I — Sent. próprio: 1) Altercação, disputa (T. Lív. 1, 7, 2). II — Daí, na língua jurídica: 2) Debate judiciário (ataques e respostas entre advogados), contestação (Cíc. De Or. 2, 255).

altercātor, -ōris, subs. m. Interpelador, aparteante (Quint. 6, 4, 15).
altercātus, -a, -um, part. pass. de **altērcor**.
altērcō, -ās, -āre, v. intr. Altercar, disputar (Ter. Andr. 653). Obs.: Verbo raro e arcaico. V. o seguinte.
altērcor, -āris, -ārī, -ātus sum, v. dep. intr. I — Sent. próprio: 1) Discutir, altercar (Cés. B. Civ. 3, 19, 5). Daí, em linguagem jurídica: 2) Discutir, debater judicialmente (Cíc. Br. 159). II — Sent. figurado: 3) Lutar com (Hor. Sát. 2, 7, 57).
alterīus utrīus, v. **alterŭter**.
altērnans, -āntis, part. pres. de **altērno**.
alternātus, -a, -um, part. pass. de **altērno**.
altērnīs (abl. pl. de **alternus** tomado adverbialmente). Alternativamente (Verg. G. 1, 71). Obs.: Aparece repetido: **alternis... alternis** (Sên. Ep. 120, 19) «ora... ora».
altērnō, -ās, -āre, v. tr. e intr. I — Sent. próprio: 1) Fazer alternadamente, alternar (Sên. Tranq. 17, 3). 2) Ir alternando, estar alternado (Verg. G. 3, 220). II — Sent. figurado: 3) Hesitar (Verg. En. 4, 287).
altērnus, -a, -um, adj. 1) Um depois do outro, alternado (Cíc. Arch. 25). Donde: 2) Recíproco, mútuo (T. Liv. 23, 26, 11).
alterŭter, -tra, -trum, pron. Um ou outro (de dois), um dos dois (Cíc. Caec. 58). Obs.: Às vêzes, pode aparecer a declinação dos dois elementos separadamente: **altera utra** (Cíc. Rep. 3, 62), **alterius utrius** (Cíc. At. 10, 1, 2), **alterum utrum** (Cíc. Fam. 4, 4, 5), **alteram utram** (Cíc. Div. 2, 62), **altero utro** (Cíc. Br. 143), **altera utra** (T. Liv. 8, 5, 6).
alterutērque, -trăque, -trŭmque, pron. Um e outro (Plín. H. Nat. 20, 64).
Althaea, -ae, subs. pr. f. Altéia, mãe de Meleagro (Ov. Met. 8, 446).
alticīnctus, -a, -um, adj. 1) Cingido em cima, arregaçado. Donde o sentido de: 2) Desembaraçado, ativo (Fedr. 2, 5, 11).
1. altĭlis, -e, adj. I — Sent. próprio: 1) Que se alimenta, que se engrossa (falando principalmente de aves), que se pode engordar (Plín. H. Nat. 19, 2).
2. altĭlis, -is, subs. f. Ave doméstica engordada (Juv. 5, 115). Obs.: É de uso mais comum no plural (Hor. Ep. 1, 7, 35).
Altīnātēs, -um (ĭum), subs. loc. m. Altinates, habitantes de Altino (Plín. Ep. 3, 2, 2).

Altīnum, -ī, subs. pr. n. Altino, cidade da Venécia (Plín. H. Nat. 3, 118).
altisŏnus, -a, -um, adj. I — Sent. próprio: 1) Que soa alto (Cíc. poét. Div. 1, 106). II — Sent. figurado: 2) Sublime (Juv. 11, 181).
altitŏnans, -āntis, adj. Que troveja do alto ou nas alturas, retumbante (Lucr. 5, 745).
altitūdō, -ĭnis, subs. f. I — Sent. próprio: 1) Altura, elevação (ou profundidade de um rio, do mar, de um fôsso (Ces. B. Gal. 7, 69, 4); (Cés. B. Gal. 4, 17, 2). II — Sent. figurado: 2) Grandeza, profundidade (Sal. B. Jug. 95, 3).
altivŏlans, -āntis, adj. Que voa alto (Cíc. Div. 1, 107).
altivŏlus, -a, -um, adj. Que voa alto (Plín. H. Nat. 10, 42).
altor, -ōris, subs. m. O que alimenta (Ov. Met. 11, 101).
altrim sĕcus, veja **altrinsĕcus** (Plaut. Pseud. 357).
altrinsĕcus, adv. Do outro lado, de um e de outro lado (Plaut. Mil. 446).
altrix, -īcis, subs. f. A que alimenta, a ama (Cíc. Flac. 62).
altrŏversum ou **altrŏvorsum**, adv. Do outro lado, para outro lado (Plaut. Cas. 555).
altum, -ī subs. n. e **alta, -ōrum**, subs. n. pl. I — Sent. próprio: 1) O alto mar: **naves in altum provectae** (Cés. B. Gal. 4, 28, 3) «navios arrastados para o alto mar». 2) O alto do céu, o ceu: **Maia genitum demittit ab alto** (Verg. En. 1, 297) «envia o filho de Maia do alto do céu». 3) Profundeza (Sên. Prov. 6, 9). 4) As alturas, os lugares altos (Verg. G. 2, 210).
1. altus, -a, -um, part. pass. de **alo**.
2. altus, -a, -um, adj. I — Sent. próprio: 1) Alto, elevado (Cíc. Scaur. 4). 2) Profundo (tratando-se de rio, mar, etc.): **flumen latissimum atque altissimum** (Cés. B. Gal. 1, 2, 3) «rio larguíssimo e profundíssimo». II — Sent. figurado: 3) Nobre, sublime, alto (Verg. En. 10, 873). 4) Profundo (Tác. Hist. 4, 82). 5) Soberbo, altivo, desdenhoso (Hor. O. 4, 9, 42). 6) Remoto, antigo, ilustre (Verg. En. 4, 230).
ālūcĭnor = **hallūcĭnor**.
alŭī, perf. de **alo**.
alumna, -ae, subs. f. Pupila, **discípula** (Cíc. Br. 45).
alŭmnus, -ī, subs. m. 1) Criança de peito (Cíc. Verr. 5, 169). Daí: 2) Pupilo, discípulo (Cíc. Fin. 4, 72).

Aluntīnus, -a, -um, adj. De Alúncio, aluntino (Cíc. Verr. 3, 103).
Aluntīum, -ī, subs. pr. n. Alúncio, cidade da Sicília (Cíc. Verr. 4, 51).
alūta, -ae, subs. f. I — Sent. próprio: 1) Couro tenro (amaciado com alúmen), pele macia (Cés. B. Gal. 3, 13, 6). Donde, por metonímia: 2) Sapato (Ov. A. Am. 3, 271). 3) Bôlsa, saco (Juv. 14, 282). 4) Cosmético (para enfeitar o rosto (Ov. A. Am. 3, 202).
Alūtae, -ārum, subs. pr. f. Alutas, cidade da Libúrnia (Plín. H. Nat. 3, 129).
Alutrēnsēs, -ium, subs. loc. m. Alutrenses, habitantes de Alútria, cidade da Ístria (Plín. H. Nat. 3, 130).
alvārium, -ī. subs. n. Cortiço de abelhas (Plín. H. Nat. 12, 98).
alveāre, -is, subs. n. Cortiço de abelhas (Quint. 1, 12, 7).
alveŏlus, -ī, subs. m. 1) Vasilha pequena, gamela (Fedr. 2, 5, 15). 2) Tabuleiro de jogar (Cíc. Fin. 5, 56). 3) Leito estreito de um regato (Q. Cúrc. 6, 4, 4).
alvěus, -ī subs. f. 1) Vasilha de madeira, cuba, gamela (T. Lív. 1, 4, 6). 2) Porão de navio (T. Lív. 23, 34, 17). 3) Cavidade profunda, cavidade (Verg. G. 2, 453). 4) Leito de um rio, álveo, canal (Verg. En. 7, 33). 5) Tabuleiro de jogar (Plín. H. Nat. 37, 13). 6) Canoa (T. Lív. 21,26, 9). 7) Tina para banho, banheiro (Cíc. Cael. 67).
alvus, -ī, subs. f. 1) Cavidade intestinal, ventre, intestinos (Cíc. Nat. 2, 136). 2) O útero, a madre (Cíc. Div. 1, 39). 3) O estômago (Cíc. Nat. 2, 136). 4) Cortiço de abelhas (Plín. H. Nat. 21, 73). 5) Porão de um navio (Tác. Hist. 3, 47). Obs.: Masculino na língua arcaica (Plaut. Ps. 823).
Alyăttēs, -is, subs. pr. m. Aliates, rei da Lídia, pai de Creso (Plín. H. Nat. 2, 53). Obs.: Gen. **Aliattei** (Hor. O. 3, 16, 41).
Alyăttī, -ōrum, subs. pr. m. Aliatos, cidade nas fronteiras da Galácia (T. Lív. 38, 18, 3).
Alyzia, -ae, subs. pr. f. Alízia, cidade da Acarnânia (Cíc. Fam. 16,2).
ama, -ae, v. **hama.**
amābĭlis, -e, adj. 1) Digno de amor, amável, amoroso, terno (Cíc. At. 5, 19, 2). 2) Agradável (Hor. O. 3, 13, 10).
amābĭlĭtās, -tātis, subs. f. Amabilidade (Plaut. Poen. 1174).
amābĭlĭter, adv. 1) Com amor, amorosamente (Ant. apud. Cíc. At. 14, 13, 2).
2) De modo agradável (Hor. Ep. 2, 1, 148). Obs.: **amabilĭus,** comp. (Ov. A. Am. 3, 675).
amăbō, fut. de **amo,** empregado como expressão de cortesia: por favor, por mercê (Cíc. At. 2, 2, 1).
Amafinius, -ī, subs. pr. m. Amafínio, filósofo epicurista (Cíc. Tusc. 4, 6).
1. **Amalthēa, -ae,** subs. pr. f. Amaltéia, ninfa que amamentou Júpiter com leite de cabra; nome da própria cabra, segundo outros (Ov. F. 5, 115).
2. **Amalthēa, -ae,** subs. pr. f. ou **Amaltheum** ou **Amalthīum, -ī,** subs. n. Santuário de Amaltéia, na casa de campo de Ático, no Epiro, depois na casa de Cicero, em Arpino (Cíc. Leg. 2, 7); (Cíc. At. 2, 1, 11). 3) Uma sibila (Tib. 2, 5, 67).
āmandātĭō, -ōnis, subs. f. Afastamento, exílio (Cíc. Amer. 44).
amandātus, -a, -um, part. pass. de **āmando.**
āmāndō (āmēndō). -ās, -āre, -āvī, -atum, v. tr. Afastar, exilar (Cíc. Verr. 5, 69).
amāndus, -a, -um, adj. Amável (Hor. O. 4, 11, 34).
Amānĭēnsēs, -ĭum. subs. loc. m. Amanienses, habitantes do monte Amano (Cíc. Fam. 2, 10, 3).
amans, -āntis. I — Part. pres. de **amo.** II — Adj.: 1) Amante, que ama, amigo (Cíc. At. 11, 28, 7). 2) Apaixonado, enamorado (Cíc. Q. Fr. 1, 1, 15). III — Subst.: amante (m. e f.) (Cíc. Tusc. 4, 27).
amānter, adv. Como amigo, amigàvelmente, afetuosamente (Cíc. Fam. 5, 19, 1).
Amantĭa, -ae, subs. pr. f. Amância, cidade do Epiro (Cés. B. Civ. 3, 40, 5).
Amantĭānī (Amantīni), -ōrum, subs. loc. m. Amantinos, habitantes de Amância (Plín. H. Nat. 4, 35).
amanuēnsis, -is, subs. m. Secretário, amanuense (Suet. Ner. 44).
Amānus, -ī, subs. pr. m. Amano, cordilheira situada entre a Síria e a Cilícia (Cíc. Fam. 2, 10, 2).
amārăcĭnum, -ī, subs. n. Essência de manjerona (Lucr. 2, 847).
amārăcĭnus, -a, -um, adj. De manjerona (Plín. H. Nat. 21, 163).
amārăcum, -ī, subs. n. (-cus, -ī, subs. m. e f.) Manjerona (Plín. H. Nat. 21, 67).
amarāntus, -ī, subs. m. Amaranto (flor) (Ov. F. 4, 439).
amārē, adv. Amargamente, com amargor (Sên. Ben. 5, 23, 2).

amāritĭēs, -ēī, subs. f. (ou **amāritĭa, -ae**). Amargor (Catul. 68, 18).

amāritūdō, -ĭnis, subs. f. Amargor, azedume (Plín. H. Nat. 21, 160).

amāror, -ōris, subs. m. Amargor (Verg. G. 2, 247).

amārus, -a, -um, adj. I — Sent. próprio: 1) Amargo (sent. físico) (Cíc. Fin. 2, 36). 2) Acre, desagradável (falando-se de cheiro) (Plín. H. Nat. 18, 122). II — Sent. figurado: 3) Amargo, penoso (V. Máx. 7, 6). 4) Amargura (n. pl.) (Hor. O. 2, 16, 26). 5) Sarcástico, mordaz (Ov. Tr. 3, 11, 31). 6) Irritável, impertinente, colérico (Cíc. At. 14, 21, 3).

Amarȳllis, -ĭdis, subs. pr. f. Amarílis, ou Amarílide, nome de uma pastôra (Verg. Buc. 1, 36).

Amarȳnthis, -ĭdis, subs. pr. f. Amarintide, ou Amaríntis, epíteto de Diana, a quem foi consagrado um templo em Amarinto (T. Lív. 35, 38, 3).

Amasēnus, -ī, subs. pr. m. Amaseno, pequeno rio do Lácio (Verg. En. 11, 547).

Amăsis, -is, subs. pr. m. Amásis, rei do Egito (Luc. 9, 155).

amāsiuncŭla, -ae, subs. f. Amante, namorada (Petr. 75, 6).

amāsiuncŭlus, -ī, subs. m. Amante, namorado (Petr. 45, 7).

amāsĭus, -ī, subs. m. Amante, namorado (Plaut. Truc. 658).

amāsso = amavĕro, fut. perf. de **amo** (Plaut. Cas. 1001).

Amāstris, -is, ou **-ĭdis**, subs. pr. f. Amástrides ou Amástris, cidade do Ponto assim chamada em homenagem à mulher de Dionísio, tirano de Heracléia (Plín. H. Nat. 6, 5).

Amastrĭăcus, -a, -um, adj. De Amástris, amastríaco (Ov. Ib. 331).

Amastrĭānī, -ōrum, subs. loc. m. Amastrianos, habitantes de Amástrides (Plín. Ep. 10, 99).

1. Amāta, -ae, subs. pr. f. Amata, mulher de Latino e mãe de Lavínia (Verg. En. 7, 343).

2. amāta, -ae, subs. f., part. pass. de **amo**, tomado subst.: amante (T. Lív. 30, 14, 1).

Amăthūs, -ūntis, subs. pr. 1) Masc.: Amatunte, fundador de Amatunte (Tác. An. 3, 62). 2) Fem.: Amatunte, cidade de Chipre, com um templo de Vênus (Verg. En. 10, 51).

Amathūsĭa, -ae, subs. pr. f. Amatúsia, i.é, Vênus (Ov. Am. 3, 15, 15).

Amathūsĭăcus, -a, -um, adj. De Amatunte (Ov. Met. 10, 227).

amātĭō, -ōnis, subs. f. Manifestação do amor (Plaut. Capt. 1030).

amātor, -ōris, subs. m. I — Sent. próprio: 1) O que ama, amigo (Cíc. At. 1, 20, 7). 2) Amoroso, apaixonado (usado adjt.) (Apul. Met. 5, 24). II — Sent. pejorativo: 3) Dissoluto, libertino (Cíc. Cael. 50).

amātōrĭē, adv. Apaixonadamente (Cíc. Phil. 2, 77).

amātōrĭum, -ī, subs. n. Meio de provocar amor, filtro amoroso (Sên. Ep. 9, 6).

amātōrĭus, -a, -um, adj. De amor, amoroso, que provoca amor, relativo ao amor, amatório (Cíc. Tusc. 4, 73).

amātrix, -īcis, subs. f. Aquela que ama, namorada, amante, amásia (Plaut. As. 511).

amātus, -a, -um, part. pass. de **amo**.

Amāzōn, -ŏnis, subs. f. Amazona (Verg. En. 11, 648).

Amāzŏnēs (Amāzŏnĭdes), -um, subs. pr. f. As Amazonas, mulheres guerreiras, que constituíam uma nação governada sem homens, nas proximidades do Ponto Euxino (Verg. En. 11, 659). Em sentido figurado: heroína do amor (Ov. A. Am. 2, 743).

Amāzŏnĭcus (Amāzŏnĭus), -a, -um, adj. De Amazona, amazônico (Plín. H. Nat. 3, 43); (Hor. O. 4, 4, 20).

ambāctus, -ī, subs. m. Vassalo, escravo (Cés. B. Gal. 6, 15, 2).

ambāges, -is, subs. f. e principalmente: **ambāgēs, -um**, subs. f. pl.: I — Sent. próprio: 1) Sinuosidades, rodeios, voltas do caminho (Ov. Met. 8, 161). II — Sent. figurado: 2) Circunlóquios (sent. moral) (Verg. G. 2, 46). 3) Obscuridade enigma, incerteza, dúvida (T. Lív. 1, 56, 9). Obs.: O sg. é raro e usado quase que exclusivamente no abl. (Ov. Met. 8, 161); (Tác. An. 12, 63). Em Tácito ocorre também o nom. sg. (Hist. 5, 13).

Ambārrī, -ōrum, subs. loc. m. Ambarros, povo da Gália Lionesa (Cés. B. Gal. 1, 11, 4).

ambe v. **ambi** (primeiro elemento de palavras compostas).

ambēdī, perf. de **ambĕdo**.

ambĕdō, -is, -ĕre, -ēdī, -ēsum, v. tr. Comer em volta, roer em volta, devorar (Verg. En. 5, 752). Obs.: Encontram-se também as formas: **ambes, ambest, ambens** por **ambedis, ambedit, ambedens**, respectivamente.

ambēsus, -a, -um, part. pass. de **ambĕdo.**
ambi, amb-, am- ou **an-,** primeiro elemento de palavras compostas: em volta de, de cada lado.
Ambiānī, -ōrum, subs. loc. m. Ambianos, povo da Bélgica (Cés. B. Gal. 2, 4, 8).
ambībam, imperf. de **ambĭo.**
Ambĭbarĭī, -ĭōrum, subs. loc. m. Ambibários, povo da Armórica (Cés. B. Gal. 7, 75, 4).
ambĭendus, -a, -um, gerundivo de **ambĭo:** que deve ser lançado em volta.
ambĭgo, -is, -ĕre, v. intr. I — Sent. próprio: 1) Empurrar de um lado e de outro, pôr nos pratos da balança. Daí — Sent. figurado: 2) Deixar em suspenso, hesitar, estar indeciso, duvidar (Tác. An. 1, 16). 3) Disputar, contestar, estar em litígio, discutir (Cíc. Fin. 2, 4). Obs.: Transitivamente, só na v. passiva (Cíc. De Or. 2, 110).
ambĭgŭē, adv. Ambìguamente, de modo duvidoso (Cíc. De Or. 1, 140).
ambiguĭtās, -tātis, subs. f. Ambigüidade, incerteza, obscuridade, equívoco (Cíc. Inv. 1, 74).
ambigŭum, -ī, subs. n. Dúvida, incerteza, ambigüidade (Cíc. De Or. 2, 110).
ambigŭus, -a, -um, adj. I — Sent. próprio: 1) Ambíguo, de dois sentidos (Verg. En. 3, 180). II — Sent. figurado: 2) Incerto, duvidoso, indeciso (T. Lív. 4, 42, 10). 3) Equívoco, enganador (Cíc. Tusc. 3, 20).
ambĭī, perf. de **ambĭo.**
Ambilatrī, -ōrum, subs. loc. m. Ambilatros, povo da Aquitânia (Plín. H. Nat. 4, 108).
Ambĭliatī, -ōrum, subs. loc. m. Ambiliatos, povo da Bélgica (Cés. B. Gal. 3, 9, 10).
ambĭo, -is, -ĭre, -iī (-īvī), -ĭtum, v. tr. I — Sent. próprio: 1) Andar em volta, rodear, cercar (Cíc. Tim. 29). II — Daí, na língua política: 2) Procurar obter, disputar um cargo público (fazendo côrte aos eleitores, cercando-os com pedidos ou promessas), cabalar, fazer cabala (Plaut. Amph. 74). Obs.: a) Constrói-se com acus. com **ut** ou **ne,** e com oração infinitiva. b) Impf. ind.: **ambibam** (Ov. M t. 5, 361); (T. Lív. 27, 18, 6); **ambiebam** (Q. Cúrc. 4, 2, 9); fut. impf.: **ambiet** (Sên. Oed. 505); **ambibunt** (Plín. H. Nat. 18, 345).
Ambĭŏrix, -ĭgis, subs. pr. m. Ambíorige, chefe dos Eburões (Cés. B. Gal. 5, 41, 4).

ambitĭō, -ōnis, subs. f. I — Na língua política: 1) Solicitação, pretensão, cabala (referindo-se às manobras dos candidatos a cargos, a fim de conseguirem votos) (Cíc. Sull. 11). II — Daí, na língua comum: 2) Ambição (de um modo geral) (Cíc. Of. 1, 87). 3) Desejo de popularidade (Cíc. Of. 1, 108). 4) Desejo de agradar, lisonja, adulação (Tác. Hist. 1, 1). 5) Ostentação, pompa (Tác. Germ. 27).
ambitĭōsē, adv. I — Na língua política: 1) Com cabala, com empenho (Quint. 6, 3, 68). II — Daí, na língua comum: 2) Ambiciosamente (Tác. Hist. 1, 10). 3) Com lisonja, com complacência (Cíc. At. 15, 1a, 2). 4) Com ostentação (Tác. Agr. 29).
ambitĭōsus, -a, -um, adj. I — Sent. próprio: 1) Que rodeia, que faz um circulo, que envolve (Hor. O. 1, 36, 20). II — Sent. figurado: 2) Ambicioso, intrigante, que cabala (Cíc. Leg. 3, 39). 3) Que procura agradar, desejoso de popularidade (Cíc. Q. Fr. 1, 2, 4). 4) Faustoso, cheio de ostentação (Tác. Agr. 42).
1. ambĭtus, -a, -um, part. pass. de **ambĭo.**
2. ambĭtus, -ūs, subs. m. I — Sent. próprio: 1) Circuito, caminho em volta de, sinuosidade (Hor. A. Poët. 17). Daí: 2) Contôrno, âmbito, circunferência (T. Lív. 27, 8, 17). II — Sent. figurado: 3) Circunlóquio, rodeio (T. Lív. 27, 27, 12). 4) Na língua política: disputa ilegal dos cargos públicos, cabala (Tác. Cael. 78). Daí: 5) Ambição, intriga (Tác. An. 1, 7). 6) Na língua retórica: período (Cíc. Or. 38).
Ambivarētī, -ōrum, subs. loc. m. Ambivaretos, povo da Gália (Cés. B. Gal. 7, 75, 2).
Ambivarītī, -ōrum, subs. loc. m. Ambivaritos, povo da Gália Belga, na margem esquerda do Mosa (Cés. B. Gal. 4, 9, 3).
ambīvī, perf. de **ambĭo.**
Ambivĭus, -ĭ, subs. pr. m. Ambívio Túrpio, célebre ator da época de Terêncio e grande amigo do mesmo (Cíc. C.M. 14).
ambō, -ae, -ō, num. Ambos, os dois ao mesmo tempo (Cíc. Br. 94).
Ambracĭa, -ae, subs. pr. f. Ambrácia, cidade do Epiro (Cíc. Pis. 91).
Ambraciēnsis, -e, ou **Ambracĭus, -a, -um,** adj. De Ambrácia, ambraciense (T. Lív. 38, 43, 2).
Ambraciōtēs, -ae, subs. loc. m. Ambraciota, habitante de Ambrácia (Cíc. Tusc. 1, 84).

Ambrŏnēs, -um, subs. loc. m. Ambrões povo de origem gaulesa (T. Lív. Epít. 68).
ambrosĭa, -ae, subs. f. 1) Ambrósia, alimento dos deuses (Cíc. Tusc. 1, 65). 2) Ambrosia, bálsamo celeste para untar o corpo (Verg. G. 4, 415).
1. ambrosĭus (-ĕus), -a, -um, adj. 1) De ambrósia, ambrósio (Marc. 4, 8, 8). Daí: 2) Suave, agradável, perfumado de ambrósia (Verg. En. 1, 403).
2. Ambrosĭus, -ĭ, subs. pr. m. Ambrósio, nome de homem (Juv. 6, 77).
Ambrysus, -ĭ, subs. pr. f. Ambriso, cidade da Fócida (Plín. H. Nat. 4, 8).
ambūbāiae, -ārum, subs. f. Tocadoras de flauta da Síria, cortesãs, ambubaias (Hor. Sát. 1, 2, 1).
ambulācrum, -ĭ, subs. n. Alameda, ambulacro (Plaut. Most. 756).
ambulātĭō, -ōnis, subs. f. I — Sent. próprio: 1) Passeio (Cíc. At. 1, 18, 1). Daí: 2) Lugar de passeio (Cíc. Tusc. 4, 7).
ambulātiuncŭla, -ae, subs. f. Passeio pequeno (Cíc. Fam. 2, 12, 2).
ambulātor, -ōris, subs. m. 1) O que gosta de passear, passeador. Daí: 2) Vadio, bufarinheiro (Marc. 1, 42, 3).
ambulātōrĭus, -a, -um, adj. I — Feito durante um passeio (Apul. Met. 1, 2). 2) Que vai e vem, móvel, ambulativo, ambulatório (Plín. H. Nat. 21, 80).
ambulātus, -a, -um, part. pass. de **ambŭlō**.
ambŭlō, -ās, -āre, -āvī, -ātum, v. tr. e intr. I — Sent. próprio: 1) Dar a volta, e, daí: dar uma volta, passear, ambular (Cíc. De Or. 2, 60). Donde, por generalização de sentido: 2) Andar a passo, caminhar, ir, marchar (Cíc. At. 8, 14, 1). Obs.: Constrói-se como intransitivo absoluto ou como transitivo com acus. de objeto interno ou com acus. de espaço percorrido.
ambŭrō, -is, -ĕre, -ūssī, -ūstum, v. tr. Queimar em tôrno, queimar (Plaut. Mil. 835). Obs.: Usado principalmente no part. pass. (Cíc. Mil. 12).
ambūssī, perf. de **ambūro**.
ambustĭō, -ōnis, subs. f. Ação de queimar, queimadura (Plín. H. Nat. 23, 87).
ambustulātus, -a, -um, adj. Queimado em volta, tostado (Plaut. Rud. 770).
1. ambūstus, -a, -um, part. pass. de **ambŭro**: 1) Queimado (Cíc. Mil. 12). 2) Quase atingido pelo fogo (Cíc. Sest. 143).
2. Ambūstus, -ĭ, subs. pr. m. Ambusto, epíteto de vários Fábios (T. Lív. 5, 35, 5).

amēllus, -ĭ, subs. m. Amelo (flor) (Verg. G. 4, 271).
1. Amenānus, -a, -um, adj. Do Amenano (Ov. F. 4, 467).
2. Amenānus, -ĭ, subs. pr. m. Amenano, rio da Sicília (Ov. Met. 15, 279).
āmēndo = **amāndo**.
āmens, -ēntis, adj. I — Sent. próprio: 1) Que perdeu a mente, que está fora de si, desvairado (Cíc. Phil. 5, 37). Donde: 2) Louco, insensato, amente, demente (Cíc. At. 7, 10). 3) Extravagante, absurdo (Cíc. Verr. pr. 7).
āmentātus, -a, -um, part. pass. de **amēnto**: atado com uma correia, pronto (em condições de poder servir); **hastae amentatae** (Cíc. Br. 271) «lanças prontas (para serem usadas)».
āmentĭa, -ae, subs. f. Alienação mental, demência, loucura, amência (Cíc. Tusc. 3, 10).
āmēntō (ammēntō), -ās, -āre, -āvī, -ātum (amēntum), v. tr. I — Sent. próprio: 1) Prover o dardo de uma correia, atar uma correia ao dardo. (Cíc. Br. 271). Donde: 2) Arremessar um dardo por meio de uma correia, atirar com fôrça, disparar (Luc. 6, 221).
āmēntum (ammēntum), -ĭ, subs. n. I — Sent. próprio: 1) Correia de dardo (Cés. B. Gal. 5, 48, 5). Donde: 2) Cordão atacador de sapatos (raro) (Plín. H. Nat. 34, 31).
Amerĭa, -ae, subs. pr. f. Améria, cidade da Úmbria, entre o Tibre e o mar, florescente no tempo de Cícero e sob o império (Cíc. Amer. 18).
Amerīnī, -ōrum, subs. loc. m. Amerinos, habitantes de Améria (Cíc. Amer. 17).
Amerīnus, -a, -um, adj. Amerino, de Améria (Cíc. Amer. 15).
amerĭŏla, -ae, subs. pr. f. Ameríola, cidade do Lácio (T. Lív. 1, 38, 4).
ames, -ĭtis, subs. m. Pau ou forquilha para armar rêde aos pássaros (Hor. Epo. 2, 33).
Amestratīnī, -ōrum, subs. loc. m. Amestratinos, habitantes de Améstrato (Cíc. Verr. 3, 89).
Amestrātus, -ĭ, subs. pr. f. Améstrato, cidade da Sicília (Cíc. Verr. 3, 101).
amethystĭna, -ōrum, subs. n. pl. Roupas da côr da ametista (Juv. 7, 136).
amethystĭnātus, -a, -um, adj. Vestido com roupa da côr de ametista (Marc. 2, 57, 2).
amethystĭnus, -a, -um, adj. 1) Da côr da ametista (Marc. 1, 96, 7). 2) **Enfeitado de ametista** (Marc. 10, 49, 1).

amethӯstus (-os), -ī, subs f. Ametista (Plín. H. Nat. 37, 121).

amfrāctus, -a, -um, v. **anfrāctus** (T. Lív. 32, 11, 2).

amiāntus, -ī, subs. m. Amianto (Plín. H. Nat. 36, 139).

amīca, -ae, subs. f. Amiga, amásia, amante (Cíc. Cael. 32).

amīcē, adv. Amigàvelmente (Cíc. Lae. 9). Obs.: Superl.: **amicissĭme** (Cíc. Caec. 29).

amicĭo, -ĭs, -īre, amicŭī ou -ixī, -ictum, v. tr. I — Sent. próprio: 1) Pôr em tôrno de si uma roupa, vestir, cobrir-se com uma veste exterior, i.é, capa, toga, manto, etc. (Cíc. De Or. 3, 127). II — Sent figurado, em linguagem poética: 2) Envolver, rodear (Hor. O. 1, 2, 31). Obs.: É usado intransitivamente no sentido de: vestir-se, arrumar-se (Plaut. Cas 723); (Prop. 3, 21, 8). Fut. **amicibor** (Plaut. Pers. 307).

amicitĭa, -ae, subs. f. I — Sent. próprio: 1) Amizade, simpatia (Cíc. Lae. 48) II — Donde: 2) Aliança, boas relações (entre povos) (Cés. B. Gal. 4, 16, 5). Obs.: Gen. arc. **amicitĭaī** (Lucr. 3, 83).

amicitĭēs, -ēī, subs, f., veja **amicitĭa** (Lucr. 5, 1017).

1. amīctus, -a, -um, part. pass. de **amicĭo**.

2. amīctus, -ūs, subs. m. I — Sent. próprio: 1) Ação de lançar um manto em volta de si (Cíc. Tusc. 5, 90). Donde: por extensão: 2) Qualquer peça do vestuário, toga, manto (Ov. Met. 10, 1). 3) Maneira de se vestir, como se envolver na toga (Cíc. De Or. 2, 91). II — Sent. figurado: 4) Ar ambiente (Lucr. 6, 1133).

amicŭī, perf. de **amicĭo**.

amicŭla, -ae, subs. f. Diminutivo afetivo: querida amiga, queridinha (Cíc. De Or. 2, 240).

amicŭlum, -ī, subs. n. Qualquer peça do vestuário, manto, amículo (Cíc. Nat. 3, 83).

amicŭlus, -ī, subs. m. Diminutivo afetivo: querido amigo, queridinho (Cíc. Verr. 3, 79).

1. amīcus, -a, -um, adj. I — Sent. próprio: 1) Amigo de, que ama (Cíc. Sest. 121). Daí: 2) Devotado, afeiçoado (Cíc. Sest. 29). E na linguagem poética: 3) Agradável (Hor. O. 2, 17, 2).

2. amīcus, -ī, subs. m. I — Sent. próprio: 1) Amigo (Cíc. Of. 1, 63). II — Daí, em sentido figurado: 2) Confidente, favorito (Cíc. Div. 2, 135). 3) Aliado (Cíc. Verr. 4, 67). Obs.: Gen. pl. **amicum** (Ter. Heaut. 24).

āmigro, -ās, -āre, v. intr. Emigrar (T. Lív. 1, 34, 7).

Amīlcar, v. **Hamīlcar**.

Amīnaeus (**Amīnēus**), -a, -um. adj. Amineu, de Aminéia, região da Campânia, célebre por seu vinhos (Verg. G. 2, 97).

Amisēnus, -ī, subs. m., v. **Amīsus**.

āmīsī, perf. de **amitto**.

Amisĭa, -ae, subs. pr. m. Amísia, rio da Germânia (Emo) (Tác. An. 1, 60).

Amīsos, -ī, v. **Amīsus**.

amissim = **amiserim**, 1º pes. s. do perf. subj. de **amitto**.

āmissĭo, -ōnis, subs. f. Perda (Cíc. Pis. 40).

Amīssis, -is, subs. m., v. **Amisĭa** (Plín. H. Nat. 4, 100).

āmissus, -a, -um, part. pass. de **āmīttō**.

āmīstī = **amisīstī**, 2º pes. s. perf. de **amitto**.

Amīsum, -ī, v. **Amīsus** (Plín. H. Nat. 6, 7).

Amīsus, -ī, subs. pr. f. Amiso, cidade do Ponto, residência de Mitridates (Cíc. Pomp. 21).

Amisēnī, -ōrum, subs. loc. m. Amisenos, habitantes de Amiso (Plín. Ep. 10, 93).

amĭta, -ae, subs. f. 1) Tia paterna (Cíc. Clu. 30). **Magna amita** (Tác. An. 2, 27) «tia-avó».

Amiternīnī, -ōrum, subs. loc. m. Amiterninos, habitantes de Amiterno (T. Lív. 28, 45, 19).

Amiternīnus, -a, -um, adj. De Amiterno (T. Lív. 21, 62, 5).

Amiternum, -ī, subs. pr. n. Amiterno, cidade dos sabinos, pátria de Salústio (T. Lív. 10, 39, 2).

Amiternus, -a, -um, adj. Amiterno, de Amiterno (Verg. En. 7, 710).

Amithaōn, v. **Amythaon**.

Amitinēnsēs, -ĭum, subs. loc. m. Amitinenses, povo da Etrúria (Plín. H. Nat. 3, 52).

Amitinum, -ī, subs. pr. n. Amitino, cidade do Lácio (Plín. H. Nat. 3,68).

āmīttō, -ĭs, -ĕre, āmīsī, āmīssum, v. tr. I — Sent. próprio: 1) Deixar escapar ou afastar-se, deixar partir: **cur eum de manibus amiserunt?** (Cíc. Cael. 64) «por que o deixaram escapar de suas mãos?» II — Daí, em sentido figurado: 2) Perder involuntàriamente (Cíc. Caec. 15). 3) Perder voluntàriamente, abandonar, renunciar (Cíc. Verr. pr. 13). Obs.: **amisti** = **amisisti** (Ter. Hec. 251).

amixī, perf. de **amicĭo**.

Ammaeēnsis (Ammaiensis), -e, adj. Ameense, de Améia, cidade da Lusitânia (Plín. H. Nat. 37, 24).
ammiēntum, -ī, v. **amēntum**.
Ammiēnsis, v. **Ammaeēnsis**.
Ammīnēus, v. **Aminaeus**.
ammīror = **admīror**.
ammītto = **admītto**.
Ammōn (Hammōn), -ōnis, subs. pr. m. Amão, nome dado a Júpiter, na Líbia, ou melhor, divindade egípcia posteriormente identificada com Júpiter (Cíc. Nat. 1, 82).
ammonĕo = **admonĕo**.
Ammōnī, -ōrum, subs. loc. m. Amonos, povo da Arábia Félix (Plín. H. Nat. 6, 159).
Ammōniăcus, -a, -um, adj. Amoníaco, relativo a Amão (Plín. H. Nat. 31, 79).
amnicŏla, -ae, subs. m. Amnícola, o que habita ou cresce junto de um rio (Ov. Met. 10, 96).
amnicŭlus, -ī, subs. m. Rio pequeno, regato (T. Lív. 36, 22, 8).
amnĭcus, -a, -um, adj. De rio, fluvial (Plín. H. Nat. 16, 166).
amnis, -is, subs. m. 1) Rio, corrente d'água (Cíc. Fam. 7, 20, 1). 2) Torrente (Verg. En. 4, 164); (Verg. G. 3, 447). Na linguagem poética: 3) Água (Verg. En. 7, 465). 4) Constelação do Eridan (Cíc. Arat. 145). Obs.: Feminino em Plauto (Merc. 859). Abl. sg.: **amni** ou **amne**.
Amnum, -ī, subs. pr. m. Amno, rio da Arábia Félix (Plín. H. Nat. 6, 151).
amō, -ās, -āre, -āvī, -ātum, v. tr. 1) Amar, querer bem, estimar, gostar de (usado com referência às pessoas, aos deuses, ou às coisas) (Cíc. Lae. 10). 2) Estar apaixonado por, ter uma amante, ter uma namorada (Cíc. Verr. 5, 82). Na linguagem poética: 3) Amar, gostar de (Hor. O. 1, 2, 50). Obs.: 1) Notem-se as locuções: a) **ita me dii ament (amabunt)** (Ter. Hec. 579) «pelo amor dos deuses, com firme certeza, sem dúvida» (fórmula de juramento); b) **amabo te**, ou simplesmente, **amabo**: por favor, por mercê (Cíc. At. 2, 2, 1). 2) Constrói-se com acus., com infinitivo, com oração infinitiva, ou ainda, intransitivamente (no significado 2). Fut. Perf. arc. **amasso** = **amavero** (Plaut. Mil. 1007).
Amoebeūs, -ēī, subs. pr. m. Amebeu, tocador de harpa (Ov. A. Am. 3, 399).
amoenĭtās, -tātis, subs. f. Encanto, delícia, amenidade (sentido próprio e figurado) (Cíc. Nat. 2, 100); (Tác. An. 5, 2).

amoenus, -a, -um, adj. Agradável, encantador, aprazível, ameno (Cíc. Leg. 2, 6). Obs.: O plural neutro substantivado significa: lugares agradáveis, ou aprazíveis (Tác. An. 3, 7).
āmōlĭor, -īris, -īrī, -ītus sum, v. dep. tr. I — Sent. próprio: 1) Fazer esfôrço para mexer ou tirar do lugar. II — Sent. figurado: 2) Afastar com esfôrço, afastar, desviar, retirar (T. Lív. 28, 28, 10). Obs.: Inf. Pres. **amolirier** (Plaut. Most. 371).
āmōlītus, -a, -um, part. pass. de **amolĭor**.
amōmum (amōmon), -ī, subs. n. Amomo (planta) (Verg. Buc. 4, 25).
amor, -ōris, subs. m. I — Sent. próprio: 1) Amizade, afeição (Cíc. Flac. 103). Donde: 2) Amor (lícito ou ilícito) (Plaut. Merc. 325). 3) Paixão, grande desejo (Cíc. Sull. 73). 4) Paixão, grande amor (Ov. Met. 1, 452). 5) Desejo, vontade (sent. poético sem sent. erótico) (Verg. En. 2, 10). Obs.: **amŏr** (Verg. En. 11, 323).
Amŏrge, -ēs, subs. pr. f. Amorge, antigo nome do Éfeso (Plín. H. Nat. 5, 115).
Amŏrgos, -ī, subs. pr. f. Amorgos, uma das ilhas Espórades (Tác. An. 4, 30).
āmōtĭō, -ōnis, subs. f. Afastamento (Cíc. Fin. 1, 37).
āmōtus, -a, -um, I — Part. pass. de **amovĕo**. II — Adj.: afastado, distante (T. Lív. 25, 16, 14).
āmovĕō, -ēs, -ēre, -mōvī, -mōtum, v. tr. I — Sent. próprio: 1) Afastar, apartar, arredar, remover: **aliquem ex loco amovere** (Cíc. At. 1, 12, 2) «afastar alguém do seu lugar». II — Sent. figurado: 2) Tirar, subtrair, furtar, roubar: **frumentum amovere** (Cíc. Ver. 3, 20) «roubar o trigo».
āmōvī, perf. de **amovĕo**.
Ampĕlos, -ī, subs. pr. m. Âmpelos. 1) Cidade da Macedônia (Plín. H. Nat. 4, 37). 2) Promontório e cidade de Creta (Plín. H. Nat. 4, 59). 3) Subs. m.: nome de um jovem amado por Baco (Ov. F. 3, 409).
Ampelūsia, -ae, subs. pr. f. Ampelúsia, promontório da África (Plín. H. Nat. 5, 2).
Amphiarāus, -ī, subs. pr. Anfiarau, célebre adivinho de Argos (Cíc. Div. 1, 88).
Amphiarēiădēs, -ae, subs. m. Descendente masculino de Anfiarau (Alcmeon) (Ov. F. 2, 43).
Amphiarēus, -a, -um, adj. De Anfiarau (Prop. 2, 34, 39).

amphibolĭa (amphibologĭa), -ae, subs. f. Anfibologia, ambigüidade, duplo sentido, anfibolia (Cíc. Div. 2, 116). Obs.: Os manuscritos atestam freqüentemente **amphibologĭa**.

amphictyŏnĕs, -um, subs. m. Anfictiões, magistrados que representavam no Congresso da Grécia as diferentes cidades dêste país (Cíc. Inv. 2, 69).

Amphidămās, -āntis, subs. pr. m. Anfidamante, um dos Argonautas (V. Flac. 1, 375).

Amphigenĭa, -ae, subs. pr. f. Anfigenia, cidade da Messênia (Estác. Theb. 4, 178).

Amphilŏchī, -ōrum, subs. loc. m. Anfilocos, habitantes da Anfilóquia (Cés. B. Civ. 3, 55, 1).

Amphilochĭa, -ae, subs. pr. f. Anfilóquia, região montanhosa ao N. da Grécia (Cíc. Pis. 96).

Amphilochĭus, (Amphilochĭcus), -a, -um, Adj. Da Anfilóquia (T. Lív. 38, 10, 1)

Amphilŏchus, -ī, subs. pr. m. Anfíloco, 1) Filho de Anfiarau (Cíc. Div. 1, 88). 2) Escritor grego (Plín. H. Nat. 18, 144).

Amphimĕdōn, -ōntis, subs. pr. m. Anfimedonte, nome de um líbio morto por Perseu (Ov. Met. 5, 75).

Amphinŏmus, -ī, subs. pr. m. Anfínomo, irmão de Anápis (Sên. Ben. 3, 37).

Amphīōn, -ŏnis, subs. pr. m. Anfião ou Anfion, filho de Zeus e rei de Tebas (Hor. A. Poét. 394).

Amphionĭus, -a, -um, adj. Anfiônio, de Anfião (Prop. 1, 9, 10).

Amphipŏlis, -is, subs. pr. f. Anfípole, cidade da Macedônia (Cés. B. Cív. 3, 102,2).

Amphipolītānus, -a, -um, adj. Anfipolitano, de Anfípole (T. Lív. 44, 45, 9).

Amphīsa, -ae, subs. f. v. **Amphīssa** (Plín. H. Nat. 4, 8).

Amphīssa, -ae, subs. pr. f. Anfissa, cidade da Grécia Central (T. Lív. 37, 5, 4).

Amphīssos (-us), -ī, subs. pr. m. Anfisso, filho de Apolo (Ov. Met. 9, 356).

amphitheātrum, -ī, subs. n. Anfiteatro (Tác. An. 4, 62).

Amphitrītē, -ēs, subs. pr. f. Anfitrite, deusa e rainha do mar, uma das filhas de Nereu, amada por Posseidon, que com ela se casou (Ov. Met. 1, 14).

Amphitrŭo (Amphitryo ou Amphitryōn), -ōnis, subs. pr. m. Anfitrião, rei de Tebas, marido de Alcmena (Ov. Met. 6, 112).

Amphitryōnĭădēs, -ae, subs. m. Descendente de Anfitrião, Hércules (Verg. En. 8, 214).

amphŏra, -ae, subs. f. I — Sent. próprio: 1) Ânfora, vaso de barro, com duas asas, para líqüidos (Hor. Epo. 2, 15). Daí: 2) Ânfora, medida para líqüidos, igual a duas urnas (Cíc. Font. 9).

Amphrysiăcus, -a, -um, adj. Anfrisíaco, de Anfrísio, de Apolo (Estác. Silv. 1, 4, 105).

Amphrȳsĭus, -a, -um, adj. Anfrísio, de Anfrísio, de Apolo (Verg. En. 6, 398).

Amphrȳsos (-us), -ī, subs. pr. m. Anfriso, rio da Tessália (Verg. G. 3, 2).

Ampĭa, -ae, subs. pr. f. Âmpia, nome de mulher (Cíc. Fam. 6, 12, 3).

Ampĭus, -ī, subs. pr. m. Âmpio, nome de homem (Cíc. Fam. 6, 12, 1).

amplē, adv. I — Sent. próprio: 1) Amplamente, grandemente, em larga escala (Cíc. Verr. 4, 62). II — Sent. figurado: 2) Pomposamente, gongòricamente (Cíc. Tusc. 5, 24). Obs.: Superl.: **amplissĭme** (Cíc. Verr. 2, 112). Comp.: **amplĭus** (v. amplius) (Cíc. Mur. 15).

amplēctor, -ĕris, -ctī, -plēxus sum, v. dep. tr. I — Sent. próprio: 1) Abraçar (sent. físico e moral) (Verg. En. 4, 686). II — Sent. figurado: 2) Abranger, conter, compreender (Cíc. De Or. 3, 34). 3) Ligar-se a, seguir, dedicar-se a, perfilhar a opinião de, eleger (Cíc. Mil. 73). 4) Amar, estimar, favorecer (Cíc. De Or. 1, 110). 5) Louvar, admitir, acolher, receber (Cíc. Fam. 5, 19, 2).

amplexātus, -a, -um, part. pass. de **amplēxor**.

amplēxō = **amplēxor** (Plaut. Poen. 1230).

amplēxor, -āris, -ārī, -ātus sum, v. dep. tr. intens. I — Sent. próprio: 1) Abraçar (sent. físico e moral) (Cíc. Fam. 1, 9, 10). Donde: 2), Seguir a opinião (Cíc. Q. Fr. 2, 10, 3). 3) Acariciar, amar, apreciar (Cíc. Mur. 83).

1. amplēxus, -a, -um, part. pass. de **amplēctor**.

2. amplēxus, -ūs, subs. m. I — Sent. próprio e figurado: 1) Entrelaçamento, abraço (Cíc. Div. 1, 79). Donde: 2) Carinho (Verg. En. 1, 687).

amplificātĭō, -ōnis, subs. f. I — Sent. próprio: 1) Acréscimo, aumento (Cíc. Div. 2, 33). Donde, na língua retórica: 2) Amplificação (Cíc. Or. 102).

amplificātor, -ōris, subs m. O que aumenta, amplificador (Cic. Tusc. 5, 10).

amplificātus, -a, -um, part. pass. de **amplifĭco**.

amplifĭcē, adv. Magnìficamente (Catul. 64, 265).

amplĭfĭcō, -ās, -āre, -āvī, -ātum, v. tr. I — Sent. próprio: 1) Amplificar, aumentar, desenvolver, engrandecer (Cíc. Rep. 3, 24). Daí, na linguagem retórica: 2) Desenvolver (um assunto) (Cíc. De Or. 3, 104).

amplĭō, -ās, -āre, -āvī, -ātum, v. tr. I — Sent. próprio: 1) Tornar mais amplo, ampliar, aumentar, alargar, acrescentar (Hor. Sát. 1, 4, 32). II — Na língua jurídica: 2) Adiar (Cíc. Caec. 29).

amplĭter, adv., v. ample (Plaut. Bac. 677).

amplĭtūdō, -ĭnis, subs. f. I — Sent. próprio: 1) Amplitude, grandeza, dimensão (Cíc. Verr. 4, 109). II — Sent. figurado: 2) Grandeza, importância, prestígio, categoria (Cíc. Tusc. 2, 64). Na língua retórica: 3) Pompa (referindo-se ao estilo (Cíc. Or. 5).

1. amplĭus, comp. neutro usado substant. com gen.: Maior quantidade, abundância (Cíc. Cat. 4, 9).

2. amplĭus, adv. (comp. de **ample**). 1) Por mais tempo (Cíc. De Or. 1, 74). 2) A mais (Cés. B. Gal. 1, 35, 3).

amplus, -a, -um, adj. I — Sent. próprio: 1) Amplo, largo, espaçoso, vasto, importante (Cíc. Of. 1, 139); (Cíc. Verr. 4, 96). II — Sent. figurado: 2) Magnífico, suntuoso (referindo-se a coisas) (Cíc. Mur. 37). 3) Ilustre, importante nobre (referindo-se a pessoas) (Cíc. Amer. 102). 4) Fecundo, sublime (referindo-se ao estilo) (Cíc. Or. 97).

Amprēntae, -ārum, subs. loc. m. Amprentas, povo da Cólquida (Plín. H. Nat. 6, 12).

Ampsānctus, -ī, subs. pr. m. Ampsacto, pequeno lago sulfuroso da Itália (Verg. En. 7, 565).

Ampsivariī, -ōrum, subs. loc. m. Ampsivários, povo da Germânia Ocidental (Tác. An. 2, 8).

ampŭlla, -ae, subs. f. I — Sent. próprio: 1) Pequeno vaso de barro, frasco, ampula (Cíc. Fin. 4, 30). II — Sent. figurado: 2) Estilo empolado, ênfase (no pl.) (Hor. A. Poët. 97).

ampullācĕus, -a, -um, adj. Ampuláceo, em forma de frasco (Plín. H. Nat. 15, 55).

ampullārĭus, -ī, subs. m. Fabricante ou vendedor de frascos (Plaut. Rud. 756).

ampūllor, -āris, -ārī, -ātus sum, v. dep. intr. Usar de linguagem empolada, exprimir-se com ênfase (Hor. Ep. 1, 3, 14).

amputātĭō, -ōnis, subs. f. I — Sent. próprio: 1) Ação de cortar, podar, corte, poda, amputação (Cíc. C. M. 53). Daí: por metonímia: 2) Objeto cortado ou podado (Plín. H. Nat. 12, 118).

amputātus, -a, -um, part. pass. de **ampŭto**.

ampŭto, -ās, -āre, -āvī, -ātum, v. tr. I — Sentido próprio: 1) Cortar em tôda volta, mutilar, amputar (Cíc. C.M. 52). II — Sent. figurado: 2) Diminuir, encurtar, abreviar (Cíc. Fin. 1, 44).

Ampўcĭdēs, -ae, subs. pr. m. Ampícides, filho de Âmpico (o mágico Mopso) (Ov. Met. 12, 456). Obs.: Acus.: **Ampyciden**.

Ampўcus, -ī, subs. pr. m. Âmpico, sacerdote de Ceres (Ov. Met. 5, 110). Obs.: Ocorre também a forma **Ampyx** (Ov. Met. 5, 184).

Ampyx, -ўcis, subs. pr. m. Âmpix. 1) Um dos Lápitas (Ov. Met. 12, 450). 2) Guerreiro petrificado por Perseu (Ov. Met. 5, 184). Obs.: Acus. **Ampyca**.

Amsānctus, v. Ampsānctus.

Amtŏrgis, -is, subs. pr. f. Antorges, cidade da Bética (T. Lív. 25, 32, 9).

āmulētum, -ī, subs. n. Amuleto, talismã (Plín. H. Nat. 28, 38).

Amūlĭus, -ī, subs. pr. m. Amúlio, rei de Alba (Ov. F. 4, 53).

Amunclānus, -a, -um, adj. De Amiclas (Tác. An. 4, 59).

Amўclae, -ārum, subs. pr. f. Amiclas. 1) Antiga cidade do Peloponeso (Lacônia) (Ov. Met. 8, 314). 2) Cidade do Lácio, destruída por serpentes (Plín. H. Nat. 8, 104); (Verg. En. 10, 564).

Amўclaeus, -a, -um, adj. Amicleu ou amicleano, de Amiclas (do Peloponeso) (Verg. G. 3, 345).

Amўclās, -ae, subs. pr. m. Amiclas, nome de homem (Luc. 5, 520).

Amўclē, -ēs, subs. f. Amicle, nome de mulher (Prop. 4, 5, 32).

Amyclĭdēs, -ae, subs. m. Descendente de Amiclas (Jacinto) (Ov. Met. 10, 162).

Amўcus, -ī, subs. pr. m. Âmico. 1) Filho de Netuno (V. Flac. 4, 148). 2) Nome de um centauro (Ov. Met. 12, 245). 3) Nome de um troiano (Verg. En. 10, 704).

Amўdōn, -ōnis, subs. pr. f. Âmidon, cidade da Macedônia (Juv. 3, 69).

amygdăla, -ae, subs. f. — Sent. próprio: 1) Amêndoa (Plín. H. Nat. 12, 36). Daí: 2) Amendoeira (Plín. H. Nat. 16, 103).

amygdalĕus, -a, -um, adj. De amêndoa ou de amendoeira (Plín. H. Nat. 15, 26).

amỹgdalĭnus, -a, -um, veja **amỹgdalĕus**.

amygdălum, -ī, subs. n. Amêndoa ou amendoeira (Ov. A. Am. 3, 183).

amỹlum, -ī, subs. n. Amido, goma de amido (Plín. H. Nat. 18, 76).

Amỹmŏnē, -ēs, subs. pr. f. Amimone. 1) Uma das cinqüenta filhas do rei Dânao (Prop. 3, 26, 47). 2) Fonte perto de Argos (Ov. Met. 2, 240).

Amynănder, -drī, subs. pr. m. Aminander, rei da Atamânia (T. Lív. 31, 28, 1).

Amynomăchus, -ī, subs. pr. m. Aminomaco, filósofo epicurista (Cíc. Fin. 2, 101).

Amỹntās, -ae, subs. pr. m. Amintas, rei da Macedônia, pai de Filipe (C. Nep. Reg. 2).

Amyntĭădēs, -ae, subs. pr. m. Amintíades. 1) Descendente de Amintas (Ov. Ib. 297). 2) Nome de um pastor (Verg. Buc. 3, 66).

Amỹntōr, -ŏris, subs. pr. m. Amintor, rei dos Dólopes (Ov. Met. 8, 307).

Amyntorĭdēs, -ae, subs. pr. m. Amintórides, filho de Amintor (Ov. Ib. 257).

Amyrus, -ī, subs. pr. m. Amiro, rio da Tessália (V. Flac. 2, 11).

amỹstis, -ĭdis, subs. f. Ação de esvaziar um copo de um só trago (Hor. O. 1, 36, 14).

Amythăŏn, -ŏnis, subs. pr. m. Amitáon, pai de Melampo (Ov. Met. 15, 325).

Amythāonĭus, -a, -um, adj. De Amitáon (Verg. G. 3, 550).

Amỹzōn, -ŏnis, subs. pr. f. Amízon, cidade da Cária (Plín. H. Nat. 5, 109).

an ou **anne**, conj. (partícula interrogativa, que traduz uma grande dúvida ou uma restrição). I — Na interrogativa direta simples: 1) Será possível que? por ventura? acaso? **adeone me delirare censes, ut ista esse credam? — an tu haec non credis?** (Cíc. Tusc. 1, 10) «julgas-me delirar a tal ponto que creia que isto existe? — ou porventura não crês nisto?» 2) É freqüente o seu emprêgo em fórmulas de civilidade como: **amabo, obsecro, quaeso, dic**, etc.: por favor, acaso, peço, porventura? dize, acaso? (Cíc. Quinct. 81). 3) Exprimindo uma restrição. especialmente nas interrogações oratórias: acaso? por ventura? (Cíc. Amer. 148). II — Nas interrogativas duplas, ou tríplices tem sentido dubitativo. 4) Ou (a primeira interrogativa é introduzida por **ne, utrum** ou **num**): **utrum superbiam prius memorem an crudelitatem?** (Cíc. Verr. 1, 122) «qual das duas devo mencionar primeiro, sua soberba ou sua crueldade?» 5) Ou (sem nenhuma partícula na primeira interrogativa): **est an non est?** (Ter. Eun. 546) «é ou não é?». III — Nas interrogativas indiretas é empregada depois de palavras que exprimem ignorância ou incerteza: 6) **haud scio an aliter sentias** (Cíc. De Or. 1, 263) «não sei se pensas de outro modo». Obs. **Anne** é forma rara que se emprega principalmente em interrogativas duplas cujo primeiro membro é introduzido por **an;** também antes de vogal, ou por motivos de ritmo ou harmonia da frase (Verg. G. 1, 25).

Ana e **Anās, -ae**, subs. pr. m. Anas, rio da Bética (Cés. B. Civ. 1, 38, 1).

anabăthrum, -ī, subs. n. Estrado, ou arquibancada móvel para assistir aos jogos, às leituras públicas, etc. (Juv. 7, 46).

Anabŭra, -ōrum, subs. pr. n. Anaburos, cidade da Pisídia (T. Lív. 38, 15, 14).

Anăcēs ou **Anăctēs, -um**, subs. pr. m. pl. Ánaces ou Anates, sobrenome dos Dioscuros (Cíc. Nat. 3, 53).

Anachărsis, -ĭdis, subs. pr. m. Anacársis, filósofo cita que viveu durante o séc. VI a.C. (Cíc. Tusc. 5, 90).

Anacrĕōn, -ŏntis, subs. pr. m. Anacreonte, poeta lírico grego, natural de Teos, na Lídia (Cíc. Tusc. 4, 71).

Anacreontĭus, -a, -um, adj. De Anacreonte, anacreôntico (Quint. 9, 4, 78).

Anactorĭa, -ae, subs. pr. f. Anactória, antigo nome de Mileto (Plín. H. Nat. 5, 112).

Anactorĭē, -ēs, subs. pr. f. Anactórie, jovem de Lesbos (Ov. Her. 15, 17).

anadēma, -ătis, subs. n. Enfeite para a cabeça, anadema (Lucr. 4, 1129).

Anadyŏmĕnē, -ēs, subs. pr. f. Anadiômene (a que sai das águas), apelido de Vênus (quadro célebre de Apeles) (Plín. H. Nat. 35, 87 e 91).

anaglỹptus, -a, -um, adj. Esculpido em baixo relêvo, anaglíptico (Marc. 4, 39, 8).

Anagnĭa, -ae, subs. pr. f. Anágnia, cidade do Lácio (Cíc. At. 16, 8, 1).

Anagnīnum, -ī, subs. n. Anagninum, propriedade de Cícero, próxima de Anágnia (Cíc. At. 12, 1, 1).

Anagnīnus, -a, -um, adj. De Anágnia, anagnino (Cíc. Dom. 81).

anagnōstēs, -ae, subs. m. Leitor, anagnoste (Cíc. At. 1, 12, 4). Obs.: Acus. **anagnosten.**

analēcta, -ae, subs. m. I — Sent. próprio: 1) Escravo que tira a mesa, que recolhe os restos de uma refeição, analecta (Marc. 7, 20, 17). Daí: 2) Restos de uma refeição. II — Sent. figurado: 3) Fragmentos, compilação (Sên. Ep. 27, 7).

analectrĭdēs, -um, subs. f. Almofadinhas (Ov. A. Am. 3, 273).

analeptrĭdēs, v. **analectrĭdēs.**

analogĭa, -ae, subs. f. I — Sent. próprio: 1) Relação, proporção, simetria (Varr. L. Lat. 8, 32). Daí, na língua gramatical: 2) Analogia (Quint. 1, 5, 13).

anapaestum, -ī, subs. n. Anapesto, verso anapéstico, poema em versos anapésticos, i.é, constituído de pés formados por duas breves e uma longa (Cíc. Tusc. 3, 57).

anapaestus, -ī, subs. m. 1) Anapesto (pé composto de duas sílabas breves e uma longa (Cíc. Tusc. 2, 37). Daí: 2) Verso anapéstico (Cíc. Or. 190).

Anăphē, -ēs, subs. pr. f. Ánafe, ilha do mar de Creta (Ov. Met. 7, 461).

anaphŏra, -ae, subs. f. I — Sent. próprio. 1) Ascensão dos astros (Plín. H. Nat. 7, 160). Daí, em linguagem retórica: 2) Anáfora (repetição de palavras) (ex. em Cíc. Verr. 2, 26).

Anăpis, -is, subs. pr. m. 1) Anápis, irmão de Anfínomo (Ov. Met. 5, 417). 2) Rio da Sicília (T. Lív. 24, 36, 2).

Anăpus, -ī, subs. pr. m. Ânapo, rio da Sicília (Ov. P. 2, 10, 26).

Anārtēs, -um, subs. loc. m. pl. Anartes, povo da Dácia setentrional (Cés. B. Gal. 6, 25, 2).

1. Anas, -ae, subs. pr. m. Anas, rio da Espanha, o atual Guadiana (Cés. B. Cív. 1, 38, 1).

2. anas, -ĭtis (ătis), subs. f. Pato, pala: **anites** (Plaut. Cap. 1003) «patos»; **anitum ova** (Cíc. Nat. 2, 124) «ovos de patas».

anaticŭla, -ae, subs. f. I — Sent. próprio: 1) Patinho (Cíc. Fin. 5, 42). II — Na linguagem afetiva: 2) Amorzinho (Plaut. As. 693).

anatīna, -ae, subs. f. ou **anetīnus, -ī,** subs. m. Carne de pato (Petr. 56, 3).

anatocīsmus, -ī, subs. m. Juros compostos, anatocismo (Cíc. At. 5, 21, 11).

Anausis, -is, subs. pr. m. Anáusis, rei dos albanos (V. Flac. 6, 43).

Anaxagŏrās, -ae, subs. pr. m. Anaxágoras, grande filósofo grego, natural de Clazômenes (Cíc. Br. 44).

Anaxārchus, -ī, subs. pr. m. Anaxarco de Abdera, discípulo de Demócrito, acompanhou Alexandre em suas expedições (Cíc. Tusc. 2, 52).

Anaxarētē, -ēs, subs. pr. f. Anaxárete, moça cipriota transformada em rochedo por Vênus, que assim a punira de sua indiferença pelo amor de Ípis (Ov. Met. 14, 699).

Anaximănder, -drī, subs. pr. m. Anaximandro de Mileto, contemporâneo de Tales e seu sucessor na direção da Escola de Mileto (Cíc. Div. 1, 112).

Anaximĕnēs, -is, subs. pr. m. Anaxímenes de Mileto, o último representante da Escola de Mileto (Cíc. Nat. 1, 26).

Ancaeus, -ī, subs. pr. m. Anceu filho de Netuno e rei de Samos (Ov. Met. 8, 315).

Ancalītēs, -um, subs. loc. m. pl. Ancalites, povo da Grã-Bretanha (Cés. B. Gal. 5, 21, 1).

anceps, -cipĭtis, adj. I — Sent. próprio: 1) De duas cabeças, de duas caras (Ov. F. 1, 95). Daí: 2) Duplo (Cíc. Pomp. 9). II — Sent. figurado: 3) Ambíguo, equívoco (T. Lív. 8, 2, 12). 4) Duvidoso, incerto, hesitante (Cíc. Rep. 2, 13). É freqüente com um matiz pejorativo. 5) Perigoso, desvantajoso, enganador (Tác. Hist. 1, 5).

Anchārĭus, -ī, subs. pr. m. 1) Ancário, nome de uma família romana (Cíc. Sest. 113). 2) Q. Ancário, tribuno da plebe durante o consulado de César e Bítulo, destinatário de uma das cartas de Cícero (Fam. 13, 40).

Anchemŏlus, -ī, subs. pr. m. Anquêmolo, filho do rei dos Marrúbios (Verg. En. 10, 389).

Anchiălos ou **Anchiălus, -ī,** subs. f. e **Anchiălum, -ī,** subs. pr. n. Anquíalo, cidade marítima da Trácia (Ov. Trist. 1, 10, 36).

Anchīsa ou **Anchīsēs, -ae,** subs. pr. m. Anquises, membro da casa real de Tróia, pai de Enéias (Verg. En. 1, 617).

Anchīsēus, -a, -um, adj. De Anquises (Verg. En. 5, 761).

Anchīsiădēs, -ae, subs. pr. m. Filho de Anquises, i.é, Enéias (Verg. En. 6, 348).

anchŏra (e seus derivados), v. **ancŏra**, etc.
ancīle, -is, subs. n. 1) Escudo sagrado, segundo a lenda, caído do céu no reinado de Numa Pompílio (T. Lív. 1, 20). 2) Escudo oval, ancile, ou ancil (Verg. En. 7, 188).
ancīlla, -ae, subs. f. Criada, escrava, ancila (Cíc. Mil. 55).
ancillāris, -e, adj. I — Sent. próprio: 1) Relativo a criadas, ancilar (Cíc. Tusc. 5, 58). II — Sent. figurado: 2) Servil, baixo (A. Marc. 26, 6, 16).
ancillātus, -a, -um, part. pass. de **ancīllor**.
ancīllor, -āris, -ārī, -ātus sum, v. dep. intr. I — Sent. próprio: 1) Ser escravo, servir como criado, servir (Titin. 73). II — Sent. figurado: 2) Ser subserviente, depender de, obedecer a (Plín. H. Nat. 2, 213).
ancillŭla, -ae, subs. f. Criadinha, criada nova (Cíc. De Or. 1, 236).
ancīsus, -a, -um, adj. Cortado em volta (Lucr. 3, 660).
Ancōn, -ōnis e Ancōna, -ae, subs. pr. f. Ancona, cidade e pôrto de mar, no gôlfo de Venécia (Catul. 36, 13); (Cés. B. Civ. 1, 11, 4).
Anconitānus, -a, -um, adj. De Ancona (Cíc. Clu. 40).
ancŏra, -ae, subs. f. I — Sent. próprio: 1) Âncora (Cés. B. Gal. 4, 29, 2). II — Sent. figurado: 2) Refúgio, recurso (Ov. Trist. 5, 2, 42).
ancorāle, -is, subs. n. Cabo de âncora (T. Lív. 37, 30, 10).
ancorārius, -a, -um, adj. Pertencente à âncora (Cés. B. Civ. 2, 9, 4).
anctus, -a, -um, part. pass. de **ango**.
Ancus, -ī, subs. pr. m. Anco Márcio, quarto rei de Roma (Verg. En. 6, 815).
Ancȳra, -ae, subs. pr. f. Ancira, capital da Galácia (T. Lív. 38, 24).
andabăta, -ae, subs. m. Gladiador que combatia a cavalo e de olhos vendados, anábata (Cíc. Fam. 7, 10, 2).
Andanīa, -ae, subs. pr. f. Andânia, cidade da Messênia (T. Lív. 36, 31, 7).
1. Andēs, -ium, subs. pr. f. Andes, aldeia perto de Mântua, bêrço de Vergílio (Don. Verg. 1).
2. Andēs, -ium, subs. m. Andes, povo da Gália Céltica, habitantes do Anju atual (Cés. B. Gal. 2, 35, 3).
Andocīdēs, -is, subs. pr. m. Andócides, notável orador grego, nascido em Atenas (C. Nep. Alc. 3, 2).

andrachlē (andrachnē), -ēs, subs. f. Beldroega, nome de uma planta (Plín H. Nat. 13, 120).
Andraemōn, -ŏnis, subs. pr. m. Andrêmon: 1) Pai de Anfisso, transformado em lótus (Ov. Met. 9, 333). 2) Pai de Toante, guerreiro eólio na guerra de Tróia (Ov. Met. 13, 357).
Andrĭa, -ae, subs. pr. f. 1) Ândria, cidade da Frígia (Plín. H. Nat. 5, 145). 2) Cidade da Lícia (Plín. H. Nat. 5, 100). 3) Título de uma comédia de Terêncio.
Andrĭcus, -ī, subs. pr. m. Ândrico, nome de homem (Cíc. Fam. 16, 14, 1).
Andrīscus, -ī, subs. pr. m. Andrisco, homem humilde, escravo ou de origem servil, que se fêz passar por filho de Perseu, último rei da Macedônia, provocando assim a terceira guerra macedônica (Flor. 2, 14, 3).
Andrĭus, -a, -um, adj. Ândrio, natural de Andros (Ter. And. 906).
Andrŏclēs, -is, subs. pr. m. Ândrocles, chefe dos acarnanos (T. Lív. 33, 16, 4).
Andrŏclus, -ī, subs. pr. m. Ândroclo, escravo de um procônsul romano na África, que curou a pata de um leão no deserto. Posteriormente atirado às feras, aconteceu que o mesmo leão o reconheceu, não lhe fazendo mal algum (Sên. Ben. 2, 19, 1).
Androgĕōn, -ōnis, subs. pr. m. Andrógeo, ou Androgeão, ou Androgeu, filho de Minos, e célebre participante dos jogos atenienses (Prop. 2, 1, 62).
Androgeōnēus, -a, -um, adj. De Androgeu (Catul. 64, 77).
Androgĕōs, -ō (Verg. En. 2, 371) e **Andrŏgĕus, -ī** (Ov. Met. 7, 458), subs. pr. m. Androgeu, o mesmo que **Androgeon**. (Ov. Met. 7, 458).
androgȳnēs, -is, subs. f. Mulher com coragem de homem (V. Máx. 8, 3, 1).
androgȳnus, -ī, subs. m. Andrógino, hermafrodita, o que tem dois sexos (Cíc. Div. 1, 98).
Androllitĭa, -ae, subs. pr. f. Androlícia, antigo nome de Magnésia (Plín. H. Nat. 5, 114).
Andromăcha, -ae e Andromăchē, -ēs, subs. pr. f. Andrômaca, filha de Hecião, rei de Tebas, e espôsa de Heitor (Verg. En. 3, 303).
Andromĕda, -ae, e Andromĕdē, -ēs, subs. pr. f. Andrômeda, filha de Cefeu, rei lendário da Etiópia, e de Cassiopéia (Ov. Met. 4, 671).

Andronĭcus, -i, subs. pr. m. Andronico. 1) Lívio Andronico, natural de Tarento. Foi o verdadeiro criador da poesia latina (Cíc. Br. 72). 2) Nome de um amigo de Cícero (Cíc. At. 5, 15, 3).
Andros (Andrus), -i, subs. pr. f. Andros ilha das Cíclades (Ter. And. 222).
Androsthĕnēs, -is, subs. pr. m. Andróstenes, nome de homem (Cés. B. Cív. 3, 80, 3).
ānēllus, -i, subs. m., v. **annellus.**
Anemuriēnsis, -ē, adj. Anemuriense, de Anemúrio (Tác. An. 12, 55).
Anemūrĭum, -i, subs. pr. n. Anemúrio, promontório e cidade de Cilícia (T. Lív. 33, 20, 4).
anēthum (-thum), -i, subs. n. Endrão, planta odorífica (Verg. Buc. 2, 48).
anfrāctus, -ūs, subs. m. I — Sent. próprio: 1) Curvatura, sinuosidade, circuito (Cíc. Nat. 2, 47). Daí: 2) Desvio, dobra (Cés. B. Gal. 7, 46, 1). II — Sent. figurado: 3) Circunlóquio, período (Cíc. Div. 2, 127); (Cíc. Part. 21).
Angĕa, -ae, subs. pr. f. Angéa, cidade da Tessália (T. Lív. 32, 13, 10).
angĕllus, -i, subs. m. Pequeno canto, pequeno ângulo (Lucr. 2, 428).
angīna, -ae, subs. f. Angina, inflamação da garganta (Plaut. Trin. 540).
angĭpōrtus (angiportum), -ūs (-i), subs. m. e n. Viela, beco, angiporto (Hor. O. 1, 25, 10).
Angĭtĭa, -ae, subs. pr. f. Angícia, filha de Eetes, irmã de Medéia (Verg. En. 7, 759).
Anglĭī, -ōrum, subs. m. pl. Anglos, povo da Germânia (Tác. Germ. 40).
angō, -is, -ĕre, anxī, anctum, v. tr. I — Sent. próprio: 1) Apertar, estreitar (sentido físico e moral) (Verg. En. 8, 260). II — Sent. figurado: 2) Oprimir, atormentar (Cíc. Tusc. 1, 83). Donde, na voz passiva: 3) **Angi** atormentar-se (Cíc. Tusc. 1, 22). Obs.: Constrói-se com oração infinitiva (Cíc. Br. 7) e com **quod** (Cíc. At. 12, 4, 12). O perf.: **anxi** ocorre em A. Gél. 1, 3, 8; e o part. **anctum** em P. Fest. 29, 8.
angol-, v. **angul-.**
angor, -ōris, subs. m. 1) Opressão (moral) T. Lív. 5, 48, 3). 2) Angústia, aflição (Cíc. Tusc. 4, 18). 3) Amarguras, tormentos (pl.) (Cíc. Phil. 2, 37).
Angrivărĭī, -ōrum, subs. loc. m. pl. Angrivários, povo germânico (Tác. An. 2, 8).

anguen, -ĭnis, subs. n., v. **anguis.**
anguicŏmus, -a, -um, adj. Angüícomo, que tem cobras na cabeça, como cabelos (Ov. Met. 4, 699).
anguicŭlus, -i, subs. m. Cobrinha (Cíc. Fin. 5, 42).
anguĭfer, -fĕra, -fĕrum, adj. 1) Angüífero, que traz serpentes (Prop. 2, 2, 8). 2) Que alimenta, que produz serpentes, cobras (Estác. Silv. 3, 2, 119). Obs.: A forma masc. substantivada designa a constelação do Serpentário (Anth. 761, 49).
anguigĕna, -ae, subs. m. f. Angüígena, nascido de uma serpente (Ov. Met. 3, 531).
anguimănus, -ūs (ou -i), adj. O que tem tromba flexível como uma serpente, o elefante (Lucr. 2, 537).
anguinĕus, -a, -um, v. **anguīnus** (Ov. Trist. 4, 7, 12).
anguīnum, -i, subs. n. Ôvo de cobra (Plín. H. Nat. 29, 52).
anguīnus, -a, -um, adj. Angüíno, de serpente, semelhante à cobra, à serpente (Catul. 64, 193).
anguĭpēs, -ĕdis, subs. m. Angüípede, o que tem pés tortos, terminados como a cauda de serpente (Ov. Met. 1, 184).
anguis, -is, subs. m. e f. 1) Cobra, serpente (Cíc. Verr. 5, 124). O Dragão (constelação) (Verg. G. 1, 244). 3) O Serpentário (constelação) (Ov. Met. 8, 182). Obs.: Palavra rara na prosa, algumas vêzes é feminina (Cíc. Nat. 1, 101).
anguitĕnens, -tis, subs. m. A constelação do Serpentário (Cíc. Nat. 2, 108).
angulāris, -e, adj. Que tem cantos, ângulos, angular (Cat. Agr. 14, 1).
angulātus, -a, -um, adj. Que tem ângulos, anguloso (Cíc. Nat. 1, 66).
angŭlus, -i, subs. m. I — Sent. próprio: 1) Canto (de uma sala) (Petr. Sat. 29). Daí: 2) Ângulo (Cés. B. Gal. 5, 13, 1). 3) Recinto, lugar retirado (Cíc. Cat. 2, 8). II — Sent. figurado: 4) Quarto de estudo, sala de escola (Cíc. De Or. 1, 57).
angūstē, adv. I — Sent. próprio: 1) Estreitamente, apertadamente, de modo apertado (Cés. B. Civ. 3, 45, 1). II — Sent. figurado: 2) De modo limitado, restrito, acanhadamente, de modo mesquinho, escassamente (Cíc. Br. 233). Na língua retórica: 3) Concisamente, laconicamente (Cíc. Or. 117).

ANGUSTĬA — 75 — **ANIMADVĔRTŎ**

angustĭa,- ae, subs. f. (raro), **angustĭae, -ārum**, pl. (comum). I — Sent. próprio: 1) Espaço apertado, estreiteza, desfiladeiro (Cíc. Fam. 2, 10, 2). Referindo-se ao tempo: 2) Brevidade, curta duração (Cíc. Verr. 1, 148). II — Sent. figurado: 3) Dificuldades, apuros, precariedade (Cés. B. Civ. 2, 17, 3). 4) Angústia, aflição (Cíc. Nat. 1, 88). Obs.: O sing. é muito raro, dêle só aparecendo um exemplo em Cícero.

angusticlăvĭus, -ĭ, subs. m. Angusticlávio, o que usa uma banda estreita de púrpura na túnica, tribuno da plebe (Suet. Ot. 10).

angūstŏ, -ās, -āre, -āvī, -ātum, v. tr. Sent. próprio e figurado: 1) Tornar estreito, estreitar, apertar (Catul. 64, 359); (Cíc. Rep. 6, 21). Daí: 2) Restringir, reduzir (Sên. Tranq. 8, 9).

angūstum, -ĭ, subs. n. e **angūsta, -ōrum**, n. pl. I — Sent. próprio: 1) Espaço estreito (T. Liv. 27, 46, 2). II — Sent. figurado: 2) Situação crítica ou difícil, perigo: **res in angusto est** (Cés. B. Gal. 2, 25, 1) «o negócio está em situação crítica». Na língua poética: 3) **Angūsta** (n. pl.): estreiteza (Verg. En. 2, 332).

angūstus, -a, -um, adj. I — Sent. próprio: 1) Estreito, apertado (Cés. B. Civ. 2, 25, 1). Daí, referindo-se ao tempo. 2) De curta duração, curto, restrito (Cés. B. Civ. 3, 43, 2). II — Sent. figurado: 3) Limitado, acanhado, mesquinho (Cíc. Fin. 1, 61). Na língua retórica: 4) Sêco, sutil (Cíc. Or. 187).

anhēlans, -āntis, part. pres. de **anhēlo**, tomado adjetivamente: anelante, esbaforido, ofegante (Verg. En. 10, 837).

anhēlātus, -a, -um, part. pass. de **anhēlo**.

anhēlĭtus, -ūs, subs. m. I — Sent. próprio: 1) Sôpro, suspiro, respiração dificultosa (Sên. Ep. 30, 14). Daí: 2) Exalação (Cíc. Div. 1, 115).

anhēlŏ, -ās, -āre, -āvī, -ātum, v. intr. I — Sent. próprio: 1) Respirar com dificuldade, estar ofegante, anelar, arquejar (Verg. En. 5, 425). Daí, passou a ser empregado transitivamente com o sentido de: 2) Exalar, respirar, exalar vapôres (Cíc. De Or. 3, 41). II — Sent. figurado: 3) Respirar (Cíc. Cat. 2, 1).

anhēlus, -a, -um, adj. I — Sent. próprio: 1) Anelante, ofegante (Verg. G. 2, 135). Daí: 2) Que resfalfa, que torna ofegante (Verg. G. 3, 496).

Anĭcātus, -ĭ, subs. pr. m. Anicato, nome de um liberto de Ático (Cíc. At. 2, 20, 1).

Anĭcētus, -ĭ, subs. pr. m. Aniceto, liberto da família Cláudia nomeado comandante da esquadra de Miseno, encarregado da execução de Agripina (Tác. An. 14, 3).

Anĭcĭus, -ĭ, subs. pr. m. Anício ou Anísio, nome de família romana (Cíc. Br. 287).

anĭcŭla, -ae, subs. f. Velhinha (Cíc. Div. 2, 36).

Anĭdus, -ĭ, subs. pr. m. Anido, nome de montanha da Ligúria (T Liv. 40. 38, 3).

Anĭēn, -ēnis, Anĭo, -ōnis ou **Anĭēnus, -ĭ**, subs. pr. m. Ânio, afluente do Tibre (Cíc. Br. 54).

Anĭēnsĭs, -e, adj. Aniense, do Ânio (Cíc. Planc. 54).

Anĭēnus, -a, -um, adj. Anieno, do Ânio (Verg. G. 4, 369).

Anĭgros (Anĭgrus), -ĭ, subs. pr. m. Ânigros, rio da Tessália (Ov. Met. 15, 282).

anīlis, -e, adj. I — Sent. próprio: 1) Anil, de velha (Verg. En. 7, 416). Daí: 2) À maneira de uma velha (Cíc. Tusc. 1, 93).

anīlĭtās, -tātis, subs. f. Velhice da mulher (Catul. 61, 158).

anīlĭter, adv. Ao modo de uma velha, como uma velha (Cíc. Nat. 3, 92).

anĭma, -ae, subs. f. I — Sent. próprio: 1) Sôpro, emanação, ar (Cíc. Nat. 2, 138). Daí: 2) Alma (princípio vital), sôpro vital, vida (Cíc. Tusc. 1, 19). 3) Alma dos mortos (que se escapou do corpo por ocasião do passamento), alma (em oposição ao corpo) (Cíc. Rep. 6, 3). Obs.: Gen. arc. **animai** (Lucr.); dat. — abl. pl. **animabus** (decadência).

anĭmābĭlis, -e, adj. Vivificante (Cíc. Nat. 2, 91).

anĭmadversĭŏ, -ōnis, subs. f. I — Sent. próprio: 1) Aplicação do espírito, atenção, observação (Cíc. Or. 183). Donde: 2) Censura, repreensão (Cíc. Or. 195). 3) Punição, castigo, pena (Cíc. Of. 3, 111).

anĭmadversor, -ōris, subs. m. Observador (Cíc. Of. 1, 146).

anĭmadversus, -a, -um, part. pass. de **animadverto**.

anĭmadvertī, perf. de **animadverto**.

anĭmadvertŏ, -is, -ĕre, -vertī, -versum, v. tr. I — Sent. próprio: 1) Aplicar o espírito a, prestar atenção, notar (Cíc.

Amer. 59). Daí: 2) Observar, ver, reconhecer (Cés. B. Civ. 3, 69, 3). 3) Notar, criticar, censurar, repreender, punir, (Cíc. Br. 316). Obs.: Constrói-se com obj. direto, com acus. e inf., com **ut** e com acus. com **ad** ou **in**.

animal, -ālis, subs. n. I — Sent. próprio: 1) Ser vivo, animal (geralmente referindo-se aos animais, por oposição aos homens) (Cic. Ac. 2, 37). 2) Animal (têrmo de injúria) (Cíc. Pis. 21).

animālis, -e, adj. 1) Que respira, animado: **animale genus** (Lucr. 1, 227) «a raça dos sêres vivos». 2) De ar, aéreo: **(natura) vel terrena, vel ignea, vel animalis, vel humida** (Cíc. Nat. 3, 34) «(substância) ou de terra ou de fogo, ou de ar, ou de água».

1. anĭmans, -āntis. I — Part. pres. de **anĭmo**. II — Adj.: Animado, que vive, que respira, vivente (Cíc. Nat. 2, 78).

2. anĭmans, -āntis, subs. m. f. e n. Ser vivo, animal (Cíc. Tim. 12).

animātĭō, -ōnis, subs. f. Infusão de vida, ser animado (Cíc. Tim. 35).

1. animātus, -a, -um. I — Part. pass. de **anĭmo**. II — Adj. Sen. próprio: 1) Animado (Cíc. Top. 69). Daí: 2) Disposto (bem ou mal para com alguém) (C. Nep. Cim. 2, 4).

2. animātus, -ūs, subs. m. Respiração, vida (Plín. H. Nat. 11, 7).

anĭmō, -ās, -āre, -āvī, -ātum, v. tr. I — Sen. próprio: 1) Animar, dar vida a, vivificar (Cíc. Nat. 1, 110). Donde, em língua poética: 2) Transformar (Ov. Met. 14, 566). II — Na voz passiva: 3) Ter uma disposição particular de espírito, estar disposto desta ou daquela maneira: **terrae suae solo et caelo acrius animantur** (Tác. Germ. 29) «do solo e do clima de sua terra têm uma disposição mais ardente.»

animōsē, adv. 1) Com coragem, corajosamente, com energia (Cíc. Of. 1, 92). 2) Com ardor, apaixonadamente (Sên. Ep. 73, 5).

animōsus, -a, -um, adj. I — Sent. próprio: 1) Corajoso, intrépido, ardente (Cíc. Mil. 92). Daí: 2) Magnânimo, que tem grandeza de alma (Sên. Prov. 5, 5). 3) Orgulhoso, impetuoso (Ov. Met. 6, 206). 4) Apaixonado, ardente (Tác. H. 1, 24).

animŭla, -ae, subs. f. (dim. de **anima**). Pequeno sôpro de vida, almazinha (Cíc. At. 9, 7, 1).

animŭlus, -ī, subs. m. Amiguinho, coraçãozinho (têrmo de carícia) (Plaut. Cas. 134).

anĭmus, -ī, subs. m. 1) Princípio pensante (em oposição a **corpus** e **anima**), espírito, alma (Cíc. Tusc. 1, 80). Daí: 2) Coração (como sede da coragem, do desejo, das inclinações e das paixões), vontade, desejo, ânimo (Cíc. Marc. 8). 3) Sede do pensamento, pensamento, inteligência (Cíc. De Or. 3, 67). Donde, na língua poética: 4) Caráter, condição, natureza (Verg. G. 2, 51).

anītes = **anătes**, pl. de **anas**, v. **anas**.

Anĭus, -ī, subs. pr. m. Ânio, rei e sacerdote de Delos (Verg. En. 3, 80).

Anna, -ae, subs. pr. f. Ana, irmã e confidente de Dido (Verg. En. 4, 9).

Anna Perēnna, subs. pr. f. Ana Perena, velha deusa romana, identificada por alguns com Ana, irmã de Dido (Macr. Saturn. 1, 12, 6).

Annaea, -ae, subs. pr. f. Anéia, nome de mulher (Cíc. Verr. 1, 111).

Annaeus, -ī, subs. pr. m. Aneu, nome de família romana, a que pertenciam os Sênecas e Lucano (Cíc. Verr. 3, 93).

1. annālis, -is, (subentendido: **liber**), subs. m. 1) Livro de anais (geralmente usado no plural: **annāles, -ĭum**, (Cíc. De Or. 2, 52). 2) **Annales**, subs. pr.: Os Anais, título de um poema épico de Ênio. 3) Título de uma obra de Tácito.

2. Annālis, -is, subs. pr. m. Analis, sobrenome dos Vílios (Cíc. Fam. 8, 8, 5).

annătō = **adnato**.

anne, v. **an**.

annēctō (adnēctō), -ĭs, -ĕre, -nexŭī, -nēxum, v. tr. I — Sent. próprio: 1) Ligar a, atar, unir (Cíc. Nat. 2, 136). II — Sent. figurado: 2) Ajuntar, acrescentar (Tác. An. 4, 28). Obs.: Constrói-se com **ad**, com dat. e com oração infinitiva.

Annēĭus, -ī, subs. pr. m. Aneio, nome de família romana (Cíc. Fam. 15, 4, 2).

annēllus, (anēllus), -ī, subs. m. Anelzinho (Hor. Sát. 2, 7, 8).

annexŭī, perf. de **annēcto**.

1. annēxus (adnēxus), -a, -um, part. pass. de **annēcto**.

2. annēxus (adnēxus), -ūs, subs. m. Reunião, conexão (Tác. Hist. 3, 34). Obs.: Só é usada no abl. sg.

1. Anniānus, -a, -um, adj. De Ânio (Cíc. At. 4, 3, 3).

2. Anniānus, -ī, subs. pr. m. Aniano, nome de um poeta romano (A. Gél. 6, 7).

Annĭbal, v. **Hannĭbal.**
Anŋicĕrĭi, -ōrum, subs. pr. m. pl. Anicérios, discípulos de Aníceris (Cíc. Of. 3, 116).
Annĭcĕris, -is, subs. pr. m. Aniceris, nome de um filósofo cirenáico (Lact. Inst. 3, 25, 16).
annicŭlus, -a, -um, adj. De um ano, com um ano de idade (C. Nep. At. 19, 4)
annĭfer, -fĕra, -fĕrum, adj. I — Sent. próprio: 1) Que produz (frutos) todo o ano (Plin. H. Nat. 16, 107). Donde: 2) Que se renova todos os anos (Plín. H. Nat. 19, 121).
annīsus (adnīsus), -a, -um, part. pass. de **annītor.**
annītēndus (adnītēndus), -a, -um, gerundivo de **annītor.**
annītor (adnītor), -ĕris, -tī, -nīxus ou **-nīsus sum,** v. dep. intr. I — Sent. próprio: 1) Apoiar-se em (sentido físico e moral), encostar-se a, firmar-se em (Cíc. Lae. 88). Daí: 2) Dobrar-se com esfôrço, fazer esfôrço, esforçar-se (Sal. B. Jug. 43, 4).
Annĭus, -ī, subs. pr. m. Ânio, nome de família romana, à qual pertencia, entre outros, Milão, defendido por Cícero (Cíc. Mil.).
anniversārĭus, -a, -um, adj. Que volta todos os anos, anual (Cíc. Verr. 5, 84).
annīxus (adnīxus), -a, -um, part. pass. de **annītor.**
annō = **adno.**
annōna, -ae, subs. f. I — Sent. próprio: 1) Produção do ano, colheita do ano, colheita: **vectigal ex salaria annona statuere** (T. Lív. 29, 37, 3) «estabelecer um impôsto sôbre a produção anual do sal». Donde, especialmente: 2) Colheita de trigo, provisões de trigo, provisões, víveres (Cíc. Dom. 12). II — Daí, em sent. figurado: 3) Preço alto, carestia, escassez (Cíc. Agr. 2, 80).
annōsus, -a, -um, adj. Carregado de anos, velho (Verg. En. 6, 282).
annotātor (adnotātor), -ōris, subs. m. Observador, o que espia, toma nota de (Plín. Pan. 49, 6).
annotātus (adnotātus), -a, -um, part. pass. de **annōto.**
annōtīnus, -a, -um, adj. De um ano, do último ano (Cés. B. Gal. 5, 8, 6).
annōto (adnōto), -ās, -āre, -āvī, -ātum, v. tr. I — Sent. próprio: 1) Pôr uma nota ou um sinal, anotar, tomar nota de (Quint. 1, 4, 17). Daí: 2) Notar, observar (Tác. An. 13, 35). 3) Designar, destinar (Suet. Cal. 27).
annŭī (adnŭī), perf. de **annŭo.**
annuitūrus (adnuitūrus), -a, -um, part. fut. de **annŭo.**
annulārĭus, (anulārĭus), -ī, subs. n. Fabricante de anéis (Cíc. Ac. 2, 86).
annulātus (anulātus), -a, -um, adj. Que tem ou traz anel (Plaut. Poen. 981).
annŭlus (anŭlus), -ī, subs. m. 1) Anel (do dedo) (Cíc. Of. 3, 38). 2) Anel (de cabelo), argola (de cortina), qualquer espécie de anel, anel com sinete, etc. (Marc. 2, 66); (Plín. H. Nat. 31, 62). 3) Anel de ouro (distintivo de cavaleiro romano), título de cavaleiro romano (Cíc. Verr. 3, 176).
annumerātus (adnumerātus), -a, -um, part. pass. de **annumĕro.**
annumĕrō (adnumĕro), -ās, -āre, āvī, -ātum, v. tr. Contar, contar no número de, incluir no número de, acrescentar ao número de (Cíc. Verr. 2, 144). Obs.: Constrói-se com acus., com dat. e com abl. com a prep. **in.**
annuntĭō (adnuntĭō), -ās, -āre, -āvī, -ātum, v. tr. Anunciar, fazer saber, relatar (Sên. Vit. 28).
annŭō (adnŭō), -ĭs, -ĕre, -nŭī, -nūtum, v. intr. I — Sent. próprio: 1) Conceder por um sinal de cabeça, fazer um sinal, aprovar com um movimento de cabeça, aprovar, consentir (Cíc. Cat. 3, 10). II — Daí: 2) Afirmar, confessar, designar por um sinal, perguntar por um sinal (Cíc. Quinct. 18). Obs.: Constrói-se absolutamente, com dat., com acus. e com or. interrogativa.
annus -ī, subs. m. I — Sent. próprio: 1) Ano (Cíc. C.M. 24). II — Daí, na língua rústica: 2) Produção de um ano, colheita: **nec arare terram aut expectare annum** (Tác. Germ. 14) «nem arar a terra nem esperar a colheita (do ano)». No sent. poético: 3) Estação (das colheitas), outono (Verg. Buc. 2, 57).
annūtō (adnūtō), -ās, -āre, v. intr. Fazer sinal afirmativo com a cabeça, consentir (Plaut. Merc. 437).
annŭum, -ī, subs. n. (mais freqüentemente: **annŭa, -ōrum**). Salário de um ano, rendimento anual, pensão (Sên. Ben. 1, 9, 4).
annŭus, -a, -um, adj. 1) Que dura um ano, de um ano, anual, ânuo (Cíc. Sest. 137). 2) Que volta cada ano (Cíc. Inv. 1, 34).

anōmalĭa, -ae, subs. f. Anomalia, irregularidade (Varr. L. Lat. 9); (A. Gél. 2 25, 1).

Anquillărĭa, -ae, subs. pr. f. Anquilária, cidade da costa da África (Cés. B. Cív. 2, 23, 1).

anquīrō, -is, -ĕre, -quīsīvī, -quīsītum, v. tr. I — Sent. próprio: 1) Procurar com cuidado, examinar, procurar (Cíc. Of. 1, 11). II — Daí, na língua jurídica: 2) Fazer uma investigação judicial, processar, acusar, perseguir (T. Lív. 6, 20, 12). Obs.: Constrói-se com abl., com a prep. **de,** com gen. ou abl. (de crime). As formas derivadas do perfeito são sempre sincopadas: **anquīsissent** (T. Lív. 2, 52, 5).

anquīsīvī, perf. de **anquīrō.**

ansa, -ae subs. f. I — Sent. próprio: 1) Asa, cabo (Verg. Buc. 3, 45). II — Sent. figurado: 2) Ocasião, oportunidade (Cíc. Lae. 59).

ansātus, -a, -um, adj. I — Sent. próprio: 1) Provido de asas (Varr. L. Lat. 5, 121). II — Sent. figurado: 2) Com as mãos nas cadeiras (Plaut. Pers. 308).

1. anser, -ĕris, subs. m. Pato, ganso (no fem. a fêmea do pato, pata) (Cíc. Amer. 56).

2. Anser, -ĕris, subs. pr. m. Ânser. 1) Amigo de Antônio (Cíc. Phil. 13, 11). 2) Poeta latino (Ov. Trist. 2, 435).

Antaeus, -ī, subs. pr. m. Anteu, gigante filho de Posseidon e de Gaia, morto por Hércules (Ov. Met. 9, 184).

Antandrĭus, -a, -um, adj. De Antandro (Cíc. Q. Fr. 1, 2, 4).

Antāndros (-ūs), -ī, subs. pr. f. Antandro, cidade da Mísia (Plín. H. Nat. 5, 123).

1. ante, prep. de acus. 1) Diante de, na presença de, perante (idéia de lugar): **ante oppidum considere** (Cés. B. Gal. 7, 79, 4) «tomar posição diante da cidadela». 2) Antes de (idéia de tempo): **ante primam confectam vigiliam** (Cés. B. Gal. 7, 3, 3) «antes de terminada a primeira vigília.» Em abreviatura: **a.d. — ante dicm.** 3) Mais que (idéia de superioridade, em estilo poético): **scelere ante alios immanior omnes** (Verg. En. 1, 347) «o mais monstruoso celerado de todos os outros.» Obs.: Às vêzes, nos poetas, vem posposta à palavra com a qual está construída (Lucr. 3, 67); (Ov. F. 1. 503).

2. ante, adv. I — Sent. local: 1) Diante, adiante, antes (Cíc. Ac. 2, 125). II — Sent. temporal: 2) Dantes, anteriormente, antes (Cíc. Tusc. 1, 99); (Cés. B. Cív. 3, 105, 2).

antĕā, adv. Até agora, até então, antes (Cíc. Pomp. 13). Obs.: Seguido de **quam** significa: «antes que» (Cíc. Dej. 30).

anteāctus, -a, -um, part. pass. de **anteăgo.**

anteăgō (= **ante ago**), **-is, -ĕre,** v. tr. Conduzir adiante, à frente.

anteambŭlō, -ōnis, subs. m. Anteâmbulo, escravo que vai na frente do senhor (batedor) (Marc. 2, 18, 5).

anteāquam, adv. Antes que (Cíc. Dej. 30).

Antecănem, subs. pr. indecl. Prócion, constelação antes da Canícula (Cíc. Nat. 2, 114).

antecapĭō, -is, -ĕre, -cēpī, -cāptum (-cēptum), v. tr. 1) Tomar antes, obter antes, receber antes, antecipar, preceder (Sal. B. Jug 50, 1). 2) Antecipar, preceder (Sal. C. Cat. 55, 1).

antecāptus, -a, -um, part. pass. de **antecapĭo.**

antecēdens, -ēntis. I — Part. pres. de **antecēdo.** II — Adj.: 1) Antecedente, precedente, anterior (Cíc. Fat. 24). III — Substantivamente (neutro e em oposição a **consequens**): 2) Antecedente (Cíc. Top. 88). Obs.: Freqüentemente usado no plural: os antecedentes (Cíc. Top. 53).

antecēdō, -is, -ĕre, -cēssī, -cēssum, v. intr. e tr. I — Sent. próprio: A) Intr.: 1) Caminhar na frente, marchar na frente, anteceder, preceder (Cíc. Phil. 2, 58). B) Tr.: 2) Preceder (no tempo ou no espaço) (Cés. B. Gal. 4, 11, 2). 3) Chegar na frente, anteceder (Cés. B. Cív. 3, 75, 3). II — Sent. figurado: 4) Exceder (sentido físico e moral), ultrapassar, levar vantagem (Cés. B. Gal. 3, 8, 1). Obs.: Constrói-se com dat., acus., abl. e absolutamente.

antecēllō, -is, -ĕre, v. intr. e tr. (Só é usado na comparação). Elevar-se acima dos demais, distinguir-se, ultrapassar, exceder, ser superior. A) Intr. (Cíc. Mur. 24). B) Tr. (Tác. An. 14, 55, período imperial). Obs.: Constrói-se com dat. (Cíc. Of. 1, 107), com acus. e com abl. de relação.

antecēpī, perf. de **antecapĭo.**

antecēptus = **antecāptus, -a, -um,** part. pass. de **antecapĭo.**

antecēssī, perf. de **antecēdo.**

antecessĭō, -ōnis, subs. f. 1) Antecedência, precedência (Cíc. Tim. 37). 2) Antecedente, fato que precede (Cíc. Of. 1, 11).
antecēssor, -ōris, subs. m. 1) Batedor (Suet. Vit. 17, 2). 2) Predecessor, precursor, antecessor (Apul. Fl. 9); (Lact. Inst. 2, 8, 5).
1. **antecēssus, -a, -um**, part. pass. de **antecēdo**.
2. **antecēssus, -ūs**, subs. m. Antecipação (Sên. Ben. 4, 42, 4).
antecūrsor, -ōris, subs. m. Guarda avançada, explorador, batedor (no pl.) (Cés. B. Gal. 5, 47, 1).
anteĕō, -ĭs, -īre, antĕī (antĭī) ou anteīvī (antīvī), anteĭtum (antītum), v. intr. e tr. A) Intr.: I — Sent. próprio: 1) Ir na frente, adiante, preceder (Cíc. Agr. 2, 93). II — Daí, em sent. figurado: 2) Ultrapassar, exceder (Cíc. Lae. 69). B) Tr.: 1) Preceder alguém (Hor. O. 1, 25, 19). 2) Antecipar, prevenir (Tác. An 5, 6). Obs.: Os prosadores e poetas da época imperial usam o prevérbio na forma sincopada: **ant**: **anteat** (Ov. Am. 2, 276), **antissent** (Tác. An. 3, 69).
antefĕrō, -fers, -fērre, antetŭlī, antelātum, v. tr. 1) Levar adiante (Cés. B. Civ. 3, 106, 4). 2) Preferir (Cíc. Or. 23).
antefixa, -ōrum, subs. n. pl. Antefixa, pequenas figuras decorativas colocadas verticalmente à frente das telhas, no vértice e nas beiras dos telhados, e que serviam também de goteira (T. Lív. 34, 44).
antefixus, -a, -um, part. pass. do desusado **antefīgo**, tomado adjetivamente: antefixo, pregado diante, na frente (Tác. An. 1, 61).
antegredĭor, -ĕris, -grĕdī, -grĕssus sum, v. dep. tr. Caminhar adiante, marchar na frente, ir antes, preceder (sent. próprio e figurado) (Cíc. Nat. 2, 53).
antegrēssus, -a, -um, part. pass. de **antegredĭor**.
antehabĕō, -ēs, -ēre, v. tr. Preferir (Tác. An. 1, 58).
antĕhāc, adv. Até agora, anteriormente (Cíc. Fam. 12, 23, 3).
Antēĭus, -ī, subs. pr. m. Anteio, nome de homem (Tác. An. 2 6).
anteĭī ou **antīī**, perf. de **anteĕō**.
anteīvī ou **antīvī**, perf. de **anteĕō**.
antelātus, -a, -um, part. pass. de **antefĕro**.

antelogĭum, -ī, subs. n. Prólogo (Plaut. Men. 13).
antelūcānum, -ī, subs. n. Aurora (Sên. Ep. 122, 1).
antelūcānus, -a, -um, adj. Antes de amanhecer, até amanhecer, matinal (Cíc. Cat. 2, 22).
antemerīdĭānus, -a, -um, adj. Que é antes do meio-dia, matinal (Cíc. De Or. 3, 22).
antemīsī, perf. de **antemīttō**.
antemīssus, -a, -um, part. pass. de **antemīttō**.
antemīttō, -is, -ĕre, -mīsī, -mīssum, v. tr. Mandar adiante, enviar antes Obs.: A melhor forma é **ante mitto**.
1. **antēmna, -ae**, subs. f. Antena (de um navio) (Cés. B. Gal. 3, 14, 6).
2. **Antēmna, -ae, e Antēmnae, -ārum**, subs. pr. f. Antena ou Antenas, cidade dos sabinos, no Lácio antigo (Varr. L. Lat. 5, 28).
antēnna, v. **antēmna**.
Antēnor, -ŏris, subs. pr. m. Antenor, um dos chefes troianos, amigo de Príamo (Ov. Met. 13, 201).
Antenorĕus, -a, -um, adj. De Antenor, relativo a Antenor (Marc. 1, 77).
Antenorĭdes, -ae, subs. m. Descendente de Antenor (Verg. En. 6, 484).
anteoccupātĭō, -ōnis, (melhor: **ante occupatĭō**), subs. f. Antecipação, ato de antecipar uma objeção, anteocupação (Cíc. De Or. 3, 205).
antepārta, -orum, subs. n. pl. Bens adquiridos antes (Plaut. Trin. 643).
antĕpēs, -pĕdis, subs. m. Pé da frente (Cíc. Arat. 454).
antepĭlānus, -ī, sub. m. Antepilano, soldado das primeiras linhas (T. Lív. 8, 8, 7).
antepollĕō, -ēs, -ēre, v. tr. Ultrapassar (Apul. Met. 7, 5).
antepōnō, -is, -ĕre, -posŭī, -posĭtum, v. tr. I — Sent. próprio: 1) Pôr adiante, antepor (Tác. An. 15, 32). II — Sent. figurado: 2) Preferir, dar preferência a (Cíc. Br. 68).
antepositus, -a, -um, part. pass. de **antepōno**.
anteposŭī, perf. de **antepōno**.
antepŏtens, -ēntis. — Adj.: mais poderoso, superior, antepotente (Plaut. Trin. 1116).
antĕquam (ou **ante quam**), conj. Antes que (Cíc. Mur. 2). Obs.: Constrói-se com indicativo e subjuntivo. Com indicativo indica uma simples relação tem-

poral, enquanto que com o subjuntivo indica ainda certos matizes lógicos ou estilísticos.

Antĕrōs, -ōtis, subs. pr. m. Antero. 1) Irmão e companheiro de Eros, deus do amor correspondido (Cíc. Nat. 3, 60). 2) Escravo de Ático (Cíc. At. 9, 14, 3).

antēs, -ĭum, subs. m. 1) Fileiras (de cepas de vinha) (Verg. G. 2, 417). 2) Canteiros (de plantas, flôres) (Col. 10, 376).

antesignānus, -ī, subs. m. I — Sent. próprio: 1) Antessignano, soldado que combate diante das insígnias, soldado da primeira linha (T. Lív. 22, 5, 7). 2) Antessignanos, soldados que combatiam diante das insígnias ou bandeiras cuja defesa lhes era confiada (no pl.) (Cés. B. Civ. 1, 43, 3). II — Sent. figurado: 3) Chefe, comandante (Cíc. Phil. 2, 29).

antestātus, -a, -um, part. pass. de **antēstor**.

antēstī, perf. de **antēsto**.

antēstō (ou antīstō), -ās, -āre, -stĕtī (ou stĭtī), v. intr. I — Sent. próprio: 1) Estar à frente de, diante de, no primeiro lugar (Cíc. Rep. 3, 28). II — Sent. figurado: 2) Levar vantagem, exceder, ultrapassar (Cíc. Inv. 2, 2). Obs.: É um verbo arc. raro.

antēstor, -āris, -ārī, -ātus sum, v. dep. tr. Tomar por testemunha (Cíc. Mil. 68).

antetŭlī, perf. de **antefĕro**.

antevēnī, perf. de **antevenĭo**.

antevenĭō, -īs, -īre, -vēnī, -vēntum, v. intr. e tr. I — Sent. próprio: 1) Vir antes, chegar antes, antecipar-se (Verg. G. 3, 70). II — Sent. figurado: 2) Exceder, ser superior a, tornar-se maior, superior (com dat.) Obs.: Empregado transitivamente tem os mesmos sentidos (Sal. B. Jug. 48, 2).

antevērtī (antevŏrtī), perf. de **antevērto**.

antevērtō (antevŏrtō), -is, -ĕre, -vērtī, (-vŏrtī), -vērsum (-vŏrsum), v. intr. e tr. I — Sent. próprio: A) Intr.: 1) Ir na frente, preceder, chegar antes (Ter. Eun. 738). II — Sent. figurado: 2) Prevenir (Cíc. Mil. 45). B) Tr.: 3) Antecipar, prevenir, (Apul. Met. 1, 10). 4) Preferir (Cés. B. Gal. 7, 7, 3).

antevērtōr = antevērtō.

antevĭdĕō = ante vĭdĕo.

antevŏlō, -ās, -āre, v. tr. Passar na frente voando (Estác. Theb. 3, 427).

Anthēa, -ae, subs. pr. f. Antéia, cidade da Lacônia (Plín. H. Nat. 4, 16).

Anthēdōn, -ŏnis, subs. pr. f. Antédon, cidade da Beócia (Ov. Met. 13, 905).

Anthedonĭus, -a, -um, adj. De Antédon (Estác. Theb. 9, 291).

Anthemŭsĭa, -ae, subs. pr. f. Antemúsia, cidade da Mesopotâmia (Plín. H. Nat. 5, 86).

Anthemŭsĭas, -ădis = Anthemusĭa (Tác. An. 6, 41).

Anthemŭsĭum, -ī = Anthemusĭa (Eutr. 8, 3).

Antheūs, -ĕī ou -ĕos, subs. pr. m. Anteu, companheiro de Enéias (Verg. En. 12, 443). Obs.: Acus. sing.: **Anthea** (Verg. En. 1, 181).

Antĭās, -ātis, e Antĭātēs, -um, subs. loc. m. Os anciates, habitantes de Âncio (T. Lív. 27, 38).

Anticătō, -ōnis, e Anticatōnēs, -um, subs. pr. m. Anticatão ou Anticatões, título de dois trabalhos de César (Quint. 1, 5, 68).

anticipātĭō, -ōnis, subs. f. Conhecimento antecipado, pressentimento (Cíc. Nat. 1, 43).

anticipātus, -a, -um, part. pass. de **anticĭpo**.

anticĭpō, -ās, -āre, -āvī, -ātum, v. tr. I — Sent. próprio: 1) Tomar antecipadamente, antecipar (Varr. Men. 48). II — Sent. figurado: 2) Levar vantagem, ultrapassar (Cíc. Nat. 1, 76).

1. antĭcus, -a, -um, adj. Que está adiante, anterior (Cíc. Tim. 10).

2. antĭcus, v. **antīquus**.

Anticȳra, -ae, subs. pr. f. Antícira. 1) Nome de três cidades, célebres pela produção de eléboro (Hor. A. Poét. 300). 2) Cidade da Fócida, no gôlfo de Corinto (T. Lív. 32, 18, 4). 3) Cidade da Lócrida (T. Lív. 26, 25, 1). 4) Por sinédoque, o eléboro (que se julgava eficaz no tratamento da loucura) (Pérs. 4, 16).

antĭdĕō = antĕĕo.

antĭdŏtum, -ī, subs. m. ou n. Antídoto, contraveneno (Celso 5, 23); (A. Gél. 17, 6, 6).

Antĭgĕnēs, -is, subs. pr. m. Antígenes, nome de homem (Verg. Buc. 5, 89).

Antigenĭdās, -ae, subs. pr. m. Antigênidas, músico célebre (Cíc. Br. 187).

Antĭgŏnē, -ēs, e Antĭgŏna, -ae, subs. pr. f. Antígona, filha de Édipo e Jocasta (Prop. 2, 8, 21).

Antigonēa, -ae, subs. pr. f. Antigonéia, cidade do Epiro (T. Lív. 32, 5, 9).

Antigonēnsis, -e, adj. Antigonense, de Antigonéia (T. Lív. 43, 23).
Antigonīa, v. **Antigonēa.**
Antigŏnus, -ī, subs. pr. m. Antígono. 1) Nome de vários reis da Macedônia (Cíc. Of. 2, 48). 2) Nome de um liberto (Cíc. Fam. 13, 33).
Antilibănus, -ī, subs. pr. m. Antilíbano, cordilheira da Síria (Cíc. At. 2, 16, 2).
Antilŏchus, -ī, subs. pr. m. Antíloco, filho de Nestor (Hor. O. 2, 9, 14).
Antimăchus, -ī, subs. pr. m. Antímaco. 1) Poeta grego, cultor da elegia e da epopéia (Cíc. Br. 191). 2) Centauro (Ov. Met. 12, 460).
antinomīa, -ae, subs. f. Antinomia, oposição de duas leis (Quint. 7, 7, 1).
Antinŏus, -ī, subs. pr. m. 1) Antínoo, um dos pretendentes de Penélope (Prop. 4, 5, 8). 2) Escravo de Adriano, de rara beleza que, morrendo afogado no Nilo, o imperador fêz divinizar (Tertul. Apol. 13).
Antiochēa, v. **Antiochīa.**
Antiochēnsēs, -ium, subs. m. Antioquenses, ou antioquenos, habitantes de Antioquia (Tác. Hist. 2, 80).
Antiochēnsis, -e, adj. Do rei Antíoco, o Grande (V. Máx. 3, 7, 1).
Antiochēus, -a, -um, adj. 1) De Antíoco (o filósofo). 2) **Antiochīa** (n. pl.): opiniões de Antíoco (Cíc. Ac. 2, 115).
Antiochīa (Antiochēa), -ae, subs. pr. f. Antioquia, capital da Síria, uma das cidades mais povoadas, mais ricas e mais cultas do Oriente (Cés. B. Civ. 3, 102, 6).
Antiochīi, -ōrum, subs. m. Antíocos, discípulos do filósofo Antíoco (Cíc. Ac. 2, 70).
Antiochīnus, -a, -um, adj. Do rei Antíoco, o Grande (Cíc. Phil. 11, 7).
Antiŏchis, -idis, subs. pr. f. Nome dado ao mar Cáspio (Plín. H. Nat. 2, 167).
Antiochīus, -a, -um, v. **Antiochēus, -a, -um**
Antiŏchus, -ī, subs. pr. m. Antíoco. 1) Nome dado a vários reis da Síria (Cíc. De Or. 2, 75). 2) Nome de um filósofo acadêmico, mestre de Cícero e de Bruto (Cíc. Ac. 2, 132).
Antiŏpa, -ae, e Antiŏpē, -ēs, subs. pr. f. Antíopa. 1) Filha do tebano Nicteu, de beleza extraordinária (Prop. 3, 13, 21). 2) Espôsa de Piero, mãe das Piérides (Cíc. Nat. 3, 54).

Antipăter, -trī, subs. pr. m. Antípatro. 1) General de Alexandre, a quem êste deixou no govêrno da Macedônia, durante suas campanhas (Cíc. Of. 2, 48). 2) Nome de vários filósofos (Cíc. Tusc. 5, 107), etc.
Antipatrěa, -ae, subs. pr. f. Antipátrea, cidade da Ilíria ou da Macedônia (T. Lív. 31, 27, 2).
Antiphătēs, -ae, subs. pr. m. Antífates. 1) Rei dos Lestrigões (Hor. A. Poét. 145). 2) Filho de Sarpedonte (Verg. En. 9, 696).
Antiphĭlus, -ī, subs. pr. m. Antifilo, nome de homem (T. Lív. 33, 1).
Antĭphō, -ōnis, ou Antĭphōn, -ōntis, subs. pr. m. Antifonte, o mais antigo dos oradores áticos (Cíc. Br. 47).
antipŏdes, -um, subs. m. I — Sent. próprio: 1) Antípodas. II — Daí, em sent. figurado: 2) Pessoas que fazem da noite dia e do dia noite (Sên. Ep. 122, 2).
antiquārius, -a, -um. I — Adj. 1) Relativo à antigüidade, de antiquário. 2) Antiquário, o que gosta de antigüidades (subs. m.) (Tác. D. 21). II — subs. f. **Antiquārīa, -ae;** 3) Mulher que gosta da antigüidade (Subs. f.) (Juv. 6, 454).
antīquātus, -a, -um, part. pass. de **antīquo.**
antīquē, adv. À moda antiga (Hor. Ep. 2, 1, 66).
antīquĭtās, -tātis, subs. f. 1) Antigüidade (tempo passado) (Cíc. Br. 60). 2) Costumes antigos, caráter antigo, a antiga simplicidade (Cíc. Verr. 3, 209).
antīquĭtus, adv. 1) Desde a antigüidade (Cés. B. Gal. 6, 4, 2). 2) Na antigüidade, nos tempos antigos, antigamente (Cés. B. Gal. 2, 4, 1).
antīquō, -ās, -āre, -āvī, -ātum, v. tr. Rejeitar (uma lei, uma proposta de lei) (Cíc. Leg. 3, 38). Obs.: Muito usado na língua jurídica.
antīquus, -a, -um, adj. I — Sent. próprio: 1) Antigo, velho, passado, de outrora (Cíc. Tusc. 5, 10). II — Sent. figurado: 2) Mais importante, preferível, muito notável (no comparativo — **antiquĭor** — e no superlativo — **antiquissĭmus** — usado metafòricamente) (Cíc. Div. 1, 27). 3) **Antīqui** (m. pl.): os antigos escritores, os homens de outras eras (Cíc. Or. 218). Obs.: A forma **anticus** é também encontrável (T. Lív. 38, 17, 20).

Antissa, -ae, subs. pr. f. Antissa, cidade na costa oriental da ilha de Lesbos, destruída pelos romanos (T. Lív. 45, 31, 14).

Antissaeī, -ōrum, subs. m. pl. Antisseus, habitantes de Antissa (T. Lív. 45, 31, 14).

antīstēs, -ĭtis, subs. m. e f. 1) Antístite, pontífice, sacerdote, sacerdotisa (Cíc. Dom. 104); (T. Lív. 1, 20). 2) Mestre (Cíc. De Or. 2, 202).

Antisthĕnēs, -is, subs. pr. m. Antístenes, filósofo ateniense, contemporâneo de Sócrates e Platão, o fundador da escola cínica (Cíc. Nat. 1, 32).

antistĭta, -ae, subs. f. Sacerdotisa (Cíc. Verr. 4, 99).

Antistĭus, -ī, subs. pr. m. Antístio, nome de várias personagens romanas, entre as quais o jurisconsulto Antístio Labeão (T. Lív. 45, 17).

antistō = antēstō.

antithĕtŏn (-um), -ī, subs. n. Oposição (Pérs. 1, 86).

Antĭum, -ī, subs. pr. n. Âncio, cidade do Lácio, perto da foz do Tibre, berço de Calígula e de Nero (Cíc. At. 2, 8, 2).

antlō = anclō.

Antōnĭānae, -ārum, subs. f. pl. Discursos do orador Antônio (Cíc. Verr. 5, 32).

Antoniniānus, -a, -um, adj. De Antonino (nome de vários imperadores romanos) (Eutr. 8, 10).

Antonīnus, -ī, subs. pr. m. Antonino, nome de vários imperadores romanos.

Antōnĭus, -ī, subs. m. Antônio. 1) Marco Antônio (o orador), um dos maiores oradores de seu tempo, muito apreciado por Cícero (Cíc. Br. 139). 2) O triúnviro, neto do precedente, general e estadista romano, companheiro de lutas de César e inimigo de Cícero, que contra êle escreveu e pronunciou as célebres Filípicas (Cíc. Phil. 1, 1, etc.).

antonomasĭa, -ae, subs. f. Antonomásia, têrmo de gramática (Quint. 8, 6, 29).

Antōrēs, -ae, ou -is, subs. pr. m. Antores, companheiro de Hércules (Verg. En. 10, 177).

antrum, -ī, subs. n. Antro, gruta, caverna, cavidade (Verg. En. 5, 19).

antrŭo = amptrŭo.

Anūbis, -is (-dis), subs. pr. m. Anúbis, deus egípcio (Verg. En. 8, 698).

ānulārĭus, -a, -um, v. annularĭus.

ānulātus, v. annulātus.

ānŭlus, v. annŭlus.

1. **ānus**, -ī, subs. m. 1) Anel (Plaut. Men. 85). 2) Ânus (Cíc. Fam. 9, 22, 2). Obs.: O sentido de «anel» passou a ser atribuído ao diminutivo anŭlus.

2. **anus**, -ūs, subs. f. I — Sent. próprio: 1) Velha (Cíc. Tusc. 1, 48). Donde: 2) Velha feiticeira (Hor. Sát. 1, 9, 30). II — Como adj.: 3) Velho, velha (Suet. Ner. 11); (Catul. 68, 46).

anxī, perf. de angō.

anxĭē, adv. Sent. próprio: com ansiedade, ansiosamente, com inquietação (Sal. B. Jug. 82, 3).

anxĭĕtās, -tātis, subs. f. I — Sent. próprio: 1) Ansiedade, desassossêgo, inquietação (Cíc. Tusc. 4, 37). II — Sent. figurado: 2) Escrúpulo, preocupação escrupulosa (Tác. D. 39).

anxĭfer, -fĕra, -fĕrum, adj. Que atormenta, atormentador (Cíc. Tusc. 2, 21).

anxĭtūdō, -ĭnis, subs. f., v. anxĭĕtas. Ansiedade (Cíc. Rep. 2, 68).

anxĭus, -a, -um, adj. I — Sent. próprio: 1) Ansioso, inquieto, atormentado (Sal. B. Jug. 11, 8). Daí: 2) Penoso, angustiante, incômodo (Verg. En. 9, 88). II — Sent. figurado: 3) Sem repouso, vigilante (Sên. Brev. 12, 2).

Anxur, -ŭris, subs. pr. m. Ânxur, guerreiro rútulo (Verg. En. 10, 154).

Anxŭrās, -ātis, subs. m. De Ânxur (T. Lív. 27, 38, 4).

Anxŭrus, -ī, subs. pr. m. Ânxuro, epíteto de Júpiter, adorado em Ânxur (Verg. En. 7, 799).

Anŷtus, -ī, subs. pr. m. Ánito, um dos acusadores de Sócrates (Hor. Sát. 2, 4, 3).

Aoedē, -ēs, subs. pr. f. Aede, uma das quatro musas primitivas (Cíc. Nat. 3, 54).

Aonĭa, -ae, subs. pr. f. Aônia, nome mitológico da Beócia, derivado de Aon, filho de Netuno e antigo rei da Beócia (A. Gél. 14, 6, 4).

Aonĭdae, -um, subs. loc. m. Os aônidas, naturais da Aônia (Estác. Th. 2, 697).

Aonĭdes, -um, subs. pr. f. As Aônidas, i.é, as Musas (Ov. Met. 5, 333).

Aonĭus, -a, -um, adj. Aônio, da Aônia (Ov. Met. 3, 339).

Aŏrnos, -ī, subs. pr. m. Aornos, pântano da Campânia (Verg. En. 6, 242).

Aorsī, -ōrum, subs. loc. m. Aorsos, povo sármata (Tác. An. 12, 15).

apăge, interj. Afasta-te! fora! para trás! (Plaut. Amph. 580).

Apamēa, -ae, subs. pr. f. Apaméia, 1) Cidade da Síria, cujo nome se deriva de Apama, mulher do rei Seleuco Nicator (Cíc. Fam. 12, 12). 2) Cidade da Frígia, fundada por Antíoco III Soter, que lhe deu esta denominação tirada do nome de sua mãe Apama (Cíc. At. 5, 16).

Apamēēnsis, ou **Apamensis, -is**, adj. Apameense, da cidade de Apaméia (Frígia) (Cíc. At. 5, 21, 9).

Apamīa, -ae, v. **Apemēa**.

Apelaurus, -ī, subs. pr. m. Apelauro, cidade ou cantão da Arcádia (T. Lív. 33, 14).

apeliōtēs ou **aphēliōtēs, -ae**, subs. m. Vento leste (Plín. H. Nat. 2, 119); (Catul. 26, 3).

Apēlla, -ae, subs. pr. m. Apela, 1) Nome de um liberto (Cíc. Fam. 7, 25, 2). 2) Nome de um judeu (Hor. Sát. 1, 5, 100).

Apēllēs, -is, subs. pr. m. Apeles, o maior pintor da antigüidade nascido na Jônia (Cíc. Br. 70).

Appellēus, -a, -um, adj. De Apeles (Marc. 7, 83).

Apennīnus, -ī, v. **Appennīnus**.

1. aper, -prī, subs. m. 1) Javali (Cíc. Verr. 4, 95). 2) Espécie de peixe (Plín. H. Nat. 11, 267).

2. Aper, -prī, subs. pr. m. Áper (nome de um dos interlocutores do «Diálogo dos Oradores» de Tácito).

Aperantĭa, -ae, subs. pr. f. Aperância, pequena província da Tessália (T. Lív. 36, 33).

Aperantī, -ōrum, subs. loc. m. Aperantos, habitantes de Aperância (T. Lív. 43, 22, 11).

aperībo, fut. imperf. arc. de **aperĭo** (Plaut. Truc. 763).

aperĭō, -īs, -īre, -perŭī, -pērtum, v. tr. I — Sent. próprio: 1) Abrir: **alicui portas aperire** (Cíc. Phil. 3, 32) «abrir para alguém as portas da cidade». Donde: 2) Descobrir (sentido físico e moral), mostrar, desvendar: **caput, partes corporis aperire** (Cíc. Phil. 2, 77) «descobrir a cabeça e as partes do corpo». 3) Abrir, fender, furar, cavar, escavar (T. Lív. 1, 55, 2). 4) Abrir-se (refl.) (Cíc. Div. 1, 74). II — Sent. figurado: 5) Expor, mostrar, esclarecer, explicar (Cíc. Fin. 4, 67). 6) Na língua das finanças: abrir um crédito (Cíc. At. 5, 1, 2).

apērtē, adv. Abertamente, pùblicamente, com clareza, às claras (Cíc. Cat. 1, 12); (Cíc. Com. 43).

apērtō, -as, -āre, v. tr. freq. Abrir, descobrir (Plaut. Men. 910).

apērtum, -ī, subs. n. I — Sent. próprio: 1) Lugar descoberto, planície (T. Lív. 23, 46, 10). Daí: 2) Ao ar livre (T. Lív. 43, 18, 8). II — Sent. figurado: 3) Abertamente, às claras: **in aperto esse** (Tác. Hist. 4, 4) «estar às claras».

apērtus, -a, -um. A) Part. pass. de **aperio**. B) Adj. I — Sent. próprio: 1) Aberto (Cíc. Amer. 65). 2) Descoberto, nu (Cés. B. Civ. 1, 71, 1). II — Sent. figurado: 3) Sereno, claro, manifesto (Cíc. Div. 1, 2). 4) Aberto, livre (Cíc. Phil. 14, 17). 5) Franco, sincero, leal (Cíc. Of. 3, 57). 6) Sent. pejorativo: sem caráter, descarado, impudente (Cíc. Clu. 48). Na língua militar: 7) Declarado (Cíc. Dom. 29). 8) Descoberto, sem defesa (Cés. B. Gal. 7, 50, 1). Obs.: Note-se a expressão **apertum est** (Cíc. Fin. 5, 34) «é claro que».

aperŭī, perf. de **aperĭo**.

Apēs, v. **apis** 1.

apex, -ĭcis, subs. m. 1) Ponta, cimo (sent. próprio e figurado): auge, fastígio, ápice ou apex (Verg. En. 4, 246). 2) Parte superior do barrete dos flâmines (pequena vara envolvida em lã; em seguida passou a designar o próprio barrete, tiara, mitra, coroa real) (T. Lív. 6, 41, 9); (Cíc. Leg. 1, 4). 3) Crista, penacho (Verg. En. 10, 270). 4) Língua de fogo (poético) (Verg. En. 2, 682). Sent. figurado: 5) Embelezamento, sutileza (Cíc. C. M. 60).

Apharēus, -ī, subs. pr. m. Afareu, nome de um centauro (Ov. Met. 12, 341).

aphēliōtēs, v. **apeliōtes**.

Aphĭdas, -ae, subs. pr. m. Afidas, nome de um centauro (Ov. Met. 12, 317).

Aphĭdna, -ae, subs. pr. f. Afidna, nome de um demo da Ática (Ov. F. 5, 708).

aphrāctus, -ī, subs. f. ou **aphrāctum, -ī**, subs. n. Navio sem coberta (Cíc. At. 6, 8, 4).

Aphrodīsĭa, -ōrum, subs. pr. n. Afrodísias, festas em honra de Vênus (Plaut. Poen. 191).

Aphrodīsĭas, -ădis, subs. pr. f. Afrodisíade: 1) Cidade da Cilícia (T. Lív. 33, 20, 4). 2) Cidade e promontório da Cária (T. Lív. 37, 21, 5).

Aphrodīsĭum, -ī, subs. pr. n. Afrodísio, cidade do Lácio, onde havia um templo de Afrodite (Plín. H. Nat. 3, 57).

apicātus, -a, -um, adj. Coberto com o barrete dos flâmines (Ov. F. 3, 397).
Apicius, -i, subs. pr. m. Apício, nome de um gastrônomo célebre (Tác. An. 4, 1).
apicŭla, -ae, subs. f. (dim. de apis) Pequena abelha, abelha (Plín. H. Nat 7, 85).
Apidănus, -i, subs. pr. m. Apídano, rio da Tessália (Ov. Met. 1, 580).
apīnae, -ārum, subs. f. pl. Ninharias (Marc. 1, 113).
Apiŏlae, -ārum, subs. pr. f. pl. Apíolas, cidade do Lácio (T. Lív. 1, 35, 7).
Apiōn, -ōnis, subs. pr. m. Apião. 1) Retor do tempo de Tibério (Plín. H. Nat. 30, 18). 2) Sobrenome de um Ptolomeu, rei de Cirene (Cíc. Agr. 2, 51).
1. apis, -is, subs., f. Abelha (Cíc. Tusc. 2, 52). Obs.: Geralmente usado no plural: **apes, apĭum** ou **apum.**
2. Apis, -is, subs. pr. m. O boi Ápis, adorado no Egito (Cíc. Nat. 1, 82).
apīscor, -ĕris, -pīscī, aptus sum, v. dep. tr. incoat. I — Sent. próprio: 1) Atingir, alcançar (Cíc. At. 8, 14, 3). II — Sent. figurado: 2) Obter, alcançar, adquirir (Cíc. Leg. 1, 52). 3) Alcançar pela inteligência, compreender (Lucr. 1, 488). 4) Atacar (tratando-se de doença) (Lucr. 6, 1235).
apĭum, gen., v. **apis 1.**
aplūstre, -is, subs. n. Aplustres, ornatos da pôpa de um navio (Juv. 10, 136). Obs.: Geralmente é usado no plural: **aplustria, -ium** é **aplustra, -ōrum.**
apoclētī, -ōrum, subs. m. Apocletos (magistrados da Etólia) (T. Lív. 35, 34, 2).
Apocolocynthōsis, -is, subs. pr. f. Apocolocintose, título de uma sátira de Sêneca, para expor Cláudio ao ridículo (a metamorfose em abóbora).
Apodŏtī, -ōrum, subs. loc. m. Apódotos, povo da Etólia (T. Lív. 32, 34).
apodytērĭum, -ī, subs. n. Apoditério, vestiário de um balneário (Cíc. Q. Fr. 3, 1, 3).
Apollĭnāre, -is, subs. n. Lugar consagrado a Apolo (T. Lív. 3, 63, 7).
Apollināris, -e, adj. De Apolo, apolinar (Cíc. At. 2, 19).
Apollinĕus, -a, -um, adj. De Apolo, apolíneo (Ov. Met. 13, 631).
Apōllō, -ĭnis, subs. pr. m. Apolo, filho de Júpiter e Latona, e irmão de Ártemis, a Diana dos romanos (Cíc. Tusc. 1, 114). Obs.: Dat. **Apollonī** (T. Lív. 29, 10, 6); gen. pl. **Apollinum** (Cíc. Nat. 3, 67).

Apollodōrus, -ī, subs. pr. m. Apolodoro. 1) Filósofo grego de Atenas (Cíc. Nat. 1, 93). 2) Retor de Pérgamo, professor do futuro Augusto (Suet. Aug. 80). 3) Gramático ateniense (Cíc. At. 12, 23, 2).
Apollōnĭa, -ae, subs. pr. f. Apolônia, nome de várias cidades (Cíc. Phil. 11, 26).
Apolloniātae, -ārum, subs. loc. m. pl. Apoloniatas, habitantes de Apolônia (Cíc. Pis. 86).
Apolloniātēs, -ae, subs. m. Nativo da Apolônia (Cíc. Nat. 1, 29).
Apolloniēnsis, -e, adj. Apoloniense, da Apolônia (Cíc. Verr. 3, 103).
Apollōnis, -ĭdis, subs. pr. f. Apolônide, cidade da Lídia (Cíc. Flac. 51).
Apollōnĭus, -ī, subs. pr. m. Apolônio, nome de várias personagens gregas: 1) Apolônio de Alabanda, retor (Cíc. De Or. 1, 75). 2) Apolônio Molão, também de Alabanda, mas estabelecido em Rodes. Foi o mestre de retórica de Cícero (Cíc. Br. 307). 3) Apolônio de Rodes, autor das «Argonáuticas» (Quint. 10, 1, 87).
apolŏgō, -ās, -āre, v. tr. Rebater, rejeitar, recusar (Sên. Ep. 47, 9).
apolŏgus, -ī, subs. m. Apólogo, fábula (Cíc. De Or. 2, 264).
apoproēgmĕna, -ōrum, subs. n. pl. Aquilo que se deve rejeitar (na moral estóica) (Cíc. Fin. 3, 15).
aposiōpēsis, -is, subs. f. Aposiopese, reticência, figura de retórica (Quint. 9, 2, 54).
apostrŏphē, -ēs, ou **apostrŏpha, -ae,** subs. f. Apóstrofe, figura de retórica (Quint. 4, 1, 69).
apothēca, -ae, subs. f. 1) Lugar onde se guardam os comestíveis, despensa (Cíc. Vat. 12). 2) Celeiro, adega (Cíc. Phil. 2, 67); (Hor. Sát. 2, 5, 7).
apparātē, adv. Com aparato, suntuosamente (Cíc. At. 13, 52, 1).
apparātĭō, -ōnis, subs. f. I — Sent. próprio: 1) Preparação, preparativo (Cíc. Of. 2, 56). II — Sent. figurado: 2) Suntuosidade, aparato (falando-se do trabalho do orador) (Cíc. Inv. 1, 25).
1. apparātus, -a, -um. A) Part. pas. de **appăro.** B) Adj. I — Sent. próprio: 1) Preparado, pronto. Donde: 2) Provido, guarnecido (Cíc. Inv. 1, 58). II — Sent. figurado: 3) Suntuoso, magnificente (Cíc. Sest. 116).
2. apparātus, -ūs, subs. m. I — Sent. próprio: 1) Preparação, preparativo (Cíc.

Phil. 5, 30). Daí: 2) Petrechos, aparelhos (máquinas, instrumentos, equipagem, tropas, etc.) (C. Nep. Eum. 5, 7). II — Sent. figurado: 3) Suntuosidade, pompa, aparato (Cíc. Phil. 2, 101). Na língua retórica: 4) Pompa de estilo (Cíc. De Or. 1, 229).

appărĕō (adpărĕo), -ēs, -ēre, -parŭī, -parĭtum, v. intr. 1) Aparecer, estar à vista, mostrar-se (Cíc. At. 16, 2, 4). 2) Ser visível (sent. físico e moral), ser evidente, estar claro (Cíc. Caec. 76). 3) Impes.: É claro, é manifesto, é evidente (Cíc. Mil. 54). 4) Estar junto de alguma pessoa para servir, estar pronto para obedecer, estar a serviço de (T. Lív. 2, 55, 3). Obs.: Constrói-se com dat., com acus. e com infinito. Com oração infinitiva é construção rara, que ocorre em Cícero (Fin. 3, 23).

appărĭō, -is, -ĕre, v. tr. Obter, adquirir (Lucr. 2, 1110).

appārĭtĭō, -ōnis, subs. f. 1) Serviço (prestado a um magistrado), função, cargo (Cíc. Fam. 13, 54). 2) Serviçal (Cíc. Q. Fr. 1, 1, 12).

appārĭtor, -ōris, subs. m. Funcionário subalterno (ordenança, litor, secretário, intérprete, etc.) ao serviço de um magistrado (Cíc. Verr. 3, 86).

appărō (adpărō), -ās, -āre, -āvī, -ātum, v. tr. 1) Preparar, fazer preparativos, aprestar (Cíc. Verr. 4, 44); (Cíc. Phil. 10, 7). 2) Preparar-se, equipar, dispor (tratando-se de guerra) (Cíc. Pomp. 35). Obs.: Constrói-se intransitivamente, com acus. com as preposições ad e in, com inf. e com ut.

appărŭī, perf. de appărĕo.

appellāssis = appellavĕris (Ter. Phorm. 742).

appellātĭō, -ōnis, subs. f. 1) Ação de dirigir a palavra, apêlo (Cés. B. Civ. 2, 28, 2). 2) Nome, denominação (Cíc. Dom. 129). 3) Pronúncia (Cíc. Br. 259).

appellātor, -ōris, subs. m. O que apela, apelante (Cíc. Verr. 4, 146).

appellātus, -a, -um, part. pass. de appēllo.

appellĭtātus, -a, -um, part. pass. de appellĭto.

appellĭtō, -ās, -āre, -āvī, -ātum, v. tr. freq. Chamar muitas vêzes, estar habituado a chamar por (Tác. An. 4, 65). Obs.: Verbo raro, usado apenas no império.

1. appēllō (adpēllō), -ās, -āre, -āvī, -ātum. v. tr. I — Sent. próprio: 1) Chamar, dirigir-se a, dirigir a palavra a (Cíc.

Phil. 13, 4). Daí: 2) Dirigir-se a alguém com um pedido, solicitar, recorrer a, suplicar, invocar (Cíc. Amer. 77). Donde: 3) Nomear, proclamar, mencionar, tomar por testemunha (Cíc. Lae. 6). Na língua jurídica: 4) Apelar, recorrer (a um tribunal). 5) Demandar, litigar, (Cic. Dej. 3). Na língua retórica: 6) Pronunciar (Cíc. Br. 133).

2. appēllō (adpēllō), -is, -ēre, appŭlī, appŭlsum, v. tr. 1) Impelir para, dirigir para, fazer chegar a (Cés. B. Civ. 1, 26, 1). Daí: 2) Aproximar-se, e na língua náutica: aportar, arribar (Cíc. Phil. 2, 26); (Cés. B. Civ. 2, 43, 1). Obs.: Constrói-se com ac. com ad ou in, com dat. ou intransitivamente.

appēndī, perf. de appēndo.

appendicŭla, -ae, subs. f. Acessório, corolário, pequeno apêndice (Cíc. Rab. Post. 8).

appēndix, -ĭcis, subs. f. 1) O que pende (Apul. Met. 8, 22). 2) Apêndice, suplemento, acessório (T. Lív. 9, 41, 16).

appēndō (adpēndō), -is, -ĕre, -pēndī, -pēnsum, v. tr. Suspender a, suspender; donde: pesar (sent. próprio e figurado) (Cíc. Verr. 4, 56); (Cíc. De Or. 14). Obs.: O sentido próprio de suspender só aparece na decadência.

Appennīnicŏla, -ae, subs. loc. m. e f. Apenínicola, habitante dos Apeninos (Verg. En. 11, 700).

Appennīnigĕna, -ae, subs. loc. m. e f. Apenínigena, nascido nos Apeninos (Ov. Met. 15, 432).

Appennīnus, -ī, subs. pr. m. Os Apeninos, cadeia de montanhas que atravessa diagonalmente a Itália (Cíc. Cat. 2, 23).

appēnsus (adpēnsus), part. pass. de appēndo.

appĕtens (adpĕtens), -ēntis. A) Part. pres. de appĕto. B) Adj.: Ávido, desejoso, ambicioso, avarento (Cíc. De Or. 2, 182). Obs.: Constrói-se com gen.

appetēnter (adpetēnter), adv. Com avidez, avidamente, com sofreguidão (Cíc. Of. 1, 33).

appetentĭa, -ae, (adpetentĭa), subs. f. Apetite, desejo, vontade, paixão (Cíc. Rep. 1, 2).

appetĭī (adpetĭī), perf. de appĕto.

appetītĭō (adpetitĭō), -ōnis, subs. f. I — Sent. próprio. 1) Ação de procurar alcançar; desejo (Cíc. Of. 1, 13). II — Sent. figurado: 2) Cobiça (Cíc. Of. 3, 30). 3) Apetite (Cíc. Fin. 3, 23).

APPETĪTUS — 86 — **APPOSĬTĒ**

1. **appetītus** (adpetītus), -a, -um, part. pass. de **appĕto**.
2. **appetītus** (adpetītus), -ūs, subs. m. 1) Apetite (sent. próprio e moral) (Cíc. Of. 1, 101). Daí: 2) Desejo, faculdade de desejar (Cíc. Of. 2, 11).
appĕtō (adpĕtō), -is, -ĕre, -petīvi (-petĭī), -petĭtum, v. tr. e intr. A) Tr.: I — Sent. próprio: 1) Procurar aproximar-se de, procurar alcançar (Cíc. Nat. 2, 100). II — Sent. figurado: 2) Atacar, assaltar (Cíc. Dom. 13). 3) Desejar, pretender, cobiçar, ter inclinação ou propensão para (Cíc. Lae. 46). 4) Fazer vir a si, puxar para si (Cíc. De Or. 3, 128). B) Intr.: 5) Aproximar-se, chegar (Cés. B. Gal. 6, 35, 1).
1. **Appĭa Via** e **Appĭa**, -ae, subs. pr. f. A Via Ápia, a mais antiga e a mais célebre das estradas romanas, que punha Roma em comunicação com a Itália do Sul (Cíc. Mil. 15).
2. **Appĭa Aqua**, -ae, subs. pr. f. A Água Ápia, o mais antigo dos aquedutos romanos (Plín. H. Nat. 36, 121).
Appĭāni, -ōrum, subs. loc. m. Apianos, habitantes de Ápia, cidade da Frígia (Cíc. Fam. 3, 9, 1).
Appĭas, -ădis, subs. pr. f. Ápias (Ov. A. Am. 1, 82). 2) Nome dado por Cícero a uma Minerva de Ápio Cláudio (Cíc. Fam. 3, 1, 1).
Appĭĕtas, -tātis, subs. f. Nome forjado ironicamente por Cícero, para referir-se à descendência de Ápio (Cíc. Fam. 3, 7, 5).
appīngō (adpīngō), -is, -ĕre, -pīnxī, -pīctum, v. tr. I — Sent. próprio: 1) Pintar em, ou sôbre (Hor. A. Poét. 30). II — Sent. figurado: 2) Acrescentar (Cíc. At. 2, 8, 2). Obs.: Constrói-se com o dativo.
appīnxī (adpīnxī), perf. de **appīngo**.
Appĭus, -ī, subs. pr. m. Ápio, prenome romano, usado principalmente pela gens Cláudia (Eutr. 1, 18).
applaudō (adplaudō ou **applōdō**), -is, -ĕre, -plausī, -plausum, v. tr. e intr. I — Sent. próprio: A) Tr.: 1) Bater em, fazer bater uma coisa contra a outra (Ov. Met. 4, 352). Daí: B) Intr.: 2) Aplaudir (Plaut. Bac. 1211).
applausī (adplausī), perf. de **applaudo**.
1. **applausus** (adplausus), -a, -um, part. pass. de **aplaudo**.
2. **applausus**, -ūs, subs. m. Ruído (Estác. Theb. 2, 515).
applĭcātĭō (adplĭcātĭō), -ōnis, subs. f. 1) Ligação (Cíc. Lae. 27). Na língua jurídica: 2) **Jus applicationis** «direito de herdar os bens de um cliente sem testamento» (Cíc. De Or. 1, 177).
applĭcātŭrus (adplĭcātŭrus), -a, -um, part. fut. de **applĭco**.
applĭcātus (adplĭcātus), -a, -um, part. pass. de **applĭco**.
applĭcō (adplĭcō), -ās, -āre, -āvī, (-ŭī), -ātum, (-cĭtum), v. tr. e intr. I — Sent. próprio: A) Intr.: 1) Aportar, aproximar-se, dirigir-se para (Cés. B. Civ. 3, 101, 5). B) Tr.: 2) Aproximar de, apoiar a (Cíc. Tusc. 5, 77). 3) Fazer aportar (T. Liv. 37, 12, 20). 4) Aplicar a, prender a, ligar a (sent. físico e moral) (Cíc. De Or. 2, 55); (Cíc. Verr. 2, 2). Obs.: 1) Constrói-se com ac. com **ad** ou **in** (raro) e com dat. 2) O perf. **applicui** aparece uma única vez em Cícero (Flac. 82).
applōdō = **applaudo**.
applōrō (adplōrō), -ās, -āre, -āvī, -ātum. Chorar com, chorar junto de, chorar (Sên. Nat. 4, 2, 6).
applōsus = **applausus**.
appōnō (adpōnō), -is, -ĕre, -posŭī, -posĭtum, v. tr. I — Sent. próprio: 1) Pôr junto de, apor, pôr perto de, pôr diante de, depositar: **ad malum versum notam apponere** (Cíc. Pis. 73) «apor uma marca a um verso mau». Daí: 2) Servir (à mesa), pôr na mesa: **legatis apposuit tantum quod satis esset** (Cíc. Tusc. 5, 91) «serviu aos embaixadores, tanto quanto o bastante». 3) Designar alguém (para um serviço), colocar junto de, ao lado de (Cíc. Caec. 51). 4) Ajuntar, acrescentar, dar como auxiliar a (Cíc. Inv. 2, 117); (Hor. Sát. 1, 2, 107). Obs.: Constrói-se com obj. dir., com dat., ou com acus. com **ad**.
apporrēctus (adporrēctus), -a, -um, part. pass. do desus. **apporrĭgo**. Estendido junto de (Ov. Met. 2, 561).
apportātus (adportātus), -a, -um, part. pass. de **appōrto**.
appōrtō (adpōrtō), -ās, -āre, -āvī, -ātum, v. tr. I — Sent. próprio: 1) Trazer, transportar para, levar (Cíc. Verr. 4, 121). II — Sent. figurado: 2) Causar, produzir (uma novidade ou desgraça) (Lucr. 5, 220).
appōscō (adpōscō), -is, -ĕre, v. tr. Pedir a mais (Hor. Ep. 2, 2, 100).
appŏsĭtē (adpŏsĭtē), adv. Convenientemente, de modo apropriado (Cíc. Inv. 1, 6).

appositĭō (adposĭtĭō), -ōnis, subs. f. Acréscimo, adição (Quint. 5, 11, 1).
appositum, -ī, subs. n. Epíteto, o que qualifica (o substantivo) (Quint. 2, 14, 3).
appositus (adposĭtus), -a, -um. A) Part. pass. de **appōno**. B) Adjetivo. I — Sent. próprio: 1) Pôsto junto de, próximo, vizinho (Tác. An. 2, 7). II — Sent. figurado: 2) Inclinado, propenso, próprio para (Cíc. Verr. 5, 188).
apposīvī = **apposŭī** (Plaut. Mil. 905).
apposŭī (adposŭī), perf. de **appōno**.
appōtus (adpōtus), -a, -um, adj. Que bebeu bem (Plaut. Rud. 566).
apprĕcor (adprĕcor), -āris, -ārī, -atus sum, v. dep. tr. Pedir, dirigir súplicas a, suplicar, invocar (Hor. O. 4, 15, 28).
apprehēndī (adprehēndī), perf. de **apprehēndo**.
apprehēndō (adprehēndō), -is, -ĕre, -prehēndī, -prehēnsum, v. tr. I — Sent. próprio: 1) Agarrar, apanhar, segurar, apoderar-se de (Cíc. Nat. 1, 54). II — Daí, na língua militar: 2) Apossar-se de, atacar, assaltar (Cíc. At. 10, 8). Obs.: Em poesia é comum a forma **apprendo**.
apprehēnsus (adprehēnsus), -a, -um, part. pass. de **apprehēndo**.
apprēndō = **apprehēndo**.
apprēnsus = **apprehēnsus**.
apprēssī, perf. de **apprĭmo**.
apprēssus (adprēssus), -a, -um, part. pass. de **apprĭmo**.
apprĭmē (adprĭmē), adv. Antes de tudo, sobretudo, principalmente (C. Nep. At. 13, 4).
apprĭmō (adprĭmō), -is, -ĕre, -prēssī, -prēssum, v. tr. Apertar contra ou de encontro, apertar, estreitar (Tác. An. 2, 21). Obs.: Constrói-se com dat. ou acus. com **ad**.
approbātĭō (adprobātĭō), -ōnis, subs. f. 1) Aprovação (Cíc. Br. 185). Daí: 2) Prova, confirmação (Cíc. Inv. 1, 67).
approbātor (adprobātor), -ōris, subs. m. O que aprova, aprovador (Cíc. At. 16, 7, 2).
approbātus (adprobātus), -a, -um, part. pass. de **approbo**.
approbē (adprobē), adv. Muito bem (Plaut. Trin. 957).
approbō (adprobō), -ās, -āre, -āvī, -ātum, v. tr. I — Sent. próprio: 1) Aprovar (Cíc. Pis. 7). Daí: 2) Fazer aprovar (Tác. An. 15, 59). II — Sent. figurado: 3) Provar, demonstrar (Cíc. Inv. 1, 58). Obs.: Constrói-se com acus. e com oração infinitiva (Cíc. Verr. 4, 142).
appromīttō (adpromīttō), -is, -ĕre, v. tr. Responder por alguém (Cíc. Amer. 26). Obs.: Constrói-se com oração infinitiva.
approperātus (adproperātus), -a, -um, part. pass. de **appropĕro**.
appropĕrō (adpropĕrō), -ās, -āre, -āvī, -ātum, v. tr. e intr. A) Tr.: 1) Apressar, acelerar (T. Liv. 4, 9, 13). B) Intr. 2) Apressar-se muito (Cíc. Mil. 45).
appropinquātĭō (adpropinquātĭō), -ōnis, subs. f. Aproximação (Cíc. Fin. 5, 32).
appropinquō (adpropinquō), -ās, -āre, -āvī, -ātum, v. intr. I — Sent. próprio: 1) Aproximar-se, avizinhar-se, apropinquar (Cíc. Fin. 4, 64); (Cés. B. Gal. 2, 10, 5). Obs.: Constrói-se com acus. acompanhado de **ad** ou com o dat.
appūgnō (adpūgnō), -ās, -āre, v. tr. Atacar, assaltar (Tác. An. 2, 81).
appŭlī (adpŭlī), perf. de **appēllo** 2.
1. **appŭlsus** (adpŭlsus), -a, -um, part. pass. de **appēllo** 2.
2. **appŭlsus**, (adpŭlsus), -ūs, subs. m. I — Sent. próprio: 1) Ação de aportar, acesso, desembarque (T. Liv. 27, 30, 7). 2) Aproximação (do sol) (Cíc. Nat. 1, 24). II — Sent. figurado: 3) Contacto, ataque, dano (Cíc. Nat. 2, 141).
aprĭcātĭō, -ōnis, subs. f. Ação de se aquecer ao sol, soalheira (Cíc. At. 7, 11, 1).
aprĭcor, -āris, -ārī, v. dep. intr. Aquecer-se ao sol (Cíc. Tusc. 5, 92).
aprĭcum, -ī, subs. n. I — Sent. próprio. 1) Lugar ensolarado (Plín. H. Nat. 16, 71). II — Sent. figurado: 2) Às claras, à luz do dia (Hor. Ep. 1, 6, 24).
aprĭcus, -a, -um, adj. 1) Exposto ao sol (Cíc. Part. 36). Daí: 2) Que gosta de sol (Verg. En. 5, 128).
aprīlis, -is, subs. m. Abril, o mês consagrado a Vênus (Ov. F. 4, 901). Obs.: Freqüentemente usado como adj.: mensis Aprilis (Cíc. Fam. 6, 3, 6).
Aprōniānus, -a, -um, adj. De Aprônio (Cíc. Verr. 3, 28).
Aprōnius, -ī, subs. pr. m. Aprônio, nome de homem (Cíc. Verr. 3, 22).
Apros, -ī, subs. pr. f. Apros, ou Apri, cidade da Trácia (Plín. H. Nat. 4, 47).
aprŭgnus, -a, -um, adj. De javali (Plaut. Pers. 305).
aprŭnus, v. **aprŭgnus**.

Aprŭsa, -ae, subs. pr. m. Aprusa, rio da Úmbria (Plín. H. Nat. 3, 115).
aps, v. **a, ab.**
apsinthĭum, v. **absinthĭum.**
apsis (absis), -ĭdis, subs. f. 1) Arco, abóboda (Plín. Ep. 2, 17, 8). 2) Curso de um planêta, apside (Plín. H. Nat. 2, 63).
Apsus, -ī, subs. pr. m. Apso, riacho da Ilíria (Cés. B. Civ. 3, 13, 5).
aptātus, -a, -um, part. pass. de **apto.**
aptē, adv. 1) Convenientemente, de modo apropriado (Cíc. Verr. 4, 54). 2) Na língua retórica: 2) Perfeitamente ligado (Cíc. Or. 219).
aptō, -ās, -āre, -āvī, -ātum, v. tr. I — Sent. próprio: 1) Aplicar, adaptar, apropriar, acomodar-se, pôr, ligar, atar, prender (T. Lív. 44, 34, 8). II — Sent. figurado: 2) Preparar, equipar, aparelhar, munir (T. Lív. 22, 5, 3). Obs.: Constrói-se com dat. e abl.
aptus, -a, -um. A) Part. pass. de **apĭo** 1) Ligado (sent. próprio e figurado), atado, unido (Cíc. Ac. 2, 119). 2) Preparado, equipado (Sal. Hist. 25). Na língua poética: 3) Munido de, provido de, guarnecido de (Lucr. 5, 1428). B) Adj. 4) Próprio, apropriado, apto, hábil para, conveniente, adequado (Cíc. C.M. 9). Obs.: Constrói-se com dat., com acus. mais a prep. **ad**, com acus. mais a prep. **in**, e com inf.
apud, prep. com acus. I — Com nomes de lugar: 1) Junto de, ao pé de, perto de: **apud focum** (Cíc. Rep. 3, 40) «junto ao fogo». 2) Em (principalmente com nomes próprios de localidades: rios, cidades, ilhas, regiões, etc.) **apud Mantineam** (Cíc. Fin. 2, 97) «em Mantinéa» 3) Diante de (em lugar de **ad**, marcando proximidade, com nomes de coisas) (Cés. B. Gal. 2, 7, 3). II — Com nomes de pessoa: 4) Em casa de, ao pé de, junto a, perto de (Cíc. Pomp. 13). 5) Entre (principalmente com nomes de povos) **apud Romanos, apud maiores nostros** (Cíc. Verr. 4, 108) «entre os romanos, entre os nossos maiores». Às vêzes aparece posposta ao subs.: **Cumas apud** (Lucr. 6, 747) «perto de Cumas».
Apulēĭānus, -a, -um, adj. De Apuleio (Cíc. Phil. 13, 32).
Apulēĭus (Appuleĭus), -ī, subs. pr. m. Apuleio, nome de homem: 1) Lúcio Apuleio Saturnino, tribuno da plebe em 103 e 100 a.C., demagogo exaltado (Cíc. Br. 224). 2) Escritor romano.

Apūlĭa, -ae, subs. pr. f. Apúlia, região da Itália meridional, na costa do Adriático (Cíc. Div. 1, 97).
Apŭlī, -ōrum, subs. loc. m. Ápulos, os habitantes da Apúlia (T. Lív. 8, 25, 3).
Apŭlus, -a, -um, adj. Da Apúlia, ápulo (Hor. O. 1, 33, 7).
aput = apud.
1. aqua, -ae, subs. f. I — Sent. próprio: 1) Água (Cíc. Verr. 4, 107). Daí: 2) Água de rio, rio, lago, mar, água de chuva (Cíc. Div. 2, 69); (Cíc. Verr. 2, 86); água de chuva (Cíc. De Or. 3, 180). 3) No pl.: águas termais, banhos (Cíc. Planc. 65). Obs.: Notem-se as expressões como: a) **praebere aquam** (Hor. Sát. 1, 4, 88) «oferecer água para as abluções antes das refeições» e, daí, convidar alguém; b) **aquam dare** (Plín. Ep. 6, 2, 7) «fixar o tempo que um advogado dispõe para falar»; c) **aquam perdere** (Quint. 11, 3, 52) «empregar mal o tempo que lhe é dado para falar»; d) **mihi aqua haeret** (Cíc. Q. Fr. 2, 6, 2) «estou atrapalhado»; e) **aquam et terram ab aliquo petere** (T. Lív. 35, 17, 7) «pedir água e terra», i.é, «pedir a submissão do inimigo». Obs.: Gen. arc.: **aquāī** (Lucr. 1, 284); (Verg. En. 7, 464).
2. Aqua, -ae, subs. f. Água, nome de uma constelação (Cíc. Arat. 179).
aquaedŭctus ou **aquae ductus, -ūs,** subs. m. 1) Aqueduto (Cíc. At. 13, 6). 2) Direito de conduzir águas para uma propriedade (Cíc. Caec. 26).
aquālicŭlus, -ī, subs. m. Ventre, pança (Pers. 1, 57).
1. aquārĭus, -a, -um, adj. Relativo a água (Cíc. Vat. 12).
2. aquārĭus, -ī, subs. m. 1) Escravo que vai à água, aguadeiro (Juv. 6, 332). 2) Aquário (signo do Zodíaco) (Cíc. Arat. 56).
aquātĭcus, -a, -um, adj. 1) Aquático (Plín. H. Nat. 8, 101). 2) Cheio de água, aquoso (Plín. H. Nat. 16, 165).
aquātĭlis, -e, adj. 1) Aquático (Cíc. Nat. 2, 151). 2) N. pl.: **aquatilia, -ĭum:** «animais aquáticos» (Plín. H. Nat. 31, 1).
aquātĭō, -ōnis, subs. f. 1) Aprovisionamento de água, aguada (Cíc. Of. 3, 59). 2) Chuva (Plín. H. Nat. 32, 76).
aquātor, -ōris, subs. m. O. que vai buscar água, aguadeiro (Cés. B. Civ. 1, 73, 2).
1. aquĭla, -ae, subs. f. I — Sent. próprio: 1) Águia (ave) (Cíc. Div. 1, 26). II —

Na língua militar: 2) Águia (insígnia da legião romana) (Cíc. Cat. 1, 24). 3) O que leva a águia (insígnia) (Juv. 14, 197). 4) Águia (constelação) (Cíc. Arat. 372).
2. **Aquĭla, -ae,** subs. pr. m. Águia, nome de homem (Cíc. Phil. 11, 6).
Aquilārĭa, -ae, subs. pr. f. Aquilária, cidade da África (Cés. B. Cív. 2, 23, 1).
Aquilēia, -ae, subs. pr. f. Aquiléia, cidade da Itália, próxima do mar Adriático centro de considerável comércio (Cés. B. Gal. 1, 10, 3).
Aquileiēnsēs, -ĭum, subs. loc. m. pl. Os aquileenses, habitantes de Aquiléia (T. Lív. 43, 17, 1).
Aquilĭānus, -a, -um, adj. De Aquílio (Cíc. Of. 3, 61).
aquilĭfer, -fĕrī, subs. m. Legionário que traz a águia, porta-estandarte, aquilífero (Cés. B. Gal. 5, 37, 5).
aquilīnus, -a, -um, adj. De águia, aquilino (Plaut. Ps. 852).
Aquilĭus (ou **Aquillĭus**), **-ī,** subs. pr. m. Aquílio, nome da família romana (Cíc. Br. 154).
1. **Aquĭlō, -ōnis,** subs. pr. m. Aquilão (vento norte) (Verg. G. 2, 404).
2. **Aquĭlō, -ōnis,** subs. pr. m. Aquilão, espôso de Orítia, pai de Calais e Zetes (Cíc. Leg. 1, 3).
Aquilōnĭa, -ae, subs. pr. f. Aquilônia, cidade da Itália, pátria dos Hirpinos (T. Lív. 10, 38).
aquilōnĭus, -a, -um, adj. Do norte, aquilônio (Cíc. Nat. 2, 50).
aquĭlus, -a, -um, adj. Escuro, moreno (Plaut. Poen. 1112).
Aquīnās, -ātis, adj. De Aquino (Cíc. Planc. 22).
Aquīnātēs, -um, ou **-ĭum,** subs. loc. m. pl. Aquinates, os habitantes de Aquino (Cíc. Clu. 192).
Aquīnĭus, -ī, subs. pr. m. Aquínio, nome de um poeta (Cíc. Tusc. 5, 63).
Aquīnum, -ī, subs. pr. m. Aquino, cidade do Lácio, rica e florescente, graças a sua indústria (Cíc. Phil. 2, 105).
aquipēnser, v. **acipēnser.**
Aquītānĭa, -ae, subs. pr. f. Aquitânia, uma das três partes da Gália independente, segundo César (Cés. B. Gal. 1, 1, 7).
Aquītānī, -ōrum, subs. loc. m. pl. Os aquitanos, habitantes da Aquitânia (Cés. B. Gal. 1, 1, 1).
Aquītānus, -a, -um, adj. Da Aquitânia, aquitano (Tib. 1, 7, 3).

aquor, -āris, -ārī, -ātus sum, v. dep. intr. Fazer aguada, fazer provisão de água, ir buscar água (Cés. B. Cív. 1, 78, 1).
aquōsus, -a, -um, adj. I — Sent. próprio: 1) Aquoso, úmido, cheio de água (Cat. Agr. 34). II — Sent. figurado: 2) Claro, límpido (Prop. 4, 3, 52).
aquŭla, -ae, subs. f. Fio de água (Cíc. De Or. 1, 28).
1. **āra, -ae,** subs. f. I — Sent. próprio: 1) Altar, lar dos deuses (Cíc. Div. 1, 101) II — Sent. figurado: 2) Proteção, auxílio (Cíc. Mil. 90). 3) Ara (constelação) (Cíc. Nat. 2, 114). 4) Urna funerária (Verg. En. 6, 177). 5) Monumento honorífico (Cíc. Phil. 14, 34).
2. **ăra, -ae,** v. **hara.**
arabārchēs, -ae, subs. m. Arabarca (recebedor dos direitos de alfândega de gado vindo da Arábia para o Egito) (Cíc. At. 2, 17, 3).
Arăbēs, Arăbī, v. **Arabs, Arăbus.**
Arabĭa, -ae, subs. pr. f. Arábia, península a SW da Ásia, considerada pelos antigos como riquíssima em recursos animais, vegetais e minerais. Dividia-se em **Arabia Petraea,** ao NW, **Arabia Deserta,** ao N. e **Arabia Felix,** ao Sul (Cíc. At. 9, 11, 14).
Arabs, -ăbis, adj. e **Arăbes, -ăbum,** subs. loc. m. pl. Árabe, os árabes (Cíc. Fam. 3, 8, 10).
Arăbus, -a, -um, adj., e **Arăbus, -ī,** subs. loc. m. Arábico, árabe (Plín. H. Nat. 36 153) e (Verg. En. 7, 605).
Arăchnē, -ēs, subs. pr. f. Aracne, moça lídia, hábil na arte de tecer, que aprendera de Minerva. Foi transformada em aranha pela deusa que a punira por sua audácia de querer rivalizar com ela (Ov. Met. 6, 5).
Aracỹnthus, -ī, subs. pr. m. Aracinto, montanha da Etólia (Verg. Buc. 2, 24).
Arădos (**Arădus**), **-ī,** subs. pr. f. Árado, cidade da Fenícia (Cic. At. 9, 9, 2).
Aranditānī, -um, subs. loc. m. pl. Aranditanos, povo da Lusitânia (Plín. H. Nat. 4, 118).
arānĕa, -ae, subs. f. 1) Aranha (Verg. G. 4, 247). Donde, por sinédoque: 2) Teia de aranha (Plaut. Aul. 87).
arānĕŏla, -ae, subs. f. Aranha pequena (Cíc. Nat. 2, 123).
arānĕŏlus, -ī, subs. m. Aranha pequena (Verg. Cul. 2).

arăneōsus, -a, -um, adj. 1) Cheio de teias de aranha (Catul. 25, 3). 2) Semelhante à teia de aranha (Plín. H. Nat. 11, 65).
arănĕum, -ī, subs. n. Teia de aranha (Fedr. 2, 8, 23).
arănĕus, -a, -um, adj. De aranha (Plín. H. Nat. 18, 156).
Arar, -ăris, e Arăris, -is, subs. m. pr. Árar ou Áraris, rio importante da Gália Céltica, afluente do rio Ródano (Cés. B. Gal. 1, 12, 1).
arāter, v. **arātum.**
arātiō, -ōnis, subs. f. 1) Lavoura, ação de lavrar (Cíc. Tusc. 5, 86). 2) No pl.: terras que o povo romano cedia para serem cultivadas, mediante o pagamento do dízimo (Cíc. Verr. 3, 43).
arātor, -ōris, subs. m. 1) Lavrador (Cíc. Phil. 3, 22). 2) Rendeiro das terras do Estado (Cíc. Verr. 3, 124).
arātrum, -ī, subs. n. Arado (Cíc. Amer. 50).
Arātthus, -ī, subs. pr. m. Arato, rio do Epiro (T. Lív. 43, 21, 9).
1. arātus, -a, -um, part. pass. de **aro.** Obs.: O n. pl. **arata, -ōrum** significa campos cultivados.
2. Arātus, -ī, subs. pr. m. Arato, matemático, poeta e astrônomo grego (Cíc. De Or. 1, 69).
Arāxēs, -is, subs. pr. m. Araxes, rio da Armênia (Verg. En. 8, 728).
Arbēla, -ōrum, subs. pr. pl. n. Arbelos, cidade da Assíria (Q. Cúrc. 4, 9, 9).
arbĭter, -trī, subs. m. I — Sent. próprio: 1) Testemunha (ocular), espectador, assistente (Cíc. Verr. 5, 80). Donde: 2) Confidente (Q. Cúrc. 3, 12, 16). 3) Árbitro (escolhido pelas duas partes), juiz (têrmo de jurisprudência) (Cíc. Com. 25) Donde, em sentido geral: 4) Árbitro, juiz (Cíc. At. 15, 1-A, 2). 5) Expressões idiomáticas: a) **arbiter bibendi** (Hor. O. 2, 7, 25) «o rei do festim»; b) **elegantiae arbiter** (Tác. An. 16, 18) «o árbitro da elegância» (Petrônio).
arbĭtra, -ae, subs. f. 1) Testemunha, confidente (Hor. Epo. 5, 50). 2) Árbitro, que julga (Sên. Ep. 66, 35).
1. arbitrātus, -a, -um, part. pass. de **arbĭtror.**
2. arbitrātus, -ūs, subs. m. I — Sent. próprio: 1) Arbitragem, decisão, julgamento (Cíc. Fam. 13, 42, 1). II — Sent. figurado: 2) Vontade, arbítrio (geralmente em abl.) **meo, tuo, suo arbitrātū**

(Cíc. De Or. 1, 101; Dom. 8, etc.). Obs.: No período clássico só é usado no abl.
arbitrĭum, -ī, subs. n. I — Sent. próprio: 1) Arbitragem, sentença arbitral (Cíc. Of. 3, 61). II — Sent. figurado: 2) Julgamento, decisão (Cíc. Fam. 1, 9, 23). 3) Poder de decidir de, vontade (Cíc. Amer. 131).
arbĭtrō = **arbĭtror: arbĭtrāto** (Cíc. Nat. 2, 74) «sê testemunha».
arbĭtror, -āris, -ārī, -ātum sum, v. dep. tr. e intr. A) Tr.: I — Sent. próprio: 1) Observar, espiar, ser testemunha de (Cíc. Font. 29). Daí: 2) Julgar, pensar, crer (Cés. B. Gal. 1, 2, 5). B) Intr.: 3) Julgar, pensar, crer (Cíc. Phil. 12, 28). Obs.: Constrói-se com acus., com duplo acus. e com or. infinitiva. Imperat. arc.: **arbitramino** (Plaut. Epid. 695). Por vêzes, aparece com sentido passivo: (Cíc. Mur. 34); (Plaut. Epid. 267).
Arbocăla, -ae, subs. pr. f. Arbócala, cidade da Hispânia Tarraconense (T. Lív. 21, 5, 6).
arbor (arbōs), -ŏris, subs. f. I — Sent. próprio: 1) Árvore (Cíc. Flac. 41). II — Daí, por sinédoque: 2) Objeto de madeira: a) mastro, remo; b) navio; c) patíbulo; d) lança, dardo (Verg. En. 5, 504); (Verg. En. 10, 207); **arbor infelix** (Cíc. Rab. Perd. 13) «patíbulo»; lança (Estác. Theb. 12, 769). 3) Expressões idiomáticas: a) **Arbor Jovis** (Ov. Met. 1, 106) «o carvalho (árvore consagrada a Júpiter)»; b) **arbor Phoebi** (Ov. F. 3, 139) «o loureiro (árvore consagrada a Febo)»; c) **arbor Palladis** (Ov. A. Am. 2, 518) «a oliveira (árvore consagrada a Palas)»; d) **arbos Herculea** (Verg. G. 2, 66) «o olmeiro (árvore de Hércules)»; e) **Pelias arbor** (Ov. Her. 12, 8) «a nau Argo (o navio dos argonautas)». Obs.: O nom. **arbos** é freqüente nos poetas, principalmente em Vergílio (Buc. 3, 56; G. 2, 57; En. 3, 27; etc.).
arborĕus, -a, -um, adj. I — Sent. próprio: 1) De árvore, arbóreo (Verg. G. 1, 55). II — Sent. figurado: 2) Ramoso; **cornua arborea** (Verg. En. 1, 190) «chifres ramosos (do veado)».
arbōs, v. **arbor.**
Arbuscŭla, -ae, subs. pr. f. Arbúscula, nome de uma comediante, contemporânea de Cícero (Cíc. At. 4, 15, 6).
arbŭstum, -ī, subs. n. I — Sent. próprio: 1) Pequeno bosque, lugar plantado de

árvores, arvoredo (Cíc. C.M. 54). II — Sent. figurado: 2) Árvore (poét.) (Verg. Buc. 3, 10).

arbŭstus, -a, -um, adj. Plantado de árvores (Cíc. Rep. 5, 3).

arbutĕus, -a, -um, adj. De medronheiro (Verg. G. 1, 166).

arbŭtum, -ī, subs. n. 1) Medronho, o fruto do medronheiro (Verg. G. 1, 148). 2) O medronheiro (Verg. G. 3, 300).

arbŭtus, -ī, subs. f. Medronheiro (Verg. G. 2, 69).

arca, -ae, subs. f. 1) Cofre, arca, caixa (para dinheiro), armário (Cíc. Div. 2, 86). Especialmente: 2) Caixinha (cofre de jóias) (Cíc. At. 1, 9, 2). Por extensão: 3) Caixão, sarcófago (Hor. Sát. 1, 8, 9). II — Sent. figurado: 4) Cárcere (Cíc. Mil. 60).

Arcădēs, -um, subs. loc. m. Árcades, habitantes da Arcádia (Cíc. Nat. 3, 57).

Arcadĭa, -ae, subs. pr. f. Arcádia. 1) Região do interior do Peloponeso (Verg. G. 3, 392). 2) Cidade de Creta (Sên. Nat. 3, 11, 4).

Arcadĭcus, -a, -um, adj. Arcádico, da Arcádia (T. Lív. 1, 5, 1).

Arcadĭus, -a, -um, adj. Arcádico, da Arcádia (Ov. F. 1, 462).

arcānō, adv. Secretamente, em segrêdo, em particular (Cíc. At. 16, 3, 1).

1. arcānum, -ī, subs. n. Segrêdo, mistério (Hor. O. 1, 18, 16).

2. Arcānum, -ī, subs. pr. n. Arcano, granja de Quinto Cícero, nos arredores de Arcas (Cíc. At. 5, 1, 3).

arcānus, -a, -um, adj. Secreto, oculto, arcano, escondido, misterioso (Cíc. Fin. 2, 85).

Arcas, -ădis, subs. pr. m. 1) Árcade, filho de Júpiter e de Calisto (Ov. F. 1, 470) 2) Mercúrio (Marc. 9, 35, 6).

Arcens, -ēntis, subs. pr. m. Arcente, nome de homem (Verg. En. 9, 581).

arcĕō, -ēs, -ēre, -cŭī, v. tr. I — Sent. próprio: 1) Conter, manter, reter: **alvus arcet et continet quod recepit** (Cíc. Nat. 2, 136) «o estômago contém e retém o que recebeu». Daí: 2) Manter à distância, ao longe, afastar (Cíc. Mur. 22) Obs.: Além do acus., constrói-se também com dat. (emprêgo poético); com or. inf. (emprêgo poético); com abl.

Arcesĭlās, -ae, subs. pr. m. Arcésilas, filósofo grego acadêmico (Cíc. De Or. 3, 67).

Arcēsĭus, -ī, subs. pr. m. Arcésio, filho de Júpiter, e pai de Laerte (Ov. Met. 13, 144).

arcessīī, perf. de **arcēsso.**

arcessītor, -ōris, subs. m. O que chama (Plín. Ep. 5, 6, 45).

arcessītū, abl. m. do desusado **arcessītus:** a convite de (Cíc. Nat. 1, 15).

arcessītus, -a, -um. I — Part. pass. de **arcēsso.** II — Adj. Vindo de longe, de origem estrangeira, afetado, não natural (Cíc. De Or. 2, 256).

arcēssō (accērsō), -is, -ĕre, -īvī (-ĭī). -ītum, v. tr. I — Sent. próprio: 1) Mandar vir, ir buscar, procurar, mandar chamar, chamar (Cíc. Clu. 27). Na língua gramatical: 2) Conseguir, obter, tirar de, extrair (Cíc. Br. 332). Obs.: 1) Constrói-se com acus., com dat., e com acus. ou gen. 2) Formas sincopadas em Cícero: **arcessierunt** = **arcessiverunt, arcessierim** = **arcessiverim; arcessierit** = **arcessiverit; arcessieram** = **arcessiveram.** 3) Inf. arc.: **arcessier** (Ter. Eun. 510). A forma **accerso** é de menor emprêgo. Formas conjugadas pela 4ª conj. são raras e só aparecem depois do período clássico.

Archē, -ēs, subs. pr. f. Arque, uma das quatro musas primitivas (Cíc. Nat. 3, 54).

Archelāus, -ī, subs. pr. m. Arquelau. 1) Filósofo grego de Mileto, mestre de Sócrates (Cíc. Tusc. 5, 10). 2) Rei da Macedônia (Cíc. Tusc. 5, 34).

Archemăchus, -ī, subs. pr. m. Arquêmaco, historiador grego (Plín. H. Nat. 7, 207).

Archemŏrus, -ī, subs. pr. m. Arquêmoro, filho de Licurgo (Estác. Theb. 4, 718).

Archesĭlās, v. **Arcesĭlas.**

archetўpum, -ī, subs. n. Original, modêlo, arquétipo (Plín. Ep. 5, 10).

archetўpus, -a, -um, adj. Original, que foi feito em primeiro lugar (Juv. 2, 7).

Archiăcus, -a, -um, adj. De Árquias, feito pelo célebre marceneiro (Hor. Ep. 1, 5, 1).

Archĭas, -ae, subs. pr. m. Árquias: 1) Poeta grego, defendido por Cicero, em juízo (Cíc. Arch. 1). 2) Marceneiro célebre.

Archidāmus, -ī, subs. pr. m. Arquidamo, chefe dos eólios (T. Lív. 35, 48, 10).

Archĭdēmus, -ī, subs. pr. m. Arquidemo, filósofo de Tarso (Cíc. Ac. 2, 143).

Archigĕnēs, -is, subs. pr. m. Arquígenes médico da época de Trajano (Juv. 6, 235).

Archilŏcus, -ī, subs. pr. m. Arquíloco, poeta grego de Paros (Cíc. Tusc. 1, 3).

Archilochīus, -a, -um, adj. Injurioso, satírico (Cíc. At. 2, 21, 4).

archimagīrus, -ī, subs. m. Chefe dos cozinheiros, arquimagiro (Juv. 9, 109).

Archimēdēs, -is, subs. pr. m. Arquimedes, célebre geômetra de Siracusa (Cíc. Tusc. 1, 62).

archipīrāta, -ae, subs. m. Arquipirata, chefe dos piratas (Cíc. Verr. 5, 64).

Archippus, -ī, subs. pr. m. Arquipo. 1) Rei dos Marsos (Verg. En. 7, 750). 2) General de Argos (T. Liv. 34, 40, 6).

architectātus, -a, -um, part. pass. de **architēctor**.

architēctōn, -ŏnis, subs. m. Arquiteto (Plaut. Most. 760).

architēctor, -āris, -ārī, v. dep. tr. Inventar, arquitetar planos, procurar (Cíc. Fin. 2, 52).

architectūra, -ae, subs. f. Arquitetura (Cíc. Of. 1, 151).

architēctus, -ī, subs. m. 1) Arquiteto (Cíc. De Or. 1, 62). 2) Inventor, autor (Cíc. Clu. 60).

archōn, -ōntis, subs. m. Arconte (magistrado ateniense) (Cíc. Fat. 19).

Archỹtas, -ae, subs. pr. m. Árquitas, filósofo pitagórico de Tarento (Cíc. Tusc. 4, 78).

arcipīrāta, v. **archipīrāta**.

arcipŏtens (arquipŏtens), -ēntis, subs. m. Arcipotente, i. é, que tem poder sôbre o arco, hábil manejador do arco (epíteto de Apolo) (V. Flac. 5, 17).

arcitĕnens (arquitĕnens), -ēntis, subs. m. Que traz o arco, ornado de arco (apelido de Apolo e Diana) (Ov. Met. 1, 441). 2) Apolo (Verg. En. 3, 75). 3) Sagitário (constelação) (Cíc. Arat. 182).

arctē, ou artē, adv. I — Sent. próprio: 1) Estreitamente (Cés. B. Gal. 7, 23, 3). II — Sent. figurado: 2) Duramente, com severidade (Sal. B. Jug. 52, 6). 3) Estreitamente, ternamente (Plín. Ep. 6, 8, 1). Obs.: A grafia **arte** é preferível.

arctō (artō), -ās, -āre, -āvī, -ātum, v. tr. I — Sent. próprio: 1) Apertar fortemente, estreitar (Lucr. 1, 576). II — Sent. figurado: 2) Reduzir, resumir (T. Liv. 45, 36, 4). Obs.: A grafia **arto** é preferível.

Arctoe = Arcti (Cíc. Arat. 441): v. **Arctos**.

Arctophÿlax, -ăcis, subs. pr. m. O Boieiro (constelação) (Cíc. Nat. 2, 96).

Arctos. ou Arctus, -ī, subs. pr. f. I — Sent. próprio: 1) A Ursa (a grande ou a pequena) (Verg. En. 6, 16). II — Sent. figurado: 2) O Norte (Hor. O. 2, 15, 16). 3) A região Norte, ou os povos do Norte (Luc. 3, 74). 4) O polo norte (Ov. Met. 2, 132). 5) A noite (Prop. 3, 15, 25).

Arctōus, -a, -um, adj. Ártico, setentrional (Marc. 5, 68).

arctum (artum), -ī, subs. n. I — Sent. próprio: 1) Espaço estreito (T. Liv. 23, 27, 7). II — Sent. figurado: 2) Situação embaraçosa, apuros (T. Liv. 26, 17, 5). Obs.: A grafia **artum** deve ser a preferida.

Arctūrus, -ī, subs. pr. m. 1) Arcturo, estrêla da constelação do Boieiro (Cíc. Arat. 99). 2) A constelação inteira (Verg. G. 1, 204).

arctus (artus), -a, -um, adj. I — Sent. próprio: 1) Apertado, estreito, acanhado (Cíc. Rep. 2, 69). II — Sent. figurado: 2) Profundo (Cíc. Rep. 6, 10). 3) Tacanho, restrito (T. Liv. 2, 34, 5) Obs.: Prefira-se a grafia **artus**.

arcuātus (arquātus), -a, -um, adj. 1) Curvado em arco (T. Liv. 1, 21, 4). 2) Ictérico, com icterícia (Lucr. 4, 333).

arcŭī, perf. de **arcĕo**.

arcŭla, -ae, subs. f. (dim. de **arca**). 1) Caixinha, cofre pequeno (Cíc. Of. 2, 25). 2) Caixa de maquilagem ou de perfume (Cíc. At. 2, 1, 1).

arcŭō, -ās, -āre, -āvī, -ātum, v. tr. Curvar em arco, dar forma de arco, arquear (T. Liv. 1, 21, 4).

arcupŏtens, v. **arcipŏtens**.

arcus, (arquus), -ūs, subs. m. I — Sent. próprio: 1) Arco (Cíc. Nat. 1, 101). II — Daí: 2) Objeto em forma de arco; a) arco-íris (Cíc. Nat. 3, 51); b) arco da abóbada (Verg. G. 2, 26); c) arco de triunfo (Tác. An. 2, 41); d) arco de círculo (Sên. Nat. 1, 10).

ardaliō, -ōnis, subs. m. Ardelião, homem intrometido, mediçno, trapalhão (Marc. 2, 7, 7); (Fedr. 2, 5, 1).

1. ardĕa, -ae, subs. f. Garça (Verg. G. 1, 364).

2. **Ardĕa, -ae,** subs. pr. f. Árdea, antiga capital dos rútulos, situada no Lácio, perto do Mar Tirreno (Verg. En. 7, 411).

Ardĕās, -ātis, adj. De Árdea, ardeate (Cíc. Nat. 3, 47).

Ardeātēs, -ium, subs. loc. m. pl. Ardeates, habitantes de Árdea (T. Lív. 4, 11, 3).

ardeliō, v. **ardaliō.**

ardens, -ēntis. A) Part. pres. de **ardĕo.** B) Adj. I — Sent. próprio: 1) Ardente, fervente (Cíc. Tusc. 1, 42). II — Sent. figurado: 2) Brilhante (Verg. En. 2, 734). 3) Ardente, sedento (Cíc. Fin. 2, 52).

ardēnter, adv. Ardentemente, de modo ardente (Cíc. Tusc. 3, 39).

ardĕō, -ēs, -ĕre, arsī, arsum, v. intr. I — Sent. próprio: 1) Arder, estar em fogo, estar em brasa: **domus ardebat** (Cíc. Dom. 62) «a casa ardia, estava pegando fogo»; (Verg. En. 2, 311). II — Sent. figurado: 2) Brilhar, cintilar (Cíc. Verr. 5, 163). 3) Desejar ardentemente, morrer por, estar ansioso por (Cés. B. Gal. 6, 34, 7). Na língua erótica: 4) Estar apaixonado, estar abrasado em amor (Hor. O. 2, 4, 7). 5) Estar inflamado, prêso por um sentimento violento (ódio, cólera), aumentar com violência (Cés. B. Gal. 5, 29, 4).

rdeŏla, -ae = ardĕa 1. (Plín. H. Nat. 10, 164).

rdēscō, -is, -ĕre, ārsī, v. incoat. intr. I — Sent. próprio: 1) Pegar fogo, começar a arder, inflamar-se (Lucr. 6, 670). II — Sent. figurado: 2) Inflamar-se, apaixonar-se (Tác. An. 1, 32).

ardiaeī, -ōrum, subs. pr. m. Ardieus, povo da Ilíria (T. Lív. 27, 30).

ardiŏla, v. **ardeŏla.**

ardonĕae, -ārum, subs. pr. f. Ardôneas, cidade da Apúlia (T. Liv. 24, 20).

ardor -ĕris, subs. m. I — Sent. próprio: 1) Calor ardente, ardor (Cíc. Rep. 6 21). II — Sent. figurado: 2) Brilho resplendor (Cíc. Nat. 2, 107). 3) Fogo, paixão, desejo ardente (Cíc. Cael. 76).

arduenna, -ae, subs. pr. f. As Ardenas região montanhosa e coberta de florestas ao N. da Gália Bélgica (Cés. B. Gal. 5, 3, 4).

duum, -ī, subs. n. Lugar elevado, montanha, lugar escarpado (geralmente no pl.) (Verg. En. 5, 695). Obs.: No sing. só é usado com preposição: **per arduum,** (T. Lív. 38, 21, 3) «através dos montes».

ardŭus, -a, -um, adj. I — Sent. próprio: 1) Alto, elevado (Hor. Sát. 1, 2, 87). Donde: 2) Escarpado, de declive rápido (Cíc. Verr. 4, 51). II — Sent. figurado: 3) Difícil, árduo, desfavorável (Cíc. Or. 33).

ārĕa, -ae, subs. f. I — Sent. próprio 1) Espaço desocupado (sem construções), praça (Hor. O. 1, 9, 18): a) pátio de casa (Plín. Ep. 2, 17, 4); b) superfície plana para construção (Cíc. Rep. 2, 21); c) arena (para jogos) (T. Lív. 33, 32, 4); d) eira (para bater o trigo) (Cíc. Verr. 3, 20). II — Sent. figurado: 2) Carreira, teatro, época (da vida) (Cíc. At. 9, 18).

Arecomĭcī, -ōrum, subs. loc. m. pl. Arecômicos, povo da Gália Narbonense (Cés. B. Gal. 1, 35, 4).

ārefacĭō, -is, -ĕre, -fēcī, -fāctum, v. tr. Fazer secar, secar, esgotar (Varr. L. Lat. 5, 38). Em Lucrécio aparece por tmese a forma **facit are: terram sol facit are** «o sol faz secar a terra» (6, 962).

ārefāctus, -a, -um, part. pass. de **arefacio.**

ārefēcī, perf. de **arefacio.**

ārefīō, -is, -fĭĕrī, -fāctus sum (pass. de **arefacio**). Secar-se, esgotar-se (Plín. H. Nat. 32, 82).

Arelătē, subs. pr. n. indecl. Arles, cidade da Gália Narbonense (Cés. B. Civ. 1, 35, 4).

Arellĭus, -ī, subs. pr. m. Arélio Fusco, retor romano (Sên. Contr. 3, pref. 1).

Arĕmorĭca, -ae, subs. pr. f. Armórica, província ocidental da Gália (Plín. H. Nat. 4, 105).

Arĕmorĭcus, -a, -um, adj. Da Armórica, armórico (Cés. B. Gal. 5, 53, 6).

arēna (harēna), -ae, subs. f. I — Sent. próprio: 1) Areia (Ov. Her. 5, 115). Daí: 2) Lugar coberto de areia, arena, anfiteatro (Cíc. Tusc. 2, 46). 3) Terreno (Cíc. Agr. 2, 71). 4) No pl.: bancos de areia, deserto (Ov. Met. 4, 617). 5) Gladiador, combatentes do circo (Juv. 6, 217).

arēnārĭa, -ae, subs. f. Areal, lugar donde se tira areia (Cic. Clu. 27).

arēnōsum, -ī, subs. n. Terreno arenoso (Sal. B. Jug. 48, 3).

arēnōsus, -a, -um, adj. Arenoso (Verg. En. 4, 257).

arens, -ēntis, adj. 1) Sêco, ressequido, árido (Verg. G. 2, 377). 2) Abrasador, sedento (Prop. 2, 17, 6)

ārĕō, -ēs, -ēre, -ŭī, v. intr. I — Sent. próprio: 1) Estar sêco (Ov. Met. 2, 211). Donde: 2) Estar abrasado em sêde, estar esgotado (Verg. Buc. 7, 57).

arēopagīta, -ae, (arēopagītēs, -ae), subs. m. Areopagita (membro do areópago) (Cíc. Phil. 5, 14).

Arēopăgus (Arēopăgos), -ī, subs. pr. m. Areópago, o mais alto tribunal de Atenas (Cíc. Nat. 2, 74). Obs. Nom.: **Areos pagos** (Sên. Tranq. 5, 1); acus. **Arium pagum** (Cíc. Div. 1, 54).

ārēscō, -is, -ĕre, v. incoat. intr. Tornar-se sêco, perder a umidade, secar-se (Cíc. Inv. 1, 109).

Arestorĭdēs, -ae, subs. pr. m. Filho de Arestor (Argos) (Ov. Met. 1, 624).

aretălŏgus, -ī, subs. m. Tagarela, charlatão (Juv. 15, 16).

Arethūsa, -ae, subs. pr. f. Aretusa. 1) Ninfa do séquito de Diana, amada por Alfeu (Ov. Met. 4, 494). 2) Fonte perto de Siracusa (Cíc. Verr. 1, 4, 118).

Arētĭum ou **Arrētĭum, -ī,** subs. pr. m. Arécio, cidade da Etrúria (Cíc. Fam. 16, 12, 2).

Aretīnī, -ōrum, subs. loc. m. pl. Aretinos, habitantes de Arécio (Cíc. At. 1, 14, 9).

1. **Arēus, -a, -um,** adj. Do Areópago (Tác. An. 2, 55).

2. **Arēus, -ī,** subs. pr. m. Areu, nome de um filósofo (Sên. Marc. 4, 2).

arfŭī = adfŭī.

Arganthōnĭus, -ī, subs. pr. m. Argantônio, rei dos Tartéssios, que teria vivido cento e vinte anos e reinado oitenta (Cíc. C. M. 69).

Argănthus, -ī, subs. pr. m. Arganto, montanha da Bitínia (Prop. 1, 20, 33).

Argĕī, -ōrum, subs. pr. m. pl. Argeus. 1) Bonecos de junco que os sacerdotes atiravam ao Tibre nos idos de maio, representando, provàvelmente, antigos sacrifícios humanos (Ov. F. 5, 621). 2) Pequenos santuários ou capelas, em Roma, destinados a sacrifícios (T. Liv. 1, 21, 5).

Argentānum, -ī, subs. pr. n. Argentano, cidade do Brútio (T. Liv. 30, 19, 10).

argentārĭa, -ae, subs. f. I — Sent. próprio: 1) Casa bancária, banco (T. Liv. 40, 51, 9). Daí: 2) Ofício de banqueiro, negócio de banqueiro (Cíc. Caec. 10). 3) Mina de prata (T. Liv. 34, 21, 7).

1. **argentārĭus, -a, -um,** adj. 1) De prata (Plín. H. Nat. 33, 86). Daí: 2) Moeda, dinheiro (de prata) (Plaut. Ps. 300).

2. **argentārĭus, -ī,** subs. m. Banqueiro, cambista, cobrador (Cíc. Of. 3, 58).

argentātus, -a, -um, adj. Prateado, ornado de prata (T. Liv. 9, 40, 3).

argentĕus, -a, -um, adj. 1) Argênteo, de prata (Cíc. Cat. 1, 24). 2) Prateado, ornado com prata (Cíc. Mur. 40). 3) Branco como prata (Plín. H. Nat. 2, 90).

argentum, -ī, subs. n. I — Sent. próprio: 1) Prata (metal) (T. Liv. 26, 47, 7). Daí: 2) Objeto de prata, baixela de prata, prataria (Cíc. Verr. 4, 32). 3) Moeda de prata, prata cunhada, riqueza (Plín. H. Nat. 33, 42).

Argēus, -a, -um, adj. De Argos (Hor. O. 2, 6, 5).

Argīlētānus, -a, -um, adj. Argiletano, do Argileto (Cíc. At. 1, 14, 17).

Argīlētum, -ī, subs. pr. n. Argileto, bairro de Roma, perto do monte Palatino (Cíc. At. 12, 32, 2).

Argilĭus, -a, -um, adj. De Árgilos (C. Nep. Paus. 4, 1).

argīlla, -ae, subs. f. Argila (Cés. B. Gal. 5, 43, 1).

Argĭlos, -ī, subs. pr. f. Árgilos, cidade da Macedônia (C. Nep. Paus. 4, 4).

Arginūsae, -ārum, subs. pr. f. pl. Arginusas, ilhas do mar Egeu (Cíc. Of. 1, 84).

argītis, -is, subs. f. Argita (videira que dá uvas brancas) (Verg. G. 2, 99).

Argīus, -a, -um, adj. De Argos (Cíc. Tusc. 1, 113).

Argīvī, -ōrum, subs. loc. m. pl. Os argivos; em poesia, os gregos em geral (Hor. O. 3, 3, 67).

Argīvus, -a, -um, adj. I — Sent. próprio: 1) De Argos, argivo (Cíc. Br. 50). II — Daí: 2) Por extensão: grego (Ov. Am. 3, 13, 31).

Argō, -ūs, subs. pr. f. Argo. 1) O navio dos Argonautas (Cíc. Top. 16, 61). 2) Nome de uma constelação (Cíc. Arat. 126). Obs.: Aparecem no acus. as formas: **Argo** (Cíc. Nat. 3, 40); e **Argon** (Prop. 1, 20, 17).

Argolĭcus, -a, -um, adj. De Argos, argólico (Verg. En. 5, 52).

Argonautae, -ārum, subs. m. pl. Argonautas, os companheiros de Jasão (Cíc. Nat. 2, 89).

Argos, subs. pr. n., e **Argī, -ōrum,** m. pl. Argos, capital da Argólida, e que passava por ser a mais antiga cidade da

Grécia (Hor. O. 1, 7, 9). Obs.: Argos só se emprega no nom. e acus.

Argŏus, -a, -um, adj. De Argo (Hor. Epo. 16, 57).

argŭi, perf. de **argŭo.**

arguitūrus, part. fut. de **argŭo** (Sal. Hist. fr. 2, 71).

argūmentālis, -e, adj. Que contém uma prova (Ascon., Cíc. Caecil, 1, 2).

argūmentātĭō, -ōnis, subs. f. 1) Argumentação (Cíc. Nat. 3, 9). 2) Argumentos (Cíc. Amer. 97).

argūmentātus, -a, -um, part. pass. de **argūmentor.**

argūmentor, -āris, -ārī, -ātus sum v. dep. intr. e tr. A) Intr.: 1) Aduzir prova de alguma coisa, argumentar (Cic. Mil. 44). B) Tr.: 2) Aduzir como prova, dar como prova, provar (Cic. Clu. 64). 3) Demonstrar (Cic. At. 3, 12, 1) Obs.: Constrói-se como trans. com acus., com or. inf. e com interrogação indireta.

argūmentum, -ī, subs. n. 1) Prova, argumento (Cíc. Ac. 2, 117). 2) Matéria ou assunto (a explicar ou tratar), assunto (Cíc. At. 10, 13, 2).

argŭō, -is, -ĕre, argŭī, -gūtum, v. tr. 1 — Sent. próprio: 1) Indicar, demonstrar, manifestar: **si arguitur non licere** (Cíc Par. 20) «se se demonstra que não é permitido.» II — Daí: 2) Acusar, argüir, censurar (Cíc. Mur. 67).

Argus, -ī, subs. pr. m. Argo. 1) Filho de Aresto, e que tinha cem olhos (Ov. Met. 1, 625). 2) O construtor do navio Argo (V. Flac. 1, 93).

argūtātĭō, -ōnis, subs. f. Tagarelice (sent. figurado) (Catul. 6, 11).

argūtē, adv. Com agudeza, com finura, agudamente, sutilmente (Cíc. Br. 42).

argūtĭa, v. **argutĭae, -ārum.**

argūtĭae, -ārum, subs. f. pl. 1) Argúcia, sutileza (Cíc. Lae. 45). Daí: 2) Gracejo, graça, vivacidade, finura, elegância (Cic. Or. 59). Obs.: O sing. é raro e só usado na decadência.

argūtō, -ās, -āre, v. tr. Repetir sem cessar, repisar constantemente, tagarelar (Prop. 1, 6. 7).

argūtŭlus, -a, -um, adj. Que é um tanto sutil, mordaz (Cíc. At. 13, 18).

argūtūrus, -a, -um, part. fut. de **argŭo.**

argūtus, -a, -um. I — Part. pass. de **argŭo.** II — Adj.: 1) Claro, distinto, arguto (Cíc. At. 6, 5, 1). 2) Agudo, penetrante, arguto (voz ou vista), picante, ativo (gôsto ou olfato) (Verg. G. 1, 377). Na língua poética: 3) Sonoro, melodioso (Verg. Buc. 7, 24). 4) Sagaz, fino, arguto, expressivo (Cíc. Or. 42).

Argȳnnus, ou **Argȳnus, -ī,** subs. pr. m. Argino, menino a quem Agamêmnon elevou um altar (Prop. 4, 6, 22).

argyraspĭdēs, -um, subs. m. pl. Argiráspides, soldados que usavam escudos de prata (T. Lív. 37, 40, 7).

Argyrĭpa (Argyrĭppa), -ae, subs. pr. f. Argíripa, ou Argiripa, cidade da Apúlia (Verg. En. 11, 246); (Cíc. At. 9, 3, 2).

arĭa, v. **area.**

Arĭādna, -ae, ou **Arĭādnē, -ēs,** subs. pr. f. Ariadne, filha de Minos e Pasífae (Ov. F. 3, 462).

Ariadnaeus, -a, -um, adj. De Ariadne (Ov. F. 5, 346).

Ariarăthēs, is, subs. pr. m. Ariárates. 1) Rei da Capadócia (T. Lív. 42, 19, 3). 2) Outras personagens com o mesmo nome (Cíc. Fam. 15, 2, 6).

Arĭcĭa, -ae, subs. pr. f. Arícia. 1) Mulher de Hipólito (Verg. En. 7, 762). 2) Aldeia perto de Roma (Cíc. Mil. 51).

Arĭcīnī, -ōrum, subs. loc. pl. Aricinos, os habitantes de Arícia (T. Lív. 2, 14).

Arĭcīnus, -a, -um, adj. Aricino, de Arícia (Cíc. Phil. 3, 15).

ārĭdē, adv. Sêcamente (Sên. Contr. 2, pref. 1).

ārĭdĭtās, -tātis. subs. f. Aridez, secura (Plín. H. Nat. 11, 117).

ārĭdŭlus, -a, -um, adj. (dim. de **arĭdus).** Um pouco sêco (Catul. 64, 317).

ārĭdum, -ī, subs. n. Terra firme, lugar sêco (Cés. B. Gal. 4, 29).

ārĭdus, -a, -um, I — Sent. próprio: 1) Sêco, ressequido, árido (Cíc. Pis. 97). II — Sent. figurado: 2) Magro, pobre, frugal (Ov. A. Am. 3, 272). Na língua retórica: 3) Sêco, sem ornato (falando do estilo) (Cíc. De Or. 2, 159).

arĭēs, -ĕtis, subs. m. I — Sent. próprio: 1) Carneiro (animal); (signo do Zodíaco) (Cíc. Tusc. 5, 115). II — Daí, na língua militar: 2) Aríete (máquina de guerra) (Cés. B. Gal. 2, 32, 1), e escora, suporte (Cés. B. Gal. 4, 17, 9). 3) Áries constelação) (Cíc. Arat. 230).

arietātĭō, -ōnis, subs. f. Choque (Sên. Nat. 5, 12, 5).

arietātus, -a, -um, part. pass. de **arĭĕto.**

arĭĕtō, -ās, -āre, -āvī, -ātum, v. intr. I — Sent. próprio: 1) Dar marradas, marrar

(Cíc. Br. 24). II — Sent. figurado: 2) Tropeçar, chocar-se contra, bater contra (Verg. En. 11, 890). 3) Ferir, perturbar, inquietar (Sên. Tranq. 1, 11).

Ariminēnsēs, -um, subs. loc. m. pl. Ariminenses, habitantes de Arímino (Cíc. Caec. 102).

Arimĭnum, -i, subs. pr. n. Arímino, cidade da Úmbria, no mar Adriático (Cíc. Fam. 16, 5, 2).

Ariobarzănēs, -is, subs. pr. m. Ariobárzanes, rei da Capadócia, (Cíc. Fam. 15, 2).

Ariōn, ou **Arĭo**, -ōnis, subs. pr. m. Aríon. 1) Poeta lírico grego de Lesbos que, segundo a lenda, foi salvo por um delfim (Cíc. Tusc. 2, 67). 2) Filósofo pitagórico (Cíc. Fin. 5, 87).

Ariŏnĭus, -a, -um, adj. Ariônico, do poeta Aríon (Ov. F. 2, 93).

ariopagīta, v. **areopagīta**.

Ariovīstus, -i, subs. pr. m. Ariovisto, rei dos germanos, vencido por César (Cés. B. Gal. 1, 31, 10).

Aris, -ĭnis, subs. pr. m. Áris, nome de homem (Cíc. Scaur. 9).

Arīsba, -ae, ou **Arīsbē**, -ēs, subs. pr. f. Arisba, cidade da Tróade (Verg. En. 9, 264).

arĭsta, -ae, subs. f. I — Sent. próprio: 1) Barba da espiga (Cíc. C.M. 51). Daí: 2) Espiga (Verg. G. 1, 8). II — Sent. figurado: 3) Pêlo do corpo (Pérs. 3, 115).

Aristaeum, -i, subs. pr. n. Aristeu, cidade da Trácia (Plín. H. Nat. 4, 45).

Aristaeus, -i, subs. pr. m. Aristeu, filho de Apolo e de Cirene (Cíc. Nat. 3, 45).

Aristarchus, -i, subs. pr. m. Aristarco. 1) Gramático e crítico alexandrino nascido na ilha de Samotrácia (Cíc. Fam. 3, 11). II — Sent. figurado: 2) Um crítico severo e competente (Cíc. At. 1, 14, 3).

Aristeŭs, -i, subs. pr. m. Aristeu, nome de homem (Cíc. Verr. 5, 110).

Aristīdēs, -is, ou -i, subs. pr. m. Aristides. 1) Homem público ateniense, célebre por suas virtudes, o que lhe valeu o apelido de Justo (Cíc. Tusc. 5, 105). 2) Nome de um poeta de Mileto (Ov. Trist. 2, 413).

Aristīpēus, -a, -um, adj. De Aristipo (Cíc. Fin. 2, 20).

Aristippus, -i, subs. pr. m. Aristipo, filósofo natural de Cirene, chefe da Escola Cerenaica (Cíc. Fin. 2, 18).

Aristĭus, -i, subs. pr. m. Arístio Fusco, orador e gramático amigo de Horácio (Hor. Ep. 1, 10).

Aristō, -ōnis, subs. pr. m. Aristão, filósofo de Quios (Cíc. Nat. 3, 77).

Aristobūlus, -i, subs. pr. m. Aristobulo. 1) Rei da Síria (Tác. An. 13, 7). 2) Nome de outras personagens.

Aristodēmus, -i, subs. pr. Aristodemo. 1) Tirano de Cumas, junto de quem Tarquínio o Soberbo se refugiou, segundo T. Lívio (T. Lív. 2, 21, 5). 2) Nome de outras pessoas (Cíc. At. 2, 7, 5).

Aristogītōn, -ōnis, subs. pr. m. Aristogíton. 1) Orador ático adversário de Demóstenes (Quint. 12, 10, 22). 2) Ateniense que conspirou contra os Pisistrátidas (Cíc. Tusc. 1, 116).

Aristomăchē, -ēs, subs. pr. f. Aristômaque, mulher do tirano Dionísio (Cíc. Tusc. 5, 59).

Aristonēus, -a, -um, adj. De Aristão, (Cíc. Fin. 4, 40).

Aristonĭcus, -i, subs. pr. m. Aristonico, rei de Pérgamo (Cíc. Agr. 2, 90).

Aristophănēs, -is, subs. pr. m. Aristófanes. 1) O maior comediógrafo da Grécia (Cíc. Leg. 2, 37). 2) Gramático de Bizâncio (Cíc. Fin. 5, 50).

Aristophanēus, -a, -um, adj. Aristofânico, de Aristófanes (Cíc. Or. 190).

Aristotelēus, ou **Aristotelīus**, -a, -um, adj. De Aristóteles, aristotélico (Cíc. Fin. 3, 10).

Aristotĕlēs, -is, subs. pr. m. Aristóteles, célebre filósofo grego, nascido em Estagira, a quem Filipe da Macedônia confiou a educação de seu filho Alexandre Magno (Cíc. Tusc. 1, 22). Obs.: Gen. **Aristoteli** (Cíc. At. 13, 28, 3); acus. **Aristotelen** (Quint. 3, 6, 60).

Aristoxĕnus, -i, subs. pr. m. Aristóxeno, filósofo e músico, o mais distinto discípulo de Aristóteles (Cíc. Tusc. 1, 20).

Aristus, -i, subs. pr. m. Aristo, filósofo acadêmico, amigo de Cícero (Cíc. At. 5, 10, 5).

arithmetĭca, -ōrum, subs. m. pl. Aritmética (Cíc. At. 14, 12, 3).

ărĭtūdō, -ĭnis, subs. f. Aridez, secura (Plaut. Rud. 524).

Ariŭsĭus, -a, -um, adj. De Ariúsio (promontório da ilha de Quios) (Verg. Buc. 5, 71).

arma, -ōrum, subs. n. pl. I — Sent. próprio: 1) Armas (em geral), armas defensivas (em oposição a «tela») (Cés. B. Gal. 3, 14, 2). 2) Utensílios, instrumentos (Verg. En. 1, 177). II — Sen. figurado: 3) Exército, homens armados (Cíc. Mil. 3). 4) O combate, as guerras (Cíc. At. 7, 3, 5).

armāmĕnta, ōrum, subs. n. pl. Aprestos de tôda espécie, mas, sobretudo, equipamento de um navio (Cés. B. Gal. 4, 29, 3). Obs.: O Sing. é raro.

armāmentărĭum, -ĭ, subs. n. Arsenal (Cíc. Rab. Perd. 20).

armărĭum, -ĭ, subs. n. 1) Armário, cofre (Cíc. Cael. 52). 2) Guarda-louça (Plaut. Men. 531). 3) Biblioteca (Plín. Ep. 2, 17, 8). Obs.: **Armărĭa, -ae**, (sing.) (Juv. 3, 219).

armātūra, -ae, subs. f. I — Sent. próprio: 1) Armadura, equipamento (Cíc. Fam. 7, 1, 2). II — Sent. figurado: 2) Soldados armados, tropas (Cés. B. Gal. 2, 10, 1).

1. armātus, -a, -um. A) Part. pass. de armo. B) Adj.: 1) Armado, equipado. 2) Subs. m. pl.: **armātī, -ōrum** (Cíc. Marc. 18) «homens armados», i.é, «soldados».

2. armātus, -ūs, subs. m. I — Sent. próprio: 1) Armas, armaduras (T. Lív. 33, 3, 10). II — Sent. figurado: 2) Soldados em armas, tropas (T. Lív. 26, 5, 3). Obs.: No sing. só no abl.

Armenĭa, -ae, subs. pr. f. Armênia, região da Ásia ocidental (Cíc. Div. 2, 79).

Armenĭus, -a, -um, adj. Armênio, da Armênia (Cíc. At. 5, 20, 2).

armēnta, v. armēntum.

armentālis, -e, adj. Pertencente a um rebanho ou manada de gado grosso (Verg. En. 11, 571).

armentărĭus, -ĭ, subs. m. Pastor (Verg. G. 3, 344).

armēntum, -ĭ, subs. n. 1) Rebanho de gado grosso, armento (cavalos e bois não domesticados) (Verg. En. 3, 540). Daí, por extensão: 2) Rebanho ou manada de qualquer animal (Verg. G. 4, 395). 3) Boi de lavoura (Cíc. Phil. 3, 31).

armĭfer, -fĕra, -fĕrum, adj. 1) Guerreiro, belicoso, armífero (Ov. F. 3, 681). 2) Que produz homens armados (Sên. Med. 471).

1. armĭger, -gĕra, -gĕrum, adj. Que traz armas, armígero, que produz homens armados (= **armifer** — 2) (Prop. 3, 11, 10).

2. armĭger, ĕrī, subs. m. 1) O que traz as armas de outro, escudeiro, armígero (Verg. En. 2, 477). 2) **Armigĕra, -ae**, subs. f. Ave (águia) que leva as armas de Júpiter (o raio) (Verg. En. 5,255).

armīlla, -ae, subs. f. Bracelete (Plín. H. Nat. 28, 4, 9). Obs.: Geralmente usado no pl.

armillātus, -a, -um, adj. 1) Que usa braceletes (Suet. Cal. 52). 2) Que usa colar (Prop. 4, 8, 24).

armillūstrĭum, -ĭ, subs. n. Lugar onde se fazia a purificação das armas, armilústrio (T. Lív. 27, 37, 4).

Arminĭus, -ĭ, subs. pr. m. Armínio, célebre chefe germânico que derrotou, numa emboscada, as legiões de Varo (Tác. An. 1, 55).

armĭpŏtens, -ēntis, adj. Poderoso nas armas, belicoso, armipotente (Verg. En. 6, 500).

armĭsŏnus, -a, -um, adj. Que faz estrondo com as armas, armíssono (Verg. En. 3, 544).

armō, -ās, -āre, -āvī, -ātum, v. tr. I — Sent. próprio: 1) Armar, dar armas a (Cíc. Caec. 20). Donde: 2) Equipar, prover (um navio) (Cíc. Verr. 5, 50). 3) Fortificar (uma praça forte) (Cíc. Agr. 2, 87). II — Sent. figurado: 4) Munir, preparar (Cíc. Mil. 2).

armonĭa, v. harmonĭa.

armus, -ĭ, subs. m. 1) A parte superior do braço (que forma a articulação com o ombro), ombro (dos animais) (Ov. Met. 10, 700). 2) Ombro (do homem) (Verg. En. 11, 644). 3) Braço (Tác. Hist. 1, 36). 4) No pl.: **armī, -ōrum**: flancos (de cavalo) (Verg. En. 6, 881).

Arnē, -ēs, subs. pr. f. Arne. 1) Filha de Éolo, o rei dos ventos (Ov. Met. 7, 465). 2) Nome de uma cidade da Beócia (Estác. Theb. 7, 331).

Arniēnsis, -e, adj. De Arno, arniense, nome de uma tribo de Roma (Cíc. Agr. 2, 79).

Arnus, -ĭ, subs. pr. m. Arno, rio da Etrúria (T. Lív. 22, 2, 2).

arō, -ās, -āre, -āvī, -ātum, v. tr. e intr. A) Tr. I — Sent. próprio: 1) Lavrar, arar: **arare agrum** (Cíc. De Or. 2, 131) «lavrar o campo». Donde, mais freqüentemente: 2) Cultivar (Cíc. Verr. 5, 53). II — Sent. figurado, na língua poética: 3) Sulcar: **arare aequor maris** (Verg.

En. 2, 780) «sulcar a superfície do mar».
B) Intr. 4) Cultivar os campos, dar-se
a trabalhos agrícolas, ser agricultor,
produzir (Cíc. Verr. 3, 11).

Arpī, -ōrum, subs. pr. m. pl. Arpos, ou
Argiripa, cidade da Apúlia (Cíc. At.
9, 3, 2).

Arpīnās, -ātis, I — Adj.: 1) Arpinate, de
Arpino (Cíc. Agr. 3, 8). II — Subs.:
2) O homem de Arpino, o Arpinate:
Mário e, mais freqüentemente, Cícero
(Juv. 8, 245) e (Juv. 8, 237).

Arpīnātēs, -ium, subs. m. pl. Os arpinates, habitantes de Arpino (Cíc. Of.
1, 21).

Arpīnum, -ī, subs. pr. n. 1) Arpino, cidade do Lácio, que deu o berço a Mário
e a Cícero (Cíc. At. 2, 8). 2) Casa de
campo em Arpino (Cíc. Tusc. 5, 74).

Arpīnus, -a, -um, adj. De Arpino, i.é, de
Cícero (Marc. 10, 19, 17).

arquātus, v. **arcuātus.**

arquitĕnens, v. **arcitĕnens.**

arquō = **arcuō.**

arquus, v. **arcus.**

arrādō = **adrādō.**

arrēctus (adrēctus), -a -um. A) Part.
pass. de **arrĭgo.** B) Adj.: I — Sent. próprio: 1) Escarpado (T. Liv. 21, 35, 11).
II — Daí, em sent. figurado: 2) Que
está na expectativa, atento, impaciente
(Verg. G. 3, 105).

arrēpō (adrēpō), -is, -ĕre, -rēpsī, -rēptum,
v. intr. I — Sent. próprio: 1) Ir de
rasto ou de gatinhas, rastejar (Varr.
R. Rust. 3, 7, 2). II — Sent. figurado:
2) Insinuar-se brandamente (Cíc. Verr.
3, 158).

arrēpsī (adrēpsī), perf. de **arrēpo (adrēpo).**

arrēxī (adrēxī), perf. de **arrĭgo.**

Arria, -ae, subs. pr. f. Arria, nome de mulher (Tác. An. 16, 34).

arrĭdĕō (adrĭdĕō), -ēs, -ēre, -rīsī, -rīsum,
v. intr. I — Sent. próprio: 1) Rir-se
para ou em resposta, sorrir para, rir
com (Hor. A. Poét. 101). Daí: 2) Rir,
sorrir (como aprovação) (Cíc. De Or.
1, 134). II — Sent. figurado: 3) Sorrir, agradar, favorecer (Cíc. At. 13,
21, 3).

arrĭgō (adrĭgō), -is, -ĕre, -rēxī, -rēctum,
v. tr. I — Sent. próprio: 1) Levantar
para, endireitar, erguer (Verg. En. 11,
496). II — Sent. figurado: 2) Excitar,
animar, dar coragem (Sal. C. Cat. 39,

3). Obs.: Com o segundo sentido é raro
na prosa, não aparecendo em Cícero.

arripĭō (adripĭō), -is, -ĕre, -ripŭī, -rēptum,
v. tr. I — Sent. próprio: 1) Agarrar,
arrebatar, tomar violentamente, à fôrça, apossar-se de, apropriar-se de (Cíc.
Verr. 4, 95). Daí: 2) Atacar de surprêsa, de repente, surpreender-se com
um ataque repentino (Cíc. Sull. 54).
II — Sent. figurado: 3) Atacar bruscamente (Cíc. Mur. 62). Na língua jurídica: 4) Levar aos tribunais, acusar
(Cíc. Planc. 54).

arripŭī (adripŭī), perf. de **arripĭō.**

arrīsī (adrīsī), perf. de **arrĭdĕō.**

arrīsor (adrīsor), -ōris, subs. m. O que
sorri quando fala, adulador (Sên. Ep.
27, 7).

arrōdō (adrōdō), -is, -ĕre, -rōsī, -rōsum,
v. tr. Roer em redor (em roda), romper com os dentes, morder em, roer
(sent. próprio e figurado) (T. Liv. 30,
2, 9).

arrŏgans, -āntis, part. pres. adjetivado.
Arrogante, presunçoso (Cíc. Br. 30).

arrogānter (adrogānter), adv. Com arrogância, arrogantemente, com presunção (Cíc. Of. 1, 2).

arrogantĭa (adrogantĭa), -ae, subs. f.
Arrogância, presunção, altivez (Cés. B.
Gal. 1, 33, 5).

arrogātus (adrogātus), -a, -um, perf. de
arrŏgo.

arrŏgō, -ās, -āre, -āvī, -ātum, v. tr. I —
Sent. próprio: 1) Pedir a mais, donde, na língua jurídica: ajuntar, associar: **cui unico consuli dictatorem arrogari haud satis decorum visum est patribus** (T. Liv. 7, 25, 11) «ao cônsul único não pareceu ao senado dever ser associado um ditador». Daí: 2) Tomar
por herdeiro, perfilhar, adotar (A. Gél.
5, 19). II — Sent. figurado: 3) Arrogar-se, atribuir a si, sem fundamentos,
temeràriamente algo: **sapientiam sibi
ipsum detrahere, eis tribuere qui eam
sibi arrogant** (Cíc. Amer. 89) «recusar
a si próprio a sabedoria e atribuí-la aos
que se arrogam». Na língua poética: 4)
Acrescentar, atribuir, dar (Hor. Ep.
2, 1, 35).

arrōsī (adrōsī), perf. de **arrōdo.**

arrōsor (adrōsor), -ōris, subs. m. O que
rói, parasita (Sên., Ep. 27, 7).

arrōsus (adrōsus), -a, -um, part. pas. de
arrōdo.

ARRUNS — 99 — **ARTIFICIUM**

Arruns, -tis, subs. pr. m. Arrunte, filho de Tarquínio (T. Liv. 1, 56, 7).

ars, artis, subs. f. 1) Maneira de ser ou de proceder (natural ou adquirida, boa ou má), qualidade (boa ou má) (Cíc. C. M. 29). 2) Habilidade (adquirida pelo estudo ou pela prática), conhecimento técnico (Cíc. De Or. 1, 115). 3) Talento, arte, habilidade (T. Liv. 25,39, 1). 4) Artifício, astúcia (Verg. En. 2, 15). 5) Ofício, profissão (Cíc. De Or. 1, 73). 6) Trabalho, obra, tratado (Cíc. Or. 114). 7) No pl.: «obras de arte» (Cíc. Leg. 2, 4).

Arsamōsăta, -ae, subs. pr. f. Arsamósata, cidade da Armênia (Tác. An. 15, 10).

arsī, perf. de **ardĕō** e **ardēscō**.

Arsia Silva, subs. pr. f. Floresta da Etrúria (T. Lív. 2, 7).

Arsippus, -ī, subs. pr. m. Arsipo, pai do terceiro Esculápio (Cíc. Nat. 3, 57).

arsūrus, -a, -um, part. fut. do **ardĕō**.

arsus, -a, -um, part. pass. de **ardĕō**.

Artabănus, -ī, subs. pr. m. Artábano. 1) General de Xerxes (C. Nep. Reg. 1, 5). 2) Rei dos partas (Tác. An. 2, 3).

Artaciē, -ēs, subs. pr. f. Artácie, fonte dos lestrigões, povo da Sicília (Tíb. 4, 1, 59).

Artaphērnēs, -is, subs. pr. m. Artafernes general persa (C. Nep. Milc. 4, 1).

artātus, -a, -um, part pass de **artō**.

Artavāsdēs, -is, subs. pr. m. Artavasdes, rei da Armênia (Cíc. At. 5, 20, 2).

Artaxăta, -ae, sub. pr. f. Artáxata, capital da Armênia (Tác. An. 2, 5, 6).

Artaxĕrxēs, -is, subs. pr. m. Artaxerxes, nome de vários reis da Pérsia (C. Nep. Dat. 1, 1). Obs.: Acus. principalmente **Artaxerxen**.

artē, adv. v. **arctē**.

Artemidōrus, -ī, subs. pr. m. Artemidoro. 1) Geógrafo de Éfeso (Plín. H. Nat. 2, 242). 2) Nome de outras personagens (Cíc. Verr. 1, 79).

Artĕmis, -ĭdis, subs. pr. f. Ártemis, o nome grego de Diana (Plín. H. Nat. 25, 73).

Artemísia, -ae, subs. pr. f. Artemísia, mulher de Mausolo, rainha da Cária (Cíc. Tusc. 3, 75).

Artemĭsĭum, -ī, subs. pr. n. Artemísio, promontório e cidade da Eubéia (C. Nep. Them. 3, 2).

Artemīta, -ae, subs. pr. f. Artemita, cidade da Assíria (Tác. An. 6, 41).

Artĕmō, -ōnis, subs. pr. m. Artemão, nome de várias personagens (Cíc. Verr. 2, 128).

Artēna, -ae, subs. pr. f. Artena, cidade dos Volscos (T. Liv. 4, 61).

1. **artērĭa, -ae,** subs. f. 1) Traquéia-artéria, artéria (Cíc. Nat. 2, 138).

2. **artērĭa,** subs. n. pl. Traquéia-artéria (Lucr. 4, 529).

artērĭum, -ī, subs. n. Traquéia-artéria (Lucr. 4, 527).

arthrĭtĭcus, -a, -um, adj. Gotoso, artrítico (Cíc. Fam. 9, 23).

articulātim, adv. 1) Por partes, pouco a pouco (Plaut. Ep. 488). Daí: 2) Fragmento por fragmento, distintamente (Cic. Leg. 1, 36).

articulātĭō, -ōnis, subs. f. 1) Formação de nós nas árvores (Plín. H. Nat. 17, 136). 2) Doença nos gomos das videiras (Plín. H. Nat. 17, 226).

articŭlō, -ās, -āre, -āvī, -ātum, v. tr. Articular, pronunciar distintamente (Lucr. 4, 549).

articulōsus, -a, -um, adj. 1) Cheio de nós (Plín. H. Nat. 24, 150). 2) Retalhado (Quint. 4, 5, 24).

articŭlus, -ī, subs. m. I — Sent. próprio: 1) Articulação, juntura, nó das árvores (Cíc. C. M. 53). 2) Juntura dos ossos (Cíc. De Or. 2, 359). 3) Membro pequeno, dedo (Ov. Her. 10, 140). II — Sent. figurado: 4) Ocasião, momento preciso, circunstância (favorável ou crítica) (Cíc. Quinct. 19). 5) Secção, divisão, membro de frase (Cíc. De Or. 3, 96).

1. **artĭfex, -ĭcis,** subs. m. e f. I — Sent. próprio: 1) Artífice, operário, pessoa que exerce uma profissão, artista (Cíc. Rep. 1, 35). II — Sent. figurado: 2) Autor, criador (Cíc. Tim. 6). 3) Especialista numa profissão, perito numa arte (Cíc. De Or. 1, 23).

2. **artĭfex, -ĭcis,** adj. 1) Hábil, engenhoso, perito (Cíc. Br. 96). Daí: 2) Feito com arte (Prop. 2, 31, 7).

artificiālis, -e, adj. Feito segundo os princípios da arte (Quint. 5, 1, 1).

artificiālĭter, adv. Com arte (Quint. 2, 17, 42).

artificiōsē, adv. Com arte, artisticamente (Cíc. De Or. 1, 186).

artificiōsus, -a, -um, adj. 1) Feito segundo os princípios de arte, artístico (Cíc. Inv. 1, 6). 2) Engenhoso, hábil (Cíc. Inv. 1, 61).

artifĭcĭum, -ī, subs. n. I — Sent. próprio: 1) Profissão, ocupação, arte, emprêgo (Cíc. Verr. 4, 123). 2) Perícia, competência, trabalho artístico (Cíc. Verr. 4, 72). II — Sent. figurado: 3) Teoria, sistema, ciência (Cíc. De Or. 1, 93). 4) Ardil, manha, astúcia (Cic. Verr. 5, 174).

artō, -ās, -āre, -āvī, -ātum, v. **arctō.**
artocrĕas, -ătis, subs. n. Pastel de carne (Pérs. 6, 50).
artolagănus, -ī, subs. m. Espécie de pão (Cíc. Fam. 9, 20, 2).
artŏpta, -ae, subs. f. Artópta, espécie de fôrma para cozer pão (Plaut. Aul. 400); (Juv. 5, 72).
artŭa, -um, subs. n. pl., v. **artus, -ūs** 2.
artum, v. **arctum.**
1. **artus, -a, -um,** v. **arctus, -a, -um.**
2. **artus, -ūs** (mais freqüente no pl. **artus, -uum),** subs. m. I — Sent. próprio: 1) Articulações, junturas dos ossos (Cíc. Nat. 2, 150). Daí: 2) Membros do corpo (Ov. Met. 2, 620). II — Sent. figurado: 3) Ramos de uma árvore (Plín. H. Nat. 14, 13). Obs.: dat. abl. pl.: **artŭbus** é o mais comum.
ārŭī, perf. de **arĕō.**
ārŭla, -ae, subs. f. Pequeno altar (Cíc. Verr. 4, 5).
arundĭfer, -fĕra, -fĕrum, adj. Que traz canas ou caniços, coroado de canas ou caniços, arundinoso (Ov. F. 5, 637).
arundĭnĕus, -a, -um, adj. 1) Arundíneo, de canas, de caniço (Verg. En. 10, 710). 2) Flauta (feita de caniço) (Ov. Trist. 4, 1, 2).
arundĭnōsus, -a, -um, adj. Fértil em canas, ou em caniços, arundinoso (Catul. 36, 13).
arūndō (harūndō), -ĭnis, subs. f. I — Sent. próprio: 1) Cana (planta), caniço (Verg. G. 2, 414). II — Daí: objeto de cana ou em forma de cana, ou de caniço: 2) Flauta (Verg. Buc. 6, 8). 3) Haste da flecha (Ov. Met. 1, 471). Donde: 4) Flecha (Verg. En. 4, 73). 5) Caniço de pescar (Plaut. Rud. 294). 6) Bastão, bengala (Hor. Sát. 2, 3, 248). 7) Travessa de tecelão (Ov. Met. 6, 55).
arūspex, aruspicīna, v. **haruspex, haruspicīna.**
Arvae, -ārum, subs. pr. f. pl. Arvas, cidade da Hircânia (Q. Cúrc. 6, 4, 23).
arvēctus, v. **advēctus.**
arvĕna, v. **advĕna.**
Arvērnī, -ōrum, subs. loc. m. pl. Arvernos, povo da Gália Céltica, que habitava a região montanhosa da atual Auvergne (Cés. B. Gal. 1, 31, 3).
1. **arvīna, -ae,** subs. f. Gordura, toucinho, banha de porco (Verg. En. 7, 627).
2. **Arvīna, -ae,** subs. pr. m. Arvina, sobrenome romano (T. Liv. 8, 38).
arvum, -ī, subs. n. I — Sent. próprio: 1) Terra lavrada, campo (Cíc. Nat. 1, 122). Daí, na língua agrícola: 2) Seara (Verg. G. 1, 316). 3) Pastagem (Verg. G. 3, 75). 4) Litoral, costa (Verg. En. 2, 209). 5) Planície (Verg. En. 8, 604).
arvus, -a, -um, adj. Arável, lavrado (Cíc. Rep. 5, 3).
arx, arcis, subs. f. I — Sent. próprio: 1) Parte mais alta de uma cidade, onde fica a cidadela, cidadela (Cíc. De Or. 2, 273). 2) Altura, o ponto mais elevado, cimo, cume, colina (Hor. O. 2, 6, 22); (Verg. G. 2, 535). 3) Lugar fortificado, praça forte, baluarte (Verg. En. 3, 291). II — Sent. figurado: 4) Refúgio, proteção (Cíc. Verr. 4, 17). 5) O Capitólio (Cíc. Of. 3, 66).
as, assis, subs. m. I — Sent. próprio: 1) Asse (unidade do sistema monetário romano). Êste sentido conservou-se na expressão jurídica: **heres ex asse** (Quint. 7, 1, 20) «herdeiro universal» (da totalidade) em oposição aos herdeiros parciais (Cat. apud. Sên. En. 94, 27). II — Sent. figurado: 2) Pouco valor coisa de pouca valia (Catul. 42, 13). Obs.: O **asse** primitivamente subdividia-se em doze onças e pesava uma libra (**as librarius:** A. Gél. 20, 1, 31); era uma placa de bronze de forma retangular e não cunhada. O pêso e, portanto, o valor foram diminuindo com o correr dos tempos. O gen. pl. geralmente usado é **assium.**
Asbŏlus, -ī, subs. pr. m. Ásbolo, nome de um cão de Acteão (Ov. Met. 3, 218).
Ascalăphus, -ī, subs. pr. m. Ascálafo, filho de Aqueronte com uma ninfa do Estige (Ov. Met. 5, 539).
Ascanĭus, -ī, subs. pr. m. Ascânio, filho de Enéias e de sua primeira mulher Creusa (Verg. En. 1, 271).
ascĕa, v. **ascĭa.**
Ascēndī (adscēndī), perf. de **ascēndō.**
ascēndō (adscēndō), -is, -ĕre, -ascēndī, ascēnsum, v. tr. e intr. A) Intr.: I — Sent. próprio: 1) Subir, fazer subir, trepar, montar: **in Capitolium ascendere** (Cíc. De Or. 2, 195) «subir ao Capitólio». II — Daí, em sent. figurado: 2) Elevar-se, crescer: **ad regium nomen ascendere** (Cíc. Dej. 27) «elevar-se ao título de rei». B) Tr.: I — Sent. próprio: 3) Escalar, montar, chegar a (Cés. B. Gal. 7, 27, 2). II — Sent. figurado: 4) Fazer subir, subir: **summum locum civitatis ascendere** (Cíc. Mur. 55) «fazer subir ao pôsto mais alto da nação». Obs.: Constrói-se como tr. e intr. com as preps. **in** ou **ad.**

ascensĭō (adsc-), -ōnis, subs. f. Ação de subir, subida, ascensão (Plaut. Rud. 599).

1. ascēnsus (adsc-), -a, -um, part. pass. de ascēndo.

2. ascēnsus (adsc.), -ūs, subs. m. I — Sent. próprio: 1) Ação de subir, subida, escalada (Cíc. Sest. 131). Daí: 2) Subida (caminho por onde se sobe) (Cíc. Verr. 4, 51). II — Sent. figurado: 3) Ascensão, acesso (Cíc. Balb. 40).

ascĭa (ascĕa), -ae, subs. f. Enxó, machadinha (Cíc. Leg. 2, 59).

Asciburgĭum, -ī, subs. pr. n. Ascibúrgio, antiga cidade da Gália Bélgica, às margens do Reno (Tác. Hist. 4, 33).

ascĭō (adscĭō), -īs, -īre, -īvī, v. tr. Mandar vir, receber, ajuntar-se a (Verg. En. 12, 38). Obs.: Verbo raro, aparecendo os primeiros exemplos em Vergílio e Tácito.

ascīscō (adscīscō), -is, -ĕre, -īvī, -ītum, v. tr. I — Sent. próprio: 1) Juntar por decreto, associar oficialmente, mandar vir, chamar a si, juntar, admitir, adotar (Cés. B. Gal. 1, 5, 4). II — Daí, em sent. figurado: 2) Adquirir, conseguir, tomar (Cíc. Br. 209). 3) Aprovar, admitir, acertar (Cíc. Ac. 2, 138). 4) Atribuir-se, arrogar-se, tomar (para si) (T. Lív. 33, 21, 3).

ascītus (adscītus), -a, -um. A) Part. pass. de ascīscō. B) Adj.: Tomado emprestado, admitido (C. Nep. Att. 4, 1).

Asclēpĭădes, -ae, subs. pr. m. Asclepíades. 1) Poeta epigramático grego do período alexandrino. 2) Célebre médico da Bitínia (Cíc. De Or. 1, 62). 3) Filósofo cego de Erétria (Cíc. Tusc. 5, 113).

Ascōnĭus, -ī, subs. m. Quinto Ascônio Pediano, gramático do I séc. d.C., comentador de Cícero.

Ascra, -ae, subs. pr. f. aldeia da Beócia, berço de Hesíodo (Ov. P. 4, 14, 31).

1. Ascraeus, -a, -um, adj. 1 Ascreu, de Ascra (Prop. 2, 13, 3). 2) Relativo a Hesíodo (Verg. En. 6,70).

2. Ascraeus, -ī, subs. m. O ascreu, i. é, Hesíodo (Ov. Am. 1, 15, 11).

ascrībō (adscrībō), -īs, -ĕre, -crīpsī, -crīptum, v. tr. I — Sent. próprio: 1) Ajuntar por escrito, acrescentar a um escrito (Cíc. At. 3, 23). II — Daí, em sent. figurado: 2) Ajuntar, inscrever, marcar, gravar (Cíc. Verr. 2, 115). 3) Admitir alguém no número de, associar, alistar, recrutar (Cíc. Phil. 2, 102). 4) Imputar, atribuir, referir (Plín. H. Nat. 34, 64). 5) Fazer figurar entre, inscrever no número de (Cíc. Verr. 2, 110)

Obs.: Constrói-se com acus., com dat., ou com a prep. in com acus. ou abl.

ascrīpsī (adscrīpsī), perf. de ascrībo.

ascriptīcĭus (adscriptīcĭus), -a, -um, adj. Inscrito, admitido numa comunidade (Cíc. Nat. 3, 39).

ascrīptĭō (adscrīptĭō), -ōnis, subs. f. O que se ajunta a um escrito, adição (Cíc. Caec. 95).

ascrīptor (adscrīptor), -ōris, subs. m. O que aprova, subscreve alguma coisa, partidário: **collegae ascriptores legis agrariae** (Cíc. Agr. 2, 22) «os colegas que subscreveram (subscritores) a lei agrária».

ascrīptus (adscrīptus), -a, -um, part. pass. de ascrībo.

Ascŭa, -ae, subs. pr. f. Áscua, cidade da Espanha (T. Lív. 23, 27, 2).

Asculānī, -ōrum, subs. pr. m. Asculanos, habitantes de Ásculo (Cíc. Font. 41).

Asculānus, -a, -um, adj. Asculano, de Asculo (Cíc. Br.169).

Ascŭlum, -ī, subs. pr. n. Ásculo, cidade da Itália, antiga capital dos picentes, ou picenos (Cés. B. Civ. 1, 15, 3).

Asdrŭbal, v. **Hasdrŭbal**.

asēlla, -ae, subs. f. (dim. de asĭna). Burrinha (Ov. A. Am. 3, 290).

Asellĭō, -ōnis, subs. pr. m. Aselião (Semprônio Aselião), historiador romano que tomou parte no cêrco de Numância (Cíc. Leg. 1, 6).

Asellĭus, -ī, subs. pr. m. Asélio, nome de várias personagens (T. Lív. 4, 42).

1. asēllus, -ī, subs. m. 1) Burrinho, jumento (Cíc. At. 1, 16, 12). 2) Peixe de água salgada (Varr. L. Lat. 5, 77).

2. Asēllus, -ī, subs. pr. m. Aselo, sobrenome romano (Cíc. De Or. 2, 258).

1. asēna, v. **arena**.

2. Asēna, -ae, subs. pr. f. Asena, cidade da Hispânia Ulterior (T. Lív. 23, 27).

Asĭa, -ae, subs. pr. f. Ásia, 1) A maior das três partes do mundo conhecido dos antigos (Sal. B. Jug. 17, 3). 2) Ásia Anterior, ou Ásia Menor, assim chamada em oposição à precedente, também denominada Ásia Maior (Cíc. Br. 51). 3) A Ásia pròpriamente dita, a província romana da Ásia (Cíc. Pomp. 14).

Asiagĕnēs, -is, subs. pr. m. Sobrenome de Cipião Asiático (T. Lív. 39, 44, 1).

Asiānē, adv. Em estilo asiático (Quint. 12, 10, 18).

Asiānī, -ōrum, subs. loc. m. pl. 1) Asiáticos, os habitantes da Ásia (Cíc. At. 1, 17, 9). Especialmente: 2) Os oradores da chamada Escola Asiática (Quint. 12, 10, 1).

Asiānus, -a, -um, adj. Asiático (Cíc. Phil. 5, 20).
Asiātĭcī, -ōrum, subs. pr. m. pl. Asiáticos, i. é, os oradores da Escola Asiática (Cic Or. 27).
Asiātĭcus, -a, -um, adj. 1) Asiático, da Ásia (Cíc. Pomp. 19). 2) Sobrenome de L. Cornélio Cipião, vencedor de Antíoco (T. Lív. 37, 58, 6).
Asĭlās, subs. pr. m. Asilas, nome de um guerreiro (Verg. En. 10, 175).
asīlus, -ī, subs. m. Tavão (inseto) (Verg. G. 3, 147).
1. **asĭna, -ae,** subs. f. Burra, asna, jumenta (Plín. H. Nat. 8, 171).
2. **Asĭna, -ae,** subs. pr. m. Ásina, sobrenome da «gens» Cornélia (T. Lív. 22, 34, 1).
Asinĭus, -ī, subs. pr. m. Asínio, nome de família romana, e em especial de Asínio Polião, general, escritor e homem público romano, amigo de Vergílio e de Augusto, fundador da primeira biblioteca pública em Roma (Cíc. Fam 10, 31)
asĭnus, -ī, subs. m. I — Sent. próprio: 1) Burro, asno, jumento (Cat. Agr. 10, 1) II — Sent. figurado: 2) Burro (homem estúpido) (Cíc. At. 4, 5, 3).
Asis, -ĭdis, adj. Asiático (Ov. Met. 5, 648).
1. **Asĭus, -a, -um,** adj. Da Ásia (região da Lídia) (Verg. En. 7, 701).
2. **Asĭus, -ī,** subs. pr. m. Ásio, nome de homem (Verg. En. 10, 123).
Asōpĭădēs, -ae, subs. pr. m. Asopíade, descendente de Asopo (Ov. Met. 7, 484).
Asōpis, -ĭdis, adj. 1) De Asopo (Estác. Theb. 4, 370). 2) Egina, filha de Asopo (Ov. Met. 6, 113).
Asōpus, -ī, subs. pr. m. Asopo. 1) Deus do rio do mesmo nome, filho do Oceano e de Tétis (Ov. Am. 3, 6, 41). 2) Nome de vários rios (Prop. 3, 15, 27); (T. Lív. 36, 22, 7).
asōtus, -ī, subs. m. Homem voluptuoso, dado aos prazeres, devasso (Cíc. Fin. 2, 22).
Aspar, -ăris, subs. pr. m. Áspar, amigo do rei Jugurta (Sal. B. Jug. 108, 1).
Asparagĭum, -ī, subs. n. Asparágio, cidade da Ilíria (Cés. B. Civ. 3, 30, 7).
aspārgō, v. **aspērgō, -ĭnis.**
aspārsĭō, v. **aspersĭo, -ōnis.**
Aspasĭa, -ae, subs. pr. f. Aspásia, mulher de extraordinária beleza e inteligência, amada por Péricles, e que por sua cultura teria exercido grande influência literária e política em seu tempo (Cíc. Inv. 1, 51).

aspectābĭlis (adspectābĭlis), -e, adj. Visível (Cíc. Tim. 12).
aspectātus (adspectātus), -a, -um, part. pass. de **aspēcto.**
aspēcto (adspēctō), -ās, -āre, -āvī, -ātum, v. tr. freq. I — Sent. próprio: 1) Olhar freqüentemente ou atentamente para, olhar, prestar atenção (Cíc. Planc. 101). II — Sent. figurado: 2) Estar atento a (Tác. An. 1, 4). III — Têrmo técnico da topografia: 3) Olhar contra, estar voltado para, estar defronte (Verg. En. 1, 420).
1. **aspēctus (adspēctus), -a, -um,** part. pass. de **aspicĭo.**
2. **aspēctus (adspēctus), -ūs,** subs. m. I — Sent. próprio: 1) Ação de olhar, olhar (Cíc. Sest. 1). Daí: 2) Vista (faculdade de ver) (Cíc. Tusc. 1, 73). II — Sent. figurado: 3) Aspeto, aparência (Cíc. Of. 1, 126). Obs.: Formas arcaicas: dat.: **aspectu** (Verg. En. 6, 465); gen.: **aspectī** (Ác. Tr. 80, 188).
aspēllō, (abs, pēllō), -is, -pellĕre (-pŭlī), -pūlsum, v. tr. Expulsar, afastar, repelir (Plaut. Merc. 115); (Plaut. Capt. 519).
Aspendĭī, -ōrum, subs. loc. m. pl. Aspêndios, habitantes de Aspendo (T. Lív. 37, 23, 3).
Aspendĭus, -a, -um, adj. De Aspendo (Cíc. Verr. 1, 53).
Aspēndos, -ī, subs. pr. f. e **Aspēndum, -ī,** subs. pr. n. Aspendo, cidade da Panfília (Cíc. Verr. 1, 53).
1. **Asper, -ĕrī,** subs. pr. m. Ásper, nome romano (T. Lív. 3, 65, 4).
2. **asper, -ĕra, -ĕrum,** adj. I — Sent. próprio: 1) Áspero (sent. físico e moral), rugoso (Cíc. Fin. 2, 36). 2) Pedregoso, agudo (Cíc. Agr. 2, 67). 3) Duro (ao ouvido). 4) Desagradável (ao paladar) (Cat. Agr. 109). 5) Rouco (Cíc. De Or. 3, 216). II — Sent. figurado: 6) Rigoroso, tempestuoso (Verg. En. 6, 351). 7) Duro, penoso, severo, difícil, árduo (Cíc. Mur. 60). 8) Intratável (Hor. O. 1, 33, 5). Na língua retórica: 9) Rude, áspero, sem harmonia (tratando-se do estilo) (Cíc. Or. 20). Obs.: Formas sincopadas: **aspris = asperis** (Verg. En. 2, 379); **aspros = asperos** (Estác. Theb. 1, 622).
asperātus, -a, -um, part. pass. de **aspĕro.**
aspĕrē, adv. I — Sent. próprio: 1) Aspera mente (referindo-se ao som) (Cíc. De Or. 3, 45). II — Sent. figurado: 2) Com severidade, duramente, com dureza (Cíc. Q. Fr. 2, 4, 5).

ASPĔRGŌ — **ASSA**

1. **aspērgō** (ou **aspārgō**), -ĭnis, subs. f. Aspersão, rega (Verg. En. 3, 534). Obs.: A forma **aspargo** é freqüentemente encontrada nos manuscritos de Vergílio, Lucrécio, Ovídio, etc.
2. **aspērgō** (**adspērgō**), -is, -ĕre, -spērsī, -spērsum, v. tr. I — Sent. próprio: 1) Espalhar, derramar (Cíc. Div. 1, 23). Daí: 2) Aspergir, borrifar, molhar (Cíc. Nat. 3, 88). II — Sent. figurado: 3) Espalhar, salpicar, manchar (Cíc. Mur. 66). Obs.: A forma **aspargo** é freqüentemente encontrada nos manuscritos de Cícero, Lucrécio, Varrão, etc.
asperĭtas, -tātis, subs. f. I — Sent. próprio: 1) Aspereza, aridez (Cíc. Nat. 2, 98). II — Sent. figurado: 2) Rigor, rudeza (Cíc. Phil. 8, 1). 3) Dificuldade de acesso, dureza, dificuldade (Cíc. De Or. 1, 3).
aspernāndus, -a, -um. I — Gerundivo de **aspērnor**. II — Adj.: Desprezível (Verg. En. 11, 106).
aspernātĭō, -ōnis, subs. f. Ato de afastar, afastamento, desprêzo (Cíc. Tusc. 4, 31); (Sên. Ir. 2, 2, 1).
aspernātus, -a, -um, part. pass. de **aspērnor**.
aspērno = **aspērnor**.
aspērnor, -āris, -ārī, -ātus sum, v. dep. tr. I — Sent. próprio: 1) Afastar, rejeitar, recusar, renegar (Cíc. De Or. 2, 88). Daí: 2) Repelir com desprêzo, desprezar, não fazer caso de (Cíc. Pis. 81).
aspĕrō, -ās, -āre, -āvī, -ātum, v. tr. I — Sent. próprio: 1) Tornar áspero, desigual (Varr. R. Rust. 3, 16, 20). II — Sent. figurado: 2) Encapelar, encrespar (as ondas) (Verg. En. 3, 285). 3) Aguçar, tornar agudo, afilar (Tác. An. 15, 54). 4) Tornar mais forte, violento, agravar, excitar, irritar (Tác. Hist. 2, 48).
aspērsī (**adspērsī**), perf. de **aspērgo**.
aspersĭō (**adspersĭō**), -ōnis, subs. f. 1) Ação de espalhar (Cíc. Div. 1, 23). 2) Aspersão (Cíc. Leg. 2, 24).
1. **aspērsus** (**adspērsus**), -a, -um, part. pass. de **aspērgo**.
2. **aspērsus** (**adspērsus**), -ūs, subs. m. Aspersão, rega (Plín. H. Nat. 8, 134) Obs.: Só usado no abl.
aspēxī (**adspēxī**), perf. de **aspicio**.
aspēxim (**adspēxim**) = **aspexĕrim**.
aspicĭō (**adspicĭō**), -is, -ĕre, -spēxī, -pēctum, v. tr. I — Sent. próprio: 1) Olhar para, dirigir os olhos para, olhar, estar voltado para, ver (Cíc. C. M. 27). Daí: 2) Examinar, prestar atenção a (Cíc. Nat. 2, 87). II — Sent. figurado: 3) Considerar, socorrer (Cíc. De Or. 3, 28). 4) Olhar para, ou em frente, i.é, estar voltado (sentido topográfico), estar situado na direção de (Tác. Agr. 24). Obs.: Constrói-se com acus. sem prep. ou acompanhado pela prep. **ad**.
aspīrans (**adspīrans**), -āntis, part. pres. de **aspīro**.
aspīrātĭō (**adspīrātĭō**), -ōnis, subs. f. 1) Aspiração (Cíc. Nat. 1, 79). 2) Exalação, emanação (Cíc. Div. 1, 79). Na língua gramatical: 3) Aspiração (Cíc. Or. 160).
aspīrātus (**adspīrātus**), -a, -um, part. pass. de **aspīro**.
aspīrō (**adspīrō**), -ās, -āre, -āvī, -ātum, v. intr. e tr. A) Intr.: I — Sent. próprio: 1) Soprar para, sofrar: **aspirant aurae in noctem** (Verg. En. 7, 8) «as brisas sopram à noite.» 2) Soprar, favoràvelmente (sent. próprio e figurado), favorecer (Verg. En. 2, 385). II — Sent. figurado: 3) Aspirar, pretender (Cíc. Fam. 7, 10, 1). B) Tr.: I — Sent. próprio: 4) Fazer soprar, soprar (Verg. En. 5, 607). II — Sent. figurado: 5) Inspirar, infundir (Verg. En. 8, 373). III — Na língua gramatical: 6) Aspirar, pronunciar com aspiração (Quint. 1, 5, 20).
aspis, -ĭdis, subs. f. Áspide (serpente venenosa) (Cíc. Nat. 3, 47).
asportātĭō, -ōnis, subs. f. Ação de transportar (com idéia de afastamento), transporte (Cíc. Verr. 4, 110).
asportātus, -a, -um, part. pass. de **asportō**.
asportō, -ās, -āre, -āvī, -ātum, v. tr. I — Sent. geral: 1) Levar (com idéia de afastamento), transportar (de um lado para outro) (Cíc. Verr. 4, 107). II — Especialmente: 2) Conduzir, levar num navio (Cíc. Verr. 1, 91).
asprātus, forma sincopada = **asperātus**.
asprēta, -ōrum, subs. n. pl. Lugares pedregosos (T. Liv. 9, 24, 6). Obs.: O sing. é raro.
aspri, **aspris**, formas sincopadas = **aspĕri**, **aspĕris**.
asprōs, forma sincopada = **aspĕrōs**.
1. **assa**, -ae, subs. f., v. **assus**, -a, -um.
2. **assa**, -ae, subs. f. Ama-sêca (que cuida das crianças sem amamentá-las) (Juv. 14, 208).
3. **assa**, -ōrum, n. v. **assum**, -ī 1.

Assarăcus, -ī, subs. pr. m. Assáraco, rei de Tróia, avô de Anquises (Ov. Met. 11, 756).

assārĭus, -a, -um, adj. Do valor de um asse (Sên. Apoc. 11, 2).

assēcla (adsecŭla, adsēcla), -ae, subs. m. 1) O que faz parte da comitiva de alguém, sequaz (Cíc. Verr. 1, 65). 2) Acólito, bandido (sent. pejorativo) (T. Lív. 5, 11, 2).

assectātĭō (ads-), -ōnis, subs. f. Ação de acompanhar, acompanhamento, cortejo (Cíc. Mur. 70).

assectātor (ads-), -ōris, subs. m. 1) O que acompanha, sequaz, partidário (Cíc. Verr. 2, 29). 2) Discípulo (Plín. H. Nat. 30, 160).

assectātus (adsectātus), -a, -um, part. pass. de **assēctor**.

assēctor (adsēctor), -āris, -ārī, -sectātus sum, v. dep. freq. tr. Acompanhar, seguir (Cíc. De Or. 1, 239).

assecŭla, v. **assēcla**.

assecūtus (adsecūtus), -a, -um, part. pass. de **assēquor**.

assēdī (adsēdī), perf. de **assidĕo** e de **assīdo**.

assēnsī (adsēnsī), perf. de **assentĭo**.

assensĭō (adsen-), -ōnis, subs. f. Assentimento, adesão, aprovação (Cíc. Br. 114).

assēnsor (ads-), -ōris, subs. m. Aprovador (Cíc. Fam. 6, 21, 1).

1. **assēnsus** (ads-), -a, -um. 1) Part. pass. de **assentĭor**: que consentiu. 2) Part. pass. de **assentĭo** (raro): reconhecido como verdadeiro (Cíc. Ac. 2, 99).

2. **assēnsus** (ads-), -ūs, subs. m. 1) Adesão, assentimento, aprovação (T. Lív. 34, 34, 1). 2) Acôrdo do espírito com as percepções, harmonia dos sentimentos (linguagem filosófica) (Cíc. Ac. 2, 108). Em língua poética: 3) Concurso (Verg. G. 3, 45).

assentātĭō (ads-), -ōnis, subs. f. Assentimento por cálculo, lisonja (Cíc. Lae. 91).

assentātĭuncŭla (ads-), -ae, subs. f. Pequena ou ligeira lisonja (Cíc. Fam. 5, 12, 6).

assentātor (ads-), -ōris, subs. m. I — Sent. próprio: 1) O que dá sua aprovação por lisonja, adulador, lisonjeiro (Cíc. Lae. 98). II — Sent. figurado: 2) Partidário, conivente (T. Lív. 31, 25, 10).

assentātōrĭē (adsentātōrĭē), adv. De modo adulador, como adulador (Cíc. Q. Fr. 2, 14, 3).

assentātrix (ads-), -ĭcis, subs. f. A que aprova sistemàticamente, aduladora (Plaut. Most. 257).

assentātus (adsentātus), -a, -um, part. pass. de **assēntor**.

assentĭō (adsentĭō), -is, -īre, -sēnsī, -sēnsum, v. intr. (muito raro, mais comum: **assentĭor**). Juntar seu assentimento ao de outrem, dar assentimento, aprovar (Cíc. At. 9, 9, 1).

assentĭor (adsentĭor), -īris, -īrī -sēnsus sum, v. dep. intr. Dar assentimento, ser da mesma opinião, aprovar (Cíc. Lae. 57).

assēntor (adsēntor), -āris, -ārī, -ātus sum, v. dep. intr. I — Sent. próprio: verbo de significação intensiva, com idéia de duração e correspondendo a «sentio». 1) Ser da mesma opinião que, aprovar, partilhar da opinião de (Cíc. Fam. 7, 12, 2). II — Sent. figurado: 2) Lisonjear, adular (Cíc. Br. 296).

assēquor (adsēquor), -ĕris, -quī, -secūtus sum, v. dep. tr. I — Sent. próprio: 1) Ir no encalço de, perseguir, alcançar, atingir (Cíc. At. 3, 5). II — Sent. figurado: 2) Chegar a, obter, alcançar (Cíc. De Or. 1, 84). 3) Seguir mentalmente, atingir pela inteligência, compreender (Cíc. Nat. 3, 38). 4) Atingir, igualar (Cíc. Br. 288).

asser, -ĕris, subs. m. 1) Pequena peça de madeira, barrote, estaca (Cés. B. Civ. 2, 2, 2). 2) Varais de liteira (Suet. Cal. 58).

1. **assĕrō** (adsĕrō), -is, -ĕre, -serŭī, -sĕrtum, v. tr. I — Sent. próprio: 1) Puxar para si, chamar a si (Plaut. Curc. 491). Daí: 2) Reivindicar, reclamar, afirmar, defender (T. Lív. 3, 45, 2). II — Sent. figurado: 3) Atribuir, arrogar, apropriar (Ov. Met. 1, 462).

2. **assĕrō** (adsĕro), -is, -ĕre, -sēvī, -sĭtum, v. tr. Plantar junto de (Cat. Agr. 32, 2).

assertĭō (adsertĭō), -ōnis, subs. f. Ação de reivindicar para alguém a condição de pessoa livre (ou escrava), libertação (Quint. 3, 6, 57).

assērtor (adsertor), -ōris, subs. m. 1) O que declara diante do juiz, que alguém é livre ou escravo (T. Lív. 3, 44, 8). 2) Defensor, protetor, advogado, libertador (Tác. Hist. 2, 61).

assērtus (adsērtus), -a, -um, part. pass. de **assĕro** 1.

asserŭī (adserŭī), perf. de **assĕro** 1.

asservātus (adservātus), -a, -um, part. de **assērvo**.

asservĭō (adservĭō), -īs, -ĭre, v. intr. Sujeitar-se, submeter-se, condescender, ajudar (Cíc. Tusc. 2, 56). Obs.: Constrói-se com dat.

assĕrvŏ (adsĕrvŏ), -ās, -āre, -āvī, -ātum, v. tr. 1) Guardar perto de si, ter sob a sua guarda, ter à vista (Cíc. Arch. 9). Daí: 2) Montar guarda, vigiar (Cés. B. Civ. 1, 21, 2).

assessĭō (adsessĭō), -ōnis, subs. f. Ação de se sentar junto a alguém (para consolá-lo), assistência (Cíc. Fam. 11, 27, 4).

assĕssor (adsĕssor), -ōris, subs. m. Assessor, auxiliar (numa função), ajudante (Cíc. Div. 1, 95).

1. assēssus (adsēssus), -a, -um, part. pass. de **assĭdĕo**.

2. assēssus (adsēssus), -ūs, subs. m. Ato de estar sentado ao lado de alguém, assistência (Prop. 4, 11, 50).

assevĕrānter (adsevĕrānter), adv. De modo afirmativo, categòricamente (Cíc. At. 15, 19, 2).

assevĕrātĭō (adsevĕrātĭō), -ōnis, subs. f. 1) Asseveração, afirmação séria (Cíc. At. 13, 23, 3). Daí: 2) Segurança, firmeza (Tác. An. 4, 19).

assevĕrŏ (adsevĕrŏ), -ās, -āre, -āvī, -ātum, v. tr. 1) Afirmar (com energia ou com persistência), asseverar, dizer de modo categórico, falar a sério (Cíc. Br. 293). 2) Fazer profissão de (Tác. An. 13, 18). 3) Provar, atestar (Tác. Agr. 11).

assēvī (adsēvī), perf. de **assĕro** 2.

assiccŏ (adsiccŏ), -ās, -āre, v. tr. I — Sent. próprio: 1) Secar, fazer secar (Sên. Nat. 4, 2, 28). II — Sent. figurado: 2) Enxugar (Sên. Polyb. 6, 5).

assidĕŏ (adsidĕŏ), -ēs, -ēre, -sēdī, -sēssum, v. intr. e tr. A) Intr.: I — Sent. próprio: 1) Estar sentado perto de, estar sentado (Cíc. Br. 200). Daí: 2) Acampar, sitiar (T. Lív. 23, 19, 5). II — Sent. figurado: 3) Assistir, não se afastar de, ajudar, cuidar, ocupar-se assìduamente de (Cíc. Verr. 3, 30). B) Tr.: 4) Estar acampado perto, assediar, cercar, sitiar (Verg. En. 11, 304).

assĭdō (adsĭdō), -is, -ĕre, -sēdī, (-sēssum), v. intr. e tr. A) Intr.: 1) Assentar-se ao pé de, tomar lugar, estabelecer-se (Cíc. Rep. 1, 18). B) Tr.: 2) Assentar-se, tomar lugar (Sal. B. Jug. 11, 3).

assidŭē (adsidŭē), adv. 1) Assìduamente, com assiduidade (Verg. Buc. 2, 4). Daí: 2) Incessantemente, sem interrupção (Cíc. Div. 1, 74).

assiduĭtās (adsiduĭtās), -tātis, subs. f. 1) Assiduidade, presença constante, perseverança (Cíc. At. 12, 33, 2). 2) Persistência, permanência, continuidade (Cíc. Of. 2, 74).

assidŭō (adsidŭō), adv. = **assidŭe** (Plín. H. Nat. 26, 16).

assidŭus (adsidŭus), -a, -um, adj. 1) Assíduo, constantemente presente (Cíc. Amer. 81). Daí: 2) Incessante, permanente, perpétuo (Cés. B. Gal. 7, 41, 2). Na língua jurídica: 3) Domiciliado. Daí vem o substantivo **assidŭus, -ī**: proprietário, contribuinte (cidadão inscrito no censo, em oposição aos «proletarii») Cíc. Rep. 2, 40).

assignātĭō (adsignātĭō), -ōnis, subs. f. Concessão, distribuição, partilha (Cíc. Agr. 3, 10).

assignātus (adsignātus), -a, -um, part. pass. de **assĭgno**.

assīgnŏ (adsīgnŏ), -ās, -āre, -āvī, -ātum, v. tr. I — Sent. próprio: 1) Assinar, fazer a assignação ou concessão (têrmo de direito público), atribuir numa partilha (Cíc. Dom. 116). II — Daí, na língua comum: 2) Atribuir, imputar, destinar (Cíc. Fin. 5, 44). Na língua imperial: 3) Selar, firmar, chancelar (Pérs. 5, 81).

assilĭō (adsilĭō), -īs, -īre, -silŭī, -sūltum, v. intr. I — Sent. próprio: 1) Saltar para, saltar sôbre, assaltar, acometer, atacar (Fedr. 4, 2, 14); (Ov. Met. 11, 526). II — Sent. figurado: 2) Passar de repente a (Cíc. De Or. 2, 213).

assimilātĭō, v. **assimulātĭō** (Plín. H. Nat. 11, 262).

assimilātus (adsimilātus), -a, -um, part. pass. de **assimĭlo**.

assimĭlis (adsimĭlis), -e, adj. Muito parecido, cuja semelhança se aproxima de (Cíc. Nat. 2, 136); (Verg. En. 6, 603). Obs.: Constrói-se com gen. e com dat.

assimĭlŏ (adsimĭlŏ), -ās, -āre, -āvī, -ātum, v. tr. (forma mais usada na época arcaica e imperial). Tornar semelhante, tornar à semelhança de (Plaut. Bac. 962); (Ov. Met. 5, 6); v. **assimŭlō**.

assimulātĭō (adsimulātĭō), -ōnis, subs. f. 1) Semelhança (Plín. H. Nat. 11, 262). 2) Comparação (Tác. An. 15, 49).

assimulātus (adsimulātus), -a, -um. I — Part. pass. de **assimŭlo**. II — Adj.: 1) Simulador, fingido (Cíc. Cael. 14). 2) Reproduzido (Cíc. Verr. 2, 189).

assĭmŭlō (adsĭmŭlō), -ās, -āre, -āvī, -ātum, v. tr. I — Sent. próprio: 1) Representar exatamente, copiar (Lucr. 6, 189). II — Sent. figurado: 2) Fingir, simular (Plaut. Amph. 874). 3) Comparar, assimilar (Cíc. Inv. 1, 42). Obs.: Constrói-se com acus., dat., e acus. com inf.

assis, gen. de **as**, **assis**.

assĭstō (adsĭstō), -is, -ĕre, -stĭtī, v. intr. I — Sent. próprio: 1) Manter-se junto de, estar ou conservar-se junto de, parar (Cíc. Arch. 24). II — Daí: 2) Assistir a (sentido próprio e figurado), estar presente, comparecer em juízo (Tác. An. 13, 4). 3) Estar ou manter-se de pé (Cíc. Rep. 2, 37).

assŏlĕō (adsŏlĕō), -ēs, -ēre, v. intr. Costumar, ter por costume, ter costume: ut **assolet** (Cíc. Leg. 2, 21) «segundo é costume». Obs.: Só é empregado nas 3ªˢ pess. do sg. e pl., ou impessoalmente.

assŏnō (adsŏnō), -ās, -āre, v. intr. Responder (a uma voz), produzir eco, ressoar (Ov. Met. 3, 507).

Assŏrīnī, -ōrum, subs. loc. m. Assorinos, habitantes de Assoro (Cíc. Verr. 3, 47).

Assŏrum, -ī, subs. pr. n. Assoro, cidade da Sicília (Cíc. Verr. 4, 96).

assūctus (ou **adsūctus**), -a, -um, part. pass. de **assūgo**.

assuēfaciō (adsuēfaciō), -is, -ĕre, -fēcī, -factum, v. tr. Acostumar, habitar, ensinar (Cíc. Cat. 2, 9).

assuēfactus (adsuēfactus), -a, -um, part. pass. de **assuēfacio**.

assuēfēcī (adsuēfēcī), perf. de **assuēfacio**.

assuēram (adsuēram) = **assuevĕram**.

assuēscō (adsuēscō), -is, -ĕre, -suēvī, -suētum, v. intr. e tr. A) Intr.: 1) Habituar-se a, acostumar-se a (Cíc. Fam. 9, 22, 5). B) Tr. (raro e poético): 2) Habituar (Verg. En. 6, 832).

assuētūdō (adsuētūdō), -ĭnis, subs. f. Hábito (T. Lív. 25, 26, 10). Obs.: Geralmente em abl.

assuētus (adsuētus), -a, -um. I — Part. pass. de **assuēsco**. II — Adj.: 1) Habituado, acostumado (Verg. En. 9, 509). 2) Habitual, costumeiro, familiar, ordinário (Ov. Met. 2, 603).

assuēvī (adsuēvī), perf. de **assuēsco**.

assūgō (adsūgō), -is, -ĕre, -sūctum, v. tr. Tirar sugando, sugar, chupar (Lucr. 4, 1194).

assŭī, perf. de **assŭō**.

assūltō (adsūltō), -ās, -āre, -āvī, -ātum, v. intr. e tr. A) Intr.: 1) Saltar a, saltar, lançar-se a, assaltar, atacar (Tác. An. 11, 31). B) Tr. (raro). 2) O mesmo sentido anterior (Tác. An. 1, 51) Obs.: Constrói-se com dat. ou acus.

assūltus (adsūltus), -ūs, subs. m. Salto, pulo, ataque, assalto (Verg. En. 5, 442).

1. **assum**, -ī, subs. n. Assado (Hor. Sát. 2, 2, 73).

2. **assum**, v. **adsum**.

assūmō (adsūmō), -is, -ĕre, -sūmpsī, -sūmptum, v. tr. I — Sent. próprio: 1) Tomar (acrescentando), associar a, tomar para si, acrescentar, ajudar, aceitar, conceber (Cíc. At. 10, 12a, 3). II — Sent. figurado: 2) Atribuir, arrogar, aplicar, assumir (Cíc. Of. 1, 2). Na língua filosófica: 3) Dar a proposição menor de um silogismo (Cíc. Inv. 1, 63). Na língua retórica: 4) Tomar metafòricamente (Quint. 10, 1, 121).

assūmpsī (adsūmpsī), perf. de **assūmo**.

assumptĭō (adsumptĭō), -ōnis, subs. f. I — Sent. próprio: 1) Ação de se juntar ou associar, tomada, aceitação (Cíc. Fin. 3, 18). 2) Proposição menor de um silogismo (Cíc. Inv. 1, 64).

assumptīvus (adsumptīvus), -a, -um, adj. Que vem de fora (Cíc. Inv. 2, 71).

assūmptus (adsūmptus), -a, -um, part. pass. de **assūmo**.

assŭō (adsŭō), -is, -ĕre, -sŭī, -sūtum, v. tr. Coser a (Hor. A. Poét. 16).

assūrgō (adsūrgō), -is, -ĕre, -surrēxī, -surrēctum, v. intr. I — Sent. próprio: 1) Levantar-se, erguer-se (Cíc. Clu.' 196). Daí: 2) Erguer-se em sinal de cortesia, mostrar-se cortês, honrar (Cíc. Inv. 1, 48). II — Sent. figurado: 3) Elevar, crescer (Verg. En. 12, 494).

assurrēxī (adsurrēxī), perf. de **assūrgo**.

assurrēctus (adsurrēctus), -a, -um, part. pass. de **assūrgo**.

Assuria, **Assurius**, v. **Assyria**, **Assyrius**.

assus, -a, -um, adj. Assado (Hor. Sát. 2, 2, 51); (Cic. At. 12, 6, 2).

assūtus (adsūtus), -a, -um, part. pass. de **assŭo**.

Assyria, -ae, subs. pr. f. Assíria, região da Ásia, centro de poderoso império, depois anexado à Média, e posteriormente tornada por Trajano em província romana (Plín. H. Nat. 5, 66).

Assyrĭī, -ōrum, subs. loc. m. Assírios (Cíc. Div. 1, 1).

Assyrĭus, -a, -um, adj. Da Assíria (Verg. En. 4, 15).

ast, conj. 1) Por outro lado (introduz uma segunda condição numa frase condicional): si ego hic peribo, ast ille, ut dixit, non redit (Plaut. Capt. 683) «se eu morrer aqui, e, por outro lado, êle não voltar, como disse». 2) Introduz uma frase que indica que um ato será executado, desde que uma condição prévia seja realizada: Bellona, si hodie nobis victoriam duis, ast ego tibi templum voveo (T. Lív. 10, 19, 17) «Belona, se hoje nos deres a vitória, eu por meu lado te consagro um templo». 3) Mas, porém, entretanto (Cíc. At. 1, 16, 17). Obs.: O terceiro sentido é o mais comum, principalmente usado pelos poetas imperiais.

1. asta, v. **hasta**.

2. Asta, -ae, subs. pr. f. Asta. 1) Cidade da Ligúria (Plín. H. Nat. 3, 49). 2) Cidade da Bética (T. Liv. 39, 21).

Astacidēs, -ae, subs. pr. m. Astácida ou filho de Ástaco (Menalipo) (Estác. Theb. 8, 718).

Astae, -ārum, subs. loc. m. Astas, povo da Trácia (T. Liv. 38, 40).

astans (adstans), -tāntis, part. pres. de **asto**.

Astăpa, -ae, subs. pr. f. Ástapa, cidade da Bética (T. Liv. 28, 22).

Astapēnsēs, -ium, subs. loc. m. Astapenses, habitantes da Ástapa (T. Lív. 28, 22).

Astartē, -ēs, subs. pr. f. Astarte (Vênus), divindade da Síria (Cíc. Nat. 3, 59).

astāssint = **adstitĕrint**.

Astēnsis, -e, adj. Astense, de Asta (T. Liv. 39, 21, 2).

astĕr, -ĕris, subs. m. Estrêla (Macr. Scip. 1, 14).

Asterĭa, -ae, (Asterĭē, -ēs), subs. pr. f. Astéria. 1) Irmã de Latona (Cíc. Nat. 3, 42). 2) Nome de outras mulheres (Hor. O. 3, 7, 1).

Asterĭē, -ēs, subs. f., v. **Asteria**.

astērnō (adstērnō), -is, -ĕre, v. tr Estender perto, esticar-se, deitar-se junto (usado ùnicamente na forma passiva reflexiva) (Ov. Met. 2, 343).

asteroplēctos, -on, adj. Atingido pelo raio (Sên. Nat. 1, 15, 3).

Astĭcē, -ēs, subs. pr. f. Ástice, região da Trácia (Plín. H. Nat. 4, 45).

astĭcus, -a, -um, adj. Da cidade, da capital (Suet. Cal. 20).

Astĭī, ōrum, subs. loc. m. Ástios, povo da Trácia (T. Lív. 38, 40, 7).

astipulātor (adstipulātor), -ōris, subs. m. I — Sent. próprio: 1) Abonador, fiador (Cíc. Pis. 18). II — Sent. figurado: 2) O que está de acôrdo com, partidário (Cíc. Ac. 2, 67).

astipŭlor (adstipŭlor), -āris, -ārī, -ātus sum, v. dep. intr. I — Na língua jurídica: 1) Obrigar-se por outro, ficar por fiador de (Gaius «Inst.» 3, 110). II — Daí, na língua comum: 2) Aprovar, ser da mesmo opinião (T. Lív. 39, 5, 3). 3) Aderir, dar adesão a (Plín. H. Nat. 7, 154).

astĭtī (adstĭtī), perf. de **assisto** e perf. de **asto**.

astō (adstō), -ās, -āre, -stĭtī, v. intr. I — Sent. próprio: 1) Estar de pé junto de, parar junto: **asta et audi** (Plaut. Cist. 597) «pára aqui e ouve». Daí: 2) Erguer-se, elevar-se perto de (Verg. En. 2, 328). Por enfraquecimento de sentido: 3) Estar perto, estar presente, comparecer: **astante ipso** (Cés. B. Civ. 2, 20, 4) «estando êle próprio presente». II — Sent. figurado: 4) Erguer-se, levantar-se (Cíc. Tusc. 1, 85).

Astraea, -ae, subs. pr. f. 1) Astréia, filha de Zeus e de Tômis, espalhava entre os homens o sentimento da justiça (Ov. Met. 1, 150). 2) A Virgem (constelação) (Ov. Met. 9, 534).

Astraeum, -ī, subs. pr. n. Astreu, cidade da Peônia (T. Lív. 40, 84).

Astraeus, -ī, subs. pr. m. Astreu, um dos Titãs (Ov. Met. 14, 545).

Astrăgos, subs. pr. m. (ou **Astrăgon**, subs. n.). Astrago, fortaleza da Cária (T. Lív. 33, 18).

astrātus, -a, -um, part. pass. de **astērno**.

astrĕpō (adstrĕpō), -is, -ĕre, v. intr. Responder com ruído, fazer ruído perto, aplaudir com ruído (Tác. Hist. 2, 90).

astrictē (adstrictē), adv. De modo cerrado, estreitamente, estritamente (Cic. De Or. 3, 184).

astrictus (adstrictus), -a, -um, adj. I — Part. pass. de **astringo**. II — Adj. I — Sent. próprio: 1) Apertado, estreito, ligado (Hor. Ep. 2, 1, 174). II — Sent. figurado: 2) Refreado, constrangido, parco, econômico (Prop. 2, 23, 18). Na língua retórica: 3) Cònciso (Cíc. Br. 309).

astrĭfer, -fĕra, -fĕrum, adj. 1) Astrífero, que traz os astros, que conduz os astros (Luc. 9, 5). 2) Colocado entre os astros, celeste (Marc. 8, 28, 8).

astrĭger, -gĕra, -gĕrum, adj. Astrígero, que leva os astros (Estác. Theb. 10, 828).

astringō (adstringō), -is, -ĕre, -inxī, -trĭctum, v. tr. intr. I — Sent. próprio: 1) Amarrar estreitamente a, ligar, atar, apertar (Cíc. Verr. 4, 90). 2) Reduzir, enrugar, contrair: (**alvus**) **tum astringitur, tum relaxatur** (Cíc. Nat. 2, 136 «(o ventre) tanto se contrai quanto se dilata.» II — Sent. figurado: 3) Encadear, ligar, obrigar, sujeitar (Cíc. Prov. 34). 4) Tornar-se culpado (reflexivo — **astringere se**) (Cíc. Phil. 4, 9). Na língua retórica: 5) Resumir, abreviar: **astringere argumenta** (Cíc. Tusc. 3, 13) «resumir uma argumentação.»

astrinxī (adstrinxī), perf. de **astringo**.

astrologĭa, -ae, subs. f. 1) Astronomia (Cíc. Div. 2, 87). 2) Astrologia (S. Jer. Pelag. 1, 8).

astrologus, -ī, subs. m. 1) Astrônomo (Cíc. Div. 2, 87). 2) Astrólogo (Cíc. Div. 1, 132).

astronomĭa, -ae, subs. f. Astronomia (Sên. Ep. 95, 10).

astructus (adstructus), -a, -um, part. pass. de **astruo**.

astrum, -ī, subs. n. I — Sent. próprio: 1) Astro, estrêla (Ov. F. 2, 117). 2) Constelação: **Canis astrum** (Verg. G. 1, 218). «a constelação do Cão». II — Sent. figurado: 3) No pl.: Céu (Verg. En. 9, 641).

astruō (adstruō), -is, -ĕre, -struxī, -structum, v. tr. I — Sent. próprio: 1) Construir ao lado de, construir em adição a (T. Lív. 42, 15, 16). 2) Ajuntar, acrescentar (Tác. Agr. 44).

astruxī (adstruxī), perf. de **astruo**.

1. **astū**, subs. n. indecl. A cidade por excelência para os gregos, Atenas (Cíc. Leg. 2, 5).

2. **astū**, abl. de **astus**.

astupĕō (adstupĕō), -ēs, -ēre, v. intr. Estar pasmado de, admirar-se à vista de, ficar de bôca aberta com (Ov. Met. 3, 418). Obs.: Constrói-se com dat.

Astur, -ŭris, adj. Ásture, das Astúrias (Marc. 10, 16, 3).

Astŭra, -ae, subs. pr. m. Ástura. 1) Rio do Lácio (T. Lív. 8, 13, 5). 2) Subs. f.: ilha e cidade do Lácio (Cíc. At. 12, 40); (Cíc. Fam. 6, 19, 2).

asturcō, -ōnis, subs. m. Cavalo da Astúria, cavalo que anda a passo travado (Marc. 14, 119).

Astŭres, -um, subs. loc. m. pl. Asturianos, habitantes das Astúrias (Flor. 4, 12, 46).

Asturĭa, -ae, subs. pr. f. Astúria, província da Hispânia Tarraconense (Plín. H. Nat. 4, 112).

astus, -ūs, subs. m. Habilidade, astúcia (Verg. En. 11, 704). Obs.: Geralmente usado no abl. sing.

astūtē, adv. Com astúcia, habilmente, manhosamente (Cíc. Caec. 4).

astūtĭa, -ae, subs. f. 1) Habilidade, astúcia, manha (Cíc. Of. 3, 68). 2) Lôgro, trapaça (Cíc. Fam. 3, 10, 9).

astūtus, -a, -um, adj. Astucioso, velhaco, malicioso, astuto, (Cíc. Verr. pr. 34).

asty, v. **astu** 1.

Astyăgēs, -is, subs. pr. m. Astíages: 1) Filho de Ciaxares, último rei dos Medas (Just. 1, 4). 2) Inimigo de Perseu, metamorfoseado em pedra (Ov. Met. 5, 203).

Astyănax -actis, subs. pr. m. Astíanax. 1) Filho de Heitor e Andrômaca, nascido durante a guerra de Tróia (Verg. En. 2, 457). 2) Nome de um poeta trágico contemporâneo de Cícero (Cic. At. 4, 15, 6).

astycus, v. **asticus**.

Astypalaea, -ae, subs. pr. f. Astipaléia, uma das ilhas Cíclades (Ov. A. Am. 2, 82).

Astypalaeēnsis, -e, adj. De Astipaléia (Cíc. Nat. 3, 45).

Astypalaeĭus, -a, -um, adj. De Astipaléia (Ov. Met. 7, 461).

Asŭvĭus, -ī, subs. pr. m. Asúvio, nome de homem (Cic. Clu. 36).

asylum, -ī, subs. n. Templo, lugar inviolável, refúgio, asilo (Verg. En. 8, 342).

at, conj. 1) Por outro lado, por outra parte, mas, mas por outro lado, mas ao contrário (Cíc. Planc. 11). 2) Pelo menos, ao menos: **sit fur, sit sacrilegus... at est bonus imperator** (Cíc. Verr. 5, 44) «que seja ladrão, que seja ímpio... ao menos é um bom general». 3) Mas talvez, mas acaso (Cíc. At. 15, 4, 3). Obs.: como conj. adversativa, é freqüentemente empregada para reforçar o sentido de outras partículas, como: **contra, tamen, enim**: «mas ao contrário», «mas no entanto», «mas com efeito».

Atābŭlus, -i, subs. pr. m. Atábulo (vento quente que sopra na Apúlia) (Hor. Sát. 1, 5, 78).

Atacīnus (Varro), subs. pr. m. Atacino (P. Terêncio Varrão), poeta, latino (Hor. Sát. 1, 10, 46).

Atalănta, -ae (Atalantē, -ēs), subs. pr. f. Atalanta. 1) Mulher de Meléagro (Ov. Her. 4, 99). 2) Filha de Esqueneu, rei de Ciros (Ov. Met. 10, 565). 3) Ilha vizinha da Eubéia (T. Lív. 35, 37, 7).

Atalantaeus, -a, -um (ou Atalantēus, -a, -um), adj. De Atalanta (Estác. Theb. 7, 267).

Atalantiădes, -ae, subs. pr. m. Atalantíada, filho de Atalanta, Partenopeu (Estác. Theb. 7, 789).

Atanăgrum, -i, subs. pr. n. Atanagro, cidade da Hispânia Tarraconense (T. Lív. 21, 61).

Atăndrus, v. **Antāndros**.

Atarnītēs, -ae, subs. pr. m. Hérmias, tirano de Atarnes (Ov. Ib. 319).

atat, v. **attat**.

atăvus, -i, subs. m. I — Sent. próprio: 1) O pai do trisavô ou da trisavó (Cíc. Cael. 14). II — Sent. figurado: 2) No pl.: Os antepassados (Hor. O. 1, 1, 1).

Atax, -ăcis, subs. pr. m. Atax, riacho da Gália Narbonense, que vem dos Pirineus (Luc. 1, 403).

Ateĭus (Attēĭus), -i, subs. pr. m. Ateio, nome de homem. Ex.: Ateius Capito, jurisconsulto célebre (Plín. H. Nat. 14, 93); Ateius Philologus, gramático célebre, amigo de Salústio e de Polião (Suet. Gram. 10).

Atēlla, -ae, subs. pr. f. Atela, cidade da Itália, no território dos Oscos, ao N. de Nápoles, conhecida por ter sido o berço das farsas chamadas atelanas (Cíc. Agr. 2, 86).

atellāna, -ae, subs. f. Atelana, pequena peça de teatro (Cíc. Fam. 9, 16, 7).

Atellānī, -ōrum, subs. loc. m. Atelanos, habitantes de Atela (Plín. H. Nat. 3, 63).

Atellānĭcus, -a, -um, adj. Ateiânico, dos atelanos (Suet. Tib. 45).

Atellānĭus, -a, -um, adj. Dos atelanos (Cíc. Div. 2, 25).

1. Atellānus, -a, -um, adj. Atelano, de Atela (Cíc. Q. Fr. 2, 14).

2. Atellānus, -i, subs. m. Ator que representa nas atelanas (Quint. 6, 3, 47).

Atenās, v. **Atīnas**.

āter, -tra, -trum, adj. I — Sent. próprio: 1) Negro, prêto, atro, escuro (Cíc. Tusc. 5, 114). II — Sent. figurado: 2) Obscuro, tenebroso, atro, tempestuoso, sombrio, horrível (Hor. Sát. 2, 2, 16). 3) Funesto, atro, cruel, infeliz, pérfido, maligno, afrontoso (Hor. O. 1, 28, 13).

Aternĭus, -i, subs. pr. m. Atérnio, nome de um cônsul (Cíc. Rep. 2, 60).

Atērnus, -i, subs. pr. m. Aterno, rio da Itália Central, nasce na Sabina e lança as águas no Adriático (Plín. H. Nat. 3, 44).

Atĕsis, v. **Athĕsis**.

Atēste, -is, subs. pr. n. Ateste, cidade da Itália na Venécia, hoje Este (Tác. Hist. 3, 6).

Atestīnus, -a, -um, adj. Atestino, de Ateste (Marc. 10, 93).

Atesŭi, -ōrum, subs. loc. m. pl. Atésuos, povo da Gália Narbonense (Plín. H. Nat. 4, 107).

Athăcus, -i, subs. pr. f. Átaco, cidade da Macedônia (T. Lív. 31, 34).

Athamānēs, -um, subs. loc. m. pl. Atamanes, habitantes da Atamânia (Cíc. Pis. 40).

Athamānĭa, -ae, subs. pr. f. Atamânia, província do Epiro (T. Lív. 36, 14).

Athamānĭcus, -a, -um, adj. Da Atamânia (Plín. H. Nat. 20, 253).

Athamānus, -a, -um, adj. Da Atamânia (Prop. 4, 6, 15).

Athamantēus, -a, -um, adj. De Atamanta (Ov. Met. 4, 497).

Athamantiădēs, -ae, subs. pr. m. Filho de Atamante (Ov. Met. 13, 919).

Athamantĭcus, -a, -um, adj. De Atamante (Plín. H. Nat. 20, 253).

Athamāntis, -ĭdis ou ĭdos, subs. pr. f. Atamântide, filha de Atamante, Hele (Ov. F. 4, 903).

Athămās, -āntis, subs. pr. m. Atamante, rei de Tebas, cuja lenda foi assunto de várias tragédias (Ov. Met. 3, 564).

Athāna, -ae, subs. pr. f. Atana, nome grego de Minerva (Petr. 58).

Athanagĭa, -ae, subs. pr. f. Atanágia, cidade da Hispânia Tarraconense (T. Lív. 21, 61).

Athēnae, -ārum, subs. pr. f. pl. Atenas, cidade da Grécia, capital da Ática. Teve seu apogeu com Péricles, na metade do V séc. Deve seu nome a Atena, deusa da sabedoria, a Minerva dos romanos (Cíc. Of. 1, 1).

Athēnaeī, -ōrum, subs. pr. m. pl. Atenienses, os habitantes de Atenas (não da Ática).
1. **Athēnaeum, -ī**, subs. pr. n. Ateneu, burgo de Atamânia (T. Lív. 38, 1, 11).
2. **Athēnaeum, -ī**, subs. pr. n. O Ateneu, o templo consagrado a Atena (Minerva) em Atenas, onde os poetas e oradores vinham ler suas obras.
1. **Athēnaeus, -a, -um**, adj. Ateniense, de Atenas (da Ática) (Lucr. 6, 749).
2. **Athēnaeus, -ī**, subs. pr. m. Ateneu, nome de homem (Cíc. Fam. 15, 4. 6).
Athēnagŏras, -ae, subs. pr. m. Atenágoras, nome de homem (T. Lív. 31, 40, 8).
Athēnāis, -ĭdis, subs. pr. f. Atenaide, nome de mulher (Cíc. Fam. 15, 4, 6).
Athēniēnsēs, -ĭum, subs. loc. m. Os atenienses, habitantes de Atenas (Cíc. Flac. 26).
Athēniēnsis, -e, adj. Ateniense, de Atenas (na Ática) (Cíc. Fam. 1, 18).
Athēniō, -ōnis, subs. pr. m. Atenião, chefe dos escravos revoltados na Sicília (Cíc. Verr. 3, 66).
Athēnodōrus, ī, subs. pr. m. Atenodoro, filósofo estóico (Cíc. Fam. 3, 7, 5).
Athĕsis (Atĕsis), -is, subs. pr. m. Ádige, rio da Venécia, que se lança no Adriático, ao N. do Pó (Verg. En. 9, 680).
Athis, v. **Attis**.
āthlēta, -ae, subs. m. Atleta, campeão (Cíc. C. M. 27).
āthlētĭcē, adv. Atlèticamente, à maneira dos atletas (Plaut. Bac. 248).
Athō (Athōn), -ōnis, v. **Athos** (Cíc. Rep. 3, 49).
Athōs (gen., dat., abl. -ō; acus. -ō e -ōn), subs. pr. m. Atos, montanha da Macedônia, na mais oriental península da Calcídica, a península de Acte, que às vêzes também se denomina Athos.
Athrăcis, v. **Atrăcis**.
Atĭa, -ae, subs. pr. f. Ácia, mãe de Augusto (Suet. Aug. 4).
Atĭānus, -a, -um, adj. Aciano, de Ácio Varrão, oficial de Pompeu (Cés. B. Civ. 1, 12, 3).
Atīlĭānus, -a, -um, adj. Atiliano, de Atílio (Cíc. At. 5, 1).
Atīlĭus (Attīlĭus), -ī, subs. pr. m. Atílio, nome de família romana e em particular: Attilius Regulus (Plín. H. Nat. 3, 138); Atilius Calatinus (Cíc. C.M. 61).
Atīmētus, -i, subs. pr. m. Atimeto, nome de homem (Tác. An. 13, 22).

Atīna, -ae, subs. pr. f. Atina, cidade dos volscos (Verg. En. 7, 630).
Atīnās, subs. pr. m. Atinas, nome de homem (Verg. En. 11, 869).
Atĭnĭa Lex, subs. pr. f. A lei Atínia (Cíc. Verr. 1, 109).
Atĭnĭus, -ī, subs. pr. m. Atinio, nome de homem (Cíc. Dom. 123)
Atĭus, -ī, subs. pr. m. 1) Nome de família romana. 2) M. Ácio Ballo, avô materno de Augusto (Cíc. Phil. 3, 16); (Suet. Aug. 4).
Atlantēus, -a, -um, adj. De Atlante, de Atlas (Hor. O. 1, 34, 11).
Atlantĭăcus, -a, -um, ou **Atlantĭcus, -a, -um**, adj. Atlântico (Cíc. Rep. 6, 21).
Atlantĭădēs, -ae, subs. pr. m. Atlantíada, filho ou descendente de Atlas (Ov. Met. 2, 704).
Atlantĭdēs, -um, subs. pr. f. pl. Atlântidas, i.é, as filhas de Atlas (Verg. G. 1, 221).
Atlāntis, -ĭdis, subs. pr. f. 1) De Atlas (Luc. 10, 144). 2) Filha de Atlas (Ov. F. 4, 31). 3) A Atlântida, ilha fabulosa (Plín. H. Nat. 6, 199).
Atlās, ou Atlans, -āntis, subs. pr. m. Atlas, ou Atlante, gigante que teve, como castigo por lutar contra os deuses, a pena de sustentar sôbre os ombros o pêso do mundo (Cíc. Tusc. 5, 8).
atŏmus, -ī, subs. m. Átomo, corpúsculo (Cíc. Fin. 1, 17).
atque, ou ac, conj. I — Sent. próprio 1) E por outro lado, e o que é mais: **faciam... ac lubens** (Ter. Heaut. 763) «farei... e, o que é mais, com prazer»; (Cíc. Caec. 24). 2) E entretanto, e contudo (freqüentemente reforçada por «tamen»): **id sustulit ac tamen eo contentus non fuit** (Cíc. Verr. 4, 190) «roubou-o e entretanto não se satisfez com isso». II — Por enfraquecimento de sentido: 3) E: **o poema tenerum, et moratum atque molle** (Cíc. Div. 1, 66) «ó poema fraco, arrastado e mole». 4) Do que, como, do mesmo modo que (nas comparações): **vir bonus et prudens dici delector ego ac tu** (Hor. Ep. 1, 16, 32) «eu me regozijo como tu de ser chamado um homem de bem e sensato». Obs.: Atque é geralmente usada antes de vogal ou h, e ac antes de consoante, sendo que tal regra não é de um rigor absoluto.

Atquī, conj. 1) Mas de qualquer modo, e entretanto (Cíc. At. 8, 3, 6). 2) Na verdade, efetivamente, com efeito (Cíc. Leg. 1, 15). Obs.: Nos manuscritos freqüentemente confunde-se com **atque**, conjunção de forma e sentido próximos.

atquīn, conj. Forma posterior de **atquī** (Cíc. Phil. 10, 17).

Atrăcĭdēs, -ae, subs. pr. m. Atrácides (Ov. Met. 12, 209).

Atrăcis, -ĭdis, subs. f. Hipodâmia, (natural da Tessália) (Ov. Am. 1, 4, 8).

atrāmentum, -ī, subs. n. 1) Atramento, tinta com que os romanos escreviam (Cíc. Q. Fr. 2, 14, 1). 2) Líqüido prêto, côr preta (Cíc. Fam. 9, 21, 3).

Atratīnus, -ī, subs. pr. m. Atratino, sobrenome romano (Cíc. Cael. 2).

atrātus, -a, -um, adj. 1) Enegrecido (Prop. 3, 5, 34). Daí: 2) Vestido de luto (Tác. An. 3, 2).

Atrĕbas, -ătis, adj. Atrébate (Cés. B. Gal. 4, 35, 1).

Atrebātēs, -um, subs. loc. m. Os Atrébates, povo da Gália setentrional (Cés. B. Gal. 2, 41, 9).

Atreus, -ī, subs. pr. m. Atreu, filho de Pélops e de Hipodâmia, pai de Agamémnon e de Menelau; foi rei de Micenas (Cíc. Tusc. 4, 77).

Atria, -ae, subs. pr. f. Átria, cidade da Venécia (T. Lív. 5, 33, 7).

ātriārĭus, -ī, subs. m. Escravo que guarda o átrio, atriário (C. Nep. Dig. 4, 9, 1).

Atrīda, ou **Atrīdēs, -ae,** subs. pr. m. Atrida, filha de Atreu (Ov. Met. 12, 632). Obs.: O pl. **Atridae, -arum,** os Atridas, Agamémnon e Menelau (Verg. En. 1, 458).

ātriēnsis, -is, subs. m. Atriense, escravo encarregado da guarda do átrio (Cíc. Pis. 67).

ātriŏlum, -ī, subs. n. Atríolo, pequeno átrio, pequeno vestíbulo (Cíc. At. 1, 10, 3).

ātrĭum, -ī, subs. n. 1) Átrio, vestíbulo (Cíc. Q. Fr. 3, 1, 2). 2) Pórtico de um templo (Cíc. Mil. 59). Daí, na língua poética: 3) A casa (Ov. Her. 16, 184).

Atrĭus, -ī, subs. pr. m. Átrio, nome de família romana (Cés. B. Gal. 5, 9, 1).

ātrōcĭtās, -tātis, subs. f. 1) Atrocidade crueldade, monstruosidade, horror (Cíc. Verr. 4, 105). 2) Violência, furor, rudeza, rigor (Cíc. Cat. 4, 11).

ātrōcĭter, adv. 1) Atrozmente, com atrocidade, cruelmente (Cíc. Amer. 154). 2) De modo rude, rudemente, duramente, com excessivo rigor (Cíc. Verr. 1, 70).

Atrŏpos, (sem gen.) subs. pr. f. Átropo, uma das Parcas (Marc. 10, 44, 6).

atrōx, -ōcis, adj. 1) Atroz, medonho, de aspecto terrível, cruel (Cíc. Amer. 62). 2) Perigoso (Tác. An. 3, 64). 3) Violento, impetuoso, implacável, indomável, impiedoso (T. Lív. 1, 51, 9).

Atta, -ae, subs. pr. m. Ata, sobrenome romano, entre outros, do poeta dramático latino C. Quíncio Ata (Hor. Ep. 2, 1, 79).

attăgēn, -ēnis, subs. m. e **attagēna, -ae,** subs. f. Francolim, galinha brava (Hor. Epo. 2, 54); (Marc. 2, 37, 3).

Attalēnsēs, -ĭum, subs. loc. m. pl. Atalenses, habitantes de Atalia (Panfília) (Cíc. Agr. 1, 5).

Attalĭcus, -a, -um, adj. I — Sent. próprio: 1) Atálico, do rei Átalo (Cíc. Agr. 2, 50). II — Sent. figurado: 2) Suntuoso, rico (Hor. O. 1, 1, 11).

Attălus, -ī, subs. pr. m. Átalo. 1) Nome de vários reis de Pérgamo, o principal dos quais foi Átalo I, célebre por sua imensa riqueza (Hor. O. 2, 18, 5). 2) Nome de um filósofo estóico (Sên. Ep. 108, 13).

attămen (ou mais freqüentemente em duas palavras **at tamen**), conj. Mas no entanto, mas contudo, mas ao menos (Cíc. Br. 15).

ăttăt ou **attătae,** interj. Ah! Oh! (indicando admiração) (Ter. And. 125).

attegĭa, -ae, subs. f. Choça, cabana (Juv. 14, 196).

attempĕrō (adtempĕrō), -ās, -āre, v. tr. 1) Adaptar, ajustar, (Vitr. 10, 7, 2). 2) Dirigir contra (Sên. Ep. 30, 8).

attempt- (adtempt-) = attent-.

attendō (adtendō), -is, -ĕre, -tĕndī, -tĕntum, v. tr. I — Sent. próprio: 1) Estender para, tender a, dirigir para (Apul. M. 4, 6). II — Sent. figurado: 2) Prestar atenção, estar atento, donde: atender, cuidar (Cíc. Verr. 5, 42). III — Locuções: **attendere animum** ou **animo** (Cíc. Verr. 1, 28) «prestar atenção». Obs.: Constrói-se com acus., dat., oração inf. e absolutamente.

attendī (adtendī), perf. de **attendo.**

attentātus (adtentātus), -a, -um, part. pass. de **attēnto**.

attēntē (adtēntē), adv. Atentamente, com atenção, com aplicação (Cíc. Br. 200).

attentĭō (adt-), -ōnis, subs. f. Atenção, aplicação (Cíc. De Or. 2, 150).

attēntō (adtēntō ou, melhor, **attēmptō**), -ās, -āre, -āvī, -ātum, v. tr. I — Sent. próprio: 1) Pôr a mão em, tocar em, tentar, experimentar, ensaiar: **fidem alicuius attemptare** (Cíc. Or. 208) «experimentar a boa fé de alguém». 2) Atacar, atentar contra (Sên. Ir. 2, 28, 7). 3) (Sem idéia de hostilidade) Atacar: **locos laetiores attentavĭt** (Tác. D. 22) «atacou (abordou) os desenvolvimentos mais brilhantes».

attēntus (adtēntus), -a, -um. I — Part. pass. de **attēndo** ou de **attinĕo**. II — Adj.: 1) Atento, aplicado, vigilante, solícito, desvelado (Cíc. Verr. 1, 126). 2) Econômico, interesseiro (Hor. Ep. 1, 7, 91).

attenuātē (adtenuātē), adv. De modo simples (tratando-se do estilo) (Cíc. Br. 201).

attenuātus (adtenuātus), -a, -um, I — Part. pass. de **attenŭo**. II — Adj.: 1) Fraco, diminuído (Her. 4, 53). 2) Simples, tênue (tratando-se do estilo) (Cíc. Or. 108).

attenŭō (adtenŭō), -ās, -āre, -āvī, -ātum, v. tr. I — Sent. próprio: 1) Afinar, diminuir, emagrecer, afilar, enfraquecer (Ov. Met. 3, 489). II — Sent. figurado: 2) Reduzir, consumir, atenuar (Cés. B. Civ. 3, 89, 1). Na língua retórica: 3) Relaxar, reduzir (o estilo) à expressão mais simples (Cíc. Br. 283).

attĕrō (adtĕrō), -is, -ĕre, -trīvī (ou -terŭī,) -trītum, v. tr. I — Sent. próprio: 1) Esfregar contra, calcar aos pés, pisar (Hor. O. 2, 19, 30). Daí: 2) Gastar com o uso, gastar (Plín. H. Nat. 7, 70). II — Sent. figurado: 3) Usar, diminuir, arruinar, destruir, derrubar (Tác. Hist. 3, 50); (Sal. B. Jug. 5, 4).

atterŭī (adterŭī) = **attrīvī**, perf. de **attĕro**.

attēstor (adstēstor), -āris, -ārī, -testātus sum, v. dep. tr. 1) Atestar, testemunhar, provar, dar testemunho (Fedr. 1, 10, 3), 2) Confirmar (um primeiro presságio) (Sên. Nat. 2, 49, 2).

attēxō (adtēxō), -is, ĕre, -texŭī, -tēxtum, v. tr. Tecer contra, entrelaçar, unir a, adaptar, acrescentar a (Cés. B. Gal. 5, 40, 6).

attexŭī (adtexŭī), perf. de **attēxo**.

attēxus (adtēxus), -a, -um, part. pass. de **attēxo**.

Atthis, -ĭdis, adj. f. 1) Ateniense (Marc. 11, 53, 4). Subs. pr. f.: 2) A Ática (Lucr. 6, 1114). 3) Uma amiga de Safo (Ov. Her. 15, 18). 4) A ateniense Filomela, que foi transformada em rouxinol, donde **Atthis** ser também empregado como sinônimo poético de rouxinol (Marc. 1, 54, 9).

Attiānus ou **Accianus**, -a, -um, adj. De Ácio (Cíc. Fam. 9, 16, 4).

Attica, -ae, subs. pr. f. 1) Ática, região da Grécia central, que tinha por capital Atenas (Cíc. Br. 43). 2) Filha de Pompônio Ático (Cíc. At. 12, 1).

Atticē, adv. Do modo dos áticos, com aticismo (Cíc. Br. 290).

Atticī, -ōrum, subs. loc. m. pl. Os áticos, habitantes da Ática e também, por extensão, os atenienses (Cíc. Br. 224; Of. 1, 104).

Atticŭla, -ae, subs. pr. f. Atícula (dim. de Ática), filha de Ático (Cíc. At. 6, 5, 4).

1. **Attĭcus**, -a, -um, adj. Ático, da Ática ou de Atenas (T. Lív. 28, 8, 11).

2. **Attĭcus**, -ī, subs. pr. m. Pompônio Ático, amigo, correspondente e editor de Cícero (C. Nep. At.).

attinĕo (adtinĕō), -ēs, -ēre, -tinŭī, -tēntum, v. intr. e tr. I — Sent. próprio: A) intr.: 1) Tocar em, chegar a, dirigir-se a, estar contíguo a, confinar com, estender-se (Q. Cúrc. 6, 2, 13). II — Sent. figurado: 2) Concernir, dizer respeito a, referir-se a, pertencer a, interessar a (Cíc. Amer. 48). B) Tr.: 3) Ter perto, reter, deter, (Tác. An. 1, 35); (Plaut. Capt. 266); 4) Guardar, estar de guarda a, garantir, manter (Cíc. Inv. 2, 169). 5) Manter ocupado, ocupar, distrair (Sal. B. Jug. 108).

attingō (adtingō), -is, -ĕre, -tĭgī, -tāctum, v. tr. I — Sent. próprio: 1) Tocar em, atingir, alcançar (Cíc. Verr. 4, 112). Daí: 2) Chegar a, aportar a (Cíc. Q. Fr. 1, 1, 24). 3) Confinar com, estar contíguo a (Cés. B. Gal. 1, 1, 5). 4) Tocar (falar),

meter-se a tocar: **historĭam attingere** (Cíc. Br. 44) «tocar na história, i.é, falar da história». II — Sent. figurado: 5) Atingir, alcançar (Cíc. Tusc. 5, 17).
attinŭī (adtinŭī), perf. de **attinĕo**.
Attis, -ĭdis, ou **Attin, -ĭnis**, subs. pr. m. Átis, pastor frígio amado por Cibele (Catul. 63).
1. **attōllō** (adtōllō), **-is, -ĕre**, (sem perf. e sem supino), v. tr. I — Sent. próprio: 1) Levantar para, erguer, levantar (T. Liv. 10, 36, 11). Daí: 2) Elevar, erigir (Verg. En. 3, 134). II — Sent. figurado: 3) Elevar-se, elevar (T. Liv. 22, 26, 3). 4) Exaltar (Verg. En. 12, 4). 5) Realçar, engrandecer (Sên. Ep. 94, 72).
2. **attōllō** (adtōllō) = **affĕro** (adfĕro).
attondĕō (adtondĕō), **-ēs, -ēre, -tōndī, -tōnsum**, v. tr. I — Sent. próprio: 1) Talhar, cortar, desbastar, podar (Verg. Buc. 10, 7). Daí: 2) Tosquiar, cortar, raspar (os cabelos, a barba) (Verg. Buc. 1, 28). II — Sent. figurado: 3) Podar, tosquiar (Cíc. Tusc. 5, 49).
attōndī (adtōndī), perf. de **attondĕo**.
attonĭtus (adt.), **-a, -um.** I — Part. pass. de **attŏno**. II — Adj.: 1) Assombrado por um raio, atordoado (Sên. Nat. 2, 27, 3). 2) Estupefato (Verg. En. 5; 529). 3) Cheio de entusiasmo, em delírio, inspirado (Verg. En. 7, 580). 4) Que causa espanto ou temor (poético) (Luc. 8, 591).
attŏnō (adtŏnō), **-ās, -āre, -tonŭī, -tonĭtum**, v. tr. Tornar atônito pelo raio, assombrar, espantar, atroar, aturdir (Ov. Met. 3, 532).
attōnsus (adtōnsus), **-a, -um**, part. pass. de **attondĕo**.
attonŭī (adtonŭī), perf. **attŏno**.
attorquĕō (adtorquĕō), **-ēs, -ēre**, v. tr. Dirigir, lançar, arremessar contra alguém (um dardo) (Verg. En. 9, 52).
attrācto (adtrācto) = **attrēcto** (adtrēcto).
attrāctus (adtrāctus), **-a, -um**. I — Part. pass. de **attrăho**. II — Adj.: contraído (Sên. Ep. 113, 26).
attrăhō (adtrăhō), **-is, -ĕre, -trāxī, -trāctum**, v. tr. I Sent. próprio: 1) Puxar para si, atrair (Cíc. Div. 1, 86). 2) Puxar violentamente, arrastar (Cíc. Verr. 3, 61). II — Sent. figurado: 3) Atrair, arrastar, seduzir (Cíc. Fam. 7, 10, 4).
attrāxī (adtrāxī), perf. de **attrăho**.
1. **attrectātus** (adtrectātus), **-a, -um**, part. pass. de **attrēcto**.

2. **attrectātus** (adtr.), **-ūs**, subs. m. Toque, contacto (Cíc. Tusc. 2, 50).
attrēctō (adtrēctō ou attrāctō), **-ās, -āre, -āvī, -ātum**, v. tr. I — Sent. próprio: 1) Pôr a mão em, tocar em, apalpar, manusear (Cíc. Har. 26). II — Sent. figurado: 2) Apropriar-se, apoderar-se de (T. Lív. 28, 24, 14). 3) Intentar, empreender (Tác. An. 3, 52).
attribŭī (adtribŭī), perf. de **attribŭo**.
attribŭō (adtribŭō), **-is, -ĕre, -tribŭī, -tribūtum**, v. tr. I — Sent. próprio: 1) Atribuir, destinar a, designar, dar (Cés. B. Civ. 1, 14, 4). Daí: 2) Submeter, anexar, impor (Cés. B. Gal. 7, 9, 6). II — Sent. figurado: 3) Atribuir, imputar (sent. moral) (Cíc. Nat. 3, 89).
attribūtĭō (adtr.), **-ōnis**, subs. f. 1) Atribuição, repartição, consignação de uma quantia nas mãos de outrem (Cic. At. 16, 3, 5). 2) Circunstâncias (têrmo de retórica), propriedade característica de alguém ou de alguma coisa (Cíc. Inv. 1, 38).
attribūtum (adtr.), **-ī**, subs. n. Quantia confiada aos tribunos do tesouro para pagar o sôldo dos soldados (Varr. L. Lat. 5, 181).
attribūtus (adtribūtus), **-a, -um**, part. pass. de **attribŭo**.
1. **attrītus** (adtrītus), **-a, -um**. I — Part. pass. de **attĕro**: 1) Gasto (Verg. G. 1, 46). II — Adj.: 2) Gasto pelo atrito, usado (Verg. Buc. 6, 17). III — Sent. figurado: 3) Enfraquecido, arruinado, gasto (Tác. D. 18).
2. **attrītus** (adtr.), **-ūs**, subs. m. Atrito, fricção (Sên. Nat. 2, 22, 2).
attrīvī (adtrīvī), perf. de **attĕro**.
attŭlī (adtŭlī), perf. de **affĕro**.
Attus, -ī, subs. pr. m. Ato, nome de homem (Cíc. Div. 1, 32).
Atur, -ŭris ou **Atŭrrus, -ī**, subs. pr. m. Aturro (Adur), rio da Aquitânia (Tib. 1, 7, 4); (Luc. 1, 420).
Atys, -yis, subs. pr. m. Átis. 1) Rei de Alba (T. Lív. 1, 3, 8). 2) Fundador da «gens» Átia (Verg. En. 5, 568).
au ou **hau**, interj. que indica perturbação, surprêsa, impaciência, servindo ainda para interpelar: Oh! Ah! Olá! (Plaut. Stich. 258).
auceps, aucŭpis, subs. m. I — Sent. próprio: 1) Passarinheiro (Hor. A. Poét. 458). II — Sent. figurado: 2) Espião, que está espreitando (Plaut. Mil. 955).

auctĭfer, -rĕra, -fĕrum, adj. Fecundo (Cíc. apud Aug. Civ. 5, 8).

auctifĭcus, -a, -um, adj. Que aumenta (Lucr. 2, 571).

auctĭō, -ōnis, subs. f. I — Sent. próprio: 1) Aumento (sentido raro) (Macr. Sat. 1, 14, 1). Daí: 2) Hasta pública, venda em hasta pública (Cíc. Amer. 23).

auctiōnārĭus, -a, -um. Relativo à venda em hasta pública (Cíc. Agr. 1, 7).

auctiōnor, -āris, -ārī, -ātus sum, v. dep. intr. Vender em hasta pública, em leilão (Cíc. Quinct. 23).

auctō, -ās, -āre, v. tr. I — Sent. próprio: 1) Aumentar, acrescentar (Lucr. 1, 56). II — Sent. figurado: 2) Favorecer, proteger (Catul. 67, 2).

auctor, -ōris, subs. m. 1) Aquêle que faz crescer, aquêle que produz (Verg. G. 1, 27). Daí: 2) Aquêle que funda, fundador, inventor, autor (Cíc. Tusc. 4, 2); fundador de uma cidade (Verg. G. 3, 36); criador de um culto (Verg. En. 8, 269). 3) Autor (de uma obra literária ou artística) (T. Lív. 10, 9, 12); autor de uma estátua (Plín. pref. 27). 4) Instigador, promotor (Cíc. Of. 3, 109). 5) Fiador, abonador (língua do direito) (T. Lív. 34, 2, 11). Vendedor em hasta pública, vendedor (Cic. Verr. 5, 56) 7) O que tem poder para fazer uma coisa, testemunha, ratificador (Cíc. Br. 55). 8) Autoridade, defensor (Cíc. At. 7, 3, 10). Obs.: **Auctor,** como f., em: Cícero (Div. 1, 27); Verg. (En. 12, 159); Ov. (F. 6, 709; Met. 7, 157); T. Lív. (40, 4, 14).

auctōrāmēntum, -ī, subs. n. 1) Sôldo, salário (Cíc. Of. 1, 150). 2) Obrigação, ajuste (sent. figurado) (Sên. Ep. 69, 4). 3) Contrato de gladiadores (Sên. Ep. 37, 1).

auctōrātus, -a, -um, part. pass. de **auctōro.**

auctōrĭtās, -tātis, subs. f. 1) Cumprimento, realização, consumação (Cíc. Inv. 1, 28, 43). 2) Instigação, autoridade, exemplo (Cíc. Of. 3, 109). 3) Garantia, fiança, responsabilidade, compra afiançada pelo vendedor (Cíc. Verr. 1, 144). 4) Voto emitido em primeiro lugar, opinião dominante, parecer, decisão (Cíc. Mil. 14). 5) Posse legítima, posse (Cíc. Top. 23). 6) Direito de propriedade, poder, jurisdição (Cíc. Verr. 2, 121). 7) Vontade, desejo (Cíc. Mur. 47). 8) Consideração, respeito, prestígio (Cíc. Verr. 4, 60). 9) Autoridade, pêso (da palavra, da ação) (Cés. B. Gal. 3, 23, 4).

auctōrō, -ās, -āre, -āvī, -ātum, v. tr. 1) Garantir, afiançar (Pomp. Dig. 26, 8, 14). 2) Na língua dos gladiadores — por especialização — vender ou alugar mediante salário (para exercer o ofício de gladiador) (Sên. Apoc. 9).

auctōror, -āris, -ārī, -ātus sum = auctōro, v. dep. tr. Dar, vender ou alugar mediante um salário (Hor. Ep. 1, 18, 36).

1. **auctus, -a, -um.** I — Part. pass. de **augĕo.** II — Adj.: Aumentado, maior, próspero (T. Lív. 25, 16, 11).

2. **auctus, -ūs,** subs. m. Aumento, crescimento (Tác. An. 2, 33).

aucupātōrĭus, -a, -um, adj. Que serve para caçar aves (Marc. 14, 218).

aucupātus, -a, -um, part. pass. de **aucŭpor.**

aucŭpis, gen. de **auceps.**

aucupĭum, -ī, subs. n. I — Sent. próprio: 1) Caça de aves (Cíc. C. M. 56). Donde: 2) Produto de uma caçada de aves (Sên. Prov. 3, 6). II — Sent. figurado: 3) Meio de apanhar uma coisa, caça (sent. figurado) (Cíc. Or. 84).

aucŭpor, -āris, -ārī, -ātus sum, v. dep. tr. I — Sent. próprio: 1) Caçar passarinhos ou aves, apanhar aves (Varr. R. Rust. 1, 23, 6). II — Sent. figurado: 2) Espiar, espreitar, estar à espreita (Cíc. Amer. 22). 3) Estar à cata de, andar à cata de: **aucupari verba** (Cíc. Caec. 52) «andar à cata de palavras».

audacĭa, -ae, subs. f. 1) Audácia, ousadia (geralmente com sentido pejorativo) (Cíc. Cat. 1, 1). 2) Valor, coragem (sem matiz pejorativo) (T. Lív. 21, 4, 5). 3) Decisão ousada (sent. favorável) (Sal. C. Cat. 51, 37).

audācter, adv. I — (Pejorativamente): 1) Com audácia, audaciosamente (Cíc. Sull. 67). II — (Sem idéia pejorativa): 2) Corajosamente, denodadamente, com maior liberdade (Cíc. Fin. 2, 28); (Cíc. Or. 202). Obs.: Por vêzes, ocorre a forma **audaciter** (Cíc. C.M. 72).

audax, -ācis, adj. 1) Audacioso, corajoso, descarado, impudente (Cíc. Verr. 4, 111). 2) Ousado (sem matiz pejorativo) (Cíc. De Or. 3, 156). Na língua poética: 3) Confiante (Verg. En. 5, 67).

Audēna, -ae, subs. pr. m. Rio da Etrúria (T. Lív. 41, 19).

audens, -ēntis. I — Part. pres. de **audĕo.** II — Adj.: Que ousa, audaz, audacioso, ousado (Verg. En. 10, 283).

audēnter, adv. Corajosamente, com audácia (Tác. Hist. 2, 78).

audentia, -ae, subs. f. Ousadia, coragem em empreender (Tác. Germ. 31).

audĕō, -ēs, -ēre, ausus sum, v. semi-dep. tr. e intr. I — Tr.: 1) Ter desejos de, querer, querer muito (Plaut. Mil. 799). 2) Ter audácia de, ousar, tentar, empreender (Cíc. Mil. 34). II — Intr.: 3) Ter audácia, ser ousado, atrever-se (Cíc. Verr. 1, 2). Obs.: O sentido próprio «ter desejo de, querer», é atestado principalmente na fórmula de polidez: **si audes**, e depois, **sodes**, «se queres». O pres. do subj. **ausim**, **-is**, etc., é freqüente nos cômicos e nos escritores do período imperial.

audībam = **audiēbam**, imperf. do ind. de **audio**.

audībo = **audiam**, fut. I do ind. de **audio**.

audiens, -ēntis, I — Part. pres. de **audio**. II — Adj.: 1) Obediente (com dat.) (Cíc. Verr. 1, 88). III — Subs.: 2) Ouvinte (Cíc. Br. 89).

audientia, -ae, subs. f. Silêncio (para ouvir), atenção (para alguma coisa que se quer ouvir) (T. Lív. 43, 16, 8).

audīī = **audīvī**, perf. de **audio**.

audin = **audisne** (2ª pess. sg. do ind. pres. + partícula **ne**).

audĭō -is, -ire, -īvī (-ĭī), -ītum, v. tr. I — Sent. próprio: 1) Ouvir, estar com os ouvidos atentos a, escutar (Cíc. Rep. 6, 19). Daí: 2) Entender, compreender (Plaut. Capt. 240). II — Sent. figurado: 3) Ouvir dizer, ter conhecimento de, saber, ser informado (Cíc. Verr. 4, 117). 4) Escutar, obedecer, acreditar (Cíc. Verr. 5, 78). 5) Ouvir ou escutar as súplicas de (tratando-se dos deuses): **di immortales meas precis audiverunt** (Cíc. Pis. 43) «os deuses imortais ouviram as minhas súplicas». 6) Ser discípulo de, ouvir as lições de, ouvir uma causa, julgar uma causa (Cíc. Nat. 1, 72). 7) **Bene** ou **male audire** — «ter boa ou má reputação» (Cíc. De Or. 2, 277). 8) Ser bem ou mal apreciado por alguém: **bene audire a parentibus** (Cíc. Fin. 3, 57) «ser bem apreciado pelos pais». 9) Poético: ser chamado, nomeado (Hor. Ep. 1, 7, 38). Obs.: Fut. **audibo**, -is, etc. (Plaut. Capt. 619); imperf. **audibam**, -as, etc. (Ov. F. 3, 507); inf. perf. **audisse**; m. que perf. subj. **audissem**, etc. são formas de emprego freqüente.

audīssem, **audīsti**, formas sincopadas de: **audivīssem** e **audivīsti**.

audītin = **audistisne**.

audītĭō, -ōnis, subs. f. I — Sent. próprio: 1) Ação de ouvir (Cíc. Fin. 5, 42). II — Sent. figurado: 2) Boato, voz corrente (Cés. B. Gal. 7, 42, 2). 3) Audição (de uma leitura pública, de uma declamação, etc.) (Sên. Contr. 9, 3, 14).

audītor, -ōris, subs. m. 1) O que ouve, ouvinte (Cíc. Br. 191). Daí: 2) Discípulo (Cíc. Tusc. 4, 3).

audītōrĭum, -ī, subs. n. 1) Lugar, sala onde se reúnem pessoas para ouvir alguém (Tác. D. 9). 2) Auditório (Plín. Ep. 4, 7, 2).

1. **audītus**, -a, -um, part. pass. de **audĭo**.

2. **audītus**, -ūs, subs. m. 1) O sentido da audição, faculdade de ouvir (Cíc. Tusc. 3, 41). 2) Ação de ouvir, audição (Tác. An. 4, 69).

Aufentum, -ī, subs. pr. n. Aufento, rio do Lácio (Plín. H. Nat. 3, 59).

aufĕrō, -fers, -fērre, abstŭlī, ablātum, v. tr. I — Sent. próprio: 1) Levar, tirar, tomar, retirar, furtar (Cíc. Amer. 23). 2) Deixar de, cessar de, renunciar a (Hor. Sát. 2, 7, 43). 3) Retirar-se (reflexivo ou passivo) (Plaut. As. 469). 4) Obter, receber, auferir, ganhar, obter a convicção de (Cíc. De Or. 1, 239). 5) Levar com força, arrebatar, arrancar (Cíc. Verr. 4, 57). 6) Poético: destruir, matar, arrebatar, decepar, fazer desaparecer, apagar, riscar (Hor. O. 2, 16, 29). 7) Passivo: retirar-se, escapar-se, esquivar-se, levar (Verg. En. 11, 867).

Aufidēna, -ae, subs. pr. f. Aufidena, cidade do Sâmnio (T. Lív. 10, 12, 9).

Aufidiānus, -a, -um, adj. De Aufídio (Cíc. Fam. 16, 19).

Aufidiēnus, -ī, subs. pr. m. Aufidieno, nome de homem (Tác. An. 1, 20).

Aufidĭus, -ī, subs. pr. m. Aufídio, nome de homem (Cíc. Tusc. 5, 112).

Aufĭdus, -ī, subs. pr. m. Áufido, rio da Apúlia (Hor. O. 4, 9, 2).

aufūgī, perf. de **aufugĭō**.

aufugĭō, -is, -ĕre, -fūgī, v. intr. e tr. I — Intr.: Fugir, escapar-se, escapulir-se (Cíc. Verr. 1, 35). II — Tr. (poético): Fugir (Cíc. Nat. 2, 111).

Auga, -ae, ou **Augē, -ēs,** subs. pr. f. Auge, mãe de Télefo (Ov. Her. 9, 49).
Augēas, -ae, v. **Augēus.**
augĕō, -ēs, -ĕre, auxī, auctum, v. tr. e intr. A) Tr.: 1) Fazer crescer, aumentar, amplificar (sent. próprio e figurado): **numero pugnantium augere** (Cés. B. Gal. 7, 48, 2) «aumentar o número de combatentes»; **augere spem** (Cíc. Phil. 12, 2) «aumentar a esperança». 2) Encher, carregar, prover, munir (Cíc. Nat. 2, 101). 3) Elevar em honra, glorificar; enriquecer, favorecer (Cíc. Of. 2, 21); (Cíc. Agr. 2, 69). B) Intr.: 4) Tornar-se maior, crescer, aumentar (Sal. Hist. 1, 77). Obs.: Inf. pass. arc.: **augerier** (Plaut. Merc. 48); **auxitis** = **auxeritis** (T. Lív. 29, 27, 3).
auger, v. **augur.**
augēscō, -is, -ĕre, v. incoat. intr. Sent. próprio e figurado: Começar a crescer, crescer, tornar-se maior, medrar, engrossar (Cíc. Nat. 2, 26); (Sal. B. Jug. 34, 2).
Augēus, -ī, subs. pr. m. Augeu, rei da Élida, morto por Hércules (Sên. Herc. F. 247).
Augīnus, -ī, subs. pr. m. Augino, monte da Ligúria (T. Lív. 39, 2).
augmen, -ĭnis, subs. n. Aumento (Lucr. 2, 73).
augmĕntum, -ī, subs. n. Aumento (Sên. Suas. 1, 4).
augur, -ŭris, subs. m. e f. 1) O que anuncia o incremento ou crescimento de uma emprêsa, o que dá presságios, o intérprete (Hor. O. 1, 2, 32). 2) Áugure (sacerdote que prediz o futuro, principalmente pelo vôo ou pelo canto das aves) (Cíc. Phil. 3, 12). 3) O que adivinha, adivinho, intérprete (Ov. Am. 3, 5, 31); (Hor. O. 3, 17, 12).
augurāle, -is, subs. n. 1) Lado direito da tenda do general, onde êle tomava os auspícios (Tác. An. 15, 30). 2) Vara dos áugures (Sên. Tranq. 11, 9).
augurālis, -e, adj. Relativo aos áugures, augural, de áugure (Cíc. Div. 1, 72).
augurātiō, -ōnis, subs. f. Ação de tomar os agouros, ou augúrios (Cíc. Div. 2, 65).
1. **augurātus, -a, -um,** part. pass. de **augŭro** e **augŭror.**
2. **augurātus, -ūs,** subs. m. Cargo de áugure, dignidade de áugure (Cíc. Phil. 2, 4).

Augurīnus, -ī, subs. pr. m. Augurino, sobrenome romano de muitos Minúcios (Plín. H. Nat. 18, 15).
augurĭum, -ī, subs. n. I — Sent. próprio: 1) Ciência dos áugures (Verg. En. 9, 328): Daí: 2) Adivinhação, predição, profecia (Cíc. Phil. 2, 83). II — Sent. figurado: 3) Pressentimento, previsão (Cíc. Tusc. 1, 33). 4) Observação e interpretação de um presságio (através de sinais, sobretudo o vôo das aves) (T. Lív. 10, 7, 10). 5) Sinal, indício (T. Lív. 1, 34, 9).
augŭrō, -ās, -āre, -āvī, -ātum, v. tr. I — Sent. próprio: 1) Tomar os augúrios (Cíc. Leg. 2, 21). II — Sent. figurado: 2) Augurar, predizer, pressagiar (Verg. En. 7, 273). 3) Passivo: ser consagrado pelos augúrios (Cíc. Vat. 10).
augŭror, -āris, -ārī, -ātus sum, v. dep. tr. I — Sent. próprio: 1) Predizer diante dos augúrios (Cíc. Div. 1, 72). Daí: 2) Predizer, augurar, pressagiar (Cíc. Tusc. 1, 96). II — Sent. figurado: 3) Julgar, pensar, supor, conjecturar (Cíc. Mur. 65). Obs.: Êste verbo não aparece antes de Cícero.
Augŭsta, -ae, subs. pr. f. 1) Augusta, título das imperatrizes romanas, por vêzes da mãe, das filhas ou das irmãs do imperador (Tác. An. 1, 8). 2) Augusta, nome de várias cidades (ex. **Augusta Taurinorum** — Turim) (Plín. H. Nat. 3, 123).
Augustālēs, -ĭum, subs. pr. pl. m. Sacerdotes em honra de Augusto (Tác. Hist. 2, 95) ou **sodales Augustales** (Tác. An. 1, 54), **sacerdotes Augustales** (Tác. An. 2, 83).
Augustālis, -e, adj. De Augusto: **Ludi Augustales** (Tác. An. 1, 54) «jogos em honra de Augusto».
augŭstē, adv. Reverentemente, segundo o rito, religiosamente (Cíc. Nat. 2, 62). Obs.: **augustius** (comp.), mais religiosamente (Cíc. Br. 83).
Augustēus, -a, -um, adj. De Augusto (certa qualidade de mármore) (Plín. H. Nat. 36, 55).
Augustiānī, -ōrum, subs. m. Augustianos, corpo de cavaleiros que constituíam a claque de Nero (Tác. An. 14, 15).
Augustīnus, -a, -um, adj. Augustino, de Augusto (Suet. Claud. 11, 2).

Augustodŭnum, -i, subs. pr. n. Augustoduno, cidade da Gália Lugdunense, hoje Autum (Tác. An. 3, 43).

1. Augŭstus, -i, subs. pr. m. Augusto, título honorífico concedido pelo Senado a Otávio, em 27 da era cristã, e que passou a fazer parte de seu nome, bem como dos demais imperadores que o sucederam, tornando-se, assim, uma designação oficial dos mesmos (Hor. O. 1, 12); (Ov. Met. 15, 860).

2. augŭstus, -a, -um, adj. 1) Augusto, majestoso, venerável (T. Liv. 8, 6, 9). 2) Santo, sagrado (Cíc. Verr. 5, 186).

3. Augŭstus, -a, -um, adj. 1) De Augusto (Ov. Met. 15, 869). 2) Mês de agôsto, assim chamado em honra de Augusto (Juv. 3, 9).

1. aula, -ae, subs. f. I — Sent. próprio: 1) Pátio (de uma casa ou de um palácio) (Hor. Ep. 1, 2, 66). 2) = **atrium** (Hor. Ep. 1, 1, 87). Daí, por sinédoque: 3) Palácio, côrte (Verg. G. 2, 504); (Tác. An. 1, 7). Obs.: Gen. arc.: **aulāī** (Verg. En. 3, 354).

2. aula = **olla**, -ae, subs. f. Panela (Plaut. Aul. 390).

aulaeum, -i, subs. n. 1) Tapête, tapeçaria (Verg. En. 1, 697). 2) Cortina, pano de bôca (de teatro) (Cíc. Cael. 75).

Aulērcī, -ōrum, subs. loc. m. Aulercos, povo da Gália (Cés. B. Gal. 7, 75, 2).

Aulētēs, -ae, subs. pr. m. Auletes, sobrenome de um Ptolomeu, rei do Egito (Cíc. Rab. Post. 28).

aulĭcī, -ōrum, subs. m. pl. Escravos da côrte, cortesãos, áulicos (C. Nep. Dat. 5, 2).

aulĭcus, -a, -um, adj. Relativo à côrte ou palácio do príncipe, áulico (Suet. Dom. 4).

Aulis, -ĭdis (acus. **Aulim** ou **Aulida**), subs. pr. f. Áulis, pôrto da Beócia (Verg. En. 4, 426).

aulla, v. **olla**.

auloedus, -i, subs. m. Tocador de flauta (Cíc. Mur. 29).

Aulōn, -ōnis, subs. pr. m. Áulon. 1) Montanha das redondezas de Tarento (Hor. O. 2, 6, 18). 2) Cidade da Élida (Plín. H. Nat. 4, 14).

Aulŭlārĭa, -ae, subs. pr. f. Aululária, título de uma comédia de Plauto.

Aulus, -i, subs. pr. m. Aulo, prenome romano, cuja abreviatura é **A.** (Cíc. At. 6, 2).

auncŭlus, v. **avuncŭlus**.

Aunĭus, -i, subs. pr. f. Áunio, ilha vizinha da Galécia (Galiza) (Plín. H. Nat. 4, 111).

aura, -ae, subs. f. I — Sent. próprio: 1) O ar (em movimento), viração, brisa (Cés. B. Civ. 3, 8, 2) Donde: 2) Eflúvio, exalação (Verg. G. 4, 417). II — Sent. figurado: 3) Brilho, cintilação (Verg. En. 6, 204). 4) Popularidade (Cíc. Har. 43). 5) No pl.: os ares, o céu (Verg. En. 4, 176). Obs.: Gen. arc. **aurai** (Verg. En. 6, 747).

aurārĭa, -ae, subs. f. Mina de ouro (Tác. An. 6, 19).

aurāta, -ae, subs. f. Dourado, nome de peixe (Marc. 13, 90).

aurātus, -a, -um, adj. 1) Dourado (Cíc. Sen. 28). 2) Ornado de ouro (T. Liv. 9, 40, 3). 3) Da côr do ouro (Verg. G. 1, 217).

Aurelĭa, -ae, subs. pr. f. Aurélia, mãe de Júlio César (Tác. D. 28).

1. Aurēlĭus, -i, subs. m. Aurélio. 1) Nome de célebre família romana. 2) **C. Aurelius Cotta**, célebre orador, interlocutor do **De Oratore** de Cícero.

2. Aurēlĭus, -a, -um, adj. De Aurélio. 1) **Via Aurelia** (Cíc. Cat. 2, 6) «via Aureliana». 2) **Aurelia Lex** (Cíc. Phil. 1, 19) «a lei Aurélia» (sôbre a organização dos tribunais). 3) **Forum Aurelium** (Cíc. Cat. 1, 24) «cidade da Etrúria, na via Aureliana». 4) **Aurelium tribunal** (Cíc. Sest. 34) «o tribunal de Aurélio» (no forum). 5) **Gradus Aurelii** (Cíc. Clu. 93) «os degraus de Aurélio» (o tribunal).

1. aureŏlus, -a, -um, adj. I — Sent. próprio: 1) De ouro, da côr de ouro (Plaut. Ep. 640). II — Sent. figurado: 2) Precioso, encantador, gracioso: **aureolus libellus** (Cíc. Ac. 2, 135) «livrinho de ouro»; **aureoli pedes** (Catul. 61, 167) «pés graciosos».

2. aureŏlus, -i, subs. m. Moeda de ouro (Marc. 5, 19, 14).

aurēscō, -is, -ĕre, v. incoat. intr. Tomar a côr do ouro (Varr. L. Lat. 7, 83).

1. aurĕus, -a, -um, adj. I — Sent. próprio: 1) De ouro, áureo, da côr de ouro (Verg. En. 2, 488). 2) Ornado de ouro (Verg. En. 1, 492). II — Sent. figurado: 3) Formoso, esplêndido, cintilante (Verg. En. 10, 16). 4) Da idade de ouro, puro, feliz (Ov. Met. 1, 89).

2. aurĕus, -i, subs. m. Áureo, peça de ouro — **nummus aureus** (T. Lív. 38, 11, 8).

Auriăna Āla, subs. f. Divisão de cavalaria Auriana (de Áurio, um desconhecido) (Tác. Hist. 3, 5).

auricilla (oricilla), -ae, subs. f. (dim. de **auricŭla**). A parte inferior da orelha, o lóbulo da orelha (Catul. 25, 2).

auricŏmus, -a, -um, adj. I — Sent. próprio: 1) Auricomo, de cabelos da côr de ouro (V. Flac. 4, 92). II — Sent. figurado: 2) Que tem fôlhas da côr de ouro (Verg. En. 6, 141).

auricŭla, ae-, subs. f. 1) Auricula, orelha (parte exterior do ouvido) (Cíc. Q. Fr. 2, 15, 4). 2) Orelhinha (poético) (Hor. Sát. 2, 5, 33). 3) Orelha, ouvido (Marc. 3, 28). Obs.: **Oricula** (Cíc. Q. Fr. 2, 15, 4).

aurĭfer, -fĕra, fĕrum, adj. 1) Aurifero, que produz ouro (Cíc. Tusc. 2, 22). 2) Que contém ouro (Tib. 3, 3, 29).

aurĭfex, -ĭcis, subs. m. Ourives (Cíc. Verr. 4, 56).

auriga, -ae, subs. m. 1) Auriga, cocheiro, condutor de carro (Cés. B. Gal. 4, 33, 2). 2) Môço de estrebaria, palafreneiro (Verg. En. 12, 85). Em poesia: 3) Pilôto (Ov. Trist. 1, 4, 16). 4) Constelação (Cíc. Arat. 468). Obs.: Feminino em **auriga soror** (Verg. En. 12, 918) «a irmã que conduz o carro».

aurīgārĭus, -ī, subs. m. Aurigário, cocheiro de circo (Suet. Ner. 5).

aurīgātĭō, -ōnis, subs. f. Ação de guiar um carro (Suet. Ner. 35).

aurigĕna, -ae, subs. m. Nascido de uma chuva de ouro (Perseu) (Ov. Met. 5, 250).

aurĭger, -gĕra, -gĕrum, adj. Aurígero, que traz ouro (= **aurĭfer**) (Cíc. poét. Div. 2, 63).

Aurĭgis ou **Aurīngis**, -is, subs. pr. f. Aurige, cidade da Bética (T. Lív. 24, 42, 5).

Aurīngis, v. **Aurĭgis**.

aurīgō, -ās, -āre, -āvī, -ātum, v. intr. Guiar um carro, governar, dirigir (Suet. Cal. 54).

auris, -is, subs. f. I — Sent. próprio: 1) Orelha, ouvido (Cés. B. Gal. 7, 4, 10). II — Sent. figurado: 2) Ouvido (conhecimento) (Cíc. Sest. 107). 3) Ouvido atento, atenção (Cíc. Arch. 26). 4) Ouvinte (Cíc. Or. 119). Na língua agrícola: 5) Aiveca (do arado) (Verg. G. 1, 172).

auriscalpĭum, -ī, subs. n. Instrumento para limpar as orelhas (Marc. 14, 23).

aurītŭlus, -ī, subs. m. O orelhudo, o burro (Fedr. 1, 11, 6).

aurītus, -a, -um, adj. 1) Aurito, o que tem orelhas grandes, orelhudo (Verg. G. 1, 308). 2) O que ouve, atento (Hor. O. 1, 12, 11).

Aurĭus, -ī, subs. pr. m. Áureo, nome de homem (Cíc. Clu. 11).

1. **aurōra**, -ae, subs. f. 1) A aurora (Cíc. Arat. 65). 2) O oriente, os países orientais (Verg. En. 8, 686).

2. **Aurōra**, -ae, subs. pr. f. Aurora, espôsa de Titono, deusa da aurora, representada com dedos côr de rosa, que abrem as portas do céu ao carro do Sol (Verg. G. 1, 446).

aurum, -ī, subs. n. I — Sent. próprio: 1) Ouro (Cíc. Nat. 2, 151). Daí: 2) Objeto de ouro, jóia de ouro (Verg. G. 2, 195). 3) Moeda de ouro (Cíc. Cael. 30). II — Sent. figurado: 4) Dinheiro, riqueza (Verg. En. 3, 56). 5) Côr do ouro, brilho do ouro (Verg. G. 4, 91). 6) Idade de ouro (Hor. O. 4, 2, 39).

Aurŭnca, -ae, subs. pr. f. Aurunca, cidade da Campânia, na Itália, hoje Sezza (Juv. 1, 20).

Aurŭncus, -a, -um, adj. De Aurunca (Verg. En. 7, 206).

Aurŭncī, -ōrum, subs. loc. m. Auruncos (Verg. En. 11, 318).

Aurunculēius, -ī, subs. pr. m. Aurunculeio, nome de família romana (Cés. B. Gal. 2, 11, 3).

Auscī, -ōrum, subs. loc. m. Auscos, povo da Aquitânia, na Gália, à margem esquerda do Garona (hoje cidade de Auch) (Cés. B. Gal. 3, 27, 1).

auscultātĭō, -ōnis, subs. f. I — Sent. próprio: 1) Ação de escutar, de espionar (Sên. Tranq. 12, 4). II — Sent. figurado: 2) Ação de obedecer (Plaut. Rud. 502).

auscultātor, -ōris, subs. m. I — Sent. próprio: 1) O que escuta, ouvinte (Cíc. Part. 10). II — Sent. figurado: 2) O que obedece (Apul. M. 7, 16).

auscŭltō, -ās, -āre, -āvī, -ātum, v. tr. e intr. I — Sent. próprio: 1) Escutar, dar ouvidos a (Ter. Phorm. 995). II — Sent. figurado: 2) Escutar (em sinal de obediência), obedecer (com dat.): ...**mihi ausculta** (Cíc. Amer. 104) (ex. único) «obedece-me».

auscŭlum, -ī, v. **oscŭlum.**

Auser, -ĕris, subs. pr. m. Áuser, rio da Etrúria, na Itália, afluente da margem direita do Arno (Plín. H. Nat. 3, 50).

Ausētāni, -ōrum, subs. loc. m. Ausetanos, habitantes de Ausa (Cés. B. Civ. 1, 60, 2).

Ausētānus, -a, -um, adj. Ausetano, de Ausa, cidade da Hispânia Tarraconense (T. Lív. 29, 2, 2).

ausī, perf. arc. de **audĕo** (Cat. Orig. 63). **Ausim** = **ausiverim.** Freqüentes nos cômicos, nos poetas e prosadores da época imperial.

Ausŏna, -ae, subs. pr. f. Áusona, cidade da antiga Ausônia (T. Lív. 9, 25, 3).

Ausŏnēs, -um, subs. loc. m. Ausônios, habitantes da Itália (Estác. S. 4, 5, 37).

Ausonia, -ae, subs. pr. f. Ausônia, antigo nome de uma parte da Itália, e a própria Itália (uso poético) (Verg. En. 10, 54).

Ausonĭdae, -um, subs. loc. m. Ausônidas, habitantes da Ausônia (Verg. En. 10, 564).

Ausŏnis, -ĭdis, subs. pr. f. Ausônia, romana, italiana (Ov. F. 2, 98).

Ausonĭī, -ōrum, subs. loc. m. Ausônios (Verg. En. 7, 233).

1. Ausonĭus, -a, -um, adj. Ausônio, romano, italiano (Verg. En. 4, 349).

2. Ausonĭus, -ī, subs. pr. m. Ausônio, escritor latino.

1. auspex, -ĭcis, subs. m. e f. I — Sent. próprio: 1) Áuspice, o que advinha segundo o vôo, canto ou modo de comer das aves, adivinho (Cíc. At. 2, 7, 2). II — Sent. figurado: 2) Chefe, protetor (Verg. En. 4, 45). 3) Testemunha (num casamento), padrinho (Cíc. Div. 1, 28).

2. auspex, -ĭcis, adj. Favorável, feliz, de bom agouro, auspicioso (Sên. Med. 58).

auspicātō. I — Abl. n. do part. pass. de **auspĭco:** 1) Tendo tomado os auspícios, com bons auspícios (Cíc. Mur. 1). II — Adv. 2) Com felicidade (Ter. Andr. 807).

auspicātus, -a, -um. I — Part. pass. de **auspĭco.** II — Adj.: A) Sent. próprio: 1) Consagrado pelos auspícios, sagrado (Cíc. Rab. Post. 11). B) Sent. figurado: 2) Favorável, feliz, auspicioso (Catul. 45, 26).

auspicĭum, -ī, subs. n. I — Sent. próprio: 1) Ato de tomar os auspícios pela observação do vôo, movimentos, canto ou maneira de comer das aves; auspício, sinal fornecido pela observação acima referida (Cíc. C.M. 11). Daí: 2) Presságio (T. Lív. 1, 34, 9). II — Sent. figurado: 3) Poder, autoridade (no pl.) (Verg. En. 4, 103). 4) Vontade, arbítrio (Verg. En. 4, 341).

auspĭcō, -ās, -āre, -āvī, -ātum, v. intr. arc. Tomar os auspícios (Plaut. Rud. 717).

auspĭcor, -āris, -ārī, -ātus sum, v. dep. tr. e intr. 1) Tomar os auspícios, observar o vôo, o canto das aves (Cíc. Div. 2, 72). 2) Tomar os auspícios para começar um empreendimento, começar, iniciar (Suet. Aug. 38).

Auster, -trī, subs. pr. m. 1) Austro, vento sul (Verg. G. 1, 462). 2) A região de onde sopra êste vento, o meio-dia, país do sul (Cíc. Rep. 6, 22).

austērē, adv. Severamente, duramente, com austeridade, austeramente (Cíc. Mur. 74).

austērĭtās, -tātis, subs. f. 1) Rudeza, aspereza, de sabor acre (Plín. H. Nat. 14, 24). 2) Gravidade, severidade, seriedade (Quint. 2, 2, 5).

austērus, -a, -um, adj. I — Sent. próprio: 1) Rude, áspero (falando do cheiro, do sabor ou em sentido moral) (Plín. H. Nat. 12, 120); (Plín. H. Nat. 35, 30). II — Sent. figurado: 2) Severo, rígido, austero (Cíc. Cael. 33). 3) Austero, grave (Cíc. De Or. 3, 103).

austrālis, -e, adj. Austral, do sul (Cíc. Rep. 6, 21); (Ov. Met. 2, 132).

austrīnus, -a, -um, adj. 1) Austrino, do meio-dia: **calores austrini** (Verg. G. 2, 271) «os ventos quentes do meio-dia». 2) Subs. n. pl.: **austrīna, ōrum** = as regiões meridionais (Plín. H. Nat. 6, 213).

ausum, -ī, subs. n. 1) Ato de audácia, coragem (Ov. Met. 2, 328). 2) Crime (Verg. En. 2, 535).

Ausur, v. **Auser.**

ausus, -a, -um, part. pass. de **audĕo.**

aut, conj. 1) Ou, ou então: **nolebas aut non audebas** (Cíc. Quinct. 39) «tu não querias ou então não ousavas». 2) Ou senão, ou do contrário (C. Nep. Epam. 4, 3). 3) **aut... aut;** ou ...ou; ou ...ou então; ou ...pelo menos (Cíc. Caec.

57); (Cíc. Tusc. 3, 38). 4) [Depois de negação] Nem (Cés. B. Civ. 3, 61, 2). Obs.: **Aut** é uma conj. disjuntiva que serve para distinguir dois objetos ou duas idéias das quais uma deve excluir a outra. Vem freqüentemente reforçada por um advérbio: **aut omnino**, ou ao menos (Cíc. Br. 65); **aut potius**, ou antes (Cíc. Verr. 3, 113); **aut fortasse**, ou talvez (Cíc. Agr. 2, 51); **aut denique**, ou enfim (Cíc. Arch. 12), etc.

autem, conj. Por outro lado, ora, no entanto (Cés. B. Gal. 1, 37, 3); (Cíc. Phil. 1, 29). Obs. **Autem**, formado de **aut** mais a enclítica **-em**, coloca-se geralmente depois da primeira palavra da frase, e serve para indicar uma oposição atenuada, constituindo como que uma conjunção adversativa fraca.

authēpsa, -ae, subs. f. Autepsa, espécie de panela de dois fundos, ou panela, fogareiro (Cíc. Amer. 133).

Autobŭlus, -ī, subs. pr. m. Autobulo. 1) Nome de um pintor grego (Plín. H. Nat. 36, 148). 2) Nome de um dançarino (Cíc. Pis. 89).

autochthōn, -ŏnis, subs. m. Autóctone, indígena (Apul. M. 11, 5).

autogrăphus, -a, -um, adj. Autógrafo (Suet. Aug. 87).

Autolўcus, -ī, subs. pr. m. Autólico, filho de Mercúrio, avô de Ulisses, famoso por sua arte de furtar, que aprendera com seu pai, mas que aperfeiçoara (Ov. Met. 11, 313).

Automatīa, -ās, subs. pr. f. Automátia, deusa que preside, segundo sua vontade, os acontecimentos (C. Nep. Tim. 4, 4).

automăton (-um), -ī, n. 1) Autômato, máquina que se move por si mesma (Petr. 54, 4). 2) Movimento automático (Petr. 140).

automătus, -a, -um, adj. Espontâneo, voluntário (Petr. 50, 1).

Automĕdōn, -ŏntis, subs. pr. m. Automedonte. 1) Filho de Dioris, cocheiro do carro de Aquiles e seu companheiro de combate (Verg. En. 2, 477). 2) Condutor de carro (Cíc. Amer. 98).

Autonŏē, -ēs, subs. pr. f. Autônoe, filha de Cadmo, mulher de Aristeu, mãe de Acteão (Ov. Met. 3, 720).

Autonoēĭum, -a, -um, adj. De Autônoe (Ov. Met. 3, 198).

autor e seus derivados, v. **auctor**.

Autrōnĭus, -ī, subs. pr. m. Autrônio, nome de família romana (Cíc. Sull. 1).

Autrōniānus, -a, -um, adj. De Autrônio (Cíc. At. 1, 13, 6).

autumnālis, -e, adj. Do outono, outonal (Cíc. Arat. 287).

autŭmnus -ī, subs. m. I — Sent. próprio: 1) Outono (Tác. An. 11, 4). II — Sent. figurado: 2) Produções do outono (Marc. 3, 58, 7). 3) Outonos, anos (Ov. Met. 3, 326).

auxī, perf. de **augĕo**.

auxiliārī, -ōrum, subs. m. pl. As tropas auxiliares (Tác. Hist. 1, 57).

auxiliāris, -e, adj. 1) Que socorre, auxiliar (Ov. Met. 9, 699: Lucina). Daí: 2) Eficaz (contra ou a favor) (Plín. H. Nat. 23, 82). Na língua militar: 3) Tropas auxiliares, referentes às tropas auxiliares (Cés. B. Civ. 1, 63, 1); (Tác. An. 2, 52).

auxiliārĭus, -a, -um, adj. De socorro, de auxílio (Cíc. Prov. 15).

auxiliātor, -ōris, subs. m. O que auxilia, auxiliar (Tác. An. 6, 37).

1. **auxiliātus, -a, -um**, part. pass. de **auxilio** e **auxilior**.

2. **auxiliātus, -ūs**, subs. m., v. **auxilĭum**.

auxilĭor, -āris, -ārī, -ātus sum, v. dep. intr. 1) Levar socorro, prestar auxílio (Cés. B. Gal. 7, 50, 6). 2) Ajudar, socorrer, curar (com dat.) (Plín. H. Nat. 13, 125). 3) Ser eficiente (com contra ou adversus) (Plín. H. Nat. 27, 124). Obs.: Constrói-se com dat. e com acus. acompanhado de **contra** ou **adversus**.

auxilĭum, -ī, subs. n. 1) Auxílio, socorro, ajuda, assistência (Cíc. Cat. 2, 19). Daí: 2) Meio de socorro, recurso, refôrço (Cés. B. Gal. 3, 5, 2). 3) No pl.: tropas de refôrço, tropas auxiliares, fôrças militares (Cés. B. Gal. 6, 10, 1). 4) Remédio, socorro (em medicina) (Ov. Rem. 48).

auxim = **augĕam**.

Auximātēs, -ĭum, subst. loc. m. Auximates, habitantes do Áuximo (Cés. B. Civ. 1, 13, 5).

Auxĭmum (Auxĭmōn), -ī, subs. pr. n. Áuximo, cidade do Piceno na Itália, próxima do mar, numa colina isolada (Cés. B. Civ. 1, 31, 2).

Auzĕa (Auzĭa), -ae, subs. pr. f. Auzea, cidade do interior da Mauritânia (Tác. An. 4, 25).

avārē, adv. Com cobiça, com avareza (Cíc. Of. 3, 37). Obs.: Superl.: **avarissĭme** (Sên. Ot. 5, 7).

Avarĭcum, -ī, subs. pr. n. Avárico (hoje Bourges), capital dos Bitúriges (Cés. B. Gal. 7, 13, 3).

avārĭtĭa, -ae, subs. f. 1) Grande desejo (Sên. Const. 12, 2). 2) Cobiça, avidez (Cíc. Com. 21). 3) Avareza, sofreguidão (Cíc. Flac. 85).

avārĭtĭēs, -ēī, subs. f., v. **avarĭtĭa** (T. Lív. 24, 32, 1).

avārus, -a, -um, adj. I — Sent. próprio: 1) Cobiçoso, ávido de dinheiro, avarento, avaro, insaciável (Cíc. Verr. pr. 41); (Cíc. Phil. 2, 113). II — Sent. figurado: 2) Ávido, muito desejoso (Hor. Ep. 2, 1, 179).

avē ou **havē**. 1) (Fórmula de cumprimento): bom dia, salve-o Deus! (Cíc. Fam. 8, 16, 4); **haveto** (Sal. C. Cat. 35, 5). 2) (Sôbre sepulturas): adeus! (Catul. 101, 10).

āvĕhō, -is, -ĕre, -vĕxī, -vēctum, v. tr. Transportar de, levar de, levar para longe de (Cés. B. Gal. 7, 55, 8).

Avēlla, v. **Abella**.

avellāna, -ae, subs. f. Avelã (Cels. 3, 27, 4).

Avēllī = **avūlsī**, perf. de **avēllo**.

āvēllō, -is, -ĕre, -vūlsī (-vŏlsī) ou **-vēllī, avūlsum (avōlsum)**, v. tr. I — Sent. próprio: 1) Arrancar, tirar à fôrça, separar violentamente, destacar, separar (Cíc. Verr. 4, 48). II — Sent. figurado: 2) Tirar, arrancar (Cíc. Of. 3, 83). Obs.: Constrói-se: a) com **ex** (Cíc. Div. 1, 112); b) com **ab** (Cíc. Tusc. 3, 12);. c) com **de** (Cic. Font. 46); d) com abl. (poético) (Verg. En. 2, 608); e) com dat. (Sên. Ben. 5, 8, 5).

avēna, -ae, subs. f. 1) Aveia: **steriles avenae** (Verg. G. 1, 154) «a aveia estéril». Daí: 2) Côlmo de aveia, côlmo, palha (Plín. H. Nat. 6, 188). Donde, na língua poética: 3) Flauta pastoril, gaita (Verg. Buc. 1, 2).

Avennĭo, (Avenĭō), -ōnis, subs. pr. f. Avinhão, cidade da Gália Narbonense, na margem esquerda do Ródano (Plín. H. Nat. 3, 36).

Aventĭcum, -ī, subs. pr. n. Avêntico, cidade dos Helvécios, hoje Avenches, tem seu nome tirado da deusa céltica **Aventia** (Tác. Hist. 1, 68).

Aventīnum, -ī, subs. pr. n. Aventino (colina de Roma) (Cíc. Rep. 2, 58).

1. **Aventīnus, -ī**, subs. pr. m. Aventino. 1) Filho de Hércules (Verg. En. 7, 657). 2) Rei de Alba (Ov. F. 4, 51). 3) **Aventinus mons** (Cíc. Rep. 2, 33) «monte Aventino» (uma das sete colinas de Roma).

2. **Aventīnus, -a, -um**, adj. Do Aventino (Ov. F. 1, 551).

avĕō, -ēs, -ēre, v. tr. defect. Desejar ardentemente, ser ávido — com acus. (Lucr. 3, 1080); (Cíc. At. 1, 15, 2). Obs.: Constrói-se em geral com oração inf.

avēre, inf. = **ave**. Passar bem: **avere jubeo** = eu te saúdo; bom dia.

Avērna, -ōrum, subs. pr. n., v. **Avērnus, -ī**, (Verg. En. 3, 442).

Avernālis, -e, adj. Avernal, do Averno, dos infernos (Ov. Met. 5, 340).

1. **Avērnus, -a, -um**, adj. Averno, avernal, do Averno, das regiões infernais (Verg. En. 6, 118).

2. **Avērnus, -ī**, subs. pr. m. Averno. 1) Lago da Campânia onde os poetas colocam a entrada dos infernos (Verg. En. 6, 126). 2) Os infernos (Ov. Am. 3, 9, 27).

avērrī, perf. de **avērro**.

āvērrō, -is, -ĕre, -vērrī, v. tr. Tirar, despojar (Hor. Sát. 2, 4, 37).

averrūncō, -ās, -āre, v. tr. e intr. Tr.: Afastar (um mal), desviar (fórmula religiosa) (T. Lív. 8, 6, 11). Intr.: (Cíc. At. 9, 2, 1).

āversabĭlis, -e, adj. Abominável (Lucr. 6, 390).

āversātĭō, -ōnis, subs. f. Afastamento, aversão (Sên. Tranq. 2, 11).

āversātus, -a, -um, part. pass. de **aversor**.

āversĭō, -ōnis, subs. f. 1) Afastamento, aborrecimento (em locuções): **ex aversione** (B. Hisp. 22, 3) «de costas». 2) Figura de retórica segundo a qual o orador afasta a atenção dos ouvintes do assunto que está tratando (Quint. 9, 2, 38).

āversō = **aversor**.

āversor, -ārĭs, -ārī, -ātus sum, v. dep. freq. intr. e tr. Intr.: 1) Voltar o rosto em sinal de repugnância, desviar-se, afastar-se com afetação ou repugnância (Plaut. Trin. 627). Tr.: 2) Afastar de, desviar (T. Lív. 8, 7, 14). 3) Afastar, repelir, despregar (Tác. D. 20).

āvĕrsor, -ōris, subs. m. O que desvia (alguma coisa) em seu proveito, ladrão (Cíc. Verr. 5, 152).

āvĕrsus, -a, -um. I — Part. pass. de **avērto**. **II** — Adj.: 1) Desviado, voltado para outro lado, do lado oposto, afastado, desviado (Cés. B. Gal. 2, 26, 2). 2) Contrário, oposto, hostil, inimigo (Cíc. Arch. 20). 3) Neutro-substantivo: Do lado oposto (T. Liv. 5, 29, 4).

āvērtī, perf. de **avērto**.

āvērtō (āvōrtō), -is, -ĕre, -vērtī, avērsum, v. tr. e intr. I — Sent. próprio A) Tr.: 1) Voltar para outro lado, desviar, afastar, repelir (Cíc. Nat. 2, 152). Daí: 2) Afastar o espírito, desviar a atenção (Cíc. Lae. 5). II — Sent. figurado: 3) Desviar, furtar, tirar, roubar (Cíc. Verr. 1, 11). 4) (Poético): Tirar, levar (Catul. 64, 5). B) Intr.: 5) Afastar-se (Verg. En. 1, 104). C) Passivo e depoente: 6) Voltar as costas, desviar-se de, evitar, fugir de, repelir (Cíc. Fam. 15, 4, 7). D) Reflexivo: 7) Voltar-se (Cíc. Phil. 5, 38).

avĕte, avĕto, v. **ave**.

āvēxī, perf. de **avĕho**.

1. avĭa, -ae, subs. f. Avó (paterna ou materna) (Cíc. Verr. 1, 92).

2. āvĭa, -ōrum, subs. n. pl. Lugares intransitáveis (Tác. An. 2, 68).

Aviānĭus, -ī, subs. pr. m. Aviânio. Nome de homem (Cíc. Fam. 13, 79).

Aviānus, -ī, subs. pr. m. Aviano, nome de um fabulista latino.

aviārĭum, -ī, subs. n. 1) Galinheiro, pombal, viveiro de aves (Cíc. Q. Fr. 3, 1, 1). 2) Arvoredo onde as aves fazem ninho (Verg. G. 2, 430).

avĭdē, adv. Avidamente (Cíc. Tusc. 4, 36); comp. **avidĭus** (Sal. B. Jug. 60, 1); superl. **avidissĭme** (Cíc. Phil. 14, 1).

avidĭtās, -tātis, subs. f. 1) Avidez, desejo ardente (Cíc. Fin. 3, 7). 2) Cobiça (Cíc. Phil. 5, 20). 3) Apetite (de comida) (Plín. H. Nat. 23, 144).

Avidĭus, -ī, subs. pr. m. Avídio Cássio, imperador romano.

1. avĭdus, -a, -um, adj. 1) Ávido, que deseja ardentemente (Cíc. Fam. 9, 14, 2). 2) Ambicioso, cobiçoso, avarento (Hor. O. 4, 7, 19). 3) Sôfrego, guloso, voraz (Cíc. Or. 104). 4) Insaciável (poét.) (Lucr. 1, 1031).

2. avĭdus, -ī, subs. m. O avarento (Cíc. Com. 21).

Aviēnus, -ī, subs. pr. m. Avieno (**Rufus Festus Avienus**), poeta latino do IV séc., tradutor dos «Fenômenos» de Arato.

Aviŏla, -ae, subs. pr. m. Avíola, sobrenome romano (V. Máx. 1, 8, 12).

Aviōnēs, -um, subs. loc. m. Aviões, povo da Germânia setentrional (Tác. Germ. 40).

avis, -is, subs. f. I — Sent. próprio: 1) Ave (Cíc. Nat. 2, 160). II — Sent. figurado: 2) Presságio, auspício (T. Liv. 6, 12, 9). Obs.: Abl.: **ave**, ou **avi**.

1. avītus, -a, -um, adj. Avito, de avô, que vem do avô ou dos antepassados, hereditário (Cíc. Tusc. 1, 45).

2. Avītus, -ī, subs. pr. m. Avito, apelido romano: **A. Cluentius Avitus**, defendido por Cícero (Cíc. Clu. 11).

āvĭum, -ĭī, subs. n., v. **avĭa** (2).

āvĭus, -a, -um, adj. I — Sent. próprio: 1) Onde não há caminho trilhado, ínvio, intransitável, inacessível (T. Liv. 9, 19, 16). 2) Errante, extraviado (Verg. En. 11, 810). II — Sent. figurado: 3) Desviado de, afastado de (Lucr. 2, 82).

āvocātĭō, -ōnis, subs. f. Ação de distrair, diversão (Sên. Ep. 56, 4).

āvŏcō, -ās, -āre, -āvī, -ātum v. tr. I — Sent. próprio: 1) Afastar (pela palavra), chamar de parte (afastando) (T. Liv. 4, 61, 3). II — Sent. figurado: 2) Afastar, desviar (Cíc. Amer. 90). 3) Divertir, distrair (Plín. Ep. 9, 2, 1).

āvŏlō, -ās, -āre, -āvī, -ātum, v. intr. I — Sent. próprio: 1) Voar para longe, fugir (voando) (Catul. 66, 55). II — Sent. figurado: 2) Sair precipitadamente, fugir, desaparecer (Cíc. Fin. 2, 106).

āvols-, v. **avuls-**.

Avōna, -ae, subs. pr. m. Avona, rio da Bretanha (Tác. An. 12, 31).

avoncŭlus, v. **avuncŭlus**.

avos, v. **avus**.

āvŭlsī, perf. de **avĕllo**.

āvŭlsus, -a, -um, part. pass. de **avĕllo**.

avuncŭlus, -ī, subs. m. Tio materno (Cíc. Br. 222).

avus, -ī, subs. m. I — Sent. próprio: 1) Avô (Cíc. Cat. 3, 10). II — Sent. figurado: 2) Antepassados (T. Liv. 4, 44, 2).

Axabricēnsēs, subs. loc. m. Axabricenses, povo da Lusitânia (Plín. H. Nat. 4, 118).

Axānthos, -ī, subs. pr. f. Axanto, ilha ao N.O. da Gália (Plín. H. Nat. 4, 103).

Axēnus Pontus e **Axĕnus, -ī**, subs. pr. m. Áxeno, antigo nome do Ponto Euxino ou Mar Negro (Ov. Trist. 4, 4, 55).

Axĭa, -ae, subs. pr. f. Áxia, praça forte da Etrúria, hoje Castel d'Asso (Cíc. Caec. 20).

Axiānus, -i, subs. pr. m. Axiano, sobrenome romano (Cíc. At. 19, 29).
Axilla, -ae, subs. pr. m. Axila, sobrenome romano (Cíc. Or. 153).
Axīnus, -i, subs. m., v. **Axenus** (Cíc. Rep. 3, 15).
1. **axis, -is,** subs. m. I — Sent. próprio: 1) Eixo (T. Liv. 37, 41, 7). 2) Eixo do mundo, eixo da terra (Cíc. Nat. 1, 52). 3) Polo (norte ou sul) (Lucr. 6, 720); (Verg. G. 2, 271). II — Sent. figurado: 4) Céu, firmamento, região celeste (Verg. En. 6, 536). 5) Carro (Ov. F. 4, 562). Obs.: Abl. sing.: **axe** e **axi** (Cic. Tim. 37).
2. **axis, -is,** subs. m. Prancha, tábua (Cés. B. Civ. 2, 9, 2).
Axĭus, -i, subs. pr. m. 1) Áxio, rio profundo da Macedônia, vindo do monte Scardus (T. Liv. 39, 24). 2) Nome romano (Suet. Cés. 9).
Axŏna, -ae, subs. pr. m. Áxona, rio da Gália Bélgica, hoje Aisne (Cés. B. Gal. 2, 5, 4).
axungĭa, -ae, subs. f. Gordura de porco, enxúndia (Plín. H. Nat. 28, 145).
Axur, v. **Anxur.**
Axȳlos, subs. pr. f. Áxilos, região da Galácia (T. Liv. 38, 18).
Azān, -ānis, subs. pr. m. Azane, herói epônimo de um povo da Arcádia (Estác. Theb. 4, 292).
Azōrus, -i, subs. pr. f. Azoro, cidade da Tessália (T. Liv. 42, 53, 6).
Azōtus (Azōtos), -i, subs. pr. f. Azoto, cidade da Palestina, na Judéia (Plín. H. Nat. 5, 68).

B

b, subs. f. n. indeclin. 2º letra do alfabeto romano.

Baba, -ae, subs. pr. m. Baba, nome de escravo (Sên. Ep. 15, 8).

babae, interj. de admiração e aprovação: oh! ah!; muito bem, às mil maravilhas (Plaut. Cas. 906).

babaecălus, -ī, (babae) subs. m. Tolo, imbecil (Petr. 37, 10).

Babĭa, -ae, subs. pr. f. Bábia, cidade da Itália meridional (Plín. H. Nat. 14, 69).

Babĭlus, -ī, subs. pr. m. Bábilo, astrônomo do tempo de Nero (Suet. Ner. 36).

Babullĭus, -ī, subs. pr. m. Babúlio, nome de um romano rico, amigo de César (Cíc. At. 13, 48, 1).

Babўlōn, -ōnis, subs. pr. f. Babilônia, antiga capital da Caldéia, e depois dos impérios assírio e babilônio; estava situada às margens do rio Eufrates (Cíc Div. 1, 47).

Babylōnĭa, -ae, subs. pr. f. Babilônia (T. Lív. 38, 17).

babylonĭca, -ōrum, subs. n. Tapêtes babilônicos, fazendas bordadas (Lucr. 4, 1026).

Babylonĭī, -ōrum, subs. loc. m. Os babilônios (Cíc. Div. 2, 97).

bāca, -ae, subs. f. I — Sent. próprio: 1) Baga, fruto (de uma árvore qualquer) (Cíc. Tusc. 1, 31). Daí: 2) Objeto em forma de baga, e particularmente azeitona (Cíc. Div. 2, 16). Na língua poética: 3) Pérola (Hor. Epo. 8, 14).

bac, v. **bacch**.

băcanal, v. **bacchanal**.

băcātus, -a, -um, adj. De pérola, feito de pérolas (Verg. En. 1, 655).

bacaudae, v. **bag**-.

bacca, v. **baca**.

baccar, -ăris, subs. n. e **baccăris**, -is, subs. f. 1) Nardo rústico usado como antídoto contra os feitiços (Plín. H. Nat. 12, 45). 2) Planta de que se tirava um perfume (Verg. Buc. 4, 19).

baccātus, v. **bacatus**.

Baccha, (arc. **Baca**), -ae e **Bacchē**, -ēs, subs. pr. f. pl.: **Bacchae**, -ārum. Bacantes, mulheres que celebravam os mistérios de Baco, as Bacanais (Plaut. Amph. 703).

Bacchaeus, -a, -um. 1) v. **Baccheius**: 2) v. **Baccha**.

Bacchānal (arc. **Bacānal**), -ālis, subs. n. 1 — Sentido próprio: 1) Lugar onde se reuniam as bacantes (Plaut. Aul. 408). 2) No sg. e, mais freqüentemente, no pl.: **Bacchānālĭa**, -um, subs. n. Bacanais, festas em honra do deus Baco (Cíc. Leg. 3, 37). II — Sent. figurado, na língua poét.: 3) Orgia, intemperança, devassidão, libertinagem (Juv. 2, 3).

bacchar, v. **baccar**.

bacchātĭō, -ōnis, subs. f. I — Sent. próprio: 1) Celebração das orgias do Baco (Híg. Fab. 4, 8). II — Sent. figurado: 2) Orgĭa (Cíc. Verr. 1, 33).

bacchātus, -a, -um, part. pass. de **bacchor**.

Bacchē, -ēs, v. **Baccha** (Ov. Trist. 4, 1, 41).

Bacchĕïs, -idis, ou -ĭdos. I — Adj.: De Báquis, rei de Corinto. II — Subs. f.: Descendente de Báquis, coríntio (Estác. S. 2, 2, 34).

Bacchēĭus, -a, -um, adj. De Baco, báquico (Verg. G. 2, 454).

Bacchēus, -a, -um, adj. 1) De Baco (Estác. Theb. 12, 791). 2) Das bacantes (Ov. Met. 11, 17).

Bacchĭădae, -ārum, subs. pr. m. Baquíadas, família coríntia, descendente de Báquis (Ov. Met. 5, 407).

1. **Bacchĭcus**, -a, -um, adj. De Baco, báquico (Marc. 7, 63, 4).

2. **Bacchĭcus**, (**bacchĭus**) pes. Báquico ou baquio (pé constituído de uma sílaba breve e duas longas) (Quint. 9, 4, 82).

Bacchis, -ĭdis, subs. pr. f. Báquis, nome de mulher. Obs.: no pl. «**Bacchĭdes**» — título de uma comédia de Plauto.

Bacchĭum, -ī, subs. pr. n. Baquio, ilha perto da Jônia (T. Lív. 37, 21, 7).

1. **Bacchĭus**, -a, -um, adj. De Baco (Ov. Met. 3, 518).

2. **Bacchĭus**, -ī, subs. pr. m. Báquio 1) Autor de Mileto que escreveu sôbre a agricultura (Varr. R. Rust. 1, 1, 8). 2) Nome de um gladiador (Hor. Sát. 1, 7, 20).

3. **Bacchĭus Pes**, v. bacchĭcus pes.
bacchor, -āris, -ārī, -ātus sum, v. dep. intr. I — Sent. próprio: 1) Festejar Baco, celebrar os mistérios de Baco (Cíc. Ac. fr. 20). II — Sent. figurado: 2) Estar exaltado, estar fora de si, estar embriagado (Cíc. Cat. 1, 26). 3) Agitar-se furiosamente, enfurecer-se, agitar-se desenfreadamente (Verg. En. 6, 77). 4) Gritar, fazer ruído como as bacantes (Verg. En. 4, 666). 5) Passivo: — Ser percorrido, freqüentado pelas bacantes (Verg. G. 2, 487). 6) Errar, espalhar-se (Lucr. 5, 823). Obs.: part. pres.: **Bacchāntes, -ĭum = Bachae, Bacāntes** (Ov. Met. 3, 702).
Bacchus, -ī, subs. pr. m. Baco, deus do vinho e da inspiração poética (Cíc. Flac. 60).
Bacēnis, -is, subs. pr. f. Bacenis, floresta da Germânia (Cés. B. Gal. 6, 10, 5).
bācĭfer, -fĕra, -fĕrum, adj. I — Sent. próprio: 1) Bacífero, que tem bagas, que produz bagas (Plín. H. Nat. 16, 50). Daí, particularmente: 2) Fértil em oliveiras, que produz azeitonas (Ov. Am. 2, 16, 8).
bacĭllum, -ī, subs. n. 1) Varinha, bastão pequeno (Cíc. Fin. 2, 33). Especialmente: 2) Vara que os litores usam (Cíc. Agr. 2, 93).
Bacis, -ĭdis, subs. pr. m. Bácis. 1) Nome de um famoso adivinho da Beócia (Cíc. Div. 1, 34). 2) Touro adorado no Egito (Macr. Sat. 1, 21, 20). Obs.: acus. em -in (Estrab. 17, 817).
Bactra, -ōrum, subs. pr. n. Bactras, cidade da Ásia central, capital da Batriana (Verg. G. 2, 138).
Bactrĭus (Bactrēnus), -a, -um, adj. Bátrio, de Bactras (Ov. Met. 5, 135).
Bactros (-us), -ī, subs. pr. m. Bactro, rio da Bactriana (Luc. 3, 267).
Bactrum, -ī, subs. n., v. **Bactra**.
bacŭlum, -ī, subs. n. 1) Bastão, bengala (Cíc. Verr. 5, 142). 2) Cetro (Q. Cúrc. 9, 1, 30). 3) Bastão de áugure (T. Lív. 1, 18, 7). 4) Bastão dos filósofos cínicos (Marc. 4, 53).
bacŭlus, -ī, subs. m. (só ocorre na decadência) v. **bacŭlum**.
Baduhennae Lucus, -ī, subs. pr. m. Floresta de Baduena, na Germânia (Tác. An. 4, 73).
1. **Baebĭus. -a, -um**, adj. De Bébio;(T. Lív. 40, 44, 2).
2. **Baebĭus, -ī**, subs. pr. m. Bébio, nome de família plebéia romana, frequentemente citada na história e nos monumentos (Cíc. Pis. 88).
Baecŭla, -ae, subs. pr. f. Bécula, cidade da Bética (T. Lív. 27, 18).
Baetĭca, -ae, subs. pr. f. Bética, atual Andaluzia, região ao sul da Espanha (Plín. H. Nat. 3, 7).
Baetĭcī, -ōrum, subs. loc. m. pl. Béticos, habitantes da Bética (Plín. Ep. 1, 7).
Baetĭcus, -a, -um, adj. Bético, do Bétis, da Bética (Juv. 12, 40).
Baetis, -is, subs. pr. m. Bétis, rio do sul da Espanha, hoje Guadalquivir, e que deu seu nome à Bética, região por êle banhada (Plín. H. Nat. 2, 219).
Baetŭrĭa, -ae, subs. pr. f. Betúria, nome dado à parte noroeste da Bética (T. Lív. 39, 30, 1).
Baga, -ae, subs. pr. m. Baga, rei dos mouros (T. Lív. 29, 30).
Bagaudae, -ārum, subs. pr. m. Bagaudas, tribo de salteadores que assolou a Gália (Eutr. 9, 20).
bagōās, -ae, subs. m. e **-gōus, -ī**, subs. m. Nome dado entre os persas ao eunuco, escravo encarregado de guardar as escravas (Ov. Am. 2, 2, 1).
Bagrăda, -ae, subs. pr. m. Bágrada, grande rio da África, que nasce na Numídia hoje Medjerda (Cés. B. Civ. 2, 24, 1).
Bāiae, -ārum. subs. pr. f. pl. 1) Báias, cidade da Campânia, célebre por suas águas termais e belas residências de prazer, aí construídas pelos romanos ricos, nos fins da República e no Império (Cíc. Fam. 9, 12, 1). 2) Banhos, termas (Cíc. Cael. 38).
Baiānus, -a, -um, adj. De Baias (Cíc. At. 14, 8, 1).
Bāius, -a, -um, adj. 1) De Baias. 2) Dos banhos (Prop. 1, 11, 30).
bājŭlō (baiŭlō), -ās, -āre, v. tr. Levar às costas (Plaut. As. 660).
bājŭlus, -ī, subs. m. Carregador, môço de fretes, bájulo (Cíc. Br. 257).
bălaena, v. **ballaena, ballēna**.
balanātus, -a, -um, adj. Perfumado com bálsamo (Pérs. 4, 37).
bălans, -āntis. I — Part. pres. de **bālo**. II — Subs. f.: ovelha (Verg. G. 1, 272).
Balărī, -ōrum, subs. loc. m. Bálaros, povo da Sardenha (T. Lív. 41, 6).
balătrō, -ōnis, subs. m. Farsista, ator de baixa categoria, charlatão (Hor. Sát. 1, 2, 2). Obs.: Palavra injuriosa cujo sentido exato é desconhecido.

bălātus, -ūs, subs. m. Balido (da ovelha), berro (da cabra) (Verg. En. 9, 62).
balbē, adv. I — Sent. próprio: balbuciando, gaguejando (Lucr. 5, 1020). II — Sent. figurado: confusamente (Varr. d. Non. 80, 7).
Balbĭlĭus, -ĭ, subs. pr. m. Balbílio, nome de homem (Cíc. At. 15, 13, 4).
Balbĭllus, -ĭ, subs. pr. m. Balbilo, nome de homem (Sên. Nat. 4, 2).
Balbīnus, -ĭ, subs. pr. m. Balbino, nome de homem (Hor. Sát. 1, 3, 40).
1. **balbus, -a, -um,** adj. Gago, que gagueja (Cíc. Fam. 2, 10, 1).
2. **Balbus, -ĭ,** subs. pr. m. Balbo. 1) Sobrenome romano (Cíc. At. 8, 9, 4). 2) Monte da África (T. Liv. 29, 31).
balbūtĭo, (albuttĭō), -īs, -īre, -īvī, v. intr. e tr. I — Sent. próprio: 1) Gaguejar, balbuciar, pronunciar mal (Cels. 5,26, 31). 2) Dizer balbuciando (Cíc. Ac. 2, 137). Obs.: Constrói-se intransitiva e transitivamente e com oração infinitiva (Hor. Sát. 1, 3, 48). Só é transitivo no 2º sentido.
Balcĭa, -ae, subs. f. v. **Baltĭa.**
Baleārĭs Insŭlae e Baleāres, -um, subs. pr. f. Ilhas Baleares (Cíc. At. 12, 2, 1).
Baleārĭcus, -a, -um, e Baleārĭs, -e, adj. Baleárico, das ilhas Baleares (Cés. B. Gal. 2, 7, 1).
bălēna, v. **ballaena.**
Balesĭum, -ĭ, subs. pr. n. Balésio, cidade da Calábria, no sul da Itália (Plín. H. Nat. 3, 101).
Baletum, -ĭ, subs. pr. n. Baleto, rio do Bruttium, ao sul da Itália (Plín. H. Nat. 3, 72).
balinĕae, -ārum, subs. f. Banhos (Plaut. As. 357).
balinĕum, -ĭ, v. **balneum** (Cíc. At. 15, 3,5).
Baliniēnsēs, -ium, subs. loc. m. pl. Balinienses, povo do Lácio (Plín. H. Nat. 3,64).
1. **bălista,** v. **ballista.**
2. **Bălista, -ae,** v. **Ballista.**
ballaena (ballena), -ae, subs. f. Baleia (Ov. Met. 2, 9).
ballena, v. **ballaena.**
Ballĭō, -ōnis, subs. pr. m. Balião. I — Sent. próprio: nome de um mediador ou alcoviteiro de uma peça de Plauto. II — Sent. figurado: velhaco (Cic. Phil. 2, 15).
1. **ballista (bālista), -ae,** subs. f. I — Sent. próprio: 1) Balista (máquina de arremessar pedras ou dardos) (Cés. B. Civ. 2, 2, 2). Daí: 2) Dardo ou projétil lançado pela balista (Plaut. Trin. 668).
2. **Ballista, -ae,** subs. pr. m. Balista, monte da Ligúria (T. Liv. 39, 2, 7).
ballux (bālux), -ūcis, subs. f. Areia de ouro (Marc. 12, 57, 9).
balnĕae, -arum, subs. f. Banhos (Cíc. Cael. 62; 62).
balneārĭa, -ōrum, subs. n. pl. Banhos, local dos banhos (Cíc. At. 13, 29, 2).
balneārĭus, -a, -um, adj. De banho, balneário, relativo aos banhos (Catul. 33, 1).
balneātor, -ōris, subs. m. O que tem estabelecimento de banhos, o escravo que cuida dos banhos (Cíc. Cael. 62).
balneŏlum, -ĭ, subs. n. Pequeno banho (Sên. Ep. 86, 3).
balnĕum, -ĭ, subs. n. 1) Banho, sala de banhos (Cíc. At. 13, 52, 1). 2) No plural: banhos públicos (Hor. Ep. 1,1,62).
bālō, -ās, -āre, -āvī, -ātum, v. intr Balar, balir, dar balidos (Ov. F. 4, 710).
balsămum, -ĭ, subs. n. I — Sent. próprio: 1) Balsameiro (Tác. Hist. 5, 6). Daí: 2) Bálsamo, produto do balsameiro (Apul. Met. 10, 21); no plural: (Verg. G. 2, 119).
baltĕa, subs. n. pl. v. **baltĕus.**
baltĕus, -ĭ, subs. m. ou **baltĕum, -ĭ,** subs. n. I — Sent. próprio: 1) Cinturão, talabarte (Verg. En. 12, 492). Daí: 2) Cinto, cinta (poético) (Luc. 2, 362). 3) Chicote de açoitar escravos (Juv. 9, 112). Obs.: O neutro, embora menos frequentemente, é atestado em Varr. L. Lat. 5, 116; Prop. 4, 10, 22; Plín. H. Nat. 33, 152; etc.
Baltĭa (-cĭa), -ae, subs. pr. f. Bálcia, nome antigo da Escandinávia (Plín. H. Nat. 4,95).
bălux, v. **ballux.**
Bambalĭō, -ōnis, subs. pr. m. Bambalião, alcunha dada ao sogro de Marco Antônio (Cíc. Phil. 3, 16).
Bandusĭa, -ae, subs. pr. f. Bandúsia, fonte cantada por Horácio (Hor. O. 3, 13, 1).
Bantĭa, -ae, subs. pr. f. Bância, cidade da Itália, nos confins da Lucânia e da Apúlia (T. Liv. 27, 25, 13).
Bantīnī, -ōrum, subs. loc. m. pl. Bantinos, habitantes de Bância (Plín. H. Nat. 3, 98).
Bantīnus, -a, -um, adj. De Bância, bantino (Hor. O. 3, 4, 15).

Baphўrus, -ī, subs. pr. m. Báfiro, rio da Macedônia (T. Lív. 44, 6, 15).

baptistērĭum, -ī, subs. n. Piscina grande onde se pode nadar (Plín. Ep. 5, 6, 25).

barăthrum, -ī, subs. n. I — Sent. próprio: 1) Abismo, báratro, sorvedouro (falando do mar) (Verg. En. 3, 421). II — Sent. figurado: 2) As regiões infernais (Lucr. 6, 606). 3) Estômago insaciável, abismo (Hor. Ep. 1, 15, 31).

1. barba, -ae, subs. f. I — Sent. próprio: 1) Barba (do homem ou dos animais) (Cíc. Tusc. 5, 58). II — Sentido figurado: 2) Fôlhas tenras, ramos novos (Plín. H. Nat. 15,89).

2. Barba, -ae, subs. pr. m. Barba, sobrenome romano (Cíc. At. 13, 52, 1).

Barbāna, -ae, subs. pr. m. Barbana, rio da Ilíria, hoje Bojana (T. Lív. 44, 31, 3).

barbărē, adv. I — Sent. próprio: 1) De modo bárbaro ou estrangeiro (de qualquer país que não seja a Grécia) (Plaut. Asin. 11). II — Sent. figurado: 2) De maneira bárbara, grosseira (Hor. O. 1, 13, 14). 3) De maneira bárbara, viciosa (Cíc. Tusc. 2, 12).

barbări, -ōrum, subs. m. pl. I — Sent. próprio — Bárbaros: 1) Para os gregos, os romanos, os latinos (Cíc. Rep. 1, 58); 2) Para os romanos, todos os povos, salvo os gregos e os romanos (Cíc. Verr. 4, 112). II — Sent. figurado: 3) Povos incultos (Cíc. Mil. 30). Obs.: Gen. pl. **barbarum** — em C. Nep. Milc. 2, 1; Alc. 7, 4; Fedro 4, 7, 11; Sên. Clem. 1, 26, 5; Tác. An. 14, 39; 15, 25, etc.

barbaria, -ae, subs. f. I — Sent. próprio: 1) O país dos bárbaros, qualquer país que não seja a Grécia ou a Itália (Cíc. Phil. 13, 18). II — Sent. figurado: 2) Falta de cultura, costumes grosseiros (Cíc. Phil. 2, 108). Na língua da gramática: 3) Linguagem rústica ou viciosa (Cíc. Br. 258).

1. barbarĭcum, n. tomado adverbialmente: à maneira dos bárbaros (Síl. I. 12, 418).

2. Barbarĭcum, -ī, subs. n. País estrangeiro (Eutr. 7, 8).

barbarĭcus, -a, -um, adj. I — Sent. próprio: 1) Bárbaro, estrangeiro (que não é grego nem romano) (Plín. H. Nat. 15, 56). E particularmente: 2) Da Frígia (Verg. En. 2,504).

barbarĭēs, v. **barbaria** (Cíc. Cat. 3, 25).

barbarĭsmus, -ī, subs. m. Barbarismo (Quint. 1, 5, 5).

barbărus, -a, -um, adj. I — Sent. próprio: 1) Estrangeiro (que não é grego nem romano) (Cíc. Verr. 5, 160). II — Sent. figurado: 2) Rude, selvagem, inculto (Cíc. Verr. 4, 148). Na linguagem gramatical: 3) Incorreto (falando de língua) (Cíc. At. 1, 19, 10). Obs.: gen. pl. **-um,** v. **Barbari, -orum.**

Barbatĭus, -ī. subs. pr. m. Barbácio, nome de homem (Cíc. Phil. 13, 2).

barbătŭlus, -ī, subs. m. (dim. de **barbatus**). 1) O que deixa crescer a barba, que tem pequena barba (Cíc. At. 1, 14, 5). 2) Nome de um peixe (Cíc. Par. 38).

1. barbătus, -a, -um, adj. I — Sent. próprio: 1) Barbado, que tem barba (Cíc. Nat. 1, 83). Daí: 2) Coberto de pêlos (falando de animais) (Catul. 19, 6). II — Sent. figurado: 3) Velho, do tempo antigo (Cíc. Cael. 33).

2. barbātus, -ī, subs. m. 1) Filósofo (Pérs. 4, 1). 2) Bode (Fedr. 4, 9, 10).

3. Barbātus, -ī, subs. pr. m. Barbado, sobrenome romano (T. Lív. 4, 7, 10).

barbĭger, -gĕra, -gĕrum, adj. Barbígero, barbífero, que tem barba, barbado (Lucr. 6, 970).

barbĭtos (barbĭtus), -ī, subs. m. e f. I — Sent. próprio: 1) Lira, alaúde (instrumento musical de muitas cordas) (Hor. O. 1, 32, 4). II — Sent. figurado: 2) Canto (ao som da música) (Ov. Her. 15, 8). Obs.: fem. (Ov. Her. 15,8).

Barbosthĕnēs, -is, subs. pr. m. Barbóstenes, montanha da Lacônia (T. Lív. 35, 27, 30).

1. barbŭla, -ae, subs. f. (dim. de **barba**). I — Sent. próprio: 1) Barba pequena, buço (Cíc. Cael. 33). II — Sent. figurado: 2) Lanugem de certas plantas (Plín. H. Nat. 27, 98).

2. Barbŭla, -ae, subs. pr. m. Bárbula, sobrenome romano (T. Lív. 9, 20, 7).

Barcās (Barca), -ae subs. pr. m. Barcas, chefe, fundador da família de Amílcar e de Anibal (S. It. 10, 354); (C. Nep. Hamilc. 1, 1).

Barcaeī, -ōrum, subs. loc. m. pl. Barceos, habitantes de Barce, na Cólquida (Verg. En. 4, 34).

Barcē, -ēs, subs. pr. f. Barce. 1) Ama de Siqueu, marido de Dido (Verg. En. 4, 632). 2) Cidade da província da Líbia (Plín. H. Nat. 5,32).

barch-, v. **barc-**.
Barcĭnī, -ōrum, subs. m. pl. De Barcas (T. Lív. 21, 3, 3).
Barcĭnō (-nōn), -ōnis, subs. pr. f. Barcinão ou Bárcino, cidade da Hispânia Tarraconense, hoje Barcelona (Plín. H. Nat. 3,22).
Barcīnus, -a, -um, adj. Da família dos Barcas (T. Lív. 21, 9, 4).
bardaïcus, -a, -um, adj.: **bandaicus calceus**, sapato de soldado (Juv. 16, 13).
bardītus, -ūs, subs. m. Canto de guerra dos germanos (Tác. Germ. 3,2).
Bardō, -ōnis, subs. pr. f. Bardão, cidade da Hispânia Tarraconense (T. Lív. 33, 21,8).
bardocucŭllus, -ī, subs. m. Manto gaulês com capuz (Marc. 1, 53, 5).
1. **bardus**, -a, -um, adj. Estúpido, tolo, retardado (Cic. Fat. 10).
2. **badus**, -ī, subs. m. Bardo (poeta gaulês) (Luc. 1, 449).
Bardȳlis, -is, subs. pr. m. Bardílis, rei da Ilíria (Cíc. Of. 2, 40).
1. **Barĕa**, -ae, subs. pr. f. Baréia, cidade da Hispânia Tarraconense, hoje Vera (Cic. At. 16, 4, 3).
2. **Barĕa**, -ae, subs. pr. m. Bárea, sobrenome romano (Tác. An. 16,23).
Bargŭllum (-lum), -ī, subs. pr. n. Bárgulo, cidade do Epiro (T. Lív. 19, 12, 13).
Bargūsĭī, -ōrum, subs. loc. m. pl. Bargúsios, povo da Hispânia Tarraconense (T. Lív. 21, 19, 7).
Bargylĭa, -ōrum, subs. n. (Plín. H. Nat. 5 107) e
Bargylĭae, -ārum, subs. pr. f. (T. Lív. 32, 33, 7) Bargílias, cidade da Cária.
Bargyliētae, -ārum, subs. loc. m. Bargilietas, habitantes de Bargílias (Cíc. Fam. 13, 56, 2).
Bargyliētĭcus, -a, -um, adj. De Bargílias (T. Lív. 37, 17, 3).
Barĭa, -ae, subs. f. v. Barea, 1.
bāris, -ĭdos (ou -ĭdis), subs. f. Pequeno barco a remo (utilizado no Nilo) (Prop. 3, 11, 44).
Bārĭum, -ī, subs. pr. n. Bário, cidade da Apúlia, na Itália, hoje Bari (T. Lív. 40, 18, 8).
bārō, -ōnis, subs. m. Estúpido, imbecil (Cíc. Fin. 2, 76).
Barpāna, -ae, subs. pr. f. Barpana, ilha do mar Tirreno, na Itália, hoje Caboli, perto da ilha de Elba (Plín. H. Nat. 3, 81).

1. **barrus**, -ī, subs. m. Elefante (Hor. Epo. 12, 1).
2. **Barrus**, -ī, subs. pr. m. Barro, sobrenome romano (Cíc. Br. 169).
bascauda, -ae, subs. f. Bacia pequena, bacia de mãos (Marc. 14, 99).
bāsĭātĭō, -ōnis, subs. f. Ação de beijar, beijo (Catul. 7, 1).
bāsĭātor, -ōris, subs. m. Que gosta de beijar, beijador, beijoqueiro (Marc. 11, 98,1).
bāsĭātus, -a, -um, part. pass. de **basĭo**.
basilĭca, -ae, subs. f. Grande edifício público onde funcionavam os tribunais judiciais e onde os negociantes faziam transações (Cíc. At. 2, 14, 2).
basilīscus, -ī, subs. m. 1) Basilisco (serpente venenosa) (Plín. H. Nat. 8, 78).
Basĭlus, -ī, subs. pr. m. Básilo, sobrenome romano (Cíc. Of. 3, 73).
bāsĭō, -ās, -āre, -āvī, -ātum, v. tr. Beijar, dar beijos (Catul. 8, 18). Obs.: Constrói-se com acusativo de pessoa e de obj. dir. interno: **aliquem basia multa basiare** (Catul. 7, 9) «dar a alguém muitos beijos».
basis, -is, subs. f. I — Sent. próprio: 1) Base (de estátua, coluna, etc.), pedestal (Cíc. Verr. 4, 74). 2) Base (de triângulo) (Cíc. Nat. 2, 125). Obs.: Além do gen. regular em -is, também aparece em -eos (Vitr. 10, 15, 2); o acus. geralmente é em -im, mas também aparece o acus. -em (Vitr. 9, 4, 2).
bāsĭum, -ī, subs. n. Beijo (Catul. 5, 7).
Bassānĭa, -ae, subs. pr. f. Bassânia, cidade da Ilíria grega (T. Lív. 44, 30, 7).
Bassanītae, -ārum, subs. loc. m. Bassanitas, habitantes da Bassânia (T. Lív. 44, 30, 13).
Bassarēus, -ĕī (-ĕōs), subs. pr. m. Bassareu, um dos nomes de Baco (Hor. O. 1, 18, 11).
Bassarĭcus, -a, -um, adj. De Baco (Prop. 3, 17, 30).
Bassăris, -ĭdis, subs. f. Bacante (Pérs. 1, 101).
Bassī, -ōrum, subs. loc. m. Bassos, povo da Bélgica (Plín. H. Nat. 4, 106).
Bassus, -ī, subs. pr. m. Basso. 1) Sobrenome romano, por ex., dos Cecílios. 2) Um poeta amigo de Marcial (Marc. 3, 76, 1).
Basta, -ae, subs. pr. f. Basta, cidade da Calábria (Plín. H. Nat. 3, 100).
Bastārnae, -ārum, subs. loc. m. Bastarnas, povo da Dácia (T. Lív. 40, 5, 10).

Basterbīnī, -ōrum, subs. loc. m. Basterbinos, povo da Itália inferior (Plín. H. Nat. 3, 105).
Bastērnae, -ārum, subs. m. v. **Bastārnae**. (Plín. H. Nat. 4, 100).
Basternīnī, -ōrum, subs. loc. m. Basterninos, habitantes da Bástia, cidade da Calábria (Plín. H. Nat. 3, 105).
Batāvī, -ōrum, subs. loc. m. Batavos, habitantes da Batávia (hoje holandeses) povo de origem germânica, rude e belicoso (Tác. Hist. 4, 12).
Batāvodūrum, -ī, subs. pr. n. Batavoduro, cidade dos batavos (Tác. Hist. 5, 20).
1. **Batāvus, -a, -um**, adj. Batavo, da Batávia (Marc. 8, 33, 20).
2. **Batāvus, -ī**, v. **Batāvī**.
Batēnī, -ōrum, subs. loc. m. Batenos, povo da Ásia, além do mar Cáspio (Plín. H. Nat. 6, 48).
Batērnae, -ārum, subs. m. v. **Bastārnae** (V. Flac. 1, 96).
Bathyllus, -ī, subs. pr. m. Batilo. 1) Jovem cantado por Anacreonte (Hor. Epo. 14, 9). 2) Famoso pantomimo de Alexandria, favorito de Mecenas e rival do não menos célebre Pílade (Tác. An. 1, 54).
batillum, -ī, subs. m. Braseiro, turíbulo (Hor. Sát. 1, 5, 36).
Bātō, -ōnis, subs. pr. m. Batão: 1) Chefe germano, feito prisioneiro por Germânico (Ov. P. 2, 1, 46). 2) Filho de Longaro, rei dos dardânios (T. Liv. 31, 28).
Battāra, -ae, subs. pr. m. Bátara, romano cuja morte é assinalada por Cicero (Cíc. Fam. 7, 9, 2).
Battiādēs, -ae, subs. pr. m. Batíades, descendente ou filho de Bato, Calímaco (Catul. 65, 16).
Battis, -ĭdis, subs. pr. f. Bátide, mulher de Cós, cantada pelo poeta Filetas (Ov. Trist. 1, 6, 2).
battŭō (bātŭō), -is, -ĕre, v. tr. e intr. I — Tr.: 1) Bater, ferir (Plaut. Cas. 496). II — Intr.: 2) Bater-se, esgrimir, cruzar armas (Suet. Cal. 32). Daí: 3) Ter relações (sent. obsceno) (Cíc. Fam. 9, 22, 4).
Battus, -ī, subs. pr. m. Bato. 1) Nome dado a Aristóteles de Tera, fundador de Cirene (Ov. Her. 586). 2) Pastor que presenciou a morte de Artos e denunciou a Mercúrio, sendo por êste transformado em pedra (Ov. Met. 2, 688).
Batŭlum, -ī, subs. pr. n. Bátulo, fortaleza da Campânia (Verg. En. 7, 739).

bātŭō, v. **battŭō**.
baubor, -āris, -ārī (onomatopáico) v. intr. Latir (Lucr. 5, 1071).
Baucidĭas, -ādis, subs. pr. f. Bauciade, ilha do mar Egeu (Plín. H. Nat. 4, 56).
Baucis, -ĭdis, subs. pr. f. — Sent. próprio: 1) Báucis ou Báucide, mulher de Filemão (Ov. Met. 8, 631). II — Sent. figurado: 2) Uma mulher velha (Pérs. 4, 21).
Baulī, -ōrum, subs. pr. m. Baulos, cidade da Campânia (Cíc. Ac. 2, 125).
Bavĭus, -ī, subs. pr. m. Bávio, mau poeta, inimigo de Vergílio e de Horácio (Verg. Buc. 3, 90).
Bazaīra, -ae, subs. pr. f. Bazaira, região da Cítia asiática (Q. Cúrc. 8, 1, 10).
beātē, adv. Com felicidade, felizmente, segundo se deseja (Cíc. Ac. 1, 33). Obs.: comp. **beatĭus**, (Cíc. Rep. 1, 32); superl. **beatissĭme** (Cíc. Fin. 5, 81).
beātĭtas, -tātis, subs. f. Felicidade (Cíc. Nat. 1, 95).
beātĭtūdō, -ĭnis, subs. f. Felicidade (Cíc. Nat. 1, 95).
beātŭlus, -a, -um, (dim. de **beatus**) Um tanto feliz, um pouco feliz (Pérs. 3, 103).
beātum, -ī, subs. n. Felicidade (Cíc. Tusc. 5, 45).
beātus, -a, -um, adj. I — Sent. próprio: 1) Cumulado de bens, que tem tudo que é necessário (Cíc. Verr. 4, 126). Daí: 2) Rico, opulento (Hor. O. 1, 29, 1). II — Sent. figurado: 3) Que torna feliz, feliz (Cíc. Fin. 1, 32). Donde: 4) Bem-aventurado (Cíc. Fin. 5, 53). 5) Têrmo de retórica: rico, abundante (Quint. 10, 1, 61).
Bebriăcum, Bebriacēnsis, v. **Betriăcum, Betriacēnsis**.
Bebrycĭa, -ae, subs. pr. f. Bebrícia, região da Ásia Menor, posteriormente chamada Bitinia (V. Flac. 5, 502).
Bebrycĭus, -a, -um, adj. Da Bebrícia (Verg. En. 5, 373).
Bebryx, -ycis, subs. pr. m. Bébrice, rei dos Bébricos, também chamado Amico (V. Flac. 4, 261).
beccus, -ī, subs. m. Bico (especialmente de galo) (Suet. Vit. 1, 8).
Begorrītēs Lacus, subs. pr. m. Begorrita, lago da Macedônia (T. Liv. 42, 53, 5).
Belbĭnātēs (ager), subs. pr. m. Território da Belbina, cidade da Arcádia (T. Liv. 83, 34, 8).

Belĕna, arc. por **Helena** (Quint. 1, 4. 15).

Belga, -ae, e **Belgae, -ārum,** subs. loc. m. Belga e belgas, habitantes da Gália Bélgica, ao norte da Gália Céltica, César denominava assim a todos os povos do norte da Gália, entre o Sena e o Reno (Cés. B. Gal. 1, 1, 1).

Belgĭcus, -a, -um, adj. Dos belgas, belga (Verg. G. 3, 204).

Belgĭum, -ī, subs. pr. n. Bélgio, parte da Gália Bélgica (Cés. B. Gal. 5, 12, 2).

Bēlĭas, -ădis, subs. pr. f. Belíada, neta de Belo, e uma das Danaidas (Sên. Herc. Oet. 961).

1. Bēlĭdēs, -ae, subs. pr. m. Belida. 1) Filhos de Belo, isto é, Danau e Egito (Estác. Theb. 6, 291). 2) Neto de Belo, Linceu (Ov. Her. 14, 73). 3) Descendente de Belo, Palamedes (Verg. En. 2, 82).

2. Bēlĭdēs, -um, subs. pr. f. As Danaides, netas de Belo (Ov. Trist. 3, 1, 62).

Belitae, -ārum, subs. loc. m. Belitas, povo da Ásia (Q. Cúrc. 4, 12, 10).

1. bellātor, -ōris, subs. m. 1) Guerreiro (T. Lív. 9, 1, 2). 2) Peão no jôgo do xadrez (Ov. A. Am. 3, 359).

2. bellātor, -ōris, adj. I — Sent. próprio: 1) Belicoso, de guerra, de batalha (Ov Met. 15, 368). II — Sent. figurado: 2) Fogoso (Verg. G. 2, 145).

1. bellātrix, -īcis, subs. f. Guerreira (Verg. En. 1, 393).

2. bellātrix, -īcis, adj. I — Sent. próprio: 1) Belicosa, de guerra, de combate (S. It. 9, 516). II — Sent. figurado: 2) De guerra (Cíc. Tusc. 4, 54).

bellātŭlus (bellĭātŭlus), -a, -um, adj. dim. de **bellus.** Lindo, gracioso (Plaut. Cas. 854).

bellē, adv. Lindamente, bem, deliciosamente (Cíc. At. 12, 37).

Bellerŏphōn, ou mais freq. **Bellorophōntēs, -ōntis,** subs. pr. m. Belerofonte, filho de Netuno, ou segundo outros, de Glauco; com o auxílio do cavalo alado Pégaso, venceu a Quimera (Cíc. Tusc. 3, 63).

Bellerophontēus, -a, -um, adj. De Belerofonte (Prop. 3, 2, 2).

Bellĭātŭlus, v. **bellatŭlus.**

bellĭcōsus, -a, -um, adj. 1) Belicoso, guerreiro, aguerrido (Cíc. Pomp. 28). 2) Fecundo em guerras (T. Lív. 10, 9, 10).

bellĭcum, -ī, subs. n. I — Sent. próprio: 1) Toque de trombeta para chamar os soldados às armas, sinal de combate (Cíc. Mur. 30). II — Sent. figurado: 2) Sinal de guerra (Cíc. Or. 39).

bellĭcus, -a, -um, adj. I — Sent. próprio: 1) De guerra, guerreiro (Cíc. Mur. 22). II — Sent. figurado, na língua poética: 2) Valoroso, aguerrido (Ov. Met. 4, 754).

Belliēnus, -ī, subs. pr. m. Belieno, nome de homem (Cíc. Font. 18).

bellĭfer, -fĕra, -fĕrum, v. **bellĭger.**

bellĭger, -gĕra, -gĕrum, adj. I — Sent. próprio: 1) Belígero, que traz a guerra, belicoso (Sil. I. 8, 261). Daí, referindo-se a coisas: 2) Guerreiro (Marc. 5, 25).

bellĭgĕrō, -ās, -āre, -āvī, -ātum, v. intr. I — Sent. próprio: 1) Fazer a guerra (T. Lív. 21, 16, 4). II — Sent. figurado: 2) Combater, lutar (Cíc. Quir. 19).

Bellĭocāssī ou **Vellĭocāssī** ou **Vellĭocāsses,** subs. loc. m. Belocassos, habitantes da região da Gália hoje chamada Vexin (Cés. B. Gal. 2, 4, 9).

Bellĭpŏtens, -entis, adj. I — Belipotente, Poderoso na guerra (Ên. An. 181). II — Como subs. m.: o deus da guerra (Marte) (Verg. En. 11, 8).

Bellĭus, -ī, subs. pr. m. Bélio, nome de homem, forma contrata de Duellius (Cíc. Or. 153).

bellō, -ās, -āre, -āvī, -ātum, v. intr. I — Sent. próprio: 1) Fazer guerra, guerrear (Cíc. Pomp. 32). Daí, por generalização de sentido: 2) Guerrear, lutar (Ov. Met. 5, 101). Obs.: Constrói-se: — intransitivamente, ou com acusativo, precedido de «adversum», «adversus» ou «contra», ou ainda com ablativo, acompanhado de «pro» ou «de», ou ainda com dativo (em poesia), ou com a expressão «inter se» ou, finalmente, com a passiva impessoal.

Bellōna, -ae, subs. pr. f. Belona, a deusa romana da guerra, irmã de Marte (Verg. En. 8, 703).

bellor, -āris, -ārī, v. dep. arc. = **bello.** Fazer a guerra, combater (Verg. En. 11, 160).

Bellovăcī, -ōrum, subs. loc. m. Belóvacos, povo da Gália Bélgica, chamada hoje Beauvais (Cés. B. Gal. 2, 4, 5).

Bellovesus, -ī, subs. pr. m. Beloveso, rei dos Celtas (T. Lív. 5, 34, 3).

bellua, v. **belua.**

belluātus, -a, -um, v. **beluātus.**

bellum, -ī, subs. n. I — Sent. próprio: 1) Guerra (Cíc. Verr. 5, 124). Daí: 2) Combate, batalha (T. Lív. 8, 10, 7). —

BELLUŌSUS — 131 — **BENEVOLENTIA**

Sent. figurado: 3) No plural: exércitos (Ov. Met. 12, 24). 4) (Subs. pr.) Guerra (divindade) (Verg. En. 1, 294).
belluōsus, v. **beluōsus.**
bellus, -a, -um, adj. I — Sent. próprio: 1) Bom (falando de pessoas ou coisas), em bom estado (Verr. s. Non. 77, 30) Donde: 2) De boa saúde (Cíc. Fam. 16, 18, 1). II — Daí: 3) Bonito, encantador elegante, delicado. Obs.: Na época clássica, aplica-se aos homens em sentido irônico (Cíc. Fin. 2, 102).
bēlo, v. **balo.**
bēlŭa (bellŭa), -ae, subs. f. I — Sent. próprio: 1) Animal, fera (em oposição ao homem) (Cíc. Of. 1, 30). Daí: 2) Animal de grande corpulência e ferocidade (Cíc. Nat. 1, 97). II — No sent. figurado, referindo-se ao homem: 3) Bruto, imbecil, bronco (Cíc. Verr. 5, 109). Obs.: O segundo significado é freqüente no período clássico, mas não único, nem obrigatório.
beluātus, -a, -um, adj. Com formas de animal (Plaut. Ps. 147).
bēluōsus, -a, -um, adj. Povoado de monstros (Hor. O. 4, 14, 47).
Bēlus, -ī, subs. pr. m. Belo. 1) Primeiro rei dos assírios, pai de Nino (Verg. En. 1, 729). 2) A mais antiga divindade dos assírios, isto é, seu primeiro rei deificado (Cíc. Nat. 3, 16, 42). 3) Pai de Egito e de Danau e avô das Danaides (Hig. F. 168). 4) Pai de Dido (Verg. En. 1, 621). 5) Rio da Fenícia (Tác. Hist. 5, 7).
Bēnācus, -ī, subs. pr. m. O lago Benaco na Itália, hoje lago de Garda (Verg. G. 2, 160).
Bendidĭus, -a, -um, adj. Relativo ou pertencente a Bêndis, nome pelo qual era conhecida Diana entre os trácios (T. Lív. 38, 41, 1).
bene, adv. I — Sent. próprio e geral: bem. 1) Junto a verbos e advérbios, reforçando-lhes o sentido (Cíc. C. M. 57); (Cíc. Sest. 23); (Verr. 2, 169). II — Em expressões idiomáticas: 2) **bene agis** (Cíc. Verr. 3, 135) «ages bem». 3) **bene dicere** (Cíc. Sest. 110) «falar bem (de alguém)». 4) Nas cartas: **si vales bene est ego valeo,** ou em abreviatura **s.v.b.e.e.v.:** «se estás passando bem, está bem, eu também estou». Obs.: comp. **melius,** superl.: **optĭme.**
benedīcō (bene dīcō), -ĭs, -ĕre, -dīxī, -dīctum, v. intr. Bendizer, falar bem, elogiar (Cíc. Sest. 110).

benedīctum, -ī, subs. n. Boa palavra, palavra benevolente (Plaut. Pers. 495).
benedīctus, -a, -um, part. pass. de **benedīco.**
benedīxī, perf. de **benedīco.**
benefacĭō (bene facĭō), -ĭs, -ĕre, -fēcī, -fāctum, v. intr. I — Sent. próprio: 1) Agir bem: **pulchrum est benefacere rei publicae** (Sal. C. Cat. 3, 1) «é belo agir bem no interêsse do estado.» Daí: 2) Fazer bem a alguém, prestar um serviço a, fazer um favor (Plaut. Bacch. 402); (Sal. Cat. 3, 1).
benefāctum, -ī, subs. n. (geralmente no pl.) Boa ação, serviço, benefício (Cíc. De Or. 2, 208).
benefāctus, -a, -um, part. pass. de **benefacio.**
benefēcī, perf de **benefacio.**
beneficē, adv. Com beneficência, benèficamente (A. Gell. 17, 5, 13).
beneficentĭa, -ae, subs. f. I — Sent. próprio: 1) Beneficência, tendência para praticar o bem (Cíc. De Or. 2, 343). Daí: 2) Clemência (Tác. An. 12, 20).
1. beneficiārĭus, -a, -um, adj. Que provém de um benefício (Sên. Ep. 90, 2).
2. beneficiārĭus, -ī, subs. m. 1) Soldado que deve a sua promoção a alguma pessoa, soldado que, como recompensa, foi isento do serviço, beneficiário (Cés. B. Civ. 3, 88, 4). 2) Agregado ao chefe (Cés. B. Cív. 1, 75, 2).
beneficĭum, -ī, subs. f. I — Sent. próprio: 1) Benefício, favor, serviço prestado (Cíc. Of. 1, 56). Donde: 2) Distinção, favor, mercê (oficialmente falando) (Cíc. Mur. 2). 3) Gratificação (Cíc. Arch. 11).
benefĭcus, -a, -um, adj. Benéfico, generoso, liberal (Cíc. Mur. 70). Obs.: Superl.: **beneficentissĭmus** (Cíc. Nat. 2, 64).
benefīō (bene fīō), ĭs, -fīĕrī, passiva de **benefacio.**
beneventānus, -a, -um, adj. Beneventano, de Benevento (Cíc. Verr. 1, 38).
Benevēntum, -ī, subs. pr. n. Benevento, antiga cidade dos hirpinos, no Sâmnio, na Itália, hoje Benevento (Cíc. Verr. 1, 38).
benevŏlē, adv. Com benevolência, benèvolamente (Cic. Fin. 1, 34).
benevŏlens, -ēntis, adj. Benevolente, favorável (Cíc. Fam. 3, 3, 1).
benevolentĭa, -ae, subs. f. I — Sent. próprio: 1) Disposição para querer bem,

benevolência, afeição, dedicação (Cíc. Verr. 5, 160). Donde: 2) Boa vontade, disposição favorável (Cíc. Lae. 61).
benevŏlus, -a, -um, adj. Benévolo, afeiçoado, dedicado (Cíc. Verr. pr. 23). Obs.: Comp.: **benevolentĭor, -ĭus**; superl.: **benevolentissĭmus, -a, -um**.
benignē, adv. I — Sent. próprio: 1) Com bondade, com benevolência (Cíc. Balb. 36). Daí: 2) Com beneficência (Cíc. Dej. 36). II — Sent. figurado: 3) Generosamente (T. Liv. 26, 9, 5). 4) Muito obrigado (em fórmulas de agradecimento) (Hor. Ep. 1, 7, 16).
benignĭtās, -tātis, subs. f. I — Sent. próprio: 1) Benignidade, benevolência (Cíc. Sest. 31). II — Sent. figurado: 2) Bondade, generosidade (Cíc. Clu. 196). 3) Liberalidade (Plín. H. Nat. 1, 29, 30).
benignus, -a, -um, adj. I — Sent. próprio: 1) Benigno, benévolo, bondoso, indulgente (T. Liv. 28, 26, 6). II — Sent. figurado: 2) Generoso, liberal (Cíc. Of. 1, 44). 3) Abundante, fértil (Hor. O. 2, 18, 10).
benivŏlens, v. **benevŏlens**.
benivolentĭae, v. **benevolentĭa**.
benivŏlus, v. **benevŏlus**.
bĕō, -ās, -āre, -āvī, -ātum, v. tr. I — Sent. próprio: 1) Cumular (os votos de alguém), satisfazer os votos de. II — Sent. figurado: 2) Tornar feliz, consolar (Plaut. Amph. 641). 3) Gratificar, recompensar, enriquecer (Hor. O. 4, 8, 29).
berbēna, -ae, v. **verbēna**.
berbex, v. **verbex**.
Berecyntĭădēs, -ae, subs. loc. m. Berecintíada, habitante de Berecinto, monte da Frígia consagrada a Cibele (Ov. Ib. 503).
Berecyntĭus, -a, -um, adj. Berecíntio, do Berecinto (Verg. En. 6, 785).
Beregrānī, -ōrum, subs. loc. m. Beregranos, habitantes de Beregra, cidade do Piceno, na Itália (Plín. H. Nat. 3, 111).
Berenĭcē, -ēs, subs. pr. f. Berenice. 1) Em particular, filha de Ptolomeu Filadelfo e de Arsinoé (Plín. H. Nat. 2, 178). 2) Nome de muitas cidades (Plín. H. Nat. 5, 31). 3) **Coma** ou **crinis Berenices**: constelação em que foi mudada a cabeleira de Berenice (Plín. H. Nat. 2, 178). 4) A Cabeleira de Berenice, título de um poema grego de Calímaco, traduzido em latim por Catulo (66).
Berenicaeus (ou **-cēus**), **-a, -um**, adj. De Berenice (Catul. 66, 8).

Bergae, -ārum, subs. loc. pl. Bergas, cidade do Bruttium (T. Liv. 30, 19, 10).
Bergistānī, -ōrum, subs. loc. m. Bergistanos, habitantes da Hispânia Tarraconense (T. Liv. 34, 16, 9). Obs.: sg.: **-ānus** (T. Liv. 34, 21, 2).
Bergĭum. -ī, subs. pr. n. Bérgio, cidade da Hispânia Tarraconense (T. Liv. 34, 21, 1).
berna, -ae, v. **verna**.
Bernĭcē, -ēs, subs. f. sinc. por **Berenīce** (Juv. 6, 156).
Berŏē, -ēs, subs. pr. f. Béroe. 1) Ama de Sêmele ou Semele (Ov. Met. 3, 278). 2) Uma das ninfas, filhas do Oceano (Verg. G. 4, 341). 3) Nome de uma troiana, espôsa de Doriclo de Epiro (Verg. En. 5, 620).
Beroea, -ae, subs. pr. f. Beréia. 1) Cidade da Macedônia (Cíc. Pis. 89). 2) Cidade da Síria (Plín. H. Nat. 5, 89).
Beroeaeus, -a, -um, adj. De Beréia (T. Liv. 40, 24, 7).
Beroeēnsis, -e, adj. Bereense, de Beréia (Plín. H. Nat. 5, 82).
bēs, bessis, subs. m. 1) Dois têrços de um todo de doze partes, fração do asse ou da libra, oito onças; **heres ex besse** (Plín. Ep. 7, 24, 2) «herdeiro dos dois têrços» (Plín. H. Nat. 18, 102). 2) Número oito: **bessem bibamus** (Marc. 11, 36, 7) «bebamos oito taças». 3) 2/3% ao mês = 8% ao ano (Cíc. At. 4, 15, 7).
bēsālis, v. **bessālis**.
Besbĭcos, (-cus), -ī, subs. pr. f. Bésbico, ilha da Propôntida (Plín. H. Nat. 5, 151).
Besidĭae, -ārum, subs. pr. f. Besídias, cidade do Bruttium, na Itália (T. Liv. 30, 19, 10).
bessālis, -e, adj. Que contém oito onças (Marc. 8, 71, 7).
Bessī, -ōrum, subs. loc. m. Bessos, povo da Trácia (Cíc. Pis. 84).
Bessĭcus, -a, -um, adj. Dos bessos, pertencente aos bessos (Cíc. Pis. 84).
1. **bestĭa, -ae**, subs. f. I — Sent. próprio: 1) Animal (de tôda espécie, em oposição ao homem) (Cíc. Tusc. 2, 21). Daí: 2) Animal feroz (terrestre), fera (Cíc. Pis. 89).
2. **Bestĭa, -ae**. subs. pr. f. Béstia, sobrenome da família Calpúrnia (Cíc. Br. 128).
1. **bestiārĭus, -a, -um**, adj. De animal feroz (Sên. Ep. 70, 22).

2. bestiārĭus, -ĭ, subs. m. Bestiário, gladiador (que combate contra as feras) (Cic. Sest. 135).
bestiŏla, -ae, subs. f. (dim. de **bestia**) Animal pequeno, inseto (Cic. Nat. 2, 123).
Bestĭus, -ĭ, subs. pr. m. Béstio, nome de homem (Pérs. 6, 37).
1. bēta, subs. n. indeclinável. I — Sent. próprio: 1) Beta (2ª letra do alfabeto grego) (Juv. 14, 209). 2) Segundo (Marc. 5, 26).
2. bēta, -ae, subs. f. Acelga, ou celga (planta hortense) (Cíc. Fam. 7, 26, 2)
Betasi ou **Betasīi** ou **Baet-, -ōrum,** subs. loc. m. Betasos ou betásios, povo da Bélgica (Tác. Hist. 4, 56).
bētis, -is, subs. f., v. **beta 2.**
betĭssō = betĭzo.
bētīzō ou **betĭssō, -ās, -āre, -āvī, -ātum,** v. intr. Estar mole, lânguido (Suet. Aug. 87).
bēto = bito.
Bētriacēnsis, -e, adj. De Betríaco (Suet. Oth. 9).
Bētriăcum ou **Bēdriăcum, -ĭ,** subs. pr. n. Betríaco, ou Bedríaco, cidade perto de Verona (Tác. Hist. 2, 23).
Bēturia, v. **Baeturia.**
Betūtĭus, -ĭ, subs. pr. m. Betúcio, nome de homem (Cíc. Br. 169).
Beudos Vĕtus, subs. pr. n. Beudovelho, cidade da Frígia (T. Lív. 38, 15, 14).
Bĕvus, -ĭ, subs. pr. m. Bevo, rio da Macedônia (T. Lív. 31, 33).
Biănor (Biē-), -ŏris, subs. pr. m. Bianor, nome de um centauro morto por Teseu (Ov. Met. 12, 345).
Biăs, -ăntis, subs. pr. m. Biante, um dos sete sábios da Grécia (Cíc. Par. 8).
Bibācŭlus, -ĭ, subs. pr. m. Bibáculo, sobrenome de **Furius,** poeta romano do I século (T. Lív. 22, 49, 16).
Biberĭus, -ĭ, subs. pr. m. Bibério, nome ridículo dado ao imperador Tibério, por causa da sua inclinação para o vinho (Suet. Tib. 42).
bibī, perf. de **bibo.**
bibĭtus, -a, -um, part. pass. de **bibo.**
bibliopōla, -ae, subs. m. Livreiro (Marc. 4, 72).
bibliothēca, -ae, subs. m. I — Sent. próprio: 1) Biblioteca (lugar onde se guardam livros) (Cíc. Fam. 7, 28, 2). Donde: 2) Estante (onde se arrumam livros) (Plín. Ep. 2, 17, 8). Obs.: acus. sg. **bibliothecen** (Cic. Fam. 13, 77, 3).

biblothēcē, -ēs, v. **bibliothēca.**
Biblis, v. **Byblis.**
bibō, -is, -ĕre, -bibī (bibĭtum), v. tr. e intr. I — Sent. próprio: 1) Beber (Cíc. Tusc. 5, 97). II — Sent. figurado: 2) Beber, respirar, aspirar, absorver, sorver, impregnar-se: **Infelix Dido longum bibebat amorem** (Verg. En. 1, 749) «a infeliz Dido bebia um longo amor». 3) Beber, habitar: **qui profundum Danuvium bibunt** (Hor. O. 4, 15, 21) «aquêles que bebem as águas do profundo Danúbio, i. é, que habitam às margens do Danúbio». Obs.: As fórmulas derivadas do supino só vão aparecer a partir do século III p. C.
Bibrăctē, -is, subs. pr. n. Bibrate, cidade da Gália Céltica, capital do país dos éduos, atual Autun (Cés. B. Gal. 1, 23, 1).
Bibrax, -ăctis, subs. pr. f. Bibrate, cidade da Gália Bélgica, no território dos remos (Cés. B. Gal. 2, 6, 1).
Bibrŏcī, -ōrum, subs. loc. m. pl. Bíbrocos, povo do sul da Bretanha (Cés. B. Gal. 5, 21, 1).
Bibŭla, -ae, subs. pr. f. Bíbula, nome de mulher (Juv. 6, 142).
1. Bibŭlus, -ĭ, subs. pr. m. Bíbulo, sobrenome romano, especialmente da «gens» Calpúrnia (Cíc. At. 1, 17, 11). 1) Marcus Calpurnius Bibulus, cônsul com César, partidário de Pompeu, morto durante a guerra civil (Hor. O. 3, 28, 8). 2) Lucius Calpurnius Bibulus, filho do precedente, e que morreu como governador da Síria; etc.
2. bibŭlus, -a, -um, adj. I — Sent. próprio: 1) Que bebe bem, que é bom bebedor, que gosta de beber (Hor. Ep. 1, 14, 34). Donde: 2) Que se impregna, que se embebe, poroso, que chupa (Verg. G. 2, 348). II — Sent. figurado: 3) Ávido, atento (Pérs. 4, 50).
biceps, -cipĭtis, adj. I — Sent. próprio: 1) Que tem duas cabeças (Ov. F. 1, 65). Donde, na língua poética: 2) Que tem dois cumes (Ov. Met. 2, 221). II — Sent. figurado: 3) Duplo (Apul. Flor. 18).
bicŏlor, -ōris, adj. De duas côres (Verg. En. 5, 566).
bicornĭger, -gĕra, -gĕrum, adj. Bicornígero, bicórneo. Que tem dois chifres (Ov. Her. 13, 33).
bicŏrnis, -e, adj. I — Sent. próprio: 1) Bicorne, que tem dois chifres (Ov. Met.

15, 304). Daí: 2) Que se divide em dois braços, que tem duas embocaduras, que tem dois cimos (Ov. Met. 11, 763); (Estác. Theb. 1, 63).
bicŏrpor, -ŏris, subs. m. e f. Que tem dois corpos (emprêgo poético) (Cíc. Tusc. 2, 22).
bidens, -ēntis, adj. 1) Bidente, que tem dois dentes, que só tem dois dentes (Priap. 2, 26). 2) Que tem dois anos (falando de ovelha) (Verg. En. 4, 57). Daí: 3) Ovelha (Fedr. 1, 17, 8). 4) Que tem dois braços, dois ramos (Verg. Cír. 212). 5). Alvião, enxadão (Verg. G. 2, 400).
bidēntal, -ālis, subs. n. Lugar fulminado por um raio e purificado pelo sacrifício de uma ovelha (Hor. A. Poét. 471).
Bidĭnus, -a, -um, adj. De Bide (Cíc. Verr. 2, 54).
Bidis, -is, subs. pr. f. Bide, cidade da Sicília, perto de Siracusa (Cíc. Verr. 2, 53)
bĭdŭum, -ī, subs. n. Bíduo, espaço de dois dias (Cíc. At. 5, 17, 1); (Cíc. Nat. 2, 96).
biennĭum, -ī, subs. n. Biênio, espaço de dois anos (Cíc. Phil. 5, 7).
bifărĭam, adv. I — Sent. próprio: 1) Em duas direções, em duas partes (Cíc. Tusc. 3, 24). II — Sent. figurado: 2) De duas maneiras, em duas acepções (Dig. 38, 10, 2).
bĭfer, -fĕra, -fĕrum, adj. Bífero, que produz duas vêzes por ano (árvore) (Verg. G. 4, 119).
bifidātus, v. **bifĭdus, -a, -um.**
bifĭdus, -a, -um, adj. Bífido, fendido em duas partes, dividido em duas partes (Ov. Met. 14, 303).
bifŏris, -e, adj. 1) Bifore, que tem duas aberturas, duplo (Verg. En. 9, 618). 2) Que tem dois batentes (Ov. Met. 2, 4).
biformātus, -a, -um, adj. De forma dupla (Cíc. poét. Tusc. 2, 28).
bifōrmis, -e, adj. I — Sent. próprio: 1) Biforme, de forma dupla; de dois rostos (Ov. F. 1, 87). Daí: 2) Monstruoso (Tác. An. 12, 64).
bifrons -ōntis, subs. f. Bifronte, que tem duas caras (Verg. En. 7, 180).
bifūrcus, -a, -um, adj. Que tem duas pontas, bifurcado (T. Lív. 35, 5, 9).
bĭga, -ae, subs. f. (geralmente no plural: **bigae, -arum)** Carro puxado por dois cavalos, biga (Verg. En. 2, 272).
1. bĭgātus, -a, -um, adj. Que tem cunhada a figura de um carro puxado por dois cavalos (T. Lív. 33, 23, 7).

2. bĭgātus, -ī, subs. m. (geralmente no plural). Moeda cujo emblema é um carro puxado por dois cavalos (T. Lív. 23, 15, 15).
Bigĕrra, -ae, subs. pr. f. Bigerra, cidade da Hispânia Tarraconense (T. Lív. 24, 41, 11).
Bigerriōnēs, -um, subs. loc. m. pl. Bigerriões, povo da Aquitânia, na Gália, junto aos Pireneus, região chamada atualmente Bigorre (Cés. B. Gal. 3, 27, 1).
bijŭgī, -ōrum, subs. m. pl. Carro puxado por dois cavalos, parelha de cavalos (Verg. En. 10, 575).
bijŭgis, -e e **bijŭgus, -a, -um,** adj. 1) Bíjugo, puxado por dois cavalos atrelados, emparelhados um com o outro (Verg. En. 10, 253). 2) Relativo aos carros ou aos jogos do circo (Verg. En. 5, 144).
Bilbĭlis, -is, subs. pr. f. Bilbile, pequena cidade da Hispânia Tarraconense, hoje Baubola, pátria do poeta latino Marcial (Marc. 10, 103).
bilībra, -ae, subs. f. Pêso de duas libras (T. Lív. 4, 15, 6).
bilībris, -e, adj. Que tem duas libras, que contém duas libras (Hor. Sát. 2, 2, 61).
bilinguis, -e, adj. I — Sent. próprio: 1) Que tem duas línguas (Plaut. Ps. 1260). II — Sent. figurado: 2) Que fala duas línguas, bilíngüe (Hor. Sát. 1, 10, 30). 3) Que tem duas palavras, pérfido, falso (Verg. En. 1, 661).
bīlis, -is, subs. f. I — Sent. próprio: 1) Bílis (Plín. H. Nat. 22, 49). II — Sent. figurado: 2) Mau humor, cólera, indignação (Cíc. Tusc. 3, 11). Obs.: abl.: **bili** (Plaut., Lucr., Cíc.); **bile** (Hor., Plín., Juv.).
bīlix, -īcis, adj. Que é de dois tecidos, que é de dois fios (Verg. En. 12, 375).
bilūstris, -e, adj. Que dura dois lustros (Ov. Am. 2, 12, 9).
bimăris, -e, adj. Bímare, que fica entre dois mares, banhado por dois mares (Hor. O. 1, 7, 2).
bimarītus, -ī, subs. m. Bígamo (Cíc. Planc. 3). Obs.: Palavra inventada, segundo Cícero, por Laterensis.
bimāter, -mātris, adj. Que tem duas mães (Ov. Met. 4, 12).
Bimbĕllī, -ōrum, subs. loc. m. pl. Bimbelos, povo da Itália (Plín. H. Nat. 3, 47).

bimembrēs, -ĭum, subs. m. pl. Os centauros (Ov. Met. 12, 240).
bimembris, -e, adj. De dois membros, de dupla natureza, bimembre (Juv. 13, 64).
bimēstris (bimēnstris), -e, adj. De dois meses (Hor. O. 3, 17, 15).
bīmŭlus, -a, -um, adj. Que tem apenas dois anos de idade (Suet. Cal. 8).
bīmus, -a, -um, adj. 1) Bimo, de dois anos, que tem dois anos (Hor. O. 1, 19, 15). 2) Que dura dois anos (Cíc. Fam. 3, 8, 9). Obs.: — Etimològicamente: «que passou dois invernos», de **bis hiems.**
Bingĭum, -ī, subs. pr. n. Bíngio, cidade da Gália ou da Germânia superior, atualmente chamada Bingen (Tác. Hist. 4, 70).
bīnī, -ae, -a, num. distrib. 1) De dois em dois, dois de cada vez, dois para cada um (Cíc. Verr. 2, 133). 2) Dois (com subs. que só se usam no plural) (Cíc. At. 5, 3, 1). 3) Um par, uma parelha (Cíc. Verr. 4, 32).
binoctĭum, -ī, subs. n. Espaço de duas noites (Tác. An. 3, 71).
binōmĭnis, -e, adj. Que tem dois nomes (Ov. Met. 14, 609).
binus, -a, -um, adj. Duplo (Lucr. 5, 879).
Biōn (Bĭō), -ōnis, subs. pr. m. Bião Boristenita, filósofo satírico grego (Cíc. Tusc. 3, 62).
Biōnēus, -a, -um, adj. De Bião, espirituoso, mordaz, satírico (Hor. Ep. 2, 2, 60).
bipālmis, -e, adj. Que tem dois palmos (de altura, comprimento ou largura) (T. Liv. 42, 65, 9).
bipartĭō (bipertĭō), -is, -ĭre, v. tr. Dividir em duas partes, bipartição (Col. 11, 2, 36).
bipartītŏ ou **bipertītŏ**, adv. Em duas partes, pela metade (Cíc. Flac. 32).
bipartītus (bipertītus), -a, -um, adj. I — Part. pass. de **bipartĭo.** II — Adj.: Dividido em dois, bipartido (Cíc. Inv. 1, 67).
bipătens, -ēntis, adj. Bipatente, aberto dos dois lados, aberto de par em par (Verg. En. 2, 330).
bipedālis, -e, adj. De dois pés, bipedal (Cés. B. Gal. 4, 17, 6).
Bipedimŭī, -ōrum, subs. loc. m. pl. Bipedímuos, povo da Aquitânia, na Gália (Plín. H. Nat. 4, 108).
bipennĭfer, -fĕra, -fĕrum, adj. Bipenífero, que traz uma machadinha de dois gumes (Ov. Met. 4, 22).

1. **bipēnnis, -e**, adj. I — Sent. próprio: 1) Que tem duas asas, bipene (Plín. H. Nat. 11, 96). Daí, especialmente: 2) Que tem dois gumes (Verg. En. 11, 135).
2. **bipēnnis, -is**, subs. f. Machadinha de dois gumes (Verg. En. 2, 479).
bipertītus, -a, -um, v. **bipartītus.**
1. **bipēs, -pĕdis**, adj. I — Sent. próprio: 1) Que tem dois pés, bípede (Verg. G. 4, 389). II — Sent. figurado: 2) Imbecil (Juv. 9, 92).
2. **bipēs, -pĕdis**, subs. m. Animal de dois pés (Cíc. Dom. 48).
bipĭnnis, v. **bipēnnis.**
1. **birēmis, -e**, adj. 1) Movido por dois remos, birreme (Hor. O. 3, 29, 62). 2) Que tem duas ordens de remos, birreme (T. Liv. 24, 40, 2).
2. **birēmis, -is**, subs. f. 1) Birreme, navio de duas ordens de remos (Cíc. Verr. 5, 59). 2) Barco movido por dois remos (Luc. 10, 56).
birĭdis, v. **virĭdis.**
Birrĭus, -i, subs. pr. m. Bírrio, nome de homem (Hor. Sát. 1, 4, 69).
bis, adv. Duas vêzes (Cíc. Tusc. 5, 100). Obs.: 1) E' um adv. multiplicativo, de emprêgo freqüente com os numerais distributivos e cardinais: **bis bina** (Cíc. Nat. 2, 49) «dois vêzes dois»; **bis centum** (Verg. En. 8, 518) «duas vêzes cem, duzentos». 2) **bis ad eundem** (= **bis ad eundem lapidem offendere**, Aus 400), expressão proverbial (Cíc. Fam. 10, 20, 2) «cometer duas vêzes a mesma falta».
Bĭsāltae, -ārum, subs. loc. m. Bisaltas, habitantes da Bisálcia (Verg. G. 3, 461).
Bĭsaltĭa (A. Gél. 16, 15) e **Bisaltĭca, -ae** subs. pr. f. Bisálcia, região da Macedônia perto da Trácia (T. Liv. 45, 29, 6).
Bĭsāltis, -ĭdis, subs. pr. f. Bisáltide, ninfa transformada em ovelha por Netuno (Ov. Met. 6, 117).
Bisambrĭtae, -ārum, subs. loc. m. pl. Bisâmbritas, povo da Índia (Plín. H. Nat. 6, 78).
Bisanthē, -ēs, subs. pr. f. Bisante, cidade a SE da Trácia, na costa da Propôntida, e atual Rodosto (Plín. H. Nat. 4, 43).
bisōn, -ōntis, subs. m. Bisonte (espécie de boi selvagem) (Marc. Spect. 23, 4).
bisquinī ou melhor **bis quinī, -ae, -a**, num. distr. Dez, que são em número de dez (Verg. En. 2, 126). Obs.: palavra poética.

bissēnī ou melhor, **bis sēnī, -ae, -a,** num. distr. Doze, que são em número de doze (poético) (Ov. Met. 8, 243).
Bistonĭa, -ae, subs. pr. f. Bistônia ou a Trácia (V. Flac. 3, 159).
Bistŏnis, -ĭdis, adj. f. Da Trácia (Ov. P. 2, 9, 54).
Bistonĭdes, -um, subs. pr. f. Bistônides, as bacantes ou sacerdotisas de Baco (Hor. O. 2, 19, 20).
Bistonĭus, -a, -um, adj. Da Trácia (Ov. Met. 13, 430).
Bĭthynĭa, -ae, subs. pr. f. Bitínia, região a NO da Ásia Menor, banhada pelo Ponto, entre a Propôntida e o Mar Negro (Cíc. Verr. 5, 27).
Bĭthynĭcus, -a, -um, adj. Da Bitínia (Cíc. Fam. 13, 9, 2).
Bĭthynĭon, -ī, subs. pr. n. Bitínio, cidade da Bitínia (Plín. H. Nat. 5, 149).
Bĭthȳnis, -ĭdis, subs. f. Mulher da Bitínia (Ov. Am. 3, 6, 25).
Bĭthȳnus, -a, -um, adj. Da Bitínia (Hor. Ep. 1, 6, 33).
Bitĭās, -ae, subs. pr. m. Bícias, nome de um companheiro de Enéias (Verg. En. 1, 738).
bĭtō (beto), -is, -ĕre, v. int. Ir, caminhar, andar (Plaut. Curc. 141).
Biton, -ōnis, subs. pr. m. Bitão, um dos dois filhos de Cidipe, sacerdotisa de Heros, em Argos (Cíc. Tusc. 1, 113).
Bittis, -ĭdis, subs. f. v. **Battis.**
Bituĭtus, -ī, subs. pr. m. Bituito, rei dos arvernos (V. Máx. 9, 6, 3).
bitūmen, -ĭnis, subs. n. Betume (Verg. G. 3, 451).
bitūmĭnātus, -a, -um, part. pass. de **bitumino**: misturado com betume.
bitūmĭnĕus, -a, -um, adj. De betume (Ov. Met. 15, 350).
bitūmĭnō, -ās, -āre, v. tr. Cobrir, impregnar de betume (Plín. H. Nat. 31, 59).
Biturĭgēs, -um, subs. loc. m. 1) Bitúriges, povo da Gália Aquitânia, habitantes da região compreendida entre o Loire e o Garona (Cés. D. Gal. 7, 5, 1). 2) **Bituriges Vivisci,** bitúriges ubiscos, povo da Aquitânia, à beira do Oceano, nas proximidades da atual Bordeaux (Plín. H. Nat. 4, 108).
bivĭum, ī, subs. n. I — Sent. próprio: 1) Cruzamento de dois caminhos, lugar onde dois caminhos se encontram (Verg. En. 9, 238). II — Sent. figurado: 2) Dupla via, duplo meio (Varr.

R. Rust. 1, 18, 7). 3) Dúvida (Ov. R. Am. 486).
bivĭus, -a, -um, adj. Que tem dois caminhos (Verg. En. 11, 516).
Bīzac, v. **Byz.**
Bīzanthē, v. **Bisanthe.**
Blaesiānus, -a, -um, adj. De Blésio (Marc. 8, 38, 14).
Blaesĭus, -ī, subs. pr. m. Blésio, nome próprio romano (Marc. 8, 38, 10).
1. **blaesus, -a, -um,** adj. Gago (Juv. 15, 48).
2. **Blaesus, -ī,** subs. pr. m. Bleso, nome de várias personagens da história antiga.
blandē, adv. I — Sent. próprio: 1) Lisonjeiramente, com carícia, blandiciosamente (Fedr. 1, 14, 5). II — Sent. figurado: 2) Com doçura, agradàvelmente (Cíc. At. 10, 2, 2). Obs.: Comp.: **blandĭus** (Cíc. De Or. 1, 112). superl.: **blandissĭme** (Cíc. Clu. 72).
Blandenonne (abl.), subs. pr. f. Blandenone, cidade da Itália, perto de Placentia (Cíc. Fr. 2, 13, 1).
blandidĭcus, -a, -um, adj. Que diz palavras lisonjeiras, meigo no falar (Plaut. Poen. 138).
blandiloquentĭa, -ae, subs. f. Doçura no falar, palavras doces (En. Ap. Cíc. Nat. 3, 26).
blandilŏquus, -a, -um, adj. = **blandidĭcus** (Plaut. Bac. 1173).
blandimēntum, -ī, subs. n. (geralmente no pl.: **-a, -ōrum**). I — Sent. próprio: 1) Carícias, carinho, lisonja (Cíc. Tusc. 5, 87). II — Sent. figurado: 2) Encanto, prazer, agrado, doçura (Tác. An. 15, 64). 3) Condimento (Tác. Germ. 23).
blandĭor, -īris, -īrī, -ītus sum, v. dep. intr. I — Sent. próprio: 1) Acariciar, afagar (Cíc. Flac. 92); (T. Lív. 32, 40, 11). Daí: 2) Lisonjear, persuadir pela lisonja, atrair, encantar (Cíc. Ac. 2, 139). Obs.: — Constrói-se intransitivamente, ou com dat., ou com a expressão «**inter se**», ou ainda com «**ut**».
blandĭtĭa, -ae, subs. f. (geralmente no pl. **blanditĭae, -ārum**). I — Sent. próprio: 1) Carícias, blandícias, palavras ternas, lisonja (Cíc. Lae. 91). II — Sent. figurado: 2) Agrado, prazer, sedução, encanto (Cíc. Fin. 1, 33).
blandĭtĭes, -ēī, subs. f. v. **blanditia** (Apul. Met. 9, 28).
blandītus, -a, -um. I — Part. pass. de **blandĭor.** II — Adj.: Agradável, encantador (Plín. H. Nat. 9, 35).

blandus, -a, -um, adj. **I** — Sent. próprio: 1) Carinhoso, meigo (geralmente referindo-se à voz e à pessoa), lisonjeiro (Verg. En. 1, 670). Donde: 2) Atraente, insinuante (T. Liv. 23, 18, 12).

Blannovĭī, -ōrum, subs. loc. m. pl. Blanóvios, povo céltico (Cés. B. Gal. 7, 75, 2).

Blasĭō, -ōnis, subs. pr. m. Blasião, sobrenome romano (T. Lív. 33, 27, 1).

Blasĭus, -ī, subs. pr. m. Blásio, chefe dos Salapinos (T. Lív. 26, 38).

blătĕrō (blattĕrō ou blactĕrō), -ās, -āre, -āvī, -ātum, v. intr. Tagarelar (Hor. Sát. 2, 7, 35).

blătĭō, -īs, -īre, v. tr. Dar à língua, taramelar, falar sem precisão, para satisfazer, apenas, ao hábito de falar (Plaut. Amph. 626).

blatta, -ae, subs. f. Traça (Verg. G. 4, 243).

blattĕrō, v. blatĕro.

blattĭnus, -a, -um, adj. Da côr da púrpura (Eutr. 7, 14).

blattĭō, v. blatĭo.

Blossĭus, -ī, subs. pr. m. Blóssio, nome de homens, entre os quais o de um filósofo estóico, partidário de Tibério Graco (Cíc. Lae. 37).

bŏărĭus, -a, -um, adj. De bois, relativo aos bois (T. Lív. 10, 23, 3).

bōbus, dat. abl. pl. de bos.

Boccăr, -ăris, subs. pr. m. Bocar, nome de Africano (Juv. 5, 90).

Bocchŏris, -is, subs. pr. m. Bócoris, rei do Egito (Tác. Hist. 5, 3).

1. Bocchus, -ī, subs. pr. m. Boco, rei da Mauritânia, sôgro de Jugurta (Sal. B. Jug. 19, 7).

2. bocchus, -ī, subs. m. Nome de uma planta (Verg. Cul. 404).

Bŏdincomăgum, -ī, subs. pr. n. Bodincômago, cidade da Ligúria, na Itália (Plín. H. Nat. 3, 122).

Bŏdīncus, -ī, subs. pr. m. Bodinco, nome que os Lígures davam ao rio Pó (Plín. H. Nat. 3, 122).

Boduognătus, -ī, subs. pr. m. Boduognato, nome de um Nérvio (Cés. B. Gal. 2, 23, 4).

Boebē, -ēs (T. Lív. 31, 41, 4) e **Boebēis, -ĭdos,** subs. pr. f. Bebe, lago da Tessália (Luc. 7, 176).

Boeōtărchēs, -ae, subs. pr. m. Beotarca (um dos principais magistrados da Beócia) (T. Lív. 33, 27, 8).

Boeōtī, -ōrum, subs. pr. m. Beócios, habitantes da Beócia (Cíc. Pis. 86).

Boeōtĭa, -ae, subs. pr. f. Beócia, província central da Grécia continental (Cíc. Nat. 3, 49).

Boēthus, -ī, subs. pr. m. Boeto. 1) Escultor e cinzelador cartaginês (Cíc. Verr. 4, 32). 2) Filósofo estóico do tempo de Augusto (Cíc. Div. 1, 13).

Bogud, -ŭdis, subs. pr. m. Bógude, rei da Mauritânia Tingitana (Cic. Fam. 10, 32, 1).

Bogudiāna, -ae, subs. pr. f. A Mauritânia Tingitana (Plín. H. Nat. 5, 19).

bŏia, -ae, (pl.: **boiae, -ārum),** subs. f. 1) Correia de couro de boi, donde: 2) Qualquer espécie de argola, colar ou laço feito de couro (Plaut. Asin. 550).

Boihēmum, -ī, subs. pr. n. País dos boios, na Germânia (Tác. Germ. 28).

Bŏĭī ou Bŏī, -ōrum, subs. loc. m. pl. Boios. 1) Povo céltico da Gália Lugdunense, do território chamado atualmente Bourbonnais (Cés. B. Gal. 1, 5, 4). 2) Povo da Gália Transpadana (T. Lív. 5, 35, 2).

Boiŏrix, -īgis, subs. pr. m. Boiorige, rei dos boios (T. Lív. 34, 46, 4).

Bōla, -ae (Bolae, -ārum, T. Lív. 4, 49, 6), subs. pr. f. Bola, antiga cidade do Lácio (Verg. En. 6, 775).

Bōlānī, -ōrum, subs. loc. m. pl. Bolanos, habitantes de Bola (T. Lív. 4, 49, 3).

1. Bōlānus, -a, -um, adj. De Bola (T. Lív. 4, 49, 11).

2. Bōlānus, -ī, subs. pr. m. Bolano, nome de homem (Cíc. Fam. 13, 77, 2).

Bolbĭtĭcum, ou -tĭnum ostĭum, subs. pr. n. Foz Bolbítina, uma das desembocaduras do Nilo (Plín. H. Nat. 5, 64).

Bolbŭlae, -ārum, subs. pr. f. Bólbulas, ilha perto de Chipre (Plín. H. Nat. 5, 137).

bolbus, -ī, v. bulbus (Ov. Rem. 797).

bōlētar, -āris, subs. n. Prato destinado aos cogumelos, ou prato em geral (Marc. 14, 101).

bōlētus, -ī, subs. m. Boleto (cogumelo) (Sên. Nat. 4, 13).

bombĭō, -īs, -īre, v. intr. Zumbir (Suet. frg. 254).

bombus, -ī, subs. m. **I** — Sent. próprio: 1) Zumbido (das abelhas) (Varr. R. Rust. 3, 16, 32). Daí: 2) Ruído, aclamação (Lucr. 4, 544).

bombycĭnus, -a, -um, adj. 1) De sêda. 2) Subs. n. pl.: **bombycina, -ōrum,**: vestidos de sêda (Marc. 8, 68, 7).
bombyx, -ўcis, subs. m. e f. I — Sent. próprio: 1) Bicho-da-seda (Marc. 8, 33, 11). Daí: 2) Sêda, vestido de sêda (Prop. 2, 3, 15).
Bŏmĭlcar, -ăris, subs. pr. m. Bomílcar. 1) Almirante cartaginês que levou alguns reforços a Aníbal, depois da batalha de Canas (T. Lív. 23, 41, 10). 2) Aventureiro númida, favorito de Jugurta (Sal. B. Jug. 35).
bŏna, -ōrum, Hl. subs. f. I — Sent. próprio: 1) Bens, vantagens, felicidade (Cíc. De Or. 3, 36). Igual sentido na língua filosófica (Cíc. De Or. 2, 46). Daí: 2) Bens, riqueza, prosperidade (Cés. B. Gal. 5, 56, 3).
2. **Bŏna Dĕa (Dīva),** f. Boa Deusa, nome da deusa da fecundidade (Cíc. Pis. 95).
bŏnī, -ōrum, subs. m. v. **bonus.**
bŏnĭtās, -tātis, subs. f. I — Sent. próprio: 1) Boa qualidade, bondade (Cíc. Of. 3, 14). Donde: 2) Ternura, benevolência (Cíc. Lae. 11). 3) Virtude, honestidade (Cíc. Of. 3, 77).
Bonnēnsis, -e, adj. Bonense, de Bona, cidade da Germânia, banhada pelo Reno, e hoje chamada Bonn (Tác. Hist. 4, 20).
Bŏnōnĭa, -ae, subs. pr. f. Bonônia, 1) Cidade da Itália Cispadana, atual Bolonha (Cíc. Fam. 12, 5, 2). 2) Cidade da Bélgica, hoje Boulogne-sur-Mer (Eutr. 9, 21).
Bonōnĭēnsis, -e, adj. Bononiense, de Bonônia (Cíc. Br. 169).
bŏnum, -ī, subs. n. I — Sent. próprio: 1) Bem (moral) (Cíc. De Or. 1, 222). II — Sent. figurado: 2) Vantagem, utilidade, bom êxito (Cíc. Br. 123).
bŏnus, -a, -um, adj. I — Sent. próprio: 1) Bom, boa (Cíc. Clu. 108); (Cíc. Sest. 98). II — Sent. figurado: 2) Corajoso, valente, bravo (Cíc. Fin. 1, 25). 3) Próprio para, conveniente (com dativo) (T. Lív. 29, 31, 9). 4) Honesto, virtuoso (Cíc. Verr. 4, 10). 5) Nobre (de nascimento) (Cíc. Mur. 15). 6) Favorável, propício (Cíc. Nat. 3, 83). 7) Querido, caro (Hor. Sát. 2, 3, 31). 8) Hábil (poético — com infinitivo) (Verg. Buc. 5, 1).
bŏō, -ās, -āre, -āvi, -ātum, v. intr. I — Sent. próprio: 1) Mugir (Plaut. Amph. 232). II — Sent. figurado: 2) Ressoar, reboar (Ov. A. Am. 3, 450).

Boŏtēs, -ae, subs. pr. m. Bootes, Boieiro, constelação boreal de que faz parte a estrêla Arcturo (Verg. G. 1, 229). Obs.: dat. **Booti** (Cíc. Nat. 2, 110), acus. **Booten** (Catul. 66, 67), abl. **Boote** (Plín. H. Nat. 18, 202).
Bora, -ae, subs. pr. m. Bora, montanha da Macedônia (T. Lív. 45, 19, 8).
Borcānī, -ōrum, subs. loc. m. pl. Borcanos, povo da Apúlia, na Itália (Plín. H. Nat. 3, 105).
1. **Bŏrĕās, -ae,** subs. pr. m. 1) Bóreas, vento norte (Verg. G. 1, 93). 2) O setentrião (Hor. O. 3, 24, 38).
2. **Bŏrĕās, -ae,** subs. pr. m. Bóreas, personificação do vento do norte (Ov. Met. 6, 682).
Bŏrĕus, -a, -um, adj. Boreal, setentrional (Ov. Trist. 4, 8, 41).
Borysthĕnēs, -is, subs. pr. m. Borístene, grande rio da Sarmácia européia, atual Dnieper (Plín. H. Nat. 4, 82).
Borysthĕnĭus, -a, -um, adj. Boristênio, borístene (Ov. P. 4, 10, 53).
bōs, bovis, subs. m. e f. Boi, vaca (Cíc. At. 5, 15, 3). Obs.: — Nom. sg. **bovis** (Petr. 62, 13). Gen. pl. **bovum**, em alguns manuscritos (Cíc. Rep. 2, 16); **boverum** (Cat. Agr. 62), sendo, porém, **boum** a forma mais usada. Dat. e abl. pl. **bobus** ou **bubus.**
Bosphŏrānī, -ōrum, subs. loc. m. pl. Bosforanos, habitantes do Bósforo (Cíc. Pomp. 9).
Bosphŏrānus (-rĕus), (rĭus), -a, -um, adj. Bosforano, do Bósforo (Ov. Trist. 2, 298).
Bosphŏrus (-rŏs), -ī, subs. m. Bósforo, estreito entre a Trácia e a Ásia Menor, atual Dardanelos (Cíc. Mur. 34).
Bospŏr-, v. **Bosphor-.**
Bostar, -ăris, subs. pr. m. Bóstar, nome cartaginês (T. Lív. 22, 22, 9).
Bostrēnus, -ī, subs. loc. m. Bostreno, habitante de Bostra, cidade da Arábia, ao sul de Damasco, no deserto sirio (Cíc. Quinct. 2, 10, 3).
Bŏterdum, -ī, subs. pr. n. Boterdo, cidade da Celtibéria, região da Hispânia Tarraconense, habitada pelos celtiberos (Marc. 1, 49, 7).
bŏtrĭō, -ōnis, v. **botrўo.**
botrўō, -ōnis, subs. m. Cacho de uvas (Marc. 11, 27, 4).
Bottĭaea, -ae, subs. pr. f. Botiéia, parte da Macedônia (T. Lív. 26, 25, 4).

Bŏtŭlus, -ī, subs. m. Chouriço, salsicha (Marc. 14, 72).
Boudĭcca, -ae, subs. pr. f. Boudica, rainha dos Icenos (Tác. An. 14, 31).
Bŏviānum, -ī, subs. pr. n. Boviano, cidade dos samnitas, na Itália (Cíc. Clu. 197).
Boviātēs, -um, subs. pr. m. Boviates, povo da Aquitânia, na Gália (Plín. H. Nat. 4, 108).
Bŏvīllae, -ārum, subs. pr. f. pl. Bovilas, antiga cidade do Lácio, na Itália, à beira da Via Ápia (Tác. An. 2, 41).
Bovillānus, -a, -um, adj. Bovilense, do Bovilas (Cíc. Planc. 23).
bovīllus, -a, -um, adj. De boi, bovino (T. Lív. 22, 10, 3).
bŏvis, gen. de **bos.**
brāca, -ae, subs. f. (geralmente no pl.: **bracae, -ārum**). Bragas (calções compridos, largos e apertados em baixo, usados pelos bárbaros) (Tác. Hist. 2, 20); (Ov. Trist. 5, 7, 49) bragas usadas pelos romanos.
Brācărī, -ōrum ou **Brācăres, -um,** subs. loc. m. pl. Os Gauleses da Hispania Tarraconense (Plín. H. Nat. 3, 28).
Brācātī, -ōrum, subs. m. pl. Os gauleses (Juv. 8, 234).
brācātus, -a, -um, adj. 1) Que usa bragas (Cíc. Font. 53). 2) Narbonense: **bracata Gallia** (Plín. H. Nat. 3, 31) «a Gália Narbonesa».
bracchĭum, v. **brachĭum.**
brachĭŏlum, -ī, subs. n. (dim. de **brachium**). Braço pequeno, bracinho (Catul. 61, 181).
brāchĭum, -ī, subs. n. I — Sent próprio: 1) Braço, antebraço (Verg. G. 1, 202); antebraço (Tác. Germ. 17); expressão popular: **dirigere brachia contra torrentem** (Juv. 4, 89) «nadar contra a maré». Daí: 2) Membro anterior de um animal (Plín. H. Nat. 9, 85). 3) Ramo (das árvores) (Verg. G. 2, 368). 4) Braço (de mar) (Ov. Met. 1, 13). 5) Cadeia (de montanhas) (Plín. H. Nat. 5, 98). 6) Linha de comunicação (T. Lív. 4, 9, 14). 7) Neutro plural: **brachĭa, ōrum** (poético): antenas de navio (Verg. En. 5, 829).
bractĕa, -ae, subs. f. Fôlha (de metal), fôlha de ouro, lâmina de metal e especialmente de ouro (Verg. En. 6, 209).
bracteātus, -a, -um, adj. I — Sent. próprio: 1) Coberto de fôlhas de metal, de lâminas de metal, especialmente de ouro, dourado (Sên. Ep. 41, 6). II — Sent. figurado: 2) Dourado, superficial (Sên. Ep. 115, 9).
bractĕŏla, -ae, subs. f. Pequena fôlha de ouro (Juv. 13, 152).
Brancus, -ī, subs. pr. m. Branco, rei dos alóbrogos, na Gália (T. Lív. 21, 31, 6).
Brannovicēs, -um, subs. loc. m. pl. Branovices, nome de uma parte dos aulercos, povo da Gália Lugdunense (Cés. B. Gal. 7, 75, 2).
brattĕa, v. **bractĕa.**
bratteātus, v. **bracteātus.**
Bratuspantĭum, -ī subs. pr. n. Bratuspâncio, cidade da Gália Bélgica, primeira capital dos belóvacos, no território dos mesmos (Cés. B. Gal. 2, 13, 2).
Brennus, -ī, subs. pr. m. Breno. 1) Chefe gaulês que invadiu a Etrúria em 190 a.C. penetrou em Roma e a destruiu, depois de ter massacrado oitenta consulares que tinham permanecido nos seus postos (T. Lív. 5, 38, 3). 2) Chefe de uma tribo gaulêsa do vale do Danúbio, que invadiu a Macedônia, devastou a Tessália, transpôs as Termópilas, e marchou sôbre Delfos para pilhar-lhe o templo; uma tempestade, porém, os assaltou, não longe do lugar sagrado, e sua destruição foi completada pela armada grega (Cíc. Div. 1, 81).
Breucī, -ōrum, subs. loc. m. pl. Breucos, povo da Panônia (Plín. H. Nat. 3, 147).
Breunī, -ōrum, subs. loc. m. pl. Breunos, povo da Récia (Hor. O. 4, 14, 11).
brĕvī (abl. n. de **brevis**, empregado adverbialmente). I — Sent. próprio: 1) Brevemente (Cíc. Fin. 1, 55). Daí: 2) Em pouco tempo, durante pouco tempo, por um momento (T. Lív. 1, 9, 9). 3) Dentro de pouco tempo (Cíc. Verr. 173). 4) Locuções: **brevi post** (T. Lív. 24, 3, 14) «pouco depois; **brevi postquam** (T. Lív. 6, 20, 15) «pouco depois que»; **brevi deinde** (Tác. Agr. 8) «pouco depois»; **brevi ante** (Sên. Suas. 6, 19) «pouco antes».
brĕvĭa, -ĭum, subs. n. pl. Baixios, bancos de areia (Verg. En. 1, 111).
brĕvĭarĭum, -ī, subs. n. Resumo, sumário, inventário (Sên. Ep. 39, 1); (Suet. Aug. 101).
brĕvĭātus, -a, -um, part. pass. de **brevĭo.**
brĕvĭlŏquens, -ēntis, adj. Que se expressa em poucas palavras, conciso (Cíc. At. 7, 20).
brĕvĭlŏquentĭa, -ae, subs. f. Concisão, laconismo (Cíc. Rep. 5, 11).

brĕvĭō, -ās, -āre, -āvī, -ātum, v. tr. Abreviar, resumir (Quint. 11, 3, 83).

brĕvis, -e, adj. I — Sent. próprio: 1) Breve, curto (no tempo ou no espaço); estreito, profundo (no espaço) (Cés. B. Gal. 3, 4, 1); (Cés. B. Civ. 1, 43, 4). Daí: 2) De pequena estatura, baixo (falando de pessoas) (Cíc. De Or. 2, 245). 3) De curta duração, passageiro (Cíc. Fin. 2, 93). II — Sent. figurado: 4) Efêmero (poét.) (Hor. O. 1, 36, 16). 5) Conciso, breve (Cic. Cael. 9); (Cic. At. 11, 7, 6). 6) Pequeno (Ov. Trist. 5, 2, 70). Na linguagem gramatical: 7) Breve (sílaba): syllaba brevis (Cíc. Or. 217) «sílaba breve».

brĕvĭtās, -tātis, subs. f. Sent. próprio: 1) Curta extensão (no espaço), brevidade (no tempo) (T. Lív. 8, 19, 8); (Cíc. Verr. 5, 26). Daí: 2) Pequena estatura (Cés. B. Gal. 2, 30, 4). 3) Concisão, brevidade, referindo-se a escritos, discursos, etc. (Cic. Verr. 1, 42). 4) Curta duração (Cic. Fin. 3, 47). Na linguagem gramatical: 5) Quantidade breve (de uma sílaba) (Cíc. Or. 173).

brĕvĭter, adv. Sent. próprio: Com brevidade (no tempo ou no espaço). 1) Brevemente, em pouco tempo (Sên. Contr. 1, 7, 9). 2) Em curto espaço (Prop. 4, 8, 41); (Plín. H. Nat. 36, 30). Na língua retórica: 3) Com brevidade, com concisão, concisamente (Cíc. Cat. 3, 2); (Cíc. Br. 197). Na linguagem gramatical: 4) Com a quantidade breve (Cíc. Or. 159).

Briareus, (triss.), -ĕi ou -ĕos, subs. pr. m. Briareu ou Egião, gigante da mitologia, de cem braços e cinqüenta cabeças, filho do Céu e da Terra (Verg. En. 6, 287).

Brĭgantēs, -um, subs. loc. m. pl. Brigantes, povo da Britânia Romana (Inglaterra) (Tác. An. 12, 32). Obs.: Acus.: -as (Sên. Apoc. 12).

Brĭgantīnus Lacus, subs. pr. m. Lago Brigantino, grande lago da Récia, atual lago de Constança (Plín. H. Nat. 9, 63).

Brĭgĭānī, -ōrum, subs. loc. m. pl. Brigianos, povo dos Alpes (Plín. H. Nat. 3, 137).

Brĭlēssus, -ī, subs. pr. m. Brilesso, montanha da Ática (Plín. H. Nat. 4, 24).

Brīmō, -ūs, subs. pr. f. Brimo, outro nome de Hécate, deusa das almas penadas, filha de Perses e Astéria (Prop. 2, 2, 12).

Brĭnĭātēs, -um, ou -ĭum, subs. loc. m. pl. Briniates, povo da Ligúria oriental, na Itália (T. Lív. 39, 2).

Brinniānus, -a, -um, adj. De Brínio, nome de família romana (Cíc. At. 13, 12, 4).

Brinta, -ae, subs. pr. m. Brinta, rio que passa em Pádua, na Itália, hoje Brenta (Marc. 4, 677).

Brīsaeus (-ēus), -ī, subs. pr. m. Briseu, sobrenome de Baco, tomado do nome de um promontório da ilha de Lesbos, o promontório Brisa (Pérs. 1, 76).

Brīsēis, -ĭdis ou -ĭdos, subs. pr. f. Briseide, filha do sacerdote Brises, feita prisioneira na guerra de Tróia e tornada escrava de Aquiles. Tomada por Agamémnon, provocou a cólera de Aquiles, que se recusou a combater até que Briseide lhe fôsse restituída (Hor. O. 2, 4, 3).

Brīsēus, v. Brisaeus.

Brĭtannī, -ōrum, subs. loc. m. pl. Britanos, habitantes da Britânia ou Grã-Bretanha, atual Inglaterra (Cés. B. Gal. 4, 21, 5). Obs.: — no sg.: Britannus (Hor. Epo. 7, 7).

Brĭtannĭa, -ae, subs. pr. f. Britânia, ou Grã-Bretanha, ilha a NO da Europa, habitada por populações célticas, com os mesmos costumes dos gauleses; foi conquistada pelos romanos, que aí se estabeleceram no sul e no centro, no tempo de Cláudio (Cés. B. Gal. 4, 21, 2).

1. Brĭtannĭcus, -a, -um, adj. Britânico, da Britânia (Cíc. Nat. 3, 24).

2. Brĭtannĭcus, -ī, subs. pr. m. Britânico (Cláudio Tibério), filho de Cláudio e de Messalina (Tác. An. 11, 4).

Brĭtannus, -a, -um, adj. Britano, da Bretanha (Prop. 2, 1, 76).

Brĭtŏnēs (Britt-), -um, subs. loc. m. pl. Bretões, povo céltico estabelecido na Britânia, ou Grã-Bretanha (Juv. 15, 124). Obs.: sg.: Britto, -ōnis (Marc. 11, 21, 9).

Brittānĭa, -ae, subs. f. v. Britannĭa.

Brittānnus, -a, -um, v. Britannus (Lucr. 6, 1106).

Brittĭī, subs. v. Bruttĭī (Cíc. Caec. 54).

Brixĭa, -ae, subs. pr. Bríxia, cidade da Gália Transpadana, atual Bréscia (T. Lív. 5, 35, 1).

Brixĭānus, -a, -um, adj. De Bríxia (Tác. Hist. 2, 27).

Brixĭānī, -ōrum, subs. loc. m. pl. Brixianos, habitantes de Bríxia (T. Lív. 21, 15, 14).

Brocchus, -i, subs. pr. m. Broco, sobrenome romano (Cíc. Lig. 32).

Brogitărus, -i, subs. pr. m. Brogítaro, que quis suplantar seu sogro Dejótaro, feito rei da Galácia, na Ásia Menor, por César e o Senado, acusando-o de ter conspirado contra César. Cícero prova a inocência do rei da Galácia pronunciando o seu «Pro rege Dejotaro» (Cíc. Sest. 56).

Brŏmĭus, -i, subs. pr. m. Brômio, sobrenome de Baco, tomado do nome da ninfa Broma, que o criou (Ov. Met. 4, 11).

Brontēs, -e, subs. pr. m. Brontes, um dos Ciclopes (Verg. En. 8, 425).

Brŏtĕās, -ae, subs. pr. Brótea. 1) Nome de um dos Lápitas (Ov. Met. 12, 262). 2) Nome de um filho de Vulcano (Ov. Met. 5, 107).

Bructĕrī, -ōrum, subs. loc. m. pl. Brúteros, povo da Germânia (Tác. Germ. 33). Obs.: sg.: **Bructĕrus** (Suet. Tib. 19).

Bructĕrus, -a, -um, adj. Brútero (Tác. Hist. 4, 61).

brūma, -ae, subs. f. I — Sent. próprio: 1) O dia mais curto do ano (Varr. L. Lat. 6, 8). Daí: 2) Solstício de inverno (Cés. B. Gal. 5, 13, 3). II — Sent. figurado (na líng. poét.): 3) Inverno (Verg. G. 3, 443). 4) Ano (Marc. 4, 40, 5).

brūmālis, -e, adj. I — Sent. próprio: 1) Relativo ao solstício de inverno, do solstício de inverno (Cíc. Nat. 3, 37). Daí: 2) De inverno (Cíc. Arat. 61).

Brundisīnī, -ōrum, subs. loc. m. pl. Brundisinos, ou brundísios, habitantes de Brundísio (Cíc. At. 4, 1, 4).

Brundisīnus, -a, -um, adj. De Brundísio, brundisino (Cíc. Sest. 131).

Brundisĭum (Brundusĭum), -i, subs. pr. n. Brundísio, cidade e pôrto da Calábria, no sul da Itália, atual Brindes (Cíc. At. 9, 3).

Bruttĭī (Britt-), -ōrum, subs. loc. m. pl. Os brútios, habitantes do Brútio, região meridional da Itália, hoje Calábria, província napolitana (Cíc. Amer. 132).

Bruttĭus, (ou-tiānus), -a, -um, adj. De Brútio, brútio (Plín. H. Nat. 16, 53); (Plín. H. Nat. 19, 141).

brūtum, -i, subs. n. Animal irracional (Sên. Ep. 121, 4). Obs.: — geralmente empregado no plural.

1. brūtus, -a, -um, adj. I — Sent. próprio: 1) Pesado (Hor. O. 1, 34, 9). II — Sent. figurado: 2) Pesado de espírito, bruto, irracional (Cíc. At. 6, 1, 25).

2. Brūtus, -i, subs. pr. m. Bruto, sobrenome romano. 1) Lucius Junius Brutus, filho de Lucius Junius e de uma irmã de Tarquínio o Soberbo, e o principal autor da revolução que destruiu a realeza em Roma e estabeleceu a república (T. Lív. 1, 56, 7). 2) Marcus Junius Brutus, um dos chefes da conjuração contra César. Êste fê-lo governador da Gália Cisalpina e depois pretor, mas apesar disso Bruto deixou-se arrastar para a conspiração pelas exortações de Cássio e seus amigos (Cíc. Phil. 1, 8). 3) Brutus, título de um tratado de retórica de Cícero. 4) Outras personagens do mesmo nome (Cíc. Br. 107; 175; 222).

Bryanĭum, -i, subs. pr. n. Briânio, cidade da Macedônia (T. Lív. 31, 39, 5).

būbălus, -i, subs. m. Búfalo, antílope (Marc. Spect. 23, 4).

Bubăsis, -ĭdis, adj. f. De Búbaso (Ov. Met. 9, 644).

Būbāstis, -is, subs. pr. f. Bubaste, nome de Diana entre os egípcios (Ov. Met. 9, 691).

Būbăsus, -i, subs. pr. f. Búbasco, cidade da Cária (Plín. H. Nat. 5, 104).

Bubetānī, -ōrum, subs. loc. m. pl. Bubetanos, habitantes de Bubeto, antiga cidade do Lácio (Plín. H. Nat. 3, 69).

būbō, -ōnis, subs. m. e f. Môcho, coruja (Verg. En. 4, 462).

Būbōn, -ōnis, subs. pr. f. Bubão, cidade da Lícia, na fronteira da Panfília (Plín. H. Nat. 5, 101).

bubūlcus, -i, subs. m. Boieiro, vaqueiro (Cíc. Div. 1, 57).

būbus, dat. abl. pl. de bos.

1. būca, v. bucca.

2. Būca, -ae, subs. pr. f. Buca, cidade dos frentanos, no Sâmnio, na Itália (Plín. H. Nat. 3, 106).

bucca, -ae, subs. f. I. — Sent. próprio: 1) Cavidade bucal, bôca (Cíc. At. 1, 12, 4). 2) No plural: face, bochechas, queixo (Hor. Sát. 1, 1, 21).

buccēlla, -ae, subs. f. Bocado, bocadinho, migalha (Marc. 6, 75, 3).

buccĭlla, v. **buccēlla.**

buccŭla (būcŭla), -ae, subs. f. I — Sent. próprio: 1) Bôca pequena (Suet. Cal. 4). II — Sent. figurado: 2) Convexidade do escudo (T. Lív. 44, 34, 8). 3) Parte do capacete que defende as faces (Juv. 10, 134).

bucculēntus, -a, -um, adj. Que tem bochechas gordas, bochechudo, ou que tem uma bôca larga (Plaut. Merc. 639).
bucēlla, v. **buccēlla**.
Būcĕphălās, -ae e -us, -ī, subs. pr. m. Bucéfalo, nome do cavalo de Alexandre. Alexandre deu-lhe funerais magníficos, às margens do Hidaspo, e fundou junto ao túmulo do animal uma cidade, Bucéfala (Plín. H. Nat. 8, 154).
būcerĭus, -a, -um, adj. Que tem chifres de boi, de boi (Lucr. 2, 663).
būcĕrus, -a, -um, adj. De boi (Ov. Met. 6, 395).
būcētum, -ī, subs. n. Pastagem para bois (Luc. 9, 185).
būcĭna, -ae, subs. f. I — Sent. próprio: 1) Corneta de boieiro (Cíc. Verr. 4, 96). Daí: 2) Trombeta (Verg. En. 11, 475). II — Sent. figurado: 3) Vigília (anunciada pelo toque de trombeta): **prima, secunda bucina** (T. Lív. 26, 15, 6) «primeira, segunda vigília». Sent. poético: 4) A trombeta do Tritão (Ov. Met. 1, 335).
būcĭnātor, -ōnis, subs. m. I — Sent. próprio: 1) O que toca corneta ou trombeta (Cés. B. Civ. 2, 35, 6). II — Sent. figurado: 2) Apologista, panegirista (Cíc. Fam. 16, 21, 2).
būcĭnō, -ās, -āre, -āvi, -ātum, v. intr. Tocar trombeta (Sên. Contr. 7 pr. 1).
būcŭla, -ae, subs. f. Novilha, vaca nova: (bucula) **ex aere Myronis** (Cíc. Verr. 4, 135) «a novilha de Míron em bronze».
Budălĭa, -ae, subs. pr. f. Budália, aldeia da Baixa Panônia, bêrço do imperador Décio (Eutr. 9, 5).
būfō, -ōnis, subs. m. Sapo (Verg. G. 1, 184).
bulba, v. **vulva**.
bulbus -ī, subs. m. Bulbo, protuberância das plantas (Plín. H. Nat. 19, 61).
būleutērĭon, -ī, subs. n. Lugar onde se reúne o Senado (Cíc. Verr. 2, 50).
bulla, -ae, subs. f. I — Sent. próprio: 1) Bôlha de ar que se forma na superfície da água (Plín. H. Nat. 31, 12). Daí, objeto em forma de bôlha: 2) Cabeça de prego para ornamentar as portas (Cíc. Verr. 4, 124). 3) Prego que serve para marcar os dias felizes e infelizes (Petr. 30, 4). 4) Botão de talabarte (Verg. En. 12, 942). 5) Bolinha de ouro ou de outro metal e de couro que os filhos dos patrícios traziam ao pescoço até a idade de 17 anos (Cíc. Verr. 1, 152). 6) Bola metálica suspensa ao pescoço de um animal (Ov. Met. 10, 114). II — Sent. figurado: 7) Um nada, uma ninharia (Petr. 42, 4).
bullātus, -a, -um, adj. 1) Ornado de pregos, de botões (Varr. L. Lat. 5, 116). 2) Que traz «bulla» ao pescoço: **bullata statua** (V. Máx. 3, 1, 1) «estátuas com a bolinha de ouro (ao pescoço)».
Bullidēnsēs (Byll-) ou **Bulliēnsēs (Byll-)**, -ĭum ou **Bullīnī (Byll-)**, -ōrum ou **Bulliōnēs**, -um, subs. loc. m. pl. Bulidenses ou bulienses ou bulinos ou buliões, habitantes de Bules (Cés. B. Civ. 3, 12, 4).
bullĭī = **bullīvī**, perf. de **bullĭo**.
bullĭō, -īs, -īre, -īvī, ou -ĭī, -ītum, v. intr. I — Sent. próprio: 1) Ferver, estar em ebulição (Sên. Nat. 631). II — Sent. figurado: 2) Ferver (Pérs. 3, 34).
Bullis (Byl-), -ĭdis, subs. pr. f. Búlis ou Biles, cidade do Epiro na Ilíria Grega (Cíc. Phil. 11, 27).
bullītus, -a, -um, part. pass. de **bullĭo**.
Bulōtus (amnis) subs. pr. m. O Buloto, curso d'água nas vizinhanças de Locros (T. Lív. 29, 7, 3).
būmāstus, -a, -um, adj. Qualidade de uvas que tem os bagos grandes (Verg. G. 2, 102).
Būpălus, -ī, subs. pr. m. Búpalo, célebre escultor grego, de Quios (Hor. Epo. 6, 14).
Būprasĭum, -ī, subs. pr. n. Buprásio, cidade da Acaia (Plín. H. Nat. 4, 13).
Būra, -ae e **Būris**, -is, subs. pr. f. Bura, cidade da Acaia (Ov. Met. 15, 295).
Burdĕgăla (Burdĭgăla), -ae, subs. pr. f. Burdégala, cidade da Aquitânia, na Gália, hoje Bordeaux (Marc. 9, 32, 6).
Burgundĭī, -ōrum, e **Burgundĭōnēs**, -um, subs. loc. m. Burgúndios, povo germânico estabelecido na Gália, no território dos atuais Burguinhões (Plín. H. Nat. 4, 99).
Būrĭ, -ōrum, subs. loc. m. pl. Búrios, povo da Germânia (Tác. Germ. 43).
būris, -is, subs. f. Rabiça do arado (Verg. G. 1, 170).
Burriēnus, -ī, subs. pr. m. Burrieno, nome de homem (Cíc. Quinct. 25).
Burrus, -ī, subs. pr. m. Burro. 1) Arc. por **Pyrrhus** (Cic. Or. 160). 2) Afranius Burrus, comandante das coortes pretorianas, e que contribuiu para fazer proclamar Nero imperador (Tác. An. 13, 2).
Bursa, v. **Byrsa** (T. Lív. 34, 62, 12).
Busa, -ae, subs. pr. f. Busa, nome de uma dama romana que viveu na Apúlia no IIIº século a.C. (T. Lív. 22, 52, 7).

Būsīris, -is ou **-ĭdis**, subs. pr. m. e f. Busíris. 1) Masc.: rei do Egito, um faraó cruel que, segundo a lenda, sacrificava a seus deuses todos os estrangeiros que penetravam no Egito (Verg. G. 3, 5). 2) Fem.: cidade do Egito (Plín. H. Nat. 5, 64).

Bussenĭus, -ī, subs. pr. m. Bussênio, nome de família (Cíc. At. 8, 12c, 1).

bustuārĭus, -a, -um, adj. 1) Relativo aos lugares onde se queimavam cadáveres, e daí: relativo aos funerais (Cíc. Pis. 19). 2) Que freqüenta os lugares onde se queimaram cadáveres (Marc. 3, 93, 15).

bustum, -ī, subs. n. I — Sent. próprio: 1) lugar onde é queimado e sepultado um cadáver, fogueira (Cíc. Leg. 2, 64). II — Daí: 2) Túmulo, sepultura, monumento fúnebre (Cíc. At. 7, 9, 1). III — Sent. figurado: 3) Cinzas (Cíc. Pis. 9).

Būtĕō, -ōnis, subs. pr. m. Búteo ou Boteão, sobrenome de um Fábio (T. Liv. 30, 26, 6).

Būtēs, -ae, subs. pr. m. Butes, nome de homem (Verg. En. 5, 732).

Būthrōtum, -ī, subs. pr. n. Butroto, cidade marítima do Epiro, hoje em ruínas, perto de Livari (Cíc. At. 2, 6, 2). Obs.: **Buthrōtos, -ī**, subs. f. (Ov. Met. 13, 721).

Buthrotĭus, -a, -um, adj. De Butroto (Cíc. At. 14, 10, 3). Obs.: subs. loc. m. pl.: habitantes de Butroto (Cíc. At. 14, 11, 2).

Butrĭum, -ī, subs. pr. n. Bútrio, cidade da Úmbria, na Itália, perto de Ravena (Plín. H. Nat. 3, 115).

Butrōtus, -ī, subs. pr. m. Butroto, rio da Magna Grécia (Itália), perto da atual povoação de Bucorta; corresponde hoje ao rio Bruciano (T. Liv. 29, 7, 3).

Butuntī, -ōrum, subs. pr. m. pl. Buntuntos, cidade da Calábria (Marc. 4, 55).

būtȳrum, -ī, subs. n. Manteiga (Plín. H. Nat. 28, 133).

Buxēntum, -ī, subs. pr. n. Buxento, cidade da Lucânia, na Itália, hoje Policastro (T. Liv. 32, 29, 4).

buxētum, -ī, subs. n. Plantação de buxos (Marc. 3, 58, 3).

buxĕus, -a, -um, adj. 1) De buxo (planta) (Col. 8, 15, 5). Daí: 2) Da côr do buxo (amarelo) (Marc. 2, 41, 6).

buxĭfer, -fĕra, -fĕrum, adj. Que produz buxos (Catul. 4, 13).

buxis, subs. f. v. **pyxis**.

buxum, -ī, subs. n. e **buxus, -ī (-us)**, subs. f. I — Sent. próprio: 1) Buxo (planta) (Verg. G. 2, 437). Daí: 2) Buxo (madeira) (Verg. G. 2, 449). II — Sent. figurado: Objetos fabricados com buxo: 3) Peão (Verg. En. 7, 382); flauta (Verg. En. 9, 619); pente (Juv. 14, 194); tabuinha de escrever (Prop. 3, 23, 8).

Buzygaeus, -ī, subs. pr. m. Busigeu, montanha da Tessália (Plín. H. Nat. 4, 29).

bybliopōla, v. **bibliopōla**.

Byblis, -ĭdis (-ĭdos), subs. pr. f. Bíblis, filha de Mileto e de Cianéia (Ov. Met. 9, 452).

Byllis, v. **Bullis**.

Byrsa, -ae, subs. pr. f. Birsa, cidadela de Cartago, fundada por Dido (Verg. En. 1, 367).

Byzăcĭum, -ī, subs. pr. n. Bizácio, região da África (T. Liv. 33, 48).

Byzantĭum, (-tion), -ī, subs. pr. n. Bizâncio, cidade da Trácia, sôbre o Bósforo da Trácia (Cíc. Sest. 56).

Byzantĭī, -ōrum, subs. loc m. Bizantinos, habitantes de Bizâncio (Cíc. Verr. 2, 76).

Byzantĭus, -a, -um, adj. De Bizâncio, bizantino (Cíc. Dom. 129).

C

C — subs. f. n. 3ª letra do alfabeto latino. É empregada: a) como abreviatura de **Caius**, nome próprio; b) em matéria de julgamento, o **c** significa: «condemno» — eu condeno; c) como sinal numérico, C = cem.

caballīnus, -a, -um, adj. De cavalo (Pérs. prl. 1).

1. caballus, -ī, subs. m. Cavalo de trabalho, cavalo pequeno (Hor. Ep. 1, 7, 88).

2. Caballus, -ī, subs. pr. m. Cavalo, sobrenome romano (Marc. 1, 41).

Cabiēnsēs, -um, subs. loc. m. Cabienses, povo do Lácio (Plín. H. Nat. 3, 63).

Cabillōnum, -ī, subs. pr. n. Cabelono, cidade dos Éduos (Gália), hoje Chalon-sur-Saône (Cés. B. Gal. 7, 42, 5).

Cabīra, -ōrum, subs. pr. n. Cabiros, cidade do Ponto, na Ásia Menor (Eutr. 6, 8).

Cabīrus, -ī, subs. pr. m. Cabiro. 1) Divindade adorada sobretudo na Macedônia e na ilha de Samotrácia (Cíc. Nat. 3, 58). 2) Rio da Índia, vizinho do Indo (Plín. H. Nat. 6, 94).

Caburus, -ī, subs. pr. m. Caburo, sobrenome de um gaulês (Cés. B. Gal. 1, 47, 4).

Cabylē, -ēs (Cobўla, -ae), subs. pr. f. Cábila, cidade ao norte da Trácia (Eutr. 6, 8).

Cabylētae, -ārum, subs. loc. m. pl. Cabiletas, habitantes de Cábila (Plín. H. Nat. 4, 40).

cacāturīō, -is, -ire, v. desid. intr. Ter vontade de ir à sentina, ter vontade de defecar (Marc. 11, 77).

cachēctēs, -ae, subs. m. Caquético, que tem uma saúde precária (Plín. H. Nat. 28, 125).

Cachinna, -ae, subs. pr. f. Cidade da Arábia (Plín. H. Nat. 1, 150).

cachinnātīō, -ōnis, subs. f. Gargalhada (Cíc. Tusc. 4, 66).

cachinnō, -ās, -āre, -āvī, -ātum, v. intr. I — Sent. próprio: 1) Rir às gargalhadas, rir a bandeiras despregadas, zombar (Cíc. Verr. 3, 62). II — Sent. figurado: 2) Fazer estrondo (falando das ondas) (Ác. Trag. 573). Obs.: Transitivamente: Falar rindo, zombar de (Apul. Met. 3, 7).

cachinnus, -ī, subs. m. I — Sent. próprio: 1) Grande risada, gargalhada (Cíc. Fat. 10); (Suet. Cal. 32). II — Sent. poético: 2) Murmúrio das ondas (Catul. 64, 273).

cacō, -ās, -āre, -āvī, -ātum, v. intr. 1) Defecar (Catul. 23, 20). 2) Sujar (Catul. 36, 1).

cacoēthēs, -is, subs. n. Mau hábito, mania, cacoete (Juv. 7, 52).

cacozēlĭa, -ae, subs. f. Imitação de mau gôsto, imitação ridícula, ou inepta (Sên. Suas. 7, 11).

cacozēlus, -a, -um, adj. Imitador ridículo (Sên. Suas. 2, 16).

cacūmen, -ĭnis, subs. n. I — Sent. próprio: 1) Cimo (de uma árvore ou de um monte), ponta, cume, extremidade (Cés. B. Gal. 7, 73, 2). II — Sent. figurado: 2) Auge, perfeição, apogeu (Lucr. 2, 1130).

cacūmĭnō, -ās, -āre, -āvī, -ātum, v. tr. Tornar pontudo, aguçar, terminar em ponta (Ov. Met. 3, 195).

Cacurĭus, -ī, subs. pr. m. Cacúrio, nome de homem (Cíc. Verr. 4, 37).

Cācus, -ī, subs. pr. m. Caco, filho de Vulcano, que tinha três cabeças pelas quais vomitava fogo (Verg. En. 8, 190).

cadāver, -ĕris, subs. n. Sent. próprio e figurado: cadáver, corpo morto (Cíc. Tusc. 5, 97); (Cés. B. Gal. 7, 77, 8).

Cadī, -ōrum, subs. loc. m. Cados, povo da Frígia (Prop. 4, 6, 8).

Cadmaeus, -a, -um, v. **Cadmeius**.

Cadmēa, -ae, subs. pr. f. Cadméia, cidadela de Tebas (C. Nep. Epam. 10, 3).

Cadmēis, -ĭdis, adj. f. 1) De Cadmo, de Tebas (Ov. Met. 4, 545). 2) Subs. f.: Filha de Cadmo (Sêmele, Ino, Agave) (Ov. Met. 3, 287).

Cadmēius (Cadmēus), -a, -um, adj. 1) Cadmeu, de Cadmo, de Tebas (Estác. Theb. 1, 376). 2) Dos cartagineses (descendentes dos Tírios) (S. It. 1, 6).

Cadmus, -ī, subs. pr. m. Cadmo. 1) Herói do ciclo tebano, filho de Agenor, irmão de Europa, fundador de Cadméia (Cíc.

Tusc. 1, 28). 2) Nome de um verdugo em Roma (Hor. Sát. 1, 6, 39).

cadō, -is, -ĕre, cecĭdī, cāsum, v. intr. I — Sent. próprio: 1) Cair (Cíc. De Or. 3, 186); (Verg. Buc. 1, 83). II — Sent. figurado: 2) Cair, estar abatido, sucumbir, desfalecer, desaparecer (Cíc. Phil. 3, 35). 3) Cair, morrer, ser imolado (Ov. Met. 12, 68); (Cíc. Fin. 2, 61). 4) Declinar, pôr-se, cair (referindo-se aos astros, ao dia, à noite) (Verg. En. 4, 480); (Ov. Met. 4, 627); (Tác. Agr. 12, 8). 5) Acontecer (Cíc. De Or. 2, 15). 6) Vir dar em, terminar, acabar (Cíc. Rep. 1, 68). 7) Aplicar-se, caber a, convir a (Cíc. Tusc. 5, 40). Na língua retórica e gramatical: 8) Terminar, acabar, ter uma desinência (Cíc. Br. 34); (Cíc. Or. 84).

Cadra, -ae, subs. pr. f. Cadra, colina da Ásia Menor (Tác. An. 6, 41).

cādŭcĕātor, -ōris, subs. m. Portador de um caduceu, emissário, arauto, caduceador (T. Liv. 26, 17, 5).

cādŭcĕus, -ī, subs. m. (**Cādŭcĕum, -ī,** subs. n.) Caduceu (vara ou insígnia de Mercúrio e dos arautos) (Cíc. De Or. 1, 202).

cādŭcĭfer, -fĕra, -fĕrum, adj. Caducífero, que traz o caduceu (Mercúrio) (Ov. Met. 8, 627).

cadŭcum, -ī, subs. n. Propriedade sem dono, bem caduco (Juv. 9, 88).

cadŭcus, -a, -um, adj. I — Sent. próprio: 1) Que cai, sujeito a cair (Cíc. C. M. 52); (Verg. En. 10, 622). II — Sent. figurado: 2) Fraco, perecível, transitório (Cíc. Lae. 102). Têrmo de jurisprudência. 3) Caduco, perdido, sem dono (Cíc. De Or. 3, 122).

Cadūrcī, -ōrum, subs. loc. m. Cadurcos, povo da Gália Céltica, mais tarde da Aquitânia (Cés. B. Gal. 7, 64).

eadūrcum, -ī, subs. n. Colchão de cama, cama (Juv. 6, 537). Obs.: Usado apenas no período imperial.

Cadūrcus, -a, -um, adj. Cadurco, de Cadurco (Cés. B. Gal. 7, 5, 1).

cadus, -ī, subs. m. (**cadum, -ī,** subs. n.) — I Sent. próprio: 1) Cado, vasilha para vinho cuja capacidade é equivalente a três «urnas». Às vêzes nela guardava-se também mel, óleo, etc.; por extensão — tonel, barril (Verg. En. 1, 195). II — Daí: 2) Vaso de mármore, urna funerária (Verg. En. 6, 228).

Cadūsĭī (Cadūsī), -ōrum, subs. loc. m. Cadúsios, povo da Ásia, perto do mar Cáspio (T. Liv. 35, 48, 5).

Caea, v. **Cea.**

caecātus, -a, -um, part. pass. de **caeco.**

Caecilĭa, -ae,. 1) subs. pr. f. Cecília, nome de mulher (Cíc. Div. 1, 99). 2) adj. v. **Caecilius, -a, -um.**

1. **Caeciliānus, -a, -um,** adj. De Cecílio (Cíc. Amer. 16, 46). Obs.: **Caeciliana cerase** (Plín. H. Nat. 15, 102) «espécie de cerejas redondas».

2. **Caeciliānus, -ī,** subs. pr. m. Ceciliano, nome de homem (Tác. An. 3, 37).

1. **Caecilĭus, -a, -um,** adj. De Cecílio : **Caecilĭa Dīdia lex** (Cíc. Phil. 5, 8) «lei Cecília Dídia» (proposta por Cecílio e Dídio).

2. **Caecilĭus, -ī,** subs. pr. m. 1) Caecilius Statius, Cecílio Estácio, poeta cômico de Roma (Cíc. De Or. 2, 50). 2) Nome de uma «gens» à qual pertencia a família dos Metelos (Cíc. Flac. 36).

Caecĭna, -ae, subs. pr. m. Cecina, nome de um ramo da «gens Licínia», entre os quais A. Licinius Caecina, defendido por Cícero.

caecĭtās, -tātis, subs. f. I — Sent. próprio: 1) Cegueira, falta de vista (Cíc. Tusc. 5, 113). II — Sent. figurado: 2) Cegueira (de espírito) (Cíc. Tusc. 3, 11).

caecō, -ās, -āre, -āvī, -ātum, v. tr. 1) Cegar, privar da vista (Lucr. 4, 325). Daí: 2) Deslumbrar, ofuscar, subornar (Cíc. Sest. 139). 3) Obscurecer (Cíc. Br. 264).

Caecŭbus, -a, -um, adj. De Cécubo, cidade afamada pelo seu vinho (Hor. Sát. 2, 8, 15). Obs.: — Tomado substantivamente: o vinho de Cécubo, o cécubo (Hor. O. 1, 20, 9).

Caecŭbus Ager, subs. pr. m. Cécubo, planície do Lácio, célebre por seus vinhos (Plín. H. Nat. 2, 209).

Caecŭlus, -ī, subs. pr. m. Céculo, filho de Vulcano e fundador de Preneste (Verg. En. 7, 678).

1. **caecus, -a, -um,** adj. I — Sent. próprio: 1) Cego, que não vê (Cíc. C. M. 37). II — Daí: 2) Invisível, privado de luz, obscuro, tenebroso (Verg. En. 12, 444). 3) Secreto, oculto, dissimulado (Cíc. Rep. 2, 6). III — Sent. figurado: 4) Cego, obscurecido (de espírito) (Cíc. Quinct. 83). 5) Incerto, duvidoso (T. Liv. 45, 31, 11). 6) Indistinto, surdo (Verg. En. 10, 98).

2. **Caecus, -ī,** subs. pr. m. Cego, sobrenome de Ápio Cláudio (Cíc. C. M. 16).

caedēs, -is, subs. -f. I — Sent. próprio: 1) Ação de cortar, corte (das árvores) (A. Gél. 19, 12, 7). II — Daí: 2) Matança massacre, carnificina (Cés. B. Civ. 3, 65, 1). II — Sent. figurado: 3) Imolação (de animais) nos sacrifícios (Hor. O. 3, 23, 14). 4) Sangue derramado (Verg. En. 9, 818). Obs.; Nom. arc. **caedis** (T. Lív. 1, 98, 10; 3, 5, 9).

Caedĭci, -ōrum, subs. loc. m. Cédicos, povo do Sâmnio, na Itália (Plín. H. Nat. 3, 108).

caedis, v. **caedes.**

Caediciānus, -ī, subs. pr. m. Cediciano, nome de homem (Marc. 10, 32).

Caedicĭus, -ī, subs. pr. m. Cedício, nome de homem (T. Lív. 5, 45, 7).

caedō, -is, -ĕre, cecĭdī, caesum, v. tr. I — Sent. próprio: 1) Cortar (as árvores), abater (cortando): **caedere arbores** (Cíc. Div. 2, 33) «cortar as árvores». II — Daí: 2) Cortar, encaixar, entalhar, gravar, abrir a buril (Cíc. Verr. 1, 147). 3) Ferir (com um instrumento), imolar, sacrificar (Cíc. Sest. 79). 4) Ferir mortalmente, matar (Cíc. Mil. 14). Língua militar: 5) Cortar em pedaços, desbaratar (T. Lív. 7, 30, 14). Tratando-se de animais: 6) Degolar (Cíc. Phil. 3, 31).

caelātor, -ōris, subs. m. Cinzelador, gravador (Cíc. Verr. 4, 54).

caelātus, -a, -um, part. pass. de **caelo.**

caelātūra, -ae, subs. f. Arte de gravar ou cinzelar, celatura, obra feita a cinzel (Quint. 2, 21, 9).

caelebs, -ĭbis, adj. Celibatário, solteiro, que não é casado (diz-se dos homens, dos animais, das plantas e das coisas) (Hor. Ep. 1, 1, 88); (Hor. O. 3, 8, 1) homens; (Plín. H. Nat. 10, 104) animais; (Hor. O. 2, 15, 4) plantas.

1. **caeles, -ĭtis,** adj. Celeste, do céu (Ov. F. 1, 236). Obs.: O nom. não é usado.

2. **caeles, -ĭtis,** subs. m. (geralmente no pl.: **caelĭtes, -um**). Habitantes do céu, os deuses (Cíc. Rep. 6, 9).

caelestĭa, -ĭum, subs. n. pl. Coisas celestes (Cíc. C. M. 77).

1. **caelēstis, -e,** adj. I — Sent. próprio: 1) Do céu, celeste; (Cíc. Rep. 6, 17). II — Sent. figurado: 2) Divino, excelente, maravilhoso (Cíc. Phil. 5, 28). Obs.: O comp. **caelestĭor** ocorre em Sêneca (Ep. 66, 11) e o superl **caelestĭssĭmus** em V Patérculo (2, 66, 3). O abl. **caeleste** aparece em Ovídio (Met. 15, 743); e o gen. pl. **caelestum** em Lucrécio (6, 1272).

2. **caelēstis, -is,** subs. m. (geralmente no pl.: **caelēstes, -ĭum**). Uma divindade (sg.), os deuses (pl.) (Cíc. Of. 3, 25).

Caeliāna, -ōrum, subs. n. Os escritos de Caelius Antipater (Cíc. At. 13, 8).

Caeliānus, -a, -um, adj. De Célio (Tác. Or. 21).

caelibātus, -ūs, subs. m. Celibato (Sên. Ben. 1, 9, 4).

caelicŏlae, -ārum (-um), subs. m. pl. Celícolas, habitantes do céu, deuses (Catul. 30, 4); (Verg. En. 2, 641). Obs.: O gen. pl. **caelicolum** é o mais freqüente.

Caelicŭlus, -ī, subs. pr. m. Celículo, parte do monte Célio (Cíc. Har. 32); cf. **Caelius minor** (Marc. 12, 18, 6) «monte Célio Menor».

caelĭfer, -fĕra, -fĕrum, adj. 1) Celífero, que traz o céu (Verg. En. 6, 796). 2) Que leva ao céu (M. Capel. 6, 637).

Caelimontāna Pōrta, subs. pr. f. Porta Celimontana, uma das entradas de Roma, junto ao monte Célio (Cíc. Pis. 55).

Caelimontānus, -ī, subs. pr. m. Celimontano, sobrenome romano (T. Lív. 3, 65, 2).

caelipŏtens, -tēntis, Celipotente, senhor do céu (Plaut. Pers. 755).

caelĭtes, v. **caeles.**

Caelĭus, -ī, subs. pr. m. Célio. 1) Monte Célio, uma das sete colinas de Roma (Cíc. Rep. 2, 33). 2) Caelius Antipater, historiador e jurista do tempo dos Gracos (Cíc. Br. 102). 3) Marcus Caelius Rufus (que foi defendido por Cícero (Cíc. Br. 273).

caelō, -ās, -āre, -āvī, -ātum, v. tr. I — Sent. próprio: 1) Gravar, cinzelar, burilar (Cíc. Div. 1, 79); (Cíc. Tusc. 5, 61). Daí: 2) Ornar (T. Lív. 23, 24, 12).

1. **caelum, -ī,** subs. n. Cinzel, buril (Cíc. Ac. 2, 85).

2. **caelum, -ī,** subs. n. I — Sent. próprio: 1) Céu, abóbada celeste (Cíc. Nat. 1, 34). Daí: 2) O céu como habitação dos deuses, e, por sinédoque, os deuses, imortalidade (Ov. Met. 1, 761). 3) O espaço, as regiões do ar, a atmosfera (Cíc. Nat. 1, 22). 4) Clima, região, zona (Cíc. Div. 1, 79). II — Sent. figurado: 5) Auge de felicidade (Cíc. Arch. 22). Sent. poético: 6) Fenômenos celestes (raio, etc.) (Cíc. Div. 1, 16).

Caelus, -ī, subs. pr. m. 1) O Céu (o Urano dos gregos), a personificação e divinização do céu (Cíc. Nat. 3, 44). 2) Pai de Saturno (Cíc. Nat. 2, 63).

caeměntum, -ī, subs. n. Pedra britada, pedra miúda (Cíc. Mil. 74).

caena, v. cena.

Caeneus, -ěī (-eos), subs. pr. m. Ceneu, 1) Filha do lápita Elado, transformada em homem por Netuno (Verg. En. 6, 448). 2) Nome de um guerreiro troiano (Verg. En. 9, 573).

Caenī, -ōrum, subs. loc. m. Cenos, povo da Trácia (T. Lív. 38, 40, 7).

Caenīna, -ae, subs. pr. f. Cenina, cidade do Lácio (Plín. H. Nat. 3, 68).

Caenīnēnsēs, -ĭum, subs. loc. pl. Ceninenses (T. Lív. 1, 9, 8).

Caenīnus, -a, -um, adj. De Cenina (Prop. 4, 10, 9).

Caenis, -ĭdis = Caeneus.

Caenophrŭrĭum, -ī, subs. pr. n. Cenofrúrio, cidade da Trácia (Eutr. 9, 15).

caenōsus, -a, -um, adj. Lodoso, lamacento (Juv. 3, 266).

caenum, -ī, subs. n. (cenum ou coenum). I — Sent. próprio: 1) Lôdo, lama (Cíc. Tusc. 4, 54). II — Sent. figurado: 2) Lama, imundície, ceno (Cíc. Vat. 17). 3) Imundo (têrmo injurioso) (Cíc. Sest. 20). Obs.: Não é usado no plural.

Caenus, -ī, subs. pr. m. Ceno, promontório do Brútio, sôbre o desfiladeiro da Sicília (Plín. H. Nat. 3, 73).

caepa (cepa), -ae, subs. f. e caepe (cepe), subs. n. Cebola (Hor. Ep. 1, 12, 21). Obs.: O neutro caepe (cepe) só se usa no nom., acus. e abl. sg..

Caepārĭus, -ī, subs. pr. m. Cepário, nome de homem (Cíc. Cat. 3, 14).

caepe, v. caepa.

Caepĭō, -ōnis, subs. pr. m. Cepião, sobrenome dos Servílios (Cíc. Br. 135).

Caerātēus, -a, -um, adj. De Cerato, rio de Creta (Verg. Cir. 113).

Caere, subs. pr. n. indecli. e Caerēs, -ētis (ou -ītis), subs. pr. f. Cere, cidade da Etrúria, antes chamada Agila, uma das doze cidades da confederação etrusca (T. Lív. 1, 60, 2).

Caerellĭa, -ae, subs. pr. f. Cerélia, nome de mulher (Cíc. Fam. 13, 72, 1).

caeremōnĭa, v. caerimōnĭa.

Caeretāna, -ōrum, subs. n. pl. Os vinhos de Cere (Marc. 13, 124).

caeres, -ĭtis, v. Caere. I — Sent. próprio: 1) Dos censores, na expressão: caerites tabulae «listas dos censores», em que eram inscritos os cidadãos privados do direito de sufrágio. II — Sent. figurado: 2) Caerite cera digni (Hor. Ep. 1, 6, 62) «dignos de censura», i. é, de serem citados pelos censores.

caerimōnĭa (caere-), -ae, subs. f. (O sg. é raro). I — Sent. próprio: 1) Culto, prática religiosa, rito sagrado (Cíc. Amer. 113). II — Daí: 2) Religião, respeito, veneração (Cíc. Balb. 55). 3) Cerimônia do culto (geralmente no pl.) (Cíc. Dom. 105).

Caerĭtēs, -ĭtum, subs. loc. m. pl. Cérites, habitantes de Cere, que receberam dos romanos o direito de cidade, mas sem o direito de voto (T. Lív. 7, 19, 8).

Caeroesī, -ōrum, subs. loc. m. Ceresos, povo da Gália Bélgica (Cés. B. Gal. 2, 4, 10).

caerŭla, -ōrum, subs. n. pl. I — Sent. próprio: 1) As regiões celestes, a superfície azulada do céu e dos cumes das montanhas (Ov. Met. 11, 158). II — Daí: 2) A superfície azulada do mar, o mar (Verg. En. 4, 583).

caerŭlĕus, -a, -um, adj. I — Sent. próprio: 1) Azul, de côr azul, cerúleo (Cés. B. Gal. 5, 14, 2). II — Daí: 2) Do mar, marinho (Cíc. Nat. 1, 83). 3) Azul carregado, azul marinho (Verg. En. 8, 622). Obs.: Epíteto da língua poética.

caerŭlus, -a, -um, = caeruleus. Cérulo, cerúleo (Hor. Epo. 13, 16); (Cíc. poét. Div. 1, 41).

Caesar, -ăris, subs. pr. m. César, nome de família na «gens» Júlia, da qual Caio Júlio César foi o membro mais proeminente. «Caesar» no Império, passou a ser o título dos imperadores romanos.

Caesarĕus, Caesarīnus, Caesariānus, ·a, -um, adj. De César, cesáreo (Cíc. At. 16, 10, 1; 6, 8, 2).

Caesarēa, -ae, subs. pr. f. Cesaréia, nome de diversas cidades da Palestina, Capadócia, Armênia, Mauritânia, Lusitânia (Plín., Tác., etc.).

caesarĭēs, -ĭēī, subs. f. I — Sent. próprio: 1) Cabeleira (comprida e farta do homem ou da mulher), madeixa (Verg. En. 1, 590); (Verg. G. 4, 337) II — Daí: 2) Pêlo (da barba) (Ov. Met. 15, 656). Obs.: Palavra poética, sempre usada no sg.

Caesarĭō, -ōnis, subs. pr. m. Cesarião, filho de César e Cleópatra (Suet. Aug 17).

Caesellĭus, -ī, subs. pr. m. Cesélio, nome romano de família (Tác. An. 16, 1).

Caesēna, -ae, subs. pr. f. Cesena, cidade da Gália Cispadana (Cíc. Fam. 16, 27, 2).

Caesennius, -ī, subs. pr. m. Cesênio, nome romano de família (Cíc. Phil. 12, 23).

caesim, adv. 1) Por cortes, por talhos (T. Lív. 2, 46, 5). Na língua retórica: 2) Com pequenas frases explicativas (Cíc. Or. 225).

1. **caesius, -a, -um,** adj. Esverdeado (Cíc. Nat. 1, 83).

2. **Caesius, -ī,** subs. pr. m. Césio, nome de homem, e, em particular, Césio Basso (Cíc. Verr. 1, 130).

Caesō (Kaesō), -ōnis, subs. pr. m. Cesão, prenome dos Fábios, dos Quínctios, dos Duílios (T. Lív. 2, 43, 2).

Caesōnia, -ae, subs, pr. f. Cesônia, espôsa de Calígula (Juv. 6, 616).

Caesōninus, -ī, subs. pr. m. Cesonino, sobrenome romano (Cíc. Sen. 13).

Caesōnius, -ī, subs. pr. m. Cesônio, nome de família romana (Cíc. At. 1, 1, 1).

caespes (cēspes), -ĭtis, subs. m. I — Sent. próprio: 1) Céspede, pedaço de terra com relva, torrão de terra, moita (Tác. An. 1, 52). Daí: 2) Relva, terreno coberto de relva, solo (Verg. En. 11, 566). II — Sent. figurado: 3) Cabana (Hor. O. 2, 15, 17). 4) Altar (Tác. Hist. 4, 53).

caestus, -ūs, subs. m. (**caestus, -ī**). Manopla, cesto (correia de couro guarnecida de chumbo ou ferro, enrolada em volta das mãos e braços e usada pelos pugilistas, espécie de luva) (Cíc. Tusc. 2, 56).

caesūra, -ae, subs. f. 1) Ação de cortar, corte (Plín. H. Nat. 17, 150). 2) Têrmo de métrica: cesura (Diom. 496).

caesus, -a, -um. I — Part. pass. de **caedo.** II — Substantivo: 1) Morto, cadáver (T. Lív. 37, 44, 3).

caetĕra, caetĕrum, v. **cetĕra, cetĕrum.**

caetra e seus derivados, v. **cetra.**

Caeus, v. **Ceus** e **Coeus.**

Caeyx, v. **Ceyx.**

Cāia, -ae, subs. pr. f. Caia ou Gaia, prenome de mulher (Cíc. Mur. 12).

cāiānus ās, subs. m. O asse reduzido por Calígula; moeda de ínfimo valor (Estác. Silv. 4, 9, 22).

Caiātia, -ae, subs. pr. f. Caiácia, cidade da Itália, situada à direita do Volturno (T. Lív. 9, 43, 1).

Caiātīnus, -a, -um, adj. Da Caiácia (T. Lív. 22, 13, 6).

Caīcus, -ī, subs. pr. m. Caico. 1) Rio da Mísia (Cíc. Flac. 72). 2) Um dos companheiros de Enéias (Verg. En. 1, 183).

Cāiēta, -ae, e **Cāiētē, -ēs,** subs. pr. f. Caiete. 1) Ama de Enéias (Verg. En. 7, 2). 2) Cidade do Lácio, num promontório, bom pôrto de mar, hoje Gaeta (Cíc. De Or. 2, 22).

cāiō, -ās, -āre, v. tr. Bater, castigar, corrigir (Plaut. Cist. 252).

Cāius, -ī, subs. pr. m. Caio ou Gaio, prenome romano (Cat. 10, 30).

Calăber, -bra, -brum, adj. Calabrês, da Calábria (Verg. G. 3, 425).

Calabria, -ae, subs. pr. f. Calábria, nome dado pelos romanos à extremidade SE da península itálica, chamada Messápia pelos gregos (Hor. O. 1, 31, 5).

Calāctē ou **Caleāctē, -ēs,** subs. pr. f. Calata, cidade marítima do norte da Sicília (Cíc. Verr. 3, 101).

Calactīnī, -ōrum, subs. loc. m. Calatinos, habitantes de Calata (Cíc. Verr. 3, 101).

Calagŏrris (ou **Calagŭrris** ou **Calagūris**), **-is,** subs. pr. f. Calagórris, ou Calagúrris, cidade da Hispânia Tarraconense, berço de Quintiliano (Aus. 191, 7).

Calagurritānī, -ōrum, subs. loc. m. Calagurritanos, habitantes de Calagórris (Cés. B. Civ. 1, 60, 1).

Calăis, -is, subs. pr. m. Cálais. 1) Filho de Bóreas e Oritia, irmão de Zetes, morto por Hércules e transformado em vento (Ov. Met. 6, 716). 2) Nome de um jovem (Hor. O. 3, 9, 14).

calamārius, -a, -um, adj. De penas de escrever (Suet. Cl. 35).

Calămis, -ĭdis, subs. pr. m. Cálamis, escultor grego da primeira metade do século V, considerado mestre de Fídias (Cíc. Br. 70).

calamīster, -trī, subs. m. I — Sent. próprio: 1) Calamistro, ferro de frisar (Cíc. Sen. 16). II — Sent. figurado: 2) Afetação de estilo, ornamentos excessivos (no pl.) (Cíc. Br. 262).

calamistrātus, -a, -um, adj. Frisado, que tem o cabelo frisado (Cíc. Sest. 18).

calamĭtās, -tātis, subs. f. I — Sent. próprio: 1) Calamidade, flagelo, desastre, desgraça (Sal. C. Cat. 39, 4). II — Daí especializou-se em: 2) Flagelo que atinge as colheitas e consequente perda das mesmas pela geada, doença, etc. (Cíc. Verr. 3, 227). Obs.: Por vêzes ocorre o gen. plural **calamitatium** (Sên. Contr. 1, 1, 11).

calamitōsē, adv. Desastradamente, desgraçadamente (Cíc. Of. 3, 105).
calamitōsus, -a, -um, adj. I — Sent. próprio: 1) Que causa grandes prejuízos, pernicioso, funesto (Cíc. Verr. 1, 96). 2) Sujeito às calamidades (especialmente na agricultura: granizo, doenças, etc.) (Cíc. Agr. 2, 81). II — Sent. figurado: 3) Infeliz, desgraçado, calamitoso (Cíc. Lae. 46).
calămus, -ī, subs. m. I — Sent. próprio: 1) Cana, cálamo (planta) (Plín. Ep. 16, 159). II — Daí: Objeto feito de cana: 2) Caneta, pena de escrever, cálamo (Cíc. At. 6, 8, 1). 3) Flauta (Lucr. 4, 590). 4) Caniço de pesca (Ov. Met. 3, 587). 5) Flecha (Verg. Buc. 3, 13). III — Outros sentidos: 6) Colmo (de plantas) (Verg. G. 1, 76).
Calānus (ou **Callānus**), **-ī**, subs. pr. m. Calano, nome de um filósofo (Cíc. Tusc. 2, 52).
calathīscus, -ī, subs. m. Cêsto pequeno (Catul. 64, 319).
calăthus, -ī, subs. m. I — Sent. próprio: 1) Cesta feita de junco entrelaçado, açafate (Verg. En. 7, 805). II — Daí: 2) Copo, taça, recipiente (Verg. Buc. 5, 71).
Călātĭa, -ae, (e **Calatĭae, -ārum**), subs. pr. f. Calácia, cidade da Itália, ao longo da Via Ápia, a SE de Cápua, hoje Guajazzo (Cíc. At. 16, 8, 1).
Călātīnī, -ōrum, subs. loc. m. pl. Calatinos, habitantes de Calácia (T. Lív. 22, 61, 11).
Călātīnus, -ī, subs. pr. m. Calatino, sobrenome dos Atílios (Cíc. Sest. 72).
calātor, -ōris, subs. m. Arauto a serviço de um magistrado, sacerdote ou particular (Suet. Gram. 12); (Plaut. Merc. 852).
calātus, -a, -um, part. pass. de **calo**.
Calaurēa (ou **Calaurĭa**), **-ae**, subs. pr. f. Calauréia, ilha da Grécia no gôlfo de Salônica (Ov. Met. 7, 284).
calautĭca, -ae, subs. f. Espécie de touca de mulher (Cíc. fr. A. 13, 24).
Calavĭus, -ī, subs. pr. m. Calávio, nome de uma família de Cápua (T. Lív. 9, 26, 7).
calcar, -āris, subs. n. I — Sent. próprio: 1) Espora (T. Lív. 2, 20, 2). II — Sent. figurado: 2) Aguilhão, estímulo (Cíc. De Or. 3, 36).
calcārĭa, -ae, subs. f. v. **calcarius**.
calcārĭus, -a, -um, adj. Relativo à cal, calcário, de cal (Cat. Agr. 38, 1).
Calcās v. **Calchas**
calcātus, -a, -um. 1) Part. pass. de **calco**. 2) Adj. Comum, trivial, banal, batido (Sên. Contr. 4 pr. 9).
calceāmen, -ĭnis, subs. n. (**calceamēntum, -ī**, subs. n.) Calçado, sapato (Cíc. Tusc. 5, 90).
calceārĭum, -ī, subs. n. (**calciārĭum, -ī**) Dinheiro para calçado (dado aos soldados) (Suet. Vesp. 8).
1. Calceātus (ou **calciātus**), **-a, -um**, part. pass. de **calceo**.
calceātus (**calciātus**), **-ūs**, subs. m. Calçado (Suet. Cal. 52).
calcĕō (**calcĭo**), **-ās, -āre, -āvī, -ātum**, v. tr. 1) Calçar (Suet. Vesp. 21); (Cíc. Cael. 62); (Suet. Vesp. 23).
calceŏlus, -ī, subs. m. (diminutivo de **calceus**). Calçado, pequeno sapato (Cíc. Nat. 1, 82).
calces, v. **calx 2**.
calcĕus, -ī, subs. m. Calçado, sapato (Cíc. De Or. 1, 231). Obs.: — Note-se a expressão: **calceos mutare** (Cíc. Phil. 13, 28) «mudar os sapatos», i.é: «tornar-se senador», isto porque os senadores usavam um sapato especial, vermelho com cordões de couro.
Calchās, -āntis, subs. pr. m. Calcante, célebre adivinho grego (Cíc. Div. 1, 87).
Calchēdon (**Chalcēdon** ou **Calcēdon**), **-ŏnis**, subs. pr. f. Calcedônia, cidade da Ásia Menor, Bitínia (T. Lív. 42, 56). Obs.: Ocorre também nos textos o gen. **Calchedonos**, e o acus. **Calchedona** ao lado de **Calchedonem**.
Calchēdonīī, -ōrum, subs. loc. m. pl. Os calcedônios, habitantes da Calcedônia (Tác. An. 2, 63).
Calchēdonĭus, -a, -um, adj. Calcedônio, da Calcedônia (Cíc. Br. 30).
calciātus = **calceātus**.
calcĭō = **calcĕo**.
calcis, genit. de **calx 1** — **2**.
calcĭtrō, -ās, -āre, -āvī, -ātum, v. intr. I — Sent. próprio: 1) Atirar para longe com violência, escoicear, dar coices (Plín. H. Nat. 30, 149). II — Sent. figurado: 2) Recalcitrar, resistir, mostrar-se recalcitrante (Cíc. Cael. 36).
calcĭus, v. **calcĕus**.
calcō, -ās, -āre, -āvī, -ātum, v. tr. I — Sent. próprio: 1) Calcar com os pés, pisar, amassar com os pés (Verg. G. 2, 243); (Varr. R. Rust. 1, 54, 2). Daí: 2) Calcar aos pés, pisar (Sên. Ep. 86, 7).

II — Sent. figurado: 3) Espezinhar, pisar, calcar aos pés, esmagar (T. Lív. 34, 2, 2).

calculātor, -ōris, subs. m. Calculador, guarda-livros (Marc. 10, 62, 4).

calcŭlus, -ī, subs. m. (dim. de calx 2). I — Sent. próprio 1) Calhau, pedra pequena, seixo (Cíc. De Or. 1, 261). II — Daí: 2) Bola para votar (branca ou vermelha), voto (Ov. Met. 15, 44); (Plín. Ep. 1, 2, 5). 3) Cálculo (na bexiga) (Cíc. Div. 2, 143). 4) Peão (pedra de uma espécie de jôgo de xadrez) (Quint. 11, 2, 38). 5) Conta, cálculo (T. Lív. 5, 4, 7).

calda, -ae, subs. f. Água quente (Sên. Ep. 77, 9).

caldarĭum, -ī, subs. n. Estufa, caldeira (Sên. Ep. 86, 11).

caldārĭus (calidarĭus), -a, -um, adj. De estufa, de água quente, de caldeira (Plín. Ep. 5, 6, 26).

Caldĭus, -ī, subs. pr. m. Cáldio, nome dado por gracejo ao imperador Tibério Cláudio, por causa do costume que êle tinha de se embriagar (Suet. Tib. 42).

caldum, v. **calĭdum.**

1. caldus, -a, -um (calĭdus), adj. Quente; **caldĭor** (Hor. Sát. 1, 3, 53) «mais quente».

2. Caldus, -ī, subs. pr. m. Caldo, sobrenome romano (Cíc. Inv. 2, 28).

Calē, -ēs, subs. pr. f. Cale, cidade da Gália (Sal. frg. 3, 43).

Calēdonĭa, -ae, subs. pr. f. Caledônia, nome dado à parte setentrional da ilha da Bretanha, habitada pelos caledônios, povo de costumes rudes e primitivos (Tác. Agr. 10).

Calēdonĭcus, -a, -um, (caledonĭus, -a, -um), adj. Caledônico, da Caledônia (Plín. 4, 102).

calefacĭō, -is, -ĕre, -fēcī, -fāctum, v. tr. I — Sent. próprio: 1) Aquecer, esquentar (Cíc. Nat. 2, 151). II — Sent. figurado: 2) Excitar, inflamar, comunicar calor (poét.) (Verg. En. 12, 269). 3) Não dar descanso (Cíc. Q. Fr. 3, 2, 1). Obs.: Freqüentes são as formas sincopadas: **calface** (Cíc. Fam. 16, 18. 2); **calfacias** (Cíc. Fam. 9, 16, 9); **calficiendum** (Cíc. Nat. 2, 151).

calefāctō, -ās, -āre, v. freq. tr. I — Sent. próprio: 1) Aquecer muitas vêzes, aquecer muito (Hor. Ep. 2, 2, 169). II — Sent. figurado: 2) Esquentar com pancadas (Plaut. Cas. 400).

1. calefāctus, -ūs, geralmente no abl. **calefactu,** subs. m. Ação de esquentar (Sên. Nat. 4, 2, 27).

2. calefāctus, -a, -um, part. pass. de **calefacĭo.**

calefēcī, perf. de **calefacĭo.**

calefīō, -is, -fīĕrī, -fāctus sum, v. intr. (passiva de **calefacĭo**). Tornar-se quente, aquecer-se (Cíc. At. 2, 3, 3).

calēndae (Kalēndae), -ārum, subs. f. pl. I — Sent. próprio: 1) Calendas (o primeiro dia do mês entre os romanos) (Cíc. At. 2, 2, 3). II — Daí: 2) Mês (Marc. 10, 75, 7). 3) Note-se a expressão: **ad calendas Graecas** (Suet. Aug. 87) «para as calendas gregas», i.é, nunca, porque o mês grego não tinha calendas. 4) **Calendae Martiae** (Hor. O. 3, 8, 1), as calendas de março, i. é, as festas em honra de Juno, celebradas nesta data pelas matronas romanas.

calendārĭs, -e, adj. Relativo às calendas (Macr. 1, 15, 18).

calendārĭum (Kalendārĭum), -ī, subs. n. Registro, livro de contas (Sên. Ben. 1, 2, 3).

calens, -ēntis, I — Part. pres. de **calĕo.** II — Adj.: Sent. próprio: 1) Quente, ardente (Cíc. Nat. 2, 25). Em sent. figurado: 2) Ardente, inflamado (Sên. Ir. 2, 20, 2).

Calēntum, -ī, subs. pr. n. Calento, cidade da Bética (Plín. H. Nat. 35, 171).

Calēnum, -ī, subs. pr. n. 1) Caleno ou Cales, cidade da Campânia, numa região fértil e rica (Plín. H. Nat. 3, 63). 2) Propriedade de Cícero perto de Gales (Cíc. At. 8, 3, 7).

1. Calēnus, -a, -um, adj. De Cales (Cíc. Fam. 9, 13, 3).

2. Calēnus, -ī, subs. pr. m. Caleno, nome romano (Cíc. Phil. 8, 13).

calĕō, -ēs, -ēre, calŭī, v. intr. I — Sent. próprio: 1) Estar quente, ser quente, ter calor, estar aquecido (Cíc. Fin. 1, 30). II — Sent. figurado: 2) Estar sôbre brasas, estar numa situação difícil, estar embaraçado (Cíc. At. 7, 20, 2). 3) Estar inflamado, inflamar-se, estar excitado, arder (T. Lív. 25, 39, 9); (Cíc. Br. 234). 4) Desejar ardentemente, estar impaciente por (Prop. 4, 3, 62).

Calēs, -ĭum, subs. pr. f. Cales, cidade da Campânia, célebre pelos seus vinhos de qualidade, hoje Calvi (Hor. O. 4, 12, 14).

calēscō, -is, -ĕre, v. incoat. intr. I — Sent. próprio: 1) Tornar-se quente, aquecer-se

CALÉTES — 151 — **CALLICŬLA**

(Cíc. C. M. 57). II — Sent. figurado: 2) Aquecer-se (Ov. F. 6, 5).
Calētes, -um (Calētī, -ōrum), subs. loc. m. Caletos, povo da Gália, que ficava ao norte do curso inferior do Sena (Cés. B. Gal. 7, 75, 4).
Caletrānus Ager, subs. pr. m. Território de Cáletra, antiga cidade da Etrúria (T. Liv. 39, 55, 9).
calfaciō — forma sincopada de **calefacio**.
calfăctō — forma sincopada de **calefăcto**.
1. calfăctus — forma sincopada de **calefăctus, -a, -um**.
2. calfăctus, -ūs, subs. m. (sinc. de **calefăctus**). Ação de esquentar (Plín. H. Nat. 29, 48).
Calĭdae Aquae, subs. pr. f. Caldas, nome de umas têrmas na Zengitânia (T. Lív. 30, 24, 9).
calidārĭum, calidārĭus, v. **caldarĭum, caldarĭus**.
Calidiānus, -a, -um, adj. De Calídio (Cíc. Verr. 4, 43).
calidē, adv. Com ardor e daí: prontamente (Plaut. Ep. 285).
Calidĭus, -ī, subs. pr. m. Calídio, nome de homem (Cíc. Br. 274).
Calidŏnēs, -um, subs. loc. m. Caledônios, habitantes da Caledônia (Tác. Agr. 25).
Calidonia, -ae, v. **Caledonia, -ae**.
calĭdum, -ī, subs. n. 1) Calor (Lucr. 3, 295). 2) Vinho temperado com água quente (Plaut. Curc. 293).
1. calĭdus, -a, -um, adj. (**calĕo**) I — Sent. próprio: 1) Quente, cálido (Cíc. Nat. 2, 23). II — Sent. figurado: 2) Ardente, arrebatado, fogoso (Verg. G. 3, 119). 3) Temerário, precipitado (Cíc. Of. 1, 82).
2. Calĭdus, -ī, subs. pr. m. Cálido, nome romano (C. Nep. At. 12, 4).
caliēndrum, -ī, subs. n. Touca de senhora, cabeleira postiça (Hor. Sát. 1, 8, 48).
calĭga, ae, subs. f. I — Sent. próprio: 1) Cáliga, sapato com atacadores (usados, principalmente, pelos soldados rasos romanos) (Cíc. At. 2, 3, 1). II — Sent. figurado: 2) Profissão de soldado (Plín. H. Nat. 7, 135).
1. caligātus, -ī, subs. m. Soldado raso (Suet. Aug. 25).
2. caligātus, -a, -um, adj. Que traz o calçado chamado **cáliga** (Suet. Vit. 7).
cālĭginō = **cālīgō**.
cālīginōsus, -a, -um, adj. I — Sent. próprio: 1) Sombrio, tenebroso, caliginoso (Cíc. Tusc. 1, 43). II — Sent. figurado: 2) Incerto, obscuro, confuso (Hor. O. 3, 29, 30).

1. cālīgō, -ās, -āre, -āvī -ātum, v. intr. I — Sent. próprio: 1) Estar enevoado, estar escuro, estar cerrado, estar carregado (Cíc. Arat. 205); (Verg. En. 2, 606). II — Sent. figurado: 2) Ter a vista enevoada, não ver com clareza, ficar cego (Q. Cúrc. 10, 7, 4).
2. cālīgō, -ĭnis, subs. f. I — Sent. próprio: 1) Fumo negro, nuvem ou nevoeiro cerrado e negro, caligem (Verg. En. 12, 466). Daí: 2) Escuridão, cerração, trevas (Cíc. Agr. 2, 44). II — Sent. figurado: 3) Ignorância (trevas da inteligência), desgraça (= época de revoltas, de desordens) (Cíc. Planc. 96). 4) Vertigem, perturbação da vista (T. Liv. 26, 45, 3).
Caligŭla, -ae, subs. pr. m. Caio Calígula, imperador romano, sucessor de Tibério, assim chamado por ter usado, quando criança, uma pequena cáliga, nos acampamentos comandados por seu pai Germânico (Tác. An. 1, 41).
Cālistō, v. **Callīsto**.
calitūrus, -a, -um, part. fut. de **calĕo**.
calix, -ĭcis, subs. m. I — Sent. próprio: 1) Copo, vaso para beber (de forma redonda e sem asa), cálice (Cíc. Pis. 67). Daí: 2) Vaso (de qualquer espécie), marmita, panela (Ov. F. 5, 509). II — Sent. figurado: 3) O conteúdo do vaso (Catul. 27, 2).
Callaecus, -a, -um, adj. Calaico, da Galécia (Marc. 4, 39, 7).
Callaïcus, -ī, subs. pr. m. Calaico, sobrenome de Júnio Bruto, vencedor dos calaicos (cf. Ov. F. 6, 461).
callaïnus, -a, -um, adj. De côr verde pálido (Marc. 14, 139).
callĕō, -ēs, -ĕre, callŭī, v. intr. e tr. I — Sent. próprio: Intr. 1) Ter calos, estar calejado (Plín. H. Nat. 11, 211). II — Sent. figurado (intr. e tr.): 2) Estar calejado em um ofício, ser versado em alguma coisa, conhecer bem, saber por experiência (Cíc. Balb. 32).
Callias, -ae, subs. pr. m. Cálias, nome de homem (C. Nep. Cim. 1, 3).
Callicĭnus, -ī, subs. pr. m. Calicino, colina da Tessália (T. Liv. 42, 58, 5).
Callicrătēs, -is, subs. pr. m. Calícrates. 1) Escultor da Lacedemônia (Plín. H. Nat. 7, 85). 2) Outros do mesmo nome (C. Nep. Dion. 8, 1).
Callicratĭdās, -ae, subs. pr. m. Calicrátidas, general lacedemônio (Cíc. Of. 1, 84).
Callicŭla, -ae, subs. pr. f. Calícula, montanha da Campânia (hoje Cajanello) (T. Lív. 22, 15, 3).

Callĭdămē, -ēs, subs. pr. f. Calídame, nome grego de mulher (Cíc. Verr. 2, 89).
callĭdē, adv. 1) Com habilidade, hàbilmente (Cíc. Verr. 1, 97); **callĭdĭus** (Cíc. De Or. 2, 32) «com muita habilidade». 2) Com astúcia, astuciosamente, com velhacaria (Cíc. Verr. 1, 141).
callĭdĭtās, -ātis, subs. f. 1) Habilidade, esperteza (no bom e no mau sentido) (Cic. Part. 76). Daí: 2) Astúcia, velhacaria (Cíc. Of. 1, 63).
Callĭdrŏmos, -ī, subs. pr. m. Calídromo, nome do cume do monte Eta (T. Lív. 36, 15, 10).
callĭdus, -a, -um, adj. 1) Hábil, esperto (no bom e no mau sent.). Daí: 2) Astuto, velhaco, manhoso (Cíc. Tusc. 1, 47); (Cíc. Lae. 99).
Callĭfae, -ārum, subs. pr. f. pl. Califas, cidade do Sâmnio (T. Lív. 8, 25, 4).
Callĭgĕnēs, -is, subs. pr. m. Calígenes, nome de um médico (T. Lív. 40, 56, 11).
Callĭmăchus, -ī, subs. pr. m. Calímaco, poeta elegíaco, crítico e filólogo, nascido em Cirene (Cíc. Tusc. 1, 84).
Callinĭcum, -ī, subs. pr. n. Calínico, cidade da Mesopotâmia (Eutr. 9, 24).
Callĭnŏus ou Callīnus, -ī, subs. pr. m. Calino poeta grego de Éfeso, considerado inventor do verso elegíaco (T. Maur. 1722).
Calliŏpē, -ēs, subs. pr. f. Caliope. 1) A mais augusta das nove musas, por vêzes considerada como espôsa de Apolo (Hor. O. 3, 4, 2). 2) Musa da eloqüência e da poesia épica, e daí: musa em geral, poesia (Verg. En. 9, 523); (Ov. Trist. 2, 568).
Calliopēa, -ae, subs. pr. f. O mesmo que o precedente (Verg. Buc. 4, 57).
Callipeucē, -ēs, subs. pr. f. Calipeuce, desfiladeiro da Tessália (T. Lív. 44, 5, 11).
Callĭphō, -ōntis, subs. pr. m. Califonte, nome de um filósofo grego (Cíc. Ac. 2, 131).
Callĭpĭa, -ae, subs. pr. f. Calípia, nome de uma fonte do Éfeso (Plín. H. Nat. 5, 115).
Callĭpĭdēs, -is, subs. pr. m. Calípides, nome de um ator grego (Cíc. At. 13, 12, 3).
Callĭpŏlis, -is, subs. pr. f. Calípolis, nome de diversas cidades, inclusive da Itália e da Sicília (T. Lív. 36, 30, 4); (Plín. H. Nat. 3, 100).
Callĭppus, -ī, subs. pr. m. Calipo, general da Macedônia (T. Lív. 44, 28, 1).

Callipȳgis, -e, adj. Calipígio (que tem formosas nádegas) (Hor. Sát. 1, 2, 94).
Callirhŏē (ou Callirŏe), -ēs, subs. pr. f. Calírroe, filha de Aquelau, e espôsa de Alcmeon (Ov. Met. 9, 414).
callis, -is, subs. m. I — Sent. próprio: 1) Caminho de rebanhos, caminho feito pelos animais (T. Lív. 22, 14, 8). II — Daí: 2) Atalho, caminho (T. Lív. 31, 42, 8).
Callisthĕnēs, -is, subs. pr. m. Calístenes, filósofo grego (Cíc. Tusc. 3, 21).
Callistō, -ūs, subs. pr. f. Calisto, uma ninfa amada por Júpiter, que a transformou posteriormente na constelação da Ursa (Prop. 2, 28, 23).
Callistrătus, -ī, subs. pr. m. Calístrato, orador ateniense (C. Nep. Epam. 6, 1).
Callĭstus, -ī, subs. pr. m. Calisto, nome de homem (Sên. Ep. 47, 9).
Callithēra, -ōrum, subs. pr. f. Caliteros, cidade da Tessália (T. Lív. 32, 13, 11).
callōsus, -a, -um, adj. I — Sent. próprio: 1) Caloso, que tem calos (Cels. 6, 3). II — Daí: 2) Duro, espêsso (Hor. Sát. 2, 4, 14).
callŭī, perf. de **callĕo**.
callum, -ī, subs. n. I — Sent. próprio: 1) Pele espêssa e dura (dos animais e das plantas) (Cíc. Tusc. 5, 98). Daí: 2) Calosidade, calo (Plín. H. Nat. 22, 25, 70). 3) Crosta dura (Plín. H. Nat. 17, 33). II — Sent. figurado: 4) Insensibilidade, endurecimento (Cíc. Tusc. 2, 36).
călō, -ōnis, subs. m. Criado de baixa categoria, criado de um soldado ou de exército, bagageiro (Cés. B. Gal. 2, 24, 2).
1. calor, -ōris, subs. m. I — Sent. próprio: 1) Calor (Cíc. Nat. 2, 27). 2) Febre (Tib. 4, 11, 2). II — Sent. figurado: 3) Impetuosidade, arrebatamento, coragem (Quint. 2, 15, 28). 4) Amor ardente (Hor. O. 4, 9, 11).
2. Calor, -ōris, subs. pr. m. Calor, rio do Sâmnio (T. Lív. 24, 14, 2).
Calpĕtus, -ī, subs. pr. m. Cálpeto Sílvio, antigo rei do Lácio (Ov. F. 4, 46).
Calpurniānus, -a, -um, adj. De Calpúrnio, calpurniano (T. Lív. 39, 31, 7).
1. Calpurnius, -a, -um, adj. Da família Calpúrnia, ou de Calpúrnio (Cíc. Mur. 46).
2. Calpurnĭus, -ī, subs. pr. m. Calpúrnio, nome de uma família romana (Cíc. Br. 239).

caltha (calta), -ae, subs. f. Cravo de defunto, rosa de ouro (Verg. Buc. 2, 50).
calŭi, perf. de **calĕo**.
calumnĭa, -ae, subs. f. I — Sent. próprio: 1) Chicana, falsa acusação, calúnia (Cíc. Verr. 2, 21); (Cíc. Fam. 1, 4, 1). Daí, na língua comum: 2) Falso pretexto, cabala, trapaça, embuste, intriga, fraude, má fé (Cíc. Fam. 1, 1, 1).
calumnĭātor, -ōris, subs. m. Sent. próprio: 1) Chicaneiro (nos tribunais), rábula litigioso (Her. 2, 14). 2) Daí: O que acusa falsamente, caluniador (Cíc. Verr. 1, 27).
calumnĭor, -āris, -ārī, -ātus sum, v. tr. I — Sent. próprio: 1) Acusar falsamente, sem razão, caluniar (Cíc. Fam. 9, 2, 3). Daí: 2) Usar de trapaças em juízo (Cíc. Amer. 55). Obs.: Constrói-se com acus. e intransitivamente.
1. **calva**, -ae, subs. f. Crânio, caveira (T. Lív. 23, 24, 12).
2. **Calva**, -ae, subs. pr. m. Calva, nome romano (Cíc. At. 15, 3, 1).
Calvēna, -ae, subs. pr. m. Calvena, apelido do calvo Matius, amigo de César (Cíc. At. 14, 5, 1).
Calventĭus, -ī, subs. pr. m. Nome de família romana (Cíc. Pis. 53).
Calvīna, -ae, subs. pr. f. Calvina, nome de mulher (Juv. 3, 133).
1. **Calvīnus**, -ī, subs. pr. m. Calvino, nome de família romana (Cés. B. Civ. 3, 34, 3).
2. **Calvīnus**, -ī, subs. pr. m. Calvino, nome dos Domícios, Vetúrios, etc. (Cíc. Br. 130).
calvitĭēs, -ēī, subs. f. Calvície (Petr. 108, 1).
calvitĭum, -ī, subs. n. = **cavitĭes** (Cíc. Tusc. 3, 62).
1. **calvus**, -a, -um, adj. I — Sent. próprio: 1) Calvo, sem cabelo (Plaut. Amph. 462). II — Sent. figurado: 2) Liso (Cat. Agr. 8, 2). 3) Desguarnecido, desprovido (Marc. 12, 32, 20).
2. **calvus**, -ī, subs. m. Calvo (Fedr. 5, 3, 1).
3. **Calvus**, -ī, subs. pr. m. Calvo, nome, em particular de Licínio Calvo, poeta e orador amigo de Catulo (Catul. 14, 2).
1. **calx, calcis**, subs. f. I — Sent. próprio: 1) Calcanhar (Cíc. Sull. 71). Daí: 2) Pé (do homem ou dos animais) (Verg. En. 5, 324).
2. **calx, calcis**, subs. f. I — Sent. próprio: 1) Cal, pedra de cal (T. Lív. 21, 11, 8). II — Sent. figurado: 2) Têrmo da carreira (marcado, primitivamente, com cal) (Cíc. C. M. 83). Daí: 3) Fim, têrmo (Cíc. Tusc. 1, 15).
Calўbē, -ēs, subs. pr. f. Cálibe, nome de mulher (Verg. En. 7, 419).
calybīta, -ae, subs. m. Habitante de uma cabana (Verg. Cop. 25).
Calycādnus, -ī, subs. pr. m. Calicadno, rio e promontório da Cilícia (T. Lív. 38, 38, 9).
Calȳdōn, -ōnis, subs. pr. f. Cálidon, antiga cidade da Etólia (Cés. B. Civ. 3, 35, 1).
Calydōnis, -ĭdis, subs. pr. f. A Calidônia, i. é, Dejanira (Ov. Met. 9, 112).
Calydōnĭus, -a, -um, adj. Calidônio (Ov. Met. 8, 324).
Calȳmnē, ēs (**Calynĭa**, -ae,) subs. pr. f. Calimne, ilha do mar Egeu (Ov. Met. 8, 222).
Calȳpsō, ūs, subs. pr. f. Calipso, ninfa de mitologia grega, de extraordinária beleza (Cíc. Of. 1, 113).
calyx, -ўcis, subs. m. I — Sent. próprio: 1) Cálice (das flôres) «o que envolve (as flôres)» (Plín. H. Nat. 21, 25). II — Daí, o que contém a semente ou o fruto: 2) Caroço, casca de fruta (Plín. H. Nat. 15, 92). 3) Casca de ôvo (Plín. H. Nat. 28, 19). 4) Concha do caramujo ou casca da tartaruga (Plín. H. Nat. 9, 100).
Camalodūnum (-ulodūnum), -ī, subs. pr. n. Camaloduno, cidade da Britânia Romana (Tác. An. 12, 32).
Camarīna (-erīna), -ae, subs. pr. f. Camarina, cidade da costa SO da Sicília, atual Camarana (Plín. H. Nat. 3, 89).
Camarīnus, -a, -um, adj. De Camarina (Verg. En. 3, 701).
Camars, -tis, subs. pr. f. Camarte, cidade da Etrúria, na Itália, chamada também Clusium, atual Chiusi, na Toscana (T. Lív. 10, 25, 11).
Cambūnĭi Montēs, subs. pr. m. Serras Cambúnias, cadeia de montanhas que separa a Macedônia da Tessália (T. Lív. 42, 53, 6).
Camēlla, -ae, subs. f. Gamela, tigela (Ov. F. 4, 779).
camēlus, -ī, subs. m. Camelo (T. Lív. 37, 40, 12).
Camēna, -ae, subs. pr. f., e **Camēnae**, -ārum (mais usado). I — Sent. próprio: 1) Camenas, ninfas de cantos proféticos, mais tarde identificadas com as Musas (Verg. Buc. 3, 59). II — Sent. figurado:

2) Poesia, poema, canto (Hor. O. 1, 12, 39). Obs.: Usado principalmente no pl.
camĕra (camăra), -ae, subs. f. I — Sent. próprio: 1) Teto abobadado, abóbada, arco (Cíc. Q. Fr. 3, 1, 1). Daí: 2) Coberta de navio, navio com cobertura em forma de arco (Tác. Hist. 3, 47).
camerātus, -a, -um, part. pass. de **camĕro.**
Camĕrē, -ēs, subs. pr. f. Câmere, cidadezinha da Itália, perto de Síbaris (Ov. F. 3, 581).
Camerĭa, -ae, subs. pr. f. Caméria, antiga cidade do Lácio, na Itália (T. Lív. 1, 38, 4).
Camerīna, v. **Camarīna.**
Camerīnum, -ī, subs. pr. n. Camerino, cidade da Úmbria nos limites do Piceno e atual Camerino (Cíc. At. 8, 12B, 2).
Camerīnus, -ī, subs. pr. m. Camerino. 1) Sobrenome romano, dentro da «gens» Sulpícia (T. Lív. 3, 31, 8). 2) Nome que designa a alta nobreza (Juv. 8, 38).
camĕro, -ās, -āre, v. tr. Construir em forma de abóbada (Plín. H. Nat. 10, 97)
Camers, -tis, adj. Camerte, de Camerino Cíc. Sull. 53).
Camĕrtes, -ĭum, subs. loc. m. pl. Camertes, habitantes de Camerino (Cíc. Ball. 47). Obs.: No sg.: (Sal. C. Cat. 27, 1).
Camertīnus, -a, -um, adj. De Camerino (Cíc. Balb. 46).
Camilla, -ae, subs. pr. f. Camila, rainha dos Volscos, aliada de Turno (Verg. En. 7, 803).
Camillus, -ī, subs. pr. m. I — Sent. próprio: 1) Camilo, sobrenome dos Fúrios. M. Furius Camillus, célebre ditador que salvou Roma dos gauleses (T. Lív. 5, 19, 2) II — Sent. figurado: **Camillī, -ōrum** — as pessoas como Camilo (Cíc. Sest. 143).
camīnus, -ī, subs. m. I — Sent. próprio: 1) Forno, forja (Ov. Met. 7, 106). II — Daí: 2) Fogo (de chaminé), fogão (Hor. Ep. 1, 11, 19). III — Sent. figurado: 3) Lar, lareira da chaminé (Cíc. Fam. 7, 10, 2). Sent. poético: 4) Forja (de Vulcano) (Verg. En. 3, 580).
Camīrus (Camīros), -ī, subs. pr. m. Camiro, filho de Hércules, que deu o nome a uma cidade da ilha de Rodes (Cíc. Nat. 3, 54).
Camisărēs, -is, subs. pr. m. Camísares, nome de um sátrapa persa (C. Nep. Dat. 1).
Camoena, v. **Camēna.**
Campānī, -ōrum, subs. m. Habitantes de Campânia (Cíc. Agr. 2, 94).

Campānĭa, -ae, subs. pr. f. Campânia, região da Itália Meridional, na costa do mar Tirreno (T. Lív. 2, 52, 1).
Campānus (Campānĭcus), -a, -um, adj. Da Campânia (Cíc. Agr. 1, 20); (Hor. Sát. 1, 5, 62); (Hor. Sát. 1, 5, 45).
campēster (campēstris), -tris, -tre, adj. I — Sent. próprio: 1) Da planície, da campina (Hor. O. 3, 24, 9). Daí: 2) Relativo ao campo de Marte, do campo de Marte (onde se realizavam exercícios físicos, os comícios, as eleições, etc.). Donde: 3) Comícios, eleições (T. Lív. 7, 1, 2). Obs.: O nom. m. **campestris** é muito raro (Col. 3, 13, 8).
campestrĭa, -ĭum, subs. n. pl. Planícies, lugares planos (Tác. Germ. 43).
Campōnī, -ōrum, subs. loc. m. Camponos, povo da Aquitânia (Plín. H. Nat. 4, 108).
campsa, v. **capsa.**
campus, -ī, subs. m. I — Sent. próprio: 1) Planície, terreno plano: **erat ex oppido despectus in campum** (Cés. B. Gal. 7, 79, 3) «havia da cidade uma vista para a planície». Daí: 2) Campina cultivada, campo (Verg. Buc. 4, 28). 3) Campo para exercícios ou campo de batalha (Tác. Hist. 2, 70). 4) Campo de Marte, exercícios no Campo de Marte (e como aí se realizavam os comícios): comícios, eleições (Cíc. De Or. 3, 167). II — Sent. figurado: 5) Superfície do mar, o mar (Verg. G. 3, 198), ou do céu, o céu (Ov. Met. 6, 694). 6) Campo livre (carreira, teatro) (Cíc. Phil. 14, 17).
Camulodŭnum, v. **Camalodūnum.**
camur (camŭrus), -a, -um, adj. Recurvado para dentro (falando dos chifres dos bois) (Verg. G. 3, 55).
Cana, -ae, subs. pr. f. Cana, nome de mulher (Cíc. At. 13, 41, 1).
Canăcē, -ēs, subs. pr. f. Cánace, filha de Éolo (Ov. Her. 11).
Canăchus, -ī, subs. pr. m. Cânaco, nome de dois artistas de Sicione (Cíc. Br. 70).
Canae, -ārum, subs. pr. f. Canas, cidade e promontório da Eólida (T. Lív. 36, 45, 8).
canalis, -is, subs. m. 1) Fôsso, canal, tubo, cano, aqueduto (Verg. G. 3, 330). 2) Veio (de uma mina) (Plín. H. Nat. 33, 69).
Canastraeum, -ī, subs. pr. n. Canastreu, promontório da Macedônia (T. Lív. 31, 45, 16).
cancellus, -ī, subs. m. (geralmente no pl.: **cancellī, -ōrum**) I — Sent. próprio: 1) 1) Grades, balaustrada (Cíc. Sest. 124).

CANCER — 155 — **CANIDIUS**

II — Sent. figurado: 2) Limites, barreira (Cíc. Quinct. 36).
cancer, cancrī (ou **cancĕris**) subs. m. I — Sent. próprio: 1) Caranguejo, lagostim (Plín. H. Nat. 9, 97). II — Sent. diversos: 2) Câncer (constelação) (Cíc. Arat. 263). Sent. poét.: 3) O Sul (Ov. Met. 4, 625). 4) Calor violento (Ov. Met. 10, 127).
Candāvĭa, -ae, subs. pr. f. Candávia, província da Macedônia (Cíc. At. 3, 7, 3).
candēla, -ae, subs. f. 1) Círio, candeia (Plín. H. Nat. 16, 178). 2) Corda encerada (T. Lív. 40, 29, 6).
candēlābrum, -ī, subs. n. Candelabro (Cíc. Verr. 4, 64).
candēlābrus, -ī, v. **candelābrum** (Petr. 75, 10).
candens, -ēntis. I — Part. pres. de **candĕo.** II — Adj.: 1) Sent. próprio: ardente, candente, em brasa (Cíc. Of. 2, 25). 2) Daí: branco brilhante, tornado branco pelo calor (Lucr. 1, 258). 3) O Sol (Lucr. 6, 1197). 4) A lua (Cíc. Rep. 1, 23).
candĕō, -ēs, -ēre, candŭī (sem supino), v. intr. I — Sent. próprio: 1) Estar inflamado, queimar (Ov. Met. 1, 120). II — Sent. figurado: 2) Brilhar de brancura, ser de uma brancura brilhante, ser branco como a neve (Catul. 64, 45).
candēscō, -is, -ĕre, -dŭī, v. incoat. intr. I — Sent. próprio: 1) Fazer-se em brasa, inflamar-se (Lucr. 1, 490); (Ov. Met. 2, 230). II — Daí: 2) Tornar-se branco brilhante, embranquecer (Ov. Met. 6, 49).
candidāta, -ae, subs. f. A que aspira a um cargo (ao sacerdócio) (Quint. Decl. 252).
candidātōrĭus, -a, -um, adj. Relativo à candidatura (Cíc. At. 1, 1, 2).
candidātus, -ī, subs. m. I — Sent. próprio: 1) Candidato, vestido com uma toga branca (Cíc. At. 4, 15, 7). II — Sent. figurado: 2) O que pretende alguma coisa, aspirante (Quint. 6, pref. 13); (Plín. Pan. 63).
candĭdē, adv. I — Sent. próprio: 1) De côr branca (Plaut. Cas. 767). II — Sent. figurado: 2) Cândidamente, de boa fé, simplesmente (Quint. 12, 11, 8).
candidŭlus, -a, -um, adj. (dim. de **candĭdus**). Branco brilhante, branquinho (Cíc. Tusc. 5, 46).
candĭdum, -ī, subs. n. Côr branca (Ov. Met. 11, 314).

candĭdus, -a, -um, adj. I — Sent. próprio: 1) Branco brilhante, vestido de branco (Tíb. 2, 1, 16). Daí: 2) Brilhante, resplandecente, ofuscante (pela brancura de neve: lírio, cegonha, barba, cabelos, roupa, etc.) (Hor. O. 1, 9, 1). 3) Claro, radioso (Verg. En. 5, 571). II — Sent. figurado: 4) Feliz, favorável (Tíb. 1, 7, 64). 5) Sincero, franco, límpido (Hor. Ep. 1, 4, 1).
candor, -ōris, subs. m. I — Sent. próprio: 1) Brancura brilhante, alvura (Cíc. Nat. 2, 40). Daí: 2) Brilho, esplendor, beleza (Cíc. Cael. 36). II — Sent. figurado: 3) Clareza, limpidez, candura, pureza (Quint. 10, 1, 101); (Plín. Pan. 84).
candŭī, perf. de **candĕo** e **candēsco.**
1. cānens, -ēntis, part. e adj. (**canĕo**) Branco, esbranquiçado, meio grisalho (Verg. En. 10, 192).
2. Canens, -ēntis, subs. pr. f. Epíteto de uma ninfa do Lácio, personificação do Canto, espôsa de Pico (Ov. Met. 14, 333).
cānĕo, -ēs, -ēre, canŭī, v. intr. (raro e poét.): 1) Estar branco, branquejar. Daí: 2) Ter os cabelos brancos, encanecer (Verg. En. 5, 416).
Canēphŏros, -ī, subs. f. (pl. **Canēphŏrae**) Canéfora, mulher que leva uma cesta à cabeça, estátua de mulher com uma cêsta à cabeça (Cíc. Verr. 4, 5).
canĕrit = **cecinĕrit.**
cānēscō, -is, -ĕre, canŭī, v. incoat. intr. I) Sent. próprio: 1) Tornar-se branco, embranquecer (Ov. F. 3, 880). II — Sent. figurado: 2) Envelhecer (sent. físico e moral) (Cíc. Leg. 1, 2).
Cangī, -ōrum, subs. loc. m. Cangos, povo da Bretanha, no país de Gales (Tác. An. 12, 32).
cānī, -ōrum, subs. m. pl. Cãs, cabelos brancos, velhice (Cíc. C. M. 62).
canĭcŭla, -ae, subs. f. I — Sent. próprio: 1) Cadela pequena (Plín. H. Nat. 32, 79). Daí: 2) Canícula (constelação) (Hor. O. 3, 13, 9). 3) Nome de um peixe (cão marinho) (Plín. H. Nat. 9, 151). II — Sent. figurado: 4) Mulher rabujenta, arengueira (Plaut. Curc. 598). 5) Lance de cão, lance infeliz no jôgo de dados (Pérs. 3, 49).
Cānĭdĭa, -ae, subs. pr. f. Canídia, nome de uma feiticeira (Hor. Epo. 3, 8).
Cānĭdĭus, -ī, subs. pr. m. Canídio, nome de homem (Cíc. Fam. 10, 21, 4).

Caniniānus, -a, -um, adj. De Canínio (Cíc. Fam. 1, 7, 3).
Caninius, -ī, subs. pr. m. Canínio, nome romano. 1) **Caninius Rebilus**, lugar-tenente de César nas Gálias (Cíc. At. 12, 37, 4). 2) **Caninius Gallus**, acusador de Antônio, mais tarde seu genro (Cíc. Fam. 1, 2, 1).
caninus, -a, -um, adj. I — Sent. próprio: 1) Canino, de cão (Varr. R. Rust. 2, 7, 3). II — Sent. figurado: 2) Agressivo, mordaz (Quint. 12, 9, 9). 3) **Canina litera** (Pérs. 1, 109) a letra r (cuja pronúncia lembra o rosnar do cão).
canis (canes), -is, subs. m. e f. I — Sent. próprio: 1) Cão, cadela (Cíc. Verr. 4, 31). II — Sent. figurado: 2) Cão (têrmo de injúria) (Hor. Epo. 6, 1). 3) Agente de policia (Cíc. Verr. 4, 40). III — Sent. diversos: 4) Canícula (constelação) (Hor. Sát. 1, 7, 26).
căniscō, v. **canēsco**.
canistra, -ōrum, subs n. pl. Cêsto (de junco ou cana), açafate (Cíc. At. 5, 1, 13).
cānitia, -ae, subs. f. = **Cănities** (Plín. H. Nat. 31, 91).
cānitiēs, -ēī, subs. f. I — Sent. próprio: 1) Brancura (Ov. F. 6, 134). II — Daí 2) Brancura dos cabelos e da barba, cãs, velhice (Verg. En. 10, 549).
Cănius, -ī, subs, pr. m. Cânio, nome de homem (Cíc. Of. 3, 58).
1. **canna, -ae**, subs. f. I — Sent. próprio: 1) Cana, junco, (planta) (Ov. Met. 8, 337). II — Objeto feito de cana: 2) Flauta pastoril (Ov. Met. 2, 682).
2. **Canna, -ae**, subs. pr. m. Cana, rio vizinho de Canas, na Apúlia (T. Lív. 25, 12, 4).
Cannae, -ārum, subs. pr. f. Canas, aldeia da Apúlia, célebre pela vitória de Aníbal sôbre os romanos, em 216, a.C. (Cíc. Tusc. 1, 89).
Cannēnsis, -e, adj. De Canas (Cíc Br. 12).
Cannenefātes, v. **Canninefātes**.
Canninĕfas, -ātis, subs. pr. m. Caninefate (Tác. An. 11, 18).
Canninefātēs, -tum, subs. m. Caninefates, povo da Germânia (Tác. Hist. 4, 15).
canō, -is, -ĕre, cecinī, cantum, v. intr. e tr. Intr.: I — Sent. próprio: 1) Cantar (falando de pessoas): **canere ad tibicinem** (Cíc. Tusc. 1, 3) «cantar com acompanhamento de flauta». 2) Tratando-se de animais (Cíc. Div. 1, 12). 3) Tratando-se de instrumentos: **tubae corneaque cecinerunt** (T. Lív. 30, 33, 12) «cantaram as trombetas e clarins». Usado transitivamente: II — Sent. próprio: 4) Cantar (Cíc. De Or. 2, 352). Daí: 5) Celebrar em verso, celebrar (Cíc. Tusc. 4, 3). Na língua religiosa: 6) Predizer, profetizar, anunciar (Cíc. Cat. 3, 18); (Verg. En. 5, 113). — Empregos especiais: 7) Dar sinal, produzir um som (com instrumento), tocar (um instrumento) (Cíc. Verr. 1, 53, 8) Ressoar, retumbar (Ov. Met. 1, 340). 9) Tocar um instrumento (Cíc. Tusc. 1, 4).
canōn, -ŏnis, subs. m. Regra, medida, cânone (Plín. H. Nat. 34, 55).
Canopītae, -ārum, subs. loc. m. Canopitas habitantes de Canopo (Cíc. seg. Quint. 1, 5, 13).
Canōpus (Canōpos), -ī, subs. pr. m. 1) Canopo, cidade do Baixo Egito, na costa mediterrânea (Tác. An. 2, 60). 2) Uso poético: Baixo Egito, Egito (Prop. 3, 11, 39).
canor, -ōris, subs. m. Som, som melodioso, canto, melodia (Verg. G. 4, 71).
canōrus, -a, -um, adj. I — Sent. próprio: 1) Canoro, que canta (Verg. G. 2, 328). II — Sent. figurado: 2) Sonoro, melodioso, harmonioso (Cíc. Br. 234).
Cantāber, -brī, subs. loc. m. Cântabro (Hor. O. 2, 6, 2).
Cantābrī, -ōrum, subs. loc. m. Cântabros, povo da Hispânia Tarraconense (Cés. B. Gal. 3, 26, 6).
Cantabria, -ae, subs. pr. f. Cantábria, país dos Cântabros (Plín. H. Nat. 34, 148).
Cantabrĭcus, -a, -um, adj. Cantábrico, da Cantábria (Hor. Ep. 1, 18,55).
cantāmen, -ĭnis, subs. n. Encanto, encantamento (Prop. 4, 4, 51).
cantātor, -ōris, subs. m. Cantor, músico (Marc. 13, 77).
cantātus, -a, -um, part. pass. de **canto**.
cantērĭus (cantherĭus), -ī, subs. m. Cavalo castrado (em geral) (Cíc. Nat. 3, 11).
canthăris, -ĭdis, subs. f. 1) Cantárida (inseto venenoso) (Cíc. Tusc. 5, 117). 2) Gorgulho (Plín. H. Nat. 18, 152).
1. **canthărus, -ī**, subs. m. Taça ou copo de duas asas, cântaro (Verg. Buc. 6,17).
2. **Canthărus, -ī**, subs. pr. m. Cântaro, nome de homem (Plín. H. Nat. 34, 85).
canthus, -ī, subs. m. I — Sent. próprio: 1) Arco de ferro em volta da roda de uma carruagem (Quint. 1, 5, 88). II — Daí: 2) Roda (Pérs. 5, 71).
cantĭcum, -ī, subs. n. I — Sent. próprio: 1) Canto, canção (Sên. Ep. 114, 1). II —

CANTILĒNA — 157 — **CAPENATES**

Daí, no teatro: 2) Cântico (parte cantada com acompanhamento de flauta por um cantor, de pé, ao lado do músico, enquanto que outro ator fazia a mímica) (T. Lív. 7, 2). 3) Recitativo (Cíc. Or. 57).

cantilēna, -ae, subs. f. I — Sent. próprio: 1) Canto, canção, cantilena, estribilho (Ter. Phorm. 495); (Cíc. At. 1, 19, 8). II — Sent. figurado: 2) Ninharia, bagatela, tagarelice (Brut. Fam. 11, 20, 2).

Cantilĭus, -ĭ, subs. pr. m. Cantilio, secretário de um pontífice açoitado até morrer (T. Lív. 22, 57, 3).

cantĭō, -ōnis, subs. f. I — Sent. próprio: 1) Canto, canção (Plaut. Bac. 38). II — Daí: 2) Feitiçaria, encantamento (Cíc. Br. 217).

cantĭtō, -ās, -āre, -āvī, -ātum v. freq. iterat. tr. Cantar muitas vêzes, frequentemente (Cíc. Br. 75).

Cantĭum, -ĭ, subs. pr. Câncio, parte da Britânia Romana, hoje a região de Kent (Cés. B. Gal. 5, 13, 1).

cantiuncŭla, -ae, subs. f. Pequena canção, cançoneta (Cíc. Fin. 5, 49).

cantō, -ās, -āre, -āvī, -ātum, v. tr. e intr. (freq. de cano com valor intensivo). Intr.: I — Sent. próprio: 1) Cantar (tratando-se de pessoas e animais) (Cíc. Cat. 2, 23). Tr. II — Daí: 2) Celebrar em verso, celebrar (Hor. O. 3, 28, 9). 3) Declamar, recitar (Hor. Sát. 1, 10, 19). 4) Cantar em verso, expor em verso (Hor. O. 3, 1, 4). III — Empregos especiais: 5) Ressoar, tocar (um instrumento): **cantabat tibia ludis** (Ov. F. 6, 659) «ressoava a flauta para os jogos». 6) Praticar cerimônias mágicas, encantar (Verg. Buc. 8, 72).

cantor, -ōris, subs. m. I — Sent. próprio: 1) Cantor, músico (Hor. Sát. 1, 3, 1). Daí: 2) Ator, cômico (Hor. A. Poét. 155). II — Sent. figurado: 3) O que repete constantemente, o que repisa (Cíc. De Or. 1, 236). 4) Panegirista (Cíc. Tusc. 3, 45).

1. cantus, -ūs, subs. m. I — Sent. próprio: 1) Canto (das aves ou das pessoas) (Cíc. Cael. 35). Daí: 2) Som (de um instrumento) (Cíc. Mur. 22). II — Sen. figurado: 3) Poesia, verso, poema (V. Máx. 3, 2, 22). 4) Feitiçaria, encantamento (Ov. Met. 7, 195).

2. cantus, -ī, subs. m. v. **canthus.**

cānŭī, perf. de **canĕō** e **canēsco.**

1. Canulēius, -a, -um, adj. De Canuleio referente a Canuleio (Cic. Rep. 2, 63).

2. Canulēius, -ī, subs. pr. m. Canuleio, tribuno popular (T. Lív. 4, 1, 1).

cānus, -a, -um, adj. I — Sent. próprio 1) Branco, branco prateado (Hor. O. 1, 4, 4). 2) Branco (referindo-se aos cabelos, à barba, à penugem ou plumagem) (Hor. O. 2, 11, 15); (Marc. 4, 36); (Ov. Met. 2, 373). II — Daí, em sent. figurado: 3) Velho, antigo, venerando (Verg. En. 1,292). 4) Aplica-se especialmente para caracterizar a velhice (Catul. 108, 1).

Cānus (Kan-), -ī, subs. pr. m. Cano, nome romano (Cíc. At. 13, 31, 4).

Canusīnī, -ōrum, subs. loc. m. pl. Canusinos, habitantes de Canúsio (Hor. Sát. 1, 10,30).

Canusīnus, -a, -um, adj. Canusino, de Canúsio (Cíc. At. 1, 13,1).

Canusĭum, -ī, subs. pr. n. Canúsio, cidade da Apúlia, hoje Canossa (Cíc. At. 8, 1).

capācĭtās, -tātis, subs. f. 1) Capacidade, possibilidade de conter alguma coisa. 2) Receptáculo (Cíc. Tusc. 1, 61).

Capaneus, -ĕī ou -ĕos, subs. pr. m. Capaneu, homem violento, de altura gigantesca, um dos príncipes de Argos, que marcharam contra Tebas na expedição dos Sete Chefes (Ov. Met. 9, 404).

Capanēius (Capaneus), -a, -um, adj. De Capaneu (Estác. Theb. 12, 545).

capax, -ācis, adj. I — Sent. próprio: 1) Que pode conter, que contém, que tem capacidade, espaçoso, amplo (Hor. Epo. 9, 33). II — Sent. figurado: 2) Capaz, digno, idôneo (Tác. Hist. 1, 49). 3) Insaciável, ávido (Cíc. Or. 104).

capēdō, -ĭnis, subs. f. v. **capis.**

capeduncŭla, -ae, subs. f. Pequeno vaso de uma só asa, usado nos sacrifícios (Cíc. Nat. 3, 43).

1. capēlla, -ae, subs. f. I — Sent. próprio: 1) Cabrita, cabra (Verg. Buc. 7, 3). II — Sent. fiugrado: 2) Prenúncio de estação chuvosa com o aparecimento da estrêla Cabra (Ov. F. 5, 113).

2. Capēlla, -ae, subs. pr. m. Capela. 1) Nome de um poeta do século de Augusto (Ov. P. 4, 16, 36). 2) Sobrenome de um **Statilius** (Suet. Vesp. 3).

Capelliānus, -a, -um, adj. Capeliano, relativo a um Capela (Marc. 11, 31, 17).

Capēna, -ae, subs. pr. f. Capena, cidade da Itália, na Etrúria, à margem direita do Tibre (T. Lív. 22, 1, 10).

Capēnas, -ātis, adj. De Capena (T. Lív. 5, 16, 2); (Cic. Flac. 71).

Capenātes, -um, subs. loc. m. Os habitan-

tes de Capena, os capenates (T. Liv. 26, 11, 9).
Capēnus, -a, -um, adj. De Capena (Verg. En. 7, 697): **porta Capēna** (Cíc. Tusc. 1, 13) «a porta Capena» (situada ao sul de Roma, na Via Ápia).
caper, -prī, subs. m. I — Sent. próprio: 1) Bode (Verg. Buc. 7, 7). II — Sent. figurado: 2) Mau cheiro das axilas (Catul. 69, 6). Em astronomia: 3) A constelação do Capricórnio (Manil. 2, 178).
capēssō, -is, -ĕre, -sīvī, -sĭtum, v. tr. I — Sent. próprio: 1) Procurar apanhar, procurar alcançar, procurar tomar (Verg. En. 4, 346). II — Daí: 2) Tomar, agarrar, apanhar (Verg. En. 3, 234). 3) Empreender (sent. físico e moral) (Cíc. Of. 1, 71). 4) Emprêgo especial: se capessere (arc.), dirigir-se para, ir, partir para (Plaut. Amph. 262). Obs.: Constrói-se, geralmente, com acus. Formas contratas: **capessisse** (T. Lív. 10, 5, 4): **capessisset** (Tác. An. 13, 25).
Capētus, -ī, subs. pr. m. Cápeto Sílvio, rei de Alba (T. Lív. 1, 3, 8).
1. **Caphārēus, -a, -um,** adj. De Cafaréu (Ov. Trist. 5, 7, 36).
2. **Caphārĕus, -a, -um,** adj. O mesmo que o precedente (Prop. 3, 7, 39).
3. **Caphāreus (Caphĕreus), -ĕī,** ou **-ĕos,** subs. pr. m. Cafareu, promontório da Eubéia (Verg. En. 11, 260).
Caphāris, -ĭdis, adj. De Cafareu (Sên. Herc. Oet. 805).
capillātus, -a, -um, adj. I — Sent. próprio: 1) Que tem cabelos, de cabelos compridos (Cíc. Agr. 2, 59). II — Daí: 2) Fino como cabelo (Plín. H. Nat. 19, 98).
capillus, -ī, subs. m. I — Sent. próprio: 1) Cabelo (sing. coletivo) (Cés. B. Gal. 5, 14, 3); plural: (Cíc. Pis. 25). II — Daí: 2) Pêlo da barba (Suet. Ner. 1). 3) Pêlo dos animais (Col. 9, 10, 1).
capĭō, -is, -ĕre, cēpī, captum, v. tr. I — Sent. próprio: 1) Apanhar, tomar nas mãos, agarrar (com idéia acessória de conter): **cape saxa manu** (Verg. G. 3, 420) «toma nas mãos as pedras». Daí: 2) Conter (sent. próprio e figurado) (Cíc. Phil 2, 16). II — Sent. figurado: 3) Conter, conceber, compreender (Cíc. Mil. 87). 4) Ser capaz de (Sen. Ep. 47, 2). 5) Aprisionar, fazer prisioneiro (Cíc. Verr. 5, 72). 6) Tomar, apoderar-se, tomar à fôrça, ocupar (Cés. B. Civ. 3, 59, 2). 7) Adquirir, obter: ...**consulatum** (Cíc. Pis. 3) «obter o consulado». 8) Ocupar (Cés. B. Gal. 7, 62, 8). 9) Escolher, receber, alcançar (Cés. B. Gal. 5, 9, 1). Na língua jurídica: 10) Receber (por testamento, doação ou legado), possuir (Cíc. At. 1, 20, 7). 11) Seduzir, cativar, enganar (Cíc. Tusc. 5, 31). 12) Passivo: Estar doente, padecer, sofrer, suportar (Cíc. Ac. 2, 66). Daí: 13) Estar privado da utilização de um órgão) (Cíc. Tusc. 5, 117). 14) Tomar, retomar, perceber (sent. fig.) (Cíc. Phil. 3, 29); (Cés. B. Gal. 7, 26, 3). Obs.: Formas arcaicas: **capso** = **cepero** (Plaut. Bac. 712); **capsit** = **ceperit** (Plaut. Ps. 1022); **capsimus** = **ceperimus** (Plaut. Rud. 304).
capis, -ĭdis, subs. f. Vaso ou taça de uma só asa, usado nos sacrifícios (T. Lív. 10, 7, 10).
capĭssō = **capĕsso.**
capistrō, -ās, -āre, -ātum, v. tr. Pôr o cabresto em, açaimar (Ov. Her. 2, 80).
capistrum, -ī, subs. n. I — Sent. próprio: 1) Mordaça (Verg. G. 3, 188). II — Sent. figurado: 2) Cabresto (referindo-se a casamento): **maritale capistrum** (Juv. 6, 43) «o cabresto conjugal».
capĭtal, -ālis, subs. n. I — Sent. próprio: 1) Veu que as sacerdotisas trazem na cabeça (nos sacrifícios) (Varr. L. Lat. 5, 130). II — Têrmo de jurisprudência: 2) Crime capital, crime que se expia com a pena de morte (Cíc. Leg. 3, 6). Impess.: 3) **Capital est...** (mais oração infinitiva) «é crime capital...» (T. Lív. 24, 37, 9). Obs.: Há uma forma de nom. «capitale» (Tác. Agr. 2).
capitālis, -e, adj. I — Sent. próprio: 1) Da cabeça, capital (Cíc. Verr. 2, 68). Daí, na língua do Direito: 2) Relativo à pena de morte, que determina a morte (natural ou apenas a morte civil) (T. Lív. 6, 4, 5). II — Sent. figurado: 3) Mortal, fatal, funesto (Cíc. Cat. 2, 3). 4) Principal, de primeira ordem (Cíc. Q. Fr. 2, 11, 4).
capitālĭter, adv. Com perigo de vida, mortalmente, de pena capital (Plín. Ep. 1, 5, 4).
Capitīnus, -a, -um, adj. De Capício (Cíc. Verr. 3, 103).
Capitĭum, -ī, subs. pr. n. Capício, cidade da Sicília (Cíc. Verr. 3, 103).
capĭtō, -ōnis, subs. m. Sent. próprio: 1) O que tem cabeça grande (Cíc. Nat. 1, 80). 2) Epíteto dado aos parasitas (Plaut. Pérs. 60).
Capitōlīnī, -ōrum, subs. m. pl. Sacerdotes capitolinos, encarregados da celebração dos jogos capitolinos (Cíc. Quinct. 2,5,2).
1. **Capitōlīnus, -a, -um,** adj. Capitolino, do

Capitólio (Cíc. Verr. 4, 66); (T. Lív. 5, 50, 4).
2. **Capitōlīnus, -ī,** subs. pr. m. Capitolino, sobrenome romano aplicável a várias pessoas especialmente M. Mânlio Capitolino, que salvou o Capitólio (T. Lív. 3, 12, 2).
Capitōlĭum, -ī, subs. pr. n. Capitólio, uma das sete colinas da Roma republicana, entre o Quirinal e o Tibre (Cíc. Verr. 4, 129).
capitulātim, adv. Sumàriamente (C. Nep. Cat. 3, 4).
capitŭlum, -ī, subs. n. I — Sent. próprio: 1) Cabeça pequena, cabeça (Plaut. Curc. 293). II — Sent. figurado: 2) Pessoa, indivíduo (Plaut. As. 496).
Cappadŏcēs, -um, subs. loc. m. pl. Os capadócios, habitantes da Capadócia (Hor. Ep. 1, 6, 39).
Cappadocĭa, -ae, subs. pr. f. Capadócia, região do centro da Ásia Menor (Cíc. Agr. 2, 55).
Cappădox, -ŏcis, I — Subs. pr. m. Capadoce, rio da Ásia, que deu nome à Capadócia (Plín. H. Nat. 6, 9). II — Adj.: da Capadócia (Cíc. Sen. 14).
capra, -ae, subs. f. I — Sent. próprio: 1) Cabra (Cíc. Lae. 62). Daí: 2) Capricórnio (constelação) (Hor. O. 3, 7, 6). II — Por analogia; 3) Catinga, mau cheiro das axilas (Hor. Ep. 1, 5, 29).
Caprae Palus, subs. pr. O Pântano da Cabra, situado, durante a época real, no centro do Campo de Marte (T. Lív. 1, 16, 1).
caprĕa, -ae, subs. f. 1) Cabra montês (Hor. O. 3, 15, 12). 2) Em expressão proverbial: **jungere capreas lupis** (Hor. O. 1, 33, 8) «cruzar as cabras com os lôbos» (quando se quer fazer referência a uma coisa impossível).
Caprĕae, -ārum, subs. pr. f. pl. Capri, ilhota do mar Tirreno, muito escarpada, onde Tibério mandou construir um palácio (Tác. An. 4,67).
capreāgĭnus, -a, -um, adj. Da raça das cabras (Plaut. Ep. 18).
capreŏlus (**caprĭŏlus**), **-ī,** subs. m. I — Sent. próprio: 1) Cabrito montês (Verg. Buc. 2,41). Daí: 2) Enxada de dois dentes, lembrando os chifres do cabrito montês (Col. 11, 3, 46). II — Sent. figurado: 3) Caibro, suporte (Cés. B. Civ. 2, 10, 3).
Capricŏrnus, -ī subs. pr. m. O Capricórnio, signo do Zodíaco (Cíc. Arat. 91).
caprĭfĭcus, -ī, subs. f. Figueira brava (Hor. Epo. 5, 17).

caprigĕnus, -a, -um, adj. Caprigeno, nascido de uma cabra (Verg. En. 3, 221).
caprimŭlgus, -ī, subs. m. Cabreiro, o que ordenha as cabras (Catul. 22, 10).
Caprīnĕus, -ī, subs. pr. m. O Caprineo, apelido dado a Tibério, por não deixar a ilha de Capri (Suet. Tib. 43).
caprīnus, -a, -um, adj. I — Sent. próprio: 1) Caprino, de cabra (Cíc. Nat. 1, 82). II — Na expressão: **de lana caprina** (Hor. Ep. 1, 18, 15) "ninharia, bagatela".
caprĭŏlus, v. **capreŏlus.**
capripēs, -pĕdis, adj. Que tem pés de cabra, caprípede (Hor. O. 2, 19, 4).
Caprĭus, -ī, subs. pr. m. Cáprio, nome de homem (Hor. Sát. 1, 4, 66).
1. **capsa, -ae,** subs. f. I — Sent. próprio: 1) Caixa de madeira, funda e de forma circular, que serve para conter e transportar livros (os papiros) (Hor. Sát. 1, 4, 22). II — Daí: 2) Caixa para conservar frutas (Marc. 11, 8).
2. **Capsa, -ae,** subs. pr. f. Capsa, cidade da Numídia (Sal. B. Jug. 89,4).
capsārĭus, -ī, subs. m. Escravo encarregado de levar a capsa de seu senhor, ou os livros dos meninos que vão à escola (Suet. Ner. 36).
Capsēnsēs, -ĭum, ou **Capsentīnī, -ōrum,** subs. loc. m. pl. Capsenses, habitantes de Capsa (Sal. B. Jug. 89, 6).
capsim = **ceperim,** perf. subj. de **capio.**
capsis, -it = **ceperis, -it,** fut. perf. de **capio** (Plaut. Ps. 1022).
capsō = **cepĕro,** fut. perf. de **capio.**
capsŭla, -ae, subs. f. Caixinha, cofrezinho (Catul. 68, 36).
Capta, -ae, subs. pr. f. Capta, sobrenome de Minerva (Ov. F. 3, 837).
captātĭō, -ōnis, subs. f. I — Sent. próprio: 1) Ação de apanhar, captação (Plín. H. Nat. 20,160). II — Daí: 2) Ação de surpeender, procurar (Cíc. Part. 81).
captātor, -ōris, subs. m. I — Sent. próprio: 1) Captador, o que procura ou anda à caça de alguma coisa (T. Lív. 3, 33, 7). II) Daí: 2) O que anda à caça de herança, caçador de herança (Hor. Sát. 2, 5, 57).
captātus, -a, -um, part. pass. de **capto.**
captĭō, -ōnis, subs. f. I — Sent. próprio: 1) Ação de tomar posse de alguma coisa, agarrar (A. Gél. 7, 10, 3). Daí: 2) Cilada, armadilha, engano (Cíc. Quinct. 53). II — Sent. figurado: 3) Sutileza, sofisma (Cíc. Div. 2, 41).
captĭōsē, adv. Capciosamente, de modo capcioso (Cíc. Ac. 2, 94).

captiōsus, -a, -um, adj. 1) Capcioso, enganador (Cíc. Com. 29). 2) Sofístico, de sofisma (Cíc. Com 52). 3) **Captiōsa, -ōrum** (Cíc. Fin. 1, 22): sofismas.
captiuncŭla, -ae, subs. f. Sutileza, astúcia (Cíc. At. 15, 7).
captīva, -ae, subs. f. Cativa, escrava (Eutr. 1, 7).
captīvĭtās, -ātis, subs. f. 1) Cativeiro, escravidão (Tác. An. 12, 51). 2) Conjunto dos prisioneiros (Tác. An. 11, 23).
1 captīvus, -a, -um, adj. I — Sent. próprio: 1) Prisioneiro, cativo (falando dos homens e dos animais) (Cíc. Verr. 5, 69). II — Sent. figurado: 2) Cativo (do amor) (Ov. Am. 1, 2, 30). III — Sent. poético: 3) De prisioneiro (Verg. En. 10, 520).
2. captīvus, -ī, subs. m. Prisioneiro, prisioneiro de guerra. (Cíc. Fam. 5, 11).
captō, -ās, -āre, -āvī, -ātum, v. tr. freq. (iterat. de **capio**). I — Sent. próprio: 1) Procurar apanhar, fazer por tomar: **laqueis captare feras** (Verg. G. 1, 139) «procurar apanhar as feras com laços» II — Sent. figurado: 2) Apanhar, tomar: **frigus captabis opacum** (Verg. Buc. 1, 52) «tomarás o fresco e a sombra». 3) Cobiçar, ambicionar, procurar obter (Ov. Trist. 1, 75). 4) Captar, granjear fazer a côrte a (Hor. Sát. 2, 5, 23). III — Empregos especiais: 5) Espiar, espreitar (Cíc. Har. 55). 6) Procurar apanhar em flagrante, surpreender (Cíc. Ac. 2, 94). Obs.: — Constrói-se com acus. e or. inf., podendo ser usado intransitivamente no sentido de fazer caça aos testamentos ou às heranças (Marc. 8, 38, 3).
captūra, -ae, subs. f. I — Sent. próprio: 1) Ação de tomar, apanhar, tomada, captura (Plín. H. Nat. 19, 10). Daí: 2) Prêsa, o que se apanha na caça ou na pesca (Plín. H. Nat. 35, 99). II — Sent. figurado: 3) Ganho, lucro inescrupuloso (V. Máx. 9, 4, 1). 4) Salário, jornal (V. Máx. 6, 9, 8).
1. captus, -a, -um, part. pass. de **capio**.
2. captus, -ūs, subs. m. I — Sent. próprio: 1) Tomada, faculdade de apanhar, ação de apanhar (V. Máx. 3, 3, 7). II — Sent. figurado: 2) Capacidade (sent. físico e moral), poder de compreensão, alcance do espírito (Cés B. Gal. 4, 3, 3).
Capŭa, -ae, subs. pr. f. Cápua, cidade da Campânia, na Via Ápia, fundada pelos etruscos (Cíc. Agr. 1, 18).
capŭdō, -ĭnis, subs. f. Vaso para os sacrifícios (Cíc. Par. 11).

capŭlus, -ī, subs. m. e **capŭlum, -ī,** subs. n. I — Sent. próprio: 1) Cabo (de uma arma), punho (da espada) (Verg En 2, 553). 2) Rabiça (do arado) (Ov. P. 1, 8, 67).
caput, -pĭtis, subs. n. I — Sent. próprio: 1) Cabeça (do homem ou dos animais) (Hor. Ep. 1, 1, 76); (Cíc. C. M. 34). II — Daí: 2) Pessoa, indivíduo (Hor. Sát. 2, 1, 27). 3) Vida, existência (Cíc. Of. 3, 107). III — Sent. figurado: 4) Cimo, parte superior, extremidade (de um objeto), ponta (Verg. En. 9, 678). 5) Fonte, origem, ponto de partida (Cíc. De Or., 1, 195). 6) Pessoa principal, chefe, cabeça (T. Lív. 8, 19, 13). 7) O essencial, a parte principal (falando de coisas) (Cíc. Pis. 47). 8) Capital (de cidade) (T. Lív. 6, 9, 1). Obs.: abl.: **capiti**, em Verg. (En. 7, 668) e Catulo (68, 124).
caputālis, v. **capitālis.**
Capys, -ўos (-ўis), subs. pr. m. Cápis. 1) filho de Assáraco e pai de Anquises (Ov. F. 4, 34). 2) Nome de um companheiro de Enéias (Verg. En. 1, 183). 3) Um dos reis de Alba (T. Lív. 1, 3, 8). 4) Um dos fundadores de Cápua (Verg. En. 10, 145). 5) Nome de um rei de Cápua (T. Lív. 4, 37, 1).
Cār, -is, subs. pr. m. Cáris ou Care, herói epônimo da Cária, que inventou a ciência de adivinhar os augúrios pelo vôo das aves (Plín. H. Nat. 7, 203).
Caracălla, -ae, subs. pr. m. Caracala, nome de um imperador romano (Eutr. 8, 20).
Carălēs, -ĭum, subs. pr. f. Cáralis, capital da Sardenha (T. Lív. 23, 40, 8).
Caralĭtānī, -ōrum, subs. loc. m. Caralitanos, habitantes de Cáralis (Cés. B. Cív. 1, 30, 3).
Caralĭtānus, -a, -um, adj. De Cáralis (T. Lív. 27, 6, 14).
Caralītis, -is, subs. pr. f. Caralitis, pântano da Pisídia, na Ásia Menor (T. Lív. 38, 15, 2).
Carănus, -ī, subs. pr. m. Cárano, primeiro rei da Macedônia (T. Lív. 45, 9, 3).
Caratăcus, -ī, subs. pr. m. Carátaco, rei dos siluros (Tác. An. 12, 33).
Caravandis, -ĭdis, subs. pr. f. Caravândis, cidade da Iliria (T. Lív. 44, 30, 9).
Caravantĭus, -ī, subs. pr. m. Caravâncio, nome de um ilírio (T. Lív. 44, 30, 9).
carbasĕus, (-sinĕus, -sĭnus), -a, -um, adj. De linho fino (Cíy. Verr. 5, 30).
carbăsus, -ī, subs. f. (**carbăsa, -ōrum,** n. pl. — freqüente a partir de Ovídio). I — Sent. próprio: 1) Tecido de linho fino, cárbaso, e daí: 2) Vestido de linho

CARBATĬNUS — 161 — **CARISTĬA**

(Verg. En. 8, 34). II — O que se faz com o linho: 3) Vela de navio (Ov. Met. 6, 233). 4) Cortina (de teatro) (Lucr. 6, 109). Obs.: — Como adj. — **carbasalina** (Prop. 4, 3, 64) «linho fino». Aparece como masculino em V. Máx. (1, 1, 7), e como neutro em Plínio (Pan. 12, 33).

carbatĭnus, v. carpatĭnus.

1. carbō, -ōnis, subs. m. I — Sent. próprio: 1) Carvão (vegetal), brasa (Cíc. Of. 2, 25). II — Sent. figurado: 2) Sinal de infâmia (feito a carvão), e daí: descrédito, censura: **mox haec carbone notasti** (Pérs. 5, 108) «logo marcaste isto a carvão», i. é, «censuraste».

2. Carbō, -ōnis, subs. pr. m. Carbão, sobrenome dos Papírios (Cíc. Fam. 9, 21, 3).

Carcăsō, -ōnis, subs. pr. f. Carcassona, cidade da Gália Narbonense (Cés. B. Gal. 3, 20, 2).

carcer, -ĕris, subs. m. I — Sent. próprio: 1) Recinto fechado, barreiras que formam a pista dos carros, recinto donde partem os carros numa corrida (na prosa — pl.) (Cíc. Br. 173). Daí: 2) Prisão (Cíc. Nat. 2, 6). II — Sent. figurado: 3) Ponto de partida (Cíc. C. M. 83). Por sinédoque: 4) O que encerra a prisão, i. é, os prisioneiros, ladrões, bandidos, delinqüentes (Cíc. Pis. 16).

Carchēdonĭus, -a, -um, adj. Cartaginês, natural de Cartago (Plaut. Poen. 53).

carchēsĭum, -ī, subs. n. I — Sent. próprio: 1) Copo para beber (Verg. G. 4, 380). II — Daí: 2) Cêsto da gávea de um navio (Luc. 5, 418). 3) Cabrestante, espécie de guindaste para levantar grandes pesos (Vitr. 10, 2, 10).

carcinōma, -ătis, subs. n. I — Sent. próprio: 1) Cancro (doença) (Cels. 5, 28, 2). II — Sent. figurado: 2) Chaga (Suet. Aug. 65).

Carcĭnos, (-nus), -ī, subs. m. O Câncer, signo do zodíaco (Luc. 9, 536).

Cardăcae (Cardăces), -ārum, (-um), subs. m. pl. Cárdaces, milicia persa aguerrida, mas dada à pilhagem (C. Nep. Dat. 8, 2).

cardĭăcus, -ī, subs. m. Doente do estômago (Cíc. Div. 1, 81).

1. cardō, -ĭnis, subs. m. I — Sent. próprio: 1) Gonzo, couceira (Verg. En. 1, 449). Sent. diversos: 2) Polo (Norte e Sul), ponto cardial, linha transversal traçada do norte ao sul: **cardines temporum** (Plín. H. Nat. 18, 218) «as quatro estações». 3) Linha de demarcação (T. Liv. 37, 54, 23). II — Sent. figurado: 4) Ponto capital (de um assunto), conjuntura (Verg. En. 1, 672).

2. Cardō, -ōnis, subs. pr. f. Cardo, cidade da Hispânia Ulterior. (T. Liv. 33,21).

cardŭus, -ī, subs. m. Cardo, alcachofra (Verg. G. 1, 151).

cārē, adv. Caro, de alto valor (Varr. R. Rust. 3, 5, 2). Obs.: — comp. **carĭus** (Cíc. Dom 115), superl. **carissĭme** (Sên. Ep. 42, 6).

cărēctum (caroectum), -ī, subs. n. Terreno cheio de tabua (planta), tabual (Verg. Buc. 3, 20).

carĕō, -ēs, -ēre, -ŭī, v. intr. I — Sent. próprio: 1) Ter falta de alguma coisa, não ter, estar privado ou isento de algo (Cíc. Br. 279). II — Daí: 2) Passar sem, abster-se de, sentir falta de (Cíc. Tusc. 1, 87). Obs.: — Constrói-se com abl., raramente com gen. ou acus. Part. fut.: **caritūrus** (Ov. Met. 2, 222).

Cārēs, -um, subs. loc. m. Cários, habitantes da Cária (Cíc. Flac. 65).

cārex (carix), -ĭcis, subs. f. Tábua (planta) (Verg. G. 3,231).

Carfulēnus, -ī, subs. pr. m. Carfuleno, nome de um senador (Cíc. Phil. 3, 23).

Cărĭa, -ae, subs. pr. f. Cária, província da Ásia Menor (Cíc. Flac. 65).

cărĭca, -ae, subs. f. Qualidade de figo (vindo da Cária) (Cíc. Div. 2, 84).

carĭcĕus, -a, -um, v. carĭōsus.

carĭēs, -ī, subs. f. Podridão (Ov. Trist. 5, 12, 27). Obs.: Só usado no nom., acus. e abl. sg.

carīna, -ae, subs. f. I — Sent. próprio: 1) Casca de noz (pròpriamente as duas partes ôcas da casca de noz) (Plín. H. Nat. 15, 88). II — Daí, por analogia: 2) Quilha de navio (pela semelhança com a metade da casca de noz) (Cés. B. Gal. 3, 13, 1). 3) Navio (Verg. G. 1, 303).

Carīnae, -ārum, subs. pr. f. As Carinas, bairro muito populoso de Roma (Cíc. Q. Fr. 2, 3, 7).

carīnātus, -a, -um, part. pass. de **carīno**.

carīnō, -ās, -āre, v. tr. Dispor em forma de quilha (Plín. H. Nat. 9, 103).

carĭōsus, -a, -um, adj. I — Sent. próprio: 1) Apodrecido, podre (Cat. Agr. 5, 6). II — Sent. figurado: 2) Decrépito, arruinado (Ov. Am. 1, 12, 29).

carĭōta, v. caryōta.

cāris, -ĭdis, subs. f. Espécie de caranguejo (Ov. Hal. 132).

caristĭa, -ōrum, v. charistĭa.

cārĭtās, -tātis, subs. f. 1) Ternura, afeição, amor (Cíc. Of. 3, 100). 2) Carestia, alto preço (Cíc. Of. 3,50).
carĭtūrus, -a, -um, part. fut. de **carĕo.**
Carmēlus, -ī, subs. pr. m. 1) Carmelo, monte da Judéia (Tác. Hist. 2, 78). 2) Carmelo, deus adorado no monte Carmelo, na Judeia (Tác. Hist. 2, 78).
carmen, -ĭnis, subs. n. I — Sent. próprio: 1) Tudo que é escrito em verso, fórmula ritmada, fórmula mágica, fórmula solene (religiosa ou jurídica) (Cíc. Mur. 26). 2) Palavras mágicas, predição (Verg. Buc. 9, 69). 3) Poema, especialmente poesia lírica ou épica (Cíc. Br. 71), donde: **malum carmen** (Hor. Ep. 2, 1, 153) ou **carmen famosum** (Hor. Ep. 1, 19, 31) «poesia satírica». 4) Divisão de um poema (canto, livro) (Lucr. 6, 937). 5) Canto, som da voz, som de um instrumento (Verg. En. 4, 462).
Carmēnta, -ae (T. Lív. 1, 7, 8) ou **Carmēntis, -is,** subs. pr. f. Carmenta, mãe de Evandro, profetisa muito estimada (Verg. En. 8, 336).
Carmentālĭa, -ium, subs. n. Carmentálias, festas em homenagem a Carmenta (Ov. F. 1, 585).
Carmentālis, -e, adj. De Carmenta, relativo a Carmenta (Cíc. Br. 56).
Carmō, -ōnis, subs. pr. f. Carmo, cidade da Bética (T. Lív. 33, 21, 8).
Carmōnēnsēs, -ium, subs. loc. m. Carmonenses, habitantes de Carmo, cidade da Bética (Cés. B. Civ. 2, 19, 4).
carnārĭus, -ī, subs. m. Grande comedor de carne, grande apreciador de carne (Marc. 11, 100, 6).
Carneădēs, -is, subs. pr. m. Carnéades de Cirene, filósofo grego, fundador da Nova Academia, que combatia o estoicismo (Cíc. De Or. 3, 68).
Carneadēus, (-ĭus), -a, -um, adj. De Carnéades de Cirene (Cíc. Ac. 2, 148); (Cíc. Fin. 5, 16).
carnĭfex (carnŭfex), -ĭcis, subs. m. I — Sent. próprio: 1) Carrasco, algoz (Cíc. Verr. 1, 9). II — Sent. figurado: 2) Carrasco (têrmo de injúria) (Cíc. Pis. 11). III — Sent. poético (adj.): 3) Que tortura, algoz (Marc. 12, 48, 10).
carnĭfĭcātus, -a, -um, part pass. de **carnifico.**
carnificīna (carnuficīna), -ae, subs. f. I — Sent. próprio: 1) Lugar onde se fazem as execuções, patíbulo (T. Lív. 2, 23). 2) Ofício de carrasco (Plaut. Capt. 132). II — Sent. figurado: 3) Tortura (Cíc. Tusc. 5, 78).

carnĭfĭcō, -ās, -āre, v. tr. Executar, decapitar (T. Lív. 24, 15, 5).
carnis, -is, subs. f. v. **caro** (T. Lív. 37, 3, 4).
carnuf- (v. **carnif-**) (arc.).
Carnūtēs, -um, ou **Carnūtī, -ōrum,** subs. loc. m. Carnutos, povo da Gália (Cés. B. Gal. 2, 35, 2); (Plín. H. Nat. 4, 107).
carō, carnis, subs. f. I — Sent. próprio: 1) Pedaço de carne, carne (Cés. B. Gal. 6, 22, 1). II — Sent. metafórico: 2) Polpa (de um fruto) (Plín. H. Nat. 15, 96), III — Sent. figurado: 3) Carne (em oposição ao espírito), o corpo, a matéria (Sên. Ep. 65, 22).
Carpathĭus, -a, -um, adj. De Cárpatos, ilha do mar Egeu (Verg. G. 4, 387); **Carpathium mare:** Mar de Cárpatos (Verg. En. 5, 595).
carpatĭnus, -a, -um, adj. De couro bruto, grosseiro (Catul. 98, 4).
carpēntum, -ī, subs. n. 1) Carruagem de duas rodas (coberta e para uso das mulheres) (T. Lív. 5, 25, 10). 2) Carroça para carga (Palád. 10, 1, 2). 3) Carro do exército (entre os gauleses) (T. Lív. 10, 30, 5).
Carpetānĭa, -ae, subs. pr. f. Carpetânia. território dos carpetanos (T. Lív. 39, 30, 1).
Carpetānī, -ōrum, subs. loc. m. Carpetanos, povo da Ibéria (T. Lív. 21, 5, 7).
carpō, -is, -ĕre, carpsī, carptum, v. tr. I — Sent. próprio: 1) Colhêr, arrancar (Verg. G. 2, 89/90). II — Na língua dos tecelões: carmear, desenredar a lã (Verg. G. 4, 334/335). 2) Daí: desfiar, rasgar, separar (sent. físico e moral), cortar, recortar (Cíc. De Or. 3, 190). Na língua comum: 3) Colhêr, gozar, recolher (Hor. O. 1, 11, 8). III — Empregos especiais: 4) Consumir, enfraquecer, atormentar (Cés. B. Civ. 1, 78, 5). 5) Censurar, atacar (Cic. Q. Fr. 2, 3, 2). Na língua militar: 6) Cansar o inimigo por ataques repetidos, perseguir (Cés. B. Civ. 1, 78, 5).
carpsī — perf. de **carpo.**
carptim, adv. Colhendo daqui e dali, por parcelas, por grupos (Sal. C. Cat. 4, 2); (Tác. Hist. 4, 46).
carptor, -ōris, subs. m. Trinchador (escravo que trincha a carne) (Juv. 9, 109).
carptus, -a, -um, part. pass. de **carpo.**
Carrae, -ārum, subs. pr. f. Carras, cidade da Assíria (V. Máx. 1, 6, 11).
Carrīnās, -ātis, subs. pr. m. Carrinas, nome de um retor (Juv. 7, 205).
carrūca (carrucha), -ae, subs. f. Carro (de origem gaulesa) (Marc. 3, 62, 5).

carrus, -i, subs. m. Carro (de quatro rodas), carroça (Cés. B. Gal. 1, 26, 3).
Carseolānus, -a, -um, adj. De Carséolos, cidade do Lácio (Ov. F. 4, 710).
Carseŏlī, -ōrum, subs. pr. m. pl. Carséolos, cidade do Lácio (T. Lív. 10, 3, 2).
Carsŭlae, -ārum, subs. pr. f. Cársulas, cidade da Úmbria (Tác. Hist. 3, 60).
carta e seus derivados, v. **charta.**
Cartāgo, v. **Carthāgo.**
Cartēïa, -ae, subs. pr. Cartéia. 1) Cidade da Bética (Cíc. At. 12, 44, 4). 2) Cidade da Hispânia Tarraconense (T. Lív. 21, 5).
Cartēïānus, -a, -um, adj. De Cartéia (Plín. H. Nat. 3, 17).
Carthaeus (-thēius), -a, -um, adj. De Cartéia de Céos (Ov. Met. 10, 109); (Ov. Met. 7, 358).
Carthāginiēnsēs, -ium, subs. loc. m. Os cartagineses (Cíc. Agr. 1, 2, 5).
Carthāginiēnsis (Kar-), -e, adj. Cartaginês, referente a Cartago (T. Lív. 24, 48).
Carthāgo (Karthāgo), -ĭnis, subs. pr. f. Cartago. 1) Colônia fenícia, na costa norte da África, fundada, segundo a lenda, por Dido (Cíc. Or. 160). 2) Nome de uma filha de Hércules (Cíc. Nat. 3, 42). Obs. Loc.: **Carthagini** (Cíc. Agr. 2, 90) «em Cartago».
Cartima, -ae, subs. pr. f. Cártima, cidade da Bética (T. Lív. 40, 47).
Cartismandŭa, -ae, subs. pr. f. Cartismândua, rainha dos Brigantes (Tác. An. 12, 36).
carūca, v. **carrūca.**
carŭi, perf. de **careo.**
caruncŭla, -ae, subs. f. Bocadinho de carne (Cíc. Div. 2, 52).
1. **cārus, -a, -um,** adj. 1) Querido, caro, estimado (Cíc. Fam. 1, 7, 1). 2) Caro, de alto preço, custoso (Cíc. Div. 2, 593). Obs.: comp. **carĭor** (Cíc. Div. 2, 593); superl. **carissĭmus** (Cíc. Dom. 14).
2. **Cārus, -i,** subs. pr. m. Caro. 1) Nome de um poeta da época de Augusto (Ov. P. 4, 16, 9). 2) Sobrenome de Lucrécio.
Carventāna Arx, subs. pr. f. A cidadela de Carvento, no Lácio (T. Lív. 4, 53, 9).
Carvilĭus, -i, subs. pr. m. Carvílio. 1) Rei bretão (Cés. B. Gal. 5, 22, 1). 2) Nome romano (Cíc. De Or. 2, 61).
Carȳae, -ārum, subs. pr. f. Cárias, povoado da Lacônia (T. Lív. 34, 36, 9).
Carȳatĭdēs, -um, subs. pr. f. Cariátides. 1) Sacerdotisas de Diana, no povoado de Cárias (Plín. H. Nat. 36, 38). 2) Cariátides, estátuas de mulher que em arquitetura servem de colunas (Vitr. 1, 1, 5).
Carȳbdis, v. **Charȳbdis.**
caryōta, -ae (caryōtis, -ĭdis) subs. f. Tâmara (Marc. 11, 31, 10).
Carystĭus (-ēus), -a, -um, adj. De Caristo (Ov. F. 4, 282).
Carȳstus, -i, subs. pr. f. Caristo. 1) Cidade da Eubéia (T. Lív. 32, 16). 2) Cidade da Ligúria (T. Lív. 42, 7, 3).
casa, -ae, subs. f. I — Sent. próprio: 1) Cabana, choupana (Verg. Buc. 2, 29). 2) Tenda, barraca (de soldados) (Cés. B. Gal. 5, 43, 1).
Casca, -ae, subs. pr. m. Casca, sobrenome da «gens» Servília (Cíc. At. 13, 44, 3).
Cascellĭus, -i, subs. pr. m. Aulo Cascélio, famoso jurisconsulto, contemporâneo de César e Augusto (Hor. A. Poét. 371).
cascus, -a, -um, adj. Antigo, velho (Cíc. Tusc. 1, 27).
cāsĕus, -i, subs. n. **(casĕum, -i,** subs. m.) 1) Queijo (Cés. B. Gal. 6, 22, 1). 2) Têrmo de carinho (Plaut. Poen. 367). Obs.: O masculino **caseus** é a forma preferida.
casĭa, -ae, subs. f. 1) Caneleira (Plaut. Curc. 103). 2) Lauréola (planta) (Verg. G. 2, 213).
Casilinēnsēs, -ium, subs. loc. m. pl. Casilinenses, habitantes de Casilino (Cíc. Inv. 2, 171).
Casilīnum, -i, subs. pr. n. Casilino, cidade da Campânia (Cíc. Phil. 2, 102).
Casinās, -ātis, adj. De Casino (Cíc. Agr. 3, 14).
Casīnum, -i, subs. pr. n. Casino, cidade do Lácio (Cíc. Phil. 2, 103).
cāso = v. **casso.**
Casperĭa, -ae, subs. pr. f. Caspéria, cidade da Sabina (Verg. En. 7, 714).
Caspĭum Mare, subs. pr. n. Mar Cáspio (Plín. H. Nat. 6, 39).
Caspĭus, -a, -um, adj. 1) Cáspio, do mar Cáspio (Verg. En. 6, 798). 2) **Caspiae Pylae,** ou **Caspiarum claustra,** ou **Caspiae portae:** Portas Cáspias, desfiladeiro do monte Taurus (P. Mel. 1, 81); (Tác. Hist. 1, 6); (Luc. 8, 222).
Cassāndra, -ae, subs. pr. f. Cassandra, filha de Hécuba e Príamo, de grande beleza. Apolo enamorou-se dela, concedendo-lhe o dom da profecia (Verg. En. 2, 246).
Cassandreus, -ĕi, subs. pr. m. O Cassandreu Apolodoro, o tirano de Cassandréia (Ov. P. 2, 9, 43).

Cassandrus (Cassander), -drī, subs. pr. m. Cassandro: 1) Príncipe da Macedônia (Just. 12, 14, 1); (C. Nep. Eum. 13, 3). 2) Astrônomo célebre (Cíc. Div. 2, 88).

cassēs, -ĭum, v. cassis 2.

Cassī, -ōrum, subs. loc. m. Cassos, povo da Bretanha (Cés. B. Gal. 5, 21, 1).

Cassĭa Via, subs. pr. f. A via Cássia, em Roma (Cíc. Phil. 12, 22).

Cassĭa Lex, subs. pr. f. A lei Cássia (Cíc. Leg. 3, 35).

Cassiānus, -a, -um, adj. De Cássio (Cíc. Mil. 32); (Cés. B. Gal. 1, 13, 2).

cassĭda, -ae, subs. f. Capacete de metal (Verg. En. 11, 774).

Cassin-, v. **Casin-**.

1. **Cassiŏpē**, -ēs (**Cassiepĭa**), subs. pr. f. Cassiopeia, mulher de Cafeu, rei da Etiópia e mãe de Andrômeda (Ov. Met. 4, 738).

2. **Cassiŏpē**, -ēs, subs. pr. f. Cassiopéia, cidade da Corcira (Cíc. Fam. 16, 9, 1).

1. **cassis**, -ĭdis, subs. f. I — Sent. próprio: 1) Capacete de metal (Cés. B. Gal. 7, 45, 2). II — Sent. figurado: 2) Guerra (Juv. 7, 33).

2. **cassis**, -is, subs. m. (**cassēs**, -ĭum, m. pl.). I — Sent. próprio: 1) Rêde, armadilha de rêde (para caça ou pesca) (Marc. 3, 58, 28). Daí: 2) Teia de aranha (Verg. G. 4, 24). II — Sent. figurado: 3) Ciladas (Tib. 1, 6, 5). Obs.: O sg. é raro (Ov. A. Am. 3, 554).

Cassĭus, -ī, subs. pr. m. Cássio, nome romano. Destacam-se: 1) Caio Cássio, assassino de César (Cíc. At. 5, 21, 2). 2) Cássio de Parma, nome de um poeta (Hor. Ep. 1, 4, 3).

Cassivellaunus, -ī, subs. pr. m. Cassivelauno, chefe bretão (Cés. B. Gal. 5, 11, 8).

1. **casso** = quasso.

2. **cassō**, -ās, -āre, v. intr. Vacilar, estar a ponto de cair (Plaut. Mil. 956).

cassum, adv. Sem motivo, sem razão (Sên. Herc. Oet. 353).

cassus, -a, -um, adj. I — Sent. próprio: 1) Vazio (Hor. Sát. 2, 5, 36). II — Sent. figurado: 2) Vão, inútil (Verg. En. 12, 780). Donde a expressão: 3) **in cassum frustraque** (Lucr. 5, 1428) «vàmente e sem resultado». Obs.: Com abl.: privado de: **cassum lumine corpus** (Lucr. 5, 178) «corpo privado de luz».

Castalĭa, -ae, subs. pr. f. Castália, nome de uma fonte da Beócia consagrada a Apolo e às Musas. (Verg. G. 3, 293).

Castalĭus, -a, -um, adj. De Castália, referente à fonte Castália (Ov. A. Am. 1, 15, 36).

castanĕa, -ae, subs. f. 1) Castanha (Verg. Buc. 1, 82). 2) Castanheiro (Col. 5, 10, 14).

castanĕus, -a, -um, adj. De castanheiro (Verg. Buc. 2, 52).

castē, adv. I — Sent. próprio: 1)Honestamente, virtuosamente, segundo os rituais (Cíc. Fin. 4, 63). II — Sent. figurado: 2) Puramente, castamente (Cíc. Br. 330). 3) Religiosamente, puramente (Cíc. Leg. 2, 24).

castellānī, -orum, subs. m. pl. Guarnição do castelo fortificado (T. Lív. 38, 45, 9).

castellānus, -a, -um, adj. Que se refere ao castelo fortificado, do castelo fortificado (Cíc. Br. 256).

castellātim, adv. À maneira de praças fortes, i. é, em pequenos grupos isolados, em pequenos montes (T. Lív. 7, 36, 10).

castēllum, -ī, subs. n. I — Sent. próprio: 1) Fortaleza, campo fortificado (Cés. B. Gal. 1, 8, 2). II — Sent. figurado: 2) Abrigo, caverna (Cíc. Pis. 11). 3) Aldeia nas montanhas (Verg. G. 3, 475). Obs.: **Castellŭm** é pròpriamente o dim. de **castrum**. V. esta palavra.

castĭgātē, adv. 1) Com reserva, com moderação, com recato (Sên. Contr. 6, 8). 2) Concisamente (Macr. Somn. 1, 6).

castĭgātĭō, -ōnis, subs. f. I — Sent. próprio: 1) Repreensão, castigo (Cíc. Tusc. 4, 45). II — Sent. figurado: 2) Apuro de estilo, cuidado em castigar o estilo (Macr. Sát. 2, 4, 12).

castĭgātor, -ōris, subs. m. Castigador, o que castiga ou repreende, censor (T. Lív. 1, 59, 4).

castĭgātus, -a, -um. I — Part. pass. de **castīgo**. II — Adj.: 1) De linhas puras, regular (tratando-se de beleza) (Ov. Am. 1, 5, 21). 2). Estrito, contido (A. Gél. 4, 20, 1).

castĭgō, -as, -āre, -āvī, -ātum, v. tr. 1) Repreender, censurar (Cíc. Tusc. 3, 64). 2) Castigar, punir, corrigir (Quint. 2, 2, 5). 3) Conter, reprimir (T. Lív. 39, 25, 13).

castimōnĭa, -ae, subs. f. 1) Pureza de costumes, moralidade (Cíc. Cael. 11). 2) Continência, castidade de corpo (Cíc. Leg. 2, 2, 4).

castĭtās, -tātis, subs. f. 1) Pureza de costumes (A. Gél. 15, 18, 2). 2) Castidade (principalmente das mulheres) (Cíc. Leg. 2, 29).

castitūdō, -ĭnis, subs. f. v. **castĭtas** (Ac. Tr. 585).
1. Castor, -ŏris, subs. pr. m. Castor, filho de Leda e irmão de Pólux (Cíc. Nat. 2, 6). Obs.: No pl. **Castŏres** — os Dioscuros, i. é: Castor e Pólux (Plín. H. Nat. 7, 86).
2. castor, -ŏris, subs. m. Castor (Juv. 12, 34).
castorĕum, -ī, subs. n. e **castorĕa, -ōrum,** subs. n. pl. Castóreo, medicamento tirado do castor (Verg. G. 1, 59).
Castorĕus, -a, -um, adj. Castóreo, de Castor (Sên. Phaedr. 810).
castra, -ōrum, subs. n. pl. I — Sent. próprio: 1) Acampamento, lugar fortificado, quartel (de inverno, verão) (Cés. B. Gal. 1, 48, 1). Daí: 2) Caserna (Tác. An. 4, 2). II — Sent. figurado: 3) Dia de marcha (Cés. B. Gal. 7, 36, 1). 4) Serviço militar (Cés. B. Gal. 1, 39, 5). 5) Partido político, escola filosófica: **Epicuri castra** (Cíc. Fam. 9, 20, 1) «a escola de Epicuro». III — Notem-se as expressões da língua militar: 6) «castra movere» (Cés. B. Gal. 1, 15, 1) «levantar acampamento», 7) «castra munire» (Cés. B. Gal 1, 49, 2) «construir um acampamento». 8) «castra ponere» (Cés. B. Gal. 1, 22, 5) «assentar acampamento, acampar». 9) «castra stativa» (Cés. B. Civ. 3, 30, 3) «acampamento permanente». 10) «castra aestiva» (Tác. An. 3, 21) «acampamento de verão, quartel de verão». 11) «castra hiberna» (T. Lív. 29, 35) «acampamento de inverno». Obs.: Nas duas últimas expressões é comum omitir-se a palavra **castra**.
castrātus, -a, -um, part. pass. de **castro**.
castrēnsis, -e, adj. Relativo ao acampamento, ao exército ou ao serviço militar (Tác. Agr. 9).
Castriciānus, -a, -um, adj. De Castrício (Cíc. At. 12, 28, 3).
Castricius, -ī, subs. pr. m. Castrício, nome de homem (Cíc. Flac. 54).
castrō, -ās, -āre, -āvī, -ātum, v. tr. I — Sent. próprio: 1) Cortar, podar (Cat. Agr. 2, 33, 2). 2) Castrar (Plaut. Merc. 272). Daí: 3) Amputar (Col. 7, 12, 14). II — Sent. figurado: 4) Emascular, debilitar (Cíc. De Or. 3, 164).
1. castrum, -ī, subs. n. Entrincheiramento, lugar fortificado, praça forte (C. Nep. Alc. 9, 3).
2. Castrum, -ī, subs. pr. n. Castro, campo, nome que serve para designar localidade. Assim: **Castrum Julium** (Plín. H. Nat. 3, 15) «Júlio, cidade da Bética»; **Castrum Novum** (T. Lív. 36, 3, 6) «Novo, cidade da Etrúria». Pode aparecer absolut.: **Castrum** (Ov. Met. 15, 727) cidade do Lácio, entre Árdea e Âncio.
Castŭlō, -ōnis, subs. pr. f. Castulão, cidade da Hispânia Tarraconense, na fronteira da Bética (T. Lív. 28, 19, 2).
Castulonēnsēs, -ĭum, subs. loc. m. Castulonenses, habitantes de Castulão (Plín. H. Nat. 3, 25).
Castulonēnsis Saltus, subs. pr. m. Maciço montanhoso da Bética (Cés. B. Civ. 1, 38, 1).
castus, -a, -um, adj. I — Sent. próprio: 1) Que se conforma com as regras ou ritos religiosos, religioso, piedoso (Verg. En. 3, 489). II — Sent. figurado: 2) Santo, sagrado (Tác. Germ. 40). 3) Isento de culpa, de impureza, virtuoso, íntegro (Cíc. Phil. 3, 15). 4) Casto, puro (Hor. O. 3, 3, 23). Na língua retórica: 5) Correto (falando do estilo) (A. Gél. 19, 8, 3).
cāsuālis, -e, adj. Relativo aos casos gramaticais (Varr. L. Lat. 8, 52).
casŭla, -ae, subs. f. I — Sent. próprio: 1) Cabana (Juv. 14, 179). II — Sent. figurado: 2) Túmulo (Petr. 111, 5).
casūrus, -a, -um, part. fut. de **cado**.
casus, -ūs, subs. m. I — Sent. próprio: 1) Queda, ato de cair (ou morrer, por eufemismo) (T. Lív. 21, 35, 6). Daí: 2) Fim (Verg. G. 1, 340). 3) O que cai, acidente, acaso, circunstância imprevista, sorte (sent. favorável), ocasião (Cíc. Div. 2, 15). 4) Desgraça, desventura (Cés. B. Gal. 3, 22, 2). II — Sent. figurado: 5) Queda (Cíc. Sest. 140). Na linguagem gramatical: 6) Caso: **rectus** (Cíc. Or. 160) (caso) reto (i. é, o nom.).
Catabāthmos, -ī, subs. pr. m. Catabatmos, monte e praça forte na Líbia (Sal. B. Jug. 17, 4).
Catadŭpa, -ōrum, subs. pr. n. Catadupa, catarata do Nilo (Cíc. Rep. 6, 19).
Catadŭpī, -ōrum, subs. loc. m. Catadupos, povo vizinho da catarata de Catadupa (Plín. H. Nat. 5, 54).
cataegis, -ĭdis, subs. f. 1) Vento tempestuoso (Apul. Mund. 12). 2) Vento da Panfília (Sên. Nat. 5, 17, 5).
catagrăphus, -a, -um, adj. Bordado, enfeitado (Catul. 25, 7).
Catalaunī (Catelaunī), -ōrum, subs. loc. m. Catalaunos, povo da Gália Bélgica (Eutr. 9, 13).

Catălī, -ōrum, subs. loc. m. Cátalos, povo dos Alpes (Plín. H. Nat. 3, 133).
Catamītus, -ī, subs. pr. m. Catâmito, antigo nome de Ganimedes (Plaut. Men. 144). Em sent. fig.: Homem devasso (Cíc. Phil. 2, 77).
Cataonĭa, -ae, subs. pr. f. Catadónia, região da Ásia Menor, ao sul da Capadócia (C. Nep. Dat. 4, 1).
cataphrāctē, -ēs (catapracta, -ae), subs. f. Catafracta, cota de malha guarnecida com escamas ou lâminas de ferro (para homens e cavalos) (Tác. Hist. 1, 79).
1. **cataphrāctus, -a, -um,** adj. Coberto de ferro, couraçado (T. Lív. 35, 48, 3).
2. **cataphrāctus, -ī,** subs. m. Catafracto, couraçado (Prop. 3, 12, 12).
cataplēxis, -is, subs. f. Beleza estarrecedora (Lucr. 4, 1163).
catăplŭs, -ī, subs. m. I — Sent. próprio: 1) Regresso de um navio ao pôrto, entrada no pôrto (Cíc. Rab. Post. 40). II — Sent. figurado: 2) Frota mercante (Marc. 12, 74, 1).
catapŭlta, -ae, subs. f. I — Sent. próprio: 1) Catapulta (Cés. B. Civ. 2, 9, 4). II — Daí: 2) Projétil lançado pela catapulta (Plaut. Capt. 796).
catarăcta (catarăctēs), -ae, subs. f. e m. I — Sent. próprio: 1) Catarata, catadupa (Plín. Nat. 5, 54). II — Sent. figurado: 2) Comporta, dique, represa (Plín. Ep. 10, 61, 4). Especialmente: 3) Grade de madeira ou ferro que proteje a porta de uma praça forte ou o acesso a uma ponte (T. Lív. 27, 28, 10).
catāsta, -ae, subs. f. e **catāsta, -ōrum,** subs. n. pl. I — Sent. próprio: 1) Catasta, estrado em que os escravos eram expostos à venda (Tib. 2, 3, 60). II — Sent. figurado: 2) Estrado (Marc. 9, 29, 5).
catē, adv. Com habilidade, com tato, com arte (Cíc. Arat. 304).
catēia, -ae, subs. f. Cateia, espécie de dardo dos gauleses, guarnecido de pregos e prêso por uma correia (Verg. En. 7, 711).
1. **catēlla, -ae,** subs. f. **(catula).** Cadela pequena (Juv. 6, 654).
2. **catēlla, -ae,** subs. f. **(catena).** I — Sent. próprio: 1) Cadeia pequena, colar (Hor. Ep. 1, 17, 55). II — Daí: 2) Colar (recompensa militar) (T. Lív. 39, 31, 19).
1. **catēllus, -ī,** subs. m. **(catulus).** I — Sent. próprio: 1) Cãozinho (Plaut. St. 620). II — Sent. figurado: 2) Têrmo de carinho, queridinho (Hor. Sát. 2, 3, 259).
2. **catēllus, -ī,** subs. m. Cadeia pequena, pulseira (Plaut. Curc. 691).
catēna, -ae, subs. f. (geralmente no pl.: **catēnae, -ārum).** I — Sent. próprio: 1) Cadeia (Cés. B. Gal. 1, 47, 6). II — Sent. figurado: 2) Laço, embaraço, sujeição (Cíc. Sest. 16).
catēnārĭus, -a, -um, adj. Prêso por uma cadeia (Sên. Contr. 7, 5, 12).
Catenātēs, -um (-ĭum), subs. loc. m. Catenates, povo dos Alpes (Plín. H. Nat. 3, 137).
catēnātus, -a, -um, adj. I — Sent. próprio: 1) Prêso com corrente, acorrentado: (Hor. Epo. 7, 8). II — Sent. figurado: 2) Ligado, acorrentado (Marc. 1, 15, 7).
catērva, -ae, subs. f. I — Sent. próprio: 1) Bando (armado e em desordem), caterva, tropas dos bárbaros (em oposição às legiões romanas) (C. Nep. Chabr. 1, 2). Daí: 2) Esquadrão (de cavalaria) (Verg. En. 8, 593). 3) Multidão, caterva (Cíc. Verr. 5, 113).
catervātim, adv. Por grupos, aos bandos (Sal. B. Jug. 97, 4); (Verg. G. 3, 556).
cathĕdra, -ae, subs. f. I — Sent. próprio: 1) Cadeira, assento (Hor. Sát. 1, 10, 91). II — Daí: 2) Cadeira de professor, cátedra (Juv. 7, 203).
cathedrālicĭus, -a, -um, adj. Feito para cadeira de braços, efeminado (Marc. 10, 13, 1).
cathedrārĭus, -a, -um, adj. I — Sent. próprio: 1) Relativo à cadeira de braços. II — Daí: 2) Relativo à cadeira de professor (Sên. Brev. 10, 1).
Catĭa, -ae, subs. pr. f. Cácia, nome de mulher (Hor. Sát. 1, 2, 95).
1. **Catĭānus, -a, -um,** adj. De Cácio, o filósofo epicurista (Cíc. Fam. 15, 16, 1).
2. **Catĭānus, -ī,** subs. pr. m. Caciano, nome de homem (Marc. 6, 46, 2).
Catĭēna, -ae, subs. pr. f. Caciena, nome de mulher (Juv. 3, 133).
Catĭēnus, -ī, subs. pr. m. Caiceno, nome de homem (Hor. Sát. 2, 3, 61).
Catilīna, -ae, subs. pr. m. Lúcio Sérgio Catilina, o célebre conspirador romano, contra quem Cícero escreveu as famosas «Catilinárias» e Salústio, «A respeito da conjuração de Catilina» (Cíc. Cat. 1, 1). Obs.: Cícero empregou a palavra em sentido figurado: **seminarĭum Catilinarum** (Cíc. Cat. 2, 23) «viveiro de conspiradores».

Catilīnārĭus, -a, -um, adj. Catilinário, de Catilina (Plín. H. Nat. 33, 34).
Catilĭus, -ī, subs. pr. m. Catílio, nome de homem (Cíc. Fam. 5, 10, 1).
catilla, -ōrum, v. **catillus**, -ī, (Petr. 50, 6).
catillō, -ās, -āre, -ātum, v. tr. Lamber os pratos (Plaut. Cas. 552).
1. **catillus**, -ī, subs. m. Prato pequeno (Hor. Sát. 2, 4, 77).
2. **Cātillus** (**Catīlus**), -ī, subs. pr. m. Catilo, filho de Anfiarau e fundador de Tíbur (Verg. En. 7, 672); (Hor. O. 1, 16, 2).
Catīna, -ae, subs. pr. f. Cátina, cidade da Sicília (Cíc. Verr. 4, 50).
Catinēnsis, -e, adj. De Cátina (Cíc. Verr. 4, 17).
catīnum, -ī, subs. n. e **catīnus**, -ī, subs. m. Travessa (para servir à mesa) (Hor. Sát. 2, 2, 39).
Catĭus, -ī, subs. pr. m. Cácio, filósofo epicurista da época de Augusto (Cíc. Fam. 15, 16, 1).
Catō, -ōnis, subs. pr. m. Catão, sobrenome dos Pórcios. Destaca-se entre todos Marco Pórcio Catão, o célebre censor, modêlo de austeridade (Cíc. C. M. 3) Daí, em sent. figurado: **Catones** (Cíc. De Or. 3, 56) «homens virtuosos e austeros como Catão».
catōmum, -ī, subs. n. Ação de ficar pendurado nos ombros de outro para ser chicoteado nas nádegas (Cíc. Fam. 7, 25, 1).
Catōnĭānus, -a, -um, adj. De Catão, catoniano (Cíc. Q. Fr. 2, 4, 5).
Catōnīnus, -ī, subs. m. Catonino, partidário ou admirador de Catão de Útica (Cíc. Fam. 7, 25).
catta, -ae, subs. f. Gata (Marc. 13, 69, 1).
cattus, -ī, subs. m. Gato (Pal. 4, 9, 4).
catŭla, -ae, subs. f. Cadelinha (Prop. 4, 3, 55).
Catulĭānus, -a, -um, adj. De Catulo (Plín. H. Nat. 34, 17).
Catŭlla, -ae, subs. pr. f. Catula, nome de mulher (Juv. 2, 49).
Catŭllus, -ī, subs. pr. m. Gaio Valério Catulo, natural de Verona, um dos maiores poetas latinos, contemporâneo de Cícero e César; morreu muito moço (Tíb. 3, 6, 41).
1. **catŭllus**, -ī, subs. m. I — Sent. próprio: 1) Filhote de animal, cria (Plaut. Ep. 579). 2) Cachorinho (por se relacionar com canis) (Cíc. Nat. 2, 38). 3) Leãozinho (Verg. G. 3, 245). 4) Lôbo pequeno (Verg. En. 2, 357).

2. **Catŭlus**, -ī, subs. pr. m. Cátulo, sobrenome da família **Lutatia**.
Caturīgēs, -um, subs. loc. m. Caturiges, povo dos Alpes Cótios, na Gália Narbonense (Cés. B. Gal. 1, 10, 4).
catus, -a, -um, adj. I — Sent. próprio: 1) Agudo, pontiagudo, áspero (falando do som) (En. An. 447). II — Sent. moral: 2) Sutil, sagaz, hábil, sensato (Plaut. Ep. 258).
Caucasĕus, -a, -um, adj. Do Cáucaso (Prop. 2, 25, 14).
Caucasĭus, -a, -um, adj. Caucásio, do Cáucaso (Verg. G. 2, 440).
Caucăsus, -ī, subs. pr. m. O Cáucaso, cadeia de montanhas entre o Ponto e o mar Cáspio (Cíc. Tusc. 2, 23).
cauda, -ae, subs. f. (**coda**, -ae). I — Sent. próprio: 1) Cauda (Cíc. Fin. 3, 18). II — Sent. figurado: 2) Passar por bôbo, na expressão: **caudam trahere** (Hor. Sát. 2, 3, 53) «trazer rabo», i. é, «servir de bôbo». 3) Adular, na expressão: **caudam jactare popello** (Pérs. 4, 15) «adular o poviléu».
caudex, -ĭcis, subs. m. (**codex**, -ĭcis). I — Sent. próprio: 1) Tronco de árvore (Verg. G. 2, 30). Daí: 2) Tabuinhas de escrever, e depois: 3) Livro, registro (Cíc. Verr. 1, 119).
Caudīnus, -a, -um, adj. 1) Caudino, de Cáudio (Cíc. C. M. 41). 2) «**Furcae Caudinae**» (Lucr. 2, 137) e «**Furculae Caudinae**» (T. Lív. 9, 2), «as Fôrcas Caudinas», desfiladeiro dos Apeninos Centrais, onde os romanos foram obrigados a capitular.
Caudĭum, -ī, subs. pr. n. Cáudio, cidade do Sâmnio, capital dos caudinos, na Itália central (Cíc. Of. 3, 109).
caulae (**caullae**), -ārum, subs. f. I — Sent. próprio: 1) Barreira que cerca um curral de gado lanígero, bardo (Verg. En. 9, 60). II — Sent. especial: 2) Poros da pele, cavidades (Lucr. 3, 255).
Caularis, -is, subs. pr. m. Caulare, rio da Panfília (T. Liv. 38, 15).
caules, v. **caulis**.
caulis (**colis**, **coles**), -is, subs. m. I — Sent. próprio: 1) Caule, haste das plantas (Cat. Agr. 157, 2). Daí: 2) Couve (Cíc. Nat. 2, 120). II — Sent. figurado: Objeto parecido com a haste de uma planta : 3) Caneta, haste da pena (Plín. H. Nat. 11, 228).
caullae, v. **caulae**.

Caulōn, -ōnis, subs. pr. m. e **Caulōnĕa**, -ae, subs. pr. f. Caulônia, cidade do Brútio (Verg. En. 3, 553).

Caunaravī, -ōrum, subs. loc. m. Caunaravos, povo da Arábia (Plín. H. Nat. 6, 159).

caunĕae, -ārum, subs. f. pl. Figo sêco (de Cauno) (Petr. 44, 13).

Caunīī, -ōrum, subs. loc. m. Cáunios, os habitantes de Caunos (Cíc. Q. Fr. 1, 1, 33).

Caunos (-us), -ī, subs. pr. f. Caunos, cidade da Cária (Plín. H. Nat. 5, 103).

Caunus, -ī, subs. pr. m. Caunos, o herói, fundador de Caunos (Ov. Met. 9, 452).

caupō (copo), -ōnis, subs. m. Taberneiro (Cíc. Clu. 163).

caupōna, -ae, subs. f. 1) Taberna, estalagem (Cíc. Pis. 53). 2) Taberneira (Apul. Met. 1, 21).

caupōnĭus, -a, -um, adj. De taberna: puer cauponius (Plaut. Poen. 1290) «garçon».

caupōnŭla, -ae, subs. f. Taberna pequena (Cíc. Phil. 2, 77).

Caurēnsēs, -ĭum, subs. loc. m. Caurenses, povo da Lusitânia (Plín. H. Nat. 4, 118).

Caurus, -ī, subs. pr. m. Cauro. 1) Vento de noroeste (Verg. G. 3, 278). 2) Vento de sudoeste (Cés. B. Gal. 5, 7, 3).

causa, -ae, subs. f. I — Sent. próprio: 1) Causa, motivo, razão (Cíc. Tusc. 3, 23). II — Daí, na língua do direito: 2) Causa (de uma das partes num processo), processo, questão, litígio (Cíc. De Or. 2, 114). III — Sent. diversos: 3) Motivo alegado, pretexto, escusa (Cés. B. Civ. 1, 2, 3). 4) Partido, facção (Cíc. Phil. 5, 43). 5) Relação (entre pessoas), ligação (Cés. B. Gal. 5, 41, 1). 6) Posição, situação, caso (Cíc. Phil. 2, 59).

causā, prep. Por causa de, em vista de: «honoris causa» (Cíc. Amer. 6) «para honrar (como honraria)». Obs.: — Geralmente fica depois da palavra a que se refere; raramente antes, como em Cíc. Lae. 59; T. Lív. 40, 41, 22.

causārĭus, -a, -um, adj. I — Sent. próprio: 1) Doente, enfêrmo (Sên. Nat. 1, Pref. 4). II — Daí: 2) Inválido (reformado, na ling. militar) (T. Lív. 6, 6, 14).

causarīī, -ōrum, subs. m. pl. Os reformados (T. Lív. 6, 6, 14).

causātus, -a, -um, part. pass. de causor.

causĕa (causĭa), -ae, subs. f. Chapéu macedônio de abas largas (Plaut. Mil. 1178).

causidĭcus, -ī, subs. m. Advogado, o que defende uma causa em juízo (Cíc. De Or. 1, 202). Obs.: Geralmente com sentido pejorativo.

causifĭcor, -āris, -ārī, v. intr. Pretextar, refutar (Plaut. Aul. 755).

causor (caussor), -āris, -ārī, -ātus sum, v. dep. intr. Alegar, dar como razão, pretextar (Tác. An. 13, 44).

caussa, v. causa.

causŭla, -ae, subs. f. Pequena causa, pequeno processo judicial (Cíc. Opt. 9).

cautē, adv. Com cautela, prudentemente (Cíc. Clu. 118). Obs.: — comp. **cautĭus** (Cíc. Dej. 18). superl. **cautissĭme** (Cíc. At. 15, 26, 3).

cautēla, -ae, subs. f. Desconfiança, precaução, cautela (Plaut. Mil. 603).

cautēs (cotēs), -is, subs. f. (geralmente no pl.: **cautēs**, -ĭum). Ponta de rochedo, escolho, rocha (Verg. En. 4, 366).

cautim, adv. Com precaução, prudentemente (Ter. Heaut. 870).

cautĭō, -ōnis, subs. f. I. — Sent. próprio: 1) Precaução, cautela, prudência (Cíc. De Or. 2, 300). II — Sent. concreto: 2) Caução, garantia, fiança (Cíc. Or. 131). Daí: 3) Promessa, empenho (Cíc. Sest. 25).

cautor, -ōris, subs. m. I — Sent. próprio: 1) Homem precavido (Plaut. Capt. 256). II — Daí: 2) Fiador, o que garante ou protege (Cíc. Sest. 15).

cautus, -a, -um, I — Part. pass. de cavĕo. II — Adj.: 1) Precavido, prudente, circunspecto (Cíc. Amer. 117). 2) Cauteloso, esperto, matreiro (Hor. Ep. 1, 1, 73). 3) Seguro, certo, protegido (Cíc. Amer. 56). Obs.: Constrói-se com acus. acompanhado ou não de **ad, adversum ergo**, ou **contra**; com gen. e inf.

Cavarīnus, -ī, subs. pr. m. Cavarino, nome de um chefe gaulês (Cés. B. Gal. 5, 54, 2).

cavātus, -a, -um. I — Part. pass. de cavo. II — Adj.: Cavado, escavado, ôco, vazio (Verg. En. 3, 229); (Lucr. 6, 1194).

cavĕa (cavĭa), -ae, subs. f. I — Sent. próprio: 1) Gaiola, jaula (de madeira ou ferro, para pássaros ou animais ferozes) (Cíc. Div. 2, 73). II — Daí: 2) Cortiço (feito de vime) (Verg. G. 4, 58). Por extensão: 3) Parte do teatro onde se sentam os espectadores, platéia (Cíc. Lae. 24).

cavĕō, -ēs, -ēre, cāvī, cautum, v. intr. e tr. I — Sent. próprio: 1) Tomar cuidado, precaver-se, acautelar-se (Cíc. Amer.

17). II — Daí: 2) Velar por, cuidar de, olhar pelos interêsses de, tomar providências para (c. dat.) (Cíc. Pis. 28); (Cíc. Com. 25). Na língua jurídica: 3) Tomar providências, velar no interêsse das partes, regular (por uma lei); provar, garantir, dispor em testamento (Cíc. Agr. 12); (Cic. Leg. 2, 61). Obs.: Constrói-se intransitiva e transitivamente com dativo e ablativo precedido ou não da prep. ab. Constrói-se ainda seguido de subj., precedido ou não de ne ou ut ne; com inf., com acus. de pessoa ou coisa; e com acus. de coisa e dat. de pessoa.

cavĕrna, -ae, subs. f. I — Sent. próprio: 1) Cavidade, abertura, fenda (A. Gél. 15, 16, 3). Daí: 2) Caverna, covil (Lucr. 6, 597). 3) Porão de navio (líng. náutica) (Cíc. De Or. 3, 180). II — Sent. figurado: 4) Cavidade que forma a abóbada celéste (Cíc. Arat. 252).

cavĕsis, ou cave sis: toma cuidado, por favor (Plaut. Amph. 845; Aul. 584).

cāvī, perf. de cavĕo.

Cavĭī, -ōrum, subs. loc. m. Cávios, povo da Ilíria (T. Liv. 44, 30).

cavilla, -ae, subs. f. Gracejo, brincadeira (Plaut. Aul. 638).

cavillātĭō, -ōnis, subs. f. I — Sent. próprio: 1) Gracejo, zombaria (Cíc. De Or. 2, 218). II — Daí: 2) Sutileza, sofisma (Quint. 10, 7, 14).

cavillātor, -ōris, subs. m. I — Sent. próprio: 1) Zombeteiro, folgazão (Cíc. At. 1, 13, 2). II — Daí: 2) Sofista (Sên. Ep. 102, 20).

cavillātrix, -īcis, subs. f. 1) Uma sofista (Quint. 7, 3, 14). 2) A sofística (Quint. 2, 15, 25).

1. cavillātus, -a, -um, part. pass. de cavillor.

2. cavillātus, -ūs = cavillātĭō.

cavillor, -āris, -ārī, -ātus sum, v. tr. e intr. dep. I — Sent. próprio: 1) Gracejar, dizer por gracejo, zombar, escarnecer (Cíc. At. 2, 1, 5). II — Intr.: 2) Usar de sofismas (T. Liv. 3, 20, 4). Obs.: Constrói-se com acus. e or. inf.

cavō, -ās, -āre, -āvī, -ātum, v. tr. 1) Cavar (Lucr. 1, 313). Poét.: 2) Abrir covas (Verg. G. 1, 262).

cavum, -ī, subs. n. (geralmente no pl.) Buraco, cavidade (T. Liv. 24, 34, 9).

1. cavus, -a, -um, adj. I — Sent. próprio: 1) Cavado, côncavo, ôco, profundo (Verg. Buc. 1, 18). II — Sent. figurado: 2) Vazio, vão (Verg. En. 6, 293).

2. cavus, -ī, subs. m. Buraco, abertura (Hor. Sát. 2, 6, 116).

Caystrĭus, -a, -um, adj. De Caístro: «Caystrius ales» (Ov. Trist. 5, 1, 11) «a ave de Caístro», i. é, o cisne.

Caystros (-us), -ī, subs. pr. m. Caístro, rio da Jônia (Verg. G. 1, 384).

-ce, part. reforçativa que se acrescenta aos demonstrativos: hisce (Plaut. Amph. 974) «aquêles ali». Transforma-se em -ci- diante de -ne interrogativo: hicine, haecine, etc. No período clássico geralmente se reduz a -c: hic, haec, illuc, etc.

Cĕa, -ae, subs. pr. f. Cea ou Ceos, a ilha mais importante das Cíclades, no mar Egeu (Verg. G. 1, 14).

Cebĕnna, -ōrum, subs. pr. n. As Cevenas, montes situados na Gália (Cés. B. Gal. 7, 8, 2).

Cebrĕnĭa, -ae, subs. pr. f. Cebrênia, região da Tróade (Plín. H. Nat. 5, 124).

Cebrēnis, -ĭdis, subs. pr. f. Cebrênide, filha do rio Cebrênis, da Tróade (Ov. Met. 11, 769).

1. cecĭdī, perf. de cado.

2. cecīdī, perf. de caedo.

cecĭnī, perf. de cano.

Cecinna, -ae, subs. pr. m. Cecina, rio da Etrúria (Plín. H. Nat. 3, 50).

Cecropĭa, -ae, subs. pr. f. 1) Cecrópia, cidade de Cécrops, i. é, Atenas (Catul. 64, 79). 2) Cidadela de Atenas (Plín. H. Nat. 7, 194).

Cecropĭdae, -ārum, subs. loc. m. Cecrópidas, i. é, os atenienses (Verg. En. 6, 21).

Cecropĭdēs, -ae, subs. m. Cecrópida, descendente de Cécrops (Ov. Met. 8, 550).

Cecrŏpis, -ĭdis, subs. pr. f. Cécropis, a descendente de Cécrops (Ov. Met. 2, 806).

Cecropĭus, -a, -um, adj. De Atenas, ou da Ática (Verg. G. 4, 177).

Cecrops, -ŏpis, subs. pr. m. Cécrops, o primeiro rei de Atenas (Ov. Met. 2, 555).

1. cēdō, -ĭs, -ĕre, cessī, cessum, v. intr. e tr. I — Intr. Sent. próprio: 1) Ir, andar, caminhar, chegar (Plaut. Aul. 526). 2) Tocar a, caber a (com dat.) (Cíc. Verr. 2, 170). 3) Geralmente, à idéia de caminhar, marchar, junta-se a idéia subsidiária de retirar-se, ir-se embora, recuar, caminhar para trás (Cés. B. Gal. 5, 50, 5); (Cíc. Mil. 34, 93); (Cíc. At. 7, 12, 4). Daí: 4) Ceder a, não resistir (Cés. B. Gal. 7, 89, 2); (Cíc. Phil. 2, 20). — Empregos especiais: 5) Fazer cessão de bens; renunciar à posse (Cíc.

Mil. 75). 6) Passar, decorrer (o tempo) (Cíc. C. M. 69). II — Tr.: 7) Ceder, conceder, dar, entregar (Cíc. Of. 2, 64). Obs.: Constrói-se com abl. com prep. ou sem ela, com de ou ex; com acus. sem prep. ou com **ad** ou **in**, podendo o acus. ser substituído por uma proposição com ut e subj., e com dat.

2. **cedo, cette,** formas de imperativo: 1) Dá, dai, dá cá, dai cá (Ter. Phorm. 321). 2) Traze, deixa ver, mostra (Cíc. Verr. 1, 84). 3) Dize, fala (Cíc. Rep. 1, 58). 4) Vamos (simples interjeição exortativa) (Plaut. Aul. 157). Obs.: Comumente se constrói com a enclítica **dum** (Plaut. Men. 265). Nota: **cedo, cette** aparecem, em geral, na língua falada.

Cedrosi, v. **Gedrosi.**

cedrus, -ī, subs. f. I — Sent. próprio: 1) Cedro (Plin. H. Nat. 13, 52). II — Daí: 2) Madeira de cedro (Verg. G. 3, 414). 3) Resina de cedro (utilizada para conservação dos manuscritos) (Hor. A. Poét. 332).

Ceī, -ōrum, subs. loc. m. Ceos, habitantes da ilha Ceos (Cíc. Div. 1, 130).

Celădōn, -ōntis, subs. pr. m. Celadonte, um guerreiro lápita (Ov. Met. 5, 144; 12, 250).

Celadūssae, -ārum, subs. pr. f. Celadussas, ilhas do mar Adriático (Plin. H. Nat. 3, 152).

Celaenae, -ārum, subs. pr. f. Celenas, cidade da Frígia (T. Lív. 38, 13, 5).

Celaenō, -ūs, subs. pr. f. Celeno. 1) Uma das Plêiades (Ov. Her. 19, 135). 2) Uma das Harpias (Verg. En. 3, 211).

cēlātūra, v. **caelatūra.**

celĕber, -bris, -bre, adj. I — Sent. próprio: 1) Freqüentado, movimentado, populoso (Cíc. Mil. 66); (Cíc. Arch. 4). II — Daí: 2) Apressado, precipitado (falando-se do andar), abundante, numeroso (Ác. Tr. 23). 3) Falando de festas religiosas festejadas por uma multidão numerosa, concorridas (Cíc. Phil. 14, 16). 4) Divulgado, exaltado, solenizado (T. Lív. 4, 53, 12). Enfim, no período imperial, e quase que exclusivamente em poesia: 5) Célebre, ilustre (T. Lív. 26, 27, 16). Obs.: O masc. **celebris** ocorre em alguns escritores imperiais geralmente tardios (Tác. An. 2, 88); (Apul. Met. 2, 12).

celebrāssis = **celebravĕris,** 2ª pess. sg. fut. perf e perf. subj. de **celĕbro.**

celebrātĭō, -ōnis, subs. f. I — Sent. próprio: 1) Afluência, concurso de pessoas (Cíc. Sull. 73). II — Daí: 2) Celebração, solenidade (Cíc. At. 15, 29, 1).

celebrātor, -ōris, subs. m. O que celebra, o que louva (Marc. 8, 78, 3).

celebrātus, -a, -um. I — Part. pass. de **celĕbro.** II — Adj.: Sent. próprio: 1) Freqüentado (Sal. B. Jug. 47, 1). 2) Celebrado (Ov. Met. 7, 430). 3) Usado, empregado, difundido (Cíc. Phil. 2, 57).

celebrĭtās, -tātis, subs. f. I — Sent. próprio: 1) Grande número, afluência (falando de lugares e pessoas) (Cíc. At. 3, 7, 1); (Cíc. Leg. 2, 65). Daí: 2) Solenidade (a que comparece em dias de festa uma multidão) (Cíc. Verr. 5, 36). II — Sent. figurado: 3) Celebridade, reputação, larga difusão (de um nome) (Cíc. Arch. 5).

celebrĭter, adv. Freqüentemente (Suet. Tib. 52).

celĕbrō, -ās, -āre, -āvī, -ātum, v. tr. I — Sent. próprio: 1) Freqüentar, ir muitas vêzes a um lugar, ir em grande número, assistir em massa a uma festa ou solenidade (Cíc. Mur. 70). Daí: 2) Fazer alguma coisa muitas vêzes, praticar, exercer:... artes (Cíc. De Or. 1, 2) «praticar as artes». II — Sent. figurado: 3) Celebrar, solenizar, festejar, fazer exéquias (Cíc. Arch. 13). 4) Honrar, louvar, elogiar, tornar célebre (T. Lív. 9, 17, 6). III — Empregos especiais: 5) Divulgar, espalhar, tornar conhecido (Cíc. De Or. 3, 155).

Celēiātēs, -ĭum, subs. loc. m. Celeiates, povo da Ligúria (T. Lív. 32, 29, 7).

Celĕmna, -ae, subs. pr. f. Celemna, cidade da Campânia (Verg. En. 7, 739).

1. **celer, -ĕris, -ĕre,** adj. I — Sent. próprio: 1) Pronto, rápido, célere (Verg. En. 4, 180). Daí: 2) Súbito, repentino (T. Lív. 21, 1, 5). II — Sent. figurado: 3) Vivo, rápido (Cíc. De Or. 2, 88).

2. **Celer, -ĕris,** subs. pr. m. Célere. 1) Oficial de Rômulo, que organizou a sua cavalaria (Ov. F. 4, 837). 2) Apelido de diversas famílias (Cíc. Br. 247).

celerātus, -a, -um. Part. pass. de **celĕro.**

celĕrĕ, adv. arc. Cèleremente, ràpidamente (Plaut. Curc. 283).

celĕrēs, -um, subs. m. Os céleres, trezentos cavaleiros que formavam a guarda de Rômulo (T. Lív. 1, 15, 8).

celerĭpēs, -pĕdis, adj. Celerípede, ligeiro de pés, veloz na carreira (Cíc. At. 9, 7, 1).

celerĭtās, -tātis, subs. f. I — Sent. pró-

prio: 1) Celeridade, rapidez, presteza (Cés. B. Gal. 1, 48, 6). II — Sent. figurado: 2) Agilidade, rapidez (Cíc. C. M. 78).
celeríter, adv. Prontamente, ràpidamente, com presteza (Cíc. At. 15, 27, 1). Obs.: Comp. **celerius**, (Cíc. Verr. 3, 60); superl. **celerríme** (Cíc. Fin. 2, 45).
celĕrō, -ās, -āre, -āvī, -ātum, v. tr. 1) Apressar, acelerar (Verg. En. 9, 378). 2) Intransitivamente: Apressar-se, dirigir-se apressadamente (Tác. An. 12, 64).
Celĕtrum, -ī, subs. pr. n. Céletro, cidade da Macedônia (T. Lív. 31, 40, 1).
celĕuma, -ătis, v. celeusma.
Celĕus, -ī, subs. pr. m. Céleo, rei de Elêusis (Verg. G. 1, 165).
celeusma (celĕuma), -ătis, subs. n. e **celeusma, -ae**, subs. f. Canto ritmado (para regular os movimentos dos remadores ou dos vindimadores) (Marc. 3, 67, 4).
cella, -ae, subs. f. I — Sent. próprio: 1) Pequeno compartimento (com idéia acessória de lugar onde se oculta algura coisa), quarto pequeno, cela (Cíc. Phil. 2, 67). Daí: 2) Capela, santuário (de um templo) (T. Lív. 5, 50, 6). 3) Celeiro, adega (Cíc. C. M. 56). 4) Alvéolos das colmeias, células (Verg. G. 4, 164).
cellŭla, -ae, subs. f. Compartimento pequeno (Ter. Eun. 310).
Celmis, -is, subs. pr. m. Celme, aio de Júpiter, metamorfoseado em diamante por ter dito que êsse deus era mortal (Ov. Met. 4, 282).
cēlō, -ās, -āre, -āvī, -ātum, v. tr. Esconder, ocultar, ter escondido (Cíc. Ac. 2, 60).
celox, -ōcis, subs. m. e f. I — Sent. próprio: 1) Navio ligeiro, bergantim (T. Lív. 21, 17, 3). II — Sent. figurado: 2) Ventre, barriga (Plaut. Ps. 1305).
1. **celsus, -a, -um**. I — Sent. próprio: 1) Elevado, alto, excelso (Hor. O. 2, 10, 10). II — Sent. figurado: 2) Soberbo, orgulhoso (Cíc. Tusc. 5, 42).
2. **Celsus, -ī**, subs. pr. m. Celso. 1) Célebre médico e enciclopedista (Quint. 10, 1, 124). 2) Jurisconsulto do tempo de Trajano (Plín. Ep. 6, 5, 4).
Celtae, -ārum, subs. loc. m. Celtas, habitantes da Gália Central (Cés. B. Gal. 1, 1).
Celtĭbĕr, -ērī, subs. m. Celtibero (Catul. 39, 17).

Celtĭbĕrī, -ōrum, subs. loc. m. Celtiberos, povo da Espanha (Cíc. Tusc. 2, 65).
Celtĭbēria, -ae, subs. pr. f. Celtibéria, região da Espanha (Cíc. Phil. 11, 12).
Celtĭcum, -ī, subs. pr. n. O país do celtas (T. Lív. 5, 34, 2).
Celtĭcus, -a, -um, adj. Céltico, que se refere aos celtas (Plín. H. Nat. 4, 106).
Celtĭllus, -ī, subs. pr. m. Celtilo, chefe arveno, pai de Vercingetorige (Cés. B. Gal. 7, 4, 1).
cēmēntum, -ī, subs. n., v. caementum.
cena (cesna), -ae, subs. f. I — Sent. próprio: 1) Jantar (refeição principal, entre as três e quatro horas da tarde) (Cíc. Fam. 7, 9, 3). II — Daí: 2) Sala de jantar (Plín. H. Nat. 12, 11). 3) Convidados (Juv. 2, 120). 4) Conjunto de iguarias que se servem ao mesmo tempo (Marc. 11, 31, 5).
cenābum, cenabēnsis, v. gen-.
cēnācŭlum, -ī, subs. n. 1) Sala de jantar (Varr. L. Lat. 5, 162). No pl.: **cēnācŭla**: 2) Andares superiores, quartos colocados nesses andares (Cíc. Agr. 2, 96).
Cēnaeum, -ī, subs. pr. n. Ceneu, capital da ilha Eubéia (T. Lív. 36, 20, 5).
Cēnaeus, -a, -um, adj. De Ceneu (Ov. Met. 9, 136).
cēnassō = cenavĕro, fut. perf. de ceno.
cēnātĭō, -ōnis, subs. f. Sala de jantar (Sên. Ep. 90, 9).
cēnātĭuncŭla, -ae, subs. f., dim. de cena. Pequena sala de jantar (Plín. Ep. 4, 30, 2).
cēnāturĭō, -īs, -īre, v. intr. Ter vontade de jantar (Marc. 11, 77, 3).
cēnātus, -a, -um, part. pass. de ceno. 1) Que jantou, jantado (Plaut. Aul. 368). 2) Passado ao jantar, à mesa (Plaut. Truc. 279).
Cenchrĕae, -ārum, subs. pr. f. Cêncreas, pôrto de Corinto (T. Lív. 28, 8, 11).
Cenchrēis, -ĭdis, subs. pr. f. Cencreide. 1) Mãe de Mirra (Ov. Met. 10, 435). 2) Ilha do mar Egeu (Plín. H. Nat. 4, 57).
Cenchrĭus, -ī, subs. pr. m. Cêncrio, rio da Jônia (Tác. An. 3, 61).
Cenimāgnī, -ōrum, subs. loc. m. Cenimagnos, povo da Bretanha (Cés. B. Gal. 5, 21, 1).
cēnĭtō, -as, -āre, -āvī, v. freq. intr. Jantar muitas vêzes, jantar freqüentemente (Cíc. Fam. 7, 16, 12).

1. **cēnō, -ās, -āre, -āvī, -ātum,** v. intr. e tr. I — Intr.: 1) Jantar, cear (Cíc. Fam. 1, 2, 3). II — Tr.: 2) Comer ao jantar, jantar (Hor. Ep. 1, 5, 2).

2. **Cenō, -ōnis,** subs. pr. f. Cenão, cidade dos volscos (T. Lív. 2, 63, 6).

Cenomānī, -ōrum, subs. loc. m. Cenomanos. 1) Povo da Céltica (Cés. B. Gal. 7, 75, 3). 2) Povo da Gália Cisalpina (T. Lív. 5, 35, 1).

censen = **censesne.**

Censennia, -ae, subs. pr. f. Censênia, cidade do Sâmnio (T. Lív. 9, 44).

censĕō, -ēs -ēre, censŭī, censum, v. tr. I — Sent. próprio: 1) Declarar alto e bom som, declarar de forma solene e categórica, dar a sua opinião segundo as fórmulas prescritas (T. Lív. 1, 32, 11). II — Na língua jurídica: 2) Declarar a fortuna e a categoria de cada pessoa, fazer o recenseamento, recensear (Cíc. Verr. 2, 139). III — Na língua comum: 3) Julgar, pensar, ser de parecer (Cíc. Verr. 5, 10). Daí: 4) Aconselhar, aprovar (Cíc. At. 11, 22, 2). 5) Avaliar, estimar, ter em conta (Cíc. Par. 48). 6) Ordenar, determinar, decretar (Cíc. Planc. 42). Obs.: Constrói-se com acus., com inf. e acus., com gen. Usa-se também subj. com **ut,** e, se a oração fôr negativa, com **ne** ou **ut ne.**

censĭō, -ōnis, subs. f. I — Sent. próprio: 1) Avaliação (feita pelo censor), recenseamento (A. Gél. 10, 28, 2). II — Daí: 2) Castigo (aplicado pelo censor), multa (Plaut. Aul. 601).

censor, -ōris, subs. m. I — Sent. próprio: 1) Censor (magistrado encarregado de se pronunciar sôbre a pessoa e os bens de cada cidadão) (T. Lív. 4, 8, 7). II — Sent. figurado: 2) Censor, crítico (Cíc. Cael. 25).

Censōrīnus, -ī, subs. pr. m. Censorino, sobrenome da «gens» Márcia (Cíc. Br. 311).

censōrius, -a, -um, adj. I — Sent. próprio: 1) De censor (Cíc. Cael. 35). II — Sent. figurado: 2) Rígido, severo, reprovador (Quint. 1, 4, 3).

censŭī, perf. de **censĕō.**

censūra, -ae, subs. f. I — Sent. próprio: 1) Censura, dignidade do cargo de censor (Cíc. Br. 161). II — Sent. figurado: 2) Censura, crítica, juízo, exame (Plín. H. Nat. 14, 72).

1. **census, -a, -um,** part. pass. de **censĕo.**

2. **census, -ūs,** subs. m. I — Sent. próprio: 1) Censo, recenseamento (registro das pessoas e bens feito pelos censores) (Cíc. Verr. 2, 63). II — Daí: 2) Lugar que se ocupa nesse registro, categoria de cada pessoa, posses de cada um, e daí: 3) Bens, fortuna (Cíc. Flac. 52).

centaurēum, -ī, subs. n. Centáurea (planta (Verg. G. 4, 270).

Centaurēus, -a, -um, adj. Dos centauros, relativo aos centauros (Hor. O. 1, 18, 8).

Centaurī, -ōrum, subs. pr. m. Os centauros, monstros mitológicos com a cabeça e o tronco de homem, e o resto do corpo de cavalo (Verg. En. 7, 675).

Centaurus, -ī, subs. pr. m. Centauro, a constelação (Cíc. Nat. 2, 114).

centēnī, -ae, -a, num. distrib. 1) Cem (para cada um) (Cíc. Par. 49). 2) Cem (n.º cardinal) (Verg. En. 10, 566).

Centēnius, -ī, subs. pr. m. Centênio, nome de um pretor (C. Nep. Han. 4).

centēnus, -a, -um, adj. Centésimo, em número de cem (Marc. 8, 45); (Verg. En. 10, 207).

centēsima, -ae, subs. f. 1) A centésima parte (Cíc. ad Br. 1, 18, 5). 2) No plural: juro a um por cento ao mês, ou a doze por cento ao ano (Cíc. Verr. 3, 165).

centēsĭmus, -a, -um, num. ord. Centésimo (Cíc. Mil. 98).

centĭceps, -cipĭtis, adj. Que tem cem cabeças (Hor. O. 2, 13, 34).

centĭens (centĭes, adv. Cem vêzes (Cíc. Pis. 81).

centimănus, -ūs, subs. m. Centímano, que tem cem mãos (Hor. O. 2, 17, 14).

Centĭpēs, -pĕdis, adj. Centípede, que tem cem pés, ou que tem grande número de pés (Plín. H. Nat. 9, 145).

centĭplex, v. **centŭplex.**

1. **centō, -ōnis,** subs. m. I — Sent. próprio: 1) Espécie de manta feita de retalhos cosidos uns aos outros (para vários fins e, especialmente, para apagar incêndios) (Cés. B. Civ. 2, 10, 7). II — Daí: 2) Centão (poesia constituída por versos ou parte de versos de algum autor célebre) (Aus. Idil. 13).

2. **Centō, -ōnis,** subs. pr. m. Centão, sobrenome romano (Cíc. De Or. 2, 286).

Centōrēs, -um, subs. loc. m. pl. Cêntores, povo vizinho da Cólquida (V. Flac. 6, 150).

Centrōnēs, v. **Ceutrōnes.**

centrum, -ī, subs. n. Centro (Plín. H. Nat. 2, 63).
centum, indecl., num. card. I — Sent. próprio: 1) Cem (Cés. B. Gal. 4, 1, 4). II — Sent. figurado: 2) Um grande número (Hor. O. 2, 14, 26).
Centumālus, -ī, subs. pr. m. Centumalo, sobrenome romano (Cíc. Of. 3, 66).
Centumcēllae, -ārum, subs. pr. f. Centocelas, cidade e pôrto da Etrúria (Plín. Ep. 6, 31, 1).
centumgemĭnus, -a, -um, adj. Que tem cem vêzes um membro, cêntuplo. 1) Briareu, que tem cem braços (Verg. En. 6, 287). 2) Tebas, que tem cem portas (V. Flac. 6, 118).
centūmvir, -virī, subs. m. Centúnviro (membro de um tribunal constituído por cem juízes, que julgavam os negócios civis, sobretudo questões de herança) (Cíc. Caec. 67).
centumvirālis, -e, adj. Centunviral, relativo aos centúnviros, da competência dos centúnviros (Cíc. De Or. 1, 173).
centuncŭlus, -ī, subs. m. (dim. de cento). I — Sent. próprio: 1) Vestimenta de arlequim (Apul. Apol. 13, 7). Daí: 2) Farrapos, trapos remendados (T. Lív. 7, 14, 7).
centŭplex, -ĭcis, adj. Cêntuplo (Plaut. Pers. 560).
centuplicātō, adv. Por preço centuplicado (Plín. H. Nat. 6, 101).
centurĭa, -ae, subs. f. 1) Centúria (grupo de cem cavaleiros) (T. Lív. 1, 13, 8). Daí: 2) Divisão de homens (uma das 193 classes em que Sérvio Túlio dividiu o povo romano) (Cíc. Planc. 49). Obs.: A centúria compreendia, teòricamente, 100 homens, e parece que, de fato, tal número não era fixo inicialmente; depois o número variou muito, e entre **centuria** e **centum** passou a existir, apenas, uma relação etimológica.
centuriātim, adv. 1) Por centúrias (T. Lív. 6, 20, 10). 2) Por centúrias militares (Cés. B. Civ. 1, 76, 4).
1. centuriātus, -a, -um. 1) Part. pass. de **centurio**, tomado adjetivamente: formado por centúrias (Cíc. Agr. 2, 26). 2) Alistado, disposto, formado (T. Lív. 22, 38, 4).
2. centuriātus, -ūs, subs. m. Divisão em centúrias (T. Lív. 22, 38, 3).
3. centuriātus, -ūs, subs. m. Grau de centurião (Cíc. Pis. 88).

1. centuriō, -ās, -āre, -āvī, -ātum, v. tr. Formar em centúrias (Cíc. At. 16, 9).
2. centuriō, -ōnis, subs. m. Centurião (comandante de uma centúria militar) (Cés. B. Gal. 6, 36, 3); (Tác. An. 14, 8).
centuriōnātus, -ūs, subs. m. 1) Inspeção dos centuriões (Tác. An. 1, 44). 2) Cargo ou dignidade de centurião (V. Máx. 3, 2, 23).
Centuripīnī, -ōrum, subs. loc. m. pl. Centuripinos, habitantes de Centúripas (Cíc. Verr. 3, 108).
Centuripīnŭs, -a, -um, adj. De Centúripas, nidade situada ao pé do vulcão Etna (Cíc. Verr. 2, 120).
centūssis, -is, subs. m. Quantia de 100 asses (Pérs. 5, 191).
cēnŭla, -ae, subs. f. (dim. de cena) Pequeno jantar, pequena refeição (Cíc. Tusc. 5, 91).
cēnum, v. **caenum**.
Ceōs, -ī, subs. pr. f. Céos, ilha do mar Egeu, em frente à Ática (Cíc. At. 5, 12, 1).
cēpe, v. **caepe**.
Cephalĭō, -ōnis, subs. pr. m. Cefalião, nome de um escravo de Ático (Cíc. At. 7, 25).
Cephallānĭa (Cephallenĭa), -ae, subs. pr. f. Cefalônia, grande ilha do mar Jônico, em frente à Acarnânia (T. Lív. 38, 28, 6).
Cephaloedis, -ĭdis, subs. f. **Cephaloedĭum** -ī, subs. pr. n. Cefalédio, cidade da costa setentrional da Sicília (Cíc. Verr. 2, 128).
Cephaloeditāni, -ōrum, subs. loc m. Cefaleditanos, habitantes de Cefalédio (Cíc. Verr. 2, 130).
Cephălus, -ī, subs. pr. m. Céfalo. 1) Filho de Éolo ou de Mercúrio, e amado da Aurora (Ov. Met. 6, 681). 2) Pai do orador Lísias (Cíc. At. 4, 16, 3).
Cēphēis, -ĭdos, subs. pr. f. Andrômeda, filha de Cefeu (Ov. A. Am. 3, 191).
Cēphēĭus, -a, -um, adj. Descendente de Cefeu, de Cefeu: **Cepheia arva** (Ov. Met. 4, 669) «a Etiópia».
Cēphēnēs, -um, subs. loc. masc. Cefenos, povo da Etiópia (Ov. Met. 5, 97).
Cēphēnia, -ae, subs. pr. f. Cefênia, país dos cefenos (Plín. H. Nat. 6, 41).
Cēphēnus, -a, -um, adj. De Cefenos (Ov. Met. 4, 764).
Cēpheus, -ĕī (-ĕos), subs. pr. m. Cefeu, rei da Etiópia e pai de Andrômeda (Cíc. Tusc. 5, 8).

Cēphīsis, -ĭdis, subs. f. Do Cefiso (Ov. Met. 1, 369).
Cēphīsĭus, -ī, subs. pr. m. Filho de Cefiso, i. é, Narciso (Ov. Met. 3, 351).
Cēphīsus (Cephīssus), -ī, subs. pr. m. Cefiso, rio da Grécia setentrional, que atravessa a Dórida, a Fócida e a Beócia, e que se vai lançar no **sinus Euboicus** (Luc. 3, 175).
cēpī, perf. de capio.
cēra, -ae, subs. f. I — Sent. próprio: 1) Cêra (Cíc. Tusc. 1, 108). Daí: Objeto feito de cêra: 2) Sinete ou sêlo em cêra (Cíc. Flac. 37). 3) Imagem ou busto de cêra (Juv. 8, 19). No plural: 4) Tabuinhas enceradas para escrever, página (Quint. 10, 3, 31); (Suet. Ner. 17). II — Sent. poético: 5) Células das abelhas (Verg. G. 4, 241).
Cerămbus, -ī, subs. pr. m. Cerambo, nome de um homem que, metamorfoseado em ave pelas ninfas, conseguiu escapar ao dilúvio (Ov. Met. 7, 353).
Ceramīcus, -ī, subs. pr. m. Ceramico, nome de uma praça e de um bairro de Atenas (Cíc. Fin. 1, 39).
cērārium, -ī, subs. n. Impôsto para cêra (impôsto de sêlo) (Cíc. Verr. 3, 181).
cerasĭnus, -a, -um, adj. Da côr da cereja (Petr. 28, 8).
Cerāstae, -ārum, subs. loc. m. Cerastas, povo que vivia na ilha de Chipre, e que Vênus metamorfoseou em touros (Ov. Met. 10, 222).
cērāstēs, -ae, subs. m. Cerastes, serpente com chifres (Lucr. 9, 716).
Cerāstis, -ĭdis, subs. pr. f. Cerástide, antigo nome da ilha de Chipre (Plín. H. Nat. 5, 129).
cerăsum, -ī, subs. n. Cereja (Plín. H. Nat. 15, 102).
cerăsus, -ī, subs. f. 1) Cerejeira (Verg. G. 2, 18). 2) Cereja (Prop. 4, 2, 15).
cērātus, -a, -um. I — Part. pass. de cero. II — Adj.: cerata tabella: Encerado, boletim de votos dos juízes (Cíc. Caecil. 24): ceratae pennae (Hor. O. 4, 2, 2) «penas coladas com cêra».
Ceraunĭa, -ōrum, subs. pr. n. Montes Ceráunios ou Acroceráunios, no Epiro (Verg. G. 1, 332).
Ceraunus, -ī, subs. pr. m. Cerauno, sobrenome de Ptolomeu II, rei da Macedônia (C. Nep. Reg. 3, 4).
Cerbalus, -ī, subs. pr. m. Cerbalo, riacho da Apúlia (Plín. H. Nat. 3, 103).

Cerberĕus, -a, -um, adj. Cerbéreo, de Cérbero (Lucr. 4, 731).
Cerbĕrus (Cerbĕros), -ī, subs. pr. m. Cérbero, cão monstruoso de três cabeças, que guardava os infernos (Cíc. Tusc. 1, 10).
Cercetius Mons, subs. pr. m. Cercécio, montanha da Tessália (T. Lív. 32, 14, 7).
Cercinĭum, -ī, subs. pr. n. Cercinio, cidade da Tessália (T. Lív. 31, 41).
Cercō, -ōnis, subs. pr. m. Cercão, sobrenome romano (T. Lív. 42, 6).
Cercōpēs, -um, subs. loc. m. Cercopes, povo metamorfoseado por Júpiter em macacos (Ov. Met. 14, 90).
cercopithēcus, -ī, subs. m. Macaco de rabo comprido (Juv. 15, 4).
Cercops, -ōpis, subs. pr. m. Cercope, filósofo pitagórico (Cíc. Nat. 1, 107).
cercūrus, (cercȳrus), -ī, subs. m. 1) Navio ligeiro, navio de carga (T. Lív. 23, 34, 4). 2) Nome de um peixe do mar (Ov. Hal. 102).
Cercyō, -ōnis, subs. pr. m. Cercião, célebre salteador morto por Teseu (Ov. Met. 7, 439).
cercȳrus, v. cercūrus.
Cerdiciātēs, -um, (-ĭum), subs. loc. m. Cerdiciates, povo da Ligúria (T. Lív. 32, 29, 7).
cerdō, -ōnis, subs. m. Artífice, operário da mais baixa categoria: **cerdo sutor** (Marc. 3, 59) «sapateiro remendão».
Cereālĭa (Ceriālĭa), -ĭum, subs. pr. n. pl. Cereálias, festas em louvor a Ceres, a deusa que protegia as colheitas (Cíc. At. 2, 12, 2).
1. cereālis, -e, adj. Relativo ao trigo, ao pão, do pão (Verg. En. 1, 177).
2. Cereālis, -e, adj. 1) De Ceres: **Cereale nemus** (Ov. Met. 8, 742) «bosque consagrado a Ceres». 2) **Cereālis, -is**, subs. pr m. Cerealis, nome de homem (Tác. Agr. 12).
Cereātīnī Mariānī, subs. loc. m. Nome de um povo do Lácio (Plín. H. Nat. 3, 63).
cerebellum, -ī, subs. n. Mioleira pequena (de vitela, carneiro, etc.) (Suet. Vit. 13, 2). Obs.: Têrmo de culinária.
cerebrōsus, -a, -um, adj. Arrebatado, violento (Hor. Sát. 1, 5, 21).
cerebrum, -ī, subs. n. I — Sent. próprio: 1) Cérebro, miolos (Cíc. Tusc. 1, 19). II — Sent. figurado: 2) Cérebro, cabeça (como sede da inteligência ou da cólera), razão, juízo, cólera (Hor. Sát. 2, 3, 75).

Cĕrellĭa, -ae, subs. pr. f. Cerélia, nome de mulher (Cíc. At. 12, 51, 3).

cēremōnĭa, v. caerimonĭa.

Cerēs, -ĕris, subs. pr. f. I — Sent. próprio: 1) Ceres, deusa da agricultura, identificada com a divindade grega Deméter (Verg. G. 1, 147). II — Sent. figurado: 2) Seara, cereais, trigo, pão (Cíc. De Or. 3, 167).

1. cērĕus, -a, -um, adj. I — Sent. próprio: 1) De cêra, feito de cêra (Cíc. Nat. 3, 30). Daí: 2) Da côr da cêra, amarelo: (Hor. O. 1, 13, 2). II — Sent. figurado: 3) Flexível, dócil, suave (Hor. A. Poét. 163).

2. cērĕus, -ī, subs. m. Vela de cêra, círio (Cíc. Of. 3, 80).

ceriālis, v. cereālis.

cerimōnĭa, v. caerimonĭa.

cērĭntha, -ae, e cerinthē, -es, subs. f. Chupa-mel (planta) (Verg. G. 4, 63).

Cērĭnthus, -ī, subs. pr. m. e f. Cerinto. 1) Nome de homem (Hor. Sát. 1, 2, 81). 2) Cidade da Eubéia (Plín. H. Nat. 4, 64).

Cermălus, -ī, subs. pr. m. Cérmalo, colina de Roma próxima ao Palatino (Cíc. At. 4, 3, 3).

cernō, -is, -ĕre, crēvī, crētum, v. tr. I — Sent. próprio: 1) Passar pelo crivo, peneirar, separar: **per cribrum cernere** (Cat. Agr. 107, 1) «passar pelo crivo». II — Sent. figurado: 2) Distinguir, discernir, ver claramente, perceber: **ex cruce Italiam cernere** (Cíc. Verr. 5, 169) «distinguir a Itália do alto da cruz». 3) Compreender, ver pelo pensamento ou pela imaginação (Cíc. Leg. 2, 43). Por enfraquecimento de sentido: 4) Ver, escolher (Cíc. Ac. 2, 20). 5) Decidir, resolver, decretar (Cíc. Leg. 3, 9). 6) Na língua jurídica: Fazer têrmo ou declaração de herdeiro, aceitar o direito de sucessão (Cíc. Agr. 2, 40). Obs.: Constrói-se com acus. e inf. O perfeito é raro, ùnicamente usado na língua técnica, significando «decidir». O particípio, também raro, significa «passado pelo crivo».

cernŭlō, -ās, -āre, v. intr. Cair de frente, cair de cabeça para baixo (Sên. Ep. 8. 4).

cernŭus, -a, -um, adj. I — Sent. próprio: 1) Que inclina a cabeça, inclinado para o chão. II — Daí: 2) O que cai de cabeça para diante (Verg. En. 10, 894).

cērōma, -ae (-ātis), subs. f. (n.). I — Sent. próprio: 1) Ungüento composto de cêra e azeite, usado pelos lutadores (Sên. Ep. 57, 1). II — Sent. figurado: 2) Sala de exercícios (Sên. Brev. 12, 2). III — Sent. poético: 3) Luta (Marc. 5, 65, 3).

cērōmaticus, -a, -um, adj. Untado com ceroma (Juv. 3, 68).

cērōtum, -ī (cērātum, -ī), subs. n. Ceroto ou cerato (Marc. 11, 98).

cerrītus, -a, -um, adj. Furioso, delirante, demente (Cíc. At. 8, 5, 1).

certāmen, -ĭnis, subs. n. I — Sent. próprio: 1) Luta (em que se disputa alguma coisa), corrida, torneio, certame (Cíc. Tusc. 2, 62). Daí: 2) Combate, peleja (T. Lív. 2, 44, 11). 3) Disputa, rivalidade (Sal. B. Jug. 41, 2). II — Sent. figurado: 4) Ardor, esfôrço, empenho (Cíc. Or. 126).

certātim, adv. À porfia, com insistência, (Cíc. Phil. 2, 118).

certātĭō, -ōnis, subs. f. I — Sent. próprio: 1) Combate, peleja, luta (nos jogos públicos ou no ginásio) (Cic. Leg. 2, 38). II — Sent. figurado: 2) Disputa, conflito (Cíc. Fin. 2, 44). 3) Ação, questão, debate judiciário (T. Lív. 25, 4, 8).

1. certātus, -a, -um. 1) Part. pass. de certo: contestado, combatido (Ov. Met. 13, 713); abl. n. (abs.): **multum certato** (Tác. An. 11, 10) «depois de um longo combate».

2. certātus, -ūs, subs. m. Luta (Estác. Silv. 3, 1, 152).

certē, adv. 1) Certamente, seguramente, sem dúvida (Cíc. Tusc. 1, 9). 2) Pelo menos, em todo caso (Cíc. Fin. 4, 7).

Certima, -ae, subs. f. Certima, praça-forte da Celtibéria (T. Lív. 40, 47).

Certis, -is, subs. pr. m. Cértis, outro nome do rio Bétis (T. Lív. 28, 22, 1).

1. certō, adv. 1) Certamente, com certeza, na verdade, realmente sem dúvida (Cíc. At. 1, 12, 3). 2) De maneira irrevogável, irrevogàvelmente (Ter. Hec. 586).

2. certō, -ās, -āre, -āvī, -ātum, v. intr. e tr. 1) Tr.: Têrmo da língua do direito: Procurar obter uma decisão, debater, demandar, contestar (T. Lív. 25, 3, 14). 2) Daí: (Intr.) Combater, lutar (para conseguir determinado fim), disputar prêmios nos jogos públicos, rivalizar (Cíc. Fam. 7, 31, 1). 3) Em poesia: Esforçar-se, fazer esforços, resistir (Verg. Buc. 5, 8). Obs.: Constrói-se na língua poét. com dat. e inf.

certus, -a, -um, adj. I — Sent. próprio: 1) Resolvido, decidido (T. Lív. 2, 15, 5). 2) Que decidiu, decidido a, resolvido a (Verg. En. 5, 54). II — Daí: 3) Determinado, fixo, preciso (Cíc. Cat. 1, 7). 4) Seguro, fiel, com que se pode contar, constante (aplicado aos homens) (Cíc. Sull. 5). No pl. **certi**: homens de confiança (C. Nep. Diom. 9, 1). 6) Seguro, de confiança (aplicado às coisas) (Cíc. Phil. 11, 4). 7) Certo (com valor indeterminado = **quidam**): **certi homines** (Cíc. Sest. 41) «certos homens». III — Locuções principais: a) **certum est** com inf. = «estou resolvido a» (Cíc. Verr. pr. 53); b) **certiorem facere aliquem** (Cíc. Verr. 2, 55); (Cés. B. Gal. 5, 49, 4) «informar alguém (de alguma coisa)»; c) **pro certo affirmare** (T. Lív. 1, 3, 2) «afirmar categòricamente»; d) **pro certo negare** (Cíc. At. 5, 21, 5) «negar categòricamente»; e) **pro certo polliceri** (Cíc. Agr. 2, 108) «prometer categòricamente»; f) **pro certo ponere** (Cés. B. Gal. 7, 5, 6) «dar como certo». Obs.: Constrói-se: 1) com inf. 2) com genit. 3) absolutamente.

cērŭla, -ae, subs. f. (dim. de **cera**). Bocadinho de cêra (Cíc. At. 15, 14, 4).

cerva, -ae, subs. f. I — Sent. próprio: 1) Corça (fêmea do veado) (Cíc. Nat. 2, 127). II — Sent. poético: 2) Cervo (Verg. En. 4, 69).

cervĭcŭla, -ae, subs. f. Pescoço pequeno, nuca pequena (Cíc. Verr. 3, 49).

cervīnus, -a, -um, adj. De veado (Juv. 14, 251).

cervix, -ĭcis, subs. f. (geralmente no plural). I — Sent. próprio: 1) Nuca (Suet. Tib. 68, 2). II — Daí: 2) Pescoço (Cíc. Phil. 2, 51). III — Sent. figurado: 3) Cabeça, ombros (servindo de apoio, esteio) (Cíc. Sest. 138). 4) Confiança na sua própria fôrça, audácia, orgulho, obstinação (Cíc. Verr. 3, 135).

cervus, -ī, subs. m. I — Sent. próprio: 1) Cervo, veado (Cíc. Tusc. 3, 69). II — Daí, na linguagem militar: 2) Abrolhos, cavalo de frisa, estacadas feitas de troncos de árvore com os respectivos ramos (semelhantes aos chifres do veado), que se espetavam no chão para impedir a marcha da cavalaria (Cés. B. Gal. 7, 72, 4).

cesna, -ae, v. **cena**.

cessātĭō, -ōnis, subs. f. — Sent. próprio: 1) Descanso, repouso (Cíc. Nat. 1, 36). II — Daí: 2) Cessação, parada (A. Gél. 1, 25, 8).

cessātor, -ōris, subs. m. Vagaroso, preguiçoso (Cíc. Fam. 9, 17).

cessātus, -a, -um, part. pass. de **cesso**.

cessī, perf. de **cēdo**.

cessĭō, -ōnis, subs. f. Ação de ceder, cessão (têrmo jurídico) (Cíc. Top. 28).

cessō, -ās, -āre, -āvī, -ātum, v. freq. intr. I — Sent. próprio: 1) Parar, permanecer inativo, cessar, estar sem fazer nada (Cíc. C. M. 18). II — Sent. figurado: 2) Demorar-se, tardar, diferir (Cíc. Prov. 15). 3) Na língua jurídica: Não comparecer perante o tribunal, deixar à revelia, faltar (Suet. Cl. 15). 4) Relaxar, negligenciar (Hort. A. Poét. 357).

cessor, v. **censor**.

cessus, -a, -um, part. pass. de **cēdo**.

Cestĭānus, -a, -um, adj. De Céstio (Sen. Contr. 1, 7, 17).

Cestĭus, -ī, subs. pr. m. Céstio. 1) Nome de um pretor (Cíc. Phil. 3, 26). 2) Nome de um célebre retor (Sên. Suas. 7, 12).

Cestrĭa, -ae, subs. pr. f. Céstria, cidade do Epiro (Plín. H. Nat. 4, 4).

cestrosphendŏnē, -ēs, subs. f. Arma de arremêsso usada pelos macedônios (T. Lív. 42, 65, 9).

cētārĭa, -ae, subs. f. (**cetarĭum, -ī**, subs. n.) Viveiro (de peixes) (Hor. Sát. 2, 5, 44).

Cētārīni, -ōrum, subs. loc. m. Cetarinos, habitantes de Cetária, cidade da Sicília (Cíc. Verr. 3, 103).

cētārĭus, -ī, subs. m. Peixeiro, negociante de peixes do mar (Ter. Eun. 257).

cētē, subs. n. pl. indecl. Cetáceos (peixes graúdos do mar) (Verg. En. 5, 822).

cētĕra (acus. pl. n. tomado adverbialmente). 1) Quanto ao resto, quanto ao mais, de resto (Sal. B. Jug. 19, 7). 2) Daqui para diante, de hoje para o futuro (Verg. En. 9, 656).

cētĕrōquī e **cētĕrōquīn**, adv. De sobra, sobejamente, em demasia, além de (Cíc. Or. 83).

cētĕrum, n. tomado adverbialmente. 1) De resto, quanto ao demais, aliás (Sal. C. Cat. 17, 6). 2) Mas, porém (Sal. B. Jug. 48, 1).

cētĕrus, -a, -um, adj. I — Sent. próprio: 1) Que resta, restante (Sal. C. Cat. 36, 2). II — Daí, no plural: 2) Os outros, os restantes, o resto (Cíc. Verr. 5, 171). Obs.: **cetĕri** contrapõe-se a **alii**.

Cethēgī, -ōrum, subs. pr. m. pl. Os Cetegos, i. é, romanos do tempo antigo (Hor. A. Poét. 50).

Cethēgus, -ī, subs. pr. m. Cetego. 1) Sobrenome dos Cornélios (Cíc. Br. 57; C. M. 50). 2) Nome de um cúmplice de Catilina (Sal. C. Cat. 43, 3).

Cētō, -ūs, subs. pr. f. Ceto. 1) Ninfa marinha, mulher de Forco e mãe das Górgonas (Lucr. 9, 646). 2) Uma das nereidas (Plín. H. Nat. 5, 69).

cētos, n. v. cētus.

cētra (caetra), -ae, subs. f. Cetra, pequeno escudo de couro (T. Lív. 28, 5, 11); (Verg. En. 7, 732).

cētrātus (caetrātus), -a, -um, adj. 1) Armado de cetra (v. **cetra**) (Cés. B. Civ. 1, 39, 1). 2) No plural: Soldados armados de cetra (Cés. B. Civ. 1, 70, 4).

Cetrōnius, -ī, subs. pr. m. Cetrônio, nome de família romana (Tác. An. 1, 44).

cētus, -ī, subs. m. I — Sent. próprio: 1) Cetáceo, atum (Serv. En. 1, 550). II — Daí: 2) Baleia (constelação) (Manil. 1, 612). 3) Peixe do mar (Plaut. Aul. 375).

ceu, adv. e conj. 1) Como, assim como, bem como (Verg. En. 5, 740). 2) Como se (Verg. En. 2, 438). Obs.: A partícula **ceu**, quer isolada, quer em correlação com **sic**, **ita**, etc., designa comparação. É sinônima de **ut**, **sicut**, **quasi**.

Ceutrōnēs, -um, subs. loc. m. Ceutrões. 1) Povo da Bélgica (Cés. B. Gal. 5, 39, 1). 2) Povo da Gália, nos Alpes (Cés. B. Gal. 1, 10, 4).

Ceutronicae Alpes, subs. pr. m. Alpes Ceutrões (Plín. H. Nat. 11, 240).

cēvĕō, -ēs, -ēre, cēvī, v. intr. 1) Mover as nádegas (Juv. 2, 21). 2) Fazer festa como os animais, adular (Pérs. 1, 87).

Cēyx, -ȳcis, subs. pr. m. Ceix, espôso de Alcíone e que, juntamente com ela, foi metamorfoseado em alcião (Ov. Met. 11, 727).

Chabrĭās, -ae, subs. pr. m. Cábrias, nome de um general ateniense (C. Nep. Chabr. 1).

chaere, interj. Bom dia, salve! (Cíc. Fin. 1, 9).

Chaerĕa, -ae, subs. pr. m. Quérea, sobrenome romano (Cíc. Com. 1).

Chaerēās, -ae, subs. pr. m. Quéreas. 1) Nome de um estatuário (Plín. H. Nat. 34, 75). 2) Autor de um tratado de agricultura (Varr. L. Lat. 1, 1, 8).

Chaerestrătus, -ī, subs. pr. m. Queréstrato, nome de um personagem de comédia (Cíc. Amer. 46).

Chaerippus, -ī, subs. pr. m. Queripo, nome de homem (Cíc. Fam 12, 22, 4).

Chaerōnēa, -ae, subs. pr. f. Queronéia, cidade da Beócia (T. Lív. 35, 46, 4).

chalcaspĭdēs, -um, subs. m. pl. Soldados armados com escudos de bronze (T. Lív. 44, 41, 2).

chalcĕus, -a, -um, adj. De bronze (Marc. 9, 94, 4).

Chalcĭa, -ae, subs. pr. f. Cálcia, ilha do mar Egeu (Plín. H. Nat. 17, 31).

Chalcidēna, -ae, subs. pr. f. Calcidena, região da Síria (Plín. H. Nat. 5, 81).

Chalcidĭcus, -a, -um, adj. Calcídico, de Cálcis, na Eubéia (Cíc. Nat. 3, 10).

Chalcioecos, -ī, subs. pr. m. Calcieco, nome de um templo de Minerva em Esparta (T. Lív. 35, 36, 9).

Chalcis, -ĭdis, (-ĭdos), subs. pr. f. Cálcis. 1) Cidade, capital da ilha de Eubéia (T. Lív. 35, 46, 1). 2) Cidade da Síria (Plín. H. Nat. 5, 89). 3) Cidade da Etólia (Plín. H. Nat. 4, 6).

Chaldaea, -ae, subs. pr. f. Caldéia, região da Ásia (Plín. H. Nat. 5, 90).

Chaldaeī, -ōrum, subs. loc. m. Caldeus, habitantes da Caldéia (Lucr. 5, 725).

Chaldaeus, -a, -um, adj. Caldeu, caldaico (Juv. 10, 94).

Chaldaĭcus, -a, -um, adj. Caldaico, caldeu (Cíc. Div. 2, 88).

chalybēĭus (chalybeus), -a, -um, adj. De aço (Ov. F. 4, 405).

Chalȳbēs, -um, subs. loc. m. Cálibes, povo do Ponto, afamado por suas minas de ferro e fabricação de aço (Verg. G. 1, 58).

chalybs, -ȳbis, subs. m. 1) Aço (Verg. En. 8, 446). Daí: 2) Objeto feito de aço, espada (Sên. Th. 364).

Chamāvī, -ōrum, subs. loc. m. Camavos, povo das margens do Reno (Tác. An. 13, 55).

channē (chane), -ae, subs. f. Nome de um peixe desconhecido (Ov. Hal. 108).

Chāōn, -ŏnis, subs. pr. m. Cáon, filho de Príamo (Verg. En. 3, 335).

Chāŏnēs, -um, subs. loc. m. Cáones, ou caônios, habitantes da Caônia (T. Lív. 43, 23, 6).

Chāonĭa, -ae, subs. pr. f. Caônia, região do Epiro (Cíc. At. 6, 3, 2).

chāŏnis, -ĭdis e **Chāonĭus**, -a, -um, adj. Da Caônia, do Epiro (Ov. Met. 10, 90); (Verg. En. 3, 334).

chaos, -ī, subs. n. I — Sent. próprio: 1) Caos, confusão dos elementos de que se forma o universo (Verg. G. 4, 347). II — Daí: 2) O Caos personificado (Verg. En. 4, 510). 3) Os infernos (Ov. Met. 10, 30). III — Sent. figurado: 4) Trevas profundas, abismo (Estác. Silv. 3, 2, 92).

chara, -ae, subs. f. Planta ou raiz desconhecida (Cés. B. Civ. 3, 48, 1).

Charax, -ăcis, subs. pr. f. Cárax, fortaleza da Tessália (T. Lív. 44, 6, 10).

Charāxus, -ī, subs. pr. m. Caraxo. 1) Irmão de Safo (Ov. Her. 15, 117). 2) Um dos centauros (Ov. Met. 12, 272).

Charĭclō, -ūs, subs. pr. f. Cáriclo, espôsa de Quirão (Ov. Met. 2, 636).

Charidēmus, -ī, subs. pr. m. Caridemo, nome de homem (Cíc. Verr. 1, 52).

Charimānder, -drī, subs. pr. m. Carimandro, autor de um tratado de astronomia (Sên. Nat. 7, 5, 2).

Charinī, -ōrum, subs. loc. m. Carinos, povo da Germânia (Plín. H. Nat. 4, 99).

Charīnus, -ī, subs. pr. m. Carino, nome de homem (Ter. Andr. 345).

Charis, -itos, subs. pr. m. Cárites, nome grego das Graças (Plín. H. Nat. 36, 32).

Charisius, -ī, subs. pr. m. Carísio. 1) Orador ateniense (Cíc. Br. 286). 2) Gramático latino (Serv. En. 9, 329).

charistĭa, -ōrum, subs. n. pl. Banquete de família (Ov. F. 2, 617).

chărĭtas, v. **caritas.**

Charĭtēs, -um, subs. pr. f. As Cárites, i. é, as Graças (Ov. F. 5, 219).

Charmădās, -ae, subs. pr. m. Cármadas, filósofo grego (Cíc. Tusc. 1, 59).

1. Charōn, -ōntis, subs. pr. m. Caronte, o barqueiro dos infernos, que tinha por função fazer passar as almas dos mortos para a outra margem do Aqueronte, o rio dos infernos (Verg. En. 6, 299).

2. Charōn, -ōnis, subs. pr. m. Cáron, estadista tebano (C. Nep. Pel. 2, 5).

Charōndās, -ae, subs. pr. m. Carondas, legislador de Túrio (Cíc. Leg. 1, 57).

Charōnēus, -a, -um, adj. Relativo a Caronte, aos infernos (Plín. H. Nat. 2, 208).

Charops, -ŏpis, subs. pr. m. Cárope, nome de homem (Ov. Met. 13, 260).

charta (carta), -ae, subs. f. I — Sent. próprio: 1) Fôlha de papel, papel, papiro (Hor. Ep. 2, 1, 11). II — Sent. figurado: 2) Fôlha escrita, documentos escritos, livros, arquivos (Hor. A. Poét. 310). Daí: 3) Volume (Catul. 1, 6).

chartŭla, -ae, subs. f. Papel pequeno, escrito de pouca extensão (Cíc. Fam. 7, 18, 2).

chărus, v. **cārus.**

Charȳbdis, -is, subs. f. Caribde. I — Sent. próprio: 1) Sorvedouro do mar da Sicília (Cíc. Verr. 5, 146). II — Sent. figurado: 2) Sorvedouro, abismo (Cíc. De Or. 3, 163).

chasma, -ătis, subs. n. 1) Abertura, abismo, sorvedouro (Sên. Nat. 6, 9). 2) Espécie de meteoro (Sên. Nat. 1, 14).

Chasuāriī, -ōrum, subs. loc. m. Casuários, povo da Germânia (Tác. Germ. 34).

Chaucī, -ōrum, subs. loc. m. Caucos, povo da Germânia (Tác. Germ. 35).

Chaus, -ī, subs. pr. m. Caus, rio da Cária (T. Lív. 38, 14).

chelae, -ārum, subs. f. pl. Os braços do Escorpião, a Balança (constelação) (Verg. G. 1, 33).

Chelĭdōn, -ŏnis, subs. pr. f. Quelídon, nome de uma cortesã (Cíc. Verr. 4, 71).

chelȳdrus, -ī, subs. m. Serpente venenosa (Verg. G. 2, 214).

chelys, -yis e -yos, subs. f. I — Sent. próprio: 1) Tartaruga (Petr. fr. 32, 5). II — Sent. figurado: 2) Lira, citara (feita da concha da tartaruga (Ov. Her. 15, 181).

cherăgra (chirăgra), -ae, subs. f. Gôta nas mãos, quiragra (Hor. Ep. 1, 1, 31).

Cherronēsus ou **Chersonēsus, -ī,** subs. pr. f. Quersoneso, região da Trácia (Cíc. Agr. 2, 50); (Cíc. At. 6, 1, 19).

Chersidămās, -āntis, subs. pr. m. Quersidamante, nome de um troiano morto por Ulisses (Ov. Met. 13, 259).

chersos, -ī, subs. f. Cágado (Marc. 14, 88).

Chersonēsus v. **Cherronēsus.**

Cherūscī, -ōrum, subs. loc. m. Queruscos, povo da Germânia (Cés. B. Gal. 6, 10, 5).

Chesippus, -i, subs. pr. m. Quesipo, nome dado por Zenão ao filósofo Crisipo (Cíc. Nat. 1, 93).

Chiī, -ōrum, subs. loc. m. Habitantes de Quios (Cíc. Arch. 19).

Chīliārchēs (chīliārcus), -ae, (-ī), subs. pr. m. Quiliarca (comandante de mil homens) (Q. Cúrc. 5, 2, 3).

chīliārchus, -ī, subs. m. Primeiro ministro entre os persas (C. Nep. Con. 3, 2).

Chimaera, -ae, subs. pr. f. Quimera. 1) Monstro fabuloso com cabeça de leão, corpo de cabra e cauda de dragão, que expelia chamas pela bôca. Coube a Belerofonte matá-lo, livrando seu país do terrível monstro (Lucr. 5, 902). 2) Nome de um dos barcos de Enéias (Verg. En. 5, 118).

Chimaerēus, -a, -um, adj. Da Quimera, relativo a Quimera (Verg. Cul. 14).

Chimaerĭfer, -fĕra, -fĕrum, adj. Que produziu a Quimera (Ov. Met. 6, 339).

Chindrum, -ī, subs. pr. n. Quindro, rio da Ásia (Plín. H. Nat. 6, 48).

Chiŏnē, -ēs, subs. pr. f. Quíone. 1) Ninfa amada por Apolo e Hermes. 2) Nome de mulher (Juv. 3, 136).

Chĭonĭdēs, -ae, subs. pr. m. Quiônides, filhos de Quíone, i. é, Autólio e Filemão (Ov. P. 3, 3, 41).

Chios (Chius), -ī, subs. pr. f. Quios, ilha do mar Egeu (Cíc. Verr. 5, 127).

chĭrăgra, v. cherăgra.

chiramaxĭum, -ī, subs. n. Carrinho de mão (Petr. 28, 4).

Chīrocmēta, -ōrum, subs. pr. n. «Os trabalhos manuais», título de uma obra de Demócrito (Plín. H. Nat. 24, 160).

chīrogrăphum, -ī, subs. n. (chīrogrăphus, -ī, subs. m. e chīrogrăphon, -ī, subs. n.). I — Sent. próprio: 1) O que se escreve de próprio punho, autógrafo (Cic. Fam. 2, 13, 3). II — Daí: 2) Manuscrito (Cíc. Phil. 2, 8). 3) Escrito assinado pelo punho daquele que contrai uma obrigação, obrigação, recibo (A. Gél. 14, 2, 7).

Chīrōn, -ōnis, subs. pr. m. Quirão. 1) O mais célebre e o mais sábio dos centauros, que vivia numa gruta do monte Pélio, na Tessália (Verg. G. 3, 550). 2) A constelação do Sagitário (Luc. 9, 536).

chīronomĭa, -ae, subs. f. Arte do gesto (Quint. 1, 11, 17).

chīronŏmōn, -ōntis, (chīronŏmos, -ī), subs. m. Pantomimo (Juv. 6, 63).

chīrurgĭa, -ae, subs. f. I — Sent. próprio: 1) Cirurgia (Cels. 7, pref.). II — Sent. figurado: 2) Remédio violento (Cic. At. 4, 3, 3).

Chĭum, -ī, subs. n. Vinho de Quios (Hor. Sát. 1, 10, 24).

Chĭus, -a, -um, adj. Da ilha de Quios no mar Egeu (Petr. 63, 3).

chlamydātus, -a, -um, adj. Vestido de clâmide (Cíc. Rab. Post. 27).

chlamydātī, -ōrum, subs. m. pl. Gente vestida de clâmide (Sên. Vit. 2, 2).

chlamys, -ўdis, subs. f. 1) Clâmide (manto grego seguro no pescoço ou no ombro direito (Verg. En. 4, 137). 2) Capa de militar (Plaut. Mil. 1423).

Chlĭdē, -ēs, subs. pr. f. Clide, nome de mulher (Ov. Am. 2, 7, 23).

Chloē, -ēs, subs. pr. f. Cloé, nome de mulher (Ov. Am. 2, 7, 23).

Chlōreus, -ĕī (-ĕos), subs. pr. m. Cloreu, sacerdote de Cibele (Verg. En. 11, 768).

Chlōris, -ĭdis, subs. pr. f. Clóris ou Flora. 1) Deusa das flôres, mulher de Zéfiro (Ov. F. 5, 195). 2) Nome grego de mulher (Hor. O. 2, 5, 18).

Chlōrus, -ī, subs. pr. m. Cloro. 1) Nome de um rio da Cilícia (Plín. H. Nat. 5, 91). 2) Nome de homem (Cíc. Verr. 2, 23).

Choerĭlus, -ī, subs. pr. m. Quérilo, poeta grego, contemporâneo de Alexandre (Hor. A. Poét. 357).

Chōma, -ătis, subs. pr. n. Coma, cidade da Lícia (Plín. H. Nat. 5, 101).

choraulē (choraula), -ēs, (-ae), subs. m. Coraulo, tocador de flauta que acompanha os coros (Marc. 5, 56, 9).

chorda, -ae, subs. f. I — Sent. próprio: 1) Tripa (Petr. 66, 7). Donde: 2) Corda de instrumento de música) (Tib. 2, 5, 3). II — Daí: 3) Corda, barbante (Plaut. Most. 743).

chorĕa (chorēa), -ae, subs. f. (geralmente no pl.): Dança em côro (Verg. En. 6, 644).

chorēus, -ī, subs. m. Coreu ou troqueu (pé constituído por uma sílaba longa seguida de uma breve) (Cíc. Or. 212).

chorīus, v. chorēus.

chorocitharistēs, -ae, subs. m. Músico que acompanha o côro com cítara (Suet. Dom. 4, 4).

chorus, -ī, subs. m. I — Sent. próprio: 1) Côro (de dançarinos, músicos e cantores), dança em côro (Hor. O. 1, 1, 31). Daí: 2) Côro (do teatro) (Verg. G. 4, 460). II — Sent. figurado: 3) Reunião, ajuntamento, conjunto, roda, assembléia ou grupo (Cíc. Mur. 49).

Chremēs, -mētis (-mis), subs. pr. m. Cremes, nome de uma personagem de comédia (Ter. Andr. 472).

Chrestus, (-os), -ī, subs. pr. m. Cresto. 1) Nome de homem (Cíc. Fam. 2, 8, 1). 2) O mesmo que Cristo (Suet. Cl. 25, 4).

chrĭa, -ae, subs. f. Desenvolvimento oratório de um lugar comum (Sên. Ep. 33, 7).

1. christĭānus, -a, -um, adj. Cristão (Eutr. 10, 16).

2. christiānus, -i, subs. m. Cristão (Tác. An. 15, 44).
Christus, -i, subs. pr. m. Cristo (Tác. An. 15, 44); (Plín. Ep. 10, 96, 5).
1. chromis, -is, subs. f. Peixe do mar, hoje desconhecido (Ov. Hal. 121).
2. Chromis, -is, subs. pr m. Crômis. 1) Nome de um centauro (Ov. Met. 2, 933). 2) Nome de um pastor (Verg. Buc. 6, 13).
chronicus, -a, -um, adj. Relativo à cronologia (A. Gél. 17, 21, 1).
Chrỹsa, -ae, e Chrỹsē, -ēs, subs. pr. f. Crisa. 1) Cidade da Mísia (Ov. Met. 13, 174). 2) Ilha perto de Creta (Plín. H. Nat. 4, 61).
Chrỹsās, -ae, subs. pr. m. Crisas, rio da Sicília (Cíc. Verr. 4, 96).
Chrysēis, -idis, subs. pr. f. Criseide, filha de Crises (Ov. Trist. 2, 373).
chrỹsendĕta, -ōrum, subs. n. pl. Pratos ornados com esculturas em ouro (Marc. 2, 43, 11).
Chrỹsēs, -ae, subs. pr. m. Crises, grande sacerdote de Apolo (Ov. A. Am. 2, 402).
Chrỹsippēus, -a, -um, adj. De Crísipo, o filósofo (Cíc. Ac. 4, 30).
Chrỹsippus, -i, subs. pr. m. Crisipo. 1) Filósofo estóico (Cíc. Fin. 2, 43). 2) Liberto de Cícero (Cíc. At. 7, 2, 8).
Chrīsis, -ỹdis, subs. pr. f. Críside, nome de uma personagem de comédia (Ter. Andr. 58).
chrỹsius, -a, -um, adj. De ouro. No pl.: objetos em ouro (Marc. 9, 94, 4).
Chrỹsogŏnus, -i, subs. pr. m. Crisógono nome de homem (Cíc. Amer. 124).
chrỹsolithos (chrỹsolĭthus), -i, subs. m. Crisólito (pedra preciosa), topázio (Prop. 2, 16, 44).
Chrỹsopŏlis, -is, subs. pr. f. Crisópolis. 1) Promontório e cidade da Bitínia (Plín. H. Nat. 5, 150). 2) Cidade da Arábia (Plaut. Pers. 506).
Chthonĭus, -i, subs. pr. m. Ctônio, nome de um centauro (Ov. Met. 12, 441).
Chỹtri, -ōrum, subs. pr. m. Quitros, cidade da ilha de Chipre (Plín. H. Nat. 5, 130).
Chỹtros, -i, subs. pr. f. Quitros, cidade da ilha de Chipre (Ov. Met. 10, 718).
Ciāni, -ōrum, subs. loc. m. Cianos, habitantes de Cio, na Bitínia (T. Lív. 31, 31, 4).
cibāria, -ōrum, subs. n. pl. I — Sent. próprio: 1) Alimentos, víveres (Cat. Agr. 56). II — Daí: 2) Ração (do soldado) (Cíc. Tusc. 2, 16).
cibārium, -i, subs. n. Alimento (Sên. Ben. 3, 21, 2).

cibārius, -a, -um, adj. I — Sent. próprio: 1) Relativo ao alimento, abastecimento (Plaut. Capt. 901). II — Sent. figurado: 2) Comum, grosseiro (falando de alimento) (Cíc. Tusc. 5, 97).
cibātus, -ūs, subs. m. Alimento, comida (Plaut. Mil. 224).
Cibilītāni, -ōrum, subs. pr. m. Cibilitanos, colônia da Lusitânia (Plín. H. Nat. 4, 118).
cibō, -ās, -āre, -āvi, -ātum, v. tr. Alimentar, nutrir (Suet. Tib. 72, 2).
cibor, -āris, -āri, v. dep. intr. Tomar alimento, nutrir-se (Apul. Apol. 26, 8).
cibōrium, -i, subs. n. Cibório, copo de duas asas (semelhante às vagens da fava do Egito) (Hor. O. 2, 7, 22).
cibus, -i, subs. m. I — Sent. próprio: 1) Alimento, comida (do homem, animais e plantas), cibo (Cíc. Tusc. 2, 64). Daí: 2) Seiva (Lucr. 1, 352). II — Sent. figurado: 3) Alimento, estimulante (Ov. Met. 6, 480). 4) Isca, engôdo (Tib. 2, 6, 24).
Cibỹra, -ae, subs. pr. f. Cíbira, cidade da Cilícia e da Panfília (Cíc. Verr. 4, 30).
Cibyrāta, -ae, subs. m. e f. Cibirata, de Cilícia (Cíc. Verr. 4, 30).
cibyrātĭcus, -a, -um, adj. De Cíbira (Cíc. At. 5, 21).
cicāda, -ae, subs. f. Cigarra (Verg. Buc. 2, 13).
cicātrīcōsus, -a, -um, adj. I — Sent. próprio: 1) Coberto de cicatrizes (Sên. Ir. 2, 35, 5). II — Sent. figurado: 2) Muito emendado (falando de um escrito) (Quint. 10, 4, 3).
cicātrix, -īcis, subs. f. I — Sent. próprio: 1) Cicatriz (Cíc. De Or. 2, 124). II — Sent. figurado: 2) Cicatriz (Cíc. Agr. 3, 4). III — Sent. diversos: 3) Esfoladela feita numa árvore (Plín. H. Nat. 17, 235). 4) Rasgão, buraco, fenda (Plín. H. Nat. 34, 63).
cicer, -ĕris, subs. n. I — Sent. próprio: 1) Chícharo, grão de bico (Plaut. Bac. 767). II — Sent. figurado: 2) Homem do povo (Hor. A. Poét. 249). Obs.: pl. desusado.
Cicĕrō, -ōnis, subs. pr. m. Cícero. 1) Marco Túlio Cícero, o mais brilhante orador de Roma (Quint. 10, 1, 105). 2) «Quintus Cicero» — Quinto Cícero, seu irmão (Cíc. Q. Fr. 1, 1). 3) «Marcus Cicero» — Marco Cícero, seu filho (Cíc. At. 16,

3, 2). 4) E ainda «Quintus Cicero» — Quinto Cícero, seu sobrinho (Cíc. At. 16, 1, 6).

Cicerōnēs, subs. pr. m. pl. Sent. figurado: Cíceros, oradores eloqüentes como Cícero, ou comparáveis a Cícero (Sên. Clem. 1, 10).

Cicerōniānus, -a, -um, adj. Ciceroniano, de Cícero (Sên. Contr. 7, 2, 12).

cichorēum, -ī, subs. n. (cichorīum, -ī), Chicória (Hor. O. 1, 31, 16).

Cicirrus, -ī, subs. pr. m. Cicirro, sobrenome romano (Hor. Sát. 1, 5, 52).

Cicōnēs, -um, subs. loc. m. Cícones, povo da Trácia (Verg. G. 4, 519).

cicōnia, -ae, subs. f. Cegonha (Hor. Sát. 2, 2, 49).

cicur, -ŭris, adj. Domesticado, manso, doméstico (falando de animais) (Cíc. Nat. 2, 99).

Cicurīnī, -ōrum, subs. pr. m. Cicurinos, sobrenome da família dos Vetúrios (Varr. L. Lat. 7, 91).

1. cicūta, -ae, subs. f. I — Sent. próprio: 1) Cicuta (Pérs. 4, 2). II — Daí: 2) Flauta rústica (Verg. Buc. 5, 85).

2. Cicūta, -ae, subs. pr. m. Cicuta, sobrenome de homem (Hor. Sát. 2, 3, 69).

ciĕō, -ēs, -ēre, civī, citum, ou **ciō -īs, -īre, civī, cītum,** v. tr. I — Sent. próprio: 1) Pôr em movimento, mover, (Cíc. Tusc. 1, 54). II — Daí: 2) Mandar vir, chamar, invocar, apelar, nomear (Tác. Hist. 5, 17). III — Empregos especiais: 2) Na língua jurídica: Citar, citar judicialmente (em justiça) (T. Lív. 10, 8, 10). 4) Na língua militar: animar (T. Lív. 1, 21, 2). 5) Por extensão: excitar, provocar, abalar, agitar (Cíc. Nat. 2, 81). 6) Soltar (gritos, gemidos, sons), proferir palavras (Lucr. 5, 1060). Obs.: As formas de **cio** são usadas quando ao **-e-** do tema se segue outra vogal. Ex.: **cio** em vez de **cieo, ciam** em vez de **cieam.**

Ciĕros, -ī, subs. pr. m. Cíero, cidade da Tessália (Catul. 64, 35).

Cilicēs, -um, subs. loc. Cilicianos, habitantes da Cilícia (Cés. B. Civ. 3, 101, 1).

Cilicia, -ae, subs. pr. f. Cilícia, região da Ásia Menor, transformada em província romana, que teve Cícero como procônsul, de 52 a 50 a.C. (Cíc. Fam. 15, 1, 2).

Ciliciēnsis, -e, adj. Ciliciense, da Cilícia (Cíc. Fam. 13, 67, 1).

cilicĭum, -ī, subs. n. Tecido grosseiro de pêlo de cabra (da Cilícia) (Cíc. Verr. 1, 95).

Cilicĭum mare, subs. pr. n. Mar da Cilícia, uma parte do Mediterrâneo (Plín. H. Nat. 5, 96).

Cilicĭus, -a, -um, adj. Cilício, da Cilícia (Plín. H. Nat. 5, 92).

1. Cilix, -ĭcis, subs. pr. m. Cílice, filho de Agenor, que deu o nome à Cilícia (Cíc. Fam. 3, 1, 2).

2. Cilix, -ĭcis, adj. m. Da Cilícia, cilício (Lucr. 2, 416).

Cilla, -ae, subs. pr. f. Cila, cidade da Tróade (Ov. Met. 13, 174).

Cilnĭus, -ī, subs. pr. m. Cílnio, nome de uma família nobre da Etrúria, da qual descendia Mecenas (T. Lív. 10, 3).

Cilō, -ōnis, subs. pr. m. Cilão, sobrenome romano (Tác. An. 12, 21).

1. Cimber, -brī, subs. pr. m. Túlio Címber, um dos assassinos de César (Cíc. Phil. 2, 27).

2. Cimber, -brī, adj. m. Cimbro (Ov. P. 4, 3, 45).

Cimbĭī, -ōrum, subs. pr. m. Címbios, cidade da Bética (T. Lív. 28, 37).

Cimbrī, -ōrum, subs. loc. m. Cimbros, povo da Germânia (Cés. B. Gal. 1, 33, 4).

Cimbricē, adv. Ao modo dos cimbros (Quint. Decl. 3, 13).

Cimbricus, -a, -um, adj. Dos Cimbros. (Cíc. De Or. 2, 266).

Cimetra, -ae, subs. pr. f. Cimetra, cidade do Samnio (T. Lív. 10, 15, 6).

Cīmex, -ĭcis, subs. m. I — Sent. próprio: 1) Percevejo (Catul. 23, 2). II — Sent. figurado: 2) Têrmo de injuria (Hor. Sát. 1, 10, 78).

Ciminĭus, -a, -um, adj. Do Címino (T. Lív. 9, 36).

Ciminus, -ī, subs. pr. m. Címino, montanha («Ciminus Saltus») e lago («Ciminus Lacus») da Etrúria (Verg. En. 7, 697).

Cimmerĭī, -ōrum, subs. loc. m. Cimérios. 1) Povo da Cítia (Plín. H. Nat. 6, 35). 2) Povo fabuloso da Itália (Cíc. Ac. 2, 61).

Cimmerĭum, -ī, subs. pr. n. Cimério, antiga cidade da Campânia (Plín. H. Nat. 3, 61).

Cimōlus, -ī, subs. pr. f. Cimolo, uma das ilhas Cíclades, no mar Egeu (Ov. Met. 7, 463).

Cimōn, -ōnis, e **Cimō, -ōnis,** subs. pr. m. Címon (ou Cimão), general ateniense (C. Nep. Cim. 1); (V. Máx. 5, 4, 2).

1. **cinaedus, -a, -um,** adj. Dissoluto, torpe, efeminado, pederasta (Catul. 10, 24).
2. **cinaedus, -ī,** subs. m. Devasso, pederasta (Juv. 2, 10).
Cinăra, -ae, subs. pr. f. Cínara, nome de mulher (Hor. Ep. 1, 7, 28).
1. **cincinnātus, -a, -um,** adj. I — Sent. próprio: 1) De cabelos anelados (Cíc. Sest. 26). II — Sent. figurado: 2) Cometa (Cíc. Nat. 2, 14).
2. **Cincinnātus, -ī,** subs. pr. m. Lúcio Quíncio Cincinato, o ditador (Cíc. C. M. 56); (T. Lív. 3, 25).
cincinnus, -ī, subs. m. I — Sent. próprio: 1) Anel de cabelo (Cíc. Pis. 25). II — Sent. figurado: 2) Ornato artificial (de estilo) (Cíc. De Or. 3, 100).
Cinciŏlus, -ī, subs. pr. m. Cinciolo (dim. de Cincio) (Cíc. De Or. 2, 286).
1. **Cincĭus, -a, -um,** adj. De Cíncio (Cíc. C. M. 10).
2. **Cincĭus, -ī,** subs pr. m. 1) Lúcio Cíncio Alimento, historiador latino (T. Lív. 21, 38, 3). 2) Marco Cíncio Alimento, tribuno da plebe, autor da Lei Cíncia (Cíc. De Or. 2, 286). 3) Nome de um amigo de Ático (Cíc. At. 1, 1, 1).
cinctūra, -ae, subs. f. Cintura, cinta (Quint. 11, 3, 139).
1. **cinctus, -a, -um,** part. pass. de **cingo**.
2. **cintus, -ūs,** subs. m. I — Sent. próprio: 1) Maneira de se cingir, modo especial de cingir a toga: **cinctus Gabinus** (Verg. En. 7, 612) «maneira de cingir a toga como os habitantes de Gábios». II — Daí: 2) Cintura, cinto (Suet. Ner. 51).
cinctūtus, -a, -um, adj. Cingido, que traz a túnica chamada «**cinctus**» (Hor. A. Poét. 50).
Cinĕās, -ae, subs. pr. m. Cíneas, embaixador enviado por Pirro a Roma (Cíc. Tusc. 1, 59).
cinefāctus, -a, -um, adj. Reduzido a cinzas (Lucr. 3, 904).
cinerārĭus, -ī, subs. m. O que frisa os cabelos (fazendo aquecer o ferro na cinza, cabeleireiro (Catul. 61, 138).
Cinga, -ae, subs. pr. f. Cinga, ribeiro da Hispânia Tarraconense (Cés. B. Civ. 1, 48, 3).
Cingetŏrix, -ĭgis, subs. pr. m. Cingetorige. 1) Chefe dos tréviros (Cés. B. Gal. 5, 3, 2). 2) Chefe bretão (Cés. B. Gal. 5, 22, 1).
Cingilĭa, -ae, subs. pr. f. Cingília, cidade dos Vestinos (T. Lív. 8, 29).
cingō, -is, -ĕre, cinxī, cinctum, v. tr. I — Sent. próprio: 1) Cingir, rodear com um cinto (Cíc. Scaur. 10). Daí: 2) Rodear, envolver, revestir (Cíc. Nat. 3, 94). Empregos especiais: 3) Na linguagem militar: Proteger, cobrir (Cés. B. Civ. 1, 83, 2). II — Sent. figurado: 4) Ter ao lado, ter junto de si, estar ao lado (T. Lív. 40, 6, 4). 5) Passiva: Cingir-se, armar-se (Verg. En. 11, 486). Obs.: Constrói-se com abl..
cingŭla, -ae, subs. f. Cilha, cintura (Ov. Rem. 236).
1. **cingŭlum, -ī,** subs. n. Cintura (Verg. En. 1, 492).
2. **Cingŭlum, -ī,** subs. pr. n. Cíngulo, cidade do Piceno (Cés. B. Civ. 1, 15, 2).
cingŭlus, -ī, subs. m. Faixa de terra (Cíc. Rep. 6, 21).
cinis, -ĕris, subs. m. I — Sent. próprio: 1) Cinza (Suet. Tib. 74). Daí: 2) Cinzas dos mortos, restos mortais (Cíc. Quinct. 97). 3) Ruína, cinzas (da cidade) (Cíc. Cat. 2, 19). II — Sent. figurado: 4) Morto, defunto (Fedr. 3, 9, 4). 5) Morte (Marc. 1,2).
Cinna, -ae, subs. pr. m. Cina. 1) Lúcio Cornélio Cina, cônsul juntamente com Mário (Cíc. Tusc. 5, 54). 2) Nome de um conspirador perdoado por Augusto (Sên. Clem. 1, 9, 1). 3) Hélio Cina, poeta, amigo de Catulo (Catul. 10, 31).
cinnamōmum (cinnămum, cinnămon), -ī, subs. n. I — Sent. próprio: 1) Caneleira,, canela (Ov. Met. 10, 308). II — Sent. figurado: 2) Têrmo de carícia (Plaut. Curc. 100).
Cinnānus, -a, -um, adj. De Cina (Suet. Cal. 60).
cinxī, perf. de **cingo**.
Cĭnyphĭus, -a, -um, adj. Do Cínife (Verg. G. 3, 312).
Cĭnyps, -ўpis (-ўphis), subs. pr. m. Cínife, rio da Líbia (Plín. H. Nat. 5, 25).
Cinўrās, -ae, subs. pr. m. Cíniras, pai de Adônis e rei de Chipre (Ov. Met. 10, 299).
Cinyrēĭus, -a, -um, adj. De Cíniras (Ov. Met. 10, 369).
Cinyrĭa, -ae, subs. pr. f. Ciníria, cidade de Chipre (Plín. H. Nat. 5, 130).
cĭō = **cĭĕo**.
Cipĭus, -ī, subs. pr. m. Cípio, nome de homem (Cíc. Fam. 7, 24, 1).
cippus, -ī, subs. m. I — Sent. próprio: 1) Marco, poste (Varr. L. Lat. 5, 143). II — Daí: 2) Pedra funerária (Hor. Sát. 1, 8, 11). Na língua militar: 3) Estaca aguçada espetada no chão para impedir o avanço das tropas inimigas (Cés. B. Gal. 7, 73, 4).

Ciprĭus ou **Cyprĭus Vĭcus**, subs. pr. m. Rua de Roma (T. Lív. 1, 48, 6).

Cīpus (Cippus), -ī, subs. pr. m. Cipo, nome de personagem lendária (Ov. Met. 15, 565).

1. circā, prep. (acus.) I — Sent. próprio: 1) Em volta de, circa urbem (T. Lív. 7, 38, 7) «em volta da cidade». II — Daí: 2) Ao pé de, nas imediações de: circa montem Amanum (Cés. B. Cív. 3, 31, 1) «nas imediações do monte Amano». 3) À roda de, por (com idéia de movimento de um lugar para outro), de todos os lados: circa domos ire (T. Lív. 26, 13, 1) «ir por tôdas as casas em volta». 4) Sent. temporal: Pouco mais ou menos, cêrca de, quase: circa eamdem horam (T. Lív. 42, 57, 10) «mais ou menos na mesma hora». 5) Com nomes de número: cêrca de: oppida circa septuaginta (T. Lív. 45, 34, 6) «cêrca de 70 fortalezas». III — Sent. figurado: 6) A respeito de, acêrca de, para com (época imperial): omne tempus circa Thyestem consumere (Tác. D. 3) «consagrar todo tempo acêrca de Tiestes».

2. circā, adv. 1) Em redor, em tôda a volta, em círculo: montes qui circa sunt (T. Lív. 1, 4, 6) «montanhas que estão em redor». Daí: 2) De uma parte e de outra, de todos os lados: duabus circa portis (T. Lív. 23, 16, 8) «nas duas portas, de uma parte e de outra». 3) Na vizinhança de, próximo, vizinho: urbes circa subegit (T. Lív. 30, 9, 2) «submeteu as cidades na vizinhança».

3. Circa, -ae, subs. f. v. Circe (Hor. Ep. 1, 2, 23).

Circaeus, -a, -um, adj. 1) De Circe (Cíc. Caecil. 57). 2) De Circeios (Verg. En. 7, 10).

Circē, -ēs, subs. pr. f. Circe, célebre feiticeira, filha do Sol, a qual transformava os homens em animais (Cíc. Nat. 3, 54).

Circēiī, -ōrum, subs. pr. m. Circeios, cidade e promontório do Lácio, onde morava Circe (T. Lív. 1, 56, 3).

Circēĭēnsēs, -ĭum, subs. loc. m. Circeienses, habitantes de Circeios (Cíc. Nat. 3, 48).

circēnsēs, -ĭum, subs. m. pl. Jogos de circo (Juv. 10, 81).

circēnsis, -e, adj. Circense, do circo (Cíc. Verr. 4, 33); (Marc. 14, 160).

circĭnō, -ās, -ārē, -āvī, ātum, v. tr. 1) Sent. próprio: Formar um círculo em volta de, arredondar, formar em círculo (Plín. H. Nat. 17, 88). 2) Percorrer formando círculo (Ov. Met. 2, 721).

circĭnus, -ī, subs. m. Compasso (Cés. B. Gal. 1, 38, 4).

1. circĭter, adv. 1) Em tôda a volta, em todos os sentidos, em tôdas as dimensões (Plín. H. Nat. 13, 85). 2) Quase, pouco mais ou menos: circiter pars quarta (Sal. C. Cat. 56) «pouco mais ou menos a quarta parte».

2 circĭter, prep. com acus. 1) Nas vizinhanças de, próximo de: circiter haec loca (Paut. Cist. 677) «nas vizinhanças dêstes logares». 2) Cêrca de, perto de, por volta de: circiter meridiem (Cés. B. Gal. 1, 50, 2) «por volta de meio dia».

circĭtō, -ās, -āre, v. tr. Perturbar, agitar, fazer andar à roda (Sên. Ep. 90, 19).

circlus, forma sinc. de circŭlus (Verg. G. 3, 166).

circueō = circumeō.

circuĭtĭō, v. circumitĭō.

1. circuĭtus, -a, -um, part. pass. de circueō ou circumeō.

2. circuĭtus, -ūs, subs. m. I — Sent. próprio: 1) Ação de ir à volta de, movimento de rotação (Cíc. Nat. 2, 49). II Sent. figurado: 2) Contôrno, circunferência (Cés. B. Gal. 2, 30, 1). 3) Volta, desvio (Cés. B. Gal. 1, 41, 4). Na língua retórica: 4) Período (Cíc. Or. 204). 5) Perífrase (Marc. 11, 15).

circuīvī, perf. de circueō ou circumeō.

circulātim, adv. Por grupos (Suet. Cés. 84, 5).

circulātor, -ōris, subs. m. Saltimbanco, charlatão (Sên. Ep. 29, 5).

circulātōrĭus, -a, -um, adj. De charlatão (Quint. 2, 4, 45).

circulātrix, -īcis, adj. Charlatã (Marc. 10, 3, 2).

circulātus, -a, -um, part. pass. de circŭlor.

circŭlor, -āris, -ārī, -ātus sum, v. dep. intr. I — Sent. próprio: 1) Circular, formar um círculo, reunir-se em círculo (Cíc. Br. 200). 2) Fazer-se de charlatão (Sên. Ep. 52, 8).

circŭlus, -ī, subs. m. I — Sent. próprio: 1) Círculo (Cíc. Nat. 2, 47). Daí: 2) Círculo (zona do céu), órbita (de um astro) (Plín. H. Nat. 18, 230); (Cíc. Rep. 6, 15). Objetos em forma circular: 3) Anel (Suet. Aug. 80). 4) Bôlo (Varr. L. Lat. 5, 106). II — Sent. figurado: 5) Reunião, assembléia, círculo (Cíc. At. 2, 18).

1. circum, prep. I — Sent. próprio: 1) Em volta de, em tôrno de: **terra circum axem se convertit** (Cíc. Ac. 2, 123) «a terra gira em tôrno de seu eixo». II — Daí: 2) Ao pé de, nas imediações de (sent. local): **circum haec loca commorabor** (Cíc. At. 3, 17, 2) «demorar-me-ei nas imediações dêstes lugares». 3) Ao pé de, ao lado de (falando de pessoas): **Hectora circum pugnas obibat** (Verg. En. 6, 166) «ao lado de Heitor tomava parte nos combates». 4) Pôr (com idéia de movimento de um lugar para outro ou de uma pessoa para outra): **concursare circum tabernas** (Cíc. Cat. 4, 17) «correr de um lado para outro por tôdas as tabernas».

2. circum, adv. 1) À roda de, em volta de, em tôrno de, de todos os lados (Cés. B. Civ. 2, 10, 1). 2) Dos dois lados, de ambas as partes, em todos os sentidos (Tác. An. 4, 74).

1. circumāctus, -a, -um, part. pass. de **circumăgo**.

2. circumāctus, -ūs, subs. m. 1) Ação de andar à volta (de um centro ou de um eixo) (Plín. H. Nat. 28, 141). 2) Têrmo de astronomia: revolução (Sên. Nat. 7, 2, 2).

circumăgō, -is, -ĕre, circumēgī, circumāctum, v. tr. I — Sent. próprio: 1) Conduzir em volta, levar em redor (Varr. L. Lat. 5, 143). 2) Daí: Fazer dar a volta, voltar, modificar (T. Liv. 1, 14, 6). II — Empregos especiais — Passiva: 1) Executar o movimento circular (tratando-se de astro), girar sôbre si mesmo (Lucr. 5, 883). 2) Voltar-se para um e outro lado, dar uma volta (Hor. Sát. 1, 9, 17). 3) Deixar-se levar (sent. figurado) (T. Liv. 44, 34, 4). 4) Locuções: **se circumagere** — executar o movimento circular (tratando-se de astro), girar sôbre si próprio, passar, virar-se, voltar-se (T. Liv. 23, 39, 4). 5) Ser libertado, ser alforriado (isto porque o senhor, ao alforriar o escravo, o tomava pela mão direita e o fazia girar em tôrno de si mesmo em sinal de alforria) (Sên. Ep. 8, 7).

circumamplĕctor (**circum amplĕctor**), **-ĕris, -ectī, -plĕxus sum**, v. dep. tr. Abraçar, rodear (Verg. Buc. 3, 45).

circumărō, -ās, -āre, -āvī, v. tr. Lavrar em roda, encerrar em um círculo feito com o arado (T. Liv. 2, 10, 12).

circumcaesūra, -ae, subs. f. Contôrno exterior (dos corpos) (Lucr. 3, 219).

circumcīdī, perf. de **circumcīdo**.

circumcīdō, -is, -ĕre, -cīdī, -cīsum, v. tr. I — Sent. próprio: 1) Cortar em volta, aparar, podar (Cíc. Fin. 5, 39). 2) Daí: Circuncidar (Petr. 102, 14). II — Sent. figurado: 3) Reduzir, diminuir, suprimir (Cíc. Fin. 1, 44).

circumcīngō, -is, -ĕre, -cīnxī, -cīnctum, v. tr. Cercar, cercar por todos os lados (S. It. 10, 2).

circumcīsē, adv. Com concisão, concisamente (Quint. 8, 3, 81).

circumcīsus, -a, -um. I — Part. pass. de **circumcīdo**. II — Adj. 1) Escarpado abrupto, alcantilado (Cés. B. Gal. 7, 36, 5). Daí: 2) Abreviado, curto, reduzido conciso (Plín. Ep. 1, 20, 4).

circumclaudō = **circumclūdo**.

circumclausus ou **circumclūsus, -a, -um**, part. pass. de **circumclūdo**.

circumclūdō, -is, -ĕre, -clūsī, -clūsum, v. tr. Fechar por todos os lados, encerrar, cercar (Cés. B. Civ. 3, 30, 7).

circumclūsī, perf. de **circumclūso**.

circumcŏlō, -is, -ĕre, v. tr. Habitar em roda de, habitar nas proximidades de, à margem de (T. Liv. 5, 33, 10).

circumcumŭlō, -ās, -āre, v. tr. Acumular em volta (Estac. Theb. 10, 655).

circumcŭrrō, -is, -ĕre, v. intr. I — Sent. próprio: 1) Correr em volta de, ir em roda (Quint. 1, 10, 41). II — Sent. figurado: 2) Circular (Quint, 2, 21, 7).

circumcŭrsō, -ās, -āre, -āvī, -ātum (freq. de **circumcŭrro**), v. tr. e intr. I — Tr.: 1) Correr em volta de, percorrer (Catul. 68, 133). II — Intr. 2). Correr por tôda parte, andar por aqui e ali, andar à roda, girar: **hac illac circumcursa** (Ter. Heaut. 512) «corre para cá e para lá (por tôda parte)».

circumdătus, -a, -um, part. pass. de **circŭmdo**.

circumdĕdī, perf. de **circŭmdo**.

circŭmdō, -ās, -āre, -dĕdī, -dătum, v. tr. I — Sent. próprio: 1) Pôr em volta, colocar, dispor em volta (Cés. B. Gal, 7, 72, 4); (T. Liv. 36, 45, 8). Daí: 2) Rodear, cercar, encerrar (Cíc. Fam. 15, 4, 10). II — Sent. figurado: 3) Limitar, fechar, circunscrever (Cíc. De Or. 1, 264). Obs.: Constrói-se com acus.; com dat.; com. abl.; com duplo acus..

circumdūcō, -is, -ĕre, -dūxī, -dūctum, v. tr. I — Sent. próprio: 1) Conduzir em volta, levar à roda (Cés. B. Gal. 1, 38, 4). 2) Cercar, fazer um círculo em volta (Varr. L. Lat. 5, 143). II — Sent. figurado: 3) Embair, enganar, iludir, lograr, surripiar (Plaut. Bac. 311). 4) Na língua dos gramáticos: Alongar uma sílaba na pronúncia (Quint. 12, 10, 33). 5) Na língua dos rétores: Desenvolver (Quint. 9, 4, 124). Obs. Constrói-se com acus. e com duplo acus. Imperat. arc. circumduce (Plaut. Mil. 221).

circumductiō, -ōnis, subs. f. Velhacaria (sent. figurado) (Plaut. Capt. 1031).

circumdŭctum, -ī, subs. n. Período (têrmo de retórica) (Quint. 9, 4, 22).

1. circumdŭctus, -a, -um, part. pass. de circumdŭco.

2. circumdŭctus, -ūs, subs. m. I — Sent. próprio: 1) Contôrno (de uma figura) (Quint. 1, 10, 43). II — Daí: 2) Movimento circular (dos astros) (Macr. Somn. 2, 1, 5).

circumdŭxī, perf. de circumdŭco.

circumĕgī, perf. circumăgo.

circumĕō ou **circuĕō, -īs, -īre, -īvī** (ou **ĭī), -ĭtum,** v. tr. e intr. I — Sent. próprio: 1) Ir em roda de, rodear, cercar, envolver. a) Intr. (Plín. Ep. 5, 6, 31); b) Tr. (Ov. Met. 7, 258). 2) Ir à roda, andar à roda, contornar, flanquear (tr.) (Cés. B. Gal. 7, 87, 4). II — Daí: 3) Percorrer solicitando, solicitar, ir de casa em casa (T. Lív. 1, 9, 14) (intr.). III — Sent. figurado: 4) Embair, enganar, lograr (Plaut. Ps. 899). 5) Usar de circunlóquios (rodeios), exprimir por meio de perifrases (Quint. 8 pr. 24). Obs.: Constrói-se com acus. ou intransitivamente. Inf. pass. arc. **circumirier** (Plaut. Curc. 451).

circumequĭtō, -ās, -āre, -āvī, -ātum, v. tr. Ir a cavalo em roda de, dar a volta a cavalo, cavalgar em volta de (T. Lív. 10, 34, 7).

circumērrō, -ās, -āre, v. intr. e tr. I — Intr.: Dar a volta em tôrno de, girar, errar em volta de (Sên. Contr. 2, 1, 7). II — Tr.: (Verg. En. 2, 599).

circumfĕrō, -fers, -fērre, -tŭlī, -lātum, v. tr. I — Sent. próprio: 1) Levar em volta de, levar à volta, levar em roda, mover circularmente (Verg. En. 10, 886/887). Daí: 2) Levar de um lado para outro, fazer andar de mão em mão, fazer circular (Suet. Cés. 85); (Cíc. Verr. 2, 104). II — Sent. figurado: 3) Divulgar, propalar, difundir, publicar (T. Lív. 43, 17, 2). 4) Na passiva reflexiva: Mover-se circularmente, mover-se em tôrno de (Cíc. De Or. 3, 178).

circumflēctō, -is, -ĕre, -flēxī, -flēxum, v. tr. Descrever um círculo, percorrer à volta de (Verg. En. 5, 131).

circumflēxī, perf. de circumflēcto.

circumflō, -ās, -āre, v. tr. e intr. Soprar em volta, soprar para todos os lados (sent. próprio e figurado) (Estác. Theb. 11, 42); (Cíc. Verr. 3, 98).

circumflŭens, -entis. I — Part. pres. de circumflŭo. Em sent. próprio: 1) Circulante, circunfluente (Apul. Met. 9, 11). II — Adj. Abundante, rico (Cíc. Br. 203).

circumflŭō, -is, -ĕre, -flūxī, -flūxum, v. intr. e tr. I — Tr.: 1) Correr em volta de, rodear, circundar, circunfluir (Ov. Met. 13, 779). II — Intr.: 2) Sent. próprio: Sair do leito, transbordar (Plín. H. Nat. 2, 163). 3) Sent. figurado: Estar na abundância, ser abundante, transbordar, estar repleto (Cíc. At. 2, 21, 3). Obs.: Constrói-se com acus.; quando intr. pode aparecer com abl., sendo de notar que o sent. próprio é muito raro.

circumflŭus, -a, -um, adj. I — Sent. próprio: 1) Que corre em roda (Ov. Met. 1, 30). Daí: 2) Rodeado de água (Ov. Met. 15, 624). II — Sent. figurado: 3) Cercado, rodeado, bordado (Estác. Theb. 6, 540).

circumflūxī, perf. circumflŭo.

circumforānĕus, -a, -um, adj. I — Sent. próprio: 1) Das proximidades do forum (Cíc. At. 2, 1, 11). II — Daí: 2) Que percorre os mercados, circumforâneo, ambulante (Cíc. Clu. 40).

circumfrĕmō, -is, -ĕre, -fremŭī, v. tr. e intr. Fazer barulho em volta de, bramir em volta de (Sên. Marc. 7, 2).

circumfremŭī, perf. de circumfrĕmo.

circumfūdī, perf. de circumfŭndo.

circumfulgĕō, -ēs, -ĕre, -fūlsī, -fulsum, v. tr. Brilhar em volta de (Plín. H. Nat. 2, 101).

circumfūsī, perf. de circumfulgĕo.

circumfŭndō, -is, -ĕre, -fūdī, -fūsum, v. tr. I — Sent. próprio: 1) Circunfundir, derramar em volta, espalhar (Cat. Agr. 93). II — Daí: 2) Envolver, rodear, cercar (Cíc. Nat. 2, 17). 3) Pass.: Espalhar-se por tôda a volta (Cés. B. Gal. 7, 28, 2). 4) Reflex.: Espalhar-se por tôda a volta, envolver (com dat.) (T. Lív. 29, 34, 14).

circumfūsus, -a, -um, part. pass. de circumfŭndo.

circumgĕmō, -is, -ĕre, v. intr. Roncar (gemer) em volta, bramir em volta (Hor. Epo. 16, 51).
circumgēstō, -ās, -āre, v. freq. tr. 1) Vender de rua em rua, andar a vender. Daí: 2) Espalhar notícias, circular (Cíc. Q. Fr. 1, 2, 6).
circumgredĭor, -ĕris, -grĕdī, -grēssus sum, v. dep. tr. I — Sent. próprio: 1) Fazer a volta de (A. Marc. 16, 12, 59). II — Sent. figurado: 2) Investir, acometer de todos os lados (Tác. An. 2, 25).
circumgrēssus, -a, -um, part. pass. de **circumgredĭor**.
circumicĭō = **circumjicĭo**.
circumĭens, circumeŭntis, part. pres. de **circumĕo**.
circuminjicĭō (circuminicĭo), -is, -ĕre, v. tr. Lançar em redor (T. Lív. 25, 36, 5). Nota: É igual a **circumjicĭo**.
circumitĭo, -ōnis, subs. f. (**circuitĭo**). I — Sent. próprio: 1) Ronda, patrulha (T. Lív. 3, 6, 9). Daí: 2) Contôrno, curva (A. Marc. 24, 2, 2). II — Sent. figurado: 3) Circunlóquio, rodeio, sutileza (Cíc. Div. 2, 40).
1. circumĭtus, -a, -um, part. pass. de **circumĕo**.
2. circumĭtus, -ūs, v. **circuĭtus 2**.
circumjacĕō, -ēs, -ēre, v. intr. Estar estendido em volta ou perto, estender-se ao pé de, jazer em volta de, circunjazer estar colocado em roda de (Tác. An. 2, 72). Obs.: Constrói-se também com dat..
circumjēci, perf. de **circumjicĭo**.
1. circumjēctus, -a, -um. I — Part. pass. de **circumjicĭo**. II — Tomado substantivamente — no pl. n.: **circumjecta, -ōrum**: regiões circunvizinhas, imediações (Tác. An. 1, 21).
2. circumjēctus, -ūs, subs. m. I — Sent. próprio: 1) Ação de envolver, rodear (Cíc. poet. Nat. 2, 65). II — Daí: 2) Circuito, cêrca, âmbito (Cíc. Rep. 2, 11).
circumjicĭō (circumicĭo), -is, -ĕre, -jēci, -jēctum, v. tr. 1) Lançar em roda, pôr ao redor, colocar em volta (Cíc. Div. 2, 62). 2) Rodear, cercar, envolver (Cíc. Tim. 26). Obs.: Constrói-se com acus. e dat. Aparece também na voz pass. com acus. por causa de **circum**.
circumlātrō, -ās, -āre, v. tr. 1) Ladrar em redor de alguém, ladrar junto de alguém (A. Marc. 22, 16, 16); (cf. Sên. Marc. 22, 5). 2) Intr.: Fazer ruído em volta de.
circumlātus, -a, -um, part. pass. de **circumfĕro**.
circumlēvī, perf. de **circumlĭno**.
circumligātus, -a, -um, part. pass. de **circumlĭgo**.
circumlĭgō, -ās, -āre, -āvī, -ātum, v. tr. Ligar em volta, rodear, ligar uma coisa à outra (Verg. En. 11, 555). Obs.: Constrói-se com acus. e abl., e acus. com dat.
circumlĭnō, -is, -ĕre, -lēvī (ou līvī), -lĭtum ou **circumlinĭō**, -īs, -īre, -linīvi, -linītum, v. tr. Untar em volta, revestir com uma camada, emboçar em volta (Cíc. Tusc. 1, 108). Obs. Constrói-se com acus. e abl.; com acus. e dat. As formas de **circumlinio** não são clássicas.
circumlĭtus, -a, -um, part. pass. de **circumlĭno**.
circumlocūtĭō, -ōnis, subs. f. Circunlocução, perífrase (A. Gél. 3, 1, 5).
circumlūcens, -ēntis, part. pres. do desus. **circumlucĕo**. Que brilha em volta (Sên. Marc. 2, 5).
circumlŭō, -is, -ĕre, v. tr. Banhar em volta de, banhar (T. Lív. 25, 11, 1).
circumluvĭō, -ōnis, subs. f. e **circumluvĭum**, -ī, subs. n. Nateiro, lodaçal (Cíc. De Or. 1, 173).
circummīsī, perf. de **circummĭtto**.
circummīssus, -a, -um, part. pass. de **circummĭtto**.
circummĭttō, -is, -ĕre, -mīsī, -mīssum, v. tr. Enviar em tôda a volta, enviar por tôda parte (Cés. B. Gal. 7, 63, 1).
circummoenĭō = **circummunĭo**.
circummūgĭō, -īs, -īre, v. tr. Mugir em volta (Estác. Theb. 7, 753).
circummūnĭī (circummunīvī), perf. de **circummunĭo**.
circummūnĭō (circummoenĭō), -īs, -īre, -munīvi (ou -munĭī), -munītum, v. tr. Cercar de fortificações, fortificar em volta, bloquear (Cés. B. Cív. 1, 81, 6).
circummūnitĭō, -ōnis, subs. f. Circunvalação, obras de circunvalação (Cés. B. Cív. 1, 19, 4).
circummūnĭtus, -a, -um, part. pass. de **circummunĭo**.
circumnavĭgō, -ās, -āre, -āvī, v. tr. Navegar em tôrno de (Vel. 2, 106, 3).
circumpadānus, -a, -um, adj. Que é vizinho do Pó, que vem das proximidades do Pó (T. Lív. 21, 35, 9).
circumplaudō, -is, -ĕre, v. tr. Aplaudir em volta de, aplaudir por tôda a volta (Ov. Trist. 4, 2, 49).

circumplector, -ĕris, -plēctī, -plēxus sum, v. dep. tr. Abraçar, cingir, rodear (Cés. B. Gal. 7, 83, 2). Obs.: A forma ativa **circumplecto** etc. é arcaica e da decadência (Plaut. As. 649);(A. Gél. 15, 1, 6).

circumplēxus, -a, -um, part. pass. de **circumplector.**

circumplicātus, -a, -um, part. pass. de **circumplico.**

circumplicō, -ās, -āre, -āvī, -ātum, v. tr. Envolver com as suas roscas, enroscar, enrolar (Cíc. Div. 2, 62).

circumpōnō, -is, -ponĕre, -posŭī, -posĭtum, v. tr. I — Sent. próprio: 1) Pôr em volta, colocar ao redor (Tác. An. 14, 15). II — Daí: 2) Servir em volta, à mesa (Hor. Sát. 2, 4, 75). Obs.: Constrói-se com acus. e dat..

circumposĭtus, -a, -um, part. pass. de **circumpōno.**

circumposŭī, perf. de **circumpōno.**

circumrētiō, -is, -ire, -īvī, -ītum, v. tr. Sent. próprio e figurado: Cercar com rêdes, apanhar em uma rêde, enredar, embaraçar (Cíc. Verr. 5, 150).

circumrētītus, -a, -um, part. pass. de **circumrētio.**

circumrōdō, -is, -ĕre, -rōsī, -rōsum, v. tr. I — Sent. próprio: 1) Roer em volta, roer (Cíc. At. 4, 5, 1). II — Sent. figurado: 2) Dilacerar, caluniar, difamar (Hor. Ep. 1, 18, 82).

circumrōrans, -āntis, adj. Aspergindo em volta, borrifando (Apul. Met. 11, 23).

circumsaepiō, -s, -īre, -saepsī, -saeptum, v. tr. 1) Rodear, cercar (T. Liv. 1, 49, 2). Daí: 2) Sitiar (Cíc. Har. 45).

circumsaepsī, perf. de **circumsaepio.**

circumsaeptus, -a, -um, part. pass. de **circumsaepio.**

circumscĭndō, -is, -ĕre, v. tr. Rasgar em volta, dilacerar (T. Liv. 2, 55, 5).

circumscrībō, -is, -ĕre, -scrīpsī, -scrīptum, v. tr. I — Sent. próprio: 1) Traçar um círculo em volta, circunscrever, rodear (Cíc. Phil. 8, 23). Daí: 2) Limitar, circunscrever, restringir, abreviar (Cíc. Mil. 88). II — Sent. figurado: 3) Da idéia de limitar passou à de: Definir, explicar, interpretar, interpretar capciosamente (Plín. Ep. 8, 18, 4). Daí: 4) Enganar, iludir, sofismar, lograr (Cíc. Com. 24). 5) Revogar, suspender (um magistrado), impedir alguém de exercer um cargo, eliminar, afastar (Cíc. Verr. 2, 149).

circumscrīpsī, perf. de **circumscrībo.**

circumscrīptē, adv. 1) Com limites precisos, de modo preciso (Cíc. Nat. 2, 147). Na língua retórica: 2) Em frases periódicas, i. é, por períodos (Cíc. Or. 221).

circumscrīptiō, -ōnis, subs. f. I — Sent. próprio: 1) Círculo traçado em volta (Cíc. Phil. 8, 23). Daí: 2) Circuito, contôrno, extensão circular (Cíc. Tusc. 1, 45). 3) Espaço medido, espaço determinado (Cíc. Nat. 1, 21). II — Sent. figurado: 4) Astúcia, ardil, dolo (Sên. Ep. 82, 22). 5) Período (têrmo de retórica) (Cíc. Or. 204).

circumscrīptor, -ōris, subs. m. Embusteiro, trapaceiro (Cíc. Cat. 2, 7).

circumscrīptus, -a, -um. 1) Part. pass. de **circumscrībo.** 2) Adj. Circunscrito, conciso (Cíc. De Or. 1, 189).

circumsĕcō, -ās, -āre, -secŭī, -sēctum, v. tr. 1) Cortar em volta (Cat. Agr. 114, 1); (Cíc. Clu. 180). 2) Daí: Circuncidar (Suet. Dom. 12).

circumsēctus, -a, -um, part. pass. de **circumsĕco.**

circumsecŭī, perf. de **circumsĕco.**

circumsedĕō, -ēs, -ēre, -sēdī, -sēssum, v. tr. I — Sent. próprio: 1) Estar sentado em volta de (Sên. Ep. 9, 9). 2) Rodear, cercar (Cíc. Cat. 4, 3). Daí: 3) Sitiar, bloquear (Cíc. Phil. 7, 21). II — Sent. figurado: 4) Enganar, iludir (T. Liv. 24, 4, 4).

circumsēdī, perf. de **circumsedĕo.**

circumsepiō = **circumsaepio.**

circumsēptus = **circumsaeptus.**

circumsessiō, -ōnis, subs. f. Cêrco (de uma cidade) (Cíc. Verr. 1, 83).

circumsēssus, -a, -um, part. pass. de **circumsedĕo.**

circumsĭdō, -is, -ĕre, v. intr. Colocar-se em volta de, hostilizar, sitiar, bloquear (T. Liv. 9, 21, 6).

circumsiliō, -is, -īre, v. intr. 1) Saltar de um lado para outro (Cat. Agr. 3, 9). 2) Assaltar por todos os lados (Juv. 10, 218).

circumsĭstō, -is, -ĕre, -stĕtī, v. intr. 1) Parar em redor, estar sentado em volta de (Cíc. Verr. 5, 142). 2) Cercar (de modo hostil), bloquear, envolver (Cés. B. Gal. 7, 43, 5). Daí: 3) Envolver, invadir, apoderar-se (Verg. En. 2, 559). Obs.: Quando tr. constrói-se com acus. O perf. **circumstĭti** é raro.

circumsŏnō, -ās, -āre, v. intr. e tr. 1) Intr.: Retumbar em volta, retumbar por todos os lados, ressoar (T. Liv. 39, 10, 7); (cf. Cíc. Of. 3, 5). 2) Tr.: Retumbar em volta de, ressoar, atroar (Verg. En. 8, 474).

circumsŏnus, -a, -um, adj. Que retumba em volta, circunsoante (Ov. Met. 4, 723).

circumspectātrix, -ĭcis, subs. f. Aquela que olha em volta espionando, espiã (Plaut. Aul. 41).

circumspĕctē, adv. Com prudência, cautelosamente, com circunspecção (Sên. Ep. 110, 7). Obs.: Comp. **circumspectĭus** (Sên. Ben. 3, 14, 1).

circumspectĭŏ, -ōnis, subs. f. I — Sent. próprio: 1) Ação de olhar em volta (Macr. Somn. 1, 15, 17). II — Sent. figurado: 2) Circunspeção, atenção (Cíc. Ac. 2, 35).

circumspĕctō, -ās, -āre, -āvī, -ātum, v. freq. intr. e tr. I — Sent. próprio: Intr.: 1) Olhar freqüentemente em tôrno de si (Cíc. Nat. 2, 126). II — Sent. figurado: 2) Estar atento (Cíc. Tusc. 1, 73). Tr.: 3) Considerar, examinar com atenção ou com desconfiança, ponderar (Tác. An. 4, 69). Daí: 4) Espiar, espreitar, procurar (T. Liv. 21, 39, 5).

1. circumspĕctus, -a, -um. I — Part. pass. de **circumspicĭo.** II — Adj.: 1) Circunspecto, prudente, sensato, discreto (Suet. Cl. 15, 1). 2) Distinto, notável, digno de consideração (Ov. F. 5, 539).

2. cimuspĕctus, -ūs, subs. m. I — Sent. próprio: 1) Ação de olhar em volta, vista de olhos por todos os lados (Plín. H. Nat. 11, 177). II — Sent. figurado: 2) Contemplação, observação cuidada (Ov. Trist. 4, 6, 44).

circumspēxī, perf. de **circumspicĭo.**

circumspēxti = **circumspexisti,** 2ª pess. sg. perf. de **circumspicĭo.**

circumspicĭō, -is, -ĕre, -spēxī, -spēctum, v. intr. e tr. I — Intr.: 1) Olhar em tôrno de si, lançar a vista em roda (Cíc. Div. 2, 72). Ser circunspecto, ser cauteloso, estar atento (Sên. Ep. 40, 11). 3) Contemplar-se, observar-se (Cíc. Par. 30). II — Trans.: 4) Olhar em tôrno de, percorrer com os olhos, examinar com atenção ou desconfiança, considerar (Cés. B. Gal. 5, 31, 4). Daí: 5) Espiar, espreitar, buscar, procurar (T. Liv. 5, 6, 2); (Cés. B. Gal. 6, 43, 4).

circumstantĭa, -ae, subs. f. I — Sent. próprio: 1) Ação de estar de volta em roda de (Sên. Nat. 2, 7, 2). II — Sent. figurado: 2) Situação, circunstância (A.

Gél. 14, 1, 14). 3) Particularidade (têrmo de retórica): **ex circumstantia** (Quint. 5, 10, 104) «segundo as particularidades (da causa)».

circumstĕtī, perf. de **circumsīsto** e de **circŭmsto.**

circumstō, -ās, -āre, -stĕtī, v. intr. e tr. I — Intr.: 1) Manter-se em volta, rodear (Cíc. At. 14, 12, 2). II — Trans.: 2) Rodear, sitiar, bloquear (Cíc. Cat. 1, 21). III — Sent. figurado: 3) Ameaçar, rodear (Cíc. Phil. 10, 20).

circumstrepĭtus, -a, -um, part. pass. de **circumstrĕpo.**

circumstrĕpō, -is, -ĕre, -pŭī, -pĭtum, v. intr. e tr. I — Intr.: 1) Fazer ruído em volta, gritar em volta (Tác. An. 11, 31). II — Tr.: 2) Fazer ouvir com ruído, gritar, assediar com gritos (Tác. An. 3, 36).

circumstrepŭī, perf. de **circumstrĕpo.**

circumtēndō, -is, -ĕre, -tēntum, v. tr. Envolver, rodear, cercar (Plaut. Mil. 235).

circumtēntus, -a, -um, part. pass. de **circumtēndo.**

circumtĕrō, -is, -ĕre, v. tr. Esmagar em volta, fazer grande pressão em volta (Tib. 1, 2, 95).

circumtēxtus, -a, -um. I — Part. pass. do desusado **circumtēxo.** II — Adj.: Tecido em volta, bordado (Verg. En. 1, 649).

circumtŏnō, -ās, -āre, -tonŭī (sem supino) v. tr. Trovejar em tôrno, atroar em tôrno, fazer grande barulho em volta, aturdir (Hor. Sát. 2, 3, 223).

circumtōnsus, -a, -um, part. pass. do desus. **circumtondĕo.** 1) Cortado em volta, cortado em redor da cabeça (Petr. 131). 2) Tratando-se de estilo: limado, burilado (Sên. Ep. 115, 2).

circumtonŭī, perf. de **circumtŏno.**

circumtŭlī, perf. de **circumfĕro.**

circumvādō, -is, -ĕre, -vāsī (sem supino), v. tr. I — Sent. próprio: 1) Atacar de todos os lados (T. Liv. 10, 2, 12). II — Sent. figurado: 2) Apoderar-se de, tomar, invadir (T. Liv. 9, 40, 13).

circumvăgus, -a, -um, adj. Que se espraia por todos os lados, que erra em redor (Hor. Epo. 16, 41).

circumvallātus, -a, -um, part. pass. de **circumvāllo.**

circumvāllō, -ās, -āre, -āvī, -ātum, v. tr. I — Sent. próprio: 1) Fazer linhas de circunvalação, circunvalar, bloquear, sitiar (Cés. B. Civ. 3, 43, 2). II — Sent. figurado: 2) Cercar, rodear (Ter. Ad. 302).

circumvāsī, perf. de **circumvādo**.

circumvectĭō, -ōnis, subs. f. I — Sent. próprio: 1) Transporte de mercadorias (Cíc. At. 2, 16, 4). II — Daí: 2) Movimento circular (Cíc. Tim. 29).

circumvēctor, -āris, -ārī, -vectātus sum, v. dep. tr. I — Sent. próprio: 1) Transportar-se em tôrno de, ir em volta de (T. Liv. 41, 17, 7). Daí: 2) Percorrer, visitar sucessivamente (Plaut. Rud. 933). II — Sent. figurado: 3) Expor com minúcias, descrever (Verg. G. 3, 285). Obs.: A forma ativa **circumvēcto**, etc. ocorre em Sílio Itálico (3, 291).

circumvēctus, -a, -um, part. pass. de **circumvĕhor**.

circumvĕhor, -ĕris, -vĕhī, -vēctus sum, v. dep. tr. I — Sent. próprio: 1) Transportar-se em volta de, fazer a volta de, contornar (Cés. B. Gal. 7, 45, 2). II — Sent. figurado: 2) Demorar-se em tôrno de, estender-se num assunto (Verg. Cir. 271). Obs.: Constrói-se com acus.

circumvēlō, -ās, -āre, v. tr. Cobrir em volta, envolver (Ov. Met. 14, 263).

circumvēnī, perf. de **circumvenĭo**.

circumvenĭō, -īs, -īre, -vēnī, -vēntum, v. tr. I — Sent. próprio: 1) Vir em volta de, rodear (Cés. B. Gal. 6, 16, 4). Daí: 2) Na língua militar: Cercar, atacar por todos os lados, sitiar, assaltar (Sal. B. Jug. 57, 2). II — Sent. figurado: 3) Oprimir, afligir (Cíc. Clu. 9).

circumvēntus, -a, -um, part. pass. de **circumvenĭo**.

circumvērsor, -āris, -ārī, v. dep. intr. Andar à roda, voltar-se para todos os lados (Lucr. 5, 520).

circumvērsus, -a, -um. 1) Part. pass. de **circumvērto**. 2) Part. pass. do desus. **circumvērro**, varrido em volta (Cat. Agr. 143, 2).

circumvērtī, perf de **circumvērto**.

circumvērtō (-vōrtō), -is, -ĕre, -vērtī, -vērsum, v. tr. I — Sent. próprio: 1) Fazer girar à roda de, voltar-se em tôrno de (Suet. Vit. 2, 5). II — Sent. figurado: 2) Lograr, enganar (Plaut. Ps. 541).

circumvīsō, -is, -ĕre, v. tr. Examinar em volta, olhar à roda (Plaut. Amph. 1110).

circumvolātus, -a, -um, part. pass. de **circumvŏlo**.

circumvolĭtō, -ās, -āre, -āvī, -ātum, v. tr. e intr. Voejar em tôrno, esvoaçar em volta, circunvoar (Verg. G. 1, 377).

circumvŏlō, -ās, -āre, -āvī, -ātum, v. tr. Voar em tôrno de, circunvoar (Verg. En. 3, 233).

circumvōlvī, perf. de **circumvōlvo**.

circumvōlvō, -is, -ĕre, -vōlvī, -volūtum, v. tr. 1) Circunvolver, rolar em tôrno de, em volta de, enrolar em volta de (Plín. H. Nat. 16, 244). Daí: 2) Percorrer (Verg. En. 3, 284). Obs.: Constrói-se sòmente como reflexivo ou na voz passiva.

circumvŏrtō = **circumvērto**.

circus, -ī, subs. m. I — Sent. próprio: 1) Círculo (Cíc. Arat. 248). Daí: 2) Circo, o grande circo (de Roma) (T. Liv. 1, 35, 8). II — Sent. figurado: 3) Os espectadores (do circo) (Juv. 9, 144).

cīris, -is, subs. f. 1) Garça (Ov. Met. 8, 151). 2) Subs. pr. Título de um poemeto atribuído outrora a Vergílio.

cirrātī, -orum, subs. m. pl. Cabeças com cabelos encaracolados (falando de crianças) (Pérs. 1, 29).

Cirrha, -ae, subs. pr. f. Cirra, cidade da Fócida, consagrada ao culto de Apolo (T. Liv. 42, 15, 5).

Cirrhaeus, -a, -um, adj. De Cirra (Luc. 5, 95).

cirrus, -ī, subs. m. I — Sent. próprio: 1) Tufo de cabelos ou pêlos, anel de cabelo, caracol (Juv. 13, 165). Daí: 2) Topete de penas (de aves) (Plín. H. Nat. 11, 122). II — Sent. figurado: 3) Franjas (de vestido): só no pl. (Fedr. 2, 5, 13).

Cirta, -ae, subs. pr. f. Cirta, cidade da Numídia, hoje Constantina (Sal. B. Jug. 21, 2).

Cirtēnsēs, -ĭum, subs. loc. m. Cirtenses, habitantes de Cirta (Tác. An. 3, 74).

cis, prep. com acus. 1) Aquém de, da parte de cá (Cíc. Fam. 3, 8, 5). 2) Antes de (tratando-se do tempo) (Plaut. Truc. 348).

Cisalpīnus, -a, -um, adj. Cisalpino, que está aquém dos Alpes (Cés. B. Gal. 6, 12).

cisĭum, -ī, subs. n. Codeira de duas rodas. charrete (Cíc. Amer. 19).

Cismontānus, -a, -um, adj. Cismontano, que habita do lado de cá das montanhas (Plín. H. Nat. 3, 106).

Cispĭus, -ī, subs. pr. m. Císpio. 1) Nome de homem (Cíc. Planc. 75). 2) Uma das colinas de Roma (Varr. L. Lat. 5, 50).

Cisrhēnānus, -a, -um, adj. Cisrenano, situado aquém do Reno (Cés. B. Gal. 6, 2, 3).
Cissēis, -ĭdis, subs. pr. f. Cisseide, filha de Cisseu, isto é, Hécuba (Verg. En. 7, 320).
Cissēus, -ĕī (-ĕos), subs. pr. m. Cisseu. 1) Rei da Trácia e pai de Hécuba. 2) Nome de um companheiro de Turno (Verg. En. 10, 317).
Cissis, -is, subs. pr. f. Cissis, cidade da Hispânia Tarraconense (T. Lív. 21, 60, 7).
cista, -ae, subs. f. I — Sent. próprio: 1) Cêsto de vime, cofre (Hor. Ep. 1, 17, 54). II — Daí: 2) Cêsto usado em alguns sacrifícios (Tib. 1, 7, 48). 3) Urna eleitoral (Her. 1, 21).
cistēlla, -ae, subs. f. Pequena caixa ou cofre (Plaut. Rud. 1109).
Cistellāria, -ae, subs. pr. f. Título de uma comédia de Plauto.
cistellātrīx, -īcis, subs. f. Aquela que guarda os cofres (Plaut. Trin. 253).
cistērna, -ae, subs. f. Cisterna, reservatório (Sên. Ep. 86, 4).
cisternīnus, -a, -um, adj. De cisterna (Sên. Ep. 86, 21).
cistophŏros, -ī, subs. m. Cistóforo, moeda de prata cujo cunho era a cesta mística de Baco (Cíc. At. 11, 1, 2).
cistŭla, -ae, subs. f. Cêsto pequeno (Marc. 4, 46, 13).
citātim, adv. Apressadamente, com precipitação (B. Afr. 80, 4). Obs.: Comp. **citatĭus** (Quint. 11, 3, 112); superl. **citatissĕmī** (Quint. 1, 1, 37).
citātus, -a, -um. I — Part. pass. de **cito.** II — Adj.: Sent.: próprio: 1) Rápido, apressado, veloz (Cés. B. Gal. 4, 10, 3). Empregos especiais: 2) Na língua da retórica: Vivo (Quint. 11, 3, 111).
citerior, -ĭus, comp. de **citer,** adj. I — Sent. próprio: 1) Citerior, que está do lado de cá (em oposição a **ulterior**) (Cíc. Prov. 36). II — Daí: 2) Mais próximo (Cíc. Leg. 3, 4). 3) Mais recente (falando do tempo) (Cíc. Fam. 2, 12, 1).
citerĭus, adv. Muito aquém, e daí: menos (Sên. Ir. 1, 17, 7).
Cithaerōn, -ōnis, subs. pr. m. Citéron, ou Citerão, monte da Beócia, célebre por seus rebanhos. Era teatro das orgias das Bacantes (Verg. G. 3, 43); (Ov. Met. 3, 702).
cithăra, -ae, subs. f. I — Sent. próprio: 1) Cítara (Quint. 1, 10, 13). II — Sent. figurado: 2) Canto (na lira) (Prop. 2, 10, 10). 3) Arte de tocar a cítara (Verg. En. 12, 394).
citharista, -ae, subs. m. Citarista, ou citaredo, tocador de cítara (Cíc. Verr. 1, 53).
citharistria, -ae, subs. f. Citaristria, tocadora de cítara (Ter. Phorm. 82).
citharīzō, -ās, -āre, v. intr. Tocar cítara (C. Nep. Ep. 2, 1).
citharoedĭcus, -a, -um, adj. Relativo aos tocadores de cítara (Suet. Ner. 40, 2).
citharoedus, -ī, subs. m. Citaredo, cantor que canta ao som da cítara (Cíc. Mur. 29).
Citiēī, -ōrum, subs. loc. m. Citios, habitantes de Cítio (Cíc. Fin. 4, 56).
Citiēus, -ī, subs. m. Cítio, da cidade de Cítio (Cíc. Tusc. 5, 34).
citĭmus, -a, -um, adj. superl. Muito próximo, o mais próximo (Cíc. Rep. 6, 16).
Citĭum, -ī, subs. pr. n. Cício. 1) Cidade da ilha de Chipre (Plín. H. Nat. 5, 130). 2) Cidade da Macedônia (T. Lív. 42, 51, 1).
Citĭus, -ī, subs. pr. m. Cício, montanha da Macedônia (T. Lív. 43, 21, 7).
1. citō, adv. 1) Depressa, ràpidamente (Cíc. De Or. 3, 146). 2) Fàcilmente Cíc. Br. 264). 3) **Citĭus:** mais depressa que, antes que, de preferência (Cíc. Br. 238).
2. citō, -ās, -āre, -āvī, -ātum, v. tr. I — Sent. próprio: 1) Pôr em movimento, brandir (S. It. 4, 536). II — Sent. figurado: 2) Lançar, provocar, causar (Cíc. Tusc. 3, 24). III — No período clássico é usado na língua jurídica e política como: 1) Convocar (o Senado), chamar (T. Lív. 27, 24, 2); (Cíc. Verr. 2, 41). 2) Citar (em juízo), acusar (Cíc. Verr. 2, 97). 3) Citar como testemunha, invocar o testemunho (Cíc. Verr. 2, 146). 4) Citar, chamar as partes perante o tribunal (Cíc. Verr. 2, 98).
1. citrā, adv. Desta parte, do lado de cá, aquém (Ov. Met. 5, 186); (Tác. Hist. 3, 23).
2. citrā, prep. com acus. I — Sent. próprio: 1) Aquém de (Cés. B. Gal. 6, 32, 1). II — Sent. poético: 2) Sem ir até, sem atingir (Ov. Trist. 5, 8, 23). 3) Menos que (Ov. A. Am. 3, 757). 4) Antes de (Ov. Met. 8, 365). III — Na época imperial: 5) Sem, fora de (Quint. 12, 6, 4).
citrĕa, -ae, subs. f. Limoeiro, tuia (Plín. H. Nat. 16, 107).

citrĕum, -ī, subs. m. Limão (Plín. H. Nat. 23, 105).
citrĕus, -a, -um, adj. I — Sent. próprio: 1) Citreo, de limoeiro, de tuia (Plín. H. Nat. 15, 110). II — Daí: 2) De madeira do limoeiro (Cíc. Verr. 4, 37).
citrō, adv. empregado sempre com ultro: ultro citro (Cíc. Nat. 2, 84) «lá e cá»; ultro citroque (Cíc. Verr. 5, 170) «de um lado e de outro».
citrum, -ī, subs. n. Madeira de cidreira, de tuia (Marc. 10, 80).
citŭmus, v. citimus.
citus, -a, -um, I — Part. pass. de cĭĕo. II — Adj. 1) Pronto, rápido, ágil, ligeiro (Cíc. De Or. 3, 216). 2) Com valor de advérbio: prontamente, sem tardar (Verg. En. 4, 574). Obs.: Sem comp. nem superl.
Cius (Cios), -ī, subs. pr. f. Cio, cidade da Bitínia (T. Lív. 32, 33, 16).
cīvī, perf. de cĭĕo e de cio.
cīvĭcus, -a, -um, adj. 1) De cidadão, civil, cívico (Ov. P. 1, 2, 126); (Cíc. Planc. 72); ou subs.: civica (Sên. Clem. 1, 26, 5) «coroa cívica».
1. cīvīlis, -e, adj. I — Sent. próprio: 1) De cidadão (Cíc. At. 7, 13, 1). II — Daí: 2) Civil (Cíc. Div. 2, 24). 3) Cível (t. jurídico) (Cíc. Leg. 1, 17). 4) Vida política que se refere ao conjunto de cidadãos de um país), política (Cíc. Or. 30). 5) Digno de cidadão (Sal. B. Jug. 85, 35). III — Sent. figurado: 6) Popular, moderado, afável (Suet. Cés. 75).
2. Cīvīlis, -is, subs. pr. m. Civil, nome de um chefe batavo (Tác. Hist. 4, 13).
cīvīlĭtās, -tātis, subs. f. I — Sent. próprio: 1) Ciência de governar, a política (Quint. 2, 15, 25). II — Sent. figurado: 2) Afabilidade, bondade, cortesia (Suet. Aug. 51, 1).
cīvīlĭter, adv. 1) Como bom cidadão, como convém a um bom cidadão (Cíc. frag. Ep. 9, 4). 2) Com moderação, afàvelmente, com bondade (Ov. Trist. 3, 8, 41). Obs.: Comp. civilĭus (Plín. Paneg. 29, 2); superl. civilissĭme (Eutr. 7, 8).
cīvis, -is, subs. m. 1) Cidadão ou cidadã (membros livres de uma cidade a que pertencem por origem ou adoção), concidadão (Cíc. Cat. 1, 17). 2) Súditos (Cíc. Rep. 3, 37). Obs.: Ao lado do abl. sg. cive, é usada também a forma civi (Cíc. Sest. 29).
cīvĭtas, -tātis, subs. f. I — Sent. próprio: 1) Condição de cidadão, direito de cidadão (Cíc. Balb. 20). II — Daí: 2) Conjunto de cidadãos, sede de um govêrno, Estado, cidade (Cés. B. Gal. 4, 3, 3); (Cíc. Verr. 2, 145). III — Sent. raro: = urbs (Tác. Hist. 4, 65). Obs.: No gen. pl. aparecem as duas formas: civitatium e civitatum.
cīvĭtātŭla, -ae, subs. f. I — Sent. próprio: 1) Direito de cidadão numa cidade pequena (Sên. Apoc. 9, 4). II — Daí: 2) Cidadezinha (Apul. Met. 10, 1).
clădēs, -is, subs. f. I — Sent. próprio: 1) Ruína, destruição, perda, calamidade, flagelo, desgraça: mea clades (Cíc. Sest. 31) «minha ruína, minha desgraça (referindo-se ao exílio)»; (T. Lív. 2, 13, 1). II — Daí: 2) Desastre na guerra, derrota (T. Lív. 25, 19, 16). Obs.: Gen. pl. cladĭum, raramente cladum (S. It. 1, 41).
clădis, -is, subs. f. v. clades (T. Lív. 2, 22, 4).
Claeōn, -ōntis, subs. pr. m. Cleonte, forte da Frígia (Plín. H. Nat. 31, 19).
1. clam, adv. Às escondidas, secretamente (Cíc. Clu. 55).
2. clam, prep. com acus. e abl. 1) Às escondidas de, às ocultas de: clam patrem (Ter. Hec. 396) «às escondidas de meu pai»; clam vobis (Cés. B. Civ. 2, 32, 8) «sem o saberdes». Obs.: A construção com acus. é freqüente em Plauto e Terêncio.
clāmātor, -ōris, subs. m. Homem que grita muito (Cíc. Br. 182).
clāmātus, -a, -um, part. pass. de clamo.
clāmĭtātĭō, -ōnis, subs. f. Gritaria (Plaut. Most. 6).
clāmĭtātus, -a, -um, part. pass. de clamĭto.
clāmĭto, -ās, -āre, -āvī, -ātum, v. freq. intr. e tr. I — Intr.: 1) Gritar repetidas vêzes, gritar muito (Cíc. Planc. 75). 2) Pedir com grandes gritos (Tác. An. 11, 34). II — Tr.: (raro) — 3) Repetir gritando, chamar com gritos freqüentes, gritar (Plín. Ep. 9, 6, 2).
clāmō, -ās, -āre, -āvī, -ātum, v. tr. e intr. I — Intr.: 1) Dar gritos, gritar, clamar (Cíc. Amer. 57). II — Tr.: Gritar por, chamar em altas vozes, proclamar, declarar (Verg. En. 4, 674). Obs.: Constrói-se com acus., com dois acus., com acus. exclamativo e com or. infinitiva.
clāmor, -ōris, subs. m. I — Sent. próprio: 1) Grito, brado, clamor (do homem e dos animais) (Cíc. Flac. 15); (Verg. G. 1, 362). II — Daí: 2) Grito

de guerra (T. Lív. 4, 37, 9). 3) Aclamação, aplauso (Cíc. Br. 327). 4) Assuada, vaia (Cíc. Q. Fr. 2, 1, 3). III — Sent. figurado: 5) Barulho, ruído, estrondo (Verg. En. 3, 566).
clāmōsus, -a, -um, adj. I — Sent. próprio: 1) Cheio de gritos, barulhento, que tem o costume de gritar (Quint. 6, 4, 15). II — Daí: 2) Que retumba ou ecoa com gritos (Estác. Theb. 4, 448).
Clampetīa, -ae, subs. pr. f. Clampecia, cidade do Brútio (T. Lív. 29, 38, 1).
clamys, v. **chlamys.**
clancularius, -a, -um, adj. Secreto, oculto, anônimo (Marc. 10, 3, 5).
clancŭlō, adv. Furtivamente, discretamente (Macr. Saturn. 5, 18).
clancŭlum, dim. de clam. 1) Adv.: em segrêdo (Plaut. Amph. 523). 2) Prep. com acus.: às escondidas de (Ter. Ad. 52).
clandestīnus, -a, -um, adj. I — Sent. próprio: 1) Clandestino, secreto, que se faz às escondidas (Cíc. C. M. 40). II — Daí: 2) Imperceptível, invisível (Lucr. 1, 128).
clangō, -is, -ĕre, v. tr. e intr. I — Intr.: 1) Gritar (tratando-se de aviso) (A. Marc. 28, 4, 34). II — Tr.: 2) Fazer ressoar (Estác. Theb. 4, 342).
clangor, -ōris, subs. m. I — Sent. próprio: 1) Grito de certas aves (águia, pato, pavão) (T. Lív. 1, 34, 8). II — Daí: 2) Som (de certos instrumentos) (Verg. En. 2, 313).
Clanis, -is, subs. pr. m. Clânis, personagem mitológica (Ov. Met. 5, 140).
Clanius, -ī, subs. pr. m. Clânio, rio da Campânia (Verg. G. 2, 225).
clārē, adv. 1) Claramente, nitidamente (para os sentidos) (Plaut. Mil. 630). 2) Claramente, distintamente (para o espírito) (Quint. 2, 17, 2). Obs.: Comp. **clarius** (Cíc. Verr. 3, 175); superl. **clarissime** (Plín. H. Nat. 10, 193).
clārĕō, -ēs, -ēre, v. intr. I — Sent. próprio: 1) Brilhar, luzir, resplandecer (Ên. Tr. 367). II — Sent. figurado: (Ên. apud Cíc. C. M. 10). 2) Ser ilustre, evidente, claro (Lucr. 6, 937).
clārēscō, -is, -ĕre, clārŭī, v. incoat. intr. I — Sent. próprio: 1) Tornar-se claro, brilhar (Sên. Herc. Fur. 123). II — Sent. figurado: 2) Tornar-se ilustre, notabilizar-se (Suet. Ner. 1). 3) Tornar-se distinto ou claro, tornar-se evidente (Verg. En. 2, 301).

clārigātiō, -ōnis, subs. f. I — Sent. próprio: 1) Ação de reclamar do inimigo o que êle tomou injustamente (Quint. 7, 3, 13). II — Daí: 2) Direito de represália (T. Lív. 8, 14, 6).
clārisŏnus, -a, -um, adj. Que soa claro, claro (falando da voz) (Catul. 64, 125).
clārĭtās, -tātis, subs. f. I — Sent. próprio: 1) Claridade, brilho (Plín. H. Nat. 9, 107). II — Daí: 2) Sonoridade (da voz) (Cíc. Ac. 1, 19). II — Sent. figurado: 3) Brilho (Quint. 2, 16, 10). 4) Ilustração, celebridade (Cíc. Fam. 13, 68).
clārĭtūdō, -ĭnis, subs. f. I — Sent. próprio: 1) Claridade, brilho (Tác. An. 1, 28). II — Sent. figurado: 2) Celebridade, reputação (Sal. B. Jug. 2, 4).
Clārius, -ī, subs. pr. m. Clário. 1) Apolo (Verg. En. 3, 360). 2) Antímaco, o poeta de Claros (Ov. Trist. 1, 6, 1).
clarō, -ās, -āre, -āvī, -ātum, v. tr. I — Sent. próprio: 1) Tornar claro, luminoso (Estác. Theb. 5, 284). II — Sent. figurado: 2) Aclarar, esclarecer (Lucr. 4, 776). 3) Tornar ilustre, ilustrar (Hor. O. 4, 3, 4).
Claros, -ī, subs. pr. f. Claros, cidade da Jônia, famosa por um templo de Apolo (Ov. Met. 1, 516).
clarŭī, perf. de **clarēsco.**
clārus, -a, -um, adj. I — Sent. próprio: 1) Claro, sonoro (falando dos sons ou da voz): **clara voce** (Cíc. Clu. 134) «com voz sonora». Daí: 2) Claro, brilhante (falando das sensações visuais) (Cíc. Of. 2, 44). II — Sent. figurado: 3) Claro, manifesto, evidente (Cíc. Cat. 1, 6). 4) Ilustre, glorioso, famoso (Cíc. Verr. 2, 86).
classlārĭī, -ōrum, subs. m. pl. I — Sent. próprio: 1) Marinheiros (Cés. B. Civ. 3, 100, 2). II — Daí: 2) Soldados da armada (C. Nep. Tem. 3, 2). 3) Peões que faziam serviço de Roma a Óstia, e Putéolos (Suet. Vesp. 8, 3).
classiārius, -a, -um, adj. Da armada, da marinha (Tác. An. 14, 8).
1. **classĭcī, -ōrum.** subs. m. pl. 1) Marinheiros (Q. Cúrc. 4, 3, 18). 2) Soldados da armada (Tác. Hist. 2, 17).
2. **classĭcī** (subuntend. cives), **-ōrum,** subs. m. pl. I — Sent. próprio: 1) Cidadãos pertencentes à primeira das classes instituídas por Sérvio Túlio (A. Gél. 7, 13, 1). II — Sent. figurado: Adj.: 2) De primeira ordem, exemplar, clássico (A. Gél. 19, 8, 15).

classicŭla, -ae, subs. f. Flotilha (Cíc. At. 16, 2, 4).

classĭcum, -ī, subs. n. I — Sent. próprio: 1) Sinal dado pela trombeta (para chamar as diversas classes de cidadãos), e daí: 2) Som da trombeta, trombeta (Cés. B. Civ. 3, 82, 1). II — Sent. poético: 3) Trombeta guerreira (Verg. G. 2, 539).

classĭcus, -a, -um, adj. 1) Da armada, naval (T. Lív. 26, 48, 12). 2) **Classĭcī -ōrum,** subs. m. (Tác. Hist. 1, 36) «a legião dos soldados da armada»: 3) Os marinheiros (Q. Cúrc. 4, 3, 18).

classis, -is, subs. f. I — Sent. próprio: 1) Chamada, convocação. Daí: 2) Classe (categoria em que se dividiam os cidadãos romanos suscetíveis de serem chamados às armas), categoria (T. Lív. 1, 42, 5). 3) Tropa, exército (Verg. En. 7, 715). 4) Armada, esquadra (Cíc. Pomp. 9). II — Sent. figurado: 5) Classe, graduação (Cíc. Ac. 2, 73).

Clastidĭum, -ī, subs. pr. n. Clastídio, cidade da Gália Cisalpina (Cíc. Tusc. 4, 49).

Clatĕrna, -ae, subs. pr. f. Claterna, cidade da Gália Cispadana (Cíc. Fam. 12, 5, 2).

clātra, -ōrum, v. **clatrī** (Prop. 4, 5, 74).

clātrī, -ōrum, subs. m. pl. Grades (Hor. A. Poét. 473).

claudĕō, -ēs, -ēre, v. intr. Coxear (Cíc. Or. 170).

Claudĭa, -ae, subs. pr. f. Cláudia, nome de mulher (Ov. F. 4, 305).

Claudiālis, -e, adj. De Cláudio, o imperador (Tác. An. 13, 2).

Claudiānus, -a, -um, adj. Que se refere a um membro da família Cláudia (Sên. Nat. 7, 17, 21).

claudicātĭo, -ōnis, subs. f. Claudicação, ação de coxear, coxeadura (Cíc. De Or. 2, 249).

claudĭcō, -ās, -āre, -āvī, -ātum, v. intr. I — Sent. próprio: 1) Coxear, claudicar (Cíc. De Or. 2, 249). Daí: 2) Ser desigual, vacilar (Lucr. 4, 518). II — Sent. figurado: 3) Não andar direito; claudicar, não proceder bem (Cíc. Nat. 1, 107).

1. Claudĭus, -a, -um, adj. Da família Cláudia, de um Cláudio (Hor. O. 4, 4, 73); (Ov. P. 1, 8, 44).

2. Claudĭus, -ī, subs. pr. m. Cláudio. 1) Nome de família romana, notadamente Ápio Cláudio Cego (Cíc. C. M. 16). 2) O imperador Cláudio (Suet. Claud. 2, 1).

1. claudō (cludō), -is, -ĕre, clausī, clausum, v. tr. 1) Fechar, trancar, cerrar (Cíc. Tusc. 5, 59). 2) Encerrar, cercar, cingir, enclausurar (T. Lív. 23, 2, 9). Daí: 3) Deter, suspender, impedir, cortar (Ov. Met. 6, 572). 4) Encerrar, terminar, acabar (Ov. F. 3, 384). 5) Empregos diversos: Na língua da retórica: encerrar: **pedibus verba...** (Hor. Sát. 2, 1, 28) «encerrar as palavras no ritmo». 6) Loc.: **claudere urbem operibus** (C. Nep. Milc. 7, 2) «cercar uma cidade com obras de circunvalação»; **agmen claudere** (Cés. B. Gal. 2, 19, 3) «formar a retaguarda, encerrar a marcha». Obs.: A forma **cludo** não ocorre em César nem em Cícero.

2. claudō, -is, -ĕre, clausūrus, v. intr. Coxear, claudicar (Cíc. Tusc. 5, 22).

claudus, -a, -um, adj. I — Sent. próprio: 1) Coxo, claudicante (Hor. O. 3, 2, 32). Daí: 2) Que anda com dificuldade (Lucr. 4, 436). II — Sent. figurado: 3) Vacilante, hesitante, desigual, defeituoso. (Ov. P. 3, 1, 86).

clausī, perf. de **claudo.**

claustra, -ōrum, subs. n. pl. I — Sent. próprio: 1) Tudo que serve para fechar (barreira, ferrôlho, cêrca, estacada, limite) (Cíc. Verr. 4, 52). II — Sent. figurado: 2) Barreira, chave, limite (Cíc. Mur. 17).

claustrum, -ī, subs. n. (geralmente no pl., v. **claustra, -ōrum**). V. **claustra.**

clausŭla, -ae, subs. f. I — Sent. próprio: 1) Conclusão, fim (Cíc. Phil. 13, 47). II — Daí: 2) Cláusula, fim de frase, remate do período (têrmo de retórica) (Cíc. Or. 213).

clausum, -ī, subs. n. 1) Lugar fechado, cerrado (Col. 7, 6, 5). 2) Encerramento, fechadura (Lucr. 1, 354).

clausūrus, -a, -um, part. fut. de **claudĕo** e de **claudo 2.**

1. clausus, -a, -um, 1) Part. pass. de **claudo.** 2) Adj.: Escondido, secreto, oculto (Tác. An. 3, 15).

2. Clausus, -ī, subs. pr. m. Clauso, ancestral da família Cláudia (T. Lív. 2, 16, 4).

clāva, -ae, subs. f. Bastão, pau grosso, clava (Cíc. Verr. 4, 94).

clāvārĭum, -ī, subs. n. Gratificação dada aos soldados para as tachas dos sapatos (Tác. Hist. 3, 50).

clāvicŭla, -ae, subs. f. Gavinha de videira (Cíc. C. M. 52).

1. **clāvĭger, -gĕra, -gĕrum**, adj. Clavígero, que traz uma clava ou maça, um bastão (Ov. F. 4, 68).

2. **clāvĭger, -gĕri**, subs. m. Clavígero, que traz uma chave (epíteto de Jano) (Ov. F. 1, 228).

clāvis, -is, subs. f. 1) Chave (Cíc. Phil. 2, 69). 2) Tranca (Tib. 1, 6, 34). Obs.: Acus. **clavim** (Tib. 2, 4, 31). Abl. **clave** ou **clavi**.

clāvus, -ī, subs. m. I — Sent. próprio: 1) Cavilha (de madeira ou de ferro), prego, cravo (Cés. B. Cív. 2, 10, 2). II — Empregos especiais: 2) Cavilha que segura o leme; Daí: O leme (sent. próprio figurado): **clavum rectum tenere** (Quint. 2, 17, 24) «manter reto o leme»; **clavum imperi tenere** (Cíc. Sest. 20) «manter o leme do poder». Na língua rústica: 3) Nó das árvores (Plín. H. Nat. 17, 223). Donde: 4) Nó de púrpura ou de ouro (na guarnição da toga dos senadores ou dos cavaleiros), banda de púrpura que guarnece a toga; (ou larga (laticlavo) para os senadores, ou estreita (angusticlavo) para os cavaleiros). Daí: **latum clavum impetrare** (Plín. Ep. 2, 9, 2) «obter a dignidade de senador». 5) Na língua médica: Tumor, cabeça de prego, calo (Plín. H. Nat. 20, 184).

Clāzomĕnae, -ārum, subs. pr. f. Clazômenas, cidade da Jônia (Hor. Sát. 1, 7, 5).

Clāzomenĭus, -a, -um, adj. De Clazômenas (Cíc. De Or. 3, 138).

Cleander, -drī, subs. pr. m. Cleandro, oficial de Alexandre (Q. Cúrc. 3, 1, 1).

Cleānthēs, -is, subs. pr. m. Cleantes, nome de um filósofo estóico de Assos na Tróade, sucessor de Zenão na chefia da escola estóica (Cíc. Fin. 2, 69).

Clearchus, -ī, subs. pr. m. Clearco. 1) Tirano de Heracléia (Just. 15, 4). 2) General lacedemônio (V. Máx. 2, 7, 2).

1. **clēmens, -ēntis**, adj. I — Sent. próprio: 1) De declive suave (sent. raro) (Plín. Paneg. 30). Daí: 2) Que corre docemente, com calma (Q. Cúrc. 5, 3, 2). II — Sent. moral: 3) Que se deixa dobrar, dócil, clemente, bom, indulgente, humano (Cíc. Planc. 31). III — Sent. poético: 4) Suave, calmo, manso, tranqüilo (falando do ar, da temperatura, do mar) (Catul. 64, 272). Obs. Abl. mais comum: **clementi**, mas a forma **clemente** ocorre às vêzes (T. Lív. 1, 26, 8).

2. **Clemens, -ēntis**, subs. pr. m. Clemente, nome próprio (Tác. An. 1, 23).

clēmēnter, adv. 1) Com clemência, com indulgência, com bondade, clementemente (Cés. B. Cív. 3, 20, 2). 2) Com calma, pacientemente (Cíc. At. 6, 1, 3). 3) De aclive suave, de fácil acesso (Tác. An. 13, 38).

clementĭa, -ae, subs. f. I — Sent. próprio: 1) Serenidade (dos elementos), suavidade, bonança (Luc. 8, 366). II — Sent. moral: 2) Bondade, clemência (C. Nep. Alc. 10, 3).

Cleŏbis, -is, subs. pr. m. Cléobe, irmão de Bitão (Cíc. Tusc. 1, 113).

cleombrŏtus, -ī, subs. pr. m. Cleômbroto. 1) Chefe lacedemônio (Cíc. Of. 1, 84). 2) Filósofo adepto de Platão (Cíc. Tusc. 1, 84).

Cleomĕdōn, -ōntis, subs. pr. m. Cleomedonte, lugar-tenente de Filipe da Macedônia (T. Lív. 32, 21).

Cleomĕnēs, -is, subs. pr. m. Cleômenes. 1) Nome de um estatuário grego (Plín. H. Nat. 36, 33). 2) Nome de um siracusano (Cíc. Verr. 2, 36).

Cleōn, -ōnis, subs. pr. m. Cleão, homem de Estado, general e célebre orador ateniense por ocasião das guerras do Peloponeso (Cíc. Br. 28).

Cleōnae, -ārum, subs. pr. m. Cleonas, cidade da Argólida (Ov. Met. 6, 417).

Cleonĭcus, -ī, subs. pr. m. Cleonico, nome de um liberto de Sêneca (Tác. An. 15, 45).

Cleopătra, -ae, subs. pr. f. Cleópatra, a famosa rainha do Egito, de invulgar beleza, por quem se apaixonaram César e Marco Antônio (Suet. Cés. 35, 1). Obs.: A penúltima longa no verso é freqüente em latim: (Luc. 10, 56); (Marc. 4, 22) etc. Mas o adj. **Cleopătricus** (Sid. 8, 12, 8) atesta a quantidade breve da penúltima.

Cleophantus, -ī, subs. pr. m. Cleofanto, nome de um médico grego (Cíc. Clu. 47).

Cleōphōn, -ōntis, subs. pr. m. Cleofonte, nome de um filósofo ateniense (Cíc. Rep. 4, 10).

clepō, -is, -ĕre, clepsī, v. tr. 1) Roubar, furtar (Cíc. Tusc. 2, 23). 2) Esconder, ocultar, dissimular (Sên. Med. 156).

clepsī, perf. de **clepo**.

clepsȳdra, -ae, subs. f. Clépsidra (relógio de água) (Cíc. De Or. 3, 138).

Clēuās, -ae, subs. pr. m. Cleuas, nome de um general do rei Perseu (T. Lív. 43, 21).

cliens, -ēntis, subs. m. I — Sent. próprio: 1) Cliente (em oposição ao **patronus**), aliado, vassalo, o que está sob a proteção de (Cés. B. Gal. 4, 6, 4). II — Sent. figurado: 2) Adorador de umá divindade particular (Hor. Ep. 2, 2, 78).

clientēla, -ae, subs. f. I — Sent. próprio: 1) Proteção (concedida ao cliente), aliança, condição de cliente (Cíc. Amer. 93). II — No pl.: 2) Clientes, clientela (Cíc. Cat. 4, 23). 3) Vassalos (Cés. B. Gal. 6, 12, 2).

clientŭlus, -ī, subs. m. (dim. de **cliens**) Cliente pequeno (Tác. D. 37).

clīnāmen, -ĭnis, subs. n. Inclinação, desvio (Lucr. 2, 292).

clīnātus, -a, -um, part. pass. de **clīno.**

Clīnĭădēs, -ae, subs. pr. m. Filho de Clínias, i. é, Alcebíades (Ov. Ib. 633)

Clīnĭās, -ae, subs. pr. m. Clínias, pai de Alcebíades (C. Nep. Alc. 1).

clīnĭcus, -ī, subs. m. I — Sent. próprio: 1 Clínico, médico que visita os doentes (Marc. 9, 96, 1). II — Coveiro (Marc. 1, 30).

clīnō, -ās, -āre, v. tr. Inclinar, fazer pender: **clinatus** (Cíc. Arat. 287) «inclinado». Obs.: Só empregado nos compostos, exceto o part. pass..

Clīō, -ūs, subs. pr. f. Clio. 1) A musa da História (Hor. O. 1, 12, 2). 2) Nome de uma nereida (Verg. G. 4, 341).

clipeātus, -ī, subs. m. Soldado de armadura pesada (T. Lív. 44, 41).

clipĕō (clypĕō), -ās, -āre, v. tr. Armar de escudo (Verg. En. 7, 793).

clipĕum, -ī, subs. n. v. **clipĕus** (T. Lív. 1, 43, 2).

clipĕus (clupĕus), -ī, subs. m. I — Sent. próprio: 1) Clípeo, escudo (geralmente de metal, redondo e côncavo) (Cíc. Tusc. 1, 34). Daí: 2) Escudo de armas em que se representa o busto dos deuses ou dos homens célebres (T. Lív. 25, 39, 13). 3) Disco do Sol (Ov. Met. 15. 192). 4) Espécie de meteoro de forma redonda, semelhante à do **clipeus** (Sên. Nat. 1, 1, 15).

Clisthěnēs, -is, subs. pr. m. Clístenes, célebre orador ateniense (Cíc. Br. 27).

Clitae, -ārum, subs. loc. f. e m. Clitas. 1) Cidade da Calcídica (T. Lív. 44, 11, 4). 2) Povo da Cilícia (Tác. An. 6, 41).

Clītārchus, -ī, subs. pr. m. Clitarco, historiador grego (Cíc. Br. 42).

clitēllae, -ārum, subs. f. pl. Albarda, carga (de animal) (Hor. Ep. 1, 13, 8).

clitellārĭus, -a, -um, adj. Que traz albarda, de carga (Cíc. Top. 36).

Clīternĭa, -ae, subs. pr. f. Clitérnia, cidade do Sâmnio (Plín. H. Nat. 3, 103).

Clīternīnus, -a, -um, adj. De Cliterno, a cidade dos équos (Cíc. Fam. 9, 22, 4).

Clītomăchus, -ī, subs. pr. m. Clitômaco, filósofo grego (Cíc. Tusc. 5, 107).

Clītorĭus Fons, subs. pr. m. Fonte de Clitório, cidade da Arcádia (Ov. Met. 15, 322).

Clītus, -ī, subs. pr. m. Clito, general de Alexandre (Cíc. Tusc. 4, 79).

clīvōsus, -a, -um, adj. I — Sent. próprio: 1) Que se ergue em declive, ladeirento (Verg. G. 2, 212). II — Sent. figurado: 2) Escarpado, íngreme (S. It. 6, 120).

clīvus, -ī, subs. m. I — Sent. próprio: 1) Clivo, outeiro, ladeira, encosta, vertente (Verg. Buc. 9, 8); (Cíc. Mil. 64). II — Sent. figurado: 2) Dificuldade, trabalhos (Sên. Ep. 31, 4).

cloāca, -ae, subs. f. (**cluaca**). I — Sent. próprio: 1) Cloaca, esgôto: **Cloaca maxima** (T. Lív. 1, 56, 2) «a grande cloaca» (em Roma). 2) Em sent. figurado: ventre (Plaut. Curc. 121).

Clōdĭa, -ae, subs. f. v. **Claudia.**

1. **Clōdĭānus, -a, -um,** adj. De Clódio (Cíc. Dom. 24).

2. **Clōdĭānus, -ī,** subs. pr. m. Clodiano, nome de homem (Cíc. At. 1, 19, 3).

clōdĭcō, v. **claudĭco.**

1. **Clōdĭus, -a, -um,** adj. De um Clódio, ou da família Clódia (Cíc. Dom. 34).

2. **Clōdĭus, -ī,** subs. pr. m. **P. Clodius Pulcher,** pertencente à nobre «gens» Cláudia, irmão de Clódia, e tribuno da plebe, inimigo figadal de Cícero; foi morto por Milão, num combate de rua (Cíc. At. 2, 21, 6).

clōdō = **claudo.**

Cloelĭa, -ae, subs. pr. f. Clélia, jovem romana, cuja façanha para se ver livre de Porsena nos é relatada por T. Lív. (2, 13, 6); (Verg. En. 8, 651).

Cloelī, -ōrum, subs. pr. m. Clélios, família de Alba, que foi admitida no patriciado romano (T. Lív. 1, 30, 2).

Cloelĭus (Cluilĭus), -ī, subs. pr. m. Clélio, nome de homem (T. Lív. 4, 17, 2).

Clonĭus, -ī, subs. pr. m. Clônio, nome de um dos companheiros de Enéias (Verg. En. 9, 574).

cloō, -ās, -āre, v. **cluo.**

clostrum, v. **claustrum.**

Clōthō, -ūs, subs. pr. f. ˙Cloto, uma das Parcas (S. It. 5, 404).

clūdō, -is, -ĕre, v. claudo (Suet. Aug. 22).
Cludrus, -ī, subs. pr. m. Cludro, rio da Cária (Plín. H. Nat. 5, 108).
1. cluens, -ēntis, part. pres. de cluĕō: célebre, afamado.
2. cluens, v. cliens.
Cluentia, -ae, subs. pr. f. Cluência, nome de mulher (Cíc. Clu. 30).
Cluentiānus, -a, -um, adj. De Cluêncio (Cíc. Clu. 125).
Cluentius, -ī, subs. pr. m. Cluêncio, nome romano (Cíc. Clu. 11).
cluĕō, -ēs, -ēre, v. intr. e tr. 1) Ouvir-se chamar de, ter a reputação de, ter a fama de, ser nomeado de (Plaut. Trin. 309). Daí: 2) Ser celebrado, glorioso, ilustre, tornar-se famoso (Plaut. Capt. 689). 3) Por extensão: Ter um nome, existir (Lucr. 2, 351).
1. Cluīlius, -a, -um, adj. De Cluílio (T. Lív. 1, 23, 3).
2. Cluīlius, -ī, subs. pr. m. Cluílio, chefe dos albanos (T. Lív. 1, 22, 4).
clŭnis, -is, subs. m. e f. (geralmente no pl.: clūnēs, -ium). Nádegas, ancas (Juv. 5, 167).
1. cluŏ, -is, -ĕre, v. intr. v. cluĕo (Sên. Apoc. 7, 2).
2. cluŏ, -is, -ĕre, (arc.) v. tr. Limpar (Plín. H. Nat. 15, 119).
Clupĕa, -ōrum, subs. pr. n. Clúpeos, cidade da Zeugitânia, na África (Cés. B. Civ. 2, 23, 2).
clupĕus, v. clipĕus.
clūrīnus, -a, -um, adj. De macaco (Plaut. Truc. 269).
clūsī, perf. de cludo.
Clūsīnī Fontes, subs. pr. m. Fontes de Clúsio (Hor. Ep. 1, 15, 9).
Clūsĭŏlŭm, -ī, subs. pr. n. Clusíolo, cidade da Úmbria (Plín. H. Nat. 3, 114).
Clūsĭum, -ī, subs. pr. n. Clúsio, cidade da Etrúria (Verg. En. 10, 167).
Clūsius, -ī, subs. pr. m. Clúsio, epíteto de Jano, cujo templo permanecia fechado em tempo de paz (Ov. F. 1, 130).
Cluvia, -ae, subs. pr. f. Clúvia. 1) Cidade do Samnio (T. Lív. 9, 31). 2) Nome de mulher (Juv. 2, 49).
Cluviānum, -ī, subs. pr. n. Cluviano, casa de campo de Clúvio (Cíc. At. 14, 10, 3).
Cluvidiēnus Quiētus, -ī, subs. pr. m. Cluvideno Quieto, nome de homem (Tác. An. 15, 71).
Cluviēnus, -ī, subs. pr. m. Cluvieno, nome de um poeta (Juv. 1, 80).

Cluvius, -ī, subs. pr. m. Clúvio. 1) Nome de um amigo de Cícero (Cíc. At. 6, 2, 3). 2) Nome de um historiador romano (Tác. Hist. 4, 39).
Clymenaeus, -a, -um, adj. De Clímene (Estác. S. 1, 2, 123).
Clymĕnē, -ēs, subs. pr. f. Clímene. 1) Mãe de Faetonte (Ov. Met. 1, 736). 2) Nome de uma ninfa (Verg. G. 4, 345).
Clymenēius, -a, -um, adj. De Clímene (Ov. Met. 2, 19).
Clymĕnus, -ī, subs. pr. m. Clímeno. 1) Nome de um companheiro de Fineu (Ov. Met. 598). 2) Epíteto de Plutão (Ov. F. 6, 757).
clypeātus, clypĕo, clypĕus, v. clip-.
clypsō = clipĕo.
clystēr, -ēris, subs. m. 1) Clister (Suet. Ner. 20, 1). 2) Seringa (de dar clisteres) (Suet. Cl. 44, 3).
Clytaemnēstra, -ae, subs. pr. f. Clitemnestra, figura feminina de uma peça de Ésquilo, e que, para vingar a morte da filha, assassina o marido, Agamémnon (Cíc. Inv. 1, 18). Daí: em sent. figurado: Mulher que mata o marido (Juv. 6, 656).
Clytīdae (Clutīdae), -ārum, subs. pr. m. Clútidas, nome de uma família de Élis (Cíc. Div. 1, 91).
Clytĭē, -ēs, subs. pr. f. Clície, oceânide amada por Apolo e que foi metamorfoseada em girassol (Ov. Met. 4, 206).
Clytius, -ī, subs. pr. m. Clício, nome de um guerreiro (Verg. En. 10, 129).
Clytus, -ī, subs. pr. m. Clito. 1) Nome de um centauro (Ov. Met. 5, 88). 2) Nome de homem (T. Lív. 36, 11, 8).
Cnaeus (Cneus), -ī, subs. pr. m. Gneu, prenome romano, cuja abreviatura é Cn. (Quint. 1, 7, 28).
Cnidii, -ōrum, subs. loc. m. Cnídios, habitantes de Cnido (Cíc. Verr. 4, 135).
Cnidius (Gnidius), -a, -um, adj. De Cnido, cnídio (Cíc. Br. 316).
Cnidus (Gnidus), -ī, subs. pr. f. Cnido, cidade da Cária, onde havia um templo de Vênus (Cíc. Pomp. 33).
Cnōsus, Cnossus, Cnossiacus, v. Gnoss-.
1. Coa, -ae, subs. pr. (de coĕo). Epíteto dado por Célio a Clódia (Cael. apud. Quint. 8, 6, 53).
2. Coa, -ōrum, subs. n. pl. Tecidos transparentes de Cós, ilha do mar Egeu (Hor. Sát. 1, 2, 101).
coaccēdō, -is, -ĕre, v. intr. Juntar-se a (Plaut. Curc. 344).

coacervātĭō, -ōnis, subs. f. I — Sent. próprio: 1) Ação de acumular, acumulação (Sên. Vit. 1, 3). II — Daí: 2) Acumulação de argumentos (têrmo de retórica) (Cíc. Part. 122).

coacervātus, -a, -um, part. pass. de **coacērvo**.

coacērvō, -ās, -āre, -āvī, -ā um, v. tr. 1) Amontoar, acumular (Cíc. Agr. 2, 71). 2) Reunir em massa, em multidão (Cic. Part. 40).

coacēscō, -is, -ĕre, coacŭī (sem supino), v. intr. Tornar-se azêdo, azedar-se (sent. próprio e figurado) (Cíc. C. M. 65).

coācta, -ōrum, subs. n. pl. Estofos sem serem tecidos, feltro (Cés. B. Civ. 3, 44, 7).

coāctē, adv. Depressa, ràpidamente, logo (A. Gél. 10, 11, 8). Obs.: Comp. **coactius** (A. Gél. 19, 2).

coactĭō, -ōnis, subs. f. Ação de recolher, arrecadação (Suet. Vesp. 1, 2).

coāctō, -ās, -āre, (freq. de cogo) v. tr. Forçar, obrigar, coagir, coatar (Lucr. 6, 1120).

coāctor, -ōris, subs. m. I — Sent. próprio: 1) O que ajunta (Tác. Hist. 2, 68). Daí: 2) Cobrador (de impostos) (Cíc. Rab. Post. 30). 3) Caixeiro de cobrança (Cíc. Clu. 180). II — Sent. figurado: 4) O que obriga, coator (Sên. Ep. 52, 4).

1. coāctus, -a, -um. I — Part. pass. de cogo. II — Adj.: 1) Obrigado, forçado. Daí, em sent. figurado: 2) Não natural, artificial, fingido, hipócrita (Verg. En. 2, 196).

2. coāctus, -ūs, subs. m. I — Sent. próprio: 1) Impulso (Lucr. 2, 273). II — Sent. figurado: 2) Constrangimento, pressão (Cíc. Verr. 5, 75). Obs.: Raro, e atestado apenas no abl.

coacŭī, perf. **coacēsco**.

coaedĭfĭcātus, -a, -um, part. pass. de **coaedĭfĭco**.

coaedĭfĭcō, -ās, -āre, -āvī, -ātum v. tr. Construir juntamente, juntar por meio de construções, cobrir de construções (Cíc. At. 13, 33, 4).

coaequālis, -e, adj. 1) Da mesma idade (Petr. 136, 1). 2) Semelhante, parecido, igual (Petr. 1, 1).

coaequātus, -a, -um, part. pass. de **coaequo**.

coaequō, -ās, -āre, -āvī, -ātum, v. tr. 1) Aplanar, nivelar (Sal. C. Cat. 20, 11). 2) Igualar (Cíc. Verr. 3, 95).

coagmentātĭo, -ōnis, subs. f. Reunião, combinação (Cíc. Nat. 1, 20).

coagmentātus, -a, -um, part. pass. de **coagmēnto**.

coagmēntō, -ās, -āre, -āvī, -ātum, v. tr. 1 — Sent. próprio: 1) Juntar, reunir (Cíc. C. M. 72). II — Sent. figurado: 2) Juntar (Cíc. Or. 77). 3) Loc.: **coagmentare pacem** (Cíc. Phil. 7, 21) «consolidar a paz».

coagmēntum, -ī, subs. n. Ajuntamento (geralmente no pl.) (Cés. B. Civ. 3, 105, 6).

coāgulātus, -a, -um, part. pass. de **coagŭlo**.

coāgŭlō, -ās, -āre, -āvī, -ātum, v. tr. Coagular, condensar, tornar espêsso (um líquido) (Plín. H. Nat. 23, 117).

coāgŭlum, -ī, subs. n. I — Sent. próprio: 1) Coalho, coágulo, o que serve para coalhar: daí: 2) Leite coalhado (Plín. H. Nat. 28, 158). II — Sent. figurado: 3) O que reúne, o que liga (Varr. apud Non. 1, 115). 4) Causa, origem (A. Marc. 29, 2, 1).

coalēscō, -is, -ĕre, coalŭī, coalĭtum, v. intr. 1) Crescer juntamente com, aumentar (T. Lív. 2, 48, 1). Daí: 2) Coligar-se, ajuntar-se, reunir-se, unir-se, (Sal. B. Jug. 87, 3). 3) Fortificar-se, consolidar-se, tomar raiz, enraizar-se (Sal. B. Jug. 93, 4). 4) Empregos diversos: Na língua médica — Fechar (uma ferida), cicatrizar (Plín. H. Nat. 9, 166). Obs.: A forma **colescere** aparece em Lucrécio (2, 1061). Constrói-se também com acus. com **in**, como na expressão: **multitudo coalescit in populi unius corpus** (T. Lív. 1, 8, 1) «a multidão se funde no corpo de um só povo».

coalitus, -a, -um, part. pass. de **coalēsco**. Encontra-se a partir de Tácito (Tác. An. 14, 1).

coalŭī, perf. de **coalēsco**.

coangŭstō, -ās, -āre, -āvī, -ātum, v. tr. Apertar, comprimir, estreitar, limitar, restringir (sent. próprio e figurado) (Cíc. Leg. 3, 32).

coarctātĭō, v. **coartātĭo**.

coargŭī, perf. de **coargŭo**.

coargŭō, -is, -ĕre, coargŭī, coargŭtum, (coargŭitūrus), v. tr. 1) Demonstrar, provar, mostrar (Cíc. Ac. 1, 13). 2) Convencer de (êrro, crime ou culpa) (Cíc. Verr. 5, 153). Daí: 3) Condenar (T. Lív. 34, 6, 4). 4) Acusar (raro) (Cíc. Mil. 36). Obs.: Constrói-se com acus. e gen. de **crime**.

coartātĭŏ, -ōnis, subs. f. Ação de apertar, unir (T. Lív. 27, 46, 2).
coartātus, -a, -um, part. pass. de coārto.
coārtō (coārcto), -ās, -āre, -āvī, -ātum, v. tr. 1) Apertar fortemente, estreitar, enfeixar (Cíc. At. 7, 10). Daí: 2) Abreviar, reduzir, contrair, coartar (Ov. F. 5, 546); (Tác. Hist. 2, 71). 3) Na língua dos gramáticos: Resumir, condensar (Cíc. De Or. 1, 163).
coāxō, -ās, -āre, v. intr. Coaxar (Suet. Aug. 94, 7).
Cobiomăchus, -ī, subs. pr. m. Cobiômaco, povoado da Gália Narbonense (Cíc. Font. 19).
cōbĭō, v. gobio.
Cobulātus, -ī, subs. pr. m. Cobulato, rio da Ásia Menor (T. Lív. 38, 15).
Cōcalĭdēs, -um, subs. pr. f. As Cocálides, filhas de Cócalo (S. It. 14, 42).
Cōcălus, -ī, subs. pr. m. Cócalo, rei da Sicília (Ov. Met. 8, 261).
Cocanĭcus, -ī, subs. pr. m. Cocânico, lago da Sicília (Plín. H. Nat. 31, 73).
Coccēius, -ī, subs. pr. m. Coceio, nome de um amigo de Augusto e de Horácio (Hor. Sát. 1, 5, 28).
coccĭna, -ōrum, subs. n. pl. Vestidos de escarlate (Marc. 2, 39, 1).
coccĭnātus, -a, -um, adj. Vestido de escarlate (Marc. 1, 96, 6).
coccum, -ī, subs. n. I — Sent. próprio: 1) Quermes, grão (que serve para tingir de escarlate) (Plín. H. Nat. 16, 32). II — Daí: 2) Escarlate (côr) (Hor. Sát. 2, 6, 102). 3) Tecido tingido de escarlate (Suet. Ner. 30, 3). 4) Manto de escarlate (S. It. 17, 395).
cochlĕa (coclĕa), -ae, subs. f. I — Sent. próprio: 1) Caracol (Cíc. Div. 2, 133). II — Daí: 2) Casca do caracol (Marc. 11, 18, 23).
cochlĕar (cocheāre), -āris, subs. n. Colher (Marc. 14, 121).
cochleāris, (cocleāris), -e, adj. De colher: cochlearis mensura (Plín. H. Nat. 21, 172) «medida de uma colher, uma colherada».
Coclēs, -ĭtis, subs. pr. m. Horácio Cocles, nome de um guerreiro legendário, que sòzinho teria defendido a ponte, sôbre o Tibre, que conduzia a Roma (T. Lív. 2, 10, 2).
Cocosātēs, -um, subs. loc. m. Cocosates, povo da Aquitânia (Cés. B. Gal. 3, 27, 1).
cocta, -ae, subs. f. (subentend.: aqua). Água fervida (Marc. 2, 85, 1).

coctăna (cottăna), -ōrum, subs. n. pl. Qualidade de figos pequenos da Síria (Marc. 13, 28).
coctĭlis, -e, adj. Cozido (ao fogo), de tijolo (Ov. Met. 4, 57).
coctūra, -ae, subs. f. I — Sent. próprio: 1) Cozimento (Plín. H. Nat. 19, 143). Daí: 2) Fusão, infusão (Sên. Ep. 90, 33). II — Sent. figurado: 3) Tempo próprio para a maturação dos frutos (Plín. H. Nat. 14, 55).
Cōcỹtĭus, -a, -um, adj. Do Cocito (Verg. En. 7, 479).
Cōcỹtus (Coỹtos), -ī, subs. pr. m. Cocito, o rio dos infernos (Verg. En. 6, 132).
codex, v. caudex.
cōdicillī, -ōrum, subs. m. pl. I — Sent. próprio: 1) Tabuinha de escrever (Cíc. Phil. 8, 28). II — Daí: 2) Carta (Cíc. Fam. 6, 18, 1). 3) Memória (Tác. An. 6, 9). 4) Diploma (Suet. Cl. 29, 1). 5) Codicilo (escrito que completa um testamento) (Tác. An. 15, 64).
Codrĭō (Codrĭon), -ōnis, subs. pr. f. Codrião, cidade da Macedônia (T. Lív. 31, 27).
Codrus, -ī, subs. pr. m. Codro. 1) Nome do último rei de Atenas (Hor. O. 3, 19, 2). 2) Nome de um pastor (Verg. Buc. 5, 11). 3) Nome de uma poeta (Juv. 3, 203).
coebus, v. cubus.
coēgī, perf. de cogo.
Coela, -ae, subs. pr. f. Cela, gôlfo da Eubéia (T. Lív. 31, 47).
Coelae, -ārum, subs. pr. f. Celas, ilhas vizinhas da Tróade (Plín. H. Nat. 5, 138).
coelebs, v. caelebs.
coelēstis, v. caelēstis.
Coelētae (Coelalētae), -ārum, subs. loc. m. Celetas, povo do Quersoneso da Trácia, no maciço do Ródope (Tác. An. 3, 38).
coelicŏlae, v. caelicŏlae.
coelum, v. caelum.
coēmī, perf. de coēmo.
coēmō, -is, -ĕre, coēmī, coēmptum, v. tr. Comprar ao mesmo tempo, comprar por atacado, comprar (Cíc. Verr. 4, 133).
coemptĭō, -ōnis, subs. f. Coempção (forma de casamento segundo a qual havia uma espécie de compra da mulher feita pelo marido) (Cíc. De Or. 1, 237).
coēmptus, -a, -um, part. pass. de coēmo.
coena, v. cena.
coenōsus, v. caenōsus.
coenum, v. caenum.

coëō, -is, coīre, coīi, coīvī, raro, **coītum,** v. intr. e tr. I — Sent. próprio: 1) Intr.: Ir junto, reunir-se, encontrar-se (Cés. B. Gal. 6, 22, 2). Daí: 2) Juntar-se, unir-se (para ligação carnal) (Q. Cúrc. 9, 1, 26). Emprêgo poético: 3) Lutar, combater, pelejar (Verg. En. 12, 709). II — Tr.: 4) Formar (uma aliança ou sociedade) com (Cíc. Amer. 96). Obs.: Constrói-se com acus. com **ad aliquem,** com acus. de lugar com **ad** ou **in.** Constrói-se também com abl. ou dat. Raramente com abl. de lugar. Formas sincopadas: **coisses** (Cíc. Phil. 2, 24); **coisset** (Cíc. Clu. 144); **coissent** (Ov. Met. 4, 60); etc.

coepī, -istī, coepīsse, coeptum (coeptus). v. defect. tr. e intr. 1) Começar, principiar (Cíc. Amer. 91). **2)** Passivo (raro) — Começar (Tác. An. 1, 65). 3) Intransitivamente: **Começar,** estabelecer (Sal. B. Jug. 85, 17). Obs.: Constrói-se com acus. ou inf. Em Lucrécio, como nos poetas arcaicos, aparece como trissílabo, **coepit** (Lucr. **4, 619).** Só é usado no «perfectum».

coepiō, -is, -ire, v. arc. tr. Começar (Plaut. Men. 960).

coeptō, -ās, -āre, -āvī, -ātum, v. freq. de **coepio,** tr. Começar, iniciar principiar, empreender (Tác. Hist. 3, 70). Obs.: Constrói-se com acus. e inf.

coeptum, -ī, subs. n. Projeto, emprêsa, plano (Verg. G. 1, 40).

coeptūrus, -a, -um, part. fut. de **coepi.**

1. **coeptus, -a, -um,** part. pass. de **coepi.**
2. **coeptus, -ūs,** subs. m. Tentativa, ensaio (Cíc. Fin. 4, 41).

coepulōnus, -ī, subs. m. Companheiro de mesa (Plaut. Pers. 100).

Coerănus, -ī, subs. pr. m. Cérano, filósofo grego (Tác. An. 14, 59).

coerātor, v. **curātor.**

coercĕō, -ēs, -ēre, coercŭī, coercĭtum, v. tr. 1) Conter, encerrar, apertar (Cíc. Nat. 2, 48). Em sent. moral: 2) Refrear, reprimir, deter (Cíc. De Or. 1, 194). Daí: 3) Reprimir, corrigir, punir, castigar (Cíc. Of. 3, 23).

coercĭtiō, -ōnis, subs. f. 1) Ação de reprimir, repressão (T. Lív. 26, 36, 12). Daí: 2) Castigo, punição (Sên. Brev. 3, 2). 3) Coerção, poder coercivo (Suet. Cl. 31).

coercĭtor, -ōris, subs. m. O que detém, o que contém, o que reprime (Eutr. 7, 20).

coercĭtus, -a, -um, part. pass. de **coercĕo. coercŭī,** perf. de **coercĕo.**

coerŭla e seus derivados, v. **caerŭla.**

coetus, -ūs, subs. m. I — Sent. próprio: 1) Assembléia, ajuntamento (A. Gél. 14, 1, 14). II — Daí: 2) Reunião (de homens), grupo (de animais) (Cíc. Fin. 2, 12). II — Sent. figurado: 3) Intrigas, movimentos sediciosos (Tác. An. 1, 16).

Coeus, -ī, subs. pr. m. Céu, nome de um Titã (Verg. G. 1, 279).

cŏexercĭtō, -ās, -āre, -āvī, -ātum, v. tr. Exercer simultâneamente (Quint. 2, 17, 41).

cōgĭtābĭlis, -e, adj. Concebível (Sên. Ep. 85, 16).

cōgĭtātē, adv. Com reflexão, refletidamente, com meditação (Cíc. Arch. 18).

cōgĭtātĭō, -ōnis, subs. f. I — Sent. próprio: 1) Pensamento, imaginação (Cíc. Of. 1, 156). II — Daí: 2) Reflexão, meditação, cogitação (Cés. B. Civ. 3, 17, 6). 3) Plano, resolução, projeto, idéia (Tác. Hist. 1, 23).

cōgĭtātum, -ī, subs. n. I — Sent. próprio: 1) Pensamento, reflexão, cogitação (Cíc. Br. 253). II — Daí: 2) Projeto, plano (Cíc. Dej. 21).

cōgĭtātus, -a, -um, part. pass. de **cogĭto.**

cōgĭtō, -ās, -āre, -āvī, -ātum, v. tr. e intr. 1) Especializado no sent. de «agitar pensamentos», daí: Pensar, cogitar, refletir, ponderar (Cíc. Tusc. 5, 111). 2) 2) Meditar, conceber, preparar, projetar (Cíc. Agr. 1, 22). 3) Ter êste ou aquêle pensamento ou sentido (a respeito de alguém), querer (bem ou mal) (Cael. Fam. 8, 12, 1); (C. Nep. Han. 2, 6). Obs.: Constrói-se com acus., com abl., acus. com **in** ou **adversus,** inf., e **ut** com subj.

cognāta, -ae, subs. f. Parente por consangüinidade, cunhada (Ter. Hec. 592).

cognātĭō, -ōnis, subs. f. I — Sent. próprio: 1) Parentesco por consangüinidade, parentesco natural, parentesco pelo lado materno, cognação (Cíc. Verr. 2, 27). Daí: 2) Igualdade de raça, ou espécie (Plín. H. Nat. 8, 156). II — Sent. figurado: 3) Afinidade, semelhança (sent. moral) (Cíc. Verr. 4, 81). 4) A parentela, os parentes (Cíc. Verr. 2, 106).

cognātus, -a, -um, adj. I — Sent. próprio: 1) Cognato, parente por cognação, parente pelo sangue, de parente (Verg. En. 3, 502). II — Daí: 2) Aparentado, relacionado com (Hor. Sát. 2, 3, 280).

cognĭtĭō, -ōnis, subs. f. I — Sent. próprio: 1) Ação de conhecer, de tomar conhecimento (Cíc. Pomp. 40). II — Daí: 2) Conhecimento através do estudo, estudo, concepção, cognição (Cíc. Of. 1, 153); (Cíc. Nat. 1, 36). III — Sent. jurídico: 3) Investigação, inquirição, processo, devassa (Cíc. Agr. 2, 60). 4) Reconhecimento, ação de reconhecer (Ter. Hec. 831).

cognĭtor, -ōris, subs. m. I — Sent. próprio: 1) O que conhece uma causa judicial, defensor, advogado (Cíc. Cat. 4, 9). II — Daí: 2) Testemunha, abonador, fiador (Cíc. Verr. 1, 13).

cognĭtūra, -ae, subs. f. Cargo de agente do fisco (Suet. Vit. 2, 1).

cognĭtus, -a, -um. I — Part. pass. de **cognōsco.** II — Adj.: Conhecido, famoso cognito (Cíc. Caec. 104). Obs.: Comp. **cognĭtĭor** (Ov. Trist. 4, 6, 28) «mais conhecido, mais famoso»; superl. **cognitissĭmus** (Catul. 4, 14).

cognōmen, -ĭnis, subs. n. I — Sent. próprio: 1) Cognome (pospõe-se ao **nomen** — nome da «gens», a que se antepõe o **praenomen**): **Barbatus (Publius Cornelius Scipio Barbatus).** II — Daí: 2) Sobrenome, epíteto, apelido (T. Liv. 2, 33, 5). Daí, por enfraquecimento de sentido: 3) Nome (Verg. En. 3, 163).

cognōmēntum, -ī, subs. n. 1) Sobrenome cognomento (Cíc. Fin. 2, 15). Daí: por enfraquecimento de sentido: 2) Nome (Tác. An. 2, 60).

cognōmĭnātus, -a, -um. I — Part. pass. de **cognomĭno.** II — Adj.: Sinônimo (Cic. Part. 53).

cognōmĭno, -ās, -āre, -āvī, -ātum, v. tr. 1) Cognominar, pôr nome, pôr sobrenome ou apelido (Quadr. apud. A. Gél. 9, 13, 19). 2) Distinguir, pôr um nome, ser chamado ou denominado (Plín. H. Nat. 21, 67).

cognōram = **cognovĕram.**

cognōscō, -is, -ĕre, -gnōvī, -gnĭtum, v. tr. I — Sent. próprio: 1) Conhecer (pelos sentidos), ver, ser informado, saber, tomar conhecimento (Cíc. Fam. 1, 5b, 1); (Cés. B. Gal. 1, 22, 4). Daí: 2) Conhecer (por experiência), aprender, saber, tomar conhecimento (Cés. B. Gal. 7. 1, 1); (Cés. B. Gal. 2, 26, 5). 3) Reconhecer (Cíc. Clu. 106). II — Empregos especiais: Na língua jurídica: 4) Tomar conhecimento de uma causa, fazer uma investigação, investigar judicialmente, julgar (Cíc. Scaur. 24). III — Intransitivamente: (Cíc. Verr. 2, 26). 5) Ter relações com, ter ligação ilícita com (Ov. Her. 6, 133). Obs.: Constrói-se com acus., com acus. e inf., com acus. e **per**; com abl., com prep. **ex, de, ab,** ou sem prep. Em Cícero e nos demais escritores são freqüentes as as formas contratas como: **cognosti, cognoram, cognoras, cognoro, cognorim, cognossem, cognosse.**

cognōsse = **cognovīsse.**

cognōsti = **cognovīsti.**

cognōvī, perf. de **cognōsco.**

cōgō, -is, -ĕre, -coēgī, coāctum, v. tr. I — Sent. próprio: 1) Levar junto, conduzir juntamente (Cés. B. Gal. 1, 4, 3); (Verg. Buc. 6, 85). Daí: 2) Reunir no mesmo lugar, reunir, congregar (Cíc. Phil. 1, 12). II — Sent. figurado: 3) Impelir à fôrça, obrigar a reunir, e daí: 4) Forçar, obrigar, coagir (Cíc. Inv. 2, 98). III — Empregos especiais: 5) Condensar, resumir, reduzir, apertar, restringir (Cic. De Or. 2, 142). 6) Na língua rústica: Condensar, coagular, gelar, tornar espêsso (Plín. H. Nat. 23, 126); (Verg. G. 4, 36). 7) Na língua militar: Marchar na retaguarda, fechar a marcha (T. Lív. 34, 28, 7). 8) Na língua retórica ou filosófica: Concluir, inferir, tirar uma conclusão (Cíc. Fat. 38). Obs.: Constrói-se com acus. sem prep. ou com as preps. **ad** e **in**; com subj. com **ut**; com inf.

cohaerēnter, adv. De modo contínuo, ininterruptamente, continuamente (Flor. 2, 17, 5).

cohaerentĭa, -ae, subs. f. Coerência, conexão, coesão (Cíc. Nat. 2, 155).

cohaerĕō, -ēs, -ēre, cohaesī, cohaesum, v. intr. I — Sent. próprio: 1) Estar ligado em tôdas as partes (Cíc. Leg. 1, 24). 2) Formar um todo, ser coerente, estar ligado junto (Cíc. Or. 149); (Cíc. Cael. 15). Obs.: Constrói-se com dat., com abl. com **cum** ou **in**, e com **inter se.**

cohaeres, v. **cohēres.**

cohaerēscō, -is, -ĕre, cohaesī, v. incoat. intr. Ligar-se junto, unir-se a (Cíc. Nat. 1, 54).

cohaesī, perf. de **cohaerĕō** e de **cohaerēsco.**

cohaesus, -a, -um, part. pass. de **cohaerĕō.**

cohercĕō, v. **coercĕō.**

cohērēs, -ēdis, subs. m. e f. Co-herdeiro, co-herdeira (Cíc. Verr. 1, 127).

cohĭbĕō, -ēs, -ēre, cohĭbŭī, cohĭbĭtum, v. tr. I — Sent. próprio: 1) Ter juntamente, manter, conter, encerrar (Cíc. Nat. 2, 35). Daí: 2) Deter, reter, coibir, reprimir, impedir (Hor. O. 3, 4, 80); (Cíc. Pomp. 66). Obs.: Constrói-se com acus. ou com **quominus** com subj.; inf. pass.: **cohiberier** (Lucr. 3, 443).

cohĭbŭī, perf. **cohĭbĕō**.

cohonēstō, -ās, -āre, -āvī, -ātum, v. tr. I — Sent. próprio: 1) Honrar, prestar honras (Cic. Quinct. 50). II — Daí: 2) Ornar, dar mais lustre, realçar (Cíc. Verr. 2, 168).

cohorrēscō, -ĭs, -ĕre, cohorrŭī, v. intr. Tremer com o corpo todo, começar a tremer, tremer de mêdo ou frio (sent. próprio ou figurado) (Cíc. De Or. 3, 6).

cohorrŭī, perf. de **cohorrēsco**.

cohors, -tis, subs. f. I — Sent. rural. 1) Cerrado, pátio (para gado ou instrumentos agrícolas), curral (Ov. F. 4, 704). II — Sent. militar: 2) Coorte, divisão ou parte do acampamento, tropas acantonadas nessa divisão, coorte (décima parte da legião romana) (Cés. B. Gal. 3, 1, 4). Daí: 3) Tropa auxiliar (Sal. B. Jug. 46, 7). II — Na língua comum: 4) Grupo, multidão, cortejo (Suet. Cal. 19, 2); (A. Gél. 2, 18, 1). 5) Comitiva de um magistrado enviado para uma província (Cíc. Cat. 10, 10). 6) Exército (Estác. Theb. 5, 672). 7) Com nomes de animais para formar coletivos: **cohors canum** (Plín. H. Nat. 8, 143) «matilha». Obs.: O nom. **chors** aparece em Marcial (7, 54, 7); e o gen. pl. **cohortium** em César (B. Gal. 2, 25, 1); Salústio (B. Jug. 46, 7); e T. Lívio (10, 19, 20).

cohortātĭō, -ōnis, subs. f. Exortação, discurso para exortar, discurso (Cés. B. Gal. 2, 25, 1). Obs.: Gen. pl. **-ium** (Cés. B. Gal. 2, 25, 1).

cohortātus, -a, -um, part. pass. de **cohōrtor**.

cohōrtor, -āris, -ārī, -hortātus sum, v. dep. tr. Exortar com vivacidade, encorajar, incitar (Cés. B. Gal. 1, 25, 1); (Cíc. Sest. 135). Obs.: Constrói-se com acus. (Cés. B. Gal. 7, 10, 3); com subj. isolado (Cés. B. Civ. 2, 33, 1); com subj. com **ut** ou **ne** (Cés. B. Gal. 7, 27, 2; 7, 86, 3); com inf. (Tác. An. 12, 49).

coïens, -eūntis, part. pres. de **coëo**.

coïī, perf de **coëo**.

coinquĭnātus, -a, -um, part. pass. de **coinquĭno**.

coinquĭnō, -ās, -āre, -āvī, -ātum, v. tr. 1) Manchar inteiramente, poluir (At. apud Cíc. Nat. 3, 68). Daí: 2) Infectar, contagiar, contaminar (Col. 7, 5, 6).

coitĭō, -ōnis, subs f. I — Sent. próprio: 1) Encontro, ajuntamento (Ter. Phorm. 346). Daí: 2) Coito, cópula (Macr. Saturn. 7, 16). II — Sent. figurado: 3) Coligação, conspiração, (Cic. Q. Fr. 2, 14, 4).

1. **coĭtus, -a, -um**, part. pass. de **coëo**.

2. **coĭtus, -ūs**, subs. m. I — Sent. próprio: 1) Junção (Plín. H. Nat. 2, 44). II — Daí: 2) Coito, cópula, casamento (Quint. 8, 6, 24). Na língua retórica: 3) Contração (Quint. 9, 4, 59).

coīvī, perf de **coëo**.

colăphus, -ī, subs. m. Bofetada, sôco, murro (Plaut. Pers. 846).

Colchī, -ōrum, subs loc. m. Os colcos, habitantes da Cólquida (Cíc. Nat. 3, 54).

Colchĭcus, -a, -um, adj. De Cólquida (Hor. Epo. 5, 24).

1. **Colchis, -ĭdis**, adj. f. 1) Natural da Cólquida (Estác. Theb. 3, 418). 2) Mulher da Cólquida (Medéia) (Hor. Epo. 16, 56).

2. **Colchis, -ĭdis**, (ou **ĭdis**), subs. pr. f. Cólquida, região da Ásia Menor, na costa oriental do Ponto Euxino (V. Flac. 2, 423).

Colchus, -a, -um, adj. Da Cólquida, de Medéia (Hor. O. 2, 13, 8).

cōlēscō, v. **coalēsco** (Lucr. 6, 1068).

colĕus, -ī, subs. m. (geralmente no pl.) Testículo (Cíc. Fam. 9, 22, 4).

colis, -is, v. **caulis**.

collabāscō (conlabāscō), -ĭs, -ĕre, v. intr. Vacilar, ameaçar ruir, baquear (Plaut. St. 522).

collabefactātus, -a, -um, part. pass. de **collabefăcto**.

collabefăctō, -ās, -āre, -ātum, v. tr. Abalar, sacudir, fazer vacilar (Ov. F. 1, 566).

collabefăctus, -a, -um, part. pass. de **collabefīo**.

collabefīō, -is, -flĕrī, -făctus sum, v. intr. (passivo do desus, **collabefacio**). I — Sent. próprio: 1) Ser feito em pedaços, cair em pedaços (Cés. B. Civ. 2, 6, 5). II — Sent. figurado: 2) Ser derrotado, suplantado (C. Nep. Arist. 1, 2).

collābor, -bĕris, -lābī, lapsus sum, v. dep. intr. Cair com, cair ao mesmo tempo, cair, desabar, desfalecer (sent. próprio e figurado) (T. Liv. 44, 5, 6); (Verg. En. 4, 391).

collacerātus, -a, -um, adj. Todo rasgado, completamente dilacerado (Tác. Hist. 3, 74).

collacrimātiō (conl-), -ōnis, subs. f. Ação de verter lágrimas, de se desfazer em lágrimas (Cíc. De Or. 2, 190).
collacrimō (conlacrimō), -ās, -āre, -āvi, -ātum, v. intr. 1) Chorar juntamente (Plaut. apud A. Gél. 1, 24, 3). 2) Desfazer-se em lágrimas, chorar abundantemente (Cíc. Rep. 6, 9). 3) Tr.: Lamentar, deplorar (Cíc. Sest. 123).
collactĕa, -ae, subs. f. Irmã de leite, colaça (Juv. 6, 307).
collaevō, v. **collēvo**.
collāpsus, -a, -um, part. pass. de **collābor**.
Collātĭa, -ae, subs. pr. f. Colácia, pequena cidade perto de Roma (T. Lív. 1, 38, 1).
collātĭcĭus, -a, -um, adj. I — Sent. próprio: 1) Fornecido por várias pessoas. Daí: 2) Misturado, feito de mistura (Plín. H. Nat. 16, 69). II — Sent. figurado: 3) De empréstimo (Sên. Marc. 10, 1).
Collātīnī, -ōrum, subs. loc. m. Colatinos. 1) Habitantes de Colácia (T. Lív. 1, 38, 1). 2) Habitantes de uma cidade da Apúlia (Plín. H. Nat. 3, 105).
1. **Collatīnus**, -a, -um, adj. Colatino, de Colácia (Verg. En. 6, 774).
2. **Collatīnus**, -ī, subs. pr. m. Colatino, sobrenome de um Tarquínio, o marido de Lucrécia (T. Lív. 1, 57, 6).
collātiō, -ōnis, subs. f. I — Sent. próprio: 1) Ajuntamento, reunião (Plaut. Mil. 941). Daí: 2) Contribuição, subscrição (T. Lív. 5, 25, 5). Especialmente: 3) Oferenda feita aos imperadores (Plín. Paneg. 41, 1). II — Sent. figurado: 4) Comparação, conforto, colação (Cíc. Top. 43). 5) Paralelo (têrmo de retórica) (Cíc. Inv. 1, 49). 6) Encontro, embate (Cíc. De Or. 1, 210).
collātīvus, -a, -um, adj. Que recebe tôdas as contribuições, tôdas as ofertas (Plaut. Curc. 231).
collātor, -ōris, subs. m. Contribuinte, subscritor (Plaut. Curc. 474).
collātrō, -ās, -āre, v. tr. Sent. figurado: Ladrar contra, invectivar, atacar (Sên. Vit. 17, 1).
collātus, -a, -um, part. pass. de **conféro**.
collaudātiō (conl-), -ōnis, subs. f. Ação de fazer elogio, elogio, panegírico (Cíc. Inv. 2, 125).
collaudātus, -a, -um, part. pass. de **collaude**.
collaudō (conl-), -ās, -āre, -āvi, -ātum, v. tr. Cumular de louvores, elogiar, fazer um grande elogio (Cíc. De Or. 1, 30).
collaxō (conlāxō), -ās, -āre, v. tr. Dilatar (Lucr. 6,233).

collecta (concl-), -ae, subs. f. Coleta, contribuição em dinheiro, quota (Cíc. De Or. 2, 233).
collectānĕus, -a, -um, adj. Colhido, reunido de tôdas as partes (Suet. Cés. 56, 7).
collectīcĭus (conl-), -a, -um, adj. Reunido (de tôdas as partes, às pressas) (Cíc. Fam. 7, 3, 2).
collectĭō, -ōnis, subs. f. I — Sent. próprio: 1) Reunião (Cíc. Pomp. 22). II — Sent. figurado: 2) Coleção (Cod. Th. 16, 5, 36). 3) Recapitulação, resumo (t. de retórica) (Cíc. Br. 302). 4) Argumentação, conclusão (t. filosófico) (Sên. Ep. 45, 7).
collectītĭus, v. **collectĭcĭus**.
collectīvus, -a, -um, adj. I — Sent. próprio: 1) Recolhido (Sên. Nat. 3, 7, 3). II — Sent. figurado: 2) Concludente, baseado no raciocínio (t. de retórica) (Quint. 7, 1, 60).
1. **collēctus**, -a, -um. I — Part. pass. de **collīgo**. II — Adj.: 1) Conciso, reduzido (Tác. D. 31). 2) Modesto, pobre (Apul. Apol. 21, 3).
2. **collēctus**, -ūs, subs. m. Montão (Lucr. 4, 414).
collēga (conl-), -ae, subs. m. I — Sent. próprio: 1) O que recebeu um cargo juntamente com outro, colega (numa magistratura) (Cíc. Of. 1, 144). II — Daí: 2) Camarada, companheiro, confrade (Cíc. Nat. 1, 114).
collēgī, perf. de **collĭgo**.
collēgĭum (conl-), -ī, subs. n. I — Sent. próprio: 1) Colégio (de sacerdotes, magistrados) (Cíc. Of. 3, 80); (Cíc. Br. 1). II — Daí: 2) Corporação, associação (Tác. An. 14,17).
collēvō (collaevō), -ās, -āre, v. tr. Tornar inteiramente liso, alisar (Plín. H. Nat. 17, 192); (Sên. Ep. 64, 7).
collĭbĕō (conlŭbĕō), -ēs, -ēre, **collĭbŭī**, v. intr. Agradar, ser do gôsto de (Sal. C. Cat. 51, 9, 9).
collībērtus (conl-), -ī, subs. m. Liberto que serve o mesmo senhor, liberto do mesmo senhor, companheiro de alforria (Cíc. Verr. 5, 154).
collĭbet (cunlĭbet ou collŭbet), ēro, collĭbŭit, collĭbĭtum est, v. impess. intr. Apraz, agrada, vem à mente (Cíc. Fam. 15, 16, 2). Obs.: Apenas as formas do perfectum aparecem no período clássico.
collĭbŭī, perf. de **collĭbĕo**.
collĭcĭō, -is, -ĕre, v. tr. Arrastar, levar a (Ter. Hec. 842).

collīdō (conlīdō), -is, -ĕre, collīsī, collīsum, v. tr. I — Sent. próprio: 1) Entrechocar, bater uma coisa contra a outra, colidir (Sên. Nat. 2,28). Daí: 2) Quebrar contra, quebrar (Q. Cúrc. 4, 3, 17). II — Sent. figurado: 3) Tornar hostil, chocar, fazer chocar, provocar a discórdia (Hor. Ep. 1, 2, 7).

colligātiō (conl-), -ōnis, subs. f. I — Sent. próprio: 1) Conexão, união (Cíc. Fat. 31). II — Sent. figurado: 2) Vínculo, laço (Cíc. Of. 1, 53).

colligātus, -a, -um, part. pass. de **collīgo** 1.

1. collīgo (conlīgō), -ās, -āre, -āvī, -ātum, v. tr. I — Sent. próprio: 1) Ligar junto, amarrar, prender, atar, unir, juntar (Cíc. Rab. Perd. 13). Daí: 2) Reunir, coligar, combinar (Cíc. Phil. 11, 26). II — Sent. figurado: 3) Reduzir, restringir, condensar, conter (Cíc. Or. 120).

2. collĭgō (conlĭgō), -is, -ĕre, collēgī, collēctum, v. tr. 1) Recolher, juntar, reunir (Cíc. Verr. 5, 87); (Cic. Cat. 2, 8). 2) Contrair, apertar, estreitar (T. Liv. 2, 50, 7). II — Sent. figurado: 3) Recolher, colhêr, adquirir, obter, ganhar (Cíc. Lae. 61); (Cés. B. Gal. 6, 12, 8). Empregos diversos: 4) Na língua filosófica: Concluir, deduzir (Cíc. Of. 2, 57). 5) Refletir em, passar pela memória, examinar (Cíc. Inv. 1, 1). 6) Provocar, causar, sofrer (Verg. G. 3, 327); (Hor. Ep. 1, 11, 13).

Collīna Porta, subs. pr. f. A porta Colina, nome de uma tribo urbana (Cíc. Mil. 25).

Collina Porta, subs. pr. f. A porta Colina, uma das entradas de Roma (T. Lív. 5, 41, 4).

collīnĕō (conlīnĕō), -ās, -āre, -āvī, -ātum, v. tr. 1) Apontar, dirigir em linha reta, fazer pontaria (Cíc. Fin. 3, 22). Intransitivamente: 2) Achar a direção certa (Cíc. Div. 2, 121).

Collīppō, -ōnis, subs. pr. m. Colipo, cidade da Lusitânia (Plín. H. Nat. 4, 113).

colliquefăctus (conl-), -a, -um, adj. 1) Fundido (Varr. R. Rust. 2, 4, 6). 2) Dissolvido (Cíc. Clu. 173).

collis, -is, subs. m. I — Sent. próprio: 1) Colina, outeiro (Cíc. Verr. 3, 47) II — Sent. poético: 2) Montanha (S. It. 3, 420).

collīsi, perf. de **collīdo**.

1. collīsus, -a, -um, part. pass. de **collīdo**.

2. collīsus, -ūs, subs. m. Choque, colisão (Sên. Nat. 6, 9, 1).

collocātiō (conl-), -ōnis, subs. f. I — Sent. próprio: 1) Disposição, colocação, construção (Cic. Tim. 30). II — Sent. figurado: 2) Ação de dar em casamento (uma filha) (Cíc. Clu. 190).

collocātus, -a, -um, part. pass. de **collŏco**.

collŏcō (conl-), -ās, -āre, -āvī, -ātum, v. tr. I — Sent. próprio: 1) Colocar, pôr (Cés. B. Gal. 2, 29, 3). Daí: 2) Fazer sentar, deitar, depositar, instalar, dispor (Cíc. Tusc. 2, 39); (Cés. B. Gal. 6, 8, 3). II — Sent. figurado: 3) Estabelecer, regular, arranjar (Cíc. Fam. 2, 13, 3); (Cíc. Fin. 5, 4). III — Empregos diversos: 4) Dar a juros, empregar capital (Cíc. Caec. 16). 5) Dar em casamento, casar (com referência à mulher), unir pelo casamento (Cic. Rep. 2, 12). Na língua retórica: 6) Dispor, colocar (Cíc. Or. 227); (Cic. Part. 11). Obs.: Constrói-se com abl. sem preposição ou com in; com acus., e com acus. com preposição.

collocuplētō, -ās, -āre, -āvī, v. tr. Enriquecer, locupletar (Ter. Heaut. 258).

collocūtiō (conl-), -ōnis, subs. f. Colóquio, conversa (Cíc. At. 12, 1, 2).

colloquĭum (conl-), -ī, subs. n. 1) Entrevista, conferência, colóquio (Cés. B. Gal. 1, 35, 2). 2) Conversa (Cic. Phil. 2, 7).

collŏquor (conl-), -ĕris, -lŏquī, collocŭtus sum, v. dep. intr. e tr. 1) Intr.: Falar com, conversar, entreter-se com (Cíc. Br. 218). 2) Tr.: (Cíc. Verr. 2, 135).

collŭbet = **collĭbet**.

collŭbus, v. **collўbus**.

collūcĕō (conl-), -ēs, -ēre, v. intr. Brilhar por todos os lados, resplandecer, refletir (Sent. próprio e figurado) Cíc. Ac. 2, 105). Obs. Constrói-se com abl. com preposição ou sem ela.

collūdō (conl-), -is, -ĕre, collūsī, collūsum, v. intr. I — Sent. próprio: 1) Jogar junto com, jogar com, brincar com (Hor. A. Poét. 159). II — Sent. figurado: 2) Fazer conluios com, entrar em entendimento ou em conchavo com (Cíc. Verr. 2, 58).

collŭī, perf de **collŭo**.

collum, -ī, subs. n. I — Sent. próprio: 1) Pescoço (Cíc. Phil. 2, 77). Daí: 2) Pescoço (de uma garrafa), gargalo (Fedr. 1, 26). 3) Haste (de uma flor) (Verg. En. 9, 436). II — Sent. figurado: **subdere colla fortunae** (S. It. 10, 216) «entregar os pescoços à sorte», i. é, «considerar-se vencido».

collŭō (conlŭō), -is, -ĕre, collŭī, collūtum, v. tr. I — Sent. próprio: 1) Lavar, limpar completamente (Cat. Agr. 100); (Plín. H. Nat. 23, 77). II — Sent. figurado: 2) Umedecer, molhar, banhar (Ov. Met. 5, 447).

collūsī, perf. **collūdo**.
collūsiō (conl-), -ōnis, subs. f. Conluio, fraude, entendimento fraudulento (Cíc. Verr. 3, 33).
collūsor (conl-), -ōris, subs. m. Companheiro de jôgo, parceiro (Cíc. Phil. 2, 101).
collustrātus, -a, -um, part. pass. de **collūstro**.
collūstrō (conl), -ās, -āre, -āvī, -ātum, v. tr. I — Sent. próprio: 1) Iluminar, alumiar por todos os lados (Cíc. Nat. 2, 92). II — Sent. figurado: 2) Olhar para todos os lados, percorrer com os olhos (Cíc. Tusc. 5, 65); (Cíc. Rep. 3, 7).
collūtus, -a, -um, part. pass. de **colluo**.
colluviō (conl-), -ōnis, subs. f. I — Sent. próprio: 1) Reunião de águas de lavagem, águas de lavagem, coluvião. II — Sent. figurado: 2) Mistura de coisas imundas, mistura impura (Cíc. Sest. 15). 3) Estado confuso desordem (Cíc. Vat. 23).
collūxī, perf. de **collucěo**.
collybus (**collūbus**), -ī, subs. m. Câmbio de moeda (de diferentes espécies ou de diferentes países), ágio (Cíc. Verr. 3, 181).
collyrium, -ī, subs. n. Colírio (Hor. Sát. 1, 5, 30).
colō, -is, -ěre, colūī, cultum, v. tr. e intr. 1) Habitar, morar (Cíc. Fam. 2, 12, 2). 2) Cultivar (sent. fisico e moral), praticar (Cíc. Tusc. 2, 13); (Cíc. At. 12, 28, 2). Daí: 3) Cuidar de, tratar de, ocupar-se de (Sal. B. Jug. 85, 34). 4) Proteger, querer bem a, agradar a (Plaut. Poen. 1187). 5) Por extensão: Honrar, cultuar, venerar, respeitar (Cíc. Arch. 27). 6) Loc.: **colere vitam** (Ter. Heaut. 136) «viver»; 7) **amicos colere** (Cíc. Lae. 85) «cultivar amigos». 8) **colere virtutem** (Cíc. Arch. 16) «praticar a virtude».
colocāsium, -ī, subs. n. Colocásia, fava do Egito (planta) (Verg. Buc. 4, 20).
cōlon, ou **cōlum**, -ī, subs. n. Cólon, parte do verso (Quint. 9, 4, 78).
colōna, -ae, subs. f. Camponesa (Ov. F. 2, 646).
Colōnae, -ārum, subs. pr. f. pl. Colonas, cidade da Tróade (C. Nep. Paus. 3, 3).
Colōnēus, -a -um, adj. De Colonas (Cíc. C. M. 22).
colōnia, -ae, subs. f. I — Sent. próprio: 1) Herdade, propriedade rural (Col. 11, 1, 23). II — Daí: 2) Colônia (Cíc. Agr. 2, 73). 3) Colônia (gente enviada para fundar uma colônia) (Cíc. Div. 1, 3).

colōnicus, -a, -um, adj. I — Sent. próprio: 1) De herdade, de fazendas: **ovium genus colonicum** (Plín. H. Nat. 8, 189) «espécie de ovelhas de fazenda». Daí: 2) De colônia (Cés. B. Civ. 2, 19, 3).
colōnus, -ī, subs. m. I — Sent. próprio: 1) Feitor, fazendeiro (Cíc. Caec. 94). Daí: 2) Lavrador, agricultor (Cíc. De Or. 2, 287). 3) Colono (habitante de uma colônia) (Cíc. Nat. 3, 48). II — Sent. poético: 4) Habitante (Verg. En. 7, 63).
Colŏphōn, -ōnis, subs. pr. f. Cólofon, cidade da Jônia (Cíc. Pomp. 33).
Colophōniăcus, -a, -um, adj. De Cólofon (Verg. Cir. 64).
Colophōnii, -ōrum, subs. loc. m. Colofônios, habitantes de Cólofon (Cíc. Arch. 19).
Colophōnius, -a, -um, adj. De Cólofon, Colofônio (T. Lív. 37, 26, 5).
color, -ōris, subs. m. I — Sent. próprio: 1) Côr, tinta (Cíc. Leg. 2, 45). Daí: 2) Côr do rosto, tez (Cíc. Tusc. 5, 46). 3) Bonita côr, beleza (Verg. Buc. 2, 17). II — Sent. figurado: 4) Aspecto exterior, côr, aparência (Hor. Ep. 1, 17, 23). Na língua retórica: 5) Colorido do estilo (Hor. A. Poét. 236). 6) Brilho (do estilo) (Cíc. Br. 298). Obs.: O nom. **colōs** ocorre não só no período arcaico, mas também no clássico com relativa freqüência (Lucr. 6, 208); (T. Lív. 28, 26, 14).
colōrātus, -a, -um. I — Part. pass. de **colōro**. II — Adj.: 1) Colorido, matizado (Cíc. Nat. 3, 51). 2) Trigueiro, moreno, de côr baça ou escura (Verg. G. 4, 293).
colōrō, -ās, -āre, -āvī, -ātum, v. tr. I — Sent. próprio: 1) Colorir, dar côr, corar, tostar (Cíc. De Or. 2, 60). II — Sent. figurado: 2) Encobrir alguma coisa (servindo-se de um pretexto ou desculpa), disfarçar (V. Máx. 8, 2, 2). Daí: 3) Tomar côr, fortificar-se, desenvolver-se (Cíc. De Or. 2, 60).
colōs = **color** (Sal. C. Cat. 15, 5).
colōssus (**colōssos**), -ī, subs. m. Colosso, estátua colossal (Sên. Ep. 76, 31).
colōstra, -ae, subs. f. e **colōstrum**, -ī, subs. n. I — Sent. próprio: 1) Colostro, primeiro leite dos mamíferos (Marc. 13, 38, 2). II — Sent. figurado: 2) Têrmo de carinho (Plaut. Poen. 367).
colōstrum, v. **colostra**.
colpa, v. **culpa**.
colŭber, -brī, subs. m. Cobra, serpente (de um modo geral) (Verg. G. 2, 320).
colŭbra, -ae, subs. f. I — Sent. próprio: 1) Cobra (fêmea) (Hor. Sát. 1, 8, 42). II

— No plural: 2) Serpentes (que formam a cabeleira das Fúrias) (Ov. Met. 4, 474).
colubrĭfer, -fĕra, -fĕrum, adj. Que traz serpentes (Ov. Met. 5, 241).
colŭī, perf. de colo.
cōlum, -ī, subs. n. 1) Passador, coador (Verg. G. 2, 242). 2) Filtro para vinho (Marc. 14, 103).
colŭmba, -ae, subs. f. 1) Pomba, pombo (Hor. Epo. 16, 32). 2) Têrmo de carinho (Plaut. As. 693).
columbīnus, -a, -um, adj. I — Sent. próprio: 1) Columbino, de pombo: **pulli columbini** (Cíc. Fam. 9, 18, 3) «pombinhos» II — Daí: 2) Da côr do pombo (Plín. H. Nat. 14, 40).
colŭmbus, -ī, subs. m. I — Sent. próprio: 1) Pombo (macho) (Plaut. Rud. 887). 2) Pombo em geral (Catul. 29, 8); (Hor. Ep. 1, 10, 5).
1. columēlla, -ae, subs. f. (dim. de columna) Coluna pequena (Cíc. Leg. 2, 66).
2. Columēlla, -ae, subs. pr. m. Columela, autor de um tratado de agricultura (Plín. H. Nat. 8, 153).
colŭmen, -ĭnis, subs. n. I — Sent. próprio: 1) Cimo, cume (Catul. 63, 71). II — Sent. figurado: 2) Apoio, sustentáculo (Cíc. Sest. 19). 3) O principal, o primeiro, o mais importante (Cíc. Phil. 13, 26).
colŭmna, -ae, subs. f. I — Sent. próprio: 1) Coluna (Verg. En. 11, 262). Daí: Objeto em forma de coluna: 2) Tromba marinha, coluna de água (Lucr. 6, 426). 3) Coluna de fogo (Sên. Nat. 6, 26). II — Sent. figurado: 4) Apoio, sustentáculo (Hor. O. 1, 35, 14).
columnārĭum, -ī, subs. n. Colunário, imposto lançado sôbre as colunas de uma casa (Cíc. At. 13, 6, 1).
colŭrnus, -a, -um, adj. De aveleira (Verg. G. 2, 396).
colus, -ūs, (-ī), subs. f. I — Sent. próprio: 1) Roca (Verg. En. 8, 409). II — Daí: 2) Roca das Parcas (Ov. Am. 2, 6, 45). Obs.: Declina-se pela 4ª ou pela 2ª decl.
cōlўphĭa, -ōrum, subs. n. Colífio, comida dos atletas, que consistia em bolas de carne (Juv. 2, 53).
coma, -ae, subs. f. I — Sent. próprio: 1) Coma, cabeleira (de homem ou de mulher): **calamistrata coma** (Cíc. Sest. 18) «cabelos frisados a ferro». II — Daí: 2) Crina (do cavalo), penacho (do capacete) (A. Gél. 5, 14, 9). III — Sent. figurado: 3) Folhagem (das árvores) (Hor. O. 1, 21, 5). 4) Raios de luz, de fogo

(Catul. 61, 77) (aplicando-se ao sol, aos astros, especialmente aos cometas, etc.).
comans, -āntis. I — Part. pres. de como. II — Adj.: 1) Que tem uma cabeleira farta, de crina espêssa (Verg. En. 12, 86). 2) **galea comans** (Verg. En. 2, 391) «capacete com penacho». 3) **stella comaus** (Ov. Met. 15, 749) «cometa».
cōmārchus, -ī, subs. m. Comarco, chefe ou prefeito de uma aldeia (Plaut. Curc. 286).
Combē, -ēs, subs. pr. f. Combe, filha de Asopo, que foi metamorfoseada em ave (Ov. Met. 7, 382).
combĭbī, perf. de combĭbo.
1. combĭbō, -is, -ĕre, -bĭbī, -bibĭtum, v. intr. I — Sent. próprio: 1) Beber com alguém (Sên. Ep. 123, 15). 2) Beber completamente, absorver (Hor. O. 1, 37, 28). II — Sent. figurado: 3) Impregnar-se, embeber-se (Cíc. Fin. 3, 9).
2. combĭbō, -ōnis, subs. m. Companheiro de bebedeira (Cíc. Fam. 9, 25, 2).
Combulterĭa, -ae, subs. pr. f. Combultéria, cidade nas vizinhanças de Cápua (T. Lív. 23, 39, 6).
Combulterīnī, -ōrum, subs. loc. m. pl. Combulterinos, habitantes de Combultéria (Plín. H. Nat. 3, 63).
combūrō, ĭs, -ĕre, -bŭssī, -bŭstum, v. tr. I — Sent. próprio: 1) Queimar inteiramente, destruir pelo fogo, queimar (Cés. B. Gal. 1, 5, 3); (Cíc. Tusc. 2, 52). II — Sent. figurado: 2) Arruinar, destruir, deitar a perder (Cíc. Q. Fr. 1, 2,6).
combūssī, perf. de combūro.
combūstus, -a, -um, part. pass. de combūro.
Cōmē, -ēs, subs. pr. f. Come, nome de várias cidades gregas (T. Lív. 38, 12, 9).
comedĭm = comedam, subj. pres. arc. de comedo.
comĕdō, -ĕdis ou cōmĕs, -ĕdit ou cŏmest, comedĕre ou comēsse, comĕdi, comēsum ou comēstum, v. tr. I — Sent. próprio: 1) Comer inteiramente, devorar, comer (Cíc. Clu. 173). II — Sent. figurado: 2) Dissipar, arruinar, gastar (Cíc. Sest. 110). III — Loc.: **comedĕre ocŭlis** (Marc. 9, 60, 3) «comer com os olhos». Obs.: O subj. arc. comĕdim ainda aparece em (Cíc. Fam. 9, 20, 3).
Cōmēnsēs, -ĭum, subs. loc. m. pl. Comenses, os habitantes de Como (T. Lív. 33, 37, 10).
Cōmēnsis, -e, adj. De Como (T. Lív. 33, 36, 9).
1. comēs, 2ª pess. sg. ind. pres. de comĕdo.

2. **comes, -ĭtis,** subs. m. e f. I — Sent. próprio: 1) O que vai com alguém, companheiro ou companheira (de viagem), companheiro, camarada (Cíc. Fam. 13, 71). II — Sent. figurado: 2) Associado (Cíc. Fam. 1, 9, 22). 3) Preceptor (de uma criança) (Suet. Cl. 35, 2). 4) Pessoa da comitiva de alguém (Hor. Ep. 1, 8, 2).

cŏmessātĭō, v. **cŏmissātĭō.**

cŏmessātor, v. **cŏmissātor.**

cŏmēsse, comēssem = **comedĕre, comedĕrem,** inf. pres. e imperf. do subj. de **comĕdo.**

comēstis (= **comedĭtis**), 2ª pess. pl. ind. pres. de **comĕdo.**

comēstus, -a, -um, part. pass. de **comĕdo** (Cíc. Clu. 173).

comēta, -ae, subs. m. Cometa (Sên. Octav. 237).

comētēs, -ae, subs. m. Cometa (Cíc. Nat. 2, 14).

cŏmĭcē, adv. Cômicamente, de modo cômico, como na comédia (Cíc. De Or. 3, 30).

1. **cŏmĭcus, -a, -um,** adj. Cômico, relativo à comédia, de comédia (Cíc. Amer. 47); (Hor. A. Poét. 89).

2. **cŏmĭcus, -ī,** subs. m. Cômico, comediógrafo (Cíc. Or. 184).

Cominĭum, -ī, subs. pr. n. Comínio, cidade do Sâmnio (T. Lív. 10, 39, 5).

Cominĭus, -ī, subs. pr. m. Comínio, nome de homem (Cíc. Clu. 100).

cŏmis, -e, adj. Afável, generoso, pródigo, liberal, elegante (Cíc. C. M. 59).

cŏmĭsātĭō, v. **cŏmissātĭō.**

cŏmissābūndus, -a, -um, adj. Desregrado, devasso, dado a orgias (T. Lív. 9, 9, 17).

cŏmissātĭō, -ōnis, subs. f. Refeição fora de horas (com música e dança), orgia (Cíc. Cat. 2, 10).

cŏmissātor, -ōris, subs. m. I — Sent. próprio: 1) O que gosta de orgia o companheiro de orgias (Ter. Ad. 783). II — Sent. figurado: 2) O que se faz à mesa, o que diverte à mesa (Cíc. At. 1, 16, 11); (Marc. 5, 16, 9).

cŏmĭtās, -tātis, subs. f. 1) Afabilidade, cortesia, bondade (Cíc. Br. 148). Liberalidade, generosidade (Plaut. Trin. 356).

1. **comĭtātus, -a, -um.** I — Part. pass. de **comĭtor** e **comĭto.** II — Adj.: Acompanhado (Cíc. Tusc. 5, 113).

2. **comĭtātus, -ūs,** subs. m. I — Sent. próprio: 1) Cortejo, séquito, comitiva (Cíc. Cat. 3, 6). II — Daí: 2) Côrte, cortesãos (Tác. An. 13, 46). 3) Caravana, multidão (T. Lív. 28, 22, 4).

cōmĭter, adv. 1) Gentilmente, com benevolência, afàvelmente (Ter. Phorm. 537). 2) Com alegria, com entusiasmo (Cíc. Dej. 19).

comĭtĭa, -ōrum, subs. n. pl. Comícios (assembléia do povo romano para votar), campanha (política) (Cíc. At. 4, 2, 6); (Cíc. At. 1, 4, 1).

1. **comĭtĭālis, -e,** adj. Comicial, relativo aos comícios (Cíc. Q. Fr. 2, 2, 3). Obs.: Os comícios eram interrompidos quando alguém caía com um ataque epilético, donde a expressão: **comitiālis mŏrbus** (Cels. 3, 23) «a epilepsia», v. **comitiālis, -is,** subs. m.

2. **comitĭālis, -is,** subs. m. Epilético (Plin. H. Nat. 20, 31).

comitĭātus, -ūs, subs. m. Assembléia do povo nos comícios (Cíc. Leg. 3, 11).

comitĭum, -ī, subs. n. I — Sent. próprio: 1) Lugar de reunião, lugar do fôro onde se realizavam os comícios (T. Lív. 1, 36, 5). II — Daí: 2) Assembléia do povo (C. Nep. Ages. 4, 2).

comĭto, -ās, -āre, -āvī, -ātum, v. tr. Acompanhar, juntar-se a alguém como companheiro (Ov. P. 2, 3, 43).

comĭtor, -āris, -ārī, comitātus sum, v. dep. tr. I — Sent. próprio: 1) Acompanhar, juntar-se a alguém como companheiro, seguir (Cés. B. Gal. 6, 8, 8). II — Sent. figurado: 2) Estar ligado a (com dat.) (Cíc. Tusc. 5, 100). Obs.: Constrói-se com acus. ou com dat.

cōmma, -ătis, subs. n. Membro de um período (Quint. 1, 8, 6).

commaculātus, -a, -um, part. pass. de **commacŭlo.**

commacŭlō, -ās, -āre, -āvī, -ātum, v. tr. Manchar, sujar, poluir (Cíc. Cael. 16); (Verg. Buc. 8, 49).

Commăgēna, -ae, e **Commăgēnē, -es,** subs. pr. f. Comagena, região ao N. da Síria, muito fértil, e que foi anexada por Tibério à província da Síria (P. Mel. 1,62).

Commăgēnī, -ōrum, subs. loc. m. Comagenos, habitantes de Comagena (Tác. An. 2,42).

Commăgēnus, -a, -um, adj. Comageno, de Comagena, região da Síria (Cíc. Fam. 15, 1, 2).

commandūcātus, -a, -um, part. pass. de **commandūco** e **commandūcor.**

commandūcō, -ās, -āre, -āvī, -ātum, v. tr. Mastigar, comer (Plin. H. Nat. 24, 11).

commandūcor, -āris, -ārī, -ātus sum, v. dep. tr. Comer inteiramente (Lucíl. 4, 42).

commanipulāris, -e, adj. Que é do mesmo manípulo, da mesma companhia (Tác. Hist. 4, 46).

commanuplāris, v. **commanipulāris**.

commeātor, -ōris, subs. m. Mensageiro (Apul. Apol. 64, 1).

commeātus, -ūs, subs. m. I — Sent. próprio: 1) Ação de ir de um lugar para outro, ida, passagem (lugar por onde se passa) (Plaut. Mil. 142). II — Daí: 2) Meio de transporte (Cés. B. Gal. 5, 23, 4). 3) Transporte de víveres para o sustento dos soldados, provisões: **copia frumenti et reliqui commeatus** (Cés. B. Gal. 7, 32, 1) «a abundância de trigo e de outras provisões». 4) Permissão de se ausentar por tempo determinado, tempo de licença, licença militar (T. Lív. 33, 29, 4). 5) Descanso (Sên. Nat. 3, pr. 16).

commedĭtor, -āris, -ārī, v. dep. tr. I — Sent. próprio: 1) Meditar. II — Sent. figurado: 2) Ligar-se para imitar, para reproduzir (Lucr. 6, 112).

commeminī, -istī, -isse, v. defect. intr. e tr. 1) Intr.: Lembrar-se (de) (Ter. Phorm. 523). 2) Tr.: Lembrar, mencionar (Cíc. De Or. 1, 227).

commemorābĭlis, -e, adj. Memorável (Cíc. Nat. 2, 131).

commemorātĭō, -ōnis, subs. f. Recordação, evocação, menção (Cíc. Verr. 5, 162).

commemorātus, -a, -um, part. pass. de **commemŏro**.

commemŏrō, -ās, -āre, -āvī, -ātum, v. tr. 1) Recordar, lembrar, trazer à memória, evocar (Cíc. Fam. 6,21, 1). 2) Fazer menção de, fazer lembrar, mencionar, narrar, referir (Cés. B. Civ. 3, 66, 7). Obs.: Constrói-se com acus., com inf., e com a prep. **de**.

commendābĭlis, -e, adj. Recomendável (T. Lív. 37, 7, 15).

commendātĭcĭus, -a, -um, adj. De recomendação (Cíc. Fam. 5, 5, 1).

commendātĭō, -ōnis, subs. f. I — Sent. próprio: 1) Recomendação, ação de recomendar (Cíc. Fam. 1, 3, 1). II — Daí: 2) O que recomenda, título de recomendação (Cíc. Br. 238).

commendātrix, -īcis, subs. f. A que recomenda (Cíc. Leg. 1, 58).

commendātus, -a, -um. I — Part. pass. de **commĕndo**. II — Adj.: 1) Confiado, recomendável (Cíc. Phil. 2, 32). 2) Estimado, agradável (Plín. H. Nat. 16, 161); (Petr. 110, 5).

commĕndō, -ās, -āre, -āvī -ātum, v. tr. 1) Recomendar, confiar (Cíc. Fam. 10, 12, 5). 2) Recomendar (alguém) (Cíc. Dom. 145). Daí: 3) Comandar, fazer valer (Cíc. De Or. 1, 252). Obs.: Constrói-se com acus., com dat., e intransitivamente.

commentārĭŏlum, -ī, subs. n. e **commentārĭŏlus**, -ī, subs. m. Pequeno tratado (Quint. 1, 5, 7).

commentārĭus, -ī, subs. m. e **commentārĭum**, -ī, subs. n. I — Sent. próprio: 1) Livro de notas ou apontamentos, notas, memoriais (Cíc. Fam. 5, 12, 10). II — Daí, em sent. particular: 2) Registro, arquivo dos magistrados, formulário, diário (Cíc. Br. 55); (Tác. An. 15, 74). 3) Comentários, memórias (no pl.) (Cíc. Br. 262). 4) Rascunho, projeto de discurso (Quint. 10, 7, 30). 5) Atas de sessão de assembléia, tribunal (Cíc. Verr. 5, 54).

commentātĭō, -ōnis, subs. f. Meditação, preparação cuidadosa de um trabalho, estudo, reflexão (Cíc. De Or. 1, 150). Obs.: O plural tem o sentido específico de exercícios preparatórios, preparação (Cíc. De Or. 1, 154).

commentātus, -a, -um, part. pass. de **commentor**.

commentĭcĭus, -a, -um, adj. I — Sent. próprio: 1) Inventado, imaginado, inédito (Suet. Cl. 21, 1). II — Daí: 2) Imaginário, ideal (Cíc. Nat. 2, 70). 3) Falso, mentiroso (Cíc. Amer. 42).

commentĭtĭus, v. **commentĭcĭus**.

1. **commentor**, -āris, -ārī, **commentātus sum**, v. dep. tr. 1) Ter em mente, relembrar, considerar (Cíc. Fam. 7, 1, 5). 2) Refletir em, estudar, meditar (Cíc. Phil. 3, 36). 3) Tratar de, comentar, escrever, compor, redigir, preparar (pela meditação) (Cíc. Phil. 11, 13); (Cíc. Amer. 82). Obs.: Constrói-se com acus., com abl., com **de**, com interr. indir.

2. **commentor**, -ōris, subs. m. Inventor, autor (Ov. F. 3, 785).

commentum, -ī, subs. n. I — Sent. próprio: 1) Invenção, ficção (Cíc. Nat. 2, 5). II — Sent. figurado: 2) Plano, projeto (Just. 21, 4, 3).

commentus, -a, -um, part. pass. de **comminiscor**.

commĕō, -ās, -āre, -āvī, -ātum, v. intr. 1) Pôr-se a caminho, ir de um lugar para outro, viajar, dirigir-se a (Cés. B. Gal. 7, 36, 7); (Cíc. Nat. 2, 84). 2) Ir muitas vêzes, ir e vir, circular, ir (Cíc. Pomp. 8, 55).

commercātus, -a, -um, part. pass. de **commērcor**.

commercĭum, -ī, subs. n. I — Sent. próprio: 1) Comércio, tráfico, negócio (de comprar e vender) (T. Lív. 4, 52, 6). Daí: 2) Mercadorias (Plín. H. Nat. 35, 168). 3) Praça onde se faz negócio (Plín. H. Nat. 37, 45). II — Sent. figurado: 4) Relações (entre pessoas), trato (Cíc. Tusc. 5, 66).

commercor, -āris, -ārī, -mercātus sum, v. dep. tr. Comprar em massa (Sal. B. Jug. 66, 1).

comerĕō, -ēs, -ēre, -merŭī = commerĕor (Cíc. De Or. 1, 232).

commerĕor. -merēris, -merērī, -merĭtus sum, v. dep. tr. 1) Merecer, geralmente em sent. pejorativo: merecer um castigo (Cíc. De Or. 1, 232). Daí: 2) Cometer uma falta, ser culpado, cometer um crime (Ov. F. 1, 362).

commerĭtus, -a, -um, part. pass. de commerĕo e commerĕor.

commerŭī, perf. de commerĕo.

commētĭor, -īris, -īrī, commēnsus sum, v. dep. tr. 1) Medir completamente, proporcionar, medir (Cíc. Inv. 1, 39). 2) Medir junto, comparar (Cíc. Tim. 33).

1. commētō, -ās, -āre, v. intr. (freq. de commĕo) — Ir freqüentemente, ir juntamente (Ter. Heaut. 444).

2. commētō, -ās, -āre, -āvī, v. tr. Medir (Plaut. Men. 1019).

commictus, ou comminctus, -a, -um, part. pass. de commingo.

commigrātĭō, -ōnis, subs. f. Passagem de um lugar ao outro, exílio (Sên. Helv. 6, 6).

commigrō. -ās, -āre, -āvī, -ātum, v. intr. Passar de um lugar para outro, emigrar, mudar de residência (Cíc. Q. Fr. 2, 3, 7); (Suet. Tib. 1,1).

commīlitĭum. -ī, subs. n. I — Sent. próprio: 1) Companheiro de armas (que fêz o serviço militar em comum com outro) (Quint. 5, 10, 111). II — Sent. figurado: 2) Camaradagem (Apul. Flor. 16, 36).

commīlitō. -ōnis, subs. m. Companheiro de armas (Suet. Cés. 67, 2); (Cíc. Dej. 23).

comminans, -āntis, part. pres. de comminor.

comminātĭō, -ōnis, subs. f. I — Sent. próprio: 1) Ameaça enérgica, demonstração ameaçadora (Plín. H. Nat. 8, 181). II — Na língua militar: 2) Demonstração hostil (T. Lív. 26, 8, 3). 3) No pl.: Ameaças (Suet. Tib. 37, 4).

comminātus, -a, -um, part. pass. de comminor.

comminctus, -a, -um = commictus, part. pass. de commingo.

commingō, -is, -ĕre, comminxī, commictum ou comminctum, v. tr. 1) Molhar com urina (Hor. Sát. 1, 3, 90). 2) Sujar, manchar (Catul. 99, 10).

comminīscor, -ĕris, -minīscī, commēntus sum, v. dep. tr. Imaginar, inventar (Cíc. Nat. 2, 59).

comminor, -āris, -ārī, -ātus sum, v. dep. intr. Fazer ameaças, ameaçar vivamente, ameaçar (T. Lív. 31, 26, 6).

comminŭī, perf. de comminŭo.

comminŭō, -is, -ĕre, comminŭī, comminŭtum, v. tr. I — Sent. próprio: 1) Quebrar, despedaçar, fazer em pedaços (Cíc. Pis. 93). Daí: 2) Moer, diminuir, reduzir (Hor. Sát. 1, 1, 43). II — Sent. figurado: 3) Abater, enfraquecer, vencer (Cíc. Quinct. 26).

comminus, adv. 1) De perto, próximo, corpo a corpo (tratando-se de uma luta) (Cés. B. Civ. 1,.58, 4). 2) Imediatamente, diretamente (Tác. An. 12, 12).

comminūtus, -a, -um, part. pass. de comminŭo.

comminxī, perf. de commingo.

commiscĕō, -ēs, -ēre, -miscŭī, -mixtum (ou mistum), v. tr. 1) Misturar com (Cíc. Dom. 144). 2) Juntar, unir, aliar (sent. próprio e figurado) (Cíc. Marc. 7). Obs.: Constrói-se com acus. e abl. com prep. ou sem ela; com acus. com in ou inter.

commiscŭī, perf. de commiscĕo.

commiserātĭō, -ōnis, subs. f. 1) Ação de despertar a compaixão, patético (Cíc. De Or. 3, 219). Na língua retórica: 2) Parte do discurso em que se procura despertar a compaixão (Heren. 2, 50).

commiserēscit (me), -ĕre, v. impess. tr. Ter compaixão (Ter. Hec. 129). Obs.: Constrói-se com acus. de pessoa e gen. (partitivo) da coisa que suscitou a compaixão.

commisĕror, -āris, -ārī, -ātus sum, v. dep. tr. 1) Lamentar, lastimar, deplorar (C. Nep. Ages. 5). Intransitivamente, na língua dos rétores: 2) Excitar compaixão, recorrer ao patético (Cíc. Caecil. 46).

commīsī, perf. de committo.

commissatĭo, v. comissatĭo.

commisātor, v. comisātor.

commissĭō, ōnis, subs. f. I — Sent. próprio: 1) Ação de confiar os jogos a alguém, celebração dos jogos, discurso na abertura dos jogos (Cíc. At. 15, 26, 1). II — Daí: 2) Composição aparatosa (pa-

COMMISSUM — 209 — **COMMÕNSTRÕ**

ra concurso de jogos) (Suet. Cal. 53, 2). 3) Representação (no teatro, no anfiteatro, no circo) (Plín. Ep. 7, 24).

commissum, -ī, subs. n. I — Sent. próprio: 1) Tentâmen, empreendimento, feito, ato (Cíc. Sull. 72). 2) Falta, delito, crime (Verg. En. 1, 136). II — Sent. diverso: 3) Segrêdo (Hor. Ep. 1, 18, 38).

commissūra, -ae, subs. f. I — Sent. próprio: 1) Conjunto, reunião (Quint. 9, 4, 37). II — Daí: 2) Juntura, união, ligação, comissura (Cíc. Nat. 2, 150).

commissus, -a, -um, part. pass. de committo.

committō, -is, -ěre, commīsi, commīssum, v. tr. I — Sent. próprio: 1) Pôr juntamente, juntar, unir, reunir (Cés. B. Gal. 7, 22, 5). Daí: 2) Comparar, confrontar (Prop. 2, 3, 21). 3) Confiar, entregar a alguém (Cíc. At. 4, 1, 8). II — Empregos diversos: 4) Começar, empreender, principiar (Cíc. Amer. 11). 5) Travar combate, pelejar (Suet. Vesp. 5). 6) Expor-se, correr um risco (Cés. B. Gal. 1, 46, 3). Daí: 7) Merecer um castigo, tornar-se merecedor de alguma pena, ser culpado (Cés. B. Gal. 1, 14, 2). Donde: 8) Cometer uma falta infringir uma lei (Cíc. Sull. 6); (Cíc. Fam. 16, 10, 1). 9) Loc.: **committere proelium** (Cíc. Div. 1, 77) «travar combate»; **committere bellum** (T. Lív. 21, 40, 11) «dar começo à guerra». Obs.: Constrói-se com acus. e dat., com acus. e abl. acompanhado de **cum,** acus. com **inter se,** acus. seguido de **cur** ou **quare, acus,** com **adversus, in, erga;** com subj. e intransitivamente nas expressões: **committere contra legem, in legem** ou **lege** — «violar a lei».

Commius, -ī, subs. pr. m. Cômio, chefe dos atrébates (Cés. B. Gal. 4, 21, 7).

commixtus, -a, -um, part. pass. de commiscěo.

commodātus, -a, -um, part. pass. de commŏdo.

commŏdē, adv. 1) Dentro dos limites, convenientemente, de modo apropriado, hàbilmente, bem (Cíc. De Or. 1, 231); (Cíc. Fin. 2, 3). 2) Vantajosamente, dentro de boas condições (Cíc. At. 16, 6, 1).

commoditās, -tātis, subs. f. I — Sent. próprio: 1) Justa proporção, simetria (Cíc. Of. 1, 138). II — Daí: 2) Comodidade, oportunidade, ocasião favorável (Cíc. Inv. 2, 40). 3) Vantagem, utilidade (Cíc. Lae. 23). 4) Bondade, indulgência (Ter. Ad. 710).

commŏdō, -ās, -āre, -āvī, -ātum, v. tr. I — Sent. próprio: 1) Ajustar, adaptar (Cat. Agr. 135, 7). II — Sent. figurado: 2) Dar a alguém para seu uso, emprestar (Cíc. Cael. 31). 3) Aplicar a propósito, conceder (Tác. Agr. 19); (T. Lív. 23, 48, 10). 4) Intransitivamente: Prestar-se a, obsequiar, prestar serviços (Cíc. Fam. 13, 32, 2).

commodŭlē e **commodŭlum,** adv. Convenientemente (Plaut. Mil. 750).

1. **commŏdum,** adv. A propósito, precisamente, no momento justo, justamente (Cíc. At. 13, 9, 1).

2. **commŏdum, -ī,** subs. n. I — Sent. próprio: 1) O que convém, comodidade (Cíc. At. 12, 28, 3). II — Daí: 2) Vantagem, proveito, lucro, interêsse (Cíc. De Or. 2, 335). 3) Recompensa, sôldo (Suet. Cal. 44). III — Sent. raro: 4) Coisa emprestada (Cíc. Verr. 4, 6).

commŏdus, -a, -um, adj. I — Sent. próprio: 1) Conforme a medida, apropriado, conveniente (Cíc. At. 9, 3, 1). Daí: 2) Vantajoso (Cíc. Verr. 2, 33). II — Sent. figurado: 3) Bondoso, benévolo (Cíc. Mur. 66). 4) Agradável (Cíc. Verr. 3, 23).

comolior, -īris, -īrī, commolītus sum, v. dep. tr. I — Sent. próprio: 1) Pôr em movimento (Lucr. 6, 255). II — Sent. figurado: 2) Inventar, imaginar, maquinar (Caecil. Com. 207).

commolītus, -a, -um, part. pass. de commolior.

commonefaciō, -is, -ěre, -fēcī, -fāctum, v. tr. 1) Recordar, lembrar (Cés. B. Gal. 1, 19, 4). Daí: 2) Advertir (Cíc. Verr. 4, 144). Obs.: Constrói-se com acus, com or. integrante com subj., e com acus. e or. infinitiva.

commonefēcī, perf. de commonefacio.

commonefīō, -īs, -fiěrī, -fāctus sum (passivo de **commonefaciō**), v. intr. Ser avisado, ser lembrado, ser advertido, ser admoestado (Cíc. Verr. 5, 112).

commonĕō, -ēs, -ēre, -monŭi, monĭtum, v. tr. 1) Advertir, avisar, aconselhar (Cíc. Part. 96). 2) Fazer lembrar, recordar, lembrar (Cic. Verr. 4, 57). Obs.: Constrói-se com acus., com acus. e gen. ou abl., com or. integrante com subj.

commonitiō, -ōnis, subs. f. Recordação, advertência (Quint. 4, 2, 51).

commonĭtus, -a, -um, part. pass. de commonĕo.

commonstrāsso = **commonstravěro,** fut. perf. de commōnstro.

commonstrātus, -a, -um, part. pass. de commōnstro.

commōnstrō, -ās, -āre, -āvī, -ātum, v. tr. Mostrar, indicar (Cíc. De Or. 1, 203).

Obs.: Por vêzes, especialmente no período arcaico, ocorre a grafia **commostro** (Plaut. Poen. 602).
commonŭī, perf. de **commonĕo**.
commōram = **commovĕram**, mais-que-perf. de **commovĕo**.
commorātĭō, -ōnis, subs. f. I — Sent. próprio: 1) Demora, dilação, perseverança (Cíc. Q. Fr. 3, 1, 23). Daí: 2) Demora num ponto importante que se está tratando (t. de retórica) (Cíc. De Or. 3, 202). 3) Morada, habitação (= **habitatio, mansio**) (Cíc. Fam. 6, 19, 1).
commordĕō, -ēs, -dĕre, (-morsum), v. tr. 1) Morder (Sên. Contr. 9, 6, 2). 2) Dilacerar, rasgar (sent. próprio e figurado) (Sên. Vit. 21, 1).
commŏrim = **commovĕrim**, perf. subj. de **commovĕo**.
commorĭor, -īris, -mŏri, -mortŭus sum, v. dep. intr. Morrer com alguém, ao mesmo tempo que alguém (Sên. Ep. 77, 13). Obs.: Constrói-se com abl. acompanhado de **cum**, com dat., ou absolutamente.
Commoris, -is. subs. pr. m. Comóris, povoado da Cilícia (Cíc. Fam. 15, 4, 9).
commŏrō, -ās, -āre = **commŏror** (Sên. Contr. 2, 6, 10).
commŏror, -āris, -ārī, -morātus sum, v. dep. intr. e tr. 1) Intr.: Demorar-se, deter-se (Cíc. Fam. 3, 5, 5). 2) Tr.: demorar, deter (Plaut. Ps. 1135).
commōrsus, -a, -um, part. pass. de **commordĕo**.
commortŭus, -a, -um, part. pass. de **commorior**.
commōrunt = **commovērunt**, perf. de **commovĕo**.
commōssem = **commovīssem**, mais-que-perf. subj. de **commovĕo**.
commōstrō = **commōnstrō**.
commōtĭō, -ōnis, subs. f. I — Sent. próprio: 1) Abalo, estremecimento. II — Sent. figurado: 2) Comoção, emoção, agitação da alma, dos sentidos (Cíc. Tusc. 4, 61).
commōtiuncŭla, -ae, subs. f. Ligeira excitação (de febre) (Cíc. At. 12, 11).
commōtus, -a, -um. I — Part. pass. de **commovĕo**. II — Adj.: I — Sent. próprio: 1) Pôsto em movimento, agitado, movido (Cíc. De Or. 3, 32). II — Sent. figurado: 2) Arrebatado, furioso, em delírio, colérico (Cíc. Br. 129).
commŏvens, -ēntis, I — Part. pres. de **commovĕo**. II — Adj. Atuante, eficaz (Sên. Contr. 2, 6 (14), 11).

commŏvĕō, -ēs, -ēre, -mōvī, -mōtum, v. tr. I — Sent. próprio: 1) Pôr em movimento, remover, deslocar (Cíc. Verr. 4, 95). II — Sent. moral: 2) Comover, excitar, impressionar (Cíc. De Or. 2, 195). III — Sent. figurado: 3) Mover, agitar, preparar (C. Nep. Ages. 6, 3); (Cíc. Cat. 1, 7). Empregos diversos: 4) Provocar, suscitar (Cíc. Verr. 5, 20). 5) Levar, impelir (Verg. En. 7, 494). 6) Turvar, perturbar, abalar (Cíc. Rab. perd. 18). (Passivo) — Padecer de, estar agitado, indisposto, ter febre (Cíc. Q. Fr. 2, 5, 2). Donde: **commotus** = **mente captus** — «louco» (Hor. Sát. 2, 3, 209). Obs.: Formas contratas: **commorunt** (Lucr. 2, 766); **commorit** (Hor. Sát. 2, 1, 45); **commossem** (Cíc. Planc. 90); **commosset** (Cíc. Verr. 3, 45); **commosse** (Cíc. Verr. 5, 96).
commōvī, perf. de **commovĕo**.
commūne, -is, neutro de **commūnis**, usado subst. I — Sent. próprio: 1) Comunidade, o povo, o Estado (Cíc. Verr. 2, 114). II — Daí: 2) Os bens comuns, riqueza pública (Hor. O. 2, 15, 14). III — Loc.: 3) **in commune** = em comum (Tác. Hist. 4, 67). 4) **in commune** = em geral (Quint. 7, 1, 49).
commūnicātĭō, -ōnis, subs. f. 1) Comunicação, participação (Cíc. Fin. 5, 65). Na língua retórica: 2) Interpelação, figura pela qual se pede a opinião dos ouvintes (Cíc. De Or. 3, 204).
commūnicātus, -a, -um, part. pass. de **communico**.
commūnĭcō, -ās, -āre, -āvī, -ātum, v. tr. I — Sent. próprio: 1) Pôr em comum, repartir, dividir alguma coisa com alguém (Plaut. Mil. 51); (Cíc. Verr. 5, 125). II — Daí: 2) Reunir, misturar, associar (Sal. C. Cat. 56, 5). Intransitivamente: 3) Falar, conversar, comunicar-se (Cíc. Fam. 1, 7, 3). Obs.: Constrói-se com acus. e abl.
communĭī, perf. de **communĭo**.
1. **commūnĭō, -ōnis**, subs. f. Comunhão, participação mútua, associação, conformidade (Cíc. Mil. 100).
2. **commūnĭō, īs, -īre, -īvī, (ou ĭī), ītum**, v. tr. I — Sent. próprio: 1) Fortificar, construir fortificações (Cés. B. Civ. 1, 43, 2). II — Sent. figurado: 2) Fortificar, consolidar, suster (Cíc. Com. 43). Obs.: M. Q. Perf. Subj. **communīsset** (Cés. B. Civ. 1, 43, 2); Inf. perf. **communīsse** (T. Liv. 8, 15, 4); Fut. arc. **communībo** (Plaut. Rud. 934).

commūnis, -e, adj. I — Sent. próprio: 1) Comum, que pertence a vários ou a todos, público, geral (Cic. C. M. 2). Daí: 2) Mediocre, banal, comum (Cíc. Fam. 7, 1, 1). II — Sent. figurado: 3) Acessível, afável, benévolo (Cíc. Mur. 66).

commūnĭtās, -tātis, subs. f. I — Sent. próprio: 1) Comunidade, conformidade (Cíc. Fam. 9, 24, 3). Daí: 2) Instinto social, sociabilidade (Cíc. Of. 1, 159). II — Sent. figurado: 3) Afabilidade, cortesia (C. Nep. Mílc. 8, 4).

commūnĭter, adv. 1) Juntamente, em comum (Cíc. At. 11, 5, 1). 2) Geralmente, de modo geral (Cíc. Arch. 32).

commūnĭtĭō, -ōnis, subs. f. I — Sent. próprio: 1) Ação de fortificar, fortificação, obra de fortificação (Vitr. 10, 13, 1). II — Sent. figurado: 2) Preparação de um terreno (Cíc. De Or. 2, 320).

commūnĭtus, -a, -um, part. pass. de commūnĭo.

commurmurātus, -a, -um, part. pass. de commurmŭror.

commurmŭror, -āris, -ārī, -ātus sum, v. dep. intr. Murmurar por entre dentes, murmurar, sussurrar (Cíc. Pis. 61).

commūtābĭlis, -e, adj. I — Sent. próprio: 1) Sujeito a mudança, mudável, variável (Cíc. At. 1, 17, 8). II — Daí: 2) Comutável (Cíc. Inv. 1, 26).

commūtātĭō, -ōnis, subs. f. I — Sent. próprio: 1) Comutação, mudança, alteração (Cic. Lae. 77). II — Daí: 2) Reversão (t. de retórica) (Her. 4, 39).

1. commūtātus, -a, -um, part. pass. de commūto.

2. commūtātus, -ūs, subs. m. Mudança (Lucr. 1, 795).

commūtō, -ās, -āre, -āvī, -ātum v. tr. I — Sent. próprio: 1) Mudar inteiramente, alterar completamente (Cíc. Arch. 18). 2) Trocar, comutar, substituir (Cic. Of. 1, 31). II — Sent. figurado: 3) Trocar, mudar: **commutare verba** (Ter. Andr. 410) «trocar palavras». Obs.: Constrói-se com acus., com acus. e abl., seguido de **cum** ou **pro**, ou isoladamente, e com acus. com **inter se**.

cōmō, -ĭs, -ĕre, compsī, comptum, v. tr. I — Sent. próprio: 1) Tomar juntamente, reunir, combinar (Lucr. 3, 258). II — Daí, por especialização: 2) Atar o cabelo, pentear, fazer um bonito penteado, pentear bem (Cíc. Pis. 25). 3) Ornar, enfeitar, preparar (Quint. 8, pr. 19).

cōmoedĭa, -ae, subs. f. I — Sent. próprio: 1) Comédia, gênero cômico (Cíc. Of. 1, 104). II — Daí: 2) Comédia (peça teatral) (Ter. Andr. 26).

cōmoedĭcē, adv. Como na comédia, comicamente (Plaut. Mil. 213).

1. cōmoedus, -a, -um, adj. De comediante (Juv. 3, 100).

2. cōmoedus, -ī, subs. m. Comediante, ator cômico (Cíc. Or. 109).

comōsus, -a, -um, adj. I — Sent. próprio: 1) Cabeludo, de cabelos compridos ou fartos (Fedr. 5, 8, 2). II — Daí: 2) Cheio de folhagens (tratando-se de plantas) (Plín. H. Nat. 26, 71).

compacīscor, -ĕris, -pacīscī, -pāctus (ou -pēctus) sum, v. dep. intr. Fazer um pacto, combinar (Plaut. Ps. 543).

compactĭō, -ōnis, subs. f. Ajuntamento, ligação (Cic. Fin. 5, 33).

compāctum (compēctum), -ī, subs. n. Pacto, contrato (Cíc. At. 10, 12, 2).

compāctus, -a, -um, part. pass. de compacīscor e de compīngo.

compāgēs, -is, subs. f. I — Sent. próprio: 1) Juntura, união, articulação, construção feita de junção de peças (Lucr. 6, 1071). II — Sent. figurado: 2) Prisão (Cíc. C. M. 77).

compāgō, -ĭnis, v. compāges (Ov. Met. 1, 711).

1. compār, -păris, adj. Igual, semelhante (T. Lív. 28, 42, 20).

2. compār, -păris, subs. m. e f. I — Sent. próprio: 1) Companheiro, companheira (Plaut. Ps. 66). II — Daí: 2) Espôso, espôsa, ou amante, companheira (Catul. 68, 126).

comparābĭlis, -e, adj. Comparável (Cíc. Inv. 1, 42); (T. Lív. 39, 52, 7).

comparassit = comparavĕrit, fut. perf. e perf. do subj. de **compăro 2**.

comparātē, adv. Por comparação, comparativamente (Cíc. Top. 84).

1. comparātĭō, -ōnis, subs. f. (de **compăro 1**). I — Sent. próprio: 1) Comparação, paralelo (Cíc. Tusc. 5, 38). II — Daí: 2) Analogia (têrmo de gramática) (Quint. 1, 5, 45). 3) Cotejo, confrontação (têrmo de retórica): **comparatio criminis** (Cíc. Inv. 2, 72) «confrontação do ponto de acusação do processo». 4) Posição (astronomia) (Cíc. Nat. 2, 51).

2. comparātĭō, -ōnis, subs. f. (de **compăro 2**). I — Sent. próprio: 1) Preparação, preparativos (Cic. Pomp. 9). II — Daí: 2) Obtenção, aquisição (Cíc. Mur. 44).

comparātīvus, -a, -um, adj. I — Sent. próprio: 1) Que serve para comparar, relativo à comparação, comparativo

(Cíc. Inv. 2, 76). II — Daí: 2) Comparativo (têrmo de gramática) (Charis. 112, 16).
comparātus, -a, -um, part. pass. de **compăro** 1 e 2.
compārcō (compērcō), -is, -ĕre, -sī, v. tr. 1) Pôr de lado, poupar (Ter. Phorm. 44). 2) Cessar de (com inf.) (Plaut. Poen. 350).
compārĕō, -ēs, -ĕre, -parŭī (sem supino), v. intr. I — Sent. próprio: 1) Aparecer, comparecer (Cíc. At. 12, 2, 1). Daí: 2) Mostrar-se, estar presente, existir (Cíc. Verr. 1, 132). II — Sent. figurado: 3) Realizar-se, efetuar-se (Plaut. Amph. 630).
1. compăro, -ās, -āre, -āvī, -ātum, (de **compar**), v. tr. 1) Comparar, confrontar (Cíc. Verr. 4, 121). 2) Mostrar por comparação, ponderar (Cíc. Of. 2, 16). Daí: 3) Juntar, reunir (Cíc. Tim. 15) 4) Fazer lutar, opor, ter como antagonista (T. Lív. 24, 8, 7). Empregos diversos: na língua jurídica: Decidir de comum acôrdo, concordar em (T. Lív. 8, 6, 13). Obs.: Constrói-se com acus. e abl. acompanhado de **cum**, com or. integrante com subj., com or. integrante com **ut**, com interrogativa indireta.
2. compărō, -ās, -āre, -āvī, -ātum (de **cum** e **paro**), v. tr. I — Sent. próprio: 1) Preparar, aprestar, aprontar, pôr em ordem (Cíc. Dej. 22). Daí: 2) Estabelecer, dispor, regular (Cés. B. Gal. 7, 8, 1). II — Sent. figurado: 3) Obter adquirir, comprar (Cés. B. Gal. 5, 55, 4). 4) Intr.: Preparar-se (C. Nep. Thras. 2, 2). Obs.: Constrói-se com acus., com or. integrante com **ut** ou **ne**, ou intransitivamente.
comparŭī, perf. de **comparĕo.**
compāscō, -is, -ĕre (sem. perf.), **-pāstum,** v. tr. 1) Fazer pastar em comum, apascentar em comum, apascentar (Cíc. Top. 12). 2) Nutrir (Plín. H. Nat. 32, 61).
compascŭus, -a, -um, adj. De pasto comum, de pastagem comum (Cíc. Top. 3).
compāstus, -a, -um, part. pass. de **compāsco.**
compēctum, v. **compāctum.**
compedĭō, -īs, -īre, -īvī, -ītum, v. tr. 1) Prender junto, ligar, unir (Varr. Men. 180). 2) Subs. pl. **compediti** (Sên. Tranq. 10, 1) «escravos que trazem cadeias ou algemas».

compedĭum, gen., v. **compes.**
compēgī, perf. de **compīngo.**
compellātĭō, -ōnis, subs. f. Repreensão, interpretação veemente, apóstrofe (Cíc. Fam. 12, 25, 2).
1. compēllō, -ās, -āre, -āvī, -ātum, v. tr. I — Sent. próprio: 1) Dirigir a palavra a, interpelar (Verg. En. 5, 161). II — Daí: 2) Insultar, acusar, atacar, injuriar (Cíc. Phil. 3, 17). 3) Acusar em justiça (Cíc. At. 2, 2, 3).
2. compēllō, -is, -ĕre, -pŭlī, -pŭlsum, v. tr. I — Sent. próprio: 1) Impelir para junto, reunir, fazer avançar em massa, compelir, fazer recuar (Cíc. Inv. 1, 2). II — Sent. figurado: 2) Forçar, constranger, obrigar (Cíc. Marc. 13). Obs.: Constrói-se com complem. direto e acus. com **in** ou **ad**, com a conj. **ut**, com acus. e inf., e com acus.
compendĭārĭum, -ĭ, subs. n. Caminho mais curto (sent. próprio e figurado) (Sên. Ep. 73, 12).
compendĭārĭus, -a, -um, adj. Mais curto, resumido (Cíc. Of. 2, 43).
compendĭum, -ĭ, subs. n. I — Sent. próprio: 1) Dinheiro que se economiza, economia, lucro, proveito (Plín. H. Nat. 23, 127). II — Sent. figurado: 2) Economia (de tempo) (Plín. H. Nat. 18, 181). 3) Resumo (Plaut. Mil. 774).
compensātĭō, -ōnis, subs. f. I — Sent. próprio: 1) Ação de pesar várias coisas ao mesmo tempo, balanço (Dig. 16, 2, 1). II — Sent. figurado: 2) Compensação, equilíbrio (Cíc. Tusc. 5, 95).
compēnsō, -ās, -āre, -āvī, -ātum, v. tr. Pesar uma coisa com outra, compensar, contrabalançar (Cíc. Fin. 2, 97). Obs.: Constrói-se com acus. e abl.
comperendĭnātĭō, -ōnis, subs. f. (Sên. Ep. 97, 5) v. **comperendĭnātus.**
comperendĭnātus, -ūs, subs. m. Adiamento de três dias (para julgamento de uma causa) (Cíc. Verr. 1, 26).
comperendĭnō, -ās, -āre, -āvī, -ātum, v. tr. 1) Intimar (um réu) para daí a três dias, prorrogar para daí a três dias (Cíc. Verr. 1, 26). Intransitivo: 2) Adiar um julgamento por três dias (Cíc. Verr. pr. 34).
compĕrī, perf. de **comperio.**
compĕrĭō, -is, -īre, -pĕrī, -pērtum, v. tr. I — Sent. próprio: 1) Descobrir, ser informado (Cíc. Br. 277). 2) Vir a saber, saber (Cíc. Amer. 33). 3) Ser in-

COMPERIOR — 213 — **COMPLĔŎ**

formado, saber (C. Nep. Paus. 5, 3). Obs.: Constrói-se com acus., com inf. e acus.

comperior, -īris, -īrī, -pērtus sum, v. dep. tr., com os mesmos sentidos de **comperĭo** (Ter. Andr. 902); (Sal. B. Jug. 45, 1). Obs.: Verbo raro e arcaico.

compērtus, -a, -um. I — Part. pass. de **comperĭo**. II — Adj.: 1) Descoberto, certificado, certo, sabido, averiguado (Cíc. Font. 29). 2) Convencido de (T. Lív. 7, 4, 4). Obs.: Constrói-se intransitivamente, com gen. de crime, com abl. e gen.

compēs, -ĕdis, subs. f. (geralmente no pl.: **compĕdes**, -ium. I — Sent. próprio: 1) Grilhões, algemas, prisões para as mãos (Cat. apud A. Gél. 1, 18, 18). II — Sent. figurado: 2) Cadeia, laço, obstáculo (Hor. O. 4, 11, 24). Obs.: O gen. pl. **compĕdum** é tardio, bem como os casos em que raramente aparece no sing.

compēscō, -is, -ĕre, -cŭī, v. tr. I — Sent. próprio: 1) Conter, reter, reprimir (Verg. G. 2, 370). II — Daí: 2) Dominar, fazer cessar, cessar (Plaut. Bac. 463); (Plaut. Poen. 1035). Obs.: Constrói-se com acus. e raramente com infinitivo.

compescŭī, perf. de **compēsco**.

competĭtor, -ōris, subs. m. Competidor, concorrente (Cíc. Of. 1, 38).

competītrix, -īcis, subs. f. Competidora, concorrente (Cíc. Mur. 40).

compĕtō, -is, -ĕre, -petīvī ou petĭī, -petītum v. intr. e tr. I — Intr.: 1) Encontrar-se no mesmo ponto com, ir dar no mesmo ponto (Varr. L. Lat. 6, 25). Donde: 2) Adaptar-se, convir a, coincidir (Tác. Hist. 2, 50). II — Empregos diversos: 3) Estar no gôzo de, estar no uso de, ser capaz de, permitir (Sal. Hist. 1, 136 M). 4) Corresponder a, pertencer a (Suet. Oth. 12). Obs.: Constrói-se com abl. sem prep. e acompanhado de **cum** ou **in**, com dat., ou absolutamente. Inf. perf. contrato: **competisse** (Tác. Hist. 2, 50).

compīlātĭō, -ōnis, subs. f. Ação de pilhar, e daí: plágio, compilação (Cíc. Fam. 2, 8, 1).

compīlātus, -a, -um, part. pass. de **compīlo**.

1. **compīlō**, -ās, -āre, v. tr. I — Sent. próprio: 1) Pilhar, despojar, roubar (Cíc. Nat. 1, 86). II — Sent. figurado: 2) Na língua literária: Plagiar, compilar (Hor. Sát. 1, 1, 121).

2. **compīlō**, -ās, -āre, v. tr. (de **cum** e **pilum**). Bater, espancar, desancar (Petr. 63, 12).

1. **compīngō**, -is, -ĕre, -pēgī, -pāctum (de **cum** e **pango**), v. tr. I — Sent. próprio: 1) Reunir apertando, reunir diferentes partes para formar um todo, apertar, juntar (Cic. Fin. 3, 74). II — Sent. figurado: 2) Compor, formar, inventar, construir (Verg. Buc. 2, 36). 3) Impelir violentamente, encerrar (Plaut. Amph. 155).

2. **compīngō**, -is, -ĕre, pīnxī, v. tr. Recobrir uma pintura, pintar, representar (Sên. Ep. 88, 39).

Compĭtālĭa, -ōrum, subs. pr. n. Compitais, festas em honra aos deuses Lares das encruzilhadas (Cíc. At. 2, 3, 4).

Compĭtālicĭus, -a, -um, adj. Dos Compitais (Cíc. Pis. 8).

compĭtālis, -e, adj. De encruzilhada (Suet. Aug. 31, 4).

compĭtum, -ī, subs. n. (geralmente no pl.: **compĭta**, -ōrum). I — Sent. próprio: 1) Encruzilhada, cômpito, lugar onde se encontram vários caminhos (Verg. G. 2, 382). II — Sent. figurado: 2) Encruzilhada (Pérs. 5, 35).

complăcĕō, -ēs, -ēre, -placŭī ou -placĭtus sum, v. intr. Agradar ao mesmo tempo, agradar a vários, agradar (Ter. Andr. 645); (Plaut. Rud. 187).

complānātĭō, -ōnis, subs. f. Ação de aplanar (Sên. Nat. 6, 1).

complānātor, -ōris, subs. m. O que aplana (Apul. Apol. 6, 3).

complānātus, -a, -um, part. pass. de **complāno**.

complānō, -ās, -āre, -āvī, -ātum, v. tr. 1) Complanar, aplainar, aplanar (Suet. Cés. 44, 1). Daí: 2) Arrasar, destruir (Cic. Dom. 101). Sent. moral: 3) Abrandar, mitigar (Sên. Prov. 5, 9).

complēctor, -ĕris, -plēctī, -plēxus sum, v. dep. tr. 1) Abraçar, estreitar, rodear (sent. físico e moral) (Cíc. Div. 1, 58); (Cíc. Br. 322). Daí: 2) Conter, compreender (Cíc. Fin. 5, 26). Empregos diversos: 3) Agarrar, apoderar-se de, apreender pela inteligência, compreender (Cíc. Or. 8). 4) Na língua retórica: Concluir (Cíc. Inv. 1, 73).

complĕmēntum, -ī, subs. n. Complemento (Cíc. Or. 230).

complĕō, -ēs, -ēre, -plēvī, -plētum, v. tr. I — Sent. próprio: 1) Encher inteiramente, encher (Cés. B. Gal. 5, 40, 3).

II — Daí: 2) Completar, preencher (Cés. B. Civ. 1, 25, 1). 3) Acabar, concluir, completar (T. Lív. 23, 35, 15). Obs.: Constrói-se com acus., com acus. e abl. sem prep., e raramente com acus. e gen.

complēram, -ĕrim, -ĕsse = complevĕram, complevĕrim, complevisse, formas contratas de **complĕo** que se encontram no período clássico.

complētus, -a, -um. I — Part. pass. de **complĕo.** II — Adj.: Cheio, completo, acabado (Cíc. Or. 168).

complexĭo, -ōnis, subs. f. I — Sent. próprio: 1) União, conexão, combinação (Cíc. Fin. 1, 19). II — Sent. figurado: 2) Reunião (Cíc. Tusc. 5, 29). III — Sent. diversos: 3) Conclusão (de um raciocínio) (Cíc. Inv. 1, 67). 4) Narração (Cíc. Inv. 1, 37). 5) Dilema (Cíc. Inv. 1, 44). 6) Sinérese (Quint. 1, 5, 17).

1. complĕxus, -a, -um, part. pass. de **complĕctor.**

2. complĕxus, -ūs, subs. m. I — Sent. próprio: 1) Aperto, abraço, ação de abraçar (Cíc. Verr. 1, 7). Daí: 2) Peleja, combate corpo a corpo (sent. raro) (Tác. Agr. 36). II — Sent. figurado: 3) Amor, vínculo afetuoso (Cíc. Fin. 5, 65).

complicātus, -a, -um, e **complicĭtus, -a, -um,** part. pass. de **complĭco.**

complĭco, -ās, -āre, -āvī (ou -ŭī), -ātum, ou **-plicĭtum,** v. tr. Dobrar, enrolar (Cíc. Q. Fr. 3, 1, 17).

complōdō, -is, -ĕre, -plōsī, -plōsum (de **cum** e **plaudo,** ou melhor **plodo**) v. tr. Bater duas coisas, uma contra a outra (Petr. 18, 7).

complōrātĭo, -ōnis, subs. f. I — Sent. próprio: 1) Lamentação de uma ou várias pessoas juntas (T. Lív. 3, 47, 6). II — Daí: 2) Prantos, lamentação profunda (T. Lív. 2, 40, 9).

1. complōrātus, -a, -um, part. pass. de **complōro.**

2. complōrātus, -ūs, v. **comploratĭo** (T. Lív. 23, 42, 5).

complōro, -ās, -āre, -āvī, -ātum, v. intr. e tr. I — Intr.: 1) Lamentar-se juntamente, lamentar-se (A. Gél. 7, 5, 6). II — Tr.: 2) Lamentar, lastimar (Cíc. Dom. 98).

complōsi, perf. de **complōdo.**

complōsus, -a, -um, part. pass. de **complōdo.**

complŭit, -ĕre, v. impess. Chove (Varr. L. Lat. 5, 161).

1. complūrēs, -plūra, adj. n. pl. **-ĭum.** Vários, em maior número, mais numerosos (Cés. B. Gal. 1, 52, 5). Obs.: Superl. **complurĭmi** (A. Gél. 11, 1, 1).

2. complūrēs, -ĭum, subs. m., e f. pl. Muitas pessoas, várias pessoas (Cíc. Nat. 1, 8).

complŭvĭum, -ī, subs. n. 1) Complúvio, abertura quadrada no meio do telhado do átrio da casa romana, para captar a água da chuva recolhida em baixo no **impluvium** (Varr. L. Lat. 5, 161). 2) Por confusão posterior com o **impluvium:** reservatório quadrado no meio do átrio, onde vinha cair a água da chuva (Varr. L. Lat. 5, 125).

compōnō (conpōno), -is, -ĕre, -posŭī, -posĭtum, v. tr. I — Sent. próprio: 1) Pôr juntamente, juntar, reunir (Cíc. Dej. 17). Donde: 2) Guardar, pôr de reserva (Verg. En. 8, 317). 3) Edificar, construir, constituir (Sal. B. Jug. 18, 3). 4) Enterrar, sepultar (Ov. Met. 4, 157). II — Sent. figurado: 5) Compor, escrever, urdir (Hor. Ep. 2, 1, 251); (Cíc. Verr. 1, 116). Daí: 6) Fingir, simular, urdir, inventar (Plaut. Amph. 366). 7) Arranjar, instalar, dispor (Cíc. At. 15, 26, 3). Do sent. de «pôr juntamente» decorrem: 8) Harmonizar, conformar, apaziguar, acalmar (Tác. Hist. 4, 3). 9) Pôr ao lado um do outro, comparar, emparelhar, opor (Sal. B. Jug. 48, 1). 10) Dispor, combinar, regular, consertar (Cíc. At. 4, 9, 1). Obs.: Inf. pass. **componier** (Catul. 68, 141). Part. pass. sincopado **compostus** (Verg. En. 1, 249).

comportātus, -a, -um, part. pass. de **compōrto.**

compōrto, -ās, -āre, -āvī, -ātum, v. tr. Transportar para o mesmo lugar, transportar juntamente, amontoar, reunir (Cíc. Pis. 23).

compos, -pŏtis, adj. I — Sent. próprio: 1) Que está na posse de, que está senhor de (Cíc. Phil. 2, 97). II — Daí: 2) Que obteve, que possui (um bem material ou moral) (Ov. A. Am. 1, 486). Obs.: Constrói-se geralmente com gen., raramente com abl., ou absolutamente.

composĭtē, adv. Na língua retórica: Com frases bem arranjadas, com uma bela disposição (de palavras e idéias) (Cíc. De Or. 1, 48).

COMPOSITIŌ — 215 — **COMPRŎMITTŌ**

compositiō, -ōnis, subs. f. I — Sent. próprio: 1) Composição, preparação (de uma obra) (Cíc. Leg. 2, 55), de um remédio (Sên. Ben. 4, 28, 4), de um perfume (Cíc. Nat. 2, 146). II — Sent. figurado: 2) Disposição, arranjo, organização (Cíc. Tusc. 1, 41). 3) Acomodação, acôrdo, pacto (Cíc. Phil. 2, 24). 4) Arranjo das palavras na frase (t. de retórica) (Cíc. Or. 182).

compositor, -ōris, subs. m. I — Sent. próprio: 1) O que põe em ordem, o que sabe arrumar as idéias (Cic. Or. 61). II — Daí: 2) Compositor, escritor (Ov. Trist. 2, 356).

compositūra, -ae, subs. f. 1) Ligação das partes, nexo (Lucr. 4, 326). 2) Têrmo de gramática: construção (Cap. apud. A. Gél. 5, 20, 2).

compositus, -a, -um, I) — Part. pass. de **compōno.** II — Adj. 1) Composto, bem disposto, composto com arte (Sal. B. Jug. 85, 26). 2) Combinado, disposto, concertado (Sal. B. Jug. 85, 31). 3) Bem ordenado, regular, cuidado (Tác. Hist. 2, 89). 4) Adaptado, calmo, tranqüilo (Sên. Ep. 66, 5).

compōstus, v. **compositus.**

composŭi, perf. de **compōno.**

compōtātiō, -ōnis, subs. f. Ação de beber em conjunto (Cíc. C. M. 45).

compōtor, -ōris, subs. m. Companheiro no beber (Cíc. Phil. 2, 42).

compōtrix, -ĭcis, subs. f. Companheira no beber (Ter. Andr. 232).

comprānsor, -ōris, subs. m. Companheiro de mesa (Cíc. Phil. 2, 101).

comprecātiō, -ōnis, subs. f. Prece coletiva (a uma divindade) (T. Liv. 39, 15, 2).

comprĕcor, -āris, -ārī, -ātus sum, v. dep. tr. e intr. I — Trans. 1) Invocar, suplicar: **comprecari Jovi ture** (Plaut. Amph. 740) «invocar Júpiter com incenso». II — Intrans. 2) Orar, fazer uma prece (Plaut. Mil. 394).

comprehēndī, perf. de **comprehēndo.**

comprehēndō, (comprēndō), -ĭs, -ĕre, -prehēndī, -prehēnsum, v. tr. I — Sent. próprio: 1) Tomar juntamente, e daí: Tomar, agarrar, apanhar (sent. físico e moral) (Cíc. Nat. 1, 92). 2) Apoderar-se de, apanhar em flagrante, surpeender (Cíc. Cat. 2, 3). Sent. coletivo: Tomar juntamente, abranger, compreender, encerrar (Cíc. Ac. 2, 21); (Cíc. De Or. 2, 136). II — Sent. figurado: 4) Exprimir (Cíc. Fin. 2, 20). 5) Atar juntamente, ligar, unir, amarrar (T. Liv. 30, 10, 5).

comprehensibĭlis, -e, adj. I — Sent. próprio: 1) Que pode ser agarrado, palpável (Lact. 7, 12, 2). II — Daí: 2) Perceptível (à vista) (Sên. Nat. 6, 24, 1).

comprehensiō (comprensiō), -ōnis, subs. f. I — Sent. próprio: 1) Ação de agarrar com as mãos (Cíc. Nat. 1, 94). Daí: 2) Ação de se apoderar de alguma coisa, apreensão, prisão (Cíc. Phil. 2, 18). II — Sent. figurado: 3) Compreensão, percepção, conhecimento (t. filosófico) (Cíc. Ac. 2, 145). Na língua retórica: 4) Período, frase (Cíc. Br. 34).

comprehēnsus (-prēnsus), -a, -um, part. pass. de **comprehēndo.**

comprēndō = **comprehēndo.**

comprēssē, adv. De maneira sucinta, concisamente (Cíc. Fin. 2, 17).

comprēssī, perf. de **comprimo.**

compressiō, -ōnis, subs. f. I — Sent. próprio: 1) Compressão, ação de comprimir (A. Gél. 16, 3). II — Sent. figurado: 2) Concisão, precisão (do estilo) (Cíc. Br. 29). 3) Abraço (Plaut. Ps. 66.).

1. comprēssus, -a, -um, part. pass. de **comprĭmo.**

2. comprēssus, -ūs, subs. m. Compressão, apêrto (Cíc. C. M. 51). Obs.: Só se usa no abl. sing.

comprĭmō, -ĭs, -ĕre, -prēssī, -prēssum, v. tr. (de **com** e **premo**). I — Sent. próprio: 1) Comprimir, apertar, contrair (Cíc. Ac. 2, 145). II — Sent. figurado: 2) Reter, suspender, conter, reprimir (Verg. En. 6, 388). III — Empregos diversos: 3) Guardar, suprimir, suspender, ocultar, esconder (Ter. Phorm. 868); (T. Liv. 26, 41, 11).

comprobātiō, -ōnis, subs. f. Aprovação (Cíc. Fin. 5, 62).

comprobātor, -ōris, subs. m. Aprovador (Cíc. Inv. 1, 43).

comprobātus, -a, -um, part. pass. de **comprŏbo.**

comprŏbō, -ās, -āre, -āvī, -ātum, v. tr. 1) Aprovar inteiramente (Cíc. Pomp. 69). 2) Reconhecer como justo, comprovar, confirmar, certificar (Cés. B. Gal. 5, 58, 6).

comprōmīsī, perf. de **compromitto.**

comprōmissum, -ī, subs. n. Compromisso (Cíc. Com. 12).

comprōmittō, -ĭs, -ĕre, -mīsī, -missum, v. tr. (usado na língua jurídica): Com-

prometer-se reciprocamente a confiar a decisão de um pleito a um árbitro, sujeitar-se ao arbítrio de alguém (Cíc. Q. Fr. 2, 14, 4).
Compsa, -ae, subs. pr. f. Compsa, cidade do Sâmnio (T. Lív. 23, 1, 1).
Compsāni, -ōrum, subs. loc. m. pl. Compsanos, habitantes de Compsa (Plín. H. Nat. 3, 105).
Compsānus, -a, -um, adj. De Compsa (Cíc. Verr. 5, 164).
compsī, perf. de como.
comptē, adv. Com esmêro, cuidadosamente (Sên. Ep. 75, 6).
1. comptus, -a, -um. I — Part. pass. de como. II — Adj. (tratando-se de estilo): Preparado, burilado, elegante, cuidado (Cíc. C. M. 28).
2. comptus, -ūs, subs. m. I — Sent. próprio: 1) Cabelo penteado com arte (Lucr. 1, 87). II — Outro sent.: 2) Conjunto, união (Lucr. 3, 843).
compŭlī, perf. de compĕllo 2.
compŭlsus, -a, -um, part. pass. de compĕllo 2.
Compulterĭa, -ae, subs. pr. f. Compultéria, cidade do Sâmnio (T. Lív. 24, 20, 5).
compŭnctus, -a, -um, part. pass. de compŭngo.
compŭngō, -is, -ĕre, -pŭnxī, -pŭnctum, v. tr. I — Sent. próprio: 1) Picar (sent. físico e moral) (Cíc. Of. 2, 25). II — Sent. figurado: 2) Ferir, ofender, compungir (Lucr. 2, 420).
compŭnxī, perf. de compŭngo.
compŭrgō, -ās, -āre, v. tr. Purificar, limpar, esclarecer (Plín. H. Nat. 20, 127).
computātĭō, -ōnis, subs. f. I — Sent. próprio: 1) Cálculo, conta, computação (Sên. Ep. 84, 7). II — Sent. figurado: 2) Mania de contar, parcimônia (Sên. Ben. 4, 11, 2).
computātor, -ōris, subs. m. Calculador (Sên. Ep. 87, 5).
computātus, -a, -um, part. pass. de compŭto.
compŭto, -ās, -āre, -āvī, -ātum, v. tr. 1) Calcular, contar, computar (Juv. 10, 245); (Plín. H. Nat. 9, 118). 2) Levar em conta, contar com, acrescentar a, ser avaro (Sên. Ep. 14, 9). 3) Intr.: Fazer a conta (Cíc. Phil. 2, 94).
computrēscō, -is, -ĕre, -putrŭī, v. intr. Apodrecer completamente, decompor-se (pela podridão) (Plín. H. Nat. 32, 67); (com tmese): **conque putrescunt** (Lucr. 3, 343) «e apodrecem completamente».
computrŭī, perf. de computrēsco.
Cōmum, -ī, subs. pr. n. Como, cidade da Gália Transpadana (T. Lív. 33, 36, 14).
con- prevérbio, **com-**
Conae, -ārum, subs. pr. m. pl. Conas, povo da Ásia (Plín. H. Nat. 6, 55).
cōnāmen, -ĭnis, subs. n. I — Sent. próprio: 1) Esfôrço, ímpeto (Lucr. 6, 325). II — Sent. figurado: 2) Apoio (Ov. Met. 15, 224).
cōnātĭō, -ōnis, subs. f. Esfôrço, empenho (Sên. Nat. 2, 12, 1).
cōnātum, -ī, subs. n. (geralmente no pl.: conāta, -ōrum). Esforços, enmprêsa difícil, tentativa (Cés. B. Gal. 1, 3, 6).
cōnātus, -ūs, subs. m. I — Sent. próprio: 1) Esfôrço (físico ou moral) (Cíc. Phil. 10, 24). Daí: 2) Empenho, tentativa, emprêsa, impulso (Cíc. Fam. 12, 10, 2). II — Sent. figurado: 3) Inclinação, tendência (Cíc. Nat. 2, 122).
conca, v. concha.
concăcō, -ās, -āre, v. tr. Sujar com excremento, borrar (Fedr. 4, 18, 11); (Petr. 66, 7).
concădō, -is, -ĕre, v. intr. Cair junto, cair ao mesmo tempo (Sên. Nat. 6, 1, 8).
concaedēs, -ĭum, subs. f. pl. Corte de árvores, derrubada (Tác. An. 1, 50).
concalefacĭō, -is, -ĕre, fēcī, -fāctum, v. tr. Aquecer inteiramente (Cíc. De Or. 2, 316).
concalefactŏrĭus, -a, -um, v. concalfactorius.
concalefāctus, -a, -um, part. pass. de concalefacio.
concalefēcī, perf. de concalefacio.
concalefĭo, -īs, -fĭĕrī, -fāctus sum, v. pass. de concalefacĭo: Aquecer-se, ser aquecido.
concalēscō, -is, -ĕre, -calŭī, v. intr. Tornar-se bem quente, aquecer-se inteiramente, abrasar-se (Cíc. Tusc. 1, 42).
concalfacĭō = concalefacio.
concalfactŏrĭus, -a, -um, adj. Que aquece (Plín. H. Nat. 21, 141).
concallēscō, -is, -ĕre, -callŭī ou **concallĕō**, -ēs, -ēre, -callŭī v. intr. I — Sent. próprio: 1) Tornar-se caloso, endurecer (Cíc. Nat. 3, 25). II — Sent. figurado: 2) Tornar-se insensível, calejar-se, ficar calejado (Cíc. At. 4, 18, 2).
concallŭī, perf. de concallēsco.
concalŭī, perf. de concalēsco.
concamerātus, -a, -um, part. pass. de concamĕro.

concamĕrō, -ās, -āre, -āvī, -ātum, v. tr. Construir em abóbada, abobadar (Plín. H. Nat. 34, 148).

Concănī, -ōrum, subs. loc. m. Côncanos, povo da Cantábria, na Espanha (Hor. O. 3, 4, 34).

concastīgō, -ās, -āre, v. tr. Repreender severamente (Plaut. Bac. 497).

concavātus, -a, -um, part. pass. de **concăvo**.

concăvō, -ās, -āre, -āvī, -ātum, v. tr. Curvar, arquear (Ov. Met. 2, 195).

concăvus, -a, -um, adj. Côncavo, cavado (Cíc. Nat. 2, 98).

concēdēndus, -a, -um, adj. Desculpável, perdoável (Cíc. Part. 101).

concēdō, -is, -ĕre, -cēssī, -cēssum, v. tr. e intr. A) Intr.: I — Sent. próprio: 1) Pôr-se em marcha, a caminho, retirar-se, bater em retirada, desaparecer (Cíc. Cat. 1, 17). Daí: 2) Ceder o lugar a, ceder, ser inferior, sujeitar-se (Cíc. Tusc. 4, 63). II — Sent. figurado: 3) Conceder a, fazer concessão, permitir, perdoar (Cíc. De Or. 3, 198). Empregos especiais: 4) Cessar, falecer, morrer, passar de um estado a outro (Tác. An. 1, 3). 5) Seguir um partido, aderir (Cíc. Ac. 2, 101). B) Transitivamente: 6) Conceder, reconhecer, permitir (Cíc. Caecil 49); (C. Nep. Timoth. 2, 2). 7) Admitir uma opinião, concordar, fazer concessão (Cíc. Caecil. 23). 8) Deixar, abandonar (Cés. B. Gal. 3, 1, 6). 9) Renunciar, sacrificar (Cíc. Prov. 44). 10) Perdoar, desculpar (Cíc. Verr. 1, 128). Obs.: Constrói-se intransitivamente com abl.; ou com abl. e as preps. **ab** ou **ex**; com acus. com **ad** ou **in**; e com dat. Transitivamente com acus.; com acus. e dat., com dat. e infinitivo; com acus. e inf., ou com impessoal com **ut** ou **ne**.

concelebrātus, -a, -um, part. pass. de **concelĕbro**.

concelĕbrō, -ās, -āre, -āvī, -ātum, v. tr. I — Sent. próprio: 1) Freqüentar, ir em grande número, habitar em massa (Lucr. 2, 345). 2) Povoar em massa, povoar, ocupar (Lucr. 1, 4). II — Sent. figurado: 3) Fazer uma coisa várias vêzes, praticar com ardor, cultivar (Cíc. Inv. 1, 4). 4) Celebrar, festejar, solenizar (Cíc. Pomp. 61). 5) Divulgar, espalhar (Cés. B. Civ. 3, 72, 4).

concēnātĭō, -ōnis, subs. f. Festim em comum, banquete (Cíc. C. M. 45).

concentĭō, -ōnis, subs. f. 1) Ação de cantar juntamente, concento (Cíc. Sest. 118). 2) Harmonia, sinfonia (Apul. Mund. 29).

concēntus, -ūs, subs. m. I — Sent. próprio: 1) Concento, sinfonia, harmonia (de vozes ou instrumentos), concêrto (Verg. G. 1, 422). Daí: 2) Aplausos, aclamações (Plín. Paneg. 2, 6). II — Sent. figurado: 3) União, boa harmonia (Hor. Ep. 1, 14, 31).

concēpī, perf. de **concipĭo**.

conceptĭō, -ōnis, subs. f. (t. teórico). I — Sent. próprio: 1) Ação de conter, encerrar (Frontin. Aq. 66). Daí: 2) Concepção (Vitr. 8, 3, 14). II — Sent. figurado: 3) Concepção (de espírito), e na língua jurídica: Redação, fórmula (Cíc. Inv. 2, 58).

concēptum, -ī, subs. n. Feto, fruto (Suet. Dom. 22).

1. **concēptus, -a, -um**, part. pass. de **concipĭo**.

2. **concēptus, -ūs**, subs. m. I — Sent. próprio: 1) Ação de conter, o conteúdo (Sên. Nat. 5, 15, 1). II — Daí: 2) Ação de receber (Suet. Vit. 8, 2). 3) Concepção (t. de medicina) (Cíc. Div. 1, 93). 4) Germinação (Plín. H. Nat. 17, 91).

concērpō, -is, -ĕre, -cērpsī, -cērptum, v. tr. I — Sent. próprio: 1) Rasgar, dilacerar, fazer em pedaços (Cíc. At. 10, 12, 3). II — Sent. figurado: 2) Dizer mal de, censurar (Cael. apud. Cíc. Fam. 8, 6, 5).

concērpsī, perf. de **concērpo**.

concertātĭō, -ōnis, subs. f. I — Sent. próprio: 1) Combate (Ter. Ad. 212). II — Sent. figurado: 2) Debate filosófico ou literário, discussão (Cíc. Div. 1, 62).

concertātīvus, -a, -um, adj. Relativo à controvérsia, à disputa (Quint. 7, 2, 9).

concertātor, -ōris, subs. m. Rival (Tác. An. 14, 29).

concertātōrĭus, -a, -um, adj. Relativo à disputa, batalhador (Cíc. Br. 287).

concertātus, -a, -um, part. pass. de **concērto**.

concērtō, -ās, -arē, -āvī, -ātum, v. intr. I — Sent. próprio: 1) Combater, entrar em conflito com, lutar (Cés. B. Gal. 6, 5). II — Sent. figurado: 2) Discutir, disputar, altercar (Cíc. At. 13, 12, 2).

concēssī, perf. de **concēdo**.

concessĭō, -ōnis, subs. f. 1) Concessão, licença (Cíc. Agr. 3, 11). 2) Confissão de culpa (Cíc. Inv. 2, 94).

concēssum, -ī, subs. n. Coisa permitida (Verg. En. 5, 798).

1. concēssus, -a, -um. I — Part. pass. de concēdo. II — Adj.: 1) Permitido, lícito, concedido (Cíc. Verr. 3, 195).
2. concēssus, -ūs, subs. m. Concessão, consentimento, permissão (Cíc. Rep. 1, 50). Obs.: Geralmente em abl.
concha, -ae, subs. f. I) — Sent. próprio: 1) Concha, marisco ou molusco com concha (Cíc. De Or. 2, 22). Daí: 2) Concha de que se extrai a pérola (Plín. H. Nat. 9, 107). 3) Concha de que se tira a púrpura (Lucr. 2, 501). II — Sent. figurado: Objetos de concha ou parecidos com uma concha: 4) Pérola (Tib. 2, 4, 30). 5) Púrpura (Ov. Met. 10, 267). 6) Vaso em forma de concha (Hor. Sát. 1, 3, 12). 7) Concha marinha que serve de trombeta (Verg. En. 6, 171).
conchĕus, -a, -um, adj. De concha: conchea baca (Verg. Cul. 67) «a pérola».
conchis, -is, subs. f. Fava com a casca (Juv. 3, 293).
conchīta, -ae, subs. m. Pescador de conchas (Plaut. Rud. 310).
conchŷlia, -ōrum, subs. n. pl. Vestidos tingidos de púrpura (Juv. 3, 81).
conchȳliātī, -ōrum, subs. m. pl. Vestidos de púrpura (Sên. Ep. 62, 3).
conchȳliātus, -a, -um, adj. Tingido de púrpura (Cíc. Phil. 2, 67).
conchȳlium, -ī, subs. n. I — Sent. próprio: 1) Concha, marisco (em geral) (Cíc. Div. 2, 33). Daí: 2) Concha de que se extrai a púrpura (Lucr. 6, 1074). II — Sent. figurado: 3) Púrpura (tinta) (Cíc. Verr. 4, 59).
concīdī, perf. de concīdo.
concīdī, perf. de concĭdo.
1. concĭdō, -is, -ĕre, cĭdī (sem supino) (de cum e cado), v. tr. I — Sent. próprio: 1) Cair de uma vez, cair ao mesmo tempo, cair (Cés. B. Gal. 3, 14, 7). II — Sent. figurado: 2) Cair morto, tombar, ser imolado (Lucr. 1, 99); (Cíc. Tusc. 3, 66). 3) Ser derrotado, ser destruído; sucumbir, decair (sent. físico e moral) (Cíc. Phil. 2, 107); fides concidit (Cíc. Pomp. 19) «o crédito foi destruído».
2. concīdō, -is, -ĕre, -cīdī, -cīsum (de cum e caedo), v. tr. 1 — Sent. próprio: 1) Cortar em pedaços, fazer em pedaços, retalhar, cortar (Cíc. Flac. 73). II — Sent. figurado: 2) Destruir, deitar por terra, derrubar, massacrar (Cíc. Div. 1, 77). 3) Bater com fôrça em, abater (Cíc. Phil. 5, 28).

conciĕō, -īēs, -ēre, -cīvī, -cītum, ou conciō, -īs, -īre, -cīvī, -cītum, v. tr. I — Sent. próprio: 1) Mandar vir junto, reunir (T. Lív. 1, 8, 5). II — Sent. figurado: 2) Agitar violentamente ou ao mesmo tempo, excitar, sublevar, revoltar, provocar (Ov. Met. 3, 79). 3) Lançar num movimento rápido (Verg. En. 12, 921). Osb.: As formas da 3ª conjugação são as mais usadas. Imperf. do ind.: concibant (Tác. Hist. 5, 19). O particípio passado é normalmente concītus, mas a forma concītus também é atestada (Lucr. 2, 267).
conciliābŭlum (conciliābŏlum), -ī, subs. n. 1) Lugar de ajuntamento ou reunião, assembléia (Tác. An. 3, 40). 2) Lugar suspeito (Plaut. Bac. 80). Sentido especial: 3) Lugar de reunião dos habitantes de vários cantões de um mesmo povo (T. Lív. 7, 15, 3).
conciliātiō, -ōnis, subs. f. I — Sent. próprio: 1) Conexão, união, associação (Cíc. Of. 1, 149). II — Sent. figurado: 2) Favor, benevolência (Cíc. De Or. 2, 216). 3) Inclinação, tendência (Cíc. Fin. 3, 22). 4) Obtenção (Cíc. Clu. 84).
conciliātor, -ōris, subs. m. O que procura, prepara ou dirige (C. Nep. At. 12).
conciliātrĭcŭla, -ae, subs. f. (dim. de conciliātrix). Medianeira, alcoviteira (Cíc. Sest. 21).
conciliātrix, -īcis, subs. f. 1) Medianeira, lisonjeadora (Cíc. Nat. 1, 77). 2) Alcoviteira (Plaut. Mil. 1410).
conciliātūra, -ae, subs. f. Ocupação, ofício de medianeiro, de alcoviteiro (Sên. Ep. 97, 9).
1. conciliātus, -a, -um. I — Part. pass. de conciliō. II — Adj. 1) Querido, amado (T. Lív. 21, 2, 4). 2) Favorável, bem disposto (Quint. 4, 2, 24).
2. conciliātus, -ūs, subs. m. União, ligação (Lucr. 1, 575).
conciliō, -ās, -āre, -āvī, -ātum, v. tr. 1) Sent. primitivo: Reunir, juntar (Lucr. 1, 611). Daí: 2) Conciliar, unir, ligar (Cíc. Of. 1, 50). 3) Procurar obter, comprar, adquirir, granjear (Cíc. Verr. 2, 137); (Cíc. At. 6, 1, 21). 4) Obter a benevolência ou os favores (Cíc. Clu. 7). Donde: 5) Cativar, atrair (Cíc. Arch. 17). Obs.: Constrói-se com acus., com acus. com inter se, com dat., e, às vêzes, intransitivamente.
concilīum, -ī, subs. n. I — Sent. próprio: 1) Ajuntamento, reunião, conjun-

to (Lucr. 1, 484). II — Daí: 2) Assembléia, reunião (Cíc. Tusc. 1, 72). 3) Assembléia que delibera sôbre alguma coisa, conselho (Cíc. Vat. 15, 4). 4) Audiência (T. Liv. 43, 17, 7).

concinnātus, -a, -um, part. pass. de concīnno.

concinnē, adv. I — Sent. próprio: 1) Artìsticamente, elegantemente, engenhosamente (Plaut. Ep. 222). 2) Com uma construção simétrica, com paralelismo de estilo (Cíc. De Or. 2, 81). II — Sent. figurado: 3) Bem arranjado, apropriadamente, graciosamente (Cíc. Com. 49).

concinnĭtās, -tātis, subs. f. 1) Boa disposição, arranjo simétrico (das palavras, dos membros de frase), simetria (Cíc. Br. 38). Sent. pejorativo: 2) Disposição amaneirada, afetação (Sên. Ep. 115, 2).

concinnĭtūdō, -ĭnis, subs. f. = concinnĭtas (Cíc. Inv. 1, 25).

concīnnō, -ās, -āre, -āvī, -ātum, (de concīnnus), v. tr. 1) Arrumar, arranjar, preparar, limpar, dispor (Sên. Brev. 12, 2). Daí: 2) Cuidar, inventar, produzir Lucr. 4, 1283). Obs.: Constrói-se com acus.

concīnnus, -a, -um, adj. I — Sent. próprio: 1) Bem arranjado, bem proporcionado, regular, harmonioso (Plín. H. Nat. 16, 148). II — Daí: 2) Enfeitado, lindo (Plaut. Pers. 547). 3) Próprio, apropriado, cômodo (Hor. Ep. 1, 17, 29).

concĭnō, -ĭs, -ĕre, -cĭnŭī, v. intr. e tr. I — Sent. próprio: 1) Cantar juntamente tocar juntamente, tocar em concêrto (Cés. B. Civ. 3, 92, 5). II — Sent. figurado: 2) Formar um todo, estar em harmonia, estar de acôrdo (Cíc. Nat. 2, 19). Transitivo: 3) Cantar em côro, junto (Catul. 61, 12). 4) Cantar, celebrar (Hor. O. 4, 2, 33). 5) Anunciar, prognosticar pelo canto (tratando-se de ave) (Ov. Am. 3, 12, 2).

concĭnŭī, perf. de concĭno.

concĭō = concĭĕo.

concĭpĭō, -ĭs, -ĕre, -cēpī, -cēptum, v. tr. I — Sent. próprio: 1) Tomar juntamente ou inteìramente, conter, recolher juntamente (T. Liv. 37, 11, 13). 2) Receber, contrair, tomar (Cés. B. Civ. 3, 16, 3); (Cíc. Leg. 3, 32). Daí: 3) Conceber (sent. físico e moral), brotar (Ov. Met. 3, 214). II — Sent. figurado: 4) Perceber (pelos sentidos), imaginar (T. Liv. 1, 36, 4); (Cíc. Of. 3, 107). III

— Empregos especiais: 5) Conceber ou ter um sentimento, acolher, dar guarida (a uma idéia ou sentimento) (Cíc. Cat. 2, 7). 6) Absorver (Ov. Met. 6, 397). 7) Exprimir, pronunciar ou jurar segundo uma fórmula, repetir segundo uma fórmula (Cíc. Of. 3, 108). Loc.: 8) **concipere ignem** (Cíc. De Or. 2, 190) «inflamar-se, incendiar-se». 9) **concipere mente** (T. Liv. 1, 36, 4) «planejar, conceber no espírito».

concīsa, -ōrum, subs. n. pl. Membros curtos de frase (Quint. 11, 3, 170).

concīsē, adv. De modo breve, conciso, concisamente (Quint. 12, 2, 11).

concīsĭō, -ōnis, subs. f. Inciso (t. de retórica) (Cíc. Part. 19).

concīsūra, -ae, subs. f. I — Sent. próprio: 1) Corte, encaixe (Plín. H. Nat. 34, 63). II — Sent. figurado: 2) Distribuição (Sên. Ep. 100, 6).

concīsus, -a, -um. I — Part. pass. de **concīdo** 2. II — Adj. 1) Curto, conciso, breve, resumido (Cíc. De Or. 3, 202). 2) **concīsa, -ōrum** (substantivado) n. pl. (Quint. 11, 3, 170) «curtos membros de frase».

concĭtāmēntum, -ī, subs. n. Incentivo, estímulo (Sên. Ir. 3, 9, 2).

concĭtātē, adv. Vivamente, com animação (Quint. 8, 3, 4). Obs.: Comp. **concitatius** (Quint. 1, 8, 1).

concĭtātĭō, -ōnis, subs. f. I — Sent. próprio: 1) Movimento rápido (T. Liv. 44, 28, 10). II — Sent. figurado: 2) Arrebatamento, excitação (da alma) (Cíc. Tusc. 5, 48). 3) Tumulto, sedição (Cíc. Br. 56).

concĭtātor, -ōris, subs. m. O que incita, incitador, concitador, instigador (Cíc. Dom. 13).

concĭtātus, -a, -um. I — Part. pass. de **concĭto.** II — Adj. 1) Pronto, rápido (Cíc. Rep. 6, 18). 2) Excitado, arrebatado, ardente (Cíc. Mur. 24). 3) Veemente, violento (Quint. 6, 2, 9).

concĭtō, -ās, -āre, -āvī, -ātum, (freq. de **concĭĕo** ou **concĭo**), v. tr. I — Sent. próprio: 1) Mover com fôrça ou ràpidamente, lançar violentamente, ràpidamente (T. Liv. 10, 29, 10). II — Sent. figurado: 2) Excitar violentamente ou ràpidamente, sublevar, concitar (Cíc. Mur. 65). Daí: 3) Impelir, excitar, suscitar, provar (Cíc. Font. 33). Obs.: Constrói-se com acus. do gerúndio ou gerundivo com **ad;** com acus. com **in** ou **adversus;** com dat. e infinitivo.

concĭtor, -ōris, subs. m. O que excita, excitador, amotinador, concitador (T. Liv. 45, 10, 10).

concĭtus, -a, -um. I — Part. pass. de **concĭeo.** II — Adj. 1) Impetuoso, apressado, acelerado, rápido, veloz (Verg. En. 12, 331). 2) Excitado, desvairado (Verg. En. 11, 889).

conciuncŭla, v. **contiuncŭla.**

conclāmātĭō, -ōnis, subs. f. I — Sent. próprio: 1) Gritos, clamor (de uma multidão) (Tác. An. 3, 2). II — Daí:. 2) Aplausos, aclamações (Cés. B. Civ. 2, 26, 1).

conclāmātus, -a, -um, part. pass. de **conclāmo.**

conclāmĭtō, -ās, -āre, v. freq. de **conclāmo.** Gritar muito (Plaut. Merc. 57).

conclāmō, -ās, -āre, -āvī, -ātum, v. intr. e tr. I — Intr.: 1) Gritar com tôda a fôrça, gritar juntamente, gritar, conclamar, proclamar (Cés. B. Gal. 5, 37, 3). 2) Chamar às armas, dar sinal (sent. impess.) (Cés. B. Civ. 1, 66, 1); (Cés. B. Gal. 7, 70, 6). 3) Chamar em voz alta (Cés. B. Gal. 1, 47, 6). II — Tr.. 4) Chamar aos gritos, invocar, chamar pela última vez (por um morto) (T. Lív. 4, 40, 3). 5) Chamar aos gritos, aclamar (Verg. En. 7, 504); (Sên. Ep. 52, 13). Obs.: Constrói-se com acus.; com acus e inf., com ut; com conj. integrante e subj.; intransitivamente.

conclausus = **conclūsus, -a, -um,** part. pass. de **conclūdo.**

conclāve, -is, subs. n. Qualquer das peças de uma casa que se fecham por uma só chave: quarto de dormir, sala de jantar, quarto (em geral) (Ter. Eun. 583); (Cíc. De Or. 2, 353).

conclūdō, -is, -ĕre, -clūsī, -clūsum, v. tr. I — Sent. próprio: 1) Fechar encerrar, enclausurar, conter (Cíc. Leg. 1, 17); (Cíc. De Or. 1, 260). Daí: 2) Acabar, terminar, completar, concluir (Cíc. At. 9, 10, 5). 3) Tirar uma conclusão, concluir (Cíc. Part. 47). 4) Na língua da retórica: dar um fim harmonioso à frase, concluir harmoniosamente (Cíc. Or. 230).

conclūsē, adv. Em frases periódicas, harmoniosamente (Cíc. Or. 177).

conclūsī, perf. de **conclūdo.**

conclūsĭō, -ōnis, subs. f. I — Sent. próprio: Ação de fechar ou encerrar; donde, na língua militar: 1) Cêrco, sítio (Cés. B. Civ. 2, 22, 1). Na língua retórica: 2) Fim do discurso (Cíc. Inv. 1, 19). 3) Período oratório (Cíc. De Or. 2, 34). Na língua filosófica: 4) Argumentação, raciocínio, conclusão (de um silogismo) (Cíc. Top. 54).

conclūsiuncŭla, -ae, subs. f. Pequeno argumento (Cíc. Ac. 2, 75).

conclūsus, -a, -um, part. pass. de **conclūdo.**

concoctĭo, -ōnis, subs. f. Digestão, concocção (Plin. H. Nat. 27, 48).

concoctus, -a, -um, part. pass. de **concŏquo.**

concŏlor, -ōris, adj. (de cum e color). 1) Da mesma côr, concolor (Verg. En. 8, 82). Daí: 2) De uma só côr (Plin. H. Nat. 10, 67).

concŏquō, -is, -ĕre, concōxī, concōctum, v. tr. I — Sent. próprio: 1) Cozinhar juntamente com (Sên. Ep. 95, 28). 2) Digerir, elaborar (Cíc. Fin. 2, 64). Do sent. físico de «digerir», «fazer uma digestão», passou-se para o moral de: 3) Digerir uma desgraça, suportá-la com resignação, suportar, sofrer (Cíc. Q. Fr. 3, 9, 5). II — Sent. figurado: 4) Pensar maduramente, refletir, meditar, cozinhar um assunto, uma resolução, etc. (Cíc. Com. 45).

concordātus, -a, -um, part. pass. de **concōrdo.**

1. concordĭa, -ae, subs. f. I — Sent. próprio: 1) Concórdia, acôrdo, boa harmonia (T. Lív. 4, 43, 11). II — Sent. figurado: 2) Acôrdo (de vozes, sons), atração (Hor. Ep. 1, 12, 19).

2. Concordĭa, -ae, subs. pr. f. Concórdia, deusa protetora da vida moral e social em Roma (Ov. F. 3, 881).

3. Concordĭa, -ae, subs. pr. f. Concórdia, cidade da Venécia (Plin. H. Nat. 3, 126).

Concordĭa-Julĭa, subs. pr. f. Cidade da Lusitânia (Plin. H. Nat. 3, 14).

Concordĭēnsēs, -ĭum, subs. loc. m. Habitantes de Concórdia (Plin. H. Nat. 4, 118).

concordĭter, adv. De bom acôrdo, em boa disposição, perfeitamente (Plaut. Curc. 264). Obs.: superl. **concordissime** (Cíc. Rab. Perd. 14).

concōrdō, -ās, -āre, -āvī, -ātum, v. intr. Concordar, estar de acôrdo, viver em bom entendimento, dar-se bem (Cíc. Tusc. 4, 30).

concorporātus, -a, -um, part. pass. de **concorpŏro.**

concorpŏrō, -ās, -āre, -āvī, -ātum, v. tr. Unir num só corpo, incorporar (Plin. H. Nat. 22, 113).

concors, -cŏrdls, adj. I — Sent. próprio: 1) Unido cordialmente, concorde, que está de acôrdo com (Cíc. Lig. 5). II — Sent. figurado: 2) Onde há acôrdo, união, harmonioso (Verg. En. 3, 542). Obs.: Constrói-se como absoluto; com **cum** e abl.; com dat. O nom. e acus. pl. n. **concordia** ocorre em Vergílio (En. 3, 542).
concoxī, perf. de **concŏquo.**
concrēbrēscō, -is, -ĕre, -brŭī, v. incoat. intr. Aumentar, redobrar de violência (tratando-se de ventos) (Verg. Cir. 25).
concrebrŭī, perf. de **concrebrēsco.**
concrēdĭdī, perf. de **concrēdo.**
concrēdĭtus, -a, -um, part. pass. de **concrēdo.**
concrēdō, -is, -ĕre, -dĭdī, -dĭtum, v. tr. 1 Confiar (Cíc. Quinct. 62). 2) Confiar-se, fazer confidência (Hor. Sát. 2, 6, 43). Obs.: Constrói-se com acus. e dat.; com dat.; e acus. com **in.**
concrēdŭō, v. arc. = **concrēdō** (Plaut. Aul. 585).
concremātus, -a, -um, part. pass. de **concrĕmo.**
concrĕmō, -ās, -āre, -āvī, -ātum, v. tr. Queimar até o fim, reduzir a cinzas, abrasar, incendiar (T. Liv. 5, 42, 2).
concrĕpō -ās, -āre, -crepŭī, -crepĭtum, v. intr. 1) Dar estalos, dar estalos com fôrça, fazer ruído, fazer estrondo (Cés. B. Gal. 7, 21, 1). Transitivamente: 2) Fazer retumbar ao mesmo tempo, ou com fôrça (Ov. F. 5, 441).
concrepŭī, perf. de **concrĕpo.**
concrēscō, -is, -ĕre, -crēvī, -crētum, v. intr. 1) Formar-se ou crescer por agregação, ou por condensação (Col. 3, 11, 8). Daí: 2) Condensar-se, tornar-se espêsso, e tratando-se de líquido: congelar, coagular-se, gelar (Cíc. Nat. 2, 26); (Verg. En. 12, 905). Obs.: Inf. Perf. sincopado: **concresse** (Ov. Met. 7, 416).
concrēsse = **concrevīsse.**
concrētĭō, -ōnis, subs. f. I — Sent. próprio: 1) Concreção (formado por agregação), condensação (Cíc. Tusc. 1, 66). II — Daí: 2) Agregação, reunião (Cíc. Nat. 1, 71).
concrētus, -a, -um. I — Part. pass. de **concrēsco.** II — Adj.: Compacto, espêsso, concreto, material (Cíc. Nat. 2, 59).
concrēvī, perf. de **concrēsco.**
concrucĭor, -ārīs, -ārī (passivo do desusado **concrucĭo**). Ser atormentado por todos os lados, sofrer inteiramente, ser torturado (Lucr. 3, 148).
concubĭa nox, subs. f. Espaço da noite em que todos estão deitados, altas horas da noite (T. Liv. 25, 9, 8).
concubīna, -ae, subs. f. Concubina (Cíc. de Or. 1, 183).
concubīnātus, -ūs, subs. m. Concubinato (Plaut. Trin. 690).
concubīnus, -ī, subs. m. Companheiro de cama, amante (Catul. 61, 130).
concubĭtus, -ūs, subs. m. I — Sent. próprio: 1) Lugar à mesa (Prop. 4, 8, 36). II — Sent. figurado: 2) Relações do homem com a mulher (Cíc. Nat. 1, 42). 3) Coito de animais (Verg. G. 4, 198).
concŭlcō, -ās, -āre, -āvī, -ātum, v. tr. I — Sent. próprio: 1) Calcar com os pés, pisar (Cíc. Pis. 61). II — Sent. figurado: 2) Esmagar, oprimir, maltratar, tratar com desprêzo (Cíc. Sest. 81).
concumbō, -is, -ĕre, -cubŭī, -cubĭtum, v. intr. Deitar-se juntamente ou ao lado, deitar-se (Prop. 5, 1, 4); (Cíc. Fat. 30). Obs.: Constrói-se com dat., ou abl. acompanhado de **cum.**
concupĭens, -ēntis. I — Part. pres. de **concupīsco.** II — Adj.: Ávido (Cíc. Div. 1, 107).
Concupĭēnsēs, -ĭum, subs. loc. m. Concupienses, povo da Itália (Plín. H. Nat. 5, 113).
concupĭī, perf. de **concupīsco.**
concupīscō. -is, -ĕre, -pīvī (ou **-pĭī**), **-pītum,** v. tr. Cobiçar, desejar ardentemente (Cíc. Tusc. 3. 19); (Cíc. Of. 3, 83). Obs.: Constrói-se com acus.; com inf.; e com acus. e inf. Formas contratas: **concupīstis** (T. Liv. 3, 67, 7); **concupīsset** (Cíc. Phil. 5, 22).
concupītus, -a, -um, part. pass. de **concupīsco** (Cíc. Tusc. 4, 12).
concŭrō, -ās, -āre, v. tr. Cuidar bem, tratar bem (Plaut. Bac. 131).
concŭrrī, perf. de **concŭrro.**
concŭrrō, -is, -ĕre, -cŭrrī, -cūrsum, v. intr. I — Sent. próprio: 1) Correr juntamente ou em massa (Cíc. Verr. 4, 95). 2) Marchar contra, ir um contra o outro, avançar, combater, lutar, entrechocar (Cés. B. Civ. 2, 25, 5). Daí: 3) Na língua jurídica: Ser concorrente, afluir (Cíc. At. 16, 3, 5). 4) Aproximar-se, encontrar-se, unir-se (Sên. Ep. 11. 2) Obs.: Constrói-se com **cum;** com **in** ou **contra;** com dat.

concursātĭō, -ōnis, subs. f. I — Sent. próprio: 1) Ação de correr juntamente, afluência (Cíc. Br. 242). Daí: 2) Ação de andar para lá e para cá, idas e vindas (Cíc. Verr. 1, 75). 3) Movimento agitado, agitação, confusão (T. Lív. 41, 2, 6). 4) Escaramuça (T. Lív. 30, 34, 2). II — Sent. figurado: 5) Agitação (de espírito), inquietação (Sên. Ep. 3, 5).

concursātor, -ōris, adj. O que anda para cá e para lá, em constantes idas e vindas (T. Liv. 27, 18, 14).

concursĭō, -ōnis, subs. f. I — Sent. próprio: 1) Encontro, embate (Cíc. Ac. 1, 6). II — Daí: 2) Concurso, afluência (Cíc. Top. 76). 3) Repetição (t. de retórica) (Cíc. De Or. 3, 206).

concūrsō, -ās, -āre, -āvī, -ātum, v. intr. 1) Correr juntamente, correr para um lado e para outro (Cés. B. Gal. 5, 33, 1). 2) Transitivamente: Percorrer (Cíc. Mur. 44).

concūrsus, -ūs, subs. m. I — Sent. próprio: 1) Ação de correr juntamente, afluência, concurso (Cés. B. Civ. 1, 76). Daí: 2) Encontro, choque (Cíc. De Or. 3, 171); (Cés. B. Civ. 2, 6, 5). 3) Combate, luta (Cés. B. Civ. 3, 92, 1). II — Sent. figurado: 4) Reunião, ajuntamento (Cíc. Fin. 2, 111). 5) Assalto (Cíc. Ac. 2, 70).

concūssī, perf. de **concutĭo.**

concussĭō, -ōnis, subs. f. Abalo, tremor, agitação (Sên. Nat. 6, 25, 4).

1. concūssus, -a, -um, part. pass. de **concutĭo.**

2. concūssus, -ūs, subs. m. Abalo, sacudidela (Ov. Met. 15, 811).

concustōdĭō, -is, -īre, -īvī, -ītum, v. tr. Guardar com cuidado (Plaut. Aul. 724).

concutĭō, -is, -ĕre, -cūssī, -cūssum, v. tr. 1 — Sent. físico: 1) Sacudir violentamente, sacudir, agitar (Ov. Met. 2, 50). II — Sent. moral: 2) Abalar, agitar, concutir (Tác. Hist. 5, 25). Daí: 3) Causar terror, aterrorizar (Sal. C. Cat. 24, 1). 4) Bater em, bater um contra o outro, entrechocar (Sên. Nat. 2, 28, 1). III — Empregos especiais (poético): 5) Ferir (Verg. En. 5, 869). 6) Abalar (C. Nep. Epam. 6, 4). 7) Sublevar, revoltar (Petr. 124, 288).

condĕcet, -ēre, v. impes. Convir (Plaut. Ps. 935).

condecŏrō, -ās, -āre, -āvī, -ātum, v. tr. I — Sent. próprio: 1) Ornar, decorar (Plaut. Capt. 878). II — Sent. figurado: 2) Realçar, honrar (Ter. Hec. 45).

condēmnātĭō, -ōnis, subs. f. Condenação, pena (Cíc. Clu. 135).

condemnātus, -a, -um, part. pass. de **condēmno.**

condēmnō, -ās, -āre, -āvī, -ātum, v. tr. 1) Sent. próprio e figurado: Condenar (Cíc. Vat. 41). Daí: 2) Acusar, fazer condenar (Cíc. Verr. 5, 177). 3) Declarar culpado (Cic. De Or. 1, 172). Loc.: 4) **condemnare capitis** (Cíc. Rab. perd. 12) «condenar à morte». 5) **condemnare capitali poena** (Suet. Dom. 14) «condenar à pena capital». 6) **condemnare ad bestias** (Suet. Cal. 27) «condenar às feras». Obs.: Constrói-se com acus.; com acus. e gen. de crime ou explicativo; com acus. e abl.; com acus. com **in** ou **ad**.

condensĕō, -ēs, -ēre = **condēnso** (Lucr. 1, 392).

condēnsō, -ās, -āre, -āvī, -ātum, v. tr. Tornar compacto, espêsso, condensar, coagular, coalhar (Col. 7, 8, 4). 2) Apertar, juntar (Varr. R. Rust. 2, 3, 9).

condēnsus, -a, -um, adj. I — Sent. próprio: 1) Espêsso, compacto, denso (T. Liv. 26, 5, 13). II — Sent. figurado: 2) Coberto de (T. Liv. 25, 39, 1).

condicĭō, -ōnis, subs. f. 1) Condição fixada entre duas pessoas, pacto, estipulação (Cíc. Verr. 1, 137). 2) Situação resultante de um pacto, situação (em geral), condição, estado (Cíc. Tusc. 1, 15). 3) Ajuste (de casamento), casamento, partido (Cíc. Lae. 34).

condīcō, -is, -ĕre, -dīxī, -dīctum, v. tr. 1) Fixar as condições de um pacto ou de um acôrdo, ajustar, acordar (Just. 15, 2, 16). 2) Obrigar-se, comprometer-se a (Plin. Pref. 6). Donde, especialmente: 3) Anunciar-se para jantar, dar-se por convidado para jantar (Suet. Tib. 42, 2); (Cíc. Fam. 1, 9, 20).

condīctus, -a, -um, part. pass. de **condīco.**

condidī, perf. de **condo.**

condidĭcī, perf. de **condisco.**

condignē, adv. De maneira digna, dignamente (Plaut. Cas. 131).

condīgnus, -a, -um, adj. Condigno, muito digno (Plaut. Amph. 537).

condīmēntum, -ī, subs. n. I — Sent. próprio: 1) Condimento, têmpero, adubo (Col. 12, 8, 1). II — Sent. figurado: 2) Condimento, têmpero, sal (Cíc. Fin. 2, 90). 3) Graça, facécia (Cíc. De Or. 2, 271).

condĭō, -īs, -īre, -īvī (ou ĭī) -ītum, v. tr. I — Sent. próprio: 1) Temperar, dar melhor gôsto, adubar, condimentar (Cíc. Fam. 7, 6, 22). II — Sent. figurado: 2) Temperar, condimentar (Cíc. At. 12, 40, 3). 3) Embalsamar (Cíc. Tusc. 1, 108). Daí: 4) Pôr de conserva, curtir, temperar com especiarias (Cat. Agr. 117). Em sent. moral: 5) Tornar agradável, suavizar, moderar (Cíc. C. M. 10). 6) Realçar (Cíc. Or. 185).

condiscĭpŭla, -ae, subs. f. Companheira de escola, condiscípula (Marc. 10, 35, 15).

condiscĭpŭlātus, -ūs, subs. m. Condiscipulato, qualidade ou estado de condiscípulos, situação de camaradagem de escola (C. Nep. At. 5, 3).

condiscĭpŭlus, -ī, subs. m. Condiscípulo (Cíc. Tusc. 1, 41).

condiscō, -is, -discĕre, -didĭcī (sem supino), v. tr. 1) Aprender com alguém (Apul. Flor. 18, 42). Daí: 2) Aprender a fundo (Hor. O. 4, 11, 34).

condĭtĭō, -ōnis, subs. f. 1) Preparação (de conservas) (Cíc. Div. 1, 116). 2) Preparação de alimentos, têmpero (Cíc. Nat. 2, 146).

condĭtīvum, -ī, subs. n. Túmulo (Sên. Ep. 60, 4).

condĭtor, -ōris, subs. m. I — Sent. próprio: 1) Fundador (Sal. B. Jug. 89, 4). II — Daí: 2) Criador (Sên. Prov. 5, 8). 3) O que faz alguma coisa, autor (Plaut. Ep. 523). 4) Cantor (Ov. F. 6, 21). 5) Organizar (Cíc. Clu. 71).

condĭtōrĭum, -ī, subs. n. I — Sent. próprio: 1) Armazém, depósito (Am. Marc. 18, 9, 1). II — Sent. figurado: 2) Caixão, ataúde (Suet. Aug. 18, 1). 3) Sepulcro, túmulo, conditório (Plín. Ep. 6, 10, 5).

condĭtrix, -īcis, subs. f. Fundadora (Apul. Apol. 18, 6).

1. condĭtūra, -ae, (de condo), subs. f. Preparação, confecção (Petr. 51, 5).

2. condĭtūra, -ae, (de condĭo), subs. f. I — Sent. próprio: 1) Preparação de conservas (Col. 12, 11, 2). II — Sent. figurado: 2) Acomodamento (Sên. Ir. 3, 15, 1).

1. condĭtus, -a, -um, part. pass. de condo.

2. condĭtus, -a, -um. I — Part. pass. de condĭo. II — Adj.: Temperado, realçado (Cíc. Br. 110).

3. condĭtus, -ūs, subs. m. Fundação (de uma cidade) (Apul. Apol. 25, 8).

condixī, perf. de condico.

condō, -is, -ĕre, condĭdī, condĭtum, v. tr. I— Sent. próprio: Pôr juntamente, reunir coisas dispersas, e daí: 1) Fundar, construir, criar (Cíc. Cat. 3, 2). II — Sent. figurado: 2) Compor, escrever, redigir (Cíc. At. 1, 16, 15). 3) Descrever, contar, celebrar (Ov. Trist. 2, 336). III — Empregos diversos: 4) Pôr de parte, conservar, guardar, reservar, encerrar, prender (Cíc. Nat. 2, 156); (T. Lív. 27, 37, 6); (Cíc. Verr. 5, 76). 5) Esconder, ocultar (sent. próprio e figurado): (Verg. G. 1, 438); (Tác. An. 2, 28). 6) Enterrar, sepultar (Verg. En. 5, 48); (Cíc. Tusc. 1, 108). Donde: 7) Consumir, gastar o tempo, passar o tempo (Verg. Buc. 9, 52). Obs.: Constrói-se com acus., com obj. direto e acus. de movimento, com in; com obj. dir. e abl., com in (de lugar); obj. dir. e locativo.

condocefacĭō, -is, -ĕre, -fēcī, -făctum, v. tr. Adestrar, instruir, ensinar (Cíc. Nat. 2, 161).

condocefăctus, -a, -um, part. pass. de condocefacio.

condocefēcī, perf. de condocefacio.

condocĕō, -ēs, -ĕre, -dŏctum, v. tr. Instruir, exercitar, ensinar, amestrar (Plaut. Poen. 480).

condŏctus, -a, -um. I — Part. pass. de condocĕo. II — Adj.: Ensinado, instruído, amestrado (Plaut. Poen. 581).

condolĕō, -ēs, -ēre, v. intr. 1) Sofrer junto, sofrer conjuntamente (Tert. Paen. 10). 2) Sofrer muito, ter grande dor, sofrer com (Cíc. At. 15, 4, 1).

condolēscō, -is, -ĕre, dolŭī, v. incoat. intr. Começar bruscamente a sofrer, sentir grande dor, experimentar um sofrimento (Cíc. Tusc. 2, 52).

condolŭī, perf. de condolēsco.

condōnātĭō, -ōnis, subs. f. Doação (Cíc. Verr. 1, 12).

condōnātus, -a, -um, part. pass. de condōno.

condōnō, -ās, -āre, -āvī, -ātum, v. tr. I — Sent. próprio: 1) Fazer entrega ou cessão de, entregar (Cíc. Of. 2, 78). 2) Abandonar, adjudicar, consagrar, dedicar, sacrificar (por renúncia) (Sal. B.

Jug. 79, 9); (Cíc. Clu. 195). II — Sent. figurado: 3) Perdoar (em atenção a alguém) (Cés. B. Gal. 1, 20, 6). 4) Doar, presentear, fazer presente (Plaut. Amph. 536). Obs.: Constrói-se com acus. e dat.; com duplo acus.

condormĭŏ, -īs, -īre, v. intr. Dormir profundamente (Q. Cúrc. 6, 10, 14).

condormīscō, -ĭs, -ĕre, -dormīvī, v. intr. Adormecer (Plaut. Curc. 360).

Condrūsī, -ōrum, subs. loc. m. Condrusos, povo da Bélgica (Cés. B. Gal. 2, 4, 10).

condūcĭbĭlis, -e, adj. Útil (Plaut. Ep. 260).

condūcō, -ĭs, -ĕre, -dūxī, -dūctum, v. tr. e intr. I — Sent. próprio: A) Trans.: 1) Conduzir, levar junto (Cés. B. Gal. 2, 2, 4). Daí: 2) Reunir, ajuntar, contrair, unir, cicatrizar (Lucr. 1, 397). II — Sent. figurado: 3) Contratar, tomar ao seu serviço (falando de pessoa), alugar, arrendar (tratando-se de coisas), tomar de empreitada, tomar a juros (Cés. B. Gal. 2, 1, 4); (Cíc. Cael. 18); (Hor. Sát. 1, 2, 9). B) Intr.: 4) Ser vantajoso, útil, convir (Cíc. Fam. 5, 19, 2). Obs.: Constrói-se com acus., com in ou ad; com dat. e intransitivamente. Inf. pass. arc. **conducier** (Plaut. Merc. 663).

conductīcĭus, -a, -um, adj. I — Sent. próprio: 1) Condutício, que se aluga, alugado, contratado (Plaut. Ep. 313). II — Sent. figurado: 2) Mercenário, condutício (C. Nep. Iphic. 2).

conductĭō, -ōnis, subs. f. I — Sent. próprio: 1) Arrendamento, hipoteca, aluguel (Cíc. Caec. 94). II — Sent. figurado: 2) Recapitulação, reunião de argumentos (t. de retórica) (Cíc. Inv. 1, 74).

conductor, -ōris, subs. m. I — Sent. próprio: 1) Locatário, caseiro, inquilino (Plín. Ep. 7, 30, 3). II — Sent. figurado: 1) Empreiteiro (Cíc. Q. Fr. 3, 1, 5).

conductum, -ī, subs. n. Casa alugada (Cíc. Clu. 175).

conductus, -a, -um. I — Part. pass. de condūco. II — Tomado subs.: **conductī**, -ōrum (Hor. A. Poét. 431) «soldados mercenários».

conduplĭcātĭō, -ōnis, subs. f. Duplicação. e em sent. figurado: abraço (Plaut. Poen. 1297).

conduplĭcō, -ās, -āre, -āvī, v. tr. Redobrar, duplicar (Lucr. 1, 712).

condūrō, -ās, -āre, v. tr. Tornar mais duro, endurecer (Lucr. 6, 968).

condūxī, perf. de condūco.

Condȳlon, -ī, subs. pr. n. Côndilon, fortaleza da Tessália (T. Liv. 44, 6).

Cōnē, -ēs, subs. pr. f. Cone, ilha na foz do Danúbio (Lucr. 3, 200).

cōnēctō, -ĭs, -ĕre, conexŭī, conēxum (de cum e necto), v. tr. I — Sent. próprio: 1) Ligar juntamente, prender junto, unir, conexionar, ajuntar, ser contíguo (Cíc. Or. 235). II — Sent. figurado: 2) Ligar, unir, (Cíc. Fin. 1, 67). 3) Formar por ligação (Plín. Ep. 4, 15, 2). Obs.: Constrói-se com abl., com cum, com inter se; com dat. e intransitivamente.

cōnexĭō, -ōnis, subs f. Conexão, ligação (Cíc. Fat. 2).

conexŭī, perf. de conēcto.

cōnēxum, -ī, subs. n. Encadeamento lógico, conseqüência necessária (Cíc. Ac. 2, 96).

1. cōnēxus, -a, -um. I — Part. pass. de conēcto. II — Adj.: Contínuo, que forma uma continuidade (Tác. Hist. 1, 65).

2. cōnēxus, -ūs, subs. m. Ligação (Lucr. 3, 557).

confābŭlor, -āris, -ārī, -ātus sum, v. dep. I — Intr. 1) Falar, confabular, conversar (Plaut. Merc. 188). II — Trans. 2) Falar de alguma coisa, tratar de (Plaut. Cist. 742).

confarreātĭō, -ōnis, subs. f. Confarreação (forma solene do casamento romano) (Plín. H. Nat. 18, 10).

confarreātus, -a, -um, part. pass. de confarrĕo.

confarrĕō, -ās, -āre, -ātum, v. tr. Casar por confarreação, solenemente (Tác. An. 4, 16).

confātālis, -e, adj. Sujeito à mesma fatalidade, ao mesmo destino (Cíc. Fat. 30).

confēcī, perf. de conficĭo.

confectĭō, -ōnis, subs. f. I — Sent. próprio: Ação de fazer completamente, produzir, compor, completar, daí: 1) Acabamento, terminação, confecção (Cíc. Phil. 14, 1). 2) Composição (Cíc. C. M. 2). 3) Redação (Cíc. De Or. 2, 52). Daí: 4) Cobrança (Cíc. Flac. 20). II — Sent. figurado: 5) Enfraquecimento (Cíc. Frag. F. 5, 82).

confector, -ōris, subs. m. I — Sent. próprio: 1) O que faz, prepara, completa ou termina (Cíc. Fam. 10, 20, 3). II — Sent. figurado: 2) Destruidor (Cíc. Nat. 2, 41).

confectus, -a, -um, part. pass. de conficĭo.

conferbŭī, perf. de **confervēsco**.
confercĭō, -īs, -īre, -fērsī, -fērtum (de **cum** e **farcio**), v. tr. Acumular, amontoar (Lucr. 6, 158).
conferēndus, -a, -um, adj. Comparável (Cíc. Of. 1, 78).
confĕrō, -fers, -fērre, contŭlī, collātum (conlatum), v. tr. I — Sent. próprio: 1) Trazer juntamente, amontoar, reunir (Cíc. Verr. 4, 121). 2) Transportar (sent. físico e moral), dirigir (Cíc. Pomp. 17); (Cíc. At. 3, 4). Daí: 3) Trazer como contribuição, contribuir para, fornecer, dar (Suet. Tib. 4, 1); (T. Lív. 40, 60, 5). II — Sent. figurado: 4) Pôr lado a lado, comparar, conferir (Cíc. Br. 213). Daí: 5) Pôr frente a frente para lutar, combater (Cés. B. Civ. 1, 74, 2). Daí: 6) Aproximar, unir, estreitar, juntar (Cíc. Verr. 3, 31). 7) Aplicar, destinar, empregar em, consagrar, dedicar (Cíc. Agr. 2, 61). 8) Atribuir, lançar a, imputar (Cíc. Or. 137). 9) Diferir, adiar, aguardar (Cés. B. Gal. 1, 40, 14). 10) Fazer passar para uma obra, redigir (Cíc. Tusc. 1, 8). Loc.: 11) **manum, pedem, gradum, arma, signa conferre**: «combater, travar combate, ter como adversário» (T. Lív. 9, 5, 10); (T. Lív. 7, 33, 11); (Cíc. Planc. 48). 12) **conferre sermonem**, ou ùnicamente **conferre** e acus.: Trocar idéias, conversar, contar (Cíc. Of. 1, 136).
confērsī, perf. de **confercĭo**.
confērtim, adv. Em tropa cerrada, em massa compacta (Sal. B. Jug. 50, 5).
confērtus, -a, -um. I — Part. pass. de **confercĭo**. II — Adj.: 1) Amontoado, denso, espêsso, cerrado (Cés. B. Gal. 2, 25, 1). 2) Pleno, cheio, apinhado (Cíc. Tusc. 3, 44). Obs.: Constrói-se com abl.
confervĕfacĭō, -is, -ĕre, v. tr. Fundir, derreter (Lucr. 6, 353).
confervēscō, -is, -ĕre, ferbŭī, v. incoat. intr. I — Sent. próprio: 1) Aquecer completamente, inflamar-se (Vitr. 5, 3). II — Sent. figurado: 2) Ferver, inflamar-se (Hor. Sát. 1, 2, 71).
confessĭō, -ōnis, subs. f. I — Sent. próprio: 1) Confissão (Cíc. Verr. 4, 104). II — Sent. figurado: 2) Reconhecimento (T. Lív. 1, 45, 3).
confēssus, -a, -um. I — Part. pass. de **confitĕor**. II — Subs.: 1) **confessum**, n. sing. Conhecimento (Plín. Ep. 10, 81, 7). 2) **confessa**, n. pl. Coisas evidentes, incontestáveis (Sên. Nat. 2, 21, 1). 3) Loc.: **ex confesso** (Sên. Ep. 76, 12) «manifestamente, incontestàvelmente».
confēstim, adv. Imediatamente, logo (Cíc. Of. 3, 112).
confēxim = **confecĕrim**, perf. subj. de **conficio**.
conficĭens, -ēntis. I — Part. pres. de **conficio**. II — Adj.: Que efetua, que opera, eficiente (Cíc. Part. 93).
conficĭō, -is, -ĕre, -fēci, -fēctum (de **cum** e **facio**), v. tr. I — Sent. próprio: 1) Acabar completamente, acabar, completar, executar, concluir (Cic. Or. 176); (Cés. B. Gal. 1, 54, 2). II — Sent. figurado: 2) Acabar com, exterminar, destruir, matar (sent. físico e moral) (Cíc. Mil. 37). 3) Oprimir, acabrunhar, consumir, gastar, destruir, dissolver, digerir, dissipar, moer, pisar (Cíc. Tusc. 3, 2); (Cés. B. Civ. 3, 92, 3). 4) Preparar, elaborar, apressar, aprontar, fazer, fabricar (Cés. B. Gal. 1, 29, 1). 5) Arranjar, obter, conseguir, realizar, constituir (Cíc. Verr. 1, 138). 6) Intransitivamente: Concluir, ultimar um negócio (Cíc. Fam. 7, 2, 1); (Cíc. At. 12, 19, 1). 7) Ser eficiente (Cíc. Part. 93). 8) Loc.: **conficere viam** (Cíc. C. M. 6) «percorrer uma estrada». 9) Subjugar, submeter (Cíc. At. 4, 18, 5).
confictĭō, -ōnis, subs. f. Invenção, ação de inventar (Cíc. Amer. 35).
confīdens, -ēntis. I — Part. pres. de **confido**. II — Adj.: 1) Confiante, ousado, audacioso, resoluto (Plaut. Capt. 666). 2) Descarado, impudente, insolente, atrevido (Ter. Phorm. 123).
confidēnter, adv. 1) Resolutamente, atrevidamente, sem temor (Plaut. Amph. 339). 2) Audaciosamente, afrontosamente (Ter. Heaut. 1008). Obs.: Comp. **confidentĭus** (Cíc. Cael. 44).
confīdentĭa, -ae, subs. f. I — Sent. próprio: 1) Confiança, firme esperança (Plaut. Most. 350). Daí: 2) Segurança, firmeza (Cíc. Rep. 3, 43). II — Sent. figurado: 3) Audácia, atrevimento, insolência (Cíc. Flac. 10).
confīdō, -is, -ĕre, -fīsus sum, v. semidep. intr. 1) Ter confiança em, fiar-se em, confiar em, esperar com firmeza: **confidere equitatuī** (Cés. B. Civ. 3, 94, 5) «ter confiança na cavalaria»; (Cés. B. Gal. 3, 9, 3). Intr.: Ter confiança, ser confiante (T. Lív. 21, 4, 4). Obs.: Constrói-se com abl.; com abl. e inf.; com dat. e raramente com abl. com **de**; ou com or. introduzida por **ut**.

configō, -is, -ĕre, -fīxī, -fīxum, v. tr. 1) Pregar com pregos, cravar, furar (sent. físico e moral) (Cés. B. Gal. 3, 13, 4). 2) Transpassar, varar (sent. físico e moral), fixar (C. Nep. Dat. 9); (Cíc. Har. 8).

confīne, -is, subs. n. Vizinhança (Luc. 6, 649).

confingō, -is, -ĕre, -fīnxī, -fīctum, v. tr. Imaginar junto, combinar, concertar inventar por completo (Cic. Verr. 2, 90) Obs.: Constrói-se com acus. e inf.

1. confīnis, -e, adj.: I — Sent. próprio: 1) Limítrofe, vizinho, confim, que confina, contíguo (Cés. B. Gal. 6, 3, 5). II Sent. figurado: 2) Que tem relações com, que se parece com (Sên. Ep. 120, 8). Obs.: Constrói-se absolut. e com dat.

2 confīnis, -is, subs. m. Vizinho (Marc. 2, 32).

confīnium, -ī, subs. n. I — Sent. próprio: 1) Limite (de campos, territórios) (Cés. B. Gal. 5, 24, 2). Daí: 2) Proximidade, vizinhança (Tác. An. 4, 58). II — Sent. figurado: 3) Confins, raias (Ov. Met. 7, 706).

confīnxī, perf. de **confingo.**

confīō, -īs, -ĭĕrī, v. pass. de **conficio.** Ser feito, produzir-se (Lucr. 4, 291). Obs.: Verbo raro e só empregado no inf. e nas terceiras pessoas do sg. e pl.

confirmātiō, -ōnis, subs. f. I — Sent. próprio: 1) Confirmação, consolidação (Cíc. Fam. 12, 8, 1). Daí: 2) Afirmação (Cés. B. Gal. 3, 18, 6). II — Sent. figurado: 3) Encorajamento, animação, consolação (Cés. B. Civ. 1, 21, 1). 4) Na língua retórica: confirmação, parte do discurso (Cíc. Part. 27).

confirmātor, -ōris, subs. m. O que afiança, fiador (Cíc. Clu. 72).

confirmātus, -a, -um. I — Part. pass. de **confirmo.** II — Adj.: 1) Corajoso, firme, resoluto, sólido (Cés. B. Civ. 3, 84, 2). 2) Confirmado, ratificado, fortificado (Cíc. At. 10, 15, 1).

confirmĭtās, -tātis, subs. f. Teimosia, obstinação (Plaut. Mil. 189a).

confirmō, -ās, -āre, -āvī, -ātum, v. tr. I — Sent. próprio: 1) Consolidar, firmar, fortificar (Cés. B. Gal. 6, 21, 4). Daí: 2) Restabelecer-se, convalescer, curar-se (Cíc. Fam. 16, 4, 3). II — Sent. figurado: 3) Confirmar, ratificar, afirmar, assegurar, garantir (Cic. Phil. 2, 100); (Cíc. Arch. 15). 4) Provar, confirmar, mostrar, estabelecer (Cíc. Pomp. 44). 5) Animar, dar coragem, persuadir (Cés. B. Gal. 1, 33, 1); (Cés. B. Gal. 2, 19, 6).

confiscātiō, -ōnis, subs. f. Confiscação (Flor. 3, 9, 3).

confiscātus, -a, -um, part. pass. de **confisco.**

confīscō, -ās, -āre, -āvī, -ātum, v. tr. I — Sent. próprio: 1) Guardar (numa caixa ou cofre) (Suet. Aug. 101). II — Sent. figurado: 2) Confiscar, tomar para o fisco (Suet. Cal. 16).

confīsiō, -ōnis, subs. f. Confiança (Cíc. Tusc. 4, 80).

confīsus, -a, -um, part. pass. de **confīdo.**

confit, -fĭĕrī, passivo de **conficio.** 1) Ser feito, realizar-se, acontecer (Lucr. 4, 291). 2) Ser comido, devorado, consumido (Plaut. Trin. 408). Obs.: Não são usadas as primeiras e segundas pessoas, só se empregando as terceiras pessoas e o infinitivo: **confit, confieri.**

confitĕor, -ēris, -fĭtērī, fēssus sum, v. dep. tr. I — Sent. próprio: 1) Reconhecer sua falta, seu êrro, confessar, declarar (Cíc. Nat. 2, 11). II — Sent. figurado: 2) Indicar, mostrar, revelar, fazer conhecer (Verg. En. 2, 591). Obs.: Constrói-se com acus. ou com duplo acus. como: **confiteri se victos** «confessarem-se vencidos», e ainda com acus. e inf. Inf. pass. arc. **confiterier** (Plaut. Cis. 170).

confīxī, perf. de **confīgo.**

confīxus, -a, -um, part. pass. de **confīgo.**

conflagrātiō, -ōnis, subs. f. 1) Conflagração, incêndio (Sên. Nat. 3, 29, 1). 2) Erupção (Suet. Tib. 8, 3).

conflagrātus, -a, -um, part. pass. de **conflagro.**

conflāgrō, -ās, -āre, -āvī, -ātum, v. intr. I — Sent. próprio: 1) Estar em chamas, estar abrasado, inflamar-se, queimar-se, consumir-se (Cíc. Verr. 5, 92). II — Sent. figurado: 2) Incendiar-se, consumir-se (Cíc. Cat 1, 29)

conflātus, -a, -um, part. pass. de **conflo.**

conflictātiō, -ōnis, subs. f. I — Sent. próprio: 1) Ação de bater contra, choque (Apul. Apol. 43, 9). Daí: 2) Luta, choque de dois exércitos (A. Gél. 15, 18, 3). II — Sent. figurado: 3) Querela, disputa (Quint. 3, 8, 29).

conflictiō, -ōnis, subs. f. I — Sent. próprio: 1) Choque, embate (Quint. 3, 6, 6). II — Sent. figurado: 2) Luta (A. Gél. 7, 3). 3) Conflito (Cíc. Inv. 1, 10).

conflīctō, -ās, -āre, -āvī, -ātum, v. intr. e tr. I — Intr.: 1) Chocar-se com, lutar, combater (Ter. Phorm. 505). II — Tr.: 2) Acossar, maltratar, atormentar, perseguir (Cíc. Leg. 1, 32); (Cés. B. Gal. 5, 35, 5).

conflīctor, -āris, -ārī, -ātus sum, v. dep. intr. Combater, lutar contra (sent. próprio e figurado) (Ter. And. 93); (Cic. Har. 41).

1. conflīctus, -a, -um, part. pass. de **conflīgo.**

2. conflīctus, -ūs, subs. m. I — Sent. próprio: 1) Choque, encontro (Cíc. Nat. 2, 25). II — Sent. figurado: 2) Ataque, investida (A. Gél. 7, 2, 8). Obs.: Empregado apenas no abl.

conflīgō, -is, -ĕre, -flīxī, -flīctum, v. tr. I — Sent. próprio: 1) Bater numa coisa com outra, bater, juntar, unir (Lucr. 4, 1216). II — Sent. figurado: 2) Opor, comparar (Cíc. Inv. 2, 126). Intr.: 3) — Na língua militar: Encontrar-se com, bater-se, combater, lutar (Cés. B. Cív. 2, 6, 5). Obs.: Constrói-se com acus., com as preposições **contra** ou **adversus** e sem elas; com **inter se**; e com abl. seguido de **cum.** Emprega-se também absolutamente (Cíc. Cat. 2, 25).

conflīxī, perf. de **conflīgo.**

conflō, -ās, -āre, -āvī, -ātum, v. tr. I — Sent. próprio: 1) Soprar junto (para avivar, p. ex., o fogo) (Plaut. Rud. 765), e daí: Reunir ou formar soprando, fundir, derreter (Suet. Aug. 52); (Verg. G. 1, 508). II — Sent. figurado: 2) Formar, forjar, reunir, fazer, compor, maquinar, fabricar (Cíc. Phil. 4, 15); (Cíc. Amer. 1). 3) Acender, excitar, suscitar, provocar (Cíc. Phil. 2, 70).

conflŭens, -ēntis, subs. m. (**confluēntēs, -ium**). Confluente, confluência de dois rios (Cés. B. Gal. 4, 15, 2).

Confluēntēs, -ium, subs. pr. m. Confluentes, cidade situada na confluência do Reno e do Mosela (Suet. Cal. 8).

conflŭō, -is, -ĕre, -flūxī (-flūxum), v. intr. I — Sent. próprio: 1) Reunir-se correndo, confluir, correr juntamente, reunir as águas (Cíc. Leg. 2, 6). II — Sent. figurado: 2) Acorrer em massa, afluir, convergir em grande número (Cés. B. Gal. 7, 44, 2); (Cic. Br. 258). Obs.: Ind. pres. **conflŭont = conflŭunt** (Plaut. Ep. 527). **conflūxet = confluxīsset** (Lucr. 1, 987).

conflūxet = confluxīsset, mais-que-perf. subj. de **conflŭo.**

conflūxī, perf. de **conflŭo.**

confōdī, perf. de **confodĭo.**

confodĭō, -is, -ĕre, -fōdī, -fōssum, v. tr. I — Sent. próprio: 1) Cavar, escavar (Cat. Agr. 129). Daí: 2) Furar com um golpe, transpassar (Sal. C. Cat. 60, 7). II — Sent. figurado: 3) Criticar (Plín. Ep. 9, 26, 13).

conformātĭō, -ōnis, subs. f. I — Sent. próprio: 1) Conformação, forma, disposição (Cíc. Nat. 1, 47). II — Sent. figurado: 2) Inflexão (da voz) (Cíc. De Or. 1, 18). 3) Arranjo das palavras (Cíc. De Or. 1, 151). 4) Têrmo filosófico: Conceito, noção, idéia (Cíc. Nat. 1, 105). 5) Na língua retórica: Metáfora, figura, imagem (Cíc. Br. 140).

conformātus, -a, -um, part. pass. de **confōrmo.**

confōrmō, -ās, -āre, -āvī, -ātum, v. tr. 1) Dar forma, formar, arranjar, conformar (Cic. Fin. 1, 23). 2) Dispor, compor, adaptar, modelar (Cíc. Arch. 14). 3) Conformar (Cíc. Fam. 1, 8, 2).

confrāctus, -a, -um, part. pass. de **confringo.**

confragōsum, -ī, subs. n. (pl. **-a, -ōrum**) Lugar áspero, difícil (Sên. Ep. 51, 9).

confragōsus, -a, -um, I — Sent. próprio: 1) Confragoso, áspero, pedregoso, penoso, dificultoso (falando de caminhos) (T. Liv. 28, 2, 1). II — Sent. figurado: 2) Áspero, duro, desagradável, embaraçoso (Plaut. Men. 591).

confrăgus, -a, -um, adj. O mesmo que **confragōsus** (Lucr. 6, 126).

confrēgī, perf. de **confringo.**

confrĕmō, -is, -ĕre, -fremŭī, v. intr. Retumbar por todos os lados, murmurar (Ov. Met. 1, 199).

confremŭī, perf. de **confrĕmo.**

confricātus, -a, -um, part. pass. de **confrĭco.**

confrĭcō, -ās, -āre, -fricŭī, -ātum, v. tr. I — Sent. próprio: 1) Esfregar, friccionar (Cíc. Verr. 3, 62). II — Sent. figurado: 2) Abraçar (Plaut. Asin. 670).

confricŭī, perf. de **confrĭco.**

confringō, -is, -ĕre, -frēgī, -frāctum, v. tr. I — Sent. próprio: 1) Quebrar, fazer em pedaços (Cíc. Flac. 73). II — Sent. figurado: 2) Abater, destruir, romper, arruinar, dissipar (Cíc. Verr. 1, 13).

confūdī perf. de **confŭndo.**

confūgī, perf. de **confugĭo.**

confugĭo, -is, -ĕre, -fūgī, v. intr. 1) Refugiar-se (Cés. B. Civ. 3, 9, 7); (Cíc. Of.

CONFUGIUM — 228 — **CONGIARIUM**

2, 41). 2) Recorrer, ter recurso (Cíc. Lig. 30). Obs.: Constrói-se com acus., com **ad** ou **in**.

confugĭum, -ī, subs. n. Refúgio, asilo (Ov. Trist. 4, 5, 6).

confŭit, confutūrum, confŏre, v. intr. Produzir-se ao mesmo tempo, acontecer (Plaut. Mil. 9, 41); (Ter. And. 167).

confulcĭō, -ĭs, -īre, -fūltum, v. tr. Escorar bem, suster-se (Lucr. 2, 98).

confulgĕō, -ēs, -ēre, v. intr. Brilhar por todos os lados (Plaut. Amph. 1067).

confūndō, -ĭs, -ĕre, -fūdī, -fūsum, v. tr. I — Sent. próprio: 1) Derramar juntamente, misturar (Plín. H. Nat. 29, 11); (Verg. En. 3, 696). II — Sent. figurado: 2) Misturar, confundir (Cíc. Tusc. 1, 23). 3) Travar combate, pelejar (Hor. O. 1, 17, 23). 4) Confundir, lançar a confusão, a desordem (T. Lív. 9, 27, 10). 5) Comunicar, difundir, espalhar, penetrar (Cíc. Div. 2, 35).

confūsē (confusim), adv. Sem. ordem, desordenadamente, confusamente (Cíc. Inv. 1, 49). Obs.: Comp. **confusĭus** (Cíc. Phil. 8, 1), mais desordenadamente, com maior confusão.

confūsĭō, -ōnis, subs. f. I — Sent. próprio: 1) Ação de misturar, mistura (Cíc. Fin. 5, 67). II — Sent. figurado: 2) Confusão, desordem (Cíc. Leg. 2, 25). 3 Perturbação de espírito, pesar, tristeza (Tác. Hist. 3, 38).

confūsus, -a, -um. I — Part. pass. de **confūndo**. II — Adj.: 1) Misturado, confuso, desordenado, pouco claro (Cíc. De Or. 3, 50). 2) Perturbado, triste, abatido (T. Lív. 1, 7, 6); (Ov. 3, 5, 11); (T. Lív. 35, 15, 9); **confusus animo** (T. Lív. 6, 6, 7) «perturbado». Obs.: Comp. **confusĭor** (Sên. Ben. 6, 7, 1); superl. **confusissĭmus** (Suet. Aug. 44).

confūtātus, -a, -um, part. pass. de **confūto**.

confūtō, -ās, -āre, -āvī, -ātum, v. tr. I — Sent. próprio: 1) Derrubar, demolir, deitar abaixo, donde: Reduzir (Cíc. Tusc. 5, 88). II — Sent. figurado: 2) Confundir, confutar, refutar, convencer (Cíc. Div. 1, 8).

confutŭō, -ĭs, -ĕre, v. tr. Deitar-se com, ter relações com (Catul. 37, 5).

Congĕdus, -ī, subs. pr. m. Côngedo, rio da Hispânia Tarraconense (Marc. 1, 49, 9).

congelātĭō, -ōnis, subs. f. Congelação, geada (Plín. H. Nat. 31, 33).

congelātus, -a, -um, part. pass. de **congĕlo**.

congĕlō, -ās, -āre, -āvī, -ātum, v. tr. I — Sent. próprio: 1) Gelar, congelar, converter em gêlo (Plín. H. Nat. 18, 277). Daí: 2) Endurecer, tornar-se duro, espêsso, petrificar (Ov. Met. 11, 61). 3) Intr.: Gelar-se, transformar-se em gêlo, fazer-se duro (Ov. Trist. 3, 10, 30). II — Sent. figurado: 4) Adormecer-se, entorpecer-se (Cíc. Fam. 2, 13, 3).

congemĭnātĭō, -ōnis, subs. f. I — Sent. próprio: 1) Redôbro (Isid. Orig. 2, 21, 2). II — Sent. figurado: 2) Abraço (Plaut. Poen. 1297).

congemĭnātus, -a, -um, part. pass. de **congemĭno**.

congemĭnō, -ās, -āre, -āvī, -ātum, v. tr. 1) Redobrar, duplicar, repetir (Verg. En. 12, 714). 2) Intr.: Dobrar-se, repetir-se (Plaut. Amph. 786).

congĕmō, -ĭs, -ĕre, -gemŭī, v. intr. e tr. I — Sent. próprio: 1) Gemer com alguém, ou gemer profundamente (Cíc. Mur. 51). II — Sent. figurado: 2) Trans.: Chorar, lamentar, deplorar (Lucr. 3, 932).

congemŭī, perf. de **congĕmo**.

congerĭēs, -ēī, subs. f. I — Sent. próprio: 1) Montão, pilha (T. Lív. 31, 39, 8). Daí: 2) Monte de lenha, fogueira (Quint. 5, 13, 13). II — Sent. figurado: 3) O Caos (Ov. Met. 1, 33). 4) Na língua retórica: Acumulação (Quint. 8, 4, 3).

congĕrō, -ĭs, -ĕre, -gēssī, -gēstum, v. tr. I — Sent. próprio: 1) Amontoar, acumular, ajuntar (Cíc. Planc. 26); (Cíc. At. 5, 9, 1). 2) Formar por acumulação (Verg. En. 6, 178). II — Sent. figurado: 3) Acumular, cumular, crivar (Cíc. Scaur. 4b); (Q. Cúrc. 8, 14, 38).

congēssī, perf. de **congĕro**.

congestĭcĭus, -a, -um, adj. Amontoado, entulhado (Cés. B. Civ. 2, 15, 1).

1. **congēstus, -a, -um**, part. pass. de **congĕro**.

2. **congēstus, -ūs**, subs. m. I — Sent. próprio: 1) Ação de trazer junto (Cíc. Div. 2, 68). II — Sent. figurado: 2) Montão, acumulação (Lucr. 6, 724).

congiārĭum, -ī, subs. n. I — Sent. próprio: 1) Vasilha que leva um côngio (Dig. 33, 7, 13). II — Sent. figurado: 2) Distribuição de vinho, azeite, etc., feita ao povo (Plín. H. Nat. 31, 89). 3) Distribuição de dinheiro feita ao povo (Suet. Aug. 41, 2). Donde: 4) Gratificação, presente (Cíc. At. 10, 7, 3).

congĭus, -ī, subs. m. Côngio (medida romana correspondente à oitava parte de uma ânfora) (T. Lív. 25, 2, 8).

conglaciātus, -a, -um, part. pass. de **conglacĭo.**

conglacĭō, -ās, -āre, -āvī, -ātum, v. intr. 1) Gelar, congelar-se (Cíc. Nat. 2, 26). 2) Tr.: Fazer gêlo, gelar (Plin. H. Nat. 2, 152).

conglobātĭō, -ōnis, subs. f. I — Sent. próprio: 1) Acumulação em forma de globo, aglomeração (Sên. Nat. 1, 15, 4). II — Sent. figurado: 2) Ajuntamento (Tác. Germ. 7).

conglobātus, -a, -um, part. pass. de **conglŏbo.**

conglŏbō, -ās, -āre, -āvī, -ātum, v. tr. I — Sent. próprio: 1) Reunir numa bola, ajuntar, conglobar (Cíc. Nat. 2, 116); (Cíc. Nat. 2, 118). II — Sent. figurado: 2) Amontoar, acumular, reunir (Sal. B. Jug. 97, 4). 3) Formar por aglomeração (Sên. Ben. 4, 19, 3).

conglomerātus, -a, -um, part. pass. de **conglomĕro.**

conglomĕrō, -ās, -āre, -āvī, -ātum, v. tr. Formar em pelotão, aglomerar, reunir, conglomerar (Lucr. 3, 210).

conglūtĭnātĭō, -ōnis, subs. f. I — Sent. próprio: 1) Ação de colar junto, aglutinação (Cíc. C. M. 72). II — Sent. figurado: 2) Ligação, união (Cíc. Or. 78).

conglūtĭnātus, -a, -um, part. pass. de **conglutino.**

conglūtĭnō, -ās, -āre, -āvī, -ātum, v. tr. I — Sent. próprio: 1) Conglutinar, colar juntamente, colar com, grudar, soldar, pegar, unir, cimentar, ligar, aglutinar (Varr. R. Rust. 3, 16, 23). II — Sent. figurado: 2) Unir, ligar, soldar (Cíc. Lae. 32).

congrātŭlātĭō, -ōnis, subs. f. Congratulação, felicitação (V. Máx. 9, 3, 5).

congrātŭlor, -āris, -ārī, -ātus sum, v. dep. intr. 1) Apresentar felicitações, congratular-se, felicitar (Plaut. Men. 129). 2) Felicitar-se (T. Liv. 3, 54, 7). Obs.: Constrói-se com acus. e inf.

congrĕdĭor, -ĕris, -grĕdī, -grĕssus sum, v. dep. intr. 1) Caminhar com, ir ter com, vir ou encontrar-se com, dirigir-se a, ter uma entrevista (Cíc. Cael. 53). Daí: 2) Combater com, combater corpo a corpo, lutar perto, pelejar (Cés. B. Civ. 1, 47, 3); (Cíc. Nat. 2, 1). Obs.: Constrói-se com abl. acompanhado de **cum**, com acus.; com acus. com **contra** ou **adversus**; com dat. ou intransitivamente.

congregābĭlis, -e, adj. Sociável (Cíc. Of. 1, 157).

congregātĭō, -ōnis, subs. f. I — Sent. próprio: 1) Ação de se reunir, reunião, ajuntamento (de pessoa), sociedade (Cíc. Fin. 3, 65). II — Sent. figurado: 2) Associação, corporação (Cíc. Fin. 2, 109). 3) Na língua retórica: Recapitulação (Quint. 6, 1, 1).

congregātus, -a, -um, part. pass. de **congrĕgo.**

congrĕgō, -ās, -āre, -āvī, -ātum, v. tr. I — Sent. próprio: 1) Congregar, reunir no rebanho, ou reunir pessoas, reunir (Plín. H. Nat. 8, 72); (Cíc. Sest. 91). Daí: 2) Reunir, amontoar, acumular (tratando-se de coisas) (Tác. An. 1, 28).

congressĭō, -ōnis, subs. f. I — Sent. próprio: 1) Ação de se encontrar, encontro (Cíc. Q. Fr. 1, 3, 4). Daí: 2) Trato, entrevista, conferência (Cíc. Clu. 41). II — Sent. figurado: 3) União do homem com a mulher (Cíc. Rep. 1, 38).

1. **congrĕssus, -a, -um,** part. pass. de **congredior.**

2. **congrĕssus, -ūs,** subs. m. I — Sent. próprio: 1) Ação de se encontrar, encontro (opõe-se a **digressus** «separação») (Cíc. At. 9, 18, 4). Daí: 2) Reunião, entrevista, conversa (Cíc. Fam. 6, 4, 5). II — Sent. figurado: 3) Combate (Cés. B. Gal. 3, 13, 7).

congrŭens, -ēntis. I — Part. pres. de **congrŭo.** II — Adj. 1) Que está de acôrdo com, que é conforme a, conforme, justo (Cíc. Br. 117); (Cíc. De Or. 3, 222). 2) Conveniente, congruente, apropriado (Cíc. De Or. 3, 53).

congruēnter, adv. De maneira conveniente, de conformidade com, convenientemente (Cíc. Fin. 3, 26).

congruentĭa, -ae, subs. f. Conveniência, proporção, relação, congruência, conformidade (Plín. Ep. 2, 5, 11).

congrŭī, perf. de **congrŭo.**

congrŭō, -is, -ĕre, -grŭī, v. intr. 1) Encontrar-se, ajuntar-se, reunir-se (Sên. Nat. 7, 19). Daí: 2) Entender-se, estar de acôrdo, concordar, pôr-se de acôrdo (Cíc. Verr. 2, 129). 3) Coincidir (Cíc. Br. 141). 4) Impess.: Convir, ser conveniente (Plín. Ep. 7, 2, 1). Obs.: Constrói-se com abl. acompanhado de **cum**; com acus. com **inter** ou **ad**; com dat. e intransitivamente.

congrŭus, -a, -um, adj. Conforme, conveniente, consoante (Plaut. Míl. 1116).
cōnífer, -fĕra, -fĕrum, e conĭger, -gĕra, -gĕrum, adj. Que produz frutos de forma cônica, conífero (Verg. En. 3, 680); (Catul. 64, 106).
Conimbrĭca (Conimbrĭga), -ae, subs. pr. f. Conímbrica, cidade da Lusitânia (Plín. H. Nat. 4, 113).
conĭre, forma arc. de coīre. (Quint. 1, 6, 17).
Conisĭum, -ī, subs. pr. n. Conísio, cidade da Mísia (Plín. H. Nat. 5, 126).
cōnīsus, -a, -um, part. pass. de conītor.
cōnītor (connītor), -ĕris, -nītī, conīsus ou conīxus sum, v. dep. intr. I — Sent. próprio: 1) Fazer esforços juntamente, fazer grandes esforços (Cíc. Tusc. 2, 47). II — Sent. figurado: 2) Procurar alcançar, chegar a (Cés. B. Civ. 1, 46, 3). Obs.: Constrói-se com abl., com inf., com acus. com ad ou in, com or. introduzida por ut.
cōnīvĕō (connīvĕō), -ēs, -ĕre, -nīvī ou -nīxī, v. intr. e tr. I — Sent. próprio: 1) Fechar e fechar-se (A. Gél. 17, 11, 4). Daí: 2) Fechar os olhos, fechar as pálpebras (Cíc. Nat. 2, 143). II — Sent. figurado: 3) Fechar os olhos, fazer vista grossa, ser indulgente para, estar de acôrdo (Cíc. Míl. 32).
conīvī, perf. de conīvĕō.
conīxī, perf. de conīvĕō.
conjēcī, perf. de conjicĭo.
conjectātus, -a, -um, part. pass. de conjēcto.
conjectĭō, -ōnis, subs. f I — Sent. próprio: 1) Ação de atirar, lançar (dardos) (Cíc. Caec. 43). II — Sent. figurado: 2) Comparação (Cíc. Verr. 3, 189). 3) Explicação conjectural, interpretação (Cíc. Div. 2, 130).
conjēctō (coniēctō), -ās, -āre, -āvī, -ātum v. freq. tr. I — Sent. próprio: 1) Lançar juntamente, atirar junto (A. Gél. 6, 19, 7). Daí: 2) Conjecturar, presumir, concluir por conjectura (Ter. Eun. 543); (Cés. B. Civ. 3, 106, 1). 3) Prognosticar, pressagiar (Suet. Ner. 6). Obs.: Constrói-se com acus., com acus. e inf., com abl. com de e com interrogativa indireta.
conjēctor, -ōris, subs. m. I — Sent. próprio: 1) O que interpreta, explica (Plaut. Poen. 444). II — Daí: 2) Intérprete de sinais, de sonhos, adivinho (Cíc. Div. 1, 45).

conjēctrix, -ĭcis, subs. f. Adivinha (Plaut. Míl. 693).
conjectūra, -ae, subs. f. — Sent. próprio: 1) Conjectura, presunção (T. Liv. 10, 39, 15). II — Sent. figurado: 2) Explicação, interpretação (dos sonhos), predição (Cíc. Nat. 2, 12). III — Na língua retórica: 3) Argumentação baseada em conjecturas (Cíc. Inv. 2, 99).
conjectūrālis, -e, adj. Conjectural, presumível (t. de retórica) (Cíc. Inv. 2, 3).
1. conjēctus, -a, -um, part. pass. de conjicĭo.
2. conjēctus, -ūs, subs. m. I — Sent. próprio: 1) Ação de lançar juntamente, montão, reunião, concentração num ponto (T. Liv. 7, 6, 2). Daí: 2) Ação de lançar (dardos, pedras, etc.) (C. Nep. Pelop. 5, 4); (Cíc. At. 4, 3, 2). II — Sent. figurado: 3) Ação de lançar os olhos sôbre alguém (Cíc. De Or. 3, 222).
conjĕrō, -āre v. conjūro.
conjicĭō (conicio ou coicĭō), -is, -ĕre, -jēcī, -jēctum, v. tr. I — Sent. próprio: 1) Lançar juntamente, lançar em massa, pôr juntamente, reunir (Cés. B. Gal. 1, 46, 1). Daí: 2) Lançar, arremessar, atirar, dirigir (Cíc. Verr. 5, 17); (T. Liv. 1, 12, 10). II — Sent. figurado: 3) Lançar, atirar, fazer cair, fazer entrar, introduzir (Cíc. Fam. 12, 1, 1). 4) Presumir, calcular, conjecturar, concluir, inferir (Cíc. Verr. 4, 129). Obs.: Constrói-se com acus. com in ou ad e com o dat.
conjugālis, -e, adj. Conjugal (Tác. Germ. 18).
conjugātĭō, -ōnis, subs. f. I — Sent. próprio: 1) Mistura (Apul. Flor. 18, 11). Na língua retórica: 2) Parentesco ou relação etimológica das palavras (Cíc. Top. 12). Na língua filosófica: 3) Encadeamento das orações (Apul. Plat. 3).
conjugātor, -ōris, subs. m. O que une (Catul. 61, 45).
conjugātus, -a, -um. I — Part. pass. de conjŭgo. II — Adj.: Aparentado, da mesma família, parente (Cíc. Top. 12).
conjugĭālis, -e, adj. Conjugal (Ov. Met. 11, 743).
conjugĭum, -ī, subs. n. I — Sent. próprio: 1) Conjúgio, união conjugal, casamento (Cíc. Of. 1, 54). 2) União (Lucr. 3, 843). II — Sent. figurado: 3) Espôso, espôsa (Verg. En. 2, 579). No pl.: 4) Casal de animais, parelha (Plín. H. Nat. 8, 85).
conjŭgō, -ās, -āre, -āvī, -ātum, v. tr. 1) Conjugar, ligar, unir (Cíc. Of. 1, 58).

2) Casar, esposar (Apul. M. 5, 26).
conjŭnctē, adv. Conjuntamente, ao mesmo tempo, juntamente (Cíc. De Or. 2, 248). Obs.: Comp.: **conjunctĭus** (Cíc. Fam. 6, 9, 1); superl. **conjunctissĭme** (Cíc. Lae. 2).
conjŭnctim, adv. Em comum, conjuntamente (Cés. B. Gal. 6, 19, 2).
conjunctĭō, -ōnis, subs. f. I — Sent. próprio: 1) União, ligação (Cíc. Verr. 4, 177). II — Sent. figurado: 2) União conjugal, casamento (Cíc. Of. 1, 11). 3) Relações de amizade, laços de parentesco (Cíc. Lae. 71). III — Na língua retórica: 4) Conjunção (Her. 4, 38). 5) Ligação harmoniosa das palavras na frase (Cíc. Part. 21). IV — Na língua filosófica: 6) Silogismo conjuntivo (Cíc. Ac. 2, 91). V — Na língua gramatical: 7) Conjunção (partícula de ligação) (Cíc. Or. 135).
conjŭnctum, -ī, part. n. de **conjŭngo**, usado subst.: I — Sent. próprio: 1) Propriedade inseparável de um corpo (Lucr. 1, 451). II — No pl.: 2) Palavras da mesma família (Cíc. De Or. 2, 166).
conjŭnctus, -a, -um. I — Part. pass. de **conjŭngo**. II — Adj.: 1) Atrelado, unido, ligado, concordante, anexo: **conjuncta verba** (Cíc. De Or. 3, 149) «palavras ligadas»; (Cíc. Div. 2, 82). 2) Unido pelos laços da amizade, de sangue, de casamento, parente (Cíc. Br. 2). III — Subs. 3) Amigo, parente, cônjuge (Quint. 7, 4, 21); (C. Nep. At. 7, 1); (Verg. Buc. 8, 32).
conjŭngō, -is, -ĕre, -jūnxī, -jūnctum, v. tr. I — Sent. próprio: 1) Conjungir, ligar, atrelar junto, jungir, juntar, unir (Cat. Agr. 138); (Verg. En. 1, 514); (Cés. B. Civ. 2, 25, 1). Daí: 2) Estar formado por ligação, por união, reunir-se, juntar-se (Cíc. Phil. 12, 8); (Cés. B. Gal. 2, 26, 1); (Cés. B. Gal. 3, 11, 3). II — Sent. figurado: 3) Unir pelos laços da amizade, do parentesco, do casamento, etc., casar-se (Cíc. Verr. 4, 72); (Cíc. Cat. 1, 33); (Tác. An. 14, 60). Na língua gramatical: 4) **verba conjungere** (Quint. 8, 3, 36) «formar palavras compostas». Obs.: Constrói-se com acus., com acus. e abl., com a prep. **cum**, com acus. e dat.
conjunx, v. **conjux**.
conjūnxī, perf. de **conjūngo**.
conjūrātĭō, -ōnis, subs. f. I — Sent. próprio: 1) Ação de jurar juntamente (Serv. En. 8, 5). Daí: 2) Conjuração, aliança (de povos contra Roma) (Cés. B. Gal. 3, 10, 2). 3) Conspiração (Cíc. Cat. 2, 6). II — Sent. figurado: 4) Os conjurados (Sal. C. Cat. 43, 1).
conjūrātus, -a, -um. I — Part. pass. de **conjūro**. II — Adj.: 1) Ligado por juramento, conjurado (Ov. Met. 5, 150); (Cíc. Font. 21). III — Subs. no pl. m.: 2) **conjurati** (Cíc. Cat. 4, 20) «os conjurados».
conjūrō, -ās, -āre, -āvī, -ātum, v. intr. I — Sent. próprio: 1) Pronunciar juntamente o juramento ou o compromisso, jurar conjuntamente (Cés. B. Gal. 7, 1, 1). Daí: 2) Ligar-se por juramento, ligar-se, mancomunar-se (Cés. B. Gal. 3, 23, 2); (T. Lív. 34, 11, 7). 3) Conspirar, formar uma conspiração, conjurar, tramar (Cíc. Verr. 5, 17); (Cíc. Mil. 65). Obs.: Constrói-se com abl. acompanhado de **cum**, com or. infinitiva, com inf., com subj., com **ut** e subj.
conjūx, -ŭgis, subs. m. e f. I — Sent. próprio: 1) Espôsa (Cíc. Cat. 24). 2) Espôso (Cíc. Cael. 78). 3) Os dois cônjuges (pl.) (Catul. 61, 234). II — Sent. figurado: 4) Noiva (Verg. En. 9, 138). 5). Amante (Prop. 2, 8, 29). 6) Fêmea (dos animais). Obs.: É freqüente, nos manuscritos, o nom. **conjunx**. O sent. mais freqüente é o primeiro.
conl-, v. **coll-**
conm-, v. **comm-**.
connect-, **connit-**, **conniv-**, v. **conec-**, **conit-**, **coniv-**.
connexĭō, v. **conēxĭo**.
connēxum, v. **conēxum**.
connēxus, v. **conēxus**.
connūbĭum, v. **conubĭum**.
Connus, -ī, subs. pr. m. Cono, nome de homem (Cíc. Fam. 9, 22, 3).
Conōn, -ōnis, subs. pr. m. Cônon ou Conão 1) Nome de um astrônomo grego (Catul. 66, 7). 2) General ateniense que tomou parte na guerra do Peloponeso (C. Nep. Con.).
cōnōpēum, -ī, (conopĭum, -ī), subs. n. Mosquiteiro, conopeu ou conópio (Hor. Epo. 9, 16). Obs.: A segunda forma é a mais freqüente. A primeira aparece em Juvenal (6, 80).
cōnor, -āris, -ārī, -ātus sum, v. dep. tr. I — Sent. próprio: 1) Pôr-se em marcha (Ter. Phorm. 52); (T. Lív. 45, 23, 15). II — Sent. figurado: 2) Empreender, tentar, ensaiar (Cíc. Or. 33). Obs.:

Constrói se com acus., com inf., com si (Cés. B. Gal. 1, 8, 4).
conquaerŏ = conquiro.
conquassātiŏ, -ōnis, subs. f. Abalo (Cíc. Tusc. 4, 29).
conquassātus, -a, -um, part. pass. de conquasso.
conquāssō, -ās, -āre, -āvī, -ātum, v. tr. I — Sent. próprio: 1) Sacudir violentamente (Cíc. Div. 1, 97). II — Sent. figurado: 2) Agitar fortemente (Lucr. 3, 600). Daí: 3) Quebrar, espedaçar (Cat. Agr. 52, 2).
conquĕror, -ĕris, -ĕrī, -quĕstus sum, v. dep. tr. Queixar-se juntamente, queixar-se vivamente, deplorar, lamentar (Cíc. Verr. 4, 111). Obs.: Constrói-se com acus., com acus. e inf., com abl., com de.
conquestiŏ, -ōnis, subs. f. I — Sent. próprio: 1) Ação de se lastimar muito, lamentação (Sên. Ep. 78, 12). 2) Queixume, queixa, censura (Cíc. Q. Fr. 1, 1, 22). II — Na língua retórica: 3) Parte da peroração em que o orador solicita a compaixão dos ouvintes (Cíc. Inv. 1, 106).
1. **conquĕstus, -a, -um,** part. pass. de conquĕror.
2. **conquĕstus, -ūs,** subs. m. Vivo queixume, queixa (T. Lív. 8, 7, 21). Obs.: Só se usa em abl. sing.
conquiērit, conquiēsse = **conquievĕrit, conquievisse,** perf. subj. e inf. perf. de conquiēsco.
conquiēscō, -is, -ĕre, -quiēvī, -quiētum, v. intr. I — Sent. próprio: 1) Estar em completo repouso, repousar, descansar, parar, cessar (Cés. B. Civ. 3, 75, 1). II — Sent. figurado: 2) Repousar, descansar, parar (Cíc. Mil. 37). 3) Na língua médica: Abrandar, acalmar. Obs.: Constrói-se com abl. com ex, de, ou in, ou intransitivamente. Formas sincopadas: **conquiēsti** (Cíc. Fam. 1, 1, 1); **conquiēsse** (T. Lív. 30, 13, 12); **conquietūrus** (Cíc. Mil. 68).
conquinīscō, -is, -ĕre, conquēxī, v. intr. Abaixar a cabeça (Plaut. Cist. 657).
conquīrō, -is, -ĕre, -quisīvī, -quisītum, v. tr. 1) Procurar com empenho, cuidadosamente, andar à cata de (Cés. B. Civ. 1, 61, 5); (Cíc. Of. 3, 117). Daí: 2) Recrutar, ajuntar, reunir (Cíc. Verr. 3, 22). Obs.: Formas sinc.: **conquisiĕrit** = **conquisivĕrit** (Cíc. Ac. 2, 87); **conquisisset** = **conquisivisset** (Cíc. Verr. 3, 22).

conquisītiŏ, -ōnis, subs. f. I — Sent. próprio: 1) Ação de procurar juntamente, de pesquisar, pesquisa (Tác. Agr. 6). Daí: 2) Recrutamento (T. Lív. 29, 35, 10). 3) Arrecadação (Tác. Hist. 2, 84).
conquisītor, -ōris, subs. m. I — Sent. próprio: 1) O que indaga, o que pesquisa, investigador, pesquisador (Plaut. Merc. 665). Daí: 2) O que recruta, recrutador, alistador (Cíc. Mil. 67).
conquisītus, -a, -um. I — Part. pass. de conquiro. II — Adj.: Procurado com empenho, e daí: precioso, raro (Cíc. Tusc. 5, 62).
conquisīvī, perf. de conquiro.
conr-, v. corr-.
consaepiŏ (consēpiŏ), -is, -ire, -saepsī, -saeptum, v. tr. Fechar, cercar por todos os lados (Cíc. C. M. 59).
consaepsī, perf. de consaepio.
consaeptum, -ī, subs. n. Cercado, cêrca (T. Lív. 10, 38, 12).
consaeptus, -a, -um, part. pass. de consaepio.
consalūtātiŏ, -ōnis, subs. f. I — Sent. próprio: 1) Ação de saudar (falando de várias pessoas) (Cíc. At. 2, 18, 1). Daí: 2) Saudação mútua (entre dois corpos de tropa) (Tác. An. 15, 16).
consalūtātus, -a, -um, part. pass. de consalūto.
consalūtō, -ās, -āre, -āvī, -ātum, v. tr. Saudar junto, saudar cordialmente, saudar, trocar uma saudação (Cíc. De Or. 2, 13). Obs.: Constrói-se com acus., com duplo acus., com acus., com inter se.
consanēscō, -is, -ĕre, -sanŭī, v. incoat. intr. Restabelecer-se, curar-se, sarar-se (Cíc. Fam. 4, 6, 2).
consanguinĕa, -ae, subs. f. Irmã (Catul. 64, 118).
1. **consanguinĕus, -a, -um,** adj. I — Sent. próprio: 1) Nascido do mesmo sangue, fraternal, consangüíneo (Ov. Met. 8, 476). II — Sent. figurado: 2) Consangüíneo, parente, irmão (Verg. En. 6, 278).
2. **consanguinĕus, -ī,** subs. m. Irmão, irmãos e irmãs (filhos do mesmo pai) (Cés. B. Gal. 1, 11, 4).
consanguinĭtās, -tātis, subs. f. I — Sent. próprio: 1) Consanguinidade, laços de sangue, daí: 2) Parentesco, origem comum (Verg. En. 2, 87).
consanŭī, perf. de consanēsco.

conscelerātus, -a, -um. I — Part. pass. de **conscelĕro.** II — Adj.: Celerado, criminoso, manchado de crimes (Cíc. Verr. 1, 90).
conscelĕro, -ās, -āre, -āvī, -ātum, v. tr. Manchar com um crime (Catul. 67, 24).
conscēndī, perf. de **conscēndo.**
conscēndō, -is, -ĕre, -scēndī, -scēnsum, v. intr. e tr. I — Sent. próprio: 1) Subir, trepar a, montar, elevar-se (Petr. 116, 1); (Ov. Met. 6, 222). E, especialmente: 2) Subir para um navio, embarcar (Plaut. Bac. 277). II — Sent. figurado: 3) Elevar-se (V. Máx. 3, 4, 4); (Prop. 2, 10, 23).
conscensiō, -ōnis, subs. f. Subida, embarque (Cíc. Div. 1, 68).
conscēnsus, -a, -um, part. pass. de **conscēndo.**
conscĭdī, perf. de **conscīndo.**
conscientĭa, -ae, subs. f. I — Sent. próprio: 1) Conhecimento de alguma coisa comum a muitos, confidência, cumplicidade (Cíc. Clu. 56). II — Sent. figurado: 2) Consciência, conhecimento, noção (T. Lív. 3, 60, 6). No sent. moral: 3) Consciência (boa ou má), conhecimento interior (Cíc. C. M. 9). 4) Sentimento do bem ou do mal (Cíc. Fin. 2, 54). 5) Remorso (Cíc. Clu. 38).
conscīndō, -is, -ĕre, -scĭdī, -scĭssum, v. tr. I — Sent. próprio: 1) Rasgar, fazer em pedaços, dilacerar (Cíc. Fam. 7, 18, 4). II — Sent. figurado: 2) Abater, atormentar (Lucr. 5, 45).
consciō, -īs, -scīre, -scīvī, -scītum, v. tr. Ter conhecimento, ter consciência de algum mal, sentir-se culpado (Hor. Ep. 1, 1, 61).
conscīscō, -is, -ĕre, -scīvī (ou -scĭī), -scītum, v. tr. 1) Resolver em comum ou de acôrdo com os outros, decretar, decidir (Cíc. Leg. 3, 10); (Cíc. Clu. 171). 2) Executar, cumprir, levar a efeito (T. Lív. 28, 22, 5). 3) Loc.: **consciscere sibi mortem** (Cíc. Clu. 171) «suicidar-se»; (T. Lív. 9, 26, 7). Obs.: Formas sincopadas: M. Q. Perf. Subj. **conscīsset** (Cíc. Clu. 171); Inf. Perf. **conscīsse** (T. Lív. 4, 51, 3).
conscīssus, -a, -um, part. pass. de **conscīndo.**
conscītus, -a, -um, part. pass. de **conscīsco.**
conscĭus, -a, -um, adj. I — Sent. próprio: 1) Que sabe juntamente com outros, confidente, cúmplice (Cíc. Clu. 59). II — Sent. figurado: 2) Que tem a consciência de, cônscio (Verg. En. 1, 604).

Em sentido pejorativo: 3) Culpado (Lucr. 4, 1135).
conscīvī, perf. de **conscĭo** e **conscīsco.**
conscrībillō, -ās, -āre, v. tr. 1) Escrever mal, escrevinhar, descrever mal (Varr. Men. 76). 2) Garatujar, rabiscar (Catul. 25, 11).
conscrībō, -is, -ĕre, -scrīpsī, -scrīptum, v. tr. 1) Escrever juntamente, inscrever numa lista, alistar, recrutar, conscrever (Cíc. Pis. 37). 2) Por enfraquecimento de sentido: Escrever, compor, redigir (Cíc. Br. 132). 3) Escrever em, riscar (Ov. Am. 2, 5, 17). Obs.: Constrói-se com acus., com acus. com inf., com abl. com **de,** com or. interr. indir.
conscrīpsī, perf. de **conscrībo.**
conscrīpstī = **conscrīpsīsti,** 2.º pess. sg. perf. de **conscrībo** (Plaut. As. 746).
conscrīptĭō, -ōnis, subs. f. Ação de escrever, redigir, compor, daí: Redação, escrito, texto (Cíc. Clu. 191).
conscrīptor, -ōris, subs. m. Redator (de uma lei), escritor, autor (Quint. Decl. 277).
conscrīptus, -a, -um. I — Part. pass. de **conscrībo.** II — Na língua jurídica: **patres conscripti** (T. Lív. 2, 1, 11) «senadores». III — Subs.: **conscriptus, -ī,** senador: **conscripti** (Hor. A. Poét. 314) «senadores».
consĕcō, -ās, -āre, -secŭī, -sēctum, v. tr. 1) Cortar em pedaços, fazer em pedaços, cortar, rasgar (Ov. Trist. 3, 9, 34). 2) Separar cortando, cortar em volta (Plín. H. Nat. 12, 96).
consecrātĭō, -ōnis, subs. f. I — Sent. próprio: 1) Ação de consagrar aos deuses (Cíc. Dom. 106). 2) Tornar sagrado, consagração, apoteose (dos imperadores romanos) (Tác. An. 13, 2). II — Pejorativamente: 3) Execração (Cíc. Balb. 33).
consecrātus, -a, -um, part. pass. de **consĕcro.**
consĕcrō, -ās, -āre, -āvī, -ātum, v. tr. 1) Consagrar, votar aos deuses, dedicar (Cíc. Dom. 51); (Cíc. Arch. 27). 2) Divinizar (Suet. Tib. 51); (Cíc. Verr. 2, 51). 3) Consagrar como tendo caráter divino (sagrado) (Cíc. Nat. 2, 62).
consectārĭus, -a, -um. I — Adj. 1) Conseqüente, lógico, consectário (Cíc. Fin. 4, 50). II — Subs.: 2) **consectarĭa, -ōrum,** n. pl. «conclusões» (Cíc. Fin. 3, 26).
consectātĭō, -ōnis, subs. f. Perseguição, procura (Cíc. Or. 165).

consectātrix, -īcis, subs. f. A que persegue, a que acompanha, companheira, serva (Cíc. Of. 3, 117).

consectātus, -a, -um, part. pass. de **consector**.

consectĭō, -ōnis, subs. f. Corte (das árvores) (Cíc. Nat. 2, 151).

consector, -āris, -ārī, -sectātus sum, v. dep. tr. I — Sent. próprio: 1) Seguir constantemente, perseguir, acossar (Cés. B. Gal. 3, 26, 6). II — Sent. figurado: 2) Procurar, perseguir (Cíc. Caec. 54). Daí: 3) Procurar obter, procurar imitar (Cíc. De Or. 1, 34).

consectus, -a, -um, part. pass. de **conseco**.

consecuī, perf. de **conseco**.

consecūtĭō, -ōnis, subs. f. I — Sent. próprio: 1) Ação de seguir, acompanhar. II — Sent. figurado: 2) Conseqüência, efeito (Cíc. Fin. 1, 37). Na língua retórica: 3) Conclusão (Cíc. Inv. 1, 45). 4) Ligação apropriada (Cíc. Part. 18).

consecūtus, -a, -um, part. pass. de **consequor**.

consēdī, perf. de **consīdo**.

consenēscō, -is, -ĕre, -senuī, v. incoat. intr. I — Sent. próprio: 1) Envelhecer, chegar a uma idade avançada, tornar-se velho (Ov. Met. 8, 634). II — Sent. figurado: 2) Definhar-se, decair, consumir-se (Cíc. Clu. 13).

consēnsī, perf. de **consentĭo**.

consensĭō, -ōnis, subs. f. I — Sent. próprio: 1) Conformidade nos sentimentos, acôrdo (Cíc. Tusc. 1, 30). II — Daí, em sent. pejorativo: 2) Conspiração, conluio (C. Nep. At. 8, 4).

1. **consēnsus; -a, -um**, part. pass. de **consentĭo**.

2. **consēnsus, -ūs**, subs. m. I — Sent. próprio: 1) Conformidade de sentimentos, acôrdo, anuência (T. Lív. 9, 7, 15). Daí: 2) União, anuência unânime, consenso (Cés. B. Gal. 7, 77, 4). II — Sent. pejorativo: 3) Conspiração (Cíc. Sest. 86).

consentānĕus, -a, -um, adj. I — Sent. próprio: 1) Conforme a, de acôrdo com, consentâneo (Cíc. Inv. 2, 20). Daí: 2) Próprio, adequado, lógico, razoável (Cíc. Fin. 2, 35). II — **Consentanĕa, -ōrum**, n. pl. Circunstâncias lógicas (Cíc. De Or. 2, 170).

Consentēs Dii, subs. m. Os doze deuses conselheiros, que formam o conselho do Olimpo (Varr. L. Lat. 8, 70).

consentĭens, -ēntis, part. pres. de **consentĭo**.

Consentīnī, -ōrum. subs. loc. m. Consentinos, habitantes de Consência, cidade do Brútio (Cíc. Fin. 1, 7).

Consentīnus, -a, -um, adj. De Consência (Plín. H. Nat. 16, 115).

consentĭō, -īs, -īre, -sēnsī, -sēnsum, v. intr. 1) Ser da mesma opinião, estar de acôrdo, decidir unânimemente (Cíc. Div. 2, 119). 2) Entender-se, conformar-se com (Cés. B. Gal. 2, 3, 2). 3) Estar em relação, conjurar, tramar (Cíc. Clu. 157); (Cés. B. Civ. 1, 30, 3). 4) Sentir ao mesmo tempo, estar de acôrdo (T. Lív. 2, 32, 9). 5) Tr.: Decidir unânimemente (T. Lív. 8, 6, 8). Obs.: Constrói-se com abl. com **cum**, com **de** ou com **in**, com dat., com acus. com **ad**, com infinitivo, e com as conj. **ut** ou **ne**.

consenuī, perf. de **consenēsco**.

consēpĭo = **consaepĭo**.

consēptum = **consaeptum**.

consequens, -entis I — Part. pres. de **consequor**. II — Adj.: 1) Seguinte, resultante (Cíc. Or. 92). Na língua filosófica: 2) Que resulta de, que é conseqüência de (Cíc. Or. 115), o que se prende lògicamente a um objeto e o que esteja em contradição com êle. 3) Na língua da gramática: Bem construído (Cíc. Part. 18). 4) Subs. n. pl.: **Consequentĭa** «as conseqüências» (Cíc. Or. 16).

consequentĭa, -ae, subs. f. Conseqüência, sucessão, série (Cíc. Div. 1, 128).

consequor, ĕris, -sequī, -secūtus sum, v. dep. tr. I — Sent. próprio: 1) Acompanhar, seguir ou perseguir alguém (Cíc. Verr. 5, 104); (Cés. B. Gal. 3, 19, 4). Donde: 2) Apanhar, alcançar, atingir (Cíc. Tusc. 1, 103). II — Sent. figurado: 3) Seguir cronològicamente (Cíc. De Or. 2, 57). 4) Obter, atingir, adquirir (Cíc. Planc. 13). 5) Conseguir ou seguir mentalmente, compreender, perceber, exprimir totalmente (Cíc. Sest. 87). Intr.: 6) Vir depois de, seguir-se (Cíc. Phil. 11, 5). 7) Daí: Resultar (Cíc. Part. 133). Obs.: Constrói-se com acus. e intr.

1. **consĕrō, -is, -ĕre, -seruī, -sertum**, v. tr. I — Sent. próprio: 1) Ligar, entrelaçar, enlaçar, juntar, unir (Q. Cúrc. 4, 3, 18). II — Sent. figurado: 2) Ligar, juntar, unir (Ov. Am. 3, 6, 10). 3) Na língua jurídica: **conserere manum** «fazer uma contestação» (isto por alusão ao gesto das partes litigantes, as quais punham a mão sôbre o objeto que reivindicavam) (Cés. B. Civ. 1, 20, 4). 4) Daí,

na língua comum: vir às mãos, lutar, travar combate, travar batalha: **conserere proelium** (T. Lív. 5, 36, 5) «travar combate»; **conserere pugnam** (T. Lív. 21, 50, 1) «travar batalha». 5) Intr.: Combater (T. Lív. 44, 4, 6). Obs.: Constrói-se com acus. ou intransitivamente.

2. **consĕrō, -is, -ĕre, -sēvī, -situm,** v. tr. Plantar, semear (sentido próprio e figurado) (Cíc. Nat. 2, 130).

consērtē, adv. Com ligação, com encadeamento, com seqüência (Cíc. Fat. 32).

consērtus, -a, -um, part. pass. de **consĕro 1.**

conserŭi, perf. de **consĕro 1.**

consērva, -ae, subs. f. Companheira de cativeiro (Ter. Eun. 366).

consērvans, -āntis. I — Part. pres. de **consērvo.** II — Adj. 1) Que conserva, conservador (Cíc. Fin. 3, 16).

conservātio, -ōnis, subs. f. I — Sent. próprio: 1) Conservação (Cíc. Of. 2, 12). II — Daí: 2) Respeito, observação, obediência (Cíc. Of. 1, 100).

conservātor, -ōris, subs. m. Conservador, salvador (Cíc. At. 9, 10, 3).

conservātrix, -īcis, subs. f. A que conserva, defensora (Cíc. Fin. 5, 26).

conservātus, -a, -um, part. pass. de **consērvo.**

conservitĭum, -ī, subs. n. Escravidão em comum (Plaut. Capt. 246).

consērvō, -ās, -āre, -āvī, -ātum, v. tr. I — Sent. próprio: 1) Conservar, defender, salvar, respeitar, guardar (Cíc. Verr. 5, 152). II — Sent. figurado: 2) Observar fielmente, cumprir, respeitar (Cíc. Com. 6); (Cíc. Verr. 1, 124).

conservŭla, -ae, subs. f. Pequena companheira na escravidão (Sên. Contr. 21, 8).

consērvus, -ī, subs. m. Companheiro de escravidão (Cíc Fam. 12, 3, 2).

consēssor, -ōris, subs. m. I — Sent. próprio: 1) O que está sentado com ou junto de alguém (Cíc. At. 2, 15, 2). Daí: 2) Assessor, o que toma assento com outro juiz (Cíc. Fin. 2, 62); (Cíc. At. 2, 15, 2).

consēssus, -ūs, subs. m. Sent. próprio: 1) Ação de se sentar como, daí: 2) Multidão sentada, reunião, assembléia (Cíc. At. 1, 16, 3).

consēvī, perf. de **consĕro 2.**

considerānter, adv. Com circunspeção (V. Máx. 8, 1).

considerātē, adv. Com reflexão, refletidamente, pensadamente, consideradamente (Cíc. Of. 1, 94). Obs.: Comp.: **considerātius** (T. Lív. 4, 45, 8); superl. **considerātissĭme** (Cíc. At. 9, 10, 2).

considerātio, -ōnis, subs. f. Ação de considerar, consideração, observação (Cíc. Ac. 2, 127).

considerātus, -a, -um. I — Part. pass. de **considĕro.** II — Adj.: 1) Maduramente refletido, pesado, ponderado, considerado (Cíc. Har. 3). Daí: 2) Circunspecto, prudente (Cíc. Caec. 1).

considĕrō, -ās, -āre, -āvī, -ātum, v. tr. 1) Examinar com cuidado ou com respeito, ver com cuidado, olhar com respeito (Cíc. Verr. 4, 33). Daí: 2) Respeitar, observar (Cíc. Amer. 108). 3) Pensar, meditar, refletir (Cíc. At. 7, 13, 3); (Cíc. Prov. 34).

considō, -is, -ĕre, -sēdī, -sēssum, v. intr. I — Sent. próprio: 1) Assentar-se juntamente com, assentar-se, pousar (Cíc. Br. 24). Daí: 2) Tomar assento (para deliberar ou julgar) (Cíc. Verr. 1, 19). 3) Na língua militar: Tomar posição, postar-se, acampar (Cés. B. Gal. 1, 48, 1). Donde, na língua comum: 4) Parar, estabelecer-se (Cíc. At. 5, 14, 1). II — Sent. figurado: 5) Abater, desmoronar-se, cair, acalmar-se, apaziguar-se (Cíc. Prov. 34). 6) Acabar, terminar, cessar (Cíc. De Or. 3, 191). Obs.: Constrói-se, além de intransitivo puro, com abl. sem prep. ou com **in** ou **sub,** com acus., com **in, ante** ou **inter.**

consignātĭō, -ōnis, subs. f. Prova escrita (Quint. 12, 8, 11).

consignātus, -a, -um, part. pass. de **consigno.**

consignō, -ās, -āre, -āvī, -ātum, v. tr. I — Sent. próprio: 1) Marcar com sêlo ou com sinete, selar, chancelar (Cíc. Quinct. 15). Daí: Por enfraquecimento de sentido: 2) Assinar, redigir (uma lei, um contrato) (Suet. Claud. 26). II — Sent. figurado: 3) Confirmar por escrito, certificar, atestar (Cíc. Caecil. 28).

consilēscō, -is, -ĕre, -silŭī, v. intr. Calar-se completamente, fazer silêncio (Plaut. Mil. 583).

1. **consiliārius, -a, -um,** adj. Que dá conselhos, prudente (Plaut. Truc. 216); (Sên. Nat. 2, 39, 1).

2. **consiliārius, -ī,** subs. m. I — Sent. próprio: 1) O que aconselha, conselheiro (Cíc. Verr. 2, 42). Daí: 2) Juiz assessor (Suet. Tib. 55). 3) Ó intérprete (Cíc. Leg. 3, 43).

consiliător, -ōris, subs. m. Conselheiro (Fedr. 2, 7, 2).
Consilīnum, -ī, subs. pr. n: Consilino, cidade da Lucânia (Plín. H. Nat. 3, 95).
consilĭor, -āris, -ārī, -ātus sum v. dep. intr. 1) Reunir-se em conselho, deliberar (Cíc. At. 15, 9, 2). Daí: 2) Deliberar em proveito de, aconselhar (dativo) (Hor. A. Poét. 196).
consilĭum, -ī, subs. n. I — Sent. próprio: 1) Lugar em que se tomam as deliberações, conselho, assembléia deliberativa (Cíc. Verr. 1, 31); (Cés. B. Gal. 3, 3, 1). Daí, em sent. abstrato: 2) Deliberação, resolução tomada (Cíc. Verr. 5, 103). 3) Projeto, plano, desígnio (Cíc. At. 5, 11, 6); (Cés. B. Gal. 1, 12, 6). Com idéia de relêvo: 4) Plano amadurecido, senso (Cíc. Mur. 27). 5) Bom conselho, opinião, prudência (Cíc. Clu. 85).
consilŭī, perf. de **consilēsco.**
consimĭlis, -e, adj. Inteiramente semelhante, semelhante (Cíc. De Or. 1, 149). Obs.: Constrói-se com gen., com dat., com **atque,** com **quasi,** absolutamente.
Consĭngis, -is, subs. pr. f. Consinge, mulher de Nicomedes, rei da Bitínia (Plín. H. Nat. 8, 144).
consīstens, -ēntis, part. pres. de **consīsto.**
consīstō, -is, -ĕre, -stĭtī (-stĭtum), v. intr. I — Sent. próprio: 1) Parar, fazer parar, deter-se, cessar (Cés. B. Gal. 4, 5, 2). II — Sent. figurado: 2) Compor-se de, consistir em, constar de, firmar-se em (Cés. B. Gal. 6, 22, 1). Daí: 3) Pôr-se, colocar-se, apresentar-se (Cíc. Tusc. 5, 61); (Cíc. Sest. 107). III — Empregos diversos: 4) Na língua militar: Tomar posição, colocar-se, fixar-se, estabelecer-se (Cés. B. Gal. 4, 26, 5). 5) Estar suspenso (Cés. B. Civ. 2, 12, 1). 6) Manter-se, estar firme, estar calmo (Cíc. Phil. 2, 68). 7) Loc.: **Consistĕre a fuga** (T. Lív. 10, 36, 11) «cessar de fugir, parar na fuga».
consitĭō, -ōnis, subs. f. Ação de plantar, plantio (Cíc. C. M. 54).
Consitĭus, -ī, subs. pr. Consício, nome de homem (Plín. H. Nat. 7, 36).
consĭtor, -ōris, subs. m. Plantador (Ov. Met. 4, 14).
consitūra, -ae, subs. f. Plantação, sementeira (Cíc. Rep. 1, 29).
consĭtus, -a, -um, part. pass. de **consĕro** 2.
consobrīna, -ae, subs. f. Prima direta, prima irmã (Cíc. Quint. 16).
consobrīnus, -ī, subs. m. 1) Primo irmão (lado materno) (Cíc. De Or. 2, 2). Daí: 2) Primo (em geral) (Cíc. Of. 1, 54).
consŏcer, -ĕrī, subs. m. Consogro, pai do genro ou da nora (Suet. Claud. 29, 1).
consociātĭō, -ōnis, subs. f. Consociação, associação, união, aliança (Cíc. Of. 1, 100).
consociātus, -a, -um. I — Part. pass. de **consocio.** II — Adj.: Associado, unido íntimamente (Cíc. Fam. 3, 3, 1).
consocĭō, -ās, -āre, -āvī, -ātum, v. tr. Consociar, associar, ligar, unir, juntar (T. Lív. 8, 14, 9); (Cíc. Phil. 4, 12). Obs.: Constrói-se com abl. acompanhado de **cum,** com acus. e com **inter se.**
consōlābĭlis, -e, adj. Consolável, que pode ser consolado (Cíc. Fam. 4, 3, 2).
consōlātĭō, -ōnis, subs. f. I — Sent. próprio: 1) Consolação, alívio (Cíc. Tusc. 3, 77). Daí: 2) Consolação (gênero literário, discurso ou obra destinada a consolar) (Cíc. Tusc. 1, 65). 3) Encorajamento (Cíc. At. 1, 17, 6).
consōlātor, -ōris, subs. m. Consolador (Cíc. Tusc. 3, 73).
consōlātōrĭus, -a, -um, adj. De consolação, consolatório (Cíc. At. 13, 20, 1).
consōlātus, -a, -um, part. pass. de **consōlor.**
consōlor, -āris, -ārī, -ātus sum, v. dep. tr. Aliviar, reconfortar, consolar (Cés. B. Gal. 5, 4, 2).
consŏnans, -āntis. I — Part. press. de **consŏno.** II — Subs. f. (subent. **littera**) — consoante (Quint. 1, 4, 6).
consŏnō, -ās, -āre, -sŏnŭī (-sonĭtum), v. intr. I — Sent. próprio: 1) Produzir um som junto, ressoar juntamente, consoar, retumbar (Verg. En. 8, 305). II — Sent. figurado: 2) Estar em harmonia com, estar de acôrdo com (Sên. Ep. 88, 9). Na língua retórica: 3) Ter o mesmo som, ter a mesma terminação (Quint. 9, 3, 75); e concordar (concordância) (Quint. 9, 3, 45).
consonŭī, perf. de **consŏno.**
consŏnus, -a, -um, adj. I — Sent. próprio: 1) Que soa ou retumba ao mesmo tempo, harmonioso (Ov. Am. 1, 8, 60). II — Sent. figurado: 2) Conforme, conveniente (Cíc. At. 4, 16, 3).
consōpĭō, -is, -īre, -īvī (ou -ĭī), -ītum, v. tr. I — Sent. próprio: 1) Adormecer, fazer dormir (Cíc. Tusc. 1, 117). II — Sent. figurado: 2) Cair em desuso (A. Gél. 16, 10, 8).
consōpītus, -a, -um, part. pass. de **consōpio.**

Consorānnī, -ōrum, subs. loc. m. Consoranos, povo da Aquitânia (Plín. H. Nat. 4, 108).

consors, -sōrtis, adj. I — Sent. próprio: 1) Que participa da mesma sorte, que vive em comunidade de bens, consorte, co-herdeiro (T. Lív. 41, 27, 2). II — Daí: 2) Que é em comum (Verg. G. 4, 153). III — Sent. poético: 3) Fraternal (Ov. Met. 8, 444). 4) Subs.: Irmão, irmã (Ov. Met. 11, 347).

consortĭo, -ōnis, subs. f. Comunidade, associação (Cíc. Of. 3, 26).

consortĭum, -ĭ, subs. n. I — Sent. próprio: 1) Participação comunidade, coparticipação (T. Lív. 4, 5, 5). II — Daí: 2) Comunidade de bens (Suet. Claud. 28).

1. conspēctus, -a, -um. I — Part. pass. de **conspicio**. II — Adj.: 1) Visível, aparente (T. Lív. 22, 24, 5). 2) Notável, que dá na vista, que chama a atenção (Verg. En. 8, 588).

2. conspēctus, -ūs, subs. m. I — Sent. próprio: 1) Ação de olhar, olhar, vista de olhos (Cés. B. Gal. 5, 56, 2); (Cíc. Leg. 3, 12). Daí: 2) Aspecto, presença, vista, conspecto (Cíc. Planc. 2). II — Sent. figurado: 3) Observação, exame (Cíc. Leg. 1, 61).

conspērgō, -is, -ĕre, -pērsī, -pērsum, v. tr. I — Sent. próprio: 1) Espargir, aspergir, borrifar, regar (Lucr. 4, 1233). II — Sent. figurado: 2) Espargir, salpicar (Cíc. De Or. 3, 96). Obs.: Constrói-se com acus. e abl. Embora raramente, também aparece a forma **conspārgō** (Lucr. 3, 661).

conspērsī, perf. de **conspērgo**.

conspērsus, -a, -um, part. pass. de **conspērgo**.

conspēxī, perf. de **conspicĭo**.

conspicātus, -a, -um, part. pass. de **conspico** e **conspicor**.

conspiciēndus, -a, -um. I — Gerundivo de **conspicĭo**. II — Adj.: Digno de ser visto, notável (Ov. F. 5, 170).

conspicĭō, -is, -ĕre, -pēxī, -pēctum, v. tr. e intr. I — Sent. próprio: 1) Tr.: Olhar, ver, avistar, divisar, enxergar (Cés. B. Gal. 2, 24, 2). II — Sent. figurado: 2) Considerar, pensar, compreender (Plaut. Ps. 769). 3) Na voz passiva: Chamar a atenção, ser notável (Cíc. Pis. 60). 4) Intr.: Levantar o olhar, olhar, ver (Plaut. Cist. 622).

conspĭcō = **conspĭcor**.

conspicor, -āris, -ārī, -ātus sum, v. dep. tr. Perceber, ver, descobrir, avistar (Cés. B. Gal. 2, 27, 1). Obs.: Constrói-se com acus., acus. e inf., com interrog. ind. A forma ativa é rara.

conspicŭus, -a, -um, adj. I — Sent. próprio: 1) Que está à vista, diante dos olhos, visível (Ov. Trist. 4, 10, 108). II — Sent. figurado: 2) Conspícuo, ilustre, notável (T. Lív. 1, 34, 11).

conspīrātĭō, -ōnis, subs. f. I — Sent. próprio: 1) Ação de soprar, respirar juntamente; daí: 2) Acôrdo, harmonia (de sons) (Col. 12, 2, 4). II — Sent. figurado: 3) Harmonia, união (Cíc. Cat. 4, 22). 4) Conspiração (Cíc. Scaur. 20).

conspīrātus, -a, -um. I — Part. pass. de **conspiro**, que conspira, conspirado, de acôrdo (Cés. B. Civ. 3, 46, 5). II — Substantivado m. pl.: Conjurados, conspiradores (Suet. Dom. 17).

conspīrō, -ās, -āre, -āvī, -ātum, v. intr. Estar de acôrdo, concordar, conspirar (Cíc. Agr. 1, 26); (Cés. B. Civ. 3, 10, 3).

conspissātus, -a, -um, part. pass. de **conspisso**.

conspissō, -ās, -āre, v. tr. Tornar espêsso, condensar, apertar (Plín. H. Nat. 35, 36).

conspōnsor, -ōris, subs. m. Fiador com outros, endossante (Cíc. Fam. 6, 18, 3).

conspŭō, -is, -ĕre, -ŭī, -ūtum, v. tr. Sujar cuspindo, sujar de baba ou de escarro (Sên. Vit. 19,3); (Petr. 23, 4).

conspurcātus, -a, -um, part. pass. de **conspūrco**.

conspūrcō, -ās, -āre, -āvī, -ātum, v. tr. Sujar, conspurcar (Lucr. 6, 22).

conspūtātus, -a, -um, part. pass. de **conspūto**.

conspūtō, -ās, -āre, -āvī, -ātum, v. freq. tr. Cobrir de escarros (Cíc. Q. Fr. 2, 3, 2).

conspūtus, -a, -um, part. pass. de **conspŭo**.

constabilĭō, -īs, -īre, -īvī, -ītum, v. tr. Estabelecer sòlidamente, fortificar (Ter. Ad. 771).

constabilĭtus, -a, -um, part. pass. de **constabilio**.

1. constans, -āntis. I — Part. pres. de **consto**. II — Adj.: 1) Firme, inabalável, constante, permanente (Cíc. Div. 2, 17); (T. Lív. 6, 25, 6). 2) Moralmente firme, ponderado, conseqüente (Cíc. Mil. 81). 3) Coerente, bem coordenado (Cíc. Fam. 12, 9, 1).

2. Constans, -āntis, subs. pr. m. Constante, nome de várias personagens, notadamente o filho de Constantino (Eutr. 10, 9).

constānter, adv. 1) De modo invariável, invariàvelmente (Cíc. Tusc. 1, 68). 2)

Com constância, com firmeza (Cíc. Tusc. 2, 46). 3) De acôrdo, concordantemente, unânimemente (Cés. B. Gal. 2, 2, 4).

1. constantĭa, -ae, subs. f. I — Sent. próprio: 1) Permanência, invariabilidade (Cíc. Nat. 2, 54). II — Sent. figurado: 2) Perseverança, fidelidade (Cíc. Of. 1, 23). 3) Firmeza (de caráter), constância (Cíc. Phil. 5, 1, 2). 4) Acôrdo, conformidade (Cíc. Tusc. 2, 5).

2. Constantĭa Julĭa, subs. pr. f. Constância Júlia, cidade da Bética (Plín. H. Nat. 3, 11).

Constantīnus, -ī, subs. pr. m. Constantino, imperador romano (Eutr. 10, 2).

Constantĭus, -ī, subs. pr. m. Constâncio, imperador romano (Eutr. 10, 6).

constat, impess. de **consto**: consta, é certo (Cíc. Mil. 14).

constātūrus, -a, -um, part. fut. de **consto**.

consternātĭō, -ōnis, subs. f. I — Sent. próprio: 1) Espanto, consternação, pavor, abatimento (Tác. An. 13, 16). II — Sent. figurado: 2) Revolta, sedição (T. Lív. 34, 2, 6).

consternātus, -a, -um, part. pass. de **consterno 1**.

1. consternō, -ās, -āre, -āvī, -ātum, v. tr. Abater, e principalmente em sentido moral — consternar, espantar, assustar, aterrorizar, apavorar (Cés. B. Gal. 7, 30, 4); (Suet. Ner. 48). Loc.: **in fugam consternantur** (T. Lív. 10, 43, 13) «apavoram-se até a fuga».

2. consternō, -is, -ĕre, -strāvī, -strātum, v. tr. Cobrir, juncar (Cíc. Sest. 85). Obs.: Constrói-se com acus. e abl.

constīpō, -ās, -āre, -āvī, -ātum, v. tr. Acumular, apinhar, amontoar, apertar, estreitar (Cés. B. Gal. 5, 43, 5).

constĭtī, per. de **consisto** e de **consto**.

constĭtŭī, perf. de **constĭtŭo**.

constĭtŭō, -is, -ĕre, -stĭtŭī, -stĭtūtum, v. tr. I — Sent. próprio: 1) Estabelecer, pôr, colocar, postar, formar (Cés. B. Gal. 4, 23, 6); (Cés. B. Gal. 2, 8, 5). Daí: 2) Instituir, estabelecer, constituir, organizar, fundar, criar (Cíc. Fin. 2, 78); (Cíc. Fin. 2, 92); (Cíc. Phil. 14, 27); (Cíc. De Or. 1, 35). 3) Construir, erigir, levantar (Cés. B. Gal. 7, 17, 1); (Cés. B. Gal. 2, 8, 3). II — Sent. figurado: 4) Decidir, resolver, determinar, marcar, fixar (Cés. B. Gal. 1, 49, 4); (Cés. B. Gal. 1, 3, 1). Obs.: Constrói-se com acus. e dat., com acus. e abl, com acus. e **inter se**; com inf., com or. interrogativa indireta e com **ut**.

constĭtūtĭō, -ōnis, subs. f. I — Sent. próprio: 1) Constituição, natureza, estado, condição (Cíc. Of. 3, 117). Daí, como t. de retórica: 2) Estado da questão ponto essencial de uma causa (Cíc. Inv. 1, 10). II — Sent. diversos: 3) Definição (Cíc. Fin. 5, 45). 4) Disposição legal, instituição (Quint. 7, 4, 5). 5) Organização (Cíc. Rep. 2, 37).

constĭtūtor, -ōris, subs. m. Fundador, criador (Quint. 3, 6, 43).

constĭtūtum, -ī, subs. n. I — Sent. próprio: 1) Convenção, pacto, acôrdo (Cíc. At. 12, 1, 1). II — Sent. figurado: 2) Lei, regra (Sên. Nat. 3, 16, 3).

constĭtūtus, -a, -um, part. pass. de **constĭtŭo**.

constō, -ās, -āre, -stĭtī, -stātum, (-stātūrus), v. intr. I — Sent. próprio: 1) Estar seguro, estar firmemente estabelecido (T. Lív. 1, 30, 10); (T. Lív. 3, 60, 9). II — Sent. figurado: 2) Ser evidente, ser composto de, consistir em, constar de (Cíc. Nat. 1, 98). 3) Com abl. de preço: Custar, ser pôsto à venda por determinado preço, ter o preço de, ter o valor de (Cés. B. Gal. 7, 19, 4). Empregos especiais: 4) Ser, e daí — existir, subsistir (Lucr. 1, 582); (Cíc. Nat. 1, 25). 5) Parar, permanecer, durar (Cat. Agr. 155). 6) Estar de acôrdo, em harmonia (Cíc. Tusc. 1, 9). 7) Impessoal: — é certo, consta (Cíc. Mil. 14). Obs.: Constrói-se com abl., acompanhado ou não das preps. **cum, in, ex**; com dat. e or. inf. ou interrog. indireta, com abl. ou gen., com advérbio.

constrātum, -ī, subs. n. Conjunto de tábuas, pavimento, soalho (T. Lív. 30, 10, 14).

constrātus, -a, -um, part. pass. de **consterno 2**.

constrāvī, perf. de **consterno 2**.

constringō, -is, -ĕre, -strinxī, -strictum, v. tr. I — Sent. próprio: 1) Ligar estreitamente com, encadear (Cíc. De Or. 1, 226); (Cíc. Br. 34). II — Sent. figurado: 2) Restringir, reprimir (Cíc. De Or. 1, 202). Na língua retórica: 3) Encadear, juntar, resumir (Cíc. Br. 34).

constrinxī, perf. de **constringo**.

constructĭō, -ōnis, subs. f. I — Sent. próprio: 1) Estrutura, montão, construção (Sên. Pol. 18, 2). Daí, como t. de retórica: 2) Disposição das palavras na frase (Cíc. De Or. 1, 17). 3) Arrumação dos livros numa biblioteca (Cíc. At.

CONSTRŬCTUS — 239 — CONSŬLTŎ

4, 5, 3). II — Sent. figurado: 4) Estrutura (do homem) (Cíc. Ac. 2, 86).
constrŭctus, -a, -um, part. pass. de construo.
construŏ, -is, -ĕre, -strŭxī, -strŭctum, v. tr. I — Sent. próprio: 1) Amontoar, acumular, juntar em ordem (Cíc. Phil. 2, 97). Daí: 2) Construir, levantar (Cíc. C. M. 72). II — Sent. figurado: 3) Prover, guarnecer (Catul. 64, 304).
constrŭxī, perf. de construŏ.
constuprātor, -ōris, subs. m. Corruptor (T. Liv. 39, 15, 9).
constuprātus, -a, -um, part. pass. de constŭpro.
constŭpro, -ās, -āre, -āvī, -ātum, v. tr. I — Sent. próprio: 1) Desonrar, atentar contra o pudor, deflorar (T. Liv. 29, 17, 15). II — Sent. figurado: 2) Manchar, poluir, sujar (Cíc. At. 1, 18, 3).
consuādĕŏ, -ēs, -ēre, v. tr. 1) Aconselhar vivamente, fortemente (Plaut. Merc. 143). 2) Intr.: Dar um conselho favorável, ser favorável (Plaut. As. 261).
Consuarānī, -ōrum, subs. loc. m. Consuaranos, povo da Gália Narbonense (Plín. H. Nat. 3, 22).
consuāsor, -ōris, subs. m. Conselheiro (Cíc. Quinct. 18).
consuēfaciō, -is, -ĕre, -fēcī, -fāctum, v. tr. Acostumar alguém a alguma coisa, habituar (Sal. B. Jug. 80, 2). Obs.: Constrói-se com ut ou ne, ou com or. inf.
consuēfēcī, perf. de consuefacio.
consuēmus, consuĕram, consuēstī, consuēsset, formas sincopadas de consuevīmus, consuevĕram, consuevīstī, consuevīsset.
consuēscō, -is, -ĕre, -suēvī, -suētum, v. tr. e intr. Tr.: 1) Acostumar, habituar (Lucr. 6, 397). Intr. 2) Acostumar-se, habituar-se (Cíc. Tusc. 1, 75). 3) Ter relações com (Ter. Hec. 555). Obs.: Constrói-se com acus. ou acus. e dat., com inf. ou acus. e inf. Intransitivamente é usado com acus., com ad ou dat. ou com abl. com aliquo acompanhado ou não da prep. cum.
consuētŭdŏ, -ĭnis, subs. f. I — Sent. próprio: 1) Costume, hábito, uso (Cés. B. Gal. 4, 7, 3). II — Daí, na língua jurídica: 2) O uso (considerado como lei) (Cíc. Verr. 1, 122). Na língua gramatical: 3) O uso corrente, língua corrente (Cíc. Or. 76). III — Sent. figurado: 4) Relações, intimidade, ligação, amor (Cíc. Or. 33).

consuētus, -a, -um. I — Part. pass. de consuēsco (Cíc. Rep. 3, 8). II — Adj.: Habitual, acostumado (Verg. G. 4, 429).
consuēvī, perf. de consuēsco.
consŭī, perf. de consŭo.
consul, -ŭlis, subs. m. 1) Cônsul, o primeiro magistrado romano (Cíc. Arch. 5). 2) Procônsul (T. Liv. 26, 33, 4). Obs.: Abreviaturas de cônsul: sg.: Cos., pl.: Coss.
1. consulāris, -e, adj. I — Sent. próprio: 1) Consular, de cônsul (Cíc. Mur. 53). II — Sent. figurado: 2) Velho (falando de vinho, assim designado conforme o nome de um antigo cônsul): consulāre vinum (Marc. 7, 79).
2. consulāris, -is, subs. m. Ex-cônsul, antigo cônsul (Cíc. Fam. 12, 4, 1).
consulārĭter, adv. De maneira digna de um cônsul (T. Liv. 4, 10, 9).
consulātus, -ūs, subs. m. Consulado, cargo de cônsul (Cíc. Cat. 3, 29).
consulitūrus, -a, -um, part. fut. de consŭlo.
consŭlō, -is, -ĕre, consulŭī, -sŭltum, v. intr. e tr. I — Sent. próprio: 1) Reunir para uma deliberação, consultar (uma assembléia, e particularmente o senado), submeter à deliberação (Cíc. Agr. 2, 88); (Cíc. Top. 71); (Cíc. Phil. 2, 15). Daí: 2) Tomar uma resolução, tomar medidas (Cés. B. Civ. 3, 51, 4); (Cíc. At. 7, 13, 3). II — Sent. figurado: 3) Velar pelos interêsses de, olhar por, ocupar-se de (com dat.) (Cíc. Of. 1, 85). Tr. 4) Deliberar a respeito de alguma coisa, examinar (Cíc. Fam. 10, 22, 2); (Cés. B. Gal. 7, 83, 1). 5) Consultar alguém ou alguma coisa (Cíc. Br. 155); (Ov. A. Am. 3, 136). Obs.: Constrói-se com acus. acompanhado ou não de in, intransitivamente, ou com abl. acompanhado da prep. de, ou com dat.
consultātiō, -ōnis, subs. f. I — Sent. próprio: 1) Deliberação (Cíc. Of. 3, 50). II — Daí: 2) Objeto de uma deliberação, problema (Cíc. Rep. 1, 36). 3) Consulta, pergunta (Cíc. At. 8, 4, 3).
consultātor, -ōris, subs. m. Consulente (Quint. 6, 3, 87).
consultātus, -a, -um. I — Part. pass. de consŭlto. II — Subst. n.: Deliberação, decisão (S. It. 6, 455).
consultē, adv.. Com reflexão, com um exame, prudentemente, refletidamente (Plaut. Rud. 1240).
1. consŭltō, -ās, -āre, -āvī, -ātum, v. tr. e intr. 1) Consultar, submeter à deliberação ou consulta (Plaut. Mil. 1097); (Plín. Pan. 76, 7). Daí: 2) Deliberar,

deliberar freqüentemente (T. Liv. 1, 55, 6). 3) Atender aos interêsses de, ocupar-se de (com dat.) (Sal. C. Cat. 6, 6). Intr. 4) Deliberar maduramente, debater (Cés. B. Gal. 5, 53, 3). Obs.: Constrói-se com acus. ou com acus. com in; com abl. com de ou super; com dat. e intransitivamente.

2. consŭltŏ, adv. Expressamente, deliberadamente, de propósito (Cíc. Of. 1, 27).

consŭltor, -ōris, subs. m. 1) Consultor, conselheiro (Sal. B. Jug. 64, 5). 2) Consulente (o que pede conselho) (Cíc. Mur. 22).

consŭltrix, -ĭcis, subs. f. A que cuida de (Cíc. Nat. 2, 58).

consŭltum, -i, subs. n. I — Sent. próprio: 1) Deliberação, decisão (Tác. An. 1, 40). II — Daí, em sent. particular: 2) Decreto do senado: senatus consŭltum (Cíc. Verr. pr. 13). III — Sent. figurado: 3) Resposta de um oráculo (Verg. En. 6, 151).

consŭltus, -a, -um, I — Part. pass. de consŭlo. II — Adj. (sent. ativo e passivo): que deliberou, refletido, prudente (Cíc. De Or. 1, 250). 2) Versado em (Cíc. Phil. 9, 10); (T. Liv. 1, 18, 1). 3). Substantivado: consŭltus juris ou simplesmente: consŭltus — «jurisconsulto» (Cíc. Caec. 79).

consulŭī, perf. de consŭlo.

consummābĭlis, -e, adj. Que pode realizar-se (Sên. Ep. 92, 27).

consummātĭŏ, -ōnis, subs. f. I — Sent. próprio: 1) Ação de adicionar. II — Daí: 2) Execução, consumação, acabamento (Quint. 2, 18, 2). Na língua da retórica: 3) Acumulação (de argumentos) (Quint. 9, 2, 103).

consummātus, -a, -um, I — Part. pass. de consŭmmo. II — Adj.: Acabado, perfeito, consumado (Quint. 2, 19, 1).

consŭmmŏ, -as, -āre, -āvī, -atum, v. tr. I — Sent. próprio: 1) Fazer a soma de, adicionar (Col. 3, 5, 4). Daí: 2) Levar ao fim, acabar, completar, consumar (T. Liv. 29, 23, 4). II — Sent. figurado: 3) Aperfeiçoar, tornar perfeito (Quint. 10, 1, 89). 4) Intr.: Completar o tempo de serviço (Suet. Cal. 44, 1).

consūmŏ, -is, -ĕre, -sūmpsī, -sūmptum, v. tr. I — Sent. próprio: 1) Tomar ou empregar inteiramente (Cés. B. Gal. 5, 11, 6). II — Sent. figurado: 2) Consumir, comer, devorar, gastar, esgotar (Cés. B. Gal. 1, 46, 1); (Cíc. Amer. 6); (Cés. B. Gal. 6, 43, 3). 3) Destruir, dar cabo, enfraquecer, debilitar (Cíc. Leg. 1, 2). 4) Passivo: Morrer, acabar, sucumbir, fazer morrer, extenuar (Cés. B. Gal. 7, 20, 12). Obs.: Constrói-se com acus. ou com acus. com in.

consŭmpse, consŭmpsti = consumpsīsse, consumpsīsti.

consŭmpsī, perf. de consŭmo.

consumptĭŏ, -ōnis, subs. f. Destruição, consumpção, esgotamento (Cíc. Tim. 18).

consŭmptor, -ōris, subs. m. 1) Destruidor (Cíc. Nat. 2, 41). 2) Dissipador (Sên. Contr. 3, 1, 3).

consŭmptus, -a, -um, part pass. de consŭmo.

consŭŏ, -is, -ĕre, -sŭī, -sūtum, v. tr. I — Sent. próprio: 1) Coser juntamente, coser (Varr. L. Lat. 9, 79). II — Sent. figurado: 2) Fechar (Sên. Ep. 47, 3).

consŭrgŏ, -is, -ĕre, -surrēxī, -surrēctum, v. intr. 1) Levantar-se junto ou de um só movimento, pôr-se de pé, erguer-se juntamente (Cíc. Clu. 75). Daí: 2) Levantar-se contra, sublevar-se (Verg. En. 10, 90). II — Sent. figurado: 3) Elevar-se (Plín. Ep. 5, 6, 14).

consurrēctĭŏ, -ōnis, subs. f. Ação de se levantar juntamente (Cíc. At. 1, 16, 14).

consurrēxī, perf. de consŭrgo.

consussŭrrŏ, -ās, -āre, v. intr. Cochichar com alguém (Ter. Heaut. 473).

consūtus, -a, -um, part. pass. de consŭo.

contābefacĭŏ, -is, -ĕre, v. tr. Fazer derreter, consumir (sent. figurado) (Plaut. Ps. 21).

contābēscŏ, -is, -ĕre, -tābŭī (sem sup.), v. intr. I — Sent. próprio: 1) Fundir-se inteiramente, consumir-se (Plaut. Merc. 205). II — Sent. figurado: 2) Definhar-se, mirar-se, consumir-se (Cíc. Tusc. 3, 75).

contabulātĭŏ, -ōnis, subs. f. I — Sent. próprio: 1) Soalho, andar (de tôrre ou máquina de guerra) (Cés. B. Civ. 2, 9, 1). II — Sent. figurado: 2) Pregas de um vestido (Apul. M. 11, 3).

contabulātus, -a, -um, part. pass. de contabŭlo.

contabŭlŏ, -ās, -āre, -āvī, -atum, v. tr. 1) Construir com tábuas, cobrir com tábuas, cercar de tábuas, assoalhar (Cés. B. Gal. 5, 40, 6). 2) Cobrir (Q. Cúrc. 5, 7, 8).

contābŭndus, v. cunctābŭndus.

1. contāctus, -a, -um, part. pass. de contĭngo 1.

2. contāctus, -ūs, subs. m. I — Sent. próprio: 1) Contato (Verg. En. 3, 227). Daí:

2) Contato contagioso, contágio (T. Liv. 4, 30, 8). II — Sent. figurado: 3) Contágio, influência perniciosa (Tác. Agr. 30).
contāgēs, -is, subs. f. Contato (Lucr. 4, 334).
contāgĭŏ, -ōnis, subs. f. I — Sent. próprio: 1) Contato, união (Cíc. Tusc. 1, 72). Daí: 2) Contágio, contagião, infecção, epidemia (T. Liv. 28, 34, 4). II — Sent. figurado: 3) Relação (Cíc. Fat. 5). 4) Influência perniciosa, contágio (Cíc. Of. 2, 80).
contāgĭum, -ĭ, subs. n. (geralmente no plural: **contāgĭa**, -ōrum): Contato, contágio, influência (Ov. Trist. 3, 8, 25).
contāmĭnātus, -a, -um, I — Part. pass. de **contāmĭno**. II — Adj.: Contaminado, sujo, poluído, impuro (Cíc. Pis. 20); (Cíc. Prov. 14).
contāmĭnŏ, -ās, -ēre, -āvī, -ātum, v. tr. I — Sent. próprio: 1) Entrar em contato (sentido raro, aparece em Donato Gloss.). Daí: 2) Sentido pejorativo: Manchar pelo contato (T. Liv. 1, 48, 7), sujar (sent. físico e moral). 3) Contaminar, manchar, contagiar, sujar (sent. físico e moral) (Cíc. Tusc. 1, 72). Sent. literário: 4) Praticar a contaminação, i. é, fundir numa só várias comédias (Ter. And. 16).
contātĭo, v. **cunctātĭŏ**.
contēctus, -a, -um, part. pass. de **contĕgo**.
contĕgŏ, -is, -ĕre, -tēxī, -tēctum, v. tr. I — Sent. próprio: 1) Cobrir, proteger (Cíc. Sest. 82). II — Sent. figurado: 2) Esconder, encobrir, dissimular (Cíc. Prov. 8). Obs.: Constrói-se com acus. ou com acus. e abl.
contemĕrŏ, -ās, -āre, -āvī, v. tr. Manchar, sujar, poluir (Ov. Am. 2, 7, 18).
contemnēndus, -a, -um, I — Gerundivo de **contēmno**. II — Adj.: Desprezível, sem valor, insignificante (Cíc. Br. 51).
contēmnŏ, -is, -ĕre, -tēmpsī, -tēmptum, v. tr. 1) Desprezar, não dar importância, desdenhar, menosprezar (Cíc. Caecil. 39). 2) Sent. poético: Afrontar (Verg. G. 2,360). Obs.: Constrói-se com acus., inf. e intransitivamente.
contemplātĭŏ, -ōnis, subs. f. I — Sent. próprio: 1) Ação de olhar atentamente, contemplação (Cíc. Div. 1, 93). Daí: 2) Ação de apontar, mirar (Plín. H. Nat. 6, 194). II — Sent. figurado: 3) Consideração, respeito (Apul. M. 8, 30). 4) Contemplação intelectual, exame minucioso (Cíc. Nat. 1, 50).
contemplātīvus, -a, -um, adj. Contemplativo (Sên. Ep. 95, 10).

1. **contemplātor**, -ōris, subs. m. O que contempla, contemplador, observador (Cíc. Tusc. 1, 69).
2. **contemplātor**, imperat. fut. de **contēmplor** (Verg. G. 1, 187).
1. **contemplātus**, -a, -um, part. pass. de **contēmplo** e **contēmplor**.
2. **contemplātus**, -ūs, subs. m. I — Sent. próprio: 1) Contemplação (Ov. Trist. 5, 7, 66). II — Sent. figurado: 2) Consideração, respeito (Macr. Somn. 1, 1, 5).
contēmplŏ, -ās, -āre (arc.), v. tr: Olhar atentamente para, contemplar (Plaut. Amph. 441). Obs.: Verbo arcaico.
contēmplor, -āris, -ārī, -ātus sum, v. dep. tr. Olhar atentamente para, contemplar (sent. próprio e figurado) (Cíc. Planc. 2); (Cíc. Dej. 40).
contēmpsī, perf. de **contēmno**.
contēmptim, adv. Com desprêzo, com desdêm (Plaut. Poen. 537). Obs.: Comp.: **contemptĭus** (Sên. Brev. 12, 1).
contemptĭo, -ōnis, subs. f. Desprêzo (Cés. B. Gal. 3, 17, 5).
contēmptor, -ōris, subs. m. O que despreza, desdenhador (Verg. En. 7, 648).
contēmptrix, -ĭcis, subs. f. A que despreza, desdenhadora (Plaut. Bac. 531).
1. **contēmptus**, -a, -um, I — Part. pass. de **contēmno**. II — Adj.: Desprezível: **contemptissĭmī consŭlēs** (Cíc. Sest. 36). "os cônsules mais desprezíveis".
2. **contēmptus**, -ūs, subs. m. 1) Desprêzo (ação de desprezar) (T. Liv. 24, 5, 5). 2) Desprêzo (ação de ser desprezado) (Cés. B. Gal. 2, 30, 4).
contēmsī = **contēmpsī**.
contēmtus = **contēmptus**.
contēndī, perf. de **contēndo**.
contēndŏ, -is, -ĕre, -tēndī, -tēntum, v. tr. e intr.: 1) Estender com tôda a fôrça, entesar, estender-se com tôdas as fôrças (sent. próprio e figurado) (Cíc. Tusc. 2, 57); (Cés. B. Gal. 7, 85, 2). Donde: 2) Estender para arremessar, lançar, arremessar (Verg. En. 10, 521). 3) Porfiar, lutar (sent. próprio e figurado), rivalizar (Cíc. Sull. 83); (Cés. B. Civ. 1, 31, 4). 4) Pôr frente a frente, opor e daí: comparar (Cíc. Inv. 2, 145). Empregos especiais: 5) Pedir com insistência, procurar, solicitar (Cíc. Verr. 2, 131). 6) Marchar apressadamente, chegar a (Cés. B. Gal. 1, 23, 1). 7) Afirmar, pretender, sustentar (Cíc. Or. 2, 71). Obs.: Constrói-se com acus. seguido ou não de **ad**, com acus. com **in**, com dat., com abl., acompanhado ou não de **cum**, com **ut** ou **ne**, ou intransitivamente.

Contenĕbra, -ae, subs. pr. f. Contênebra, cidade da Etrúria (T. Liv. 6, 4, 9).

1. contĕntē, adv. 1) Com esfôrço, com empenho (Cíc. Tusc. 5, 97). 2) Com entusiasmo, com ardor (Cíc. Tusc. 2, 57).

2. contĕntē, adv. Com poupança, com parcimônia (Plaut. As. 78).

contentĭo, -ōnis, subs. f. I — Sent. próprio: 1) Contenção, tensão, esfôrço (Cíc. Arch. 12). Daí: 2) Tensão (de voz) (Cíc. De Or. 1, 261). II — Sent. figurado: 3) Luta, combate, discussão (Cíc. Of 1, 87). 4) Comparação (Cíc. Pis. 51). 5) Antítese (Quint. 9, 3, 81).

contentiōsus, -a, -um, adj. I — Sent. próprio: 1) Obstinado (Apul. M. 2, 3). II — Daí: 2) Litigioso, que gosta de lutar (Plín. Ep. 2, 19, 5).

1. contĕntus, -a, -um, I — Part. pass. de contĕndo. II — Adj.: 1) Estendido com fôrça, tenso (Cíc. Tusc. 2, 54). 2) Ardente, fogoso, atento (Lucr. 4, 964).

2. contĕntus, -a, -um, I — Part. pass. de continĕo. II — Adj.: Contido, que se limita a; daí: contente, satisfeito (Cíc. Of. 1, 70). Obs.: Constrói-se com abl. com gen., com quod, com ut ou ne.

contermĭnus, -a, -um, adj. Contérmino, limítrofe contiguo, vizinho (Ov. Met. 4, 90).

contĕrō, -is, -ĕre, -trivī, -trītum, v. tr. I — Sent. próprio: 1) Gastar esfregando, gastar pelo uso, gastar, usar triturar (Prop. 3, 23, 15). II — Sen. figurado: 2) Abater (sent. físico e moral), acabrunhar, consumir, destruir (Lucr. 2, 1161). 3) Gastar, consumir, (tratando-se do tempo) (Cíc. Leg. 1, 53). Obs.: Constrói-se com acus., com acus. e abl. ou com acus. ou abl. com a prep. in. Formas sincopadas: contriĕram = contrivĕram (Cíc. Fam. 1, 9, 20); contriĕris = contrivĕris (Ov. Med. 89).

conterrānĕus, -ī, subs. m. Conterrâneo, compatriota (Plín. Pref. 1).

conterrĕo, -ēs, -ĕre, -terrŭī, -terrĭtum, v. tr. Encher de pavor, apavorar, espantar (Cíc. De Or. 1, 214).

conterrĭtus, -a, -um, part. pass. de conterrĕo.

conterrŭī, perf. de conterrĕo.

contestātĭō, -ōnis, subs. f. I — Sent. próprio: 1) Testemunho, prova (A. Gél 10, 3, 4). II — Sent. figurado: 2) Súplica (Cíc. frg. A. 7, 10).

contestātus, -a, -um, part. pass. de contēstor.

contēstor, -āris, -ārī, -ātus sum, v. dep. tr. I — Sent. próprio: 1) Pôr em presença as testemunhas dos dois partidos, daí — contestar (Cíc. At. 16, 15, 2) Donde: 2) Tomar como testemunha, invocar em seu auxílio (Cíc. Verr. 4, 67).

contexī, perf. de contĕgo.

contexō, -is, -ĕre, -texŭī, -tĕxtum, v. tr. Sent. próprio: 1) Formar tecendo, entrelaçar (Cés. B. Gal. 6, 16, 4). Daí: 2) Reunir, unir, ligar (Cíc. Or. 120); (Cíc. Nat. 2, 158); (Cíc. Dej. 19).

contĕxtē, adv. De modo encadeado, concatenadamente (Cíc. Fat. 31).

contĕxtim, adv. Formando um encadeamento, uma seqüência (Plín. H. Nat. 10, 147).

1. contĕxtus, -a, -um, part. pass. de contĕxo.

2. contĕxtus, -ūs, subs. m. I — Sent. próprio: 1) Reunião (Cíc. Fin. 5, 32). II — Sent. figurado: 2) Encadeamento, sucessão (de cartas), contextura (de um discurso) (Cíc. Part. 82).

contexŭī, perf. de contĕxo.

conticēscō ou conticīscō, -is, -ĕre, conticŭī, v. incoat. intr. I — Sent. próprio: 1) Calar-se, deixar de falar, ficar silencioso (Cíc. Cat. 3, 10). II — Sent. figurado: 2) Tornar-se mudo, emudecer, cessar (Cíc. Pis. 26).

conticīscō = conticēsco (Plaut. Bac. 798).

conticŭī, perf de conticēsco.

contĭgī, perf. de contĭngo. 1.

contignātĭō, -ōnis, subs. f. I — Sent. próprio: 1) Madeiramento (Cés. B. Civ. 2, 9, 2). II — Sent. figurado: 2) Andar, pavimento (T. Liv. 21, 62, 3).

1. contignātus, -a, -um, adj. Formado de vigas, de tábuas (Cés. B. Civ. 2, 15, 3).

2. contignātus, -a, -um, part. pass. de contĭgno.

contĭgnō, -ās, -āre, v. tr. Cobrir com vigas (Plín. H. Nat. 9, 7).

contigŭus, -a, -um, adj. I — Sent. próprio: 1) Que toca em, contíguo, próximo (Tác. An. 6, 45). II — Daí: 2) Ao alcance de (Verg. En. 10, 457).

continctus, -a, -um, part. pass. de contĭngo 2.

contĭnens -ĕntis, I — Part. pres. de continĕo. II — Adj.: 1) Que se mantém, que se contém (Cíc. Nat. 2, 6). Donde: 2) Continente, sóbrio, moderado (Cíc. Arch. 16) 3) Contíguo, vizinho, próximo, adjacente, sem interrupção (Cíc. Caec. 11). Na língua da retórica: 4) Subs. n.: O principal, o essencial (Cíc. Part. 103). Obs.: Constrói-se com dat.; com abl. acompanhado de cum, ou intransitivamente.

continēnter, adv. 1) Seguidamente, contìguamente (Catul. 37, 6). 2) Sòbriamente, com temperança, comedidamente (Cíc. Of. 1, 106).
continentĭa, -ae, subs. f. Domínio de si mesmo, continência, moderação (Cíc. Inv. 2, 164).
continĕō, -ēs, -ēre, -tinŭī, -tēntum, v. tr. I — Sent. próprio: 1) Conter, manter, reter, deter, conservar, sustentar (Cíc. Lae. 20); (Cés. B. Gal. 5, 58, 1) Daí: 2) Encerrar, guardar (Cic. Cat. 1, 19). II — Sent. figurado: 3) Conter, reprimir, refrear (Cíc. Pomp. 38). 4) Consistir em, ser composto de, depender de (passiva) (Cic. De Or. 1, 5).
1. contĭngō, is, -ĕre, -tĭgī, -tāctum, v. tr. e intr. 1) Tocar, tocar em (T. Liv. 1, 56, 12); (T. Liv. 28, 9, 6). Daí: 2) Chegar a, tocar em alguém, atingir, alcançar (Verg. En. 5, 18). Empregos especiais: 3) Ter relações com (T. Liv. 25, 8, 2). 4) Contaminar (T. Liv. 4, 9, 10). 5) Intr.: Acontecer, ter a sorte de (seguido de infinitivo ou de or. integrante introduzida por **ut**), tocar a, caber a (Cíc. De Or. 2, 228); (Hor. Ep. 2, 2, 41).
2. contĭngō ou **continguō, -is, -ĕre, -tinxi, -tīnctum**, v. tr. Tingir, cobrir de tinta, untar, impregnar (Lucr. 1, 938).
continuātĭō -ōnis, subs. f. Continuação, série ou ordem ininterrupta (Cés. B. Gal. 3, 29, 2).
continuātus, -a, -um, I — Part. pass. de **continŭō**. II — Adj.: Contínuo, sem interrupção, posto ao lado um do outro, junto (Cés. B. Civ. 3, 36, 8).
continŭī, perf. de **continĕo**.
1. continŭō, adv. 1) Incontinenti, imediatamente (Cic. Verr. 4, 48). 2) Continuamente, sem interrupção, sempre (Quint. 2, 20, 3).
2. continŭō, -as, -āre, -ātum, v. tr. 1) Connuar, fazer seguir sem interrupção (Tác. An. 15, 39). 2) Passivo: Seguir-se imediatamente (Cíc. Nat. 1, 54). II — Sent. figurado: 3) Juntar, reunir (Cic. De Or. 3, 149). 4) Confinar com, unir-se suceder (passivo) (T. Liv. 2, 54, 2).
continŭus, -a, -um, adj. I — Sent. próprio: 1) Contínuo, consecutivo (no tempo) (Cés. B. Gal. 4, 34, 4). Daí: 2) Contínuo (no espaço), unido, seguido (Ov. Met. 15, 289). II — Sent. figurado: 3) Ininterrupto, infatigável (Tác. An. 11, 6). No plural neutro: 4) Adjacente (T. Liv. 30, 5, 7).
contingī, perf. de **contingo 2**.
contĭō, -ōnis, subs. f. I — Sent. próprio: 1) Assembléia do povo, reunião pública (Cíc. Sest. 28). Daí: por extensão: 2) Assembléia de soldados (Cés. B. Gal. 5, 52, 5). II — Sent. figurado: 3) Discurso pronunciado na assembléia, discurso político, discurso (Cíc. Br. 305); (Cés. B. Civ. 3, 73, 2). II — Locuções: 4) **in contionem prodīre** (Cíc. Agr. 3, 1) "adiantar-se para falar na assembléia". 5) **in contionem ascendĕre** (Cic. Fin. 2, 74) "subir à tribuna".
contiōnābŭndus, -a, -um, adj. Que fala em público (como se estivesse na tribuna) (Tác. An. 1, 16).
contiōnālis, -e, adj. 1) Relativo às assembléias públicas (Cíc. Q. Fr. 2, 5, 1). 2) Que fala em público (T. Liv. 3, 72, 4).
contiōnārĭus, -a, -um, adj. Relativo às assembléias do povo (Cíc. Q. Fr. 2, 3, 4).
contiōnātor, -ōris, subs. m. Orador que fala ao povo, agitador público, demagogo (Cic. Cat. 4, 9).
contiōnor, -āris, -ārī, -ātus sum, v. dep. intr. e tr. I — Sent. próprio: 1) Reunir em assembléia, estar reunido em assembléia (T. Liv. 39, 16, 4). Daí: 2) Discursar na assembléia, arengar (Cic. Tusc. 5, 59). II — Sent. figurado: 3) Dizer pùblicamente, proclamar (Cic. Sest. 118).
contiuncŭla, -ae, subs. f. I — Sent. próprio: 1) Pequena reunião do povo (Cíc. De Or. 1, 46). II — Daí: 2) Pequeno discurso (Cic. At. 2, 16, 1).
contōllō, -is, -ĕre, v. tr. arc. usado por **confero** (Plaut. Aul. 814).
contōnat, v. impess. Troveja forte (Plaut. Amph. 1094).
cōntor = **cūnctor**.
contorquĕō, -ēs, -ēre, -tōrsī, -tōrtum, v. tr. I — Sent. próprio: 1) Voltar, girar, fazer girar, virar (Verg. En. 3, 562). II — Daí: 2) Brandir, atirar, lançar (sent. próprio e figurado) (Lucr. 1, 971).
contōrsī, perf. de **contorquĕo**.
contōrtē, adv. 1) De modo confuso, confusamente (tratando-se do estilo) (Cíc. Inv. 1, 29). 2) De modo conciso, resumidamente (Cíc. Tusc. 3, 22).
contortĭō, -ōnis, subs. f. I — Sent. próprio: 1) Ação de lançar, arremessar. II — Sent. figurado: 2) Confusão, obscuridade (tratando-se do estilo) (Cíc. Fat. 71).
contōrtor, -ōris, subs. m. I — Sent. próprio: O que torce, força (o sentido das leis) (Ter. Phorm. 474).
contortŭlus, -a, -um, adj. Um tanto complicado, embrulhado (Cíc. Tusc. 2, 42).

contŏrtus, -a, -um, I — Part. pass. de contorquĕo. II — Adj.: 1) Virado, voltado, brandido, complicado, intrincado (Cíc. De Or. 1, 250). 2) Impetuoso, veemente (Cíc. Or. 66). 3) **Contŏrta, -ōrum**, n. pl.: passagens veementes (Quint. 9, 4, 116).

1. **contrā**, prep. com acus. 1) Defronte de, frente para, em frente a (Cés. B. Gal. 5, 13, 1). 2) Em sentido contrário, em oposição a, contràriamente, contra (Cés. B. Gal. 4, 17, 5).

2. **contrā**, adv. 1) Face a face, frente a frente (T. Lív. 1, 16, 6). 2) Do lado contrário, contràriamente a (Cíc. Fin. 4, 40). 3) Contràriamente, em oposição a (Sal. C. Cat. 60, 5).

contractābilĭter, adv. De maneira dócil, brandamente (Lucr. 4, 658).

contractĭō, -ōnis, subs. f. I — Sent. próprio: 1) Contração (Cíc. Sest. 19). II — Daí: 2) Abreviação (Cíc. At. 5, 4, 4). III — Sent. figurado: 3) Opressão, abatimento, apêrto (do coração) (Cíc. Tusc. 4, 66).

contractiuncŭla, -ae, subs. f. Ligeiro apêrto (do coração), pequena aflição (Cíc. Tusc. 3, 83).

1. **contrāctus, -a, -um**, I — Part. pass. de contrāho. II — Adj.: 1) Contraído, ajuntado, reunido, curto, estreito (Cíc. Par. 5). 2) Reduzido, moderado, econômico, limitado (Plín. Paneg 30, 3); (Cíc. Cael. 76).

2. **contrāctus, -ūs**, subs. m. 1) Contração, apêrto (Varr. R. Rust. 1, 68). 2) Começo (Quint. 4, 2, 49).

contrādīcō (em Cícero e César **contra dīcō**), -is, -ĕre, -dīxī, -dīctum, v. intr. e tr. Contradizer, replicar, objetar (Cíc. Inv. 2, 151); (Quint. 5, 10, 13). Obs.: Constrói-se com dat., com acus. ou intransitivamente.

contrādictĭō, -ōnis, subs. f. Contradição, ação de contradizer, objeção, réplica (Tác. An. 14, 43).

contrādictus, -a, -um, part. pass. de contrādīco.

contrādīxī, perf. de **contrādīco**.

contrāhō, -is, -ĕre, -trāxī, -trāctum, v. tr. I — Sent. próprio: 1) Contrair, apertar, encurtar (sent. físico e moral) (Plín. H. Nat. 30, 65); (Cíc. Nat. 2, 136) II — Sent. figurado: 2) Ajuntar, reunir, reduzir, diminuir (Cés. B. Gal. 5, 49, 7); (Cés. B. Cív. 1, 15, 5). 3) Na língua do direito: Contratar, contrair uma obrigação ou uma dívida (Cíc. Cat. 2, 4); (Cíc. Tusc. 5, 105); (Cíc. Of. 1, 103).

contrāpōnō, -is, -ĕre, v. tr. Opor, contrapor (Quint. 9, 3, 84).

contrāposĭtum, -ī, subs. n. Antítese (t. de retórica) (Quint. 9, 3, 32).

contrāposĭtus, -a, -um, part. pass. de contrāpōno.

contrāriē, adv. 1) De modo contrário, contràriamente (Cíc. Tim. 31). Na língua retórica: 2) Por antíteses (Cíc. De Or. 2, 263).

contrārĭus, -a, -um, adj. I — Sent. próprio: 1) Que está em frente, do lado opôsto (Tác. Hist. 3, 84). Daí: 2) Que é em sentido contrário, contrário, oposto (T. Lív. 28, 30, 9). 3) Que está em contradição: contrarĭa (Cíc. De Or. 2, 166) «as contradições». II — Sent. figurado: 4) Hostil, prejudicial, nocivo (Ov. Met. 2, 380).

contrāxī, perf. de **contrāho**.

Contrebĭa, -ae, subs. pr. f. Contrébia, cidade da Hispânia Tarraconense (T. Lív. 40, 33, 1).

contrectātĭō, -ōnis, subs. f. Contato, tato, toque (Cíc. Nat. 1, 77).

contrectātus, -a, -um, part. pass. de contrĕcto.

contrĕctō (ou **contrāctō**), -ās, -āre, -āvī, -ātum, v. tr. I — Sent. próprio: 1) Tocar, apalpar, manusear (Suet. Cal. 42). 2) Entrar em contato com, ter relações ilícitas com (Tác. An. 14, 35). Na língua imperial: 3) Apropriar-se de, deitar a mão em, roubar (Gai. Inst. 3, 195). II — Sent. figurado: 4) Contemplar, apreciar, saborear (Cíc. Tusc. 3, 33).

contremīscō, -is, -ĕre, -tremŭī, v. incoat. intr. — I Sent. próprio: 1) Começar a tremer, tremer inteiramente (Cíc. Har. 63). II — Sent. figurado: 2) Vacilar, hesitar (Cíc. Sest. 68). 3) Tr.: Recear muito, ter mêdo de (Hor. O. 2, 12, 8).

contrĕmō, -is, -ĕre (-tremŭī), v. intr. Tremer (Lucr. 5, 1220).

contremŭī, perf. de contremīsco e de contrĕmo.

contribŭī, perf. de **contribŭo**.

contribŭō, -is, -ĕre, -bŭī, -būtum, v. tr. I — Sent. próprio: 1) Unir, incorporar, anexar (Cés. B. Cív. 1, 60). II — Sent. figurado: 2) Contribuir, dar, fornecer (Ov. Met. 7, 231): Obs.: Constrói-se com acus., com acus. e abl. acompanhado de cum, e com acus. e dat.

contribūtus, -a, -um, part. pass. de contribŭo.

contristō, -ās, -āre, -āre, -āvī, -ātum, v. tr. I — Sent. próprio: 1) Entristecer, magoar (Sên. Ep. 85, 14). II — Sent. figurado: 2) Tornar escuro (Plín. H. Nat. 35, 198).

contrītus, -a, -um, I — Part. pass. de **contĕro.** II — Adj.: 1) Usado, comum, banal (Cíc. De Or. 1, 137).

contrīvī, perf. de **contĕro.**

contrōversĭa, -ae, subs. f. I — Sent. próprio: 1) Choque, embate, e especialmente: choque de opiniões, discussão, disputa, controvérsia (Cés. B. Civ. 3, 109, 1). II — Daí: 2) Debate judicial, processo (Cíc. De Or. 120).

contrōversiōsus, -a, -um, adj. 1) Que está em litígio (T. Lív. 3, 72, 5). 2) Contestável (Sên. Ep. 85, 24).

contrōversor, -āris, -ārī, v. dep. intr. Discutir, ter uma discussão, ter uma controvérsia (Cíc. frg. F. 2, 3).

contrōvĕrsus, -a, -um, adj. I — Sent. próprio: 1) Voltado em sentido contrário (Macr. Somn. 1, 6, 24). Daí: 2) Controvertido, discutido, duvidoso (Cíc. Leg. 1, 52). II — Subs. plural: 3) Pontos litigiosos (Quint. 5, 14, 14).

contrucīdātus, -a, -um, part. pass. de **contrucīdo.**

contrucīdō, -ās, -āre, -āvī, ātum, v. tr. I — Sent. próprio: 1) Degolar, matar, trucidar (várias pessoas ao mesmo tempo), massacrar (Suet. Cal. 28). 2) Traspassar de golpes (Cíc. Sest. 79). II — Sent. figurado: 3) Arruinar, destruir (Cíc. Sest. 24).

contrūdō, -is, -ĕre, -trūsī, -trūsum, v. tr. 1) Impelir com fôrça, juntamente (Lucr. 6, 510). 2) Acumular, amontoar (Cíc. Cael. 63).

contrūncō, -ās, -āre, -āvī, -ātum, v. tr. I — Sent. próprio: 1) Cortar a cabeça de muitos de uma só vez (Plaut. Bac. 975), 2) Aparar (Plaut. Stich. 554).

contrūsī, perf. de **contrūdo.**

contrūsus, -a, -um, part. pass. de **contrūdo.**

contubernālis, -is, subs. m. I — Sent. próprio: 1) Companheiro de tenda, camarada (entre soldados) (Cíc. Lig. 21). Daí: 2) Jovem que acompanha o general durante a guerra (Cíc. Planc. 27). 3) Companheiro, colega (Cíc. Fam. 9, 20, 1). 4) Marido de uma escrava, e mulher de um escravo (neste caso, sendo do gênero feminino) (Petr. 57, 6). II — Sent. figurado: 5) Companheiro inseparável, companheiro de tôdas as horas (Cíc. At. 13, 28, 3).

contubernĭum, -ī, subs. n. I — Sent. próprio: 1) Contubérnio, camaradagem de tenda (entre soldados) (Tác. An. 1, 41, 3). Daí: 2) Vida comum de um jovem com o general a quem acompanha durante a guerra (Sal. B. Jug. 64, 4). 3) Relações de amizade, intimidade (Suet. Aug. 89, 1). 4) Habitação comum, comunidade de habitação (Suet. Ner. 34, 1). II — Sent. figurado: 5) Morada (V. Máx. 9, 5).

contŭdī, perf. de **contŭndo.**

contuĕor, -ēris, -ērī, v. dep. tr. I — Sent. próprio: 1) Olhar atentamente, observar (Cíc. Nat. 3, 8). II — Sent. figurado: 2) Prestar atenção, considerar (Cíc. Tusc. 3, 35).

1. **contuĭtus, -a, -um,** part. pass. de **contuĕor.**

2. **contuĭtus, -ūs,** subs. m. Ação de olhar, o olhar (Plín. H. Nat. 11, 145).

contŭlī, perf. de **confĕro.**

contumācĭa, -ae, subs. f. I — Sent. próprio: 1) Contumácia, perseverança, obstinação, firmeza (Cíc. Verr. 4, 89). II — Daí: 2) Altivez, orgulho (Cíc. Tusc. 1, 71).

contumācĭter, adv. 1) Com contumácia, com obstinação (Plín. H. Nat. 37, 104). 2) Com altivez, com orgulho (Cíc. At. 6, 1, 7).

contŭmax, -ācis, adj. I — Sent. próprio: 1) Teimoso, contumaz, obstinado (Cíc. Verr. 2, 192). II — Daí: 2) Constante, firme (em sentido favorável) (Tác. Hist. 1, 3). 3) Arrogante, orgulhoso, rebelde, recalcitrante (Marc. 9, 12).

contumēlĭa, -ae, subs. f. I — Sent. próprio: 1) Contumélia, afronta, ultraje, palavra injuriosa, injúria (Cés. B. Gal. 7, 10, 2). Daí: 2) Censura, repreensão (Hor. Epo. 11, 26). II — Sent. figurado: 3) Dano, prejuízo, violência (Cés. B. Gal. 3, 13, 3).

contumēlĭōsē, adv. Contumeliosamente, injuriosamente, afrontosamente, com ultraje (Cíc. Of. 1, 134). Obs.: superl.: contumeliosissime (Cíc. Vat. 29).

contumēlĭōsus, -a, -um, adj. Contumelioso, ultrajante, injurioso, afrontoso (Cíc. At. 15, 12, 1).

contumŭlō, -ās, -āre, v. tr. 1) Cobrir com um túmulo, enterrar (Ov. Trist. 3, 3, 32). 2) Fazer em forma de colina (Plín. H. Nat. 10, 100).

contŭndō, -is, -ĕre, -tŭdī, -tūsum, v. tr. I — Sent. próprio: 1) Esmagar, esmigalhar, moer, quebrar, contundir (Cés. B. Civ. 3, 58, 3) II — Sent. figurado: 2) Acabrunhar, oprimir, quebrar, abater, destruir (Cíc. Phil. 13, 29).

contŭō, contŭor = **contuĕor.**

conturbātĭō, -ōnis, subs, f. I — Sent. próprio: 1) Conturbação, perturbação, de-

sordem, confusão (Cíc. Tusc. 4, 19) II Sent. figurado: 2) Perturbação do espírito (Cíc. Tusc. 4, 30).
conturbător, -ōris, subs. m. Dissipador (Marc. 7, 27, 10).
conturbātus, -a, -um, I — Part. pass. de **contŭrbo**. II — Adj.: 1) Conturbado, perturbado, abatido (Cíc. Verr. 4, 32); (Cíc. At. 1, 21, 4).
contŭrbō, -ās, -āre, -āvī, -ātum, v. tr. I — Sent. próprio: 1) Conturbar, perturbar, pôr em desordem, desordenar, desorganizar (Cíc. Har. 39). II — Sent. figurado: 2) Perturbar o espírito, inquietar, preocupar (Cíc. At. 7, 2, 2). III — Sent. especial: 3) Desorganizar as contas de alguém, levar à falência, falir (Ter. Eun. 868) (Cíc. Planc. 68).
contus, -i, subs. m. 1) Vara, bastão comprido (Verg. En. 5, 208). 2) Chuço, venábulo (Tác. An. 6, 35).
contūsus, -a, -um, part. pass. de **contŭndo**.
contūtus, v. **contuĭtus** (Plaut. Trin. 262).
cōnūbiālis, -e, adj. Conubial, conjugal, nupcial (Ov. Her. 6, 41).
cōnūbĭum, -ī, subs. n. I — Sent. próprio: 1) Direito de contrair casamento (T. Liv. 4, 1, 1). Daí: 2) Casamento, conúbio (Cíc. De Or. 1, 37).
cōnus, -ī, subs. m. I — Sent. próprio: 1) Cone (Cíc. Nat. 1, 24). II — Sent. figurado: 2) Cimeira de um capacete (Verg. En. 3, 468).
convalēscō, -is, -ĕre, -valŭī (sem supino), v. incoat. intr. I — Sent. próprio: 1) Tomar fôrças, crescer, aumentar (Varr. R. Rust. 1, 23, 6). II — Sent. figurado: 2) Firmar-se, desenvolver-se restabelecer-se, convalescer (Cíc. At. 7, 3, 4); (Cíc. Fat. 28). Obs.: Constrói-se com abl. com **de** ou **ex**.
convăllis, -is, subs. f. Vale fechado por todos os lados (Cés. B. Gal. 3, 20, 4).
convalŭī, perf. de **convalēsco**.
convāsō, -āre, -āvī, -ātum, v. tr. Embrulhar para carregar (Ter. Phorm. 190).
convēctō -ās, -āre, -āvi, -ātum, v. tr. Transportar em massa, carregar (Verg. En. 7, 749).
convēctor, -ōris, subs. m. Companheiro de viagem (Cíc. At. 10, 17, 1).
convĕhō, -is, -ĕre, -vēxī, -vēctum, v. tr. 1) Transportar, levar, carregar (Cés. B. Gal. 7, 74, 2). Daí: 2) Recolher, armazenar (Plín. H. Nat. 16, 35).
convēllī, perf. de **convēllo**.
convēllō, -is, -ĕre, -vēlli (ou -vūlsī), -vūlsum (-vōlsum), v. tr. I — Sent. próprio: 1) Arrancar inteiramente, arrancar totalmente, arrebatar, puxar com fôrça (Cíc. Div. 1, 77); (Cíc. Verr. 4, 94). II — Sent. figurado: 2) Arrancar, abalar, enfraquecer (Cíc. Clu. 6) 3) Destruir, demolir, derrubar (Cíc. Phil. 2, 83). Obs.: O perfeito **convulsi** é raro e tardio.
convĕna, -ae, subs. m. e f. (geralmente no plural: **convĕnae, -ārum**, m.) Estrangeiros vindos com outros, aventureiros, fugitivos (Cíc. De Or. 1, 37).
convĕnam, -as, etc. = **convenĭam, -as**, etc., pres. subj. de **convenĭo**.
convēnī, perf. de **convenĭo**.
convenībo, = **convenĭam**, fut. impf. de **convenĭo**.
convenĭens, -ēntis. I — Patr. pres. de **convenĭo**. II — Adj.: 1) Que está de acôrdo com, que vive em boa harmonia (Cíc. Of. 1, 58). 2) Conforme a, conveniente (Cíc. Fin. 2, 99).
convenĭēnter, adv. Conformemente, de conformidade com, de acôrdo com (Cíc. Fin. 3, 26); (T. Liv. 23, 5, 4).
convenientĭa, -ae, subs. f. I — Sent. próprio: 1) Acôrdo perfeito, conformidade, harmonia, proporção (Cíc. Div. 2, 34). II — Sent. figurado: 2) Constância, equanimidade (Cíc. Fin. 3, 21).
convenĭō, -is, -īre, -vēni, -vēntum, v. intr. e tr. 1) Sent. próprio: 1) Vir juntamente (Cíc. Sest. 26). Daí: 2) Reunir-se, afluir, encontrar-se (Cíc. Verr. 3, 114). II — Sent. figurado: 3) Ficar de acôrdo, convir, ajustar-se (Cíc. Or. 92). 4) (Impessoalmente): Ser conveniente, convir (Cíc. Cat. 1, 4). 5) Tr.: Ir visitar, ir ter com, encontrar alguém (T. Liv. 1, 58, 6). Obs.: Constrói-se com abl. com **de** ou **cum**, acus. com inf. com dat., com acus., com **ut**.
conventīcĭum, -ī, subs. n. Gratificação de presença, dinheiro pago aos cidadãos que, sendo pobres, assistem às assembléias do povo, entre os gregos (Cíc. Rep. 3, 48).
conventīcŭlum, -ī, subs. n. I — Sent. próprio: 1) Pequena reunião de pessoas (Cíc. Sest. 91). II — Daí: 2) Lugar da reunião (Tác. An. 14, 15).
conventĭō, -ōnis, subs. f I — Sent. próprio: 1) Assembléia, reunião (Varr. L. Lat. 6, 87). II — Daí: 2) Convenção, pacto (T. Liv. 27, 30, 12).
convēntum, -ī, subs. n. Convenção, pacto, acôrdo, tratado (Cíc. Of. 1, 32).
1. **convēntus, -a, -um**, part. pass. de **convenĭo**.
2. **convēntus, -ūs**, subs. m. I — Sent. próprio: 1) Reunião, assembléia (Cíc. Verr.

4, 107). Daí: 2) Conjunto de cidadãos romanos estabelecidos numa cidade da província, colônia romana (Cíc. Lig. 24). 3) Aglomeração dos átomos (Lucr. 1, 611). Na língua jurídica: 4) Sessão judiciária (Cés. B. Gal. 5, 1, 5). II — Sent. figurado: e raro: 5) Acôrdo, convenção (Cíc. Caec. 22).

converbĕrō, -ās, -āre, -ātum, v. tr. 1) Açoitar com fôrça, espancar (Plín. H. Nat. 13, 126). Sent. figurado: 2) Flagelar, estigmatizar (Sên. Ep. 121, 4).

converrī, perf. de **converro**.

converrĭtor, -ōris, subs. m. Varredor (Apul. Apol. 6, 3).

converrō, -is, -ĕre, -verrī, -versum, v. tr. I — Sent. próprio: 1) Tirar, limpar varrendo, varrer, raspar (Cat. Agr. 143, 2). II — Sent. figurado: 2) Raspar, ajuntar roubando (Cíc. Of. 3, 78). 3) Maltratar, sovar (Plaut. Rud. 845).

conversātĭō, -ōnis, subs. f. I — Sent. próprio: 1) Uso freqüente de alguma coisa (Sên. Ben. 3, 2, 2). Daí: 2) Habitação, morada (Plín. H. Nat. 10, 100). II — Sent. figurado: 3) Intimidade (Sên. Ep. 7, 1).

conversātus, -a, -um, part. pass. de **conversor**.

conversĭō, -ōnis, subs. f. I — Sent. próprio: 1) Ação de girar, movimento circular dos astros, revolução (Cíc. Tusc. 1, 62). II — Volta periódica (Cíc. Tim. 14). 3) Mudança, alteração, metamorfose (Cíc. Flac. 94). 4) Versão (Quint. 10, 5, 4). Na língua retórica: 5) Repetição da mesma palavra no fim de cada período (Cíc. De Or. 3, 206). 6) Período (Cíc. De Or. 3, 190). Repetição das mesmas palavras em ordem inversa (Cíc. De Or. 3, 207).

conversō, -ās, -āre, v. tr. Virar em todos os sentidos (sent. próprio: e figurado) (Cíc. Tim. 27); (Sên. Ep. 62, 1).

conversor, -āris, -ārī, -ātus sum, v. dep. intr. 1) Viver com, viver na companhia de, ter relações com (Sên. Ep. 32, 2). Daí: 2) Habitar, morar em algum lugar (Plín. H. Nat. 10, 6).

conversus, -a, -um, part. pass. de **convĕrto** e **convĕrro**.

convertī, perf. de **convĕrto**.

convĕrtō (**convŏrto**), -is, -ĕre, -vertī, -versum, v. tr. e intr. I — Sent. próprio: 1) Voltar, virar inteiramente, fazer voltar (Cíc. Of. 3, 38). Daí: 2) Mudar, alterar, transformar, traduzir, verter (Cíc. Tusc. 3, 63). (Cíc. Of. 2, 87). II — Sent. figurado: 3) Atrair, chamar para si (Cíc. Br. 321). 4) Intr.: Voltar-se, virar-se, mudar-se, converter-se (Cíc. De Or. 3, 114). 5) Passivo ou reflexivo: Voltar-se para, transformar-se, dirigir-se para, fugir, retroceder (Cíc. Cael. 35); (Cíc. Lae. 78). Obs.: Constrói-se com obj. direto, ou com obj. dir. e acus. com **ad**, **in**, ou **contra**, ou intransitivamente. Inf. pass. **convertier** (Lucr. 1, 796).

convestĭō, -is, -īre, -īvī, -ītum, v. tr. Cobrir com um vestido, revestir, cobrir, envolver (Cíc. Q. Fr. 3, 1, 5).

convestītus, -a, -um, part. pass. de **convestio**.

convexī, perf. de **convĕho**.

convexĭtās, -tātis, subs. f. 1) Convexidade, forma circular, abóboda arredondada (Plín. H. Nat. 18, 210). 2) Concavidade (Plín. H. Nat. 6, 202).

convexum, -ī, subs. n. (geralmente no plural: **convexa**, -ōrum,). 1) Concavidade, cavidade (Verg. En. 1, 310). 2) Sent. poético: Abóbada (Verg. En. 4, 451).

convexus, -a, -um, adj. I — Sent. próprio: 1) Convexo, arredondado, de forma circular (Ov. Met. 1, 26). II — Sent. figurado: 2) Curvado, inclinado, íngreme (Verg. En. 11, 515).

convīcī, perf. de **convinco**.

convīciātor, -ōris, subs. m. O que injuria, o que insulta (Cíc. Mur. 13).

convīcior, -āris, -ārī, -ātus sum, v. dep. intr. Censurar em altos brados, injuriar, insultar (T. Lív. 42, 41, 3).

convīcĭum, -ī, subs. n. I — Sent. próprio: 1) Gritaria, clamor, balbúrdia (Plaut. Bac. 874). Daí: Gritos (de certos animais) (Fedr. 1, 6, 5). 3) Gritos insultuosos, insulto, descompostura, convício (Cíc. Pis. 63). 4) Censura, repreensão (Cíc. Or. 160). II — Sent. figurado: 5) O que é objeto de censuras, velhaco (Plaut. Merc. 59).

convictĭō, -ōnis, subs. f. Intimidade, convivência, relações (Cíc. Fil. Fam. 16, 21, 4).

convictor, -ōris, subs. m. Comensal, conviva (Hor. Sát. 1, 4, 96).

1. **convictus**, -a, -um, part. pass. de **convinco**.

2. **convictus**, -ūs, subs. m. I — Sent. próprio: 1) Convivência, trato comum (Cíc. Of. 3, 21). II — Daí: 2) Banquete, festim (Tác. An. 2, 28).

convincō, -is, -ĕre, -vīcī, -victum, v. tr. I — Sent. próprio: 1) Convencer (alguém de alguma coisa), demónstrar (Cíc. Sull. 71). Daí: 2) Provar, refutar (Cíc. Quinct. 79). II — Sent. figurado: 3)

CONVINCTIO

Confundir um adversário (Cíc. Fin. 1, 13, (Tim. 8). Obs.: Constrói-se com acus. e gen. ou abl., com acus., ou acus. e inf.
convinctĭō, -ōnis, subs. f. Conjunção (têrmo gramatical) (Quint. 1, 4, 18).
convīsō, -is, -ĕre, v. tr. I — Sent. próprio: 1) Examinar atentamente (Lucr. 2, 357). II — Sent. figurado: 2) Visitar (Lucr. 5, 779).
convīva, -ae, subs. m. e f. Conviva (Cíc. Tusc. 1, 3).
convīvālis, -e, adj. De refeição, de banquete, convival (Tác. An. 6, 5).
convīvātor, -ōris, subs. m. O que dá um banquete, anfitrião (Hor. Sát. 2, 8, 73).
convīvātus, -a, -um, part. pass. de convīvor.
convīviālis, v. **convīvālis**. (Q. Cúrc. 6, 2, 6).
convīvium, -ī, subs. n. I — Sent. próprio: 1) Convívio, refeição em comum, banquete, festim (Cíc. C. M. 45). II — Daí: 2) Reunião de convidados, convidado (Petr. 109, 5).
1. **convīvō, -ās, -āre** = **convīvor**. (Petr. 57, 2).
2. **convīvō, -is, -ĕre, -vīxi (-victum)**, v. tr. 1) Conviver, viver com, viver junto (Sên. Contr. 9, 6, 15). 2) Comer juntamente (Quint. 1, 6, 44). Obs.: Constrói-se com abl. acompanhado de **cum**, ou com **dat**.
convīvor, -āris, -ārī, -ātus sum, v. dep. intr. Dar um banquete, receber convite para um banquete (Cíc. Verr. 3, 105).
convocātĭō, -ōnis, subs. f. Convocação (Cíc. Sen. 38).
convocātus, -a, -um, part. pass. de convŏco.
convŏcō, -ās, -āre, -āvī, -ātum, v. tr. Chamar, convocar, reunir (Cíc. Tusc. 1, 62).
convolnĕrō = **convulnĕro**.
convŏlō, -ās, -āre, -āvī, -ātum, v. intr. Voar juntamente, acorrer junto, vir depressa juntamente (Cíc. Sest. 109).
convōlsus = **convūlsus**.
convolūtor, -āris, -ārī (passivo). Enrolar-se com (Sên. Ep. 114, 25).
convolūtus, -a, -um, part. pass. de convŏlvo.
convolvī, perf. de convŏlvo.
convŏlvō, -is, -ĕre, -vōlvī, -volūtum, v. tr. 1) Volver, fazer andar em roda, rodear (Cíc. Div. 1, 46). Daí: 2) Enrolar, enroscar (Cés. B. Civ. 2, 2, 4).
convŏmō, -is, -ĕre, v. intr. Vomitar em (Cíc. Phil. 2, 75).
convŏrram = **convĕrram** (Plaut. Stic. 375), v. convĕrro.
convulnerātus, -a, -um, part. pass. de convulnĕro.

CŌPIA

convulnĕrō, -ās, -āre, -āvī, -ātum, v. tr. Ferir profundamente (sentido próprio e figurado) (Sên. Const. 17, 1).
convŭlsī, perf. de convĕllo.
convŭlsus, -a, -um, part. pass. de convĕllo.
coolēscō = **coalēsco**.
coopercŭlum, -īs subs. n. Tampa (Plín. H. nat. 23, 109).
cooperĭō, -is, -īre, -perŭī, -pērtum, v. tr. Cobrir inteiramente, (sent. próprio e figurado) (Cíc. Of. 3, 48); (Cíc. Phil. 12, 15).
coopērtus, -a, -um, part. pass. de cooperĭo.
cooperŭī, perf. de cooperĭo.
cooptātĭō, -ōnis, subs. f. Cooptação, escolha, eleição, admissão, cooptação (Cíc. Leg. 3, 27).
cooptāssint = **cooptavĕrint** (T. Lív. 3, 64, 10).
cooptātus, -a, -um, part. pass. de coŏpto.
coŏptō, -ās, -āre, -āvī, -ātum, v. tr. Escolher, cooptar, eleger por cooptação, agregar, associar, nomear (Cíc. Verr. 1, 120).
coorĭor, -īris, -īrī, -ōtus sum, v. dep. intr. I — Sent. próprio: 1) Levantar-se (T. Lív. 21, 32, 8). Daí: 2) Nascer, surgir, aparecer (Cés. B. Gal. 3, 7, 1). 3) Levantar-se para combater, levantar-se contra (T. Lív. 8, 9, 13); (T. Lív. 4, 3, 2). Obs.: Constrói-se com as preps. **in** ou **ad**, ou sem elas. Nota: Emprega-se, principalmente, tratando-se de fenômenos da natureza que surgem de repente, como ventos, tempestades, nuvens, etc., ou de soldados que atacam.
1. **coōrtus, -a, -um**, part. pass. de coorĭor.
2. **coōrtus, -ūs**, subs. m. Nascimento, aparecimento (Lucr. 2, 1106).
Coos, ī, ou **Cous, -ī**, subs. pr. f. Cos, ilha do mar Egeu, montanhosa, fértil, deu berço a Apeles (T. Lív. 37, 16, 2).
Cōpa, -ae, subs. f. Taberneira (Verg. Cop. 1).
Cōpae, -ārum, subs. pr. f. Copas, cidade da Beócia (Plín. H. Nat. 4, 26).
Cōpāis, -idis, subs. pr. f. O lago Copaide, na Beócia (T. Lív. 33, 29, 6).
copercŭlum, v. coopercŭlum.
cōperĭō = **cooperĭo** (Lucr. 5, 342).
cophĭnus, -ī, subs. m. Cêsto (Juv. 3, 14).
1. **Cōpia, -ae**, subs. f. I — Sent. próprio: 1) Abundância (Cíc. Pomp. 27). Daí: 2) Abundância de bens, recursos, meios de viver, riqueza (Cíc. Cat. 2, 25). 3 Abundância (oratória), riqueza (de estilo) (Cíc. Br. 216). II — Sent. figurado: 4) Recursos (intelectuais e morais) (Cíc. At. 7, 21, 1). 5) Faculdade,

poder, ocasião, possibilidade (de obter, de fazer alguma coisa) (T. Lív. 22, 13, 4). 6) situação (Sal. B. Jug. 76). III — Geralmente no plural: **copiae, -ārum**, (língua militar): 7) Recursos em homens, tropas, fôrças militares (Cés. B. Gal. 5, 47, 5).

2. **Cōpĭa, -ae**, subs. pr. f. A Abundância, uma divindade (Ov. Met. 9, 88).

cŏpĭōsē, adv. 1) Com abundância, copiosamente (Cíc. Verr. 1, 91). Na língua retórica: 2) Com abundância de idéias e de estilo, com eloqüência (Cíc. De Or. 2, 151). Obs.: Compar.: **copiosius** (Cíc. Or. 14). Superl.: **copiosissime** (Cíc. Of. 1, 4).

cŏpĭōsus, -a, -um, adj. I — Sent. próprio: 1) Abundante, copioso, rico (Cíc. Verr. 1, 65). II — Daí, na língua retórica: 2) De estilo abundante, eloqüente (Cíc. Verr. 2, 88).

1. **copis, -ĭdis**, subs. f. Sabre, espada curta (Q. Cúrc. 8, 14, 29).

2. **cōpis ou cops**, adj. Rico, opulento, que tem abundância de (Plaut. Bac. 351).

copo, copōna, v. **caupo, caupona**.

Cōpōnĭānus, -a, -um, adj. De Copônio (Cíc. At. 12, 31, 2).

Cōpōnĭus, -ĭ, subs. pr. m. Copônio, nome romano de homem (Cés. B. Civ. 3, 5).

coprĕa, -ae, subs. m. Bôbo (Suet. Tib. 61, 6).

copta, -ae, subs. f. Espécie de bôlo muito duro (Marc. 14, 68).

coptatio, v. **cooptatio**.

cōpŭla, -ae, subs. f. I — Sent. próprio: 1) Tudo que serve para prender, laço, cadeia (C. Nep. Dat. 3, 2). Daí: 2) Trela (de cães), correia (Ov. Trist. 5, 9, 28). 3) Gancho (Cés. B. Gal. 3, 13, 8). II — Sent. figurado: 4) União (Hor. O. 1, 13, 18). 5) Encadeamento (das palavras (Quint. 7, 10, 17).

cōpŭlātĭō, -ōnis, subs. f. Ajuntamento, aglomeração, encadeamento (Cíc. Fin. 1, 19).

cōpŭlātus, -a, -um. I — Part. pass. de **copŭlo**. II — Adj.: 1) Ligado, unido (Cíc. Of. 1, 56). III — Subs.: **copulātŭm, -ĭ**, palavra composta (A. Gél. 16, 8, 10).

cōpŭlō, -ās, -āre, -āvī, -ātum, v. tr. Ligar, amarrar, unir, associar (Cíc. Ac. 2, 139); (Cíc. Div. 2, 143). Obs.: Constrói-se com acus. e abl., com a preposição **cum**, com acus. e dat. ou simplesmente com acus.

coqua, -ae, subs. f. Cozinheira (Plaut. Poen. 248).

coquīnō (cocīnō), -ās, -āre, -āvī, -ātum, v. intr. e tr. 1) Cozinhar (Plaut. Aul. 408). 2) Tr.: preparar como manjar (Plaut. Ps. 875).

coquīnus (cocīnus), -a, -um, adj. De cozinheiro, de cozinha (Plaut. Ps. 790).

coquō, -is, -ĕre, coxī, coctum, v. tr. I — Sent. próprio: 1) Cozer, cozinhar (sent. físico e moral) (T. Lív. 29, 25, 6). Donde: 2) Amadurecer, sazonar (tratando-se do sol) (Cíc. C. M. 71). 3) Preparar ao fogo, secar, queimar (Verg. G. 1, 66). 4) Digerir (Cíc. Nat. 2, 137). II — Sent. figurado: 5) Meditar, maquinar, tramar (T. Lív. 8, 36, 2). 6) Agitar, atormentar (Verg. En. 7, 345).

coquus (cocus), -ī, subs. m. Cozinheiro (Cíc. Amer. 134).

cor (cordis), subs. n. I — Sent. próprio: 1) Coração (víscera) (Cíc. Div. 1, 119). II — Sent. moral: 2) Coração (sede da alma, da sensibilidade e da inteligência), alma (Plaut. Capt. 420); (Hor. A. Poét. 98). III — Sent. figurado: 3) Inteligência, espírito, bom senso (Cíc. Fin. 2, 24). 4) Sent. poético: **corda = animi** (Verg. En. 5, 729). 5) Estômago (sentido raro) (Hor. Sát. 2, 3, 28).

Cora, -ae, subs. pr. f. Cora, cidade do Lácio (T. Lív. 2, 16, 8).

Coracēsĭum, -ĭ, subs. pr. m. Coracésio, cidade da Cilicia (T. Lív. 33, 20).

coralĭum, v. **corallĭum**.

Corallī, -ōrum, subs. loc. m. Corálios, povo da Mésia (Ov. P. 4, 2, 37).

corallĭum (curallĭum), -ĭ, subs. n. Coral (Cels. 5, 8); (Ov. Met. 4, 750).

1. **coram**, prep. abl. Perante, em presença de, diante de (Tác. An. 3, 18); (Cíc. Br. 88).

2. **cōram**, adv. 1) De frente, face a face, frente a frente, defronte, diante de (Hor. Sát. 1, 6, 56). 2) Pùblicamente, abertamente (Suet. Aug. 37).

Corānī, -ōrum, subs. loc. m. Coranos, habitantes de Cora (Plín. H. Nat. 3, 63).

1. **Corānus, -a, -um**, adj. De Cora, corano (T. Lív. 8, 19, 5).

2. **Corānus, -ī**, subs pr. m. Corano, nome de homem (Hor. Sát. 2, 5, 57).

Coras, -ae, subs. pr. m. Coras, herói fundador de Cora (Verg. En. 7, 672).

Corax, -ăcis, subs. pr. m. Córace. 1) Rétor siracusano (Cíc. De Or. 1, 91). 2) Nome de um escravo (Plaut. Capt. 657). 3) Montanha da Etólia (T. Lív. 36, 30, 4).

Corbĭō, -ōnis, subs. pr. f. Corbião. 1) Cidade dos équos (T. Lív. 2, 39, 4). 2)

Cidade da Hispânia Tarraconense (T. Lív. 39, 42, 1).

corbis, -is, subs. m. e f. Cêsto de vime (usado principalmente na lavoura) (Cíc. Sest. 82).

corbita, -ae, subs. f. Navio de carga (Cíc. At. 16, 6, 1). Obs.: No alto do mastro dêstes navios suspendiam-se cêstos ou corbes, como sinal.

corbŭla, -ae, subs. f. Pequeno cêsto de vime (Plaut. Aul. 366).

Corbŭlō, -ōnis, subs. pr. m. Corbulão, general romano (Tác. An. 11, 18).

corcodīlus, v. **crocodīlus** (Fedr. 1, 25, 4).

1. Corcŭlum, -i, subs. pr. n. Prudência, epíteto de Cipião Nasica (Cíc. Br. 79).

2. corcŭlum (corcīllum), -i, subs. n. 1) Coraçãozinho (Plaut. Most. 986). 2) Têrmo de carinho (Plaut. Cas. 837).

Corcȳra, -ae, subs. pr. f. Corcira, ilha na costa do Epiro (Cés. B. Civ. 3, 3, 1).

Corcȳraeī, -ōrum, subs. loc. m. Corcireus, habitantes de Corcira (Cíc. Fam. 16, 9, 1).

Corcyraeus, -a, -um, adj. Corcireu, de Corcira, no mar Jônio (Cíc. At. 6, 2, 10).

corda e seus derivados, v. **chorda**.

cordātē, adv. Cordatamente, sensatamente, com prudência (Plaut. Mil. 1088).

cordātus, -a, -um, adj. Sensato, prudente, cordato (Sên. Apoc. 12).

cordax, -ācis, subs. m. I — Sent. próprio: 1) Dança licenciosa (Petr. 52, 8). II — Sent. figurado: 2) Falho de firmeza (falando do ritmo trocaico) (Cíc. Or. 193).

Cordŭba, -ae, subs. pr. f. Córdova, cidade da Bética (Cíc. Arch. 26).

Cordubēnsis, -e, adj. De Córdova (Plín. H. Nat. 34, 4).

Cordus, -i, subs. pr. m. Cordo, nome de homem; em especial. Cremúcio Cordo, historiador romano (Tác. An. 4, 34).

cordȳla, -ae, subs. f. Atum novo (que tem menos de um ano) (Marc. 3, 2, 4).

Corfīdius, -i, subs. pr. m. Corfídio, nome de homem (Cíc. At. 13, 44).

Corfīniēnsēs, -ium, subs. loc. m. Corfinienses, habitantes de Corfínio (Cés. B. Civ. 1, 21, 5).

Corfīniēnsis, -e, adj. De Corfínio (Cíc. At. 9, 16, 1)

Corfīnium, -i, subs. pr. n. Corfínio, cidade dos pelignos (Cés. B. Cív. 1, 15, 6).

Coria, -ae, subs. pr. f. Cória, epíteto de Minerva entre os arcadianos (Cíc. Nat. 3, 59).

Corinium, -i, subs. pr. m. Corínio, cidade da Ilíria (Plín. H. Nat. 3, 140).

Corinna, -ae, subs. pr. f. Corina. 1) Mulher cantada por Ovídio em seus versos. (Ov. Trist. 4, 10, 60). 2) Poetisa grega (Prop. 2, 3, 21).

Corinthiăcus, -a, -um, adj. De Corinto, corintíaco (T. Lív. 26, 26, 2).

corinthiārius, -i, subs. m. Guarda dos bronzes ou vasos feitos de metal de Corinto (Suet. Aug. 70, 2).

Corinthiēnsis, -e, adj. De Corinto, coríntio (Tác. An. 5, 10).

Corinthiī, -ōrum, subs. loc. m. Coríntios, habitantes de Corinto (Cíc. Mur. 31).

Corinthius, -a, -um, adj. De Corinto, coríntio (Cíc. Agr. 1, 2).

Corinthus, -i, subs. pr. f. Corinto, cidade do Peloponeso, sôbre o istmo do mesmo nome (Cíc. Verr. 1, 55).

Coriolānī, -ōrum, subs. loc. m. Coriolanos, habitantes de Coríolos (Plín. H. Nat. 3, 69).

1. Coriolānus, -i, subs. pr. m. Coriolano, general romano, vencedor de Coríolos (T. Lív. 2, 40, 1).

2. Coriolānus, -a, -um. Adj. De Coríolos, coriolano (T. Lív. 3, 71, 7).

Coriŏlī, -ōrum, subs. pr. m. Coríolos, cidade do Lácio (T. Lív. 2, 33, 5).

corium, -i, subs. n. I — Sent. próprio: 1) Couro (pele curtida dos animais) (Cíc. Nat. 2, 121). Daí: 2) Pele (do homem) (Cíc. Tull. 54). 3) Pele, casca (das árvores e dos frutos) (Plín. H. Nat. 15, 112). II — Sent. figurado: 4) Correia, chicote (Plaut. Poen. 139).

Cormăsa, -ōrum, subs. pr. n. Córmasos, cidade da Pisídia (T. Lív. 38, 15).

Cornē, -ēs, subs. pr. f. Corne, cidade do Lácio (Plín. H. Nat. 16, 242).

Cornēlia, -ae, subs. pr. f. 1) Cornélia, nome de mulher. 2) Em especial Cornélia, a mãe dos Gracos (Cíc. Br. 211). 3) Mulher de César (Suet. Cés. 1, 1).

Cornēliāna (ou **Cornelia castra**), subs. pr. n. Acampamento de Cipião, lugar da África (Cés. B. Civ. 2, 24, 2).

Cornēliānus, -a, -um, adj. Que se refere a um Cornélio, ou à família Cornélia (Cíc. Or. 225).

Cornēlium Forum, subs. pr. f. Cidade da Gália Cisalpina, fundada por Cornélio Sila (Cíc. Fam. 12, 5, 2).

1. Cornēlius, -i, subs. pr. m. Cornélio, nome de uma «gens» que tinha numerosos ramos.

2. **Cornēlĭus, -a, -um,** adj. De Cornélio (Cíc. Verr. 1, 108).

corneŏlus, -a, -um, adj. I — Sent. próprio: 1) Que é da natureza do chifre, córneo (Cíc. Nat. 2, 144). II — Sent. figurado: 2) Duro como chifre (Petr. 43, 7).

1. **cornĕus, -a, -um,** adj. I — Sent. próprio: 1) De côrno, de chifre, córneo (Ov. Met. 1, 697). Daí: 2) Semelhante ao chifre (Plín. H. Nat. 37, 80). II — Sent. figurado: 3) Obtuso (duro como o chifre) (Petr. 1, 47).

2. **cornĕus, -a, -um,** adj. De pilriteiro (planta) (Verg. En. 3, 22).

1. **cornĭcen, -ĭnis,** subs. n. Corneteiro (T. Lív. 2, 64, 10).

2. **Cornĭcen, -ĭnis,** subs. pr. m. Córnice, sobrenome da «gens» Ópia (T. Lív. 3, 35, 11).

Cornicīnus, -ī, subs. v. **Cornĭcen** 2. (Cíc. At. 4, 2, 4).

cornĭcor, -āris, -ārī, v. dep. intr. Grasnar, gralhar (Pérs. 5, 12).

cornĭcŭla, -ae, subs. f. Gralha pequena (Hor. Ep. 1, 3, 19).

Cornĭcŭlānus, -a, -um, adj. De Cornículo (Ov. F. 6, 628).

cornĭculārĭus, -ī, subs. m. Corniculário, oficial subalterno (V. Máx. 6, 1, 11).

1. **cornĭcŭlum, -ī,** subs. n. I — Sent. próprio: 1) Chifre pequeno, antena (de inseto, borboleta, etc.) (Plín. H. Nat. 11, 100). II — Daí: 2) Ornato em forma de chifre no capacete, penacho metálico (recompensa militar) (T. Lív. 10, 44, 5).

2. **Cornĭcŭlum, -ī,** subs. pr. n. Corniculo, cidade do Lácio (T. Lív. 1, 38, 4).

cornĭfer, -fĕra, -fĕrum, adj. Cornífero, que traz chifres, chifrudo (Marc. 6, 5, 3).

Cornifĭcĭus, -ī, subs. pr. m. Cornifício, nome romano, e em especial Quinto Cornifício, retor contemporâneo de Cícero (Cíc. Fam. 12, 17, 2).

cornĭger, -gĕra, -gĕrum, adj. Cornígero (Ov. Met. 7, 701).

cornĭpēs, -pĕdis, adj. Cornípede, que tem pés córneos ou de chifre (Verg. En. 6, 591).

cornix, -īcis, subs. f. Gralha (ave) (Cíc. Mur. 25).

1. **cornū, -ūs,** subs. n. I — Sent. próprio: 1) Côrno, chifre (Verg. Buc. 3, 87). II — Daí, todo objeto feito de chifre, ou em forma de chifre: 2) Casco do pé dos animais ou dos Sátiros (Verg. G. 3, 88). 3) Bico das aves (Ov. Met. 14, 502). 4) Dente do elefante (Plín. H. Nat. 8, 7). 5) Antena dos insetos (Plin. H. Nat. 9, 95). 6) Cornos da Lua (Verg. G. 1, 433). 7) Braço de um rio (Ov. Met. 9, 774). 8) Trombeta, corneta (Cíc. Sull. 17). 9) Arco (Verg. Buc. 10, 59). 10) Ponta extrema, extremidade de um lugar (T. Lív. 25, 3, 17). 11) Penacho, cumieira de um capacete (T. Lív. 27, 33, 2). 12) Pincaro de um monte (Estác. Theb. 5, 532). 13) Promontório (Ov. Met. 5, 410). 14) Ala de um exército (Cés. B. Gal. 1, 52, 2). 15) Lanterna (Plaut. Amph. 341). 16) Vasilha de guardar azeite (Hor. Sát. 2, 2, 61). 17) Funil, côrno que serve de funil (Verg. G. 3, 509). III — Sent. figurado: 18) Coragem, energia (Ov. A. Am. 1, 239).

2. **cornū copĭa, -ae,** subs. f. Cornucópia, côrno da abundância (Hor. O. 1, 17, 16).

1. **cornum, -ī,** subs. n. = **cornu** (Lucr. 2, 388).

2. **cornum, -ī,** subs. n. I — Sent. próprio: 1) Pilrito (fruto) (Verg. G. 2, 34). II — Sent. figurado: 2) Dardo (Ov. Met. 8, 408).

1. **cornus, -ūs,** subs. m. v. **cornu** (Cíc. Nat. 2, 149).

2. **cornus, -ī,** subs. f. I — Sent. próprio: 1) Pilriteiro (planta) (Verg. G. 2, 448). II — Sent. figurado: 2) Dardo (Verg. En. 9, 698).

3. **Cornus, -ī,** subs. pr. f. Corno, cidade da Sardenha (T. Lív. 23, 40, 5).

Cornūtus, -ī, subs. pr. m. Cornuto, sobrenome romano, e em especial Aneu Cornuto, filósofo, mestre de Pérsio (A. Gél. 2, 6, 1).

Corœbus, -ī, subs. pr. m. Corebo, guerreiro prometido em casamento a Cassandra, e morto no cêrco de Tróia (Verg. En. 2, 341).

corōlla, -ae, subs. f. Pequena coroa, grinalda (Plaut. Bac. 70).

corollarĭum, -ī, subs. n. I — Sent. próprio: 1) Pequena coroa (que se dava aos atores como prêmio) (Plín. H. Nat. 21, 5). II — Sent. figurado: 2) Gorgeta, gratificação (Fedr. 5, 7, 34).

1. **corōna, -ae,** subs. f. I — Sent. próprio: 1) Coroa (Cíc. Flac. 75); (Cés. B. Gal. 3, 16, 4). II — Sent. figurado: Todo objeto em forma de coroa: 2) Círculo, roda, círculo de ouvintes, assembléia, reunião (Cíc. Fin. 2, 74). 3) Cornija, cimalha (Q. Cúrc. 9, 4, 30). 4) Linhas de um exército sitiador, bloqueio (Cés. B. Gal. 7, 72, 2). 5) Linha de soldados

para defender uma praça ou pôsto militar (T. Lív. 4, 19, 8). 6) Circuito (de um campo) (Cat. Agr. 6, 3). 7) Círculo luminoso em volta do sol (Sên. Nat. 1, 2). Obs.: Note-se a locução: **sub. corona vendere** (Cés. B. Gal. 3, 16, 4) «vender prisioneiros de guerra» (êstes eram postos à venda coroados de flôres).
2. **Corōna, -ae,** subs. pr. f. Coroa, nome de uma constelação (Cíc. Arat. 351).
Corōnae, -ārum, subs. pr. m. Coronas, personagens mitológicas (Ov. Met. 13, 698).
corōnārĭus, -a, -um, adj. De coroa, em forma de coroa, de que fazem coroas (Cíc. Agr. 1, 12).
coronātus, -a, -um, part. pass. de **corōno**.
Corōnēa, -ae, subs. pr. f. Coronéia, cidade da Beócia (T. Lív. 33, 29, 6).
Coronēnsis, -e, adj. De Coronéia (T. Lív. 36, 20, 3).
Coronēus, -ĕī, (-ĕos), subs. pr. m. Coroneu, rei da Fócida (Ov. Met. 2, 569).
Corōnĭdēs, -ae, subs. pr. m. Filho de Coronis ou Corônide, i. é, Esculápio (Ov. Met. 15, 624).
1. **Corōnis, -ĭdis,** subs. pr. f. Corônide, mãe de Esculápio (Ov. Met. 2, 542).
2. **corōnis, -ĭdis,** subs. pr. f. Fim de um livro, sinal com que se assinalava o fim de um livro (Marc. 10, 1, 1).
corōnō, -ās, -āre, -āvī, -ātum, v. tr. I — Sent. próprio: 1) Coroar, cingir com uma coroa (sent. concreto e abstrato) (Cíc. Leg. 2, 63); Verg. G. 2, 528). II — Sent. figurado: 2) Cercar, pôr guardas (Verg. En. 9, 380).
corporālis, -e, adj. Corporal, relativo ao corpo, do corpo (Sên. Ep. 78, 22).
corporālĭter, adv. Materialmente (Petr. 61, 7).
corporātus, -a, -um, part. pass. de **corpŏro**.
corporĕus, -a, -um, adj. I — Sent. próprio: 1) Que tem corpo, corpóreo, material (Cíc. Nat. 2, 41). Daí: 2) Que se prende ao corpo, do corpo (Cíc. Fin. 3, 45). II — Sent. figurado: 3) De carne, carnudo (Ov. Met. 6, 407).
corpŏrō, -ās, -āre, -āvī, -ātum, v. tr. Dar corpo, tomar corpo, corporificar-se (Cíc. Tim. 5).
corpulēntus, -a, -um, adj. Gordo, corpulento (A. Gél. 7, 22, 1).
corpus, -ŏris, subs. n. I — Sent. próprio: 1) Corpo (em oposição à alma) (Cíc. Fin. 1, 55). Daí: 2) Corpo inanimado, cadáver (Cés. B. Gal. 2, 10, 3). 3) Objeto material, substância, matéria, corpo (do homem e dos animais) (Lucr. 1, 679). 4) Tronco de uma árvore) (Ov. Met. 11, 794). II — Sent. figurado: 5) Reunião de indivíduos, reunião, povo, corporação, nação (T. Lív. 34, 9, 3). 6) Pessoa, indivíduo: **liberum corpus** (T. Lív. 3, 56, 8) «uma pessoa livre». 7) Substância, essência (Quint. 10, 1, 87). 8) Carne, gordura (Cíc. Nat. 2, 139). 9) Corpo ou texto (em oposição às notas de um trabalho): **corpus omnis juris Romani** (T. Lív. 3, 34, 7) «um texto de todo o direito romano». Sent. poético: 10) A alma, sombra (dos mortos) (Verg. En. 6, 303).
corpuscŭlum, -ī, subs. n. I — Sent. próprio: 1) Corpo pequeno, corpúsculo, átomo (Cíc. Nat. 1, 66). II — Sent. figurado: 2) Corpo definhado (Juv. 10, 173). 3) Têrmo de carinho: queridinha (Plaut. Cas. 843).
corrādō (ou conrādō), -is, -ĕre, -rāsī, -rāsum, v. tr. I — Sent. próprio: 1) Raspar, levar raspando (Lucr. 6, 304). II — Sent. figurado: 2) Levar em bloco, rapinar (Ter Heaut. 141). 3) Recolher com dificuldade (Lucr. 1, 401).
Corrăgum (Corrăgon), -ī, subs. pr. n. Córrago, forte na Macedônia (T. Lív. 31, 27, 2).
Corrăgus, -ī, subs. pr. m. Córrago, nome grego de homem (T. Lív. 38, 13).
corrāsī, perf. de **corrādo**.
corrāsus, -a, -um, part. pass. de **corrādo**.
correctĭō, -ōnis, subs. f. I — Sent. próprio: 1) Correção, reforma (Suet. Tib. 42, 1). Daí: 2) Censura, repreensão (Cíc. Lae. 90). II — Na líng. retórica: 3) Correção (Cíc. De Or. 3, 203).
corrēctor, -ōris, subs. m. I — Sent. próprio: 1) O que corrige, emenda, melhora, o reformador (Cíc. Balb. 20). II — Daí: 2) Censor (Hor. Ep. 1, 15, 37).
corrēctus, -a, -um, part. pass. de **corrĭgo**.
corrēpō (ou conrēpō), -is, -ĕre, -rēpsī, v. intr. I — Sent. próprio: 1) Esgueirar-se, introduzir-se sorrateiramente (Cíc. At. 10, 12, 2). II — Sent. figurado: 2) Insinuar-se (Cíc. Nat. 1, 68). 3) Rastejar (Lucr. 5, 1217).
corrēpsī, perf. de **corrēpō**.
corrēptē, adv. De modo breve (A. Gél. 9, 6, 3). Compar.: **correptius**: de modo muito vicioso, corruptamente (Ov. P. 4, 12, 13).
correptĭō, -ōnis, subs. f. I — Sent. próprio: 1) Ação de tomar, agarrar (A. Gél. 20, 10, 8). II — Sent. figurado: 2) Pro-

nunciação breve (têrmo gramatical) (Quint. 7, 9, 13).
corrēptor, -ōris, subs. m. Censor (Sên. Ir. 2, 10, 7).
corrēptus, -a, -um, part. pass. de **corripio**.
corrēxī, perf. de **corrigo**.
corrīdĕō (**conrīdĕō**), -ēs, -ēre, -rīsī, v. intr. Rir juntamente (Lucr. 4, 83).
corrigĭa, -ae, subs. f. Cordão de sapato Cíc. Div. 2, 84).
corrĭgō, -is, -ĕre, -rēxī, -rēctum, v. tr. I — Sent. próprio: 1) Endireitar (sent. físico e moral) (Plin. H. Nat. 7, 83). II — Sent. figurado: 2) Corrigir, reformar, melhorar, curar (Cíc. Mur. 60).
corripĭō, -is, -ĕre, -ripŭī, -rēptum, v. tr. I — Sent. próprio: 1) Agarrar bruscamente, apoderar-se violentamente de, tomar, agarrar (Cíc. Verr. 3, 57); (Cíc. Verr. 2, 30). Daí: 2) Reunir, ajuntar, recolher (Verg. En. 3, 176). II — Sent. figurado: 3) Por enfraquecimento de sentido: reduzir, abreviar, diminuir, pronunciar breve (uma sílaba) (Suet. Tib. 34).
corripŭī, perf. de **corripio**.
corrīsī, perf. de **corridēo**.
corrivātus, -a, -um, part. pass. de **corrivo**.
corrīvō, -ās, -āre, -ātum, v. tr. Fazer correr juntamente (as águas), conduzir (águas) para o mesmo lugar (Sên. Nat. 3, 19, 4).
corrōbŏrō, -ās, -āre, -āvī, -ātum, v. tr. Fortificar, reforçar, corroborar (sent. próprio e figurado) (Cíc. Fin. 5, 58); (Cíc. Cat. 1, 38).
corrōdō, -is, -ĕre, -rōsī, -rōsum, v. tr. Corroer, roer (Cíc. Div. 2, 59).
corrogātus, -a, -um, part. pass. de **corrŏgo**.
corrŏgō, -ās, -āre, -āvī, -ātum, v. tr. I — Sent. próprio: 1) Alcançar à fôrça de pedidos, conseguir (Quint. 10, 1, 18). 2) Convidar juntamente (Cíc. Phil. 3, 20). 3) Procurar por tôda parte, solicitar de tôda parte (Cíc. Verr. 3, 184).
corrōsī, perf. de **corrōdo**.
corrotundātus, -a, -um, part. pass. de **corrotundo**.
corrotŭndō, -ās, -āre, -āvī, -ātum, v. tr. I — Sent. próprio: 1) Arredondar, dar forma redonda a (Sên. Nat. 4, 3, 5). II — Sent. figurado: 2) Arredondar uma quantia, completar (Petr. 76, 8).
corrūda, -ae, subs. f. Espargo bravo (Cat. Agr. 6, 3).
corrūgātus, -a, -um, part. pass. de **corrūgo**.
corrūgō, -ās, -āre, -āvī, -ātum, v. tr. Enrugar, franzir (Hor. Ep. 1, 5, 23).
corrūī, perf. de **corrŭo**.
corrūmpō, -is, -ĕre, -rūpī, -rūptum, v. tr. I — Sent. próprio: 1) Fazer arrebentar, e daí, estender-se a tudo que é susceptível de se estragar ou de se corromper, sem interferência do sentido fundamental de quebrar ou romper, destruir (Cés. B. Gal. 7, 55, 8). II — Sent. figurado: 2) Corromper, alterar, estragar, deteriorar (Cíc. Cat. 2, 7). 3) Adulterar, falsificar (sent. próprio e figurado) (Cíc. Arch. 8).
corrūmptor, v. **corrūptor**.
corrŭō, -is, -ĕre, **corrŭī**, v. intr. e tr. I — Sent. próprio: 1) Desabar, cair, derrubar (Cíc. Top. 15); (Ov. Met. 8, 777). II — Sent. figurado: 2) Precipitar-se (Cíc. Of. 1, 84). 3) Tr.: Precipitar, fazer cair (Catul. 68, 52). 4) Acumular, amontoar (Lucr. 5, 368).
corrūpī, perf. de **corrūmpo**.
corrūptē, adv. De maneira viciosa, corruptamente (Cíc. Fin. 1, 71). Obs.: Compar.: **corruptĭus** (Tác. Hist. 1, 22). Superl.: **corruptissĭme** (Sên. Contr. 10, 5, 21).
corruptēla, -ae, subs. f. I — Sent. próprio: 1) Corrupção, ação de corromper (Cíc. Leg. 1, 33). Daí: 2) Devassidão, sedução (Cíc. Verr. 2, 134). II — Sent. figurado: 3) Sedutor, corruptor (Ter. Ad. 793).
corruptĭō, -ōnis, subs. f. I — Sent. próprio: 1) Deterioração, alteração (Cíc. Tusc. 4, 28). II — Daí: 2) Corrupção, depravação (Tác. An. 11, 2).
corrūptor, -ōris, subs. m. Corruptor, sedutor (Cíc. Cat. 2, 7).
corrūptrix, -ĭcis, subs. f. Corruptora, sedutora (Cíc. Q. Fr. 1, 1, 6).
corrūptus, -a, -um. I — Part. pass. de **corrūmpo**. II — Adj.: Corrupto. No comparativo em Horácio, Sêneca e no superlativo em Salústio, Tácito, etc.
Corsī, -ōrum, subs. loc. m. Os corsos, habitantes da Córsega (T. Lív. 42, 7, 1).
Corsĭca, -ae subs. pr. f. Córsega, ilha do mar Tirreno, próximo à costa da Itália, e vizinha da Sardenha (Plín. H. Nat. 8, 199).
Corsus, -a, -um, adj. Da Córsega, corso (Ov. F. 6, 194).
cortex, -ĭcis, subs. m. f. I — Sent. próprio: 1) Córtice, casca, invólucro: **cortex (arbŏris)** (Cíc. Nat. 2, 120) «casca

(da árvore)». 2) Cortiça (Hor. O. 3, 9, 22).

cortīna, -ae, subs. f. I — Sent. próprio: 1) Caldeirão, caldeira, tina (Plaut. Poen. 1291). 2) Cuba suportada pela tripeça de Apolo, e tampa desta cuba, na qual se assentava a Pítia, quando proferia os oráculos (Verg. En. 3, 92). II — Sent. figurado: 3) O próprio oráculo (Verg. En. 6, 347). 4) Círculo de ouvintes, auditório (Tác. D. 19,4).

Cortōna, -ae, subs. pr. f. Cortona, cidade da Etrúria (T. Lív. 9, 37, 12).

Cortōnēnsēs, -ĭum, subs. loc. m. Cortonenses, habitantes de Cortona (Plín. H. Nat. 3, 52).

Cortōnēnsis, -e, adj. Cortonense, de Cortona (T. Lív. 22, 4, 2).

Cortuōsa, -ae, subs. pr. f. Cortuosa, cidade da Etrúria (T. Lív. 6, 4, 9).

corūda, v. **corrūda.**

corulētum, corūlus, v. **corylētum, corȳlus.**

Corŭmbus, -ī, subs. pr. m. Corumbo, nome de homem (Cíc. At. 14, 3, 1).

Coruncānĭus, -ī, subs. pr. m. Coruncânio, nome do primeiro pontífice plebeu (Cíc. Planc. 20).

corus, v. **Caurus** (Cés. B. Gal. 5, 7, 3).

corŭscō, -ās, -āre, -āvī, -ātum, v. intr. e tr. I — Sent. próprio: 1) Entrechocar-se, marrar (tratando-se de animais) (Lucr. 2, 320). Daí: 2) Cintilar, brilhar, luzir (Verg. G. 4, 98). 3) Trans.: Brandir, agitar, mover, dardejar (Ov. Met. 4, 494).

corŭscus, -a, -um, adj. I — Sent. próprio: 1) Agitado, trêmulo, vibrante, que ondeia (Verg. En. 1, 164). II — Sent. figurado: 2) Cintilante, brilhante (Verg. G. 1, 234).

Corvīnus, -ī, subs. pr. m. Corvino, sobrenome na família Valéria (T. Lív. 7, 26).

1. corvus, -ī, subs. m. I — Sent. próprio: 1) Corvo (Hor. Ep. 1, 16, 48). II — Daí: 2) Peixe do mar (negro como o corvo) (Cels. 2, 18). III — 3) Máquina de guerra (Q. Cúrc. 4, 2, 12).

2. Corvus, -ī, subs. pr. m. Corvo, apelido de Marco Valério (T. Lív. 8, 17).

Corybantēs, -um, subs. pr. m. Coribantes, sacerdotes de Cibele (Hor. O. 1, 16, 8).

Corybantĭus, -a, -um, adj. Coribântico, dos Coribantes (Verg. En. 3, 111).

Corybās, -antis, subs. pr. m. Coribante, filho de Cibele (Cíc. Nat. 3, 57).

Corycĭdēs, -um, subs. pr. f. Corícides, as ninfas do Parnaso, i. e. as musas (Ov. Met. 1, 320). Obs.: pl.: **Corycĭdas.**

Corycĭus, -a, -um, adj. Corício de Corício, na Cilícia (Verg. G. 4, 127).

1. Cōrycus, -ī, subs. pr. m. Córico, cidade e montanha da Cilícia (Cíc. Fam. 12, 13, 3).

2. cōrycus, -ī, subs. m. Saco cheio de areia, farinha, etc., de que se serviam atletas para se exercitarem (fig.) (Cíc. Phil. 13, 26).

Corȳdōn, -ōnis, subs. pr. m. Cordião, ou Córidon, nome de um pastor (Verg. Buc. 2, 1).

Corylēnus, -ī, subs. pr. f. Corileno, cidade da Eólia (T. Lív. 37, 21, 5).

corylētum, -ī, subs. n. Lugar plantado de aveleiras (Ov. F. 2, 587).

corȳlus, -ī, subs. f. Aveleira (Verg. Buc. 1, 14).

corymbĭfer, -fĕra, -fĕrum, adj. Corimbífero, coroado com cachos de hera (Ov. F. 1, 393).

corymbion, -ī, subs. n. Cabelos postiços (dispostos em forma de cachos de hera) (Petr. 110, 1).

corȳmbus, -ī, subs. m. I — Sent. próprio: 1) Corimbo, cacho de hera (Verg. En. 3, 39). II — Sent. figurado: 2) Ornato na popa e na proa dos navios (V. Flac. 1, 273).

Corynaeus, -ī, subs. pr. m. Corineu, nome de um guerreiro (Verg. En. 6, 228).

Coryphaeus, -ī, subs. m. I — Sent. próprio: 1) Corifeu. II — Sent. figurado: 2) Chefe (Cíc. Nat. 1, 59).

Corȳphē, -ēs, subs. pr. Córife, filha do Oceano (Cíc. Nat. 3, 59).

Corȳthus, -ī, subs. pr. Córito. 1) Pai de Dárdano (Verg. En. 7, 209). 2) Filho de Páris (Ov. Met. 3, 361).

cōrȳtos (cōrȳtus), -ī, subs. m. Aljava (Verg. En. 10, 169).

1. Cos., abreviat. de **consul, consŭle.**

2. cōs, cōtis, subs. f. I — Sent. próprio: 1) Pedra dura, seixo, calhau (Plín. H. Nat. 36, 147). Daí: 2) Pedra de amolar (Verg. En. 7, 627). II — Sent. figurado: 3) Pedra de amolar, isto é: capaz de avivar, despertar alguma coisa (Cíc. Ac. 2, 135).

Cosa, -ae, subs. pr. f. Cosa, cidade da Lucânia (Cés. B. Cív. 3, 22, 2).

Cosae, -ārum, subs. pr. f. Cosas, cidade da Etrúria (Verg. En. 10, 168).

Cosānum, -ī, subs. pr. n. Cosano, território de Cosas (Cíc. At. 9, 6, 2).

Cosānus, -a, -um, adj. Cosano, de Cosas (T. Lív. 22, 11, 6).

Coscōnĭus, -ī, subs. pr. m. Coscônio, nome de homem (Cíc. Br. 242).
cosĕrvus, v. **consĕrvus**.
cosmētēs (cosmēta), -ae, subs. m. Escravo que tem a seu cargo os serviços de toucador (Juv. 6, 477).
cosmĭcos (cosmĭcus), -a, -um, adj. Do mundo, cósmico (Marc. 7, 41).
cosmoe (cosmi), -ōrum, subs. m. pl. Arcontes (de Creta) (Cíc. Rep. 2, 58).
cosmos, -ī, subs. m. O mundo (Apul. Mund. 22).
coss., abreviatura de **consules** e **consulibus**.
Cossinĭus, -ī, subs. pr. m. Cossínio, nome de homem (Cíc. Balb. 53).
cossis, -is, e **cossus, -ī**, subs. m. Bicho da madeira (Plín. H. Nat. 17, 220).
1. **cossus**, v. **cossis**.
2. **Cossus, -ī**, subs. pr. m. Cosso, sobrenome romano (Cíc. De Or. 2, 98).
Cossutĭa, -ae, subs. pr. f. Cossúcia, nome de uma das mulheres de César (Suet. Cés. 1, 1).
Cossutiānae Tabĕrnae, subs. pr. f. As Tabernas de Cossúcio (Cíc. Fam. 16, 27, 2).
Cossutiānus, -ī, subs. pr. m. Cossuciano, nome de um famoso delator da época de Nero (Tác. An. 11, 6).
Cossutĭus, -ī, subs. pr. m. Cossúcio, nome de homem (Cíc. Verr. 3, 55).
costa, -ae, subs. f. I — Sent. próprio: 1) Costela (Plín. H. Nat. 11, 207). II Sent. figurado: 2) Ilharga, flanco, lado (Verg. En. 8, 463).
costum, -ī, subs. n. e **costus (costos), -ī**, subs. f. Costo (planta) (Prop. 4, 6; 5).
Cosūra (Cosȳra), -ae, subs. pr. f. Cosura, ilha entre a Sicília e a África (Ov. F. 3, 567).
cōtēs, v. **cautes** (Cic. Tusc. 4, 33).
cothurnātus, -a, -um, adj. I — Sent. próprio: 1) Calçado de coturno (Sên. Ep. 76, 31). II — Sent. figurado: 2) Trágico, sublime, imponente (Ov. F. 5, 348). III — **Cothurnātī, -ōrum**, subs. m. pl. Atores trágicos (Sên. Ep. 8, 8).
cothŭrnus, -ī, subs. m. I — Sent. próprio: 1) Borzeguim de caça (Verg. Buc. 7, 32). 2) Coturno (usado pelos atores nas tragédias) (Hor. A. Poét. 280).
II — Sent. figurado: 3) Tragédia (Hor. A. Poét. 80). 4) Assunto trágico (Juv. 15, 29). 5) Estilo elevado, sublime (Verg. En. 8, 10).
cotĭd-, v. **cottĭd-**.
cotĭla, v. **cotȳla**.

Cotĭsō, -ōnis, subs. pr. m. Cotisão, rei dos getas (Hor. O. 3, 8, 18).
Cotta, -ae, subs. pr. m. Cota, sobrenome romano na família Aurélia (Cíc. Br. 82).
cottăna, v. **coctăna**.
Cottiānae Alpes, subs. pr. f. Os Alpes Cotianos (Tác. Hist. 1, 61).
cottĭdiānō, adv., v. **cottĭdĭē** (Plaut. Capt. 725); (Cíc. Verr. 4, 18).
cottĭdiānus, -a, -um, adj. I — Sent. próprio: 1) Cotidiano, de todos os dias, diário (Cés. B. Gal. 3, 17, 4). II — Sent. figurado: 2) Familiar, habitual, comum (Cíc. Fam. 9, 21, 1). Obs.: Também ocorre nos textos a grafia **quottidiānus**.
cottĭdĭē, adv. Todos os dias, cada dia, diàriamente, cotidianamente (Cíc. Phil. 1, 5). Obs.: Também ocorre nos textos a grafia **quottidĭē**.
Cottōn, -ōnis, subs. pr. f. Cotão, ou Cóton, cidade da Eólia (T. Lív. 37, 21).
cottŏna, v. **coctăna** (Juv. 3, 83).
cotŭla, v. **cotȳla**.
cotŭrnix, -ĭcis, subs. f. I — Sent. próprio: 1) Codorniz (ave) (Lucr. 4, 641). II — Sent. figurado: 2) Têrmo de carinho (Plaut. Asin. 666).
cotŭrnus, v. **cothŭrnus**.
Cotus, -ī, subs. pr. m. Coto. 1) Chefe dos éduos (Cés. B. Gal. 7, 32, 4). 2) Nome de um rei da Trácia (Cés. B. Civ. 3, 4, 3).
1. **cotȳla (colŭla), -ae**, subs. f. Medida de capacidade para líquidos (Marc. 8, 71, 8).
2. **Cotȳla, -ae**, subs. pr. m. Cótila, nome de homem (Cíc. Phil. 5, 5).
Cotys, -yis, (-yos), subs. pr. m. Cótis, nome de vários reis bárbaros (Cíc. Pis. 84).
Cotyttĭa, -ōrum, subs. n. Mistérios de Cotito, a deusa da impudência (Hor. Epo. 17, 56).
Cotyttō, -ūs, subs. pr. f. Cotito, deusa trácia da impudência (Juv. 2, 92).
Cōum, -ī, subs. n. O vinho da ilha de Cós, no mar Egeu (Hor. Sát. 2, 4, 29).
Cōus, -a, -um, adj. Da ilha de Cós, no mar Egeu (Cíc. De Or. 2, 5); **Cous artifex** (Ov. P. 4, 1, 29) «o artista de Cós», i. e, Apeles, célebre pintor grego.
covenĭō = **convenĭo**.
covinnārĭus, -ī, subs. m. Soldado que combate num carro (Tác. Agr. 35, 2).
covĭnnus, -ī, subs. m. Carroça, carro de guerra, carro (nas corridas de circo) (Marc. 12, 24, 1: carro de viagem).

coxēndix, -ĭcis, subs. f. 1) Anca, quadril (Varr. R. Rust. 1, 20). 2) Coxa (Plaut. Bac. 1159).
coxī, perf. de **coquo**.
crabāttus, v. **grabātus**.
Crabra (aqua Crabra), -ae, subs. pr. f. Crabra, regato nas proximidades de Túsculo (Cíc. Agr. 3, 9).
crābro, -ōnis, subs. m. Vespão (Verg. G. 4, 245).
Cragus, -ī, subs. pr. m. Crago, montanha e promontório da Lícia (Hor. O. 1, 21, 8).
crambē, -ēs, subs. f. Espécie de couve (Juv. 7, 154).
Cranē, -ēs, subs. pr. f. Crane, outro nome de Carna, a ninfa amada por Jano (Ov. F. 6, 107).
Crānōn (Crannōn), -ōnis, subs. pr. f. Cranão, ou Cránon, cidade da Tessália (Cíc. De Or. 2, 352).
Cranōnĭus, -a, -um, adj. De Cranão (T. Lív. 42, 64, 7).
Crantor, -ŏris, subs. pr. m. Crantor. 1) Irmão de Fênix (Ov. Met. 12, 316). 2) Nome de um filósofo acadêmico (Cíc. De Or. 3, 67).
crāpŭla, -ae, subs. f. I — Sent. próprio: 1) Estado de embriaguês, bebedeira (Cíc. Phil. 2, 30). II — Daí: 2) Resina que se misturava ao vinho (para produzir a embriaguês) (Plín. H. Nat. 14, 124).
crās, adv. Amanhã (Cíc. At. 10, 30, 2).
crassē, adv. 1) Grosseiramente sem arte (Hor. Ep. 2, 1, 76). 2) Confusamente, de modo pouco claro (Sên. Ep. 121, 12).
Crassipēs, -ēdis, subs. pr. m. Crassípede, sobrenome romano (Cíc. Fam. 1, 7, 11).
Crassitĭus, -ī, subs. pr. m. Crassício, nome de homem (Cíc. Phil. 13, 3).
crassitūdō, -ĭnis, subs. f. I — Sent. próprio: 1) Espessura, grossura (Cés. B. Civ. 2, 8, 2). II — Daí: 2) Consistência, densidade (Cíc. Div. 1, 93).
1. crassus, -a, -um, adj. I — Sent. próprio: 1) Espêsso, grosso (Cat. Agr. 28, 2). Daí: 2) Gordo, denso, lodoso (Ter. Hec. 440); (Cíc. Tusc. 1, 42); (Verg. G. 2, 110). II — Sent. figurado: 3) Grosseiro, avultado: **crassa turba** (Marc. 9, 23) «a multidão grosseira».
2. Crassus, -ī, subs. pr. m. Crasso, apelido da família Licínia. Em particular: 1) Lúcio Crasso, o orador (Cíc. Br. 143). 2) Marco Crasso, companheiro de César e Pompeu no 1.º triunvirato (Cíc. Br. 230).
crastĭnum, -ī, subs. n. O dia de amanhã (Sên. Th. 620).
crastĭnus, -a, -um, adj. I — Sent. próprio: 1) De amanhã, crástino (Cíc. At. 15, 8, 2). II — Sent. poético: 2) Posterior, futuro (Estác. Theb. 3, 562).
Cratēis, -ĭdis, subs. pr. f. Cratêide, nome de uma ninfa (Ov. Met. 13, 749) ou **Crataeis** (Plín. 3, 73).
1. cratē, -ēris, subs. m. I — Sent. próprio: 1) Vaso grande em que se misturava o vinho com água (Verg. En. 1, 728). II — Daí: 2) Vasilha para azeite (Verg. En. 6, 225). 3) Pia de uma fonte (Plín. Ep. 5, 6, 23). 4) Cratera (de vulcão) (Lucr. 6, 701). 5) Taça (constelação (Ov. F. 2, 266).
2. Cratēr, -ēris, subs. pr. m. Cráter, gôlfo entre os cabos de Miseno e Minerva (Cíc. At. 2, 8, 2).
cratēra, -ae, subs. f. 1) (Cíc. Verr. 4, 131) v. **crater**). 2) Taça (constelação) (Cíc. Arat. 219).
Cratērus, -ī, subs. pr. m. Crátero, nome de um célebre médico (Cíc. At. 12, 13, 1).
1. crates, v. **cratis**.
2. Cratēs, -is, subs. pr. m. Crates, filósofo acadêmico (Cíc. Ac. 1, 34).
Crathis, -is (-ĭdis), subs. pr. m. Crátis. 1) Rio do Brútio (Ov. F. 3, 581). 2) Rio da África (Plín. H. Nat. 37, 38).
cratĭcŭla, -ae, subs. f. Grelha, grande e pequena (Marc. 14, 221).
Cratĭnus, -ī, subs. pr. m. Cratino, poeta cômico ateniense (Hor. Sát. 1, 4, 1).
cratĭō, -īs, -īre, v. tr. Gradar a terra (Plín. H. Nat. 18, 258).
Cratippus, -ī, subs. pr. m. Cratipo. 1) Nome de um filósofo peripatético (Cíc. Br. 250). 2) Nome de um siciliano (Cíc. Verr. 4, 29).
crātis (crates), -is, subs. f. (geralmente no plural). I — Objeto entrançado ou com abertos: 1) Caniçado, grade de vimes entrelaçados (Verg. En. 7, 633). 2) Grade de lavoura (Verg. G. 1, 94). 3) Grade (instrumento de suplício) (T. Lív. 1, 51, 9). 4) Faxinas (obras de fortificação): só no plural (Cés. B. Gal. 7, 58, 1). Obs.: O acus. **cratem** é o geralmente usado, mas a forma **cratim** ocorre em Plauto (Poen. 1025).
creātĭō, -ōnis, subs. f. I — Sent. próprio: 1) Procriação (Ulp. Dig. 7, 15).

CREATOR — 257 — **CRĒŌ**

II — Daí: 2) Criação, nomeação, eleição (Cíc. Leg. 3, 10).
creātor, -ōris, subs. m. I — Sent. próprio: 1) Criador, fundador, autor (Cíc. Balb. 13). II — Daí: 2) Pai (Ov. Met. 8, 309).
creātrix, -īcis, subs. f. I — Sent. próprio: 1) Criadora (Lucr. 1, 630). II — Daí: 2) Mãe (Verg. En. 8, 534).
creātus, -a, -um, part. pass. de **crĕo.**
crēber, -bra, -brum, adj. I — Sent. próprio: 1) Espêsso, apertado, cerrado (Cés. B. Gal. 5, 9, 5). Daí: 2) Numeroso (com a idéia de cerrado, apertado) (Cés. B. Gal. 5, 12, 3). 3) Freqüente, que se segue ou sucede a seguir, sem interrupção (Cíc. Verr. 2, 172). 4) Que se repete, que volta muitas vêzes, insistente (Cíc. Planc. 83). 5) Cheio, abundante em, rico (Ov. Met. 11, 190); (Cíc. Br. 29).
crebra, subs. n. pl. usado como adv. Freqüentemente, sempre (Verg. G. 3, 500).
crebrēscō (ou crebĕscō), -is, -ĕre, crebrŭī (-bŭī), v. intr. Repetir-se com pequenos intervalos, propagar-se, intensificar-se, crescer (Verg. En. 3, 530). Obs.: A forma **crebui** é rara e tardia.
crebrĭtās, -tātis, subs. f. I — Sent. próprio: 1) Freqüencia, repetição (Cíc. At. 13, 18, 2). II — Daí: 2) Qualidade do que é espêsso, espessura, abundância, fertilidade (Cíc. Br. 327).
crebrō, adv. Freqüentemente, sem interrupção, sempre (Cíc. At. 6, 5, 1). Obs.: Comp.: **crebrĭus** (Cíc. Fam. 5, 6, 3). Superl.: **creberrĭme** (Cíc. Div. 1, 56).
crebŭī, perf. de **crebrēsco.**
crēdĭbĭlis, -e, adj. Crível, digno de crédito (Cíc. At. 2, 23, 4).
crēdĭbĭlĭter, adv. De maneira crível, com verossimilhança (Cíc. Dej. 17).
crēdĭdī, perf. de **crēdo.**
crēdin = credīsne (Plaut. Capt. 962).
crēdĭtor, -ōris, subs. m. Credor (Cíc. Phil. 6, 11).
crēdĭtum, -ī, subs. n. Coisa emprestada, empréstimo, dívida (T. Liv. 27, 51, 10).
crēdĭtus, -a, -um, part. pass. de **crēdo.**
crēdō, -is, -ĕre, crēdĭdī, crēdĭtum, v. intr. e tr. I — Sent. próprio: 1) Depositar confiança em, confiar em, fiar-se, crer em (Cíc. Mur. 50). Daí: 2) Confiar algo a alguém, emprestar (Cés. B. Gal. 6, 31, 4): (Cíc. Of. 2, 78). II — Sent. figurado: 3) Crer (em alguém ou alguma coisa), ter como certo, dar crédito (Cés. B. Gal. 3, 18, 6). 4) Pensar, julgar, supor (Cíc. Cat. 1, 5). Obs.: Constrói-se com acus. e dat. (na poesia aparece em lugar de dat., acus. com **in**); com acus.; com dat.; e com acus. e inf.
crēdŭlĭtās, -tātis, subs. f. Credulidade (Q. Cúrc. 6, 10, 35).
crēdŭlus, -a, -um, adj. I — Sent. próprio: 1) Crédulo (Cíc. Lae. 100). Daí: 2) Que crê fàcilmente em alguém ou alguma coisa (Ov. F. 4, 312). Passivo: 3) Fàcilmente crivel (Tác. Hist. 1, 34). II — Sent. figurado: 4) Aventuroso (Sên. Hip. 530).
cremātĭō, -ōnis, subs. f. Ação de queimar, cremação (Plín. H. Nat. 23, 64).
cremātus, -a, -um, part. pass. de **cremo.**
Cremĕra, -ae, subs. pr. m. Crêmera, riacho da Etrúria (Ov. F. 2, 205).
Cremerēnsis, -e, adj. Cremerense, de Crêmera (Tác. Hist. 2, 91).
cremō, -ās, -āre, -āvī, -ātum, v. tr. 1) Queimar (T. Liv. 28, 19, 12). 2) Cremar um cadáver (Cíc. Leg. 2, 57).
Cremōna, -ae, subs. pr. f. Cremona, cidade da Gália Cisalpina (Cés. B. Civ. 1, 24, 4).
Cremōnēnsēs, -ĭum, subs. loc. m. Cremonenses, habitantes de Cremona (T. Liv. 27, 10, 8).
Cremōnēnsis, -e, adj. Cremonense, de Cremona (T. Liv. 28, 11, 11).
Cremōnis Jugum, subs. pr. n. Cremones, nome de um maciço dos Alpes (T. Liv. 21, 38, 7).
cremor, -ōris, subs. m. Sumo, suco (Plaut. Pers. 95).
Cremŭtĭus, -ī, subs. pr. m. Cremúcio Cordo, nome de um historiador (Tác. An. 4, 34).
Crēnē, -ēs, subs. pr. f. Crenes, cidade da Eólia (T. Liv. 37, 21, 5).
1. crĕō, -ās, -āre, -āvī, -ātum, v. tr. I — Sent. próprio: 1) Produzir, fazer crescer, engendrar, fazer nascer (Cíc. Fin. 5, 38). II — Sent. figurado: 2) Produzir, crear (Lucr. 1, 51). Na língua poética: 3) Em part. pass. com abl. de origem: Nascido de, filho (Ov. Met. 7, 3). Na língua jurídica: 4) Nomear, eleger, elevar a uma magistratura (Cés. B. Gal. 7, 33, 4). III — Empregos especiais: 5) Causar, ocasionar (Quint. 9, 4, 143); (Cíc. Div. 2, 55).

2. **Crĕō (Creōn)**, -ōntis, subs. pr. m. Creonte nome de vários heróis gregos (Hor. Epo. 5, 64). Obs.: A forma **Crĕŏ**, -ōnis ocorre em Plauto (Amph. 194).

Creperēius, -ī, subs. pr. m. Crepereio, nome romano de homem (Cíc. Verr. pr. 30).

crepĕrum, -ī, subs. n. I — Sent. próprio: 1) Escuridão. II — Sent. figurado: 2) Duvidoso, incerto, crítico (Pac. Tr. 128). Obs.: No sentido próprio não é atestado no período clássico.

crepĭda, -ae, subs. f. Sandália, alpercata (Cíc. Rab. 27).

crepidātus, -a, -um, adj. Calçado com sandálias (Cíc. Pis. 92).

crepīdō, -ĭnis, subs. f. I — Sent. próprio: 1) Base (de um templo, de um altar, etc.), por analogia com a sola da sandália (Cíc. Or. 224). II — Daí: 2) Parede, molhe de um cais (Cíc. Verr. 5, 97). 3) Passeio, beira de um caminho (Petr. 9, 1).

crepidŭla, -ae, subs. f. Sandália pequena (Plaut. Pers. 464).

crepitācĭllum, -ī, subs. n. Pequeno pandeiro ou guiso (Lucr. 5, 229).

crepitācŭlum, -ī, subs. n. Pandeiro, matraca, chocalho ou guizo para crianças (Marc. 14, 54).

crepĭtō, -ās, -āre, -āvī, -ātum, v. freq. intr. Estalar ruidosamente, dar freqüentes estalos, crepitar, ranger (Plín. H. Nat. 31, 85); (Plaut. Rud. 536).

crepĭtus, -ūs, subs. m. Estalido, estalo, ruído, som (Cíc. Tusc. 4, 19).

crepō, -ās, -āre, crepŭī, crepĭtum, v. intr. e tr. I — Sent. próprio: 1) Estalar, crepitar, dar estalos (Sên. Ep. 9, 8). II — Sent. figurado: 2) Abrir-se, fender-se, rachar-se com ruído, arrebentar-se (S. Agost. Serm. 275, 2). 3) Trans.: Gritar, queixar-se em altos brados, lastimar-se ruidosamente e com freqüência, repetir sempre (Hor. Ep. 1, 7, 84).

crepŭī, perf. de crepo.

crepundĭa, -ae, subs. f. I — Sent. próprio: 1) Chocalho, sinais de reconhecimento que eram suspensos ao pescoço das crianças (Cíc. Br. 313). II — Daí: 2) Amuleto (Apul. Apol. 56).

crepuscŭlum, -ī, subs. n. I — Sent. próprio: 1) Crepúsculo (geralmente da tarde) (Plaut. Cas. 40). II — Sent. figurado: 2) Obscuridade, luz fraca (Ov. Met. 14, 122).

Crēs, crētis, subs. loc. m. Cretense (Cíc. Div. 1, 34).

crescō, -ĭs, -ĕre, crēvī, crētum, v. intr. I — Sent. próprio: 1) Brotar, crescer, medrar (Lucr. 1, 808). II — Daí: 2) Nascer (Varr. R. Rust. 3, 1, 7). 3) (Poét.): cretus, -a, -um, em abl. com a prep. ab ou sem ela: Nascido de, oriundo de (Verg. En. 9, 672). Da idéia de «crescer» passou a: 4) Aumentar, avultar (Cíc. Pomp. 45), e daí: 5) Elevar-se, engrandecer (Cés. B. Gal. 1, 20, 2); (Cíc. Verr. 5, 173).

Cresphontēs, -is (-ae), subs. pr. m. Cresfontes, nome de uma tragédia de Eurípedes (Cíc. Tusc. 1, 115).

Cressa, -ae, subs. loc. f. Cretense, de Creta: **Cressa genus** (Verg. En. 5, 285) «cretense de raça».

Cressĭus (Cresĭus), -a, -um, adj. Da ilha de Creta (Verg. En. 4, 70).

1. **crēta**, -ae, subs. f. I — Sent. próprio: 1) Giz, barro branco, argila (Plín. H. Nat. 35, 195). Daí: 2) Alvaiade (pasta que as mulheres usavam no rôsto como maquilagem) (Petr. 23, 5). 3) Espécie de argila usada como lacre (Cíc. Flac. 37). 4) Argila própria para branquear roupa (Plaut. Aul. 719). II — Sent. figurado: 5) Sinal feito com giz para marcar o fim de um julgamento (Hor. Sát. 2, 3, 246).

2. **Crēta**, -ae, subs. pr. f. A ilha de Creta, no mar Mediterrâneo (Cíc. Phil. 2, 97).

crētăcĕus, -a, -um, adj. Feito de argila, da natureza da argila (Plín. H. Nat. 18, 86).

Crētaeus, -a, -um, (Crētĭcus) ou crētēnsis, -e, adj. De Creta, cretense (Verg. En. 3, 117); (Cíc. Flac. 6).

Crētānī, -ōrum, subs. loc. m. Os cretenses, o povo da ilha de Creta (Plaut. Curc. 443).

crētātus, -a, -um, adj. I — Sent. próprio: 1) Branqueado com greda, marcado com giz (Juv. 10, 66). Daí: 2) Que pôs alvaiade no rôsto (Marc. 2, 41, 11). II — Sent. figurado: 3) Vestido de branco (Pérs. 5, 177).

Crētēnsēs, -ĭum, e **Crētānī**, -ōrum, subs. loc. m. Cretenses, habitantes de Creta (Tác. An. 3, 26), (Plaut. Curc. 443).

Crētēnsis, -e, adj. De Creta (Cíc. Flac. 6).

crētērra ou **crētĕra**, v. **crātĕra** (Cíc. Fam. 7, 1, 2).

Crētēs, -um, subs. loc. m. Os Cretenses (Cíc. Mur. 74).

crētĕus, -a, -um, adj. De argila, de greda (Lucr. 4, 295).

Crēthēus, -ĕi (-ĕos), subs. pr. m. Creteu, herói troiano (Verg. En. 12, 538).
crethīdēs, -ae, subs. pr. m. Descendente de Creteu, i. é, Jasão (V. Flac. 6, 610).
crētĭō, -ōnis, subs. f. I — Sent. próprio: 1) Ação de aceitar uma herança (Cíc. De Or. 1, 101). II — Sent. figurado: 2) Herança (Plín. H. Nat. 2, 95).
Crētis, -ĭdis, subs. f. v., **Cressa** (Ov. F. 3, 444).
crētōsus, -a, -um, adj. Abundante em greda, em argila (Ov. Met. 7, 463).
crētŭla, -ae, subs. f. Argila branca com que se lacravam cartas (Cíc. Verr. 4, 58).
Crĕūsa, -ae, subs. pr. f. Creúsa. 1) Espôsa de Jasão (Sên. Med. 498). 2) Mulher de Enéias (Verg. En. 2, 562). 3) Cidade da Beócia (T. Lív. 36, 21, 5).
crēvī, perf. de cresco e de cerno.
cribrātus, -a, -um, part. pass. de cribro.
cribrō, -ās, -āre, -āvī, -ātum, v. tr. Crivar, peneirar, joeirar (Plín. H. Nat. 20, 264).
cribrum, -ī, subs. n. Crivo, joeira, peneira (Cíc. Div. 2, 59).
crīmen, -ĭnis, subs. n. I — Sent. próprio: 1) Decisão, decisão judicial, e depois: objeto da decisão, queixa, acusação (Cíc. Planc. 4). 2) Em sent. pejorativo: Calúnia, injúria, falsa acusação, e daí: 3) Crime, delito, êrro, adultério (Ov. Met. 6, 131). 4) Motivo, pretexto (de um mal), causa, autor (de um mal) (Verg. En. 7, 339). 5) Culpabilidade (Verg. En. 12, 600).
crīminātĭō, -ōnis, subs. f. 1) Criminação, incriminação, acusação, e depois: 2) Acusação caluniosa (Cíc. Lae. 65).
crīminātor, -ōris, subs. m. Criminador, acusador, caluniador (Tác. An. 4, 1).
crīminātus, -a, -um, part. pass. de crimino e criminor.
crīminō, -ās, -āre, -āvī, -tāum = **criminor**, v. tr. Criminar, incriminar, acusar (Cíc. Agr. 3, 13).
crīminor, -āris, -ārī, -ātus sum, v. dep. tr. Acusar, e principalmente: Acusar caluniosamente (Cíc. Arch. 11); (Cíc. Of. 3, 79).
crīminōsē, adv. De modo acusador, caluniosamente, injuriosamente (Cíc. Br. 131). Obs.: superl.: **criminosissīme** (Suet. Tib. 53, 2).
crīminōsus, -a, -um, adj. I — Sent. próprio: 1) De acusação, difamante, infame (Cíc. Planc. 46). II — Daí: 2) Censurável, repreensível (Apul. Apol. 40). 3) Satírico (Hor. O. 1, 16, 2).
crīnāle, -is, subs. n. Pente, fivela para o cabelo (Ov. Met. 5, 52).
crīnālis, -e, adj. I — Sent. figurado: 1) Relativo ao cabelo (Verg. En. 7, 403). II — Sent. figurado: 2) Como cabelos (Ov. Hal. 30).
crīnĭger, -ĕra, -ĕrum, adj. Cabeludo (Luc. 1, 463).
crīnis, -is, subs. m. — Sent. próprio: 1) Cabelos, cabeleira de mulher, madeixa de cabelos (Ov. Met. 1, 542). II — Sent. figurado: Objetos que se parecem com cabelos: 2) Brilho, rastros luminosos das estrêlas (V. Flac. 1, 205). 3) Cabeleira dos cometas (Verg. En. 5, 528). 4) Braços (do pólipo) (Plín. H. Nat. 9, 86).
Crinīsus, -ī, subs. pr. m. Criniso, rio da Sicília (Verg. En. 5, 38).
crīnītus, -a, -um, adj. I — Sent. próprio: 1) Que tem muitos cabelos (Verg. En. 9, 635). II — Sent. figurado: 2) Feito de crina (Verg. En. 7, 785).
Crinivŏlum, -ī, subs. pr. n. Crinívolo, cidade de Úmbria (Plín. H. Nat. 3, 114).
cripta, v. **crypta**.
crisis, acus. **crisin**, subs. f. Crise (Sên. Ep. 83, 4).
crisō (crissō), -ās, -āre, -āvī, -ātum, v. intr. Torcer-se, enrolar-se (Marc. 10, 68, 10).
crispātus, -a, -um, part. pass. de crispo.
Crispīna, -ae, subs. pr. f. Crispina, nome de mulher (Tác. Hist. 1, 47).
Crispīnus, -ī, subs. pr. m. Crispino, sobrenome romano (Hor. Sát. 1, 1, 120).
crispō, -ās, -āre, -āvī, -ātum, v. tr. I — Sent. próprio: 1) Crispar, encrespar, frisar, fazer ondular (Plín. H. Nat. 29, 82). Daí: 2) Brandir, agitar (Verg. En. 1, 313).
crispŭlus, -a, -um, adj. Bem frisado (Sên. Ep. 66, 25).
1. crispus, -a, -um, adj. I — Sent. próprio: 1) Crespo, frisado (Plaut. Truc. 287). Daí: 2) Ondeado, raiado, com veios (Plín. H. Nat. 36, 55). II — Sent. figurado: 3) Agitado, vibrante (Juv. 6, 382). 4) Elegante (A. Gél. 1, 5, 4).
2. Crispus, -ī, subs. pr. m. Crispo, sobrenome romano, em particular de Salústio (Cíc. Fam. 12, 11, 1).
crista, -ae, subs. f. 1) Crista (sent. próprio e figurado) (Varr. R. Rust. 3, 9, 4). 2) Monte, tufo (de fôlhas) (Plín. H. Nat. 22, 86). 3) Penacho de um capacete (Lucr. 2, 633).

cristall-, v. **crystall-**.
cristātus, -a, -um, adj. I — Sent. próprio: 1) Que tem crista (Ov. F. 1, 455). II — Sent. figurado: 2) Capacete encimado por um penacho (Verg. En. 1, 468).
Critĭās, -ae, subs. pr. m. Crítias, nome de um dos trinta tiranos de Atenas (Cíc. De Or. 2, 93).
critĭcus, -ī, subs. m. Crítico, censor de obras literárias (Cíc. Fam. 9, 10, 1).
Critō, -ōnis, subs. pr. m. Critão, ou Crito. 1) Nome de um discípulo de Sócrates (Cíc. Tusc. 1, 103). 2) Nome de uma personagem de comédia (Ter. And. 801).
Critobūlus, -ī, subs. pr. m. Critobulo, nome de um amigo de Sócrates (Cíc. C. M. 59).
Critognātus, -ī, subs. pr. m. Critognato, nome de um nobre arverno (Cés. B. Gal. 7, 77, 2).
Critolāus, -ī, subs. pr. m. Critolau. 1) Nome de um filósofo aristotélico (Cíc. Fin. 5, 14). 2) General dos aqueus (Cíc. Nat. 3, 91).
Crocălē, -ēs, subs. pr. f. Crócale, ninfa, filha do rio Ismeno (Ov. Met. 3, 169).
crocĕus, -a, -um, adj. I — Sent. próprio: 1) Cróceo, de açafrão (Verg. G. 1, 56). II — Daí: 2) Da côr de açafrão, amarelo ouro (Verg. En. 11, 475).
crocĭnum, -ī, subs. n. Óleo de açafrão (Prop. 3, 10, 2).
crocĭnus, -a, -um, adj. I — Sent. próprio: 1) Crócino, ou cróceo, de açafrão (Plín. H. Nat. 21, 124). II — Daí: 2) Da côr de açafrão (Catul. 68, 134).
crocodīlĕa, -ae, subs. f. Excremento de crocodilo usado como remédio (Hor. Epo. 12, 11).
Crocodīlōn Oppĭdum, subs. pr. n. Crocodilópoles, cidade da Fenícia (Plín. H. Nat. 5, 75).
crocodīlus, -ī, subs. m. Crocodilo (Cíc. Nat. 2, 124). Obs.: A forma **corcodīlus** também é usada (Fedr. 1, 25).
1. crocos, v. **crocum**.
2. Crocos, -ī, subs. pr. m. Crocos, nome de jovem metamorfoseado em açafrão (Ov. F. 5, 227).
crocōta, -ae, subs. f. Vestido da côr de açafrão (usado pelas mulheres e sacerdotes de Cibele) (Cíc. Har. 44).
crocotŭla, -ae, subs. f. Vestido curto ou túnica de côr de açafrão (Plaut. Epid. 231).
crocum, -ī, subs. n. e **crocus, -ī**, subs. m. e f. I — Sent. próprio: 1) Açafrão, e daí: 2) Côr de açafrão (Verg. En. 9, 614). II — Sent. figurado: 3) Estame amarelo de algumas flores (Plín. H. Nat. 21, 24). 4) Perfume de açafrão (Sên. Ep. 90, 15). 5) Vinho de açafrão que se derramava em cena, e daí: fazer boa figura (falando de peça teatral) (Hor. Ep. 2, 1, 79).
crocus, -ī = **crocum** (Apul. M. 10, 34).
Crodūnum, -ī, subs. pr. n. Croduno, nome de um lugar da Gália (Cíc. Font. 19).
Croesus, -ī, subs. pr. m. Creso, rei da Lídia, que por sua imensa riqueza tornou-se o protótipo da opulência (Cíc. Fin. 2, 87).
Cromyōn, -ōnis, subs. pr. m. Cromião, ou Crômion, povoação perto de Corinto (Ov. Met. 7, 435).
crotalistrĭa, -ae, subs. f. Tocadora de castanhola (Prop. 4, 8, 39).
crotălum, -ī, subs. m. Crótalo, espécie de castanholas, crótalo (Verg. Cop. 2).
Crotălus, -ī, subs. pr. m. Crótalo, rio do Brútio (Plín. H. Nat. 3, 96).
Crotō (Crotōn), -ōnis, subs. pr. m. Crotão, ou Cróton. 1) Herói que fundou Crotona (Ov. Met. 15, 15). 2) Nome romano de homem (Cíc. Rab. Perd. 31).
Crotōna, -ae, subs. pr. f. Crotona, cidade da Magna Grécia (V. Máx. 1, 8, 18).
Crotōniātae, -ārum, subs. loc. m. Crotoniatas, habitantes de Crotona, cidade da Magna Grécia (Cíc. Nat. 2, 6).
Crotōniātēs, -ae, subs. loc. m. Habitante de Crotona, crotoniata (Cíc. C. M. 27).
Crotōniēnsis, -e, adj. Crotonienses, de Crotona (Sal. C. Cat. 44).
Crotōpiădēs, -ae, subs. pr. m. Crotopiades, filho, ou neto de Crótopo, rei de Argos (Ov. Ib. 480).
cruciābĭlis, -e, adj. Que atormenta, cruel (Apul. M. 10, 3).
cruciābĭlĭtās, -tātis, subs. f. Tormento (Plaut. Cist. 205).
cruciābĭlĭter, adv. Por meio de tormentos, cruelmente (Plaut. Ps. 950).
cruciāmēntum, -ī, subs. n. Tormento, sofrimento (Cíc. Phil. 11, 8).
1. cruciātus, -a, -um, part. pass. de **crucio**.
2. cruciātus, -ūs, subs. m. I — Sent. próprio: 1) Tormento, tortura (Cíc. Amer. 119). II — Sent. figurado: 2) Tormento, sofrimento (Cíc. Cat. 4, 10). No plural: 3) Instrumentos de tortura (Cíc. Verr. 5, 163).
crucifīgō (ou **cruci figo**), **-is, -ĕre, -fīxī, fīxum**, v. tr. Crucificar, pregar na cruz (Suet. Dom. 11, 1).

crucifīxī, perf. de **crucifīgo**.
crucifīxus, -a, -um, part. pass. de **crucifīgo**.
crucĭō, -ās, -āre, -āvī, -ātum, v. tr. I — Sent. próprio: 1) Crucificar, infligir o suplício da cruz (Lact. Mort. 2, 1). Donde: 2) Fazer perecer nas torturas, supliciar (Ter. Eun. 384). II — Daí: 3) Torturar (sent. físico e moral) (Cíc. Tusc. 2, 7); (Cíc. Clu. 32).
crucis, gen. de **crux**.
crūdēlis, -e, adj. I — Sent. próprio: 1) Que gosta de fazer correr sangue, e daí: cruel, desumano, insensível (Cíc. Tusc. 3, 60). II — Neutro usado adverbialmente: 2) Cruelmente (Estác. Theb. 3, 211).
crūdēlĭtās, -tātis, subs. f. Crueldade, desumanidade (Cíc. Phil. 11, 8).
crūdēlĭter, adv. Com crueldade, cruelmente, duramente (Cic. Cat. 1, 30). Obs.: Comp.: **crudelĭus** (Cíc. Quinct. 48); superl.: **crudelissĭme** (Cíc. Sull. 75).
crūdēscō, -is, -ĕre, -dŭī, v. intr. I — Sent. próprio: 1) Sangrar, derramar sangue (Verg. En. 7, 788). II — Sent. figurado: 2) Tornar-se mais violento, recrudescer (Tác. Hist. 3, 10).
crūdĭtās, -tātis, subs. f. I — Sent. próprio: 1) Indigestão (Cic. C. M. 44). II — Daí: 2) Excesso de alimentação (Plín. H. Nat. 17, 219).
crudŭī, perf. de **crudēsco**.
crūdus, -a, -um, adj. I — Sent. próprio: 1) Sangrento, ensangüentado, e daí: 2) Cru, encruado, não cozido (Ov. F. 6, 158). II — Dêstes dois sentidos advieram os derivados. 3) Que faz sangrar, correr sangue, daí: cruel, violento, desumano (Ov. Trist. 3, 11, 19). 4) Não digerido, que digere mal, que comeu demais (Cíc. De Or. 1, 124). III — Sent. figurado: 5) (Fruto) verde, não maduro (Cíc. C. M. 71). 6) Nôvo, recente (Tác. An. 1, 8). 7) Imaturo (para o casamento) (Marc. 8, 64, 11). 8) Bruto, não trabalhado (o couro) (Verg. En. 5, 69). 9) Vigoroso (Verg. En. 6, 304). 10) Cruel, áspero, impiedoso (Ov. Am. 3, 8, 58).
cruenta, -ōrum, subs. n. pl. Carnificina (Hor. Sát. 2, 3, 223).
cruentātus, -a, -um, part. pass. de **cruento**.
cruentē, adv. Com derramamento de sangue e daí: cruelmente (Sên. Ben. 5, 16, 5).
cruentō, -ās, -āre, -āvī, -ātum, v. tr. 1 — Sent. próprio: 1) Ensangüentar, manchar de sangue (Cíc. Div. 1, 60). Daí: 2) Ferir, dilacerar (Cíc. Phil. 2, 86). II — Sent. figurado: 3) Tingir de vermelho (Suet. Dom. 16).
cruēntus, -a, -um, adj. I — Sent. próprio: 1) Sangrento, coberto de sangue, ensangüentado (Sal. C. Cat. 58, 21). Daí: 2) Da côr do sangue, vermelho (Verg. G. 1, 306). II — Sent. figurado: 3) Sanguinário, cruel (Hor. O. 3, 2, 11).
crumēna (crumīna), -ae, subs. f. I — Sent. próprio: 1) Bôlsa, sacola (de caçador) (Plaut. Truc. 632). II — Sent. figurado: 2) Dinheiro (Hor. Ep. 1, 4, 11).
crŭor, -ōris, subs. m. I — Sent. próprio: 1) Carne crua, ainda em sangue; depois **cruor** especializou-se no sentido de: Sangue (derramado ou coagulado), charco de sangue (Cíc. Caec. 76). II — Sent. figurado: 2) Carnificina (Ov. Met. 4, 161).
cruppelarī, -ōrum, subs. m. pl. Gladiadores cobertos de armaduras de ferro (Tác. An. 3, 43).
Cruptŏrix, -ĭgis, subs. pr. m. Cruptorige, chefe dos germanos (Tác. An. 4, 73).
1. Crūs, crūris, subs. n. (geralmente no plural): I — Sent. próprio: 1) Perna (do homem ou dos animais) (Cíc. Nat. 1, 101). II — Sent. figurado: 2) Pilastras (no pl.) (Catul. 17, 3). III — Por extensão: 3) Parte inferior do tronco de uma árvore (Col. 3, 10, 2).
2. Crūs, Crūris. subs. pr. m. Crure, sobrenome na «gens» Cornélia (Cíc. Fam. 8, 4, 1).
crusma, -ătis, subs. n. Sons dados por castanholas, tamborim (Marc. 6, 71, 1).
crusta, -ae, subs. f. I — Sent. próprio: 1) Crosta, côdea, revestimento (rugoso e endurecido) (Plín. H. Nat. 19, 168); (Verg. G. 3, 360). II — T. técnico: 2) Revestimento ou camada aplicada sôbre uma superfície plana, placa de mármore ou marfim, baixo relêvo, incrustações (Juv. 5, 38).
crustāllum, v. **crystāllum**.
crustātus, -a, -um. I — Part. pass. de **crusto**. II — Subs. n. pl.: **crustāta, -ōrum**, crustáceos (Plín. H. Nat. 11, 165).
crustō, -ās, -āre, -āvī, -ātum, v. tr. Revestir, cobrir, incrustar (Plín. H. Nat. 15, 64).
crustulārius, -ī, subs. m. Pasteleiro confeiteiro (Sên. Ep. 56, 2).
crustŭlum, -ī, subs. n. Crústulo, bôlo, gulodice (Hor. Sát. 1, 1, 25).

crustum, -ī, subs. n. Bôlo (Verg. En. 7, 115).
Crustumĕrī, -ōrum, subs. pr. m. Crustumérios, cidade da Sabina (Verg. En. 7, 631).
Crustumerimĭus, -a, -um, adj. De Crustumérios (Verg. G. 2, 88).
Crustumĭnum, -ī, subs. pr. n. O território de Crustuméria (Cíc. Flac. 71).
Crustumĭum, -ī, subs. pr. n. Crustúmio, rio da Úmbria (Plín. H. Nat. 3, 115).
crux, -ŭcis, subs. f. I — Sent. próprio: Instrumento de suplício: 1) Cruz (Cíc. Verr. 3, 6). II — Sent. figurado: 2) Tortura, tormento, dor (Ter. Phorm. 544). 3) Peste (falando de uma cortesã) (Ter. Eun. 383). 4) Malandro (Plaut. Pers. 795). 5) Loc.: **abī in malam crucem** (Plaut. Poen. 271) «vai para o diabo, o diabo que te carregue».
crypta, -ae, subs. f. Cripta, galeria subterrânea, gruta (Juv. 5, 106).
crystallĭnum, -ī, subs. n. Vaso de cristal (Sên. Ir. 3, 40, 2).
crystāllus (crystāllos), -ī, subs. m. e **crystāllum**, -ī, subs. n. I — Sent. próprio: 1) Cristal (Sên. Nat. 3, 25, 12). II — Daí: 2) Vaso de cristal (Marc. 8, 77, 5).
1. Ctēsĭphōn, -ōntĭs, subs. pr. m. Ctesifonte, ateniense defendido por Demóstenes (Cíc. De Or. 3, 213).
2. Ctēsĭphōn, -ōntĭs, subs. pr. f. Ctesifonte, capital dos Partos (Tác. An. 6, 42).
cuăthus, v. **cyăthus**.
Cubāllum, -ī, subs. pr. n. Cubalo, cidade da Galácia (T. Lív. 38, 18, 5).
cubans, -āntis. I — Part. pres. de **cubo**. II — Adj.: Que está deitado, de cama, que está doente (Hor. O. 1, 17, 12).
cubātus, -ūs, v. **cubĭtus 2**.
cubāvī = cubŭī.
cubĭclum, -ī, subs. n. v. **cubĭcŭlum** (Marc. 10, 30, 17).
cubiculāris, -e, adj. Relativo ao quarto de dormir (Cíc. Div. 2, 134).
1. cubiculārĭus, -a, -um, adj. De quarto de dormir (Marc. 14, 39).
2. cubiculārĭus, -ī, subs. m. Cubiculário, criado de quarto (Cíc. Verr. 3, 8).
cubiculātus, -a, -um, adj. Disposto em quartos de dormir (Sên. Ben. 7, 20, 3).
cubĭcŭlum, -ī, subs. n. I — Sent. próprio: 1) Quarto de dormir (Cíc. Verr. 3, 56). II — Sent. figurado: 2) Camarote do imperador no Circo (Suet. Ner. 12, 2).
cubīle, -is, subs. n. I — Sent. próprio: Lugar próprio para alguém ou algum animal se deitar, a saber: 1) Leito, cama (Cíc. Tusc. 5, 90). 2) Leito nupcial (Catul. 61, 183). 3) Covil, toca (Cíc. Nat. 2, 126). 4) Ninho (Varr. R. Rust. 2, 9, 12). 5) Quarto de dormir (Plín. H. Nat. 15, 38). II — Sent. figurado: 6) Domicílio, morada, pousada (Hor. O. 4, 15, 16).
cubital, -ālis, subs. n. Almofada (para o cotovelo) (Hor. Sát. 2, 3, 255).
cubitālis, -e, adj. I — Sent. próprio: cubital, do comprimento ou da altura de um côvado (T. Lív. 24, 34, 9).
cubĭtō, -ās, -āre, -āvī, -ātum, v. intr. 1) Estar freqüentemente ou habitualmente deitado (Cíc. Cael. 36). 2) Ter relações com, dormir com (Plaut. Curc. 57).
1. cubĭtum, -ī, subs. n. 1) Côvado (medida) (Plín. H. Nat. 7, 22). 2) Cotovelo (mais raro) (Plín. H. Nat. 11, 249).
2. cubĭtum, supino de **cubo**.
1. cubĭtus, -ī, subs. m. I — Sent. próprio: 1) Cotovelo (articulação do braço com o antebraço) (Cels. 8, 1). II — 2) Côvado (medida de comprimento) (Cíc. Leg. 2, 66). 3) Inflexão, curvatura (Plín. H. Nat. 3, 111). 4) Loc.: **Reponere cubĭtum** (Petr. 65, 6) «recolocar o cotovelo, i. é. recomeçar a comer».
2. cubĭtus, -ūs, subs. m. I — Sent. próprio: 1) Ação de estar deitado, de dormir (Cat. Agr. 5, 6). II — Sent. figurado: 2) Leito, cama (Plín. H. Nat. 24, 59).
cubō, -ās, -āre, -bŭī, cubĭtum, v. intr. Estar deitado, estar de cama (Cíc. Verr. 4, 51). 2) Estar deitado à mesa (os romanos comiam deitados) (Cíc. De Or. 2, 363). Empregos especiais: 3) Estar doente (Hor. Sát. 1, 9, 18). 4) Dormir com, ter relações com (Plaut. Amph. 112).
cubuclarĭus, cubucularĭus, v. **cubicularĭus**.
cubūclum, v. **cubĭcŭlum**.
cubŭī, perf. de **cubo**.
cubus, -ī, subs. m. 1) Cubo (sólido de seis faces) (Vitr. 5, pref. 4). 2) Cubo (medida) (Ov. Med. 88).
cuccŭma, v. **cucŭma**.
cucūllus, -ī, subs. m. I — Sent. próprio: 1) Capuz, capa (Juv. 3, 170). II — Sent. figurado: 2) Cartucho de papel (Marc. 3, 2, 5).
cucŭlō, -ās, -āre, v. intr. Gritar «cuco», cantar como cuco (Suet. frg. p. 252).
cucŭlus, -ī (**cucūlus**, mais freqüente), subs. m. I — Sent. próprio: 1) Cuco (ave) (Plaut. Trin. 245). II — Sent. figurado: 2) Amante adúltero (o cuco vai

pôr os ovos no ninho de outra ave) (Plaut. Asin. 923). 3) Amante tímido (Plaut. Trin. 245). 4) Imbecil (Plaut. Pers. 382). 5) Preguiçoso (Hor. Sát. 1, 7, 31).

cucŭma, -ae, subs. f. I — Sent. próprio: 1) Caldeirão (Petr. 135, 4). II — Sent. figurado: 2) Banheira pequena (em oposição às thermae) (Marc. 10, 79, 4).

cucurbĭta, -ae, subs. f. I — Sent. próprio: 1) Abóbora, cabaça (Plín. H. Nat. 19, 61). II — Daí: 2) Ventosa (primitivamente feita de uma cabaça) (Juv. 14, 58).

cucŭrrī, perf. de **curro.**

cudī, perf. de **cudo.**

cūdō, -is, -ĕre, cūdī, cūsum, v. tr. 1) Malhar os cereais ou metais, forjar, cunhar moedas (Lucr. 1, 1044). II — Sent. figurado: 2) Maquinar, forjar, urdir (Plaut. Ep. 476).

Cugērnī, -ōrum, subs. loc. m. Cugernos, povo da Germânia, perto do curso inferior do Reno (Tác. Hist. 4, 26).

cuī, dat. de **qui** e de **quis.**

cuĭcuĭmŏdī = **cujuscujusmŏdī, (gen.).** De qualquer maneira que (Cíc. Verr. 5, 107).

cuĭmŏdī, = **cujusmŏdī.** De que maneira? qual? (A. Gél. 9, 13, 4).

cūjās, -ātis ou **cujātis, -is,** pron. m. e f. De que país? donde? de que cidade? (T. Liv. 27, 19, 8).

1. **cūjus** (ou **cūius**), gen. de **qui** e **quis.**
2. **cūjus** (ou **cūius), -a, -um,** pron. relat. e inter. I — Relativo: A quem pertence, de quem, cujo (Cíc. Verr. 1, 142). II — Interrog.: Pertencente a quem? De quem?: **cujum pecus?** (Verg. Buc. 3, 1) de quem é o rebanho?. Obs.: Arc. **quoius.**

cūjusdammŏdī (cūjusdam mŏdī), de uma certa maneira, de maneira particular (Cíc. Fin. 5, 36).

cūjusmŏdī (cūjus mŏdī), de que espécie (Cíc. Fam. 15, 20, 3).

cūjusquemŏdī (cūjusque mŏdī), de tôda espécie (Cíc. Fin. 2, 3).

cūjūsvis, cujavis, cujŭmvis. De quem quer que seja (Apul. Apol. 82).

culcĭta, -ae, subs. f. Colchão, travesseiro (Cíc. At. 13, 50, 5).

culĕus (cullĕus), -ī, subs. m. I — Sent. próprio: 1) Saco de couro, e, em particular, saco de couro dentro do qual se cosiam os parricidas (Cíc. Amer. 70). II — Sent. figurado: 2) Odre (para transporte de líquidos e da capacidade de 91 litros) (Cat. Agr. 148, 1).

culex, -ĭcis, subs. m. e f. Mosquito (Plaut. Curc. 500); (Plaut. Cas. 239).

Culici ou **Curici Flamonienses,** subs. loc. m. Culicos, povo da Venécia (Plín. H. Nat. 3, 130).

culīna, -ae, subs. f. I — Sent. próprio: 1) Cozinha (Cíc. Fam. 15, 18, 1). II — Sent. figurado: 2) Provisões, vitualhas (Hor. Sát. 1, 5, 38).

culix, v. **culex.**

Culleŏlus, -ī, subs. pr. m. Culéolo, sobrenome romano (Cíc. Fam. 13, 41).

cullĕus, -ī, v. **culĕus.**

culmen, -ĭnis, subs. n. I — Sent. próprio: 1) Cimo, cume, ponto culminante (Cés. B. Gal. 3, 2, 5). II — Daí: 2) Cumieira, a parte mais elevada de um edifício (T. Liv. 27, 4, 11). II — Sent. figurado: 3) Auge, fastígio (T. Liv. 45, 9, 7). Sent. poético: 4) Edifício, templo (V. Flac. 5, 446).

culmus, -ī, subs. m. I — Sent. próprio: 1) Côlmo, haste das gramíneas (Verg. G. 1, 111). II — Sent. figurado: 2) Teto de côlmo (Verg. En. 8, 654).

culpa, -ae, subs. f. I — Sent. próprio: 1) Estado de quem comete uma falta, daí: falta, culpa, responsabilidade (Cíc. Cat. 2, 3). II — Donde: 2) Crime, delito, desvio passional (Verg. En. 4, 19). Na língua jurídica: 3) Negligência (Hor. Sát. 2, 6, 6). Sent. poético: 4) Mal (Verg. G. 3, 468).

culpātus, -a, -um. I — Part. pass. de **culpo.** II — Adj.: Censurável, repreensível (Ov. Her. 20, 36).

culpō, -ās, -āre, -āvī, -ātum, v. tr. 1) Censurar uma falta, repreender, criticar (Plaut. Bac. 397). Daí: 2) Acusar, culpar, incriminar (Verg. En. 2, 602):

culta, -ōrum, subs. n. pl. Campos cultivados, searas (Verg. G. 1, 153).

cultē, adv. Com cuidado, com elegância, com esmêro (Plín. Ep. 5, 20, 6). Obs.: Comp.: **cultĭus** (Tác. D. 21).

cultēllus, -ī, subs. m. Faca pequena, daí: navalha de barba (V. Máx. 3, 3, 15).

culter, -trī, subs. m. I — Sent. próprio: 1) Tôda espécie de faca e daí: 2) Navalha de barba: **culter tonsorius** (Petr. 108, 11) «navalha de barba». 3) Rêlha do arado (Plín. H. Nat. 18, 171). II — Sent. figurado: 4) Miséria (Hor. Sát. 1, 9, 74).

cultĭō, -ōnis, subs. f. Cultura, amanho (Cíc. C. M. 56).

cultor, -ōris, subs. m. I — Sent. próprio: 1) Habitante (T. Lív. 24, 10, 11). 2) Cultivador, lavrador, camponês (T. Liv. 2, 34, 11). II — Sent. figurado: 3) O que honra, respeita, cultor, adorador (Hor. O. 1, 34, 1).

cultrārĭus, -ī, subs. m. Ajudante do sacrificador que abria com uma faca a goela da vítima (Suet. Cal. 32, 3).

cultrix, -īcis, subs. f. Sent. próprio: 1) Habitante, a que habita (Verg. En. 11, 557). 2) Cultivadora, a que cultiva (Cíc. Fin. 5, 39).

cultūra, -ae, subs. f. I — Sent. próprio: 1) Cultura, agricultura (Cíc. Fin. 4, 38). II — Sent. figurado: 2) Cultura (do espírito) (Cíc. Tusc. 2, 13). 3) Ação de cortejar, fazer a côrte a alguém (Hor. Ep. 1, 18, 86).

1. cultus, -a, -um. I — Part. pass. de **colo.** II — Adj.: 1) Cultivado (sent. próprio) (Cíc. Com. 33). III — Sent. figurado: 2) Elegante, esmerado, enfeitado (Suet. Cés. 67). IV — Subs. n. pl.: **culta, -ōrum.** 3) Campos cultivados (Lucr. 1, 164).

2. cultus, -ūs, subs. m. I — Sent. próprio: 1) Cultura, amanho (da terra) (Cíc. Leg. 2, 88). II — Sent. figurado 2) Cultura (do espírito), educação, civilização (Cíc. Fin. 5, 54). Daí: 3) Gênero de vida, costumes, maneira de vestir, moda (Cíc. Rep. 2, 4). Na língua religiosa: 4) Culto, acatamento, reverência (Cíc. Leg. 1, 60). Na língua retórica: 5) Aparato, ornamento (Tác. D. 20). Sent. diversos: 6) Luxo, elegância (nos edifícios) (Sên. Contr. 2, pref. 1).

culŭllus, -ī, subs. m. **(culūlla, -ae,** subs. f.) Copo de beber, copo (Hor. A. Poét. 434).

cūlus, -ī, subs. m. Ânus (Cíc. Pis. 8).

1. cum, prep. abl. e prev. 1) Com, em companhia de, juntamente com (idéia de companhia) (Cíc. At. 8, 2, 3). 2) Com, logo que (indicando simultaneidade no tempo): **cum prima luce** (Cíc. At. 4, 3, 4) «ao raiar do dia, logo que amanhece»; **exit cum nuntio** (Cés. B. Gal. 5, 46, 3) «sai logo que recebe a notícia». 3) Com (idéia de modo ou maneira de ser, qualificação): **magno cum luctu** (Cíc. Verr. 4, 76) «com grande dor». 4) Com (idéia de instrumento): **cum lingua lingere** (Catul. 98, 3) «lamber com a língua». Como prevérbio indica: companhia, simultaneidade, reunião. Por vêzes, exprime apenas o aspecto modificado, designando o processo chegando a seu têrmo: acabamento, intensidade. Em composição, aparece com as formas **com, con** e assimila a nasal às vibrantes **l** e **r**.

2. cum, ou **quom,** conj. 1) No momento em que, quando, logo que (sent. temporal) (Civ. Inv. 1, 2); (Cíc. Fam. 6, 4, 1); (Cíc. Cat. 1, 21). 2) Visto que, pois que, desde que, já que, como (sent. causal) (Cíc. Lae. 92); (Cíc. Br. 69); (Cíc. Arch. 7). 3) Ainda que, embora, pôsto que, conquanto (sent. concessivo) (Cíc. Br. 26); (Cíc. Verr. 2, 25); (Lucr. 5, 394). Obs.: No sentido temporal a conj. **cum** se constrói geralmente com o indicativo, aparecendo, porém, também o subjuntivo. No sentido causal ou concessivo constrói-se ùnicamente com o subjuntivo.

Cūmae, -ārum, subs. pr. f. pl. Cumas, cidade da Campânia, grande centro de comércio e navegação e de irradiação de helenismo na Itália (Verg. En. 6, 2).

Cūmaeus, (Cymaeus), -a, -um, adj. De Cumas, relativo a Cumas (Verg. Buc. 4, 4).

Cūmānī, -ōrum, subs. loc. m. pl. Cumanos, habitantes de Cumas (Cíc. At. 10, 13, 1).

Cūmānum, -ī, subs. n. Propriedade de Cumas, casa de campo de Cumas (Cíc. At. 4, 10, 2).

Cūmānus, -a, -um, adj. Cumano, de Cumas (Cíc. Agr. 2, 66).

cūmatĭlis, v. **cymatĭlis.**

cumba, v. **cymba** (T. Liv. 26, 45, 7).

cumbŭla, v. **cymbŭla.**

cumĕra, -ae, subs. f. e **cumĕrus, -ī,** subs. m. Arca para cereais (Hor. Ep. 1, 7, 30).

cumĭnum, -ī, subs. n. Cuminho (planta) (Hor. Ep. 1, 19, 18).

cumprīmis e **cum prīmis = in prīmis,** adv. Em primeiro lugar, primeiro que tudo, primeiramente (Cíc. Br. 224).

cumque (cunque, quomque), adv. Em todos os casos, em quaisquer circunstâncias (Hor. O. 1, 32, 15). Obs.: Geralmente vem junto dos relativos aos quais dá uma idéia de indeterminação: **quicumque, qualiscumque,** etc, **ubicumque,** etc., com tmese: **quo cuiquest cumque voluptas** (Lucr. 6, 389) «para qualquer lugar onde haja prazer para cada um».

cumulātē, adv. Plenamente, abundantemente, copiosamente (Cíc. Verr. 5,

165). Obs.: Comp.: **cumulatius** (Cíc. Or. 54); superl.: **cumulatissĭme** (Cíc. Fam. 5, 11, 1).
cumulātus, -a, -um. I — Part. pass. de **cumŭlo.** II — Adj.: 1) Acumulado, amontoado, cheio (Cíc. Br. 15). 2) Que está no auge, na plenitude, pleno (Cíc. Sest. 86).
cumŭlō, -ās, -āre, -āvī, -ātum, v. tr. I — Sent. próprio: 1) Acumular, cumular (T. Lív. 25, 16, 19). II — Sent. figurado: 2) Amontoar, aumentar, ajuntar (Cíc. Cat. 1, 14).
cumŭlus, -ī, subs. m. I — Sent. próprio: 1) Montão que excede à medida, amontoamento (Ov. Met. 15, 508). II — Daí: 2) Excesso, acréscimo (Cíc. Prov. 26). 3) Máximo grau, auge (Cíc. Agr. 2, 62).
cūnăbŭla, -ōrum, subs. n. pl. I — Sent. próprio: 1) Berço (Cíc. Div. 1, 79). Daí: 2) Ninho (das aves), colmeia (Verg. G. 4, 66). II — Sent. figurado: 3) Pátria, terra natal (Verg. En. 3, 105). 4) Tenra idade, meninice, origem, nascimento (Cíc. Agr. 3, 100).
cūnae, -ārum, subs. f. pl. I — Sent. próprio: 1) Berço (Cíc. C. M. 83). II — Daí: 2) Ninho (das aves) (Ov. Trist. 3, 12, 10). II — Sent. figurado: 3) Meninice (Ov. Met. 3, 313).
cunctābundus, -a, -um, adj. Hesitante (T. Lív. 6, 7, 2).
cunctans, -āntis, I — Patr. pres. de **cunctor.** II — Adj.: 1) Hesitante, indeciso, cauteloso, circunspecto (Tác. Hist. 3, 4). 2) Que resiste, resistente: **cunctans ramus** (Verg. En. 6, 211) «ramo que resiste (à mão que o arranca)».
cunctānter, adv. Com hesitação, lentamente, devagar (T. Lív. 1, 36, 4). Obs.: Comp.: **cunctantius** (Suet. Galb. 12, 1).
cunctātĭō, -ōnis, subs. f. Demora, lentidão, hesitação (T. Lív. 5, 41, 7).
1. conctātor, -ōris, subs. m. Contemporizador, hesitante, circunspecto (T. Lív. 6, 23, 5).
2. Cunctātor, -ōris, subs. pr. m. O Contemporizador, apelido de Q. Fábio Máximo (T. Lív. 30, 26, 9).
cunctātus, -a, -um. 1) Part. pass. de **cunctor.** 2) Adj.: Lento, vagaroso, circunspecto (Suet. Cés. 60).
cunctō, -ās, -āre (arc.) = **cunctor,** v. intr. (Plaut. Cas. 793).
cunctor, -āris, -ārī, cunctactus sum, v. dep. intr. 1) Contemporizar, demorar-se, hesitar (Cíc. Tim. 3). Daí: 2) Prolongar, arrastar-se (Cíc. Tusc. 1, 111). 3) Sent. poético: Correr devagar, lentamente (tratando-se de líquido) (Lucr. 2, 392). Obs.: Constrói-se com inf., com **quin** ou inter. indir.
cunctus, -a, -um, adj. 1) Todo, inteiro (Cíc. Fam. 4, 4, 3). 2) Masc. pl.: **cuncti** = todos (sem exceção), todos a um só tempo (Cíc. De Or. 1, 184). 3) Neutro pl.: **cuncta** = tudo, tôdas as coisas (Sal. B. Jug. 66, 1).
cuneātim, adv. Em forma de cunha ou de triângulo (Cés. B. Gal. 7, 28, 1).
cumeātus, -a, -um. I — Part. pass. de **cunĕo.** II — Adj.: Em forma de cunha, cuneiforme (T. Lív. 9, 40, 2).
cunĕō, -ās, -āre, -āvī, -ātum, v. tr. Dar a forma de uma cunha, formar em cunha, fender com a cunha (Sên. Ep. 118, 16); (Plín. H. Nat. 16, 206).
cuneŏlus, -ī, subs. m. Cunha pequena (Cíc. Tim. 47).
Cunerum, -ī, subs. pr. n. Cunero, promontório da Itália (Plín. H. Nat. 3, 111).
1. cunĕus, -ī, subs. m. I — Sent. próprio: 1) Cunha (para rachar madeira ou apertar). II — Sent. figurado: Todo objeto em forma de cunha: 2) Formatura militar em forma de cunha (com a frente pouco extensa e formando os lados a parte mais longa) (Cés. B. Gal. 6, 40, 2). 3) Ordem de bancos (num anfiteatro) (Fedr. 5, 7, 35). 4) Cavilhas (de navio) (Ov. Met. 11, 514).
2. Cunĕus, -ī, subs. pr. m. Cúneo, promontório da Lusitânia (Plín. H. Nat. 4, 116).
cunīculōsus, -a, -um, adj. Abundante em coelhos (Cat. Agr. 37, 18).
cunīcŭlus, -ī, subs. m. I — Sent. próprio: 1) Coelho (Catul. 25, 1). II — Sent. geral: 2) Cavidade subterrânea, canal subterrâneo, conduto (Cíc. Of. 3, 90). 3) Galeria, minas (Cés. B. Gal. 3, 21, 3). III — Sent. figurado: 4) Meio indireto, artificioso (Cíc. Agr. 1, 1).
cunque, v. **cumque.**
cūpa (cuppa), -ae, subs. f. Cuba, vasilha grande de madeira e cingida de arcos (Cíc. Pis. 67).
cupēdĭa (cuppēdĭa), -ae, subs. f. Gulodice (Cíc. Tusc. 4, 26).
cupēdinārius (cuppēdinārius), -ī, subs. m. Pasteleiro, confeiteiro (Ter. Eun. 256).
cupēdĭum (cuppēdĭum), -ī, subs. n. Gulodice (Plaut. St. 712).

Cupencus, -i, subs. pr. m. (= sacerdote, em língua sabina, segundo Servius: En. 12, 538). Cupenco, guerreiro Rútulo, morto por Enéias (Verg. En. 12, 539).

cupĭdē, adv. Ardentemente, àvidamente, com paixão, sôfregamente (Cíc. Tusc. 1, 116). Obs.: Comp.: **cupidĭus** (Cés. B. Gal. 1, 40, 2); superl.: **cupidissĭme** (Cés. B. Civ. 1, 15, 2).

Cupĭdĭnēs, subs. pr. m. Os Amôres (Hor. O. 1, 19, 1).

Cupĭdĭnĕus, -a, -um, adj. 1) Cupidíneo, de Cupido (Ov. Trist. 4, 10, 65). 2) Belo como Cupido (Marc. 7, 87, 9).

cupidĭtās, -tātis, subs. f. I — Sent próprio: 1) Desejo, vontade (Cíc. Tusc. 1, 44). Daí: 2) Ambição, desejo de ganhar (Cíc. Of. 1, 18). 3) Paixão (Cíc. Inv. 1, 2). 4) Parcialidade (T. Lív. 24, 28, 8). 5) Paixão (amorosa) (Q. Cúrc. 8, 4, 27). Obs.: O gen. pl. mais comum é **cupiditatum,** mas a forma **cupiditatium** é também atestada no período clássico (Cíc. Sest. 138).

1. cupĭdō, -ĭnis, subs. f. I — Sent. próprio: 1) Desejo, vontade, paixão (T. Lív. 1, 6, 3). II — Sent. figurado: 2) Amor violento, paixão (amorosa) (Hor. Sát. 1, 5, 111). 3) Cobiça, amor do lucro (Tác. An. 12, 57). 4) Ambição desmedida (Sal. B. Jug. 64, 5).

2. Cupĭdō, -ĭnis, subs. pr. m. Cupido, deus do amor, filho de Vênus (Cíc. Nat. 3, 58).

cupĭdus, -a, -um, adj. I — Sent. próprio: 1) Que deseja, desejoso de, que é amigo de (Cíc. De Or. 2, 16). II — Daí: 2) Ávido, cobiçoso, apaixonado por (Cíc. Verr. 1, 8). 3) Apaixonado (amoroso), amante (Ov. Met. 4, 679). 4) Paixão (política) (Cíc. Mur. 83). 5) Parcial, cego pela paixão (Cíc. Verr. 4, 124).

Cupiennĭus, -ĭ, subs. pr. m. Cupiênio, nome de homem (Cíc. At. 16, 16, 14).

cupĭens, -ēntis. I — Part. pres. de **cupĭo**. II — Adj.: Desejoso de, ávido de, cúpido (Tác. An. 14, 14). Obs.: Como adj. constrói-se com gen. Superl. **cupientissĭmus** (Sal. B. Jug. 84, 1).

cupĭī = **cupīvī,** perf. de **cupio**.

cupĭō, -is, -ĕre, -ivi (ou ĭi), -ĭtum, v. tr. I — Sent. próprio: 1) Desejar, ter vontade de, desejar ardentemente, cobiçar (Cíc. At. 14, 20, 4); (Cíc. Cat. 1, 4). Daí: 2) Ter desejos de (instintivos ou sensuais) (Ov. Met. 3, 353). 3) Intransitivamente com dat.: interessar-se por, favorecer (Cés. B. Gal. 1, 18, 8). Obs.: Opõe-se a **metuo** e **odi.** Constrói-se com acus., com acus. e inf., com **ut** ou **ne,** ou como intr. com dat. Formas sincopadas: **cupisti, cupisset, cupisse.**

cupītor, -ōris, subs. m. O que deseja, cobiça (Tác. An. 15, 42).

cupītus, -a, -um, part. pass. de **cupĭo.**

cuppa, v. **cupa.**

cuppēdĭa, -ae, subs. f. Gulodice (Cíc. Tusc. 4, 26). Obs.: No pl.: doces, pratos gostosos (A. Gél. 6, 16, 6).

cupressētum, -ī, subs. n. Ciprestal (Cíc. Leg. 1, 15).

cupressĕus, -a, -um, adj. De cipreste, de madeira de cipreste (T. Lív. 27, 37, 12).

cupressĭfer, -fĕra, -fĕrum, adj. Plantado de ciprestes (Ov. Her. 9, 87).

cuprēssus, -i, (e -ūs), subs. f. I — Sent. próprio: 1) Cipreste (Apul. M. 6, 30). II — Sent. figurado: 2) Cofre de cipreste (Hor. A. Poét. 332).

Cuprĭus, v. **Cyprĭus.**

cūr, adv. Por que?, por que razão? Obs.: Advérbio interrogativo usado em tôda a latinidade, tanto em prosa como em poesia (Cíc. Clu. 169). Forma arcaica: **quor,** ocorrendo também por vêzes a grafia **qur** (Plaut. Amph. 409; 581).

cūra, -ae, subs. f. I — Sent. próprio: 1) Cuidado (Cíc. De Or. 3, 184). Daí: na língua administrativa: 2) Direção, administração, encargo, incumbência (Suet. Aug. 36). Na língua médica: 3) Tratamento, cura (Cels. 2, 10). II — Sent. diversos: 4) Objeto ou causa de inquietação, inquietação (Cíc. At. 12, 6, 4). 5) Inquietação amorosa, objeto amado, amor (Prop. 3, 21, 3). 6) Obra literária, livro (Ov. P. 4, 16, 39). 7) Guarda, guardador, vigia (Ov. Her. 1, 104).

cūrābĭlis, -e, adj. Curável (Juv. 16, 21).

curalĭum, v. **coralĭum** (Ov. Met. 4, 750).

cūrans, -āntis, part. pres. de **curo.**

curāsso = **curavĕro.**

cūrātē, adv. Com cuidado, com empenho (Tác. An. 16, 22).

cūrātĭō, -ōnis, subs. f. I — Sent. próprio: 1) Ocupação, cuidado (Cíc. Nat. 1, 94). II — Daí: 2) Cura, tratamento médico (Cíc. Of. 1, 83). 3) Cargo, administração (Cíc. Verr. 2, 126).

cūrātor, -ōris, subs. m. I — Sent. próprio: 1) O que tem o cuidado de, o cargo de, a administração de (Cíc. Leg. 3, 6). II — Daí: 2) Curador, tutor (Hor. Ep. 1, 1, 102).

cūrātūra, -ae, subs. f. Cuidado, atenção minuciosa (Ter. Eun. 316).
cūrātus, -a, -um. I — Part. pass. de **curo.** II — Adj.: Bem preparado, tratado, apurado, esmerado, cuidado (Cat. Agr. 103); (Tác. An. 1, 13).
1. curculĭō, -ōnis, subs. m. Gorgulho (Plaut. Curc. 587).
2. Curculĭō, -ōnis, subs. pr. m. Nome de uma personagem e título de uma peça de Plauto.
curculiuncŭlus, -ī, subs. m. Gorgulho pequeno, coisa sem importância, sem valor (Plaut. Rud. 1325).
Curēnsis, -e, adj. Curense, de Cures, cidade dos sabinos (Ov. F. 3, 94).
1. Curēs, -ētis, subs. loc. m. Curete, de habitante de Cures (Prop. 4, 4, 9).
2. Curēs, -ĭum, subs. pr. m. 1) Cures, cidade dos sabinos, nos confins do Lácio, à esquerda do Tibre, teve papel importante nos primeiros tempos de Roma (T. Lív. 1, 13, 5). 2) Sent. figurado: Os habitantes de Cures (Ov. F. 3, 201).
Curētēs, -um, subs. loc. m. 1) Curetes, habitantes de Cures, sabinos (Varr. L. Lat. 5, 8). 2) Sacerdotes de Cibele, em Creta (Verg. G. 4, 151).
Curētis, -ĭdis, subs. pr. f. 1) De Creta (Ov. Met. 8, 153). 2) Antigo nome da Acarnânia (Plín. H. Nat. 4, 5).
Curfidĭus, -ī, subs. m. v. **Corfidĭus.**
cūrĭa, -ae, subs. f. I — Sent. próprio: 1) Cúria (divisão do povo romano, de ordem política e religiosa) (T. Lív. 1, 13, 6). Daí: 2) Templo em que se reunia a cúria para celebrar o culto (Ov. F. 3, 140). II — Sent. figurado: 3) Sala onde se reunia o Senado, assembléia do senado, senado (Cíc. Cat. 4, 2). 4) Sala das sessões (de qualquer assembléia) (Cíc. Div. 1, 30).
cūrĭālis, -is, subs. m. O que é da mesma cúria ou da mesma povoação (Cíc. Of. 2, 64).
Curĭānus, -a, -um, adj. De Cúrio (Cíc. De Or. 2, 221).
Cūrĭātĭī, -ōrum, subs. pr. m. Os Curiácios, guerreiros albanos (T. Lív. 1, 24, 1).
cūrĭātim, adv. Por cúrias (Cíc. Rep. 2, 30).
Cūrĭātĭus, -ī, subs. pr. m. Curiácio, nome romano (T. Lív. 5, 11, 4); **Cūrĭātĭus Matērnus** (Tác. D. 2) «Curiácio Materno», orador e poeta.
cūrĭātus, -a, -um, adj. Da cúria, relativo à cúria: **comitia curiata** (Cíc. Agr. 2, 26) «assembléia do povo, por cúrias».

Curĭcta, -ae, subs. pr. f. Curita, ilha do Adriático (Cés. B. Cív. 3, 10, 5).
Curĭctae, -ārum, subs. loc. m. Curitas, habitantes de Curita (Plín. H. Nat. 3, 319).
Curidĭus, -ī, subs. pr. m. Curídio, nome de família romana (Cíc. Verr. 4, 44).
Curĭī, -ōrum, subs. m. Cúrios, i. é, homens parecidos com Cúrio (Cíc. Mur. 17).
1. cūrĭō, -ōnis, subs. m. I — Sent. próprio: 1) Curião, sacerdote da cúria (T. Lív. 27, 8, 1). II — Outro sentido: 2) Pregoeiro público (Marc. 2, pref.).
2. cūrĭō, -ōnis, subs. m. O que é consumido pelas preocupações, magro, descarnado (Plaut. Aul. 563).
3. Cūrĭō, -ōnis, subs. pr. m. 1) Curião, sobrenome da «gens» Scribonia. 2) Orador romano (Cíc. Br. 216). 3) Tribuno da plebe e correspondente de Cícero (Cíc. Br. 280).
cūrĭōsē, adv. 1) Com cuidado, com atenção, com interêsse (Cíc. Br. 133). 2) Com curiosidade (Cíc. Nat. 1, 10). 3) Com procura, com afetação (Quint. 8, 1, 2). Obs.: Comp.: **curiosius** (Cíc. Br. 133).
cūrĭōsĭtās, -tātis, subs. f. Desejo de conhecer, investigação cuidadosa, empenho de se informar, curiosidade (Cíc. At. 2, 12, 2).
Cūrĭosolĭtēs, -um, subs. loc. m. Curiosolitas, povo da Gália que fazia parte da confederação da Armórica (Cés. B. Gal. 3, 7, 4).
1. cūrĭōsus, -a, -um, adj. I — Sent. próprio: 1) Que toma cuidado, cuidadoso, diligente (Cíc. Fam. 4, 13, 5). II — Daí: 2) Cuidadoso em excesso, minucioso (Quint. 8, 3, 55). 3) Desejoso de saber, curioso (Cíc. Sest. 22). 4) Indiscreto (sent. pejorativo) (Cíc. Fin. 1, 3). 5) Impertinente (Cíc. Fin. 2, 28).
2. cūrĭōsus, -ī, subs. m. Espião (Suet. Aug. 27).
Curiosvelĭtēs, v. **Curiosolites** (Plín. H. Nat. 4, 107).
curis, subs. f. Lança (Ov. F. 2, 477). Obs.: Só ocorre o nom., acus. e abl. sg.
Curĭus, -ī, subs. pr. m. Cúrio, nome romano: **M Curius Dentatus** «M. Cúrio Dentado», vencedor dos Samnitas e de Pirro, conhecido pela sua frugalidade e virtudes antigas (Cíc. Br. 55).
cūrō, -ās, -āre, -āvī, -ātum, v. tr. I — Sent. próprio: 1) Cuidar, olhar por, tratar, velar (Cíc. Top. 66); (Cés. B. Gal. 1, 13, 1). Daí: 2) Tratar, curar (Cíc. C.

M. 67). 3) Na língua administrativa: Governar, dirigir, administrar (Tác. An. 4, 36). 4) Na língua militar: Comandar, dirigir (T. Lív. 7, 26, 10); (Sal. C. Cat. 51, 3). 5) Na língua comercial: Fazer pagar, regularizar (um pagamento) (Cíc. Q. Fr. 2, 4, 2). 6) Fazer por, ter em conta de, ter cuidado de (Cíc. Ac. 2, 71); (Cíc. Fam. 7, 5, 3). Obs.: Constrói-se com acus. ou dat., com acus. e gerúndio, com inf., com **ut** ou **ne**.

Currĭctae, v. Curĭctae.

currĭcŭlum, -i, subs. n. I — Sent. próprio: 1) Corrida, carreira (Plaut. Mil. 522). Daí, em particular: 2) Luta de carros, corrida de carros (Cíc. Mur. 57). 3) Lugar onde se corre, hipódromo (Cíc. Br. 173). 4) Carro usado nos jogos do circo (Tác. An. 14, 14). II — Sent. figurado: 5) Carreira, campo (Cíc. Rab. Perd. 30).

currŏ, -is, -ĕre, cucŭrrī, cursum. v. intr. 1) Correr (Cíc. At. 2, 23, 3); (Cíc. Fin. 5, 84). 2) Tr.: Percorrer (Cíc. Agr. 2, 44).

currus, -ūs, subs. m. I — Sent. próprio: 1) Carro (principalmente o de luxo que lembrava os antigos carros de guerra) (Verg. G. 3, 359). Daí: 2) Carro de triunfo, carro de guerra (Cíc. Cael. 34). II — Sent. figurado: 3) Triunfo (Cíc. Fam. 15, 6, 1). Sent. poético: 4) Navio (Catul. 64, 9). 5) Cavalos que puxam um carro (Verg. G. 1, 514). 6) Arado de rodas (Verg. G. 1, 174). Obs.: Em poesia ocorre o dat. **curru** (Verg. En. 1, 156); e o gen. pl. **currum** (Verg. En. 6, 653).

cursim, adv. Correndo, ràpidamente (T. Lív. 27, 16, 9).

cursĭtŏ, -ās, -āre, -āvī, -ātum, v. freq. intr. Correr daqui e dali, correr (Cíc. Nat. 2, 115).

cursŏ, -ās, -āre, -āvī, -ātum, v. freq. intr. Correr daqui e dali, correr freqüentemente (Cíc. C. M. 17).

1. cursor, -ōris, subs. m. I — Sent. próprio: 1) Corredor (que disputa os prêmios numa corrida) (Cíc. Tusc. 2, 56). II — Daí: 2) Condutor de carro (Ov. P. 3, 9, 26). 3) Correio, mensageiro (C. Nep. Milc. 4, 3). 4) Corredor (escravo que corre à frente de seu senhor) (Sên. Ep. 87, 9).

2. Cursor, -ōris, subs. pr. m. Cursor, sobrenome de L. Papírio (T. Lív. 9, 16, 11).

cursus, -ūs, subs. m. I — Sent. próprio: 1) Corrida (a pé, a cavalo, de carro, etc.), viagem por mar, vôo (Cés. B. Gal. 3, 19, 1). Daí: 2) Marcha, movimento, viagem (Cíc. Rep. 6, 17). II — Sent. figurado: 3) Curso, duração, andamento, seguimento (Cíc. Tusc. 3, 2); (Cíc. C. M. 60).

1. Curtĭus, -i, subs. pr. m. Cúrcio. 1) Romano legendário que se atirou a um poço para satisfazer o oráculo (T. Lív. 7, 6, 3). 2) **Curtius Montanus**, orador e poeta (Tác. An. 16, 28). 3) **Quintus Curtius Rufus**, «Quinto Cúrcio Rufo», historiador romano.

2. Curtĭus Lacus, subs. pr. m. Lago Cúrcio, a princípio poço profundo em que Cúrcio se atirou dando origem ao lago (T. Lív. 7, 6, 5).

3. Curtĭus Fons, subs. pr. m. Fonte de Cúrcio, uma das fontes que alimentavam Roma. (Suet. Cl. 20, 1).

curtŏ, -ās, -āre, -āvī, -ātum, v. tr. Cortar, encurtar (Hor. Sát. 2, 3, 124).

curtus, -a, -um, adj. I — Sent. próprio: 1) Truncado, encurtado, mutilado (Juv. 3, 271). II — Sent. figurado: 2) Curto, pequeno, incompleto (Cíc. Fin. 4, 36).

Cŭrŭbis, -is, subs. pr. Cúrube, cidade da costa N.O. da província romana da África, fortificada pelos pompeanos em 46 a.C. (Plín. H. Nat. 5, 24).

curŭlis, -e, adj. I — Sent. próprio: 1) De carro, relativo ao carro: **curules equi** (T. Lív. 24, 18, 10) «cavalos que o Estado fornecia para atrelar aos carros, nas procisões que se realizavam no Circo». Daí: 2) Curul, que dá direito à cadeira curul: **sella curulis** (T.Lív. 1, 8, 3) «cadeira curul». Era uma cadeira colocada sôbre um carro, reservada aos reis e, mais tarde, aos cônsules, pretores, etc., chamados **curuis**, em oposição aos chamados «plebeus» que se sentavam numa espécie de tamborete.

curvāmen, -ĭnis, subs. n. Curvatura, curva (Ov. Met. 2, 130).

curvātus, -a, -um, part. pass. de **curvo**.

curvŏ, -ās, -āre, -āvī, -ātum, v. tr. I — Sent. próprio: 1) Curvar, dobrar, arquear (Verg. G. 4, 361). II — Sent. figurado: 2) Dobrar, comover (Hor. O. 3, 10, 16).

curvus, -a, -um, adj. I — Sent. próprio: 1) Curvo, curvado, arqueado, recurvado, dobrado (Verg. G. 1, 508). Daí: 2) Sinuoso, revôlto (falando de mar) (Catul. 64, 74); (Ov. Met. 11, 505). 3) Côncavo, profundo (Verg. En. 3, 674). II — Sent. figurado: 4) Torcido, o mal

CUSIBIS — CYBĒLĒ

(em oposição a **rectus**, o que é direito o bem): **curvo dignoscere rectum** (Hor Ep. 2, 2, 44) «distinguir o bem do mal»

Cusibis, -is, subs. pr. f. Cusibe, cidade da Hispânia Tarraconense (T. Liv 35, 22).

Cusinïus, -i, subs. pr. m. Cusínio, nome romano (Cíc. At. 12, 38a, 2).

cuspidātim, adv. Em ponta (Plin. H. Nat. 17, 102).

cuspidātus, -a, -um, part. pass. de **cuspído.**

cuspidō, -ās, -āre, -ātum, v. tr. Tornar pontudo, aguçar (Plin. H. Nat. 11, 126).

cuspis, -idis, subs. f. I — Sent. próprio: 1) Ponta de lança, extremidade (Suet. Cés. 62). Daí: 2) Lança, dardo (Verg. En. 11, 41). 3) Tridente, de Netuno (Ov. Met. 12, 580). 4) Ferrão de abelha ou escorpião (Ov. Met. 2, 199). 5) Espêto (para assar) (Marc. 14, 221, 2).

Cuspïus, -i, subs. pr. m. Cúspio, nome romano (Cíc. Fam. 13, 6, 2).

Custidïus, -i, subs. pr. m. Custídio, nome romano (Cíc. Fam. 13, 58).

custōdēla, -ae, subs. f. Proteção, vigilância (Plaut. Merc. 233).

custōdĭa, -ae, subs. f. I — Sent. próprio: 1) Guarda, conservação, proteção (Cíc. Fin. 2, 113). II — No plural: 2) Guardas, sentinelas, piquete, guarda (Cés. B. Gal. 2, 29, 4). Daí: 3) Lugar onde se monta guarda, pôsto militar (Cíc. Pomp. 16). 4) Prisão, cadeia, custódia (Cíc. Verr. 5, 144). 5) Prisioneiro (Suet. Tib. 61, 5).

custodĭbo = **custodĭam,** fut. imp. de **custodĭo.**

custodĭī = **custodīvī.**

custōdĭō, -is, -ire, -ivi (ou **ĭi**), **-ĭtum,** v. tr. I — Sent. próprio: 1) Guardar, conservar, proteger (Cíc. Mil. 67); (C. Nep. Hann. 9, 4). Daí: 2) Ter na prisão, ter em seu poder (Cíc. Verr. 5, 68). II — Sent. figurado: 3) Ter em segrêdo, guardar consigo (Cíc. At. 15, 13, 1). Obs.: Constrói-se com acus., com acus. e abl. com **ab.**

custōdītē, adv. Com circunspeção, com cautela (Plin. Ep. 5, 15, 3). Obs.; Comp.: **custoditius** (Plin. Ep. 9, 26, 12).

custōdītus, -a, -um, part. pass. de **custodĭo.**

custōs, -ōdis, subs. m. e f. I — Sent. próprio: 1) Guarda, guardião, guardiã, defensor, protetor (Cíc. Cat. 2, 27). II — Sent. figurado: 2) Pedagogo, diretor (Ter. Phorm. 287). 3) Verificador, superintendente (dos comícios a fim de impedir a fraude nas eleições) (Cíc. Agr. 2, 22). 4) Cão de guarda (Verg. G. 3, 406).

Cusus, -i, subs. pr. m. Cuso, afluente do Danúbio (Tác. An. 2, 63).

cutĭcŭla, -ae, subs. f. Pelezinha, película, cutícula (Juv. 11, 203).

Cutilĭae (Cotilĭae), -ārum, subs. pr. f. Cutílias, cidade dos sabinos (Suet. Vesp. 24).

Cutiliēnsis, -e, adj. De Cutílias (Varr. L. Lat. 5, 71).

Cutilĭus, -a, -um, adj. de Cutílias (Plin. H. Nat. 2, 209).

Cutina, -ae, subs. pr. f. Cutina, cidade dos Vestinos (T. Liv. 8, 29, 13).

cutis, -is, subs. f. I — Sent. próprio: 1) Cobertura exterior, invólucro (Plin. H. Nat. 15, 112). Daí: 2) Pele, cútis (Hor. O. 1, 28, 13); (Pérs. 3, 30). 3) Couro (Marc. 1, 103, 6). II — Sent. figurado: 4) Aparência, exterior (Quint. 5, 12, 18); (Pérs. 3, 30). Obs.: O pl. é raro e geralmente tardio (Prop. 4, 5, 4).

Cyănē, -ēs, subs. pr. f. 1) Cíane, cujo nome lembra a côr azul das águas dos mares, é uma ninfa da Sicília, companheira de Prosérpina (Ov. Met. 5, 409). 2) Fonte de Ciane, no território de Siracusa (Ov. F. 4, 469).

Cyanĕae (poético **Cȳanĕae), -ārum,** subs. pr. f. Ilhas Ciâneas, no Ponto Euxino (Ov. Trist. 1, 10, 34).

Cyanĕē (e poético **Cȳanee), -ēs,** subs. pr. f. Ciânea, ninfa, filha do rio Meandro (Ov. Met. 9, 452).

Cyanĕus, -a, -um, adj. 1) Das ilhas Ciâneas (Luc. 2, 716). 2) Como as ilhas Ciâneas (Marc. 11, 99, 6).

cyăthus, -i, subs. m. I — Sent. próprio: 1) Cíato, ou copo com asa própria para retirar o vinho do vaso e servi-lo nos copos, taça, vaso de beber (Plaut. Pers. 771). Daí: 2) Ciato (medida para líquidos e alguns sólidos, correspondente a 1/12 do **sextarĭus**) (Hor. Sát. 1, 1, 55).

Cyătis, -idis, subs. pr. f. Ciátide, cidadela da ilha de Cefalênia (T. Liv. 38, 29, 10).

cybaea, -ae, subs. f. Navio de transporte (Cíc. Verr. 4, 17).

Cybēbē, -ēs, subs. pr. f. 1) v. **Cybĕle** (Verg. En. 10, 220). 2) Montanha da Frígia (Catul. 63, 9).

Cybĕlē, -ēs (Cybĕla, -ae), subs. pr. f. Cibele, chamada mãe dos deuses, é a grande deusa da Frígia; seu culto, da Ásia Menor, espalhou-se pela Grécia, e passou para Roma, quando, em 204 a.C., o Senado mandou vir a pedra negra que simbolizava a deusa (Verg. En. 11, 768). 2) Montanha da Frígia (Ov. F. 4, 249).

Cybelēius, -a, -um, adj. 1) De Cibele (Ov. Met. 10, 104). 2) Do monte Cibele (Ov. F. 4, 249).

Cybĕlus, -ī, subs. pr. m. v. **Cybĕle** (montanha) (Verg. En. 3, 111).

Cybira, Cybiratĭcus, v. **Cibyra, Cibyratĭcus.**

Cybistra, -ōrum, subs. pr. n. Cibistros, cidade da Capadócia (Cíc. Fam. 15, 2, 2).

cybus, v. **cibus.**

cycladātus, -a, -um, adj. Vestido com uma cíclade (Suet. Cal. 52).

Cyclădĕs, -um, subs. pr. f. Cíclades, ilhas do Mar Egeu, entre o Peloponeso e as Espórades, assim chamadas porque julgavam que eram, dispostas em círculo em tôrno de Delos (Cés. B. Civ. 3, 3).

1. cyclăs, -ădis, subs. f. Cíclade (vestido usado por mulheres) (Prop. 4, 7, 40).

2. Cyelăs, -ădis, subs. pr. f. Uma das Cíclades (Juv. 6, 562).

cyclĭcus, -a, -um, adj. Cíclico, do ciclo épico (Hor. A. Poét. 136).

Cyclōpēus (Cyclōpĭus), -a, -um, adj. Ciclópio, dos Ciclopes (Verg. En. 1, 201).

Cyclops, -ōpis, subs. pr. m. Ciclope. Eram os ciclopes sêres mitológicos, irmãos dos Titãs, filhos de Gea e Urano, de altura gigantesca com um só ôlho colocado no meio da testa e dotados de uma fôrça e de uma destreza que os faziam temíveis (Verg. En. 6, 630); saltare Cyclopa (Hor. Sát. 1, 5, 63) «dançar a dança do Ciclope».

Cycnēius, -a, -um, adj. De Cicno, da Tessália (Ov. Met. 7, 371).

cycnēus (cygnēus), -a, -um, adj. De cisne (Cíc. De Or. 3, 6).

1. cycnus (cygnus), -ī, subs. m. I — Sent. próprio: 1) Cisne (ave) (Cíc. Tusc. 1, 73). II — Sent. figurado: **cycnus Dircaeus** (Hor. O. 4, 2, 25) «o cisne de Tebas» (Píndaro).

2. Cycnus, -ī, subs. pr. m. Cicno. 1) Rei da Ligúria, transformado em cisne (Verg. En. 10, 189). 2) Filho de Netuno, transformado em cisne (Ov. Met. 12, 72).

cydărum, -ī, subs. n. Navio de transporte (A. Gél. 10, 25, 5).

Cydās, -ae, subs. pr. m. Cidas, nome de alguns cretenses (Cíc. Phil. 5, 13).

Cydīppē, -ēs, subs. pr. f. Cidipe. 1) Jovem amada por Acôncio, que lhe jogou uma maçã onde tinha gravado seus juramentos (Ov. A. Am. 1, 457). 2) Uma das nereidas (Verg. G. 4, 339).

Cydnus (Cydnos), -ī, subs. pr. m. Cidno, rio da Cilícia (Cíc. Phil. 2, 26).

Cydōn, -ōnis, subs. loc. m. 1) Habitantes de Cidônia, cretense (Verg. En. 12, 858). 2) Nome de um troiano (Verg. En. 10, 325).

Cydōnēus (Cydonĭus), -a, -um, adj. Cidônio, de Creta (Verg. Buc. 10, 59).

Cydoniātae, -ārum, subs. loc. m. Cidoniatas, habitantes de Cidônia (T. Lív. 37, 60).

cygnus, v. **cycnus.**

cylindrus, -ī, subs. m. I — Sent. próprio: 1) Cilindro (Cíc. Nat. 1, 24). II — Daí: 2) Cilindro para aplainar a terra (Verg. G. 1, 178).

Cylla, v. **Cilla.**

Cyllărus (Cyllăros), -ī, subs pr. m. Cílaro. 1) Nome de um jovem Centauro de grande beleza (Ov. Met. 12, 393). 2) Cavalo de Castor (Verg. G. 3, 89).

Cyllēna, -ae, v. **Cyllēnē, -ēs.**

Cyllēnē, -ēs, subs. pr. f. Cilene. 1) Montanha da Arcádia, em que nasceu Mercúrio (Verg. En. 8, 138). 2) Pôrto da Élida (T. Lív. 27, 32, 2).

Cyllēnēus, -a, -um, adj. Do monte Cilene, de Mercúrio (Ov. Met. 11, 304).

Cyllēnĭa Proles, subs. pr. f. Mercúrio (Verg. En. 4, 258) ou filho de Mercúrio, Céfalo (Ov. A. Am. 3, 725).

Cyllēnis, -ĭdis, subs. pr. f. De Mercúrio (Ov. Met. 5, 176).

Cyllēnĭus, -ī, subs. m. Mercúrio (Verg. En. 4, 252).

Cylōnĭus, -a, -um, adj. De Cilão, ateniense, vencedor dos jogos olímpicos, que procurou a tirania (Cíc. Leg. 2, 28).

Cymaeus, -a, -um, adj. De Cime, na Eólia (Cíc. Flac. 17), v. **Cumaeus.**

Cymaeī, -ōrum, subs. loc. Cimeus, habitantes de Cime (T. Lív. 38, 39).

cymatĭlis (cumatĭlis), -e, adj. De côr verde-mar (Plaut. Ep. 233).

cymba (cumba), -ae, subs. f. I — Sent. próprio: 1) Barca, canoa (Cíc. Of. 3, 58). II — Sent. figurado: 2) (Prop. 3, 3, 22).

cymbălum, -ī, subs. n. Címbalo (instrumento de música, constituído de dois

CYMBIUM — 271 — **CYPSELIDES**

pratos ocos de metal, que soavam quando batiam um no outro) (Verg. G. 4, 64).
cymbĭum, -i, subs. n. I — Sent. próprio: 1) Taça para beber (em forma de barco) (Verg. En. 3, 66). II — Sent. figurado: 2) Lâmpada (em forma de barco) (Apul. M. 11, 10).
cymbŭla, -ae, subs. f. Barco pequeno (Plín. Ep. 8, 20, 7).
Cȳmē, -es, subs. pr. f. 1) Cime, cidade da Eólia, fundada por uma amazona (T. Lív. 37, 11, 15). 2) Cumas, v. **Cumae**.
Cymīnē, -ēs, subs. pr. f. Cimine, cidade da Tessália (T. Lív. 32, 13, 10).
cymīnum, v. **cumīnum**.
Cȳmodŏcē, -ēs (Cymodocēa, -ae), subs. f. Cimódoce, ninfa marinha (Verg. G. 4, 338).
Cymothŏē, -ēs, subs. pr. f. Cimótoe. 1) Uma das Nereidas (Verg. En. 1, 144). 2) Fonte da Acaia (Plín. H. Nat. 4, 13).
Cynaegĭrus, -i, subs. pr. m. Cinegiro, herói ateniense (Suet. Cés. 18).
Cynaethae, -ārum, subs. pr. f. Cunetas, cidade da Arcádia (Plín. H. Nat. 4, 20).
Cynāpsēs, -is, subs. pr. m. Cinapses, rio que deságua no Ponto Euxino (Ov. P. 4, 10, 49).
Cynĭcē, adv. Cinicamente (Plaut. St. 704).
Cynĭcī, -ōrum, subs. m. Cínicos, filósofos, discípulos de Antístines (Cíc. De Or. 3, 62).
1. **Cynĭcus, -a, -um,** adj. Cínico, de cínico (Tác. An. 16, 34).
2. **Cynĭcus, -i,** subs. pr. m. O Cínico (Diógenes) (Juv. 14, 309).
Cȳniphĭus, v. **Cinyphĭus**.
Cynĭras, v. **Cinyras**.
Cynocephălae, v. **Cynoscephălae**.
cynocephălus, -i, subs. m. Cinocéfalo (espécie de macaco) (Cíc. At. 6, 1, 25).
Cynosārgēs, -is, subs. pr. n. Nome de um templo de Hércules, perto de Atenas (T. Lív. 31, 24, 18).
Cynoscephălae, -ārum, subs. pr. f. Cinoscéfalas, montes da Tessália, célebres pela derrota de Filipe da Macedônia (T. Lív. 33, 7).
Cynosūra, -ae, subs. pr. f. Cinosura. 1) Pequena Ursa, a constelação (Cíc. Ac. 2, 66). 2) Cidade da Arcádia (Estác. Theb. 4, 295).
Cynosūrae, -ārum, subs. pr. f. Cinosuras, nome de um promontório da Ática (Cíc. Nat. 3, 57).

Cynosūris, -ĭdis, subs. pr. f. A constelação Ursa Menor (Ov. Trist. 5, 3, 7).
Cynthĭa, -ae, subs. pr. f. Cíntia, 1) Diana, venerada no monte Cinto (Hor. O. 3, 28, 12). 2) Nome de mulher (Prop. 2, 29). 3) Nome da ilha de Delos (Plín. H. Nat. 4, 12).
Cynthĭus, -i, subs. pr. m. Cíntio ou Apolo, venerado no monte Cinto (Verg. Buc. 6, 3).
Cynthus, -i, subs. pr. m. Cinto, montanha da ilha de Delos (Plín. H. Nat. 4, 66).
Cynus, -i, subs. pr. m. Cino, cidade da Lócrida (T. Lív. 28, 6, 12).
Cyparissa, -ae, subs. pr. f. Ciparissa, cidade da Messênia (Plín. H. Nat. 4, 15).
Cyparissĭa, -ae, subs. pr. f., v. **Cyparissa** (T. Lív. 32, 21, 23).
cyparissĭās, -ae, subs. m. 1) Erva-maleiteira, espécie de titímalo (Plín. H. Nat. 26, 70). 2) Meteoro ígneo (de forma cônica, como os ciprestes) (Sên. Nat. 1, 15, 4).
1. **cyparissus, -i,** subs. f. Cipreste (Verg. En. 6, 216).
2. **Cyparissus, -i,** subs. pr. m. 1) Ciparisso, filho de Télefo, de grande beleza, metamorfoseado em cipreste, árvore da tristeza, por ter matado um veado sagrado, seu companheiro favorito (Ov. Met. 10, 121). 2) Antigo nome de Anticira, na Fócida (Estác. Theb. 7, 344).
cyparittĭās, v. **cyparissĭās**.
Cypassis, -ĭdis, subs. pr. f. Cipásside, nome de mulher (Ov. A. Am. 2, 7, 17).
Cyphans Portus, subs. pr. m. Pôrto de Acaia (Plín. H. Nat. 4, 17).
cyprĕus, -a, -um, adj. De cobre (Plín. H. Nat. 23, 37).
Cyprĭa, -ae, subs. pr. f. Vênus, a quem se prestava culto na ilha de Chipre (Tib. 3, 3, 34).
Cyprĭus (Cyprĭăcus), -a, -um, adj. De Chipre (Hor. O. 3, 29, 60). Obs.: 1) **Cyprium aes** (Plín. H. Nat. 34, 94) «cobre de Chipre». 2) **Cyprĭa pyxis** (Plín. H. Nat. 28, 95) «caixa de cobre de Chipre».
Cyprus (Cypros), -i, subs. pr. f. Chipre, grande ilha do mar Egeu, onde se cultuava Vênus (Hor. O. 1, 3, 1). Obs.: Acus.: **Cypron** (Ov. Met. 10, 718); abl.: **Cypro** (Ov. Met. 10, 270).
Cypsĕla, -ōrum, subs. pr. n. Cípsela, fortaleza da Trácia (T. Lív. 38, 40).
Cypselĭdēs, -ae, subs. pr. m. Periandro, filho de Cípselo (Verg. Cir. 464).

Cypsĕlus, -ī, subs. pr. m. Cípselo, tirano de Corinto (Cíc. Tusc. 5, 109).
Cўra, -ae, subs. f., v. **Cyrēne** (Ov. Ib. 537).
Cўrēnae, -ārum (Cyrēnē, -ēs), subs. pr. f. Cirene, cidade da Pentápole, perto de Sirta, pátria de Calímaco e de Aristipo (Cíc. Planc. 13).
Cўrēnaeī, -ōrum, subs. m., v. **Cyrenaïcī** (Cíc. Ac. 2, 76).
Cўrēnaïca, -ae, subs. pr. f. Cirenaica, província da África (Plín. H. Nat. 5, 31).
Cўrēnaïcī, -ōrum, subs. m. Cirenaicos, discípulos de Aristipo (Cíc. Ac. 2, 131).
Cўrēnaïcus, a, -um (Cyrēnaeïcus, -a, -um), adj. Da cidade de Cirene: **Cyrenaica philosophia** (Cíc. De Or. 3, 62) «filosofia cirenaica» (ensinada por Aristipo de Cirene).
Cyrēnē, -ēs, subs. pr. f. 1) Cirene, ninfa tessaliana, que levava vida selvagem nas florestas e vigiava os rebanhos do pa; é mãe de Aristeu (Verg. G. 4, 321). 2) Cidade, v. **Cyrēnae.**
Cyrēnēnsēs, -ium, subs. loc. m. Habitantes de Cirene (Sal. B. Jug. 79, 2).
Cyrēnēnsis, -e, adj. Da cidade de Cirene: **Cirenenses agri** (Cíc. Agr. 2, 51) «território de Cirene».
Cyretiae, -ārum (Chyretĭae, -ārum), subs. pr. f. Cirécias, cidade da Tessália (T. Lív. 31, 41, 5).
Cyrēus, -a, -um, adj. De Ciro, o arquiteto. **Cyrea** no pl.: trabalhos de Ciro (Cíc. At. 4, 10, 2).
Cyrnaeus, v. **Cyrneus.**
Cyrnē, -ēs (Cyrnus ou Cyrnos, -ī), subs. pr. f. Cirno, nome grego da ilha de Córsega (Plín. H. Nat. 3, 80).
Cyrnĕus (Cyrnaeus ou Cyrniăcus), -a, -um, adj. Da Córsega (Verg. Buc. 9, 30).
Cyrrha, v. **Cirrha.**
Cyrrhestĭca, -ae (Cyrrhestĭcē, -ēs), subs. pr. f. Cirréstica, parte da Síria (Cíc. At. 5, 18, 1).
Cyrtaeī ou Cyrtiī, -ōrum, subs. loc. m. Cirtios, povo da Média (T. Lív. 37, 40, 9).
Cўrus, -ī, subs. pr. m. 1) Ciro, rei da Pérsia, filho de Cambises (Cíc. Leg. 2, 56). 2) Ciro, o jovem, irmão de Artaxerxe Mnêmon (Cíc. Div. 1, 52). 3) Rio da Ásia, que deságua no mar Cáspio (Plín. H. Nat. 6, 26). 4) Nome de um arquiteto (Cíc. Q. Fr. 2, 2, 2). 5) Outra pessoa do mesmo nome (Hor. O. 1, 17, 25).

Cyssūs, -ūntis, subs. pr. f. Cissunte, pôrto de Jônia (T. Lív. 36, 43, 10).
Cyta, -ae, subs. f. v. **Cytae** (V. Flac. 1, 331).
Cytae, -ārum, subs. pr. f. pl. Citas, cidade da Cólquida, pátria de Medéia (Plín. H. Nat. 4, 86).
Cytaeī, -ōrum, subs. loc. m. Habitantes de Cita (V. Flac. 6, 428).
Cytaeis, -ĭdis, subs. f. De Cita, de Medéia (Prop. 2, 4, 6).
Cytāīnē, -ēs, subs. f. Citaíne, de Cita, epíteto de Medéia (Prop. 1, 1, 24).
Cythaerē, v. **Cythēre.**
Cythaeron, v. **Cithaeron.**
Cythēra, -ōrum, subs. pr. n. Citera, ilha do mar Egeu, célebre pelo culto prestado a Vênus (Verg. En. 1, 860).
Cythērē, -ēs (Cytherēa e Cytherēïa, -ae), subs. pr. f. Citeréia, ou Vênus, deusa adorada em Citera (Verg. En. 1, 257).
Cytherēïăs, -ădis (Cytherēis, -ĭdis), subs. pr. f. De Citera, de Vênus e algumas vêzes, Vênus (Ov. Met. 15, 386).
Cytherēïus (Cythērĭăcus), -a, -um, adj. De Citera, de Vênus (Ov. Met. 10, 529). **Cytherēïus heros** (Ov. Met. 13, 625) «Enéias»; **Cytherēïus mensis** (Ov. F. 4, 195) «o mês de abril (consagrado a Vênus)».
Cythēris, -ĭdis, subs. pr. f. Citéride, nome de uma amante de Antônio (Cíc. Fam. 9, 26, 2).
Cythērĭus, -ī, subs. pr. m. Citério, nome dado a Antônio, por ser amante de Citéride (Cíc. At. 15, 22).
Cythnos (Cythnus), -ī, subs. pr. f. Citnos, uma das ilhas Cíclades, no mar Egeu (T. Lív. 31, 15, 8).
Cythnĭus, -a, -um, adj. De Citnos (Quint. 2, 13, 13).
cytĭsus, -ī, subs. m. e f. **(cytĭsum, -ī,** subs. n.) Codeço (planta) (Verg. Buc. 1, 78).
Cytōrus, -ī, subs. pr. m. Citoro, monte da Paflagônia (Verg. G. 2, 437).
Cytōrĭăcus, -a, -um, adj. Do Citoro (Ov. Met. 6, 132).
Cytōrĭus, -a, -um, adj. De Citoro (Catul. 4, 11).
Cўzicēnus, -a, -um, adj. De Cízico (Plín. H. Nat. 32, 62).
Cўzicēni, -ōrum, subs. loc. m. Cizicenos, habitantes de Cízico (Cíc. Pomp. 20).
Cўzĭcus (Cyzĭcos), -ī, subs. pr. f. e **Cyzĭcum, -ī,** subs. n. Cízico, cidade da Mísia, na Ásia Menor (Prop. 3, 22, 1). Obs.: Acus.: **Cyzĭcon** (Ov. Trist. 1, 10, 29).

D

d, n. indecl. 4ª letra do alfabeto romano. Abreviaturas: 1) D. = **Decĭmus** (Décimo, prenome). 2) D. = **dabam** ou **dies** (em cartas).

dā, imperat. de **dare**: dize, vejamos (Verg. Buc. 1, 18).

Dācī, v. **Dācus**.

Dācĭa, -ae, subs. pr. f. Dácia, grande região situada à margem esquerda do Danúbio e a S.E. da Germânia, e correspondendo aproximadamente hoje à Hungria, Transilvânia, Moldávia, Valáquia, Bessarábia e Bucovina (Tác. Agr. 41).

Dācĭcus, -ī, subs. pr. m. Dácico, sobrenome de Trajano, que dirigiu uma série de campanhas contra os dacos, de 101 a 107 d.C., e os submeteu definitivamente, colocando a fronteira do Império Romano ao N. do Danúbio (Juv. 6, 203).

dactŭlus, v. **dactylus**.

dactylĭcus, -a, -um, adj. Sent. próprio: 1) De tâmara. II — Sent. usual: 2) Dactílico (têrmo de métrica): **dactylicus numerus** (Cíc. Or. 191) «dáctilo».

dactyliothēca, -ae, subs. f. Cofre para guardar anéis (Marc. 11, 59, 4).

dactylus, -ī, subs. m. I — Sent. próprio: 1) Tâmara (fruto) (Plín. H. Nat. 13, 46). II — Sent. usual: 2) Dáctilo (nome de um pé que é formado por uma sílaba longa e duas breves) (Cíc. Or. 217). III — Sent. diversos: 3) Espécie de marisco (Plín. H. Nat. 9, 184). 4) Nome de uma pedra preciosa (Plín. H. Nat. 37, 170).

Dācus, -ī, subs. loc. m. e **Dacī**, -ōrum, subs. loc. m. pl. Daco e dacos, habitantes da Dácia (Verg. G. 2, 496).

Daedăla, -ōrum, subs. pr. n. pl. Dédalos, fortaleza da Cária, onde Dédalo morreu da picada de uma cobra (T. Lív. 37, 22).

Daedalēus, -a, -um, adj. De Dédalo (Hor. O. 4, 2, 2).

Daedalĭōn, -onis, subs. pr. n. pl. Dedalião, filho de Lúcifer, que, desesperado com a morte de sua filha, Quionéia, precipitou-se do cimo do Parnasso e foi transformado em gavião por Apolo (Ov. Met. 11, 295).

Daedalĭus, v. **Daedalēus**.

1. **Daedălus**, -a, -um, adj. 1) Artisticamente feito (Lucr. 5, 1451). Daí: 2) Hábil, engenhoso (Verg. En. 7, 282).

2. **Daedălus**, -ī, subs. pr. m. Dédalo, herói da mitologia grega que personifica as origens da escultura em madeira, e inventor de vários instrumentos. A êle se atribui a construção do labirinto de Creta (Cíc. Br. 71).

dafn-, v. **daphn-**.

Dăhae (e não **Dăae**), -ārum, subs. loc. m. pl. Daas, povo da Cítia (Verg. En. 8, 728).

Dalmăta, -ae, subs. loc. m. Dálmata, habitante da Dalmácia (Marc. 10, 78).

Dalmătae, -ārum, subs. loc. m. pl. Dálmatas, habitantes da Dalmácia (Cíc. Fam. 5, 11, 3).

Dalmatĭa, -ae, subs. pr. f. Dalmácia, província da Iugoslávia, situada na parte ocidental da península Balcânica, e banhada pelo mar Adriático (Cíc. Fam. 5, 10, 3).

Dalmatĭcus, -ī, subs. pr. m. Dalmático, apelido de **L. Caecilĭus Metēllus**, cônsul em 119 a.C., que combateu os dálmatas, obteve o triunfo, e tornou-se censor e sumo pontífice (Cíc. Verr. 2, 59).

1. **dāma** (**damma**), -ae, subs. m. Gamo, corça, cabra montês (Verg. Buc. 8, 28). Obs.: O gênero feminino também é freqüente no período clássico (Hor. O. 1, 2, 12).

2. **Dāma**, -ae, subs. pr. m. Dama, nome de um escravo (Hor. Sát. 1, 6, 38).

Damălis, -ĭdis, subs. pr. f. Dαmálide, nome de mulher (Hor. O. 1, 36, 13).

Damarātus, -ī, subs. m., v. **Demarātus**.

Damasichthōn, -ōnis, subs. pr. m. Damasicton, um dos filhos de Níobe, que morreu sob as flechadas de Apolo (Ov. Met. 6, 254).

Damasippus, -ī, subs. pr. m. Damasipo. 1) Partidário de Mário (Cíc. Fam. 9, 21, 3). 2) Sobrenome da família Licínia (Cés. B. Civ. 2, 44).

Dāmĭō, -ōnis, subs. pr. m. Damião, nome de homem (Cíc. At. 4, 3, 3).

dāmiūrgus, v. **demiūrgus**.

damma, v. **dāma**.
damnātĭŏ, -ōnis, subs. f. Condenação judicial, condenação (Cíc. Clu. 98).
damnātŏrĭus, -a, -um, adj. De condenação, condenatório (Cíc. Verr. 3, 55).
damnātus, -a, -um. I — Part. pass. de **damno**. II — Adj.: Condenado, rejeitado, reprovado (Cíc. Pis. 97).
damnō, -ās, -āre, -āvī, -ātum, v. tr. I — Sent. próprio: 1) Têrmo da língua jurídica: aplicar uma multa, multar, obrigar. Daí, na língua comum: 2) Condenar, censurar, repreender, desprezar (Cíc. De Or. 1, 231); (Cíc. Phil. 1, 21). Obs.: Constrói-se com acus. de pess. e gen. de crime; abl. com prep. **ex** ou **de** ou sem elas; com acus. de pess. e acus. com **ad** ou **in**; com acus. e or. no subj. introduzida por **quod, ut** ou **ne**, e acus. de pess. com inf.
damnōsē, adv. De modo condenável, com prejuízo, nocivamente, perniciosamente (Hor. Sát. 2, 8, 34).
damnōsus, -a, -um, adj. I — Sent. próprio: 1) Que causa dano, pernicioso, prejudicial (Sên. Ep. 7, 2). II — Daí: 2) Que gasta muito, pródigo (Plaut. Ep. 319).
damnum, -ī, subs. n. I — Sent. próprio: 1) Prejuízo, dano, perda (Cíc. Tull. 8). II — Na língua jurídica designa às vêzes os danos e juros pagos por uma perda material, donde: 2) Multa, castigo pecuniário (Cíc. Of. 3, 23).
Dămŏclēs, -is, subs. pr. m. Dâmocles, cortesão do tirano Dionísio (Cíc. Tusc. 5, 61).
Dămŏcrĭtus, -ī, subs. pr. m. Damócrito, general grego dos princípios do II séc. a. C., implacável adversário dos romanos (T. Lív. 31, 32).
Dămoetās, -ae, subs. pr. m. Dameta, nome de um pastor (Verg. Buc. 3, 1).
Dămōn, -ōnis, subs. pr. m. Dâmon. 1) Filósofo pitagórico, célebre por sua amizade com Pítias (Cíc. Of. 3, 45). 2) Músico e filósofo grego do V. séc. a.C., discípulo de Pródicos e mestre de Sócrates (Cíc. De Or. 3, 132). 3) Nome de um pastor (Verg. Buc. 3, 17).
Dănăē, -ēs, subs. pr. f. Dânae, mãe de Perseu (Verg. En. 7, 372).
Danaēĭus, -a, -um, adj. De Dânae (Ov. Met. 5, 1).
Dănăī, -ōrum, e **-um**, subs. loc. m. pl. Dânaos, i. é, os gregos no cêrco de Tróia (Cíc. Tusc. 4, 52).

1. **Danaĭdae, -ārum**, subs. loc. m. pl. Os Danaides, os gregos (Sên. Tro. 611).
2. **Danaĭdes, -um**, subs. pr. f. pl. As Danaides, filhas de Dânao, rei lendário de Argos, condenadas a encher nos infernos um tonel sem fundo (Sên. Herc. F. 757).
1. **Dănăus, -ī**, subs. pr. m. Dânao, rei de Argos; reinou primeiramente no Egito com seu irmão. Depois, tendo-se indisposto com êle, partiu com suas cinqüenta filhas, desembarcou na Argólida, destronou Gelanor e reinou na região durante muito tempo (Cíc. Part. 44).
2. **Dănăus, -a, -um**, adj. Relativo a Dânao, e também, aos argivos, aos gregos. Daí o sentido de: grego, dos gregos (Ov. Met. 13, 92). Obs.: v. **Danăi**.
Dandarĭca, -ae, subs. pr. f. Dandárica, região da Cítia nas proximidades da Palo-Meótida (Tác. An. 12, 15).
Danthelēthae, -rum, ou **Denthelētī, -ōrum**, subs. m., v. **Denselatae** (T. Lív. 39, 53).
Danubĭus, -ī, e **Danuvĭus, -ī**, subs. pr. m. Danúbio, rio da Germânia, que desde o I séc. d.C. se tornou a fronteira setentrional do Império Romano e, guarnecido de fortes, constituía uma linha de defesa contra os germanos (Cés. B. Gal. 6, 25, 2).
danunt = **dant**.
Danuvĭus, v. **Danubĭus**.
Daphĭtās, (-dās), -ae, subs. pr. m. Dáfitas, sofista de Telmisso (Cíc. Fat. 5).
Daphnē, -ēs, subs. pr. f. Dafne. 1) Ninfa, filha do rio Peneu. Querendo escapar de Apolo, que a amava, invocou a Terra, sua mãe, e foi transformada em loureiro (Ov. Met. 1, 452). Donde: 2) O loureiro (Petr. 131, 8). 3) Arrabalde de Antioquia, na Síria (T. Lív. 33, 49).
Daphnis, -ĭdis, (e -is), subs. pr. m. Dáfnis. 1) Herói dos pastôres da Sicília e da poesia bucólica (Verg. Buc. 2, 16). 2) Nome de um pastor (Verg. Buc. 7, 1).
daphnōn, -ōnis, subs. m. Loureiro silvestre (Marc. 10, 79).
dapis, -is, v. **daps**.
daps, -is (geralmente no pl. **dapēs, -um**), subs. f. I — Sent. próprio: 1) Sacrifício oferecido aos deuses, e daí: 2) Refeição ritual, banquete sagrado que se segue ao sacrifício (Verg. En. 3, 301). II — Na língua profana: 3) Banquete, festim, refeição (Hor. O. 4, 4, 12). 4) Iguaria, alimento (Ov. F. 5, 521).

dapsĭlis, -e, adj. Abundante, rico, suntuoso (Plaut. Aul. 167).
Dardănī, -ōrum, subs. loc. m. Dárdanos, habitantes da Dardânia (Cíc. Sest. 94).
Dardania, -ae, subs. pr. f. Dardânia. 1) Região no centro da península balcânica, ao sul da Mésia superior (Varr R. Rust. 2, 1, 5). 2) Parte N.O. da Ásia Menor que deve seu nome a **Dardanus,** filho de Júpiter, que aí construiu uma cidade, Dardânia, sôbre o Helesponto (donde Dardanelos) (Ov. Trist. 1, 10, 25). 3) Tróia (em linguagem poética) (Verg. En. 3, 156).
Dardanĭdae, -ārum, e **-um,** subs. loc. m. Dardânidas, troianos (Verg. En. 2, 72).
Dardanĭdēs, -ae, subs. pr. m. Dardânida, filho ou descendente de **Dardănus,** por ex.: Enéias (Verg. En. 10, 545).
Dardănĭs, -ĭdis, subs. loc. f. Dardânida, troiana (Verg. En. 2, 787).
Dardanĭus, -a, -um, adj. De Dárdano, de Tróia, troiano (Verg. En. 1, 602). 1) **Dardanius senex,** Príamo (Ov. Trist. 3, 5, 38). 2) **Dardanĭus dux,** Enéias (Verg. En. 4, 224). 3) **Dardanĭus minister,** Ganimedes (Marc. 11, 104). 4) **Dardanĭa Roma,** Roma fundada pelos troianos (Ov. Met. 15, 431).
Dardănum, -ī, subs. pr. n. Dárdano (T. Lív. 37, 9, 7).
Dardănus, ī, subs. pr. m. Dárdano. 1) Herói epônimo dos dardânios e da cidade de Dardânia, no Telesponto (Verg. En. 8, 134). 2) Mágico da Fenícia (Plín. H. Nat. 30, 9). 3) Filósofo estóico (Cíc. Ac. 2, 69).
Dardī, -ōrum, subs. loc. pl. Dardos, antigo povo da Apúlia (Plín. H. Nat. 3, 104).
Darēs, -ētis, subs. pr. m. Dares, nome de um atleta troiano (Verg. En. 5, 369). Obs.: acus. **Darēta** (mais comum) (Verg. En. 5, 460); mas também **Daren** (Verg. En. 5, 456).
Dărēus, -ī, subs. m., v. **Dārīus** (Ov. Ib. 317).
Dārīus, -ĭī, subs. pr. m. Dario, nome de vários reis da Pérsia, dos quais os mais célebres foram Dario I, filho de Histaspo e Dario III Codomano, destronado por Alexandre (Cíc. Fin. 5, 92).
Darsa, -ae, subs. pr. f. Darsa, cidade da Pisídia (T. Lív. 38, 15).
Dasĭus, -ĭ, subs. pr. m. Dásio, nome de homem (T. Lív. 24, 45, 1).

Dassarēnsēs, -ĭum, e **Dassaretĭī, -ōrum,** subs. loc. m. pl. Dassarenses e dassarécios, povo da Ilíria (T. Lív. 27, 32, 10).
datātim (dō), adv. Em troca, reciprocamente (Plaut. Curc. 296).
datĭō, -ōnis, subs. f. I — Sent. próprio: Dação, ação de dar (Cíc. Agr. 2, 60). II — Daí: 2) Direito de dispor de seus bens (T. Lív. 39, 19, 5).
dătō, -ās, -āre, -āvī, -ātum, v. freq. tr. 1) Praticar a usura (Plaut. Aul. 637). 2) Dar muitas vêzes (Plaut. Most. 602).
dator, -ōris, subs. m. Dador, o que dá, doador, inspirador (Verg. En. 1, 734).
dătum, -ī, subs. n. (geralmente no pl.). Dádiva, presente (Ov. Met. 6, 363).
1. **dătus, -a, -um,** part. pass. de **dō.**
2. **dătus,** subs. m. Dádiva, presente (Plaut. Trin. 1140). Obs.: Só no abl. sg.
Daulĭas, -ădis, subs. pr. f. Dauliada, de Dáulis (Ov. Her. 15, 154).
Daulis, -ĭdis, subs. pr. f. Dáulis, cidade da Grécia na Fócida, a oeste de Queronéia e a S.O. de Delfos, e onde reinou Tereu (T. Lív. 32, 18).
Daunĭas, -ădis, subs. pr. f. Da Dáunia, i. é, da Apúlia (Hor. O. 1, 22, 14).
Daunĭus, -a, -um, adj. 1) Da Dáunia, i. é, da Apúlia (Verg. En. 12, 723). Daí: 2) Da Itália (Hor. O. 2, 1, 34).
Daunus, -ĭ, subs. pr. m. Dauno. 1) Filho de Pilumo e Dânae, foi avô de Turno, rei dos rútulos (Verg. En. 12, 723).
Dāvos, (-us), -ĭ, subs. pr. m. Davo, nome de um escravo (Hor. Sát. 1, 10, 40).
dē, prep. e prevérbio. I — Indicando ponto de partida: 1) De, a partir de (Cíc. Sest. 129). 2) De, saído de (Cíc. Clu. 163). 3) De, originário de (Ov. Met. 9, 613). 4) De (idéia de afastamento, separação), com verbo como: **detrahĕre de,** tirar de; **decedĕre de,** afastar-se de; **effugĕre de,** escapar de; **exīre de,** sair de, etc. (Cíc. Font. 17). 5) De (movimento de cima para baixo, idéia acessória) (Cíc. Fin. 1, 62). 6) De, dentre (idéia partitiva) (Cíc. Flac. 9). 7) De, tirando de (com idéia de extração) (Cíc. Verr. 4, 71); **de publico** (Cíc. Verr. 3, 105) «às expensas do Estado». II — Do sent. de «a partir de» passou-se ao de: 8) Em seguida a, por (Cíc. At. 7, 7, 3). 9) Logo depois de: **diem de die** (T. Lív. 5, 48, 7) «um dia depois do outro» (de dia em dia). III — Sent. moral: 10) Segundo, conforme a, de acôrdo com

(Cíc. Cael. 68). 11) A respeito de, quanto a (Cíc. Of. 1, 47). IV — Sent. diversos: 12) De, durante (idéia temporal) (Cés. B. Gal. 1, 12, 2). 13) De, por causa de (idéia causal) (Cíc. Ac. 1, 1). 14) De, feito de, composto de (Verg. G. 3, 13). 15) Em locuções: **de integro** (Cíc. Verr. 2, 139) «de novo»; **de improviso** (Cíc. Amer. 151) «de improviso». Obs.: 1) Como partícula autônoma aparece na locução: **susque deque**, de cima para baixo, como de baixo para cima, isto é, indiferentemente, mais ou menos. 2) Reforça certas partículas, advérbios e preposições, como: **deinde, dehinc, desuper.** 3) Como prevérbio aparece, principalmente, em compostos verbais e com as seguintes idéias principais: a) movimento de cima para baixo: **decĭdo, dejicĭo;** b) separação, afastamento: **decēdo, dedūco;** c) privação: **demens, despēro;** d) acabamento: **depūgno, defūngor;** e) intensidade: **demīror.**

dĕa, -ae, subs. f. Deusa (Cíc. Verr. 5, 188): **triplices** (Ov. Met. 2, 654) «as Parcas» (porque eram três).

deălbō, -ās, -āre, -āvī, -ātum, v. tr. Dealbar, branquear, caiar (Cíc. Verr. 1, 145).

deambulātĭō, -ōnis, subs. f. Deambulação, passeio (Ter. Heaut. 806).

deambŭlō, -ās, -āre, -āvī, -ātum, v. intr. Deambular, passear, dar um passeio (Cíc. De Or. 2, 256).

deămō, -ās, -āre, -āvī, -ātum, v. tr. Gostar muito, amar (Plaut. Epid. 219).

dearmō, -ās, -āre, -āvī, -ātum, v. tr. Desarmar, roubar, subtrair (T. Lív. 4, 10, 7).

deartŭō, -ās, -āre, -āvī, -ātum, v. tr. Desmembrar, deslocar (sent. próprio e figurado) (Plaut. Capt. 672).

deascĭō, -ās, -āre, -āvī, -ātum, v. tr. Fazer uma velhacaria, enganar (sent. figurado) (Plaut. Mil. 884).

dēbācchor, -āris, -ārī, -ātus sum, v. dep. intr. Entregar-se a transportes desordenados, enfurecer-se, entregar-se à orgia, à devassidão (Hor. O. 3, 3, 55).

dēbellātor, -ōris, subs. m. Debelador, vencedor, conquistador (Verg. En. 7, 651).

dēbellātus, -a, -um, part. pass. de **dēbello.**

dēbellō, -ās, -āre, -āvī, -ātum, v. intr. e tr. 1) Intr.: Terminar a guerra com a vitória, debelar, vencer (T. Lív. 7, 28, 3). 2) Tr.: Submeter pela guerra, dominar (Verg. En. 6, 853).

dēbens, -ēntis. I — Part. pres. de **debĕo. II** — Subst.: **debēntēs, -ium,** devedores (T. Lív. 6, 27, 3).

dēbĕō, -ēs, -ēre, dēbŭī, dēbĭtum, v. tr. I — Sent. próprio: 1) Dever dinheiro ou qualquer outro objeto, ser devedor (Cíc. Fam. 13, 14, 1). Daí: 2) Ter obrigação de (acepção em que aparece como verdadeiro auxiliar de verbos no infinitivo), estar obrigado a: **quid facere debeas** (Cat. Agr. 119) «o que tinhas obrigação de fazer» (Cíc. Lae. 36). 3) Neste sentido de «ter obrigação de» pode ser impessoal como **oportet, necesse est** (Lucr. 2, 1146). 4) Ser forçado (pelo destino ou natureza) a fazer alguma coisa (Ov. Met. 15, 44). 5) Dever obrigações a, estar obrigado por (Cíc. Fam. 2, 6, 5). 6) Passivo: ser devido, ser reservado, destinado (Cés. B. Civ. 3, 31, 2). Obs.: Constrói-se com acus. e dat.; com dat. ou infinitivo.

dēbĭlis, -e, adj. I — Sent. próprio: 1) Enfêrmo, fraco (principalmente das pernas), débil (Suet. Vesp. 7); (Ov. Trist. 3, 4, 20). II — Sent. figurado: 2) Fraco, impotente (Cíc. Cat. 3, 3).

dēbilĭtās, -tātis, subs. f. I — Sent. próprio: 1) Enfermidade, fraqueza, debilidade (T. Lív. 33, 2, 8). II — Sent. figurado: 2) Fraqueza, debilidade (Cíc. Fin. 1, 49).

dēbilitātĭō, -ōnis, subs. f. I — Sent. próprio: 1) Debilitação, enfraquecimento (Apul. M. 2, 30). II — Sent. figurado: 2) Desânimo (Cíc. Pis. 88).

dēbilĭtō, -ās, -āre, -āvī, -ātum, v. tr. I — Sent. próprio: 1) Debilitar, enfraquecer, estropiar (Cíc. Flac. 73). Daí: 2) Paralisar, mutilar, quebrar (Hor. O. 1, 11, 5).

dēbitĭō, -ōnis, subs. f. Ação de dever (Cíc. At. 14, 13, 15).

dēbĭtor, -ōris, subs. m. I — Sent. próprio: 1) Devedor (de dinheiro) (Cés. B. Civ. 3, 1, 3). II — Sent. figurado: 2) Devedor (da vida), reconhecido (Ov. P. 4, 1, 2).

dēbĭtum, -ī, subs. n. I — Sent. próprio: 1) Dívida (de dinheiro) (Cíc. Q. Fr. 1, 2, 10). II — Sent. figurado: 2) Tributo, obrigação, dívida (C. Nep. Reg. 1, 5).

dēbĭtus, -a, -um, part. pass. de **dēbĕo.**

dēblaterō, -ās, -āre, -āvī, -ātum, v. tr. Deblaterar, berrar, gritar, declamar (Plaut. Aul. 268). Obs.: Constrói-se com acus. ou acus. e inf.

dēbŭī, perf. de **dēbĕo**.
decantātus, -a, -um, part. pass. de **dēcănto**.
dēcănto, -ās, -āre, -āvī, -ātum, v. tr. I — Sent. próprio: 1) Cantar, executar cantando (Hor. O. 1, 33, 3). II — Sent. figurado: 2) Repetir, repisar (Cíc. De Or. 2, 75); (Cíc. Tusc. 3, 533). 3) Decantar, elogiar, gabar (Plin. H. Nat. 24, 1).
dēcēdō, -is, -ĕre, -cēssī, -cēssum, v. intr. I— Sent. próprio: 1) Ir-se embora, retirar-se, pôr-se em marcha (tratando-se de um exército), sair de um cargo (Cés. B. Gal. 1, 44, 11); (Cíc. Tusc. 2, 61). II — Sent. figurado: 2) Por litote — ir-se embora da vida, morrer, desaparecer, deceder; pôr-se (tratando-se de astros); findar (tratando-se do dia) (Cíc. At. 1, 6, 2); (Verg. Buc. 2, 67). 3) Renunciar a, afastar-se de, faltar a (Cíc. Verr. 2, 43). 4) Ficar aquém de, ceder, ser inferior a (T. Liv. 3, 55, 2). Obs.: Constrói-se absolutamente com abl.; com abl. com as preps. **de, ex** ou **ab** (raro), e com dat.
decem, num. card. I — Sent. próprio: 1) Dez (Cés. B. Gal. 7, 21, 2). II — Daí: 2) Um grande número (indefinido) (Hor. Ep. 1, 18, 25).
decēmber, -bris, subs. m. 1) Dezembro (10º mês do primitivo ano romano) (Cíc. Leg. 2, 54). **Decēmbris, -e**, como adj.: 2) Do mês de dezembro: **Kalendae Decembres** (Cíc. Phil. 3, 19) «calendas de dezembro», i. é, 1º de dezembro.
decemjŭgis, -e, adj. (Carro) puxado por dez cavalos (Suet. Ner. 24).
decempĕda, -ae, subs. f. Decêmpeda, vara de dez pés (que servia de medida) (Hor. O. 2, 15, 14).
decempedātor, -ōris, subs. m. Agrimensor (Cic. Phil. 13, 37).
decēmplex, -ĭcis, adj. Décuplo (C. Nep. Milc. 5, 5).
decemprīmī ou **decem prīmī, -ōrum**, subs. m. pl. Os dez primeiros decuriões de uma cidade (Cíc. Verr. 2, 162).
decemscālmus, -a, -um, adj. Que tem dez remos (Cíc. At. 16, 3, 6).
decēmvir, -ĭrī, subs. m. Decênviro (Cíc. Agr. 2, 46).
decemvirālis, -e, adj. Decenviral, de decênviro (T. Liv. 3, 57, 10).
decemvirātus, -ūs, subs. m. Decenvirato, cargo e dignidade de decênviro (Cíc. Agr. 2, 60).

decemvirī, -ōrum e **-ŭm**, subs. m. pl. 1) Decênviros (comissão de dez magistrados para redigir a lei das Doze Tábuas) (Cíc. Rep. 2, 61). 2) Decênviros (magistrados que substituíam o pretor, no julgamento dos processos civis) (Cíc. Or. 156). 3) Qualquer comissão de dez pessoas constituída legalmente (Cíc. Agr. 1, 17). Especialmente: 4) **Decemviri sacris faciundis** (T. Liv. 25, 12, 11): colégio sacerdotal encarregado de guardar os livros sibilinos, consultá-los e realizar os sacrifícios determinados.
decēnī, -ae, -a = **dēnī**.
decēnnis, -e, adj. Que dura dez anos (Quint. 8, 4, 22).
decens, -ēntis, adj. I — Sent. próprio: 1) Conveniente, próprio, decente, que fica bem (Hor. Ep. 1, 1, 11). II — Daí: 2) Bem proporcionado, harmonioso, formoso (Hor. O. 1, 18, 6).
decēnter (decens), adv. Convenientemente, com decência (Plin. Ep. 6, 21, 5). Obs.: Comp.: **decentĭus** (Hor. Ep. 2, 2, 216).
decentĭa, -ae, subs. f. Conveniência, decência, decôro (Cíc. De Or. 3, 200).
Decentĭus, -ī, subs. pr. m. Decênio, governador dos gauleses (Eutr. 10, 12).
dēcēpī, perf. de **dēcipĭo**.
dēcēptor, -ōris, subs. m. Enganador (Sên. Th. 140).
decēris, -is, subs. f. Navio de dez ordens de remos (Suet. Cal. 37).
dēcērnō, -is, -ĕre, -crēvī, -crētum, v. tr. e intr. I — Sent. próprio: 1) Decidir, resolver (Cíc. De Or. 2, 317). Daí: 2) Decretar, votar, julgar (Cíc. Cat. 4, 5); (Cíc. Verr. 2, 161). II — Sent. figurado: 3) Combater, lutar (Cés. B. Civ. 3, 41, 1). Obs.: Constrói-se com acus.; com acus. e inf., com or. interrog. indireta; ut com subj.; abl. com preps. **de** ou **pro**. São freqüentes no período clássico as formas sincopadas do perfectum: **decreram, decrerim, decrero, decresset, decresse**, etc.
dēcērpō, -is, -ĕre, -cērpsī, -cērptum, v. tr. I — Sent. próprio: 1) Apanhar, colhêr, separar colhendo (Lucr. 1, 927). II — Sent. figurado: 2) Colhêr, separar (Cíc. Tusc. 5, 38). Daí: 3) Recolher (Hor. Sát. 1, 2, 79). Obs.: Constrói-se com acus.; ou acus. e abl. com prep. ou sem ela.
dēcērpsī, perf. de **dēcērpo**.

dēcērptus, -a, -um, part. pass. de **dēcērpo**.

dēcertātiō, -ōnis, subs. f. Combate decisivo (Cíc. Phil. 11, 21).

dēcertātus, -a, -um, part. pass. de **decērto**.

dēcertō, -ās, -āre, -āvī, -ātum, v. intr. Decertar, combater, lutar (Cíc. Planc. 101). Obs.: Constrói-se com abl., com abl. com a prep. **cum**, ou sem abl.

dēcēsse = **dēcēssīsse** (forma sincopada do inf. perf.) (Ter. Heaut. 32).

dēcēssī, perf. de **dēcēdo**.

dēcessiō, -ōnis, subs. f. I — Sent. próprio: 1) Partida, afastamento (Cíc. Fam. 4, 10). Especialmente: 2) Partida ou afastamento de um funcionário de seu cargo ou missão (Cic. Fam. 4, 4, 5). Daí: 3) Abatimento, diminuição (Cíc. Tim. 18).

dēcessor, -ōris, subs. m. O que deixa um cargo ou uma província (depois de terminado o tempo do seu govêrno), antecessor, predecessor, decessor (Cíc. Scaur. 33).

dēcēssus, -ūs, subs. m. I — Sent. própro: 1) Partida (C. Nep. Tim. 2, 3). II — Daí: 2) Saída de um cargo (Cíc. Phil. 2, 97). 3) Falecimento, morte, decesso (Cíc. Lae. 10). 4) Decrescimento, abatimento, diminuição (Cés. B. Gal. 3, 13, 1).

deces, -ēre, **decŭit**, v. impess. Convir, ser mister, ser conveniente (Cíc. Or. 70); (Cíc. Tusc. 4, 54); **ita nobis decet** (Ter. Ad. 928) «é nosso dever (assim nos é conveniente)». Obs.: Constrói-se com inf. ou com acus. de pess. e, às vêzes, com dat. de pess.

Decetia, -ae, subs. pr. f. Decécia, cidade da Gália céltica, no país dos éduos, às margens do rio Loire, e atual Decize (Cés. B. Gal. 7, 33, 2).

1. Deciānus, -a, -um, adj. De Décio (T. Lív. 10, 30, 8).

2. Deciānus, -ī, subs. pr. m. Deciano, nome de homem (Cíc. Rab. perd. 24).

1. dēcīdī, perf. de **dēcīdo**.

2. dēcĭdī, perf. de **dēcĭdo**.

Decidius, -ī, subs. pr. m. Decídio Sacra, celtibero, lugar-tenente de César (Cés. B. Civ. 1, 66).

1. dēcĭdō, -is, -ĕre, -cĭdī, v. intr. I — Sent. próprio: 1) Cair de, cair (Cíc. C. M. 71); (Cés. B. Gal. 1, 48, 6). II — Sent. figurado: 2) Poético: Sucumbir, morrer, perecer (Verg. En. 5, 517). 3) Decair, desanimar (Tác. An. 3, 59); (T. Lív. 37, 26, 1). Obs.: Constrói-se com abl. isolado, ou com as preps. **ab**, **de** ou **ex**, e com acus. com **in**.

2. dēcīdō, -is, -ĕre, dēcīdī, -cīsum, v. tr. e intr. I — Sent. próprio: 1) Separar cortando, cortar, reduzir (Tác. G. 10). II — Sent. figurado: 2) Decidir, resolver, pôr têrmo (Cíc. Verr. 5, 120); (Hor. Ep. 1, 7, 59). 3) Arranjar-se, acomodar-se, transigir (Cic. Verr. 3, 114). Obs.: Constrói-se com acus., ou com abl. acompanhado de **cum**.

dēcidŭus, -a, -um, adj. Que cai, caído: **decidua sidera** (Plín. H. Nat. 2, 6) «estrêlas cadentes».

deciens e **decies** (**decem**), adv. num. I — Sent. próprio: 1) Dez vêzes (Cíc. Verr. 1, 28). II — Daí, em sentido indefinido: 2) Um número indefinido de vêzes, um sem número de vêzes (Hor. Sat. 1, 3, 15).

decima (**decŭma**), -ae, subs. f. (subentend. **pars**) e **decimae**, -ārum, subs. f. pl. I — Sent. próprio: 1) Dízimo oferecido aos deuses (T. Lív. 5, 21). II — Daí: 2) Dízimo, tributo (Cíc. Verr. 3, 20). No pl. 3) Dádiva em dinheiro feita ao povo (Cíc. Of. 2, 58). 4) A décima parte de uma herança (Quint. 8, 5, 19).

Decimāna (**decumāna**), subs. pr. f. (subentend. **mulier**). Mulher de um cobrador de dízimos (Cíc. Verr. 3, 77).

1. decimānus (**decumānus**), -a, -um, adj. I — Sent. próprio: 1) Dado em pagamento ao dízimo, sujeito ao dízimo (Cíc. Verr. 3, 12). Na língua militar: 2) Que pertence à décima legião: **decumana porta** (Cés. B. Gal. 2, 24, 2) «porta decumana» (entrada principal de um acampamento romano, junto à qual acampava a décima coorte de cada legião).

2. decimānus (**decumānus**), -ī, subs. m. 1) Fazendeiro, recebedor do dízimo (Cíc. Verr. 2, 32). 2) No pl. **decumānī**, -ōrum, (B. Afr. 16, 2) Soldados da 10ª legião.

decimātes (**decumātes**) **agrī**, subs. m. pl. Campos sujeitos ao dízimo (região entre o Reno e o Danúbio) (Tác. G. 29).

decimō (**decŭmō**), -ās, -āre, v. tr. Dizimar, punir (geralmente de morte) uma pessoa em cada grupo de dez (Suet. Aug. 24).

1. decimum (**decŭmum**), adv. Pela décima vez (T. Lív. 6, 40, 8).

2. decimum, -ī, subs. n. O décuplo (Cíc. Verr. 3, 112; 113).

1. **decĭmus (decŭmus), -a, -um.** I — Sent. próprio: 1) Décimo (Cés. B. Gal. 1, 40, 15). II — Sent. figurado: 2) Grande, considerável (Ov. Met. 11, 530).

2. **Decĭmus, -ī,** subs. pr. m. Décimo, prenome romano, cuja abreviatura era D.

dēcipĭō, -is, -ĕre, -cēpī, -cēptum, v. tr. Sent. próprio: 1) Apanhar fazendo cair numa armadilha (têrmo de caça), apanhar por meio de um ardil, e daí: enganar, iludir (Cíc. De Or. 2, 289). Na língua poética: 2) Esquecer (Hor. O. 2, 13, 38). Obs.: Constrói-se com acus. ou intransitivamente.

dēcīsĭō, -ōnis, subs. f. I — Sent. próprio: 1) Diminuição (Apul. Mund. 29). II — Daí, em sent. moral: 2) Solução, composição, transação, decisão (Cíc. Verr. 1, 140).

dēcīsus, -a, -um, part. pass. de **dēcīdo 2.**

1. **Decĭus, -ī,** subs. pr. m. e **Decĭī, -ōrum,** subs. pr. m. pl. Décio e os Décios. 1) Nome de três ilustres romanos, que se devotaram inteiramente aos deuses infernais para assegurar, em troca, a vitória dos exércitos romanos (Cíc. Of. 3, 16). 2) **Decĭus Magĭus,** cidadão de Cápua, que a defendeu contra Aníbal (T. Lív. 23, 10, 3). 3) **Decĭus (Cneius Messĭus Quintus Trajanus),** imperador romano de 249 a 251. Venceu Filipe perto de Verona, perseguiu os cristãos e foi morto com seu filho na guerra contra os godos.

2. **Decĭus, -a, -um,** adj. De **Publĭus Decĭus Mus,** um dos três romanos que se sacrificaram pela pátria (T. Lív. 9, 30).

dēclāmātĭō, -ōnis, subs. f. I — Sent. próprio: 1) Exercício da palavra, — declamação (Cíc. Tusc. 1, 7). Daí: 2) Tema, assunto de declamação (Juv. 10, 167). II — Em sent. pejorativo: 3) Discurso banal (Cíc. Planc. 47). 4) Protesto ruidoso (Cíc. Mur. 44). 5) Estilo declamatório (Tác. D. 35).

dēclāmātor, -ōris, subs. m. Declamador, o que se exercita na palavra, na arte de falar (Cíc. Or. 47).

dēclāmātōrĭus, -a, -um, adj. Declamatório, relativo à declamação (Cíc. De Or. 1, 73).

dēclāmātus, -a, -um, part. pass. de **dēclāmo.**

dēclāmĭtō, -ās, -āre, -āvī, -ātum, v. freq. intr. e tr. 1) Intr.: Declamar, exercitar-se freqüentemente na arte de falar (Cíc. Br. 310). 2) Tr.: Exercitar-se advogando (na arte forense) (Cíc. Tusc. 1, 7).

dēclāmō, -ās, -āre, -āvī, -ātum, v. intr. e tr. I — Sent. próprio: 1) Gritar ruidosamente (especializado no sentido de declamar), exercitar-se em falar em voz alta, declamar (Cíc. Fin. 5, 5). II — Sent. figurado: 2) Desfazer-se em injúrias, falar violentamente contra, injuriar, exprobar (Cíc. Verr. 4, 149).

dēclārātĭō, -ōnis, subs. f. Declaração, manifestação (Cíc. Fam. 10, 5, 2).

dēclārātor, -ōris, subs. m. O que declara, o que torna conhecido (Plín. Paneg. 92, 3).

dēclārātus, -a, -um, part. pass. de **dēclāro.**

dēclārō, -ās, -āre, -āvī, -ātum, v. tr. I — Sent. próprio: 1) Tornar conhecido, dar a conhecer, manifestar (Cíc. Nat. 2, 6). Daí: 2) Proclamar, nomear (magistrado, vencedor, etc.), declarar (Cíc. Mur. 3). 3) Anunciar (Cíc. Fam. 2, 3, 1). II — Sent. figurado: 4) Significar, traduzir, exprimir (Cíc. De Or. 3, 222). Obs.: Constrói-se com acus., com acus. e inf., com or. inter. ind. ou intransitivamente.

dēclīnātĭō, -ōnis, subs. f. I — Sent. próprio e figurado: 1) Desvio, afastamento, pequena digressão (Cíc. De Or. 8, 205). Daí: 2) Abandono motivado por um desenvolvimento (Cíc. De Or. 3, 207). II — Sent. figurado: 3) Aversão, repugnância por alguma coisa (Cíc. Tusc. 4, 13). III — Empregos especiais: 4) Inclinação, flexão (Cíc. Cat. 1, 15). Na língua gramatical: 5) Declinação, derivação, flexão, conjugação (Quint. 1, 4, 13).

dēclīnātus, -a, -um, part. pass. de **dēclīno.**

dēclīnis, -e, adj. Que se inclina, que se retira, que se afasta (Estác. Theb. 5, 297).

dēclīnō, -ās, -āre, -āvī, -ātum, v. tr. e intr. I — Sent. próprio: 1) Tr.: Desviar, afastar, arredar (Lucr. 2, 250). Daí: 2) Evitar, aparar (um golpe), fugir de (Cíc. Or. 228). 3) Intr.: Afastar-se, desviar-se (Cíc. Fin. 5, 5). II — Empregos especiais: 4) Derivar, declinar (Ov. Met. 9, 461). Na língua gramatical: 5) Declinar (Quint. 1, 4, 22). 6) Loc.: **declinare lumina somno** (Verg. En. 4, 185) «deixar-se dominar pelo sono (ceder ao sono)».

dēclīvis, -e, adj. I — Sent. próprio: 1) Que desce em declive, ladeira, inclinado (Cés. B. Gal. 2, 18, 1). **Declive,** forma neutra usada substantivamente: 2) Na encosta, na ladeira: **per declive** (Cés. B. Civ. 3, 51, 6) «na encosta»; **declivia et devexa** (Cés. B. Gal. 7, 88, 1) «as ladeiras e as depressões (de uma colina)» II — Sent. figurado: 3) Declínio, decadência (Plín. Ep. 8, 18, 8).

dēclīvītās, -tātis, subs. f. Ladeira, declive, declividade (Cés. B. Gal. 7, 85, 4).

dēcŏcō = dēcŏquo.

dēcŏcta, -ae, subs. f. Água fervida que era, em seguida, refrescada na neve (Suet. Ner. 48); (Juv. 5, 50).

dēcŏctor, -ōris, subs. m. Dissipador, homem arruinado (Cíc. Cat. 2, 5).

dēcŏctus, -a, -um. I — Part. pass. de **dēcŏquo.** II — Adj. em Pérsio (1, 125): **decoctior** — «mais cuidado».

dēcollātus, -a, -um, part. pass. de **dēcŏllo.**

dēcŏllō, -ās, -āre, -āvī, -ātum, v. tr. Tirar do pescoço, degolar, decapitar (Suet. Calig. 32); (Sên. Ir. 3, 18, 4).

dēcŏlō, -ās, -āre, -āvī, -ātum, v. intr. Ir-se, escapar por entre os dedos (Plaut. Capt. 496).

dēcŏlor, -ōris, adj. I — Sent. próprio: 1) Que perdeu a côr natural, descorado, alterado na côr, manchado, enlameado, escuro (Ov. Trist. 4, 2, 42); (Ov. Trist. 5, 3, 24). II — Sent. figurado: 2) Corrompido (Verg. En. 8, 326).

dēcolōrātĭō, -ōnis, subs. f. Alteração da côr (Cíc. Div. 2, 58).

dēcolōrātus, -a, -um, part. pass. de **dēcolōro.**

dēcolōrō, -ās, -āre, -āvī, -ātum, v. tr. Descolorar, alterar a côr de, fazer perder a côr (Hor. O. 2, 1, 35).

dēcōndō, -is, -ĕre, v. tr. Ocultar, esconder (Sên. Marc. 10, 6).

dēcŏquō (decŏcō), -is, -ĕre, -cōxī, -cōctum, v. tr. e intr. I — Sent. próprio: 1) Reduzir pela cocção (Cat. Agr. 97, 98). 2) Fazer cozer, fazer ferver: ... **holus** (Hor. Sát. 2, 1, 74) «fazer cozer os legumes». II — Sent. figurado: 3) Amadurecer, sazonar (Cíc. De Or. 3, 103). 4) Fazer bancarrota, dar cabo dos bens, arruinar (Cíc. Phil. 2, 44).

1. decor, -ōris, subs. m. I — Sent. próprio: 1) Beleza (física), formosura, encanto, graça (Hor. O. 2, 11, 6). II — Sent. figurado: 2) O que fica bem, o que convém (Hor. A. Poét. 157). 3) Ornamento, elegância (de estilo) (Quint. 9, 4, 145). Obs.: Usa-se principalmente na poesia e designa, particularmente, a beleza física (em oposição a **decus** que se refere à beleza moral, virtude).

2. decor, -ōris, adj. Belo, magnífico (Sal. Hist. 3, 14). Obs.: Adj. arcaico e post-clássico.

decōrātus, -a, -um, part. pass. de **decōro.**

decōrē (decōrus), adv. I — Sent. próprio: 1) Convenientemente, dignamente (Cíc. Of. 1, 114). Daí: 2) Artisticamente (Cíc. poet. Div. 1, 20).

decōrō, -ās, -āre, -āvī, -ātum, v. tr. I — Sent. próprio: 1) Decorar, ornar, enfeitar (Cíc. Verr. 2, 112). II — Sent. figurado: 2) Honrar, distinguir (Cíc. Balb. 16). Obs.: Constrói-se com acus., ou acus. e abl.

decōrum, -ī, n. de **decōrus,** usado substantivamente. 1) Decôro, decência, conveniência (Cíc. Leg. 2, 45). 2) No pl.: **decōra:** honras, ornamentos (Tác. An. 3, 5).

decōrus, -a, -um, adj. I — Sent. próprio: 1) Que convém a, que fica bem a: **decōrum est** (Cíc. At. 5, 9, 1) «convém» (infinit. ou or. infinit.). Daí: 2) Belo, formoso (Hor. Sát. 2, 7, 41). II — Sent. figurado: 3) Ornado, enfeitado, elegante, rico (Hor. O. 1, 30, 3); (Sal. C. Cat. 7, 4).

dēcōxī, perf. de **dēcŏquo.**

dēcrepĭtus, -a, -um, adj. Decrépito (Cíc. Tusc. 1, 94).

dēcrēscō, -is, -ĕre, dēcrēvī, dēcrētum, v. intr. Decrescer, diminuir, tornar-se menor (sent. físico e moral) (Cíc. Div. 2, 33).

dēcrētŏrĭus, -a, -um, adj. Decisivo, definitivo, fatal: **decretoria hora** (Sên. Ep. 102), 24) «a hora fatal».

dēcrētum, -ī, subs. n. I — Sent. próprio: 1) Decisão, decreto (Cíc. Mur. 29). II — Na língua filosófica: 2) Princípios, preceito, doutrina (Cíc. Ac. 1, 27 e 29).

dēcrētus, -a, -um, part. pass. de **dēcĕrno** e de **dēcrēsco.**

dēcrēvī, perf. de **dēcĕrno** e de **dēcrēsco.**

dēcŭbŭī, perf. de **dēcŭmbo.**

dēcucŭrrī = dēcŭrrī, perf. de **dēcŭrro.**

dēcŭit, perf. do impess. **dĕcet.**

dĕcum-, v. **dĕcim-.**

dēcŭmbō, -is, -ĕre, -cŭbŭī, v. intr. I — Sent. próprio: 1) Deitar-se, meter-se na cama, pôr-se à mesa (Cat. Agr. 156, 4). Daí: 2) Cair combatendo, cair morto (Cíc. Tusc. 2, 41).

decurĭa, -ae, subs. f. I — Sent. próprio: 1) Decúria (divisão do povo romano), dezena, conjunto de dez cavaleiros comandados por um decurião (Sên. Ep.

47, 7). II — Depois: 2) Divisão, corporação, classe (Cíc. Verr. 3, 184).
decuriātĭō, -ōnis, subs. f. Divisão por decúrias (Cíc. Planc. 45).
1. decuriātus, -a, -um, part. pass. de **decurio.**
2. decuriātus, -ūs, subs. m. = **decuriātĭo** (T. Lív. 22, 38, 3).
1. decurĭō, -ās, -āre, -āvī, -ātum, v. tr. I — Sent. próprio: 1) Dividir em decúrias, distribuir por dezenas (T. Lív. 22, 38, 3). II — Sent. figurado: 2) Formar conluios, conspirar (Cíc. Sest. 34).
2. decurĭō, -ōnis, subs. m. 1) Decurião (oficial que, a princípio, comandava dez cavaleiros e depois trinta) (Cés. B. Gal. 1, 32, 2). 2) Decurião (senador das cidades municipais ou colônias) (Cíc. Sest. 10). 3) Decurião (chefe do pessoal de palácio), camarista-mor (Suet. Domic. 17).
dēcŭrrī, perf. de **dēcŭrro.**
dēcŭrrō, -is, -ĕre, dēcŭrrī (dēcucŭrrī), dēcursum, v. intr. e tr. I — Sent. próprio: 1) Descer correndo, correr descendo, precipitar-se (Cés. B. Gal. 2, 21, 1). Daí: 2) Ir, marchar, fazer um percurso (viagem marítima) (Cíc. Fam. 11, 4, 3). Na língua militar: 3) Manobrar, desfilar (T. Lív. 26, 51, 8). 4) Recorrer a (Cíc. Quinct. 48). 5) Tr.: Percorrer, acabar, narrar (Cíc. Quinct. 81); (Verg. G. 2, 39).
dēcursĭō, -ōnis, subs. f. Manobra, parada militar (Suet. Calig. 18).
1. dēcursus, -a, -um, part. pass. de **dēcurro.**
2. dēcursus, -ūs, subs. m. I — Sent. próprio: 1) Ação de descer correndo, descida rápida, queda (d'água) (Verg. En. 12, 523). Daí, na língua militar: 2) Marcha militar, desfile, manobra, evolução (T. Lív. 40, 9, 10). Na língua retórica: 3) Movimento, ritmo dos versos (Quint. 9, 4, 115). II — Sent. figurado: 4) Missão cumprida, carreira andada (Suet. Ner. 24). 5) Decurso (de tempo), percurso completo (Cíc. De Or. 1, 1).
dēcurtātus, -a, -um, part. pass. do desusado **dēcŭrto.** Cortado, mutilado, truncado (Cíc. Or. 178).
decus, -ŏris, subs. n. I — Sent. próprio: 1) Decôro, decência, dignidade (Cíc. Of. 1, 17). II — Daí: 2) Honra, glória (Cíc. Fam. 10, 12, 5). II — Sent. figurado: 3) Ornato, enfeite, ornamento (Cíc. De Or. 1, 199). 4) Beleza moral, virtude, dever (T. Lív. 38, 58, 3).
decussātus, -a, -um, part. pass. de **decūsso.**
dēcūssī, perf. de **dēcutĭo.**
decūssō, -ās, -āre, -āvī, -ātum, v. tr. Cruzar em forma de X (Cíc. Tim. 24).
dēcūssus, -a, -um, part. pass. de **dēcutĭo.**
dēcutĭō, -is, -ĕre, -cūssī, -cūssum, v. tr. Fazer cair sacudindo, fazer cair, deitar abaixo (Verg. En. 10, 718); (T. Lív. 33, 17, 9).
dēdĕcet, -ēre, dēdecŭit, v. impess. intr. I — Sent. próprio: 1) Não convir, não ficar bem (Cic. Tusc. 4, 55). Daí na língua poética: 2) Ficar mal, não assentar (Ov. Am. 1, 7, 12). Obs.: Constrói-se com inf. ou com acus. de pessoa.
dēdĕcor, -ŏris, adj. Feio, vergonhoso, indigno (Estác. Theb. 11, 760).
dēdecŏrō, -ās, -āre, -āvī, -ātum, v. tr. I — Sent. físico: 1) Desfigurar, deformar, tornar feio (Prop. 3, 22, 36). II — Sent. moral: 2) Desonrar, difamar (Cíc. Of. 3, 6).
dēdecōrus, -a, -um, adj. Desonroso, vergonhoso (Tác. An. 3, 32).
dēdecŭit, perf. do impess. **dēdĕcet.**
dēdĕcus, -ŏris, subs. n. I — Sent. próprio: 1) Desonra, vergonha, indignidade, infâmia (Cíc. Of. 1, 139). II — Daí: 2) Opróbio, o que causa desonra ou vergonha (Cés. B. Gal. 4, 25, 5). Na língua filosófica: 3) Mal, vício, ação desonrosa (em oposição a **decus**) (Cíc. Leg. 1, 55).
1. dĕdī, perf. de **dō.**
2. dēdī, inf. pres. pass. de **dedo.**
dēdicātĭō, -ōnis, subs. f. Consagração, inauguração (de um templo, teatro, etc.) (Cíc. Dom. 118).
dēdicātus, -a, -um, part. pass. de **dēdico.**
dēdĭco, -ās, -āre, -āvī, -ātum, v. tr. I — Sent. próprio: 1) Consagrar aos deuses em têrmos solenes, dedicar, consagrar (V. Máx. 1, 8, 4); (T. Lív. 5, 52, 10). Daí: 2) Declarar solenemente (Cíc. Flac. 79). II — Na língua comum: 3) Declarar, indicar (Lucr. 3, 208). 4) Oferecer, dedicar (Plín. pref. 12). Obs.: Constrói-se com acus. e dat. ou com acus. e acus. com **in.**
dēdĭdī, perf. de **dēdo.**
dēdĭdĭcī, perf. de **dēdīsco.**
dēdignātĭō, -ōnis, subs. f. Desdém, recusa desdenhosa (Quint. 1, 2, 31).
dēdignātus, -a, -um, part. pass. de **dēdignor.**
dēdignor, -āris, -ārī, -ātus sum, v. dep. tr. Repelir como indigno, recusar com

desdém, desdenhar, dedignar-se (Verg. En. 4, 536). Obs.: Constrói-se com duplo acus. ou com inf. e, às vêzes, intransitivamente, como em Tácito (An. 2, 2).

dēdiscō, -is, -ĕre, dēdidĭcī (sem supino), v. tr. Desaprender, esquecer, não saber (Cíc. Quinct. 56). Obs.: Constrói-se com acus. ou com inf.

dēdĭtīcĭus, -a, -um, adj. Que capitulou, que se rendeu sem condições (Cés. B. Gal. 1, 44, 5).

dēdĭtĭō, -ōnis, subs. f. Capitulação, rendição (Cés. B. Civ. 1, 81, 6).

dēdĭtus, -a, -um. I — Part. pass. de **dēdo**. II — Adj.: 1) Abandonado, entregue, atento (Lucr. 3, 647). 2) Devotado, dedicado (Cíc. Arch. 12). Obs.: Constrói-se com dat. e, raramente, na poesia, com abl. com **in**.

dēdō, -is, -ĕre, dēdĭdī, dēdĭtum, v. tr. I — Sent. próprio: 1) Dar de uma vez por tôdas, dar sem condições (Ter. And. 199). Na língua militar: 2) Entregar-se, render-se, capitular (Cés. B. Gal. 3, 16, 4); (Cés. B. Civ. 2, 22, 1). II — Sent. figurado: 3) Consagrar, dedicar (Cíc. Rep. 2, 1).

dēdocĕō, -ēs, -ēre, dēdocŭī, dēdōctum, v. tr. Fazer desaprender, fazer esquecer (Cíc. Fin. 1, 20). Obs.: Constrói-se com dois acus., ou com acus. de pess. e inf.

dēdocŭī, perf. de **dēdocĕō**.

dēdolĕō, -ēs, -ēre, -dolŭī (sem supino), v. intr. Deixar de se afligir, pôr têrmo à sua dor (Ov. F. 3, 480).

dēdolŭī, perf. de **dēdolĕō**.

dēdūcĕ = dēdūc, imperat. (2.ª pess. sg.) de **dēdūcō** (Ter. Eun. 538).

dēdūcō, -is, -ĕre, -dūxī, -dūctum, v. tr. I — Sent. próprio: 1) Puxar (os fios) de cima para baixo, fiar (Catul. 64, 313). II — Sent. figurado: 2) Levar, conduzir (Cés. B. Gal. 4, 30, 3). 3) Retirar, desviar (Cíc. Div. 2, 69); (Cíc. Verr. pr. 25). 4) Reduzir, abater, diminuir (T. Liv. 6, 15, 10). 5) Fazer descer, abaixar (Cés. B. Gal. 5, 51, 2). 6) Na língua náutica: tirar navios do estaleiro, lançar navios ao mar (Cés. B. Gal. 5, 2, 2). 7) Acompanhar, escoltar, conduzir (Cíc. Fam. 10, 12, 2). 8) Despojar jurìdicamente, desapontar, esbulhar (Cíc. Caec. 20). Na língua literária: 9) Compor, escrever (Ov. P. 1, 5, 13).

dēdūcta, -ae, subs. f. Soma deduzida de uma herança e abandonada pelo herdeiro (Cíc. Leg. 2, 50).

dēductĭō, -ōnis, subs. f. I — Sent. próprio: 1) Ação de tirar de, diminuição, dedução (Cíc. Verr. 3, 181). II — Daí: 2) Ação de conduzir, levar, conduzir colonos, fundar uma colônia (Cíc. Agr. 1, 16). 3) Esbulho de posse, ação de desapossar (Cíc. Caec. 27).

dēdūctus, -a, -um. I — Part. pass. de **dēdūco**. II — Adj.: abaixado, moderado, simples (Verg. Buc. 6, 5).

dēdūxī, perf. de **dēdūco**.

deĕrat, deĕrit, imperf. e futuro simples do v. **desum**.

deĕrro, -ās, -āre, -āvī, -ātum, v. intr. Afastar-se do caminho, desviar-se, desencaminhar-se, perder-se (sent. próprio e figurado) (Cíc. Ac. frg. 16); (Lucr. 1, 711).

deest, pres. do ind. de **desum**.

dēfaecō (dēfēcō), -ās, -āre, -āvī, -ātum, v. tr. I — Sent. próprio: 1) Defecar, separar as impurezas, o sedimento ou fezes de um líquido (Plín. H. Nat. 18, 232). II — Sent. figurado: 2) Tornar claro, purificar, limpar (Plaut. Aul. 79).

dēfatīgātĭō (dēfe-), -ōnis, subs. f. Fadiga, cansaço, esgotamento (Cíc. Fin. 1, 3).

dēfatīgātus, -a, -um, part. pass. de **dēfatīgo**.

dēfatīgō, -ās, -āre, -āvī, -ātum, v. tr. Fatigar, cansar, esgotar (sent. próprio e figurado) (Cés. B. Gal. 7, 41, 2); (Cíc. Leg. 3, 29).

dēfatiscor = dēfetiscor.

dēfēcī, perf. de **dēficĭo**.

dēfectĭō, -ōnis, subs. f. I — Sent. próprio: 1) Defecção, deserção de um partido (Cíc. Q. Fr. 1, 4, 4). Daí: 2) Deserção após uma rendição (Cés. B. Gal. 3, 10, 2). 3) Eclipse (do sol, da lua) (Cíc. Div. 2, 17). II — Sent. figurado: 4) Afastamento (Cíc. Tusc. 4, 22). 5) Esgotamento, desaparecimento, cessação (Cíc. C.M. 29). 6) Fraqueza, desfalecimento (Tác. An. 6, 50). T. de gram.: 7) Elipse (A. Gél. 5, 8, 3).

dēfēctor, -ōris, subs. m. Desertor, traidor, trânsfuga (Tác. An. 1, 48).

1. **dēfēctus, -a, -um**, part. pass. de **dēficĭo**.

2. **dēfēctus, -ūs, subs. m.** I — Sent. próprio: 1) Abandono de pôsto, defecção (Q. Cúrc. 7, 19, 39). II — Daí: 2) Desaparecimento, falta, ausência (Cíc. Nat. 2, 50).

dēfēndī, perf. de **dēfēndo**.

dēfēndō, -is, -ĕre, -fēndī, -fēnsum, v. tr. I — Sent. próprio: 1) Repelir, afastar (Cés. B. Gal. 1, 44, 6); (Cíc. Of. 3, 74). Daí: 2) Defender, proteger (Cés. B. Gal. 3, 16, 3). II — Sent. figurado: 3) Defender um papel, desempenhar bem (Cíc. Quinct. 43). 4) Afirmar, dizer em sua defesa, sustentar (Cíc. Verr. 3, 211). Obs.: Constrói-se com acus.; com acus. e abl. com **ab**; com acus. e dat.; com acus. e inf., ou com or. interrog. ind. Inf. pass. arc. **defendier** (Verg. En. 8, 493).

dēfēnĕrō, -ās, -āre, -āvī, -ātum, v. tr. Arruinar pela usura (Cíc. Par. 46).

dēfensĭō, -ōnis, subs. f. I — Sent. próprio: 1) Ação de repelir, repulsa (Cíc. Mil. 6). Daí: 2) Defesa (Cíc. Mil. 14). II — Sent. figurado: 3) Discurso de defesa, apologia (Plín. H. Nat. 7, 110).

dēfensĭtō, -ās, -āre, -āvī, -ātum, v. freq. tr. Defender muitas vêzes, proteger muito (Cíc. Br. 100).

dēfensō, -ās, -āre, -āvī, -ātum, v. freq. tr. I — Sent. próprio: 1) Repelir (Estác. S. 5, 2, 105). Daí: 2) Defender com tôda a energia, com vigor (Sal. B. Jug. 26, 1).

dēfensor, -ōris, subs. m. I — Sent. próprio: 1) O que desvia, afasta, impede (um perigo) (Cíc. Mil. 58). II — 2) Defensor, protetor (Cíc. Mil. 39). Na língua dos tribunais: 3) Advogado (que defende, em oposição ao **accusator**) (Cíc. Verr. 4, 82). 4) Meios de defesa (Cés. B. Gal. 4, 17, 10).

dēfēnstrix, -īcis, subs. f. Defensora (Cíc. Tim. 52).

dēfensus, -a, -um, part. pass. de **dēfendo**. dēferbŭī, perf. de **dēfervēsco**.

dēfĕrō, -fers, -ferre, dētŭlī, dēlātum, v. tr. I — Sent. próprio: 1) Levar, trazer (muitas vêzes com a idéia acessória de cima para baixo): ex **Helicone coronam** (Lucr. 1, 119) «trazer do Hélicon uma coroa»; (Cíc. Verr. 4, 65). II — Sent. figurado: 2) Depositar (alguma coisa) nas mãos de alguém, conceder, conferir, oferecer, confiar (Cés. B. Gal. 7, 4, 6). Por especialização de sentido: 3) Delatar, denunciar, revelar, acusar (Cíc. Clu. 143); (Cíc. Amer. 64). III — Empregos especiais: 4) Submeter (Cés. B. Gal. 5, 28, 2). 5) Apresentar à venda, vender (Petr. 12, 2). Obs.: Constrói-se com acus. e dat.; com duplo acus., sendo o segundo com **ad**; com acus. e inf.; com acus. simples; com gen. de crime, como em Tác. (An. 6, 47, ou 6, 53).

dēfervēscō, -is, -ĕre, deferbŭī ou defervī, v. incoat. intr. I — Sent. próprio: 1) Deixar de ferver, deixar de borbulhar, arrefecer (Cat. Agr. 96). II — Sent. figurado: 2) Acalmar-se, moderar-se (Cíc. Tusc. 4, 78). Obs.: Ambos os perfeitos são usados no período clássico.

dēfēssus, -a, -um, part. pass. de **dēfetīscor**. Obs.: Constrói-se com abl.

defetig-, v. defatig-.

dēfetīscor (ou dēfatīscor), -ĕris, -tīscī, -fessus sum, v. dep. intr. Estar cansado, fatigado, fatigar-se (Cíc. Arch. 12); (Cés. B. Gal. 3, 4, 3). Obs.: Constrói-se com inf. com abl. do gerúndio ou de um substantivo.

dēfēxit = dēfecĕrit (T. Lív. 1, 24, 8).

dēficiens, -entis, part. pres. de **dēficio**.

dēficĭō, -is, -ĕre, -fēcī, -fēctum, v. tr. e intr. I — Sent. próprio e figurado: 1) Abandonar, deixar, faltar, fazer falta, abandonar um partido (Cés. B. Gal. 7, 50, 6); (Cíc. Lae. 37). II — Sent. figurado: 2) Fazer falta a, apagar-se, extinguir-se, eclipsar-se (Cíc. Rep. 1, 23): **progenies Caesarum in Nerone defecit** (Suet. Galb. 1) «a raça (família) dos Césares se extinguiu com Nero». 3) Separar-se de, afastar-se de (Cés. B. Gal. 2, 14, 3); (Cíc. Planc. 86). 4) Passivo: Ser desprovido, ser abandonado, ter falta de (Cíc. Clu. 184). Obs.: Constrói-se com abl. simples ou com prep. **ab**; com acus. ou com dat.

dēfīgō, -is, -ĕre, -fixī, -fīxum, v. tr. I — Sent. próprio: 1) Enfiar, enterrar, plantar, fixar do alto para baixo, espetar (Cíc. Verr. 5, 170); (Cíc. Cat. 1, 16). II — Sent. figurado: 2) Atar, prender, tornar imóvel (Cíc. Phil. 11, 10); (T. Lív. 3, 47, 6). Empregos especiais: Na língua religiosa: 3) Declarar de um modo inabalável (Cíc. Leg. 2, 21). 4) Maravilhar, encantar, amaldiçoar (Ov. Am. 3, 7, 29).

dēfingō, -is, -ĕre, -finxī, -fictum, v. tr. Moldar, modelar, formar (sent. próprio e figurado) (Hor. Sát. 1, 10, 37).

dēfīnĭō, -īs, -īre, -īvī (ou -iī), -ītum, v. I — Sent. próprio: 1) Delimitar, limitar, circunscrever (Cíc. Caec. 22). II — Sent. figurado: 2) Definir, descrever, expor (Cíc. Tusc. 2, 30). 3) Determinar (sent. físico e moral), fixar, regular (Cés. B. Civ. 3, 82, 4). Na língua da retórica: 4) Concluir, terminar (Cíc. Or. 175).

dēfīnītē (**definītus**), adv. De maneira determinada, precisa; distintamente, expressamente (Cíc. De Or. 2, 118).
dēfīnītĭō, -ōnis, subs. f. I — Sent. próprio: 1) Delimitação. Daí: 2) Definição (Cíc. De Or. 1, 189). 3) Determinação, indicação precisa (Cíc. Clu. 5).
dēfīnītīvus, -a, -um, adj. Sent. próprio: 1) Delimitado, limitado, e daí: 2) Relativo à definição, definitivo (Cíc. Inv. 2, 52).
dēfīnītus, -a, -um, part. pass. de **dēfīnĭo**.
dēfīnxī, perf. de **dēfīngo**.
dēfit, dēfĭĕrī, passivo, (defectivo de **dĭfĭcĭō**), usado nas formas: **dēfit, dēfīet dēfīat, dēfĭĕrī**. Faltar, fazer falta (Verg. Buc. 2, 22).
dēfīxī, perf. de **dēfīgo**.
dēfīxus, -a, -um, part. pass. de **dēfīgo**.
dēflāgrātĭō, -ōnis, subs. f. Sent. próprio e figurado: Combustão, deflagração, incêndio (Cíc. Div. 1, 111; Planc. 95).
dēflāgrātus, -a, -um, part. pass. de **dēflāgro**.
dēflāgrō, -ās, -āre, -āvī, -ātum, v. intr. I — Sent. próprio: 1) Ser destruído por um incêndio, ser devorado pelas chamas (Cíc. Nat. 2, 69). Daí: 2) Extinguir-se, deixar-se queimar, apagar-se (T. Lív. 40, 8, 9). II — Sent. figurado: 3) Perecer, ser destruído (Cíc. Sest. 99). Tr.: 4) Queimar, abrasar (Cíc. Cat. 4, 22).
dēflēctō, -is -ĕre, -flēxī, -flēxum, v. tr. e intr. 1) Tr.: Abaixar curvando, curvar, dobrar, desviar, torcer, afastar (Cíc. Div. 1, 38); (Cíc. Rep. 1, 68). 2) Intr.: Desviar-se, afastar-se (Cíc. Verr. 5, 176).
dēflĕō, -ēs, -ēre, -ēvī, -ētum, v. tr. 1) Chorar, deplorar, lamentar (Cíc. De Or. 3, 9). 2) Intr.: Chorar abundantemente (Tác. An. 16, 13).
dēflētus, -a, -um, part. pass. de **deflĕo**.
dēflēvī, perf. de **dēflĕo**.
dēflēxī, perf. de **dēflēcto**.
dēflēxus, -a, -um, part. pass. de **dēflēcto**.
dēflēxus, -ūs, subs. m. Ação de se afastar (V. Max. 4, 2).
dēflōccō, -ās, -āre, -ātum, v. tr. Tirar o pêlo, pelar (Plaut. Ep. 616).
dēflōrēscō, -is, -ĕre, dēflōrŭī, v. intr. Perder as flôres, desflorir, murchar (sent. próprio e figurado) (Catul. 62, 43); (Cíc. Cael. 44).
dēflōrŭī, perf. de **dēflōrēsco**.
dēflŭō, -is, -ĕre, -flūxī, (-flūxum), v. intr. I — Sent. próprio: 1) Correr do alto para baixo, escorrer, defluir (Cíc. Nat. 2, 143). II — Sent. figurado: 2) Derivar, deslisar, descer, cair (Verg. En. 1, 404). 3) Perder-se correndo (tratando-se de líquidos), escoar-se inteiramente, escapar-se, desaparecer (Cíc. Verr. 3, 155); (Hor. Ep. 2, 1, 158). 4) Deixar de correr (Hor. Ep. 1, 2, 42).
dēflūxī, perf. de **dēflŭo**.
dēfōdī, perf. de **dēfodĭo**.
dēfodĭō, -is, -ĕre, -fōdī, -fōssum, v. tr. I — Sent. próprio: 1) Cavar, escavar, furar (Hor. Sát. 1, 1, 42). II — Sent. figurado: 2) Enterrar, sepultar, ocultar, esconder (Cíc. Div. 1, 33).
dēfōre, inf. fut. de **desum**.
dēformātĭō, -ōnis, subs. f. I — Sent. próprio: 1) Ação de desfigurar, alteração, deformação (Cíc. frag. F. 5, 81). II — Sent. figurado: 2) Degradação, desonra (T. Lív. 9, 5, 14).
dēformātus, -a, -um, part. pass. de **dēformo**.
dēformis, -e, adj. I — Sent. próprio: 1) Disforme, feio, horroroso (Cíc. Verr. 3, 47). II — Sent. figurado: 2) Vergonhoso, degradante, aviltante (T. Lív. 45, 44, 20). 3) Inconsistente, sem forma (Ov. F. 2, 554).
dēformĭtās, -tātis, subs. f. I — Sent. próprio: 1) Deformidade, fealdade (Cíc. Of. 3, 105). II — Sent. figurado: 2) Desonra, vergonha, infâmia, indignidade (Cíc. At. 9, 10, 2).
dēformō, -ās, -āre, -āvī, -ātum, v. tr. I — Sent. próprio: 1) Esboçar, descrever, traçar (Cíc. Caec. 14). II — Sent. figurado: 2) Desfigurar, deformar, tornar disforme, feio (Cíc. Verr. 4, 122). 3) Alterar, estragar, manchar, desonrar (Cíc. Cael. 3). 4) Dar forma, formar, representar (Quint. 5, 11, 30).
dēfōssus, -a, -um, part. pass. de **dēfodĭo**.
dēfrāctus, -a, -um, part. pass. de **dēfrīngo**.
dēfraenātus, v. **dēfrēnātus**.
dēfraudō ou dēfrūdō, -ās, -āre, -āvī, -ātum, v. tr. Defraudar, privar de, despojar (Plaut. As. 94); (Cíc. Fam. 7, 10, 2). Obs.: Constrói-se com acus. e abl.; com acus., e, raramente, com duplo acus.
dēfrēgī, perf. de **dēfrīngo**.
dēfrēnātus, -a, um, adj. Desenfreado (Ov. Met. 1, 282).
dēfrĭcātus, -a, -um, part. pass. de **dēfrĭco**.
dēfrĭcō, -ās, -āre, -frĭcŭī, -frĭctum ou -frĭcātum, v. tr. I — Sent. próprio: 1) Tirar esfregando, friccionar, esfregar com fôrça (Plín. H. Nat. 26, 21). II — Sent. figurado: 2) Limpar esfregando,

polir (Catul. 39, 19). Obs.: O part. pass. **defricātus** ocorre em (Catul. 37, 20); e **defrĭctus** em (Sên. Ep. 87, 10); etc.
dēfrĭctus, -a, -um, part. pass. de **dēfrĭco**.
dēfrĭcŭī, perf. de **dēfrĭco**.
dēfrĭngō, -is, -ĕre, -frēgī, -frāctum, v. tr. Romper, quebrar, arrancar rompendo (sent. próprio e figurado) (Cíc. Caec. 60
dēfrŭdō = **dēfraudo**.
dēfrŭstror, -āris, -ārī, v. dep. tr. Enganar, iludir (Plaut. Most. 944).
dēfrŭtum, -ī, subs. n. Defruto, mosto do vinho cozido (Verg. G. 4, 269).
dēfūdī, perf. de **dēfundo**.
dēfūgī, perf. de **dēfugīo**.
dēfŭgĭō, -is, -ĕre, -fūgī, v. tr. Evitar pela fuga, fugir de, esquivar, evitar (Cíc. Tusc. 5, 118).
dēfŭī, perf. de desum.
dēfunctōrĭē, adv. Negligentemente, frouxamente, perfunctòriamente (Sên. Contr. 10, 2, 18).
dērunctōrĭus, -a, -um, adj. Que terminou sua tarefa, rápido, passageiro (Petr. 132, 10).
dēfūnctus, -a, -um, part. pass. de **dēfūngor**. Obs.: Constrói-se com abl.
dēfŭndō, -is, -ĕre, -fūdī, -fūsum, v. tr. Tirar (vinho), derramar, vasar (Hor. Sát. 2, 2, 58).
dēfūngor, -ĕris, -ī, -fūnctus sum, v. dep. intr. I — Sent. próprio: 1) Satisfazer completamente, desempenhar-se completamente, cumprir inteiramente (Cíc. Planc. 52). II — Sent. figurado: 2) Pagar uma dívida (Cíc. Verr. 3, 42). Daí: 3) Estar quites com, acabar com, acabar (Cíc. Sest. 74). Donde: 4) Falecer, morrer (Verg. G. 4, 474). Obs.: Constrói-se com abl. Inf. arc. **defungĭer** (Ter. Phorm. 1021).
dēfūsus, -a, -um, part. pass. de **dēfundo**.
dĕgĕner, -ĕris, adj. I — Sent. próprio: 1) Degenerado, abastardado, que degenera (Ov. Met. 11, 314). II — Sent. figurado: 2) Baixo, indigno, ignóbil, vil (Verg. En. 4, 13).
dĕgĕnĕrātus, -a, -um, part. pass. de **dĕgĕnĕro**.
dĕgĕnĕrō, -ās, -āre, -āvī, -ātum, v. intr. e tr. I — Sent. próprio: 1) Intr.: Degenerar (Verg. G. 2, 59); (Cíc. Phil. 13, 30). 2) Tr.: Alterar, enfraquecer (Plín. H. Nat. 25, 8). II — Sent. figurado: 3) Desonrar, manchar, difamar (Ov. Met. 7, 543). Obs.: Constrói-se com abl. com prep. **ab**, com dat. e com acus. com **ad** ou **in**.

dĕgĕrō, -is, -ĕre, -gēssī, v. tr. Levar, transportar, carregar (Plaut. Men. 804).
dĕgī, perf. de **dĕgo**.
dēglŭbō, -is, -ĕre, -glūptum, v. tr. I — Sent. próprio: 1) Descascar (Varr. R. Rust. 1, 48, 2). II — Sent. figurado: 2) Cobrar preço excessivo, vender caro (Suet. Tib. 32).
dĕgō, -is, -ĕre, v. tr. e intr. Sent. próprio: 1) Acabar, passar, gastar (com idéia de continuidade), consumir (Cíc. Sull. 75; Fin. 2, 118). Daí: 2) Continuar, prosseguir (Lucr. 4, 968). Intr. 3) Viver (Hor. O. 3, 28, 49).
dēgrandĭnat, -āre, v. impress. Cair granizo, saraivar com fôrça (Ov. F. 4, 755).
dēgrăvātus, -a, -um, part. pass. de **dēgrăvo**.
dēgrăvō, -ās, -āre, -āvī, -ātum, v. tr. I — Sent.próprio: 1) Carregar, sobrecarregar (Ov. Met. 5, 352). II — Sent. figurado: 2) Oprimir, acabrunhar (T. Lív. 3, 62, 8).
dēgrĕdĭor, -ĕris, -grĕdī, -grĕssus sum, v. dep. intr. I — Sent. próprio: 1) Descer (T. Lív. 5, 52, 3). II — Daí: 2) Afastar-se de, sair (Plaut. Cas. 675).
dēgrĕssus, -a, -um, part. pass. de **dēgredĭor**.
dēgrunnĭo, -īs, -īre, v. intr. Grunhir (o porco) (Fedr. 5, 5, 27).
dēgustātus, -a, -um, part. pass. de **dēgūsto**.
dēgūstō, -ās, -āre, -āvī, -ātum, v. tr. I — Sent. próprio: 1) Degustar, provar, tomar gôsto (Cat. Agr. 148). II — Sent. figurado: 2) Ensaiar, experimentar, tentar (Cíc. Tusc. 5, 61). 3) Tocar de leve, lamber (Verg. En. 12, 376).
dehinc, adv. I — Sent. próprio: 1) A partir daqui, dêste lugar (Hor. A. Poét. 144). 2) A partir dêste momento, desde, daí em diante (T. Lív. 1, 59, 1). Donde: 3) Em seguida, depois, posteriormente (Suet. Aug. 97). Obs.: **dehinc** pode aparecer como segundo têrmo de uma correlação com **primum: primum... dehinc** (Verg. G. 3, 166) «primeiro... depois».
dehīscō, -is, -ĕre, v. intr. Abrir-se, entreabrir-se, fender-se (Verg. G. 1, 479).
dehonestāmēntum, -ī, subs. n. I — Sent. próprio: 1) Deformidade, o que desfigura, torna disforme (Sal. apud A. Gél. 2, 27, 2). II — Sent. figurado: 2) Ultraje, desonra, ignomínia (Tác. Hist. 2, 87).
dehonestātus, -a, -um, part. pass. de **dehonēsto**.

dehonēstō, -ās, -āre, -āvī, -ātum, v. tr. Desfigurar, desonrar, aviltar, manchar, desonestar (sent. próprio e figurado) (T. Liv. 41, 6). Obs.: Na poesia ocorre a primeira sílaba longa.

dehortor, -āris, -ārī, -hortātus sum, v. dep. tr. Dissuadir, desaconselhar, dissuadir pela exortação (Cíc. Pis. 94).

Dēianīra, -ae, subs. pr. f. Dejanira, guerreira cortejada por muitos pretendentes, dentre os quais preferiu Hércules (Cíc. Tusc. 2, 20).

dēiciō = **dējiciō**.

Dēidamīa, -ae, subs. pr. Deidamia, filha de Licomedes, rei da ilha de Ciros, e mãe de Pirro (Ov. A. Am. 1, 704).

Deillius, -ī, subs. pr. m. Deílio, nome de família romana (Sên. Clem. 1, 10, 1).

dein, v. **deinde** (Cíc. Rep. 1, 18).

deinceps, adv. I — Sent. próprio: 1) Sucessivamente, em seguida, depois (com idéia de lugar) (T. Liv. 21, 8, 5). Daí: 2) Sucessivamente, em seguida, depois (com idéia de tempo) (Cés. B. Gal. 3, 29, 1). Donde: 3) Em seguida, depois (sucessão no tempo e no espaço) (Cíc. Of. 1, 52). Obs.: Ocorre como dissílabo, por licença poética (Hor. Sat. 2, 8, 80).

deinde, adv. I — Sent. próprio: 1) Depois (com idéia de lugar) (T. Liv. 22, 4, 2). Daí: 2) Depois (com idéia de tempo) (Cés. B. Gal. 4, 35, 3). Donde: 3) Em seguida, depois (com idéia de sucessão, no tempo e no espaço): primum... **deinde** (Cés. B. Gal. 1, 25, 1) «primeiro... em seguida». Obs.: **Dein** é forma abreviada de **deinde** e só aparece antes de consoante.

deintěgrō, adv. (melhor de **intěgro**), v. **integer**.

Dēionidēs, -ae, subs. pr. m. Deiônida, filho de Deioneu, rei lendário da Fócida (Ov. Met. 9, 442).

Dēiopēa, -ae, subs. pr. f. Deiopéia, nome de uma ninfa do cortejo de Juno (Verg. En. 1, 72).

Dēiphōbē, -ēs, subs. pr. f. Deífobe, um dos nomes da sibila de Cumas, filha de Glauco e de Hécate (Verg. En. 6, 36).

Dēiphōbus, -ī, subs. pr. m. Deífobo, filho de Príamo, distinguiu-se na guerra de Tróia e depois foi entregue por Helena a Menelau e Ulisses (Verg. En. 2, 310).

Dējanīra, v. **Dēianīra**.

dējēcī, perf. de **dējiciō**.

dējectiō, -ōnis, subs. f. I — Sent. próprio: 1) Dejecção, evacuação, diarréia (Sên. Ep. 120, 16). II — Têrmo jurídico: 2) Expropriação (Cíc. Caec. 57).

1. **dējēctus**, -a, -um. I — Part. pass. de **dejicio**. II — Adj.: abatido, desanimado (Verg. En. 10, 858).

2. **dējēctus**, -ūs, subs. m. I — Sent. próprio: 1) Ação de deitar abaixo, queda (d'água), derrubada (T. Liv. 9, 2, 9). II — Sent. figurado: 2) Descida forte, declive (Cés. B. Gal. 2, 8, 3). 3) Queda (Sên. Ir. 3, 1, 5).

dējěrō, -ās, -āre, -āvī, v. intr. Jurar, fazer um juramento (Ter. Eun. 331).

dējiciō ou **dēiciō**, -is, -ěre, dējěcī, dējěctum, v. tr. I — Sent. próprio: 1) Jogar abaixo, precipitar, fazer cair, lançar (Cíc. Amer. 100). Daí: 2) Derrubar, abater, destruir (Cés. B. Gal. 4, 12, 2). Na língua militar: 3) Expulsar, obrigar a sair, desalojar (Cés. B. Gal. 7, 51, 1). Na língua jurídica: 4) Desapossar, privar (Verg. En. 3, 317). II — Sent. figurado: 5) Abaixar, desviar, afastar, repelir (Verg. En. 11, 480); (Cíc. Verr. 5, 181); (Cés. B. Gal. 7, 63, 8).

Dējotărus, -ī, subs. pr. m. Dejótaro, rei da Galácia, defendido por Cícero no **Pro Dejotaro**.

dējūnctus, -a, -um, part. pass. de **dejūngo**.

dējūngō, -is, -ěre, v. tr. Desjungir, desatrelar, desunir (Tác. D. 11).

dējŭvō, -ās, -āre, v. tr. Privar (ou recusar) de socorro (Plaut. Trin. 344).

dēlābor, -ěris, -lābī, -lāpsus sum, v. dep. intr. I — Sent. próprio: 1) Cair de, cair, escapar (Cíc. Har. 62). II — Sent. figurado: 2) Descer, abaixar-se, cair, decair (Cíc. De Or. 2, 246). 3) Derivar de (Cíc. De Or. 3, 216).

dēlāmēntor, -āris, -ārī, v. dep. tr. Lamentar, deplorar, lamentar-se (Ov. Met. 11, 331).

dēlāpsus, -a, -um, part. pass. de **dēlābor**.

dēlassātus, -a, -um, part. pass. de **dēlāsso**.

dēlāssō, -ās, -āre, -āvī, -ātum, v. tr. Cansar demasiadamente, fatigar muito, esgotar (sent. próprio e figurado) (Hor. Sát. 1, 1, 14); (Marc. 10, 5, 17).

dēlātiō, -ōnis, subs. f. I — Sent. próprio: 1) Delação, denúncia, acusação (Cíc. Caecil. 49). II — Daí: 2) Delação (no império) (Tác. An. 4, 66).

dēlātor, -ōris, subs. m. Delator, denunciador, acusador (Tác. An. 6, 40).

dēlātus, -a, -um, part. pass. de **defěro**.

dēlēbĭlis, -e, adj. Destrutível (Marc. 7, 84, 7).

dēlectābĭlis, -e, adj. Agradável, encantador, deleitável (Tác. An. 12, 67).
dēlectāmēntum, -ī, subs. n. Deleitamento, deleite, prazer, encanto, distração (Cíc. Pis. 60).
dēlectātĭō, -ōnis, subs. f. Deleitação, deleite, prazer, divertimento (Cíc. Of. 1, 105).
dēlectātus, -a, -um, part. pass. de **delēcto**.
dēlēctō, -ās, -āre, -āvī, -ātum, v. tr. I — Sent. próprio: 1) Atrair, seduzir (Cíc. Arch. 12). II — Por enfraquecimento de sentido: 2) Encantar, regozijar-se (Hor. Ep. 1, 16, 32). 3) Impessoal: apraz, agrada (Quint. 1, 1, 29); (Plín. Ep. 1, 24, 2).
1. **dēlēctus**, -a, -um, part. pass. de **deligo** 2.
2. **delēctus** (dilēctus), -ūs, subs. m. I — Sent. próprio: 1) Escolha, discernimento (Cíc. Agr. 2, 57). II — Daí, na língua militar: 2) Recrutamento de tropas (Cíc. Fam. 15, 1, 5). 3) Tropas recrutadas, recrutas (Tác. Hist. 2, 57).
dēlēgātĭō, -ōnis, subs. f. Delegação, substituição de uma pessoa por outra (de quem recebeu poderes) (sent. próprio e figurado) (Cíc. At. 12, 3, 2); (Sên. Ep. 27, 4).
dēlēgātus, -a, -um, part. pass. de **delēgo**.
dēlēgī, perf. de **deligo** 2.
dēlēgō, -ās, -āre, -āvī, -ātum, v. tr. I — Sent. próprio: 1) Delegar, confiar a (Tác. D. 29). II — Sent. figurado: 2) Imputar a, atribuir (Cíc. Font. 8). 3) Enviar a, remeter (C. Nep. Cat. 3, 5). Obs.: Constrói-se com acus. com **ad** e com acus. e dat.
dēlēnīmēntum, -ī, subs. n. I — Sent. próprio: 1) O que acalma, abranda, lenitivo (T. Lív. 4, 51, 5). II — Daí: 2) Atrativo, engôdo, sedução (T. Lív. 30, 13, 12).
dēlēnĭō, ou **dēlīnĭō**, -īs, -īre, -īvī, (ou -ĭī), -ītum, v. tr. I — Sent. próprio: 1) Acalmar, abrandar, adoçar (Hor. O. 3, 1, 43). II — Daí: 2) Atrair, encantar, seduzir (Cíc. Clu. 28).
dēlēnītor, -ōris, subs. m. O que acalma, abranda, encanta (Cíc. Br. 246).
dēlēnītus, -a, -um, part. pass. de **delenĭo**.
dēlĕō, -ēs, -ēre, -ēvī, -ētum, v. tr. I — Sent. próprio: 1) Apagar, riscar, raspar (Cíc. Fam. 7, 18, 2). II — Daí: 2) Destruir (sent. próprio e figurado), arrasar (Cíc. Amer. 131); (Cíc. Lae. 92). Obs.: Ocorre também o perf. **delui** (em época tardia), e o part. pass. **delitus**. Formas sincopadas: **delerunt, delerit, delerat, delerant, delesset**.

delēram, delēssem = **delevĕram, delevīssem**.
dēlētrix, -īcis, subs. f. Destruidora (Cíc. Har. 49).
dēlētus, -a, -um, part. pass. de **delĕo**.
dēlēvī, perf. de **delĕo**.
Delfī, Delfĭcus, v. **Delph-**.
Delia, -ae, subs. pr. f. (**Delos**). **Délia:** 1) Nome que se dava a Diana, por ter a deusa nascido na ilha de Delos (Verg. Buc. 7, 29). 2) Nome de mulher (Tib. 1, 1, 57).
Dēlĭăcus, -a, -um, adj. Da ilha de Delos (Cíc. Or. 232).
dēlībāmēntum, -ī, subs. n. Libação (V. Máx. 2, 6, 8).
dēlībātus, -a, -um, part. pass. de **delībo**.
dēlīberābŭndus, -a, -um, adj. Que delibera, (T. Lív. 1, 54, 6).
dēlīberātĭō, -ōnis, subs. f. I — Sent. próprio: 1) Deliberação, consulta (Cíc. At. 7, 3, 3). II — Daí: 2) Decisão (Cíc. Phil. 1, 2). Na língua retórica: 3) Causa do gênero deliberativo (Cíc. De Or. 1, 22).
dēlīberātīvus, -a, -um, adj. Deliberativo (têrmo de retórica) (Cíc. Inv. 2, 12).
dēlīberātor, -ōris, subs. m. O que faz uma consulta ou o que delibera (Cíc. Sest. 74).
dēlīberātus, -a, -um. I — Part. pass. de **delibĕro**. II — Adj.: decidido, resolvido (Cíc. Fam. 5, 2, 8).
dēlībĕrō, -ās, -āre, -āvī, -ātum, v. intr. e tr. I — Sent. próprio: 1) Deliberar, pôr em deliberação, ponderar (Cíc. At. 8, 3, 6). II — Por extensão: 2) Resolver, decidir (Cíc. Verr. 1, 1). Daí: 3) Consultar (C. Nep. Milc. 1, 2). Obs.: Constrói-se com abl. com **de** ou **cum**; com acus.; com or. interrogat. indireta, com inf. ou acus. e inf.
dēlībō, -ās, -āre, -āvī, -ātum, v. tr. 1) Encetar, tomar uma parte de (Lucr. 6, 622). Daí: 2) Provar, colhêr, tocar de leve, delibar (Verg. En. 12, 434). 3) Tomar, levar (Cíc. Sest. 119).
dēlibrātus, -a, -um, part. pass. de **delibro**.
dēlībrō, -ās, -āre, -āvī, -ātum, v. tr. Descascar, tirar a pele ou a casca de, tirar de (Cés. B. Gal. 7, 73, 2).
dēlibŭī, perf. de **delibŭo**.
dēlibŭō, -is, -ĕre, -libŭī, -libŭtum, v. tr. Untar, impregnar (Cíc. Br. 217). Obs.: Usado principalmente no part. pass.
dēlĭcāta, -ae, subs. f. Criança muito mimada, querida (Plaut. Rud. 465).
dēlĭcātē, adv. I — Sent: próprio: 1) Delicadamente, com delicadeza (Cíc. Of.

1, 106). Donde: 2) Com doçura, voluptuosamente (Sên. Ir. 3, 9, 1). Daí: 3) Negligentemente, molemente, com abandono (Suet. Cal. 43).

1. dĕlĭcātus, -a, -um, adj. I — Sent. próprio: 1) Que agrada aos sentidos, atraente, voluptuoso, delicioso (Cíc. Verr. 5, 104). II — Daí: 2) Habituado a prazeres, voluptuoso, efeminado (Cíc. At. 1, 19, 8). 3) Delicado, terno, que gosta de carinho (Cíc. Br. 197). III — Sent. figurado: 4) Exigente, de fino gôsto, apurado (Cíc. Fin. 1, 5). Sent. poético: 5) Doce, terno, fino, delicado (Catul. 17, 15).

2. dĕlĭcātus, -ī, subs. m. Favorito, predileto (Suet. Tit. 7).

dēlĭcĭae, -ārum, subs. f. pl. I — Sent. próprio: 1) Delícias, prazer favorito, gozos, felicidade, volúpia (Cíc. Lae. 52). II — Sent. figurado: 2) Capricho, exigência (Cíc. At. 1, 17, 9). 3) Objeto de afeto, amor, delícias: **amores ac deliciae tuae Roscius** (Cíc. Div. 1, 79) «Róscio, teu amor e tuas delícias».

dēlĭcĭŏlae, -ārum, subs. f. pl. Têrmo de carinho: delícias, meu bem: **deliciolae nostrae** (Cíc. At. 1, 8, 3) «meu bem».

dēlĭcĭŏlum, -ī, subs. n., v. **dēlĭcĭŏlae** (Sên. Ep. 12, 3).

dēlĭcĭum, -ī, subs. n. v. **deliciae** (Fedr. 4, 1, 8).

dēlictum, -ī, subs. n. I — Sent. próprio: 1) Delito, falta, transgressão (Cíc. Mur. 61). II — Sent. figurado: 2) Êrro (de um escritor) (Hor. A. Poét. 442).

dēlictus, -a, -um, part. pass. de **delinquo**.

dēlĭcŭī, perf. de **deliquēsco**.

dēlĭgātus, -a, -um, part. pass. de **deligo**.

1. dēlĭgō, -ās, -āre, -āvī, -ātum, v. tr. Sent. próprio: 1) Prender, suspender e pendurar (ao pelourinho) (T. Lív. 2, 5). Daí: 2) Ligar, atar, amarrar (Cés. B. Gal. 1, 53, 3); (Cíc. Verr. 5, 161).

2. dēlĭgō, -is, -ĕre, -lēgī, -lēctum, v. tr. I — Sent. próprio: 1) Acabar de colhêr, colhêr fazendo uma escolha, colhêr (Cat. Agr. 144, 1). II — Sent. figurado: 2) Escolher, recrutar, eleger (Cíc. Amer. 8). 3) Tirar, separar, pôr de parte (Verg. En. 5, 717).

dēlīmatus, -a, -um, part. pass. de **delimo**.

dēlīmō, -ās, -āre, -ātum, v. tr. Tirar limando (Plín. H. Nat. 34, 26).

dēlinquō, -is, -ĕre, dēlĭquī, -lictum, v. intr. I — Sent. próprio: 1) Faltar, não comparecer (emprêgo raro) (Serv. En. 4, 390). II — Sent. figurado (usual): 2) Cometer uma falta, delinqüir, pecar, errar (Cíc. Ag. 2, 100).

dēlĭquēscō, -is, -ĕre, dēlĭcŭī, v. intr. I — Sent. próprio: 1) Derreter-se, dissolver-se, liqüefazer-se (Ov. Trist. 3, 10, 15). II — Sent. figurado: 2) Desfazer-se (Cíc. Tusc. 4, 37).

dēlĭquī, perf. de **delinquo**.

dēlĭquō, (dēlĭcō), -ās, -āre, v. tr. 1) Decantar, transvasar (Varr. L. Lat. 7, 106). Em sent. figurado: 2) Esclarecer, explicar claramente (Plaut. Mil. 844).

dēlĭquŭs (dēlĭcŭus), -a, -um, adj. Que faz falta (Plaut. Cas. 207).

dēlīrāmēntum, -ī (mais usado no pl.), subs. n. Divagações, extravagâncias (Plaut. Capt. 596).

dēlīrātĭo, -ōnis, subs. f. I — Sent. próprio: 1) Ação de sair para fora do rêgo (Plín. H. Nat. 18, 180). II — Sent. figurado: 2) Delírio, loucura, extravagância (Cíc. C.M. 36).

dēlīrō, -ās, -āre, -āvī, -ātum, v. intr. I — Sent. próprio: 1) Sair do sulco, do rêgo (Plín. H. Nat. 18, 180). II — Sent. figurado: 2) Sair da linha reta, perder a razão, delirar (Cíc. Of. 1, 94).

dēlīrus, -a, -um, adj. Que delira, tresloucado (Cíc. Tusc. 1, 48).

dēlĭtēscō ou **dēlĭtīscō, -is, -ĕre, -lĭtŭī,** v. intr. Esconder-se, ocultar-se, estar escondido (Cíc. Nat. 2, 126) Obs.: Constrói-se como intr. absoluto, com **sub** mais abl., e com abl. sem prep.

dēlĭtĭgō, -ās, -āre, v. intr. Altercar, exceder-se em palavras (Hor. A. Poét. 94).

dēlĭtŭī, perf. de **delitesco**.

Dēlĭum, -ī, subs. pr. n. Délio, cidade da Beócia, na Grécia (Cíc. Div. 1, 123).

1. Dēlĭus, -a, -um, adj. De Delos, de Apolo ou de Diana: **Delia dea** (Hor. O. 4, 6, 33) «Diana»; **Delius vates** (Verg. En. 6, 12) «Apolo».

2. Dēlĭus, -ī, subs. pr. m. Délio, nome dado a Apolo por ter nascido na ilha de Delos (Ov. Met. 1, 454).

Dēlos, -ī, subs. pr. f. Delos, pequena ilha rochosa do arquipélago das Cíclades, no mar Egeu, hoje desabitada (Cíc. Pomp. 55).

Delphī, -ōrum, subs. pr. m. pl. Delfos. 1). Cidade da antiga Grécia, na Fócida (Cíc. Div. 2, 117). 2) Habitantes de Delfos (Just. 24, 7).

Delphĭca Mensa ou **Delphĭca, -ae,** subs. f. Mesa délfica em forma de tripé (Cíc. Verr. 4, 131).

1. Delphĭcus, -a, -um, adj. De Delfos (Cíc. Div. 2, 119).

2. **Delphĭcus, -ī,** subs. pr. m. Apolo (Ov. Met. 2, 543)

delphĭn, -ĭnis, subs. m. Golfinho (peixe): **delphīna** (acus.) (Ov. F. 2, 114) «o golfinho».

delphīnus, -ī, subs. m. Golfinho (peixe) (Hor. A. Poét. 30).

Delphis, -ĭdis, subs. pr. f. Délfida, sacerdotisa de Delfos (Marc. 9, 43, 4).

Delta, subs. pr. n. indecl. O Delta, grande ilha formada pelos dois braços extremos do Nilo, e que faz parte do Egito Inferior (Plín. H. Nat. 5, 48).

Deltōton, -ī, subs. pr. n. O Triângulo, constelação formada por várias estrêlas, perto da constelação de Andrômeda (Cíc. Arat. 5).

dēlūbrum, -ī, subs. n. (geralmente no pl.). Templo, santuário (Cíc. Arch. 19).

dēlūctō, -ās, -āre e delūctor, -āris, -ārī, v. intr. Lutar com tôdas as fôrças, combater (Plaut. Pers. 4).

dēlūdĭfĭcō, -ās, -āre, v. tr. Folgar de alguém, zombar (Plaut. Rud. 147).

dēlūdō, -is, -ĕre, -lūsī, -lūsum, v. tr. Abusar de, zombar de, enganar, iludir, lograr (Hor. Sát. 2, 5, 56).

dēlŭī = **delēvi.**

dēlumbātus, -a, -um, part. pass. de **dēlumbo.**

dēlūmbis, -e, adj. I — Sent. próprio: 1) Sem fôrças, que se não pode arrastar (Plin. H. Nat. 10, 103). II — Sent. figurado: 2) Debilitado, abatido (Pérs. 1, 104).

dēlŭmbō, -ās, -āre, -āvī, -ātum, v. tr. 1) Derrear, desancar (Plín. H. Nat. 28, 36). 2) Sent. figurado: enfraquecer (Cic. Or. 231).

Dēlus, -ī, subs. f., v. **Delos.**

dēlūsī, perf. de **delūdo.**

dēlūsus, -a, -um, part. pass. de **delūdo.**

dēlŭtō, -ās, -āre, v. tr. Rebocar, revestir de barro, enlodar (Cat. Agr. 128).

Dēmădēs, -is, subs. pr. m. Demades, orador ateniense do IV séc. a.C. (Cíc. Br. 36). Obs.: Acus. em **-en.**

dēmădēscō, -is, -ĕre, -mădŭī (sem supino). v. intr. Umedecer-se, molhar-se (Ov. Trist. 5, 4, 40).

dēmădŭī, perf. de **demadēsco.**

dēmandātus, -a, -um, part. pass. de **dēmando.**

dēmāndō, -ās, -āre, -āvī, -ātum, v. tr. Confiar, entregar (T. Lív. 5, 27, 1).

dēmānō (dīmānō), -ās, -āre, -āvī, -ātum, v. intr. Espalhar-se, estender-se (Catul. 51, 9).

Dēmarāta, -ae, ou -tē, -ēs, subs. pr. f. Demarata. 1) Filha de Hierão II, rei de Siracusa (T. Liv. 24, 22). 2) Mãe de Alcibiades (Plin. H. Nat. 34, 88).

Dēmarātus, -ī, subs. pr. m. Demarato. 1) Rico cidadão de Corinto, que emigrou para a cidade dos Tarquínios, na Etrúria, da qual se tornou rei. Um de seus filhos, Tarquínio, o Velho, foi rei de Roma (Cíc. Rep. 2, 34). 2) Rei de Esparta que, exilado, retirou-se para a côrte de Dario, rei dos persas (Sên. Ben. 6, 31, 2).

Dēmārchus, -ī, subs. pr. m. Demarco. 1) Chefe de um demo, em Atenas. 2) Tribuno da plebe, em Roma (Plaut. Curc. 286).

dēmens, -tis, adj. Demente, que perdeu o juízo, insensato, louco furioso (Cíc. Of. 1, 93). Obs.: comp.: **dementĭor** (Cíc. Pis. 47); superl.: **dementissĭmus** (Cíc. Har. 55).

dēmēnsus, -a, -um, part. pass. de **demetior.**

dēmēnter, adv. Loucamente (Cíc. Cat. 3, 22). Obs.: superl.: **-tissĭme** (Sên. Ben. 4, 27, 4).

dēmentĭa, -ae, subs. f. Demência, loucura, extravagância (Cíc. Cat. 4, 22).

dēmentĭō, -īs, -īre, v. intr. Perder a razão, enlouquecer, delirar (Lucr. 3, 464).

dēmĕrĕō, -ēs, -ēre, -merŭī, -merĭtum, v. tr. 1) Merecer, ganhar (Plaut. Ps. 1186). 2) Cativar, ganhar as graças de (T. Lív. 3, 18, 3). Obs.: Constrói-se com acus. de pess. ou de coisa.

dēmĕrĕor, -ēris, -ērī, v. dep. tr. Merecer alguma coisa (por serviços), cativar a afeição de alguém (Quint. 9, 2, 29).

dēmērgō, -is, -ĕre, -mērsī, -mērsum, v. tr. I — Sent. próprio: 1) Mergulhar, afundar, enterrar (Cíc. Fin. 2, 105). II — Sent. figurado: 2) Afundar, afogar, esmagar (Cíc. Of. 2, 24).

dēmerĭtus, -a, -um, part. pass. de **demerĕo.**

dēmērsī, perf. de **demērgo.**

dēmērsus, -a, -um, part. pass. de **demērgo.**

dēmerŭī, perf. **demerĕo.**

dēmessŭī, perf. de **demēto** 2.

dēmēssus, -a, -um, part. pass. de **demēto** 2.

dēmētĭor, -īris, -īrī, -mēnsus sum, v. dep. tr. Medir, compassar, alinhar (usado principalmente no part. e com sent. passivo) (Cíc. Or. 38).

1. **dēmētō ou dīmētō, -ās, -āre, -āvī, -ātum,** v. tr. Delimitar, limitar (Cíc. Nat. 2, 110). Obs.: Mais empregado na forma depoente: **dēmētor** ou **dimētor, -āris, -ārī, -ātus sum** (Cíc. Nat. 2, 155).

2. dēmĕtō, -is, -ĕre, -messŭī, -messum, v. tr. I — Sent. próprio: 1) Abater cortando, ceifar, segar (Cíc. Rep. 3, 16). II — Daí: 2) Colhêr (Verg. En. 11, 68). 3) Cortar, tirar (Hor. Sát. 1, 2, 46).

Dēmētrĭăcus, -a, -um, adj. De Demetríada, (T. Lív. 28, 5, 18).

Dēmētrĭas, -ădis, subs. pr. f. Demetríade, cidade da Tessália, perto do mar (T. Lív. 27, 32, 11).

Dēmētrĭon (-ĭum), -ī, subs. pr. n. Demétrio. 1) Cidade da Fitiótida (T. Lív. 28, 6, 7). 2) Pôrto da Samotrácia (T. Lív. 45, 6).

Dēmētrĭus, -ī, subs. pr. m. Demétrio, nome de vários reis da Macedônia e da Síria, e de príncipes e reis de outros países, e ainda de outras personagens do mundo greco-romano (Cíc. Of. 2, 26); (T. Lív. 22, 33, 3); (Cíc. De Or. 2, 95), etc.

dēmigrātĭō, -ōnis, subs. f. Emigração, partida (C. Nep. Milc. 1, 2).

dēmĭgrō, -ās, -āre, -āvī, -ātum, v. intr. I — Sent. próprio: 1) Mudar de domicílio (habitação), retirar-se, afastar-se (Cés B. Gal. 4, 19, 2); (T. Lív. 2, 10, 1); (Cíc. Par. 2, 18). II — Sent. figurado: 2) Deixar (a vida, um cargo, sua posição ou dignidade, etc.) (Cíc. Tusc. 1, 74); (Cíc. At. 4, 16, 10).

dēmĭnŭī, perf. de **dēmĭnŭō.**

dēmĭnŭō, -is, -ĕre, -mĭnŭī, -mĭnūtum, v. tr. I — Sent. próprio: 1) Diminuir tirando, tirar, diminuir, reduzir (Lucr. 5 389). II — Sent. figurado: 2) Enfraquecer, abater (Cíc. Br. 1).

dēmĭnūtĭō, -ōnis, subs. f. I — Sent. próprio: 1) Ação de tirar, diminuição, redução, abatimento (Cíc. Tusc. 1, 68); (Cés. B. Civ. 2, 32, 10); (Cíc. Of. 2, 73). II — Na língua jurídica: 2) Alienação (T. Lív. 39, 19, 5).

dēmĭnūtus, -a, -um, part. pass. de **dēmĭnŭō.**

dēmīrātus, -a, -um, part. pass. de **dēmīror.**

dēmīror, -āris, -ārī, -mīrātus sum, v. dep. tr. Espantar-se, mostrar surprêsa, admirar-se (Cíc. Phil. 2, 49); (Cíc. At. 14, 14, 1).

dēmīsī, perf. de **dēmītto.**

dēmissē (dēmīssus), adv. I — Sent. próprio: 1) Para baixo, em baixo, rasteiramente (Ov. Trist. 3, 4, 23). II — Sent. figurado: 2) Humildemente, com submissão (Cés. B. Civ. 1, 84, 5). 3) Baixamente, com baixeza (Cíc. Tusc. 5, 24).

dēmissĭō, -ōnis, subs. f. I — Sent. próprio: 1) Abaixamento (Cés. B. Civ. 2, 9, 5). II — Sent. figurado: 2) Abatimento (Cíc. Tusc. 3, 14).

dēmīssus, -a, -um, I — Part. pass. de **dēmītto.** II — Adj.: 1) Baixo (Verg. En. 3, 320). Daí: 2) Modesto, simples, tímido (Cíc. De Or. 2, 182). 3) Humilde, de condição modesta (Sal. C. Cat. 51, 12). Loc.: **nihilo demissiore animo** (T. Lív. 4, 44, 10) «sem nada perder de sua coragem».

dēmītĭgō, -ās, -āre, v. tr. Mitigar, suavizar (Cíc. At. 1, 13, 3).

dēmītto, -is, -ĕre, -mīsī, -mīssum, v. tr. I — Sent. próprio: 1) Deixar cair, baixar, fazer descer (Cíc. Div. 1, 73); (Verg. G. 1, 23). Daí: 2) Enterrar, espetar (Cés. B. Gal. 3, 49, 3). 3) Abaixar, fechar as pálpebras (T. Lív. 9, 38, 13). 4) Lançar, arremessar, precipitar (Verg. En. 2, 398). II — Sent. figurado: 5) Deixar cair, deixar abater-se, abaixar-se, rebaixar-se (Cíc. Tusc. 4, 14); (Tác. An. 15, 73).

dēmiūrgus, -ī, subs. m. 1) Demiurgo (primeiro magistrado em certas cidades da Grécia) (T. Lív. 32, 22). 2) Subs. pr. «O demiurgo», uma comédia de Turpílio (Cíc. Fam. 9, 22, 1).

dēmō, -is, -ĕre, dempsī, demptum, v. tr. I — Sent. próprio: 1) Tirar (pròpriamente, de um lugar alto) (Ov. Her. 20, 9). Daí: 2) Tirar, arrebatar, arrancar (Hor. O. 3, 6, 42). II — Sent. figurado: 3) Tirar, livrar (Cíc. At. 11, 15, 3).

Dēmochărēs, -is, subs. pr. m. Demócares, orador e historiador ateniense do IV séc. a.C. (Cíc. De Or. 2, 95).

Dēmocrătēs, -is, subs. pr. m. Demócrates, nome de homem (T. Lív. 26, 39, 6).

Dēmocrītēus (-īus), -a, -um, adj. De Demócrito: **Democritiī** (Cíc. Tusc. 1, 82) «os discípulos de Demócrito» Obs.: n. pl.: **Democritēa** (Cíc. Nat. 1, 7) «os ensinamentos de Demócrito».

Dēmocrītus, -ī, subs. pr. m. Demócrito, filósofo grego, nascido em Abdera, na Trácia, no V séc. a.C. (Cíc. Tusc. 1, 22).

Dēmodŏcus, -ī, subs. pr. m. Demódoco, célebre tocador de lira, a quem as Musas privaram da vista (Ov. Ib. 270).

Dēmolĕon, -ōntis, subs. pr. m. Demoleonte, centauro morto por Peleu nas núpcias de Piritos (Ov. Met. 12, 386).

Dēmolĕos (-us), -ī, subs. pr. m. Demólio, guerreiro grego morto por Enéias (Verg. En. 5, 260).

dēmōlĭor, -īris, -īrī, dēmōlītus sum, v. dep. tr. I — Sent. próprio: 1) Pôr abaixo, fazer descer, demolir, derrubar (Cíc. Top. 22); (Cíc. Verr. 4, 75). II — Daí:

DEMŌLĪTIŌ — 291 — **DĒNOTĀTIŌ**

2) Afastar, apartar (Plaut. Bac. 383). Obs.: O fut. impf. **demolibor** ocorre em Plaut. (Bac. 383).

dēmōlītiō, -ōnis, subs. f. Ação de pôr abaixo, demolição, destruição (Cíc. Verr. 2, 161).

dēmōlītus, -a, -um, part. pass. de **demolior.**

dēmonstrātiō, -ōnis, subs. f. I — Sent. próprio: 1) Ação de mostrar, demonstração, descrição (Cíc. De Or. 3, 220). II — Na língua retórica: 2) Gênero demonstrativo (Cíc. Inv. 1, 13).

dēmonstrātīvus, -a, -um, adj. I — Sent. próprio: 1) Que serve para mostrar, indicar. II — Daí: na língua retórica: 2) Demonstrativo (Cíc. Inv. 1, 7).

dēmonstrātor, -ōris, subs. m. O que indica, o que descreve (Cíc. De Or. 2, 353).

dēmonstrātus, -a, -um, part. pass. de **demonstro.**

dēmonstrō, -ās, -āre, -āvī, -ātum, v. tr. Sent. próprio: 1) Mostrar, indicar, fazer ver, demonstrar (Cíc. De Or. 1, 203). Daí: 2) Expor, descrever, fazer conhecer (Cíc. Verr. 4, 85). Obs.: Constrói-se com acus, com acus. e inf., e or. interrog. indir. Inf. pass. **demonstrarier** (Ter. Phorm. 306).

Dēmophŏōn, -ōntis, subs. pr. m. Demofoonte: 1) Lendário rei de Atenas, filho de Teseu e Fedra (Ov. Her. 2). 2) Companheiro de Enéias, morto pela rainha Camila (Verg. En. 11, 675).

dēmorātus; -a, -um, part. pass. de **demŏror.**

dēmordĕō, -ēs, -ēre, -dī, -morsum, v. tr. Tirar com os dentes, morder (Pérs. 1, 106); (Plín. H. Nat. 28, 41).

dēmorior, -ĕris, -mŏrī, -mortŭus sum, v. dep. intr. 1) Morrer (Cíc. Verr. 2, 124). 2) Tr. (poético): morrer de amor por (Plaut. Mil. 970).

dēmŏror, -āris, -āri, -ātus sum, v. dep. intr. e tr. Sent. próprio: Intr. 1) Demorar, parar, deter-se, ficar (Tác. An. 15, 69). Tr. 2) Retardar, reter, deter (Cés. B. Gal. 3, 6, 5). Daí: 3) Aguardar, esperar, estar reservado (Verg. En. 10, 30).

dēmorsus, -a, -um, part. pass. de **demordĕo.**

dēmortŭus, -a, -um, part. pass. de **demorior.**

Dēmosthĕnēs, -is, subs. pr. m. Demóstenes, célebre orador e homem de Estado ateniense, nascido em 384 a.C. e morto em 322 (Cíc. De Or. 1, 89).

dēmōtus, -a, -um, part. pass. de **demovĕo.**

dēmovĕō, -ēs, -ēre, -mōvī, -mōtum, v. tr. Afastar, desviar de, deslocar, remover (sent. próprio: e figurado) (Cíc. Caec. 49); (Cíc. De Or. 2, 208). Obs.: Constrói-se com acus. e abl. com prep. **ab** ou **ex,** ou sem elas.

dēmōvī, perf. de **demovĕo.**

dēmpsī, perf. de **dēmo.**

dēmptus, -a, -um, part. pass. de **dēmo.**

dēmūgītus, -a, -um, adj. Cheio de mugidos (Ov. Met. 11, 375).

dēmulcĕō, -ēs, -ēre, -mūlsī, -mūlsum (**-mūlctum**), v. tr. Acariciar com a mão, afagar, tocar de leve (Ter. Heaut. 762).

dēmūlsī, perf. de **demulcĕo.**

dēmum, adv. I — Sent. próprio: 1) Enfim, finalmente (Sên. Ep. 94, 74). Daí: 2) Precisamente, exatamente (Cíc. Rep. 2, 28). II — Donde: 3) Sòmente, ùnicamente (Sal. C. Cat. 2, 4).

dēmurmŭrō, -ās, -āre, v. tr. Dizer em voz baixa, murmurar (Ov. Met. 14, 58).

dēmūtātiō, -ōnis, subs. f. Mudança (para mal) demudamento (Cíc. Rep. 2, 7).

dēmūtātus, -a, -um, part. pass. de **demūto.**

dēmūtō, -ās, -āre, -āvī, -ātum, v. tr. e intr. 1) Demudar, mudar (Plaut. Mil. 1291). 2) Intr.: Mudar, ser diferente, estar mudado (Plaut. Mil. 1130).

dēnārius, -ī, subs. m. 1) Denário (moeda que primeiramente valia dez asses e, mais tarde, dezesseis asses) (Cíc. Verr. 2, 137). Depois: 2) Dinheiro (Cíc. At. 2, 6, 2).

dēnārrō, -ās, -āre, -āvī, -ātum, v. tr. Narrar pormenorizadamente, contar tudo (Ter. Phorm. 944); (Hor. Sát. 2, 3, 315).

dēnătō, -ās, -āre, v. intr. Nadar no sentido da corrente, descer a nado (Hor. O. 3, 7, 28).

dēnĕgō, -ās, -āre, -āvī, -ātum, v. tr. 1) Negar, recusar, denegar, dizer que não (Cíc. Flac. 1).

dēnī, -ae, -a, num. distr. 1) Dez de cada vez, dez para cada um (Cés. B. Gal. 1, 43, 3). 2) Dez (Verg. En. 1, 381). Obs.: Gen. pl. **denum** (Cíc. Verr. 2, 122); gen. pl. **denorum** (T. Liv. 43, 5, 9).

dēnĭcālēs feriae, subs. f. pl. Cerimônias religiosas para purificar a casa onde alguém morreu (Cíc. Leg. 2, 55).

dēnĭque, adv. Sent. próprio: 1) Enfim, por fim, finalmente (Cíc. Agr. 2, 62). Daí: 2) Em suma, numa palavra, em conclusão (Cíc. De Or. 2, 317).

dēnōmĭnātiō, -ōnis, subs. f. T. de retórica: metonímia (Quint. 8, 6, 23).

dēnōmĭnō, -ās, -āre, -āvī, -ātum, v. tr. Designar por um nome, denominar (Quint. 8, 2, 4).

dēnōrmō, -ās, -āre, v. tr. Tornar irregular, desfigurar (Hor. Sát. 2, 6, 9).

dēnŏtātiō, -ōnis, subs. f. Indicação, denotação (Quint. Decl. 19, 3).

dēnotātus, -a, -um, part. pass. de dēnŏto.
dēnŏtō, -ās, -āre, -āvī, -ātum, v. tr. I —
Sent. próprio: 1) Denotar, indicar por
um sinal, designar, notificar, assinalar,
marcar (Tác. An. 3, 53). II — Sent. figurado:
2) Difamar, desacreditar (Suet.
Calig. 56).
dens, -tis, subs. m. I — Sent. próprio: 1)
Dente (do homem ou dos animais) (Cíc.
Nat. 2, 134). Daí, qualquer objeto em
forma de dente ou comparável ao dente
pela sua utilidade: 2) Dente do arado,
do ancinho, etc. (Col. 2, 4, 6). II —
Sent. figurado: 3) O marfim: dens Indus
(Ov. Met. 8, 288). 4) A foice (atributo
de Saturno) (Verg. G. 2, 406). 5)
Ferroada (da inveja, da maledicência)
(Cíc. Balb. 57).
dēnsātus, -a, -um, part. pass. de denso.
dēnsē, adv. Sent. próprio: 1) De modo
espêsso, denso, compacto, densamente
(Vitr. 5, 12). Donde: 2) Freqüentemente
(Cíc. Or. 7). Obs.: comp. densĭus (Cíc.
Or. 7); superl.: densissĭme (Vitr. 5, 12).
Denselētae, -ārum, subs. m. pl., v. Denthelēti
(Cíc. Pis. 84).
densĕō, -ēs, -ēre, -ētum (sem perf.), v. tr.
Tornar denso, compacto, condensar
(Verg. En. 7, 794).
dēnsētus, -a, -um, part. pass. de densĕo.
dēnsĭtās, -tātis, subs. f. I — Sent. próprio:
1) Espessura, consistência, densidade
(Plín. H. Nat. 35, 51). II — Daí: 2)
Grande número, freqüência (Quint.
8, 5, 26).
densō, -ās, -āre, -āvī, -ātum, = densĕo
Condensar (Quint. 11, 3, 164).
densus, -a, -um, adj. I — Sent. próprio: 1)
Espêsso, denso, apertado, cerrado (Cíc.
At. 12, 15). Daí: 2) Freqüente, numeroso
(Verg. G. 4, 347). II — Sent. figurado:
3) Cheio de, coberto de, condensado
(Quint. 10, 1, 106).
dentālĭa, -ĭum, subs. n. pl. Parte do arado
onde se encaixa a rêlha (Verg. G. 1,
172).
1. dentātus, -a, -um, adj. I — Sent. próprio:
1) Que tem dentes (Ov. Rem. 339).
Daí: 2) Dentado, denteado (Cíc. Clu.
180). II — Sent. figurado: 3) Mordente,
penetrante (Lucr. 2, 431). 4) Liso, polido
(referindo-se ao papel polido com um
dente de javali) (Cíc. Q. Fr. 2, 15, 6).
2. Dentātus, -ī, subs. pr. m. Dentato (Mânio
Cúrio), célebre por seu talento militar,
foi cônsul três vêzes (Plín. H. Nat.
7, 15).
Denter, -tris, subs. pr. m. Dentre, sobrenome
romano (T. Lív. 10, 1, 7).

Denthalĭās, -ātis, adj. De Dentálios, cidade
do Peloponeso (Tác. An. 4, 43).
Denthelētī -ōrum, subs. loc. m. pl. Denteletos,
povo da Trácia (T. Lív. 40, 22, 9).
Dentĭcŭlus, -ī, subs. pr. m. Dentículo,
apelido romano (Cíc. Phil. 2, 56).
dentiscalpĭum, -ī, subs. n. Palito de dentes
(Marc. 7, 53).
Dentō, -ōnis, subs. pr. m. Dentão, nome
de homem (Marc. 5, 45).
dēnūbō, -is, -ĕre, -nūpsī, -nūptum, v. intr.
Sair da casa paterna para se casar,
casar-se (Ov. Met. 12, 196).
dēnūdātus, -a, -um, part. pass. de dēnūdo.
dēnūdō, -ās, -āre, -āvī, -ātum, v. tr. —
Sent. próprio: 1) Denudar, pôr nu, desnudar,
descobrir (Cíc. Verr. 5, 32). II
— Sent. figurado: 2) Despojar (Cíc. De
Or. 1, 235).
dēnuntĭātĭō, -ōnis, subs. f. Anúncio, advertência,
declaração, denunciação, notificação
(Cíc. Phil. 6, 4).
dēnuntĭātus, -a, -um, part. pass. de denuntĭo.
dēnuntĭō, -ās, -āre, -āvī, -ātum, v. tr. 1)
Têrmo da língua do direito e do ritual:
declarar solenemente, fazer conhecer
por mensagem, pressagiar, citar em
testemunho (Cés. B. Gal. 1, 36, 6). Na
língua comum: 2) Anunciar, declarar,
ordenar (Cíc. Phil. 5, 19); (Cíc. Phil.
5, 21). Obs.: Constrói-se com acus.; com
acus. e inf.; com inf. com ut ou ne;
com interrog. indir.
dēnŭō, adv. De novo, novamente, pela
segunda vez, ainda uma vez (Plaut.
Trin. 884); (Cíc. Verr. 1, 37).
dēnūpsī, perf. de dēnūbo.
dēnus, -a, -um, v. dēni.
Deōis, -ĭdis. subs. pr. f. Deóide ou Deois,
filha de Deo ou Ceres, Prosérpina (Ov.
Met. 6, 114).
Deōĭus, -a, -um, adj. De Ceres (Ov. Met.
8, 758).
deonĕrō, -ās, -āre, -āvī, -ātum, v. tr. Descarregar,
tirar a carga de (sent. próprio
e figurado) (Cíc. Caecil. 46).
deōrsum, adv. Sent. próprio: 1) Em baixo,
para baixo, de alto a baixo (Cíc. Nat.
2, 44). Daí: 2) De baixo, abaixo (Plaut.
Aul. 367). Obs.: É freqüentemente contado
como dissílabo pelos poetas, especialmente
pelos arcaicos ou arcaizantes
(Ter. Eun. 573); (Lucr. 2, 205).
deōrsus, v. deōrsum: sursus deorsus (Cíc.
Nat. 2, 84) «de alto a baixo».
deoscŭlātus, -a, -um, part. pass. de deoscŭlor.

deoscŭlor, -āris, -ārī, -ātus sum, v. dep. tr. Beijar, oscular, beijar ternamente (Plaut. Cas. 453).

dēpacīscor = depecīscor.

dēpāctus, -a, -um, part. pass. de depecīscor e depāngo.

dēpāngō, -is, -ĕre, -pāctum, v. tr. 1) Enterrar, espetar, plantar (Plín. H. Nat. 16, 110). 2) Fixar, determinar (sent. figurado) (Lucr. 2, 1087).

dēpārcus, -a, -um, adj. Excessivamente econômico, avarento (Suet. Ner. 30).

dēpāscō, -is, -ĕre, -pāvī, -pāstum, v. tr. I — Sent. próprio: 1) Apascentar, levar para pastar (Ov. F. 5, 283). Daí: 2) Pastar (Verg. G. 4, 539); (Cíc. De Or. 2, 284). II — Sent. figurado: 3) Consumir, destruir, devorar (S. It. 12, 153). 4) Reduzir, cortar (tratando-se do estilo) (Cíc. De Or. 2, 96).

dēpāscor, -ĕris, -pāscī, -pāstus sum, v. dep. tr. 1) Ir pastar, alimentar-se, sustentar-se (Lucr. 3, 12). 2) Consumir, devorar (Verg. En. 2, 215).

dēpāstus, -a, -um, part. pass. de depāsco e depāscor.

dēpāvī, perf. de depāsco.

dēpecīscor ou **dēpacīscor**, -ĕris, -cīscī -pēctus ou -pāctus sum, v. dep. tr. Fazer um acôrdo, fazer um pacto, transigir, acordar, consentir (Cíc. Verr. 3, 60). Obs.: Constrói-se com acus. e abl. A forma usual do verbo é depecīscor.

dēpēctō, -is, -ĕre, -pēxum, v. tr. I — Sent. próprio: 1) Separar penteando, pentear (Verg. G. 2, 121). II — Sent. figurado: 2) Bater, dar uma surra, desancar (Ter. Heaut. 951).

dēpēctus, -a, -um, part. pass. de depecīscor.

dēpecūlātor, -ōris, subs. m. Ladrão espoliador (Cíc. De Or. 3, 106).

dēpecūlātus, -a, -um, part. pass. de depecūlor.

dēpecūlor, -āris, -ārī, -ātus sum, v. dep. tr. I — Sent. próprio: 1) Roubar, saquear, despojar (Cíc. Verr. 4, 37). II — Sent. figurado: 2) Tomar, levar, despojar (Cíc. Verr. 4, 79).

dēpēllō, -is, -ĕre, -pŭlī, -pūlsum, v. tr. I — Sent. próprio: 1) Expulsar, tirar de, afastar (Cic. Caec. 49). Daí: 2) Desalojar (o inimigo) (Cés. B. Gal. 3, 25,1). II — Sent. figurado: 3) Dissuadir, desviar, afastar (Cíc. Rab. P. 17). Obs.: Constrói-se com acus. e abl.; com abl. com ab ou de; com acus. e dat.

dēpendĕō, -ēs, -ĕre, v. tr. I — Sent. próprio: 1) Pender de, estar dependurado (Verg. En. 6, 301). II — Sent. figurado: 2) Depender, derivar: **dependet fides a veniente die** (Ov. F. 3, 356) «sua fidelidade depende do dia seguinte».

dēpēndī, perf. de depēndo.

dēpēndō, -is, -ĕre, -pēndī, -pēnsum, v. tr. I — Sent. próprio: 1) Pagar, dar em pagamento (Cíc. Fam. 1, 9, 9). II — Sent. figurado: 2) Pagar, expiar (Cíc. Sest. 140). 3) Gastar, empregar (o tempo, a atividade, etc.) (Luc. 10, 80).

dēperdĭdī, perf. de depērdo.

dēperdĭtus, -a, -um, part. pass. de depērdo. Perdido, arruinado (Fedr. 1, 14, 1).

dēpērdō, -is, -ĕre, -perdĭdī, -dĭtum, v. tr. I — Sent. próprio: 1) Perder tudo, perder inteiramente (Cíc. Prov. 11). 2) Perder, perder algo de, perder uma parte de (Hor. Sát. 1, 4, 32); (Cíc. Font. 29).

dēperĕō, -īs, -īre, -ivī (ou -iī), v. intr. I — Sent. próprio: 1) Perecer, morrer, perder-se (Cés. B. Civ. 3, 87). II — Sent. figurado: 2) Morrer de amor: **amore alicujus deperire** (T. Lív. 27, 15, 9) «morrer pelo amor de alguém». 3) Tr.: Amar perdidamente, morrer de amor (Catul. 35, 12); (Plaut. Amph. 517). Obs.: O impf. do ind. e o fut. impf. são, como eo: **deperibam, deperibo**.

dēperitūrus, -a, -um, part. fut. de deperĕo.

dēpēxus, -a, -um, part. pass. de depēcto.

dēpīctus, -a, -um, part. pass. de depīngo.

dēpilātus, -a, -um, part. pass. de depīlo.

dēpĭlō, -ās, -āre, v. tr. Pelar, depilar, tirar o pêlo, depenar (Sên. Const. 17).

dēpīngō, -īs, -ĕre, -pīnxī, -pīctum, v. tr. I — Sent. próprio: 1) Pintar, retratar (C. Nep. Milc. 6, 3). II — Sent. figurado: 2) Descrever, imaginar (Cíc. Rep. 2, 51). 3) Ornar, ornamentar (Suet. Calig. 52). Na língua retórica: 4) Florir, ornar (referindo-se ao estilo) (Cíc. Or. 39).

dēpīnxī, perf. de depīngo.

dēpīnxti = **depinxisti**.

dēplāngō, -is, -ĕre, -plānxī, -plānctum, v. tr. Chorar, lamentar (Ov. Met. 4, 546).

dēplōrātĭō, -ōnis, subs. f. Pranto, lamentação (Sên. Marc. 9).

dēplōrātus, -a, -um, part. pass. de deplōro.

dēplōrō, -ās, -āre, -āvī, -ātum, v. intr. 1) Lamentar-se, gemer, chorar (Cíc. Tusc. 2, 32). 2) Tr.: Lamentar, deplorar, chorar (Cic. Tusc. 5, 115).

dēplŭit, -ĕre, v. intr. Chover (sent. próprio e figurado) (Tib. 2, 5, 72); (Prop. 2, 16, 8).

dēpōnō, -is, -ĕre, -posŭī, -posĭtum, v. tr. I — Sent. próprio: 1) Pôr no chão, pousar, depor (Cíc. Sull. 65); (Cés. B. Gal. 4,

32, 5). Daí: 2) Depor (deixar) em segurança, deixar em depósito, guardar, confiar (Cés. B. Gal. 6, 41, 1); (Cíc. Caec. 103). 3) Na língua da agricultura: plantar, enterrar (Verg. G. 2, 24). II — Sent. figurado: 4) Abandonar, largar, renunciar, deixar (Cíc. At. 7, 5, 5); (Cíc. Pis. 5). Obs.: Constrói-se com acus.; com acus. e locat. ou abl.; com abl. simples ou com prep.; com acus. e adv. de lugar; ou com prep. **apud** ou **in;** ou ainda com acus. e dat. O perf. **deposivi** ocorre em Plauto (Curc. 536) e Catulo (34, 8).

dēpopōscī, perf. de **depōsco**.

dēpopulātiō, -ōnis, subs. f. Devastação, destruição (Cíc. Phil. 5, 25).

dēpopulātor, -ōris, subs. m. Devastador, destruidor (Cíc. Dom. 13).

dēpopulātus, -a, -um, part. pass de **depopulor**.

dēpopulor, -āris, -ārī, -ātus sum, v. dep. tr. Roubar, saquear, destruir, devastar (Cíc. Verr. 3, 84).

dēportātus, -a, -um, part. pass. de **depōrto**.

dēpōrtō, -ās, -āre, -āvī, -ātum, v. tr. I — Sent próprio: 1) Transportar de um lugar para outro, levar consigo (Cíc. Verr. 4, 72); (Cés. B. Civ. 1, 60, 3). II — Sent. figurado: 2) Desterrar, exilar, deportar (Tác. An. 4, 13). 3) Alcançar, obter (Cíc. Of. 1, 78).

dēpōscō, -is, -ĕre, -popōscī (sem supino), v. tr. I — Sent. próprio: 1) Pedir enèrgicamente, exigir, reclamar, reivindicar (Cés. B. Civ. 1, 56, 3); (Cíc. Amer. 45). II — Daí: 2) Provocar, desafiar (T. Liv. 2, 49, 2).

dēposĭtum, -ī, subs. n. Depósito, consignação (Cíc. Of. 1, 31).

dēposĭtus, -a, -um, part. pass. de **depōno**.

dēposīvī = deposŭī.

dēpostus = depositus, -a, -um.

dēposŭī, perf. de **depōno**.

dēprāvātē, adv. Perversamente (Cíc. Fin. 1, 71).

dēprāvātiō, -ōnis, subs. f. I — Sent. próprio: 1) Alteração, contorção (Cíc. Or. 2, 252). II — Sent. figurado: 2) Depravação, corrupção (Cíc. Of. 3, 105).

dēprāvātus, -a, -um, part. pass. de **deprāvo**.

dēprāvō, -ās, -āre, -āvī, -ātum, v. tr. I — Sent. próprio: 1) Entortar, torcer, deformar, tornar disforme (Cíc. Div. 2 96). II — Sent. moral: 2) Depravar, perverter, corromper (Cíc. Leg. 2, 38).

dēprecābundus, -a, -um, adj. Suplicante (Tác. An. 15, 53).

dēprecātiō, -ōnis, subs. f. I — Sent. próprio: 1) Ação de arredar, afastar com súplicas, deprecação, súplica (Cíc. Rab. P. 26). II — Daí, na língua retórica: 2) Pedido de perdão, de clemência (Cíc. Inv. 2, 104). 3) Imprecação, maldição (Cíc. Com. 46).

dēprecātor, -ōris, subs. m. Sent. próprio: 1) O que afasta (uma desgraça) ou livra por meio de súplicas (Cíc. Balb. 41). Daí: 2) Intercessor, protetor (Cíc. At. 11, 8, 2).

dēprecātus, -a, -um, part. pass. de **deprĕcor**.

dēprĕcor, -āris, -ārī, -ātus sum, v. dep. tr. I — Sent. próprio: 1) Afastar por meio de súplicas e daí: pedir que não faça mal, suplicar, pedir, interceder (Cíc. Sull. 72); (Cíc. Sest. 29). II — Sent. figurado: 2) Afastar, desviar (Cíc. Verr. 1, 157). Obs.: Constrói-se com acus., com acus. e inf., com **ne** ou **quominus** e com inf.

dēprehēndī, perf. de **deprenhēndo**.

dēprehēndō ou **dēprēndō, -is, -ĕre, -prenhēndī, -prehēnsum**, v. tr. I — Sent. próprio: 1) Apanhar, apanhar em flagrante, surpreender, interceptar (Cés. B. Civ. 1, 24, 4); (Cíc. Clu. 20). II — Sent. figurado: 2) Descobrir, encontrar (Cíc. Cael. 14). 3) Passivo: estar, ficar embaraçado (Cíc. De Or. 1, 207). Obs.: Constrói-se com acus.; com acus. e inf.

dēprehēnsiō, -ōnis, subs. f. I — Sent. próprio: 1) Ação de apanhar em flagrante (Dig. 47, 2, 7). II — Daí: 2) Descoberta, apreensão (Cíc. Clu. 50).

dēprehēnsus ou **dēprēnsus, -a, -um**, part. pass. de **deprehēndo**.

dēprēndō = deprehēndo.

dēprēssī, perf. de **deprĭmo**.

dēprēsssus, -a, -um, part. pass. de **deprimo**. B) Adj.: I — Sent. próprio: 1) Abaixado, baixo, afundado, submergido (Plín. Ep. 9, 26, 2). II — Sent. figurado: 2) Deprimido, abatido (Cíc. Verr. 5, 68).

dēprĭmō, -is, -ĕre, -prēssī, -prēssum, v. tr. I — Sent. próprio: 1) Abaixar, fazer descer por uma pressão, enterrar, submergir (Cíc. Pis. 14); (Verg. G. 1, 45); (Cés. B. Civ. 2, 6, 6). II — Sent. moral: 2) Deprimir, rebaixar, depreciar, abater (Cíc. Pis. 41).

deproeliāns, -āntis, adj. part. do desusado **deproelior**: que combate (Hor. O. 1, 9, 11).

dēprōmō, -is, -ĕre, -prōmpsī, -prōmptum, v. tr. Tirar de, extrair (sent. próprio e figurado) (Cíc. Pomp. 37); (Verg. En. 5, 501). Obs.: Constrói-se com acus.

e abl. com prep. **ex, de** ou **ab**. Na poesia: com acus. e abl. sem prep.
dēprōmpsī, perf. de **deprōmo**.
dēprōmptus, -a, -um, part. pass. de **deprōmo**.
dēpropĕrō, -ās, -āre, v. intr. 1) Apressar-se (Plaut. Cas. 745). Tr.: 2) Apressar, dar pressa em fazer (Hor. O. 2, 7, 24).
dēpsō, -is, -ĕre, -psŭī, -pstum, v. tr. I — Sent. próprio: 1) Pisar, amassar, bater, curtir (Cat. Agr. 135). II — Sent. figurado (obsceno) (Cíc. Fam. 9, 22, 4).
dēpsŭī, perf. de **depso**.
dēpŭdet (me), -ēre, -ŭit, v. impess. Não ter vergonha, não se envergonhar (Ov. Her. 4, 155).
dēpudŭit, perf. de **depŭdet**.
dēpūgis, -e, adj. Que não tem nádegas (Hor. Sát. 1, 2, 93).
dēpugnātus, -a, -um, part. pass. de **dēpūgno**.
dēpūgnō, -ās, -āre, -āvī, -ātum, v. intr. Combater encarniçadamente, travar combate (Cés. B. Gal. 7, 28, 1). Obs.: Constrói-se geralmente como intr. absoluto ou então com abl. acompanhado de **cum**.
dēpŭlī, perf. de **depēllo**.
dēpulsĭō, -ōnis, subs. f. I — Sent. próprio: 1) Ação de afastar, expulsar (Cíc. Fin. 2, 41). II — Daí, na língua retórica: 2) Defesa, refutação (Cíc. Inv. 2, 79).
dēpūlsor, -ōris, subs. m. O que expulsa, repele (Cíc. Phil. 2, 27).
dēpūlsus, -a, -um, part. pass. de **depēllo**.
dēpūngō, -is, -ĕre, v. tr. Indicar, marcar (Pérs. 6, 79).
dēpūrgō, -ās, -āre, v. tr. Limpar (Cat. Agr. 151).
dēpŭtō, -ās, -āre, -āvī, -ātum, v. tr. 1) Cortar, desbastar, aparar (Cat. Agr. 49, 1). 2) Avaliar, ter na conta de (Ter. Heaut. 135).
dēquŏquō = **decŏquo** (Hor. Sát. 2, 1, 74).
dērādō, -is, -ĕre, -rāsī, -rāsum, v. tr. Tirar raspando, raspar (Plín. Ep. 8, 20, 5).
dērāsī, perf. de **derādo**.
dērāsus, -a, -um, part. pass. de **derādo**.
Derbētēs, -ae, subs. loc. m. Derbeta, habitante de Derbe, cidade da Licaônia (Cíc. Fam. 13, 73, 2).
Dercēnna, -ae, subs. pr. f. Dercena, fonte perto de Bílbilis (Marc. 1, 49, 17).
Dercĕtis, -is, subs. pr. f. (Ov. Met. 4, 45) e **Dercĕto, -ūs,** subs. pr. f. (Plín. H. Nat. 5, 81). Dércetis ou Dérceto, deusa dos sírios.
dērēctus, v. **dirēctus**.

dērelictĭō, -ōnis, subs. f. Abandono (Cíc. Of. 3, 30).
dērelīctus, -a, -um, part. pass. de **dērelīnquo**.
dērelīnquō, -is, -ĕre, -relīquī, -relīctum, v. tr. Abandonar, desamparar completamente (Cíc. Cat. 1, 25).
dērelīquī, perf de **dērelīnquo**.
dērepēntĕ, adv. De repente, sùbitamente (Cíc. Div. 1, 66).
dērēpō, -is, -ĕre, -rēpsī (sem supino), v. intr. e tr. Descer de rastros, rastejando, descer furtivamente (Fedr. 2, 4, 12).
dērēpsī, perf. de **derēpo**.
dērēptus, -a, -um, part. pass. de **deripĭo**.
dērīdĕō, -ēs, -ēre, -rīsī, -rīsum, v. tr. 1) Rir de, escarnecer, zombar (Cíc. De Or. 3, 54). 2) Passivo: Ser objeto de escárnio. 3) Intr.: Gracejar, estar zombando (Plaut. Amph. 963).
dērĭdicŭlum, -ī, subs. n. Objeto de troça, ridículo, zombaria: **deridiculo esse** (Tác. An. 3, 57) «ser objeto de zombaria».
dērĭdicŭlus, -a, -um, adj. Ridículo, que faz rir (Plaut. Mil. 92).
dērigēscō, -is, -ĕre, -rigŭī (sem supino), v. intr. Tornar-se imóvel, ficar hirto, gelar (Verg. En. 3, 260). Obs.: Só é usado no perf.
dērīgō = **dirīgo**.
dērigŭī, perf. de **derigēsco**.
dēripĭō, -is, -ĕre, -ripŭī, -rēptum, v. tr. I — Sent. próprio: 1) Arrancar, tirar de, levar (Ov. Met. 6, 567); (Cíc. Quinct. 64). II — Sent. figurado: 2) Diminuir, cercear (Cíc. Sull. 2). Obs.: Constrói-se com acus. e abl. com **ex, de** ou **ab**, com acus. e dat.
dēripŭī, perf. de **deripĭo**.
dērīsī, perf. de **deridĕo**.
dērīsor, -ōris, subs. m. I — Sent. próprio: 1) Escarnecedor, zombador (Plaut. Capt. 71). II — Daí: 2) Adulador, parasita (Hor. Ep. 1, 18, 11). 3) Bôbo, chocarreiro (Marc. 1, 5, 5).
1. **dērīsus, -a, -um.** I — Part. pass. de **deridĕo**. II — Adj.: Zombeteiro, escarninho.
2. **dērīsus, -ūs,** subs. m. Troça, zombaria, escárnio (Tác. Agr. 39).
dērīvātĭō, -ōnis, subs. f. I — Sent. próprio: 1) Ação de desviar (as águas) (Cíc. Of. 2, 14). II — Sent. figurado: 2) Emprêgo de uma expressão menos forte em lugar de outra de sentido muito próximo àquela (Quint. 3, 7, 25).
dērīvātus, -a, -um, part. pass. de **derivo**.
dērīvō, -ās, -āre, -āvī, -ātum, v. tr. I — Sent. próprio: 1) Desviar as águas, fa-

zer derivar (Cés. B. Gal. 7, 72, 3). II — Sent. figurado: 2) Afastar, desviar (Cíc. Verr. 2, 49).

dērŏgātĭō, -ōnis, subs. f. Derrogação (Cíc. fr. A. 23). Obs.: Em Cícero só é atestado no pl. derogationes.

dērŏgō, -ās, -āre, -āvī, -ātum, v. tr. 1) Na língua técnica (jurídica): derrogar uma lei (uma disposição) (Cíc. Rep. 3, 33). Daí, na língua comum: 2) Tirar, subtrair, cortar, cercear (Cíc. Flac. 9). Obs.: Constrói-se com acus. e dat. ou com acus. e abl. com de ou ex.

dērōsus, -a, -um, adj. Roído (Cíc. Div. 1, 99).

dērŭī, perf. de derŭo.

dērŭō, -is, -ĕre, -rŭī, v. tr. I — Sent. próprio: 1) Derruir, fazer cair, precipitar (Sên. Nat. 3, 27). II — Sent. figurado: 2) Arruinar, destruir (Cíc. At. 16,11,2).

dērŭptus, -a, -um. 1) Escarpado, alcantilado (T. Lív. 21, 33, 7). 2) **Derupta**, subs. n. pl.: precipícios (T. Lív. 38, 2, 14).

dēsaevĭī, perf. de dēsaevĭo.

dēsaevĭō, -is, -īre, -ĭī, -ĭtum, v. intr. 1) Estar enfurecido, enfurecer-se, exercer crueldades (Verg. En. 10, 569). 2) Cessar de estar enfurecido, acalmar-se (Sên. Ir. 3, 1, 1). Obs.: O primeiro emprêgo é o mais freqüente.

dēsāltō, -ās, -āre, -ātum, v. tr. Dançar, representar dançando (Suet. Calig. 54).

descēndī, perf. de descēndo.

descēndō, -is, -ĕre, -scēndī, -scēnsum, v. intr. I — Sent. próprio: 1) Descer (Cíc. Vat. 26); (Cés. B. Civ. 3, 98, 1). Daí: 2) Dirigir-se, ir, penetrar, entrar (Sal. B. Jug. 11, 7); (Cíc. De Or. 2, 22). II — Sent. figurado: 3) Descender, vir de (Plín. H. Nat. 22, 111); (Varr. R. Rust. 2, 1, 5). 4) Na língua militar: deixar a posição que se ocupava para vir combater, para tomar um partido (Cíc. Tusc. 2, 62); (Cíc. Phil. 8, 4). III — Empregos especiais: 5) Afastar-se, desviar-se (Quint. 10, 1, 126). Obs.: Constrói-se com abl. simples ou com preps. **ab**, **de**, ou **ex**; com acus. de movimento com **ad**, ou **in**; e raramente com supino.

descensĭō, -ōnis, subs. f. Ação de descer, descida, descenção (Cíc. Fin. 5, 70).

1. descēnsus, -a, -um, part. pass. de descēndo.

2. descēnsus, -ūs, subs. m. Descida (descenso), ação de descer (Sal. C. Cat. 57, 3).

descĭī = descīvī, perf. de descīsco.

descīscō, -is, -ĕre, -scīvī (ou scĭī), -scĭtum, v. intr. I — Sent. próprio: 1) Abandonar um partido ou uma aliança em seguida a uma deliberação pública (Cíc. Phil. 11, 21); (Cés. B. Civ. 1, 60, 5). Daí, na língua comum: 2) Afastar-se de, abandonar, renunciar (Cíc. Ac. 2, 46).

descrībō, -is, -ĕre, -scrīpsī, -scrīptum, v. tr. I — Sent. próprio: 1) Escrever segundo um modêlo, copiar, transcrever (T. Lív. 3, 31, 8). Daí: 2) Desenhar, traçar (Cíc. Rep. 1, 29). II — Sent. figurado: 3) Pintar, representar, descrever, narrar, expor (Cíc. Or. 138); (Cíc. Mil. 47). Donde: 4) Observar, censurar (Cíc. Phil. 2, 113); (Cíc. Sull. 82). E por enfraquecimento de sentido: 5) Escrever (Verg. En. 3, 445). III — Empregos diversos: 6) Repartir, dividir, determinar, delimitar (Cíc. Of. 1, 124); (Cíc. Rep. 2, 14). 7) Definir, precisar, fixar (Cíc. De Or. 1, 214). Obs.: Constrói-se com acus. (obj. dir.), e acus. com **in**.

descrīpsī, perf. de descrībo.

descrīptē, adv. De modo preciso, exato, com ordem (Cíc. Inv. 1, 49). Obs.: Muitos manuscritos trazem **discripte**, significando «com ordem».

descriptĭō, -ōnis, subs. f. I — Sent. próprio: 1) Reprodução segundo um modêlo, cópia, transcrição (Cíc. Verr. 2, 190). Daí: 2) Figura, desenho, traçado, projeto (Cíc. Of. 1, 138). Donde: 2) Descrição (Cíc. Part. 43). II — Sent. diversos: Na língua retórica: 3) Pintura de costumes, descrição de caracteres (Cíc. Top. 83). 4) Divisão, repartição: **centuriarum** (T. Lív. 4, 4, 2) «(divisão) por centúrias». 5) Definição, determinação (Cíc. Of. 1, 101).

descriptiuncŭla, -ae, subs. f. Pequena definição (Sên. Suas. 2, 10).

descrīptus, -a, -um. I — Part. pass. de **descrībo**. II — Adj.: fixo, preciso (Cíc. Fin. 3, 74).

dēsĕcō, -ās, -āre, -secŭī, -sēctum, v. tr. Separar cortando, cortar, ceifar (Cíc. Tim. 23); (Cíc. At. 16, 6, 4).

dēsecŭī, perf. de dēsĕco.

dēsēctus, -a, -um, part. pass. de dēsĕco.

dēsēdī, perf. de desidĕo e de desīdo.

dēsenŭī, perf. do desus. desenēsco. Acalmar-se com o tempo, acalmar-se (Sal. Hist. 1, 93).

dēsĕrō, -is, -ĕre, -serŭī, -sērtum, v. tr. I — Têrmo da língua militar: 1) Desertar (usado intransitivamente) (C. Nep.

Eum. 5, 1). II — Na língua comum: 2) Abandonar, deixar (Cés. B. Civ. 1, 75, 2); (Cíc. Of. 1, 28).

dēsertor, -ōris, subs. m. I — Sent. próprio: 1) O que abandona, o que desampara (Cíc. At. 8, 9, 3). Daí: 2) Desertor (Cés. B. Gal. 6, 23, 8). II — Sent. figurado: 3) O que atraiçoa (Cíc. Fin. 3, 64).

dēsertum, -ī, subs. n. (geralmente no pl.: deserta, -ōrum). Deserto, solidão (Verg. Buc. 6, 81).

dēsertus, -a, -um. I — Part. pass. de desero. II — Adj.: deserto, abandonado, e daí: inculto, selvagem (Cíc. Cael. 42).

dēserviō, -īs, -īre, v. intr. Servir com zêlo, ser consagrado, dedicado, consagrar-se, dedicar-se (Cíc. Sull. 26).

dēsĕs, -ĭdis, adj. Ocioso, desocupado, preguiçoso, desidioso (T. Lív. 3, 68, 8).

dēsĭdĕō, -ēs, -ēre, -sēdī (sem supino), v. intr. I — Sent. próprio: 1) Estar sempre sentado (Ter. Herc. 800). II — Sent. figurado: 2) Ser preguiçoso, estar inativo, ser desidioso (Suet. Cés. 3).

dēsīdĕrābĭlis, -e, adj. Desejável, apetecível (Cíc. Fin. 1, 53).

dēsīdĕrans, -antis, part. pres. de desidero.

dēsīdĕrātĭō, -ōnis, subs. f. Desejo (Cíc. C.M. 47).

dēsīdĕrātus, -a, -um. I — Part. pass. de desidero. II — Adj.: Desejado (Plín. H. Nat. 30, 2).

dēsīdĕrium, -ī, subs. n. I — Sent. próprio: 1) Desejo (de alguma coisa que se teve e não se tem mais), saudade (Cíc. Fam. 2, 11, 1). II — Daí: 2) Pesar, saudade (Cíc. Or. 33). 3) Objeto de ternura, carinho (Cíc. Fam. 14, 2, 4). 4) Necessidade física, precisão (natural): desideria naturae satiare (Cíc. Fin. 2, 25) «satisfazer aos reclamos da natureza». III — No pl.: petições, memoriais (Tác. An. 1, 19).

dēsīdĕrō, -ās, -āre, -āvī, -ātum, v. tr. I — Sent. próprio: 1) Deixar de ver, sentir a falta de, verificar ou lamentar a ausência ou a perda (Cíc. Rep. 2, 64); (Cíc. Fam. 4, 9, 4). II — Sent. figurado: 2) Procurar, desejar, exigir (Cíc. Verr. 4, 68); (Cíc. Q. Fr. 3, 5, 3). Obs.: Constrói-se com acus.; com acus. e inf.; com acus. e abl. com ab ou in.

dēsīdēs, -um, pl. de deses.

dēsĭdĭa, -ae, subs. f. Desídia, preguiça, ociosidade, inércia, indolência (Cíc. Br. 8).

dēsidiōsē, adv. Desidiosamente, ociosamente, sem nada fazer (Lucr. 4, 1128).

dēsidiōsus, -a, -um, adj. Ocioso, negligente, preguiçoso, desidioso (Cíc. De Or. 3, 88).

dēsīdō, -is, -ĕre, -sēdī (ou -sīdī), v. intr. I — Sent. próprio: 1) Abater-se, vir abaixo, abaixar-se, afundar-se (Cíc. Div. 1, 97). II — Sent. figurado: 2) Enfraquecer-se, degenerar (T. Lív. 1, pr. 9).

dēsīdī, = desēdi, perf. de desīdo (Cíc. Div. 1, 78).

dēsignātĭō, -ōnis, subs. f. I — Sent. próprio: 1) Designação, indicação (Cíc. De Or. 1, 138). 2) Plano, disposição (Cíc. Nat. 1, 20).

dēsignātor (dissignātor), -ōris, subs. m. I — Sent. próprio: 1) Designador, empregado que indica os lugares no teatro (Plaut. Poen. 19). II — Daí: O inspetor dos jogos públicos (Cíc. At. 4, 3, 2). 3) O que dirige as pompas fúnebres (Hor. Ep. 1, 7, 5).

dēsignātus, -a, -um, part. pass. de designo.

dēsignō, -ās, -āre, -āvī, -ātum, v. tr. I — Sent. próprio: 1) Designar, indicar (Cíc. Cat. 1, 2). Daí: 2) Marcar, traçar, representar (Verg. En. 5, 755). II — Sent. figurado: 3) Ordenar, dispor, regular (Cíc. Div. 1, 82).

dēsĭī, perf. de desino.

dēsĭlĭo, -īs, -īre, -sĭlŭī, -sūltum, v. intr. Saltar de, lançar-se de, cair, descer saltando, descer (Cíc. Mil. 29); (Hor. Epo. 17, 70). Obs.: Constrói-se com abl. simples ou com as preps. de, ex, ab ou com acus. de movimento com in ou ad.

dēsĭlŭī, perf. de desilio.

dēsĭnō, -is, -ĕre, desĭī, desĭtum, v. tr. intr. I — Sent. próprio: 1) Cessar, deixar de, abandonar (Cíc. Fam. 7, 1, 4); (Cíc. De Or. 2, 59). 2) Intr.: Cessar, acabar, terminar (Cíc. Ac. 2, 80); (Sal. B. Jug. 83, 1). Obs.: Constrói-se com inf., com acus. Intransitivamente se constrói com abl.; com abl. ou acus. com in; na poesia pode aparecer com gen., como em Hor. (O. 2, 9, 17).

dēsĭpĭens, -entis. I — Part. pres. de desipio II — Adj.: Tolo, parvo, idiota (Cíc. Nat. 2, 16).

dēsĭpientia, -ae, subs. f. Alucinação do espírito, loucura (Lucr. 3, 499).

dēsĭpĭo, -is, -ĕre, v. intr. Não estar em juízo perfeito, ter falta de senso, ter o juízo perdido (Cíc. Nat. 1, 94). Obs.: Desipere em sent. próprio é tr. e significa: tornar insípido, mas não é atestado no período clássico.

dēsistō, -is, -ĕre, -stĭtĭ, -stĭtum, v. intr. Afastar-se, abandonar, parar, cessar, deixar de, desistir, renunciar (Cíc. Tusc. 2, 28); (Cíc. Of. 3, 112). Obs.: Constrói-se com abl. simples ou com as preps. **de** ou **ab**; com inf.; e, raramente, com dat. (em poesia) (Verg. En. 10, 441).

dēsĭtus, -a, -um, part. pass. de **desino**.

dēsōlātus, -a, -um, part. pass. de **desōlo**.

dēsōlō, -ās, -āre, -āvī, -ātum, v. tr. Deixar só, despovoar, devastar, destruir, desolar (Verg. En. 11, 367).

despectĭō, -ōnis, subs. f. Desprêzo, desdém (Cíc. frg. F. 5, 69).

despēctō, -ās, -āre, v. tr. I — Sent. próprio: 1) Olhar de cima (Ov. Met. 4, 624). II — Sent. figurado: 2) Dominar (Verg. En. 7, 740). Donde: 3) Olhar com desprêzo, desprezar (Tác. An. 2, 43).

1. despēctus, -a, -um, I — Part. pass. de **despicio**. II — Adj.: Desprezado, desprezível (Tác. An. 13, 47).

2. despēctus, -ūs, subs. m. I — Sent. próprio: 1) Vista (de cima para baixo) (Cés. B. Gal. 7, 79, 3). II — Sent. figurado: 2) Desprêzo, objeto de desprêzo (sòmente no dat.) (Tác. Hist. 4, 57).

despērānter, adv. Com desespêro, em desespêro, sem esperanças (Cic. At. 14, 18, 3).

despērātĭō, -ōnis, subs. f. Desesperação, falta de esperança, desespêro (Cés. B. Civ. 1, 11, 3); (Cés. B. Civ. 2, 42, 2).

despērātus, -a, -um. I — Part. pass. de **despēro**. II — Adj.: Desesperado, perdido, sem esperanças (Cíc. Mur. 42).

despērō, -ās, -āre, -āvī, -ātum, v. tr. e intr. 1) Desesperar, perder as esperanças (Cíc. Mur. 43); (Cíc. De Or. 1, 95). 2) Intr. Desesperar (Cíc. Clu. 68). 3) Abs.: Perder a esperança, renunciar à esperança em (Cíc. Of. 1, 73). Obs.: Constrói-se com acus.; com acus. e inf., com dat. e com abl. com **de**.

despēxī, perf. de **despicio**.

despicātĭō, -ōnis, subs. f. Desprêzo, desdém (Cíc. Fin. 1, 67).

1. despicātus, -a, -um, adj. Desprezado, abandonado (Cíc. Sest. 36).

2. despicatus, -ūs, subs. m. Desprêzo, desdém (Cíc. Flac. 65). Obs.: Só se usa no dat. sg.

despiciēndus, -a, -um. I — Gerundivo de **despicio**. II — Adj.: Despiciendo, desprezível, digno de desprêzo (Tác. An. 12, 49).

despiciens, -entis. I — Part. pres. de **despicio**. II Adj. (com gen.): «que despreza» (Cíc. De Or. 2, 364).

despicientĭa, -ae, subs. f., v. **despicātĭo** (Cíc. Tusc. 1, 72).

despicĭō, -is, -ĕre, -pēxī, -pēctum, v. tr. e intr. I — Sent. próprio: 1) Olhar de cima, dirigir a vista do alto de (Ov. Met. 11, 504). II — Sent. figurado: 2) Desprezar, desdenhar (Cic. Lae. 86). 3) Falar com desprêzo de (Cés. B. Civ. 3, 87, 1). 4). Olhar para outra parte, desviar os olhos, estar distraído (Cíc. Amer. 22).

despoliātus, -a, -um, part. pass. de **despolio**.

despoliō, -ās, -āre, -āvī, -ātum, v. tr. Despojar, esbulhar, espoliar, privar (Cés. B. Gal. 2, 31, 4); (Cic. Verr. 3, 54). Obs.: Constrói-se com acus. e abl.

despondĕō, -ēs, -ĕre, -pōndī, -pōnsum, v. tr. I — Sent. próprio: 1) Separar-se por um compromisso, (sentido não atestado). Daí: 2) Abandonar, perder (Plaut. Mil. 6). II — Na língua comum: 3) Prometer, tomar o compromisso de dar, comprometer-se a dar (Cic. At. 11, 6, 6). Especialmente: 4) Prometer uma filha em casamento, dar uma filha em casamento (Cic. At. 1, 3, 3). Obs.: Constrói-se com acus. e dat.

despōndī, perf. de **despondeo**.

desponsātus, -a, -um, part. pass. de **despōnso**.

despōnsō, -ās, -āre, -āvī, -ātum, v. tr. Prometer em casamento, desposar (Suet. Cés. 1).

despōnsus, -a, -um, part. pass. de **despondeo**.

despūmātus, -a, -um, part. pass. de **despūmo**.

despūmō, -ās, -āre, -āvī, -ātum, v. tr. e intr. I — Tr.: 1) Espumar, tirar a espuma, espalhar como a espuma (Verg. G. 1, 296). II — Intr.: 2) Cessar de espumar, espalhar-se como espuma (Sên. Ir. 2, 20, 3).

despŭō, -is, -ĕre, v. intr. e tr. I — Sent. próprio: 1) Intr.: Cuspir (Varr. L. Lat. 5, 157). 2) Tr.: Afastar um mal, cuspindo: ...**morbos** (Plín. H. Nat. 28, 35) «afastar as doenças cuspindo». II — Sent. figurado: 3) Repelir com desprêzo, rejeitar (Catul. 50, 19); (Plaut. As. 38).

destērtō, -is, -ĕre, -stertŭī (sem supino), v. intr. Deixar de ressonar, ou de sonhar ressonando (Pérs. 6, 10).

destertŭi, perf. de destērto.
destĭllō (distĭllō), -ās, -āre, -āvī, -ātum, v. intr. Destilar, cair gôta a gôta (Verg. G. 3, 281).
destĭnātĭō, -ōnis, subs. f. I — Sent. próprio: 1) Determinação, intenção, resolução, fixação (Plín. H. Nat. 36, 96). II — Daí: 2) Distribuição, designação (T. Lív. 32, 35).
destĭnātus, -a, -um. I — Part. pass. de destĭno. II — Adj.: 1) Fixo, resoluto (Cíc. Tusc. 2, 5). 2) Firme, obstinado (Catul. 8, 19). III — Subs.: 3) destĭnātum, -ī: projeto, alvo (Tác. An. 4, 40). 4) Loc. adverbial: ex destinato — «deliberadamente» (Sên. Clem. 1, 6).
destĭnō, -ās, -āre, -āvī, -ātum, v. tr. I — Sent. próprio: 1) Fixar, prender, segurar: funes qui antemnas ad malos destinabant (Cés. B. Gal. 3, 14, 6) «amarras que prendiam as antenas aos mastros». II — Sent. figurado: 2) Determinar, destinar, designar, nomear, visar, resolver (Verg. En. 2, 129); (Cíc. Of. 3, 45). 3) Oferecer uma quantia por, comprar, adquirir (Plaut. Rud. 45). Obs.: Constrói-se com duplo acus.; com inf.; com acus. e dat., e com acus. com ad.
destĭtī, perf. de desĭsto.
destĭtŭī, perf. de destĭtŭo.
destĭtŭō, -is, -ĕre, -tŭī, -tūtum, v. tr. I — Sent. próprio: 1) Estabelecer, colocar à parte, isoladamente (Cíc. Verr. 3, 66). II — Sent. figurado: 2) Abandonar, deixar, cessar (Cés. B. Gal. 1, 16, 6). Donde: 3) Omitir, suprimir (Suet. Cl. 45). 4) Enganar (Cíc. Q. Fr. 1, 3, 8).
destĭtūtĭō, -ōnis, subs. f. 1) Ação de abandonar, abandono (Suet. Dom. 14). Daí: 2) Falta de palavra de um devedor (Cíc. Clu. 71).
destĭtūtus, -a, -um, part. pass. de destĭtŭo.
destrĭctus, -a, -um. I — Part. pass. de destrĭngo. II — Adj.: Ameaçador (Tác. An. 4, 36).
destrĭngō, -is, -ĕre, -strĭnxī, -strĭctum, v. tr. I — Sent. próprio: 1) Separar, colhêr, arrancar (Cat. Agr. 37, 5). II — Sent. figurado: 2) Desembainhar a espada (Cíc. Of. 3, 112). Empregos especiais: 3) Tocar de leve, roçar, limpar (Ov. Met. 4, 562). 4) Criticar, censurar, satirizar (Ov. Trist. 2, 563).
destrĭnxī, perf. de destrĭngo.

destructĭō, -ōnis, subs. f. I — Sent. próprio: 1) Destruição, ruína (Suet. Galb. 12). II — Na linguagem retórica: 2) Refutação (Quint. 10, 5, 12).
destrŭctus, -a, -um, part. pass. de destrŭo.
destrŭō, -is, -ĕre, -strūxī, -strŭctum, v. tr. I — Sent. próprio: 1) Demolir, destruir, derrubar (Cíc. C.M. 72). II — Sent. figurado: 2) Arruinar, enfraquecer, abater (T. Lív. 34, 3); (Tác. An. 2, 63).
destrūxī, perf. de destrŭo.
dēsŭbĭtō, adv. De repente, sùbitamente (Cíc. Rep. 6, 2).
Desudāba, -ae, subs. pr. f. Desudaba, cidade da Trácia (T. Lív. 44, 26).
dēsūdātus, -a, -um, part. pass. de desūdo.
dēsūdō, -ās, -āre, -āvī, -ātum, v. intr. I — Sent. próprio: 1) Suar muito (Cels. 6, 6, 29). II — Sent. figurado: 2) Suar, fatigar-se, cansar-se (Cíc. C.M. 38).
dēsŭēfăctus, -a, -um, part. pass. de desuēfĭo.
dēsŭēfĭō, -is, -fĭĕrī, -făctus sum, v. tr. Desabituar-se, perder o hábito (Cíc. Clu. 110).
dēsŭēscō, -is, -ĕre, -sŭēvī, -sŭētum, v. tr. e intr. Tr.: 1) Perder o hábito, desabituar, desacostumar (Verg. En. 2, 509). Intr.: 2) Desabituar-se de (Quint. 3, 8, 70).
dēsŭētūdō, -ĭnis, subs. f. Falta de hábito, desuso (T. Lív. 1, 19).
dēsŭētus, -a, -um, part. pass. de desuēsco.
dēsŭēvī, perf. de desuēsco.
dēsultor, -ōris, subs. m. I — Sent. próprio: 1) Desultor, ou dessultor, o que salta de um cavalo para outro (T. Lív. 23, 29). II — Sent. figurado: 2) Pessoa volúvel, inconstante (Ov. Am. 1, 3, 15).
1. dēsultōrĭus, -a, -um. Próprio para volteio (tratando-se de cavalos) (Suet. Cés. 39).
2. dēsultōrĭus, -ī, subs. m. Desultor, escudeiro de circo (Cíc. Mur. 57).
dēsum, dees, -ēsse, dēfŭī, v. intr. I — Sent. próprio: 1) Faltar (Cíc. Rep. 1, 28). II — Sent. figurado: 2) Deixar de cumprir os deveres, não atender, abandonar (Cíc. Mur. 10); (Cíc. At. 7, 17, 4). Obs.: Constrói-se geralmente com abl. e dat., e às vêzes com abl. com in, ou inf. Os poetas apresentam comumente a contração dos dois ee: dēs, dēst, dēsse, dēro, etc. O inf. fut. defore é comum em Cícero e César.

dēsūmō, -is, -ĕre, -sūmpsī, -sūmptum, v. tr. Tomar para si, escolher, encarregar-se de (T. Lív. 38, 45, 8).

dēsūmpsī, perf. de **desūmo.**

dēsŭper, adv. I — Sent. próprio: 1) Do alto, de cima, de alto a baixo (Cés. B. Gal. 1, 52, 5). Donde: 2) Em cima, por cima (emprêgo poético) (Ov. F. 3, 529).

dēsūrgō, -is, -ĕre, v. intr. Levantar-se, erguer-se (Lucr. 5, 701); (Hor. Sát. 2, 2, 77).

dētēctus, -a, -um, part. pass. de **detĕgo.**

dētĕgō, -is, -ĕre, -tēxī, -tēctum, v. tr. I — Sent. próprio: 1) Descobrir, pôr a descoberto, pôr a nu (Cíc. Ac. 2, 122). II — Sent. figurado: 2) Descobrir, desvendar (T. Lív. 27, 45, 1).

dētēndō, -is, -ĕre, -tēnsum, v. tr. Estender ou dobrar (especialmente a tenda), desarmar (Cés. B. Civ. 3, 85, 3).

dētēnsus, -a, -um, part. pass. de **detēndo.**

dētēntus, -a, -um, part. pass. de **detinĕo.**

dētērgō = dētergĕo (T. Lív. 36, 44, 6).

dētergĕo, -ēs, -ĕre, -tērsī, -tērsum, v. tr. I — Sent. próprio: 1) Tirar enxugando, enxugar (Ov. Met. 13, 746). Daí: 2) Limpar, fazer desaparecer, varrer (Cés. B. Civ. 1, 58, 1). II — Sent. figurado: 3) Abater, derrubar, quebrar, gastar (Cíc. At. 14, 10, 3). Obs.: Ocorrem por vêzes neste verbo formas da 3ª conj.: **detergunt** (T. Lív. 36, 44, 6); **detergit** (Sên. Ep. 44, 5).

dētĕrĭor, -ĭus, (compar. do desusado **deter**). I — Sent. próprio: 1) Pior (Ov. Met. 7, 21). II — Daí: 2) Inferior, menos forte (Cés. B. Gal. 1, 36, 4). II — Sent. figurado: 3) Covarde (Plaut. Ep. 446).

dētĕrĭus, adv. Pior (Cíc. Fin. 1, 8); (Hor. Sát. 1, 10, 90).

dētermĭnātĭō, -ōnis, subs. f. Limite, extremidade, fim (Cíc. Nat. 2, 101).

dētermĭnō, -ās, -āre, -āvī, -ātum, v. tr. I — Sent. próprio: 1) Marcar os limites, limitar, delimitar (Plaut. Poen. 49). II — Daí, em sent. moral: 2) Regular, determinar, fixar (Cíc. De Or. 3, 175). 3) Traçar, desenhar (Plín. H. Nat. 28, 4).

dētĕrō, -is, -ĕre, -trīvī, -trītum, v. tr. I — Sent. próprio: 1) Gastar pelo atrito ou pelo uso, gastar, tirar esfregando, pisar (Lucr. 1, 315). Daí: 2) Diminuir, enfraquecer (Hor. O. 1, 6, 12).

dētērrĕō, -ēs, -ēre, -terrŭī, -terrĭtum, v. tr. I — Sent. próprio: 1) Desviar pelo terror (Sal. B. Jug. 98, 5). Daí: 2) Desviar, afastar, dissuadir (Cíc. De Or. 1, 117). Obs.: Constrói-se com acus. e abl.; com acus. e **ne,** ou **quin,** ou **quominus;** com inf.; ou simplesmente com acus.

dētērrĭmus, -a, -um (superl. do desusado **deter**). O pior, muito mau, péssimo (Cíc. Verr. 2, 40). Obs.: A forma **deterrŭmus** ocorre em Cicero (Rep. 2, 47).

dētērrĭtus, -a, -um, part. pass. de **deterrĕo.**

dētērrŭī, perf. **deterrĕo.**

dētērsī, perf. de **detergĕo.**

dētērsus, -a, -um, part. pass. de **detergĕo.**

dētēstābĭlis, -e, adj. Detestável, abominável (Cíc. C.M. 41).

dētēstātĭō, -ōnis, subs. f. I — Sent. próprio: 1) Execração, detestação (Cíc. Dom. 140). II — Daí: 2) Maldição, imprecação (Hor. Epo. 5, 89).

dētēstātus, -a, -um. I — Part. pass. de **detēstor.** II — Adj. (sent. passivo): detestado, maldito (Cíc. Leg. 2, 28); (Hor. O. 1, 1, 25).

dētēstor, -āris, -ārī, -ātus sum, v. dep. tr. 1) Têrmo da lingua religiosa: repelir o tentemunho de (Cíc. Cat. 1, 27) Daí: 2) Detestar, abominar, amaldiçoar, dizer imprecações, rogar pragas (Cíc. Vat. 39); (Tác. Hist. 2, 35). 3) Afastar, desviar, arredar com súplicas (Cíc. Nat. 1, 123).

dētēxī, perf. de **detĕgo.**

dētēxō, is, -ĕre, -texŭī, tēxtum, v. tr. I — Sent. próprio: 1) Acabar de tecer, tecer completamente (Plaut. Ps. 400). 2) Entrançar (Verg. Buc. 2, 72). II — Sent. figurado: 3) Acabar, percorrer, completar (Cíc. De Or. 2, 152).

dētēxtus, -a, -um, part. pass. de **detēxo.**

dētexŭī, perf. de **detēxo.**

dētĭnĕō, -ēs, -ĕre, -tĭnŭī, -tēntum, v. tr. I — Sent. próprio: 1) Deter, fazer parar (Cés. B. Gal. 3, 12, 5). II — Sent. figurado: 2) Ocupar, reter, manter ocupado (Cíc. Inv. 132).

dētĭnŭī, perf. de **detinĕo.**

dētondĕō, -ēs, -ĕre, -tōndī, -tōnsum, v. tr. Tirar tosquiando ou cortando, tosquiar, cortar (Cat. Agr. 96); (Ov. F. 6, 229).

dētōndī, perf. de **detondĕo.**

dētŏnō, -ās, -āre, -tonŭī, (sem supino), v. intr. 1) Trovejar fortemente: **Juppiter detonat** (Ov. Trist. 2, 35) «Júpiter troveja». 2) Parar de trovejar, acalmar-se: **Aeneas nubem belli, dum detonet, sustinet** (Verg. En. 10, 809) «Enéias sustém a tempestade (violência) da guerra, até que ela se acalme».

dētōnsus, -a, -um, part. pass. de **detondĕo.**

dētonŭī, perf. de **detŏno.**

dētorquĕō, -ēs, -ēre, -tŏrsī, -tŏrtum, v. tr. e intr. I — Sent. próprio: 1) Tr.: Desviar, afastar para outro lado (Cíc. Tim. 25); (Verg. En. 5, 165). II — Sent. figurado: 2) Deformar, desfigurar, corromper (Cíc. Fin. 3, 17); (Cat. apud Prisc. 9, 51). 3) Tr.: Desviar-se (Plín. H. Nat. 28, 93).

dētŏrsī, perf. de **detorquĕō.**

dētŏrtus, -a, -um, part. pass. de **detorquĕō.**

dētractātus, -a, -um, part. pass. de **detrācto** ou **detrēcto.**

dētractĭō, -ōnis, subs. f. I — Sent. próprio: 1) Ação de cortar, corte, supressão (Cíc. Of. 3, 118). — Daí, na língua médica: 2) Evacuação (Cíc. Tim. 18). Na língua retórica: 3) Elipse (Quint. 1, 5, 38). 4) Supressão de uma letra (Quint. 1, 5, 14).

dētrāctō = **detrēcto.**

dētrāctor, -ōris, subs. m. Detrator, o que deprecia, rebaixa (Tác. An. 11, 11).

1. dētrāctus, -a, -um, part. pass. de **detrăho.**

2. dētrāctus, -ūs, subs. m. Corte, supressão (Sên. Suas. 7, 11). Obs.: Só se usa no abl. sg.

dētrăhō, -is, -ĕre, -trāxī, -trāctum, v. tr. 1) Puxar para baixo, rebaixar, puxar, tirar, trazer a (sent. físico e moral) (Cíc. Cael. 34); (Cíc. Prov. 1); (T. Lív. 37, 45, 18); (Cíc. Pis. 71). 2) Arrastar (sent. físico e moral) (Cíc. Mil. 38); (Cíc. Clu. 17, 9). 3) Intr.: Fazer mal, ser detrator (Cíc. Caec. 70). Obs.: Constrói-se com acus. e abl. com **de, ex,** ou **ab;** com acus. e dat.; com acus. com **ad, in, trans;** com simples acus. ou intransitivamente.

dētrāxe = **detraxīsse,** inf. perf. sincopado de **detrăho.**

dētrāxī, perf. de **detrăho.**

dētrectātĭō, -ōnis, subs. f. Recusa (T. Lív. 3, 69).

dētrectātor, -ōris, subs. m. I — Sent. próprio: 1) O que recusa (Petr. 117, 11). II — Daí: 2) Detrator (T. Lív. 34, 15, 9).

dētrēctō (detrāctō), -ās, -āre, -āvī, -ātum, v. tr. I — Sent. próprio: 1) Repelir, rejeitar, recusar, recusar-se, tirar alguma coisa a (Cés. B. Gal. 7, 14, 9); (T. Lív. 3, 60). II — Sent. figurado: 2) Depreciar, desacreditar (Sal. B. Jug. 53, 8).

dētrīmentōsus, -a, -um, adj. Desvantajoso, prejudicial (Cés. B. Gal. 7, 33, 1).

dētrīmēntum, -ī, subs. n. I — Sent. próprio: 1) Uso, deterioração (resultante do uso) (Apul. M. 6, 6). II — Sent. figurado: 2) Diminuição, perda, dano, prejuízo (Cíc. Pomp. 15) 3) Derrota, desastre (Cés. B. Gal. 5, 25, 6).

dētrītus, -a, -um, part. pass. de **detĕro.**

dētrīvī, perf. de **detĕro.**

dētrūdō, -is, -ĕre, -trūsī, -trūsum, v. tr. I — Sent. próprio: 1) Empurrar do alto para baixo, precipitar, atirar com fôrça, lançar (Cíc. De Or. 1, 46). II — Sent. figurado: 2) Desalojar de uma posição, repelir, expulsar (Cíc. Caec. 49). 3) Arrancar (Verg. En. 1, 145). 4) Diferir, deixar para outra ocasião (Cíc. At. 4, 17, 2).

dētrūncō, -ās, -āre, -āvī, -ātum, v. tr. I — Sent. próprio: 1) Detruncar, ou destroncar, separar do tronco, cortar (T. Lív. 21, 37, 2). II — Daí: 2) Degolar, decapitar, mutilar (Plín. H. Nat. 11, 54).

dētrūsī, perf. de **detrūdo.**

dētrūsus, -a, -um, part. pass. de **detrūdo.**

dētŭlī, perf. de **defĕro.**

dēturbātus, -a, -um, part. pass. de **deturbo.**

dētūrbō, -ās, -āre, -āvī, -ātum, v. tr. 1) Pôr abaixo, precipitar, expulsar violentamente, desalojar, (freqüente na língua militar) (Cíc. Verr. 4, 90); (Cíc. Fam. 12, 25, 2). Obs.: Constrói-se com acus. e abl. com **ex, ab,** ou **de.**

dētūrpō, -ās, -āre, v. tr. 1) Desfigurar, tornar feio (Suet. Cal. 35). 2) Sujar, manchar (Plín. H. Nat. 55, 59). Obs.: Verbo raro, só usado na época imperial.

Deucaliōn, -ōnis, subs. pr. m. Deucalião, rei da Tessália (Verg. G. 1, 62).

Deucaliōnēus, -a, -um, adj. De Deucalião, deucaliano (Ov. Met. 1, 318).

deunx, -cis, subs. m. 1) Deunce, os 11/12 avos de uma libra romana (Cíc. Caec. 17). 2) Medida que contém 11 vêzes o ciato (Marc. 12, 28).

Deuriŏpos, -ī subs. pr. f. Deuríopo, parte da Peônia, na Macedônia (T. Lív. 39, 53).

deūrō, -is, -ĕre, -ūssī, -ūstum, v. tr. 1) Queimar inteiramente (Cés. B. Gal. 7, 25, 1). 2) Queimar, fazer perecer (T. Lív. 40, 45).

deus, -ī, subs. m. I — Sent. próprio: 1) Deus, divindade (Cíc. Balb. 23). II — Sent. figurado: 2) O que é venerado como um deus (Cíc. De Or. 1, 106). Obs.: 1) Voc. sg. desusado. 2) No pl.: nom.: **di, dii, dei;** gen.: **deorum** e **deum;** dat. abl.: **dis, diis, deis.**

deussī perf. de **deūro.**

deūstus, -a, -um, part. pass. de **deūro.**

deūtor, -ĕris, -ūtī, ūsus sum, v. intr. Abusar, usar mal (C. Nep. Eum. 11, 3). Obs.: Constrói-se com abl.

dēvāstŏ, -ās, -āre, -āvī, -ātum, v. tr. Devastar, assolar, saquear, destruir (T. Lív. 4, 59, 2); (Ov. Met. 13, 255).
dēvēctus, -a, -um, part. pass. de **devĕho**.
dēvĕhŏ, -is, -ĕre, -vēxī, -vēctum, v. tr Levar, transportar, carregar, transportar-se, descer em navio (Cés. B. Gal. 5, 47, 2); (Cíc. Phil. 1, 9).
dēvēllī, perf. de **devēllo**.
dēvēllō, -is, -ĕre, -vēllī, -vūlsum, v. tr. 1) Arrancar (Plaut. Poen. 872). 2) Arrancar cabelo ou pêlo (Suet. Dom. 22). Obs.: Em Catulo (63, 5) ocorre o perf. devulsī.
dēvēlō, -ās, -āre, v. tr. Pôr a descoberto, descobrir (Ov. Met. 6, 604).
dēvenĕror, -āris, -ārī, -ātus sum, v. dep. tr. Honrar, venerar (Ov. Her. 2, 18).
dēvĕnī, perf. de **devenio**.
dēvĕnĭo, -is, -īre, -vēnī, -vēntum, v. intr. I — Sent. próprio: 1) Vir de, chegar a, dirigir-se a, ir a (Cés. B. Gal. 2, 21, 1). Daí: 2) Cair em (Cíc. Fam. 7, 3, 3). Obs.: Constrói-se com acus. com **ad** ou **in**; na poesia com acus. sem prep.
dēverbĭum, v. **diverbĭum**.
1. **dēvērsor** (-vŏrsor), -āris, -ārī, -ātus sum, v. dep. intr. I — Sent. próprio: 1) Hospedar-se, albergar-se (Cíc. Verr. 1, 69). Daí: 2) Morar, residir, habitar (Cíc. Tusc. 5, 22).
2. **dēvērsor**, -ōris, subs. m. O que pára ou se alberga numa hospedaria, hóspede (Cíc. Inv. 2, 15).
dēversōrĭŏlum, -ī, subs. n. Pequena hospedaria (Cíc. At. 14, 8, 1).
dēversōrĭum (devor-), -ī, subs. n. I — Sent. próprio: 1) Hospedaria, pousada (Cíc. C.M. 84). II — Sent. figurado: 2) Asilo, retiro (Cíc. Phil. 2, 104). 3) Loja, armazém (Suet. Ner. 38).
dēversōrĭus (devors-), -a, -um, adj. Onde se pode parar ou hospedar-se (Plaut. Men. 436).
dēvērsus, -a, -um, part. pass. de **devĕrto**.
dēvērtī, perf. de **devĕrto**.
dēverticŭlum (devort-), -ī, subs. n. I — Sent. próprio: 1) Caminho afastado, desvio (Cíc. Pis. 53). 2) Hospedaria (T. Lív. 1, 58, 1). II — Sent. figurado: 3) Desvio (T. Lív. 9, 17). 4) Digressão (Juv. 15, 72). 5) Escapatória, subterfúgio (Cíc. Part. 136).
dēvērtō (dēvŏrtō), -is, -ĕre, -tī, -vērsum, v. tr. e intr. I — Sent. próprio: 1) Desviar, afastar-se, desviar-se, tomar um caminho afastado (Cíc. Font. 19). Daí: 2) Hospedar-se, albergar-se (Plaut. Mil. 134). II — Sent. figurado: 3) Fazer uma digressão, afastar-se do assunto (Cíc. Fam. 12, 25, 5).

dēvēxī, perf. de **devĕho**.
dēvēxō = **divēxo**.
dēvēxus, -a, -um, adj. I — Sent. próprio: 1) Que vai em declive, inclinado, que desce (Sên. Vit. 25, 7). II — Sent figurado: 2) Que declina, que tende para (Cíc. At. 9, 10, 3).
dēvĭa, -ōrum, subs. n. pl. Lugares ermos, não freqüentados (Lucr. 4, 161).
dēvīcī, perf. de **devinco**.
dēvīctus, -a, -um, part. pass. de **devinco**.
dēvincĭō, -is, -īre, -vīnxī, -vīnctum, v. tr. I — Sent. próprio: 1) Ligar fortemente, amarrar, atar (Plaut. Ps. 200); (Cíc. Fam. 1, 7, 3). II — Sent. figurado: 2) Obrigar (Cíc. Sest. 15).
dēvincō, -is, -ĕre, -vīcī, -vīctum, v. tr. Vencer completamente, submeter (Cíc. Agr. 2, 90); (Verg. En. 10, 370).
dēvīnctus, -a, -um. I — Part. pass. de **devincĭo**. II — Adj.: Ligado, prêso, unido (Cíc. Fam. 1, 7, 3).
dēvīnxī, perf. de **devincĭo**.
dēvītātĭō, -ōnis, subs. f. Ação de evitar, de se esquivar de (Cíc. At. 16, 2, 4).
dēvītātus, -a, -um, part. pass. de **devīto**.
dēvītō, -ās, -āre, -āvī, -ātum, v. tr. Evitar, escapar, fugir (Cíc. Part. 91).
dēvĭus, -a, -um, adj. I — Sent. próprio: 1) Desviado, afastado do caminho ou da estrada, (Cíc. Pis. 89). Daí: 2) Errante, solitário (Ov. Her. 2, 118). II — Sent. figurado: 3) Que se afasta do caminho reto, desviado, transviado, insensato (Cíc. Phil. 5, 37).
dēvocātus, -a, -um, part. pass. de **devŏco**.
dēvŏcō, -ās, -āre, -āvī, -ātum, v. tr. Chamar, fazer descer, fazer vir, atrair, convidar (Cíc. Prov. 29); (Hor. Epo. 17, 5). Obs.: Constrói-se com acus. e abl. com **de**, **ab** ou **ex**, e raramente sem prep.; com acus. com **ad**; ou simplesmente com acus.
dēvŏlō, -ās, -āre, -āvī, -ātum, v. intr. I — Sent. próprio: 1) Descer voando, voar para baixo, descer ràpidamente. (Ov. Met. 3, 420). II — Sent. figurado: 2) Voar, acudir (Cíc. Quinct. 93).
dēvolŭtus, -a, -um, part. pass. de **devŏlvo**.
dēvolvī, perf. de **devŏlvo**.
dēvŏlvō, -is, -ĕre, -vōlvī, -volūtum, v. tr. I — Sent. próprio: 1) Fazer rolar de cima para baixo, precipitar, afastar de (Cés. B. Civ. 2, 11, 2). Daí: 2) Desen-

rolar, fiar (Verg. G. 4, 349). II — Sent. figurado: 3) Rolar, desenvolver (Hor. O. 4, 2, 11).

dĕvorātus, -a, -um, part. pass. de **devŏro**.

dĕvŏrō, -ās, -āre, -āvī, -ātum, v. tr. I — Sent. próprio: 1) Devorar, engolir, tragar (Cíc. Verr. 1, 135). II — Sent. figurado: 2) Absorver, gastar, consumir (Cíc. Verr. 3, 177). 3) Destruir, perder (Cíc. Br. 283).

dēvorticŭlum, v. **deverticŭlum**.

dēvortĭum, -ī, subs. n. Desvio (Tác. Agr. 19, 5).

dēvŏrto = **devĕrto**.

dēvōtĭo, -ōnis, subs. f. I — Sent. próprio: 1) Dedicação, ação de se dedicar, voto com que alguém se dedica (Cíc. Nat. 3, 15). II — Daí: 2) Imprecação, maldição (C. Nep. Alc. 4, 5). 3) Bruxaria, sortilégio (Tác. An. 2, 69).

dēvōtō, -ās, -āre, -āvī, -ātum, v. tr. Submeter aos encantamentos, enfeitiçar (Plaut. Cas. 388).

dēvōtus, -a, -um. I — Part. pass. de **devovĕo**. II — Adj.: Devotado, dedicado, consagrado (Sên. Ben. 3, 5). III — Subs. pl. m.: **devoti** (Cés. B. Gal. 3,22, 1) «os devotos».

dēvovĕō, -ēs, -ēre, -vōvī, -vōtum, v. tr. 1) Votar, consagrar inteiramente aos deuses (às vêzes com sent. pejorativo), consagrar (sent. próprio e figurado) (Cíc. Nat. 2, 10). 2) Devotar aos deuses infernais, daí: amaldiçoar (Hor. O. 3, 4, 27). 3) Submeter a encantamentos (Ov. Am. 3, 7, 80).

dēvōvī, perf. de **devovĕo**.

dēvulsus, -a, -um, part. pass. de **devēllo**.

Dexamĕnus, -ī, subs. pr. m. Dexámeno, nome de um centauro (Ov. Ib. 406).

Dēxīppus, -ī, subs. pr. m. Dexipo, nome de homem (Cíc. Fam. 14, 3, 3).

Dēxĭus, -ī, subs. pr. m. Déxio, nome de família romana (Cíc. Fam. 7, 23, 4).

Dēxo ou **Dēxōn, -ōnis**, subs. pr. m. Dexão, ou Déxon, nome grego de homem (Cíc. Verr. 5, 108).

dextans, -āntis, subs. m. Dez duodécimos da libra romana (Suet. Ner. 32).

dextēlla, -ae, subs. f. Mão direita pequena (Cíc. At. 14, 20, 5).

dexter, -tra, -trum, ou **dexter, -tĕra, -tĕrum**, adj. I — Sent. próprio: 1) Que está do lado direito, direito (em oposição a sinister, esquerdo) (Cíc. Div. 1, 46). II — Sent. figurado: 2) Que vem do lado direito (falando de presságios), propício, favorável, feliz (Verg. En. 8, 302). 3) Hábil, destro (Verg. En. 4, 294).

dextĕra ou **dextra, -ae**, subs. f. I — Sent. próprio: 1) A destra, a mão direita (Cíc. Dej. 8) II — Loc.: 2) **a dextra**, ou **dextra**: à direita, do lado direito (Cíc. Tim. 48). 3) Mão direita (sinal de amizade ou proteção) (Tác. An. 2, 58); **dextram tendere** (Cíc. Phil. 10, 9) «estender a mão direita, i.é, prestar socorro a alguém». II — Sent. poético: 4) Tropas, braços (de guerreiro) (S. It. 12, 351).

dextĕrē (Sên. Polyb. 6, 1) e **dextrē** (T. Lív. 1, 34, 12), adv. Destramente, hàbilmente. Obs.: comp.: **dexterĭus** (Hor. Sát. 1, 9, 45).

dexterĭor, -ĭus, compar. de **dexter**. Que fica à direita (falando de dois) (Ov. Met. 7, 241).

dexterĭtās, -tātis, subs. f. Destreza, habilidade (T. Lív. 28, 18, 6).

dextĭmus, -a, -um, superl. arc. de **dexter**. Que fica mais à direita (falando de vários) (Sal. B. Jug. 100, 2).

1. **dextra**, v. **dexter**.

2. **dextrā** (usado como prep. com acus.). À direita de (T. Lív. 8, 15, 8).

dextrōrsum (**-sus**), adv. À direita (com idéia de movimento), do lado direito, para a direita (Hor. Sát. 2, 3, 50).

dextŭmus, v. **dextĭmus**.

Dexujates, -ĭum, subs. loc. m. Dexujates, povo da Gália Narbonense (Plín. H. Nat. 3, 34).

1. **di**, em composição, v. **dis** 1.

2. **di** = **dii**, v. **deus**.

Dia, -ae, subs. pr. f. Dia, ilha de Naxos (Ov. Met. 3, 690).

diabathrārĭus, -ī, subs. m. Sapateiro para homens e mulheres (Plaut. Aul. 513).

Diabētae, -ārum, subs. pr. f. Diabetas, nome de quatro ilhas próximas de Rodes (Plín. H. Nat. 5, 133).

Diablīntī, -ōrum e **Diablīntēs, -um**, subs. loc. m. pl. Diablintos e diablintes, nome de uma parte dos Aulercos, habitantes das margens do rio Sarte, na França (Cés. B. Gal. 3, 9, 10).

diadēma, -ătis, subs. n. Diadema (Cíc. Phil. 2, 85).

diaeta, -ae, subs. f. I — Sent. próprio: Dieta, regime alimentar, e daí em sent. figurado: 1) Tratamento benigno (Cíc. At. 4, 3, 3). II — Sent. diversos: 2) Aposento, quarto, casa de recreio (Suet. Claud. 10). 3) Cabine ou camarote de navio (Petr. 115, 1).

Diagŏrdās, -ae, subs. pr. m. Diagondas, legislador tebano (Cíc. Leg. 2, 37).

Diagŏrās, -ae, subs. pr. m. Diágoras. 1) Poeta e filósofo grego, que floresceu no V séc. a.C. (Cíc. Nat. 1, 2). 2 Atleta grego de Rodes, do V séc. a.C. que morreu de alegria vendo seus dois filhos coroados no mesmo dia, no Olimpo (Cíc. Tusc. 1, 111).

1. dialectĭca, -ae, subs. f. Dialética (Cíc Br. 309).

2. dialectĭca, -ōrum, subs. n. pl. Estudos da dialética (Cíc. Br. 119).

dialectĭcē, adv. Dialèticamente, segundo as normas da dialética (Cíc. Ac. 1, 8).

1. dialectĭcus, -a, -um, adj. Relativo à dialética, hábil na dialética (Cíc. Fin. 2, 17).

2. dialectĭcus, -ī, subs. m. Dialético (Cíc. Fin. 2, 15).

dialēctos (-us), -ī, subs. f. Dialeto (Suet. Tib. 36).

1. diālis, -e, (cf. **Diespiter**), adj. 1) De Júpiter (T. Lív. 5, 52). 2) Do sacerdote de Júpiter (T. Lív. 6, 41).

2. diālis, -is, subs. m. Dial, sacerdote de Júpiter (Ov. F. 3, 397).

dialŏgus, -ī, subs. m. Diálogo (Cíc. Fam. 9, 8, 1).

Diāna e Diǎna, -ae, subs. pr. f. I — Sent. próprio: 1) Diana, filha de Júpiter e Latona, divindade itálica identificada com a Ártemis dos gregos; é a deusa da caça (Cíc. Nat. 2, 68). II — Sent. figurado: 2) A Lua (Ov. Met. 15, 196). 3) A caça (Marc. Spect. 12).

Diānĭum, -ī, subs. pr n. Diânio. 1) Templo ou lugar de Roma consagrado a Diana (T. Lív. 1, 48, 6). 2) Cidade da Bética, na Espanha (Cív. Verr. 1, 87).

Diānĭus, -a, -um, adj. De Diana, relativo à caça: **turba Diania** (Ov. F. 5, 141) «matilha de cães de caça».

diapāsma, -ǎtis, subs. n. Pó, pastilha de perfume (Marc. 1, 87, 5).

diārĭa, -ōrum, subs. n. pl. Ração diária (Hor. Ep. 1, 14, 40).

diatrētus, -a, um, adj. 1) Feito ao tôrno (Ulp. Dig. 9, 2, 27). 2) **Diatrēta, -ōrum,** subs. n. pl. Vasos ou copos bem trabalhados (Marc. 12, 70, 9).

dibǎphus, -ī, subs. f. Díbafo, vestido de púrpura (Cíc. Fam. 2, 16, 7).

dibus, por **diis,** v. **deus.**

dīc, imperativo de **dīco** 2.

dīca, -ae, subs. f. Processo, ação judicial (Cíc. Verr. 2, 42).

dicācĭtās, -tātis, subs. f. Dicacidade, mordacidade (Cíc. De Or. 2, 218).

Dicaeǎrchus, -ī, subs. pr. m. Dicearco. 1) Historiador, geógrafo e filósofo grego, discípulo de Aristóteles (Cíc. Tusc. 1, 21). 2) Nome de pessoa (T. Lív. 38, 10).

dicāssit = dicavěrit.

dicātĭō, -ōnis, subs. f. Declaração formal de que se quer ser cidadão de uma cidade (Cíc. Balb. 28).

dicāx, -ācis, adj. Dicaz, zombeteiro, mordaz, sarcástico (Cíc. Or. 90).

dicĭo (desusado no nom.), **-ōnis,** subs. f. I — Sent. próprio: 1) Poderio, domínio, autoridade (Cíc. Caecil. 66). II — Sent. figurado: 2) Autoridade (Cíc. Quinct. 94).

dicis (gen. do desusado **dix**), junto a **causa** ou **gratia: dicis causa** (Cíc. Verr. 4, 53) «segundo o rito»; **dicis gratia** (Dig. 13, 6, 4) «por mera formalidade». Obs.: Fórmula jurídica e religiosa também usada na linguagem corrente.

1. dicō, -ās, -āre, -āvī, -ātum, v. tr. I — Sent. próprio: 1) Dizer solenemente, proclamar, e daí na língua religiosa: 2) Dar por um voto solene, consagrar, dedicar a uma divindade (Cíc. Tusc. 1, 73); (Cés. B. Gal. 6, 13, 2). II — Sent. figurado: 3) Dedicar, consagrar (Cíc. Fam. 2, 6, 4). 4) Inaugurar (Tác. Hist. 5, 16).

2. dīcō, -is, -ěre, dīxī, dīctum, v. tr. I — Sent. próprio: 1) Dizer (com um caráter solene e técnico, pois que se trata de um vocábulo da língua religiosa e jurídica), afirmar, expor, pronunciar, falar em tom solene e ameaçador (Cíc. Fin. 2, 85); (Cíc. De Or. 3, 213); (Cíc. Fam. 3, 8, 5); (Cíc. Dom. 70). II — Outros sentidos: 2) Criar, eleger, nomear: **consules dicere** (T. Lív. 26, 22, 9) «nomear os cônsules». 3) Chamar, denominar, designar (Cíc. Ac. 1, 17). 4) Cantar, celebrar (Hor. O. 1, 21, 1). 5) Fixar, determinar, regular (Cés. B. Gal. 1, 41, 4); (Cés. B. Gal. 1, 42, 3). 6) Advertir, notificar, avisar (Cíc. Arch. 8). 7) Por enfraquecimento de sentido: falar, dizer (Cíc. Or. 153); (Cíc. Cael. 28). Obs.: Constrói-se com acus.; com acus. e inf.; com dat. Na passiva impess. constrói-se com nom. e inf. Formas arcaicas: imper. **dice** (Plaut. Capt. 359); subj. **dixis** (Plaut. Aul. 744); inf. **dicier** (Plaut. Cist. 83).

dicrŏtum, -ī, subs. n. (subent. **navigium**). Navio com duas ordens de remos (Cíc. At. 5, 11, 4).

Dicta, -ae, subs. pr. f. e **Dictē, -ēs**, subs. f. Dicta, montanha da costa oriental da ilha de Creta, onde se encontrava um templo de Júpiter (Plín. H. Nat. 24, 164).

Dictaeus, -a, -um, adj. Dicteu, da montanha Dicta, de Creta (Verg. En. 3, 171).

dictāmnus, -ī, subs. f. e **dictāmnum, -ī**, subs. n. Dictamno ou orégão (planta) (Cíc. Nat. 2, 126); (Verg. En. 12, 412).

dictāta, -ōrum, subs. n. pl. I — Sent. próprio: 1) Ditado (do professor aos alunos), lições (ditadas aos alunos) (Cíc. Tusc. 2, 26). II — Daí: 2) Regras, instruções (Suet. Cés. 26).

dictātor, -ōris, subs. m. 1) Ditador (magistrado extraordinário com autoridade absoluta, i.é, com amplos e excepcionais poderes) (Cíc. Rep. 1, 63). 2) Ditador (o 1º magistrado de algumas cidades da Itália) (Cíc. Mil. 27).

dictātōrius, -a, -um, adj. Ditatório, de ditador, referente ao ditador: **dictatorius juvenis** (T. Lív. 7, 4) «o filho do ditador».

dictātūra, -ae, subs. f. 1) Ditadura, dignidade de ditador (Cíc. Of. 3, 112). 2) Ação de ditar aos alunos (Suet. Cés. 77).

dictātus, -a, -um, part. pass. de **dicto**.

dictĕrium, -ī, subs. n. Ditério, dito picante, sarcasmo (Marc. 6, 44, 3).

dictĭō, -ōnis, subs. f. I — Sent. próprio: 1) Ação de dizer, pronúncia, dicção, expressão (Cíc. Inv. 2, 12). Daí: 2) Discurso recitado, conversação (Cíc. De Or. 1, 152). 3) Dicção, expressão (Quint. 9, 1, 17). II — Sent. figurado: 4) Predição, resposta de um oráculo (T. Lív. 8, 24, 2).

dictĭtō, -ās, -āre, -āvī, -ātum, v. freq. tr. Sent. próprio: 1) Dizer muitas vêzes, repetir (Cíc. Phil. 2, 42). Daí, na língua jurídica: 2) Advogar muitas vêzes (Cíc. De Or. 2, 56).

dictō, -ās, -āre, -āvī, -ātum, v. freq. intr. e tr. I — Sent. próprio: 1) Dizer em voz alta, repetir, ditar (Cíc. At. 13, 9, 1). II — Sent. figurado: 2) Mandar, ordenar, prescrever: **ita videtur ratio dictare** (Quint. 3, 4, 11) «assim parece ordenar a razão».

dictum, -ī, subs. n. I — Sent. próprio: 1) Palavra (Verg. En. 2, 790). II — Sent. figurado: 2) Dito, dito agudo, palavra espirituosa (Cíc. Fam. 7, 32, 1). 3) Sentença, preceito, provérbio (Cíc. Flac. 72). 4) Ordem, mandado (T. Lív. 9, 41, 13).

dictus, -a, -um, part. pass. de **dico 2**.

Dictȳnna, -ae, subs. pr. f. Dictina, ninfa que deu seu nome à cidade cretense de Dictineu. É identificada com Diana e Britomarte (Ov. Met. 2, 441).

Dictynnaeum, -ī, subs. pr. n. Dictineu, santuário próximo a Esparta e consagrado a Dictina (T. Lív. 34, 38, 5).

Dictynnaeus Mons, subs. pr. m. Monte Dictineu, situado na ilha de Creta, tem seu nome tirado do da ninfa Dictina (Plín. H. Nat. 4, 59).

Dictys, -yis ou **-yos**, subs. pr. m. Díctis. 1) Um dos centauros mortos por Piritou (Ov. Met. 12, 334). 2) Pescador que salvou Dânae e Perseu (Estác. S. 2, 1, 95).

Didĭa Lex, subs. pr. f. Lei de Dídio. 1) A de Cecílio Dídio, apresentada sôbre as propostas de lei (Cíc. Sest. 135). 2) Lei sôbre a regularização das despesas (Macr. 2, 13, 6).

dīdĭcī, perf. de **disco**.

dīdĭdī, perf. de **dido**.

dīdĭtus, -a, -um, part. pass. de **dido**.

Dīdĭus, -ī, subs. pr. m. Dídio. 1) Nome de família romana, notadamente de **Titus Didius**, general do II séc. a. C., que venceu os escordiscos e fêz-se cônsul; depois foi procônsul na Espanha e derrotou Sertório (Ov. F. 6, 568).

1. dīdō, -is, -ĕre, dīdĭdī, dīdĭtum, v. tr. Distribuir, repartir, espalhar (Verg. En. 8, 132); (Hor. Sát. 2, 2, 67).

2. Dīdō, -ūs e **-ōnis**, subs. pr. f. Dido, filha de Mutlo, rei de Tiro, irmã de Pigmalião (que sucedeu ao pai) e espôsa de Siqueu (Verg. En. 1, 299). Obs.: acus. **Dido** (Verg. En. 4, 383).

dīdūcō, -is, -ĕre, dīdūxī, dīdūctum, v. tr. I — Sent. próprio: 1) Levar, conduzir para diversas partes, dividir, separar, dispersar (Lucr. 6, 215); (Cíc. De Or. 3, 21). II — Sent. figurado: 2) Estender, desenvolver (Cés. B. Gal. 3, 23, 7). Obs.: Constrói-se com acus., e com acus. com **in**.

dīductĭō, -ōnis, subs. f. I — Sent. próprio: 1) Separação. Donde, na língua gramatical: 2) Separação (das sílabas) (Sên. Nat. 3, 13, 2). II — Sent. figurado: 3) Expansão, continuação (Cíc. Inv. 1, 18).

dīductus, -a, -um, part. pass. de **diduco**.

Didumāōn (Didy-), -ōnis, subs. pr. m. Didimaão, ou Didimáon, hábil cinzelador (Verg. En. 5, 359).

dīdūxī, perf. de **diduco**.

Didymāōn v. **Didumāon**.
Didўmē, -ēs, subs. pr. f. Dídime. 1) Uma das ilhas Eólias (Plín. H. Nat. 3, 94). 2) Ilha do mar Egeu (Ov. Met. 7, 469).
Didўmus, -ī subs. pr. m. Dídimo, nome de homem (Marc. 3, 31, 6).
diē, gen. e dat. arc. de **dies**.
diēcrastĭnī, v. **crastĭnus**.
diēcŭla, -ae, subs. f. Curto prazo, pequena demora (de um dia), prazo (Cíc. At. 5, 21, 13).
diērēctē, adv. De modo a ser enforcado. Especialmente na expressão: abi directe (Plaut. Most. 8) «vai-te para a fôrca», «vai fazer-te enforcar».
diērēctus, -a, -um, adj. I — Sent. próprio: 1) Pôsto na cruz, enforcado, pendurado (Plaut. Merc. 183). II — Sent. figurado: 2) Atormentado, supliciado (Plaut. Curc. 240).
1. **diēs, -ēī**, subs. m. e f. (no pl. quase sempre m.). I — Sent. próprio: 1) Dia (em oposição à noite, espaço de tempo desde o nascer até ao pôr do sol) (T. Lív. 22, 1, 20); (Ov. Met. 13, 677). 2) Dia (espaço de 24 horas, de meia-noite à meia-noite) (Cés. B. Gal. 1, 16, 4). II — Daí: 3) Dia (unidade de tempo), ocasião, data fixada (Cés. B. Gal. 1, 42, 3). 4) Duração, sucessão do tempo, tempo, demora (Cés. B. Gal. 1, 7, 6). 5) Dia (do nascimento, morte, etc.) (Cíc. At. 13, 42, 2). 6) Dia de caminho, jornada (T. Lív. 38, 59, 6). 7) Dia, acontecimento memorável (Cíc. Fam. 1, 2, 3). 8) Luz do dia, dia (Plín. H. Nat. 33, 70). 9) Clima, temperatura, ar, céu (Plín. H. Nat. 2, 115). Obs.: O gênero masculino, que é muito mais freqüente no pl., também predomina no sg. Gen. (arc.) dies (Lucr. 4, 1083); dii (Verg. En. 1, 636); (Cíc. Rosc. 131); die (Verg. G. 1, 208). Dat. die (A. Gél. 9, 14, 21).
2. **Diēs, -ēī**, subs. pr. m. e f. Dia. 1) M.: o Dia (Plaut. Bac. 255). 2) F.: a mãe da primeira Vênus (Cíc. Nat. 3, 59).
Diespĭter, -ĭtris, subs. pr. m. Júpiter (Hor. O. 3, 2, 29).
diffāmātus, -a, -um, part. pass. de **diffāmo**.
diffāmō, -ās, -āre, -āvī, -ātum, v. tr. I — Sent. próprio: 1) Difamar, desacreditar (Tác. An. 1, 72). 2) Divulgar, propalar (Ov. Met. 4, 236).
diffĕrēns, -ēntis. I — Part. pres. de **diffĕro**. II — Subs. n.: Diferença (Quint. 5, 10, 5).
differentĭa, -ae, subs. f. 1) Diferença (Cíc. Of. 1, 94). Daí, no pl.: 2) Objetos distintos, espécies. No sg.: 3) Diferença específica, caráter distintivo (Cíc. Top. 31).
differĭtās, -tātis, subs. f. Diferença (Lucr. 4, 634).
diffĕrō, -fĕrs, -fĕrre, dĭstŭlī, dīlātum, v. tr. e intr. I — Tr. Sent. próprio: 1) Levar de um lado e de outro, levar para diferentes partes, dispersar (Cés. B. Civ. 2, 14, 2). II — Daí: 2) Espalhar um boato, difamar, desacreditar, divulgar, propalar (Tác. An. 1, 4). 3) Guardar para mais tarde, diferir, adiar (Cíc. Amer. 26). Intr.: 4) Ser diferente, diferir (Cíc. Br. 150); (Cíc. Tusc. 4, 24). Obs.: Constrói-se transitivamente com acus.; com acus. com in, com inf., com quin, e intransitivamente. Inf. pass. arc. differrier (Lucr. 1, 1088).
diffērtus, -a, -um, adj. Cheio, apinhado (Hor. Ep. 1, 6, 59).
difficĭlĕ, adv. (de uso raro). Dificilmente (Plín. H. Nat. 11, 62). Obs.: v. **difficiliter**.
difficĭlis, -e, adj. I — Sent. próprio: 1) Difícil, penoso, custoso (Cíc. Of. 1, 126). II — Sent. figurado: 2) Intratável, pouco acessível, severo (Ov. P. 2, 2, 20).
difficĭlĭter, adv. Dificilmente (Cíc. Ac 2, 50). Obs.: 1) Raro no positivo. 2) Comp.: **difficilius** (Cíc. Tusc. 4, 32); superl.: **difficillime** (Cíc. Amer. 116).
difficŭltās, -tātis, subs. f. I — Sent. próprio: 1) Dificuldade, estôrvo, obstáculo (Cíc. Q. Fr. 1, 1, 32). Daí: 2) Falta, carência, necessidade, escassez (Cés. B. Gal. 7, 17, 3). II — Sent. figurado: 3) Mau humor, exigência, impertinência (Cíc. Mur. 19). Obs.: O gen. pl. é normalmente **difficultātum**, mas **difficultatĭum** em T. Lív. 9, 31, 14.
difficŭlter, adv. Dificilmente, penosamente, custosamente, dificultosamente (Cés. B. Civ. 1, 62).
diffīdens, -entis, part. pres. adjetivado: desconfiante (Suet. Claud. 35).
diffīdēnter, adv. Com desconfiança, com timidez, timidamente (Cíc. Clu. 1).
diffīdentĭa, -ae, subs. f. Desconfiança, falta de confiança (Cíc. Inv. 2, 165).
diffīdī, perf. de **diffindo**.
diffīdō, -is, -ĕre, -fīsus sum, v. semidep. intr. I — Sent. próprio: 1) Não se fiar em, desconfiar, não confiar em (Cíc. Clu. 63). II — Sent. figurado: 2) Perder tôda a esperança, desesperar

DIFFINDO — 307 — **DIGNATIO**

(Cíc. Div. 1, 53). Obs.: Constrói-se geralmente com dat.; com inf.; raramente com abl., e intransitivamente.

diffindō, -is, -ĕre, -fĭdī -fĭssum, v. tr. I — Sent. próprio: 1) Arrombar fendendo, separar, fender, dividir, repartir (Cíc. Div. 1, 23). II — Sent. figurado: 2) Adiar um julgamento, uma proposta de lei **(diffindere diem)** (T. Lív. 9, 38, 15).

diffingō, -is, -ĕre, v. tr. Transformar, mudar, refazer (Hor. O. 1, 35, 29).

diffĭnĭō = definio.

diffĭnītĭō, -ōnis, v. definitio.

diffissus, -a, -um, part. pass. de **difindo**.

diffīsus, -a, -um, part. pass. de **diffido**.

diffĭtĕor, -ēris, -ērī, v. dep. tr. Negar, não confessar (Ov. Am. 3, 14, 28).

difflō, -ās, -āre, -āvī, -ātum, v. tr. Dispersar ou espalhar soprando (Plaut. Mil. 17).

diffluō, -is, -ĕre, -flūxī, -flūxum, v. intr. I — Sent. próprio: 1) Correr para diferentes partes, escoar-se, espalhar-se (sent. concreto ou abstrato) (Lucr. 3, 435); (Cíc. Or. 233). II — Sent. figurado: 2) Definhar-se, diminuir, decrescer, diluir-se, dissolver-se (Cíc. Lae. 42).

difflūxī, perf. de **diffluo**.

diffringō, -is, -ĕre, -frēgī, -frāctum, v. tr. Quebrar, fazer em pedaços (Suet. Caes. 37).

diffūdī, perf. de **diffundo**.

diffŭgĭō, -is, -ĕre, -fūgī, -fŭgĭtum, v. intr. I — Sent. próprio: 1) Fugir daqui e dali, fugir desordenadamente, dispersar-se fugindo (Cíc. Phil. 2, 208). II — Sent. figurado: 2) Fugir, dividir-se, desaparecer, dissipar-se (Hor. O. 4, 7, 1).

diffŭgĭum, -ī, subs. n. Fuga em diferentes direções, dispersão (Tác. Hist. 1, 39). Obs.: Só se usa no pl.

diffundō, -is, -ĕre, -fūdī, -fūsum, v. tr. I — Sent. próprio: 1) Espalhar, derramar (Cíc. Nat. 2, 138). Daí: 2) Difundir, estender, dilatar, alargar (sent. próprio e figurado) (Cíc. Nat. 2, 95); (Cíc. Fin. 2, 115). II — Sent. figurado: 3) Alegrar, divertir-se (Ov. Met. 4, 766).

diffūsē, adv. Difusamente, com extensão, com desenvolvimento, prolixamente (Cíc. Inv. 1, 98). Obs.: comp.: **diffusius** (Cíc. Tusc. 3, 22) «com mais extensão».

diffūsĭō, -ōnis, subs. f. I — Sent. próprio: 1) Ação de espalhar, difusão, inundação (Capel. 6, 661). II — Sent. figurado: 2) Desfalecimento (Sên. Vit. 5, 1).

diffūsus, -a, -um. I — Part. pass. de **diffundo**. II — Adj. 1) Estendido (Cíc. De Or. 1, 28). 2) Disperso, difuso, esparso (Cíc. De Or. 2, 142).

diffŭtūtus, -a, -um, adj. Esgotado por excesso (Catul. 29, 13).

dĭgamma, subs. n. indecl. Digama, letra do alfabeto (F); era a abreviatura de **fenus**, i. é, rendimentos, juros. Daí: **tuum digamma** (Cíc. At. 9, 9, 4) «teu livro de contas».

Dĭgentĭa, -ae, subs. pr. m. Digência, rio do país dos Sabinos, na Itália, e atual Licenza (Hor. Ep. 1, 18, 104).

dĭgĕrō, -is, -ĕre, -gēssī, -gēstum v. intr. I — Sent. próprio: 1) Levar de um lado para outro, espalhar, distribuir, dividir (Ov. Met. 7, 774). Daí, na língua médica: 2) Separar os alimentos no organismo, digerir, dissolver (Plín. H. Nat. 26, 41); (Cels. 3, 4). II — Sent. figurado: 3) Pôr em ordem, classificar, distribuir (Cíc. De Or. 1, 186); (Ov. Am. 1, 7). 4) Dividir, repartir (Ov. Met. 14, 469).

dĭgēssī, perf. de **digero**.

dĭgēstĭō, -ōnis, subs. f. I — Sent. próprio: 1) Distribuição, arranjo, ordem (Plin. H. Nat. 3, 46). II — Daí, na língua retórica: 2) Divisão de uma idéia geral em pontos particulares (Cíc. De Or. 3, 205). Na língua médica: 3) Distribuição (dos alimentos no corpo), digestão (Quint. 11, 3, 19).

1. **dĭgēstus, -a, -um,** part. pass. de **digero**.

2. **dĭgēstus, -ūs,** subs. m. Distribuição, divisão (Estác. S. 3, 3, 86).

Dĭgĭti Idaeī, subs. pr. m. pl. Os Digitos ou Dáctilos do monte de Ida, sacerdotes lendários de Cibele, considerados mais tarde como gênios (Cíc. Nat. 3, 42).

Dĭgĭtĭus, -ī, subs. pr. m. Digício, nome de homem (T. Lív. 26, 48, 6).

dĭgĭtŭlus, -ī, subs. m. Dedo pequeno, dedinho, dedo (Cíc. Scaur. 20).

dĭgĭtus, -ī, subs. m. I — Sent. próprio: 1) Dedo (da mão ou do pé, do homem ou dos animais) (Cíc. Of. 3, 75); (Verg. En. 5, 426). II — Daí: 2) Dedo (medida correspondente à 16ª parte do pé romano) (Cíc. Ac. 2, 58).

dīglădĭor, -āris, -ārī, -ātus sum, v. dep. intr. Combater, lutar, digladiar (sent. próprio e figurado) (Cíc. Leg. 3, 20).

dignans, -āntis, part. pres. de **digno**.

dignātĭō, -ōnis, subs. f. I — Sent. próprio: 1) Ação de ser julgado digno, dignidade, consideração, reputação (T. Lív. 10, 7, 12). II — Daí: 2) Ação de elevar às honras (Suet. Cal. 24).

dignātus, -a, -um, part. pass. de **digno** e **dignor.**

dignē, adv. Dignamente, com dignidade, convenientemente, justamente (Cíc. C. M. 2). Obs.: comp.: **dignĭus** (Hor. O. 1, 6, 14).

dignĭtās, -tātis, subs. f. I — Sent. próprio: 1) Mérito, merecimento, dignidade (Cíc. Of. 1, 45). Daí: 2) Consideração, estima, prestígio (Cés. B. Gal. 6, 12, 9). 3) Consideração social, categoria, dignidade (no Estado), cargo honorífico (Cíc. Or. 89). 4) Honra (Cíc. Phil. 3, 36). II — Por extensão: 5) Beleza que se impõe, nobreza, magnificência (Cíc. Of. 1, 138). 6) Beleza (viril, em oposição a **venustas,** beleza feminina) (Cíc. Of. 1, 130).

dignō, -ās, -āre, -āvī, -ātum, v. tr. Julgar digno, achar bom (Cíc. De Or. 3, 25). Obs.: Constrói-se com acus. e abl., com inf., e na passiva com abl. ou inf.

dignor, -āris, -ārī, -ātus sum, v. dep. tr. I — Sent. próprio: 1) Julgar digno (Verg. En. 1, 335). II — Sent. figurado: 2) Dignar-se, querer, achar conveniente (Verg. En. 4, 192). Obs.: Constrói-se com acus. e abl., com inf., com dois acus.

dignōscō (dīnōscō), -is, -ĕre, -ōvī, -ōtum, v. tr. Discernir, distinguir (Hor. Ep. 1, 15, 29). Obs.: Constrói-se com acus. e abl. sem prep. ou com a prep. **ab**; com acus.; com interrog. indireta; ou intransitivamente.

dignōvī, perf. de **dignōsco.**

dignus, -a, -um, adj. I — Sent. próprio: 1) Que convém a, que merece, que é digno de (Cíc. Verr. 4, 73). II — Daí: 2) Conveniente, digno, justo (T. Lív. 21, 6, 4). Obs.: Constrói-se com abl. (mais comum) (Cíc. Rep. 3, 7); com **qui** mais subj. (Cíc. Lig. 3, 5); com inf. (poético) (T. Lív. 8, 26, 6); com **ut** (T. Lív. 23, 42, 13); com gen. (Ov. Trist. 4, 3, 57); com acus. de um pronome ou adj. n. (Plaut. Capt. 969); com **ad** mais acus. (Cíc. Rep. 1, 30).

dīgrĕdĭor, -ĕris, -dī, -grĕssus sum, v. dep. intr. I — Sent. próprio: 1) Afastar-se, retirar-se, ir-se embora (Cíc. Sull. 34); (Sal. B. Jug. 79, 7). II — Sent. figurado: 2) Fazer uma digressão (Cíc. Inv. 1, 97). Obs.: Constrói-se com abl.; com abl. com as preps. **ab, ex, de;** com acus. com **ad** ou **in;** ou intransitivamente.

dīgressĭō, -ōnis, subs. f. I — Sent. próprio: 1) Afastamento, separação, partida (Cíc. Q. Fr. 1, 3, 4). II — Sent. figurado: 2) Abandono do dever (A. Gél. 1, 3, 14). Na língua retórica: 3) Digressão (Cíc. Br. 292).

1. **dīgrĕssus, -a, -um,** part. pass. de **dīgrĕdĭor.**

2. **dīgrĕssus, -ūs,** subs. m. I — Sent. próprio: 1) Afastamento, partida (Cíc. Nat. 2, 50). II — Sent. figurado: 2) Digressão, episódio (Quint. 4, 3, 14).

1. **Dīī, deōrum,** pl. de **deus.**

2. **Dīī,** gen. dat., v. **dies** 1.

dījūdĭcātĭō, -ōnis, subs. f. Julgamento, sentença (Cíc. Leg. 1, 56).

dījūdĭcātus, -a, -um, part. pass. de **dijūdĭco.**

dījūdĭcō, -ās, -āre, -āvī, -ātum, v. tr. I — Sent. próprio: 1) Decidir por um julgamento, julgar, crer (Cíc. Fin. 3, 6). II — Sent. figurado: 2) Discernir, distinguir (Cíc. Ac. 2, 107). Obs.: Constrói-se com acus., com acus. e inf., com interrog. ind.

dīlābor, -ĕris, -lābī, -lāpsus sum, v. dep. intr. I — Sent. próprio: 1) Escoar-se por diversos lados, dissipar-se, derreter-se (Verg. En. 4, 704); (Cíc. Nat. 2, 26); (Cíc. Of. 2, 64). Daí: 2) Espalhar-se, dispersar-se (Sal. B. Jug. 18, 3). 3) Ir-se aos poucos, cair aos pedaços (T. Lív. 4, 20, 7). II — Sent. figurado: 4) Escapar de, perecer, esvair-se (Sal. B. Jug. 2, 2). Obs.: Constrói-se como intr. absoluto; com abl. com **ab** ou **ex,** com acus. com **in.**

dīlăcĕrō, -ās, -āre, -āvī, -ātum, v. tr. Rasgar, fazer em pedaços, dilacerar (Cíc. Mil. 24).

dīlănĭō, -ās, -āre, -āvī, -ātum, v. tr. Rasgar, fazer em pedaços, dilacerar (Cíc. Mil. 33).

dīlăpĭdō, -ās, -āre, -āvī, -ātum, v. tr. I — Sent. próprio: 1) Juncar ou cobrir de pedras (sent. raro) (Col. 10, 330). II — Sent. figurado: 2) Delapidar, esbanjar, dissipar (na língua familiar) (Ter. Phorm. 898).

dīlāpsus, -a, -um, part. pass. de **dīlābor.**

dīlargĭor, -īris, -īrī, -ītus sum, v. dep. tr. Repartir liberalmente, prodigalizar (Cíc. Agr. 2, 81).

dīlargītus, -a, -um, part. pass. de **dilargĭor.**

dīlātātus, -a, -um, part. pass. de **dīlāto.**

dīlātĭŏ, -ōnis, subs. f. Demora, adiamento, delonga (T. Lív. 5, 5, 1).
dīlātō, -ās, -āre, -āvī, -ātum, v. tr. Alargar, ampliar, dilatar, estender (Cíc. Nat. 2, 135); (Cíc. Flac. 12).
dīlātor, -ōris, subs. m. Contemporizador (Hor. A. Poét. 172).
dīlātus, -a, -um, part. pass. de dífferō.
dīlaudō, -ās, -āre, v. tr. Exaltar, gabar, louvar por tôda a parte (Cíc. At. 6, 2, 9).
dīlectus, -a, -um. I — Part. pass. de dīlĭgo. II — Adj.: Querido, amado (Ov. Met. 10, 153).
dīlēxī, perf. de dīlĭgo.
dīlĭdō, -is, -ĕre, v. tr. Quebrar (Plaut. Poen. 494).
dīlĭgens, -ēntis. I — Part. pres. de dīlĭgo. II — Adj.: 1) Zeloso, cuidadoso, exato, rigoroso, diligente, consciencioso (Cíc. Tusc. 1, 31); (Cíc. Br. 143). Daí: 2) Poupado, econômico (Cíc. Verr. 4, 39). Obs.: Constrói-se com abl. com in, com acus. com in ou ad; com gen.; com dat.
dīlĭgēnter, adv. Atentamente, escrupulosamente, conscienciosamente, pontualmente, diligentemente (Cíc. Br. 166). Obs.: Comp.: -tĭus (Cíc. Br. 86); superl.: -tissĭme (Cic Lae. 7).
dīlĭgentĭa, -ae, subs. f. I — Sent. próprio: 1) Cuidado, zêlo, aplicação, diligência (Cíc. Rep. 2, 27). II — Sent. figurado: 2) Cuidado com seus bens, espírito de economia, economia (Cíc. Of. 2, 87).
dīlĭgō, -is, -ĕre, -lēxī, -lēctum, v. tr. Estimar, amar, considerar, distinguir, honrar (Cíc. Of. 3, 31); (Cíc. Prov. 25).
dīlōrĭcō, -ās, -āre, -ātum, v. tr. Abrir, rasgar um vestido no peito, rasgar para descobrir (Cic. De Or. 2, 124).
dīlūcĕō, -ēs, -ēre, v. intr. Ser evidente, ser claro (T. Lív. 8, 27, 11).
dīlūcēscō, -is, -ĕre, -lūxī (sem supino), v. incoat. intr. I — Sent. próprio: 1) Aparecer (tratando-se do dia), começar a brilhar (Hor. Ep. 1, 4, 13). 2) Impess.: romper o dia, amanhecer (Cíc. Cat. 3, 6).
dīlūcĭdē, adv. I — Sent. próprio: 1) Com brilho: dilucidius (Plín. H Nat. 37, 48) «com mais brilho». II — Sent. figurado: 2) De maneira clara, límpida, limpidamente (Cíc. Nat. 1, 58).
dīlūcĭdus, -a, -um, adj. I — Sent. próprio: 1) Dilúcido, claro, luminoso, brilhante (Plín. H. Nat. 37, 18). II — Sent. figurado: 2) Claro, nítido (Cíc. Or. 20).

dīlūcŭlum, -ī, subs. n. Dilúculo, o romper do dia (Cíc. Amer. 19).
dīlūdĭum, -ī, subs. n. Tréguas, intervalo (sent. figurado) (Hor. Ep. 1, 19, 47).
dīlŭī, perf. de dīlŭo.
dīlŭō, -is, -ĕre, -lŭī, -lūtum, v. tr. I — Sent. próprio: 1) Diluir, dissolver, tirar lavando (Hor. Sát. 2, 3, 241). II — Sent. figurado: 2) Afogar, apagar, dissipar, enfraquecer (Cíc. Tusc. 3, 34). 3) Esclarecer, explicar (Plaut. Rud. 1109).
dīlūtē, adv. Com mistura, dissolvido em um líquido (Cíc. Font. fr. 13).
dīluvĭēs, -ēī, subs. f. Inundação, cheia, dilúvio (Hor. O. 3, 29, 40).
dīluvĭō, -ās, -āre, v. tr. Inundar (Lucr. 5, 387).
dīluvĭum, -ī, subs. n. I — Sent. próprio: 1) Inundação, dilúvio (Verg. En. 12, 205). II — Sent. figurado: 2) Destruição, cataclismo, devastação (Verg. En. 7, 228).
dīlūxī, perf. de dilucēsco.
dimăchae, -ārum, subs. m. pl. Soldados que combatem a pé ou a cavalo (Q. Cúrc. 5, 13, 8).
dīmadēscō, -is, -ĕre, dŭī, v. intr. Derreter-se (Lucr. 6, 479).
dīmadŭī, perf. de dimadēsco.
Dīmāllus, -ī, subs. pr. f. Dimalo, cidade da Iliria, na Grécia (T. Lív. 29, 26).
dīmānō, -ās, -āre, -āvī, -ātum, v. intr. Espalhar-se, estender-se (Cíc. Cael. 6).
dīmensĭō, -ōnis, subs. f. 1) Medida, dimensão (Cíc. Tusc. 1, 57). 2) Medida métrica (Quint. 9, 4, 45).
dīmensus, -a, -um, part. pass. de dimetĭor.
dīmetĭor, -īris, -īrī, -mēnsus sum, v. dep. tr. I — Sent. próprio: 1) Medir exatamente ou de um extremo a outro (Cíc. C. M. 59). II — Sent. figurado: 2) Medir, calcular (Cic. Par. 26). 3) Na métrica: medir um verso, escandir (Cíc. Or. 147).
dīmētō = demēto.
dīmētor = demēto.
dīmicātĭō, -ōnis, subs. f. I — Sent. próprio: 1) Combate, batalha (T. Lív. 22, 32, 2). II — Sent. figurado: 2) Luta, combate (Cíc. Planc. 77).
dīmĭcō, -ās, -āre, -āvī (-cŭī em Ov. Am. 2, 7, 2), -ātum, v. intr. I — Sent. próprio: 1) Abrir e fechar, agitar-se em diversas direções (Mul. Chir. 279). II — Daí, na língua dos gladiadores: 2) Esgrimir. Donde, na língua comum: 3) Combater, travar batalha, lutar (sent. próprio e figurado) (Cíc. Of. 1, 38); (Cíc. Tusc. 4, 43).

dīmidĭō, -ās, -āre, -āvī, -ātum, v. tr. Dimidiar, dividir em dois, reduzir à metade, diminuir metade de (Cíc. Verr. 2, 129). Obs.: Geralmente é empregado apenas no part. pass.: **dimidiātus, -a, -um**.
dimidĭum, -ī, subs. n. Dimídio, metade (Cés. B. Gal. 5, 13, 2).
dīmidĭus, -a, -um, adj. Meio, metade (T. Lív. 4, 2, 6).
dīminŭō, -is, -ĕre, v. tr. Fazer em pedaços, quebrar, diminuir (Ter. Eun. 803). Obs.: Frequentemente confundido nos manuscrito com o verbo **deminŭo**.
diminut-, v. demin-.
dīmīsī, perf. de **dimitto**.
dīmissĭō, -ōnis, subs. f. I — Sent. próprio: 1) Remessa, expedição (Cíc. Par. 46). II — Daí: 2) Licenciamento, baixa militar (Cíc. Verr. 4, 86).
dīmissus, -a, -um, part. pass. de **dimitto**.
dīmittō, -is, -ĕre, -mīsī, -missum, v. tr. I — Sent. próprio: 1) Enviar, mandar em sentidos opostos (Cíc. Quinct. 25). Daí: 2) Mandar embora, despedir, despachar, afastar, remeter, enviar (Cíc. De Or. 1, 129); (Cíc. Verr. 4, 63); (Cíc. Sull. 67); (Cés. B. Civ. 1, 18, 4). II — Sent. figurado: 3) Abandonar, renunciar, deixar ir, perder, sacrificar (Cíc. Tusc. 1, 12); (Cíc. Ac. 2, 11). III — Empregos especiais: 4) Dissolver uma assembléia, levantar ou suspender uma sessão (Cíc. Lae. 12); (Cíc. Br. 200). Na língua militar: 5) Licenciar um exército, dispersar ou dividir uma tropa, desmobilizar (Cés. B. Civ. 1, 2, 6); (Cíc. Verr. 5, 100); (Cés. B. Gal. 6, 35, 6).
dimminŭō = **diminŭo**.
dīmōtus, -a, -um, part. pass. de **dimoveo**.
dīmovĕō, -ēs, -ēre, -mōvī, -mōtum. v. tr. I — Sent. próprio: 1) Afastar, separar, dividir, desviar, fender, abrir (Hor. O 1, 1, 13); (Ov. Met. 8, 642); (Verg. G. 2, 513). II — Sent. figurado: 2) Dispersar, dissolver (uma assembléia), dissipar (Verg. En. 3, 589). Obs.: Verbo frequentemente confundido nos manuscritos com **demoveo**.
dīmōvī, perf. de **dimoveo**.
Dinaea, -ae, subs. pr. f. Dinéia, nome de mulher (Cíc. Clu. 33).
Dīnărchus, -ī, subs. pr. m. Dinarco, orador grego, nascido em Corinto, no IV séc. a.C. (Cíc. Br. 36).
Dindyma, -ōrum, subs. n. pl. e **Dundymos** (-us), -ī, subs. pr. m. Díndimo, montanha da Ásia Menor, na Frígia, onde se celebravam, em um templo, os mistérios de Cibele (Verg. En. 9, 618).
Dindymēna, -ae, e **Dindymēnē**, -es, subs. pr. f. Dindimena, sobrenome de Cibele, adorada no monte Díndimo, na Frígia, onde se celebravam seus mistérios (Catul. 63, 13); (Hor. O. 1, 16, 5).
1. **Dindymus**, -a, -um, adj. Díndimo. (Plín. H. Nat. 5, 40). Obs.: v. **Dindyma**.
2. **Dindymus**, -ī, subs. pr. m. Díndimo, nome de homem (Marc. 12, 75).
Dīniae, -ārum, subs. pr. f. Dínias, cidade da Frígia, na Ásia Menor (T. Lív. 38, 15).
Dīnocrătēs, -is, subs. pr. m. Dinócrates, nome de diversas personagens gregas (T. Lív. 33, 18).
Dīnomăchē, -ēs, subs. pr. f. Dinômaca, mãe de Alcibíades (Pérs. 4, 20).
Dīnomăchus, -ī, subs. pr. m. Dinômaco, filósofo (Cíc. Tusc. 5, 30).
Dīnōn e **Dīnō**, -ōnis, subs. pr. m. Dinão, historiador grego do IV séc. a.C. (Plín. H. Nat. 10, 136).
dīnōscō = **dignosco**.
dīnumerātĭō, -ōnis, subs. f. I — Sent. próprio: 1) Enumeração, cálculo, conta (Cic. Rep. 3, 3). II — Daí, na língua retórica: 2) Enumeração (Cíc. De Or. 3, 207).
dīnumĕrō, -ās, -āre, -āvī, -ātum. v. tr. I — Sent. próprio: 1) Contar, calcular, enumerar (Cíc. Of. 1, 154). Daí: 2) Contar o dinheiro, pagar (Plaut. Ep. 71); (Ter. Ad. 915). II — Intr.: 3) Pagar, pagar o sôldo (Cíc. At. 16, 9).
Dio e **Diōn**, -ōnis, subs. pr. m. Díon, ou Dião. 1) Tirano de Siracusa, discípulo de Platão (Cíc. Tusc. 5, 100). 2) Retor e filósofo grego, nascido em Pruse, na Bitínia (Cíc. Ac. 2, 12).
Diochărēs, -is, subs. pr. m. Diócares, liberto de César (Cíc. At. 11, 6, 7).
Diocharīnus, -a, -um, adj. De Diócares (Cíc. At. 13, 45, 1).
Diodōrus, -ī, subs. pr. m. Diodoro. 1) Diodoro, filósofo grego do II séc. a.C., chefe da escola peripatética, depois da morte de Critolau (Cíc. Fin. 5, 14). 2) Diodoro Cronos, filósofo grego, um dos grandes dialéticos da escola de Mégara, do III séc. a.C. (Cíc. Fat. 12). 3) Diodoro de Sicília, historiador grego contemporâneo de César e Augusto (Plín. pref. 25).
Diodŏtus, -ī, subs. pr. m. Diódoto, filósofo estóico um dos mestres de Cícero (Cíc. Br. 309).

dioecēsis, -is, subs. f. Departamento a que se estende uma jurisdição, circunscrição, departamento (Cíc. Fam. 3, 8, 4).
dioecētēs, -ae, subs. m. Superintendente (Cic. Rab. Post. 22).
Diogĕnēs, -is, subs. pr. m. Diógenes. 1) Diógenes da Apolônia, nascido no IV séc. a.C. (Cíc. Nat. 1, 29). 2) Filósofo grego do V-IV séc. a.C., um dos mais célebres discípulos do fundador da escola cínica (Cíc. Tusc. 1, 104). 3) Diógenes da Babilônia, célebre filósofo estóico do II séc. a.C. (Cíc. Div. 1, 6). 4) Amigo de Célio Rufo (Cíc. Fam. 2, 12, 2).
Diognētus, -ī, subs. pr. m. Diogneto. 1) Contemporâneo de Alexandre (Plín. H. Nat. 6, 61). 2) Outra pessoa (Cíc. Verr. 3, 86).
Diomēdēs, -is, subs. pr. m. Diomedes, rei da Etólia, um dos heróis gregos do cêrco de Tróia (Verg. En. 1, 752).
Diomĕdōn, -ōntis, subs. pr. m. Diomendonte, nome de homem (C. Nep. Ep. 4, 1).
Diōn, v. **Diō.**
Diōna, -ae, e **Diōnē, -ēs,** subs. pr. f. Dione. 1) Ninfa, filha de Uranos e da Terra, mãe de Vênus (Cíc. Nat. 3, 59). 2) Vênus (Ov. F. 2, 461).
Diōnaeus, -a, -um, adj. De Vênus (Verg. En. 3, 19).
1. Dionȳsĭa, -ae, subs. pr. f. Dionísia, nome de mulher (Cíc. Com. 23).
2. Dionȳsĭa, -ōrum, subs. pr. n. pl. Dionísias, festas dionisíacas, em honra a Baco ou Dioniso (Plaut. Curc. 644).
Dionȳsipolītae, v. **Dionysopolītae.**
Dionȳsĭus, -ī, subs. pr. m. Dionísio. 1) Dionísio, o Velho, ou Dionísio, o Tirano (Cíc. Tusc. 5, 57). 2) Dionísio, o Jovem, filho do precedente (Cíc. Tusc. 3, 27). 3) Filósofo de Heracléia (Cíc. Fin. 5, 94). 4) Filósofo estóico, contemporâneo de Cícero (Cíc. Tusc. 2, 26). 5) Nome de liberto e de escravo (Cíc. At. 4, 8, 2).
Dionȳsodōrus, -ī, subs. pr. m. Dionisidoro de Amiso, célebre matemático grego (Plín. H. Nat. 2, 248). 2) Outra pessoa (T. Lív. 32, 32).
Dionysopolītae, -ārum, subs. loc. m. Dionisopolitas, habitantes de Dionisópolis, na Frígia (Cíc. Q. Fr. 1, 2, 2).
Dionȳsus (-ōs), -ī, subs. pr. m. Dioniso, nome grego de Baco (Cíc. Nat. 3, 53). Obs.: Acus. grego: **Dionȳson** (Aus. Epigr. 30).
Diophănēs, -is, subs. pr. m. Diófanes. 1) Retor grego de Mitileno, no II séc. a.C.

(Cíc. Br. 104). 2) Pretor dos aqueus (T. Lív. 36, 31).
Diōrēs, -ae, subs. pr. m. Diores, guerreiro que tomou parte no cêrco de Tróia (Verg. En. 5, 297).
diōta, -ae, subs. f. Vaso de duas asas (Hor. O. 1, 9, 8).
Diphĭlus, -ī, subs. pr. m. Difilo. 1) Poeta cômico ateniense, do IV séc. a.C. (Ter. Ad. 6). 2) Outras pessoas do mesmo nome (Cíc. De Or. 1, 136).
diplōma, -ătis, subs. m. 1) Permissão por escrito (caráter oficial), diploma, título (Cíc. Fam. 6, 12, 3). Daí: 2) Salvo-conduto (Cíc. At. 10, 17, 4).
1. Dipsas, -ădis, subs. pr. f. Dípsade, nome de mulher (Ov. Am. 1, 8, 2).
2. Dipsās, -antis, subs. pr. m. Dipsante, rio da Cilícia (Luc. 8, 255).
Dipȳlum (-ōn), -ī, subs. pr. n. A porta Dípila, em Atenas (Cíc. Fin. 5, 1).
dīra, pl. n., v. **dīrus.**
1. Dīrae, -ārum, subs. pr. f. As Fúrias, divindades infernais, personificação do remorso e da vingança divina (Verg. En. 12, 845).
2. dīrae, -ārum, subs. f. pl. I — Sent. próprio: 1) Maus presságios (Cíc. Div. 1, 29). II — Daí: 2) Pragas, imprecações (Tác. An. 6, 24).
Dirca, -ae, subs. pr. f. (Plaut. Ps. 199) e **Dircē, -ēs,** subs. pr. f. Dirce. 1) Mulher de Licos, rei de Tebas, transformada em fonte (Prop. 3, 15, 13). 2) A fonte Dirce (Plín. H. Nat. 4, 25).
Dircaeus, -a, -um, adj. Da fonte Dirce, de Dirca (Verg. Buc. 2, 24).
dīrē, adv. Cruelmente (Sên. Thyest. 315).
dīrēctē, adv. Na ordem direta, na ordem natural (Cíc. Part. 24). Obs.: 1) Comp.: **directĭus** ou **derectĭus** (Cíc. Ac. 2, 66). 2) V. **derecte** e **dirĭgo.**
directĭō, -ōnis, subs. f. I — Sent. próprio: 1) Alinhamento, linha reta (Apul. Mund. 1). II — Sent. figurado: 2) Direção (Quint. 3, 6, 30).
dīrēctō, adv. I — Sent. próprio: 1) Em linha reta (Cíc. Nat. 1, 69). II — Sent. figurado: 2) Diretamente, sem rodeios (Cíc. Part. 46).
dīrēctus (dērēctus), -a, -um. I — Part. pass. de **dirĭgo.** II — Tomado como adj.: 1) O que está em linha reta, alinhado, direito, direto (Cíc. Nat. 2, 144). Daí: 2) Escarpado, a pique (Cés. B. Gal. 1, 45, 4). 3) Em ângulo reto (horizontalmente ou verticalmente): **trabes directae** (Cés. B. Gal. 7, 23, 1) «traves colo-

cadas horizontalmente». Daí, em sent. figurado: 4) Direito, direto, sem rodeios (Cíc. Cael. 41).
dirēmī, perf de dirĭmo.
1. dirēmptus, -a, -um, part. pass. de dirĭmo.
2. dirēmptus, -ūs, subs. m. Separação (Cíc. Tusc. 1, 71).
dĭreptĭō, -ōnis, subs. f. Pilhagem, rapina, saque (Cíc. Verr. 4, 115).
dĭrēptor, -ōris, subs. m. O que saqueia, bandido, salteador (Cíc. Phil. 3, 27).
dĭrēptus, -a, -um, part. pass. de diripĭo.
dīrēxī, perf. de dīrĭgo.
dīrēxtī = direxīstī (forma sincop. do perf. de dīrĭgo) (Verg. En. 5, 57).
dīribĕō, -ēs, -ēre, -bĭtum, v. tr. I — Sent. próprio: 1) Distribuir, classificar, contar (Cíc. Q. Fr. 3, 4, 1). II — Sent. figurado: 2) Partilhar, distribuir (Plín. H. Nat. 36, 118).
dīribĭtĭō, -ōnis, subs. f. Contagem (dos votos) (Cíc. Planc. 14).
dīribĭtor, -ōris, subs. m. Escrutinador, diribitor, o que conta os votos (Cíc. Pis. 36).
dīribĭtōrĭum, -ī, subs. n. Diribitório, lugar onde se processava a contagem dos boletins dos votantes, e depois, onde se fazia o recenseamento militar e o pagamento do sôldo aos soldados (Suet. Cl. 18).
dīrĭgō (dērĭgō), -is, -ĕre, -rēxī, -rēctum, v. tr. I — Sent. próprio: 1) Conduzir em diversas direções, traçar o caminho, donde: dirigir (Cés. B. Gal. 7, 27, 1); (Verg. En. 10, 401); (Cíc. Ac. 2, 66). Daí: 2) Alinhar, endireitar, lançar em linha reta (Cíc. Nat. 2, 152). II — Sent. figurado: 3) Dispor, ordenar, regular (Cíc. Mur. 3). Obs.: Nos manuscritos freqüentemente se confunde êste verbo com derĭgo.
dirĭmō, -is, -ĕre, -rēmī, -ēmptum, v. tr. I — Sent. próprio: 1) Separar, dividir, desunir, dissolver (Cíc. Nat. 3, 29). II — Sent. figurado: 2) Separar, desunir, interromper perturbar, frustrar, destruir (Cíc. Of. 3, 23); (Cés. B. Gal. 1, 46, 4).
Dirinī, -ōrum, subs. loc. m. Dirinos, povo da Itália (Plín. H. Nat. 3, 105).
dīripĭō, -is, -ĕre, -ripŭī, -rēptum, v. tr. I — Sent. próprio: 1) Puxar, arrebatar para diferentes partes, arrebatar, despedaçar (Plaut. Merc. 469). Daí: 2) Arrancar, puxar de (Q. Cúrc. 7, 5, 24); (Tác. An. 1, 31). 3) Saquear, roubar (Cíc. Pomp. 57). II — Sent. figurado:
4) Disputar a posse de alguma coisa (Sên. Brev. 7, 8).
dīripŭī, perf. de dīripĭo.
dīrĭtās, -tātis, subs. f. I — Sent. próprio: 1) Caráter sinistro, funesto (de qualquer coisa), desgraça, infelicidade (Cíc. poét. Tusc. 3, 29). II — Sent. figurado: 2) Crueldade, barbaridade, intratabilidade (Cíc. C. M. 65).
dīrum, adv. De modo terrível (Sên. Oed. 961).
dīrūmpō (ou disrūmpō), -is, -ĕre, -rūpī, -rūptum, v. tr. I — Sent. próprio: 1) Despedaçar, esquartejar, rasgar, quebrar, romper (Cíc. Div. 44). II — Sent. figurado: 2) Romper, interromper, acabar, destruir (Cíc. Lae. 85). 3) Passivo: Arrebentar (de ódio, de riso, etc.) (Cíc. At. 7, 12, 3).
dīrŭī, perf. de dīrŭo.
dīrŭō, -is, -ĕre, -rŭī, -rŭtum, v. tr. 1) Destruir, demolir (Cíc. Inv. 1, 73). 2) Arruinar (Cíc. Phil. 13, 26). Loc.: diruere agmina (Hor. O. 4, 14, 30) «derrotar os exércitos».
dīrūpī, perf. de dīrūmpo.
dīruptĭō, -ōnis, subs. f. Fratura (Sên. Nat. 2, 15).
dīrūptus, -a, -um, I — Part. pass. de dīrūmpo. II — Adj.: Quebrado (sent. próprio e figurado) (Cíc. Phil. 13, 26).
dīrus, -a, -um, adj. I — Sent. próprio: 1) De mau agouro, sinistro, funesto, terrível (Cíc. Div. 2, 36). Daí, no n. pl. dīra -ōrum: 2) Coisas de mau agouro, coisas terríveis (Cíc. Leg. 2, 21). II — Sent. figurado: 3) Cruel, bárbaro (Verg. En. 2, 261).
dīrŭtus, -a, -um. I — Part. pass. de dīrŭo. II — Adj.: Arruinado (Cíc. Phil. 13, 26).
1. dis- ou dī-. Partícula, primeiro elemento de palavras compostas, indicando: a) divisão: diduco; e daí: b) separação: discedo; c) afastamento: dimitto; donde: d) direção em sentidos opostos: diversus; e daí: e) negação: difficilis. Obs.: Às vêzes, é meramente reforçativa: discupĭo.
2. dīs, m. f. dīte, n. (gen. dĭtis), adj. I — Sent. próprio e figurado: 1) Rico, opulento, abundante (Ov. Met. 2, 77). II — Subs. m. pl.: dĭtēs. 2) Os ricos (Sên. Herc. Oe. 649). Obs.: Constrói-se com gen.; absolutamente; com abl. (raro). V. dives.
3. Dīs, ou Dītis (gen. Dītis), subs. pr. m. Dite, Plutão, deus dos infernos (Cíc. Nat. 2, 66).

discalceātus (-ciātus), -a, -um, adj. Descalço (Suet. Ner. 51).

discēdō, -is, -ĕre, -cēssī, -cēssum, v. intr. I — Sent. próprio: 1) Afastar-se, separar-se (Cíc. Lae. 42). Daí: 2) Repartir-se, dividir-se, dispersar-se (Sal. B. Jug. 34, 2). 3) Retirar-se, sair (do combate) vitorioso ou vencido, abandonar, desertar, fugir (Cés. B. Cív. 2, 31, 3); (Cíc. Caec. 2). II — Sent. figurado: 4) Afastar-se de, divergir, divorciar, romper, quebrar (Cés. B. Gal. 1, 40, 2). 5) Pôr-se ao lado de, seguir (Sal. C. Cat. 55, 1). Obs.: Constrói-se com abl.; com abl. com as preps. **ab**, **ex** e, às vêzes, **de**, com acus. com **in** ou **ad**, e absolutamente.

discens, -ēntis. I — Part. pres. de disco. II — Subst.: Aluno (T. Lív. 6, 25, 9).

disceptātiō, -ōnis, subs. f. I — Sent. próprio: 1) Disceptação, debate, discussão (Cíc. Mil. 23). II — Daí: 2) Exame, julgamento, decisão (Quint. 11, 1, 43).

disceptātor, -ōris, subs. m. Árbitro, juiz (T. Lív. 1, 50).

disceptātrīx, -īcis, subs. f. A que decide, julgadora (Cíc. Ac. 2, 91).

discēptō, -ās, -āre, -āvī, -ātum, v. tr. I — Sent. próprio: 1) Procurar tomar alguma coisa afastando (raramente empregado nesse sentido). Daí, na língua jurídica: 2) Julgar, decidir (Cíc. Leg. 2, 21); (Cíc. Tusc. 4, 6). 3) Debater em juízo, contestar, discutir (Cíc. Balb. 64).

discērnō, -is, -ĕre, -crēvī, -crētum, v. tr. I — Sent. próprio: 1) Separar (Sal. B. Jug. 79, 3). II — Sent. figurado: 2) Discernir, distinguir (Cíc. Tusc. 5, 114). Obs.: Constrói-se com acus.; or. inter. ind.; acus. e abl. com **ab**.

discērpō, -is, -ĕre, -cērpsī, -cērptum, v. tr. I — Sent. próprio: 1) Rasgar, despedaçar (Verg. G. 4, 522); (Cíc. Tusc. 1, 71). II — Sent. figurado: 2) Dividir, repartir (Cíc. Top. 28). 3) Dispersar (tratando-se de vento), dissipar (Verg. En. 9, 313).

discēpsī, perf. de **discērpo**.

discērptus, -a, -um, part. pass. de **discērpo**.

discērpsī, perf. de **discērpo**.

discessiō, -ōnis, subs. f. I — Sent. próprio: 1) Partida, afastamento (Tác. An. 1, 30). II — Sent. figurado: 2) Divórcio, separação (Ter. And. 568). 3) Decisão (pelo voto), passando para o lado oposto, i.é, para junto daquele a quem se opõia com o voto (Cíc. Phil. 14, 21); (Cíc. Sest. 74).

1. **discēssus**, -a, -um, part. pass. de **discēdo**.

2. **discēssus**, -ūs, subs. m. Sent. próprio: 1) Separação, divisão (Cíc. Tusc. 1, 71). Daí: 2) Partida, afastamento (Cíc. At. 12, 50). 3) Retirada (de uma tropa) (Cés. B. Gal. 2, 14, 1). 4) Exílio (Cíc. Dom. 85).

discīdī, perf. de **discīndo**.

discidium, -ī, subs. n. I — Sent. próprio: 1) Abertura, rasgão (Lucr. 6, 293). II — Sent. figurado: 2) Separação (Cíc. Phil. 2, 45). 3) Divórcio (Cíc. At. 15, 29, 2).

discīdō, -is, -ĕre, v. tr. Separar (Lucr. 3, 669).

discīnctus, -a, -um, part. pass. de **discīngo**.

discīndō, -is, -ĕre, -scīdī, -scīssum, v. tr. I — Sent. próprio: 1) Fender, rasgar, cortar (Cíc. De Or. 2, 195). II — Sent. figurado: 2) Romper, cortar, interromper (Cíc. Lae. 76).

discīngō, -is, -ĕre, -cīnxī, -cīnctum, v. tr. I — Sent. próprio: 1) Tirar o cinto, desarmar, despojar (T. Lív. 27, 13, 9). II — Sent. figurado: 2) Enfraquecer, arruinar (Sên. Ep. 92, 35).

discīnxī, perf. de **discīngo**.

disciplīna, -ae, subs. f. I — Sent. próprio: 1) Ensino, instrução, educação, ciência, disciplina (Cíc. Br. 112); (Cíc. Verr. 4, 131); (Cés. B. Gal. 4, 1, 3). Daí, em sent. particular: 2) Disciplina militar (T. Lív. 1, 19, 4). Em sent. concreto: 3) Matéria ensinada, ensino (Cíc. Br. 163). Daí: 4) Método, sistema, doutrina (Cíc. Nat. 2, 161); (Cíc. Ac. 2, 7). 5) Organização política (Cíc. De Or. 1, 159). 6) Princípios de moral (Cíc. Verr. 3, 161).

disciplīnōsus, -a, -um, adj. Bem disciplinado, dócil (Cat. Mil. frg. 14).

discipŭla, -ae, subs. f. Aluna, discípula (Hor. Sát. 1, 10, 91).

discipŭlus, -ī, subs. m. Aluno, discípulo (Cíc. Tusc. 1, 38).

discīssus, -a, -um, part. pass. de **discīndo**.

disclūdō, -is, -ĕre, -clūsī, -clūsum, v. tr. Fechar à parte, encerrar; e daí: separar (sent. próprio e figurado) (Lucr. 5, 438); (Cés. B. Gal. 7, 8, 2); (Cíc. Tusc. 1, 20).

disclūsī, perf. de **disclūdo**.

disclūsus, -a, -um, part. pass. de **disclūdo**.

discō, -is, -ĕre, didicī, v. tr. Aprender, instruir-se, estudar (Cíc. C.M. 26); (Cíc. De Or. 3, 83). Obs.: Constrói-se com acus.; com acus. e abl.; com inf. ou acus. e inf.; com interrog. indireta. O part. pass. **discitus** só é atestado em Prisciano e, ainda assim, sem exemplificação.

discobŏlos, -ī, subs. m. Discóbulo, o que lança o disco (Quint. 2, 13, 10).

discŏlor, -ōris, adj. I — Sent. próprio: 1) De diferentes côres (Cíc. Verr. pr. 40). Daí: 2) Diferente pela côr (Verg. En. 6, 204). II — Sent. figurado: 3) Diferente (Hor. Ep. 1, 18, 4).

discondūcō, -is, -ĕre, v. intr. Não ser vantajoso a (com dat.) (Plaut. Trin. 930).

disconvenĭō, -īs, -īre, v. intr. 1) Não concordar, discordar (Hor. Ep. 1, 1, 99). 2) Impess.: há desacôrdo (Hor. Ep. 1, 14, 18).

discordābĭlis, -e, adj. Que está em desacôrdo (Plaut. Capt. 402).

1. discordĭa, -ae, subs. f. I — Sent. próprio: 1) Discórdia, desacôrdo, desunião, desinteligência (Cíc. Tusc. 4, 21). II — Sent. figurado: 2) Luta, agitação: **discordia mentis** (Ov. Met. 9, 630) «luta de sentimentos», «flutuações do espírito».

2. Discordĭa, -ae, subs. pr. f. A Discórdia, filha de Érebo e da Noite, divindade alegórica malfeitora, causadora das guerras entre os povos, e das questões entre particulares (Verg. En. 6, 280).

discordiōsus, -a, -um, adj. Inclinado para a discórdia (Sal. B. Jug. 66, 2).

discŏrdō, -ās, -āre, -āvī, -ātum, v. intr. 1) Estar em desacôrdo, não concordar, discordar (sent. próprio e figurado) (Quint. 5, 11, 19); (Cíc. Fin. 1, 58). Daí: 2) Ser diferente, diferir (Hor. Ep. 2, 2, 194). Obs.: Constrói-se com **inter se**; com abl. com **ab** e **cum**; com acus. com **adversus**; e com dat.

discors, -cŏrdis, adj. I — Sent. próprio: 1) Discorde, que está em desacôrdo, em desinteligência, em guerra, discordante (Verg. En. 10, 356). II — Daí: 2) Diferente, irregular (Plín. H. Nat. 2, 99).

discrĕpans, -āntis, part. pres. de **discrĕpo.**

discrepantĭa, -ae, subs. f. Desacôrdo, discordância, discrepância (Cíc. Of. 1, 111).

discrepātĭō, -ōnis, subs. f. Desacôrdo, discrepância (T. Lív. 10, 18, 7).

discrepĭtō, -ās, -āre, v. freq. intr. Ser diferente (Lucr. 2, 1018).

discrĕpō, -ās, -āre, -āvī, v. intr. I — Sent. próprio: 1) Fazer ouvir um barulho discordante (Cíc. Of. 1, 145). II — Sent. figurado: 2) Discordar, estar em desacôrdo, discrepar, diferir (Cíc. De Or. 3, 196). Impess.: 3) Há desacôrdo, não há acôrdo (T. Lív. 38, 56). Obs.: Constrói-se com dat.; com abl. com **de, in;** com or. inf. O perf. **discrepui** ocorre em Horácio (A. Poét. 219).

discrētus, -a, -um, part. pass. de **discērno.**

discrēvī, perf. de **discērno.**

discrībō, -is, -ĕre, -crīpsī, -crīptum, v. tr. I — Sent. próprio: 1) Inscrever em diferentes contas (Cíc. Of. 1, 51). II — Sent. figurado: 2) Distribuir (Cíc. Leg. 3, 7). Obs.: Confunde-se nos manuscritos freqüentemente com **describo.**

discrīmen, -mĭnis, subs. n. I — Sent. próprio: 1) Discrime, linha divisória, o que separa, separação, intervalo (Verg. En. 10, 382); (Verg. En. 6, 646). II — Sent. figurado: 2) Sinal distintivo, diferença, distinção (Cíc. Fin. 4, 69). 3) Faculdade de distinguir, discernimento (Cíc. Planc. 9). Daí: 4) Decisão, sentença decisiva, expectativa, momento decisivo (T. Lív. 44, 23, 2). 5) Situação crítica, perigo grave, auge de perigo (T. Lív. 6, 17, 1).

discrīmĭnātus, -a, -um, part. pass. de **discrĭmĭno.**

discrīmĭnō, -ās, -āre, -āvī, -ātum, v. tr. I — Sent. próprio: 1) Separar, pôr de parte, dividir (Cíc. Phil. 12, 23). II — Sent. figurado: 2) Distinguir, diferençar, discriminar (Sên. Ep. 95, 65).

discrīpsī, perf. de **discrībo.**

discrīptĭō, -ōnis, subs. f. 1) Divisão, distribuição (falando de vários objetos) (Cíc. Rep. 2, 39). 2) Distribuição (das diversas partes de um todo), arranjo, organização (Cíc. Of. 2, 15).

discrucĭō, -ās, -āre, -āvī, -ātum, v. tr. Torturar, atormentar (sent. próprio e figurado) (Cíc. Phil. 13, 37); (Cíc. At. 14, 6, 1). Obs.: É empregado principalmente na passiva, significando pròpriamente «ser torturado na cruz».

discubĭtus, -ūs, subs. m. Ação de se pôr à mesa (V. Máx. 2, 1, 9).

discubŭī, perf. de **discŭmbo.**

discucŭrri = discŭrrī, perf. de **discŭrro.**

discŭmbō, -is, -ĕre, -cubŭī, -cubĭtum, v. intr. Sent. próprio: 1) Deitar-se (Cíc. Inv. 2, 14). Daí: 2) Deitar-se para comer, pôr-se à mesa (Cíc. At. 5, 1, 4).

discupĭō, -is, -ĕre, v. tr. Desejar ardentemente (Catul. 106, 2).

discŭrrī, perf. de **discŭrro.**

discŭrrō, -is, -ĕre, -cŭrrī (às vêzes **-cucŭrrī**), **-cŭrsum,** v. intr. I — Sent. pró-

discursātĭō

prio: 1) Correr para diferentes lugares, correr de todos os lados (Cés. B. Civ. 3, 105, 3); (Verg. G. 4, 292). II — Sent. figurado: 2) Correr, espalhar-se (Q. Cúrc. 4, 1).

discursātĭō, -ōnis, subs. f. Corrida em diferentes sentidos, idas e vindas (Sên. Brev. 3, 2).

discursō, -ās, -āre, -āvī, -ātum, v. intr. Ir e vir, andar constantemente a correr por diversas partes (Quint. 11, 3, 126).

1. discursus, -a, -um, part. pass. de **discurro**.

2. discursus, -ūs, subs. m. Ação de correr por várias partes, para cá e para lá agitação, ida e vinda (T. Lív. 37, 24, 2).

discus, -ī subs. m. 1) Disco, malha (Hor. O. 1, 8, 11). 2) Prato (Apul. M. 2, 24).

discussī, perf. de **discutĭō**.

discussĭō, -ōnis, subs. f. 1) Abalo (Sen. Nat. 6, 19, 2). 2) Exame, discussão (Marc. Scip. 1, 16).

discussus, -a, -um, part. pass. de **discutĭ**.

discutĭō, -is, -ĕre, -cussī, -cussum, v. tr. — Sent. próprio: 1) Afastar ou desatacar sacudindo, fender, rachar, deitar abaixo (Cés. B. Civ. 2, 9, 4); (T. Lív. 21, 12, 2). Daí: 2) Dissipar, dispersa (sent. concreto ou abstrato) (Cíc. Phi' 12, 5). II — Sent. figurado: 3) Afastar inutilizar (Cíc. Ac. 2, 46). 4) Deslindar desembrulhar (T. Lív. 38, 13, 9).

disērtē, adv. I — Sent. próprio: 1) Claramente, explicitamente, em têrmos expressos (T. Lív. 21, 19, 3). II — Daí 2) Eloqüentemente (Cic. De Or. 1, 44 Obs.: Comp.: **disertĭus** (Marc. 3, 38) superl.: **disertissĭme** (T. Lív. 39, 28).

1. disērtus, -a, -um, adj. I — Sent. próprio: 1) Diserto, que se expressa bem claro, expressivo (Cíc. De Or. 1, 231) II — Daí: 2) Que fala bem, eloqüente (Cíc. Div. 1, 105). 3) Hábil, perito, conhecedor (Catul. 12, 9).

2. disērtus, -ī, subs. m. Advogado (Ov. Am. 1, 13).

disicĭō = disjicĭō.

disjēcī, perf. de **disjicĭō**.

disjēctō, -ās, -āre, v. tr. Lançar daqui e dali, dissipar, dispersar (Lucr. 2, 553).

1. disjēctus, -a, -um, part. pass. de **disjicĭō**.

2. disjēctus, -ūs, subs. m. Dispersão, dissolução (da matéria) (Lucr. 3, 926).

disjicĭō (disicĭō), -is, -ĕre, -jēcī, -jēctum, v. tr. I — Sent. próprio: 1) Lançar para todos os lados, dispersar, separar (Cés. B. Gal. 1, 25, 3). II — Sent. figu-

rado : 2) Dissipar, destruir (V. Máx. 3, 5, 2). 3) Romper, inutilizar (Verg. En. 7, 339).

disjūnctē, adv. Sent. próprio: 1) Separadamente, em separado. Donde: 2) De maneira alternada (Cíc. Phil. 2, 32).

disjunctĭō (dijunctĭō), -ōnis, subs. f. I — Sent. próprio: 1) Separação, diversidade (Cíc. Agr. 2, 14). II — Daí: 2) Disjunção, proposição disjuntiva (Cíc. Nat. 1, 70). 3) Disjunção (têrmo de retórica) (Cíc. De Or. 3, 207).

disjūnctus (dijūnctus), -a, -um. I — Part. pass. de **disjūngo**. II — Adj.: 1) Separado, afastado, distinto (Cíc. Verr. 4, 103); (Cíc. Pomp. 9). Na língua da retórica: 2) Que não está ligado, hiato, sem coesão (Cíc. Part. 21); (Tác. D. 18).

disjūngō (dijūngō), -is, -ĕre, -jūnxī, -jūnctum, v. tr. Desunir, disjungir, separar, afastar, desatrelar (sent. próprio e figurado); (Cíc. Div. 2, 77); (Cíc. Lae. 41). Obs.: Constrói-se com acus., com acus. e abl. simples ou com **ab**.

disjūnxī, perf. de **disjūngō**.

dispāndō, -is, -ĕre, -pāndi, -pānsum, v. tr. Sent. próprio: 1) Abrir (Lucr. 3, 988). Daí: 2) Amplificar, desdobrar, estender em tôdas as direções (Lucr. 1, 307).

dispānsus, -a, -um, part. pass. de **dispāndō**.

dispār, -ăris, adj. Díspar, diferente, desigual, dissemelhante (Cíc. Lae. 74).

disparātum, -ī, subs. n. Proposição contraditória (língua retórica) (Cíc. Inv. 1, 42).

disparātus, -a, -um, part. pass. de **dispăro**.

dispārgō = dispergo.

disparĭlis, -e, = dispar (Cíc. Div. 1, 79).

dispărō, -ās, -āre, -āvī, -ātum, v. tr. Separar, dividir (Cíc. Rep. 2, 39).

1. dispēctus, -a, -um, part. pass. de **dispicĭō**.

2. dispēctus, -ūs, subs. m. Consideração, discernimento (Sên. Ep. 94, 36).

dispēllō, -is, -ĕre, -pŭlī, -pulsum, v. tr. 1) Dispersar, dissipar (Cíc. At. 7, 7, 7). 2) Fender, entreabrir-se (Estác. Theb. 5, 335).

dispendĭum, -ī, subs. n. I — Sent. próprio: 1) Dispêndio, despesa, gasto (Plaut. Poen. 163). II — Sent. figurado: 2) Perda (de tempo), prejuízo, dano (Verg. En. 3, 453). 3) Desvio (Luc. 8, 2).

dispēndō, v. **dispāndo** (Lucr. 3, 988).

dispensātĭō, -ōnis, subs. f. I — Sent. próprio: 1) Distribuição, repartição (T. Lív. 10, 11, 9). II — Daí: 2) Administração (Cíc. Vat. 36). 3) Profissão de superintendente (Cíc. At. 15, 15, 3).

dispensātor, -ōris, subs. m. Administrador, superintendente (Cíc. fr. F. 5, 59).

dispensātus, -a, -um, part. pass. de dispēnso.

dispēnsō, -ās, -āre, -āvī, -ātum, v. tr. I — Sent. próprio: 1) Pagar, distribuir, repartir (sent. próprio e figurado) (Plaut. Bac. 971); (Cíc. De Or. 1, 142). Daí: 2) Administrar, governar os bens, as finanças (Cíc. At. 11, 1, 1). II — Sent. figurado: 3) Dispor, ordenar, organizar (T. Lív. 38, 47, 3).

dispēnsus, -a, -um, part. pass. de dispēndo.

disperdĭdī, perf. de dispērdo.

disperdĭtus, -a, -um, part. pass. de dispērdo.

dispērdō, -is, -ĕre, -dĭdī, -dĭtum, v. tr. Perder completamente, destruir, arruinar (Cíc. Agr. 1, 2).

disperĕō, -īs, -īre, -perĭī, v. intr. Desaparecer de todo, perecer, morrer, estar completamente perdido, ser destruído (Catul. 92, 2); (Cíc. Agr. 2, 80).

dispērgō, -is, -ĕre, -pērsī, -pērsum, v. tr. Espalhar daqui e dali, espargir por todos os lados, dispersar, lançar daqui e dali (Lucr. 5, 255); (Cíc. Ac. 2, 120).

disperĭī, perf. de disperĕo.

dispērsē (Cíc. Verr. 4, 116) e **dispērsim** (Varr. R. Rust. 1, 1, 7), adv. Cá e lá, daqui e dali, em diversos lugares.

dispērsī, perf. de dispērgo.

dispērsus, -a, -um, part. pass. de dispērgo.

dispertĭī = **dispertīvī**, perf. de dispertĭo.

dispertĭō (ou dispartĭō), -īs, -īre, -īvī, (-ĭī), -ītum, v. tr. Distribuir, dividir, repartir (Cíc. Cat. 4, 7); (Cíc. Clu. 69).

dispertĭor, -īris, -īrī = **dispertĭo**, v. dep. tr. Dividir (Cíc. Leg. 2, 47).

dispertītus, -a, -um, part. pass. de dispertĭo.

dispēxī, perf. de dispicĭo.

dispicĭō, -is, -ĕre, -spēxī, -spēctum, v. intr. e tr. I — Intr.: 1) Discernir, distinguir, ver bem, ver em volta de si (sent. próprio e figurado) (Cíc. Fin. 4, 64); (Cíc. Tusc. 1, 45). II — Tr.: 2) Ver bem, distinguir (sent. próprio e figurado) (Lucr. 3, 564); (Cíc. Div. 2, 81). Daí: 3) Considerar, examinar, tomar em consideração (Cíc. At. 6, 8, 5).

displicentĭa, -ae, subs. f. Displicência, desprazer, descontentamento, desgôsto (Sên. Tranq. 2, 10).

displicĕō, -ēs, -ēre, -cŭī, -cĭtum, v. intr. Desagradar, não se sentir bem, não estar em estado satisfatório (sent. físico e moral); (Cíc. Phil. 1, 12); (Cíc. Fam. 4, 13, 3); (Cíc. At. 2, 18, 3).

displicĭtus, -a, -um, part. pass. de displicĕo.

displicŭī, perf. de displicĕo.

displōdō, -is, -ĕre, -plōsum, v. tr. Abrir com barulho, dilatar, estender (Lucr. 6, 131); (Hor. Sát. 1, 3, 46).

displōsus, -a, -um, part. pass. de displōdo.

dispōnō, -is, -ĕre, -posŭī, -posĭtum, v. tr. I — Sent. próprio: 1) Dispor, pôr em vários lugares, pôr em ordem, compor (Cíc. Or. 65); (Cés. B. Gal. 7, 34, 1). II — Sent. figurado: 2) Regular, dispor, ordenar (Tác. Germ. 30). Obs.: O part. **dispostus** já aparece em Lucrécio (1, 52).

disposĭtē, adv. Com ordem, por ordem, regularmente (Cíc. Verr. 4, 87).

disposĭtĭō, -ōnis, subs. f. I — Sent. próprio: 1) Disposição, arranjo (Sên. Ir. 1, 6, 2). II — Daí: na língua retórica 2) A disposição (segunda parte da retórica) (Cíc. De Or. 2, 179).

disposĭtor, -ōris, subs. m. Dispositor, o que dispõe, ordenador (Sên. Nat. 5, 18, 4).

disposĭtūra, -ae, subs. f. Disposição, ordem (Lucr. 5, 192).

1. disposĭtus, -a, -um. I — Part. pass. de dispōno. II — Adj.: Bem ordenado (Plín. Ep. 3, 1, 2). III — Subs. n.: ex disposito: «em ordem» (Sên. Marc. 26, 6).

2. disposĭtus, -ūs, subs. m. Ordem, arranjo (Tác. Hist. 2, 5). Obs.: Só se usa no abl. sg.

dispōstus = **disposĭtus, -a, -um** (Lucr. 1, 52).

disposŭī, perf. de dispōno.

dispŭdet, -ŭit, -ēre, v. impess. Ter grande vergonha (Plaut. Most. 1145).

dispŭlī, perf. de dispēllo.

dispūlsus, -a, -um, part. pass. de dispēllo.

dispūnctus, -a, -um, part. pass. de dispūngo.

dispūngō, -is, -ĕre, -pūnxī, -pūnctum, v. tr. Dar balanço à receita e à despesa, regular, verificar (Sên. Ben. 4, 32, 4).

dispūnxī, perf. de dispūngo.

dispŭō = **despŭo**.

disputābĭlis, -e, adj. Disputável, problemático (Sên. Ep. 88, 43).

disputātĭō, -ōnis, subs. f. I — Sent. próprio: 1) Cálculo, cômputo (Col. 5, 1, 13). II — Daí: 2) Discussão, controvérsia, disputa (Cíc. Lae. 3).

disputātiuncŭla, -ae, subs. f. Pequena discussão (Sên. Ep. 117, 25).

disputātor, -ōris, subs. m. I — Sent. próprio: 1) Argumentador (Cíc. Of. 1, 3). II — Daí: 2) O que discorre acêrca de (com o gen.) (V. Máx. 8, 12).

disputātrix, -īcis, subs. f. 1) A que argumenta, discute (Quint. 2, 20, 7). 2) Dialética (Quint. 12, 2, 13).

disputātus, -a, -um, part. pass. de **disputō**.

disputō, -ās, -āre, -āvī, -ātum, v. tr. e intr. Tr. I — Sent. próprio: 1) Examinar contraditòriamente ou em todos os artigos uma conta (Plaut. Aul. 529). II — Sent. figurado (na língua retórica): 2) Expor os argumentos de uma causa, disputar, discutir, debater, argumentar, discorrer (Cíc. Nat. 3, 95); (Cíc. Or. 101). Intr.: 3) Discutir, dissertar, argumentar (Cíc. Br. 117); (Cíc. Tusc. 1, 103). 4) Tratar (pass. impess.) (Cíc. Br. 31). Obs.: Constrói-se com acus., ou com abl. com **de**.

disquīrō, -is, -ĕre, v. tr. Inquirir cuidadosamente, investigar (Hor. Sát. 2, 2, 7).

disquīsītĭō, -ōnis, subs. f. Investigação, inquérito (T. Lív. 26, 31, 2).

disrŭmpō = dirŭmpō.

dissĕcō, -ās, -āre, -cŭī, -ctum, v. tr. Cortar em dois, cortar, dissecar (Plín. H. Nat. 29, 69); (Suet. Calig. 27).

dissĕctus, -a, -um, part. pass. de **dissĕco**.

dissecŭī, perf. de **dissĕco**.

dissēdī, perf. de **dissĭdĕo**.

dissēminātus, -a, -um, part. pass. de **dissemino**.

dissēminō, -ās, -āre, -āvī, -ātum, v. tr. Disseminar, propagar, espalhar, divulgar (Cíc. Arch. 30).

dissēnsī, perf. de **dissentĭo**.

dissēnsĭō, -ōnis, subs. f. I — Sent. próprio: 1) Divergência de opiniões, dissensão, dissentimento (Cíc. Br. 188). Daí: 2) Discórdia, separação (Cíc. Cat. 3, 24). II — Sent. figurado: 3) Oposição (entre as coisas) (Cíc. Of. 3, 56).

1. **dissēnsus, -a, -um**, part. pass. de **dissentio**.

2. **dissēnsus, -ūs**, subs. m. Divergência de sentimentos, dissentimento, dissensão, dissenso (Verg. En. 11, 455).

dissentānĕus, -a, -um, adj. Dissentâneo, oposto, divergente, diferente (Cíc. Part. 7). Obs.: Constrói-se com dat.

dissentĭō, -īs, -īre, -sēnsī, -sēnsum, v. intr. Ser de opinião diferente, dissentir, divergir de opinião ou sentimento, não estar de acôrdo, diferir (Cíc. Fin. 2, 19); (Cíc. Sull. 61). Obs.: Constrói-se com abl.; com as preps. **ab e cum**, e com dat.

dissepĭō, (dissaepĭō), -īs, -īre, -psī, -ptum, v. tr. Separar, dividir (Cíc. Rep. 4, 4).

dissēpsī (dissaepsī), perf. de **dissepĭo**.

dissēptum (dissaeptum), -ī, subs. n. Separação (Lucr. 6, 951).

dissēptus (dissaeptus), -a, -um, part. pass. de **dissepio**.

disserēnāscit, -āre, -āvit, v. impess. Tornar-se claro, aclarar (tratando-se do tempo) (T. Lív. 39, 46, 4).

disserēnat, -āre, v. impes. Fazer bom tempo, ser claro, tratando-se do tempo, (Plín. H. Nat. 18, 356).

1. **dissĕrō, -is, -ĕre, -sēvī, -sĭtum**, v. tr. Espalhar sementes, semear em diferentes partes, plantar aqui e ali (Cés. B. Gal. 7, 73, 9).

2. **dissĕrō, -is, -ĕre, -serŭī, -sērtum**, v. tr. e intr. Tr.: I — Sent. próprio: 1) Expor, dissertar, discutir (Cíc. C. M. 78). Intr.: II — Daí: 2) Raciocinar lògicamente, dissertar (Cíc. Or. 114). Obs.: Constrói-se com acus.; com abl. com **de**, ou intransitivamente.

dissērpō, -is, -ĕre, v. intr. Espalhar-se (Lucr. 6, 547).

dissertātĭō, -ōnis, subs. f. Dissertação, tratado (A. Gél. 17, 13, 11).

dissertĭō, -ōnis, subs. f. Dissolução, desagregação (T. Lív. 41, 24, 10).

dissērtō, -ās, -āre, -āvī, -ātum, v. freq. tr. Expor, discutir, dissertar, debater (Plaut. Men. 809); (Tác. Hist. 4, 69).

dissērtus, v. **disērtus** 1.

disserŭī, perf. de **dissĕrō** 2.

dissēvī, perf. de **dissĕrō** 1.

dissĭcō = dissĕco.

dissĭdĕō, -ēs, -ēre, -sēdī, -sēssum, v. intr. I — Sent. próprio: 1) Manter-se afastado, estar separado (Verg. En. 7, 370). II — Daí: 2) Tomar assento num partido oposto, estar em oposição, ser dissidente, divergir de opinião, estar em dissidência, não estar de acôrdo, ser diferente, diferir (Cíc. Fat. 44); (Cíc. Fin. 3, 41). Obs.: Constrói-se com abl. com **ab** ou **cum**; com **inter se**; com dat. e intransitivamente

dissignātor, v. **designātor**.

dissignō, -ās, -āre, -āvī, -ātum, v. tr. I — Sent. próprio: 1) Distinguir por um sinal (Cíc. Nat. 1, 26). II — Sent. figurado: 2) Ordenar, dispor (Ter. Ad. 87).

dissĭlĭō, -ĭs, -ĭre, -sĭlŭī, -sŭltum, v. intr. I — Sent. próprio: 1) Saltar de um lado para outro, saltar em pedaços, quebrar-se (Verg. En. 12, 740). Daí: 2) Dividir-se, abrir-se (Verg. En. 3, 416). II — Sent. figurado: 3) Rebentar (de riso), quebrar (Sên. Ep. 113, 26); (Hor. Ep. 1, 18, 41).
dissĭlŭī, perf. de **dissilio.**
dissĭmĭlis, -e, adj. Dissímil, diferente, dessemelhante (Cíc. Phil. 2, 59). Obs.: Constrói-se com gen., com dat., com **atque, ac** ou **et.**
dissĭmĭlĭter, adv. Diferentemente, diversamente (Sal. B. Jug. 89, 6). Obs.: **Haud dissimiliter** com dat. corresponde a «da mesma maneira que» (T. Lív. 27 48, 11).
dissĭmĭlĭtūdō, -ĭnis, subs. f. Dissimilitude, dessemelhança, diferença (Cíc. De Or. 1, 252).
dissĭmŭlānter, adv. De maneira dissimulada (Cíc. Br. 274).
dissĭmŭlāntĭa, -ae, subs. f. Dissimulação (Cíc. de Or. 2, 270).
dissĭmŭlātĭō, -ōnis, subs. f. I — Sent. próprio: 1) Dissimulação, fingimento (Cíc. Of. 3, 61). II — Daí: 2) Ironia (socrática) (Cíc. Ac. 2, 15).
dissĭmŭlātor, -ōris, subs. m. Dissimulador (Hor. Ep. 1, 9, 9).
dissĭmŭlātus, -a, -um, part. pass. de **dissimulo.**
dissĭmŭlō, -ās, -āre, -āvī, -ātum, v. tr. I — Sent. próprio: 1) Dissimular, fingir, esconder, ocultar (Cíc. Sest. 25); (Sal. C. Cat. 47, 1). II — Sent. figurado: 2) Não prestar atenção, negligenciar, desprezar (Quint. 11, 3, 34).
dissĭpābĭlis, -e, adj. Dissipável, que se dissipa, que se evapora fàcilmente (Cíc. Nat. 3, 31).
dissĭpātĭō, -ōnis, subs. f. I — Sent. próprio: 1) Dispersão, dissolução (dos corpos) (Cíc. Rep. 2, 7). Daí: 2) Dissolução, destruição (Cíc. Nat. 1, 71). II — Sent. figurado: 3) Dissipação, desperdício (Cíc. Phil. 13, 10).
dissĭpātus, -a, -um, part. pass. de **dissipo.**
dissĭpō (dīssŭpō), -ās, -āre, -āvī, -ātum, v. tr. I — Sent. próprio: 1) Lançar para um e outro lado, dispersar (Cíc. Pomp. 22); (Cíc. Tusc. 1, 62). Daí: 2) Dissipar, destruir, gastar, consumir (Cíc. Pis. 93); (Cíc. Agr. 1, 2). II — Sent. figurado: 3) Destroçar, derrotar (Cíc. Fam. 2, 10, 3). 4) Espalhar, divulgar (Cíc. Phil. 14, 15).

dissĭtus, -a, -um, part. pass. de **dissĕro.** 1.
dissŏcĭābĭlis, -e, adj. I — Sent. próprio: 1) Que separa (Hor. O. 1, 3, 22). II — Sent. figurado: 2) Incompatível (Tác. Agr. 3).
dissŏcĭātĭō, -ōnis, subs. f. I Sent. próprio: 1) Separação (Tác. An. 16, 34). II — Sent. figurado: 2) Apatia, repugnância (tratando-se de coisas) (Plín. H. Nat. 7, 57).
dissŏcĭātus, -a, -um, part. pass. de **dissocio.**
dissŏcĭō, -ās, -āre, -āvī, -ātum, v. tr. Dissociar, separar, desunir, dividir (Cíc. Lae. 74); (Lucr. 5, 355).
dissŏlūbĭlis, -e, adj. Separável, divisível (Cíc. Nat. 1, 20).
dissoluēndus, dissolŭī, dissolŭō, formas poéticas, iguais a: **dissolvēndus, dissōlvī, dissōlvō.**
dissŏlūtē, adv. I — Sent. próprio: 1) Sem ligação, sem conexão (Cíc. Or. 135). Donde: 2) Com negligência, com indiferença (Cíc. Verr. 3, 90). II — Sent. figurado: 3) Com fraqueza (Cíc. Verr. 5, 19).
dissŏlūtĭō, -ōnis, subs. f. I — Sent. próprio: 1) Dissolução, separação das partes (Cíc. Leg. 1, 31). II — Sent. figurado: 2) Destruição, ruína (Cíc. Phil. 1, 21). 3) Refutação (Cíc. Clu. 3). Na língua retórica: 4) Falta de ligação ou conectivo (entre as palavras), supressão das conjunções, assíndeto (Cíc. Part. 21). 5) Fraqueza, frouxidão, relaxamento (Cíc. Verr. 4, 133).
dissŏlūtus, -a, -um. I — Part. pass. de **dissōlvo.** II — Adj.: 1) Desinteressado, indiferente (Cíc. Verr. 5, 7). Daí: 2) Indolente, fraco, débil (Cíc. Verr. 3, 143). 3) Relaxado, corrupto, dissoluto (Cíc. Of. 1, 99).
dissōlvī, perf. de **dissōlvo.**
dissōlvō, -is, -ĕre, -sōlvī, -solūtum, v. tr. I — Sent. próprio: 1) Separar, desunir, dissolver (Cíc. Or. 235); (Lucr. 6, 964). II — Sent. figurado: 2) Desunir, desagregar, destruir (Cíc. Lae. 32). Daí: 3) Pagar, desobrigar-se (Cíc. Sull. 56). 4) Desfazer, anular (Cíc. Phil. 1, 18). 5) Desprender, livrar, soltar (Plaut. Poen. 148).
dissŏnus, -a, -um, adj. I — Sent. próprio: 1) Dissono, dissonante, discordante (T. Lív. 4, 28). II — Daí: 2) Diferente (T. Lív. 1, 18, 3). 3) Dividido, inimigo (S. It. 11, 45).
dissors, -tis, adj. De uma sorte diferente, não partilhado (Ov. Am. 2, 12, 11).

dissuādĕō, -ēs, -ēre, -suāsī, -suāsum, v. tr. I — Sent. próprio: 1) Desaconselhar, dissuadir, afastar (Plaut. Trin. 670). II — Daí: 2) Fazer oposição, combater (Cíc. Lae. 96). Obs.: Constrói-se com acus.; com acus. e inf.; com inf.; abl. com de.

dissuāsī, perf. de **dissuadĕo**.

dissuāsĭō, -ōnis, subs. f. Ação de dissuadir, de afastar, dissuasão (Cíc. Clu. 140).

dissuāsor, -ōris, subs. m. O que dissuade, afasta, dissuasor (Cíc. Br. 106).

dissultō, -ās, -āre, v. intr. Saltar daqui e dali, quebrar-se em pedaços, afastar-se saltando (Plín. H. Nat. 37, 57); (Verg. En. 8, 240).

dissŭō, -is, -ĕre, -sūtum (sem perf.), v. tr. Descoser, romper, (sent. próprio e figurado) (Ov. F. 1, 408); (Cíc. Lae. 76).

dissŭpō = **dissĭpo**.

dissūtus, -a, -um, part. pass. de **dissŭo**.

dissyllăbus, v. **disyllăbus**.

distaedet (me), -taesum est, v. impess. Aborrecer-se, enfadar-se muito (Ter. Phorm. 1011).

distantĭa, -ae, subs. f. I — Sent. próprio: 1) Distância, afastamento (Plín. H. Nat. 2, 61). II — Daí: 2) Diferença (Cíc. Lae. 74).

distendī, perf. de **distendo**.

distendō, -is, -ĕre, -tendī, -tentum, v. tr. I — Sent. próprio: 1) Distender, estender (Cés. B. Cív. 3, 92, 2). Daí: 2) Encher, inchar (Verg. Buc. 9, 31). II — Sent. figurado: 3) Torturar, atormentar (Suet. Tib. 62). 4) Dividir, repartir (T. Lív. 27, 40, 1).

1. **distentus, -a, -um**. I — Part. pass. de **distendo**. II — Adj.: Inchado, cheio (Hor. Sát. 1, 1, 110).

2. **distentus, -a, -um**. I — Part. pass. de **distinĕo**. II — Adj.: Ocupado (Cíc. Amer. 22); (Cíc. At. 15, 18, 2).

disterminātus, -a, -um, part. pass. de **distermino**.

disterminō, -ās, -āre, -āvī, -ātum, v. tr. Separar por limites, delimitar, limitar, separar (Cíc. Arat. 94).

distĭchon, -ī, subs. n. Dístico (dois versos: hexâmetro mais pentâmetro) (Suet. Cés. 51).

distinctē, adv. Separadamente, de maneira distinta, com nitidez, com clareza, distintamente (Cíc. Leg. 1, 36). Obs.: Comp.: **distinctĭus** (Cíc. Inv. 1, 43).

distinctĭō, -ōnis, subs. f. I — Sent. próprio: 1) Distinção, divisão, separação (Cíc. Fin. 1, 64). Daí: 2) Diferença, caráter distintivo (Cíc. Ac. 2, 48). 3) Pausa (na leitura) (Cíc. De Or. 3, 186). II — Sent. figurado: 4) Brilho, enfeite, beleza (Plín. H. Nat. 28, 13).

1. **distinctus, -a, -um**. I — Part. pass. de **distinguo**. II — Adj.: 1) Distinto, separado (Cíc. Rep. 1, 44). Daí: 2) Móvel (T. Lív. 9, 19, 8). Donde: 3) Variado, matizado, ornado com gôsto (Cíc. Verr. 4, 62).

2. **distinctus, -ūs**, subs. m. Diferença (Tác. An. 6, 28). Obs.: Só ocorre no abl. sg.

distinĕō, -ēs, -ēre, -tinŭī, -tentum, v. tr. I — Sent. próprio: 1) Manter afastado, ter afastado, separar, segurar dos dois lados (Cés. B. Gal. 4, 17, 7); (Ov. Her. 8, 69). II — Sent. figurado: 2) Rasgar, partir, dividir (Cíc. Planc. 79). 3) Reter, impedir, ter ocupado (Cíc. Fam. 7, 2, 4); (Cés. B. Gal. 2, 5, 2).

distinguō, -is, -ĕre, -stinxī, -tinctum, v. tr. I — Sent. próprio: 1) Separar por marcas ou sinais, diferenciar (Sên. Tr. 884). II — Sent. figurado: 2) Separar, dividir, distinguir mentalmente, definir, discernir (Hor. Ep. 1, 10, 29); (Quint. 1, 8, 1). 3) Variar, adornar, burilar (Cíc. Or. 2, 36).

distinŭī, perf. de **distinĕo**.

distinxī, perf. de **distinguo**.

distō, -ās, -āre, v. intr. I — Sent. próprio: 1) Estar distante, distar, estar afastado (Cíc. Tusc. 5, 69). II — Sent. figurado: 2) Diferir, ser diferente (Cíc. Of. 2, 15). 3) Impessoalmente: haver diferença, ser preciso distinguir (Hor. Ep. 1, 17, 44). Obs.: Constrói-se com abl. com **ab**, com **inter se**, e absolutamente.

distorquĕō, -ēs, -ēre, -tōrsī, -tōrtum, v. tr. I — Sent. próprio: 1) Voltar para um e outro lado, torcer (Hor. Sát. 1, 9, 65). II — Sent. figurado: 2) Torturar, atormentar (Sên. Ben. 7, 19).

distōrsī, perf. de **distorquĕo**.

distortĭō, -ōnis, subs. f. Contorção, torcedura (Cíc. Tusc. 4, 29).

distortus, -a, -um. I — Part. pass. de **distorquĕo**. II — Adj.: 1) Torto, torcido, disforme (Cíc. De Or. 2, 266). 2) Enleado (tratando-se de estilo) (Cíc. Fat. 16).

distractĭō, -ōnis, subs. f. I — Sent. próprio: 1) Divisão, separação (Cíc. Nat. 1, 27). II — Sent. figurado: 2) Desacôrdo, discórdia (Cíc. Of. 3, 22).

distractus, -a, -um. I — Part. pass. de **distraho**. II — Adj.: Dividido (Lucr. 4, 961).

distrăhō, **is**, **-ĕre**, **-trāxī**, **-trāctum**, v. tr. I — Sent. próprio: 1) Puxar em diferentes sentidos e daí: rasgar, romper, esquartejar, separar, dividir, destruir (Cíc. Nat. 3, 29). II — Sent. figurado: 2) Desunir, separar, dissolver, desarmonizar (Cíc. De Or. 1, 250). 3) Separar de (Cíc. Phil. 2, 23). Donde: 4) Vender a retalhos, por parcelas (Tác. An. 6, 17).

distrāxī, perf. de **distrăho**.

distribŭī, perf. de **distribŭo**.

distribŭō, **-is**, **-ĕre**, **-tribŭī**, **-būtum**, v. tr. Dividir, repartir, partilhar, distribuir (Cíc. Rep. 2, 39); (Cés. B. Civ. 3, 4, 2).

distribūtē, adv. Com ordem, com método, metòdicamente (Cíc. Tusc. 2, 7). Obs.: Comp.: -tĭus (Cíc. Inv. 2, 177).

distribūtĭō, **-ōnis**, subs. f. I — Sent. próprio: 1) Divisão, distribuição (Cíc. Div. 2, 45). II — Daí, na língua retórica: 2) Distribuição (Cíc. De Or. 3, 203).

districtus, -a, -um. I — Part. pass. de **distringo**. II — Adj.: 1) Prêso, ligado, ocupado (Cíc. Pomp. 9). 2) Hesitante (Cíc. Fam. 2, 15, 3).

distringō, **-is**, **-ĕre**, **-strīnxī**, **-strĭctum**, v. tr. I — Sent. próprio: 1) Ligar de um lado e do outro, e daí: manter separado, separar, abrir, estender (Verg. En. 6, 617); (T. Liv. 35, 18, 8). II — Sent. figurado: 2) Ocupar em muitas coisas ou em muitos lugares, reter, impedir, fatigar (Plín. Ep. 1, 10, 9); (Cíc. Verr. pr. 24); (Plín. Pan. 94, 2).

distrīnxī, perf. de **distringo**.

distrūncō, **-ās**, **-āre**, v. tr. Cortar em dois, separar do tronco (Plaut. Truc. 614).

distŭlī, perf. de **diffĕro**.

disturbātĭō, **-ōnis**, subs. f. Ruína, demolição (Cíc. Of. 3, 46).

disturbātus, -a, -um, part. pass. de **disturbo**.

dīstŭrbō, **-ās**, **-āre**, **-āvī**, **-ātum**, v. tr. I — Sent. próprio: 1) Dispersar violentamente (Cíc. Mil. 91). II — Sent. figurado: 2) Demolir, pôr abaixo, derrubar, destruir (sent. físico ou moral) (Cíc. Phil. 5, 19); (Cíc. Sull. 15); (Cíc. Agr. 2, 101).

disyllăbus, -a, -um, adj. Dissilábico, de duas sílabas (Quint. 1, 5, 31).

ditātus, -a, -um, part. pass. de **dīto**.

dĭtēscō, **-is**, **-ĕre**, v. intr. Tornar-se rico, enriquecer-se (Hor. Sát. 2, 5, 10).

dĭthyrambĭcus, -a, -um, adj. Ditirâmbico (Cíc. Opt. 1).

dĭthyrămbus, **-ī**, subs. m. Ditirambo (poema em honra a Baco) (Hor. O. 4, 2, 10).

dītĭae, **-ārum**, subs. f. pl. = **dīvĭtĭae**. Riquezas (Plaut. Rud. 542). Obs.: Forma sincopada de **divitiae**.

dĭtĭō, v. **dicĭo**.

dītĭor, **dītissĭmus**, comp. e superl. de **dis** 2. que servem para **dives**, **-itis** 2; **ditis**, gen. de **dis** 2. e **Dis** 3.

dītō, **-ās**, **-āre**, **-āvī**, **-ātum**, v. tr. Tornar rico, enriquecer (Hor. Ep. 1, 6, 6).

1. **dĭū**, antigo locat. de **dies**. Durante o dia (Sal. B. Jug. 38, 3). Obs.: Usado ùnicamente na expressão **noctu diūque** e em **interdiu**. Só aparece nos escritores arcaicos ou arcaizantes.

2. **dĭū**, adv. I — Sent. próprio: 1) Muito tempo, durante muito tempo (Cíc. C. M. 69). II — Daí: 2) Desde muito tempo, há muito tempo (Plaut. Merc. 541). Obs.: Comp.: **diutius** (Cíc. Lae. 104); superl. **diutissĭme** (Cíc. Lae. 4).

dĭurnum, **-ī**, subs. n. 1) Ração diária de um escravo (Sên. Ep. 80, 8). 2) Jornal (Juv. 6, 482).

dĭurnus, -a, -um, adj. 1) Do dia, que ocorre durante o dia, diurno (em oposição a **nocturnus**) (Cíc. C.M. 82). 2) De um dia, de cada dia, cotidiano (T. Liv. 4, 12, 10).

dīus, -a, -um, adj. arc. e poét.: = **divus**. I — Sent. próprio: 1) Do céu, divino, de Júpiter (Verg. En. 11, 657). II — Sent. figurado: 2) Semelhante aos deuses, excelente, precioso (Hor. Sát. 1, 2, 32).

dĭūtĭnē, adv. Durante muito tempo (Plaut. Rud. 1241).

dĭūtĭnus, -a, -um, adj. De longa duração, que dura muito tempo (Cés. B. Gal. 5, 52, 6).

dĭūturnĭtās, **-tātis**, subs. f. Diuturnidade, longa duração (Cés. B. Gal. 1, 40, 8).

dĭūtūrnus, -a, -um, adj. Diuturno, que dura muito tempo, de longa duração (Cíc. Phil. 8, 5).

dīva, **-ae**, subs. f. Deusa (Verg. En. 12, 139).

dīvārĭcō, **-ās**, **-āre**, **-āvī**, **-ātum**, v. tr. 1) Separar um do outro (Cat. Agr. 32, 1). 2) Afastar as pernas para montar a cavalo (Cíc. Verr. 4, 86).

dīvellī, perf. de **divello**.

dīvellō, **-is**, **-ĕre**, **-vellī** (**-vŭlsī**: Ov. Met. 11, 38), **-vŭlsum**, v. tr. I — Sent. próprio: 1) Puxar em sentidos diversos, separar à fôrça, arrancar, rasgar, despedaçar (Cíc. Of. 3, 75); (Verg. En. 4, 600). II

DIVENDITUS — 321 — **DIVISIO**

— Sent. figurado: 2) Destruir, romper, perturbar (Cíc. Planc. 79). 3) Separar de (Sal. C. Cat. 51, 9).

dīvendĭtus, -a, -um, part. pass. de divēndo.

dīvēndō, -is, -ĕre, -vendĭtum, v. tr. Vender a muita gente, vender a retalho, vender (Cíc. Agr. 1, 3).

dīverberātus, -a, -um, part. pass. de diverbĕro.

dīverbĕrō, -ās, -āre, -āvī, -ātum, v. tr. Separar batendo, cortar, fender (Verg. En. 5, 503).

dīverbĭum, -ī subs. n. Divérbio, diálogo (parte da comédia que se opõe à parte cantada) (T. Liv. 7, 2, 10).

dīvērsē (-vōrsē), adv. I — Sent. próprio: 1) Em sentido oposto, em diversas direções, diversamente (Cíc. Inv. 1, 93). II — Daí: 2) À parte, separadamente (Sal. C. Cat. 61, 3). Obs.: Superl. diversissĭme (Suet. Tib. 66).

dīversĭtās, -tātis, subs. f. 1) Contradição (Tác. Germ. 15). 2) Diversidade, variedade, diferença (Quint. 11, 3, 87).

dīvērsō, adv. v. divērse.

dīvērsus (dīvōrsus), -a, -um, part. adj. de divērto. I — Sent. próprio: 1) Em sentido oposto, que está em frente (Cés. B. Civ. 1, 69, 1). Daí: 2) Afastado, separado, isolado (Cés. B. Gal. 7, 16, 3). 3) Diferente, em diferentes direções (Cés. B. Civ. 1, 58, 4). II — Sent. figurado: 4) Oposto, contrário, hostil, adverso (Cíc. Cael. 12).

dīves, -vĭtis, adj. Rico, opulento, abundante (Verg. Buc. 2, 20). Obs.: Comp.: divitĭor (Cíc. Lae. 58) e ditĭor (T. Liv. pret. 11). Superl.: divitissĭmus (Cíc. Div. 1, 78) e ditissimus (Cés. B. Gal. 1, 2, 1).

dīvēxō, -ās, -āre, -āvī, -ātum. v. tr. I — Sent. próprio: 1) Devastar, saquear (Cíc. Phil. 11, 4). II — Sent. figurado: 2) Perseguir, vexar, atormentar (Suet. Ner. 34).

Diviciācus, -ī, subs. pr. m. Diviciaco. 1) Nobre éduo, amigo de César (Cés. B. Gal. 1, 3, 8). 2) Rei dos suessiões (Cés. B. Gal. 2, 4, 7).

dīvĭdĭa, -ae, subs. f. Aborrecimento, preocupação, inquietação (Plaut. Bac. 770).

dīvĭdō, is, -ĕre, -vīsī, -vīsum, v. tr. I — Sent. próprio: 1) Separar, dividir (Cíc. Nat. 3, 29); (Cés. B. Gal. 1, 1, 1). II — Sent. figurado: 2) Repartir, distribuir (Cíc. Br. 57). 3) Separar de (Cés. B. Gal. 1, 2, 3). Daí: 4) Distinguir (Cíc. Leg. 1, 44). 5) Variar, matizar, adornar (Verg. En. 10, 134). Obs.: Inf. perf. sincopado: divīsse (Hor. Sát. 2, 3, 169).

dīvĭdŭus, -a, -um, adj. I — Sent. próprio: 1) Dividido, separado, repartido (Plaut. Rud. 1408). II — Daí: 2) Divíduo, divisível, reduzível em partes (Cíc. Nat. 3, 29).

dīvīnātĭō, -ōnis, subs. f. I — Sent. próprio: 1) Adivinhação, divinação, arte de predizer o futuro (Cíc. Fam. 3, 13, 2). II — Daí: 2) Debate judiciário prévio, a fim de determinar, entre vários concorrentes, quem será o acusador (Cíc. Q. Fr. 3, 2, 1).

dīvīnātus, -a, -um, part. pass. de divīno.

dīvīnē, adv. Sent. próprio: 1) À maneira de um deus (Plaut. Amph. 976). Donde: 2) Divinamente, excelentemente, perfeitamente (Cíc. C.M. 44). 3) Por conjectura, por adivinhação (Cíc. Div. 1, 124). Obs.: Comp.: divinĭus (Cíc. Rep. 2, 10).

dīvīnĭtās, -tātis, subs. f. I — Sent. próprio: 1) Divindade, poder divino (Cíc. De Or. 2, 86). II — Sent. figurado: 2) Excelência, perfeição (Cíc. Or. 62).

dīvīnĭtus, adv. 1) Da parte dos deuses, vindo dos deuses, como um efeito da vontade divina (Cíc. De Or. 1, 202); (Verg. G. 1, 415). 2) Por uma inspiração divina, profèticamente (Cíc. De Or. 1, 26). 3) Divinamente, maravilhosamente (Cíc. Fam. 1, 9, 12); (Cíc. De Or. 1, 49).

dīvīnō, -ās, -āre, -āvī, -ātum, v. tr. Adivinhar, profetizar, predizer, prever (Cíc. At. 16, 8, 2). Obs.: Constrói-se com acus.; com acus. e inf.; com interrog. ind., e intransitivamente.

dīvīnum, -ī, subs. n. 1) O Divino, o poder divino, a vontade divina (Sên. Ep. 66, 11). 2) Sacrifício divino (T. Lív. 8, 10, 13.

1. dīvīnus, -a, -um, adj. I — Sent. próprio: 1) Relativo à divindade, divino, de Deus, dos deuses (Cíc. Nat. 1, 37); (Cíc. Nat. 3, 47). Daí: 2) Inspirado pela divindade, profético (Hor. A. Poét. 218). II — Sent. figurado: 3) Excelente, maravilhoso, extraordinário, admirável, divino (Cíc. Phil. 5, 28). 4) Imperial, dos Césares (falando dos imperadores) (Fedr. 5, 8, 38).

2. dīvīnus, -ī, subs. m. 1) Adivinho (Cíc. Div. 1, 132). 2) O que lê a sina (Hor. Sát. 1, 6, 114).

divīsī, perf. de divĭdo.

dīvīsĭō, -ōnis, subs. f. I — Sent. próprio: 1) Divisão, repartição, distribuição (Tác. An. 1, 10). II — Daí, na língua retórica: 2) Divisão (Cíc. Of. 3, 9).

dīvīsor, -ōris, subs. m. I — Sent. próprio: 1) Divisor, o que divide (Cíc. Phil. 11, 13). II — Daí: 2) O que separa, distribui (Apul. Mund. p. 57). 3) O que distribui dinheiro em nome de um candidato (para obter votos) (Cíc. Mur. 54).

dīvisse, forma sincopada de **dīvidisse,** inf. perf. sincopado de **divido** (Hor. Sát. 2, 3, 169).

1. dīvīsus, -a, -um. I — Part. pass. de **divido.** II — Adj.: separado, dividido (Lucr. 4, 962).

2. dīvīsus, -ūs, subs. m. Partilha, repartição (T. Lív. 45, 30, 2). Obs.: Só ocorre no dat. sg.

dīvītia, -ae, subs. f., v. **divitiae** (Ác. Tr. 265).

Dīvītiācus, v. **Dīviciācus.**

dīvītiae, -ārum, subs. f. pl. I — Sent. próprio: 1) Divícias, riquezas, bens. (Cíc. Lae. 86). II — Sent. figurado: 2) Fecundidade, fertilidade, riqueza (Cíc. De Or. 1, 161).

Dīvodūrum, -ī, subs. pr. n. Divoduro, cidade da Gália Bélgica (Tác. Hist. 1, 63).

dīvōlsus = dīvulsus.

dīvortium, -ī, subs. n. I — Sent. próprio: 1) Separação, divórcio (T. Lív. 44, 2); (Cíc. At. 12, 52, 2). II — Sent. figurado: 2) Separação (Cíc. De Or. 3, 69).

dīvulgātus, -a, -um. I — Part. pass. de **divulgo.** II — Adj.: público, comum, banal, vulgarizado (Cíc. Fam. 10, 26, 2).

dīvulgō (dīvŏlgō), -ās, -āre, -āvī, -ātum, v. tr. 1) Espalhar entre o povo, divulgar, propalar (Cíc. Or. 112). 2) Espalhar um boato (Cíc. Fam. 6, 12, 3). Obs.: Constrói-se com acus. e com acus. e inf.

dīvulsī, perf. de **divello.**

dīvulsiō, -ōnis, subs. f. Ação de arrancar, separar violentamente (Sên. Ep. 99, 15).

dīvulsus, -a, -um, part. pass. de **divello.**

dīvum, -ī, subs. n. O céu, o ar (Cíc. Verr. 1, 51).

1. dīvus, -a, -um, adj. 1) Divo, divino (Cíc. Phil. 2, 110). 2) Divino, título dado aos imperadores romanos depois da morte (Verg. En. 6, 792).

2. dīvus, -ī, subs. m. Deus, divindade (Cíc. Nat. 1, 63).

dixe = dixisse, forma sincopada do inf. perf. de **dico.**

dixī, perf. de **dico.**

dixis, dixti = dixeris, dixisti.

dō, -ās, -āre, dĕdī, dătum, v. tr. I — Sent. próprio: 1) Dar (Cíc. Lae. 26); (Cés. B. Gal. 1, 19, 1). II — Sent. figurado: 2) Oferecer, apresentar (Cíc. Lae. 88); (Cíc. Rep. 1, 14). 3) Entregar, ceder, conceder, permitir (Cíc. Fam. 14, 14, 1). Empregos diversos: 4) Pôr neste ou naquele lugar, lançar, arremessar (sent. concreto e abstrato) (Plaut. Capt. 797); (Cíc. Ac. 1, 7); (T. Lív. 27, 22, 11). 5) Expor, dizer, proferir (Ter. Heaut. 10). 6) Causar, produzir (Ter. And. 143). 7) Dar-se, consagrar-se (Cíc. Rep. 1, 16). 8) Poético: dizer-se, contar-se (Ov. F. 6, 434). 9) Na língua militar: Dar o seu nome para o serviço militar, alistar-se (Cés. B. Gal. 5, 31, 3); (Cíc. At. 2, 22, 2). 10) Na língua jurídica: dar uma sentença, dar um acórdão comum na fórmula solene que o pretor pronunciava, como resumo de suas atribuições jurídicas: **do, dico, addico** — «dou a sentença, declaro o direito e confirmo a vontade das partes».

docĕō, -ēs, -ēre, docŭī, doctum, v. tr. I — Sent. próprio: 1) Fazer aprender, ensinar (Cíc. Leg. 1, 58); (Cíc. Agr. 3, 4); (Cíc. Tusc. 1, 41): **docere aliquem litteras** (Cíc. Pis. 73) «ensinar alguém a ler». II — Sent. figurado: 2) Repetir, ensaiar (uma peça para teatro), representar (Cíc. Br. 73). 3) Instruir alguém em alguma matéria (Cíc. Or. 40). 4) Na língua da retórica: instruir (o auditório, os juízes) = **probare** (Cíc. Br. 185). Intr.: 5) Manter escola, fazer pagar as lições (Cíc. Q. Fr. 2, 4, 2): **mercede docere** (Cíc. De Or. 1, 126) «fazer pagar as suas lições». Obs.: Constrói-se com duplo acus. (um de pess. e outro de obj.); com acus. de obj. e inf.; com acus. de pess. e inf.; com acus. e abl. com **de**; com acus. de pess. e interrog. indireta; com acus. de obj. e intransitivamente.

dochmīus, -ī, subs. m. Dócmio, pé de cinco sílabas formado de um iambo e um crético (Cíc. Or. 218).

docilis, -e, adj. I — Sent. próprio: 1) Que aprende fàcilmente, instruído, ensinado (Cíc. Fam. 7, 20, 3). II — Sent. figurado: 2) Dócil, flexível, brando (Ov. Am. 1, 14, 13).

docilĭtās, -tātis, subs. f. I — Sent. próprio: 1) Aptidão para aprender, facilidade em aprender (Cíc. Fin. 5, 36). II — Sent. figurado: 2) Docilidade, bondade (Eutr. 10, 4).

doctē, adv. Sent. próprio: 1) Sàbiamente, doutamente (Cic. Tusc. 5, 8). Daí: 2) Prudentemente, com sabedoria, com finura (Plaut. Ep. 404).

doctor, -ōris, subs. m. O que ensina, mestre (Cíc. De Or. 1, 23).
doctrīna, -ae, subs. f. I — Sent. próprio: 1) Ensino, instrução (que se recebe ou ministra), educação, cultura (Cíc. De Or. 1, 145). II — Daí: 2) Arte, ciência, doutrina, teoria, método, sistema (Cíc. De Or. 2, 5).
doctus, -a, -um. I — Part. pass. de **docĕo**. II — Adj.: instruído, sábio, douto, prudente, hábil, astuto (Cíc. Br. 169); (Hor. O. 1, 29, 9). III — Subs. m. pl.: **docti** — sábios, doutos (tratando-se de poetas) (Cíc. Lae. 17); (Cíc. Mil. 8). Obs.: Constrói-se com abl.; com abl. com prep. **ex**; com gen.; com inf., com acus. com **ad** ou **in**.
docŭī, perf. de **docĕo**.
docŭmen, -ĭnis = **documentum** (Lucr. 6, 392).
documēntum, -ī, subs. n. Sent. próprio: 1) Aviso, lição, ensinamento, exemplo, modêlo (Cés. B. Gal. 7, 4, 9); (Cíc. Rab. Post. 27). Daí: 2) Indicação, amostra, prova, documento (T. Lív. 32, 7, 10).
Dōdōna, -ae, subs. pr. f. **Dōdōnē, -ēs**, subs. pr. f. Dodona, cidade da Caônia, no Epiro, que deve tôda a sua importância ao templo e oráculo de Zeus que possuía (Cív. Div. 1, 95).
Dōdōnaeus, -a, -um, adj. Dodoneu, de Dodona (Cíc. At. 2, 4, 5).
Dōdōnis, -ĭdis, subs. pr. f. De Dodona (Ov. Met. 13, 716).
dodrans, -āntis, subs. m. Dodrante, os 9/12 ou 3/4 do asse; 3/4 de um todo (C. Nep. At. 5, 2).
dodrantārĭus, -a, -um, adj. Relativo aos 9/12 de um todo (Cíc. Font. 2)
dogma, -ătis, subs. n. Opinião, preceito, máxima, princípio, dogma, (na língua filosófica) (Cíc. Fin, 2, 105).
Dolăbēlla, -ae, subs. pr. m. Dolabela, ilustre família romana, um dos ramos da **gens** Cornélia, e a que pertencia Públio Cornélio Dolabela, cônsul romano, genro de Cicero (Cíc. Fam. 2, 16, 5).
Dolābelliānus, -a, -um, adj. De Dolabela (Plín. H. Nat. 15, 54).
dolăbra, -ae, subs. f. Alvião, picareta, machado (T. Lív. 21, 11, 8).
Dolātēs, -um (ou **-lum**), subs. loc. m. Os dolates (ou **-lum**), subs. loc. m. Os dolates, povo da Úmbria (Plín. 3, 113).
dolātus, -a, um, part. pass. de **dolo**.
dolēncus, -a, -um, gerundivo de **dolĕo**.
dolens, -ēntis. I — Part. pres. de **dolĕo**. II — Adj.: que causa dor (Sal. B. Jug. 84, 1); (Ov. Met. 4, 246).

dolēnter, adv. Sent. próprio: 1) Com dor, dolorosamente, com pena, penosamente (Cíc. Phil. 8, 22). Daí: 2) De maneira patética, demonstrando a dor de maneira comovedora (Cíc. Or. 131). Obs.: Comp.: **dolentĭus** (Cíc. Sest. 14).
dolĕo, -ēs, -ēre, -lŭī, -lĭtum, v. intr. e tr. Intr.: I — Sent. próprio: 1) Experimentar uma dor, ter um mal, sofrer física e moralmente, doer (Plaut. Cist. 60); (Cíc. Tusc. 2, 44). II — Sent. figurado: 2) Afligir-se (Cíc. Lae. 17). 3) Impess.: Sofrer (Ter. Phorm. 162); (Cíc. Mur. 42). Tr.: 4) Deplorar, lamentar (Cíc. Sest. 145). Poético (acus. de pess.): 5) Chorar, lamentar (Prop. 1, 16, 24). Obs.: Constrói-se intransitivamente; com abl.; com abl. com preps. **ab**, **de** ou **ex**; com acus.; com acus. e inf. (às vêzes só com inf.); e com dat.
dolĕum e **dolĕus**, v. **dolĭum**.
dōlĭāris, -e, adj. I — Sent. próprio: 1) De pipa, de tonel (Ulp. Dig. 18, 6, 1). II — Sent. figurado: 2) Semelhante à pipa (Plaut. Ps. 659).
Dolichāōn, -ōnis, subs. pr. m. Dolicáon, ou Dolicaão, nome de homem (Verg. En. 10, 696).
Doliche, -ēs, subs. pr. f. Dólique. 1) Cidade da Pelasgiótida (T. Lív. 42, 53, 6). 2) Ilha do Mediterrâneo, chamada posteriormente Icária (Plín. H. Nat. 4, 68).
dōlĭŏlum, -ī, subs. n. Pipa pequena, barril (T. Lív. 5, 40).
dolĭtūrus, -a, -um, part. fut. de **dolĕo**: Que se há de afligir (T. Lív. 39, 43, 5).
dolĭum, -ī, subs. n. Grande vasilha de barro (ou de madeira), tonel, talha (Cat. Agr. 69, 1); (Cíc. Br. 288).
1. **dolō, -ās, -āre, -āvī, -ātum**, v. tr. I — Sent. próprio: 1) Cortar, aparelhar, lavrar, desbastar (Cíc. Div. 2, 86). II — Sent. figurado: 2) Aperfeiçoar (Cíc. De Or. 2, 54).
2. **dolō** ou **dolōn, -ōnis**, subs. m. 1) Ferrão (da mosca) (Fedr. 3, 6, 3). 2) Traquete (vela da proa) (T. Lív. 36, 44, 3). 3) Punhal (Suet. Claud. 13).
Dolōn, -ōnis, subs. pr. m. Dólon, ou Dolão, espião troiano, descoberto e morto por Ulisses e Diomedes (Verg. En. 12, 347).
Dolŏpēs, -um, subs. loc. m. Dólopes, povo da Tessália (Cíc. Rep. 2, 8). Ob. Acus. sg. **Dolŏpem** (T. Lív. 42, 58, 10).

Dolopĭa, -ae, subs. pr. f. Dolópia, região da Tessália, habitada pelos dólopes (T. Liv. 32, 13, 14).

dolor, -ōris, subs. m. I — Sent. próprio: 1) Dor (física), sofrimento (Cíc. Fam. 5, 12, 5). Daí: 2) Dor (moral), aflição, tormento (Cíc. Sull. 3). 3) Ressentimento, cólera (Cíc. Prov. 2, 14). II — Sent. figurado: 4) Objeto de dor (Ov. P. 3, 3, 73). Na língua retórica: 5) Emoção, sensibilidade (Cíc. Br. 93). 6) Expressão patética: **oratio, quae dolores habeat** (Cíc. De Or. 3, 96) «eloqüência patética».

dolōsē, adv. Artificiosamente, com sagacidade, com velhacaria, dolosamente (Cíc. Of. 3, 61).

dolōsus, -a, -um, adj. Manhoso, astucioso, enganador, doloso (Hor. Sát. 2, 5, 70).

dolŭī, perf. de **dolĕo**.

dolus, -ī, subs. m. I — Sent. próprio: 1) Manha, astúcia, engano, ardil, dolo (T. Liv. 1, 24, 7). II — Sent. figurado: 2) Insídia, trapaça, dolo (Cés. B. Gal. 4, 13, 1). 3) Ato censurável, êrro, culpa (Hor. Sát. 1, 6, 90).

domābĭlis, -e, adj. Domável, que se pode domar (Hor. O. 4, 14, 41).

domātus, -a, -um = **domĭtus**, part. pass. de **domo** (Petr. 74, 14).

domefāctus, -a, -um, adj. Domado (Petr. 99, 3).

domesticātim, adv. Em casa, interiormente (Suet. Cés. 26).

domestĭcī, -ōrum, subs. m. pl. Os membros de uma família, as pessoas que habitam numa casa (amigos, clientes, escravos) (Cíc. Rab. Post. 4).

domestĭcus, -a, -um, adj. I — Sent. próprio: 1) Da casa, doméstico (Cíc. Dej. 5). Daí: 2) Da família, familiar (Cíc. Vat. 31); (Cíc. Tusc. 1, 2). 3) Pessoal (Cíc. Or. 132). II — Sent. figurado: 4) Que é do país, nacional (Cés. B. Gal. 5, 9, 4).

domi, v. **domus**.

domicēnĭum, -ī, subs. n. Refeição em casa (Marc. 5, 78).

domicĭlĭum, -ī, subs. n. Domicílio, habitação, morada (sent. próprio e figurado): **domicilium gloriae** (Cíc. Balb. 13) «morada da glória».

domĭna, -ae, subs. f. I — Sent. próprio: 1) Dona da casa (Cíc. Cael. 62). II — Daí: 2) Senhora, soberana (Verg. En. 3, 112). 3) Espôsa (Verg. En. 6, 397). 4) Amante (Tib. 1, 1, 46). 5) Nome dado à imperatriz (Suet. Domic. 13).

domĭnans, -āntis. I — Part. pres. de **dominor**. II — Adj.: essencial, necessário (Lucr. 3, 398). III — Subs. m.: senhor, príncipe (Tác. An. 14, 56).

dominātĭō, -ōnis, subs. f. Domínio, govêrno, poder absoluto (Cíc. Verr. 5, 175).

dominātor, -ōris, subs. m. Senhor, soberano (Cíc. Nat. 2).

dominātrix, -īcis, subs. f. Senhora, soberana (Cíc. Inv. 1, 2).

1. **dominātus**, -a, -um, part. pass. de **dominor**.

2. **dominātus**, -ūs, subs. m. = **dominatio** (Cíc. Of. 2, 2).

Dominĭcum, -ī, subs. pr. n. Coleção dos versos de Nero (Suet. Vit. 11).

dominĭcus, -a, -um, adj. Do senhor, que pertence ao senhor (Petr. 28).

dominĭum, -ī, subs. n. I — Sent. próprio: 1) Propriedade, direito de propriedade (T. Liv. 45, 14, 15). II — Sent. figurado: 2) Banquete, festim (Cíc. Verr. 3, 9). No pl.: 3) Tiranos (Sên. Vit. 4, 4).

dominor, -āris, -ārī, -ātus sum, v. dep. intr. Ser senhor, dominar, comandar, mandar, reinar (sent. próprio e figurado) (Cíc. Quinct. 94); (Cíc. Tusc. 1, 74); (Cíc. De Or. 2, 33). Obs.: Constrói-se como intr. ou com abl. acompanhado ou não da prep. **in**; com acus. com **in** ou **inter**.

domĭnus, -ī, subs. m. I — Sent. próprio: 1) Dono de casa, senhor, proprietário (Cíc. Of. 1, 139). II — Daí: 2) Chefe, soberano, árbitro (sent. próprio e figurado) (Cíc. Rep. 1, 48). 3) Senhor (título dado aos imperadores depois de Augusto e Tibério) (Suet. Dom. 13). 4) Amante (Ov. Am. 3, 7, 11).

Domitĭa, -ae, subs. pr. f. Domícia, nome de mulher, notadamente o de Domícia Lépida, mãe de Messalina e tia de Nero (Tác. An. 11, 37).

Domitĭa Via, subs. pr. f. Estrada de Domícia, na Gália (Cíc. Font. 18).

Domitĭa Lex, subs. pr. f. Lei Domícia (Cíc. Agr. 2, 18).

1. **Domitiānus**, -a, -um, adj. 1) De Domício (Cés. B. Civ. 1,16). 2) De Domiciano: **Domitiana via** (Estác. S. 4 pref.) «a via Domiciana» (de Roma a Literno).

2. **Domitiānus**, -ī, subs. pr. m. Domiciano. Tito Flávio Domiciano, décimo segundo imperador romano, viveu de 51 a 96 d.C. (Suet. Dom.).

1. Domitĭus, -ĭ, subs. pr. m. Domício, nome de uma família plebéia romana, da qual faziam parte dois ramos: os Calvinos e os Aenobarbos, a que pertencia Nero e que com êle se extinguiu (Cíc., Cés., etc.).

2. Domitĭus Marsus, subs. pr. m. Domício Marso, poeta latino (Marc. 2, 71).

domĭtō, -ās, -āre, v. freq. tr. Domar, submeter (Verg. G. 1, 285).

domĭtor, -ōris, subs. m. I — Sent. próprio: 1) Domador, o que doma, subjuga, domesticador (de animais) (Cíc. Of. 1, 90). II — Daí: 2) Vencedor (Cíc. Mil. 35).

domĭtrix, -ĭcis, subs. f. A que doma (sent. próprio e figurado) (Verg. G. 3, 44).

1. domĭtus, -a, -um, part. pass. de domo.

2. domĭtus, -ūs, subs. m. Ação de domar (os animais), domação (Cíc. Nat. 2, 151). Obs.: Só ocorre no abl. sg.

domō, -ās, -āre, domŭī, domĭtum, v. tr. 1) Domesticar, domar, amansar (sent. próprio e figurado) (Cíc. Nat. 2, 161). Daí: 2) Vencer, subjugar (sent. próprio e figurado) (Cíc. Prov. 5); (Cíc. De Or. 1, 194).

domŭī, perf. de domo.

domŭis, gen., v. domus.

domuitĭō, -ōnis, subs. f. Volta à casa (Ác. apud S. Jer. 3, 34).

domus, -ūs, e **domus, -ĭ,** subs. f. I — Sent. próprio: 1) Casa, domicílio, morada (Cíc. Fin. 5, 42); (Cíc. Or. 89). Daí: 2) Pátria (Cés. B. Gal 1, 31, 14). II — Sent. figurado: 3) Família, seita, escola (Cíc. At. 4, 12). 4) Edifício (de qualquer espécie) (Tib. 3, 2, 22). Empregos especiais: 5) Com **habere**: ter em abundância (Plaut. Mil. 191). 6) Com **esse**: superabundar (Cíc. At. 10, 14, 2). Obs.: As formas da 2ª declinação **domi, domo, domos, domorum** são as mais antigas e as mais freqüentes. Paralelamente ao dat. em **-ui** havia um dat. em **-u,** que era o preferido de César (A. Gél. 4, 16, 5).

dōnārĭa, -ōrum, subs. n. pl. I — Sent. próprio: 1) Lugar do templo onde se depositavam as oferendas, tesouro (Luc. 9, 516). II — Daí: 2) Templo, santuário, altar (Verg. G. 3, 533). Obs.: O sing. **donarĭum** ocorre em Apuléio (Met. 9, 10).

dōnārĭum, v. donaria.

dōnātĭō, -ōnis, subs. f. Ação de dar; presente, dádiva, doação (Cíc. Phil. 4, 9).

dōnātīvum, -ī, subs. n. Donativo feito pelo imperador aos soldados (Tác. Hist. 1, 18).

dōnātor, -ōris, subs. m. O que dá, doador (Sên. Fedr. 1226).

dōnātus, -a, -um, part. pass. de dono.

dōnec, conj. 1) Enquanto, durante todo o tempo (primitivamente sem valor subordinante: Lei das XII Tábuas, etc.) Daí, com idéia subordinante: 2) Até que, até o momento em que, até que enfim, enquanto (Cíc. Verr. 1, 17); (Cíc. Verr. 4, 87); (T. Lív. 21, 28, 10; 6, 13, 4); (Tác. Hist. 2, 8). Obs.: Donec é evitado pela prosa clássica. Não aparece em César nem Salústio, e muito raramente em Cícero. Formas arcaicas: **donicum** (Plaut. Capt. 339); (C. Nep. Ham. 1, 4); **donique** (Lucr. 2, 1116).

dōnĕque, v. dōnĭque (em alguns manuscritos).

dōnĭcum, conj. v. donec.

dōnĭque, conj. v. donec (Lucr. 2, 1116).

Donnus, -ĭ, subs. pr. m. Dono, chefe gaulês dos Alpes Cotianos (Ov. P. 4, 7, 29).

dōnō, -ās, -āre, -āvī, -ātum, v. tr. I — Sent. próprio: 1) Doar, presentear, dar, conceder (Cíc. Pis. 7). Daí: 2) Agraciar (Cíc. Arch. 5). 3) Perdoar (T. Lív. 8, 35, 5). II — Sent. figurado: 4) Sacrificar (Cíc. Fam. 5, 5, 2). Obs.: Constrói-se com acus. e dat.; com acus. e abl.; e com inf. (na poesia) (Hor. Sát. 2, 5, 60).

Donoëssa, -ae, subs. f., v. Donūsa (Sên. Tro. 843).

Donūca, -ae, subs. pr. m. Donuca, montanha da Trácia (T. Lív. 40, 58).

dōnum, -ī, subs. n. I — Sent. próprio: 1) Dom, presente (Ov. Her. 7, 192). II — Daí: 2) Oferta feita aos deuses (T. Lív. 5, 23, 8).

Donūsa, -ae, subs. pr. f. Donusa, pequena ilha do mar Egeu, no arquipélago das Cíclades (Verg. En. 3, 125).

dorcas, -ădis, subs. f. Corça, cabra montês (Marc. 10, 65, 13).

Dorcĕūs, -ĕī, ou **-ĕos,** subs. pr. m. Dorceu, nome de um cão de Acteão (Ov. Met. 3, 210).

Dorcĭum, -ĭ, subs. pr. n. Dórcio, nome de mulher (Ter. Phorm. 152).

Dōres, -um, subs. loc. m. Dórios, habitantes da Dórida (Cíc. Rep. 2, 8).

Dōrĭcus, -a, -um, adj. Sent. próprio: 1) Dórico (Plín. H. Nat. 6, 7). Daí, por extensão: 2) Grego (Verg. En. 2, 27).

Dorilaeī, v. Dorylaeī.

Dŏrĭŏn, -ĭ, subs. n. Dorião. 1) Cidade da Messênia (Luc. 6, 353). 2) Nome de cidades na Acaia, na Cilícia e na Jônia (Plín. H. Nat. 4, 15; 5, 92; 5, 117).

1. Dŏris, -ĭdis, subs. pr. f. Dóris. 1) Mulher de Nereu e mãe das Nereidas (Ov. Met. 2, 11). Em sent. figurado: 2) Mar (Verg. Buc. 10, 5). 3) Mulher de Dionísio, o tirano (Cíc. Tusc. 5, 59). 4) Nome de uma cortesã (Juv. 3, 94). 5) A Dórida, região da Grécia, perto da Etólia (Plín. H. Nat. 4, 28).

2. Doris, -ĭdis, adj. f. 1) Dórica, grega (Suet. Tib. 56). 2) Da Sicília, onde havia colônias dóricas (Sên. Herc. 81).

Dŏrīscos, -ī, subs. pr. f. e **Dorīscon (-cum), -ī,** subs. pr. n. Dorisco, praça frote da Trácia (T. Lív. 31, 15).

Dŏrĭus, -a, -um, adj. Dório (Hor. Epo. 9, 6).

dormībō = **dormĭam,** fut. arc. de **dormĭo** (Plaut. Trin. 726).

dormĭō, -is, -īre, -īvī (-ĭī), -ītum, v. intr. Dormir (sent. próprio e figurado), estar desocupado (Cíc. Fam. 7, 24, 1); (Cíc. Tusc. 3, 36).

dormītātor, -ōris, subs. m. Noctívago, ladrão (o que dorme de dia) (Plaut. Trin. 862).

dormītō, -ās, -āre, -āvī, -ātum, v. freq. intr. I — Sent. próprio: 1) Ter sono, adormecer, dormitar (Cíc. Div. 1, 59); (Ov. Her. 19, 195). II — Sent. figurado: 2) Estar desocupado, inativo, sem fazer nada (Cíc. De Or. 2, 144). 3) Negligenciar, cochilar, cometer um cochilo, ou um engano por distração (Hor. A. Poét. 359).

dormītor, -ōris, subs. m. Dorminhoco, o que gosta de dormir (Marc. 10, 4, 4).

dormītōrĭum, iī, subs. n. Quarto de dormir (Plín. H. Nat. 30, 51).

dormītōrĭus, -a, -um, adj. Lugar em que se dorme (Plín. Ep. 5, 6).

Dorsēnnus, v. **Dossēnnus.**

Dorsō, -ōnis, subs. pr. m. Dorsão, sobrenome romano da gens Fábia (Tit. Liv. 5, 46, 2).

dorsum, -ī, subs. n. I — Sent. próprio: 1) Dorso (do homem e dos animais), espinha dorsal, espinhaço, costas (Verg. G. 3, 116). II — Sent. figurado: 2) Encosta (de um monte), cabeço (Cés. B. Gal. 7, 44, 3). Obs.: O masc. **dorsus** ocorre em Plauto (Mil. 937).

dorsus, -ī subs. m., v. **dorsum.**

Dorȳclus, -ī, subs. pr. m. Dóriclo, nome de homem (Verg. En. 5, 620).

Dorylaeī (Plin. H. Nat. 5, 105) e **-lēnsēs, -ĭum,** subs. loc. m. Dorileus ou dorilenses, habitantes de Dorileu (Cíc. Flac. 39).

Dorylaeum, -ī, subs. pr. n. Dorileu, cidade da Frígia, na Ásia Menor (Cíc. Flac. 39).

Dorȳlas, -ae, subs. pr. m. Dórilas, nome de homem (Ov. Met. 5, 129).

Dorȳlāus, -ī, subs. pr. m. Dorilau, nome de homem (Cíc. Dej. 41).

doryphŏros, -ī, subs. m. Doríforo, soldado armado de lança (Cíc. Br. 296).

dōs, dōtis, subs. f. I — Sent. próprio: 1) Dote (bens que a mulher possui quando casa ou o que o noivo traz à noiva, mais raramente) (Cíc. Flac. 86). II — Daí, no pl.: 2) Dotes, bens, qualidades (Ov. Met. 9, 717).

Dōsithŏē, -ēs, subs. pr. f. Dositoe, nome de uma ninfa (Ov. Ib. 472).

Dossēnnus ou **Dossēnus, -ī,** subs. pr. m. Dosseno, personagem tradicional de farsas satíricas (Sên. Ep. 89, 6); (Hor. Ep. 2, 1, 173).

dōtālis, -e, adj. Dotal, dado ou levado em dote (Cíc. At. 15, 20, 4).

dōtātus, -a, -um. I — Part. pass. de **doto.** II — Adj.: Bem dotado, rico (sent. próprio e figurado) (Ov. Met. 11, 301).

dōtes, pl., v. **dos.**

1. dŏtō, -ās, -āre, -āvī, -ātum, v. tr. Dotar (sent. próprio e figurado) (Verg. En. 7, 318); (Plín. H. Nat. 12, 77).

2. Dŏtō, -ūs, subs. pr. f. Doto, nome de uma das Nereidas (Verg. En. 9, 102).

drachma, -ae, subs. f. I — Sent. próprio: 1) Dracma (unidade de pêso entre os atenienses) (Plín. H. Nat. 21, 185). II — Daí: 2) Dracma (moeda ateniense) (Hor. Sát. 2, 7, 43).

drachŭma, v. **drachma.**

1. dracō, -ōnis, subs. m. I — Sent. próprio: 1) Dragão (Cíc. Div. 2, 66). II — Daí: 2) O Dragão (constelação) (Cíc. poet. Nat. 2, 106). 3) Dragão (estandarte da coorte) (V. Flac. 2, 276). 4) Vaso, em forma de serpente, para aquecer água (Sên. Nat. 3, 24).

2. Dracō, -ōnis, subs. pr. m. Drácon, legislador ateniense dos fins do VII séc. a.C. (Cíc. Rep. 2, 2).

draconĭgĕna, -ae, subs. m. e f. Draconígena, nascido de um dragão (Ov. F. 3, 865).

Drancaeus, v. **Drangae.**

Drancēs, -is, subs. pr. m. Drances, um dos conselheiros do rei Latino e inimigo de Turno (Verg. En. 11, 296).

Drangae, -ārum, subs. loc. m. Drangas. povo da Pérsia (Plín. H. Nat. 6, 94).
draucus, -ī, subs. m. Devasso (Marc. 9, 27, 10).
Draudacum, -ī, subs. pr. n. Draudaco, cidade da Ilíria, na Grécia (T. Lív. 43, 19).
Dravus, -ī, subs. pr. m. Dravo, pequeno rio da Panônia (Flor. 4, 12, 8).
Drepăna, subs. n. pl., v. **Drepănum.**
Drepanitānus, -a, -um, adj. De Drépano (Cíc. Verr. 2, 140).
Drepănum, -ī, subs. pr. n. (Verg. En. 3, 707) e **Drepăna, -ōrum,** subs. pr. n. pl. (Plín. H. Nat. 3, 90). Drépano, cidade da Sicília, no sopé do monte Érix, e atual Trapani.
1. **dromas, -ădis,** subs. m. Dromedário (animal) (T. Lív. 37, 40, 12).
2. **Dromas, -ădis,** subs. pr. f. Drômade, nome de uma cadela de Acteão (Ov. Met. 3, 217).
Dromos, -ī, subs. pr. m. Dromos, campo de corridas da Lacedemônia (T. Lív. 34, 27, 5).
drŏpax, -ăcis, subs. m. Pomada para fazer cair o cabelo, depilatório (Marc. 3, 74, 1).
Druentĭa, -ae, subs. pr. m. Druência, pequeno rio da Narbonésia, atual Durance, na Provença (T. Lív. 21, 31, 9).
druĭdae, -ārum, e **druĭdes, -um,** subs. m. pl. Druidas (sacerdotes dos antigos Gauleses) (Cés. B. Gal. 6, 14, 1).
Drŭsĭānus e **Drusĭnus, -a, -um,** adj. De Druso (Tác. An. 2, 8).
Drŭsus, -ī, subs. pr. m. Druso. 1) Sobrenome de um ramo da gens Lívia. (Cíc. Arch. 6). 2) Sobrenome de alguns Cláudios, notadamente: **Claudius Drusus Nero,** irmão de Tibério, pai de Germânico e do imperador Cláudio (Tác. An. 1, 33).
Dryădēs, -um, subs. pr. f. Dríades, ninfas das florestas, dos bosques e das árvores em geral (Verg. G. 1, 11).
Dryantĭdēs, -ae, subs. pr. m. Filho de Driante, i.é. Licurgo (Ov. Ib. 347).
1. **Dryas, -ădis,** subs. f. Dríade, v. **Dryădes** (Marc. 9, 62).
2. **Dryās, -āntis,** subs. pr. m. Driante. 1) Um dos lápitas (Ov. Met. 12, 290). 2) Rei da Trácia, pai de Licurgo (Hig. Fab 132). 3) Um dos companheiros de Meleagro (Ov. Met. 8, 307).
Drymae, -ārum, subs. pr. f. pl. Drimas, cidade da Dórida (T. Lív. 28, 7).
Drўmŏ, -ūs, subs. pr. f. Drimo, nome de uma ninfa (Verg. G. 4, 336).
Dryŏpē, -ēs, subs. pr. f. Driope. 1) Filha de Driops, amada por Apolo e metamorfoseada em lótus (Ov. Met. 9, 331). 2) Nome de uma ninfa da Arcádia, amada por Mercúrio, e mãe de Pã (Verg. En. 10, 551).
Dryopēius, Dryopēis, v. **Triopēius, Triopēis.**
Dryŏpēs, -um, subs. loc. m. pl. Dríopes, povo do Epiro (Verg. En. 4, 146). Obs.: No sg.: **Dryops** (Ov. Ib. 490).
dua, v. **duo.**
duapŏndo, subs. n. pl. indecl. Pesando duas libras (Quint. 1, 5, 15).
dubĭē, adv. Dùbiamente, de maneira duvidosa, incerta (Cíc. Fam. 15, 1, 1).
Dūbis, -is, subs. pr. m. Dúbis, rio dos séquanos, atual Doubs (Cés. B. Gal. 1, 38).
dubitābĭlis, -e, adj. Dubitável, duvidoso (Ov. Met. 13, 21).
dubitānter, adv. Com dúvida, com hesitação (Cic. Br. 87).
dubitātĭō, -ōnis, subs. f. I — Sent. próprio: 1) Dubitação, ação de duvidar, dúvida, incerteza (Cés. B. Gal. 5, 48, 10). II — Daí: 2) Hesitação, demora, irresolução (Cíc. Lae. 67); (Cíc. De Or. 2, 202).
Dubitātus, -a, -um, part. pass. de **dubĭto.**
dubĭto, -ās, -āre, -āvī, -ātum, v. freq. intr. e tr. I — Intr.: 1) Duvidar, hesitar, vacilar (Cés. B. Gal. 1, 41, 3); (Cíc. Br. 186). II — Tr.: 2) Pôr em dúvida, duvidar, haver dúvida (Cíc. Fin. 2, 55); (Tác. An. 14, 7). Obs.: Constrói-se com abl. com **de;** com acus., principalmente de um pron. neutro; com interrog. ind. ou negat. com **quin;** com inf.; com acus. e interrog. ind.
dubĭum, -ī, subs. n. I — Sent. próprio: 1) Dúvida (Cíc. Cat. 2, 1). Daí: 2) Hesitação (Ter. And. 266). II — Sent. figurado: 3) Perigo, situação crítica (Sal. C. Cat. 52, 6).
dubĭus, -a, -um, adj. I — Sent. próprio: 1) Dúbio, indeciso entre duas alternativas, indeciso, hesitante, incerto (Verg. En. 1, 218). Daí: 2) De êxito incerto, duvidoso, equívoco (tratando-se de coisas) (Cés. B. Gal. 7, 80). II — Sent. figurado: 3) Crítico, perigoso, difícil (Hor. O. 4, 9, 36); (Verg. En. 7, 86).
dūc, imperat. de **dūco.**
ducātus, ūs, subs. m. Função de general, comando militar (Suet. Tib. 19).
dūcĕ, imperat. arc. de **duco** (Plaut. Rud. 386).
ducēnārĭus, -a, -um, adj. Que contém 200, de ordenado ou renda de 200.000 sestércios (Suet. Cláud. 24).

ducēnī, -ae, -a, num. distr. Duzentos cada um, cada vez duzentos (T. Lív. 9, 19, 2).
ducentesima, -ae, subs. f. Ducentésima parte, meio por cento (Tác. An. 2, 42).
ducēntī, -ae, -a, num. card. 1) Duzentos (Cíc. Rep. 2, 52). Daí, em sent. indeterminado: 2) Um grande número (Hor. Sát. 1, 3, 11).
ducentiēs, ou **-iēns,** adv. num. I — Sent. próprio: 1) Duzentas vêzes (Cíc. Phil. 2, 40). II — Sent. figurado (com um sent. indeterminado): 2) Mil vêzes, muitas vêzes (Catul. 29, 14).
dūcō, -is, -ĕre, dūxī, dūctum, v. tr. I — Sent. próprio: 1) Conduzir, levar, guiar, comandar, marchar à frente de (Cés. B. Gal. 5, 5, 4); (Cés. B. Gal. 1, 41, 4); (Cés. G. Gal. 2, 19, 2). Daí: 2) Tirar atrair, puxar (Ov. F. 4, 929); (Cíc. Br. 188); (Verg. En. 6, 847). II — Sent. figurado: 3) Prolongar, estender, construir (Verg. En. 2, 641); (Cés. B. Gal. 7, 72, 1). Sent. poético: 4) Compor, escrever (Ov. Trist. 1, 11, 18). 5) Contar, calcular, computar (Cíc. Verr. 5, 64). 6) Pensar, julgar, estimar (Cíc. Flac. 66); (Cíc. Pomp. 17). Empregos especiais: 7) Levar uma mulher para casa, casar-se, esposar: **uxorem ducere** (Cíc. Sest. 7) «casar-se com». 8) Organizar, regular (Tác. Agr. 6). Obs.: Constrói-se com acus. e com acus. e inf. Imperat. arc. **duce** (Plaut. Rud. 386); perf. sinc. **duxti** (Catul. 91, 9); inf. pass. arc. **ducier** (Ter. Eun. 572).
ductĭlis, -e, adj. I — Sent. próprio: 1) Que se pode guiar, desviar (tratando-se da água) (Marc. 12, 31). II — Daí: 2) Maleável, dúctil (Plín. H. Nat. 34, 94).
ductĭtō, -ās, -āre, -āvī, -ātum, v. freq. I — Sent. próprio: 1) Conduzir, levar freqüentemente (Plaut. Rud. 584). 2) Casar (com referência ao homem (Plaut. Poen. 272). II — Sent. figurado: 3) Enganar (Plaut. Epid. 351).
ductō, -ās, -āre, -āvī, -ātum, v. tr. I — Sent. próprio: 1) Conduzir, levar de um lado para outro (Plaut. Most. 847). Na língua militar: 2) Comandar (Sal. C. Cat. 11, 5). 3) Seduzir, enganar (Plaut. Capt. 643). 4) Casar-se com uma mulher (Plaut. Poen. 868); (Ter. Phorm. 500).
ductor, -ōris, subs. m. I — Sent. próprio: 1) Condutor, guia (Lucr. 5, 1310). II — Sent. figurado: 2) Chefe, general, comandante, capitão de um navio, rei (Verg. G. 4, 88).
1. ductus, -a, -um, part. pass. de **duco.**

2. ductus, -ūs, subs. m. I — Sent. próprio: 1) Ação de conduzir, condução (Cíc. Of. 2, 14). Daí: 2) Govêrno, administração, comando (Cíc. Fam. 3, 11, 4). II — Sent. figurado: 3) Construção, traçado, risco, traço (Cíc. Rep. 2, 11); (Cíc. Fin. 5, 47).
dūdum, adv. Sent. próprio: 1) Outrora, desde um certo tempo (Cíc. At. 4, 5, 1). Daí, especializou-se no sentido de: 2) Há muito tempo, desde muito tempo (freqüentemente precedido de **jam** ou **quam**) (Cíc. Clu. 63); (Cíc. At. 14, 12, 3). Obs.: Plauto ainda o emprega para designar um momento mais afastado e um passado longínquo (cf. Aul. 705). Há sentido equívoco em frases como: sic **salutas atque appelas quasi non dudum videris** (Plaut. Amph. 688) «tu me saúdas e me falas como se não tivesse visto recentemente» ou «como se tu não me visses há muito tempo».
Duellĭus ou **Duellius,** arc. por **Duīlĭus, Duillius.**
duellĭcus, -a, -um, adj. Belicoso (Lucr. 2, 662).
duellum, -ī, subs. n. (=**bellum**). Guerra, combate (Hor. O. 3, 5, 38).
Duīlĭus, ou **Duīllĭus,** -ī, subs. pr. m. Duílio. 1) C. Nep. Duilius, cônsul romano do III séc. a.C., o primeiro a vencer os cartagineses no mar (Cíc. Rep. 1, 1). 2) Outro do mesmo nome (T. Liv. 2, 55).
duis (arc.) = **bis** (Cíc. Or. 153).
dulce, subs. n. tomado adverbialmente: de maneira doce, agradàvelmente, docemente (Catul. 51, 5).
dulcēdō, -ĭnis, subs. f. I — Sent. próprio: 1) Doçura, sabor doce (Plín. H. Nat. 25, 66). II — Sent. figurado: 2) Doçura, agrado, prazer, encanto (Cíc. De Or. 3, 161).
dulcicŭlus, -a, -um, adj. Adocicado (no gôsto) (Cíc. Tusc. 3, 46).
dulcis, -e, adj. I — Sent. próprio: 1) Doce (ao paladar), agradável (Hor. Sát. 2, 5, 12). II — Sent. figurado: 2) Doce, suave, agradável, querido (Cíc. Verr. 5, 163).
dulcĭter, adv. Agradàvelmente. V. **dulce** (Cíc. Fin. 2, 18). Obs.: Comp.: **dulcĭus** (Quint. 12, 10, 27); superl.: **dulcissime** (Cíc. Br. 77)
dulcitūdō, -ĭnis, subs. f. Doçura (ao paladar) (Cíc. De Or. 3, 99).
Dulgubnĭī -ōrum, subs. loc. m. Dulgúbnios, povo germânico (Tác. Germ. 34).
dūlĭcē, adv. Como um escravo (Plaut. Mil. 213).

Dūlichĭum, -ī, subs. pr. n. Dulíquio, ilha do mar Jônico que fazia parte dos domínios de Ulisses (Ov. Trist. 1, 5, 67).

Dūlichĭus, -a, -um, adj. De Dulíquio, e por conseguinte, de Ulisses (Ov. Met. 14, 226).

dum (partícula temporal que marca a simultaneidade de duas ações em seu desenvolvimento), conj. 1) Enquanto, durante o tempo em que (Cíc. Lae. 14); (Cés. B. Civ. 1, 51, 5). 2) Até que (Plaut. As. 327-328): (Cíc. Fam. 12, 19, 3); (Cés. B. Gal. 7, 23, 4). 3) Contanto que, desde que (freqüentemente acompanhado de **modo**) (Ac. apud. Cíc. Of. 1, 97); (T. Liv. 37, 35, 7). Obs.: **Dum** aparece também como segundo têrmo de compostos: **dudum, interdum** — «durante êsse tempo», «de tempos em tempos»; **nondum** — «ainda não», etc. Como enclítica é freqüentemente ligada a advérbios, palavras exclamativas e imperativas: **primundum, ehodum, agedum**. Constrói-se geralmente com indic. (1 e 2), exceto quando condicional (3), quando é de regra o subj.

dūmētum, -ī, subs. n. I — Sent. próprio: 1) Lugar coberto de sarças, bosque, floresta (Verg. G. 1, 15). II — Sent. figurado: 2) Espinhos, sutilezas, dificuldades (Cíc. Ac. 2, 112).

dummŏdo (ou **dum modo**), conj. Contanto que (Cíc. Br. 295). Obs.: Constrói-se sempre com subj.

Dumnŏrix, -ĭgis, subs. pr. m. Dumnorige, nobre éduo, irmão de Diviciaco (Cés. B. Gal 1, 3, 5).

dūmōsus, -a, -um, adj. Cheio de sarças, silvados, arbustos (Verg. Buc. 1, 77).

dumtāxat, ou **dun-**, adv. Sòmente, pelo menos, ao menos, não mais, até (Cíc. Dej. 1); (Cíc. Nat. 2, 47); (Cíc. De Or. 1, 249); (Cíc. Br. 285).

dūmus (**dusmus**), **-ī**, subs. m. Silvado, sarça, moita (Verg. G. 3, 315).

dunămis, v. **dynămis**.

duo, duae, duo, num. card. Dois (Cíc. Rep. 1, 15). Obs.: Gen. arc. **duum** (=**duorum**) (Sal. B. Jug. 106, 5).

duodecĭēns, ou **-cĭēs**, adv. mult. Doze vêzes (Cíc. Verr. 2, 185).

duodĕcim, num. card. indecl. 1) Doze (Cíc. Rep. 2, 31). Especialmente: 2) As Doze Tábuas (subentende-se **tabulae**) (Cíc. Leg. 2, 61).

duodecĭmus, -a, -um, num. ord. Duodécimo (Cés. B. Gal. 2, 23, 4).

duodēnī, -ae, -a, num. distr. I — Sent. próprio: 1) Cada doze, doze para cada um (Cíc. Agr. 2, 85). II — Daí: 2) Que são em número de doze (Apul. M. 3, 19). 3) Doze: **duodena astra** (Verg. G. 1, 232) «os doze signos do Zodíaco».

duodĕnōnāgĭnta, num. card. indecl. Oitenta e oito (Plín. H. Nat. 3, 118).

duodĕoctōgĭntā, num. card. indecl. Setenta e oito (Plín. H. Nat. 3, 62).

duodĕquadrāgēsĭmus, -a, -um, num. ord. Trigésimo oitavo (T. Liv. 1, 40, 1).

duodĕquadrāgĭntā, num. car. indecl. Trinta e oito (Cíc. Tusc. 5, 57).

duodequinquāgēsĭmus, -a, -um, numeral ord. Quadragésimo oitavo (Cíc. Br. 162).

duodēsexāgĭntā, num. card. indecl. Cinqüenta e oito (Plín. H. Nat. 11, 19).

duodĕtrĭcĭēns, ou **-cĭēs**, num. mult. Vinte oito vêzes (Cíc. Verr. 3, 163).

duodĕtrīgĭntā, num. card. indecl. Vinte e oito (T. Liv. 33, 36, 14).

duodĕvīcēnī, -ae, -a, num. distr. Cada dezoito, em número de dezoito (T. Liv. 21, 41 6).

duodēvīgĭntī, num. card. Dezoito (Cíc. Ac. 2, 128).

duoetvīcēsimānī, -ōrum, subs. m. pl. Soldados da 22ª legião (Tác. Hist. 4, 37).

duoetvīcēsĭmus, -a, -um, num. ord. Vigésimo segundo (Tác. Hist. 1, 18).

dupla, -ae, subs. f. O dôbro, o dôbro do preço (Plaut. Capt. 819).

duplex, -ĭcis, adj. I — Sent. próprio: 1) Duplex, dúplice, duplo, dobrado em dois (Cíc. Tusc. 1, 72). Daí: 2) Dividido em dois (Hor. Sát. 2, 2, 122). No pl.: 3) Os dois (= **uterque**) (Verg. En. 1, 93). II — Sent. figurado: 4) De sentido dúplice (Quint. 9, 2, 69). 5) Ardiloso, matreiro, manhoso (Hor. O. 1, 6, 7).

duplicārĭus, -ī, subs. m. Duplicário, soldado que tem sôldo dobrado (T. Liv. 2, 59, 11).

duplicātĭŏ, -ōnis, subs. f. Duplicação, ação de dobrar, duplicar (Sên. Nat. 4, 8).

duplicātus, -a, -um, part. pass. de **duplĭco**.

duplicĭter, adv. Duplamente, de duas maneiras (Cíc. Ac. 2, 104).

duplĭcō, -ās, -āre, -āvī -ātum, v. tr. I — Sent. próprio: 1) Duplicar, dobrar (Cíc. Nat. 1, 60). II — Sent. figurado: 2) Acrescentar, aumentar (Cés. B. Civ. 3, 92, 3). 3) Curvar, dobrar (Verg. En. 11, 645).

duplum, -ī, subs. n. O dôbro, o duplo (Cíc. Of. 3, 65).

duplus, -a, -um, adj. Duplo, dobrado (T. Liv. 29, 19).

dŭra, -ōrum, subs. n. pl. Provações, palavras duras (Verg. En. 8, 522).
dūrābĭlis, -e, adj. Durável (Ov. Her. 4, 89).
dūrāmen, -ĭnis, subs. n. Endurecimento (Lucr. 6, 530).
dūrāmentum, -ī, subs. n. I — Sent. próprio: 1) Cêpa velha da videira (Plín. H. Nat. 17, 208). II — Sent. figurado; 2) Firmeza, solidez (Sên. Tranq. 1, 3).
dūrātĕus, -a, -um, adj. De madeira (referindo-se ao cavalo de Tróia) (Lucr. 1, 746).
dūrātus, -a, -um, part. pass. de duro.
dūrē, adv. I — Sent. próprio: 1) Rudemente, grosseiramente, sem graça, sem elegância, pesadamente (Hor. Ep. 2, 1, 66). II — Sent. figurado: 2) Com dureza, rigorosamente, severamente (Cíc. Phil. 12, 25). Obs.: Comp.: durīus (Cíc. At. 1, 1, 4).
dūrēscō, -is, -ĕre, -dūrŭī, v. incoat. intr. Tornar-se duro, endurecer-se, solidificar-se (Cíc. Nat. 2, 26).
Dūris, -ĭdis, subs. pr. m. Dúris, historiador grego de Samos (Cíc. At. 6, 1, 18).
dūrĭtās, -tātis, subs. f. Dureza, rudeza (de caráter, de estilo) (Cíc. Or. 53).
dūriter, adv. I — Sent. próprio: 1) Duramente, pesadamente (Vitr. 10, 8). II — Sent. figurado: 2) Duramente, dificilmente, penosamente (Ter. And. 64).
dūrĭtĭa, -ae, subs. f. I — Sent. próprio: 1) Dureza, aspereza (dos corpos) (Plín. H. Nat. 37, 189). Daí: 2) Aspereza, sabor áspero (Plín. H. Nat. 14, 74). II — Sent. figurado: 3) Vida laboriosa, difícil, custosa (Cíc. Tusc. 5, 74). 4) Dureza de alma, firmeza (Cíc. De Or. 3, 62). 5) Insensibilidade (Cíc. Dom. 97). 6) Severidade, rigor (Tác. Hist. 1, 23).
dūrĭtĭēs, -ēī, subs. f. = dūrĭtĭa. Dureza (sent. próprio e figurado) (Catul. 66, 50).
Dūrĭus, -ī, subs. pr. m. Dúrio, rio da Lusitânia, atual Douro (Plín. H. Nat. 4, 112).
Durnĭum, -ī, subs. pr. n. Dúrnio, cidade da Ilíria (T. Lív. 43, 30).
dūrō, -ās, -āre, -āvī, -ātum, v. tr. e intr. Tr.: I — Sent. próprio: 1) Tornar duro, endurecer, fortificar (Hor. Sát. 1, 4, 119). II — Sent. figurado: 2) Tornar duro, insensível (Hor. Epo. 16, 65). 3) Sofrer, suportar, tolerar (Verg. En. 1, 207); (Verg. En. 8, 577). Intr.: 4) Tornar-se duro, endurecer-se, ser cruel (Verg. Buc. 6, 35). 5) Perseverar, durar, subsistir (Lucr. 3, 339).

Dŭrocortŏrum, -ī, subs. pr. n. Durocórtoro, cidade da Gália Bélgica, atual Reims (Cés. B. Gal. 6, 44, 1).
Durōnĭa, -ae, subs. pr. f. Durônia, cidade dos Samnitas, na Itália (T. Lív. 10, 39).
Durōnĭus, -ī, subs. pr. m. Durônio, nome de homem (Cíc. De Or. 2, 274).
durrach-, v. Dyrrach-.
dŭrŭī, perf. de dūrēsco.
dūrus, -a, -um, adj. I — Sent. próprio: 1) Duro (ao tato), tôsco, áspero (Cíc. De Or. 1, 28). Daí: 2) Áspero (ao paladar, ao ouvido), picante (ao paladar) (Verg. G. 4, 102). II — Sent. figurado: 3) Duro (de coração), cruel, insensível, severo (Cíc. Arch. 17). 4) Impudente, descarado (Cíc. Quinct. 77). 5) Grosseiro, sem arte (Quint. 8, 6, 62). 6) Duro (para o trabalho), robusto, bélico (Cíc. Tusc. 1, 102). 7) Difícil, custoso, trabalhoso (tratando-se das coisas) (Cíc. Rep. 1, 68).
duŭm = duorum, v. duo.
duŭmvĭr, -vĭrī, subs. m. Duúnviro (membro de uma comissão constituída por duas pessoas) (Cíc. Pis. 25).
Duvĭus, -ī, subs. pr. m. Dúvio, nome de família romana (Plín. H. Nat. 34, 47).
dux, ducis, subs. m. e f. I — Sent. próprio: 1) O que conduz, guia (Cíc. Of. 1, 22). Daí: 2) Chefe, general (Cés B. Gal. 1, 13, 2). 3) O que guarda o rebanho, pastor (emprêgo raro) (Tib. 1, 10, 10). II — Sent. figurado: 4) O que inspira, que produz, conselheiro, autor (Cíc. Mil. 39).
duxī, perf. de duco.
duxti = duxisti.
Dymaeī, -ōrum, subs. loc. pl. Dimenses, habitantes de Dimas (Cíc. At. 16, 1, 2).
Dymaeus, -a, -um, adj. de Dimas (T. Lív. 27, 31, 11).
Dymāntis, -ĭdis, subs. pr. f. Dimântide, filha de Dimas, i. é, Hécuba (Ov. Met. 13, 620).
Dymas, -āntis, subs. pr. m. Dimas, rei da Trácia, pai de Hécuba (Ov. Met. 11, 761).
Dȳmē, -ēs, subs. pr. f. (Plín. H. Nat. 4, 13) e Dymae, -ārum, subs. pr. f. (T. Lív. 27, 31, 11). Dimas, cidade da Acaia.
dynămis, -is, subs. f. Grande quantidade, abundância (Plaut. Ps. 211).
dynăstēs (dynăsta), -ae, subs. m. I — Sent. próprio: 1) Dinasta, príncipe, soberano (Cíc. Phil. 11, 31). II — Sent. especial: 2) Senhor (tratando-se dos triúnviros em Roma) (Cíc. At. 2, 9, 1).

Dyrāspēs, -is, subs. pr. m. Diraspes, rio da Cítia (Ov. P. 4, 10, 53).

Dyrrachĭum, -i, subs. pr. n. Dirráquio, cidade marítima do Epiro, atual Durazzo (Cíc. Fam. 14, 1, 7).

Dyrrachīnus, -a, -um, adj. De Dirráquio (Cíc. Sest. 140).

Dyrrachīnī, -ōrum, subs. loc. m. pl. Dirraquinos, habitantes de Dirráquio (Cíc. Prov. 5).

Dyspăris, -ĭdis, subs. pr. m. Dispáride, ou Disparis, nome de homem (Ov. Her. 13, 43).

E

1. **e., f.,** n. 5ª letra do alfabeto latino.
2. **ē,** prepos., v. **ex.**
1. **eă,** nom. sg. f. e pl. n. de **is.**
2. **ĕā,** adv. Por êste lugar (Cíc. Caec. 21).
1. **eădem,** adv. I — Sent. próprio: 1) Pelo mesmo caminho (Cíc. Div. 1, 123). II — Sent. figurado: 2) Do mesmo modo, ao mesmo tempo (Plaut. Poen. 677); (Plaut. Capt. 293). 3) **Eadem... eadem** (Plaut. Bac. 49) «ora... ora».
2. **eădem,** nom. sg. f. e pl. n. de **idem.**
1. **eam,** acus. f. de **is.**
2. **eam,** pres. subj. de **eo.**
eāprŏpter ou **ĕā propter,** adv. v. **propterea** (Ter. Andr. 959).
Earīnus, -ī, subs. pr. m. Eárino, nome de homem (Sên. Ep. 83, 3). Obs.: Com **ē** (Marc. 9, 12, 13).
eātĕnus, adv. Até aí, até o ponto de, pelo tempo que, a tal ponto (Cíc. Leg. 1, 14).
ebĕnum, -ī, subs. **n.** Madeira de ébano (Verg. G. 2, 117).
ebĕnus, -ī, subs. f. 1) Ébano (árvore) (Plín. H. Nat. 6, 197). 2) Madeira de ébano (Ov. Met. 11, 610).
ēbĭbī, perf. de **ebĭbō.**
ēbĭbō, -ĭs, -ĕre, -bĭbī, -bĭbĭtum, v. tr. I — Sent. próprio: Beber até o fim, beber sugando, sugar, chupar (Plín. H. Nat. 8, 34); (Plaut. Curc. 359); (Ov. Met. 6, 342). II — Sent. figurado: 2) Absorver, esgotar, beber (Ov. Met. 8, 837); (Plín. H. Nat. 5, 62); (Ov. F. 3, 533).
ēblandĭor, -īris, -īrī, -ītus sum, v. dep. tr. 1) Acariciar para obter alguma coisa, obter por meio de carícias, lisonjear (Cíc. At. 16, 16c, 12). Sent. passivo: 2) Ser obtido por meio de carícias, de lisonjas (Cíc. Planc. 10).
ēblandītus, -a, -um, part. pass. de **eblandĭor.**
Ebŏra, -ae, subs. pr. f. Ébora. 1) Cidade da Lusitânia, atual Évora (Plín. H. Nat 4, 117). 2) Cidade da Bética (Plín. H. Nat. 3, 10).
Eborācum, -ī, subs. pr. n. Ebóraco, cidade da Bretanha, atual cidade de York, na Inglaterra (Eutr. 8, 19).
Ebosia, v. **Ebusia.**

ēbriĕtas, -tātis, subs. f. I — Sent. próprio: 1) Embriaguez, ebriedade (Cíc. Tusc. 4, 27). II — Sent. figurado: 2) Abundância de suco (nos frutos) (Plín. H. Nat. 13, 45).
ēbriōsĭtās, -tātis, subs. f. Bebedeira, hábito da embriaguez (Cíc. Tusc. 4, 27).
1. **ēbriōsus, -a, -um,** adj. I — Sent. próprio: 1) Bêbedo, dado à embriaguez, (Cíc. Fat. 10). II — Sent. figurado: 2) Que tem muito suco (Catul. 27, 4).
2. **ēbriōsus, -ī,** subs. m. Bêbedo (Cíc. Ac. 2, 53).
ēbrĭus, -a, -um, adj. I — Sent. próprio: 1) Ébrio, bêbedo, embriagado (Cíc. Mil. 65). Daí: 2) Saturado, cheio de, que embriaga (Marc. 10, 47); (Marc. 13, 1). II — Sent. figurado: 3) Ébrio, embriagado (Hor. O. 1, 37, 12). 4) Saturado, cheio (Marc. 14, 154).
ēbullĭō, -īs, -īre, -īvī, ou **-ĭī, -ĭtum,** v. intr. e tr. I — Sent. próprio: 1) Deixar sair em borbulhões, ferver muito, ferver (Apul. M. 2, 30). II — Tr.: Sent. figurado: 2) Produzir em abundância, fazer sair (Cíc. Tusc. 3, 42). 3) Falecer, morrer (Sên. Apoc. 4, 2); (Pérs. 2, 10).
ebŭlum, -ī, subs. n. Engos (planta) (Verg. Buc. 10, 27).
ebur, -ŏris, subs. m. I — Sent. próprio: 1) Marfim (Cíc. Br. 257). II — Daí, objetos de marfim: 2) Estátua, lira, flauta, planta, cadeira curul, etc. (Verg. G. 1, 480). II — Sent. especial: 3) Elefante (Juv. 12, 112).
Eburina Juga, subs. pr. n. Elevações de Eburo, cidade da Lucânia, atual Eboli (Sal. Hist. 3, 67).
eburneŏlus, -a, -um, adj. De marfim (Cíc. De Or. 3, 225).
eburnĕus (ebūrnus), -a, -um, adj. I — Sent. próprio: 1) Ebúrneo, de marfim (Verg. En. 11, 11). Daí, por sinédoque: 2) De elefante (T. Lívio 37, 59, 3). II — Sent. poético: 3) Branco como o marfim (Ov. Am. 3, 7, 7).
Ebūrōnes, -um, subs. loc. m. pl. Eburões, povo germano da Gália Bélgica, entre o Reno e o Mosa (Cés. B. Gal. 2, 4, 10).

Eburŏvīcēs, -um, subs. loc. m. pl. Eburovíces, povo da Gália (Cés. B. Gal. 3, 17, 3).
Ebusĭa, (-bo-), -ae, subs. pr. f. v., **Ebusus**, ilha (Estác. S. 1, 6, 15).
1. **Ebŭsus (-sos), -ī**, subs. pr. f. Ébuso, ilha da Hispânia Tarraconense (T. Lív. 22, 20, 7).
2. **Ebŭsus, -ī**, subs. pr. m. Ébuso, nome de homem (Verg. En. 12, 299).
ec, arc. por ex. (XII T. Apud. Cíc. Leg. 3, 9).
ēcăstor, interj. Por Castor! (fórmula de juramento usada pelas mulheres nas comédias de Plauto e Terêncio).
Ecbatăna, -ōrum, subs. pr. m. pl. (Tác. An. 15, 31) e **Ecbatăna, -ae**, subs. pr. f. (Lucil 464) Ecbátana, capital da Média.
ecce, (partícula demonstrativa), adv. Eis, eis aí, eis aqui, eis que (Cíc. At. 13, 16, 1). Obs.: Na língua da conversação, no período arcaico, aparece freqüentemente ligado aos demonstrativos: **eccillum, eccilla, eccistam**, etc. Em Cícero vem sempre acompanhado de nom.
eccĕrē, adv. Eis, é isto, (Plaut. Amph. 554; Men. 401).
ecclēsĭa, -ae, subs. f. Assembléia (do povo) (Plín. Ep. 10, 110, 1).
eccum, eccos, arc. por ecce eum, ecce eos.
Ecdīnī, -ōrum, subs. loc. m. Ecdinos, povo dos Alpes (Plín. H. Nat. 3, 137).
Ecĕtra, -ae, subs. pr. f. Écetra, cidade dos volscos, no Lácio (T. Lív. 4, 61, 4).
Ecetrānī, -ōrum, subs. loc. m. Ecetranos, habitantes de Écetra (T. Lív. 3, 4, 2).
ecfārī = effāri.
Echecrătēs, -is, subs. pr. m. Equécrates. 1) Filósofo pitagórico, contemporâneo de Platão (Cíc. Fin. 5, 87). 2) Rei da Macedônia (T. Lív. 40, 54).
Echedēmus, -ī, subs. pr. m. Equedemo, nome de homem (T. Lív. 33, 16).
1. **echĭdna, -ae**, subs. f. Víbora fêmea, serpente (Ov. Met. 10, 313).
2. **Echĭdna, -ae**, subs. pr. f. Equidna, monstro fabuloso, metade mulher e metade serpente, mãe de Cérbero, da hidra de Lerna, do leão de Neméia, etc. (Ov. Met. 4, 501).
Echidnaeus, -a, -um, adj. De Equidna (Ov. Met. 7, 408).
Echĭnădēs, -um, subs. pr. f. pl. Equínades. 1) Ninfas transformadas em ilhas por Netuno (Ov. Met. 8, 589). 2) Ilhas do mar Jônio, à entrada do gôlfo de Corinto (Plín. H. Nat. 2, 201).

echīnus, -ī, subs. m. I — Sent. próprio: 1) Ouriço (do mar), ouriço-cacheiro (Hor. Sát. 2, 4, 33). II — Sent. especial: 2) Vaso metálico (para lavar os copos) (Hor. Sát. 1, 6, 117).
Echīōn, -ŏnis, subs. pr. m. Equíon. 1) Um dos Argonautas, filho de Mercúrio (Ov. Met. 8, 311). 2) Pai de Penteu e companheiro de Cadmo (Ov. Met. 3, 126).
Echīonĭdēs, -ae, subs. pr. m. Filho de Equíon, isto é, Penteu (Ov. Met. 3, 701).
Echīonĭus, -a, -um, adj. I — Sent. próprio: 1) De Equíon (Ov. Met. 8, 345). Daí, por extensão: 2) Equiônio, de Tebas (Verg. En. 12, 515).
1. **Echō, (-ūs, desusado)**, subs. pr. f. Eco, ninfa que amou Narciso (Ov. Met. 3, 358).
2. **echō, -ūs**, subs. f. Eco (som) (Ác. Tr. 572); (Pers. 1, 102).
eclĭpsis, -is, subs. f. Eclipse (do sol ou da lua) (Plín. H. Nat. 2, 53).
eclipticus, -a, -um, adj. Sujeito aos eclipses (Plín. H. Nat. 2, 68).
eclŏga, -ae, subs. f. I — Sent. próprio: 1) Escolha, seleção, compilação (Varr. apud Char. 120, 28). II — Daí: 2) Fragmento de verso (Plín. Ep. 4, 14, 19).
eclogārĭī, -ōrum, subs. m. Coleção de pequenas obras (literárias), trechos escolhidos (Cíc. At. 16, 2, 6).
ēcontrārĭō, adv. (melhor em duas palavras). Pelo contrário (Cés. B. Gal. 7, 30, 3).
ecquāndō, adv. inter. Em que tempo? por ventura quando?, acaso em algum tempo?, quanto é que? (Cíc. Verr. 2, 43).
1. **ecquī**, adv. inter. ind. Se por ventura, se por acaso (Plaut. Aul. 16).
2. **ecquī, ecquae (ecqua), ecquod**, pron. inter. Há algum, algum há que, quem há que? (Cíc. Verr. 4, 18).
ecquis, (ecqui), ecquae (ecqua), ecquod (ecquid), pron. inter. Há alguém que? então, há algum que?, quem há que?, acaso alguém?, e quem? (Cíc. Verr. 5, 121).
ecquisnam, ecquaenam, ecquodnam (ecquidnam) = ecquis.
ecquō, adv. Para onde?, aonde? (com idéia de movimento) (Cíc. Phil. 13, 24).
ectypus, -a, -um, adj. Feito em relêvo, saliente (Sên. Ben. 3, 26).
eculānum, v. aeculānum.
eculĕus, v. equuleus (Cíc. Tusc. 5, 12).
ecŭlus, v. equulus.

ecus, v. **equus**.
edācitās, -tātis, subs. f. Edacidade, voracidade, apetite devorador (Cíc. Fam. 7, 26, 1).
edāx, -ācis, adj. I — Sent. próprio: 1) Edaz, voraz, devorador, glutão (Cíc. Flac. 41). II — Sent. figurado: 2) Que devora, consome, devorador, consumidor (Hor. O. 2, 11, 18).
Edenātēs, -um (-**ium**), subs. loc. m. Edenates, povo dos Alpes (Plín. H. Nat. 3, 137).
ēdentŭlus, -a, -um, adj. 1) Desdentado, que não tem mais dentes; e daí: velho (Plaut. Most. 275). 2) Que perdeu a fôrça (sent. figurado) (Plaut. Poen. 700).
edĕpol, interj. Por Pólux! (fórmula de juramento comum nos cômicos Plauto e Terêncio).
edĕra, etc., v. **hedĕra**.
Edĕssa, -ae, subs. pr. f. Edessa. 1) Cidade da Macedônia, chamada posteriormente **Aegae** (T. Lív. 45, 29). 2) Cidade situada na Mesopotâmia setentrional, atual Urfa (Tác. An. 12, 12).
Edessaeus, (-**ēnus**), **-a, -um**, adj. De Edessa, das duas cidades dêste nome (T. Lív. 42, 51).
ēdī, perf. de **edo** 1, ou inf. pres. pass. de **edo** 2.
ēdice = **ēdīc**, imperativo pres. de **edīco**.
ēdīcō, -ĭs, -ĕre, -dīxī, -dīctum, v. tr. I — Sent. próprio: 1) Proclamar um édito, dizer em voz alta (Cíc. Verr. 2, 66). Daí: 2) Publicar, tornar público (Cíc. Fin, 2, 74). II — Sent. figurado: 3) Ordenar, mandar (Cíc. Pis. 18). 4) Fixar, estabelecer (T. Lív. 26, 18, 4). Obs.: Constrói-se geralmente com **ut** ou **ne**; com acus. e com acus. e inf. Em Vergílio ocorre o imperativo **ēdīce**.
ēdīctĭō, -ōnis, subs. f. Ordem, mandado (Plaut. Ps. 143).
ēdīctō, -ās, -āre, -āvī, -ātum, v. tr. Dizer alto, declarar (Plaut. Amph. 816).
ēdīctum, -ī, subs. n. I — Sent. próprio: 1) Proclamação, édito, ordem (Eutr. 8, 17) (espécie de código publicado por iniciativa do imperador romano). II — Daí, em sent. especial: 2) Édito, ordem, mandado (Ter. Heaut. 623). 3) Enunciação, enunciado (Sên. Ep. 117, 30).
ēdīctus, -a, -um, part. pass. de **edīco**: anunciado, ordenado, proclamado: **edicta die** (Cíc. Verr. 1, 141), «tendo sido proclamado o dia».
ēdĭdī, perf. de **edo** 2.
ēdidĭcī, perf. de **edīsco**.

edim, -is, subj. arc. de **edo** 1 = **edam, -as**.
ēdiscō, -is, -ĕre, ēdidĭcī, v. incoat. tr. Aprender a fundo, aprender de cor, decorar, descobrir (Cíc. Tusc. 2, 27).
ēdissĕrō, -is, -ĕre, -disserŭī, -dissērtum, v. tr. Expor inteiramente, explicar a fundo, desenvolver (Cíc. Leg. 2, 55).
ēdissērtō, -ās, -āre, -āvī, -ātum, v. tr. Expor pormenorizadamente, desenvolver (T. Lív. 34, 52, 3).
ēdĭta, -ōrum, subs. n. pl. I — Sent. próprio: 1) Éditos, ordens (afixadas em lugares bem visíveis, geralmente elevados) (Ov. Met. 11, 647). II — Sent. figurado: 2) Lugares elevados (Tác. An. 4, 46).
ēdĭtĭcĭus, -a, -um, adj. (geralmente no m. pl.). Que se pode escolher (Cíc. Planc. 41).
ēdĭtĭō, -ōnis, subs. f. I — Sent. próprio: 1) Ação de dar à luz, parto (Tert. Jud. 1). II — Sent. figurado: 2) Publicação (de livro), edição (Plín. Ep. 1, 2, 5). 3) Declaração, versão (de historiador) (T. Lív. 4, 23, 2). 4) Nomeação (de magistrados), escolha (de juízes) (Cíc. Planc., 41).
ēdĭtor, -ōris, subs. m. O que produz, o que causa, autor, fundador (Luc. 2, 423).
ēdĭtus, -a, -um. I — Part. pass. de **edo** 2. II — Adj.: 1) Elevado, alto (Cés. B. Civ. 1, 7, 5). Daí: 2) Superior: **viribus editior** (Hor. Sát. 1, 3, 110) «superior em fôrças».
ēdĭxī, perf. de **edīco**.
1. **ĕdō, edis** ou **ēs, ĕdit**, ou **ēst, edĕre** ou **ēsse, ēdī, ēsum**, v. tr. I — Sent. próprio: 1) Comer (sent. próprio e derivado) (Cíc. Nat. 2, 7); (Cíc. Lae. 67). II — Sent. figurado: 2) Roer, consumir, devorar (Verg. G. 1, 151); (Verg. En. 5, 683).
2. **ēdō, -ĭs, -ĕre, -dĭdī, -dĭtum**, v. tr. I — Sent. próprio: 1) Dar o lume, dar à luz, fazer sair, publicar (Verg. En. 8, 137); (Cíc. Ac. 2, 12). II — Sent. figurado: 2) Produzir, causar (Cíc. Leg. 1, 39). 3) Expor, mostrar, fazer ver (Cíc. De Or. 3, 228). 4) Escolher, nomear (Cíc. Planc. 36). 5) Declarar, fazer conhecer oficialmente (T. Lív. 31, 19, 3).
ēdŏcĕō, -ēs, -ēre, -docŭī, -dōctum, v. tr. Ensinar bem, instruir inteiramente, ensinar a fundo (Sal. C. Cat. 16, 1); (Cés. B. Gal. 7, 20, 10). Obs.: Constrói-se com acus. de pessoa e de coisa; acus. de pessoa e or. interrog. indireta; na passiva: acus. de coisa e inf.

ĒDŎCTUS — 335 — **EFFĔCTUS**

ēdŏctus, -a, -um, part. pass. de edocĕo.
ēdocŭī, perf. de edocĕo.
ēdŏlō, -ās, -āre, -āvī, -ātum, v. tr. I — Sent. próprio: 1) Desbastar, trabalhar, (com enxó ou machadinha) (Col. 8, 11, 4). II — Sent. figurado: 2) Acabar, dar o último retoque (Cíc. At. 13, 47, 1).
ēdŏmō, -ās, -āre, -domŭī, -domĭtum, v. tr. Domar inteiramente (sent. próprio e figurado), domesticar (Cíc. Fat. 10).
Ēdōnī, -ōrum, subs. loc. m. pl. Edônios, povo da Trácia, do país chamado Edônida (Hor. O. 2, 7, 27).
Ēdōnis, -ĭdis, subs. f. Edônide. 1) Mulher da Trácia (Ov. Met. 11, 69). 2) Bacante (Prop. 1, 3, 5).
Ēdōnus, -a, -um, adj. Dos edônios, e, por extensão, da Trácia (Verg. En. 12, 365).
ēdormĭō, -īs, -īrē, -īvī, -ītum, v. intr. e tr. I — Sent. próprio: 1) Dormir a sono solto, acabar de dormir (Cíc. Ac. 2, 52). II — Daí: 2) Deitar fora dormindo, acabar dormindo (Cíc. Phil. 2, 30).
ēdormīscō, -is, -ĕre, v. intr. e tr. = edormĭo (Plaut. Amph. 697).
ēdŭc, imperativo de edŭco 2.
ēducātĭō, -ōnis, subs. f. I — Sent. próprio: 1) Ação de criar (animais), alimentar (plantas), criação, culturas (Cíc. Fin. 5, 39). II — Sent. figurado: 2) Educação, instrução (Cíc. De Or. 3, 124).
ēducātor, -ōris, subs. m. O que cria, alimenta, pai, educador, preceptor (Cíc. Nat. 2, 86).
ēducātrix, -īcis, subs. f. A que cria, alimenta, ama, mãe (sent. próprio e figurado) (Cíc. Leg. 1, 62).
ēducātus, -a, -um, part. pass. de edŭco 1.
ēdŭce = educ, imperativo pres. arc. de edŭco 2 (Plaut. St. 762).
1. ēdŭcō, -ās, -āre, -āvī, -ātum, v. tr. I — Sent. próprio: 1) Criar, amamentar (Cíc. Lae. 75). II — Sent. figurado: 2) Educar, instruir, ensinar (Cíc. Rep. 1, 8). 3) Produzir (Ov. Met. 8, 832).
2. ēdŭcō, -is, -ĕre, -dūxī, -dūctum, v tr. I — Sent. próprio: 1) Levar para fora, fazer sair, tirar de (Cíc. Inv. 2, 14); (Cés. B. Gal. 1, 50, 1). Daí: 2) Criar, educar (Cíc. De Or. 2, 124). Donde: 3) Dar à luz, produzir (Verg. En. 6, 778). II — Sent. figurado: 4) Elevar, exaltar (Verg. En. 6, 178). 5) Esgotar, esvaziar, absorver (Plaut. St. 759). 6) Passar o tempo (Prop. 2, 9, 47). Obs.: Imper. arc. educe (Plaut. Pers. 459).

ēdūctus, -a, -um, part. pass. de ēdŭco 2.
ēdŭēs, ēdŭī, v. aedŭes.
edūlis, -e, adj. Comestível, bom para comer (Hor. Sát. 2, 4, 43).
ēdūrō, -ās, -āre, v. tr. e intr. 1) Tr.: Endurecer (Col. 11, 1, 7). 2) Intr.: Durar, subsistir (Tác. Germ. 45).
ēdūrus, -a, -um, adj. I — Sent. próprio: 1) Muito duro (Verg. G. 4, 145). II — Sent. figurado: 2) Duro, insensível (Ov. A. Am. 3, 476).
ēdus, -ī, v. haedus.
ēdūxī, perf. de edŭco 2.
ēdyllĭum, v. idyllĭum.
Ēetĭōn, -ōnis, subs. pr. m. Eecião, rei de Tebas, na Cilícia, pai de Andrômaca, morto, com seus sete filhos, por Aquiles (Ov. Trist. 5, 5, 44).
Ēetĭōnĕus, -a, -um, adj. De Eecião (Ov. Met. 12, 110).
effarcĭō = effercĭo (Cés. B. Gal. 7, 23).
effāris, -ārī, -ātus sum, v. dep. tr. I — Sent. próprio: 1) Falar, dizer, contar, predizer, anunciar (Cíc. Dom. 141); (Verg. G. 4, 450). II — Sent. especiais: Na língua religiosa (dos arúspices): 2) Fixar, determinar (Cíc. At. 13, 42, 3). 3) Sent. passivo: effatus — «falado» (Cíc. Leg. 2, 21) «o que se devia ocultar». Obs.: Não é usado na 1ª pess. sing. do ind. pres.
effātum, -ī, subs. n. I — Sent. técnico: 1) Proposição (têrmo de lógica) (Cíc. Ac. 2, 95). II — Sent. figurado: 2) Predição (Cíc. Leg. 2, 20).
effātus, -a, -um, part. pass. de effāri.
effēcī, perf. de effĭcĭo.
effēctē, adv. Efetivamente (Marc. 27, 3).
effectĭō, -ōnis, subs. f. I — Sent. próprio: 1) Execução, realização (Cíc. Fin. 3, 45). II — Daí: 2) Faculdade de executar, de realizar (Cíc. Ac. 16).
effectīvus, -a, -um, adj. Ativo, que produz, produtivo (Quint. 2, 18, 5).
effēctor, -ōris, subs. m. O que faz, produz, autor, produtor, operário (Cíc. Br. 59).
effēctrix, -īcis, subs. f. A que faz, autora, causadora, causa (Cíc. Fin. 2, 55).
effēctum, -ī, subs. n. Efeito (em oposição à causa) (Cíc. Top. 11).
1. effēctus, -a, -um. I — Part. pass. de effĭcĭo. II — Adj.: Terminado, feito, executado (Quint. 10, 5, 23).
2. effēctus, -ūs, subs. m. I — Sent. próprio: 1) Execução, realização, efeito (T. Lív. 33, 33, 8). Daí: 2) Resultado, efeito (T. Lív. 40, 23, 15). II — Sent.

effēmĭnātē, adv. Como mulher, de uma maneira efeminada, efeminadamente (Cíc. Of. 1, 14).
effēmĭnātus, -a, um. I — Part. pass. de *effemino*. II — Adj.: Feminil, efeminado (Cíc. Of. 1, 129).
effēmĭnō, -ās, -āre, -āvī, -ātum, v. tr. I — Sent. próprio: 1) Tornar feminino, efeminar (Cíc. Nat. 2, 66). II — Sent. figurado: 2) Enfraquecer, tornar lânguido, tirar a coragem, tornar frouxo (Sal. C. Cat. 11, 3); (Cíc. Fin. 2, 94).
efferātus, -a, -um. I — Part. pass. de *effero*. II — Adj.: Tornado cruel, selvagem, furioso, feroz (Cíc. Tusc. 4, 32).
efferbŭī, perf. de *effervēsco*.
effercĭo (effarcĭo), -īs, -īre, -fērsī, -fērtum, v. tr. Encher, fartar (Cés. B. Gal. 7, 23, 2).
efferĭtās, (ecf-), -tātis, subs. f. Selvajaria, ferocidade (Cíc. poét. Tusc. 2, 20).
1. effĕrō, -ās, -āre, -āvī, -ātum, v. tr. Tornar feroz, tornar selvagem (Cíc. Nat. 2, 99); (Cíc. Nat. 1, 62).
2. effĕrō (ecfĕrō), -fers, -ferre, extŭlī, ēlātum, v. tr. I — Sent. próprio: 1) Levar para fora, tirar, levar (sent. físico e moral) (Cíc. Cat. 3, 8). Daí: 2) Levar para a cova, levar a enterrar (Cíc. Nat. 3, 80). 3) Produzir, fazer sair da terra, gerar (Cíc. Rep. 2, 9). II — Sent. figurado: 4) Exprimir, expor, dizer, divulgar (Cíc. Or. 72); (Cés. B. Gal. 7, 1, 6). 5) Elevar, exaltar (Cíc. Cat. 1, 28). Daí: 6) Orgulhar-se (Cíc. Fam. 9, 2, 2). 7) Transportar, encher (de alegria, de cólera, etc.) (Cíc. C. M. 83). 8) Sofrer, suportar (Lucr. 1, 141).
effērsī, perf. de *effercio*.
effērtus, -a, -um. I — Part. pass. de *effercio*. II — Adj.: Muito cheio, farto (Plaut. Capt. 466).
effĕrus, -a, -um, adj. Feroz, selvagem, cruel (Verg. En. 8, 6).
effervēscō, -is, -ĕre, -ferbŭī, (ou -fervī) (sem supino), v. incoat. intr. I — Sent. próprio: 1) Esquentar, entrar em ebulição (Cíc. Nat. 2, 27). Daí: 2) Ferver (Cíc. Planc. 15). II — Sent. figurado: 3) Produzir em grande número, espalhar-se (Ov. Met. 1, 71). Obs.: O perf. *efferbui* ocorre em Cícero (Cael. 77); mas *effervi* em Catão (Agr. 115, 1) e Tácito (An. 1, 74).
effērvō, -is, -ĕre, v. intr. I — Sent. próprio: 1) Transbordar fervendo, transbordar a ferver, borbulhar (Verg. G. 1, 471). II — Sent. figurado: 2) Formigar (Lucr. 2, 928).
effētus, -a, -um, adj. I — Sent. próprio: 1) Que deu à luz, que produziu (Col. 7, 7, 4). II — Sent. figurado: 2) Cansado, fatigado, esgotado, exausto (Cíc. C. M. 29).
efficācĭa, -ae, subs. f. Propriedade, poder eficaz, eficácia (Plín. H. Nat. 11, 12).
efficācĭtās, -tātis, subs. f. Fôrça, virtude, eficácia (Cíc. Tusc. 4, 31).
efficācĭter, adv. De maneira eficaz, com eficácia, eficazmente, com sucesso (Tác. Germ. 8). Obs.: Comp.: -*cius* (Quint. 8, 4, 8); superl. -*cissĭme* (Plín. H. Nat. 24, 23).
efficāx, -ācis, adj. I — Sent. próprio: 1) Que atua, de ação (Hor. Epo. 3, 17). II — Daí: 2) Eficaz, que tem a virtude ou a propriedade de, poderoso (T. Lív. 9, 20, 2).
efficĭēns, -ēntis. I — Part. pres. de *efficio*. II — Adj.: Que produz, eficiente (Cíc. Ac. 1, 24).
efficĭēnter, adv. Com uma atuação eficiente, eficientemente (Cíc. Fat. 34).
efficĭentĭa, -ae, subs. f. Faculdade de produzir um efeito, poder, propriedade, virtude (Cíc. Nat. 2, 95).
efficĭō, -is, -ĕre, -fēcī, -fēctum, v. tr. I — Sent. próprio: 1) Acabar de fazer, fazer completamente, acabar, efetuar (Cés. B. Civ. 1, 36, 5). Muitas vêzes empregado em lugar de *facere* para indicar que se insiste na idéia de acabamento; daí: II — Sent. figurado: 2) Fazer por, fazer que, fazer, tornar obter, realizar, construir (Cés. B. Gal. 6, 6, 1); (Cíc. Rep. 2, 52); (Cíc. C. M. 2). Donde: 3) Executar, cumprir (Cíc. Rep. 1, 70). III — Sent. técnico: 4) Produzir, dar (tratando-se do solo) (Cíc. Verr. 3, 112). 5) Subir a, perfazer uma quantia (Cíc. At. 6, 1, 3). 6) Provar, concluir, demonstrar, estabelecer (tratando-se de um raciocínio, de uma proposição) (Cíc. Tusc. 1, 77). Obs.: Constrói-se com acus.; com *ut*; às vêzes com *ne*; com *quo magis*; com acus, e inf.; com duplo acus. Obs.: Perf. subj. arc.: *effexis* (Plaut. Cas. 709).
effigĭa, -ae, v. *effigies* (Plaut. Rud. 421); (Lucr. 4, 42).
effigĭēs, -ēī, subs. f. I — Sent. próprio: 1) Retrato, imagem, efígie, estátua, figura (de alguém ou alguma coisa)

(Verg. En. 3, 497). II — Sent. figurado: 2) Imitação, semelhança, forma, imagem (Cíc. De Or. 1, 193). 3) Sombra, espectro, fantasma (Ov. Met. 14, 358). Sent. poético: 4) Representação plástica, estátua, retrato (Catul. 64, 61).

effingō, -is, -ĕre, -finxī, -fictum, v. tr. I — Sent. próprio: 1) Fazer desaparecer, apagar, e daí: limpar, enxugar (Cíc. Sest. 77). 2) Reproduzir, representar em relêvo, esculpir, fazer o retrato de, imitar, copiar, figurar (Verg. En. 6, 32); (Cíc. Div. 2, 94). II — Sent. figurado: 3) Esfregar brandamente, acariciar (Ov. Her. 20, 134).

effinxī, perf. de effingo.

efflāgitātiō, -ōnis, subs. f. = efflagitatus 2. Pedido com instância, solicitação (Cíc. Fam. 5, 19, 2).

1. efflāgitātus, -a, -um, part. pass. de efflagĭto.

2. efflāgitātus, ūs, subs. m. Pedido com instância, solicitação (Cíc. Verr. 5, 29). Obs.: Só ocorre no abl. sing.: efflāgitātū.

efflāgitō, -ās, -āre, -āvī, -ātum, v. tr. Pedir com insistência, rogar, instar por, solicitar vivamente (Cíc. Mur. 47); (Cíc. Verr. 1, 92). Obs.: Constrói-se com acus.; com abl. com ab.

efflātus, -ūs, subs. m. Saída para o ar ou para o vento, sôpro (Sên. Nat. 5, 14, 3).

effleō, -ēs, -ēre, -flēvī, v. tr. Chorar copiosamente (Quint. Decl. 6, 4).

efflictim, adv. Violentamente, ardentemente (Plaut. Amph. 517).

effligō, -is, -ĕre, -flixī, -flictum, v. tr. Bater fortemente, abater, daí: matar (Cíc. At. 9, 19, 2).

efflixī, perf. de effligo.

efflō, -ās, -āre, -āvī, -ātum, v. tr. e intr. Tr.: I — Sent. próprio: 1) Exalar, expelir soprando, lançar soprando, soprar (Verg. En. 12, 115). II — Daí, intr.: 2) Morrer, expirar (Lucr. 6, 681).

efflōrēscō, -is, -ĕre, -rŭī, v. intr. I — Sent. próprio: 1) Florescer (só atestado no latim vulgar dos últimos séculos). II — Sent. figurado: 2) Ser florescente, brilhar, florescer, nascer (tratando-se de coisa) (Cíc. Cael. 76); (Cíc. Lae. 100).

efflōrŭī, perf. de efflorēsco.

efflŭō, -is, -ĕre, effluxī, v. intr. I — Sent. próprio: 1) Derramar-se, espalhar-se, correr de, esvair-se (Cíc. Tusc. 2, 59); (Cíc. Nat. 2, 101). Daí: 2) Cair, escapar (Lucr. 6, 795). II — Sent. figurado:

3) Passar, decorrer (tratando-se de tempo), apagar-se, desaparecer, perder-se (Cíc. C. M. 69). 4) Sair, escapar (da memória), ser esquecido (Cíc. Br. 219).

effluvĭum, -ī, subs. n. 1) Escoamento (Plín. H. Nat. 7, 121). 2) Lugar onde se despejam águas (Tác. An. 12, 57).

effluxī, perf. de efflŭo.

effōcō, -ās, -āre, v. tr. Sufocar, abafar (sent. próprio e figurado) (Sên. Brev. 2, 4).

effōdī, perf. de effodio.

effodĭō (ecfodĭō), -is, -ĕre, -fōdī, -fōssum, v. tr. I — Sent. próprio: 1) Tirar cavando, desenterrar, extrair, cavar, abrir, vazar, furar (Cíc. Of. 2, 13); (Plaut. Capt. 463). II — Sent. figurado: 2) Demolir, abater, saquear (Cés. B. Civ. 3, 42, 5).

effoeminō = effemino.

effossus, -a, um, part. pass. de effodio.

effractārius, -ī, subs. m. O que rouba arrombando (as portas) (Sên. Ep. 68, 4).

effractus, -a, -um, part. pass. de effringo.

effrēgī, perf. de effringo.

effrēnātē, adv. De uma maneira desenfreada, desregradamente, sem reserva (Cíc. C. M. 39). Obs.: Comp.: -nātius (Cíc. Phil. 14. 26).

effrēnātiō, -ōnis, subs. f. Dissolução, desenvoltura, excesso, libertinagem (Cíc. Phil. 5, 22).

effrēnātus, -a, -um, I — Part. pass. de effrēno. II — Adj.: 1) Desenfreado, sem freio (sent. próprio) (T. Lív. 40, 40, 5). Sent. figurado: 2) Que não tem freio, desordenado, violento (Cíc. Clu. 15).

effrēnus, -a, -um, adj. I — Sent. próprio: 1) Desenfreado, sem freio (T. Lív. 4, 33, 7). II — Sent. figurado: 2) Desenfreado, desregrado, violento (Ov. Met. 6, 465).

effricō, -ās, -āre (-frixī), -fricātum, v. tr. Esfregar, tirar esfregando, limpar (sent. próprio e figurado) (Sên. Ep. 15, 36).

effringō, -is, -ĕre, -frēgī, -frāctum, v. tr. Quebrar, abrir arrombando, arrombar, destruir (Cíc. Verr. 4, 94).

effrixī, perf. de effrico.

effūdī, perf. de effundo.

effūgī, perf. de effugio.

effugĭō, -is, -ĕre, -fūgī (-fugĭtum), -fugitūrus, v. intr. e tr. I — Sent. próprio: 1) Intr.: Escapar fugindo, fugir (Cíc. Phil. 2, 71). II — Sent. figurado: 2) Tr.:

EFFUGIUM — 338 — **EGESTIO**

Escapar a, evitar, esquivar-se a (Cés. B. Gal. 6, 30, 2); (Cíc. De Or. 2, 147). Obs.: Constrói-se com abl.; com abl. com preposição **ex, ab** ou **de**; ou intransitivamente. Transitivamente constrói-se com acus. ou com **ne**.
effugĭum, -ī, subs. n. 1) Ação de fugir, fuga, evasão (Cíc. Verr. 5, 166). 2) Passagem, saída (Tác. An. 3, 42).
effulgĕō, -ēs, -ēre, -fūlsī, (sem supino), v. intr. Brilhar, resplandecer, luzir, fulgurar (Verg. En. 5, 133). Obs.: O inf. effulgĕre ocorre em Verg. En. 8, 677.
effūlsī, perf. de **effulgĕo**.
effūltus, -a, -um, adj. Apoiado sôbre, sustentado (Verg. En. 7, 94).
effŭndō (ecfŭndō), -is, -ĕre, -fūdī, -fūsum, v. tr. I — Sent. próprio: 1) Derramar, espalhar, verter espalhando (Cíc. Planc. 101). Daí: 2) Lançar, enviar (Verg. En. 9, 509). II — Sent. figurado. 3) Deixar correr, dar largas a, abandonar, expirar, exalar (Verg. En. 5, 818); (Cíc. Fam. 1, 9, 20); (Verg. En. 1, 98). 4) Produzir em abundância, prodigalizar (Cíc. Or. 48). 5) Soltar, proferir (palavras, queixas), dizer, revelar (Cíc. Phil. 14, 32); (Cíc. De Or. 1, 159). 6) Dissipar, gastar (Cíc. Amer. 6). 7) Passivo: entregar-se, abandonar-se, mostrar-se afetuoso (Cíc. At. 4, 9, 1).
effūsē, adv. I — Sent. próprio: 1) Com larguEza, amplamente, com efusão (Cíc. Amer. 23). II — Daí, na língua militar: 2) Em debandada, precipitadamente (T. Lív. 3, 22, 8). Obs.: Comp.: **effusĭus** (T. Lív. 33, 16, 4); superl.: **effusissĭme** (Plín. Ep. 7, 30, 1).
effūsĭō, -ōnis, subs. f. I — Sent. próprio: 1) Ação de espalhar, derramamento (Cíc. Nat. 2, 26). II — Sent. figurado: 2) Profusão, prodigalidade, larguEza. efusão (Cíc. Pis. 51); (Cíc. Tusc. 4, 66).
effūsus, -a, -um. A) — Part. pass. de **effundo**. B) Adj. I — Sent. próprio: 1) Que se estende, vasto, largo (Tác. Germ. 30). II — Sent. figurado: 2) Sôlto, frouxo, esparso (Ov. Her. 7, 70). 3) Pródigo, generoso, dissipado (Cíc. Cael. 13). 4) Excessivo, que se dá em excesso, sem limites, imoderado, transbordante (T. Lív. 44, 1, 5); (Suet. Ner. 40).
effŭtĭō, -īs, -īre, -īvī, (ou -ĭī), -ītum, v. tr. 1) Falar sem pensar, dizer banalidades (Cíc. Nat. 1, 84). 2) Intr.: Falar com facilidade (Cíc. Nat. 2, 94).
effūtītus, -a, -um, part. pass. de **effutio** (Cíc. Div. 2, 113).

effutŭī, perf. de **effutŭo**.
effutŭō (ecfutŭō), -is, -ĕre, -tŭī, (-tūtus), v. tr. I — Sent. próprio: 1) Esgotar pela devassidão, em loucuras (Catul. 6, 13). II — Sent. figurado: 2) Dissipar (sua fortuna) nos prazeres (Poet. apud Suet. Cés. 51).
Egalĕōs, (Aeg-), -ī, subs. pr. f. Egáleos, montanha da Ática (Estác. Theb. 12, 620).
ēgelĭdus, -a, -um, adj. I — Sent. próprio: 1) Tépido, môrno (Catul. 46, 1). II — Daí: 2) Fresco (Verg. En. 8, 610).
egēns, -entis. I — Part. pres. de **egĕo**. II — Adj.: 1) Privado, desprovido, que tem falta de (Cíc. Fam. 6, 22, 1). 2) Necessitado, pobre, indigente (Cíc. Planc. 86); (Cíc. At. 6, 1, 4). Obs.: Constrói-se com gen.
egēnus, -a, -um, adj. Que tem falta de, privado, pobre (Verg. En. 6, 91). Obs.: Constrói-se com gen. e com abl. (raro).
egĕō, -ēs, -ĕre, egŭī (sem supino), v. intr. I — Sent. próprio: 1) Estar na pobreza, ser pobre (Cíc. Com. 22). Daí: 2) Estar privado de, ter necessidade de, faltar (Cíc. Br. 238). II — Sent. figurado: 3) Desejar (Hor. A. Poét. 154). Obs.: Constrói-se com gen.; com abl. ou intransitivamente.
Egerĭa, -ae, subs. pr. f. Egéria, ninfa do Lácio, venerada pelos romanos e a quem Numa fingia consultar, à noite, na floresta de Arícia (Verg. En. 7, 763).
Egerĭus, -ī, subs. pr. m. Egério, nome de um irmão de Tarquínio Prisco (T. Lív. 1, 34).
1. ēgĕrō, -is, fut. perf. de **ago**.
2. ēgĕrō, -is, -ĕre, -gessī, -gestum, v. tr. I — Sent. próprio: 1) Levar para fora, tirar, extrair (T. Lív. 30, 39, 7); (T. Lív. 21, 37, 1). Daí: 2) Evacuar, fazer sair, lançar para fora, vomitar (Plín. H. Nat. 31, 62). II — Sent. figurado: 3) Esgotar, esvaziar, limpar (Prop. 4, 6, 34). 4) Exalar, expirar (Sên. Ep. 54, 2).
Egesĭnus (He-), -ī, subs. pr. m. Egesino, filósofo acadêmico (Cíc. Ac. 2, 16).
ēgessī, perf. de **egero**.
egestās, -tātis, subs. f. I — Sent. próprio: 1) Falta, privação, necessidade (Cíc. Pis. 24). II — Daí: 2) Pobreza, penúria, miséria (Cíc. Cat. 2, 25).
ēgestĭō, -ōnis, subs. f. I — Sent. próprio: 1) Ação de levar, tirar (Suet. Ner. 38). II — Sent. figurado: 2) Dissipação, ruína (Plín. Ep. 8, 6, 7).

1. ēgēstus, -a, -um, part. pass. de egĕro.
2. ēgēstus, -ūs, subs. m. 1) Ação de tirar, extrair (Estác. Theb. 4, 3, 42). 2) Ação de expelir (Sên. Nat. 3, 30, 4).
Egetīnī, v. Aegetīnī.
ēgī, perf. de ago.
ēgīgnō, -is, -ĕre, v. tr. 1) Produzir. Sent. pass.: 2) Sair de, aumentar (Lucr. 2, 703).
Egilius, -ī, subs. pr. m. Egílio, nome de homem (T. Lív. 41, 17).
Egnātia, -ae, subs. pr. f. Egnácia. 1) Cidade da Apúlia, na Itália (Plín. H. Nat. 3, 102). 2) Cidade dos salentinos (Plín. H. Nat. 2, 240). 3) Nome de mulher (Tác. An. 15, 71).
Egnātius, -ī, subs. pr. m. Egnácio. 1) Egnatius Rufus, Egnácio Rufo, edil, autor de uma conspiração contra Augusto, que o mandou matar (Suet. Aug. 19). 2) Amigo de Cícero (Cíc. At. 7, 18, 4).
Egnātulēius, -ī, subs. pr. m. Egnatuleio, nome de um questor (Cíc. Phil. 3, 7).
ego, mĕi, mihi, mē, pron. pess. m. e f. Eu (Cíc. De Or. 1, 39); (Cíc. Agr. 2, 55). Obs.: Na língua literária tem valor expressivo, sendo empregado para pôr em relêvo uma pessoa em oposição a outra.
egŏmet, meīmet, etc., pron. pess. Eu mesmo (Cíc. Inv. 1, 52). Obs.: -met é uma enclítica reforçativa.
egon' = egone. Será que eu? (Cíc. Nat. 3, 8).
ēgrĕdior, -ĕris, -dī, -grēssus sum, v. dep. intr. e tr. I — Intr.: 1) Sair (sent. próprio e figurado), sair de, afastar-se (Cés. B. Gal. 2, 13, 2). Daí: 2) Desembarcar (Cés. B. Gal. 4, 26, 2). II — Sent. figurado: 3) Elevar-se, trepar (Sal. B. Jug. 60, 6). III — Tr.: 4) Sair de, ultrapassar, exceder, passar além de (Cés. B. Civ. 3, 35, 2). Obs.: Constrói-se geralmente com abl.; com abl. com ex ou ab; ou como intransitivo; como transitivo com acus.; com acus. com prep. ad ou in.
egregia, -iōrum, subs. m. pl. Vantagens, virtudes, méritos (Sal. B. Jug. 10, 2).
ēgregĭē, adv. Sent. próprio: 1) De maneira particular, especialmente (Ter. And. 58). Donde: 2) De modo distinto, perfeitamente, distintamente, egrègiamente (Cíc. Br. 257). Obs.: Comp. egregius (Juv. 11, 12).
ēgregĭus, -a, -um, adj. I — Sent. próprio: 1) Egrégio, insigne, distinto, excelente, eminente, notável, singular (Cíc. Br.

84). II — Daí: 2) Glorioso, honroso, favorável (Tác. Hist. 1, 15).
ēgressĭō, -ōnis, subs. f. I — Sent. próprio: 1) Ação de sair, saída (S. Jer. Ep. 78). II — Sent. figurado: 2) Digressão (Quint. 4, 3, 12).
1. ēgrēssus, -a, -um, part. pass. de egredĭor.
2. ēgrēssus, -ūs, subs. m. I — Sent. próprio: 1) Ação de sair, saída (Tác. An. 3, 33). II — Daí: 2) Desembarque (Cés. B. Gal. 5, 8, 3). 3) Desembocadura (Ov. Trist. 2, 189) (do Danúbio). Na língua retórica: 4) Digressão (Quint. 4, 3, 12).
egŭī, perf. de egĕo.
ēgurgĭtō, -ās, -āre, -āvī, -ātum, v. tr. Jogar fora (Plaut. Epid. 582).
Egyptĭăcus, v. Aegyptĭăcus.
ĕhem, interj. que denota a admiração com alegria, surprêsa: oh! ah! (Plaut. Most. 727).
ĕheŭ, interj. exprimindo dor, tristeza, abatimento: ai, ui, ai de mim! (Sal. B. Jug. 14, 9).
ĕho, interj. Usa-se para chamar, advertir, insistir: olá! eh! (Plaut. Merc. 189).
ĕhŏdum, v. eho (Ter. Eun. 360).
1. Eī, interj., v. hei (Plaut. Ter.).
2. eī, dat. de is e nom. pl. masc.
ēia (hēia), interj. 1) Indica espanto, admiração: oh! (Plaut. Capt. 963). 2) Indica exortação: eia!, vamos!, coragem! (Verg. En. 9, 38).
ēĭcĭō = ejicio (Lucr. 3, 877).
eidus, v. idus.
eis, dat. e abl. pl. de is.
ējacŭlor (ēiacŭlor), -āris, -ārī, -ātus sum, v. dep. tr. Lançar, deitar, arremessar com fôrça (Ov. Met. 4, 124).
ējēcī, perf. de ejicio.
ējectāmēntum (ēiectāmēntum), -ī, subs. n. O que é lançado fora (Tác. Germ. 45).
ējectĭō (ēiectĭō), -ōnis, subs. f. I — Sent. próprio: 1) Ação de lançar fora (Vitrúv. 1, 6, 3). II — Sent. figurado: 2) Expulsão, destêrro, exílio (Cíc. At. 2, 18, 1).
ējēctō (ēiēctō), -ās, -āre, -āvī, -ātum, v. tr. Lançar fora, expelir, expulsar, vomitar, evacuar (Ov. Met. 5, 333).
1. ējēctus, -a, -um, part. pass. de ejicio.
2. ējēctus (ēiēctus), -ūs, subs. m. Ação de lançar fora, expulsão (Lucr. 4, 961).
ējĕrō, -ās, -āre = ejuro (Cíc. De Or. 2, 285).
ējĭcĭō (ēiĭcĭō), -is, -ĕre, -jēcī, -jēctum, v. tr. I — Sent. próprio: 1) Lançar fora, expulsar, fazer sair (Cíc. C. M. 42);

(Cés. B. Gal. 4, 7, 3). Daí: 2) Vomitar, lançar fora (Plín. H. Nat. 24, 15). II — Sent. figurado: 3) Desterrar, exilar, deportar, banir (Cíc. Mil. 105). 4) Precipitar, saltar, desembarcar (Cíc. Verr 5, 91). 5) Extirpar, arrancar (Cíc. Amer. 53). 6) Rejeitar, desaprovar (uma teoria, um sistema) (Cíc. Fin. 5, 23).

ējulābĭlis (ēiulābĭlis), -e, adj. Lastimoso, queixoso (Apul. Met. 4, 3).

ējulātĭō (ēiulātĭō), -ōnis, subs. f. Lamentações, queixas (Cíc. Leg. 2, 59).

ējulātus (ēiulātūs), -ūs, subs. m. Lamentações, queixas (Cíc. Tusc. 2, 55).

ējŭlō ou ēiŭlō, -ās, -āre, -āvī, -ātum, v. intr. e tr. I — Intr.: 1) Lamentar-se (Cic. Tusc. 2, 19). II — Tr.: 2) Deplorar, lamentar (Apul. Met. 3, p. 129).

ējūrātĭō (ēiūrātĭō), -ōnis, subs. f. Renúncia, abdicação, demissão (Sên. Vit. 26, 5).

ējūrō (ējĕrō), -ās, -āre, -āvī, -ātum, v. tr. I — Sent. próprio: 1) Recusar um juiz, rejeitar (por juramento), abjurar (Cíc. Phil. 12, 18). II — Sent. figurado: 2) Renunciar a, abandonar (sent. concreto e abstrato), abdicar (Tác. Hist. 3, 37).

ējus (ēius), gen. de is.

ējuscemŏdī (ēiuscemŏdī), gen. = ejusmodi.

ējusdemmŏdī (ēiusdemmŏdī), gen. (idem, modus): Do mesmo modo, da mesma maneira (Cíc. Q. Fr. 1, 1, 14).

ējusmŏdī (ēiusmŏdī), gen. de is, modus). 1) Dêste modo, desta espécie, desta natureza (Cíc. Pomp. 6, 2) De tal forma que (Cíc. Verr. 1, 154).

ēlābor, -ĕris, -lābī, -lāpsus sum, v. dep. intr. I — Sent. próprio: 1) Escorregar, deslizar para fora, escapar (Cíc. Nat. 2, 128). Daí: 2) Desaparecer, esconder-se (Cíc. Div. 1, 46). II — Sent. figurado: 3) Esquivar-se, evitar, perder-se (Cíc. At. 10, 4, 3). 4) Tr.: Escapar a, evitar (Tác. Hist. 3, 59).

ēlabōrātus, -a, -um, part. pass. de elabōro.

ēlabōrō, -ās, -āre, -āvī, -ātum, v. tr. 1) Obter ou realizar à custa de esfôrço ou trabalho, consagrar todos os seus esforços a, aplicar-se a, elaborar (Cíc. ad Br. 1, 14, 1); (Cíc. Verr. 4, 126). 2) Intr.: Trabalhar com cuidado, aplicar-se denodadamente (Cíc. De Or. 2, 295). Obs.: Constrói-se com acus.; com abl.; com ut; com acus. e inf.; intransitivamente.

1. Elaeus, -a, -um, v. Eleus.
2. Elaeūs, -ūntis, subs. pr. f. Eleunte, cidade do Quersoneso, na Trácia, banhada pelo Helesponto (T. Lív. 31, 16, 5).

Elāĭtēs, -ae, subs. loc. m. Elaítes, habitantes de Eléia, cidade da Eólia (Quint. 3, 1, 10).

ēlāmentābĭlis, -e, adj. Lamentável, cheio de lamentações (Cíc. Tusc. 2, 57).

ēlanguēscō, -is, -ĕre, -gŭī (sem supino), v. intr. Elanguescer, tornar-se lânguido, enfraquecido, enfraquecer-se (T. Lív. 1, 46, 7); (T. Lív. 5, 26, 3).

elangŭī, perf. de elanguēsco.

ēlāpsus, -a, -um, part. pass. de elābor.

ēlargĭor, -īris, -īrī, v. dep. tr. Dar generosamente, prodigalizar, distribuir (Pérs. 3, 71).

ēlātē, adv. 1) Com elevação, com nobreza, em um tom elevado, em um estilo nobre (Cíc. Opt. 10). Daí: 2) Orgulhosamente, desdenhosamente (C. Nep. Paus, 2, 3).

Elatēa (-tĭa), -ae, subs. pr. f. Elatéia. 1) Cidade da Grécia, na Fócida, atual Elatéia (T. Lív. 28, 7, 3). 2) Cidade da Tessália (T. Lív. 42, 54).

Elatēĭus, -a, -um, adj. De Élato, montanha da ilha de Zacinto (Ov. Met. 12, 189).

ēlātĭō, -ōnis, subs. f. I — Sent. próprio: 1) Ação de elevar, erguer, elevação (Vitr. 8, 10). II — Sent. figurado: 2) Exaltação, transporte do espírito (Cíc. Tusc. 4, 67). 3) Nobreza, sublimidade (Cíc. Of. 1, 64). 4) Na língua retórica: Amplificação, exageração, hipérbole (Cíc. Top. 71).

ēlātrō, -ās, -āre, v. intr. e tr. Gritar, ladrar com fôrça, falar como se estivesse ladrando (Hor. Ep. 1, 18, 18).

ēlātus, -a, -um. I — Part. pass. de effĕro. II — Adj.: 1) Elevado, alto, nobre, sublime (Cíc. Of. 1, 61). Na língua retórica: 2) Elevado (tratando-se de estilo) (Quint. 11, 3, 43); (Cíc. Or. 124).

Elāver, -ĕris, subs. pr. n. Élaver, pequeno rio da Gália central, atualmente rio Allier (Cés. B. Gal. 7, 34, 2).

ēlăvō, -ās, -āre, -lāvī, -lautum (-lōtum), v. tr. e intr. 1) Tr.: Lavar, banhar (Plaut. Rud. 699). 2) Intr.: Banhar-se, afogar-se (Plaut. Rud. 579). Em sent. figurado: 3) Ser despojado de: elavī bonis (Plaut. As. 135), «fui despojado de minha fortuna».

Elĕa, -ae, subs. pr. f. Élea ou Vélia, cidade da Lucânia, na Magna-Grécia. Foi a pátria dos filósofos Zenão e Parmênides (Cíc. Nat. 3, 82).

Eleătēs, -ae, subs. loc. m. Eleates, de Élea (Cíc. Tusc. 2, 52).
Eleatĭcus, -a, -um, adj. Eleate, eleático (Cíc. Ac. 2, 129).
ēlēctē, adv. Com escolha, com seleção (Cíc. Inv. 1, 49). Obs.: Comp.: **electĭus** (A. Gél. 18, 7, 2).
ēlectĭō, -ōnis, subs. f. Escolha, eleição (Cíc. Or. 68).
ēlēctō, -ās, -āre, v. tr. 1) Seduzir, enganar (Plaut. As. 295). 2) Escolher (Plaut. Truc. 496).
Elēctra, -ae, subs. pr. f. Electra. 1) Filha de Atlas e de Pleíona, amada por Zeus, e mãe de Dárdano (Verg. En. 8, 135). 2) A mesma, filha de Atlas, transformada, depois da morte, em uma das sete plêiades (Cíc. Arat. 36). 3) Filha de Agamêmnon e Clitemnestra, irmã de Orestes e Ifigênia (Hor. Sát. 2, 3, 140). Obs.: Acus. grego **Elēctran** (Ov. Trist. 2, 395).
ēlēctrum, -ī, subs. n. 1) Âmbar amarelo (Verg. Buc. 8, 54). 2) Electro (liga de ouro com uma quarta parte de prata) (Verg. En. 8, 402). 3) Bola de âmbar (que as matronas romanas usavam como enfeite, em anéis) (Ov. Met. 2, 365)
1. ēlēctus, -a, -um. I — Part. pass. de **eligo.** II — Adj.: 1) Escolhido, excelente, esplêndido (Cíc. Quinct. 5). 2) N. pl.: **electa, -orum:** 2) Trechos escolhidos, seleta (Plín. Ep. 3, 5, 17).
2. ēlēctus, -ūs, subs. m. Escolha (Ov. Her. 2, 144). Obs.: Só ocorre no abl. sing.
ēlĕgans, -antis, adj. I — Sent. próprio: 1) Que sabe escolher, de bom gôsto, distinto (Cíc. Verr. 4, 98). II — Daí: 2) Seleto, bem escolhido, fora do comum, elegante, esmerado, apurado (Cíc. Br. 272). Na língua retórica: 3) Castigado, correto, puro (tratando-se do estilo) (Cíc. Br. 148).
ēlĕgantĕr, adv. I — Sent. próprio: 1) Com escolha, com gôsto, com distinção (Cíc. Fam. 3, 8, 2). II — Daí, na língua retórica: 2) Com distinção, com finura de estilo (Cíc. Br. 283).
ēlegantĭa, -ae, subs. f. I — Sent. próprio: 1) Escolha, bom gôsto, elegância, distinção (Cíc. Fam. 9, 20, 2). II — Daí, na língua retórica: 2) Correção, clareza (de estilo) (Cíc. De Or. 3, 39).
1. ēlēgī, perf. de **elīgo.**
2. elĕgī, -ōrum, subs. m. pl. Versos elegíacos, poema elegíaco (Hor. O. 1, 33, 3).

elegīa (elegēa, elegēia), -ae, subs. f. Elegia (Ov. Am. 3, 1, 7).
Elēī (Elīī), -ōrum, subs. loc. m. Eleus, habitantes de Élis ou de Élida (Cíc. Div. 2, 28).
Elēis, -ĭdis, subs. f. Da Élida (Verg. Catal. 11, 32).
Elelēis, -ĭdis, subs. pr. f. Eleleida, nome atribuído também a cada uma das bacantes, que invocavam Baco ou Dionísio gritando: **Eleleu!** (Ov. Her. 4, 47).
Eleleūs, -ĕī ou **-ĕos,** subs. pr. m. Eleleu, um dos nomes de Baco (Ov. Met. 4, 15).
elemēnta, -ōrum, subs. n. pl. I — Sent. próprio: 1) Princípios, elementos, partes constitutivas (Cíc. Ac. 1, 26). Daí: 2) Conhecimentos elementares, rudimentares (Cíc. De Or. 1, 163). 3) Letras do alfabeto, alfabeto (Suet. Cés. 56). II — Sent. figurado: 4) Princípio, começo (Ov. F. 3, 179). Obs.: O singular **elementum, -i** é raro.
elementărĭus, -a, -um, adj. 1) Do alfabeto, relativo ao alfabeto. 2) Pedagogo (sent. derivado): **senex** (Sên. Ep. 36, 4), «um velho pedagogo».
elēnchus, -ī, subs. m. Pérola do feitio de pêra (Juv. 6, 459).
elĕphans, v. **elephas.**
Elephantĭnē, -es, subs. pr. f. Elefantine, uma das ilhas do Nilo (Tác. An. 2, 61). Obs.: v. **Elephantis.**
elephantĭnus, -a, -um, adj. De marfim, da côr do marfim (Plín. H. Nat. 35, 42).
Elephāntis, -ĭdis, subs. pr. f. Elefântida. 1) Ilha do rio Nilo, no Alto Egito, e cidade do mesmo nome (Plín. H. Nat. 5, 59). 2) Nome de uma poetisa (Marc. 12, 43). 3) Nome da autora de uma obra consultada por Plínio (Plín. H. Nat. 28, 81).
elephāntus, -ī, subs. m. I — Sent. próprio: 1) Elefante (Cíc. Nat. 2, 151). II — Sent. figurado: 2) Marfim (Verg. G. 3, 26).
elĕphās (elephans), -āntis, subs. m. 1) Elefante (animal) (Hor. Ep. 2, 1, 196). 2) Elefantíase (espécie de lepra) (Lucr. 6, 1112).
Elēus, -a, -um, adj. Eleu, da Élida (Verg. G. 3, 202).
Eleusin, v. **Eleusis.**
Eleusīna, -ae, subs. f. v. **Eleusis.**
Eleusīnus, -a, -um, adj. De Elêusis (Verg. G. 1, 163).
Eleusis (-sin), -ĭnis, subs. pr. f. Elêusis, cidade da Grécia, na Ática (Cíc. At. 6, 6, 2).

ELEUTĚTI

Eleutěti, -ōrum, v. **Eleuthěri.**
Eleuthěri (-těti), -ōrum, subs. pr. m. pl. Elêuteros, Elêutetos, sobrenome de uma parte dos Cadurcos, povo da Aquitânia, na Gália (Cés. B. Gal. 7, 75, 2).
Eleutherocilĭces, -um, subs. pr. m. Eleuterocílices, pequena parte dos habitantes da Cilícia, que fôra sempre livre (Cíc. Fam. 15, 4, 10).
ēlevĭēs, v. **eluvĭes.**
ēlĕvŏ, -ās, -āre, -āvī, -ātum, v. tr. I — Sent. próprio: 1) Levantar, erguer, elevar (Cés. B. Civ. 2, 9, 5). II — Sent. figurado: 2) Tirar, diminuir, enfraquecer, minorar (Cíc. Tusc. 3, 34).
Elĭas, -ădis, subs. f. Da Élida, província do Peloponeso (Verg. G. 1, 59).
ēlicĭŏ, -is, -ĕre, -cŭī, -cĭtum, v. tr. I — Sent. próprio: 1) Fazer sair por ardil ou por magia, evocar (Cíc. Vat. 14). Daí: 2) Fazer sair, tirar, arrancar (Cíc. Nat. 2, 150). II — Sent. figurado: 3) Provocar, atrair, excitar (Plín. Ep. 5, 10, 2). Obs.: Constrói-se com acus. e acus. com ad.
elicĭtus, -a, -um, part. pass. de **elicĭo.**
Elicĭus, -ī, subs. pr. m. Elício, sobrenome de Júpiter (Ov. F. 3, 328).
elicŭī, perf. de **elicĭo.**
ēlīdŏ, -is, -ĕre, -līsī, -līsum, v. tr. 1) Fazer sair apertando, esmagar, apertar com fôrça, quebrar, sufocar, estrangular (T. Lív. 21, 45, 8); (Verg. En. 8, 289). Daí: 2) Tirar, extrair batendo ou esfregando, arrancar, expulsar (Cíc. Rep. 2, 68). II — Sent. figurado: 3) Abater, enfraquecer, vencer, anular, elidir (Cíc. Tusc. 2, 27). 4) Dar um som, refletir uma imagem (Lucr. 4, 296).
ēligŏ, -is, -ĕre, -lēgī, -lēctum, v. tr. I — Sent. próprio: 1) Separar, estremar, escolher, eleger (Cíc. Of. 3, 3). Daí: 2) Arrancar colhendo, tomar, tirar (Cíc. Tusc. 3, 33).
Elīī, v. **Elei.**
ēlīmātus, -a, -um, part. pass. de **elimo.**
Elimēa (-mīa), -ae (-ĭōtis, -ĭdis), subs. pr. f. Eliméia ou Elimiótida, pequena região ao sul da Eordéia (T. Lív. 31, 40).
ēlĭmĭnŏ, -ās, -āre, -āvī, -ātum, v. tr. I — Sent. próprio: 1) Pôr para fora de casa, expulsar, banir (Quint. 8, 3, 31). II — Sent. figurado: 2) Divulgar, vulgarizar (Hor. Ep. 1 5, 25).
ēlīmŏ, -ās, -āre, -āvī, -ātum, v. tr. Limar delicadamente, gastar com a lima, limar, polir, retocar (Ov. Met. 4, 176).

ĒLŎQUOR

ēlinguis, -e, adj. 1) Sem língua, mudo (Cíc. Flac. 22). 2) Sem eloqüência (Cíc. Br. 100).
ēlinguŏ, -ās, -āre, -āvī, -ātum, v. tr. Cortar ou arrancar a língua a alguém (Plaut. Aul. 248).
ēlĭquŏ, -ās, -āre, -āvī, -ātum, v. tr. 1) Clarificar, purificar (Sên. Nat. 3, 26). 2) Destilar, fazer correr pouco a pouco (lentamente) (Pérs. 1, 35).
Ēlis, -ĭdis, subs. pr. f. Élida, nome de uma província do Peloponeso. Sua capital era a cidade de Élis (Cíc. Div. 1, 91).
Elīsa, (-ssa), -ae, subs. pr. f. Elisa ou Elissa, nome com que se designa Dido (Verg. En. 4, 335).
ēlīsī, perf. de **elīdo.**
ēlīsĭŏ, -ōnis, subs. f. 1) Ação de espremer um líquido (Sên. Ep. 99, 19). 2) Elisão (têrmo gramatical). (Prisc. 2, 3).
Elissa, v. **Elīsa.**
ēlīsus, -a, -um, part. pass. de **elīdo.**
Ēlīus, -a, -um, adj. De Élis ou da Élida (cf. **Eleus**).
ēlīxus, -a, -um, adj. 1) Cozido na água, fervido (Hor. Sát. 2, 2, 74). 2) Embebido em água, (Marc. 3, 7).
ellebŏrum, v. **hellebŏrum.**
ellīpsis, -is, subs. f. Elipse (têrmo gramatical) (Quint. 8, 6, 21).
ēlŏcŏ, -ās, -āre, -āvī, -ātum, v. tr. Alugar, dar de aluguel, arrendar (Cíc. Verr. 3, 35); (Cíc. Flac. 69).
ēlŏcūtĭŏ, -ōnis, subs. f. Elocução (língua retórica) (Cíc. Inv. 1, 9).
ēlŏcūtōrĭus, -a, -um, adj. Relativo à elocução (Quint. 2, 14, 2).
ēlŏcūtrix, -īcis, subs. f. A que fala (Quint. 2, 14, 2).
ēlŏgĭum, -ī, subs. n. I Sent. próprio: 1) Epitáfio, inscrição tumular (Cíc. C. M. 61). II — Daí: 2) Pequena fórmula ou máxima (Suet. Cal. 24, 3). 3) Cláusula, disposição testamentária (Cíc. Clu. 135).
ēlŏquens, -entis. I — Part. pres. de **elŏquor.** II — Adj.: Eloqüente, que tem o dom ou a arte da palavra (Cíc. Or. 18).
ēloquentĭa, -ae, subs. f. Dom da palavra, eloqüência, facilidade de expressão (Cíc. De Or. 1, 19).
ēlŏquĭum, -ī, subs. n. 1) Dom da palavra, eloqüência (Verg. En. 11, 383). 2) Expressão do pensamento (Hor. A. Poét. 217).
ēlŏquor, -ĕris, -lŏquī, -locūtus sum, v. dep. tr. e intr. I — Tr.: 1) Dizer, enunciar, explicar, expor, revelar, indicar (Cíc. Tusc. 1, 6); (Cíc. Br. 253). II — Intr.:

2) Falar, exprimir-se, explicar-se (Cíc. Of. 1, 156).

Elōrīnī, (Hel-), -ōrum, subs. loc. m. pl. Elorinos, habitantes de Eloro (Cíc. Verr. 3, 103).

Elōrĭus, (Hel-), -a, -um, adj. Do rio ou da cidade de Eloro (Ov. F. 4, 477).

Elōrum, (Hel-), -ī, subs. pr. n. e **Elōrus (Hel-), -ī,** subs. pr. m. Eloro. 1) Rio da Sicília (Cíc. Verr. 5, 90). 2) Cidade da Sicília, às margens do rio Eloro (T. Lív. 24, 35, 1).

ēlŏvĭēs, v. **eluvĭēs.**

Elpēnor, -ŏris, subs. pr. m. Elpenor, um dos companheiros de Ulisses (Juv. 15, 22).

Elpĭnĭcē, -ēs, subs. pr. f. Elpinice, nome de mulher (C. Nep. Cim., 1, 2).

ēlūcĕō, -ēs, -ēre, -lūxī, (sem supino), v. intr. I — Sent. próprio: 1) Luzir, brilhar, resplandecer (Cíc. Rep. 6, 16). II — Sent. figurado: 2) Ser brilhante, mostrar-se brilhante (Cíc. Rep. 2, 37); (Cíc. Of. 1, 103).

ēlūcēscō, -ĭs, -ĕre, -lūxī, v. incoat. intr. Começar a brilhar, a luzir, começar a amanhecer (Sên. Ep. 92, 17).

ēluctābĭlis, -e, adj. Que se pode vencer, de que alguém se pode libertar, escapar (Sên. Nat. 6, 8, 4).

ēlūctor, -āris, -ārī, -ātus sum, v. dep., intr. e tr. I — Intr.: 1) Lutar para se livrar de, livrar-se de, sair com esfôrço (Verg. G. 2, 244). II — Tr. 2) Vencer lutando, obter lutando (Tác. Hist. 3, 59).

ēlūcŭbrātus, -a, -um, part. pass. de **elucŭbro.**

ēlūcŭbrō, -ās, -āre, -āvī, -ātum, v. tr. Elocubrar, fazer à custa de vigílias, trabalhar com cuidado, preparar com esmêro (Cíc. Br. 312).

ēlūcŭbror, -ārī = elucŭbro (Cíc. At. 7, 19).

ēlūdō, -is, -ĕre, -lūsī, -lūsum, v. tr. e intr. I — Sent. próprio: 1) Esquivar-se, escapar a, aparar um golpe, evitar (Cíc. Opt. 17). II — Daí: 2) Zombar, escarnecer, enganar, frustrar, folgar, divertir-se (Cíc. Caec. 45); (Cíc. Ac. 2, 123). Obs.: Constrói-se com acus., abl. e duplo acus.

ēlūgĕō, -ēs, -ĕre, -lūxī, (sem supino), v. tr. e intr. 1) Chorar por, deplorar, estar de luto (Cíc. Fam. 9, 20, 3). 2) Acabar o luto, tirar o luto (T. Lív. 34, 7, 10).

ēlŭī, perf. de **elŭo.**

ēlŭmbis, -e, adj. Sem fôrças, fraco, sem vigor (sent. próprio e figurado) (Tác. D. 18).

ēlŭō, -is, -ĕre, -lŭī, -lūtum, v. tr. I — Sent. próprio: 1) Tirar, limpar lavando, lavar (Plaut. Aul. 270). II — Sent. figurado: 2) Purificar (Sên. Ep. 59, 9). Daí: 3) Dissolver, diluir, desfazer (Cíc. Lae. 76). 4) Dissipar, gastar (Plaut. Rud. 579).

Elusātēs, -ĭum, subs. loc. m. Elusates, habitantes de Elusa, cidade da Novempopulânia, na Aquitânia (Cés. B. Gal. 3, 27, 1).

ēlūsī, perf. de **elūdo.**

ēlūsus, -a, -um, part. pass. de **elūdo.**

ēlūtus, -a, -um. I — Part. pass. de **elŭo.** II — Adj.: Diluído, lavado, insípido, limpo, purificado (Hor. Sát. 2, 4, 16).

ēluvĭēs, -ēī, subs. f. I — Sent. próprio: 1) Água corrente, enxurrada, torrente (Tác. An. 13, 57). Daí: 2) Esgôto, escoamento de imundícies (Plín. H. Nat. 2, 197). 3) Barranco (formado pela enxurrada) (Q. Cúrc. 5, 4, 26). II — Sent. figurado: 4) Ruína, perda (Cíc. Dom. 53).

ēluvĭō- ōnis, subs. f. Inundação (Cíc. Of. 2, 16).

ēlūxī, perf. de **elucĕo, de elucēsco e de elugĕo.**

Elvīna, v. **Helvīna** (Juv. 3, 319).

Elymaeī, -ōrum, subs. loc. m. Elimeus, habitantes da Elimaida (T. Lív. 35, 48).

Elymāis, -ĭdis, subs. pr. f. Elimaida, região próxima à Susiana (Plín. H. Nat. 6, 111).

Elysĭī, -ōrum, subs. pr. m. pl. Os Campos Eliseos (Marc. 9, 52).

Elysĭum, -ī, subs. pr. n. O Elísio, lugar delicioso que, segundo os pagãos, fazia parte dos Infernos e era a morada dos heróis e dos virtuosos, depois de mortos (Verg. En. 5, 735).

Elysĭus, -a, -um, adj. Do Elísio (Verg. G. 1, 38).

em, interj. Eis aí!, toma! (Ter. Eun. 237); (Cíc. Phil. 5, 15).

ēmăcĕrō, -ās, -āre, v. tr. Emagrecer (Sên. Marc. 10, 6).

ēmancĭpātĭō, -ōnis, subs. f. I — Sent. próprio: 1) Emancipação (têrmo jurídico) (Quint. 11, 1, 65). II — Daí: 2) Alienação (de uma propriedade) (Plín. Ep. 10, 3, 3).

ēmancĭpātus, -a, -um, part. pass. de **emancĭpo.**

ēmancĭpō (ēmancŭpō), -ās, -āre, -āvī, -ātum, v. tr. I — Sent. próprio: 1) Emancipar, excluir da tutela, libertar (Cíc. Fin. 1, 74). II — Daí: 2) Alienar,

passar para o poder de outrem (Suet. Ot. 4).
ēmānō, -ās, -āre, -āvī, -ātum, v. intr. I — Sent. próprio: 1) Correr de, decorrer, emanar (Lucr. 3, 583). II — Sent. moral: 2) Decorrer de, provir de, originar-se (Cíc. De Or. 1, 189).
ēmarcēscō, -is, -ĕre, -marcŭī, v. intr. Murchar, secar (Plín. H. Nat. 15, 121); (Sên. Ep. 112, 3).
ēmarcŭī, perf. de emarcēsco.
Emathĭa, -ae, subs. pr. f. Emátia. I — Sent. próprio: 1) Província da Macedônia (T. Liv. 44, 44, 5). II — Daí, por extensão: 2) A Macedônia (Verg. G. 4, 390).
Emathĭon, -ŏnis, subs. pr. m. Emátion, nome de homem (Verg. En. 9, 571).
Emāthis, -ĭdis, adj. f. Da Emátia. Obs.: Substantivado: Emathis (Luc. 6, 350) «a Emátia»; Emathĭdes (Ov. Met. 5, 699) «as Emátidas, as Piéridas».
Emathĭus, -a, -um, adj. Emátio, da Macedônia (Ov. Met. 5, 313); (Luc. 3, 531).
ēmātūrēscō, -is, -ĕre, -tūrŭī (sem supino), v. intr. I — Sent. próprio: 1) Amadurecer, chegar à maturidade (Plín. H. Nat. 25, 36). II — Sent. figurado: 2) Abrandar, acalmar (Ov. Trist. 2, 124).
ēmaturŭī, perf. de ematurēsco.
emax, -ācis, adj. Que gosta de comprar, que tem a mania de comprar (Cíc. Par. 51).
emblēma, -ătis, subs. n. Obra de embutidos, ornato postiço, folheado (Cíc. Verr. 4, 37). Obs.: Dat. e abl. pl. emblematis.
embolĭum, -ī, subs. n. Espécie de pantomina que se representava nos entreatos (Cíc. Sest. 116).
ēmendābĭlis, -e, adj. Emendável, que se pode corrigir, corrigível, reparável (T. Liv. 44, 10, 3).
ēmendātē, adv. Corretamente, com correção (Cíc. Opt. 4). Obs.: Comp. -tĭus (Plín. H. Nat. 34, 58).
ēmendātĭō, -ōnis, subs. f. Ação de corrigir, correção, emenda (Cíc. Fin. 4, 21).
ēmendātor, -ōris, subs. m. O que corrige, reformador (Cíc. Br. 259).
ēmendātrix, -īcis, subs. f. A que corrige, reformadora (Cíc. Tusc. 4, 69).
ēmendātus, -a, -um, part. pass. de emēndo.
ēmendīcō, -ās, -āre, v. tr. Pedir esmolas, mendigar (Suet. Aug. 91, fin.).
ēmēndō, -ās, -āre, -āvī, -ātum, v. tr. 1) Emendar, corrigir, reformar, retificar (Cíc. Br. 26). Daí: 2) Na língua médica: Remediar, curar (Plín. H. Nat. 20, 170).

ēmēnsus, -a, -um, part. pass. de emetĭor.
ēmentĭor, -īris, -īrī, -mentītus sum, v. dep. intr. e tr. I — Intr.: 1) Mentir, dizer falsidade, caluniar (Cíc. Br. 42). II — Tr.: 2) Inventar falsidades, fingir, imitar, dissimular (Cíc. Phil. 2, 83).
ēmentītus, -a, -um, part. pass. de ementĭor.
ēmērcor, -āris, -ārī, -mercātus sum, v. dep. tr. Comprar (Tác. An. 13, 44).
ēmerĕō, -ēs, -ēre, rŭī, -rĭtum, v. tr. 1) Merecer, obter, ganhar, conseguir (Ov. F. 4, 58). 2) Acabar de prestar o serviço militar (Cíc. C. M. 49).
ēmerĕor, -ēris, -ērī, -merĭtus sum, v. dep. tr. Acabar o serviço militar (Ov. F. 1, 665).
ēmērgō, -is, -ĕre, -mērsī, -mērsum, v. intr. e tr. I — Sent. próprio: 1) Emergir, sair da água ou donde estava mergulhado (Cíc. Verr. 4, 130). II — Sent. figurado: 2) Sair de, aparecer, surgir, nascer (Cíc. Vat. 23); (Cíc. Cael. 51). Obs.: Constrói-se com abl., geralmente com ex ou ab, e às vêzes com acus.
ēmerĭtus, -a, -um. I — Part. pass. de emerĕo e emerĕor. II — Adj. (poético): 1) Acabado, terminado vitorioso (Ov. F. 3, 43). III — Subst. emerĭtus, -ī: 2) Soldado que acabou o serviço militar (Tác. An. 1, 28).
ēmērsī, perf. de emērgo.
ēmērsus, -a, -um, part. pass. de emērgo.
ēmerŭī, perf. de emerĕo.
ēmetĭor, -īris, -īrī, -mēnsus sum, v. dep. tr. I — Sent. próprio: 1) Medir exatamente, e daí: 2) Percorrer, atravessar (Verg. En. 10, 772); (T. Liv. 27, 43, 1). Donde: 3) Dar em larguesa, atribuir, dispensar (Cíc. Br. 16).
ēmētō, -is, -ĕre, -mēssum, v. tr. Ceifar (em abundância), tirar ceifando (Hor. Ep. 1, 6, 21).
emī, perf. de emo.
emĭcans, -āntis, part. pres. de emĭco.
emĭcāvī = emicŭī (Quint. 1, 6, 17).
emĭcō, -ās, -āre, -ŭī (-āvī), -ātum, v. intr. I — Sent. próprio: 1) Atirar-se para fora, lançar-se, saltar, brotar, romper (Luc. 2, 195); (Verg. En. 6, 5). II — Sent. figurado: 2) Sair brilhando, brilhar, surgir (sent. físico e moral) (Tác. An. 13, 16). Obs.: O perf. emicavi ocorre em Quintiliano (1, 6, 17) e em autores posteriores.
emicŭī, perf. de emĭco.
ēmĭgrō, -ās, -āre, -āvī, -ātum, v. intr. 1) Sair de, mudar de habitação, emigrar, mudar-se, expatriar-se (Cíc. Verr. 5, 32);

(Cés. B. Gal. 1, 31, 14). Daí: 2) Morrer, na expressão: **emigrare e vita** (Cíc. Leg. 2, 48) «morrer» (deixar a vida).

ēmĭnātĭŏ, -ōnis, subs f. Ameaça (Plaut. Capt. 799).

ēmĭnens, -entis. I — Part. pres. de **emineo**. II — Adj. I — Sent. próprio: 1) Que se eleva, que fica sobranceiro, alto, elevado (Cés. B. Cív. 2, 9, 5). Daí: 2) Saliente, proeminente (Cíc. De Or. 3, 215). II — Sent. figurado: 3) Eminente, notável (Q. Cúrc. 4, 4). III — Subs. m. pl.: 4) Homens eminentes, personagens ilustres (Tác. Agr. 5). IV) Subs. n. pl.: 5) Passos importantes de um discurso (Quint. 10, 1, 86).

ēmĭnentĭa, -ae, subs. f. I — Sent. próprio: 1) Eminência, elevação, altura, saliência, relêvo (Cíc. Ac. 2, 20). II — Sent. figurado: 2) Excelência, superioridade, proeminência (A. Gél. 5, 11, 9).

ēmĭnĕō, -ēs, -ēre, -mĭnŭī, (sem supino), v. intr. I — Sent. próprio: 1) Destacar-se em saliência, estar saliente, elevar-se (Cíc. Div. 1, 93). Daí, em sent. moral: 2) Elevar-se, sobressair (Cíc. Rep. 6, 29). Donde: 3) Exceder, ser proeminente (Cíc. De Or. 3, 101). 4) Distinguir-se, dominar (Cíc. Or. 104).

ēmĭnŭī, perf. de **emineo**.

ēmĭnus, adv. Sem vir às mãos, donde: de longe, à distância (Cés. B. Gal. 7, 24, 4). Obs.: Com ablativo significa «longe de»

ēmīror, -āris, -ārī, v. dep. tr. Mostrar grande surprêsa, estar muito admirado (Hor. O. 1, 5, 8).

emīsī, perf. de **emitto**.

ēmissārĭum, -ī, subs. n. Escoadouro (Cíc. Fam. 16, 18, 2).

ēmissārĭus, -ī, subs. m. Agente emissário, espião (Cíc. Fam. 7, 2, 3).

ēmissĭcĭus, -a, -um, adj. Que se envia para espionar: **emissicii oculi** (Plaut. Aul. 41), «olhos que espionam».

ēmissĭō, -ōnis, subs. f. Ação de lançar, soltar, deixar ir (Cíc. Tusc. 2, 57).

1. ēmissus, -a, -um, part. pass. de **emitto**.

2. ēmissus, -ūs, subs. m. Ação de lançar, lançamento (Lucr. 4, 202).

ēmittō, -is, -ĕre, -mīsī, -missum, v. tr. I — Sent. próprio: 1) Deixar escapar, deixar partir, deixar cair, largar, soltar, emitir (T. Lív. 44, 36, 9); (Cés. B. Gal. 1, 25, 4); (T. Lív. 1, 54, 7). II — Sent. figurado: 2) Produzir, dar à luz, lançar, atirar (Cíc. Fam. 7, 33).

emō, -is, -ĕre, ēmī, emptum, v. tr. I — Sent. próprio: 1) Tomar (que ainda aparece em compostos) (P. Fest. 4, 18).

II — Daí: 2) Comprar (Cíc. Of. 3, 59); (Cíc. Amer. 6). 3) Comprar, assalariar, subornar (Cíc. Clu. 102). Obs.: Em Plauto ocorre o subj. **empsim** (Mil. 316).

ēmŏdĕrandus, -a, -um, adj. Que pode ser moderado, acalmado (Ov. Rem. 130).

ēmŏdŭlor, -āris, -ārī, v. dep. tr. Cultuar, celebrar, cantar (Ov. Am. 1, 1, 30).

ēmōlīmentum, -ī, subs. n. I — Sent. próprio: 1) Grande edifício (Cod. Th. 15, 1, 19). II — Sent. figurado: 2) Trabalho, obstáculo, dificuldade (Cés. B. Gal. 1, 34, 3).

ēmōlĭor, -īris, -īrī, -molītus sum, v. dep. tr. 1) Levantar um pêso, elevar (Sên. Ag. 476). Daí: 2) Executar (Plaut. Bac. 762).

ēmōlītus, -a, -um, part. pass. de **emolior**.

ēmollĭō, -īs, -īre, -īvī (ou -ĭi), -ītum, v. tr. I — Sent. próprio: 1) Amolecer, tornar mole (T. Lív. 37, 41, 4). II — Daí: 2) Suavizar, abrandar (Ov. P. 2, 9, 48).

ēmŏlŭmentum, -ī, subs. n. Vantagem, proveito, lucro, emolumento (Cíc. De Or. 1, 34).

ēmŏrĭor, -ĭris, -ī, -mortŭus sum, v. dep. intr. Acabar de morrer, morrer, esvair-se, apagar-se, desaparecer (sent. próprio e figurado) (Cíc. Of. 3, 114); (Cíc. Par. 18).

emorīrī = **emori**, inf. pres. arc. (Ter. Eun. 432).

ēmortŭus, -a, -um, part. pass. de **emorior**.

ēmōtus, -a, -um, part. pass. de **emoveo**.

ēmŏvĕō, -ēs, -ēre, -mōvī, -mōtum, v. tr. I — Sent. próprio: 1) Expulsar, abalar, sacudir, tirar, afastar (T. Lív. 25, 1). II — Sent. figurado: 2) Dissipar (Verg. En. 6, 382).

Empĕdŏclēs, -is, subs. pr. m. Empédocles, filósofo grego, nascido em Agrigento, na Sicília (Cíc. Tusc. 1, 19).

Empĕdŏclēus, -a, -um, adj. De Empédocles, empedocliano (Cíc. Tusc. 1, 41). Obs.: No pl.: **Empedoclea** (Cíc. Q. Fr. 2, 11, 3), «a doutrina de Empédocles».

empīrĭcus, -ī, subs. m. Médico empírico (Cíc. Ac. 2, 122).

Empŏrĭa, -ōrum, subs. pr. pl. Empórios, região de feitorias comerciais dos cartagineses (T. Lív. 29, 25, 12).

Empŏrĭae, -ārum, subs. pr. f. Empórias, cidade da Hispânia Tarraconense (T. Lív. 21, 60, 3).

Empŏrītānī, -ōrum, subs. loc. m. Empor̃tanos, habitantes de Empórias (T. Lív. 34, 16, 4).

empŏrĭum, -ĭ, subs. n. Empório, lugar onde se compra e vende, mercado (Cíc. At. 5, 2, 2).

emptĭcĭus, (emptĭtĭus), -a, -um, adj. Que se compra, comprado (Sên. Contr. 7, 7, 24).

emptĭō, -ōnis, subs. f. 1) Compra (Cíc. Caec. 17). Donde: 2) Objeto comprado (Cic. Fam. 7, 23, 2).

emptĭtō, -ās, -āre, -āvī, -ātum, v. freq. tr. Comprar muitas vêzes, comprar (Plín. Ep. 6, 19, 5).

emptor, -ōris, subs. m. Comprador (Cíc. Of. 3, 51).

emptus, -a, -um, part. pass. de emo.

Empŭlum, -ĭ, subs. pr. n. Empulo, cidade do Lácio (T. Lív. 7, 18).

Empўlus, -ĭ, subs. pr. m. Empilo, nome de um ródio que escreveu um livro sôbre a morte de César (Quint. 10, 6, 4).

ēmŭgĭō, -is, -īre, v. tr. Mugir, soltar mugidos (Quint. 2, 12, 9).

ēmulgĕō, -ēs, -ēre, (-mulsī), mŭlsum, v. tr. I — Sent. próprio: 1) Ordenhar, mungir até o fim. II — Sent. figurado: 2) Esgotar (Catul. 68, 110).

ēmŭnctus, -a, -um, part. pass. de emŭngo.

ēmŭngō, -is, -ēre, -mūnxī, -mūnctum, v. tr. (atestado desde Plauto). 1) Assoar (Plaut. Cas. 391). 2) Limpar, despojar, deixar sem nada: emunxi argento senes (Ter. Phorm. 682) «despojei os velhos do dinheiro».

ēmūnĭō, -is, -īre, -ĭvī (ou -ĭĭ), -ītum, v. tr. I — Sent. próprio: 1) Fortificar, guarnecer de muros, ou muralhas (T. Lív. 24, 21, 12). II — Daí: 2) Tornar sólido, seguro, defender, proteger (T. Lív. 26, 46, 2).

ēmūnxī, perf. de emŭngo.

ēmūtātĭō, -ōnis, subs. f. Mudança (Quint. 8, 6, 51).

ēmūtō, -ās, -āre, -ātum, v. tr. Mudar inteiramente (Quint. 8, 2, 19).

1. ēn, interj. Eis, eis aqui (Cíc. Dej. 17).

2. ēn, part. interrogativa. Acaso? (Verg. Buc. 1, 67). Obs.: Pode aparecer em or. interrog. indiretas (T. Lív. 24, 14, 3).

Enaesĭmus, -ĭ, subs. pr. m. Enésimo, nome de um guerreiro (Ov. Met. 8, 361).

ēnarrābĭlis, -e, adj. Que se pode descrever, exprimir, descritivel (Verg. En. 8, 625).

ēnarrātĭō, -ōnis, subs. f. I — Sent. próprio: 1) Desenvolvimento, explicação, comentário (Quint. 1, 4, 2). II — Daí: 2) Escansão (de sílabas) (Sên. Ep. 88, 3).

ēnarrō, -ās, -āre, -āvī, -ātum, v. tr. I — Sent. próprio: 1) Contar com minúcias, dizer explicitamente (Cíc. Div. 1, 55). II — Daí: 2) Explicar, interpretar, comentar (Quint. 1, 2, 14).

ēnāscor, -ĕris, -nāscī, -nātus sum, v. dep. intr. Nascer de, vir ao mundo, brotar, sair (Cés. B. Gal. 2, 17, 4).

ēnātō, -ās, -āre, -āvī, -ātum, v. intr. e tr. I — Intr.: 1) Salvar-se a nado, escapar do naufrágio, escapar-se (Hor. A. Poét. 20); (Cíc. Tusc. 5, 87). II — Tr.: 2) Atravessar a nado.

ēnātus, -a, -um, part. pass. de enāscor.

ēnāvĭgō, -ās, -āre, -āvī, -ātum, v. intr. I — Sent. próprio: 1) Passar navegando, chegar ao têrmo da viagem, aportar (Suet. Tib. 11). Daí: 2) Escapar, livrar-se (sent. figurado) (Cíc. Tusc. 4, 33). 3) Tr.: Atravessar navegando, navegar sôbre (Hor. O. 2, 14, 11).

encaustus, -a, -um, adj. Pintado a encáustica (Marc. 4, 47, 1).

Encĕlădus, -ĭ, subs. pr. Encélado, um dos gigantes que fizeram guerra aos deuses, ficando aprisionado sob o monte Etna (Verg. En. 3, 578).

endo ou **indu**, arc., v. in (Lucr. 6, 890).

endrŏmis, -ĭdis, subs. f. Endrômide (manto com que se cobriam os atletas, depois dos exercícios) (Juv. 3, 102).

Endymĭōn, -ōnis, subs. pr. m. Endímion, pastor de rara beleza, amado por Selene (Cíc. Tusc. 1, 92).

ēnĕcō (**ēnĭcō**), -ās, -āre, -necŭī, -nēctum, v. tr. I — Sent. próprio: 1) Matar, fazer morrer (Plín. H. Nat. 23, 63). II — Sent. figurado: 2) Esgotar, fatigar, importunar (Ter. Eun. 554); (Cíc. Div. 23, 63). Obs.: Pret. perf. enicavi (Plaut. As. 921); fut. perf. enicasso (Plaut. Most. 223).

ēnēctus, -a, -um, part. pass. de enĕco.

ēnecŭī, perf. de enĕco.

ēnervātus, -a, -um. I — Part. pass. de enērvo. II — Adj.: Sem nervos, insensível, enervado, enfraquecido, fraco, efeminado (Cíc. Sest. 24); (Cíc. Tusc. 2, 15).

ēnērvis, -e, adj. Sem nervos, fraco, efeminado (Tác. D. 18).

ēnērvō, -ās, -āre, -āvī, -ātum, v. tr. I — Sent. próprio: 1) Privar dos nervos, cortar os nervos (Apul. M. 8 p. 215). II — Sent. figurado: 2) Enfraquecer, enervar, esgotar (Cíc. C. M. 32).

Engŏnāsi (-sin), subs. pr. indecl. O Ajoelhado ou Hércules, constelação cuja disposição das estrêlas faz lembrar um homem ajoelhado (Cíc. poet. Nat. 2, 108).

Enguīni, -ōrum, subs. loc. m. pl. Enguinos, habitantes de Êngio (Cíc. Verr. 4, 197).
Enguīnus, -a, -um, adj. De Êngio, cidade da Sicília (Cíc. Verr. 3, 193).
ēnĭcō = enēco.
enim, part. afirm. I — Sent. próprio: 1) Na verdade, de fato, seguramente, realmente (Verg. G. 2, 104). Donde: 2) Com efeito (Plaut. As. 808). Obs.: Partícula afirmativa, geralmente colocada depois da primeira palavra principal da frase. Como conjunção pode exprimir uma confirmação (Cíc. Tusc. 1, 11); ou a causa (Cíc. Phil. 2, 32).
enimvēro, adv. de afirmação. É fato, sim, na verdade, efetivamente, com efeito (Cíc. Verr. 4, 147).
Enĭni, -ōrum, subs. loc. m. Eninos, povo da Sicília (Plín. H. Nat. 3, 91).
Enīpeus, ěī (-ěos), subs. pr. m. Enipeu. 1) Rio da Tessália (Verg. G. 4, 368). 2) Rio da Macedônia (T. Lív. 44, 8, 2).
ēnīsus (enixus), -a, -um, part. pass. de **enītor**.
ēnĭtěō, -ēs, -ēre, -nĭtŭī, v. intr. I — Sent. próprio: 1) Brilhar, reluzir, estar brilhante (Verg. G. 2, 211). II — Sent. figurado: 2) Aparecer com brilho, distinguir-se, brilhar (Cíc. Br. 215).
ēnĭtēscō, -is, -ěre, -tŭi, v. incoat. intr. Começar a brilhar (sent. próprio e figurado) (Sal. C. Cat. 54, 4).
ēnītor, -ěris, nīti, -nīsus (-nīxus) sum, v. dep. intr. e tr. I — Intr.: 1) Fazer esforços para sair, desembaraçar-se (T. Lív. 30, 24, 8). Daí: 2) Fazer esforços para se elevar, para subir, procurar conseguir (Cés. B. Civ. 3, 34, 5). 3) Pass.: Ser dado à luz (Sal. B. Jug. 25, 2). II — Tr.: 4) Transpor, atravessar (Tác. Hist. 1, 23). 5) Dar à luz (T. Lív. 40, 4). Obs.: Constrói-se intransitivamente ou com **ut**, ou com **ne**; ou transitivamente com **acus**.
enitŭī, perf. de **enitěo** e de **enitēsco**.
ēnīxē, adv. Com esfôrço, com tôdas as fôrças, com todo o poder ou empenho (Cíc. Sest. 38). Obs.: Comp.: -xius (T. Lív. 29, 1, 18); superl.: -issime (Suet. Cés. 5).
ēnīxus, -a, -um = enisus, part. pass. de **enītor**.
Ennensĭs, v. **Hennensis**.
Enniānus, -a, -um, adj. De Ênio (Sên. Ep. 108).
Ennĭus, -ī, subs. pr. m. Ênio (Quinto), poeta latino, nascido em Rudies, na Calábria, que viveu de 240 a 169 a.C. Compôs um poema épico «Anais», em dezoito livros, sôbre a história de Roma (Cíc. Br. 73).
Ennŏmus, -ī, subs. pr. m. Ênomo, príncipe da Mísia, morto por Aquiles (Ov. Met. 13, 260).
Ennosigaeus, -ī, subs. pr. m. Enosigeu, sobrenome de Netuno, fazendo alusão ao fato de ter êle abalado a terra (Juv. 10, 182).
ēnō, -ās, -āre, -āvī, -ātum, v. intr. I — Sent. próprio: 1) Salvar-se a nado, abordar (Cíc. Fin. 3, 63). II — Sent. figurado: 2) Escapar-se, evolar-se, livrar-se (Verg. En. 6, 16).
ēnōdātē, adv. Claramente, fàcilmente, de maneira lúcida (Cíc. Inv. 1, 30). Obs.: Comp.: -tius (Cíc. Fin. 5, 27).
ēnōdātĭō, -ōnis, subs. f. 1) Explicação, esclarecimento (Cíc. Top. 31). 2) Etimologia (Cíc. Nat. 3, 62).
ēnōdis, -e, adj. I — Sent. próprio: 1) Que não tem nós, que é sem nós (Verg. G. 2, 78). II — Sent. figurado: 2) Desembaraçado, flexível, fácil. (Plín. Ep. 5, 17, 2).
ēnōdō, -ās, -āre, -āvī, -ātum, v. tr. I — Sent. próprio: 1) Privar de nós, tirar os nós a, desatar (Cat. Agr. 33, 1). II — Sent. figurado: 2) Explicar, interpretar, esclarecer (Cíc. Nat. 3, 62).
ēnormis, -e, adj. I — Sent. próprio: 1) Irregular, que sai fora das proporções normais, muito grande, enorme (Tác. An. 15, 38). II — Sent. figurado: 2) Inesgotável (Petr. 2, 7).
ēnormĭtās, -tātis, subs. f. Sent. próprio e figurado: irregularidade, enormidade (Sên. Const. 18).
ēnormĭter, adv. I — Sent. próprio: 1) Irregularmente, contra as regras (Sên. Nat. 2, 1, 4). II — Donde: 2) Desmesuradamente, enormemente, excessivamente (Plín. H. Nat. 36, 72).
ēnōtātus, -a, -um, part. pass. de **enōto**.
ēnotēscō, -is, -ēre, -tŭī, v. intr. Tornar-se público, propalar-se, tornar-se conhecido (Tác. Hist. 3, 34).
ēnŏtō, -ās, -āre, -āvī, -ātum, v. tr. Notar, consignar em notas (Plín. Ep. 1, 6, 1); (Quint. 1, 7, 27).
ēnotŭī, perf. de **enotēsco**.
ensĭfer (ensiger), -ěra, -ěrum, adj. Ensífero, que traz espada, armado de espada (Ov. F. 4, 388).
ensis, -is, subs. m. I — Sent. próprio: 1) Espada (Verg. En. 2, 393). II — Sent. figurado: 2) Autoridade, poder supremo (Luc. 5, 61). 3) Combate, guerra

(Luc. 2, 102). Obs.: Subst. de uso poético, principalmente.

Entellīnus, -a, -um, adj. De Entela, cidade da Sicília (Cíc. Verr. 3, 200).

Entellus, -ī, subs. pr. m. Entelo, troiano fundador de Entela, na Sicília (Verg. En. 5, 387).

enthĕus, -a, -um, adj. Divinamente inspirado, cheio de entusiasmo (Marc. 11, 84).

enthȳmēma, -ătis, subs. n. I — Sent. próprio: 1) Concepção, pensamento (Cíc. Top. 55). II — Daí: 2) Entimema (têrmo de lógica) (Quint. 5, 10, 1).

ēnūbō, -is, -ĕre, -nūpsī, -nūptum, v. intr. 1) Casar (tratando-se de mulher) com pessoa fora de sua classe, fazer casamento desigual (T. Lív. 4, 4, 7). 2) Casar com pessoa de outra cidade, casar deixando a casa paterna (T. Lív. 26, 34, 3). Obs.: Só é usado por Tito Lívio.

ēnucleātē, adv. De modo sóbrio e claro (língua retórica) (Cic. Br. 35).

ēnucleātus, -a, -um, part. pass. de **enucleo**.

ēnucleō, -ās, -āre, -āvī, -ātum, v. tr. Tirar a ncz, e em sent. moral: examinar a fundo, estudar minuciosamente (Cíc. Planc. 10); (Cíc. Tusc. 5, 23).

ēnumerātio -ōnis, subs. f. I — Sent. próprio: 1) Enumeração (Cíc. Br. 138). II — Daí, na língua retórica: 2) Resumo, recapitulação (Civ. Inv. 1, 45).

ēnumĕrō, -ās, -āre, -āvī, -ātum, v. tr. I — Sent. próprio: 1) Contar por inteiro ou sem omissão (Cíc. Amer. 133). II — Daí: 2) Enumerar, relatar, contar por miúdo, resumir, recapitular (Cíc. Nat. 2, 121); (Verg. En. 4, 334).

ēnuntiātĭō, -ōnis, subs. f. I — Sent. próprio: 1) Enunciação, exposição, narração (Cíc. At. 4, 16, 6). II — Daí: 2) Enunciação de um juízo, proposição (Cic. Fat. 1).

ēnuntiātīvus, -a, -um, adj. Enunciativo, que enuncia, que mostra (Sên. Ep. 117, 12).

ēnuntiātum, -ī, subs. n. Enunciado, proposição (Cíc. Fat. 9).

ēnuntiātus, -a, -um, part. pass. de **enuntio**.

ēnuntiō, -ās, -āre, -āvī, -ātum, v. tr. V — Sent. próprio: 1) Fazer conhecer fora, enunciar, exprimir, dizer, declarar (Cíc. De Or. 3, 168). Daí: 2) Revelar, divulgar, descobrir (Cés. B. Gal. 1, 17, 5); (Cíc. Mur. 25).

ēnuptĭō, -ōnis, subs. f. Casamento de uma mulher fora de sua classe, mau casamento (T. Lív. 39, 19, 5).

ēnūpsī, perf. de **enūbo**.

ēnūtrĭō, -īs, -īre, -īvī (ou -ĭī,) -ītum, v. tr. Alimentar bem, nutrir, criar uma criança até ser crescida (Ov. Met. 4, 289).

Ěnȳō, -ūs, subs. pr. f. Enio. I — Sent. próprio: 1) Nome que os gregos davam à deusa da guerra e que os romanos chamavam Belona (Estác. Theb. 8, 657). II — Sent. figurado: 2) Guerra, combate (Marc. Spect. 24, 3).

1. eō, adv. Sent. próprio e figurado: 1) Para lá (com idéia de movimento), para aquêle lugar, para aquêle ponto (Cíc. At. 2, 16, 3). Donde: 2) A êste ponto, a êste estado, a tal ponto, a tal estado (Cíc. Verr. 2, 42); (Cíc. Amer. 96).

2. eō, abl. n. de is, usado adverbialmente. 1) Por isto, por causa disto, a fim de que, para que: **eo scripsi, quo plus auctoritatis haberem** (Cíc. At. 8, 9, 1), «escrevi para que tivesse mais influência». 2) Tanto que, tanto mais que, tanto menos que (com comp.): **eo minus quod** (Cés. B. Gal. 5, 9, 1), «tanto menos que...». 3) De tal modo, assim, a tal ponto (Cíc. Sest. 68).

3. eō, -īs, -īre, iī ou -īvī, -ĭtum, v. intr. I — Sent. próprio: 1) Ir (Palut. As. 108); (Cíc. At. 4, 9, 2); (Cíc. Div. 2, 122). Daí: 2) Dirigir-se, caminhar, andar, marchar, vir (Cés. B. Gal. 7, 67, 2). II — Sent. figurado: 3) Recorrer, procurar (Verg. En. 4, 413). 4) Passar (de um estado a outro), correr de, espalhar-se (Hor. O. 2, 14, 5). Sair, retirar-se, escapar-se, fugir, refugiar-se (Verg. Buc. 1,65). III — Sent. especial: 6) Ser vendido, vender-se por certo preço (Plín. H. Nat. 18, 194). Obs.: Usa-se freqüentemente com o supino para indicar fim ou intenção.

Eōdem, adv. I - Sent. próprio 1) Ao mesmo ponto, para o mesmo lugar (Cés. B. Gal. 1, 4, 2). II — Sent. figurado 2) Ao mesmo fim (Cíc. De Or. 2, 89).

Eōī, m. pl. de **Eous. 2**.

eōpse = ipso (Plaut. Curc. 538).

Eordaea, -ae, subs. pr. f. Eordéia, capital da província macedônica do mesmo nome (T. Lív. 31, 39, 7).

Eordaeī, -ōrum, subs. loc. m. pl. Eordeus, habitantes da Eordéia (T. Lív. 45, 30, 6).

1. Eōs, subs. pr. f. 1) A Aurora (Ov. F. 3, 877). 2) As regiões orientais (Luc. 9, 544). Obs.: Usado apenas no nominativo.

2. eōs, acus. pl. m. de **is**.

1. **Eōus, -a, -um,** adj. Do Oriente, oriental (Verg. G. 1, 221).
2. **Eōus, -ī,** subs. pr. m. 1) A estrêla da manhã, Lúcifer (Verg. G. 1, 288). 2) Habitante do Oriente (Ov. Trist. 4, 9, 22). 3) Nome de um dos cavalos do Sol (Ov. Met. 2, 153).
Epaminōndās, -ae; subs. pr. m. Epaminondas, famoso general e homem de estado beócio, nascido em Tebas (Cíc. De Or. 3, 139).
Epanterii, -ōrum, subs. m. Epantérios, povo dos Alpes (T..Lív. 28, 46, 10).
epaphaerĕsis, -is, subs. f. Ação de tirar, tosquiar (Marc. 8, 52, 9).
Epaphrodītus, -ī, subs. pr. m. Epafrodito, liberto e secretário de Nero, que o ajudou a matar-se (Tác. An. 15, 55).
Epăphus, -ī subs. pr. m. Épafo, filho de Júpiter e de Io, e fundador de Mênfis, no Egito (Ov. Met. 1, 748).
ēpāstus, -a, -um, adj. De que se alimentou, comido (Ov. Hal. 119).
ēpaticus, v. **hepaticus.**
Epēus, (-ŏs), -ī, subs. pr. m. Epeu, filho de Panopéia e construtor do famoso cavalo de Tróia (Verg. En. 2, 264).
ephēbĭcus, -a, -um, adj. Da adolescência (Apul. M. 10, 30).
ephēbus, -ī, subs. m. Adolescente, jovem (dos 16 aos 20 anos) (Cíc. Nat. 1, 79).
ephēmĕris, -ĭdis, subs. f. Diário, efeméride (Cíc. Quinct. 57).
Ephesius, -a, -um, adj. De Éfeso, efésio (Cíc. Div. 1, 47).
Ephesii, -rum, subs. loc. m. pl. Efésios, habitantes de Éfeso (Cíc. Tusc. 5, 105).
Ephěsus, -ī, subs, pr. f. Éfeso, cidade da Ásia menor, banhada pelo mar Egeu, célebre por seu templo de Diana (Plín. H. Nat. 5, 131).
ephippiātus, -a, -um, adj. Sentado num xairel (Cés. B. Gal. 4, 2, 5).
ephippium, -ī, subs. n. Efípio, xairel (cobertura que se põe no cavalo) (Cés. B. Gal. 4, 2, 4).
ephŏri, -ōrum, subs. m. Éforos (principais magistrados de Esparta) (Cíc. Leg. 3, 16). Obs.: Gen. pl. **ephorum** (C. Nep. Ages. 4, 1).
Ephŏrus, -ī, subs. pr. m. Éforo, historiador grego, nascido em Cumas (Cic. Br. 204).
Ephy̆ra, -ae, e -rē, -ēs, subs. pr. f. Éfira. 1) Antigo nome de Corinto (Ov. Met. 2, 240). 2) Ilha do gôlfo Argólico (Plín. H. Nat. 4, 56). 3) Ninfa, filha do Oceano e de Tétis (Verg. G. 4, 343).
Ephyraeus, (-rēus), (-rēĭus), -a, -um, adj. Efireu, de Corinto (Ov. A. Am. 1, 335).

Ephy̆rī, -ōrum, subs. loc. m. pl. Éfiros, povo da Etólia (Plín. H. Nat. 4, 6).
Epĭcădus, -ī, subs. pr. m. Epícado, nome de homem (T. Lív. 44, 30, 3).
Epichăris, -is, e ĭdis, subs. pr. f. Epicaris, liberta grega que viveu no I séc. d.C., e tomou parte na conspiração de Pisão contra Nero (Tác. An. 15, 51).
Epichărmus, -ī, subs. pr. m. Epicarmo. 1) Poeta cômico da Sicília (Cíc. Tusc. 1, 15). 2) Título de uma obra de Ênio (Cíc. Ac. 2, 51).
epichy̆sis, -is, subs. f. Espécie de vaso (Plaut. Rud. 1319).
Epiclĕrus (-os), -ī, subs. pr. f. Epiclero, título de uma peça de Menandro imitada por Turpílio (Cíc. Lae. 99).
epicōpus, -a, -um, adj. Guarnecido de remos (Cíc. At. 14, 16).
Epicrătēs, -is, subs. pr. m. 1) Epícrates, filósofo e orador ateniense do fim do V séc. a C., que muito contribuiu para a queda dos trinta tiranos (Cíc. Fil. Fam. 16, 21). 2) O poderoso (tratando-se de Pompeu) (Cíc. At. 2, 3).
epicrŏcus, -a, -um, adj. Fino, transparente (Plaut. Pers. 96).
Epicurēi, -ōrum, subs. m. Epicureus, epicuristas, da seita de Epicuro (Cíc. Fin. 2,81).
Epicurēus, -īus), -a, -um, adj. Epicureu, de Epicuro (Cíc. Fin. 2, 22).
Epicūrus, -ī, subs. pr. m. Epicuro, filósofo grego que viveu de 341 a 270 a.C. (Cíc. Fin. 1, 29).
epĭcus, -a, -um, adj. 1) Épico (Cíc. Opt. 2). 2) Como subs. m. pl.: os poetas épicos (Quint. 10, 1, 51).
Epicy̆dēs, -is, subs. pr. m. Epícides, nome de homem (T. Lív. 24, 6, 7).
Epidāphnē e Epidāphnēs, -ae, subs. pr. f. Epidafna, cidade próxima da Antioquia, na Síria, assim chamada por estar situada perto de um lugar conhecido pelo nome de Dafna (Tác. An. 2, 83).
Epidaurēus (-rĭus, -rĭcus), -a, -um, adj. Epidaureu, de Epidauro (Ov. Met. 15, 643).
Epidaurius, -iī, subs. pr. m. Epidáurio ou Esculápio (Ov. Met. 15, 723).
1. **Epidaurum, -ī,** subs. pr. n. (ou **-rus, -ī,** subs. f.). Epidauro, cidade da Dalmácia, colônia romana (Plín. H. Nat. 3, 143).
2. **Epidaurum, -ī,** subs. n. (**-rus ou -ros, -ī**), subs. pr. f. Epidauro, cidade da Argólida, na Grécia, e célebre pelo templo de Esculápio (Cíc. Nat. 3, 83).
epidictĭcus, -a, -um, adj. Epidíctico, demonstrativo (Cíc. Or. 42).

Epidĭcus, -i, subs. pr. m. Epídico, título de uma comédia de Plauto.
epidīpnis, -ĭdis, subs. f. Sobremesa (Marc. 11, 31, 7).
Epidĭus, -i, subs. pr. m. Epídio. 1) Nome de um orador (Plín. H. Nat. 17, 243). 2) Tribuno da plebe no tempo de César (Suet. Cés. 79).
Epigŏni, -ōrum, subs. pr. m. Epígonos. 1) Descendentes dos sete heróis gregos, que dirigiram a primeira expedição contra Tebas e aí morreram. Daí: 2) Título de uma tragédia de Ésquilo, que versou sôbre êste assunto; foi traduzida por Ácio para o latim (Cíc. Opt. 18).
epigrămma, -ătis, subs. n. I — Sent. próprio: 1) Inscrição, título (Cíc. Verr. 4, 127). Daí: 2) Epitáfio (Petr. 115, 20). 3) Epigrama, pequena composição poética (Cíc. Tusc. 2, 84). II — Sent. figurado: 4) Marca feita com ferro em brasa (Petr. 103, 4).
epĭgrus, -i, subs. m. Cavilha (Sên. Ben. 2, 12, 2).
epilŏgus, -i, subs. m. Epílogo, peroração, fim de um discurso (Cíc. Br. 137).
epimēnia, -iōrum, subs. n. pl. Presentes dados todos os meses, ração para um mês (Juv. 7, 120).
Epĭmenĭdēs, -is, subs. pr. m. Epimênides, filósofo e legislador grego, nascido em Cnossos, na ilha de Creta (Cíc. Leg. 2, 28). Obs.: Gen. grego: **Epimenidu** (Plín. H. Nat. 19, 93).
Epimēthis, -ĭdis, subs. pr. f. Epimétida, isto é, Pirra, filha de Epimeteu (Ov. Met. 1, 390).
epinĭcĭon (epinicĭum), -i, subs. n. Epinício, canto de vitória (Suet. Ner. 43).
Epiphanēa (-ia), -ae, subs. pr. f. Epifanéia ou Epifania, cidade da Cilícia (Cíc. Fam. 15, 4, 7).
Epiphănēs, -is, subs. pr. m. Epifanes, sobrenome de vários Antíocos, reis da Síria, e de um Ptolomeu, rei do Egito (Tác. Hist. 2, 25).
Epiphănĭa, v. Epiphanea.
Epipŏlae, -ārum, subs. pr. f. Epípolas, bairro de Siracusa (T. Lív. 25, 24, 4).
epiraedĭum, -i subs. n. 1) Correia com que se atrelava um cavalo ao carro (Quint. 1, 5, 68). Daí: 2) Carro (Juv. 8, 66).
Epirēnsis, -e, adj. Epirense, do Epiro (T. Lív. 8, 17, 9).
Epirōtēs, -ae, subs. m. Epirota (Plín. H. Nat. 3, 98). Obs.: m. pl. loc. **Epirotas**, habitantes do Epiro.

Epirotĭcus, -a, -um, adj. Do Epiro (Cíc. At. 5, 20, 9).
Epīrus (-ros), -i, subs. pr. f. Epiro, província ocidental da Grécia, atual Albânia (Cíc. At. 2, 4, 5).
epistŭla (epistŏla), -ae, subs. f. I — Sent. próprio: 1) Remessa (Cíc. Q. Fr. 3, 1, 8). II — Daí, especializou-se em: 2) Remessa de carta e depois: carta, epístola (Cíc. Fam. 2, 4). 3) Epístola em verso (Ov. Her. 15, 219).
epistulāris, -e, adj. Epistolar, de carta (Marc. 14, 11).
epistulĭum (epistolĭum), -i, subs. n. Bilhete, carta pequena (Catul. 68, 2).
epitaphĭus, -i, subs. m. Discurso fúnebre (Cíc. Tusc. 5, 36).
epithalamĭon (epithalamĭum), -i, subs. n. Epitalâmio (canto nupcial) (Quint. 9, 3, 16).
epitŏma, -ae, subs. f. = epitŏme (Cíc. At. 12, 5, 3).
epitŏmē, -ēs, subs. f. Resumo, epítome (Cíc. At. 18, 8).
epitonĭum (epitonĭon), -i, subs. n. Rôlo cilíndrico (para uma corda), torneira (Sên. Ep. 86, 6).
Epĭus, v. Epeus.
epōdos (epōdus), -i, subs. m. Epodo (forma lírica inventada por Arquíloco, em que um verso mais longo é seguido de outro mais curto) (Quint. 10, 1, 96).
Epŏna, -ae, subs. pr. f. Épona, divindade protetora dos burros e cavalos (Juv. 8, 157).
Eponīna, v. Epponina.
Epōpeus, -ĕi (-ĕos), subs. pr. m. Epopeu, nome de homem (Ov. Met. 3, 619).
epops, -ŏpis, subs. m. Poupa, nome de ave (Ov. Met., 6, 674).
Eporedĭa, -ae, subs. pr. f. Eporédia, colônia romana na Gália Transpadana (Tác. Hist. 1, 70).
epos, subs. n. Epopéia, poema épico (Hor. Sát. 1, 10, 43). Obs.: Só ocorre no nom. e acus. sg.
epōtō, -ās, -āre, -āvi, -ātum, (ou -pōtum), v. tr. 1) Beber até ao fim, esvaziar bebendo (Cíc. Clu. 168). Daí: 2) Embeber-se de, absorver, impregnar-se (Ov. Met. 15, 273). Obs.: Na língua clássica só é usado o part. pass. **epotus, -a, -um**.
ēpōtus, -a, -um = epotatus, part. pass. de epôto.
Eppĭus, -i, subs. pr. m. Épio, nome de um partidário de Pompeu (Cíc. Fam. 8, 11).
Epponīna, -ae, subs. pr. f. Eponina, gaulesa, espôsa de Sabino (Tác. Hist. 4, 67).

epŭla, -ae, subs. f. = epulae.
epŭlae, -ārum, subs. f. pl. I — Sent. próprio: 1) Refeição, festim, banquete suntuoso, festim religioso num sacrifício (Cés. B. Gal. 6, 28, 6). Daí: 2) Alimentos, nutrição, sustento, iguarias (Hor. Sát. 2, 3, 119). II — Sent. figurado: 3) Festim, divertimento (Plaut. Poen. 1171).
epulāris, -e, adj. De mesa, de festim (Cíc. C. M. 45).
epŭlō, -ōnis, subs. m. 1) Épulo, sacerdote que presidia aos festins dos sacrifícios (Cíc. De Or. 3, 73). 2) Grande comilão, pessoa que gosta de banquetear-se (Cíc. At. 2, 7, 3).
epŭlor, -āris, -ārī, -ātus sum v. dep., intr. e tr. I — Intr.: 1) Assistir a um banquete, banquetear-se (Cíc. Fin. 2, 16). II — Tr.: 2) Comer (Verg. En. 4, 606).
epŭlum, -ī, subs. n. Refeição suntuosa, banquete, refeição pública, que se dava nas solenidades, sacrifícios, cerimônias fúnebres, etc. (Cíc. Vat. 30).
Epytĭdēs, -ae, subs. pr. m. Epítida, isto é, Perifante, filho de Épito (Verg. En. 5, 547).
Epўtus, -ī, subs. pr. m. Épito. 1) Escudeiro de Anquises (Verg. En. 2, 340). 2) Um dos companheiros de Anfião (Estác. Theb. 10, 400). 3) Rei de Alba (Ov. F. 4, 44).
equa, -ae, subs. f. Égua (Cíc. Div. 2, 49).
equārĭus, -a, -um, adj. De cavalo: equarius medicus (V. Máx. 9, 15, 2) «veterinário».
eques, -ĭtis, subs. m. I — Sent. próprio: 1) Cavaleiro, homem a cavalo (Hor. O. 1, 12, 26). Daí: 2) Cavalaria (Cés. B. Gal. 1, 15, 3). II — Sent. figurado: 3) A ordem dos cavaleiros (Cíc. Clu. 156). Obs.: A ordem dos cavaleiros abrangia, a princípio os homens que serviam na cavalaria; mais tarde passou a designar uma categoria de certos cidadãos que pagavam determinado censo e possuíam certos direitos.
eqŭĕster, (equĕstris), -tris, -tre, adj. I — Sent. próprio: 1) Eqüestre, de cavalo, de cavaleiro (Cíc. Verr. 4, 122). Daí: 2) De cavalaria (Cíc. Fin. 2, 112). 3) Referente à ordem dos cavaleiros, à ordem eqüestre (Cíc. Planc. 87).
equestrĭa, -ĭum, subs. n. pl. Bancadas dos cavaleiros no teatro (Sên. Ben. 7, 12, 15).
equĭdem, adv. I — Sent. próprio: 1) Certamente, sem dúvida, na verdade, evidentemente (Sal. C. Cat. 52, 16). II — Com um sentido restritivo, destacando particularmente a pessoa que fala: 2) Quanto a mim, para mim (Cíc. Br. 143).
equĭfĕrus, -ī, subs. m. Equífero, cavalo selvagem (Plín. H. Nat. 28, 159).
equĭle, -is, subs. n. Cavalariça, estrebaria (Suet. Cal. 55).
equīnus, -a, -um, adj. Eqüino, de cavalo, de égua (Cíc. Tusc. 5, 62).
equirĭa (equirrĭa), -iōrum (ou -ĭum), subs. n. pl. Corridas de cavalos (instituídas por Rômulo, em homenagem a Marte) (Ov. F. 2, 859).
equĭsō, -ōnis, subs. m. Palafreneiro, escudeiro (V. Máx. 7, 3, 2).
equitābĭlis, -e, adj. Favorável às manobras de cavalaria (Q. Cúrc. 4, 9, 10).
equitātĭō, -ōnis, subs. f. Equitação (Plin. H. Nat. 28, 54).
equitātus, -ŭs, subs. m. I — Sent. próprio: 1) Ação de andar a cavalo (Plín. H. Nat. 28, 218). Daí: 2) Cavalaria (Cés. B. Gal. 1, 15, 1). II — Sent. figurado: 3) A ordem dos cavaleiros (Cíc. Rep. 2, 36).
equĭtō, -ās, -āre, -āvī, -ātum, v. intr. I — Sent. próprio: 1) Andar a cavalo, cavalgar, galopar (Cíc. Dej. 28). II — Sent. figurado: 2) Galopar, desfilar (Hor. O. 4, 4, 44).
equulĕus (eculĕus), -ī, subs. m. I — Sent. próprio: 1) Cavalo novo, potro (T. Lív. 31, 12, 7). II — Sent. figurado: 2) Cavalete, instrumento de suplício (espécie de estaca onde eram colocados os escravos a fim de se conseguir a confissão de alguma falta) (Cíc. Tusc. 5, 12).
equus (ecus), -ī, subs. m. I — Sent. próprio: 1) Cavalo (Cic. Nat. 2, 6): equus bipes (Verg. G. 4, 389) «cavalo marinho». Daí: 2) Cavalaria (Cíc. Phil. 1, 20). II — Sent. figurado: 3) Equis viris (Cíc. Phil. 8, 21) «com unhas e dentes, de todos os meios». III — Sent. diversos: 4) Máquina de guerra, semelhante ao aríete (Plín. H. Nat. 7, 202). 5) O Cavalo de Tróia (Verg. En. 2, 112). 6) Pégaso (constelação) (Cíc. Nat. 2, 111). 7) Navio: equus ligneus (Plaut. Rud. 268) «navio».
Equustŭtĭcus ou Equus Tŭtĭcus, -ī, subs. pr. m. Ecustútico, cidade do Sâmnio (Cíc. At. 6, 1, 1).
era, v. hera.
ērādicĭtus, adv. Com tôdas as raízes radicalmente (Plaut. Most. 1112).
ērādĭcō, -ās, -āre, -āvī, -ātum, v. tr. I — Sent. próprio: 1) Desarraigar (Varr. R. Rust. 1, 27, 2). II — Sent. figurado: 2) Destruir, exterminar (Plaut. Pers. 819).

ērădō, -is, -ĕre, -rāsī, -rāsum, v. tr. I — Sent. próprio: 1) Raspar, tirar raspando (Varr. L. Lat. 5, 136); (Prop. 4, 8, 26). II — Daí: 2) Suprimir, eliminar, apagar (Hor. O. 3, 24, 51).

eram, imperf. de sum.

Erăna, -ae, subs. pr. f. Érana, povoação da Cilícia (Cíc. Fam. 15, 4, 8).

erănus, -ī, subs. m. Espécie de associação de socorro mútuo (com contribuição voluntária) (Plín. Ep. 10, 93).

erāsī, perf. de erădo.

Erasīnus, -ī, subs. pr. m. Erasino, rio da Argólida (Ov. Met. 15, 276).

Erătō, -ūs, subs. pr. f. Érato. I. — Sent. próprio: 1) Musa da poesia erótica (Ov. F. 4, 195). Daí, por generalização: 2) Musa (Verg. En. 7, 37).

Eratosthĕnēs, -is, subs. pr. m. Eratóstenes, matemático, astrônomo e filósofo grego, nascido em Cirene. Escreveu, entre outras coisas, um tratado sôbre a comédia antiga (Cíc. At. 2, 6).

Erbēsos (-ssos), -ī, subs. pr. f. Erbesso, cidade da Sicília (T. Lív. 24, 30, 10).

Ercavĭca, v. Ergavĭca.

Ercavicēnsēs, -ĭum, v. Ergavicēnses.

Erebēus, -a, -um, adj. Do Érebo (Ov. Ib. 225).

Erĕbus, -ī, subs. pr. m. Érebo. I — Sent. próprio: 1) Divindade infernal; segundo uns, filho do Caos e da Noite; segundo outros, espôso da Noite e pai do Éter e do Dia. Há também quem considere como seus filhos o Destino, a Morte, as Parcas, o Sono, etc. (Cíc. Nat. 3, 44). II — Daí, em poesia: 2) As regiões infernais, os infernos (Verg. G. 4, 47).

1. Erechthēus, -a, -um, adj. I — Sent. próprio: 1) De Erecteu (Ov. F. 5, 204). II — Daí, por extensão: 2) De Atenas.

2. Erechthēus, -ēī, subs. pr. m. Erecteu, rei de Atenas (Cíc. Tusc. 1, 116).

Erechtīdae, -ārum, subs. loc. m. Erectidas, os atenienses (Ov Met. 7, 430).

Erěchthīhis, -ĭdis, subs. pr. f. Eréctis, isto é, filho de Erecteu (Oritia ou Prócris) (Ov. Her. 16).

ērēctus, -a, -um. I — Part. pass. de erĭgo. II — Adj. 1) Erguido, direito, que está alto, hirto (Cíc. Or. 59). 2) Arrogante, soberbo (Cíc. De Or. 1, 184). 3) Alto, elevado, nobre (Cíc. Tusc. 5, 42). 4) Cheio de coragem, de esperança, ousado (Cíc. C. M. 75).

ĕrēpō, -is, -ĕre, -psī, -ptum, v. tr. e intr. Intr.: 1) Sair rastejando, sair de gatinhas, arrastar-se (Plaut. Aul. 682). 2) Subir arrastando-se ou de gatinhas, subir insensìvelmente (Sên. Ep. 101, 2); (Suet. Tib. 60). Tr.: 3) Atravessar rastejando, subir com dificuldade (Hor. Sát. 1, 5, 79).

erepsem = erepsissem.

erēpsī, perf. de erēpo.

ēreptĭō, -ōnis, subs. f. Espoliação, roubo (Cíc. Verr. 4, 10).

ērēptor, -ōris, subs. m. Espoliador, ladrão (Cíc. Sest. 109).

ērēptus, -a, -um, part. pass. de erēpo e de eripio.

eres, -ēdis, v. heres.

Erētīnus, -a, -um, adj. De Ereto (Tib. 4, 8, 4).

Eretrĭa, -ae, subs. pr. f. Erétria. 1) Cidade da Grécia, na ilha Eubéia (Cíc. Ac. 2, 129). 2) Cidade da Tessália (T. Lív. 32, 13, 9).

Eretrĭăci (-trĭci), -ōrum, subs. m. Os discípulos de Menedemo (Cíc. Ac. 2, 109).

Eretriēnsēs, -ĭum, subs. loc. m. Eretrienses, habitantes de Erétria, na Eubéia (T. Lív. 35, 38).

Erētum, -ī, subs. pr. n. Ereto, cidade, dos sabinos, situada às margens do Tibre, hoje Cretona (T. Lív. 3, 26, 2).

erēxī, perf. de erĭgo.

ergă, prep. (acus.). I — Sent. próprio: 1) Na direção de, defronte de, em frente de (sent. local raro: Plaut. Truc. 406). II — Mais freqüentemente: 2) Relativamente a, com respeito a, para com, por: **bonitas erga homines** (Cíc. Nat. 2, 60) «bondade para com os homens». 3) Relativamente, no que concerne a, no tocante a (Tác. An. 4, 74). 4) Contra (idéia de hostilidade) (Tác. Hist. 2, 99).

ergastŭlum, -ī, subs. n. I — Sent. próprio: 1) Prisão de escravo, prisão (em geral) (Cíc. Clu. 21). II — No pl.: 2) Escravos na prisão (Cés. B. Civ. 3, 22, 2).

Ergavĭa, v. Ergavĭca.

Ergavĭca, -ae, subs. pr. f. Ergávica, cidade da Celtibéria (T. Lív. 40, 50, 1).

Ergavicēnsēs, -ĭum, subs. loc. m. Ergavicenses, habitantes de Ergávica (Plín. H. Nat. 3, 24).

1. ergō, conj. Portanto, por conseguinte, pois, logo (Cíc. Fin. 2, 97). Obs.: Quanto à quantidade, observe-se que por vêzes aparece com -ŏ a partir de Ovídio (Ov. Tr. 1, 1, 87); (Juv. 13, 204).

2. ergō, prep. com genitivo, sempre precedida pelo regime: por causa de, graças a, em honra de: **victoriae ergo** (T.

ERICHTHEUS — 353 — **ERRATUM**

Lív. 28, 39, 16) «por causa da vitória». Obs.: Emprêgo restrito.
Erichtheus, v. **Erectheus**.
Erichthō, -ūs, subs. pr. f. Ericto, nome de uma mágica da Tessália (Ov. Her. 15, 139).
1. **Erichthonĭus, -a, -um**, adj. 1) De Atenas (Prop. 2, 6, 4). 2) De Tróia (Verg. Cul. 333).
2. **Erichthonĭus, -ī**, subs. pr. m. Erictônio. 1) Rei lendário de Atenas, inventor da quadriga e da corrida de carros e mais tarde transformado em constelação (Verg. G. 3, 113). 2) Rei troiano, filho de Dárdano (Ov. F. 4, 33).
Ericinĭum, -ī, subs. pr. n. Ericínio, cidade da Tessália (T. Lív. 36, 13, 4).
Eridănus, -ī subs. pr. m. Erídano, nome que os gregos davam ao Pó, rio da Itália superior (Verg. G. 4, 372).
erifŭga, v. **herifŭga**.
ērĭgō, -is, -ĕre, -rēxī, -rēctum, v. tr. I — Sent. próprio: 1) Erguer, levantar, elevar, endireitar, fazer subir (sent. físico e moral) (T. Lív. 32, 14, 2); (Cíc. Leg. 1, 26). Daí: 2) Fazer subir, mandar subir (T. Lív. 10, 26, 8). II — Sent. figurado: 3) Animar, dar coragem, dar ânimo (Cíc. Clu. 58). 4) Despertar, estimular, excitar (Cíc. Cael. 29).
Erigŏnē, -ēs, subs. pr. f. Erígone, filho de Ícaro, rei de uma região da Ática, que foi metamorfoseada em constelação (Virgem) (Verg. G. 1, 33).
Erigonēĭus, -a, -um, adj. De Erígone, filha de Ícaro (Ov. F. 5, 723).
Erigŏnus, -ī, subs. pr. m. Erigono, rio da Macedônia, atual Tzerna (T. Lív. 31, 39, 6).
erīlis, v. **herīlis**.
Erillĭī, -ōrum, subs. m. Erílios, os discípulos de Erilo (Cíc. De Or. 3, 62).
Erillus (He-), -ī, subs. pr. m. Erilo, nome de um filósofo estóico (Cíc. Fin. 2, 34).
Erindēs, -is, subs. pr. m. Erindes, rio entre a Média e a Hircânia (Tác. An. 11, 10). Obs.: Acus. **-en**.
Erīnnē, -ēs, (Erīnna, -ae), subs. pr. f. Erina, nome de uma poetisa de Lesbos (Prop. 2, 3, 22).
Erīnnȳs (Erīnȳs), -ȳes, subs. pr. f. Erínis I — Sent. próprio: 1) Erínis, uma das três divindades gregas, filhas da Noite e de Cronos. Eram as deusas da Vingança e foram, mais tarde, identificadas com as Fúrias dos romanos (Verg. En. 7, 447). II — Sent. figurado: 2) Fúria, flagelo, o furor (Verg. En. 2, 573). Obs.: No pl.: Erínias, as Fúrias (Prop. 2, 20, 29).
Erīnȳs, v. **Erinnys**.
Eriphȳla, -ae, (-lē, -ēs), subs. pr. Erifila, espôsa do adivinho Anfiarau (Cíc. Verr. 4, 39).
ēripĭō, -is, -ĕre, -ripŭī, -rēptum, v. tr. I — Sent. próprio: 1) Puxar violentamente para fora, tirar violentamente, fazer sair, arrebatar, arrancar, obter pela fôrça (Cíc. Verr. 5, 12); (Cíc. Verr. 1, 142). Daí: 2) Livrar de, libertar (Cíc. Br. 90). II — Sent. figurado: 3) Fazer desaparecer, obscurecer, impedir (Cíc. Nat. 1, 6). Daí, na língua poética: 4) Apressar (Verg. En. 2, 619). Obs.: Constrói-se com acus., com acus. e abl. com a prep. **ex** ou sem ela.
eripŭi, perf. de **eripĭo**.
Erisichthōn, v. **Erysichthon**.
Eritĭum, -ī, subs. pr. n. Erício, cidade da Tessália (T. Lív. 36, 13, 4).
Erīza, -ae, subs. pr. f. Eriza, cidade da Cária (T. Lív. 38, 14).
erō, -is, -ĭt, fut. imperf. de **sum**.
ērōdō, -is, -ĕre, -rōsī, -rōsum, v. tr. Roer, comer, corroer (Cíc. apud. Plín. H. Nat. 30, 146).
ērogātĭō, -ōnis, subs. f. Distribuição, despesa, pagamento (Cíc. At. 15, 2, 34).
ērŏgō, -ās, -āre, -āvī, -ātum, v. tr. 1) Fornecer para despesas públicas (Cíc. Flac. 30). Na língua comum: 2) Pagar, gastar, fornecer (Suet. Ner. 30).
Erōs, -ōtis, subs. pr. m. Eros. 1) Comediante contemporâneo de Róscio (Cíc. Com. 30). 2) Nome de muitos escravos e libertos romanos (Cíc. At. 10, 15, 1).
ērōsī, perf. de **ērōdo**.
ērosĭō, -ōnis, subs. f. Ação de roer, erosão (Plín. H. Nat. 23, 70).
ērōsus, -a, -um, part. pass. de **erōdo**.
erōtĭcus, -a, -um, adj. Erótico (A Gel. 19, 9, 4).
errābŭndus, -a, -um, adj. Errante (Verg. Buc. 6, 58).
errans, -āntis. I — Part. pres. de **erro**. II — Adj.: 1) Errante, vagabundo (Cíc. Tusc. 1, 62). Daí, em sent. figurado: 2) Incerto, inconstante (Cíc. Nat. 2, 2).
errātĭcus, -a, -um, adj. Errante, vagabundo (Ov. Met. 6, 333).
errātĭō, -ōnis, subs. f. Ação de se afastar, desvio, volta, caminho mais longo (Cíc. Nat. 2, 56).
errātor, -ōris, subs. m. Vagabundo (Ov. Her. 9, 55).
errātum, -ī, subs. n. Êrro, falta (Cíc. At. 6, 1, 18).

1. errātus, -a, -um, part. pass. de erro.
2. errātus, -ūs, subs. m. Ação de se afastar ou se desviar do caminho (Ov. Met. 4, 567).
1. errō, -ās, -āre, -āvī, -ātum, v. intr. e tr. I — Sent. próprio: 1) Errar, andar sem destino, ir por aqui e por ali, marchar para uma aventura (Cíc. Clu. 175). Daí: 2) Afastar-se do caminho, desviar se, perder-se do caminho (Verg. En. 2, 739). II — Sent. figurado: 3) Afastar-se da verdade, enganar-se, errar, pecar, cometer um êrro (Cíc. Tusc. 1, 39); (Sal. B. Jug. 102, 5). III — Tr.: Sent. poético: 4) Errar, percorrer sem rumo certo (Verg. En. 3, 690).
2. errō, -ōnis, subs. m. Vagabundo, andarilho (Hor. Sát. 2, 7, 113).
errōnĕus, -a, -um, adj. Errante, vagabundo (Sên. Ben. 6, 11, 2).
error, -ōris, subs. m. I — Sent. próprio: 1) Ação de se afastar, afastamento, volta, rodeio (Verg. En. 1, 755). II — Sent. figurado: 2) Êrro, ilusão, engano, cegueira (Cíc. Phil. 8, 32). 3) Êrro, falta, culpa (Ov. P. 4, 8, 20). 4) Loucura, delírio, desvario (Cíc. At. 3, 13, 2). 5) Incerteza, ignorância (Tác. Hist. 2, 72). III — Sent. poético: 6) Astúcia, manha, insídia (Verg. En. 2, 48).
ērubescēndus, -a, -um, gerundivo de erubēsco.
ērubēscō, -is, -ĕre, -rubŭī (sem supino), v. intr. e tr. I — Sent. próprio: Intr.: 1) Enrubescer, tornar-se vermelho (Ov. Am. 2, 8, 16). II — Sent. figurado: 2) Corar de vergonha, de pudor, ter vergonha, envergonhar-se (Cíc. Fin. 2, 28). Tr. (Poético): 3) Respeitar, reverenciar (Verg. En. 2, 542). Obs.: Constrói-se com abl. sem prep., com abl. com preps. in ou de; com inf. e com acus.
ērubŭī, perf. de erubēsco.
ērūca, -ae, subs. f. 1) Lagarta (das plantas) (Col. 11, 3, 63). 2) Eruca (planta) (Hor. Sát. 2, 8, 51).
Erucĭus, -ĭ, subs. pr. m. Erúcio, nome de homem (Cíc. Amer. 35).
ērūctō, -ās, -āre, -āvī, -ātum, v. tr. 1 — Sent. próprio: 1) Vomitar, lançar fora (Cíc. Pis. 13). Daí: 2) Exalar, arrotar, expelir, lançar (Lucr. 3, 1025). II — Sent. figurado: 3) Vomitar, arrotar, proferir, dizer (Cíc. Cat. 2, 10).
erudĭī, perf. de erudĭo.
ērudĭō, -ĭs, -ĭre, -īvī ou (-ĭī), -ītum, v. tr. Sent. próprio: 1) Desbastar (não atestado). E daí em sent. moral: 2) Formar, instruir, educar (Cíc. Lae. 13); (Ov. F. 3, 819). Donde: 3) Aperfeiçoar, adestrar (Plín. H. Nat. 34, 56). 4) Informar (Cíc. Fam. 2, 12). Obs.: Constrói-se com acus., com duplo acus.; com inter. indir.; com inf., com acus. e abl.
ērudītē, adv. Sàbiamente, como uma pessoa instruída (Cíc. Or. 40). Obs.: Comp.: -tĭus (Cíc. C. M. 3); superl.: -tissĭme (Cíc. Or. 174).
ērudītĭō, -ōnis, subs. f. I — Sent. próprio: 1) Ação de ensinar, instruir (Cíc. Q. Fr. 3, 1, 14). Daí: 2) Instrução, erudição, conhecimentos, ciência (Cíc. Tusc. 1, 4).
ērudītŭlus, -a, -um, adj. Um tanto instruído, meio sábio (Catul. 57, 7).
ērudītus, -a, -um. I — Part. pass. de erudĭo. II — Adj.: 1) Instruído, ensinado, formado, erudito, sábio, versado (Cíc. Br. 283). Daí: 2) Adestrado, hábil (Cíc. De Or. 1, 102). Daí, em sent. figurado: 3) Esclarecido, delicado (Cíc. Rep. 2, 18); (Cíc. Rep. 2, 69). Ozs.: Constrói-se como intransitivo ou com abl. sem prep., ou com inf.
ērŭī, perf. de erŭo.
ērumpō -is, -ĕre, -rūpī, -rūptum, v. tr. e intr. I — Tr.: 1) Fazer sair quebrando, fazer sair, precipitar, lançar (Cés. B. Civ. 2, 14, 1); (Lucr. 4, 1115). Daí: 2) Quebrar, romper (Verg. En. 1, 580). II — Intr.: 3) Fazer uma investida, forçar uma linha de batalha, sair impetuosamente, precipitar-se (Cés. B. Gal. 3, 5, 4). Em sent. figurado: 4) Mostrar-se de repente, aparecer, descobrir-se, manifestar-se (Cíc. Cat. 1, 6). 5) Terminar, acabar bruscamente (T. Liv. 2, 45, 10).
ērŭō, -ĭs, -ĕre, -rŭī, -rŭtum, v. tr. I — Sent. próprio: 1) Tirar de, extrair, desenterrar, tirar cavando, cavar (Cíc. Fin. 4, 10); (Cíc. Div. 1, 57). Daí: 2) Arrancar, desarraigar (Ov. Met. 12, 269). II — Sent. figurado: 3) Destruir, demolir, arruinar (Verg. En. 2, 612). 4) Descobrir, desvendar, pôr à vista (Cíc. At. 13, 30, 3).
ērūpī, perf. de erumpo.
ēruptĭō, -ōnis, subs. f. I — Sent. próprio: 1) Saída impetuosa, saída brusca (Plín. H. Nat. 8, 21). 2) Erupção (Cíc. Nat. 2, 96). Daí, na língua militar: 3) Sortida, irrupção (Cés. B. Gal. 2, 33, 2). II — Sent. figurado: 4) Explosão, eclosão (Sên. Clem. 1, 2, 2).
ērūptus, -a, -um, part. pass. de erumpo.
erŭtus, -a, -um, part. pass. de erŭo.
erus, -ī, subs. m. v. herus.

ervum, -i, subs. n. Algarroba, lentilha (Hor. Sát. 2, 6, 117).
Erycīnus, -a. -um, adj. De monte Érix, ericino (Cíc. Verr. 2, 22).
Erȳcus Mons, subs. pr. m. Monte Érix, na Sicília (Cíc. Ver. 2, 22).
Erymănthus (-thos), -i, subs. pr. m. Erimanto. 1) Montanha da Arcádia habitada, segundo a lenda, por um javali monstruoso (Ov. Her. 9, 87). 2) Rio da Pérsia (Plín. H. Nat. 6, 92). 3) Ribeira da Élida que desemboca no Alfeu (Ov. Met. 2, 244).
Erymanthēus, (-thĭus), -a, -um, adj. **thĭas, -ădis** e **-this, -ĭdis,** subs. f. Erimanteu, do Erimanto (Cíc. Tusc. 2, 22).
Erȳmās, -antis, subs. pr. m. Erimante, guerreiro troiano (Verg. En. 9, 702).
Erysĭchthon, -ŏnis, subs. pr. m. Erisicton, rei da Tessália (Ov. Met. 8, 738).
Erythēis, -ĭdis, adj. f. Eriteu, da ilha Eritéia, próxima da Hispânia (Ov. F. 1, 543).
Erythrae, -ārum, subs. pr. f. pl. Éritras. 1) Cidade da Beócia (Plín. H. Nat. 4, 26) 2) Uma das doze principais cidades da Jônia, fundada por Éritras (Cíc. Verr. 1, 49). 3) Pôrto da Lócrida, no gôlfo de Corinto (T. Lív. 28, 8, 8). 4) Cidade da índia onde reinou Éritras (Plín. H. Nat. 6, 107).
Erythraea, -ae, subs. pr. Eritréia, o território eritreu, isto é, a Beócia (T. Lív. 44, 28, 12).
Erythraeī, -ōrum, subs. loc. m. Eritreus, os habitantes de Éritras (T. Lív. 38, 39, 11).
Erthēis, -ĭdis, adj. f. Eriteu, da ilha Eritras: 1) Na Beócia (Cíc. Div. 1, 34). 2) Na Índia (Marc. 13, 100).
Erȳtus, -i, subs. pr. m. Érito, nome de um guerreiro (Ov. Met. 5, 79).
Eryx, -ȳcis, subs. pr. m. Érix. 1) Herói epônimo do monte e da cidade de Érix, na Sicília, (Verg. En. 5, 24). 2) Monte da Sicília, onde Vênus tinha um templo (Plín. H. Nat. 3, 90).
Erȳza, v **Eriza.**
1. **Ês,** 2ª pess. do ind. pres., ou do imper. de **sum.**
2. **Ês,** 2ª pess. do ind. pres. de **edo.**
esca, -ae, subs. f. I — Sent. próprio: 1) Alimento, sustento, comida, pasto (Cíc. Nat. 2, 59). Daí, na língua dos pescadores: 2) Isca (Marc. 4, 56). II — Sent. figurado: 3) Alimento, atrativo (Cíc. C. M. 44).
escārĭus, -a, -um, adj. I — Sent. próprio: 1) Que serve para as refeições (Varr. L. Lat. 5, 120). II — Daí: 2) Bom para comer (Plín. H. Nat. 14, 42). III — Sent. especial: 3) Que tem isca (Plaut. Men. 94).
escas, v. **esca.**
escēndī, perf. de **escēndo.**
escēndō, -is, -ĕre, -cēndī, -cēnsum, v. intr. e tr. I — Intr.: 1) Subir, embarcar, ou montar (Cíc. Of. 3, 30); (T. Lív. 23, 14, 2). II — Tr.: 2) Subir a, trepar, montar (Sal. B. Jug. 97, 5).
escensĭō (exscencĭo), -ōnis subs. f. Desembarque, descida (T. Lív. 8, 17, 9).
1. **escēnsus, -a, -um,** part. pass. de escēndo.
2. **escēnsus, -ūs,** subs. m. Assalto, escalada (Tác. An. 13, 39). Obs.: Só ocorre no abl. sg.
escit = **erit,** fut. imperf. de **sum** (Lucr. 1, 619).
esculēnta, -ōrum, subs. n. pl. Alimentos, manjares (Cíc. Nat. 2, 141).
esculēntus, -a, -um, adj. Bom para comer, nutritivo, comestível (Plín. H. Nat. 8, 219).
esculētum, escŭlus, v. **aesc-.**
escunt = **erunt,** fut. imperf. de **sum** (Cíc. Leg. 2, 60).
Esernia, Esernīnus, v. **Aeser.**
ēsĭtātus, -a, -um, part. pass. de **esĭto.**
ēsĭtō, -ās, -āre, -āvī, v. freq. tr. Comer muitas vêzes (A. Gél. 4, 11, 1).
Esquilĭae (Ex-), -ārum, subs. pr. f. Esquílias, bairro de Roma, situado no monte Esquilino (Cíc. Leg. 2, 28).
Esquilīnĭus, -a, -um, adj. Do monte Esquilino (Ov. F. 2, 435).
1. **Esquilīnus (Ex-) mons,** subs. pr. m. O Monte Esquilino, uma das sete colinas de Roma, situada a leste da cidade, na margem esquerda do Tibre (Eutr. 1, 7).
2. **Esquilīnus, -a, -um,** adj. Do monte Esquilino: **Esquilina porta** ou **Esquilina** (Cíc. Pis. 55) «a porta Esquilina».
esse, inf. pres. de **sum** e de **edo.**
essĕda, -ae, subs. f., v. **essedum** (Sên. Ep. 56, 4).
essedārĭus, i, subs. m. 1) Essedário, soldado que combate num carro (Cés. B. Gal. 4, 24, 1). 2) Essedário (gladiador que combate em cima de um carro) (Sên. Ep. 29, 6).
essĕdum, -i, subs. n. 1) Éssedo, ou ésseda, carro (de duas rodas, de origem gaulêsa), carro de guerra (Cés. B. Gal. 5, 9, 3). 2) Carro de transporte (Cíc. Phil. 2, 58).
essentĭa, -ae, subs. f. Essência, natureza de uma coisa (Quint. 2, 14, 2).

essĭtō = **esĭto**.
essu, supino de **edo** (Plaut. Ps. 824).
Essubĭi, **-ōrum**, subs. loc m. Essúbios, povo da Armórica (Cés. B. Gal. 3, 7, 4). Obs.: cf. **Essui**.
Essŭi, **-ōrum**, subs. loc. m. Éssuos, povo da Bélgica (Cés. B. Gal. 5, 24, 2).
essurĭō = **esurĭo**.
est, 3ª pes. sg. do ind. pres. de **sum** e de **edo** 1.
esto, 2.ª e 3.ª pes. sg. imperativo fut. de **sum**.
estur, 3.ª pes. sg. ind. pres. passivo de **edo** 1.
Esturĭ (**Esturrī**), **-ōrum**, subs. loc. m. Esturros, povo da Itália (Plín. H. Nat. 3, 47).
esu = **essu**.
Esubiānī, **-ōrum**, subs. loc. m. Esubianos, povo dos Alpes (Plín. H. Nat. 3, 137).
Esŭla, **-ae**, subs. f., v. **Aesŭla**.
ēsurĭens, **-ēntis**, part. pres. de **esurĭo**: Que tem fome, esfomeado (Hor. Sát. 1, 2, 115).
ēsurĭō (**ēssurĭō**), **-is**, **-īre**, **-ivī** (ou **-ĭi**), **ītum**, v. intr. e tr. I — Sent. próprio: 1) Ter vontade de comer, ter fome, estar com fome (Cíc. Tusc. 5, 97); (Cíc. Div. 1, 77). II — Sent. figurado: 2) Desejar, cobiçar (Plín. H. Nat. 33, 134).
ēsurītĭō, **-ōnis**, subs. f. Fome (Catul. 23, 14).
ēsurĭtor, **-ōris**, subs. m. Faminto, esfomeado (Marc. 3, 14, 1).
1. **esus**, **-a**, **-um**, part. pass. de **edo** 1.
2. **Esus** (**He-**), **-ī**, subs. pr. m. Eso, nome que os gauleleses davam a Marte (Lucr. 1, 445).
1. **et**, conj. I — Sent. próprio: 1) E (Cíc. Of. 2, 57). II — Daí: 2) E também, e além disso, e até (Cíc. Verr. 5, 121). Com valor temporal: 3) E então, e depois (Verg. En. 6, 498). Obs.: A conj. **et** pode repetir-se uma ou mais vêzes para indicar uma conexão especial entre os têrmos ou frases que une.
2. **et**, adv. Também, do mesmo modo: gere et tu tuum bene (Cic. Com. 32), «também tu administra bem os teus negócios».
etĕnim, conj. Com efeito, efetivamente, pois, na verdade (Cíc. Verr. 4, 131).
Eteŏclēs, **-is**, ou **-ĕos**, subs. pr. m. Etéocles, irmão de Polinice, ambos, filhos de Édipo e Jocasta (Cíc. Of. 3, 82).
Eteōnos, **-ī**, subs. pr. m. Eteono, cidade da Beócia (Estác. Theb. 7, 226).
etēsĭas, **-ae**, subs. m. e **etēsĭae**, **-ārum** subs. m. pl. Ventos etésios (que sopram por ocasião da canícula) (Cíc. Nat. 2, 131).
etēsĭus, **-a**, **-um**, adj. Etésio, do vento que sopra por ocasião da canícula (Lucr. 5, 740).
Ethăle, etc., v. **Aethăle**, etc.
etheōnos, v. **eteōnos**.
ethĭca, **-ae**, (**ethĭcē**, **-ēs**), subs. f. Ética, moral (Quint. 2, 21, 3).
ethĭcōs, adv. Com moral, moralmente (Sên. Contr. 2, 12, 8).
etholŏgus, **-ī**, subs. m. Mimo (histrião), comediante (Cíc. De Or. 2, 242).
etĭam, conj. Sent. próprio: 1) E agora, agora ainda (com idéia temporal) (Plaut. Trin. 572). Daí, em sent. mais geral: 2) Ainda, além disso, também (Cíc. Fin. 2, 17). Donde: 3) Mesmo, até (Cíc. Fin. 2, 18). E nas confirmações: 4) Pois ainda, sim, certamente (Cíc. Ac. 2, 104).
etĭamdum ou **etĭam dum**, adv. Ainda agora (Cíc. At. 13, 31, 2).
etĭamnum ou **etĭamnunc**, adv. No sent. próprio: ainda agora (Cíc. Or. 119).
etĭamsī ou **etĭam si**, conj. I — Subordinação: 1) Ainda que, embora, se bem que (Cíc. De Or. 3, 14). II — Coordenação: 2) Mas, entretanto, aliás, e ainda (Cíc. C. M. 29).
etĭam tum, **etĭam tunc**, adv. Até então, ainda então (Cíc. De Or. 2, 93).
Etovissa, **-ae**, subs. pr. f. Etovissa, cidade da Hispânia Tarraconense (T. Lív. 21, 22).
Etrŭrĭa, **-ae**, subs. pr. f. Etrúria, região da Itália limitada ao Norte pelos Apeninos, ao Sul pelo Lácio, a Leste pelo rio Tibre e a Oeste pelo mar Tirreno (Cíc. Div. 1, 92).
Etrŭscī, **-ōrum**, subs. loc. m. pl. Etruscos, habitantes da Etrúria (Cíc. Div. 1, 93).
Etrŭscus, **-a**, **-um**, adj. Etrusco, da Etrúria (Cíc. Fam. 6, 6, 3).
etsī, conj. I — Conj. coord.: 1) E entretanto (Cíc. At. 9, 10, 2). II — Conj. subord. (emprêgo mais freqüente): 2) Embora, ainda que, se bem que (Cíc. At. 8, 12, 3).
etymologĭa, **-ae**, subs. f. Etimologia (Quint. 1, 6, 28).
eu, interj. Bem!, muito bem!, bravo (Hor. A. Poét. 328).
Euădnē, **-ēs**, subs. pr. f. Evadne, filha de Ifis e espôsa de Capaneu (Verg. En. 6, 447).
Euăgrus, **-ī**, subs. pr. m. Evagro, um dos Lápitas (Ov. Met. 12, 293).
euan, v. **euhan**.

Euānder, (-drus), -ī, subs. pr. m. Evandro. 1) Rei da Arcádia, filho de Mercúrio e de uma ninfa (Verg. En. 8, 52). 2) Filósofo acadêmico (Cíc. Ac. 2, 10). 3) General de Perseu, rei da Macedônia (T. Lív. 42, 15).

Euandrĭus, -a, -um, adj. De Evandro (Verg. En. 10, 294).

euans, v. euhans.

Eubĭus, -ī, subs. pr. m. Êubio, nome de um historiador (Ov. Trist. 2, 416).

Euboea, -ae, subs. pr. f. Eubéia, ilha grega do mar Egeu (T. Lív. 27, 30, 7).

Euboicus, -a, -um, adj. Eubóico, da ilha Eubéia (Prop. 2, 26, 38). Obs.: Em Ovidio (F. 4, 257), designa Cumas, colônia da Eubéia.

Eubŭleus, -ĕī, subs. pr. m. Eubuleu, filho de Júpiter e Prosérpina (Cíc. Nat. 3, 53).

Euchadĭa, -ae, subs. pr. f. Eucádia, nome grego de mulher (Cíc. Pis. 89).

Euclĭdēs, -is, subs. pr. m. 1) Euclides, o Socrático, filósofo grego, fundador da escola de Mégara (Cíc. Ac. 2, 129). 2) Célebre matemático de Alexandria (Cíc. De Or. 3, 132).

Euctus, -i, subs. pr. m. Eucto, nome de homem (T. Lív. 44, 43).

Eudāmus, -ī, subs. pr. m. Eudamo, almirante de Rodes (T. Lív. 37, 12).

Eudēmus, -ī, subs. pr. m. Eudemo. 1) Filósofo grego, originário da ilha de Chipre e discípulo de Aristóteles (Cíc. Div. 1, 53). 2) Médico grego do I séc. d.C. (Tác. An. 4, 3).

Eudōsēs, -um, subs. loc. m. Eudoses, povo da Germânia (Tác. Germ. 40).

Eudŏxus, -ī, subs. pr. m. Eudoxo, astrônomo e matemático grego, nascido em Cnidos (Cíc. Div. 2, 87).

Euĕmĕrus, v. Euhemĕrus.

Euēnīnus, -a, -um, adj. Do rio Eveno (Ov. Met. 8, 528).

Euēnor, -ŏris, subs. pr. m. Evenor, nome de homem (Plín. H. Nat. 20, 187).

Euēnos, (-nus), -ī, subs. pr. m. Eveno, rei da Etólia que deu seu nome ao rio Licormas (Ov. Her. 9, 141).

Eugănĕus, -a, -um, adj. Dos eugâneos (Juv. 8, 15).

Eugănĕī, -ōrum, subs. loc. pl. m. Eugâneos, povo da Gália Transpadana (T. Lív. 1, 1, 3).

euge, interj. Muito bem, bravo, coragem (Plaut. Trin. 705). Obs.: Em Pérsio ocorre substantivado: **euge tuum** (1, 50) «teu muito bem, teu aplauso».

Eugenĭum, -ī, subs. pr. n. Eugênio, cidade da Ilíria (T. Lív. 29, 12).

Euhān (euan), subs. pr. m. indecl. Evan, um dos nomes do deus Baco (Ov. Met. 4, 15).

euhans, -āntis, adj. Gritando **euhan!** (evoé!) (tratando-se das bacantes) (Catul. 64, 386).

Euhēmĕrus, -ī, subs. pr. m. Evêmero, filósofo e historiógrafo grego (Cíc. Nat. 1, 119).

euhĭas, -ădis, subs. f. Bacante (Hor. O. 3, 25, 9).

Euhīppē (Euip-), -ēs, subs. pr. f. Evipe, mãe das Nereidas, espôsa de Piero (Ov. Met. 5, 303).

Euhĭus, -ī, subs. pr. m. Évio, um dos nomes de Baco (Cíc. Fl. 60).

euhoe, interj. Evoé! (grito das bacantes) (Verg. En. 7, 389).

Euhydrĭum, -ī, subs. pr. n. Evídrio, cidade da Tessália (T. Lív. 32, 13).

euias, v. euhias.

Euĭus, -ī, subs. m., **Euhĭus.**

eum, acus. de **is.**

Eumaeus, -ī, subs. pr. m. Eumeu, um dos servidores de Ulisses (Varr. R. Rust. 2, 4, 1).

eūmdem, acus. sg. m. de **idem.**

Eumēdēs, -is, subs. pr. m. Eumedes, troiano, pai de Dólon (Verg. En. 12, 346).

Eumēlus, -ī, subs. pr. m. Eumelo. 1) Rei de Patras, amigo de Triptólemo (Ov. Met. 7, 390). 2) Troiano, companheiro de Enéias (Verg. En. 5, 664).

Eumĕnēs, -is, subs. pr. m. Êumenes, um dos generais de Alexandre Magno (Q. Cúrc. 10, 4).

Eumenĭdes, -um, subs. pr. f. Eumênides, isto é, as Benevolentes, nome dado freqüentemente às Erínias, porque os gregos evitavam pronunciar palavras de mau agouro e, talvez, chamando-as assim, pensassem aplacar-lhes a cólera (Cíc. Nat. 3, 46).

Eumōlpus, -ī, subs. pr. m. Eumolpo, personagem lendária de origem trácia, que, segundo a tradição ática, veio estabelecer-se em Eleusis, onde instituiu os mistérios de Deméter e a cultura da vinha (Ov. Met. 11, 93).

Eumolpĭdae, -ārum, subs. pr. m. pl. Eumólpidas, família sacerdotal de Atenas, encarregada do culto de Ceres (Cíc. Leg. 2, 35).

eūmpse (= ipsum), v. **is.**

Eunĭas, -ădis, subs. pr. f. Euníade, floresta da Lícia (Plín. H. Nat. 5, 101).

Eunŏē, -ēs, subs. pr. f. Êunoe, mulher de Bogud, rei da Mauritânia (Suet. Cés. 52).
Eunŏmus, -ī, subs. pr. m. Êunomo, nome de homem (T. Lív. 33, 39).
eunūchus, -ī, subs. m. 1) Eunuco (Cíc. Or. 232). Subs. pr.: 2) O «Eunuco» nome de uma peça de Terêncio (Ter. Eun. 32).
Eunus, -ī, subs. pr. m. Euno, nome de um escravo sírio (Flor. 3, 19).
euoe, interj., v. euhoe.
Eupalămus, -ī, subs. pr. m. Eupálamo, nome de homem (Ov. Met. 8, 360).
Eupalĭa, -ae, subs. pr. f. Eupália, cidade da Lócrida (Plín. H. Nat. 4, 7).
Eupalĭum, -ī, subs. pr. n., v. **Eupalĭa** (T. Lív. 28, 8).
Euphŏrbus, -ī, subs. pr. m. Euforbo, troiano, filho de Panto, célebre por sua fôrça, e morto por Menelau (Ov. Met. 15, 161).
Euphorĭōn, -ōnis, subs. pr. m. Euforião, ou Eufórion, poeta grego do III séc. a.C., natural da Calcídia, na Eubéia (Cíc. Tusc. 3, 45).
Euphrānor, -ŏris, subs. pr. m. Eufranor. 1) Célebre escultor e pintor grego, natural de Corinto (Juv. 3, 217). 2) General de Perseu (T. Lív. 42, 41).
Euphrātēs, -ae, (Estác. Theb. 8, 290), **-is** (Tác. An. 2, 58), **-i** (Cíc. Q. Fr. 2, 10, 1), subs. pr. m. Eufrates. 1) Grande rio da Ásia anterior (Cíc. Nat. 2, 130). 2) Filósofo estóico, amigo de Plínio, o jovem (Plín. Ep. 1, 10).
Euphronĭus, -ī, subs. pr. m. Eufrônio, autor de um tratado sôbre agricultura (Plín. H. Nat. 1, 8).
Euphrosўna, -ae, ou **Euphrosўnē, -ēs**, subs. pr. f. Eufrosina, ou Eufrósina, uma das três Graças (Sên. Ben. 1, 36).
Eupolĕmus, -ī, subs. pr. m. Eupólemo, nome de homem (Cíc. Verr. 4, 49).
Eupŏlis, -ĭdis, subs. pr. m. Êupolis, poeta cômico grego do V séc. a.C., natural de Atenas, e um dos mestres da comédia antiga juntamente com Cratinos e Aristófanes (Cíc. Br. 38). Obs.: Ac. **-in** (Hor. Sat. 2, 3, 12); **-idem** (Pers. 1, 124).
Eurīpĭdēs, -is, e -ī, subs. pr. m. Eurípides, célebre poeta trágico grego, natural de Salamina (Cíc. Tusc. 1, 65).
Euripīdēus, -a, -um, adj. De Eurípides (Cíc. Tusc. 3, 59).
1. Eurīpus (-os), -ī, subs. pr. m. Euripo, estreito entre a Beócia e a Eubéia (Cíc. Nat. 3, 24).

2. eurīpus, -ī, subs. m. 1) Estreito, canal (Cíc. Leg. 2, 2). 2) Fôsso cheio d'água, que cercava o circo em Roma (Suet. Cés. 39).
Eurōmē, -ēs, subs. pr. f. Eurome, cidade da Cária (Plín. H. Nat. 5, 109).
Eurōmus, -ī, subs. pr. f., v. **Eurōme** (T. Lív. 33, 30).
Eurōpa, -ae, (Eurōpē, -ēs), subs. pr. f. Europa. 1) Filha de Agenor, rei da Fenícia, irmã de Cadmo, raptada por Zeus (Ov. Met. 2, 836). 2) Uma das partes do mundo (Hor. O. 3, 3, 47). Na língua poética: 3) Pórtico de Europa, no campo de Marte, em Roma (Marc. 2, 14).
Europaeus, -a, -um, adj. De Europa, filha de Agenor (Ov. Met. 8, 23).
Eurōtās, -ae, subs. pr. m. Eurotas, rio da Lacônia (Cíc. Tusc. 5, 98).
Eurŏus, -a, -um, adj. Do Euro, do oriente, oriental (Verg. En. 3, 533).
Eurus, -ī, subs. pr. m. I — Sent. próprio: 1) Euro, vento de sudeste (Sên. Nat. 5, 16, 4). II — Sent. poético: 2) O oriente (V. Flac. 1, 539). No pl.: 3) Os ventos (Verg. G. 3, 382).
1. Eurўălus, -ī, subs. pr. m. Eurialo. 1) Argonauta chefe dos argivos no cêrco de Tróia (Aus.). 2) Filho de Io (Ov. Ib. 287). 3) Jovem troiano, amigo de Niso (Verg. En. 5, 295). 4) Nome de um comediante romano (Juv. 6, 81).
2. Eurўălus, -ī, subs. pr. m. Eurialo, cidadela de Epipolo, em Siracusa (T. Lív. 25, 25).
Eurybătes, -ae, subs. pr. m. Euríbates, arauto dos gregos no cêrco de Tróia (Ov. Her. 3, 9).
Eurybiădēs, -is, subs. pr. m. Euribíades, príncipe espartano (C. Nep. Them. 4, 2).
Euryclēa (-clīa), -ae, subs. pr. f. Euricléia, ama de Ulisses, a única a reconhecê-lo quando êste voltou à Ítaca (Cíc. Tusc. 5, 46).
Eurycrătēs, -is, subs. pr. m. Eurícrates, nome de homem (Ov. Ib. 295).
Eurydămās, -antis, subs. pr. m. Euridamante, sobrenome de Heitor (Ov. Ib. 331).
Eurydĭcē, -ēs, subs. pr. f. Eurídice, mulher de Orfeu. Ferida mortalmente, Orfeu, inconsolável, foi aos Infernos procurá-la, tendo-a porém perdido pela segunda vez e para sempre (Verg. G. 4, 486).
Eurylŏchus, -ī, subs. pr. m. Euriloco. 1) Companheiro de Ulisses, o único que escapou aos encantos de Circe (Ov. Met.

EURYMACHUS — 359 — **EVASTI**

14, 252). 2) Príncipe dos Magnetes (T. Lív. 35, 31).
Eurymăchus, -i, subs. pr. m. Eurímaco, um dos pretendentes de Penélope, morto por Ulisses (Ov. Her. 1, 92).
Eurymĕdōn, -ōntis, subs. pr. m. Eurimedonte, rio da Panfília (T. Lív. 31, 41, 6).
Eurymĕnae, -ārum, subs. pr. f. Eurímenas, cidade da Tessália (T. Lív. 39, 25).
Eurymĭdēs, -ae, subs. pr. m. Eurímides, filho de Êurimo, isto é, Télemo (Ov. Met. 13, 771).
Eurynŏmē, -ēs, subs. pr. f. Eurínome, ninfa amada por Zeus, filha do Oceano e de Tétis (Ov. Met. 4, 210).
Eurypўlus, -i, subs. pr. m. Eurípilo. 1) Filho de Hércules e de Eubotéia (Ov. Met. 7, 363). 2) Lendário rei da Tessália, filho de Evemão, foi um dos pretendentes à mão de Helena (Verg. En. 2, 114).
Eurysthĕnēs, -is, subs. pr. m. Euristenes. 1) Um dos filhos de Egito (Hig. Fab. 170). 2) Um dos Heráclidas, rei da Lacedemônia (Cíc. Div. 2, 191).
Eurystheus, -ĕī, ou **-ĕos,** subs. pr. m. Euristeu, lendário rei de Micenas e de Tirinto, descendente de Perseu, e instrumento do ódio de Juno contra Hércules (Cíc. Tusc. 2, 20).
Eurytĭōn, -ōnis, subs. pr. m. Euritião. 1) Diversas personagens (Ov. A. Am. 1, 593). 2) Um dos companheiros de Enéias (Verg. En. 5, 495).
Eurўtis, -ĭdis, subs. pr. f. Êuritis, filha de Êurito, rei de Ecália, isto é, Iola (Ov. Met. 9, 395).
Eurўtus, -i, subs. pr. m. Êurito. 1) Rei da Ecália, hábil no arco, que prometeu a mão de sua filha Iola a quem o derrotasse. Vencido por Hércules, não cumpriu a promessa. O herói destruíu a Ecália, matou Êurito e levou Iola (Ov. Met. 9, 356). 2) Um dos argonautas (V. Flac. 1, 439). 3) Centauro morto por Teseu (Ov. Met. 12, 220).
euschēmē, adv. Com elegância, graciosamente (Plaut. Mil. 213).
Eusĕbēs, -is, e **-ētis,** subs. pr. m. Êusebes, sobrenome de Ariobárzanes (Cíc. Fam. 15, 2, 4).
Eutērpē, -ēs, subs. pr. f. Euterpe, musa da música (Hor. O. 1, 1, 33).
Euthydēmus, -i, subs. pr. m. Eutidemo, nome de homem (Cíc. Fam. 13, 36, 1).
Euthynŏus, -i, subs. pr. m. Eutínoo, nome grego de homem (Cíc. Tusc. 1, 115).

Eutrapĕlus, -i, subs. pr. m. Eutrápelo, nome de homem (Cíc. At. 15, 8, 1).
1. **Euxīnus Pontus, -i,** subs. pr. m. O Ponto Euxino, isto é, o Mar Negro (Cíc. De Or. 1, 174).
2. **Euxīnus, -a, -um,** adj. Do Ponto Euxino (Ov. P. 2, 6, 2).
3. **Euxīnus, -i,** subs. m. v. **Euxinus pontus** (Ov. Trist. 2, 197).
Evādnē, subs. f., v. **Euădne.**
ēvădō, -is, -ĕre, -vāsī, -vāsum, v. intr. e tr. I — Sent. próprio: A) Intr.: 1) Sair de, e daí: evadir-se, escapar-se, salvar-se, fugir (Cíc. Cael. 65); (Cíc. Div. 2, 13). II — Sent. figurado: 2) Ter fim, acabar por tornar-se, acabar, vir a ser, realizar-se (Cíc. De Or. 1, 126); T. Lív. 27, 23, 6). B) — Tr.: 3) Escapar a, fugir a, evitar, passar, transpor, atravessar (Verg. En. 2, 731); (Verg. En. 3, 282). Obs.: Perf. sincopado evasti (Hor. Sat. 2, 7, 68).
ēvagātĭō, -ōnis, subs. f. Ação de errar, andar errante (Sên. Ep. 65, 16).
ēvăgor, -āris, -ārī, -ātus sum, v. dep. intr. e tr. I — Intr.: 1) Correr daqui e dali, andar errante, espalhar-se, afastar-se, estender-se, propagar-se (Cíc. Of. 1, 102). II — Tr.: 2) Sair de, exceder os limites, ultrapassar (Hor. O. 4, 10).
ēvalēscō, -is, -ĕre, -lŭī, v. intr. I — Sent. próprio: 1) Tomar fôrças, fortificar-se, fortalecer-se (Tác. Hist. 1, 80). II — Sent. figurado: 2) (Com infinitivo): ser capaz de poder (Verg. En. 7, 757). 3) Prevalecer, dominar (Tác. Germ. 2).
ēvalĭdus, -a, -um, adj. Muito forte, robusto (Cíc. frg. Har. 4a, 398).
ēvalŭī, perf. de **evalēsco.**
evan, v. **euhan.**
Evander, v. **Euander.**
ēvănēscō, -is, -ĕre, -vanŭī (sem supino), v. intr. Desaparecer, dissipar-se, esvair--se, evaporar-se, evanecer, perder a fôrça (Cíc. Div. 2, 177); (Cíc. At. 3, 13, 1).
ēvănĭdus, -a, -um, adj. I — Sent. próprio: 1) Que desaparece, que perde a fôrça, a consistência, que se dissipa, extinto (Ov. Met. 5, 435). Daí: 2) Extenuado (tratando-se de pessoa) (Sên. Ep. 122, 4).
evans, v. **euhans.**
evanŭī, perf. de **evanēsco.**
ēvapōrātĭō, -ōnis, subs. f. Evaporação (Sên. Nat. 1, 1, 7).
ēvāsī, perf. de **evādo.**
evasti = evasisti, forma sincopada, perf. de **evădo** (Hor. Sát. 2, 7, 68).

ēvástō, -ās, -āre, -āvī, -ātum, v. tr. Devastar, destruir, assolar completamente (T. Liv. 28, 44, 14).
ēvāsus, -a, -um, part. pass. de evādo.
evax, v. euax.
ēvēctus, -a, -um, part. pass. de evěho.
ēvěhō, -is, -ěre, -vēxī, -vēctum, v. tr. I — Sent. próprio: 1) Transportar, levar, arrebatar (Cíc. Verr. 1, 53). II — Sent. figurado: 2) Elevar às alturas, às culminâncias, exaltar (Tác. D. 13). 3) Passivo: elevar-se, subir, trepar (T. Liv. 1, 48, 6).
evēllī, perf. de evēllo.
ēvēllō, -is, -ěre, -vēllī ou -vŭlsī, (-vŭlsum), v. tr. Arrancar, tirar, desarraigar (sent. próprio e figurado) (Cíc. Sest. 60); (Cíc. Amer. 6). Obs.: O perf. evulsi é de emprêgo mais raro (Sên. Marc. 16, 7).
ēvēnī, perf. de evenio.
ēveniō, -īs, -īre, -vēni, -vēntum, v. intr. I — Sent. próprio: 1) Vir de, sair (Hor. O. 4, 4, 65). Donde, em sent. moral: 2) Provir de, resultar (Cíc. Fam. 4, 14, 1). II — Sent. figurado: 3) Produzir-se, chegar-se, ir ter, acabar (Cíc. Rep. 1, 65). 4) Impessoal: acontecer, suceder. Obs.: Constrói-se intransitivamente; ou com dat, ou como impessoal. Subj. pres. arc.: evenat (Plaut. Curc. 39); evenant (Plaut. Ep. 321).
Evēnos, v. Euěnos.
ēvēntum, -ī, subs. n. (geralmente no n. plural: evēnta, -ōrum). I — Sent. próprio: 1) Acontecimento, ocorrência, evento, acidente (Cíc. At. 9, 5, 2). II — Sent. moral: 2) Resultado, efeito, conseqüência (Cíc. Rab. Post. 1).
ēventūra, -ōrum, subs. n. pl. O futuro (Tib. 2, 1, 15).
ēvēntus, -ūs, subs. m. I — Sent. próprio: 1) Acontecimento, ocorrência, evento, acidente (Cíc. Inv. 1, 42). Daí, em sent. moral: 2) Resultado, conseqüência (Cíc. De Or. 1, 123). II — Sent. especiais: 3) Bom resultado, bom êxito, sucesso (Plín. Ep. 5, 20, 2). 4) Mau resultado, revezes, desastres, desventuras (Cíc. Lae. 14). 5) Efeito (em oposição a «causa») (Cíc. Part. 7).
Evēnus, v. Euěnos.
ēverberātus, -a, -um, part. pass. de everběro.
ēverběrō, -ās, -āre, -āvī, -ātum, v. tr. Bater várias vêzes, chicotear, açoitar, vergastar (Verg. En. 12, 866).
ēvērgō, -ās, -āre, v. tr. Fazer saltar, jorrar, derramar (T. Liv. 44, 33, 2).

ēvērrī, perf. de evērro.
everricŭlum, -ī, subs. n. 1) Espécie de rêde de pescador (Varr. R. Rust. 3, 17, 7). 2) Instrumento que serve para limpar, vassoura (Cíc. Nat. 3, 74).
ēvērrō, -is, -ěre, -vērrī, -vērsum, v. tr. Varrer, limpar, tirar limpando (sent. próprio e figurado) (Varr. L. Lat. 6, 32); (Civ. Verr. 2, 19).
ēversiō, -ōnis, subs. f. I — Sent. próprio: 1) Ação de deitar abaixo, desabamento (Cíc. Phil. 1, 5). Daí: 2) Destruição, ruína: ...templorum (Quint. 5, 10, 97) «(destruição) dos templos». II — Sent. figurado: 3) Transtôrno, ruína, decadência (Cíc. Ac. 2, 99).
ēvērsor, -ōris, subs. m. O que destrói, o que deita abaixo, destruidor (sent. próprio e figurado) (Quint. 8, 6, 30); (Cíc. Sest. 17).
ēvērsus, -a, -um, part. pass. de evērro e de evērto.
evērtī, perf. de evērto.
evērtō, -is, -ěre, -vērtī, -vērsum, v. tr. I — Sent. próprio: 1) Voltar para o outro lado, revirar, revolver, virar, voltar (Cíc. De Or. 1, 174). II — Sent. figurado: 2) Destruir, arruinar, derrubar (Cíc. Verr. 2, 46); (Cíc. Of. 1, 82). 3) Expulsar, desapossar, privar da posse, despojar (Cíc. Verr. 1, 135).
ēvestigātus, -a, -um, adj. Descoberto (à custa de muita procura) (Ov. Met. 15, 146).
evēxī, perf. de evěho.
Evhēměrus, v. Euheměrus.
evhoe, v. euhoe.
evīcī, perf. de evinco.
ēvīctus, -a, -um, part. pass. de evīnco.
ēvīdens, -ēntis, adj. I — Sent. próprio: 1) Que se vê de longe, evidente, claro, manifesto, visível (Cíc. At. 2, 18). II — Sent. figurado: 2) Digno de crédito (Plín. H. Nat. 19, 41).
ēvidēnter, adv. Evidentemente, claramente (T. Liv. 6, 26, 7).
ēvidēntia, -ae, subs. f. 1) Visibilidade, possibilidade de ver (Apul. Plat. 1, 5). 2) Evidência, clareza (Cíc. Ac. 2, 17).
ēvigilātus, -a, -um, part. pass. de evigīlo.
ēvigīlō, -ās, -āre, -āvī, -ātum, v. intr. e tr. I — Sent. próprio: Intr.: 1) Acordar, despertar (Quint. 9, 4, 12). II — Sent. figurado: 2) Estar vigilante, velar, trabalhar, aplicar-se sem descanso (Cíc. Par. 2, 17). Tr.: 3) Trabalhar sem descanso, elaborar, meditar (Cíc. At. 9, 12, 1).

ēvilēscō, -is, -ĕre, -vilŭī, v. intr. Tornar-se vil, perder todo o valor (Tác. Hist. 3, 53).

ēvinciō, -is, -īre, -vīnxī, -vīctum, v. tr. Cingir, atar, ligar (Verg. En. 5, 494).

ēvincō, -is, -ĕre, -vīcī, -vīctum, v. tr. I — Sent. próprio: 1) Vencer completamente, triunfar de, conquistar, derrotar: evincĕre Aeduos (Tác. An. 3, 46) «triunfar dos Éduos (vencer os Éduos)». II — Sent. figurado: 2) Elevar-se acima de, ultrapassar, ir além de (Verg. En. 2, 497). 3) Obter, alcançar, conseguir (T. Liv. 3, 41, 1). 4) Provar, experimentar (Hor. Sát. 2, 3, 250).

ēvinctus, -a, -um, part. pass. de evincio.

evīnxī, perf. de evincio.

evirātus, -a, -um. I — Part. pass. de eviro. II — Adj.: Efeminado (Marc. 5, 41, 1).

ēvirō, -ās, -āre, -āvī, -ātum, v. tr. Privar da virilidade, castrar (Catul. 63, 57).

ēviscerātus, -a, -um, part. pass. de eviscĕro.

ēviscĕrō, -ās, -āre, -āvī, -ātum, v. tr. Arrancar as vísceras, arrancar as entranhas, rasgar, dilacerar (Verg. En. 11, 723).

ēvitābĭlis, -e, adj. Que se pode evitar, evitável (Ov. Met. 6, 234).

ēvitātĭō, -ōnis, subs. f. Ação de evitar, fugida (Sên. Nat. 2, 39, 3).

ēvitātus, -a, -um, part. pass. de evito.

ēvitō, -ās, -āre, -āvī, -ātum, v. tr. Evitar, fugir de, escapar de, impedir (Cíc. Or 194).

ēvocātor, -ōris, subs. m. O que convoca (tropas), o que faz levas de soldados, o que convoca (Cíc. Cat. 1, 27).

ēvocātus, -a, -um. I) Part. pass. de evŏco. II) Subs. m. pl.: evocati, -ōrum: veteranos chamados ao serviço, guardas do imperador Galba (Cés. B. Gal. 3, 20, 2).

ēvŏcō, -ās, -āre, -āvī, -ātum, v. tr. I — Sent. próprio: 1) Chamar, fazer sair, mandar vir (Cés. B. Gal. 4, 20, 4); (Cíc. Dej. 30). II — Empregos especiais: 2) Na língua militar: recrutar, alistar, convocar tropas (Cés. B. Gal. 7, 58, 4). 3) Na língua jurídica: citar, intimar, notificar, requisitar (Cíc. Verr. 2, 162). Donde, na língua comum: 4) Provocar, excitar, atrair (Cíc. Dej. 40); (Sên. Ir. 3, 8, 5).

evoe, v. euhoe.

ēvŏlō, -ās, -āre, -āvī, -ātum, v. intr. I — Sent. próprio: 1) Sair voando, voar (Cíc. Leg. 1, 2). II — Sent. figurado. 2) Sair precipitadamente, escapar, fugir (Cés. B. Gal. 3, 28, 3); (Cíc. Prov. 14). 3) Elevar-se (Cíc. Fam. 1, 7, 8).

evōlsus, -a, -um, v. evŭlsus.

evoluam, evoluisse = evolvam, evolvisse (Catul. 66, 67); (Prop. 1, 7, 16).

ēvolūtĭō, -ōnis, subs. f. Ação de desenrolar, de ler, leitura (Cíc. Fin. 1, 25).

ēvolūtus, -a, -um, part. pass. de evŏlvo.

ēvolvī, perf. de evŏlvo.

ēvŏlvō, -is, -ĕre, -vōlvī, -volŭtum, v. tr. I — Sent. próprio: 1) Rolar, fazer rolar, precipitar rolando, revolver (Verg. En. 5, 807). Daí: 2) Rolar para fora, desdobrar, estender (Ov. Met. 6, 581). Donde: 3) Desenrolar um papiro, ler um livro, folheá-lo (Cíc. Tusc. 1, 24); (Cíc. Fin. 1, 72). II — Sent. figurado: 4) Fazer sair, tirar de, despojar, separar, afastar (Plaut. Ps. 316). 5) Narrar, desenvolver, expor, apresentar (Cíc. Ac. 2, 114). Obs.: Por vêzes, em poesia, o segundo v de evolvo tem valor da vogal u: evoluam (Catul. 66, 67); evoluisse (Ov. H. 12, 4).

ēvomĭtus, -a, -um, part. pass. de evŏmo.

ēvŏmō, -is, -ĕre, -vomŭī, -vomĭtum, v. tr. Vomitar, lançar fora, despejar, rejeitar (sent. próprio e figurado) (Cíc. Pis 90); (Cíc. Lae. 87).

ēvomŭī, perf. de evŏmo.

ēvŭlgō, -ās, -āre, -āvī, -ātum, v. tr. Divulgar, publicar (T. Liv. 9, 46, 5).

ēvŭlsī = evēlli, perf. de evēllo.

ēvulsĭō, -ōnis, subs. f. Ação de arrancar (Cíc. Nat. 3, 57).

ēvŭlsus, -a, -um, part. pass. de evēllo.

ex, ē, ec, prep. e prevérbio. I — Indica ponto de partida (sent. local): 1) Do interior de, de (com idéia de movimento de dentro para fora). Com verbos que significam sair, expulsar, tirar, como: exire (sair de), deducere (levar, retirar), auferre (retirar), tollere, etc. (Cés. B. Gal. 4, 30, 3). 2) De, procedente de (idéia de origem) (Cés. B. Gal. 5, 13, 1). 3) Da parte de, de entre, do número de, entre (idéia partitiva) (Cíc. De Or. 2, 357). II — Daí: 4) De, desde, a partir de (sent. temporal) (Cíc. Rep. 1, 25). 5) Em seguida a, logo depois de (Cíc. Br. 318). 6) Em virtude de, por causa de, por (sent. causal) (Cíc. Of. 3, 99). 7) Conforme, segundo (Cíc. Clu. 177). 8) De, feito de (indicando a matéria de que uma coisa é feita) (Cíc. Verr. 2, 50). 9) Em locuções: ex lege (Cíc. Clu. 103) «conforme a lei, legalmente»; ex consuetudine (Cíc. Clu. 38) «segundo o costume»; ex itinere (Cíc. Fam. 3, 9, 1) «pelo caminho, no caminho»; **ex eo** (Tác An. 12, 7) «a partir dêste momento»; **ex insidiis** (Cíc. Of. 2, 26) «à traição». Obs.: I — Como prevérbio **ex**: 1) É constante antes de vogal e de consoantes: **examinare, extollere**. 2) Toma a forma **ec** antes de **f**: **ecferre** (= **efferre**, com assimilação do c do prevérbio). 3) Toma a forma **e** antes de **b, d, g, l, m, n, r**, «i» consoante e «u» consoante: **egredi, eligere, emittere**. 4) Subsiste antes de **s, c, qu**: **exsequi, excutere, exquirere**. 5) **e** ou **ex** ante de **p**: **expers**. II — Na composição **ex** designa: 1) Idéia de saída (**exire** sair de), algumas vêzes com idéia acessória de baixo para cima: **extollere**, elevar, levantar. 2) Idéia de ausência, privação: **expers**, que não tem parte em, falto de. 3) Idéia de acabamento: **ebibere**, beber até o fim, esvaziar. Neste emprêgo a fôrça do prevérbio é, muitas vêzes, enfraquecida e o composto tem o mesmo sentido que o simples: **vincio** e **evincio**, cingir, ligar, atar. 4) Serve para reforçar formas adverbiais: **exadversus** (adv.), «defronte de», em frente a». Como preposição, o emprêgo de **ex** obedece às mesmas regras enumeradas para o emprêgo de **ex** prevérbio, sendo porém, de se notar que são estas menos estritas, sendo a forma **ex** a preferida na língua falada e e de uso corrente na língua escrita.

exacerbātus, -a, -um, part. pass. de **exacěrbo**.

exacěrbō, -ās, -āre, -āvī, -ātum, v. tr. Irritar, exacerbar (T. Liv. 2, 35, 8).

exactĭō, -ōnis, subs. f. I — Sent. próprio: 1) Expulsão, destêrro, deportação (Cíc. De Or. 1, 37). II — Depois: 2) Ação de fazer sair de, cobrança (de impostos) (Cíc. Fam. 3, 8, 5). 3) Ação de exigir a execução de uma tarefa (Cíc. Dom. 51).

exāctor, -ōris, subs. m. I — Sent. próprio: 1) O que expulsa, lança fora (T. Liv. 9, 17, 11). II — Depois: 2) O que recebe (impostos), cobrador, recebedor (T. Liv. 28, 25, 9). 3) O que exige a execução de, controlador, vigia (T. Liv. 2, 5).

exāctus, -a, -um. I — Part. pass. de **exĭgo**. II — Adj.: Rigorosamente pesado, preciso, exato (T. Liv. 3, 5, 12).

exacŭī, perf. de **exacŭo**.

exacŭō, -is, -ěre, -ī, -ūtum, v. tr. I — Sent. próprio: 1) Tornar agudo, aguçar, afiar (Verg. G. 1, 264). II — Sent. figurado: 2) Estimular, excitar, animar, exortar (Cíc. De Or. 1, 131); (Cíc. At. 12, 36, 2).

Exadĭus, -ī, subs. pr. m. Exádio, um dos Lápitas (Ov. Met. 12, 266).

exadvěrsum e exadvěrsus (ou -vors-). I — Adv.: 1) Em frente, face a face (Ter. Ad. 584). II — Prep. (acus.): 2) Em frente de, defronte de (Cíc. Div. 1, 101).

exaedĭfĭcātĭō, -ōnis, subs. f. Construção, construção da frase (Cíc. De Or. 2, 63).

exaedĭfĭcātus, -a, -um, part. pass. de **exaedĭfĭco**.

exaedĭfĭcō, -ās, -āre, -āvī, -ātum, v. tr. 1) Acabar de construir, construir inteiramente, construir, edificar (sent. próprio e figurado) (Cíc. Verr. 5, 48); (Cés. B. Civ. 1, 15, 2). 2) Expulsar de casa (Plaut. Trin. 1127).

exaequātĭō, -ōnis, subs. f. I — Sent. próprio: 1) Ação de igualar, nivelamento (Sérv. G. 1, 95). II — Sent. figurado: 2) Comparação, paralelo (T. Liv. 34, 4, 4).

exaequātus, -a, -um, part. pass. de **exaequo**.

exaequō, -ās, -āre, -āvī, -ātum, v. tr. Aplainar, nivelar, igualar, tornar igual, emparelhar (sent. próprio e figurado) (Cíc. Lae. 71); (Ov. Am. 3, 8, 61).

exaestĭmō = **existĭmo**.

exaestŭō, -ās, -āre, -āvī, -ātum, v. intr. e tr. Intr.: I — Sent. próprio: 1) Elevar-se fervendo ou borbulhando, ferver, agitar-se (Verg. G. 2, 240). II — Sent. figurado: 2) Estar agitado, estar exasperado (Verg. En. 9, 798). Tr.: 3) Fazer ferver (Lucr. 2, 1137).

exaggerātĭō, -ōnis, subs. f. I — Sent. próprio: 1) Acúmulo de terra, atêrro (Just. 2, 1). II — Sent. figurado: 2) Grandeza (de alma), exaltação (Cíc. Tusc. 2, 64). Na língua retórica: 3) Amplificação (A. Gél. 13, 24, 9).

exaggerātus, -a, -um, part. pass. de **exaggěro**.

exaggěrō, -ās, -āre, -āvī, -ātum, v. tr. I — Sent. próprio: 1) Amontoar terra, fazer um atêrro, aterrar (Q. Cúrc. 6, 5). II — Sent. figurado: 2) Exagerar, aumentar, amplificar (Cíc. Of. 1, 92); (Cíc. Or. 192).

exagĭtātor, -ōris, subs. m. O que persegue violentamente, censor severo (Cíc. Or. 42).

exagĭtātus, -a, -um, part. pass. de **exagĭto**.

exagĭtō, -ās, -āre, -āvī, -ātum, v. tr. I — Sent. próprio: 1) Perseguir incessantemente, impelir para diante de si (Ov. A. Am. 3, 662). II — Sent. figurado: 2) Exasperar, irritar, atormentar, ex-

EXALBĒSCŌ — 363 — **EXAUDIO**

citar, inquietar (Cés. B. Gal. 2, 29, 5); (Cíc. At. 3, 7, 2). 3) Rejeitar, desaprovar, criticar, discutir (Cic. De Or. 3, 59).
exalbēscō, -is, -ĕre, -bŭī, v. intr. Fazer branco, tornar-se pálido (Cíc. De Or. 1, 121).
exalbĭdus, -a, -um, adj. Esbranquiçado (Plín. H. Nat. 12, 78).
exalbŭī, perf. de **exalbēsco.**
exălō = **exhalo.**
exāltus, -a, -um, adj. Muito alto (Apul. M. 6, 14).
1. exāmen, -ĭnis, subs. n. I — Sent. próprio: 1) Fiel da balança (Verg. En. 12, 725). II — Sent. figurado: 2) Ação de pesar, exame, verificação (Ov. Met. 9, 552). V. **exāmen 2.**
2. exāmen, -ĭnis, subs. n. I — Sent. próprio: 1) Enxame (de abelhas) (Cíc. Of. 1, 157). II — Sent. figurado: 2) Multidão, grande número (de pessoas ou animais) (Hor. O. 1, 35, 31). Obs.: Os dois substantivos neutros — **examen, -inis**, são, etimològicamente, uma única palavra.
examinātus, -a, -um, part. pass. de **examino.**
1. exāmĭnō, -ās, -āre, -āvī, ātum, v. tr. e intr.: Pesar, examinar (sent. próprio e figurado) (Cíc. Tusc. 1, 43); (Cíc. Or. 26).
2. exāmĭnō, -ās, -āre, -āvī, -ātum, v. intr. Enxamear (tratando-se de abelhas) (Col. 9, 14, 5). Obs.: Etimològicamente é o mesmo verbo precedente.
exānclō = **exāntlo.**
exanguis, v. **exsanguis.**
exanĭmālis, -e, adj. I — Sent. próprio: 1) Que está sem vida (Plaut. Bac. 848). II — Sent. figurado: 2) Mortal, que mata (Plaut. Rud. 221).
exanimātĭō, -ōnis, subs. f. I — Sent. próprio: 1) Examinação, sufocação (Plín. H. Nat. 32, 28). II — Sent. figurado: 2) Terror, espanto (Cic. Tusc. 4, 19).
exanimātus, -a, -um, part. pass. de **exanĭmo.**
exanĭmis, -e, adj. I — Sent. próprio: 1) Exânime, privado de vida, morto, inanimado (Verg. En. 5, 517). II — Sent. figurado: 2) Espantado, trêmulo de mêdo (Verg. En. 4, 672).
exanĭmō, -ās, -āre, -āvī, -ātum, v. tr. 1) Tirar o fôlego, tirar o sôpro vital, matar (Cés. B. Gal. 6, 61, 5). Daí: 2) Cortar a respiração, esfalfar, sufocar (Cíc. Verr. 2, 189); (Cés. B. Gal. 2, 23, 1). II — Sent. figurado: 3) Aterrar, meter em grande mêdo, inquietar, atormentar (Cíc. At. 11, 6, 4). 4) (Passivo) — morrer (Cíc. Fin. 2, 97).
exanĭmus, v. **exanĭmis** (Verg. En. 11; 51).
exantlātus ou **exanclātus, -a, -um,** part. pass. de **exānclo.**
exāntlō ou **exānclō, -ās, -āre, -āvī, -ātum,** v. tr. I — Sent. próprio: 1) Esgotar, esvaziar, despejar (Plaut. St. 273). II — Sent. figurado: 2) Suportar inteiramente, sofrer, tolerar (Cíc. Tusc. 1, 118).
exarātus, -a, -um, part. pass. de **exāro.**
exardēscō, -is, -ĕre, -ārsī, -ārsum, v. incoat. intr. 1) Inflamar-se, abrasar-se, arder (sent. próprio e figurado) (Cíc. De Or. 2, 190); (Cíc. Verr. 2, 48). Daí: 2) Enfurecer-se, irar-se, tornar-se violento, apaixonar-se, amar, desejar ardentemente (Cíc. Lig. 3).
exārēscō, -is, -ĕre, -rŭī, v. intr. I — Sent. próprio: 1) Secar completamente (Cíc. Pis. 82). II — Sent. figurado: 2) Esgotar-se, perder-se, acabar (Cíc. Fam. 9, 18, 3).
exarmātus, -a, -um, part. pass. de **exārmo.**
exārmō, -ās, -āre, -āvī, -ātum, v. tr. 1) Desarmar, privar dos meios de defesa natural (Tác. Hist. 2, 76). 2) Desarmar um navio (Sên. Ep. 30, 3).
exārō, -ās, -āre, -āvī, -ātum, v. tr. 1) Tirar lavrando, lavrar profundamente, escavar (Cíc. Leg. 2, 58). Donde: 2) Traçar, escrever (Cíc. At. 12, 1, 1). 3) Cultivar, fazer produzir lavrando (Cíc. Verr. 3, 113). 4) Enrugar, sulcar (Hor. Ep. 8, 4).
exārsī, perf. de **exardēsco.**
exarŭī, perf. de **exarēsco.**
exasperātus, -a, -um, part. pass. de **exaspĕro.**
exaspĕrō, -ās, -āre, -āvī, -ātum, v. tr. I — Sent. próprio: 1) Tornar áspero, rude, desigual (T. Lív. 37, 12, 12). II — Sent. figurado: 2) Irritar, exasperar, azedar (T. Lív. 42, 14, 3). 3) Na língua médica: inflamar, irritar (Cels. 1, 3).
exauctōrātus, -a, -um, part. pass. de **exauctōro.**
exauctōrō, -ās, -āre, -āvī, -ātum, v. tr. Têrmo da língua militar: 1) Privar do sôldo, dar baixa a um soldado (T. Lív. 7, 39, 1). 2) Licenciar (muitas vêzes com sent. pejorativo), destituir, exautorar (Tác. Hist. 1, 20).
exaudĭō, -īs, -īre, -īvī, -ītum, v. tr. I — Sent. próprio: 1) Ouvir distintamente, ouvir bem, perceber (Cíc. At. 1, 14, 4).

EXAUDITUS — 364 — **EXCERNO**

II — Sent. figurado: 2) Prestar atenção, atender a uma súplica (Ov. Met. 13, 856); (Hor. Ep. 1, 20, 14).
exaudītus, -a, -um, part. pass. de **exaudĭo**.
exaugĕō, -ēs, -ēre, v. tr. Aumentar consideràvelmente, acrescentar, fortificar (Ter. Heaut. 223).
exaugurātĭō, -ōnis, subs. f. Profanação (T. Lív. 1, 55, 3).
exaugŭrō, -ās, -āre, -āvī, -ātum, v. tr. Profanar, tirar o caráter sagrado a (T. Lív. 1, 55, 2).
excaecātus, -a, -um, part. pass. de **excaeco**.
excaecō, -ās, -āre, -āvī, -ātum, v. tr. I — Sent. próprio: 1) Tornar cego, cegar (Cíc. Ac. 2, 74). 2) Obstruir (Ov. Met. 15, 272). II — Sent. figurado: 3) Cegar, deslumbrar, ofuscar (Sên. Helv. 13, 5). 4) Escurecer, desfigurar (Plín. H. Nat. 33, 131).
excalceātī, -ōrum, subs. m. pl. Atores cômicos que não usavam coturno (Sên. En. 8, 7).
excalceātus, -a, -um, part. pass. de **excalcĕo**.
excalcĕō, -ās, -āre, -āvī, -ātum, v. tr. Descalçar, tirar o sapato (coturno) (Sên. Ep. 76, 23).
excalcĭō = **excalcĕo**.
excalpō, v. **excŭlpo**.
excandescentĭa, -ae, subs. f. 1) Ação de se encolerizar, arrebatamento (de cólera) (Cíc. Tusc. 4, 21). 2) Irritabilidade (Apul. Plat. 1, 18).
excandēscō, -is, -ĕre, -dŭī, v. intr. I — Sent. próprio: 1) Abrasar-se (Cat. Agr. 95). II — Sent. figurado: 2) Esquentar-se, inflamar-se, irritar-se (Cíc. Tusc. 4, 43).
excandŭī, perf. de **excandēsco**.
excantassit (arc.) = **excantaverit**.
excantātus, -a, -um, part. pass. de **excānto**.
excāntō, -ās, -āre, -āvī, -ātum, v. tr. Evocar ou fazer vir por meio de encantamentos (Hor. Epo. 5, 45).
excarnificātus, -a, -um, part. pass. de **excarnifĭco**.
excarnifĭco, -ās, -āre, -āvī, -ātum, v. tr. I — Sent. próprio: 1) Raspar, dilacerar a golpes, fazer morrer na tortura (Cíc. Nat. 3, 82). II — Sent. figurado: 2) Atormentar, torturar (Ter. Heaut. 813).
excavātĭō, -ōnis, subs. f. Buraco, cavidade (Sên. Nat. 4, 3, 3).
excavātus, -a, -um, part. pass. de **excāvo**.
excāvō, -ās, -āre, (-āvī), -ātum, v. tr. Escavar, cavar (Cíc. Verr. 4, 62).
excēdō, -is, -ĕre, -cēssī, -cēssum, v. tr. e intr. Intr.: I — Sent. próprio: 1) Sair de, retirar-se, ir-se embora, partir, afastar-se (Cíc. Phil. 12, 14); (Cíc. Tusc. 1, 103). II — Sent. figurado: 2) Sair de, desaparecer, morrer (Cíc. Br. 80); (Cíc. Par. 40). Daí: 3) Ultrapassar, exceder, passar além de (T. Lív. 3, 41, 4). 4) Adiantar-se, chegar a (T. Lív. 34, 1, 1). Tr.: 5) Exceder, ultrapassar, passar além de (T. Lív. 28, 25, 8). Obs.: Constrói se com abl., com abl. com ex, ou como transitivo.
excēllens, -ēntis, adj. I — Sent. próprio: 1) Que se eleva acima de (Vel. 2, 107). II — Sent. figurado: 2) Superior, distinto, notável, eminente (Cíc. Tusc. 1, 2).
excellēnter, adv. De modo superior, de maneira eminente, eminentemente (Cíc. Of. 1, 61). Obs.: comp.: **tius** (Cíc. Sest. 96).
excellentĭa, -ae, subs. f. Superioridade, elevação, grandeza, excelência (Cíc. Top. 55).
excēllō, -is, -ĕre (-cellŭī, -cēlsum), v. intr. Elevar-se acima de, exceder, ultrapassar, sobressair (Cíc. Of. 6); (Cíc. Inv. 2). Obs.: Constrói-se com dat., com acus. com **inter, super** ou **ante**; ou com abl. com a prep. **in**, ou sem ela.
excēlsē, adv. (desus. no grau positivo). I — Sent. próprio: 1) Altamente, no alto (Col. 4, 1, 5). II — Sent. figurado: 2) Com elevação, com grandeza: **excelsius** (Cíc. Or. 119) «com maior elevação».
excelsĭtās, -tātis, subs. f. I — Sent. próprio: 1) Excelsitude, elevação, altura (Plín. H. Nat. 2, 160). II — Sent. figurado: 2) Elevação, grandeza (Cíc. Of. 3, 24).
excēlsus, -a, -um. I — Part. pass. de **excēllo**. II — Adj.: 1) Alto, elevado (Cíc. At. 4, 16, 14). 2) Sent. figurado: elevado, grande, nobre, sublime, poderoso, excelso (Cíc. Of. 1, 79).
excēpī, perf. de **excipĭo**.
exceptĭō, -ōnis, subs. f. I — Sent. próprio: 1) Ação de executar, restrição, exceção (Cíc. Verr. 5, 81). II — Na língua jurídica: 2) Condição, estipulação particular numa lei (Cíc. Agr. 1, 10). 3) Cláusula restritiva (Cíc. De Or. 1, 168).
exceptiuncŭla, -ae, subs. f. Pequena exceção (Sên. Ep. 20, 5).
excēptō, -ās, -āre, v. freq. tr. Retirar a todo instante, recolher habitualmente (Cíc. Par. 38); (Verg. G. 3, 274).
excēptus, -a, -um, part. pass. de **excipĭo**.
excērnō, -is, -ĕre, -crēvī, -crētum, v. tr. Fazer sair escolhendo, joeirar, separar (T. Lív. 28, 39, 10).

excerpō, -is, -ĕre, -cērpsī, -cērptum, v. tr. I — Sent. próprio: 1) Tirar de, extrair, escolher, colhêr (Cíc. Of. 3, 3). Daí: 2) Pôr à parte, retirar, excetuar, omitir (Cíc. De Or. 2, 47).

excērpsī, perf. de **excerpo.**

excērptum, -ī, subs. n. Excerto, trecho escolhido (Sên. Ep. 33, 3). Obs.: Geralmente no pl.: excerpta, -orum.

excērptus, -a, -um, part. pass. de **excerpo.**

excēssī, perf. de **excēdo.**

excessim = excesserim, perf. subj. de **excēdo** (Ter. And. 760).

1. **excēssus, -a, -um,** part. pass. de **excēdo.**
2. **excēssus, -ūs,** subs. m. I — Sent. próprio: 1) Partida, saída, retirada. Don de: II — Sent. figurado: 2) Morte (Cíc. Tusc. 1, 27); (Cíc. Rep. 2, 52). 3) Abandono, afastamento (do dever), falta (V Máx. 8, 2). Na língua retórica: 4) Digressão (Quint. 3, 9, 4).

1. **excīdī,** perf. de **excīdo 1.**
2. **excīdī,** perf. de **excīdo 2.**

excidium, -ī, subs. n. I — Sent. próprio: 1) Queda, descida (Plin. H. Nat. 36, 39). II — Sent. figurado: 2) Destruição, excídio (= **exscidium**) (Verg. En. 5, 626).

1. **excīdō, -is, -ĕre, -cīdī,** v. intr. I — Sent. próprio: 1) Cair de, cair (Cíc. Pis. 21). II — Sent. figurado: 2) Sair, escapar, esquecer-se (Cíc. Sull. 72); (Cíc. Leg. 2, 46). 3) Afastar-se, perder-se, desaparecer, morrer (Hor. O. 3, 5, 30). Com prep. in e acus.: 4) Acabar em, terminar por: **pedes qui in breves excidunt** (Quint. 9, 4, 106) «pés que terminam por sílabas breves». Obs.: Constrói-se com abl.; com abl. com prep. **ex, de, ab**; ou com dat.

2. **excīdō, -is, -ĕre, -cīdī, -cīsum,** v. tr. I — Sent. próprio: 1) Tirar cortando, destacar, cortar (Cíc. Of. 2, 13). Daí: 2) Extrair cortando, raspar, cavar (Cíc. Verr. 5, 68). II — Sent. figurado: 3) Deitar abaixo, demolir, destruir (Cíc. Sest. 95).

exciĕō, -ēs, -ēre, -īvī, (ou ĭī), -ītum = excīo (T. Lív. 7, 11, 11).

excīī, perf. de **excīo.**

excīndō = exscindo.

excīo, is, -ire, -īvī (ou -ĭī), -ītum, v. tr. I — Sent. próprio. 1) Chamar para fora, mandar sair, atrair, convocar, evocar (T. Lív. 3, 2, 7); (Verg Buc. 8, 98). II — Sent. figurado: 2) Excitar, provocar, despertar, assustar, aterrar, atormentar (T. Lív. 3, 39, 2); (Sal. B. Jug. 99, 2).

excipiō, -is, -ĕre, -cēpī, -cēptum, v. tr. I — Sent. próprio: 1) Tomar à parte, pôr de lado, excetuar, excluir (Cíc. Cat. 4, 15). 2) Acolher, receber, ouvir, saber (Cíc. Verr. 5, 94); (Cíc. Sest. 23); (Cíc. Mil. 105). II — Sent. figurado: 3) Tirar de, retirar, tomar a seu cargo, tomar (Cíc. Rep. 4, 8). 4) Observar, espiar, apanhar, surpreender, tomar (Cés. B. Gal. 7, 20, 9). 5) Suster, ter na mão, não deixar cair (sent. próprio e figurado) (Cíc. Br. 273). 6) Vir depois de, suceder a, seguir-se a, substituir, prosseguir, falar depois, tomar a palavra (Cés. B. Civ. 3, 87, 1); (T. Lív. 5, 13, 4). Obs.: Constrói-se com acus. e com **ut** ou **ne.**

excisiō, -ōnis, subs. f. I — Sent. próprio: 1) Encaixe, entalhe (Pal. 3, 30). II — Sent. figurado: 2) Ruína, destruição (Cíc. Dom. 146).

excīsus, -a, -um, part. pass. de **excīdo 2.**

excitātus, -a, -um. I — Part. pass. de **excito.** II — Adj.: 1) Forte, veemente, vigoroso (T. Lív. 4, 37, 9). 2) Na língua da retórica: animado, vivo (Quint. 9, 3, 10).

excĭtō, -ās, -āre, -āvī, -ātum, v. tr. I — Sent. próprio: 1) Mandar sair, chamar para fora, expulsar (Cíc. Of. 3, 68). II — Sent. figurado: 2) Excitar, provocar, despertar, estimular, animar, suscitar, avivar (Cés. B. Gal. 7, 24, 4); (Cíc. Phil. 2, 68); (Cíc. Phil. 3, 21). 3) Dar, apresentar testemunhas (Cíc. Rab. P. 47). 4) Levantar, construir, restabelecer, restaurar (Cés. B. Gal. 3, 14, 4); (Cíc. Leg. 2, 68).

1. **excĭtus, -a, -um,** part. pass. de **exciĕo.**
2. **excĭtus, -a, -um,** part. pass. de **excĭo.**

excīvī, perf. de **exciĕo** e **excĭo.**

exclāmātiō, -ōnis, subs. f. I — Sent. próprio: 1) Grito, gritaria (Quint. 11, 3, 179). II — Na língua retórica: 2) Exclamação (Cíc. De Or. 3, 207).

exclāmātus, -a, -um, part. pass. de **exclāmo.**

exclāmō, -ās, -āre, -āvī, -ātum, v. intr. e tr. I — Intr.: 1) Gritar, bradar, exclamar (Cíc. Tusc. 2, 56). II — Tr.: 2) Dizer gritando, recitar, declamar (Quint. 2, 11, 2) 3) Chamar em voz alta (Plaut. Amph. 1120). Obs.: Constrói-se transitivamente seguido de estilo direto, com or. inf., com ut, acus. excl. (Cíc. Ac. 2, 89).

exclūdō, -is, -ĕre, -clūsī, -clūsum, v. tr. I — Sent. próprio: 1) Não deixar entrar, excluir, não admitir (Cíc. Balb. 37). Donde: 2) Fazer sair, expulsar, afastar,

repelir (sent. próprio e figurado): **excludere a republica** (Cíc. Phil. 5, 29) «afastar do govêrno». II — Sent. figurado: 3) Impedir (Cés. B. Gal. 5, 23, 5). Obs.: Constrói-se com acus.; com acus. e abl..; com abl. com ex ou ab.
exclūsī, perf. de **exclūdo**.
exclūsĭō, **-ōnis**, subs. f. Exclusão, afastamento (Ter. Eun. 88).
exclūsti = **exclusisti** (Ter. Eun. 98).
excōctus, **-a**, **-um**, part. pass. de **excŏquo**.
excōgĭtātĭō, **-ōnis**, subs. f. Ação de imaginar, invenção (Cíc. Tusc. 1, 61).
excōgĭtātŏr, **-ōris**, subs. m. O que imagina, inventor (Quint. Decl. 12, 7).
excōgĭtātus, **-a**, **-um**. I — Part. pass. de **excogĭto**. II — Adj.: Fantasioso, imaginoso (Suet. Calig. 22).
excōgĭtō, **-ās**, **-āre**, **-āvī**, **-ātum**, v. tr. e intr. I — Tr.: 1) Descobrir pela reflexão, imaginar, inventar (Cíc. Cat. 2, 7). II — Intr.: 2) Pensar, refletir maduramente (Cíc. At. 9, 6, 7).
excŏlō, **-is**, **-ĕre**, **-colŭī**, **-cŭltum**, v. tr. I — Sent. próprio: 1) Cultivar com acuidade, preparar bem, tratar bem (Plín. H. Nat. 14, 48). II — Sent. figurado: 2) Cultivar, aperfeiçoar, polir, civilizar (Cíc. Arch. 12). 3) Honrar, venerar, respeitar (Ov. P. 1, 7, 59). 4) Ornar, embelezar (Suet. Cés. 84); (Plín. Ep. 9, 39, 3).
excolŭī, perf. de **excŏlo**.
excŏquō, **-is**, **-ĕre**, **-cōxī**, **-cōctum**, v. tr. I — Sent. próprio: 1) Cozer, cozinhar, derreter, fundir (Plín. H. Nat. 32, 38); (Plaut. Capt. 281). II — Sent. figurado: 2) Purificar, depurar num cadinho, purificar ao fogo (Verg. G. 1, 88). 3) Queimar, secar, mirrar (Lucr. 6, 963), III — Empregos especiais: 4) Maquinar, urdir um plano (Plaut. Pers. 52). 5) Atormentar (Sên. Herc. F. 105).
excors, **-dis**, adj. Insensato, despropositado, louco (Cíc. Tusc. 1, 18).
excōxī, perf. de **excŏquo**.
excrēmĕntum, **-ī**, subs. n. 1) Excreção, secreção (Tác. Hist. 4, 81). 2) Dejeção, excremento (Plín. H. Nat. 11, 94).
excrĕō = **exscrĕo**.
excrēscō, **-is**, **-ĕre**, **-ēvī**, **-ētum**, v. intr. Crescer elevando-se, desenvolver-se, crescer consideràvelmente (Suet. Vesp. 10).
excrētus, **-a**, **-um**, part. pass. de **excērno** e de **excrēsco**.
excrēvī, perf. de **excērno** e de **excrēsco**.
excrībō = **exscrībo**.
excrucĭābĭlis, **-e**, adj. Que merece ser atormentado (Plaut. Cist. 653).

excrucĭātus, **-a**, **-um**, part. pass. de **excrucio**.
excrucĭō, **-ās**, **-āre**, **-āvī**, **-ātum**, v. tr. I — Sent. próprio: 1) Submeter à tortura, torturar, martirizar (Cés. B. Gal. 7, 20, 9); (Cíc. Pomp. 11). II — Sent. figurado: 2) Afligir, causar grande dor, fazer sofrer, atormentar (Cíc. At. 10, 18, 3).
excŭbĭae, **-ārum**, subs. f. pl. I — Sent. próprio: 1) Guarda (durante a noite ou de dia), sentinela, vigia (Cíc. Mil. 67). II — Sent. figurado: 2) Noite passada fora de casa (Plaut. Cas. 54).
excŭbĭtor, **-ōris**, subs. m. Guarda, sentinela (Cés. B. Gal. 7, 69).
excŭbō, **-ās**, **-āre**, **-bŭī**, **-bĭtum**, v. intr. I — Sent. próprio: 1) Dormir fora de casa, passar a noite fora (Cíc. Div. 1, 112). Daí: 2) Montar guarda, estar de sentinela (Cés. B. Gal. 7, 24, 5). II — Sent. figurado: 3) Estar alerta, vigiar, cuidar (Cíc. Phil. 6, 18).
excŭbŭī, perf. de **excŭbo**.
excucŭrrī, perf. arc. de **excŭrro** (Plaut. Most. 359).
excūdī, perf. de **excūdo**.
excūdo, **-is**, **-ĕre**, **-cūdī**, **-cūsum**, v. tr. I — Sent. próprio: 1) Fazer sair batendo, tirar (Verg. En. 1, 174). Donde: 2) Forjar, fundir, fabricar (Verg. En. 6, 848). II — Sent. figurado: 3) Produzir, compor (Cíc. At. 15, 27, 2).
excŭlcō, **-ās**, **-āre**, **-āvī**, **-ātum**, v. tr. 1) Espremer com os pés, calcar com os pés, pisar (Plaut. Capt. 810). 2) Entulhar, encher calcando (Cés. B. Gal. 7, 73, 7).
excŭlpō = **exscŭlpo**.
excŭltus, **-a**, **-um**, part. pass. de **excŏlo**.
excŭrrī, perf. de **excŭrro**.
excŭrrō, **-is**, **-ĕre**, **-cŭrrī** (**-cucŭrrī**), **-cūrsum**, v. intr. I — Sent. próprio: 1) Correr para fora, sair correndo, sair (Cíc. At. 10, 15, 4). II — Sent. figurado: 2) Estender-se para fora, avançar (T. Lív. 26, 42, 8). Daí: 3) Desenvolver-se, mostrar-se, exceder (Cíc. Or. 170).
excursĭō, **-ōnis** subs. f. I — Sent. próprio: 1) Correria, irrupção, incursão (Cés. B. Gal. 2, 30, 1). II — Sent. figurado: 2) Digressão (Quint. 4, 2, 103). 3) Excursão, viagem (Plín. Ep. 1, 3, 2).
excūrsor, **-ōris**, subs. m. Sent. próprio e figurado: Batedor, explorador (de campo); espião (V. Máx. 7, 37); (Cíc. Verr. 2, 22).

1. **excŭrsus, -a, -um,** part. pass. de **excŭrro.**
2. **excŭrsus, -ūs,** subs. m. I — Sent. próprio: 1) Corrida, excursão (Verg. G. 4, 194). Daí, na língua militar: irrupção, incursão (Cés. B. Civ. 3, 92, 2). II — Sent. figurado: 3) Digressão, excurso (Quint. 4, 3, 12). 4) Saliência, projeção (Plín. H. Nat. 6, 6).
excūsābĭlis, -e, adj. Escusável, desculpável, perdoável (Ov. P. 1, 7, 41).
excūsābŭndus, -a, -um, adj. Que se desculpa, se justifica (Apul. Apol. 79).
excūsātē, adv. De modo escusável, desculpável (Quint. 2, 1, 13). Obs.: comp:.
excusatĭus (Tác. An. 3, 68).
excūsātĭō, -ōnis, subs. f. 1) Justificação, desculpa, escusa (Cíc. Lae. 37). 2) Motivo de escusa, pretexto (Cíc. Cael. 43). 3) Escapatória (Cíc. Phil. 9, 8).
excūsātus, -a, -um. I — Part. pass. de **excūso.** II — Adj.: impedido (Plín. Ep. 8, 14, 11).
excūsō, -ās, -āre, -āvī, -ātum, v. tr. 1 — Sent. próprio: 1) Pôr fora da causa (judicial), desculpar, justificar, escusar (Cés. B. Civ. 3, 16, 3). Daí: 2) Dar como desculpa, desculpar-se com, esquivar-se, recusar-se, justificar-se (Cíc. Verr. 1, 103). II — Sent. figurado: 3) Citar, alegar (Cés. B. Civ. 3, 20, 3). Obs.: Constrói-se com acus. e dat.; com acus. e **quod** com subj.; acus. e abl. com abl. com **de.**
excūsor, -ōris, subs. m. Caldereiro, o que trabalha em bronze (Quint. 2, 21, 10).
excŭssē, adv. Lançando com fôrça (Sên. Ben. 2, 17, 4).
excŭssī, perf. de **excutĭo.**
excŭssus, -a, -um. I — Part. pass. de **excutĭo.** II — Adj.: estendido, rijo (Sên. Ben. 2, 31, 5); (Sên. Ben. 2, 6, 1).
excūsus, -a, -um, part. pass. de **excūdo.**
excutĭō, -ĭs, -ĕre, -cŭssī, -cŭssum, v. tr. I — Sent. próprio: 1) Fazer cair sacudindo, derrubar, fazer sair à fôrça, tirar, arrancar (T. Lív. 8, 7, 10). II — Sent figurado: 2) Derrubar, arrancar (Cíc. Mur. 30). Daí: 3) Sacudir, agitar, excitar, provocar (Verg. En. 12, 7); (Hor. Sát. 1, 4, 35). Donde: 4) Lançar, arremessar (Tác. An. 2, 20). 5) Afastar, despojar, expulsar (Hor. Sát. 2, 3, 20); (em sent. abstrato: Cic. Part. 124).
exĕcō = **exsĕco.**
execr-, v. **exsecr-.**
exĕdī, perf. de **exĕdo.**
exĕdim = **exedam,** pres. subj. arc. de **exĕdo.**

exĕdō, -ĭs, -ĕre, -ēdī, -ēsum, v. tr. I — Sent. próprio: 1) Devorar, comer, roer, consumir (Varr. R. Rust. 1, 63). II — Sent. figurado: 2) Corroer, apagar, destruir (Cíc. Tusc. 3, 27); (Cíc. Tusc. 5, 66); (Verg. En. 5, 785).
exĕdra (exhĕdra), -ae, subs. f. Éxedra, sala de reunião (com assentos) (Cíc. De Or. 3, 17).
exedrĭum, -ī, subs. n. Pequena sala de reunião (Cíc. Fam. 7, 23, 3).
exēgī, perf. de **exĭgo.**
exēmī, perf. de **exĭmo.**
exemplar, -āris, subs. n. I — Sent. próprio: 1) Modêlo, original, exemplo (Cíc. Rep. 2, 22). Daí: 2) Cópia, exemplar (Cíc. At. 4, 5, 1). II — Sent. figurado: 3) Reprodução, retrato (Cíc. Lae. 17).
exemplārēs, -ĭum, subs. m. pl. (subentenda-se **libri**). Exemplares (de uma obra) (Tác. Hist. 4, 25).
exēmplum, -ī, subs. n. I — Sent. próprio: 1) Modêlo, original (Cíc. Agr. 2, 53). Daí: 2) Cópia, exemplar, reprodução (Cíc. At. 8; 6, 1). 3) Exemplo, o que serve de exemplo, modêlo (Cíc. Mur. 66). II — Sent. figurado: 4) Exemplo, castigo exemplar (Cés. B. Gal. 1, 31, 12). 5) Prova por exemplo, comparação (Cíc. Of. 3, 50). 6) Amostra, espécimen (Plaut. Bac. 1092).
exēmptor, -ōris, subs. m. O que tira, cavoqueiro (o que escava pedreira) (Plín. H. Nat. 36, 125).
exēmptus, -a, -um, part. pass. de **exĭmo.**
exentĕrō ou **exintĕrō, -ās, -āre,** v. tr. I — Sent. próprio: 1) Estripar. Daí: 2) Despejar a bôlsa, despojar (Plaut. Ep. 185). II — Sent. figurado: 3) Atormentar, dilacerar (Lucil. 470).
exĕō, -ĭs, -īre, -ĭvī, (ou **-ĭi), -ĭtum,** v. intr. e tr. I — Intr.: 1) Sair (sent. próprio e figurado) (Cés. B. Gal. 1, 2, 1); (Cíc. Br. 265). Daí: 2) Desembarcar, sair do pôrto, expatriar-se: ...**Ostiae** (Cíc. Fam. 9, 6, 1) «desembarcar em Óstia». Daí, em sent. figurado: 3) Nascer, crescer, morrer (Plín. H. Nat. 25, 28); (Cíc. Lae. 15). 4) Retirar-se, espalhar-se, propagar-se, lançar-se, desaguar (Ov. Am. 2, 13, 10). 5) Acabar, terminar (Cíc. Div. 1, 53). II — Tr.: 6) Transpor, atravessar, exceder (Ov. Met. 10, 52). 7) Evitar, escapar: ...**tela** (Verg. En. 5, 438) «evitar os dardos». Obs.: Pret. perf.: **exit** = **exiit** (Plaut. Ps. 730); fut. imperf. **exĭbo, -ĭs, -ĭt,** etc., mas a forma: **exiet** aparece em Sêneca: (Ep. 17, 9); imperf. ind.: **exibam, exibas,** etc.

exequĭae, v. **exsequĭae**.
exercĕō, -ēs, -ēre, -cŭī, -cĭtum, v. tr. I — Sent. próprio: 1) Perseguir, andar à caça, acossar (Dig. 7, 1, 62). Daí: 2) Agitar, não deixar em repouso (Lucr. 2, 97). 3) Por enfraquecimento de sentido: Trabalhar (Verg. G. 1, 99). II — Sent. figurado: 4) Praticar, exercitar, exercer (uma profissão), administrar, ocupar-se de, usar (Cíc. C. M. 38); (Cíc. Clu. 178); (Cíc. Arch. 2). 5) Fazer sentir, manifestar, fazer executar (Cíc. Caecil 13); (Cíc. Of. 1, 88); (T. Liv. 4, 51, 4). 6) Atormentar, inquietar (Sal. C. Cat. 11, 1). 7) Estimular, animar (Cíc. Br. 230). 8) Loc.: **exercere victoriam** (Sal. B. Jug. 16, 2) «exercer os direitos da vitória».
exercitātĭō, -ōnis, subs. f. I — Sent. próprio: 1) Exercitação, exercício (físico e do espírito), exercício de uma profissão, reflexão, meditação (Cíc. Fin. 3, 41). Daí, por enfraquecimento: 2) Prática, hábito (Cíc. C. M. 9).
exercitātrix, -ĭcis, subs. f. Ginástica (Quint. 2, 15, 25).
exercitātus, -a, -um. I — Part. Pass. de **exercĭto**. II — Adj.: 1) Agitado, perturbado: **Syrtes exercitatae Noto** (Hor. Epo. 9, 31) «as Sirtes agitadas pelo Noto». 2) Exercitado, adestrado, experimentado (Cíc. Font. 41).
exercĭti, gen., v. **exercĭtus, 2**.
exercitĭum, -ī, subs. n. 1) Exercício militar (Tác. An. 2, 55). 2) Prática, exercício (A. Gél. 3, 1, 12).
exercĭtō, -ās, -āre, -āvī, -ātum, v. freq. tr. Exercitar, exercer freqüentemente (Varr. L. Lat. 5, 87); (Quint. 2, 10, 9).
exercĭtor, -ōris, subs. m. I — Sent. próprio: 1) O que exercita. II — Daí, em sent. particular: 2) O que é professor de ginástica, instrutor (Plaut. Trin. 226).
1. exercĭtus, -a, -um. I — Part. pass. de **exercĕo**. II — Adj.: 1) Atormentado, inquieto (Cíc. At. 1, 11, 2). 2) Laborioso, trabalhoso, fatigante (Tác. An. 3, 67).
2. exercĭtus, -ūs, subs. m. I — Sent. próprio (abstrato): 1) Exercício (Plaut. Rud. 293). Daí, em sent. concreto: 2) Exército, corpo de tropas (Cíc. Pis. 37). 3) Infantaria (Cés. B. Gal. 2, 11, 2). II — Sent. figurado: 4) Multidão, grande número (Verg. G. 1, 382).
exercŭī, perf. de **exercĕo**.
exĕrō = **exsĕro**.

exērtus = **exsērtus**.
exēsor, -ōris, subs. m. Aquêle que rói, roedor (Lucr. 4, 218).
exest = **exedit**, pres. ind. de **exĕdo**.
exēsus, -a, -um, part. pass. de **exĕdo**.
exfodĭō = **effodĭo**.
exfrĭcō = **effrĭco**.
exgĭgnō = **egĭgno**.
exhaerēdō = **exherēdo**.
exhaeresĭmus, -a, -um, adj. Que deve ser cortado (Cíc. Verr. 2, 129).
exhālātĭo, -ōnis, subs. f. Exalação (Cíc. Tusc. 1, 43).
exhālātus, -a, -um, part. pass. de **exhālo**.
exhālō, -ās, -āre, -āvī, -ātum, v. tr. e intr. I — Sent. próprio: 1) Exalar, expirar, morrer (Cíc. Phil., 2, 30). Daí: 2) Expirar, morrer, na expressão: **exhalare vitam** (Verg. En. 2, 562), ou intr. **exhalare** (Ov. Met. 7, 581). 3) Exalar-se, evaporar-se (Estác. Theb. 10, 108).
exhaurĭō, -īs, -īre, -hausī, haustum, v. tr. I — Sent. próprio: 1) Esgotar (sent. físico e moral), exaurir, esvaziar (Cíc. Clu. 31); (Cíc. At. 6, 1, 2). II — Sent. figurado: 2) Acabar, terminar, executar (Cíc. At. 5, 13, 3); (Verg. En. 4, 14).
exhausī, perf. de **exhaurĭo**.
exhaustus, -a, -um, part. pass. de **exhaurĭo**.
exhĕdra, v. **exĕdra**.
exhērēdātĭō, -ōnis, subs. f. Ação de deserdar, deserdação (Quint. 7, 1, 53).
exhērēdātus, -a, -um, part. pass. de **exherēdo**.
exhērēdō, -ās, -āre, -āvī, -ātum, v. tr. Deserdar (sent. próprio e figurado) (Cíc. Phil. 2, 41); (Plín. H. Nat. 37, 20).
exhērēs, -ēdis, adj. I — Sent. próprio: 1) Deserdado, que não herda. (Cíc. De Or. 1, 175). II — Sent. figurado: 2) Que já não é possuidor, esbulhado, privado (Plaut. Bac. 849).
exhibĕō, -ēs, -ēre, -hibŭī, -hibĭtum, v. tr. I — Sent. próprio: 1) Expor, mostrar, exibir (Cíc. Ac. 1, 18). Daí, na língua jurídica: 2) Apresentar em juízo, dar prova de (Plín. Paneg. 33, 3). II — Sent. figurado: 3) Dar, fornecer, causar, suscitar, produzir (Cíc. At. 2, 1, 2).
exhibĭtus, -a, -um, part. pass. de **exhibĕo**.
exhibŭī, perf. de **exhibĕo**.
exhilărō, ās, -āre, -āvī, -ātum, v. tr. I — Sent. próprio: 1) Alegrar, divertir, recrear (Cíc. Fam. 9, 26, 1). II — Sent. figurado: 2) **exhilarare colorem** (Plín. H. Nat. 22, 154) «avivar a côr».
exhodĭum, v. **exodĭum**.
exhorrĕō = **exhorrēsco**.

exhorrēscō, -is, -ĕre, -horrŭī, (sem supino), v incoat. intr. I — Sent. próprio: 1) Arrepiar-se, sentir um calafrio (provocado pelo mêdo), tremer: **exhorrescere metu** (Cíc. Fin. 1, 43) «tremer de mêdo». II — Sent. figurado: 2) Tr.: Tremer, recear (Verg. En. 7, 265).
exhorrŭī, perf. de **exhorrēscō.**
exhortātiō, -ōnis, subs. f. Exortação, incitamento (Quint. 12, 11, 25).
exhortātus, -a, -um, part. pass. de **exhōrtor.**
exhōrtor, -āris, -ārī, -hortātus sum, v. dep. tr. Exortar, encorajar, animar (Ov. Met. 13, 234). Obs.: Constrói-se com acus., com dois acus., ou com acus e **ut.**
exhydrĭae, -ārum, subs. m. pl. Ventos chuvosos (Apul. Mund. 10).
exĭbĕō, = **exhĭbĕo.**
exĭbĭlō = **exsĭbĭlo.**
exĭgō, -is, -ĕre, -ēgī, -āctum, v. tr. I — Sent. próprio: 1) Empurrar para fora, expulsar (Cíc. De Or. 2, 199). Daí: 2) Fazer sair de (Ter. Hec. 242); (T. Liv. 34, 9, 9). II — Sent. figurado: 3) Exigir, reclamar, cobrar (um impôsto) (Cíc. Fam. 13, 11, 3); (Cíc. Fam. 15, 16). III — Empregos especiais: 4) Acabar, levar ao fim, executar (Hor. O. 3, 30, 1); (Cés. B. Gal. 6, 1, 4). 5) Fixar, determinar (Verg. En. 4, 476). 6) Na língua técnica: pesar, medir, examinar (Suet. Cés. 47). Daí: 7) Apreciar, avaliar, julgar (Sên. Clem. 1, 1, 6); (T. Liv. 34, 31, 17).
exĭgŭē, adv. I — Sent. próprio: 1) Exiguamente, escassamente, de modo limitado, mesquinhamente, estreitamente (Cés. B. Gal. 7, 71, 4). II — Sent. figurado: 2) Brevemente (Cíc. De Or. 3, 144).
exĭgŭĭtas, -tātis, subs. f. I — Sent. próprio: 1) Exigüidade, pequenez (Cés. B. Gal. 4, 30, 1). Daí: 2) Pequeno número, pequena extensão (Cés. B. Gal. 3, 23, 7). 3) Brevidade (do tempo) (Cés. B. Gal. 2, 21, 5). II — Sent. figurado: 4) Pobreza (Suet. Claud. 28).
exĭgŭum, -ī, subs. n. Um pouco de, uma pequena quantidade de, pouco tempo (T. Liv. 22, 24, 8).
exĭgŭus, -a, -um, adj. I — Sent. próprio: 1) Exíguo, pequeno de pequena estatura (Hor. Ep. 1, 20, 24). Daí: 2) Pouco extenso, curto, estreito (Cíc. de Or. 1, 264). 3) Pouco numeroso, diminuto (Cíc. De Or. 1, 16). II — Sent. figurado: 4) Restrito, estreito, fraco (Quint. 11, 3, 15). Obs.: Etimològicamente **exiguus**
significa: rigorosamente pesado, pesado com excessivo rigor, exíguo.
exĭī, perf. de **exĕo.**
exĭlĭō = **exsĭlĭo.**
exīlis, -e, adj. I — Sent. próprio: 1) Fino, delgado, magro, mirrado (Ov. P. 1, 10, 27). II — Sent. figurado: 2) Fraco, pobre, débil, exíle (Hor. Ep. 1, 6, 45).
exīlĭtas, -tātis, subs. f. I — Sent. próprio: 1) Delgadeza, magreza, finura, tenuidade (Plín. H. Nat. 11, 3). II — Sent. figurado: 2) Pequenez, fraqueza, secura, debilidade (Col. 18, 26, 6). Na língua retórica: 3) Secura (Cíc. De Or. 1, 50).
exīlĭter, adv. I — Sent. próprio: 1) Mesquinhamente, fracamente (Cíc. Lae. 58). II — Sent. figurado, na língua retórica: 2) Com secura, sem abundância, brevemente (Cíc. Br. 106).
exilĭum, v. **exsilĭum.**
exim, adv., v. **exinde** (T. Liv. 27, 5, 6).
exĭmĭē, adv. Exìmiamente, excelentemente, eminentemente, de uma maneira fora do comum (Cíc. Arch. 20).
exĭmĭus, -a, -um, adj. I — Sent. próprio: 1) Pôsto à parte, que se distingue dos outros (Cíc. Caecil. 52). Daí: 2) Exímio, excelente, superior, notável, sem igual, raro (Cíc. Verr. 4, 72). 3) Privilegiado, excetuado (Ter. Hec. 66).
exĭmō, -is, -ĕre, -ēmī, -ēmptum, v. tr. I — Sent. próprio: 1) Pôr de parte, pôr fora, tirar, suprimir (Cíc. Verr. 2, 139). Daí: 2) Expulsar, arrebatar (T. Liv. 33, 23, 2). Donde: 3) Eximir, livrar (Tác. An. 14, 48). Obs.: Constrói-se com acus. e abl. com as preps. **de** ou **ex**; com acus., com acus. e dat.
exin, adv., v. **exinde** (Cíc. Or. 154).
exinanĭī, perf. de **exinanĭo.**
exinānĭō, -ĭs, -ĭre, -ĭvī (ou -ĭī), -ītum, v. tr. I — Sent. próprio: 1) Esvaziar, esgotar (Cíc. Verr. 5, 64). II — Sent. figurado: 2) Aniquilar, destruir, devastar (Cíc. Agr. 2, 72).
exinānītus, -a, -um, part. pass. de **exinanĭo.**
exinde (exin, exim), adv. I — Sent. próprio: 1) Em seguida, depois (no espaço e no tempo) (Cíc. Nat. 2, 101); (Verg. En. 6, 890). II — Donde: 2) Daí, dêste lugar ou a partir dêste momento (Tác. An. 15, 12). 3) Daí, por conseguinte, em conseqüência (Cíc. Nat. 2, 101).
exintĕrō = **exentĕro.**
exīre, inf. pres. de **exĕo.**

existimătĭō, -ōnis, subs. f. I — Sent. próprio: 1) Opinião, julgamento (sôbre alguém), parecer, apreciação (Cíc. Verr. 4, 66). II — Daí, em sent. moral: 2) Estima, consideração, reputação, honra (Cíc. Fam. 13, 73, 2).

existimātor, -ōris, subs. m. Apreciador, conhecedor, crítico, juiz (Cíc. Br. 146).

existimātus, -a, -um, part. pass. de **existĭmo.**

existĭmō (existŭmō — arc.**), -ās, -āre, -āvī, -ātum,** v. tr. e intr. I — Tr.: 1) Julgar, pensar, crer (Cíc. Verr. 3, 190). 2) Apreciar (Plaut. Capt. 678). II — Intr.: 3) Ter uma opinião, julgar (Cíc. At. 6, 2, 3). 4) Pass. impessoal (Cíc. Br. 82). Obs.: Constrói-se com acus.; com acus. e inf.; com interr. ind.; com abl. com **de**; com gen. de preço, e intransitivamente.

exīsto = **exsīsto.**

exitiăbĭlis (exitiālis), -e, adj. Funesto, fatal, mortal (Verg. En. 2, 31).

exitĭō, -ōnis, subs. f. Saída (Plaut. Capt. 519).

exitĭōsus, -a, -um, adj. Pernicioso, funesto, fatal (Tác. Hist. 2, 31).

exitĭum, -ī, subs. n. 1) Morte violenta, destruição, ruína, perda, derrota, queda (Cíc. Q. Fr. 1, 4, 4). 2) Saída (arc.) (Plaut. Capt. 519).

1. exĭtus, -a, -um, part. pass. de **exĕo.**

2. exĭtus, -ūs, subs. m. I — Sent. próprio: 1) Ação de sair, saída, caminho por onde se sai (Cés. B. Gal. 7, 28, 3). II — Daí: 2) Fim, morte (Cíc. Div. 2, 24). 3) Resultado, conclusão, fim, têrmo, efeito, conseqüência, desfecho (Cíc. Or. 116); (Cíc. Mur. 80). Na língua gramatical: 4) Desinência, terminação (Cíc. Or. 164).

exlex, -ēgis, adj. I — Sent. próprio: 1) Que está fora da lei, que não está sujeito à lei (Cíc. Clu. 94). II — Sent. figurado: 2) Que não tem freio, licencioso (Hor. A. Poét. 224).

exlīdo = **elīdo.**

exlŏquor = **elŏquor.**

exmovĕo = **emovĕo** (Plaut. Truc. 78).

exodĭum, -ī, subs. n. I — Sent. próprio: 1) Fim, conclusão, têrmo (Varr. apud. Non. 27, 14). II — Daí: 2) Pequena comédia ou farsa com que terminava a representação de uma tragédia (T. Liv. 7, 2, 11).

exolēscō, -is, -ĕre, -lēvī, -lētum, v. intr. I — Sent. próprio: 1) Deixar de crescer, (sòmente em part. pass.) (Cíc. Mil. 55). II — Sent. figurado: 2) Cair em desuso, ser esquecido (Tác. An. 6, 23).

exolētus, -a, -um, part. pass. de **exolēsco.**

exolēvī, perf. de **exolēsco.**

exŏlō = **exsŭlo.**

exōlvō = **exsōlvo.**

exonerātus, -a, -um, part. pass. de **exonĕro.**

exonĕrō, -ās, -āre, -āvī, -ātum, v. tr. I — Sent. próprio: 1) Descarregar, tirar a carga (Plaut. St. 531). II — Sent. figurado: 2) Livrar de um pêso, aliviar (T. Liv. 2, 2, 7).

exoptātus, -a, -um. I — Part. pass. de **exŏpto.** II — Adj.: Vivamente desejado (Cíc. At. 5, 15, 1).

exŏptō, -ās, -āre, -āvī, -ātum, v. tr. Sent. próprio: 1) Desejar ardentemente, desejar (Cíc. Pis. 96). Daí: 2) Escolher, preferir (Plaut. Bac. 502).

exōrābĭlis, -e, adj. 1) Que pode ser vencido com rogos (Cíc. Q. Fr. 1, 2, 8). 2) Que se deixa subornar (Hor. Ep. 2, 2, 179). 3) Próprio para mover, persuasivo (V. Flac. 1, 782).

exōrātus, -a, -um, part. pass. de **exōro.**

exorbĕō = **exsorbĕo.**

exordĭor, -īris, -īrī, -ōrsus sum, v. dep. tr. I — Sent. próprio: 1) Começar a urdir, urdir, tramar (Cíc. De Or. 2, 514). Daí: 2) Começar, começar um discurso (Cíc. Inv. 1, 20); (Cíc. De Or. 2, 80). Obs.: Constrói-se com acus.; com inf.: com abl. com **ab,** ou intransitivamente.

exordĭum, -ī, subs. n. I — Sent. próprio: 1) Urdidura, primeiro trabalho do tecelão (Quint. 5, 10, 71). II — Daí: 2) Começo, princípio, origem (Cíc. Rep. 2, 4). III — Sent. especial: 3) Começo de um discurso, exórdio (Cíc. De Or. 2, 315).

exorēre = **exoriris,** pres. ind. da 3ª conj. (Ter. Hec. 213).

exorĭor, -īris, -īrī, -ortus sum, v. dep. intr. I — Sent. próprio: 1) Levantar-se, surgir de (Cíc. Div. 2, 93). Daí: 2) Nascer de, sair, proceder, provir, derivar de (Cíc. Fam. 1, 5, 2). II — Sent. figurado: 3) Mostrar-se, aparecer, começar: **exortus est servus, qui...** (Cíc. Dej. 3) «apareceu um escravo, que...». Obs.: Por vêzes ocorrem formas da 3ª conjugação: **exorere** (Ter. Hec. 213); **exoritur** (Verg. En. 2, 213).

exornātĭō, -ōnis, subs. f. I — Sent. próprio: 1) Embelezamento, ornamento, exornação (Col. 12, 3, 2). II — Daí, em sent. especial: 2) Ornamentos oratórios

(Cíc. Inv. 2, 11). Na língua retórica: 3) Gênero demonstrativo (Cíc. Part. 10).
exornātor, -ōris, subs. m. O que embeleza, o que enfeita (Cíc. De Or. 2, 54).
exornātus, -a, -um, part. pass. de **exōrno**.
exōrnō, -ās, -āre, -āvī, -ātum, v. tr. I — Sent. próprio: 1) Equipar, prover do necessário, preparar (Sal. B. Jug. 52, 5). II — Sent. figurado: 2) Exornar, embelezar, enfeitar, ornar completamente (Cíc. Verr. 5, 62); (Cíc. De Or. 3, 152).
exōrō, -ās, -āre, -āvī, -ātum, v. tr. I — Sent. próprio: 1) Exorar, suplicar com instância, mover com súplica (Verg. En. 3, 370). 2) Obter com rogos, granjear (Cíc. De Or. 2, 14). II — Sent. figurado: 3) Aplacar, abrandar (Ov. Trist. 2, 22). Obs.: Constrói-se com acus; com acus. e **ut** ou **ne**, e com duplo acus.
exors, v. **exsors**.
exōrsa, -ōrum, subs. n. pl. I — Sent. próprio: 1) Preâmbulo, começo (Verg. G. 2, 46). II — Sent. figurado: 2) Emprêsa, empreendimento (Verg. En. 10, 111).
1. **exōrsus, -a, -um**, part. pass. de **exordior**.
2. **exōrsus, -ūs**, subs. m. Exórdio, preâmbulo (Cíc. Pomp. 11).
1. **exōrtus, -a, -um**, part. pass. de **exorior**.
2. **exōrtus, -ūs**, subs. m. Nascimento, começo (T. Lív. 21, 30, 4: nascimento do sol) (Plín. H. Nat. 31, 25: origem de um rio).
exos, -ossis, m. f. Que não tem ossos, sem osso (Lucr. 3, 719).
exosculātiō, -ōnis, subs. f. Beijo de ternura (Plín. H. Nat. 10, 104).
exosculātus, -a, -um, part. pass. de **exosculor**.
exoscŭlor, -āris, -ārī, -ātus sum, v. dep. tr. Beijar com ternura, cobrir de beijos (Tác. Hist. 2, 49).
exossātus, -a, -um, part. pass. de **exōsso**.
exōssō, -ās, -āre, -āvī, -ātum, v. tr. Desossar, tirar as arestas, os espinhos (sent. próprio e figurado) (Ter. Ad. 378); (Lucr. 4, 1272).
exōstra, -ae, subs. f. Exostra, máquina que fazia voltar a parte posterior da cena para o lado dos espectadores (Cíc. Prov. 14).
exōsus, -a, -um, adj. 1) Que detesta, que odeia (Verg. En. 5, 687). 2) Odioso, odiado (Eutr. 7, 23).
exōtericus, -a, -um, adj. Exotérico, trivial, comum (Cíc. At. 4, 16, 2).

exōticus, -a, -um, adj. 1) Estrangeiro, exótico (Plaut. Most. 42). Substantivado: **exoticum, -ī** (Plaut. Ep. 232) «roupa estrangeira».
expallŭī, perf. do desusado **expallēsco**. Intr.: 1) Tornou-se muito pálido (Ov. Met. 6, 602). Tr.: 2) Temeu, receou (Hor. Ep. 1, 3, 10).
expāndī, perf. de **expāndo**.
expāndō, -is, -ĕre, -pāndī, -pānsum ou -pāssum, v. tr. I — Sent. próprio: 1) Estender, desdobrar, abrir (Plín. H. Nat. 10, 111). II — Sent. figurado: 2) Desenvolver, explicar, expor (Lucr. 1, 127).
expānsus, -a, -um, part. pass. de **expāndo**.
expāssus, -a, -um, part. pass. de **expāndo**.
expatior = **exspatior**.
expavēscō, -is, -ĕre, -pāvī (sem supino), v. intr. I — 1) Estar apavorado, assustar-se (T. Lív. 6, 34, 6). II — Tr.: 2) Temer, recear (Tác. Hist. 2, 76); (Quint. 9, 3, 35).
expāvī, perf. de **expavēsco**.
expectātiō, v. **exspectatiō**.
1. **expēctō** = **exspēcto**.
2. **expēctō, -is, -ĕre**, v. tr. Pentear com cuidado (Quint. 1, 7, 4).
expedībō = **expediam** (fut. simples de **expedio**).
expediō, -is, -īre, -īvī (ou **-iī**), **-ītum**, v. tr. I — Sent. próprio: 1) Livrar de peias ou de uma armadilha (Cic. Verr. 2, 2, 72); (Ter. Hec. 297). Donde: 2) Desembaraçar, desenredar um assunto ou um negócio difícil, pôr em ordem, preparar, arranjar (Cíc. At. 3, 20, 2); (Cés. B. Gal. 7, 18, 4). II — Sent. figurado: 3) Desenvolver, explicar (Plaut. Trin. 236); (Verg. G. 4, 286). 4) Livrar-se de dificuldades, daí: ter resultado favorável, ser útil, ser conveniente (Cíc. Phil. 13, 16). Obs.: Constrói-se com acus., com acus. e abl.; com abl. com **ab**, **ex** ou **de**; com inf., ou intransitivamente. Fut. arc. **expedibo** (Plaut. Truc. 138).
expedītē, adv. De maneira desembaraçada, livremente, facilmente, cômodamente, prontamente, expeditamente. (Cíc. Br. 237). Obs : Comp.: **-tĭus** (Cíc. At. 6, 8, 4) Superl.: **-itissĭme** (Cíc. Fam. 6, 20, 2).
expedītiō, -ōnis, subs. f. 1) Preparativos de guerra, expedição, campanha (Cíc. Div. 1, 72). 2) Têrmo de retórica: Exposição clara, apresentação clara (Her. 4, 68).
expedītus, -a, -um. I — Part. pass. de **expedio**. II — Adj. Sent. próprio: 1) Desimpedido, desembaraçado, expedito,

livre (Cíc. Mil. 28). Daí: 2) Ligeiramente armado, sem bagagem (Cés. B. Gal. 1, 49, 3). III — Sent. figurado: 3) Fácil (Cíc. Flac. 104). 4) Pronto, disposto (Cíc. Agr. 2, 80). 5). Assegurado (Cés. B. Civ. 3, 70).

expēllō, -is, -ĕre, -pŭlī, -pŭlsum, v. tr. I — Sent. próprio: 1) Expelir, expulsar, desterrar, repelir (Cíc. Sest. 30). Daí: 2) Lançar, arremessar, projetar (T. Lív. 41, 3, 3). Donde: 3) Fazer sair, tirar, libertar (Plaut. Bac. 965). II — Sent. figurado: 4) Dissipar (Ov. Her. 14, 72).

expĕndī, perf. de expĕndo.

expēndō, -is, -ĕre, -pēndī, -pēnsum, v. tr. I — Sent. próprio: 1) Pagar inteiramente, pesar com cuidado (Verg. En. 2, 229); (Plaut. As. 300). Daí: 2) Ponderar, examinar atentamente (Cíc. Or. 47). 3) Gastar, despender (Cíc. Flac. 68). II — Sent. figurado: 4) Pagar um crime, expiar uma culpa (Verg. En. 2, 229).

expēnsum, -ī, subs. n. Sent. próprio: Paga, pagamento, despesa, desembôlso (Cíc. Verr. 1, 102).

expēnsus, -a, -um, part. pass. de expēndo.

expergĕfăciō, -is, -ĕre, -fēcī, -fāctum, v. tr. Despertar, acordar (sent. próprio e figurado) (Cíc. Verr. 5, 38); (Plaut. Curc. 108).

expergĕfāctus, -a, -um, part. pass. de expergefăcio e expergefĭo.

expergĕfēcī, perf. de expergefăcio.

expergĕfīō, -is, -fĭĕrī, -fāctus sum, pass. de expergefăcio. Ser despertado (Suet. Cal. 6).

expergīscor, -ĕris, -gīscī, -perrēctus sum, v. dep. intr. Despertar, acordar (sent. próprio e figurado (Cíc. Div. 2, 135); (Cíc. Amer. 141).

expergĭtus, -a, -um, part. pass. de expērgo.

expērgō, -is, -ĕre, -pērgī, -gĭtum, v. tr. Despertar (Lucr. 3, 929).

experĭens, -ēntis. I — Part. pres. de experĭor. II — Adj.: Experiente, ativo, diligente (Cíc. Verr. 4, 37). Obs.: Constrói-se intransitivamente ou com gen.

experĭentĭa, -ae, subs. f. I — Sent. próprio: 1) Experiência, ensaio, tentativa, prova (Cíc. Rab. Post. 44). Daí: 2) Prática, habilidade (Verg. G. 1, 4).

experĭmēntum, -ī, subs. n. Experimento, ensaio, tentativa, prova por experiência, por fatos (Cíc. Tusc. 3, 74).

experĭor, -īris, -īrī, -pērtus sum, v. dep. tr. 1) Ensaiar, tentar, experimentar, provar, submeter a prova (Cíc. Cael. 58); (Cíc. Lae. 84). Daí: 2) Recorrer a alguém ou aos tribunais, consultar (Cíc. Quinct. 75). Obs.: Constrói-se com acus. ou com interrog. indir. Pode ser também tomado intransitivamente.

experrēctus, -a, -um, part. pass. de expergīscor.

expers, -pērtis, adj. Que não tem parte em, isento de, falto de, desprovido de, livre de (Cíc. De Or. 2, 1). Obs.: Constrói-se com gen. e com abl. (mais raro) (Sal. C. Cat. 33, 1).

expērtus, -a, -um. I — Part. pass. de experĭor. II — Adj.: Experimentado, perito (Tác. Hist. 4, 76). Obs.: Constrói-se com gen. ou intransitivamente.

expetēndus, -a, -um, gerundivo de expĕto. Muito apetecível, muito para desejar (Cíc. De Or. 1, 221).

expĕtens, -ēntis. I — Part. pres. de expĕto. II — Adj.: Desejoso (Cíc. Rep. 2, 68).

expetēssō (-tīsso), -is, -ĕre, v. tr. 1) Desejar (Plaut. Mil. 959). 2) Enviar recomendações a alguém (Plaut. Rud. 258).

expetibĭlis, -e, adj. Desejável (Sên. Ep. 117, 5).

expetĭī, perf. de expĕto.

expetītus, -a, -um, part. pass. de expĕto.

expĕtō, -is, -ĕre, -īvī (ou -ĭī), -petītum, v. intr. e tr. I — Intr.: 1) Chegar, sobrevir (Plaut. Amph. 174). Daí: 2) Acontecer, recair sôbre (Plaut. Amph. 896). II — Tr.: 3) Procurar, desejar ardentemente, suspirar por, cobiçar (Cíc. De Or. 2, 172). 4) Reclamar, reivindicar, pedir (Cíc. Pis. 16). Donde: 5) Dirigir-se para, alcançar, chegar a (Cíc. Nat. 2, 116). Obs.: Constrói-se intransitivamente ou com acus. com inf,. ou com acus. com in.

expiātĭō, -ōnis, subs. f. Expiação, satisfação, reparação de uma falta (Cíc. Leg. 1, 40).

expiātus, -a, -um, part. pass. de expĭo.

expīctus, -a, -um, part. pass. de expīngo.

expīlātĭō, -ōnis, subs. f. Pilhagem, rapina (Cíc. Of. 2, 75).

expīlātor, -ōris, subs. m. Ladrão (Cíc. Q. Fr. 1, 1, 9).

expīlō, -ās, -āre, -āvī, -ātum, v. tr. Roubar, pilhar, saquear, despojar (Cíc. Clu. 181).

expīngō, -is, -ĕre, -pīnxī, -pīctum, v. tr. Pintar, representar, descrever (Cíc. Tusc. 5, 114).

expīnxī, perf. de expīngo.

expĭō, -ās, -āre, -āvī, -ātum, v. tr. I — Sent. próprio: 1) Purificar por expiação, expiar (Cíc. Phil. 1, 30); (Cíc. Verr. 4, 26). Daí: 2) Reparar, resgatar, com-

pensar (Cés. B. Gal. 5, 52, 6). II — Sent. figurado: 3) Apaziguar, acalmar, aplacar (Cíc. Pis. 16).
expīrō = exspīro.
expiscor, -āris, -ārī, -ātus sum, v. dep. tr. I — Sent. próprio: 1) Pescar. II — Sent. figurado: 2) Procurar, andar à cata, andar atrás de (Cíc. Pis. 69). Obs.: Só o sent. figurado é atestado.
explānābĭlis, -e, adj. Claro, inteligível (Sên. Ir. 3, 5).
explānātē, adv. De maneira clara, inteligível (Cíc. Or. 177).
explānātĭō, -ōnis, subs. f. I — Sent. próprio: 1) Explicação, esclarecimento, interpretação (Cíc. Div. 1, 116). II — Na língua retórica: 2) Hipotipose (Cíc. De Or. 3, 202).
explānātor, -ōris, subs. m. Intérprete, comentador (Cíc. Div. 1, 116).
explānātus, -a, -um. I — Part. pass. de explāno. II — Adj.: Claro, nítido, distinto, inteligível (Cíc. Ac. 1, 19).
explānō, -ās, -āre, -āvī, -ātum, v. tr. I — Sent. próprio: 1) Estender, aplainar (Plín. H. Nat. 16, 34). II — Sent. figurado: 2) Explanar, desenvolver, explicar (Cíc. Of. 1, 94).
explaudo = explōdo.
explēmēntum, -ī, subs. n. I — Sent. próprio: 1) O que serve para encher (o ventre) (Plaut. St. 173). Daí: 2) Complemento (de estilo) (Sên. Suas. 2). II — Sent. figurado: 3) Satisfação (Ps Lact. Plac. Fab. 2, 5).
explendēsco = exsplendēsco.
explĕō, -ēs, -ēre, -plēvī, -plētum, v. tr. I — Sent. próprio: 1) Encher inteiramente, entulhar (Cés. B. Gal. 7, 82, 3). Daí: 2) Completar (Cíc. Verr. 5, 87). Donde: 3) Acabar, terminar, executar (Cíc. Rep. 6, 24). II — Sent. figurado: 4) Fartar, contentar, satisfazer (Cíc. C. M. 26); (Cíc. Part. 96). 5) Reparar, compensar (T. Liv. 3, 68, 3).
explētĭō, -ōnis, subs. f. Satisfação, contentamento (Cíc. Fin. 5, 40).
explētus, -a, -um, I — Part. pass. de explĕo. II — Adj.: Acabado, perfeito, completo (Cíc. Nat. 2, 37).
explĭcābĭlis, -e, adj. Que se pode desenvolver, desdobrável (Plín. H. Nat. 4, 98).
explĭcātē, adv. Com um bom desenvolvimento, claramente, distintamente (Cíc. De Or. 3, 53).
explĭcātĭō, -ōnis, subs. f. I — Sent. próprio: 1) Ação de desdobrar, de desenrolar (Cíc. Div. 1, 127). II — Sent. figurado: 2) Explicação, esclarecimento, interpretação (Cíc. Ac. 1, 3, 2).
explĭcātor, -ōris, subs. m. O que explica, intérprete (Cíc. Or. 31).
explĭcātrix, -īcis, subs. f. A que explica, intérprete (Cíc. Ac. 1, 32).
1. explĭcātus, -a, -um. I — Part. pass. de explĭco. II — Adj.: 1) Desdobrado, desenvolvido, explicado, esclarecido, claro (Cíc. De Or. 2, 35). Donde: 2) Claro, nítido (Cíc. At. 9, 7, 2).
2. explĭcātus, -ūs, subs. m. I — Sent. próprio: 1) Ação de desdobrar, estender (as pernas) (Plín. H. Nat. 8, 166). II — Sent. figurado (no pl.): 2) Explicações (Cíc. Nat. 3, 93).
explĭcāvī = explĭcuī, perf. de explĭco.
explĭcĭtus, -a, -um = explĭcātus. I — Part. pass. de explĭco. II — Adj.: Explicado, fácil (Cés. B. Civ. 1, 78, 2).
explĭcō, -ās, -āre, -āvī (ou -cŭī), -ātum (e -ĭtum), v. tr. I — Sent. próprio: 1) Desenrolar, desenvolver, desdobrar, estender (Cíc. Amer. 101); (Cíc. At. 4, 16, 14); (T. Liv. 7, 23, 6). II — Sent. figurado: 2) Explicar, esclarecer, interpretar (Cíc. Caecil. 27); (Cíc. Part. 124). Donde: 3) Narrar, contar, expor pormenorizadamente (Cíc. Verr. 2, 156). 4) Desembaraçar, desenredar, livrar, arranjar, pôr em ordem (Cíc. At. 5, 13, 3). Obs.: Explicuī só vai começar a aparecer a partir de Vergílio. Explĭcātum é a única forma usada por Cícero, mas explĭcĭtum também se encontra em César.
explĭcŭī = explĭcāvī, perf. de explĭco.
explōdō ou explaudō, -is, -ĕre, -plōsī, -plōsum. I — Sent. próprio: 1) Repelir batendo palmas, apupar, rejeitar (Cíc. De Or. 1, 259). II — Sent. figurado: 2) Desaprovar, condenar (Cíc. Div. 2, 148).
explōrātē, adv. Com conhecimento de causa, com tôda a segurança (Cíc. Fam. 6, 1, 5).
explōrātĭō, -ōnis, subs. f. Observação exame (Tác. Hist. 3, 54).
explōrātor, -ōris, subs. m. I — Sent. próprio: 1) O que vai em descoberta de, explorador, observador (Suet. Tib. 60). Daí, na língua militar: 2) O que faz um reconhecimento, batedor, espia (Cés. B. Gal. 1, 12, 2). II — Sent. figurado: 3) Explorador, pesquisador (Apul. Fl. 18, 30).
explōrātōrĭus, -a, -um, adj. Exploratório, de experiência, que serve para reconhecer (Suet. Calig. 45).

explorātus, -a, -um. I — Part. pass. de **explŏro.** II — Adj.: Certo, seguro, assegurado (Cíc. Fam. 2, 16, 6); (Cés. B. Gal. 6, 5, 3).

explŏro, -ās, -āre, -āvī, -ātum, v. tr. I — Sent. próprio: 1) Explorar o terreno, observar, reconhecer, verificar, examinar, explorar (Cíc. At. 6, 8, 5); (Cés. B. Gal. 5, 49, 8). Daí, na língua militar: 2) Espiar, fazer um reconhecimento militar (Cíc. Pomp. 34). II — Sent. figurado: 3) Experimentar, provar, sondar (Verg. G. 1, 175).

explōsī, perf. de **explōdo.**

explōsus, -a, -um, part. pass. de **explōdo.**

1. **expoliō** = **exspoliō.**

2. **expoliō, -īs, -īre, -īvī, -ītum,** v. tr. I — Sent. próprio: 1) Polir inteiramente, dar lustro, dar os últimos retoques (Catul. 1, 2); (Quint. 2, 19, 3). II — Sent. figurado: 2) Embelezar, ornar, cultivar, aperfeiçoar (Cíc. De Or. 3, 139).

expolītiō, -ōnis, subs. f. I — Sent. próprio: 1) Ação de polir (Cíc. Q. Fr. 3, 1, 6). II — Sent. figurado: 2) Ornamento, embelezamento, aperfeiçoamento (Cíc. De Or. 1, 50).

expolītus, -a, -um. I — Part. pass. de **expoliō.** II — Adj.: Limpo, asseado, embelezado, culto (Plaut. Most. 101); (Catul. 39, 20).

expōno, -īs, -ĕre, -posuī, -positum, v. tr. I — Sent. próprio: 1) Pôr fora, afastar, expulsar, abandonar, expor (sent. concreto e abstrato) (Cíc. Rep. 2, 4); (Cíc. Caecil. 27). Daí: 2) Fazer uma exposição, narrar (Cíc. Div. 199). Na língua militar: 3) Desembaraçar (Cés. B. Gal. 5, 9, 1). Donde: 4) Apresentar, oferecer, emprestar (Cíc. At. 5; 4, 3). Obs.: Constrói-se com acus.; com acus. e dat.; com acus. e inf.; com interrog. ind. ou com abl. com **de.** Perf. arc. **exposivit** (Plaut. Cas. 853). Part. sincopado: **expostus** (Verg. En. 10, 694).

expopōscī, perf. de **expōsco.**

exporrēctus, -a, -um, part. pass. de **exporrĭgo.**

exporrēxī, perf. de **exporrĭgo.**

exporrĭgo, (expōrgo), -īs, -ĕre, -rēxī, rēctum, v. tr. Estender, alongar, desdobrar, desenrugar (sent. próprio e figurado): (Plín. H. Nat. 18, 98); (Ter. Ad. 839); (Sên. Brev. 9, 3).

exportātiō, -ōnis- subs. f. Sent. próprio: 1) Exportação (Cíc. Of. 2, 13). Daí: 2) Deportação, destêrro (Sên. Tranq. 11, 9, 7).

exportātus, -a, -um, part. pass. de **expōrto.**

expōrto, -ās, -āre, -āvī, -ātum, v. tr. I — Sent. próprio: 1) Levar para fora (Cíc. Verr. 4, 77). Daí: 2) Levar, transportar, exportar (Cíc. Verr. 2, 176). II — Sent. figurado: 3) Deportar, banir (Cíc. Verr. 1, 40).

expōscō, -is, -ĕre, -popōscī, -poscĭtum, v. tr. I — Sent. próprio: 1) Pedir vivamente, solicitar com instância (Cés. B. Civ. 2, 54). Daí: 2) Pedir a liberdade de, reclamar (T. Lív. 38, 31, 3) Obs.: Constrói-se com acus. e com inf.

expositicĭus, -a, -um, adj. Exposto, abandonado (Plaut. Cas. 79).

expositĭō, -ōnis, subs. f. I — Sent. próprio: 1) Exposição (de uma criança), abandono, desamparo (Just. 1, 4, 5). II — Sent. figurado: 2) Exposição de um assunto, narração, explicação (Cíc. De Or. 3, 203).

expositum, -ī, subs. n. (**expositus** tomado subst.). O exterior, a parte de fora (Sên. Ep. 55, 6).

expositus, -a, -um. I — Part. pass. de **expōno.** II — Adj.: 1) Exposto, apresentado, aberto, patente (Cíc. Caec. 78). 2) Comum, banal (Quint. 10, 5, 11).

exposivī = **exposui,** perf. arc. de **expōno** (Plaut. Cas. 853).

expostulātiō, -ōnis, subs. f. I — Sent. próprio: 1) Pedido feito com instância (Cíc. Dom. 16). II — Daí: 2) Reclamação, queixa (Cíc. Clu. 161).

expostulātus, -a, -um, part. pass. de **expostŭlo.**

expostŭlō, -ās, -āre, -āvī, -ātum, v. tr. e intr. I — Tr. 1) Pedir vivamente, solicitar com instância (Tác. An. 15, 53). Daí: 2) Pedir a libertação de, reclamar, queixar-se (Tác. Hist. 1, 45); (Cíc. Planc. 58); (Cíc. Sull. 44). Donde: 3) Pedir satisfações (Ter. And. 639). II — Intr. 4) Dirigir reclamações, queixar-se (Cíc. Fam. 5, 29). Obs.: Constrói-se com acus.; com abl. com **de,** com acus. e abl. acompanhado de **cum;** com acus. e inf., e intransitivamente.

expōstus, -a, -um, = **expositus,** part. pass. sincopado de **expōno.**

exposuī, perf. de **expōno.**

expōtus, -a, -um, part. pass. Bebido inteiramente (sent. figurado): **expotum argentum** (Plaut. Trin. 406) «dinheiro bebido inteiramente», i.é, «gasto em bebida».

exprēssī, perf. de **exprimo.**

exprĕssus, -a, -um, I — Part. pass. de exprĭmo. II — Ad.: 1) Apertado, comprimido, tirado à fôrça, reproduzido, modelado (Cíc. Verr. 2, 189). Daí: 2) Expresso, claro, pronunciado. Em sent. figurado: 3) Elevado, saliente (Cíc. Nat. 1, 75).

exprĭmō, -is, -ĕre, -prĕssī, -prĕssum, v. tr. I — Sent. próprio: 1) Fazer sair apertando, espremer, extrair, tirar de (Plín. H. Nat. 13, 8); (Cíc. At. 2, 21, 5). Daí: 2) Moldar, modelar, imitar (Plaut. Ps. 56); (Tác. Germ. 17). II — Sent. figurado: 3) Exprimir, representar, pronunciar, dizer, expor (Cíc. Div. 1, 79); (Cíc. Arch. 21). 4) Traduzir (Cíc. Fin. 1, 4). III — Emprêgo especial: 5) Fazer sair à fôrça, arrancar, obter pela fôrça (Cíc. Verr. 3, 112).

exprobrātĭō, -ōnis, subs. f. Exprobração, censura (T. Lív. 23, 35, 7).

exprobrātor, -ōris, subs. m. e exprobrātrix, -īcis, subs. f. Exprobrador, o que censura, a que censura (Sên. Ben. 1, 1, 4; 7, 22, 2).

exprobrātus, -a, -um, part. pass. de exprŏbro.

exprŏbrō, -ās, -āre, -āvī, -ātum, v. tr. 1) Censurar, repreender, exprobrar (Cíc. Verr. 5, 132). 2) Fazer censuras (Cíc. Amer. 45). Obs.: Constrói-se com acus. e abl. com in, ou com acus. e dat.

exprŏmō, is, -ĕre, -prōmpsī (ou -promsī), -prōmptum (-promtum), v. tr. I — Sent. próprio: 1) Produzir, fazer rebentar, fazer sair, fazer ouvir (Verg. En. 2, 280); (Plaut. Mil. 831). II — Sent. figurado: 2) Mostrar, manisfestar, fazer conhecer, revelar (Cíc. Leg. 2, 17); (Cíc. At. 2, 12, 2). 3) Expor, dizer, contar (Cíc. Div. 2, 150). Obs.: Constrói-se com acus., com acus. e inf., e com interrog. ind.

exprōmpsī, perf. de exprŏmo.

exprōmptus, -a, -um, I — Part. pass. de exprŏmo. II — Adj.: Executado, pronto (Ter. And. 723).

exprōmsī = exprōmpsi, perf. de exprŏmo.

expudōrātus, -a, -um. Despudorado, sem vergonha (Petr. 39, 5).

expugnābĭlis, -e, adj. I — Sent. próprio: 1) Expugnável, que se pode tomar de assalto (T. Lív. 33, 17, 8). II — Sent. figurado: 2) Que pode ser dominado, destruido (Estác. Theb. 6, 103).

expugnātĭō, -ōnis, subs. f. Expugnação, ação de tomar de assalto, tomada (Cés. B. Gal. 7, 36, 1).

expugnātor, -ōris, subs. m. I — Sent. próprio: 1) Expugnador, o que toma de assalto (Cíc. Inv. 1, 93). II Sent. figurado: 2) Sedutor, corruptor (Cíc. Verr. 1, 9).

expugnātus, -a, -um, part. pass. de expŭgno.

expŭgnax, -ācis, adj. Que triunfa de, eficaz (Ov. Met. 14, 21).

expŭgnō, -ās, -āre, -āvī. -ātum, v. tr. I — Sent. próprio: 1) Expugnar, tomar de assalto, vencer, submeter (Cés. B. Gal. 2, 10, 4). II — Sent. figurado: 2) Apoderar-se de, extorquir, arrancar, obter à fôrça (Cíc. Clu. 36).

expŭlī, perf. de expĕllo.

expulsĭō, -ōnis, subs. f. Expulsão, degrêdo, deportação (Cíc. Of. 2, 20).

expŭlsor, -ōris, subs. m. O que expulsa (Cíc. Sest. 125).

expŭlsus, -a, -um, part. pass. de expĕllo.

expŭltrix, -īcis, subs. f. A que expulsa, (Cíc. Tusc. 5, 5).

expūnctus, -a, -um, part. pass. de expŭngo.

expŭngō, -is, -ĕre, -pūnxī, -pūnctum, v. tr. Picar tudo de um lado a outro, fazer desaparecer com pontos, riscar (sent. próprio e figurado) (Plaut. Cist. 189).

expŭō = exspŭo.

expurgātĭō, -ōnis, subs. f. Justificação, desculpa. (Plaut. Amph. 965).

expurgātus, -a, -um, part. pass. de expŭrgo.

expŭrgō, -ās, -āre, -āvī, -ātum, v. tr. 1 — Sent. próprio: 1) Limpar, expurgar (Plín. H. Nat. 23, 126). II — Sent. figurado: 2) Corrigir, desculpar, justificar (Cíc. Br. 2, 59).

exputātus, -a, -um, part. pass. de expŭto.

expŭtō, -as, -āre, -āvī, -ātum, v. tr. Examinar (um assunto), compreender (Plaut. Trin. 234).

Exquĭlĭae, Exquilīnus, etc., v. Esquilĭae, etc.

exquīrō, -is, -ĕre. -quisīvī, -quisītum, v. tr. I — Sent. próprio: 1) Procurar com cuidado, escolher (Cíc. Div. 2, 28); (Cíc. Br. 104). 2) Investigar, indagar, perguntar (Cíc. Dej. 42). 3) Solicitar, procurar obter: consilium meum exquirere (Cíc. At. 15, 5, 1) «solicitar meu conselho (minha opinião)».

exquisītē, adv. Com muito cuidado, com escolha, de uma maneira aprofundada (Cíc. Br. 277).

exquisītus, -a, -um. I — Part. pass. de exquīro. II — Adj.: Bem cuidado, escolhido, distinto, elegante, superfino (Cíc. Br. 283).

exquisīvī, perf. de exquīro.

exrādĭcō = eradīco.
exsaevĭō, -is, -ĭre, v. intr. Cessar de estar furioso, acalmar-se, aplacar-se (T. Lív. 30, 39, 2).
exsānguis (exānguis), -e, adj. I — Sent. próprio: 1) Que não tem sangue, que perdeu o sangue, sêco, mirrado (Cíc. Verr. 5, 130). Daí: 2) Pálido, branco, lívido (Hor. Ep. 1, 19, 18). II — Sent. figurado: 3) Sem vigor, enfraquecido, exangue (A. Gél. 13, 20, 5).
exsanĭō, -ās, -āre, v. tr. Fazer supurar, extrair (Sên. Helv. 3, 1).
exsarcĭō (exsercĭō), -is, -ĭre, v. tr. Restaurar, reparar um mal (Ter. Heaut. 143).
exsatiātus, -a, -um, part. pass. de exsatio.
exsatĭō, -ās, -āre, -āvī, ātum, v. tr. Saciar, fartar (sent. próprio e figurado) (T. Lív. 40, 8, 2).
exsaturābĭlis, -e, adj. Que se pode saciar (Verg. En. 5, 781).
exsaturātus, -a, -um, part. pass. de exsaturo.
exsatŭrō, -ās, -āre, -āvī, -ātum, v. tr. Saciar, fartar (sent. próprio e figurado) (Ov. Met. 5, 19); (Cíc. Verr. 5, 65).
exscēndō = escēndo.
exscidī, perf. de exscindo.
exscidĭum, -ī, subs. n. Excídio, destruição, ruína, saque (de uma cidade), aniquilamento (Verg. G. 2, 505).
exscīndō, is, -ĕre, -scĭdī, -scīssum, v. tr. I — Sent. próprio: 1) Fender, separar violentamente, abrir, cortar (Tác. An. 2, 25). II — Sent. figurado: 2) Quebrar, destruir, arruinar (Cíc. Dom. 61).
exscīssus, -a, -um, part. pass. de exscīndo.
exscrĕō, -ās, -āre, -āvī, -ātum, v. intr. Expectorar, escarrar (Ov. Her. 21, 24).
exscrībō, -is, -ĕre, -scrīpsī, -scriptum, v. tr. I — Sent. próprio: 1) Extrair copiando, copiar, transcrever (Cíc. Verr. 2, 189). II — Sent. figurado: 2) Reproduzir os traços, parecer-se (Plín. Ep. 5, 16, 9). 3) Inscrever, escrever (Plaut. Rud. 15).
exscrīpsī, perf. de exscrībo.
exscrīptus, -a, -um, part. pass. de exscrībo.
exscŭlpō, -is, -ĕre, -scŭlpsī, -scŭlptum, v. tr. I — Sent. próprio: 1) Arrancar raspando, fazer sair cavando (Varr. L. Lat. 5, 143). Daí: 2) Fazer sair do mármore, esculpir, gravar, cinzelar (Cíc. At. 13, 28, 2).
exscŭlpsī, perf. de exscŭlpo.
exscŭlptus, -a, -um, part. pass. de exscŭlpo.

exsecāvī = exsecui, perf. arc. de exsĕco.
exsĕcō, -ās, -āre, -secŭī, -sēctum, v. tr. I — Sent. próprio: 1) Separar cortando, fazer ablação (Cíc. At. 2, 1, 7). Daí: 2) Castrar (Cíc. Nat. 2, 63). II — Sent. figurado: 3) Cercear, reduzir (Hor. Sát. 1, 2, 14).
exsecrābĭlis, -e, adj. I — Sent. próprio: 1) Execrável, abominável, (V. Máx. 1, 1, 15). II — Daí: 2) Que abomina, que detesta (T. Lív. 31, 17, 9).
exsecrātĭō, -ōnis, subs. f. I — Sent. próprio: 1) Juramento solene (acompanhado de imprecações) (Cíc. Verr. 5, 104). Daí: 2) Imprecação, maldição, execração (Cíc. Pis. 43).
exsecrātus, -a, -um. I — Part. pass. de exsĕcror. II — Adj.: amaldiçoado, maldito, execrável, abominável (Cíc. Phil. 2, 65).
exsĕcror, -āris, -ārī, -ātus sum, v. dep. tr. e intr. Tr. 1) Amaldiçoar, dizer imprecações, execrar, abominar (Cíc. Leg. 1, 33). Intr. 2) Lançar imprecações (Cíc. Tusc. 1, 107).
exsectĭō, -ōnis, subs. f. Ação de cortar, amputação (Cíc. Clu. 180).
exsēctus, -a, -um, part. pass. de exsēco.
exsecŭī, perf. de exsĕco.
exsecūtĭō, -ōnis, subs. f. I — Sent. próprio: 1) Conclusão, acabamento, realização (Plín. H. Nat. 35, 53). II — — Daí: 2) Administração (Tác. An. 15, 25). 3) Exposição, desenvolvimento (Sên. Ep. 25, 15).
exsecūtor, -ōris, subs. m. 1) Magistrado que dá andamento aos processos judiciais, executor, promotor (Vel. 2, 45). 2) O que persegue, vingador (Suet. Vesp. 14).
exsecūtus, -a, -um, part. pass. de exsĕquor.
exsequĭae, -ārum, subs. f. pl. 1) Cortejo fúnebre, funeral, exéquias, entêrro (Cíc. Clu. 201). 2) Restos mortais (Eutr. 7, 18).
exsequĭālis, -e, adj. De funeral, de entêrro, referente às exéquias (Ov. Met. 14, 430).
exsĕquor, -ĕris, -quī, -secūtus sum, v. dep. tr. I — Sent. próprio: 1) Seguir até ao fim, acompanhar (principalmente um cortejo fúnebre) (Cíc. Phil. 2, 54). Daí: 2) Levar até ao fim, levar a cabo, acabar, executar, realizar (Cíc. C. M. 34). Na língua jurídica: 3) Perseguir em justiça, fazer valer os seus direitos, perseguir, demandar (Cés. B. Gal. 1, 4, 3). Donde: 4) Castigar, vingar

(T. Lív. 3, 25, 8). II — Empregos especiais: 5) Tratar um assunto, expor, dizer, relatar (Cíc. Fam. 11, 27, 6). 6) Buscar, seguir, aspirar a, querer (Cíc. Tim. 7).

exsĕrō, -is, -ĕre, -serŭī, -sērtum, v. tr. Tirar (para fora do lugar onde alguma coisa está prêsa), tirar de debaixo de uma peça do vestuário, tirar para fora, descobrir, mostrar (T. Lív. 7, 10, 5); (Cés. B. Gal. 7, 50, 1).

exsērtus, -a, -um. I — Part. pass. de exsĕro. II — Adj. 1) Proeminente (Plín. H. Nat. 11, 160). 2) Descoberto (Estác. S. 5, 2, 39).

exserŭī, perf. de exsĕro.

exsibilō, -ās, -āre, -āvī, -ātum, v. tr. I — Sent. próprio: 1) Sibilar, assoviar, fazer ouvir um assovio (Sên. Ir. 3, 4). II — Sent. figurado: 2) Vaiar, apupar (Cíc. Par. 26).

exsiccātus, -a, -um. I — Part. pass. de exsīcco. II — Adj.: sêco, simples (tratando-se de estilo) (Cíc. Br. 291).

exsīccō, -ās, -āre, -āvī, -ātum, v. tr. 1) Secar, esvaziar (Cíc. Div. 2, 33). 2) Dissipar (a embriaguez) (Sên. Nat. 3, 20, 5).

exsignātus, -a, -um, part. pass. de exsīgno.

exsīgnō, -ās, -āre, -āvī, -ātum, v. tr. Anotar até ao fim, tomar nota de, notar (Plaut. Trin. 655); (T. Lív. 1, 20, 5).

exsiliō, (exiliō), -īs, -īre, -silŭī (ou -īī), -sūltum ou -ūltum, v. intr. 1) Saltar para fora, atirar-se (Cíc. Verr. 2, 75). Daí: 2) Lançar-se (Verg. G. 2, 81). 3) Elevar-se (Sên. Ep. 40, 11). Obs.: Perf. exsilivi (Sên. Nat. 2, 49, 3); exsilii (Sên. Nat. 1, 14, 4).

exsilĭum (exilĭum), -ī, subs. n. I — Sent. próprio: 1) Exílio, destêrro (Cíc. Caec. 100). II — Daí: 2) Lugar de exílio (Verg. En. 3, 4). No plural: 3) Exilados (Tác. Hist. 1, 2).

exsilŭī, perf. de exsilĭo.

exsīsto (exīstō), -is, -ĕre, -stĭtī, (-stĭtum), v. intr. 1) Elevar-se para fora de, elevar-se acima de, sair da terra, surgir, nascer, provir de (Cíc. Verr. 4, 107); (Cíc. Amer. 75). Daí: 2) Existir, aparecer, manifestar-se, mostrar-se (Cíc. Amer. 5); (Cic. Of. 1, 107).

exsolētus = exolētus, -a, -um.

exsolŭī = exsōlvi (Lucr. 1, 811).

exsolūtĭō, -ōnis, subs. f. Libertação, livramento (Sên. Marc. 19, 5).

exsolūtus, -a, -um, part. pass. de exsōlvo.

exsōlvī, perf. de exsōlvo.

exsōlvō, -is, -ĕre, -sōlvī, -solūtum, v. tr. I — Sent. próprio: 1) Separar, desligar, desamarrar, desatar, desprender, dissolver (Lucr. 1, 221); (Lucr. 6, 879). II — Sent. figurado: 2) Desembaraçar, livrar, soltar (Verg. En. 4, 652). 3) Pagar integralmente, solver uma dívida (Cíc. Of. 2, 7). 4) Afastar, fazer desaparecer (Tác. An. 3, 39).

exsōmnis, -e, adj. Despertado do sono, privado do sono, vigilante (Verg. En. 6, 556).

exsorbĕō, -ēs, -ēre, -bŭī, (sem supino). v. tr. I — Sent. próprio: 1) Engulir, beber inteiramente, sorver, devorar (Cíc. Har. 59). II — Sent. figurado: 2) Suportar, vencer, dissipar (Cíc. Mur. 19).

exsorbŭī, perf. de exsorbĕo.

exsors, -tis, adj. I — Sent. próprio: 1) Que não é tirado à sorte (Verg. En. 8, 552). II — Daí: 2) Excluído, privado, isento (T. Lív. 23, 10, 3); (Tác. An. 6, 10).

exspārgō = exspērgo.

exspatiātus, -a, -um, part. pass. de exspatĭor.

exspatĭor, -āris, -ārī, -ātus sum, v. dep. intr. 1) Desviar-se do caminho ou direção, espalhar-se, estender-se (Plín. H. Nat. 16, 124). Daí: 2) Andar sem destino, errar (Ov. Met. 2, 202).

exspectātĭō, -ōnis, subs. f. I — Sent. próprio: 1) Desejo (de ver ou ouvir), curiosidade, impaciência (Cíc. At. 3, 14, 1). Daí: 2) Expectativa, esperança (Cíc. De Or. 2, 284); (Cíc. At. 1, 4, 1). Obs.: Constrói-se com gen.; com abl. acompanhado da prep. de, or. completiva com subj.

exspectātus, -a, -um, I — Part. pass. de exspēcto. II — Adj.: esperado, desejado (Cíc. Fam. 10, 5, 1).

exspēctō (expēctō), -ās, -āre, -āvī, -ātum, v. tr. Olhar de longe, estar na expectativa, daí: esperar (Cés. B. Gal. 1, 27, 2); (Cés. B. Gal. 3, 24, 1); (Cíc. Phil. 14, 1). Obs.: Constrói-se com acus.; com interrog. ind.; com acus. e abl. com ab, com dum, ut, si, ou intransitivamente.

exspērgō, -is, -ĕre. -pērsī, -pērsum, v. tr. Dispersar, espalhar, estender (Lucr. 5, 372).

exspērsī, perf. de exspērgo.

exspēs, adj. Que está sem esperança, sem esperança (Ov. Met. 14, 217). Obs.: Só ocorre no nom. sg.

exspirātĭō, -ōnis, subs. f. Exalação (Cíc. Nat. 2, 83).

exspīrō (expīrō), -ās, -āre, -āvī, -ātum, v. tr. e intr. I — Tr.: 1) Soprar, exalar, lançar soprando (Ov. Met. 5, 106). II — Intr.: 2) Exalar o último suspiro, expirar, morrer (Verg. En. 11, 731). 3) Sair, escapar-se, exalar-se (Lucr. 6, 640).
explendēscō, -is, -ěre, -dǔī, v. intr. Brilhar muito, luzir, distinguir-se (sent. próprio e figurado) (Sên. Nat. 2, 23).
exsplendǔī, perf. de exsplendēsco.
exspoliō, -ās, -āre, -āvī, -ātum, v. tr. Despojar inteiramente, esbulhar, privar (sent. próprio e figurado) (Cíc. At. 10, 1, 3).
exspǔō, -is, -ěre, -pǔī, -pūtum, v. tr. Cuspir fora, lançar, vomitar, expelir, rejeitar (Catul. 64, 155).
exspūtus, -a, -um, part. pass. de exspǔo.
exstěrnō, -ās, -āre, -āvī, -ātum, v. tr. Pôr fora de si, consternar, apavorar (Catul. 64, 71); (Ov. Met. 1, 641).
exstīllō, -ās, -āre, v. intr. 1) Escorrer gôta a gôta (Col. 12, 48, 2). 2) Debulhar-se em lágrimas (Ter. Phorm. 975).
exstimulātor, -ōris, subs. m. Instigador (Tác. An. 3, 40).
exstimǔlō, -ās, -āre, -āvī, -ātum, v. tr. I — Sent. próprio: 1) Picar com fôrça, aguilhoar fortemente (Plín. H. Nat. 4, 132). II — Sent. figurado: 2) Instigar, estimular (Ov. F. 6, 588).
exstinctiō, -ōnis, subs. f. Extinção, aniquilamento, morte (Cíc. Tusc. 1, 117).
exstīnctor, -ōris, subs. m. 1) O que extingue, aniquilador, destruidor (Cíc. Sull. 88). 2) O que sufoca (uma conspiração) (Cíc. Dom. 101).
1. exstīnctus, -a, -um, part. pass. de exstīnguo.
2. exstīnctus, -ūs, subs. m. Ação de extinguir (Plín. H. Nat. 7, 43). Obs.: Só ocorre no abl. sg.
exstīnguō (extīnguō), -is, -ěre, -stīnxī -stīnctum, v. tr. I — Sent. próprio: 1) Extinguir (Cíc. Fam. 4, 13, 2). Donde 2) Desaparecer, fazer desaparecer, morrer, fazer morrer, apagar, destruir (Cíc. Verr. 2, 168); (T. Lív. 8, 3, 7). II — Sent. figurado: 3) Fazer esquecer, eclipsar (Cíc. Verr. 2, 172); (Cés. B. Gal. 5, 29, 4). Obs.: Perf. sincopado: exstīnxti (Verg. En. 4, 682); m. q. perf. do subj.: exstinxem (Verg. En. 4, 606); exstīnxit = exstinxerit (Plaut. Truc. 524).
exstinxem, exstinxit, exstinxti = exstinxissem, exstinxerit, exstinxisti, formas sincopadas do "perfectum" de exstīnguo.
exstinxī, perf. de exstīnguo.

exstirpātus, -a, -um, part. pass. de exstīrpo.
exstīrpō, -ās, -āre, -āvī, -ātum, v. tr. I — Sent. próprio: 1) Extirpar, arrancar (Q. Cúrc. 7, 8, 7). II — Sent. figurado: 2) Extirpar, destruir (Cíc. Fat. 11).
exstītī, perf. de exsīsto.
exstō (extō), -ās, -āre, v. intr. 1) Estar elevado acima de, ultrapassar, exceder, ser proeminente (Cés. B. Gal. 5, 18, 5). Daí: 2) Estar à vista, aparecer, existir, subsistir (Cíc. Br. 36).
exstructiō, -ōnis, subs. f. Ação de construir, construção (Cíc. Nat. 2, 150).
exstrūctus, -a, -um, part. pass. de exstrǔo.
exstrǔō (extrǔo), -is, -ěre, -trūxī, -trūctum, v. tr. 1) Acumular, amontoar (sent. próprio e figurado) (Cíc. Tusc. 5, 62). Donde: 2) Levantar, construir (Cíc. Mil. 74); (Cés. B. Civ. 3, 54, 1).
exstrūxī, perf. de exstrǔo.
exsūccus, (exsūcus), -a, -um, adj. I — Sent. próprio: 1) Sem môlho, sem suco, sêco, esgotado (Tert. An. 51). II — Sent. figurado: 2) Sêco, sem fôrça, esgotado (Quint. 12, 10, 15).
exsūctus, -a, -um, part. pass. de exsūgo.
exsūdātus, -a, -um, part. pass. de exsūdo.
exsūdō, -ās, -āre, -āvī, -ātum, v. intr. e tr. I — Intr.: 1) Evaporar-se completamente (Verg. G. 1, 88). II — Tr.: 2) Exsudar, eliminar pelo suor, fazer com dificuldade, suar para fazer uma coisa (Hor. Sát. 1, 10, 28).
exsūgō, -is, -ěre, -xī, -ctum, v. tr. Esgotar sugando; estancar (Plaut. Poen. 614).
exsul (exul), -ǔlis, subs. m. e f. I — Sent. próprio: 1) Exilado, desterrado, expatriado, proscrito, banido (Hor. O. 2, 16, 14); (Sal. B. Jug. 14, 17). II — Sent. figurado: 2) Privado de: exsul mentis (Ov. Met. 9, 409) «privado da razão».
exsǔlō (exǔlō), -ās, -āre, -āvī, -ātum, v. intr. Estar exilado, estar banido, viver no exílio (Cíc. De Or. 1, 177); (Cíc. Rep. 2, 7).
exsūltans, -āntis I — Part. pres. de exsūlto. II — Adj.: Sent. próprio: 1) Que salta, que pula, que palpita: exsultantissimum verbum (Quint. 9, 4, 108) «palavra saltitante». Daí: 2) Exultante, impetuoso, alegre, orgulhoso (Tác. D. 18).
exsultānter, adv. I — Sent. próprio: 1) Saltando de alegria. II — Sent. figurado: 2) Com fluidez (Plín. Ep. 3, 18, 10).
exsultātiō, -ōnis, subs. f. I — Sent. próprio: 1) Ação de saltar, pulo, salto (Plín. H. Nat. 8, 215). II — Sent. figu-

rado: 2) Exultação de alegria (Sên. Ir. 2, 21).

exsultim, adv. Aos pulos (Hor. O. 3, 11, 10).

exsulto (exülto), -ās, -āre, -āvī, -ātum, v. intr. I — Sent. próprio: 1) Saltar, pular (Cíc. Div. 2, 145). II — Sent. figurado: 2) Fazer palpitar, exultar, estar possuído de (Cíc. Clu. 14). Daí: 3) Estar orgulhoso, orgulhar-se (Tác. Agr. 8).

exsŭō = exŭo.

exsuperābĭlis, -e, adj. Que se pode vencer, superável (Verg. G. 3, 39).

exsupĕrans, -āntis. I — Part. pres. de **exsupĕro.** II — Adj.: que excede, que ultrapassa, que é superior (A. Gél. 6, 8, 3).

exsuperantĭa, -ae, subs. f. Superioridade (Cíc. Tusc. 5, 105).

exsuperātus, -a, -um, part. pass. de **exsupĕro.**

exsupĕrō (exupĕrō), -ās, -āre, -āvī, -ātum v. tr. e intr. Tr.: I — Sent. próprio: 1) Elevar-se acima de, exceder, transpor (Verg. En. 11, 905). II — Sent. figurado: 2) Levar vantagem, ultrapassar, vencer, superar (Ov. Trist. 1, 5, 56). Intr.: 3) Elevar-se, distinguir-se (Verg. En. 2, 759).

exsurdātus, -a, -um, part. pass. de **exsurdo.**

exsurdō (exūrdō), -ās, -āre, -āvī, -ātum, v. tr. I — Sent. próprio: 1) Ensurdecer, tornar surdo (Plín. H. Nat. 32, 141). II — Sent. figurado: 2) Tornar insensível, embotar (Hor. 2, 8, 38).

exsurgō (exūrgō), -is, -ĕre, -surrēxī, -surrēctum, v. intr. I — Sent. próprio: 1) Levantar-se (sent. concreto e abstrato) (Cíc. De Or. 2, 165); (Cíc. Fam. 2, 10, 4). 2) Elevar-se, dirigir-se para um lugar (Plín. H. Nat. 5, 97); 3) Crescer, brotar (Plín. H. Nat. 24, 173). II — Sent. figurado: 4) Animar-se, encher-se de coragem (Cíc. Agr. 2, 87).

exsurrēxī, perf. de **exsurgo.**

exsuscĭtō, -ās, -āre, -āvī, -ātum, v. tr. I — Sent. próprio: 1) Despertar, acordar (Cíc. Mur. 22). II — Sent. figurado: 2) Suscitar, excitar, provocar (Cíc. Of. 1, 12).

exta, -ōrum, subs. n. pl. Vísceras, entranhas, entranhas das vítimas (T. Liv. 26, 23, 8). Obs.: Exta designa, geralmente, o coração, os pulmões, o fígado e a vesícula biliar.

extābŭī, perf. do desusado **extabēsco,** v. intr. Consumiu se, secou-se, emagreceu, desapareceu (Cíc. Nat. 2. 5).

extemplō, adv. Logo, imediatamente (Verg. En. 2, 376).

extemporālis, -e, adj. Sem preparação, improvisado (Quint. 4, 1, 54).

extemporālĭtās, -tātis, subs. f. Arte de improvisar, improvisação (Suet. Tit. 3).

extendī, perf. de **extendō.**

extendō, -is, -ĕre, -tendī, -tēnsum e -tēntum, v. tr. I — Sent. próprio: 1) Estender, alongar, alargar, aumentar, desdobrar (Cíc. De Or. 2, 242); (Verg. En. 10, 407). Daí: 2) Estender no chão, deitar (Verg. En. 5, 274). II — Sent. figurado: 3) Engrandecer, aumentar (Hor. A. Poét. 208).

extensĭō, v. **extentĭo.**

extēnsus, -a, -um, part. pass. de **extendo.**

extentĭō, -ōnis, subs. f. Ação de estender, difusão (Vitr. 7, pref. 11).

extentō, -ās, -āre, v. freq. tr. Estender (Lucr. 3, 490).

extentus (extēnsus), -a, -um. I — Part. pass. de **extendo.** II — Adj. Estendido, aberto (Lucr. 1, 230).

extenuātĭō, -ōnis, subs. f. I — Sent. próprio: 1) Redução, rarefação, (Sên. Nat. 2, 57, 3). II — Na língua retórica: 2) Atenuação (Cíc. De Or. 3, 202).

extenuātus, -a, -um, part. pass. de **extenŭo.**

extenŭō, -ās, -āre, -āvī, -ātum, v. tr. I — Sent. próprio: 1) Tornar fino, tênue, afinar, diminuir (Cíc. Nat. 2, 134). II — Sent. figurado: 2) Atenuar, enfraquecer, rebaixar, aliviar (Cíc. At. 3, 13, 1); (Cíc. Tusc. 3, 34).

exter, v. **exterus.**

exterĕbrō, -ās, -āre, -ātum, v. tr. Tirar cavando, obter com esfôrço (Cíc. Div. 1, 48); (Plaut. Pers. 237).

extergĕō, -ēs, ēre, -tērsī, -tērsum, v. tr. Limpar, enxugar (Plaut. Most. 267); (Cíc. Verr. 2, 52).

exterĭor, -ĭus, comp. de **exter (extĕrus).** Exterior, que fica do lado de fora (Cés. B. Gal. 7, 74).

exterĭus, adv. Exteriormente, de fora (Ov. Met. 6, 420).

exterminātus, -a, -um, part. pass. de **extermino.**

exterminō, -ās, -āre, -āvī, -ātum, v. tr. I — Sent. próprio: 1) Exilar, expulsar dos limites ou das fronteiras, deportar (Cíc. Of. 3, 32). Daí: 2) Rejeitar, eliminar, abolir (Cíc. Prov. 3).

externī, -ōrum, subs. m. pl. Os estrangeiros, os povos estrangeiros (Cíc. Nat. 2, 158).

extĕrnus, -a, -um, adj. I — Sent. próprio: 1) Exterior, externo, de fora (Cíc. Ac. 2, 4). Daí: 2) Estrangeiro, exótico (Cíc. Cat. 2, 29); (Cíc. Fam. 4, 9, 4). 3) Importado, de fora (Cíc. Of. 2, 27). II — Sent. figurado: 4) Hostil (Tác. Hist. 3, 5).

extĕrō, -is, -ĕre, -trīvī, -trītum, v. tr. I — Sent. próprio: 1) Fazer sair esfregando ou calcando, calcar com os pés, gastar pelo atrito (Lucr. 5, 1098). II — Sent. figurado: 2) Esmagar, destruir (Ov. Am. 1, 9, 12).

exterrĕō, -ēs, -ēre, -terrŭī, -terrĭtum, v. tr. Aterrar, apavorar, aterrorizar (Cíc. Of. 2, 37). Obs.: Em César e Cícero só é usado na passiva (Cíc. Of. 2, 37); (Cés. B. Civ. 1, 41).

exterrĭtus, -a, -um, part. pass. de **exterrĕo**.

extērsī, perf. de **extergĕo**.

extērsus, -a, -um, part. pass. de **extergĕo**.

extĕrus (exter), -a, -um, adj. Exterior, de fora, estrangeiro (Cíc. Cat. 2, 13).

extimēscō, -is, -ĕre, -mŭī, v. intr. e tr. I — Intr.: 1) Estar muito assustado, assustar-se (Cic. Sest. 126). II — Tr.: 2) Temer, recear (Cic. Fam. 9, 26, 4).

extimŭī, perf. de **extimēsco**.

extĭmus, (extŭmus), -a, -um, superlativo de **exter**. Situado na extremidade, o mais afastado (Cíc. Rep. 6, 17).

extīnguō = **exstĭnguo**.

extīrpō = **exstīrpo**.

extīspex, -ĭcis, subs. m. Arúspice (Cíc. Div. 1, 12).

extispicĭum, -ī, subs. n. Observação das entranhas das vítimas (Suet. Ner. 56).

extōllō, -is, -ĕre, -tŭlī, elātum, v. tr. I — Sent. próprio: 1) Elevar, levantar, erguer (Cic. Planc. 33). II — Sent. figurado: 2) Reanimar, incutir coragem: **animus se extollit** (Cíc. Tusc. 3, 54) «o espírito se reanima». Daí: 3) Exaltar, louvar, elogiar (Cíc. Planc. 95). 4) Embelezar, ornar (Tác. An. 11, 1). 5) Diferir, adiar (Plaut. Poen. 500).

extorquĕō, -ēs, -ēre, -tōrsī, -tōrtum, v. tr. I — Sent. próprio: 1) Desconjuntar, deslocar, luxar (Sên. Ep. 104, 18). II — Sent. figurado: 2) Afastar com violência, expelir, arrancar, obter com violência (Cíc. Cat. 1, 16); (Cíc. Or. 160).

extōrris, -e, adj. Lançado para fora do país, desterrado, expatriado, banido (T. Lív. 5, 30, 6).

extōrsī, perf. de **extorquĕo**.

extōrtus, -a, -um, part. pass. de **extorquĕo**.

1. extrā, adv. Sent. próprio e figurado: 1) Fora, fora de (Cíc. Fin. 2, 68). Donde: 2) Sem, salvo, a menos, exceto (Cíc. Inv. 2, 59).

2. extrā, preposição (acus.). I — Sent. próprio: 1) Fora de, além de (Cíc. Quinct. 35). II — Sent. figurado: 2) Salvo, exceto, sem, afora (Cíc. Fam. 7, 3, 2).

extrāctus, -a, -um, part. pass. de **extrăho**.

extrăhō, -is, -ĕre, -trāxī, -trāctum, v. tr. I — Sent. próprio: 1) Tirar de, fazer sair, extrair (Cíc. Amer. 19). Daí: 2) Arrancar, livrar (Cíc. Sest. 11). II — Sent. figurado: 3) Prolongar, demorar (Cíc. Fam. 1, 4, 1). 4) Consumir, gastar o tempo (Cés. B. Civ. 1, 32, 3). Obs.: Constrói-se com acus.; com acus. e abl.; com abl. com **ex** ou **de**, e com acus. com **in**.

1. extrănĕus, -a, -um, adj. Exterior, de fora (Cíc. De Or. 2, 46)..

2. extrănĕus, -ī, subs. m. Um estrangeiro (Tác. Agr. 43).

extraordinārĭus, -a, -um, adj. I — Sent. próprio: 1) Extraordinário, desusado (Cíc. Phil. 11, 20). Daí: 2) Suplementar, de reserva, auxiliar (T. Liv. 34, 47, 4).

extrāquam, adv. Exceto se, a menos que (Cíc. At. 6, 1, 15).

extrārĭus, -a, -um, adj. I — Sent. próprio: 1) Exterior (Cíc. Inv. 2, 168). Daí: 2) Estranho, estrangeiro, que não é da nação, que não é da família (Ter. Phorm. 579).

extrāxī, perf. de **extrăho**.

extrēmĭtās, -tātis, subs. f. I — Sent. próprio: 1) Extremidade, fim (Cíc. Fin. 2, 102). II — Sent. diversos: 2) Circunferência (Cíc. Tim. 17). 3) Superfície (têrmo de geometria) (Cíc. Ac. 2, 116). 4) Contôrno (de pintura) (Plín. H. Nat. 36, 68). 5) Desinência, terminação (têrmo de retórica) (A. Gél. 11, 5, 2).

extrēmum, -ī, subs. n. e **extrēma**, -ōrum, subs. n. pl. 1) Extremidade, fim, resolução extrema (Cés. B. Gal. 1, 10, 5). 2) Na língua militar: **extremum agmen** (Cés. B. Gal. 2, 11, 4) «fim da tropa, retaguarda».

extrēmus, -a, -um, superlat. de **extĕrus (exter)**. I — Sent. próprio: 1) O mais afastado, extremo (Cés. B. Gal. 1, 6, 3). Daí: 2) Que está no fim, último, derradeiro (em número ou em categoria) (Cíc. At. 6, 1, 20). II — Sent. figurado: 3) Extremo (Tác. An. 14, 61). 4) Último, pior (Sên. Ep. 70, 25).

extricātus, -a, -um, part. pass. de **extrĭco**.

extrĭcō, -ās, -āre, -āvī, -ātum, v. tr. 1) Desenredar, tirar de embaraço, desem-

baraçar (Hor. O. 3, 5, 31). 2) Tirar com dificuldade (Hor. Sát 1, 3, 88).
extrinsĕcus, adv. I — Sent. próprio: 1) Extrínseco, de fora, do exterior (Cíc. Ac. 2, 48). Daí: 2) Fora de, exteriormente (Cíc. Fin. 5, 39). Donde: 3) De mais, além disso (Eutr. 9, 25).
extrītus, -a, -um, part. pass. de **extĕro**.
extrīvī, perf. de **extĕro**.
extrūdō, -is, -ĕre, -trūsī, -trūsum, v. tr. I — Sent. próprio: 1) Pôr fora com violência, obrigar a partir, expulsar (Cíc. Phil. 10, 10). Daí: 2) Repelir, conter (Cés. B. Gal. 3, 12, 3).
extrŭō = **exstrŭo**.
extrūsī, perf. de **extrūdo**.
extrūsus, -a, -um, part. pass. de **extrūdo**.
extrŭberātus, -a, -um, part. pass. de **extuberō**.
extŭbĕrō, -ās, -āre, -āvī, -ātum, v. intr. e tr. I — Intr.: 1) Inchar, fazer saliência (Plín. H. Nat. 21, 96). II — Tr.: 2) Fazer inchar, arquear (Sên. Nat. 6, 4, 1).
extŭdī, perf. de **extŭndo**.
extŭlī, perf. de **effĕro** e de **extŏllo**.
extumĕō, -ēs, -ĕre, v. intr. Estar inchado, inchar-se (Plaut. Truc. 200).
extŭndō, -is, -ĕre, -tŭdī, (-tūsum), v. tr. I — Sent. próprio: 1) Fazer sair batendo, expulsar (Fedr. 1, 21, 9). II — Sent. figurado: 2) Forjar, fabricar, produzir com esfôrço (Verg. G. 1, 133); (Verg. En. 8, 655). 3) Obter com custo, conseguir (Plaut. Most. 221).
exturbātus, -a, -um, part. pass. de **exturbo**.
extŭrbō, -ās, -āre, -āvī, -ātum, v. tr. 1) Expulsar violentamente, fazer sair à fôrça, expulsar (Cíc. Sull. 71); (Cíc. Clu. 14); (Cíc. Quinct. 95). II — Sent. figurado: 2) Destruir (T. Lív. 6, 21, 8). Na língua jurídica: 3) Repudiar (uma mulher) (Tác. An. 14, 60).
exūberantĭa, -ae, subs. f. Abundância, exuberância (A. Gél. 2, 26, 9).
exūbĕrō, -ās, -āre, -āvī, -ātum, v. intr. Transbordar, estar cheio, ser abundante, abundar (Verg. G. 2, 516); (Verg. En. 7, 465).
exŭccus, v. **excŭccus**.
exūdō = **exsūdo**.
exūgō = **exsūgo**.
exul, v. **exsul**.
exulcerātĭō, -ōnis, subs. f. I — Sent. próprio: 1) Ulceração, úlcera (Cels. 4, 22). II — Sent. figurado: 2) Agravação (Sên. Helv. 1, 2).

exulcerātus, -a, -um, part. pass. de **exulcĕro**.
exulcĕrō, -ās, -āre, -āvī, -ātum, v. tr. Formar úlceras, ulcerar, ferir, irritar (sent. próprio e figurado) (Plín. H. Nat. 27, 112); (Cíc. Br. 156).
exŭlō, **exŭlto** = **exsŭlo**, **exsŭlto**.
exulūlātus, -a, -um, part. pass. de **exulŭlo**.
exulŭlō, -ās, -āre, -āvī, -ātum, v. intr. e tr. I — Intr.: 1) Soltar uivos, uivar, soltar gritos (Ov. Met. 1, 233). II — Tr.: 2) Chamar com gritos, com uivos (Ov. A. Am. 1, 507).
exūndō, -ās, -āre, -āvī, -ātum, v. intr. I — Sent. próprio: 1) Correr abundantemente para fora, transbordar (Plín. H. Nat. 2, 229). II — Sent. figurado: 2) Ser transbordante, estender-se (Tác. D. 30).
exūngō, -is, -ĕre, -ūnctum, v. tr. Untar com perfume, perfumar (Plaut. Rud 580).
exŭī, perf. de **exŭo**.
exŭō, -is, -ĕre, -ŭī, -ūtum, v. tr. I — Sent. próprio: 1) Despir, despojar: **se ex laqueis** (Cíc. Verr. 5, 151) «despojar-se da rêde»; (Verg. En. 5, 423). II — Sent. figurado: 2) Pôr de lado, abandonar, desembaraçar-se, livrar-se (Cíc. Fin. 5, 35); (Sên. Ep. 11, 1).
exūrdō = **exsūrdo**.
exūrgō = **exsūrgo**.
exūrō, -is, -ĕre, -ūssī, -ūstum, v. tr. I — Sent. próprio: 1) Queimar completamente, destruir pelo fogo, incendiar (Cíc. Verr. 1, 70); (Verg. En. 6, 742). 2) Daí: secar, esgotar: **loca exusta solis ardoribus** (Sal. B. Jug. 19, 6) «lugares secos pelo calor do sol». II — Sent. figurado: 3) Consumir, queimar (Cíc. Br. 16).
exūssī, perf. de **exūro**.
exustĭō, -ōnis, subs. f. 1) Ação de queimar, combustão. Donde: 2) Abrasamento, incêndio (Cíc. Rep. 6, 23).
exūstus, -a, -um, part. pass. de **exūro**.
exūtus, -a, -um, part. pass. de **exŭo**.
exuvĭae, -ārum, subs. f. pl. I — Sent. próprio: 1) Pele (que largam alguns animais), pele largada pelas serpentes, vestidos que alguém larga (Verg. En. 2, 473). II — Sent. poético: 2) Despojos (tomados ao inimigo), prêsa (Verg. En. 2, 275).

F

F, m. ou f. 1) 6º letra do alfabeto latino. 2) F. I. = fieri jussit, «ordenou que fôsse feito». 3) FL. = Flavius ou Flavia tribu. 4) FL. P. = flamen perpetuus.

faba, -ae, subs. f. Fava (legume), grão ou objeto parecido com a fava (Cíc. Div. 1, 62).

fabagínus, -a, um, adj. De favas (Cat. Agr. 54, 2).

fabālis, -e, adj. 1) De favas (Ov. F. 4, 725). 2) **Fabālǐa, -ǐum,** (n. pl.): Pés ou hastes das favas (Cat. Agr. 37, 2).

Fabăris, -is, subs. pr. m. Fábaris, rio sabino (Verg. En. 7, 715).

Fabātus, -ī, subs. pr. m. Fabato, sobrenome romano (Cíc. At. 8, 12, 2).

fǎbēlla, -ae, subs. f. 1) Pequena narrativa, conto, historieta (Cíc. Div. 2, 80). 2) Fábula (Hor. Sát. 2, 6, 78). 3) Peça de teatro (Cíc. Cael. 64).

1. faber, -bra, -brum, adj. Feito com arte, trabalhado (Ov. Met. 8, 159).

2. faber, -brī, subs. m. I — Sent. próprio: 1) Operário (que trabalha em metais ou materiais duros, como pedra, marfim, madeira, etc.), carpinteiro, marceneiro, serralheiro, ferreiro (Cíc. Fam. 3, 7, 4). II — Sent. figurado: 2) Artista, artífice (Cíc. Fam. 2, 5).

Faberiānus, -a, -um, adj. De Fabério (Cíc. At. 13, 31, 1).

Faberǐus, -ī, subs. pr. m. Fabério, nome de homem (Cíc. At. 12, 25).

Fabiānī, -ōrum, subs. pr. m. A tribo Fábia (Suet. Aug. 40).

1. Fabiānus, -a, -um, adj. De Fábio (Cíc. Verr. 1, 7, 19).

2. Fabiānus, -ī, subs. pr. m. Papírio Fabiano, nome de um autor latino (Plín. H. Nat. 17, 36).

Fǎbiēnsēs, -ǐum, subs. loc. m. Fabienses, habitantes de Fábia, pequena cidade do monte Albano (Plín. H. Nat. 3, 5).

1. Fabǐus, -a, -um, adj. De Fábio (Cíc. Mur. 71).

2. Fabǐus, -ī, subs. pr. m. Fábio, nome de uma célebre família patrícia de Roma. Destacam-se, entre outros: 1) Quinto Fábio Máximo, chamado «o Contemporizador», que com prudência fêz parar as vitórias de Aníbal na Itália. 2) Quinto Fábio Píctor, o mais antigo analista romano (Cíc. Div. 1, 43).

Fabrātěrǐa, -ae, subs. pr. f. Fabratéria, cidade do Lácio (Cíc. Fam. 9, 24, 1).

Fabrātērnī, -ōrum, subs. loc. m. Fabraternos, habitantes de Fabratéria (Cíc. Clu. 192).

fabrē, adv. Artisticamente, com arte, engenhosamente, hàbilmente (Plaut. Men. 132).

fabrěfacǐō, -is, -ěre, -fēcī, -factum, v. tr. Construir, fazer com arte (T. Liv. 34, 52, 5).

fabrěfēcī, perf. de fabrefacio.

fabrǐca, -ae, subs. f. I — Sent. próprio: 1) Mister, profissão, fabrico, fabricação, mão de obra, objeto fabricado (Plín. H. Nat. 7, 197). Daí, em sent. especial: 2) Forja (Cíc. Nat. 3, 55). 3) Arquitetura (Cíc. Nat. 2, 35). II — Sent. figurado: 4) Astúcia, ardil, maquinação (Plaut. Bac. 366).

fabricātǐō, -ōnis, subs. f. I — Sent. próprio: 1) Fabricação, fabrico (Vitr. 2, 1, 9). II — Daí: 2) Estrutura (do homem) (Cíc. Nat. 2, 133). 3) Criação, emprêgo novo (de uma palavra) (Cíc. De Or. 3, 167).

fabricātor, -ōris, subs. m. Fabricante, construtor, operário, artista (Verg. En. 2, 264).

fabricātus, -a, um, part. pass. de fabrico e fabricor.

1. Fabricǐus (Fabricǐānus), -a, -um, adj. Relativo a um Fabrício (Hor. Sát. 2, 3, 36).

2. Fabricǐus, -ī, subs. pr. m. Fabrício, nome de família romana, em especial Caio Fabrício, cônsul romano célebre pela simplicidade de seus costumes (Cíc. De Or. 2, 268).

fabricō, -ās, -āre, -āvī, -ātum, (=fabrǐcor, -ārī), v. tr. Fabricar, forjar, trabalhar (sent. próprio e figurado) (Hor. Sát. 1, 3, 102); (Verg. En. 2, 46).

fabricor, -āris, -ārī, -ātus sum, v. dep. tr. Fabricar, forjar, trabalhar (sent. próprio e figurado) (Cíc. Of. 1, 147); (Cíc. Ac. 2, 87).

fabrīlǐa, -ǐum, subs. n. pl. Utensílios de ferreiro (Hor. Ep. 2, 1, 116).

fabrīlis, -e, adj. I — Sent. próprio: 1) De operário, de artista, fabril (Cíc. At. 6, 1, 17). II — Daí, em sent. especial: 2) De forja, de ferreiro (Verg. En. 8, 415).

făbŭla, -ae, subs. f. I — Sent. próprio: 1) Conversação, conversa (Tác. An. 6, 11) II — Daí: 2) Objeto ou assunto de conversação, narração (Suet. Aug. 70). III — Em sent. especial: 3) Narração dialogada e posta em cena, peça teatral (Cíc. Br. 71). 4) Narração ficticia ou mentirosa, fábula, historieta (Cíc. Leg. 1, 40). 5) Conto, fábula, apólogo (Cíc. At. 13, 33, 4). 6) Mentira (Ter. And. 224).

făbulāris, -e, adj. Fabuloso, falso, mitológico (Suet. Tib. 70).

făbulātor, -ōris, subs. m. Narrador (Sên. Ep. 122, 15).

Fabūllus, -ī, subs. pr. m. Fabulo, nome de um amigo do poeta Catulo (Catul. 12, 15).

făbŭlor, -āris, -ārī, -ātus sum, v. dep. tr. 1) Falar, conversar (Ter. Phorm. 654). Daí: 2) Tagarelar, inventar, contar mentindo (T. Lív. 45, 39, 15).

fābulōsus, -a, -um, adj. Célebre na fábula, fabuloso (Hor. O. 1, 22, 7).

fac, imperat. de **făcĭo.**

facdum = **fac dum.** Faze, pois (Plaut. Rud. 1023).

1. **face,** abl. sing. de **fax.**

2. **face,** imperat. arcaico de **făcĭo.**

facessī, perf. de **facesso.**

facessītus, -a, -um, part. pass. de **facesso.**

fecessō, -is, -ĕre, -īvī, (ou -ĭī), -ītum, v. tr. e intr. I — Tr. Sent. próprio: 1) Procurar fazer, desejar fazer, apressar-se em fazer, em executar (Cíc. Verr. 4, 142). Daí: 2) Suscitar, fazer vir, atrair, criar (Cíc. Caecil. 45). II — Intr.: 3) Pôr-se a caminho, ir-se embora, retirar-se, afastar-se (Tác. An. 16, 34); (Cíc. Leg. 1, 39).

făcētē, adv. 1) De modo elegante, com graça, graciosamente (Plaut. St. 271). Donde: 2) Delicadamente, muito bem (Plaut. Capt. 176). 3) De maneira jocosa, espirituosamente (Cíc. Verr. 4, 95). Obs.: superl. **facetissīme** (Cíc. De Or. 2, 223).

facētĭa, -ae, subs. f. Gracejo, dito chistoso, facécia (Plaut. St. 727). Obs.: O sing. é raro e não clássico.

facētĭae, -arum, subs. f. pl. I — Sent. próprio: 1) Graça, gracejo, espírito, bom humor, facécias (Cíc. De Or. 2, 217). Daí, em sent. especial: 2) Ditos picantes, remoques (Cíc. De Or. 1, 243).

facētus, -a, -um, adj. I — Sent. próprio: 1) Elegante, bem feito, de bom gôsto (Cíc. Br. 325). Daí: 2) Espirituoso, engraçado, jovial, faceto (Cíc. Br. 173). Obs.: comp.: **făcētĭor** (Lucil. 963); superl.: **facētissĭmus** (Cíc. Leg. 2, 37).

facĭēs, -ēī, subs. f. I — Sent. próprio 1) Forma exterior, aspecto, aparência, imagem, figura, retrato, fácies (Tác. An. 4, 67); (Verg. G. 4, 361). 2) Rosto, face, fisionomia, semblante (Cíc. Phil. 2, 41). II — Sent. figurado: 3) Beleza, formosura (Ov. A. Am. 3, 105). 4) Ar, aparência (Tác. Hist. 2, 54). 5) Espetáculo (Plín. Pan. 56, 6). Em sent. poético: 6) Espécie, qualidade, gênero (Verg. En. 6, 560).

facĭlĕ, adv. 1) Fàcilmente, sem esfôrço (Cíc. Flac. 66). 2) Sem dúvida, sem contestação, evidentemente (Cic. Rep. 2 34). 3) Sem cuidado, despreocupadamente (na expressão **facile vivere**) (Plaut. Curc. 604).

facĭlis, -e, adj. I — Sent. próprio: 1) Que se faz fàcilmente, fácil de fazer, fácil (Cés. B. Gal. 1, 21, 2). Daí: 2) Que deixa fazer, dócil, que não resiste, tratável, sociável (Cíc. Lae. 11). 3) Favorável, propício, apto, conveniente (Ov. Her. 16, 282). 4) Abundante, que produz em abundância (Verg. G. 2, 460). 5) Que tem facilidade para, disposto a, pronto a, que se presta a (T. Lív. 33, 17, 8). II — Sent. figurado: 6) Pouco custoso, de pouco valor, pouco importante (Verg. En. 2, 646).

facilĭtās, -tātis, subs. f. I — Sent. próprio: 1) Facilidade (Cíc. Tusc. 4, 28). Daí: 2) Aptidão, boa disposição (Cíc. Inv. 1, 98). 3) Facilidade (de falar) (Quint. 10, 2, 12). II — Sent. moral: 4) Complacência, afabilidade, docilidade, indulgência (Cíc. Pomp. 36). Em sent. pejorativo: 5) Demasiada indulgência, fraqueza (Suet. Cl. 29).

facinorōsus (facinerōsus), -a, -um, adj. Criminoso, facinoroso (Cíc. Cat. 2, 22).

facĭnus, -ŏris, subs. n. I — Sent. Próprio: 1) Ação (boa ou má), feito, ato (Cés. B. Gal. 7, 38, 8). II — Em sent. especial e pejorativo: 2) Má ação, crime, atentado (Cíc. Cat. 1, 26). III — Sent. poético: 3) Instrumento de crime (Ov. Met. 7, 423).

facĭo, -is, -ĕre, fēcī, făctum, v. tr. e intr. I — Sent. próprio: 1) Pôr, colocar, e daí: fazer, executar (Cés. B. Gal. 1, 13,

1); (Cíc. Pis. 70); (Cés. B. Gal. 2, 3, 3). 2) Produzir, causar, provocar, excitar (Cíc. Flac. 83). 3) Exercer, praticar (Cíc. Verr. 5, 155). II — Sent. figurado: 4) Trabalhar, produzir, compor (Cíc. Verr. 5, 63); (Cíc. Or. 172). III — Empregos especiais — Na língua poética: 5) Criar, nomear, eleger (Cíc. Verr. 2, 132); (Cíc. Prov. 20). 6) Dar, fornecer, obter: **alicui facultatem judicandi** (Cíc. Verr. 2, 179) «dar a alguém a faculdade de julgar». 7) Sofrer (Cíc. Br. 125). Em sent. intelectual: 8) Supor, admitir, imaginar (Cíc. Tusc. 1, 82). Na língua do teatro: 9) Representar, pôr em cena (Cic. Tusc. 5, 115); (Ter. Eun. 38). 10) Estimar, prezar (Cíc. Fin. 2, 88). Na língua religiosa: 11) Fazer um sacrifício, sacrificar (Verg. Buc. 3, 77). IV — Intr.: 12) Ser eficaz, convir a, fazer bem ou mal, ir bem, ser útil (Sên. Ben. 1, 3, 10); (Cíc. Mil. 9). 13) Sacrificar-se, imolar-se (Cíc. At. 1, 13, 3). 14) Locuções: **iter facere** (Cés. B. Gal. 1, 7, 1) «caminhar»; **facere palam** (Cíc. At. 13, 21, 3) «divulgar»; **facere contra** (Cíc. Quinct. 1) «ser contra». 15) Com gen. de preço: **facere magni** (Cíc. Q. Fr. 1, 2, 7) «considerar muito»; **facere nihili** (Cíc. Fin. 2, 88) «não considerar nada»; **facere minimi** (Cíc. Fin. 2, 42) «considerar pouco»; **facere plurimi** (Cíc. Fam. 3, 10, 2) «considerar no mais alto grau». Obs.: O sentido primitivo de «pôr», «colocar», aparece nas expressões: **facere magni, facere nihili**, isto é, «colocar (pôr) como sendo de grande, ou de nenhum valor»; **facere nomen alicui** «pôr um nome em alguém»; **facere aliquem regem** «colocar como rei» — e, principalmente, nos seus compostos e derivados. A evolução semântica para «fazer» processou-se através das línguas técnicas. Constrói-se com acus.; com **ut, ne, quin** ou simples subjuntivo; com inf.; com dois acus; com gen. de preço; com acus. e inf.; ou intransitivamente.

1. facis, gen. de **fax**.

2. facis, ind. pres. de **facio**.

factĕon = **faciendum est**. Deve ser feito (Cíc. At. 1, 16, 13).

factīcĭus, -a, -um, adj. Factício, artificial (Plin. H. Nat. 31, 81).

factĭō, -ōnis, subs. f. I — Sent. próprio: 1) Maneira de fazer, poder de fazer, direito de fazer (Cíc. Top. 50). 2) Posição, categoria (Plaut. Trin. 452). II — Daí: 3) Grupo (de pessoas pertencentes ao mesmo ofício ou partido), partido, facção, conluio (Plín. H. Nat. 29, 5). Em sent. pejorativo: 4) Facção, cabala, intriga (Cíc. B. 164). Na língua política: 5) Partido político (Cés. B. Gal. 5, 56, 3). 6) Partido dos nobres, bom partido, casamento rico, poder, riqueza, influência (Sal. B. Jug. 41, 6).

factĭōsus, -a, -um, adj. I — Sent. próprio: 1) Ativo, empreendedor, ambicioso (Plaut. Bac. 452). II — Daí: 2) Faccioso, sedicioso (Cíc. Of. 1, 64). 3) Nobre poderoso, que faz parte de uma oligarquia (Cíc. Rep. 1, 45).

factĭtō, -ās, -āre, -āvī, -ātum, v. freq. tr. 1) Fazer muitas vêzes, habitualmente (Cíc. Br. 68). Daí: 2) Fazer o ofício de, desempenhar o papel de, fazer, exercer (Cíc. Br. 130); (Quint. 7, 2, 26).

factum, -ī, subs. n. 1) Fato, ação, emprêsa, trabalho, obra, feito: **facta illustria et gloriosa** (Cíc. Fin. 1, 37) «as ações belas e gloriosas». 2) **Facta, -ōrum**, subs. n. pl. Feitos notáveis, feitos bélicos (Verg. En. 10, 468).

factus, -a, -um, I — Part. pass. de **facio**. II — Adj.: feito (Plaut. Trin. 397).

facŭltās, -tātis, subs. f. I — Sent. próprio: 1) Faculdade, possibilidade, facilidade, poder, fôrça (Cíc. Quinct. 8). II — Sent. especial: 2) Propriedade, talento natural, capacidade (Cíc. De Or. 1, 218). III — Sent. figurado: 3) Abundância, quantidade, provisão (Cíc. Verr. 5, 6). No pl.: 4) Meios, recursos, posses, bens, haveres (Cés. B. Gal. 6, 1, 3).

fācundē, adv. Eloqüentemente, com eloqüência (Plaut. Trin. 380).

fācundĭa, -ae, subs. f. Facilidade de palavra, dom da palavra, eloqüência, facúndia (Hor. O. 4, 7, 21).

fācundĭtās, -tātis, subs. f. = **facundia** (Plaut. Truc. 494).

fācundus, -a, -um, adj. 1) Facundo, eloqüente, que tem o dom da palavra (Hor. O. 1, 10, 1). 2) Abundante (Hor. O. 4, 1, 35).

Fadĭus, -ī, subs. pr. m. Fádio, nome de família romana (Cíc. Phil. 2, 3).

faecĕus, -a, -um, adj. Coberto de lama, ignóbil (Plaut. Trin. 297).

faecis, gen. de **faex**.

faecŭla, -ae, subs. f. Tártaro, bôrra (do vinho), sarro (Hor. Sát. 2, 8, 9).

faeculēntus, -a, -um, adj. Cheio de bôrra (Col. 2, 2, 20).

faelēs, faelis, v. **fēles**.

faenum, v. **fēnum**.

Faesŭlae, -ārum, subs. pr. f. Fésulas, cidade da Etrúria (Cíc. Cat. 3, 14).
Faesulānus, -a, -um, adj. De Fésulas (Cíc. Mur. 49).
faex, faecis, subs. f. I — Sent. próprio: 1) Bôrra (do vinho ou do azeite), depósito, resíduo, sarro (do vinho), lia, sedimento (Hor. A. Poét. 277). 2) Tártaro (Hor. Sát. 2, 4, 55). 3) Môlho espêsso (Ov. Met. 8, 666). II — Sent. figurado: 4) Rebotalho, refugo (Cíc. Br. 244).
Fāgifulānī, -ōrum, subs. loc. m. Fagifulanos, povo do Sâmnio (Plín. H. Nat. 3, 107).
fāginĕus, (fagĭnus), -a, -um, adj. De faia (Ov. Met. 8, 654).
fāgus, -ī, subs. f. Faia (Verg. Buc. 1, 1).
Fāgŭtal, -ālis, subs. pr. n. Fagutal, lugar sôbre o Monte Esquilino, onde havia uma faia e um oratório dedicado a Júpiter (Varr. L. Lat. 5, 152).
Fāgŭtālis, -e, adj. Do Fagutal (Plín. H. Nat. 16, 37).
Falacrīnum, -ī, subs. n., v. **Phalacrīne.**
falārĭca (phalārĭca), -ae, subs. f. Falárica (dardo com estôpas e pez) (Verg. En. 9, 705).
falcārĭus, -ī, subs. m. O que traz foice, fabricante de foice (Cíc. Cat. 1, 8).
falcātus, -a, -um, adj. 1) Armado de foice (T. Liv. 37, 41, 5). 2) Em forma de foice, recurvado, curvo (Ov. Met. 1, 717).
Falcĭdĭānus, -a, -um, adj. De Falcídio (Cíc. Flac. 90).
Falcĭdĭus, -ī, subs. pr. m. Falcídio, nome de um tribuno romano, autor da lei Falcídia, que trata das heranças (Cíc. Pomp. 58).
falcĭfer, -fĕra, -fĕrum, adj. Que traz uma foice (Ov. Met. 13, 218).
Falcŭla, -ae, subs. pr. m. Fácula, sobrenome romano (Cíc. Caec. 28).
falĕrae, v. **phalĕrae.**
Falerĭī, -ōrum, subs. pr. m. Falérios, cidade da Etrúria, capital dos faliscos (T. Liv. 5, 27, 4).
Falerīna Tribus, subs. pr. f. Tribo Falerina, uma das tribos rústicas romanas (T. Liv. 9, 20, 6).
Falērnus, -a, -um, adj. 1) De Falerno, território da Campânia, famoso por seus vinhos (Hor. O. 3, 1, 43). Daí, subs. n.: 2) Vinho de Falerno, o falerno (Hor. O. 1, 27, 10). 3) O território de Falerno (Cíc. Phil. 13, 11).
Faliscī, -ōrum, subs. loc. m. Faliscos, povo da Etrúria (Verg. En. 7, 695).

Falīscus, -a, -um, adj. De Falérios, dos faliscos (Varr. L. Lat. 5, 22, 33).
fallācĭa, -ae, subs. f. (muitas vêzes no pl.). I — Sent. próprio: 1) Falácia, engano, manha, ardil, estratagema (Cíc. Com. 20). II — Sent. figurado: 2) Encantamento, bruxaria (Prop. 1, 1, 19).
fallācĭōsus, -a, -um, adj. Falacioso, falaz, enganador (Apul. M. 8, 10).
fallācĭter, adv. De modo pérfido, deslealmente, simuladamente (Cíc. Of. 3, 68). Obs.: superl. **fallacissĭme** (Cíc. Har. 48).
fallax, -ācis, adj. Engandor, pérfido insidioso, falaz (Cíc. Mil. 94).
fallens, -ēntis, part. pres. de **fallo.**
Fallienātēs, -ĭum, subs. loc. m. Falienates, povo da Úmbria (Plín. H. Nat. 3, 114).
fallō, -is, -ĕre, fefēllī, falsum, v. tr. I — Sent. próprio: 1) Esconder, encobrir, ocultar (Ov. F. 3, 22). II — Daí: 2) Enganar, lograr, induzir em êrro (Cíc. Amer. 116). 3) Escapar a (T. Liv. 5, 47, 3). Donde, na língua poética: 4) Fazer esquecer (Ov. Met. 8, 652). Impess.: 5) Enganar, escapar, ignorar (Cíc. At. 14, 12, 2); (Cés. B. Civ. 3, 94, 3). Obs.: Constrói-se com acus. de pess. e de coisa, impessoalmente ou intransitivamente. Inf. pass. **fallier** (Pers. 3, 50).
falsārĭus, -ī, subs. m. Falsário, falsificador (Suet. Ner. 17).
falsĭdĭcus, -a, -um, adj. Falsídico, mentiroso, enganador (Plaut. Trin. 770).
falsĭjūrĭus, -a, -um, adj. Perjuro (Plaut. Mil. 191).
falsilŏcus, v. **falsilŏquus.**
falsilŏquus, -a, -um, adj. Mentiroso (Plaut. Capt. 264).
falsimōnĭa, -ae, subs. f. Mentira (Plaut. Bac. 541).
falsipărens, -ēntis, adj. Que tem pai suposto (Catul. 68, 112).
falsō, adv. Em falso, sem razão, falsamente, sem fundamento (Cíc. Verr. 5, 107); (Cés. B. Civ. 1, 14, 1).
falsum, -ī, subs. n. Falsidade (o que é falso), mentira (o falso, em oposição ao que é verdadeiro) (Cíc. At. 7, 14, 2).
falsus, -a, -um. I — Part. pass. de **fallo.** II — Adj.: 1) Falso, enganador, mentiroso (Cíc. Flac. 39); (Cíc. Vat. 40). Daí: 2) Fingido, suposto, vão, imaginário (Cíc. Caecil. 29); (Verg. G. 1, 463).
falx, falcis, subs. f. I — Sent. próprio: 1) Foice, podão (Varr. R. Rust. 1, 22, 5). II — Daí: 2) Foice (arma de guerra) (Cés. B. Gal. 7, 22, 2).

fāma, -ae, subs. f. I — Sent. próprio: 1) O que se diz ou conta de alguém, voz pública, voz corrente (Cíc. Fam. 12, 4, 2). II — Daí: 2) Renome, reputação (boa ou má), honra, glória, fama (boa ou má) (Cíc. Tusc. 3, 4); (Cíc. Fin. 3, 57). 3) Opinião firmada, crença, tradição (Cíc. Nat. 2, 95). III — Subs. pr. 4) A Fama, divindade, filha da Terra; possuía numerosos olhos e ouvidos que tudo viam e ouviam, e outras tantas bôcas para o propalar (Verg. En. 4, 173-188).

1. famēlĭcus, -a, -um, adj. I — Sent. próprio: 1) Que tem fome, faminto, esfomeado (Plaut. Rud. 311). II — Daí, em sent. figurado: 2) Magro, parco (Apul. M. 1, 26).

2. famēlĭcus, -ī, subs. m. Famélico, o que tem fome, o faminto (Ter. Eun. 260).

famēs, -is, subs. f. I — Sent. próprio: 1) Fome (Cíc. Div. 2, 73). Daí: 2) Penúria, falta de víveres, indigência (Cíc. At. 5, 21, 8). II — Sent. figurado: 3) Desejo violento, avidez, paixão (Verg. En. 3, 57). 4) Secura (de estilo) (Cíc. Tusc. 2, 3). III — Subs. próprio: 5) A Fome (deusa) (Verg. En. 6, 276).

fāmigerātĭō, -ōnis, subs. f. Voz pública, voz corrente (Plaut. Trin. 692).

fāmigerātor, -ōris, subs. m. Boateiro, o que espalha boatos (Plaut. Trin. 215).

famĭlĭa, -ae, subs. f. I — Sent. próprio: 1) Gente, criadagem, conjunto de criados e escravos que viviam na mesma casa (em oposição a **gens**) (Cíc. Caec. 55). Daí: 2) As pessoas da casa (compreendendo o «pater familias», a mulher, os filhos, e os criados, sob a dependência do primeiro), família (Plaut. Aul. 2). II — Sent. figurado: 3) Seita, escola, corporação, tropa (Cíc. De Or. 1, 40); (Cíc. Sull. 54). 4) Conjunto de bens (Cíc. De Or. 1, 237). 5) Família, casa, geração: **ex familla vetere** (Cíc. Mur. 17) «de uma antiga família». Obs.: Gen. arc. **familias** que ainda aparece no período clássico nas expressões **pater familias, mater familias**, etc., ao lado do gen. **familiae**.

1. familiāris, -e, adj. I — Sent. próprio: 1) Que faz parte dos escravos da casa (Sên. Ep. 47, 4). II — Daí: 2) Da mesma família, familiar, doméstico (Cíc. Tusc. 1, 2). 3) Íntimo, confidencial (Cíc. Fam. 13, 13, 1).

2. familiāris, -is, subs. m. I — Sent. próprio: 1) Criado, escravo (Plaut. Ep. 2).

II — Daí: 2) Amigo, pessoa da intimidade (Cíc. Lae. 89).

familiārĭtās, -tātis, subs. f. 1) Amizade, familiaridade, intimidade (Cíc. Phil. 2, 78). No pl.: 2) Amigos (Suet. Tib. 51).

familiārĭter, adv. I — Sent. próprio: 1) Intimamente, em família, familiarmente, como amigo (Plaut. Rud. 420). II — Sent. figurado: 2) A fundo, perfeitamente, com minúcias (Quint. 6, 4, 8). Obs.: comp. **familiarĭus** (Cíc. Cael 57); superl. **familiarissĭme** (Cíc. Caecil. 29).

familĭas, gen. de **familia**, usado nas expressões: **pater familias** (chefe da casa, pai de família), **mater familias** (a dona da casa), **filius** ou **filia familias** (filho ou filha de família).

famis, -is, v. **fames**.

fāmōsus, -a, -um, adj. I — Sent. próprio: 1) Que dá o que falar, que tem mau nome, difamado, desacreditado, infamante, difamatório (Hor. Ep. 1, 19, 31). II — Daí: 2) Célebre, famoso (Hor. A. Poét. 469).

famul = **famulus** (Lucr. 3, 1033).

famŭla, -ae, subs. f. I — Sent. próprio: 1) Serva, escrava (Verg. En. 1, 703). II — Sent. figurado: 2) Escrava (Cíc. Tusc. 5, 12).

famulāris, -e, adj. De servo, de escravo, servil (Cíc. Tusc. 1, 116).

1. famulātus, -a, -um, part. pass. de **famŭlor**.

2. famulātus, -ūs, subs. m. Servidão, escravidão (Cíc. Lae. 70).

famulĭtĭō, -ōnis, subs. f. Conjunto de escravos (Apul. M. 2, 2).

famŭlor, -āris, -ārī, -ātus sum, v. dep. intr. I — Sent. próprio: 1) Ser criado, ser escravo, servir (Cíc. Rep. 3, 37). II — Sent. figurado: 2) Socorrer (Plín. H. Nat. 2, 63).

1. famŭlus, -a, -um, adj. Submisso, obediente (Ov. F. 1, 286).

2. famŭlus, -ī, subs. m. I — Sent. próprio: 1) Servo, criado, doméstico (Cíc. Of. 2, 24). II — Daí, em sent. especial: 2) Fâmulo (de uma divindade), sacerdote (Cíc. Leg. 2, 22).

fānātĭcus, -a, -um, adj. 1) Inspirado, cheio de entusiasmo (T. Liv. 37, 9, 9). Daí: 2) Exaltado, delirante, furioso, fanático (Cíc. Div. 2, 118).

fando, gerúndio de **fari** (Plaut. Amph. 588).

fandus, -a, -um, adj. (gerundivo de **fari**). I — Sent. próprio: 1) De que se pode falar, que se pode revelar (Luc. 1, 634).

II — Daí: 2) Permitido, lícito, legítimo (Verg. En. 1, 543).
Fanniãnus, -a, -um, adj. De Fânio (Cíc. At. 12, 5, 3).
Fannĭus, -ĭ, subs. pr. m. Fânio, nome de família romana (Cíc. Br. 101).
fans, -ãntis, part. pres. de **for.**
fantas-, v. **phantas-.**
1. Fãnum Fortūnae, (Fanum, -ĭ), subs. pr. n. Fano, cidade marítima da Úmbria (Tác. Hist. 3, 50).
2. fãnum, -ĭ, subs. n. I — Sent. próprio: 1) Lugar consagrado (Cíc. Div. 1, 90). II — Daí: 2) Templo (Cíc. Div. 2, 67).
fãr, farris, subs. n. I — Sent. próprio: 1) Espécie de trigo (espelta), trigo (Verg. G. 1, 73). 2) Farinha. II — Daí: 3) Bôlo (Verg. En. 5, 745).
farcĭo, -is, -ĭre, fãrsĭ, fãrtum, v. tr. 1) Engordar, cevar (animais) (Cat. Agr. 89). Daí: 2) Encher, rechear, fartar (Cíc. Verr. 5, 27). 3) Introduzir, fundar (Sên. Ir. 3, 19). Em sent. figurado: 4) Fartar (Catul. 28, 12).
Farfãrus, -ĭ, subs. m. v. **Fabăris** (Ov. Met. 14, 330).
fãrĭ, inf. pres. do desusado **for.**
farīna, -ae, subs. f. I — Sent. próprio: 1) Farinha, farinha de trigo (Plín. H. Nat. 20, 139). Daí: 2) Qualquer espécie de farinha, de pó (Plín. H. Nat. 33, 119). II — Sent. figurado: 3) Massa (=condição) (Pérs. 5, 115).
farmac-, v. **pharmac-.**
farra, pl. de **far.**
farrãgo, -ĭnis, subs. f. I — Sent. próprio: 1) Ferrã, mistura de diferentes cereais que se ceifam ainda verdes para o gado (Verg. G. 3, 205). II — Sent. figurado: 2) Mistura, compilação (Juv. 1, 86).
farrãtus, -a, -um, adj. De trigo, de farinha, de papas (Juv. 11, 109).
farsĭ, perf. de **farcĭo.**
farsus = fartus, -a, -um, (Petr. 69, 6).
fartim, adv. De modo absolutamente cheio, repleto, empanturradamente (Apul. Met. 2, 7).
fartor, -õris, subs. m. Salsicheiro (Hor. Sát. 2, 3, 229).
fartus, -a, -um, part. pass. de **farcĭo.**
Farus, v. **Pharos.**
fãs, subs. n. indecl. I — Sent. próprio: 1) Expressão da vontade divina, ordem dos deuses, justiça divina, direito divino (Cíc. At. 1, 16, 6). II — Daí: 2) O que é permitido, o que é justo, o que é legítimo, o que é direito: **fas gentium**
(Tác An. 1, 42) «o direito dos povos».
fasceŏla, v. **fascĭŏla** (Cíc. Har. 44).
fascĭa (fascĕa), -ae, subs. f. I — Sent. próprio: 1) Faixa, tira (de pano) que servia para vários fins, como enfaixar crianças, envolver as pernas e os pés (Cíc. Br. 217). II — Daí: 2) Diadema (real) (Sên. Ep. 80, 10). III — Sent. figurado: 3) Condição, lado: **non es nostrae fasciae** (Petr. 46, 1) «não és de nossa condição».
fasciãtim, adv. Em feixes, aos montes, aos grupos (Quint. 1, 4, 20).
fascicŭlus, -ĭ, subs. m. I — Sent. próprio: 1) Feixe, molho (Cíc. Tusc. 3, 43). II — Daí: 2) Pacote, rôlo (de livros ou cartas) (Cíc. At. 2, 13, 1).
fascinãtĭõ, -õnis, subs. f. Fascinação, encantamento, sedução (Plín. H. Nat. 28, 101).
fascĭnõ, -ãs, -ãre, -ãvĭ, -ãtum, v. tr. Fascinar, encantar, enfeitiçar (Verg. Buc. 3, 103).
fascĭnum, -ĭ, subs. n. e **fascĭnus, -ĭ,** subs. m. 1) Malefício sortilégio, quebranto (Plín. H. Nat. 26, 96). 2) Falo (Hor. Epo. 8, 18).
fascĭŏla, -ae, subs. f. Fita, tira, ligadura (Cíc. Har. 44); (Hor. Sát. 2, 3, 255).
fascis, -is, subs. m. I — Sent. próprio: 1) Embrulho, maço atado com uma corda, feixe, molho (Tác. An. 13, 35). II — Daí: 2) Fardo, carga (do soldado) (Verg. G. 4, 204). No pl.: 3) Feixes (de varas de olmo ou bétula ligadas por uma correia, muitas vêzes com uma machadinha no meio delas, que os «litores» levaram à frente dos primeiros magistrados como símbolo do poder que lhes cabia de condenar à morte) (Cíc. Rep. 1, 40). III — Sent. figurado: 4) Poder consular, poder, dignidades, honras (Verg. G. 2, 495). 5) Note-se a expressão: **fasces alicui submittere** (Cíc. Br. 22) «inclinar-se diante de alguém».
fasēlus, -ĭ, v. **phasēlus** e **faseŏlus.**
faseŏlus, -ĭ, subs. m. Feijão (Plín. H. Nat. 24, 65).
fassus, -a, -um, part. pass. de **fatĕor.**
fastĭ, -õrum, subs. m. pl. (subentend. **dies**). 1) Fastos, calendário romano (em que se marcavam os dias feriados e os dias de audiência) (Cic. Fam. 5, 12, 5). 2) Anais, fastos consulares (Cíc. Pís. 30). 3) Anais (Hor. Sát. 1, 3, 112).
fastĭdĭ = fastidĭvĭ, perf de **fastidĭo.**
fastĭdĭõ, -is, -ĭre, -ĭvĭ (ou -ĭĭ), -ĭtum, v. intr. e tr. I — Intr.: 1) Ter repugnância, desdenhar, ter fastio (Hor. Epo. 5, 78).

II — Tr.: 2) Desdenhar, olhar com desdém, desprezar (Verg. Buc. 2, 13). Obs.: Constrói-se como intransitivo ou transitivamente com acus. ou com inf. Na língua arcaica aparece também com gen (Plaut. Aul 245).

fastĭdiōsē, adv. Com asco, com desprêzo, desdenhosamente (Cic. De Or. 1, 258). Obs.: comp. **fastidiosĭus** (Cíc. De Or. 2, 364).

fastĭdiōsus, -a, -um, adj. I — Sent. próprio: 1) Que tem fastio, enjoado (Varr. R. Rust. 2, 5, 15). II — Sent. figurado: 2) Que desdenha, desdenhoso, altivo, soberbo (Cíc. Br. 247). 3) Fatigante (Hor. O. 3, 29, 8).

fastĭdītus, -a, -um, part. pass. de **fastĭdĭo**. (Petr. 48, 4).

fastĭdĭum, -ī, subs. n. I — Sent. próprio: 1) Fastio, repugnância pela comida (Cíc. Inv. 1, 25). II — Sent. figurado: 2) Desdém, desprêzo (Cíc. Fin. 1, 10). 3) Arrogância (Cíc. Lae. 54). 4) Gôsto difícil, delicadeza, requinte (Cíc. Fin. 1, 5).

fastīgātē, adv. Em declive, inclinadamente, obliquamente (Cés. B. Gal. 4, 17,4).

fastīgātĭō, -ōnis subs. f. Ação de se elevar em ponta (Plín. H. Nat. 17, 106).

fastīgātus, -a, -um, part. pass. de **fastīgo**.

fastīgĭum, -ī, subs. n. I — Sent. próprio: 1) Declive, inclinação, e daí: 2) Telhado (em declive e terminado em bico no cimo), cumieira (Cíc. De Or. 3, 180). 3) Cume (de uma montanha) (Cés. B. Gal. 7, 85, 4). 4) Profundidade (de um fôsso) (Verg. G. 2, 288). 5) Nível: **fastigium aquae** (Q. Cúrc. 4, 2, 19) «o nível da água». II — Sent. figurado: 6) O ponto culminante, fastígio (Quint. 12, 1, 20). 7) Pontos principais (no pl.) (Verg. En. 1, 342).

fastīgō, -ās, -āre, -āvī, -ātum, v. tr. Inclinar, construir em declive ou em ponta, afinar, tornar pontiagudo (Cés. B. Gal. 2, 8, 2). Obs.: Usado ùnicamente no part. pass.

fastōsus, -a, -um, adj. 1) Soberbo, desdenhoso (Petr. 131, 2). 2) Magnífico (Marc. 13, 102, 2).

1. fastus, -a, -um, adj. Fasto (Cíc. Mur. 25), i.é, dia não feriado, dia de audiência.

2. fastus, -ūs, subs. m. Ares de orgulho, soberba, altivez (Tác. An. 2, 2).

3. fastūs, -ŭum, subs. m. pl. = **fastī** (Sên. Tranq. 14, 2).

fātālis, -e, adj. I — Sent. próprio: 1) Do destino, fatal, profético (T. Lív. 5, 14, 4); (Ov. 4, 257). II — Daí: 2) Designado pelo destino, fatal (Plín. Ep. 1, 12, 1). 3) Funesto, mortal (Hor. O. 1, 37, 21).

fātālĭter, adv. De acôrdo com o destino, fatalmente (Cíc. Div. 1, 19). Donde a loc.: **fataliter mori** (Eutr. 1, 11) «morrer de morte natural».

fatĕor, -ēris, -ērī, fāssus sum, v. dep. tr. I — Sent. próprio: 1) Confessar (geralmente em sent. pejorativo), reconhecer o seu êrro ou a sua culpa (Cíc. Mur. 62); (Cíc. Fin. 4, 33). II — Daí: 2) Proclamar, mostrar, indicar (Quint. 1, 6, 23); (Plín. H. Nat. 9, 177). Obs.: Constrói-se geralmente com acus. e inf.; com acus.; com abl. acompanhado da prep. **de**, ou intransitivamente. Obs.: Inf. pass. **faterier** (Hor. Ep. 2, 2, 148). Ocorre com sentido passivo em Cícero (Agr. 2, 57).

fātĭcănus, (fātĭcĭnus), -a, -um, = fatidĭcus (Ov. Met. 9, 418).

1. fātĭdĭcus, -a, -um, adj. Que prediz o futuro, profético, fatídico (Cic. Nat. 1, 18.)

2. fātĭdĭcus, -ī, subs. m. Adivinho, profeta (Cíc. Leg. 2, 20).

fātĭfer, -fĕra, -fĕrum, adj. Fatífero, que traz a morte, mortífero (Verg. En. 9, 631).

fatīgātĭō, -ōnis, subs. f. I — Sent. próprio: 1) Grande fadiga, cansaço, esgotamento (T. Lív. 22, 15, 7). II — Sent. figurado: 2) Sarcasmo, vexação (Eutr. 9, 19).

fatīgātus, -a, -um, part. pass. de **fatīgo**.

fatīgō, -ās, -āre, -āvī, -ātum, v. tr. I — Sent. primitivo: 1) Estrompar, estafar (principalmente tratando-se de cavalos) (Verg. En. 1, 136). Daí: 2) Fatigar, cansar, extenuar (Cíc. Top. 74). II — Por extensão, em sent. figurado: 3) Atormentar, acabrunhar, vexar, oprimir, perturbar, inquietar (Cíc. Of. 1, 88).

fātĭlĕgus, -a, -um, adj. Que recolhe a morte (Luc. 9, 821).

fātĭlŏquus, -a, -um, ou melhor: **fātĭlŏcus, -a, -um**, adj. Fatíloquo, que prediz o futuro (T. Lív. 1, 7, 8).

fatīscō, -is, -ĕre, v. incoat. intr. I — Sent. próprio: 1) Fender-se, abrir-se (Verg. En. 1, 123). II — Sent. figurado: 2) Esfalfar-se, sucumbir à fadiga, cansar-se, esgotar-se (Tác. Hist. 3, 10).

fatīscor, -ĕris, -tīscī = fatīsco, v. dep. intr. 1) Fender-se (Lucr. 5, 309). Em sent. figurado: 2) Fatigar-se (Lucr. 3, 459).

fatŭa, -ae, subs. f. Mulher que faz o papel de bôbo para entreter pessoas ricas que lhe dão de comer (Sên. Ep. 50).
fatuātus, -a, -um, part. pass. de **fatŭor**.
fatuĭtās, -tātis, subs. f. Estupidez, tolice (Cíc. Inv. 2, 99).
fātum, -ĭ, subs. n. I — Sent. próprio: 1) Destino, fado (Cíc. Fat. 28). II — Daí: 2) Fatalidade, desgraça, ruína, destruição (Cíc. Div. 2, 20); (Cíc. Cat. 2, 11). 3) Tempo fixado pelo destino, morte (T. Liv. 9, 1, 6); (T. Lív. 26, 13, 17). 4) Predição, oráculo (Cic. Cat. 3, 9). 5) As Parcas (personificadas): **Fata** (Prop. 4, 7, 51).
fatŭor, -āris, -ārī, v. dep. intr. Delirar, desvairar, ser prêsa de delírio profético (Sên. Apoc. 7, 1).
fātus, -a, -um, part. pass. de **fari**.
1. **fatŭus**, -a, -um, adj. I — Sent. próprio: 1) Que não tem gôsto, insípido (Marc. 13, 13). II — Sent. figurado: 2) Insensato, imbecil, idiota (Cíc. De Or. 2, 90).
2. **fatŭs**, -ĭ, subs. m. Bôbo, chocarreiro (Juv. 9, 8).
faucēs, -ium, subs. f. pl. I — Sent. próprio: 1) Garganta, goela, fauces (Plaut. Curc. 127). II — Daí: 2) Passagem estreita, garganta, desfiladeiro (T. Liv. 29, 32, 4). 3) Entrada de uma caverna, de um pôrto, de uma colmeia (Cés. B. Civ. 3, 24, 1). 4) Bôca, cratera (Cíc. Nat. 2, 95). III — Sent. figurado: 5) Garganta, goela, (Cíc. Arch. 21). Obs.: O sg. é raro, sendo atestado quase que exclusivamente no abl. **fauce** (Hor. Epo. 14, 4); (Ov. Met. 14, 738).
Faucĭus, -ĭ, subs. pr. m. Fáucio, nome de família romana (Cic. Fam. 13, 11, 1).
Faunālĭa, -um (-ōrum), subs. pr. n. Faunálias, festas em honra a Fauno (Hor. O. 3, 18, 1).
Faunī, -ōrum, subs. pr. m. Faunos, pequenos gênios campestres (Cíc. Nat. 2, 6).
Faunus, -i, subs. pr. m. Fauno, deus da fecundidade dos rebanhos e dos campos (Cíc. Nat. 3, 15).
Fausta, -ae, subs. pr. f. Fausta, filha de Sila e espôsa de Milão (Cíc. At. 5, 8, 2).
faustē, adv. Felizmente, auspiciosamente (Cíc. Mur. 1).
Faustĭtās, -tātis, subs. pr. f. Faustidade, divindade que presidia à fecundidade dos rebanhos (Hor. O. 4, 5, 18).
Faustŭlus, -ĭ, subs. pr. m. Fáustulo, nome do pastor que encontrou Rômulo e Remo, e que os criou (Ov. F. 3, 56).

1. **faustus**, -a, -um, adj. I — Sent. próprio: 1) Feliz (no crescimento), feliz, próspero (Cíc. Tusc. 1, 118). II — Daí: 2) Que faz crescer pròsperamente, favorável, propício (Hor. Ep. 2, 2, 37).
2. **Faustus**, -ĭ, subs. pr. m. Fausto, i.é, «o Feliz», epíteto do filho de Sila (Cíc. Clu. 94).
fautor, -ōris, subs. m. 1) Fautor, o que favorece, protetor, defensor, apoio, sustentáculo, partidário (Cíc. Amer. 16). No pl.: 2) Os que aplaudem (no teatro), a claque (Hor. Ep. 1, 18, 66).
fautrix, -īcis, subs. f. Fautriz, a que favorece (Cíc. Fin. 1, 67).
faux, v. **fauces**.
Faventĭa, -ae, subs. pr. f. Favência, cidade da Itália, na Gália Cispadana (Varr. R. Rust. 1, 2, 7).
Faventīnī, -ōrum, subs. loc. m. pl. Faventinos, habitantes de Favência (Plín. H. Nat. 3, 116).
favĕō, -ēs, -ēre, fāvī, fautum, v. intr. I — Sent. próprio: 1) Favorecer o crescimento (Verg. G. 2, 228); (Cíc. Planc. 20). II — Daí: 2) Estar bem disposto, ser favorável (Cíc. Tusc. 1, 55). Na língua religiosa: 3) Interessar-se por, auxiliar, guardar silêncio (Cíc. Div. 2, 83). III — Sent. geral: 4) Favorecer, ser favorável (Cíc. Br. 2, 75); (Ov. Her. 3, 88). Obs.: Constrói-se com dat. e raramente como intr. absoluto.
Faverĭa, -ae, subs. pr. f. Favéria, cidade da Ístria (T. Lív. 41, 11, 7).
fāvī, perf. de **favĕo**.
favīlla, ae, subs. f. I — Sent. próprio: 1) Cinza quente, cinza, brasa (Verg. En. 3, 573). Daí: 2) Cinzas dos mortos (Hor. O. 2, 6, 33). II — Sent. figurado: 3) Centelha, origem, germe (Prop. 1, 9, 18).
1. **Favōnĭus**, -ĭ, subs. pr. m. 1) Favônio (vento que sopra do Ocidente, na primavera), o Zéfiro (Cíc. Verr. 5, 27). No pl.: 2) Os Zéfiros (Hor. O. 1, 4, 1).
2. **Favōnĭus**, -ĭ, subs. pr. m. Favônio, nome de homem (Cíc. At. 1, 14, 5).
favor, -ōris, subs. m. I — Sent. próprio: 1) Favor, interêsse, simpatia, afeição (Cíc. Com. 29). II — Daí, em sent. especial: 2) Demonstração de apoio, aplausos (T. Lív. 4, 24, 7).
favōrābĭlis, -e, adj. I — Sent. próprio: 1) Que presta favor (Tác. An. 12, 6). II — Daí: 2) Que obtém favor, querido, estimado, popular (Tác. An. 2, 37).
favōrābĭliter, adv. Favoràvelmente, com sucesso (Quint. 4, 3, 1).

favus, -i, subs. m. Favo de mel, bolo de mel, mel (Cíc. Of. 1, 157).
fax, facis, subs. f. I — Sent. próprio: 1) Tocha, archote, facho (Cíc. Cat. 1, 32). II — Daí: 2) Tocha (atributo de certas divindades: Deméter, Apolo, Diana, Cupido, as Fúrias, etc.) (Cíc. Verr. 4, 74). 3) Facho nupcial, himeneu (Hor. O. 3, 11, 33). 4) Tocha fúnebre (Prop. 4, 11, 46). 5) Luz, astro: **Phoebi** (Cíc. poét. Div. 1, 18) «(a luz) de Febo». 6) Meteoro luminoso, estrêla cadente (Cíc. Nat. 2, 14). III — Sent. figurado: 7) Estímulo, incitamento, instigação (Cíc. Tusc. 1, 44). 8) Violência, furor, ardor, fúria (Cíc. De Or. 2, 205). 9) Flagelo, praga (Plín. H. Nat. 7, 45).
febricĭtō, -ās, -āre, -āvī, -ātum, v. intr. Ter febre, estar febril (Sên. Ben. 4, 39).
febrĭcŭla, -ae, subs. f. Febrícula, febre ligeira, ponta de febre (Cíc. At. 6, 9, 1).
febrĭculōsus, -a, -um, adj. Que tem febre, febril, febricitante (Catul. 6, 4).
febris, -is, subs. f. 1) Febre (Cíc. Fam. 7, 26, 1); cum febre (Cíc. At. 7, 1, 1) «com febre». Subs. pr.: 2) A Febre (divindade) (Cíc. Leg. 2, 28). Obs.: acus. sg.: **febrim e febrem**; abl. sg.: **febri e febre**.
Februa, -ōrum, subs. pr. n. pl. Festas de purificação e expiação (celebradas no dia 5 de fevereiro), purificação, cerimônia expiatória (Ov. F. 5, 423).
1. februārius, -a, -um, adj. De fevereiro (Plín. H. Nat. 17, 136).
2. februārĭus, -ī, subs. m. (subentend. **mensis**). Fevereiro (o mês das purificações ou expiações) (Ov. F. 2, 31).
februum, -ī, subs. n. Oferenda expiatória (Ov. F. 2, 19).
fēcī, perf. de **facio**.
fēcĭālis, v. **fetĭālis** 2.
fēcŭla, v. **faecŭla**.
fēcundē, adv. De modo fecundo, abundantemente, fèrtilmente (Varr. L. Lat. 7, 1, 19). Obs.: superl. **fēcundissĭmē** (Plín. H. Nat. 29, 30).
fēcundĭtās, -tātis, subs. f. I — Sent. próprio: 1) Fecundidade, abundância, fertilidade (do solo) (Cíc. Nat. 2, 13). II — Sent. figurado: 2) Abundância (de estilo), fecundidade, riqueza (Cíc. De Or. 88).
fēcundō, -ās, -āre, -āvī, -ātum, v. tr. Fecundar, fertilizar (Verg. G. 4, 291).
fēcundus, -a, -um, adj. I — Sent. próprio: 1) Fecundo (tratando-se da terra, das sementes, das fêmeas, etc.), fértil, abundante (Cíc. C. M. 53); (Cíc.

Or. 48). II — Daí: 2) Fecundante, fertilizante (Verg. G. 2, 325). III — Sent. figurado: 3) Fecundo, rico, abundante (Plaut. Cist. 69); (Hor. O. 3, 6, 17).
fefellī, perf. de **fallo**.
fel, fellis, subs. n. I — Sent. próprio: 1) Bílis, fel (Cíc. Div. 2, 29). II — Sent. figurado: 2) Fel, amargor (Tib. 2, 4, 11). 3) Cólera, inveja (Verg. En. 8, 220). 4) Veneno (Ov. P. 1, 2, 18).
fēlēs (faelēs) e fēlis (faelis), -is, subs. f. I — Sent. próprio: 1) Gato, gata (selvagem), nome genérico de pequenos animais carnívoros, como o gato, a doninha, o furão (Cíc. Tusc. 5, 78). II — Sent. figurado: 2) Raptor (Plaut. Pers. 751).
felicātus, v. **felicātus**.
1. Fēlīcĭtās, -tātis, subs. pr. f. Felicidade, nome da deusa (Cíc. Verr. 4, 4).
2. fēlīcĭtās, -tātis, subs. f. I — Sent. próprio: 1) Fecundidade, fertilidade (Plín. H. Nat. 18, 170). II — Daí, em sent. especial: 2) Favor dos deuses, prosperidade, felicidade (Cés. B. Gal. 1, 40, 13). No pl.: 3) Venturas, felicidades (Cíc. Mil. 84).
fēlīcĭter, adv. 1) Felizmente, com sucesso (Cíc. Mur. 1); (Cés. B. Gal. 4, 25, 3). 2) Com êxito, com sucesso (Cíc. At. 13, 42, 1). Obs.: comp. **felicius** (Verg. G. 1, 54); superl. **felicissime** (Cés. B. Civ. 1, 7, 6).
Felīginātēs, -um, subs. pr. m. Feliginates, nome de uma antiga cidade da Itália (Plín. H. Nat. 3, 114).
fēliō, -is, -īre, v. intr. Bramir (tratando-se de panteras) (Suet. Frag. 161).
fēlis, is, subs. f., v. **fēles**.
1. fēlīx, -īcis, adj. I — Sent. próprio: 1) Que produz frutos, fecundo, fértil (Ov. P. 2, 10, 51). Daí: 2) Fecundante (Vérg. G. 2, 188). II — Sent. especial: 3) Favorecido dos deuses, feliz (Plín. H. Nat. 34, 69). 4) Favorável, propício (Verg. G. 1, 284). 5) Salutar (Verg. G. 2, 127). III — Sent. figurado: 6) Hábil, que tem talento (Verg. En. 9, 772).
2. felix, v. **filix**.
fellātor (felātor), -ōris, subs. m. O que mama, suga (Marc. 14, 74).
fellō (fēlō), -ās, -āre, v. tr. Sugar, mamar, chupar (Varr. Men. 251).
fēmella, -ae, subs. f. Mulherzinha, diminutivo de **femina** (Catul. 55, 7).
femen, -ĭnis, subs. n. Coxa (Cíc. Nat. 1, 99). Obs.: O nom. é desusado.

fēmĭna, -ae, subs. f. Fêmea (em oposição a macho), mulher (Cíc. Leg. 2, 57).
fēmĭnal, -ālis, subs. n. Sexo da mulher (Apul. Met. 2, 17).
feminālĭa, -ĭum, subs. n. pl. Faixas para envolver as coxas (Suet. Aug. 82).
fēmĭnĕus, -a, -um, adj. I — Sent. próprio: 1) De mulher, feminino (Ov. Met. 12, 610). II — Sent. figurado: 2) Feminil, efeminado, delicado, fraco (Verg. En. 11, 782).
fēmĭnīnus, -a, -um, adj. 1) Feminino, de mulher (Plín. H. Nat. 10, 189). 2) Gênero feminino (têrmo gramatical) (Quint. 1, 5, 54).
femur, -ĭnis, (-ŏris), subs. n. Coxa (Cíc. Br. 278). Obs.: a flexão que é usada em todo o período clássico é **femur, -ĭnis.** **Femoris** só irá triunfar a partir de Suetônio.
fēnĕbris (faenĕbris), -e, adj. Relativo à usura, relativo a juros: ...**pecunia** (Suet. Cal. 41) «dinheiro (emprestado a juros)».
fēnerātĭō (faen-), -ōnis, subs. f. Usura (Cíc. Verr. 2, 170).
fēnerātor (faen-), -ōris, subs. m. O que empresta a juros, usurário (Cíc. Of. 1, 150).
fēnerātrix (faen-), -ĭcis, subs. f. Usurária (V. Máx. 8, 2, 2).
fēnĕrō (faenĕrō), -ās, -āre, -āvī, -ātum, v. tr. Emprestar dinheiro a juros, exercer a usura (Sên. Ben. 1, 1, 9); (Ter. Ad. 219).
fēnĕror (faenĕror), -āris, -ārī, -ātus sum, v. dep. tr. e intr. Tr.: 1) Adiantar, emprestar a juros, especular (sent. próprio e figurado) (Cic. Verr. 3, 165). Intr.: 2) Exercer a usura (Cic. Of. 2, 89).
Fenestēlla, -ae, subs. pr. f. Fenestela, nome de uma das portas de Roma (Ov. F. 6, 578).
fenēstra, -ae, subs. f. I — Sent. próprio: 1) Buraco ou postigo feito numa parede, buraco de pombal, abertura (Verg. En. 2, 482). Daí, por extensão: 2) Janela (Cíc. At. 2, 3, 2). II — Sent. figurado: 3) Acesso, caminho, avenida (Ter. Heaut. 481).
fenēstrō, -ās, -āre, -āvī, -ātum, v. tr. Abrir janelas, pôr janelas, guarnecer de janelas (Varr. L. Lat. 8, 29).
fenestrŭla, -ae, subs. f. Janela pequena (Apul. Met. 9, 42).
Fēniculārĭus Campus, subs. pr. m. Feniculário, lugar situado na Hispânia Tarraconense (Cíc. At. 12, 8).

fēnĭle (faenīle), -is, subs. n. Palheiro (onde se arrecada o feno) (Verg. G. 3, 321).
Fenĭus, -ī, subs. pr. m. Fênio, nome de homem (Tác. An. 13,22).
Fennī (Finnī), -ōrum, subs. loc. m. pl. Fenos, povo da Escandinávia (Tác. Germ. 46).
fēnum (faenum), -ī, subs. n. Feno (Cíc. De Or. 2, 233); (Hor. Sát. 1, 4, 34).
fēnus (faenus), -ŏris, subs. n. I — Sent. próprio: 1) Rendimento de dinheiro emprestado, empréstimo a juros, usura, proveito, ganho, lucro (Cíc. Verr. 2, 70). II — Daí: 2) Juro (em oposição a capital): **iniquissimo fenore** (Cíc. At. 16, 15, 5) «a um juro exorbitante». 3) Capital (Cíc. At. 6, 1, 4).
fēnuscŭlum (faen-), -ī, subs. n. Pequeno juro (Plaut. Ps. 287).
fer, imperat. de **fero.**
fera, -ae, subs. f. Animal selvagem (Cíc. Of. 1, 50).
ferācĭter, adv. Com fertilidade (T. Liv. 6, 1, 3).
Fērālĭa, -ĭum, subs. pr. n. Ferálias, festas em honra dos deuses Manes (Ov. F. 2, 569).
fērālis, -e, adj. I — Sent. próprio: 1) Feral, relativo aos mortos ou às regiões infernais, fúnebre, de entêrro (Verg. En. 4, 462). Daí: 2) Da festa dos deuses Manes (Ov. F. 2, 344). II — Sent. figurado: 3) Lúgubre, fatal, funesto (Tác. Hist. 25).
ferax, -ācis, adj. I — Sent. próprio: 1) Fértil, fecundo, feraz (Ov. Am. 2, 16, 7). II — Sent. figurado: 2) Fecundo, rico, abundante (Cíc. Of. 3, 5).
ferbĕō, ferbēscō, v. **ferv-.**
ferbŭī, perf. de **ferbĕo.**
fercŭlum (ferĭcŭlum), -ī, subs. n. I — Sent. próprio: 1) O que serve para levar, daí: 2) Bandeja, tabuleiro (para serviço de mesa) (Petr. 35). II — Por extensão: 3) O conteúdo de um prato, iguaria, prato (Hor. Sát. 2, 6, 104). 4) Maca ou padiola (para transportar as imagens dos deuses, certos prisioneiros, etc.), liteira (T. Liv. 1, 10, 5).
ferē, adv. 1) Quase, mais ou menos, aproximadamente (Cíc. Br. 150). 2) Quase sempre, ordinàriamente, geralmente (Cíc. Rep. 6, 10).
ferens, -ēntis, part. pres. de **fero.**
ferentārĭus, -ī, subs. m. (geralmente no pl.). I — Sent. próprio: 1) Tropas auxiliares, tropas ligeiras, (Varr. L. Lat. 7, 57). 2) Ferentário, soldado de ar-

FERENTINA — **FEROX**

madura ligeira (Tác. An. 12, 35). II — Sent. figurado: 2) Auxílio (Plaut. Trin. 456).
Ferentina, -ae, subs. pr. f. Ferentina, a divindade que tem um templo perto da cidade de Ferentino.
Ferentīnās, -ātis, ou **Ferentīnātēs, -ĭum,** ou **Ferentīnī, -ōrum,** subs. loc. m. Habitantes de Ferentino (T. Lív. 34, 42, 5).
Ferentīnum, -ī, subs. pr. n. Ferentino, 1) Cidade do Lácio, próxima aos Hérnicos (Hor. Ep. 1, 17, 8). 2) Cidade da Etrúria (Plín. H. Nat. 3, 52).
Feretrĭus, -ī, subs. pr. m. Ferétrio, epíteto de Júpiter (T. Lív. 1, 10, 6).
ferĕtrum, -ī, subs. n. 1) Padiola (para transportar oferendas, despojos, etc). (S. It. 5, 168). 2) Maca (para transportar os mortos) (Verg. En. 6, 222).
fērĭae, -ārum, subs. f. pl. 1) Repouso em honra dos deuses, e daí: dias de descanso, dias feriados, férias, festas (Cíc. De Or. 3, 85); (Cíc. Of. 3, 59). 2) Repouso, descanso (Hor. O. 4, 5, 37).
fērĭātus, -a, -um. I — Part. pass. de **ferĭor.** II — Adj. 1) Que está em festa, feriado (Varr. R. Rust. 1, 6, 14). 2) Ocioso, tranqüilo (Cíc. De Or. 3, 58).
ferīna, -ae, subs. f. Carne de veado, de javali, de gamo (Verg. En. 1, 215).
ferīnus, -a, -um, adj. De animal selvagem, ferino (Verg. En. 11, 571).
ferĭō, -īs, -īre, v. tr. I — Sent. próprio: 1) Ferir (sent. próprio e figurado) (Cíc. Tusc. 2, 56); (Verg. En. 5, 140). 2) Cunhar (a moeda), bater (à porta), firmar, celebrar (um tratado) (Plín. H. Nat. 33, 44); (Cíc. Inv. 2, 92). Donde: 3) Abrir, fender, atingir, matar, imolar (T. Lív. 9, 5, 3). II — Sent. figurado: 4) Lograr, enganar, despojar, roubar (Ter. Phorm. 46/47). Obs.: Imperf. ind. **ferĭbant** (Ov. F. 4, 795).
fērĭor, -āris, -āri, -ātus sum, v. dep. intr. Estar em festa, ter férias, descansar (Varr. L. Lat. 6).
ferĭtās, -tātis, subs. f. I — Sent. próprio: 1) Costumes selvagens, crueldade, feridade (Cíc. Of. 3, 32). II — Sent. figurado: 2) Aspereza, rudeza, natureza agreste (de um lugar) (Ov. P. 2, 2, 112).
Ferĭtor, -ōris, subs. pr. m. Feritor, riacho da Ligúria (Plín. H. Nat. 3, 48).
fermē, adv. 1) De modo aproximado, aproximadamente, quase, mais ou menos (Cíc. Tim. 42). 2) De ordinário, comumente, quase sempre (Cíc. Rep. 1, 65).
fermēntum, -ī, subs. n. I — Sent. próprio: 1) Fermento, levedura (Plín. H. 18, 102). 2) Fermentação (Plín. H. Nat. 17, 159). Donde: 3) Cevada ou trigo fermentado, usado no fabrico da cerveja (Verg. G. 3, 380). II — Sent. figurado: 4) Cólera (Plaut. Cas. 325). 5) Amargor, indigação (Juv. 3, 188).
ferō, fers, ferre, tŭlī, lātum, v. tr. I — Sent. próprio: 1) Levar, trazer (Cíc. Tusc. 2, 37); **lectica latus** (Cíc. Phil. 2, 106) «levado (trazido) em liteira»; (Cíc. Of. 3, 74). 2) Trazer no ventre, estar grávida, produzir (tratando-se de plantas) (T. Lív. 1, 34, 3); (Cíc. Leg. 2, 67). II — Sent. figurado: 3) Suportar, sofrer, tolerar (Cés. B. Gal. 3, 19, 3); (Cíc. Tusc. 2, 46). 4) Propor uma lei, dar uma opinião, levar uma notícia ou fato, contar, expor (Cíc. Of. 2, 73); (Cíc. Clu. 140); (Cíc. Phil. 2, 110). 5) Impelir, empurrar, conduzir (Cés. B. Civ. 1, 27, 4). 6) Obter, conseguir, tirar, carregar, roubar (Cíc. At. 4, 15, 6); (Verg. Buc. 5, 34); (Verg. Buc. 9, 51). 7) Reflexivo: **ferre se,** ou passivo: **ferri:** dirigir-se, lançar-se (Cés. B. Gal. 2, 24, 3); (Cíc. Planc. 96). Obs.: O perf. **tetuli** e formas derivadas ocorrem nos autores arcaicos e até nos poetas contemporâneos de Cícero e César.
ferōcĭa, -ae, subs. f. I. — Sent. próprio: 1) Violência, caráter violento (Cíc. Agr. 2, 91, 96). Daí: 2) Orgulho, altivez, coragem, valor (Cíc. C. M. 33). II — Sent. figurado: 3) Aspereza (do vinho) (Plín. H. Nat. 14, 24).
ferōcĭtās, -tātis, subs. f. I — Sent. próprio: 1) Violência, arrebatamento (Cíc. C. M. 33). — Daí: 2) Orgulho, arrogância, insolência (Cíc. Vat. 2). 3) Valentia, grandeza d'alma (Cíc. Rep. 2, 4).
ferōcĭter, adv. 1) Com audácia, com arrôjo (T. Lív. 3, 47, 2). 2) Com dureza, com firmeza (Cíc. Planc. 33). Obs.: comp. **ferocĭus** (Cíc. Q. Fr. 2, 13, 2); superl. **ferocissĭme** (T. Lív. 23, 8, 3).
Fērōnĭa, -ae, subs. pr. f. Ferônia, deusa protetora dos libertos (Verg. En. 7, 800); (Hor. Sát. 1, 5, 24).
ferox, -ōcis, adj. I — Sent. próprio: 1) Indomável, impetuoso, fogoso (Cíc. Vat. 4). II — Daí, em sent. moral: 2) Altivo, soberbo, orgulhoso (T. Lív. 1, 7, 5). 3) Corajoso, intrépido, ousado (Tác. Hist. 1, 35).

ferramēntum, -ī, subs. n. I — Sent. próprio: 1) Instrumento de ferro, utensílio (Cés. B. Gal. 5, 42, 3). II — Daí, em sent. especial: 2) Instrumento cortante, foice, machado, navalha de barba (Marc. 14, 36).

ferrārĭa, -ae, subs. f. Mina de ferro (Cés. B. Gal. 7, 22, 2).

1. **ferrārĭus**, -a, -um, adj. De ferro, relativo ao ferro: ...**faber** (Plaut. Rud. 531) «ferreiro» (i. é, operário que trabalha com o ferro).

2. **ferrārĭus**, -ī, subs. m. Ferreiro (Sên. Ep. 56, 4).

ferrātus, -a, -um, adj. 1) Munido de um ferro, armado de ferro (Verg. En. 5, 208). 2) De ferro (V. Flac. 6, 90).

ferrātī, -ōrum, subs. m. pl. Soldados com armadura de ferro (Tác. An. 3, 45).

ferrĕus, -a, -um, adj. I — Sent. próprio: 1) De ferro, férreo (Cés. B. Gal. 5, 12, 4). II — Sent. figurado: 2) Insensível, cruel, inflexível, desumano (Cíc. At. 13, 30, 2). 3) Da idade de ferro (Cíc. poét. Nat. 2, 159). 4) Forte, vigoroso, sólido (T. Lív. 39, 40, 61). 5) Pesado (Verg. En. 10, 745). 6) Áspero, grosseiro (Verg. G. 2, 44). III — Sent. poético: 7) De dardo: **ferreus imber** (Verg. En. 12, 284) «uma chuva de dardos».

ferrūgĭnĕus, -a, -um, adj. Da côr da ferrugem, escuro, sombrio, ferruginoso, negro (Verg. En. 6, 303).

ferrūgō, -ĭnis, subs. f. I — Sent. próprio: 1) Ferrugem (Plín. H. Nat. 23, 151). II — Daí: 2) Côr de ferrugem, escuro carregado, côr escura (Plín. H. Nat. 15, 35). 3) Côr de púrpura escura, côr azulada (Verg. En. 9, 582).

ferrum, -ī, subs. n. I — Sent. próprio: 1) Ferro (Cíc. Nat. 2, 151). Daí: 2) Objeto ou instrumento de ferro (espada, faca, dardo, ferro da lança, rêlha do arado, tesoura, ferro de frisar, etc.) (Ov. Met. 7, 119); (Cíc. Nat. 3, 81). III — Sent. poético: 3) Insensibilidade, crueldade (Ov. Met. 9, 614). IV — Sent. raro: 4) Cadeia, grilhão (Cíc. Verr. 5, 107).

fers, 2.ª pes. sing. pres. do indicat. de **fero**.

fertĭlis, -e, adj. I — Sent. próprio: 1) Fértil, fecundo, abundante (Prop. 4, 8, 14). Daí: 2) Que torna fecundo, que fertiliza (Ov. Met. 5, 642). II — Sent. figurado: 3) Rico, fecundo: **fertile pectus** (Ov. P. 4, 2, 11) «gênio fecundo». 4) Populoso: **fertilis hominum** (T. Lív. 5, 34, 2) «(país) populoso».

fertĭlĭtās, -tātis, subs. f. I — Sent. próprio: 1) Fertilidade, abundância (Cíc. Div. 1, 131). II — Sent. figurado: 2) Luxo, opulência (Plín. H. Nat. 35, 101).

fertĭlĭter, adv. Com abundância, abundantemente (Plín. H. Nat. 34, 64).

ferŭla, -ae, subs. f. I — Sent. próprio: 1) Férula (planta de haste comprida) (Plín. H. Nat. 13, 122). II — Daí: 2) Férula, vara (para castigar as crianças e os escravos) (Hor. Sát. 1, 3, 120). 3) Chibata (Ov. Met. 4, 26).

1. **ferus**, -a, -um, adj. I — Sent. próprio: 1) Selvagem, bravio (Hor. Sát. 2, 6, 92). II — Sent. figurado: 2) Selvagem, cruel, insensível (Cíc. Verr. 2, 51). 3) Rigoroso, violento (Ov. Trist. 1, 1, 42).

2. **ferus**, -ī, subs. m. Animal bravio, animal (em geral) (Verg. En. 2, 51).

fervĕfacĭō, -is, -ĕre, -fēcī, -fāctum, v. tr. Aquecer, esquentar, fazer ferver, cozer (Cat. Agr. 156, 5); (Cés. B. Gal. 5, 43, 1).

fervĕfēcī, perf. de **fervefacio**.

fervens, -ēntis. I — Part. pres. de **fervĕo**. II — Adj.: 1) Fervente, quente (Cíc. Verr. 1, 67); (Ov. Met. 4, 120). Em sent. figurado: 2) Ardente, impetuoso, fogoso (Ov. Met. 4, 120); **ferventĭor** (Cíc. Of. 1, 46) «mais ardente» (fogoso).

fervĕō, -ēs, -ĕre, ferbŭī e **fervō**, -is, -ĕre, fervī, v. intr. I — Sent. próprio: 1) Ferver, estar fervendo, borbulhar, espumar (Cíc. Verr. 1, 67). 2) Estar ardente, queimar (A. Gel. 2, 29). II — Sent. figurado: 3) Agitar-se, estar animado (Verg. G. 4, 169); (Verg. En. 4, 407).

fervēscō, (**fervīscō**), -is, -ĕre, v. incoat. intr. Pôr-se a ferver, borbulhar (Lucr. 6, 851).

fervī, perf. de **fervo**.

fervĭdus, -a, -um, adj. I — Sent. próprio: 1) Quente, ardente, férvido (Hor. O. 1, 9, 1). II — Sent. figurado: 2) Vivo, fogoso, violento, impetuoso (Verg. En. 9, 736).

fervō, is, -ĕre, fervī (arc.) = **fervĕo**.

fervor, -ōris, subs. m. I — Sent. próprio: 1) Fervura, calor, ardor (Verg. G. 3, 154). Daí: 2) Efervescência, fermentação (Cíc. Prov. 31). II — Sent. figurado: 3) Ardor, arrebatamento, transporte, fervor (Cíc. Tusc. 4, 24).

Fescennĭa, -ae, subs. pr. f. Fescênia, cidade da Etrúria (Plín. H. Nat. 3, 52).
Fescennīnus, -a, -um, adj. Fescenino (Hor. Ep. 2, 1, 145).
fessus, -a, -um, adj. I — Sent. próprio: 1) Cansado, esfalfado, estafado (Cíc. Ac. 1, 1). Daí: 2) Acabrunhado, desanimado (Verg. En. 1, 178). II — Sent. figurado: 3) **Fessae res** (Verg. En. 2, 145), situação crítica, miséria.
festĭnănter, adv. Com pressa, com precipitação, com solicitude (Cíc. Fin. 5, 77).
festĭnātĭō, -ōnis, subs. f. Pressa, precipitação, prontidão (Cíc. Fam. 12, 25, 3).
festĭnātō, adv. À pressa (Quint. 4, 2, 58).
festīnō, -ās, -āre, -āvī, -ātum, v. intr. e tr. I — Intr.: 1) Apressar-se, despachar-se (Cíc. Fam. 12, 22, 4). II — Tr.: 2) Apressar, acelerar, precipitar (Verg. En. 4, 575); (Ov. P. 4, 5, 8). Obs.: Constrói-se como intransitivo ou como transitivo com acus.
festīnus, -a, -um, adj. I — Sent. próprio: 1) Que se apressa, pronto, expedito (Ov. Met. 11, 347). II — Sent. poético: 2) Precoce, prematuro (Estác. Th. 9, 176).
festīvē, adv. 1) Alegremente, festivamente (Plaut. Ps. 1254). 2) Com graça, com encanto, engenhosamente (Cíc. Div. 2, 35).
festīvĭtās, -tātis, subs. f. I — Sent. próprio: 1) Alegria festiva (Plaut. Capt. 770). II — Daí: 2) Alegria (têrmo de carinho: **minha alegria!**) (Plaut. Cas. 135). 3) Graça, espírito (Cíc. De Or. 2, 219). No pl.: 4) Ornamento (Cíc. Or. 176).
festīvus, -a, -um, adj. I — Sent. próprio: 1) De festa, festivo, alegre, jovial, divertido (Plaut. Mil. 83). Daí: 2) Agradável, encantador, gracioso, espirituoso (Ter. Ad. 261). Na língua retórica: 3) Alegre, fino, espirituoso (Cíc. De Or. 3, 100).
festūca (fistūca), -ae, subs. f. 1) Palheira, espécie de grama, côlmo (Varr. L. Lat. 5, 136). 2) Varinha com que o litor tocava na cabeça do escravo quando lhe era dada a liberdade (Plaut. Mil. 961).
festum, -ī, subs. n. Dia de festa, festa (Ov. F. 4, 877).
festus, -a, -um, adj. 1) De festa, que está em festa, solene (Cíc. Pis. 51). Daí: 2) Alegre, que mostra alegria, divertido (Plin. Ep. 2, 17, 24).
Fēsŭlae, v. **Faesŭlae.**

fēta, -ae, subs. f. Que deu à luz (Verg. En. 8, 630).
fētĕō, v. **foetĕo.**
1. fētĭālis, -e, adj. Relativo aos feciais (Cíc. Of. 1, 36).
2. fētĭālis, -is, subs. m. Fecial (sacerdote de um colégio de vinte membros, criado por Tulo Hostílio) (T. Liv. 9, 11, 11). Obs.: Os feciais tinham a seu cargo as cerimônias religiosas que precediam à declaração de guerra, a conclusão dos tratados de paz, etc.
fētĭdus, v. **foetĭdus.**
fētūra, -ae, subs. f. I — Sent. próprio: 1) Duração da gestação, gestação, (Varr. R. Rust. 2, 1, 18). II — Daí: 2) Reprodução (dos animais) (Verg. Buc. 7, 36). 3) Filhotes dos animais (Cíc. Leg. 2, 20).
1. fētus (foetus), -a, -um, adj. I — Sent. próprio: 1) Fecundado, grávido (Verg. Buc. 3, 83). II — Sent. figurado: 2) Cheio, fecundo, produtivo, abundante (Cíc. Nat. 2, 156).
2. Fētus (foetus), -ūs, subs. m. I — Sent. próprio: 1) Gravidez (Cíc. Fin. 3, 63). Daí: 2) Filhos, ninhada (de um animal) (Cíc. Nat. 2, 128). II — Sent. concreto: 3) Frutos, produtos da terra (Cíc. De Or. 2, 131). III — Sent. figurado: 4) Produção do espírito (Cíc. Tusc. 5, 68).
fex, v. **faex.**
fi, imperat. de **fio** (arc). (Plaut. Curc. 87); (Hor. Sát. 2, 5, 38).
fiăla, v. **phiăla.**
fibra, -ae, subs. f. I — Sent. próprio: 1) Fibra (das plantas), filamento (das raízes) (Cíc. C.M. 51). Daí, na língua augural: 2) Lóbulo do fígado, lóbulo (Cíc. Div. 1, 16). Donde: 3) Fígado (Verg. En. 6, 600). 4) Entranhas (em geral) (Ov. Met. 13, 637). II — Sent. figurado: 5) Sensibilidade: **neque mihi cornea fibra est** (Pers. 1, 47) «tenho a sensibilidade delicada».
Fībrēnus, -ī, subs. pr. m. Fibreno, riacho do Lácio (Cíc. Leg. 2, 1, 6).
fībŭla, -ae, subs. f. I — Sent. próprio: 1) Colchete, fivela, broche (Verg. En. 4, 139). II — Daí: 2) Vergalhão de ferro (para juntar pedras ou vigas), gancho (Cés. B. Gal. 4, 17, 6).
Fīcāna, -ae, subs. pr. f. Ficana, cidade do Lácio, perto de Óstia (T. Liv. 1, 33, 2).
Ficelĭae, -ārum, subs. pr. f. pl. Ficélias, bairro de Roma situado no monte Quirinal (Marc. 6, 27, 2).

fīcētum, -ī, subs. n. I — Sent. próprio: 1) Figueiral (Plín. H. Nat. 15, 80). II — Sent. figurado: 2) Hemorróidas (Marc. 12, 33).

Fīcolĕa, -ae, subs. f., v. **Ficulĕa.**

fictē, adv. De modo artificial, fingidamente, com artifício, e daí: aparentemente (Cíc. Fam. 3, 12, 4).

fictīcĭus, -a, -um, adj. Artificial, fictício (Plín. H. Nat. 37, 199).

fictĭle, -is, subs. n. (geralmente no pl.). Vasos de barro, figuras de barro (Ov. Met. 8, 670).

fictĭlis, -e, adj. Feito de barro (Cíc. Nat. 1, 71).

fictĭō, -ōnis, subs. f. I — Sent. próprio: 1) Formação, criação (A. Gél. 18, 11, 2). II — Sent. figurado: 2) Ação de fingir, ficção (Quint. 9, 2, 46). Na língua retórica: 3) Suposição, hipótese (Quint. 6, 3, 61).

fictor, -ōris, subs. m. I — Sent. próprio: 1) Estatuário, escultor, modelador (Cíc. Nat. 1, 81). II — Daí: 2) O que faz os bolos sagrados, pasteleiro (Cíc. Dom. 139). III — Sent. figurado: 3) Artífice, autor, criador (Plaut. Trin. 364). 4) Artífice de palavras (Verg. En. 9, 602).

fictrix, -īcis, subs. f. A que forma, a que modela (Cíc. Nat. 3, 92).

fictum, -ī, subs. n. Mentira (Verg. En. 4, 188).

fictūra, -ae, subs. f. Ação de formar, formação (Plaut. Mil. 1189).

fictus, -a, -um, part. pass. de **fingo.**

fīcŭla, -ae, subs. f. Figueira pequena (Plaut. St. 690).

Fīculĕa, -ae, subs. pr. f. Ficúlea, cidade sabina (T. Lív. 1, 38, 4).

Fīculeātēs, -ĭum, subs. loc. m. Ficuleates, habitantes de Ficúlea (Varr. L. Lat. 6, 18).

Fīculēnsis, -e, adj. De Ficúlea (T. Lív. 3, 52, 3).

fīcŭlnus (fīculnĕus), -a, -um, adj. De figueira (Hor. Sát. 1, 8, 1).

1. fīcus, -ī, e **fīcus,** -ūs, subs. f. 1) Figueira (Cíc. De Or. 2, 278). 2) Figo (Cíc. C. M. 52). Obs.: gen. sing.: -ī (Cíc. Flac. 41); abl. -ū (Cíc. De Or. 2, 278); gen. pl. -ōrum. Parece que a declinação de ficus primitivamente seguia o paradigma da 2.ª (temas em -o/-e).

2. fīcus, -ī, subs. m. Hemorróidas (Marc. 1, 65, 4).

fĭdēlē, adv. Com fidelidade, fielmente (Plaut. Capt. 438).

fĭdēlĭa, -ae, subs. f. Vasilha grande de barro ou vidro, talha, pote (Plaut. Aul. 622).

fĭdēlis, -e, adj. I — Sent. próprio: 1) Em que se pode crer, digno de fé, fiel, sincero, leal (Cíc. Phil. 11, 34). II — Daí: 2) Sólido, firme (Cíc. Planc. 97). III — Subst.: 3) Um amigo, um íntimo (Cíc. Fam. 4, 1, 2). Obs.: Constrói-se com dat.; com acus. acompanhado de **in;** absolutamente.

fĭdēlĭtās, -tātis, subs. f. Fidelidade, constância (Cíc. Lae. 65).

fĭdēlĭter, adv. 1) Fielmente, lealmente, seguramente (Cic. Of. 1, 92). 2) Firmemente, sòlidamente, de modo duradouro (Quint. 1, 4, 5).

Fĭdēna, -ae, ou **Fĭdēnae,** -ārum, subs. pr. f. Fidenas, cidade sabina, sôbre o Tibre (Cíc. Agr. 2, 96).

Fĭdēnās, -ātis, adj. De Fidena (Plín. H. Nat. 3, 54).

Fĭdēnātēs, -ĭum, subs. loc. m. pl. Fidenates, habitantes de Fidena (T. Lív. 1, 15).

fīdens, -ēntis. I — Part. pres. de **fido.** II — Adj.: Confiante, audacioso, ousado, intrépido (Cíc. Tusc. 1, 10).

fīdenter, adv. Com segurança, com certeza (Cíc. Div. 2, 67); Obs.: comp. **fidentĭus** (Cíc. At. 6, 1, 21).

fīdentĭa, -ae, subs. f. Confiança, firmeza, resolução, ousadia (Cíc. Tusc. 4, 80).

Fĭdentīnī, -ōrum, subs. loc. m. pl. Fidentinos, habitantes de Fidência, capital da Gália Cispadana (Plín. H. Nat. 3, 116).

1. Fĭdēs, -ēī (e -ēī), subs. f. 1) A boa fé (Cíc. Of. 3, 104). 2) A constelação da Lira (Varr. R. Rust. 2, 5, 12).

2. fĭdēs, -ēī (e -ēī), subs. f. I — Sent. próprio: 1) Fé, crença (sent. religioso) (Isid. Or. 8, 2, 4). II — Daí, na língua jurídica: 2) Palavra dada, juramento, promessa solene (Cíc. Of. 1, 39). III — Sent. diversos: 3) Boa fé, lealdade, fidelidade à palavra dada, sinceridade, consciência, retidão, honra, honestidade (Cíc. Cat. 2, 25); (Cíc. Verr. 5, 177). 4) Garantia, confiança, salvo-conduto (Cíc. Cat. 3, 8). 5) Proteção, auxílio, patrocínio, socorro (Cic. Fam. 13, 65, 2). 6) Crédito, confiança, segurança (Cíc. Div. 2, 113); (Sal. B. Jug. 73, 6); (Cíc. Br. 142). 7) Responsabilidade, autoridade (Cíc. Arch. 9). IV — Sent. poético: 8) Cumprimento, execução, efeito, realidade (Ov. Met. 8, 711). Obs.: Embora primitivo, o primeiro sentido só vai aparecer atestado na língua

cristã. O gen. sing. -ēī ocorre em (Luc. 5, 102). Gen. e dat. sing. fide, além dos arcaicos, ainda aparece em (Hor. O. 3, 7, 4). O gen. -ĕi, só vai aparecer em Manílio (2, 605).
3. fidēs (fidis) v. fides, -ium.
4. fidēs, -ium, subs. f. pl. I — Sent. próprio: 1) Cordas da lira. II — Daí: 2) Lira, citara (Cíc Tusc. 1, 4). Obs.: O sing. fides, -is é poético (Hor. O, 1, 17, 18).
fidī, perf. de findo.
fidicen, -ĭnis, subs. m. 1) Tocador de lira (Cíc. Fam. 9, 22). 2) Poeta lírico (Hor. Ep. 1, 19, 33).
fidicĭna, -ae, subs. f. Tocadora de lira (Plaut. St. 380).
fidicinĭus, -a, -um, adj. De tocador de lira (Plaut. Rud. 43).
fidicŭla, -ae, subs. f. (geralmente no pl.) I — Sent. próprio: 1) Lira pequena (Cíc. Nat. 2, 22). II — Sent. figurado: 2) Lira (constelação) (Plín. H. Nat. 18, 222). No pl.: 3) Cordas de suplício (para fazer esticar o corpo) (Sên. Ir. 3, 3).
Fidiculānĭus, -ī, subs. pr. m. Fidiculânio, nome de família romana (Cíc. Clu. 103).
fidis, -is, v. fides 4.
fidissĭmē, adv. Com muita fidelidade, fidelìssimamente, (Cíc. Fam. 2, 16, 4).
Fidĭus, -ī, subs. pr. m. Fídio, filho de Júpiter, deus da boa fé (Hércules) (Varr. L. Lat. 5, 66).
fīdō, -is, -ĕre, fīsus sum, v. semidep. intr. 1) Fiar-se em, ter confiança, confiar (Cíc. At. 6, 6, 4). Daí: 2) Ousar, atrever-se, julgar-se capaz de (Cíc. Ac. 2, 43). Obs.: Constrói-se principalmente com dat. de pessoa; com abl.; com inf.
fīdūcĭa, -ae, subs. f. I — Sent. próprio: 1) Confiança (Verg. En. 8, 395). II — Daí: 2) Ousadia, orgulho, arrogância (Cés. B. Gal. 7, 76, 5). 3) Fideicomisso, depósito, hipoteca (Cíc. Flac. 51). 4) Boa fé, pontualidade (no cumprimento do dever) (Cíc. Of. 3, 61).
fīdūcĭārĭus, -a, -um, adj. I — Sent. próprio: 1) Fiduciário (têrmo jurídico) (Dig. 36, 1, 46). II — Sent. figurado: 2) Confiado, depositado, transitório, provisório (T. Liv. 32, 38, 2); (Cés. B. Civ. 2, 17, 2).
fīdus, -a, -um, adj. I — Sent. próprio: 1) Em que se pode crer, digno de fé, leal, sincero (Cíc. Fam. 14, 4, 6). II — Daí: 2) Constante, seguro, duradouro (Verg. En. 2, 23). III — Sent. moral 3) Amigo, dedicado, íntegro (Verg. En. 12, 659). Obs.: Constrói-se com gen.; com dat.; com acus. e ad ou in; absolutamente.

fīgō, is, -ĕre, fīxī, fictum (e depois fīxum), v. tr. I — Sent. próprio: 1) Pregar, cravar, espetar (Cíc. Phil. 14, 6); (Cíc. Verr. 5, 12). Donde: 2) Fixar, furar, transpassar (sent. próprio e figurado) (Verg. En. 11, 507). Daí: 3) Afixar, promulgar (Cíc. Phil. 12, 12); (Cíc. At. 14, 12, 1). II — Sent. figurado: 4) Ferir, matar (Verg. G. 1, 308). Obs.: Constrói-se com acus.; com acus. e abl.; com abl. com in; com acus. com in. O primitivo supino fictum ainda aparece em Lucrécio (3, 4).
1. Figŭlus, -ī, subs. pr. m. Fígulo, apelido dos Márcios e dos Nigídios (Cíc. At. 1, 2).
2. figŭlus, -ī, subs. m. I — Sent. próprio: 1) O que trabalha em barro, oleiro (Plín. H. Nat. 35, 159). II — Daí: 2) O que faz telhas ou tijolos (Juv. 10, 171).
figūra, -ae, subs. f. I — Sent. próprio: 1) Plástica, forma (dada a uma coisa), configuração, estrutura, aspecto, aparência (Cíc. Fin. 5, 35). Daí, em sent. concreto: 2) Figura (Cíc. Nat. 1, 71). Donde: 3) Sombras, fantasmas (Verg. En. 10, 641). II — Sent. figurado: 4) Forma, maneira de ser, espécie, gênero, conformação (Cíc. De Or. 3, 212). Na língua retórica: 5) Figuras de estilo (Quint. 9, 1, 1). 6) Alusões (Suet. Vesp. 13). 7) Formas de expressão (Sên. Ben. 5, 66). Na língua gramatical: 8) Forma gramatical, forma de uma palavra (Quint. 1, 4, 29).
figūrātĭō, -ōnis, subs. f. I — Sent. próprio: 1) Configuração, figura, forma (Plín. H. Nat. 11, 217). II — Sent. figurado: 2) Imaginação, fantasia (Quint. Decl. 12, 27).
figūrātus, -a, -um. I — Part. pass. de figūro. II — Adj.: Na língua retórica: figurado, trabalhado (Quint. 9, 1, 12).
figūrō, -ās, -āre, -āvī, -ātum, v. tr. I — Sent. próprio: 1) Moldar, modelar, dar forma a (Cíc. Tim. 17). II — Sent. figurado: 2) Conceber, imaginar, figurar (Lucr. 4, 550). III — Intr. — Na língua da retórica: 3) Empregar figuras (Sên. Contr. 7 pref. 10).
fīlĭa, -ae, subs. f. Filha (Cíc. Rep. 2, 63). Obs.: Para evitar ambigüidade usa-se o dat. e abl. pl. filiabus (T. Liv. 24, 26, 2).
filicātus (felicātus), -a, -um, adj. Adornado com fetos, adornado com figuras que se parecem com o feto (Cíc. At. 6, 1, 13).

FILIÕLA — 397 — **FIÕ**

filĭŏla, -ae, subs. f. Filha ainda pequena, filhinha (Cíc. Mur. 23).
filĭŏlus, -i, subs. m. Filho ainda pequeno, filhinho querido (dim. de carinho) (Cíc. At. 1, 2, 1).
filĭus, -i, subs. m. I — Sent. próprio: 1) Criança de peito, e daí: filho (Hor. Sát. 2, 6, 49). II — No pl.: 2) Filhos (de ambos os sexos) (Cíc. ad Br. 1, 12 2). 3) Filhos dos animais (sent. raro) (Col. 6, 37, 4). Voc. **fili.**
filix (felix), -ĭcis, subs. f. Feto (planta) (Verg. G. 2, 189).
filosoph-, v. **philosoph-.**
filum, -i, subs. n. I — Sent. próprio: 1) Fio (Hor. O. 2, 3, 16). II — Sent. figurado: 2) Fio (da espada, do discurso), enrêdo, contextura (Cíc. De Or. 2, 93). 3) Linha, traços fisionômicos, traço (Petr. 49). 4) Figura, forma (de um objeto) (Lucr. 5, 589). III — Sent. diversos: 5) Cordas da lira (Ov. Am. 1, 8, 60). 6) Teia de aranha (Lucr. 3, 383). 7) Qualidade, espécie, ordem, arte, natureza: **aliud filum orationis** (Cíc. Lae. 25) «discurso de outra espécie».
1. Fimbrĭa, -ae, subs. pr. m. Fímbria, apelido dos Flávios, notadamente Caio Flávio Fímbria, partidário de Mário (Cíc. Planc. 52).
2. fimbrĭa, -ae, subs. f. (geralmente no pl.). I — Sent. próprio: 1) Extremidade, ponta (Cíc. Pis. 25). II — Daí: 2) Franja, orla (de um vestido) (Petr. 32).
fimbriātus, -a, -um, adj. Rendado, recortado, franjado (Suet. Cés. 45).
fimum, -i, subs. n. e **fimus, -i,** subs. m. I — Sent. próprio: 1) Estrume, adubo (Verg. G. 1, 80). II — Sent. poético: 2) Lama, lôdo (Verg. En. 5, 333).
finctus, -a, -um = **fictus,** part. pass. de **fingo** (Ter. Eun. 104).
findō, -is, -ĕre, fidī, fissum, v. tr. I — Sent. próprio: 1) Fender, abrir, separar (Cíc. Leg. 2, 6); (Lucr. 4, 680). II — Passivo-reflexivo: 2) Fender-se, partir-se (Plaut. Pers. 251); (Ov. Med. 39).
finēs, -ium, v. **finis, -is.**
fingō, -is, -ĕre, finxī, fictum, v. tr. I — Sent. próprio: 1) Modelar em barro, depois: modelar em qualquer matéria plástica (Cíc. De Or. 3, 177). Donde, por extensão: 2) Moldar (sent. físico e moral), esculpir, reproduzir os traços, representar (Cíc. De Or. 2, 70); (Cíc. Tusc. 3, 31); (Cíc. De Or. 3, 26); (Cíc. Or. 7). II — Sent. figurado: 3) Imaginar, inventar, produzir, criar, fingir (Cíc. Verr. pr. 15); (Cíc. Br. 292); (Cíc. Lae. 18). Obs.: Constrói-se com acus.; com duplo acus.; com or. inf.; com infinitivo. O particípio **finctus** aparece em Terêncio (Eun. 104).
finĭens, -ēntis, part. pres. de **finĭo.** Que acaba (Cíc. Div. 2, 92).
finĭō, -īs, -īre, -īvī, (ou-**ĭi**), **-ītum,** v. tr. I — Sent. próprio: 1) Limitar, delimitar, marcar (sent. físico e moral) (Cés. B. Gal. 4, 16, 4); (Cíc. Fin. 1, 62). II — Sent. figurado: 2) Determinar, estabelecer, prescrever, decidir (Cés. B. Gal. 6, 18, 2). 3) Acabar, terminar, pôr têrmo a (Cés. B. Civ. 3, 51, 3). Intr.: 4) Acabar, pôr um têrmo, morrer (Tác. An. 6, 50). Obs.: Seu emprêgo como intransitivo é raro.
finis, -is, subs. m. e f. I — Sent. próprio: 1) Raia extrema, fronteira, limite (Cíc. Caec. 22). II — Daí, no pl.: 2) Fronteiras (de um país) (Cíc. Mur. 22). 3) O próprio país, território (Cés. B. Gal. 6, 35, 6). Em sent. particular: 4) O limite de uma pista (Verg. En. 5, 328). III — Sent. figurado: 5) Limite (Cíc. Of. 1, 102). 6) Fim, alvo, escopo, finalidade (Cíc. Of. 1, 138). 7) Fim, cessação (Cés. B. Gal. 1, 46, 2). 8) Têrmo, ponto final (Cíc. Cat. 1, 1). 9) Cúmulo, grau supremo (Cíc. Planc. 60). Na língua retórica: 10) Definição (Quint. 2, 15, 3). Obs.: O abl. de **finis** pode empregar-se como prep. (= **tenus** «até»), acompanhando gen. e, às vêzes, abl., como: **fine genus** (Ov. Met. 10, 536) «até o joelho»; **radicibus fini** (Cat. Agr. 28, 2) «até às raízes».
finītē, adv. De maneira limitada, sem excessos (Cíc. Fin. 2, 98).
finitĭmus (finitŭmus), -a, -um, adj. I — Sent. próprio: 1) Limítrofe, vizinho (Cés. B. Gal. 3, 2, 5). II — Subs. m. pl.: 2) Os povos vizinhos (Cés. B. Gal. 1, 2, 4). III — Sent. figurado: 3) Que tem relação com, semelhante a (Cic. De Or. 1, 70). 4) Misturado a (Cíc. Sull. 71).
finĭtor, -ōris, subs. m. I — Sent. próprio: 1) O que marca os limites das terras, agrimensor (Cíc. Agr. 2, 34). II — Sent. figurado: 2) O que põe têrmo a, o que acaba (Sên. Nat. 5, 17, 2).
finitŭmus, v. **finitimus.**
finītus, -a, -um, part. pass. de **finĭo.**
finxī perf. de **fingo.**
fĭō, -īs, -fĭĕrī, factus sum, pass. de **facĭo.** 1) Ser feito, ser criado, fazer-se, tornar-se (Cíc. Rep. 2, 18). Daí: 2) Produ-

FIRMĀMEN — 398 — **FITILLA**

zir-se, nascer, acontecer, existir (Cíc. Div. 1, 101); (Lucr. 1, 981); (Cíc. Q. Fr. 1, 1, 38). 3) Loc.: **ut fit** (Cíc. Mil. 28) «como acontece, conforme o costume»; **ita fiat ut, inde fit, ex quo fit**, i. é, «do que resulta que», «donde se segue que»; **fieri potest** «é possível»; **fieri nom potest** (Cic. Verr. 2, 190) «não é possível» «é impossível». Obs.: Constrói-se com subj. com **ut**, ou com gen. de preço Imperat. **fi** (Plaut. Pers. 38); (Hor. Sat. 2, 5, 38); **fite** (Plaut. Curc. 89).

firmāmen, -ĭnis, subs. n. Apoio, sustentáculo (Ov. Met. 10, 491).

firmāmēntum, -ī, subs. n. I — Sent. próprio: 1) Apoio, sustentáculo, refôrço, suporte (Cés. B. Gal. 2, 15, 2). II — Sent. figurado: 2) Apoio, confirmação, demonstração, argumentação (Cíc. Mur. 58); (Cíc. Flac. 92). III — Na língua retórica: 3) O ponto essencial (Cív. Inv. 1, 19).

Firmānī, -ōrum, subs. loc. m. Firmanos, habitantes de Firmo (Cíc. Phil. 7, 23).

Firmānus, -a, -um, adj. De Firmo (Cíc. Div. 2, 98).

firmātor, -ōris, subs. m. O que confirma, o que corrobora (Tác. An. 2, 46).

firmātus, -a, -um, part. pass. de **firmo**.

firmē, adv. Firmemente, sòlidamente, fortemente (Cíc. Fin. 1, 71). Obs.: comp. **firmĭus** (Plín. H. Nat. 35, 165); superl. **firmissĭme** (Cíc. At. 10, 14, 3).

firmĭtas, -tātis, subs. f. I — Sent. próprio: 1) Firmeza, solidez, consistência, fôrça, durabilidade (Cíc. Phil. 2, 63). II — Sent. figurado: 2) Firmeza de caráter, autoridade (Cíc. Tusc. 5, 74).

firmĭter, adv. Firmemente, sòlidamente, com fôrça (Cés. B. Gal. 4, 26, 1).

firmĭtūdō, -ĭnis, subs. f. I — Sent. próprio: 1) Firmeza, solidez, consistência (Cés. B. Gal. 3, 13, 8). II — Sent. figurado: 2) Firmeza de caráter, resistência, constância (Cíc. At. 11, 14, 2).

Firmĭus, -ī, subs. pr. m. Firmio, nome de homem (Tác. An. 2, 27).

firmō, -ās, -āre, -āvī, -ātum, v. tr. I — Sent. próprio: 1) Firmar, fortificar, fortalecer, reforçar (sent. próprio e figurado) (Cés. B. Gal. 6, 29, 3); (Cíc. Div. 1, 1). Daí: 2) Afirmar, confirmar, assegurar (Verg. En. 2, 691). II — Sent. figurado: 3) Animar, encorajar, dar ânimo (Sal. Hist. 3, 24).

Firmum, -ī, subs. pr. n. Firmo, cidade do Piceno, hoje Fermo (Cic. At. 8, 12b, 1).

firmus, -a, -um, adj. I — Sent. próprio: 1) Firme, sólido, consistente, resistente (Cés. B. Gal. 7, 73, 2). II — Daí: 2) Sólido, forte, robusto, vigoroso, saudável (Cic. Fam. 11, 27, 1). III — Sent. figurado: 3) Firme, constante, duradouro, invariável (Cíc. Br. 114). 4) Sólido, seguro (Cíc. At. 1, 1, 2). 5) Forte, resistente, poderoso (Cés. B. Gal. 1, 3, 8). Emprêgo poético: 6) Eficaz, capaz de (Cíc. Tusc. 3, 79). Obs.: Constrói-se absolutamente; com abl. sem prep. ou com a prep. **in**; com acus. e prep. **ad**, contra ou **adversus**; com dat.

fiscālis, -e, adj. Fiscal, do fisco (Suet. Dom. 9).

fiscēlla, -ae, subs. f. I — Sent. próprio: 1) Cestinho (Verg. Buc. 10, 71). II — Sent. especial: 2) Cincho (de espremer queijos) (Tib 2, 3, 15).

Fiscēllus, -ī, subs. pr. m. Fiscelo, uma parte dos Apeninos (Plín. H. Nat. 3, 109).

fiscĭna, -ae, subs. f. Cesta, cabaz (de junco ou vime) (Cic. Flac. 41).

fiscus, -ī, subs. m. I — Sent. próprio: 1) Cêsto, cabaz (de junco ou vime, utilizado para espremer uvas ou azeitonas) (Col. 12, 52, 22). II — Daí: 2) Cêsto (para guardar dinheiro) (Cíc. Verr. 1, 22). III — Sent. figurado: 3) Tesouro público, fisco (Cíc. Verr. 3, 197). 4) Parte do rendimento público destinada à sustentação do chefe de Estado (Tác. An. 2, 47).

fissĭlis, -e, adj. Físsil, que pode ser fendido, fácil de fender (Verg. En. 6, 181).

fissĭō, -ōnis, subs. f. Ação de fender, quebrar, divisão (Cíc. Nat. 2, 159).

fissum, -ī, subs. n. Fenda, abertura, fissura (nas entranhas das vítimas) (Cíc. Div. 1, 16).

fissus, -a, -um, part. pass. de **findo**.

fistūca. v. **festūca**.

fistŭla, -ae, subs. f. I — Sent. próprio: 1) Canal, conduto, cano (Cíc. Rab. Perd. 31). II — Sent. figurado: 2) Canudo, flauta, a flauta de Pã (Verg. Buc. 2, 37). 3) Pena de escrever, cálamo (Pérs. 3, 14). 4) Fistula (têrmo de cirurgia) (C. Nep. At. 21, 3).

fistulātor, -ōris, subs. m. Tocador de flauta, flautista (Cíc. De Or. 3, 227).

fistulātus, -a, -um, adj. Espetado de tubos (Suet. Ner. 31).

fite, 2.ª pess. pl. imperat. de **fio** (Plaut. Curc. 89).

fitĭlla, -ae, subs. f. Espécie de bôlo usado nos sacrifícios (Sên. Ben. 1, 6, 3).

fīxī, perf. de **fīgo**.
fīsus, -a, -um, part. pass. de **fīdo**.
fīxus, -a, -um, part. adj. de **fīgo**. I — Sent. próprio: 1) Espetado, fixado (Cíc. Rab. Post. 25). II — Sent. figurado: 2) Fixo, imóvel, gravado (Cíc. Balb. 64). 3) Prêso, suspenso (Cíc. At. 6, 14, 2).
flābēllum, -ī, subs. n. Leque (Marc. 3, 82, 10).
flābĭlis, -e, adj. Da Natureza do ar, de sôpro, de ar (Cíc. Tusc. 1, 66).
flabra, -ōrum, subs. n. pl. O soprar do vento, viração (Verg. G. 2, 293).
flaccĕō, -ēs, -ēre, v. intr. Tornar-se mole, flácido (Cic. Q. Fr. 2, 14, 4).
flaccēscō, -is, -ĕre, v. incoat. intr. Perder a energia, amolecer-se, enlanguecer, enfraquecer-se (Cíc. Br. 93).
flaccĭdus, -a, -um, adj. I — Sent. próprio: 1) Flácido, mole, pendente (Plín. H. Nat. 15, 127). II — Sent. poético: 2) Que abate, sucumbe (Lucr. 5, 632).
fraccīscō = **flaccēsco**.
1. flaccus, -a, -um, adj. I — Sent. próprio: 1) Pendente, caído (tratando-se das orelhas) (Varr. R. Rust. 2, 9, 4). II — Daí: 2) Que tem orelhas compridas (Cíc. Nat. 1, 80).
2. Flaccus, -ī, subs. pr. m. 1) Flaco, apelido entre os Valérios e os Cornélios. 2) Horácio, o célebre poeta contemporâneo de Augusto (Juv. 7, 227).
flagēllō, -ās, -āre, -āvī, -ātum, v. tr. Açoitar, flagelar, bater (sent. próprio e figurado) (Suet. Cal. 26); (Marc. 2, 30, 4).
flagēllum, -ī, subs. n. I — Sent. próprio: 1) Açoite, chicote, azorrague (Hor. Sát. 1, 3, 119). Daí, objetos semelhantes ao açoite: 2) Rebento, vergôntea (Verg. G. 2, 299). 3) Braço (do polvo) (Ov. Met. 4, 637). 4) Correia de couro (adaptada à haste do dardo) (Verg. En. 7, 731). II — Sent. figurado: 5) Flagelo, punição, remorso (Lucr. 3, 1019).
flāgĭtātĭō, -ōnis, subs. f. Sent. próprio: 1) Pedido com instância, instância, solicitação (Cíc. Top. 5). No pl.: 2) Reclamações (Tác. An. 13, 50).
flāgĭtātor, -ōris, subs. m. Sent. próprio: 1) O que pede com insistência (T. Lív. 8, 12, 9). Daí: 2) Credor exigente (Cíc. Br. 18).
flāgĭtātus, -a, -um, part. pass. de **flagĭto**.
flāgĭtĭōsē, adv. 1) Escandalosamente, de modo infame (Cíc. Fin. 3, 38). 2) Vergonhosamente, com desonra (Cíc. De Or. 1, 227). Obs.: superl. **flagitiosissime** (Cíc. Cat. 2, 8).

flāgĭtĭōsus, -a, -um, adj. Sent. próprio: 1) Escandaloso, vergonhoso (Cíc. Lae. 47). Daí, por extensão: 2) Desonroso (Cíc. Of. 1, 128).
flāgĭtĭum, -ī, subs. n. Sent. próprio: 1) Algazarra feita à porta de alguém, para protestar contra o seu procedimento, reclamação escandalosa, escândalo (Cíc. C. M. 40). Daí: 2) Vergonha, desonra, ignomínia, infâmia (Cíc. Prov. 14).
flāgĭtō, -ās, -āre, -āvī, -ātum, v. tr. I — Sent. próprio: 1) Pedir com insistência, suplicar, solicitar (Cíc. Font. 11). Daí: 2) Reclamar, exigir (Cíc. Sest. 25); (Cíc. Phil. 5, 53). Donde: 3) Requerer em justiça (Tác. Hist. 1, 53). Obs.: Constrói-se com acus. de pessoa e de coisa; com acus. e abl. acompanhado de **ab**; com duplo acus.; com **ut**; e raramente, com inf. ou or. inf. ou interrogat. indir.
flagrans, -āntis, part. adj. de **flagro**. I — Sent. próprio: 1) Ardente, quente, inflamado: **flagrantissimo aestu** (T. Lív. 44, 36, 7) «no mais ardente verão». II — Sent. figurado: 2) Ardente (Cíc. Br. 302). 3) Brilhante, resplandecente (Verg. En. 12, 167).
flagrantĭa, -ae, subs. f. I — Sent. próprio: 1) Calor intenso, abrasamento (Cíc. Cael. 49). II — Sent. figurado: 2) Sentimento ardente, amor, paixão (A. Gél. 12, 1, 22).
flagrantissĭmē, adv. Com muito ardor, apaixonadamente (Tác. An. 1, 3).
flagrō, -ās, -āre, -āvī, -ātum, v. intr. I — Sent. próprio: 1) Arder, estar em chamas (Cíc. Div. 1, 69). II — Sent. figurado: 2) Ser devastado, ser destruído (Cíc. At. 7, 17, 4). 3) Arder de amor, desejar ardentemente, consumir-se (Cíc. Tusc. 4, 71). 4) Estar prêso de, estar dominado por (Cíc. At. 4, 18, 2). Obs.: Constrói-se como intr. ou com abl.
flagrum, -ī, subs. n. Azorrague, açoite (T. Lív. 28, 11, 6).
1. flāmen, -ĭnis, subs. m. Flâmine (sacerdote que se consagrava ao culto de uma divindade particular) (Cíc. Phil. 2, 110).
2. flāmen, -ĭnis, subs. n. (geralmente no pl.). I — Sent. próprio: 1) Sôpro, vento, brisa (Verg. En. 5, 832). II — Sent. figurado: 2) Modulação (Hor. O. 3, 19, 19).
3. Flāmen, -ĭnis, subs. pr. m. Flâmine, apelido de Quinto Cláudio (T. Lív. 27, 21, 5).
Flāmĭnĭa Via ou **Flāmĭnĭa, -ae**, subs. f. Via Flamínia, entre Roma e Arímino,

FLĀMINIĀNUS — 400 — **FLETUS**

construída por Caio Flamínio (Cíc. Phil. 12, 22).
Flāminiānus, -a, -um, adj. De Flamínio (Cíc. Div. 2, 67).
Flāminīnus, -ī, subs. pr. m. Flaminino, nome de homem (Cíc. Verr. 1, 55).
1. Flāminĭus, -a, -um, adj. De Flamínio (Cíc. Sest. 33).
2. Flāminĭus, -ī, subs. pr. m. Flamínio, nome de uma família romana, notadamente Flamínio Nepos, que pereceu às margens do Lago Trasimeno (Cíc. Div. 1, 77).
1. flamma, -ae, subs. f. I — Sent. próprio: 1) Chama, fogo, incêndio (Cés. B. Civ. 2, 14, 2). II — Sent. figurado: 2) Chama, paixão, amor ardente (Cíc. Verr. 5, 92). 3) Ardor, impetuosidade (Cíc. Br. 93). 4) Brilho, resplendor (Verg. En. 6, 300).
2. Flamma, -ae, subs. pr. m. Flama, apelido romano (Plín. H. Nat. 22, 11).
flammans, -antis, part. pres. de **flammo**.
flammātus, -a, -um, part. pass. de **flammo**.
flammeŏlum, -ī, subs. n. Pequeno véu de noiva (Juv. 10, 334).
flammēscō, -is, -ĕre, v. intr. Abrasar-se (Lucr. 6, 669).
flammĕum, -ī, subs. n. 1) Véu da côr das chamas (vermelho alaranjado) que usavam as noivas no dia do casamento e a espôsa do flâmine Dial (Plín. H. Nat. 21, 46). 2) Daí, a expressão: **flammea conterit** (Juv. 6, 225) «troca de marido todos os dias».
flammĕus, -a, -um, adj. I — Sent. próprio: 1) De chama, brilhante (Cíc. Nat. 2, 118). II — Daí: 2) Da côr do fogo (Sên. Nat. 2, 40, 3).
flammĭfer, -fĕra, -fĕrum, adj. Flamífero, ardente, inflamado (Ov. Met. 15, 849).
flammĭger, -gĕra, -gĕrum, adj. 1) Inflamado, ardente (V. Flac. 5, 582). Daí: 2) Flamígero, que traz o raio, que traz o trovão (Estác. Theb. 8, 675).
flammō, -ās, -āre, -āvī, -ātum, v. tr. I — Sent. próprio: 1) Inflamar, flambar (Lucr. 2, 272). II — Sent. figurado: 2) Excitar, tornar ardente (Estác. Theb. 8, 390). Intr.: 3) Queimar, flambar (Prop. 4, 4, 7).
flammŭla, -ae, subs. f. Pequena chama (Cíc. Ac. 2, 80).
flamōnĭum, -ī, subs. n. Dignidade de flâmine (Cíc. Phil. 13, 41).
flātus, -ūs, subs. m. I — Sent. próprio: 1) Sôpro, hálito, bafo (Verg. G. 3, 111). Daí: 2) Vento, sôpro do vento (Hor.

O. 4, 5, 10). Donde: 3) Sôpro na flauta, som da flauta (Hor. A. Poét. 205). II — Sent. figurado: 4) Orgulho, soberba (Verg. En. 11, 346).
flāvĕō, -ēs, -ēre, v. intr. Tornar-se amarelo (Verg. G. 4, 126).
flavēscō, -is, -ĕre, v. incoat. intr. Amarelecer (Verg. Buc. 4, 28).
Flāvīnĭus, -a, -um, adj. De Flavina, cidade da Etrúria (Verg. En. 7, 696).
Flāvĭus, -ī, subs. pr. m. Flávio, nome de família romana (T. Lív. 9, 46).
1. flāvus, -a, -um, adj. I — Sent. próprio: 1) Flavo, amarelo, côr de ouro (Verg. G. 1, 316). II — Daí: 2) Louro (Hor. O. 4, 4, 4).
2. flāvus, -ī, subs. m. Moeda de ouro (Marc. 12, 65, 6).
flēbĭlĕ, adv. Tristemente, em lágrimas (Ov. Rem. 36).
flēbĭlis, -e, adj. I — Sent. próprio: 1) Lastimoso, doloroso, triste, aflito, digno de ser chorado (Hor. O. 4, 2, 21). II — Daí: 2) Flébil, entrecortado pelas lágrimas (tratando-se da voz) (Ov. Her. 13, 48). 3) Que faz chorar, aflitivo (Lucíl. 194).
flēbĭlĭter, adv. Em prantos, chorando, tristemente (Cíc. Tusc. 2, 39).
flectō, -is, -ĕre, flexī, flexum, v. tr. e intr. I — Tr.: 1) Curvar, dobrar, flexionar (sent. próprio e figurado): **membra** (Cíc. Div. 1, 120) «dobrar os membros»; **fata** (Cíc. Cat. 3, 19) «curvar (dobrar) os destinos». 2) Por extensão: Fazer virar, dirigir (Cés. B. Gal. 4, 33, 3). Daí: 3) Afastar, mudar (T. Lív. 1, 60, 1). 4) Tornear, ir ao redor de (Cíc. At. 5, 9, 1). Na língua retórica: 5) Comover, excitar (Cíc. Or. 69). Na língua gramatical: 6) Flexionar, derivar, conjugar (Quint. 1, 5, 23). II — Intr.: 7) Voltar-se, dirigir-se, desviar-se (sent. próprio e figurado) (T. Lív. 28, 16, 3); (Tác. An. 1, 34).
flendus, -a, -um, gerundivo de **fleō**.
fleō, -ēs, -ēre, -ēvī, -ētum, v. intr. e tr. Intr.: I — Sent. próprio: 1) Chorar, derramar lágrimas (Cíc. De Or. 1, 145). Tr.: 2) Chorar, lamentar, deplorar (Plaut. Capt. 139); (Cíc. Tusc. 2, 21). Obs.: Por vêzes ocorrem formas sincopadas no perfectum: **flerunt = fleverunt** (Verg. G. 4, 461); **flesti = flevisti** (Ov. Her. 5, 43); **flesse = flevisse** (T. Lív. 30, 44, 7).
1. flētus, -a, -um, part. pass. de **fleō**.

2. **flētus, -ūs,** subs. m. Chôro, pranto, lágrimas, suspiros, gemido (Cíc. De Or. 1, 228). Obs.: Dat. sing. **fletu** (Verg. En. 4,369).

Flēvum, -i, subs. pr. n. Flevo, fortaleza na embocadura do rio Reno (Tác. An. 4, 72).

flexanĭmus, -a, -um, adj. Que domina os corações, arrebatado (Catul. 64, 331).

flexi, perf. de **flecto.**

flexibĭlis, -e, adj. I — Sent. próprio: 1) Flexível, que se pode dobrar (Cíc. Nat. 3, 92). II — Sent. figurado: 2) Suave, brando, tratável (Cíc. Nat. 2, 146).

flexĭlis, -e, adj. I — Sent. próprio: 1) Que se dobra, flexível, maleável (Ov. Met. 5, 383). II — Daí: 2) Que verga, arqueado (Apul. Met. 6, 1).

flexilŏquus, -a, -um, adj. Ambíguo, enigmático (Cíc. Div. 2, 115).

flexiō, -ōnis, subs. f. I — Sent. próprio: 1) Ação de curvar, dobrar, flexão (Cíc. Or. 59). II — Sent. figurado: 2) Volta, desvio (Cíc. Pis. 53). 3) Inflexão (da voz), modulação (Cíc. Or. 57).

flexĭpēs, -pĕdis, adj. (Hera) que trepa enroscando-se (Ov. Met. 10, 99).

flexuōsē, adv. De modo sinuoso, tortuosamente, com rodeios (Plín. H. Nat. 18, 357).

flexuōsus, -a, -um, adj. Tortuoso, sinuoso (Cíc. Nat. 2, 144).

flexūra, -ae, subs. f. I — Sent. próprio: 1) Curvatura, ação de curvar, dobrar (Suet. Ner. 38). II — Na língua gramatical: 2) Flexão, declinação (Varr. L. Lat. 10, 28).

1. **flexus, -a, -um,** part. pass. de **flecto.** Curvado, dobrado, inclinado, voltado, desviado (Cíc. De Or. 3, 216).

2. **flexus, -ūs,** subs. m. I — Sent. próprio: 1) Inflexão, curvatura, sinuosidade, volta, circuito, desvio (de um caminho) (Cíc. Nat. 2, 144). II — Sent. figurado: 2) Desvio (Cíc. Rep. 2, 45). 3) Inflexão, modulação (da voz) (Quint. 1, 8, 1). 4) O declinar (da idade, do outono) (Tác. Hist. 5, 23). Na língua gramatical: 5) Declinação, conjugação (Quint. 1, 6, 15).

flictus, -ūs, subs. m. Choque, encontro (Verg. En. 9, 667).

flō, -ās, -āre, -āvī, -ātum, v. tr. e intr. Tr.: I — Sent. próprio: 1) Soprar, exalar (Ov. F. 4, 341); (Varr. L. Lat. 6, 9). II — Sent. figurado: 2) Fundir os metais (Cíc. Sest. 66). Intr.: 3) Soprar (Cíc. At. 7, 2, 1).

floccus, -i, subs. m. I — Sent. próprio: 1) Floco de lã, velo de lã (Varr. R. Rust. 2, 11, 8). II — Sent. figurado: 2) Objeto insignificante (em expressões como: **flocci non facere** (Plaut. Rud. 47) «não fazer caso de» i.é, «desprezar»).

Flōra, -ae, subs. pr. f. Flora, espôsa de Zéfiro e deusa das flôres (Ov. F. 5, 196).

Flōrālĭa, -ĭum, (-ōrum), subs. pr. n. Florálias, festas em honra de Flora (Plín. H. Nat. 18, 286).

1. **Flōrālis, -e,** adj. De Flora, a deusa das flôres (Ov. F. 4, 947).

2. **flōrālis, -e,** adj. Relativo às flôres (Varr. R. Rust. 1, 23).

flōrens, -ēntis. I — Part. pres. de **florēo.** II — Adj.: 1) Florescente, em flor (Ov. Met. 7, 702). 2) Florido, brilhante (Verg. En. 7, 804). Daí, em sent. figurado: 3) Feliz, próspero, florescente (Cíc. C.M. 20); (Cés. B. Gal. 4, 3, 3).

Flōrentĭa, -ae, subs. pr. f. Florência, cidade da Etrúria (Flor. 371).

Flōrentīnī, -ōrum, subs. loc. m. Florentinos, habitantes de Florência, cidade da Etrúria (Tác. An. 1, 79).

flōrĕō, -ēs, -ēre, flōrŭī (sem supino), v. intr. I — Sent. próprio: 1) Florir, estar em flor (Cíc. Div. 1, 16); (Cíc. Nat. 2, 19). II — Sent. figurado: 2) Estar na flor (da idade, da beleza), estar florescente, ser feliz, brilhar (T. Liv. 29, 1, 2); (Cíc. Ac. 2, 16). 3) Ter em abundância, estar coberto de, cobrir-se de flôres (Ov. F. 5, 270).

flōrēscō, -is, -ĕre, v. incoat. intr. I — Sent. próprio: 1) Começar a florir, florescer (Cíc. Div. 2, 33). II — Sent. figurado: 2) Tornar florescente, tornar brilhante (Cíc. Br. 303).

flōrĕus, -a, -um, adj. De flor, coberto de flôres, florido (Verg. En. 1, 430).

Flōriānus, -i, subs. pr. m. Floriano, nome de um imperador romano (Eutr. 9, 10).

flōridŭlus, -a, -um, dim. de **flōrĭdus** (Catul. 61, 193).

flōrĭdus, -a, -um, adj. I — Sent. próprio: 1) Florido, coberto de flôres, que está em flor (Cíc. Tusc. 3, 43). II — Sent. figurado: 2) Brilhante, resplandecente (Plín. H. Nat. 35, 30). 3) Florido (tratando-se do estilo) (Cíc. Br. 285). 4) Relativo à juventude (Catul. 68, 16).

flōrĭfer, -fĕra, -fĕrum, adj. Florifero, que produz flôres, que tem flôres, florido (Lucr. 3, 11).

flōrilĕgus, -a, -um, adj. Que escolhe as flôres (para sugá-las) (Ov. Met. 15, 366).
Flōrōnia, -ae, subs. pr. f. Florônia, nome de uma vestal (T. Lív. 22, 57).
flōrŭī, perf. de florĕo.
1. flōrus, -a, -um, adj. Florido, brilhante (Verg. En. 12, 605).
2. Flōrus, -ī, subs. pr. m. Floro, nome de homem (Tác. Hist. 5, 10).
flōs, flōris, subs. m. I — Sent. próprio: 1) Flor, floração (Cíc. C.M. 54). Daí: 2) Suco das flôres (Verg. G. 4, 39). 3) Flor do vinho (Plaut. Cas. 640). II — Sent. figurado: 4) Flor da idade (T. Lív. 21, 2, 3). 5) A nata, o escol, a flor (Cíc. Phil. 2, 27). 6) Vigor, fôrça, brilho, felicidade (T. Lív. 42, 15, 2). Na língua retórica: 7) Flor, figuras de ornato (Cíc. Br. 66). III — Sent. poético: 8) Buço, penugem (Verg. En. 8, 160).
flosculus, -ī, subs. m. I — Sent. próprio: 1) Flósculo, pequena flor, florzinha (Cíc. Of. 2, 43). II — Sent. figurado: 2) A flor, o escol (Catul. 24, 1). 3) Floreios (de retórica), ornatos (Cíc. Sest. 119).
fluctifrăgus, -a, -um, adj. Que desfaz as ondas (Lucr. 1, 305).
fluctisŏnus, -a, -um, adj. Flutíssono, flutissonante, que retumba com o ruído das ondas (S. Itál. 12, 355).
fluctivăgus, -a, -um, adj. Flutívago, que vagueia sôbre as ondas (Estác. Theb. 1, 271).
fluctŭans, -antis, part. pres. de fluctŭo.
fluctuātĭō, -ōnis, subs. f. I — Sent. próprio: 1) Agitação (Sên. Ir. 2, 35, 3). II — Sent. figurado: 2) Hesitação, irresolução (T. Lív. 9, 25, 6).
fluctŭō, -ās, -āre, -āvī, -ātum, v. intr. e fluctŭor, -āris, -ārī, -ātus sum, v. dep. intr. I — Sent. próprio: 1) Estar agitado pelas ondas (Cíc. Amer. 72). II — Sent. figurado: 2) Estar hesitante, hesitar (Cíc. At. 1, 20, 2). Obs.: A forma ativa é rara, só aparecendo na língua arcaica e imperial.
fluctuōsus, -a, -um, adj. I — Sent. próprio: 1) Agitado (tratando-se do mar), tempestuoso (Plaut. Rud. 910). II — Sent. figurado: 2) Ondeado, que tem veias (Plín. H. Nat. 37, 71).
fluctus, -ūs, subs. m. I — Sent. próprio: 1) Vaga, onda (Cés. B. Gal. 3, 13, 3). II — Sent. figurado: 2) Agitação, perturbação, tumulto, tormenta (Cíc. Mil. 5). Sent. poético: 3) Turbilhão (de fogo) (V. Flac. 7, 572). 4) Imanação (Lucr. 4, 675).

fluens, -entis, part. pres. de flŭo. I — Sent. próprio: 1) Fluente, que corre, que escorre, que fica pendente, donde: 2) Flácido, mole (Cíc. De Or. 2, 266). II — Sent. figurado: 3) Efeminado (Quint. 1, 2, 8). 4) Fluente, fácil, melodioso (tratando-se do estilo) (Cíc. Or. 66).
fluēnter, adv. Flutuando, correndo em cascatas (Lucr. 4, 225).
fluentisŏnus, -a, -um, adj. Que ressoa com o ruído das ondas (Catul. 64, 52).
fluēntum, -ī, subs. n. (geralmente no pl.). Curso d'água, regato, rio (Verg. En. 12, 35).
fluĭdus, -a, -um, adj. I — Sent. próprio: 1) Fluido, que corre, que escorre (Verg. En. 3, 663). II — Sent. figurado: 2) Mole, débil, frouxo, lânguido, efeminado (T. Lív. 34, 37, 5). 3) Efêmero (Sên. Ep. 58, 24).
fluĭtō, -ās, -āre, -āvī, -ātum, v. intr. I — Sent. próprio: 1) Escorrer daqui e dali (Lucr. 1, 718). Daí: 2) Flutuar, boiar, ser levado pelas ondas (Cíc. Nat. 2, 100). II — Sent. figurado: 3) Hesitar, estar indeciso (Lucr. 3, 1052).
flŭmen, -ĭnis, subs. n. I — Sent. próprio: 1) Corrente (água que corre), corrente de água (Verg. En. 2, 305). Daí: 2) Rio, regato (Cés. B. Gal. 7, 58, 5). II — Sent. figurado: 3) Torrente (de lágrimas) (Verg. En. 1, 465). 4) Onda (de povo) (S. Itál. 12, 185). 5) Riqueza (de linguagem), abundância (Cíc. Or. 53).
Flūmentāna Porta, subs. pr. f. Porta Flumentana, uma das portas de Roma, situada sôbre o Tibre, que conduz ao Campo de Marte (Cíc. At. 7, 3, 9).
flūmineus, -a, -um, adj. De rio, de regato (Ov. F. 2, 46).
flŭō, -is, -ĕre, flūxī, flūctum (e depois flūxum), v. intr. I — Sent. próprio: 1) Correr (Cés. B. Gal. 1, 6, 2). Por extensão: 2) Escoar-se, escorrer, derramar-se (Verg. En. 8, 445). Donde: 3) Correr uniformemente, ser fluente, cair suavemente (Cíc. Or. 66). II — Sent. figurado: 4) Escapar de, sair precipitadamente, sair de, emanar, decorrer (Verg. En. 12, 444); (Cíc. Or. 230); (Cíc. Phil. 12, 8). 5) Flutuar, estar indeciso, hesitante (Ov. A. Am. 3, 301). 6) Desvanecer-se, enfraquecer-se, amolecer-se (Cíc. Tusc. 2, 52).
flūtō, -ās, -āre ou flūtor, -āris, -ārī, forma sincopada de: fluĭto e fluĭtor, v. intr. Correr (Lucr. 3, 189).

fluviālis, -e, adj. De rio, fluvial (Verg. En. 9, 70).
fluviātilis, -e, adj. De rio, fluvial (T. Liv. 10, 2, 12).
flūvĭdus, -a, -um, adj. Fluido (Sên. Ep. 58, 27).
fluvĭus, -ī, subs. m. I — Sent. próprio: 1) Rio, regato, riacho (Cíc. Tusc. 1, 94). II — Depois: 2) Água, água corrente (Verg. G. 3, 301).
fluxī, perf. de **flŭo.**
fluxus, -a, -um, adj. I — Sent. próprio: 1) Que corre, fluido (Plín. H. Nat. 9, 133). II — Sent. figurado: 2) Flutuante, pouco sólido, vacilante (Tác. Hist. 2, 22). 3) Sem consistência, fraco, dissoluto, mole, frouxo (Tác. Hist. 3, 76). 4) Fraco, perecível, efêmero (Cíc. At. 4, 2, 1). 5) Largo, sôlto, pendente, relaxado (T. Lív. 38, 29, 5).
fōcāle, -is, subs. n. Gravata, lenço do pescoço (Hor. Sát. 2, 3, 255). Obs.: Esta espécie de gravata era usada pelas pessoas doentes ou efeminadas.
focĭlō, -ās, -āre, -āvī, -ātum, v. tr. Restabelecer, reanimar, confortar (Plín. Ep. 3, 14, 4).
focŭla, -ōrum, subs. n. pl. Aquecedor (sent. figurado) (Plaut. Capt. 847).
focŭlum, v. **focŭla.**
focŭlus, -ī, subs. m. I — Sent. próprio: 1) Pequeno braseiro (Cat. Agr. 11, 5). II — Daí: 2) Pequeno lar (T. Lív. 2, 12, 13). 3) Fogo (Juv. 3, 262).
focus, -ī, subs. m. I — Sent. próprio: 1) Lar (doméstico), lar (morada dos deuses Lares e Penates) (Cíc. C.M. 55). II — Sent. figurado: 2) Habitação, casa, fogo (= habitação) (T. Lív. 5, 30, 1). 3) Altar (com um forno) (Prop. 2, 19, 14). 4) Pira (fúnebre) (Verg. En. 11, 212). 5) Forno para os sacrifícios (Cat. Agr. 75).
fōdī, perf. de **fodĭo.**
fodĭcō, -ās, -āre, -āvī, -ātum, v. tr. I — Sent. próprio: 1) Escavar, picar, furar (Hor. Ep. 1, 6, 51). II — Sent. figurado: 2) Atormentar, afligir, fazer sofrer (Cíc. Tusc. 3, 35).
fodĭō, -is, -ĕre, fōdī, fossum, v. tr. I — Sent. próprio: 1) Cavar, escavar, furar, vasar (Cíc. Div. 2, 134). II — Sent. figurado: 2) Picar, aguilhoar (sent. físico); atormentar, espicaçar (sent. moral) (Plaut. Men. 951); (Cíc. Tusc. 2, 33).
foedātus, -a, -um, part. pass. de **foedo.**
foedē, adv. De modo horroroso, odiosamente, horrìvelmente (Verg. En. 10, 498). Obs.: superl. **foedissĭme** (Cíc. At. 9, 7, 4).

foederātus, -a, -um, adj. I — Sent. próprio: 1) Aliado, confederado (Cíc. Arch. 7). II — Sent. figurado: 2) Unido, associado (T. Lív. 25, 18, 10).
foedifrăgus, -a, -um, adj. Violador de tratados (Cíc. Of. 1, 38).
foedĭtās, -tātis, subs. f. I — Sent. próprio: 1) Aspecto horroroso, repugnante, imundície, fealdade (Cíc. Nat. 2, 127). II — Sent. figurado: 2) Fealdade (Cíc. Of. 3, 105).
foedō, -ās, -āre, -āvī, -ātum, v. tr. I — Sent. próprio: 1) Tornar repugnante, desfigurar (Verg. En. 11, 86). Daí: 2) Sujar, manchar, desonrar (Verg. En. 3, 227); (Cíc. Pis. 53).
1. **foedus, -a, -um,** adj. I — Sent. próprio: 1) Horroroso, horrível, repelente, sujo, que desfigura, repugnante (ao gôsto ou ao olfato) (Cíc. Pis. 31). II — Sent. figurado: 2) Vergonhoso, indigno, criminoso (Cíc. At. 8, 11, 4). 3) Funesto (T. Lív. 3, 32, 2).
2. **foedus, -ĕris,** subs. n. I — Sent. próprio: 1) Tratado (de aliança), aliança, pacto, convenção (Cíc. Cael. 34). II — — Sent. figurado: 2) Leis, regras (Verg. G. 1, 60).
3. **foedus, -ī,** subs. m. (arcaico por **faedus**) (Quint. 1, 4, 14).
foemĭna, v. **femĭna.**
foenum, v. **fenum.**
foenus, v. **fenus.**
foenĕrō, foenĕror, v. **fen-.**
foetĕō, -ēs, -ēre, v. intr. I — Sent. próprio: 1) Cheirar mal, feder (Plaut. As. 894). II — Sent. figurado: 2) Repugnar, ser insuportável (Plaut. Cas. 727).
foetĭdus, -a, -um, adj. Fétido, que cheira mal, mal cheiroso (Cíc. Pis. 13).
foetor, -ōris, subs. m. Mau cheiro, fedor (Cíc. Pis. 22).
Fōlĭa, -ae, subs. pr. m. Fólia, nome de homem (Hor. Epo. 5, 42).
foliātum, -ī, subs. n. Espécie de nardo (perfume) (Marc. 14, 110, 2).
folĭum, -ī, subs. n. I — Sent. próprio: 1) Fôlha (no pl.: folhagem) (Cíc. At. 8, 215). Daí: 2) Fôlha de palmeira (onde a Sibila escrevia suas predições) (Verg. En. 3, 444). Donde: 3) Fôlha de papel (Macr. Saturn. 5, 4, 1). II — Sent. figurado: 4) Bagatela, ninharia (Apul. Met. 1, 8).
follicŭlus, -ī, subs. m. I — Sent. próprio: 1) Saco pequeno, bôlsa de couro (Cíc. Inv. 2, 149). II — Daí: 2) Bola (de

jôgo) (Suet. Aug. 83). 3) Casca (de frutas), vagem (Sên. Nat. 5, 18, 3).
follis, -is, subs. m. I — Sent. próprio: 1) Saco ou bola cheia de ar (Marc. 14, 47, 2). II — Daí: 2) Fole (para soprar o fogo) (T. Lív. 38, 7, 12). 3) Bôlsa de couro (Juv. 14, 281).
follītus, -a, -um, adj. Guarnecido de uma bôlsa (Plaut. Ep. 351).
fōmēnta, -ōrum, subs. n. pl. I — Sent. próprio: 1) O que serve para aquecer ou acender o fogo: acendalhas, gravetos, etc. (Clod. apud Sérv. En. 1, 176). Daí, na língua médica: 2) Cataplasma quente, tópico, fomentação (Tác. An. 1, 65). II — Sent. figurado: 3) Calmante, lenitivo, remédios (Cíc. Tusc. 2, 59).
fōmēntum, -ī, subs. n., v. **fomēnta** (Sên. Ep. 102, 26).
fōmes, -ĭtis, subs. m. I — Sent. próprio: 1) Lenha sêca, achas, etc., para acender ou alimentar o fogo (Verg. En. 1, 176). II — Sent. figurado: 2) Estimulante (A. Gél. 15, 2, 3).
1. fons, -tis, subs. m. I — Sent. próprio: 1) Fonte, nascente (Cíc. Verr. 4, 118). II — Sent. figurado: 2) Origem, causa, princípio (Cíc. De Or. 1, 42). Na língua poética: 3) Água (Verg. En. 12, 119).
2. Fons, -ōntis, subs. pr. m. Fonte, filho de Jano e deus das fontes (Cíc. Nat. 3, 52).
Fontānālĭa, -ĭum, subs. pr. n. Fontanálias, festas em homenagem às fontes (Varr. L. Lat. 6, 22).
fontānus, -a, -um, adj. De fonte, relativo à fonte (Ov. F. 1, 269).
Fontēĭa, -ae, subs. pr. f. 1) Fontéia, nome de mulher, em especial a vestal Fontéia, irmã de Marco Fonteio (Cíc. Font. 37). 2) Adj.ᵗ: A família Fontéia (Cíc. Dom. 116).
Fontēĭānus, -a, -um, adj. De Fonteio (Cíc. Har. 57).
Fontēĭus, -ī, subs. pr. m. Fonteio, nome de uma família romana, e especialmente Marco Fonteio, governador da Gália Transpadana, que foi defendido por Cícero (Cíc. At. 1, 6, 1).
fontĭcŭlus, -ī, subs. m. Pequena fonte, regato (Hor. Sát. 1, 1, 56).
Fontīnālis Porta, subs. pr. f. Porta Fontinal, uma das portas de Roma (T. Lív. 35, 10, 12).
Fontus, -ī, subs. m., v. **Fons 2.**
for (desusado), **-āris, -ārī, fātus sum,** v. dep. defect., tr. I — Sent. próprio: 1) Falar, dizer (Cíc. Tim. 40); (Verg. En. 1, 256). II — Sent. figurado: 2) Celebrar, contar, predizer, profetizar (Prop. 4, 4, 2); (Verg. En. 1, 261). Obs.: Empregado sòmente nas seguintes formas: **fatur, fantur** — ind. pres.; **fare** — imperat.; **fari** — inf. pres.; **fans** — part. pres.; **fabor, -bitur, -bimur** — fut. imperf.; **fando** — gerúndio; **fatu** — supino e os tempos do perfectum. Constrói-se com acus.; com interrog. indir.
forābĭlis, -e, adj. Que pode ser furado (Ov. Met. 12, 170).
forāmen, -ĭnis, subs. n. Buraco, abertura, saída (Hor. A. Poét. 203).
1. forās, adv. Do lado de fora, para o exterior (Plaut. Cas. 212).
2. forās, prep. (na decadência). Fora de (com gen. e acus.) (Apul. Apol. 50).
forātus, -a, -um, part. pass. de **foro.**
forceps, -ĭpis, subs. m. e f. I — Sent. próprio: 1) Torquês, tenaz (de ferreiro), pinça (Verg. G. 4, 175). II — Daí: 2) Tropas dispostas em forma de tenaz ou de um V, para receber o ataque das tropas inimigas dispostas em forma de cunha (A. Gél. 10, 9, 1).
forda bos. Vaca prenhe (Ov. F. 4, 630).
fŏrĕ, inf. fut. de **sum** = **futurum esse.**
forem, -ēs, -et, e **forent** == **essem, esses, esset** e **essent,** imperf. do subj. de **sum.**
1. forēnsis, -e, adj. I — Sent. próprio: 1) Relativo à eloqüência política ou judiciária, da praça pública, do fôro, forense, judiciário (Ov. P. 4, 6, 29). Daí: 2) Que serve ou se faz fora de casa, exterior (Cíc. Fin. 2, 77).
2. forēnsis, -is, subs. m. Advogado (Quint. 5, 10, 27).
Forēntum, -ī, subs. pr. n. Forento, cidade da Apúlia (T. Lív. 9, 20, 9).
forēs, -ĭum, subs. f. pl. Porta (de casa), abertura, entrada (Cíc. Fam. 13, 10, 4). Obs.: O sing. **foris, -is,** é de uso restrito (Cíc. Tusc. 5, 59).
Forentānī, -ōrum, subs. loc. m. Foretanos, povo da Venécia ou da Ístria (Plín. H. Nat. 3, 130).
Foretĭī, -ōrum, subs. loc. m. pl. Forésios, povo do Lácio (Plín. H. Nat. 3, 69).
forī, -ōrum, subs. m. pl. I — Sent. próprio: 1) Espaço livre reservado para algum fim, passagem ou ponte de um navio, tabuleiro da ponte, espaço entre os barcos dos remadores, convés (Cíc. C.M. 17). II — Daí, em sent. especial: 2) Lugares reservados nos teatros, galeria (T. Lív. 1, 35, 8). 3) Andares sobrepos-

FORÏCAE — 405 — **FORMÜLA**

tos numa colmeia, cortiço de abelhas (Verg. G. 4, 250). 4) Carreiros ou ruas entre canteiros de um jardim (Col. 10, 92, 1). Obs.: O sing. é raro e é palavra técnica.

forĭcae, -ārum, subs. f. pl. Latrinas públicas (Juv. 3, 38).

1. forīs, adv. De fora, exteriormente (Cíc. Phil. 2, 78).

2. forīs, prep. (decadência). Fora, para fora de (com acus., gen. e abl.).

3. forĭs, -is, v. **fores, -ium.**

forma, -ae, subs. f. I — Sent. próprio: 1) Forma (Cíc. Inv. 2, 1). Daí: 2) Fôrma, molde, moldura (Hor. Sát. 2, 3, 106), e todo objeto feito na fôrma: 3) Cunha de moeda, moeda cunhada (Tác. Germ. 5). Forma dada a um objeto: 4) Forma, figura (Cíc. Rep. 1, 29). 5) Estátua, imagem, retrato (Cíc. Or. 9). 6) Desenho, modêlo, planta (Cíc. Fam. 2, 8, 1). II — Sent. figurado: 7) Beleza, formosura (Hor. Ep. 1, 4, 6). 8) Tipo, forma: **pugnae** (Cíc. Tusc. 5, 114) «(tipo) de combate». Sent. particular: 9) Tipo ideal (Cíc. Fin. 2, 48). 10) Conformação, configuração, constituição (Cíc. Ac. 1, 17). 11) Aspecto geral, quadro (Cíc. Tusc. 3, 38). Na língua retórica: 12) Espécie (Cíc. Top. 30). 13) Figuras, agrupamento (Cíc. Or. 206).

formālis, -e, adj. I — Sent. próprio: 1) Relativo à fôrma (Plín. H. Nat. 34, 98). II — Daí: 2) Que serve de tipo, circular (Suet. Dom. 13).

formamēntum, -ī, subs. n. Forma, figura (Lucr. 2, 819).

formātĭō, -ōnis, subs. f. I — Sent. próprio: 1) Formação, confecção, configuração, forma (Vitr. 5, 1). II — Sent. figurado: 2) Formação (Sên. Ep. 117, 19).

formātor, -ōris, subs. m. I — Sent. próprio: 1) O que dá a forma, formador, criador (Sên. Helv. 8, 3). II — Sent. figurado: 2) O que forma, instrui (Quint. 10, 2, 20).

formātūra, -ae, subs. f. Conformação, forma (Lucr. 4, 550).

formātus, -a, -um, part. pass. de **formo**.

Formĭae, -ārum, subs. pr. f. Fórmias, cidade dos volscos, próxima da costa (Cíc. At. 2, 13, 2).

Formĭānī, -ōrum, subs. loc. m. Formianos, habitantes de Fórmias (Cíc. At. 2, 14, 2).

Formĭānum, -ī, subs. pr. n. Formiano, casa de campo pertencente a Cícero, a qual ficava em Fórmias (Cíc. At. 4, 2, 7).

Formĭānus, -a, -um, adj. Formiano, de Fórmias (Cíc. Nat. 3, 86).

formīca, -ae, subs. f. Formiga (Cíc. Nat. 3, 21).

formīcīnus, -a, -um, adj. De formiga (sent. figurado): **gradus** (Plaut. Men. 888) «passo (de formiga)».

formīcŭla, -ae, subs. f. Formiga pequena (Apul. Met. 6, 10).

formīdābĭlis, -e, adj. Temível, formidável (Ov. Met. 2, 857).

formīdāmen, -ĭnis, subs. n. Espectro, fantasma, espantalho (Apul. Apol. 64).

1. formīdō, -ās, -āre, -āvī, -ātum, v. tr. Ter mêdo, temer, afastar-se com pavor (Cíc. Fin. 2, 53). Obs.: Constrói-se com acus.; com inf.; com **ut** ou **ne**; e com **si**.

2. formīdō, -ĭnis, subs. f. I — Sent. próprio: 1) Espantalho (têrmo da língua dos caçadores) (Verg. En. 12, 750). II — Daí: 2) Objeto que espanta ou amedronta (Verg. G. 4, 468).

formīdolōsē, adv. De modo horrível, formidàvelmente (Cíc. Sest. 42).

formīdolōsus (formīdŭlōsus), -a, -um, adj. I — Sent. próprio: 1) Que enche de mêdo, medonho, terrível (Cíc. Verr. 5, 1). II — Daí: 2) Que está cheio de mêdo, receoso, tímido (Sên. Clem. 17).

Formĭō, -ōnis, subs. pr. m. Fórmio, rio da Ístria (Plín. H. Nat. 3, 127).

fōrmō, -ās, -āre, -āvī, -ātum, v. tr. I — Sent. próprio: 1) Pôr em fôrma, dar forma (Cíc. Ac. 1, 6); (Cíc. De Or. 2, 36). II — Sent. figurado: 2) Formar, fazer, produzir, criar (Ov. Met. 3, 419); (Cíc. Ac. 1, 20); (Hor. A. Poét. 126). 3) Ensinar, instruir (Hor. Sát. 1, 4, 121).

formōsē, adv. De modo encantador, com elegância, graciosamente (Prop. 2, 3, 17). Obs.: Comp. **formosĭus** (Quint. 8, 3, 10).

formōsĭtās, -tātis, subs. f. Formas elegantes, beleza (Cíc. Of. 1, 126).

fōrmōsŭlus, -a, -um, adj. Belo, encantador (Varr. Men. 176).

formōsus, -a, -um, adj. Bem feito, bem proporcionado, de formas elegantes, formoso (Cíc. Nat. 1, 24).

formŭla, -ae, subs. f. I — Sent. próprio: 1) Forma delicada (Plaut. Pers. 229). II — Sent. figurado: 2) Regra, sistema, quadro (Cíc. Opt. 20). 3) Formulário de prescrições, fórmula de contrato, regulamento (T. Lív. 39, 26, 2). Na língua jurídica: 4) Fórmula, formalidade, norma (Cíc. De Or. 1, 180).

Fornăcălĭa, -ĭum, (-ōrum), subs. pr. n. Fornacálias, festas em honra de Fornax, a deusa dos fornos (Ov. F. 2, 527).

Fornăcălis Dea, subs. pr. f., v. **Fornax** (Ov. F. 6, 314).

fornăcŭla, -ae, subs. f. I — Sent. próprio: 1) Forno pequeno (Juv. 10, 82). II — Sent. figurado: 2) Lar (Apul. Apol. 74).

1. Fornax, -ācis, subs. pr. f. Fornax, deusa dos fornos, que presidia à cozedura do pão (Ov. F. 2, 525).

2. fornax, -ācis, subs. m. e f. 1) Forno, fornalha (Cic. Nat. 1, 103). 2) Fornalha do vulcão Etna (Verg. G. 1, 472).

fornicătim, adv. Em forma de abóbada (Plín. H. Nat. 16, 223).

fornicātĭō, -ōnis, subs. f. Ação de construir em arco, volta da abóbada (Sên. Ep. 95, 53).

fornicātus, -a, -um, adj. Abobadado (T. Lív. 22, 36, 8).

fornix, -ĭcis, subs. m. I — Sent. próprio: 1) Abóbada, arco (Cíc. Top. 22). II — Daí: 2) Porta abobadada (T. Lív. 36, 23, 3). 3) Aqueduto (T. Lív. 40, 51, 7). 4) Arco do Triunfo (Cíc. Verr. 1, 19). 5). Compartimento em forma de abóbada em que vivia a gente de baixa condição e, especialmente, as prostitutas, lupanar (Hor. Sát. 1, 2, 30).

forō, -ās, -āre, -āvī, -ātum, v. tr. I — Sent. próprio: 1) Furar, perfurar, transpassar (Plaut. Most. 56). II — Sent. figurado: 2) Part. pass.: **foratus, -a, -um**: Ser furado, nada reter: **forati animi** (Sên. Brev. 10, 5) «espíritos furados», i, é, «que nada retêm».

fors, subs. f. Sent. próprio: acaso, sorte, fortuna (T. Lív. 1, 4, 4). Obs.: Como subs. só se usa no nom. e abl. sing., sendo nos outros casos substituído por **fortuna**.

forsan, adv. Talvez, por acaso, por ventura (Verg. En. 1, 203).

forsit, adv. Talvez (Hor. Sát. 1, 6, 49).

forsĭtan, adv. Talvez (usado com subj. ou com o ind. O primeiro uso é comum em Cícero) (Cíc. Br. 52).

fortăssĕ, adv. 1) Possivelmente, provàvelmente, certamente (Cíc. C.M. 8). 2) Pouco mais ou menos, aproximadamente (Cíc. Or. 130).

fortăssis, adv. Talvez, possìvelmente (Cíc. Clu. 144).

fortĕ, adv. Casualmente, por acaso, por ventura (Cíc. De Or. 3, 47).

fortĭcŭlus, -a, -um, adj. Um tanto corajoso, enérgico (Cíc. Tusc. 2, 45).

fortis, -e, adj. I — Sent. próprio: 1) Forte, vigoroso, sólido (sent. físico e moral) (Verg. G. 1, 65); (Cíc. Tusc. 2, 11). II — Sent. figurado: 2) Corajoso, enérgico, valoroso (Cíc. Tusc. 2, 11); (Cíc. Lae. 47; Amer. 85). 3) Rico, poderoso, opulento (Plaut. Trin. 1123). 4) Bem feita, bela, formosa (tratando-se de mulher) (Plaut. Mil. 1106). 5) Resoluto, eficiente: **fortis ac strenuus** (Cíc. Phil. 8, 11) «resoluto e ativo».

fortĭter, adv. I — Sent. próprio: 1) Fortemente, com fôrça (Plaut. Bac. 823). II — Sent. figurado: 2) Enèrgicamente, corajosamente, com ardor (Cíc. Phil. 11, 7). Obs.: Comp. **fortĭus** (Cés. B. Gál. 2, 26, 2); superl. **fortissĭme** (Cíc. Quinct. 31).

fortĭtūdō, -ĭnis, subs. f. I — Sent. próprio: 1) Fôrça (física) (Macr. Saturn. 7, 9, 5). II — Sent. moral: 2) Coragem, bravura, energia, firmeza, decisão (Cíc. Of. 1, 62).

fortuĭtō, adv. Por acaso, casualmente, fortuitamente (Cíc. Tusc. 1, 118).

fortuītus, -a, -um, adj. Casual, fortuito (Cíc. Div. 2, 109).

fortūna, -ae, subs. f. I — Sent. próprio: 1) A Fortuna (divindade) (Cíc. Verr. 4, 119). II — Daí: 2) Fortuna, sorte (boa ou má), destino, sina (Cíc. Dej. 29); (Cíc. Nat. 3, 39). Especializou-se em: 3) Boa sorte, bom êxito, felicidade (Cíc. At. 5, 11, 1). Daí, no pl.: 4) Dons da fortuna, riqueza, posses, bens, fortuna (Cíc. Cat. 2, 10). 5) Azares da sorte, circunstâncias felizes ou infelizes, sorte, situação (Cíc. Sull. 66). III — Sent. diverso (no sing.): 6) Sorte, condição, situação (Cíc. Fin. 5, 52).

Fortūnātae Insŭlae, subs. pr. f. Ilhas Fortunatas, no Oceano Atlântico, onde os antigos acreditavam ser a morada dos ditosos (Plín. H. Nat. 4, 119).

fortūnātē, adv. De maneira feliz, felizmente, afortunadamente (Cíc. Fin. 3, 26).

fortūnātus, -a, -um. I — Part. pass. de **fortūno**. II — Adj.: 1) Afortunado, feliz (Cíc. Cat. 2, 7). 2) Rico, opulento (Cíc. Div. 2, 87).

fortūnō, -ās, -āre, -āvī, -ātum, v. tr. Tornar feliz, afortunar, fazer prosperar (Cíc. Fam. 2, 2, 1).

1. Fōrŭlī, -ōrum, subs. pr. m. Fórulos, cidade dos sabinos (T. Lív. 26, 11, 11).
2. fŏrŭlī, -ōrum, subs. m. pl. Armários, estantes (para livros) (Juv. 3, 219).
1. forum, -ī, subs. n. I — Sent. próprio: 1) Recinto ou cercado em volta de uma casa, daí: 2) Vestíbulo do túmulo (XII T. apud Cíc. Leg. 2, 61). Na língua rústica: 3) Parte do lugar onde se colocavam as uvas ou as azeitonas para serem pisadas (Varr. R. Rust. 1, 54, 2). II — Sent. genérico: 4) Praça Pública, mercado (Cíc. Scaur. 23). Daí: 5) Foro (centro da vida romana, onde se tratavam assuntos de interêsse público e privado, onde se regulavam contestações e processos, e em tôrno do qual se erguiam os monumentos públicos mais importantes, como templos, tribunais, etc.): **forum Romanum** (Tác. An. 12, 24) «o foro romano», ou simplesmente: **forum** (Cíc. At. 4, 16, 14). III — Sent. figurado: 6) Fôro, jurisdição, audiência, administração da justiça (Cíc. Fam. 3, 6, 4). 7) Uso corrente: **arripere verba de foro** (Cíc. Fin. 3, 4), «tomar as palavras no uso corrente». 8) Assuntos financeiros (Cíc. Flac. 70).
2. Forum, -ī, subs. pr. n. Foro, nome que com um qualificativo designa muitas cidades ou bairros em Roma. Assim: Foro Aurélio (Cíc. Cat. 1, 24), cidade da Etrúria; Foro de Trajano, Foro de Augusto, ambos praças públicas de Roma, etc.
forus, -ī, subs. m. 1) Mesa de jôgo (Sên. Polib. 17, 4). 2) V. **fori, -ōrum**, m. pl.
Fosī, -ōrum, subs. loc. m. Fosos, povo germânico (Tác. Germ. 36, 2).
1. fossa, -ae, subs. f. I — Sent. próprio: 1) Cova, fôsso, escavação, vala, trincheira (Cés. B. Gal. 7, 72, 1). Daí: 2) Canal (Cíc. Pis. 81).
2. Fossa, -ae, subs. pr. f. Fossa, nome que, acompanhado de um qualificativo, designa vários canais. Assim: **Clodia Fossa** (Plín. H. Nat. 3, 121) «Canal de Clódio, que forma uma das embocaduras do rio Pó», etc.
fossĭlis, -e, adj. Que se tira da terra, fóssil (Varr. R. Rust. 2, 11, 6).
fossĭō, -ōnis, subs. f. 1) Ação de escavar, escavação (Cíc. Nat. 2, 25). 2) Ação de cavar, cava (Cíc. C.M. 53).
fossor, -ōris, subs. m. I — Sent. próprio: 1) Cavador, agricultor (Verg. G. 2, 264). II — Sent. figurado: 2) Homem grosseiro, rude (Pérs. 5, 122).
fossus, -a, -um, part. pass. de **fodĭo**.
fōtus, -a, -um, part. pass. de **fovĕo**.
fovĕa, -ae, subs. f. I — Sent. próprio: 1) Fôsso, buraco, escavação (Verg. G. 3, 558). Daí: 2) Fôsso (para apanhar animais), armadilha (Cíc. Phil. 4, 12). II — Sent. figurado: 3) Cilada (Plaut. Poen. 187).
fovĕō, -ēs, -ēre, fōvī, fōtum, v. tr. I — Sent. próprio: 1) Aquecer, esquentar, acalentar (sent. físico e moral) (Cíc. Nat. 2, 129). Daí: 2) Sustentar, favorecer, proteger (T. Lív. 3, 65, 1). II — Sent. figurado: 3) Abraçar, acariciar, cortejar, lisonjear (Cíc. Fam. 1, 9, 10). 4) Aliviar, mitigar (Cíc. At. 12, 8, 1). 5) Cuidar, tratar de (poético) (Verg. G. 2, 135). 6) Meditar (Plaut. Bac. 1076).
fōvī, perf. de **fovĕo**.
fractē, adv. De modo efeminado, molemente (Fedr. Ap. 8, 2M).
fractūra, -ae, subs. f. 1) Estilhaço, fragmento (Cat. Agr. 160). Na língua médica: 2) Fratura (Cels. 8, 10).
fractus, -a, -um. I — Part. pass. de **frango**. II — Adj.: 1) Quebrado, fraturado, ruidoso (Cíc. Br. 287). 2) Enfraquecido, esgotado, diminuído (Cíc. At. 12, 11, 1).
frāga, -ōrum, subs. n. pl. Morangos (Verg. Busc. 3, 92).
fragĭlis, -e, adj. I — Sent. próprio: 1) Frágil, quebradiço (Verg. Buc. 8, 40). II — Sent. figurado: 2) Fraco, perecível (Cíc. C.M. 65). Sent. poético: 3) Que faz ruído (como uma coisa que rebenta) (Prop. 4, 7, 12).
fragilĭtās, -tātis, subs. f. I — Sent. próprio: 1) Fragilidade (Plín. H. Nat. 12, 65). II — Sent. figurado: 2) Fraqueza, curta duração (Cíc. Tusc. 5, 3).
fragmen, -ĭnis, subs. n. Estilhaço, lasca, fragmento (Verg. En. 10, 306).
fragmentum, -ī, subs. n. Estilha, lasca, fragmento, pedaço (Cíc. Sest. 79).
fragor, -ōris, subs. m. I — Sent. próprio: 1) Ação de quebrar, quebradura, fratura (Lucr. 1, 747). II — Daí: 2) Ruído produzido por um objeto que se quebra, fragor, ruído, estrépito, estrondo (Verg. En. 2, 692).
fragōsus, -a, -um, adj. I — Sent. próprio: 1) Quebrado, quebradiço, frágil (Lucr. 2, 860). II — Sent. figurado: 2) Áspero, rude, escarpado (Ov. Met. 4, 778). 3) Ruidoso, estrepitoso, retumbante (Verg. En. 7, 556).

frăgrans, -ăntis. I — Part. pres. de **frăgro.** II — Adj.: 2) Perfumado, fragrante, aromático (Verg. G. 4, 169); (Verg. En. 1, 436).

frăgrantĭa, -ae, subs. f. Fragância, cheiro agradável (V. Máx. 9, 1).

frăgrō, -ās, -āre, -āvī, -ātum, v. intr. Exalar um cheiro forte ou agradável (Verg. G. 4, 169); (Catul. 6, 8). Obs.: Vocábulo da língua poética.

frăgum, v. **frăga.**

framĕa, -ae, subs. f. Frâmea (lança de ferro curto e estreito, usada pelos germanos) (Tác. Germ. 6).

frangō, -is, -ĕre, frēgī, fractum, v. tr. I — Sent. próprio: 1) Quebrar, partir, romper, rasgar, dilacerar, fazer em pedaços (Cíc. Nat. 2, 125); (Cés. B. Gal. 4, 29, 3); (Cíc. Fin. 2, 26). II — Sent. figurado: 2) Romper, violar, infringir (Cíc. Dom. 66). 3) Abater (sent. físico e moral), abrandar, debilitar, enfraquecer (Cíc. Fam. 4, 8, 1); (Cíc. Phil. 2, 37). 4) Refrear, reprimir, reduzir, vencer, destruir, arruinar (Cíc. Leg. 3, 31); (Cíc. Prov. 33).

frăter, -tris, subs. m. I — Sent. próprio: 1) Irmão (por consangüinidade, sendo o parentesco precisado por um epíteto: **germanus, geminus, uterinus**): **fratres gemini** (Cíc. Clu. 46) «irmãos gêmeos»; **dii fratres** (Ov. F. 1, 707) «os irmãos Castor e Pólux». 2) Irmão por aliança, primo coirmão: **frater patruelis** (Cíc. Verr. 4, 25) «primo coirmão». Daí: 3) Membro de uma irmandade ou colégio (Plín. H. Nat. 18, 6). II — Como têrmo de carinho: 4) Irmão querido (Cíc. Verr. 3, 155). No pl.: 5) Irmãos (o irmão e a irmã) (Tác. An. 12, 4). 6) Aliados, confederados (Cés. B. Gal. 1, 33, 2).

frătercŭlus, -ī, subs. m. Irmãozinho (Juv. 4, 98).

frăternē, adv. Como irmão, fraternalmente (Cíc. Q. Fr. 2, 15, 2).

frăternĭtās, -tātis, subs. f. I — Sent. próprio: 1) Fraternidade, parentesco entre irmãos (Lact. 5, 6, 12). II — Sent. figurado: 2) Fraternidade, união entre os povos (Tác. An. 11, 25).

frăternus, -a, -um, adj. I — Sent. próprio: 1) De irmão, fraternal (Cés. B. Gal. 1, 20, 3). Daí: 2) De primo coirmão (Ov. Met. 13, 31). II — Sent. figurado: 3) Fraternal (Cíc. Q. Fr. 1, 3, 10).

frătricĭda, -ae, subs. f. Fratricida (Cíc. Dom. 26).

fraudāssis = **fraudaveris** (Plaut. Rud. 1345).

fraudātĭō, -ōnis, subs. f. Ação de enganar, má fé (Cíc. Cat. 2, 25).

fraudātor, -ōris, subs. m. I — Sent. próprio: 1) Embusteiro, trapaceiro (T. Lív. 4, 50, 26). II — Sent. figurado: 2) Falência (Sên. Ben. 4, 26, 3).

fraudātus, -a, -um, part. pass. de **fraudo.**

fraudō, -ās, -āre, -āvī, -ātum, v. tr. I — Sent. próprio: 1) Causar dano a alguém, fraudar (Cíc. Or. 178). 2) Reter com fraude, tirar de, despojar, esbulhar (Cés. B. Civ. 3, 59, 3). Obs.: Constrói-se com acus., ou com acus. e abl.

fraudulentĭa, -ae, subs. f. Astúcia, velhacaria (Plaut. Mil. 193).

fraudulēntus, -a, -um, adj. Fraudulento, enganador, velhaco (Cíc. Agr. 2, 95).

fraus, fraudis, subs. f. I — Sent. próprio: 1) Dano feito a alguém, mal, agravo: **sine fraude** (T. Lív. 1, 24, 5) «sem dano». Daí: 2) Prejuízo (T. Lív. 26, 12, 5). II — Sent. figurado: 3) Perda (resultante de engano, êrro, ignorância pessoal ou fraude), decepção (Cíc. Pis. 1). 4) Fraude, astúcia, manha (sent. mais usado): **sine fraude** (Cés. B. Civ. 2, 22, 1) «sem frande», i. é, «lealmente». 5) Laço, armadilha (na língua familiar) (Cíc. At. 11, 16, 1). Em sent. indeterminado: 6) Crime, delito: **fraudem capitalem admittere** (Cíc. Rab. Post. 26) «cometer um crime capital». Obs.: O gen. pl. **fraudĭum** é atestado em Cícero (Of. 3, 75); e **fradum** em Tácito (An. 6, 21).

fraxinĕus, -a, -um, adj. De freixo (Verg. G. 2, 359).

1. **fraxĭnus, -a, -um,** adj. De freixo (Ov. Her. 11, 76).

2. **fraxĭnus, -ī,** subs. f. I — Sent. próprio: 1) Freixo (árvore) (Verg. Buc. 7, 65). II — Sent. figurado: 2) Dardo (Ov. Met. 5, 143).

Fregēllae, -ārum, subs pr. f. Fregelas, antiga cidade dos volscos (T. Lív. 8, 22, 2).

Fregellānus, -a, um, adj. 1) De Fregelas (Cíc. Fam. 13, 76, 2). Subs.: 2) Habitantes de Fregelas (Cíc. Br. 170).

Fregēnae, -ārum, subs. pr. f Fregenas, cidade de Etrúria (T. Lív. 36, 3, 5).

frēgī, perf. de **frango.**

fremebŭndus, -a, -um, adj. I — Sent. próprio: 1) Ruidoso, estridente (tratando-

FREMENS — 409 — **FRETENSIS**

-se de coisas) (Ác. Tr. 392). II — Daí: 2) Fremente de raiva (Ov. Met. 12, 128).

fremens, -entis, part. pres. de **fremo**.

1. **fremĭtus, -a, -um,** part. pass. de **fremo**.

2. **fremĭtus, -ūs,** subs. m. I — Sent. próprio: 1) Ruído (em geral), especializando-se, em: 2) Rugidos (do mar) (Cíc. Tusc. 5, 116). 3) Rincho (do cavalo) (Cés. B. Civ. 3, 38, 3). 4) Zumbido (das abelhas) (Verg. G. 4, 216). 5) Estrépito (das armas) (Cíc. Har. 20). II — Daí: 6) Alarido (de uma assembléia), aclamações, apupos, assuadas (Cíc. Flac. 23).

fremō, -is, -ĕre, fremŭī, fremĭtum, v. intr. e tr. Intr.: I — Sent. próprio: 1) Fazer ruído ou estrondo, ressoar, rugir, gritar (Verg. En. 9, 341); (Verg. En. 9, 922); (Cíc. De Or. 1, 195); (Ov. Met. 3, 528). Tr.: 2) Dizer gritando, gritar, murmurar (Verg. En. 11, 132). Obs.: Constrói-se transitivamente com acus. ou com or. inf.

fremor, -ōris, subs. m. Rugido (do leão), bramido (do mar), estrépito (das armas), alarido (do povo), etc. (Verg. En. 11, 297).

fremŭī, perf. de **fremo**.

frēnātor, -ōris, subs. m. I — Sent. próprio: 1) O que dirige ou guia (com freio) (Estác. Theb. 1, 27). II — Sent. figurado: 2) Moderador (Plín. Pan. 55, 9). Sent. próprio: 3) Lançador de venábulo (V. Flac. 6, 162).

frēnātus, -a, -um, part. pass. de **freno**.

frendō, -is, -ĕre, frēsum (fressum), v. intr. e tr. I — Tr. — Sent. próprio: 1) Moer, triturar, mastigar (Varr. R. Rust. 2, 4, 17). II — Intr.: 2) Ranger os dentes, e daí: indignar-se (Cíc. Tusc. 2, 41).

frēnī, -ōrum, v. **frenum**.

frēnĭger, -gĕra, -gĕrum, adj. Que traz freio (Estác. S. 5, 1, 98).

frēnō, -ās, -āre, -āvī, -ātum, v. tr. I — Sent. próprio: 1) Pôr freio a, frear (Verg. En. 5, 554). II — Sent. figurado: 2) Conter, refrear, moderar (Cíc. Mil. 77).

Frentānī, -ōrum, subs. loc. m. Frentanos, povo da Itália, que habitava às margens do Adriático (Cíc. Clu. 197).

Frentānus, -a, -um, adj. Dos Frentanos (Plín. H. Nat. 3, 103).

Frentō, -ōnis, subs. pr. m. Frentão, rio da Apúlia (Plín. H. Nat. 3, 103).

frēnum, -ī, subs. n. I — 1) Freio (peça que se mete na bôca das cavalgaduras) (Cíc. Fam. 11, 24, 1). II — **Frēna, -ōrum,** subs. n. pl. e **frēnī, -ōrum,** subs. m. pl.: 2) Freios do cavalo (compreendendo o freio pròpriamente dito, a testeira e as rédeas), rédeas, brida (Cíc. Br. 204). III — Sent. figurado: 3) Freio, rédeas (T. Liv. 34, 2, 13). Sent. poético: 4) Cavalos, cavaleiros (Estác. Theb. 11, 243).

frequens, -entis, adj. I — Sent. próprio: 1) Basto (têrmo da agricultura, em oposição a **rarus,** raro, e sinônimo de **densus**) (Ov. Met. 8, 329). II — Sent. figurado: 2) Abundante, bem guarnecido, denso, cerrado (T. Liv. 35, 11, 5). Da língua rústica passou à língua comum com vários sentidos: 3) Que freqüenta um lugar, assíduo, freqüente (Cíc. Amer. 16). Daí: 4) Freqüentado, povoado, populoso (Cíc. Phil. 2, 106). 5) Numeroso, em grande número (Cíc. Phil. 2, 99). 6) Que acontece muitas vêzes, freqüente, comum, geral, corrente (T. Liv. 2, 32, 3). Obs.: Constrói-se absolut., com abl. ou gen. O abl. sing. é normalmente **frequenti,** sendo a forma **frequente** atestada em Suetônio (Ner. 20).

frequentātĭō, -ōnis, subs. f. 1) Abundância, emprêgo freqüente (Cic. Part. 55). Na língua retórica: 2) Acumulação, recapitulação (Her. 4, 52).

frequentātus, -a, -um. I — Part. de **frequento**. II — Adj. A) Sent. próprio: 1) Freqüente, comum (Plín. H. Nat. 37, 145). B) Daí: 2) Povoado, rico de, cheio de (Cíc. Br. 325).

frequēnter, adv. 1) Freqüentemente, muitas vêzes (Cíc. De Or. 3, 201). 2) Em grande número, bastante (Cíc. Verr. 3, 119).

frequentĭa, -ae, subs. f. I — Sent. próprio: 1) Concurso, afluência (Cíc. Mil. 1). II — Daí: 2) Multidão, grande número, abundância, freqüência (Cíc. De Or. 2, 56).

frequēntō, -ās, -āre, -āvī, -ātum, v. tr. I — Sent. próprio: 1) Freqüentar, ser assíduo (Cíc. Fam. 5, 21, 1). II — Sent. figurado: 2) Solenizar, celebrar (Cíc. Inv. 1, 40). 3) Reunir, amontoar, acumular (Cíc. Dom. 89). 4) Povoar, encher (Cíc. Of. 2, 15).

Fresilĭa, -ae, subs. pr. f. Fresilia, cidade dos marsos (T. Liv. 10, 3, 5).

fretēnsis, -e, adj. De estreito (Cíc. At. 10, 7, 1).

fretum, -ī, subs. n. I — Sent. próprio: 1) Estreito, braço de mar (caracterizado pela agitação das ondas) (Cíc. Mur. 35; At. 2, 1, 5). II — Daí: 2) Agitação das águas, o mar (sent. poético) (Hor. O. 1, 15, 1). III — Sent. figurado: 3) Agitação, impetuosidade (Lucr. 4, 1030).

1. frētus, -a, -um, adj. Apoiado em, confiado em, fiado em (Cíc. Font. 18). Obs.: Constrói-se com abl.; com dat.; absolt. ou com inf. (raro).

2. fretus, -ūs, subs. m. I — Sent. próprio: 1) Estreito (Cíc. Sest. 18). II — Sent. figurado: 2) Transição: **fretus anni** (Lucr. 6, 364) «estação de transição».

friātus, -a, -um, part. pass. de **frio**.

fricātus, -a, -um, part. pass. de **frico**.

frĭcō, -ās, -āre, fricŭī, fricātum e frictum, v. tr. Esfregar, fazer fricção, friccionar, polir (Verg. G. 3, 256). Obs.: O particípio **frictus** aparece em Sêneca (Nat. 1, 1, 5) e em outros autores imperiais.

frictūra, -ae, subs. f. Fricção (Apul. Met. 10, 21).

frictus, -a, -um, part. pass. de **frico** e de **frigo**.

fricŭī, perf. de **frico**.

frīgĕfactō, -ās, -āre, v. tr. Arrefecer, esfriar (Plaut. Poen. 760).

frīgĕō, -ēs, -ēre, frīxī ou frīgŭī, v. intr. 1) Estar frio, estar com frio, estar gelado (Verg. En. 6, 21). Daí: 2) Estar sem vida (Cíc. Fam. 7, 10, 2). 3) Ser friamente recebido (Cíc. Br. 187).

frīgĕrō, -ās, -āre, v. tr. Refrescar, esfriar, arrefecer (Catul. 61, 30).

frīgēscō, is, -ĕre, frīxī, v. incoat. intr. I — Sent. próprio: 1) Esfriar (Cat. Agr. 95, 2). II — Sent. figurado: 2) Arrefecer, tornar-se lânguido (Lucr. 6, 685).

frīgĭda, -ae, subs. f. Água fria (Sên. Ir. 2, 2, 1).

frīgidarius, -a, -um, adj. Próprio para refrescar (Plín. Ep. 2, 17, 11).

frīgĭdē, adv. 1) Friamente, sem energia, frouxamente (Cael. apud Cíc. Fam. 8, 10, 3). Daí: 2) Sem relêvo, sem graça, tôlamente (Quint. 6, 3, 4).

frīgĭdŭlus, -a, -um, adj. Um tanto frio, esfriado (Catul. 64, 131).

frīgĭdum, -ī, subs. n. O frio, temperatura fria (Sên. Nat. 6, 13, 2).

frīgĭdus, -a, -um, adj. I — Sent. próprio: 1) Frio (Cés. B. Gal. 4, 1, 10). Daí: 2) Fresco (Verg. G. 3, 336). II — Sent. figurado: 3) Gelado pela morte, moribundo (Verg. G. 4, 525). 4) Frio, insensível, fraco, inativo, lânguido (Cíc. Fam. 10, 16, 1). 5) Que gela, que faz gelar de horror (Hor. Sát. 2, 6, 50). 6) Fútil, de pouca importância, inútil (Cíc. Br. 236).

frīgō, is, -ĕre, frīxī, frīctum ou frīxum, v. tr. I — Sent. primitivo: 1) Fazer secar cozendo, cozer em sêco (Cat. Agr. 106, 1). Daí: 2) Assar, torrar, frigir, fritar (Plín. H. Nat. 18, 72). Obs.: O supino **frixum** é raro e tardio.

frīgŭī, perf. de **frigĕo**.

frīgus, -ŏris, subs. n. I — Sent. próprio: 1) Frio, frialdade (Cíc. Verr. 4, 87). Daí: 2) Arrepio (de febre) (Hor. Sát. 1, 2, 80). 3) Frio (da morte) (Verg. En. 12, 951). 4) Arrepio (de terror), terror (Verg. En. 1, 92). II — Sent. figurado: 5) Frieza, insensibilidade, indiferença (nas amizades) (Hor. Sát. 2, 1, 62). 6) Torpor, inação (Ov. F. 2, 856). Sent. poético: 7) Inverno (Verg. Buc. 2, 22).

fringīlla, -ae, subs. f. ou **fringīllus, -ī**, subs. m. Tentilhão (Marc. 9, 54, 7).

Friniātēs, -um (-ĭum), subs. loc. m. Friniates, povo da Ligúria (T. Lív. 39, 2, 1).

frĭō, -ās, -āre, -āvī, -ātum, v. tr. Reduzir a pequenos pedaços, esmigalhar, moer (Lucr. 1, 888).

Frīsĭī, -ōrum, subs. loc. m. Frísios, habitantes da Frísia (Tác. Germ. 34).

Frīsĭus, -a, -um, adj. Dos frísios (Tác. An. 4, 74).

fritīllus, -ī, subs. m. Copo de jogar os dados (Sên. Apoc. 12, 3).

frĭvŏla, -ōrum, subs. n. Coisas sem importância, frivolidades (sent. figurado) (Quint. 7, 2, 34).

frĭvŏlum, -ī, subs. n. Bagatela, coisa sem importância (Suet. Cal. 39).

frĭvŏlus, -a, -um, adj. De pouco preço, de pouca importância, fútil, frívolo (Plín. H. Nat. 7, 186).

frīxī, perf. de **frigĕo**, de **frigo** e de **frigēsco**.

frīxus, -a, -um, part. pass. de **frigo**.

frondātor, -ōris, subs. m. O que desfolha (as árvores), o que desparra as videiras (Verg. Buc. 1, 57).

frondĕō, -ēs, -ēre, v. intr. Ter fôlhas, estar coberto de fôlhas, ser frondoso (Verg. Buc. 3, 57).

frondēscō, -is, -ĕre, frondŭī, v. incoat. intr. Cobrir-se de fôlhas (Cíc. Tusc. 5, 37).

frondĕus, -a, -um, adj. I — Sent. próprio: 1) De folhagem (Verg. En. 1, 191). II — Daí: 2) Coberto de fôlhas (Ov. F. 3, 528).

frondífer, -féra, -férum, adj. Frondífero, que tem fôlhas, cheio de folhagem (Lucr. 2, 350).

frondósus, -a, -um, adj. Frondoso, abundante em folhagem, coberto de folhagem (Verg. 8, 351).

1. frons, frondis, subs. f. I — Sent. próprio: 1) Folhagem, fôlhas, fronde (Verg. G. 2, 446). II — Daí: 2) Grinalda de fôlhas (Hor. Ep. 2, 1, 110).

2. frons, frontis, subs. f. I — Sent. próprio: 1) Fronte, rosto, semblante, testa (Cíc. Clu. 72). Daí: 2) Ar, fisionomia (Cíc. Tusc. 3, 31). 3) Ar grave, gravidade (Cíc. Fam. 9, 10, 2). II — Sent. figurado: 4) Parte anterior, face de uma coisa, fachada, frontispício, frente (Cíc. Phil. 3, 32). 5) Capa (de um livro) (Ov. Trist. 1, 1, 8). 6) Aparência, aspecto (Quint. 4, 1, 42).

frontália, -ium, subs. n. Ornato que se colocava na testa dos cavalos e elefantes, testeira (T. Lív. 37, 40, 4).

Frontínus, -i, subs. pr. m. Júlio Frontino, autor de várias obras (Tác. Hist. 4, 39).

frontó, -õnis, subs. m. O que tem a testa grande (Cíc. Nat. 1, 80).

fructuárius, -a, -um, adj. Relativo aos frutos, que produz, que rende, que deve produzir frutos (Plín. H. Nat. 17, 181).

fructuósus, -a, -um, adj. 1) Frutuoso, fecundo, fértil (Cíc. Tusc. 2, 13). 2) Vantajoso, rendoso, lucrativo (Cíc. Of. 2, 64).

1. fructus, -a, -um, part. pass. de **frúor**.

2. fructus, -ûs, subs. m. I — Sent. próprio: 1) Direito de receber e guardar como propriedade os produtos de seus bens, gôzo dêsses produtos, fruto, proveito (Cíc. De Or. 1, 2). Sent. concreto: 2) Colheita (dos produtos, da terra), fruto ou frutos, produtos, rendimento (Cíc. Of. 2, 12). II — Sent. figurado: 3) Fruto, recompensa, resultado, efeito (Cíc. Pis. 31). Obs.: Gen. fructi (Ter. Ad. 870).

fruéndus, -a, -um, gerundivo de **frúor**.

frugálior, -ius, comp. de **frugi,** adj. Mais sóbrio, mais cordato, mais moderado (Plaut. Trin. 610). Obs.: O positivo pròpriamente era **frugalis,** que só é usado na decadência.

frugalissímus, -a, -um, superl. de **frugi** (correspondente ao comp. **frugálior**) (Cíc. De Or. 2, 287). Obs.: Veja a obs. precedente.

frugálítãs, -tãtis, subs. f. I — Sent. próprio: 1) Boa colheita de frutos (Apul. Met. 9, 35). II — Sent. figurado: 2) Moderação, temperança, sobriedade, frugalidade (Cíc. Verr. 3, 7).

frugáliter, adv. Com moderação, econômicamente, frugalmente (Cíc. Fin. 2, 25).

frúge, abl. de **frux; fruges, -um,** subs. f. v. **frux**.

Frúges, v. **Phryges**.

frúgi, adj. indecl. (antigo dat. de **frux** empregado como adj.). Que tem bom procedimento, cordato, sensato, sóbrio, moderado, frugal, honesto, honrado (Cíc. Tusc. 3, 16).

frugífer, -féra, -férum, adj. I — Sent. próprio: 1) Que produz, que rende, fértil, fecundo (Cíc. Tusc. 2, 13). II — Sent. figurado: 2) Frutuoso, útil (Cíc. Of. 3, 5).

frugilégus, -a, -um, adj. Que junta, que colhe grãos (Ov. Met. 7, 624).

frugipárus, -a, -um, adj. Que produz frutos (Lucr. 6, 1).

frúgis, gen. de **frux**.

fruíscor = fruníscor.

fruitúrus, -a, -um, part. fut. de **frúor** (Cíc. Tusc. 3, 38).

1. frümentárius, -a, -um, adj. I — Sent. próprio: 1) Relativo aos cereais ou ao trigo (Cés. B. Gal. 1, 23, 1). II — Daí: 2) Rico em trigo (Cés. B. Gal. 1, 10, 2).

2. frümentárius, -i, subs. m. Negociante de trigo, fornecedor de trigo (Cíc. Of. 3, 57).

frümentátió, -õnis, subs. f. I — Sent. próprio: 1) Abastecimento de trigo (Cés. B. Gal. 6, 39, 1). II — Daí: 2) Distribuição de trigo (ao povo) (Suet. Aug. 40).

frümentátor, -õris, subs. m. I — Sent. próprio: 1) Negociante de trigo (T. Lív. 2, 34, 4). II — Daí: 2) Soldado enviado a cortar trigo, forrageador (T. Lív. 31, 36, 8).

früméntor, -áris, -árí, -átus sum, v. dep. intr. Ir às provisões de trigo, fazer provisão de trigo (Cés. B. Gal. 7, 73, 1).

früméntum, -i, subs. n. No sing.: 1) Cereais, grãos, trigo (Cés. B. Gal. 1, 16, 1). No pl.: 2) Espécies de trigo (Cés. B. Gal. 1, 16, 2).

fruníscor, -éris, -nísci, -nítus sum = frúor (Plaut. Rud. 1012).

frúor, -éris, -i, fruítus e fructus sum, v. dep. intr. e tr. Intr.: I — Sent. próprio: Ter o gôzo de, e, especialmente: gozar dos produtos, dos frutos de, usufruir (Cíc. Nat. 1, 103); (Cíc. Fin. 1, 3). Obs.: **Fruítus** é devido à influência analógica de **tuítus.** Constrói-se com abl.; raramente como tr. com acus. O perf. **frui-**

tus sum ocorre em Sêneca (Ep. 93, 7); fructus sum em Lucrécio (3, 940); e o part. fut. **fruiturus** em Cícero (Tusc. 3, 38).
Frusĭnās, -ātis, adj. De Frúsino (Cíc. At. 11, 4, 1).
Frusĭnō, -ōnis, subs. pr. f. Frúsino, cidade dos volscos (T. Liv. 27, 37, 5).
frustātim, adv. Por pedaços, parceladamente (Plín. H. Nat. 20, 99).
frustillātim, adv. Aos bocadinhos, às gôtas (Plaut. Curc. 576).
frustrā, adv. 1) Em vão, inùtilmente (Cíc. Mil, 94). 2) Sem motivo, sem razão, sem finalidade, ociosamente (Cíc. Com. 41). 3) Ilusòriamente, com mentiras (Plaut. Amph. 974).
frustrāmen, -ĭnis, subs. n. Engano, embuste (Lucr. 4, 814).
frustrātĭō, -ōnis, subs. f. I — Sent. próprio: 1) Esperança vã, decepção, desapontamento (Varr. R. Rust. 5, 6). II — Daí: 2) Ação de iludir, lôgro, má fé, perfídia (T. Liv. 27, 47, 6). 3) Subterfúgio, escapatória, pretexto (T. Liv. 25, 25, 3).
1. **frustrātus, -ūs,** subs. m. Ação de enganar (Plaut. Men. 695).
2. **frustrātus, -a, -um,** part. pass. de frustro e de frustror.
frustrō, -ās, -āre, -āvī, -ātum, v. tr. Enganar. E' mais usado na v. pass.: ser enganado (Sal. B. Jug. 58).
frustror, -āris, -ārī, -ātus sum, v. dep. intr. e tr. I — Intr.: 1) Tergiversar. II — Tr.: 2) Tornar vão, enganar, frustrar (Plaut. Amph. 830); (Catul. 66, 16).
frustulēntus, -a, -um, adj. Cheio de pedaços (Plaut. Curc. 313).
frustum, -ī, subs. n. I — Sent. próprio: 1) Bocado (de um alimento), pedaço (Cic. Div. 1, 27). II — Sent. figurado: 2) Fragmento, pedaço (Plaut. Pers. 848).
frutex, -ĭcis, subs. m. I — Sent. próprio: 1) Rebento (de uma árvore); e daí: 2) Ramagem, rama, ramos (de uma árvore) (Fedr. 1, 11, 4). 3) Arbusto, árvore (Varr. R. Rust. 2, 1, 16). II — Sent. figurado: 4) Estúpido (têrmo de injúria) (Plaut. Most. 13).
fruticētum, -ī, subs. n. Matagal, mata (Hor. O. 3, 12, 12).
frutĭcō, -ās, -āre, -āvī, -ātum = **frutĭcor** (Plín. H. Nat. 19, 140).
frutĭcor, -āris, -ārī, -ātus sum, v. dep. intr. Produzir rebentos, brotar (Cíc. At. 15, 4, 2).

fruticōsus, -a, -um, adj. I — Sent. próprio: 1) Que tem muitos rebentos (Ov. Met. 6, 344). II — Daí: 2) Cheio de abrolhos, ou de tojos, brenhento (Ov. Her. 2, 121).
frux, frūgis, subs. f. Geralmente no pl.: **fruges, -um.** I — Sent. próprio: 1) Produtos da terra (Cíc. C. M. 5). Daí: 2) Grãos, cereais, searas, trigo (Cíc. Nat. 2, 152). Sent. poético: 3) Farinha sagrada (Verg. En. 2, 133). II — Sent. figurado: 4) Homem que produz alguma coisa, bravo, virtuoso (Cíc. At. 4, 8b, 3).
Fryg-, v. **Phryg-.**
fuam, fuas, fuat, pres. subj. arc. de **sum** = **sim, sis, sit.**
fūcātus, -a, -um. I — Patr. pass. de **fūco.** II — Adj.: 1) Tinto, pintado (Cic. Or. 79). Daí: 2) Artificial, falso, simulado (Cíc. Br. 36).
Fūcēntes, -ĭum, subs. loc. m. Fucentes, povo da Itália (Plín. H. Nat. 3, 106).
fūcĭna, -ōrum, subs. n. pl. Fazendas tingidas com urzela (Quint. 12, 10, 76).
Fūcĭnus Lacus ou **Fūcĭnus, -ī,** subs. pr. m. Lago Fúcino, na Itália (Verg. En. 7, 759).
fūcō, -ās, -āre, -āvī, -ātum, v. tr. Tingir, pintar (Verg. G. 2, 465).
fūcōsus, -a, -um, adj. I — Sent. próprio: 1) Colorido, enfeitado, preparado para agradar (Cíc. Rab. Post. 40). II — Sent. figurado: 2) Fingido (Cíc. At. 1, 18, 2).
1. **fūcus, -ī,** subs. m. I — Sent. próprio: 1) Fuco (planta marinha que dá uma tinta vermelha) (Plin. H. Nat. 26, 103). Daí: 2) Tinta vermelha, púrpura (Plín. H. Nat. 22, 3). 3) Própole das abelhas (substância avermelhada que as abelhas segregam e com que tapam as fendas do respectivo cortiço) (Verg. G. 4, 39). 4) Pintura (do rosto) (Tib. 1, 8, 11). II — Sent. figurado: 5) Disfarce, artifício (Cíc. At. 1, 1, 1).
2. **fūcus, -ī,** subs. m. Zangão (Verg. G. 4, 244).
fūdī, perf. de **fundo.**
fuĕram, m. q. perf. ind. de **sum.**
fuĕrō, fut. perf. do ind. de **sum.**
Fūfĭdiānus, -a, -um, adj. De Fufídio (Cíc. At. 11, 14, 3).
Fūfĭdĭus, -ī, subs. pr. m. Fufídio, nome de uma família romana (Cíc. Pis. 86).
Fufĭus, -ī, subs. pr. m. Fúfio, nome de família romana (Cíc. Fam. 5, 6, 1).
fuga, -ae, subs. f. I — Sent. próprio: 1) Ação de fugir, fuga, evasão (Cíc. Phil. 5, 30). Daí: 2) Exílio (Cíc. Of. 2, 20). II — Sent. figurado: 3) Ação de evitar,

FUGACITER — 413 — **FULGŬRŎ**

aversão (Cíc. Fin. 1, 33). 4) Carreira rápida (por terra ou mar) (Verg. En. 7, 24). Obs.: O gen. arc. **fugai** ainda ocorre em Lucrécio (1, 1047).

fugāciter, adv. (desusado). Comp. **fugacius**: de maneira fugitiva, fugazmente (T. Lív. 28, 8, 3).

fugax, -ācis, adj. I — Sent. próprio: 1) Que foge fàcilmente, pronto a fugir, fugitivo, fugaz (T. Lív. 5, 28, 8). II — Sent. figurado: 2) Que evita, que foge de, que corre (Sên. Ben. 4, 32). Daí: 3) Transitório, passageiro, efêmero (Hor. O. 2, 14, 1).

fūgī, perf. de **fugĭo.**

fugĭens, -ēntis. 1) Part. pres. de **fugĭo.** 2) Adj.: que foge (Cés. B. Civ. 1, 69, 3). Obs.: Constrói-se com gen.

fugĭō, is, -ĕre, fūgī, fugĭtum (fugitūrus); v. intr. e tr. I — Sent. próprio: 1) Fugir, escapar-se, pôr-se em fuga (Cíc. Verr. 4, 72); (Cíc. Nat. 3, 33). II — Sent. figurado: 2) Ser exilado, ser banido, estar desterrado (Cíc. Tusc. 5, 109). 3) Correr, ir depressa, passar, desaparecer (Hor. O. 1, 12, 30); (Verg. G. 3, 284) III — Tr.: 4) Fugiu de, evitar (Cés. B. Civ. 1, 19, 2); (Cíc. Rep. 5, 6). 5) Deixar, afastar-se de, abandonar, recusar (Verg. Buc. 1, 4). 6) Escapar a (Cíc. Pomp. 28). Obs.: Constrói-se como intr. ou tr. com acus. ou com inf.

fugĭtans, -āntis, part. pres. de **fugĭto.**

1. **fugitīvus, -a, -um,** adj. Fugitivo, que fugiu (Cíc. Verr. 4, 112).

2. **fugitīvus, -ī,** subs. m. 1) Escravo fugitivo (Cíc. Verr. 5, 5). 2) Desertor, trânsfuga (Cés. B. Gal. 1, 23, 2).

fugĭtō, -ās, -āre, -āvī, -ātum, v. intr. e tr. I — Intr.: 1) Procurar fugir, tratar de fugir (Ter. Eun. 847). II — Tr.: 2) Fugir, evitar (Cíc. Amer. 78). Obs.: Constrói-se como intr. ou tr. com acus. ou inf. (na poesia).

fugĭtor, -ōris, subs. m. = **fugitīvus** (Plaut. Trin. 723).

fugō, -ās, -re, -āvī, -ātum, v. tr. 1) Pôr em fuga, fazer fugir, afugentar, afastar (Cíc. Caec. 33). Daí: 2) Exilar, desterrar (Ov. P. 3, 5, 21).

fulcīmen, -ĭnis, subs. n. (= **fulcimēntum, -ī,** subs. n.). Sustentáculo, apoio, esteio (Apul. Met. 1, 16).

Fulcinius, -ī, subs. pr. m. Fulcínio, nome de homem (Cíc. Phil. 9, 5).

fulcĭō, -is, -īre, fūlsī, fūltum, v. tr. I — Sent. próprio: 1) Escorar, sustentar, suportar (Cíc. C. M. 52). II — Sent. figurado: 1) Firmar, fortalecer, fortificar (Cíc. At. 5, 21, 14).

fulcipedĭa, -ae, subs. f. Apoio dos pés (Petr. 75, 6).

fulcrum, -ī, subs. n. I — Sent. próprio: 1) Suporte, esteio, pé (da cama), balaústre (Verg. En. 6, 604). II — Daí: 2) Leito (Prop. 4, 7, 3).

Fulfŭlae, -ārum, subs. pr. f. Fúlfulas, cidade do Sâmnio (T. Lív. 24, 20, 5).

fulgens, -ēntis. 1) Part. pres. de **fulgĕo.** 2) Adj.: luminoso, brilhante, cintilante (Sên. Ep. 115, 4).

fulgĕō, -ēs, -ēre, fūlsī, v. intr. I — Sent. próprio: 1) Brilhar, referindo-se aos astros, aos fenômenos luminosos do céu, e, especialmente, ao raio) (Cíc. Nat. 2, 65). Daí: 2) Impess.: relampejar (Cíc. Div. 2, 72). 3) Brilhar, cintilar, resplandecer, luzir (Cíc. Cat. 2, 5). II — Sent. figurado: 4) Ser ilustre, ser estimado, brilhar (T. Lív. 26, 22, 13). Obs.: No período arcaico conjugava-se também pela 3.ª conj.: **fulgo, -ĕre,** havendo disto atestação em Lucrécio (5, 1095); e em Vergílio (En. 6, 826); etc.

fulgĭdus, -a, -um, adj. Luminoso, brilhante, fúlgido (Lucr. 3, 363).

Fulginiātes, -um, (-ĭum), subs. loc. m. Fulginiates, habitantes de Fulgínia, cidade da Úmbria (Plín. H. Nat. 3, 113).

fulgō, -is, -ĕre = fulgĕo.

fulgor, -ōris, subs. m. I — Sent. próprio: 1) Brilho, fulgor, luz (Cíc. Verr. 4, 71). Daí: 2) Clarão, relâmpago (Verg. En. 8, 524). II — Sent. figurado: 3) Brilhante, ilustre, respeitado (Ov. Trist. 5, 12, 39).

fulgur, -ŭris, subs. n. I — Sent. próprio: 1) Relâmpago (Cíc. Div. 7, 16). 2) Raio (Verg. G. 1, 488). II — Sent. figurado: 3) Luz, brilho (Juv. 6, 586).

fulgurālis, -e, adj. Dos relâmpagos, do raio (Cíc. Div. 1, 72).

fulgŭrat, v. impess. defect. Relampejar (Plín. H. Nat. 2, 144).

fulgurātĭō, -ōnis, subs. f. Fulguração, relâmpago (Sên. Nat. 1, 1, 5).

fulgurātor, -ōris, subs. m. I — Sent. próprio: 1) O que lança relâmpagos (Apul. Mund. 37). II — Daí: 2) Intérprete dos relâmpagos, do raio (Cíc. Div. 2, 109).

fugurātus, -a, -um = fulgurītus (Sên. Nat. 2, 21, 2).

fulgurītus, -a, -um, adj. Fulminado (Plaut. Trin. 539).

fulgŭrō, -ās, -āre, -āvī, -ātum, v. intr. Relampejar, brilhar, cintilar, luzir (Cíc. Div. 2, 43).

fulĭca, -ae, subs. f. ou **fulix, -ĭcis.** Gaivota (Plín. H. Nat. 11, 122); (**fuli**) (Cíc. poét. Div. 1, 14).

fūlĭgĭnĕus, -a, -um, adj. Da côr da fuligem (Petr. 108, 2).

fūlīgō, -ĭnis, subs. f. I — Sent. próprio: 1) Fuligem (Cíc. Phil. 2, 91). Daí: 2) Fumaça espêssa (Quint. 11, 3, 23). 3) Tinta prêta para pintar as sobrancelhas (Juv. 2, 93). II — Sent. figurado: 4) Obscuridade (A. Gél. 1, 2, 7).

fulix, -ĭcis, subs. f. = **fulica.**

fullō, -ōnis, subs. m. I — Sent. próprio: 1) Pisoeiro, o que prepara os panos depois de tecidos (Plaut. Aul. 508). II — Daí: 2) Espécie de escaravelho (Plín. H. Nat. 30, 100).

fulmen, -ĭnis, subs. n. I — Sent. próprio: 1) Raio, corisco (Cíc. Of. 3, 94). II — Sent. figurado: 2) Violência, impetuosidade (tratando-se do estilo) (Cíc. Fam. 9, 21, 1). 3) Catástrofe, desgraça imprevista (Cíc. Tusc. 2, 67).

fulmēnta, -ae, subs. f. I — Sent. próprio: 1) Apoio, esteio, suporte (Cat. Agr. 14, 1). II — Daí: 2) Sola do sapato (Plaut. Trin. 720).

fulmĭnat, v. impess. defect. Relampejar (Verg. G. 1, 370).

fulmĭnātĭō, -ōnis, subs. f. Fulminação, o lançar do rio (Sên. Nat. 2, 12, 1).

fulmĭnātus, -a, -um. I — Part. pass. de **fulmĭno.** II — Adj.: que tem o brilho do raio (Estác. S. 2, 7, 94).

fulmĭnĕus, -a, -um, adj. I — Sent. próprio: 1) Do raio (Hor. O. 3, 16, 11). II — Daí: 2) Brilhante (Verg. En. 9, 811). III — Sent. figurado: 3) Impetuoso, violento (Verg. En. 4, 580).

fulmĭnō, -ās, -āre, -āvī, -ātum, v. intr. e tr. I — Intr.: 1) Lançar o raio, fulminar, ferir com o raio (Verg. G. 4, 561). II — Tr.: 2) Fulminar, ferir com o raio (Plín. H. Nat. 2, 145).

fulsī, perf. de **fulcĭo** e de **fulgĕo.**

fultūra, -ae, subs. f. I — Sent. próprio: 1) Sustentáculo, apoio (Col. 1, 5, 9). II — Sent. figurado: 2) Alimento que sustenta, fortificante (Hor. Sát. 2, 3, 154).

fultus, -a, -um, part. pass. de **fulcĭo.**

Fulvĭa, -ae, subs. pr. f. Fúlvia, mulher do tribuno Clódio, e depois de Marco Antônio (Cíc. Phil. 2, 11).

Fulvĭāster, -trī, subs. m. Imitador de Fúlvio (Cíc. At. 12, 44, 4).

Fulvĭānus, -a, -um, adj. De Fúlvio (Plín. H. Nat. 26, 68).

Fulvĭus, -ī, subs. pr. m. Fúlvio, nome de família romana. Destacaram-se Fúlvio Flaco, partidário de Caio Graco (Cíc. Br. 108), e Marco Fúlvio Nobilior, vencedor dos etólios (Cíc. Arch. 27).

fulvus, -a, -um, adj. Ruivo, amarelado, fulvo (Verg. En. 7, 279).

fumārĭum, -ī, subs. n. Lugar onde se expõe alguma coisa ao fumo (especialmente o vinho) (Marc. 10, 36, 1).

fūmĕus, -a, -um, adj. I — Sent. próprio: 1) De fumo, que foi exposto ao fumo (Marc. 13, 123). II — Daí: 2) Que espalha fumo (Verg. En. 6, 593).

fūmĭdus, -a, -um, adj. Que fumega, que deita fumo (Verg. En. 9, 75).

fūmĭfer, -fĕra, -fĕrum, adj. Fumífero, que espalha fumo, que lança fumo (Verg. En. 9, 522).

fūmĭfĭcō, -ās, -āre, v. intr. Queimar incenso, produzir fumo (Plaut. Mil. 412).

fūmĭfĭcus, -a, -um, adj. Que faz fumo, defumado (Ov. Met. 7, 114).

fūmō, -ās, -āre, -āvī, -ātum. v. intr. Fumegar, fazer fumaça, lançar fumaça (Cíc. Nat. 2, 25); (Verg. En. 12, 338); (Verg. En. 11, 908).

fūmōsus, -a, -um, adj. I — Sent. próprio: 1) Que lança fumo, fumoso (Cat. Agr. 130). II — Daí: 2) Enegrecido, defumado (Cíc. Pis. 1). 3) Que cheira a fumo (Plín. H. Nat. 18, 319).

fūmus, -ī, subs. m. I — Sent. próprio. 1) Fumo, fumaça (Cés. B. Gal. 5, 48, 10). II — Sent. figurado: 2) Fumaça (Hor. Ep. 1, 15, 39).

fūnāle, -is, subs. n. I — Sent. próprio: 1) Tocha feita com uma corda revestida de uma camada de cêra (Cíc. C. M. 44). II — Sent. figurado: 2) Lustre, lampião, candieiro (Ov. Met. 12, 247).

fūnālis, -e, adj. De corda, de tiro (tratando-se do cavalo atrelado ao carro ao lado dos outros por meio de uma corda) (Suet. Tib. 6).

fūnambŭlus, -ī, subs. m. Funâmbulo, acrobata (Suet. Gal. 6).

functĭō, -ōnis, subs. f. Execução (de um encargo), exercício, trabalho (Cíc. Verr. 3, 15).

functus, -a, -um, part. pass. de **fungor.**

funda, -ae, subs. f. I — Sent. próprio; 1) Funda (de arremessar) (Cés. B. Gal. 4, 25, 1). Por extensão, todo objeto parecido com a funda: 2) Rêde de pescar, tresmalho (Verg. G. 1, 141). 3) Bôlsa, sacola (Macr. Saturn. 2, 4, 31). Daí: 4) Bala de chumbo (que se atira com a funda) (S. It. 10, 152).

fundāmen, -ĭnis, subs. n. Fundamento, alicerce (Verg. G. 4, 161).
fundāmēntum, -ī, subs. n. I — Sent. próprio: 1) Base, alicerce, fundamento (Verg. En. 4, 266). II — Sent. figurado: 2) Fundamento, base (Cíc. Cat. 4, 13). Sent. poético: 3) O fundo do mar (T. Liv. 2, 6, 55).
Fundānia, -ae, subs. pr. f. Fundânia, nome da espôsa de Varrão (Varr. R. Rust. 1, 1, 1).
Fundānĭus, -ī, subs. pr. m. Fundânio, nome de uma família romana. 1) Caio Fundânio, amigo de Cícero, por êle defendido (Cíc. Q. Fr. 1, 2, 10). 2) Poeta cômico amigo de Horácio e de Mecenas (Hor. Sát. 1, 10, 42).
1. Fundānus, -ī, subs. pr. m. Fundano, nome de um lago do Lácio (Plín. H. Nat. 3, 59).
2. Fundānus, -a, -um, adj. De Fundos, no Lácio (Cíc. Agr. 2, 66).
fundātor, -ōris, subs. m. Fundador (Verg. En. 7, 678).
fundātus, -a, -um, part. pass. de **fundo**.
Fundī, -ōrum, subs. pr. m. Fundos, cidade do Lácio (Cíc. At. 14, 6, 1).
fundĭtō, -ās, -āre, -āvī, -ātum, v. freq. tr. Espalhar em profusão (Plaut. Poen. 482). Nota: O sentido primitivo é «lançar com a funda», mas é usado sòmente no sentido figurado de: lançar palavras, espalhar.
fundĭtor, -ōris, subs. m. Fundibulário (Cés. B. Gal. 2, 7, 1).
fundĭtus, adv. I — Sent. próprio: 1) Até o fim, completamente, de alto a baixo (Cíc. Of. 1, 35). II — Sent. figurado: 2) Radicalmente, essencialmente (Cíc. Lae. 23). 4) Nas profundezas, no fundo (Lucr. 5, 498).
1. fundō, -ās, -āre, -āvī, -ātum, v. tr. I — Sent. próprio: 1) Dar alicerces, assentar sòlidamente, fundar, construir (Ov. P. 4, 3, 5). II — Sent. figurado: 2) Consolidar, firmar, estabelecer, fixar, assegurar (Cíc. Balb. 31).
2. fundō, -is, -ĕre, fūdī, fūsum, v. tr. I — Sent. próprio: 1) Derramar, espalhar (especialmente tratando-se de líquido), fundir (Verg. En. 3, 348); (Plín. H. Nat. 34, 5); (Verg. En. 3, 152). 2) Produzir em abundância (tratando-se da terra) (Cíc. Tusc. 5, 37). II — Daí: 3) Dar à luz (Verg. En. 8, 139). 4) Na língua militar: dispersar, pôr em fuga, derrotar (Cíc. Arch. 21). Donde: 5) Estender, abrir (Lucr. 2, 115). 6) Deixar escapar (Cíc. Tusc. 5, 73).

fundus, -ī, subs. m. I — Sent. próprio: 1) Fundo (de qualquer objeto: armário, vaso e também do mar, do rio, etc.) (Cíc. Clu. 179). Daí: 2) Bens de raiz, propriedade (compreendendo casa e terras) (Cíc. Verr. 3, 119). E depois: 3) Terras, fazenda (em oposição a **aedes**) (Plaut. Truc. 174). Na língua jurídica: 4) O que dá uma base para a decisão de qualquer coisa, o que aprova, ratifica (A. Gél. 19, 8, 12). II — Sent. figurado: 5) Fundo de uma taça, taça (Marc. 8, 6, 9). Loc.: 6) Pela raiz: **vertere fundo** (Verg. En. 10, 88) «destruir pela raiz» (em abl.).
fūnĕbris, -e, adj. I — Sent. próprio: 1) Relativo ao funeral, fúnebre (Cíc. De Or. 2, 311). II — Daí: 2) Funerais (**funebria, -ium,** subs. n. pl.) (Cíc. Leg. 2, 50). 3) Funesto, mortal (Hor. Ep. 1, 19, 49).
fūnerātus, -a, -um, part. pass. de **funĕro**.
fūnerĕus, -a, -um, adj. I — Sent. próprio: 1) Fúnebre, de funeral (Verg. En. 11, 143). II — Daí: 2) Sinistro, funesto (Ov. Met. 8, 511).
fūnĕrō, -ās, -āre, -āvī, -ātum, v. tr. Celebrar os funerais, prestar as últimas homenagens (Sên. Contr. 8, 4).
fūnēstō, -ās, -āre, -āvī, -ātum, v. tr. Manchar por um crime, manchar, desonrar, expor à morte (Cíc. Mil. 90).
fūnēstus, -a, -um, adj. I — Sent. próprio: 1) Mortal, funesto, fatal, mortífero (Cíc. Cat. 1, 24). Daí: 2) Fúnebre, funerário (T. Lív. 4, 20, 9). 3) Sinistro (Prop. 2, 28, 38). II — Sent. figurado: 4) Desolado, enlutado (Cíc. Leg. 2, 55).
fungēndus, -a, -um, gerundivo de **fungor**.
fungor, -ĕris, fungī, functus sum, v. dep. intr. e tr. Intr.: I — Sent. próprio: 1) Satisfazer uma dívida, pagar, desempenhar, cumprir, executar (Cíc. Lae. 22); (Cíc. Cael. 21). II — Sent. figurado: 2) Suportar (Lucr. 3, 734). 3) Consumir, acabar (Ov. Met. 11, 559). Obs.: Constrói-se geralmente com abl., raramente com acus. E' transitivo apenas no período arcaico.
fungus, -ī, subs. m. I — Sent. próprio: 1) Cogumelo, e tôda a espécie de excrescência que, pela forma ou consistência, faça lembrar o cogumelo (Hor. Sát. 2, 4, 20). II — Como têrmo injurioso: 2) Cabeça de vento, idiota (Plaut. Bac. 1088).
fūnicŭlus, -ī, subs. m. Corda pequena, barbante, corcel (Cic. Inv. 2, 154).

fūnis, -is, subs. m. Corda, amarra (Hor. Ep. 1, 10, 48).
fūnus, -ĕris, subs. n. (geralmente no pl.: funĕra, -um, n. pl.). I — Sent. próprio: 1) Funeral, entêrro (Cíc. Clu. 28). Daí: 2) Cerimônia fúnebre, honras fúnebres (Cíc. De Or. 2, 225). Daí, em sent. poético: 3) Morte, assassinio (Verg. Buc. 5, 20). 4) Cadáver (Verg. En. 9, 491). II — Sent. figurado: 5) Ruína, destruição, flagelo (Cíc. Prov. 2).
fūr, fūris, subs. m. I — Sent. próprio: 1) Ladrão (Cíc. Mil. 9). II — Daí, como têrmo de injúria: 2) Velhaco, patife (Plaut. Aul. 326); (Verg. Buc. 3, 16). Obs.: Há duas palavras para «ladrão»: fur — o que rouba às ocultas; latro — o que assalta.
fūrācĭter, adv. (desusado). Superl.: furacissĭme. Como fazem os ladrões, à maneira dos ladrões (Cíc. Vat. 12).
fūrans, -āntis. I — Part. pres. de furor. II — Subs.: Ladrão (Plin. H. Nat. 11, 24).
fūrātus, -a, -um, part. pass. de furor.
fūrax, -ācis, adj. Propenso para o roubo, inclinado ao roubo (Cíc. Pis. 74).
furca, -ae, subs. f. I — Sent. próprio: 1) Forcado (de dois dentes) (Hor. Ep. 1, 10, 24). II — Daí, o instrumento em forma de forcado: 2) Fôrca patibular, patíbulo (Plin. H. Nat. 29, 57). 3) Pau bifurcado (Verg. G. 1, 264). Em sent. especial: 4) Pau bifurcado que se punha ao pescoço dos escravos e criminosos (Cíc Div. 1, 55).
furcĭfer, -fĕrī, subs. m. O que merece a fôrca, patife (Ter. And. 618).
furcĭlla, -ae, subs. f. Forcado pequeno (Cíc. At. 16, 2, 4).
furcŭla, -ae, subs. f. Forcado pequeno, passagem estreita em forma de «V»; furculae Caudinae (T. Lív. 9, 2, 6) «Fôrcas Caudinas», desfiladeiros perto de Caudium, que se tornaram célebres pela derrota que os samnitas infligiram aos romanos.
furens, -ēntis. I — Part. pres. de furo. II — Adj.: Que está fora de si, desvairado, furioso (Hor. O. 1, 17, 25).
furēnter, adv. Furiosamente, como louco (Cíc. At. 6, 1, 12).
1. furĭa, -ae, subs. f. (geralmente no pl.: furĭae, -ārum). I — Sent. próprio: 1) Fúria, delírio, furor, acesso de loucura, loucura (Verg. En. 1, 41). II — Daí, em sent. figurado: 2) Fúria (de uma mulher) (Hor. Sát. 2, 3, 141). 3) Flagelo, peste (tratando-se de um homem): o furia sociorum (Cíc. Pis. 91), «ó flagelo de nossos aliados!».
2. Fūrĭa Lex, subs. pr. f. Lei Fúria, proposta por um Fúrio (cf. Cíc. Verr. 1, 109).
Furĭae, -ārum, subs. pr. f. As Fúrias, símbolo da vingança (Cíc. Nat. 3, 46).
furĭālis, -e, adj. I — Sent. próprio: 1) De Fúria, relativo às Fúrias (Verg. En. 7, 415). Daí: 2) Que se parece com as Fúrias (Cíc. Planc. 88). II — Sent. figurado: 3) Atroz, horrível (Ov. Met. 6, 84). Sent. poético: 4) Que torna furioso, violento, impetuoso (V. Flac. 6, 670).
furĭālĭter, adv. Furiosamente, com fúria, com furor (Ov. F. 3, 637).
Furĭānus, -a, -um, adj. De Fúrio (T. Lív. 6, 9, 11).
furibūndus, -a, -um, adj. I — Sent. próprio: 1) Delirante, furibundo, furioso (Cíc. Sest. 15). II — Sent. figurado: 2) Inspirado (pelos deuses) (Ov. Met. 14, 107).
Fūrina (Furrīna), -ae, subs. pr. f. Furina, deusa de caráter desconhecido (Cíc. Nat. 3, 46).
furĭō, -ās, -āre, -āvī, -ātum, v. tr. Tornar furioso, fazer ficar furioso, enfurecer (Hor. O. 1, 25, 14); (Verg. En. 2, 407).
furiōsē, adv. Como um louco, como um demente, furiosamente (Cíc. At. 8, 5, 1) Obs.: superl. furiosissĭme (Sên. Contr. 10, 5, 21).
furiōsus, -a, -um, adj. I — Sent. próprio: 1) Delirante, insensato, louco (Cíc. Clu. 182). II — Daí: 2) Impetuoso, violento, furioso (Cíc. Br. 241).
Fūrĭus, -ī, subs. pr. m. Fúrio, nome de família romana; entre outros, figuram: 1) Camilo, vencedor dos veios (Cíc. Tusc. 1, 90). 2) Fúrio Bibáculo, poeta latino, contemporâneo de Cícero. 3) Fúrio Ântias (Cíc. Br. 138).
furnarĭa, -ae, subs. f. Profissão de forneiro (Suet. Vit. 2).
Furnĭus, -ī, subs. pr. m. Fúrnio, nome de homem (Cíc. Fam. 15, 5).
furnus (fornus), -ī, subs. m. Forno, fornalha (de fundir minério) (Hor. Sát. 1, 4, 37).
fŭrō, -is, -ĕre, v. intr. I — Sent. próprio: 1) Estar fora de si, estar doido, estar furioso, ser violento (Cíc. Verr. 4, 39); (Cíc. De Or. 2, 139). II — Sent. figurado: 2) Estar louco de amor, desejar ardentemente (Hor. Epo. 11, 6). 3) Entregar-se, desencadear-se, estar louco de vontade (poético) (Ov. Met.

8, 828); (Verg. En. 5, 694). Obs.: Constrói-se como intr.; com acus. e inf. ou inf.; e simplesmente com acus.

1. **fŭror, -āris, -ārī, -ātus sum,** v. dep. tr. I — Sent. próprio: 1) Roubar, furtar (Cíc. Verr. 1, 60); (Quint. 3, 6, 41). II — Sent. figurado: 2) Subtrair, furtar, plagiar (Cíc. At. 2, 1, 1). 3) Apropriar-se indevidamente (Cíc. Balb. 5). Na língua militar: 4) Usar de ardil (Tác. An. 3, 74).

2. **furor, -ōris,** subs m. I — Sent. próprio: 1) Furor, fúria, raiva, cólera, loucura (Hor. Ep. 1, 2, 62). Daí, em sent. especial: 2) Furor profético, inspiração, entusiasmo (Cíc. Div. 1, 66). Na língua amorosa: 3) Amor violento, paixão louca (Verg. En. 4, 101). II — Sent. figurado: 4) Desejo violento (Estác. Theb. 8, 596).

furtim, adv. 1) Às escondidas, em segrêdo (Plaut. Poen. 662). 2) Furtivamente, como um ladrão (Sal. B. Jug. 4, 7).

furtīvē, adv. Em segrêdo, furtivamente (Sên. Contr. 1, 1, 20).

furtīvus, -a, -um, adj. I — Sent. próprio: 1) Roubado, furtado (Hor. Sát. 2, 7, 110). II — Sent. figurado:2) Furtivo, secreto, clandestino (Ov. Am. 1, 11, 3). 3) Criminoso, culpado (na língua amorosa) (Verg. En. 4, 171).

furtum, -ī, subs. n. I — Sent. próprio: 1) Roubo, furto (Cíc. Com. 26). Daí: 2) Objeto roubado (Cíc. Verr. 4, 23). II — Sent. figurado: 3) Ardil, estratagema (Verg. En. 10, 735). Na língua amorosa: 4) Relações ilícitas, amores ocultos, adultério (Ov. Met. 2, 423).

furŭī, perf. de **furo**.

fŭruncŭlus, -ī, subs. m. Pequeno ladrão, ratoneiro (Cíc. Pis. 66).

furvus, -a, -um, adj. Negro, sombrio, tenebroso (Ov. Met. 5, 541).

fuscīna, -ae, subs. f. Forcado (de ferro), tridente (Cíc. Nat. 1, 103).

Fuscĭnus, -a, -um, adj. Relativo a um Fusco (Sên. Suas. 4).

fuscō, -ās, -āre, -āvī, -ātum, v. tr. Enegrescer, tornar escuro, obscurecer (Ov. A. Am. 1, 513).

1. **fuscus, -a, -um,** adj. I — Sent. próprio: 1) Prêto, escuro, fusco (Cíc. Sest. 19). Daí: 2) Trigueiro (Verg. En. 8, 369). II — Sent. figurado: 3) Velado, cavernoso, roufenho (Cíc. Nat. 2, 146).

2. **Fuscus, -ī,** subs. pr. m. Arístio Fûsco, gramático e poeta (Hor. Sát. 1, 9, 61).

fūsē, adv. 1) Com extensão, com desenvolvimento, profusamente (tratando-se do estilo) (Quint. 11, 3, 97). 2) Abundantemente, extensamente, em profusão (Cíc. Or. 113). Obs.: Comp.: **fusĭus** (Cíc. Nat. 2, 20).

fūsĭlis, -e, adj. Fundido (Ov. Met. 11, 126).

fūsĭō, -ōnis, subs. f. Ação de derramar, difusão (Cíc. Nat. 1, 39).

fustis, -is, subs. m. 1) Bastão, bordão, pau-grosso, acha (Hor. O. 3, 6, 41). 2) Vara (para bater) (Hor. Ep. 2, 1, 154).

fustitudĭnus, -a, -um, adj. Que castiga com um bastão (Plaut. As. 33).

fustuārĭum, -ī, subs. n. Suplício aplicado com bastão, bastonada (Cíc. Phil. 3, 14).

1. **fūsus, -a, -um.** I — Part. pass. de **fundo**. II — Adj.: 1) Derramado, espalhado, estendido, derretido, fundido (sent. próprio e figurado) (Verg. En. 6, 440). 2) Livre, sôlto (Quint. 9, 4, 130).

2. **fūsus, -ī,** subs. m. (geralmente no pl.). I — Sent. próprio: 1) Fuso de fiar (Plín. H. Nat. 28, 28). II — Daí, por extensão: 2) Destino (atributo das Parcas) (Ov. Her. 12, 4).

fŭtĭlĕ (futtĭle), adv. Fùtilmente, vãmente, inùtilmente (Plaut. St. 398).

fŭtĭlis (futtĭlis), -e, adj. I — Sent. próprio: 1) Que deixa escapar o que contém (P. Fest. 89, 4). Daí: 2) Frágil (Verg. En. 22, 740). II — Sent. figurado: 3) Inútil, sem efeito, frívolo, fútil, sem autoridade (Cíc. Div. 1, 36); (Cíc. Tusc. 4, 37).

fŭtĭlĭtās (futtĭlĭtās), -tātis, subs. f. Futilidade (Cíc. Nat. 2, 70).

futtĭlis, futtĭlĭtas, v. **futĭlis, futĭlĭtas**.

futŭō, -ĭs, -ĕre, -ŭī, -ūtum, v. tr. Ter relações com uma mulher (Catul. 97, 9).

futūrus, -a, -um. I — Part. fut. de **sum**. II — Adj.: O que há de ser, futuro (Cíc. Phil. 2, 89); (Cíc. Tusc. 4, 61). III — Subs. (no pl.: **futūra, -ōrum**): O futuro (Cíc. Div. 2, 16); no sing.: **in futuro** (Cíc. Fat. 16) «no futuro».

fŭtŭtĭō, -ōnis, subs. f. Relações (Catul. 32, 8).

fŭtŭtor, -ōris, subs. m. Que tem relações (Marc. 1, 91, 6).

fŭtŭtrix, -īcis, f. de **fututor** (Marc. 11, 22, 4).

G

g, f. n. 7ª letra do alfabeto latino. Abreviatura: G.L. = genio loci.

Gabălĭ, -ōrum e **Gabăles, -um**, subs. loc. m. pl. Gábalos, povo gaulês, limítrofe da Gália Narbonense (Cés. B. Gal. 7, 64, 6).

gabăta, -ae, subs. f. Escudela, tigela (Marc. 7, 47, 3).

Gabba, -ae, subs. pr. m. Gaba, bôbo do tempo de Augusto (Juv. 5, 4).

Gabēllus, -ī, subs. pr. m. Gabelo, rio da Gália Cispadana (Plín. H. Nat. 3, 118).

Gabiēnus, -ī, subs. pr. m. Gabieno, sobrenome romano (Plín. H. Nat. 7, 178).

Gabiī, -ōrum, subs. pr. m. Gábios, antiga cidade do Lácio, onde, segundo a lenda, Rômulo e Remo foram criados (Verg. En. 6, 773).

Gabīnī, -ōrum subs. loc. m. Gabinos, habitantes de Gábios (T. Lív. 1, 54).

Gabīnĭa, -ae, subs. pr. f. Gabinia, nome de mulher (Marc. 7, 57). **Gabinia lex** (Cíc. At. 6, 2, 7) «lei Gabínia».

1. Gabĭniānus, -a, -um, adj. De Gabínio (Cés. B. Civ. 3, 4).

2 Gabĭniānus, -ī, subs. pr. m. Gabiniano, retor gaulês, do tempo de Vespasiano (Tác. D. 26).

Gabīnĭus, -ī, subs. pr. m. Gabínio, nome de família romana (Cés. B. Gal. 1, 6, 4).

Gabīnus, -a, -um, adj. Dos Gábios (Cíc. Planc. 23).

Gaddir, v. Gadir.

Gādēs, -ĭum, subs. pr. f. Gades, cidade e ilha da costa ocidental da Bética, hoje Cádis (Cíc. Fam. 10, 32, 1). Obs.: acus. Gadis (T. Lív. 21, 21, 9).

Gādir (Gaddir), subs. pr. n. indecl. Gadir, nome fenício de Gades (Sal. Hist. frag. 2, 26).

Gādis, -is, subs. pr. f., v. **Gādes** (Plín. H. Nat. 3, 7).

Gādītānī, -ōrum, subs. loc. m. Gaditanos, os habitantes de Gades (Cíc. Balb. 39).

Gādītānus, -a, -um, adj. De Gades (Cíc. Balb. 42).

gaesa, -ōrum, subs. m. pl. Dardos de ferro (usados pelos alpinos e gauleses) (Cés. B. Gal. 3, 4, 1). Obs.: O sing. é raro (T. Lív. 26, 6, 5).

gaesum, -ī, v. gaesa.

Gaetūlī, -ōrum, subs. loc. m. pl. Getulos, habitantes da Getúlia (Sal. B. Jug. 18, 9).

Gaetūlĭa, -ae, subs. pr. f. Getúlia, região a NO da África (Plín. H. Nat. 5, 30).

Gaetūlĭcus (Gaetŭlus), -a, -um, adj. 1) Da Getúlia (Verg. En. 5, 192). 2) Getúlico, vencedor dos Getulos (Tác. An. 4, 42).

Gāĭa, v. **Gaĭus**.

Gāĭānus, -a, -um, adj. De Gaio, i.é, Calígula (Tác. Híst. 4, 15).

Gāĭus, Gāĭ, subs. pr. m. e **Gāĭa, -ae**, subs. pr. f. (**Caius, Caia** na grafia antiga). Gaio, Gaia, nomes romanos antigos, dados ao noivo e à noiva (Cíc. Mur. 27).

Galactēnī, subs pr. m. Galactenos, cidade da Sicília (Plín. H. Nat. 3, 91).

Galaesus, -ī, subs. pr. m. 1) Galeso, rio perto de Tarento, hoje Calaso (Verg. G. 4, 126). 2) Nome de homem (Verg. En. 7, 535).

Galānthis, -ĭdis, subs. pr. f. Galântis, criada de Alcmena, transformada em doninha por Lucina (Ov. Met. 9, 306). Obs.: acus. **Galanthĭda** (Ov. Met. 9, 316).

Galătae, -ārum, subs. loc. m. Gálatas, habitantes da Galácia, também chamados **Gallograeci** (Cíc. At. 6, 5, 3).

Galatēa, -ae, subs. pr. f. 1) Galatéia, uma das Nereidas (Verg. En. 9, 103). 2) Nome de pastôra (Verg. Buc. 1, 31).

Galatĭa, -ae, subs. pr. f. 1) Galácia, província da Ásia Menor (Tác. An. 13, 35). 2) Cidade da Campânia (T. Lív. 26, 5, 4).

1. galba, -ae, subs. m. Espécie de verme ou larva, assim chamada em virtude de seu aspecto rechonchudo (Suet. Galb. 3).

2. Galba, -ae, subs. pr. m. Galba, sobrenome da gens. Sulpícia, na qual se destacam: 1) Sérvio Sulpício Galba, célebre orador da República. 2) Outro do mesmo nome (Cés. B. Gal. 2, 4, 7). 3) O imperador Galba (Suet. Galb.).

3. Galba nux, v. calvus (Plín. H. Nat. 15, 90).

galbanĕus, -a, -um, adj. De gálbano (planta) (Verg. G. 3, 415).

galbănum, -ī, subs. n. Gálbano (resina produzida por uma planta umbelífera da Síria) (Plín. H. Nat. 12, 121).

galbĕus, -i, subs. m. Faixa de lã para envolver um medicamento (Suet. Gal. 3).
Galbiāni, -ōrum, subs m. Galbianos, partidários do imperador Galba (Tác. Hist. 1, 51).
galbinātus, -a, -um, adj. Vestido de galbinum, vestido efeminadamente (Marc. 3, 82).
galbinum, -i, subs. n. Vestido verde-pálido (usado pelas mulheres ou homens efeminados) (Juv. 2, 97).
galbĭnus, -a, -um, adj. I — Sent. próprio: 1) De côr verde-pálida ou amarela (Petr. 67, 4). II — Sent. figurado: 2) Mole, efeminado (Marc. 1, 96, 9).
galbŭlus, -i, subs. m. Verdelhão (pássaro) (Marc. 13, 68).
galĕa, -ae, subs. f. I — Sent. próprio: 1) Casco de couro (Isid. 18, 14). II — Daí: 2) Capacete (em geral): galeam induere (Cés. B. Gal. 2, 21, 5) «cobrir-se com o capacete». III — Sent. especial: 3) Capacete (de metal) (Cíc. Verr. 4, 97).
galeātus, -a, -um. I — Part. pass. de galĕo. II — Subs. m. pl. **galeātī, -ōrum:** galeatos, soldados munidos de capacete (Juv. 1, 169).
Galēnus, -i, subs. pr. m. Galeno, célebre médico grego de Pérgamo, médico dos imperadores Marco Aurélio e Cômodo.
galĕo, -ās, -āre, -āvī, -ātum, v. tr. Cobrir com capacete, munir com o capacete (Cíc. Nat. 1, 100).
Galeōtae, -ārum, subs. m. Galeotas, nome dado aos adivinhos da Sicília, intérpretes dos prodígios (Cíc. Div. 1, 39).
Galēria, -ae, subs. pr. f. Galéria. 1) Mulher de Vitélio (Tác. Hist. 2, 60). 2) Galeria tribus (T. Lív. 27, 6, 3) «a tribo Galéria».
galērĭcŭlum, -i, subs. n. I — Sent. próprio: 1) Barrete de pele, pequena touca (Marc. 14, 50). II — Daí: 2) Cabeleira postiça (Suet. Ot. 12).
1. galērītus, -a, -um, adj. Com um barrete na cabeça (Prop. 4, 1, 29).
2. galērītus, -i, subs. m. Cotovia (Varr. L. Lat. 5, 76).
Galērĭus, -i, subs. pr. m. 1) Galério, orador do tempo de Óton (Tác. Hist. 1, 90). 2) Imperador romano (Eutr. 9).
galērus, -i, subs. m. I — Sent. próprio: 1) Galero, barrete de pele, casquete (Verg. En. 7, 689). II — Daí: 2) Cabeleira postiça .(Juv. 6, 120).
Galēsus, v. **Galaesus.**

Galilaea, -ae, subs. pr. f. Galiléia, parte setentrional da Palestina (Plín. H. Nat. 5, 70).
Galilaei, -ōrum, subs. loc. m. Galileus (Tác. An. 12, 54).
Galla, -ae, subs. pr. f. 1) Gala, nome de mulher (Marc. 2, 25, 34). 2) Mulher gaulesa (T. Lív. 22, 57, 6).
Gallae, -ārum, subs. f. Galas, sacerdotisas de Cibele (Catul. 63, 12).
Gallaecia, -ae, subs. pr. f. Galécia, província a NO da Espanha, hoje Galícia (Plín. H. Nat. 4, 112).
Gallī, -ōrum, loc. subs. m. 1) Gauleses, habitantes da Gália (Cés. B. Gal. 1, 1, 1). 2) Galos, sacerdotes de Cibele (Ov. F. 4, 361).
Gallĭa, -ae, subs. pr. f. 1) Gália, região da Europa Ocidental (Cés. B. Gal. 1, 1, 1). 2) **Gallia Transalpina** (Cic. Pomp. 35) ou **Ulterior** (Cés. B. Gal. 1, 7, 1) «Gália Transalpina» ou «Ulterior», ou Gália pròpriamente dita, que se opõe à Gália Cisalpina (Cés. B. Gal. 6, 1, 1) ou **Citerior** (Suet. Cés. 30).
gallĭāmbus, -i, subs. m. Galiambo, canto dos sacerdotes de Cibele (Marc. 2, 85, 5).
gallĭca, -ae, subs. f. Calçado dos gauleses (Cíc. Phil. 2, 76).
1. Gallĭcānus, -a, -um, adj. Da Gália (província romana), gaulês (Cíc. Cat. 2, 5).
2. Gallĭcānus, -i, subs. loc. m. Gaulês (Cíc. Pis. frg. 10).
Gallĭcē, adv. À maneira dos gauleses, em língua gaulesa (A. Gél. 11, 7, 4).
Gallicia, v. **Gallaecia.**
Gallĭcus, -a, -um, adj. 1) Da Gália, gaulês (Cés. B. Gal. 1, 31, 11). 2) Dos Galos (Ov. Am. 2, 13, 18). 3) Do rio Galo (Prop. 2, 13, 48).
Galliēnus, -i, subs. pr. m. Galieno, imperador romano.
1. gallīna, -ae, subs. f. I — Sent. próprio: 1) Galinha (Cíc. C. M. 56). II — Sent. figurado: 2) No provérbio: gallinae filius albae (Juv. 13, 44) «filho da galinha branca», i.é, «favorecido pelos deuses». Como têrmo de ternura: 3) Franguinha (Plaut. As. 666).
2. Gallīna, -ae, subs. pr. m. Galina, nome de um gladiador (Hor. Sát. 2, 6, 44).
Gallīnācĕus, -a, -um, adj. De galo, de galinha, galináceo: pullus gallinaceus (Fedr. 3, 12) «um frango (filhote de galinha)».
Gallīnārĭa silva, subs. pr. f. 1) Floresta Galinária, perto de Cumas (Cíc. Fam.

9, 23) ou **Gallināria pinus** (Juv. 3, 307). 2) **Gallināria insula** (Varr. R. Rust. 3, 9, 17) «ilha do mar Tirreno».

gallīnārius, -i, subs. m. Criador de galinhas (Cíc. Ac. 2, 86).

Galliŏ, -ōnis, subs. pr. m. Galião, nome de homem: **Junius Gallio**, retor, amigo do retor Sêneca, do qual adotou um filho (Tác. An. 6, 3).

Gallītae, -ārum, subs. loc. m. Galitas, povo dos Alpes (Plín. H. Nat. 3, 137).

Gallĭus, -i, subs. pr. m. Gálio, nome de homem (Cíc. At. 10, 15, 4).

Gallograecia, -ae, subs. pr. f. Galogrécia ou Galácia, região do interior da Ásia Menor (Cés. B. Civ. 3, 4, 5).

Gallograeci, -ōrum, subs. loc. m. Galogregos (T. Liv. 37, 40).

Gallograecus, -a, -um, adj. Galogrego.

Gallōnius, -i, subs. pr. Galônio, nome de família romana, em especial: **P. Gallonius**, epicurista célebre (Cíc. Fin. 2, 24).

1. **Gallus, -a, -um**, adj. Dos gauleses (Marc. 5, 1, 10).

2. **gallus, -i**, subs. m. Galo: **gallus in sterquilinio suo plurimum potest** (Sên. Apoc. 405) «o galo é soberano no seu galinheiro».

3. **Gallus, -i**, subs. loc. m. 1) Um gaulês, habitante da Gália (Cés. B. Gal. 3, 18, 1). 2) Galo, sacerdote de Cibele (Marc. 3, 81). Subs. pr. 3) Sobrenome de várias famílias (Cornélia, Sulpícia, etc.), notadamente: **Cornelius Gallus**, amigo de Vergílio (Verg. Buc. 10). 4) Rio da Galácia (Plín. H. Nat. 5, 147).

Gamāla, -ae, subs. pr. f. Gâmala, cidade da Palestina (Suet. Tit. 4, 3).

gamēliōn, -ōnis, subs. m. Cameliâo (sétimo mês dos atenienses, correspondente à segunda parte de janeiro e primeira de fevereiro) (Cíc. Fin. 2, 101).

gānĕa, -ae, subs. f. I — Sent. próprio: 1) Taberna, espelunca (Cíc. Pis. 13). II — Sent. figurado: 2) Boa mesa, orgia, devassidão (Tác. Hist. 2, 95).

gānĕŏ, -ōnis, subs. m. Freqüentador de tabernas, devasso (Cíc. Cat. 2, 7).

gānĕum, -i, subs. n., forma arcaica de **ganĕa** (Plaut. Men. 703).

gangăba, -ae, subs. m. (palavra persa). Carregador (Q. Cúrc. 3, 33, 7).

Gangēs, -is, subs. pr. m. Ganges, rio da Índia (Cíc. Rep. 6, 20).

Gangēticus, -a, -um, adj. Do Ganges (Marc. 8, 26).

Gangētis, -ĭdis, subs. f. Do Ganges (Ov. Am. 1, 2, 47).

gannĭō, -is, -ire, v. intr. I — Sent. próprio: 1) Ganir, latir (Juv. 6, 64). II — Sent. figurado: 2) Resmungar, rosnar, murmurar (Ter. Ad. 556).

gannītus, -ūs, subs. m. I — Sent. próprio: 1) Latido, ganido (Lucr. 5, 1069). II — Sent. figurado: 2) Vozeria, gritaria (Marc. 5, 60, 20). 3) Carinho (Apul. M. 6, 27). 4) Lamentações (Plín. H. Nat. 9, 9). 5) Gorgeio (das aves) (Apul. M. 6, 6).

ganta, -ae, subs. f. Pato (branco e pequeno) (Plín. H. Nat. 10, 52).

Ganymēdēs, -is, subs. pr. m. Ganimedes, filho de Tros, rei de Tróia, roubado pela águia de Júpiter; substituiu Hebe na função de copeiro dos deuses (Cíc. Tusc. 1, 65).

Ganymēdĕus, -a, -um, adj. De Ganimedes (Marc. 9, 17, 6).

Garămans, -antis, subs. pr. m. Garamante (Sen. Herc. Oet. 1110).

Garamāntēs, -um, subs. loc. m. Garamantes, povo africano ao sul da Numídia (Plín. H. Nat. 5, 36).

Garamāntis, -ĭdis, subs. f. Do país dos Garamantes (Verg. En. 4, 198).

1. **Gargānus, -a, -um**, adj. Do monte Gargano (Hor. Ep. 2, 1, 202).

2. **Gargānus, -i**, subs. pr. m. Gargano, monte da Apúlia, na Itália Meridional (Verg. En. 11, 247).

Gargaphĭē, -ēs, subs. pr. f. Gargáfia, vale da Beócia, consagrado a Diana (Ov. Met. 3, 156).

Gargăra, -ōrum, subs. pr. n. Gárgaros, um dos picos dos montes Ida, na Mísia, Ásia Menor (Verg. G. 1, 103).

gargarĭzō, -ās, -āre, -āvī, -ātum, v. tr. Gargarejar, tomar em gargarejos (Plín. H. Nat. 20, 87).

Gargettĭus, -a, -um, adj. De Gargeto, povoação da Ática, a NE de Atenas, e pátria de Epicuro (Cíc. Fam. 15, 16, 1).

Gargilĭus, -i, subs. pr. m. Gargílio, nome de homem (Hor. Ep. 1, 6, 58).

Garnae, subs. pr. f. Garnas, pôrto da Itália (Plín. H. Nat. 3, 103).

Garrēscī, -ōrum, subs. pr. m. Garrescos, cidade da Macedônia (Plín. H. Nat. 4, 35).

garrĭō, -is, -ire, -ivī (ou -ĭi), -ītum, v. intr. e tr. Palrar, tagarelar, conversar (Cic. De Or. 2, 21); (Cíc. At. 6, 2, 10).

garrulĭtās, -tātis, subs. f. I — Sent. próprio: 1) Chilreio (das aves) (Ov. Met. 5, 678) (da pêga). II — Daí: 2) Tagarelice (de criança) (Suet. Aug. 93). 3) Tagarelice (em geral) (Quint. 2, 4, 15).

garrŭlus, -a, -um, adj. I — Sent. próprio: 1) Chilreador (tratando-se de aves) (Verg. G. 4, 307). II — Daí: 2) Gárrulo, loquaz, falador, verboso (Hor. Sát. 1, 9, 33). III — Sent. figurado: 3) Murmurante: **garrulus rivus** (Ov. F. 2, 316) «regato murmurante».

Garŭlī, -ōrum, subs. loc. m. Gárulos, povo da Ligúria (T. Liv. 41, 19).

garum, -ī, subs. n. Salmoura (Hor. Sát. 2, 8, 46).

Garūmna, -ae, subs. pr. m. Garona, rio da Aquitânia, na Gália; nasce nos Pirineus e desemboca no oceano Atlântico (Cés. B. Gal. 1, 1, 2).

Garūmnī, -ōrum, subs. loc. m. Habitantes das margens do Garona (Cés. B. Gal. 3, 27, 1).

gastrum, -ī, subs. n. Vaso bojudo (Petr. 70, 6).

Gatĕs, -ium, subs. loc. m. Gates, povo da Aquitânia (Cés. B. Gal. 3, 27, 1).

gaudĕō, -ēs, -ēre, gāvīsus sum, v. semidep. intr. e tr. 1) Regozijar-se, estar alegre, contente, folgar (Cíc. Tusc. 3, 51); (T. Liv. 22, 9, 5). 2) Gostar de, comprazer-se (Verg. G. 2, 181). Obs.: Constrói-se com acus. e inf., ou sòmente com inf., com **quod,** com abl., com acus., com oração introduzida por **cum** ou **quin.** Raramente é transitivo.

gaudiālis, -e, adj. Alegre (Apul. M. 2, 31).

gaudimōnium, -ī, subs. n. = **gaudium** (Petr. 61, 3).

gaudĭum, -ī, subs. n. I — Sent. próprio: 1) Alegria, satisfação, prazer, regozijo (sent. concreto e abstrato) (Cíc. Fin. 5, 69). Daí: 2) Prazer dos sentidos, gôzo (Sal. B. Jug. 2, 4). II — Sent. figurado: 3) Alegria, prazer (Plín. H. Nat. 16, 95).

gaulus, -ī, subs. m. Prato redondo, terrina (Plaut. Rud. 1319).

Gaurelĕos, -ī, subs. pr. m. Gauréleos, pôrto da ilha de Andros (T. Liv. 31, 45).

Gaurus, -ī, subs. pr. m. Gauro, montanha vulcânica da Itália, na Campânia, célebre por seus vinhos (Cíc. Agr. 2, 36).

gausăpa, -ae, subs. f. I — Sent. próprio: 1) Tecido espêsso e de pêlos compridos (introduzido em Roma no tempo de Augusto), vestido, manto, capa, toalha ou guardanapo feito com êsse tecido (Petr. 28). II — Sent. figurado: 2) Cabeleira postiça, chinó (Pérs. 4, 37).

gausapātus, -a, -um, adj. I — Sent. próprio: 1) Coberto com uma capa (gausapa) (Sên. Ep. 53, 3). II — Sent. figurado: 2) Coberto com seu pêlo (Petr. 38, 15).

gausăpe = gausăpa (Hor. Sát. 2, 8, 11).

gausapĭna, -ae, (ou **gausapĭna paenŭla),** subs. f. = **gausapa** (Marc. 6, 59, 8).

gāvīsus, -a, -um, part. pass. de **gaudĕo.**

Gāvĭus, -ī, subs. pr. m. Gávio, cidadão romano, sacrificado por Verres (Cíc. Verr. 5, 61).

gāza, -ae, subs. f. I — Sent. próprio: 1) Tesouro real (da Pérsia) (C. Nep. Dat. 5). II — Daí, em geral: 2) Tesouro, riquezas, haveres (Cíc. Of. 2, 76).

Gedrōsĭa, -ae, subs. pr. f. Gedrósia, província da Pérsia, entre a Carmânia e a Índia, nas costas do mar Eritreu (Plín. H. Nat. 21, 62).

Gedrōsī (Gedrosĭī), -ōrum, subs. loc. m. Gedrósios, habitantes da Gedrósia (Q. Cúrc. 9, 10, 3).

Gegānĭus, -ī, subs. pr. m. Gegânio, nome de várias personagens (T. Liv. 6, 31).

Geidŭmnī, -ōrum, subs. loc. m. Geidumnos, povo da Bélgica (Cés. B. Gal. 5, 39).

Gelă, -ae, subs. pr. f. Gela, cidade da costa meridional da Sicília, região muito fértil (Verg. En. 3, 702).

Gelās, -ae, subs. pr. m. Gela, rio da Sicília (Plín. H. Nat. 3, 80).

gelāscō, -is, -ĕre, v. incoat. intr. Gelar, congelar-se (Plín. H. Nat. 14, 132).

gelasīnus, -ī, subs. m. Rugas (formadas no rosto de quem se ri), pé-de-galinha (Marc. 7, 25, 6).

gelātĭō, -ōnis, subs. f. Geada (Plín. H. Nat. 16, 233).

gelātus, -a, -um, part. pass. de **gelo.**

Gelēnsēs, -ium, subs. loc. m. Habitantes de Gela (Cíc. Verr. 4, 73).

Geldūba, -ae, subs. pr. f. Gelduba, localidade dos Ubianos, na margem esquerda do Reno (Tác. Hist. 4, 26).

gelĭdē, adv. Com frieza (sent. figurado) (Hor. A. Poét. 171).

gelĭdus, -a, -um, adj. I — Sent. próprio: 1) Gelado, muito frio, enregelado (Cíc. Cat. 1, 31). II — Sent. figurado: 2) Gelado (tratando-se da morte, da idade, do mêdo) (Verg. En. 2, 120).

Gellĭa, -ae, subs. pr. f. Gélia, nome de mulher (Marc. 1, 33).

Gelliānus, -ī, subs. pr. m. Geliano, nome de homem (Marc. 6, 66).

Gellĭus, -ī, subs. pr. m. 1) Gélio, nome de família romana (Cíc. Div. 1, 55). 2)

Aulo Gélio, gramático do séc. II (St. Agost. Civ. 9, 4).

1. gelō, -ās, -āre, -āvī, -ātum, v. tr. 1) Gelar, congelar, condensar (Plín. H. Nat. 8, 42). 2) Intr.: Gelar-se (Plín. H. Nat. 17, 222).

2. Gelō, -ōnis, subs. pr. m. Gelão, tirano de Siracusa (T. Lív. 23, 30).

Gelōnī, -ōrum, subs. loc. m. Gelonos, povo da Cítia (Verg. G. 2, 115).

Gelōnus, -ī, subs. loc. m. Gelono, da Cítia (Verg. G. 3, 461).

Gelōtiānus, -a, -um, adj. De Gelocino (Suet. Cal. 18).

Gelōus, -a, -um, adj. De Gela, na Sicília (Verg. G. 3, 701).

gelu, subs. n. indecl. I — Sent. próprio: 1) Gêlo, geada (Verg. G. 2, 317). Daí: 2) Frio (Fedr. 3, 25). II — Sent. figurado: 3) Frio (da idade, da velhice, da morte) (Verg. En. 8, 508). Obs.: Aparecem também as formas da 2.ª decl. **gelum, -ī** em Lucrécio (5, 205).

gelum, gelus = gelu.

gemellipăra, -ae, subs. f. Mãe de dois gêmeos (epíteto de Latona) (Ov. Met. 6, 315).

gemēllus, -a, -um, adj. I — Sent. próprio: 1) Gêmeo, gêmea (Ov. Her. 6, 143). Daí, no pl.: 2) Semelhantes, parecidos (Hor. Sát. 2, 3, 244). II — Sent. figurado: 3) Formado de dois, duplo, formando o par: **gemella legio** (Cés. B. Civ. 3, 4, 1) «legião formada de outras duas».

gemĭnātĭō, -ōnis, subs. f. Repetição (de palavras), expressão duplicada, redôbro (Cíc. De Or. 3, 206).

gemĭnātus, -a, -um, part. pass. de **gemino.** Loc.: **geminata victoria** «vitória dupla».

gemĭnē, adv. Dois a dois (Suet. fr. 113).

gemĭnī, -ōrum, subs. m. pl. I — Sent. próprio: 1) Irmãos gêmeos, duas crianças (no ventre) (Cíc. Ac. 2, 56). II — Daí, subs. pr.: 2) Os Gêmeos (Castor e Pólux, signos do Zodíaco) (Varr. R. Rust. 2, 1, 7).

geminitūdō, -ĭnis, subs. f. Semelhança de gêmeos (Pacúv. 61).

Gemĭnĭus, -ī, subs. pr. m. Gemínio, nome de homem (Tác. An. 6, 14).

gemĭnō, -ās, -āre, -āvī, -ātum, v. tr. — Sent. próprio: 1) Geminar, dobrar, duplicar, tornar duplo (Cíc. Part. 21); (Ov. Trist. 4, 10, 31); (Hor. O. 1, 16, 8). II — Daí: 2) Emparelhar (Hor. A. Poét. 13). 3) Unir, juntar (Suet. Dom. 7). 4) Intr.: Ser duplo, fazer aos pares (Lucr. 4, 452).

1. gemĭnus, -a, -um, adj. I — Sent. próprio: 1) Gêmeo, gêmea (Hor. O. 3, 29, 64). Daí: 2) Duplo, em número de dois, dois (Cíc. Div. 2, 120). 3) Que tem duas naturezas (Ov. Met. 2, 630). II — Sent. figurado: 4) Gêmeo, gêmea (Cíc. Part. 26). 5) Semelhante, parecido (Cíc. Phil. 11, 2).

2. Gemĭnus, -ī, subs. pr. m. Gêmino, sobrenome dos Servílios (T. Lív. 21, 57).

gemĭtus, -ūs, subs. m. I — Sent. próprio: 1) Gemido, lamentação, soluço (Verg. En. 1, 485). II — Sent. figurado: 2) Gemido, ruído surdo (Verg. En. 2, 53). Obs.: Em Plauto ocorre o gen. **gemiti** (Aul. 772).

gemma, -ae, subs. f. I — Sent. próprio: 1) Gomo (da videira), renôvo, rebento (na língua técnica) (Verg. G. 2, 335). Daí: 2) Gema, pedra preciosa, jóia, objeto precioso ou brilhante (Cíc. Verr. 4, 62). II — 3) Pedra lavrada em forma de copo, copo ornado de pedraria (Verg. G. 2, 506). 4) Engaste de anel, sinete (Ov. Met. 9, 566). 5) Pérola (Prop. 1, 14, 12). III — Sent. figurado: 6) Beleza, ornamento (Marc. 5, 11, 3).

gemmātus, -a, -um, adj. Ornado de pedras preciosas (T. Lív. 1, 11, 8).

gemmĕus, -a, -um, adj. I — Sent. comum: 1) Ornado de pedras preciosas (Cíc. Verr. 4, 63). II — Daí, em sent. figurado: 2) Que tem o brilho das pedras preciosas, brilhante (Plín. Ep. 5, 6, 11).

gemmĭfer, -fĕra, -fĕrum, adj. 1) Que produz pedras preciosas, que contém pedras preciosas (Plín. H. Nat. 37, 200). 2) Ornado de pedras preciosas (V. Flac. 5, 448).

gemmō, -ās, -āre, -āvī, -ātum, v. intr. I — Sent. próprio: 1) Estar coberto de pedras preciosas, de gemas (Ov. Met. 3, 264). II — Sent. figurado: 2) Germinar, brotar (Cíc. De Or. 3, 155).

gemmōsus, -a, -um, adj. Que tem muitas pedras preciosas (Apul. M. 5, 8)

gemmŭla, -ae, subs. f. Pequeno rebento (Apul. M. 10, 29).

gemō, -is, -ĕre, gemŭī, gemĭtum, v. intr. e tr. Intr.: I — Sent. próprio: 1) Gemer, lamentar-se, suspirar, chorar (Cíc. Pis. 25). II — Daí: 2) Gemer, ressoar, ecoar, chiar (Verg. En. 6, 413). Tr.: 3) Carpir, deplorar, lamentar gemendo (Cíc. Sen. 12); (Verg. G. 3, 226).

gemōnĭae, -ārum, subs. f. (subentend. **scalae**). Gemônias, degraus na encosta do monte Capitolino, onde se expunham os corpos dos supliciados (Suet. Tib. 61).

gemŭi, perf. de **gemo**.

gena, -ae, subs. f. v. também **genae**. 1) Face (Suet. Claud. 15). 2) Pálpebra (Plín. H. Nat. 11, 57). Obs.: O sing. é raro.

Genabēnsēs, -ĭum, subs. loc. m. Os habitantes de Genabo (Cés. B. Gal. 7, 11, 7).

Genabēnsis, -e, adj. De Gênabo (Cés. B. Gal. 7, 28, 4).

Genăbum, -ī, subs. pr. n. Gênabo (atual Orleães), cidade da Gália (Cés. B. Gal. 7, 3, 1).

genae, -ārum, subs. f. pl. I — Sent. próprio: 1) Faces, bochechas (Cíc. Nat. 2, 143). II — Daí: 2) Olhos (Prop. 3, 12, 26). 3) Órbita (Ov. Met. 13, 562).

Genaunī, -ōrum, subs. loc. m. Genaunos, povo da Vindelícia (Hor. O. 4, 14, 10).

Genāva, -ae, subs. pr. f. Genebra, cidade da Gália Narbonense, capital dos Alóbrogos, nos limites dos Helvécios, na extremidade SO do lago Lemano (atual Genebra) (Cés. B. Gal. 1, 6, 3).

geneălŏgus, -ī, subs. m. Genealogista, autor de genealogia (Cíc. Nat. 3, 44).

gener, -ĕri, subs. m. I — Sent. próprio: 1) Genro (Cíc. Of. 1, 129). Daí: 2) Futuro genro (Verg. En. 2, 344). II — Algumas vêzes: 3) Marido da neta (Tác. An. 5, 6).

generālis, -e, adj. I — Sent. próprio: 1) Relativo a um gênero ou a uma espécie (Cíc. Inv. 1, 10). II — Daí: 2) Genérico, geral (Cíc. Of. 1, 96).

generālĭter, adv. De modo geral (Cíc. Inv. 1, 39).

generāscō, -is, -ĕre, v. incoat. intr. Engendrar-se, ser gerado (Lucr. 3, 745).

generātim, adv. 1) Por raças, por nações, por gêneros, por espécies (Cíc. De Or. 1, 186). 2) Por categorias, por classes (Cíc. Verr. 2, 137). 3) Em geral, geralmente (Cíc. Verr. 5, 143).

generātĭō, -ōnis, subs. f. Reprodução, geração (das espécies), geração (de pessoas) (Plín. H. Nat. 9, 157).

generātor, -ōris, subs. m. O que produz, pai, gerador, genitor (Cíc. Tim. 38).

generātus, -a, um, part. pass. de **genĕro**.

genĕrō, -ās, -āre, -āvī, -ātum, v. tr. I.
— Sent. próprio: 1) Engendrar, gerar, dar o ser (Verg. En. 7, 734). II — Daí:
2) Produzir (sent. próprio e figurado), criar, compor (Verg. G. 4, 205); (Quint. 1, 12, 12); (Cíc. Leg. 1, 27).

generōsē, adv. Nobremente, dignamente. Obs.: Usado apenas no comp. **generosĭus** (Hor. O. 1, 37, 21).

generōsĭtās, -tātis, subs. f. I — Sent. próprio: 1) Boa raça (de animais) (Plín. H. Nat. 8, 198). II — Sent. figurado: 2) Natureza superior, magnanimidade, nobreza (Plín. H. Nat. 8, 50).

generōsus, -a, -um, adj. I — Sent. próprio: 1) De boa raça (tratando-se de homens, plantas, animais), de boa família, de ascendência ilustre, afamado (Sal. B. Jug. 85, 15). II — Sent. figurado: 2) Nobre, generoso, magnânimo (Cíc. Tusc. 2, 16).

Genĕsis, -is, subs. pr. f. 1) Gênesis, 1º livro da Bíblia. 2) Posição dos astros relativamente ao seu nascimento, estrêla, sina, horóscopo (Juv. 6, 579).

genetīvus (genit-), -a, -um, adj. I — Sent. próprio: 1) Que gera, criador (Cat. apud Macr. Sat. 3, 6). II — Daí: 2) Natural, de nascença (Ov. P. 3, 2, 107). 3) Genitivo (o caso) (Suet. Aug. 87); (Quint. 1, 5, 63).

genĕtrīx, -īcis, subs. f. I — Sent. próprio: 1) Mãe (Verg. En. 1, 590). II — Em sent. especial: 2) Cibele (Verg. En. 2, 788). III — Sent. figurado: 3) Mãe, criadora (Ov. Met. 5, 490).

Genēva, v. **Genāva**.

geniālis, -e, adj. I — Sent. próprio: 1) Destinado às noivas, à geração dos filhos, conjugal, de himeneu, nupcial: **lectus genialis** (Cíc. Clu. 14) «leito nupcial». II — Depois, passou a significar: 2) Que sacrifica ao seu gênio, que se diverte, alegre, festivo: **genialis dies** (Juv. 4, 66) «dia festivo». III — Sent. figurado: 3) Abundante, fértil, fecundo (Ov. Am. 2, 13, 7).

geniālĭter, adv. Alegremente (Ov. Met. 11, 95).

genĭculātus, -a, -um, adj. Que tem nós, nodoso (Cíc. C. M. 51).

genĭculōsus, -a, -um, adj. Nodoso, cheio de nós (Apul. Herb. 78).

genĭsta (genēsta), -ae, subs. f. Giesta (planta) (Verg. G. 2, 12).

genĭtābĭlis, -e, adj. Capaz de produzir, fecundante (Lucr. 1, 11).

genĭtālis, -e, adj. I — Sent. próprio: 1) Que gera, fecundo, genital (Ov. Met. 15, 239). II — Daí: 2) Do nascimento, natalício (Tác. An. 16, 14).

GENITALITER — **GENUS**

genitāliter, adv. De modo fertilizante (Lucr. 4, 1252).
genĭtor, -ōris, subs. m. I — Sent. próprio: 1) Pai, genitor, criador, autor (Cíc. Tim. 47). Daí: 2) Um dos doze grandes deuses (Cíc. poét. Div. 2, 64). II — Sent. figurado: 3) Criador, autor, fundador (Hor. Ep. 2, 2, 119).
genĭtrix, v. **genĕtrix**.
genitūra, -ae, subs. f. I — Sent. próprio: 1) Geração, nascimento, procriação (Plín. H. Nat. 9, 107). Daí: 2) Semente (Plín. H. Nat. 22, 83). II — Sent. figurado: 3) Horoscópio (Suet. Aug. 94).
1. **genĭtus, -a, -um**, part. pass. de **gigno**.
2. **genĭtus, -ūs**, subs. m. Geração, produção (Apul. Apol. 36).
genĭus, -ī, subs. m. I — Sent. próprio: 1) Gênio (divindade geradora que presidia ao nascimento de alguém); depois: 2) Gênio (divindade tutelar de cada pessoa), gênio tutelar de um lugar, de uma coisa, etc. (Hor. Ep. 2, 2, 187). Daí: 3) Inclinação natural, apetite, sensualidade, prazer da mesa, prazer, deleite (Ter. Phorm. 44). II — Sent. figurado: 4) Gênio, talento, mérito (de um autor), glória, beleza, valor (Marc. 6, 60, 10).
genō, -is, -ĕre, genĭtum (forma arcaica de **gigno**): **genit** (Varr. R. Rust. 2, 2, 19); **genĭtus** (Cíc. De Or. 2, 141); **geni** (inf. pres. pass.) (Lucr. 3, 795).
gens, gentis, subs. f. I — Sent. próprio: 1) Gente (conjunto de pessoas que pelos varões se ligam a um antepassado comum, varão e livre) (T. Lív. 38, 58, 2). II — Daí, por extensão: 2) Família, descendência, raça (Sal. B. Jug. 95, 3). 3) Povo, nação (Cíc. Rep. 3, 7). III — Sent. poético: 4) Descendente, filho (Verg. En. 10, 228). No pl.: **gentes, -ĭum**, subs. f. pl.: 5) As nações estrangeiras (em oposição aos romanos) (Tác. Germ. 33).
gentĭcus, -a, -um, adj. Pertencente a uma nação, nacional (Tác. An. 3, 43).
gentilicĭus (gentilitĭus,) -a, -um, adj. Próprio de uma **gens**, de uma família (T. Lív. 5, 52, 4).
1. **gentīlis, -e**, adj. I — Sent. próprio: 1) Relativo a uma **gens** ou família, próprio de uma família (Suet. Ner. 41). II — Daí: 2) Que é do mesmo nome (uma vez que os membros da **gens** usavam o **gentilicium nomen**, i. é, no nome do antepassado epônimo) (Cíc. Verr.

2, 190). 3) Que pertence à casa de um senhor (tratando-se de um escravo) (Plín. H. Nat. 33, 26). 4) Pertencente a uma nação, nacional (Tác. An. 12, 17).
2. **gentīlis, -is**, subs. m. I — Sent. próprio: 1) Parente (em linha colateral) (Cíc. Top. 29). II — Daí: 2) O que é da mesma nação, compatriota (A. Gél. 17, 17).
gentīlĭtās, -tātis, subs. f. I — Sent. próprio: 1) Parentesco (em linha colateral), laços de família (Cíc. De Or. 173). I — Daí: 2) Parentes, família (Plín. Paneg. 39, 3). 3) Comunidade de nomes (Plín. H. Nat. 23, 131).
gentilitĭus, v. **gentilicĭus**.
Gentĭus, -ī, subs. pr. m. Gêncio, nome de homem (T. Lív. 44, 23, 2).
genu, -ūs, subs. n. 1) Joelho (Cíc. Tusc. 2, 57). 2) Nó (de uma planta) (Plín. H. Nat. 13, 42).
Genŭa, -ae, subs. pr. f. 1) Gênova, cidade da Ligúria, junto aos Apeninos, excelente pôrto, atual Gênova (T. Lív. 21, 32). 2) Cidade dos Alóbrogos, Genebra (por confusão dos manuscritos) (Cés. B. Gal. 1, 6, 3).
genuālĭa, -ĭum, subs. n. pl. Joelheiras (Ov. Met. 10, 593).
Genucĭus, -ī, subs. pr. m. Genúcio, nome de várias personagens (T. Lív. 2, 54).
genŭī, perf. de **gigno**.
genuīnē, adv. Francamente (Cíc. Q. Fr. 2, 14, 2).
genuīnus, -a, -um, adj. I — Sent. próprio: 1) Inato, autêntico, genuíno (Cíc. Rep. 2, 29). II — Sent. figurado: 2) Autêntico, verídico, certo (A. Gél. 3, 3, 7).
genuīnus dens ou **genuīnus, -ī**, subs. m. Dente molar (Cíc. Nat. 2, 134).
Genulicĭus, -ī, subs. pr. m. Genulício, nome de homem (Cíc. Fam. 13, 53, 1).
1. **genŭs**, gen. de **genu**.
2. **genus, -ĕris**, subs. n. I — Sent. próprio: 1) Nascimento, raça, origem, tronco (T. Lív. 6, 34, 11). Daí: 2) Conjunto de sêres que têm origem comum e semelhanças naturais, gênero, raça, espécie (Cíc. Lae. 20). II — Sent. figurado: 3) Nação, raça (Cíc. Phil. 4, 13). 4) Família, casa (Cíc. Verr. 5, 180). III — Sent. poético: 5) Filho, descendente (Verg. En. 4, 12). IV — Sent. diversos: 6) Gênero, sorte, espécie (Cíc. Dom. 75).

Genusīnī, -ōrum, subs. pr. m. pl. Genusinos, colônia da Itália (Plín. H. Nat. 3, 105).
Genŭsus, -ī, subs. pr. m. Gênuso, rio da Macedônia (Cés. B. Civ. 3, 74).
geōgraphĭa, -as, subs. f. Topografia, geografia (Cíc. At. 2, 4, 3).
geōmĕtra (**geōmetrēs**), -ae, subs. m. Geômetra (Cíc. Ac. 2, 22).
geōmetrĭa, -ae, subs. f. Geometria (Cíc. De Or. 1, 187).
geōmetrĭcus, -a, -um, adj. 1) Geométrico, de geometria (Cíc. Div. 2, 122). No n. pl.: **geōmetrĭca**, -ōrum: 2) As matérias da geometria (Cíc. Fin. 1, 20).
georgĭcus, -a, -um, adj. 1) Relativo à agricultura (Col. 7, 5, 10). **Georgĭca**, subs. n. pl. 2) «As Geórgicas» (poema de Vergílio sôbre a agricultura) (A. Gél. 18, 5, 7).
Geraestĭcus, -ī, subs. pr. m. Geréstico, pôrto da Jônia (T. Lív. 37, 27, 9).
Geraestus (-**os**), -ī, subs. pr. m. Geresto, cidade e promontório da ilha Eubéia (T. Lív. 31, 45).
Geranĭa, -ae, subs. pr. f. Gerânia. 1) Cidade da Lacônia (Plín. H. Nat. 4, 16). 2) Cidade da Mésia, habitada pelos pigmeus (Plín. H. Nat. 4, 44).
gerens, -**ēntis**. I — Part. pres. de gero. II — Adj.: Aquêle que faz, gerente (Cíc. Sest. 97).
geres, v. gerres.
Gergĭthus (**Gergĭthos**), -ī, subs. pr. f. Gergito, cidade da Mísia ou da Eólia (T. Lív. 38, 39).
Gergovĭa, -ae, subs. pr. f. Gergóvia, cidade principal dos Arvernos (Cés. B. Gal. 7, 4, 2).
Germălus, -ī, subs. pr. m. Gérmalo, colina de Roma (Cíc. At. 4, 3, 3).
germāna, -ae, subs. f. Irmã (Ov. F. 3, 560).
Germānī, -ōrum, subs. loc. m. Germanos, povo belicoso que penetrou na Gália e na Itália no séc. II a.C. (Cés. B. Gal. 2, 4).
Germānĭa, -ae, subs. pr. f. Germânia, região da Europa, limitada pelos rios Reno e Danúbio, pelo **Oceanus Germanicus** e **Mare Suebicum** (Cés. B. Gal. 4, 4, 2). No pl.: **Germaniae** (Tác. An. 1, 34) «as Germânias» (superior e inferior).
Germānĭciānus, -a, -um, adj. Que faz parte do exército da Germânia (Suet. Vesp. 6).

1. **Germānĭcus**, -a, -um, adj. Da Germânia, germânico (Cés. B. Gal. 4, 16, 1).
2. **Germānĭcus**, -ī, subs. pr. m. Germânico, sobrenome dado a Druso Nero, sobrinho e filho adotivo de Tibério, pelas suas vitórias sôbre os Germanos (Suet. Tib. 15). 2) Sobrenome dado a Domiciano (Juv. 6, 205).

germānĭtās, -**tātis**, subs. f. I — Sent. próprio: 1) Irmandade, fraternidade (Cíc. Lig. 33). Daí: 2) Confraternidade (entre povos) (T. Lív. 37, 56, 7). II — Sent. figurado: 3) Semelhança, afinidade, analogia (tratando-se de coisas) (Plín. H. Nat. 6, 2).

1. **germānus**, -a, -um, adj. I — Sent. próprio: 1) Que é da mesma raça, autêntico, natural (Cíc. Agr. 2, 97). II — Daí: 2) Verdadeiro, legítimo (Cíc. At. 4, 5, 3). Muitas vêzes ligado a **frater**, **soror**: 3) Irmão, irmã: **frater germanus** (Cíc. Verr. 1, 128) «irmão». III — Como subs.: 4) Irmão (Verg. En. 5, 412).
2. **Germānus**, -a, -um, adj. Da Germânia (Ov. A. Am. 3, 163).

germen, -**ĭnis**, subs. n. I — Sent. próprio: 1) Germe, rebento, renôvo (Verg. G. 2, 76). Daí, por extensão: 2) Descendência, prole, raça, filho, semente (humana) (Ov. Met. 9, 280). II — Sent. figurado: 3) Germe, princípio (Lucr. 4, 1079).
germĭnātĭō, -**ōnis**, subs. f. e **germĭnātus**, -**ūs**, subs. m. Germinação, rebento (Plín. H. Nat. 15, 34).
germĭnō, -**ās**, -**āre**, -**āvī**, -**ātum**, v. intr. e tr. I — Intr.: 1) Germinar, brotar (Plín. H. Nat. 19, 146). II — Tr.: 2) Produzir (Plín. H. Nat. 30, 101).
gerō, -**is**, -**ĕre**, **gēssī**, **gēstum**, v. tr. I — Sent. próprio: 1) Levar, ter consigo, trazer, ter (T. Lív. 28, 19, 13); (Lucr. 5, 1420). II — Sent. figurado: 2) Chamar a si, incumbir-se voluntàriamente de, sair-se bem (Varr. L. Lat. 6, 77). Por extensão: 3) Executar, cumprir, fazer, administrar, gerir, exercer (Cic. Quinct. 28); (Cíc. Br. 103); (Cíc. Sest. 79); (Cés. B. Gal. 1, 1, 3). 4) Produzir, criar (Verg. G. 2, 70). 5) Ter, mostrar, manter, nutrir (Cíc. Of. 1, 115): ...**persinam** (Cíc. Of. 1, 115) «ter um papel»; ...**amicitiam** (Cíc. Fam. 3, 8, 5) «manter a amizade»; ...**fortem animum** (Sal. B. Jug. 107, 1) «mostrar coragem». 6) Proceder como, fazer de (Plín. Paneg. 44). 7) Passar (o tempo) (Suet. Dom. 1).

Gerōnĭum (Gerūnĭum), -ĭ, subs. pr. n. Gerônio, cidade da Apúlia (T. Lív. 22, 18, 7).
Gerontĭa, -ae, subs. pr. f. Gerôncia, ilha do mar Egeu (Plín. H. Nat. 42, 7).
gerrēs, (gerris), -is, subs. m. Espécie de anchova (peixe) (Marc. 12, 32, 15).
gerrō, -ōnis, subs. m. O que diz ninharias, estúpido, tolo, imbecil (Ter. Heaut. 1033).
Gerrunĭum, -ĭ, subs. pr. n. Gerrúnio, cidade da Macedônia (T. Lív. 31, 27).
gerŭla, -ae, subs. f. 1) Aia de criança (Apul. M. 6, 4). 2) Obreira (abelha) (Plín. H. Nat. 11, 24).
gerŭlus, -a, -um, adj. 1) Que leva (Plaut. Bac. 1002). 2) Como subs. m.: Mensageiro, portador, carregador (Hor. Ep. 2, 2, 72).
Gēryŏn, -ŏnis (Gēryŏnēs, -ae), subs. pr. m. Gerião, rei da Ibéria, a quem os poetas atribuem três corpos (Verg. En. 7, 662).
Gēryonăcēus, -a, -um, adj. De Gerião (Plaut. Aul. 554).
Gēryonēus, -a, -um, adj. De Gerião (Apul. M. 2, 32).
gēssī, perf. de gero.
Gessĭus Florus, subs. pr. m. Géssio Floro, governador da Judéia, no tempo de Nero (Tác. Hist. 5, 10).
gestāmen, -ĭnis, subs. n. I — Sent. próprio: 1) O que se pode fazer (vestuário, armas, escudo, etc.) (Verg. En. 3, 286). II — Daí: 2) O que serve para transportar ou trazer, liteira, carruagem (Tác. An. 11, 33).
gestātĭō, -ōnis, subs. f. I — Sent. próprio: 1) Ação de trazer, levar (Lact. 3, 22). II — Daí: 2) Passeio de liteira ou carruagem (Sên. Ep. 55, 1). 3) Passeio (Plín. Ep. 5, 6, 17).
gestātor, -ōris, subs. m. I — Sent. próprio: 1) O que traz ou leva, portador (Plín. Ep. 9, 33, 8). II — Daí: 2) Portador de liteira (Marc. 4, 64, 19).
gestātŏrĭus, -a, -um, adj. Que serve para levar ou transportar (Suet. Ner. 26).
gestātus, -a, -um, part. pass. de gesto.
gesticulātĭō, -ōnis, subs. f. Gesticulação, gestos (Suet. Tib. 68).
gesticulātus, -a, -um, part. pass. de gesticŭlor.
gesticŭlor, -āris, -ārī, -ātus sum, v. dep. intr. e tr. I — Intr.: 1) Fazer uma pantomima, dançar (Suet. Dom. 8). II — Tr.: 2) Exprimir por gestos, acompanhar com pantomima (Suet. Ner. 42).

1. gestĭō, -īs, -īre, -īvī (ou -ĭī), -ītum, v. intr. I — Sent. próprio: 1) Fazer gestos violentos, sob o efeito de uma emoção geralmente agradável, exultar, pular de alegria (Cíc. Of. 1, 102). II — Sent. figurado: 2) Desejar ardentemente, estar ansioso por (Cíc. At. 4, 11, 1). Obs.: Constrói-se com abl., como intr. absoluto ou com inf.
2. gestĭō, -ōnis, subs. f. Gestão, ação de dirigir, gerência, administração (Cíc. Inv. 1, 38).
gestĭtō, -ās, -āre, v. freq. tr. Trazer freqüentemente, ter o hábito de trazer (Plaut. Curc. 602).
gestō, -ās, -āre, -āvī, -ātum, v. tr. I — Sent. próprio: 1) Levar daqui e dali, levar, trazer, transportar, levar em liteira (Cíc. Phil. 11, 15). Daí: 2) Estar grávida (Plaut. Rud. 1081). II — Sent. figurado: 3) Denunciar, delatar (Plaut. Ps. 427). Intr.: 4) Fazer-se transportar em liteira (Suet. Dom. 11).
gestor, -ōris, subs. m. Boateiro (Plaut. Ps. 429).
1. gestus, -a, -um. I — Part. pass. de gero. II — Subs. n. pl.: (res gestae) gesta, -ōrum (Cíc. Marc. 25); (T. Lív. 6, 1, 3) «feitos ilustres», «grandes feitos».
2. gestus, -ūs, subs. m. I — Sent. próprio: 1) Maneira de proceder, porte (Cíc. Or. 83). Daí: 2) Atitude, movimento do corpo, gesto, gesticulação (Cíc. Of. 1, 130). II — Em sent. especial: 3) Gestos de orador ou de ator, mímica (Cíc. De Or. 1, 124).
Geta, -ae, subs. loc. m. 1) Geta, do país dos Getas (Ov. P. 1, 8, 6). Subs. pr. 2) Sobrenome romano (Cíc. Clu. 19).
Getae, -ārum, subs. loc. m. Getas, povo estabelecido nas margens do Danúbio (Cíc. At. 9, 10, 3).
Getēs, -ae, adj. Do país dos Getas (Ov. P. 4, 13, 17).
Gethonē, -ēs, subs. pr. f. Getone, ilha próxima ao Quersoneso da Trácia (Plín. H. Nat. 4, 74).
Getĭcus, -a, -um, adj. Do país dos Getas (Ov. Trist. 5, 7, 13).
Geticē, adv. À maneira dos Getas (Ov. Trist. 5, 12, 58).
Gētūlus, v. Gaetulĭcus (Gaetūlus).
gibba, -ae, subs. f. Bossa, giba (Suet. Dom. 23).
gibber, -ĕra, -ĕrum, adj. Corcunda (Suet. Galb. 3).
gibbus, -ĭ, subs. m. Bossa, giba (Juv. 19, 294).

Gigăntēs, -um, subs. pr. m. pl. Gigantes, sêres monstruosos, filhos da Terra, que queriam escalar o Olimpo para destronar Júpiter, mas foram por êle fulminados (Cíc. Nat. 2, 70).
Gigantēus, -a, -um, adj. Dos Gigantes (Hor. O. 3, 1, 7).
Gigās, -āntis, subs. pr. m. Gigante (um dos Gigantes) (Ov. P. 2, 10, 24).
gignentĭa, -ĭum, subs. n. pl. (part. de **gigno** usado subst.). Vegetais, plantas (Sal. B. Jug. 79, 6).
gīgnō, -is, -ĕre, genŭī, genĭtum, v. tr. I — Sent. próprio: 1) Engendrar, gerar (Cic. Fat. 34). II — Daí, por extensão: 2) Produzir, criar, fazer nascer, causar (sent. físico e moral) (Cíc. Tim. 8); (Cíc. Lae. 20). Obs.: Constrói-se com acus., com abl., com as preps. **de, ab** ou **ex**; ou como intransitivo absoluto.
Gillō, -ōnis, subs. pr. m. Gilão, nome de homem (Juv. 1, 40).
gilvus, -a, -um, adj. Amarelo-claro (Verg. G. 3, 83).
Gindes, v. **Gyndes** (Tác. An. 11, 10).
gingīva, -ae, subs. f (geralmente no pl.). Gengivas (Plín. H. Nat. 29, 37).
Gisgō, -ōnis, subs. pr. m. Gisgão, nome cartaginês (T. Liv. 30. 37).
Gissa, -ae, subs. pr. f. Gissa, ilha do mar Adriático (Plín. H. Nat. 3, 140).
Gitānae, -ārum, subs. pr. f. Gitanas, cidade do Epiro (T. Liv. 42, 38).
1. glaber, -bra, -brum, adj. 1) Sem pêlos, calvo, liso (Plaut. Aul. 402). 2) Sem barba, imberbe (Sên. Ep. 47, 7).
2. glaber, -brī, subs. m. Escravo imberbe (favorito) (Catul. 61, 142).
glabrārĭa, -ae, subs. f. Mulher que gosta de escravos imberbes (Marc. 4, 28, 7).
Glabrĭō, -ōnis, subs. pr. m. Glabrião, apelido da **gens** Acília (Cíc. Pomp. 26).
glacĭālis, -e, adj. Glacial, de gêlo, muito frio (sent. próprio e figurado) (Ov. Met. 2, 30); (Verg. En. 3, 285).
glacĭātus, -a, -um, part. pass. de **glacĭo**.
glacĭēs, -ēī, subs. m. I — Sent. próprio: 1) Gêlo (Verg. Buc. 10, 49). II — Sent. figurado: 2) Dureza, rigidez (Lucr. 1, 493).
glacĭēscō, -ĭs, -ĕre, v. incoat. intr. Congelar-se (Plín. H. Nat. 20, 230).
glacĭō, -ās, -āre, -āvī, -ātum, v. tr. e intr. I — Tr.: 1) Mudar em gêlo, gelar (Hor. O. 3, 10, 7). II — Intr.: 2) Gelar-se, congelar-se (Plín. H. Nat. 29, 56).
gladĭātor, -ōris, subs. m. I — Sent. próprio: 1) Gladiador (Cíc. Sest. 133). II — Como têrmo de injúria: 3) Espadachim (Cic. Verr. 3, 146).
gladĭātōrĭum, -ī, subs. n. Salário de gladiador (T. Liv. 44, 31, 15).
gladĭātōrĭus, -a, -um, adj. I — Sent. próprio: 1) Gladiatório, de gladiador (Cíc. De Or. 2, 317). II — Sent. figurado: 2) Violento, furioso (Cíc. Phil. 2, 63).
gladĭātūra, -ae, subs. f. Profissão de gladiador (Tác. An. 3, 43).
gladĭus, -ī, subs. m. I — Sent. próprio: 1) Espada, gládio (Cic. Of. 3, 1, 12). II — Sent. figurado: 2) Crime, violências (Cíc. Phil. 1, 27). III — Por extensão: 3) Profissão de gladiador (Sên. Ep. 87, 8).
glaeba, v. **gleba**.
glaesum, -ī, subs. n. Âmbar amarelo (Tác. Germ. 45).
glandĭfer, -fĕra, -fĕrum, adj. Glandífero, que produz glandes (Cíc. Leg. 1, 2).
glandĭum, -ī, subs n. Língua de porco (Plaut. Capt. 915).
glandŭla, -ae, subs. f. (geralmente no pl.). Glândulas do pescoço, amígdalas (Cels. 2, 1).
Glanis, -is subs. pr. m. Glane, rio da Campânia (Plín. H. Nat. 3, 54).
glans, glandis, subs. f. I — Sent. próprio: 1) Glande (do carvalho), bolota (da azinheira) (Cíc. Or. 31). II — Daí: Objeto em forma de bolota: 2) Bala de chumbo e, às vêzes, de barro, que se lançava com a funda (Cés. B. Gal. 7, 81, 4).
Glaphўrus, -ī, subs. pr. m. Gláfiro, nome de homem (Juv. 6, 77).
glārĕa, -ae, subs. f. Cascalho (Cic. Q. Fr. 3, 2, 4).
Glaucē, -ēs, subs. pr. f. Glauce, mãe da terceira Diana (Cíc. Nat. 3, 58).
Glaucĭa, -ae, subs. pr. m. Gláucia, apelido da **gens** Servília (Cíc. De Or. 2, 263).
glaucĭna, -ōrum, subs. n. pl. Essência de **glaucĭum** (planta) (Marc. 9, 26, 2).
Glaucis, -ĭdos, subs. pr. f. Gláucis, nome de uma cadela (Prop. 4, 3, 55).
1. glaucus, -a, -um, adj. 1) Glauco, esverdeado, de côr verde-mar, cinzento (Plín. H. Nat. 8, 30). 2) Azul desmaiado, cinzento (Verg. G. 3, 82).
2. Glaucus, -ī, subs. pr. m. 1) Glauco, filho de Sísifo, feito em pedaços por suas éguas (Verg. G. 3, 267). 2) Pescador da Beócia, transformado em deus marinho (Ov. Met. 13, 906). 3) Guerreiro da Lícia que tomou parte no cêrco de Tróia (Hor. Sát. 1, 7, 17).

glēba (**glaeba**), -ae, subs. f. I — Sent. próprio: 1) Bola, bolinha, pedaço (Cés. B. Gal. 7, 25, 2). II — Na língua rústica com o sent. especial de: 2) Pedaço de terra, torrão gleba (Cíc. Caec. 60). III — Sent. poético: 3) Solo, terreno, terra cultivada (Verg. En. 1, 531).

glēbŭla, -ae, subs. f. Pequeno torrão, campo pequeno (Juv. 14, 166).

glis, -īris, subs. m. Arganaz (Plín. H. Nat. 8, 223).

glīscō, -is, -ĕre, v. intr. Crescer, aumentar (sent. físico e moral) (T. Lív. 42, 2, 2).

globōsus, -a, -um, adj. Redondo, esférico (Cíc. Nat. 2, 116).

globus, -ī, subs. m. I — Sent. próprio: 1) Bola, bala, esfera, globo (Cíc. Tusc. 1, 68). II — Na língua militar: 2) Formatura de tropas muito apinhadas, pelotão (de soldados) (T. Lív. 1, 6, 7). Daí: 3) Multidão apinhada, chusma, massa, montão (Tác. An. 2, 23).

glomerāmen, -ĭnis, subs. n. 1) Aglomeração, pelotão (Lucr. 2, 686). 2) Os átomos de forma esférica (Lucr. 2, 454).

glomerārĭus, -ī, subs. m. O que anseia por reunir homens para a guerra (Sên. Contr. 1, 8, 13).

glomerātus, -a, -um, part. pass. de glomĕro.

glomĕrō, -ās, -āre, -āvī, -ātum, v. tr. I — Sent. próprio: 1) Fazer uma bola, enovelar (Ov. Met. 6, 19). Daí: 2) Reunir em pelotão, concentrar, formar coluna cerrada (Verg. En. 2, 315). II — Sent. figurado: 3) Amontoar, aglomerar, acumular (Cíc. Div. 1, 19).

glomus, -ĕris, subs. n. Novêlo, bola (Hor. Ep. 1, 13, 14).

glōria, -ae, subs. f. I — Sent. próprio: 1) Glória, renome, fama, reputação, bom nome (Cíc. Br. 239). No pl.: 2) Títulos de glória (Tác. An. 3, 45). Em sent. pejorativo: 3) Fanfarronadas, jactâncias, gloríolas (Plaut. Mil. 22). II — Em sent. figurado: 4) Glória, ornamento, enfeite (Ov. A. Am. 1, 290). 5) Desejo de glória, emulação, vaidade (Cíc. Tusc. 2, 46).

glōriātĭō, -ōnis, subs. f. Ação de se gloriar, de se vangloriar (Cíc. Fin. 3, 28).

glōriŏla, -ae, subs. f. Pequena glória, gloríola (Cíc. Fam. 5, 12, 9).

glōrĭor, -āris, -ārī, -ātus sum, v. dep. intr. e tr. Glorificar-se, gloriar-se, vangloriar-se, jactar-se (Cíc. C.M. 32); (Cíc. De Or. 2, 258). Obs.: Constrói-se com acus., com or. inf. ou interrog. indir.; com abl.; com abl. com as preps. **de**, **ab** ou **in**, com dois ablats. ou abl. e or. inf., e intransitivamente.

glōriōsē, adv. 1) Com glória, gloriosamente (Cíc. Fam. 2, 12, 3). 2) Vangloriosamente, jactanciosamente (Cíc. Mil. 72). Obs.: compar.: **gloriosĭus** (Cíc. Dom. 93); superl.: **gloriosissĭme** (Cíc. At. 14, 4, 2).

glōriōsus, -a, -um, adj. I — Sent. próprio: 1) Glorioso (tratando-se de coisas), honroso (Cíc. Fin. 2, 97). 2) Glorioso (tratando-se de pessoa), que ama a glória, a ostentação, vaidoso (sent. pejorativo) (Cíc. Fam. 11, 14, 1). 3) Fanfarrão, gabola (Cíc. Of. 1, 137).

glossēma, -ătis, subs. n. Têrmo pouco usado (Quint. 1, 8, 15).

glūbō, -is, -ĕre, -psī, -ptum, v. tr. I — Sent. próprio: 1) Tirar a casca, descascar (Cat. Agr. 33, 5). II — Sent. figurado: 2) Descascar (Catul. 58, 5).

glūten, -ĭnis, subs. n. Substância gelatinosa, cola, grude, visco (Verg. G. 4, 40).

glūtĭnātor, -ōris, subs. m. Encadernador (o que cola as fôlhas dos livros) (Cíc. At. 4, 4, 1).

glūtĭō (**glūttĭō**), -is, -īre, -īvī (ou -ĭī), -ītum, v. tr. Engolir, tragar (Juv. 4, 29); (Plaut. Pers. 94).

glūtītus, -a, -um, part. pass. de glutio.

Glycēra, -ae, subs. pr. f. Glicera, nome de mulher (Hor. O. 1, 30, 3).

Glycō (**Glycōn**), -ōnis, subs. pr. m. Glicão, nome de diferentes personagens (Hor. Ep. 1, 1, 30).

Gnaeus, v. **Cnaeus**.

gnārĭtās, -tātis, subs. f. Conhecimento (dos lugares) (Sal. Hist. 3, 68).

gnārus, -a, -um, adj. I — Sent. próprio: 1) Que sabe, que conhece, informado, sabedor, douto (Cíc. Br. 228). II — Daí, em sent. passivo: 2) Conhecido (Tác. An. 1, 63): **palus gnara vincentibus** «pântano conhecido dos vencedores». Obs.: Constrói-se geralmente com gen.; com inf. ou or. interr. indir.; e absolutamente.

gnāta, -ae, subs. f. Filha (Hor. Sát. 2, 3, 219).

Gnăthō, -ōnis, subs. pr. m. Gnatão, nome de parasita (Cíc. Lae. 93).

Gnātĭa, -ae, subs. pr. f. Gnácia, cidade da Apúlia (Hor. Sát. 1, 5, 97).

gnātus, -a, -um = **nātus**.

gnāvē, v. **gnavĭter**.

gnāvĭtās, -tātis, v. **navĭtas**.
gnāvĭter, v. **navĭter**.
gnāvus, -a, -um, adj. Industrioso, diligente, ativo (Cíc. Verr. 3, 53).
Gnēus, v. **Gnaeus** e **Cnaeus**. Prenome romano (Quint. 1, 7, 28).
Gnidĭus, **Gnidus**, v. **Cnidĭus**.
Gnīphō, -ōnis subs. pr. m. M. Antônio Gnifão, gramático e retor contemporâneo de Cícero (Quint. 1, 6, 23).
Gnosĭa, -ae, subs. pr. f. Ariadne (constelação) (Prop. 1, 3, 2).
Gnossĭas (**Gnōsĭas**), -ădis, ou **Gnossis** (**Gnosis**), -ĭdis, subs. f. 1) De Gnosso, de Creta (Ov. A. Am. 1, 293). Em especial: 2) Gnossias e Gnossis, Ariadne (Ov. A. Am. 1, 156).
Gnossĭus (**Gnōsĭus**), -a, -um, adj. De Gnosso, de Creta (Verg. En. 3, 115).
Gnossus, -ī, subs. pr. f. Gnosso, cidade da ilha de Creta, onde reinou Minos, tido como filho de Júpiter (Plín. H. Nat. 4, 59).
Gobannitĭō, -ōnis, subs. pr. m. Gobanicião, tio de Vercingetorige (Cés. B. Gal. 7, 4, 2).
gōbĭō, -ōnis, subs. m. e **gōbĭus**, -ī, subs. m. Cadoz (peixe) (Juv. 11, 37); (Marc. 13, 88, 2).
Gōlgī (**Gōlgoe**), -ōrum, subs. pr. m. Golgos, cidade da ilha de Chipre, onde Vênus era adorada (Catul. 36, 14).
Gomphēnses, -ĭum, subs. loc. m. Habitantes de Gonfos (T. Lív. 39, 25).
Gōmphī, -ōrum, subs. pr. m. Gonfos, cidade da Tessália (Cés. B. Civ. 3, 80).
Gonnī, -ōrum, subs. pr. m. Gonos, cidade da Tessália (T. Lív. 33, 10).
Gonnocondȳlum, -ī, subs. pr. n. Gonocôndilo, cidade da Tessália (T. Lív. 39, 25).
Gonnus, -ī, subs. m., v. **Gonni** (T. Lív. 42, 54, 8).
Gordĭum, -ī, subs. pr. n. Górdio, cidade da Frígia (Q. Cúrc. 3, 1, 12).
1. Gordĭus, -a, -um, adj. Górdio (Q. Cúrc. 3, 14).
2. Gordĭus, -ī, subs. pr. m. Górdio, lavrador frígio que se tornou rei (Q. Cúrc. 3, 1, 14).
Gordiŭtĭchos, subs. pr. indecl. Gordiutico, cidade da Frígia, na Cária (T. Lív. 38, 13).
Gordyaeī, -ōrum, subs. loc. m. Gordieus, povo da Armênia (Q. Cúrc. 5, 1, 14).
Gōrgē, -ēs, subs. pr. f Gorge, filha de Eneu, irmã de Dejanira (Ov. Met. 8, 543).

Gorgĭās, -ae, subs. pr. m. 1) Górgias de Leôncio, célebre orador e sofista (Cíc. Fin. 2, 1). 2) Retor de Atenas, cujas aulas foram seguidas pelo filho de Cícero (Cíc. Fam. 16, 21, 6).
Gorgobĭna, -ae, subs. f. pr. Gorgóbina, cidade da Gália (Cés. B. Gal. 7, 9, 6).
Gŏrgōn (**Gŏrgō**), -ŏnis, subs. pr. f. Uma Górgona, particularmente Medusa, a cabeça da Medusa, representada na égide de Palas (Cíc. Verr. 4, 124).
Gorgŏnes, -um (acus. **Gorgŏnas**), subs. pr. f. As Górgonas (Medusa, Esteno e Euríale), filhas de Forco. Eram mulheres que tinham serpentes por cabelos e que transformavam em pedra aquêles que as encaravam (Verg. En. 6, 289).
Gorgonēus, -a, -um, adj. Das Górgonas, de Medusa (Ov. Met. 4, 801): ...**equus** (O. F. 3, 450) «cavalo nascido do sangue de medusa» (Pégaso); ... **lucus** (Prop. 3, 3, 32) «Hipocrene, fonte que jorra sôbre o Hélicon».
Gorgosthĕnēs, -is, subs. pr. m. Gorgóstenes, nome de um autor trágico (Plín. H. Nat. 35, 93).
Gornĕae, -ārum, subs. pr. f. Górneas, fortaleza da Armênia (Tác. An. 12, 45).
Gŏrtȳn, -ȳnos, subs. pr. f. Gortine, cidade de Creta (V. Flac. 1, 709).
Gortȳna (**Gortȳnĭa**), -ae, subs. pr. f. Gortina, cidade de Creta, junto ao rio Letes, perto da qual se achava o Labirinto (Luc. 3, 183).
Gortȳnĭăcus, -a, -um, adj. De Gortina (Ov. Met. 7, 778).
Gortȳnī, -ōnum, subs. loc. m. Gortinos, habitantes de Gortina (T. Lív. 33, 3).
Gortȳnis, -ĭdis, f. De Gortina (Luc. 6, 214).
Gortȳnĭus, -a, -um, adj. De creta (Verg. Buc. 6, 60).
gŏrȳtus, v. **corȳtus** (Verg. En. 10, 169).
Gothĭnī (**Gotĭnī**), -ōrum, subs. loc m. Gotinos, povoação da Germânia (Tác. Germ. 43).
Gothōnes (**Gotōnes**), -um, subs. loc. m. Gotões, povo da Germânia (Tác. An. 2, 62).
grabātŭlus, -ī, subs. m. Pequeno catre (Apul. M. 1, 11).
grabātus, -ī, subs. m. Leito pobre, catre (Cíc. Div. 2, 129).
Gracchānus, -a, -um, adj. Dos Gracos (Cíc. Br. 128).
Grăcchī, -ōrum, subs. pr. m. Os Gracos, Tibério e Caio Graco, tribunos da plebe, filhos de Cornélia e de T. Semprônio Graco (Cíc. Br. 210).

Gracchus, -ī, subs. pr. m. Graco, nome de uma família da **gens** Semprônia, v. **Gracchi**.

gracĭlis, -e, adj. I — Sent. próprio: 1) Magro, delgado, grácil, franzino, esguio, pequeno (Ov. R. Am. 328). II — Daí, na época imperial: 2) Pobre, miserável (Plín. Ep. 9, 20, 2). Na língua retórica: 3) Simples, sóbrio, sem ornatos (tratando-se do estilo) (Quint. 12, 10, 36). Obs.: A forma **gracĭlus** ocorre em Terêncio (Eun. 314).

gracĭlĭtās, -tātis, subs. f. I — Sent. próprio: 1) Gracilidade, delicadeza de forma, forma esguia (Cíc. Br. 64). II — Daí: 2) Magreza (Cíc. Br. 313). Na língua retórica: 3) Simplicidade, sobriedade (de estilo) (Quint. 4, 3, 2).

gracĭlĭter, adv. De maneira esguia, com simplicidade (Apul. M. 3, 3). Obs.: compar.: **gracilĭus** «mais simplesmente» (Quint. 9, 4, 130).

gracĭlus, v. **gracilis**.

grācŭlus, -ī, subs. m. Gaio, gralho (ave) (Fedr. 1, 3, 4).

gradātim, adv. Por degraus, gradualmente (Cíc. Nat. 1, 89).

gradātĭō, -ōnis, subs. f. I — Sent. próprio: 1) Escada, série de degraus (Vitr. 5 3). II — Sent. figurado: 2) Passagem sucessiva de uma idéia a outra, gradação (Cíc. De Or. 3, 207).

gradĭor, -ĕris, grădī, grĕssus sum, v. dep intr. Caminhar, andar, marchar (Cíc. Tusc. 1, 110). Obs.: Verbo raro, geralmente substituído por **ingredĭor** ou **incēdo**.

Grădīvus (Grădīvus), -ī, subs. pr. m. Gradivo, epíteto de Marte (Verg. En. 10, 542).

gradus, -ūs, subs. m. I — Sent. próprio: 1) Passo, modo de andar, marcha (Cíc. De Or. 2, 249). II — Daí, na língua militar: 2) Lugar onde se chegou, posição, postura de combatente (T. Lív. 7, 8, 3); (T. Lív. 6, 12, 8). III — Em sent. especial: 3) Degrau (de escada) (Cíc. At. 4, 1, 5). IV — Sent. figurado: 4) Passo, marcha (T. Lív. 6, 42, 2). 5) Aproximação (Hor. O. 1, 3, 17). 6) Escala, gradação (Cíc. De Or. 3, 227); (Cíc. Nat. 1, 88). 7) Ordem (Cíc. Part. 12). 8) Grau, categoria, classe (Ov. Met. 13, 143); (Cíc. Of. 1, 160); (Cíc. Pomp. 61).

Graea, -ae, subs. pr. f. Gréia, cidade da Beócia (Estác. Theb. 7, 332).

Graecănĭcē, adv. Em grego (Varr. L. Lat. 9, 89).

Graecănĭcus, -a, -um, adj. À maneira grega, como os gregos: **graecanica toga** (Suet. Dom. 4) «toga usada à moda grega».

Graecē, adv. Em língua grega (Cíc. De Or. 1, 155); **optime Graece respondere** (Cíc. De Or. 2, 75) «responder em excelente grego».

Graecī, -ōrum, subs. loc. m. Os gregos (Cíc. Rep. 1, 7).

Graecia, -ae, subs. pr. f. 1) Grécia, região a SE da Europa, banhada ao sul pelo Mediterrâneo, a oeste pelo mar Jônio, a leste pelo mar Egeu e limitada ao norte pelos montes Acroceráunios, que a separavam da Ilíria, e pelo monte Olimpo, que a separava da Macedônia. Foi berço de uma grande civilização (Cíc. Sest. 142). 2) **Magna Graecia**, parte meridional da Itália (Cíc. De Or. 3, 139).

Graecīnus, -ī, subs. pr. m. Grecino, amigo de Ovídio (Ov. Am. 2, 10, 1).

graecissō, -ās, -āre, v. intr. Imitar os gregos (Plaut. Men. 7).

graecor, -āris, -ārī, -ātus sum, v. dep. intr. Viver à moda dos gregos, na ociosidade, no prazer (Hor. Sát. 2, 2, 11).

Graecostăsis, -is, subs. pr. f. Grecóstase, lugar em Roma onde ficavam os representantes de países estrangeiros, à espera de audiência do Senado (Cíc. Q. Fr. 2, 1, 3).

Graeculĭo, v. **Graeculus** (Petr. 76, 10).

1. **Graecŭlus, -a, -um**, adj. (dim. de **Graecus**). Grego (em tom de desprêzo) (Cíc. Tusc. 1, 86).

2. **Graecŭlus, -ī**, subs. m. 1) Mau grego (Cíc. De Or. 1, 102). 2) Discípulo de grego (Cíc. Verr. 4, 127).

Graecum, -ī, subs. n. O grego, a língua grega (Cíc. Of. 2, 87).

1. **Graecus, -a, -um**, adj. Grego, da Grécia (Cíc. Fam. 2, 1, 3).

2. **Graecus, -ī**, subs. m. Grego (Cíc. Flac. 17).

3. **Graecus, -ī**, subs. pr. m. Grego, rei que deu seu nome à Grécia (Plín H. Nat. 4, 28).

grafĭum, v. **graphĭum**.

Graīī (Grāī), -ōrum, subs. loc. m. Os gregos (Cíc. Rep. 1, 58).

Grāĭocĕlī, -ōrum, subs. loc. m. Graciócelos, povo da Gália Narbonense (Cés. B. Gal. 1, 10, 4).

Grāĭugĕna, -ae, subs. m. Grego (Verg. En. 3, 550).

1. **Grāius, -a, -um**, adj. Grego (Verg. En 6, 97).
2. **Grāius, -ī**, subs. m. Um grego (Cíc. Nat. 2, 91).
grallātor, -ōris, subs. m. Aquêle que anda com pernas de pau (Plaut. Poen. 530).
grāmen, -ĭnis, subs. n. I — Sent. Próprio: 1) Alimento de animais herbívoros, pasto, erva, relva (Hor. O. 1, 15, 30). II — Daí: 2) Grama (planta), erva, verdura (Verg. G. 4, 63).
grāmĭnĕus, -a, -um, adj. 1) De relva, coberto de relva, gramíneo: **graminea corona** (T. Liv. 7, 37, 2) «coroa gramínea». 2) De bambu (Cíc. Verr. 4, 125).
1. **grammatĭca (grammatĭcē), -ae (-ēs)**, subs. f. Gramática (Cíc. Fin. 3, 5), (Quint. 1, 4, 4).
2. **grammatĭca, -ōrum**, subs. n. pl. A gramática (Cíc. De Or. 1, 187).
grammatĭcē, adv. Gramaticalmente, segundo as regras da gramática (Quint. 1, 6, 27).
1. **grammatĭcus, -a, -um**, adj. I — Sent. próprio.: 1) De gramática (S. Jer. 4, 17). II — Daí: 2) De gramático, de crítico (Hor. Ep. 1, 19, 40).
2. **grammatĭcus, -ī**, subs. m. I — Sent. próprio: 1) Gramático (Cíc. Tusc. 2, 12). II — Daí: 2) Crítico, erudito, filólogo (Cíc. Div. 1, 116).
grammatīsta, -ae, subs. m. Gramático, mestre elementar (Suet. Gram. 4).
Grampĭus mons, v. **Graupĭus mons**.
grānārĭum, -ī, subs. n. (geralmente no pl.: **grānārĭa, -ōrum**). Celeiro (Cíc. Fin. 2, 84).
grandaevus, -a, -um, adj. Velho, de idade avançada (Verg. G. 4, 392).
grandēscō, -is, -ĕre, v. intr. Crescer, desenvolver-se (Lucr. 1, 171).
grandĭcŭlus, -a, -um, adj. 1) Um tanto grande (Ter. And. 814). 2) Um tanto corpulento (Plaut. Poen. 481).
grandĭfer, -fĕra, -fĕrum, adj. Que produz muito, fértil (Cíc. Phil. 2, 101).
grandĭlŏquus, -a, -um, adj. Grandíloquo, que tem estilo elevado (Cíc. Tusc. 5, 89).
grandĭnat, -āre, v. impess. intr. Granizar, saraivar (Sên. Nat. 4, 4, 1).
grandis, -e, adj. I — Sent. próprio: 1) Grande (tratando-se de pessoas ou coisas), de grandes proporções, considerável (Cíc. At. 13, 21, 1). Daí: 2) Que cresceu, avançado (em idade) (Cíc. Phil 5, 47). II — Sent. figurado: 3) Pomposo, imponente, sublime (tratando-se de estilo) (Cíc. Br. 126).

gradiscăpĭus, -a, -um, adj. De tronco elevado (árvore) (Sên. Ep. 86, 21).
grandĭtās, -tātis, subs. f. I — Sent. próprio: 1) Grandeza (Sisen. apud Non. 115, 13). II — Sent. figurado: 2) Grandeza, elevação, sublimidade (do estilo) (Cíc. Br. 121).
grandĭter, adv. Grandemente, fortemente. Obs.: compar.: **grandĭus** (Ov. Her. 15, 30).
grandō, -ĭnis, subs. f. Saraiva, granizo (Cíc. Nat. 3, 86).
Grănĭcus, -ī, subs. pr. m. Granico, rio da Frígia Menor (Q. Cúrc. 3, 1, 9).
grānĭfer, -fĕra, -fĕrum, adj. Que tem grãos, granífero (Ov. Met. 7, 638).
Grānĭus, -ī, subs. pr. m. Grânio, nome de várias personagens (Cíc. Br. 160).
grānum, -ī, subs. n. Grão, semente (Cíc. C.M. 52).
graphĭārĭum, -ī, subs. n. Estôjo para guardar os estiletes (com que se escrevia) (Marc. 14, 21).
graphĭārĭus, -a, -um, adj. Relativo aos estiletes (com que se escrevia) (Suet. Claud. 35).
graphĭcē, adv. Com esmêro, artisticamente, perfeitamente (Plaut. Trin. 767).
graphĭcus, -a, -um, adj. Feito primorosamente, perfeito, completo (Plaut. Ps. 519).
graphĭum, -ī, subs. n. Estilo, ponteiro (para escrever na cêra) (Sên. Clem. 1, 14).
grassātor, -ōris, subs. m. Salteador, ladrão de estrada, bandido (Cíc. Fat. 34).
grassātūra, -ae, subs. f. Pilhagem, roubo (Suet. Tib. 37).
grassor, -āris, -ārī, -ātus sum, v. dep. intr. I — Sent. próprio: 1) Andar, caminhar (Plaut. Poen. 514). Daí: 2) Avançar, marchar contra, cair sôbre, investir, atacar (T. Liv. 2, 12, 15). II — Sent. figurado. 3) Proceder, agir (T. Liv. 3, 44, 8). 4) Vagar, errar, correr de um lado para outro (T. Liv. 3, 13, 2); (Tác. An. 13, 25). Donde: 5) Insinuar-se, cortejar (Sal. B. Jug. 64, 5); (Hor. Sát. 2, 5, 93).
grātē, adv. 1) Com prazer (Cíc. Fin. 1, 62). 2) Com reconhecimento, com gratidão (Cíc. De Or. 2, 46).
grātēs, subs. f. pl. Agradecimentos, graças (sobretudo aos deuses) (Cíc. Rep. 6, 9). Obs.: Usa-se sòmente no nom. e acus., e assim mesmo em certas expressões rituais: **grates agere, habere, solvere, referre, persolvere**, etc.

1. grătĭa, -ae, subs. f. I — Sent. próprio (abstrato): 1) Reconhecimento, agradecimento, ação de graças (Cíc. Cat. 1, 28). II — Daí, em sent. concreto: 2) Ato pelo qual se obtém reconhecimento; e daí: 3) Serviço prestado, obséquio, benefício, favor (T. Lív. 3, 41, 4). III — Sent. diversos: 4) Influência, boas graças, simpatia (Cíc. Verr. 4, 143). 5) Popularidade, crédito (Cíc. Rep. 2, 60). 6) Graça, beleza, encanto sabor agradável (Suet. Vit. 3). 7) Boa harmonia, acôrdo, amizade (Cíc. Prov. 23). 8) Perdão, graça, licença (Sal. B. Jug. 104, 5). 9) Razão, motivo causa (só no abl.) (Cíc. Nat. 2, 158).

2. Grătĭa, -ae, e Grătĭae, -ārum, subs. pr. f. Uma das Graças, as Graças (Aglaia, Talia e Eufrosina), divindades da beleza, que espalhavam alegria na natureza, no coração dos homens e dos deuses; habitavam o Olimpo na companhia das Musas. Em grego: **charites** (Hor. O. 1. 30, 6).

Grătĭdĭānus, -ī, subs. pr. m. Gratidiano. M. Marius Gratidianus, sobrinho de Mário (Cíc. Br. 169).

Grătĭdĭus, -ī, subs. pr. m. Gratidio, nome de um orador (Cíc. Leg. 3, 36).

grătĭfĭcātĭō, -ōnis, subs. f. Benefício, favor, liberalidade (Cíc. Mur. 42).

grătĭfĭcor, -āris, -ārī, -ātus sum, v. dep. intr. e tr. I — Intr.: Sent. próprio: 1) Tornar-se agradável, agradar, fazer um favor, obsequiar, servir (Cíc. Fin. 5, 42); (T. Lív. 30, 3, 1). II — Tr. 2) Conceder por favor, dar com generosidade, por favor (Cíc. Rep. 1, 68). 3) Abandonar (Sal. B. Jug. 3, 3).

grătĭīs, v. gratia, gratis.

grătĭōsus, -a, -um, adj. I — Sent. próprio: 1) Que está nas graças de alguém que tem crédito, popular, querido, considerado, favorecido (Cíc. At. 15, 4, 3). II — Daí: 2) Obsequiador (Cíc. Br. 290). 3) Feito ou obtido por favor (T. Lív. 43, 14, 9).

grătis (grătĭīs), adv. Grátis, gratuitamente, de graça, sem proveito, sem motivo (Cíc. Clu. 132).

Grătĭus, -ī, subs. pr. m. Grácio (Gratius Faliscus), poeta latino (Ov. P. 4, 16, 34).

grātor, -āris, -ārī, -ātus sum, v. dep. intr. Testemunhar seu agradecimento, agradecer, felicitar, congratular-se (Verg. En. 4, 478); (Ov. Met. 9, 244). Obs.: Constrói-se com dat. Na prosa clássica usa-se **gratŭlor.**

grātuītō, adv. Gratuitamente, de graça (Cíc. Of. 2, 66).

grātuītus, -a, -um, adj. I — Sent. próprio: 1) Gratuito, dado ou recebido gratuitamente, desinteressado, livre: **gratuita suffragia** (Cíc. Planc. 54) «sufrágios gratuitos». II — Daí: 2) Sem motivo, espontâneo, com pouco fundamento (T. Lív. 2, 42, 6). III — Sent. figurado: 3) Inútil, supérfluo (T. Lív. 1, 47, 1). Obs.: Em Estácio (S. 1, 6, 16), ocorre a quantidade breve do i de **gratuitus.**

grātulābundus, -a, -um, adj. Que felicita (T. Lív. 7, 33, 18).

grātulātĭō, -ōnis, subs. f. I — Sent. próprio: 1) Ação de graças (aos deuses) (Cíc. Fam. 11, 18, 3). II — Daí: 2) Reconhecimento (Cíc. Verr. 4, 74). 3) Felicitações, congratulações (Cíc. Mur. 88). No pl.: 4) Sinais de reconhecimento (Cíc. Mil. 98).

grātulātor, -ōris, subs. m. O que felicita, o que dá parabens (Marc. 10, 74).

grātŭlor, -āris, -ārī, -ātus sum, v. dep. intr. I — Sent. primitivo: 1) Dar graças aos deuses (Ter. Heaut. 879). II — Daí: 2) Agradecer, felicitar, cumprimentar, congratular-se (Cíc. Planc. 91); (Cíc. Fam. 4, 8, 1). Obs.: Constrói-se com dat.; com abl. com **de;** com or. introduzida por **quod;** com or inf., ou absolutamente.

1. grātus, -a, -um, adj. I — Sent. próprio: 1) Acolhido com reconhecimento, grato, agradável, favorito (sent. passivo) (Cíc. At. 3, 24, 2). II — Em sent. ativo: 2) Reconhecido, grato, agradecido (Cíc. Fam. 3, 8, 3). III — Sent. figurado: 3) Benvindo, acolhido com prazer (Hor. Sát. 2, 2, 119). 4) Encantador (Hor. Ep. 2, 2, 46).

2. Grātus, -ī, subs. pr. m. Grato, sobrenome romano (Tác. An. 15, 50).

Graupĭus Mons, subs. pr. m. Monte Gráupio, na Caledônia (Tác. Agr. 29).

gravănter, adv. A custo, com dificuldade (T. Lív. 31, 24, 5).

gravastĕllus, -a, -um, adj. Sobrecarregado pela idade (Plaut. Ep. 620). Obs.: Em outros manuscritos: **rāvistellus.**

gravătē, adv. A custo, contra a vontade, com dificuldade (Cíc. De Or. 1, 208).

gravătim, adv. 1) Lentamente (Lucr. 3, 387). 2) A custo, contra a vontade, com dificuldade (T. Lív. 1, 2, 3).

gravātus, -a, -um, part. pass. de **gravo.**

gravēdinōsus, -a, -um, adj. 1) Catarroso, catarrento, resfriado (Cíc. Tusc. 4, 27). 2) Que produz pêso na cabeça (Plín. H. Nat. 18, 139).

gravēdō, -ĭnis, subs. f. I — Sent. próprio: 1) Pêso da cabeça, dos membros (Apul. M. 10, 1). II — Daí, em sent. especial: 2) Coriza, defluxo (Plaut. As. 796). Obs.: Em Catulo (44, 13) ocorre a grafia **gravido.**

graveŏlens, -ēntis, adj. I — Sent. próprio: 1) De cheiro forte (Verg. G. 4, 270). II — Daí: 2) Que cheira mal, fétido (Verg. En. 6, 201).

gravēscō, -is, -ĕre, v. intr. I — Sent. próprio: 1) Tornar-se pesado, carregar-se (Verg. G. 2, 429). Daí: 2) Engravidar (Plín. H. Nat. 11, 236). II — Sent. figurado: 3) Agravar-se, piorar (Lucr. 4, 1069).

gravĭda, -ae, subs. f. Mulher grávida (Plaut. Truc. 475)

gravidĭtās, -tātis, subs. f. Gravidez, gestação (Cíc. Nat. 2, 119).

1. gravĭdō, v. **gravēdo.**

2. gravĭdō, -ās, -āre, -āvī, -ātum, v. tr. Fecundar (Cíc. Nat. 2, 83).

gravĭdus, -a, -um, adj. I — Sent. próprio: 1) Pesado, carregado, cheio (Verg. En. 7, 507). II — Daí, em sent. especial: 2) Grávida (Cíc. Clu. 31). Obs.: Constrói-se com abl.

gravis, -e, adj. I — Sent. próprio: 1) Pesado, grave, prenhe (Cés. B. Gal. 5, 8, 3). II — Sent. figurado: 2) Pesado (Cíc. C.M. 4). 3) Forte (tratando-se do homem) (Verg. En. 5, 447). Em particular: 4) Armado pesadamente (T. Lív. 31, 39, 2). 5) Grave, forte (tratando-se do som) (Quint. 1, 5, 22). 6) Forte, fétido (tratando-se do cheiro): **ellebori graves** (Verg. G. 3, 451) «o eléboro fétido». 7) Forte (tratando-se da comida) (Cíc. Nat. 2, 24). 8) Que tem pêso, autoridade, grave, sério, importante, considerado, digno, considerável (Cíc. Flac. 56). 9) Severo, rígido, rigoroso, difícil (Cíc. Verr. 3, 134). 10) Penoso, custoso, insuportável, triste, funesto, pernicioso, doentio (Cíc. C.M. 4). Obs.: Constrói-se absolutamente, e com abl.

Gravīscae, -ārum, subs. pr. f. Graviscas, cidade da Etrúria (Verg. En. 10, 184).

gravĭtās, -tātis, subs. f. I — Sent. próprio: 1) Pêso, gravidade: ...**navium** (Cés. B. Civ. 1, 58, 3) «pêso dos navios». II — Sent. figurado: 2) Pêso, fraqueza, languidez, idade madura (Cíc. Tusc. 3, 1). Em sent. especial: 3) Gravidez (Ov. Met. 9, 287). 4) Perigo, risco (de uma coisa nociva ou insalubre) (Cíc. At. 11, 21 2). 5) Fôrça, intensidade (do cheiro), dureza (de ouvido) (Plín. H. Nat. 21, 37). 6) Importância, pêso, fôrça, vigor, violência (Cíc. De Or. 3, 72). 7) Seriedade, dignidade, severidade, nobreza, fôrça de vontade (Cíc. Br. 35). 8) Elevação (de preços) (Tác. An. 6, 13).

gravĭter, adv. 1) Pesadamente (Cés. B. Civ. 2, 32, 2). 2) Fortemente, violentamente, gravemente (Verg. En. 12, 295). 3) De modo importante, com importância, com energia (Cés. B. Civ. 2, 32, 2).

gravō, -ās, -āre, -āvī, -ātum, v. tr. I — Sent. próprio: 1) Pesar sôbre, carregar, sobrecarregar (Ov. Met. 13, 812); (Ov. Trist. 4, 6, 28); (Tác. An. 1, 20). II — Sent. figurado: 2) Oprimir, agravar (Tác. An. 14, 12).

gravor, -āris, -ārī, -ātus sum, v. dep. tr. 1) Suportar com dificuldade, sofrer com custo (Cíc. Clu. 69). Daí: 2) Recusar-se, pôr dificuldade (Cés. B. Gal. 1, 35, 2). 3) Estar fatigado de, achar importuno (Suet. Ner. 34).

gregālēs, -ium, subs. m. pl. Companheiros, camaradas, amigos (Cíc. De Or. 2, 253).

gregālis, -e, adj. I — Sent. próprio: 1) Pertencente ao rebanho, do mesmo rebanho (Plín. H. Nat. 10, 181). II — Daí: 2) Pertencente à multidão, comum, vulgar (T. Lív. 7, 34, 15).

gregārĭus, -a, -um, adj. I — Sent. próprio: 1) Do rebanho (Col. 6, pr. 1). II — Daí: 2) Da multidão, comum, vulgar (Cíc. Planc. 72).

gregātim, adv. Em rebanho, aos bandos, em multidão (Col. 6, 5); (Cíc. Verr. 5, 148).

gregis, gen. sing. de **grex.**

gremĭum, -ī, subs. n. I — Sent. próprio: 1) Aquilo que os braços podem abranger, o espaço delimitado pelos braços e o seio; daí: 2) Regaço, colo, seio (Cíc. Div. 2, 85). 3) Seio (tratando-se da terra), entranhas (Cíc. C. M. 51). II — Sent. figurado: 4) Proteção, apoio, auxílio (Verg. En. 9, 261). 5) O coração (da pátria) (Cíc. Pis. 91).

1. gressus, -a, -um, part. pass. de **gradĭor.**

2. gressus, -ūs, subs. m. I — Sent. próprio: 1) O andar, passo, marcha (Verg. En. 1, 410). II — Sent. poético: 2) Marcha (do navio) (Verg. En. 5, 162).

grĕx, gregis, subs. m. I — Sent. próprio: 1) Reunião de indivíduos ou animais da mesma espécie; daí: 2) Rebanho, manada (Cíc. Phil. 3, 31). 3) Multidão, bando (de pássaros) (Hor. Ep. 1, 3, 19). 4) Multidão, bando (de homens), caterva (Hor. Ep. 1, 9, 13). 5) Companhia (de atôres), côro (das Musas) (Plaut. Cas. 22) (de atôres). II — Sent. figurado: 6) Punhado (Plaut. Ps. 333). Obs.: O gênero feminino ocorre em Lucrécio (2, 663).

Grĭnnēs, -ium, subs. pr. f. Grines, cidade da Bélgica (Cés. B. Gal. 5, 39, 1).

grĭphus, -ĭ, subs. m. Enigma (Apul. Flor. 9).

Grōsphus, -ī, subs. pr. m. Grosfo, sobrenome romano (Hor. O. 2. 16, 7).

Grovī, -ōrum, subs. loc. m. Grovos, povo da Gália Tarraconense (Plín. H. Nat. 4, 112).

Grudīī, -ōrum, subs. loc. m. Grúdios, povo da Bélgica (Cés. B. Gal. 5, 39).

grŭis, v. grūs (Fedr. 1, 8, 7).

Grumbestīnī, -ōrum, subs. loc. m. Grumbestinos, povo da Calábria (Plín. H. Nat. 3, 105).

Grumentīnī, -ōrum, subs. loc. m. Grumentinos, habitantes de Grumento (Plín. H. Nat. 3, 98).

Grūmēntum, -ĭ, subs. pr. n. Grumento, cidade da Lucânia (T. Liv. 23, 37, 10).

grundītus, -ūs, subs. m. Grunhido (do porco) (Cíc. Tusc. 5, 116).

Grunĭum, -ī, subs. pr. n. Grúnio, cidade da Frígia (C. Nep. Alc. 9, 3).

grunnĭō, -ĭs, -ĭre, -ĭvī (ou -ĭi), -ĭtum, v. intr. Grunhir (tratando-se de porco) (Plín. H. Nat. 32, 19); (Juv. 15, 220).

grūs, gruis, subs. f. Grou (ave) (Cíc. Nat. 2, 125). Obs.: Aparece como m. em Hor. (Sát. 2, 8, 87). O nom. gruis ocorre em Fedro (1, 8, 7).

Grȳllus, -ī, subs. pr. m. Grilo. 1) Filho de Xenofonte, morto em Mantinéia, em memória do qual Aristóteles deu o seu nome a uma de suas obras (Quint. 2, 17, 14). 2) Nome romano (Marc. 71, 60, 3).

Grynēus, -a, -um, adj. De Grínia (Verg. Buc. 6, 72).

Grynĭa (Grynĭum), -ae, (-ĭ), subs. pr. f. (n.) Grínia, cidade da Eólida, onde havia um templo de Apolo (Plín. H. Nat. 32, 59).

gubĕrna, -ōrum, subs. n. pl. Lemes, timões (de uma embarcação) (Lucr. 2, 553).

gubernābĭlis, -e, adj. Governável (Sên. Nat. 3, 29, 2).

gubernācŭlum (gubernāclum), -ĭ, subs. n. I — Sent. próprio: 1) Leme, timão (do navio) (Cíc. Inv. 2, 154). II — Sent. figurado: 2) Direção, govêrno, administração (geralmente no pl.) (Cíc. Sest. 20).

gubernātĭō, -ōnis, subs. f. I — Sent. próprio: 1) Govêrno, direção (de um navio) (Cíc. Fin. 4, 76). II — Sent. figurado: 2) Direção, govêrno, administração (Cíc. Cat. 3, 18).

gubernātor. -ōris, subs. m. I — Sent. próprio: 1) O que dirige o leme, timoneiro (Cíc. C.M. 17). II — Sent. figurado: 2) O pilôto, o dirigente (Cíc. Rep. 2, 51).

gubernātrix, -īcis, subs. f. A que governa, diretora (Cíc. De Or. 1, 38).

gubernātus, -a, -um, part. pass. de gubĕrno.

gubĕrnō, -ās, -āre, -āvī, -ātum, v. tr. 1) Governar (sent. próprio e figurado), dirigir, gerir, administrar (Cíc. Amer. 131); (Cíc. Mil. 25); (T. Liv. 44, 22, 14). Na língua náutica: 2) Dirigir um navio (Ên. An. 483).

gubĕrnum, -ĭ, subs. n. Leme, timão (Lucr. 2, 553). Obs.: Geralmente no pl.

Gugĕrnī, -ōrum, subs. loc. m. Gugernos, povo da Bélgica (Tác. Hist. 4, 26).

gula, -ae, subs. f. I — Sent. próprio: 1) Lugar por onde se engole, goela, garganta, esôfago, pescoço (Cic. Verr. 4, 24). II — Na língua popular: 2) Bôca (Plaut. Aul. 302). III — Sent. figurado: 3) Bôca, paladar (Cíc. At. 13, 31, 4). 4) Gula (Sên. Ep. 29, 5).

gulōsus, -a, -um, adj. I — Sent. próprio: 1) Guloso, glutão (Marc. 7, 20, 1). II — Sent. figurado: 2) Ávido (Marc. 10, 59, 5).

Gulūsa (Gulūssa), -ae, subs. pr. m. Gulusa, filho de Massinissa (Sal. B. Jug. 5, 6).

1. gŭrges, -ĭtis, subs. m. I — Sent. próprio: 1) Abismo, sorvedouro (Verg. En. 6, 295). Daí: 2) Turbilhão de água (Cíc. Pis. 81). 3) Massa de água (Verg. En. 11, 624). II — Sent. figurado: 4) Abismo, receptáculo: ...vitiorum (Cíc. Verr. 3, 23 «abismo de vícios».

2. Gŭrges, -ĭtis, subs. pr. m. Gúrgite, sobrenome de várias personagens (Juv. 2, 266).

1. gurgulĭō, -ōnis, subs. m. Garganta, goela (Plaut. Trin. 1016).

2. gurgulĭō, v. curculĭo.
gurgustĭum, -ī, subs. n. 1) Pequeno albergue, baiúca (Cíc. Pis. 13). 2) Taberna (Cíc. Nat. 1, 22).
gustātĭō, -ōnis, subs. f. Prato de entrada (o primeiro prato que é servido na mesa) (Petr. 21, 6).
gustātŏrĭum, -ī, subs. n. Mesa sôbre a qual se servia uma refeição leve (Petr. 34, 1).
1. gustātus, -a, -um, part. pass. de **gusto**.
2. gustātus, -ūs, subs. m. I — Sent. próprio: 1) Gôsto (sentido), paladar (Cíc. Nat. 2, 141). II — Daí: 2) Gôsto (de uma coisa) (Cíc. Nat. 2, 158). III — Sent. figurado: 3) Ação de gostar, apreciação (Cíc. Phil. 2, 115).
gustō, -ās, -āre, -āvī, -ātum, v. tr. 1) Tomar o gôsto, provar (sent. próprio e figurado) (Cíc. Fam. 7, 26, 1); (Cíc. Phil. 2, 71). Daí: 2) Tomar uma pequena refeição, merendar, saborear (Cíc. Mur. 74).
gustus, -ūs, subs. m. I — Sent. próprio: 1) Gôsto, sentido do gôsto (Tác. An. 12, 66). Daí: 2) Paladar, sabor (Cels. 6, 8, 6). II — Sent. figurado: 3) Prova, gôsto (Sên. Ep. 114, 18). Na língua culinária: 4) Prato de entrada (Marc. 11, 31, 4).
1. gutta, -ae, subs. f. I — Sent. próprio: 1) Gôta (de um liqüido) (Cíc. De Or. 3, 186). Daí: 2) Lágrima (Ov. P. 2, 3, 90). 3) Lágrimas de algumas árvores (como o âmbar, a mirra) (Marc. 6, 15, 2). II — Sent. figurado: 4) Parcela, pequena quantidade (Plaut. Ps. 397). No pl.: 5) Manchas, salpicos, pintas (em animais, pedras, etc.) (Verg. G. 4, 99).
2. Gutta, -ae, subs. pr. m. Guta, apelido romano (Cíc. Clu. 71).
guttātus, -a, -um, adj. Malhado, mosqueado (Marc. 3, 58, 15).
guttŭla, -ae, subs. f. Gotinha (Plaut. Ep. 1554).
guttur, -ŭris, subs. n. I — Sent. próprio: 1) Garganta, goela (Hor. Epo. 3, 1). II — Sent. figurado: 2) Voracidade, gula (Juv. 2, 114).
gŭttus (gūtus), -ī, subs. m. Vaso de gargalo estreito, garrafa, frasco (Hor. Sát. 1, 6, 118).
Gyăra, -ōrum, subs. pr. n. Gíara, uma das Cíclades (Juv. 1, 73).
Gyăros, -ī, subs. pr. f. Gíara, uma das Cíclades (Verg. En. 3, 76).

Gўās (Gўēs), -ae, subs. pr. m. 1) Gias, um dos gigantes (Hor. O. 17, 14). 2) Companheiro de Enéias (Verg. En. 1, 222).
Gygaeus, -a, -um, adj. De Giges, lídio (Prop. 3, 11, 18).
Gygēs, -ī (-ae), subs. pr. m. Giges. 1) Rei da Lídia (Cíc. Of. 3, 78). 2) Nome de um jovem (Hor. O. 2, 5, 20). 3) Nome de um troiano morto por Turno (Verg. En. 9, 762).
Gylĭppus, -ī, subs. pr. m. Gilipo, nome de homem (Verg. En. 12, 272).
gymnasĭarchus, -ī, subs. m. Ginasiarca, diretor do ginásio (Cíc. Verr. 4, 92).
gymnasĭum, -ī, subs. n. I — Sent. próprio: 1) Ginásio (lugar público destinado aos exercícios de educação física, entre os gregos) (Cíc. Tusc. 2, 151). II — Por extensão: 2) Escola de filosofia (porque as reuniões filosóficas se realizavam muitas vêzes nos ginásios) (Cíc. De Or. 1, 56).
gymnastĭcus, -a, -um, adj. Ginástico (Plaut. Rud. 296).
gymnĭcus, -a, -um, adj. De luta, gímnico (Cíc. Tusc. 2, 62).
gynaecēum (gynaecĭum), -ī, subs. n. Gineceu (quarto destinado às mulheres, entre os gregos) (Cíc. Phil. 2, 95).
Gŷndēs, -ae, subs. pr. m. Gindes, rio da Assíria, hoje Kerah (Sên. Ir. 3, 21, 1).
gypsātus, -a, -um, adj. Gessado, coberto de gêsso (Cíc. Fam. 7, 6, 1).
gypsum, -ī, subs. n. I — Sent. próprio: 1) Gêsso (Sên. Nat. 3, 25, 1). II — Daí: 2) Estátua ou busto de gêsso (Juv. 2, 4).
gyrātus, -a, -um, part. pass. de **gyro**.
gyrō, -ās, -āre, -āvī, -ātum, v. tr. Fazer andar ao redor, rodear, circular, girar (Plín. H. Nat. 5, 62).
Gyrtōn, -ōnis, subs. pr. f. Girtona, cidade da Tessália e da Magnésia (T. Lív. 36, 10).
Gyrtōnē, -ēs, subs. pr. f. Girtona, cidade da Tessália e da Magnésia (Sên. Troad. 831).
gyrus, -ī, subs. m. I — Sent. próprio: 1) Círculo, volta, circuito, giro (têrmo técnico tomado ao grego pelos treinadores de cavalos) (Verg. G. 3, 115). Daí, em sent. geral: 2) Círculo, volta (Verg. En. 5, 85). II — Sent. figurado: 3) Picadeiro, carreira (Cíc. De Or. 3, 70); (Prop. 3, 14, 11). 4) Ato de adestrar cavalos (Cíc. Of. 1, 90). 5) Sutilezas, rodeios (A. Gél. 16, 8, 17).
Gythēum, -ī, subs. pr. n. Giteu ou Gítio, cidade da Lacônia (Cíc. Of. 3, 49).

H

h, 8ª letra do alfabeto latino. Abreviaturas: 1) H. = heres, honor, habet, etc., herdeiro, honra, tem, etc. 2) HH. = heredes, herdeiros.

ha! interj., v. **a, ah, aha.**

habēna, -ae, subs. f. I — Sent. próprio: 1) Correia que serve para conter ou segurar, correia de capacete ou funda (Verg. En. 7, 380). Daí: 2) Azorrague, açoite (Hor. Ep. 2, 2, 15). 3) Rédeas, freio, brida (geralmente no pl.) (T. Lív. 37, 20, 10). Por extensão: 4) A cavalaria (V. Flac. 6, 95). II — Sent. figurado: 5) Rédeas, guias, freios (Cíc. Lae. 45).

habentĭa, -ae, subs. f. O que se possui, bens, propriedade (Plaut. Truc. 21).

habĕō, -ēs, -ēre, habŭī, habĭtum, v. tr. e intr. I — Sent. próprio: 1) Manter, manter-se (Cés. B. Civ. 3, 31, 3); (Sal. C. Cat. 52, 14). Daí: 2) Possuir, ocupar, tomar posse de, guardar (Verg. En. 2, 290); (Sal. B. Jug. 2, 3); (Cíc. Verr. 5, 104); (Cíc. Verr. 2, 47). Donde: 3) Ter, haver (sent. próprio e figurado) (Cés. B. Gal. 1, 8, 1); (Cíc. Verr. 2, 184); (Cíc. Fam. 7, 26, 1); (Cíc. Tusc. 1, 57); (Cíc. Leg. 2, 57). II — Sent. figurado: 4) Tratar (Sal. B. Jug. 113, 2); (Sal. B. Jug. 64, 5). 5) Ter como, considerar como, julgar, avaliar (Cíc. Nat. 1, 45); (Cés. B. Gal. 1, 44, 11); (Cíc. Of. 1, 144). 6) Conhecer, saber (Cíc. Rep. 2, 33). 7) Passar (o tempo) (Sal. C. Cat. 51, 12). Obs.: Constrói-se com acus., com dois acus., com inf., com gen. de preço ou como intransitivo. Em Cícero (Leg. 2, 19) ocorre a forma **habessit** = **habuerit** por arcaísmo.

habēssit = **habuerit,** fut. perf. de habeo (Cíc. Leg. 2, 19).

habĭlis, -e, adj. I — Sent. próprio: 1) Que se segura bem nas mãos, manejável, cômodo, fácil (T. Lív. 22, 46, 5). Daí: 2) Bem adaptado a, próprio, conveniente, apto, hábil (sent. próprio e figurado) (Verg. G. 2, 92). Constrói-se absolutamente, com acus. acompanhado de **ad,** e com dat.

habilĭtās, -tātis, subs. f. Aptidão, habilidade (Cíc. Leg. 1, 27).

habilĭter, adv. Cômodamente, fàcilmente (T. Lív. Epit. 57).

habitābĭlis, -e, adj. I — Sent. próprio: 1) Habitável (Cíc. Tusc. 1, 45). II — Sent. poético: 2) Habitado (S. It. 1, 541).

habitātĭō, -ōnis, subs. f. 1) Ação de habitar, habitação, morada, domicílio (Cíc. Cael. 17). 2) Aluguel (Suet. Cés. 38).

habitātŏr, -ōris, subs. m. (**-trix, -ĭcis,** subs. f.). Habitante, morador, moradora (Cíc. Q. Fr. 2, 3, 7).

hăbĭtātus, -a, -um, part. pass. de habĭto.

habĭtō, -ās, -āre, -āvī, ātum, v. tr. e intr. A — Tr. I — Sent. próprio: 1) Habitar, ocupar (Verg. En. 3, 106). B — Intr. 2) Habitar, morar, residir, povoar (Cíc. Verr. 3, 95); (Verg. En. 3, 110); (Cíc. Tusc. 5, 69). II — Sent. figurado: 3) Demorar-se, deter-se (Cíc. Mur. 21); (Cíc. Phil. 12, 3); (Cíc. Ac. 2, 123).

habitūdō, -ĭnis, subs. f. Modo de ser, estado, compleição (Ter. Eun. 242).

1. **habĭtus, -a, -um.** I — Part. pass. de habĕo. II — Adj.: bem tratado, luzidio, corpulento (Ter. Eun. 315).

2. **habĭtus, -ūs,** subs. m. I — Sent. próprio: 1) Condição, estado (de uma coisa), estado (do corpo), compleição, aspecto exterior, boa constituição (Cíc. Cael. 49). Daí: 2) Aspecto, aparência, situação (Cíc. Nat. 1, 99). II — Sent. figurado: 3) Atitude, posição, postura (Cíc. Fin. 5, 36). Daí: 4) Maneira de ser, natureza, situação (T. Lív. 9, 17, 17); (T. Lív. 1, 42, 5). 5) Disposição (do espírito), sentimentos (Tác. Hist. 1, 4).

habŭī, perf. de habĕo.

1. **hāc,** adv. Por aqui (Cíc. Leg. 1, 14).

2. **hāc,** abl. f. de **hĭc.**

hācprŏpter, adv. Por causa disto (Varr. Men. 213).

hactĕnus, adv. 1) Até aqui, até agora, até êste ponto, sòmente até aqui (Verg. En. 6, 62); (Ov. Trist. 1, 10, 22). 2) Tão sòmente, apenas, ùnicamente, bastante, suficiente (Cíc. Lae. 24); (Cíc.

HADRĀNUM

Div. 2, 76); (Cíc. Rep. 2, 70). Obs.: Às vêzes ocorre separado por tmese: **hac... tenus** (Verg. En. 5, 603).

Hadrānum, -ī, subs. n., v. **Adr-**.

1. Hadrĭa (Adr-), -ae, subs. pr. f. Ádria. 1) Cidade do Piceno (T. Lív. 24, 10, 10). 2) Cidade da Venécia (T. Lív. 5, 33, 7).

2. Hadrĭa, -ae, subs. pr. m. O mar Adriático, na Europa meridional, entre as penínsulas Itálica e Balcânica, dependente do Mediterrâneo, com o qual se comunica pelo mar Jônio (Hor. O. 1, 3, 15).

Hadrĭăcus (-ĭātĭcus), -a, -um, adj. Do mar Adriático (Verg. En. 11, 405).

1. Hadrĭānus, -a, -um, adj. Adriano. 1) De Ádria, isto é, de qualquer uma das duas cidades com êste nome (Plín. H. Nat. 3, 110). 2) Do mar Adriático (Cíc. Pis. 92).

2. Hadrĭānus, -ī, subs. pr. m. Adriano, imperador romano.

Hadrĭātĭcum, -ī, subs. pr. n. O Adriático, mar do sul da Europa (Catul. 4, 6).

Hadrūmētĭnus, v. **Adr-**.

Hadrūmētum, v. **Adr-**.

haec, nom. sg. f. e nom. acus. pl. n. de **hic**.

haedĭlĭae, -ārum, subs. f. pl. Cabritos (Hor. O. 1, 17, 9).

haedĭllus, -ī, subs. m. Cabritinho (têrmo de ternura) (Plaut. As. 667).

haedīnus, -a, -um, adj. De bode (Cíc. Mur. 75).

haedŭlus, -ī, subs. m. Cabrito (Juv. 11, 65).

haedus, -ī, subs. m. I — Sent. próprio: 1) Bode, cabrito (Cíc. C. M. 56). Subs. pr. m. pl.: 2) Os Cabritos (constelação) (Verg. En. 9, 668).

Haemonĭa (Aem-), -ae, subs. pr. f. Emônia, primitivo nome da Tessália (Ov. Met. 1, 568).

Haemonĭdēs, -ae, subs. loc. m. Emônida, tessálio. Obs.: no pl.: os argonautas (V. Flac. 4, 506).

Haemŏnis, -ĭdis, subs. pr. f. Emônida, antigo nome da Tessália (Ov. Her. 13, 2).

Haemonĭus, -a, -um, adj. Emônio, tessálio (Ov. Trist. 1, 10, 30). Obs.: ...**juvenis** (Ov. Met. 1, 132) «Jasão»: ...**puer** (Ov. F. 5, 400) «Aquiles» ...**arcus** (Ov. Met. 2, 81) «o Sagitário».

Haemus, -ī, subs. pr. m. Hemo. 1) Filho de Boreu e de Orítia, que foi transformado em montanha (Ov. Met. 6, 87).

HALEX

2) O monte Hemo, na Trácia (Plín. H. Nat. 4, 41). 3) Nome de homem (Juv. 3, 99).

haered-, v. **hered-**.

haerĕō, -ēs, -ēre, haesī, haesum, v. intr. I — Sent. próprio: 1) Estar pegado a, permanecer fixado a, estar fixo, aderir (Cíc. Dej. 28); (Verg. En. 11, 864); (Cíc. Ac. 2, 2). Daí: 2) Estar parado, estar imóvel, não caminhar, parar, deter-se (Cíc. Of. 3, 117); (Verg. En. 11, 290). II — Sent. figurado: 3) Estar embaraçado ou perplexo, hesitar (Cíc. Phil. 5, 74). Obs.: Constrói-se geralmente com abl., com abl. com prep. **in**. Às vêzes aparece com dat. ou acus. com **ad**, ou como intr. absoluto.

haerēs, -ēdis, v. **hēres**.

haerēscō, -is, -ĕre, v. intr. Pegar-se, ficar pegado, parar, deter-se (Lucr. 2, 477).

haerĕsis, -is (-ĕōs), subs. f. Opinião, sistema, doutrina, seita (Cíc. Fam. 15, 16, 3).

haesī, perf. de **haerĕō**.

haesĭtantĭa, -ae, subs. f. Embaraço, prisão, (Cíc. Phil. 3, 16).

haesĭtātĭō, -ōnis, subs. f. I — Sent. próprio: 1) Hesitação, incerteza (Cíc. Fam. 3, 12, 2). II — Daí: 2) Gaguice, gagueira (Cíc. De Or. 2, 202).

haesĭtātor, -ōris, subs. m. Hesitante, o que hesita, contemporiza (Plín. Ep. 5, 11, 2).

haesĭtō, -ās, -āre, -āvī, -ātum, v. freq. intr. I — Sent. próprio: 1) Estar parado ou embaraçado (sent. físico e moral) (Cés. B. Gal. 7, 19, 2). II — Sent. figurado: 2) Hesitar, ficar perplexo (Cíc. De Or. 1, 115).

hăgētēr, -ēris, subs. m. Indicador de caminho, guia (epíteto de Hércules) (Plín. H. Nat. 34, 56).

Hagna, -ae, subs. pr. f. Hagna, nome de mulher (Hor. Sát. 1, 3, 40).

Halaesa, -ae, subs. pr. f. Halesa, cidade da Sicília (Cíc. Verr. 2, 19).

Halaesīnus, -a, -um, adj. De Halesa (Cíc. Verr. 4, 17).

Halaesus, -ī, subs. pr. m. Heleso. 1) Filho de Agamémnon (Verg. En. 7, 724). 2) Um dos lápitas (Ov. Met. 12, 462).

halcēdo, v. **alcēdo**.

halcy-, v. **alcy-**.

halec, v. **hallec**.

Halentīnus, v. **Alunt-**.

Hales, -ētis, subs. pr. m. Halete, rio da Lucânia (Cíc. Fam. 7, 20, 1).

Halēsa, Halēsus, v. **Halaes-**.

hālex, v. **hallec**.

Haliăcmōn (Al-), -ŏnis, subs. pr. m. Aliac, mão, rio da Macedônia (Cés. B. Civ. 3, 36).

haliaeētos (-tus), **haliāetos** (-tus), -ī, subs. m. Halieto, água marinha (Ov. Met. 8, 146).

Haliartīī, -ōrum, subs. loc. m. Haliartos, habitantes de Haliarto, cidade da Beócia (T. Liv. 42, 46).

Halicarnasseūs, -ĕī, subs. loc. m. De Halicarnasso (Cíc. Div. 2, 88).

Halicarnassīī, -ōrum, e -ssensēs, -ĭum, subs. loc. m. Halicarnassos ou halicarnassenses, habitantes de Halicarnasso (Tác. An. 4, 55).

Halicarnăssus (-os), -ī, subs. pr. f. Halicarnasso, capital da Cária, na Ásia Menor (Cíc. Tusc. 3, 71).

Halicyēnsēs, -ĭum, subs. loc. m. pl. Halicienses, habitantes de Halícias (Cíc. Verr. 3, 91).

Halicyēnsis, -e, adj. Haliciense, de Halícias, cidade da Sicília (Cic. Verr. 3, 13).

halieutĭcus, -a, -um, adj. 1) De pescador. 2) Subs. pr. n. pl.: Haliêuticas (tratado de Ovídio sôbre a pesca) (Plín. H. Nat. 32, 11).

hālĭtus, -ūs, subs. m. I — Sent. próprio: 1) Sôpro, exalação, emanação, vapor (Plín. H. Nat. 14, 142). II — Daí: 2) Hálito, bafo, respiração (Cíc. poét. Tusc. 2, 22).

Halĭus, -ī, subs. pr. m. Hálio, nome de homem (Ov. Met. 13, 258).

hallec (hallex, allec, allex), -ēcis, subs. n. Espécie de môlho ou salmoura (Hor. Sát. 2, 4, 73).

hallūcinātĭō (halluc-, aluc-), -ōnis, subs. f. Êrro, engano, alucinação (Sên. Vit. 26, 6).

hallūcĭnor (hālūcĭnor ou ālūcĭnor), -āris, -ārī, -ātus sum, v. dep. intr. Sonhar, divagar, delirar, ter alucinações (Cíc. Nat. 1, 72).

hālō, -ās, -āre, -āvī, -ātum, v. intr. e tr. Exalar, exalar um cheiro (Verg. G. 4, 105); (Lucr. 2, 848).

halōs, -ō, subs. f. Halo, círculo que por vêzes se vê em volta do sol ou da lua (Sên. Nat. 1, 2, 1).

halōsis, -is, subs. f. Tomada (de Tróia) (Petr. 89, 1).

haltĕres, -ērum, subs. m. Halteres (aparelho de ginástica) (Marc. 7, 67, 6).

Haluntīnus, v. **Aluntĭnus**.

Halus, -ī, subs. pr. f. Halo, cidade da Assíria (Tác. An. 6, 41).

Halyatt-, v. **Al-**.

Halys, -yos, subs. pr. m. Hális: 1) Grande rio da Ásia Menor (Cíc. Div. 2. 115); 2) Nome de homem (Estác. Theb. 2, 574).

hama (ama), -ae, subs. f. Balde (de incêndio) (Juv. 14, 305).

Hamae, -ārum, subs. pr. f. Hamas, localidade da Campânia (T. Liv. 23, 35).

Hamadryădēs, -um, subs. pr. f. pl. Hamadríades (ninfas das florestas) (Verg. Buc. 10, 62). Obs.: O sg. é raro.

hāmātus, -a, -um, adj. I — Sent. próprio: 1) Que tem ganchos, curvo, adunco (Cíc. Ac. 2, 121). Daí: 2) Que tem ponta curva (Ov. Met. 5, 80). II — Sent. figurado: 3) Interesseiro (Plín. Ep. 9, 30, 2).

Hamaxĭtos, -ī, subs. pr. f. Hamáxito, cidade da Trôade (Plín. H. Nat. 5, 124).

Hamīlcar, -ăris, subs. pr. m. Amílcar. 1) General cartaginês, pai de Aníbal (Cíc. Of. 3, 99). 2) Outros do mesmo nome (Cíc. Div. 1, 50).

Hampsagŏrās, ou -psicŏrās, -ae, subs. pr. m. Hampságoras ou Hampsícoras, príncipe da Sardenha (T. Liv. 22, 32).

hāmus, -ī, subs. m. I — Sent. próprio: 1) Gancho (Cés. B. Gal. 7, 73, 9). Daí: 2) Anzol (Hor. Ep. 1, 7, 74). 3) Objeto de pontas recurvadas, copos (da espada), pontas dos dardos (Ov. Met. 11, 342). No pl.: 4) Malhas (de armadura) (Verg. En. 3, 467).

Hannĭbal, -ălis, subs. pr. m. Aníbal, célebre general cartaginês do III e II séc. a.C. Criança ainda, teria jurado ódio eterno aos romanos (Cíc. Fin. 4, 22).

Hannō, -ōnis, subs. pr. m. Hanão. 1) Famoso navegador cartaginês (Cíc. Tusc. 5, 90). 2) Nome de muitos generais e almirantes cartagineses (T. Liv. 21, 3).

haphē, -ēs, subs. f. I — Sent. próprio: 1) Pó com que os atletas esfregavam o corpo antes de entrarem em combate (Marc. 7, 66, 5). II — Sent. figurado: 2) Pó de que alguém está coberto (Sên. Ep. 57, 1).

hara, -ae, subs. f. Estábulo (para animais), curral (de porcos) (Cíc. Pis. 37).

harēna, v. **arena**.

Harīī, -ōrum, subs. loc. m. Hários, nome de uma tribo dos germanos (Tác. Germ. 43).

hariŏla, -ae, subs. f. Hariola, adivinhadora, adivinha (Plaut. Mil. 692).

hariolātĭō, -ōnis, subs. f. Oráculo, profecia, adivinhação. (A. Gél. 15, 18, 3).

HARIŎLOR — **HASTŬLA**

hariŏlor, -āris, -ārī, -ātum sum, v. dep. intr. I — Sent. próprio: 1) Adivinhar, profetizar (Cíc. Div. 1, 132). Daí, em sent. pejorativo: 2) Delirar, devanear (Ter. Phorm. 492).

hariŏlus, -ī, subs. m. Haríolo, adivinho (Cíc. Div. 1, 4).

Harmodĭus, -ī, subs. pr. m. Harmódio, ateniense que juntamente com Aristogitão, seu amigo, conspirou contra os pisistrátidas (Cic. Tusc. 1, 116).

1. harmonĭa, -ae, subs. f. I — Sent. próprio: 1) Harmonia, simetria, proporção, ordem (Lucr. 3, 100). Daí: 2) Melodia, harmonia de sons (Cíc. Tusc. 1, 19).

2. Harmonĭa, -ae, subs. pr. f. Harmonia, filha de Marte e Vênus, e espôsa de Cadmo (Hig. 6, 148). Obs.: acus.: **Harmonien** (Ov. A. Am. 3, 86).

harmonĭcus, -a, -um, adj. Harmônico, harmonioso, simétrico, bem proporcionado (Plín. H. Nat. 2, 248).

1. harpăgō, -as, -āre, -āvī, -ātum, v. tr. Roubar (Plaut. Bac. 657).

2. harpăgō, -ōnis, subs. m. I — Sent. próprio: 1) Arpéu (Cés. B. Gal. 7, 81, 1) II — Sent. figurado: 2) Ladrão (Plaut. Trin. 239).

Harpălus, -ī, subs. pr. m. Hárpalo, escravo de Cícero (Cíc. Fam. 16, 24, 1).

Harpalўcē, -ēs, subs. pr. f. Harpálice, rainha das Amazonas (Verg. En. 1, 317).

harpāstum, -ī, subs. n. Bola de jogar (Marc. 4, 19, 6).

Harpăsus, -ī, subs. pr. m. Hárpaso, rio da Cária (T. Lív. 38, 13).

1. harpax, -ăgis, subs. m. O âmbar (que atrai objetos leves) (Plín. H. Nat. 36, 176).

2. Harpax, -ăgis, subs. pr. m. Hárpage, nome de escravo (Plaut. Ps. 653).

harpē, -ēs, subs. f. I — Sent. próprio: 1) Alfange, espada curva (com um gancho para o punho) (Ov. Met. 5, 69). Daí: 2) Foice (V. Flac. 7, 364). II — Sent. figurado: 3) Espécie de ave de rapina (Plín. H. Nat. 10, 204).

Harpocrătēs, -is, subs. pr. m. Harpócrates, deus do silêncio (Catul. 74, 4).

Harpўia, -ae, subs. pr. f. Harpia. I — Sent. próprio: 1) Monstro alado, de rosto de mulher, corpo de abutre e garras aduncas, que personificava a tempestade e a morte (Verg. En. 3, 365). 2) Subs. pr. Nome de um dos cães de Acteão (Ov. Met. 3, 215). II — Sent. figurado: 3) Pessoa rapace, inclinada à rapina, ao roubo (Sid. Ep. 5, 7). Obs.: Geralmente aparece só no pl. **Harpўiae** (Verg. En. 3, 216).

Harūdes, -um, subs. loc. m. Harudes, povo germano (Cés. B. Gal. 1, 31, 10).

harūndō, v. **arūndo.**

harūspex, -ĭcis, subs. m. I — Sent. próprio: 1) Arúspice, o que examina as entranhas das vítimas (Cíc. Cat. 3, 19). II — Sent. poético: 2) Adivinho (Prop. 3, 13, 59).

haruspĭca, -ae, subs. f. Adivinhadora, adivinha (Plaut. Mil. 692).

haruspicīna, -ae, subs. f. Ciência dos arúspices (Cíc. Div. 2, 50).

haruspicīnus, -a, -um, adj. Relativo aos arúspices ou à arte dos arúspices (Cíc. Div. 1, 72).

haruspicĭum, -ī, subs. n. Ciência dos arúspices (Catul. 90, 2).

hasa, -ae, subs. f., v. **ara.**

Hasdrŭbal (Asd-), -ălis, subs. pr. m. Asdrúbal, nome de vários generais cartagineses (Cíc. Verr. 3, 125).

1. hasta, -ae, subs. f. I — Sent. próprio: 1) Hasta, lança, pique, chuço, dardo (Cíc. C. M. 19). Daí, na língua jurídica: 2) Venda em hasta pública, hasta pública, leilão (porque, sendo a lança o símbolo da propriedade quiritária, enterrava-se uma lança no lugar onde se devia processar o leilão) (Cíc. Of. 2, 83). Objeto em forma de lança: 3) Tirso: **hasta pampinea** (Verg. En. 7, 396) «tirso» (cetro de Baco usado pelas Bacantes em dia de suas festas). 4) Vara do centúnviro (Suet. Aug. 36). 5) Varinha recurvada que serve para anelar os cabelos da noiva, símbolo do poder marital (Ov. F. 2, 560). II — Sent. figurado: 6) Arma, causa (Cíc. Mur. 45).

2. Hasta, -ae, subs. f. v. **Asta.**

hastātus, -a, -um, adj. I — Sent. próprio: 1) Hastato, armado de lança (Tác. An. 2, 14); (Cíc. Div. 2, 67). II — Subs. m. pl.: 2) **Hastātī, -ōrum:** soldados da 1.ª linha, que combatiam com lanças (T. Lív. 22, 5).

hastīle, -is, subs. n. I — Sent. próprio: 1) Hastil, pau da lança, do dardo (T. Lív. 21, 8, 10). Sent. poético: 2) Dardo (Ov. Met. 8, 28). II — Sent. figurado: 3) Ramo de árvore, bordão, varinha, estaca (Verg. En. 3, 23).

hastŭla, -ae, subs. f. Fragmento de madeira, lasca (Sên. Nat. 2, 31, 2). Obs.: Ocorre também a forma **assŭla** (cf. Plaut. Merc. 130).

Haterius, -ī, subs. pr. m. Quinto Hatério, orador da época de Augusto (Tác. An. 1, 13).
1. hau, interj. v. au.
2. hau, v. haud.
haud (haut), arc., **hau**, adv. Não (negação intensiva, freqüente na língua familiar e nas litotes) (Cíc. Rep. 1, 6).
hauddum, adv. Ainda não (T. Liv. 2, 52, 4).
haudquāquam, adv. De maneira alguma, de nenhum modo, absolutamente (Cíc. De Or. 2, 143).
haurĭō, -īs, -īre, hausī, haustum, v. tr. I — Sent. próprio: 1) Esgotar (em sent. físico e moral) (Cíc. Div. 2, 31). Daí: 2) Esvaziar (Verg. En. 1, 738). Donde: 3) Absorver de um trago, engolir (Plín. H. Nat. 8, 36); (Tác. An. 1, 70). II — Sent. figurado: 4) Consumir, devorar, dissipar (T. Liv. 5, 7, 3); (Tác. An. 16, 18). 5) Por analogia: furar, cavar, traspassar, ferir, matar (Verg. En. 2, 600). 6) Perceber, escutar, ouvir, ver (Verg. En. 4, 359); (Verg. En. 10, 899).
hauscio = haud scio.
hausī, perf. de **haurĭo**.
haustūrus, -a, -um, part. fut. de **haurĭo**.
1. haustus, -a, -um, part. pass. de **haurĭo**.
2. haustus, -ūs, subs. m. I — Sent. próprio: 1) Ação de esgotar, tirar água (Verg. G. 4, 229). Daí: 2) Direito de esgotar a água (Cíc. Caec. 74). 3) Ação de beber, engolir, trago, sôrvo (Ov. Met. 6, 356). II — Sent. figurado: 4) Ação de esgotar (Quint. 12, 2, 31). Sent poético: 5) Movimento de engolir (Lucr. 5, 1069).
hausūrus, -a, -um, = haustūrus, part. fut. de **haurĭo** (Verg. En. 4, 383).
haut, v. **haud**.
he, interj. v. **ha**.
Heautontīmōrūmĕnos (Haut-), «O carrasco de si próprio», ou «Aquêle que pune a si mesmo», título de uma comédia de Terêncio.
hebdŏmas, -ădis, subs. f. 1) Semana (A. Gél. 3, 10, 1). 2) O sétimo dia (crítico para os doentes), septenário (Cíc. Fam. 16, 9, 3).
Hebē, -ēs, subs. pr. f. Hebe, filha de Zeus e de Hera, personificava a juventude feminina. Quando Hércules foi admitido no Olimpo, tornou-se Hebe sua espôsa (Ov. Met. 9, 400).
hebĕnum, v. **ebĕnum**.

hebĕō, -ēs, -ēre, v. intr. Estar embotado, estar rombudo, obtuso (sent. próprio e figurado) (T. Liv. 23, 45, 9); (Verg. En. 5, 396).
hebes, -ĕtis, adj. I — Sent. próprio: 1) Embotado, rombudo, que perdeu o fio, o corte (Cíc. Har. 2). II — Sent. figurado: 2) Embotado, fraco, lânguido, embaraçado (Tác. Hist. 2, 99). 3) Duro, insensível (Cíc. Planc. 66). 4) Estúpido, sem vivacidade, obtuso (Cíc. Phil. 10, 17). Obs.: abl. — **hebeti**.
hebēscō, -is, -ĕre, v. incoat. intr. Embotar-se, tornar-se obtuso, enfraquecer-se (sent. próprio e figurado) (Tác. An. 1, 30); (Cíc Tusc. 1, 73).
hebetātĭō, -ōnis, subs. f. Enfraquecimento (da vista) (Sên. Tranq. 17, 5).
hebetātus, -a, -um, part. pass. de **hebĕto**.
hebĕtō, -ās, -āre, -āvī, -ātum, v. tr. I — Sent. próprio: 1) Embotar, tirar o corte (T. Liv. 8, 10, 3). II — Sent. figurado: 2) Enfraquecer, obscurecer, embotar (Plín. H. Nat. 2, 57).
Hebraeus (-aïcus), -a, -um, adj. Da Judéia, dos hebreus, hebreu (Tác. Hist. 5, 2).
Hebrus, -ī, subs. pr. m. Ebro. 1) Rio da Trácia (Verg. Buc. 10, 65). 2) Nome de um homem (Hor. O. 3, 12, 6). 3) Troiano morto por Mezêncio (Verg. En. 10, 696).
Hecălē, -ēs, subs. pr. f. Hécale, velha que deu hospitalidade a Teseu (Plín. H. Nat. 22, 88).
Hecăta, -ae, subs. f. v. **Hecăte** (Cíc. Nat. 3, 46).
Hecataeus, -ī, subs. pr. m. Hecateu de Mileto, historiador (Plín. H. Nat. 6, 55).
Hecătē, -ēs, subs. pr. f. Hécate, divindade que presidia aos encantamentos, confundida com Diana (Verg. En. 4, 511).
Hecatēis, -ĭdos, subs. f. De Hécate (Ov. Met. 6, 139).
Hecatēĭus, -a, -um, adj. De Hécate, de Diana (Ov. Met. 14, 44).
Hecătō, -ōnis, subs. pr. m. Hecatão de Rodes, filósofo estóico do II séc. a.C. (Cíc. Of. 3, 63).
hecatŏmbē (hecatŏmba), -ēs, (-ae), subs. f. Hecatombe (sacrifício de 100 bois, de 100 vítimas) (Juv. 12, 101).
Hecatōn, v. **Hecăto**.
Hector, -ŏris, subs. pr. m. Heitor, heról troiano, filho de Príamo e de Hécuba, espôso de Andrômaca (Verg. En. 1, 483).
Hectorēus, -a, -um, adj. De Heitor, troiano (Verg. En. 2, 543).

Hecŭba, -ae (-bē, -ēs), subs. pr. f. Hécuba, espôsa de Príamo, mãe de Heitor, Páris e Cassandra (Verg. En. 2, 501). Daí, em sent. figurado: mulher velha (Marc. 3, 76, 4).

Hecȳra, -ae, subs. pr. f. «A sogra», título de uma comédia de Terêncio.

hedĕra (edĕra), -ae, subs. f. Hera (Ov. F. 3, 767). Obs.: Com a hera se coroavam os poetas e os convidados; a hera era consagrada a Baco.

hederĭger, -gĕra, -gĕrum, adj. Hederígero, que traz hera (Catul. 63, 23).

hederōsus, -a, -um, adj. Hederoso, coberto de hera (Prop. 4, 4, 3).

Hedēssa, v. **Edēssa.**

Hēdŭĭ, etc., v. **Aedŭĭ,** etc.

hĕdȳchrum, -ī, subs. n. Espécie de ungüento para a pele (Cíc. Tusc. 3, 36).

Hēdȳlus, -ī, subs. pr. m. Hédilo, nome de homem (Marc. 9, 58).

Hēdymĕlēs, -is, subs. pr. m. Hedímeles, célebre tocador de lira, do tempo de Domiciano (Juv. 6, 383).

Hēgĕa (-ās), -ae, subs. pr. m. Hégia, nome de homem (T. Lív. 23, 1).

Hēgesĭās, -ae, subs. pr. m. Hegésias. 1) Filósofo cirenaico (Cíc. Tusc. 1, 83). 2) Orador e historiador de Magnésia (Cíc. Br. 286).

Hēgēsilŏchus, -ī, subs. pr. m. Hegesíloco, primeiro magistrado de Rodes (T. Lív. 42, 45).

Hēgēsīnus, v. **Egesīnus** (Cíc. Ac. 2, 16).

hei, ou **ei,** interj. Ai!, ui! ah! (Verg. En. 2, 274).

heia, v. **eia.**

heic, v. **hic.**

Hēius, -ī, subs. pr. m. Heio, nome de homem (Cíc. Verr. 4, 3).

helciārĭus, -ī, subs. m. Helciário, o que puxa uma barca à sirga (Marc. 4, 64, 22).

helcĭum, -ī, subs. n. Aquilo com que se puxa alguma coisa, corda de arrastar (Apul. M. 9, 12).

Helĕna, -ae, subs. pr. f. (-nē, -ēs, Hor. O. 4, 9, 16) Helena. 1) Filha de Leda e de Júpiter, irmã de Castor, Pólux e Clitemnestra, espôsa de Menelau foi a causa da guerra de Tróia (Cíc. Phil. 2, 55). 2) Flávia Júlia Helena, mãe de Constantino (Eutr. 10, 5).

Helenĭus, -ī, subs. pr. m. Helênico, cliente De Ático (Cíc. At. 5, 12, 5).

Helēnor, -ŏris, subs. pr. m. Helenor, nome de um guerreiro (Verg. En. 9, 544).

Helĕnus, -ī, subs. pr. m. Heleno, filho de Príamo, rei de Tróia, e célebre adivinho (Cíc. Div. 1, 89).

Helĕrnus, -ī, subs. pr. m. Helerno, bosque às margens do Tibre (Ov. F. 1, 105).

Heles, -ētis, subs. m., v. **Hales.**

Hēliădes, -um, subs. pr. f. Helíades, filhas de Hélios, o Sol, e Climene (Ov. Met. 2, 340).

Helicāōn, -ŏnis, subs. pr. m. Helicaão, ou Helicáon, filho de Antenor, e fundador de Patávio (Pádua) (Marc. 10, 93, 1).

Helicāonĭus, -ī, subs. m. De Helicaão (Marc. 14, 152, 2).

Helĭcē, -ēs, subs. pr. f. Hélice. 1) Antiga cidade da Acaia (Plín. H. Nat. 2, 206). 2) A constelação da Grande Ursa (Cíc. Ac. 2, 66).

Helĭcōn, -ōnis, subs. pr. m. Hélicon, ou Helicão, montanha da Beócia consagrada a Apolo e às Musas (Plín. Nat. 4, 25).

Helicōnĭădes (Helicōnĭdes), -um, subs. f. Nome das Musas (Lucr. 3, 1037).

Helicōnĭus, -a, -um, adj. Do Hélicon (Catul. 1, 6, 1).

Hēliodōrus, -ī, subs. pr. m. Heliodoro, orador do tempo de Augusto (Hor. Sát. 1, 5, 2).

Hēliopŏlis, -is, subs. pr. f. Heliópolis. 1) Cidade do Baixo Egito (Cic. Nat. 3, 54). 2) Cidade da Cele-Síria, atual Balbech (Tác. An. 6, 28).

Helladĭcus, -a, -um, adj. Grego, da Grécia (Plín. H. Nat. 35, 75).

Hellănĭcus, -ī, subs. pr. m. Helânico, historiador de Lesbos, anterior a Heródoto (Cíc. De Or. 2, 53).

Hellas, -ădis, subs. pr. f. Hélade. 1) Grécia (Plín. H. Nat. 4, 23). 2) Nome de mulher (Hor. Sát. 2, 3, 277).

Hellē, -ēs, subs. pr. f. Hele, filha de Átamas, que deu seu nome ao Helesponto (Ov. F. 3, 857).

hellebŏrus, (ellebŏrus, hellebŏrum), -ī, subs. m. e n. Heléboro (planta usada na antigüidade contra diversas doenças, sobretudo a loucura) (Hor. Sát. 2, 3, 82).

Hellēn, -ēnis, subs. pr. m. Hélen, ou Helene, ancestral e herói epônimo da raça helênica, filho de Deucalião e Pirra (Plín. H. Nat. 4, 28).

Hellēnēs, -um, subs. loc. m. Helenos, gregos (Plín. H. Nat. 4, 28).

Hellēnĭ, -ōrum, subs. loc. m. Helenos, povo da Hispânia Tarraconense (Plín. H. Nat. 4, 112).

1. **Hellespontĭus** (-tiăcus, -tĭcus), -a, -um adj. Do helesponto (Verg. G. 4, 111).
2. **Hellespontĭus**, -ĭ, subs. loc. m. Helespôncio, habitante do litoral do Helesponto (Cíc. Fam. 13, 53, 2).
Hellespôntus, -ĭ, subs. pr. m. Helesponto. 1) Estreito dos Dardanelos, que separa a Europa da Ásia, assim chamado em honra a Hele (Cíc. Fin. 2, 112). 2) Província administrativa do Império Romano, que compreendia a Trácia da Ásia e a da Europa, que Vespasiano destacou da Mésia setentrional (Cíc. Fam. 13, 53, 2).
helluatĭo, -ōnis, subs. f. Voracidade, intemperança (Cíc. Sen. 13).
helluātus, -a, -um, part. pass. de **hellŭor**: comido, dissipado (sent. passivo) (Verg. Cat. 5, 11).
hellŭō (**hēlŭō**), -ōnis, subs. m. I — Sent. próprio: 1) Glutão, devorador (Cíc. Pis 41). II — Sent. figurado: 2) Devorador, depredador (Cíc. Sest. 26).
hellŭor (**hēlŭor**), -āris, -ārĭ, -ātus sum v. dep. intr. Fartar-se, devorar, comer com sofreguidão (sent. próprio e figurado) (Cíc. Dom. 124); (Cíc. Fin. 3, 7); (Cíc. Sest. 111).
Hellusĭi, -iōrum, subs. loc. m. Helúsios, povo germano (Tác. Germ. 46).
hēlŭcus, v. **elŭcus**.
Helor-, v. **Elor**-.
Helvecōnae, -ārum, subs. loc. m. Helveconas, povo germano (Tác. Germ. 43).
helvĕla (**helvĕlla**), -ae, subs. f. Couve pequena (Cíc. Fam. 7, 26, 2).
Helveticus, (-tĭus), -a -um, adj. Helvético ou helvécio, da Helvécia (Cés. B. Gal. 7, 9, 6).
Helvētĭi, -iōrum, subs. loc. m. Os helvécios, habitantes da Helvécia, região que corresponde à Suíça atual (Cés. B. Gal 1, 1, 4).
Helvidĭus, -ĭ, subs. pr. m. Helvídio, nome de uma família romana, notadamente Helvídio Prisco, senador romano, célebre por suas virtudes (Juv. 5, 36).
Helvĭi (-vī), -ōrum, subs. loc. m. Hélvios povo da Gália romana (Cés. B. Gal. 7 7, 5). Obs.: **Alba Helvorum**: capital dos hélvios.
Helvīna (**El-**) **Ceres**, subs. pr. f. Ceres Helvina, honrada em Aquino, juntamente com Diana (Juv. 3, 320).
Helvĭus, -ĭ, subs. pr. m. Hélvio, nome de família romana, notadamente Q. Hélvio Cina, poeta e amigo de Catulo (Cíc. De Or. 2, 266).

hem, interj., indicando um sentimento de culpa, indignação, dor, etc.: ah!, oh!, ai! (Ter. Eun. 827).
hēmerodrŏmī (**hēmerodrŏmoe**), -ōrum, subs. m. pl. Hemeródromos, correios, mensageiros (T. Lív. 31, 24, 4).
hēmicyclĭum, -ĭ, subs. n. Hemiciclo, recinto semicircular com assentos (Cíc. Lae. 2).
hēmīna (**ēmīna**), -ae. subs. f. Hemina (medida de capacidade correspondente a meio **sextarĭus**) (Plaut. Mil. 831).
hēmīnarĭum, -ĭ, subs. n. Presente do conteúdo de uma hemina (Quint. 6, 3, 52).
hēmitritaeus, -ĭ, subs. m. Febre meio-terçã (Marc. 12, 91, 2).
hemō, -ōnis, v. **homo**.
hendecasyllăbus (**-bos**), -ĭ, subs. m. Hendecassílabo, verso de onze sílabas, especialmente o hendecassílabo faleuco (Catul. 12, 10).
Henĕtī, -ōrum, subs. loc. m. v. **Venetī** (T. Lív. 1, 1).
Henetĭa, -ae, subs. pr. f. v. **Venetĭa**.
Hēniochĭus (-chus), -a, -um, adj. Henióquio, dos henióquios, povo sármata (Ov. P. 4, 10, 26).
Henna, -ae, subs. pr. f. Hena, cidade da Sicília (Cíc. Verr. 4, 107).
Hennēnsēs, -ĭum, subs. loc. m. pl. Henenses, habitantes de Hena (Cíc. Verr. 4, 107).
Hennēnsis, -e, adj. Henense, de Hena (Cíc. Verr. 4, 17).
Hennaeus, -a, -um, adj. Heneu, de Hena (Ov. Met. 5, 385).
hēpatĭa, -ōrum, subs. n. pl. Os intestinos (Petr. 66, 7).
hēpatĭcus, -ĭ, subs. m. Aquêle que sofre do fígado, hepático (Plín. H. Nat. 27, 130).
Hephaestĭum, -ĭ, subs. pr. n. Heféstio, cidade da Lícia (Sên. Ep. 79, 3).
Heptagōnĭae, -ārum, subs. pr. m. Heptagônias, lugar próximo de Esparta (T. Lív. 34, 38, 5).
heptērēs (-is), -is, subs. f. Barco de sete ordens de remos (T. Lív. 37, 23, 5).
1. **hēra** (**era**), -ae, subs. f. I — Sent. próprio: 1) Senhora, dona da casa (Plaut. Cas. 44). Na língua amorosa: 2) Amante, amásia (Catul. 68, 136).
2. **Hēra**, -ae, subs. pr. f. Hera. 1) A deusa Juno, espôsa de Júpiter, entre os gregos (Sol. 2, 10). 2) Cidade da Sicília (Cíc. At. 2, 1, 5).
Hēraclĕa (ou **-clīa**), -ae, subs. pr. f. Heracléia. A — Nome das cidades funda-

das por Hércules ou que lhe eram consagradas, principalmente as localizadas: 1) Na Lucânia (Cic. Arch. 6). 2) Na Sicília, perto de Agrigento (Cíc. Verr. 2, 125). 3) Na Tessália (T. Lív. 28, 5, 14). 4) Na Peônia (Cés. B. Civ. 3, 79, 3). B — Cidade marítima do Ponto (T. Lív. 42, 56).

Heracleēnsēs (ou **-lēnses**), **-ium**, subs. loc. m. pl. Heracleenses ou heracleienses, habitantes de Heracléia (Cíc. Verr. 3, 103).

Heracleēnsis (ou **-lēnsis**), **-e**, adj. Heracleense ou heracleiense, de Heracléia (Cic. Arch. 6).

Hĕraclĕŏ, -ōnis, subs. pr. m. Heracleão, nome de homem (Cic. Verr. 5, 91).

Hĕraclĕōtae, -ārum, subs. loc. m. Heracleotas, habitantes de Heracléia (Cic. Fam. 13, 56, 2).

Hĕraclĕōtēs, -ae, subs. m. De Heracléia (Cic. Ac. 2, 71).

Hĕraclĕum, -i, subs. pr. n. Heracléio, cidade da Macedônia (T. Lív. 44, 2).

Hĕraclĕus (-ius), -a, -um adj. De Hércules (Juv. 1, 52). 2) De Heracléia, certa cidade da Lídia (Plin. H. Nat. 33, 126).

Hĕraclĭdēs, -ae, subs. pr. m. Heraclida. 1) Descendente de Hércules. 2) Heraclides do Ponto, filósofo grego do IV séc. a.C. (Cíc. Tusc. 5, 8).

Hĕracliēnsis, v. **Heracle-**.

Hĕraclĭtus, -i, subs. pr. m. Heraclito. 1) Filósofo grego do V-IV séc. a.C., natural de Éfeso, na Ásia Menor (Cíc. Div. 2, 133). 2) Outros do mesmo nome (Cíc. Ac. 2, 11).

Hĕraclius, v. **Heracleus**.

1. **Hĕraea, -ae**, subs. pr. f. Heréia, cidade da Arcádia (T. Lív. 28, 7).

2. **Hĕraea, -ōrum**, subs. n. Hereias, jogos em Argos em honra de Juno (T. Lív. 27, 30, 9).

Hĕraeum, -i, subs. pr. n. Hereu, cidade da ilha de Leucádia (T. Lív. 33, 17).

herba, -ae, subs. f. I — Sent. próprio: 1) Erva, relva (Cíc. De Or. 2, 287). Daí, em sent. genérico: 2) Planta, legume (Cic. Fam. 7, 26, 2). II — Sent. figurado: 3) Germe, rebento, renôvo: adhuc tua messis in herba est (Ov. Her. 17, 263) «tua messe ainda está no rebento». 4) Palma, vitória: herbam dare (Plin. H. Nat. 22, 8) «ceder a palma da vitória, isto é, confessar-se vencido».

herbēscō, -is, -ĕre, v. incoat. intr. Brotar ervas, brotar (Cic. C. M. 51).

Herbēsus, -i, subs. pr. f. Herbeso, cidade da Sicília (T. Lív. 24, 30, 10).

herbĕus, -a, -um, adj. Da côr da erva, verde (Plaut. Curc. 231).

herbĭdus, -a, -um, adj. Coberto de erva, de relva, rico em pastagem (T. Lív. 9, 2, 7).

herbĭfer, -fĕra, -fĕrum, adj. Herbífero, que produz erva, coberto de relva (Ov. Met. 15, 9).

Herbita, -ae, subs. pr. f. Hérbita, cidade da Sicília (Cic. Verr. 3, 75).

Herbitēnsēs, -ium, subs. loc. m. pl. Herbitenses, habitantes de Hérbita (Cic. Verr. 156).

Herbitēnsis, -e, adj. Herbitense, da cidade de Hérbita (Cic. Verr. 3, 47).

herbōsus, -a, -um, adj. I — Sent. próprio: 1) Coberto de erva, ervoso (Hor. O. 3, 18, 9). Daí: 2) Orlado de relva, com margens cobertas de relva (Verg. G. 2, 199). 3) Composto de várias plantas (Ov. F. 4, 367).

herbŭla, -ae, subs. f. Erva pequena, ervinha (Cic. Nat. 2, 127).

Herbulēnsēs, -ium, subs. loc. m. Herbulenses, habitantes de Hérbula, cidade da Sicília (Plin. H. Nat. 3, 91).

Hercātēs, -um, ou **-ium**, subs. loc. m. Hercates, povo da Gália Transpadana (T. Lív. 41, 23).

herciscō (erciscō), -is, -ĕre, v. incoat. tr. Repartir uma herança, fazer uma partilha (Cíc. De Or. 1, 237).

hercle, fórmula de juramento: por Hércules (Cíc. Leg. 2, 34).

herctum (erctum), -i, subs. n. Herança: herctum ciere (Cic. De Or. 1, 237) «provocar a partilha (de uma herança)». Obs.: Só se usa com o verbo ciere.

Herculānēnsis, -e, adj. De Herculano, herculanense (Cic. Fam. 9, 25, 3).

Herculānĕum, -i, subs. pr. n. Herculano. 1) Cidade da Campânia, destruída por uma erupção do Vesúvio, em 79 (Sén. Nat. 6, 26, 2). 2) Cidade do Sâmnio (T. Lív. 10, 45).

1. **Herculānĕus**, (Plaut., Plin. e **Herculānus, -a, um**, adj. I — Sent. próprio: 1) De Hércules: Herculanea pars (Plaut. Truc. 562) «a 10ª parte, o dízimo, consagrado a Hércules». II — Sent. figurado: 2) Muito grande, gigantesco que apresenta dificuldades (Plin. H. Nat. 21, 92).

2. **Herculānĕus, -a, -um**, adj. De Herculano (Cíc. Agr. 2, 36).

Herculānĭum, v. **Herculanĕum** (Plin. H. Nat. 3, 62).

Herculānus, v. Herculanĕus.
Hercŭlĕ, adv. v. hercle (Cíc. Rep. 1, 37).
Hercŭlēs, -is, e **-ī**, subs. pr. m. Hércules, filho de Júpiter e de Alcmena, célebre por seus doze trabalhos (Cíc. Nat. 3, 88). Obs.: **aerumnae Herculi** (Plaut. Pers. 2) «os trabalhos de Hércules»; **Herculis columnae** (T. Lív. 21, 43, 13) «as colunas de Hércules, i.é, Gibraltar»; **Herculis insulae** (Plín. H. Nat. 3, 7) «as ilhas de Hércules, perto da Sardenha»; **portus Herculis Monaeci** (Tác. Hist. 3, 42) «cidade da Ligúria, atual Mônaco»; **Herculis fons** (T. Lív. 22, 1, 10) «fonte de Hércules, na Etrúria»; **Hercules!** (Cíc. Br. 62) «por Hércules!». Gen.: **Herculi** (Cíc. Ac. 2, 108) **Herculei** (Catul. 55, 13).
Herculĕus, -a, -um, adj. De Hércules: **Herculeum astrum** (Marc. 8, 55, 15) «o Leão, signo do Zodíaco»; **Herculea urbs** (Ov. Met. 15, 711) «Herculano, cidade da Campânia»; **Herculea gens** (Ov. F. 2, 237) «a gens Fábia, os Fábios».
Herculĭus, -ī, subs. pr. m. Hercúlio, sobrenome de Maximiniano e outros imperadores romanos (Eutr. 9, 22).
Hercynĭa Silva, subs. pr. f. A floresta Hercínia, na Germânia, atual Floresta Negra (Cés. B. Gal. 6, 24, 2). Obs.: **Hercynia** (absolt.) (Tác. An. 2, 46).
Hercynĭus, -a, -um, adj. Da floresta Hercínia (T. Lív. 5, 34).
Hercȳnna, -ae, subs. pr. f. Hercina, nome de uma companheira de Proserpina (T. Lív. 45, 27, 8).
Herdōnĕa (-ĭa), -ae, subs. pr. f. Herdônia, pequena cidade dos hirpinos, na Itália (T. Lív. 25, 21).
Herdōnĭus, -ī, subs. pr. m. Herdônio, nome de homem (T. Lív. 1, 50).
here, v. **heri.**
Herebus, v. **Erĕbus.**
hērēditārĭus, -a, -um, adj. I — Sent. próprio: 1) Relativo a uma herança (Cíc. Caec. 13). Daí: 2) Recebido por herança, hereditário (Cíc. Rep. 6, 11).
hērēdĭtās, -tātis, subs. f. I — Sent. próprio: 1) Ação de herdar, herança (Cíc. Inv. 1, 84). Daí: 2) O que se herda, herança (Cíc. Verr. 4, 62). II — Sent. figurado: 3) Herança: **hereditas gloriae** (Cíc. Of. 1, 78) «herança de glória».
hērēdĭum, -ī, subs. n. Patrimônio, herança (C. Nep. Cat. 1, 1).
Herenniānus, -a, -um, adj. De Herênio (Cíc. At. 13, 6, 2).

Herennĭus, -ī, subs. pr. m. Herênio, nome de família romana, notadamente: 1) Herênio, orador (Cíc. Br. 166). 2) Herênio Senécio, historiador (Tác. Agr. 2, 45).
hērēs, -ēdis, subs. m. e f. I — Sent. próprio: 1) Herdeiro (legal), legatário, herdeiro (Quint. 6, 1, 20). Por extensão: 2) Proprietário, dono (na língua arc.) (Plaut. Men. 477). II — Sent. figurado: 3) Herdeiro (Cíc. Br. 332). Obs.: Primitivamente do gênero masculino pois só os varões podiam herdar, na época imperial tornou-se também feminino.
herg-, v. **erg-,**
hĕrī ou **hĕrĕ,** adv. Ontem (Cíc. At. 13, 47, 2).
hĕricĭus (ēricĭus), -ī, subs. m. I — Sent. próprio: 1) Ouriço (animal) (Varr. apud Non. 49, 10). Na língua militar: 2) Ouriço, arma de guerra formada de traves com pontas de ferro (Cés. B. Civ. 3, 67, 5).
herifŭga, -ae, subs. m. Escravo fugitivo (Catul. 63, 51).
herīlis, (erīlis), -e, adj. Heril, do senhor, de dono ou de dona de casa (Ter. And. 602).
Hērillĭī, -ōrum, subs. pr. m. Herílios, discípulos de Herilo (Cíc. De Or. 3, 62).
Hērillus (Eril-), -ī, subs. pr. m. Herilo, filósofo estóico grego, natural de Cartago (III séc. a.C) (Cíc. Fin. 2, 43).
Hērĭlus, -ī, subs. pr. m. Hérilo, rei de Preneste (Verg. En. 8, 563).
Herĭus, -ī, subs. pr. m. Hério, nome de homem (T. Lív. 23, 43).
Herma, -ae, v. **Hermes.**
Hermae, -ārum, subs. m. pl. I — Sent. próprio: 1) Hermas, figuras de Hermes, escabelos que arrematam numa cabeça de Mercúrio; ou por generalização: 2) Bustos (Cíc. Leg. 2, 6, 5).
1. Hermaeum, -ī, subs. n. Quarto ornado de figuras de Hermes, ou de bustos (Suet. Claud. 10).
2. Hermaeum, -ī, subs. pr. n. Hermeu, localidade da Beócia (T. Lív. 35, 50, 9).
Hermagŏrās, -ae, subs. pr. m. Hermágoras de Temnos, orador grego do fim do I séc. a.C. (Cíc. Br. 271).
Hermagorēī, -ōrum, subs. m. Hermagoreus, discípulos de Hermágoras (Quint. 3, 1, 16).
Hermandĭca, -ae, subs. pr. f. Hermândica, cidade da Hispânia Tarraconense (T. Lív. 21, 5, 7).

Hermaphrodĭtus, -ī, subs. pr. m. Hermafrodito, filho de Mercúrio e de Vênus (Ov. Met. 4, 285).

Hermärchus, -ī, subs. pr. m. Hermarco. 1) Filósofo de Mitileno (Cíc. Fin. 2, 96, 2) Filósofo de Quios (Cíc. Har. 34).

Hermathēna, -ae, subs. pr. f. Hermatena, busto de Mercúrio e de Minerva, conjugados (Cíc. At. 1, 4, 3).

hermēneuma, -ătis, subs. n. Interpretação, explicação (Sên. Contr. 9, 3, 4).

Hermērāclēs, -is, subs. pr. m. Hermeracles, busto representando ao mesmo tempo Mercúrio e Hércules (Cíc. At. 1, 10, 3).

Hermēs (Herma), -ae, subs. pr. m. Hermes ou Mercúrio, filho de Júpiter e mensageiro dos deuses (Cíc. Nat. 3, 56).

Hermīnius, -ī, subs. pr. m. Hermínio. 1) Guerreiro troiano (Verg. En. 11, 642). 2) Guerreiro romano (T. Lív. 2, 10).

Hermĭŏnē, -ēs, (-na, -ae), subs pr. f. Hermíona, ou Hermíone: 1) Filha de Menelau e Helena (Verg. En. 3, 328). 2) Cidade e pôrto da Argólida (T. Lív. 31, 41, 5).

Hermĭŏnēs, -um, subs. loc. m. pl. Hermíones, povo da Germânia (Tác. Germ. 2).

Hermionēus, (-nĭcus), (nĭus), -a, -um, adj. Hermioneu, hermiônico, hermiônio, da cidade de Hermíona (Verg. Cir. 471).

Hermippus, -ī, subs. pr. m. Hermipo, nome de homem (Cíc Flac. 45).

Hermodōrus, -ī, subs. pr. m. Hermodoro, 1) Filósofo do I séc. a.C., natural de Éfeso (Cíc. Tusc. 5, 105). 2) Célebre arquiteto de Salamina (Cíc. De Or. 1, 62).

Hermogēnēs, -is, subs. pr. m. Hermógenes, nome de homem (Cíc. At. 12, 25). Obs.: v. **Tigellius.**

Hermundŭrī, -ōrum, subs. loc. m. Hermúnduros, povo germano (Tác. Germ. 41)

Hermus, -ī, subs. pr. m. Hermo, rio da Lídia, afluente do Pactolo (Verg. G. 2, 137).

Hernĭcī, -ōrum, subs. loc. m. Hérnicos, povo do Lácio (T. Lív. 2, 22).

1. **herō, -ōnis,** v. **ero.**
2. **Hērō, -ūs,** subs. pr. f. Hero, sacerdotisa de Vênus, em Sestos, e amada por Leandro (Ov. Am. 2, 16, 31).

Hērōdēs, -is, subs. pr. m. Herodes. 1) Nome de um liberto de Ático (Cíc. At. 6, 1, 25). 2) Rei da Judéia, no tempo de Augusto (Hor. Ep. 2, 2, 184).

Hērodŏtus, -ī, subs. pr. m. Heródoto, célebre historiador grego nascido no V séc. a.C. É conhecido como o Pai da História (Cíc. Leg. 1, 5).

hērōĭcus, -a, -um, adj. I — Sent. próprio: 1) De herói, heróico, dos tempos heróicos (Cíc. Div. 1, 1). II — Daí: 2) Heróico, épico (Quint. 1, 8, 5).

hērōĭnē, -ēs, subs. f. Semideusa, heroína (Prop. 2, 2, 9).

hērōis, -ĭdis, subs. f. 1) Semideusa, filha de um deus ou de uma deusa (Suet. Ner. 21). 2) No pl. subs. pr. — **Heroides:** título de um poema de Ovídio (Prisc. 10, 54). Obs.: Dat. pl.: **heroisĭn** (Ov. Trist. 5, 5, 43).

hērōs, -ōis, subs. m. I — Sent. próprio: 1) Herói, semideus (Verg. Buc. 4, 16). II — Sent. figurado: 2) Homem célebre, herói (Cíc. At. 1, 17, 9).

hērōum, -ī, subs. n. Túmulo de um herói (Plín. H. Nat. 10, 8).

hērōus, -a, -um, adj. Heróico, épico: **heroum carmen** (Prop. 3, 3, 16) «epopéia».

Hersē, -ēs, subs. pr. f. Herse, filha de Cécrops, lendário rei de Atenas (Ov. Met. 2, 559).

Hersilĭa, -ae, subs. pr. f. Hersília, espôsa de Rômulo (Ov. Met. 14, 830).

herus (erus), -ī, subs. m. I — Sent. próprio: 1) Dono de casa, senhor (em oposição a **servus** ou **famulus**) (Cíc. Of. 2, 24). II — Daí, por extensão: 2) Senhor, proprietário (Hor. Sát. 2, 2, 129). Em sent. especial: 3) Espôso (Catul. 61, 116). 4) Soberano, senhor (Catul. 68, 76).

hervum, v. **ervum.**

Hēsiŏdus, -ī, subs. pr. m. Hesíodo, poeta grego, talvez do início do séc. VIII a.C., nascido em Ascra, na Beócia (Cíc. Nat. 1, 36).

Hēsiodēus (-dĭcus, -dĭus), -a, -um, adj. De Hesíodo (Cíc. Br. 15).

Hēsiŏna, -ae (-nē, -ēs, Ov. Met. 11, 211), subs. pr. f. Hesíona, filha de Laomedonte, rei de Tróia, e irmã de Príamo (Verg. En. 8, 157).

Hesperĭa, -ae, subs. pr. f. Hespéria, região ocidental. 1) A Itália em relação à Grécia (Hor. O. 3, 6, 8). 2) A Espanha em relação à Itália (Hor. O. 1, 36, 4).

Hesperĭdēs, -um, subs. pr. f. Hespérides. 1) Filhas de Héspero, habitavam um jardim maravilhoso, cujas árvores davam frutos de ouro, o qual era guarda-

do por um dragão de cem cabeças (Cíc. Nat. 3, 44).
Hespěris, -ĭdis, subs. loc. f. Hespéride, da Hespéria (Verg. En. 8, 77).
Hesperĭus, -a, -um, adj. Hespério, da Hespéria, de tôda região situada a oeste, ocidental (Verg. En. 2, 781).
Hesperŭgo, -ĭnis, subs. pr. f. Estrêla vespertina (Sên. Med. 877).
Hespěrus, (-os), -ī, subs. pr. m. Héspero, filho da Aurora e de Atlas, personificava o planeta Vênus, considerado como «estrêla da tarde» (Cíc. Nat. 2, 53) ou «estrêla da manhã» (Ov. Met. 5, 441).
hestěrnus, -a, -um, adj. De ontem, da véspera (Cíc. De Or. 3, 81).
Hesus, v. **Esus**.
hetaerĭa, -ae, subs. f. Confraria, sociedade (Plín. Ep. 10, 96, 7).
hetaerĭcē, -ēs, subs. f. Corpo de guardas a cavalo (no exército da Macedônia) (C. Nep. Eum. 1, 6).
Hetricŭlum, -ī. subs. pr. n. Hetrículo, cidade do Brútio (T. Lív. 30, 9).
Hetrur-, v. **Etrur-**.
heu, interj. Ah!, ai!, ui!, (Cíc. Phil. 7. 14). Obs.: Indica principalmente dor, vindo geralmente acompanhada de acus.
heus! interj. Olá, olha, escuta (Cíc. Mil. 60). Obs.: É usada principalmente para chamar ou interpelar, vindo freqüentemente acompanhada de voc.
hexaclīnon, -ī, subs. n. Sala de jantar com leitos para seis pessoas (Marc. 9, 59, 9).
hexaměter (hexamětrus), -trī (-ī), subs. m. Hexâmetro, de seis pés, verso hexâmetro (Cíc. De Or. 3, 194).
hexaphŏron (hexaphŏrum); -ī, subs. n. Liteira levada por seis escravos (Marc. 2, 81).
Hexapўlon, -ī, subs. pr. Hexápilon, nome de um bairro de Siracusa (T. Lív. 24, 21).
hexěris, -is. subs. f. Navio com seis ordens de remos (T. Lív. 29, 9, 8).
hexis, -is, subs. f. Aptidão, habilidade (Sên. Contr. 7, pr. 3).
hi, nom. pl. de **hic**, pronome.
hians, -āntis, part. pres. de **hĭo**.
Hiantěus, v. **Hyantěus**.
Hiărbas, v. **Iarbas**.
Hib-, v. **Ib-**.
hiātus, -ūs, subs m. I — Sent. próprio: 1) Abertura (da bôca) (Cíc. Nat. 2, 122). II — Daí: 2) Fenda, abertura, boqueirão, abismo (Cíc. Of. 3, 38). II — Sent. figu-

rado, na língua gramatical: 3) Hiato (Cíc. Or. 77). 4) Palavra pronunciada, palavra (Hor. A. Poét. 138). 5) Cobiça, avidez (Tác. Hist. 4, 42).
hibĕrna, -ōrum, subs. n. Quartéis de inverno (Cés. B. Gal. 1, 10, 3).
hibernācŭla, -ōrum, subs. n. pl. Tendas para os quartéis de inverno, acampamento de inverno para os soldados (T. Lív. 30, 3, 8).
Hibernĭa, -ae, subs. pr. f. Hibérnia, atual Irlanda (Cés. B. Gal. 5, 13, 2).
hibērnō, -ās, -āre, -āvī, -ātum, v. intr. I — Sent. próprio: 1) Invernar, passar o inverno (T. Lív. 29, 1, 14). Daí: 2) Estar no quartel de inverno (Cíc. Pomp. 39).
hibērnus, -a, -um, adj. I — Sent. próprio: 1) De inverno, invernoso (Cíc. Rep. 1, 18). Daí: 2) De tempestade, tempestuoso (Verg. En. 6, 355).
Hibis, v. **Ibis**.
hibīscum, -ī, subs. n. Espécie de malva, hibisco (Verg. Buc. 10, 71).
hibrĭda, v. **hybrĭda**.
1. **hic**, adv. 1) Aqui, neste lugar (Cíc. Fam. 6, 20, 3). Donde: 2) Aqui, neste ponto, nesta ocasião (Cíc. Arch. 8). 3) Então, neste momento (Cíc. Cat. 1, 26).
2. **hic, haec, hoc**, pron. demontr. da 1ª pessoa: I — Sent. genérico: 1) Êste, esta, isto (de que falo, que mostro) (Cíc. Rep. 1, 1). II — Sent. especiais: 2) Tal (com acus. de exclamação): **hanc audaciam!** (Cíc. Verr. 5, 62) «uma tal audácia». 3) Um ou outro (tratando-se de dois objetos) (T. Lív. 24, 3, 17). 4) Eis (designando o que se vai seguir): **hic est ille Demosthenes** (Cíc. Tusc. 5, 103) «eis o famoso Demóstenes». 5) Eis, tal é (resumindo o que precede) (Cíc. Ac. 1, 22). 6) Neutro **hoc** + gen.: **hoc muneris** (Cíc. Of. 2, 50) «êste cargo». Obs.: Principalmente no período arcaico ocorrem as seguintes formas: **hic**, nom. m. pl. (Plaut. Ps. 822); **haec**, nom. f. pl. (Plaut. Bac. 1142); (Lucr. 3, 599); (Cíc. Tusc. 1, 22); **hibus**, dat., abl. pl. (Plaut. Curc. 506).
hice, haece, hoce (hicce, haecce, hocce), pron. (refôrço de **hic**). Êste, esta, isto: **hujusce modi requies** (Cíc. De Or. 1, 224) «um repouso desta espécie».
Hicesĭus, -ī, subs. pr. m. Hicésio, médico autor de muitas obras (Plín. H. Nat. 27, 31).
Hicetaonĭus, -a, -um, adj. Filho de Hicetaão, irmão de Príamo (Verg. En. 10, 123).

Hicĕtās, -ae, subs. pr. m. Hicetas, filósofo pitagórico de Siracusa (Cíc. Ac. 2, 123).
1. hicĭne, haecĭne, hocĭne (hiccĭne, haeccĭne, hoccĭne), pron. intr. e exclamat. Acaso é êste? esta? isto? (Cíc. Mil. 104); (Cíc. Verr. 5, 62).
2. hīcĭne, adv. Será aqui, por acaso? (Ter. Ad. 183).
hiemālis, -e, adj. I — Sent. próprio: 1) Hiemal, de inverno (Cíc. Tusc. 5, 77). II — Daí: 2) Chuvoso, frio, tempestuoso (Plín. H. Nat. 18, 349).
hĭĕmans, -āntis, part. pres. de **hĭĕmo**.
hiemātĭō, -ōnis, subs. f. Ação de passar o inverno (Varr. R. Rust. 3, 16, 34).
hiemātus, -a, -um, part. pass. de **hĭĕmo**.
hĭĕmō, -ās, -āre, -āvī, -ātum, v. intr. I — Sent. próprio: 1) Passar o inverno (Cíc. Verr. 4, 104). II — Na língua militar: 2) Invernar, estar no quartel de inverno (Cés. B. Gal. 1, 10, 3). 3) Estar tempestuoso, estar revôlto (tratando-se do mar) (Hor. Sát. 2, 2, 17). 4) Impessoal: estar no inverno, estar frio (Plín. H. Nat. 18, 348). 5) Tr.: gelar, fazer gelar, congelar (Plín. H. Nat. 9, 75).
hiemps, v. **hiems**.
Hiempsal, -ălis, subs. pr. m. Hiêmpsal ou Hiempsal, rei da Mauritânia (Cíc. Vat. 12).
hiems, hĭĕmis, subs. f. I — Sent. próprio: 1) Inverno, estação má (Cés. B. Gal. 3, 7, 1). Daí: 2) Mau tempo, tempestade, borrasca (Verg. G. 1, 321). Por extensão: 3) Ano (Hor. O. 1, 15, 35). II — Sent. figurado: 4) Frio (que se sente) (Ov. Met. 2, 827).
hĭĕra, -ae, subs. f. Apelido de uma carreira em que os concorrentes chegam ao final ao mesmo tempo: **hieran facere** (Sên. Ep. 83, 5) «fazer parte nula».
Hierācōmē (ou **Hĭĕra Cōmē**), **-ēs**, subs. pr. f. Hieracome, cidade da Lídia (T. Lív. 38, 12, 10).
Hĭĕrō (-rōn), -ōnis, subs. pr. m. Hierão, nome de dois reis de Siracusa (Cíc. Nat. 1, 60).
Hierocaesarĕa, -ae, subs. pr. f. Hierocesaréia, cidade da Lídia (Tác. An. 2, 47).
Hierocaesariēnsēs, -ĭum. subs. loc. m. pl. Hierocesarienses, habitantes de Hierocesaréia (Tác. An. 3, 62).
Hierŏclēs, -is, subs. pr. m. Hiérocles. 1) Orador de Alabanda, contemporâneo de Cícero (Cíc. Br. 325). 2) Natural de Agrigento, que entregou Zacinto aos aqueus (T. Lív. 36, 31).

Hiĕrōn v. **Hĭĕro**.
hieronĭca (-cēs), -ae, subs. m. Vencedor (nos jogos sagrados) (Suet. Ner. 25).
Hierōnĭcus, -a, -um, adj. Hierônico, de Hierão, rei de Siracusa (Cíc. Verr. 2, 32).
Hierōnўmus, -ī, subs. pr. m. Jerônimo. 1) Filósofo ródio (Cíc. Fin. 2, 8). 2) Rei de Siracusa, do III séc. a.C. (T. Lív. 24, 4). 3) São Jerônimo, escritor cristão, doutor da Igreja.
Hierosolўma, -ōrum, subs. pr. n. Jerusalém, capital da Judéia (Cíc. Flac. 67).
Heirosolymārĭus, -ī, subs. pr. m. Hierosolimário, apelido que Cícero atribuiu a Pompeu, que era tão cioso de suas vitórias na Ásia (Cíc. At. 2, 9, 1).
Hierosolўmus, -ī, subs. pr. m. Hierosólimo, um dos chefes judeus (Tác. Hist. 5, 2).
hĭĕrum, v. **hĭĕron**.
hĭĕtō, -ās, -āre, v. intr. Bocejar (Plaut. Men. 449).
Hilaīra, -ae, subs. pr. f. Hilaíra, filha de Leucipo e espôsa de Pólux (Prop. 1, 2, 16).
hilarātus, -a, -um, part. pass. de **hilăro**.
hilarĭcŭlus, -a, -um, adj. Um tanto alegre (Sên. Ep. 23, 4).
hilărē, adv. Alegremente (Cíc. Fin. 5, 92). Obs.: Comp.: **hilarĭus** (Cíc. Tusc. 3, 64).
hilărĭs, -e, adj. I — Sent. próprio: 1) Contente, alegre, de bom humor, jovial (Cíc. Clu. 72). II — Sent. figurado: 2) Alegre (Cíc. At. 72, 5).
hilarĭtās, -tātis, subs. f. I — Sent. próprio: 1) Alegria, contentamento, jovialidade (Cíc. de Or. 3, 197). II — Sent. figurado: 2) Vigor (Plín. H. Nat. 17, 26).
hilaritūdo, -ĭnis = **hilarĭtas** (Plaut. Mil. 677).
hilărō, -ās, -āre, -āvī, -ātum, v. tr. Tornar de bom humor, tornar alegre (sent. próprio e figurado) (Cíc. Fin. 2, 8); (Cíc. Nat. 2, 102).
hilarŭlus, -a, -um, adj. Um tanto alegre (Cíc. At. 16, 11, 8).
1. hilărus, v. **hilărĭs**.
2. Hilărus, -ī, subs. pr. m. Hílaro, nome de um liberto (Cíc. At. 1, 12, 2).
Hilērda, -ae, subs. pr. f. v. **Ilērda**.
Hilērnus, v. **Helērnus**.
hilla, -ae, subs. f. (geralmente no plural). I — Sent. próprio: 1) Intestinos (Plín. H. Nat. 11, 200). II — Por extensão: 2) Lingüiça, chouriço (Hor. Sát. 2, 4, 60).
hillur-, v. **illur-**.

Hillus, -i, subs. pr. m. Hilo, nome que Cícero dá, por gracejo, a Hirro (Cíc. Fam. 2, 10, 1).

hĭlum, -i, subs. n. I — Sent. próprio: 1) Hilo, ôlho negro das favas (P. Fest. 90). II — Sent. figurado (o mais geral): 2) Um quase nada, um pouquinho (Cíc. poét. Tusc. 1, 10). Obs.: As formas: **hilum, hilo, hili** vêm sempre acompanhadas de uma partícula negativa a que servem de refôrço: **nihilum, nihilo, nihili, nihil,** etc.

Himēlla, -ae, subs. pr. m. Himela, pequeno rio dos sabinos (Verg. En. 7, 714).

Hīmĕra, -ae, subs. pr. f. e -ra, -rōrum, subs. n. Hímera, cidade da Sicília (Cíc. Verr. 2, 86).

Hīmeraeus, -a, -um, adj. De Hímera (Plín. H. Nat. 35, 61).

Himīlcō, -ōnis, subs. pr. m. Himilcão, nome de vários cartagineses (T. Lív. 23, 12).

hinc, adv. I — Sent. próprio: 1) Daqui, dêste lugar (Cíc. Agr. 2, 94). Donde: 2) A partir daqui, dêste ponto (T. Lív. 2, 1, 1). 3) De onde, desta fonte (Cíc. Of. 3, 36). 4) Dêle (= **ex hoc homine**), daí (= **ex hac re**) (Ter. Ad. 361); (Cíc. De Or. 1, 65). 5) Daí, a partir dêste momento (= **abhinc**) (Plín. H. Nat. 23, 43). 6) **hinc... illinc** ou **hinc... hinc**, de um lado... de outro (Cíc. Cat. 2, 25).

hinnĭō, -is, -ire, -īvī (ou -ĭi), v. intr. Rinchar, relinchar (Quint. 7, 3, 3).

hinnītus, -ūs, subs. m. Rincho, relincho (Cíc. Div. 1, 73).

hinnulĕus, -i, subs. m. 1) Cria de corça ou de cabra montês, corço novo (Hor. O. 1, 23, 1). 2) Macho pequeno (Varr. L. Lat. 9, 28).

hiō, -ās, -āre, -āvī, -ātum, v. intr. I — Sent. próprio: 1) Estar aberto, estar escancarado (Verg. G. 1, 91). Daí: 2) Estar de bôca aberta, ficar boquiaberto (Verg. En. 6, 473). II — Sent. figurado: 3) Estar extasiado (Verg. G. 2, 508). 4) Estar pronto para abocanhar, cobiçar (Cíc. Verr. 3, 8). 5) Na língua da retórica: fazer hiatos (Cíc. Or. 152). III — Tr.: 6) Declamar, fazer ouvir pela bôca aberta (Pers. 5, 3).

hippagōgoe (**hippagōgī**), -ōrum, subs. f. pl. Navios destinados ao transporte de cavalos (T. Lív. 44, 28, 7).

Hippărchus, -i, subs. pr. m. Hiparco, célebre matemático e filósofo grego do II séc. a.C. (Cíc. At. 2, 6, 1).

Hippăsus, -i, subs. pr. m. Hipaso. 1) Um dos centauros (Ov. Met. 12, 352). 2) Filho de Eurito, um dos que participaram da caçada ao javali de Cálidon (Ov. Met. 8, 313).

Hippĭa, -ae, subs. pr. f. Hípia, nome de mulher (Juv. 6, 103).

Hippĭās, -ae, subs. pr m. Hípias. 1) Filho de Pisístrato, tirano de Atenas (Cíc. At. 9, 10, 3). 2) Sofista grego, natural de Élis (Cíc. Br. 30). 3) Pintor (Plín. H. Nat. 35, 141).

Hippĭus, -i, subs. pr. m. Hípio, nome de homem (Cíc. Fam. 13, 76).

Hippō, -ōnis, (ou **Hippo Regius**), subs. pr. m. Hipona. 1) Cidade da Numídia, onde Sto. Agostinho foi feito bispo (T. Lív. 29, 3, 7). 2) Outro nome de Vibo, cidade do **Bruttium** (Plín. H. Nat. 3, 73). 3) Cidade da Hispânia Tarraconense (T. Lív. 39, 30).

hippocentaurus, -i, subs. m. Hipocentauro, centauro (Cíc. Tusc. 1, 90).

Hippocŏōn, -ōntis, subs. pr. m. Hipocoonte. 1) Filho de Ébalo, rei de Esparta (Ov. Met. 8, 314). 2) Companheiro de Enéias (Verg. En. 5, 492).

Hippocrătēs, -is, subs. pr. m. Hipócrates. 1) Hipócrates de Cós, do V séc. a.C., o maior médico da antiguidade, cuja teoria repousa nas alterações dos humores do organismo (Cíc. De Or. 3. 132). 2) General siracusano (T. Lív. 24, 35).

Hippocrēnē, -ēs, subs. pr. f. Hipocrene, fonte do Hélicon, consagrada às Musas, símbolo da inspiração para os poetas gregos e romanos (Ov. F. 5, 7).

Hippodămās, -āntis, subs. pr. m. Hipodamante, pai de Perimela (Ov. Met. 8, 592).

Hippodămē, -ēs, subs. pr. f. Hipódame. 1) Filha de Enômao, mulher de Pélops (Verg. G. 3, 7). 2) Filha de Atra, mulher de Piritou (Ov. Met. 12, 210).

Hippodamĭa, -ae, subs. pr f. v. **Hippodăme**. 1) (Prop. 1, 2, 20). 2) (Ov. Her. 17, 248).

hippodămus, -i, subs. m. Domador de cavalos, cavaleiro (Marc. 7, 57, 2).

hippodrŏmos (-us), -i, subs. m. Hipódromo (Plín. Ep. 5, 6, 19).

Hippolŏchus, -i, subs. pr. m. Hipóloco, general tessálio (T. Lív. 36, 9).

Hippolўtē, -ēs, (ta, -ae), subs. pr. f. Hipólita. 1) Rainha das Amazonas, mulher de Teseu e mãe de Hipólito (Verg. En. 11, 661). 2) Mulher de Acasto, rei da Magnésia (Hor. O. 3, 7, 18).

Hippolỹtus, -ī, subs. pr. m. Hipólito, filho de Teseu e da amazona Hipólita (Cíc. Of. 1, 32).

hippomănes, -is, subs. n. 1) Carúncula negra na testa dos potros (Plín. H. Nat. 8, 165). 2) Humor que as éguas destilam das virilhas (usado nos filtros) (Verg. G. 3, 280).

Hippomenēïs, -ĭdis. subs. pr. f. Hipomeneis, filha de Hipômenes (Limoneu) (Ov. Ib. 333).

Hippomĕnēs, -ae subs. pr. m. Hipômenes. 1) Filho de Megaréia e Mérope, venceu Atalanta na corrida e desposou-a (Ov. Met. 10, 575). 2) Pai de Limoneu.

1. Hippōnactēus, -a, -um, adj. De Hipônax, no estilo de Hipônax (satírico) (Cíc. Fam. 7, 24, 1).

2. Hippōnactēus, -ī, subs. pr. m. Hiponacteu, verso de Hipônax (senário iâmbico escazonte, i.é, cujo último pé era um troqueu ou espondeu).

Hippōnax, -āctis, subs. pr. m. Hipônax, ou Hiponacte, célebre poeta satírico grego, nascido em Éfeso (fins do VI séc. a.C.) (Cíc. Nat. 3, 91).

Hippōnēnsis, -e, adj. De Hipona (Plín. H. Nat. 5, 23).

Hipponŏus, -ī, subs. pr. Hipônoo, nome de homem (Ov. Ib. 472).

hippopĕra, -ae, subs. f. Mala de viagem, alforje (Sên. Ep. 87, 9).

Hippotădēs, -ae. subs. pr. m. Hipótades, descendente de Hipotes (Éolo) (Ov. Met. 4, 663).

Hippothŏus, -ī subs. pr. m. Hipótoo, um dos caçadores do javali de Calidon (Ov. Met. 8, 306).

hippotoxŏtae, -ārum, subs. m. pl. Besteiros a cavalo (Cés. B. Civ. 3, 4, 5).

hippŭrus (-os), -ī, subs. m. Peixe desconhecido (Ov. Hal. 95).

hīra, -ae, subs. f. O intestino. Pl.: **hīrae -ārum:** os intestinos, as tripas (Plaut. Cur. 238).

hircīnus (hirquīnus), -a, -um, adj. De bode, de pele de bode (Hor. Sát. 1, 4, 19).

hircōsus, -a, -um, adj. Que cheira a bode, peludo como um bode (Plaut. Merc. 575).

hircuōsus, -a, -um, adj. Semelhante ao bode (Apul. M. 5, 25).

hircus (irquus, ircus), -ī, subs. m. I — Sent. próprio: 1) Bode (Verg. Buc. 3, 8). II — Sent. figurado: 2) Cheiro de bode (Hor. Sát. 1, 2, 27). Como têrmo injurioso: 3) Bode, devasso (Plaut. Merc. 272).

hirnĕa, -ae, subs. f. Vaso para vinho, copo (Plaut. Amph. 429).

Hirpīnī (Irp-), -ōrum, subs. loc. m. pl. Hirpinos, povo do Sâmnio (T. Lív. 22, 61, 11).

Hirpīnus, -a, -um, adj. Hirpino, dos hirpinos (Cíc. Agr. 3, 8).

hirpus (irpus), -ī, subs. m. Lôbo (Sérv. En. 11, 785). Obs.: Palavra sabina.

hirquus, v. **hircus.**

Hirrus, -ī, subs. pr. m. Hirro, nome de homem (Cíc. Q. Fr. 3, 8, 4).

hirsūtus, -a, -um, adj. I — Sent. próprio: 1) De pêlo eriçado, hirsuto, eriçado (Ov. Met. 13, 766). Daí: 2) Que tem pontas, que pica (Plín. H. Nat. 22, 75). II — Sent. figurado: 3) Rude, grosseiro, selvagem (Ov. Trist. 2, 259).

Hirtiānus, -a, -um, adj. Hirciano, de Hírcio (Cíc. At. 10, 4, 11).

Hirtius, -ī, subs. pr. m. Hírcio, cônsul de Roma, discípulo de Cícero e autor do oitavo livro do **De Bello Gallico** (Cíc. At. 7, 4, 2).

hirtus, a, -um, adj. I — Sent. próprio: 1) Hirto, de pêlos duros, que tem pontas ou asperezas (Ov. Met. 13, 850). Daí: 2) Felpudo, peludo (C. Nep. Dat. 3). II — Sent. figurado: 3) Sem cultura, rude, grosseiro (Hor. Ep. 1, 3, 22).

hirūdō, -ĭnis, subs. f. I — Sent. próprio: 1) Sanguessuga (Plín. H. Nat. 32, 122). II — Sent. figurado: 2) Sanguessuga, parasita (Cíc. At. 1, 16, 11).

hirūndō, -ĭnis, subs. f. Andorinha (Verg. G. 1, 377).

hiscō, -is, -ĕre, v. incoat. intr. e tr. I — Sent. próprio (Intr.): 1) Abrir-se, fender-se (Plaut. Ps. 952); (Ov. Met. 1, 546). Daí: 2) Abrir a bôca para falar (Cíc. Phil. 2, 111). Tr.: 3) Dizer, relatar (Ov. Met. 13, 231). 4) Cantar (Prop. 3, 3, 4).

Hispal, -ălis, subs. pr. n. (Plín. H. Nat. 3, 11) e, mais comumente, **Hispălis, -is,** subs. pr. f. Híspale, colônia romana na Bética (Cés. B. Civ. 2, 18).

Hispalēnsēs, -ĭum, subs. loc. m. Hispalenses, habitantes de Híspale (Tác. Hist. 1, 78).

Hispānī, -ōrum, subs. loc. m. pl. Hispanos, habitantes da Hispânia (T. Lív. 21, 27).

Hispānia, -ae, subs. pr. f. Hispânia, região da Europa ocidental, correspondente à atual Espanha, e dividida em **citerior** (Cés. B. Gal. 8, 23, 3): «Hispânia citerior ou Tarraconense», e **ul-**

terior (Cés. B. Civ. 1, 39) «Hispânia ulterior, ou a Bética e a Lusitânia» (Cíc. Tusc. 1, 89).
Hispānus, -a, -um (Cés. B. Gal. 5, 26, 3) e -niēnsis, -e, (Cíc. Nat. 3, 24), adj. Hispano ou hispaniense, da Hispânia.
hispĭdus, -a, -um, adj. I — Sent. próprio: 1) Hispído, eriçado, áspero, arrepiado (Plín. H. Nat. 9, 9). Daí: 2) Peludo, cabeludo (Verg. En. 10, 210). II — Sent. figurado: 3) Duro, áspero (ao pronunciar) (A. Gél. 10, 3, 15).
Hispŏ, -ōnis, subs. pr. m. Hispão, nome de homem (Cíc. Fam. 13, 65).
Hispŭlla, ae, subs. pr. f. Hispula, nome de mulher (Plín. Ep. 4, 19).
1. hister -tri = histrio (T. Lív. 7, 2, 6).
2. Hister, v. **Ister.**
historĭa, -ae, subs. f. I — Sent. próprio: 1) História, narração de fatos históricos (Cíc. Br. 287). No plural: 2) Narrativa de fatos históricos ou fabulosos (Cíc. Br. 42). Daí: 3) Narração (Cíc. At. 2, 8, 1). Sent. poético: 4) Objeto de assuntos históricos (Prop. 1, 15, 24). II — Sent. figurado: 5) Mexericos, histórias (Prop. 2, 1, 16). 6) Bagatelas (Plaut. Bac. 158).
1. historĭcē, adv. À moda dos historiadores (Plín. Ep. 2, 5, 5).
2. historĭcē, -ēs, subs. f. Exegese ou explicação dos autores (Quint. 1, 9, 1).
1. historĭcus, -a, -um, adj. I — Sent. próprio: 1) Histórico, de história, de historiador (Cíc. Br. 286). Daí: 2) Que se ocupa de história (Cíc. Mur. 16).
2. historĭcus, -ī, subs. m. Historiador (Cíc. De Or. 2, 59).
Histri, Histria, v. **Istri,** etc.
histrĭcus, -a, -um, adj. De comediante, de histrião (Plaut. Poen. 4, 44)
histrĭŏ, -ōnis, subs. m. Ator, histrião, comediante: **tragicus histrio** (Plín. H. Nat. 10, 141) «ator trágico».
histriōnālis, -e, adj. De ator, de comediante (Tác. An. 1, 16).
histriōnĭa, -ae, subs. f. Profissão de ator (Plaut. Amph. 90).
hiulcātus, -a, -um, part. pass. de **hiŭlco.**
hiŭlcē loqui. Ter uma pronúncia entrecortada de hiatos, de efeito desagradável, hesitante (Cíc. De Or. 3, 45).
hiŭlcŏ, -ās, -āre, -ātum, v. tr. Entreabrir, fender, gretar (Catul. 68, 62).
hiŭlcus, -a, -um, adj. I — Sent. próprio: 1) Fendido, aberto (Verg. G. 2, 253).
II — Sent. figurado (na língua retórica): 2) Que contêm hiatos, duro (Cíc. Or. 150). 3) Ávido, cobiçoso (Plaut. Trin. 286).
1. Hōc, adv., v. **huc** (Plaut. Capt. 480).
2. Hōc, nom. acus. sg. n. de **hĭc.**
hodĭē, adv. 1) Hoje, neste dia (Cíc. Phil. 14, 14). 2) Durante a noite (Ov. F. 2, 76). 3) Hoje em dia, nos tempos atuais, agora (Cíc. Verr. 5, 64).
hodĭēque, adv. 1) Ainda hoje (Tác. Germ. 3). 2) E hoje (Cíc. De Or. 1, 103).
hodĭērnus, -a, -um, adj. De hoje, hodierno (Cíc. Br. 39).
hoed-, v. **haed-.**
hoĭltor (olĭtor), -ōris, subs. m. Jardineiro, vendedor de legumes, quitandeiro (Cíc. Fam. 16, 18, 2).
holitorĭus, -a, -um, adj. Referente aos legumes, de legumes (T. Lív. 21, 62).
Holŏ (-on), -ōnis, subs. pr. f. Holão, cidade de Betúria (T. Lív. 35, 22).
holus, -ĕris, subs. n. Legumes (Verg. G. 4, 130).
holuscŭlum, -ī, subs. n. Pequeno legume, legume (Cíc. At. 6, 1, 13).
Homērĭcus, -a, -um, adj. Homérico, de Homero (Cíc. Div. 1, 52).
Homērista, -ae, subs. m. Rapsodista (de Homero) (Petr. 59, 3).
Homērŏnĭdēs (-da), -ae, subs. m. Homerônida, imitador de Homero (Plaut. Truc. 485).
Homērus, -ī, subs. pr. m. Homero, poeta épico grego, um dos mais antigos e mais ilustres. Nada de certo se sabe sôbre sua vida ou se êle existiu realmente (Cíc. Tusc. 1, 3).
homĭcĭda, -ae, subs. m. Homicida, assassino, criminoso (Cíc. Phil. 2, 30).
homĭcĭdĭum, -ī, subs. n. Homicídio, assassínio (Tác. Germ. 21).
homŏ, -ĭnis, subs. m. I — Sent. próprio: 1) Homem, ser racional (em oposição à fera, **bestia**) (Cíc. At. 2, 2, 2). 2) Homem, ser humano (em oposição a **deus**) (Cíc. Or. 129). Na língua familiar: 3) Homem (em oposição a **mulier**) (Plaut. Cist. 723). 4) Homem, ser vivo, vivente, mortal (em oposição aos deuses e aos mortos) (Cíc. Amer. 76). Por extensão, no pl.: 5) Habitantes, cidadãos (T. Lív. 34, 45, 1). 6) Homens, soldados, e especialmente a infantaria (em oposição à cavalaria) (Cés. B. Civ. 2, 39, 4). Obs.: 1) Etimològicamente significa: o nascido da terra, o terrestre, ser humano; dêste sent. geral é que se passou aos sent. particulares acima indicados. 2) Na lín-

gua familiar tem, muitas vêzes, o valor de um demonstrativo, correspondendo a hic homo = ego (Plaut. Bac. 161); homo = is, iste ou ille (Cíc. Dom. 40).
homeomeria, -ae, subs. f. Identidade das partes (Lucr. 1, 830).
Homŏlē, -ēs, subs. pr. f. Hômole, monte da Tessália (Verg. En. 7, 675).
Homolĭum, -ī, subs. pr. n. Homólio, cidade da Magnésia (T. Lív. 42, 38, 10).
Homonadēnsēs, -ĭum, subs. loc. m. Homonadenses, povoação da Cicília (Tác. An. 3, 48).
homūllus, -ī, subs. m. Homenzinho, pobre homem (Cíc. Pis. 59).
homuncĭō, -ōnis (Cíc. Ac. 2, 134) e **homuncŭlus**, -ī (Cíc. Tusc. 1, 17), subs. m. Homenzinho, pobre homem, homúnculo.
honestamēntum, -ī, subs. n. Ornamento, enfeite (Sên. Ep. 66, 2).
honēstās, -tātis, subs. f. I — Sent. próprio: 1) Consideração (de que se goza), honra, reputação (Cíc. Amer. 114). Daí: 2) Respeitabilidade, dignidade (Cíc. Mur. 87). 3) Notabilidade (Cíc. Sest. 109). 4) Honra, honestidade, probidade, virtude, decôro (Cíc. Of. 3, 96). Na língua poética: 5) Beleza, excelência, nobreza (Cíc. De Or. 3, 125).
honestātus, -a, -um, part. pass. de **honēsto**.
honēstē, adv. I — Sent. próprio: 1) De uma maneira honrosa, com dignidade (Cíc. Lae. 57). Daí: 2) Honestamente, virtuosamente, de modo nobre, nobremente (Cíc. Rep. 4, 3).
honēstŏ. -ās, -āre, -āvī, -ātum, v. tr. I — Sent. próprio: 1) Honrar, dignificar (Cíc. Cat. 4, 20). Daí: 2) Embelezar, ornar, enfeitar (Cíc. Of. 1, 139).
honēstum, -ī, subs. n. Honestidade, moralidade, virtude (Cíc. Of. 1, 10).
honēstus, -a, -um, adj. I — Sent. próprio: 1) Honrado, digno de consideração, que obteve honras, nobre, de distinção (Cíc. Tusc. 5, 58). Daí: 2) Honroso, louvável, nobre, digno (sent. próprio e figurado) (Cíc. Lae. 82). 3) Belo (Verg. G. 2, 392). 4) Virtuoso, decente, recomendável (Cíc. Míl. 10).
1. **honor (honōs), -ōris**, subs. m. I — Sent. próprio: 1) Honra, dignidade (conferida a alguém) (Cíc. Dej. 14). Daí: 2) Cargo honorífico, os magistrados (Cíc. Tusc. 2, 62). 3) Honra, glória, consideração, estima (Cíc. At.

11, 9, 2). II — Sent. figurado: 4) Honras (fúnebres), culto (Cíc. C. M. 75). 5) Homenagem, oferenda, sacrifício (a uma divindade) (Verg. En. 1, 632). 6) Honorários (de um médico) (Cíc. Fam. 16, 9, 3). 7) Recompensa, preço, prêmio (Verg. En. 5, 265). 8) Beleza, enfeite, adôrno (Verg. G. 2, 484). Obs.: A forma **honos** era a mais usada na época de Cícero; **honor** na época de Quintiliano.
2. **Honor (Honōs), -ōris**, subs. pr. m. Honra (divindade) (Cíc. Verr. 4, 121).
honōrābĭlis, -e, adj. Honroso que dá honra (Cíc. C. M. 63).
honōrārĭus, -a, -um, adj. I — Sent. próprio: 1) Honorário, dado a título de honra, honorífico (Cíc. Pis. 86). II — Na língua jurídica: 2) Que se refere a uma magistratura (A. Gél. 16, 13, 6). III — Sent. figurado: 3) Não retribuído, dado ou conferido gratuitamente (Cíc. Opt. 3).
honōrātē, adv. Testemunhando aprêço, com especial deferência (Tác. Hist. 4, 63).
honōrātus, -a, -um. I — Part. pass. de **honōro**. II — Adj.: honrado, considerado, honroso, digno, digno de ser honrado (Cíc. Planc. 19).
honōrĭfĭcē, adv. Com honra, honrosamente, com distinção, com deferência, dignamente: ...acceptus (Cíc. Verr. 4, 62) «recebido honrosamente». Obs.: Comp.: **honorificentĭus** (Cíc. Pis. 35); Superl.: **honorificentissĭme** (Cíc. Fam. 6, 6, 10).
honōrĭfĭcus, -a, -um, adj. Que honra, honroso, glorioso (Cíc. Phil. 2, 39).
honōrō, -ās, -āre, -āvī, -ātum, v. tr. I — Sent. próprio: 1) Honrar, reverenciar, respeitar (Cíc. Phil. 9, 5). Daí: 2) Embelezar, ornar (Petr. 83).
honōrus, -a, -um, adj. Honroso, glorioso, cheio de dignidade (Tác. An. 1, 10).
honōs, v. **honor**.
honus, honustus, v. **onus, onustus**, etc.
hoplītēs, -ae, subs. m. Hoplita (soldado de infantaria, todo armado) (Plín. H. Nat. 35, 71).
hoplomăchus, -ī, subs. m. Hoplômaco, gladiador que combate todo armado (Suet. Cal. 35).
1. **hŏra**, -ae, subs. f. I — Sent. próprio: 1) Hora, divisão do dia (Cíc. At. 14, 20, 4) Daí: 2) Tempo, duração, momento (Hor. O. 2, 16, 31). No pl.: 3) Relógio (Cíc. Br. 200).

2. **Hora, -ae,** subs. pr. f. Hora, nome sob o qual Hersília, espôsa de Rômulo, era venerada como deusa (Ov. Met. 14, 851).

Hŏrae, -ārum, subs. pr. f. As Horas, filhas de Zeus e Têmis, eram divindades que acompanhavam os deuses ou certos heróis, presidiam às estações e guardavam as portas do céu (Ov. Met. 2, 118).

Horātĭa, -ae, subs. pr. f. Horácia, irmã dos Horácios (T. Lív. 1, 26, 14).

Horātĭī, -ōrum, subs. pr. m. Horácios, três irmãos que se bateram com os três Curiácios, representando respectivamente Roma e Alba, que estavam em guerra (T. Lív. 1, 24).

Horatĭus, -ī, subs. pr. m. Horácio. 1) **Horatius Cocles** (T. Lív. 2, 10). 2) **Quintus Horatius Flaccus,** célebre poeta latino, lírico e satírico, do I séc. a.C., nascido em Venusa, na Apúlia (Juv. 7, 62).

Horatiānus, e -tĭus, -a, -um, adj. Horaciano, dos Horácios ou de um dos Horácios (T. Lív. 1, 26).

Horcos, -ī, subs. pr. m. Horco, rio da Tessália (Plín. H. Nat. 4, 31).

hordeārĭus (orde- e hordi-), -a, -um, adj. Relativo à cevada (T. Lív. 1, 43, 9).

hordĕum (ord-), -ī, subs. n. Cevada (Cíc. Verr. 3, 73). No pl. (Verg. G. 1, 317).

hŏrĭa, -ae, subs. f. Barca de pescador (Plaut. Rud. 910).

Horisĭus, -ī, subs. pr. m. Horísio rio da Mísia (Plín. H. Nat. 5, 142).

hŏrnō (hŏrnus), adv. No ano, durante o ano (Plaut. Most. 159).

hornotĭnus, -a, -um, adj. Do ano, da estação, dêste ano, produzido neste ano (Cíc. Verr. 3, 45).

hornus, -a, -um, = **hornotĭnus** (Hor. O. 3, 23, 3).

hŏrologĭum, -ī, subs. n. Relógio (quadrante solar ou clépsidra) (Cíc. Fam. 16, 18, 3).

hŏroscopĭcus, -a, -um, adj. Relativo ao horóscopo (Plín. H. Nat. 2, 182).

hŏroscŏpus, -ī, subs. m. Horóscopo, constelação sob a qual alguém nasceu (Pérs. 6, 18).

horrēndum, n. tomado advt. De modo horrendo, medonhamente (Verg. En. 6, 288).

horrēndus, -a, -um, adj. verbal de **horrĕo.** I — Sent. próprio: 1) Que causa arrepios, que faz tremer, temível (Verg. En. 6, 10). II — Daí: 2) Terrível, horrendo, espantoso, medonho (Ov. Met. 15, 298).

horrens, -ēntis, part. pres. de **horrĕo:** eriçado (Lucr. 5, 25).

horrĕō, -ēs, -ēre, horrŭī, v. intr. e tr. Intr.: I — Sent. próprio: 1) Levantar-se (tratando-se dos pêlos do corpo), arrepiar-se, estar arrepiado (Ov. F. 2, 348). II — Sent. figurado: 2) Ter horror de, temer grandemente alguma coisa, tremer, recear (Cíc. Dom. 140). Tr.: 3) Recear muito, temer (Cés. B Gal. 1, 32, 4). Obs.: Constrói-se como intr. absoluto, com abl., com acus., com inf., com interrog. ind., ou com or. introduzida por **ne.**

horreŏlum, -ī, subs. n. Pequeno celeiro (V. Máx. 7, 1, 2).

horrēscō, -is, -ĕre, horrŭī, v. incoat. intr. e tr. A — Intr.: 1) Eriçar-se, arrepiar-se (Cíc. Rep. 1, 63). Daí: 2) Ter calafrios, tremer, estremecer (Verg. En. 2, 204). B — Tr.: 3) Recear, temer (Verg. En. 3, 394); (Cíc. Har. 37).

1. **horrĕum, -ī,** subs. n. I — Sent. próprio: 1) Celeiro, depósito (Verg. G. 1, 49). II — Sent. figurado: 2) Cortiço de abelhas, colmeia (Verg. G. 4, 250).

2. **Horrĕum, -ī,** subs. pr. n. Hórreo, cidade do Epiro (T. Lív. 45, 26).

horribĭlis, -e, adj. I — Sent. próprio: 1) Que causa horror, horrível, terrível (Cés. B. Gal. 7, 36, 2). Daí: 2) Assombroso, surpreendente (Cíc. At. 8, 9, 4).

horridē, adv. De modo horripilante, rude, àsperamente, rudemente (Cíc. Quinct. 59).

horridŭlus, -a, -um, adj. I — Sent. próprio: 1) Um tanto eriçado (Pérs. 1, 54). Daí: 2) Um tanto saliente (Plaut. Ps. 68) II — Sent. figurado: 3) Desleixado (no trajar ou no estilo) (Cíc. Or. 152).

horridus -a, -um, adj. I — Sent. próprio: 1) Eriçado, arrepiado (Cíc. Cael. 33). Daí: 2) De aspecto selvagem, horrível, terrível, medonho, temível (Cés. B. Gal. 5, 14, 2). II — Sent. figurado: 3) Rude, áspero, rugoso (Plín. H. Nat. 13, 43). 4) Áspero, selvagem, grosseiro (Cíc. Verr. 3, 47). 5) Áspero (oposto a **politus, levis**) (Cíc. Br. 117). 6) Difícil, rebarbativo (Cíc. De Or. 3, 51). 7) Repelente, repugnante (Sên. Nat. 3, 19, 1).

horrĭfer, -fĕra, -fĕrum, adj. Horrível, espantoso (Verg. En. 8, 435).

horrifĭcē, adv. De uma maneira horrorosa, pavorosamente, horrorosamente (Lucr. 2, 609).

horrifĭcō, -ās, -āre, -āvī, -ātum, v. tr. I — Sent. próprio: 1) Eriçar (Catul. 64, 270). II — Sent. figurado: 2) Espantar, aterrar (Verg. En. 4, 465).

horrifĭcus, -a, -um. adj. Horrífico, terrível, horrível (Verg. En. 3, 571).

horrisŏnus, -a, -um, adj. Horríssono, que produz um ruído terrível, retumbante (Verg. En. 9, 55).

horror, -ōris, subs. m. I — Sent. próprio: 1) Arrepiamento (dos cabelos) (V. Flac. 1, 229). Daí: 2) Arrepios, calafrios (Cic. At. 12, 6a, 2). 3) Agitação, estremecimento (da folhagem) (Luc. 5, 154). II — Sent. figurado: 4) Aspereza (de estilo): **dicendi** (Quint. 8, 5, 34) «(aspereza) de estilo». 5) Horror, estremecimento (de mêdo), terror, espanto (Verg. En. 3, 29). 6) Terror religioso (T. Lív. 1, 16, 6).

horrŭī, perf. de **horrĕo** e de **horrēsco**.

horsum, adv. Do lado de cá, daqui (Plaut. Mil. 304).

Hortălus, -ī, subs. pr. m. Hórtalo, sobrenome do orador Q. **Hortensius** e de seus descendentes (Cíc. At. 2, 25, 1).

hortāmen, -ĭnis e **hortāmēntum**, -ī subs. n. Exortação (T. Lív. 10, 29, 5); (Sal. B. Jug. 98, 7).

hortātĭō, -ōnis, subs. f. Exortação, encorajamento (Cíc. Fin. 5, 6).

hortātīvus, -a, -um, adj. Que serve para exortar, encorajar, exortativo (Quint. 5, 10, 83).

hortātor, -ōris, subs. m. I — Sent. próprio: 1) O que exorta, instigador, animador (Verg. En. 6, 529). 2) O chefe dos remadores (Plaut. Merc. 696).

hortātrix, -īcis, subs. f. A que exorta, exortadora, animadora (Quint. 11, 3, 103).

1. **hortātus**, -a, -um, part. pass. de **hortor**.
2. **hortātus**, -ūs, subs. m. Exortação, encorajamento (Cíc. Arch. 1).

Hortēnsēs, -ĭum, subs. loc. m. Hortenses, povo do Lácio (Plín. H. Nat. 3, 69).

Hortensĭus, -ī. subs. pr. m. Hortênsio. 1) Célebre orador romano, rival de Cícero (Cíc. Br. 301). 2) Nome de um tratado de Cícero, dedicado ao orador Hortênsio (Cíc. At. 4, 6, 3).

Hortensĭānus, -a, -um, adj. Hortensiano, de Hortênsio (V. Máx. 8, 3, 3).

Hortīnus, -a, -um, adj. Hortino, de Horta ou Hortano (Verg. En. 7, 716).

hortor, -āris, -ārī, **hortātus sum**, v. dep. tr. I — Sent. próprio: 1) Fazer querer; donde: exortar, encorajar, excitar, estimular (Cíc. Prov. 9); (Cés. B. Gal. 6, 33, 5). 2) Animar, instigar, aconselhar (Cíc. At. 7, 14, 3). Obs.: Constrói-se com acus., com acus. com prep. **ad** ou **in**, com acus. e subj., com acus. e abl., com inf. ou como absoluto. A forma ativa **horto**, -ās, -āre, etc., ocorre em Sêneca, o retor (Suas. 5, 8).

hortŭlus, -ī, subs. m. I — Sent. próprio: 1) Pequeno jardim, jardinzinho (Catul. 61, 92). No pl.: 2) Parque pequeno o retor (Suas. 5, 8).

hortus, -ī, subs. m. I — Sent. próprio: 1) Cêrca, tapada, propriedade cercada de muros, jardim (Cíc. C. M. 56). II — No pl.: 2) Horto, jardins, parque (Cíc. Of. 3, 58). 3) Casa de campo, fazenda (Plín. H. Nat. 19, 50). 4) Produtos de jardim, legumes (Hor. Sát. 2, 4, 16).

hospĕs, -ĭtis, subs m. I — Sent. próprio: 1) Hóspede, o que recebe (em virtude do dever de hospitalidade) (Cíc. Div. 1, 57). Daí: 2) Hóspede, o que é recebido (em virtude da reciprocidade dos deveres de hospitalidade), viajante, estrangeiro (Cíc. Tusc. 1, 101). II — Sent. figurado: 3) Estranho, estrangeiro, que não está a par (Cíc. De Or. 2, 131).

hospĭta, -ae, subs. f. I — Sent. próprio: 1) Estrangeira, forasteira (Verg. En. 6, 93). II — Depois: 2) Hóspeda (Cíc. Verr. 2, 24).

hospitālēs, -ĭum, subs. m. Os hóspedes (visitas) (Plín. H. Nat. 9, 26).

hospitālis, -e adj. I — Sent. próprio: 1) De hóspede, relativo aos hóspedes (T. Lív. 1, 58, 2). Daí: 2) Hospitaleiro, de hospitalidade (Cíc. Verr. 4, 48). II — Sent. figurado: 3) Generoso, hospitaleiro (Hor. Epo. 17, 49).

hospitālĭtās, -tātis, subs. f. I — Sent. próprio: 1) Condição de estrangeiro (Macr. Somn. 1, 21). II — Daí: 2) Hospitalidade (Cíc. Of. 2, 64).

hospitālĭter, adv. De modo hospitaleiro, como hóspede (T. Lív. 1, 9, 9).

hospitĭum, -ī, subs. n. I — Sent. próprio: 1) Hospitalidade (dada ou recebida), hospedagem (Cíc. At. 2, 16, 4). Daí: 2) Relações de hospitalidade (Cíc. Balb. 41). Em sent. particular: 3) Aposento (destinado a um hóspede), pousada, agasalho, teto hospitaleiro (Cíc. C. M. 84). 4) Abrigo, covil (de animais) (Verg. G. 3, 343).

hospĭtor, -āris, -āvī, -ātus sum, v. dep. intr. Receber hospitalidade, ser hospedado, receber como hóspede (Sên. Vit. 23, 3).

hospĭtus, -a, -um, adj. I — Sent. próprio: 1) Estrangeiro, que viaja, de passagem (Varr. apud Arn. 6, 207). Daí: 2) Hospitaleiro (sent. próprio e figurado) (Verg. En. 3, 377). Obs.: Masculino desusado.

hostĭa, -ae, subs. f. I — Sent. próprio: 1) Vítima (oferecida aos deuses para lhes acalmar a cólera), vítima (em geral) (Cíc. Nat. 3, 51). II — Daí também: 2) Vítima humana: **humanae hostiae** (Cíc. Font. 21) «vítimas humanas». Obs.: **Hostia** pròpriamente é a «vítima expiatória» ao passo que «victima» designa a vítima oferecida em ação de graças por benefícios recebidos.

Hostĭa, Hostiensis, v. **Ost-**.

hostiātus, -a, -um, adj. Provido de vítimas (Plaut. Rud. 270).

hostĭcum, -ī, subs. n. O território estrangeiro, território inimigo (T. Liv. 8, 38, 2).

hostĭcus, -a, -um, adj. 1) De inimigo, inimigo (T. Liv. 44, 13). 2) De estrangeiro (Plaut. Mil. 450).

hostifĭcus, -a, -um, adj. Inimigo, hostil, funesto (Cíc. Dom. 60).

Hostilĭa, -ae, subs. pr. f. Hostília, burgo perto de Verona (Tác. Hist. 2, 100).

hostīlis, -e, adj. I — Sent. próprio: 1) Hostil, de inimigo, inimigo (Cíc. Inv. 1, 108). II — Daí: 2) Hostil, de inimigo (Tác. Hist. 2, 66).

hostīlĭter, adv. Com inimizade, hostilmente (Cíc. Phil. 5, 25).

1. **Hostīlĭus, -ī,** subs. pr. m. Hostílio, nome de família romana, notadamente de: 1) **Hostus Hostilius,** avô de **Tullus Hostilius** (T. Liv. 1, 12). 2) **Tullus Hostilius,** terceiro rei de Roma (Cíc. 2, 9).

2. **Hostīlĭus -a, -um,** adj. De Hostílio (T. Liv. 1, 22).

hostīmentum, -ī, subs. n. Compensação (Plaut. As. 172).

hostĭō, -īs -īre, v. tr. Sent. próprio: 1) Igualar, pôr no mesmo nível. Donde, em sent. figurado: 2) Retribuir, pagar na mesma moeda (Plaut. As. 377).

hostis, -is, subs. m. I — Sent. próprio: 1) Estrangeiro, hóspede, forasteiro (Cíc. Of. 1, 37). II — Sent. particular: 2) Inimigo, inimigo público (Cés. B. Gal. 5, 56, 3). 3) Inimigo (em geral) (Cíc. Phil. 2, 64). III — Sent. diversos: 4) Peão do adversário (peça de uma espécie de jôgo de xadrez) (Ov. A. Am. 2, 208). Como subs. f.: 5) Inimiga (T. Liv. 30, 14, 2). Obs.: **Hostis** é o «inimigo público» em oposição a **inimicus,** o «inimigo particular». Na época imperial, principalmente, **hostis** tomou o significado de inimigo em geral, assim como **inimicus** se tornou sinônimo de **hostilis**.

Hostus, -ī, subs. pr. Hosto, nome de homem (T. Liv. 1, 12).

hu, interj. v. **hui.**

hūcĭne, adv. indicando movimento para um lugar: I — No sent. próprio: 1) Para aqui, para êste lugar (Cés. B. Gal. 3, 19, 1). 2) A êste lugar, a êste ponto, a tal ponto (Cíc. Cat. 2, 4).

hūcĭne, adv. interrog. geralmente com a consecutiva **ut:** até êste ponto? acaso até aqui? (Cíc. Verr. 5, 163).

hui, interj. que exprime admiração, estranheza: oh! (Cíc. At. 5, 11, 1).

huic, hujus dat. e gen. sg. de **hic.**

hūjuscemŏdī, v. **hūjusmŏdī** (Cíc. Verr. 5, 136).

hūjusmŏdī, loc. adv. Desta maneira, desta espécie (Cés. B. Civ. 2, 22).

hūmānē, adv. 1) De acôrdo com a natureza humana, com resignação, filosòficamente, humanamente (Cíc. Tusc. 2, 65). 2) Bondosamente, com benevolência (Cíc. At. 12, 44, 1). Daí, em sentido irônico: 3) Agradàvelmente, alegremente (Hor. Ep. 2, 2, 70). Obs.: comp.: **humanĭus** (Cíc. Tusc. 3, 64); superl.: **humanissĭme** (Cíc. Q. Fr. 3, 1, 20).

hūmānĭtās, -tātis, subs. f. I — Sent. próprio: 1) Humanidade, a natureza humana, a espécie humana, o espírito humano (Cíc. De Or. 2, 86). II — Daí, em sent. moral: 2) Humanidade, sentimentos próprios do homem, benevolência, bondade (Cíc. Fam. 13, 24, 2). 3) Instrução, educação, cultura, cultura do espírito (Cic. Cael. 24). 4) Polidez, cortesia, urbanidade, graça (Cíc. Q. Fr. 1, 1, 39).

hūmānĭter, adv. 1) Segundo a natureza humana, humanitàriamente, resignadamente (Cíc. At. 1, 2, 1). Daí: 2) Como homem que sabe viver, amàvelmente, agradàvelmente (Cíc. Q. Fr. 2, 1, 1); (Cíc. Fam. 7, 1, 5).

hūmānĭtus adv. 1) Segundo a natureza humana (Cíc. Phil. 1, 10). 2) Brandamente, suavemente (Ter. Heaut. 99).

hūmānus, -a, -um, adj. I — Sent. próprio: 1) Humano, relativo ao homem, próprio do homem (Cíc. Lae. 20). Daí: 2) Que convém, que pertence ao homem: **humani nihil a me alienum puto** (Ter. Heaut. 77) «nada do que é humano (que pertence ao homem) julgo alheio a mim». II — Sent. moral: 3) Culto, civilizado, instruído (Cíc. Verr. 4, 98). 4) Amável, afetuoso, benevolente, clemente, humanitário (Cíc. At. 16, 16c, 12).

humātĭo, -ōnis, subs. f. Inumação (Cíc. Tusc. 1, 102).

humātus, -a, -um, part. pass. de humo.

hŭmēctō (ūmēctō), -ās, -āre, -āvi, -ātum, v. tr. e intr. I — Tr.: Umedecer, molhar, banhar (Verg. En. 1, 465). II — Intr.: Molhar-se (Plín. H. Nat. 11, 145).

humēctus (ūmēctus), -a, -um, adj. Umedecido, úmido (Lucr. 4, 634).

hŭmefacĭō (ūmefacĭō), -is, -ĕre, v. tr. Tornar úmido (Plín. H. Nat. 32, 138).

hŭmens (ūmens), -ēntis, part. pres de humĕo.

hŭmĕō (ūmĕō), -ēs, -ēre, v. intr. Ser úmido, estar úmido (Verg. En. 7, 763). Obs.: A grafia mais correta de humĕo e seus derivados é sem h.

humĕrus (umĕrus) -ī, subs. m. I — Sent. próprio: 1) Ombro, espádua (geralmente do homem) (Cíc. Verr. 4, 74). Daí: 2) Parte superior do braço (Cels. 8, 1). 3) Espádua, cachaço (do boi), pescoço (de animais) (Cíc. Nat. 2, 159). II — Sent. figurado: 4) Os ombros (Cíc. Flac. 94). 5) Flanco, cimo (de uma montanha) (Estác. Theb. 6, 714). Obs.: A grafia sem h é a correta.

hŭmēscō (ūmēscō), -is, -ĕre, v. incoat. intr. Tornar-se úmido, umedecer-se, molhar-se (Verg. G. 3, 111). Obs.: A grafia sem h é a correta.

humi, v. humus.

hŭmĭdŭlus (ūmĭdŭlus), -a, -um, adj. Um tanto úmido (Ov. Am. 3, 629).

hŭmĭdus (ūmĭdus), -a, -um, adj. I — Sent. próprio: 1) Úmido, molhado (Cíc. Verr. 1, 45). Daí: 2) Líquido (Verg. En. 4, 486) II — Sent. figurado: 3) Inconsistente (A. Gél. 1, 15, 1). Como subs. n.: humidum: 4) Lugar úmido, pântano (Q. Cúrc. 8, 4). 5) Umidade (Tác. An. 1, 61). Obs.: A grafia sem h é a correta.

hŭmĭfer (ūmĭfer), -fĕra, -fĕrum, adj. Úmido (Cíc. Div. 1, 15). Obs.: A grafia sem h é a correta.

humĭlis, -e, adj. I — Sent. próprio: 1) Que está no chão, que não se levanta do chão, daí: 2) Baixo, pouco elevado, de pequena estatura, pequeno (Verg. En. 4, 255); (Cés. B. Civ. 2, 8, 1). II — Sent. figurado: 3) Humilde, de baixa condição, obscuro (Cíc. Lae. 70). 4) De caráter humilde, modesto (Cíc. At. 2. 21, 3). 5) Fraco, sem importância (Cés. B. Gal. 6, 22, 4). No pl.: 6) Pobres, humildes (Fedr. II, 27). Em sent. pejorativo: 7) Baixo, abjeto, de sentimentos baixos (Cíc. Phil. 2, 82). 8) Abatido, humilhado (Cíc. Fin. 1, 49). Na língua retórica: 9) Simples, modesto (o estilo) (Cíc. Or. 76).

humĭlĭtās, -tātis, subs. f. I — Sent. próprio: 1) Pouca elevação, baixa estatura (Cés. B. Gal. 5, 1, 3). II — Sent. figurado: 2) Baixa condição, humildade, modéstia, pobreza (Cíc. Phil. 13, 23). 3) Fraqueza, poder fraco (Cés. B. Gal. 5, 27, 4). 4) Abatimento (moral), humilhação (Cíc. Tusc. 3, 27). Em sent. pejorativo: 5) Caráter servil, abjeto, baixo (Cíc. De Or. 1, 228).

humĭlĭter, adv. I — Sent. próprio: 1) Com pouca elevação, baixo, em um lugar pouco elevado (Plín. Ep. 6, 24, 1). II — Sent. figurado: 2) Com pouca elevação, humildemente, com humildade, com fraqueza (Cíc. Tusc. 5, 24).

humō, -ās, -āre, -āvī, -ātum, v. tr. I — Sent. próprio: 1) Enterrar, inumar, cobrir de terra (Cíc. Tusc. 1, 36). Daí: 2) Fazer os funerais de alguém (C. Nep. Eum. 13).

hŭmor (ūmor), -ōris, subs. m. I — Sent. próprio: 1) Umidade, elemento líquido, líquido (de tôda espécie: água, vinho, lágrimas, sangue) (Cíc. Nat. 2, 26); (Verg. G. 2, 143); (Hor. O. 1, 13, 6). II — Daí: 2) Humores do corpo humano (Cíc. Nat. 2, 59). 3) Umidade (Cíc. Div. 3, 58).

humus, -ī, subs. f. I — Sent. próprio: 1) Solo, terra (Cíc. Tusc. 1, 36). Daí, por extensão: 2) Região, país (Ov. P. 1, 2, 90).

hunc, acus. sg. m. de hic.

Hyacinthĭa, -ōrum, subs. pr. n. Jacíntias, festas na Lacedemônia em honra de Jacinto (Ov. Met. 10, 219).

hyacinthĭnus, -a, -um, adj. 1) De jacinto (flor) (Catul. 61, 93). 2) Da côr do jacinto (Pérs. 1, 32).

1. hyacinthus (-thos), -ī, subs. m. 1) Jacinto (planta) (Verg. G. 4, 183). 2) Espécie de ametista (Plín. H. Nat. 37, 125).

2. Hyacinthus (-thos), -ī, subs. pr. m. Jacinto, jovem lacedemônio metamorfoseado em flor por Apolo (Ov. Met. 10, 162).

Hyădēs, -um, subs. pr. f. As Híades, irmãs de Hias, transformadas em uma constelação que anuncia a chuva (Cíc. Nat. 2, 111).
Hyălē, -ēs, subs. pr. f. Híale, uma das ninfas de Diana (Ov. Met. 3, 171).
hyălus, -ī, subs. m. Verde, côr verde (Verg. G. 4, 335).
Hyampŏlis, -is, subs. pr. f. Hiâmpolis, cidade da Fócida (T. Lív. 32, 18, 6).
Hyāntēus (-ĭus), -a, -um, adj. Da Beócia, das Musas (Ov. Met. 8, 310).
Hyās, -antis, subs. pr. m. Hías, ou Hiante, filho de Atlas e de Pleione, morreu despedaçado por uma leoa; suas irmãs, as Híades, morreram de dor e foram transformadas em estrêlas (Ov. F. 5, 170). Obs.: Acus. **Hyan** (Ov. F. 5, 179).
Hybla, -ae, subs. pr. f. Hibla. 1) Monte da Sicília, cujo mel era afamado (Verg. Buc. 7, 37). 2) Nome de três cidades da Sicília: **major, minor** e **parva** (T. Lív. 26, 21).
Hyblaeus, -a, -um, adj. Hibleu, do Hibla (Verg. Buc. 1, 55).
Hyblē, -ēs, v. **Hybla** (Ov. A. Am. 3, 150).
Hyblēnsēs, -ĭum, subs. loc. m. Hiblenses, habitantes de Hibla (Cíc. Verr. 3, 102).
hybrĭda (hybrĭda, ibrĭda), -ae, subs. m. f. Híbrido, bastardo, de sangue misturado, filho de pais de raça diferente ou de pais de países diferentes (Hor. Sát. 1, 7, 2).
Hydāspēs, -is, subs. pr. m. Hidaspes. 1) Grande rio da Índia, afluente do Indo (Mel. 3, 7, 6). 2) Companheiro de Enéias (Verg. En. 10, 747). 3) Nomes de escravo (Hor. Sát. 2, 8, 14).
Hydra, -ae, subs. pr. f. A hidra de Lerna, uma serpente com sete cabeças morta por Hércules (Verg. En. 6, 576). Daí: 2) Serpentário (constelação) (Cíc. Arat. 292).
hydraula (-ēs), -ae, subs. m. O que toca o órgão hidráulico (Suet. Ner. 54).
hydraulĭcus, -a, -um, adj. Hidráulico, movido por água (Suet. Ner. 41).
hydraulus, -ī, subs. m. Órgão hidráulico (Cíc. Tusc. 3, 43).
Hydrēla, -ae, subs. pr. f. Hidrela, região da Cária (T. Lív. 37, 56).
Hydrelĭtānus, -a, -um, adj. Hidrelitano, de Hidrela (T. Lív. 37, 56, 3).
hydria, -ae, subs. f. Jarro, cântaro (Cíc. Verr. 2, 47).
Hydrochŏus, -ī, subs. pr. m. Aquário, uma das constelações (Catul. 66, 94).

hydrŏpĭcus, -ī, subs. m. Hidrópico (Hor. Ep. 1, 2, 34).
Hydrops, -ōpis, subs. m. Hidropisia (doença) (Hor. O. 2, 2, 13).
Hydrŭntum, v. **Hydrus** 3.
1. **Hydrus,** subs. pr. m. Hidro, montanha perto de Hidrunte (Luc. 5, 375).
2. **hydrus (hydros), -ī,** subs. m. I — Sent. próprio: 1) Hidra, cobra de água (Verg. G. 4, 458). No pl.: 2) As serpentes das Fúrias (Verg. En. 7, 447). II — Sent. figurado: 3) Veneno (S. It. 1, 322).
3. **Hydrŭs, -untis,** subs. pr. f. (-**untum, -ī,** subs. n. T. Lív. 36, 21, 5). Hidrunte, cidade da Calábria, na Itália, atual Otranto (Cíc. Fam. 16, 9, 2).
Hyēs, -ae, subs. pr. m. Hies, nomes de um dos Dioscuros (Cíc. Nat. 3, 53).
Hygīa, -ae, subs. pr. f. Hígia, deusa da saúde (Marc. 11, 60).
Hygīnus, -ī, subs. pr. m. Caio Júlio Higino, gramático e fabulista do século de Augusto (Suet. Gram. 20).
Hylăctor, -ŏris, subs. pr. m. Hilator, nome de um cão de Acteão (Ov. Met. 3, 214).
1. **Hylaeus, -ī,** subs. pr. m. Hileu. 1) Centauro morto por Teseu (Verg. En. 8, 294). 2) Um dos cães de Acteão (Ov. Met. 3, 213).
2. **Hylaeus, -a, -um,** adj. De Hileu (Prop. 1, 1, 13).
Hylas, -ae, subs. pr. m. Hilas. 1) Jovem companheiro de Hércules, aprisionado no fundo de uma fonte pelas ninfas enamoradas de sua beleza (Verg. Buc. 6, 43). 2) Rio da Bitínia (Plín. H. Nat. 3, 144). 3) Rio da Capadócia (Plín. H. Nat. 6, 8).
Hylērna, -ae, subs. pr. f. v. **Helērnus** (Ov. F. 6, 105).
Hylēs, -ae, subs. pr. m. Hiles, nome de um centauro (Ov. Met. 12, 378).
Hyleus, -ĕī, ou **-ĕos,** subs. pr. m. Hileu, um dos caçadores do javali de Cálidon (Ov. Met. 8, 312).
Hyllus, -ī, subs. pr. m. Hilo. 1) Filho de Hércules e Dejanira (Ov. Her. 9, 44). 2) Rio da Jônia (Plín. H. Nat. 5, 119).
Hylonŏmē, -ēs, subs. pr. f. Hilônome, espôsa de Cilaro (Ov. Met. 12, 405).
Hymēn, subs. pr. m. (sòmente usado no nom. e voc.) Hímen ou Himeneu. 1) Deus do casamento (Ov. Met. 1, 480). 2) Personificação dos cantos nupciais (Ov. Her. 12, 137).
1. **Hymenaeus (hymenaeos), -ī,** subs. m. I — Sent. próprio: 1) Himeneu, casa-

mento, união (Catul. 66, 11). II — Daí: 2) Epitalâmio, canto de himeneu (Ov. Met. 12, 215). 3) Cópula (dos animais) (Verg. G. 3, 60).
2. **Hymenaeus** (-os), v. **Hymen** (Verg. En. 4, 127).
Hymettĭus, -a, -um, adj. De Himeto (Hor. Sát. 2, 2, 15).
Hymēttus, (-ttos), -ī, subs. pr. m. Himeto, montanha da Ática, cujo mel era afamado (Cíc. Fin. 2, 112).
Hymnis, -ĭdis, subs. pr. f. Hímnida, título de uma comédia de **Caecilĭus** (Cíc. Fin. 2, 22).
Hypaepa, -ōrum, subs. pr. m. Hipepa, cidade da Lídia (Ov. Met. 6, 13).
Hypănis, -is, subs. pr. m. Hípanis, rio da Sarmácia européia (Cíc. Tusc. 1, 94).
Hypăta, -ae, subs. pr. f. Hípata, cidade da Tessália (T. Lív. 36, 16).
Hypataeī, -ōrum, subs. loc. m. Hipateus, os habitantes de Hípata (T. Lív. 41, 25, 3).
hyperbăton, -ī, subs. n. Hipérbato, nome de várias figuras de palavra (Quint. 8, 6, 62).
hyperbŏlē, -ēs (hiperbŏla, -ae), subs. f. Hipérbole (têrmo de retórica) (Quint. 8, 6, 62).
Hyperbŏlus, -ī, subs. pr. m. Hipérbolo, orador ateniense freqüentemente pôsto em ridículo pelos poetas cômicos (Cíc. Br. 224).
Hyperborĕī, -ōrum, subs. loc. m. Os povos setentrionais (Cíc. Nat. 3, 57).
hyperborĕus, -a, -um, adj. Hiperbóreo, setentrional (Verg. G. 3, 196).
Hyperīdēs, -is, subs. pr. m. Hiperides, célebre orador e homem de estado ateniense, do IV séc. a.C. (Cíc. De Or. 1, 58).
Hyperīōn, -ŏnis, subs. pr. m. Hiperíon. 1) Titã, filho de Uranos e da Terra, e pai do Sol (Cíc. Nat. 3, 54). 2) O Sol (Ov. Met. 8, 565).
Hyperīŏnis, -ĭdis, subs. pr. f. Hiperônida, filha do Sol, a Aurora (Ov. F. 5, 159).
Hypermnēstra, -ae, (-trē, -ēs), subs. pr. f. Hipermnestra, a única das Danaides que salvou seu espôso Linceu (Ov. Her. 14, 1).
Hypnus, -ī, subs. pr. m. Hipno, nome de um escravo (Marc. 11, 36, 8).
Hypobolimaeus, -ī, subs. pr. m. Hipobolimeu, nome de uma comédia de Menandro (Quint. 10, 1, 70).

hypocrĭta (hȳpocrītēs), -ae, subs. m. Comediante, histrião (Suet. Ner. 24).
hypodidascălus, -ī, subs. m. O contramestre (Cíc. Fam. 9, 18, 4).
hypogĕum, -ī, subs. n. I — Sent. próprio: 1) Construção subterrânea, daí: 2) Jazigo, sepultura (Petr. 111, 2).
hypomnēmăta, -um, subs. n. pl. Notas, apontamentos (Cíc. Fil. Fam. 16, 21, 8).
hypothēca, -ae, subs. f. Hipoteca (têrmo jurídico) (Cíc. Fam. 13, 16, 2).
Hypsa, -ae, subs. pr. m. Hipsa, riacho da Sicília (Plín. H. Nat. 3, 90).
Hypsaeus, -ī, subs. pr. m. Hipseu, sobrenome de P. **Plautius** (Cíc. At. 3, 8, 3).
Hypseus, -ĕī ou -ĕos, subs. pr. m. Hipseu, nome de um guerreiro (Ov. Met. 5, 98).
Hypsipy̆lē, -ēs, subs. pr. f. Hipsípile, filha de Toas, rei de Lemnos; salvou o pai quando as mulheres de Lemnos mataram todos os homens da ilha (Ov. Her. 6, 1).
Hypsipylĕus, -a, -um, adj. De Hipsípile, de Lemnos (Ov. F. 3, 82).
Hypsithy̆lla, -ae, subs. pr. f. Hipsitila, nome de mulher (Catul. 32, 1).
Hyrcānī -ōrum, subs. loc. m. Hircanos, habitantes da Hircânia (Tác. An. 6, 36).
Hyrcanĭa, -ae, subs. pr. f. Hircânia, província da Ásia anterior, perto do mar Cáspio, vizinha da Média (Cíc. Tusc. 1, 108).
Hyrcanĭus (Plín. H. Nat. 6, 36) e **-ānus, -a, -um,** adj. Hircano, da Hircânia (Verg. En. 4, 367). Obs.: **mare Hyrcanum** (Prop. 2, 30, 20) «o mar Cáspio».
Hyrcānus Campus, subs. pr. Planície Hircana, vasta planície da Lídia, perto de Sardes (T. Lív. 37, 38).
Hyrĭē, -ēs, subs. pr. f. Hírie, cidade da Beócia (Ov. Met. 7, 371).
1. **Hyrieus, -a, -um,** adj. De Hirieu (Ov. F. 6, 719).
2. **Hyrieus, -ĕī ou -ĕos,** subs. pr. m. Hirieu, camponês beócio, pai de Oríon (Ov. F. 5, 499).
Hyrmĭnum, -ī, subs. pr. m. Hirmino, rio da Sicília (Plín. H. Nat. 3, 89).
Hyrtacĭdēs, -ae, subs. pr. m. Hirtácida, filho de Hírtaco, isto é, Niso (Verg. En. 9, 176).
Hyrtăcus, -ī, subs. pr. m. Hírtaco, nome de um guerreiro troiano (Verg. En. 9, 406).
hysterĭca, -ae, subs. f. Mulher histérica (Marc. 11, 71).

I

ĭ, subs. f., n. 9º. letra do alfabeto latino. Abreviatura: **I** = unus, ou primus.

ī, imperat. pres. de eo.

ĭa, pl. de ion.

Iacchus, -ī, subs pr. m. I) Iaco, outro nome de Baco, o deus do vinho (Cíc. Leg. 2, 24). Daí: 2) O vinho (Verg. Buc. 6, 15).

Iaera, -ae, subs. pr. f. Iera, nome de uma ninfa do monte Ida (Verg. En. 9, 673).

Ialysĭus, -a, -um, adj. De Iáliso (Ov. Met. 7, 365).

Iălўsus, -ī, subs. pr. m. Iáliso. 1) Rei e protetor de Rodes, cujo retrato foi pintado por Protógenes (Cíc. Verr. 4, 135). 2) Cidade da ilha Rodes (Plín. H. Nat. 5, 132).

iam, v. **jam.**

iambēus, -a, -um, adj. Iâmbico (Hor. A. Poét. 253).

Iamblĭchus, -ī, subs. pr. m. Iâmblico, rei de Emesa, na Arábia (Cíc. Fam. 15, 1, 2).

iambus, -ī, subs. m. I — Sent. próprio: 1) Iambo, ou jambo, (pé constituído por uma sílaba breve e uma longa) (Cíc. De Or. 3, 182). II — Por extensão: 2) Poema iâmbico (Cíc. Nat. 3, 91). No pl.: 3) Iambos, versos satíricos (Hor. Ep. 1, 19, 23).

Iamidae, -ārum, subs. pr. m. Iâmidas, descendente de Iamo, i.é, adivinhos (Cíc. Div. 1, 91).

Iamphorўnna, -ae, subs. pr. f. Ianforina cidade da Trácia (T. Lív. 26, 25).

Ianthē, -ēs, subs. pr. f. Iante, jovem cretense, filha de Telestes, e que desposou Ífis (Ov. Met. 9, 715).

ianthĭna, -ōrum, subs. n. pl. Vestido côr de violeta (Marc. 2, 39, 1).

Iapetionidēs, -ae, subs. pr. m. Filho ou descendente de Jápeto (Ov. Met. 1, 632).

Iapĕtus, -ī, subs. pr. m. Jápeto, pai de Atlas e de Prometeu (Verg. G. 1, 279).

Iāpis, -ĭdis, subs. pr. m. Iápide, nome do médico de Enéias (Verg. En. 12, 391).

Iāpўdēs, -um, subs. loc. m. Iápides, habitantes da Iapídia (Cíc. Balb. 32).

Iāpygĭa, -ae, subs. pr. f. Iapígia, região da Apúlia (Plín. H. Nat. 3, 102).

Iāpygĭus, -a, -um, adj. Da Iapígia (Plín. H. Nat. 3, 100).

Iāpўs, -ўdis, subs. loc. m. Natural da Iapídia (Verg. G. 3, 475).

Iāpyx, -ўgis, subs. pr. m. Iápige. 1) Filho de Dédalo (Plín. H. Nat. 3, 102). 2) Rio da Iapígia (Plín. H. Nat. 3, 102). 3) Adjt: Iapígio, da Apúlia (Verg. En. 11, 678).

Iarba, -ae, subs. m., v. **Iarbas** (Ov. F. 3, 552).

Iārbās (Hiārbas), -ae, subs. pr. m. Jarbas, rei da Getúlia (Verg. En. 4, 36).

Iarbĭtās, -ae, subs. pr. m. Iarbita, sobrenome de um retor africano, **Codrus** ou **Cordus** (Hor. Ep. 1, 19, 15).

Iardănis, -ĭdis, subs. pr. f. Iardânide, filha de Iárdano, i.é, Ônfale (Ov. Her. 9, 103).

Iasĭdēs, -ae, subs. pr. m. Iáside, descendente de Iásio (Verg. En. 5, 843).

Iasiōn, -ōnis, subs. pr. m. Iasião, rei da Etrúria (Ov. Met. 9, 422).

Iasĭus, -ī, subs. pr. m. Iásio, filho de Júpiter e amado de Ceres (Verg. En. 3, 168).

Iāsōn, -ōnis, subs. pr. m. Jasão. 1) Chefe dos Argonautas que, com o auxílio de Medéia, conseguiu apossar-se do velocino de ouro, guardado por um dragão na Cólquida (Cíc. Tusc. 4, 69). 2) Tirano de Feres (Cíc. Nat. 3, 70). 3) Título de um poema de Varrão (Prop. 2, 34, 85).

Iasonĭus, -a, -um, adj. De Jasão (Prop. 2, 25, 45).

Iassensēs, -ĭum, subs. loc. m. Iassenses, habitantes de Iasso (T. Lív. 37, 17).

Iāssus, -ī, subs. pr. f. Iasso, cidade da Cária (T. Lív. 37, 17).

Iaxartēs, -is, subs. pr. m. Iaxartes, nome de um rio da Cítia (Plín. H. Nat. 6, 36).

Iāzўgēs, -um, subs. loc. m. Iáziges, povo do Danúbio (Tác. An. 12, 29).

ibam, impf. do ind. de **eo.**

Iber (Hiber), -ĕris, subs. loc. m. Ibero, o habitante da Ibéria (Hor. O. 2, 20, 20).
Ibĕra, -ae, subs. pr. f. Ibera, cidade da Hispânia Tarraconense (T. Lív. 23, 28).
Ibĕrī (Hibĕrī), -ōrum, subs. loc. m. Iberos, habitantes de Ibera, na Hispânia (Verg. G. 3, 408).
Ibĕria (Hibĕria), -ae, subs. pr. f. Ibéria, nome dado pelos gregos à Hispânia (Hor. O. 4, 5, 28).
Ibĕrina, -ae, subs. pr. f. Iberina, nome de mulher (Juv. 6, 53).
1. Ibĕrus (Hibĕrus), -a, -um, adj. Ibero, natural da Ibéria, da Hispânia (Verg. En. 11, 913).
2. Ibĕrus (Hibĕrus), -ī, subs. pr. m. Ibero ou Ebro, rio da Hispânia Tarraconense (Cés. B. Civ. 1, 60).
ibi, adv. 1) Aí, nesse lugar (sent. local) (Cíc. Fam. 6, 1, 1). 2) Então, nesse momento (sent. temporal) (Ter. Andr. 356). 3) Nisso, nesse assunto (Cíc. Amer. 82).
ibĭdem, adv. 1) No mesmo lugar, aí mesmo (Cic. Amer. 13). 2) No mesmo ponto, no mesmo momento (Cic. Fin. 1 19). 3) Ao mesmo tempo (Cíc. Caec. 23).
ibĭdum, adv. Ali, lá, aí (Plaut. Mil. 505).
1. ībis, -ĭdis (-is), subs. f. Íbis (ave) (Cíc. Nat. 1, 101).
2. Ibis, -ĭdis (-is), subs. pr. f. Íbis, título de um poema satírico de Ovídio.
ibīscum, v. **hibīscum**.
ibo, fut. simp. de **eo**.
ibrĭda, v. **hybrĭda**.
Ibўcus, -ī, subs. pr. m. Íbico. 1) Poeta lírico grego (Cíc. Tusc. 4, 71). 2) Nome de homem (Hor. O. 3, 15, 1).
Icadĭōn, -ōnis, subs. pr. m. Icádion, filho de Apolo (Cic. Fat. 5).
Icăris, -ĭdis, subs. pr. f. Icáride, filha de Icário (Ov. Ib. 393).
Icariōtis, -tĭdis, subs. pr. f. Filha de Icário, i. é, Penélope (Prop. 3, 13, 10).
1. Icarĭus, -a, -um, adj. 1) De **Icarus 1** (Ov. Am. 2, 16, 4). 2) De **Icarus 2**. (Ov. Trist. 1, 1, 90).
2. Icarĭus, -ī, subs. pr. m. Icário, pai de Penélope (Ov. Her. 1, 81).
Icărus, -ī, subs. pr. m. Ícaro. 1) Pai de Erígone, que ensinou aos atenienses a cultura da vinha e que foi transformado numa constelação (Ov. Met. 10, 450). 2) Filho de Dédalo, que fugiu de Creta com o pai, utilizando-se de asas unidas com cêra. Mas, tendo-se aproximado do Sol, a cêra derreteu-se, e êle caiu ao mar, que por isso foi chamado «mar de Ícaro» (Ov. Met. 8, 195).
Iccĭus, -ī, subs. pr. m. Ício, nome de homem (Cíc. Phil. 3, 26).
Icĕlus, (-os), -ī, subs. pr. m. Ícelo, outro nome de Morfeu (Ov. Met. 11, 640).
Icēnī, -ōrum, subs. loc. m. Icenos, povo da Bretanha (Tác. An. 12, 31).
ichneumōn, -ŏnis, subs. m. Rato do Egito (animal que segue o crocodilo e lhe destrói os ovos) (Cíc. Nat. 1, 100).
Ichnobătēs, -ae, subs. pr. m. Icnóbates, nome de um cão de Acteão (Ov. Met. 3, 207).
Ichnūsa, -ae, subs. pr. f. Icnusa, outro nome da ilha Sardenha (Plín. H. Nat. 3, 85).
Icilĭus, -ī, subs. pr. m. Icílio, nome de vários tribunos da plebe (T. Lív. 3, 30).
īcō (ou īcĭō), -is, -ĕre, īcī, ictum, v. tr. I — Sent. próprio: 1) Bater, ferir (Cíc. Div. 2, 135). II — Sent. figurado: 2) Firmar um tratado, celebrar um tratado (Cíc. Rep. 2, 13). 3) Na língua poética: estar perturbado (pelo vinho) (Hor. Sát. 2, 1, 24). Obs.: As formas ativas do infectum e do perfectum, e as passivas do infectum são raras e geralmente arcaicas, sendo apenas usado o verbo no part. e na expressão **foedus icere** ou **ici**: «concluir, firmar um tratado».
iconismus, -ī, subs. m. Representação fiel (Sên. Ep. 95, 66).
Iconĭum, -ī, subs. pr. n. Icônio, capital da Licaônia (Cíc. Fam. 3, 7, 4).
ictericus, -a, -um, adj. Ictérico, doente de icterícia (Juv. 6, 565).
1. ictus, -a, -um, part. pass. de **ico**. 1) Batido, ferido: **lapide ictus** (Cés. B. Civ. 3, 22, 2) «batido (ferido) com uma pedra». 2) Comovido, abalado, perturbado (T. Lív. 27, 9, 8). 3) Fulminado: **ictus e caelo** (Cíc. Div. 1, 98) «fulminado pelo raio».
2. ictus, -ūs, subs. m. I — Sent. próprio: 1) Pancada, golpe (Cés. B. Gal. 1, 25, 3). Daí: 2) Marcação do compasso, pulsação (Plín. H. Nat. 11, 219). II — Sent. figurado: 3) Golpe, perigo (Cíc. Agr. 2, 8); (Sên. Marc. 9, 5). 4) Conclusão, celebração (V. Máx. 2, 7, 1). 5) Raio (do sol) (Ov. Met. 3, 183).
Icus (Icos), -ī, subs. pr. f. Ico, ilha do mar Egeu (T. Lív. 31, 45).
id, nom. e acus. sing. n. de **is**.
Ida, -ae, ou **Idē, -ēs**, subs. pr. f. Ida. 1) Montanha da Frígia, célebre por vários

motivos, entre os quais o culto de Cibele (Verg. En. 2, 801). 2) Montanha de Creta, onde nasceu Júpiter (Verg. En. 12, 412). 3) Nome de uma ninfa caçadora (Verg. En. 9, 177).

1. Idaeus, -a, -um, adj. Do monte Ida. 1) Na Frígia (Cíc. At. 1, 18, 4). 2) Em Creta (Cíc. Nat. 3, 42); (Verg. En. 3, 105).

2. Idaeus, -i, subs. pr. m. Ideu, nome de homem (Verg. En. 6, 485).

Idalĭa, -ae, subs. pr. f., v. **Idalĭum** (Verg. En. 1, 693).

Idalĭē, -ēs, subs. pr. f. Idália, sobrenome de Vênus (Ov. Met. 14, 694).

Idalĭum, -i, subs. pr. n. Idálio, cidade da ilha de Chipre, célebre por seu culto a Vênus (Plín. H. Nat. 5, 135).

Idalĭus, -a, -um, adj. De Idália, de Vênus (Prop. 4, 6, 59).

Idās, -ae, subs. pr. m. Idas, nome de diferentes personagens (Verg. En. 9, 575).

idcircō, adv. Por isto, por êste motivo, por esta razão (Cíc. C. M. 33). Obs.: Comumente vem em relação com **quod, quia, ut, ne** e **si**.

Idĕa, -ae, subs. f. Idéia, tipo (das coisas), original, noção, imagem (Sên. Ep. 58, 18). Obs.: Em Cícero a palavra vem transcrita em grego (Tusd. 1, 58).

idem eădem, idem, pronome de identidade I — Sent. próprio: 1) Êste precisamente; daí: 2) O mesmo, a mesma (sent. geral) (Cíc. Of. 1, 90). II — Sent. diversos: 3) Também, ao mesmo tempo (Cíc. Nat. 3, 80). Em correlação com **qui, atque, et, ut, quasi, cum** (em comparações): 4) Do mesmo modo que, o mesmo que (Cíc. Tusc. 2, 9). Neutro sing. com gen.: 5) O mesmo: **idem juris** (Cíc. Balb. 29) «o mesmo direito». Obs.: Contam como dissílabo as seguintes formas em alguns poetas: **eodem** (Verg. Buc. 8, 82); **eadem** (Verg. En. 10, 487); **eosdem** (Prop. 4, 7, 7).

identĭdem, adv. Sem cessar, muitas vêzes, continuamente (Cíc. Rep. 6, 18).

idĕō, adv. E isto porque, por êste motivo, por causa disto, por esta razão (Cíc. Verr. 4, 131). Obs.: Aparece em correlação com **quod, quia, quo, ut, si.**

idiōta (-es), -ae. subs. m. Ignorante, idiota (Cíc. Verr. 4, 4).

idiōtīsmus (-os), -i, subs. m. Idiotismo, expressão própria de uma língua (Sên. Contr. 2, 3, 21).

Idistavĭsus (Idistaviso), -i, subs. pr. m. Idistaviso, planície da Germânia (Tác. An. 2, 16).

Idmōn, -ŏnis, subs. pr. m. Idmão ou Ídmon. 1) Pai de Aracne (Ov. Met. 6, 8). 2) Profeta de Argos, filho de Apolo (Ov. Ib. 506). 3) Mensageiro dos rútulos (Verg. En. 12, 75).

Idmonĭus, -a, -um, adj. De Idmão (Ov. Met. 6, 133).

Idomeneus, -ĕī, (-ĕos), subs. pr. m. Idomeneu. 1) Rei de Creta (Verg. En. 3, 401). 2) Discípulo de Epicuro (Sên. Ep. 21, 3).

Idomenĭus, -a, -um, adj. De Idomeneu, na Macedônia (Catul. 64, 178).

idōnĕē, adv. De maneira conveniente, convenientemente (Cíc. Inv. 1, 20).

idōnĕus, -a, -um, adj. I — Sent. próprio: 1) Próprio para, apto a (Cés. B. Gal. 3, 18, 1). Daí: 2) Conveniente, útil (Cés. B. Gal. 5, 9, 1). 3) Propício, favorável, oportuno (Cíc. Amer. 68). II — Sent. moral: 4) Digno de, capaz, hábil, idôneo (Cíc. Pomp. 57); (A. Gél. 10, 26, 5). Obs.: Constrói-se: absolt.; com um complemento introduzido pela prep. **ad** (Cés. B. Gal. 4, 23, 4); com dat. (Tác. An. 1, 23); com abl. (mais raro) (S. Jer. 3, 5); com inf. (também raro) (Sên. Ep. 102, 23); com **qui** e o verbo no subj. (Cíc. Pomp. 57).

ĭdos, subs. n. Aparência, forma (Sên. Ep. 58, 17).

Idūmaeus, -a, -um, adj. De Iduméia, na Palestina (Verg. G. 3, 12).

idūs, -ŭum, subs. f. pl. Os idos (o dia 15 dos meses de março, maio, julho e outubro; o dia 13 dos restantes meses) (Cíc. Fam. 1, 1, 3).

Idȳia, -ae, subs. pr. f. Idíia, mulher de Eetes e mãe de Médéia (Cíc. Nat. 3, 48).

ĭdyllĭum ou ēdyllĭum, -i, subs. n. Idílio, poema pastoril (Plín. Ep. 4, 14, 9).

iens, eūntis, part. pres. de **eo** (Cíc. At. 16, 1).

Ietēnsēs, -ĭum, subs. loc. m. pl. Ietenses, povo da Sicília (Plín. H. Nat. 3, 91).

Igilĭum, -i, subs. pr. n. Igílio, ilha perto da Etrúria (Cés. B. Civ. 1, 34, 2).

igĭtur, adv. 1) Nestas circunstâncias, portanto, pois, então (Plaut. Cas. 216). 2) Pois, por conseguinte (Cíc. Tusc. 1, 71). 3) Pois (interrogativo conclusivo) (Cíc. Tusc. 1, 70). 4) Então (usado para retomar um assunto interrompido) (Cíc Tusc. 1, 30). 5) Então, assim pois, em resumo, numa palavra (Cíc. Tusc. 1,

70). 6) E pois, portanto (usado para abordar um desenvolvimento já anunciado) (Cic. Fin. 1, 66).

ignārus, -a, -um, adj. I — Sent. próprio: 1) Que não sabe, ignorante, que esqueceu, ignaro (sent. ativo) (Cíc. Verr. 4, 77). II — Daí: 2) Ignorado, desconhecido (sent. passivo) (Sal. B. Jug. 52, 4). Obs.: Constrói-se com gen. (mais comum); com oração interr. indir. (Cíc. Sest. 60); com acus. e inf. (Cíc. Tusc. 2, 3); como intr. absoluto (Cíc. Planc. 40).

ignāvē, adv. 1) Com fraqueza, sem energia (Hor. Ep. 2, 1, 67). 2) Frouxamente, sem vigor (tratando-se do estilo) (Cíc. Tusc. 2, 55).

ignāvĭa, -ae, subs. f. Ignávia, inação, indolência, preguiça (Cíc. Tusc. 3, 14).

ignāvus, -a, -um, adj. I — Sent. próprio: 1) Ignavo, sem atividade, indolente, preguiçoso (Cíc. C. M. 36). Daí, em sent. moral: 2) Cobarde, sem coragem (Cíc. Tusc. 2, 54). Usado subst.: 3) Os cobardes (Cíc. Caec. 46). II — Sent. figurado: 4) Sem energia, improdutivo, sem valor, inútil, inerte (Verg. G. 2, 208). 5) Que faz entorpecer, que torna ocioso (Ov. Met. 2, 763); (Ov. Met. 7, 529).

ignēscō, -is, -ěre, v. intr. I — Sent. próprio: 1) Pegar fogo (Cíc. Nat. 2, 40). II — Sent. figurado: 2) Inflamar-se (Verg. En. 9, 66).

ignĕus, -a, -um, adj. I — Sent. próprio: 1) De fogo, ígneo, inflamado, abrasado (Cíc. Nat. 2, 40). II — Sent. figurado: 2) Resplandescente, brilhante (Plín. H. Nat. 8, 137). 3) Ardente, arrebatado, violento (Verg. En. 6, 730).

igniculus, -i, subs. m. I — Sent. próprio: 1) Pequeno fogo, faísca, centelha (Plín. H. Nat. 35, 184). II — Daí: 2) Pequena chama (Plín. H. Nat. 37, 90). No pl.: 3) Faíscas, chispas (Cíc. Tusc. 3, 2). III — Sent. figurado: 4) Viveza (Cíc. Fam. 15, 20, 2).

ignĭfer, -fĕra, -fĕrum, adj. Ignífero, ardente, inflamado (Ov. Met. 2, 59).

ignigĕna, -ae, subs. m. Ignígena, nascido no fogo (epíteto de Baco) (Ov. Met. 4, 12).

ignĭpēs, -pĕdis. subs. m. Ignípede, que tem pés de fogo (Ov. Met. 2, 392).

ignipŏtens, -ēntis, adj. 1) Ignipotente, senhor do fogo (epíteto de Vulcano), luminoso (Verg. En. 12, 90). 2) Como subs. m.: 2) Vulcano (deus do fogo) (Verg. En. 8, 414).

ignis, -is, subs. m. I — Sent. próprio: 1) Fogo (elemento), chama, incêndio sg. e pl.) (Cés. B. Gal. 2, 7, 4). Daí: 2) Clarão, relâmpago (Verg. En. 4, 167). Donde (sent. poético): 3) Estrêlas, astros (Hor. O. 1, 12, 47). II — Sent. figurado: 4) Fogo (de uma paixão, da cólera) (Cíc. Rab. Post. 13). 5) Esplendor (Ov. Met. 4, 81). 6) Rubor (das faces) (Cíc. Tim. 49). 7) Chama (de uma paixão), amor (Verg. En. 4, 2). 8) Objeto da paixão, objeto amado (Verg. Buc. 3, 66). Na língua médica: 9) Fogo (sagrado), erisipela: **ignis sacer** (Verg. G. 3, 566).

ignīscō = **ignēsco**.

ignītus, -a, -um. I — Part. pass. de **ignĭo**. II — Adj.: Sent. figurado: 1) Inflamado, ardente, vivo (Cíc. apud Sérv. En. 6, 33). Daí: 2) Cintilante, brilhante (A. Gél. 17, 8, 10).

ignōbĭlis, -e, adj. I — Sent. próprio: 1) Desconhecido, obscuro (Cíc. Tusc. 3, 57). II — Daí: 2) De origem obscura, sem nobreza, ignóbil, desprezível (Verg. En. 4, 24).

ignōbĭlĭtās, -tātis, subs. f. Origem obscura, obscuridade (de nascimento), baixa origem (Cíc. Tusc. 5, 103).

ignōbĭlĭter, adv. Sem honra, ignòbilmente (Eutr. 7, 23).

ignominĭa, ae, subs. f. Ignomínia, desonra, afronta, mancha, infâmia, vergonha: ...**senatus** (Cíc. Prov. 16) «desonra do senado». Obs.: Têrmo técnico da língua jurídica, significando pròpriamente a desonra resultante da repreensão infligida pelo censor a um civil, ou da cassação do pôsto ou rebaixamento do mesmo infligido pelo general.

ignōminĭōsē, adv. Vergonhosamente (Eutr. 4, 24).

ignōminĭōsus, -a, -um, adj. Ignominioso, desonroso, vergonhoso, degradante, infamado (Cíc. 3, 34).

ignōrābĭlis, -e, adj. Desconhecido, ignorado (Cíc. Inv. 2, 99).

ignōrantĭa, -ae, subs. f. Ignorância, desconhecimento (Cíc. Clu. 109).

ignōrātĭō, -ōnis, subs. f. Ação de ignorar, ignorância (acidental) (Cíc. Fam. 2, 9, 1).

ignōrātus, -a, -um, part. pass. de **ignōro**.

ignōrō, -ās, -āre, -āvī, -ātum, v. tr. 1) Ignorar, não saber, desconhecer (Cíc.

Phil. 8, 7); (Cíc. Rep. 3, 28). Intr.: 2) Estar na ignorância (Cíc. Mil. 33). Obs.: Constrói-se com acus.; com acus. e inf. com interrog. indir.; com quin; com abl. com de; ou intransitivamente.
ignōscens, -entis. I — Part. pres. de ignōsco. II — Adj.: indulgente (Ter. Heaut. 645).
ignoscentia, -ae, subs. f. Ação de perdoar (A. Gél. 6, 3, 47).
ignoscibĭlis, -e, adj. Perdoável (A. Gél. 13, 21, 1).
ignōscō, -is, -ĕre, -nōvī, -nōtum, v. tr. e intr. Perdoar, desculpar (Cíc. Fam. 5, 12, 1); (Plaut. Amph. 257); (Cíc. Amer. 3). Obs.: Constrói-se com acus. e dat.; com dat.; com or. introduzida por quod ou si; raramente como intr.
ignōtūrus, -a, -um, part. fut. de ignōsco.
ignōtus, -a, -um, adj. I — Sent. próprio: 1) Desconhecido, ignorado, obscuro (Cíc. Br. 242). II — Daí: 2) Ignorante, que não conhece, que ignora (geralmente no pl.) (Cíc. Fam. 5, 12, 7).
ignōvī, perf. ignōsco.
Iguvīnātes, -ium, e Iguvīnī, -ōrum, subs. loc. m. Iguvinos, os habitantes de Igúvio (Cíc. Balb. 47).
Iguvĭum, -ī, subs. pr. n. Igúvio, cidade da Úmbria (Cíc. At. 7, 13b, 6).
1. iī, nom. pl. m. de is.
2. iī, perf. de eo.
Ilerda, -ae, subs. pr. f. Ilerda, cidade da Hispânia Tarraconense (Cés. B. Civ. 1, 41).
Ilerdēnsēs, -ium, subs. loc. m. Ilerdenses, habitantes de Ilerda (Plín. H. Nat. 3, 24).
Ilergāonēnsēs, -ium, e Ilergāŏnēs, -um, subs. loc. m. Ilergaonenses, povo da Hispânia Tarraconense (Cés. B. Civ. 1, 60, 2).
Ilex, -icis, subs. f. Azinheira (Verg. Buc. 7, 1).
1. Ilĭa, -ae, subs. pr. f. Ília, i. é, Réia Sílvia, filha de Numitor, mãe de Rômulo e Remo (Verg. En. 1, 274).
2. ilĭa, -ium, subs. n. pl. I — Sent. próprio: 1) Flancos, ilhargas, partes laterais do ventre (dos animais ou do homem), ventre (Verg. G. 3, 507). II — Daí: 2) Entranhas (Hor. Sát. 2, 8, 30).
Iliăcus, -a, -um, adj. De Ílio, i.é, de Tróia, troiano (Verg. En. 2, 117): Iliacum carmen (Hor. A. Poét. 129) «o poema de Ílio», i.é, a Ilíada de Homero.
1. Iliădēs, -ae, subs. pr. m. Ilíade, filho de Ília (Rômulo ou Remo) (Ov. F. 4, 23).

2. Iliădēs, -ae, subs. pr. m. Filho de Ílio, i.é, Ganimedes (Ov. Met. 10, 160).
3. Iliădēs, -um, subs. loc. f. As troianas (Verg. En. 3, 65).
Ilĭas, -ădis, subs. loc. f. 1) Troiana (Ov. Trist. 2, 371). 2) A Ilíada, célebre poema de Homero, que canta a guerra entre gregos e troianos (Cíc. At. 8, 11, 3).
ilicet, adv. 1) Podem retirar-se, está acabado, termina aqui (Plaut. Capt. 469). 2) Está tudo perdido, não há esperança (Plaut. Truc. 592). 3) Imediatamente, logo a seguir (Verg. En. 2, 758).
ilicētum, -ī, subs. n. Azinhal, lugar plantado de azinheiras (Marc. 12, 18, 20).
ilicĕus (ilignĕus, ilignus), -a, -um, adj. De azinheira (Verg. G. 3, 330).
Iliēnsēs, -ium, subs. loc. m. Ilienses. 1) Os troianos, de Ílio (Suet. Tib. 52). 2) Povo da Sardenha (T. Lív. 40, 19, 6).
Ilĭon, -ī, subs. pr. n. Ílio. 1) v. Ilĭum. 2) Cidade da Macedônia (T. Lív. 31, 27).
Iliōna, -ae, e Illiōnē, -ēs, subs. pr. Ilíona, 1) Filha mais velha de Príamo, rei de Tróia (Verg. En. 1, 653). 2) Título de uma tragédia de Pacúvio (Cíc. Tusc. 1, 106).
Ilionēnsēs, -ium, subs. loc. m. Ilionenses, epíteto dos habitantes de Lavínio (Plín. H. Nat. 3, 64).
Ilioneus, -ĕī (-ĕos), subs. pr. m. Ilioneu. 1) Um dos filhos de Níobe (Ov. Met. 6, 261). 2) Nome de um dos companheiros de Enéias (Verg. En. 1, 521).
Ilithyĭa, -ae, subs. pr. f. Ilitíia, outro nome de Diana ou Juno Lucina (Ov. Met. 9, 283).
Ilĭum (Ilĭon), -ī, subs. pr. n., ou Ilĭos, -ī, subs. pr. f. Ílio ou Tróia, cidade da Ásia Menor (Verg. En. 1, 68).
Ilĭus, -a, -um, adj. De Ílio, troiano (Verg En. 9, 285).
1. illā, adv. Por ali, por aquelas paragens (Ov. F. 6, 395).
2. illa, nom. sg. f. e nom. acus. pl. n. de ille.
illabefactus (inl-), -a, -um, adj. Indestrutível (Ov. P. 4, 12, 30).
illābor (inlābor), -ĕris, -bī, -lāpsus sum, v. dep. intr. I — Sent. próprio: 1) Escorregar para, cair em (Cíc. Nat. 2, 135). II — Daí: 2) Penetrar em, lançar-se em (Cíc. Leg. 2, 39).
illabōrātus (inl-), -a, -um, adj. Não trabalhado, sem cultura (Sên. Ep. 90, 40).
illabōrō (inlabōrō), -ās, -āre, v. intr. Trabalhar em (Tác. Germ. 46, 5). Obs.: Constrói-se com dat.

illāc, adv. Por ali, por lá, do outro lado (Cíc. At. 7, 3, 5).

illacessītus (inl-), -a, -um, adj. Que não foi atacado, que não foi provocado (Tác. Germ. 36).

illacrimābĭlis (-inl-), -e, adj. I — Sent. próprio: 1) Que não foi chorado (Hor. O. 4, 9, 26). II — Daí, em sent. moral: 2) Inexorável, sem piedade (Hor. O. 2, 14, 6).

illacrĭmō (inlacrĭmō), -ās, -āre, -āvī, -ātum, v. intr. I — Sent. próprio: 1) Chorar, chorar a propósito de, deplorar (Cíc. Tusc. 2, 21). II — Sent. figurado: 2) Suar, gotejar, pingar (Verg. G. 1, 480). Obs.: Constrói-se com dat., ou absolut.

illacrĭmor (inlacrĭmor), -āris, -ārī, -ātus sum, v. dep. intr. = illacrimo. Chorar, chorar a propósito de (Cíc. Nat. 3, 82).

illaec, v. illic.

illaesus (inl-), -a, -um, adj. Ileso, que não foi ferido ou prejudicado, que não sofreu (Ov. Met. 2, 826).

illaetābĭlis (inl-), -e, adj. Que não se pode alegrar; donde: triste, penoso, desagradável (Verg. En. 3, 707).

illanc, acus. sg. f. de illic (Plaut. Cist. 123).

illāpsus (inlāpsus), -a, -um, part. pass. de illābor.

illaqueātus (inlaqueātus), -a, -um. I — Part. pass. de illaqueo. II — Adj.: enlaçado (Sent. figurado) (Cíc. Har. 7).

illaquĕō (inlaquĕō), -ās, -āre, -āvī, -ātum, v. tr. Enlaçar, apanhar, enredar, seduzir (Hor. O. 3, 16, 16).

illātrō (inlātrō), -ās, -āre, -āvī, -ātum, v. intr. Ladrar contra (Luc. 6, 724).

illātus (inlātus), -a, -um, part. pass. de inferō.

illaudābĭlis (inl-), e, adj. Que não merece louvores (A. Gél. 2, 6, 17).

illaudātus (inl-), -a, -um, adj. 1) Indigno de louvor (Verg. G. 3, 5). 2) Obscuro, sem glória (Plín. Ep. 9, 26, 4).

ille, illa, illud, pron. demonstr. I — Sent. próprio: 1) Aquêle, aquela, aquilo; êle, ela, o, a (designando o que está mais longe com referência a quem fala) (Cíc. Verr. 4, 147). II — Sent. poético: 2) Desde então: ex illo (Verg. En. 2, 169) «desde então». II — Empregos diversos: 3) Famoso, célebre (enfàticamente) (Cíc. De Or. 2, 58). 4) Êle (interlocutor de um diálogo): tum ille (Cíc. De Or. 1, 45) «então êle». 5) Tal, tais (anunciando o que segue) (Cíc. Ac. 1, 22).

illecĕbra (inl-), -ae, subs. f. (geralmente no pl.: illecĕbrae, -ārum). 1) Atrativo, sedução, encanto, negaça (para os pássaros), carícias (Cíc. Mil. 43). No pl.: 2) Atrativos, seduções, iscas (Cíc. Cat. 1, 13).

illecebrōsus (inl-), -a, -um, adj. Sedutor (Plaut. Bac. 87).

1. illēctus (inl-), -a, -um, adj. Não lido (Ov. A. Am. 1, 469).

2. illēctus (inl-), -a, -um, part. pass. de illicio.

3. illēctus (inl-), -ūs, subs. m. Sedução (Plaut. Bac. 55).

illepĭdē (inlepĭdē), adv. Sem graça, sem elegância (Hor. Ep. 2, 1, 77).

illepĭdus (inl-), -a, -um, adj. Sem graça, desagradável, grosseiro, impertinente (Plaut. Bac. 514).

illēvī (inlēvī), perf. de illĭno.

1. illex (inl-), -ēgis, adj. Que não tem lei, contrário à lei (Plaut. Pers. 108).

2. illex, -ĭcis, subs. m. Ave que serve de chamariz para atrair as outras; daí: isca, sedução (Plaut. As. 221).

illēxī (inlēxī), perf. de illicio.

illi, dat. sg. (m. f. e n.) ou nom. pl m. de ille, illa, illud.

illībātus (inl-), -a, -um, adj. I — Sent. próprio: 1) Que não foi encetado, inteiro, intacto (T. Lív. 3, 61, 5). II — Sent. moral: 2) Ilibado, que está sem mancha, puro (Luc. 2, 342).

illĭberālis, -e, adj. I — Sent. próprio: 1) Indigno de um homem livre (Cíc. Of. 1, 150). II — Daí, em sent. moral: 2) Degradante, desprezível, sórdido, baixo (Cíc. Of. 1, 104). 3) Descortês (Cíc. Fam. 13, 1, 5). 4) Pouco generoso, avaro, mesquinho (T. Lív. 38, 14, 14).

illĭberālĭtās (inl-), -tātis, subs. f. Falta de generosidade, mesquinharia (Cíc. At. 8, 6, 3).

illĭberālĭter (inlĭberālĭter), adv. 1) De maneira indigna para um homem livre, sem nobreza (Cíc. Rep. 1, 22). 2) Mesquinhamente, sòrdidamente (Cíc. At. 4, 2, 5).

1. illic, illaec, illuc, formas arcaicas = ille, illa, illud (Plaut. Mil. 657).

2. illic, adv. 1) La, acolá, ali (Tác. Hist. 2, 47). 2) Na expressão: illic... hic (Cíc. Clu. 171) «aqui... acolá».

illĭcĭō (inlĭcĭō), -is, -ĕre, -lēxī, -lēctum, v. tr. I — Sent. próprio: 1) Atrair a uma armadilha, seduzir, cativar, prender (Cíc. Tusc. 4, 12). II — Daí: 2) Desviar (Cíc. At. 9, 13, 3). 3) Arrastar a, induzir a (Lucr. 2, 788); (Tác. An. 6, 36).

illicitātor (inl-), -ōris, subs. m. Comprador (licitante) (Cíc. Fam. 7, 2, 1).

illicĭtus (inl-), -a, -um, adj. Ilícito, ilegal, proibido (Tác. An. 12, 15).

illicĭum (inl-), -ī, subs. n. 1) Atrativo, chamariz (Varr. R. Rust. 3, 16, 22). 2) Convocação do povo (Varr. L. Lat. 6, 94).

illĭcō (ilĭcō), adv. 1) No lugar, neste lugar (Ter. Phorm. 195). 2) Sem demora, imediatamente (Cíc. Mur. 22).

illĭdō (inlĭdō), -is, -ĕre, -līsī, -līsum, v. tr. 1) Bater contra, quebrar de encontro, lançar contra (Verg. En. 1, 112). Daí: 2) Fazer em pedaços, despedaçar (Cíc. Har. 55).

illigātus (inligātus), -a, -um, part. pass. de **illĭgo**.

illĭgō (inlĭgō), -ās, -āre. -āvī. -ātum, v. tr. I — Sent. próprio: 1) Ligar, amarrar em ou sôbre, prender, encerrar (Cíc. Tusc. 1, 63); (Verg. En. 10, 794). II — Sent. figurado: 2) Ligar, unir, atar (Cíc. De Or. 3, 175). 3) Embaraçar (sent. próprio e figurado), envolver (Cíc. De Or. 2, 61).

illim, adv. arc. = **illinc** (Lucr. 3, 879); (Cíc. Har. 42).

illĭmis (inl-), -e, adj. Sem lama, e daí: límpido, puro (Ov. Met. 3, 407).

illinc, adv. De lá, dacolá, do outro lado, daquela parte de lá (Cíc. Phil. 2, 77).

illĭnō (inlĭnō), -is, -ĕre, -lēvī. -lĭtum, v tr. I — Sent. próprio: 1) Fazer um revestimento dentro ou sôbre, untar (T Lív. 42, 64, 3). Daí: 2) Aplicar, esfregar, cobrir:...**collyria oculis** (Hor. Sát. 1, 5, 31) «aplicar um colírio nos olhos». II — Sent. figurado: 3) Impregnar: **donum venano illitum** (T. Lív. 5, 2, 3) «presente impregnado de veneno».

illiquefăctus (inl-), -a, -um, adj. Liquefeito (Cíc. Tusc. 4, 20).

illīsī (inlīsī), perf. de **illīdo**.

illīsus (inlīsus), -a, -um, part. pass. de **illīdo**.

illitterātus (inl-), -a, -um, adj. Sem instrução, iletrado, ignorante (Cíc. De Or. 2, 25).

Ilitŭrgī (Ilitŭrgī), subs. pr. n. Iliturge, cidade da Bética (T. Lív. 23, 49, 5).

Illiturgĭtānī, -ōrum, subs. loc. m. Iliturgitanos, habitantes de Iliturge (T. Lív. 8, 19, 2).

illĭtus (inlĭtus), -a, -um, part. pass. de **illĭno**.

illĭus, gen. sg. (m. f. e n.) de **ille**.

illiusmŏdī, adv. Daquele modo, assim, daquela maneira (Cíc. Caecil. 31).

illix, v. **illex**.

illō, adv. Para os lados de lá, para lá (Cíc. Verr. 1, 147).

illōc = **illūc,** adv. Lá para baixo, para lá (Plaut. Truc. 647).

illocābĭlis (inl-), -e, adj. Que não se pode casar (Plaut. Aul. 189).

illōtus, illautus ou illūtus (inl-), -a, -um, adj. I — Sent. próprio: 1) Que não está lavado, sujo (Hor. Sát. 2, 4, 84). II — Por extensão: 2) Que não está sêco (Verg. G. 3, 443).

illūc, adv. I — Sent. próprio: 1) Para lá, para ali (Cíc. Tusc. 1, 75). II — Sent. figurado: 2) Para o ponto de partida, ao início (Cíc. Tusc. 5, 80).

illūcĕō (inlūcĕō), -ēs, -ēre, v. intr. Luzir, brilhar (Plaut. Capt. 597).

illūcēscō (inlūcēscō), -is, -ĕre, -lūxī, v. incoat. intr. 1) Romper o dia, começar a brilhar (Cíc. Nat. 2, 96). 2) Tr.: Iluminar, começar a clarear (Plaut. Bac. 256). 3) Impess.: amanhecer (T. Lív. 1, 28, 2).

illūctans (inl-), -āntis, adj Que luta em ou contra (sent. figurado) (Estác. Theb. 4, 790).

illŭd, n. de **ille**.

illūdō (inlūdō), -is, -ĕre, -lūsī, -lūsum, v. intr. e tr. I — Sent. próprio: 1) Divertir-se, brincar com (Hor. Sát. 1, 4, 139). II — Sent. figurado: 2) Zombar, escarnecer, insultar, ultrajar (Cíc. Amer. 54); (Verg. En. 2, 464). 3) Lesar, maltratar, prejudicar: **frondi uri illudunt** (Verg. G. 2, 375) «os uros (búfalos) maltratam (prejudicam) as folhagens». 4) Insultar, não respeitar, ultrajar (Tác. An. 13, 71). Obs.: Constrói-se com dat.; com acus.; com acus. com **in**.

illūmĭnātē (inlūmĭnātē), adv. Com brilho de estilo, brilhantemente (Cíc. De Or. 3, 53).

illūmĭnātĭō, -ōnis, subs. f. Claridade, luz (sent. próprio e figurado) (Macr. Sat. 1, 18, 13).

illūmĭnātus (inlūmĭnātus), -a, -um, part. pass. de **illumino**.

illūmĭnō, -ās, -āre, -āvī, -ātum, v. intr. e tr. I — Sent. próprio: 1) Esclarecer, iluminar (sent. próprio e figurado) (Cíc. Nat. 2, 119). II — Sent. figurado: 2) Tornar brilhante, fazer brilhar (Cíc.

De Or. 3, 170). 3) Tornar ilustre (V. Pat. 1, 18, 3).
illunc, v. illic.
illūnis (inl-), -e, e **illūnius**, -a, -um, adj. Sem lua, não alumiado pela lua (Plín. Ep. 6, 20, 15).
Illŭrcis, -is, subs. f., v. **Ilŏrci**.
Illurgavonēnses, -ĭum, subs. loc. m. = **Ilergaonēnses** (Cés. B. Civ. 1, 60, 2). Ilergaonenses.
illŭri, illuric-, v. **illyr-**.
illūsī (inlūsī), perf. de **illŭdo**.
illūsĭō (inl-), -ōnis, subs. f. Ironia (na língua retórica) (Cíc. De Or. 3, 202).
illūster. nom. m. de **illūstris** (V. Máx. 4, 1, 5).
illustrāmēntum (inl-), -ī, subs. n. Ornamento (Quint. 11, 3, 149).
illustrātĭō (inl-), -ōnis, subs. f. Ação de esclarecer, de tornar brilhante (hipotipose, têrmo de retórica) (Quint. 6, 2, 32).
illustrātus (inl-), -a, -um, part. pass. de **illūstro**.
illūstris, (inl-), -e, adj. I — Sent. próprio: 1) Luminoso, que dá luz, claro, bem alumiado (Cíc. Or. 50). Daí: 2) Brilhante: **illustris stella** (Cíc. Div. 1, 130) «estrêla brilhante». II — Sent. figurado: 3) Claro, evidente (Cíc. Fin. 3, 40). 4) Célebre, ilustre, distinto, nobre (Cíc. Br. 74).
illustrĭus, adv. Mais claramente (Cíc. Fam. 10, 19, 1).
illūstrō (inl-), -ās, -āre, -āvī, -ātum v. tr. I — Sent. próprio: 1) Esclarecer, aclarar, iluminar (Cíc. Verr. 4, 71). II — Sent. figurado: 2) Tornar claro, evidente, explicar (Cíc. Cat. 3, 20). 3) Dar brilho, tornar brilhante, ornar (tratando-se de estilo) (Cíc. Or. 92). 4) Tornar célebre, ilustrar (Cíc. Arch. 31).
illūsus (inl-), -a, -um, part. pass. de **illŭdo**.
illūtus, v. **illōtus**.
illuvĭēs (inl-), -ēī, subs. f. I — Sent. próprio: 1) Imundície (Verg. G. 3, 561); (Cíc. poét. Tusc. 3, 16). II — Sent. figurado: 2) Inundação, cheia, estagnação das águas lodosas (Tác. An. 12, 51).
illūxī (inl-), perf. de **illucēsco**.
Illyrĭa, -ae, subs. pr. f. Ilíria, região da Itália banhada pelo mar Adriático (Prop. 1, 8, 2).
Illyrĭcum, -ī, subs. pr. n. A Ilíria, região da Itália (Cíc. At. 10, 6, 3).
Illyricus, -a, -um, adj. Da Ilíria (Verg. En. 1, 243).
Illyrĭī, -ōrum, subs. loc. m. Os ilírios, habitantes da Ilíria (T. Lív. 10, 2).

Illyris, -ĭdis, subs. f. 1) Da Ilíria (Ov. Trist. 2, 225). Subs. pr. 2) Ilha vizinha da Cilícia (Plín. H. Nat. 5, 131). 3) A Ilíria (Ov. P. 2, 2, 79).
Illyrĭus, -a, -um, adj. Ilírio, natural da Ilíria (Cíc. Of. 2, 40).
Ilŏrcī, subs. pr. m. Ilorcos, cidade da Bética (Plín. H. Nat. 3, 9).
Ilorcitānī, -ōrum, subs. loc. m. Ilorcitanos, habitantes de Ilorcos (Plín. H. Nat. 3, 9).
ilōtae, -ārum, subs. m. Ilotas, a classe dos escravos entre os espartanos (T. Lív. 34, 27, 9).
Ilucĭa, -ae, subs. pr. f. Ilúcia, cidade da Hispânia Tarraconense (T. Lív. 35, 7).
Ilus, -ī, subs. pr. m. Ilo. 1) Filho de Tros, rei de Tróia, e fundador de Ílio (Verg. En. 6, 650). 2) Apelido de Ascânio (Verg. En. 1, 268). 3) Companheiro de Turno (Verg. En. 10, 400).
Ilvātēs, -ĭum, (-um), subs. loc. m. Ilvates, povo da Ligúria (T. Lív. 31, 10, 2).
im = **eum** (Cíc. Leg. 2, 60).
Imacharēnsis, -e, adj. De Imacara, cidade da Sicília (Cíc. Verr. 5, 15).
imāginārĭus, -a, -um, adj. Imaginário, falso (T. Lív. 3, 41, 1).
imāginātĭō, -ōnis, subs f. I — Sent. próprio: 1) Imagem, visão (Plín. H. Nat. 20, 68). II — Sent. figurado: 2) Pensamento (Tác. An. 15, 36).
imāginātus, -a, -um, part. pass. de **imaginor**.
imāginor, -āris, -ārī, -ātus sum, v. dep. tr. Imaginar, representar na imaginação, sonhar (Tác. An. 15, 69).
imāginōsus, -a, -um, adj. Imaginoso, cheio de fantasias, que tem alucinações (Catul. 41, 8).
imāgō, -ĭnis, subs. f. I — Sent. próprio: 1) Imagem, forma, aspecto (T. Lív. 3, 58, 2). Daí: 2) Retrato, representação (Cíc. Fam. 5, 1, 7). Por extensão: 3) Imagem, sombra (de um morto) (Cíc. Div. 1, 63). Donde: 4) Fantasma, visão, sonho (Hor. O. 3, 27, 40). 5) Espectro (Plín. Ep. 7, 27, 6). II — Sent. figurado: 6) Eco (Cíc. Tusc. 3, 3). 7) Retrato, cópia (de alguém) (Cíc. Fam. 6, 6, 13). 8) Cópia, imitação (em oposição à realidade) (Quint. 10, 1, 16). 9) Sombra, aparência (Cíc. Sest. 30). 10) Imagem, comparação, parábola (têrmo de retórica) (Hor. Sát. 2, 3, 320). 11) Idéia, pensamento, lembrança (Tác. An. 2, 53).
imāguncŭla, -ae, subs. f. Pequeno retrato (Suet. Aug. 7).

Imãõn, -õnis, subs. pr. m. Imáon, nome de guerreiro (Verg. En. 10, 424).
Imbărus, -i, subs. pr. m. ímbaro, montanha da Cilícia (Plín. H. Nat. 5, 93).
imbēcillis, v. **imbecillus**.
imbēcillĭtās, -tātis, subs. f. — Sent. próprio: 1) Fraqueza (física), debilidade (Cíc. At. 11, 6, 4). Daí: 2) Fraqueza, falta de fôrça (Cíc. Lae. 26). II — Em sent. moral: 3) Fraqueza (de espírito), falta de coragem, covardia (Cíc. Of. 1, 117); (Cés. B. Gal. 7, 77, 9).
imbēcillĭus, adv. Muito dèbilmente, muito fracamente (Cíc. Ac. 2, 52).
imbēcillus, -a, -um, adj. I — Sent. próprio: 1) Fraco (de corpo) (Cíc. Fam. 7, 1, 3). II — Sent. figurado: 2) Estéril (tratando-se da terra) (Plín. H. Nat. 17, 35). 3) Fraco (de espírito), sem fôrça, pusilânime (Cíc. Rep. 1, 48). 4) Humilde (Cíc. Lae. 70). Obs.: 1) A forma **imbecillis**, -e é também atestada (Sên. Clem. 2, 6, 3). 2) Comp.: **imbecillĭor** (Cíc. At. 10, 14, 2).
imbēllis, -e, adj. I — Sent. próprio: 1) Imbele, impróprio para a guerra, que não serve para combater, portanto: pacífico sem luta (Cíc. Of. 1, 83). II — No sent. moral: 2) Sem coragem, pusilânime (Cíc. Lae. 47). 3) Fraco, sem fôrça (Verg. En. 2, 544). 4) Calmo, tranqüilo, sereno (tratando-se do mar) (Estác. S. 3, 5, 84).
imber, -bris, subs. m. I — Sent. próprio: 1) Chuva, aguaceiro (Cíc. Verr. 4, 86). Por extensão: 2) Água (elemento), água da chuva (Tác. Hist. 5, 12). 3) Água, líqüido (em geral) (Varr. L. Lat. 7, 37). II — Sent. figurado: 4) Nuvem (de chuva) (Verg. En. 3, 194). 5) Chuva (de lágrimas) (Ov. Trist. 1, 3, 18).
imbērbis, -e, e imbērbus, -a, -um, adj. Imberbe, sem barba, que ainda não tem barba, jovem (Cíc. Nat. 3, 83). Obs.: Tanto a primeira quanto a segunda forma se encontram em Cícero.
imbĭbī, perf. de **imbĭbo**.
imbĭbō, is, -ĕre, -bĭbī (sem supino), v. tr. I — Sent. próprio: 1) Absorver, embeber-se (Plín. H. Nat. 24, 135). II — Sent. figurado: 2) Conceber, meter na cabeça, formar uma idéia (Cíc. Verr. pr. 42).
imbĭtō, -is, -ĕre, v. tr. Entrar em, penetrar (Plaut. Ep. 145).
Imbrasĭdēs, -ae, sub. pr. m. Descendente de ímbraso (Verg. En. 12, 343).
Imbrăsus, -i, subs. pr. m. ímbraso, companheiro de Enéias (Verg. En. 12, 343).

Imbreus, -ĕī (-ĕos), subs. pr. m. Imbreu, nome de um centauro (Ov. Met. 12, 310).
imbrex, -ĭcis, subs. m. e f. I — Sent. próprio: 1) Telha côncava (com a concavidade voltada para cima), telha-canal (Verg. G. 4, 296). II — Sent. figurado: 2) Modo de bater palmas com as mãos encurvadas (Suet. Ner. 20).
imbrĭcō, -ās, -āre, -āvī, -ātum, v. tr. Cobrir de telhas côncavas, de telhas-canal (Plín. H. Nat. 11, 1).
imbrĭcus, -a, -um, adj. De chuva, chuvoso (Plaut. Merc. 877).
imbrĭfer, -fĕra, -fĕrum, adj. Imbrífero, que traz chuva, pluvioso (Verg. G. 1, 313).
Imbrinĭum, -ī, subs. pr. n. Imbrínio, lugar do Sâmnio (T. Lív. 8, 30, 4).
Imbrĭus, -a, -um, adj. ímbrio, natural da ilha de Imbros (Ov. Trist. 1, 10, 18).
Imbros (Imbrus), -ī, subs. pr. f. Imbros, ilha perto da Trácia (Plín. H. Nat. 4, 72).
imbŭī, perf. de **imbŭo**.
imbŭō, is, -ĕre, -bŭī, -būtum, v. tr. I — Sent. próprio: 1) Imbuir, impregnar (sent. físico e moral), embeber, ensopar: **imbuti sanguine gladii** (Cíc. Phil. 14, 6) «espadas embebidas de sangue». II — Sent. figurado: 2) Imbuir (Cíc. Fin. 1, 60). Daí: 3) Encher de, inculcar, insinuar (Cíc. At. 14, 13b, 4). 4) Fazer experimentar, experimentar, ensaiar, estrear (Ov. Trist. 3, 11, 52). Obs.: Constrói-se com acus.; ou com acus. e abl.
imbūtus, -a, -um, part. pass. de **imbŭo**.
imĭtābĭlis, -e, adj. Imitável, que se pode imitar (Cíc. Or. 76).
imĭtāmen, -ĭnis, subs. n. Imitação, cópia (Ov. Met. 4, 445).
imĭtāmēntum, -ī, subs. n. Imitação, cópia (Tác. An. 13, 4).
imĭtātĭō, -ōnis, subs. f. Imitação, cópia (Cíc. Of. 3, 1).
imĭtātor, -ōris, subs. m. Imitador (Cíc. De Or. 2, 219).
imĭtātrix, -ĭcis, subs. f. Imitadora (Cíc. Leg. 1, 47).
imĭtātus, -a, -um, part. pass. de **imĭtor**.
imĭtor, -āris, -ārī, -ātus sum, v. dep. tr. I — Sent. próprio: 1) Procurar reproduzir a imagem, imitar, copiar, reproduzir (Cíc. Nat. 3, 74); (Cíc. Com. 20). Daí: 2) Simular, afetar, fingir (Verg. En. 11, 894). II — Sent. figurado: 3) Apresentar, exprimir, representar (Tác. An. 1, 24). Obs.: inf. arc. **imĭtarĭer** (Lucr. 5, 1377).

immaculātus, -a, -um, adj. Sem mancha, imaculado (Lucr. 2, 736).
immadēscō, -is, -ĕre, -dŭī, v. intr. Umedecer-se, molhar-se (Ov. Trist. 1, 9, 34).
immānĕ, adv. De modo horrível, terrìvelmente (Verg. En. 10, 726).
immānis, -e, adj. I — Sent. próprio: 1) Mau, cruel, feroz, desumano (Cíc. Verr. 2, 51). Daí: 2) Medonho, terrível, horrendo, espantoso, monstruoso (Cíc. Tusc. 4, 15). II — Sent. figurado: 3) Gigantesco, enorme (Cés. B. Gal. 4, 1, 9). Sent. moral: 4) Monstruoso, prodigioso (Tác. Hist. 4, 34). No pl. neutro: **immania:** 5) Coisas prodigiosas (Tác. An. 4, 11). Obs.: comp. **immanĭor, -ĭus** (Cíc. Amer. 71); superl. **immanissĭmus, -a, -um** (Cíc. Part. 90).
immānĭtās, -tātis, subs. f. I — Sent. próprio: Grandeza prodigiosa (A. Gél. 6, 3, 1). 2) Crueldade, ferocidade, selvajaria, desumanidade (Cís. Lae. 87). II — Daí: em sent. moral: 3) Coisa horrível, plano monstruoso (Cíc. Cael. 14).
immansuētus, -a, -um, adj. Selvagem, cruel, feroz (Ov. Met. 4, 237).
immātūrē, adv. Antes do tempo, sem maturidade, prematuramente (Sên. Suas. 1).
immātūrĭtās, -tātis, subs. f. I — Sent. próprio: 1) Imaturidade, falta de idade (para contrair casamento) (Suet. Aug. 34). II — Daí: 2) Precipitação, pressa (Cíc. Quict. 82).
immātūrus, -a, -um, adj. I — Sent. próprio: 1) Que não está maduro, que não chegou à maturação (Plín. Nat. 12, 49). II — Daí: 2) Que não tem idade própria (para o casamento) (Suet. Tib. 61). 3) Prematuro, precoce, antes do tempo, imaturo (Cíc. Cat. 4, 3).
immedĭcābĭlis, -e, adj. I — Sent. próprio: 1) Incurável, mortal (Verg. En. 12, 858). II — Sent. figurado: 2) Irremediável, implacável (Sil. It. 1, 147).
immedĭtātus, -a, -um, adj. Não estudado, natural, espontâneo (Apul. M. 2, 2).
immĕmor, -ŏris, adj. I — Sent. próprio: 1) Que não se lembra, esquecido (Cíc. Sull. 83). II — Sent. figurado: 2) Ingrato (Catul. 64, 123). 3) Que faz esquecer (Estác. S. 5, 2, 96). Obs.: Constrói-se com gen.; absolutamente; com inf. ou com acus. e inf. (no latim arc. e na época imperial).
immemŏrābĭlis, -e, adj. I — Sent. próprio: 1) Imemorável, que não merece ser relatado (Plaut. Capt. 56). II — Daí: 2) Que tem falta de memória (Plaut. Cist. 267). 3) Imemorável, indizível, inenarrável (Lucr. 6, 488).
immemŏrātus, -a, -um, adj. Imemorado, não mencionado, ainda não relatado, nôvo (Hor. Ep. 1, 19, 33).
immensĭtās, -tātis, subs. f. Imensidade (Cíc. Nat. 1, 54).
immēnsus, -a, -um, adj. Sent. próprio e figurado: sem medida, imenso, muito grande, muito forte (Cíc. Rep. 1, 27); (Ov. F. 4, 573).
1. **immēnsum,** adv. Enormemente, prodigiosamente (Ov. F. 5, 537).
2. **immēnsum, -ī,** subs. n. A imensidade, o infinito (T. Lív. 29, 25, 3).
immĕō, -ās, -āre, v. intr. Entrar em, penetrar (Plín. H. Nat. 8, 91).
immĕrens, -ēntis, adj. I — Sent. próprio: 1) Que não merece, inocente (Hor. O. 2, 13, 11). II — Daí: 2) Que pouco vale (V. Máx. 9, 12, 8).
immērgō, -is, -ĕre, -mērsī, -mērsum, v. tr. I — Sent. próprio: 1) Mergulhar em, imergir (Cíc. Tim. 48). Daí: 2) Plantar, enfiar (Col. 5, 6, 30). II — Sent. figurado: 3) Insinuar-se, mergulhar (Plaut. Men. 70); (Cíc. Clu. 36). Obs.: Constrói-se com acus. com **in;** com abl.; e com dat.
immerĭtō, adv. Injustamente, sem merecer (Cíc. De Or. 2, 322).
immerĭtus, -a, -um, adj. I — Sent. próprio: 1) Que não merece (Hor. O. 3, 2, 21). II — Daí: 2) Injusto (T. Lív. 4, 13, 13).
immersābĭlis, -e, adj. Que não pode ser submergido (Hor. Ep. 1, 2, 22).
immērsī, perf. de **immērgo.**
immērsti, forma sincop. de **immersīsti,** 2.ª pess. sg. do perf. de **immērgo** (Plaut. Bac. 677).
immērsus, -a, -um, part. pass. de **immērgo.**
immētatus, -a, -um, adj. Que não está separado por marcos ou extremos (Hor. O. 3, 24, 12).
immĭgrō, -ās, -āre, -āvī, -ātum, v. intr. I — Sent. próprio: 1) Passar para, mudar-se para, imigrar (Cíc. Tusc. 1, 58). II — Sent. figurado: 2) Introduzir-se (Cíc. Br. 274).
imminens, -ēntis, part. pres. de **immĭnĕo.**
immĭnĕō, -ēs, -ēre, v. intr. I — Sent. próprio: 1) Estar situado ou pendurado acima, estar no alto (Verg. En. 1, 420). II — Sent. figurado: 2) Dominar, ameaçar, estar iminente (Cíc. Phil. 5, 20). 3) Estar próximo, avizinhar-se, ir no encalço, perseguir (T. Lív. 1, 33, 8).

imminŭī, perf. de **imminŭo**.
imminŭo, -is, -ĕre, -mĭnŭī, -mĭnūtum, v. tr. I — Sent. próprio: 1) Diminuir, reduzir (Cíc. Fam. 3, 3, 2); (Cíc. De Or. 2, 156). II — Sent. figurado: 2) Enfraquecer, debilitar (Lucr. 5, 1017). Daí: 3) Quebrar, romper, arruinar, destruir (Cíc. Verr. 1, 84); (Sal. B. Jug. 81, 4).
imminūtĭō, -ōnis, subs. f. I — Sent. próprio: 1) Supressão, perda, diminuição (Cíc. Fin. 5, 47). Na língua retórica: 2) Atenuação (Cíc. De Or. 3, 207). II — Sent. figurado: 3) Diminuição, enfraquecimento (Cíc. Fam. 5, 8, 2).
imminŭtus, -a, -um, part. pass. de **imminŭo**.
immiscĕō, -ēs, -ēre, -miscŭī, -mīxtum (ou -mīstum), v. tr. I — Sent. próprio: 1) Misturar, juntar (T. Lív. 22, 60, 2). II — Sent. figurado: 2) Imiscuir-se, fazer parte de (T. Lív. 21, 32, 10). Obs.: Loc.: **immiscent manus manibus** (Verg. En. 5, 429) «travam luta, lutam».
immiscŭī, perf. de **immiscĕo**.
immiserābĭlis, -e, adj. Que não causa compaixão (Hor. O. 3, 5, 17).
immisericordĭter, adv. Sem compaixão, sem piedade (Ter. Ad. 663).
immiserĭcors, -dis, adj. Que não tem compaixão, impiedoso (Cíc. Inv. 2, 108).
immīsī, perf. de **immītto**.
immissĭō, -ōnis, subs. f. I — Sent. próprio: 1) Ação de enviar para (Ulp. Dig. 8, 5, 8, 5). II — Sent. figurado: 2) Ação de fazer desenvolver, desenvolvimento (Cíc. C. M. 53).
immissŭlus, v. **immusŭlus**.
immissus. -a, -um, part. pass. de **immītto**.
immĭtĕ, adv. Violentamente (S. It. 17, 257).
immītis, -e, adj. I — Sent. próprio: 1) Imite, que não é doce, azêdo, que não está maduro, verde (Hor. O. 2, 5, 10). II — Sent. figurado: 2) Cruel, feroz, selvagem, rude (T. Lív. 23, 5, 12). Obs.: comp.: **immitĭor**, -ĭus (Tác. An. 1, 20). Superl.: **immitissĭmus** (Plín. H. Nat. 10, 207).
immīttō, -is, -ĕre, -mīsī, -mīssum, v. tr. I — Sent. próprio: 1) Enviar para, enviar contra, impelir, lançar (Cíc. Verr. 4, 101); (Cés. B. Civ. 2, 10, 6); (Cíc. Tusc. 1, 116). II — Sent. figurado: 2) Deixar ir, deixar em liberdade, soltar (Ov. Met. 1, 680); (Plaut. Capt. 584). 3) Deixar crescer (Varr. R. Rust. 1, 31, 3). Loc.: **immittere fugam** (Verg. En. 9, 719) «pôr em fuga». Obs.: Constrói-se com acus.; com acus. com **ad** ou **in**; com dat.

immō, adv. 1) Muito ao contrário, ao contrário, longe disso (serve para retificar o que se disse antes) (Cíc. At. 9, 7, 4). 2) Usado com freqüência para reforçar uma interj., ou uma exclamação: **hercle, edepol, ecastor, vero, etiam, contra**, tem os mesmos sentidos: ao contrário, ou melhor (Plaut. Mil. 443); (Cíc. Of. 3, 90). 3) Entre os comediógrafos, **immo** é usado para exprimir um desejo que não se realiza: **immo si scias** (Plaut. Cas. 668) «Ah! se tu soubesses!»; **immo si audias** (Plaut. Ep. 451) «Ah! se tu pudesses ouvir!».
immōbĭlis, -e, adj. I — Sent. próprio: 1) Imóvel, que não se move (Cíc. Rep. 6, 18). II — Sent. figurado: 2) Calmo, insensível (Verg. En. 7, 623). 3) Fiel (Suet. Vit. 5).
immoderātē, adv. I — Sent. próprio: 1) Sem ordem, sem obedecer às regras (Cíc. Nat. 2, 149). II — Sent. figurado: 2) Sem medida, imoderadamente (Cíc. Fam. 12, 1, 2). Obs.: Comp.: **immoderatius** (Cíc. Fam. 5, 16, 5).
immoderātĭō, -ōnis, subs. f. Imoderação, falta de moderação (nas palavras) (Cíc. Sull. 30).
immoderātus, -a, -um, adj. I — Sent. próprio: 1) Sem limites, infinito (Cíc. Poét. Nat. 2, 65). II — Daí: 2) Imoderado, sem medida, excessivo (tratando-se de pessoas e coisas) (Cíc. Cael. 53). Na língua retórica: 3) Sem cadência (Cíc. Or. 198).
immodēstē, adv. Sem moderação, sem recato, excessivamente (Plaut. Rud. 193). Obs.: Comp.: **immodestĭus** (Sên. Nat. 1, 17).
immodestĭa, -ae, subs. f. I — Sent. próprio: 1) Excesso, desregramento, falta de moderação (Tác. An. 13, 50). II — Daí: 2) Indisciplina (C. Nep. Lis. 1, 2).
immodēstus, -a, -um, adj. Sem comedimento, sem moderação, desregrado (Cíc. Of. 1, 103).
immodĭcē, adv. Sem medida, excessivamente, sem limite, desmedidamente, imoderadamente (Plín. H. Nat. 30, 112).
immodĭcus, -a, -um, adj. I — Sent. próprio: 1) Desmesurado, desmedido, excessivo (Ov. Met. 6, 673). II — Sent. figurado: 2) Desregrado, extravagante (Tác. An. 15, 26). No pl. n.: **immodĭca**: 3) Coisas imoderadas: **immodica cupere** (Sên. Ben. 1, 9, 2) «ter desejos imoderados».

immodulātus, -a, -um, adj. Sem cadência, sem harmonia (Hor. A. Poét. 263).
immoenis (arc.) = **immūnis.**
immolātiō, -ōnis, subs. f. Imolação, sacrifício (Cíc. Div. 1, 119).
immolātor, -ōris, subs. m. Sacrificante, o que imola (Cíc. Div. 2, 36).
immolātus, -a, -um, part. pass. de **immŏlo.**
immolĭtus, -a, -um, adj. Que está em construção, construído (T. Lív. 39, 44, 4).
immŏlŏ, -ās, -āre, -āvī, -ātum, v. tr. e intr. I — Tr.: Sent. próprio: 1) Imolar, sacrificar (Cíc. Nat. 3, 88). II — Intr.: 2) Fazer um sacrifício (Cíc. Div. 1, 72). III — Sent. poético: 3) Imolar, fazer perecer (Verg. En. 12, 949). Obs.: O sent. primitivo de cobrir a vítima com farinha moída e sal aparece em Serv. (En. 4, 57).
immorĭor, -ĕris, -mŏrī, -tŭus sum, v. dep. intr. Morrer em ou sôbre, morrer junto, morrer (sent. próprio e figurado) (Ov. Met. 6, 296); (Hor. Ep. 1, 7, 85).
immŏror, -āris, -ārī, -ātus s⁞m, v. dep. intr. I — Sent. próprio: 1) Ficar em, ficar, parar (Plín. H. Nat. 9, 25). II — Sent. figurado: 2) Deter-se em, insistir (Plín. Ep. 1, 88).
immŏrsus, -a, -um, adj. I — Sent. próprio: 1) Mordido (Prop. 3, 8, 21). II — Sent. figurado: 2) Excitado (falando do estômago) (Hor. Sát. 2, 4, 61).
immortālĕ, n. usado como adv. Eternamente, para sempre (Estác. Theb. 4, 833).
immortālēs, -ĭum, subs. m. pl. Os deuses, os imortais, por oposição aos mortais (Varr. L. Lat. 5, 75).
immortālis, -e, adj. I — Sent. próprio: 1) Imortal (Cíc. Nat. 3, 29). II — Daí: 2) Eterno, imorredouro (Cíc. Pis. 31). Por extensão: 3) Dos deuses, divino, feliz como os deuses (Prop. 2, 14, 10).
immortālĭtās, -tātis, subs. f. I — Sent. próprio: 1) Imortalidade (Cíc. C. M. 78). II — Sent. figurado: 2) Incorruptibilidade, beatitude, estado semelhante ao dos imortais (Plaut. Merc. 603).
immortālĭter, adv. Eternamente, infinitamente (Cíc. Q. Fr. 3, 1, 9).
immortŭus, -a, -um, part. pass. de **immorĭor.**
immōtus, -a, -um, adj. I— Sent. próprio: 1) Imoto, imóvel, sem movimento (Verg. G. 2, 293). II — Sent. figurado: 2) Firme, inabalável (Tác. An. 1, 47).
immŭgĭō, -īs, -īre, īvī (ou **-ĭī**), (sem supino), v. intr. I — Sent. próprio: 1) Mugir em, bramir, rugir (Verg. En. 3. 674). II — Sent. figurado: 2) Retumbar, ressoar (Verg. En. 11, 38).
immulgĕō, -ēs, -ēre, v. tr. Ordenhar dentro, derramar em, tirar leite (Verg. En. 11, 572).
immundĭtĭa, -ae, subs. f. Imundície, impureza (Plaut. St. 747).
immūndus, -a, -um, adj. Sujo, impuro, imundo (sent. próprio e figurado) (Hor. A. Poét. 246).
immūnĭō, -īs, -īre, -īvī, v. tr. Fortificar, instalar como proteção (Tác. An. 11, 19).
immūnis (immoenis), -e, adj. I — Sent. próprio: 1) Imune, isento de encargos, isento de impostos (Cíc. Verr. 5, 53) II — Daí, por extensão: 2) Isento, livre de, dispensado de (Verg. En. 12, 559); (T. Lív. 1, 43, 8). II — Sent. figurado: 3) Que nada produz, preguiçoso (Verg. G. 4, 244). 4) Egoísta (Cíc. Lae. 50). 5) Que não gosta de dar (Hor. O 4, 12, 23). 6) Inocente, puro (Hor. O. 3, 23, 17). Constrói-se com abl. sem prep. ou acompanhado de **ab;** com gen.; e abst.
immūnĭtās, -tātis, subs. f. Isenção, dispensa, imunidade (Cés. B. Gal. 6, 14, 1).
immūnītus, -a, -um, adj. I — Sent. próprio: 1) Não fortificado (T. Lív. 22, 11, 4). II — Sent. figurado: 2) Impraticável (tratando-se de uma estrada) (Cic. Caec. 54).
immurmŭrō, -ās, -āre, -āvī, -ātum, v. intr. e tr. I — Intr.: 1) Murmurar em ou contra, murmurar (Verg. G. 4, 261); (Ov. Met. 3, 646). II — Tr.: 2) Dizer murmurando, sussurrar (Pérs. 2, 9).
immusŭlus (immusĭlus, immisŭlus), -ĭ, subs. m. Abutre (Plín. H. Nat. 10, 20).
1. immūtābĭlis, -e, adj. (de **in** e **mutabĭlis**). Que não muda, imutável (Cíc. Nat. 2, 49).
2. immūtābĭlis, -e, adj. (de **immūto**). Mudado (Plaut. Ep. 577).
immūtābĭlĭtās, -tātis, subs. f. Imutabilidade, invariabilidade (Cíc. Fat. 17).
immūtātĭō, -ōnis, subs. f. I — Sent. próprio: 1) Mudança (Cíc. De Or. 3, 176). II — Na língua retórica: 2) Metonímia (Cíc. De Or. 3, 207). 3) Tropos, figuras (Cíc. Br. 69).
1. immūtātus, -a, -um. I — Part. pass. de **immūto.** II — Adj.: mudado, confuso (Cíc. Rep. 2, 69).
2. immūtātus, -a, -um, adj. Não mudado, invariável (Cíc. Inv. 2, 162).

immūtēscō, -is, -ēre, -mūtŭī, v. incoat. intr. Ficar mudo, emudecer, calar-se (Quint. 10, 3, 16).
immutilātus, -a, -um, adj. Não mutilado, intacto (Sal. Hist. 4, 10).
immūtō, -ās, -āre, -āvī, -ātum, v. tr. I — Sent. próprio: 1) Mudar, modificar, transformar (Cíc. Div. 2, 89). 2) Na língua da retórica: Empregar por metonímia (Cíc. Or. 92): **immutata** (Cíc. De Or. 2, 261) «alegoria».
immūtŭī, perf. de **immutēscō**.
1. **imō,** adv., v. **immo**.
2. **imō.** dat. e abl. de **imus**.
impācātus, -a, -um, adj. Não pacificado, agitado, turbulento (Verg. G. 3, 408).
impactiō, -ōnis, subs. f. Choque, embate (Sên. Nat. 2, 12).
impāctus, -a, -um, part. pass. de **impingo**.
impaenĭtēndus, -a, -um, adj. De que não se deve arrepender (Apul. M. 11, 28).
impallēscō, is, -ēre, -pallŭī, v. intr. Empalidecer (Estác. Theb. 6, 805); (Pérs. 5, 62).
impār, -păris, adj. I — Sent. próprio: 1) Ímpar, desigual (em número ou qualidade), diferente (Cés. B. Civ. 1, 40, 6). II — Sent. figurado: 2) Inferior a, que não se pode medir com, incapaz (Tác. An. 15, 57). 3) Injusto (T. Liv. 42, 13, 5). 4) Desigual, impotente (tratando-se de um combate) (Ov. Met. 11, 156). Como subs. n.: 5) ímpar: **par impar ludere** (Hor. Sát. 2, 3, 248) «Jogar o par ou ímpar». Obs.: O abl. normal é **impari,** mas em Vergílio (Buc. 8, 76) ocorre o abl. **impare**.
imparātus, -a, -um, adj. Que não está preparado, surpreendido, apanhado de improviso (Cés. B. Gal. 6, 30, 2).
imparĭter, adv. Irregularmente, desigualmente (Hor. A. Poét. 75).
impartĭo e **-tĭor** = **impertĭo**.
impāstus, -a, -um, adj. Em jejum, esfomeado (Verg. En. 9, 339).
impatibĭlis, v. **impetibĭlis**.
impatiens, -ēntis, adj. I — Sent. próprio: 1) Que não pode sofrer, impaciente (de alguma coisa) (Tác. Hist. 2, 99). Daí: 2) Que não pode conter, violento (Ov. Met. 13, 3). II — Sent. figurado: 3) Impassível, insensível (Sên. Ep. 9, 1). Obs.: Constrói-se geralmente com gen.
impatiēnter, adv. Impacientemente, sem resignação, violentamente (Plín. Ep. 2, 7, 6). Obs.: Comp.: **impatientĭus** (Plín. Ep. 6, 1, 1); superl.: **impatientissĭme** (Plín. Ep. 9, 22, 2).

impatientĭa, -ae, subs. f. I — Sent. próprio: 1) Dificuldade de suportar qualquer coisa, aversão, impaciência (Tác. An. 4, 52). II — Sent. figurado: 2) Falta de firmeza, dificuldade de conter, violência (Tác. An. 15, 63). 3) Impassibilidade (Sên. Ep. 9, 1).
impavĭdē, adv. Sem receio, destemidamente (T. Liv. 30, 15, 8).
impavĭdus, -a, -um, adj. Impávido, corajoso, intrépido (Verg. En. 8, 633).
impedīmēntum, -ī, subs. n. I — Sent. figurado: 1) Dificuldade, impedimento, obstáculo, entrave (Cíc. Amer. 149). II — Daí, na língua militar: 2) Bagagens, equipagem de um exército ou de um viajante, animais de carga que transportam as bagagens (geralmente no pl.) (Cés. B. Gal. 1, 24, 3). 3) Dificuldades, embaraços (Quint. 1, 8, 19).
impedĭō, -īs, -īre, -īvī (ou **-ĭī**), **-ītum,** v. tr. I — Sent. próprio: 1) Entravar, impedir de andar (Ov. F. 1, 410). II — Sent. figurado: 2) Impedir, embaraçar, estorvar, retardar, desviar (Cíc. Verr. 2, 44); (Cíc. Verr. 3, 63); (Cíc. Mur. 39). Obs.: Constrói-se com acus. acompanhado ou não de **ad**; com acus. e abl. acompanhado ou não de **ab**; com orações introduzidas por **ne, quin** ou **quominus**. Em Lucrécio (3, 482) ocorre a tmese **inque pediri**.
impedītĭō, -ōnis, subs. f. Obstáculo (sent. próprio e figurado) (Cíc. Div. 1, 115).
impedītus, -a, -um. I — Part. pass. de **impedĭo.** II — Adj.: 1) Embaraçado, impedido, dificultoso, inacessível, difícil, intransitável (Cés. B. Gal. 3, 28, 4); (Cíc. Pis. 3). 2) Na língua militar: carregado de bagagens (Cés. B. Gal. 3, 24, 3).
impēgī, perf. de **impingo**.
impēllō, -is, -ēre, -pŭlī, -pulsum, v. tr. I — Sent. próprio: 1) Impelir para ou contra, fazer avançar, lançar contra (Verg. En. 4, 594); (Verg. En. 5, 119). Daí: 2) Bater, agitar, abanar (Ov. Met. 10, 145). II — Sent. figurado: 3) Abalar, impelir, provocar, instigar, estimular, persuadir (Cíc. Amer. 39); (Cés. B. Gal. 1, 40, 4). 4) Fazer cair, derrubar, destruir (Tác. Hist. 3, 2). Obs.: Constrói-se com acus.; com acus. com **ad** ou **in**; com or. introduzida por **ut**; com inf.
impendĕō, -ēs, -ēre, v. intr. e tr. A) Intr. I — Sent. próprio: 1) Estar suspenso, estar pendurado (Cíc. Tusc. 5, 62). II

IMPÊNDI — 471 — **IMPERIUM**

— Sent. figurado: 2) Estar iminente, estar próximo, ameaçar (Cíc. At. 6, 2, 6). B) Tr.: Sent. poético: 3) Ameaçar (Ter. Phorm. 180). Obs.: Constrói-se com acus.; com acus. com in; com dat.; e abst.

impêndī, perf. de **impêndo**.

impendĭō, adv. Muito, em grande quantidade (Cíc. At. 10, 4, 9); (A. Gél. 19, 7, 10).

impendĭōsus, -a, -um, adj. Gastador (Plaut. Bac. 695).

impendĭum, -ī, subs. n. 1) Gasto, despesa (Cic. Quinct. 12). Daí: 2) Juros (de um empréstimo), lucro (Cic. At. 6, 1, 4).

impêndō, -is, -ĕre, -pēndī, -pēnsum, v. tr. I — Sent. próprio: 1) Gastar, despender, desembolsar (Cíc. Verr. 4, 68). Daí: 2) Aplicar, consagrar, dedicar (Verg. G. 3, 124); (Cíc. Verr. 5, 51).

impenetrābĭlis, -e, adj. I — Sent. próprio: 1) Impenetrável (Tác. Hist. 1, 79). II — Sent. figurado: 2) Inacessível (S. It. 7, 561).

impēnsa, -ae, subs. f. I — Sent. próprio: 1) Despesa, gasto (Cíc. Verr. 1, 145). Daí: 2) Materiais, utensílios gastos com a realização de uma obra (Petr. 137). II — Sent. figurado: 3) Custas, sacrifícios (C. Nep. Foc. 1, 4).

impēnsē, adv. I — Sent. próprio: 1) Com gastos, onerosamente, suntuosamente (Suet. Dom. 20). II — Sent. figurado: 2) Cuidadosamente, zelosamente, solicitamente (Cic. Fam. 13, 64, 1). 3) Enèrgicamente, com rigor, fortemente (Verg. En. 12, 20).

impēnsus, -a, -um. I — Part. pass. de **impêndo**. II — Adj.: 1) Largamente despendido, gasto; donde: 2) Caro, custoso (Hor. Sát. 2, 3, 245). Em sent. figurado: 3) Solícito, dedicado, generoso, importante (Cíc. Sest. 130).

imperātor, -ōris, subs. m. I — Sent. próprio: 1) Comandante, general, almirante, chefe (Cíc. De Or. 1, 210). Daí: 2) **Imperator** (título honorífico conferido a um general vitorioso e, depois, título dos imperadores romanos) (Cíc. Phil. 14, 11); (Plín. Ep. 3, 5, 9). 3) Imperador (Suet. Cés. 76). II — Sent. figurado: 4) Homem de guerra, capitão (Cíc. Verr. 4, 95). Obs.: A forma arcaica **induperator** ainda ocorre em Lucrécio (4, 967).

imperātōrĭus, -a, -um, adj. I — Sent. próprio: 1) Do comandante, do general (Tác. An. 2, 11). Daí: 2) Do imperador, imperial (Suet. Dom. 10).

imperātrix, -īcis, subs. f. A que comanda, a soberana (Cíc. Cael. 67).

imperātum, -ī, subs. n. 1) Ordem, mandado (Cés. B. Gal. 2, 3, 3). 2) Loc. ad imperatum (Cés. B. Gal. 5, 2, 3) «segundo a ordem».

imperātus, -a, -um, part. pass. de **impĕro**.

impercēptus, -a, -um, adj. Despercebido (Ov. Met. 9, 7, 11).

impercō, -is, -ĕre, v. intr. Poupar a alguém (Plaut. Amph. 500).

impercūssus, -a, -um, adj. Não batido (Ov. Am. 3, 1, 52).

imperdĭtus, -a, -um, adj. Não destruído, não morto; donde: salvo (Verg. En. 10, 430).

imperfēctus, -a, -um, adj. Não acabado, incompleto, imperfeito (Verg. En. 8, 428).

imperfōssus, -a, -um, adj. Não varado, não furado (Ov. Met. 12, 496).

imperĭōsus, -a, -um, adj. I — Sent. próprio: 1) Que manda, poderoso (Ov. Trist. 5, 3, 32). Daí: 2) Imperioso, altivo, arrogante, tirânico (Hor. O. 1, 14, 8).

imperītē, adv. Sem conhecimento, sem jeito, sem habilidade, desastradamente (Cíc. Br. 175). Obs.: Comp.: **imperitĭus** (Cíc. Balb. 20); superl.: **imperitissĭme** (Cíc. Balb. 27).

imperītĭa, -ae, subs. f. Falta de conhecimento, ignorância, imperícia, inabilidade (Tác. An. 13, 36).

imperĭtō, -ās, -āre, -āvī, -ātum, v. freq. intr. e tr. I — Intr.: 1) Mandar, comandar, ter o comando, ter o poder (Sal. B. Jug. 81, 1). II — Tr.: 2) Mandar (Hor. Sát. 2, 3, 189).

imperītus, -a, -um, adj. Ignorante, inábil, imperito, inexperiente, que não está a par de (Cíc. Lae. 95). Obs.: Constrói-se com gen.; e absoluto.

imperĭum, -ī, subs. n. I — Sent. próprio: 1) Poder soberano (como o do pai sôbre os filhos, o do senhor sôbre os escravos); e daí, na língua política: 2) Supremo poder (de tomar tôdas as medidas de utilidade pública, mesmo fora das leis), mando, autoridade suprema, domínio, soberania (Cíc. Verr. 5, 8). Donde, na língua oficial: 3) Poder Supremo (atribuído a certos magistrados), magistratura (T. Liv. 26, 2, 9). Em sent. especial: 4) Comando militar (Cés. B. Gal. 2, 23, 4). No pl.: 5) Autoridades, magistrados ou comandantes, generais (Cés. B. Cív. 1, 31, 1). II — Sent. diversos: 6) Comando, ordem, autoridade (sent. geral) (Cíc. Verr. 4, 76) 7) Estado, império, govêrno imperial (Suet. Tib. 24).

imperjūrātus, -a, -um, adj. Pelo qual se não presta um falso juramento (Ov. Ib. 78).

impermissus, -a, -um, adj. Proibido (Hor. O. 3, 6, 27).

impĕrŏ, -ās, -āre, -āvī, -ātum, v. tr. e intr. I — Sent. próprio: a) Tr.: 1) Comandar, mandar, ordenar, requisitar, exigir (Cés. B. Gal. 5, 1, 6); (Cíc. Flac. 33). b) Intr. (com dat.): 2) Comandar (Cíc Pomp. 56). II — Sent. figurado: 3) Dominar, ser senhor (Cíc. Lae. 82); (Cíc. Tusc. 2, 47). c) Absolt.: 4) Comandar, ter o comando, o domínio (Cíc. Arch. 21). Obs.: Constrói-se com acus.. às vêzes acompanhado de dat.; com **ut**, **ne** ou simples subj.; com dat.; ou intr. absoluto. A forma arcaica **imperassit = imperaverit** ainda ocorre em Cícero (Leg. 3, 6).

imperpetŭus, -a, -um, adj. Não perpétuo, não eterno (Sên. Ep. 72, 7).

imperspicŭus, -a, -um, adj. Impenetrável (Plín. Ep. 1, 20, 17).

imperterrĭtus, -a, -um, adj. Impertérrito, impávido (Verg. En. 10, 770).

impertĭī, perf. de **impertĭo.**

impertĭo, -is, -ire, -ivi (ou **-ĭī), -ītum,** v. tr. I — Sent. próprio: 1) Fazer parte de, partilhar (Cíc Lae. 70). II — Sent. figurado: 2) Comunicar, participar, dizer, desejar (Cíc. At. 2, 12, 4). 3) Consagrar (Cíc. Verr. 2, 51). 4) Passivo: Ser dado, receber (Cíc. Cat. 3, 14). Obs.: Constrói-se com dat ; com acus. com **ad;** e intransitivamente. Forma depoente **impertiri** (Fedr. 6, 1, 5).

impertītus, -a, -um, part. pass. de **impertĭo.**

imperturbātus, -a, -um, adj. Calmo, não perturbado (Ov. Ib. 588); (Sên. Nat. 6, 14).

impervĭus, -a, -um, adj. Impérvio, intransitável, inacessível, impraticável (Ov. Met. 9, 106).

impes, -ĕtis, subs. m. (arc. e raro = **impĕtus**) (Ov. Met. 3, 79). Obs.: Só ocorre em poesia, e principalmente no abl. sg.: **impĕte.**

impĕte, abl. de **impes.**

impetibĭlis, -e, adj Insuportável, intolerável (Cíc. Fin. 2, 57).

impĕtō, -is, -ĕre, -ītum, v. tr. Lançar sôbre, cair sôbre, atacar (Varr. R. Rust. 3, 77).

impetrābĭlis, -e, adj. I — Sent. próprio: 1) Que se pode obter, impetrável (Prop. 4, 1, 101). Daí: 2) Que obtém fàcilmente, persuasivo (Plaut. Most. 1162).

impetrātĭō, -ōnis, subs. f. Obtenção, ação de obter (Cíc. At. 11, 22, 1) (no pl.).

impetrātus, -a, -um, part. pass. de **impĕtro.**

impetrĭō, -is, -ire, -ivi, -ītum, v. tr. I — Sent. próprio: 1) Tomar os augúrios (Cíc. Div. 1, 28). Daí: 2) Procurar obter por bons augúrios (Plaut. As. 259).

impetrītum, -ī, subs. n. Bom augúrio (V. Máx. 1, 1).

impĕtrō, -ās, -āre, -āvī, -ātum, v. tr. I — Sent. próprio: 1) Terminar, concluir, acabar (Plaut. Poen. 974). II — Sent. figurado: 2) Obter, conseguir (Cíc. Lae. 76). Intransitivamente: 3) Obter de, conseguir (Cés. B. Gal. 1, 35, 4). Obs.: Constrói-se com acus.; às vêzes, com abl. com **ab,** com **ut, ne** ou simples subj.; intransitivamente.

impetuōsē, adv. Com impetuosidade, com arrebatamento (Hor. O. 1, 29, 11).

impĕtus, -ūs, subs. m. I — Sent. próprio: 1) ímpeto, arrôjo (Cés. B. Gal. 7, 28, 2). Daí: 2) Assalto, choque, ataque à viva fôrça (Cés. B. Gal. 3, 2, 4). Na língua médica: 3) Acesso, crise (de uma doença) (Cels. 2, 15). 4) Violência, impetuosidade (do mar, dos ventos) (Cés. B. Gal. 3, 8, 1). II — Sent. figurado: 5) Impulso, movimento, inspiração, arrebatamento, entusiasmo (Cíc. Div. 1, 111). 6) Desejo ardente, paixão (Q. Cúrc. 5, 12, 1). 7) Impetuosidade, ardor (Cíc. Dej. 3). No pl.: 8) Instintos (Cíc. Of. 2, 11).

impĕxus, -a, -um, adj. I — Sent. próprio: 1) Despenteado, desgrenhado, com os cabelos ou a barba em desalinho (Hor. Sát. 2, 3, 126). II — Sent. figurado: 2) Grosseiro, rude, não cuidado (Tác. D. 20).

impiātus, -a, -um, part. pass. de **impĭo.**

impĭē, adv. Impiedosamente, cruelmente, de modo ímpio, criminosamente (Cíc. Tusc. 5, 6); (Q. Cúrc. 5, 12).

impĭĕtās, -tātis, subs. f. I — Sent. próprio: 1) Impiedade, irreverência (Cíc. Leg. 1, 40). Daí: 2) Falta de respeito para com os pais e a pátria, má índole (Cíc. Lae. 42).

impĭger, -gra, -grum, adj. Ativo, diligente, expedito (Tác. An. 3, 48).

impĭgrē, adv. 1) Com diligência, ràpidamente, sem hesitação (Plaut. Rud. 915). 2) De modo infatigável (Sal. B. Jug. 88, 2).

impigrĭtās, -tātis, subs. f. Diligência, atividade (Cíc. Rep. 3, 40).

impĭngō, -is, -ĕre, -pēgī, -pāctum, v. tr. I — Sent. próprio: 1) Enterrar, plantar, pregar (sent. físico e moral); daí: impingir (Cíc. Phil. 1, 5); (Plaut. Capt. 734). II — Sent. figurado: 2) Lançar, impelir, atirar (Verg. En. 5, 805); (Sên. Ep. 117, 1).

impĭō, -ās, -āre, -āvī, -ātum, v. tr. I — Sent. próprio: 1) Tornar sacrílego, criminoso, tornar ímpio (Plaut. Rud. 191). Daí: 2) Manchar (Sên. Hip. 1185).

impĭus, -a, -um, adj. 1) Ímpio, sacrílego, sem respeito pelos deuses (Cíc. Cat. 1, 33). No m. pl.: **impii**: 2) Os ímpios (Cíc. Pis. 46). No n. pl.: **impia** 3) Coisas ímpias (A. Gél. 1, 15, 7).

implācābĭlis, -e, adj. Implacável (Cíc. Fam. 3, 10, 8).

implācābĭlius, adv. Implacabilissimamente, muito cruelmente (Tác. An. 1, 13).

implācātus, -a, -um, adj. Não apaziguado, insaciável (Ov. Met. 8, 845).

implacĭdus, -a, -um, adj. I — Sent. próprio: 1) Que está sempre em movimento, buliçoso, infatigável (Hor. O. 4, 14, 10). II — Sent. figurado: 2) Cruel, implacável (Prop. 4, 9, 14).

implēctō, -is, -ĕre, -plēxī, -plēxum, v. tr. I — Sent. próprio: 1) Entrelaçar (Verg. G. 4, 482). Donde: 2) Misturar, envolver (Tác. An. 16, 10).

implĕō, -ēs, -ēre, -plēvī, -plētum, v. tr. I — Sent. próprio: 1) Encher, saturar, fartar (sent. físico e moral) (Cíc. Rep. 3, 12); (T. Lív. 36, 29, 3). II — Sent. figurado: 2) Completar, acabar, executar, realizar, desempenhar (Tác. Hist. 1, 16); (Tác. An. 3, 53). Obs.: Constrói-se com acus.; com acus. e abl.; com acus. e gen.

implēsse, implēssem, implēsti = implevisse, implevīsti (Verg. En. 4, 605); (T. Lív. 4, 41, 7).

implētus, -a, -um, part. pass. de **implĕo**.
implēxī, perf. de **implēcto**.

1. implēxus, -a, -um, part. pass. de **implēcto**.

2. implēxus, -ūs, subs. m. Enlaçamento (Plín. H. Nat. 2, 166).

implicātĭō, -ōnis, subs. f. I — Sent. próprio: 1) Entrelaçamento (Cíc. Nat. 2, 139). II — Sent. figurado: 2) Encadeamento (Cíc. Inv. 2, 100). 3) Embaraço (Cíc. Sest. 99).

implicātus, -a, -um. I — Part. pass. de **implico**. II — Adj.: embaraçado, implicado, enlaçado (Cíc. Fin. 3, 3).

implicīscō, -is, -ĕre, v. tr. Embaraçar, atrapalhar, perturbar, turvar (Plaut. Amph. 729).

implicĭtē, adv. De modo confuso, obscuro, atrapalhadamente (Cíc. Inv. 2, 69).

implicĭtus, -a, -um, part. pass. de **implĭco**.

implĭcō, -ās, -āre, -plicŭī (ou -plicāvī) -plicĭtum (ou -plicātum), v. tr. I — Sent. próprio: 1) Enlaçar, entrelaçar, enrolar, enroscar (Ov. Met. 1, 762). II — Sent. figurado: 2) Embaraçar, implicar, envolver, misturar, confundir (Verg. En. 11, 109); (Cíc. Br. 174). 3) Loc.: **dextrae se Iulus implicuit** (Verg. En. 2, 724) «Iulo agarrou-se à mão direita»; **implicare ignem ossibus** (Verg. En. 7, 355) «fazer circular nas entranhas um veneno devorador». Obs.: O perf. **implicavi** é o preferido pela prosa clássica, mas a poesia dactílica emprega apenas **implicui**, pela impossibiladade de usar **implicavi**, pela métrica. O mesmo relativamente a **implicatum** e **implicitum**.

implicŭī = implicāvī, perf. de **implĭco**.

implōrātĭō, -ōnis, subs. f. Ação de implorar, imploração, invocação (T. Lív. 22, 5, 2).

implorātus, -a, -um, part. pass. de **implōro**.

implōrō, -ās, -āre, -āvī, -ātum, v. tr. I — Sent. próprio: 1) Invocar com lágrimas (Cíc. Verr. 5, 129). Daí: 2) Apelar para, implorar, suplicar (Cíc. Mur. 86); (Cés. B. Gal. 1, 31, 7).

implŭī, perf. de **implŭo**.

implūmis, -e, adj. 1) Implume, sem penas (Hor. Ep. 1, 19). 2) Sem asas (Ov. Met. 6, 716).

implŭō, -is, -ĕre, -plŭī, -plūtum, v. impess. intr. Chover em, chover (Varr. L. Lat. 5, 161); (Ov. Met. 1, 572).

impluviātus, -a, -um, adj. Em forma de implúvio (Plaut. Ep. 224).

impluvĭum, -ī, subs. n. 1) Implúvio, abertura quadrada no meio do átrio, embaixo do complúvio, na qual era recebida a água das chuvas (Cíc. Verr. 1, 61). 2) Pátio interno (Cíc. Verr. 1, 61).

impoenitēndus, v. **impaenitēndus**.

impolītē, adv. Sem esmêro, sem requinte, sem ornatos (Cíc. De Or. 1, 214).

impolītus, -a, -um, adj. I — Sent. próprio: 1) Impolido, não polido, não trabalhado, sem ornato (Quint. 8, 6, 63). II — Sent. figurado: 2) Inculto, grosseiro, sem elegância (Cíc. Br. 294). 3) Inacabado (Cíc. Prov. 34).

impollūtus, -a, -um, adj. Sem mancha, não poluído, impoluto (Tác. An. 14, 35).

impōnō, -is, -ĕre, -posŭī, -positum, v. tr. I— Sent. próprio: 1) Pôr em ou dentro, colocar, depositar (Cíc. Tusc. 1, 85); (Cíc. Phil. 3, 12). Daí: 2) Pôr à testa ou à frente, impor, infligir (Cíc. Mur. 38); (Cíc. Phil. 7, 15). II — Sent. figurado: 3) Encarregar, confiar (Cíc. Sest. 60). 4) Enganar, iludir (Cíc. Q. Fr. 2, 6, 5). Obs.: Constrói-se com acus. com **in**; com acus. e dat.; com acus. e abl. com **in**; com dat. Formas arcaicas: perf. **imposivit** (Plaut. Rud. 357); **imposisse** (Plaut. Most. 334). Forma sincopada: **impostus** (Lucr. 5, 543); (Verg. En. 9, 716).

importātus, -a, -um, part. pass. de **impŏrto**.

impŏrtō, -ās, -āre, -āvī, -ātum, v. tr. I — Sent. próprio: 1) Trazer para dentro, importar (Cés. B. Civ. 3, 40, 5). II — Sent. figurado: 2) Introduzir (Cíc. Rep. 2, 4). 3) Trazer, provocar, suscitar, atirar (Cíc. Sest. 156).

importūnĭtās, -tātis, subs f. I — Sent. próprio: 1) Posição desvantajosa (de um lugar) (A. Gél. 3, 7, 5). II — Sent. figurado: 2) Má índole, mau caráter, caráter violento (Cíc. Verr. 2, 74). 3) Rigor, crueldade (Cíc. Fam. 15, 4, 6).

importūnus, -a, -um, adj. I — Sent. próprio: 1) O que se não pode aportar, inabordável, desfavorável, perigoso (Sal. B. Jug. 9, 7). II — Sent. figurado: 2) Penoso, desagradável, enfadonho, importuno, insuportável (Cíc. Br. 332). 3) Intratável, cruel, mau (Cíc. Fin. 1, 35).

importuōsus, -a, -um, adj. Inabordável (tratando-se da costa), que não tem pôrto (tratando-se do mar) (Sal. B. Jug 17, 5).

impos, -ŏtis, adj. Que não é senhor de (Plaut. Trin. 131). Obs.: Ocorre nas expressões: **impos sui, impos animi,** que não é senhor de si. Nos demais casos é substituído por **imposens**.

imposisse = **imposuisse** (Plaut. Most. 434).

imposĭtus, -a, -um, part. pass. de **impōno**.

imposīvī = **imposīvī** (Plaut. Rud. 357).

impossibĭlis, -e, adj. Impossível (Quint. 5, 10, 18).

impossibilĭtās, -tātis, subs. f. Impossibilidade (Apul. M. 6, 14).

impŏstus = **impositus** (Verg. En. 9, 716).

imposŭī, perf. de **impōno**.

impŏtens, -entis, adj. I — Sent. próprio: 1) Que não pode, incapaz, impotente, que não é senhor de (T. Liv. 9, 14, 5). Daí, em sent. moral: 2) Fraco (Cíc. Fin. 1, 52). II — Sent. figurado: 3) Desenfreado, colérico, violento, arrebatado, tirânico, orgulhoso (Cíc. Fam. 10, 27, 1). Obs.: Constrói-se absolt. (Cíc. Tusc. 5, 17); com gen.; e na poesia, com inf. (Hor. O. 1, 37, 10).

impotenter, adv. Violentamente, sem medida, tirânicamente (Sên. Ep. 42).

impotentĭa, -ae, subs. f. I — Sent. próprio: 1) Impotência, fraqueza, falta de poder (Ter. Ad. 607). II — Sent. moral: 2) Falta de moderação, transporte, violência (de caráter), insolência, fúria, excesso (Cíc. Tusc. 4, 34).

impraesentiārum (inp-), adv. Para a ocasião, no momento (Tác. An. 4, 59).

imprānsus, -a, -um, adj. Que está em jejum (Hor. Sát. 2, 2, 7).

imprecātĭō, -ōnis, subs. f. Imprecação, maldição (Sên. Ben. 6, 35, 1).

imprĕcor, -āris, -ārī, -ātus sum, v. dep. tr. Desejar (bem ou mal), suplicar, invocar (Verg. En. 4, 629).

imprĕssī, perf. de **imprimo**.

impressĭō, -ōnis, subs. f. I — Sent. próprio: 1) Ação de carregar sôbre, ação de apertar, pressão (Apul. Plat. 1, 6). Daí, na língua militar: 2) Irrupção, assalto, ataque, choque (Cíc. Fam. 5, 2, 8). II — Sent. figurado: 3) Impressão (no espírito), sensação (Cíc. Ac. 2, 58). 4) Articulação bem marcada (Cíc. Ac. 1, 19).

imprĕssus, -a, -um, part. pass. de **imprimo**.

imprīmis, inprīmis, in prīmis, adv. Antes de tudo, principalmente, em primeiro lugar (Cíc. Verr. 2, 86).

imprĭmō, -is, -ĕre, -prĕssī, -prĕssum, v. tr. I — Sent. próprio: 1) Apertar sôbre, firmar sôbre (Verg. En. 12, 303). Daí: 2) Afundar, imprimir, gravar (sent. físico e moral) (Cíc. Ac. 2, 86); (Cíc. Nat. 1, 43). 3) Loc.: **imprimere littera,** «traçar uma letra».

improbābĭlis, -e, adj. Que não pode ser aprovado, que não merece ser aprovado (Sên. Ep. 75, 12).

improbātĭŏ, -ōnis, subs. f. Desaprovação, reprovação (Cíc. Verr. 3, 172).
improbātus, -a, -um, part. pass. de **imprŏbo**.
imprŏbē, adv. 1) Indignamente, prejudiciosamente (Cíc. Amer. 104). 2) Desaforadamente, impudentemente (Cíc. Pis. 13). Obs.: Comp.: **improbĭus** (Cíc. Verr. 3, 140); superl.: **improbissĭme** (Cíc. Caec. 23).
improbĭtās, -tātis, subs. f. I — Sent. próprio: 1) Má qualidade (de uma coisa) (Plín. H. Nat. 2, 87). II — Daí, em sent. moral: 2) Improbidade, maldade, perversidade, malícia (Cíc. Verr. 3, 208). 3) Audácia, temeridade, descaramento (Plín. H. Nat. 19, 116).
imprŏbō, -ās, -āre, -āvī, -ātum, v. tr. 1) Desaprovar, censurar, condenar (Cíc. Com. 45). Daí: 2) Rejeitar (Cíc. Verr. 2, 68).
improbŭlus, -a, -um, adj. Um tanto velhaco (Juv. 5, 73).
imprŏbus, -a, -um, adj. I — Sent. próprio: 1) Mau, de má qualidade (Plaut. Rud. 374). II — Sent. figurado: 2) Ímprobo, mau, perverso, falso, enganador (Cíc. Fam. 14, 4, 2); (Hor. Sát. 1, 3, 24). 3) Persistente: **labor improbus** (Verg. G. 1, 146) «trabalho persistente». 4) Impudente, descarado, atrevido, dissoluto, desonesto (Quint. 11, 3, 160). 5) Enorme, extravagante (Plín. Ep. 8, 18, 3). 6) Ávido, insaciável (Verg. En. 2, 356).
imprŏcērus, -a, -um, adj. De pequena estatura (Tác. Germ. 5, 2).
improfēssus, -a, -um, adj. Não declarado, que não declarou (a sua condição) (Suet. Dom. 12).
imprōmīscus, -a, -um, adj. Puro, sem mistura (A. Gél. 1, 7, 6).
imprōmptus, -a, -um, adj. Não pronto, não expedito, que não tem ardor (Tác. An. 2, 21).
imprŏperātus, -a, -um, adj. Lento (Verg. En. 9, 798).
impropĕrō, -ās, -āre, v. intr. Fazer censuras a alguém (Petr. 38).
improprĭus, -a, -um. I — Adj.: 1) Impróprio (têrmo gramatical) (Quint. 8, 4 16). II — Subs.. **improprĭum**, -ī subs. n. 2) Impropriedade (Quint. 8, 2, 3).
imprōsper, -pĕra, -pĕrum, adj. Que não dá bom resultado, infeliz, desagradável (Tác. An. 3, 24).
improspĕrē, adv. Sem sucesso (Tác. An. 1, 8).

imprōvĭdē, adv. Sem previdência, inconsideradamente (T. Lív. 27, 27, 11).
imprōvĭdus, -a, -um, adj. I — Sent. próprio: 1) Impróvido, imprevidente (Cíc. Lae. 100). II — Daí: 2) Que não previu, que não está preparado, surpreendido (T. Lív. 26, 39, 7). Obs.: Constrói-se absolt.; com gen.
imprōvīsō, adv. De improviso, inopinadamente (Cíc. Rep. 1, 7).
imprōvīsus, -a, -um, adj. Imprevisto, repentino, inesperado, de improviso (Cés. B. Gal. 2, 3, 1).
imprūdens, -ēntis, adj. I — Sent. próprio: 1) Que não prevê; daí: 2) Que não sabe, ignorante, sem saber (Cíc. At. 1, 19, 10). 3) Que não presta atenção, surpreendido, desprevenido (Cés. B. Gal. 3, 29, 1). Obs.: Constrói-se com gen.: e como intr. absoluto. Comp.: -tĭor, -ĭus (Sên. Sap. 19); superl.: -tissĭmus, -a, -um (Sên. Ep. 90, 33).
imprūdēnter, adv. 1) Por ignorância, sem conhecimento (Cíc. Ac. 1, 22). 2) Imprudentemente, irrefletidamente (Cíc. At. 10, 8B, 1). Obs.: Comp.: **imprudentĭus** (Ter. Andr. 130).
imprūdentĭa, -ae, subs. f. I — Sent. próprio: 1) Falta de conhecimento, ignorância (T. Lív. 4, 39, 6). Daí: 2) Falta de atenção, descuido, inadvertência (Cíc. Or. 189). II — Sent. figurado: 3) Imprudência, irreflexão (Cés. B. Gal. 7, 29, 4).
impūbēs, -ĕris e **impūbis**, -is, adj. I — Sent. próprio: 1) Que não tem pêlo, daí: 2) Que não atingiu a puberdade, a adolescência, impúbere, jovem (Hor. Epo. 5, 13). II — Sent. figurado: 3) Casto, virginal (Cés. B. Gal. 6, 21, 4).
impŭdens, -ēntis, adj. Que não tem vergonha, descarado (Cíc. Verr. 2, 192). Obs.: Comp. (Cíc. Verr. 2, 191); superl. (Cíc. Flac. 34).
impudēnter, adv. Descaradamente com afronta, impudentemente (Cíc. Lae 82). Obs.: Comp.: **impudentĭus** (Cíc. Fam. 9, 22, 4); superl. **impudentissĭme** (Cíc. Verr. 4, 16).
impudentĭa, -ae, subs. f. Impudência, descaramento, atrevimento (Cés. B. Civ. 3, 20, 3); (Cíc. Flac. 35).
impudīcē, adv. Impudicamente, sem pudor, desonestamente (Sên. Contr. 1, 2-112).
impudīcĭtĭa, -ae, subs. f .Impudicícia, prostituição (Plaut. Amph. 821).

impudīcus, -a, -um, adj. I — Sent. próprio: 1) Impudico, sem vergonha, descarado, sem pudor, dissoluto (Cíc. Cat. 2, 23). II — Sent. figurado: 2) Infecto, fétido (Marc. 12, 32, 16).
impugnātiō, -ōnis, subs. f. Ataque, assalto (Cíc. At. 4, 3, 3).
impugnātus, -a, -um, part. pass. de **impūgno.**
impūgnō, -ās, -āre, -āvī, -ātum, v. tr. e intr. Atacar, assaltar (sent. próprio e figurado) (Cés. B. Gal. 1, 44, 6); (Cíc. Sen. 7); (Cíc. Fam. 3, 12, 1).
impūlī, perf. de **impēllo.**
impulsiō, -ōnis, subs. f. I — Sent. próprio: 1) Embate, choque, impulso, violência (Cíc. Tim. 14). II — Sent. figurado: 2) Incitamento, instigação (Cíc. De Or. 3, 205). 3) Impulso natural, disposição, tendência (Cíc. Inv. 2, 17).
impulsor, -ōris, subs. m. Instigador, conselheiro (Cíc. At. 16, 7, 2).
1. impūlsus, -a, -um, part. pass. de **impēllo.**
2. impūlsus, -ūs, subs m. I — Sent. próprio: 1) Choque, embate, movimento (Cíc. Div. 1, 109). II — Sent. figurado: 2) Instigação, incitação, impulso, solicitação (Cíc. Phil. 2, 49).
impūnĕ, adv. 1) Com impunidade, impunemente (Cíc. Rep. 3, 14). 2) Sem perigo, sem dano (Cíc. Agr. 2, 9). Obs.: comp.: **impunĭus** (Cíc. Dej. 18); serperl.: **impunissĭme** (Plaut. Poen. 411).
impūnis, -e, adj. Impune (Apul. M. 3, 6).
impūnĭtās, -tātis, subs. f. I — Sent. próprio: 1) Impunidade (Cés. B. Gal. 1, 14, 15). II — Sent. figurado: 2) Excesso, licença (Cíc. Phil. 1, 27).
impūnĭtĕ, v. **impūne** (Cíc. Fin. 2, 59).
impūnītus, -a, -um, adj. I — Sent. próprio: 1) Impune, sem punição (Cíc. Verr. 4, 68). II — Sent. figurado: 2) Sem limites, excessivo (Cíc. De Or. 1, 226). Obs.: Comp. **impunitĭor** (Hor. Sát 2, 7, 105).
impūrātus, -a, -um, = **impūrus** (Ter. Phorm. 669).
impūrē, adv. De modo impuro, vergonhosamente (Cíc. Fin. 3, 38). Obs.: superl.: **impurissĭme** (Cíc. At. 9, 12, 2).
impūritas, -tātis, subs. f. Impureza (Cíc. Phil. 5, 16).
impūritĭa, -ae, subs. f. Impureza, impudicícia (Plaut. Pers. 411).
impūrus, -a, -um, adj. I — Sent. próprio: 1) Impuro, sujo (Ov. Ib. 223). II — Sent. figurado: 2) Impudico, obsceno, torpe (Cíc. Cat. 2, 23).

imputātor, -ōris, subs. m. O que faz alarde de (Sên. Ben. 2, 17, 5).
1. imputātus, -a, -um, part. pass. de **impūto.**
2. imputātus, -a, -um, adj. Não podado, não purificado (Hor. Epo. 16, 44).
impūtō, -ās, -āre, -āvī, -ātum, v. tr. I — Sent. próprio: 1) Fazer valer, levar em conta (Tác. Germ. 21). Daí: 2) Atribuir, imputar (Tác. Agr. 27).
imŭlus, -a, -um, adj. O mais baixo: **imula oricilla** (Catul. 25, 2) «a pontinha da orelha».
imum, -ī, subs. n., ou **ima, -ōrum,** subs. n. pl. O fundo, o fim, a extremidade (Ov. A. Am. 3, 675); **ima maris** (Plin. H. Nat. 32, 64) «o fundo do mar»; **ad imum** (Hor. A. Poét. 126) «até o fim».
imus, -a, -um, adj. (É usado como superl. de **inferus**). I — Sent. próprio: 1) Que está em baixo, no fundo (Verg. En. 6, 581). II — Sent. figurado: 2) O mais humilde, de mais baixa categoria (Sên. Cl. 1, 1, 8). 3) O último (Ov. F. 2, 52).
1. in, prep. e prevérbio. Como prep. aparece: I — Com acus. (indicando resultado de um movimento). Sent. próprio e figurado: a) Sent. local: 1) Em: **in portum accedere** (Cíc. Verr. 5, 138) «penetrar no pôrto». 2) Do lado de (indicando direção): **in meridiem** (Tác. Agr. 10) «do lado do meio-dia». b) Sent. temporal: 3) Até, para (Hor. Ep. 1, 18, 34); (Cíc. Fam. 5, 15, 1). Em expressões: 4) **in praesens, in posterum, in futurum** (Cíc. Cat. 1, 22); (T. Lív. 34, 27, 10) «no presente, para o futuro»; **in dies** (T. Lív. 22, 39, 15) «cada dia, dia a dia»; **in annos singulos** (Cés. B Gal. 5, 22, 4) «cada ano». c) Sent. diversos: 5) Em (indicando dimensão): **in agrum** (Hor. Sát. 1, 8, 12) «no sentido do campo» (i. é, em profundidade). 6) Para, por (sent. distributivo): **in militem** (T. Lív. 22, 23, 6) «por soldado». 7) Para, a fim de. em vista de: **venire in funus** (Cíc. At. 16, IB, 1) «vir para os funerais». 8) Conforme, segundo, à maneira de: **servilem in modum** (Cíc. Verr. pr. 13) «à maneira dos escravos». 9) Para com: **amor in patriam** (Cíc. De Or. 1, 196) «amor para com a pátria». 10) Por, a favor de ou contra: **carmen in aliquem scribere** (Cíc. De Or. 2, 352) «compor um poema a favor de alguém»; **oratio, quam in Ctesiphontem contra Demosthenem dixerat** (Cíc. De Or. 3, 213) «o discurso que êle pronunciava contra Ctesifonte, visando Demóstenes». II — Com

abl. (sem movimento). Sent. próprio e figurado: a) Sent. local: 1) Em, dentro de, sôbre: **in senatu litteras recitare** (Cíc Fam. 3, 3, 2) «fazer a leitura de uma carta no senado». 2) Em, com: **in veste candida** (T. Lív. 45, 20, 5) «com uma veste branca». 3) Em, em tal obra ou autor: **in Thucydide** (Cíc. Or. 234) «na obra de Tucídides». b) Sent. temporal: 4) Em, por: **bis in die** (Cíc. Tusc. 5, 100) «duas vêzes por dia». 5) Durante: **in consulatu** (Cés. B. Gal. 1, 35, 2) «durante o consulado». c) Sent. diversos: 6) No meio de: **in summo timore omnium advolavit** (Cíc. Clu. 25) «êle acorreu no meio da consternação geral». 7) A propósito de, quando se trata de, a respeito de: **in hoc ipso Cotta** (Cíc. Br. 137) «a propósito precisamente dêsse Cota». 8) Apesar de, dado que: **in tanta multitudine dediticiorum suam fugam occultari posse existimabant** (Cés. B. Gal. 1, 27, 4) «êles pensavam que, dada esta afluência enorme de pessoas que se rendiam, poderia passar despercebida a sua fuga». 9) Entre, no meio de: **in mediocribus oratoribus habitus** (Cíc. Br. 100) «tido no meio dos oradores medianos». III — Como prevérbio conserva o mesmo sentido da prep.: cf. — **sum** e **insum;** **fero** e **infero;** **mitto** e **immitto.** O prevérbio **in** junta-se, muitas vêzes, a verbos incoativos para mostrar passagem a um nôvo estado: **incalesco** (aqueço-me), **insuesco** (eu me acostumo), **inveterasco** (torno--me velho). Obs.: 1) Em composição o **n** do prevérbio se assimila antes de **l, r, m: illabor, irrumpo, immitto.** 2) O **n** passa a **m** antes de **p, b: impello, imbibo.** 3) Não se confunda o prevérbio **in** com **in,** prefixo privativo ou de negação (**indoctus, insanus,** etc.).

2. **in,** prefixo privativo ou negativo criador de formas adjetivas e adverbiais; marca nas palavras que compõe a ausência ou a não existência do que a palavra simples significa. Assim, **insanus, indoctus, infans,** etc.

inabrŭptus, -a, -um, adj. Não quebrado, intacto (Estác. S. 5, 1, 44).

inaccĕssus, -a, -um, adj. Inacessível (Verg. En. 7, 11).

inacēscō, -is, -ĕre, inacŭī, v. incoat. intr. I — Sent. próprio: 1) Azedar-se (Plín. H. Nat. 28, 155). II — Sent. figurado: 2) Desagradar (Ov. R. Am. 307).

Inachĭa, -ae, subs. pr. f. Ináquia, nome de mulher (Hor. Epo. 11, 6).

Inachĭdēs, -ae, subs. pr. m. Inácida, filho ou descendente de Ínaco (Ov. Met. 4, 720).

Inăchis, -ĭdis, subs. pr f. Ínaquis. 1) Filha de Ínaco (Ov. Met. 1, 611). 2) Do rio Ínaco (Ov. Met. 1, 640).

Inacchĭus, -a, -um, adj. 1) De Ínaco (Verg. En. 7, 286). 2) De Argos (Verg. En. 11, 286).

Inăchus (Ĭnăchos), -ī, subs. pr. m. Ínaco. 1) Rio da Argólida (Ov. Met. 1, 583). 2) Primeiro rei de Argos (Verg. En. 7, 372).

ināctus, -a, -um, part. pass. de **inĭgo.**

inacŭī, perf. de **inacēsco.**

inadūstus, -a, -um, adj. Incombustível, não queimado (Ov. Her. 12, 93).

inaedifĭcō, -ās, -āre, -āvī, -ātum, v. tr. I — Sent. próprio: 1) Construir, edificar em (Cés. B. Civ. 2, 16). II — Sent. figurado: 2) Acumular, amontoar (Lucr. 6, 264). 3) Obstruir, murar, tapar (Cés. B. Civ. 1, 27, 3).

inaequābĭlis, -e, adj. Desigual (sent. próprio e figurado) (Cíc. Part. 12); (T. Lív. 35, 28, 9).

inaequābĭlĭter, adv. Desigualmente, irregularmente (Verr. R. Rust. 3, 9, 8).

inaequālis, -e, adj. I — Sent. próprio: 1) Que não está ao nível, que não é liso, que tem relevos (Marc. 1, 56, 11). II — Sent. figurado: 2) Desigual, desproporcionado, dessemelhante (Ov. Met. 5, 408). 3) Variável (tratando-se do tempo) (Ov. Met. 1, 171). No sent. moral: 4) Inconstante (Hor. Sát. 2, 7, 10). II — Sent. poético: 5) Caprichoso, mutável (Hor. O. 2, 9, 3).

inaequālĭtās, -tātis, subs. f. Desigualdade, diversidade, disparidade (Quint. 11, 3, 79).

inaequālĭter, adv. De modo desigual, sem equilíbrio (T. Lív. 37, 53, 6).

inaequātus, -a, -um, adj. Desigual (Tib. 4, 1, 43).

inaequō, -ās, -āre, v. tr. Igualar, nivelar (Cés. B. Civ. 1, 27, 4).

inaestimābĭlis, -e, adj. I — Sent. próprio: 1) De nenhum valor (T. Lív. 31, 34, 3). II — Sent. moral: 2) Que está acima de qualquer preço ou valor, inestimável, incalculável (T. Lív. 29, 32, 2). 3) Indigno de aprêço, sem valor (Cíc. Fin. 3, 20).

inaestŭō, -ās, -āre, v. intr. Aquecer-se muito, ferver em (Hor. Epo. 11, 15). Obs.: Constrói-se com dat.
inaffectātus, -a, -um, adj. Não afetado, natural (Quint. 8, 3, 87).
inagitābĭlis, -e, adj. Que não pode ser agitado, imóvel (Sên. Nat. 5, 5, 2).
inagitātus, -a, -um, adj. Não agitado (Sên. Nat. 3, 11, 5).
Inalpīni, -ōrum, subs. loc. m. Habitantes dos Alpes (Plín. H. Nat. 3, 37).
Inalpīnus, -a, -um, adj. Situado nos Alpes, que fica nos Alpes (Suet. Aug. 21).
inamābĭlis, -e, adj. Inamável, desagradável, insuportável, odioso (Verg. En. 6, 438).
inamārēscō, -is, -ĕre, v. incoat. intr. Tornar-se amargo (Hor. Sát. 2, 7, 107).
inambitĭōsus, -a, -um, adj. Sem ambição, simples (Ov. Met. 11, 765).
inambulātĭō, -ōnis, subs. f. Ação de passear, passeio (Cíc. Br. 158).
inambŭlō, -ās, -āre, -āvī, -ātum, v. intr. Passear (Cíc. At. 6, 2, 5).
inamoenus, -a, -um, adj. Inameno, desagradável, horrível (Ov. Met. 10, 15).
1. ĭnānĕ, n. tomado adverbialmente. Em vão, inutilmente (Estác. Theb. 4, 533).
2. ĭnānĕ, -is, n. usado substant. I — Sent. próprio: 1) O vácuo (Cíc. Nat. 1, 65). No pl.: 2) Os ares (Verg. En. 12, 354). II — Sent. figurado: 3) O vácuo, o nada, a inutilidade (Tác. An. 2, 76).
inānĭae, -ārum, subs. f. pl. Vazios, nadas (Plaut. Aul. 84).
inānilŏquus, -ī, subs. m. O que tem conversas fúteis (Plaut. Ps. 256).
inānimentum, -ī, subs. n. O vácuo, inanidade (Plaut. St. 173).
inanĭmis, -e, adj. Inânime, sem respiração, sem vida (Apul. M. 1, 3).
inanĭmus, -a, -um, adj. Inanimado (Cíc. Verr. 5, 171).
inānĭō, -īs, -īre, -īvī, -ītum, v. tr. Tornar vazio, esvaziar (Lucr. 6, 1005).
inānis, -e, adj. I — Sent. próprio: 1) Inane, vazio, ôco (Cíc. Verr. 2, 84). II — Daí, em sent. figurado: 2) Vão, sem realidade, inútil, fútil (Ov. Trist. 3, 11, 25). 3) Orgulhoso, presunçoso (T. Lív. 45, 23, 16). 4) Privado de, pobre, que não possui nada (Cíc. Verr. 2, 25). 5) Que não tem corpo, sem vida, morto (Cíc. Leg. 2, 45). 6) Vago, desocupado (Verg. En. 4, 433). 7) Leviano, sem reflexão (Hor. Sát. 1, 4, 76). Obs.: Constrói-se como absol.; com abl.; ou com gen.

inānītās, -tātis, subs. f. I — Sent. próprio 1) O vácuo (Cíc. Fat. 18). Daí: 2) Cavidade, concavidade (Quint. 1, 11, 6). II — Sent. figurado: 3) Inanidade, futilidade, vaidade (Cíc. Tusc. 3, 3). 4) Inanição (Plaut. Cas. 803).
inānĭter, adv. 1) Sem razão, sem fundamento, debalde (Cíc. Tusc. 4, 13). 2) Inutilmente (Ov. Met. 2, 618).
inānītus, -a, -um, part. pass. de inanĭo.
inarātus, -a, -um, adj. Não lavrado, por lavrar (Verg. G. 1, 83).
inardēscō, -is, -ĕre, -ārsī, v. incoat. intr. I — Sent. próprio: 1) Incendiar-se, abrasar-se (Verg. En. 8, 623). II — Sent. figurado: 2) Inflamar-se (de paixão) (Tác. An. 6, 32).
inārēscō, -is, -ĕre, -ārŭī, v. incoat. intr. Tornar-se sêco, secar (Plín. H. Nat. 26, 66).
Inarīmē, -ēs, subs. pr. f. Inárime, ilha no Gôlfo de Nápoles (Verg. En. 9, 716).
inārsī, perf. de inardēscō.
inartificĭālis, -e, adj. Sem arte, sem artifício (Quint. 5, 1, 1).
inartificĭālĭter, adv. Naturalmente, sem artifício (Quint. 2, 17, 42).
inārŭī, perf. de inarēsco.
inascēnsus, -a, -um, adj. Não escalável, difícil de ser escalado (Plín. Paneg. 65, 3).
inassuētus, -a, -um, adj. Que não tem o costume, não acostumado (Ov. F. 4, 450).
inattenuātus, -a, -um, adj. Não diminuído, não enfraquecido (Ov. Met. 8, 846).
inaudax, -ācis, adj. Tímido (Hor. O. 3, 20, 3).
inaudĭō, -īs, -īre, -īvī (ou -ĭī), -ītum, v. tr. Ouvir dizer, ter notícias, saber, aprender (Cíc. At. 4, 1, 20).
1. inaudītus, -a, -um, adj. I — Sent. próprio: 1) Que não foi ouvido (Tác. An. 2, 77). II — Sent. figurado: 2) Inaudito, sem exemplo, nôvo, estranho (Cíc. Leg. 1, 1).
2. inaudītus, -a, -um, part. pass. de inaudĭo. (Cíc. Balb. 41).
inaugurātō, adv. Depois de consultar as aves, após ter tomado os agouros (T. Lív. 1, 36, 3).
inaugurātus, -a, -um, part. pass. de inaugŭro.
inaugŭrō, -ās, -āre, -āvī, -ātum, v. intr. e tr. A) Intr.: I — Sent. próprio: 1) Tomar os augúrios (T. Lív. 1, 6, 4). B) Tr.: 2) Consagrar, inaugurar (Cíc. Br. 1).

inaurātus, -a, -um, part. pass. de **inauro**.
inaurēs, -ĭum, v. **inauris**.
inauris, -is, subs. f. Geralmente no pl.: **inaures**, -ĭum. Brincos das orelhas (Plaut. Men. 541).
inaurō, -ās, -āre, -āvī, -ātum, v. tr. I — Sent. próprio: 1) Dourar (Cíc. Verr. 4, 138). II — Sent. figurado: 2) Cobrir de riquezas (Cíc. Fam. 7, 13, 1).
inauspicātō, adv. Sem consultar os auspícios (Cíc. Div. 1, 33).
inauspicātus, -a, -um, adj. Feito sem consultar os auspícios, mal agourado, funesto (T. Lív. 7, 6, 11).
inausus, -a, -um, adj. Não usado, não tentado (Verg. En. 8, 205).
incaedŭus, -a, -um, adj. Não cortado (tratando-se de um bosque) (Ov. F. 2. 435).
incalēscō, -is, -ĕre, -lŭī, v. incoat. intr. I — Sent. próprio: 1) Aquecer-se (T. Lív. 22, 6, 9). II — Sent. figurado: 2) Inflamar-se por uma paixão (Ov. Met. 2, 641).
incalfaciō, is, -ĕre, v. tr. Aquecer (Ov. Met. 15, 735).
incallĭdē, adv. Sem habilidade, sem finura (Cíc. Of. 3, 118).
incallĭdus, -a, -um, adj. Inábil, incapaz, simples (Cic. Clu. 47).
incalŭī, perf. de **incalēsco**.
incandēscō, -is, -ĕre, -dŭī, v. incoat. intr. Incandescer, abrasar-se (sent. próprio e figurado) (Verg. G. 3, 479).
incandŭī, perf. de **incandēsco**.
incānēscō, -is, -ĕre, -nŭī, v. incoat. intr. Tornar-se branco, encanecer (Verg. G. 2, 71); (S. It. 3, 328).
incantāmēntum, -ī, subs. n. e **incantātĭō**, -ōnis, subs. f. Encantamento, encantos (Plín. H. Nat. 28, 10); (Am. Mar. 16, 8, 2).
incantātus, -a, -um, part. pass. de **incānto**.
incāntō, -ās, -āre, -āvī, -ātum, v. intr. e tr. Submeter a encantamentos, fazer encantamentos, encantar (Hor. Sát. 1, 8, 49).
incanŭī, perf. de **incanēsco**.
incānus, -a, -um, adj. I — Sent. próprio: 1) Branco, encanecido (tratando-se do cabelo ou do pêlo) (Verg. G. 3, 311). II — Sent. figurado: 2) Antigo, velho (Catul. 95, 6).
incāssum, adv. Em vão, inutilmente (Sal. Hist. 3, 61, 11).
incastigātus, -a, -um, adj. Não repreendido (Hor. Ep. 1, 10, 45).
incautē, adv. Sem cautela, imprudentemente (Cíc. At. 7, 10). Obs.: Comp.: **incautĭus** (Cés. B. Gal. 7, 27, 1).

incautus, -a, -um, adj. I — Sent. próprio: 1) Incauto, sem cautela, sem precaução, imprudente, surpreendido, desprecavido (Cíc. Phil. 11, 5). Daí: 2) De que alguém se não guarda, imprevisto, perigoso (T. Lív. 25, 38, 14). Obs.: Constrói-se: absolt.; com abl.; com gen.
incēdō, -is, -ĕre, -cēssī, -cēssum, v. intr. e tr. A) Intr. I — Sent. próprio: 1) Avançar, caminhar para (Cic. Sest. 19); (Sal. B. Jug. 101, 7). II — Sent. figurado: 2) Avançar, invadir, propagar-se (Tác. An. 15, 37); (T. Lív. 26, 46, 15); (Cés. B. Civ. 3, 101). B) Tr. III — Sent. próprio: 3) Avançar em, penetrar (Tác. An. 1, 61). IV — Sent. figurado: 4) Apoderar-se de (T. Lív. 1, 17, 4). Obs.: Constrói-se geralmente com dat.; com acus.; com acus. com in ou ad; intransitivamente.
incelebrātus, -a, -um, adj. Não mencionado (Tác. An. 6, 7).
incēnātus, -a, -um, adj. Que não jantou (Plaut. Ps. 846).
incēndī, perf. de **incēndo**.
incendiārĭus, -a, -um, adj. 1) De incêndio, incendiário (Plín. H. Nat. 10, 36). 2) Subs. m.: incendiário (Tác. An. 15, 67).
incendĭum, -ī, subs n. I — Sent. próprio: 1) Incêndio, fogo, abrasamento (Cíc. Par. 31). Daí: 2) Calor ardente (Plín. H. Nat. 2, 172). II — Sent. figurado: 3) Fogo, ardor, violência (de uma paixão) (Cic. Fin. 5, 70). III — Sent. poético: 4) Tocha (Verg. En. 9, 71).
incēndō, -is, -ĕre, -cēndī, -cēnsum, v. tr. I — Sent. próprio: 1) Incendiar, queimar, abrasar (Cíc. At. 9, 6, 3). II — Sent. figurado: 2) Inflamar, aquecer, animar, provocar, excitar, irritar (Cic. De Or. 2, 188). Daí: 3) Tornar brilhante, brilhar, iluminar (Cíc. Nat. 1, 87). 4) Agitar, perturbar, atormentar (Verg. En. 9, 500).
incēnis, -e, adj. Que não jantou (Plaut. Cas. 438).
incēnō, -ās, -āre, v. intr. Jantar em (Suet. Tib. 69).
incensĭō, -ōnis, subs. f. Incêndio, abrasamento (Cíc. Cat. 3, 9).
incēnsor, -ōris, subs. m. O que põe fogo, incendiário (Apul. Mund. 26).
1. **incēnsus**, -a, -um. I — Part. pass de **incēndo**. II — Adj.: ardente (Hor. Sát. 1, 9, 120).
2. **incēnsus**, -a, -um, adj. Não recenseado (Cic. Caec. 99).
incēpī, perf. de **incipĭo**.

inceptĭō, -ōnis, subs. f. Ação de começar, começo, emprêsa, tentativa (Cíc. Ac. 2, 119).
incēptō, -ās, -āre, -āvī, v. freq. tr. e intr. Começar, empreender, tentar (Plaut. Curc. 144); (Ter. Phorm. 629).
incēptor, -ōris, subs. m. O que dá começo (a uma coisa). (Ter. Eun. 1035).
incēptum, -ī, subs. n. I — Sent. próprio: 1) Começo (Hor. A. Poét. 127). Daí: 2) Projeto, plano, tentativa, emprêsa (Cíc. Cat. 2, 27).
1. incēptus, -a, -um, part. pass. de **incipĭo**.
2. incēptus, ūs, subs. m. = **incēptum, -ī** (T. Lív. pr. 10).
incērō, ās, -āre, -āvī, -ātum, v. tr. I — Sent. próprio: 1) Revestir de cêra (Cels. 8, 8, 1). Donde: 2) Amarrar tabuinhas enceradas aos pés dos deuses para obter uma graça (Juv. 10, 55).
incērtē, adv. De modo duvidoso, incertamente (Plaut. Ep. 505).
1. incērtō, adv., v. **incērte** (Plaut. Ps. 962).
2. incērtō, -ās, -āre, v. tr. 1) Tornar incerto, não dar certeza (Plaut. Ep. 545). Donde: 2) Tornar indistinto (Apul. M. 5, 13).
incertum, -ī, subs. n. 1) Incerteza (Cíc. Caec. 38). No pl.: 2) Perigos, riscos (T. Lív. 30, 2, 6); (Plín. Ep. 3, 19, 4).
incertus, -a, -um, adj. I — Sent. próprio: 1) Que não é fixo, incerto, variável, duvidoso (Cíc. Sest. 50). Daí: 2) Vacilante, pouco firme (sent. próprio e figurado) (Verg. En. 2, 224). II — Sent. moral: 3) Indeciso, irresoluto, que ignora, que duvida (Ter. Hec. 450). 4) Inquieto, perturbado (Cíc. Clu. 54). Obs.: Constrói-se: absol.; com or. interrog. indir.; com gen.
incēssī, perf. de **incēdo** e de **incēsso**.
incēssō, -is, -ĕre, -cessīvī (ou **-cessī**), v. tr. I — Sent. próprio: 1) Atacar, assaltar, investir (sent. físico e moral) T. Lív. 26, 10, 7); (Ov. Met. 13, 232). II — Sent. figurado: 2) Atacar, ultrajar (Tác. Hist. 2, 23). 3) Acusar, inculpar (Tác. Hist. 2, 23).
incēssus, -ūs, subs. m. I — Sent. próprio: 1) Ação de andar, o andar, passo, marcha (Cíc. Of. 1, 128). II — Sent. figurado: 2) Procedimento (Verg. En. 1, 405). 3) Ataque, invasão, irrupção (Tác. An. 3, 74). No pl.: 4) Caminhos, passagens (Tác. An. 6, 33).
incēstē, adv. 1) De modo impuro, pecaminosamente (T. Lív. 1, 45, 6). 2) Desonestamente (Cíc. Cael. 34). 3) Criminosamente (Lucr. 1, 98).
incestifĭcus, -a, -um, adj. Incestuoso (Sên. Fen. 223).
incēstō, -ās, -āre, -āvī, -ātum, v. tr. I — Sent. próprio: 1) Manchar, poluir (Verg. En. 6, 150). 2) Manchar com um incesto (Verg. En. 10, 389). II — Sent. figurado: 3) Corromper, desonrar (Tác. An. 6, 19).
incēstum, -ī, subs. n. Impureza, mancha, incesto, adultério (Cíc. Leg. 2, 22).
1. incēstus, -a, -um, adj. I — Sent. próprio: 1) Impuro, manchado (T. Lív. 45, 5, 7). II — Daí: 2) Impudico, prostituído, incestuoso, obsceno (Cíc. Mil. 13).
2. incēstus, -ūs, subs. m. Incesto (Cíc. Br. 122).
inchoātus, -a, -um, v. **incohātus**.
inchŏo, v. **incŏho**.
incĭdī, perf. de **incĭdo 1**.
incĭdī, perf. de **incĭdo 2**.
1. incĭdō, -is, -ĕre, -cĭdī, v. intr. 1) Cair em ou sôbre (sent. próprio e figurado) (Cíc. Phil. 4, 12); (T. Lív. 8, 8, 13); (Cíc. Clu. 21); (Cíc. Fam. 13, 29, 4). Daí: 2) Acontecer, sobrevir, suceder (T. Lív. 26, 23, 2); (Cíc. Fin. 4, 43). II — Sent. figurado: 3) Abater-se sôbre, apoderar-se (Cés. B. Civ. 3, 13, 2). Obs.: Constrói-se com acus. com **in** ou **ad**; com dat.; ou intransitivamente.
2. incĭdō, is, -ĕre, -cĭdī, -cīsum, v. tr. I — Sent. próprio: 1) Fazer uma incisão, entalhar, gravar, cortar (Cíc. Div. 1,85); (Verg. Buc. 3, 11); (Cíc. Verr. 4, 74). II — Sent. figurado: 2) Cortar, interromper, suspender, suprimir (Cíc. De Or. 2, 336). Obs.: Constrói-se com abl. com **in**; acus. com **in**; com dat.; ou intransitivamente.
incīlō, -ās, -āre, v. tr. Injuriar, censurar (Lucr. 3, 961).
incīnctus, -a, -um, part. pass. de **incīngo**.
incīngō, -is, -ĕre, -cīnxī, -cīnctum, v. tr. Cingir, rodear, coroar, cercar (Ov. Met. 7, 242).
incĭnō, -ās, -āre, -cĭnŭī, -cēntum, v. intr. e tr. Entoar um canto, cantar (Prop. 2, 22, 6).
incĭnŭī, perf. de **incĭno**.
incīnxī, perf. de **incīngo**.
incipēssō (incipīssō), -is, -ĕre, v. tr. Começar, iniciar (Plaut. Mil. 237).
incipĭō, -is, -ĕre, -cēpi, -cēptum, v. tr. e intr. A) Tr.: I — Sent. próprio: 1) Empreender, começar, iniciar (Cíc. Verr.

5, 95); (Plaut. Cas. 817). B) Intr.: 2) Estar no comêço, começar (Cíc. Verr. 5, 27). Obs.: Constrói-se geralmente com inf.; menos freqüentemente com acus.; com abl. com ab; ou com adv. de tempo ou lugar; intransitivamente; com abl. instrumental.

incipĭssō = incipĕsso.

incīsē, ou incīsim, adv. Por pequenos membros de frase, por incisos (Cíc. Or. 212).

incīsĭō, -ōnis, subs. f. I — Sent. próprio: 1) Corte, incisão, entalhe (Âmbros. Psal. 3742). II — Sent. figurado: 2) Pequeno membro de frase, inciso (Cíc. Or. 206).

incīsum, -ī, subs. n. Inciso, pequeno membro (de frase) (Cíc. Or. 211).

incīsūra, -ae, subs. f. I — Sent. próprio: 1) Incisão, corte, poda (das árvores) (Plín. H. Nat. 11, 231). II — Sent. figurado: 2) Contôrno (em pintura), traço (Plín. H. Nat. 33, 163). No pl.: 3) Linhas (das mãos), nervuras, divisões (Plín. H. Nat. 11, 274).

incīsus, -a, -um, part. pass. incīdo 2.

incĭta, -ōrum, subs. n. pl. e incĭtae, -ārum, subs. f. pl. 1) Última ordem ou fila do xadrez; daí, em sent. figurado: 2) Ficar num impasse, num beco sem saída (Plaut. Poen. 907).

incitāmentum, -ī, subs. n. Incitamento, estímulo, incentivo (Cíc. Arch. 23).

incitātĭō, -ōnis, subs. f. I — Sent. próprio: 1) Movimento rápido, impetuosidade, rapidez (Cíc. Ac. 2, 82). II — Sent. figurado: 2) Entusiasmo, transporte, veemência (Cíc. Div. 1, 89). 3) Instigação (Cíc. De Or. 2, 35).

incitatĭus, adv. Com um movimento muito rápido, precipitadamente (Cíc. Or. 67).

incitātus, -a, -um. A) Part. pass. de incĭto. B) Adj.: I — Sent. próprio: 1) Pôsto em movimento, impelido; daí: 2) Rápido, acelerado (Cíc. Rep. 6, 19). II — Sent. figurado: 3) Impetuoso, animado, vivo (tratando-se de um escritor ou de um estilo): oratio incitata (Cíc. Br. 93) «eloqüência impetuosa».

incĭtō, -ās, -āre, -āvī, -ātum, v. tr. I — Sent. próprio: 1) Lançar, impelir, acelerar (Cés. B. Gal. 4, 33, 3); (Cíc. Nat. 2, 103). II — Sent. figurado: 2) Animar, excitar, exortar, induzir (Cíc. Or. 63). Daí: 3) Aumentar, agravar (Tác. An. 3, 25).

incĭtus, -a, -um, adj. Impelido, que tem um movimento rápido (Verg. En. 12, 492).

incīvĭlis, -e, adj. Violento, brutal (Eutr. 9, 27).

incivilĭus, adv. Com muita violência, muito brutalmente (Suet. Tib. 6).

inclāmātus, -a, -um, part. pass. de inclāmo.

inclamĭtō, -ās, -āre, v. freq. Gritar, exclamar (Plaut. Ep. 711).

inclāmō, ās, -āre, -āvī, -ātum, v. tr. e intr. I — Sent. próprio: 1) Gritar para, chamar em voz alta, invocar (Cíc. Inv. 2, 14). Daí: 2) Exclamar contra, repreender àsperamente, interpelar (Plaut. Cist. 108). Obs.: Constrói-se com acus.; com dat.; intransitivamente.

inclārēscō, -is, -ĕre, -clarŭī, v. incoat. intr. Tornar-se célebre, distinguir-se (Tác. An. 12, 37).

inclarŭī, perf. de inclarēsco.

inclēmens, -ēntis, adj. Inclemente, cruel, impiedoso (T. Lív. 8, 32, 13).

inclēmēnter, adv. Sem clemência, duramente, rigorosamente (Plín. H. Nat. 18, 35). Obs.: Comp.: inclementius (Ter. Eun. 4).

inclēmentĭa, -ae, subs. f. Inclemência, rigor, dureza (Verg. En. 2, 602).

inclinābĭlis, -e, adj. Inclinável, que se pode inclinar, fazer pender (Sên. Ep. 94, 40).

inclinātĭō, -ōnis, subs. f. I — Sent. próprio: 1) Inclinação, inflexão, propensão (Cíc. Nat. 1, 94). II — Sent. figurado: 2) Inclinação, tendência (Cíc. Sest. 67). 3) Propensão favorável (Cíc. De Or. 2, 129). 4) Mudança dos acontecimentos, das circunstâncias (Cíc. Phil. 5, 26).

inclīnātus, -a, -um. I — Part. pass. de inclīno. II — Adj.: 1) Inclinado, pendente; donde, em sent. figurado: 2) Inclinado, propenso a (T. Lív. 34, 33, 9). 3) Que está em declínio (Cíc. Fam. 2, 16, 1). 4) Inflexão (de voz) (Cíc. Or. 27).

inclīnō, -ās, -āre, -āvī, -ātum, v. tr. e intr. A) Tr.: I — Sent. próprio: 1) Inclinar, flexionar, pender, dobrar (Ov. Met. 11, 356); (T. Lív. 1, 12, 3). II — Sent. figurado: 2) Fazer mudar de direção, virar, mudar (Cíc. Fin. 3, 10). 3) Baixar, declinar, diminuir (Cíc. Tusc. 3, 7); (T. Lív. 1, 12, 3). B) Intr.: 4) Desviar da vertical, baixar (Lucr. 2, 243); (Hor. O. 3, 28, 5). II — Sent. figurado) 5) Inclinar, pender (Cíc. C. M. 6). Na língua gramatical: 6) Declinar, conjugar. Obs.: Constrói-se' com acus.; com inf.; com ut; intransitivamente.

inclĭtus, v. **inclŭtus**.
inclūdō, -is, -ĕre, -clūsī, -clūsum, v. tr. I — Sent. próprio: 1) Encerrar, fechar (Cíc. Verr. 5, 92); (Cíc. Phil. 2, 32). II — Sent. figurado: 2) Interceptar, embargar, fazer parar, tapar (Cíc. Rab. 48). 3) Rodear, cercar, incluir, incrustar (sent. próprio e figurado) (Cíc. At. 1, 16, 10). Obs.: Constrói-se com acus. e abl. acompanhado ou não de **in**; com acus. com **in**; acus. com dat.; ou acus. simples.
inclūsī, perf. de **inclūdo**.
inclūsus, -a, -um, part. pass. de **inclūdo**.
inclūsĭō, -ōnis, subs. f. Prisão, encerramento (Cíc. Vat. 24).
inclŭtus (inclyt-, inclĭt-), -a, -um, adj. Ilustre, célebre, ínclito (Verg. En. 2, 241).
incoāctus, -a, -um, adj. Não obrigado, voluntário (Sên. Ep. 66, 17).
1. **incŏctus, -a, -um**, adj. Cru, que não está cozido (Plaut. Mil. 208).
2. **incŏctus, -a, -um**, part. pass. de **incŏquo**.
incoen-, incoep-, v. **ince-**.
incōgĭtābĭlis, -e, adj. Irrefletido, imprudente (Plaut. Mil. 544).
incōgĭtans, -āntis, adj. Irrefletido, inconsiderado (Ter. Phorm. 155).
incōgĭtātus, -a, -um, adj. 1) Não meditado, irrefletido (Sên. Ben. 6, 23). 2) Inconsiderado (Plaut. Bac. 612).
incōgĭtō, -ās, -āre, v. tr. Meditar (alguma coisa) (Hor. Ep. 2, 1, 122).
incognĭtus, -a, -um, adj. I — Sent. próprio: 1) Desconhecido, incógnito (Cés. B. Gal. 4, 20, 3). II — Daí: 2) Desaparecido, não reconhecido (T. Liv. 5, 16, 7).
incohātus, -a, -um, part. pass. de **incŏho**.
incŏhō, -ās, -āre, -āvī, -ātum, v. tr. Começar, empreender, erigir (Cíc. Br. 20). Obs.: Freqüentemente ocorre nos textos a grafia **inchoo**, entretanto menos correta.
incŏla, -ae, subs. m. I — Sent. próprio: 1) Íncola, morador, habitante (tratando-se das pessoas ou animais) (Cíc. Nat. 2, 140). Daí: 2) Compatriota: **incolae nostri** (Cíc. C. M. 78) «nossos compatriotas» (i.é, habitantes de nosso país). 3) Afluente: **Padi incolae** (Plín. H. Nat. 3, 131) «afluentes do Pó». 4) Domiciliado (Cic. Verr. 4, 26). Obs.: Em Fedro (1, 6, 6) é empregado no feminino.

incŏlō, -is, -ĕre, -colŭī, v. tr. e intr. A — Tr.: 1) Habitar (Cíc. Rep. 2, 4). B — Intr.: 2) Habitar em, residir em (Cés. B. Gal. 1, 1, 4).
incolŭī, perf. de **incŏlo**.
incolŭmis, -e, adj. Incólume, intacto, são e salvo (Cíc. Cat. 3, 10).
incolumĭtās, -tātis, subs. f. Incolumidade, conservação, segurança, salvação (Cíc. Inv. 2, 169).
incomĭtātus, -a, -um, adj. Não acompanhado, sem comitiva (Ov. P. 2, 3, 36).
incōmĭter, adv. Sem afabilidade (Flor. 4, 8, 4).
incomĭtĭō, -ās, -āre, v. tr. Injuriar, insultar pùblicamente (Plaut. Curc. 400).
incommendātus, -a, -um, adj. Não respeitado, ultrajado por (Ov. Met. 11, 434). Obs.: Constrói-se com dat.
incommŏdē, adv. Inconvenientemente, fora de propósito, desagradàvelmente, de maneira incômoda, incômodamente (Cíc. At. 7, 82). Obs.: Comp.: **incommodĭus** (Cíc. Lae. 15); superl.: **incommodissĭme** (Cíc. At. 5, 9, 1).
incommodestĭcus, -a, -um, adj. Desagradável (Plaut. Capt. 87). Obs.: Palavra criada por Plauto.
incommodĭtās, -tātis, subs. f. Desvantagem, inconveniente, incomodidade, prejuízo, dano, injustiça (Cíc. At. 1, 17, 7).
incommŏdō, -ās, -āre, v. intr. Pesar a alguém, incomodar, ter um inconveniente ou incômodo (Cíc. Fin. 5, 50).
incommŏdum, -ī, subs. n. I — Sent. próprio: 1) Mau estado: daí: 2) Desvantagem, inconveniente, transtôrno, prejuízo (Cíc. De Or. 2, 102). II — Sent. moral: 3) Desastre, desgraça (Cés. B. Civ. 3, 13, 4). 4) Doença, achaque (Plín. H. Nat. 27, 126).
incommŏdus, -a, -um, adj. I — Sent. próprio: 1) Em mau estado. II — Sent. moral: 2) Desvantajoso, contrário, infeliz (Cíc. Br. 130). 3) Importuno, incômodo, desagradável (Cíc. Nat. 3, 73).
incommūtābĭlis, -e, adj. Imutável (Cíc. Rep. 2, 57).
incomparābĭlis, -e, adj. Incomparável, sem igual (Plín. H. Nat. 7, 94).
incompērtus, -a, -um, adj. Não esclarecido, desconhecido, obscuro (T. Liv. 4, 23, 3).
incompositē, adv. 1) Sem ordem, desordenadamente (T. Liv. 25, 37, 11). 2) Sem concatenação, sem seqüência (tratando-se do estilo) (Quint. 10, 2, 17).
incompositus, -a, -um, adj. I — Sent. próprio: 1) Que está em desordem,

INCOMPREHENSIBÍLIS — 483 — **INCÓQUÕ**

que está em debandada (tratando-se do exército) (T. Liv. 5, 28, 7). II — Daí: 2) Que não tem cadência, sem arte, sem harmonia (Hor. Sát. 1, 10, 1).

incomprehensibilis, -e, adj. I — Sent. próprio: 1) Que não se pode apanhar, que escapa (Plín. Ep. 1, 20, 6). II — Sent. figurado: 2) Incompreensível, inconcebível (Sên. Helv. 10, 11).

incõmptē, adv. Grosseiramente, sem arte (Estác. S. 5, 5, 34).

incõmptus (incõmtus), -a, -um, adj. I — Sent. próprio: 1) Despenteado (Suet. Aug. 69). II — Sent. figurado: 2) Sem arte, grosseiro, tôsco (Cíc. At. 2, 1, 1).

inconcēssus, -a, -um, adj. Não permitido, proibido (Verg. En. 1, 651).

inconcilĭō, -ās, -āre, -āvī, -ātum, v. tr. I — Sent. próprio: 1) Agir com habilidade, conseguir com astúcia, enganando (Plaut. Bac. 551). II — Sent. figurado: 2) Levar a uma situação desagradável, pôr em embaraços (Plaut. Most. 613). E daí: 3) Criar embaraços (Plaut. Pers. 834).

inconcīnnē, adv. Desajeitadamente (Apul. M. 10, 9).

inconcinnĭtās, -tātis, subs. f. Assimetria (Suet. Aug. 86).

inconcīnnus, -a, -um, adj. Deselegante, sem graça, desleixado (Cíc. De Or. 2, 17); (Hor. Ep. 1, 17, 29).

inconcŭssus, -a, -um, adj. Firme, inabalável (Tác. An. 2, 43).

incondĭtē, adv. 1) Sem ordem, confusamente, rudemente (Cíc. Div. 2, 146). 2) Sem arte, grosseiramente (na língua retórica) (Cic. De Or. 3, 175).

incondĭtus, -a, -um, adj. I — Sent. próprio: 1) Confuso, desordenado (Cíc. De Or. 1, 197). 2) Não sepultado (Sên. Contr. 3, pr. 7). II — Sent. figurado: 3) Grosseiro, mal cadenciado: **carmina incondita** (T. Lív. 4, 20) «versos mal cadenciados».

inconfūsus, -a, -um, adj. Não confuso, não perturbado (Sên. Ir. 1, 12, 2).

incongrŭens, -ēntis, adj. Incongruente, inconveniente, que não convém (Plín. Ep. 4, 9, 19).

inconiv-, v. **inconn-**.

inconsequentĭa, -ae, subs. f. Falta de seqüência, de ligação (Quint. 8, 6, 50).

inconsĭderantĭa, -ae, subs. f. Falta de reflexão, inadvertência (Cíc. Q. Fr. 3, 9, 2).

inconsīderātē, adv. Sem reflexão, inconsideradamente (Cic. Tusc. 1, 12).

inconsīderātus, -a, -um, adj. 1) Inconsiderado, que não refletiu (Cíc. Div. 2, 59). 2) Irrefletido (Cic. Quinct. 80).

inconsōlābĭlis, -e, adj. Incurável, irreparável, inconsolável (Ov. Met. 5, 426).

incōnstans, -āntis, adj. Inconstante, mutável, inconseqüente (Cíc. Com. 19).

inconstānter, adv. De modo inconstante, inconseqüentemente, levianamente (Cíc. Tusc. 4, 24). Obs.: Superl.: **inconstantissĭme** (Cíc. Fin. 2, 88).

inconstantĭa, -ae, subs. f. I — Sent. próprio: I) Inconstância, falta de firmeza, variabilidade (Cíc. Fam. 1, 9). II — Daí: 2) Inconseqüência (Cíc. C. M. 4).

inconsūltē, adv. Imprudentemente, sem reflexão, às pressas (Cic. Nat. 1, 43). Obs.: Compar.: **inconsultĭus** (T. Liv. 41, 10, 5).

1. **inconsūltus, -a, -um,** adj. I — Sent. próprio: 1) Irrefletido, imprudente (T. Lív. 5, 20, 5). Daí: 2) Não consultado (T. Lív. 36, 36, 2).

2. **inconsūltus, -ūs,** subs. m. Falta de consulta, sem consulta: **inconsultu meo** (Plaut. Trin. 167) «sem me consultar». Obs.: Só ocorre no abl. sg.

inconsūmptus, -a, -um, adj. I — Sent. próprio: 1) Não consumido, intacto (Ov. Met. 7, 592). II — Sent. figurado: 2) Eterno (Ov. Met. 4, 17).

incontamĭnātus, -a, -um, adj. Que não é manchado, puro (sent. próprio e figurado) (T. Lív. 4, 2, 5).

incontēntus, -a, -um, adj. Que não está estendido, frouxo (Cic. Fin. 4, 75).

incontĭnens, -ēntis, adj. I — Sent. próprio: 1) Que não contém (as urinas) (Plín. H. Nat. 8, 168). II — Sent. figurado: 2) Que não tem temperança, voluptuoso (Hor. O. 3, 4, 77).

incontinēnter, adv. Sem moderação, excessivamente (Cic. Of. 3, 37).

incontinentĭa, -ae, subs. f. I — Sent. próprio: 1) Incontinência (de urina) (Plín. H. Nat. 20, 161). II — Sent. moral: 2) Incapacidade de conter seus desejos, desregramento (Cíc. Cael. 25).

inconvenĭens, -ēntis, adj. I — Sent. próprio: 1) Discordante (Sên. Beat. 12). II — Daí: 2) Dessemelhante, diferente (Apul. Mund. 27); (Fedr. 3, 13, 6).

incŏquō, -is, -ĕre, -cōxī, -cōctum v. tr. 1) Cozinhar em, ferver, cozer (Verg. G. 4, 279)). 2) Mergulhar em, tingir (Verg.

G. 3, 307). Obs.: Constrói-se com acus. e dat.; ou acus. e abl.

incorporālis, -e, adj. Incorporal, incorpóreo, imaterial (Sên. Ep. 58, 11).

incorrēctus, -a, -um, adj. Não corrigido, incorreto (Ov. Trist. 3, 14, 23).

incorruptē, adv. Sem corrupção, com integridade, inalteràvelmente (Cíc. Fin. 1, 30). Obs.: Comp.: **incorruptĭus** (Cíc. Marc. 19).

incorruptus, -a, -um, adj. I — Sent. próprio: 1) Incorrupto, não alterado, puro, intacto (Cír. Br. 36). II — Sent. figurado: 2) Intacto, incorruptível, casto, puro (Hor. Sát. 1, 6, 81). 3) Imperecível (Sal. B. Jug. 2, 3).

incŏxī, perf. de **incŏquo.**

increbrēscō ou **increbēscō, -is, -ĕre, crebrŭī** (ou **-crebŭī**), v. intr. I — Sent. próprio: 1) Aumentar, crescer (Cíc. Fam. 7, 20, 3). Daí: 2) Desenvolver-se, espalhar-se, tomar vulto (Cíc. De Or. 1, 82).

increbrŭī, perf. de **increbrēsco.**

increbŭī, perf. de **increbēsco** = **increbrēsco.**

incredēndus, -a, -um, adj. Incrível (Apul. Apol. 47).

incredibĭlis, -e, adj. Incrível, inacreditável, inconcebível, estranho (Cíc. At. 15, 1, 1).

incredibilĭter, adv. De modo incrível, espantosamente, assombrosamente (Cíc. C. M. 51).

incredŭlus, -a, -um, adj. 1) Incrédulo (Hor. A. Poét. 188). 2) Incrível (A. Gél. 9, 4, 3).

incrēmentum, -i, subs. n. I — Sent. próprio: 1) Crescimento, desenvolvimento, aumento (Cíc. C. M. 52). Daí: 2) O que serve para aumentar ou fazer crescer: descendência, prole, filho (Verg. Buc. 4, 49).

increpāvī = **increpŭi,** perf. de **increpo** (Plaut. Most. 750).

increpĭtō, -ās, -āre, -āvī, -ātum, v. intr. I — Sent. próprio: 1) Elevar a voz contra, gritar (Prop. 2, 26, 5). II — Sent. figurado: 2) Repreender, censurar (Cés. B. Gal. 2, 15, 5). 3) Exortar, encorajar (Verg. En. 1, 738).

increpĭtus, -a, -um, part. pass. de **increpo.**

increpō, -ās, -āre, -crepŭī (ou **-āvī**), **-crepĭtum** (ou **-crepātum**), v. intr. e tr. A) Tr.: I — Sent. próprio: 1) Elevar a voz contra, dirigir censuras, increpar, repreender, censurar, acusar (Cíc. Q. Fr. 2, 3, 3). Daí: 2) Emitir um som, soar, estalar, gemer: **...lyram** (Ov. Her. 3, 118) «soar (tocar) a lira»; (Ov. Trist. 1, 4, 24). 3) Bater, fazer soar, retumbar (Ov. Met. 12, 52). B) Intr.: 4) Bater, estalar, soar, ranger (Cíc. De Or. 2, 21). 5) Fazer-se ouvir, fazer barulho, espalhar: **quicquid increpuerit, Catilinam timeri** (Cíc. Cat. 1, 18) «temer-se Catilina por qualquer coisa que fizer barulho (ao mínimo ruído)». 6) Loc.: **increpare manus** — «bater palmas»; **increpuit corvus** — «crocitou o corvo»; **si quid increpuerit terroris** — «se houver algum sinal de alarme». Obs.: O perf. **increpavi** é raro, ocorrendo em Plauto (Most. 750) e no latim pós-clássico. **Increpatum** é da decadência.

increpŭī, perf. de **increpo.**

incrēscō, -is, -ĕre, -crēvī, v. incoat. intr. I — Sent. próprio: 1) Crescer em, crescer, desenvolver-se (Ov. Met. 11, 48). II — Sent. figurado: 2) Crescer, aumentar (Verg. En. 9, 688).

incruentātus, -a, -um, adj. Que não está ensangüentado (Ov. Met. 12, 497).

incruēntus, -a, -um, adj. I — Sent. próprio: 1) Não ensangüentado, incruento (T. Lív. 2, 56, 15). II — Daí: 2) Que não derramou sangue, não ferido (Sal. B. Jug. 92, 4).

incrūstō, -ās, -āre, -āvī, -ātum, v. tr. I — Sent. próprio: 1) Incrustar, cobrir com um revestimento (Varr. R. Rust. 3, 14, 1). II — Sent. figurado: 2) Sujar, manchar (Hor. Sát. 1, 3, 56).

incubĭtō, -ās, -āre, v. tr. Estar escondido, encoberto (na passiva) (Plaut. Pers. 284).

incubĭtus, -a, -um, part. de **incŭbo.**

incŭbō, -ās, -āre, -cubŭī (ou **-āvī**), **-cubĭtum** (ou **-ātum**), v. intr. e tr. I — Sent. próprio: 1) Estar deitado em ou sôbre (Verg. En. 1, 89); (Verg. En. 7, 88). 2) Estar no chôco, chocar (sent. físico e moral) (Plín. H. Nat. 29, 45); (Cíc. Clu. 72). II — Sent. figurado: 3) Habitar, residir (Ov. Her. 9, 87).

incubŭī, perf. de **incŭbo** e de **incumbo.**

incucurrī = **incurrī,** perf. de **incurro.**

incūdis, gen. de **incus.**

inculcātus, -a, -um, part. pass. de **inculco.**

inculcō, -ās, -āre, -āvī, -ātum, v. tr. I — Sent. próprio: 1) Amontoar com o pé, amontoar, calcar (Col 2, 20). II — Sent. figurado: 2) Fazer entrar no espírito, gravar, inculcar (Cíc. De Or. 2, 19). 3) Loc.: **inculcare ut...** — «levar a crer que...».

inculpātus, -a, -um, adj. Irrepreensível (Ov. Met. 9, 673).
incultē, adv. De modo descuidado, sem preparo (Cíc. Or. 28).
1. incultus, -a, -um, adj. I — Sent. próprio: 1) Não cultivado, que está de pousio (Cic. Br. 16). Daí: 2) Não cuidado, rude, deixado ao abandono (Cíc. Br. 117). II — Sent. figurado: 3) Sem educação (Sal. C. Cat. 2, 8). 4) Sem cultura (Hor. Ep. 1, 3, 22). 5) Selvagem, bárbaro, grosseiro (Tib. 4, 1, 59).
2. incultus, -ūs, subs. m. Falta de cultura, de civilização, desmazêlo (T. Lív. 42, 12, 7).
incumbō, -is, -ĕre, -cubŭī, -cubĭtum, v. intr. I — Sent. próprio: 1) Deitar-se em ou sôbre, pesar, descansar sôbre (sent. físico e moral) (Verg. En. 4, 650). Daí, por extensão: 2) Entregar-se inteiramente a alguma coisa, aplicar-se, ocupar-se de, incumbir-se (Cíc. Phil. 4, 12); (Verg. En. 4, 397). II — Sent. figurado: 3) Lançar-se sôbre, cair sôbre, abater, perseguir (Verg. G. 2, 311); (T. Lív. 30, 34, 2). Obs.: Constrói-se com acus. com **ad**, **in** ou **super**, com dat. com **ut** e subj.; ou intransitivamente.
incūnābŭla, -ōrum, subs. n. pl. I — Sent. próprio: 1) Berço (Ov. Met. 3, 317). II — Sent. figurado: 2) Berço, lugar de nascimento (Cíc. At. 2, 15, 3). 3) Infância (T. Lív. 4, 36). 4) Origem, começo (Cíc. Or. 42).
incūrātus, -a, -um, adj. Não tratado (tratando-se de ferimento) (Hor. Ep. 1, 16, 24).
incūrĭa, -ae, subs. f. Falta de cuidado, negligência, indiferença, incúria (Cíc. Lae. 86).
incūrĭōsē, adv. Negligentemente, sem cuidado (T. Lív. 8, 38, 2).
incūrĭōsus, -a, -um, adj. I — Sent. próprio: 1) Pouco cuidado, negligente (Tác. An. 6, 17). II — Daí: 2) Desleixado, indiferente (Tác. An. 2, 88).
incurrī, perf. de **incurro**.
incurrō, -is, -ĕre, -currī, (ou -cucurrī), -cursum, v. intr. e tr. I — Sent. próprio: 1) Correr contra, lançar-se sôbre, fazer uma incursão, assaltar (Ov. Met. 7, 546); (T. Lív. 29, 5, 6). II — Sent. figurado: 2) Estender-se até, chegar a, atacar, incorrer (Cíc. Tusc. 5, 29); (Cíc. Of. 1, 150). 3) Cair (em uma época), sobrevir, acontecer, dar-se, coincidir (Cíc. De Or. 2, 139); (Cíc. Fam. 15, 11, 2). Obs.: Constrói-se com acus.; com acus. com **in**; com dat.; e absolt.
incursĭō, -ōnis, subs. f. I — Sent. próprio: 1) Choque, embate, encontro (Cíc. Nat. 1, 114). Daí: 2) Incursão, invasão, irrupção (T. Lív. 1, 11, 1). 3) Ataque, investida (Cíc. Caec. 44).
incursĭtō, -ās, -āre, v. intr. Atirar-se contra, fazer incursões (Sên. Beat. 27).
incursō, -ās, -āre, -āvī, -ātum, v. intr. e tr. A) Intr.: I — Sent. próprio: 1) Correr contra, lançar-se sôbre, acometer, atacar, atirar-se (T. Lív. 36, 14, 12). 2) Bater contra, ferir (Ov. Met. 14, 190). B) Tr.: 3) Atacar, fazer incursão em (T. Lív. 24, 41, 4); (T. Lív. 2, 48, 6). Obs.: Constrói-se com acus.; com acus. com **in**; ou com dat.
1. incursus, -a, -um, part. pass. de **incurro**.
2. incursus, -ūs, subs. m. Choque, embate, encontro, ataque (Cés. B. Civ. 1, 71).
incurvātus, -a, -um, part. pass. de **incurvo**.
incurvēscō, -is, -ĕre, v. intr. Incurvar-se, curvar-se, dobrar-se (En. apud Cíc. De Or. 3, 154).
incurvō, -ās, -āre, -āvī, -ātum, v. tr. I — Sent. figurado: 1) Encurvar, curvar, dobrar, vergar (Verg. En. 5, 500). II — Sent. figurado: 2) Abater (Sên. Ir. 3, 5).
incurvus, -a, -um, adj. I — Sent. próprio: 1) Curvado, arredondado, curvo (Verg. G. 1, 494). II — Sent. figurado: 2) Abaulado (tratando-se de um velho de costas abauladas) (Ter. Eun. 336).
incus, -ūdis, subs. f. Bigorna (sent. próprio e figurado) (Cíc. Nat. 1, 54); (Hor. A. Poét. 441).
incūsātĭō, -ōnis, subs. f. Censura, repreensão, acusação (Cíc. De Or. 3, 106).
incūsātus, -a, -um, part. pass. de **incuso**.
incūsō, -ās, -āre, -āvī, -ātum, v. tr. I — Sent. próprio: 1) Inculpar, incriminar, acusar (Cés. B. Gal. 1, 40, 1). II — Daí: 2) Censurar, lançar em rosto (T. Lív. 8, 23, 4). Obs.: Constrói-se com acus. e gen.; com duplo acus; ou com acus. e inf.
incussī, perf. de **incutio**.
1. incussus, -ūs, subs. m. Choque, embate (Tác. Hist. 4, 23). Obs.: Só ocorre no abl. sg.
2. incussus, -a, -um, part. pass. de **incutio**.

incustōdītus, -a, -um, adj. I — Sent. próprio: 1) Não guardado, sem guarda (Ov. Trist. 1, 6, 10). Daí: 2) Não acatado, não respeitado (Tác. An. 15, 5, 52). II — Sent. figurado: 3) Imprudente (Plín. Ep. 6, 29, 10).

incūsus, -a, -um, part. pass. do desusado **incūdo.** I — Sent. próprio: 1) Trabalhado ao martelo, picado ao martelo (Verg. G. 1, 275). II — Sent. figurado: 2) Incrustado, limado (Pérs. 2, 62).

incutĭō, -is, -ĕre, -cūssī, -cūssum, v. tr. I — Sent. próprio: 1) Enterrar, espetar sacudindo, sacudir, brandir contra (Quint. 2, 12, 10). II — Sent. figurado: 2) Incutir, causar, inspirar (Cíc. Tim. 37). Obs.: Constrói-se com acus. de obj. dir. e acus. com **in** (T. Liv. 5, 41, 9); com acus. e dat.; ou simples acus.

indăgātĭō, -ōnis, subs. f. Investigação cuidadosa (Cíc. Tusc. 4, 69).

indăgātor, -ōris, subs. m. I — Sent. próprio: 1) O que segue a pista, que está à procura (Col. 2, 2, 20). II — Sent. figurado: 2) Investigador, pesquisador (Plaut. Trin. 240).

indăgātrix, -icis, subs. f. A que indaga, investiga (Cíc. Tusc. 5, 5).

indăgātus, -a, -um, part. pass. de **indăgo.**

1. indăgō, -ās, -āre, -āvī, -ātum, v. tr. e intr. I — Sent. próprio: 1) Seguir a pista, seguir o rastro (Cíc. Fin. 2, 39). II — Sent. figurado: 2) Procurar, indagar, investigar, descobrir (Cíc. Verr. 2, 135).

2. indăgō, -ĭnis, subs. f. I — Sent. próprio: 1) O que serve para cercar, apanhar ou envolver a caça: rêdes, laços, cêrco feito pelos caçadores (Verg. En. 4, 121). II — Sent. figurado: 2) Pesquisa, investigação (Plín. H. Nat. 9, 16).

indĕ, adv. 1) De lá, daí, daquele lugar, donde (sent. local) (Cés. B. Civ 3, 45, 6); (Lucr. 5, 438). 2) Desde então, a partir dêsse momento (sent. temporal) (Cíc. Nat. 2, 124).

indēbĭtus, -a, -um, adj. Indébito, que não é devido, indevido (Verg. En. 6, 66).

indĕcens, -entis, adj. Inconveniente, que fica mal (tratando-se de pessoas ou coisas) (Petr. 128).

indĕcēnter, adv. De modo inconveniente (Quint. 1, 5, 64). Obs.: Comp.: **indecentĭus** (Sên. Ep. 27); superl.: **indecentissĭme** (Quint. 8, 3, 45).

indĕcet, -ēre, v. impess. intr. Ser inconveniente (Plín. Ep. 3, 1, 2). Obs.: Constrói-se com acus. de pess.

indēclīnābĭlis, -e, adj. 1) Que não desvia (Sên. Ep. 66, 13). 2) Indeclinável (na língua gramatical) (Diom. 309, 34).

indēclīnātus, -a, -um, adj. Inabalável, constante (Ov. P. 4, 10, 83).

indĕcor (indecŏris), -is, -e, adj. Sem glória, indigno (Verg. En. 11, 845).

indĕcŏrē, adv. De modo inconveniente, indecorosamente (Cíc. Of. 1, 14).

indecŏris, v. **indĕcor.**

indĕcŏrus, -a, -um, adj. I — Sent. próprio: 1) Inconveniente, indecoroso, que fica mal (Cíc. Or. 72). II — Daí: 2) Feio, desagradável (à vista) (Plín. H. Nat. 14, 28).

indēfătīgābĭlis, -e, (indefatīgātus, -a, -um), adj. Infatigável (Sên. Ir. 2, 12, 4).

indēfensus, -a, -um, adj. Indefeso, que está sem defesa (T. Liv. 25, 15, 2).

indēfessus, -a, -um, adj. Não fatigado, infatigável (Verg. En. 11, 651).

indēflētus, -a, -um, adj. Não chorado (Ov. Met. 7, 611).

indēflexus, -a, -um, adj. I — Sent. próprio: 1) Não desviado (Apul. Socr. 2). II — Sent. figurado: 2) Não curvado (Plín. Paneg. 4, 7).

indējectus, -a, -um, adj. Não derrubado (Ov. Met. 1, 289).

indēlēbĭlis, -e, adj. Que não pode ser apagado, indelével (Ov. P. 2, 8, 26).

indēlībātus, -a, -um, adj. Não encetado, inteiro, intacto (Ov. Trist. 1, 5, 28).

indemnātus, -a, -um, adj. Que não foi julgado, que não foi condenado (em juízo) (T. Liv. 3, 56, 13).

indemnis, -e, adj. Que não teve prejuízo, indene (Sên. Const. 5).

indēnuntĭātus, -a, -um, adj. Não declarado, não anunciado (Sên. Suas. 5, 2).

indēplōratus, -a, -um, adj. Não chorado (Ov. Met. 11, 670).

indēprăvātus, -a, -um, adj. Não alterado, não estragado (Sên. Ep. 76, 19).

indēprensus, -a, -um, adj. Que não se pode descobrir, imperceptível (Verg. En. 5, 591).

indēsertus, -a, -um, adj. Não abandonado (Ov. Am. 2, 9, 52).

indestrictus, -a, -um, adj. Não ferido (Ov. Met. 12, 92).

indētonsus, -a, -um, adj. Que tem cabelos compridos (Ov. Met. 4, 13).

indēvītātus, -a, -um, adj. Não evitado (Ov. Met. 2, 605).

index, -ĭcis, subs. m. e f. I — Sent. próprio: 1) O que indica, anuncia, indicador, indicio, sinal (Cíc. Rab. Perd. 18). II — Daí: 2) Denunciador, delator, espião (Cíc. Mur. 49). 3) O indicador (dedo): **index digitus** (Hor. Sát. 2, 8, 26) «o dedo indicador, index». III — Sent. diversos (tratando-se de coisas): 4) Catálogo, registro, lista, matrícula, índice (Sên. Ep. 39, 2). 5) Título (T. Liv. 38, 56). 6) Inscrição (T. Liv. 41, 28, 8). 7) Pedra de toque (Ov. Met. 2, 706).

Indī, -ōrum, subs. loc. m. 1) Indianos (Cíc. Div. 2, 96). 2) Árabes (Ov. F. 3, 720). 3) Etíopes (Verg. G. 4, 293).

Indĭa, -ae, subs. pr. f. Índia, região da Ásia (Cíc. Tusc. 5, 77).

Indibĭlis, -is, subs. pr. m. Indíbil, chefe dos ilergetos (T. Liv. 22, 21).

indicātĭō, -ōnis, subs. f. Indicação, taxa (Plaut. Pers. 586).

indicātus, -a, -um, part. pass. de **indĭco** 1.

indĭcens, -ēntis. I — Part. pres. de **indĭco** 2. II — Adj.: que não fala (T. Liv. 22, 39, 2).

indicīna, -ae, subs. f. Denúncia, delação, informação (Sên. Contr. 9, 3, 1).

indicĭum, -ī, subs. n. I — Sent. próprio: 1) Indicação, informação, revelação, denúncia (Cíc. Cat. 3, 13). II — Daí: 2) Indício, sinal, marca, prova (Cíc. Clu. 30).

1. indĭcō, -ās, -āre, -āvī, -ātum, v. tr. I — Sent. próprio: 1) Revelar, desvendar, denunciar, indicar (Cíc. Clu. 180); (Cíc. Leg. 1, 9). Daí: 2) Mostrar, testemunhar, dar a conhecer (Plín. H. Nat. 6, 96). 3) Marcar o preço, avaliar (Cíc. Of. 3, 62). Obs.: Fut. perf. arcaico: **indicasso** (Plaut. Poen. 888).

2. indĭcō, -is, -ĕre, -dīxī, -dīctum, v. tr. I — Sent. próprio: 1) Proclamar, declarar, anunciar, publicar (Cíc. Verr. 4, 72); (Cés. B. Gal. 5, 56, 1). II — Sent. figurado: 2) Impor, notificar, prescrever (Tác. Hist. 3, 58). 3) Loc.: **indicere choros** — «dar o sinal das danças». Obs.: Constrói-se com acus.; ou com **ut** e subj. Imper. **indice** (Plaut. Ps. 546).

indictĭō, -ōnis, subs. f. Declaração, impôsto, taxa extraordinária (Plín. Paneg. 29).

1. indĭctus, -a, -um, part. pass. de **indĭco** 2.

2. indĭctus, -a, -um, adj. I — Sent. próprio: 1) Que não foi dito (Hor. O. 3, 25, 8). II — Daí: 2) Não advogado, não pleiteado (Cíc. Verr. 2, 75). II — Sent. figurado: 3) Inefável (Apul. Plat. 1, 5).

Indĭcus, -a, -um, adj. índico, indiano (Ter. Eun. 413).

indĭdem, adv. Do mesmo lugar, proveniente da mesma coisa ou do mesmo lugar (Cíc. Amer. 74; De Or. 3, 161).

indĭdī, perf. de **indo.**

indiffĕrens, -ēntis, adj. I — Sent. próprio: 1) Indiferente (nem bom, nem mau) (Cíc. Fin. 3, 53). II — Daí: 2) Que não se preocupa com (Suet. Cés. 53).

indiffĕrēnter, adv. Indiferentemente, sem distinção, indistintamente (Quint. 11, 3, 1).

indifferentĭa, -ae, subs. f. Sinonímia (A. Gél. 13, 3, 6).

1. indigĕna, -ae, subs. m. Indígena, nascido no país (T. Liv. 21, 30, 80).

2. indigĕna, -ae, adj. m. f. e n. Do país, indígena (Verg. En. 8, 314).

indĭgens, -ēntis. I — Part. pres. de **indĭgeo.** II — Subs. m. pl.: **indigēntes, -ium** (Cíc. Of. 2, 52) «indigentes». Obs.: Constrói-se com abl.; ou com gen.

indigentĭa, -ae, subs. f. 1) Carência, necessidade (Cíc. Lae. 27). 2) Exigência, precisão (Cíc. Tusc. 4, 21).

indĭgĕo, -ēs, -ēre, -digŭī, v. intr. 1) Ter falta de (Cés. B. Civ. 4, 35). Daí: 2) Sentir a falta de, desejar (Cíc. At. 12, 35, 2). Obs.: Constrói-se com abl.; ou com gen.

Indĭges, -ĕtis, subs. m. = **Indigētes.**

indĭgĕstus, -a, -um, adj. I — Sent. próprio: 1) Sem ordem, confuso (Ov. Met. 1, 7). II — Sent. figurado: 2) Não digerido, que não digeriu (Macr. Sat. 7, 7).

Indigĕtēs, -um, subs. pr. m. pl. 1) Indigetes, deuses nacionais dos romanos, em oposição aos deuses estabelecidos mais recentemente (Verg. G. 1, 498). 2) No sg: **Indiges** (Verg. En. 12, 794), nome aplicado a Enéias.

indignābŭndus, -a, -um, adj. Cheio de indignação (T. Liv. 38, 57, 7).

indīgnans, -āntis, adj. Que se indigna, revoltado (Verg. En. 1, 53).

indignātĭō, -ōnis, subs. f. I — Sent. próprio: 1) Indignação (T. Liv. 3, 48, 9). No pl.: 2) Expressões de indignação (T. Liv. 25, 1, 9). II — Daí: 3) Motivo, ocasião de se indignar (Juv. 5, 120).

Na lingua retórica: 4) Indignação, i.é, excitação de indignação (Cíc. Inv. 1, 100).

indignātiuncŭla, -ae, subs. f. Pequeno movimento de indignação (Plín. Ep. 6, 17, 1).

indignātus, -a, -um, part. pass. de **indignor**.

indignē, adv. Indignamente: **indignissĭme** (Cíc. Verr. 5, 147) «da maneira mais indigna». Obs.: Note-se a expressão: **indigne ferre, pati** (Cíc. Verr. 5, 31) «suportar com esfôrço, com indignação».

indignĭtās, -tātis, subs. f. I — Sent. próprio: 1) Indignidade (Cíc. De Or. 2, 63). II — Daí: 2) Ação indigna, ultraje, afronta, crueldade (Cic. At. 10, 8, 3). 3) Indignidade (de uma coisa) (Cés. B. Gal. 7, 56, 2).

indīgnor, -āris, -ārī, -ātus sum, v. dep. intr. e tr. Indignar-se, exasperar-se, revoltar-se (Cíc. Inv. 1, 24). Obs.: Constrói-se com acus. com **quod**; com inf.; com acus. e inf.; e intransitivamente.

indīgnus, -a, -um, adj. I — Sent. próprio: 1) Que não convém, indigno (Cés. B. Gal. 7, 17, 3). II — Daí: 2) Que não merece, merecedor de que não (Cíc. Vat. 39). 3) Indigno, injusto, revoltante, vergonhoso, infamante (Cíc. Verr. 4, 147). Obs.: Constrói-se absolt.; com abl.; com **qui**; com gen.; com inf.

indĭgus, -a, -um, adj. 1) Que tem necessidade, que tem falta de, falto de (Verg. G. 2, 428). 2) Desejoso de (Luc. 9, 254). Obs.: Constrói-se com abl.; com gen.; absolt.

indīlĭgens, -entis, adj. I — Sent. próprio: 1) Pouco cuidadoso, negligente (Cés. B. Gal. 7, 71, 3). II — Daí: 2) Pouco cuidado, maltratado (Plín. H. Nat. 19, 57). Obs.: Comp. -**tior** (Cés. B. Gal. 7, 71, 3).

indīlĭgenter, adv. Sem cuidado, negligentemente (Cíc. At. 16, 32). Obs.: Comp.: **indiligentĭus** (Cés. B. Gal. 2, 33, 2).

indīlĭgentĭa, -ae, subs. f. Falta de cuidado, negligência (Cés. B. Gal. 7, 17, 3).

indĭpīscō = **indipīscor**.

indĭpīscor, -ĕris, -pīscī, -deptus sum, v. dep. tr. Atingir, apanhar, agarrar, receber (sent. próprio e figurado) (Lucr. 3, 312); (Plaut. Ep. 451).

indīrectus, -a, -um adj. Indireto (Quint. 5, 13, 2).

indīreptus, -a, -um, adj. Não roubado, não saqueado (Tác. Hist. 3, 71).

indiscrētē (**indiscrētim**), adv. Confusamente, indistintamente (Plín. H. Nat. 11, 174).

indiscrētus, -a, -um, adj. I — Sent. próprio: 1) Que não se distingue, que não se pode distinguir, indistinto (Sên. Clem. 1, 26). II — Daí: 2) Não separado, reunido (Tác. Hist. 4, 52).

indisertē, adv. Sem eloqüência, sem talento (Cíc. Q. Fr. 2, 1, 3).

indisertus, -a, -um, adj. Pouco eloqüente (Cíc. Br. 79).

indispositē, adv. Sem regularidade, desordenadamente (Sên. Ep. 124, 19).

indispositus, -a, -um, adj. Mal ordenado, confuso (Tác. Hist. 2, 68).

indissolūbĭlis, -e, adj. I — Sent. próprio: 1) Indissolúvel (Plín. H. Nat. 11, 81). II — Sent. figurado: 2) Indestrutível, imperecível (Cíc. Tim. 40).

indistinctus, -a, -um, adj. 1) Não separado, não distinto, confuso (Catul. 64, 283). 2) Obscuro (Tác. An. 6, 8).

indistrictus, v. **indestrictus**.

indĭtus, -a, -um, part. pass. de **indo**.

indīvĭdŭus, -a, -um, adj. Indivisível, inseparável (Tác. An. 6, 10).

indīvīsus, -a, -um, adj. Indiviso, não dividido, individido, não partilhado (Cat. Agr. 137); (Estác. Theb. 8, 312).

indīxī, perf. de **indīco** 2.

indō, -is, -ĕre, -dĭdī, -dĭtum, v. tr. I — Sent. próprio: 1) Pôr em ou sôbre, aplicar (Plaut. Merc. 205). Daí: 2) Pôr dentro, introduzir (Tác. Hist. 5, 4). II — Sent. figurado: 3) Dar, incutir, inspirar (Tác. Hist. 4, 34). Obs.: Constrói-se com acus.; com acus. com **in**; com abl. com **in**; com acus. e dat.

indocĭlis, -e, adj. I — Sent. próprio: 1) Que não pode ser ensinado, incapaz de ser ensinado (Cíc. Nat. 1, 12). II — Daí: 2) Ignorante, sem instrução, rude, sem civilização (Plín. H. Nat. 18, 226). II — Sent. figurado: 3) Rebelde, refratário, indócil (Hor. O. 1, 1, 18). 4) Que não se pode aprender, não aprendido, não ensinado (Prop. 1, 2, 12). Obs.: Constrói-se com inf.; com gen.; com dat.

indoctē, adv. 1) Ignorantemente, sem conhecimento (Cíc. Nat. 2, 44). 2) Desastradamente, desajeitadamente (Plaut. Pers. 563).

indoctus, -a, -um, adj. I — Sent. próprio: 1) Que não aprendeu, que não sabe, inepto, ignorante, sem instrução (Cic. Tusc. 1, 4). II — Sent. figurado: 2) Sem arte, grosseiro, tôsco (tratando-se de uma coisa) (Cíc. Or. 161): **canere indoctum** (Hor. Ep. 2, 2, 9) «cantar mal, i.é, sem arte». Obs.: Constrói-se absolt.; com inf.; com gen.; com acus.

indolentĭa, -ae, subs. f. 1) Ausência de dor (Cic. Of. 3, 12). 2) Insensibilidade (Cic. Tusc. 3, 12).

indŏlēs, -is, subs. f. I — Sent. próprio: 1) Aumento, crescimento; e daí: disposição natural, propensão, inclinação (Cíc. Or. 41). 2) índole, boa índole (Cíc. C. M. 26).

indolēscō, -is, -ĕre, -dolŭī, v. intr. I — Sent. próprio: 1) Sentir dor, sofrer (Plin. H. Nat. 31, 45). Daí: 2) Afligir-se com, sentir pesar (Ov. Met. 4, 173). Obs.: Constrói-se com acus. e inf.; com **quod**; intransitivamente; com abl. ou acus., na poesia.

indomābĭlis, -e, adj. Indomável (Plaut. Cas. 811).

indomĭtus, -a, -um, adj. Indômito, não domado, não amansado (tratando-se de pessoas, paixões e animais), invencível, desenfreado (Ov. Met. 13, 355).

indormĭō, -īs, -īre, -īvī, -ītum, v. intr. Dormir em ou sôbre (sent. próprio e figurado) (Hor. Sát. 1, 1, 7); (Cíc. Phil. 2, 30). Obs.: Constrói-se com dat; com abl.; com abl. com **in**.

indōtātus, -a, -um, adj. I — Sent. próprio: 1) Não dotado, que não tem dote (Hor. Ep. 1, 17, 46). II — Sent. figurado: 2) Sem ornato (Cíc. De Or. 1, 234). 3) Que não recebeu as últimas honras (Ov. Met. 7, 609).

indubitābĭlis, -e, adj. Indubitável, certo (Quint. 4, 1, 55).

indubitātus, -a, -um, adj. Certo, incontestável (Plin. H. Nat. 31, 45).

indubĭtō, -ās, -āre, -āvī, -ātum, v. intr. Duvidar de, pôr em dúvida (Verg. En. 8, 404).

indubĭus, -a, -um, adj. Indubitável (Tác. An. 14, 45).

indūcĭae, v. **indutĭae**.

Induciomārus, -ī, subs. pr. m. Induciômaro, chefe dos tréviros (Cic. Font. 17).

indūcō, -is, -ĕre, -dūxī, -dūctum, v. tr. I — Sent. próprio: 1) Levar, conduzir em, introduzir (T. Liv. 31, 28, 2); (Cés. B. Civ. 3, 12, 8); (Cíc. Of. 1, 85). Daí: 2) Meter na mente, levar o espírito (a atenção) para (Cic. Sull. 83); (Cíc. At. 7, 3, 8). 3) Pôr em cima, revestir, cobrir-se de, cobrir (Verg. En. 8, 457); (Cés. B. Gal. 2, 33, 2). II — Sent. figurado: 4) Riscar, cancelar, apagar, suprimir (Cíc. At. 13, 14, 1); (Cíc. At. 1, 20, 4). 5) Enganar, seduzir, levar a, induzir (Cíc. Pis. 1): **in spem inducere aliquem** (Cíc. Of. 2, 15, 53) «induzir alguém à esperança». Na língua do teatro: 6) Introduzir uma personagem em cena, representar (Cíc. Tusc. 5, 115). Obs.: Constrói-se com acus.; com acus. com **in, ad** ou **or**. introduzida por **ut** ou **ne**; com dat; com acus. e inf.; ou intransitivamente. Forma arcaica: **induxis = induxeris** (Plaut. Capt. 149). Forma sincopada: **induxti = induxisti** (Ter. And. 883).

inductĭō, -ōnis, subs. f. I — Sent. próprio: 1) Ação de introduzir, de conduzir, introdução, condução (T. Liv. 44, 9, 5). Daí: 2) Ação de aplicar sôbre, aplicação (de cortinas) (Vitr. 10, pr. 3). II — Sent. figurado: 3) Determinação, resolução (Cíc. Q. Fr. 1, 11, 32). 4) Indução (têrmo de lógica) (Cic. Top. 42). 5) Prosopopéia: **personarum ficta inductio** (Cíc. De Or. 3, 205) «prosopopéia».

induĉtor, -ōris, subs. m. I — Sent. próprio: 1) O que introduz; daí: 2) O que castiga, castigador (Plaut. As. 551).

1. **inductus, -a, -um,** I — Part. pass. de **induco**. II — Adj.: levado, induzido, persuadido (Plin. Ep. 4, 3, 5).

2. **inductus, -ūs,** subs. m. Conselho, instigação (Cic. apud Quint. 5, 10, 69). Obs.: Só ocorre no abl. sg.

indūlgens, -ēntis, A) Part. pres. de **indulgĕo**. B) Adj.: I — Sent. próprio: 1) Dado a, que se entrega a (Suet. Aug. 70). II — Sent. moral: 2) Bom, indulgente, afável, benévolo (Cíc. Clu. 12). Obs.: Constrói-se com acus. e a prep. **in**; com dat.; absolt.

indulgēnter, adv. Com bondade, bondosamente, indulgentemente, com benevolência (Cíc. At. 9, 9, 2).

indulgentĭa, -ae, subs. f. I — Sent. próprio: 1) Indulgência, brandura, benevolência, ternura, complacência, indulgência (Cés. B. Gal. 7, 63, 8); (Cíc. Verr. 1, 112). II — Sent. figurado: 2) Suavidade (do clima) (Plin. H. Nat. 17, 16).

indulgĕō, -ēs, -ēre, -dūlsī, -ūltum, v. intr. e tr. A) Intr. I — Sent. próprio: 1) Ser complacente, indulgente ou favorável a (Cíc. Lae. 89). II — Sent. figurado: 2) Entregar-se, ceder a (Verg.

En. 6, 135). B) Tr.: 3) Cuidar de (Ter. Heaut. 988). Donde: 4) Conceder por favor, permitir (Suet. Dom. 11). Obs.: Constrói-se com dat.; ou absolutamente.
indúlsī, perf. de indulgĕo.
indultus, -a, -um, part. pass. de indulgĕo.
induī, perf. de indŭo.
indŭŏ, -is, -ĕre, -duī, -dūtum, v. tr. I — Sent. próprio: 1) Pôr sôbre si, revestir, cobrir (Cés. B. Gal. 2, 21, 5); (Cíc. Sull. 76); (Verg. G. 1, 188). Pronominalmente: 2) Meter-se dentro, cair (Plaut. Cas. 113). II — Sent. figurado: 3) Transformar-se, atribuir-se (Cíc. Of. 3, 43). 4) Tomar (Cíc. Fin. 2, 73). Obs.: Constrói-se com acus. e dat.; com acus.; pronominalmente; e com duplo acus.
indūrātus, -a, -um, part. pass. de indŭro.
indūrēscō, -is, -ĕre, -rŭī, v. incoat. intr. Tornar-se duro, endurecer (sent. próprio e figurado) (Cels. 6, 18, 8); (Tác. Hist. 3, 61).
indŭrŏ, -ās, -āre, -āvī, -ātum, v. tr. Endurecer, tornar duro (sent. próprio e figurado) (Ov. Trist. 3, 9, 14); (T. Lív. 30, 18, 3).
indurŭī, perf. de indurēsco.
1. Indus, -a, -um, adj. Da Índia, indu, indiano (Verg. En. 12, 67).
2. Indus, -ī, subs. loc. m. Indo. 1) Rio da Índia (Cíc. Nat. 2, 130). 2) Rio da Cária (Plin. H. Nat. 5, 103).
indūsiārĭus, -ī, subs. m. Aquêle que faz camisas (Plaut. Aul. 509).
1. industrĭa, -ae, subs. f. 1) Zêlo, atividade, aplicação, trabalho, diligência, dedicação (Cíc. Cael. 45); (Cíc. Br. 323). 2) Loc.: de industria (Cíc. Or. 164) «deliberadamente, voluntàriamente»; ex industria (T. Lív. 1, 56, 8) «deliberadamente».
2. Industrĭa, -ae, subs. pr. f. Indústria, cidade da Ligúria (Plin. H. Nat. 3, 49).
industrĭē, adv. Com zêlo, ativamente (Cés. B. Gal. 7, 60, 1).
industrĭus, -a, -um, adj. Ativo, zeloso, laborioso (Cíc. Cael. 74).
indūtĭae, -ārum, subs. f. pl. I — Sent. próprio: 1) Tréguas, armistício (Cíc. Phil. 8, 20). II — Sent. figurado: 2) Descanso, repouso (Plaut. Amph. 389). 3) Tranqüilidade (da noite) (Apul. M. 2, 26).
1. indūtus, a, -um, part. pass. de indŭo.
2. indūtus, -ūs, subs. m. Ação de vestir ou pôr sôbre si uma vestimenta (Tác. An. 16, 4). Obs.: Geralmente ocorre no dat. e abl. sg.

indūxi, perf. de indūco.
indūxis, indūxtī = induxĕris, induxīstī (Ter. And. 833); (Plaut. Capt. 140).
inēbrĭŏ, -ās, -āre, -āvī, -ātum, v. tr. I — Sent. próprio: 1) Embebedar, embriagar (Plin. H. Nat. 12, 103). II — Sent. figurado: 2) Impregnar, saturar, encher (Juv. 9, 113).
inedĭa, -ae, subs. f. Abstinência de comida, privação de alimentos (Cíc. Fin. 5, 82).
inēdĭtus, -a, -um, adj. Não publicado, não divulgado, inédito (Ov. P. 4, 16, 39).
ineffābĭlis, -e, adj. Que não se pode exprimir, inefável (Plin. H. Nat. 5, pr. 1).
inefficax, -ācis, adj. Inútil, ineficaz (Sên. Ir. 1, 3, 7).
inēgī, perf. inīgo.
inēlabōrātus, -a, -um = illaborātus (Sên. Tranq. 1, 9).
inēlĕgans, -āntis, adj. I — Sent. próprio: 1) Que não tem elegância, deselegante, grosseiro (Cíc. Br. 282). II — Daí: 2) Desagradável (tratando-se de cheiro) (Plin. H. Nat. 21, 169).
inēlĕgănter, adv. Sem gôsto, sem finura, deselegantemente, rudemente (Cíc. Br. 101).
inēluctābĭlis, -e, adj. Invencível, inevitável, inelutável (Verg. En. 2, 324).
inēmendābĭlis, -e, adj. Incorrigível, que não se pode corrigir (Sên. Ir. 3, 41, 4).
inēmorĭor, -ĕris, -mŏrī, -mortŭus sum, v. dep. intr. Morrer em (Hor. Epo. 5, 34).
inēmptus (inēmtus), -a, -um, adj. Não comprado (Verg. G. 4, 133).
inenarrābĭlis, -e, adj. Indizível, inenarrável (T. Lív. 44, 5, 1).
inēnōdābĭlis, -e, adj. I — Sent. próprio: 1) Que não pode ser desatado (Apul. Apol. 4). II — Sent. figurado: 2) Inexplicável, obscuro, insolúvel (Cíc. Fat. 18).
inĕŏ, -īs, -īre, -ĭī, -ĭtum, v. intr. e tr. A) — Intr. I — Sent. próprio: 1) Ir para, entrar em (T. Lív. 24, 9, 2); (Cíc. Dej. 8). II — Sent. figurado: 2) Começar, empreender, encetar (Cíc. Pomp. 35); (Cíc. Of. 1, 37); (T. Lív. 31, 5, 1). B) Tr. 3) Lançar-se contra, atacar (T. Lív. 41, 13, 2). 4) Penetrar em, começar, travar (Cíc. Dej. 8); (Cíc. Of. 1, 37). Empregos especiais: 5) Fazer um cálculo, calcular, descobrir um meio, formar, tomar (Cat. Agr. 2, 2); (Cíc. Dej. 4); (Verg. Buc. 1, 55). 6) Loc.: inire somnum — dormir; inire viam (Cíc. Mur.

26) «tomar um caminho»; **inire proelium** (Cíc. Of. 1, 37) «travar combate». Obs.: Constrói-se com acus., com acus. com **in**; ou intransitivamente. O perf. **inivi** é raro. **Init** = **iniit** (Lucr. 4, 339).

inēptē, adv. Desastradamente, grosseiramente, estùpidamente, ineptamente, fora de tempo (Cíc. Tusc. 1, 11). Obs.: superl.: **ineptissĭme** (Quint. 11, 3, 131).

ineptĭae, -ārum, subs. f. pl. Loucuras, impertinências, absurdos, tolices, bagatelas, ninharias, frivolidades (Cíc. Tusc. 1, 93). Obs.: O sg. é raro e arcaico (Plaut. Merc. 26); (Ter. Ad. 749).

ineptĭō, -is, -ire, v. intr. Delirar, dizer tolices, perder a cabeça (Ter. Ad. 934); (Catul. 8, 1).

inēptus, -a, -um, adj. I — Sent. próprio: 1) Inepto, inábil (Cíc. Or. 29). II — Daí, em sent. moral: 2) Tolo, estúpido (Cíc. Clu. 176).

inequitābĭlis, -e, adj. Em que não pode manobrar a cavalaria (Q. Cúrc. 8, 14, 3).

inērmis, -e (inērmus, -a, -um), adj. I — Sent. próprio: 1) Sem armas, inerme (Cíc. Fam. 12, 10, 3). Daí: 2) Sem exército (Tác. Hist. 2, 81). II — Sent. figurado: 3) Inofensivo (Ov. Ib. 2). 4) Fraco, sem fôrça (Cíc. Fin. 1, 22).

inērrans, -āntis, adj. Fixo (Cíc. Nat. 2, 54).

inērrō, -ās, -āre, -āvī, -ātum, v. intr. Errar em ou sôbre (sent. próprio e figurado) (Plín. Ep. 1, 6, 3); (Plín. Ep. 7, 27, 6).

iners, -ērtis, adj. I — Sent. próprio: 1) Que não sabe fazer nada, inábil, incapaz (Cíc. Fin. 2, 115). Daí: 2) Preguiçoso, inerte, inativo, fraco, sem coragem, tímido (Plaut. Bac. 542); (Hor. Sát. 2, 6, 61). II — Sent. figurado: 3) Improdutivo, estéril (Verg. G. 1, 94). 4) Insípido, sem sabor (Hor. Sát. 2, 4, 41. 5) Ineficaz (T. Lív. 1, 59, 4). Sent. poético: 6) Que torna inerte, que faz entorpecer (Ov. Met. 8, 790).

inertĭa, -ae, subs. f. I — Sent. próprio: 1) Ignorância, incapacidade (Cíc. Part. 35). II — Sent. moral: 2) Inação, preguiça, inércia, indolência, apatia (Cíc. Cat. 1, 4). 3) Repugnância, aversão (Cíc. Com. 24).

inērudītē, adv. Com ignorância, sem conhecimento (Quint. 1, 10, 33).

inērudītus, -a, -um, adj. I — Sent. próprio: 1) Ignorante, pouco ilustrado (Cíc. Fin. 1, 72). II — Sent. figurado: 2) Grosseiro (Quint. 1, 12, 18).

inēscō, -ās, -āre, -āvī, -ātum, v. tr. Engodar, atrair, iludir (sent. próprio e figurado) (Petr. 140); (T. Lív. 41, 23, 8); (Ter. Ad. 220).

inessĕ, inest, inf. pres. e 3ª pess. sg. ind. pres. de **insum**.

inēvēctus, -a, -um, adj. Elevado, o que se eleva (Verg. Cul. 100).

inēvitābĭlis, -e, adj. Inevitável (Sên. Ep. 30, 7).

inēvolūtus, -a, -um, adj. Não desenrolado (Marc. 11, 14).

inexcitābĭlis, -e, adj. (Sono) letárgico, de que não se pode despertar (Sên. Ep. 83, 15).

inexcĭtus, -a, -um, adj. Não agitado, calmo (Verg. En. 7, 623).

inexcūsābĭlis, -e, adj. Inescusável, indesculpável (Ov. Met. 7, 511).

inexcūssus, -a, -um, adj. Não abalado, não abatido (Verg. Cul. 300).

inexercitātus, -a, -um, adj. Não exercitado, sem exercício, noviço, sem prática (Cíc. Tusc. 2, 38).

inexaustus, -a, -um, adj. I — Sent. próprio: 1) Não esgotado (S. It. 14, 686). II — Daí: 2) Inesgotável, insaciável (Verg. En. 10, 174).

inexōrābĭlis, -e, adj. I — Sent. próprio: 1) Inflexível, inexorável (Cíc. Tusc. 1, 10). Daí: 2) Sem piedade por, sem compaixão por (T. Lív. 34, 4, 18). 3) Implacável (Ov. Met. 5, 244). Obs.: Constrói-se com nomes de pessoas; com acus. acompanhado de **in, adversus, contra**; com dat.; com nomes de coisas; absolut.

inexperrēctus, -a, -um, adj. Não despertado, adormecido (Ov. Met. 12, 317).

inexpērtus, -a, -um, adj. I — Sent. próprio: 1) Inexperto, inexperiente, novato (Hor. Ep. 1, 18, 86). Daí: 2) Não acostumado a (T. Lív. 23, 18, 10). II — Sent. passivo: 3) Não experimentado, de que não se fêz experiência (Verg. En. 4, 415). 4) Nôvo, desusado (Estác. S. 4, 5, 11).

inexpiābĭlis, -e, adj. I — Sent. próprio: 1) Inexpiável (Cíc. Phil. 14, 8). II — Sent. figurado: 2) Implacável, terrível (T. Lív. 4, 35, 8).

inexplēbĭlis, -e, adj. I — Sent. próprio: 1) Que não pode ser saciado (Sên. Ep. 89, 22). II — Sent. figurado: 2) Insaciável, infatigável (Cíc. Tusc. 5, 16). III — Sent. poético: 3) Insaciável, sempre vazio (Apul. Flor. 20).

inexplētus, -a, -um, adj. I — Sent. próprio: 1) Não saciado (Estác. Theb. 2, 518). II — Sent. figurado: 2) Insaciável (Estác. Theb. 6, 703).

inexplicābĭlis, -e, adj. I — Sent. próprio: 1) Que não se pode desatar (Q. Cúrc. 3, 1, 13). II — Daí: 2) De que não se pode sair, inextricável (Cíc. At. 8, 3, 6). 3) Inexplicável (T. Lív. 37, 52, 9). 4) Impraticável (T. Lív. 40, 33, 2). 5) Impossível (Plín. H. Nat. 23, 32). 6) Interminável, sem fim (Tác. An. 3, 73).

inexplicĭtus, -a, -um, adj. Inexplícito, embaraçado, obscuro, enigmático (Marc. 9, 47, 1).

inexplōrātus, -a, -um, adj. Inexplorado, não explorado, não observado, desconhecido (T. Lív. 26, 48, 4).

inexpugnābĭlis, -e, adj. I — Sent. próprio: 1) Inexpugnável (T. Lív. 2, 7, 6). II — Sent. figurado: 2) Invencível (Cíc. Tusc. 5, 41). 3) Impenetrável, inacessível (Plín. H. Nat. 33, 72). 4) Que não se pode arrancar (Ov. Met. 5, 486).

inexspectātus, -a, -um, adj. Inesperado (Ov. Met. 12, 65).

inexstīnctus, -a, -um, adj. I — Sent. próprio: 1) Não extinto (Ov. F. 6, 297). II — Sent. figurado: 2) Insaciável (Ov. F. 1, 413). 3) Imortal (Ov. Trist. 5, 14, 36).

inexsuperābĭlis, -e, adj. I — Sent. próprio: 1) Intransitável, inacessível (T. Lív. 5, 36, 6). II — Sent. figurado: 2) Invencível, que não se pode ultrapassar (T. Lív. 8, 7, 8).

inextrīcābĭlis, -e, adj. I — Sent. próprio: 1) De que não se pode sair, inextricável (Verg. En. 6, 27). II — Sent. figurado: 2) Incurável (Plín. H. Nat. 20, 232). 3) Indescritível (Plín. H. Nat. 11, 2).

infābrē, adv. Grosseiramente, sem arte, sem retoques (Hor. Sát. 2, 3, 22).

infabricātus, -a, -um, adj. Não fabricado, não trabalhado, tôsco (Verg. En. 4, 400).

infacētiae (inficētiae), -ārum, subs. f. pl. Grosseria, rusticidade (Catul. 36, 19).

infacētus (inficētus), -a, -um, adj. Grosseiro, sem graça, mal educado (Cíc. Of. 3, 58).

infacūndus, -a, -um, adj. Infacundo, que tem dificuldade de expressão, pouco eloqüente (T. Lív. 4, 49, 12).

infāmātus, -a, -um, part. pass. de **infāmo.**

infāmĭa, -ae, subs. f. I — Sent. próprio: 1) Má reputação, má fama, descrédito (Cíc. Rep. 4, 12). Daí: 2) Infâmia, desonra, vergonha (Ov. Met. 8, 97).

infāmis, -e, adj. 1) Que tem a reputação perdida, desacreditado, desonrado, infame (Cíc. Clu. 130). 2) Perigoso, funesto (tratando-se de coisas), (Cíc. Fin. 2, 12).

infāmō, -ās, -āre, -āvī, -ātum, v. tr. 1) Infamar, desacreditar (Cíc. Fam. 9, 12). Daí: 2) Censurar, acusar (Sên. Ep. 22, 7).

infāndus, -a, -um, adj. Infando, de que não se deve falar, horrível, medonho, cruel, abominável, monstruoso: **infandum!** (Verg. En. 1, 251) «coisa horrível!».

infans, -āntis, adj. I — Sent. próprio: 1) Que não fala, incapaz de falar (Cíc. Div. 1, 121). Daí: 2) Que não tem o dom da palavra (Cíc. Br. 278). 3) Que tem pouca idade, infantil, de criança pequena (Cíc. Verr. 1, 153). Como subs.: 4) Criança (Cés. B. Gal. 7, 28, 4). II — Sent. figurado: 5) Pueril (Cíc. At. 10, 18, 1). Obs.: Às vêzes, **infans** tem o sentido de **puer,** porque aos sete anos é que se considerava terminado o período em que a criança era incapaz de falar.

infantārĭus, -a, -um, adj. Que gosta de criança (Marc. 4, 87, 3).

infantĭa, -ae, subs. f. I — Sent. próprio: 1) Incapacidade de falar, mudez (Cíc. De Or. 3, 142). Daí 2) Infância, meninice (Tác. An. 1, 4). 3) Primeira idade dos animais, das plantas (Plín. H. Nat. 8, 171).

infantŭla, -ae, subs. f. Menina (Apul. M. 10, 28).

infantŭlus, -ī, subs. m. Menino (Apul. M. 8, 15).

infarcĭo = infercĭo.

infatīgābĭlis, -e, adj. Infatigável (sent. próprio e figurado) (Sên. Vit. 7).

infatuātus, -a, -um, part. pass. de **infatŭo.**

infatŭō, -ās, -āre, -āvī, -ātum, v. tr. Tornar estúpido, insensato, enfatuar (Cíc. Phil. 3, 22).

infaustus, -a, -um, adj. I — Sent. próprio: 1) Funesto, infeliz, infausto, sinistro (Verg. En. 5, 635). II — Daí: 2) Perseguido pela desgraça, desventurado (Tác. An. 12, 10). Como subs. n.: 3) A desgraça (Plín. H. Nat. 16, 169).

infēcī, perf. de **inficĭo.**

infēctor, -ōris, subs. m. 1) Tintureiro (Cíc. Fam. 2, 16, 7). Como adj.: 2) O que serve para tingir (Plín. H. Nat. 11, 8).

1. **infēctus, -a, -um,** part. pass. de **inficĭo.**
2. **infēctus, -a, -um,** adj. I — Sent. próprio: 1) Não feito, não realizado, que não aconteceu (Cíc. Top. 22). Daí: 2) Incompleto, não concluído (Cés. B. Civ. 1, 32, 4). 3) Não trabalhado, bruto (Verg. En. 10, 528). II — Sent. figurado: 4) Impossível (Sal. B. Jug. 76, 1).

infēcundĭtas, -tātis, subs. f. Infecundidade, esterilidade (Tác. An. 4, 6).
infēcŭndus, -a, -um, adj. Infecundo, estéril (Ov. Trist. 3, 14, 34).
infēlīcĭtās, -tātis, subs. f. 1) Infelicidade, desgraça, calamidade (Cíc. Pis. 47). 2) Esterilidade (Quint. 10, 2, 8).
infēlīcĭter, adv. Infelizmente (Ter. Eun. 329). Obs.: Comp. **infelicĭus** (Quint. 8, 6, 33).
infēlix, -ĭcis, adj. I — Sent. próprio: 1) Estéril, que não produz, improdutivo (Verg. G. 2, 239). II — Daí, em sent. especial: 2) Infeliz, desventurado, desgraçado (Cíc. Amer. 119). 3) Sinistro, de mau agouro (Marc. Sat. 2, 16, 2). 4) Que torna infeliz, deplorável, funesto (Cíc. Phil. 2, 64).
infēnsē, adv. De maneira hostil, como inimigo (Tác. An. 5, 3). Obs.: Comp.: **infensĭus** (Cíc. Or. 172).
infēnsō, -ās, -āre, v. tr. I — Sent. próprio: 1) Encarniçar-se contra, ser hostil (Tác. An. 13, 41); (Tác. An. 13, 37). 2) Destruir: ...**pabula** (Tác. An. 6, 34) «destruir a forragem».
infēnsus, -a, -um, adj. I — Sent. próprio: 1) Infenso, hostil, irritado contra (Verg. En. 11, 122). Daí, tratando-se de coisas: 2) Inimigo, funesto, cruel (Tác. An. 1, 81).
infer, -ĕra, v. **infĕrus**.
inferbŭī, perf. de **infervĕo** e de **infervēsco**.
infercĭō, -īs, -īre, -sī, -tum (ou **-sum**), v. tr. Encher, ajuntar, acumular, meter em (Cíc. Or. 231).
infĕrī, -ōrum, subs. m. pl. Habitantes das regiões infernais, os mortos, os infernos (Cíc. Or. 85).
inferĭae, -ārum, subs. f. pl. Sacrifício em honra dos mortos, vítima oferecida aos manes (Ov. Met. 11, 381).
inferĭor, -ĭus, (gen. **-ōris**), adj. comp. de **infĕrus**. I — Sent. próprio: 1) Que está mais baixo, menos elevado, inferior: **ex inferiore loco dicere** (Cíc. At. 2, 24, 3) «falar de um lugar menos elevado (i.é, sem subir à tribuna)». Daí: 2) Colocado depois, seguinte (em métrica): ...**versus** (Ov. Am. 1, 1, 3) «verso seguinte (referindo-se ao pentâmetro)» 3) Que vem depois (no tempo), mais jovem, descendente (Cíc. Br. 182). 4) Inferior (em número, fôrça, categoria, merecimento) (Cíc. Leg. 3, 30). 5) Mais fraco, menos forte (Cíc. Br. 179). Obs.: Constrói-se com abl.; com abl. (em forma comparat.) mais **quam**; com abl. e **in**; absolut.

1. **inferĭus, -a, -um**, adj. Oferecido (nos sacrifícios) (Cat. Agr. 132, 2).
2. **inferĭus**, adv. comp. de **infra**. Mais baixo, inferiormente, muito abaixo (Ov. Met. 2, 137).
infĕrna, -ōrum, subs. n. pl. As regiões infernais, a morada dos deuses infernais (Tác. Hist. 5, 5).
infĕrnas, -ātis, adj. Do mar Inferior ou Tirreno (Plín. H. Nat. 16, 197).
infĕrnē, adv. Em baixo, inferiormente (Lucr. 6, 597).
infĕrnī, -ōrum, subs. m. pl. Os infernos (Prop. 2, 1, 37).
infĕrnus, -a, -um, adj. I — Sent. próprio: 1) Que está em baixo, de uma região inferior (Cíc. poét. Nat. 2, 114). Daí: 2) Infernal, das regiões infernais (Verg. En. 6, 106).
infĕrō, -fers, -fērre, intŭlī, illātum, v. tr. I — Sent. próprio: 1) Levar a ou contra (Cés. B. Gal. 2, 26, 1); (T. Lív. 32, 24, 5). Daí: 2) Levar para a sepultura, enterrar, introduzir, pôr em ou sôbre (Cíc. Leg. 2, 64). 3) Trazer, apresentar, dar, oferecer (T. Lív. 33, 16, 8). II — Sent. figurado: 4) Inspirar, causar, suscitar (Cés. B. Gal. 7, 8, 3). 5) Concluir (Cíc. Inv. 1, 73). 6) Reflexivo ou passivo: dirigir-se para, ir contra, avançar, lançar-se, introduzir-se (Cíc. Font. 44); (Cíc. Balb. 25). Donde: 7) Fazer-se valer (Cíc. Caec. 13). Obs.: Constrói-se com obj. dir. e acus. com **in** ou com **ad**; com dat.; ou intransitivamente.
infērsī, perf. de **infercĭo**.
infērsus, -a, -um, part. pass. de **infercĭo**.
infĕrus (**infer**), **-a, -um**, adj. Que está abaixo, inferior (Cíc. Lae. 12).
infervēscō, -is, -ĕre, -ferbŭī, v. incoat. intr. Aquecer, ferver, pôr-se a borbulhar (Hor. Sát. 2, 4, 67).
infestātus, -a, -um, part. pass. de **infēsto**.
infēstē, adv. Como inimigo, hostilmente (T. Lív. 26, 13, 7). Obs.: Comp.: **infestĭus** (T. Lív. 2, 55, 5); superl.: **infestissĭme** (Cíc. Quinct. 66).
infēstō, -ās, -āre, -āvī, -ātum, v. tr. I — Sent. próprio: 1) Atacar, infestar, devastar (sent. próprio e figurado) (Ov. Met. 13, 730). II — Sent. figurado: 2) Alterar, corromper, prejudicar (Plín. H. Nat. 23, 39).
infēstus, -a, -um, adj. I — Sent. próprio: 1) Dirigido contra, e daí: 2) Hostil a, inimigo, encarniçado contra (Cíc. Cat. 4, 21). II — Por extensão: 3) Exposto ao perigo ou aos ataques, ameaçado, perigoso, infestado (T. Lív. 10, 46, 9).

inficētiae, -ārum, v. **infacētiae.**
inficētus, v. **infacētus.**
inficiens, -entis, part. pres. de **inficio.**
inficio, -is, -ěre, -fěcī, -fēctum, v. tr. I — Sent. próprio: 1) Mergulhar, pôr num banho, meter na tinta, tingir (Verg. En. 5, 413). Daí: 2) Impregnar (Tác. Hist. 2, 55); (Verg. G. 3, 481). II — Sent. figurado: 3) Estragar, corromper (sent. físico e moral) (Cíc. Tusc. 5, 78).
inficior = **infitior.**
infidēlis, -e, adj. Infiel, inconstante, pouco firme, indiscreto (Cés. B. Gal. 7, 59, 2).
infidēlitas, -tātis, subs. f. Infidelidade (Cíc. Tusc. 5, 22).
infidēliter, adv. De modo pouco seguro, pouco leal, infielmente (Cíc. Ep. ad Br. 2, 1, 2).
infidī, perf. de **infindo.**
infīdus, -a, -um, adj. Infido, em que não se pode confiar, pouco seguro, infiel, inconstante, perigoso (Cíc. Lae. 53).
infīgo, -is, -ěre, -fīxī, -fīxum, v. tr. Fixar em, fincar em, enfiar (Cíc. Tusc. 4, 50).
infīmās (infimātis), -ātis, (-e), adj. De baixa condição (Plaut. St. 493).
infīmus (infumus), -a, -um, adj. superl. de **inferus.** I — Sent. próprio: 1) O que está abaixo de tudo, o mais baixo, a parte inferior de (Cés. B. Gal. 2, 18, 2). II — Sent. figurado: 2) Ínfimo, o mais humilde (Cíc. Font. 27).
infindō, -is, -ěre, -fīdī, -fīssum, v. tr. Fender enterrando, abrir (Verg. Buc. 4, 33).
infinītās, -tātis, subs. f. Imensidade, extensão infinita (Cíc. Nat. 1, 73).
infīnītē, adv. 1) Sem fim, sem limite, infinitamente (Cíc. Or. 228). 2) Indefinidamente, incessantemente (Cíc. De Or. 2, 66).
infīnītiō, -ōnis, subs. f. = **infīnitas** (Cíc. Fin. 1, 21).
infīnītō, adv. Infinitamente, imensamente, sem limite (Plín. H. Nat. 25, 94).
infīnītus, -a, -um, adj. I — Sent. próprio e figurado: 1) Infinito, ilimitado, imenso (Cíc. Div. 2, 103) (sent. próprio); (Cíc. Dej. 13) (sent. figurado). Daí: 2) Indeterminado, geral (Cíc. De Or. 2, 42). Na língua gramatical: 3) Infinitivo (verbo), indefinido (pronome): **infinitum verbum** (Quint. 9, 3, 9) «o infinitivo»; **infinitus articulus** (Varr. L. Lat. 8, 45) «o pronome indefinido». 4) Muito numeroso, infinitamente (Quint. 3, 4, 25).
infirmātiō, -ōnis, subs. f. I — Sent. próprio: 1) Enfraquecimento (Cíc. Agr. 2, 8). II — Na língua retórica: 2) Refutação (Cíc. Inv. 1, 18).
infirmē, adv. Sem vigor, sem firmeza, fracamente, dèbilmente (Cíc. Fam. 15, 1, 3).
infirmitās, -tātis, subs. f. I — Sent. próprio: 1) Fraqueza, falta de fôrças (Cíc. C. M. 33). Daí: 2) Debilidade, doença, enfermidade (Suet. Tib. 72). II — Sent. figurado: 3) Fraqueza (de caráter), leviandade, inconstância (Cíc. Amer. 10).
infirmō, -ās, -āre, -āvī, -ātum, v. tr. I — Sent. próprio: 1) Infirmar, enfraquecer, debilitar (Tác. An. 15, 10). II — Sent. figurado: 2) Infirmar, destruir, refutar (Cíc. At. 15, 26, 1). 3) Anular (T. Lív. 34, 3).
infirmus, -a, -um, adj. I — Sent. próprio: 1) Fraco (fisicamente), débil, doente, enfêrmo (Cíc. Fin. 5, 43). II — Sent. figurado: 2) Fraco (de espírito), cobarde, pusilânime: **infirmus animus** (Cés. B. Civ. 1, 32, 9) «coração pusilânime». 3) Sem valor, sem autoridade, frívolo (Cíc. Clu. 91). Obs.: Constrói-se absolt.; com acus. acompanhado da prep. **ad.**
infit, v. defect. 1) Começar a (Verg. En. 11, 242). 2) Começa a falar (Verg. En. 5, 708).
infitiālis, -e, adj. Negativo (Cíc. Top. 92).
infitiae, -ārum, subs. f. pl. Usa-se apenas na expressão: **infitias ire** (Plaut. Cist. 661); (C. Nep. Ep. 10, 4) «negar».
infitiātiō, -ōnis, subs. f. Denegação, recusa (Cíc. De Or. 2, 105).
infitiātor, -ōris, subs. m. O que nega uma divida, o que recusa repor um depósito (Cíc. De Or. 1, 168).
infitior, -āris, -ārī, -ātus sum, v. dep. tr. Negar (um depósito, uma dívida), negar, contestar, recusar (Cíc. Verr. 4, 104); (Cíc. Q. Fr. 1, 2, 10).
infīxī, perf. de **infīgo.**
infīxus, -a, -um, part. pass. de **infīgo.**
inflammātiō, -ōnis, subs. f. I — Sent. próprio: 1) Ação de incendiar, incêndio (Cíc. Har. 3). Na língua médica: 2) Inflamação (Plín. H. Nat. 22, 132). II — Sent. figurado: 3) Excitação, ardor (Cíc. De Or. 2, 194).
inflammātus, -a, -um, part. pass. de **inflammo.**
inflammō, -ās, -āre, -āvī, -ātum, v. tr. I — Sent. próprio: 1) Atear fogo a, incendiar, acender (Cíc. Verr. 4, 106). II — Sent. figurado: 2) Inflamar, irritar, excitar, entusiasmar (Cíc. Fin. 1, 51); (Cíc. Fam. 1, 7, 9).

inflātĭō, -ōnis, subs. f. I — Sent. próprio: 1) Inchação, tumefação, inchaço (Suet. Aug. 81). Daí: 2) Flatulência (Cíc. Div. 1, 62).
inflatĭus, adv. De modo muito arrebatado, exageradamente (Cés. B. Gal. 2, 17, 3).
1. inflātus, -a, -um. A) Part. pass. de **inflo.** B) Adj.: I — Sent. próprio: 1) Inchado, que se enche de ar (Cíc. Vat. 4). II — Sent. figurado: 2) Orgulhoso, vaidoso (Cíc. Mur. 33). 3) Empolado, enfático (tratando-se do estilo) (Cíc. Br. 202). 4) Inchado de (Cíc. Tusc. 3, 19).
2. inflātus, -us, subs. m. I — Sent. próprio: 1) Ação de soprar em, insuflação, sôpro (Cíc. Br. 192). II — Sent. figurado: 2) Inspiração (Cíc. Div. 1, 12).
inflēctō, -is, -ĕre, -flēxī, -flēxum, v. tr. Curvar, dobrar, torcer (sent. físico e moral) (Cés. B. Gal. 1, 25, 3); (Cíc. Caec. 73); (Cíc. De Or. 2, 193).
inflētus, -a, -um, adj. Não chorado (Verg. En. 11, 172).
inflēxī, perf. de **inflēcto.**
inflexibĭlis, -e, adj. Que não pode ser dobrado, inflexível (sent. próprio e figurado) (Plín. H. Nat. 28, 192).
inflexĭō, -ōnis, subs. f. Ação de dobrar, inflexão (Cíc. De Or. 3, 220).
1. inflēxus, -a, -um, part. pass. de **inflēcto.**
2. inflēxus, -ūs, subs. m. I — Sent. próprio: 1) Volta (de uma rua), sinuosidade (Juv. 3, 235). 2) Inflexão (Sên. Br. 12, 4).
inflictus, -a, -um, part. pass. de **inflīgo.**
inflīgō, -is, -ĕre, -flīxī, -flīctum, v. tr. I — Sent. próprio: 1) Bater contra, lançar contra, ferir (Cíc. Planc. 70). II — Sent. figurado: 2) Infligir, causar um mal (Cíc. Pis. 63). Obs.: Constrói-se com acus. e dat.; ou acus. com prep. **in.**
inflīxī, perf. de **inflīgo.**
inflō, -ās, -ăre, -āvī, -ātum, v. tr. I — Sent. próprio: 1) Soprar, soprar em ou sôbre, inflar (Cíc. Br. 192). II — Sent. figurado: 2) Inchar, encher de orgulho, dar ânimo (Cíc. Div. 2, 33); (Verg. En. 3, 357). 3) Fazer ouvir um som, tirar um som (Cíc. De Or. 3, 225). 4) Elevar (o tom, o estilo), levantar, aumentar (Cíc. De Or. 3, 102); (Cíc. Pis. 89). 5) Inspirar (Cíc. Arch. 18). 6) Exaltar (T. Lív. 45, 31, 3).
influō, -is, -ĕre, -flūxī, -flūxum, v. intr. I — Sent. próprio: 1) Correr para dentro, lançar-se, precipitar-se (Cíc. Tusc. 1, 94). II — Sent. figurado: 2) Entrar em, invadir (Cíc. Prov. 32). 3) Insinuar-se, penetrar (Cíc. Of. 2, 31).

influxī, perf. de **influo.**
infōdī, perf. de **infodio.**
infodĭō, -is, -ĕre, -fōdī, -fōssum, v. tr. I — Sent. próprio: 1) Cavar, enterrar (Cés. B. Gal. 7, 73, 9); (Verg. G. 2, 348). II — Sent. figurado: 2) Enxertar (Plín. H. Nat. 12 pr. 2).
informātĭō, -ōnis, subs. f. I — Sent. próprio: 1) Ação de formar, representação (Cíc. De Or. 2, 358). Daí: 2) Esbôço, plano, idéia, concepção (Cíc. Nat. 1, 43). II — Sent. figurado: 3) Formação, forma, explicação de uma palavra pela etimologia (Cíc. Part. 102).
informātus, -a, -um, part. pass. de **informo.**
infōrmis, -e, adj. I — Sent. próprio: 1) Informe, sem forma (T. Lív. 21, 26, 9). Daí: 2) Disforme, feio, horrível (Verg. En. 8, 264). II — Sent. figurado: 3) Horroroso, rigoroso (Hor. O. 2, 10, 15).
infōrmō, -ās, -āre, -āvī, -ātum, v. tr. I — Sent. próprio: 1) Dar forma a, formar, modelar, fabricar (Verg. En. 8, 447). II — Sent. figurado: 2) Formar no espírito, imaginar, descrever, apresentar (Cíc. Nat. 2, 13); (Cíc. Nat. 1, 39). 3) Formar, educar, instruir (Cíc. Of. 1, 13).
infortūnātus, -a, -um, adj. Infeliz, desgraçado (Ter. Eun. 298).
infortunĭum, -ī, subs. n. Infortúnio, desventura, castigo, desgraça (T. Lív. 1, 50, 9).
infōssus, -a, -um, part. pass. de **infodio.**
1. infrā, adv. Abaixo, em baixo, na parte de baixo (Cíc. At. 8, 6, 2); (Cés. B. Gal. 4, 36, 4).
2. infrā, prep. (acus.) I — Sent. próprio: 1) Abaixo de: **infra oppidum** (Cíc. Verr. 4, 51) «abaixo da cidadela». II — Sent. figurado: 2) Inferior a: **magnitudine infra elephantos** (Cés. B. Gal. 6, 28, 1) «em grandeza inferior aos elefantes, i. é, menores que os elefantes».
infractĭō, -ōnis, subs. f. I — Sent. próprio: 1) Ação de quebrar, donde: abatimento (Cíc. Tusc. 3, 14).
infrāctus, -a, -um, part. pass. de **infrīngo.**
infraeno = **infrēno.**
infragĭlis, -e, adj. I — Sent. próprio: 1) Que não pode ser quebrado (Plín. H. Nat. 20, pr. 2). II — Sent. figurado: 2) Sólido, firme, inabalável (Ov. Trist. 1, 5, 53).
infrēgī, perf. de **infrīngo.**
infrĕmō, -is, -ĕre, -frĕmŭī, v. intr. Fazer ruído, bramir (Verg. En. 10, 711).
infremŭī, perf. de **infrĕmo.**
infrēnātus, -a, -um, part. pass. de **infrēno.**

infrĕndens, -ēntis, part. pres. de **infrendĕo**.
infrendĕō, -ēs, -ĕre, v. intr. Ranger os dentes, estar furioso (Verg. En. 3, 664).
infrēnis, -e (**infrēnus**, -a, -um), adj. I — Sent. próprio: 1) Sem freio (Verg. En. 10, 750). II — Sent. figurado: 2) Desenfreado, infrene, que não se pode conter (A. Gél. 1, 15, 17).
infrēnō, -ās, -āre, -āvī, -ātum, v. tr. I — Sent. próprio: 1) Enfrear, pôr em freio, atrelar (os cavalos) (Verg. En. 12, 287). II — Sent. figurado: 2) Dirigir, governar, conter (Cíc. Pis. 44).
infrēnus, v. **infrēnis**.
infrĕquens, -ēntis, adj. I — Sent. próprio: 1) Pouco numeroso, mal provido de, que tem em pequeno número (Cíc. Q. Fr. 2, 10, 1). Daí: 2) Pouco freqüentado, pouco assíduo, deserto, solitário (T. Lív. 31, 23, 4). 3) Raro, pouco usado, que acontece poucas vêzes (A. Gél. 2, 22, 2). II — Sent. figurado: 4) Pouco familiar (A. Gél. 13, 24, 4). 5) Raro, que vai raras vêzes (Hor. O. 1, 34, 1). Obs.: Constrói-se absolt.; com abl.
infrequentĭa, -ae, subs. f. I — Sent. próprio: 1) Infreqüência, falta de freqüência, pequeno número, falta de número (Cíc. Q. Fr. 3, 2, 2). Daí: 2) Solidão, deserto (Tác. An. 14, 27).
infriātus, -a, -um, part. pass. de **infrĭo**.
infrĭngō, -is, -ĕre, -frēgī, -frāctum, v. tr. I — Sent. próprio: 1) Quebrar contra, quebrar (Cíc. Ac. 2, 79). II — Sent. figurado: 2) Abater, enfraquecer, diminuir, desencorajar, desanimar (Cés. B. Civ. 2, 21, 2); (Cíc. Mil. 5). 3) Tornar entrecortada a frase (T. Liv. 38, 14, 9).
infrons, -ōndis, adj. Sem folhagem, sem árvore (Ov. P. 4, 10, 31).
infructuōsus, -a, -um, adj. I — Sent. próprio: 1) Que não produz, infrutuoso, infrutífero, estéril (Col. Arb. 8, 4). II — Sent. figurado: 2) Estéril (Sên. Contr. 3, 19).
infrunītus, -a, -um, adj. Insípido (Sên. Ben. 3, 16, 3).
infūcātus, -a, -um, adj. Não pintado (Cíc. De Or. 3, 100).
infūdī, perf. de **infŭndo**.
infūī, perf. de **insum**.
infŭla, -ae, subs. f. Geralmente no pl. I — Sent. próprio: 1) Ínfula (espécie de colar ou diadema de caráter ritual que traziam os sacerdotes, as vítimas ou os suplicantes), faixa, banda (Verg. En. 10, 538). II — Sent. figurado: 2) Enfeite, decoração, ornato (Cíc. Agr. 1, 6).

infulātus, -a, -um, adj. Que traz uma ínfula (Suet. Cal. 26).
infulcĭō, -īs, -īre, -fŭlsī, -fŭltum, v. tr. I — Sent. próprio: 1) Meter, espetar à fôrça (Suet. Tib. 53). Daí: 2) Introduzir, inserir (Sên. Ben. 3, 28).
infŭlsī, perf. de **infulcĭo**.
infŭmus, v. **infĭmus**.
infŭndō, -is, -ĕre, -fūdī, -fūsum, v. tr. I — Sent. próprio: 1) Derramar, verter (Cíc. Tusc. 1, 61). II — Sent. figurado: 2) Fazer penetrar, infundir, inculcar (Cíc. De Or. 2, 355). 3) Espalhar, estender (Verg. En. 4, 122). Obs.: Constrói-se com obj. dir. e acus. com **in**.
infuscātus, -a, -um, part. pass. de **infūsco**.
infūsco, -ās, -āre, āvī, -ātum, v. tr. I — Sent. próprio: 1) Tornar escuro, enegrecer (Verg. G. 3, 389). II — Sent. figurado: 2) Manchar, sujar (Cíc. Br. 258).
infūsĭō, -ōnis, subs. f. Ação de derramar em, infusão, injeção (Plín. H. Nat. 20, 228).
infūsus, -a, -um, part. pass. de **infŭndo**.
Ingaevŏnes, -um, subs. loc. m. Ingévones, povo germânico das margens do mar Báltico (Tác. Germ. 2).
Ingaunī, -ōrum, subs. loc. m. pl. Ingaunos, povo lígure da costa do gôlfo de Gênova (T. Lív. 40, 41).
ingemēscō = **ingemisco**.
ingeminātus, -a, -um, part. pass. de **ingemĭno**.
ingemĭnō, -ās, -āre, -āvī, -ātum, v. tr. e intr. I — Tr.: Sent. próprio: 1) Redobrar, repetir, reiterar (Verg. En. 5, 457). II — Intr.: Sent. figurado: 2) Redobrar as fôrças, tornar mais violento, aumentar (Verg. En. 1, 747).
ingemīscō, -is, -ĕre, -gemŭī, v. incoat. intr. e tr. A — Intr. 1) Gemer, soltar gemidos, lamentar, chorar (Cíc. Tusc. 5, 77). B — Tr. 2) Deplorar com gemidos, deplorar (Cíc. Phil. 13, 23).
ingĕmō, -is, -ĕre, -gemŭī, v. intr. e tr. A — Intr.: Sent. próprio: 1) Gemer, lamentar-se, chorar (Verg. G. 1, 46); (Cíc. Phil. 2, 64). B — Tr.: 2) Chorar, deplorar (Verg. Buc. 5, 27). Obs.: Constrói-se como intr. absoluto; com dat.; ou com acus.
ingemŭī, perf. de **ingemĭsco** e **ingĕmo**.
ingeneratus, -a, -um, part. pass. de **ingenĕro**.
ingenĕrō, -ās, -āre, -āvī, -ātum, v. tr. I — Sent. próprio: 1) Engendrar, gerar, produzir, procriar (Cíc. Leg. 1, 24). II — Sent. figurado: 2) Inspirar, infundir (Cíc. Of. 1, 12).

ingeniātus, -a, -um, adj. Disposto pela natureza (Plaut. Mil. 731).
ingeniōsē, adv. Engenhosamente, com engenho (Cíc. Inv. 1, 8).
ingeniōsus, -a, -um, adj. I — Sent. próprio: 1) Apto para, próprio para (tratando-se de coisas) (Ov. F. 4, 684). II — Sent. figurado: 2) Dotado de talento, hábil, engenhoso (Ov. Am. 1, 11, 4). 3) Espirituoso, fino (Cíc. Fin. 5, 36).
ingenĭtus, -a, -um, part. pass. de **ingĭgno**.
ingenĭum, -ĭ, subs. n. I — Sent. próprio: 1) Caráter inato, qualidade natural, natureza (tratando-se de pessoas ou coisas) (Verg. G. 2, 177). Daí em sent. especial: 2) Engenho, inteligência (Cíc. Br. 93). 3) Talento, gênio, imaginação, capacidade (Cíc. Fam. 4, 8, 1). II — Sent. figurado: 4) Invenção, inspiração (Tác. Hist. 3, 28). No pl.: 5) Pessoas de gênio, de talento (Cíc. Fam. 4, 8, 2).
ingens, -ēntis, adj. I — Sent. próprio: 1) Ingente, muito grande, enorme, vasto, imenso, gigantesco (Cíc. Dom. 55). II — Sent. figurado: 2) Grande, notável, forte, poderoso, ingente (S. It. 10, 216). Obs.: Constrói-se absolt.; com abl; com gen.
ingenŭē, adv. 1) De homem livre, liberalmente (Cíc. Fin. 3, 38). 2) Francamente, sinceramente, lealmente, com franqueza (Cíc. At. 13, 27, 1).
ingenŭī, perf. de **ingĭgno**.
ingenuĭtas, -tātis, subs. f. I — Sent. próprio: 1) Condição de homem livre (Cíc. Verr. 1, 123). II — Daí, por extensão: 2) Modo de pensar próprio do homem livre, sentimentos nobres, lealdade, sinceridade (Cíc. Ac. 1, 33).
ingenŭus, -a, -um, adj. I — Sent. próprio: 1) Que tem origem em, indígena, nativo, natural, inato (Plaut. Mil. 632). Depois: 2) Nascido livre, de condição livre, bem nascido (Cíc. Br. 261). II — Por extensão: 3) Digno de um homem livre, nobre, sincero, franco (Cíc. Fin. 5, 48). III — Sent. poético: 4) Fraco, delicado (Ov. Trist. 1, 5, 72).
inger = **ingĕre**, imperat. de **ingĕro** (Catul. 27, 2).
ingĕrō, -is, -ĕre, -gēssī, -gēstum, v. tr. I — Sent. próprio: 1) Levar, trazer para dentro, introduzir, ingerir (Plín. H. Nat. 31, 81); (Plín. H. Nat. 31, 40). II — Sent. figurado: 2) Lançar contra, proferir (Hor. Sát. 1, 5, 12); (Tác. An. 4, 42). 3) Impor, inculcar (Cíc. Verr. 3, 69). Obs.: O imperat. normal e **ingere**, mas ocorre **inger** em Catulo (27, 2).

ingēssī, perf. de **ingĕro**.
ingēstus, -a, -um, part. pass. de **ingĕro**.
ingĭgnō, -is, -ĕre, -genŭī, -genĭtum, v. tr. Inspirar, fazer nascer em, inculcar (Cíc. Fin. 2, 46). Obs.: Usado apenas no perf. e no part. pass.
inglomĕrō, -ās, -āre, v. tr. Aglomerar, acumular (Estác. Theb. 1, 351).
inglōriōsus, -a, -um, adj. Inglorioso, não glorioso, sem glória (Plín. Ep. 9, 26, 4).
inglōrĭus, -a, -um, adj. Inglório, que vive sem glória, obscuro (Tác. Hist. 3, 59).
ingluvĭēs, -ēī, subs. f. I — Sent. próprio: 1) Garganta, goela, papo (das aves) (Verg. G. 3, 431). 2) Estômago (Apul. M. 1, p. 109). II — Sent. figurado: 3) Voracidade, avidez (Hor. Sát. 1, 2, 8).
ingrātē, adv. 1) De modo desagradável, de má vontade (Ov. A. Am. 2, 435). 2) Com ingratidão (Cíc. Fam. 12, 1, 2).
ingrātĭa, -ae, subs. f. Ingratidão, descontentamento (Tert. Paen. 1). Obs.: No período clássico apenas ocorre o abl. — **ingratiis** com o sent. de «com repugnância», «de má vontade», «contra a vontade» (Cíc. Tull. 5).
ingrātus, -a, -um, adj. I — Sent. próprio: 1) Que não é acolhido com reconhecimento, que não merece gratidão, desagradável (Cés. B. Gal. 7, 30, 1). II — Daí: 2) Que não tem gratidão, ingrato, insociável (Cíc. Nat. 1, 93). 3) Insaciável (Hor. Sát. 1, 2, 8). Obs.: Constrói-se absolt.; acus. com **in**; com gen. (na poesia).
ingravātus, -a, -um, part. pass. de **ingrăvo**.
ingravēscō, -is, -ĕre, v. incoat. intr. I — Sent. próprio: 1) Tornar-se pesado, ficar grávida (Cíc. C.M. 36). II — Sent. figurado: 2) Crescer, aumentar (Cíc. C.M. 6). 3) Agravar-se, piorar, irritar-se (Cíc. At. 10, 4, 2).
ingrăvō, -ās, -āre, -āvī, -ātum, v. tr. I — Sent. próprio: 1) Carregar, sobrecarregar (sent. próprio e figurado) (Fedr. 5, 10, 3). Daí: 2) Agravar, piorar, irritar (Verg. En. 11, 220).
ingredĭor, -ĕris, -grĕdī, -grēssus sum, v. dep. intr. e tr. A — Intr. I — Sent. próprio: 1) Entrar, ir para dentro, ingressar (Cíc. Phil. 14, 12); (Cíc. Phil. 2, 68). Daí: 2) Caminhar para ou sôbre, avançar, marchar (Cíc. At. 2, 23, 3); (Cíc. Rep. 6, 26). II — Sent. figurado: 3) Começar, abordar (Cíc. Rep. 1, 38). B — Tr. 4) Entrar em, penetrar, começar (Cíc. Cat. 3, 6); (Cíc. Caec. 79).

5) Começar a falar, tomar a palavra (Verg. En. 4, 107). Obs.: Constrói-se com acus.; com acus. com as preps. **in, ad, intra,** ou **per**; com dat. com inf.; ou como intransitivo (absoluto).

ingressĭō, -ōnis, subs. f. I — Sent. próprio: 1) Entrada em (Cíc. Phil. 5, 9). II — Sent. figurado: 2) Princípio, começo (Cíc. Or. 11). 3) Maneira de andar (Cíc. Or. 201).

1. ingrĕssus, -a, -um, part. pass. de **ingredior.**

2. ingrĕssus, -ūs, subs. m. I — Sent. próprio: 1) Entrada, ingresso, acesso (Tác. An. 15, 3). II — Sent. figurado: 2) Começo (Quint. 9, 4, 72). 3) O andar, o caminhar, passo (Cíc. Of. 1, 131). 4) Marcha (Cíc. Nat. 1, 94).

ingrŭī, perf. de **ingrŭo.**

ingrŭō, -is, -ĕre, -grŭī, v. intr. Lançar-se sôbre, cair sôbre, atacar (Verg. En. 12, 528).

inguen, -ĭnis, subs. n. Geralmente no pl.: **inguĭna, -um.** 1) Virilha (Verg. G. 3, 281). 2) Os órgãos genitais (Hor. Sát. 1, 2, 26).

ingurgitātus, -a, -um, part. pass. de **ingurgĭto.**

ingurgĭtō, -ās, -āre, -āvī, -ātum, v. tr. 1) Engolfar, afundar, mergulhar (sent. próprio e figurado) (Plaut. Curc. 126); (Cíc. Pis. 42). 2) Reflexivo: saciar-se, entregar-se em demasia ao prazer (Cíc. Fin. 3, 23).

ingustātus, -a, -um, adj. Não provado (Hor. Sát. 2, 8, 30).

inhabĭlis, -e, adj. I — Sent. próprio: 1) Difícil de manejar, pesado, incômodo (T. Lív. 33, 30, 5). II — Sent. figurado: 2) Impróprio para, incapaz, inepto, inábil (Tác. Hist. 2, 87). Obs.: Constrói-se com acus. acompanhado de **ad**; com dat.; absolt.

inhabitābĭlis, -e, adj. Inabitável (Cic. Nat. 1, 24).

inhabĭtō, -ās, -āre, -āvī, -ātum, v. tr. Habitar em, residir, morar (Plín. H. Nat. 6, 53).

inhaerĕō, -ēs, -ēre, -haesī, -haesum, v. intr. I — Sent. próprio: 1) Estar fixado em, estar prêso, estar seguro a (Cíc. Div. 2, 96). II — Sent. figurado: 2) Ligar-se a, aderir a, ser inseparável (Cíc. Tusc. 1, 33). Obs.: Constrói-se com abl.; com abl. com **in**; com dat.; com acus. com **ad**; ou como intr. absoluto.

inhaerēscō, -is, -ĕre, -haesī, v. incoat. intr. Fixar-se a, aderir a, ligar-se a (Cíc. Nat. 2, 144).

inhaesī, perf. de **inhaerĕo** e de **inhaerēsco.**

inhālō, -ās, -āre, -āvī, -ātum, v. tr. Exalar (sent. próprio e figurado) (Cíc. Pis. 13).

inhibĕō, -ēs, -ēre, -hibŭī, -hibĭtum, v. tr. I — Sent. próprio: 1) Fazer parar, deter, reter, impedir, inibir (Ov. Met. 2, 128). Daí: 2) Exercer (um poder), aplicar (um castigo), infligir (Cíc. Phil. 13, 37); (Plaut. Bac. 448). 3) Na língua náutica: fazer recuar o navio, remar para trás (Cíc. At. 13, 21, 3).

inhibĭtĭō, -ōnis, subs. f. Ação de remar em sentido contrário (Cíc. At. 13, 21, 3).

inhibĭtus, -a, -um, part. pass. de **inhibĕo.**

inhibŭī, perf. de **inhibĕo.**

inhĭō, -ās, -āre, -āvī, -ātum, v. intr. e tr. A) Intr.: I — Sent. próprio: 1) Ter a bôca ou a goela aberta (Verg. G. 4, 483); (Cíc. Cat. 3, 19). II — Sent. figurado: 2) Esperar àvidamente (Verg. En. 4, 64). B) Tr.: 3) Desejar, cobiçar àvidamente (Plaut. Aul. 194).

inhonēstē, adv. Desonestamente (Cíc. At. 2, 1, 9).

inhonēstō, -ās, -āre, v. tr. Desonrar (Ov. Trist. 4, 8, 19).

inhonēstus, -a, -um, adj. I — Sent. próprio: 1) Que é sem honra, desonrado, desprezível (Cíc. Amer. 50). Daí: 2) Desonroso, vergonhoso, indecoroso (Cíc. Fin. 3, 14). 3) Feio, repelente (Verg. En. 6, 497).

inhonorātus, -a -um, adj. I — Sent. próprio: 1) Não honrado, que é sem honra (T. Lív. 26, 2, 16). Daí: 2) Que não recebeu recompensa (T. Lív. 37, 54, 9).

inhonōrifĭcus, -a, -um, adj. Pouco honroso, desonroso (Sên. Const. 10, 2).

inhonōrus, -a, -um, adj. I — Sent. próprio: 1) Sem honra, não respeitado, sem crédito (Tác. Hist. 4, 62). II — Sent. figurado: 2) Feio, disforme (S. It. 10, 391).

inhorrĕō, -ēs, -ēre, v. intr. Estar eriçado (T. Lív. 8, 8, 10).

inhorrēscō, -is, -ĕre, -horrŭī, v. incoat. intr. I — Sent. próprio: 1) Eriçar-se (Verg. En. 3, 195). II — Daí: 2) Começar a tremer, tremer (sent. próprio e figurado) (Cíc. Rep. 4, 6); (Tác. Hist. 3, 84). III — Sent. poético: 3) Agitar-se (Ov. P. 3, 3, 9).

inhorrŭī, perf. de **inhorrĕo.**

inhospitālis, -e, adj. Inóspito, inospitaleiro (Hor. O. 1, 22, 6).

inhospitālĭtās, -tātis, subs. f. Inospitalidade (Cíc. Tusc. 4, 27).

inhospĭtus, -a, -um, adj. 1) Inóspito, inospitaleiro (Verg. En. 4, 41). No n. pl.: 2) Regiões inóspitas (S. It. 4, 753).
inhūmānē, adv. Duramente, sem contemplação, desumanamente (Cíc. Of. 3, 30). Obs.: Comp.: **inhumanĭus** (Cíc. Lae. 46).
inhūmānĭtās, -tātis, subs. f. I — Sent. próprio: 1) Inumanidade, desumanidade, selvajaria, crueldade (Cíc. Verr. 5, 115). Daí: 2) Grosseria, falta de civilidade (Cíc. Phil. 2, 8). 3) Caráter difícil (Cíc. C. M. 7). 4) Maneira sórdida de viver (Cíc. Mur. 76).
inhūmānĭter, adv. Sem cortesia, grosseiramente, sem delicadeza, sem civilidade, incivilmente (Cíc. Verr. 1, 138).
inhūmānus, -a, -um, adj. I — Sent. próprio: 1) Inumano, desumano, cruel, bárbaro (Cíc. Verr. 1, 107). II — Sent. diversos: 2) Severo, ríspido, impertinente (Cíc. C.M. 7). 3) Grosseiro, incivil, descortês (Cíc. Of. 1, 130). 4) Sôbre-humano, divino (Apul. M. 5, 8).
inhumātus, -a, -um, adj. Não sepultado (Verg. En. 11, 22).
inhŭmō, -ās, -āre, v. tr. Meter na terra, plantar (Plín. H. Nat. 17, 130).
inĭbi, adv. 1) Aí nesse lugar, no mesmo lugar (Cíc. Agr. 1, 20). 2) Nesse momento (Cíc. Phil. 14, 5).
iniciō = **injicio**.
inĭens, ineūntis, part. pres. de **inĕo.**
inĭgō, -is, -ĕre, inēgī, -āctum, v. tr. I — Sent. próprio: 1) Impelir, conduzir (o gado) para ou em direção a (Varr. R. Rust. 52, 2). II — Sent. figurado: 2) Impelir, excitar (Sên. Ep. 103, 2).
inĭī, pref. de **inĕo.**
inimīcē, adv. Como inimigo, hostilmente (Cíc. Phil. 2, 34). Obs.: Comp.: **inimicĭus** (T. Lív. 28, 29, 8); superl.: **inimīcissĭmē** (Cíc. Quint. 66).
inimīcĭtĭa, -ae, subs. f. 1) Inimicícia, inimizade, ódio, aversão (Cíc. Tusc. 4, 16). Geralmente no pl.: 2) Inimizades (Cíc. Font. 23).
inimīcō, -ās, -āre, -āvī, -ātum, v. tr. Tornar inimigo, inimizar (Hor. O. 4, 15, 20).
inimīcus, -a, -um, adj. I — Sent. próprio: 1) Inimigo (particular), inimigo, hostil, contrário, de inimigo (Cíc. Verr. 2, 149). II — Sent. poético: 2) De inimigo (de guerra) (Verg. En. 11, 809). III — Sent. figurado: 3) Funesto, contrário (Verg. En. 1, 123). Como subs. m.: 4) O inimigo (Cíc. Verr. 2, 18). Como subs. f.: 5) A inimiga (Cíc. Cael. 32).

inintellĕgens, -ēntis, adj. Ininteligente, falto de inteligência (Cíc. Tim. 10).
inīquē, adv. 1) Desigualmente, diferentemente (Cíc. Clu. 57). 2) Injustamente, iníquamente (Cíc. Verr. 3, 37). Obs.: superl. **iniquissĭmē** (Cíc. Clu. 57).
inīquĭtās, -tātis, subs. f. I — Sent. próprio: 1) Desigualdade, demasia, excesso (de uma coisa) (Cés. B. Gal. 7, 45, 9). II — Sent. diversos: 2) Desvantagem (de uma posição militar), situação crítica, adversidade (Cés. B. Gal. 2, 22, 2). 3) Injustiça, iniqüidade (Cíc. Cat. 2, 25).
inīquus, -a, -um, adj. I — Sent. próprio: 1) Desigual, acidentado, excessivo (Cés. B. Cív. 1, 45, 2). II — Sent. diversos: 2) Desvantajoso, desfavorável, difícil, infeliz, triste, desgraçado (T. Lív. 2, 23, 5). 3) Que sofre com dificuldade, descontente, contrariado (Cíc. C. M. 83). 4) Excessivo (Verg. G. 1, 164). 5) Injusto, iníquo (Cíc. At. 8, 11d, 6). 6) Hostil (Cíc. Planc. 40). Como subs. m.: 7) Inimigo (Cíc. Fam. 11, 27, 7).
initiāmēnta, -ōrum, subs. n. pl. Iniciação (em ritos secretos) (Sên. Ep. 90, 28).
initiātĭō, -ōnis, subs. f. Iniciação, participação (em ritos secretos) (Suet. Ner. 34).
initiātus, -a, -um, part. pass. de **initĭo.**
initĭō, -ās, -āre, -āvī, -ātum, v. tr. I — Sent. próprio: 1) Iniciar (em ritos secretos, mistérios), fazer uma iniciação (Cíc. Leg. 2, 37). II — Sent. figurado: 2) Instruir (Quint. 1, 2, 20).
initĭum, -ī, subs. n. I — Sent. próprio: 1) Começo, princípio, início, origem (Cés. B. Gal. 1, 43, 4). No pl.: 2) Princípios (de uma ciência) (Cíc. Ac. 2, 116). 3) Princípio, origem (Cíc. Ac. 2, 29). 4) Auspícios (Q. Cúrc. 5, 9, 4). 5) Mistérios (de Ceres, Baco, etc.) (Cíc. Leg. 2, 36).
1. inĭtus, -a, -um, part. pass. de **inĕo.**
2. inĭtus, -ūs, subs. m. 1) Começo (Lucr. 1, 383). 2) Chegada (Lucr. 1, 13). 3) Cópula (Ov. F. 4, 94).
inīvī = **inĭī,** perf. de **inĕo.**
injĕcī, perf. de **injicĭo.**
injectĭō (iniectĭō), -ōnis, subs. f. Ação de lançar para dentro ou sôbre (Quint. 7, 7, 9).
injĕctō (iniĕctō), -ās, -āre, v. tr. Lançar-se sôbre (Lucr. 3, 611).
1. injēctus (iniēctus), -a, -um, part. pass. de **injicĭo.**
2. injĕctus (iniĕctus), -ūs, subs. m. Ação de lançar sôbre (Tác. An. 6, 50).

injĭcĭŏ (iniĭcĭŏ), -is, -ĕre, -jēcī, -jēctum, v. tr. I — Sent. próprio: 1) Lançar em ou sôbre, arremessar (Cíc. Dom. 64). 2) Pôr; e daí: aplicar, agarrar, apoderar-se (Cíc. Verr. 5, 106). II — Sent. figurado: 3) Incutir, inspirar, causar (Cíc. Rep. 2, 26). Donde: 4) Sugerir, insinuar (Cíc. Dom. 14). 5) Loc.: **se injicere** (Cíc. Nat. 1, 54) «precipitar-se».

injūcundĭtās, (iniucund-), -tātis, subs. f. Desagrado, desprazer (Cíc. Nat. 2, 138).

injūcundĭus (iniūcundĭus), adv. Muito desagradàvelmente (Cíc. At. 1, 20, 1).

injūcŭndus (iniūcŭndus), -a, -um, adj. 1) Desagradável (Cíc. Fin. 1, 3). 2) Duro, amargo (nas palavras) (Tác. Agr. 22).

injūdĭcātus (iniūdĭcātus), -a, -um, adj. Não julgado, não decidido (Quint. 10, 1, 67).

injūnctus (iniūnctus), -a, -um, part. pass. de **injūngo.**

injūngŏ (iniūngŏ), -is, -ĕre, -jūnxī, -jūnctum, v. tr. I — Sent. próprio: 1) Ligar, a, ligar em, ligar sôbre, juntar (T. Lív. 22, 20, 5). II — Sent. figurado: 2) Infligir, causar, impor (Cés. B. Gal. 7, 77, 15).

injūnxī, perf. de **injūngo.**

injūrātus (iniur-), -a, -um, adj. Que não jurou (Cíc. Caec. 3).

injūrĭa (iniūrĭa), -ae, subs. f. I — Sent. próprio: 1) Injustiça (Cíc. Rep. 3, 23). II — Sent. figurado: 2) Prejuízo, agravo, injúria, ofensa (Cíc. Cae. 35). 3) Rigor demasiado, severidade (Plín. H. Nat. 13, 134). No abl. sg.: 4) Injustamente (Cíc. Mil. 57).

injūrĭōsē (iniūrĭōsē), adv. Injustamente, injuriosamente (Cíc. Q. Fr. 1, 1, 21). Obs.: Comp.: **injuriosĭus** (Cíc. Pomp. 11).

injūrĭōsus (iniūrĭōsus), -a, -um. adj. I — Sent. próprio: 1) Injusto, cheio de injustiça (Cíc. Of. 1, 44). II — Sent. figurado: 2) Prejudicial, funesto (Hor. Epo. 17, 34).

injūrĭus (iniūrĭus), -a, -um, adj. Injusto, iníquo (Cíc. Of. 3, 89).

1. injūssus (iniūssus), -a, -um, adj. I — Sent. próprio: 1) Que não recebeu ordem (Hor. Sát. 1, 3, 3). II — Sent. figurado: 2) Que vem por si mesmo, espontâneo (Verg. G. 1, 55).

2. injūssus (iniūssus), -ūs, subs. m. Sem ordem de, contra as ordens de. Só ocorre no abl.: **injussu meo** (Cíc. Balb. 34) «sem minha ordem».

injūstē (iniūstē), adv. Injustamente (Cíc. Of. 1, 23). Obs.: Superl.: **injustissĭme** (Cíc. Rep. 3, 44).

injustĭtĭa (iniustitĭa), -ae, subs. f. I — — Sent. próprio: 1) Injustiça (Cíc. Of. 1, 42). Daí: 2) Rigor injusto (Ter. Heaut. 134).

injūstus (iniūstus), -a, -um, adj. I — Sent. próprio: 1) Contrário ao direito e à justiça, injusto (Cíc. Fam. 5, 17, 1). Daí: 2) Que excede às medidas, excessivo (Cíc. Or. 35).

inl-, v. **ill-.**

inm-, v. **imm-.**

innābĭlis, -e, adj. Inavegável (Ov. Met. 1, 16).

innāscor, -ĕris, -nāscī, -nātus sum, v. dep. intr. Nascer em ou sôbre (Cíc. Of. 1, 64).

innātŏ, -ās, -āre, āvī, -ātum, v. intr. I — Sent. próprio: 1) Nadar em, vogar em, boiar, sobrenadar. (Verg. G. 2, 451). Daí: 2) Penetrar nadando (Cíc. Nat. 2, 123).

innātus, -a, -um. I — Part. pass. de **innāscor.** II — Adj.: nascido, natural, inato (Cíc. Tusc. 3, 2).

innāvĭgābĭlis, -e, adj. Inavegável, que não é navegável (T. Lív. 5, 13, 1).

innēctŏ, -is, -ĕre, -nexŭī, -nēxum, v. tr. I — Sent. próprio: 1) Ligar em, enlaçar, amarrar, atar (Ov. Trist. 5, 3, 3). II — Sent. figurado: 2) Unir, urdir (Tác. An. 3, 10).

innexŭī, perf. de **innēcto.**

innēxus, -a, -um, part. pass. de **innēcto.**

innīsus, -a, -um, = **innīxus,** part. pass. de **innītor:** apoiado (Tác. An. 2, 29).

innītor, -ĕris, -nītī, -nīxus ou **-nīxus sum,** v. dep. intr. I — Sent. próprio: 1) Apoiar-se, estribar-se, arrimar-se (Ov. Met. 14, 655). II — Sent. figurado: 2) Repousar em (Tác. An. 15, 60). Obs.: Constrói-se com dat.; com abl.; com acus. com **in.**

innixus, -a, -um, part. pass. de **innītor.**

innŏ, -ās, -āre, -āvī, -ātum, v. intr. e tr. A) Intr.: 1) Nadar em, flutuar, navegar (Cíc. Nat. 2, 100). 2) Desaguar, desembocar em (Hor. O. 3, 17, 7). B) Tr.: 3) Atravessar a nado (Verg. En. 6, 134).

innŏcens, -ēntis, adj. I — Sent. próprio: 1) Incapaz de prejudicar, inofensivo, que não faz mal (tratando-se de coisas) (Hor. O. 1, 17, 21). II — Daí: 2) Inocente, não culpado (Cíc. Verr. 5, 125). II — Sent. figurado: 3) Irrepreensível, virtuoso, que não prejudica ninguém (Cíc. Verr. 4, 7). Como subs. m.: 4) Um inocente (Cíc. Amer. 149).

innocēnter, adv. 1) Sem prejuízo (Plín. H. Nat. 18, 321). 2) Honestamente, de modo irreprovável (Quint. 7, 4, 18).

innocentĭa, -ae, subs. f. I — Sent. próprio: 1) Inocuidade (Plín. H. Nat. 37, 201). Daí: 2) Inocência, integridade, virtude (Cíc. Br. 258). Em sent. especial: 3) Desinterêsse (Cés. B. Gal. 1, 40, 13).

innocŭē, adv. Sem fazer mal, virtuosamente, de modo irreprovável (Ov. A. Am. 1, 640).

innocŭus, -a, -um, adj. I — Sent. próprio: 1) Que não faz mal, inócuo, inofensivo, brando (Ov. F. 4, 800). Daí: 2) Inocente (Ov. Met. 9, 373). II — Sent. figurado: 3) Que não recebeu dano, incólume, são e salvo (Verg. En. 10, 302).

innōtēscō, -is, -ĕre, -nōtŭī, v. incoat. intr. Tornar-se conhecido ou notado (T. Lív. 22, 61, 4). Obs.: Constrói-se com abl.; ou como absoluto.

innotŭī, perf. de **innotēsco**.

innŏvŏ, -ās, -āre, -āvī, -ātum, v. tr. Renovar (Cíc. Pis. 89).

innoxĭē, adv. Sem fazer mal (Plín. H. Nat. 31, 102).

innoxĭus, -a, -um, adj. I — Sent. próprio: 1) Inóxio, que não faz mal, inofensivo (Verg. En. 5, 92). Daí: 2) Probo, virtuoso, honrado, inocente (T. Lív. 4, 44, 11). II — Sent. figurado: 3) Que não sofreu dano, ileso (Luc. 9, 892). Obs.: Constrói-se absolut.; com abl. acompanhado de **ab**; com gen.

innūba, -ae, subs. f. I — Sent. próprio: 1) Solteira, não casada (Ov. Met. 10, 567). II — Sent. figurado: 2) Sempre virgem: **innuba laurus** (Ov. Met. 10, 92) «o loureiro sempre virgem (alusão a Dafne)».

innūbĭlus, -a, -um, e **innūbis, -e**, adj. Sem nuvens, claro, sereno (Lucr. 3, 21); (Sên. Herc. Oe. 238).

innūbō, -is, -ĕre, -nūpsī, -nūptum, v. intr. I — Sent. próprio: 1) Unir-se a uma espôsa, casar-se (Ov. Met. 7, 856). Daí: 2) Suceder à espôsa (casar pela segunda vez) (Lucíl. 6, 26).

innūbus, -a, -um, v. **innūba**.

innŭī, perf. de **innŭo**.

innumerābĭlis, -e, adj. Inumerável (Cíc. De Or. 2, 142).

innumerābĭlĭtās, -tātis, subs. f. Número infinito (Cíc. Nat. 1, 73).

innumerābĭlĭter, adv. Em número indefinido ou infinito, numerosamente (Cíc. De Or. 3, 201).

innumerālis, -e, adj. Inumerável, infinito (Lucr. 2, 1086).

innumĕrus -a, -um, adj. Inumerável, muito numeroso, inúmero (Verg. En. 6, 701).

innŭō, -is, -ĕre, -nŭī, -nūtum, v. intr. Fazer sinal com a cabeça (Ter. Eun. 736).

innūpsī, perf. de **innūbo**.

innūpta, -ae, subs. f. I — Sent. próprio: 1) Inupta, que não está casada (Verg. G. 4, 476). II — Daí: 2) Casta (Verg. En. 2, 31). No pl.: 3) Virgens, jovens (Catul. 62, 6).

innūtrĭō, -īs, -īre, v. tr. Alimentar, criar em (Plín. Ep. 9, 33, 6).

innūtrītus, -a, -um, part. pass. de **innūtrio**.

Ino, -ūs, subs. pr. f. Ino, filha de Cadmo e de Harmonia, e mulher de Atamante, rei de Tebas (Cíc. Tusc. 1, 28).

inoblītus, -a, -um, adj. Não esquecido, que não se esquece (Ov. P. 4, 15, 37).

inobrŭtus, -a, -um, adj. Não submergido, não engolido (Ov. Met. 7, 356).

inobsĕquens, -ēntis, adj. I — Sent. próprio: 1) Que não obedece (Sên. Nat. pr. 16). II — Sent. figurado: 2) Intratável, indócil (Sên. Hip. 1068).

inobservābĭlis, -e, adj. Que não pode ser observado (Catul. 64, 115).

inobservantĭa, -ae, subs. f. I — Sent. próprio: 1) Falta de observação, falta de atenção (Quint. 4, 2, 107). II — Daí: 2) Negligência, inobservância (Suet. Aug. 76).

inobservātus, -a, -um, adj. Não observado (Ov. Met. 2, 544).

inodōrus, -a, -um, adj. Inodoro, sem cheiro (Pérs. 6, 35).

inoffēnsē, adv. Sem obstáculo, livremente (Sên. Ep. 52, 11).

inoffēnsus, -a, -um, adj. I — Sent. próprio: 1) Não ofendido, sem obstáculo (Plín. Ep. 6, 4, 2). Daí: 2) Não embargado, livre, desimpedido (Verg. En. 10, 292). II — Sent. figurado: 3) Livre, constante (Tác. Hist. 1, 48).

inoffĭcĭōsus, -a, -um, adj. I — Sent. próprio: 1) Que não é conforme aos deveres, que não cumpre os seus deveres, que falta ao respeito (Cíc. At. 13, 27, 1). Na língua jurídica: 2) Inoficioso (Cíc. Verr. 1, 107).

inŏlens, -ēntis. I — Part. pres. de **inolĕo** ou **inolēsco**. II — Adj.: inodoro (Lucr. 2, 850).

inolēscō, -is, -ĕre, -ēvī, -lĭtum, v. intr. Crescer em, criar raízes, implantar-se (Verg. G. 2, 77).

inolĭtus, -a, -um, part. pass. de **inolēsco.**
inōmĭnātus, -a, -um, adj. Sinistro, funesto (Hor. Epo. 16, 38).
inopērtus, -a, -um, adj. I — Sent. próprio: 1) Descoberto, nu (Sên. Beat. 13). II — Sent. figurado: 2) Não escondido (Sên. Oct. 3, 1).
inopĭa, -ae, subs. f. I — Sent. próprio: 1) Falta, carência, privação (Cés. B. Gal. 3, 6, 4). Daí: 2) Necessidade, pobreza, indigência, miséria (Cíc. Cat. 2, 24). Por extensão: 3) Abandono, miséria (Cíc. Clu. 57). 4) Abstinência (Ter. Heaut. 367). Na língua retórica: 5) Secura (de estilo) (Cíc. Br. 202).
inopīnans, -antis, adj. Apanhado de surprêsa, surpreendido (Cés. B. Gal. 4, 4, 5).
inopīnānter, adv. Inopinadamente (Suet. Tib. 60).
inopīnātō, adv. Inopinadamente (T. Liv. 26, 6, 9).
inopīnātus, -a, -um, adj. Inesperado, imprevisto, repentino: **ex inopinato** (Cíc. Nat. 2, 123) «de improviso, inesperadamente».
inopīnus, -a, -um, v. **inopīnātus** (Verg. En. 4, 857).
inops, inŏpis, adj. I — Sent. próprio: 1) Privado de, falto de, sem recursos, pobre (Cíc. Verr. 3, 164). II — Sent. figurado: 2) Pobre, indigente, desgraçado (Cíc. Fin. 1, 10); (Cíc. Br. 238). 3) Fraco, sem energia (T. Lív. 4, 48, 13). Obs.: Constrói-se como absoluto; com gen.
inoptābĭlis, -e, adj. Não desejável (Apul. M. 9, 12).
inoptātus, -a, -um, adj. Não desejado (Sên. Contr. exc. 8, 6, 5).
inōrātus, -a, -um, adj. Não exposto, não declarado (Cíc. Amer. 26).
inordĭnātum, -i, subs. n. Desordem (Cíc. Tim. 7).
inordĭnātus, -a, -um, adj. Mal ordenado, desordenado, não pôsto em ordem (T. Lív. 22, 50, 8).
inornātus, -a, -um, adj. I — Sent. próprio: 1) Não ornado, sem ornatos, não enfeitado (Ov. Met. 1, 497). Na língua retórica: 2) Pouco ornado, tôsco, sem arte (tratando-se do estilo) (Hor. A. Poét. 234). II — Sent. figurado: 3) Não louvado, não celebrado (Hor. O. 4, 9, 31).
Inōus, -a, -um, adj. De Ino, mulher de Atamante (Ov. Met. 4, 497).

inp-, v. **imp-**.
inquam, -is, -it, v. defect. 1) Digo (digo eu), dizes, diz: **inquam et inquit interponere** (Cíc. Lae. 3) «intercalar: digo e diz». 2) Sent. indeterminado: diz-se (Cíc. Tusc. 3, 71). Obs.: É usado freqüentemente depois de uma palavra para a qual se quer chamar a atenção do leitor, principalmente nas anáforas. Além das formas do ind. pres. (sing. e 3ª do pl.), são ainda encontradas: pret. perf. ind. **inquii** (Catul. 10, 27); **inquisti** (Cíc. De Or. 2, 259); imperat. **inque** (Plaut. Bac. 883); **inquito** (Plaut. Aul. 788); fut. **inquies** (Cíc. Or. 101); **inquiet** (Cíc. Fin. 4, 71).
inque, imperat. de **inquam** (Plaut. Bac. 883).
1. **inquĭēs, 2ª** pess. sg. fut. de **inquam** (Cíc. Or. 101).
2. **inquĭēs, -ētis**, adj. Que não tem descanso, agitado, inquieto (Tác. An. 1, 68).
3. **inquĭēs, -ētis**, subs. f. Inquietação, agitação, desassossêgo (sent. figurado) (Plín. H. Nat. 14, 142).
inquĭĕtātĭō, -ōnis, subs. f. Agitação, movimento, desassossêgo (Sên. Suas. 2, 1).
inquĭētātus, -a, -um, part. pass. de **inquĭēto**.
inquĭētō, -ās, -āre, -āvī, -ātum, v. tr. Perturbar, agitar, inquietar (Quint. 11, 3, 80).
inquĭētus, -a, -um, adj. I — Sent. próprio: 1) Sempre agitado, perturbado (Hor. O. 3, 3, 5). II — Sent. figurado: 2) Turbulento, que não tem repouso, desassossegado (T. Lív. 1, 46, 2).
inquĭī, perf. de **inquam** (Catul. 10, 27).
inquĭlīnus, -a, -um, adj. I — Sent. próprio: 1) Locatário, arrendatário, inquilino (Cíc. At. 14, 9, 1). II — Sent. figurado: 2) Forasteiro, estrangeiro (têrmo injurioso para quem não é nascido em Roma) (Sal. C. Cat. 31, 7). 3) Habitante (Plín. H. Nat. 21, 73). 4) Colocatário (Sên. Ep. 56, 4).
inquĭnātē loqui, adv. Falar sem pureza, falar mal, usar uma linguagem incorreta (Cíc. Br. 140; 258).
inquĭnātus, -a, -um, part. pass. de **inquĭno**. Adj.: 1) Corrompido, estragado; donde: 2) Manchado, poluído, torpe, ignóbil: **ratio inquinatissima** (Cíc. Of. 2, 21) «método ignobilíssimo». Na língua retórica: 3) Grosseiro, vulgar (Cíc. Opt. 7).

inquĭnō, -ās, -āre, -āvī, -ātum, v. tr. Sujar, poluir, manchar (sent. próprio e figurado) (Cíc. Tusc. 5, 6); (Cíc. Tusc. 5, 97).

inquīrō, -is, -ĕre, -quīsīvī, -quisītum, v. tr. 1) Fazer uma investigação, fazer um inquérito, investigar (Cíc. Mur. 45). 2) Procurar descobrir (Cíc. Tusc. 3, 3).

inquīsītĭō, -ōnis, subs. f. 1) Investigação, pesquisa, indagação. Daí: 2) Devassa, inquérito (Cíc. Mur. 44).

inquīsītor, -ōris, subs. m. I — Sent. próprio: 1) O que busca com cuidado, investigador, indagador (Cíc. Ac. frg. 19). Daí: 2) O que é encarregado de tomar uma informação, inquisidor (Cíc. Verr. pr. 6).

1. inquīsītus, -a, -um, part. pass. de **inquīro**.

2. inquīsītus, -a, -um, adj. Não examinado, não procurado (Plaut. Amph. 847).

inquīsīvī, perf. de **inquīro**.

inquŏquo = **incŏquo**.

inr-, v. **irr-**.

insaeptĭō (inseptĭō), -ōnis, subs. f. Face (de um poliedro) (Sên. Nat. 1, 7, 3).

insaeptus, -a, -um, part. pass. do v. desusado **insaepĭo**: cingido, rodeado (Sên. Ben. 4, 19, 1).

insalūber, -bris, -e, ou insalūbris, -e adj. Insalubre, não saudável (Q. Cúrc. 7, 10, 13).

insalūtātus, -a, -um, adj. Não saudado, Com tmese: **inque salutatam** (Verg. En. 9, 288) «não saudada».

insānābĭlis, -e, adj. I — Sent. próprio: 1) Incurável (Cíc. Tusc. 5, 3). II — Sent. figurado: 2) Irremediável, insanável (Cíc. Or. 89).

insānē, adv. Tolamente, de maneira insensata (Plaut. Curc. 179). Obs.: Comp.: **insanĭus** (Hor. Sát. 1, 10, 34).

Insānī Montēs, subs. pr. m. Montes Insanos, na Sardenha (T. Lív. 30, 39, 2).

insānĭa, -ae, subs. f. I — Sent. próprio: 1) Insânia, loucura, demência (Cels. 3) 18, 2). Daí: 2) Paixão violenta, loucura, fúria (Cíc. Mil. 22). II — Sent. figurado: 3) Desvario, delírio poético (Hor. O. 3, 4, 6).

insanĭī, perf. de **insanĭo**.

insānĭō, -īs, -īvī, (ou -ĭī), -ītum, v. intr. 1) Estar louco, perder a razão, enlouquecer (sent. próprio e figurado) (Cíc. Verr. 4, 39). Tr.: 2) Ter paixão violenta, sofrer, amar doidamente (Hor. Sát. 2, 3, 63). Obs.: Constrói-se como intr.; com acus. de qualidade. Em Terêncio (Phorm. 642) ocorre o imperf. **insanibat**.

insānītās, -tātis, subs. f. Falta de saúde, doença, insanidade, loucura (Cíc. Tusc. 3, 8).

insānum, adv. Loucamente, extremamente (Plaut. Trin. 673).

insānus, -a, -um, adj. I — Sent. próprio: 1) Que não é são do espírito, insensato, louco, furioso (Hor. Sát. 2, 3, 102). Daí: 2) Que faz enlouquecer, que torna furioso (Plín. H. Nat. 16, 239). II — Sent. figurado: 3) Desordenado, monstruoso, excessivo, desmedido (Verg. En. 6, 135). III — Sent. poético: 4) Inspirado, que tem o delírio profético (Verg. En. 3, 443).

insapĭens, v. **insipĭens**.

insatiābĭlis, -e, adj. I — Sent. próprio e figurado: 1) Insaciável (Cíc. Tusc. 1, 44). Daí: 2) Que não se farta (Cíc. Nat. 2, 38).

insatiābĭlĭter, adv. Sem se saciar, sem se satisfazer, insaciàvelmente (Lucr. 3, 905).

insatiātus, -a, -um, adj. Insaciável (Estác. Theb. 6, 305).

insatiĕtās, -tātis, subs. f. Apetite insaciável (Plaut. Aul. 483).

insaturābĭlis, -e, adj. Insaciável (sent. próprio e figurado) (Cíc. Sest. 110).

insaturābĭlĭter, adv. Sem se satisfazer, insaturàvelmente (Cíc. Nat. 2, 64).

inscālpō = **insculpō**.

inscendī, perf. de **inscendo**.

inscendō, -is, -ĕre, -dī, -cēnsum, v. intr. e tr. A — Intr. 1) Subir em, embarcar, montar (Cíc. Div. 1, 47). B — Tr: 2) Subir em, montar (Plaut. Amph. 450); (Suet. Ner. 48). Obs.: Constrói-se com acus. acompanhado ou não de in; ou como intr. absoluto.

inscēnsus, -a, -um, part. pass. de **inscendo**.

inscĭens, -ēntis. I — Adj.: 1) Que não sabe, que ignora, que não está informado (Ter. Heaut. 632). II — Subs.: 2) Ignorante, tolo (Ter. Phorm. 59).

inscĭēnter, adv. Com ignorância, inconscientemente (Cíc. Top. 32).

inscientĭa, -ae, subs. f. I — Sent. próprio: 1) Ignorância (Cés. B. Gál. 2, 9, 3). II — Daí: 2) Incapacidade (Tác. D. 28).

inscītē, adv. Sem arte, grosseiramente, desastradamente (Cíc. Fin. 3, 25).

inscītĭa, -ae, subs. f. I — Sent. próprio: 1) Ignorância (T. Lív. 7, 12, 2). II — Daí: 2) Incapacidade, inabilidade, absurdo, disparate (C. Nep. Ep. 7, 4).

inscītus, -a, -um, adj. Ignorante, incapaz, inábil, absurdo: **quid inscitius est quam** (Cíc. Nat. 2, 36) «que maior absurdo há do que...».

inscĭus, -a, -um, adj. I — Sent. próprio: 1) Que não sabe, ignorante (Cés. B. Gal. 4, 4, 5). II — Daí: 2) Desprevenido, descuidado, surpreendido, desconhecido (Apul. M. 5, 26). Obs.: Constrói-se: absolt.; com gen.; com or. interr. indir.; com inf.

inscrībō, -is, -ĕre, -scrīpsī, -scrīptum, v. tr. I — Sent. próprio: 1) Inscrever, escrever em, pôr um título ou uma inscrição (Cíc. Har. 58). II — Sent. figurado: 2) Gravar, assinalar, marcar, designar (Ov. Met. 6, 74). 3) Indicar como autor, atribuir, imputar (Cíc. Tusc. 5, 73); (Ov. Met. 15, 128). 4) Estigmatizar (Juv. 14, 24).

inscrīpsī, perf. de **inscrībo.**

inscrīptiō, -ōnis, subs. f. I — Sent. próprio: 1) Ação de escrever sôbre (Cíc. Dom. 51). II — Daí, em sent. diversos: 2) Título (de um livro) (Cíc. At. 16, 11, 4). 3) Inscrição (Cíc. Phil. 13, 9). 4) Estigma (Sên. Ir. 3, 3, 6).

1. **inscrīptus, -a, -um,** part. pass. de **inscrībo.**

2. **inscrīptus, -a, -um,** adj. I — Sent. próprio: 1) Não escrito, não registrado, não declarado (Quint. 3, 6, 37). II — Daí: 2) Não escrito nas leis (Quint. 7, 4, 36).

inscŭlpō, -is, -ĕre, -cūlpsī, -cūlptum, v. tr. Gravar sôbre (sent. próprio e figurado) (Cíc. Div. 2, 85).

inscūlpsī, perf. de **inscūlpo.**

insecābĭlis, -e, adj. Que não pode ser cortado, indivisível (Sên. Ep. 118, 17).

insĕcō, -ās, -āre, -secŭī, -sēctum, v. tr. Cortar, dissecar (Plín. H. Nat. 19, 86).

insēcta, -ōrum, subs. n. pl. Insetos (Plín. H. Nat. 11, 1).

insectātĭō, -ōnis, subs. f. I — Sent. próprio: 1) Ação de perseguir, perseguição (T. Lív. 21, 47, 2). II — Sent. figurado: 2) Ataques ásperos, censura, invectiva (no pl.) (T. Lív. 22, 34, 2).

insectātor, -ōris, subs. m. I — Sent. próprio: 1) Perseguidor, tirano (T. Lív. 3, 33, 7). II — Sent. figurado: 2) Censor infatigável (Quint. 10, 1, 129).

insectātus, -a, -um, part. pass. de **insector.**

insĕctor, -āris, -ārī, -ātus sum, v. dep. tr. I — Sent. próprio: 1) Perseguir encarniçadamente (Cíc. Leg. 1, 40). II — Sent. figurado: 2) Atormentar, atacar, invectivar, censurar (Cíc. At. 1, 16, 8); (Fedr. 3, 11, 3). Obs.: Plauto (Capt. 593) usa a forma ativa **insectabit.**

insēctus, -a, -um, part. pass. de **insĕco.**

insēdābĭlĭter, adv. Sem poder ser acalmado, intranqüilamente (Lucr. 6, 1175).

insēdī, perf. de **insĭdo** e de **insĭdĕo.**

insenēscō, -is, -ĕre, -senŭī, v. incoat. intr. I — Sent. próprio: 1) Envelhecer (Tác. An. 4, 6). II — Sent. figurado: 2) Tornar-se pálido, empalidecer (Quint. 10, 3, 11).

insensibĭlis, -e, adj. Insensível, imaterial, incompreensível (A. Gél. 17, 10, 17).

insensĭlis, -e, adj. Imperceptível, insensível (Lucr. 2, 866).

insenŭī, perf. de **insenēsco.**

insēparābĭlis, -e, adj. Inseparável, indivisível, indissolúvel (Sên. Ep. 118, 85).

insepūltus, -a, -um, adj. Insepulto, não sepultado (Cíc. Phil. 1, 5).

insĕquor, -ĕris, -ī, -secūtus sum, v. dep. tr. I — Sent. próprio: 1) Seguir, perseguir (Cíc. Verr. 3, 51). Daí: 2) Vir depois, sobrevir, suceder (Cíc. Br. 41). II — Sent. figurado: 3) Atacar, acometer, ferir (Cíc. Sull. 81).

inserēnus, -a, -um, adj. Que não é ou está sereno (Estác. S. 1, 6, 21).

1. **insĕrō, -is, -ĕre -serŭī, -sērtum,** v. tr. I — Sent. próprio: 1) Inserir, introduzir (Cíc. Verr. 4, 37). II — Daí: 2) Misturar, intercalar, meter em (Hor. O. 1, 1, 35); (Ov. Trist. 2, 444). Obs.: Constrói-se com obj. dir. e acus. com **in**; com acus. e dat.; e simplesmente com acus.

2. **insĕrō, -is, -ĕre, -sēvī, -sĭtum,** v. tr. 1) Implantar (sent. próprio e figurado), plantar, enxertar (Varr. R. Rust. 1, 40, 5); (Cíc. De Or. 1, 114).

insertātus, -a, -um, part. pass. de **inserto.**

insērtō, -ās, -āre, -āvī, -ātum, v. tr. Introduzir em (Verg. En. 2, 672).

insērtus, -a, -um, part. pass. de **insĕro 1.**

inserŭī, perf. de **insĕro 1.**

inservĭī, perf. de **inservĭo.**

inservĭō, -is, -ire, -ĭvī (ou **-ĭī,**), **-ĭtum,** v. intr. e tr. Ser escravo de, estar sujeito a, estar escravizado a, estar a serviço de (sent. próprio e figurado) (Cíc. Fin. 2, 117); (Plaut. Most. 216). Obs.: Constrói-se geralmente com dat. Pode também aparecer com acus. Obs.:

Imperf. **inservibat** (S. It. 7, 341); fut. **inservibis** (Plaut. Most. 216).
insessus, -a, -um, part. pass. de **insideo** e de **insido**.
insevi, perf. de **insero** 2.
insibilo, -as, -are, v. intr. Sibilar, assobiar (Ov. Met. 15, 603).
insiccatus, -a, -um, adj. Não sêco (Estác. Theb. 3, 364).
insideo, -es, -ere, -sedi, -sessum, v. intr. e tr. A) Intr.: I — Sent. próprio: 1) Estar sentado em ou em cima de (Cíc. Rep. 2, 67). II — Sent. figurado: 2) Estar estabelecido, estar colocado, estar fixado (sent. físico e moral) (Cíc. Or. 18). B) Tr.: 3) Ocupar, estar ocupado (T. Lív. 21, 54, 3). Daí: 4) Habitar (Tác. An. 12, 62). Obs.: Constrói-se, geralmente, com dat. ou com acus. As formas de perfectum prendem-se antes a **insido**.
insidiae, -arum, subs. f. pl. I — Sent. próprio: 1) Ação de alguém se colocar num lugar para apanhar uma prêsa, surpreender a alguém, etc.; daí, em sent. próprio e figurado: 2) Laço, emboscada, ardil, armadilha, insídia, perfídia, traição (Cíc. Mil. 23); (Cíc. Dom. 59); (Tác. Hist. 5, 22).
insidiator, -oris, subs. m. O que arma ciladas, traidor, salteador (Cíc. Cat. 2, 27).
insidiatus, -a, -um, part. pass. de **insidior**.
insidior, -aris, -ari, -atus sum, v. dep. intr. I — Sent. próprio: 1) Armar ciladas, armar emboscadas, preparar uma traição (Cíc. Cat. 1, 11). Daí: 2) Estar à espreita (Cíc. De Or. 1, 136).
insidiose, adv. Por fraude, pèrfidamente, insidiosamente, com traição (Cíc. Rab. Post. 33). Obs.: Superl.: **insidiosissime** (Cíc. Q. Fr. 1, 3, 8).
insidiosus, -a, -um, adj. I —Sent. próprio: 1) Que arma ciladas, traidor, pérfido (Cíc. Verr. 2, 192). Daí: 2) Cheio de ciladas, insidioso, pérfido (Cíc. Cat. 2, 28).
insido, -is, -ere, -sedi, -sessum, v. intr. e tr. I — Sent. próprio: 1) Assentar-se em, colocar-se sôbre, pousar (Verg. En. 6, 708). Daí: 2) Penetrar, entrar, ocupar (Verg. En. 11, 531); (T. Lív. 27, 18, 20). II — Sent. figurado: 3) Fixar-se, prender-se (Quint. 10, 7, 2). Obs.: Constrói-se com dat. ou acus.
insigne, -is, subs. n. I — Sent. próprio: 1) Insígnia, distintivo, marca particular (Cíc. Ac. 2, 36). II — Sent. especial:
2) Insígnia de uma função (Cíc. Div. 1, 30): **insignia regia** (Cíc. Rep. 2, 31) «insígnias reais». 3) Insígnias (do exército: penacho, colares, divisa num escudo, etc.) (Cés. B. Gal. 2, 21, 5). II — Sent. figurado: 4) Ornamento, enfeite, adôrno, decoração (Cíc. Or. 134). No pl.: 5) Honras, distinções (Cíc. Fam. 3, 13, 1).
insignii, perf. de **insignio**.
insignio, -is, -ire, -ivi, (ou -ii), -itum, v. tr. Colocar um sinal, assinalar, distinguir (Verg. En. 7, 790).
insignis, -e, adj. I — Sent. próprio: 1) Que se distingue por sinal ou marca particular (no bom e no mau sentido) (Cíc. Lael. 102); (Cíc. Leg. 3, 19). Daí: 2) Distinto, notável, ilustre, célebre, insigne, singular (Cíc. Rab. Post. 24). 3) Grande, importante, extraordinário (Cic. Verr. 4, 66).
insignite, adv. De modo notável, notàvelmente, insignemente, extraordinàriamente (Cíc. Part. 80).
insigniter, adv. De modo notável, de modo singular, extraordinàriamente (Cíc. Part. 80). Comp.: **insignius** (C. Nep. Ag. 3, 2).
insignitus, -a, -um. I — Part. pass. de **insignio**. II — Adj.: 1) Que tem um distintivo (Cíc. De Or. 2, 258). 2) Notável, insigne: **insignior infamia** (Tác. An. 3, 70) «mais insigne pela infâmia».
insilia, -ium, subs. n. pl. Cilindros de um tear (Lucr. 5, 1353).
insilio, -is, -ire, -silui, -ultum, v. intr. e tr. I — Sent. próprio: 1) Saltar em, atirar-se em ou contra, atacar (Cés. B. Gal. 1, 52, 5). II — Daí: 2) Trepar (Plín. H. Nat. 17, 175). Obs.: Constrói-se com acus.; com acus. com **in**; ou com dat.
insilui, perf. de **insilio**.
insimilo = **insimulo**.
insimul, adv. Juntamente, ao mesmo tempo (Estác. S. 1, 6, 36).
insimulatio, -onis, subs. f. Acusação (Cíc. Verr. 5, 23).
insimulo, -as, -are, -avi, -atum, v. tr. Acusar falsamente, acusar (Cíc. Tusc. 3, 64). Obs.: Constrói-se com acus. e gen.; com acus. e inf.; com acus. de pess.: ou com acus. de coisa.
insincerus, -a, -um, adj. I — Sent. próprio: 1) Não genuíno, não puro, de má qualidade (A. Gél. 5, 3, 7). II — Sent. moral: 2) Viciado, corrompido (Verg. G. 4, 285).

insinuātĭō, -ōnis, subs. f. I — Sent. próprio: 1) Ação de se introduzir; daí, na língua retórica: 2) Exórdio insinuante (Cíc. Inv. 1, 20).
insinuātus, -a, -um, part. pass. de **insinŭo.**
insinŭō, -ās, -āre, -āvī, -ātum, v. tr. e intr. A) Tr.: I — Sent. próprio: 1) Fazer entrar em, introduzir (Cés. B. Gal. 4, 33, 1). Daí: 2) Insinuar, dar a saber (Cíc. Verr. 3, 157). B) Intr.: II — Sent. próprio e figurado: 3) Insinuar-se, entrar, penetrar (Verg. En. 2, 229); (Cíc. Phil. 5, 8). Obs.: Constrói-se com acus.; acus. com **ad** ou **in.** Intransitivamente se constrói com dat., ou com acus. com **in.**
insipĭens, -ēntis, adj. Tolo, insensato, despropositado (Cic. Lae. 54).
insipĭēnter, adv. Estùpidamente, insensatamente, sem reflexão (Cíc. C. M. 68).
insipientĭa, -ae, subs. f. Estupidez, loucura, insipiência, tolice (Cíc. Tusc. 3, 10).
insĭpō (= **insŭpō), -is, -ĕre,** v. tr. Lançar em ou sôbre (Cat. Agr. 90).
insistō, -is, -ĕre, -stĭtī, v. intr. e tr. A) Intr.: I — Sent. próprio: 1) Parar, deter-se, apoiar-se sôbre, encostar-se (Cés. B. Gal. 4, 33, 3); (Cíc. Verr. 4, 110). Daí: 2) Perseguir, vivamente (sent. físico e moral), insistir, persistir (Hor. Sát. 2, 5, 88). B) Tr.: 3) Andar, caminhar sôbre (Lucr. 1, 406); (Cés. B. Gal. 2, 27, 3). II — Sent. figurado: 4) Aplicar-se a, cumprir (Cíc. De Or. 3, 176). Obs.: Constrói-se com dat.; com abl. com **in;** com acus.; com inf., ou intransitivamente.
insitīcĭus, -a, -um, adj. I — Sent. próprio: 1) Inserido em, intercalado (Varr. R. Rust. 1, 2, 5). II — Sent. figurado: 2) Estrangeiro (Plin. Ep. 4, 3, 5).
insitĭō, -ōnis, subs. f. I — Sent. próprio: 1) Ação de enxertar, enxertia, enxêrto (Cíc. C. M. 54). II — Por extensão: 2) Tempo da enxertia (Ov. Rem. 195).
insitīvus, -a, -um, adj. I — Sent. próprio: 1) Que provém de enxêrto (Hor. Epo. 2, 19). II — Sent. figurado: 2) Que vem do estrangeiro, adotivo, ilegítimo, falso (Sên. Contr. 2, 8); (Fedr. 3, 3, 10).
insĭtor, -ōris, subs. m. O que enxerta, enxertador (Prop. 4, 2, 17).
insĭtus, -a, -um, part. pass. de **insĕro** 2.
insociābĭlis, -e, adj. I — Sent próprio 1) Insociável, que não pode ver sociedade, incompatível com (T. Lív. 27, 39, 8). II — Daí: 2) Que não admite partilha (Tác. An. 13, 17).
insōlābĭlĭter, adv. Sem consolação possível, inconsolàvelmente (Hor. Ep. 1, 14, 8).
insōlens, -ēntis, adj. I — Sent. próprio: 1) Não habituado a, que não tem o hábito de (Cés. B. Civ. 2, 36, 1). II — Daí: 2) Desusado, nôvo, pouco freqüente: **...verbum** (Cíc. Or. 25) «palavra (desusada)». II — Sent. figurado: 3) Excessivo, imoderado (Cíc. Tusc. 5, 42). 4) Arrogante, insolente, altivo (Cael. Fam. 8, 12, 3). Obs.: Constrói-se como absoluto; ou com gen.
insolēnter, adv. 1) Contràriamente ao hábito, raramente (Cíc. Inv. 1, 43), 2) Imoderadamente (Cíc. Phil. 9, 7). 3. Insolentemente, com arrogância (Cés. B. Gal. 1, 14, 4).
insolentĭa, -ae, subs. f. I — Sent. próprio: 1) Falta de hábito, inexperiência (Cíc. Amer. 88). II — Daí: 2. Novidade, afetação (no estilo) (Cíc. Br. 284). II — Sent. figurado: 3) Falta de moderação, insolência, orgulho, arrogância, prodigalidade (Cíc. Verr. 4, 89).
insōlēsco, -is, -ĕre, v. incoat. intr. Inchar-se (sent. físico e moral), principalmente inchar-se de orgulho, tornar-se arrogante (Sal. C. Cat. 6, 7).
insolĭdus, -a, -um, adj. Fraco, frágil (Ov. Met. 15, 203).
insolĭtus, -a, -um, adj. I — Sent. próprio: 1) Insólito, que não tem o hábito de (Cíc. Verr. 1, 94). Daí: 2) Desusado, estranho, novo (Cíc. Balb. 36). Obs.: Constrói-se: absolt.; com acus.; acompanhado de **ad;** com gen.
insolūbĭlis, -e, adj. I — Sent. próprio: 1) Indissolúvel, que não se pode desatar (Macr. Somn. 1, 6, 24). II — Sent. figurado: 2) Que não se pode pagar (Sên. Ben. 4, 12, 1). 3) Indubitável, incontestável (Quint. 5, 9, 3).
insomnĭa, -ae, subs. f. Insônia, falta de sono (Suet. Cal. 50).
insomnĭōsus, -a, -um, adj. Que tem insônia (Cat. Agr. 157, 8).
insōmnis, -e, adj. Insone, que não tem sono, sem sono, que não dorme (Hor. O. 3, 7, 8).
insomnĭum, -ī, subs. n. I — Sent. próprio: 1) Sonho, visão (Tác. An. 11, 4); (Verg En. 4, 9) (no pl.). II — No pl.: 2 Insônia (Prcp. 2, 25, 47).

insŏnō, -ās, -āre, -sonŭī, v. intr. e tr. A) Intr.: 1) Ressoar, retumbar (Verg. En. 5, 579). Daí: B) Tr.: 2) Fazer ressoar (Verg. En. 7, 451).
insons, -sōntis, adj. I — Sent. próprio: 1) Insonte, não culpado, inocente (T. Liv. 22, 49, 7). II — Daí: 2) Que não faz mal, inofensivo (Hor. O. 2, 19, 29). Obs.: Constrói-se com gen.; absolt.; com abl. (raro).
insonŭī, perf. de **insŏno.**
insŏnus, -a, -um, adj. Que não faz ruído, silencioso (Apul. Mund. 20).
insōpītus, -a, -um, adj. Não adormecido (Ov. Met. 7, 36).
inspeciōsus, -a, -um, adj. Feio, disforme (Petr. 74, 8).
inspectĭō, -ōnis, subs. f. 1) Ação de olhar (Col. 1, 4, 1). Daí: 2) Exame, inspeção (Quint. 5, 5, 2). 3) Reflexão, especulação (Quint. 2, 18, 3).
inspectō, -ās, -āre, -āvī, -ātum, v. tr. Ter os olhos em, inspetar, examinar, observar (Cíc. Pomp. 33).
inspector, -ōris, subs. m. Observador, inspector, examinador (Sên. Ben. 1, 9, 3).
1. **inspectus, -a, -um,** part. pass. de **inspicĭo.**
2. **inspectus, -ūs,** subs. m. Inspeção, observação (Sên. Ep. 92, 6).
inspērans (nom. desusado), **-āntis,** adj. Que não espera (Cíc. De Or. 1, 96).
inspērātus, -a, -um, adj. Inesperado: **ex inesperato** (T. Liv. 1, 25, 9) «contra tôda a expectativa».
inspergō (inspargō), -is, -ĕre, -persī, -persum. v. tr. 1) Espalhar em ou sôbre (Cíc. Div. 2, 37). Daí: 2) Salpicar (Cat. Agr. 65).
inspersī, perf. de **inspergo.**
inspersus, -a, -um, part. pass. de **inspergo.**
inspexī, perf. de **inspicĭo.**
inspicĭō, -is, -ĕre, -pexī, -pectum, v. tr. I — Sent. próprio: 1) Olhar em, mergulhar os olhos em, olhar, ver (Ov. F. 4, 389); (Cíc. Verr. 4, 64). 2) Daí: Examinar, inspecionar, passar revista (Cíc. De Or. 1, 249). 3) Considerar (Cíc. Phil. 2, 44).
inspīcō, -ās, -āre, v. tr. Tornar pontiagudo (em forma de espiga) (Verg. G. 1, 292).
inspīrātus, -a, -um, part. pass. de **inspīro.**
inspīrō, -ās, -āre, -āvī, -ātum, v. intr. e tr. I — Sent. próprio: 1) Soprar em (Quint. 10, 3, 24). II — Sent. figurado: 2) Insuflar, inspirar (Verg. En. 1, 688). 3) Comover, exaltar (Quint. 2, 5, 8). Obs.: Constrói-se com acus.; ou com acus. e dat.
inspoliātus, -a, -um, adj. Não roubado, não despojado (Verg. En. 11, 594).
inspŭō, -is, -ĕre, intr. e tr. A — Intr.: 1) Cuspir em ou sôbre (Sên. Ir. 3, 38). B — Tr.: 2) Lançar com a bôca, cuspir (Plín. H. Nat. 31, 105).
inspurcō, -ās, -āre, v. tr. Manchar, sujar, conspurcar (Sên. Ep. 87, 16).
instăbĭlis, -e, adj. I — Sent. próprio: 1) Que não tem consistência, que não está firme, móvel, cambaleante (Ov. Met. 1, 16). II — Sent. figurado: 2) Instável, inconstante, variável (Cés. B. Gal. 4, 23, 5).
instans, -āntis. A) Part. pres. de **insto.** B) Adj.: I — Sent. próprio: 1) Instante, que insta, que persegue, ameaçador, iminente (Tác. Hist. 4, 83). II — Sent. figurado: 2) Presente, próximo (Cíc. Tusc. 4, 11).
instānter, adv. De modo solícito, com insistência (Quint. 9, 3, 30).
instantĭa, -ae, subs. f. I — Sent. próprio: 1) Presença, proximidade, vizinhança (Cíc. Fat. 27). II — Sent. moral: 2) Constância, perseverança, aplicação, assiduidade (Plín. Ep. 3, 5, 18). 3) Insistência (Apul. M. 2, p. 123, 38). II — Sent. figurado: 4) Veemência, fôrça (Plín. Ep. 5, 8, 10).
instar, n. indecl. I — Sent. primitivo: 1) Pêso que se coloca num prato da balança para estabelecer o equilíbrio, contrapêso (sent. técnico). II — Daí, em sent. figurado: 2) O equivalente, o valor de, pouco mais ou menos, do tamanho de (Cíc. Br. 191). Por extensão: 3) Valor igual, imagem, semelhança (Cic. Verr. 5, 44). Obs.: Só ocorre no nom. e acus.
instātūrus, -a, -um, part. fut. de **insto.**
instaurātĭō, -ōnis, subs. f. I — Sent. próprio: 1) Renovação, repetição (T. Liv. 2, 36, 1).
instaurātīvī ludī, m. Jogos que recomeçam (Cíc. Div. 1, 55).
instaurātus, -a, -um, part. pass. de **instauro.**
instaurō, -ās, -āre, -āvī, -ātum, v. tr. I — Sent. próprio: 1) Renovar, recomeçar, reparar, instaurar, restaurar (Cíc. Q. Fr. 2, 6, 4); (Cíc. Div. 1, 55); (Cíc.

Dom. 6) II — Sent. figurado: 2) Estabelecer sòlidamente, construir, preparar (Plín H. Nat. 31, 6). 3) Oferecer (Tác. Hist. 2, 70).
instĕrnō, -is, -ĕre, -strāvī, -strātum v. tr. Estender sôbre, cobrir (Hor. A. Poét. 279); (Verg. En. 7, 277).
instīgātor, -ōris, subs. m. O que instiga, instigador (Tác. Hist. 1, 38).
instīgātrix, -ĭcis, subs. f. Instigadora (Tác. Hist. 1, 51).
instīgātus, -a, -um, part. pass. de instīgo.
instīgō, -ās, -āre, -āvī, -ātum, v. tr. Aguilhoar contra, instigar, estimular (Cíc. Pis. 26).
instīllō, -ās, -āre, -āvī, -ātum v. tr. I — Sent. próprio: 1) Derramar gôta a gôta em ou sôbre, instilar (Cíc. C. M. 36). II — Sent. figurado: 2) Introduzir em, inculcar, insinuar (Hor. Ep. 1, 8, 16).
instimŭlātor, -ōris, subs. m. Instigador (Cíc. Dom. 11).
instimŭlō, -ās, -āre, v. tr. Excitar, estimular (Ov. F. 6, 508).
instīnctor, -ōris, subs. m. Instigador (Tác. Hist. 1, 22).
1. instīnctus, -a, -um, part. pass. de instīnguo.
2. instīnctus, -ūs, subs. m. I — Sent. próprio: 1) Instigação, excitação, impulso, instinto (Cíc. Tusc. 1, 64). II — Daí: 2) Inspiração (Cíc. Div. 1, 34).
instinguō, -is, -ĕre, -tīnxī, -tīnctum, v. tr. Impelir, excitar (Cíc. Verr. 5, 188).
instīnxī, perf. de instīnguo.
instĭta, -ae, subs. f. I — Sent. próprio: 1) Guarnição da stola ou vestido de senhora, vestido (Hor. Sát. 1, 2, 29). II — Sent. figurado: 2) Matrona, senhora (que usa êsse vestido) (Ov. Am. 2, 600). Obs.: A instita era um babado muito largo ou pregueado, cosido à cintura e caindo até ao chão.
institī, perf. de insĭsto e de insto.
instĭtĭō, -ōnis, subs. f. Descanso, repouso (Cíc. Tusc. 1, 62).
instĭtor, -ōris, subs. m. I — Sent. próprio: 1) Disposição, plano, arranjo Epo. 17, 20). II — Sent. figurado: 2) Vendedor, traficante (Quint. 11, 1, 50).
instĭtōrĭus, -a, -um, adj. De negociante (Suet. Ner. 27).
instĭtŭī, perf. de instĭtŭo.
instĭtŭō, -is, -ĕre, -tŭī, -tūtum, v. tr. I — Sent. próprio: 1) Colocar, por em ou sôbre (Plaut. Most. 86). Daí: 2) Estabelecer, instituir (sent. físico e moral), dispor, construir (Cíc. Fam. 13, 61); (Cés. B. Gal. 3, 24, 1). II — Sent. figurado: 3) Formar, instruir, ensinar, educar (Cíc. Cael. 39); (Quint. 1, 1, 21). 4) Ordenar, mandar, regular, organizar (Cíc. De Or. 1, 86); (Cíc. Fin. 4, 17). 5) Começar, empreender (Cíc. Tusc. 3, 51). Obs.: Constrói-se com acus.; com inf.; com acus. e inf.; com obj. dir. e acus.; com ad ou abl.; com acus. e or. introduzida por ut ou ne.
institūtĭō, -ōnis, subs. f. I — Sent. próprio: 1) Vendedor, negociante (Hor. (Cíc. At. 1, 17, 10). II — Sent. figurado: 2) Instrução, ensino, educação, formação (Cíc. Of. 1, 7). Por extensão: 3) Método, sistema, doutrina, escola, seita (Cíc. Nat. 1, 8).
institūtor, -ōris, subs. m. Autor, fundador, administrador (Sên. Ben. 6, 17, 1).
institūtum, -ī, subs. n. I — Sent. próprio: 1) Plano estabelecido, fim, objeto, desígnio (Cíc. Top. 28). II — Daí: 2) Hábito, modo de viver, maneira de proceder (Cés. B. Gal. 1, 50, 1). No pl.: 3) Princípios estabelecidos, instituições, usos, costumes (Cíc. Sest. 17). 4) Idéias pré-estabelecidas, ensinamentos, disciplina (Cíc. Br. 31).
institūtus, -a, -um, part. pass. de instĭtŭo.
instō, -ās, -āre, -stĭtī, -stātūrus, v. intr. e tr. A — Intr.: I — Sent. próprio: 1) Estar de pé em, erguer-se em (Verg. En. 11, 529). Daí: 2) Estar iminente, estar suspenso, avizinhar-se, instar, ameaçar (Cíc. At. 14, 9, 3); (Cés. B. Civ. 2, 43, 2). 3) Perseguir vivamente (sent. físico e moral) (T. Lív. 2, 65, 2). II — Sent. figurado: 4) Insistir, pedir com instância, instar, apertar (Cés. B. Civ. 3, 17, 5). B — Tr.: 5) Estar em (Plaut. As. 54). 6) Perseguir (C. Nep. Ep. 9, 1). 7) Dizer com instância, insistir (Ter. And. 147). Obs.: Constrói-se com dat.; com acus.; com inf.; com ut ou ne; ou intransitivamente.
1. instrātus, -a, -um, adj. Não coberto, não estendido sôbre (Verg. G. 3, 230).
2. instrātus, -a, -um, part. pass. de instĕrno.
instrāvī, perf. de instĕrno.
instrēnŭus, -a, -um, adj. Preguiçoso, inativo, sem coragem (Plaut. Most. 106).
instrĕpō, -is, -ĕre, -ŭī, -ĭtum, v. intr. Fazer barulho, gritar, rinchar (Verg. G. 3, 172).

instrepŭi, perf. de **instrĕpo**.
instrĭctus, -a, -um, part. pass. de **instrĭngo**.
instrĭngō, -is, -ĕre, -strĭnxī, -strĭctum, v. tr. Ligar (Quint. Decl. 5, 16).
instructĭō, -ōnis, subs. f. I — Sent. próprio: 1) Construção, edificação (Plín. Ep. 10, 35). II — Daí: 2) Ação de dispor, de ordenar, ordem, disposição (Cíc. Caec. 43); (Arn. 5, 15).
instrŭctor, -ōris, subs. m. Preparador, o que prepara, o que põe em ordem, ordenador (Cíc. Sen. 15).
1. **instrŭctus**, -a, -um. A) Part. pass. de **instrŭo**. B) Adj.: I — Sent. próprio: 1) Pôsto em ordem, disposto, munido, provido (Cíc. Nat. 2, 95). II — Sent. figurado: 2) Versado, instruído, perito, preparado (Hor. Ep. 1, 18, 25).
2. **instrŭctus**, -ūs, subs. m. Bagagem, equipamento, preparação (sent. figurado) (Cíc. De Or. 3, 23) Obs.: Só ocorre no abl. sg.
instrŭmēntum, -ī, subs. n. I — Sent. próprio: 1) O que serve para equipar, guarnecer, equipagem, equipamento mobiliário, alfaias (Plín. Ep. 3, 19, 3). Daí: 2) Material, utensílios, instrumentos (Cíc. Ac. 2, 3). Em sent. especial: 3) Documento, arquivo: **instrumentum publicum** (Suet. Cal. 8) «documento oficial». 4) Ornamento, vestido (Ov. Trist. 1, 1, 9). II — Sent. figurado: 5) Recursos, meios, instrumentos (Cíc. De Or. 1, 165).
instrŭō, -is, -ĕre, -strūxī, -trūctum, v. tr. I — Sent. próprio: 1) Construir, levantar, erguer, erigir (C. Nep. Them. 6, 4). Daí: 2) Pôr em ordem, preparar, dispor (Verg. En. 8, 80); (Cés. B. Gal. 1, 22, 3). Donde: 3) Guarnecer, prover, fornecer de (Verg. En. 3, 231). II — Sent. figurado: 4) Instruir, ensinar (Quint. 10, 1, 4). Obs.: Constrói-se com acus. ou acus. e abl.
instrūxī, perf. de **instrŭo**.
insuāvis, -e, adj. I — Sent. próprio: 1) Desagradável (ao gôsto, ao olfato ou ao ouvido) (Cíc. Or. 163). II — Sent. figurado: 2) Desagradável, infeliz, funesto (Cíc. Lae. 88).
Insŭber, -bris, adj. ínsubre (T. Liv. 22. 6, 3).
Insŭbrēs, -ĭum (-um), subs. loc. m. Ínsubres, povo da Gália Transpadana (Cíc. Balb. 32).
insūdō, -ās, -āre, v. intr. Suar sôbre, suar, transpirar (Hor. Sát. 1, 4, 72).

insuēfāctus, -a, -um, adj. Habituado (Cés. B. Gal. 4, 24, 3).
insuērat, forma sincopada de **insuevĕrat** (Tác. An. 4, 57).
insuēscō, -is, -ĕre, -suēvī, -suētum, v. incoat. intr. e tr. A) Intr.: I — Sent. próprio: 1) Acostumar-se a (Sal. C. Cat. 11, 6). B) Tr.: 2) Acostumar (Hor. Sát. 2, 2, 109). Obs.: Constrói-se com dat.; com acus. com **ad**; com inf. Transitivamente constrói-se com duplo acus., ou com acus. e abl.
1. **insuētus**, -a, -um, adj. I — Sent. próprio: 1) Não habituado a (Cíc. At. 2, 21). II — Daí: 2) Insueto, novo, desusado, a que não se está habituado (Verg. Buc. 5, 56). Obs.: Constrói-se com gen; com dat.; com acus. com **ad**; com inf.
2. **insuētus**, -a, -um, part. pass. de **insuēsco**: habituado (T. Liv. 24, 48, 6).
insuēvī, perf. de **insuēsco**.
insŭī, perf. de **insŭo**.
insŭla, -ae, subs. f. I — Sent. próprio: 1) Ilha (Cíc. Fam. 15, 16, 2). II — Em sent. particular: 2) Grupos de casas, quarteirão (separado do resto da cidade por ruas, como que constituindo uma ilha) (Cíc. Verr. 4, 117). 3) Casa para arrendar (em oposição a **domus**, **aedes**) (Cíc. Of. 3, 66).
insulānus, -ī, subs. m. Insulano, ilhéu (Cíc. Nat. 3, 45).
insulārĭus, -ī, subs. m. Locatário, inquilino (Petr. 95, 8).
insulsē, adv. De maneira tôla, estúpida, insipidamente (Cíc. At. 15, 4, 1).
insulsĭtās, -tātis, subs. f. I — Sent. próprio: 1) Tolice, estupidez (Cíc. At. 13, 29, 1). II — Sent. figurado: 2) Falta de finura, de gôsto (Cíc. Br. 284).
insūlsus, -a, -um, adj. I — Sent. próprio: 1) Sem sal, insípido, sem gôsto (Col. 2, 9). II — Sent. figurado: 2) Imbecil, sem espírito (Cíc. De Or. 2, 217).
insultātĭō, -ōnis, subs. f. I — Sent. próprio: 1) Ação de saltar em (Solin. 52, 20). II — Sent. figurado: 2) Insultos (Flor. 4, 12, 36). 3). Ataque, assalto (Quint. 8, 5, 11).
insūltō, -ās, -āre, -āvī, -ātum, v. tr. e intr. A) Tr.: I — Sent. próprio: 1) Saltar sôbre, saltar, pular (Verg. En. 7, 581). II — Sent. figurado: 2) Atacar, insultar, maltratar (Cíc. Verr. 5, 132). B) Intr.: 3) Ser insolente, bater com os pés (Verg. En. 10, 20). Obs.: Constrói-se

com dat.; com acus.; com acus, com **in**; e como absoluto.

insultūra, -ae, subs. f. Ação de saltar sôbre (Plaut. Mil. 280).

insum, ines, inĕsse, infŭī, v. intr. 1) Estar em, estar sôbre, existir, encontrar-se (Ov. F. 4, 658); (Sal. C. Cat. 23, 2). 2) Estar contido em, residir, pertencer (Cíc. Pomp. 28); (Cíc. Of. 1, 151). Obs.: Constrói-se com abl. com **in**; com dat.; absolt.

insūmō, -is, -ĕre, -sūmpsī, -sūmptum, v. tr. 1) Empregar, despender, gastar, consagrar (Cíc. At. 5, 17, 2); (Tác. An. 2, 53). 2) Tomar para si, assumir (Estác. Theb. 12, 43). Obs.: Constrói-se com acus.; com acus. com a prep. **in**; com dat.; com abl.

insūmpsī, perf. de **insūmo**.

insŭō, -is, -ĕre, -sŭī, -sūtum, v. tr. I — Sent. próprio: 1) Coser em, encerrar cosendo (Cíc. Amer. 70). Daí: 2) Aplicar a, unir, ligar (sent. próprio e figurado) (Verg. En. 5, 405). Donde: 3) Bordar (Ov. A. Am. 3, 131). Obs.: Constrói-se com acus. com **in**; com dat.; ou intransitivamente.

1. **insŭper,** adv. 1) Em cima, por cima, de cima (Cés. B. Gal. 4, 17, 6). 2) Além de, por cima de (Verg. En. 2, 593).

2. **insŭper,** prep. I — Com acus.; sôbre por cima de (Cat. Agr. 18, 5). II — Com abl.: além de, por outro lado (Verg. En. 9, 274).

insuperābĭlis, -e, adj. I — Sent. próprio: 1) A que não se pode subir, insuperável (T. Liv. 21, 23). II — Daí: 2) Invencível (Verg. En. 4, 40). 3) Inevitável (Ov. Met. 15, 807). 4) Incurável (Plín. Ep. 2, 2).

insŭpō = **insĭpo**.

insūrgō, -is, -ĕre, -surrēxī, -surrēctum, v. intr. I — Sent. próprio: 1) Levantar-se sôbre, elevar-se (Tác. Germ. 39); (Tác. An. 1, 2); (Verg. En. 9, 34). II — Sent. figurado: 2) Levantar-se contra, insurgir-se (Verg. En. 12, 902).

insurrēxī, perf. de **insūrgo**.

insusūrrō, -ās, -āre, -āvī, -ātum, v. intr. e tr. I — Sent. próprio: 1) Cochichar, dizer ao ouvido (Cíc. Verr. 5, 107). II — Sent. figurado: 2) Sussurrar, murmurar (tratando-se do vento) (Cíc. Ac. 2, 147).

insūtus, -a, -um, part. pass. de **insŭo**.

intābēscō, -is, -ĕre, -tabŭī, v. incoat. intr. I — Sent. próprio: 1) Derreter-se, fundir-se, liqüefazer-se (Ov. Met. 3, 487).

II — Sent. figurado: 2) Consumir-se, definhar-se (Hor. Epo. 5, 39).

intabŭī, perf. de **intabēsco**.

intactĭlis, -e, adj. Intáctil, intangível (Lucr. 1, 437).

1. **intāctus, -a, -um,** adj. I — Sent. próprio: 1) Não tocado, não empreendido, intacto, inteiro (T. Lív. 21, 36, 5). Daí: 2) Não danificado, que não suporta o jugo (Verg. G. 4, 540). 3) Não experimentado (Sal. B. Jug. 66, 1). 4) Novo (Hor. Sát. 1, 6, 66). II — Sent. figurado: 5) Puro, casto (Hor. O. 1, 7, 5). 6) Preservado de, poupado (T. Lív. 38, 51, 4).

2. **intāctus, -ūs,** subs. m. Intangibilidade (Lucr. 1, 454).

intāmĭnātus, -a, -um, adj. Não manchado (Hor. O. 3, 2, 18).

1. **intēctus, -a, -um,** part. pass. de **intĕgo**: coberto.

2. **intēctus, -a, -um,** adj. I — Sent. próprio: 1) Nu, não vestido (Tác. Germ. 17). II — Sent. figurado: 2) Franco, sincero (Tác. An. 4, 1).

integēllus, -a, -um, adj. dim. Sofrìvelmente salvo (Cíc. Fam. 9, 10, 3).

intĕger, -gra, -grum, adj. I — Sent. próprio: 1) Intacto, inteiro, não tocado, não danificado, em bom estado, nôvo, completo, perfeito (Cíc. Fin. 2, 64). II — Sent. figurado: 2) A que nada se pode censurar, íntegro, virtuoso, irrepreensível, puro, casto: **nemo integrior** (Cíc. De Or. 1, 229) «niguém mais íntegro». 3) São (de espírito), de bom senso (Hor. Sát. 2, 3, 65). 4) Imparcial, sem prevenção, sem paixão (Cíc. At. 7, 26, 2). 5) Calmo, indiferente (Cíc. De Or. 2, 187). III — Em expressões: 6) **ab, de integro** (Cíc. Clu. 28) «de nôvo». 7) **in integrum restituere aliquem** ou **aliquid** (Cíc. Clu. 98) «fazer voltar alguém ou alguma coisa ao estado primitivo». IV — Sent. especiais: 8) **integer aevi** (Verg. En. 9, 254) «na flor da idade». 9) Não atingido por: **a conjuratione** (Tác. An. 15, 52) «(não atingido) pela conspiração, i.é, sem participar da conspiração». Obs.: Constrói-se absolt.; com gen.; com abl. acompanhado de **ab** (mais raro).

intĕgō, -is, -ĕre, -tēxī, -tēctum, v. tr. I — Sent. próprio: 1) Cobrir, revestir (Cés. B. Gal. 7, 22, 3). II — Sent. figurado: 2) Proteger (T. Lív. 7, 23, 6).

integrāscō, -is, -ĕre, v. intr. Renovar-se (Ter. And. 668).

integrātiō, -ōnis, subs. f. Renovação (Ter. And. 555).
integrātus, -a, -um, part. pass. de **intĕgro.**
intĕgrē, adv. 1) De modo puro, corretamente, intactamente (Cíc. Opt. 12). 2) De modo irreparável, integramente, imparcialmente (Cíc. Fin. 4, 63).
integrĭtas, -tātis, subs. f. I — Sent. próprio: 1) Estado de estar intacto, integridade, totalidade (Cíc. Fin. 2, 34). Daí, em sent. particular: 2) Saúde, bom estado de saúde (Cíc. Ac. 2, 52). II — Sent. figurado: 3) Inocência, probidade, honestidade (Cíc. Lig. 1). 4) Virtude (Cíc. Verr. 1, 64). 5) Pureza, correção (de linguagem) (Cíc. Br. 132).
intĕgrō, -ās, -āre, -āvī, -ātum, v. tr. I — Sent. próprio: 1) Fazer voltar ao estado primitivo, renovar, recomeçar (Lucr. 1, 1032); (Verg. G. 4, 514). Donde: 2) Recrear, reanimar, restaurar (Cíc. Inv. 1, 25).
integumĕntum, -ī, subs. n. I — Sent. próprio: 1) Vestido, cobertura (T. Liv. 10, 38, 12). II — Sent. figurado: 2) Capa, manto, máscara (Cíc. Cael. 47). 3) Armadura, escudo, guarda (Plaut. Trin. 313).
1. intellĕctus, -a, -um, part. pass. de **intellĕgo.**
2. intellĕctus, -ūs, subs. m. I — Sent. próprio: 1) Percepção, conhecimento (pelos sentidos) (Plín. H. Nat. 11, 174). II — Sent. figurado: 2) Intelecto, compreensão, entendimento, inteligência (Sên. Ep. 120, 4). Por extensão: 3) Sentido, significação (Quint. 7, 9, 2).
intellĕgens, -ēntis. I — Part. pres. de **intellĕgo.** II — Adj.: Que compreende, conhecedor, esclarecido, inteligente, judicioso (Cíc. Fin. 3, 19). Obs.: Constrói-se com gen.; ou como absoluto.
intellegēnter, adv. 1) Inteligentemente (Cíc. Part. 28). 2) Com discernimento, com conhecimento de causa (Cíc. Of. 3, 117).
intellegentia, -ae, subs. f. I — Sent. próprio: 1) Faculdade de discernir, compreender (Cíc. De Or. 3, 195). Daí: 2) Inteligência, entendimento (Cíc. Of. 3, 68). Por extensão: 3) Conhecimento, noção, idéia (Cíc Fin. 3, 21). No pl.: 4) Noções, sentidos (Cíc. Leg. 1, 26).
intellegibĭlis, -e, adj. Que pode ser compreendido, inteligível, perceptível (Sên. Ep. 124, 2).
intellĕgō, -is, -ĕre, -lēxī, -lēctum, v. tr. I — Sent. primitivo: 1) Escolher (pelo espirito) entre, discernir (Cíc. Br. 118). Donde: 2) Compreender, conhecer, perceber (Cíc. At. 6, 9, 3). Daí: 3) Entender, dar tal ou qual sentido à palavra (Cíc. Fin. 2, 50). II — Sent. figurado: 4) Sentir, apreciar (Cíc. Verr. 4, 98). 5) Ser entendido, conhecer (Cíc. Br. 199). Obs.: Em Salústio também ocorre o perf. **intellegi** (B. Jug. 6, 2). Perf. sincopado: **intellexti** (Plaut. Rud. 1103); m. q. perf. subj.: **intellexes** (Plaut. Cist. 625).
intellēxes, -lēxti = intellexisses, intellexisti, formas sincopadas (Plaut. Cist. 625); (Plaut. Rud. 1, 103).
intellēxī, perf. de **intelĕgo.**
intellĭgo = intellĕgo.
Intemelĭī, -ōrum, subs. loc. m. Intemélios, habitantes de Intemélio (T. Liv. 40, 41, 6).
Intemelĭum, -ī, subs. pr. n. Intemélio, cidade marítima da Ligúria (Varr. R. Rust. 3, 9, 17).
intemerāndus, -a, -um, adj. Inviolável (V. Flac. 5, 642).
intemerātus, -a, -um, adj. Intemerato, não violado, puro, sem mancha, incorruptível (Verg. En. 11, 584).
intempĕrans, -āntis, adj. 1) Intemperante, que não pode conter-se, excessivo, desregrado (Cíc. C. M. 29). 2) Dissoluto, devasso (Cíc. Verr. 3, 160).
intemperānter, adv. Sem medida, excessivamente, sem moderação (Cíc. Tusc. 1, 6). Obs.: Comp. **intemperantĭus** (Cíc. Phil. 5, 48).
intemperantĭa, -ae, subs. f. I — Sent. próprio: 1) Intemperância, falta de moderação, excesso, demasia (Plín. H. Nat. 11, 205). II — Sent. figurado: 2) Licença, indisciplina, insolência, arrogância (Cíc. Of. 1, 123). 3) Intempérie (Sên. Const. 9).
intemperātē, adv. Sem medida, em excesso (Cíc. Tim. 45). Obs.: Comp.: **intemperatĭus** (Cíc. Or. 175).
intemperātus, -a, -um, adj. Imoderado, excessivo (Cíc. Lae. 75).
intemperĭae, -ārum, subs. f. pl. I — Sent. próprio: 1) Intempéries, inclemências (do tempo) (Cat. Agr. 141, 2). II — Daí, em sent. moral: 2) Arrebatamentos (Plaut. Aul. 71).
intemperĭēs, -ēī, subs. f. I — Sent. próprio: 1) Intempérie, inclemência (do tempo) (T. Liv. 22, 2, 10). II — Sent. figurado: 2) Desgraça, calamidade (Plaut. Capt. 911). 3) Superabundân-

cia, excesso (T. Lív. 3, 31, 1). 4) Indisciplina, insubordinação (Tác. Hist. 1, 64). 5) Mau humor, impertinência (Cíc. At. 4, 6, 3).

intempestīvē, adv. De modo inoportuno, intempestivamente (Cíc. Fam. 11, 16, 1).

intempestīvus, -a, -um, adj. I — Sent. próprio e figurado: 1) Que vem fora da estação, intempestivo, inoportuno (Cíc. Lae. 22). II — Sent. figurado: 2) Importuno (V. Máx. 7, 8, 9).

intempēstus, -a, -um, adj. I — Sent. próprio: 1) Que tem intempéries, doentio, insalubre (tratando-se do tempo) (Verg. En. 10, 184). II — Sent. figurado: 2) Tempestuoso (Estác. Theb. 2, 153). III — Sent. poético: 3) Na calada (da noite) (Cíc. Verr. 4, 94).

intemptātus, v. **intentātus**.

intēndī, perf. de **intēndo**.

intēndō, -is, -ĕre, -tēndī, -tēntum, v. tr. I — Sent. próprio: 1) Estender para (sent. físico e moral) (Cíc. At. 16, 15, 3); (Cíc. Tusc. 4, 38). Daí: 2) Estender-se, dirigir-se para (Cíc. De Or. 2, 179). II — Sent. figurado: 3) Ter a intenção de, pretender, intentar, tornar atento, aplicar-se a (Cés. B. Gal. 3, 26, 2); (Cíc. De Or. 1, 42). 4) Entesar, tornar têso, dar intensidade, reforçar, aumentar (Cíc. Sest. 15); (Tác. An. 4, 26). 5) Sustentar, afirmar, pretender (Cíc. Fam. 1, 2, 2).

intensĭō, -ōnis, subs. f. Ação de estender, entesar, tensão (Sên. Nat. 7, 1, 3).

intentātĭō, -ōnis, subs. f. Ação de estender para, de se dirigir para (Sên. Ir. 2, 4, 2).

1. intentātus, -a, -um, adj. Não experimentado, não tocado (Hor. A. Poét. 285).

2. intentātus, -a, -um, part. pass. de **intēnto**.

intēntē, adv. 1) Com esfôrço, com vigor (T. Lív. 8, 17, 7). 2) Atentamente (T. Lív. 25, 30, 5).

intentĭō, -ōnis, subs. f. I — Sent. próprio: 1) Ação de estender, tensão, pressão, compressão, esfôrço (Cíc. Tusc. 1, 20). II — Sent. figurado: 2) Aplicação, atenção, contenção (de espírito) (Cíc. Tusc. 4, 3); (Sên. Ep. 113, 3). III — Sent. diversos: 3) Aumento, intensidade (Sên. Ep. 78, 7). 4) Vontade (Cíc. Inv. 2, 125). Na língua retórica: 5) Acusação (Cíc. Inv. 2, 15). Em lógica: 6) A premissa maior de um silogismo (Quint. 5, 14, 6).

intēntō, -ās, -āre, -āvī, -ātum, v. freq. tr. I — Sent. próprio: 1) Estender, dirigir para, dirigir contra (Cíc. Mil. 37). Daí: 2) Ameaçar, intentar (T. Lív. 6, 27, 7); (Quint. 3, 10, 4).

1. intēntus, -a, -um. I — Part. pass. de **intēndo**. II — Adj. 1) Estendido, aplicado, atento, preocupado (Cíc. Flac. 26); (Sal. C. Cat. 2, 9). III — Sent. figurado: 2) Enérgico, violento, severo (Cíc. Or. 1, 255). Obs.: Constrói-se como absoluto; com dat.; com acus. com **ad**; ou com abl.

2. intēntus, -ūs, subs. m. Ação de estender, de apresentar (alguma coisa) (Cíc. Sest. 117).

intepĕō, -ēs, -ēre, v. intr. I — Sent. próprio: 1) Estar tépido, estar morno, aquecer-se (Prop. 4, 1, 124). II — Sent. figurado: 2) Estar apaixonado (Estác. Theb. 2, 377).

intepēscō, -is, -ĕre, -tepŭī, v. intr. I — Sent. próprio: 1) Tornar-se tépido, amornar (Ov. Her. 10, 54). II — Sent. figurado: 2) Arrefecer, acalmar-se (Petr. 94, 5).

intepŭī, perf. de **intepēsco**.

inter, prep. (acus.) e prevérbio. I — Sent. próprio: 1) Entre, no meio de, no número de, junto de: **inter Sequanos et Helvetios** (Cés. B. Gal. 1, 2) «entre os séquanos e helvécios». II — Sent. particulares: 2) Exprimindo categorias: **inter omnes excellere** (Cíc. Or. 6) «sobressair dentre todos». 3) Exprimindo debate, escolha: **inter Marcellos et Claudios patricios judicare** (Cíc. De Or. 1, 176) «julgar entre os Marcelos e o (ramo) patrício dos Cláudios». 4) Exprimindo troca, reciprocidade: **colloquimur inter nos** (Cíc. De Or. 1, 32) «conversamos entre nós, i.é, juntamente». 5) Em expressões como: **inter pauca** (Plín. H. Nat. 35, 150) «muito particularmente»; **inter cuncta, inter omnia, inter cetera** (Hor. Ep. 1, 18, 96); (P. Cúrc. 3, 3, 17); (T. Lív. 37, 12. 8) «antes de tudo»; **inter alia** (Plín. Ep. 3, 16, 10) «entre outras coisas»; **inter haec, inter quae = interea** (T. Lív. 3, 57, 7) «entretanto»; **inter moras** (Plín. Ep. 9, 13, 20) «esperando»; **inter manus** (Verg. En. 11, 311) «(estar) palpável, nas mãos, patente». III — Com idéia temporal: 6) Durante, no espaço de, dentro de: **inter noctem** (T. Lív. 32, 29, 2) «durante a noite». Obs.: Como prevérbio significa: entre (**intercalo**); por intervalos (**intermitto**); de tempos em tempos (**interviso**); em alguns compostos introduz a idéia de privação, des-

truição, morte (**intereo**). Antes de l dá-se a assimilação do r: **intellego**.
interaestŭŏ, -ās, -āre, v. intr. Estar inquieto, abrasado, ter sufocações periòdicamente (Plín. Ep. 6, 16, 19).
interāmēnta, -ōrum, subs. n. pl. Aparelhos ou aprestos do interior de um navio, cavernas do navio (T. Lív. 28, 45, 15).
Interāmna, -ae, subs. pr. f. Interamna. 1) Cidade da Úmbria (Cíc. Mil. 46). 2) Cidade do Lácio (Cíc. Phil. 2, 105).
Interāmnās, -ātis, adj. De Interamna (Cíc. Mil. 46).
Interamnātēs, -ium, subs. loc. m. Interamnates, habitantes de Interamna (Cíc. At. 4, 15, 5).
interārēscō, -is, -ĕre, v. incoat. intr. Secar inteiramente, ressequir-se (Cíc. Tusc. 5, 40).
interbĭbō, -is, -ĕre, v. tr. Beber completamente (Plaut. Aul. 550).
interbĭtō, -is, -ĕre, v. intr. Morrer (Plaut. Most. 1096).
intercalāris, -e, adj. Intercalar, intercalado (Cíc. Fam. 6, 14, 2).
intercalarius, -a, -um, adj. = **intercalaris**: mensis **intercalarius** (Cíc. Verr. 2, 130) «mês intercalado».
intercalātus, -a, -um, part. pass. de **intercălo**.
intercălō, -ās, -āre, -āvī, -ātum, v. tr. 1) Intercalar (um dia ou mês para corrigir as irregularidades do calendário) (Suet. Cés. 40). Daí: 2) Intercalar, inserir (Cíc. At. 5, 9, 2). 3) Diferir, adiar (T. Lív. 9, 9, 2).
intercapēdō, -ĭnis, subs. f. Interrupção, pausa, intervalo, suspensão, demora (Cíc. Fin. 1, 61).
Intercātĭa, -ae, subs. pr. f. Intercácia, cidade da Hispânia Tarraconense (T. Lív. Ep. 48).
Intercātĭēnsis, -e, adj. Intercaciense, de Intercácia (Plín. H. Nat. 37, 9).
Intercātĭēnsēs, -ium, subs. loc. m. pl. Intercacienses, os habitantes de Intercácia (Plín. H. Nat. 3, 26).
intercēdō, -is, -ĕre, -cēssī, -cēssum, v. intr. I — Sent. próprio: 1) Intervir, interpor-se (Cíc. Verr. 2, 89); (Cíc. Fam. 15, 2, 4). II — Sent. figurado: 2) Opor-se, impedir, embargar (Cíc. De Or. 2, 197). 3) Decorrer entre, existir de permeio, haver entre (Cés. B. Gal. 2, 17, 2); (Cíc. Fam. 13, 23). 4) Sobrevir (Cés. B. Civ. 1, 21, 2).
intercēpī, perf. de **intercipĭo**.

interceptĭō, -ōnis, subs. f. Subtração, roubo, furto (Cíc. Clu. 167).
intercēptor, -ōris, subs. m. Interceptor, o que intercepta, rouba ou subtrai (T. Lív. 4, 50, 1).
intercēptus, -a, -um, part. pass. de **intercipĭo**.
intercēssī, perf. de **intercēdo**.
intercessĭō, -ōnis, subs. f. I — Sent. próprio: 1) Intervenção, intercessão (A. Gél. 14, 2, 7). Na língua jurídica: 2) Oposição (Cíc. Phil. 2, 6). 3) Fiança, caução (Cíc. At. 1, 4, 1).
intercēssor, -ōris, subs. m. I — Sent. próprio: 1) Intercessor, mediador (Cíc. Fam. 7, 27, 1). II — Daí: 2) Impugnador, o que faz oposição (Cíc. Sull. 65). 3) Abonador, fiador (Sên. Ep. 119, 1).
intercēssus, -ūs, subs. m. Mediação, intervenção (V. Máx. 5, 4, 2). Obs.: Só ocorre no abl. sg.
1. **intercĭdī,** perf. de **intercĭdo** 1.
2. **intercĭdī,** perf. de **intercĭdo** 2.
1. **intercĭdō, -is, -ĕre, -cĭdī,** v. intr. I — Sent. próprio: 1) Cair entre (T. Lív. 21, 8). 2) Chegar no intervalo, sobrevir (Cíc. Fam. 5, 8, 3). Daí: 3) Morrer, perder-se, acabar (Cíc. Dej. 25). 4) Cair em desuso, varrer da memória (Hor. Sát. 2, 4, 6).
2. **intercĭdō, -is, -ĕre, -cĭdī, -cĭsum,** v. tr. I — Sent. próprio: 1) Cortar pelo meio (Col. 4, 3, 2). Daí: 2) Cortar, abrir, fender (Cíc. At. 4, 15, 5).
intercĭnō, -is, -ĕre, v. tr. Cantar no intervalo (Hor. A. Poét. 194).
intercipĭō, -is, -ĕre, -cēpī, -cēptum, v. tr. I — Sent. próprio: 1) Interceptar, apanhar na passagem, subtrair, roubar (Cíc. At. 1, 13, 2); (Ov. P. 4, 7, 25). Daí: 2) Tomar de surprêsa, surpreender (Cíc. Agr. 2, 3). II — Sent. figurado: 3) Destruir antes do tempo (Tác. Agr. 43). 4) Cortar, interromper (uma conversa) (sent. próprio e figurado) (T. Lív. 9, 43, 3); (Quint. 6, 4, 11).
intercīsē, adv. Separando as palavras, por incisos, interrompidamente (tratando-se do estilo) (Cíc. Part. 24).
intercīsus, -a, -um, part. pass. de **intercĭdo** 2.
interclŭdō, -is, -ĕre, -clūsī, -clūsum, v. tr. I — Sent. próprio: 1) Fechar, tapar, encerrar (sent. físico e moral) (Cíc. Fin. 2, 118). Daí: 2) Embargar, impedir, cortar (Cés. B. Gal. 7, 11, 8); (Cíc. At. 8, 11d, 2). II — Sent. figurado: 3)

INTERCLÚSI — 514 — **INTERFÍCIÕ**

Excluir, privar, separar (Cés. B. Gal. 7, 59, 5). Obs.: Constrói-se com acus.; com acus. e abl.; com acus. de coisa e dat. de pess.

interclūsī, perf. de **interclūdo**.

interclūsiō, -ōnis, subs. f. Ação de fechar, obstruir, falta de respiração (Cíc. De Or. 3, 181).

interclūsus, -a, -um, part. pass. de **interclūdo**.

intercolumnĭum, -ī, subs. n. Intercolúnio, espaço ou vão entre duas colunas (Cíc. Verr. 1, 51).

intercucūrrī = **intercūrrī**.

intercūrrī, perf. de **intercūrro**.

intercūrrō, -is, -ĕre, -cūrrī (ou **-curcūrrī**), **-cūrsum**, v. intr. I — Sent. próprio: 1) Correr entre, correr no intervalo (Plín. H. Nat. 3, 100). 2) Intervir, sobrevir, interpor-se (Cíc. Phil. 8, 17). II — Sent. figurado: 3) Misturar-se a, confundir-se com (Cíc. Tusc. 2, 36).

intercursō, -ās, -āre, v. intr. I — Sent. próprio: 1) Correr entre, no meio (T. Lív. 21, 35, 1). II — Sent. figurado: 2) Entrecortar (Lucr. 3, 262).

1. intercūrsus, -a, -um, part. pass. de **intercūrro**.

2. intercūrsus, -ūs, subs. m. 1) Ação de correr entre, intervenção (T. Lív. 21, 46, 7). 2) Aparição por intervalos (Sên. Ben. 5, 6, 5).

intērcus, -cūtis, adj. I — Sent. próprio: 1) Intercutâneo, subcutâneo, que está debaixo da pele (Plaut. Men. 891). II — Sent. figurado: 2) Interior, escondido (A. Gél. 13, 8, 5).

interdătus, -a, -um, adj. Distribuído, espalhado (Lucr. 4, 868).

interdīcō, -is, -ĕre, -dīxī, -dīctum, v. intr. e tr. A) Intr.: I — Sent. próprio: 1) Pronunciar a fórmula que põe têrmo a um litígio entre duas pessoas, lavrar um decreto (Cíc. Caec. 85). B) Tr.: 2) Interdizer, proibir, vedar (Cés. B. Gal. 1, 46, 4); (Cés. B. Gal. 6, 44, 3). Obs.: Constrói-se com dat. e abl. seguido ou não de **de**; com acus. e abl.; com acus. e dat.; com dat. com **ut** ou **ne**; com dat. com inf.; transitivamente.

interdictĭō, -ōnis, subs. f. Interdição, proibição: ...aquae et ignes (Cíc. Dom. 78) «(proibição) da água e do fogo (exílio)».

interdīctum, -ī, subs. n. I — Sent. próprio: 1) Édito (do pretor), decreto, sentença (Cíc. Caec. 9). II — Daí: 2) Interdição, proibição (Cíc. Pis. 48).

interdīctus, -a, -um, part. pass. de **interdīco**.

interdĭū, adv. Durante o dia, de dia (Cés. B. Gal. 7, 69, 7). Obs.: A forma arcaica **interdius** é ainda bem atestada (Plaut. Aul. 72); (A. Gél. 17, 10, 11).

interdīxī, perf. de **interdīco**.

intērdō, -ās, -āre, v. tr. Dar com intervalo, distribuir, espalhar (Lucr. 4, 227).

interdūctus, -ūs, subs. m. Pausas feitas num período, pontuação (Cíc. Or. 228). Obs.: Só ocorre no abl. sg.

interdŭim = **interdem**, subj. arcaico de **intērdo** (Plaut. Trin. 994).

intērdum, adv. Algumas vêzes, por vêzes, de tempos em tempos (Cíc. Or. 201).

interĕā, adv. Durante êste tempo, no intervalo, enquanto isto (Cíc. Verr. 2, 37).

interĕmī, perf. de **interimo**.

interēmptor, -ōris, subs. m. Assassino (Sên. Ep. 70, 14).

interĕō, -īs, -īre, -ĭī, -ĭtum, v. intr. I — Sent. próprio: 1) Perder-se, estar perdido (Cíc. Fin. 3, 45). Daí: 2) Morrer, perecer (Cíc. Tusc. 1, 82).

interequĭtō, -ās, -āre, v. intr. 1) Estar ou andar a cavalo entre (T. Lív. 34, 15, 4). 2) Percorrer a cavalo (T. Lív. 6, 7, 8).

intĕrest, impess. de **intērsum**.

interfārī, -ātur, -ātus sum, v. dep. tr. 1) Interromper, cortar a palavra (T. Lív. 32, 34, 2). 2) Dizer interrompendo (Verg. En. 1, 386).

interfātĭō, -ōnis, subs. f. Interrupção, interpretação (Cíc. Sest. 79).

interfātus, -a, -um, part. pass. de **interfārī**.

interfēcī, perf. de **interficio**.

interfēctor, -ōris, subs. m. Assassino, destruidor (Cíc. Mil. 72).

interfēctrix, -īcis, subs. f. A que mata (Tác. An. 3, 17).

interfēctus, -a, -um, part. pass. de **interficio**.

interficĭō, -is, -ĕre, -fēcī, -fēctum, v. tr. I — Sent. próprio: 1) Privar de (Plaut. Truc. 518). II — Daí: 2) Privar da vida, matar, destruir (Verg. G. 4, 330); (Cíc. Pis. 15). 3) Loc.: **interficere se** (Cés. B. Gal. 5, 37, 6) «suicidar-se». Obs.: É sinônimo de **occīdo**, mas êste é usado na língua falada, ao passo que **interficio** é preferido na língua escrita. **Intereo** serve de passivo a **interficio**, do mesmo modo que **pereo** serve a **perdo**. Constrói-se com acus.; ou acus. e abl.

INTERFĬO — 515 — **INTERLŎQUOR**

interfĭō, -is, -fĭĕrī (pass. arc. de **interfĭcĭo**), v. intr. Ser destruído (Plaut. Trin. 532); (Lucr. 3, 872).
interflŭō, -is, -ĕre, v. intr. e tr. I — Sent. próprio: 1) Correr entre, atravessar (T. Lív. 41, 23, 16). Daí: 2) Separar (T. Lív. 27, 29, 9).
interflŭus, -a, -um, adj. Que corre entre (Plin. H. Nat. 6, 121).
interfŏdī, perf. de **interfŏdĭo**.
interfŏdĭō, -is, -ĕre, -fōdī, -fōssum, v. tr. Furar, cavar entre (Lucr. 4, 716).
interfūdī, perf. de **interfūndo**.
interfugĭō, -is, -ĕre, v. intr. Penetrar entre (Lucr. 6, 332).
interfŭī, perf. de **intĕrsum**.
interfūlgens, -ēntis, adj. Que brilha entre (T. Lív. 28, 33, 4).
interfūndo, -is, -ĕre, -fūdī, -fūsum, v. tr. Correr entre, espalhar entre (Verg. G. 4, 48); (Verg. En. 4, 644).
interfūsus, -a, -um, part. pass. de **interfūndo**.
interfutūrus, -a, -um, part. fut. de **intĕrsum**.
interĭbi, adv. Entrementes (Plaut. Cap. 951).
interĭī, perf. de **interĕo**.
intĕrim, adv. 1) Durante êste tempo, nesse meio-tempo, enquanto isto (Cíc. De Or. 2, 358). 2) Durante um momento, por um instante (Quint. 1, 10, 27). 3) Por vêzes, às vêzes (Quint. 2, 1, 1). 4) **Interim... interim:** Ora..., ora (Tác. An. 14, 41).
interĭmō (ou **interĕmō**), **-is, -ĕre, -ēmī, -ēmptum** (ou **ēmtum**), v. tr. Destruir, fazer perecer, tirar a vida, matar, dar um golpe mortal (Cíc. Mur. 27); (Cíc. Mil. 93).
interĭor, -ĭus, comp. de um adj. desusado que se prende a **inter**. I — Sent. próprio: 1) Interior, que está dentro (Cíc. Verr. 4, 122). II — Sent. figurado: 2) Retirado, recôndito, secreto, íntimo (Cíc. Fam. 3, 10, 9). 3) Mais próximo do centro (Hor. Sát. 2, 6, 26). 4) Ao abrigo de (T. Lív. 7, 10, 10). 5) Mais próximo, que toca mais de perto (Cíc. De Or. 2, 209). 6) Que não é do domínio comum, especial (Cíc. Nat. 3, 42).
interĭōra, -um, n. pl. Partes ou lugares interiores, interiores (Cíc. At. 4, 3, 3).
interĭōrēs, -um, subs. m. pl. Os que vivem no interior (de uma região) (Cíc. Pomp. 64).
interĭtĭō, -ōnis, subs. f. Destruição, ruína, aniquilamento (Cíc. Verr. 3, 125).

1. **interĭtus, -a, -um,** part. pass. de **interĕo**.
2. **interĭtus, -ūs,** subs. m. I — Sent. próprio: 1) Destruição, ruína (Cíc. Pis. 40). 2) Morte, assassínio (tratando-se de pessoas) (Cíc. Br. 125).
interĭus, adv. Mais para dentro, interiormente (Cíc. De Or. 3, 190).
interjacĕō (interiacĕō), -ēs, -ēre, -jacŭī, v. intr. Estar de permeio, estar colocado entre (T. Lív. 21, 30, 11).
interjacĭō = **interjicĭo**.
interjacŭī, perf. de **interjacĕo**.
interjēcī, perf. de **interjicĭo**.
interjectĭō (interiectĭō), -ōnis, subs. f. 1) Inserção (Quint. 4, 2, 121). 2) Intervalo de tempo (Cels. 8, 2, 15). 3) Parêntese (Quint. 8, 2, 15).
1. **interjēctus (interiēctus), -a, -um.** I — Part. pass. de **interjicĭo**. II — Subs. n. pl. **interjēcta, -ōrum:** região situada entre. Obs.: Constrói-se com dat.; com acus. com **inter**; ou como absoluto.
2. **interjēctus (interiēctus), -ūs,** subs. m. 1) Interposição (Cíc. Nat. 2, 103). 2) Intervalo (de tempo) (Tác. An. 3, 51).
interjicĭō (interiicĭō), -is, -ĕre, -jēcī, -jēctum, v. tr. I — Sent. próprio: 1) Jogar entre, lançar entre, colocar entre, interpor (Cíc. Nat. 2, 66); (Cíc. Or. 25).
interjūnctus, -a, -um, part. pass. de **interjūngo**.
interjūngō (interiūngō), -is, -ĕre, -jūnxī, -jūnctum, v. tr. Ligar um ao outro, juntar, unir (T. Lív. 22, 30, 6).
interjūnxī, perf. de **interjūngo**.
interlābor, -ĕris, -lābī, -lāpsus sum, v. dep. intr. Deslizar entre, cair entre, correr entre (Verg. G. 2, 349).
interlēgī, perf. de **interlĕgo**.
interlĕgō, -is, -ĕre, -lēgī, -lēctum, v. tr. Colhêr com intervalos, colhêr entre (Verg. G. 2, 366).
interlēvī, perf. de **interlĭno**.
interlĭgo, -ās, -āre, v. tr. Amarrar junto (Estác. Theb. 7, 571).
interlĭnō, -is, -ĕre, -lēvī, -lĭtum, v. tr. I — Sent. próprio: 1) Cancelar, riscar, apagar, rasurar, falsificar com rasuras (Cíc. Verr. 2, 103). Daí: 2) Misturar, untar entre (T. Lív. 21, 11, 8).
interlĭtus, -a, -um, part. pass. de **interlĭno**.
interlŏquor, -ĕris, -lŏquī, -locūtus sum v. dep. tr. e intr. A) Intr.: I — Sent. próprio: 1) Cortar a palavra, interromper (Ter. Heaut. 691). B) Tr.: II — Daí: 2) Dizer interrompendo, (Sên. 4, 26, 1). Obs.: Constrói-se com dat.; ou intransitivamente.

interlūcātus, -a, -um, part. pass. de **interlūco**.
interlūcĕō, -ēs, -ēre, -lūxī, v. intr. 1) Brilhar através, luzir entre (Tác. Germ. 45). 2) Mostrar-se com intervalos (Verg. En. 9. 508).
interlūcō, -ās, -āre, v. tr. Desbastar as árvores, deixar entrar a luz por entre as árvores (Plín. H. Nat. 17, 94).
interlūnĭum, -i, subs. n. Interlúnio, tempo em que a lua não aparece, espaço entre duas lunações (Hor. O. 1, 25, 11).
interlŭō, -is, -ĕre, v. tr. I — Sent. próprio: 1) Banhar, correr entre (Verg. En. 3, 419). Daí: 2) Lavar com intervalos (Cat. Agr. 132).
interlūxī, perf. de **interlucĕo**.
intermanĕō, -ēs, -ēre, v. intr. Ficar entre, no meio (Luc. 6, 47).
intermenstrŭum, -ī, subs. n. = **interlunĭum** (Cíc. Rep. 1, 25).
intermenstrŭus, -a, -um, adj. Que está entre dois meses (Cíc. Rep. 1, 25); **luna intermenstrua** (Plín. H. Nat. 18, 322) «lua nova».
intermĕō, -ās, -āre, v. tr. Correr entre, atravessar (Plín. H. Nat. 5, 126).
1. **interminātus, -a, -um,** adj. Não limitado, que é sem fim (Cíc. Nat. 1, 54).
2. **interminātus, -a, -um,** part. pass. de **intermĭnor**.
intermĭnor, -āris, -ārī, -ātus sum, v. dep. tr.: 1) Ameaçar violentamente (Plaut. Cas. 658). 2) Proibir ameaçando (Hor. Epo. 5, 39).
intermiscĕō, -ēs, -ēre, -miscŭī, -mixtum, v. tr. Misturar (Verg. Buc. 5, 10). Obs.: Constrói-se com acus. e dat.; ou com simples acus.
intermiscŭī, perf. de **intermiscĕo**.
intermīsī, perf. de **intermĭtto**.
intermissĭō, -ōnis, subs. f. Interrupção, suspensão, eclipse, cessação, repouso (Cíc. Lae. 8).
intermissus, -a, -um, part. pass. de **intermĭtto**.
intermĭttō, -is, -ĕre, -mīsī, -missum, v. tr. e intr. A) Tr.: I — Sent. próprio: 1) Deixar um intervalo entre (Cés. B. Gal. 5, 15, 4); (Cés. B. Gal. 5, 38, 1). Daí: 2) Interromper, suspender (Cés. B. Gal. 1, 41, 5). II — Sent. figurado: 3) Cessar de (Cíc. Div. 2, 1). B) Como intr.: 4) Interromper-se, deixar espaço (Cés. B. Gal. 1, 38, 5). Obs.: Constrói-se com acus.; com acus. e abl. com **ab**; com inf.; ou então, intransitivamente.
intermixtus, -a, -um, part. pass. de **intermiscĕo**.
intermorĭor, -ĕris, -morī, -mortŭus sum, v. dep. intr. Estar moribundo, morrer pouco a pouco (Cat. Agr. 161, 3); (Cíc. Mur. 16).
intermortŭus, -a, -um, part. pass. de **intermorĭor**.
intermundĭa, -ōrum, subs. n. pl. Espaço entre os mundos, intermúndio (Cíc. Div. 2, 40).
intermūrālis, -e, adj. Intermural, que fica entre dois muros (T. Lív. 44, 46, 1).
internāscor, -ĕris, -nāscī, -nātus sum, v. dep. intr. Nascer no meio, entre (T. Lív. 28, 2, 8).
internecĭō (internicĭō), -ōnis, subs. f. I — Sent. próprio: 1) Carnificina, massacre, chacina (Cíc. Sull. 33). II — Daí: 2) Exterminação, perda, destruição (Plín. H. Nat. 14, pr. 3).
internecīvus (-nicīvus), -a, -um, adj. Mortífero, mortal, de morte (T. Lív. 9, 25, 9).
internēctō, -is, -ĕre, v. tr. Entrelaçar (Verg. En. 7, 816).
internicĭō, -ōnis, v. **internecĭo**.
internĭgrans, -āntis, adj. Que é negro entre (Estác. Theb. 6, 336).
internōdĭum, -ī, subs. n. Entrenó, parte entre as junturas ou articulações (do corpo) (Ov. Met. 6, 256).
internōscō, -is, -ĕre, -nōvī, -nōtum, v. tr. Reconhecer, discernir, distinguir (Cíc. Ac. 2, 48); (Cíc. Lae. 95).
internōvī, perf. de **internōsco**.
internuntĭa, -ae, subs. f. Internúncia, mensageira, a que traz mensagens (Cíc. Div. 2, 72).
internuntĭō, -ās, -āre, v. tr. Discutir por mensagens recíprocas (T. Lív. 42, 39, 4).
internuntĭus, -ī, subs. m. Internúncio, mensageiro, intermediário, medianeiro, intérprete (Cíc. Verr. 5, 14).
intĕrnus, -a, -um, adj. I — Sent. próprio: 1) Interior, interno (Sên. Nat. 6, 27, 2). II — Sent. figurado: 2) Doméstico, civil (Tác. An. 2, 26). No n. pl.: 3) O interior (Plín. H. Nat. 2, 4). 4) Ocupações domésticas (Tác. An. 4, 32).
intĕrō, -is, -ĕre, -trīvī, -trītum, v. tr. Pisar, moer com ou em (Cat. Agr. 156,2); (Verr. R. Rust. 3, 9, 21).
interpellātĭō, -ōnis, subs. f. I — Sent. próprio: 1) Interpelação, interrupção (Cíc. De Or. 2, 39). Daí: 2) Obstáculo (Cíc. Fam. 6, 18, 5).
interpellātor, -ōris, subs. m. I — Sent. próprio: 1) O que interrompe (Cíc. Or. 138). Daí: 2) Importuno, impertinente (Cíc. At. 15, 13, 6).

interpellātus, -a, -um, part. pass. de **interpello**.

interpello, -ās, -āre, -āvī, -ātum, v. tr. Interromper pela palavra, interromper falando, interpelar, interromper, impedir (Cés. B. Civ. 1, 22, 5); (Cés. B. Gal. 1, 44, 8); (Cíc. At. 1, 19, 4). Obs.: Constrói-se com acus.; com **quin, quominus** ou **ne;** com inf. (na poesia).

interplico, -ās, -āre, v. tr. Entrelaçar (Estác. Theb. 2, 282).

interpolātus, -a, -um, part. pass. de **interpolo**.

interpolis, -e, adj. Que se renova, que rejuvenesce (Plaut. Most. 274).

interpolo, -ās, -āre, -āvī, -ātum, v. tr. I — Sent. próprio: 1) Dar uma nova forma, refazer, reparar, consertar, restaurar (Cíc. Q. Fr. 2, 12, 3). Daí: 2) Modificar, alterar, mudar (Plaut. Amph. 317). 3) Interpolar, inserir, introduzir (Cíc. Verr. 1, 158).

interpōno, -is, -ĕre, -posŭī, -posĭtum, v. tr. I — Sent. próprio: 1) Pôr entre, interpor, inserir, intercalar (Cés. B. Civ. 2, 15, 2); (Cíc. Br. 287). Daí: 2) Deixar um intervalo, intrometer (Cíc. Mur. 35); (Cíc. Div. 2, 150). II — Sent. figurado: 3) Reflexivo: intrometer-se, intervir (Cíc. Fam. 10, 27, 2). Donde: 4) Opor, opor-se (Cíc. Phil. 8, 12); (Cíc. Phil 2, 9). Obs.: Constrói-se com acus. e dat.; com obj. dir. e acus. com **inter;** ou simples acus.

interpositio, -ōnis, subs. f. 1) Interposição, inserção (Cíc. Inv. 1, 8). 2) Intercalação (Cíc. Fam. 16, 22, 1).

1. **interposĭtus**, -a, -um, part. pass. de **interpono**.

2. **interposĭtus**, -ūs, subs. m. Interposição (Cíc. Nat. 2, 103). Obs.: Só ocorre no abl. sg.

interposŭī, perf. de **interpono**.

intĕrpres, -ĕtis, subs. m. e f. I — Sent. próprio: 1) Intermediário, agente, medianeiro entre duas partes, ajudante, auxiliar (Cíc. Verr. pr. 36). II — Em sentido particular: 2) O que explica, intérprete (Cíc. Top. 4). 3) Intérprete (de língua estrangeira) (Cés. B. Gal. 1, 19, 3). 4) Tradutor, comentador (Cíc. Fin. 3, 15).

nterpretāmentum, -ī, subs. n. Interpretação (Petr. 10, 1).

interpretātĭo, -ōnis, subs. f. I — Sent. próprio: 1) Interpretação, explicação, significação, sentido (Cíc. Of. 1, 33). II — Daí: 2) Tradução, versão (Cíc. Balb. 14).

interpretātus, -a, -um, part. pass. de **interprĕtor**.

interprĕtor, -āris, -ārī, -ātus sum, v. dep. tr. I — Sent. próprio: 1) Explicar, interpretar, traduzir (Cíc. Leg. 1, 14); (Cíc. Fin. 2, 20). Daí: 2) Compreender, julgar, avaliar, reconhecer (Cíc. Br. 5). 3) Ser intérprete, servir de intérprete (Plaut. Ep. 552). II — Sent. figurado: 4) Decidir, determinar (T. Lív. 1, 23, 8).

interpunctio, -ōnis, subs. f. Sinal de pontuação (separação dos vocábulos por pontos) (Cíc. Mur. 25).

interpūnctum, -ī, subs. n. Intervalo para tomar a respiração, pausa (Cíc. De Or. 3, 181).

interpūnctus, -a, -um, part. pass. de **interpungo**.

interpūngo, -is, -ĕre, -pūnxī, -pūnctum, v. tr. Pontuar, separar as palavras por meio da pontuação, entrecortar (Cíc. De Or. 2, 328).

interpūnxī, perf. de **interpungo**.

interquiēsco, -is, -ĕre, -quiēvī, -quiētum, v. incoat. intr. Repousar por intervalos, ter um intervalo de descanso, descansar aos poucos (Cat. Agr. 158, 2); (Cíc. Br. 91).

interquiēvī, perf. de **interquiesco**.

interrēgnum, -ī, subs. n. 1) Interregno (espaço que decorre entre dois reinados) (Cíc. Rep. 2, 23). 2) Na república: tempo entre a saída de exercício dos cônsules e a eleição dos seus sucessores (Cíc. At. 9, 9, 3).

intĕrrex, -rēgis, subs. m. Inter-rei, regente, o que exercia o poder durante um interregno (T. Lív. 1, 17).

interrĭtus, -a, -um, adj. Intérrito, intrépido, sem mêdo, impávido (Ov. Met. 10, 616). Obs.: Constrói-se como absoluto; com gen.

interrogātio, -ōnis, subs. f. I — Sent. próprio: 1) Pergunta, inquirição, interrogação (Cíc. Fam. 1, 9, 7). 2) Argumento (Cíc. Ac. 2, 46). 3) Estipulação (por interrogação) (Sên. Ben. 3, 15, 2).

interrogātiuncŭla, -ae, subs. f. 1) Pequena pergunta, e daí: 2) Pequeno argumento (Cíc. Par. 2).

interrogātus, -a, -um, part. pass. de **interrogo**.

interrŏgo, -ās, -āre, -āvī, -ātum, v. tr. I — Sent. próprio: 1) Pedir as opiniões, interrogar (Cíc. Flac. 22); (Cíc. Q. Fr. 2, 3, 2). 2) Na língua jurídica: proceder judicialmente contra, intentar uma ação, acusar (Cíc. Dom. 7). 3) Na língua filosófica: argumentar (Sên. Ep. 87, 31).

interrŭmpō, -is, -ĕre, -rūpī, -rūptum, v. tr. I — Sent. próprio: 1) Cortar quebrando, romper pelo meio, quebrar (Cés. B. Gal. 7, 34, 3). II — Sent. figurado: 2) Interromper, entrecortar (Cés. B. Civ. 2, 19, 7); (Cíc. Cael. 59).
interrūpī, perf. de **interrŭmpo.**
interrūptē, adv. De modo cortado, interrompido (Cíc. De Or. 2, 329).
interruptĭō, -ōnis, subs. f. Reticência (t. de retórica) (Quint. 9, 2, 54).
interrūptus, -a, -um, part. pass. de **interrŭmpo.**
intersaepī, perf. de **intersaepĭo.**
intersaepĭō, -is, -īre, -saepī, -saeptum, v. tr. I — Sent. próprio: 1) Separar, fechar, cercar (T. Lív. 25, 11, 2). II — Daí: 2) Impedir, trancar, embargar (Cíc. Balb. 43); (Cíc. Tusc. 1, 47).
interscĭdī, perf. de **interscīndo.**
interscīndō, -is, -ĕre, -scĭdī, -scīssum, v. tr. I — Sent. próprio: 1) Separar cortando, separar pelo meio, cortar (Cíc. Leg. 2, 10). Daí: 2) Dividir, interromper, quebrar (sent. próprio e figurado) (T. Lív. 28, 7, 2).
interscrībō, -is, -ĕre, -scrīpsī, -scrīptum, v. tr. Escrever nas entrelinhas, escrever entre as linhas (Plín. Ep. 7, 9, 5).
interscrīpsī, perf. de **interscrībo.**
intersepĭō = **intersaepĭo.**
1. intersĕrō, -is, -ĕre, -sēvī, -sĭtum, v. tr. Plantar, semear (Lucr. 5, 1377).
2. intersĕrō, -is, -ĕre, -serŭī, -sērtum, v. tr. Entremear (Ov. Met. 10, 559).
interserŭī, perf. de **intersĕro** 2.
intersēvī, perf. de **intersĕro** 1.
intersīstō, -is, -ĕre, -stĭtī, v. intr. Parar entre, parar no meio, interromper-se (Quint. 8, 3, 45).
intersĭtus, -a, -um, part. pass. de **intersĕro** 1.
intersŏnō, -ās, -āre, v. intr. Ressoar no meio (Estác. Theb. 5, 344).
interspīrātĭō, -ōnis, subs. f. Respiração, pausa para respirar (Cíc. De Or. 3,173).
interstīnctus, -a, -um, part. pass. de **interstīnguo** 1 e 2.
1. interstīnguō, -is, -ĕre, -tīnxī, -stīnctum, v. tr. Extinguir completamente, matar (Lucr. 5, 761).
2. interstīnguō, -is, -ĕre, -stīnctum, v. tr. Espalhar, matizar (Tác. An. 4, 57).
interstīnxī, perf. de **interstīnguo** 1.
interstĭtī, perf. de **intersīsto.**
interstrīngō, -is, -ĕre, v. tr. Cortar ao meio (Plaut. Aul. 651).

intersum, -es, interēsse, interfŭī, v. intr. I — Sent. próprio: 1) Estar entre (Cíc. Cat. 3, 5). Daí: 2) Estar separado por um intervalo (Cíc. Agr. 4). II — Sent. figurado: 3) Assistir a, estar presente (Cíc. At. 14, 22, 2). 4) Diferir, estar distante, separado (Cíc. Ac. 2, 47). 5) Impessoal: há diferença entre (Cíc. Of. 1, 11). 6) Importa a, é do interêsse de (Cíc. Nat. 1, 7); (Cíc. Fin. 2, 72); (Cíc. Fam. 4, 10, 2). Obs.: Constrói-se como intr.; com acus. com **inter**; com dat. com **ab**; com abl. com **in**, ou **ab**. Como impess. aparece com gen. de pess. ou com **mea, tua, sua, nostra, vestra,** como: **vestra qui... vixistis** (Cíc. Sull. 79) «importa a vós que vivestes»; ou com acus. com **ad** ou com as expressões formadas com **multum, magni, maxime, permagni, tanti,** etc.
intertēxō, -is, -ĕre, -texŭī, -tēxtum, v. tr. 1) Entremear tecendo (Verg. En. 8,167). 2) Entrelaçar (Ov. Met. 6, 128).
intertexŭī, perf. de **intertĕxo.**
intertrīmēntum, -ī, subs. n. I — Sent. próprio: 1) Deterioração (de uma coisa), estrago (T. Lív. 32, 2, 2). II — Daí: 2) Prejuízo, perda (Cíc. Verr. 1, 132).
intertŭrbō, -ās, -āre, v. tr. Perturbar (Ter. And. 633).
interutrāsquĕ, adv. Entre dois, entre um e outro (Lucr. 2, 518).
intervāllum, -ī, subs. n. I — Sent. próprio: 1) Intervalo, distância, espaço (Cés. B. Gal. 1, 43, 2). Daí: 2) Intervalo, repouso, pausa, descanço, demora (Cíc. Fam. 15, 14, 2); (Cíc. De Or. 3, 15). II — Sent. figurado: 3) Diferença (Cíc. Agr. 2, 89). 4) Intervalo (de música) (Cíc. Nat. 2, 146). Obs.: Etimològicamente: distância que separa os troncos com que se faz uma paliçada ou **vallum**.
intervēllō, -is, -ĕre, -vūlsī, -vūlsum, v. tr. Arrancar com intervalos, aqui e ali (Sên. Ep. 114, 21).
intervēnī, perf. de **intervenio.**
intervenĭō, -īs, -īre, -vēnī -vēntum, v. intr. e tr. I — Sent. próprio: 1) Vir entre, estar entre (Plín. H. Nat. 5, 13). Daí: 2) Sobrevir (Cés. B. Gal. 6, 37, 1). II — Sent. figurado: 3) Intervir, intrometer-se (Cíc. At. 14, 16, 3). (Suet. Cés. 30). 4) Interromper-se (T. Lív. 23, 18, 6). 5) Tr.: Interromper (Tác. An. 3, 23). Obs.: Constrói-se com dat.; ou como intr. Transitivamente é raro.

intervëntor, -öris, subs. m. O que sobrevém, visitador (Cíc. Fat. 2).
intervëntus, -üs, subs m. I — Sent. próprio: 1) Chegada inesperada; e daí: 2) Intervenção, interposição (Cíc. Cat. 3, 6). II — Sent. figurado: 3) Fiança, caução (Suet. Cés. 18).
intervërsus, -a, -um, part. pass. de **intervërto.**
intervërti, perf. de **intervërto.**
intervërtö (-vörtö), -is, -ëre, -vërti, -vërsum, v. tr. I — Sent. próprio: 1) Desviar, voltar em outra direção (Cíc. Phil. 2, 32). II — Sent. figurado: 2) Subtrair, sonegar (Cíc. Verr. 4, 68).
intervisi, perf. de **interviso.**
intervisö, -is, -ëre, -visi, -visum, v. tr. 1) Ir ver de vez em quando, visitar (Cíc. Fam. 7, 1, 5). Daí: 2) Inspecionar (Plaut. St. 455).
intervolitö, -äs, -äre, v. intr. Voar entre (T. Lív. 3, 10, 6).
intervömö, -is, -ëre, -vomüi, -vomitum, v. tr. Vomitar, espalhar entre (Luc. 6, 894).
intervomüi, perf. de **intervömo.**
intervülsi, perf. de **intervëllo.**
intervülsus, -a, -um, part. pass. de **intervëllo.**
intestäbilis, -e, adj. I — Sent. primitivo: 1) Intestável, que não pode, pelas suas más qualidades, testemunhar um ato nem fazer testamento (Gai. Dig. 28, 1, 26); (Gai. Dig. 28, 1, 18). Daí: 2) Maldito, infame, abominável, execrável (Hor. Sát. 2, 3, 81).
intestätus, -a, -um, adj. Intestado, que não fêz testamento (Cíc. De Or. 1, 183).
intestinum, -i, subs. n. Geralmente no pl.: intestinos, entranhas (Cíc. Nat. 2, 55).
intestinus, -a, -um, adj. I — Sent. próprio: 1) Intestino, do interior, interior (Cíc. Ac. 2, 48). II — Sent. figurado: 2) Civil (guerra), doméstico, intestino, interior (Cíc. Cat. 2, 28).
intexi, perf. de **intëgo.**
intexö, -is, -ëre, -texüi, -textum, v. tr. I — Sent. próprio: 1) Tecer em, entrelaçar, entremear (Ov. Met. 6, 577). Daí: 2) Inserir, incorporar (Cíc. At. 13, 12, 3). 3) Misturar (Cíc. Part. 12). II — Sent. figurado: 4) Envolver, cobrir (Verg. Buc. 5, 31).
intextus, -a, -um, part. pass. de **intexo.**
intextüi, perf. de **intexo.**
Intibili, subs. pr. m. pl. Intibilos, cidade da Espanha Tarraconense (T. Lív. 23, 49, 12).

intibum (-übum, -ybum), -i, subs. n. Chicórea (Verg. G. 1, 120).
intibus (-tübus, -ybus), -i, subs. m. e f. = **intibum.**
intimë, adv. 1) Cordialmente, sinceramente, íntimamente (Cíc. Q. Fr. 1, 2, 4). 2) Com intimidade, familiarmente (C. Nep. At. 5).
intimus, -a, -um, superl. correspondente ao comp. **interïor.** I — Sent. próprio: 1) Íntimo, o mais profundo, o mais recôndito (Cíc. Verr. 4, 99). II — Sent. figurado: 2) Íntimo, estreito (Cíc. At. 3, 1, 3). III — Subs. n. pl.: 3) A parte interior: ...**finium** (T. Lív. 34, 47, 8) «(interior) do país».
intinctus, -a, -um, part. pass. de **intingo.**
intingö (intinguö) -is, -ëre, -tinxi, -tinctum, v. intr. 1) Embeber em, impregnar (Quint. 10, 3, 31). 2) Pôr no môlho (Plin. H. Nat. 20, 185).
intinxi, perf. de **intingo.**
intoleräbilis, -e, adj. Intolerável, insuportável (Cíc. Tusc. 1, 111).
intoleründus, -a, -um, adj. Intolerável (Cíc. Verr. 4, 78).
intolërans, -äntis, adj. Que não pode suportar, intolerante (T. Lív. 10, 28, 4). Obs.: Constrói-se com gen.; e absolt.
intoleränter, adv. Sem medida, intolerantemente (Cíc. Tusc. 2, 22). Obs.: Comp.: **intolerantius** (Cés. B. Gal. 7, 51, 1); superl.: **intolerantissime** (Cíc. Vat. 29).
intolerantia, -ae, subs. f. I — Sent. próprio: 1) Natureza insuportável; e daí: 2) Insolência, tirania insuportável (Cíc. Clu. 112).
intönö, -äs, -äre, -tonüi, -tonätum, v. intr. e tr. A) Intr.: I — Sent. próprio: 1) Trovejar, atroar (Verg. En. 1, 90). II — Sent. figurado: 2) Retumbar, ressoar, fazer barulho (Verg. En. 9, 709). B) Tr.: 3) Gritar com fôrça, falar estrepitosamente (Ov. Am. 1, 7, 46); (T.Lív. 3, 48, 3).
intönsus, -a, -um, adj. I — Sent. próprio: 1) Intonso, não tosquiado, não cortado, que tem os cabelos por cortar (Prop. 3, 13, 52). II — Sent. figurado: 2) Folhudo, coberto de mato, não desbatado (Verg. En. 5, 63). 3) Austero, rude, grosseiro, selvagem (Ov. P. 4, 2, 2).
intonüi, perf. de **intöno.**
intorquëö, -ës, -ëre, -törsi, -törtum, v. tr. I — Sent. próprio: 1) Torcer para dentro, torcer, retorcer, entortar (Cíc. De Or. 2, 266); (Plaut. Cist. 730). Daí: 2) Volver (Verg. G. 4, 451). II — Sent.

figurado: 3) Brandir, arrojar, lançar (Verg. En. 2, 231); (T. Lív. 28, 30, 9).
intōrsī, perf. de **intorquĕo**.
intōrtus, -a, -um, part. pass. de **intorquĕo**.
1. **intra**, prep. (acus.). I — Sent. próprio: 1) No interior de, em: **intra parietes meos** (Cíc. At. 3, 10, 2) «dentro das minhas paredes, i.é, dentro de minha casa». II — Sent. diversos: 2) Nos limites de, dentro de: **intra paucos dies trajiciet** (T. Lív. 29, 19, 1) «êle efetuará a travessia dentro de poucos dias». 3) Aquém de, abaixo de, até a (T. Lív. 1, 43, 4). 4) Aquém de: **intra modum** (Cíc. Fam. 4, 4, 4) «aquém da medida».
2. **intra**, adv. Dentro, no interior (Quint. 1, 10, 43).
intrābĭlis, -e, adj. Em que se pode entrar (T. Lív. 22, 19, 12).
intractābĭlis, -e, adj. I — Sent. próprio: 1) Intratável, indomável (Verg. En. 1, 339). Daí: 2) Que não se pode manusear, inutilizável (Verg. G. 1, 211). 3) Incurável (Plín. H. Nat. 19, 89).
intractātus, -a, -um, adj. I — Sent. próprio: 1) Indomado (Cíc. Lae. 68). Daí: 2) Não experimentado (Verg. En. 8, 206).
intrārō, forma sincopada de **intravĕro**.
intrāssō, -is = **intravĕro, -is**, (Plaut. Men. 416).
intrātus, -a, -um, part. pass. de **intro**.
intremīscō, -is, -ĕre, -tremŭī, v. incoat. intr. Começar a tremer: **intremuit malus** (Verg. En. 5, 505) «o mastro tremeu».
intrĕmō, -is, -ĕre, v. intr. Tremer, estremecer (Verg. En. 3, 581).
intremŭī, perf. de **intremīsco**.
intrepĭdē, adv. Intrèpidamente, ousadadamente (T. Lív. 23, 33, 6).
intrepĭdus, -a, -um, adj. I — Sent. próprio: 1) Intrépido, corajoso (T. Lív. 30, 33, 14). Daí, por extensão: 2) Que se passa sem susto (Tác. Agr. 22).
intribŭō, -is, -ĕre, v. tr. Contribuir com (Plín. Ep. 10, 24, 35).
intrĭcō, -ās, -āre, -āvī, -ātum, v. tr. Confundir, embaraçar (Plaut. Pers. 457).
intrīmēntum, -ī, subs. n. Adubo, tempêro (Apul. M. 10, 13).
intrinsĕcus, adv. 1) No interior, dentro, interiormente (Lucr. 6, 1147). 2) Para o interior (Suet. Aug. 93).
1. **intrītus, -a, -um**, part. pass. de **intĕro**.
2. **intrītus, -a, -um**, adj. I — Sent. próprio: 1) Não pisado (Col. 12, 51, 2). II — Sent. figurado: 2) Fresco, nôvo (Cés. B. Gal. 3, 26, 2).
intrīvī, perf. de **intĕro**.

1. **intrō**, adv. Para dentro, para o interior, dentro (Cíc. Verr. 1, 66).
2. **intrō, -ās, -āre, -āvī, -ātum**, v. intr. e tr. A) Intr.: Sent. próprio e figurado: 1) Ir para o interior de, entrar em, penetrar (Cíc. Dom. 5); (Cíc. Q. Fr. 1, 1, 15). B) Tr.: 2) Transpor, entrar (Cíc. Phil. 2, 68); (Cíc. Ac. 2, 122). Obs.: Constrói-se com acus.; com acus. com prep. **in** ou **intra**.
intrōdūcō, -is, -ĕre, -dūxī, -dūctum, v. tr. 1) Introduzir (sent. próprio e figurado), fazer entrar (Sal. B. Jug. 12, 4); (Cíc. Tusc. 5, 10). Daí: 2) Introduzir um assunto (Cíc. Lael. 3). Donde: Expor, propor, estabelecer (Cíc. Nat. 1, 20). Obs.: Constrói-se com acus.; com acus. com a prep. **in**; com obj. dir.; e acus. com **in**.
intrōductĭō, -ōnis, subs. f. Introdução (sent. próprio e figurado) (Cíc. At. 1, 16, 5).
intrōductus, -a, -um, part. pass. de **introdūco**.
intrōdūxī, perf. de **introdūco**.
intrōĕō, -īs -īre, -īvī (ou **-ĭī), -ĭtum**, v. intr. e tr. Entrar, ir para dentro, penetrar (Cíc. At. 7, 7); (Sue. Cés. 81). Obs.: Constrói-se com acus.; com acus. com prep. **in** ou **ad**.
intrōfĕrō, -fers, -fērre, -tŭlī, -lātum v. tr. Levar para dentro (Cíc. Verr. 5, 34).
intrōgrĕssus, -a, -um, part. pass. de desusado **introgredĭor**: introduzido.
intrŏĭens, -ĕuntis, part. pres. de **introĕo**.
introĭī = **introīvī**, perf. de **introĕo**.
introĭtus, -ūs, subs. m. I — Sent. próprio: 1) Ação de entrar, entrada (Cíc. Phil. 11, 5). Daí: 2) Lugar por onde se entra, entrada de um lugar, acesso (Cíc. Verr. 4, 130). II — Sent. figurado: 3) Começo, introdução, exórdio, introito (Cíc. At. 1, 18, 2). 4) Entrada (Cíc. Verr. pr. 17).
intrōlātus, -a, -um, part. pass. de **introfĕro**.
intrōmīsī, perf. de **intromītto**.
intrōmīssus, -a, -um, part. pass. de **intromītto**.
intrōmīttō, -is, -ĕre, -mīsī, -mīssum, v. tr. Introduzir, fazer entrar, admitir (Cés. B. Gal. 7, 11, 8). Obs.: Constrói-se com obj. dir.; e com acus. com **in** ou **ad**.
intrōrsum, e intrōrsus, adv. 1) Para dentro de, para o interior de (Cés. B. Gal. 2, 18, 2). 2) No interior, dentro (Hor. Sát. 2, 1, 65).
intrōrŭmpō, -ĭs, -ĕre, -rūpī, -rūptum, v. intr. Entrar ràpidamente, precipitar-se para dentro (Cés. B. Gal. 5, 51, 4).

intrōrūpī, perf. de **introrūmpo**.
introspēctō, -ās, -āre, v. tr. Olhar para dentro de (Plaut. Most. 936).
introspēxī, perf. de **introspicio**.
introspicĭō, -is, -ĕre, -spēxī, -spēctum, v. tr. e intr. A) Tr.: 1) Olhar para dentro, para o interior (Cíc. Div. 2, 105). B) Intr.: 2) Olhar para ou por (Cíc. Font. 43).
intrōtŭlī, perf. de **introfĕro**.
intuĕor, -ēris, -ērī, -tuĭtus sum, v. dep. tr. e intr. I — Sent. próprio: 1) Fixar o olhar em, olhar atentamente (Cíc. Br. 331). II — Sent. figurado: 2) Considerar atentamente (Cíc. Or. 24). 3) Contemplar (Cíc. Pomp. 41). Obs.: Constrói-se com acus.; com acus com **in** Raramente é intransitivo.
intŭlī, perf. de **infĕro**.
intumēscō, -is, -ĕre, -tumŭī, v. intr. I — Sent. próprio: 1) Intumescer-se, inchar-se (Ov. F. 6, 700). II — Sent. figurado: 2) Irritar-se, inflamar-se (Ov. Met. 8, 582); (Plín. Ep. 7, 31, 3). 3) Crescer (Tác. An. 1, 38).
intumŭī, perf. de **intumēscō**.
intumulātus, -a, -um, adj. Insepulto, privado de sepultura (Ov. Her. 2, 136).
inturbātus, -a, -um, adj. Não perturbado, calmo (Plín. Paneg. 64, 2).
inturbĭdus, -a, -um, adj. I — Sent. próprio: 1) Não perturbado, calmo, tranqüilo (Tác. An. 3, 52). II — Sent. figurado: 2) Sem paixão, sem ambição (Tác. An. 3, 39).
1. intus, prep. Dentro de. Obs.: Constrói-se com gen. (emprêgo poético) (Apul. M. 8, 29).
2. intus, adv. Do interior de, no interior de, interiormente, dentro (Cíc. Mur. 78); (Ov. Met. 10, 457).
intūtus, -a, -um, adj. Que não está seguro, pouco seguro, perigoso (T. Lív. 5, 45, 2).
intĭbus, intȳbum, v. **intȳbus**.
Inuī Castrum, subs. pr. f. Cidadela dos rútulos (Verg. En. 6, 775).
inŭla, -ae, subs. f. Ênula vampana (planta) (Hor. Sát. 2, 2, 44).
inūltus, -a, -um, adj. I — Sent. próprio: 1) Inulto, que não se vingou, que não foi vingado (Cíc. Div. 1, 57). Daí: 2) Impune (Cíc. Clu. 172). II — Sent. figurado: 3) Sem prejuízo, impunemente (Hor. Sát. 2, 3, 189). 4) Que não está saciado (Hor. Ep. 1, 2, 61).
inumbrātus, -a, -um, part. pass. de **inŭmbro**.

inŭmbrō, -ās, -āre, -āvī, -ātum, v. tr. I — Sent. próprio: 1) Cobrir de sombras, pôr à sombra (Verg. En. 11, 66). Daí: 2) Tornar sombrio, sombrear, escurecer (Lucr. 3, 913). II — Sent. figurado: 3) Obscurecer, eclipsar, velar (Varr. L. Lat. 6, 4); (Plín. Paneg. 19, 1).
inūnctus, -a, -um, part. pass. de **inūngo**.
inundātĭō, -ōnis, subs. f. Inundação, cheia, dilúvio (Suet. Aug. 30).
inŭndō, -ās, -āre, -āvī, -ātum, v. tr. e intr. A) Tr.: Sent. próprio e figurado: 1) Inundar (Cíc. Nat. 1, 103); (Verg. En. 12, 280). B) Intr.: 2) Transbordar-se, espalhar-se (Verg. En. 10, 24).
inūngō ou **inūnguō, is, -ĕre, -ūnxī, -ūnctum**, v. tr. Sent. próprio: 1) Untar, ungir, banhar (Varr. L. Lat. 5, 8). Daí: 2) Impregnar de (Plín. H. Nat. 18, 308).
inurbānē, adv. Sem elegância, sem espírito, sem graça (Cíc. Nat. 3, 50).
inurbānus, -a, -um, adj. Grosseiro, tôsco, sem delicadeza, sem elegância (Cíc. Br. 227).
inurgĕō, -ēs, -ēre, v. tr. Empurrar, lançar contra, perseguir (Lucr. 5, 1033).
inūrō, -is, -ĕre, -ūssī, -ūstum, v. tr. I — Sent. próprio: 1) Queimar em, marcar queimando, gravar a fogo, imprimir (sent. próprio e figurado). (Verg. G. 3, 158); (Cíc. Sull. 88). Daí: 2) Queimar, destruir (Ov. Met. 12, 272).
inūsitātē, adv. De modo diferente, contra o uso, desusadamente (Cíc. Br. 260). Obs.: Comp.: **inusitatĭus** (Cic. Or. 155).
inūsitātus, -a, -um, adj. Inusitado, desusado, raro, nôvo, extraordinário (Cíc. Arch. 3).
inūssī, perf. de **inūro**.
inūstus, -a, -um, part. pass. de **inūro**.
inūtĭlis, -e, adj. I — Sent. próprio: 1) Vão, inútil, sem proveito, supérfluo (Cíc. Of. 3, 31). II — Daí: 2) Prejudicial (Cíc. Of. 2, 49). Obs.: Constrói-se: absolt. com acus. acompanhado de **ad**; com dat.
inūtilĭtās, -tātis, subs. f. I — Sent. próprio: 1) Inutilidade (Lucr. 5, 1274). II — Daí: 2) Caráter prejudicial (das coisas), perigo (Cíc. Inv. 2, 158).
inūtilĭter, adv. Inùtilmente, sem uso (Quint. 2, 4, 18).
Inŭus, -ī, subs. pr. m. Ínoo, divindade identificada com o Pã dos gregos (T. Lív. 1, 5, 2).
invādō, -is, -ĕre, -vādī, -vāsum, v. intr. e tr. I — Sent. próprio: 1) Caminhar em, avançar sôbre, invadir, lançar-se sôbre (T. Lív. 10, 10, 4); (Cíc. Verr. 1, 54);

(Cíc. Phil. 2, 65); (Tác. An. 11, 8). II — Sent. figurado: 2) Atacar, assaltar (Cíc. Tusc. 2, 4); (Sal. B. Jug. 87, 4). 3) Começar, empreender (Verg. En. 9, 186). Obs.: Constrói-se com acus.; com acus. com **in**.

invalēscō, -is, -ĕre, -lŭī, v. incoat. intr. Tornar-se forte, fortalecer-se (sent. próprio e figurado) (Tác. Hist. 2, 98).

invalĭdus, -a, -um, adj. Inválido, fraco, débil, sem fôrça (sent. próprio e figurado) (T. Lív. 6, 8).

invalŭī, perf. de **invalēsco**.

invāsī, perf. de **invādo**.

invāsus, -a, -um, part. pass. de **invādo**.

invectīcĭus, -a, -um, adj. I — Sent. próprio: 1) Importado, exótico, estrangeiro (Plín. H. Nat. 10, 79). II — Sent. figurado: 2) Não sincero (Sên. Ep. 23, 5).

invectĭō, -ōnis, subs. f. Importação (Cíc. Of. 2, 13).

invectus, -a, -um, part. pass. de **invĕho**.

invĕhō, -is, -ĕre, -vēxī, -vectum, v. tr. I — Sent. próprio: 1) Arrastar, puxar, trazer para, transportar (Tác. An. 2, 23); (Ov. Met. 11, 54); (Cíc. Tusc. 3, 26). 2) Na voz passiva: entrar, lançar-se sôbre, investir (Cíc. De Or. 2, 304); (Cíc. Mur. 4); (T. Lív. 2, 31, 3). Obs.: Constrói-se com acus.; com acus. com **in**; com dat.

invendibĭlis, -e, adj. Que não se pode vender, invendável (Plaut. Poen. 210).

invēnī, perf. de **invenio**.

invenĭō, -is, -īre, -vēnī, -ventum, v. tr. I — Sent. próprio: 1) Vir em ou sôbre (Sal. B. Jug. 70, 2). Daí: 2) Encontrar (Cés. B. Gal. 5, 5, 2). II — Sent. figurado: 3) Achar, receber, descobrir, inventar (Cíc. Dom. 1); (Cíc. Tusc. 4, 49). 4) Na língua da retórica: ter a faculdade de invenção ou de imaginação, imaginar (Cíc. Top. 6).

inventĭō, -ōnis, subs. f. Descoberta, invenção (Cíc. Of. 1, 6).

inventiuncŭla, -ae, subs. f. Invenção de pouco valor (Quint. 8, 5, 22).

invēntor, -ōris, subs. m. O que descobre, inventor, autor (T. Lív. 2, 56, 6).

invēntrix, -īcis, subs. f. A que encontra, inventa, inventora (Cíc. De Or. 1, 13).

invēntum, -ī, subs. n. Invento, invenção, descoberta (Cíc. Mur. 61).

invēntus, -a, -um, part. pass. de **invenĭo**.

invenūstē, adv. Sem graça, sem elegância (Quint. 1, 6, 27).

invenūstus, -a, -um, adj. I — Sent. próprio: Que não tem beleza, sem graça, sem elegância (Cíc. Br. 237). II — Sent. figurado: 2) Infeliz, desventurado (na língua amorosa) (Ter. And. 245).

inverēcundē, adv. Sem pudor, impudentemente (Sên. Ep. 114, 1).

inverēcundus, -a, -um, adj. Inverecundo, impudente, descarado (Hor. Epo. 11, 13).

invergō, -is, -ĕre, v. tr. Entornar sôbre, derramar (Plaut. Curc. 108); (Verg. En. 6, 244).

inversĭō, -ōnis, subs. f. I — Sent. próprio: 1) Inversão, transposição: ...verborum (Cíc. De Or. 2, 261) «antífrase, ironia». II — Daí, na língua retórica: 2) Alegoria (Quint. 8, 6, 44). 3) Anástrofe (Quint. 1, 5, 40).

inversus, -a, -um, part. pass. de **invērto**.

invertī, perf. de **invērto**.

invērtō, -is, -ĕre, -vertī, -versum, v. tr. Voltar, virar, revolver, pôr em sentido inverso, inverter, modificar (Cíc. Of. 3, 98); (Verg. G. 1, 64); (Hor. O. 3, 5, 7).

invesperāscit, -ĕre, v. impess. intr. Faz-se tarde, entardece, cai a noite (Cíc. Verr. 5, 91).

investigātĭō, -ōnis, subs. f. Indagação cuidadosa, investigação (Cíc. Fin. 5, 10).

investigātor, -ōris, subs. m. Investigador, perscrutador (Cíc. Br. 60).

investĭgō, -ās, -āre, -āvī, -ātum, v. tr. I — Sent. próprio: 1) Seguir a pista, o rastro (Cíc. Verr. 4, 106). Daí: 2) Procurar com cuidado, investigar (Cíc. Sull. 3).

inveterāscō, -is, -ĕre, -rāvī, v. incoat. intr. I — Sent. próprio: 1) Enfraquecer-se com o tempo, tornar-se velho, decair (Cíc. Cat. 3, 26). Donde: 2) Consolidar-se com o tempo, fortificar-se (Cíc. Fam. 14, 3, 3).

inveterātĭō, -ōnis, subs. f. Doença inveterada, crônica (Cíc. Tusc. 4, 81).

inveterātus, -a, -um, part. pass. de **inveterō**.

inveterāvī, perf. de **inveterāsco**.

inveterō, -ās, -āre, -āvī, -ātum, v. intr. Tornar-se antigo, arraigar-se (Cíc. Nat. 2, 5).

invēxī, perf. de **invĕho**.

invĭcem, adv. 1) Por sua vez, alternadamente (Cés. B. Gal. 7, 85, 5). 2) Reciprocamente, mùtuamente (Plín. Ep. 7, 20, 7). 3) Em troca (Plín. Ep. 2, 11, 25). Obs.: Só o emprego n.º 1 é clássico.

invictus, -a, -um, adj. I — Sent. próprio: 1) Que não foi vencido, não vencido, invencível, invicto (Cíc. Of. 1, 68). II —

INVIDENTÏA — 523 — **INVÖCÖ**

— Donde: 2) Impenetrável, inexpugnável, forte (Ov. Met. 12, 167). Obs.: Constrói-se com abl. acompanhado de **ab**; absolt.; com acus. acompanhado de **ad**.

invidentĭa, -ae, subs. f. Sentimento de inveja, ciúmes (Cíc. Tusc. 3, 20).

invĭdĕō, -ēs, -ēre, -vīdī, -vīsum, v. tr. e intr.: A) Tr.: I — Sent. próprio: 1) Olhar demasiadamente para (Catul. 5, 12). II — Daí: B) Tr. e intr.: 2) Ter inveja, invejar, odiar (Cíc. Planc. 7); (Cíc. Br. 188); (Hor. A. Poét. 55). Donde: 3) Não conceder, recusar, impedir, arrebatar (Tác. An. 1, 22); (Verg. En. 11, 43). Obs.: Constrói-se geralmente com dat.; ou como intr. Às vêzes, com acus.; ou acus. com dat.; e raramente com abl. ou gen.

invīdī, perf. de **invĭdĕō**.

invĭdĭa, -ae, subs. f. I — Sent. próprio: 1) Inveja, má vontade, ódio (Cés. B. Gal. 7, 77, 15). II — Daí: 2) Antipatia, hostilidade (Cíc. De Or. 2, 283).

invidiōsē, adv. Com malevolência, invejosamente (Cíc. Ac. 2, 146).

invidiōsus, -a, -um, adj. I — Sent. próprio: 1) Invejoso (Prop. 2, 28, 10). Por extensão: 2) Que excita inveja, invejado, invejável (Ov. Met. 11, 88). 3) Que torna odioso, odioso, revoltante (Cíc. At. 8, 3, 6).

invĭdus, -a, -um, adj. Invejoso, ciumento (Cíc. Verr. 5, 182).

invigilātus, -a, -um, part. pass. de **invigilō**.

invigilō, -ās, -āre, -āvī, -ātum, v. intr. I — Sent. próprio: 1) Velar por, velar (Ov. F. 4, 530). II — Sent. figurado: 2) Estar atento a, dedicar-se a, dedicar a vigília a (Cíc. Phil. 14, 20); (Verg. G. 4, 158). Obs.: Constrói-se com dat.; ou com abl. com **pro**; ou, então, intransitivamente.

inviolābĭlis, -e, adj. Inviolável, invulnerável (Tác. Hist. 2, 61).

inviolātē, adv. De modo inviolável, inviolàvelmente (Cíc. C.M. 81).

inviolātus, -a, -um, adj. I — Sent. próprio: 1) Não violado, não maltratado, inviolado, respeitado (Cíc. Sull. 140). II — Daí: 2) Inviolável, intacto (T. Liv. 3, 55).

invīsī, perf. de **invīso**.

invīsitātus, -a, -um, adj. I — Sent. próprio: 1) Não visitado (Quint. Decl. 12, 18). II — Sent. figurado: 2) Nôvo, extraordinário (Cíc. Of. 3, 38).

invīsō, -is, -ĕre, -vīsī, -vīsum, v. tr. 1) Ir ver, vir ver, visitar (Cíc. At. 12, 30,

1). 2) Olhar, ver (Catul. 64, 233). 3) Intr. (arcaico): **ad aliquem** (Plaut. St. 66) «ir ver alguém».

1. invīsus, -a, -um, adj. Não visto, escondido, desconhecido, invisível (Cíc. Har. 57).

2. invīsus, -a, -um. I — Part. pass. de **invĭdĕō**. II — Adj.: 1) Odioso a, detestado, odiado (Cíc. Pomp. 47). 2) Odioso, desagradável (Verg. En. 11, 364).

invītāmēntum, -ī, subs. n. I — Sent. próprio: 1) Invitamento, convite (Apul. Mag. p. 322, 39). II — Sent. figurado: 2) Atrativo, engôdo, encorajamento (Cíc. Fin. 5, 17); (T. Liv. 2, 42, 6).

invītātĭo, -ōnis, subs. f. Invitação, convite, incitação, provocação (Cíc. Verr. 1, 66).

invītātor, -ōris, subs. m. O encarregado de fazer os convites (Marc. 9, 91, 2).

1. invītātus, -a, -um, part. pass. de **invīto**.

2. invītātus, -ūs, subs. m. Convite (Cíc. Fam. 7, 5, 2). Obs.: Só ocorre no abl. sing.

invītē, adv. Constrangedoramente, contra a vontade (Cíc. At. 8, 3, 4). Obs.: Comp.: **invitius** (Cíc. De Or. 2, 364).

invītō, -ās, -āre, -āvī, -ātum, v. tr. I — Sent. próprio: 1) Invitar, convidar (Cíc. At. 2, 18, 3); (Cíc. Mur. 73). Daí: 3) Oferecer (Cíc. Phil. 12, 23). II — Sent. figurado: 3) Induzir (Cíc. Lig. 12). 4) Reflexivo: tratar-se bem, fartar-se (Sal. Hist. 4, 4); (Plaut. Amph. 283). Obs.: Constrói-se com obj. dir. e acus. com **ad** ou **in**; com simples acus.; com acus. e abl.; com acus. e **ut**; e raramente com inf.

invītus, -a, -um, adj. I — Sent. próprio: 1) Que age contra a vontade, constrangido, forçado (Cíc. Of. 1, 110). II — Sent. poético: 2) Involuntário (Ov. P. 2, 1, 16).

invĭus, -a, -um, adj. 1) Sem caminho, inacessível, impenetrável, intransitável (Verg. En. 6, 514). Como subs. n. pl.: **invĭa, -iōrum**: 2) Lugares intransitáveis (T. Liv. 23, 17, 6).

invocātĭō, -ōnis, subs. f. Invocação (Quint. 6, 1, 33).

1. invocātus, -a, -um, adj. 1) Não chamado (Cíc. Nat. 108). 2) Não convidado (Plaut. Capt. 70).

2. invocātus, -a, -um, part. pass. de **invŏcō**.

invŏcō, -ās, -āre, -āvī, -ātum, v. tr. 1) Chamar, chamar em seu auxílio, invocar (Cíc. Nat. 2, 68). 2) Chamar, denominar (Q. Cúrc. 3, 11, 25).

involātus, -ūs, subs. m. Ação de voar para, vôo (Cíc. Fam. 6, 6, 7). Obs.: Só ocorre no abl. sg.
involĭtō, -ās, -āre, v. intr. I — Sent. próprio: 1) Voar sôbre (Prud. 13, 100). II — Sent. figurado: 2) Pairar em, flutuar sôbre (Hor. O. 4, 10, 3).
involnerābĭlis, v. **invulnerabĭlis**.
invŏlō, -ās, -āre, -āvī, -ātum, v. intr. e tr. I — Sent. próprio: A) Intr.: 1) Voar em ou para, precipitar-se (Cíc. De Or. 3, 122). II — Sent. figurado: B) Tr.: 2) Atacar, tomar posse de, roubar (Tác. An. 1, 49); (Catul. 25, 6). Obs.: Constrói-se com acus.; com acus., com **in** ou **ad**.
involūcrum, -ī, subs. n. I — Sent. próprio: 1) Invólucro, envoltório (Cíc. Nat. 2, 37). II — Sent. figurado: 2) Véu, disfarce (Cíc. Or. 1, 161).
involūtus, -a, -um. I — Part. pass. de **invŏlvo**. II — Adj.: envolvido, obscuro (Cíc. Or. 102).
invŏlvī, perf. de **invŏlvo**.
invŏlvō, -is, -ĕre, -vŏlvī, -volūtum, v. tr. I — Sent. próprio: 1) Rolar sôbre ou para, fazer cair rolando (Verg. En. 12, 689); (Verg. G. 1, 282). 2) Envolver, cobrir, cercar, velar (Cíc. Verr. 4, 65); (Cíc. Ac. 1, 15).
invulnerābĭlis, -e, adj. Invulnerável (Sên. Ben. 5, 5, 1).
invulnerātus, -a, -um, adj. Não ferido, que não recebeu ferida (Cíc. Sest. 140).
1. iō, interj. 1) Viva! (grito de alegria nos triunfos e nas festas) (Hor. O. 4, 2, 49). 2) Oh! Olá (grito de apelação, chamamento) (Verg. En. 7, 400).
2. Iō, Iūs, subs. pr. f. Io, filha de Ínaco, metamorfoseada em novilha por Júpiter, para assim livrá-la dos ciúmes de Juno (Ov. Met. 1, 588). Obs.: Também ocorrem formas como: nom.: **Ion** (Ov. Am. 2, 2, 45); acus.: **Io** (Ov. Met. 1, 584); dat.: **Ioni** (Plaut. Aul. 556), abl.: **Io** (Prop. 2, 13, 19).
Iocāsta, -ae, Iocāstē, -ēs, subs. pr. f. Jocasta, mulher de Laio, rei de Tebas, e mãe de Édipo (Estác. Theb. 1, 181).
Iolāus, -ī, subs. pr. m. Iolau, filho de Íficles, companheiro de Hércules (Ov. Met. 8, 310).
Iolciăcus, -a, -um, adj. De Iolcos (Prop. 2, 1, 54).
Iōlcos (Iōlcus), -ī, subs. pr. f. Iolco, cidade da Tessália, pátria de Jasão (T. Liv. 44, 13, 4).

Iŏlē, -ēs, subs. pr. f. Íole, filha de Eurito, raptada por Hércules (Ov. Met. 9, 140).
Iollās, -ae, subs. pr. m. Iolas. 1) Nome de um troiano (Verg. En. 11, 640). 2) Nome de um pastor (Verg. Buc. 2, 57). 3) Nome de um escritor grego (Plín. H. Nat. 34, 104).
ĭon, -ĭī, subs. n. Violeta (Plín. H. Nat. 21, 64).
Ion, -ōnis, subs. pr. m. Ion, filho de Xuto, que deu seu nome à Jônia (Estác. Theb. 8, 454).
Iōnēs, -um, subs. loc. m. Jônios, habitantes da Jônia (Cíc. Flac. 64).
Iōnĭa, -ae, subs. pr. f. Jônia, província marítima grega na Ásia Menor (Plín. H. Nat. 5, 112).
Iōnĭcus, -a, -um, adj. Jônico, Jônio, da Jônia (Hor. Epo. 2, 54).
Iōnis, -ĭdis, subs. f. Mulher da Jônia (Sên. Troad. 363).
Ionĭum Mare, subs. pr. n. Mar Jônico (Verg. 3, 211).
Iōnĭus, -a, -um, adj. Jônio (Plín. H. Nat. 10, 133).
Iōpās, -ae, subs. pr. m. Iopas, nome de homem (Verg. En. 1, 740).
iōta, subs. n. indecl. Iota, letra do alfabeto grego (Cíc. De Or. 3, 46).
Ipanēnsēs, -ĭum, subs. pr. m. Ipanenses, cidade da Sicília (Plín. H. Nat. 8, 91).
Iphianāssa, -ae, subs. pr. f. Ifianassa, outro nome de Ifigênia (Lucr. 1, 85).
Iphĭas, -ădis, subs. pr. f. Evadne, filha de Ífis (Ov. Trist. 5, 14, 38).
Iphĭclus, -ī, subs. pr. m. Íficlo, filho de Anfitrião e Alcmena (Ov. Her. 13, 25).
Iphigenīa, -ae, subs. pr. f. Ifigênia, filha de Agamêmnon e Clitemnestra (Cíc. Tusc. 1, 146). Obs.: Acus.: **Iphigenian** (Ov. P. 3, 2, 62).
Iphinŏus, -ī, subs. pr. m. Ifínous, nome de um centauro (Ov. Met. 12, 379).
1. Iphis, -ĭdis, subs. pr. f. Ífis, filha de Ligdo (Ov. Met. 9, 667).
2. Iphis, -is, subs. pr. m. Ífis, amante desprezado de Anaxárete, que se enforcou de desespêro (Ov. Met. 14, 699).
Iphĭtus, -ī, subs. pr. m. Ifito, nome de um guerreiro (Verg. En. 2, 435).
ippocentaurus, v. **hippocentaurus**.
Ipra, -ae, subs. pr. f. Ipra, cidade da Bética (Plín. H. Nat. 3, 10).
ipse, -a, -um, pron. demonstr. 1) O próprio, a própria, êle próprio, ela própria, eu próprio, tu próprio: **ipse Caesar** (Cíc. Fam. 6, 10, 2) «o próprio César». 2) Exatamente, precisamente (junto a um numeral, geralmente): **triennio ipso mi-**

IPSĚMET — 525 — **IRREVERENTER**

nor (Cíc. Br. 161) «justamente três anos mais môço»; (Cíc. Verr. 5, 160). 3) Por si mesmo, espontâneamente (Cíc. Div. 1, 74). 4) Por si só (Cíc. Br. 289). Obs.: Tem um valor intensivo e serve para pôr em evidência uma pessoa ou coisa, ou para a contrapor a outras.

ipsěmet, pron. demonstr. O próprio: ipsimet (Cíc. Verr. 3, 3) «nós mesmos».

ipsi, gen. arc. de **ipse**.

ipsĭmus, -a, -um, superl. O dono da casa, a dona da casa, o senhor, a senhora (Petr. 75, 11).

ipsus = **ipse**.

ira, -ae, subs. f. I — Sent. próprio: 1) Ira, cólera, fúria (T. Lív. 25, 15, 7). Daí, por extensão: 2) Motivo de cólera (Ov. P. 4, 3, 21). 3) Objeto de cólera (Verg. En. 10, 174). II — Sent. figurado: 4) Violência, impetuosidade, paixão (V. Flac. 7, 149).

īrācundě, adv. Com cólera, raivosamente (Cíc. Phil. 8, 16). Obs.: Comp.: iracundius (Cíc. Com. 31).

īrācundĭa, -ae, subs. f. I — Sent. próprio: 1) Irascibilidade, iracúndia, propensão para a cólera (Cíc. Tusc. 4, 27). II — Daí: 2) Cólera, arrebatamento, indignação (Cíc. Verr. 2, 48).

īrācundus, -a, -um, adj. I — Sent. próprio: 1) Irascível, irritável (Cíc. Tusc. 4, 54). II — Daí: 2) Colérico, furioso, irritado (Cíc. Planc. 63). Obs.: Comp.: iracundĭor (Hor. Sát. 1, 3, 29); superl. iracundissĭmus (Sên. Ir. 2, 6, 4).

īrāscor, -ěris, -rāscī, īrātus sum, v. dep. intr. Irar-se, encolerizar-se, irritar-se (Cíc. Mil. 42); (Verg. G. 3, 232). Obs.: Constrói-se com dat.; com in e acus.; com acus. de pron. n.; com pro; e absolt.

īrātě, adv. Em cólera, encolerizadamente (Fedr. 4, 24, 14).

īrātus, -a, -um. I — Part. pass. de irascor. II — Adj.: irado, irritado, furioso, indignado (Cíc. Flac. 11).

īrcus, v. **hircus**.

Iresĭae, -ārum, subs. pr. f. Irésias. 1) Cidade da Tessália (T. Lív. 32, 13, 9). 2) Cidade da Magnésia (Plín. H. Nat. 4, 32).

īrī (irĭer), inf. pass. de **eo** (Plaut. Rud. 1242).

Irĭnī, -ōrum, subs. pr m. Irinos, cidade da Itália (Plín. H. Nat. 3, 105).

1. īris, -is, (-ĭdis), subs. f. Arco-íris (Sên. Nat. 1, 3, 1).

2. Īris, -is, (-ĭdis), subs. pr. f. Íris, filha de Taumas e Electra e mensageira de Juno (Ov. Met. 1, 271).

Irmenē, -ēs, subs. pr. f. Irmene, antiga cidade da Itália (Plín. H. Nat. 3, 131).

īrōnĭa, -ae, subs. f. Ironia (Cíc. Br. 292).

irratiōnālis, -e, adj. Irracional, privado de razão (Sên. Ep. 113, 17).

irraucēscō, -is, -ěre, -rausī, v. dep. intr. Enrouquecer (Cíc. De Or. 1, 259).

irrausī, perf. de **irraucēsco**.

irreligātus, -a, -um, adj. Não ligado (Ov. A. Am. 1, 530).

irreligiōsē, adv. Irreligiosamente (Tác. An. 2, 50).

irreligiōsus, -a, -um, adj. Ímpio, irreligioso (T. Lív. 5, 40, 10).

irremeābilis, -e, adj. Irremeável, donde não se pode voltar (Verg. En. 5, 591).

irreparābĭlis, -e, adj. Irreparável, irrecuperável (Verg. En. 10, 467).

irrepěrtus, -a, -um, adj. Não encontrado (Hor. O. 3, 3, 49).

irrēpō (inrēpō), -is, -ěre, -rēpsī, -rēptum, v. intr. e tr. A) Intr.: I — Sent. próprio: 1) Arrastar-se em ou sôbre, introduzir-se pouco a pouco, esgueirar-se (Suet. Aug. 94). II — Daí: 2) Insinuar-se (Cíc. Or. 97; Arch. 10). B) Tr.: 3) Penetrar sorrateiramente (Tác. An. 4, 2). Obs.: Constrói-se com acus.; com acus. com in ou ad; ou com dat.

irreprehēnsus, -a, -um, adj. Irrepreensível (Ov. Met. 3, 340).

irrēpsī, perf. de **irrēpo**.

irrēptō, -ās, -āre, v. intr. e tr. A) Intr.: 1) Esgueirar-se para, deslizar para (Estác. S. 3, 117). B) Tr.: 2) Introduzir-se furtivamente em (Estác. Theb. 11, 731).

irrequiētus, -a, -um, adj. Irrequieto, que não tem repouso, sem repouso, sem descanso (Ov. Met. 1, 579).

irresěctus, -a, -um, adj. Não cortado (Hor. Epo. 5, 47).

irresolūtus, -a, -um, adj. Não afrouxado, não relaxado (Ov. P. 1, 2, 21).

irretĭī = **irretīvī**, perf. de **irretĭo**.

irrētĭō (inrētĭō), -is, -īre, -īvī (ou -ĭī), -ītum, v. tr. I — Sent. próprio: 1) Envolver numa rêde, enlaçar (Cíc. Tusc. 5, 62). II — Sent. figurado: 2) Seduzir (Cíc. Cat. 1, 13).

irrētītus, -a, -um, part. pass. de **irretĭo**.

irretōrtus, -a, -um, adj. Não voltado para trás (Hor. O. 2, 2, 23).

irreverēns, -ēntis, adj. Irreverente, menos respeitoso (Plín. Ep. 8, 21, 3).

irreverēnter, adv. Com irreverência, sem respeito (Plín. H. Nat. 2, 14, 2).

irreverentĭa, -ae, subs. f. Licença, irreverência, excesso (Tác. An. 13, 26).
irrevocābĭlis, -e, adj. I — Sent. próprio: 1) Que não se pode fazer voltar atrás, irrevogável (Hor. Ep. 1, 18, 71). II — Sent. figurado: 2) Implacável (Tác. Agr. 32).
irrevocābĭlĭter, adv. Sem se poder impedir, irrevogàvelmente (Sên. Nat. 2, 35, 2)
irrevocātus, -a, -um, adj. Não chamado atrás, não retido (Hor. Ep. 2, 1, 223).
irrĭdĕō, (inrīdĕō), -ēs, -ēre, -rīsī, -rīsum, v. intr. e tr. Rir-se de, zombar de, escarnecer (Cíc. Of. 1, 128); (Cíc. Nat. 2, 7). Obs.: Constrói-se absolt.; com dat.; com acus.: com acus. com **in.**
irrīdĭcŭlē, adv. Sem graça, de modo pouco engraçado (Cés. B. Gal. 1, 42, 6).
irrīdĭcŭlum, -ī, subs. n. Objeto de riso, zombaria (Plaut. Poen. 1183).
irrigātĭō (inr-), -ōnĭs, subs. f. Irrigação (Cíc. C.M. 53).
irrigātus, -a, -um, part. pass. de **irrĭgo.**
irrĭgō (inrĭgō), -ās, -āre, -āvī, -ātum, v. tr. I — Sent. próprio: 1) Conduzir a água em (Cat. Agr. 36). Daí: 2) Regar, banhar, irrigar (Cíc. Nat. 2, 130); (Verg. En. 10, 142); (Verg. En. 3, 511). II — Sent. figurado: 3) Banhar, espalhar-se (Verg. En. 3, 511).
irrigŭus (inr-), -a, -um, adj. I — Sent. próprio: 1) Regado, molhado, banhado (Hor. Sát. 2, 1, 9). II — Sent. figurado: 2) Que refresca (Pérs. 5, 56).
irrīsī, perf. de **irrĭdĕo.**
irrīsĭō, (intr-), -ōnis, subs. f. Irrisão, escárnio, zombaria (Cíc. Of. 1, 137).
irrīsor (inr-), -ōris, subs. m. O que faz escárnio, escarnecedor (Cíc. Par. 13).
1. irrīsus, -a, -um, part. pass. de **irrĭdĕo.**
2. irrīsus (inr-), -ūs, subs. m. Zombaria, escárnio: **irrisui esse** (Cés. B. Civ. 2, 15) «ser objeto de escárnio».
irrītābĭlis (inr-), -e, adj. Irritável, irascível (Hor. Ep. 2, 2, 102).
irrītāmen, -ĭnis e **irrītāmēntum, -ī,** subs. n. I — Sent. próprio: Irritamento, coisa que irrita. II — Sent. figurado: 2) Estimulante, incentivo, estímulo (Ov. Met. 9, 133); (T. Lív. 30, 11, 7).
irrītāssō, -is, etc. = **irritavĕro** (fut. perf. de **irrīto**) (Plaut. Amph. 454).
irrītātĭō (inr-), -ōnis, subs. f. I — Sent. próprio: 1) Irritação. II — Sent. figurado: 2) Estimulante, incentivo (T. Lív. 31, 14, 10).
irrītātor, -ōris, subs. m. e **irrītātrix, -īcis,** subs. f. Irritador, o que provoca, a que provoca (Sên. Ep. 108, 8).

irrītātus, -a, -um, part. pass. de **irrīto.**
irrītō (inrītō), -ās, -āre, -āvī, -ātum, v. tr. I — Sent. próprio: 1) Provocar, excitar, estimular (Cíc. Rep. 1, 30); (T. Lív. 31, 5). II — Daí: 2) Irritar, indispor (Cíc. Mil. 84).
irrītus (inr-), -a, -um, adj. I — Sent. próprio: 1) írrito, que não é contado, não retificado, que é sem valor, daí: 2) Vão, ineficaz, inútil, nulo (Cíc. Phil. 2, 109). 3) Frustrado, malogrado, írrito (Tác. Hist. 4, 32). Obs.: Constrói-se absolt. com gen.
irrogāssit = irrogavĕrit (Cíc. Leg. 3, 6).
irrogātĭō (inr-), -ōnis, subs. f. Irrogação, imposição, condenação a pagar (uma quantia) (Cíc. Rab. Perd. 8).
irrogātus (inrogātus), -a, -um, part. pass. de **irrŏgo.**
irrŏgō (inrŏgo), -ās, -āre, -āvī, -ātum, v. tr. I — Sent. próprio: 1) Irrogar, propor uma medida contra alguém (Cíc. Dom. 43). II — Daí: 2) Infligir, impor (Hor. Sát. 1, 3, 118). 3) Condenar (Tác. An. 4, 10).
irrŏrō (inrŏrō), -ās, -āre, -āvī, -ātum, v.tr. e intr. A) Tr.: 1) Irrorar, cobrir de orvalho (Col. 12, 24). 2) Tornar úmido, umedecer, banhar, molhar, aspergir (Ov. Met. 7, 189). B) Intr.: 3) Cair como orvalho sôbre, pingar, gotejar (Ov. Met. 9, 369).
irrŭī, perf. de **irrŭo.**
irrŭmō (inrŭmō), -ās, -āre, -āvī, -ātum, v. tr. Meter na bôca de alguém, dar de mamar (dar o seio), (sent. priapeu) (Catul. 16, 1).
irrŭmpō (inrŭmpō), -is, -ĕre, -rūpī, -rūptum, v. intr. e tr. I — Sent. próprio 1) Precipitar-se em ou sôbre, irromper, forçar a entrada de (Cés. B. Gal. 4, 14, 3); (Cés. B. Civ. 2, 13, 4). Daí: 2) Atacar, cair sôbre (Cés. B. Civ. 3, 67). II — Sent. figurado: 3) Invadir, usurpar (Cíc. De Or. 3, 108). Obs.: Constrói-se com acus.; com acus. com **in, ad,** ou **intra;** como intr.; ou com dat.
irrŭō (inrŭō), -is, -ĕre, -rŭī, v. intr. e tr. I — Sent. próprio: 1) Lançar-se sôbre, cair sôbre, precipitar se (Cíc. Fin. 2, 61); (Cíc. Verr. pr. 35). II — Sent. figurado: 2) Invadir, atacar (Cíc. Br. 274). Obs.: Constrói-se geralmente com acus. com **in.**
irrūpī, perf. de **irrūmpo.**
irruptĭō (inr-), -ōnis, subs. f. Irrupção, ataque, incursão, invasão (Cíc. Pomp. 15); (Plaut. Poen. 42).

IRRŬPTUS — **ISTER**

1. **irrŭptus (inr-), -a, -um**, adj. Não quebrado, não rompido, indissolúvel (Hor. O. 1, 13, 18).
2. **irrŭptus (inrŭptus), -a, -um**, part. pass. de irrŭmpo.
Irus, -i, subs. pr. m. 1) Iro, mendigo de Ítaca, morto por Ulisses (Prop. 3, 3, 39). Donde, em sent. figurado: 2) Um mendigo, um indigente (Ov. Trist. 3, 7, 42).
is, ea, id, pron. 1) Êle, ela, o, a, êste, esta, isto, o supracitado, o referido (Cés. B. Gal. 1, 4, 1). Empregos mais gerais: 2) **et is, et is quidem, is quidem, isque, neque is** (idéia aumentativa ou limitativa) (Cíc. Phil. 3, 31). 3) **is qui** (em correlação com um relativo): o que, o supracitado que: **A. Albinus, is qui... scripsit** (Cíc. Br. 81) «Aulo Albino, o que escreveu». 4) **is ut** ou **is qui** (consecutivo): tal, de tal modo: **non is virest, ut** (ou **qui**)... **sentiat** (Cíc. Flac. 34) «êle não é um homem tal que compreenda». 5) Em correlação com **ac**: **in eo honore ac si** (T. Lív. 37, 54, 21) «na mesma consideração que se». Empregos especiais: 6) Com gen.: **id temporis cum** (Cíc. Mil. 28) «num momento em que». 7) Acus. adverbial: relativo a isto: **id gaudeo** (Cíc. Q. Fr. 3, 19) «alegro-me com isto». 8) **in eo** = a êste ponto: **non est in eo** (Cíc. At. 12, 40, 4) «não é a êste ponto». 9) **id est**, i.é, **poscere quaestionem, id est, jubere dicere** (Cíc. Fin. 2, 1) «solicitar uma pergunta, i.é, convidar a dizer». Obs.: Não tem valor demonstrativo, servindo, apenas, para substituir ou indicar um relativo anteriormente enunciado ou que o vai ser.
Isaeus, -i, subs. pr. m. Iseu, orador grego, mestre de Demóstenes (Quint. 12, 20, 22).
Isaurī, -ōrum, subs. loc. m. 1) Isauros, habitantes de Isáuria, cidade da Ásia Menor, isauros ou isaurianos (T. Lív. Epít. 93). Donde: 2) A própria cidade de Isáuria (Cíc. Fam. 15, 2, 1).
Isaurĭcus, -a, -um, adj. Da Isáuria (Cíc. At. 5, 21, 9).
Isaurus, -a, -um, adj. Isauriano (Ov. F. 1, 593).
īselastĭcus, -a, -um, adj. Que dá (aos atletas) as honras do triunfo (Plín. Ep. 10, 118).
Isiăcus, -a, -um, adj. De Ísis (Ov. P. 1, I, 52).
Isidōrus, -i, subs. pr. m. Isidoro. 1) Nome de um geógrafo (Plín. H. Nat. 4, 9).
2) Nome de outras pessoas (Cíc. Verr. 3, 78).
Isiondēnsēs, -ĭum, subs. loc. m. Isiondenses, povo da Pisídia (T. Lív. 38, 15, 4).
Isis, -is (-ĭdis, -ĭdos), subs. pr. f. Ísis. 1) Divindade egípcia (Cíc. Nat. 3, 47). 2) Rio da Cólquida (Plín. H. Nat. 6, 12).
Ismăra, -ōrum, subs. pr. n. Ísmaros, cidade da Trácia, perto do monte Ísmaro (Verg. En. 10, 351).
Ismarĭcus (Ismarĭus), -a, -um, adj. De Ísmaros, da Trácia (Ov. Met. 9, 642).
Ismărus, -i, subs. pr. m. Ísmaro, montanha da Trácia, onde morava Orfeu (Verg. Buc. 6, 30).
Ismēnis, -ĭdis, subs. loc. f. Tebana (Ov. Met. 3, 169).
Ismēnĭus, -a, -um, adj. Do rio Ismeno, de Tebas (Ov. Met. 13, 682).
Ismēnus (Ismēnos), -i, subs. pr. m. Ismeno, rio da Beócia (Ov. Met. 2, 244).
Isocrătēs, -is, subs. pr. m. Isócrates, célebre retor ateniense (Cíc. De Or 2, 57).
Isocratēus (Isocratĭus), -a, -um, adj. De Isócrates, isocrático (Cíc. Or. 207).
Issa, -ae, subs. pr. f. Issa, ilha do mar Adriático (Cés. B. Civ. 3, 9).
Issaeus, -a, -um, adj. De Issa (T. Lív. 43, 9).
isse, issem = **ivisse, ivissem**, inf. perf. e m. q. perf. do subj. de **eo**.
Issē, -ēs, subs. pr. f. Isse, filha de Macareu, que foi amada por Apolo (Ov. Met. 6, 124).
Issos (Issus), -i, subs. pr. f. Isso, cidade da Cilícia, célebre por uma vitória de Alexandre (Cíc. Fam. 2, 10, 3).
istāc, adv. Por aí (Plaut. Ep. 660).
istactěnus, adv. Até êste ponto, até aí (Plaut. Bac. 168).
istaec, istanc, v. **istic**.
Istaevones, -um, subs. loc. m. Istevones, povo das margens do Reno (Tác. Germ. 2).
iste, ista, istud, pron. demonstr. (2ª pess.). 1) Êsse, essa, isso; **cum ista sis auctoritate** (Cíc. Mur. 13) «com essa autoridade que tu tens»; (Cíc. Cat. 1, 16). 2) Êste, tal, semelhante: **iste centurio** (Cíc. Cat. 2, 14) «um tal centurião». Obs.: Tem, por vêzes, valor pejorativo. Gen. arc. **isti** (Plaut. Truc. 930); (Ter. Heaut. 382); dat. f. **istae** (Plaut. Truc. 790).
Ister (Hister), -trī, subs. pr. m. Istro, nome do Danúbio inferior (Verg. G. 3, 350).

Isthmĭa, -ōrum, subs. n. pl. Os jogos ístmicos (T. Liv. 33, 32).
Isthmĭăcus, isthmĭcus, e isthmĭus, -a, um, adj. ístmico, dos jogos ístmicos (Hor. O. 4, 3, 3).
Isthmus (-os), -ī, subs. m. Istmo, e sobretudo, o istmo de Corinto (Cés. B. Civ. 3, 55, 2).
1. **isti**, dat. de **iste**.
2. **istī**, adv., v. **istic** 2. (Verg. En. 2, 661).
1. **istic, istaec, istoc** ou **istuc = iste: istaec** Cíc. At. 12, 18a, 2) «as coisas (que dizes)».
2. **intic**, adv. 1) Aí, nesse lugar (Cíc. Fam. 1, 10). 2) Agora, nesse momento: **istic sum**... (Cíc. Fin. 5, 78) «estou atento ao que dizes agora».
1. **isticĭne (isticcĭne, istaeccĭne)**, pron. interrog. Porventura êsse? porventura essa? (Plaut. Ps. 81).
2. **isticĭne**, adv. interrog. Por que motivo? por quê? (Plaut. Rud. 110).
istim, adv., v. **istinc** (Cíc. Fam. 6, 20, 1).
istĭmŏdī = istiusmŏdi.
istinc, adv. Daí, dêsse lugar (Cíc. Fam. 1, 10).
istiusmŏdī, adv. Desta forma, assim (Cíc. Verr. 4, 9).
istō, adv. Ali, para ali (Cíc. Fam. 9, 16, 22).
1. **istōc**, adv., v. **istuc**.
2. **istoc**, n. de **istic**.
istōrsum, adv. Dêsse lado, dali (Ter. Phorm. 741).
Istrī (Histrī), -ōrum, subs. loc. m. Istros, habitantes da Ístria (T. Lív. 41, 11).
Istrĭcus (Histrĭcus), -a, -um, adj. Da Ístria (T. Lív. 41, 1).
Istrus, -a, -um, adj. Da Ístria (Marc. 12, 63, 2).
1. **istūc**, adv. Para aí, para êsse lado (Cíc. Fam. 7, 14, 1).
2. **istuc**, n. de **istic**.
ita, adv. 1) Especifica uma coisa dita ou que vai ser dita: assim, dêste modo, como disse, como se segue (Cíc. Clu. 51); (Cíc. Verr. 5, 110). 2) Nas respostas: como disse, como disseste, sim, certamente, exatamente: **militem pol tu aspexisti? — Ita**. (Plaut. Mil. 1262) «por Pólux, tu viste o militar? — Sim». 3) Como correlativo de **ut** (nas comparações): assim... como (Plaut. Merc. 262). 4) Daí, nas fórmulas de afirmação, exprimindo um desejo (podendo aliás **ut** vir explícito ou não): assim, oxalá: **ita me Venus amet ut ego te numquam sinam** (Plaut. Curc. 209) «assim me ame Vênus, como nunca te darei a permissão»; (Cíc. Fam. 16, 20, 1). 5) Donde o emprêgo como consecutivo: tanto... que, a tal ponto... que, de tal sorte... que (Cíc. Lae. 19).
Itălī, -ōrum, subs. loc. m. Italianos, ítalos, habitantes da Itália (Cíc. Har. 9).
Italĭa, -ae, subs. pr. f. A Itália, península ao sul da Europa (Cíc. Arch. 5).
Italĭca, -ae, subs. pr. f. Itálica, cidade da África, fundada por Cipião, o Africano.
Italĭcus, -a, -um, adj. 1) Itálico, da Itália (Cíc. Verr. 5, 39). 2) Particularmente: da Magna Grécia (Cíc. Tusc. 5, 100).
Itălis, -ĭdis, subs. f. Italiana (Ov. P. 2, 3, 84).
1. **Itălus, -a, -um**, adj. Da Itália (Verg. En. 1, 252).
2. **Itălus, -ī**, subs. pr. m. Ítalo, antigo rei da Itália, que lhe deu o nome (Verg. En. 7, 178).
Itănum, -ī, subs. pr. n. Itano, promontório da ilha de Creta (Plín. H. Nat. 4, 61).
1. **ităque**, adv. E assim, desta maneira (Cíc. Fin. 1, 34).
2. **ităque**, conj. 1) Pois, assim pois, por conseqüência (Cés. B. Gal. 1, 9, 4). 2) Assim, por exemplo (Cíc. Fin. 2, 12).
item, adv. Do mesmo modo, paralelamente, igualmente, bem como, também (Cíc. Leg. 2, 52).
iter, itinĕris, subs. n. I — Sent. próprio: 1) Percurso, caminho percorrido, marcha, viagem: **iter facere** (Cés. B. Gal. 1, 7, 3) «marchar». Daí: 2) Estrada, caminho, passagem (Cíc. At. 14, 10, 1). II — Sent. figurado: 3) Via, meio, maneira (Cíc. De Or. 2, 234). 4) Curso: **iter amoris nostri** (Cíc. At. 4, 2, 1) «o curso de nossa afeição». 5) Direito de passagem (Cés. B. Gal. 1, 8, 3). Obs.: Nom. arc. **itiner** (Plaut. Merc. 913); (Lucr. 6, 339). Gen. **iteris** (Ac. Tr. 627). Abl. **itere** (Lucr. 5, 653).
iterātĭō, -ōnis, subs. f. I — Sent. próprio: 1) Iteração, repetição (Cíc. Or. 85). II — Na língua da agricultura: 2) Segunda lavra (Col. 11, 2, 64).
iterātus, -a, -um, part. pass. de **itĕro**.
itĕrō, -ās, -āre, -āvī, -ātum, v. tr. I — Sent. próprio: 1) Repetir, dizer sem cessar, reiterar (Cíc. Or. 135). 2) Recomeçar, renovar (T. Lív. 6, 32). 3) Na língua da agricultura: amanhar de nôvo, lavrar outra vez (Cíc. De Or. 2, 131).

itĕrum, adv. 1) Pela segunda vez, de nôvo, novamente (Cíc. Div. 1, 77). 2) De volta, novamente, por sua vez (Tác. An. 12, 66).

Ithăca, -ae, e **Ithăcē, -ēs**, subs. pr. f. Ítaca, ilha do mar Jônico e pátria de Ulisses (Cíc. Of. 3, 27).

Ithacēnsis, -e, adj. De Ítaca (Hor. Ep. 1, 6, 63).

Ithăcus, -ī, subs. pr. m. O ítaco, i.é, Ulisses (Verg. En. 2, 104).

Ithōmē, -ēs, subs. pr. f. Itome. 1) Montanha e forte da Messênia (T. Lív. 32, 13). 2) Pôrto da Acaia (Plín. H. Nat. 4, 15).

itĭdem, adv. 1) Do mesmo modo, semelhantemente (Cíc. Leg. 1, 30). 2) Assim como (em correlação com ut) (Lucr. 3, 12).

itinĕris, gen. de iter.

itĭō, -ōnis, subs. f. Ação de ir, ida, passeio (Cíc. Div. 1, 68).

Itĭus Portus, subs. pr. m. ício, pôrto dos Morinos (Cés. B. Gal. 5, 2, 3).

itō, -ās, -āre, v. freq. intr. Ir freqüentemente, ir (Cíc. Fam. 9, 24, 2).

Itōnaeī, -ōrum, subs. loc. m. pl. Itoneus, os habitantes de Itona (Estác. Theb. 7, 330).

Itōnē, -ēs, subs. pr. f. Itona = **Itōnus** (Estác. Theb. 2, 721).

Itōnia, -ae, subs. pr. f. Apelido de Minerva (T. Lív. 36, 20, 3).

Itōnus, -ī, subs. pr. m. Itono, montanha e cidade da Beócia, onde havia um templo dedicado a Minerva (Catul. 64, 228).

itum, supino de eo.

Ituraeī, -ōrum, subs. loc. m. Ituréios, habitantes da Ituréia, conhecidos como hábeis arqueiros (Cíc. Phil. 2, 19).

Ituraeus, -a, -um, adj. De Ituréia, província da Síria (Verg. G. 2, 448).

Iturĭum, -ī, subs. pr. n. Itúrio, ilha nas costas da Gália (Plín. H. Nat. 3, 79).

itūrus, -a, -um, part. fut. de eo.

ītur, pass. impess. de eo: vai-se.

itus, -ūs, subs. m. Ação de ir, ida, marcha (Cíc. At. 15, 5, 3).

Itўlus, -ī, subs. pr. m. Ítilo, filho de Zeto, rei de Tebas (Catul. 65, 14).

Itys, -ўos, subs. pr. n. ítis. 1) Filho de Tereu e Procne que depois de morto foi metamorfoseado em faisão (Ov. Met. 6, 652). 2) Nome de um guerreiro (Verg. En. 9, 574).

Iŭlēus, -a, -um, adj. De Iulo. 1) Do filho de Enéias (Verg. En. 1, 288). 2) Do mês de julho (Ov. F. 6, 797). 3) De César, de Augusto, de um imperador (sobretudo Domiciano) (Marc. 9, 36, 9).

Iŭlus, -ī, subs. pr. m. Iulo ou Ascânio, filho de Enéias e Creusa, donde a família Júlia pretendia descender (Verg. En. 1, 288).

Ixīŏn, -ōnis, subs. pr. m. Ixião, rei dos Lápitas, condenado por Júpiter a ser amarrado a uma roda que não cessava de girar (Ov. Met. 4, 465).

J

j. f. n. Notação do i consoante que, primitivamente, não se distinguia do i vogal na escrita.

jaceō (iac-), -ēs, -ēre, jacŭī, v. intr. I — Sent. primitivo: 1) Estar no estado de alguém jogado ou de alguma coisa jogada; daí: 2) Jazer, estar estendido, estar deitado, estar abatido (sent. físico e moral) (Cíc. Verr. 5, 129); (Cíc. At. 7, 21, 1); (Cíc. Mil. 47). Daí: 3) Estar baixo, estar situado em lugar baixo, estender-se (Cíc. Com. 33). II — Sent. figurado: 4) Ficar na obscuridade, no esquecimento, vegetar (Cíc. Phil. 10, 14). 5) Estar calmo, imóvel (Luc. 1, 260).

Jacetānī (Iac-), -ōrum, subs. pr. m. Jacetanos, povo do norte da Espanha (Cés. B. Civ. 1, 60, 2).

jaciō (iac-), -is, -ĕre, jēcī, jāctum, v. tr. I — Sent. próprio: 1) Jogar, atirar, lançar (Cíc. Mil. 41); (Cíc. Div. 2, 45); (Cíc. Sest. 45); (Cíc. Sull. 23). II — Sent. figurado: 2) Proferir, dizer (Cíc. Flac. 6). 3) Estabelecer, colocar, construir (Cés. B. Gal. 2, 12, 5).

jacitūrus (iac-), -a, -um, part. fut. de **jaceō**.

jactans (iact-), -āntis. I — Part. pres. de **jacto** II — Adj. jactante, jactancioso, vaidoso, orgulhoso, altivo (Plín. Ep. 3, 9, 13). Obs.: Com.: **jactantĭor** (Hor. Sát. 1, 3, 49).

jactantĭa (iact-), -ae, subs. f. Ação de gabar, jactância, presunção, ostentação (Tác. An. 2, 46).

jactantĭus (iact-), adv. Com muita ostentação, com muito aparato (Tác. An. 2, 77; Hist. 3, 53).

jactātĭō (iact-), -ōnis, subs. f. I — Sent. próprio: 1) Ação de agitar, agitação, abalo (Cíc. Tusc. 5, 15). II — Sent. figurado: 2) Jactância, ostentação, vaidade, aparato (Cíc. Tusc. 4, 20). 3) Estima, predileção, ação de se fazer valer (Cíc. Or. 13).

jactātor (iact-), -ōris, subs. m. O que gaba, o que faz elogios (Quint. 11, 1, 17).

1. jactātus (iact-), -a, -um, part. pass. de **jacto**.

2. jactātus (iact-), -ūs, subs. m. Agitação, movimento (Ov. Met. 6, 703).

jactĭtō (iact-), -ās, -āre, -āvī, v. freq. tr. Lançar palavras pùblicamente, proferir, dizer (T. Lív. 7, 2, 11).

jactō (iactō), -ās, -āre, -āvī, v. tr. I — Sent. próprio: 1) Lançar, atirar muitas vêzes ou com fôrça, arremessar (Cíc. Verr. 5, 99). 2) Pôr para a frente, atirar incessantemente para a frente (Cíc. De Or. 1, 173). II — Sent. figurado. 3) Lançar, proferir (Cíc. Quinct. 47). 4) Agitar, debater (sent. físico e moral) (Cés. B. Gal. 1, 25, 4); (Cíc. Clu. 130). 5) Gabar, vangloriar-se, ufanar-se (Hor. O. 1, 14, 13); (Cíc. Verr. 4, 46). 6) Lançar em desprêzo, desprezar (Cíc. At. 4, 9, 1). Obs.: Constrói-se com acus.; com dat.; com abl.; com abl. com **in** ou **de** ou intransitivamente.

jactūra (iact-), -ae, subs. f. I — Sent. próprio: 1) Alijamento (da carga de um navio), sacrifício (de carga) (Cíc. Of. 3, 89). II — Sent. figurado: 2) Perda, dano, prejuízo, sacrifício (Cés. B. Gal. 7, 64, 3). 3) Despesa, gasto, prodigalidade (Cés. B. Gal. 6, 12, 2).

1. jactus (iact-), -a, -um, part. pass. de **jaciō**.

2. jactus (iact-), -ūs, subs. m. I — Sent. próprio: 1) Ação de lançar, arremessar, lançamento, arremêsso, tiro, jacto (T. Lív. 8, 7). Daí: 2) Lanço (de dados) (Cíc. Div. 2, 121). 3) Lançamento (de rêde) (V. Máx. 4, 1, 7). II — Sent. figurado: 4) Emissão (de voz) (V. Máx. 1, 5, 9).

jacŭī, perf. de **jace**

jaculābĭlis (iac-), -e, adj. Que se pode lançar, que se arremessa, de arremêsso (Ov. Met. 7, 680).

jaculātĭō (iac-), -ōnis, subs. f. Ação de atirar, arremessar (Sên. Nat. 2, 12, 1).

jaculātor (iac-), -ōris, subs. m. I — Sent. próprio: 1) Jaculador, soldado armado de dardo (T. Lív. 36, 18). Daí: 2) O que arremessa (Hor. O. 3, 4, 55). II — Sent. figurado: 3) Acusador (Juv. 7, 193).

jaculātrix (iac-), -ĭcis, subs. f. Caçadora (Diana) (Ov. F. 2, 155).

jaculātus, -a, -um, part. pass. de jacŭlor.
jacŭlor (iac-), -āris, -ārī, -ātus sum, v. dep. tr. I — Sent. próprio: 1) Atirar, jogar, atirar o dardo (Verg. En. 2, 276); (Cic. Of. 2, 45). Daí: 2) Ferir com o dardo, atingir com o dardo, atingir arremessando (Hor. O. 3, 12, 11). II — Sent. figurado: 3) Dirigir palavras, proferir palavras, dizer (Lucr. 4, 1129).
jacŭlum (iac-), -ī, subs. n. (subent.: telum). I — Sent. próprio: 1) Dardo (Cés. B. Gal. 5, 45, 4). 2) Espécie de rêde (Ov. A. Am. 1, 763).
jacŭlus (iac-), -a, -um, adj. Que se lança, de arremêsso: **jaculum rete** (Plaut. Truc. 35) «rêde de pescar, tarrafa».
Jălÿsus, v. **Ialÿsus**.
jam (iam), adv. I — Sent. próprio: 1) Agora, já, neste momento (Plaut. Rud. 584); (Cíc. Rep. 1, 58). Donde: 2) Desde agora, daqui por diante, a partir dêste momento (Plaut. Aul. 820). 3) Logo, dentro em pouco, brevemente, imediatamente (Hor. O. 1, 4, 16); (Verg. En. 4, 566). Em sent. conclusivo: 4) Ora, daí, então (Cíc. Br. 68). Obs.: Emprega-se geralmente com relação ao presente e ao futuro, mas também pode referir-se ao passado (Cíc. Or. 171). Donde o seu emprêgo como primeiro elemento dos compostos: **jamdiu, jamdudum, jampridem**. Como segundo elemento de composto ocorre: em **etiam, nunciam, quoniam, quispiam, uspiam**.
jamdĭū, v. **diu**.
jamdūdum (iam-), (jam dŭdum), adv. 1) Depois de muito tempo, muito tempo antes (Cíc. De Or. 2, 26). 2) Imediatamente, sem demora (Verg. En. 2, 103); (Ov. Met. 11, 482).
jamprīdem (iam-) ou **jam prīdem**, adv. Há muito tempo, desde muito tempo (Cíc. At. 2, 5, 1).
jam tum, adv. Desde então (Cíc. Fam. 4, 7, 1).
Jāna (Ian-), -ae, subs. pr. f. Jana, a Lua, nome poético de Diana, a deusa da caça (Varr. R. Rust. 1, 37, 3).
Jānālis, -e, adj. De Jano (Ov. F. 6, 165).
Jānicŭlum (Ian-), -ī, subs. pr. n. O Janículo, uma das sete colinas de Roma (T. Liv. 1, 33); (Verg. En. 8, 358).
Jānigĕna (Ian-), -ae, subs. m. e f. Janígena; isto é, nascido de Jano, descendente de Jano (Ov. Met. 14, 381).
jānitor (ian-), -ōris, subs. m. Porteiro: **janitor** (Verg. En. 6, 400) «Cérbero (porteiro do Orco)»; **caeli**... (Ov. F. 1, 139) «Jano».

jānitrix (ian-), -ĭcis, subs. f. I — Sent. próprio: 1) Porteira, escrava encarregada de abrir a porta (Plaut. Curc. 76). II — Sent. figurado: 2) Que guarda a entrada: **janitrix Caesarum laurus** (Plín. H. Nat. 15, 127) «loureiro que guarda a porta dos Césares».
jantācŭlum (iant-) = **jentacŭlum** (Marc. 1, 87, 3).
jānŭa (ianŭa), -ae, subs. f. I — Sent. próprio: 1) Passagem, entrada: ...**Asiae** (Cíc. Mur. 33) «a entrada da Ásia». Daí: 2) Porta (de casa particular): **januam claudere** (Cíc. Verr. 1, 66) «fechar a porta». II — Sent. figurado: 3) Entrada, acesso, caminho (Cíc. De Or. 1, 204).
Jānuālis (Ian-), -e, adj. De Jano: **Janualis porta** (Varr. L. Lat. 5, 165) «a porta Januália, uma das entradas que davam acesso a Roma».
Jānuārĭus (Ian-), -a, -um, adj. De janeiro: **Kalendae Januariae** (Cíc. Agr. 2, 6) «as calendas de janeiro».
1. **jānus** (iānus), -ī, subs. m. Passagem, arcada, pórtico ou galeria abobadada, no **forum**, onde os banqueiros e cambistas tinham suas lojas: **Janus medius** (Hor. Sát. 2, 3, 19) «a bôlsa de Roma» (isto é: o meio do templo de Jano onde ficavam os banqueiros).
2. **Jānus** (Ian-), -ī, subs. pr. m. Jano. 1) Divindade das portas de passagem, representada com duas faces contrapostas (Ov. F. 1, 245). 2) O mês de janeiro, consagrado a Jano, porque marcava o fim de um ano e o início de um outro (Ov. F. 2, 7).
Jāsōn, v. **Iāson**.
Jassus, v. **Iassus**.
Jāzӱges, v. **Iazӱges**.
jēcī, perf. de **jacio**.
jecinŏris (iec-), gen. de **jecur** (iecur).
jecur (iecur), **iecŏris**, **iecinŏris** ou **iocinŏris**, subs. n. I — Sent. próprio: 1) Fígado (víscera) (T. Liv. 8, 9). II — Sent. figurado: 2) Sede das paixões, coração (Hor. Ep. 1, 18, 72).
jecuscŭlum (iec-, joc-, ioc-), -ī, subs. n. Fígado pequeno (Cíc. Nat. 2, 33).
jējūnē (iēiūnē), adv. 1) Com secura, laconicamente (Cíc. De Or. 1, 50). Donde: 2) Sem graça, sem ornamento. Obs.: Comp.: **jejunĭus** (Cíc. Fin. 3, 17).
jējūnĭtās (iēiūn-), -tātis, subs. f. I — Sent. próprio: 1) Grande fome (Plaut. Merc. 574). II — Sent. figurado: 2)

Secura (de estilo) (Cíc. Br. 202). 3) Sobriedade (no pensamento ou na expressão) (Cíc. Br. 285). 4) Ausência de (com gen.) (Cíc. De Or. 2, 10).
jējūnĭum (iēiūn-), -ī, subs. n. I — Sent. próprio: 1) Jejum, privação de alimentos (Cels. 3, 18, 12). Daí: 2) Jejum, abstinência (prática religiosa): **jejunium solvere** (Ov. Met. 5, 534) «romper o jejum». 3) Fome (Ov. Met. 8, 820). II — Sent. figurado: 4) Magreza (de um animal) (Verg. G. 3, 128). III — Sent. poético: 5) Fome (de água), sêde: **jejunia aquae** (Luc. 4, 332) «sêde».
jējūnus (iēiūn-), -a, -um, adj. I — Sent. próprio: 1) Que está em jejum, que não come nada, esfomeado (Cíc. At. 1, 16, 11). Daí: 2) Magro, sêco, pobre (tratando-se da terra) (Verg. G. 2, 212). II — Sent. figurado: 3) Sêco, árido (tratando-se do estilo) (Cíc. De Or. 3, 16). 4) Acanhado, mesquinho (tratando-se do espírito) (Cíc. Phil. 14, 17). 5) Pouco abundante, raro (Verg. G. 3, 493). 6) Fraco, estéril, inútil, insignificante: **jejuna calumnia** (Cíc. Caec. 61) «chicana estéril». 7) Estranho a, ignorante, desconhecedor (com gen.) (Cíc. Or. 106).
jentācŭlum (jant-, ient-), -ī, subs. n. 1) Almôço (Plaut. Curc. 72). 2) O que se come no almôço (Marc. 14, 233).
jentō (ien-) ou **jantō** (ian-), -ās, -āre, -āvī, v. intr. e tr. Almoçar, comer ao almôço (Suet. Vit. 7); (Varr. Men. 278).
jerus-, **-jeros-**, v. **hier-**.
joca (ioc-), -ōrum, v. **jocus**.
jocātĭō (ioc-), -ōnis, subs. f. Gracejo, zombaria (Cíc. Fam. 9, 16, 7).
jocōndus, v. **jucūndus**.
jocor (ioc-), -āris, -ārī, -ātus sum, v. dep. intr. e tr. Brincar, gracejar, zombar (Cíc. Ac. 2, 63); (Cíc. Nat. 2, 46); (Cíc. Fam. 9, 14, 4).
jocōsē (ioc-), adv. Com mofa, zombeteiramente (Cíc. Q. Fr. 2, 12, 2). Obs.: Comp.: **jocosĭus** (Cíc. Fam. 9, 24, 4).
jocōsus (ioc-), -a, -um, adj. I — Sent. próprio: 1) Que gosta de gracejar, jocoso, alegre (Varr. R. Rust. 2, 5). II — Daí: 2) Que se diverte, que brinca: **jocosum furtum** (Hor. O. 1, 10, 7) «furto feito por brincadeira». 3) Amigo dos prazeres, folgazão (Ov. Trist. 1, 2, 80).
joculārĭa (ioc-), -ĭum, subs. n. pl. Gracejos, ditos picantes (T. Lív. 7, 2, 5).
joculāris (ioc-), -e, adj. Divertido, risível, jocoso (Cíc. Leg. 1, 20).

joculārĭter (ioc-), adv. 1) Com gracejos, jocosamente (Plín. H. Nat. 22, 80). 2) Por brincadeira (Suet. Cés. 49).
joculātor (ioc-), -ōris, subs. m. O que graceja, gracejador (Cíc. At. 4, 16, 3).
jocŭlor (ioc-), -āris, -ārī, v. dep. tr. Dizer gracejos (T. Lív. 7, 10, 13).
jocur, v. **jecur**.
jocus (ioc-), -ī, subs. m. I — Sent. próprio: 1) Gracejo, graça (Cíc. Fin. 2, 85); (Cíc. Nat. 2, 7). II — Daí: 2) Divertimento, brincadeira (Hor. O. 3, 21, 2). Como subs. próprio: **Jocus**, -ī, o Jôgo (personificado) (Hor. O. 1, 2, 34). Obs.: No pl.: **joci** e **joca**.
Jordānēs ou **Jordānis**, -is, subs. pr. m. O Jordão, rio da Palestina (Tác. Hist. 5, 6).
Jovis (Iovis), gen. de **Juppĭter**.
1. **juba (iuba)**, -ae, subs. f. I — Sent. próprio: 1) Crina (do cavalo); depois, crina (em geral) (Cés. B. Gal. 1, 48, 7). II — Objeto parecido com a crina: 2) Crista (de galo, serpente) (V. Flac. 8, 98). 3) Penacho (de um capacete) (Verg. En. 7, 785). 4) Cabeleira (de um cometa) (Plín. H. Nat. 2, 89). 5) Cimo (de uma árvore) (Plín. H. Nat. 6, 87).
2. **Juba (Iuba)**, -ae, subs. pr. m. Juba. 1) Rei da Numídia, que se colocou ao lado de Pompeu, quando da guerra civil contra César (Cés. B. Civ. 2, 25). 2) Filho do rei da Numídia, que foi trazido a Roma, onde escreveu sôbre história, geografia, etc. (Plín. H. Nat. 5, 16).
jubar (iubar), -ăris, subs. n. (algumas vêzes m.). I — Sent. próprio: 1) Estrêla d'alva, estrêla da manhã (Vênus) (Verg. En. 4, 130). Sent. poético: 2) Esplendor, brilho dos corpos celestes, luz (dos astros) (Ov. F. 2, 149). II — Sent. figurado: 3) Brilho, glória, majestade (Marc. 8, 65, 4).
jubātus (iub-), -a, -um, adj. I — Sent. próprio: 1) Que tem crina (Plín. H. Nat. 8, 53). II — Daí: 2) Que tem crista (tratando-se de serpente) (T. Lív. 41, 21, 13).
jŭbēō (iub-), -ēs, -ēre, jūssī, jūssum, v. tr. e intr. I — Sent. próprio: 1) Ordenar, mandar (Cés. B. Gal. 1, 27, 2); (Plaut. Most. 930); (Cés. B. Gal. 3, 6, 1). 2) Na língua do direito público, tratando-se das resoluções políticas, das leis votadas pelo **populus**, significa: decidir, autorizar, sancionar (Cíc. Verr. 2, 161). II — Sent. figurado: 3) Na língua familiar: convidar a, levar a, desejar (Cíc.

Fam. 14, 1, 2). Daí: 4) Saudar (Ter. And. 533); (Cíc. At. 4, 14, 2). Obs.: Constrói-se com or. inf.; com **ut**; com simples subjuntivo; com acus.; e com acus. e dat.

jŭcŭndē (iŭc-), adv. Jucundamente, de modo agradável, agradàvelmente (Cíc. Cael. 13). Obs.: Comp.: **jucundĭus** (Cíc. Fin 1, 72) e superl.: **jucundissĭme** (Cíc. Fin. 2, 70).

jŭcundĭtās (iŭc-), -tātis, subs. f. I — Sent. próprio: 1) Jucundidade, encanto, agrado, prazer, alegria, felicidade (Cíc. Of. 1, 122). Daí: 2) Agrado, amabilidade, jovialidade (Cíc. De Or. 1, 27). II — Subs. f., no pl.: 3) Obséquios, amabilidades (Cíc. At. 10, 8, 9).

jŭcŭndus (iŭc-), -a, -um, adj. I — Sent. próprio: 1) Agradável, ameno, encantador, jucundo (geralmente tratando-se de coisas) (Cíc. Cat. 4, 1).

Jŭdaea (Iŭd-), -ae, subs pr. f. Judéia, região que compreende tôda a Terra Santa. Quando Roma expandiu-se para o oriente, a Judéia passou a pertencer aos romanos, sendo, então, governada por delegados estrangeiros (Plín. H. Nat. 5, 70); (Tác. Hist. 2, 79).

Jŭdaea (Iŭd-), -ae, subs. f. Mulher judia (Juv. 6, 543).

Jŭdaeus (Iŭd-), -a, -um, adj. Da Judéia, judaico (Plín. H. Nat. 13, 46).

Jŭdaei (Iŭd-), -ōrum, subs. loc. m. pl. Os judeus (Hor. Sát. 1, 5, 100).

Jŭdaĭcus (Iŭd-), ou **Judaeĭcus**, -a, -um, adj. Que diz respeito aos judeus, judaico (Cíc. Flac. 66).

jŭdex (iŭdex), -ĭcis, subs. m. I — Sent. próprio: 1) O que mostra ou diz o direito, juiz, árbitro (têrmo técnico): **judicem dicere** (T. Lív. 3, 56, 4) «escolher um juiz»; **judicem ferre alicui** (Cíc. De Or. 2, 285) «propor a alguém um árbitro»; (Cíc. Fin. 3, 6); **judex Phrygius** (Catul. 61, 18) «o juiz frígio, i.é, Páris».

jŭdĭcātĭō (iŭd-), -ōnis, subs. f. I — Sent. próprio: 1) Investigação, deliberação (Cíc. Fam. 3, 9, 2). II — Daí: 2) Juízo, opinião (Cíc. Tusc. 4, 26).

jŭdĭcātrix (iŭd-), ĭcis, subs. f. A que julga (Quint. 2, 15, 21).

jŭdĭcātum (iŭd-), -ī, subs. n. I — Sent. próprio: Coisa julgada, julgamento, sentença (Cíc. Inv. 2, 68).

1. jŭdĭcātus, -a, -um, part. pass. de **judico**.

2. jŭdĭcātus (iud-), -ūs, subs. m. Direito de julgar, cargo de juiz (Cíc. Phil. 1, 20).

jŭdiciālis (iud-), -e, adj. Relativo aos julgamentos, judiciário, judicial (Cíc. Verr. 4, 103).

jŭdiciārĭus (iud-), -a, -um, adj. Relativo à justiça, judiciário (Cíc. Pis. 94).

jŭdicĭum (iud-), -ī, subs. n. I — Sent. próprio (têrmo técnico): 1) Ação de julgar, ofício de juiz (C. Nep. At. 6, 3). Daí: 2) Ação judicial, investigação judicial, processo (Cíc. Br. 197). 3) Julgamento (de uma questão), sentença, decisão (Cíc. Dom. 45). 4) Tribunal: **causa in judicium deducta** (Cíc. Opt. 19) «causa levada ao tribunal». II — Sent. figurado: 5) Juízo, opinião, parecer (Cíc. Br. 188). 6) Faculdade de julgar, discernimento, razão, inteligência (Cíc. Fin. 2, 33). 7) Reflexão (Cíc. Of. 1, 49).

jŭdĭcō (iud-), -ās, -āre, -āvī, -ātum, v. tr. e intr. I — Sent. próprio: 1) Julgar, proferir sentença (Cíc. Verr. 2, 32); (Cíc. Agr. 2, 44); (Cés. B. Gal. 5, 56, 3). Daí: 2) Condenar: **judicatus pecuniae** (T. Lív. 6, 14, 3) «condenado por uma dívida». 3) Processar, reclamar, demandar (T. Lív. 26, 3, 8). Donde: 4) Declarar, proclamar: **alicui perduellionem** (T. Lív. 43, 16, 11) «proclamar alguém como réu de alta traição». Na língua comum, por enfraquecimento: 5) Avaliar, estimar, pensar, julgar, apreciar (Cíc. Phil. 11, 11); (Cic. Tusc. 1, 97). 6) Decidir (Cés. B. Gal. 7, 52, 1). Obs.: Constrói-se com acus.; com duplo acus.; com acus. e gen.; com dat. e gen.

juĕrint = **juvĕrint** (Catul. 66, 18).

jugālis (iug-), -e, adj. I — Sent. próprio: 1) De jugo, que tem a forma de um jugo (Q. Cúrc. 9, 10, 22). II — Sent. figurado: 2) Conjugal, nupcial (Marc. 10, 38). III — Como subs. m.: 3) Parelha de cavalos: **gemĭni jugales** (Verg. En. 7, 280) «parelha de dois cavalos».

jugātĭō (iug-), -ōnis, subs. f. Ação de prender a vinha (a um caniçado), empa (Cíc. C. M. 53).

jugātus (iug-), -a, -um, part. pass. de **jugo**.

juger (iuger), -ĕris, v. **jugĕrum**.

jūgĕra, -um, subs. n. pl. Medida agrária correspondente à porção de terra lavrada por uma junta de bois durante um dia, geira (Juv. 9, 60).

jūgĕrum (iug-), -ī, subs. n. Geira (medida agrária de 240 pés de comprimento por 120 de largura) (Cíc. Verr. 3, 113).

jūgis (iug-), -e, adj. I — Sent. próprio: 1) Que corre sempre (tratando-se de água corrente), perene (Cíc. Nat. 2, 10). Daí: 2) Que dura sempre, inesgotável, perpétuo (Plaut. Ps. 84).

juglans (nux) (ou **iuglans nux**), -āndis, subs. f. 1) Noz (Cíc. Tusc. 5, 58). 2) Nogueira (Plín. H. Nat. 16, 74).

jugō (iugō), -ās, -āre, -āvī, -ātum, v. tr. I — Sent. próprio: 1) Unir, juntar, ligar, amarrar (Col. 12, 39); (Cíc. Tusc. 3, 17). Daí: 2) Casar (unir pelos laços de Himeneu) (Verg. En. 1, 345).

jugōsus (iug-), -a, -um, adj. Montanhoso (Ov. Her. 4, 85).

Jugŭlae (Iug-), -ārum, subs. pr. f. A constelação do Oríon (Plaut. Amph. 275).

jugulātus, -a, -um, part. pass. de **jugŭlo**.

jugŭlō (iug-), -ās, -āre, -āvī, -ātum, v. tr. I — Sent. próprio: 1) Degolar, estrangular (sent. físico e moral) (Cíc. Tusc. 5, 116). Daí, por extensão: 2) Matar, assassinar (Cíc. Phil. 3, 4). II — Sent. figurado: 3) Abater, oprimir (Cíc. Verr. 2, 64).

jugŭlum (iug-), -ī, subs. n. e **jugŭlus** (iug-), ī, subs. m. Lugar onde o pescoço se liga aos ombros e ao peito, garganta, goela (Ov. Met. 227).

jugum (iug-), -ī, subs. n. I — Sent. próprio: 1) Jugo (a que se atrelam cavalos, bois, etc.) (Verg. En. 3, 542). Por extensão: 2) Junta de bois, parelha de cavalos (atrelados ao mesmo jugo) (Verg. En. 5, 147). 3) Jugo (símbolo de submissão ou escravidão, constituído de duas lanças a pique espetadas no solo, sôbre as quais se colocava uma terceira em sentido transversal, por baixo da qual eram obrigados a passar os vencidos) (Cés. B. Gal. 1, 12, 5). 4) Cadeia de montanhas, cimo de uma montanha (Cés. B. Civ. 1, 70, 4). Daí, qualquer objeto que faz lembrar o jugo (pela forma ou pelo uso): 5) Cilindro de um tear (Ov. Met. 6, 55). 6) Balança (constelação) (Cíc. Div. 2, 98). 7) Banco dos remadores (Verg. En. 6, 411). II — Sent. figurado: 8) Jugo (da escravidão) (Cíc. Phil. 1, 6). 9) Jugo (do matrimônio) (Hor. O. 3, 9, 18). 10) Altura, cimo, fastígio (Cíc. De Or. 3, 69).

Jugŭrtha (Iug-), -ae, subs. pr. m. Jugurta, rei da Numídia, que foi vencido por Mário (Sal. B. Jug. 5).

Jugurthīnus (Iug-), -a, -um, adj. De Jugurta (Cíc. Nat. 3, 74).

jugus (iug-), -a, -um, adj. I — Sent. próprio: 1) Unido, ligado (Cat. Agr. 10). II — Sent. figurado: 2) Que une (epíteto de Juno): **juga Juno** (P. Fest. 104, 13) «Juno que une, isto é: que preside aos casamentos».

Jūlia (Iul), -ae, subs. pr. f. Júlia, nome de mulher, notadamente a filha de Augusto, que se casou sucessivamente com Marcelo, Agripa e Tibério (Tác. An. 3, 24, 4, 44).

Jūliānī (Iul-), -ōrum, subs. m. pl. Julianos, isto é, soldados ou partidários de Júlio César (Suet. Cés. 75).

Jūliānus (Iul-), -ī, subs. pr. m. Juliano, imperador romano (Eutr. 10, 8).

1. **Jūlius (Iūlĭus)**, -a, -um, adj. De Júlio, i. é, da família Júlia: **Julia domus** (Ov. F. 4, 40) «a família Júlia»; **Julia lex** (Cíc. Balb. 21) «lei Júlia»; **Julia edicta** (Hor. O. 4, 15, 22) «as leis Julianas, promulgadas por Augusto»; **Julius mensis** (ou simplesmente **Julĭus**, -ī, subs. m.) (Sên. Ep. 86, 16) «o mês de Júlio, i. é, julho».

2. **Jūlius (Iūlĭus)**, -ī, subs. pr. m. Júlio, nome de uma das mais ilustres famílias patrícias romanas, cujos membros se diziam descendentes de Ascânio, filho de Enéias. A ela pertencia o ramo dos Césares, muitos dos quais ocuparam elevados postos da magistratura romana: entre êles estão Caio Julio César e o seu filho adotivo, Caio Júlio César Otaviano, que viria a ser o imperador Augusto.

Jullus (Iullus), -ī, subs. pr. m. Júlio Antônio, filho de Marco Antônio, o triúnviro (Hor. O. 4, 2, 2).

jūmēntum (ium-), -ī, subs. n. I — Sent. próprio: 1) Tiro de cavalos, mulas, etc. (Cíc. Tusc. 1, 113). II — Daí: 2) Animal de carga (cavalo, burro, camelo). III — Daí, em sent. especial: 3) Cavalo (Cíc. At. 12, 32).

juncĕus (iunc-), -a, -um, adj. I — Sent. próprio: 1) De junco (Ov. F. 4, 870). Daí: 2) Semelhante ao junco (Plín. H. Nat. 25, 85). II — Sent. figurado: 3) Delgado (como o junco); **juncea (virgo)** (Ter. Eun. 316) «(moça) delgada como o junco».

juncōsus (iunc-), -a, -um, adj. Cheio de juncos (Ov. Met. 7, 231).

junctim (iunct-), adv. 1) Lado a lado (A. Gél. 12, 8, 2). 2) Consecutivamente, em seguida (Suet. Claud. 14).

junctĭō (iunc-), -ōnis, subs. f. I — Sent. próprio: 1) União, ligação, junção, coesão (Cíc. Tusc. 1, 71). II — Na língua retórica: 2) Ligação harmoniosa: ...verborum (Cíc. De Or. 3, 191) «(ligação harmoniosa das palavras»).

junctūra (iunc-), -ae, subs. f. I — Sent. próprio: 1) Juntura (lugar em que duas partes se juntam) (Verg. En. 12, 274). II — Sent. figurado: 2) Parentesco (Ov. Her. 4, 135). Na língua retórica: 3) Ligação (no estilo), conexão, composição, combinação (de palavras) (Hor. A. Poét. 47).

junctus (iunct-), -a, -um. I — Part. pass. de jungo. II — Adj.: ligado, atrelado, unido, junto (Cíc. Fat. 36).

juncus (iunc-), -ī, subs. m. Junco (Ov. Met. 8, 336).

jungō (iungō), -is, -ĕre, jŭnxī, jŭnctum, v. tr. I — Sent. próprio :1) Atrelar, unir aos pares, dois a dois, jungir (Verg. En. 8, 316); (Verg. En. 7, 724). Donde, por enfraquecimento de sentido: 2) Juntar, unir, reunir (sent. próprio e figurado) (Cíc. Tim. 13); (Cés. B. Gal. 1, 8, 4); (Ov. Met. 2, 357); (Cíc. Br. 331). II — Sent. figurado: 3) Continuar, fazer suceder (Plín. Ep. 4, 9, 10). Obs.: Constrói-se com acus.; com acus. e abl. acompanhado ou não de **cum**; com acus. e dat.; com acus. e **inter se**; ou com obj. dir. e acus. com **ad**.

Jūnia (Iun-), -ae, subs. pr. f. Júnia, nome de mulher (Tác. An. 3, 76).

junior, comp. de juvĕnis.

jūnipĕrus (iun-), -ī, subs. m. Zimbro, junípero (arbusto) (Verg. Buc. 7, 53).

1. Jūnius (Iun-), -ī, subs. pr. m. Júnio, nome de família romana.

2. Jūnius (Iun-), -a, -um, adj. De Júnio: Junia domus (T. Liv. 2, 5) «a casa Júnia»; Junius mensis (ou simplesmente **Junius, -ī,** subs. m.) (Cíc. At. 6, 2, 6) «o mês de junho».

jūnix (iun-), -īcis, subs. f. Novilho (Pérs. 2, 47).

Jūno (Iūno), -ōnis, subs. pr. f. Juno, irmã e mulher de Júpiter, adaptação romana de Hera. Presidia aos casamentos e aos partos: 1) **Juno Regina** (Cíc. Verr. 5, 184) «Juno, rainha dos deuses». 2) **Stella Junonis** (Plín. H. Nat. 2, 3, 7) «estrêla de Juno, i.é, Vênus». 3) **Urbs Junonis** (Ov. Her. 14, 28) «a cidade de Juno, i.é, Argos». 4) **Juno Inferna** (Verg. En. 6, 138) «a Juno dos infernos, i.é, Prosérpina».

Jūnōnālis (Iun-), -e, adj. De Juno (Ov. F. 6, 63).

Jūnōnicŏla (Iun-), -ae, subs. m. f. Aquêle que adora Juno (Ov. F. 6, 49).

Jūnōnigĕna (Iun-), -ae, subs. m. O descendente de Juno, o filho de Juno, i.é, Vulcano (Ov. Met. 4, 173).

Jūnōnius (Iun-), -a, -um, adj. De Juno: Junonius ales (Ov. Am. 2, 6, 55) «o pássaro de Juno, i.é, o pavão»; Junonius mensis (Ov. F. 6, 61) «o mês dedicado a Juno (junho)»; **Junonia Hebe** (Ov. Met. 9, 400) «Hebe, a filha de Juno».

junxī, perf. de **jungo**.

Juppĭter (Iuppĭter, Jūpĭter), Jovis, subs. pr. m. Júpiter.) 1) Filho de Saturno, rei dos deuses e dos homens, deus do dia; é a divindade romana que corresponde ao Zeus grego (Cíc. Nat. 2, 64). Em sent. figurado: 2) O ar, o céu: sub Jove (Ov. F. 3, 527) «em pleno ar». 3) O planeta Júpiter (Cíc. Nat. 2, 52). 4) É muito empregado exclamativamente na língua popular: **Juppiter!** (Plaut. Merc. 865) «por Júpiter!».

Jūra (Iūra), -ae, subs. pr. m. O Jura, monte da Gália (Cés. B. Gal. 1, 2, 6).

jurātus, -a, -um. I — Part. pass. de **juro**. II — Adj.: Que prestou juramento, jurado (Cíc. Of. 3, 99).

jŭrĕ (iūrĕ), abl. de **jus**, tomado adverbialmente. Justamente, com justiça, com razão, de direito, merecidamente (Cíc. Cat. 3, 14; Tusc. 3, 26).

jūreconsŭltus (iure-), v. **jūrisconsŭltus**.

jurgĭum (iurg-), -ī, subs. n. Querela, disputa, altercação (Cíc. C. M. 8).

jurgō (iurgō), -ās, -āre, -āvī, -ātum, v. intr. e tr. I — Sent. próprio: A) — Intr.: 1) Estar em litígio, andar em demanda, disputar, pleitear (Cíc. Rep. 4, 8). II — Sent. figurado: B) — Tr.: 2) Repreender àsperamente, censurar (Hor. Sát. 2, 2, 100).

jūridiciālis (iurid-), -e, adj. Relativo a um ponto de direito (Cíc. Inv. 2, 69).

jūrisconsŭltus (iur-), -ī, (ou em duas palavras: juris-consultus), subs. m. Jurisconsulto (Cíc. De Or. 1, 212).

jūrisdictĭō, (iūris-), -ōnis, subs. f. I — Sent. próprio: 1) Ação de ministrar justiça, judicatura (Cíc. Fam. 2, 13, 3). Daí: 2) Jurisdição (nas províncias imperiais) (Tác. An. 1, 80). II — Sent. figurado: 3) Autoridade, competência (Sên. Clem. 1, 1, 2).

jūrō (iūrō), -ās, -āre, -āvi, -ātum, v. intr. e tr. A) Intr.: I — Sent. próprio: 1) Pronunciar a fórmula ritual própria dos juramentos, jurar, prestar juramento (Cés. B. Civ. 1, 76, 2); (Cíc. Sest. 37); (Cíc. Of. 3, 107). B) Tr.: 2) Jurar por alguma coisa, prometer por juramento (Cic. Fam. 7, 12, 2); (Ov. Met. 2, 46). II — Sent. figurado: 3) Conjurar, conspirar (intr.) (Ov. Met. 1, 242). Obs.: Constrói-se como intransitivo; ou com acus. e inf.; com acus.; com acus. com per, e transitivamente.

jūror (iūror), -āris, -ārī, -ātus sum (= = jūrō). Usado sòmente no perfeito e no particípio passado: judici demonstrare, quid juratus sit (Cíc. Inv. 2, 126) «mostrar ao juiz que êle tenha jurado».

1. jūs (iūs), jūris (iūris), subs. n. I — Sent. próprio: 1) Títulos que estabelecem o direito, justiça, direito (Cíc. Tusc. 1, 64). II — Daí: 2) Direito escrito, leis, legislação: jus civile (Cíc. Top. 10) «direito civil»; (T. Lív. 23, 10, 2). 3) Lugar onde se ministra a justiça: ad praetorem in jus adire (Cíc. Verr. 4, 147) «apresentar-se à justiça (ao tribunal), diante do pretor». 4) Direito (em relação às pessoas ou às coisas): jus suum recuperare (Cíc. Caec. 8) «recuperar os seus direitos». 5) Direito (sent. genérico): jus societatis humanae (Cíc. Of. 1, 60) «os direitos da sociedade humana». 6) Direito (sôbre alguém ou alguma coisa), poder, autoridade: jus patrium (T. Lív. 1, 26, 9) «autoridade paterna».

2. jūs (iūs), jūris, subs. n. Suco, môlho, caldo (Cic. Fam. 9, 18, 3).

jusjūrāndum (iusiūrāndum), -ī, subs. n. Juramento, afirmação sob juramento (Cés. B. Gal. 1, 31, 7).

jussī, perf. de jubĕo.

jussum (iussum), -ī, subs. n. Geralmente no plural. I — Sent. próprio: 1) Ordem, ordens, mandado, preceito: jussa deorum (Cíc. Amer. 66) «as ordens dos deuses». II — Daí, em sent. especial: 2) Vontades (do povo) (Cíc. Vat. 8).

jussō = jussĕro (fut. perf. de jubĕo) (Verg. En. 11, 467).

1. jussus, -a, -um, part. pass. de jubĕo.

2. jussus (iussus), -ūs, subs. m. Ordem (Cíc. Pomp. 26) Obs.: Só ocorre no abl. sg.

justa (iusta), -ōrum, subs. n. pl. I — Sent. próprio: 1) As cerimônias devidas, formalidades, deveres (T. Lív. 9, 8, 7). II — Daí, em sent. particular: 2) O que é devido (aos escravos), sustento, salário, ração (Cíc. Of. 1, 41). 3) Honras fúnebres, exéquias (Cíc. Amer. 23); (Sal. B. Jug. 11, 2).

justē (iustē), adv. Com justiça, justamente, com eqüidade (Cíc. Clu. 42; Fin. 3, 59; Mil. 23) Obs.: Comp.: justĭus (Hor. Sát. 2, 4, 86); superl.: justissĭme (Quint. 10, 1, 82).

justī = jussistī (perf. de jubĕo) (Plaut. Men. 1146).

justifĭcus (iustif-), -a, -um, adj. Que procede justamente, justo (Catul. 64, 406).

justitĭa (iust-), -ae, subs. f. I — Sent. próprio: 1) Justiça, eqüidade, conformidade com o direito (Cíc. Part. 78). II — Daí: 2) Sentimento de eqüidade, espírito de justiça, bondade, benignidade (Cés. B. Gal. 5, 41, 8).

justitĭum (iust-), -ī, subs. n. I — Sent. próprio: 1) Suspensão dos trabalhos nos tribunais, férias judiciais (Cíc. Phil. 5, 31). Daí: 2) Suspensão de negócios (em geral) (Tác. An. 2, 82).

justum (iust-), -ī, subs. n. I — Sent. próprio: 1) O justo, a justiça (Cíc. Leg. 2, 11). II — Daí: 2) A medida justa, o que convém: plus justo (Hor. O. 3, 7, 24) «além da medida, excessivamente».

justus (iust), -a, -um, adj. I — Sent. próprio: 1) Conforme o direito, justo, legítimo (Cíc. Dej. 13); (Cíc. Of. 2, 42). Daí: 2) Que tem a justa medida, conveniente, suficiente (Cés. B. Gal. 7, 23, 4). 3) Razoável (Cíc. Fin. 1, 2); (T. Lív. 23, 37, 8): justum iter (Cés. B. Civ. 1, 23, 5) «etapa normal, isto é, dia de marcha (20 a 25 km. por dia)».

Jūtūrna (Iut-), -ae, subs. pr. f. Juturna, irmã de Turno, rei dos rútulos, que se tornou divindade entre os romanos (Verg. En. 12, 146).

jutus, -a, -um, part. pass. de juvo.

juvat, impess. de juvo.

juvātūrus, -a, -um, part. fut. de juvo (Sal. B. Jug. 47, 2).

Juvenālĭa (Iuv-), -ĭum, subs. pr. n. pl. Juvenálias, festas em honra à juventude (Tác. An. 14, 15).

1. juvenālis (Iuv-), -e, adj. Jovem, juvenil, da juventude (Verg. En. 5, 475).

2. Juvenālis (Iuv-), -is, subs. pr. m. Juvenal, célebre poeta satírico romano da época imperial (Marc. 7, 24, 1).

juvenālĭter (iuv-), v. juvenīlĭter (Ov. Met. 10, 675).

juvĕnca (iuv-), -ae, subs. f. I — Sent. próprio: 1) Novilha, juvenca (Hor. Ep. 1, 3, 36). II — Sent. poético: 2) Jovem, menina (Hor. O. 2, 6, 6).

juvĕncus, -a, -um, adj. Jovem (tratando-se de um animal) (Lucr. 5, 1074).

juvĕncus (iuvenc-), -ī, subs. m. I — Sent. próprio: 1)Touro nôvo, novilho, juvenco (Verg. Buc. 2, 66). II — Sent. poético: 2) Jovem, mancebo (Hor. O. 2, 8, 21). 3) Couro de boi (Estác. Theb. 3, 591).

juvenēscō (iuv-), -is, -ĕre (-nŭi), v. incoat. intr. Adquirir as fôrças da juventude, crescer, rejuvenescer (Hor. O. 4, 2, 54); (Ov. Am. 3, 7, 41).

juvenīlis (iuvenil-), -e, adj. De jovem, juvenil, da juventude, da mocidade (Verg. En. 2, 518).

juvenīlĭter (iuv-), adv. Como um môço, com ar jovem (Cíc. C. M. 10).

1. **juvĕnis** (iuvĕnis), -is, adj. m. e f. Jovem, nôvo, da mocidade (Ov. Met. 7, 295). Obs.: Comp.: junior ou juvenĭor.

2. **juvĕnis** (iuvĕnis), -is, subs. m. e f. 1) Masculino: jovem, rapaz (Verg. En. 5, 361). 2) Feminino: Môça, rapariga (Plín. H. Nat. 7, 122). No pl.: juniores: 3) Os mais jovens, isto é, os rapazes, de 17 a 45 anos, destinados a formar o exército efetivo (Cés. B. Gal. 7, 1, 1). Obs.: A idade do juvenis ia, aproximadamente, dos 20 aos 40 anos.

juvĕnor (iuv-), -āris, -ārī, v. dep. intr. Proceder como um jovem (Hor. A. Poét. 246).

juvĕnta (iuvĕnta), -ae, subs. f. 1) Juventude, mocidade (Verg. En. 4, 559). 2) Subs. pr. A Juventude (deusa) (Ov. Met. 7, 241).

Juvĕntās (iuvĕntās), -tātis, subs. pr. f. 1) A Juventude (deusa) (Hor. O. 1, 30, 7). 2) Juventude, mocidade (sent. poético) (Verg. G. 3, 63).

1. **Juventĭus** (Iuv), -ī, subs. pr. m. Juvêncio, nome de família romana (Cíc. Planc. 19).

2. **Juventĭus** (Iuv-), -a, -um, adj. De Juvêncio, juventino (Cíc. Planc. 19).

juvĕntūs (iuvĕntūs), -tūtis, subs. f. I — Sent. próprio: 1) Juventude, mocidade (Cíc. C. M. 15). II — Como coletivo: 2) Os jovens, guerreiros, gente armada (Cés. B. Gal. 3, 16, 2).

jŭvī, perf. de juvo.

juvō (iuvō), -ās, -āre, jŭvī, jūtum, v. tr. I — Sent. próprio: 1) Agradar a (T. Lív. 28, 27, 10). Daí, muitas vêzes, impessoal: **juvat evasisse tot urbes** (Verg. En. 3,283) «agrada-nos ter saído de tantas cidades». Donde: 2) Ajudar, auxiliar, ser útil (Verg. En. 10, 284); (Cíc. Verr. 1, 123). Obs.: Constrói-se, pessoalmente, com acus.; com acus. e abl. Impessoalmente com acus. e or. inf.

1. **juxtā** (iuxtā), adv. I — Sent. próprio: 1) Lado a lado, próximo um do outro (Plin. H. Nat. 36, 117). Donde: 2) Muito próximo, muito perto (Cés. B. Gal. 2, 26, 1). 3) Igualmente, do mesmo modo: **aestatem et hiemem juxta pati** (Sal. B. Jug. 85, 33) «suportar do mesmo modo o calor e o frio». 4) Tanto quanto, assim como (com **ac**, **atque** ou **cum**): **juxta ac si** (Cíc. Sen. 20) «assim como se» (Plaut. Trin. 197).

2. **Juxtā** (iuxtā), prep. (acus.). I — Sent. próprio: 1) Muito perto de, junto a, mesmo ao pé de: **juxta murum** (Cés. B. Civ. 1, 16, 4) «junto aos muros». II — Daí: 2) Logo depois de, ao lado de (T. Lív. 9, 9, 4). III — Sent. figurado: 3) Perto de: **juxta finem vitae** (Tác. D. 22) «perto do fim de sua vida».

juxtim (cf. juxtā), adv. Igualmente (Lucr. 4, 1213).

K

k, f. n. Letra do alfabeto que representa, na língua antiga, o som do K (kápa) grego, enquanto que o c servia para a notação do γ (gama). O K conservou-se em algumas abreviaturas e em pouquíssimas palavras. Abreviaturas: K. = Kaeso (Caeso), Cesão. K. ou Kal. = kalendae (Calendae), Calendas, etc.
Kaeso, v. **Caeso**.
kalendae, v. **Calendae**.
Kana, kanus, v. **Cana, Canus**.
kaput, v. **caput**.
Karthāgo, v. **Carthāgo**.
kasa, v. **casa**.
klepsȳdra, -ārĭus, v. **Clepsȳdra**.
koppa, subs. n. indecl. Copa, signo numérico grego, que vale 90 (Quint. 1, 4, 9).

L

l, f. n. 12ª letra do alfabeto. Abrev.: 1) L. — Lucius, Lúcio. 2) L (em numeração) 50.
labans, -ăntis, part. pres. de **labo**.
labărum, -ī, subs. n. Lábaro (estandarte imperial sôbre o qual Constantino mandou colocar uma coroa, uma cruz e as iniciais de Jesus Cristo) (Tert. Apol. 16).
labāscō, -is, -ĕre, v. intr. Cambalear, desabar, abater (sent. próprio e figurado) (Lucr. 1, 537); (Plaut. Rud. 1394).
Labdacĭdae, -ārum, subs. loc. m. Labdácidas, descendentes de Lábdaco, i.é, os tebanos (Estác. Theb. 9, 777).
Labdacĭus, -a, -um, adj. Dos labdácidas, tebano (Estác. Theb. 2, 210).
Labdăcus, -ī, subs. pr. m. Lábdaco, rei de Tebas, pai de Laio e avô de Édipo (Sên. Herc. F. 495).
labĕa, -ae, subs. f. Lábio, beiço (Plaut. St. 721).
Labeātēs, -um (-ĭum), subs. loc. m. Labeates, povo da Ilíria (T. Lív. 44, 31).
Labeātis, -ĭdis, adj. Dos Labeates (T. Lív. 33, 31, 2).
lābēcŭla, -ae, subs. f. Pequena nódoa (Cíc. Vat. 41).
labefacĭō, -is, -ĕre, -fēcī, -fāctum, v. tr. 1) Abalar (sent. físico e moral) (Cés. B. Civ. 2, 22); (Cíc. Sest. 101). Daí: 2) Romper, destruir, arruinar (Cíc. Har. 60).
labefactātĭō -ōnis, subs. f. Abalo (Quint. 8, 4, 14).
labefactātus, -a, -um, part. pass. de **labefăcto**.
labefāctō, -ās, -āre, -āvī, -ātum, v. freq. tr. I — Sent. próprio: 1) Fazer cair, abater, abalar (Cíc. Verr. 4, 94). II — Sent. figurado: 2) Arruinar, enfraquecer (Lucr. 1, 694); (Cic. Fam. 12, 5, 2).
labefāctus, -a, -um, part. pass. de **labefacĭo**.
labefēcī, perf. de **labefacĭo**.
labefīō, -ĭs, -fĭerī, pass. de **labefacĭo**.
1. labēllum, -ī, subs. n. (geralmente no plural). I — Sent. próprio: 1) Lábio delicado (Verg. Buc. 2, 34). II — Daí: 2) Lábio (de criança) (Cíc. Div. 1, 78). 3) Têrmo de afeto (Plaut. Poen. 235).
2. labēllum, -ī, subs. n. I — Sent. próprio: 1) Bacia pequena (Cat. Agr. 10, 2). II — Sent. particular: 2) Taça para as libações (Cíc. Leg. 2, 66).
lābens, -ēntis, part. pres. de **labor**.
labeōsus, -a, -um, adj. Beiçudo (Lucr. 4, 1169).
Laberiānus, -a, -um, adj. De Labério, o poeta (Sên. Ir. 2, 11, 4).

Laberĭus, -ĭ, subs. pr. m. Labério, nome de uma família romana, notadamente Décimo Labério, conhecido autor de mimos (Cíc. Fam. 12, 18, 2).

1. lābēs, -is, subs. f. I — Sent. próprio: 1) Queda, ruína, desmoronamento (T. Lív. 42, 15, 5). II — Sent. figurado: 2) Flagelo, calamidade, destruição, peste, ruína (Verg. En. 2, 98); (Cíc. Verr. pr. 2). Obs.: Geralmente identificado com **labes 2.**

2. lābēs, -is, subs. f. I — Sent. próprio: 1) Mancha, nódoa (Ov. A. Am. 1, 514). II — Sent. figurado: 2) Labéu, desonra, pessoa ignóbil, nódoa (Cíc. Vat. 15).

labĭa, -ae, subs. f. Lábio inferior (Apul. Met. 2, 24).

Labĭcānum, -ĭ, subs. pr. n. Território de Labico (Cíc. Planc. 23).

Labĭcānus, -a, -um, adj. Labicano, de Labico (Cíc. Par. 50).

Labĭci, -ōrum, subs. pr. m. Labico, labicos. 1) Cidade do Lácio entre Túsculo e Preneste (Cíc. Agr. 2, 96). Loc.: 2) Habitantes de Labico (Verg. En. 7, 796). Obs.: Em Tito Lívio (2, 39, 5) ocorre a forma **Lavici.**

Labĭēnus, -ĭ, subs. pr. m. Labieno, lugar-tenente de César (Cés. B. Civ. 3, 13, 3).

labĭum, -ĭ, subs. n. (geralmente no plural). Lábio, lábios (Plín. H. Nat. 29,46).

labō, -ās, -āre, -āvī, -ātum, v. intr. I — Sent. próprio: 1) Escorregar de modo a cair, ir abaixo, desabar (sent. físico e moral) (Cíc. Verr. 4, 95). II — Sent. figurado: 2) Vacilar, hesitar, estar indeciso, vacilante (Cíc. Tusc. 1, 78); (Cíc. At. 8, 14, 2). Obs.: A diferença entre **labo** e **labor** é que **labo** implica sempre numa queda, enquanto **labor** nem sempre comporta a idéia de queda, indicando o colear (deslizar) das serpentes, o vôo das aves, a marcha do navio, o movimento dos astros e o decorrer insensível dos anos.

1. lābor, -ĕris, lābī, lapsus sum, v. dep. intr. I — Sent. próprio: 1) Escorregar, deslizar (sent. próprio e figurado)(Verg. En. 7, 349); (Verg. En. 11, 588). Daí: 2)Cambalear, hesitar, escapar das mãos, resvalar, cair (Cíc. Phil. 2, 51); (Cíc. Fat. 5). 3) Deixar-se ir, seguir, tender para, inclinar-se (Cíc. Fam. 9, 10, 3); (Cíc. Ac. 2, 138). 4) Escoar-se, decorrer, correr (Hor. O. 2, 14, 2). 5) Em sentido exclusivamente figurado: cometer uma falta (Cíc. Nat. 1, 29). Obs.: Constrói-se como intransitivo; com acus. com **ad, inter, in, per, sub** ou **super;** com abl. ou com abl. acompanhado de **ab, ex, in** ou **de.** Inf. arc. **labier** (Lucr. 4, 445); (Hor. Ep. 2, 194).

2. labor, -ōris, subs. m. I — Sent. próprio: 1) Trabalho (com um sentido acessório de esfôrço cansativo), fadiga, carga (Verg. En. 2, 708). II — Daí: 2) Sofrimento, dor, fadiga (ao se executar um trabalho) (Cíc. Verr. 5, 181). Por enfraquecimento de sentido: 3) Trabalho, esfôrço, labor (Cíc. De Or. 1, 150). 4) Emprêsa, plano, trabalho, obra: **labores magnos excipere** (Cíc. Br. 243) «tratar de grandes emprêsas». 5) Cuidado, solicitude, atividade dispensada: **labore et diligentia aliquid consequi** (Cíc. Cael. 74) «conseguir alguma coisa pela sua solicitude e zêlo». III — Sent. figurado: 6) Desgraça, desventura, infelicidade (Cíc. Q. Fr. 1, 4, 4). Em sent. particular: 7) Doença (Plaut. Curc. 2, 19). 8) Dor física (Plaut. Cas. 306). Sent. poético: 9) Eclipse: **labores lunae, solis** (Verg. G. 1, 478); (Verg. En. 1, 742) «eclipses da lua, do sol». Obs.: Nom. arc.: **labos** (Catul. 55, 13).

labōrātus, -a, -um, part. pass. de **labōro.**

labōrĭfer, -fĕra, -fĕrum, adj. Que suporta o trabalho, laborioso (Ov. Met. 9, 285).

labōrĭōsĭus, adv. Com muito esfôrço, com muito sacrifício, laboriosamente (Cíc. Com. 31). Obs.: superl.: **laboriosissĭme** (Cíc. Caecil. 71).

labōrĭōsus, -a, -um, adj. I — Sent. próprio: 1) Laborioso, que suporta o trabalho, que suporta fadigas (Cíc. Mil. 5). Daí: 2) Ocupado, que tem muito trabalho, ativo (Cíc. Tusc. 2, 35). 3) Que dá trabalho, fatigante, difícil, custoso (Cíc. Fin. 1, 32). II — Sent. moral: 4) Que padece, que sofre (Cíc. Tusc. 4, 18).

labōrō, -ās, -āre, -āvī, -ātum, v. intr. e tr. A) Intr.: I — Sent. próprio: 1) Trabalhar, estar em trabalhos, diligenciar, esforçar-se (Cíc. Verr. 3, 121). II — Sent. figurado: 2) Sofrer, estar indisposto, atormentado, inquietar-se, preocupar-se, estar em dificuldade (Cíc. Fin. 1,59); (Cíc. At. 5, 8, 1); (Cés. B. Gal. 7, 10, 1); (Hor. A. Poét. 435). 3) Desaparecer, eclipsar-se (tratando-se da lua), sucumbir (Cíc. Tusc. 1, 92). B) Tr.: 4) (Só no período imperial): Trabalhar, elaborar, executar (Verg. En. 1, 639). 5) Cultivar (Tác. Germ. 45). Obs.:

Constrói-se como intr. ou com abl.; com abl. com **in, de, ab, pro,** ex. Transitivamente com acus.; com acus. com **ad**; com **ut** ou **ne**; ou com inf.
labōs, -ōris v. **labor.**
Labrō, -ōnis, subs. pr. m. Labrão, pôrto da Etrúria (Cíc. Q. Fr. 2, 6, 2).
Labros, -ī, subs. pr. m. Labros, nome de um cão (Ov. Met. 3, 224).
1. labrum, -ī, subs. n. (geralmente no plural). I — Sent. próprio: 1) Lábio, lábios, beiços (dos homens e animais) (Cíc. Div. 2,66). II — Sent. figurado: 2) Borda, rebôrdo, orla (Cés. B. Gal. 7, 72, 1). Em expressões: 3) **linere alicui labra** (Marc. 3, 42, 2) «enganar alguém»; **primis labris gustare** (Cíc. Nat. 1, 20) «estudar superficialmente».
2. labrum, -ī, subs. n. I — Sent. próprio: 1) Banheira, tina para banho (Ov. F. 4, 761). II — Daí: 2) Vasilha, bacia (para alguém se lavar) (Cíc. Fam. 14, 20).
labrūsca, -ae, subs. f. 1) Videira silvestre, uvas desta videira (Verg. Buc. 5, 7). 2) Como adj. (subent. **vitis** ou **uva**): **labrusca vitis** (Plín. H. Nat. 12, 48) «videira silvestre».
labrūscum, -ī, subs. n. Uvas da videira silvestre (Verg. Cul. 52).
labyrinthēus, -a, -um, adj. De labirinto, labiríntico (Catul. 54, 114).
Labyrīnthus (-thos), -ī, subs. pr. m. O labirinto (edifício de que dificilmente se encontrava a saída), especialmente o de Creta, construído por Dédalo (Verg. En. 5, 588).
lāc (lacte), lactis, subs. n. I — Sent. próprio: 1) Leite (Cíc. Tusc. 3, 2). Daí: 2) Suco leitoso das plantas (Verg. En. 4, 514). 3) De côr leitosa (Ov. A. Am. 1, 290). II — Sent. figurado: 4) Infância: **a lacte cunisque** (Quint. 1, 1, 21) «desde a primeira infância». Obs.: Nom. arc.: **lacte** (Plaut. Mil. 248); a us.: **lacte** (Cat. Agr. 150, 1); acus. m.: **lactem** (Petr. 71, 1).
Lacaena, -ae, subs. loc. f. 1) Mulher da Lacedemônia (Cíc. Tusc. 1, 102). 2) Em particular: Helena de Tróia (Verg. En. 2, 601).
Lacedaemōn, -mŏnis, subs. pr. f. 1) Lacedemônia, território da Lacônia, no Peloponeso, cuja capital era Esparta. Donde: 2) Esparta (Cíc. Leg. 2, 39). Obs.: Nom.: **Lacedaemo** (Cíc. Leg. 2, 39); abl.: **Lacedaemone** (Cíc. Tusc. 5, 77).

Lacedaemonĭus, -a, -um, adj. Da Lacedemônia, lacedemônio (Cíc. Tusc. 1, 100).
lacer, -cĕra, -cĕrum, adj. Sent. próprio e figurado: 1) Rasgado, dilacerado, mutilado (Verg. En. 6, 495). 2) Que rasga, que despedaça (Ov. Met. 8, 877).
lacĕrans, -antis, part. pres. de **lacĕro.**
lacerātĭō, -ōnis, subs. f. Laceração, ação de rasgar, dilaceração (T. Lív. 7, 4).
lacerātus, -a, -um, part. pass. de **lacĕro.**
Lacerĭus, -ī, subs. pr. m. Lacério, nome de um tribuno da plebe (T. Lív. 5, 10).
lacĕrna, -ae, subs. f. Lacerna (capa com capuz, sem mangas, aberta na frente e afivelada ao pescoço) (Hor. Sát. 2, 7, 55).
lacernātus, -a, -um, adj. Vestido de lacerna (Juv. 1, 62).
lacĕrō, -ās, -āre, -āvī, -ātum, v. tr. I — Sent. próprio: 1) Rasgar, lacerar, dilacerar, despedaçar (sent. físico e moral) (Cíc. Tusc. 1, 106). II — Sent. figurado: 2) Fazer sofrer, atormentar (Cíc. Dom. 59). 3) Despojar, dissipar (Cíc. Verr. 3, 164).
lacērta, -ae, subs. f. 1) Lagarto (Hor. O. 1, 23, 7). 2) Peixe de nome desconhecido (Cíc. At. 2, 6, 1).
lacertōsus, -a, -um, adj. Que tem braços musculosos, forte, robusto (Ov. Met. 11, 33).
1. lacērtus, -ī, subs. m. (geralmente no plural). I — Sent. próprio: 1) Músculos do braço (em oposição ao **brachium**), músculos do ombro, músculos em geral (Ov. Met. 1, 501). II — Sent. figurado: 2) Fôrça muscular, robustez, vigor (Hor. Ep. 2, 2, 48). Sent. poético: 3) Braços (Cíc. C. M. 27).
2. lacērtus, -ī, subs. m. = **lacerta.** 1) Lagarto (Verg. G. 2, 9). 2) Peixe de nome desconhecido (Marc. 10, 48, 11).
lacessītus, -a, -um, part. pass. de **lacēsso.**
lacēssō, -is, -ĕre, -īvī (ou -ĭī), -ītum, v. tr. I — Sent. próprio: 1) Procurar atrair a uma armadilha, uma cilada, provocar, irritar, exasperar, excitar (Verg. En. 11, 254); (Cíc. Phil. 2, 1). Daí: 2) Atacar, assaltar (sent. próprio e figurado) (Cés. B. Gal. 4, 11, 6). Donde: 3) Bater, ferir, açoitar (sent. próprio e figurado) (Ov. Trist. 5, 9, 30).
Lacetānĭa, -ae, subs. pr. f. Lacetânia, cidade da Hispânia Tarraconense, junto aos Pirineus (T. Lív. 21, 23, 2).
lachanīssō (lachanīzō), -ās, -āre, v. intr. Estar fraco, lânguido (Suet. Aug. 87).

Lachēs, -ētis, subs. pr. m. Laquete. 1) General ateniense (Cíc. Div. 1, 123). 2) Uma personagem cômica (Ter. Hec.).

Lachĕsis, -is, subs. pr. f. Láquesis, uma das 3 Parcas, a que fixava o destino dos homens (Ov. Trist. 5, 10, 45).

lachrim-, lachrum-, v. **lacr-**.

laci, genit. de **lacus**.

Laciădēs, -ae, subs. loc. m. Lacíada, habitante da Lácia, aldeia da Ática (Cíc. Of. 2, 64).

1. lacinĭa, -ae, subs. f. I — Sent. próprio: 1) Floco da lã que não é torcido em forma de franja, mas que fica em forma de tufo, porção, parcela (de um todo) (Plín. H. Nat. 19, 120). Donde, objetos que lembram a sua forma: 2) Franja, aba, orla (de um vestido) (Plaut. Merc. 126). II — Por extensão: 3) Retalho, pedaço, parcela de terreno (Plín. H. Nat. 5, 148). 4) Vestido (em geral) (Petr. 12). III — Sent. figurado: 5) Extremidade, ponta (Cíc. De Or. 3, 110).

2. Lacinĭa, -ae, subs. pr. f. Lacínia, sobrenome de Juno (Cíc. Div. 1, 48).

laciniōsus, -a, -um, adj. I — Sent. próprio: Recortado, dividido em segmentos, rendado (Plín. H. Nat. 5, 62).

Lacinium, -ī, subs. pr. n. Lacínio, promontório na entrada do gôlfo de Tarento, onde havia um tempo em honra a Juno (T. Lív. 27, 25, 12).

Lacinius, -a, -um, adj. De Lacínio (Ov. Met. 15, 13); (Cíc. Div. 1, 48).

Lacō (Lacōn), -ōnis, subs. m. 1) Lacedemônio (Cíc. Tusc. 5, 40). 2) Cão da Lacônia (Hor. Epo. 6, 6).

Lacônia (Laconĭca), -ae, subs. pr. f. Lacônia, região meridional do Peloponeso (Plín. H. Nat. 17, 133).

Lacōnĭcus, -a, -um, adj. Da Lacônia (Hor. O. 2, 18, 7).

Lacōnis, -ĭdis, subs. f. Da Lacônia, lacônica (Ov. Met. 3, 223).

lacrĭma (lachrŭma, -chrĭma, -crŭma), -ae, subs. f. (geralmente no plural). I — Sent. próprio: 1) Lágrima, lágrimas (Cíc. Planc. 101). II — Donde: 2) Gôta de goma que cai de certas plantas (Verg. G. 4, 160).

lacrimābĭlis, -e, adj. I — Sent. próprio: 1) Lacrimável, que faz verter lágrimas, triste, lamentável (Verg. En. 7, 604). II — Daí: 2) Lúgubre (Verg. En. 3, 39).

lacrimābŭndus, -a, -um, adj. Todo banhado em lágrimas (T. Lív. 3, 46, 8).

lacrimātus, -a, -um, part. pass. de **lacrĭmo**.

lacrĭmō (lacrŭmō), -ās, -āre, -āvī, -ātum, v. intr. I — Sent. próprio: 1) Chorar (Cíc. Verr. 5, 121). II — Daí: 2) Destilar (tratando-se de plantas), derramar seiva (Ov. F. 1, 339).

lacrimōsus, -a, -um, adj. I — Sent. próprio: 1) Que verte lágrimas, lacrimoso, choroso (Plín. H. Nat. 3, 8, 34). II — Daí: 2) Que faz verter lágrimas, lamentável, funesto (Ov. Met. 10, 6).

lacrimŭla, -ae, subs. f. Pequena lágrima (Cíc, Planc. 76).

lacrŭma (arc.), v. **lacrĭma**.

lactans, -āntis, part. pres. de **lacto**.

lacte, -is, v. **lac**.

lactens, -ēntis. I — Part. pres. de **lactĕo**. II — Subs.: **lactēntes, -ĭum**, f. (T. Lív. 37, 3, 6), vítima que ainda mama.

lactĕō, -ēs, -ēre, v. intr. I — Sent. próprio: 1) Mamar, ser amamentado (Cíc. Cat. 3, 19). II — Daí: 2) Ser leitoso (Verg. G. 1, 315).

lactĕŏlus, -a, -um, adj. Branco como o leite, parecido com o leite (Catul. 55, 17).

lactēs, -ĭum, subs. f. pl. 1) Intestino delgado (do homem e do carneiro) (Plaut. Curc. 318). 2) Ovas de peixe (Suet. Vit. 13).

lactēscō, -is, -ĕre, v. incoat. intr. I — Sent. próprio: 1) Transformar-se em leite (Cíc. Nat. 2, 128). II — Daí: 2) Começar a ter leite (Plín. H. Nat. 11, 237). 3) Verter leite (Plín. H. Nat. 17, 15).

lactĕus, -a, -um, adj. I — Sent. próprio: 1) De leite, lácteo (Ov. Met. 15, 79). Daí: 2) Cheio de leite (Verg. G. 2, 525). II — Por extensão: 3) Branco como o leite (Verg. En. 8, 660). 4) Que mama (Marc. 3, 58, 22). III — Sent. figurado: 5) Doce, agradável como o leite (Quint. 10, 1, 32).

lactis, gen. de **lac**.

1. lactō, -ās, -āre, -āvī, -ātum, v. intr. e tr. Ter leite, amamentar, nutrir com leite (Lucr. 5, 885).

2. lactō, -ās, -āre, v. tr. Atrair com caricias, seduzir (Ter. And. 912).

lactucŭla, -ae, subs. f. (dim. de **lactuca**). Alface pequena (Suet. Aug. 77).

lacūna, -ae, subs. f. I — Sent. próprio: 1) Água de cisterna (subendent: **aqua**), e daí: 2) Cisterna, fôsso, poça, cavidade, buraco, abertura (Verg. G. 1, 117). II — Sent. figurado: 3) Lacuna, vácuo, brecha, defeito, falta de (Cíc. Verr. 2, 138).

lacūnar, -āris, subs. n. e lacūnārĭum, -ĭ, subs. n. 1) Painel num teto, com divisões ou compartimentos, teto com molduras (Hor. O. 2, 18, 2). 2) Na expressão: **spectare lacunar** (Juv. 1, 56) «olhar para o teto, isto é: estar distraído».

lacūnō, -ās, -āre, -āvī, -ātum, v. tr. 1) Cobrir com lambris (Ov. Met. 8, 564). 2) Abobadar: **lacunatus** (Plín. H. Nat. 15, 35) «abobadado».

lacūnōsus, -a, -um, adj. Que tem cavidades, esburacado (Cíc. Nat. 2, 47).

lacus, -ūs, subs. m. I — Sent. próprio: 1) Reservatório de água, lago, bacia (de uma fonte) (Cíc. Tusc. 1, 37). II — Daí: 2) Cisterna, reservatório subterrâneo (para água, azeite, vinho) (Hor. Sát. 1, 4, 37). 3) Objeto em forma de reservatório, cuba (que se coloca debaixo do lagar para aparar o mosto) (Cat. Agr. 25). Obs.: dat. e abl pl.: **lacubus** (Ov. Met. 12, 278).

Lācȳdēs, -is, subs. pr. m. Lacides, filósofo acadêmico de Cirene (Cíc. Tusc. 5, 107).

Lādās, -ae, subs. pr. m. Ladas, célebre corredor do tempo de Alexandre (Catul. 55, 25).

Lādōn, -ōnis, subs. pr. m. Ladão, rio da Arcádia, consagrado a Apolo (Ov. Met. 1, 702).

Laeca (Lecca), -ae, subs. pr. m. Leca, nome de um dos cúmplices de Catilina (Cíc. Cat. 1, 9).

laedō, -is, -ĕre, laesī, laesum, v. tr. I — Sent. próprio: 1) Bater, ferir (sent. físico e moral) (Cíc. Nat. 2, 142); (Hor. O. 3, 27, 60). II — Sent. figurado: 2) Fazer mal a, prejudicar, danificar, injuriar, ultrajar (Cic. Mur. 87); (Cíc. Amer. 111). 3) Tocar, causar impressão (Hor. A. Poét. 103).

Laelaps, -ăpis, subs. pr. m. Lélape, nome do cão que guardava Europa (Ov. Met. 7, 771).

Laelĭa, -ae, subs. pr. f. Lélia, nome de mulher (Cíc. Br. 211).

Laeliānus, -a, -um, adj. De Lélio (Cés. B. Civ. 3, 100, 2).

Laelĭus, -ĭ, subs. pr. m. Lélio, nome de uma família romana, entre cujos membros se destaca Décimo Lélio, comandante da esquadra da Ásia (Cés. B. Civ. 3, 40).

laena, -ae, subs. f. Capa de inverno (Cíc. Br. 56).

Laenās, -ātis, subs. pr. m. Lenate, sobrenome da família Popília (Cíc., T. Liv.).

Laenĭus, v. Lenĭus.

Lāērtēs, -ae, subs. pr. m. Laertes, pai de Ulisses (Cíc. C. M. 54).

Lāertĭădēs, -ae, subs. pr. Filho de Laertes, isto é, Ulisses (Hor. O. 1, 15, 21).

Lāertĭus, -a, -um, adj. De Laerte (Verg. En. 3, 272).

laesī, perf. de **laedo**.

laesĭō, -ōnis, subs. f. Ataque, acusação (sent. figurado) (Cíc. De Or. 3, 205).

Laestrȳgŏnēs, -um, subs. loc. m. Lestrigões, antigo povo antropófago que habitava próximo ao Etna (Plín. H. Nat. 3, 59). Obs.: Acus. sg.: **Laestrygona** (Ov. Met. 14, 233).

Laestrygonĭus, -a, -um, adj. Dos Lestrigões (Hor. O. 3, 16, 34).

laesus, -a, -um, part. pass. de **laedo**.

laetābĭlis, -e, adj. Que dá alegria, alegre, feliz (Ov. Met. 9, 255).

laetāndus, -a, -um, adj. De que deve haver alegria, próspero, feliz (Sal. B. Jug. 14, 22).

laetans, -ăntis. I — Part. pres. de **laetor**. II — Adj.: alegre, risonho, agradável (Cíc. Clu. 28).

laetātĭō, -ōnis, subs. f. Regozijo, alegria (Cés. B. Gal. 5, 52, 6).

laetātus, -a, -um, part. pass. de **laetor**.

laetē, adv. 1) Com alegria, alegremente (Cíc. Phil. 9, 7). 2) De modo jovial, de modo ameno (Quint. 8, 3, 40). 3) Com fertilidade, abundantemente (Plín. H. Nat. 33, 89).

laetifĭcans, -antis. I — Part. pres. de **laetifĭco**. 2) Adj.: contente, alegre (Plaut. Pers. 760).

laetifĭcō, -ās, -āre, -āvī, -ātum, v. tr. I — Sent. próprio: 1) Tornar abundante, ou produtivo, fertilizar (Cíc. Nat. 2, 130). Daí: 2) Alegrar, tornar alegre, regozijar-se (Cíc. Nat. 2, 105).

laetifĭcus, -a, -um, adj. Que torna alegre, que denota alegria: **laetifica referre** (Sên. Troad. 597) «trazer notícias alegres».

laetitĭa, -ae, subs. f. I — Sent. próprio 1) Fecundidade, fertilidade (língua rústica) (Col. 4, 21, 2). II — Sent. genérico: 2) Alegria, prazer (Cic. Planc. 103). Na língua retórica: 3) Encanto, graça, beleza (de estilo) (Tác. D. 20).

laetitĭēs, -ēī, v. **laetitia**.

laetitūdō, -ĭnis, subs. f. Alegria (Ác. Tr. 61).

laetō, -ās, -āre, -āvi, -ātum, (arcaico), v. tr. I — Sent. próprio: 1) Adubar (Pal. 1, 6, 13), II — Sent. figurado: 2) Alegrar (Apul. Met. 3, 11).

laetor, -āris, -ārī, -ātus sum, v. dep. intr. Folgar, alegra-se, regozijar-se (Cic. Lae. 47); (Sal. B. Jug. 69, 3). Obs.: Constrói-se com abl.; com abl. com in, de, ex; com acus. e inf. e raramente com acus. e gen.

Laetōrius, -ī, subs. pr. m. Letório, nome de homen (T. Lív. 2, 27).

laetus, -a, -um, adj. I — Sent. próprio: (língua rústica): 1) Gordo (tratando-se de animais, do leite, da terra), fertil (tratando-se das searas), bem tratado, nédio: **laetas segetes** (Verg. G. 1, 1) «colheitas férteis». II — Sent. diversos: Na língua augural: 2) Que promete abundância ou prosperidade, favorável, propício, venturoso, feliz (Tác. Hist. 1, 62). Na língua retórica: 3) Florido, ornado (Cíc. De Or. 1,81). Na língua comum (sent. genérico): 4) Alegre, contente, satisfeito (Cíc. At. 8, 9, 2). 5) Agradável, que apraz a (Tác. Hist. 4, 68). 6) Que tem um aspecto risonho, aprazível (Cíc. De Or. 3, 155). 7) Fértil, fecundo, abundante, rico: **lucus laetissimus umbrae** (Verg. En. 1, 441) «bosque riquíssimo em sombra». 8) Belo: **laeta armenta** (Verg. En. 3, 220) «belos rebanhos». Obs.: Constrói-se absol.; com abl.; com gen.

laeva, -ae, subs. f. 1) Mão esquerda (subent. **manus**) (Verg. En. 1, 611). 2) Lado esquerdo (subent. **pars**) (Verg. En. 3, 563).

laevāmentus, v. **levāmentum**.

laevātus, v. **levātus**.

laevē, adv. Desajeitadamente, rudemente, mal (Hor. Ep. 1, 7, 52).

Laevī, -ōrum, subs. pr. m. Levos, colônia da Gália Transpadana (Plín. H. Nat. 3, 124).

laevis, laev-, v. lev-.

Laevīnus, -ī, subs. pr. m. Levino, sobrenome romano (Hor. Sát. 1, 6, 12).

laevum, -ī, subs. n. O lado esquerdo: **in laevum** (Ov. Trist. 1, 10, 17) «para o lado esquerdo».

1. laevus, -a, -um, adj. I — Sent. próprio: 1) Esquerdo, que fica ao lado esquerdo, que vem do lado esquerdo (Ov. Met. 12, 415). II — Sent. figurado: 2) Desfavorável, sinistro, funesto, adverso (Verg. En. 10, 275). 3) Inoportuno, estúpido, tolo (Verg. Buc. 1, 16). Na língua dos áugures: 4) Favorável, propício (Ov. F. 4, 833).

2. Laevus, -ī, subs. pr. m. Levo, nome de homen (Cíc. Fam. 10, 18).

lagānum, -ī, subs. n. Espécie de filhó ou bôlo feito de farinha e azeite (Hor. Sát. 1, 6, 115).

lagēos, -ī, subs. m. Espécie de videira (Verg. G. 2, 93).

Lāgēus, -a, -um, adj. De Ptolomeu Lago, dos Lagidas, do Egito (Luc. 1, 684); (Marc. 10, 26, 4).

lagoena ou lagōna, -ae, subs. f. Bilha de barro (Plaut. Curc. 78); (Hor. Sát. 2, 8, 41).

lagōis, -idis, subs. f. Lebre-marinha (peixe) (Hor. Sát. 2, 2, 22).

Lāgus, -ī, subs. pr. m. Lago, um dos capitães de Alexandre, chefe da dinastia dos Lagidas (Luc. 10, 527).

Lāiadēs, -ae, subs. pr. m. Filho de Laio, i. é, Édipo (Ov. Met. 7, 759).

Lāis, -idis (-idos), subs. pr. m. f. Laís, nome de duas cortesãs de Corinto, no tempo da guerra do Peloponeso (Cíc. Fam. 9, 26, 2).

Lāius (Lajus), -ī, subs. pr. m. Laio, rei de Tebas, casado com Jocasta. Sôbre êle recaiu a terrível profecia do oráculo de Delfos: seu filho Édipo acabou por matá-lo, casando-se depois com a própria mãe (Cíc. Tusc. 4, 71).

Lalāgē, -ēs, subs. pr. f. Lálage, nome de mulher (Hor. O. 1, 22, 10).

lallō, -ās, -āre, v. intr. Cantar «lá lá» para adormecer crianças (Pérs. 3, 18).

lāma, -ae, subs. f. Lamaçal, charco de água, atoleiro (Hor. Ep. 1, 13, 10).

lambī, perf. de **lambo**.

lambō, -is, -ĕre, (bī e -bitum raramente), v. tr. I — Sent. próprio: 1) Lamber (tratando-se primeiramente do cão e depois do homem) (Fedr. 1, 25, 10); (Cíc. Verr. 3, 28). II — Sent. figurado: 2) Acariciar, tocar de leve (Hor. Sát. 1, 5, 73). 3) Banhar (Hor. O. 1, 22, 7).

lāmella, -ae. subs. f. Pequena lâmina de metal (Sên. Brev. 12, 2).

lāmenta, -ōrum, subs. n. pl. I — Sent. próprio: 1) Lamentações, gemidos (Verg. En. 4, 667). II — Sent. figurado: 2) O cacarejar (das galinhas) (Plín. H. Nat. 10, 155).

lāmentābilis, -e, adj. I — Sent. próprio: 1) Lamentável, deplorável (Verg. En. 2, 4). II — Daí: 2) Lamentoso, queixoso (Cíc. Leg. 2, 64).

lamentātĭō, -ōnis, subs. f. Lamentações, gemidos, prantos (Cíc. Tusc. 4, 18).
lāmentātus, -a, -um, part. pass. de **lāmentor.**
lāmēntor, -āris, -ārī, -ātus sum, v. dep. intr. e tr. Lamentar-se, chorar, queixar-se, gemer, deplorar (Cíc. Phil. 12, 2); (Cíc. Tusc. 5, 112). Obs.: Constrói-se intransitivamente ou transitivamente com acus. ou com or. inf. Inf. arc. **lamentarier** (Plaut. Pers. 742).
1. lamĭa, -ae, subs. f. Vampiro, papão (com que se amedrontavam as crianças) (Hor. A. Poét. 340).
2. Lamĭa, -ae, subs. pr. m. Lâmia, sobrenome da família Élia (Cíc. Sest. 29).
Lamiānus, -a, -um, adj. De Lâmia (Cíc. At. 12, 21, 2).
lāmĭna (lammĭna, lamna), -ae, subs. f. I — Sent. próprio: 1) Lâmina, fôlha delgada (geralmente de metal): **lamina serrae** (Verg. G. 1, 143) «a lâmina de uma serra, serra». Daí: 2) Lâmina em brasa (instrumento de suplício) (Cíc. Verr. 5, 163). Por extensão, todo objeto parecido com a lâmina: 3) Pequena barra metálica, peça (de ouro, prata, etc.) (Hor. O. 2, 2, 2). 4) Casca de noz (Ov. Nux 95).
Lamīrus, v. **Lamȳrus.**
lammĭna, lamna, v. **lamĭna.**
lampăda, acus. de **lampas.**
Lampadĭum, -ī, subs. pr. n. Nome grego de mulher, usado às vêzes como expressão de ternura (pequeno vulcão) (Lucr. 4, 1165).
lampas, -ădis, subs. f. I — Sent. próprio: 1) Lâmpada (Ov. Her. 14, 25). Daí: 2) Tocha, facho (Ov. Met. 4, 403). Em sent. especial: 3) Facho (do himeneu) (Ter. Ad. 907). II — Sent. figurado: 4) Luz (dos astros), disco (Lucr. 6, 1198). 5) Claridade, esplendor (Verg. En. 3, 637). Obs.: O acus. geralmente usado é o grego: **lampada;** mas em Plauto (Cas. 840) ocorre **lampadem.**
Lampetĭē, -ēs, subs. f. Lampécia ou Lampécie, filha do Sol e irmã de Faetonte (Ov. Met. 2, 3, 49).
Lampsacēnus, -a, -um, adj. De Lâmpsaco, cidade da Mísia (Cíc. Verr. 1, 63). Obs.: Subs. loc. m. pl.: habitantes de Lâmpsaco (Cíc. Verr. 1, 81).
Lampsăcum (Lampsăcus), -ī, subs. pr. n. ou f. Lâmpsaco, cidade da Mísia, sôbre o Helesponto, onde Príapo era venerado (Ov. Trist. 1, 10, 26).

Lampsus, -ī, subs. pr. f. Lampso, cidade da Tessália (T. Lív. 32, 14, 3).
Lamptēr, -ēris, subs. pr. m. Lampter, nome de uma elevação da Focéia, onde havia um farol (T. Lív. 37, 31, 8).
Lamus, -ī, subs. pr. m. Lamo. 1) Filho de Hércules e Ônfale (Ov. Her. 9, 54). 2) Rei dos lestrigões (Ov. Met. 14, 233).
Lamȳrus, -ī, subs. pr. m. Peixe do mar (Ov. Hal. 120).
lāna, -ae, subs. f. I — Sent. próprio: 1) Lã, velo de lã: **lanam trahere** (Juv. 2, 54) «cardar a lã», Daí: 2) Trabalho de lã (T. Lív. 1, 57). II — Sent. figurado: 3) Pequenas nuvens parecidas com flocos de lã (Verg. G. 1, 397). 4) Penugem, buço (Marc. 14, 161).
lānāris, -e, adj. Lanígero (tratando se de animais) (Varr. R. Rust. 2, 9, 1).
Lānātus, -ī, subs. pr. m. Lanato, sobrenome da «gens» Menênia (T. Lív. 4, 13).
lancĕa, -ae, subs. f. Lança, dardo (Tác. Hist. 1, 79).
lancĕŏla (lancĭŏla), -ae, subs. f. Pequena lança (Apul. Met. 8, 27).
lances, plural de **lanx.**
lancinātus, -a, -um, part. pass. de **lancĭno.**
lancĭnō, -ās, -āre, -āvī, -ātum, v. tr. Despedaçar, rasgar (sent. físico e moral) (Sên. Ir. 1, 2, 2); (Catul. 29, 18).
lancĭŏla, v. **lancĕŏla.**
lānĕus, -a, -um, adj. I — Sent. próprio: 1) De lã (Verg. G. 3, 487). Daí: 2) Mole, macio como a lã, tenro (Marc. 13, 89, 1).
Langobārdī, -ōrum, subs. loc. m. pl. Langobardos, povo da Germânia setentrional (Tác. Germ. 40).
languefacĭō, -īs, -ĕre, v. tr. Tornar lânguido, amolentar (Cíc. Leg. 2, 38).
languens, -ēntis, part. pres. de **languĕo.**
languĕō, -ēs, -ēre, languī, (sem supino), v. intr. I — Sent. próprio: 1) Estar lânguido, enlanguescer, estar prostrado (Cíc. Phil. 1, 12). II — Sent. figurado: 2) Desfalecer, debilitar-se, definhar-se (Verg. G. 4, 252).
languēscō, -is, -ĕre, languī, (sem supino) v. incoat. intr. I — Sent. próprio: 1) Enlanguescer, tornar-se lânguido, enfraquecer-se, adoecer (Cíc. C. M. 28). II — Sent. figurado: 2) Declinar, extinguir-se (Cíc. Phil. 8,4). 3) Murchar (Verg. En. 9, 436). 4) Obscurecer-se (tratando-se da lua) (Tác. An. 1, 28).
languī, perf. de **languĕo** e de **languēsco.**

languĭdē, adv. 1) Lânguidamente, dèbilmente (Plín. H. Nat. 18, 53). 2) Covardemente, sem coragem (Cíc. Tusc. 5, 25). Obs.: Comp.:**languidĭus** (Cés. B. Gal. 7, 27).

languidŭlus, -a, -um, adj. I — Sent. próprio: 1) Murcho (Cíc. apud Quint. 8, 3, 66). II — Daí: 2) Lânguido, mole, indolente (Catul. 64, 331).

languĭdus, -a, -um, adj. I — Sent. próprio: 1) Enfraquecido, débil, lânguido, fraco: **languidioribus nostris** (Cés. B. Gal. 3, 5, 1) «estando os nossos muito enfraquecidos». II — Daí, em sent. moral: 2) Preguiçoso, inativo, indolente (Cíc. C. M. 26). 3) Covarde, sem energia (Cíc. De Or. 1, 226). 4) Que tira o vigor, enervante (Cíc. Tusc. 5, 16).

languor, -ōris, subs. m. I — Sent. próprio: 1) Langor, languidez, fadiga, cansaço, abatimento, debilidade (Cés. B. Gal. 5, 31, 5). II — Daí: 2) Doença, enfermidade (Hor. O. 2, 2, 15). III — Sent. figurado: 3) Preguiça, moleza, inação, calma (Cíc. At. 14, 6, 2). 4) Calmaria (do mar.) (Sên. Ag. 161).

laniātĭō, -ōnis, subs. f. Ação de rasgar, despedaçar (Sên. Clem. 2, 4, 2).

1. laniātus, -a, -um, part. pass. de **lanĭo**.

2. laniātus, -ūs, subs. m. I — Sent. próprio: 1) Ação de rasgar, dilacerar, mordeduras (Cíc. Tusc. 1, 104). II — Sent. figurado: 2) Tortura (de espírito), remorso (Tác. An. 6, 6).

lanicĭum, v. **lanitĭum**.

laniēna, -ae, subs. f. Açougue, talho (Plaut. Ep. 199); (T. Liv. 44, 16, 10).

lānificĭum, -ī, subs. n. Lanifício (Suet. Aug. 64).

lānifĭcus, -a, -um, adj. Que prepara a lã, que trabalha em lã (Marc. 6, 58, 7).

1. lānĭger, -gĕra, -gĕrum, adj. Lanígero, que produz lã, algodão ou sêda (Verg. G. 3, 287).

2. lānĭger, -gĕrī, subs. m. Carneiro (Ov. Met. 7, 312).

lānigĕra, -ae, subs. f. Ovelha (Varr. Men. 242).

lanĭō, -ās, -āre, -āvī, -ātum, v. tr. Rasgar, despedaçar, lanhar (sent. físico e moral) (Cíc. Tusc. 1, 108); (Verg. En. 12, 605/606).

laniōnĭus, -a, -um, adj. De carniceiro, que serve para esfolar (Suet. Claud. 15).

lanista, -ae, subs. m. Lanista, mestre, treinador de gladiadores (Cíc. At. 1, 16, 3).

lānitĭum, -ī, subs. n. Lã, pêlo de carneiro, tosquia (das lãs) (Verg. G. 3, 384).

lanĭus, -ī, subs. m. I — Sent. próprio: 1) Carniceiro, açougueiro (Fedr. 3, 4, 1). Daí: 2) Sacrificador, o que mata as vítimas (Plaut. Ps. 327). II — Sent. figurado: 3) Carrasco (Plaut. Ps. 332).

lantĕrna, lanternārius, v. **latĕrna, latern-**.

Lanuēnsēs, -ĭum, subs. pr. m. Lanuenses, colônia da Itália (Plín. H. Nat. 3, 106).

lānūgō, -gĭnis, subs. f. I — Sent. próprio: 1) Lanugem, penugem, buço, lanugem (dos frutos) (Verg. En. 10, 324). Daí: 2) Pêlo, cotão (das plantas) (Plín. H. Nat. 24, 108). II — Sent. figurado: 3) Mocidade (Juv. 13, 59).

Lănuvīnus (Lānivīnus), -a, -um, adj. De Lanúvio (Cíc. Div. 1, 79). Obs.: 1) Subs. m. pl.: os habitantes de Lanúvio (Cíc. Nat. 1, 82). 2) Subs. pr. n.: região, território de Lanúvio (Cíc. At. 9, 9, 4).

Lānuvĭum (Lānivĭum), -ī, subs. pr. n. Lanúvio, cidade do Lácio (Cíc. Mil. 27).

lanx, -lāncis, subs. f. I — Sent. próprio: 1) Prato, travessa (Verg. En. 8, 284). II — Sent. especiais: 2) Prato de balança (Cíc. Ac. 2, 38). 3) Balança (Plín. H. Nat. 7, 44).

Lăocŏōn, -ōntis, subs. pr. m. Laocoonte, troiano, sacerdote de Apolo (Verg. En. 2, 41).

Lăodamīa, -ae, subs. pr. f. Laodamia, filha de Acasto, mulher de Protesilau (Catul. 68, 74).

Lăodĭcē, -ēs, subs. pr. f. Laódice, nome de mulher (Ov. Her. 19, 135).

Lăodĭcēa, -ae, subs. pr. f. Laodicéia, nome de diversas cidades (na Frígia, na Média, na Mesopotâmia, etc.) (Cíc. Fam. 2, 17, 4).

Lăodĭcēnsis, -e, adj. De Laodicéia (Cíc. Fam. 5, 20, 2).

Lăomĕdōn, -ōntis, subs. pr. m. Laomedonte, pai de Príamo, rei de Tróia (Cíc. Tusc. 1, 65).

Lăomedontēus (Lăomedontĭus), -a, -um, adj. De Laomedonte (Verg. En. 4, 542).

Lăomedontiădēs, -ae, subs. m. 1) Laomedonciades, filho ou descendente de Laomedonte (Verg. En. 8, 158). 2) No plural: os troianos (Verg. En. 3, 248).

lapăthum, -ī, subs. n. e **lapăthos (lapăthus)**, -ī, subs. f. Labaça (planta) (Hor. Sát. 2, 4, 29).

Lapăthūs, -ūntis, subs. pr. f. Lapatunte, fortaleza da Tessália (T. Liv. 44, 2).

lapicīda, -ae, subs. m. Lapicida, o que corta ou grava sôbre pedras (T. Liv. 1, 59, 9).

lapicīdĭnae, -ārum, subs. f. pl. Pedreiras (Cíc. Div. 1, 23).

Lapicĭni, -ōrum, subs. loc. m. Lapicinos, povo da Ligúria (T. Liv. 41, 19).
1. **lăpidārius, -a, -um**, adj. De pedras, carregado de pedras, gravado em pedra (Petr. 58).
2. **lapidārius, -ī**, subs. m. Canteiro, o que corta as pedras (Petr. 65, 5).
lapĭdat, -āre, -āvit, v. impes. Chover pedra, cair chuva de pedra (T. Liv. 27, 37).
lapĭdātĭō, -ōnis, subs. f. Ação de atirar pedras (Cíc. Verr. 4, 95).
lapidātor, -ōris, subs. m. O que lança pedras (Cíc Dom. 13).
lapidātus, -a, -um, part. pass. de **lapĭdo**.
lapidēscō, -is, -ĕre, v. incoat. intr. Petrificar-se, transformar-se em pedra (Plín. H. Nat. 16, 21).
lapidĕus, -a, -um, adj. I — Sent. próprio: 1) De pedra, pedregoso. lapideo, pétreo (Cíc. Div. 2, 60). II — Sent. figurado: 2) Petrificado (Plaut. Truc. 818).
lapĭdō, -ās, -āre, -āvī, -ātum, v. tr. 1) Atacar à pedra, apedrejar (Suet. Cal. 5). Donde: 2) Recobrir de pedras (Petr. 114, 11).
lapidōsus, -a, -um, adj. I — Sent. próprio: 1) Lapidoso, cheio de pedras, pedregoso (Ov. Met. 1, 44). Daí: 2) Apedrado (tratando se de frutos) (Verg. G. 2, 34). II — Sent. figurado: 3) Duro: **lapidosus panis** (Hor. Sát. 1, 5, 91) «pão duro como pedra».
lapīllus, -ī, subs. m. I — Sent. próprio: 1) Pedra pequena, seixinho (Pérs. 2, 1). II — Daí, em sent. especial: 2) Pedra preciosa (Hor. Sát. 1, 2, 80). 3) Cálculo, pedra (na bexiga) (Plín. H. Nat. 28, 42). 4) Mármore (Hor. Ep. 1, 10, 19).
lapis, -ĭdis, subs. m. I — Sent. próprio: 1) Pedra (Cíc. Mil. 41). Daí, objeto de pedra ou que faz lembrar uma pedra. 2) Marco, limite, marco miliário: **intra vicesimum lapidem** (T. Liv. 5, 4, 12) «a menos de 20 milhas». 3) Pedra funerária, monumento fúnebre (Tib. 1, 3, 54). II — Sent. figurado: 4) Estúpido, burro, desprovido de inteligência (Plaut. Mil. 236). 5) Pessoa insensível, coração de pedra (Tib. 1, 10, 59). 6) Tribuna onde se vendiam os escravos: **de lapide emptus** (Cíc. Pis. 35) «comprado na tribuna (de venda de escravos)». III — Por extensão: 7) Mármore: **Parius** (Verg. En. 1, 592) «(mármore) de Paros». 8) Pedra preciosa, pérola (Hor. O. 3, 24, 48). 9) Mosaico: **lapides varii** (Hor. Sát. 2, 4, 83) «o mosaico da calçada». 10) O Júpiter de pedra (pedra que se segurava na mão como símbolo de Júpiter, em nome do qual se faziam os juramentos): **Jovem lapidem jurare** (Cíc. Fam. 7, 2, 2) «jurar pelo Júpiter de pedra».
Lapĭthae, ārum, subs. loc. m. Lápitas, povo legendário da Tessália (Cíc. Pis. 22). Obs.: Gen. pl. **Lapithum** (Verg. En. 7, 304).
Lapithaeus (Lapithēĭus), -a, -um, adj. Dos lápitas (Ov. Met. 12, 530).
lappa, -ae, subs. f. Bardana (planta) (Verg. G. 1, 153).
lapsĭō, -ōnis, subs. f. Queda, ruína (Cíc. Tusc. 4, 28) (sent. figurado).
lapsō, -ās, -āre, v. freq. intr. Escorregar várias vêzes, cair incessantemente (Verg. En. 2, 551).
1. **lapsus, -a, -um**, part. pass. de **labor**.
2. **lapsus, -ūs**, subs. m. I — Sent. próprio: 1) Escorregadela, queda (T. Liv. 21, 35, 12). II — Daí: 2) Corrente (de água), curso (dos astros): **cum medio volvuntur sidera lapsu** (Verg. En. 4, 524) «quando os astros volvem no meio de seu curso». 3) Vôo de uma ave (que desce): **volucrium lapsus** (Cíc. Nat. 2, 99) «o vôo das aves». 4) Ação de trepar (tratando-se da videira) (Cíc. C. M. 52). III — Sent. figurado: 5) Lapso, êrro, engano, falta (Cíc. De Or. 2, 339).
laquĕar (laqueāre), -is, subs. n. e **laqueārĭum, -ī**, subs. n. (geralmente no pl.). Laquear, teto com artesões, teto artesanado, teto com molduras (Verg. En. 1, 726).
laqueātus, -a, -um, part. pass. de **laquĕo**.
laquĕō, -ās, -āre, laquĕans, laqueātus, v. tr. Estucar, forrar, cobrir de lambris (Cíc. Leg. 2, 2).
laquĕus, -ī, subs. m. I — Sent. próprio: 1) Laço, nó corredio (Cíc. Verr. 4, 37). Daí: 2) Laço, rêde (de caçador), armadilha (para a caça) (Verg. G. 1, 139).
Lār, Laris, e principalmente no plural: **Lares**, subs. pr. m. 1) Lares, divindades protetoras da casa e de seus moradores, cultuados pelos romanos (Cíc. Rep. 5, 7). Por metonímia: 2) Lareira, lar, casa (Cíc. Verr. 3, 27). 3) Ninho (tratando-se de pássaro) (Ov. F. 3, 242). Obs.: Eram espíritos tutelares, considerados como as almas dos mortos, encarregados de proteger a casa, as ruas, a cidade.
Lara (Larŭnda), -ae, subs. pr. f. Lara, ninfa do Tibre, mãe dos Lares, a quem Júpiter privou da língua por causa da tagarelice (Ov. F. 2, 599).
Larcĭus, -ī, subs. pr. m. Lárcio, nome de

família romana, entre os quais Tito Lárcio (Cíc. Rep. 2, 56).

lardum, -ī, subs. n. Toucinho (Hor. Sát. 2, 6, 64). Obs.: também ocorre a forma **laridum** (Plaut. Capt. 847).

Lārentālĭa, -um, subs. pr. n. Larentálias festas em honra a Aca Larência, ama de Rômulo e Remo (Ov. F. 3, 57).

Lārentĭa (Laurentĭa), -ae, subs. f. Aca Larência, ou Laurência, ama de Rômulo e Remo (Ov. F. 3, 55).

1. **Lares,** v. **Lar.**

2. **Larēs,** -ĭum, subs. pr. m. Lares, cidade da Numídia (Sal. B. Jug. 90, 2).

largē, adv. Abundantemente, amplamente liberalmente (Cíc. Mur. 10). Obs.: Comp.: **largĭus** (Hor. Ep. 2, 2, 215): superl.: **largissĭme** (Cíc. Verr. 1, 158).

largĭfĭcus, -a, -um, adj. Abundante (Lucr. 2, 627).

largĭflŭus, -a, -um, adj. Que corre em abundância (Lucr. 5, 598).

largĭlŏquus, -a, -um, adj. Tagarela (Plaut. Mil. 318).

largĭō, -ĭs, -īre = **largĭor** (Prop. 1, 3, 25).

largĭor, -īris, -īrī, largītus sum, v. dep. tr. Dar em abundância, dar liberalmente, prodigalizar, conceder (Cíc. Of. 1, 43); (Cíc. Tusc. 1, 117). Obs.: Constrói-se com acus. e dat.; com dat. ou com **ut** com subj.; ou ainda intransitivamente. Imperf. ind. **largibar** (Prop. 1, 3, 25); inf. **largirier** (Lucr. 5, 166).

largĭtās, -tātis, subs. f. Liberalidade, generosidade (Cíc. Br. 16).

largĭter, adv. I — Sent. próprio: 1) Abundantemente, copiosamente, largamente (Plaut. Truc. 903). II — Sent. figurado: 2) Muito, bastante (Lucr. 6, 1112).

largĭtĭō, -ōnis, subs. f. I — Sent. próprio: 1) Larguezas, liberalidade, distribuição (Cíc. Tusc. 3, 48). II — Daí, em sent. pejorativo: 2) Subôrno (por meio de liberalidades) (Cíc. De Or. 2, 55).

largĭtor, -ōris, subs. m. I — Sent. próprio: 1) O que faz liberalidades, o que dá (T. Lív. 6, 16). Daí: 2) O que suborna, corruptor (Cíc. Of. 2, 64).

largītus, -a, -um, part. pass. de **largĭor.**

1. **largus,** -a, -um, adj. I — Sent. próprio: 1) Abundante, copioso, que bota em abundância (tratando-se de rios, fontes, etc.) (Cíc. Nat. 2, 49). II — Daí, em sent. moral: 2) Que dá em abundância, generoso, liberal (Cíc. Of. 2, 55). 3) Rico, que abunda em (Verg. En. 11, 338). Obs.: Constrói-se como absol., com gen.; com inf.

2. **Largus,** -ī, subs. pr. m. Largo, sobrenome romano, principalmente na «gens» Escribônia (Cíc. De Or. 2, 240).

Lărīnās -ātis, adj. De Larino (Cíc. Clu. 11) Obs.: Subs. loc. m. pl.: habitantes de Larino (Cíc. Clu. 38).

Lărīnum. -ī, subs. pr. n. Larino, cidade nos confins da Apúlia (Cíc. At. 7, 13, 7).

Lărīsa (Larīssa), -ae, subs. pr. f. Larissa, cidade da Tessália, pátria de Aquiles (Hor. O. 1, 7, 11).

Lărīsaeus (Lărīssaeus), -a, -um, adj. De Larissa, na Tessália (Verg. En. 2, 197). Obs.: Subst. loc. m. pl.: habitantes de Larissa (Cés. B. Civ: 3, 81, 2).

Lărīsēnsēs (Lărīssēnsēs), -ĭum, sub. loc. m. Larissenses, habitantes de Larissa (T. Lív. 31, 31, 4).

Lărīssus (Lărīsus), -ī, subs. pr. m. Larisso, rio do Peloponeso (T. Lív. 27, 31, 11).

1. **Lărĭus,** -a, -um, adj. Do lago Lário (Catul. 35, 4).

2. **Lărĭus,** -ī, subs. pr. m. Lago Lário, na Itália, atualmente lago de Como (Verg. G. 2, 159).

lars (lar), lartis, subs. m. (Palavra etrusca) Chefe militar (Cíc. Phil. 9, 4).

Lartĭdĭus, -ī, subs. pr. m. Lartidio, nome de homem (Cíc. At. 7, 1, 9).

larva (larua), -ae, subs. f. I — Sent. próprio: 1) Espírito dos mortos (que perseguia os vivos), espectro, fantasma (Plaut. Cap. 598). II — Daí: 2) Papão, máscara (Hor. Sát. 1, 5, 64). 3) Boneco, títere (Petr. 34, 8).

larvālis ou laruāis, -e, adj. Espectral, esquelético, medonho (Sên. Ep. 25, 18).

larvātus ou lăruātus, -a, -um, part. pass. do desus. **larvo:** endemoninhado, furioso (Plaut. Men. 890).

Lās, -ae, subs. pr. f. Las, cidade marítima da Lacônia (T. Lív. 38, 30, 7).

lasănum, -ī, subs. n. 1) Pinico (Petr. 41, 9). 2) Suporte para marmita (Hor. Sát. 1, 6, 109).

lascīvē, adv. Licenciosamente, lascivamente (Apul. Apol. 9). Obs.: Comp. -ĭus (Sên. Contr. 2, 6, 8).

lascīvĭa, -ae, subs. f. I — Sent. próprio: 1) Ação de pular ou brincar pulando (tratando-se de animais), divertimento (de pessoas). Daí: 2) Jovialidade, bom humor, brincadeira (Cíc. Fin. 2, 65). II — Sent. figurado: 3) Excesso, demasia, intemperança, lascívia, devassidão, libertinagem (Tác. An. 11, 13). 4) Gracejo, afetação (de estilo) (Quint. 10, 1, 43).

lascīvĭī, perf. de **lascĭvĭo.**

lascīvĭō, -īs, -īre, -ī, -ītum, v. intr. I —

Sent. próprio: 1) Folgar, divertir-se, gracejar, cometer excessos (Cíc. Rep 1, 63). II — Sent. figurado (tratando-se de estilo): 2) Ser afetado, pecar pelo excesso de ornatos (Quint. 9, 4, 142).

lascīvus, -a, -um, adj. I — Sent. próprio: 1) Folgazão, brincalhão, alegre, jovial (Verg. Buc. 2, 64). II — Sent. figurado: 2) Petulante, atrevido, impertinente, provocante (Ov. A. Am. 1, 523). 3) Devasso, licencioso (tratando-se de pessoas) (Marc. 5, 2, 5). 4) Afetado (tratando-se do estilo) (Quint. 10, 1, 88).

lāser, -ĕris, subs. n. Láser, espécie de resina aromática, suco do silphium (Plín. H. Nat. 22, 101).

lāserpĭcĭfer, -fĕra, -fĕrum, adj. Que produz laser (resina aromática) (Catul. 7, 4).

lāserpĭcĭum (-tĭum), -ī, subs. Laserpício, láser (espécie de resina aromática) (Plín. H. Nat. 19, 38).

lassātus, -a, -um, part. pass. de lasso.

lassēscō, -is, -ĕre, v. incot. intr. Cansar-se, fatigar-se, definhar-se (tratando-se de plantas) (Plín. H. Nat. 7, 130).

lassĭtūdō, -ĭnis, subs. f. Lassitude, lassidão, cansaço, fadiga (Cés. B. Gal. 2, 23, 1).

lassō, -ās, -āre, -āvī, -ātum, v. tr. Cansar, fatigar (sent. próprio e figurado) (Ov. Her. 20, 241); (Lucr. 5, 703).

lassŭlus, -a, -um, adj. Um tanto cansado (Catul. 63, 35).

lassus, -a, -um, adj. I — Sent. próprio: 1) Inclinado, caído, derrubado. II — Daí: 2) Lasso, cansado, fatigado, esgotado (Hor. O. 2, 6, 7). 3) Abatido, enfraquecido (Ov. P. 1, 4, 14). Obs.: Constrói-se como absol.; com abl. acompanhado de de ou ab; com gen.

lastaurus, -ī, subs. m. Devasso, dissoluto (Suet. Gram. 15).

lātē, adv. I — Sent. próprio: 1) Largamente, longamente, extensamente (Cés B. Gal. 4, 3, 1). II — Sent. figurado: 2) Com grande extensão, amplamente, abundantemente (Cíc. Or. 72).

latĕbra (latēbra), -ae, subs. f. e latĕbrae, -ārum, subs. f. pl. I — Sent. próprio: 1) Esconderijo, refúgio, retiro, covil, toca (Cés. B. Gal. 6, 43, 6). II — Sent. figurado: 2) Segrêdo, mistério, obscuridade (Cíc. Sest. 9). 3) Pretexto, desculpa, subterfúgio (Cíc. Div. 2, 46). Obs.: A quantidade breve do e de latebra, que, por vêzes, ocorre, é devida à influência de tenebrae.

latebrĭcŏla, -ae, subs. m. O que freqüenta bordéis (Plaut. Trin. 240).

latebrōsē, adv. Num lugar secreto, num esconderijo (Plaut. Trin. 278).

latebrōsus, -a, -um, adj. Latebroso, que tem esconderijos, escondido, secreto, retirado (T. Lív. 21, 54).

letens. -ēntis. I — Part. pres. de latĕo. II — Adj.: escondido, oculto, secreto, misterioso (Verg. En. 1, 108); (Cíc. Br. 152).

latēnter, adv. Secretamente, às escondidas, em segrêdo (Cíc. Top. 63).

latĕō, -ēs, -ēre, latŭī, (sem supino) v. intr. I — Sent. próprio: 1) Estar escondido, permanecer escondido (Cíc. Cael. 67). II — Sent. figurado: 2) Escapar a, ser desconhecido de, estar em segurança, estar livre de (Verg. En. 1, 130); (Ov. P. 4, 9, 126); (Cíc. Top. 63). Obs.: Constrói-se como intransitivo ou com acus.; com dat. ou com or. inter. ind.

later, -ĕris, subs. m. 1) Tijolo, ladrilho (Cíc. Div. 2, 98). 2) Expressão proverbial: laterem lavare (Ter. Phorm. 186) «perder seu trabalho».

laterāmen, -ĭnis, subs. n. Superfície interior de um vaso (Lucr. 6, 233).

latercŭlus (latericŭlus), -ī, subs. m. I — Sent. próprio: 1) Tijolo pequeno (Plín. H. Nat. 7, 193). II — Sent. figurado: 2) Bôlo (com forma de tijolo) (Plaut. Poen. 325).

latĕrĕ, abl. de later e de latus 3.

Laterēnsis, -is, subs. m. Laterense, sobrenome dos Juvêncios (Cíc. Planc. 2).

latericĭum, -ī, subs. n. (subent. opus) Alvenaria de tijolo (Cés. B. Civ. 2, 9, 4).

latericĭus (latcritĭus), -a, -um, adj. Feito de tijolo, de ladrilho (Cés. B. Civ. 2, 10).

Laterĭum, -ī, subs. pr. n. Latério, casa de campo de Quinto Cícero, em Arpino (Cíc. At. 4, 7, 3).

lātĕrna (lantĕrna), -ae, subs. f. Lanterna (Cíc. At. 4, 3, 5).

lāternārĭus (lant-), -ī, subs. m. I — Sent. próprio: 1) O que alumia com uma lanterna; donde, em sent. figurado: 2) Escravo (de alguém) (Cíc. Pis. 20).

latēscō, -is, -ĕre, v. incoat. intr. Ocultar-se, esconder-se (Cíc. Arat. 385).

latex, -ĭcis, subs. m. e f. 1) Líquido em geral; e daí: 2) Água (Verg. En. 4, 512). 3) Vinho (Verg. En. 1, 686). 4) Azeite (Ov. Met. 8, 274). 5) Absinto (Lucr. 4, 16).

1. Latiālis, -e, adj. Do Lácio, latino (Ov. Met. 15, 481).

2. Latiālis Juppĭter, subs. pr. m. Júpiter Lacial ou Latino, festejado todos os anos

LATIAR — 549 — **LATOUS**

pelos habitantes do Lácio (Cíc. Mil. 85).
Latĭar, -ăris, subs. n. Sacrifício a Júpiter Latino (Cíc. Q. Fr. 2, 4, 2).
latibŭlum, -ī, subs. n. I — Sent. próprio: 1) Esconderijo, covil, toca (Cíc. Of. 1, 11). II — Sent. figurado: 2) Asilo (Cíc. At. 12, 13, 2).
laticis. genit. de **latex.**
lātĭclāvĭus, -a, -um, adj. I — Sent. próprio: 1) Guarnecido de uma larga banda de púrpura (Petr. 32. 2). Daí: 2) Que usa o laticlavo (Suet. Dom. 10). II — Como subs. masc.: 3) Patrício que usa o laticlavo, patrício, senador (Suet. Ner. 26).
lātĭfundĭum, -ī, subs. n. Latifúndio, grande propriedade territorial (Sên. Ep. 88, 20).
Latīnae, -ārum, subs. f. Feriados latinos (Cic. At. 1, 3, 1).
Latīnē, adv. 1) Em latim (Cíc. De Or. 1, 153). 2) Em bom latim, corretamente, exprimindo-se com pureza de linguagem (Cíc. Br. 166). Obs.: Aparece em expressões como: **Latine loqui** — «falar latim»; **Latine scire** (Cíc. Phil. 5, 14) «saber latim».
Latīnī, -ōrum, subs. loc. m. pl. Os latinos, habitantes do Lácio (Cíc. Of. 1, 38).
1. Latīnĭēnsis, -e, adj. Do Lácio, latino (Cíc. Har. 20). Obs.: No masc. pl.: habitantes do Lácio (Cíc. Har. 62).
2. Latīnĭēnsis, -is, subs. pr. m. Latiniense, sobrenome romano (Cíc. Pomp. 58).
Latīnĭtās, -tātis, subs. f. I — Sent. próprio: 1) Latinidade, a língua latina em tôda a sua pureza (Cíc. At. 7, 3, 10). II — Por extensão: 2) O direito latino (Cíc. At. 14, 12, 1).
Latīnĭus, -ī, subs. pr. m. Latinio, nome de homem (Tác. An. 4, 68).
1. Latīnus, -a, -um, adj. 1) Relativo ao Lácio, latino: **Latina lingua** (Cíc. Fin. 1, 10) «a língua latina». 2) Subs. n.: **in Latinum convertere** (Cíc. Tusc. 3, 29) «traduzir para o latim». 3) Subs. neutro pl.: **Latina...** (Cíc. Arch. 23) «as obras latinas».
2. Latīnus, -ī, subs. pr. m. Latino, rei do Lácio, cuja filha, Lavínia, se casou com Enéias (Verg. En. 7, 45).
lātĭō, -ōnis, subs. f. 1) Ação de apresentar (uma lei), de prestar (socorro) (T. Liv. 2, 24). 2) Na expressão: **latio suffragii** (T. Liv. 9, 43, 24) «direito de votar».
latitans, -āntis, part. pres. de **latĭto.**
latĭtātĭō, -ōnis, subs. f. Ação de se conservar oculto (Quint. 7, 2, 47).

latĭtō, -ās, -āre, -āvī, -ātum, v. freq. intr. Sent. próprio: 1) Estar escondido, oculto (Cíc. Clu. 38). Daí: 2) Esconder-se para não comparecer em juízo, faltar (Cíc. Quinct. 54).
lātĭtūdō, -ĭnis, subs. f. I — Sent. próprio: 1) Largura (Cés. B. Gal. 2, 12, 2). Daí: 2) Extensão, amplidão (Cés. B. Gal. 3, 20, 1). II — Sent. figurado: 3) Gravidade (Cíc. De Or. 2, 91). 4) Amplidão (do estilo) (Plín. Ep. 1, 10, 5).
Latĭum, -ī, subs. pr. n. Lácio, pequena região da Itália central habitada pelos latinos, que aí fundaram várias cidades, entre as quais Roma (Cíc. Rep. 2, 44).
Latĭus, -a, -um, adj. 1) Do Lácio, latino (Ov. F. 2, 553). 2) Romano, de Roma, cidade do Lácio (Ov. F. 1, 639).
Latmĭus, -a, -um, adj. Do monte Latmo, na Cária (Ov. A. Am. 3, 84).
Latmos (Latmus), -ī, subs. pr. m. Latmo, monte da Cária, onde Diana vinha visitar o pastor Endimião (Cíc. Tusc. 1, 92)
Latobrĭgī, -ōrum, subs. loc. m. Latobrigos, povo celta, vizinho das margens do Danúbio (Cés. B. Gal. 1, 28). Obs.: A forma **Latobrigi** é correção dos manuscritos, onde se lê: **Latobici, Latocibi, Latouci.**
Lātōis, -ĭdis (-ĭdos). 1) Adj. f.: De Latona, mãe de Apolo e Diana (Ov. Met. 7, 384). 2) Subs. f.: Diana, filha de Latona (Ov. Met. 8, 278).
Lātŏĭus, -a, -um, adj. De Latona (Ov. Met. 8, 15). Obs.: Subst. m.: Apolo, filho de Latona (Ov. Met. 11, 196).
lātŏmĭae (lautumĭae), -ārum, subs. f. pl. Pedreiras que serviam de prisão, prisões abertas na rocha (T. Liv. 26, 27, 3).
Lātōna, -ae, subs. pr. f. Latona, mãe de Apolo e Diana, nascidos de seus amôres com Júpiter. Sabedora da infidelidade do espôso, Juno perseguiu constantemente sua rival. Latona é a personificação da noite (Verg. En. 1, 502).
Lātōnĭa, -ae, subs. pr. f. Diana, filha de Latona (Ov. Met. 1, 696).
Lātōnĭgĕna, -ae, subs. f. Filho de Latona, i. é, Apolo ou Diana (Ov. Met. 6, 160).
Lātōnĭus, -a, -um, adj. De Latona (Verg. En. 11, 557).
lātor, -ōris, subs. m. O que traz ou leva, portador, autor de uma proposta (de lei) (Cíc. Cat. 4, 10).
Lātŏus, -a, -um, adj. v. **Latoius** (Ov. Met. 6, 274). Obs.: Subs. pr. m.: Apolo (Ov. Met. 6, 384).

latrans, -antis. I — Part. pres. de **latro** II — Subs. (poético): cão (Ov. Met. 8, 412).

latrātor, -ōris, subs. m. I — Sent. próprio: 1) O que ladra, ladrador, o que grita (Verg. En. 8, 698). II — Sent. figurado: Ladrador, importuno (Quint. 12, 9, 12).

1. latrātus, -a, -um, part. pass. de **latro**.

2. latrātus, -ūs, subs. m. I — Sent. próprio: 1) Latido (Ov. Met. 4, 450). II — Sent. figurado: 2) Gritos (do orador) (V. Máx. 8, 3, 2).

Latreus, -ĕī, (-ĕos), subs. pr. m. Latreu, nome de um Centauro (Ov. Met. 12, 463).

latrīna, -ae, subs. f. I — Sent. próprio: 1) Latrina, privada (Plaut. Curc. 580). Por extensão: 2) Quarto de banho (Lucil. 11, 26). II — Sent. figurado: 3) Prostíbulo, bordeu (Apul. Plat. 1, 13).

1. latrō, -ās, -āre, -āvī, -ātum, v. intr. e tr. A) Intr.: I — Sent. próprio: 1) Ladrar, latir (Cíc. Amer. 56). II — Sent. figurado: 2) Ladrar, gritar (Cíc. Br. 58). B) Tr.: 3) Ladrar junto de alguém ou de alguma coisa (Hor. Ep. 1, 2, 66); (Plaut. Poen. 1234). 4) Pedir, ou reclamar aos gritos (Hor. Sát. 2, 2, 17). 5) Perseguir alguém, atacar (Hor. Sát. 2, 1, 85).

2. latrō, -ōnis, subs. m. I — Sent. próprio: 1) Soldado mercenário, soldado da guarda de um príncipe (Plaut. Aul. 949). Daí, no período clássico: 2) Salteador, bandido, ladrão, malvado (Hor. Sát. 1, 3, 106). 3) Peão (peça do jôgo de xadrez) (Ov. A. Am. 3, 357).

3. Latrō, -ōnis, subs. pr. m. Latrão, sobrenome romano, especialmente o retor M. Pórcio, amigo de Sêneca (Quint. 10, 5, 18).

latrōcinātus, -a, -um, part. pass. de **latrocinor**.

latrōcinium, -ī, subs. n. I — Sent. próprio: 1) Serviço militar (Plaut. apud Non. 134, 28). II — No período clássico: 2 Latrocínio, roubo à mão armada, ataque feito por salteadores, roubalheira (Cés. B. Gal. 6, 23, 6). III — Sent. particular: 3) Bando de salteadores (Cíc. Cat. 1, 31). 4) Ataque, assalto 31). 4) Ataque, assalto (no jôgo de xadrez) (Ov. A. Am. 2, 207).

latrōcinor, -āris, -ārī, -ātus sum, v. dep. intr. I — Sent. próprio: 1) Fazer serviço militar, ser soldado (Plaut. Mil. 499). Daí: 2) Assaltar, roubar à mão armada (Cíc. Cat. 2, 16). 3) Exercer a pirataria (Cíc. Rep. 2, 9). 4) Caçar (tratando-se de animais) (Plín. H. Nat. 9, 144).

Latrōniānus, -a, -um, adj. De Pórcio Latrão, o retor (Sên. Contr. 1, 7).

latruncularia tabula, subs. f. Mesa de jôgo (de xadrez) (Sên. Ep. 117, 30).

latruncŭlus, -ī, subs. m. (dim. de **latro**). I — Sent. próprio: 1) Soldado mercenário (Vulg. Reg. 4, 24, 2). II — No período clássico: 2) Salteador, ladrão de estrada (Cíc. Prov. 15). 3) Peão, peça do jôgo de xadrez (Varr. L. Lat. 10, 22); cf. (Ov. A. Am. 2, 207).

latuī, perf. de **latĕo**.

lātumĭae, v. **lātomĭae**.

latūra, -ae, subs. f. Ação de levar (Sên. Apoc. 14, 3).

1. latus, -a, -um, part. pass. de **fero**.

2. lātus, -a, -um, adj. I — Sent próprio: 1) Largo (Cíc. Verr. 4, 103). Daí: 2) Extenso, vasto, espaçoso (Cés. B. Gal. 6, 22, 3). II — Sent. figurado: 3) Abundante, rico (tratando-se do estilo) (Cíc. Br. 120). 4) Vasto, duradouro (Plín. Ep. 4, 12, 7). 5) (Pronúncia) de sons muito abertos (Cíc. De Or. 3, 46). III — Sent. poético (n. usado subst.): alta personagem, personagem importante (Hor. Sát. 2, 3, 183). Obs.: **Latus** substituiu **largus** para significar «largo» no sent. físico, reservando-se a **largus** o sent. de «largo, generoso», em sent. moral.

3. latus, -ĕris, subs. n. I — Sent. próprio: 1) Flanco, lado (parte do corpo), tronco (do corpo) (Cíc. Clu. 175): **dolor lateris** (Cíc. De Or. 3, 6) «dor de lado (pleurisia)». II — Daí: 2) Lado, superfície lateral (de um objeto): **ab utroque latere** (Cés. B. Gal. 2, 25, 1) «dos dois lados». No plural: 3) Pulmões: **laterum contentio** (Cíc. Br. 313) «esfôrço dos pulmões». III — Sent. poético: 4) Corpo: **latus fessum longa militia** (Hor. O. 2, 7, 18) «corpo fatigado por uma longa campanha». IV — Sent. diversos: 5) Círculo, roda (sent. metafórico): **ab latere tyranni** (T. Liv. 24, 5, 13) «da roda do tirano». 6) Lado (exprimindo parentesco): **a meo tuoque latere** (Plín. Ep. 8, 10, 3) «do meu como do teu lado». Em expressões: 7) **Latus dare:** inclinar-se (V. Flac. 4, 304).

lātusclāvus, v. **clavus** (4.ª acepção).

latuscŭlum, -ī, subs. n. 1) Pequeno lado (de uma coisa) (Catul. 25, 10). 2) Face de um espelho (Lucr. 4, 305).

laudābĭlis, -e, adj. Sent. próprio: 1) Louvável, digno de elogios (tratando-se das

LAUDABILITER — 551 — **LAUTITIA**

pessoas e das coisas) (Cíc. Of. 1, 14). Daí: 2) Estimado (Plín. H. Nat. 11, 38).
laudabíliter, adv. De modo louvável, com honra, honrosamente (Cíc. Tusc. 5, 12).
laudandus, -a, -um. I — Gerundivo de **laudo = laudabilis.** II — Subst. n. pl.: **laudanda, -ōrum**: belas ações (Plín. Ep. 1, 8, 15).
laudátĭō, -ōnis, subs. f. Discurso laudatório, panegírico, elogio (Cíc. Br. 61).
laudātor, -ōris, subs. m. I — Sent. próprio: 1) O que louva, panegirista, apologista (Cíc. Sest. 23). II — Daí: 2) O que pronuncia um elogio fúnebre (T. Lív. 2, 47). 3) Testemunha de defesa, o que dá um depoimento elogioso (Cíc. Verr. 5, 57).
laudātrix, -īcis, subs. f. A que louva (Ov. Her. 17, 126).
laudātus, -a, -um. I — Part. pass. de **laudo**. II — Adj.: louvado, estimado, considerado, afamado (Cíc. De Or. 1, 9).
laudĭum, gen. pl. de **laus**.
laudō, -ās, -āre, -āvī, -ātum, v. tr. I — Sent. próprio: 1) Louvar, elogiar, celebrar, gabar, exaltar (Cíc. Mil. 99); (Cíc. Sest. 74). Daí: 2) Pronunciar o elogio fúnebre (Cíc. Mur. 75). II — Sent. figurado: 3) Exaltar a felicidade de alguém (Hor. Sát. 1, 1, 9). Por extensão: 4) Nomear, chamar, citar (Cíc. De Or. 3, 68).
laurĕa, -ae, subs. f. I — Sent. próprio: 1) Loureiro (Hor. O. 2, 15, 9). Daí: 2) Coroa de louros (Cíc. Rep. 6, 8). II — Sent. figurado: 3) Glória militar, vitória, louros da vitória (Cíc. Fam. 15, 6, 1). 4) Glória cívica (Cíc. Of. 1, 77). 5) Palma, vitória (Plín. H. Nat. 7, 117).
laureātus, -a, -um, adj. Ornado de loureiro, coroado de louros, laureado (T. Lív. 5, 28).
Laurens, -ēntis, subs. m., f. e n. 1) De Laurento, cidade ao sul de Roma (Verg. En. 5, 797). Donde, por extensão: 2) Romano (Ov. F. 6, 60).
Laurentēs, -ium, subs. loc. m. Laurentes, habitantes de Laurento (Verg. En. 12, 137).
Laurentĭa, v. **Larentĭa**.
Laurentīnum, -ī, subs. pr. n. Território de Laurento (Plín. Ep. 2, 17, 1).
Laurentĭus, -a, -um, adj. De Laurento (Verg. En. 10, 709).
Laureŏla, -ae, subs. f. I — Sent. próprio: 1) Fôlha de loureiro, pequena coroa de loureiro: **laureolam in mustaceo quaerero** (Cíc. At. 5, 20, 4) «procurar agulha em palheiro» (literalmente: procurar uma fôlha de loureiro num bôlo). II — Sent. figurado: 2) Pequeno triunfo (Cíc. Fam. 2, 10, 2).
Laureŏlus, subs. pr. m. Lauréolo, nome de um ladrão famoso em sua época (Suet. Calig. 57).
laurĕus, -a, -um, adj. De loureiro (Cíc. Pis. 58).
lauricŏmus, -a, -um, adj. Com cabeleira de loureiros (tratando-se de uma montanha) (Lucr. 6, 152).
laurĭfer, -fĕra, -fĕrum, adj. I — Sent. próprio: 1) Laurífero, que produz loureiros (Plín. H. Nat. 15, 134). II — Daí: 2) Ornado, coroado de loureiro (Luc. 5, 332).
laurus, -ī, e laurus, -ūs, subs. f. I — Sent. próprio: 1) Loureiro (árvore) (Verg. En. 3, 91). II — Daí: 2) Coroa de louro, coroa triunfal (Cíc. Fam. 2, 16, 2). III — Sent. figurado: 3) Vitória (Marc. 7, 6, 10). Obs.: O loureiro era consagrado a Apolo e com as fôlhas de loureiro é que se coroavam os generais vitoriosos. Formas da 4.ª declinação: gen. **laurus** (Plín. H. Nat. 12, 98); abl. **lauru** (Hor. O. 2, 7, 19); nom. e acus. pl. **laurus** (Verg. En. 3, 91); (Catul. 64, 298); dat. e abl. pl. **lauribus** (Serv. En. 10, 689).
1. laus, laudis, subs. f. I — Sent. próprio: 1) Elogio, louvor, panegírico (Cíc. Prov. 44). II — Daí: 2) Título de louvor, mérito, valor (Cíc. Of. 1, 19). 3) Glória, honra, renome, reputação, estima, consideração (Cíc. Fam. 15, 6, 1); (Cíc. Br. 279); (Cíc. Of. 2, 47).
2. Laus, Laudis, subs. pr. f. Laude. 1) Cidade da Gália Cisalpina (Cíc. Q. Fr. 2, 15, 1). 2) **Laus Pompeia**, cidade da Gália Transpadana (Plín. H. Nat. 3, 124).
Lausus, -i, subs. pr. m. Lauso. 1) Filho de Numitor, e irmão de Réa Sílvia, a mãe de Rômulo e Remo (Ov. F. 4, 55). 2) Filho de Mezêncio, morto por Enéias (Verg. En. 7, 649).
lautē, adv. 1) Suntuosamente, lautamente, com pompa (Cíc. Verr. 1, 64). 2) Perfeitamente, excelentemente (Plaut. Mil. 1161). Obs.: Comp.: **lautius** (Cíc. Leg. 2, 3); superl.: **lautissime** (Cíc. Lae. 99).
lautĭa, -ōrum, subs. n. pl. I — Sent. próprio: 1) Presentes dados pelo senado aos embaixadores mandados a Roma (T. Lív. 28, 39, 19). II — Sent. figurado: 2) Presentes de hospitalidade (Sên. Contr. 2, 9, 11).
lautitĭa. -ae, subs. f. Geralmente no pl.: **lautitiae, -ārum**, subs. f. pl. Luxo, ele-

gância, suntuosidade (Cíc. Fam. 9, 16, 8).
lautiuscŭlus, -a, -um, adj. Um tanto mais rico, bastante mais elegante (tratando-se do vestuário) (Apul. Met. 7, 9).
Lautŭlae (Lautŏlae), -ārum, subs. pr. f Láutulas. 1) Lugar de Roma, onde havia uma fonte termal (Varr. L. Lat. 5, 156). 2) Lugar do Lácio (T. Lív. 7, 39, 7).
lautumĭae, v. **latomĭae.**
lautus, -a, -um, (ou **lotus**). I — Part. pass. de **lavo** 2. II — Adj.: Sent. próprio (só no período arcaico): 1) Lavado (Ter. Ad. 425). Daí: 2) Elegante, distinto (Cíc. Of. 2, 52). Donde: 3) Rico, suntuoso (Cíc. De Or. 1, 165).
lavābrum, -ī, subs. n. Tina para banho (Lucr. 6, 799).
lavācrum, -ī, subs. n. I — Sent. próprio: 1) Banho (de água, em oposição a banho de vapor) (Apul. Met. 5, 3). II — Por extensão, no pl.: 2) Banhos, quarto de banho (A. Gél. 1, 2, 2).
lavātĭō, -ōnis, subs. f. Lavação, ação ou efeito de se lavar, banho (Cíc. Fam. 9, 5, 3).
lavātus, -a, -um, part. pass. de **lavo** 1.
Lavĕrna, -ae, subs. pr. f. Laverna, deusa protetora dos ladrões (Plaut. Aul. 442).
Lavernālis Porta, subs. pr. f. Porta Lavernal, uma das portas de Roma, junto à qual havia um altar a Laverna, protetora dos ladrões (Varr. L. Lat. 5, 136).
Lavernĭum, -ī, subs. pr. n. Lavérnio, lugar da Campânia (Cíc. At. 7, 8, 4).
lāvī, perf. de **lavo** 2.
Lāvīnĭa, -ae, subs. pr. f. Lavínia, filha do rei Latino, dada em casamento a Enéias (Verg. En. 6, 764).
Lāvīnĭum (Lāvīnum), -ī, subs. pr. n. Lavínio, cidade fundada por Enéias, no Lácio (Ov. Met. 15, 728).
Lāvīnĭus (Lāvīnus), -a, -um, adj. De Lavínio (Verg. En. 1, 2).
1. lavō, -ās, -āre, lāvī, lavātum, v. tr. e intr. I — Sent. próprio: Intr.: 1) Lavar-se, banhar-se (Plaut. Aul. 579). II — Depois, tr.: 2) Lavar, banhar, limpar (Cíc. Of. 1, 129). Obs.: O perf. **lavavi** desusado foi substituído por **lavi** de **lavere.**
2. lavō, -is, -ĕre, lāvī, lautum (part.: **lautus** ou **lotus**), v. tr. I — Sent. próprio: 1) Lavar, limpar (Cat. Agr. 65); (Hor. Sát. 2, 3, 282). II — Donde: 2) Banhar, molhar, regar, umedecer (Cíc. Dej. 20); (Verg. G. 3, 221).

laxāmēntum, -ī, subs. n. I — Sent. próprio: 1) Afrouxamento, relaxamento, brandura, indulgência (Cíc. Clu. 89). II — Daí: 2) Descanso, repouso, demora (T. Lív. 9, 41).
laxātus, -a, -um, part. pass. de **laxo**: **pugna** (T. Lív. 21, 59, 6) «combate interrompido».
laxē, adv. I — Sent. próprio: 1) Largamente, amplamente, espaçosamente (Cíc. Dom. 115). II — Sent. figurado: 2) Desenfreadamente, sem ordem, desordenadamente (Cíc. At. 13, 14, 1). 3) Largamente, livremente, sem dificuldade (T. Lív. 28, 24, 6).
laxĭtās, -tātis, subs. f. I — Sent. próprio: 1) Grande extensão, espaço (Cíc. Of. 1, 139). II — Sent. figurado: 2) Comodidade, bem-estar (Sên. Ep. 66, 14).
laxō, -ās, -āre, -āvī, -ātum, v. tr. e intr. I — Sent. próprio: 1) Afrouxar, relaxar, desapertar, abrir (Cés. B. Gal. 2, 25, 2): **claustra** (Verg. En. 2, 259) «abrir as portas». II — Sent. figurado: 2) Abrandar, aliviar, amolecer, diminuir, abaixar (Cíc. Br. 322); (T. Lív. 2, 34, 12).
laxus, -a, -um, adj. I — Sent. próprio: 1) Frouxo, desarmado, desapertado, aberto (Cíc. Lae. 45). Daí: 2) Largo, vasto, amplo, extenso (Verg. G. 4, 247). II — Sent. figurado: 3) Frouxo, relaxado, sôlto (Sal. B. Jug. 64, 5); (T. Lív. 2, 52, 1).
lĕa, -ae, subs. f. Leoa (Ov. Met. 4, 102).
leaena, -ae, subs. f. Leoa (Catul. 64, 154).
Lĕander (Leāndrus), -drī, subs. pr. m. Leandro, amante de Hero (Ov. Her. 18).
Learchēus, -a, -um, adj. De Learco (Ov. F. 6, 491).
Learchus, -ī subs. pr. m. Learco, filho de Atamante e Ino, morto pelo próprio pai alucinado (Ov. Met. 4, 515).
Lebadĭa, -ae, subs. pr. f. Lebadia, cidade da Beócia (Cíc. Div. 1, 74).
Lebĕdos (Lebĕdus), -ī, subs. pr. f Lébedo, cidade da Jônia (Hor. Ep. 1, 11, 6).
lebēs, -ētis, subs. m. Bacia de lavar as mãos (Verg. En. 3, 466).
Lebinthos (Lebinthus), -ī, subs. pr. f. Lebinto, uma das ilhas Espórades (Ov. A. Am. 2, 81).
lectē, adv. Com escolha, arbitràriamente, com preferência (Varr. L. Lat. 6, 36).
lectĭca, -ae, subs. f. Lectica, liteira (Catul. 10, 15).

lecticăriŏla, -ae, subs. f. A que gosta dos carregadores de liteira (Marc. 12, 58, 2).

lecticărius, -i, subs. m. Lecticário, carregador de liteira (Cíc. Amer. 134).

lecticŭla, -ae, subs. f. I — Sent. próprio: 1) Lectícula, cadeirinha, liteira (T. Lív. 24, 42). II — Sent. diversos: 2) Padiola (C. Nep. At. 22, 2). 3) Leito (de descansar) (Suet. Aug. 78). 4) Ninho (Apul. Met. 9, 232).

lecticŭlus, -i, subs. m. Leito (de descanso) (Catul. 57, 7).

lectĭō, -ōnis, subs. f. I — Sent. próprio: 1) Ação de escolher, escolha, eleição, nomeação (T. Lív. 27, 11, 9). II — Daí, em sent. particular: 2) Seleção (no senado) (T. Lív. 27, 11, 9). 3) Leitura, lição, o que se lê, texto (Cíc. Ac. 2, 4).

lectisternĭum, -i, subs. n. Lectistérnio (ação de estender um leito, no qual se colocavam as estátuas dos deuses para se lhes oferecer um banquete) (T. Lív. 5, 13, 6).

lectĭtō, -ās, -āre, -āvī, -ātum, v. freq. tr. Ler muitas vêzes (Cíc. Br. 121); (Tác. An. 14, 51).

lectiuncŭla, -ae, subs. f. Leitura ligeira (Cíc. Fam. 7, 1, 1).

lector, -ōris, subs. m. Leitor, o que lê (Cíc. Tusc. 1, 6).

lectŭlus, -i, subs. m. I — Sent. próprio: 1) Pequeno leito, leito (em geral) (Cíc. Cat. 1, 9). II — Daí, em sent. particular: 2) Leito de estudo (Ov. Trist. 1, 1, 38). 3) Leito (de estar à mesa) (Cíc. Mur. 75). 4) Leito fúnebre (Tác. An. 16, 11). 5) Leito nupcial (Marc. 10, 38, 7).

1. lectus, -a, -um. I — Part. pass. de lego 2. II — Adj.: colhido, reunido, escolhido, seleto, distinto (Cíc. Inv. 1, 52); (Cíc. Or. 227).

2. lectus, -i, subs. m. I — Sent. próprio: 1) Cama, leito (Cíc. Fam. 9, 23). Daí, em sent. particular: 2) Leito (de estar à mesa) (Cíc. Verr. 2, 183). 3) Leito de repouso (Sên. Ep. 72, 2). 4) Leito fúnebre (Tib. 1, 1, 61). 5) Leito nupcial (Cíc. Clu. 14).

Lēda, -ae, e **Lēdē**, -ēs, subs. pr. f. Leda, figura da mitologia grega, mulher de Tíndaro. Por ela apaixonou-se Júpiter; a lenda dá Castor e Pólux, Helena e Clitemnestra como seus filhos (Ov. Am. 1, 10, 3).

Lēdaeus, -a, -um, adj. 1) De Leda (Verg. En. 3, 328). 2) De Castor e Pólux (Marc. 8, 21, 5).

Lēdē, v. **Lēda**.

lēgālis, -e, adj. Relativo às leis, legal (Quint. 3, 5, 4).

lēgāta, -ae, subs. f. Embaixatriz (sent. figurado) (Ov. Her. 3, 127).

lēgātārius, -i, subs. m. Legatário (Suet. Galb. 5).

lēgātĭō, -ōnis, subs. f. I — Sent. próprio: 1) Delegação, embaixada (Cés. B. Gal. 1, 3, 3). II — Daí, por extensão: 2) Legados, embaixadores (Cés. B. Gal. 1, 13, 2). 3) Função de legado, govêrno de uma província (Cíc. Verr. 4, 9).

lēgātor, -ōris, subs. m. Testador, o que lega (Suet. Tib. 31).

lēgātōrius, -a, -um, adj. De legado imperial, de embaixador: **legatoria provincia** (Cíc. At. 15, 9, 1) «província governada por um legado imperial».

lēgātum, -i, subs. n. Legado (por testamento) (Cíc. At. 7, 3, 9).

1. lēgātus -a, -um, part. pass. de **lego** 1.

2. lēgātus, -i, subs. m. I — Sent. próprio: 1) Enviado, embaixador, legado, emissário (Cíc. Vat. 35). Daí, em sent. particular: 2) Lugar-tenente, comandante subalterno (Cíc. Fam. 1, 9, 21). 3) Assessor (do pretor, de um general, do governador de província) (Cíc. Verr. 4, 9). 4) Legado, governador de província (Tác. An. 12, 40). 5) Comandante de legião (Suet. Tib. 19). 6) Comissário (que, acompanhado de mais nove romanos, ficava incumbido de regular os negócios de um povo vencido) (T. Lív. 29, 20, 4).

1. lege, imperativo de **lego** 2.

2. lēge, abl. de **lex**.

legens, -ēntis. I — Part. pres. de **lego** 2. II — Subs. m.: o leitor (Ov. Trist. 1, 7, 25).

lēgī, perf. de **lego** 2.

lēgifer, -fĕra, -fĕrum, adj. Que estabelece leis (Verg. En. 4, 58).

legĭō, -ōnis, subs. f. I — Sent. próprio: 1) Escolha, faculdade de escolher: **tua est legio** (Plaut. Men. 188) «a escolha é tua». II — Daí: 2) Legião (divisão do exército romano) (Cés. B. Gal. 1, 42, 6). III — Sent. figurado: 3) Tropas, baterias (Plaut. Cas. 50). IV — Sent. poético: 4) Exército (Verg. En. 9, 368). Obs.: Passou-se da 1ª para a 2ª acepção ou porque os soldados eram escolhidos por ocasião do recrutamento ou porque, originàriamente, cada combatente tinha o direito de escolher um companheiro de armas.

legiōnārius, -a, -um, adj. De uma legião, legionário (Cés. B. Gal. 1, 42, 5).
lēgirŭpa, -ae, e **lēgirupĭō, -ōnis,** subs. m. Violador das leis (Plaut. Rud. 709).
lēgis, gen. sg. de **lex.**
lēgislātor e **lēgumlātor, -ōris,** subs. m. O que propõe ou apresenta uma lei, legislador (T. Liv. 34, 31, 18).
lēgĭtĭma, -ōrum, subs. n. pl. Formalidades legais (C. Nep. Foc. 4, 2).
lēgĭtĭmē, adv. Legìtimamente, de conformidade com as leis, legalmente (Cíc. Caec. 57).
lēgĭtĭmus, -a, -um, adj. I — Sent. próprio: 1) Conforme as leis, legal, legítimo (Ov. Met. 10, 437). II — Daí: 2) Regular, normal, conveniente, necessário (Cíc. Verr. 5, 57).
legiuncŭla, -ae, subs. f. Pequena legião, legião incompleta (T. Liv. 35, 49, 10).
1. **lĕgō, -ās, -āre, -āvī, -ātum,** v. tr. Sent. próprio: 1) Delegar a alguém a tarefa de fazer alguma coisa, em virtude de um pacto ou de um contrato; daí, na língua do direito privado: 2) Delegar aos herdeiros o exercício de uma autoridade póstuma, legal (Cíc. Clu. 33). Donde: 3) Delegar, enviar como embaixador, deputar (Cíc. Verr. 3, 114). 4) Nomear embaixador, lugar-tenente (Cíc. At. 15, 11, 4). Obs.: Constrói-se com acus. e dat.; com obj. direto e acus com **ad;** com acus. e dat. e abl. com **ab.**
2. **legō, -is, -ĕre, lēgī, lectum,** v. tr. I — Sent. próprio: 1) Ajuntar, colhêr (Cíc. De Or. 2, 265). Daí: 2) Recolher (sent. físico e moral) (Cíc. Leg. 2. 60); (Plaut. Ps. 414). II — Nas línguas técnicas: 3) **Legere vestigia:** «seguir as pegadas»; **saltus, iter,** etc.: «percorrer as florestas, o caminho, etc., costear, deslizar» (Verg. En. 9, 393); (Prop. 3, 22, 12); (T. Liv. 21, 51, 7). 4) Reunir: **legere vela** (Verg. G. 1 373) «reunir as velas». 5) Por litote: tomar, apoderar-se de, roubar (Hor. Sát. 1, 3, 117). 6) Escolher, eleger (Cíc. Phil. 5, 16). (T. Liv. 29, 20, 4). 7) Ler: **poetas** (Cíc. Tusc. 3, 3) «ler os poetas».
lēgulēius, -ī, subs. m. Leguleio, rígido cumpridor das formalidades legais (Cíc. De Or. 1, 236).
legūmen, -ĭnis, subs. n. Legume, fava (Cíc. Nat. 2, 156).
Lelegēis, -ĭdis, subs. loc. f. 1) Dos lélegos, povo da Lócrida (Ov. Met. 9, 651). 2) Subs. pr. Antigo nome de Mileto, habitada inicialmente pelos lélegos (Plín. H. Nat. 5, 112).
Lelegēius, -a, -um, adj. Dos lélegos (Ov. Met. 8, 8).
Lelĕges, -um, subs. loc. m. Lélegos, povo da Lócrida, da Cária e da Tessália (Verg. En. 8, 725).
Lelex, -ĕgis, subs. pr. m. Lélege, nome de um guerreiro (Ov. Met. 8, 566).
lembus, -ī, subs. m. Embarcação pequena, barca, chalupa (Verg. G. 1, 201).
lemma, -ătis, subs. n. I — Sent. próprio: 1) Assunto, matéria de que se trata (Plín. Ep. 4, 27, 3). Daí, em sent. particular: 2). Título de um capítulo, de um epigrama (Marc. 14, 2, 1).
Lemnĭas, -ădis, subs. pr. f. Lemníade, mulher de Lemnos (Ov. A. Am. 3, 672).
Lemnicŏla, -ae, subs. pr. m. Habitante de Lemnos (Vulcano) (Ov. Met. 2, 757).
Lemniēnsis, -e, adj. De Lemnos (Plaut. Cist. 100).
lemniscātus, -a, -um, adj. Enfeitado com lemniscos (Cíc. Amer. 100).
lemnĭscus, -ī, subs. m. Fita (que era prêsa às coroas, palmas dos vencedores e suplicantes, ou que ornava a cabeça dos convidados num festim) (T. Liv. 33, 33, 2).
1. **Lemnĭus, -a, -um,** adj. De Lemnos (Cíc. Tusc. 2, 23).
2. **Lemnĭus, -ī,** subs. pr. m. Lêmnio, habitante de Lemnos, i. é, Vulcano (Ov. Met. 4, 185).
Lemnos (Lemnus), -ī, subs. pr. f. Lemnos, ilha do mar Egeu, onde Vulcano se criou (Cíc. Nat. 3, 55).
Lĕmōnĭa, -ae, subs. pr. f. Lemônia, uma das tribos rústicas entre os romanos (Cíc. Phil. 9, 15).
Lemovĭcēs, -um, subs. loc. m. Lemovices, povo da Aquitânia (Cés. B. Gal. 7, 4, 6).
Lemovĭī, -ōrum, subs. loc. m. Lemóvios, povo da Germânia (Tác. Germ. 43).
lemŭrēs, -um, subs. m. pl. Lêmures, almas dos mortos, espectros, almas do outro mundo (Ov. F. 5, 483).
Lemŭrĭa, -um, (-ōrum), subs. pr. n. Lemúrias festas que se faziam três vêzes por ano, para expulsar os lêmures, espíritos daqueles que não alcançavam o descanso após a morte. Durante tais festas fechavam-se os templos e não se celebravam casamentos (Ov. F. 5, 421).
lēna, -ae subs. f. I — Sent. próprio: 1) Alcoviteira (Ov. Am. 1, 15, 17). II — Sent. figurado: 2) Sedutora (Ov. A. Am. 3, 316).
1. **Lēnaeus -a, -um,** adj. De Baco (Verg. En. 4, 207).

2. Lēnaeus, -ī, subs. pr. m. Leneu. 1) Um dos nomes de Baco (Verg. G. 3, 510). 2) Nome de um gramático do tempo de César (Suet. Gram. 15).
lēnĕ, adv. Docemente, suavemente (Ov. F. 2, 704).
lēnĭbō = lenĭam, fut. imperf. de **lenio: lenibunt** (Prop. 3, 20, 32) «abrandarão».
leī = lenīvī, perf. de **lenio.**
lēnīmen, -ĭnis, subs. n. Lenitivo, consôlo, alívio (Hor. O. 1, 32, 14).
lēnīmēntum, -ī, subs. n. I — Sent. próprio: 1) Lenitivo, consolação (Plín. H. Nat. 25, 59). II — Sent. figurado: 2) Alívio (Tác. Hist. 2, 67).
lēnĭō, -īs, -īre, -īvī, (ou -ĭī), -ītum, v. tr. e intr. I — Tr.: 1) Lenir, abrandar, acalmar, suavizar, consolar, acariciar (Cíc. Mur. 65). II — Intr.: 2) Acalmar-se, apaziguar-se (Plaut. Mil. 583). Obs.: Imperf. **lenibat** (Verg. En. 6, 468), **lenibant** (Verg. 4, 258); fut. **lenibunt** (Prop. 3, 20, 32).
lēnis, -e, adj. I — Sent. próprio: 1) Lene, macio (ao tato), doce, suave, agradável, ameno (em geral) (T. Lív. 6, 24). Daí: 2) Brando (tratando-se do vento) (Cíc. At. 7, 2, 1). II — Sent. figurado: 3) Afável, bom, benévolo, calmo (Cíc. Fam. 5, 2, 9). 4) Que se deixa levar fàcilmente (Hor. O. 1, 24, 17).
lēnĭtās, -tātis, subs. f. I — Sent. próprio: 1) Lenidade, macieza (ao tato), suavidade, doçura (Cés. B. Gal. 1, 12, 1). II — Sent. figurado: 2) Doçura (tratando-se do estilo) (Cíc. Or. 53). 3) Bondade, clemência (Cíc. Cat. 2, 6).
lēnĭter, adv. I) Docemente, com suavidade (Cíc. Rep. 6, 12). 2) Com tranqüilidade, calmamente, com moderação (Cíc. Br. 277). 3) Sem vigor, frouxamente (tratando-se do estilo) (Cíc. Br. 164).
lēnĭtūdō, -ĭnis, subs. f. I — Sent. próprio: 1) Suavidade, doçura (de estilo) (Pacúv. apud Cíc. Tusc. 5, 46). II — Sent. figurado: 2) Bondade, afabilidade (Cíc. Verr. 4, 136).
lēnītus, -a, -um, part. pass. de **lenio.**
Lēnīus (Laenĭus), -ī, subs. pr. m. Lênio, nome de homem (Cíc., Plín.).
lēnō, -ōnis, subs. m. 1) Leno, alcoviteiro, rufião (Cíc. Cat. 4, 17). 2) O que vende escravas (Cíc. Verr. 4, 7). Obs.: O **leno** é uma personagem comum nas comédias latinas.
lēnōcĭnĭum, -ī, subs. n. I — Sent. próprio: 1) Tráfico de escravas, lenocínio (Suet. Tib. 35). II — Sent. figurado: 2) Sedução, atrativo, encanto (Cíc. Mur. 74). 3) Enfeite exagerado, artificial (Cíc. Nat. 2, 146). Na língua retórica: 4) Afetação de estilo (Tác. Hist. 1, 18).
lēnōcĭnor, -āris, -ārī, -ātus sum, v. dep. intr. I — Sent. próprio: 1) Fazer-se de alcoviteiro, prostituir escravas, procurar seduzir, fazer a côrte a, galantear, acariciar (Cíc. Caecil. 48). Daí: 2) Ajudar, favorecer (Plín. Ep. 2, 19, 7).
lēnōnĭus, -a, -um, adj. De alcoviteiro, de corruptor (Plaut. Pers. 406).
lens, -ntis, subs. f. Lentilha (planta) (Verg. G. 1, 228).
lentātus, -a, -um, part. pass. de **lento.**
lentē, adv. I — Sent. próprio: 1) Lentamente, sem pressa (Cés. B. Civ. 1, 80). II — Sent. figurado: 2) Calmamente, com indiferença, com sangue frio (Cíc. De Or. 2, 190). 3) Com prudência (Cíc. At. 2, 1, 1).
lentēscō, -is, -ĕre, v. incoat. intr. I — Sent. próprio: 1) Tornar-se flexível, mole, lento (Ov. A. Am. 2, 357). 2) Tornar-se viscoso, pegajoso (Verg. G. 2, 250). II — Sent. figurado: 3) Abrandar-se, moderar-se (Ov. A. Am. 2, 357).
lentiscĭfer, -fĕra, -fĕrum, adj. Plantado de lentiscos (aroeiras) (Ov. Met. 15, 713).
lentiscum, -ī, subs. n. e **lentīscus, -ī,** subs. f. I — Sent. próprio: 1) Lentisco, aroeira (árvore) (Cíc. poét. Div. 1, 15). II — Daí: 2) Pau de lentisco (Marc. 14, 22, 1).
lentitūdō, -ĭnis, subs. f. I — Sent. próprio: 1) Apatia, indiferença (Cíc. Tusc. 4, 43). II — Sent. figurado: 2) Lentidão indolência (Tác. An. 15, 51). 3) Frieza (de estilo), vagar (Tác. D. 21, 6).
1. lentō, -ās, -āre, -āvī, -ātum, v. tr. 1) tornar flexível, curvar, vergar (Verg. En. 3, 384). 2) Prolongar (tratando-se do tempo) (S. It. 8, 11).
2. Lentō, -ōnis, subs. pr. m. Cesênio Lentão, partidário de Antônio (Cíc. Phil. 11, 3).
Lentulĭtās, -tātis, subs. f. A nobreza de um Lêntulo (Cíc. Fam. 3, 7, 5).
1. lentŭlus, -a, -um, adj. Um tanto indolente, vagaroso (Cíc. At. 10, 11, 2).
2. Lentŭlus, -ī, subs. pr. m. Lêntulo, nome de um ramo da «gens» Cornélia da qual faziam parte: Cornélio Sura, cúmplice de Catilina e Lêntulo Espinter, cônsul inimigo de Cícero (Sal. C. Cat. 17, 3).
lentus, -a, -um, adj. I — Sent. próprio: 1) Flexível, elástico, maleável (Verg. Buc. 3, 38). Daí, em sent. físico e mo-

ral: 2) Mole, indolente, ocioso, vagaroso, lento, demorado (Plín. H. Nat. 36, 190). II — Sent. figurado: 3) Lento, vagaroso (Verg. En. 7, 28); (Cíc. Br. 178); (Cíc. Cat. 2, 21). 4) Calmo, insensível, indiferente: **lentissima pectora** (Ov. Her. 15, 169) «corações insensíveis». Na época imperial: 5) Viscoso, pegajoso (Verg. G. 4, 41). 6) Persistente, tenaz: **lentus amor** (Tíb. 1, 4, 81) «um amor persistente».

1. **lēnuncŭlus (lenŭllus), -ī,** subs. m. Diminutivo de **leno** (Plaut. Poen. 1144).

2. **lēnuncŭlus, -ī,** subs. m. Barquinho, canoa, bote (Cés. B. Civ. 2, 43).

leō, -ōnis, subs. m. I — Sent. próprio: 1) Leão (Cíc. Tusc. 4, 50). Daí, subs. pr.: 2) Leão (constelação) (Hor. 1, 10, 16). II — Sent. figurado: 3) Leão (Petr. 44, 4).

Leōcorion, -ī, subs. pr. n. Leocórion, templo de Atenas em honra às filhas de Leos, que, para afastar a fome, se ofereceram em sacrifício aos deuses (Cíc. Nat. 3, 50).

Leōn, -ōntis, subs. pr. m. Leonte, rei dos filasianos, do tempo de Pitágoras (Cíc. Fin. 2, 97).

Leōnĭdās, -ae, subs. pr. m. Leônidas. 1) Rei de Esparta, que se tornou célebre por seu heroísmo na guerra contra os persas (Cíc. Tusc. 1, 101). 2) Nome de um escravo (Plaut. Asin. 158).

Leōnĭdēs, -ae, subs. pr. m. Leônides ou Leônida. 1) Mestre de Alexandre Magno, (Plín. H. Nat. 12, 62). 2) Mestre do jovem Cícero, quando êste estêve em Atenas (Cíc. At. 14, 16, 3).

Leonnātus ou **Leōnātus, -ī.** subs. pr. m. Leonato: 1) Um dos generais de Alexandre Magno (C. Nep. Eum. 2). 2) Um dos oficiais de Perseu (T. Liv. 42, 51).

Leontĭni, -ōrum, subs. pr. m. Leontinos, cidade da Sicília (Cíc. Verr. 2, 160).

Leontīnus, -a, -um, adj. De Leontinos (Cíc. Phil. 2, 43). Obs.: Subs.: loc. m. pl.: habitantes de Leontinos (Cíc. Verr. 3, 109).

Leontĭum, -ī, subs. pr. n. Leôncio, nome de mulher ateniense (Cíc. Nat. 1, 93).

Lepidānus, -a, -um, adj. De Lépido (Sal. Hist. 3, 63).

lepĭdē, adv. 1) Graciosamente, agradàvelmente, com encanto (Plaut. Poen. 297). 2) Espirituosamente, com finura de espírito (Cíc. De Or. 2, 171). 3) Interj.: muito bem! perfeitamente! (Plaut. Bac. 35). Obs.: Comp.: **lepidĭus** (Plaut. Mil. 925); superl: **lepidissĭme** (Plaut. Mil. 941).

1. **lepĭdus, -a, -um,** adj. I — Sent. próprio: 1) Gracioso, bonito, encantador, elegante: **lepidum est** (Ter. Eun. 1018) «é encantador» (com infinitivo). Daí: 2) Espirituoso, fino engenhoso (Hor. A. Poét. 273). Em sent. pejorativo: 3) Efeminado (Cíc. Cat. 2, 23).

2. **Lepĭdus, -ī,** subs. pr. m. Lépido, nome da «gens» Emília, destacando-se aquêle que formou com Otávio e Antônio o chamado 2º triunvirato (Cíc. Mil. 13).

Lepontĭī, -ōrum, subs. loc. m. Lepôncios, povo dos Alpes (Cés. B. Gal. 4, 10, 3).

lepōs ou **lepor, -ōris,** subs. m. I — Sent. próprio: 1) Graça, encanto, beleza (Cíc. Br. 140). II — Daí: 2) Elegância, finura, delicadeza (Cíc. De Or. 2, 220).

Leprĕon (Leprĭon), -ī, subs. pr. n. Léprion, cidade marítima da Acaia (Cíc. At. 6, 2, 3).

Lepta, -ae, subs. pr. m. Lepta, nome de homem (Cíc. Fam. 3, 7, 4).

Leptis, -is, subs. pr. f. Léptis, nome de duas cidades marítimas da África (Cíc. Verr. 5, 155).

Leptĭtāni, -ōrum, subs. loc. m. Lepititanos, habitantes de Léptis (Cés. B. Cív. 2, 38).

lepus, -ŏris, subs. m. e f. 1) Lebre (animal) (Hor. Epo. 2, 35). Daí, subs. pr. 2) Lebre (constelação) (Cíc. Arat. 365).

lepuscŭlus, -ī, subs. m. Lebre pequena (Cíc. Nat. 1, 88).

Lergavonēnsēs, -ĭum, subs. loc. m. Lergavonenses, povo da Espanha (T. Liv. 22, 21).

Lerna, -ae, subs. pr. f. Lerna, pântano da Argólida, onde Hércules matou a Hidra (Verg. En. 6, 287).

Lernaeus, -a, -um, adj. De Lerna (Verg. En. 8, 300).

Lesbĭa, -ae, subs. pr. f. Lésbia, nome de mulher, e, em especial, Lésbia, irmã de Clódio, e celebrada por Catulo em seus versos (Catul. 5, 1).

Lesbĭăcus, -a, -um, adj. Lésbio, de Lesbos (Cíc. Tusc. 1, 77).

Lesbĭas, -ădis, e **Lesbis, -ĭdis,** subs. loc. f. Lésbia, mulher natural de Lesbos (Ov. F. 2, 82). Obs.: Subs. pr. f.: Safo, célebre poetisa grega, nascida em Lesbos (Ov. Her. 15, 100).

Lesbĭus, -a, -um, adj. Lésbio: **Lesbia vates** (Ov. Trist. 3, 7, 20) «Safo».

Lesbos, -ī, subs. pr. f. Lesbos, uma das maiores ilhas do mar Egeu (Ov. Met. 11, 55).

Lesbŏus, -a, -um, adj. De Lesbos (Hor. O. 1, 1, 34).
Lesbus, -i. subs. pr. f., v. **Lesbos** (Tác. An. 2, 54).
lētālis, -e, adj. Letal, mortal, que causa a morte, que mata (Verg. En. 9, 580).
lētātus, -a, -um, part. pass. de **leto.**
Lēthaeus, -a, -um, adj. 1) Do Lete, dos infernos (Verg. En. 6, 705). 2) Que causa o esquecimento, o sono (Ov. Met. 7, 152).
lēthālis, v. **letālis.**
lēthargĭcus, -a, -um, adj. 1) Letárgico (Plín. H. Nat. 23, 10). Como subs. m.: 2) O que está em letargia, o que sofre letargia (Hor. Sát. 2, 3, 30).
lēthārgus, -i, subs. m. Letargo, letargia (Hor. Sát. 2, 3, 145).
Lethē, -ēs, subs. pr. f. Lete, rio dos infernos, cujas águas, bebidas pelos mortos, traziam-lhes o esquecimento da vida passada (Ov. P. 2, 4, 33).
lētĭfer, -fĕra, -fĕrum, adj. Letífero, que produz a morte, mortífero, da morte (Verg. En. 10, 169).
lētŏ, -ās, -āre, -āvī, -ātum, v. tr. Matar (Verg. Cul. 325); (Ov. Met. 3, 55).
lētum, -i, subs. n. I — Sent. próprio: 1) Morte, falecimento (Verg. En. 5, 806). II — Sent. figurado: 2) Ruína, destruição (Verg. En. 5, 690).
Letus, -i, subs. pr. m. Leto, montanha da Ligúria (T. Lív. 41, 18).
Leucadĭa, -ae, subs. pr. f. Leucádia. 1) Nome de uma ilha da Acarnânia, que possuí um templo em honra a Apolo (Ov. Met. 15, 289). 2) Nome de mulher (Prop. 2, 34, 86). 3) Título de uma peça de Turpílio (Cíc. Tusc. 4, 72).
Leucadĭus, -a, -um, adj. De Leucádia (Ov. Her. 15, 166). Obs.: 1) Subs. pr. m.: epíteto de Apolo, que tinha um templo em Leucádia (Ov. Trist. 5, 2, 76). 2) Subs. loc. m. pl.: habitantes de Leucádia (T. Lív. 33, 17, 12).
Leucas, -ădis, subs. pr. f. Leucas. 1) Promontório da ilha Leucádia (Ov. Her. 15, 172). 2) Cidade da ilha Leucádia (Plín. H. Nat. 4, 5).
1. leucāspis, -ĭdis, subs. f. A que traz um escudo branco (T. Lív. 44, 41).
2. Leucāspis, -ĭdis, subs. pr. m. Leucáspide, um dos companheiros de Enéias (Verg. En. 6, 334).
Leucātās (Leucātēs), -ae, subs. pr. m. Leucates, promontório ao sul da ilha Leucádia (Verg. En. 8, 677).
Leucē, -ēs, subs. pr. f. Leuce. 1) Nome de duas lhas perto de Creta (Plín. H. Nat. 4, 61). 2) Cidade da Lacônia (T. Lív. 35, 27).
Leucī, -ōrum, subs. loc. m. Leucos, povo da Gália Céltica (Cés. B. Gal. 1, 40, 10).
Leucippis, -ĭdis, subs. pr. f. Filha de Leucipo (Prop. 1, 2, 15). Obs.: No pl.: Febo e Hilaíra (Ov. Her. 16, 327).
Leucippus, -i, subs. pr. m. Leucipo. 1) Pai de Febo e Hilaíra, rei da Messênia (Ov. F. 5, 709). 2) Nome de um filósofo grego (Cíc. Nat. 1, 66).
Leucŏlla, -ae, subs. pr. f. Leucola. 1) Ilha vizinha da Lícia (Plín. H. Nat. 5, 131). 2) Promontório da Panfília (Plín. H. Nat. 5, 96).
Leucōn, -ōnis, subs. pr. m. Leucão, ou Lêucon. 1) Nome de um rei do Ponto (Ov. Ib. 312). 2) Cão de Acteão (Ov. Met. 3, 218).
Leuconŏē, -ēs, subs. pr. f. Leucônoe, uma das filhas de Mineu (Ov. Met. 4, 168).
Leuconĭcus, -a, -um, adj. Relativo aos Leucões, povo da Gália (Marc. 11, 56, 9).
Leuconōtus, -i, subs. m. O vento de sudoeste (Sên. Nat. 5, 16, 6).
Leucopĕtra, -ae, subs. pr. f. Leucópetra, promontório do Régio (Cíc. Phil. 1, 7).
leucophaeātus, -a, -um, adj. Que tem um vestido cinzento escuro (Marc. 1, 96, 5).
Leucosĭa, -ae, subs. pr. f. Leucósia. 1) Ilha do mar Tirreno (Ov. Met. 15, 708). 2) Nome de uma mulher enterrada nesta ilha (Plín. H. Nat. 34, 85).
Leucothĕa, -ae, e Leucothĕē, -ēs, subs. pr. f. Leucótea, nome de Ino, transformada em divindade marinha (Ov. Met. 4, 542).
Leucothŏē, -ēs, subs. pr. f. Leucótoe, ninfa amante de Apolo, que a transformou na árvore que dá o incenso (Ov. Met. 4, 196).
Leuctra, -ōrum, subs. pr. n. pl. Leuctros, cidade da Beócia, célebre pela vitória de Epaminondas sôbre os Esparciatas (C. Nep. Ep. 8, 3).
Leuctrĭcus, -a, -um, adj. 1) De Leuctros (Cíc. Tusc. 1, 110). Subs. 2) Cidadezinha da Lacônia (Plín. H. Nat. 4, 5, 16).
Levācī, -ōrum, subs. loc. m. Levacos, povo da Bélgica (Cés. B. Gal. 5, 39, 1).
levāmen, -ĭnis, subs. n. Alívio, consolação (Cíc. At. 12, 16).
levāmentum, -i, subs. n. Alívio, confôrto, consolação: esse **levamento alicui** (Cíc. At. 12, 43, 1) «ser um alívio para alguém».
levāssō = **levavĕro** (fut. perf. arc. de **levo** 2.) (Ên. An. 339).

levātĭō, -ōnis, subs. f. I — Sent. próprio: 1) Alívio, consolação, confôrto (Cíc. Fam. 6, 4, 5). II — Sent. figurado: 2) Atenuação (Cic. Fin. 4, 67).
levātus, -a, -um, part. pass. de **levo** 1 e 2.
lēvī = līvī, perf de **līno.**
levicŭlus, -a, -um, adj. Um tanto vão, fútil (Cíc. Tusc. 5, 103).
levidēnsis, -e, adj. I — Sent. próprio: 1) Ligeiro, leve (Isid. Orig. 19, 22, 19). II — Sent. figurado: 2) Insignificante (Cíc. Fam. 9, 12, 2).
levifĭdus, -a, -um, adj. Pérfido, enganador (Plaut. Pers. 243).
levĭpēs, -ēdis, subs. m. e f. Levípede, que tem pés ligeiros (Cíc. Arat. 121).
1. lēvis (laevis), -e, adj. I — Sent. próprio: 1) Liso, plano, igual, polido (Verg. En. 5, 91). II — Sent. poético: 2) Sem pêlo, sem barba, imberbe (Hor. O. 2, I1. 6). III — Sent. figurado: 3) Branco, tenro, delicado (Verg. En. 11, 40). 4) Que faz escorregar, escorregadiço (Verg. En. 5. 328). Na língua retórica: 5) Fluente, liso: **oratio levis** (Cíc. Or. 20) «estilo fluente».
2. levis, -e, adj. I — Sent. próprio: 1) Leve (sent. físico e moral), ligeiro (em oposição a **gravis**): **levis armaturae pedites** (Cés. B. Gal. 7, 65, 4) «infantaria ligeira»; (Cíc. De Or. 1, 135). II — Daí: 2) Ligeiro, veloz, rápido: **leves venti** (Ov. Met. 15, 346) «ventos rápidos». 3) Leve, fácil de digerir (Hor. O. 1, 31, 16). 4) Fraco, magro (tratando-se da terra) (Verg. G. 2, 92). III — Sent. figurado: 5) De pouca importância, fácil, passageiro, fútil, frívolo (Cíc. Fin. 1, 40). 6) Inconstante, pérfido (Cíc. Lae. 100). 7) Doce, agradável, bom (Cíc. Ac 2, 102).
1. lēvĭtās (laevĭtas), -tātis, subs. f. I — Sent. próprio: 1) Polimento, lustro (Cíc. Tim. 49). II — Sent. figurado: 2) Suavidade (da voz), leveza (do estilo) (Cíc. Or. 110).
2. levĭtās, -tātis, subs. f. I — Sent. próprio: 1) Leveza, pouco pêso (Cés. B. Gal. 5, 34, 4). Daí: 2) Mobilidade, ligeireza, agilidade (Ov. F. 3, 673). II — Sent. figurado: 3) Futilidade, frivolidade, inconstância (Cíc. Br. 103). 4) Leviandade, falta de ponderação, volubilidade (Cíc. Nat. 2, 45).
leviter, adv. 1) Ligeiramente, levemente (Cés. B. Civ. 3 92, 2). 2) Pouco, fracamente (Cíc. Fin. 2, 33) 3) Fàcilmente, sem dificuldade (Cíc. Prov. 47). Obs.: Comp.: **levĭus** (Cés. B. Civ. 3, 92, 2); supel.: **levissĭme** (Cíc. Fam. 4, 3, 2).
1. lĕvō (laevo), -ās, -āre, -āvī, -ātum, v. tr. 1) Polir, alisar, aplainar (Lucr. 5, 1267); (Hor. Ep. 2, 2, 123). Daí: 2) Pelar (Cíc. fr. Ac. 13, 22).
2. levō, -ās, -āre, -āvī, -ātum, v. tr. I — Sent. próprio: 1) Aliviar, desonerar, diminuir (sent. concreto ou abstrato) (Cíc. Mil. 72); (Cíc. Amer. 7); (Cíc. C. M. 2). II — Sent. figurado: 2) Confortar, reanimar, divertir, encantar Cíc. At. 11, 8, 1). 3) Levantar, elevar, erguer, apoiar (Ov. Met. 2, 427). 4) Enfraquecer, eliminar, destruir (Cic. Ac. 2, 69).
lēvor (laevor), -ōris, subs. m. Polimento, lustro (Lucr. 4, 552).
lex, lēgis, subs. f. I — Sent. próprio: 1) Lei (direito escrito e promulgado). II — Daí: 2) Convenção (entre particulares), contrato: **lex mancipi** (Cíc. De Or. 1, 178) «contrato de venda». 3) Cláusula, condição (C. Nep. Timot. 2). 4) Conjunto de preceitos jurídicos aceitos pela assembléia dos cidadãos romanos, depois de terem sido ouvidos sôbre o assunto (Cíc. Br. 305): **suis legibus uti** (Cés. B. Gal. 1, 45, 3) «conservar sua independência (falando de um povo)». III — Sent. figurado: 5) Regra, preceito, obrigação (Cíc. Ac. 2, 23). IV — Sent. poético: 6) Ordem: **sparsi sine lege capilli** (Ov. Her. 15, 73) «cabelos espalhados em desordem».
Lexovĭī, -ōrum, subs. loc. m. Lexóvios, povo da Armórica (Cés. B. Gal. 3, 9, 11).
lībāmen, -ĭnis, subs. n. I — Sent. próprio: 1) Libação feita aos deuses nos sacrifícios (Verg. En. 6, 246). II — Sent. figurado: 2) Primícias (Ov. Her. 4, 27).
lībāmentum -ī, subs. n. I — Sent. próprio: 1) Libamento, oferenda (feita aos deuses), libação (Cíc. Leg. 2, 29). H — Sent. figurado: 2) Primícias, extrato (Sên. Ep. 84, 5).
Libănus, -ī, subs. pr. m. O Líbano, montanha da Síria (Tác. Hist. 5, 6).
lībārius, -ī, subs. m. Pasteleiro (Sên. Ep. 56, 3).
Libas, -ădis, subs. pr. f. Líbade, nome de mulher (Ov. Am. 3, 7, 24).
lībātĭō, -ōnis, subs. f. Libação, oferenda, sacrifício (Cíc. Har. 21).
lībātus, -a, -um, part. pass. de **lībo.**
lībēlla, -ae, subs. f. 1) Libela, pequena moeda de prata, do valor de um asse (Plin. H. Nat. 33, 42). 2) Pequena quantia (Plaut. Capt. 944).

libĕllus, -ī, subs. m. I — Sent. próprio: 1) Opúsculo, escrito (de pouca extensão nas páginas ou no conteúdo); daí, vários sentidos: 2) Pequeno tratado (Cíc. De Or. 1, 94). Com idéia pejorativa: 3) Livreco (T. Lív. 29, 19, 12). 4) Diário, agenda, jornal (Cíc. Phil. 1, 16). 5) Petição, requerimento (Cíc. At. 16, 16, 4). 6) Memorial, notas, apontamentos (Cíc. Arch. 25). 7) Programa (Cíc. Phil. 2, 97). 8) Cartaz, edital (Cíc Quinct. 50). 9) Carta, bilhete (Cíc. At. 6, 1, 5). 10) Libelo, panfleto (Suet. Aug. 55).

libens (lubens), -ēntis, part. pres. de libet, tomado adjetivadamente. 1) Que procede de boa vontade, de boa vontade, com gôsto, com prazer, contente (Cíc. Mil. 38). 2) Alegre, jovial (Plaut. As. 568).

libēnter (lubēnter), adv. De bom agrado. com prazer, sem repugnância (Cíc. Rep. 1, 30). Obs.: Comp.: **libentĭus** (Cíc. Fam. 9, 19, 1); superl.: **libentissime** (Cíc. Verr. 4, 63).

1. libentĭa (lub), -ae, subs. f. Alegria, prazer (Plaut. Ps. 396).

2. Libentĭa (Lub-), -ae, subs. pr. f. Libência. a deusa do prazer (Plaut. As. 268).

Libentīna (Lubentīna), -ae, subs. pr. f. Libentina, deusa do prazer (Cíc. Nat. 2, 61).

1. līber, -bĕra, -bĕrum, adj. I — Sent. próprio: 1) Livre, de condição livre (socialmente falando) (Cíc. Nat. 3, 45). II — Politicamente: 2) Livre (tratando-se de um povo que se governa ou não está submetido a nenhum outro povo) (Cíc. Rep. 1, 48). Daí, em sent. geral: 3) Que está em liberdade. independente, que procede livremente (Cíc. Sull. 86). Por extensão: 4) Demasiadamente livre, licencioso, desregrado (Cíc. At. 1, 13, 1). III — Sent. figurado: 5) Livre de, isento de, desembaraçado de (Cíc. Fin. 1, 49). IV — Sent. diversos: 6) Não subordinado, livre, sem encargos, isento (Cíc. Verr. 4, 23). 7) Não ocupado, vago espaçoso, vasto, extenso (Cíc. At. 14, 13 5). Obs.: Constrói-se absolt.; com abl acompanhado de **ab**; com abl. sem preposição: com gen. (na poesia).

2. līber, -brī, subs. m. I — Sent. primitivo: 1) Líber (entrecasca sôbre a qual se escrevia, antes da descoberta do papiro), casca (Cíc. Nat. 2, 120). Daí em geral: 2) Livro, escrito, tratado, obra (Cíc. Fat. 1). II — Em sent. particular: 3) Livro (divisão de uma obra), peça teatral, comédia (Cíc. Div. 2, 3). No pl.: 4) Os livros sibilinos. livros dos augúrios: **libros adire** (T. Liv. 21, 62, 6) «consultar os livros sibilinos». 5) Coleção, compilação: **litterarum** (Cíc. Verr. 3, 167) «(coleção) de cartas». III — Tôda espécie de documento escrito: 6) Carta (C. Nep. Lis. 4, 2). 7) Decreto (Plin. Ep. 5, 14, 8). 8) Manuscrito (Plin. Ep. 2, 1, 5).

3. Līber, -ĕrī, subs. pr. m. Líber. 1) Antiga divindade latina, mais tarde confundida com Baco, deus do vinho (Cíc. Nat. 2, 62). Daí, em sent. figurado: 2) O vinho (Hor. O. 4, 12, 14).

4 līber, -ĕrī, subs. m. Filho (v. **libĕri**).

Lībĕra, -ae, subs. pr. f. Libera. 1) Nome de Prosérpina (Cíc. Nat. 2, 62). 2) Nome de Ariadne (Ov. F. 3, 512).

Līberālĭa, -ium, subs. pr. n. pl. Festas em honra a Baco, deus do vinho (Ov. F. 3, 713).

līberālis, -e, adj. I — Sent. próprio: 1) De pessoa livre, relativo a pessoa livre, relativo à liberdade: **causa** (Cíc. Flac. 40) «causa (de pessoa livre)». II — Sent. figurado: 2) Digno de homem livre, nobre, generoso, honrado (sent. moral) (Ter. Hec. 164). 3) Liberal, generoso bom: **in aliquem** (Cíc. Planc. 63) «(liberal) para com alguém». 4) Nobre, belo, decente, formoso (sent. físico) (Ter. Hec. 863). 5) Liberal, nobre (tratando-se de coisas): **liberales artes** (Cíc. Inv. 1, 35) «artes liberais». Obs.: Constrói-se absolt.; com gen. (raro): **pecuniae liberalis** (Sal. C. Cat. 7, 6) «generoso de sua fortuna».

līberālĭtās, -tātis, subs. f. I — Sent. próprio e moral: 1) Bondade, doçura, indulgência, afabilidade (Cíc. Br. 97). II — Daí: 2) Liberalidade, generosidade (Cíc. Lae. 11). 3) Liberalidades, presentes (sent. concreto) (Tác. Hist. 1, 20).

līberālĭter, adv. I — Sent. próprio: 1) Como um homem livre, liberalmente. II — Donde, os sent. figurados: 2) Cortêsmente, amigàvelmente (Cés. B. Gal. 4. 18, 3). 3) Dignamente, nobremente (Cíc. Lae. 86). 4) Generosamente, largamente (Cíc. Verr. 3, 204). Obs.: Comp.: **liberalĭus** (Cíc. At. 16, 6, 1).

līberātĭō, -ōnis, subs. f. I — Sent. próprio: 1) Liberação, libertação, salvação (Cíc. Fin. 1, 37). II — Daí: 2) Absolvição, quitação (Cíc. Lig. 1).

līberātor, -ōris, subs. m. 1) Libertador (Cíc. At. 14, 12, 2). 2) Libertador (epíteto de Júpiter) (Tác. An. 15, 64).

līberātus, -a, -um, part. pass. de libĕro.
lībĕrē, adv. 1) Livremente, abertamente, francamente, sem temor (Cíc. Or. 77). 2) Espontâneamente, sinceramente (Verg. G. 1, 127).
lībĕrī, -rōrum e -rum, subs. m. pl. I — Sent. próprio: 1) Filhos (sem distinção de sexo ou idade e em relação aos pais), filhos (de pais livres), filhos (em geral) (Cíc. Tusc. 5, 109). II — Daí, em sentido especial: 2) Filho (um só) (Cíc. Phil. 1, 2).
lībĕrō, -ās, -āre, -āvī, -ātum, v. tr. I — Sent. próprio: 1) Tornar livre, pôr em liberdade, libertar, liberar (Plaut. Men. 1024); (Cíc. Tusc. 4, 2); (Cíc. Caec l. 55). II — Sent. figurado: 2) Soltar, largar, desprender, desligar, desobrigar, isentar, absolver (Cíc. Of. 1, 32); (T. Lív. 5, 28, 1). Obs.: Constrói-se com acus.; com acus. e abl. acompanhado de ab; com abl., e mais raramente com acus. e gen.
lībĕrta, -ae, subs. f. Liberta, a que foi posta em liberdade (Cíc. Caecil. 55).
1. lībĕrtās, -tātis, subs. f. I — Sent. próprio: 1) Liberdade, estado ou condição de homem livre (Cíc. Rab. Perd. 31) II — Daí, em sent. político: 2) Liberdade (de um povo), independência (Cíc. Rep. 1, 28); (Cés. B. Gal. 3, 8, 4). 3) Liberdade, permissão, liberdade de falar, franqueza, sinceridade (Quint. 10, 1, 28).
2. Lībĕrtās, -tātis, subs. f. Liberdade (divindade) (Cíc. Nat. 2, 61).
lībertīna, -ae, subs. f. Liberta (Hor. Sát 1, 2, 48).
1. lībertīnus, -a, -um, adj. De liberto: libertīnus homo (Cíc. Balb. 28) «um liberto».
2. lībertīnus, -ī, subs. m. 1) Liberto, escravo a quem foi dada a liberdade, e também: 2) Filho de liberto (Suet. Cl. 24).
lībertus, -ī, subs. m. Liberto (Cíc. Mil. 90).
libet (lubet), -ēre, -būit ou -bĭtum est, v. impes. e intr. Ter vontade de, agradar, achar bem (Cíc. Tusc. 5, 45); (Cíc. Fam. 16, 20); (Cíc. Br. 248); id quod mihi maxime libet (Cíc. Fam 1, 8, 3) «o que mais me agrada». Obs.: Constrói-se com nom. de um pron. rel. ou dem., ou com inf.
Lībĕthrĭdes Nymphae, subs. pr. f. pl. As Musas (Verg. Buc. 7, 21).
Lībĕthrum, -ī, subs. pr. n. Libetro, cidade da Tessália (T. Liv. 44, 5, 12).

libīdĭnor (lubīdĭnor), -āris, -ārī, -ātus sum v. dep. intr. Entregar-se aos prazeres, à devassidão (Petr. 138, 7); (Suet. Ner. 28).
libīdĭnōsē (lubīdĭnōsē), adv. A seu bel prazer, arbitràriamente, como um tirano, despòticamente (Cíc. Of. 1, 14).
libīdĭnōsus (lub-), -a, -um, adj. Que segue o seu capricho, arbitrário, voluptuoso, libidonoso, licencioso: libidinosae sententiae (Cíc. Tusc. 3, 46) «idéias voluptuosas».
libīdō (lub-), -ĭnis, subs. f. I — Sent. próprio: 1) Desejo, vontade (Cíc. Tusc. 4, 44). II — Daí, em sent. particular: 2) Desejo sensual, erótico, luxúria, sensualidade (Cíc. Tusc. 4, 72). 3) Devassidão, fantasia, capricho (Cíc. Fin. 1, 19).
libĭta, -ōrum, v. libĭtus.
Libitīna, -ae, subs. pr. f. 1) Libitina, deusa dos mortos (Suet. Ner. 39). Em poesia: 2) A Morte (Hor. O. 3, 36, 6).
libitīnārĭus, -ī, subs. m. O que organiza pompas fúnebres, agente de funerais (Sên. Ben. 6, 38, 4).
libĭtum est (= libŭit), perf. de libet.
libĭtus, -a, -um. I — Part. pass. de libet. II — Subs., no neutro pl.: desejos, caprichos, vontades (Tác. An. 6, 1).
1. lībō, -ās, -āre, -āvī, -ātum, v. intr. e tr. I — Sent. próprio: 1) Fazer uma libação, oferecer uma libação (Verg. En. 5, 77). Daí, por extensão: 2) Tomar uma parte de alguma coisa para oferecer aos deuses: ...certas bacas publice (Cíc. Leg. 2, 19) «tomar certas frutas para oferecer pùblicamente aos deuses». Na língua comum: 3) Tomar uma parte de, provar, delibar, tocar de leve, extrair (T. Liv. 21, 29, 6); (Ov. A. Am. 1, 577); (Verg. En. 1, 256). II — Sent. figurado: 4) Provar, comer, beber (Lucr. 3, 11). 5) Verter, derramar, despejar, entornar, banhar (Verg. En. 1, 736).
2. Lībō, -ōnis, subs. pr. m. Libão, nome de membros de duas «gens» romanas: Márcia e Escribônia (Cíc. Br. 89).
Lĭbonōtus, -ī, subs. m. Vento de sudoeste (Sên. Nat. 5, 16, 6).
libra, -ae, subs. f. 1) Objeto que serve para pesar; daí, em sentido especial: 2) Libra (pêso de doze onças) (T. Lív. 4, 20). 3) Medida de capacidade para líquidos, e especialmente para azeite, também dividida em doze partes iguais (Suet. Cés. 38). Daí: 4) Balança (Cíc. Tusc. 5, 51). 5) Nível (instrumento) (Cés. B. Civ. 3, 40). 6) Contrapêso, equi-

líbrio (Plín. H. Nat. 16, 161). Na língua astronômica, subs. pr. f.: 7) Libra (constelação) (Verg. G. 1, 208).
lībrāmēntum, -ī, subs. n. I — Sent. próprio: 1) Contrapêso (das máquinas de guerra), pêso (T. Lív. 24, 34, 10). II — Daí: 2) Equilíbrio, nível (Cíc. Ac. 2, 116).
lībrāria, -ae, subs. f. A que dá a tarefa (Juv. 6, 475).
lībrāriŏlus, -ī, subs. m. 1) Copista (Cíc. At. 4, 4, 6). 2) Livreiro (Cíc. Leg. 1, 7).
lībrārium, -ī, subs. n. Biblioteca, armário, carteira para papéis (Cíc. Mil. 33).
1. lībrārius, -a, -um, adj. Relativo ao pêso de uma libra (A. Gél. 20, 1, 31).
2. lībrārius, -a, -um, adj. (liber, -bri). Relativo aos livros: **libraria taberna** (Cíc. Phil. 2, 21) «taberna de livros, livraria».
3. lībrārius, -ī, subs. m. 1) Copista, secretário (Cíc. At. 12, 40, 1). 2) Livreiro (Sên. Ben. 7, 6, 1).
lībrātor, -ōris, subs. m. I — Sent. próprio: 1) Funcionário incumbido de tomar o nível da água e de calcular o seu consumo (Plín. Ep. 10, 50, 3). II — Daí: 2) O que faz funcionar máquinas de guerra (Tác. An. 2, 20).
lībrātus, -a, -um, part. pass. de **lībro**.
lībrīlis, -e, adj. Que pesa uma libra: **fundae libriles** (Cés. B. Gal. 7, 81, 4) «fundas que lançam projéteis de uma libra».
lībrītor, -ōris, subs. m., v. **lībrātor** (Tác. An. 2, 20).
lībrō, -ās, -āre, -āvī, -ātum, v. tr. Pesar, nivelar, manter em equilíbrio, balancear (sent. próprio e figurado) (Pers. 1, 86); (Cíc. Tusc. 5, 69); (Ov. F. 3, 585).
Libŭī, -ōrum, subs. loc. m. Libuos, povo da Gália Transpadana (T. Lív. 5, 35).
libŭit, perf. de **libet**.
lībum, -ī, subs. n. Bôlo sagrado, bôlo (em geral) (Verg. En. 7, 109).
libŭrna ou **liburnĭca, -ae,** subs. f. Liburna, navio ligeiro dos Liburnos (Hor. O. 1, 37, 30).
Libūrnī, -ōrum, subs. loc. m. Liburnos, habitantes da Libúrnia (Verg. En. 1, 244).
Liburnĭcus, -a, -um, adj. Da Libúrnia, dos liburnos (Plín. H. Nat. 3, 152).
Libȳa, -ae, e **Libȳē, -ēs,** subs. pr. f. Líbia, parte setentrional da África (Ov. Met. 2, 237).
Libȳcus, -a, -um, adj. Líbio, da Líbia (Verg. En. 1, 339).
Libȳēs, -um, subs. loc. m. Líbios, habitantes da Líbia (Sal. B. Jug. 18).

1. Libys, -ȳos, adj. Da Líbia (Verg. Cir. 440).
2. Libys, -ȳos, subs. m. Líbio (Sên. Herc. Oet. 24).
Libȳssus, -a, -um, adj. Da Líbia, africano (Catul. 7, 3).
Libystĭnus, -a, -um, adj. Da Líbia (Catul. 60, 1).
Libȳstis, -ĭdis, subs. loc. f. Da Líbia, líbio (Verg. En. 5, 37).
licēbit, fut. de **licet**.
licens, -ēntis. I — Part. pres. de **licet**. II —Adj.: a quem se deu muita liberdade, demasiadamente livre, licencioso (Prop. 4, 1, 26); (Ov. A. Am. 1, 569).
licēnter, adv. Muito livremente, desregradamente, sem freio (Cíc. Cael. 57).
licentia, -ae, subs. f. I — Sent. próprio: 1) Liberdade de, permissão, poder, faculdade (Cíc. Of. 1, 103). II — Daí: 2) Liberdade excessiva, licença, indisciplina (Cíc. Rep. 3, 23). 3) Arrebatamento exagerado (do orador ou do estilo) (Hor. O. 3, 24, 29). Como subs. próprio: 4) Licença (deusa) (Cíc. Leg. 2, 42).
licentiōsus, -a, -um, adj. Demasiadamente livre, licencioso, desmedido (Apul. Met. 5, p. 165, 11).
licĕō, -ēs, -ēre, -cŭī, -cĭtum, v. defect. tr. I — Sent. próprio: 1) Ser pôsto em hasta pública, em leilão, ser pôsto à venda (Plaut. Men. 1159); (Cíc. At. 12, 23, 5). Daí: 2) Ser avaliado, fixar um preço (Plín. H. Nat. 35, 88). Obs.: Usado somente nas 3ªs pes. do sg. e pl. e no inf.
licĕor, -ēris, -ērī, -cĭtus sum, v. dep. intr. e tr. A) Intr.: I — Sent. próprio: 1) Licitar, cobrir o lanço, arrematar em leilão (Cés. B. Gal. 1, 18, 3). B) Tr.: 2) Arrematar em leilão, comprar por meio de leilão (Cíc. At. 12. 38, 4). II — Sent. figurado: 3) Avaliar, estimar (Plín. H. Nat. 14, 141).
licēssit = **licuĕrit** (Plaut. As. 603).
1. licet, -ēre, licŭit ou **licĭtum est.** v. intr. e impes. Ser permitido, poder ter o direito (Cíc. Verr. 5, 188); (Cíc. Amer. 127); (Cés. B. Civ. 3, 27, 1); (Cíc. Balb. 29). Obs.: Constrói-se com inf. com subj., ou com inf. passivo.
2. licet, conj. Embora, ainda que (Cíc. Tusc. 4, 54). Obs.: Constrói-se com subj.
Lichās, -ae, subs. pr. m. Licas, escravo de Hércules (Ov. Met. 9, 155).
lichēn, -ēnis, subs m. 1) Líquen (planta) (Plín. H. Nat. 26, 21). 2) Líquen (espécie de impigem) (Marc. 11,98, 5).

LICINIA — 562 — **LIGUR**

Licinia, -ae, subs. pr. f. Licínia, nome de mulher (Cíc. Br. 211).
1. Licinĭus, -a, -um, adj. De Licínio (Cíc. Planc. 36).
2. Licinĭus, -ī, subs. pr. m. Licínio, nome de uma família romana, onde se destacam o orador C. Licínio Crasso e o triúnviro Marco Lúcio Crasso (Cíc. Br. 143).
Licĭnus, -ī, subs. pr. m. Licino, sobrenome romano (Hor. A. Poét. 301).
licitātĭō, -ōnis, subs. f. Licitação, arrematação, venda em hasta pública ou leilão (Cíc. At. 11, 15, 4).
licitātor, -ōris, subs. m. Licitador, aquêle que faz lanços em leilão (Cíc. Dom. 115).
licĭtor, -āris, -ārī, v. dep. intr. Licitar, fazer lanços em leilão, cobrir os lanços; donde: encarecer (Plaut. Merc. 441).
licĭtum est (= licŭit), perf. de licet.
licitūrum esset, fut. em estilo indireto, de licet: terá sido permitido (Cíc. At. 2, 1, 5).
licĭtus, -a, -um. I — Part. pass. de licet. II — Adj.: 1) Lícito, permitido, legítimo (Verg. En. 8, 468). III — No n. pl.: **licĭta,** -ōrum: prazeres permitidos por natureza (Tác. An. 15, 37).
licĭum, -ī, subs. n. I — Sent. próprios: 1) Liço, fio empregado pelos tecelões (Verg. G. 1, 285). II — Daí: 2) Cordão, fita, tecido (em geral) (Verg. Buc. 8, 73).
lictor, -ōris, subs. m. Lictor (oficial que servia aos magistrados romanos e que os acompanhava, caminhando à sua frente e levando ao ombro os feixes e na mão direita uma vara) (Cíc. Q. Fr. 1, 1, 21).
licŭī, perf. de licĕo, de liquĕo e de liquēsco.
licŭit, perf. de licet.
Licymnĭa, -ae, subs. pr. f. Licímnia, nome de mulher (Hor. O. 2, 12, 13).
līdō, -is, -ĕre = laedo (Lucr. 5, 1001).
liēn, -ēnis e **liēnis,** -is, subs. m. Baço (Plaut. Merc. 123).
liēnōsus, -a, -um, adj. I — Sent. próprio: 1) Que tem doença do baço (Plín. H. Nat. 7, 20). II — Sent. figurado: 2) Soberbo, arrogante: **cor lienosum** (Plaut. Cas. 305) «coração soberbo».
ligāmen, -ĭnis, subs. n. Laço, cordão, fita (Prop. 2, 22, 15)
ligāmēntum, -ī, subs. n. Ligadura, atadura (têrmo médico) (Tác. An. 15, 54).

Ligārĭānus, -a, -um, adj. Que diz respeito a Ligário: **oratio Ligariana** (Cíc. At. 13, 44, 4) «discurso a favor de Ligário».
Ligārĭus, -ī, subs. pr. m. Quinto Ligário, procônsul da África, defendido por Cícero (Quint. 11, 1, 80).
lĭgātus, -a, -um, part. pass. de ligo.
Ligdus. -ī, subs. pr. m. Ligdo, pai de Ífis (Ov. Met. 9, 670).
Ligēa, -ae, subs. pr. f. Ligéia, nome de uma ninfa (Verg. G. 4, 336).
Liger, -ĕris, subs. pr. m. O Líger (Loire), rio da Gália (Cés. B. Gal. 7, 55, 10).
Lĭgĭī (Lygĭī), -ōrum, subs. loc. m. pl. Lígios, povo da Germânia (Tác. Germ. 43).
lignārĭus, -ī, subs. m. Lenhador, carpinteiro (T. Lív. 35, 41,10).
lignātĭō, -ōnis, subs f. Provisão de lenha (Cés. B. Gal. 5, 38).
lignātor, -ōris, subs. m. Lenhador, o que vai à lenha (Cés. B. Gal. 5, 26, 2).
lignĕŏlus, -a, -um, adj. De madeira (Cíc. Q. Fr. 3, 7, 2),
lignĕus, -a, -um, adj. I — Sent. próprio: 1) Lígneo, de madeira, feito de madeira (Cíc. Tusc. 5, 59). Daí: 2) Lígneo, lenhoso (Plín. H. Nat. 15, 86). 3) Magro, sêco (Catul. 23, 6).
lignor, -āris, -ārī, -ātus sum, v. dep. intr. Apanhar lenha, ir fazer provisão de lenha (Cés. B. Civ. 3, 15).
lignum, -ī, subs. n. I — Sent. próprio: 1) Madeira, lenha para queimar (Hor. O. 1, 9, 5). 2) Árvore (sent. poético) (Verg. En. 12, 767). 3) Tábua (Juv. 13, 137). Sent. diversos: 4) Caroço ou casca de um fruto (Plín. H. Nat. 15, 111).
1. ligō, -ās, -āre, -āvī, -ātum, v. tr. I — Sent. próprio: 1) Ligar, atar, amarrar, unir (sent. físico e moral) (Ov. Met. 3, 575); (Ov. Met. 1, 25). Na língua médica: 2) Enfaixar (Plín. H. Nat. 36, 200).
2. ligō, -ōnis, subs. m. I — Sent. próprio: 1) Enxadão, enxada (Ov. Am. 3, 10, 31). II — Sent. figurado: 2) Cultivo da terra, agricultura (Juv. 7, 33).
ligŭla (algumas vêzes **lingŭla**), -ae, subs. f. I — Sent. próprio: 1) Colher (Plín. H. Nat. 21, 84). II — Sent. figurado: 2) Parcela de terra (Cés. B. Gal. 3, 12, 1).
ligūmen, v. legūmen.
Ligur, -ŭris, subs. pr. m. Ligure, sobrenome nas «gentes» Élia e Otávia (Cíc. Clu. 72).

Ligŭrēs, -um, subs. loc. m. Lígures, habitantes da Ligúria (Cíc. Agr. 2, 95).
Liguria, -ae, subs. pr. f. Ligúria, região da península Itálica, situada entre os Apeninos e o mar Mediterrâneo (Plín. H. Nat. 3, 48).
ligurii = ligurīvī, perf. de **ligurio.**
ligŭrĭō ou **ligurrĭō, -īs, -īre, -īvī** (ou **-ĭī), -ītum.** v. tr I — Sent. próprio: 1) Ter vontade de lamber, ser glutão, lamber, provar (Hor. Sát. 1, 3, 81). Daí: 2) Comer gulodices, comer bem (Cíc. Verr. 3, 177). II — Sent. figurado: 3) Tocar de leve (Ter. Eun. 936). 4) Apetecer, desejar, cobiçar (Cíc. Fam. 11, 21, 5).
ligŭrītĭō (ligurr-), -ōnis, subs. f. Gulodice (Cíc. Tusc. 4, 26).
Ligurĭus, -ī, subs. pr. Ligúrio, nome de homem (T. Lív. 33, 22).
Ligus, -ŭris, subs. m. Liguriano, lígure (Verg. En. 11, 715). Obs.: Adj. m. f.: da Ligúria (Tác. An. 2, 13).
ligūstrum -ī, subs. n. Ligustro, alfeneiro (Verg. Buc. 2, 18).
līlĭum, -ī, subs. n. I — Sent. próprio: 1) Lírio (planta e flor) (Verg. En. 6, 709). II — Na líng. militar: 2) Obra de defesa (usada em guerra, cuja forma se assemelha à flor do lírio) (Cés. B. Gal. 7, 73, 8).
Lilybaetānus (Lilybēĭus), -a, -um, adj. Do Lilibeu (Verg. En. 3, 706).
Lilybaeum, -ī, subs. pr. n. Lilibeu. 1) Promontório da Sicília (Plín. H. Nat. 3, 87). 2) Cidade do promontório Lilibeu (Cíc. Caecil 39).
līma, -ae, subs. f I — Sent. próprio: 1) Lima (instrumento) (Plaut. Men. 85). II — Sent. figurado: 2) Ação de corrigir correção (Ov. Trist. 1, 7, 30).
līmātŭlus, -a, -um, adj. Um tanto polido, delicado (Cíc. Fam. 7, 33, 2).
līmātus, -a, um. I — Part. pass. de **limo.** II — Adj. Sent. próprio: 1) Limado, tirado com a lima, e daí, em sent. figurado: 2) Polido, revisto, aperfeiçoado (Plín. Ep. 1, 20, 21). Na língua retórica: 3) Simples, sóbrio (Cíc. Br. 93).
limbolārĭus (limbulārĭus), -ī, subs. m Passamaneiro, aquêle que faz trabalhos de sêda (Plaut. Aul. 519).
limbus, -ī, subs. m. I — Sent. próprio: 1) Tira ou fita que servia de debrum ou orla a um tecido, orla, debrum (Verg. En. 4, 137). II — Daí: subs. pr. m.: 2) Zona do Zodíaco, o Zodíaco (Varr. R. Rust. 2, 3, 7).

līmen, -ĭnis, subs. n. I — Sent. próprio: 1) Limiar, soleira da porta (Cíc. Phil. 2, 45). Daí: 2) Entrada, porta (Hor. Ep. 1, 18, 73). Por extensão: 3) Casa, morada (Verg. En. 7, 579). II — Sent. figurado: 4) Princípio, começo (Tác. An. 3, 74). III — Sent. poético: 5) Barreira (nas corridas) (Verg. En. 5, 316).
līmes, -ĭtis, subs. m. I — Sent. próprio: 1) Caminho que limitava uma propriedade (Varr. R. Rust. 2, 4. 8). Daí: 2) Limite, fronteira, raia (Verg. G. 1, 126). Sent. geral: 3) Caminho, atalho, estrada (Ov. Met. 2, 19). II — Sent. figurado: 4) Leito (de um rio), sulco, rêgo (Verg. En. 2, 697). 5) Baluarte, muralha, muro de defesa (Tác. An. 2, 7). 6) Limite, fronteira (Juv. 10. 169).
līmĭtō, -ās, -āre, -āvī, -ātum, v. tr. Delimitar, limitar, circunscrever (Plín. H. Nat. 17, 169).
Limnaea, -ae, subs. pr. f. Limnéia, cidade da Tessália (T. Lív. 36 13).
Limnaeum, -ī, subs. pr. n. Limneu. pôrto da Acarnânia (T. Lív. 36, 13, 9).
Limnātis, -ĭdis, subs. pr. f. Limnátide. sobrenome de Diana, protetora dos pescadores (Tác. An. 4, 43).
1. **līmō, -ās, -āre, -āvī, -ātum,** v. tr. I — Sent. próprio: 1) Limar (Plín H. Nat. 36, 54). II — Sent. figurado: 2) Esfregar, polir, acabar cuidadosamente, aperfeiçoar (Cíc. De Or. 1, 115). 3) Diminuir, tirar, cortar, suprimir (Cíc. De Or. 3, 9, 36).
2. **Līmō, -ōnis,** subs pr. m. Limo. 1) Nome de uma obra de Cícero. 2) Apelido romano.
līmōsus, -a, -um, adj. Lodoso, pantanoso, lamacento (Verg. Buc. 1, 49).
limpĭdus, -a, -um, adj. Límpido, claro, transparente (Catul. 4, 24).
1. **līmus, -a, -um,** adj. Oblíquo (tratando-se dos olhos ou da vista), de esguelha (Ter. Eun. 601).
2. **līmus, -ī,** subs. m. I — Sent. próprio: 1) Lôdo, lama, vasa, limo (Verg. G. 1, 116). Daí: 2) Depósito, sedimento (Hor. Sát. 2, 4, 80). II — Sent. figurado: 3) Lama, mancha (Ov. P. 4, 2, 17).
3. **līmus, -ī,** subs. m. Espécie de saia bordada de púrpura, usada pelos que matavam as vítimas (Verg. En. 12, 120)
Līmȳrē, -ēs, subs. pr. f. Limira, cidade da Lícia, junto ao rio Limira (Ov. Met. 9, 646).

linārĭus, -ī, subs. m. Operário que fabrica linho (Plaut. Aul. 508).
linctus, -a, -um, part. pass. de lingo.
Lindus, -ī, subs. pr. f. Lindo, cidade da ilha de Rodes (Cíc. Nat. 3, 54).
linĕa (linĭa), -ae, subs. f. I — Sent. próprio: 1) Fio de linha; e daí: 2) Fio, cordão (de pérolas enfiadas): **linea dives** (Marc. 8, 78, 7) «rico colar». 3) Linha (de pescar) (Marc. 3, 58, 27). 4) Corda ou rêde para apanhar caça (Sên. Clem. 1, 12, 4). 5) Cordel de carpinteiro: **perpendiculo et linea uti** (Cíc. Q. Fr. 3, 1, 2) «servir-se do prumo e do cordel». 6) Corda branca (que marcava a linha de partida e chegada, num arco) (Hor. Ep. 1, 16, 79). II — Sent. figurado: 7) Linha ou sinal que separava os lugares no circo (Ov. Am. 3, 2, 19). 8) Traço, linha geométrica: **primas lineas ducere** (Quint. 2, 6, 2) «traçar as primeiras linhas, isto é: projetar». 9) Limite, têrmo: **transire lineas** (Cíc. Par. 20) «ultrapassar os limites».
lineāmēntum, -ī, subs. n. (geralmente no pl). I — Sent. próprio: 1) Feições, traços fisionômicos (Cíc. Div. 1, 23). Daí: 2) Traço, linha geométrica, retoque, pincelada (Cíc. Ac. 2, 116). II — Sent. figurado: 3) Esbôço, plano (de uma obra) (Cíc. Nat. 1, 75).
lineāris, -e, adj. Linear, geométrico, de linha: **linearis ratio** (Quint. 1, 10, 36) «a geometria».
lineātus, -a, -um, part. pass. de linĕo.
linĕō, -ās, -āre, -āvī, -ātum, v. tr. Alinhar (Plaut. Mil. 916).
linĕus, -a, -um, adj. De linho (Verg. En. 5, 510).
lingō, -is, -ĕre, linxī, linctum, v. tr. Lamber, sugar, chupar (Plaut. Cas. 458); (Catul. 98, 5).
Lingŏnēs, -um, subs. loc. m. pl. Lingones 1) Povo da Gália Céltica (Cés. B. Gal. 1, 26, 5). 2) Povo da Gália Cispadana (T. Lív. 5, 35, 2).
Lingos (-us), -ī, subs. m. Lingos, montanha do Epiro (T. Lív. 32, 13).
lingua, -ae, subs. f. I — Sent. próprio: 1) Língua: **lingua haesitare** (Cíc. De Or. 1, 115) «falar com dificuldade, isto é: ter a língua embaraçada». Daí: 2) A língua (como órgão da fala), fala, palavra, linguagem, idioma, dialeto: **utraque lingua** (Hor. Sát. 1, 10, 23) «as duas línguas (o grego e o latim)». Objeto em forma de língua ou o que está em contacto com ela: 3) Língua de terra, cabo (T. Lív. 44, 11, 3). 4) Embocadura de uma flauta (Plín. H. Nat. 10, 84). II — Sent. poético: 5) Linguagem, modo de falar: **linguae volucrum** (Verg. En. 3, 361) «a linguagem das aves».
linguārĭum, -ī, subs. n. Multa por ter falado demais (Sên. Ben. 4, 36, 1).
lingulāca, -ae, subs. m. ou f. Tagarela, loquaz (Plaut. Cas. 388).
linguōsus, -a, -um, adj. Grande palrador, tagarela (Petr. 43, 3).
linia, v. linĕa.
liniāmēntum, v. lineāmēntum.
liniger, -gĕra, -gĕrum, adj. Vestido de linho (Ov. Met. 1, 747).
1. linĭō, -ās, -āre = linĕo.
2. linĭō, -īs, -īre, -īvī, -ītum, = lino. Untar (Plín. H. Nat. 17, 266).
linītus, -a, -um, part. pass. de linĭo 2.
linō, -is, -ĕre, līvī ou lēvī, litum, v. tr. I — Sent. próprio: 1) Untar, esfregar, friccionar (Verg. G. 4, 39). Daí: 2) Cobrir, revestir (Ov. P. 1, 5, 16). II — Sent. figurado: 3) Sujar, manchar (Ov. F. 3, 760).
linquō, -is, -ĕre, līquī, v. tr. Deixar, abandonar, largar, afastar-se de (Plaut. Ps. 140); (Verg. En. 5, 275); (Verg. En. 3, 140); (Cíc. Planc. 26). Obs: Embora clássico, é pouco usado, sendo substituído por **relinquo**.
linteātus, -a, -um, adj. Vestido de linho (T. Lív. 10, 38, 2).
lintĕō, -ōnis, subs. m. Tecelão (Plaut. Aul. 512).
linteŏlum, -ī, subs. n. Pedaço de pano de linho (Plaut. Ep. 230).
linter (lunter), -tris, subs. f. 1) Canoa, barco feito do tronco de uma árvore (Cés. B. Gal. 1, 12, 1). 2) Gamela, vasilha de madeira para uvas (Verg. G. 1, 262).
lintĕum, -ī, subs. n. I — Sent. próprio: 1) Tecido de linho, pano de linho (Cíc. Rab. Post. 40). Daí, objeto de linho (ou algodão): 2) Vela (de navio) (Verg. En. 3, 686). 3) Cortina (Marc. 2, 57, 6). 4) Túnica, guardanapo, lenço, toalha de mãos, etc. tecido (em geral) (Plín. H. Nat. 12, 38).
lintĕus, -a, -um, adj. De linho: **lintei libri** (T. Lív. 4, 7, 12) «livros escritos em pano de linho (refere-se aos livros sibilinos, anais de Roma)».
lintricŭlus, -ī, subs. m. Canoa pequena (Cíc. At. 10, 10, 5).
lintris, gen. de linter.
līnum, -ī, subs. n. I — Sent. próprio: 1) Linho (planta e tecido) (Verg. G. 1,

77). Daí, objeto de linho: 2) Fio ou linha de coser (Cíc. Cat. 3, 10). 3) Linha (de pescar) (Ov. Met. 13, 923). 4) Túnica de linho (Hor. Sát. 2, 4, 54). 5) Vela de navio (Sên. Med. 320). 6) Rêde de pescar ou caçar (Ov. Met. 7, 768). 7) Corda (em geral) (Ov. F. 3, 587).
Linus (Linos), -ī, subs. pr. m. Lino. 1) Tocador de lira, mestre de Orfeu e Hércules (Verg. Buc. 4, 56). 2) Fonte da Arcádia (Plín. H. Nat. 31, 10).
linxī, perf. de **lingo**.
Lipăra, -ae. subs. pr. f. Lipara, uma das ilhas Eólias (Plín. H. Nat. 393). Obs.: O pl. ocorre em Tito Lívio (5, 28, 2).
Lipărē, -ēs, subs. pr. f. Lípari, uma das ilhas Eólias (Verg. En. 8, 415).
Liparaeue, -a, -um e **Liparēnsis**, -e, adj. De Lípari (Cíc. Verr. 3, 84); (Hor. O. 3, 12, 6).
Liparēnsēs, -ĭum, subs. loc. m. Liparenses, habitantes da ilha Lípari (Cíc. Verr. 3, 84).
lippĭō, -īs, -īre, -īvī, v. intr. Estar com os olhos ramelentos, inflamados (Cíc. At. 7, 14, 1).
lippitūdō, -ĭnis, subs. f. Inflamação dos olhos, oftalmia (Cíc. Tusc. 4, 8).
lippus, -a, -um. I — Sent. próprio: 1) Ramelento, cheio de ramelas (tratando-se dos olhos) (Plaut. Bac. 913). 2) Ramelento (tratando-se de pessoas) (Hor. Ep. 1, 1, 29). II — Sent. figurado: 3) De que sai um líquido (Marc. 7, 20 12).
liquātus, -a, -um part. pass. de **liquo**.
liquefacĭō, -is, -ĕre, -fēcī, -fāctum, v. tr. I — Sent. próprio: 1) Liquefazer, fazer fundir (Plín. H. Nat. 21, 84). II — Sent. figurado: 2) Amolecer, debilitar (Cíc. Tusc. 5, 16).
liquefāctus, -a, -um, part. pass. de **liquefacĭo**.
liquefēcī, perf. de **liquefacĭo**.
liquefīō, -is, -fĭerī, -fāctus sum, pass de **liquefacĭo**. I — Sent. próprio: 1) Tornar-se líquido, liquefazer-se, fundir-se, derreter-se (Cíc. Nat. 2, 26). II — Sent. figurado: 2) Debilitar-se, definhar-se (Ov. P. 1, 2, 57).
liquens e **līquens**, part. pres. de **liquĕo** e de **liquor**.
liquĕō, -ēs, -ĕre, licŭī (liquī), v. intr. I — Sent. próprio: 1) Estar claro, ser líquido ser fluido, ser filtrado (Verg. En. 5, 238). II — Impessoal: 2) Ser claro, ser manifesto, ser evidente (Plín. Ep. 2, 2, 1).

liquēscō, -is, -ĕre, licŭī, v. incoat. intr. I — Sent. próprio: 1) Tornar-se líquido ou transparente (Verg. Buc. 8, 80). II — Sent. figurado: 2) Efeminar-se (Cíc. Tusc. 2, 52). 3) Fundir, desaparecer (Ov. Ib. 425).
lĭquet, forma impessoal de **liquĕo**.
liquī, perf. de **linquo**.
liquidĭtās, -tātis, subs. f. Pureza (do ar) (Apul Mund. 1).
liquidiuscŭlus, -a, -um, adj. Um pouco mais puro, mais sereno (Plaut. Mil. 665).
liquĭdō, adv. Claramente, com clareza, certamente (Cíc. Verr. 4, 124). Obs.: Comp.: **liquidĭus** (Cíc. Fam. 10, 10, 1).
liquĭdum, -ī, subs. n. I — Sent. próprio: 1) Água, líquido (Ov. Met. 5, 454). II — Sent. figurado: 2) Clareza, certeza (T. Liv. 35, 8 7).
liquĭdus, -a, -um, adj. I — Sent. próprio: 1) Claro, límpido, transparente (Verg. Buc. 2, 59); (Hor. O. 1, 24, 3). Daí: 2) Líquido, corrente, fluido (Lucr. 4. 1259). II — Sent. figurado: 3) Claro, límpido, puro, evidente (Plaut. Ps. 762). 4) Sereno, calmo, tranqüilo (tratando-se do homem, do espírito) (Plaut. Most. 751). Na língua retórica: 5) Límpido (estilo) (Cíc. Br. 274). 6) Corrente (Cíc. De Or. 2, 159).
lĭquŏ, -ās, -āre, -āvī, -ātum, v. tr. I — Sent. próprio: 1) Clarificar, filtrar (Hor. O. 1, 11, 6). Daí: 2) Liquefazer, derreter, fundir, dissolver (Cíc. poét. Tusc. 2, 25).
1. **liquor**, -ōris, subs. m. I — Sent. próprio: 1) Fluidez (Cíc. Nat. 2, 126). Daí: 2) Líquido, água (Cíc. Nat. 2, 98). II — Sent. particulares: 3) Vinho (Tib. 1, 6, 19). 4) Mar (Hor. O. 3, 3, 46).
2. **lĭquor**, -ĕris, -ī, v. dep. tr. e intr. Tr.: 1) Tornar líquido, derreter, fundir (Verg. En. 9, 813). Intr.: 2) Desmaiar, dissipar-se, extinguir-se (Lucr. 2, 1132).
3. **liquor**, -āris, v. pass. de **liquo**.
Lirĭŏpe, -ēs, subs. pr. f Liríope, ninfa, mãe de Narciso (Ov. Met. 3, 342).
Liris, -is, subs. pr. m. Líris, rio entre a Campânia e o Lácio (Cíc. Leg. 2, 6).
lis, lītis, subs. f. I — Sent. próprio: 1) Debate (diante do juiz), contestação em juízo, processo, questão, demanda, litígio (têrmo jurídico) (Cíc. Of. 1, 59). II — Daí, em sent. genérico: 2) Debate, controvérsia, questão, discussão (Cíc. Leg. 1, 53). Por extensão: 3) Objeto do debate, reclamação (Cíc. Of. 1, 43).

LISINAE

4) Multa ou castigo exigidos contra o acusado (Cíc. Clu. 116).
Lisinae, -ārum, subs. pr. f. Lisinas, cidade da Tessália (T. Liv 32, 13).
Lissus, -ī, subs. pr. f. Lisso, cidade da Dalmácia (Cés. B. Civ. 3, 26 4).
Litāna, -ae, subs. pr. f. Litana, floresta da Gália Cisalpina (Cic. Tusc. 1, 89).
litātiō, -ōnis, subs. f. Litação, sacrifício agradável aos deuses, imolação (T. Liv. 27, 23, 4).
lĭtātus, -a, -um. I — Part. pass. de lito. II — Adj.: que foi oferecido com bons presságios, bem aceito pelos deuses (Ov. Met. 14, 156).
lĭtĕra, v. **littĕra.**
Liternīnum, -ī, subs. pr. n. Casa de campo de Literno (Sên. Ep. 86, 3).
Litērnum (Lintērnum), -ī, subs. pr. n. Literno, pôrto da Campânia (Ov. Met. 15, 714).
1. **Litērnus, -a, -um,** adj. De Literno (Cíc. Agr. 2, 66).
2. **Litērnus, -ī,** subs. pr. m. Literno, rio da Campânia (T. Liv. 32, 29, 3).
litĭcen, -ĭnis, subs. m. O que toca clarim (Cic. Rep. 2, 40).
lĭtigātor, -ōris, subs. m. Litigante, demandista (Cíc. Fam. 12, 30, 1).
lĭtigātus, -ūs, subs. m. Contestação, litígio (Quint. Decl. 6, 19).
lĭtigiōsus, -a, -um, adj. I — Sent. próprio: 1) Litigioso, que gosta de processo (Cic. Verr. 2, 37). II — Daí: 2) Que está em litígio (Cíc. De Or. 3, 106). 3) Em que se pleiteia, advoga: **litigioso disputatio** (Cíc. Fin. 5, 76) «discussão em que se advoga».
lītigĭum, -ī, subs. n. Disputa, litígio, contestação (Plaut. Cas. 561).
lĭtigō, -ās, -āre, -āvī, -ātum, v. intr. Estar em questão, ou em litígio, pleitear, litigar, contestar, disputar, lutar (Cíc. At. 13, 37, 2).
litō, -ās, -āre, -āvī, -ātum, v. intr. e tr. Sent. próprio: 1) Obter um presságio favorável ou dar um presságio favorável, sacrificar com bons presságios (Plaut. Poen. 488/489); (Verg. En. 4, 50). Daí, de um modo geral: 2) Oferecer um sacrifício aos deuses, tornar os deuses propícios, apaziguar, acalmar: **litatur alicui deo** (Cíc. Div. 2, 38) «oferece-se um sacrifício a um deus»; (Tác Germ 9). Obs.: Constrói-se como absol., eu então, transitivamente, com dat., ou com abl.
litorālis (littor-), -e, adj. Da costa, do litoral, marginal (Catui. 4, 22).

LITŪRA

litorĕus (littor-), -a, -um, adj. Do litoral, marítimo (tratando-se de uma cidade) (Verg. En. 12, 248).
littĕra (lĭtĕra), -ae, subs. f. I — Sent. próprio: 1) Letra (do alfabeto), caráter (de escrita) (Cíc. Mil. 15), letra salutar (referindo-se ao A, abreviatura de absolvo = eu absolvo), letra sombria (referindo-se ao C, abreviatura de condemno = eu condeno). 2) Letra, maneira de escrever (Cíc. At. 7, 2, 3). II — Sent. poético: 3) Carta (em lugar do plural) (Ov. Met. 9, 515).
littĕrae, -ārum, subs. f. pl. I — Plural de **littĕra** (v. essa palavra). II — Como coletivo: I — Sent. próprio: 1) Carta: **binae litterae** (Cíc. Fam. 4, 14, 1) «duas cartas». III — Qualquer obra escrita: 2) Registro, livro de contas (Cíc. Verr. 5, 56). 3) Obra (histórica ou literária) (Cíc. Div. 2, 5). 4) Documentos escritos (Cíc. Verr. 4, 106). 5) Literatura, belas letras (Cíc. Leg. 1, 5). 6) Cultura, instrução, conhecimento (Cíc. Br. 259).
littĕrārĭus, -a, -um, adj. Relativo à leitura e à escrita (Tác. An. 3, 66).
littĕrātē, adv. 1) Em forma clara, legìvelmente (Cíc. Pis. 61). 2) Literàriamente, como um erudito (Cíc. Har. 17). 3) Sàbiamente, como pessoa instruída (Cíc. Br. 205). Obs.: Comp.: **litteratĭus** (Cíc. Br. 108).
littĕrātor, -ōris, subs. m. 1) Mestre de gramática, mestre-escola (Apul. Flor. 20). 2) Filólogo (Catul. 14, 9).
littĕrātūra, -ae, subs. f. Ciência relativa às letras, arte de escrever e ler (Cíc. Part. 26).
1. **litterātus, -a, -um,** adj. I — Sent. próprio: 1) Marcado com letras, com uma inscrição (Plaut. Rud. 1156). II — Daí: 2) Instruído, sábio, culto (Cíc. Of. 3, 58).
2. **litterātus, -ī,** subs. m. Intérprete dos poetas, crítico (Suet. Gram. 4).
littĕrŭla, -ae, subs. f. 1) Letra pequena (Cíc. At. 6, 9, 1). No pl.: 2) Carta pequena (Cíc. At. 12, 1, 1). 3) Instrução ligeira (Cíc. Fam. 16, 10, 2).
Litubĭum, -ī, subs. pr. n. Litúbio, cidade da Ligúria (T. Liv. 32, 29, 7).
litūra, -ae, subs. f. I — Sent. próprio: 1) Embôço, revestimento (Col. 2, 24 6). II — Daí: 2) Traço, risco, cancelamento (Cíc. Arch. 9). 3) Correção, modificação, borrão (Cíc. Verr. 2, 187) III — Sent. figurado: 4) Mancha (de lá-
litorālis (littor-), -e, adj. Da costa, do liga (Marc. 7, 18 2).

1. **litus, -a, -um,** part. pass. de **lino.**
2. **litus, -öris,** subs. n. I — Sent. próprio: 1) Praia, costa, litoral, beira-mar (Cíc. Amer. 72) II — Daí: 2) Margem (de um rio ou lago) (Verg. En. 8, 83). 3) Pôrto, baía, enseada (Suet. Tib. 40). Obs.: Para margem de um rio a palavra geralmente usada é **ripa** e para margem de um lago diz-se **ora.**
litŭus, -ī, subs. m. I — Sent. próprio: 1) Bastão de agoureiros (sem nós e recurvado) (T. Lív. 1, 18, 7). II — Daí: 2) Trombeta recurvada (semelhante ao bastão), clarim (Verg. En. 6, 167). III — Sent. figurado: 3) Autor, instigador, o que dá o sinal (Cíc. At. 11, 12, 1). 4) Sinal (Cíc. At. 2, 12, 2).
līvens, -ēntis, part. pres. de **livĕo.**
līvĕō, -ēs, -ēre, v. intr. I — Sent. próprio: 1) Ficar lívido (Ov. Met. 2, 776). II — Sent. figurado: 2) Ficar pálido de inveja (Marc. 8, 61, 6). 3) Ser invejoso, invejar (Tác. An. 13, 42).
līvēscō, -īs, -ēre, v. incoat. intr. Tornar-se denegrido, lívido (Lucr. 3, 527).
līvī, perf. de **lino** (Col. 12, 50, 17).
Livia, -ae, subs. pr. f. Lívia nome de mulher, entre outras Lívia Drusila, espôsa de Augusto (Ov. F. 5, 157).
Liviānus, -a, -um, adj. De Lívio (Cíc. Leg. 3, 39).
līvidŭlus, -a, -um, adj. Um tanto invejoso (Juv. 11, 110).
līvidus, -a, -um, adj. I — Sent. próprio: 1) Denegrido, da côr de chumbo, lívido, negro (Verg. En. 6, 320). Daí, por extensão: 2) Pisado, contuso (Ov. Her. 20, 82). II — Sent. poético: 3) Invejoso (Hor. Ep. 2, 1, 89).
Līvīlla, -ae, subs. pr. f. Livila, filha de Germânico e Agripina (Suet. Cal. 7).
1. **Līvius, -a, -um,** adj. De Lívio (Cíc. Leg. 2, 11).
2. **Līvius, -ī,** subs. pr. m. Lívio nome de família romana, destacando-se: 1) Lívio Salinator (Cíc. Br. 72). 2) Tito Lívio, célebre historiador romano do tempo de Augusto (Quint. 10, 1, 32).
līvor, -ōris, subs. m. I — Sent. próprio: 1) Lividez, côr lívida, côr de chumbo, côr denegrida (proveniente de uma contusão) (Quint. 2, 21, 19). II — Sent. figurado: 2) Inveja, malignidade (Ov. Am. 1, 15, 39); (Fedr. 4, 22, 1).
līxa, -ae, subs. m. Servente do exército, vivandeiro ((T. Lív. 21, 63, 9).

locārius, -ī, subs. m. O que aluga lugares num teatro para os passar a outrem, cambista (Marc. 5, 24, 9).
locātiō, -ōnis, subs. f. I — Sent. próprio: 1) Aluguel, locação, arrendamento (Cíc. At. 4, 3, 2). II — Daí: 2) Ajuste (de trabalho), contrato (de locação) (Cíc. At. 1, 17, 9).
locātus, -a, -um, part. pass. de **lŏco.**
locēllus, -ī, subs. m. Caixinha, cofre pequeno (Marc. 14, 13, 1).
locitō, -ās, -āre, v. freq. tr. Pagar aluguel ou salário (Ter. Ad. 949).
locō, -ās, -āre, -āvī, -ātum, v. tr. I — Sent. próprio: 1) Colocar, pôr, estabelecer: **castra ad Cybistra** (Cíc. Fam. 15. 2, 2) «estabelecer seu acampamento perto de Cibistra»; **civitas in Bruti fide locata** (Cíc. At. 6, 1, 5) «a cidade foi colocada sob a proteção de Bruto». II — Sent. figurado: 2) Dar em casamento, casar (referindo-se à mulher) (Plaut. Trin. 782). 3) Alugar, arrendar: **agrum** (Cíc. Verr. 3, 13) «arrendar o campo». 4) Emprestar, empregar (o dinheiro), dar de empreitada, fazer uma adjudicação (Cíc. Verr. 4, 79). Obs.: Subj. arc.: **locassim** (Plaut. Aul. 226); **locassint** (Cíc. Leg. 3, 11).
Locrēnsēs, -ium, subs. loc. m. Locrenses, habitantes de Locros (Cíc. Verr. 5, 90).
Locrī, -ōrum, subs. pr. m. Locros. 1) Cidade da extremidade meridional do Brútio (Cíc. Fin. 5, 87). 2) Habitantes de Locros (Cíc. Nat. 2, 6).
Locris, -idis, subs. pr. m. Lócrida. 1) Parte da Etólia (T. Lív. 26, 26). 2) Mulher de Lócrida (Catul. 66, 54).
loculāmēntum, -ī, subs. n. Armário ou estante para papéis (com compartimentos) (Sên. Tranq. 9, 7).
locŭlus, -ī, subs. m. I — Sent. próprio: 1) Compartimento (Plaut. Mil. 853). II — Sent. especial: 2) Ataúde (Plín. H. Nat. 7, 76). No plural: 3) Estôjo, carteira (para livros ou papéis), cofre (para dinheiro), bôlsa (para dinheiro) (Hor. Ep. 2, 1, 175).
locŭplēs, -plētis, adj. I — Sent. próprio: 1) Rico em terras (Cíc. Rep. 2, 16). Daí: 2) Em que se pode depositar confiança, que oferece garantias (Cíc. Br. 47). Depois: 3) Rico, opulento (sent. geral) (Sal. B. Jug. 84). II — Sent. figurado: 4) Rico, fecundo, abundante (Cíc. Fin. 5, 13). Obs.: Constrói-se como absol.: com abl. (às vêzes acompanhado da prep. **in**).

lucuplētātor, -ōris, subs. m. O que enriquece (Eutr. 10, 15).
locuplētātus, -a, -um, part. pass. de locuplēto.
locuplēto, -ās, -āre, -āvī, -ātum, v. tr. Tornar rico, enriquecer (sent. próprio e figurado) (Cíc. Agr. 2, 68); (Cíc. Fin. 2, 90).
locus, -ī, subs. m. (No plural: loci e loca). I — Sent. próprio: 1) Lugar, local, posição, situação (Cés. B. Gal. 2, 4, 2). II — Sent. técnicos: 2) Passo (de um livro ou discurso) (Cíc. Verr. 4, 68). Na língua retórica: 3) Fundamento de um raciocínio, assunto de um discurso, pontos principais (Cíc. Of. 1, 152). Sent. diversos: 4) Categoria, posição, situação, condição, estado, emprêgo (Cíc. Clu. 150). III — Sent. figurado: 5) Ocasião, ensejo oportunidade, época, tempo (Cíc. Cael. 9). Com idéia temporal: 6) Em expressões: **ad id locorum** (Sal. B. Jug. 63, 6) «até êste momento, até então»; **postea loci** (Sal. B. Jug. 102, 1) «depois disso, isto é, em seguida».
1. **lŏcūsta** (**lūcūsta**), -ae, subs. f. 1) Gafanhoto (T. Lív. 30, 2). 2) Lagosta (Petr. 35, 4).
2. **Lōcūsta**, -ae, subs. pr. f. Locusta, célebre envenenadora, cúmplice de Nero (Tác. An. 12, 66).
locūtĭō (**loquutĭō**), -ōnis, subs. f. Ação de falar, maneira de falar, linguagem, palavra (Cíc. Of. 1, 146).
Locūtĭus, -ī, subs. pr. m. Aio Locúcio, deus da palavra (T. Lív. 5, 50, 5).
locūtus, -a, -um, part. pass. de loquor.
lōdīx, -ĭcis subs. f. Cobertor, coberta (de cama) (Marc. 14, 152, 1).
loedus, -ī, subs. m. (arc.), v. ludus (Cíc. Leg. 2, 22).
logēum (**logĭum**), -ī, subs. n. Documentos antigos, arquivo (Cíc. Fam. 5, 20).
logī, v. logos.
logĭca, -ae (**logĭcē**, -ēs), subs. f. A lógica (Cíc. Fin. 1, 22: citação em grego).
logos (**logus**), -ī, subs. m. I — Sent. próprio: 1) Palavra (Plaut. Men. 779). 2) No plural: Tagarelice, discursos inúteis (Ter. Phorm. 493). II — Sent. especial: 3) Palavra espirituosa (Plaut. St. 221). 4) Fábula (Sên. Polyb. 27).
lolĭum, -ī, subs. n. Joio (planta) (Verg. G. 1, 154).
Lollĭa, -ae, subs. pr. f. Lólia, nome de mulher (Cíc. Fam. 9, 22, 4).

Lolliānus, -a, -um, adj. De Lólio (Tác. An. 1, 10)
lollīgō, -ĭnis, subs. f. Chôco, siba (peixe) (Cíc. Div. 2, 145).
Lollĭus, -ī, subs. pr. m. Lólio, nome de uma família romana (Cíc. Verr. 2, 100).
lōmēntum, -ī, subs. n. O que serve para lavar, sabão (de farinha de fava e arroz) Marc. 3, 42, 1).
Londinĭum, -ī. subs. pr. n. Londínio, cidade da Bretanha, atual Londres (Tác. An. 14, 33).
longaeva, -ae, subs. f. Mulher velha (Ov. Met. 10, 462).
longaevus, -a, -um, adj. Longevo, muito velho, idoso, antigo (Verg. En. 3, 169).
Longārēnus, -ī, subs. pr. m. Longareno, nome de homem (Hor. Sát. 1, 2, 67).
longē, adv. I — Sent. próprio: 1) Ao longo, no sentido do comprimento: **longe lateque** (Cíc. Div. 1, 79) «em comprimento e largura». 2) Ao longe, distante: **longe abesse** (Cíc. Fam. 2, 7, 1) «estar distante». II — Sent. figurado: 3) Longe, ao longe, longamente: **aliquid longius dicere** (Cíc. Or. 162) «expor alguma coisa muito longamente». 4) Grandemente, muito: **longe eloquentissimus** (Cíc. Caec 53) «de longe o mais eloqüente».
longinquĭtās, -tātis, subs. f. I — Sent. próprio: 1) Afastamento, grande distância (Cíc. Fam. 2, 9, 1). II — Por extensão: 2) Longa duração (Cíc. Phil. 10, 16). 3) Longo período (Cíc. Tusc. 5, 117).
longīnquum, adv. Durante muito tempo, longamente (Plaut. Merc. 610).
longīnquus, -a, -um, adj. I — Sent. próprio: 1) Que se encontra longe, afastado, distante, longínquo, de país distante: **longinquae nationes** (Cés. B. Gal. 7, 77, 16) «nações longínquas». II — Daí: 2) Afastado (tratando-se de tempo futuro), longo, que dura muito tempo: **longinqui dolores** (Cíc. Fin. 2, 94) «longas dores»; **spes longinqua et sera** (Tác. An. 13, 37, «esperança longínqua e tardia». 3) Antigo: **longinqua monumenta** (Plín. H. Nat. 13, 83) «monumentos antigos».
Longīnus, -ī, subs. pr. m. Longino, sobrenome romano, principalmente na «gens» Cássia (Cíc. Leg. 3, 35).
longitūdō, -ĭnis, subs. f. I — Sent. próprio: 1) Comprimento (Cíc. Phil. 9, 2). II — Daí, por extensão (sent. temporal): 2) Longa duração, duração (Cíc. Verr. 5, 26).

longiuscŭlus, -a, -um, adj. Um pouco mais comprido: **alterni versus longiusculi** (Cíc. Arch. 25) «dísticos».
Longŭla, -ae, subs. pr. f. Lôngula, cidade dos volscos (T. Lív. 2, 23, 4).
longŭlē, adv. Um pouco longe, muito distante, bem longe (Plaut. Rud. 226).
longŭlus, -a, -um, adj. Um tanto comprido (Cíc. At. 16, 13a, 2).
longum, adv. Durante muito tempo, há muito tempo (Verg. En. 10, 740).
Longuntĭca, -ae, subs. pr. f. Longúntica, cidade da Hispânia Tarraconense (T. Lív. 22, 20, 6).
longurius, -ĭ, subs. m. Vara direita e comprida (Cés. B. Gal. 3, 14, 5).
1. longus, -a, -um, adj. I — Sent. próprio: 1) Comprido (no espaço e no tempo) (Cíc. Of. 1, 30): **longa aetas** (Cíc. C. M. 66) «vida comprida». Daí: 2) Grande, vasto (Hor. O. 3, 3, 37). II — Sent. poético: 3) Afastado, distante, longínquo (Verg. G. 3, 223). III — Sent. figurado: 4) Que dura muito tempo, que se prolonga, que dura: **ex longo** (Verg. En. 9, 64) «desde há muito».
2. Longus, -ĭ, subs. pr. Longo, sobrenome romano (Tác. An. 4, 15).
loquācĭtās, -tātis, subs. f. Loquacidade, verbosidade, prolixidade (no falar) (Cíc. Fam. 6, 4, 4).
loquācĭter, adv. Verbosamente, loquazmente (Cíc. Mur. 26).
loquācŭlus, -a, -um, adj. Um tanto loquaz, tagarela (Lucr. 4, 1165).
loquāx, -ācis, adj. I — Sent. próprio: 1) Falador, tagarela, loquaz, verboso (Cíc. C. M. 55). Daí 2) Que faz sussurro, ruidoso, sussurrante (Ov. Am. 1, 4, 17).
loquēla (loquēlla), -ae, subs f. I — Sent próprio: 1) Palavra (articulada). II — Daí: 2) Língua, linguagem, idioma (Ov. Trist. 5, 2, 68).
loquens, -ēntis, part. pres. de **loquor**.
loquentĭa, -ae, subs. f. Facilidade de falar, facúndia (Plín. Ep. 5, 20, 5).
loquĭtor, -āris, -ārī, -ātus sum, v. freq. dep. intr. Falar muito, falar pelos cotovelos (Plaut. Bac. 803).
loquor, -ĕris, loquī, locūtus sum, v. dep. intr. e tr. 1) Falar, exprimir, dizer (Cíc. Br. 258); (Cíc. Br. 228); (Cíc. Ver 4, 69); (Cíc. Tusc. 1, 13). 2) Falar sem cessar, ter sempre à bôca (Cíc. Par 50). Obs.: Constrói-se como intransitivo ou com abl. com **de**; ou transitivamente.

Loracĭna, -ae, subs. pr. m. Loracina, rio do Lácio (T. Lív. 43, 4, 7).
lōrārĭus, -ĭ, subs. m. Lorário, escravo incumbido de açoitar (outros escravos) (A. Gél. 10, 3, 19).
lōrātus, -a, -um, adj. Prêso por uma correia (Verg. Mor. 123).
lōrĕŏla, -ae, subs. f., v. **laureola** (Cíc. At. 5, 20, 4).
Lōrētum, -ĭ, subs. pr. m. Floresta de Loreto, situada no monte Aventino, em Roma (Plín. H. Nat. 15, 138).
lōrĕus, -a, -um, adj. De couro (Plaut. Mil. 157).
lōrĭca, -ae, subs. f. I — Sent. próprio: 1) Couraça, cota de malha (Cíc. Mur. 52). Por extensão: 2) Parapeito, trincheira, entrincheiramento, tudo o que serve de defesa (Cés. B. Gal. 5, 40, 6).
lōrĭcātus, -a, -um, part. pass. de **lorico**.
lōrĭcō, -ās, -āre, -āvī, -ātum, v. tr. 1) Cobrir com uma couraça, armar (Plín. H. Nat. 88, 8); (T. Lív. 23, 19, 18). Daí: 2) Revestir (Varr. R. Rust. 1, 57).
lōrĭpēs, -pĕdis, subs. m. e f. Que tem as pernas tortas (Plaut. Poen. 510); (Juv. 2, 23).
lōrum, -ĭ, subs. n. I — Sent. próprio: 1) Correia, tira de couro, loro (T. Lív. 9, 10). Daí: 2) Couro (em geral) (Juv. 5, 165). No pl.: 3) Rédeas (Verg. G. 3, 107). 4) Açoute (Hor. Ep. 1, 16, 47). 5) Cinto de Vênus (Marc. 6, 21, 9). Obs.: Em Petrônio (57, 8) e em Apuleio (M. 3, 14) é masculino: **lorus, -ĭ**.
Lōtis, -ĭdis, subs. pr. f. Lótide, ninfa amada por Priapo e metamorfoseada em lótus (Ov. Met. 9, 347).
lōtĭum, -ĭ, subs. n. Urina (Suet. Vesp. 23).
lōtos ou lōtus, -ĭ, subs. f. I — Sent. próprio: 1) Loto, lodão (árvore) (Verg. G. 2, 84). Daí: 2) Planta de loto (planta aquática) (Plín. H. Nat. 13, 101). 3) Meliloto, trevo-de-cheiro (Verg. G. 2, 84). II — Por extensão: 4) Fruto do loto (Ov. P. 4, 10, 18). 5) Flauta de loto (Ov. F. 4, 190).
1. lōtus, -a, -um, = **lautus**, part. pass. de **lavo**.
2. lōtus, -ĭ, subs. f. v. **lōtos**.
Lua, -ae, subs. pr. f. Lua, deusa que presidia às expiações e a quem se ofereciam os despojos dos inimigos (T. Lív. 8, 1, 6).
lubens, lubet, v. **lib-**.
lŭbrĭcō, -ās, -āre, -āvī, -ātum, v. tr. Lu-

LUBRICUM — 570 — **LUCILIUS**

brificar, tornar escorregadio (Juv. 11, 173).

lŭbrĭcum, -ĭ, subs. n. I — Sent. próprio: 1) Lugar escorregadio, terreno escorregadio (Tác. An. 1, 65). II — Sent. figurado: 2) Passo arriscado, perigo, dificuldade (Tác. An. 6, 49).

lŭbrĭcus -a, -um, adj. I — Sent. próprio: 1) Escorregadio (T. Lív. 44, 9, 9). 2) Que escapa, que foge, mal seguro, incerto, inconstante (Ov. A. Am. 3, 364). II— Sent. figurado: 3) Que causa a queda de, difícil, perigoso, liso, polido, que tropeça fàcilmente (Tác. An. 13, 2). 4) Móvel, inquieto, inconstante (Verg. En. 5, 84). 5) Incerto, perigoso (Cíc. Rep. 1, 44). 6) Enganador, decepcionante (Verg. En. 11, 716).

1. **Lūca, -ae,** subs. pr. f. Luca, cidade da Etrúria (Cíc. Fam. 1, 9, 9).

2. **Lūca bōs, Lūcae bŏvis,** subs. m. e f. Elefante, imprópriamente chamado «boi da Lucânia» pelos romanos (Plaut. Cas. 846); (Lucr. 5, 1302).

Lūcăgus, -ĭ, subs. pr. m. Lúcago, nome de um guerreiro (Verg. En. 10, 575).

Lūcānī, -ōrum, subs. loc. m. Lucanos, habitantes da Lucânia (Cés. B. Civ. 1, 30).

Lūcānia, -ae, subs. pr. f. Lucânia, província ao sul da Itália (Cíc. Tusc. 1, 89).

Lūcānĭānus, -a, -um, adj. Da Lucânia (Cíc. Phil. 13, 12).

lūcānĭca (lucana), -ae, subs. f. ou **lūcānĭcum, -ĭ, lūcānĭca, -ōrum,** subs. n. Salpicão, paio (Cíc. Fam. 9, 16, 8).

Lūcānus, -ĭ, subs. pr. m. Lucano, poeta latino do tempo de Nero (Quint. 10, 1, 90).

lŭcar, -āris, subs. n. Sent. próprio: Impôsto sôbre os bosques sagrados e depois: salário dos atôres (Tác. An. 1, 77).

Luccēius, -ĭ, subs. pr. m. Luceio, nome de um amigo de Cícero (Cíc. At. 5, 21, 13).

lūcĕ, abl de **lūx.**

Luccĕĭum, -ĭ, subs. pr. n. Luceio, fortaleza da Galácia (Cíc. Dej. 17).

lucēllum, -ĭ, subs. n. Pequeno lucro (Cíc. Verr. 3, 72).

lūcens, -ēntis, part. pres. de **lucĕo.**

Lūcēnsis, -e, adj. 1) De Luca, cidade da Etrúria (Cíc. Fam. 13, 13). 2) De Luco, cidade da Astúria (Plín. H. Nat. 3, 18).

lūcĕō, -ēs, -ēre, lūxī, (sem supino), v. intr. I — Sent. próprio: 1) Ser luminoso, luzir, brilhar, resplandecer (Cíc. Rep. 4, 16). Daí: 2) Ser visível através de, deixar-se ver (Prop. 2, 2, 25).

II — Sent. figurado: 3) Brilhar, ser claro, manifesto, evidente (Cíc. Pomp. 41). 4) Impessoal: ser dia, romper a aurora (Cic. Div. 1, 47).

Lūcĕrēs, -um, subs. pr. m. Lúceres, uma das 3 tribos estabelecidas por Rômulo (Cíc. Rep. 2, 14).

Lūcerĭa, -ae, subs. pr. f. Lucéria, cidade da Apúlia (Cíc. Fam. 15, 15, 4).

Lūcerīnī, -ōrum, subs. loc. m. Lucerinos, habitantes de Lucéria (T. Lív. 9, 26).

Lūcerīnus, -a, -um, adj. De Lucéria (T. Lív. 10, 35).

lucerna, -ae, subs. f. I — Sent. próprio: 1) Lâmpada de azeite (em oposição a candela), lucerna (Cíc. Fin. 4, 29). II — Sent. figurado: 2) Vigília (de um poeta), trabalho à noite (Juv. 1, 51).

lūcēscō (lūcīscō), -is, -ĕre, lūxī, v. incoat. intr. I — Sent. próprio: 1) Começar a luzir, a brilhar (Verg. Buc. 6, 37); (Ov. F. 5, 417). II — Impessoal: 2) Começa a ser dia, raia o dia (Cíc. Fam. 15, 4, 8).

lūcī, locativo empregado como um subs. m. ou n. nas locuções: 1) **primo luci** (Cíc. Of. 3, 112) «ao raiar do dia». 2) **luci claro** (Plaut. Aul. 748) «em pleno dia».

lūcĭdē, adv. Claramente, com lucidez (Quint. 8, 3, 1).

lūcĭdum, n. tomado adv. De modo brilhante (Hor. O. 2, 12, 14).

lūcĭdus, -a, -um, adj. I — Sent. próprio: 1) Luminoso, brilhante, límpido, belo (Ov. Her. 15, 74). II — Sent. figurado: 2) Lúcido, claro, evidente (Hor. A. Poét. 41).

1. **lūcĭfer, -fĕra, -fĕrum,** adj. I — Sent. próprio: 1) Luminoso, que dá claridade, que traz luz (Ov. Her. 11, 46). Daí: 2) Que traz um facho (Ov. Her. 20, 192).

2. **Lūcĭfer, -ĕrī,** subs. pr. m. 1) Lúcifer, nome que se dava ao planêta Vênus, por trazer a luz matutina (Cíc. Nat. 2, 53). 2) Jornada, dia (Prop. 2, 15, 28).

Lūcĭfĕra, -ae, subs. pr. f. Lucifera, epíteto de Diana, deusa da luz (Cíc. Nat. 2, 68).

lūcĭfŭga, -ae, subs. m., v. **lucifŭgus** (Sên. Ep. 122, 15).

lūcĭfŭgus, -a, -um, adj. I — Sent. próprio: 1) Lucífugo, que foge da luz (Verg. G. 4, 243). II — Sent. figurado: 2) Que foge da luz, escuso (Cíc. Fin. 1, 61).

Lūcīlius, -ĭ, subs. pr. m. 1) Lucílio, nome de uma família romana, notadamente

Caio Lucílio, cavaleiro romano e célebre poeta satírico (Hor. Sát. 1, 4, 6). 2) Lucílio Balbo, discípulo de Panécio (Cíc Nat. 1, 15).

Lūcīna, -ae. subs. pr. f. 1) Lucina, deusa que presidia aos partos, associada ora a Diana, ora a Juno (Ov. F. 6, 39). Daí, em sent. figurado: 2) O parto em si mesmo (Ov. A. Am. 3, 785).

lūcīscō = lucēsco.

lucrātīvus, -a, -um, adj. Lucrativo, proveitoso (Quint. 10, 7, 27).

lucrātus, -a, -um, part. pass. de **lucror.**

Lucrētia, -ae, subs. pr. f. Lucrécia, espôsa de Tarquínio Colatino e célebre por sua virtude (Ov. F. 2, 685).

Lucrētīlis, -is, subs pr. m. Lucrétile, montanha dos sabinos (Hor. O. 1, 7, 1).

Lucrētīus, -ī, subs. pr. m. Lucrécio, nome de uma família romana. Destaca-se Lucrécio Caro, famoso poeta latino, autor do poema didático «Da natureza das coisas» ou «Da Natureza» (Cíc. Q. Fr. 2, 11, 14).

lucrifĭcābĭlis, -e, adj. Que dá lucro (Plaut. Pers. 712).

lucrifŭga, -ae, subs. m. Que foge do ganho, que evita lucro (Plaut. Ps. 113¹)

Lucrīnēnsis, -e, adj. Do lago Lucrino (Cic. At. 4, 10, 1).

Lucrīnus (lacus), -ī, subs. pr. m. Lago Lucrino, na Campânia (Verg. G. 2. 161)

lucror, -āris, -ārī, -ātus sum, v. dep. tr. I — Sent. próprio: 1) Ganhar, lucrar. traficar (Cic. Par. 21). II — Daí: 2) Adquirir, obter, conseguir (Cic. Verr. 1, 33). 3) Economizar, guardar (Plin. H. Nat. 18, 68).

lucrōsus, -a, -um, adj. Lucrativo, proveitoso (Ov. Am. 1, 10, 35).

lucrum, -ī, subs. n. I — Sent. próprio: 1) Lucro, ganho, proveito (Plaut. Poen 771). Daí: 2) Riqueza, fortuna (Ov. Am. 3, 8, 35). 3) Ganância, avareza (sent. pejorativo) (Sên. Hippol. 4, 250). II — Sent. figurado: 4) Vantagem, benefício, fruto (Cíc. Fam. 7, 24, 1); (Cíc. Fam. 9, 17, 1).

luctāmen, -ĭnis, subs. n. Esfôrço, empenho, luta (Verg. En. 8, 89).

luctātĭō, -ōnis, subs. f. Luta, esfôrço (sent. próprio e figurado) (Cíc. Leg. 2, 38); (T. Lív. 21, 36, 7).

luctātor, -ōris, subs. m. Lutador (Ov. Trist. 4, 6, 31).

luctātus, -a, -um, part. pass. de **luctor.**
luctī, v. **luctus.**

luctĭfer, -fěra, -fěrum, adj. Luctífero, que causa luta, desastroso, infeliz (Sên. Herc. F. 691).

luctĭfĭcus, -a, -um, adj. Luctífico, funesto, triste, aflito (Verg. En. 7, 324).

luctĭsŏnus, -a, -um, adj. Luctíssono, que produz um som triste (Ov. Met. 1, 732).

luctō, -ās, -āre, = luctor. Lutar (Ter. Hec. 829).

luctor, -āris, -ārī, -ātus sum, v. dep. intr. Lutar, combater (sent. próprio e figurado), exercitar-se (na luta) (Cíc. Of. 1, 107); (Verg. G. 2, 526); (Cíc. Sull. 47).

luctuōsē, adv. De modo lastimoso (Varr. L. Lat. 5, 76). Obs.: Comp.: **luctuosīus** (T. Lív. 28, 39, 6).

luctuōsus, -a, -um, adj. I — Sent. próprio: 1) Que causa dó, triste, deplorável, doloroso (Cic. De Or. 3, 8): II — Daí: 2) Que sente tristeza, pesaroso, infeliz, desgraçado (Hor. O. 3, 6, 7).

luctus, -ūs, subs. m. I — Sent. próprio: 1) Dor (principalmente pela morte de uma pessoa querida), luto, aflição (Cíc. De Or. 2, 193). Daí: 2) Lamentações, gemidos, lágrimas (T. Lív. 22, 56, 5). Por extensão: 3) Objeto do luto, perda, morte (Ov. Met. 1, 655). II — Personificado: 4) Luto (deus da dor) (Verg. En. 6, 274).

lūcubrātĭō, ōnis, subs. f. I — Sent. próprio: 1) Vigília à luz da lâmpada, serão (Cic. Div. 2, 142). II — Daí: 2) Trabalho feito ao serão, fruto de vigílias, lucubração (Cic. Fam. 9, 2. 1).

lūcŭbrātōrĭus, -a, -um, adj. De vigília, próprio para trabalhar ao serão (Suet. Aug. 78).

lūcŭbrātus, -a, -um, part. pass. de **lucubro.**
lūcŭbrō, -as, -āre, -āvī, -ātum, v. intr. e tr. Trabalhar à luz da lâmpada, trabalhar à noite (Cíc. Par. 5).

lūculēntē, adv. Esplêndidamente, excelentemente (Cíc. Br. 76).

lūculēnter, adv. Muitíssimo bem, excelentemente (Cíc. Fin. 2, 15).

lūculēntus, -a, -um, adj. I — Sent. próprio: 1) Luminoso, brilhante, claro, límpido (Cic. Fam. 7, 10, 2). II — Sent. figurado: 2) Magnífico, belo (Plaut. Mil. 958). 3) Importante, considerável (Cíc. Phil. 7, 17). Na língua retórica: 4) Elegante, nítido, preciso (Cic. At. 12, 21, 1). 5) Digno de crédito (Sal. C. Cat. 31, 6).

Luculliānus e **Lucullĕus, -a, -um**, adj. De Luculo (Tác. An. 11, 32); (Suet. Dom. 10).

Lūcūllus, -ī, subs. pr. m. Luculo, nome de um ramo da «gens» Licínia, da qual se destaca Licínio Luculo pela vitória sôbre Mitridates, e por suas riquezas (Cíc. Pomp. 20).

Lucŭmō, -ōnis, subs. pr. m. Lúcumo. 1) Nome de um aliado de Rômulo (Cíc. Rep. 2). 2) Nome que Tarquinio, o Antigo, usava antes de se estabelecer em Roma (T. Lív. 1, 34, 1). 3) Chefe de tribo entre os etruscos (Prop. 4, 1, 29).

lucus, -ī, subs. m. I — Sent. próprio: 1) Bosque sagrado (Cíc. Mil. 85). II — Daí, em sent. poético: 2) Bosque (Verg. En. 11, 456).

lŭcŭsta, v. **locŭsta**.

lūdĭa, -ae, subs. f. Sent. próprio: 1) Atriz, dançarina ou gladiadora profissional (Marc. 5, 24, 10). Por extensão: 2) Mulher de gladiador (Juv. 6, 103).

lūdibrĭum, -ī, subs. n. I — Sent. próprio: 1) Zombaria, objeto de riso, escárnio, capricho, joguete, ludíbrio (Cíc. Par. 9). II — Daí: 2) Ação de zombar, insulto, ultraje, desonra (Q. Cúrc. 10, 1, 3). 3) Engano, dolo (T. Lív. 22, 16, 6).

lūdibŭndus, -a, -um, adj. I — Sent. próprio: 1) Que brinca, que se diverte, muito alegre, gracejador (T. Liv. 24, 16). II — Daí: 2) Sem dificuldade, sem perigo, que faz alguma coisa brincando (Cíc. Fam. 16, 9, 2).

lūdĭcer (-crus), -cra, -crum, adj. Divertido, recreativo, lúdicro (Cíc. Nat. 1, 102).

lūdĭcrĕ, adv. Por brincadeira, por gracejo (Plaut. Men. 821).

lūdĭcrum, -ī, subs. n. I — Sent. próprio: 1) Jôgo público, espetáculo (no circo ou no teatro) (T. Lív. 28, 7, 14). II — Daí: 2) Divertimento, distração (Hor. Ep. 1, 1, 10).

lūdĭcrus, v. **lūdĭcer**.

lūdĭfĭcābĭlis, -e, adj. Próprio para lograr (Plaut. Cas. 761).

lūdĭfĭcātĭō, -ōnis, subs. f. Ação de zombar de alguém, engano, lôgro, mistificação (Cíc. Sest. 75).

lūdĭfĭcātor, -ōris, subs. m. Enganador, burlão (Plaut. Most. 1066).

lūdĭfĭcātus, -a, -um, part. pass. de **lūdĭfĭco** e de **lūdĭfĭcor**.

lūdĭfĭcātus, -ūs, subs. m. Zombaria, escárneo (Plaut. Poen. 1139). Obs.: Só usado no dat.

lūdĭfĭcō, -ās, -āre, -āvī, -ātum, v. intr. e tr. A) Intr.: 1) Usar de subterfúgios (Cíc. Quinct. 54). B) Tr.: 2) Rir de, zombar, escarnecer de, enganar (Plaut. Mil. 495).

lūdĭfĭcor, -āris, -ārī, -ātus sum, v. dep. tr. I — Sent. próprio: 1) Rir-se de, zombar, escarnecer (Plaut. Amph. 565); (Cíc. Amer. 55). II — Daí: 2) Enganar, iludir, escapar (T. Lív. 2, 34, 2); (Tác. An. 3, 21).

lūdius, -ī, subs. m. I — Sent. próprio: 1) Histrião, dançarino profissional (Cíc. Sest. 116). II — Sent. particular: 2) Gladiador (Juv. 6, 82).

lūdō, -is, -ĕre, lūsī, lūsum, v. intr. e tr. I — Sent. próprio: Intr.: 1) Jogar, divertir-se, brincar (Cíc. De Or. 1, 73); (Cíc. Phil. 2, 56); (Verg. G. 2, 386). Tr.: 2) Imitar brincando, compor, tocar (Verg. G. 4, 565). II — Sent. figurado: 3) Ridicularizar, zombar, escarnecer (Cíc. Q. Fr. 2, 12, 2). 4) Enganar, iludir (Hor. O. 3, 4, 5).

lūdus, -ī, subs. m. I — Sent. próprio: 1) Jôgo, divertimento, passatempo (Cíc. Cael. 11). No plural: 2) Jogos (de caráter oficial ou religioso), jogos públicos, representações teatrais (Cíc. Verr. 4, 33). Por extensão: 3) Escola, aula **ludum aperire** (Cíc. Fam. 9, 18, 1) «abrir uma escola». II — Sent. figurado: 4) Brinquedo, gracejo, graça (Cíc. Verr. 2, 181). 5) Zombaria, escárnio (Plaut. Aul. 253). 6) Prazeres (da mocidade) (T. Lív. 26, 50, 5). Obs.: Ludus designa principalmente «jôgo físico» em oposição a **iocus** «gracejo».

luēs, -is, subs. f. I — Sent. comum: 1) Epidemia, peste, doença contagiosa, contágio (Ov. Met. 15, 626). II — Daí: 2) Flagelo, calamidade, desgraça (Tác. Hist. 3, 15). Como têrmo de injúria: 3) Peste (Cíc. Har. 24).

Lugdūnēnsis, -e, adj. De Lugduno, cidade da Gália Lionesa (Tác. Hist. 1, 51).

Lugdūnum, -ī, subs. pr. n. Lugduno ou Lião, cidade da Gália Lionesa (Plín. H. Nat. 4, 107).

lūgens, -ēntis, I — Part. pres. de **lugĕo**. II — Adj.: Onde se chora, de luto: **lugentes campi** (Verg. En. 6, 441) «o campo das lágrimas (nos infernos)».

lūgĕō, -ēs, -ēre, lūxī, lūctum, v. intr. e tr. I — Sent. próprio: A) Intr.: 1) Estar de luto, lastimar-se (Cíc. Mil. 20). B) Tr.: de um modo geral: 2) Chorar (pela morte de alguém), mostrar pesar, lamentar, deplorar (Cíc. Phil. 12, 25); Cíc. Br. 4); (Ov. Met. 10, 141). Obs.: Forma sincopada: **luxti** = **luxisti** (Catul. 66, 21).

lŭgŭbrĕ, adv. De modo sinistro, lùgubremente (Verg. En. 10, 273).

lŭgubrĭa, -ĭum, subs. n. pl. Luto, trajo de luto (Ov. Met. 11, 669).

lŭgŭbris, -e, adj. I — Sent. próprio: 1) De luto, de dor (Hor. O. 1, 24, 2). II — Daí: 2) Que provoca o luto, desastroso, sinistro, lúgubre (Hor. O. 2, 1, 33). 3) De luto, triste (Lucr. 4, 536). 4) De aspecto miserável (Hor. Epo. 9, 28).

luī, perf. de **luo**.

luĭtūrus, -a, -um, part. fut. de **luo**.

lumbĭfragĭum, -ī, subs. n. Ruptura dos rins (Plaut. Amph. 454).

lumbrīcus, -ī, subs. m. Lombriga, minhoca (Plaut. Aul. 620).

lumbus, -ī, subs. m. (geralmente no pl.). Rins (do homem ou dos animais), espinhaço, espinha dorsal, lombo (Cíc. Arat. 82).

lūmen, -ĭnis, subs. n. I — Sent. próprio: 1) Luz (Cíc. Div. 2, 91). II — Daí: 2) Meio de iluminação, archote, lâmpada, candeia: **lumini oleum instillare** (Cíc. C. M. 36) «colocar óleo numa lâmpada». III — Sent. figurado: 3) Luz, claridade, luz (têrmo de pintura), a vista, a perspectiva (de um edifício) (Plín. H. Nat. 35, 29). IV — Sent. poético: 4) Luz do dia, dia (Verg. En. 6, 356). 5) Luz dos olhos, olhos: **lumine torvo** (Verg. En. 3, 677) «com olhos ameaçadores». 6) Luz da vida, vida: **lumine adempto** (Lucr. 3, 1033) «privado de vida». 7) Abertura para a luz, janela (Cíc. At. 2, 3, 2). 8) Brilho, ornamento, glória: **lumina civitatis** (Cíc. Cat. 3, 24) «as glórias da cidade». Na língua retórica: 9) Ornamentos (do estilo): **dicendi lumina** (Cíc. De Or. 2, 119) «ornamentos do estilo».

lūmĭnāre, -is, subs. n. (geralmente no plural). Sent. próprio: 1) Um luminar (têrmo teol.), astros; daí: 2) Luz, lâmpada e em sent. figurado: 3) Frestas, janelas (de um edifício) (Cíc. At. 15, 26, 4).

lūmĭnātus, -a, -um, part. pass. de **lumino**.

lūmĭnō, -ās, -āre, -āvī, -ātum, v. tr. Alumiar, iluminar (Apul. M. 11, p. 269, 40).

lūmĭnōsus, -a, -um, adj. Sent. próprio: Que dá luz, luminoso, que tem luz, donde: que tem brilho, brilhante (tratando-se do estilo) (Cíc. Or. 125).

1. lūna, -ae, subs. f. I — Sent. próprio: 1) Lua (Cíc. Rep. 1, 23). II — Sent. diversos: 2) Mês (Plín. H. Nat. 18, 217). 3) Noite (Verg. G. 3, 337).

2. Lūna, -ae, subs. pr. f. Luna, cidade marítima da Etrúria (T. Liv. 39, 21, 5).

lūnāris, -e, adj. Da lua, lunar (Ov. Met. 9, 689).

lūnātus, -a, -um, part. pass. de **lūno**.

lūnō, -ās, -āre, -āvī, -ātum, v. tr. I — Sent. próprio: 1) Dobrar em forma de crescente, de meia-lua (Ov. Am. 1, 1, 23). II — Daí: 2) Dispor em arco (Prop. 4, 6, 25).

lunter, v. **linter**.

lūnŭla, -ae, subs. f. Lúnula, ornato em forma de lua usado pelas mulheres (Plaut. Ep. 640).

luō, -is, -ĕre, lŭī, (luĭtūrus), v. tr. I — Sent. próprio: 1) Pagar, satisfazer, solver (Plín. H. Nat. 17, 1, 7). II — Daí: 2) Expiar, resgatar, remir (Cíc. Verr. 1, 8). 3) Sofrer um castigo (Cíc. Phil. 14, 32).

lupa, -ae, subs. f. I — Sent. próprio: 1) Lôba (Hor. O. 3, 27, 2). II — Sent. figurado: 2) Prostituta (Cíc. Mil. 55).

lupānar, -āris, subs. n. 1) Lupanar, bordel (Plaut. Bac. 454). 2) Têrmo de injúria (Catul. 42, 13).

lupātī, -ōrum, subs. m. pl. e **lupāta, -ōrum**, subs. n. pl. (subent. **frena**). 1) Barbela com dentes aguçados (semelhantes aos do lôbo), freio muito duro e áspero (Verg. G. 3, 208). 2) Como adj.: **lupata frena** (Hor. O. 1, 8, 6) «freios duros».

Lupērca, -ae, subs. pr. f. Luperca, antiga divindade romana, talvez a lôba que amamentou Rômulo e Remo, a mesma que tem o nome de Aca Laurência (T. Liv. 1, 4).

Lupērcal, -ālis, subs. pr. n. Lupercal, gruta sob o monte Palatino, onde, segundo a lenda, a lôba amamentou Rômulo e Remo (Verg. En. 8, 342).

Lupercālĭa, -ĭum (-ĭōrum), subs. pr. n. Lupercálias, festas realizadas em Roma, nos idos de fevereiro, talvez em honra de Pã ou de Fauno (Cíc. Phil. 2, 84).

Lupercālis, -e, adj. De Luperco (Suet. Aug. 31).

Lupercus, -i, subs. pr. m. Luperco. 1) Um dos nomes de Pã, deus que protegia os rebanhos contra os lôbos. 2) Sacerdote de Luperco ou Pã (Cic. Phil. 2, 85).
lupi, -ōrum, subs. m. pl., v. **lupata,** em **lupati** (Ov. Trist. 4, 6, 3).
Lūpĭa, -ae, subs pr. m. Lúpia, rio da Germânia, afluente do Reno (Tác. An. 1, 60).
1. Lupīnus, -a, -um, adj. Lupina, de lôbo, de lôba (Cíc. Cat. 3, 19).
2. lupīnus, -ī, subs. m. I — Sent. próprio: 1) Tremôço (Ov. Med. 69). II — Daí: 2) Tremoços utilizados nas comédias, fingindo de dinheiro (Plaut. Poen. 597).
lupor, -āris, -ārī, v. dep. intr. Prostituir-se, procurar as cortesãs (Lucil. 5, 38).
1. lupus, -ī, subs. m. I — Sent próprio: 1) Lôbo: **lupus in fabula** (Cíc. At. 13, 33a, 1) «como o lôbo da fábula (expressão proverbial)» II — Sent. diverso: 2) Lôbo-marinho (peixe) (Hor. Sát. 2, 2, 31). Objeto em forma de dente de lôbo: 3) Freio muito duro (com dentes como os do lôbo) (Ov. Trist. 4, 6, 3). 4) Arpéu, fateixa (T. Liv. 28, 3, 7).
2. Lupus, -ī, subs. pr. m. Lôbo, sobrenome na «gens» Rutilia (Cic. Nat. 1, 63).
lurcō, -ōnis, subs. m. Comilão, grande comedor (Plaut. Pers. 421).
lūrĭdus, -a, -um, adj. I — Sent. próprio: 1) Lúrido, pálido, descorado, lívido, amarelado (Hor. O. 3, 4, 74). II — Daí: 2) Que torna pálido (Ov. Met. 14, 198).
lūror, -ōris, subs. m. Côr amarelada, palidez, côr macilenta (Lucr. 4, 333).
Lusciēnus, -ī, subs. pr. m. Luscieno, nome de homem (Cíc. At. 7, 5, 3).
luscinĭa, -ae, subs. f. Rouxinol (Hor. Sát. 2, 3, 245).
lusciniŏla, -ae, subs. f. Pequeno rouxinol (Plaut. Bac. 38).
luscinĭus, -ī, subs. m. v. **luscinia** (Fedr. 3, 18, 2).
luscitĭōsus, -a, -um, adj. Que tem a vista fraca, miope (Plaut. Mil. 322).
Luscĭus, -ī, subs. pr. m. Lúscio, nome de homem (Cíc. Com. 43).
luscus, -a, -um, adj. Cego de um ôlho (Cíc. De Or. 2, 246).
lūsī, perf. de **lūdo.**
lūsĭō, -ōnis, subs f. Jôgo, recreio, divertimento (Cíc. Fin. 5, 55).
Lūsĭtānĭa, -ae, subs. pr. f. Lusitânia, uma das três grandes províncias da Espanha, atualmente Portugal (Cés. B. Civ. 1, 38, 2).
Lūsĭtānī, -ōrum, subs. loc. m. Lusitanos, habitantes da Lusitânia (Cíc. Br. 89).
lūsĭtō, -ās, -āre, -āvī, -ātum, v. freq. intr. Jogar muitas vêzes, divertir-se (Plaut. Capt. 1003).
Lūsĭus, -ī, subs. pr. m. Lúsio, rio da Arcádia (Cíc. Nat. 3, 57).
lūsor, -ōris, subs. m. I — Sent. próprio: 1) Jogador (Ov. A. Am. 1, 451). II — Sent. figurado: 2) Frívolo autor, ou leviano cantor (Ov. Trist. 4, 10, 1). 3) O que zomba de alguém, enganador (Plaut. Amph. 694).
lūsōrĭae, -ārum, subs. f. pl. Iate pequeno, navio de prazer (Sên. Ben. 7, 20, 3).
lūsōrĭus, -a, -um, adj. I — Sent. próprio: 1) De jôgo, recreativo (Sên. Ep. 117, 25). II — Sent. figurado: 2) Feito por brincadeira, fictício (Sên. Ben. 5, 8, 3).
lustrālis, -e, adj. I — Sent. próprio: 1) Lustral, que serve para purificar, expiatório (Verg. En. 8, 183). II — Daí, por extensão, em sent. especial: 2) Relativo ao lustro (espaço de 5 anos), lustral, qüinqüenal (Tác. An. 6, 4). Obs.: As cerimônias de purificação eram realizadas pelos censores de 5 em 5 anos.
lustrāmen, -ĭnis, subs. n. Meio de purificação, objeto expiatório (V. Flac. 3, 409).
lustrātĭō, -ōnis, subs. f. I — Sent. próprio: 1) Purificação (por meio de sacrifício), lustração (T. Liv. 40, 13, 2). II — Daí: 2) Ação de percorrer, idas e vindas (porque a cerimônia de purificação era acompanhada de uma procissão) (Cíc. Tusc. 5, 79).
lustrātus, -a, -um, part. pass. de **lustro** e de **lustror.**
lustrĭcus, -a, -um, adj. De purificação, lustral (Suet. Ner. 6).
lustrĭfĭcus, -a, -um, adj. Expiatório (V. Flac. 3, 448).
1. lustrō, -ās, -āre, -āvī, -ātum, v. tr. I — Sent. próprio: 1) Purificar (Verg. En. 3, 279). II — Daí: 2) Passar em revista (Cíc. Div. 1, 102); (Cíc. Fin. 2, 115). Donde: 3) Percorrer, percorrer com os olhos, examinar (Cíc. Fin. 5, 87); (Verg. En. 8, 153).
2. lustrō, -ās, -āre, -āvī, -ātum, v. tr. Iluminar, esclarecer (Lucr. 6, 737); (Verg. En. 4, 607).
lustror, -āris, -ārī, -ātus sum, v. dep. intr. Freqüentar lugares de má reputação (Plaut. Cas. 245).

LUSTRUM — 575 — LUXURIO

1. lustrum, -ī, subs. n. Geralmente no plural (relacionado com **lutum**). I — Sent. próprio: 1) Chiqueiro, lameiro (Verr. R. Rust. 2, 4, 8). II — Daí, em sent. particular: 2) Covil, toca (Verg. En. 3, 647). 3) Lugares de má reputação (Cíc. Phil. 13, 24). Daí: 4) Orgia, libertinagem (Cíc. Cael. 57).

2. lūstrum, -ī, subs. n. (relacionado com **lavo**). I — Sent. próprio: 1) Sacrifício expiatório, purificação (feita pelos censores de 5 em 5 anos) (T. Liv. 45, 41, 3). Daí: 2) Sacrifício expiatório depois do censo, censo, recenseamento, exercício da censura (Cíc. At. 1, 18, 8). Por extensão: 3) Período qüinqüenal, lustro (T. Lív. 27, 33, 8). II — Sent. particular: 4) Jogos públicos (oferecidos de 5 em 5 anos) (Estác. S. 4, 2, 62). 5) Arrendamento, renda (uma vez que os censores determinavam os bens do estado de 5 em 5 anos) (Cíc. At. 6, 2, 5).

1. lūsus, -a, -um, part. pass. de **lūdo**.

2. lūsus, -ūs, subs. m. I — Sent. próprio: 1) Brinquedo, divertimento, passatempo, jôgo: **aleae** (Suet. Cal. 41) «(jôgo) de dados». II — Sent. figurado: 2) Passatempo (em amor), flêrte (Ov. Am. 2, 3, 13). 3) Graça, gracejo, zombaria (Quint. 5, 13, 46).

Lutătĭus, -ī, subs. pr. m. Lutácio, nome de uma família romana, destacando-se Lutácio Cátulo, autor da lei Lutácia (Cíc. Mur. 36).

lūtĕŏlus, -a, -um, adj. De côr amarela, amarelado (Verg. Buc. 2, 50).

Lūtētĭa, -ae, subs. pr. f. Lutécia, antiga cidade da Gália Lionesa, numa ilha do rio Sena, atualmente Paris (Cés. B. Gal. 7, 57, 1).

1. lutĕus, -a, -um, adj. **(lutum)**. I — Sent. próprio: 1) Feito de lama, coberto de lama (Hor. Sát. 1, 10, 37). Daí: 2) Lodoso, sujo, enlameado, negro, da côr da lama (Marc. 11, 47, 5). II — Sent. figurado: 3) Enlameado, desprezível, miserável (Cíc. Verr. 4, 32).

2. lūtĕus, -a, -um, adj. **(lūtum)**. 1) Da côr amarela, amarelo côr de fogo (Lucr. 4, 76). 2) Avermelhado (falando da Aurora) (Verg. En. 7, 26).

lŭtĭto, -ās, -āre, v. freq. tr. Cobrir de lama, enlamear, emporcalhar (Plaut. Trin. 292).

lŭtŭlēntus, -a, -um, adj. I — Sent. próprio: 1) Lamacento, coberto de lama, lodoso (Ov. Met. 1, 434). Daí: 2) Sujo, enlameado (Plaut. Poen. 158). II — Sent. figurado: 3) Imundo, torpe, infame (Cíc. Pis. 27).

1. lutum, -ī, subs. n. I — Sent. próprio: 1) Lama, lôdo (Cíc. Verr. 4, 53). 2) Barro, argila de oleiro (Tib. 1, 1, 40). II — Sent. moral: 3) Enlameado (Plaut. Pers. 535). 4) Vil, desprezível (Petr. 44, 10). 5) Imundície (têrmo de injúria) (Cíc. Pis. 62).

2. lūtum, -ī, subs. n. I — Sent. próprio: 1) Gauda (planta que tinge de amarelo) (Verg. Buc. 4, 44). II — Daí: 2) Côr amarela, açafrão (Tib. 1, 9, 52).

lūx, lūcis, subs. f. I — Sent. próprio: 1 Luz (considerada como uma fôrça em atividade), claridade (Cíc. Div. 1, 6). Daí, em sent. especial: 2) Luz do dia, dia: **prima luce** (Cés. B. Gal. 1, 22, 1) «ao romper do dia»; (Cíc. De Or. 2, 259); luce ou luci (Cíc. Of. 3, 93) «em pleno dia, durante o dia». II — Sent. figurado: 3) Brilho, ilustração, glória (Verg. En. 2, 281). 4) Luz do mundo, vida (Cíc. Tusc. 3, 2); (Verg. G. 4, 255). 5) Vista, olhos (Ov. Met. 14, 197). 6) Luzes, ajuda, socorro (Cic. Pomp. 33).

luxātus, -a, -um, part. pass. de **luxo**.

lūxī, perf. de **lucĕo,** de **lucēsco** e de **lugĕo**.

luxō, -ās, -āre, -āvī, -ātum, v. tr. Deslocar, desconjuntar, luxar (Cat. Agr. 157); (Plín. H. Nat. 30, 79).

luxor, -āris, v. dep. intr. Viver na luxúria, no desregramento (Plaut. Ps. 111).

luxtī, forma sincopada do perf. de **lugĕo** = **luxisti** (Catul. 66, 21).

luxurĭa, -ae, ou **luxurĭēs, -ēī,** subs. f. I — Sent. próprio: 1) Excesso, exuberância, superabundância (Verg. G. 1, 112). II — Sent. figurado: 2) Excesso de ardor, arrebatamento, entusiasmo (V. Flac. 7, 65). 3) Fausto, luxo, suntuosidade (Cíc. Verr. 4, 98). 4) Vida de prazeres, volúpia, luxúria, dissolução (Cíc. Of. 1, 106). 5) Intemperança no exercício do poder (T. Liv. 3, 64, 1). Obs.: Tanto a forma **luxuria** quanto **luxuries** ocorrem paralelamente no período clássico.

luxurĭātus, -a, -um, part. pass. de **luxurĭo** e de **luxurĭor**.

luxurĭō, -ās, -āre, -āvī, -ātum, v. intr. I — Sent. próprio: 1) Ser luxuriante, superabundar, ser vigoroso, exuberante, fogoso (tratando-se de animais) (Ov. A. Am. 1, 360); (Verg. En. 11, 497). II —

Sent. figurado: 2) Dar-se a excessos, viver no luxo (T. Lív. 1, 19, 4). III — Tratando-se do estilo: 3) Ser luxuriante, estar sobrecarregado (Hor. Ep. 2, 2, 122).
luxurĭor, -āris, -ārī, -ātus sum, v. dep. intr. = **luxurĭo** (Quint. 9, 3, 7).
luxuriōsē, adv. Voluptuosamente, luxuriosamente (Cíc. Cael. 13).
luxuriōsus, -a, -um, adj. I — Sent. próprio: 1) Que brota ou cresce com vigor, viçoso, luxuriante (Ov. F. 1, 690). II — Sent. figurado: 2) Imoderado, excessivo (Sal. B. Jug. 100). 3) Faustoso, suntuoso, voluptuoso, luxurioso (Cíc. Fin. 2, 21).
1. luxus, -a, -um, adj. (**luo**). Tirado de seu lugar, daí: deslocado, desconjuntado (Sal. Hist. 5, 2).
2. luxus, -ūs, subs. m. Sent próprio: 1) Excesso, e daí: excesso na maneira de viver, luxo, fausto, grandeza (Verg. En. 1, 637). 2) Dissolução, vida efeminada, inação (Sal. C. Cat. 13). Obs.: Dat. **luxu** (Sal. B. Jug. 6, 1).
1. Lyaeus, -a, -um, adj.De Baco (Verg. En. 1, 686).
2. Lyaeus, -ī, subs. pr. m. 1) Lieu, um dos nomes de Baco (Verg. G. 2, 229). 2) O vinho (Ov. Am. 2, 11, 49).
Lycābās, -ae, subs. pr. m. Lícabas. 1) Etrusco transformado em delfim (Ov. Met. 3, 624). 2) Nome de um lápita (Ov. Met. 12, 302).
1. Lycaeus, -a, -um, adj. Do Liceu (Ov. Met. 1, 698).
2. Lycaeus, -ī, subs. pr. m. Liceu, monte da Arcádia, consagrado a Pã (Verg. Buc. 10, 15).
Lycambēs, -ae, subs. pr. m. Licambes, tebano que recusou a mão de sua filha ao poeta Arquíloco. Este escreveu contra êles versos tão mordazes, que pai e filha se enforcaram (Hor. Epo. 6, 13).
Lycambaeus, -a, -um, adj. De Licambo (Ov. Ib. 54).
Lycāōn, -ŏnis, subs. pr. m. Licáon. 1) Rei da Arcádia, que Júpiter transformou em lôbo (Cic. Fam. 3, 10, 10). 2) Neto do anterior (Ov. F. 6, 225).
Lycaonĭa, -ae, subs. pr. f. Licaônia, região da Ásia menor (Cíc. At. 5, 15, 3).
Lycāŏnis, -ĭdis subs. pr. f. Licaônide, filha de Licáon, i. é, Calisto (Ov. F. 2, 173).
Lycaonĭus, -a, -um, adj. De Licáon (Catul. 66, 66).

Lycē, -ēs, subs. pr. f. Lice, nome de mulher (Hor. O. 4, 13, 1).
Lycētus, -ī subs. pr. m. Liceto, nome de homen (Ov. Met. 5, 86).
Lycēum (Lycīum), -ī, subs. pr. n. 1) Liceu, célebre ginásio situado fora de Atenas, onde Aristóteles dava suas aulas (Cíc. De Or. 1, 98). 2) Liceu edificado por Cícero, em Túsculo (Cíc. Div. 1, 8).
Lychnĭdus, -ī, subs. pr. f. Licnido, cidade da Ilíria (T. Lív. 27, 32).
lychnobĭus, -ī, subs. m. O que faz da noite dia (Sên. Ep. 122, 16).
lychnūchus, -ī, subs. m. Lampadário, lustre, candelabro (Cíc. Q. Fr. 3, 7, 2).
lychnus, -ī, subs. m. Lâmpada (Verg. En. 1, 726).
Lycĭa, -ae, subs. pr. f. Lícia, província da Ásia Menor (Ov. Met. 6, 340).
Lycĭdās, -ae, subs. pr. m. Lícidas. 1) Nome de um centauro (Ov. Met. 12, 310). 2) Nome de um pastor (Verg. Buc. 7, 67). 3) Nome de um rapaz (Hor. O. 1, 4, 19).
Lycĭī, -ōrum, subs. loc. m. Licianos, habitantes da Lícia (Cíc. Div. 1, 25).
Lycisca, -ae, subs. pr. f. Licisca, nome de uma cadela (Verg. Buc. 3, 18).
Lyciscus, -ī, subs. pr. m. Licisco, nome de homem (Hor. Epo. 11, 24).
Lycĭus, -a, -um, adj. Da Lícia, dos licianos, liciano (Verg. En. 8, 166).
Lycō, -ōnis, subs. pr. m. Lícon, filósofo peripatético (Cíc. Tusc. 3, 78).
Lycomēdēs, -īs, subs. pr. m. Licomedes, rei dos habitantes da ilha de Ciros (Cíc. Lae. 75).
Lycŏphrōn, -ŏnis, subs. pr. m. Licofron, poeta trágico de Cálcis, célebre pela obscuridade de seu estilo (Ov. Ib. 531).
Lycōrĭas, -ădis, subs. pr. f. Licoríade, nome uma náiade (Verg. G. 4, 339).
Lycōris, -ĭdis, subs. pr. f. Licóride ou Lícóris, nome de uma liberta, amada pelo poeta Galo (Ov. A. Am. 3, 537).
Lycormās, -ae, subs. pr. m. Licormas, riacho da Etólia (Ov. Met. 2, 245).
Lycōtās, -ae, subs pr. m. Licotas, nome de um centauro (Ov. Met. 12, 350).
Lyctĭus, -a, -um, adj. De Licto, cidade da ilha de Creta (Verg. En. 3, 401).
Lycurgēus, -a, -um, adj. 1) De Licurgo, o legislador. Daí:, em sent. figurado: 2) Severo, inflexível (Cíc. At. 1, 13, 3).
Lycurgĭdēs, -ae, subs. pr. m. Filho de Lícurgo, i. é, Anceu, um dos argonautas (Ov. Ib. 503).

Lycŭrgus, -ī, subs. pr. m. Licurgo. 1) Rei da Tessália (Ov. Met. 4, 22). 2) Legislador espartano, célebre pela severidade (Cíc. Div. 1, 96). 3) Nome de um orador ateniense (Cíc. Br. 138). 4) Nome do último rei da Lacedemônia (T. Lív. 34, 26).

Lycus (Lycos), -ī, subs. pr. m. Licos ou Lico, Rei da Beócia, espôso de Antíope (Ov. Met. 15, 273). 2) Nome de um centauro (Ov. Met. 12, 332). 3) Nome de um guerreiro troiano (Verg. En. 1, 222). 4) Nome de um homen (Hor. O. 1, 32, 11). 5) Nome de vários rios da Ásia (Plín. H. Nat. 5, 91). 6) Rio do Ponto (Verg. G. 4, 367).

Lȳdē, -ēs, subs. pr. f. Lide, mulher do poeta Antímaco (Ov. Trist. 1, 6, 1).

Lȳdī, -ōrum, subs. loc. m. 1) Lidianos (Cíc. Flac. 3). 2) Etruscos (Verg. En. 9, 11).

Lȳdĭa, -ae, subs. pr. f. Lídia. 1) Província da Asia Menor (Cíc. Flac. 65). 2) Nome de mulher (Hor. O. 1, 8, 1).

Lȳdĭus, -a, -um, adj. Etrusco (Verg. En. 2, 781).

Lȳdus, -a, -um, adj. Da Lídia (Ov. F. 2, 365).

Lygdămus, -ī subs. pr. m. Lígdamo, nome de homem (Prop. 3, 4, 2).

lygdos, -ī, subs. f. Espécie de mármore branco (Marc. 6, 13, 3).

lympha, -ae, subs. f. (geralmente no plural) Água (Verg. En. 4, 635). Obs.: Sinônimo poético de **aqua,** empregado sobretudo no plural.

lymphae, -ārum, subs. f., v. **nymphae** (Hor. Sát. 1, 5, 97).

lymphātĭcum, -ī, subs. n. Delírio (Plaut. Poen. 346).

lymphātĭcus, -a, -um, adj. 1) Causado por delírio, de louco, que tem delírio (Plaut. Poen. 345). 2) Pânico (T. Lív. 10, 28, 10).

lymphātus, -a, -um, part. pass. de **lympho.**

lymphō, -ās, -āre, -āvī, -ātum, v. tr. e intr. Tr.: I — Sent. próprio: 1) Molhar com água; daí: 2) Tornar delirante, enlouquecer, perturbar o juízo, tirar o uso da razão (Verg. En. 7, 377). 3) Intr.: estar em delírio (Plin. H. Nat. 27, 107).

Lyncestĭus Amnis, subs. pr. m. Lincesto, rio da Macedônia (Ov. Met. 15, 329).

1. Lyncēus, -a, -um, adj. 1) De Linceu, argonauta famoso por sua vista penetrante (Ov. F. 5, 709). Daí, em sent. figurado: 2) De vista penetrante (Cíc. Fam. 9, 2, 2).

2. Lyncēus, -ĕī (-ĕos), subs. pr. m. Linceu. 1) Um dos argonautas, conhecido por sua visão penetrante (Ov. Met. 8, 304). 2) Um dos filhos de Egito, salvo da morte por sua mulher (Ov. Her. 14, 123). 3) Companheiro de Enéias (Verg. En. 9, 768).

Lyncĭdēs, -ae, subs. pr. m. Lincida, descendente de Linceu (Ov. Met. 4, 767).

Lyncus, -ī, subs. pr. m. Linco, rei da Cítia, metamorfoseado em lince por Ceres (Ov. Met. 5, 650).

lynter, v. **linter.**

lynx, -cis, subs. m. e f. Lince (Verg. G. 3, 264). Obs.: Os antigos julgavam que o lince tinha a vista superior a todos os animais.

lyra, -ae, subs. f. I — Sent. próprio: 1 Lira (instrumento de cordas) (Hor. O. 1, 10, 6). II — Sent. figurado: 2) Poema lírico, estro lírico, poesia (em geral) (Hor. O. 1, 6, 10).

Lyrcēus, -a, -um, adj. De Lirceu, montanha e cidade da Argólida (Ov. Met. 1, 598).

lyrĭcus, -a, -um, adj. 1) Lírico, relativo à lira (Ov. F. 2, 94). No neutro plural (subs.): 2) Poesias líricas (Plín. Ep. 7, 17, 3). 3) No masc. pl.: (subst.): 4) Poetas líricos (Quint. 10, 1, 96).

Lyrnēssis, -ĭdis, subs. pr. f. Lirnésside, Briseida, amada de Aquiles (Ov. Trist. 4, 1, 15).

Lyrnessĭus, -a, -um, adj. De Lirnesso (Ov. Met. 12, 108).

Lyrnēssos (Lyrnēssus), -ī, subs. pr. f. Lirnesso, cidade da Tróade, onde nasceu Briseida, a amada de Aquiles (Verg. En. 12, 547).

Lȳsānder, -drī, subs. pr. m. Lisandro. 1) Célebre general lacedemônio (Cíc. Of. 1, 76). 2) Éforo da Lacedemônia (Cíc. Of. 2, 80).

Lȳsĭădēs, -ae, (-is), subs. pr. m. Lisíades, nome grego de homem (Cíc. Phil. 5, 13).

Lȳsĭās, -ae, subs. pr. m. Lísias, famoso orador ateniense (Cíc. Br. 35).

Lȳsĭdĭcus, -ī, subs. pr. m. Lisídico, nome de homem (Cíc. Phil. 11, 14).

Lȳsimachĭa, -ae, subs. pr. f. Lisimaquia, cidade do Quersoneso da Trácia (T. Lív. 32, 34, 6).

Lȳsimachĭēnsis, -e, adj. De Lisimaquia (T. Lív. 33, 38, 12).

Lȳsĭmăchus, -i, subs. pr. m. Lisímaco, um dos mais famosos generais de Alexandre (Cíc. Tusc. 1, 102).

Lȳsĭppus, -i, subs. pr. m. Lisipo, célebre escultor, que viveu no tempo de Alexandre Magno (Cíc. Br. 296).

1. Lȳsis, -ĭdis, subs. pr. m. Líside, filósofo pitagórico, mestre de Epaminondas (Cíc. De Or. 3, 139).

2. Lȳsis, -is, subs. pr. m. Lísis, rio da Jônia (T. Lív. 38, 15, 3).

Lȳsithŏē, ēs, subs. pr. f. Lisítoe, filha do Oceano (Cíc. Nat. 3, 42).

M

m — f. n. 12³ letra do alfabeto. Abreviaturas: 1) M. = **Marcus** «Marco» (prenome). 2) M'. = **Manius** «Mânio» (prenome). 3) M = 1000 (na numeração).

Macae, -ārum, subs. loc. m. pl. Macas, povo da África, vizinho das Sirtes (Plín. H. Nat. 5, 34). Obs.: O sing. **Maces** ocorre em S. It. (9, 222).

Macarēis, -ĭdis, subs. pr. f. Macarêide, filha de Macareu (Ov. Met. 6, 124).

Macareus, -ĕi (-ĕos), subs. pr. m. Macareu. 1) Filho de Éolo, sacerdote em Delfos (Ov. Her. 11, 21). 2) Nome de um centauro (Ov. Met. 12, 452). 3) Companheiro de Ulisses (Ov. Met. 14, 159).

Macātus, -i, subs. pr. m. Macato, sobrenome romano (T. Lív. 27, 34).

Maccius, -ĭ, subs. pr. m. Mácio, nome de família de Plauto.

maccus, -ĭ, subs. m. Sent. próprio: 1) Homem de grandes queixadas (formação expressiva); daí: 2) Imbecil, pateta (Apul. Apol. 81). Obs.: **Maccus** (subs. pr.) era uma das personagens tradicionais das atelanas, uma espécie de polichinelo.

Macĕdō, -ōnis, subs. loc. m. Macedônio (Cíc. Phil. 5, 48); **vir Macedo** (Hor. O. 3, 16, 14) «Filipe da Macedônia».

Macedŏnēs, -um, subs. loc. m. Macedônios, habitantes da Macedônia (Cíc. Of. 2, 76).

Macedonĭa, -ae, subs. pr. f. Macedônia, região setentrional da Grécia, que veio a ser nos tempos de Filipe II o mais poderoso estado grego (Cíc. Agr. 1, 5).

Macedonĭcus, -a, -um, adj. Macedônico, da Macedônia (Cíc. Fam. 12, 23, 2).

Macedonĭus, -a, -um, adj. Da Macedônia, macedônio (Ov. Met. 12, 466).

Macella, -ae, subs. pr. f. Macela, cidade da Sicília (T. Lív. 26, 21).

1. macellārius, -a, -um, adj. Relativo aos gêneros alimentícios, relativo ao mercado (V. Máx. 3, 4, 4).

2. macellārius, -ĭ, subs. m. Negociante de comestíveis, carniceiro (Suet. Cés. 26).

macellum, -ĭ, subs. n. I — Sent. próprio: 1) Mercado (em que se vende carne, peixe, etc.) (Plín. H. Nat. 19, 52). II — Daí, em sent. particular: 2) Mercado de carne (Plaut. Aul. 373).

1. macellus, -a, -um, adj. **(macer).** Um tanto magro (Lucil. 7, 11).

2. macellus, -ĭ, v. **macellum** (Marc. 10, 96, 9).

macĕō, -ēs, -ēre, v. intr. Estar magro (Plaut. Aul. 564).

1. macer, -cra, -crum, adj. I — Sent. próprio: 1) Magro (Cíc. Agr. 2, 67). II — Sent. figurado: 2) Fino (tratando-se de um livro) (Marc. 2, 6, 10).

2. Macer, -crī, subs. pr. m. Macro. 1) C. Licinius Macer, historiador latino da República (Cíc. Leg. 1, 7). 2) Emílio Macro, poeta latino (Ov. Trist. 4, 10, 44).

mācerātus, -a, -um, part. pass. de **macĕro**.

māceria, -ae, e **maceriēs, -ēī,** subs. f. Parede de vedação (de pedra sôlta, e, a princípio, de barro ou terra amassada), muralha (de tôda espécie) (Cés. B. Gal. 7, 69, 5).

māceriēs, -ēi, subs. f., v. **maceria**.

mācĕrō, -ās, -āre, -āvī, -ātum, v. tr. I — Sent. próprio: 1) Amolecer por maceração (Cat. Agr. 156, 6). Daí: 2) Macerar, diluir (Plaut. Poen. 242). II — Sent. figurado: 3) Amolecer, debilitar, enfraquecer, esgotar (T. Lív. 26, 13); (Plaut. Capt. 928). 4) Consumir, atormentar, afligir (Plaut. Poen. 98).

Macēs, -ae, v. **Macae**.

macēscō, -ĭs, -ĕre, v. intr. Emagrecer, definhar (Plaut. Capt. 134).

machaera, -ae, subs. f. Sabre, espada (Plaut. Mil. 53).

machaerophŏrus, -ĭ, subs. m. Soldado armado de sabre (Cíc. Q. Fr. 2, 10, 2).

Machanĭdās, -ae, subs. pr. m. Macânidas, rei da Lacedemônia (T. Lív. 27, 29, 9).

Machāōn, -ŏnis, subs. pr. m. Macáon, filho de Esculápio, médico dos gregos no cêrco de Tróia (Verg. En. 2, 263).

Machāonĭcus (Machāonĭus), -a, -um, adj. De Macáon, de médico (Ov. Rem. 546).

māchĭna, -ae, subs. f. I — Sent. primitivo: 1) Invenção, maquinação (sent. moral em grego) (Quint. 11, 1, 44). II — Sent. concreto e genérico, em latim:

2) Máquina, engenho (Cíc. Verr. 1, 145). Daí, em sent. especial: 3) Andaimes (de construção) (Plín. H. Nat. 19, 30). 4) Plataforma (onde se expunham os escravos à venda) (Q. Cíc. Pet. 8). III — Sent. figurado: 5) Expediente, meios, esforços, artifícios, invenção (Cíc. Dom. 27).
māchĭnālis, -e, adj. Relativo às máquinas: Macris, -ĭdis, subs. pr. f. 1) Mácride, ilha 125) «a mecânica».
māchĭnāmēntum, -ī, subs. n. Sent. próprio: (concreto, em latim) Máquina de guerra, máquina (em geral) (T. Lív. 24, 34).
māchĭnātĭō, -ōnis, subs. f. I — Sent. próprio: 1) Mecanismo, maquinismo (Cíc. Nat. 2, 87). Daí: 2) Máquina, engenho (Cés. B. Gal. 2, 31, 2). II — Sent. figurado: 3) Maquinação, artifício, ardil (Cíc. De Or. 2, 72).
māchĭnātor, -ōris, subs. m. I — Sent. próprio: 1) O que fabrica ou inventa uma máquina, inventor (T. Lív. 24, 34). Daí, em sent. especial: 2) Engenheiro, mecânico (Tác. An. 15, 42). II — Sent. figurado: 3) Maquinador, inventor, autor (geralmente com sent. pejorativo) (Cíc. Cat. 3, 6).
māchĭnātrix, -īcis, subs. f. Maquinadora (Sên. Med. 266).
māchĭnātus, -a, -um, part. pass. de machinor.
māchĭnor, -āris, -ārī, -ātus sum, v. dep. tr. I — Sent. próprio: 1) Inventar, imaginar, executar alguma coisa engenhosa (Cic. Nat. 2, 149). II — Sent. figurado: 2) Planejar, maquinar, tramar, urdir (Cíc. Cat. 1, 2).
māchĭnōsus, -a, -um, adj. Construído com arte (Suet. Ner. 34).
maciēs, -ēī, subs. f. I — Sent. próprio: 1) Magreza (Hor. O. 3, 27, 53). II — Sent. figurado: 2) Aridez (do estilo), esterilidade (do solo), pobreza (Tác. D. 21).
Macra, -ae, subs. pr. m. Macra, rio da Ligúria (T. Lív. 39, 32, 2).
macrēscō, -is, -ĕre, -crŭī, v. incoat. intr. I — Sent. próprio: 1) Emagrecer (Varr. R. Rust. 2, 5, 15). II — Sent. figurado: 2) Secar, murchar, definhar (Hor. Ep. 1, 2, 57).
Macrīnus, -ī, subs. pr. m. Macrino, nome de homem (Pers. 2, 1).
Macris, -ĭdis, subs. pr. f. 1) Mácride, ilha do mar Egeu, vizinha da Jônia (T. Lív. 27, 13). 2) Antigo nome das ilhas Eubéia, Icária e Quios (Plín. H. Nat. 4, 21).
Macrō, -ōnis, subs. pr. m. Macrão, nome de homem (Cíc. At. 4, 12).
Macrobiōtae, -ārum, subs. loc. m. Macrobiotas, povo da Etiópia (Sên. Ir. 3, 20,2).
Macrobĭus, -ī, subs. pr. m. Macróbio, nome de um gramático latino.
macrocōllum, -ī, subs. n. Papel de formato grande (Cíc. At. 13, 25, 3).
macrŭī, perf. de macrēscō.
mactābĭlis, -e, adj. Que pode causar a morte, mortal (Lucr. 6, 805).
mactātor, -ōris, subs. m. Assassino (Sên. Troad. 1002).
mactātus, -a, -um, part. pass. de macto.
mactĕa, v. mattĕa.
mactō, -ās, -āre, -āvī, -ātum, v. tr. I — Sent. próprio: 1) Honrar os deuses, glorificar (Cíc. Vat. 14). II — Daí: 2) Imolar uma vítima, sacrificar (Verg. En. 4, 57). Por generalização: 3) Destruir, matar (Cíc. Verr. 4, 26).
mactus, -a, -um, adj. 1) Glorificado, honrado, adorado (nos sacrifícios) (Cat. Agr. 134, 2). 2) Bravo! Coragem! Muito bem! (em exclamações que exprimem desejo, encorajamento, etc.) macte virtute (Cíc. Tusc. 1, 40) «Bravo! Coragem!»; macte (Cíc. At. 15, 29, 3) «Bravo!». Obs.: 1) Geralmente é usado o voc. sing. macte e mactus em fórmulas de súplicas feitas aos deuses, por ocasião de um sacrifício ou oferta; mactus sies, mactus esto, macte esto «glorificado sejas» (Cat. Agr. 139). 2) Macte (voc.) era empregado com valor de exclamação exortativa, significando: bravo, coragem, muito bem!, por exemplo: macte virtute esto (T. Lív. 10, 40) «coragem!». 3) Macte também se usa como fórmula de saudação (semelhante a ave, salve), e é considerado como uma espécie de imperativo: macte nova virtute puer (Verg. En. 9,641) «honra a ti, rapaz! Salve, rapaz!».
1. macŭla, -ae, subs. f. I — Sent. próprio: 1) Mancha na pele; daí: 2) Mancha (em geral), nódoa (Cíc. Nat. 1, 79). 3) Malha de uma rêde (Cíc. Verr. 5, 27). II — Sent. figurado: 4) Mancha, desonra, infâmia, vergonha, êrro (Cíc. Clu. 12).
2. Macŭla, -ae, subs. pr. m. Mácula, sobrenome romano (Cíc. Fam. 6, 19, 1).
maculātĭō, ōnis, subs. f. Mancha (Apul. Apol. 50).

maculātus, -a, -um, part. pass. de **macŭlo**.

macŭlō, -ās, -āre, -āvī, -ātum, v. tr. I — Sent. próprio: 1) Manchar, sujar (Catul. 63, 7). II — Sent. figurado: 2) Macular, desonrar (Cíc. Rep. 2, 46). 3) Viciar, corromper (Lucr. 5, 1151).

maculōsus, -a, -um, adj. I — Sent. próprio: 1) Manchado, enodoado (Verg. En. 1, 323). Daí: 2) Mosqueado, sarapintado (Hor. O. 4, 5, 22). II — Sent. figurado: 3) Manchado, desonrado (Cíc. At. 1, 16, 3).

Madărus, -ī, subs. pr. m. Mádaro, sobrenome romano (Cíc. At. 14, 2, 1).

madefacĭō, -is, -ĕre, -fēcī, -fāctum, v. tr. Umedecer, molhar, regar (Cíc. Div. 1, 68); (Verg. En. 5, 330).

madefāctus, -a, -um, part. pass. de **madefacĭo**.

madefēcī, perf. de **madefacĭo**.

madefĭō, -īs, -fĭĕrī, -fāctus sum, pass. de **madefacĭo**. Estar úmido, estar molhado (Cíc. Phil. 14, 6).

Madēna, -ae, subs. pr. f. Madena, região da Grande Armênia (Eutr. 8, 3).

medens, -ēntis, I — Part. pres. de **madĕo**. II — Adj.: Sent. próprio: 1) Umedecido, molhado, úmido (Quint. 6, 1, 31). Daí, por extensão: 2) Perfumado (Cíc. Pis. 25). 3) Cheio, repleto de (Marc. 7, 51, 5). Na língua familiar: 4) Impregnado de vinho, ébrio (Suet. Cl. 33).

madĕō, -ēs, -ēre, madŭī, (sem supino), v. intr. I — Sent. próprio: 1) Estar molhado, estar impregnado, estar embebido (sent. físico e moral) (Cíc. Phil. 2, 105); (Verg. En. 12, 690). Daí, na língua familiar: 2) Estar embriagado, ébrio (Plaut. Truc. 855). II — Sent. figurado, na língua imperial: 3) Estar farto, estar cheio (Hor. O. 3, 21, 9). 4) Estar cozido (Verg. G. 1, 196).

madēscō, -is, -ĕre, madŭī, v. incoat. intr. Umedecer-se, embeber-se (Verg. En. 5, 697).

madĭdē, adv. I — Sent. próprio: 1) De modo a estar molhado, ùmidamente. II — Daí, em sent. figurado: 2) Completamente ébrio, totalmente embriagado (Plaut. Ps. 1297).

madĭdus, -a, -um, adj. I — Sent. próprio: 1) Molhado, úmido, impregnado, banhado (Ov. Met. 5, 53). II — Daí, por extensão: 2) Perfumado (Ov. Her. 14, 30). 3) Tingido (Marc. 5, 23, 5). 4) Ébrio (Plaut. Aul. 573). 5) Cozido, tenro (Plaut. Men. 212). III — Sent. figurado: 6) Cheio, impregnado de (com abl.) (Marc. 1, 40, 3).

mador, -ōris, subs. m. Umidade (Sal. Hist. 3, 26).

Maduatēnī, -ōrum, subs. loc. m. Maduatenos, povo da Trácia (T. Lív. 38, 40).

madŭī, perf. de **madĕo** e de **madēsco**.

Madȳtos (Madȳtus), -ī, subs. pr. f. Mádito, cidade do Quersoneso da Trácia (T. Lív. 31, 16).

Maeānder (Maeāndros), -ī, subs. pr. m. Meandro. 1) Rio de curso sinuoso, na Ásia Menor (Ov. Met. 2, 246). Donde, em sent. figurado: 2) Meandros, voltas, rodeios, subterfúgios (Cíc. Pis. 53). 3) Bordadura circular, faixa que volteia (Verg. En. 5, 251).

maeandrātus, -a, -um, adj. Sinuoso, tortuoso (Varr. Men. 534).

Maeandrĭus, -a, -um, adj. Do Meandro (Ov. Met. 9, 573).

Maecēnās, -ātis, subs. pr. m. Mecenas, de nobre família etrusca, foi o mais leal e ativo colaborador da obra de Augusto. Dono de imensa fortuna, protegeu os artistas, entre os quais Vergílio e Horácio, que lhe dedicaram respectivamente as «Geórgicas» e as «Odes» (Sên. Prov. 3, 9).

Maecēnātĭānus, -a, -um, adj. De Mecenas (Plín. H. Nat. 14, 67).

Maecĭa Tribus, subs. pr. f. A tribo Mécia, uma das tribos rústicas de Roma (Cíc. Planc. 38).

Maecilĭus, -ī, subs. pr. m. Mecílio, nome de um tribuno da plebe (T. Lív. 4, 48).

Maecĭus, -ī, subs. pr. m. Mécio Tarpa, crítico dramático do século de Augusto (Cíc. Fam. 7, 1, 1).

Maedī, -ōrum, subs. loc. m. Medos, povo de Trácia (T. Lív. 26, 25, 6).

Maedĭca, -ae, subs. pr. f. Médica, o país dos medos, na Trácia (T. Lív. 26, 25).

Maedĭcus, -a, -um, adj. Dos medos (T. Lív. 26, 25, 8).

Maeliānus, -a, -um, adj. De Mélio (T. Lív. 4, 16). Obs.: m. pl.: partidários de Mélio (T. Lív. 4, 14).

Maelĭus -ī, subs. pr. m. Mélio, nome de uma família romana, destacando-se Espúrio Mélio, cavaleiro romano que acusado de aspirar à realeza, foi morto (Cíc. C. M. 56).

maena, -ae, subs. f. Pequeno peixe do mar (Cíc. Fin. 2, 91).

Maenăla, -ōrum, subs. pr. n. pl. e **Maenălos, -ī,** subs. m. Mênalo, monte da Arcádia, dedicado a Pã (Ov. F. 5, 89).

Maenalĭdēs, -ae, subs. m., **Maenălis**, -ĭdis, subs. f. e **Maenalĭus**, -a, -um, adj. De Mênalo (Verg. Buc. 8, 31).

Maenas, -ădis, subs. f. I — Sent. próprio: 1) Mênade (bacante) (Prop. 3, 6, 14). II — Sent. diversos: 2) Nome dado a cada uma das sacerdotisas de Cibele (Catul. 63, 23). 3) Adivinha (epíteto de Cassandra) (Prop. 3, 13, 62).

Maenĭa Colūmna, subs. f. Coluna Mênia, no Forum, junto da qual eram castigados os ladrões e os escravos rebeldes (Cíc. Caecil. 50).

maeniānum, -ĭ, subs. n. (geralmente no pl.) Galeria exterior, sacada, varanda (Cíc. Ac. 2,70).

Maenĭus, -ĭ, subs. pr. m. Mênio, nome de uma família romana (T. Liv. 30, 18).

Maeonĭa, -ae, subs. pr. f. 1) Meônia ou Lídia, província da Ásia Menor (Plín. H. Nat. 5, 110). 2) A Etrúria (Verg. En. 8, 499).

Maeonĭdēs -ae, subs. m. 1) Da Meônia ou Lídia, em particular Homero, o poeta da Meônia (Ov. Am. 3, 9, 25). 2) Etrusco (Verg. En. 11,759).

Maeonĭi, -ōrum, subs. loc. m. Meônios, cidade da Lídia (Plín. H. Nat. 5, 111).

Maeŏnis, -ĭdis, subs. pr. f. 1) Meônide, mulher da Meônia (Ov. Am. 2, 5, 40). 2) Aracne, Ônfale (Ov. Met. 6, 103); (Ov. F. 2, 310).

Maeonĭus, -a, -um, adj. 1)Méone, da Meônia, lídio (Verg. En. 9, 546). 2) De Homero, épico (Ov. P. 3, 3, 31). 3) Etrusco (Ov. Met. 4, 423).

Maeōtĭcus ou **Maeōtĭus**, -a, -um, adj. Dos Meotas, povo da Lagoa Meótida (Verg. En. 6, 799).

Maeōtis, -ĭdis, adj. f. Dos Meotas, cítico (Ov. Trist. 3, 12, 2).

Maera, -ae, subs. pr. f. Mera, nome de uma mulher transformada em cadela (Ov. Met. 7, 362).

maerens, -ēntis, I — Part. pres. de maerĕo. II — Adj.: Triste, abatido, aflito, que mostra tristeza (Cíc. Sull. 74); (Cíc. Tusc. 1, 30).

maerĕō, -ēs, -ēre, v. intr. e tr. I — Sent. próprio: Intr.: 1) Estar triste, estar aflito, afligir-se (Cíc. Tusc. 1, 30); (Cíc. Or. 74). Tr.: 2) Deplorar, lamentar, afligir-se (Cíc. Tusc. 1, 115). II — Sent. figurado: 3) Dizer com tristeza: talia maerens (Ov. Met. 1, 664) «dizendo com tristeza tais coisas».

maeror, -ōris, subs. m. Tristeza, aflição profunda, grande pesar: in maerore esse (Ter. And. 693) «estar profundamente pesaroso».

maestitĭa, -ae, subs. f. I — Sent. próprio: 1) Tristeza, abatimento, mágoa, aflição (Cíc. Of. 1, 146). II — Sent. figurado: 2) Tristeza, rudeza (do estilo) (Cíc. Or. 53).

maestus, -a, -um, adj. I — Sent. próprio: 1) Triste, abatido, aflito (Verg. En. 1, 202). II — Daí: 2) Que causa tristeza, fúnebre, sinistro (Verg. En. 5, 48). 3) Severo, sombrio (Verg. En. 12, 514).

Maevĭus, -ĭ, subs. pr. m. Mévio. 1) Nome de um mau poeta do tempo de Vergílio (Verg. Buc. 3, 90). 2) Nome de outras pessoas (Cíc. Verr. 3, 175).

maga, -ae, subs. f. Maga, feiticeira (Ov. Met. 7, 195).

Magăba, -ae, subs. pr. m. Mágaba, montanha da Galácia (T. Liv. 38, 19).

măgălĭa, -ĭum, subs. n. pl. Cabanas, casebres (Verg. En. 1, 421).

mage = **magis**.

Magetobrĭa (**Magetobrĭga**), -ae, subs. pr. f. Magetóbria, cidade da Gália Lionesa, terra dos séquanos (Cés. B. Gal. 1, 31,12).

1. **magĭa**, -ae, subs. f. Magia (Apul. Apol. 25).

2. **Magĭa**, -ae, subs. pr. f. Mágia, nome de mulher (Cíc. Clu. 21).

magĭcus, -a, -um, adj. 1) Mágico, relativo à magia (Verg. En. 4, 493). 2) Misterioso (Juv. 15, 5).

magis, adv. I — Sent. geral: 1) Mais (Cés. B. Gal. 3, 16, 6); (Cíc. Fin. 3, 76). Nas comparações: 2) **Magis... quam**: «mais... do que»: disertus magis quam sapiens (Cíc. At. 10, 1, 4) «mais loquaz do que prudente» (Cíc. Tusc. 3, 10); (Cés. B. Gal. 1, 40). 3) Antes, de preferência (Cíc. Lae. 25); (Cic. At. 10, 8, 2). II — Construções especiais, reforçado por outro advérbio: 4) **Multo magis** (Cíc. Fam. 16, 19) «muito mais»; 5) **magis etiam** (Cíc. Br. 325) «mais ainda, muito mais»; 6) **eo magis** (Cíc. Verr. 3, 1) «tanto mais»; 7) **hoc magis** (Cés. B. Civ. 2, 20) «tanto mais». Obs.: Magis é o adv. empregado normalmente para formar o comp. analítico no período clássico. **Mage**, forma arcaica de magis, ocorre em poesia ainda no período clássico (Lucr. 4, 79); (Verg. En. 10, 481).

magĭster, -trī, subs. m. I — Sent. próprio e genérico: 1) O que comanda, dirige, conduz. II — Daí: 2) Mestre, pilôto, escudeiro, pastor, diretor (de uma sociedade), capitão, etc. (segundo a categoria a que se aplica): **magister equitum** (Varr. L. Lat. 5, 82) «mestre, i. é comandante da cavalaria»; **magister sacrorum** (T. Liv. 39, 18, 9) «chefe dos sacrifícios»; **magister societatis** (Cíc. Verr. 2, 182) «diretor de uma sociedade»; **magister navis** (T. Liv. 29, 25, 7) «comandante de navio, pilôto»; **magister convivi** (Varr. L. Lat. 5, 122) «rei do festim» (o que fixava o número de taças para beber); **magister morum** (Cíc. Fam. 3, 13, 2) «censor». II — Daí: 3) O que ensina (aplicado à escola), professor, mestre (Cíc. Inv. 1, 35).

magisterĭum, -ĭ, subs. n. I — Sent. próprio: 1) Dignidade, cargo de chefe (Cíc. Prov. 46). II — Por extensão: 2) Ensino, lições, conselhos (Tib. 1, 4, 84). 3) Magistério, ofício de mestre, de pedagogo (Plaut. Bac. 132).

magistra, -ae, subs. f. Sent. próprio e figurado: Mestra, a que ensina (Verg. En. 8, 442).

magistrātus, -ūs, subs. m. I — Sent. próprio: 1) Cargo do magistrado, magistratura, função pública (Cíc. Lae. 63). II — Daí: 2) Magistrado (Cíc. Leg. 3, 15).

Magĭus, -ĭ, subs. pr. m. Mágio, nome de homem (T. Liv. 23, 7, 4).

Magna Graecia, v. **Graecia.**

magnanimĭtās, -tātis, subs. f. Grandeza de alma, magnanimidade (Cíc. Of. 1, 152).

magnanĭmus, -a, -um, adj. Magnânimo, nobre, generoso (Cic. Of. 1, 63).

magnēs, -ētis, subs. m. Da Magnésia (Cíc. Br. 316). Obs.: **magnes lapis** ou **magnes,** ímã mineral (Cíc. Div. 1, 86).

Magnēsia, -ae, subs. pr. f. Magnésia. 1) Península e província da Tessália (Plín. H. Nat. 4, 32); (T. Liv. 42, 54, 10). 2) Cidade da Lídia (T. Liv. 36, 43, 9).

Magnēsĭus, -a, -um, adj. Da Magnésia (Lucr. 6, 1064).

Magnēssa, -ae, subs. f. Da Magnésia (Hor. O. 3, 7, 18).

magnētārchēs, -ae, subs. m. Magnetarca, primeiro magistrado dos Magnetas (T. Liv. 35, 31, 11).

Magnētēs, -um, subs. loc. m. Magnetes, habitantes da Magnésia ou da cidade de Magnésia (Ov. Met. 11, 408).

Magnētis, -ĭdis, subs. f. Da Magnésia (Ov. Her. 12, 9).

magnī, gen. de preço, v. **magnus.** De grande valor, muito.

Magnī Campī, subs. pr. m. pl. Região da África, perto de Útica (T. Liv. 30, 8, 3).

magnĭfacĭō (magnī facĭo), -is, -ĕre, v. tr. Fazer caso de, dar importância a (Plaut. As. 407).

magnificē, adv. 1) Esplêndidamente, ricamente, suntuosamente. 2) Nobremente, generosamente, magnìficamente (Cíc. Br. 254). Obs.: Comp. **magnificentĭus** (Cíc. Or. 119); superl. **magnificentissĭme** (Cíc. Fam. 4, 7, 2).

magnificentĭa, ae, subs. f. I — Sent. próprio: 1) Magnificência, suntuosidade, esplendor (tratando-se de coisas) (Cíc. Or. 83). II — Daí: 2) Grandeza de alma, nobreza, magnanimidade (tratando-se de pessoas) (Cíc. Of. 1, 72). 3) Grande gênio, talento sublime (Plín. H. Nat. 36, 19). Na língua retórica: 4) Estilo pomposo (sent. pejorativo) (Cíc. Lae. 219).

magnificō, -ās, -āre, v. tr. 1) Dar muita importância a, fazer caso de (Ter. Her. 260). 2) Exaltar, louvar (Plín. H. Nat. 35, 155).

magnificus, -a, -um, adj. I — Referindo-se a coisas: 1) Magnífico, suntuoso, esplêndido (Cíc. Leg. 2, 2). Daí, em sent. pejorativo: 2) Fanfarronadas, jactâncias (T. Liv. 7, 32, 11). 3) Belo, grandioso, glorioso (T. Liv. 26, 2, 1). 4) Elevado, sublime, pomposo (tratando-se do estilo) (Cíc. Br. 123). II — Referindo-se a pessoas: 5) Que faz grandes despesas, faustoso, pomposo (C. Nep. At. 13, 5). 6) Imponente, que tem um ar nobre (T. Liv. 1, 10, 5). 7) Grande, nobre, generoso (Cíc. Of. 1, 79).

magnilŏcus, v. **magnilŏquus.**

magniloquentĭa, -ae, subs. f. Sent. próprio: 1) Sublimidade de linguagem, magniloqüência (Cíc. Fam. 13, 15, 2). Daí, em sent. pejorativo: 2) Jactância (T. Liv. 44, 15, 2).

magnilŏquus, -a, -um, adj. De linguagem sublime, grandíloquo (Estác. S. 5, 3, 62).

magnitūdō, -dĭnis, subs. f. I — Sent. próprio: 1) Grandeza, grande extensão, volume, altura, largura, grossura (Cíc. Of. 1, 154); (Cés. B. Civ. 1, 50). Daí: 2) Grande número, grande quantidade (Cíc. Amer. 20; Agr. 2, 95). II — Sent. figurado: 3) Duração, extensão (Plín. H. Nat. 37, 72). 4) Intensidade, fôrça, rigor (do frio) (Cíc. Verr. 5, 26). 5) Importância (Cíc. De Or 1, 15). Sent. moral: 6) Grandeza (de alma), elevação, nobreza (Cíc. Part. 77).

magnŏpĕrĕ (magnō opĕrĕ), adv. 1) Vivamente, com insistência. 2) Grandemente, fortemente (Cíc. Of. 2, 56). 3) Muito, bastante (Cíc. At. 1, 8, 1). 4) Com uma negativa: Não muito, muito pouco: **mihi dicendum nihil magnopere videtur** (Cíc. Amer. 124) «creio não ter muito para dizer». Obs.: No comp. e no superl.: majore opere, maximo opere: **a te maximo opere peto** (Cíc. Fam. 3, 2, 1) «peço-te com muita insistência».

1. magnus, -a, -um, adj. I — Sent. próprio: 1) Grande, elevado, vasto, abundante, espaçoso (Cíc. Nat. 2, 17). Daí: 2) Grande (como quantidade) (Cíc. Verr. 2, 176). 3) Grande (como fôrça), alto, forte (tratando-se da voz) (Cíc. Caec. 92). 4) Longo, de longa duração (tratando-se de tempo) (Cíc. Nat. 2, 51). II — Sent. figurado: 5) Idoso: **natu major** (Cíc. Tusc. 1, 3) «mais idoso». 6) Importante, considerável (Cíc. Arch. 21). 7) Orgulhoso, soberbo (sent. pejorativo): **lingua magna** (Hor. O. 4, 6, 2) «língua orgulhosa». Obs.: abl. e gen. de preço: **magno, magni**. Difere de **grandis** porque muitas vêzes contém a idéia acessória de fôrça, poder ou nobreza que **grandis** não designa.

2. Magnus, -ī, subs. pr. m. Magno, epíteto de Pompeu e Alexandre.

Māgō, -ōnis, subs. pr. m. Magão. 1) General cartaginês, irmão de Aníbal (T. Lív. 21, 47). 2) Escritor cartaginês, autor de uma obra sôbre agricultura (Cíc. De Or. 1, 249).

1. magus, -a, -um, adj. Mago, de magia, mágico (Ov. A. Am. 1, 8, 5).

2. magus, -ī, subs. m. 1) Mago, feiticeiro (Ov. Met. 7, 195). 2) Mago, sacerdote (entre os Persas) (Cíc. Div. 1, 46).

3. Magus, -ī, subs. pr. m. Mago, nome de homem (Verg. En. 10, 521).

Māia, -ae, subs. pr. f. Maia. 1) Filha de Atlas e de Pleionéia, mãe de Mercúrio (Hor. Sát. 2, 6, 5). 2) Uma das Plêiades (Ov. F. 4, 174).

māiālis, v. **majālis**.

1. māius (majus), -a, -um, adj. 1) Do mês de maio (Cíc. Fam. 4, 2, 1).

2. maius, -ī, subs. m. O mês de maio (Cíc. Phil. 2, 100).

mājālis, -is, subs. m. Porco castrado (têrmo de injúria) (Cíc. Pis. 19).

mājĕstās (māiēstās), **-tātis**, subs. f. I — Sent. próprio: 1) Majestade, grandeza (tratando-se dos deuses) (Cíc. Div. 1, 82). Daí: 2) Autoridade, dignidade (dos juízes, dos magistrados) (Cíc. Amer. 54). 3) Majestade, soberania do estado romano (Cíc. Verr. 4, 88). II — Sent. figurado: 4) Honra, dignidade, imponência (tratando-se do estilo, de um lugar ou de pessoas) (Cíc. Lae. 96).

mājor (māior), **-us**, (gen.: majoris ou maioris), comp. de **magnus**. Maior: **majores natu** (Cíc. C. M. 43) «os mais velhos»; **maiores** (Cíc. Phil. 3, 25) «os antepassados»; **annos natus major quadraginta** (Cíc. Amer. 39) «com mais de 40 anos de idade». Obs.: Emprega-se **Maior** para distinguir entre duas pessoas ou duas coisas com o mesmo nome: **Cato Maior**, Catão, o antigo; **Armenia Maior**, a Grande Armênia.

mājōrēs (māiōrēs), **-um**, subs. m. pl. Os maiores, os antepassados (Cíc. Phil. 3, 25).

mājus (māius), v. **mājor**.

mājuscŭlus (māiuscŭlus), **-a, -um**, adj. dim. de **major**. 1) Um tanto maior (Cíc. Fam. 9, 10, 3). 2) Um tanto mais velho (com quam) (Ter. Eun. 527).

māla, -ae, subs. f. (geralmente no pl.). I — Sent. próprio: 1) Queixada (superior) (Hor. O. 2, 19, 23). Daí, por extensão: 2) Maçãs do rosto, faces (Verg. En. 10, 324).

malacia, -ae, subs. f. I — Sent. próprio: 1) Bonança, calmaria (no mar) (Cés. B. Gal. 3, 15, 3). II — Sent. figurado: 2) Languidez, apatia (Sên. Ep. 67, 14).

malăxō, -ās, -āre, v. tr. Amolecer (Sên. Ep. 66, 53).

Malchīnus, -ī, subs. pr. m. Malquino, nome de homem (Hor. Sát. 1, 2, 25).

mălĕ, adv. 1) Mal, de modo contrário (Ter. Phorm. 372); **male, pessime latine** (Cíc. Tusc. 3, 20) «falar mal, em péssimo latim». 2) Injustamente, com prejuízo, de modo que não convém: **male reprehendunt** (Cíc. Tusc. 3, 24) «criticam injustamente». 3) (quase sinônimo de «não»): **male pinguis harena** (Verg. G. 1, 105) «terra que não é fértil». 4) Infelizmente, tristemente (Cíc. Verr. 4, 95). 5) Fortemente, violentamente: **male odisse aliquem** (Cés. apud Cíc. At. 14, 1, 2) «detestar violentamente alguém».

Malĕa (Malēa), **-ae**, subs. pr. f. Maléia, promontório do Peloponeso (Verg. En. 5, 193).

maledĭcax ou **malĕ dĭcax, -ācis**, adj. Maldizente (Plaut. Curc. 512).

maledĭcē, adv. Murmurando, falando mal, com malevolência (Cíc. Of. 1, 134).
maledĭcens, -ēntis. I — Part. pres. de **maledīco.** II — Adj.: Maledicente, maldizente (Plaut. Merc. 142); (Cíc. Flac. 7).
maledĭcentĭa, -ae, subs. f. Maledicência (A. Gél. 3, 3, 15).
maledīcō ou **malĕ dīcō, -is, -ĕre, -dixī, -dictum**, v. intr. e tr. Pronunciar palavras de mau augúrio; daí: maldizer, falar mal de, injuriar, ultrajar (Cíc. Dej. 28). Obs.: Constrói-se com dat. ou intransitivamente, e raramente com acus.
maledictĭō, -ōnis, subs. f. Maledicência, maldição, injúria (Cíc. Cael. 6).
maledictĭtō, -ās, -āre, v. freq. tr. Injuriar, insultar veementemente ou muitas vêzes (Plaut. Trin. 99).
maledictum, -ī, subs. n. I — Sent. próprio: 1) Palavra injuriosa, ultraje, injúria (Cíc. Q. Fr. 2, 3, 2). II — Daí, por extensão: 2) Maldição (Plín. H. Nat. 11, 232).
maledīcus, -a, -um, adj. Maldizente (Cíc. Mur. 13).
maledixī, perf. de **maledīco.**
malefacĭō, ou **malĕ facĭō, -is, -ĕre, -fēcī, -factum**, v. intr. Fazer mal, prejudicar (Plaut. Mil. 166); (Ter. Ad. 164). Obs.: Constrói-se com dat.
malefāctor, -ōris, subs. m. Malfeitor (Plaut. Bac. 395).
malefāctum, -ī, subs. n. Ação má, falta, malefício (Cíc. Of. 2, 62).
malefāctus, -a, -um, part. pass. de **malefacĭo.**
malefēcī, perf. de **malefacĭo.**
malefĭcē, adv. Malèficamente, prejudicialmente (Plaut. Ps. 1211).
maleficĭum, -ī, subs. n. I — Sent. próprio: 1) Má ação, crime, culpa: **admittere** (Cíc. Amer. 73) «cometer um crime». II — Daí: 2) Dano, prejuízo, malefício (Cés. B. Gal. 1, 7, 5). 3) Fraude (Plín. H. Nat. 12, 120). 4) Feitiço, bruxaria (Tác. An. 2, 69).
1. malefĭcus, -a, -um, adj. I — Sent. próprio: 1) Maléfico, malfazejo, mau, criminoso (Cíc. Tusc. 5, 57). II — Daí: 2) Que faz mal, prejudicial, funesto, perigoso (C. Nep. Ages. 8, 1).
2. malefĭcus, -ī, subs. m. Malfeitor, criminoso (Plaut. Trin. 551).
malelŏquor ou **malĕ lŏquor, -ĕris, -lŏquī**, v. dep. intr. Dizer mal de, injuriar (Ter. Phorm. 372). Obs.: Constrói-se com dat.

malenōtus, ou **malĕ nōtus, -a, -um**, adj. Pouco conhecido, obscuro (Marc. 5, 13).
malesuādus, -a, -um, adj. Que aconselha mal, que leva para o mal (Verg. En. 6, 276).
malevŏla, -ae, subs. f. Mulher mal intencionada (Plaut. Poen. 262).
malevŏlens (mali-), -ēntis, adj. Mal intencionado, malévolo, malevolente (Plaut. Capt. 583). Obs.: superl.: **malevolentissĭmus** (Cíc. Fam. 1, 7, 7).
malevolentĭa (mali-), -ae, subs. f. Malevolência, má vontade, inveja (Cíc. Fam. 1, 9, 22).
1. malevŏlus (mali-), -a, -um, adj. Mal intencionado, malévolo, invejoso (Cíc. At. 7, 2, 7).
2. malevŏlus, -ī, subs. m. Homem mal intencionado, ciumento (Cíc. Balb. 56).
Malĭăcus sinus, subs. pr. m. Gôlfo Malíaco, entre a Lócrida e a Tessália (Plín. H. Nat. 4, 27).
mālĭfer, -fĕra, -fĕrum, adj. Que produz maçãs (Verg. En. 7, 740).
malifĭcus, v. **malefĭcus.**
malīgnē, adv. Invejosamente, miseràvelmente, com maldade, malignamente, mesquinhamente (Hor. Ep. 2, 1, 209).
malignĭtās, -tātis, subs. f. Sent. próprio: 1) Índole má; e daí: 2) Malignidade, maldade, inveja (T. Lív. 38, 50, 3). 3) Mesquinharia, parcimônia (T. Lív. 10, 46, 15). 4) Avareza (T. Lív. 2, 42, 1).
malīgnus, -a, -um, adj. I — Sent. próprio: 1) De índole má, de mau caráter, velhaco, pérfido (Hor. O. 2, 16, 40). 2) Sovina, avarento (Hor. O. 1, 28, 23). II — Sent. figurado: 3) Estéril (tratando-se da terra) (Verg. G. 2, 179). 4) Pequeno, estreito, fraco (Verg. En. 11, 525).
mālim, pres. subj. de **malo.**
malitĭa, -ae, subs. f. I — Sent. próprio: 1) Índole má, maldade, malignidade (Cíc. Tusc. 4, 34). II — Daí: 2) Malícia, habilidade, finura (Plaut. Aul. 215).
Malitĭōsa Silva, subs. pr. f. Floresta Má, floresta no território dos sabinos (T. Lív. 1, 30, 9).
malitĭōsē, adv. Deslealmente, de má fé, maliciosamente (Cíc. Verr. 2,132). Obs.: Comp. **malitĭōsius** (Cíc. Amer. 111).
malitĭōsus, -a, -um, adj. Maldoso, enganador, manhoso, velhaco (Cíc. Of. 3, 57).
Mālius, -a, -um, adj. Do gôlfo Maliaco (Catul. 68, 54).
malivŏlens, malivŏlus, v. **malev.**

malleātor, -ōris, subs. m. O que trabalha com martelo (Marc. 12, 57, 9).
malleŏlus, -i, subs. m. I — Sent. próprio: 1) Martelo pequeno (Cels. 8, 3, 29). II — Daí: 2) Projetil (em forma de maço ou martelo) que servia para incendiar navios e fortificações dos inimigos (Cíc. Cat. 1, 32).
mallĕus, -i, subs. m. Martelo, maço (Ov. Met. 2, 624).
Mallius, -i, subs. pr. m. Málio, nome de homem (Cic. Amer. 18).
Malloea, -ae, subs. pr. f. Maléia, cidade da Tessália (T. Lív. 32, 41, 5).
Mallos ou Mallus, -i, subs. pr. f. Malos, cidade de Cilícia (Suet. Gram. 2).
Mallōtēs, -ae, subs. m. Natural de Malos, cidade da Cilícia (Suet. Gram. 2).
mălō, mâvis, mălle, mălŭi, v. tr. Antes querer, gostar mais, preferir (Sal. C. Cat. 17, 8); (Cíc. At. 7, 15, 2); (Sal. C. Cat. 54, 5); (Cic. Planc. 59). Obs.: Composto de **volo,** apresenta formas arcaicas como: **mavolo** (Plaut. Curc. 320); **mavelim** (Plaut. Capt. 270); **mavellem** (Plaut. Amph. 512); **mavoluit** (Petr. 77, 5).
mălobăthron (-um), -i, subs. n. I — Sent. próprio: 1) Malóbatro (árvore de que se extraía um perfume) (Plín. H. Nat. 12, 129). II — Daí: 2) Essência, óleo de malóbatro (Hor. O. 2, 7, 7).
Malthinus, -i, subs. pr. m. Maltino, nome de homem (Hor. Sát. 1, 2, 25).
Malŭginēnsis, -is, subs. pr. m. Maluginense, sobrenome romano (T. Lív. 4, 21, 1).
1 malum, interj. Que vergonha! Que loucura! Ó desgraça!: **quae, malum, est ista tanta audacia!** (Cíc. Verr. 1, 54) «qual é, ó desgraça, tamanha audácia?».
2. malum, -i, subs. n. I — Sent. próprio: 1) Mal (sent. físico) (Cíc. Ac. 2, 134). Daí, em sent. moral: 2) Calamidade, desgraça, flagelo, perigo, infelicidade (Cíc. Tusc. 3, 52). II — Sent. particular: 3) Castigo, maus tratos (Cíc. Leg. 1, 41).
3. mălum, -i, subs. n. Sent. próprio: 1) Maçã: **ab ovo usque ad mala** (Hor. Sát. 1, 3, 8) «do ôvo às maçãs, isto é: do começo ao fim da refeição». Depois: 2) Qualquer fruto de caroço ou pevides (Plin. H. Nat. 25, 95). Obs.: **Malum punicum** «a romã»; **malum aureum** «marmelo», etc.
1. malus, -a, -um, adj. I — Sent. próprio: 1) Mau, de má qualidade (Cíc. Arch. 25). II — Sent. moral: 2) Desonesto, depravado, mau (Cíc. Phil. 3, 183. 3) Manhoso, pernicioso, matreiro (Plaut. Rud. 466). 4) Infeliz, funesto, miserável (Cíc. Div. 2. 54).
2. mălus, -i, subs. f. Macieira (Verg. G. 2, 70).
3. mălus, -i, subs m. I — Sent. próprio (técnico): 1) Mastro de navio (Cíc. C. M. 17). II — Daí: 2) Qualquer pau levantado verticalmente, mastro (de teatro) (T. Lív. 39, 7, 8). 3) Barrote, trave, viga (Cés. B. Gal 7, 22, 5).
malva, -ae, subs. f. Malva (planta) (Hor. O. 1, 31, 16).
Māmercĭnus, -i, subs. pr. m. Mamercino, sobrenome romano (T. Lív. 7, 1, 2).
Māmērcus, -i, subs. pr. m. Mamerco, sobrenome de várias famílias romanas, especialmente na «gens» Emília (Cíc. Br. 175).
Māmertinus, -a, -um, adj. Mamertino, de Messina (Cíc. Verr. 2, 13). Obs.: subs. loc. m. pl.: Mamertinos, habitantes de Messina (Cíc. Verr. 2, 13).
Māmilĭa lex, subs. pr. f. Lei Mamília, proposta pelo tribuno Mamílio Limetano (Cíc. Br. 128).
Māmilĭus, -i, subs. pr. m. Mamílio, nome de uma família romana (Cíc. Verr. 2, 123).
mamma, -ae, subs. f. I — Sent. próprio: 1) Seio, têta (Juv. 6, 400). II — Como têrmo de afeição: 2) Meu coração (Plaut. Ps. 180).
mamma, -ae, subs. f. I — Sent. próprio: 1) Seio, têta (Cíc. Div. 2, 85). II — Daí: 2) Mamãe, mãe (língua infantil) (Marc. 1, 101, 1).
Māmurius, -i, subs. pr. m. Mamúrio Vetúrio, ferreiro osco, do tempo de Numa (Ov. F. 3, 389).
Māmurra, -ae, subs. pr. m. Mamurra, nome de homem (Cíc. At. 7, 7, 6). **Mamurrārum urbs** (Hor. S. 1, 5, 37) «Fórmios, pátria dos Mamurras».
mānābĭlis, -e, adj. Que atravessa, que penetra (Lucr. 1, 534).
mancĕps -cĭpis, subs. m. I — Sent. geral: 1) Arrematante, comprador (Cíc. Dom. 48). II — Daí: 2) Rendeiro, empreiteiro, empresário (Tác. An. 3, 31). 3) Fiador, abonador (Cíc. Fam. 5, 20, 3). Obs.: Etimològicamente significa: «o que toma na mão (alguma coisa)» para a adquirir ou reclamar a sua posse.
Mancia, -ae, subs. pr. m. Mância, sobrenome de romano (Cíc. Of. 1, 109).

Mancīnus, -ī, subs. pr. m. Mancino (Hostílio Mancino), cônsul romano (Cíc. Rep. 3, 28).

mancipātus, -a, -um, part. pass. de **mancipo.**

mancipī, gen. de **mancipĭum.**

mancipĭum, (-cupĭum), -ī, subs. n. I — Sent. próprio: 1) Ação de tomar na mão a coisa de que a pessoa se torna proprietária (com certas formalidades): **mancipio accipere** «comprar com caução, isto é, transmissão voluntária, em presença de testemunhas, de uma propriedade (têrmo da língua jurídica)». Daí, em sentido concreto: 2) Coisa adquirida como propriedade, principalmente os escravos (de qualquer sexo), escravo, mancípio (Cíc. Par. 35). 3) Direito de propriedade: **res quase manicipi sunt** (Cíc. Mur. 3) «as coisas sôbre as quais se exerce o direito de propriedade». II — Sent. figurado: 4) Propriedade (Sen. Ep. 72, 9).

mancĭpō (mancŭpō), -ās, -āre, -āvī, -ātum, v. tr. I — Sent. próprio: 1) Vender, alienar por emancipação, transmissão de propriedade (Tác. An. 2, 30). II — Sent. figurado: 2) Abandonar, entregar, ceder (Tác. Hist. 2, 71).

mancup-, v. **mancip-,**

mancus, -a, -um, adj. I — Sent. próprio: 1) Maneta, privado de um braço ou da mão, mutilado (T. Lív. 7, 13). II — Sent. figurado: 2) Defeituoso, imperfeito, incompleto (Cíc. Of. 1, 153).

mandātum, -ī, subs. n. I — Sent. próprio: (têrmo jurídico): 1) Mandato (missão de substituir uma pessoa num negócio, sem contrato), procuração (Cíc. Of. 3, 70). Daí, em sent. geral: 2) Comissão, cargo, mandato, ordem (Cíc. At. 5, 7, 3).

1. mandātus, -a, -um, part. pass. de **mando 1.**

2. mandātus, -ūs, subs. m. Recomendação, mandado (Cíc. Caec. 19). Obs.: Só ocorre no abl. sing.

Mandēla, -ae, subs. pr. f. Mandela, povoação sabina (Hor. Ep. 1, 18, 105).

mandī, perf. de **mando 2.**

1. mandō, -ās, -āre, -āvī, -ātum, v. tr. I — Sent. próprio: 1) Confiar (algo a alguem), entregar a, encarregar de (Cíc. Fam. 3, 5, 4); (Cíc. Mil. 78). II — Daí: 2) Mandar, ordenar (Cés. B. Gal. 3, 11, 2). Donde: 3) Encarregar de comunicar. Obs.: Constrói-se com dat. e acus.; com **ut, ne** ou simples subj.; e às vêzes com inf.

2. mandō, -is, -ĕre, mandī, mansum, v. tr. I — Sent. próprio: 1) Mascar, mastigar (Cíc. De Or. 2, 162). II — Daí: 2) Comer vorazmente, devorar (T. Lív. 23, 19, 13).

Mandonĭus, -ī, subs. pr. m. Mandônio, chefe espanhol na segunda guerra púnica (T. Lív. 22, 21, 3).

mandra, -ae, subs. f. 1) Rebanho de gado, tropa de animais de carga (Marc. 5, 22, 7). 2) Casa no tabuleiro do xadrez (Marc. 7, 72, 8).

Mandropŏlis, -is, subs. pr. f. Mandrópolis, cidade da Frígia (T. Lív. 38, 15).

Mandūbĭī, -ōrum, subs. loc. m. Mandúbios, povo da Gália Céltica (Cés. B. Gal. 7, 68, 1).

1. mandūcō, -ās, -āre, -āvī, -ātum, v. tr. 1) Mascar, mastigar, (Varr. R. Rust. 3, 7). 2) Comer (Suet. Aug. 76).

2. mandūcō, -ōnis, subs. m. Comilão (Apul. M. 6, 31).

mandūcus, -ī, subs. m. Comilão (personagem grotesca, espécie de papão, que tem os queixos enormes, a bôca aberta e os dentes rangendo estrepitosamente. Era quem desempenhava o papel cômico nas atelanas) (Plaut. Rud. 535).

Mandurĭa, -ae, subs. pr f. Mandúria, cidade da Itália (T. Lív. 27, 15, 4).

1. mānē, adv. De manhã, pela manhã (Cíc. At. 13, 9, 1); (Cíc. At. 14, 11, 2).

2. mānē, subs. n. indecl. Manhã: **mane novum** (Verg. G. 3, 325) «a fresca manhã».

3 mānē, imperat. de **manĕo.**

manēndus, -a, -um, adj. verbal: que se deve esperar (Lucr. 3, 1088).

manĕō, -ēs, -ēre, mansī, mansum, v. intr. e tr. A) Intr.: I — Sent. próprio: 1) Ficar, pernanecer (Cés. B. Gal. 4,1,1,). Daí: 2) Morar, residir (Cíc. At. 4, 18, 3). II — Sent. figurado: 3) Persistir, perseverar, durar (Cíc. At. 9, 2, 1). 4) Ficar demonstrado (Cíc. Mil. 11). B) Tr.: 5) Esperar (T. Lív. 42, 66, 3). 6) Estar reservado a (Verg. En. 7, 596).

mānēs, -ĭum, subs. m. pl. Manes 1) Os deuses bons, epíteto pelo qual se designavam, por eufemismo, os espíritos dos mortos, e especialmente dos pais; depois, passou a designar as almas dos mortos, veneradas por gregos e romanos, que lhes dedicaram o mês de fevereiro (Cíc. Leg. 2, 22)). 2) Morada dos manes, os infernos (Verg. En. 4, 387).

mangō, -ōnis, subs. m. I — Sent. próprio: 1) Fabricante que enfeita as mercadorias para vendê-las mais caro (Plín. H. Nat. 37, 200). II — Daí, em sent. especial: 2) Negociante de escravos (Marc. 1, 58, 1).

manibĭae, ārum, v. **manubiae**.

manĭca, -ae, subs. f. (geralmente no pl.). I — Sent. próprio: 1) Mangas, braçal, luvas (Verg. En. 9, 616). II — Sent. figurado: 2) Ferros, grilhões (Verg. G. 4, 439).

manicātus, -a, -um, adj. Que tem mangas (Cíc. Cat. 2, 22).

manicŭla, -ae, subs. f. I — Sent. próprio: 1) Mão pequena (Plaut. Rud. 1169). II — Sent. figurado: 2) Rabiça (do arado) (Varr. L. Lat. 5, 135).

manifestārĭus (manuf-), -a, -um, adj. Manifesto, averiguado (Plaut. Mil. 444).

manifestātus, -a, -um, part. pass. de **manifesto**.

manifēstē, adv. Manifestamente, claramente, evidentemente. Obs.: Comp. **manifestĭus** (Verg. En. 8, 16).

1. manifēstō (manufēstō), adv. Evidentemente, claramente, realmente (Cíc. Br. 277).

2. manifēstō, -ās, -āre, -āvī -ātum, v. tr. Manifestar, descobrir, evidenciar, demonstrar (Ov. Met. 13, 105).

manifēstus (manuf-), -a, -um, adj. 1 — Sent. próprio: 1) Manifesto, palpável, claro, evidente, certo (Cíc. Amer. 68). II — Daí: 2) Que mostra, que deixa ver: **offensionis manifestus** (Tac. An. 4, 53) «deixando ver seu ressentimento». 3) Convencido de (com gen.): **sceleris** (Sal. B. Jug. 35, 8) «(convencido) de um crime».

Manilĭa, -ae, subs. pr. f. Manília, nome de mulher (Juv. 6, 242).

Mānilĭānus, -a, -um, adj. De Manílio (Cíc. De Or. 1, 246).

Mānilĭus, -ī, subs. pr. m. Manílio, nome de família romana, notadamente o tribuno da plebe que propôs a lei Manília (Cíc. Pomp. 69).

manipl-, v. **manipul-**.

1. manipulāris (maniplāris), -e, adj. 1) Manipular, do manípulo (Cíc. Phil. 1, 20). 2) Saído do manípulo, que foi soldado raso (Cíc. Phil. 1, 20).

2. manipulāris, -is, subs. m. 1) Manipular, soldado raso (Cíc. At. 9, 10, 1). 2) Camarada de manípulo (de companhia) (Cés. B. Gal. 7, 47, 7).

manipulārĭus, -a, -um, adj. De soldado raso (Suet. Cal. 9).

manipulātim, adv. 1) Aos punhados, em feixes (Plín. H. Nat. 12, 48). 2) Em manípulos (T. Lív. 8, 8). 3) Por companhias (Plaut. Ps. 181).

manipŭlus (manĭplus), -ī, subs. m. I — Sent. próprio: 1) Punhado, e, em sent. especial: punhado de hastes que o ceifeiro apanha com a mão esquerda para as cortar com a direita, mancheia, molho, feixe, (Verg. G. 3, 297). II — Daí: Manípulo, estandarte, insígnia de uma companhia (porque, segundo a tradição, no tempo de Rômulo, era um feixe de feno transportado numa lança a insígnia de uma companhia) (Ov. F. 3, 117). Na língua militar: 3) Manípulo, companhia (a 30ª parte da legião, cêrca de 200 soldados) (Cés. B. Gal. 2, 25, 2). III — Sent. figurado: 4) Bando, tropel (Ter. Eun. 776).

Manis -is, v. **Manes**.

Manlĭānum, -ī, subs. pr. n. Manliano, nome de uma casa de campo de Cícero (Cíc. Q. Fr. 3, 1, 1).

Manlĭānus, -a, -um, adj. 1) De Mânlio (T. Lív. 6, 20). 2) À maneira de Mânlio, semelhante a Mânlio, i. é, rigorosamente, despòticamente (T. Lív. 4, 29, 6).

Manlĭus, -ī, subs. pr. m. Mânlio, nome de família romana, notadamente **M. Manlius Capitolinus**, que salvou o Capitólio (T. Lív. 5, 31, 2) e **T. Manlius Torquatus**, que arrancou um colar de ouro a um gaulês que tinha vencido (T. Lív. 7, 10).

mannŭlus, -ī, subs. m. Pônei pequenino (Marc. 12, 24, 8).

1. Mannus, -ī, subs. pr. m. Mano. 1) Nome de um escravo (T. Lív. 26, 27). 2) Deus considerado pelos germanos como o fundador de sua raça (Tác. Germ. 2).

2. mannus, -ī, subs. m. Pônei, cavalo pequeno (Hor. O. 3, 27, 6).

mānō, -ās, -āre, -āvī, -ātum, v. intr. e tr. Intr.: I — Sent. próprio: 1) Correr gôta a gôta, gotejar, correr lentamente, transpirar (Verg. En. 3, 175). 2) Escorrer, espalhar-se (sent. físico e moral), manar (Cíc. Cat. 4, 6); (Lucr. 6, 927). II — Sent. figurado: 3) Emanar de, decorrer de (Cíc. Par. 22). Tr.: 4) Destilar (Plín. H. Nat. 37, 170); (Ov. Met. 6, 312).

mansī, perf. de **manĕo**.
mansĭō, -ōnis, subs. f. I — Sent. próprio: 1) Ação de morar, mansão, morada, habitação (Cíc. Fam. 4, 4, 5). II — Daí: 2) Albergue, pousada, estalagem, pouso (Suet. Tib. 10).
mansĭtō, -ās, -āre, v. freq. intr. Estar habitualmente num lugar, habitar (Tác. An. 14, 42).
mansuēfacĭō, -is, -ĕre, -fēcī, -fāctum, v. tr. I — Sent. próprio: 1) Amansar, domesticar (Quint. 9, 4, 5). II — Sent. figurado: 2) Abrandar, tornar tratável (T. Lív. 3, 14).
mansuēfāctus, -a, -um, part. pass. de **mansuefacĭo**.
mansuēfēcī, perf. de **mansuefacĭo**.
mansuēffō, -is, -fĭĕrī, -fāctus sum, pass. de **mansuefacĭo**. I — Sent. próprio: 1) Amansar-se, domesticar-se (Cés. B. Gal. 6, 28, 4). II — Sent. figurado: 2) Abrandar-se, moderar-se (Cíc. Tusc. 1, 62).
mansŭēs, -suētis e **-suis**, adj. (arc.) = **mansuētus**.
mansuēscō, -is, -ĕre, -suēvī, -suētum, v. intr. e tr. A) Intr.: I — Sent. próprio: 1) Habituar-se a mão, e daí: domesticar-se (Luc. 4, 237). II — Sent. figurado: 2) Amansar-se, civilizar-se (Verg. G. 4, 470). B) Tr.: 3) Amansar, domesticar (Varr. R. Rust. 2, 1, 4).
mansuētē, adv. Docemente, brandamente (Cíc. Marc. 9).
mansuētūdō, -ĭnis, subs. f. I — Sent. próprio e raro: 1) Mansidão (de animais domesticados) (Just. 15, 4, 19). II — Sent. comum: 2) Brandura (de caráter ou costumes), doçura, bondade, benevolência, benignidade (Cés. B. Gal. 2, 14, 15): mansuetudo tua (Eutr. Valent. pref.) «Vossa Bondade (título dado aos imperadores)».
mansuētus, -a, -um, adj. I — Sent. próprio: 1) Domesticado, amansado (tratando-se de animais) (T. Lív. 35,49). II — Daí. em sent. moral: 2) Brando, manso, doce, calmo (T. Lív. 3, 16).
mansuēvī, perf. de **mansuēsco**.
mansūrus, -a, -um, part. fut. de **manĕo**.
mansus, -a, -um, part. pass. de **mando** 2, e de **manĕo**.
mantēle (-tīle), -is, subs. n. e **mantēlĭum, -ī**, subs. n. Toalha de mãos, guardanapo (Verg. G. 4, 337).
mantēlum ou **mantēllum, -ī**, subs. n. (sent. figurado): Véu (Plaut. Capt. 521).

mantĭca, -ae, subs. f. Saco, alforje, sacola (Hor. Sát. 1, 6, 106).
manticĭnor, -āris, -ārī, v. dep. tr. Predizer, profetizar (Plaut. Capt. 896).
mantil-, v. **mantel-**.
Mantinēa, -ae, subs. pr. f. Mantinéia, cidade da Arcádia, célebre pela vitória e morte de Epaminondas (Cíc. Fin. 2, 97).
1. **mantō, -ās, -āre**, v. freq. intr. e tr. I — Intr.: 1) Persistir, teimar, esperar, adiar (Plaut. Most. 116). II — Tr.: 2) Esperar (Plaut. Poen. 134).
2. **Mantō, -ūs**, subs. pr. f. Manto. 1) Filha do adivinho Tirésias e mãe do adivinho Mopso (Ov. Met. 6, 157). 2) Ninfa italiana, mãe de Ocno (Verg. En. 10, 198).
Mantŭa, -ae, subs. pr. f. Mântua, cidade da Itália, sôbre o rio Pó, pátria de Vergílio (Verg. En. 10, 200).
manuāle, -is, subs. n. Estôjo de livro (Marc. 14, 84).
manuālis, -e, adj. Que se pode segurar com a mão, de mão, manual: manuale saxum (Tác. An. 4, 51) «pedra que se lança com a mão».
manubĭae (manibĭae), -ārum, subs. f. pl. I — Sent. próprio: 1) Dinheiro proveniente da venda da prêsa feita ao inimigo (Cíc. Verr. 3, 186). II — Daí: 2) Despojos, prêsa (Petr. 79). III — Sent. figurado: 3) Pilhagem, rapina (Suet. Vesp. 16). Na língua dos áugures, no sing. (manubia): 4) Um acontecimento aterrador (Sên. Nat. 2, 41, 2). Obs.: Etimològicamente significa: o que se tem nas mãos.
manubĭālis, -e, adj. Proveniente da prêsa feita ao inimigo (Suet. Aug. 30).
manubrĭum, -ĭ, subs. n. Cabo (de um utensílio), asa (de um vaso) (Cíc. Verr. 4, 62).
manufest-, v. **manifest-**.
manuleātus, -a, -um, adj. 1) Que tem mangas (Plaut. Ps. 778). 2) Vestido de túnica com mangas (Suet. Cal. 52).
manūmissĭō, -ōnis, subs. f. Manumissão, ação de libertar um escravo, libertação de um escravo (Cíc. Cael. 69).
manūmīssus, -a, -um, part. pass. de **manumītto**.
manūmīsī, perf. de **manumītto**.
manūmīttō (ou manū mīttō), -is, -ĕre, -mīsī, -mīssum, v. tr. Libertar das mãos ou do poder de alguém, libertar (um escravo), dar-lhe a liberdade (Cíc. Fam. 13, 21, 2).
manūpretĭum (manip-), -ĭ, subs. n. I — Sent. próprio: 1) Preço da mão de obra

(Cíc. Verr. 1, 147). II — Sent. figurado: 2) Salário, recompensa (Cíc. Pis. 57).
manus, -ūs, subs. f. (geralmente no pl.). I — Sent. próprio: 1) Mão (parte do corpo humano) (Cíc. Fam. 3, 6, 2). II — Sent. figurado: 2) Mão (Plaut. Pers. 855): **occasio in manibus est** (T. Liv. 7, 36, 10) «a ocasião está nas mãos»; **inter manus esse** (Verg. En. 11, 311) «estar entre as mãos, isto é: palpável, manifesto». 3) Mão, símbolo da fôrça e instrumento de luta ou trabalho, mão armada, fôrça das armas, combate, peleja: **manum committere Teucris** (Verg. En. 12, 60) «travar combater com os troianos»; **manu decertare** (Cíc. Of. 1, 81) «procurar na fôrça a solução de um conflito». 4) Autoridade, poder (têrmo jurídico): **cum mulier viro in manum convenit** (Cíc. Top. 23) «quando uma mulher fica sob a autoridade (poder legal) de um marido (= quando se casa)». 5) Mão, trabalho, obra do homem (Cíc. C. M. 38). 6) Letra, modo de escrever (Cíc. At. 7, 2, 3). 7) Ação (T. Liv. 2, 33, 5). 8) Fôrça, corpo de tropas, turba, punhado (de homens) (Cíc. Verr. 4, 96). 9) Tromba de elefante (Cíc. Nat. 2, 120). Obs.: **Manus** aparece como segundo têrmo de compostos em: **quadrimanus, centimanus,** etc.
mapālia, -ium, subs. n. pl. I — Sent. próprio: 1) Cabana, choupana (= **magalia**) (Verg. G. 3, 340). Daí, em sent. coletivo: 2) Aldeia, lugarejo (V. Flac. 2, 460). II — Sent. figurado: 3) Bagatela, ninharia (Petr. 58, 13).
mappa, -ae, subs. f. 1) Guardanapo (Hor. Sát. 2, 8, 63). 2) Pano que se lançava ao circo para dar o sinal dos jogos: **mittere mappam** (Suet. Ner. 22) «dar o sinal dos jogos».
Marathēnus, -a, -um, adj. Marateno, de Máratos (Cíc. Br. 100).
Marăthōn, -ōnis, subs. pr. f. Maratona, famosa cidade da Ática, onde Milcíades derrotou os persas em 640 a.C. (Cíc. Of. 1, 61).
Marathōnīus, -a, -um, adj. Maratônio, de Maratona (Cíc. Tusc. 4, 50).
marăthrum, -ī, subs. n. Funcho (planta) (Ov. Med. 91). Obs.: Acus. pl.: **-ros**.
Marăthus, -ī, subs. pr. m. Márato, nome de homem (Suet. Aug. 79); (Tib. 1, 8, 49).
Marcellia, -ōrum, subs. pr. n. Marcélias, festas em honra de Marcelo, realizadas em Siracusa (Cíc. Verr. 2, 51).
Marcelliānus, -a, -um, adj. De Marcelo (Suet. Aug. 29).
Marcēllus, -ī, subs. pr. m. Marcelo, nome de um ramo da «gens» Cláudia. 1) M. Cláudio Marcelo, que tomou Siracusa (Cíc. De Or. 1, 176). 2) O jovem Marcelo, sobrinho de Augusto (Verg. En. 6, 861). 3) Marco Marcelo, defendido por Cícero (Cíc. Marc. 18).
marcens, -ēntis, part. pres. adjetivado de **marcĕo**: dormente, entorpecido (Hor. Sát. 2, 58).
marcĕō, -ēs, -ēre, v. intr. I — Sent. próprio: 1) Estar murcho, estar sêco (Marc. 5, 78, 12). II — Sent. figurado: 2) Enfraquecer, estar enfraquecido, perder o vigor (Lucr. 3, 946).
marcēscō, -is, -ĕre, v. incoat. intr. I — Sent. próprio: 1) Murchar-se, fanar, sacar (Plín. H. Nat. 16, 218). II — Sent. figurado: 2) Enfraquecer-se, debilitar-se, perder o vigor (T. Liv. 28, 35, 3). 3) Tornar-se tonto, pesado, embriagar-se (Ov. P. 1, 5, 45).
1. Marciānus, -a, -um, adj. De Márcio (Cíc. Balb. 39).
2. Marciānus, -ī, subs. pr. m. Marciano, nome de homem (Cíc. At. 12, 17).
marcĭdus, -a, -um, adj. I — Sent. próprio: 1) Murcho, estragado, apodrecido (Ov. Met. 10, 92). II — Sent. figurado: 2) Lânguido, fraco (Sên. Med. 69). 3) Entorpecido (Tác. An. 6, 10).
Marciī, -ōrum, subs. pr. m. Os irmãos Márcios, famosos adivinhos (Cíc. Div. 1, 84).
Marcilĭus, -ī, subs. pr. m. Marcílio, nome de homem (Cíc. Fam. 13, 54).
Marcĭus, -ī, subs. pr. m. Márcio, nome de uma família romana, em particular Anco Márcio, rei de Roma (Cíc. Rep. 2, 33).
Marcolĭca, -ae, subs. pr. f. Marcólica, cidade da Hispânia (T. Liv. 45, 4).
Marcomănī (Marcomănnī), -ōrum, subs. pr. m. Marcomanos, povo da Germânia, habitantes da Marcomânia (Cés. B. Gal. 1, 51, 2).
Marcomanĭcus, ou **Marcomannĭcus, -um,** adj. Marcomânico; apelido de Caracala, vencedor dos marcomanos (Eutr. 8, 12).
marcor, -ōris, subs. m. I — Sent. próprio: 1) Podridão, putrefação (Sên. Nat. 3, 27, 4). II — Sent. figurado: 2) Apa-

MARCŬLUS — 591 — **MARMOR**

tia, abatimento, languidez (Sên. Tranq. 2, 8).
marcŭlus, -i, subs. m. (diminutivo de marcus) Martelo (Marc. 12, 57, 6).
Mardī, -ōrum, subs. loc. m. Mardos, povo vizinho da Hircânia (Tác. An. 14, 23).
mare, -is, subs. n. I — Sent. próprio: 1) Mar: **mare Oceanus** (Cés. B. Gal. 3, 7, 2) «o Oceano»; **nostrum mare** (Cés. B. Gal. 5, 1, 2) «o mar Mediterrâneo» Daí: 2) Água do mar, água salgada (Hor. Sát. 2, 8, 15). 3) Verde do mar (referindo-se à côr das águas) (Plín. H. Nat. 37, 80). II — Sent. figurado: 4) Mar, oceano: **aeris magnum mare** (Lucr. 5, 276) «o vasto oceano do ar». 5) Em expressões proverbiais: **mare caelo confundere** (Juv. 6, 283) «remover céus e mares, isto é: tentar tudo, o possível e o impossível para conseguir uma coisa»; em português mais comum: «remover céus e terras»; **maria et montes polliceri** (Sal. C. Cat. 23, 3) «prometer céus e mares, isto é, o impossível»; **in mare fundere aquas** (Ov. Trist. 5, 6, 41) «levar água para o mar, isto é, perder seu tempo». Obs.: O têrmo corrente para designar mar é **mare**; **pelagus** e **pontus** são helenismos e quase que de uso exclusivo na poesia.
Marēnē, -ēs, subs. pr. f. Marene, parte da Trácia (T. Lív. 43, 67).
Mareōtĭcus, -a, -um, adj. Da Mareótida (Hor. O. 1, 37, 14).
Mareōtis, -ĭdis, subs. loc. f. Mulher da Mareótida (Verg. G. 2, 91).
margarīta, -ae, subs. f. e **margarītum, -i,** subs. n. I — Sent. próprio: 1) Pérola (Cíc. Verr. 4, 1). II — Sent. figurado: 2) Uma pérola, um tesouro (Petr. 63, 3).
marginō, -ās, -āre, -āvī, -ātum, v. tr. Cercar, cingir, rodear, marginar, fazer margem (T. Lív. 41, 27, 5).
margō, -ĭnis, subs. m. e f. I — Sent. próprio: 1) Margem, beira, extremidade (T. Lív. 44, 33). Daí: 2) Fronteira, raia (V. Máx. 5, 6, 4). II — Sent. figurado: 3) Ribeira (Ov. Met. 1, 13).
Margum, -i, subs. pr. n. Margo, cidade da Mésia (Eutr. 9, 13).
1. Mariānus, -a, -um, adj. De Mário (Cíc. Br. 175).
2. Mariānus, -i, subs. pr. m. Mariano, nome de homem (Marc. 2, 31).
maribus, dat. abl. pl. de **mare** e **mas.**
Marīca, -ae, subs. pr. f. Marica, ninfa do Lácio e mulher de Fauno (Verg. En. 7, 47).
Marĭccus, -ī, subs. pr. m. Marico, gaulês que exortou seus compatriotas contra Vitélio (Tác. Hist. 2, 61).
marīnus, -a, -um, adj. Marinho, do mar (Verg. G. 2, 160).
maris, gen. de **mare** e **mas.**
marīta, -ae, subs. f. Mulher casada, espôsa (Ov. F. 2, 139).
marītālis, -e, adj. Conjugal, nupcial, marital (Ov. A. Am. 2, 258).
marītātus, -a, -um, part. pass. de **marīto.**
maritĭmus (-ŭmus), -a, -um, adj. Marítimo, do mar (Cíc. Verr. 5, 70).
marītō, -ās, -āre, -āvī, -ātum, v. tr. I — Sent. próprio: 1) Casar, dar em casamento (Tác. An. 12, 6). II — Sent. figurado: 2) Unir, entrelaçar (Hor. Epo. 2, 10).
maritŭmus, v. **maritĭmus.**
1. marītus, -a, -um, adj. I — Sent. primitivo (língua da agricultura): 1) Unido, emparelhado, casado (Cat. Agr. 32, 2). II — Na língua poética imperial: 2) Conjugal, nupcial, de casamento: **marita lex** (Hor. Saec. 20) «lei sôbre o casamento».
2. marītus, -i, subs. m. I — Sent. próprio: 1) Marido, espôso (Cíc. Cat. 1, 26). II — Por extensão: 2) Pretendente, noivo (Verg. En. 4, 35). 3) O macho (tratando-se de animais) (Verg. G. 3, 125).
marĭum, gen. pl. de **mare.**
1. Marius, -a, -um, adj. De Mário (Cíc. Leg. 3, 38).
2. Marius, -i, subs. pr. m. Mário, nome de uma família romana, em particular Caio Mário, de Arpino, famoso general e político, vencedor de Jugurta e rival de Sila (Cíc. Phil. 8, 7).
Marmarĭcus, -a, -um, adj. 1) Marmárico (Plín. H. Nat. 13, 127). 2) Da Líbia, da África (Luc. 3, 293).
Marmarĭdae, -ārum, subs. loc. m. Marmáridas, os habitantes da Marmárica, região da África (Luc. 9, 894).
Marmarĭdēs, -ae, subs. loc. m. Marmáride, habitante da Marmárica (Ov. Met. 5, 124).
marmor, -ŏris, subs. n. I — Sent. próprio: 1) Mármore (Hor. O. 2, 18, 17). Daí, objeto de mármore: 2) Estátua (Hor. O. 4, 8, 13). 3) Construção de mármore (Marc. 10, 2, 9). 4) Marco miliário (Marc. 7, 31, 10). 5) O que tem a dureza ou a brancura do mármore, tumor duro que dá nas articulações do

cavalo (Veg. Mul. 2, 48, 1). II — Sent. poético: 6) Superfície branca do mar produzida pela espuma, mar calmo (Verg. En. 7, 28).
1. **marmorārĭus**, -a, -um, adj. De mármore (Sên. Ep. 90, 15).
2. **marmorārĭus**, -ī, subs. m. Marmorista (Sên. Ep. 88, 15).
marmorātus, -a, -um, part. pass. de marmŏro.
marmorĕus, -a, -um, adj. I — Sent. próprio: 1) Marmóreo, de mármore (Verg. Buc. 7, 35). Daí: 2) Branco, polido, duro como mármore (Verg. G. 4, 523). II — Sent. figurado: 3) (Geada) que torna branco e duro (Ov. F. 4, 918). 4) Ornado de estátuas (Juv. 7, 80).
marmŏrō, -ās, -āre, -āvī, -ātum, v. tr. Revestir ou incrustar de mármore (Varr. R. Rust. 1, 57, 1); (Plín. H. Nat. 36, 176).
Marō, -ōnis, subs. pr. m. Marão. 1) Sobrenome de Vergílio, que serve para designá-lo (Marc. 8, 56, 5). 2) Colina da Sicília (Plín. H. Nat. 3, 88).
Marōnēa (Marōnĭa), -ae, subs. pr. f. Maronéia. 1) Cidade da Trácia, famosa por seu vinho (T. Lív. 31, 16, 3). 2) Cidade do Sâmnio (T. Lív. 27, 1, 1).
Marpessĭus, -a, -um, adj. 1) De Marpesso, monte na ilha de Paros. Em poesia: 2) De Paros, de mármore (Verg. En. 6, 471).
marra, -ae, subs. f. Espécie de enxada (Juv. 15, 166).
Marrŭcīnī, -ōrum, subs. loc. m. Marrucinos, povo da Itália (Cíc. Clu. 197).
Marrŭcīnus, -a, -um, adj. Dos Marrucinos (Plín. H. Nat. 2, 199).
marruvĭus, -a, -um, adj. De Marrúbio, cidade dos marsos (Verg. En. 7, 750).
Mars, Martis, subs. pr. m. I — Sent. próprio: Marte. 1) Antiga divindade itálica identificada ao deus grego Ares, deus da guerra, pai de Rômulo e do povo romano, uma das divindades mais veneradas na Itália (Cíc. Phil. 4, 5). 2) Deus da fecundidade, da primavera (Ov. F. 1, 151). 3) O planêta Marte (Cíc. Nat. 2, 53). II — Sent. figurado: 4) Guerra, combate, batalha: **Martem accendere cantu** (Verg. En. 6, 165) «inflamar o combate ao som do clarim»; **Martis vis** (Cíc. Marc. 17) «a violência da batalha». 5) Maneira de combate: **suo Marte** (Cíc. Phil. 2, 95) «com suas próprias fôrças». 6) Resultado da guerra, sorte do combate: **omnis belli Mars communis** (Cíc. Fam. 6, 4, 1) «em tôdas as guerras a sorte é igual para todos».
Marsaeus, -ī, subs. pr. m. Marseu, nome de homem (Hor. Sát. 1, 2, 55).
Marsī, -ōrum, subs. loc. m. Marsos. 1) Povo do Lácio (Cíc. Div. 2, 70). 2) Povo germânico (Tác. Germ. 2).
Marsĭcus, -a, -um, adj. Dos Marsos (Cíc. Agr. 2, 90).
Marsīgnī, -ōrum, subs. loc. m. Marsignos, povo germânico (Tác. Germ. 43).
Marspĭter, -tris, subs. pr. m. Marte, o deus da guerra (Varr. L. Lat. 8, 33).
marsūpĭum, (-ppĭum), -ī, subs. n. Bôlsa, bôlso (Plaut. Cas. 490).
1. **Marsus**, -a -um, adj. Dos Marsos (Ov. A. Am. 2, 102).
2. **Marsus**, -ī, subs. pr. m. Domício Marso, poeta latino, do século de Augusto (Ov. P. 4, 16, 5).
Marsўās (Marsўa) -ae, subs. pr. m. Mársias. 1) Célebre tocador de flauta (Ov. F. 6, 705). 2) Estátua de Mársias (Hor. Sát. 1, 6, 120). 3) Rio da Frígia (Ov. Met. 6, 400).
Martiālēs, -ĭum, subs. m. 1) Soldados da legião de Marte (Cíc. Phil. 4, 5). 2) Sacerdotes de Marte (Cíc. Clu. 43).
1. **Martĭālis**, -e, adj. De Marte, marcial (Hor. O. 1, 17, 9).
2. **Martĭālis**, -is, subs. pr. m. Valério Marcial, poeta epigramático latino (Plín. Ep. 3, 21).
Martĭcŏla, -ae, subs. m. Aquêle que adora Marte (Ov. Trist. 5, 3, 21).
Martigĕna, -ae, subs. m. Descendente de Marte (Ov. F. 1, 199).
1. **Martĭus**, -a, -um, adj. 1) De Marte: **Martia proles** (Ov. F. 3, 59) «a descendência de Marte, i. é, Rômulo e Remo». 2) Guerreiro, combativo, corajoso (Verg. En. 11, 661). 3) Do planêta Marte, marciano (Cíc. Rep. 6, 17).
2. **Martĭus**, -ī, subs. m. Março, primeiro mês do primitivo ano romano (Varr. L. Lat. 6, 4, 33).
Marus, -ī, subs. pr. m. Maro, rio da Germânia (Tác. An. 2, 63).
mās, maris, adj. I — Sent. próprio: 1) Macho, do sexo masculino: **mares oleae** (Ov. F. 4, 741) «azeitonas macho». II — Sent. figurado: 2) Viril (Hor. A. Poét. 402). III — Como subs. m.: 3) Um macho, um filho varão, rapaz: **male mas** (Catul. 16, 13) «um efeminado». Obs.: O gen. pl. mais usado é **marium** (Cíc. Part. 35).

masculīnus, -a, -um, adj. I — Sent. próprio: 1) Masculino, de macho (Fedr. 4, 14, 15). II — Sent. figurado: 2) Másculo, viril (Quint. 5, 12, 20).
mascŭlus, -a, -um, adj. I — Sent. próprio: 1) Masculino, de macho: **mascula tura** (Verg. Buc. 8, 66). «incenso macho (o de grãos redondos que era o mais apreciado e escolhido para os sacrifícios)». II — Sent. figurado: 2) Másculo, viril, vigoroso (Hor. O. 3, 6, 37). III — Como subs. m. 3) Um macho, um ser do sexo masculino (T. Liv. 31, 12, 6).
Masgăba, -ae, subs. pr. m. Másgaba, filho de Masinissa (T. Lív. 45, 13).
Masinīssa, -ae, subs. pr. m. Masinissa, rei dos númidas, que se tornou aliado de Roma (Sal. B. Jug. 5, 5).
Masō, -ōnis, subs. pr. m. Masão, sobrenome dos Papírios (Cíc. Balb. 53).
1. massa, -ae, subs. f. I — Sent. próprio: 1) Massa, pasta (Verg. G. 1, 275). II — Daí, objeto em forma de bloco ou barra: 2) Queijo, massa de queijo: **lactis coati** (Ov. Met. 8, 666) «queijo». 3) Barra de ouro (Ov. Met. 11, 112). 4) Bloco de mármore (Plín. H. Nat. 36, 49). 5) O caos (Ov. Met. 1, 70).
2. Massa, -ae, subs. pr. m. Massa, sobrenome romano (T. Lív. 31, 50).
Massagētae, -ārum, subs. loc. m. Masságetas, povo cítico (Hor. O. 1, 35, 40).
Massĭcum vinum ou **Massĭcum, -ī,** subs. n. Vinho do monte Mássico (Hor. O. 1, 1, 19).
Massĭcus, -ī, subs. pr. m. ou **Massĭca, -ōrum,** subs. pr. n. Mássico, série de colinas entre o Lácio e a Campânia, onde abundam vinhedos, cujo vinho foi cantado por Horácio (Cíc. Agr. 2, 66).
Massilĭa, -ae, subs. pr. f. Massília, cidade da Gália Narbonense, atualmente Marselha (Cés. B. Civ. 2, 1).
Massiliēnsis, -e, adj. De Massília, habitantes de Massília (Plaut. Cas. 795).
Massīva, -ae, subs. pr. m. Massiva, príncipe númida, sobrinho de Masinissa (T. Lív. 27, 19).
Massȳlī, -ōrum, subs. loc. m. Massilos, povo vizinho da Numídia (Verg. En. 6, 60).
Massȳlus, -a, -um, adj. Dos massilos (Verg. En. 4, 132).
Mastanăbal, -ălis, subs. pr. m. Mastanabal, filho de Masinissa (Sal. B. Jug. 57).
mastichīnus, -a, -um, adj. De mastique, almécega (Marc. 9, 3).

mastīgĭa, -ae, subs. m. O que foi açoitado muitas vêzes, o que merece ser açoitado (Plaut. Capt. 600).
mastrūca (mastrūga), -ae, subs. f. Roupa de pele (usada pelos sardos e germanos) (Cíc. Scaur. 45).
mastrūcātus, -a, -um, adj. Que usa a mastruca, vestido de peles (Cíc. Prov. 15).
masturbātor, -ōris, subs. m. Onanista (Marc. 14, 203).
matăra, -ae, e **matăris, -is,** subs. f. Lança gaulesa (Cés. B. Gal. 1, 26, 3); (T. Liv. 7, 24, 3).
matellĭō, -ōnis, subs. m. Pinico (Cic. Par. 38).
māter, -tris, subs. f. I — Sent. próprio: 1) Mãe (tratando-se de pessoas, animais ou plantas) (Cic. Lae. 11); (Verg. G. 3, 398). Daí: 2) Tronco (das árvores) (Verg. G. 2, 23). II — Sent. figurado: 3) Pátria (Verg. En. 10, 172). 4) Causa, fonte, origem (Cíc. Leg. 1, 47). 5) Maternidade (Sên. Hérc. Oe. 389). 6) Afeição maternal (Ov. Met. 7, 629). 7) Venerável, (respeitável (epíteto das deusas) (Verg. G. 1, 498). Obs.: **Mater** é um têrmo geral que se aplica às pessoas, aos animais e até às plantas, para designar o tronco principal. Como **pater**, comporta uma idéia de respeito ou veneração, juntado-se ao nome das deusas como simples honorífico, sem que a noção de maternidade esteja necessàriamente implicada.
matercŭla, -ae, subs. f. (diminutivo afetivo) Mãezinha (Hor. Ep. 1, 7, 7).
māterfamiliās (ou **mater familias**), **matris familias,** subs. f. Mãe de família, dona de casa (Cés. B. Gal. 1, 50, 4).
mātěrĭa (mātěrĭēs), -ae, (-ēi), subs. f. I — Sent. primitivo (língua rústica): 1) Substância de que se fêz o tronco das árvores (como produtor dos ramos e rebentos), daí: substância ou matéria (de que alguma coisa é feita) (Lucr. 1, 91). Por extensão: 2) A parte dura da árvore (em oposição às fôlhas e a casca) (Col. 5, 11, 4). Daí: na língua dos carpinteiros: 3) Madeira, e, em especial: madeira de construção (em oposição a **lignum**): **materia caesa** (Cés. B. Gal. 3, 29, 1) «a madeira cortada». Na língua comum: 4) Materiais (em geral) (Ov. Met. 2, 5). II — Sent. figurado: 5) Matéria, objeto, assunto, tema (Cic. Q. Fr. 1, 2, 3). 6). Ocasião, causa, pretexto (Cíc. Phil. 11, 21. 7) Caráter, índole, recurso do espí-

rito, cabedal, talento, modo de ser (T. Lív. 1, 39, 3). 8) Assunto tratado, tratado (Sên. Ep. 87, 11).

materiārius, -ī, subs. m. Vendedor de madeira (Plaut. Mil. 920).

māteriātus, -a, -um, part. pass. de **materĭo**.

māteriēs, v. **materĭa**.

Māterīna, -ae, subs. pr. f. Materina, cantão de Úmbria (T. Lív. 9, 41).

māterĭō, -ās, -āre, -āvī, -ātum, v. tr. Construir com madeiramento (Cíc. Or. 3, 54).

māterĭor, -āris, -ārī, v. dep. intr. Fazer provisão de madeira de construção (Cés. B. Gal. 7, 73, 1).

1. mātērnus, -a, -um, adj. Maternal, de mãe (Ov. Met. 3, 312).

2. Mātērnus, -ī, subs. pr. m. Apelido romano, principalmente o orador Curiácio Materno (Tác. D. 2).

mātertĕra, -ae, subs. f. Tia materna (Cíc. Div. 1, 104).

mathēmatĭca, -ae, ou **-ē, -ēs,** subs. f. 1) Matemática (Sên. Ep. 88, 28). 2) Astrologia (Suet. Tib. 69).

1. mathēmatĭcus, -a, -um, adj. Matemático, relativo à matemática (Plín. H. Nat. 30, 2).

2. mathēmatĭcus, -ī, subs. m. 1) Matemático (Cíc. Tusc. 1, 5). 2) Astrólogo (Tác. Hist. 1, 22).

Mathō (Mathōn), -ōnis, subs. pr. m. Matão, nome de homem (Juv. 1, 32).

Matiēnus, -ī, subs. pr. m. Matieno, nome de homem (T. Lív. 29, 6).

Matīnus, -ī, subs. pr. m. Matino, montanha da Apúlia (Hor. O. 1, 28, 3).

Matiscō, -ōnis, subs. pr. m. f. Matiscão, cidade dos éduos (Cés. B. Gal. 7, 90, 7).

Mātĭus, -ī, subs. pr. m. Mácio, nome de família romana, notadamente Caio Mácio, amigo de César e Cicero (Cíc. Fam. 6, 12, 2).

Mātrālĭa, -ĭum, subs. pr. n. Matrália, festa em honra da deusa Matuta, a Aurora (Ov. F. 6, 475).

mātricīda, -ae, subs. m. Pessoa que matou a mãe, matricida (Cíc. Q. Fr. 1, 2, 4).

mātricīdĭum, -ī, subs. n. Matricídio (Cíc. Inv. 1, 18).

mātrīmes, v. **matrīmus**.

mātrimōnĭum, -ī, subs. n. I — Sent. próprio: 1) Maternidade legal, casamento, matrimônio, **alicujus matrimonium tenere** (Cíc. Cael. 34) «ser a mulher de alguém»; **in matrimonium colocare** (Cíc. Div. 104) ou **dare** (Cés. B. Gal. 1, 3, 5) «dar em casamento» II — No pl.: 2) Mulheres casadas, espôsas (Tác. An. 2, 13).

matrīmus, -a, -um, adj. Que ainda tem a mãe viva (Cíc. Har. 23).

matrix, -īcis, subs. f. I — Sent. próprio: 1) Fêmea grávida ou que cria os filhos (Col. 7, 3, 12). II — Daí: 2) Tronco principal, árvore que dá rebentos (Suet. Aug. 94).

1. matrōna, -ae, subs. f. I — Sent. próprio: 1) Mulher casada, mãe de família, dama, matrona (Cíc. Nat. 3, 47). Daí: 2) Mulher (em geral), espôsa (sent. raro) (Hor. O. 3, 2, 7). II — Por extensão: 3) Augusta (epíteto dado a Juno, uma vez que a palavra dá idéia de nobreza): **matrona Juno** (Hor. O. 3, 4, 59) «a augusta Juno».

2. Matrōna, -ae, subs. pr. m. O rio Marne, da Gália (Cés. B. Gal. 1, 1, 2).

matrōnālis, -e, adj. Matronal, de mãe de família, de matrona, de senhora (T. Lív. 26, 49).

mattĕa (-ttўa), -ae, subs. f. Manjar delicado (Marc. 10, 59, 4).

Mattĭum, -ī, subs. pr. n. Mátio, capital dos Catos (Tác. An. 1, 56).

mattus (matus), -a, -um, adj. Ébrio, bêbedo (Petr. 41, 12).

matŭla, -ae, subs. f. I — Sent. próprio: 1) Vaso para líquidos; daí: 2) Pinico (Plaut. Most. 386). II — Sent. figurado: 3) Imbecil, pateta (têrmo de injúria) (Plaut. Pers. 533).

mātūrātē, adv. Prontamente (Plaut. Ps. 1157).

mātūrātus, -a, -um, part. pass. de **matūro**.

mātūrē, adv. 1) A propósito, oportunamente, a tempo, (Cíc. Verr. 4, 96). 2) Prontamente, depressa, ràpidamente (Cíc. C. M. 32). Obs.: Comp. **maturĭus** (Cíc. Verr. 3, 60); superl. **maturissĭme** (Cíc. Caec. 7).

mātūrēscō, -is, -ĕre, mātūrŭī, v. incoat. intr. I — Sent. próprio: 1) Amadurecer, tornar-se maduro (Cés. B. Gal. 6, 29, 4). II — Daí: 2) Desenvolver-se, atingir o desenvolvimento conveniente (Cíc. Nat. 2, 69). Donde: 3) Tornar-se núbil (Ov. Met. 14, 335).

mātūrĭtās, -tātis, subs. f. I — Sent. próprio: 1) Maturação, madureza (dos frutos, das colheitas) (Cíc. Tusc. 1, 68). II — Sent. figurado: 2) Oportunidade, ensejo (T. Lív. 22, 40, 9). 3) O mais alto grau de desenvolvimento, perfeição, experiência (da idade) (Cíc. Fam. 4, 4, 4). 4) Talento (Cíc. Br. 318). 5) Prontidão (Suet. Tib. 61).

mātūrō, -ās, -āre, -āvī, -ātum, v. tr. e intr. A) Tr.: I — Sent. próprio: 1) Amadurecer, amadurar, fazer amadurecer, tornar-se maduro (Cíc. C. M. 53). II — Sent. figurado: 2) Apressar, acelerar (T. Lív. 24, 13, 4); (Cíc. Clu. 171); (Sal. C. Cat. 8, 8). B) Intr.: 3) Apressar-se (Cíc. Fam. 2, 17, 1).

maturuī, perf. de maturēsco.

mātūrus, -a, -um, adj. I — Sent. próprio: 1) Maduro, que faz amadurecer (Cíc. C. M. 71). Daí: 2) Que atingiu o seu pleno desenvolvimento, completo, que tem a idade requerida (T. Lív. 42, 52, 2). II — Sent. figurado: 3) Oportuno, (Cíc. At. 15, 4, 3). 4) Velho, idoso, maduro, (tratando-se das pessoas), prudente, sensato (Verg. En. 5, 73); (Verg. En. 9, 246). 5) Brando suave (tratando-se do estilo) (Cíc. Br. 288). III — Significando «que aparece cedo», também toma as seguintes acepções: 6) Precoce, prematuro, apressado, urgente, rápido (Cés. B. Gal. 4, 20, 1); (Cíc. Caec. 7). Obs.: Etimològicamente significa: que se produz em boa ocasião, produzido em boa hora, cedo. Constrói-se absol.: com dat.; com gen.

matus, -a, -um, v. mattus.

Mātūta, -ae, subs pr. f. Matuta, antiga divindade itálica que protegia os nascimentos e representava a luz da manhã, identificada com a Aurora (Ov. F. 6, 479).

mātūtīnum, -ī, subs. n. A manhã, o romper do dia (Sên. Ep. 83, 14).

mātūtīnus, -a, -um, adj. Da manhã, matutino, matinal (Hor. Sát. 2, 6, 45).

Maurī, -ōrum, subs. loc. m. Mauros, mouros, habitantes da Mauritânia (Sal. B. Jug. 18, 10).

Mauritānia, -ae, subs. pr. f. Mauritânia, extensa região da África (Cés. B. Civ. 1, 6).

Maurus, -a, -um, adj. Da Mauritânia, mauritano, africano (Hor. O. 3, 10, 18).

Maurūsia, -ae, subs. pr. f. Nome dado à Mauritânia pelos antigos gregos (Vitr. 8, 2, 6).

Maurūsiăcus, -a, -um, adj. Da Mauritânia (Marc. 12, 66, 6).

Maurūsiī, -ōrum, subs. loc. m. pl. Os mouros (T. Lív. 24, 49).

Maurūsius, -a, -um, adj. Da Mauritânia (Verg. En. 4, 206).

Mausōlēum, -ī, subs. n. Túmulo de Mausolo (Plín. H. Nat. 36, 30).

Mausōlus, -ī, subs. pr. m. Mausolo, rei da Cária, a quem sua mulher Artemisa fêz erigir um suntuoso túmulo, considerado uma das sete maravilhas do mundo (Cíc. Tusc. 3, 75).

mavĕlim = malim (forma arc. do pres. de subj. de malo) (Plaut. Cap. 270)

mavellem = mallem (forma arc. do imperf. do subj. de malo) (Plaut. Amph. 512).

mavŏlo = malo (forma arc. do pres. de malo) (Plaut. Curc. 320).

Māvors, -tis, subs. pr. m. (arcaico e poético). Marte, a guerra (Verg. En. 8, 630); (Cíc. Nat. 2, 67).

Māvortius, -a, -um, adj. Mavórcio, mavórtico, de Marte: Mavortia moenia (Verg. En. 1, 276) «os muros de Marte, i. é, Roma»; Mavortia tellus (Verg. G. 4, 462) «a terra de Marte, i. é, a Trácia». Obs.: subs. m.: Meléagro, filho de Marte (Ov. Met. 8, 437).

Maxentius, -ī, subs. pr. m. Maxêncio, rival de Constantino (Eutr. 10, 2).

maxīlla, -ae, subs. f. Queixada (inferior), queixada (em geral) (Cíc. Or. 153).

maxĭme (maxŭmē), adv. 1) Muito grande, enorme, muito, o maior (Cíc. Sest. 6); (Cés. B. Gal. 1, 40, 15). 2) Construções particulares: a) unus omnium maxime (Cíc. Com. 24) «o mais... de todos»; b) quam maxĭme (Cíc. De Or. 1, 149) «o mais possível»; c) non maxime (Cíc. De Or. 1, 79) «absolutamente». Maxime (= potissimum): 3) sobretudo, principalmente: et maxime (Cíc. At. 7, 12, 4) «e sobretudo», poetae, maximeque Homerus (Cíc. Nat. 2, 6) «os poetas, e principalmente Homero». 4) Precisamente, exatamente: nunc cum maxime (Cíc. C.M. 38) «agora precisamente, i. é, agora mais do que nunca». 5) Perfeitamente, muito bem (Plaut. Curc. 315).

maximĭtas, -tātis, subs. f. Grandeza (Lucr. 2, 498).

1. maxĭmus, superl. de magnus.

2. Maxĭmus, -ī, subs. pr. m. Máximo, sobrenome romano (Cíc. De Or. 2, 110).

Māzăca, -ae, subs. pr. f. Mázaca, cidade da Capadócia (Eutr. 7, 6).

Mazăcēs, -um, subs. loc. m. Mázacos, povo númida (Suet. Ner. 30).

mazonŏmus, -ī, subs. m. Prato grande, espécie de bacia (Hor. Sát. 2, 8, 86).
mē, acus. e abl. de **ego.**
meāmet e **meāpte,** ant. abl. f. =**mea ipsa**
Meānder. v. **Maeander.**
meātus, -ūs, subs. m. I — Sent. próprio: 1) Estrada, caminho, passagem, via (V. Flac. 3, 403). II — Daí: 2) Ação de passar de um lugar para outro, passagem, movimento, curso (dos astros), vôo (Verg. En. 6, 850).
Mecaenas, v. **Maecēnas.**
mecāstor, interj. Por Castor, invocação comum nas comédias de Plauto e Terêncio (Plaut. Aul. 67); (Ter. Hec. 83).
mechanĭcus, -ī, subs. m. Artista, artífice, mecânico (Suet. Vesp. 18).
mēcum = **cum me.** Comigo. v. **cum.**
med, abl. arc. de **ego** (= me).
meddix, -ĭcis ou **meddix tutĭcus,** subs. m. Magistrado supremo dos campanos (T. Lív. 24, 19, 2).
Mēdēa, -ae, subs. pr. f. Medéia, figura da mitologia grega, filha de Eetes, rei da Cólquida (Ov. Met. 7, 9).
Mēdēis, -ĭdis, subs. f. De Medéia (Ov. A. Am. 2, 101).
medens, -ēntis. 1) part. pres. de **medĕor.** 2) subs. m.: médico (Lucr. 1, 936).
Medĕōn, -ōnis, subs. pr. m. Médeon. 1) Cidade da Bética (Plin. H. Nat. 4, 26). 2) Cidade da Ilíria (T. Lív. 44, 23).
medĕor, -ēris, -ērī, v. dep. intr. e tr. I — Sent. próprio: 1) Dar seus cuidados a, cuidar de (Cíc. De Or. 2, 186). II — Daí: 2) Na língua médica: tratar, dar remédio a, medicar (Cíc. Fam. 7, 28, 3). Obs.: Constrói-se geralmente com dat., às vêzes com acus., ou então, como absoluto.
Mēdī, -ōrum, subs. loc. m. Medos, os persas (Hor. O. 1, 2, 51).
Mēdĭa, -ae, subs. pr. f. Média, região da Ásia, compreendida entre a Armênia e a Pérsia (Verg. G. 2, 126).
mediastĭnus, -ī, subs. m. Escravo da última categoria (Hor. Ep. 1, 14, 14).
mediātor, -ōris, subs. m. Mediador (Apul. Met. 9, 36).
1. mĕdĭca, -ae, subs. f. Médica (Apul. Met. 5, 10).
2. mĕdĭca, -ae, subs. f. Luzerna (forragem) (Verg. G. 1, 215).
medicābĭlis, -e, adj. Medicável, que se pode curar (sent. próprio e figurado) (Ov. Met. 1, 523).

medicāmen, -ĭnis, subs. n. I — Sent. próprio: 1) Medicamento, remédio (Cíc. Pis. 13). Daí: 2) Beberagem, poção, veneno (Tác. An. 12, 67). II — Sent. figurado: 3) Remédio (Ov. A. Am. 2, 489). 4) Cosmético (Ov. A. Am. 3, 205).
medicāmēntum, -ī, subs. n. I — Sent. próprio: 1) Medicamento, remédio (Cíc. Of. 3, 92). Daí: 2) Droga, beberagem (Q. Cúrc. 3, 6, 3). II — Sent. especial: 3) Ungüento (Cíc. Br. 217). 4) Veneno (Cíc. Clu. 32). 5) Beberagem mágica, feitiço, feitiçaria (Plaut. Ps. 870). 6) Substância corante, tintura (Sên. Nat. 1, 3). 7) Cosmético (Sên. Ben. 7, 9, 2). III — Sent. figurado: 8) Antídoto, remédio (contra qualquer dor): **doloris medicamenta** (Cíc. Fin. 2, 22) «remédios contra a dor». 9) Falso brilho (do estilo) (Cíc. Or. 79).
1. medicātus, -a, -um, I — Part. pass. de **medĭco** e de **medĭcor.** II — Adj.: Medicinal, que tem propriedades medicinais (Sên. Nat. 2, 25, 9).
2. medicātus, -ūs, subs. m. Preparo mágico, feitiço (Ov. Her. 12, 165).
medicīna, -ae, subs. f. I — Sent. próprio: 1) Medicina, arte médica (Cíc. Clu. 178). II — Sent. particular: 2) Consultório (do médico) (Plaut. Men. 994). Por extensão: 3) Remédio, poção, mezinha (Cíc. At. 16, 5, 5). 4) Veneno (Ác. Tr. 579). III — Sent. figurado: 5) Remédio, alívio (Cíc. Ac. 1, 11). 6) Cosmético, meio artificial para melhorar alguma coisa (Prop. 1, 2, 7).
medĭcō, -ās, -āre, -āvī, -ātum, v. tr. 1) Tratar um doente, medicar, curar (sent. próprio e figurado) (Plaut. Most. 387). 2) Preparar um remédio, um ingrediente: **semina** (Verg. G. 1, 193) «preparar (água e cal para) as sementes». Obs.: Constrói-se com acus. ou com dat.
medĭcor, -āris, -ārī, -ātus sum, v. dep. tr. e intr. Tratar, cuidar, medicar (Verg. En. 7, 756). Obs.: Constrói-se com acus. ou com dat.
1. medĭcus, -a, -um, adj. I — Sent. próprio: 1) De médico, medicinal, próprio para curar (Ov. Trist. 5, 6, 12). II — Sent. figurado: 2) Que faz feitiço (S. It. 3, 300).
2. medĭcus, -ī, subs. m. Médico (Cíc. Clu. 57).
mediĕtās, -tātis, subs. f. Meio, centro (Cíc. Tim. 23).
medīmnum, -ī, subs. n. e **medīmnus, -ī,** subs. m. Medimno (medida grega de

capacidade, para cereais) (Cíc. Verr. 3, 112).

mediŏcris, -e, adj. I — Sent. próprio: 1) Que fica num meio têrmo, médio, mediano (tratando-se de pessoas e coisas) (Cíc. Lae. 10). Por restrição de sentido: 2) Medíocre, fraco, pequeno (Cés. B. Civ. 3, 20, 3). 3) (Sílaba) duvidosa (quando a quantidade é intermediária, entre a longa e a breve) (A. Gél. 16, 18, 5). Obs.: Etimològicamente significa: «que fica a meia altura de».

mediocrĭtās, -tātis, subs. f. I — Sent. próprio: 1) Medida, moderação, meio têrmo (Cíc. Of. 1, 89). — Daí: 2). Inferioridade, mediocridade, insignificância (Cíc. Phil. 2, 2).

mediocrĭter, adv. 1) Medìocremente, moderadamente (Cíc. Fam. 5, 12, 5). 2) Calmamente, tranqüilamente (Cíc. Verr. 3, 95). 3) Grandemente, extremamente, muito (Cés. B. Gal. 1, 39, 1).

Mediolānēnsis, -e, adj. De Mediolano (Cíc. Pis. 62).

Mediolānum (-nĭum), -ī, subs. pr. n. Mediolano, cidade da Gália Transpadana, atual Milão (Tác. Hist. 1, 70).

Mediomatrĭcī, -ōrum, subs. loc. m. Mediomátricos, povo da Gália Céltica (Cés. B. Gal. 4, 10, 13).

mediŏxĭmus (-xŭmus), -a, -um, adj. Intermediário (Plaut. Cist. 339).

medioxĭmē, adv. Moderadamente (Varr. Mem. 320).

meditāmēntum, -ī, subs. n. Exercício, preparação (Tác. An. 15, 35).

meditātē, adv. 1) De propósito, deliberadamente (Sên. Const. 11, 3). 2) Refletidamente, com precisão (Plaut. Mil. 40).

meditātĭō, -ōnis, subs. f. I — Sent. próprio: 1) Preparação, prática, exercício, trabalho: **obeundi muneris** (Cíc. Phil. 9, 2) «(ação de se preparar) para o desempenho de uma missão». II — Daí: 2) Meditação, reflexão: **mali** (Cíc. Tusc. 3, 32) «reflexão sôbre uma desgraça».

1. meditātus, -a, -um, part. pass. de **medĭtor.** Obs.: Aparece com sentido passivo muito freqüentemente (Cíc. Cat. 1, 26).

2. meditātus, -ūs, subs. m. Meditação, pensamento (Apul. Met. 8, 14).

mediterrānĕus, -a, -um. adj. Que fica no no meio de terras, mediterrâneo (Cés. B. Gal. 5, 12, 5).

medĭtor, -āris, -ārī, -ātus sum, v. dep. tr. I — Sent. próprio: 1) Exercitar-se, aplicar-se (Cíc. De Or. 1, 32). Daí: 2) Refletir, meditar, estudar, repetir um papel (Cíc. At. 5, 21, 13). II — Sent. figurado: 3) Preparar, maquinar: **fugam** (Cíc. Cat. 1, 22) «preparar (maquinar) a fuga». Obs.: Constrói-se com acus., com acus. com **ad,** com abl. com **de,** com inf., com interrog. indireta, ou como intransitivo.

meditullĭum, -ī, subs. n. Meio, espaço intermediário (Cíc. Top. 36).

medĭum, -ī, subs. n. I — Sent. próprio: 1) Meio, centro, espaço intermediário (sent. local e temporal): **in medio aedium** (T. Lív. 1, 57, 9) «no meio da casa»; **medium diei** (T. Lív. 27, 48, 17) «o meio do dia, isto é: meio-dia». Por extensão: 2) Lugar para onde tudo converge, praça pública, sociedade. II — Sent. figurado: 3) O público: **in medium vocare** (Cíc. Clu. 77) «submeter alguma coisa ao público». 4) Meio, lugar acessível a todos, à disposição de todos (em locuções): **consulere in medium** (T. Lív. 24, 22, 15) «tomar medidas no interêsse geral»; **rem in medio ponere** (Cíc. Verr. 5, 149) «colocar um assunto à vista de tôda gente, isto é, ao alcance de todos»; **de medio removere** (Cíc. Verr. 2, 175) «suprimir (alguma coisa) da vida comum, do seio da sociedade»; e **medio excedere** (Ter. Phorm. 967) «sair do mundo, isto é: morrer».

1. medĭus, -a, -um, adj. I — Sent. próprio: 1) Que está no meio, central, médio, intermediário (sent. local e temporal) (Cés. B. Gal. 6, 13, 10); (Cíc. Prov. 43). II — Sent. moral: 2) Que não se inclina para lado algum, indiferente, indeterminado, equívoco, ambíguo (T. Lív. 39, 39, 8). 3) Meio, metade (de uma coisa) (Varr. R. Rust. 3, 7, 10); (Cíc. Or. 127). III — Sent. figurado: 4) Meio, cerne, coração (de um assunto) (Cíc. Or. 11). 5) Medíocre, comum, ordinário (Cíc. Of. 1, 8). 6) De meia idade, nem velho, nem moço (Cíc. C. M. 76). 7) Neutro (T. Lív. 2, 27, 3).

2. Medĭus, -ī, subs. m. Medianeiro, intermediário (Verg. En. 7, 536).

medĭus Fidĭus, expressão adverbial, que equivale a uma fórmula de juramento: que o deus Fídio me sirva de testemunha, i.é, por minha palavra de honra, com tôda a certeza (Cíc. Fam. 5, 21, 1).

Medōn, -ōntis, subs. pr. m. Medonte, nome de um centauro (Ov. Met. 12, 303).

medūlla, -ae, subs. f. I — Sent. próprio: 1) Medula (de um osso, de uma árvore ou planta) (Ov. Met. 14, 208). II — No pl.: 2) Medula em geral (com idéia coletiva) (Cíc. Tusc. 5, 27). III — Sent. figurado: 3) O coração, as entranhas, o âmago (Cíc. Fam. 15, 16, 2). 4) A melhor parte de uma coisa (Cíc. Br. 59).

medullāris, -e, adj. Que penetra até a medula dos ossos (Apul. M. 7, 17).

Medullia, -ae, subs. pr. f. Medúlia, cidade do Lácio (T. Lív. 1, 33, 38).

Medullīna, -ae, subs. pr. f. Medulina, nome de mulher (Suet. Claud. 26).

medullĭtus, adv. I — Sent. próprio: 1) Até a medula dos ossos. Donde, em sent. figurado: 2) Do fundo do coração, cordialmente (Plaut. Most. 243).

medullŭla, -ae, subs. f. Medula (Catul. 25, 2).

1. Mēdus, -a, -um, adj. Medo. 1) Da Média, dos medos (Verg. G. 4, 211). 2) Filho de Medéia, assunto de uma tragédia de Pacúvio (Cíc. Of. 1, 114).

2. Mēdus, -ī, subs. loc. m. Medo, natural da Média, região da Ásia (Hor. O. 4, 14, 42).

Medūsa, -ae, subs. pr. f. Medusa, uma das Górgonas (Ov. Met. 4, 655).

Medūsaeus, -a, -um, adj. Meduseu, da Medusa (Ov. Met. 10, 22).

Megabŏcchus (Megabŏccus), -ī, subs. pr. m. Megaboco. 1) Nome de um cúmplice de Catilina (Cíc. Scaur. 40). 2) Talvez o filho do precedente (Cíc. At. 2, 7, 3).

Megaera, -ae, subs. pr. f. Megera, uma das Fúrias (Verg. En. 12, 846).

Megalensia (Megalesia), -ium, subs. n. Megalensianas, festas em honra de Cibele (Cic. Fam. 2, 11, 2).

Megalēnsis (-ēsis), -e, adj. Relativo a Cibele (Tác. An. 3, 6).

Megalopŏlis, -is, subs. pr. f. Megalópolis, cidade da Arcádia (T. Lív. 36, 31, 6).

Megalopolītae, -ārum, subs. loc. m. Habitantes de Megalópolis, megalopolitanos (T. Lív. 28, 8).

Megalopolītānus, -a, -um, adj. De Megalópolis, megalopolitano (T. Lív. 36, 13).

Megăra, -ae, subs. pr. f. Mégara. 1) Famosa cidade da Grécia (Cíc. Div. 1, 57). 2) Cidade da Sicília (T. Lív. 24, 30).

Megarēa, -ōrum, subs. pr. n. Megaréia, cidade da Sicília (Ov. F. 4, 471).

Megarēĭus, -a, -um, adj. de Megaréia (Cíc. Ac. 2, 129).

Megareus, -ĕī (-ĕos), subs. pr. m. Megareu, filho de Netuno (Ov. Met. 10, 605).

Megarĭcus, -a, -um, adj. De Mégara, na Grécia (Cíc. At. 1, 8, 2). Obs.: No pl.: os filósofos de Mégara, discípulos de Euclídes (Cíc. Ac. 2, 129).

Megăris, -ĭdis, subs. pr. f. Megáride, ou Mégaris. 1) Cidade da Sicília (Cíc. Verr. 5, 63). 2) Região da Grécia (Plín. H. Nat. 4, 23).

Megărus, -a, -um, adj. De Mégara, na Sicília (Verg. En. 3, 689).

Megās, subs. pr. m. Megas, sobrenome grego (Cíc. Fam. 13, 36, 1).

Megĭlla, -ae, subs. pr. f. Megila, nome de mulher (Hor. O. 1, 27, 11).

Megistānēs, -um, subs. m. pl. Os grandes, os magnatas (Tác. An. 15, 27).

Megistē, -ēs, subs. pr. f. Megiste, cidade e pôrto da Lícia (T. Lív. 37, 22).

Mehercŭlē, mehercle, me hercŭlē, mehercŭlēs, interj. Por Hércules!, certamente!, naturalmente! (juramento usado pelos homens) (Cíc. Or. 157).

meī, -ōrum, subs. m. pl. Os meus, os meus parentes, os meus amigos (Cíc. Fam. 7, 3, 3).

mēiō (mējō), -is, -ĕre, v. intr. I — Sent. próprio: 1) Urinar (Catul. 97, 8). II — Sent. figurado: 2) Derramar, entornar (Hor. Sát. 1, 2, 44).

mel, mellis, subs. n. I — Sent. próprio: 1) Mel (Cíc. C. M. 56). II — No pl. coletivo: 2) Mel (Verg. Buc. 4, 30). III — Sent. figurado: 3) Doçura: **melli est (mihi)** (Hor. Sát. 2, 6, 32) «é um verdadeiro encanto para mim». 4) Queridinho (têrmo de carinho) (Plaut. Curc. 164).

Mela, -ae, subs. pr. m. Mela, sobrenome romano (Cíc. Phil. 12, 3).

Melampūs, -ŏdis, subs. pr. m. Melampo 1) Médico e adivinho de Argos (Cíc. Leg. 2, 33). 2) Filho de Atreu (Cíc. Nat. 3, 53). 3) Nome de um cão (Ov. Met. 3, 206).

Melanchaetēs, -ae, subs. pr. m. Melanqueta, nome de um cão de Acteão (Ov. Met. 3, 232).

melancholĭcus, -a, -um, adj. Melancólico, atrabiliário (Cíc. Tusc. 1, 80).

melandryum, -ȳī, subs. n. Posta de atum de conserva (Marc. 3, 77, 7).

Melaneus, -ëi (-ëos), subs. pr. m. Melaneu. 1) Nome de um centauro (Ov. Met 12, 306). 2) Nome de um cão (Ov. Met. 3, 223).
Melanippē, -ēs, e Melanippa, -ae, subs. pr. f. Melanipe, título de uma tragédia de Ácio (Cíc. Of. 1, 114).
Melanippus, -ī, subs. pr. m. Melánipo, uma tragédia de Ácio (Cíc. Tusc. 3, 20).
Melanthēus, -a, -um, adj. De Melanteu (Ov. Ib. 621).
Melanthius, -ī, subs. pr. m. Melâncio, pastor de Ulisses (Ov. Her. 1, 95).
Melanthō, -ūs, subs. pr. f. Melanto, ninfa, filha de Proteu (Ov. Met. 6, 120).
Melánthus, -ī, subs. pr. m. 1) Melanto, marinheiro que Baco transformou em delfim (Ov. Met. 3, 617). 2) Melanto, nome de um rio (Ov. P. 4, 10, 54).
melanūrus, -ī, subs. m. Espécie de peixe (Ov. Hal. 113).
Melas, -ánis, subs. pr. m. Melas. 1) Rio da Sicília (Ov. F. 4, 476). 2) Rio da Trácia (Ov. Met. 2, 274).
Meldī, -ōrum, subs. loc. m. Meldos, povo da Gália (Cés. B. Gal. 5, 5, 1).
melē, nom pl. de melos.
Meleăger (Meleăgrus, Meleăgros), -ī, subs. pr. m. Meléagro, filho de Eneu, rei da Calidônia, que matou o javali enviado por Diana ao rei, porque não lhe oferecia sacrifícios (Ov. Met. 8, 299).
Meleagridēs, -um, subs. pr. f. Meleágrides, irmãs de Meléagro (Ov. Met. 8, 534).
1. Melēs, -ium, subs. pr. f. Meles, cidade do Sâmnio (T. Lív. 27, 1, 1).
2. Melēs, -ētis, subs. pr. m. Meles, rio da Jônia, nas margens do qual se acredita ter nascido Homero (Plín. H. Nat. 5, 118).
Melētē, -ēs, subs. pr. f. Mélete, nome de uma das musas (Cíc. Nat. 3, 54).
Melētīnus, -a, -um, adj. Do rio Meles (Ov. F. 4, 236).
Meliboea, -ae, subs. pr. f. Melibéia, cidade da Tessália (T. Lív. 36, 13, 6).
1. Meliboeus, -a, -um, adj. De Melibéia, cidade da Tessália (Verg. En. 5, 251).
2. Meliboeus, -ī, subs. pr. m. Melibeu, nome de um pastor (Verg. Buc. 1, 6).
Melicerta, -ae, subs. pr. m. Melicerta, filho de Atamas, ou Atamante, e Ino, convertido em deus marinho (Ov. Met. 4, 522).
melicus, -a, -um, adj. I — Sent. próprio: 1) Musical, harmonioso (Lucr. 5, 334). Daí: 2) Lírico (Cíc. Opt. 1). II — Como subs. m.: 3) Poeta lírico (Plín. H. Nat. 7, 89). Como subs. f.: 4) Melodia lírica, ode (Petr. 64, 2).

Meliē, -ēs, subs. f. Mélie, filha do Oceano e amada pelo rio Ínaco (Ov. Am. 3, 6, 25).
melilōtos, -ī, subs. f. Meliloto (planta) (Ov. 4, 440). Obs.: Acus.: **meliloton.**
melimēlum, -ī, subs. n. (geralmente no pl.). Espécie de maçã muito doce (Hor. Sát. 2, 8, 31).
melior, -ius, (gen. **meliōris**), comparativo de bonus. I — Sent. próprio: 1) Melhor, que está em melhor estado, que vale mais, mais vantajoso, mais hábil (Cíc. Br. 92). 2) Em expressões: **di meliora (velint.)** (Cíc. C. M. 47) «melhor sorte dêem os deuses». Obs.: Etimològicamente significa: «maior, mais forte».
meliphÿllum, v. **Melisphÿllum.**
melisphÿllum (melissophÿllon), -ī, subs. n. Melissa, erva-cidreira (Verg. G. 4, 63).
Mellissus, -ī, subs. pr. m. Melisso 1) Filósofo de Samos (Cíc. Ac. 2, 118). 2) Gramático do século de Augusto (Ov. P. 4, 16, 30).
Melita, -ae (Melitē, -ēs), subs. pr. f. Mélita. 1) Nome de uma nereida (Verg. En. 5, 825). 2) Ilha de Malta (Cíc. Verr. 4, 103). 3) Ilha do mar Adriático (Ov. F. 567).
Melitēnē, -ēs, subs. pr. f. Melitene. 1) Região da Capadócia (Plín. H. Nat. 5, 84). 2) Cidade da Capadócia (Tác. An. 15, 26).
Melitensia, -ium, subs. n. Tecidos de Mélita, da ilha de Malta (Cíc. Verr. 2, 183).
Melitēnsis, -e, adj. Melitense, de Mélita, da ilha de Malta (Cíc. Verr. 2, 176).
1. melius, adv. (comp. de bene) Melhor, de melhor modo: **di melius** (Sên. Ep. 98, 4) «os deuses julgaram melhor»; **melius Accius** (Cíc. Tusc. 1, 105) «Ácio se exprime de melhor modo».
2. Melius, -a, -um, adj. Da ilha de Melos (Cíc. Nat. 1, 2).
3. Melius, -ī, subs. m., v. **Maelius.**
meliuscŭlē (dim. de melius), adv. Um pouco melhor (Cíc. Fam. 16, 5, 1).
meliuscŭlus, -a, -um, (dim. de melior), adj. I — Sent. próprio: 1) Um tanto melhor, um tanto mais vantajoso (Plaut. Curc. 489). II — Daí, por extensão: 2) Um pouco mais bem disposto (Ter. Hec. 354).
Mella, -ae, subs. pr. m. Mela, riacho da Itália (Catul. 67, 33).
mellëus, -a, -um, adj. I — Sent. próprio: 1) De mel (Plín. H. Nat. 14, 51). II — Sent. figurado: 2) Dôce, suave (Apul. Met. 6, p. 175, 31).

MELÍFER — **MEMÓRIA**

mellífer, -fěra, -fěrum, adj. Melífero, que produz mel (Ov. Met. 15, 383).

mellilla, -ae, subs. f. Meu amorzinho (têrmo de carinho) (Plaut. Cas. 135).

mellitŭlus, -a, -um (dim. de **mellītus**), adj. 1) Doce como o mel, suave (S. Jer. Ep. 79, 6). 2) Meu amorzinho (têrmo de carinho) (Apul. Met. 3, 22).

mellītus, -a, -um, adj. I — Sent. próprio: 1) De mel (Suet. Ner. 17). Daí: 2) Temperado com mel (Hor. Ep. 1, 10, 11). II— Sent. figurado: 3) Doce, querido, amado (têrmo de carinho) (Cíc. At. 1, 18, 1).

melos, subs. n. (em nom. e acus.). Canto, poema lírico (Hor. O. 3, 4, 2).

Melpomĕnē, -ēs, subs. pr. f. Melpômene, musa da tragédia e da poesia lírica, representada por uma jovem ricamente vestida, trazendo cetro e coroa numa das mãos, e um punhal na outra (Hor. O. 1, 24, 3).

melum, v. **melos**.

membrāna, -ae, subs. f. I — Sent. próprio: 1) Pele que cobre as diferentes partes do corpo, membrana, película (Cíc. Nat. 2, 142). Daí, por extensão: 2) Pele (das serpentes) (Ov. Met. 7, 272). 3) Pele que envolve certos frutos, película do ôvo (Plín. H. Nat. 19, 111). II — Sent. especial: 4) Pele preparada para escrever, pergaminho (Hor. Sát. 2, 3, 2). III — Sent. figurado: 5) Superfície, exterior (Lucr. 4, 95).

membrānĕus, -a, -um, adj. De pergaminho (Marc. 14, 7).

membrānŭla, -ae, subs. f. Pergaminho (sent. especial) (Cíc. At. 4, 4ᵃ, 1).

membrātim, adv. I — Sent. próprio: 1) De membro em membro, membro por membro (Lucr. 3, 527). Na língua retórica: 2) Em frases curtas (Cíc. Or. 212). II — Sent. figurado: 3) Peça por peça, ponto por ponto, minuciosamente (Cíc. Part. 121).

membrum, -ī, subs. n. I — Sent. próprio: 1) Membro (do corpo), membros (no pl.) (Verg. G. 4, 438). II — Sent. figurado: 2) Parte de um todo, pedaço, porção (Cíc. De Or. 3, 119). 3) Membro (de uma agremiação) (Suet. Aug. 48). 4) Membro (de uma frase) (Cíc. Or. 211). 5) Peça (de uma casa), compartimento (Cíc. Q. Fr. 3, 1, 2).

memet, v. **egomet**.

meminī, -istī, -isse, v. defectivo intr. e tr. I — Sent. próprio: 1) Ter presente no espírito, lembrar-se (Plaut. Rud. 159); (Cíc. Lae. 2); (Cíc. Fin. 5, 3). II — Daí: 2) Fazer menção de, mencionar (Cés. B. Civ. 3, 108, 2). Obs.: Constrói-se com gen.; com acus.; com interrog. ind.: com abl. com **de**; com inf. ou or. inf.; e com **ut** ou **cum**.

Memmiădēs, subs. pr. m. Descendente de Mêmio, da família Mêmia (Lucr. 1, 26).

Memmiānus, -a, -um, adj. De Mêmio (Cíc. At. 5, 1, 1).

Memmĭus, -ī, subs. pr. m. Mêmio, nome de uma família romana (Verg. En. 5, 117).

Memnōn, -ŏnis, subs. pr. m. Mêmnon, filho de Titão e de Aurora (Ov. Met. 13, 600).

Memnonĭdēs, -um, subs. f. Aves saídas das cinzas de Mêmnon, morto por Aquiles (Ov. Met. 13, 600).

Memnonĭus, -a, -um, adj. Do oriente, mourisco, negro (Ov. P. 3, 3, 96).

memor, -ŏris, adj. I — Sent. próprio: 1) Que se lembra, lembrado (Cíc. Br. 302). II — Sent. poético: 2) Que faz lembrar, que adverte de (Hor. O. 3, 11, 51). III — Sent. diversos: 3) Que pensa em, que recorda, que lembra (tratando-se de coisas) (Verg. En. 1, 4). 4) Que tem boa memória (Cíc. De Or. 3, 194). Obs.: Constrói-se com gen.; com acus. e inf.; com or. interrog. indir.; absol.

memorābĭlis, -e, adj. I — Sent. próprio: 1) Digno de ser narrado, memorável, digno de memória, glorioso, famoso (Cíc. Lae. 4). II — Daí: 2) Imaginável, concebível, verossímil (Ter. And. 625).

memorandus, -a, -um, gerundivo de **memŏro**. Adj.: Memorável, glorioso, famoso (Verg. En. 10, 793).

memorātor, -ōris, subs. m. O que recorda alguma coisa, o que fala de (Prop. 3, 1, 33).

memorātrix, -īcis, subs. f. A que recorda alguma coisa (V. Flac. 6, 142).

1. **memorātus, -a, -um**. I — Part. pass. de **memŏro**. II — Adj.: Recordado, celebrado, famoso (Verg. En. 5, 391).

2. **memorātus, -ūs**, subs. m. Ação de recordar, menção, ação de contar (Tác. An. 4, 32).

memoria, -ae, subs. f. I — Sent. próprio: 1) Memória, lembrança (sent. concreto e abstrato), recordação (Cíc. Br. 301). Daí, no pl.: 2) Memórias, monumentos comemorativos (A. Gél. 4, 6, 1). II — Sent. diversos: 3) O tempo passado, tradição (Cíc. Br. 3). 4) Época, tempo (Cés. B. Gal. 2, 4, 7). 5) História, relação, anais, narração (Cíc. Br. 14).

MEMORIÃLIS — 601 — **MENELÃÏUS**

memoriãlis, -e, adj. Que ajuda a memória (Suet. Cés. 56).
memoriõla, -ae, subs. f. Memória (Cíc. At. 12, 1, 2).
memoríter, adv. 1) De memória, de cor, com a ajuda da memória (Cíc. De Or. 1, 88). 2) Com uma boa memória, com uma memória fiel (Cíc. Fin. 1, 34).
memõrõ, -ãs, -ãre, -ãvï, -ãtum, v. tr. I — Sent. próprio: 1) Recordar, lembrar (Cic. Tim. 39); (Tác. An. 4, 32). II — — Sent. figurado: 2) Na língua familiar: Contar, dizer, relutar (Sal. B. Jug. 99, 4). Obs.: Constrói-se com acus., com abl., com acus. e inf., ou com interrog. ind.
Memphis, -is, subs. pr. f. Mênfis, antiga capital do Egito (T. Lív. 45, 11).
Memphitícus, -a, -um, adj. de Mênfis (Ov. A. Am. 1, 77).
Memphïtis, -ïdis, subs. f. De Mênfis (Ov. A. Am. 3, 193).
Mëna, -ae, subs. pr. m. Mena, sobrenome romano (Hor. Ep. 1, 7, 55).
Menaenï, -õrum, subs. loc. m. Habitantes de Meneno (Cíc. Verr. 3, 102).
Menaẹnus, -a, -um, adj. De Meneno, na Sicília (Cic. Verr. 3, 55).
Menãlcãs, -ae, subs. pr. m. Menalcas, nome de um pastor (Verg. Buc. 5, 4).
Menãnder (Menãndros, Menãndrus), -ï, subs. pr. Menandro. 1) Poeta cômico, iniciador da chamada Comédia Nova, na Grécia (Cíc. Fin. 1, 4). 2) Nome de um escravo (Cíc. Fam. 13, 70).
Menapü, -õrum, subs. pr. m. Menápios, habitantes da Menápia, região da Bélgica (Cés. B. Gal. 2, 4, 9).
menda, -ae, subs. f. I — Sent. próprio: 1) Defeito (físico), mancha na pele (Ov. Am. 1, 5, 18). II — Sent. figurado: 2) Falta, êrro (de copista, num texto), incorreção (Suet. Aug. 87).
mendãcïum, -ï, subs. n. I — Sent. próprio: 1) Mentira, invenção, disfarce (de palavras) (Cíc. Mur. 62). Daí, em sent. particular: 2) Ilusão, êrro (dos sentidos) (Cíc. Ac. 2, 80). 3) Fábula, ficção (Q. Cúrc. 3, 1, 4). 4) Imitação (Plín. H. Nat. 37, 112).
mendãciuncülum, -ï, subs. n. Pequena mentira (Cíc. De Or. 2, 241).
mendax, -ãcis, adj. I — Sent. próprio: 1) Mentiroso, falso, enganador, imaginário (Hor. O. 3, 1, 30). 2) Fingido, disfarçado, falso, mentiroso (tratando-se apenas de pessoas) (Cic. De Or. 2, 51).

mendïcãbülum, -ï, subs. n. Mendigo (Plaut. Aul. 695).
mendïcãtïõ, -õnis, subs. f. Ação de mendigar, mendicidade (Sên. Ep. 101, 13).
mendïcãtus, -a, -um, part. pass. de mendïco.
mendïcë, adv. Miseràvelmente, pobremente (Sên. Ep. 33, 6).
mendïcïtãs, -tãtis, subs. f. Mendicidade, indigência (Cíc. Amer. 86).
mendïcõ, -ãs, -ãre, -ãvï, -ãtum, v. intr. e tr. Mendigar, esmolar (Plaut. Capt. 322); (Juv. 10, 277).
mendïcor, -ãris, -ãrï, -ãtus sum (= mendïco), v. dep. intr. Mendigar, esmolar (Plaut. Capt. 13).
mendïcülus, -a, -um (dim. de **mendïcus**), adj. De pobre mendigo (Plaut. Ep. 223).
mendïcus, -a, -um, adj. I — Sent. próprio: 1) De mendigo, de mendicante, indigente (Cíc. Mur. 61). II — Sent. figurado: 2) Pobre, indigente (na língua retórica) (Cíc. De Or. 3, 92). III — Como subs.: 3) Mendigo, pedinte (Cíc. Phil. 8, 9). Obs.: Etimològicamente significa: que tem defeitos físicos.
mendõsë, adv. De modo falho, defeituosamente (Cíc. Q. Fr. 3, 5, 6). Obs.: Superl.: **mendosissïme** (Cíc. Inv. 1, 8).
mendõsus, -a, -um, adj. I — Sent. próprio: 1) Defeituoso, incorreto, com erros (Cíc. De Or. 2, 83). Daí: 2) Que comete erros (de cópia) (Cíc. Verr. 2, 188). II — Sent. moral: 3) Defeituoso (Hor. Sát. 1, 6, 66). No sent. físico: 4) Cheio de taras (Ov. Met. 12, 399).
mendum, -ï, subs. n. I — Sent. próprio: 1) Defeito (físico), mancha no rosto (Ov. A. Am. 3, 261). II — Sent. figurado: 2) Falta, êrro (de cópia), incorreção (Cíc. At. 13, 23, 2). Daí, em sent. moral: 3) Êrro (na maneira de agir) (Cíc. At. 14, 22, 2).
Menëclës, -is, subs. pr. m. Mênecles, retor de Alabanda (Cíc. De Or. 2, 95).
Menẹclïus, -a, -um, adj. De Mênecles.
Menedẽmus, -ï, subs. pr. m. Menedemo. 1) Filósofo da Erétria (Cíc. Ac. 2, 129). 2) Retor ateniense (Cíc. De Or. 1, 85). 3) Outras pessoas com o mesmo nome (Cíc. At. 15, 19, 2).
Menelãẽus, -a, -um, adj. De Menelau (Prop. 2, 15, 14).
Menelãis, -ïdis, subs. pr. f. Menelaide, cidade do Epiro (T. Lív. 39, 26); (Cíc. Br. 326)
Menelãïus, -ï, subs. pr. masc. Menelaio, montanha da Grécia (T. Lív. 34, 28).

Menelāus (Menelãos), -ī, subs. pr. m. Menelau, rei da Lacedemônia, e espôso de Helena, que foi raptada por Páris, do que resultou a famosa guerra de Tróia (Ov. Met. 13, 203).
1. Menēnius, -a, -um, adj. De Menênio (Cíc. Fam. 13, 9, 2).
2. Menēnius, -ī, subs. pr. m. Menênio, nome de família romana, particularmente o cônsul Menênio Agripa, que apaziguou a plebe revoltada, com a fábula da revolta dos membros contra o estômago (T. Liv. 2, 16, 7).
Menĕphrōn, -ōnis, subs. pr. m. Menefrão, ou Mênefron, homem que foi transformado em animal feroz (Ov. Met. 7, 386).
Menippus, -ī, subs. pr. m. Menipo, 1) Filósofo grego da escola cínica de Metocles (Cíc. Ac. 1, 8). 2) Orador de Estratonicéia (Cíc. Br. 315).
Mēniscus, -ī, subs. pr. m. Menisco, nome de homem (Cíc. Verr. 3, 200).
Mēnius, -ī, subs. pr. m. Mênio, filho de Licaonte, fulminado por Júpiter (Ov. Ib. 472).
Menoeceus, -ĕī (-ĕos), subs. pr. m. Meneceu, filho de Creonte, rei de Tebas (Cíc. Tusc. 1, 116).
Menoetēs, -ae, subs. pr. m. Menetes. 1) Um dos companheiros de Enéias (Verg. En. 5, 161). 2) Arcadiano morto por Turno (Verg. En. 12, 517).
Menōn, -ōnis, subs. pr. m. Ménon, nome de uma obra de Platão (Cíc. Tusc. 1, 57).
mens, -tis, subs. f. I — Sent. próprio: 1) A mente, o espírito (em oposição a **corpus),** a inteligência: **mentes animosque perturbare** (Cés. B. Gal. 1, 39, 1) «perturbar as inteligências e os corações». II — Daí: 2) Intenção, plano, projeto, pensamento (Cíc. At. 12, 37, 2). 3) Razão, juízo, discernimento (Cíc. Pis. 48). III — Sent. poético: 4) Coragem, ânimo (Verg. En. 12, 609). IV — Sent. diversos: 5) Memória: **mihi venit in mentem alicujus rei** (Cíc. Fin. 5, 2) «lembro-me de alguma coisa». 6) Disposição de espírito, espírito (sent. particular) (Cíc. Har. 58).
mensa, -ae, subs. f. I — Sent. próprio: 1) Mesa, mesa de jantar (Cíc. Tusc. 5, 61). Daí, qualquer espécie de mesa: 2) Mesa dos templos (em que se colocavam os objetos sagrados) (Verg. En. 2, 764). 3) Mesa do banqueiro (Hor. Sát. 2, 3, 148). 4) Balcão de carniceiro (Suet. Cl. 15). 5) Plataforma onde ficavam os escravos à venda (Apul. Met. 8, 26). II — Sent. figurado: 6) Iguarias (postas na mesa), pratos (Cíc. At. 14, 6, 2). 7) Convidado, hóspede (Suet. Aug. 70). 8) Pequeno altar num túmulo (Cíc. Leg. 2, 66). Obs.: Primitivamente parece que designava um bôlo sagrado, sôbre o qual se colocavam as ofertas e gêneros alimentícios oferecidos aos deuses; daí resultou o sentido de suporte para a comida, mesa de jantar e, depois «mesa» em geral.
1. mensārius, -a, -um, adj. Relativo às finanças.
2. mensārius, -ī, subs. m. Banqueiro, cambista (Cíc. Fl. 44).
mensĭō, -ōnis, subs. m. Medida, apreciação (Cíc. Or. 177).
mensis, -is, subs. m. I — Sent. próprio: 1) Mês (Cíc. Lae. 41). II — No pl.: 2) Menstruação (Plín. H. Nat. 21, 156). Obs.: 1) Originàriamente, significava o «mês lunar», confundindo-se o nome do mês com o da lua. 2) Gen. pl.: **mensium, mensum, mensuum,** segundo os manuscritos.
mensor, -ōris, subs. m. O que mede, medidor (Hor. O. 1, 28, 1).
menstrŭa, -ōrum, subs. n. pl. Menstruação (Sal. Hist. 4, 90).
menstruālis, -e, adj. Mensal (Plaut. Capt. 483).
menstrŭus, -a, -um, adj. I — Sent. próprio: 1) De cada mês, mensal, que se faz todos os meses (Cíc. At. 6, 1, 3). II — Daí: 2) Que dura um mês (Cíc. Verr. 3, 72). III — Subs. n.: **menstruum, -ī:** 3) Víveres para um mês (T. Liv. 44, 2, 4).
mensŭla, -ae, subs. f. Mesa pequena (Plaut. Most. 308).
mensulārius, -ī, subs. m. Banqueiro, cambista (Sên. Contr. 9, 4, 12).
mensum, gen. pl. de **mensis.**
mensūra, -ae, subs. f. I — Sent. próprio: 1) Medida, quantidade, dimensão (Cés. B. Gal. 6, 25, 1). Daí: 2) Medida, instrumento que serve para medir (Cés. B. Gal. 5, 13, 4). II — Sent. figurado: 3) Medida, proporção, grandeza, capacidade, alcance (Cic. Or. 67).
menta (mentha), -ae, subs. f. Hortelã (Ov. Met. 10, 729).
mentĭbor = **mentiar,** fut. imperf. arc. (Plaut. Mil. 254).
mentiens, -ēntis, I — Part. pres. de **mentĭor.** II — Subs.: Sofisma (Cic. Div. 2, 11).

mentĭō, -ōnis, subs. f. I — Sent. próprio: 1) Menção, ação de mencionar (Cíc. Verr. 5, 178). Daí: 2) Moção, proposta (T. Lív. 4, 1, 2).

mentĭor, -īris, -īrī, mentītus sum, v. dep. intr. e tr. I — Sent. próprio: 1) Não dizer a verdade, mentir, faltar à verdade, dizer mentiras (Cíc. Nat. 3, 14); (Plaut. Mil. 35). Daí: 2) Prometer falsamente, faltar à palavra (Prop. 3, 9, 1); (Cíc. Of. 3, 93). II — Sent. figurado (na poesia e na prosa imperial): 3) Imaginar, inventar, fingir (Hor. A. Poét. 151). 4) Enganar, não corresponder (Cíc. Q. Fr. 1, 1, 15). Donde: 5) Imitar, ter a aparência, tomar as côres (Verg. Buc. 4, 42).

mentītus, -a, -um. I — Part. pass. de mentior. II — Sent. passivo: que mente, enganador, mentiroso.

Mentor, -ōris, subs. pr. m. Mentor. 1) Amigo fiel de Ulisses, a quem o herói confiou o cuidado de sua casa, durante a ausência, em Tróia (Cíc. At. 9, 8, 2). 2) Nome de célebre gravador (Cíc. Verr. 4, 38).

mentŭla, -ae, subs. f. Membro viril (Marc. 6, 23, 2).

mentum, -ī, subs. n. Mento, queixo, barba (Verg. En. 6, 809).

Menŭla, -ae, subs. pr. m. Mênula, nome de homem (Cíc. Dom. 81).

meō, -ās, -āre, -āvī, -ātum, v. intr. Ir, passar, circular, caminhar (Hor. O. 1, 4, 77).

meōpte = meo ipso.

ephītis (-fitis), -is, subs. f. Exalação pestilencial (Verg. En. 7, 84).

mepte (= meōpte). A mim mesmo.

merācus, -a, -um, adj. I — Sent. próprio: 1) Puro, sem mistura (Cíc. Nat. 3, 78) (tratando-se do vinho). II — Sent. figurado: 2) Puro, sem mistura (Cíc. Rep. 1, 66).

mercābĭlis, -e, adj. Mercável, que pode ser comprado (Ov. Am. 1, 10, 21).

mercātor, -ōris, subs. m. 1) Mercador, negociante, comerciante (Cés. B. Gal. 4, 3, 3). 2) O que vende, o que trafica (com gen.) (Cíc. Verr. 1, 60).

mercātōrĭus, -a, -um, adj. De comerciante (Plaut. Bac. 236).

mercātūra, -ae, subs. f. I — Sent. próprio: 1) Negócio, comércio, compra (Cíc. Agr. 2, 65). Daí: 2) Oficio de mercador (Cíc. Of. 1, 151). II — Sent. figurado: 3) Tráfico, comércio (Cic. Of. 3, 6).

1. mercātus, -ūs, subs. m. I — Sent. próprio: 1) Comércio, tráfico, negócio (Cíc. Phil. 2, 6). II — Daí, em sent. particular: 2) Mercado, feira, praça (Cíc. Verr. 2, 133).

2. mercātus, -a, -um, part. pass. de mercor.

mercēdārĭus, -ī, subs. m. O que dá um salário (Sên. Contr. 10, 4, 5).

mercēdŭla, -ae, subs. f. I — Sent. próprio: 1) Pequeno salário (Cíc. De Or. 1, 198). II — Sent. figurado: 2) Pequena renda, fraco rendimento (de uma terra) (Cíc. At. 13, 11, 1).

1. mercēnārĭus (mercēnnārĭus), -a, -um, adj. Mercenário, assalariado, alugado (Cíc. Leg. 1, 48).

2. mercēnārĭus (mercēnnārĭus), -ī, subs. m. Mercenário, o que trabalha por salário (Cíc. Clu. 163).

1. mercēs, -cēdis, subs. f. I — Sent. próprio: 1) Salário, sôldo, quantia paga por uma mercadoria (Cíc. Verr. 4, 77). II — Sent. figurado: 2) Recompensa, punição, castigo (Cíc. Dom. 29). 3) Rendimento, renda, juros (de um capital) (Hor. Sát. 1, 2, 14).

2. merces, v. merx.

mercimonium, -ī, subs. n. Mercadoria à venda, mercadoria comprada (Plaut. Most. 912).

mercor, -āris, -ārī, -ātus sum, v. dep. intr. e tr. I — Sent. próprio: 1) Fazer comércio de, negociar, comerciar (Cíc. Rep. 2, 9). II — Tr.: 2) Comprar (sent. próprio e figurado) (Cic. Amer. 133); (Cíc. At. 9, 5, 3). Obs.: Constrói-se como intransitivo ou transitivamente com acus. e abl., acompanhado ou não de ab ou de; com acus. e gen. de preço.

Mercuriālēs, -ĭum, subs. m. Mercuriais, membros de uma associação de negociantes (Cíc. Q. Fr. 2, 5, 2).

Mercuriālis, -e, adj. De Mercúrio: Mercuriales viri (Hor. O. 2, 17, 29) «favoritos de Mercúrio, i. é, os poetas».

Mercurĭus, -ī, subs. pr. m. 1) Mercúrio, mensageiro dos deuses, deus dos ladrões, dos viajantes, da eloqüência, protetor das artes e da astronomia, foi o inventor da lira. Zeus, seu pai, deu-lhe um par de sandálias aladas, a que deve sua rapidez. É representado como um jovem de grande beleza, levando na mão o caduceu enlaçado por duas serpentes, que era o símbolo da Paz, da qual também era protetor (Cíc. Nat. 3, 56). 2) O planêta Mercúrio (Cíc. Nat. 2, 54). 3) **Mercurii Aqua** (Ov. F. 5, 673) «fonte de Mercúrio, na Via Ápia».

merda, -ae, subs. f. Excremento (Hor. Sát. 1, 8, 37).

Merenda, -ae, subs. pr. m. Merenda, sobrenome romano (T. Liv. 3, 35).

merens, -ēntis, part. pres. de **merĕo** ou **merĕor**. I — Sent. próprio: 1) Que merece, digno (Sal. B. Jug. 100, 3). Daí: 2) Que presta serviços (Plaut. Capt. 935).

merĕō, -ēs, **merēre**, **merŭī**, **merĭtum**, e **merĕor**, -ēris, -ērī, **merĭtus sum**, v. dep. tr. e intr. I — Sent. próprio: 1) Receber como parte ou como prêmio (Cíc. Verr. 4, 135). Daí: 2) Fazer-se pagar, ganhar (Cíc. Com. 28). Na língua militar: 3) Servir no exército, ser soldado (Cíc. Phil. 1, 20). Donde, na língua comum: 4) Merecer, ser digno de (Cés. B. Gal. 7, 34, 1); (Cés. B. Gal. 1, 40, 5). II — Sent. figurado: 5) Comportar-se bem ou mal em relação a, prestar serviços (Plaut. As. 148); (Cíc. Of. 1, 149). Obs: Constrói-se com acus., com **ut**, **ne**, ou **cur**; ou com inf.

meretrīciē, adv. Como cortesã (Plaut. Mil. 872).

meretrīcius, -a, -um, adj. Meretrício, de meretriz (Cíc. Phil. 2, 44).

meretrīcium, -ī, subs. n. Meretrício, vida de meretriz, prostituição (Suet. Cal. 40).

meretrīcŭla, -ae, subs. f. (dimin. de **merĕtrix**). Meretriz (Cíc. Verr. 3, 30).

merĕtrix, -ĭcis, subs. f. Meretriz (Cíc. Cael. 49).

merges, -ĭtis, subs. f. Molho, feixe (Verg. G. 2, 517).

mergō, -is, -ĕre, **mersī**, **mersum**, v. tr. 1) Mergulhar, submergir, afundar (sent. próprio e figurado, físico e moral) (Cíc. Nat. 2, 124); (Verg. En. 6, 512). Daí: 2) Esconder, ocultar (Luc. 4, 54).

mergus, -ī, subs. m. Mergulhão (ave) (Ov. Met. 8, 625).

meridiānus, -a, -um, adj. 1) Do meio-dia: **meridiani** (Suet. Cl. 34) («gladiadores que lutavam ao meio-dia, sendo a manhã reservada aos bestiários»). 2) Do sul, meridional (Plín. H. Nat. 2, 50).

meridiātĭō, -ōnis, subs. f. Sesta (Cíc. Div. 2, 142).

meridĭēs, -ēī, subs. m. 1) Meio-dia, a hora do meio-dia (Cíc. Or. 158). 2) Sul o lado do sul (Cíc. Nat. 2, 49).

meridĭō, -ās, -āre e **meredĭor** -āris, -ārī, v. intr. Dormir a sesta, fazer a sesta (Catul. 32, 3).

Mērĭŏnēs, -ae, subs. pr. m. Meríona, ou Meríones, escudeiro de Idomeneu (Ov. Met. 13, 358).

1. **merĭtō**, adv. Com razão, justamente (Cíc. Verr. 3, 158). Obs.: Superl.: **meritissĭmo** (Cíc. De Or. 1, 234).

2. **merĭtō**, -ās, -āre, -āvī, -ātum, v. freq. tr. e intr. Ganhar salário, sôldo, estar assalariado (Cíc. Verr. 3, 119).

meritōrĭa, -ōrum, subs. n. pl. Local ou casa para alugar (Juv. 43, 23).

meritōrĭus, -a, -um, adj. I — Sent. próprio: 1) Que merece salário, que procura obter salário (Sên. Brev. 14, 3). II — Sent. poético: 2) Prostituído (Cíc. Phil. 2, 105).

merĭtum, -ī, subs. n. I — Sent. próprio: 1) Salário merecido, valor, preço (Apul. Met. 8, 28). II — Daí: 2) Serviço prestado (para bem ou para mal), mérito, conduta para com alguém: **alicujus in rem publicam merita** (Cíc. Phil. 14, 31) «serviços prestados por alguém à república». 3) Ato que se faz para merecer (alguma coisa), título, direito (Cíc. Sest. 39); (Cíc. At. 5, 11, 6).

merĭtus, -a, -um, A) — Part. pass. de **merĕor** (v. **merĕor**). Que mereceu, foi merecedor de, que serviu no exército. B — Part. pass. de **merĕo**. I — Sent. próprio: 1) Merecido, que se mereceu: **iracundia merita ac debita** (Cíc. De Or. 2, 203) «ressentimento merecido e legítimo». II — Daí: 2) Justo, justificado: **fama meritissima** (Plín. Ep. 5, 15, 3) «fama justificadíssima».

Mermĕros (**Mermĕrus**), -ī, subs. pr. m. Mérmero, nome de um centauro (Ov. Met. 12, 305).

Mero, -ōnis (de **merum**), subs. pr. m. Merão, apelido dado a Tibério, porque costumava embriagar-se (Suet. Tib. 42).

merōbĭbus, -a, -um, adj. Que gosta de vinho, bebedor (Plaut. Curc. 77).

Merŏpē, -ēs, subs. pr. f. Mérope, uma das Plêiades (Ov. F. 4, 175).

1. **Merops**, -ŏpis, subs. pr. m. Mérope, espôso de Clímene (Ov. Met. 1, 763).

2. **merops**, -ŏpis, subs. f. Abelharuco (ave) (Verg. G. 4, 14).

mers, **mercis**, subs. f. v. **merx**.

mersātus, -a, -um, part. pass. de **merso**.

mersī, perf. de **mergo**.

mersō, -ās, -āre, -āvī, -ātum, v. freq. tr. Mergulhar, muitas vêzes, mergulhar repetidamente (Verg. G. 1, 272).

mersus, -a, -um, part. pass. de **mergo**.

merŭī, perf. de **merĕo**.

1. **merŭla**, -ae, subs. f. 1) Melro (ave)

(Cíc. Fin. 5, 42). 2) Peixe desconhecido (Ov. Hal. 114).
2. **Merŭla, -ae,** subs. pr. m. Mérula, sobrenome romano (T. Lív. 33, 55).
merum, -ī, subs. n. Vinho puro, vinho (Hor. Ep. 1, 19, 11).
merus, -a, -um, adj. I — Sent. próprio: 1) Puro, simples, sem mistura (Ov. Met. 15, 331). II — Sent. poético: 2) Nu, despojado de (Juv. 6, 158). III — Sent. figurado: 3) Verdadeiro, autêntico (Hor. Ep. 1, 18, 8). 4) Só, sòmente, único: **merum bellum loqui** (Cíc. At. 9, 13, 8) «só falar de guerra».
merx, mercis, subs. f. I — Sent. próprio: 1) Mercadoria, comestíveis (Cic Rep. 2, 7). II — Sent. metafórico: 2) Negócio, pessoa, coisa (tratando-se de pessoas ou coisas) **mers tu mala es** (Plaut. Pers. 238), «tu és uma mercadoria má».
Mesembriăcus, -a, -um, adj. De Mesêmbria (Ov. 10, 1, 37).
mesochŏrus, -ī, subs. m. Corifeu (Plín. Ep. 2, 14, 6).
Mesopotamĭa, -ae, subs. pr. f. Mesopotâmia, região da Ásia, entre os rios Tigre e Eufrates (Cíc. Nat. 2, 130).
mesor, -ōris, v. **mensor.**
Messāla (Messālla), ae, subs. pr. m. Messala, sobrenome na família Valéria (Cíc. At. 15, 17, 2).
Messālīna, -ae, subs. pr. f. Messalina, mulher do imperador Cláudio, que se tornou conhecida por sua vida desregrada (Tác. An. 11, 2).
Messallīnus, -ī, subs. pr. m. Messalino, sobrenome romano (Plín. Ep. 4, 22, 5).
Messāna, -ae, subs. pr. f. Messana, cidade da Sicília (Cíc. Verr. 4, 17).
Messāpĭa, -ae, subs. pr. f. Messápia, região da Itália (Plín. H. Nat. 3, 99).
Messapĭus, -a, -um, adj. Messápio, da Messápia (Ov. Met. 14, 513).
Messāppus, -ī, subs. pr. m. Messapo, filho de Netuno (Verg. En. 7, 691).
Messēna, -ae, ou **Messēnē, -ēs,** subs. pr. f. Messena, cidade do Peloponeso (Ov. Met. 6, 417).
Messēnĭus, -a, -um, adj. Messênio, de Messena ou de Messina (Ov. Met. 2, 679).
Messidĭus, -ī, subs. pr. m. Messidio, nome de homem (Cíc. Q. Fr. 3, 1, 1).
Messiēnus, -ī, subs. pr. m. Messieno, nome de homem (Cíc. Fam. 13, 51).
messis, -is, subs. f. I — Sent. próprio: 1) Ceifa, colheita do trigo e outros produtos da terra (Cíc. De Or. 1, 249). Daí: 2) Messe, trigo ou cereal colhido ou em estado de se ceifar (Tib. 1, 2, 98). 3)

Tempo da ceifa (Verg. Buc. 5, 70). II — Sent. figurado: 4) Messe (Cíc. Par. 46). Obs.: O acus. **messim** ocorre nos escritores arcaicos: (Plaut. Most. 161); o abl. **messi** em Varrão (R. R. 1, 53).
Messĭus, -ī, subs. pr. m. Méssio, nome de homem (Hor. Sát. 1, 5, 52).
messor, -ōris, subs. m. I — Sent. próprio: 1) Ceifeiro, segador (Cíc. De Or. 3, 46). II — Sent. figurado: 2) O que colhe os frutos de (Plaut. Capt. 661).
messōrĭus, -ī, subs. m. Ceifeiro (Cíc. Sest. 82).
messŭī (raro), perf. de **meto 2.**
messus, -a, -um, part. pass. de **meto 2.**
-met, partícula reforçativa que se junta aos pronomes pessoais: **egomet,** etc.
mēta, -ae, subs. f. I — Sent. próprio: Todo objeto de forma cônica: 1) Pirâmide, cone (T. Lív. 37, 27). 2) Meta do circo (formada por três colunas cônicas) (Hor. O. 1, 1, 5). II — Sent. figurado: 3) Fim, têrmo, meta, extremidade, ponta (Verg. En. 3, 714).
Metăbus, -ī, subs. pr. m. Métabo, chefe dos volscos, pai de Camila (Verg. En. 11, 540).
metāllum, -ī, subs. f. I — Sent. próprio: 1) Mina (Plín. H. Nat. 33, 118). II — Daí: 2) Trabalho nas minas (Plín. Ep. 2, 11, 8). 3) Metal, todo produto mineral (Plín. H. Nat. 18, 114).
metamorphŏsis, -is, subs. f. Metamorfose (Sên. Apoc. 9, 5).
metaphŏra, -ae, subs. f. Metáfora (Juv. 1, 169).
metaphrăsis, -is, subs. f. Paráfrase (Sên. Suas. 1, 12).
Metapontīnī, -ōrum, subs. loc. m. Metapontinos, habitantes de Metaponto (T. Lív. 22, 61).
Metapontīnus, -a, -um, adj. Metapontino, de Metaponto (T. Lív. 24, 20).
Metapŏntum, -ī, subs. pr. n. Metaponto, cidade da Lucânia (Cíc. Fin. 5, 4).
mētātor, -ōris, subs. m. O que marca, mede, delimita um lugar (Cíc. Phil. 11, 12).
mētātus, -a, -um, part. pass. de **metor.**
1. **Metaurus, -ī,** subs. pr. m. Metauro, rio da Úmbria (Plín. H. Nat. 3, 113).
2. **Metaurus, -a, -um,** adj. Do Metauro (Hor. O. 4, 4, 38).
Metēlla, -ae, subs. pr. f. Metela, nome de mulher (Cíc. Sest. 101).
Metellīnus, -a, -um, adj. De Metelo: **oratio Metellina** (Cíc. At. 1, 13, 5) «discurso contra Metelo».

Metellus, -i, subs. pr. m. Metelo, nome de um ramo da «gens» Cecilia (Cíc. Tusc. 1, 85).
Meterëa Turba, subs. f. Povo cita, das margens do Danúbio (Ov. Trist. 2, 191).
Mēthīŏn, -ŏnis, subs. pr. m. Metião, ou Metíon, pai de Forbas (Ov. Met. 5, 74).
methŏdĭcē, -ēs, subs. f. Método, uma das partes da gramática (Quint. 1, 9, 1).
Methȳmna, -ae, subs. pr. f. Metimna, cidade da ilha de Lesbos, famosa por seu vinho (T. Lív. 45, 31, 14).
Methymnaeus, -a, -um, adj. Metimneu, de Metimna (Cíc. Tusc. 2, 67).
Methymnĭas, -ădis, subs. f. De Metimna (Ov. Her. 15, 15).
meticulōsus (metu-), -a, -um, adj. 1) Receoso, tímido, meticuloso (Plaut. Amph. 293). 2) Que mete mêdo, espantoso (Plaut. Most. 1101).
metĭor, -īris, -īrī, mensus sum, v. dep. tr. I — Sent. próprio: 1) Medir (sent. físico e moral) (Cíc. Fam. 9, 17, 2). II — Sent. figurado: 2) Avaliar, estimar (Cíc. Phil. 2, 111). Donde: 3) Medir percorrendo, percorrer (Verg. G. 4, 384). 4) Distribuir, repartir (Cés. B. Gal. 1, 16, 5).
Metīscus, -ī, subs. pr. m. Metisco, cocheiro de Turno (Verg. En. 12, 469).
Metĭus, -ī, subs. pr. m. Mécio, nome de homem (Verg. En. 8, 642).
1. mētō, -ās, -āre, v. tr. Medir (um terreno para acampamento) (Verg. Cul. 172).
2. mĕtō, -ĭs, -ĕrĕ, messŭī (raro), messum, v. intr. e tr. A) Intr.: I — Sent. próprio: 1) Ceifar, fazer a ceifa, fazer a colheita, vindimar (Cés. B. Gal. 4, 32, 5). Daí: 2) Colhêr, cortar (Cíc. De Or. 2, 261). B) Tr.: II — Sent. figurado: 3) Ceifar vidas, derrubar, destruir (Verg. En. 10, 513).
metor, -āris, -ārī, metātus sum, v. dep. tr. I — Sent. próprio: 1) Delimitar, demarcar, marcar, fixar os limites (T. Lív. 21, 25, 5). 2) Medir (um campo para acampamento) (Cés. B. Civ. 3, 13, 3). II — Sent. figurado: 3) Instalar, levantar, erigir (Plín. H. Nat. 6, 143).
metrēta, -ae, subs. f. 1) Vaso para vinho ou azeite (Juv. 3, 246). Daí: 2) Medida para líqüidos, metreta (Plaut. Merc. 75).
1. metrĭcus, -a, -um, adj. De medida, métrico (Quint. 9, 4, 52).
2. metrĭcus, -ī, subs. m. Metricista, especialista em métrica (A. Gél. 18, 15, 1).
Mētrŏdōrus, -ī, subs. pr. m. Metrodoro. 1) Filósofo da escola epicurista (Cíc. Tusc. 2, 8). 2) Filósofo de Cépsis, discípulo de Carnéades (Cíc. Ac. 2, 16). 3) Filósofo, discipulo de Demócrito (Cíc. Ac. 2, 73).
Mētrŏnax, -actis, subs. pr. m. Metronate, filósofo cujas lições foram seguidas por Sêneca (Sên. Ep. 76, 40).
Mētrŏpŏlis, -is, subs. pr. f. Metrópole. 1) Cidade da Tessália (Cés. B. Civ. 3, 80, 6). 2) Cidade da Frígia e da Jônia (v. Metropolitae b).
Mētrŏpŏlītae, -ārum, subs. loc. m. Metropolitas, habitantes de Metrópole: a) na Tessália (Cés. B. Civ. 3, 81); b) na Frígia ou na Jônia (Plín. H. Nat. 5, 106).
Mētrŏpŏlītānus, -a, -um, adj. Metropolitano, de Metrópole, na Frígia (T. Lív. 38, 15, 13).
Mettĭus, -ī, subs. pr. m. 1) Métio Cúrcio, general dos sabinos, no tempo de Rômulo (T. Lív. 1, 12). 2) Métio Fufécio, general dos albanos (T. Lív. 1, 23, 4).
metuēndus, -a, -um. I — Gerundivo de metŭo. II — Adj.: temível (Cíc. Br. 146).
metŭens, -ēntis. I — Part. pres. de metŭo. II — Adj.: Que teme, tímido, receoso, medroso (Hor. Sát. 2, 2, 110). Obs.: Constrói-se com gen. ou como absoluto.
metŭī, perf. de **metŭo.**
metŭō, -is, -ĕre, metŭī, metŭtum, v. tr. e intr. A) Tr.: Ter mêdo, temer, recear, estar inquieto (Cíc. Verr. 5, 78); (T. Lív. 1, 9, 13); (Hor. Sát. 2, 5, 65). B) Intr.: 2) Recear, temer por alguma coisa, ou por alguém (Cíc. At. 10, 4, 6); (T. Lív. 23, 26, 1). Obs.: Constrói-se com abl. acompanhado das preps. **de** ou **ab**; com inf.: com **ne, ut** ou **quin**; com interrog. ind.
1. metus, -ūs, subs. m. I — Sent. próprio: 1) Receio, inquietação, ansiedade, temor, mêdo (Cíc. Verr. 5, 160). II — Em sent. particular: 2) Temor religioso (Verg. En. 7, 60). Por extensão: 3) Objeto de receio (Estác. Theb. 12, 606).
2. Metus, -ūs, subs. pr. m. A personificação do temor, do receio (Verg. En. 3, 276).
metūtus, -a, -um, part. pass. de **metŭo,** substantivado no n. sg.: nimis ante metutum (Lucr. 5, 1140) «o muito temido antes», i.é, «o que foi muito temido antes».
meum, -ī, pron. n. usado substant. I — Sg.: meu bem. II — Pl.: meus bens (Cíc. Par. 8).
meus, -a, -um, pronome possessivo. I — Sent. próprio: 1) Meu, minha, que me pertence (Cíc. Planc. 26). II — Na língua afetiva: 2) Querido, que me é que-

rido: **mi Tiro** (Cíc. Fam. 16, 20) «ô meu querido Tirão». III — Em locuções: 3) **meum est** (com infinit.): pertence-me, é meu direito, é meu dever». 4) **non est meum** (Ter. Heaut. 549) «não é minha maneira de». 5) **Meus est** (Plaut. Mil. 334) «é meu, está seguro».

Mĕvānĭa, -ae, subs. pr. f. Mevânia, cidade da Úmbria (T. Lív. 9, 41, 13).

Mezentĭus, -ī, subs. pr. m. Mezêncio, aliado de Turno contra Enéias (Verg. En. 7, 648).

1. **mī**, voc. sg. m. de **meus**.
2. **mī = mihi**, dat. de **ego**.

mĭca, -ae, subs. f. I — Sent. próprio: 1) Parcela, grão, migalha: **mica salis** (Plín. H. Nat. 23, 37) «grão de sal» ou em sent. figurado: dito espirituoso (Hor. O. 3, 23, 20). II — Sent. particular: 2) Pequena sala de jantar (Marc. 2, 59, 1).

micans, -āntis. I — Part. pres. de **mico**. II — Adj.: brilhante, luzente, micante (Ov. Met. 7, 100).

micārĭus, -ī, subs. m. Homem que vive de migalhas (Petr. 73, 6).

Micĭpsa, -ae, subs. pr. m. Micipsa, filho de Masinissa (Sal. B. Jug. 5).

mĭcŏ, -ās, -āre, micŭī, v. intr. I — Sent. próprio: 1) Tremer, agitar-se, palpitar, abrir e fechar (Cíc. Nat. 2, 24); (Verg. En. 10, 396). II — Daí: 2) Cintilar, brilhar, faiscar (Hor. O. 1, 12, 46); (Verg. En. 1, 90).

Micŏn, -ōnis, subs. pr. m. Mícon, nome de homem (Verg. Buc. 3, 10).

micturĭō, -īs, -īre, v. desid. intr. Ter vontade de urinar, urinar freqüentemente (Juv. 6, 308).

micŭī, perf. de **mico**.

Midaeēnsēs, -ĭum, subs. loc. m. Mideenses, habitantes de Midaio (Cíc. Fam. 3, 8, 3).

Midaĭum, -ī, subs. pr. n. Midaio, cidade da Frígia (Plín. H. Nat. 5, 145).

Midās, -ae, subs. pr. m. Midas, rei da Frígia, afamado por suas fabulosas riquezas (Ov. Met. 11, 85).

migrāssĭt, forma arcaica de **migravĕrit**, fut. perf. de **migro** (Cíc. Leg. 3, 11).

migrātĭō, -ōnis, subs. f. I — Sent. próprio: 1) Migração, passagem de um lugar para outro (Cíc. Cael. 18). II — Sent. figurado: 2) Emprêgo metafórico (de uma palavra) (Cíc. Tusc. 1, 27).

migrātus, -a, -um, part. pass. de **migro**.

migrō, -ās, -āre, -āvī, -ātum, v. intr. e tr. A) Intr.: 1) Mudar de residência, ir-se embora, sair, emigrar, mudar-se (sent. concreto e abstrato) (Ter. Hec. 589); (Cíc. Verr. 2, 89); (Cíc. Rep. 6, 9). B) Tr.: 2) Levar, transportar, mudar (Cíc. Fin. 3, 67).

mihi, dat. de **ego**.

mihimet, dat. de **egomet**.

mihīpte, v. **ego**.

Mīlanĭŏn, -ōnis, subs. pr. m. Milanião, marido de Atalanta, devorado por um leão (Ov. A. Am. 2, 188).

Mile, v. **mille**.

mīles, -ĭtis, subs. m. I — Sent. próprio: 1) Soldado (Cés. B. Gal. 1, 7, 2). Daí: 2) Soldados, exército (sg. coletivo) (Verg. En. 2, 495). II — Sent. particular: 3) Soldado de infantaria (Cés. B. Gal. 5, 10, 1). III — Sent. figurado: 4) Que faz parte da comitiva, do cortejo de uma deusa (Ov. Met. 2, 415). 5) Peão (no jôgo de xadrez) (Ov. Trist. 2, 477).

Mīlēsĭae, -ārum, subs. f. (**fabulae**). Contos milésios, i. é, contos licenciosos (Ov. Trist. 2, 413).

milesĭmus, v. **millesĭmus**.

Mīlēsĭus, -a, -um, adj. De Mileto (Cíc. Clu. 32).

Mīlētis, -ĭdis, subs. pr. f. Milétide, ou Milétis. 1) Filha de Mileto, Bíblis (Ov. Met. 9, 634). 2) Adj. (f). De Mileto (Ov. Trist. 1, 10, 41).

1. **Mīlētus, -ī**, subs. pr. m. Mileto, filho de Apolo, fundador de Mileto (Ov. Met. 9, 443).

2. **Mīlētus, -ī**, subs. pr. f. Mileto, cidade da Jônia, centro de um grande movimento intelectual. É a pátria de Tales (Cíc. At. 9, 9, 2).

milĭa, pl. de **mille**.

milliārĭum, v. **milliarĭum** e **miliarĭus**.

miliārĭus, -a, -um, adj. I — Sent. próprio: 1) Relativo ao milho (Varr. L. Lat. 5, 76). II — Sent. figurado, subs. n. 2) Jarra (para água quente nos banhos) (Sên. Nat. 3, 24, 1).

milĭēs, milĭens, v. **millĭes**.

Milĭōnĭa, -ae, subs. pr. f. Miliônia, cidade dos marsos (T. Lív. 10, 3).

Milĭōnĭus, -ī, subs. pr. m. Miliônio, nome de homem (T. Lív. 8, 1, 4).

mīlĭtāris, -e, adj. I — Sent. próprio: 1) De soldado, militar, da guerra, guerreiro: **res militares** (Cés. B. Gal. 1, 21, 4) «arte da guerra». II — Subs. m. pl.: 2) **militares, -ium**: guerreiros, soldados (Tác. An. 3, 1).

mīlĭtārĭter, adv. Militarmente, como soldados (T. Lív. 4, 41).

mīlĭtārĭus, v. **militāris** (Plaut. Ps. 1048).

mīlĭtĭa, -ae, subs. f. I — Sent. próprio: Serviço militar e daí: 1) Campanha,

expedição, operação militar, guerra: **militiae magister** (T. Lív. 22, 23, 2) «comandante das operações militares, isto é: comandante supremo»; **militiae disciplina** (Cíc. Pomp. 28) «o tirocínio da guerra»; **domi militiaeque** (Cíc. Tusc. 5, 55) «na paz e na guerra». II — Por extensão: 2) Soldados, tropas, exército, milícia (T. Lív. 4, 26, 3).
militis, gen. de **miles**.
milĭtō, -ās, -āre, -āvī, -ātum, v. intr. I — Sent. próprio: 1) Ser soldado, fazer o serviço militar. (Cíc. Of. 1, 36). II — Daí: 2) Combater, guerrear (Hor. Epo. 1, 23).
milium, -ī, subs. n. Milho miúdo (Verg. G. 1, 216).
mille, n. (indecl. no sg.); pl.: **millĭa (milia), -ium**. I — Sent. próprio: 1) Mil, um milhar, milhares: **mille passus** (Cés. B. Gal. 1, 22, 1) «mil passos»; **mille passum** (Cés. B. Gal. 1, 25, 5) «um milhar de passos, mil passos». 2) Milha (medida de comprimento correspondente a mil passos) (Cíc. At. 3, 4). II — Por extensão: 3) Um grande número (indefinido) (Verg. En. 4, 701). Obs.: Foi, primeiro, subs. n.; posteriormente, por influência de **decem, centum**, etc., **mille** passou a figurar como adj. indecl., independente do caso do subs. que o acompanha.
millesĭmum, adv. Pela milésima vez (Cíc. At. 12, 5, 1).
millesĭmus, -a, -um, adj. 1) Milésimo (Sên. Ir. 3, 33). 2) Como subs. f.: **millesima**, a milésima parte (Petr. 67, 7).
millĭa, -ium, pl. de **mille**.
milliārĭum, -ī, subs. n. Pedra ou marco miliário (Cíc. Br. 54).
milliārĭus, -a, -um, adj. 1) Que contém o número mil: **milliaria ala** (Plín. Ep. 7, 31) «ala de mil cavaleiros». 2) De mil passos, que tem uma milha de extensão (Suet. Ner. 31).
milliēs, (mīliēs, mīliēns), adv. 1) Mil vêzes (Cíc. Rep. 3, 17). 2) Infinitas vêzes (Cíc. Sest. 12, 3).
1. **Milō, -ōnis**, subs. pr. m. Ânio Milão, assassino de Clódio e defendido por Cícero (Cíc. Mil.).
2. **Milō (Milon), -ōnis**, subs. pr. m. Milão, célebre atleta de Crotona (Cíc. C. M. 27).
Milōniāna, subs. pr. f. A Milioniana, discurso pronunciado por Cícero em favor de Milão (Cíc. Or. 165).
Milōnĭus, -ī, subs. pr. m. Milônio, nome de homem (Hor. Sát. 2, 1, 24).

Milphidiscus, -ī, subs. pr. m. Pequeno Mílfio (Plaut. Poen. 421).
Milphĭō, -ōnis, subs. pr. m. Milfião, nome de um escravo (Plaut. Poen. 1, 1).
Miltiădēs, -is (-ī), subs. pr. m. Milcíades, célebre general ateniense, que se tornou o tirano do Quersoneso da Trácia (Cíc. Tusc. 4, 44).
milva, -ae, subs. f. Fêmea do milhafre (Têrmo injurioso) (Petr. 75, 6).
milvīnus (milŭĭnus), -a, -um, adj. I — Sent. próprio: 1) De milhafre, relativo ao milhafre (Plín. H. Nat. 37, 167). II — Sent. figurado: 2) Ávido, devorador (Cíc. Q. Fr. 1, 2, 6).
milvus (milŭus), -ī, subs. m. I — Sent. próprio: 1) Milhafre (ave de rapina) (Cíc. Nat. 2, 125). II — Sent. figurado: 2) Homem ávido, abutre (Plaut. Poen. 1150). 3) Constelação (Ov. F. 3, 794).
Milyas, -ădis, subs. pr. f. Milíade, cantão da Lícia (T. Lív. 38, 39, 16).
Milyădum commūne, subs. pr. f. Comunidade dos Milíades (Cíc. Verr. 1, 95).
mīma, -ae, subs. f. Comediante mímica (Cíc. Phil. 2, 58).
Mimallonĭdēs, -um, subs. pr. f. As Bacantes (Ov. A. Am. 1, 541).
Mimās, -āntis, subs. pr. m. Mimante. 1) Montanha da Jônia (Ov. Met. 2, 222). 2) Gigante fulminado por Júpiter (Hor. O. 3, 4, 53). 3) Um dos companheiros de Enéias (Verg. En. 10, 702).
mīmicē, adv. A maneira dos mimos, como comediante (Catul. 42, 8).
mīmĭcus, -a, -um, adj. I — Sent. próprio: 1) De mímica, de comediante (Cíc. De Or. 2, 239). II — Sent. figurado: 2) Fingido, simulado (Petr. 94).
Mimnĕrmus, -ī, subs. pr. m. Mimnermo. 1) Poeta elegíaco grego, contemporâneo de Sólon (Hor. Ep. 1, 6, 65). 2) Outro do mesmo nome (Ov. Ib. 550).
mīmogrăphus, -ī, subs. m. Mimógrafo, autor de mimos (Schol. Juv. 8, 186).
mīmŭla, -ae, subs. f. Pequena comediante mímica (Cíc. Phil. 2, 61).
mīmus, -ī, subs. m. I — Sent. próprio: 1) Pantomimo, comediante (Ov. A. Am. 1, 501). Daí: 2) Mimo, farsa teatral (Ov. Trist. 2, 497.) II — Sent. figurado: 3) Farsa (Suet. Cal. 45).
mina, -ae, subs. f. I — Sent. próprio: 1) Mina (moeda grega que pesava 100 dracmas) (Plín. H. Nat. 12, 62). II — Sent. particular: 2) Mina (de ouro) (Plaut. Mil. 1420). 3) Mina (de prata) (Cíc. Of. 2, 56).

mināciae, -ārum, subs. f. pl. Ameaças (Plaut. Truc. 948).
mināciter, adv. Ameaçadoramente, com ameaças (Cíc. De Or. 1, 90).
minae, -ārum, subs. f. pl. I — Sent. próprio: 1) Saliência (de uma parede ou de um rochedo), ameias, coisas suspensas sôbre (A. Marc. 20, 6, 2). II — Sent. figurado: 2) Ameaças (Cíc. Par. 17).
minānter, v. mināciter (Ov. A. Am. 3, 582)
minātĭō, -ōnis, subs. f. Ameaça: minationes (Cíc. De Or. 2, 288) «ameaças».
minax, -ācis, adj. I — Sent. próprio: 1) A que faz saliência, que está iminente sôbre, daí, em sent. geral: Ameaçador, que faz ou contém ameaças (Cíc. Fam. 16, 11, 2). II — Sent. figurado: 2) Ameaçador, perigoso: minax scopulus (Verg. En. 8, 668) «rochedo que ameaça, rochedo perigoso».
Mincius, -ī, subs. pr. m. Míncio, riacho da Gália Transpadana (Verg. G. 3, 15).
minĕō, -ēs, -ēre, v. intr. Estar saliente, pender (Lucr. 6, 563).
Minērva, -ae, subs. pr. f. Minerva, deusa latina identificada com a Atena dos gregos. É a filha dileta de Júpiter, protetora do comércio e da indústria, deusa da razão e da inteligência criadora (Cíc. Lae. 19).
Minervĭum, -ī, subs. pr. n. Minérvio, cidade da Calábria (T. Lív. 45, 16, 5).
mingō, -is, -ĕre, minxī ou mixī, minctum ou mictum, v. intr. Urinar (Hor. Sát. 1, 8, 38).
miniātŭlus, -a, -um, adj. Avermelhado (Cíc. At. 16, 11, 1).
minimē, adv. 1) O menos possível, o mínimo (Cíc. Br. 207). 2) Muito pouco (Cíc. Of. 1, 14).
1. minimum, adv, Muito pouco, o menos possível, quase nada (Cíc. Fam. 1, 9, 11).
2. minimum, -ī, adj. n. usado subst. A menor quantidade possível, um quase nada (Cíc. Verr. 4, 19).
minimus, -a, -um, adj. (usado como superlativo de parvus). Muito pequeno, o menor, mínimo, muito baixo (tratando-se de preço), de muito pouca importância (Cíc. De Or. 2, 58).
1. miniō, -ās, -āre, -āvī, -ātum, v. intr. Pintar de vermelhão (Cíc. Fam. 9, 16, 8).
2. Miniō, (Muniō), -ōnis, subs. pr. m. Minião, rio da Etrúria (Verg. En. 10, 183).
1. minĭster, -tra, -trum, adj. Que serve, que ajuda, servidor, auxiliar (Ov. Her. 21, 114).

2. minister, -trī, subs. m. I — Sent. próprio: 1) Servente, doméstico, escravo (Verg. En. 1, 705). II — Sent. particular: 2) Ministro (de um culto), sacerdote (Cíc. Clu. 43) 3) Subordinado, ajudante, auxiliar (Cíc. Q. Fr. 1, 1, 10). 4) Agente, instrumento, cúmplice (Cíc. Lae. 35). 5) Intermediário (Tác. Hist. 2, 99). III — Sent. poético: 6) O que leva: minister ales fulminis (Hor. O. 4, 4, 1) «ave que leva o raio».
ministerĭum, -ī, subs. n. I — Sent. próprio: 1) Ofício de servo, função servil (Verg. En. 6, 223). Daí: 2) Ofício, mister, ocupação, trabalho (Ov. Met. 11, 625). Donde, em sent. concreto: 3) Pessoal (doméstico) (T. Lív. 4, 8, 4).
ministra, -ae, subs. f. I — Sent. próprio: 1) Criada, escrava (Ov. Met. 9, 90). Daí, em sent. particular: 2) Sacerdotisa (Plín. Ep. 10, 97, 8). 3) A que ajuda, a que executa, instrumento (Cíc. Fin. 2, 37). II — Sent. figurado: 4) Ajuda (Cíc. Tusc. 1, 75).
ministrātor, -ōris, subs. m. I — Sent. próprio: 1) Servidor (Sên. Ep. 95, 24). Daí: 2) Adjunto, assessor (o que ajuda um orador numa causa) (Cíc. De Or. 2, 305).
ministrātōrĭus, -a, -um, adj. Relativo ao serviço de mesa (Marc. 14, 105).
ministrō, -ās, -āre, -āvī, -ātum, v. tr. I — Sent. próprio: 1) Servir (Cíc. Fam. 16, 14, 2); (Cíc. Tusc. 1, 65). Daí: 2) Fornecer, ministrar (Cíc. Pis. 26). II — Sent. figurado: 3) Cuidar de, tratar de, executar, dirigir, governar (Ov. Her. 20, 133); (Verg. En. 6, 302). Obs.: Constrói-se com dat. e com acus.
minitābundus, -a, -um, adj. Que faz muitas ameaças (T. Lív. 39, 41, 3).
minitor, -āris, -ārī, -ātus sum, v. dep. tr. Ameaçar muitas vêzes, ameaçar sempre: ...alicu irem (Cíc. Phil. 13, 21) «ameaçar muitas vêzes alguém de alguma coisa». Obs.: Constrói-se com obj. direto de pessoa e de coisa; e com infinitivo ou oração inf. A voz ativa ocorre em Plauto (Capt. 743).
minĭum, -ī, subs. n. Mínio, vermelhão, zarcão (Verg. Buc. 10, 27).
Minĭus, -ī, subs. pr. m. Mínio. 1) Rio da Hispânia Tarraconense (Plín. H. Nat. 4, 112). 2) Nome de uma família camponêsa, que conspirou contra os romanos (T. Lív. 39, 13).
Mīnōis, -idis, subs. pr. f. 1) Filho de Minos, i. é, Ariadne (Catul. 64, 60). 2)

Nome da ilha de Paros (Plín. H. Nat. 4, 67).
Mīnōius, -a, -um, adj. De Minos (Verg. En. 6, 14).
1. mĭnor, -āris, -ārī, -ātus sum, v. dep. tr. 1) Fazer ameaças, ameaçar (sent. próprio e figurado) (Verg. En. 1, 628); (Cíc. Verr. 4, 76); (Cíc. Verr. 5, 110). II — Sent. poético: 2) Declarar alto e bom som, prometer (Hor. Sát. 2, 3, 9). Obs.: Constrói-se com dat. e acus.; com simples dat.; com abl.; com acus. e inf.; ou com simples acus.
2. mĭnor, -us (gen.: **minōris**), comp. de **parvus.** I — Sent. próprio: 1) Menor, mais pequeno, inferior: **quod in re majore valet, valeat in minore** (Cíc. Top. 23) «quem prova o mais, prova o menos» (expres. proverbial). II — Sent. temporal: 2) De menos idade, mais moço (Cés. B. Cív. 3, 112, 10). III — Subs.: **minores:** 3) Os mais moços (de uma geração) (Cíc. Br. 232). IV — Sent. figurado: 4) Mais fraco, inferior (Hor. Sát. 2, 3, 313). V — Sent. poético: 5) Os descendentes (Verg. En. 1, 532).
Mĭnōs, -ōis, subs. pr. m. Minos. 1) Rei de Creta, e um dos juízes dos infernos (Ov. Met. 9, 440). 2) Rei de Creta, pai de Ariadne (Ov. Met. 7, 456).
Mĭnōtaurus, -ī, subs. pr. m. Minotauro, ser fabuloso, com o corpo e membros de homem e cabeça de touro, que devorava sete moças e sete rapazes que os atenienses lhe mandavam anualmente, até que foi morto por Teseu (Ov. Met. 7, 456).
Mĭnōus, -a, -um, adj. 1) De Minos (Ov. Her. 6, 114). 2) De Creta (Ov. Ib. 511).
Mintūrnae, -ārum, subs. pr. f. Minturnas, cidade do Lácio (Plín. H. Nat. 3, 59); (T. Lív. 9, 25, 3).
Mintūrnēnsis, -e, adj. De Minturnas (Cíc. At. 5, 3, 2).
1. Mĭnŭcius, -a, -um, adj. De Minúcio (Cíc. Verr. 1, 115).
2. Mĭnŭcius (Minutĭus), -ī, subs. pr. m. Minúcio, nome de uma família romana (T. Lív. 22, 8, 6).
mĭnŭo, -is, -ĕre, minŭī, minūtum, v. tr. 1) Diminuir, tornar menor, reduzir (sent. próprio e poético) (Cíc. Fam. 9, 8, 2); (T. Lív. 4, 24, 3): **gloriam alicujus** (Cíc. Flac. 28) «diminuir a glória de alguém». Daí, na voz passiva: 2) Emagrecer (Plín. H. Nat. 11, 283). II — Sent. figurado: 3) Fazer em pedaços, quebrar (Ov. F. 2, 647). 4) Procurar destruir, aniquilar (Cíc. At. 10, 16, 4). 5)

Intransitivamente: Diminuir (Cés. B. Gal. 3, 12, 1).
minum-, v. **minim-.**
minus, adv. (comp. de **parum**). 1) Menos (Verg. En. 12, 616). 2) Marcando a quantidade: muito pouco, de menos (Cíc. Verr. 1, 149). 3) Menos que o necessário, muito pouco, insuficiente (Cíc. Har. 21). 4) Pouquíssimo, quase nada (Cíc. Div. 1, 24).
minuscŭlus, -a, -um, adj. Minúsculo, um tanto menor, bastante pequeno (Cíc. At. 14, 13, 5).
minūtal, -ālis, subs. n. Sent. próprio: 1) Coisa pequena; e daí: 2) Picadinho de carne (Marc. 11, 32, 11).
minūtātim, adv. I — Sent. próprio: 1) Em pequenos pedaços (Varr. R. Rust. 3, 10, 6). II — Sent. figurado: 2) Pouco a pouco, gradativamente (Cíc. Ac. 2, 79).
minūtē, adv. De modo acanhado, mesquinhamente (na língua retórica) (Cíc. Or. 123). Obs.: Comp.: **minutĭus** (Cíc. Fin. 4, 7).
minūtĭa, -ae, subs. f. (geralmente no pl). Parcela muito pequena, minúcias (Sên. Ep. 90, 23).
minūtĭō, -ōnis, subs. f. Diminuição (A. Gél. 1, 12, 9).
minūtŭlus, -a, -um, adj. Pequenino (Plaut. Poen. 28).
minūtus, -a, -um. I — Part. pass. de **minŭo.** II — Adj.: 1) Pequeno, minúsculo, diminuto (Cíc. Verr. 4, 93). Sent. pejorativo: 2) Fraco, vulgar, frívolo (Cíc. Br. 256). Na língua retórica: 3) Simples, reduzido (Cíc. Or. 39).
minxī, perf. de **mingo.**
Mĭnyae, -ārum, subs. pr. m. Mínias, nome com que se designavam os Argonautas (Ov. Met. 7, 1).
Mĭnyēĭas, -ădis, subs. pr. f. Miniêiade, filha de Mínias, tebano que reinou na Tessália (Ov. Met. 4, 1).
Mĭnyēĭdēs, -um, subs. pr. f. Minieides, as três filhas de Mínias que Baco transformou em morcêgo, porque não acreditavam ser êle filho de Júpiter (Ov. Met. 4, 32).
Mĭnyēĭus, -a, -um, adj. De Mínias (Ov. Met. 4, 389).
mīrābĭlis, -e, adj. Maravilhoso, admirável, espantoso, extraordinário, singular (Verg. G. 2, 30).
mīrābĭlĭter, adv. 1) Admiràvelmente, maravilhosamente (Cíc. Nat. 2, 136). 2) Espantosamente, extraordinàriamente

(Cíc. Fam. 11, 14, 1). Obs.: Comp.: **mirabilius** (Cíc. De Or. 1, 94).

mirābŭndus, -a, -um, adj. Muito admirado, cheio de admiração (T. Lív. 25, 37, 12). Obs.: Constrói-se com subj.: com inter. indir., com acus.

mīrācŭlum, -ī, subs. n. Coisa admirável, extraordinária, prodígio, milagre (T. Lív. 25, 8, 7).

mirandus, -a, -um. I — Gerundivo de miror. II — Adj.: Admirável, maravilhoso, prodigioso (Cíc. At. 9, 7, 3).

mīrātĭō, -ōnis, subs. f. Admiração, espanto (Cíc. Div. 2, 49).

mīrātor, -ōris, subs. m. Admirador (Ov. Met. 4, 640).

mīrātrix, -ĭcis, subs. f. Admiradora (Sên. Phaedr. 750).

mīrātus, -a, -um, part. pass. de **miror.**

mīrē, adv. Admiràvelmente, espantosamente, prodigiosamente (Cíc. Br. 90).

mīrĭfĭcē, adv., Maravilhosamente (Cíc. Mil. 34).

mīrĭfĭcus, -a, -um, adj. Admirável, maravilhoso, prodigioso (Cíc. Fam. 3, 11, 3). Obs.: Superl.: **mirificissĭmus** (Ter. Phorm. 871).

mirmillō (murm-), **-ōnis,** subs. m. Mirmilão, gladiador (que trazia no capacete a figura de um peixe) (Cíc. Phil. 3, 31).

miror, -āris, -ārī, -ātus sum, v. dep. tr. I — Sent. próprio: 1) Espantar-se, ficar assombrado, espantado (Cíc. Fin. 4, 39). Daí: 2) Olhar com espanto, olhar com admiração, admirar, contemplar, ter em grande apreço (Verg. En. 11, 126); (Cíc. Inv. 2, 2). Obs.: Constrói-se com acus., com acus. e inf.; com **quod si;** com abl. com **de e,** finalmente, como absoluto. Obs.: inf. arc. **mirarier** (Lucr. 2, 1029).

mīrus, -a, -um, adj. Digno de admiração, admirável, estranho, maravilhoso, extraordinário, assombroso, surpreendente (Cíc. At. 15, 29, 2).

miscellanĕa, -ōrum, subs. n. pl. Alimentação grosseira dos gladiadores (Juv. 11, 20).

miscellus, -a, -um, adj. Misturado, confundido, de má qualidade (Suet. Cal. 20).

miscĕō, -ēs, -ēre, miscŭī, mixtum, v. tr. I — Sent. próprio: 1) Misturar, juntar, unir (Hor. Sát. 2, 4, 55); (Ov. P. 1, 9, 20); (Tác. An. 1, 18). II — Sent. figurado: 2) Perturbar, confundir, agitar (Cíc. Agr. 2, 91). 3) Preparar (uma bebida), dar a beber (Ov. Met. 10, 160). 4) Produzir agitando, tramando; tramar, maquinar (Tác. Hist. 4, 68). Obs.: Constrói-se com acus.; com acus. e abl.; com acus. e dat.

miscŭī, perf. de **miscĕo.**

misellus, -a, -um, adj. 1) Pobrezinho, infeliz (Cíc. At. 3, 23, 6). 2) Que está em mau estado, miserável (tratando-se de coisas) (Plaut. Rud. 550).

Mīsēnum, -ī, subs. pr. n. Miseno, cidade e cabo da Campânia (Cíc. De Or. 2, 60).

Mīsēnum Promunturĭum, subs. pr. n. O cabo Miseno, na Campânia (Tác. An. 14, 4).

Mīsēnus, -ī, subs. pr. m. Miseno. 1) Filho de Éolo e trombeta da comitiva de Enéias (Verg. En. 6, 162). 2) O cabo Miseno, na Campânia (Verg. En. 6, 234).

miser, -ĕra, -ĕrum, adj. I — Sent. próprio: 1) Infeliz, miserável (Cíc. Phil. 7, 14). Daí: 2) Que torna infeliz, triste, deplorável, lamentável (tratando-se de coisas): **miserum!** (Verg. En. 6, 21) «ó desgraça!» (exclam.). II — Sent. diversos: 3) Doente, que sofre (de amor) (Ter. Eun. 71). 4) Em mau estado (fìsicamente) (Plaut. Capt. 135). 5) Sem valor, sem importância, mesquinho (Verg. Buc. 3, 26).

miserābĭlē, adv., Miseràvelmente (Verg. En. 12, 338).

miserābĭlis, -e, adj. I — Sent. próprio: 1) Digno de compaixão, que inspira compaixão, tocante, triste, deplorável (tratando-se de pessoas e coisas) (Cíc. C. M. 56). II — Na língua retórica: 2) Patético (Cíc. De Or. 2, 193).

miserābĭlĭter, adv. 1) Miseràvelmente, de modo a despertar compaixão (Cíc. Tusc. 1, 96). 2) **Laudare miserabiliter** (na língua retórica) (Cíc. At. 14, 10, 1) «louvar patèticamente».

miserandus, -a, -um, gerundivo de **miseror:** digno de compaixão, deplorável (tratando-se de pessoas ou coisas) (Cíc. Cat. 4, 12).

miserātĭō, -ōnis, subs. f. I — Sent. próprio: 1) Comiseração, miseração, compaixão (Cíc. Fam. 5, 12, 5). II — Na língua retórica: 2) Patético (Cíc. Br. 88).

miserātus, -a, -um, part. pass. de **miseror.**

misĕrē, adv. 1) Miseràvelmente, de modo comovente, digno de piedade (Cíc. Fin. 3, 50). 2) De modo desagradável, excessivamente (Plaut. Cist. 131). Obs.: Superl.: **miserrŭme** (Plaut. Ps. 74).

miserĕō, -ēs, -ēre, miserŭī, miserĭtum ou **misertum,** v. intr. 1) Apiedar-se, ter compaixão (Lucr. 3, 881). 2) Impessoal: **ut supplicum misereatur** (Cíc. Inv. 1, 48) «tenha-se compaixão dos suplicantes». Obs.: Constrói-se com gen.

miserĕor, -ēris, -ēri, miserĭtus ou misērtus sum, v. dep. intr. Ter pena, ter compaixão, comiserar-se, apiedar-se (Cíc. Mur. 63). Obs.: Constrói-se com gen. ou como intr. absoluto. Inf. arc. **miserier** (Lucr. 5, 1023).

miserēscō, -is, -ĕre, v. incoat. intr. 1) Apiedar-se, tomar-se de compaixão (Verg. En. 2, 145). 2) Impessoal: ter compaixão (Ter. Heaut. 1026). Obs.: Constrói-se com gen.

misĕret (me), -ēre, misertum est, v. impessoal intr. 1) Ter compaixão, comiserar-se, ter pena, pesar (Cíc. Mil. 92). 2) Passivo: **miseretur (me)** (Cíc. Verr. 1, 77). Obs.: Constrói-se com gen. de pessoa ou coisa.

miserĭa, -ae, subs. f. I — Sent. próprio: 1) Miséria, adversidade, infelicidade, pobreza extrema: **in miseria esse** (Cíc. Fin. 3, 48) «ser infeliz». II — No pl. (sent. concreto): 2) Infortúnios, males: **in miseriis versari** (Cic. Fam. 7, 3, 1) «viver (mergulhado) nos infortúnios».

misericordĭa, -ae, subs. f. I — Sent. próprio: 1) Misericórdia, compaixão, piedade (Cíc. Mur. 65). II — Daí: 2) Provas, mostras de compaixão: **puerorum** (Cíc. At. 7, 12, 3) «piedade (para os meninos)». **Puerorum** é gen. objetivo.

misericors, -dis, adj. 1) Misericordioso, compassivo, condoído (Cíc. Lig. 15). 2) (Coisas) inspiradas pela compaixão (Cíc. Lig. 16). Obs.: Comp.: **misericordĭor** (Cíc. Sull. 72).

miserĭter, adv. De um modo tocante, de modo a causar compaixão (Catul. 63, 49).

miserĭtus, -a, -um = misērtus, part. pass. de **miserĕor**.

miserŏr, -āris, -ārī, -ātus sum, v. dep. tr. 1) Lamentar, deplorar, lastimar (Cíc. Mur. 55). 2) Apiedar-se, condoer-se (Verg. En. 5, 452).

misērtus, -a, -um = miserĭtus, part. pass. de **miserĕor**.

miserŭī, perf. de **miserĕo**.

misī, perf. de **mitto**.

missicĭus, -a, -um, adj. Missicio (soldado) que está para receber baixa do serviço militar (Suet. Ner. 48).

missicŭlō, -ās, -āre, v. freq. tr. Enviar muitas vêzes (Plaut. Ep. 132).

missĭle, -is, subs. n. I — Sent. próprio: 1) Míssil, arma de arremêsso (geral mente no pl.) (Verg. En. 10, 716). II — No pl.: 2) Bolos que, por ocasião de certas festas, se espalhavam pelo público por ordem do imperador (Suet. Ner. 11). III — Sent. figurado: 3) Favores (Sên. Ep. 74, 6).

missĭlis, -e, adj. Míssil, que se pode lançar ou enviar: **missile telum** (T. Lív. 22, 37, 8) «dardo».

missĭō, -ōnis, subs. f. I — Sent. próprio: 1) Despedida, libertação, soltura (de um prêso) (Cíc. Tusc. 1, 114). Daí, em sent. particular: 2) Baixa (do serviço de soldado) (Cíc. Verr. 5, 62). 3) Licenciamento (definitivo) (T. Lív. 26, 1, 10. II — Sent. moral: 4) Ação de enviar, envio (Cíc. At. 1, 5, 3). IV — Sent. diversos: 5) Fim, conclusão (dos jogos) (Cíc. Fam. 5, 12, 8). 6) Perdão (Petr. 52). 7) Adiamento (de combate) (T. Lív. 41, 20, 12).

missitātus, -a, -um, part. pass. de **missĭto**.

missitĭus, v. **missicĭus**.

missĭtō, -ās, -āre, -āvī, -ātum, v. freq. tr. Mandar, enviar muitas vêzes, repetidamente (Sal. B. Jug. 38, 1).

missor, -ōris, subs. m. O que lança (o raio) (Cíc. Arat. 84).

1. **missus, -a, -um**, part. pass. de **mitto**.

2. **missus, -ūs**, subs. m. I — Sent. próprio: 1) Ação de deixar ir ou de enviar (Cés. B. Gal. 5, 27, 1). II — Daí, em sent. particular: 2) Ação de arremessar (um dardo, uma seta), arremêsso, tiro, jato (T. Lív. 9, 19, 7). 3) Entrada dos carros dos gladiadores no circo, corrida (de cavalos), ação de largar as feras para o combate (Suet. Ner. 22). Obs.: Só ocorre no abl. sg.

mistī = misīstī, perf. sincopado de **mitto**.

mĭtē, adv. Com doçura, docemente (Ov. P. 3, 7, 27). Obs.: Superl.: **mitissĭme** (Cés. B. Gal. 7, 43, 4).

mitēlla, -ae, subs. f. I — Sent. próprio: 1) Faixa de sêda (Verg. Cop. 1). II — Na língua médica: 2) Ligadura (Apul. M. 7, 8).

mitēscō, -is, -ĕre, v. incoat. intr. I — Sent. próprio: 1) Tornar-se mole, amadurecer (Ov. Met. 15, 78). II — Sent. figurado: 2) Acalmar-se, abrandar-se, enternecer (T. Lív. 23, 19, 1). Tratando-se de animais: 3) Domesticar-se, amansar-se (T. Lív. 33, 45).

Mithrĭdātēs, -is, subs. pr. Mitridates, rei do Ponto, vencido por Pompeu, e que fugindo para a Criméia, aí foi morto por seu filho (Cíc. Mur. 32).

Mithridātĭcus, -a, -um, adj. De Mitridates (Cíc. Pomp. 7).
mītificātus, -a, -um, part. pass. de **mītifĭco.**
mītificō, -ās, -āre, -āvī, -ātum, v. tr. I — Sent. próprio: 1) Amolecer, tornar tenro (Cíc. Div. 2, 57). II — Sent. figurado: 2) Amansar, domesticar (tratando-se de animais), abrandar, acalmar (Plín. H. Nat. 8, 23).
mītigātĭō, -ōnis, subs. f. Ação de abrandar, alívio, mitigação (sent. figurado) (Cíc. De Or. 3, 118).
mītigātus, -a, -um, part. pass. de **mītĭgo.**
mītĭgō, -ās, -āre, -āvī, -ātum, v. tr. I — Sent. próprio: 1) Amolecer, tornar doce, adocicar (Cíc. Nat. 2, 151); (Cíc. Nat. 2, 130). II — Sent. figurado: 2) Mitigar, acalmar, abrandar, pacificar, apaziguar (Cíc. Mur. 65); (Cíc. Clu. 81).
mītis, -e, adj. I — Sent. próprio: 1) Doce (ao paladar) e daí: Doce (tratando-se de frutos), tenro, maduro, mole (Verg. Buc. 1, 81). II — Sent. figurado: 2) Doce, suave, ameno (tratando-se do estilo) (Cíc. Br. 288). 3) Pacífico, calmo, tranqüilo (Verg. En. 8, 88). 4) Fecundo, fértil (tratando-se do solo) (Hor. O. 1, 18, 2). 5) Delicado, suave (tratando-se do vinho) (Verg. G. 1, 344). 6) Amável, afável, tratável, indulgente: **alicui mītis** (Ov. P. 2, 1, 48) «afável para com alguém». 7) Suave, fácil de sofrer (Cíc. Tusc. 2, 53).
mitra, -ae, subs. f. Mitra (espécie de turbante ou barrete frígio dos Orientais) (Cíc. Har. 44).
mitrātus, -a, -um, adj. Que usa mitra (Prop. 4, 7, 62).
mittō, -is, -ĕre, mīsī, missum, v. tr. I — Sent. próprio: 1) Deixar ir, deixar partir, soltar, largar (Ter. Ad. 780); (Hor. A. Poét. 476). Daí: 2) Lançar, atirar (Cés. B. Cív. 3, 93, 1); (Hor. Sát. 2, 7, 17). II — Sent. figurado: 3) Omitir, silenciar, passar em silêncio, pôr de lado (Cíc. Verr. 4, 116); (Cíc. Br. 258). Posteriormente: 4) Enviar, mandar (Cés. B. Gal. 1, 18, 10); (Cíc. Tusc. 1, 97). 5) Licenciar, despedir (Cíc. Br. 218); (Cíc. Phil. 5, 53). 6) Tirar sangue, sangrar (sent. físico e moral) (Cíc. At. 6, 1, 2). 7) Loc.: **manu mittere**: «libertar» (Plaut. Poen. 100); **mittere se in foedera**: «ligar-se por tratado»; **mittere se in aliquem**: «atacar alguém»; **mittere in suffragium**: «mandar votar»; **mittere sub jugum** ou **sub jugo**: «fazer passar as legiões sob o jugo». Obs.: Perf. sincopado: **misti = misisti** (Catul. 14, 14).

Inf. pass. arc. **mittier** (Lucr. 4, 43).
Mitylenaeus, -a, -um, adj. De Mitilene (Cíc. At. 7, 7, 6).
Mitylēnē, -ēs, e **Mitylēnae, -ārum,** subs. pr. f. Mitilene, capital da ilha de Lesbos, no mar Egeu (Hor. O. 1, 7, 1).
Mitylēnēnsis, -e, adj. Mitilenense, de Mitilene (Tác. An. 14, 53).
Mitys, -ўos (-ўis), subs. pr. m. Mítis, rio da Macedônia (T. Liv. 44, 7).
mixī = minxī, perf. de **mingo.**
mixtim, adv. Misturadamente, confusamente (Lucr. 3, 564).
mixtūra, -ae, subs. f. Mistura, fusão (Plín. H. Nat. 13, 4).
mixtus (mistus), -a, -um, part. pass. de **miscĕo.**
Mnāsўlus, -ī, subs. pr. m. Minasilo, nome de um pastor (Verg. Buc. 6, 13).
Mnēmonĭdēs, -um, subs. pr. f. Filhos de Mnemósine e Júpiter, i. é, as nove Musas (Ov. Met. 5, 268).
Mnēmosўnē, -ēs, subs. pr. f. Mnemósine, deusa da memória e mãe das Musas (Ov. Met. 6, 114).
mnēmosўnon (-num), -ī, subs. n. Lembrança (Catul. 12, 13).
Mnēsarchus, -ī, subs. pr. m. Mnesarco, filósofo estóico (Cíc. De Or. 1, 45).
Mnestheus, -ĕī, (-ĕos), subs. pr. m. Mnesteu, nome de um dos companheiros de Enéias (Verg. En. 4, 288).
mōbĭlis, -e, adj. I — Sent. próprio: 1) Móvel, movediço, que se move facilmente (Cíc. Nat. 2, 142). II — Sent. figurado: 2) Flexível, brando: **aetas** (Verg. G. 3, 165) «idade (flexível)». 3) Ágil, rápido, ligeiro (Hor. Ep. 2, 2, 172). 4) Inconstante, leviano, volúvel, instável (Cíc. Dom. 146).
mōbĭlĭtās, -tātis, subs. f. I — Sent. próprio: 1) Mobilidade, rapidez, agilidade, ligeireza (Cés. B. Gal. 4, 33, 3). II — Sent. figurado: 2) Inconstância, leviandade, volubilidade (Cíc. Phil. 7, 9). 3) Vivacidade (de espírito) (Quint. 10, 7, 8).
mōbĭlĭter, adv. Rapidamente, com agilidade, vivamente (Cés. B. Gal. 3, 10, 3). Obs.: Comp.: **mobilĭus** (Lucr. 5, 635).
mōbĭlĭtō, -ās, -āre, v. tr. Tornar móvel (Lucr. 3, 248).
moderābĭlis, -e, adj. Que se pode dominar, moderado (Ov. Am. 1, 6, 59).
moderāmen, -ĭnis, subs. n. I — Sent. próprio: 1) O que serve para governar, dirigir, leme de navio (Ov. Met. 15, 726). Daí: 2) Direção (Ov. Met. 2, 48). II — Sent. figurado: 3) Govêrno, direção

dos negócios do Estado (Ov. Met. 6, 677).
moderānter, adv. De modo dirigido (Lucr. 2, 1096).
moderātē, adv. Moderadamente, com limite, com precaução (Cíc. Font. 31). Obs.: Comp: **moderatĭus** (Cíc. Fin. 1, 2); superl.: **moderatissĭme** (Cíc. Leg. 3, 12).
moderātim, adv. Moderadamente, gradativamente (Lucr. 1, 323).
moderātĭo, -ōnis, subs. f. I — Sent. próprio: 1 Ação de governar, govêrno, autoridade, poder (Cíc. Nat. 3, 185). II — Daí: 2) Moderação, prudência, circunspecção (Cíc. Agr. 2, 2). 3) Temperança, equilíbrio (Cíc. C. M. 1).
moderātor, -ōris, subs. m. Sent. próprio: 1) O que governa, chefe, guia, mestre (Marc. 2, 90, 1); daí: 2) O que modera, moderador, o que regula (Ov. Met. 4, 245).
moderātrix, -īcis, subs. f. A que governa, dirige, regula (Cíc. Tusc. 5, 42).
moderātus, -a, -um. I — Part. pass. de **moděror**. II — Adj.: 1) Moderado, comedido, ponderado, medido, regulado (Cíc. Phil. 2, 40). 2) Na língua da retórica: bem ritmado (Cíc. Or. 178).
moděror, -āris, -ārī, v. dep. tr. e intr. A) Tr.: Sent. próprio: 1) Moderar, manter na medida, regular, governar, dirigir, conduzir (Lucr. 5, 1298); (Tác. An. 2, 75); (Cíc. Fam. 11, 27, 8). B) Intr.: 2) Restringir, reprimir, diminuir (Plaut. Curc. 486); (Cíc. Q. Fr. 1, 1, 38). Obs.: Constrói-se com acus., ou com dat.
modēstē, adv. Com moderação, moderadamente, com medida, modestamente, discretamente (Cíc. At. 9, 19, 1); (T. Lív. 30, 42). Obs.: Comp.: **modestĭus** (Quint. 4, 1, 8).
modestĭa, -ae, subs. f. I — Sent. próprio: 1) Moderação, medida, temperança (Cíc. Tusc. 3, 16). II — Daí, sent. vários: 2) Discrição, respeito ao dever, docilidade (Cés. B. Gal. 7, 52, 4). 3) Virtude, honestidade, dignidade (Sal. C. Cat. 14, 6). 4) Modéstia, pudor, decência (Quint. 4, 1, 55). III — Sent. poético: 5) Doçura, tranquilidade (Tác. An. 12, 43). IV — Na língua filosófica: 6) Sentimento de oportunidade, sabedoria prática (Cíc. Of. 1, 142).
modēstus, -a, -um, adj. Que guarda ou mantém a devida medida, moderado, modesto, razoável, discreto, reservado (Cíc. Fam. 3, 13, 2).

modĭālis, -e, adj. Que contém um módio (Plaut. Capt. 916).
modĭcē, adv. I — Sent. próprio: 1) Dentro dos limites, moderadamente, no meio-têrmo (Cíc. C. M. 45). II — Sent. figurado: 2) Calmamente, tranquilamente, pacientemente (Cic. Br. 5). 3) Medíocremente, medianamente (Cíc. At. 2, 19, 1).
modĭcum, -ī, subs. n. Pequena quantidade, pouca coisa (Juv. 9, 9).
modĭcus, -a, -um, adj. I — Sent. próprio: 1) Módico, que está na medida, moderado, modesto (Cíc. C. M. 44). II — Daí, em sent. moral: 2) Razoável, moderado, exíguo, pequeno, medíocre (Cíc. Or. 69). 3) Limitado, raro (Cíc. Fin. 2, 62).
modificātĭo, -ōnis, subs. f. Estrutura, medida, ritmo (Sên. Ep. 88, 3).
modifĭcō, -ās, -āre, -āvī, -ātum, v. tr. Regular, ordenar, limitar (Cíc. De Or. 3, 186).
modĭus, -ī, subs. m. e **modĭum**, -ī, subs. n. I — Sent. próprio: 1) Módio (medida de capacidade para sólidos), alqueire (Cíc. Lae. 67). II — Sent. figurado: 2) Abundantemente: modio pleno (Cíc. At. 6, 1, 16) «abundantemente».
modo, adv. 1) Sòmente, nem mais, nem menos, apenas (Cíc. Fam. 12, 5). 2) Com subj. ou com ut: contanto que, sob a condição de (Cíc. Of. 2, 51). 3) Não sòmente... mas ainda: **non modo consilio, verum etiam casu** (Cíc. Agr. 2, 6) «não digo com reflexão, mas mesmo por acaso». 4) Não sòmente e não, ... mas ainda (Cíc. Fam. 9, 26, 4). Sent. temporal: 5) Neste momento, imediatamente (Plaut. Trin. 908). 6) Agora mesmo, ainda há pouco, ainda agora (Cíc. Verr. 4, 7). 7) Pouco depois (T. Lív. 26, 15, 3). 8) **Modo... modo**: ora um... ora outro, ora... ora, sucessivamente, frequentemente (Cíc. Nat. 1, 47).
modulātē, adv. Melodiosamente, harmoniosamente (Cíc. Nat. 2, 22).
modulātĭo, -ōnis, subs. f. I — Sent. próprio: 1) Ação de medir, regular (A. Gél. 1, 11, 18). II — Na língua retórica e musical: 2) Melodia, modulação, cadência (Quint. 9, 4, 139).
modulātor, -ōris, subs. m. I — Sent. próprio: 1) Modulador, o que mede, regula ou dirige (Col. 1, pr. 3). II — Na língua musical: 2) Músico (Hor. Sát. 1, 3, 130).
1. **modulātus**, -a, -um. I — Part. pass. de **modŭlor**. II — Adj.: melodioso, harmonioso (Ov. Met. 14, 428).

2. modulātus, -ūs, subs. m. Canto (Sên. Herc. 263). Obs.: Só ocorre no abl. sg.
modŭlor, -āris, -ārī, -ātus sum, v. tr. I — Sent. próprio: 1) Medir, regular (Plín. H. Nat. 2, 142). Daí: 2) Cadenciar, marcar o ritmo (Cíc. Or. 58). II — Sent. figurado: 3) Modular, tocar, cantar (Hor. Ep. 2, 2, 144); (Hor. O. 1, 32, 5). Obs.: O part. **modulatus** ocorre com sentido passivo em Horácio (O. 1, 32, 5); (Quint. 9, 2, 35).
modŭlus, -ī, subs. m. I — Sent. próprio: 1) Medida pequena: **metiri se suo modulo ac pede** (Hor. Ep. 1, 7, 98) «medir-se pela sua medida e calçar-se pelo seu pé» (expressão proverbial). II — Sent. figurado: 2) Medida, ritmo, melodia (Hor. Sát. 1, 3, 78).
modus, -ī, subs. m. I — Sent. próprio: 1) Medida (de superfície), medida (agrária), medida, comprimento, altura, circunferência, dimensão: **agri** (Cíc. At. 13, 33, 2) «(medida) de um campo». II — Sent. moral: 2) Medida (que não deve ser ultrapassada), moderação, meio-têrmo, lei, regra (Cíc. Of. 1, 104). Na língua retórica e musical: 3) Medida rítmica, cadência, compasso musical (T. Liv. 7, 2, 4); (Cíc. Br. 32). III — Sent. diversos: 4) Limite, têrmo, fim (Cic. Verr. 2, 145). 5) Maneira de se encaminhar, conduta, comportamento (Cíc. Marc. 1). 6) Modo, maneira, método, forma (Cíc. Rep. 1, 46). 7) Em locuções: **bono modo** (Cat. Agr. 5, 2) «honestamente, sem exagerar»; **nulo modo** (Cic. Verr. 2, 186) «de maneira alguma»; **omni modo** (Cíc. At. 6, 2, 7) «de tôda maneira»; **miris modis** (T. Liv. 1, 57, 6) «de maneira admirável»; **isto modo** (Cíc. Br. 296) «à tua maneira»; **miserandum in modum** (Cic. Verr. 4, 31; Prov. 5) «de maneira lamentável»; **ad hunc modum** (Cés. B. Gal. 3, 13, 1) «desta maneira»; **cujusque modi** (Cíc. Verr. 4, 7) «de tôda espécie».
moecha, -ae, subs. f. Mulher adúltera (Catul 42, 3).
moechor, -āris, -ārī, v. dep. intr. Cometer adultério, viver em adultério (Catul. 94, 1); (Hor. Sát. 1, 2, 49).
moechus, -ī, subs. m. Homem adúltero, devasso (Hor. O. 1, 25, 9).
moenĕra, -um, arc. = **munĕra** (Lucr. 1, 29).
moenia, -ium, subs. n. pl. I — Sent. próprio: 1) Muralhas (compreendendo os muros e as restantes obras de fortificação de uma cidade), muros (Verg. En. 2, 234). II — Sent. figurado: 2) Muros, cêrco, circuito (Ov. Met. 11, 532). 3) Cidade (Cíc. Cat. 2, 1). 4) Palácio, casa, edifício (Verg. En. 6, 541).
moeniŏ, -īs, -īre, forma arc. de **munio.**
Moenus, -ī, subs. pr. m. Meno, rio da Germânia (Tác. Germ. 28).
moerĕō = **maerĕo.**
Moeris, -is, subs. pr. m. Méris, nome de um pastor (Verg. Buc. 8, 297).
moerus, -ī, subs. m. (arc. = **murus**) (Verg. En. 10, 24).
Moesī, -ōrum, subs. loc. m. Mesos, habitantes da Mésia (Plín. H. Nat. 13, 149); (Tác. An. 15, 6).
Moesia, -ae, subs. pr. f. Mésia, província entre o Danúbio e a Trácia. Atualmente corresponde à Bulgária e à Sérvia (Plin. H. Nat. 3, 149).
Moesicus, -a, -um, adj. De Mésia (Plín. H. Nat. 4, 3).
Mŏgontiăcum, -ī, subs. pr. n. Mogôncia, cidade da Germânia (Eutr. 7, 13).
mola, -ae, subs. f. I — Sent. próprio: 1) Mó (de moinho): **molam versare** (Juv. 8, 67) «virar a mó (do moinho)». Daí: 2) Moinho (geralmente no pl.: **molae, -arum**) (Ov. F. 6, 318). II — Por extensão: 3) Farinha sagrada (de trigo torrado, misturado com sal, com que se polvilhavam as vítimas antes de serem sacrificadas) (Cíc. Div. 2, 37).
1. molāris, -e, adj. De mó, de moinho (Plín. H. Nat. 36, 137).
2. molāris, -is, subs. m. 1) Mó, pedra grande (subentendido **lapis**) (Verg. En. 8, 250). 2) Queixal, dente molar (subentendido **dens**) (Juv. 13, 212).
mŏlēs, -is, subs. f. I — Sent. próprio: 1) Massa, volume: **rudis indigestaque** (Ov. Met. 1, 7) «(massa) informe e confusa» (referindo-se ao caos). Daí, em sent. especial: 2) Grande massa de pedra, construção, edifício, dique, molhe, represa (Cíc. Of. 2, 14). 3) Coisa esmagadora, carga, pêso, dificuldade esmagadora, (Verg. En. 1, 33). 4) Grande estatura (T. Liv. 38, 46, 4). 5) Máquinas de guerra, apetrechos (para sitiar uma cidade) (Verg. En. 5, 439). II — Sent. figurado: 6) Multidão, massa (Verg. En. 12, 575). 7) Grandeza, importância (T. Liv. 26, 6, 9). 8) Esfôrço, fadiga, dificuldade (T. Liv. 25, 11, 17). 9) Perigo, embaraço (T. Liv. 6, 14, 1).
mŏlēstē, adv. 1) Com pesar, com desgôsto (Cíc. At. 13, 22, 4). 2) De modo chocante, desagradável (Catul. 42, 8). Obs.: Comp.: **molestius** (Cíc. Q. Fr. 1, 1, 2);

MOLESTIA — 616 — MOLLITIA

superl.: **molestissime** (Cíc. Fam. 3, 6, 5).
molestia, -ae, subs. f. I — Sent. próprio:
1) Pesar, mágoa, inquietação, enfado,
embaraço (Cíc. Fam. 13, 23). II — Na
língua retórica: 2) Afetação (de estilo)
(Cíc. Br. 143).
molestus, -a, -um, adj. I — Sent. próprio:
1) Molesto, penoso, custoso, desagradável, embaraçoso (Cíc. Of. 1, 26). Daí:
2) Chocante (Cíc. Top. 92). II — Na
língua retórica: 3) Rebuscado, afetado
(Cíc. Br. 116). IV — Sent. poético: 4)
Nocivo, perigoso (Catul. 51, 12).
molimen, -inis, subs. n. I — Sent. próprio:
1) Massa, grande volume, e daí: 2) Esfôrço, grande esfôrço (Ov. Met. 6, 473).
II — Sent. figurado: 3) Grandeza, importância, ares de importância (Hor.
Ep. 2, 2, 92).
molimentum, -i, subs. n. Esfôrço, trabalho
(Cés. B. Gal. 1, 34, 3).
molior, -iris, -iri, -itus sum, v. dep. tr. I
Sent. próprio: 1) Fazer esfôrço para se
mexer ou para se deslocar, deslocar-se,
pôr em movimento um objeto pesado
e que atravanca (T. Lív. 37, 11, 12).
Daí: 2) Fazer esfôrço, empenhar-se por,
executar com dificuldade, construir:
muros optatae molior urbis (Verg. En
3, 132) «executo (construo) com dificuldade os muros da cidade desejada».
E por enfraquecimento de sentido:
3) Preparar, realizar, maquinar, projetar, planejar, tramar, urdir (Cíc. Nat.
1, 51); (Cíc. Cat. 1, 5). 4) Afastar, segurar, forçar (uma porta), arrombar
(T. Lív. 36, 24, 3); (Verg. En. 12, 327);
(T. Lív. 23, 18, 3). II — Sent. figurado:
5) Provocar, excitar, abalar, causar
(Cíc. De Or. 2, 206). Obs.: Inf. arc.
molirier (Lucr. 5, 934).
molitio, -onis, subs. f. I — Sent. próprio:
1) Esfôrço, preparação laboriosa, meios
de ação (Col. 11, 2, 98). Daí: 2) Demolição: **valli** (T. Lív. 33, 5, 6) «(demolição) da trincheira». Por enfraquecimento de sentido: 3) Preparação, construção (Cíc. Nat. 1, 19).
molitor, -oris, subs. m. I — Sent. próprio:
1) O que constrói, construtor, autor
(Cíc. Tim. 17). II — Sent. figurado:
2) O que trama, maquinador (Tác. An.
11, 29).
molitrix, -icis, subs. f. A que maquina
alguma coisa (sent. figurado) (Suet.
Ner. 35).
molitum, -i, subs. n. Farinha (Plaut. Men.
979).

1. **molitus, -a, -um,** part. pass. de **molo,**
Moído: **molita cibaria** (Cés. B. Gal. 1,
5, 3) «farinha».
2. **molitus, -a, -um,** part. pass. de **molior.**
mollesco, -is, -ere, v. incoat. intr. I —
Sent. próprio: 1) Tornar-se mole, amolecer (Ov. Met. 10, 283). II — Sent.
figurado: 2) Amansar, acalmar, aliviar
(Lucr. 5, 1014). 3) Tornar-se efeminado
(Ov. Met. 4, 386).
mollicellus, -a, -um, adj. diminut. de **molliculus.** Maciozinho, delicadinho (Catul.
25, 10).
molliculus, -a, -um, adj. diminut. de **mollis.**
Macio, tenro, delicado (Plaut. Cas. 492).
mollii, = **mollivi,** perf. de **mollio.**
mollimentum, -i, subs. n. Consolação, refrigério, lenitivo (Sên. Tranq. 10, 2).
mollio, -is, -ire, -ivi (ou -ii), -itum, v. tr.
I — Sent. próprio: 1) Amolecer, amaciar (Ov. Met. 6, 220); (Ov. Met. 4,
741); (Cíc. Nat. 2, 130). II — Sent.
figurado: 2) Abrandar, apaziguar, reduzir, suavizar (Cés. B. Gal. 7, 46, 2);
(Cíc. Phil. 12, 8). 3) Sent. pejorativo:
Debilitar, enfraquecer, efeminar (Cíc.
Tusc. 2, 27). Obs.: imperf. ind. **mollibat**
(Ov. Met. 6, 21). Inf. pass. arc. **mollirier** (Ter. Phorm. 632).
mollipes, -pedis, adj. Que tem os pés moles
(Cíc. Div. 1, 15).
mollis, -e, adj. I — Sent. próprio: 1) Mole,
tenro (em oposição a **durus,** sent. físico
e moral) (Cíc. De Or. 3, 177). Daí: 2)
Flexível (Verg. Buc. 2, 72). II — Sent.
figurado: 3) Tenro (tratando-se da idade), delicado (Ov. Her. 10, 44). 4) Brando, macio, sem aspereza (Cés. B. Civ.
2, 10, 3); (Verg. G. 1, 341): **mollior
aestas** (Verg. G. 1, 312) «verão mais
brando». 5) Fraco (de temperamento),
tímido, terno, sensível: **molles sententiae** (Cíc. Cat. 1, 30) «decisões tímidas»;
(Juv. 15, 131). 6) Mole, efeminado (em
sent. pejorativo) (Cíc. Fin. 1, 30). 7)
Suave, macio, agradável, doce (Cíc. C.
M. 2). 8) Ameno, aprazível (Verg. G.
2, 384). 9) Favorável, propício (Verg.
En. 4, 293).
molliter, adv. I— Sent. próprio: 1) Suavemente, frouxamente, brandamente
(Cíc. Nat. 2, 129). 2) Com agilidade,
com destreza (Verg. En. 6, 847). II —
Sent. figurado: 3) Suavemente, sem
amargor (Cíc. C. M. 5). 4) Voluptuosamente (Cíc. Of. 1, 106). 5) Fracamente,
sem energia (Sal. B. Jug. 82, 2).
mollitia, -ae, (mollities, -ei). subs. f. I —
Sent. próprio: 1) Brandura, flexibilida-

MOLLĬTŪDŎ — 617 — **MONĪLE**

de (Cíc. Or. 59). Daí: 2) Moleza (estado de uma coisa que ainda não tem consistência) (Cíc. Fin. 5, 28). II — Sent. figurado: 3) Sensibilidade, doçura (Cíc. Sull. 18). 4) Fraqueza (de caráter), falta de energia (Cíc. Fin. 1, 33). 5) Moleza, vida efeminada, hábitos efeminados (Tác. An. 11, 2).

mollitūdŏ, -ĭnis, subs. f. I — Sent. próprio: 1) Flexibilidade (de voz) (S. Jer. 3, 20). Daí: 2) Moleza, qualidade do que é mole, tenro ou macio (Cíc. Nat. 2, 135). II — Sent. figurado: 3) Doçura, polidez de maneiras (Cíc. De Or. 3, 161).

1. molō, -is, -ĕre, molŭī, molĭtum, v. intr. e tr. I — Sent. próprio: 1) Moer, triturar o grão sob a mó do moinho (Ter. Ad. 847); (Plín. H. Nat. 18, 73). 2) Sent. obsceno (Petr. 23, 5).

2. Molō (Molon), -ōnis, subs. pr. m. Molão de Rodes, célebre professor de retórica (Cíc. Br. 312).

Molorchēus, -a, -um, adj. De Molorco (Tib. 4, 1, 13).

Molŏrchus, -ī, subs. pr. m. Molorco, pastor de Cleonas, que hospedou Hércules, quando êste veio matar o leão de Neméia (Verg. G. 3, 19).

Molōssī, -ōrum, subs. loc. m. Molossos, habitantes da Molóssia (Cíc. Div. 1, 76).

Molossĭcus, -a, -um, adj. Relativo aos molossos (Plaut. Capt. 86).

Molōssis, -ĭdis, subs. pr. f. Molóssia, parte do Epiro (T. Lív. 8, 24, 3).

1. Molōssus, -a, -um, adj. Do país dos molossos: *molossi canes* (Hor. Sát. 2, 6, 114) «cães molossos».

2. Molōssus, -ī, subs. m. Cão molosso (Verg. G. 3, 405).

Molpeus, -ĕī (-ĕos), subs. pr. m. Molpeu, guerreiro morto por Perseu (Ov. Met. 5, 163).

molŭī, perf. de molo.

mŏly, -yos, subs. n. indecl. Espécie de alho (empregado como antídoto) (Ov Met. 14, 292).

mŏmen, -ĭnis, subs. n. I — Sent. próprio: 1) Ação de se mover, movimento (Lucr. 6, 474). II — Donde: 2) Impulso (Lucr. 3, 188).

momentōsus, -a, -um, adj. Momentâneo, pronto, rápido (Quint. Decl. 13, 12).

momēntum, -ī, subs. n. I — Sent. próprio: 1) Impulso, movimento, mudança, variação (sent. abstrato) (Cíc. Nat. 2, 117). Sent. concreto: 2) Pêso (que determina o movimento e a inclinação da balança), pêso (Cíc. Ac. 2, 124). II — Sent. moral: 3) Causa que determina decisão num sentido, influência, motivo (T. Lív. 1, 47, 7). 4) Parcela, pequena quantidade, pequena divisão e, especialmente: pequena divisão do tempo, momento, minuto, instante (T. Lív. 21, 14, 3); (T. Lív. 21, 33, 10). III — Sent. figurado: 5) Pêso, importância (das pessoas ou das coisas), influência, motivo, conseqüência (Cíc. Fin. 2, 38); (Cíc. Or. 47).

momōrdī, perf. de **mordĕo.**

Mona, -ae, subs. pr. f. Mona, ilha entre a Bretanha e a Hibérnia (Cés. B. Gal. 5, 13, 3).

Monaesēs, -is, subs. pr. m. Moneses, rei dos partos (Hor. O. 3, 6, 9).

Monda (Munda), -ae, subs. pr. m. Monda, rio da Lusitânia, atual Mondego (Plín. H. Nat. 4, 115).

monēdŭla, -ae, subs. f. I — Sent. próprio: 1) Gralha (ave) (Cíc. Flac. 76). II — Como têrmo de carinho (Plaut. Capt. 1002).

monĕō, -ēs, -ēre, monŭī, monĭtum, v. tr. I — Sent. próprio: 1) Fazer pensar, lembrar (Cíc. At. 11, 16, 5): *id ipsum, quod me mones* (Cíc. At. 14, 19, 1) «(é) isto precisamente o que tu me fazes lembrar (me lembras)». Daí: 2) Chamar a atenção, advertir (Tác. An. 1, 67); (Cíc. Fin. 1, 66). II — Sent. figurado: 3) Dar conselhos, aconselhar, inspirar, esclarecer, instruir, ensinar (Verg. En. 7, 41). 4) Predizer, anunciar, profetizar (Verg. En. 3, 712). Obs.: Constrói-se com acus. e abl. com **de**; com duplo acus., com **ut,** **ne** ou simples subj.; com or. inf.; ou com acus.

monēris, -is, subs. f. Navio com uma ordem de remos (T. Lív. 38, 38, 8).

Monēta, -ae, subs. f. Moneta, 1) Mãe das Musas (Cíc. Nat. 3, 47). 2) Epíteto que Juno recebeu por ter prevenido os romanos de um tremor de terra (Ov. F. 1, 638). 3) Templo de Juno Moneta, onde se fabricava a moeda. Daí, estender-se a: a) Casa da moeda (Cíc. At. 8, 7, 3); b) Dinheiro cunhado, moeda (Ov. F. 1, 222).

monētālis, -e, adj. 1) Relativo à moeda (Pompon. Dig. 12, 2, 30). 2) Homem endinheirado (emprêgo jocoso) (Cíc. At. 10, 11, 5).

monētārĭus, -ī, subs. m. Moedeiro, o que faz as moedas do Estado (Eutr. 9, 14).

monīle, -is, subs. n. I — Sent. próprio: 1) Colar (geralmente de mulher) (Cíc.

Verr. 4, 39). II — No pl.: 2) Jóias (Ov. Her. 9, 57).
monimēntum, v. monumēntum.
monĭtĭo, -ōnis, subs. f. Advertência, conselho (Cíc. Lae. 89).
monĭtor, -ōris, subs. m. I — Sent. próprio: 1) Monitor, o que adverte, recomenda, aconselha, guia; conselheiro (Cíc. De Or. 2, 99). Daí, em sent. particular: 2) Conselheiro (na língua jurídica) (Cíc. Caecil. 52). 3) Nomenclador (têrmo técnico) (Cíc. Mur. 77). 4) Censor (Hor. A. Poét. 163).
monĭtōrĭus, -a, -um, adj. Que serve de aviso (tratando-se do raio) (Sên. Nat. 2, 39).
monĭtum, -ī, subs. n. I — Sent. próprio: 1) Aviso, advertência, conselho (Cíc. De Or. 2, 175). II — Daí: 2) Profecia, oráculo, predição (Verg. En. 8, 336).
1. **monĭtus, -a, -um**, part. pass. de monĕo.
2. **monĭtus, -ūs**, subs. m. I — Sent. próprio: 1) Aviso, advertência (Ov. Her. 18, 115). Daí: 2) Oráculo, profecia (Cíc. Div. 2, 86).
Monoecus, -ī, subs. pr. Moneco, epíteto de Hércules (Verg. En. 6, 830).
monogrammus, -a, -um (-os, -on), adj. Linear, formado só de linhas (desenho): **monogrammi dei** (Cíc. Nat. 2, 59) «sombras, contornos dos deuses» (sent. figurado).
monopodĭum, -ī, subs. n. Monopódio, mesa de um só pé (T. Lív. 39, 6, 7).
monopolĭum, -ī, subs. n. Monopólio (Suet. Tib. 61).
mons, -tis, subs. m. I — Sent. próprio: 1) Monte, montanha (Cés. B. Gal. 3, 1, 5). Daí: 2) Montanha = massa enorme (Verg. En. 1, 105). II — Sent. poético: 3) Penedo, rochedo (Verg. En. 6, 390).
monstratĭo, -ōnis, subs. f. Ação de mostrar, indicação (Ter. Ad. 71).
monstrātor, -ōris, subs. m. I — Sent. próprio: 1) O que mostra (Tác. Germ. 21). II — Daí: 2) Propagador, autor (Verg. G. 1, 19).
monstrātus, -a, -um. I — Part. pass. de monstro. II — Adj.: Insigne, notável, distinto (Tác. Germ. 31).
monstrĭfer, -fĕra, -fĕrum, adj. 1) Que produz monstros (V. Flac. 5, 222). 2) Monstruoso, horrível (Plín. H. Nat. 6, 187).
monstrifĭcus, -a, -um, adj. 1) Monstruoso (Plín. H. Nat. 2, 7). 2) Sobrenatural (V. Flac. 6, 152).

monstrō, -ās, -āre, -āvī, -ātum, v. tr. I — Sent. próprio: 1) Mostrar, designar, indicar (Cíc. Of. 3, 54). Daí: 2) Dizer, dar a conhecer, pôr à vista (Cíc. Fam. 16, 22, 1). 3) Denunciar, acusar (Tác. Hist. 4, 1). 4) Advertir, aconselhar: **alicui bene** (Plaut. Bac. 133) «aconselhar bem alguém». Obs.: Embora derivado de **monstrum**, perdeu inteiramente o sentido religioso. Vocábulo da língua popular, foi evitado por César e Salústio.
monstrum, -ī, subs. n. I — Sent. próprio (língua religiosa): 1) Prodígio (que revela a vontade dos deuses) (Verg. En. 3, 59). II — Daí: 2) Objeto ou ser de caráter sobrenatural, monstro, monstruosidade: **hominis** (Ter. Eun. 696) «(monstro) de homem». 3) Coisa espantosa, prodígio, maravilha (tratando-se de coisas) (Cíc. At. 4, 7, 1).
monstruōsē (monstrōsē), adv. Extraordinàriamente, monstruosamente, prodigiosamente (Cíc. Div. 2, 146).
monstruōsus (-trōsus), -a, -um, adj. Monstruoso, extravagante, extraordinário (Cíc. Div. 2, 69).
montānī, -ōrum, subs. m. pl. Montanheses (Cés. B. Civ. 1, 39, 2).
Montānĭānus, -a, -um, adj. Do poeta Montano (Sên. Contr. 4, 28).
1. **montānus, -a, -um**, adj. 1) De montanha, relativo às montanhas (Verg. En. 2, 305). 2) Montanhoso, onde há muitas montanhas (T. Lív. 39, 1, 50).
2. **Montānus, -ī**, subs. pr. m. Montano, sobrenome romano, notadamente Cúrcio Montano, poeta e amigo de Tibério (Ov. P. 4, 16, 11).
monticŏla, -ae, subs. m. e f. Montícola, habitante das montanhas (Ov. Met. 1, 193).
montis, gen. sg. de mons.
montivăgus, -a, -um, adj Montívago, que percorre montanhas (Cíc. Tusc. 5, 79).
montuōsus (-tōsus), -a, -um, adj. Montanhoso (Cíc. Part. 36).
monumēntum (moni-), -ī, subs. n. I — Sent. próprio: 1) O que traz à lembrança alguma coisa, lembrança, penhor (Cíc. Cat. 3, 26). II — Daí, várias acepções particulares: 2) Túmulo, estátua, inscrição, lápide (C. Nep. Dion. 10). 3) Templo, monumento (comemorativo de algo) (Cíc. Mil. 17). 4) Obra literária, monumentos escritos (Cíc. Phil. 5, 17). 5) Sinal, indício (de reconhecimento) (Ter. Eun. 753).
Monunĭus, -ī, subs. pr. m. Monúnio, rei dos Dárdanos (T. Lív. 44, 30).

monŭi, perf. de **moněo**.
Mŏnўchus, -i, subs. pr. m. Mônico, um dos Centauros (Ov. Met. 12, 499).
Mopsii, -ōrum, subs. pr. m. Os Mópsios, família de Compsa (T. Lív. 22, 1, 1).
Mopsiāni, -ōrum, subs. m. Partidários dos Mópsios (T. Lív. 23, 1, 2).
Mopsĭum, -i, subs. pr. n. Mópsio, montanha da Tessália (T. Liv. 42, 61).
Mopsopĭa, -ae, subs. pr. f. Mospsópia, i. é, a Ática (Sên. Híp. 121).
Mopsopĭus, -a, -um, adj. Da Ática (Ov. Her. 8, 72).
Mopsu Hestĭa, Mopsuhestĭa (Mopsuestĭa), -ae, subs. pr. f. Cidade da Cilícia, também chamada Mopso (Cíc. Fam. 3, 8, 10).
Mopsus, -i, subs. pr. m. Mopso. 1) Adivinho famoso e rei de Argos (Cíc. Nat. 2, 7). 2) Adivinho da Tessália, um dos Argonautas (Ov. Met. 12, 456). 3) Nome de um pastor (Verg. Buc. 5, 1).
1. mora, -ae, subs. f. I — Sent. próprio: 1) Demora, tardança: **nulla interposita mora** (Cés. B. Civ. 3, 75, 2) «sem nenhuma demora». Daí, na língua retórica: 2) Pausa (Cíc. Or. 53). II — Sent. particular: 3) Espaço de tempo, retardamento (Cíc. Verr. 4, 142). 4) Obstáculo, impedimento (sent. físico e moral) (Verg. En. 12, 541).
2. mora, -ae, subs. f. Mora (uma divisão do exército espartano constituída por trezentos, quinhentos ou setecentos homens escolhidos) (C. Nep. Iph. 2, 3).
mŏrālis, -e, adj. Relativo aos costumes, moral (Cíc. Fat. 1).
mŏrātor, -ōris, subs. m. I — Sent. próprio: 1) O que demora ou estorva (T. Lív. 2, 44). II — Sent. figurado: 2) Ronceiro (soldado) (Q. Cúrc. 4, 10, 10). 3) Advogado de segunda classe (que falava sòmente para dar ao advogado principal oportunidade de descansar) (Cíc. Caecil. 49).
1. mŏrātus, -a, -um, adj. I — Sent. próprio: 1) Que tem tais ou tais costumes, dotado de costumes (Cíc. Br. 7). II — Daí: 2) Adaptado ao caráter de uma pessoa, característico, em que os caracteres são bem traçados (Cíc. Div. 1, 66).
2. mŏrātus, -a, -um, part. pass. de **moror**.
morbĭdus, -a, -um, adj. I — Sent. próprio: 1) Doente, enfêrmo (Plín. H. Nat. 8, 96). II — Daí: 2) Mórbido (Lucr. 6, 1090).
Morbonĭa, -ae, subs. pr. f. País das doenças: **Morboniam abire jubere** (Suet. Ves. 14) «mandar para o inferno» (expressão injuriosa).
Morbōsus, -a, -um, adj. I — Sent. próprio: 1) Doente, enfêrmo (Cat. Agr. 2). II — Sent. figurado: 2) Consumido de desejo, sôfrego (Petr. 46). 3) Impudico, torpe (Catul. 57, 6).
morbus, -i, subs. m. I — Sent. próprio: 1) Doença, enfermidade física (Cíc. Tusc. 3, 9). II — Sent. figurado: 2) Doença do espírito, paixão (Cíc. Verr. 4, 1). 3) Aflição, pesar, dor (Plaut. As. 393). III — Personificado, subs. pr.: 4) Doença (a divindade, filha de Érebo e da Noite) (Cíc. Nat. 3, 44).
mordācĭtās, -tātis, subs. f. I — Sent. próprio: 1) Aptidão para morder ou picar (Plín. H. Nat. 21, 91). II — Daí: 2) Sabor picante (Plín. H. Nat. 21, 120).
Mordācĭter, adv. Mordendo, mordazmente, satìricamente (Màcr. Sat. 7, 3, 8). Obs.: Comp. **mordacĭus** (Sên. Nat. 6, 15, 3).
mordax, -ācis, adj. I — Sent. próprio: 1) Habituado a morder, que morde (Plaut. Bac. 1146). Daí: 2) Cortante, afiado, picante (Hor. O. 4, 6, 9). II — Sent. figurado: 3) Mordaz, cáustico, satírico (Ov. Trist. 2, 563). 4) Consumidor (Hor. O. 1, 18, 4).
mordĕō, -ēs, -ēre, momōrdi, morsum, v. tr. I — Sent. próprio: 1) Morder (Cíc. Amer. 67). Daí: 2) Mastigar (Ov. Met. 13, 943). II — Sent. figurado: 3) Ferir, atormentar, torturar, importunar, consumir (Ter. Eun. 411); (Ter. Ad. 807); (Cíc. At. 13, 12, 1); **morderi conscientia** (Cíc. Tusc. 4, 45) «ser atormentado pela consciência». 4) Prender, segurar: **fibula mordet vestem** (Ov. Met. 8, 318) «a fivela prende o vestido».
mordĭcus, adv. I — Sent. próprio: 1) Mordendo, usando os dentes (Cíc. Nat. 2, 124). II — Sent. figurado: 2) Obstinadamente, com perseverança (Cíc. Ac. 2, 51).
mŏrē, adv. Estùpidamente, tolamente (Plaut. St. 641).
mŏrēs, nom. pl. de **mos**.
morētum, -i, subs. n. Moreto, iguaria feita de ervas, alho, queijo e vinho (Ov. F. 4, 367).
moribŭndus, -a, -um, adj. I — Sent. próprio: 1) Moribundo (Cíc. Sest. 85). II — Daí: 2) Mortal, sujeito à morte, perecível (Catul. 81, 3).
mŏrigĕrō, -ās, -āre, = **morigĕror** (Plaut. Amph. 981).

mōrigĕror, -āris, -ārī, -ātus sum, v. dep. tr. Condescender, ser complacente, conformar-se, procurar ser agradável (Cíc. Or. 159).
mōrigĕrus, -a, -um, adj. Complacente, dócil, submisso (Plaut. Amph. 1004).
Morīnī, -ōrum, subs. loc. m. Mórinos, povo da Bélgica (Cés. B. Gal. 2, 4, 9).
mōrĭō, -ōnis, subs. m. Um louco, um idiota (Marc. 8, 13, 1).
morĭor, -ĕris, morī, mortŭus sum, v. dep. intr. I — Sent. próprio: 1) Morrer, perecer, expirar, sucumbir (Cíc. At. 6, 1, 6): potius mori miliens quam (Cíc. At. 7, 11, 1) «morrer mil vêzes antes que». II — Empregos diversos: 2) Acabar, findar (tratando-se do dia) (Plaut. Men. 155). 3) Extinguir-se, apagar-se (da memória alguma coisa, ou tratando-se de fenômeno da natureza) (Cíc. Pis. 93).
morīrī = morī, inf. pres. arc. (Plaut. Capt. 732).
1. mōris, gen. sg. de mos.
2. mōrīs, dat. abl. pl. de morum.
Moritāsgus, -ī, subs. pr. m. Moritasgo, sobrenome corrente entre os Sênones (Cés. B. Gal. 5, 54, 2).
mormyr, -ÿris, subs. f. Nome de um peixe do mar (Ov. Hal. 110).
1. moror, -āris, -ārī, -ātus sum, v. dep. intr. e tr. A) Intr.: Sent. próprio: 1) Tardar, demorar-se, parar, ficar (Cíc. Verr. 4, 104); (Cíc. Fam. 15, 17, 2). B) Tr.: 2) Retardar, deter (Cés. B. Gal. 6, 35, 7). 3) Por extensão: morar, habitar, residir, viver (com) (Sên. Ep. 32, 1). 4) Hesitar (Cíc. Phil. 5, 33). 5) Não se opor a, não se importar com (Hor. Ep. 1, 15, 16). Obs.: Constrói-se como intransitivo ou transitivamente com acus. ou com or. inf., ou com quominus.
2. mōror, -āris, -ārī, v. dep. intr. Estar louco, delirar (Suet. Ner. 33).
mōrōsē, adv. 1) Com desagrado (Cíc. Br. 236). 2) Escrupulosamente, com cuidado, minuciosamente (Plin. H. Nat. 18, 128).
mōrōsĭtas, -tātis, subs. f. I — Sent. próprio: 1) Impertinência, mal humor, enfado: (Cíc. Of. 1, 88). II — Na língua retórica. 2) Purismo, demasiado rigor (na escolha das palavras) (Suet. Tib. 70).
mōrōsus, -a, -um, adj. I — Sent. próprio: 1) Impertinente, mal humorado (Hor. O. 1, 9, 17). II — Daí: 2) Difícil de contentar, exigente (Cíc. Or. 104). 3) Desagradável, fatigante, importuno (tratando-se de coisas) (Ov. A. Am. 2, 323).
Morpheus, -ĕī (-ĕos), subs. pr. m. Morfeu, filho do Sono e da Noite (Ov. Met. 11, 635).
mors, mortis, subs. f. I — Sent. próprio: 1) Morte, falecimento (Cíc. Phil. 5, 48); (Cíc. Vat. 24); (Cíc. Tusc. 1, 50). Daí: 2) Cadáver, corpo morto (Prop. 3, 5, 22). II — Sent. figurado: 3) Morte (personificada) (Cíc. Nat. 3, 44).
morsiuncŭla, -ae, subs. f. Pequena mordedura (Plaut. Ps. 67).
morsum, -ī, subs. n. Bocado, pedaço tirado com os dentes (Catul. 64, 316).
1. morsus, -a, -um, part. pass. de mordĕo.
2. morsus, -ūs, subs. m. I — Sent. próprio: 1) Mordedura, dentada (Cíc. C. M. 51). Sent. poético: 2) Dente da âncora (Verg. En. 12, 782). II — Sent. figurado: 3) Ferrugem (Luc. 1, 243). 4) Sabor acre ou picante (Marc. 7, 25, 5). 5) Ataque, maledicência (Hor. Ep. 1, 14, 38).
mortālis, -e, adj. I — Sent. próprio: 1) Mortal, sujeito à morte (Cíc. Leg. 1, 61). II — Sent. figurado: 2) Transitório, passageiro (Cíc. Nat. 3, 32). 3) Dos mortais, humano (Ov. Trist. 1, 2, 97). III — Como subs. m.: 4) Um mortal, um ser humano (Cíc. Lae. 18). No n. pl.: 5) As coisas do mundo (Verg. En. 1, 462).
mortālĭtās, -tātis, subs. f. I — Sent. próprio: 1) Condição mortal, mortalidade (Cíc. Nat. 1, 26); (Tác. An. 6, 50). II — Daí: 2) A humanidade (Q. Cúrc. 5, 5, 17).
mortārĭum, -ī, subs. n. I — Sent. próprio: 1) Morteiro, almofariz (Plaut. Aul. 95). 2) Substância triturada num almofariz, pomada (Juv. 7, 170).
mortĭcĭnus, -a, -um, adj. I — Sent. próprio: 1) De animal morto (Sên. Ep. 122, 4). 2) Morto (tratando-se de animais) (Varr. R. Rust. 2, 9, 10). 3) Carcaça (têrmo de injúria) (Plaut. Pers. 283).
mortĭfer (-fĕrus), -fĕra, -fĕrum, adj. Mortal, mortífero (Cíc. Tusc. 1, 1).
mortĭfĕrē, adv. Mortalmente, mortíferamente, de modo a causar a morte (Plín. Ep. 3, 16, 3).
mortĭfĕrus, v. mortĭfer.
morturĭō, -īs, -īre, v. desiderativo intr. Desejar a morte, ter vontade de morrer (Cíc. frg. K. 22).
mortŭus, -a, -um, part. pass. de morĭor.
mōrum, -ī, subs. n. 1) Amora, fruto da amoreira (Verg. Buc. 6, 22). 2) Amora brava (Ov. Met. 1, 105).

1. **mŏrus, -a, -um**, adj. Louco, extravagante (Plaut. Men. 571).
2. **mŏrus, -ī**, subs. f. Amoreira (árvore) (Ov. Met. 4, 90).
mōs, mōris, subs. m. I — Sent. próprio: 1) Maneira de se comportar, modo de proceder (física ou moralmente), regulado, não pela lei mas pelo uso ou costume, daí: uso, costume (Cíc. Verr. 5, 22). Donde: 2) Comportamento, procedimento e, mais freqüentemente, no plural: caráter, costumes (Cíc. Of. 1, 64); (Cíc. Rep. 5, 2). II — Sent. poético: 3) Modo, maneira (Verr. G. 1, 245). 4) Estado (do céu) (Verg. G. 1, 51). 5) Lei, regra, preceito (Verg. En. 1, 264). 6) Vontade, desejo, capricho (Cíc. Tusc. 1, 17).
Mosa, -ae, subs. pr. m. Mosa, rio da Gália Bélgica (Cés. B. Gal. 4, 10, 1).
Moschus, -ī, subs. pr. m. Mosco, retor de Pérgamo (Hor. Ep. 1, 5, 9).
Mosēlla, -ae, subs. pr. m. Mosela, rio da Gália (Tác. An. 13, 53).
Mōsēs (Mōȳsēs), -is, subs. pr. m. Moisés, profeta, legislador e chefe dos judeus (Juv. 14, 102). Obs.: Acus. **Moysen** (Tác. Hist. 5, 3).
Mostellaria, -ae, subs. pr. f. Mostelária («a comédia do fantasma»), título de uma comédia de Plauto.
Mostēnī, -ōrum, subs. loc. m. Mostenos, habitantes de Mostena, na Lídia (Tác. An. 2, 47).
motătus, -a, -um, part. pass. de **moto**.
mōtio, -ōnis, subs. f. Movimento, agitação, impulso (Cíc. Nat. 2, 145).
mōtiuncŭla, -ae, subs. f. Ligeiro acesso de febre (Sên. Ep. 53, 6).
mōtō, -ās, -āre, v. freq. tr. Mover freqüentemente, agitar fortemente (Verg. Buc. 5, 5).
mōtor, -ōris, subs. m. O que embala (um berço), embalador (Marc. 11, 39).
1. **mōtus, -a, -um**, part. pass. de **movĕo**.
2. **mōtus, -ūs**, subs. m. I — Sent. próprio: 1) Movimento, agitação, abalo (no pl.: danças) (T. Lív. 7, 2, 4). Daí: 2) Gesto, gesticulação (Cc. Br. 116) 3) Tremor de terra (Cíc. Div. 1, 35). 4) Movimento, agitação (de uma multidão) (Cíc. Verr. 5, 9). II — Sent. figurado: 5) Movimento (de alma), sentimento, comoção, paixão, desvario: **motus animi** (Cíc. Of. 1, 136) «paixões». 6) Motim, perturbação da ordem, levante (Cíc. Cat. 2, 4). 7) Motivo (Plín. Ep. 3, 4, 9).
Motyēnsis, -e, adj. Motiense, de Mótia, na Sicília (Cíc. Verr. 3, 103).

mŏvens, -ēntis, part. pres. de **movĕo**: móvel, que se pode transportar: **res moventes** (T. Lív. 5, 25, 6) «coisas móveis»; **voluptas movens** (Cíc. Fin. 2, 31) «prazer móvel (inconstante)».
mŏvĕō, -ēs, -ēre, mōvī, mōtum, v. tr. I — Sent. próprio: 1) Pôr em movimento, mover, pôr-se em movimento, mover-se, agitar, agitar-se (sent. físico e moral) (Cíc. Tusc. 1, 53); (T. Lív. 35, 40, 7); (Cíc. Dej. 5). Daí: 2) Afastar, tirar de, deslocar, despojar (Cíc. Verr. 1, 116); (Cíc. Of. 3, 76). II — Sent. figurado: 3) Excitar, provocar, causar (Cíc. At. 6, 3, 7); (Cíc. De Or. 1, 228). 4) Impressionar, causar impressão, comover, abalar (T. Lív. 3, 20, 1); (Cíc. At. 7, 3, 6). 5) Perturbar, irritar, encolerizar (T. Lív. 25, 26, 7). 6) Impelir, lançar a (T. Lív. 35, 12, 5). 7) Produzir, manifestar (T. Lív. 1, 55, 3); (Ov. F. 1, 268). III — Empregos especiais (passivo): 8) Dançar (Hor. Ep. 2, 2, 125). 9) Tocar, cantar (Ov. Met. 5, 112). Obs.: Constrói-se com acus.; com acus. e abl.; com abl.; e, raramente, como intransitivo.
mōvī, perf. de **movĕo**.
mox, adv 1) Dentro em breve, em pouco tempo, sem demora (Cíc. Fin. 5, 60). 2) Logo após, depois, em seguida (T. Lív. 40, 48, 6).
1. **Mŭcia, -ae**, subs. pr. f. Múcia, terceira mulher de Pompeu (Cíc. Fam. 5, 2, 6).
2. **Mŭcia, -ārum**, subs. pr. n. pl. Festas realizadas na Ásia Menor em honra do cônsul Múcio Cévola (Cíc. Verr. 2, 51).
Mŭciānus, -a, -um, adj. De Múcio (Cíc. At. 9, 12, 1).
mūcĭdus, -a, -um, adj. I — Sent. próprio: 1) Bolorento, estragado (Marc. 8, 6, 4). II — Daí: 2) Ranhoso (Plaut. Ep. 494).
Mŭcĭus, -ī, subs. pr. m. Múcio, nome de uma família romana, onde se destacam: 1) Caio Múcio Cévola, que tentou matar Porsena (Cíc. Sest. 48). 2) Quinto Múcio Cévola, jurista famoso, que governou a Ásia (Cíc. Br. 211).
mucrō, -ōnis, subs. m. I — Sent. próprio: 1) Ponta, extremidade pontiaguda (Cíc. Cat. 3, 2). II — Na língua militar: 2) Ponta de espada, espada (Cíc. Phil. 14, 6). III — Sent. poético: 3) Fim, extremidade (Lucr. 2, 520). IV — Sent. figurado: 4) Vivacidade (Quint. 10, 5, 16).
mūcus, -ī, subs. m. Muco nasal (Sên. Nat. 3, 15, 2).
mŭgil (-gĭlis), -is, subs. m. Mujem (peixe) (Juv. 10, 317).

mūgīnor, -āris, -ārī, v. dep. intr. e tr. Ruminar, refletir durante muito tempo, usar de evasivas (Cíc. At. 16, 12, 1).

mūgĭō, -īs, -īre, -īvī (ou -ĭī), -ītum, v. intr. Sent. próprio: 1) Mugir (dos bois) (T. Lív. 1, 7). Por extensão: 2) Soar, ribombar, rugir, tanger (tratando-se da trombeta, do raio, da tempestade, de qualquer ruído surdo e profundo) (Verg. En. 8, 256).

mugītus, -ūs, subs. m. I — Sent. próprio: 1) Mugido (Verg. G. 2, 470). II — Sent. figurado: 2) Gemido, grito, ruído (Cíc. Div. 1, 35).

mūla, -ae, subs. f. Mula (Cíc. Div. 2, 49).

mulcātus, -a, -um, part. pass. de mulco.

mulcĕō, -ēs, -ēre, mulsī, mulsum, v. tr. I — Sent. próprio: 1) Tocar de leve, acariciar, apalpar, lamber, afagar com a mão (Verg. En. 8, 634); (Cíc. Arat. 88). II — Sent. moral: 2) Abrandar, apaziguar, suavizar, acalmar (Verg. G. 4, 510); (Quint. 1, 10, 9).

Mulcĭber, -bĕrī, subs. pr. m. Mulcíbero, um dos epítetos de Vulcano, deus do fogo (Ov. A. Am. 2, 562). Donde, em sent. figurado: o fogo (Ov. Met. 9, 263).

mulcō, -ās, -āre, -āvī, -ātum, v. tr. I — Sent. próprio: 1) Bater, maltratar, tratar com dureza (Cíc. Verr. 4, 94). II — Sent. figurado: 2) Estragar, deteriorar, danificar (Cíc. Br. 88).

mulcta (multa), -ae, subs. f. I — Sent. próprio: 1) Multa (Cíc. Clu. 103); (Cíc. Rep. 2, 16). II — Por extensão: 2) Castigo, punição (T. Lív. 24, 16, 13). Obs.: Pagava-se, a princípio, a multa em gado, carneiros e bois; mais tarde, em dinheiro. Multa é a melhor grafia.

mulctātīcĭus (multātīcĭus), -a, -um, adj. Proveniente de uma multa (T. Lív. 10. 23, 13).

mulctātĭō (multātĭō), -ōnis, subs. f. Multa (Cíc. Rab. perd. 16).

mulctō (multō), -ās, -āre, -āvī, -ātum, v. tr. I — Sent. próprio: 1) Multar, condenar a uma multa (Cíc. Verr. 2, 21). Daí: 2) Privar alguém de alguma coisa por castigo (Cíc. Agr. 2, 34). II — Sent. figurado: 3) Punir, castigar, condenar a (Cíc. De Or. 1, 194). Obs.: Constrói-se com acus. e abl.

mulctra, -ae, subs. f. Vaso de ordenhar, tarro (Verg. Buc. 3, 30).

mulctrārĭum, -ī, subs. n. Vaso de ordenhar, tarro (Verg. G. 3, 177).

mulctrum, -ī, subs. n. = mulctrarĭum (Hor. Epo. 16, 49).

mulctus, -a, -um, part. pass. de mulgĕo.

mulgĕō, -ēs, -ēre, mulxī ou mulsī, mulctum ou mulsum, v. tr. Ordenhar (Verg. Buc. 3, 5). Loc.: mulgere hircos (Verg Buc. 3, 91 «tentar o impossível».

mulĭēbris, -e, adj. De mulher, relativo à mulher (Cíc. Mil. 28).

mulĭebrĭter, adv. 1) À maneira das mulheres (Hor. O. 1, 37, 22). 2) De modo efeminado, mole (Cíc. Tusc. 2, 48).

mulĭer, -ĕris, subs. f. I — Sent. próprio: 1) Mulher (em geral) (Cíc. Mur. 27). II — Daí, em sent. particular: 2) Mulher, espôsa (em oposição a virgo) (Hor. Epo. 2, 39). 3) Mulher (símbolo da fraqueza e da timidez), mulher (têrmo de injúria) (Plaut. Bac. 845).

1. mulĭerārĭus, -a, -um, adj. De mulher, que gosta de mulheres (Cíc. Cael. 66).

2. mullierārĭus, -ī, subs. m. O homem que gosta de mulheres, mulherengo (Catul. 25, 5).

mulĭercŭla, -ae, subs. f. 1) Mulherzinha (Cíc. Tusc. 5, 103). 2) Mulherzinha (sent. pejorativo) (Cíc. Cat. 2, 23).

mulĭerōsĭtās, -tātis, subs. f. Paixão por mulheres (Cíc. Tusc. 4, 25).

mulĭerōsus, -a, -um, adj. Que gosta de mulheres (Cíc. Fat. 10).

mūlīnus, -a, -um, adj. I — Sent. próprio: 1) De mula, de macho (Plín. H. Nat. 30, 31). II — Sent. figurado: 2) Estúpido (Juv. 16, 23).

mūlĭo, -ōnis, subs. m. Arrieiro, palafreneiro (Plaut. Aul. 501); (Cíc. Verr. 3, 183).

mūlĭōnĭus, -a, -um, adj. De arrieiro, de cocheiro (Cíc. Sest. 82).

mullĕus, -a, -um, adj. De côr vermelha, da côr da púrpura (Plín. H. Nat. 9, 65). Obs.: É usado, principalmente, quando se refere aos borzeguins usados pelos reis de Alba, e, depois, pelos senadores que tinham exercido a magistratura curul.

mullus, -ī, subs. m. Ruivo (peixe) (Cíc. At. 2, 1, 7).

mulsī, perf. de mulcĕo e de mulgĕo.

mulsum, -ī, subs. n. Vinho misturado com mel (Cíc. De Or. 2, 282).

mulsus, -a, -um. I — Part. pass. de mulcĕo. II — Adj.: Doce (sent. próprio: e figurado), suave, terno, agradável; mulsa pira (Col. 5, 10, 18) «peras doces»; mulsa dicta (Plaut. Rud. 364) «palavras doces (agradáveis, ternas)». Loc.: mea mulsa (Plaut. Cas. 372) «minha querida».

multi, -ae, -a, v. multus.

multibĭbus, -a, -um, adj. Que bebe muito, beberrão (Plaut. Cist. 149).
multicăvus, -a, -um, adj. Que tem muitas cavidades, muitas aberturas (Ov. Met. 8, 562).
multicĭa, -iōrum, subs. n. pl. Vestidos de tecido às riscas ou bordado (Juv. 2, 66).
multifărĭam, adv. Em muitos lugares (Cíc. De Or. 2, 174).
multifărĭus, -a, -um, adj. De muitas espécies, variado (A. Gél. 5, 6, 1).
multifĭdus, -a, -um, adj. I — Sent. próprio: 1) Multifido, fendido em muitas partes, dividido em várias partes (Ov. Met. 7, 259). II — Sent. figurado: 2) Variado, de numerosos aspectos (V. Flac. 4, 661).
multifōrmis, -e, adj. Que tem muitas formas, multiforme, variado, vário, mudável (tratando-se de pessoas ou coisas) (Cíc. Ac. 1, 26).
multifŏrus, -a, -um, adj. Que tem vários buracos (tratando-se da flauta) (Ov. Met. 12, 158).
multigenĕris, -e, (multigenĕrus, ou **multigĕnus, -a, -um),** adj. Multigeno, de várias espécies (Plaut. Capt. 159); (Plín. H. Nat. 11, 1); (Lucr. 2, 335).
multijŭgis, -e (multijŭgus, -a, -um), adj. I — Sent. próprio: 1) Jungido com vários, atrelado com vários (T. Lív. 28, 9, 15). II — Sent. figurado: 2) Multiplicado, numeroso, complexo (Cíc. At. 14, 9, 1). A primeira forma é a usada por Cicero.
multimŏdĭs, adv. De muitos modos, de muitas maneiras (Cíc. Fin. 2, 82).
multimŏdus, -a, -um, adj. Multímodo, de várias maneiras, de vários modos (Lucr. 3, 868).
multĭplex, -ĭcis, adj. I — Sent. próprio: 1) Que tem muitas dobras ou pregas (Cíc. Nat. 2, 136). Daí: 2) Que dá muitas voltas, que tem muitos rodeios (Cíc. C. M. 52). 3) Multíplice, que tem muitas partes, muitos elementos constitutivos: **lorica** (Verg. En. 5, 264) «cota de malha». II — Por extensão: 4) Múltiplo, numeroso, grande, considerável, abundante: **praeda** (T. Lív. 2, 64, 4) «prêsa (considerável)». III — Sent. moral: 5) Contornado, de várias faces (Cíc. Lae. 65). 6) Variável, mudável, volúvel (Cíc. Lae. 92). 7) Variado (estilo): **genus orationis** (Cíc. Br. 119) «estilo (variado)».
multiplicābĭlis, -e, adj. Numeroso, multiplicado (Cíc. poét. Tusc. 2, 22).

multiplicātĭo, -ōnis, subs. f. Multiplicação, aumento (Sên. Ep. 12, 6).
multiplicātus, -a, -um, part. pass. de **multiplĭco.**
multiplicĭter, adv. De muitas maneiras (Quint. 7, 4, 22).
multiplĭcō, -ās, -āre, -āvī, -ātum, v. tr. Multiplicar, aumentar, acrescentar, (Cés. B. Civ. 3, 32); (Cíc. Q. Fr. 1, 2, 16).
multipŏtens, -ēntis, adj. Multipotente, muito poderoso (Plaut. Bac. 652).
multisŏnus, -a, -um, adj. Multíssono, que produz muito som, ruidoso (Marc. 4, 53, 9).
multitūdō, -ĭnis, subs. f. I — Sent. próprio: 1) Grande número, multidão, grande número de pessoas (Cíc. Verr. 5, 87). II — Daí: 2) A multidão, o povo, o vulgo (Cíc. Of. 1, 65). Na língua gramatical: 3) Plural (Quint. Varr. L. Lat. 9, 63).
multivăgus, -a, -um, adj. Multívago, errante, vagabundo (Sên. Herc. F. 537).
multivŏlus, -a, -um, adj. Multívolo, que deseja muito, insaciável (Catul. 68, 128).
1. **multō,** adv. Muito, de muito, em quantidade .(Cíc. Fin. 4, 49).
2. **multō, -ās, -āre** = **mulctō, -āre.**
1. **multum,** adv. Muito, freqüentemente (Cíc. Q. Fr. 1, 2, 14).
2. **multum, -ī,** n. de **multus,** usado subst. Uma grande quantidade, uma grande parte, muito (Sal. B. Jug. 51, 2). Obs.: Emprega-se no nom. e no acus. seguido de gen.
multus, -a, -um, adj. I — Sent. próprio: 1) Abundante, numeroso, em grande quantidade (Cíc. Verr. 5, 119). II — Daí, o n. pl. — **multa,** usado substantivamente: 2) Muitas coisas: **nimĭum multa** (Cíc. Fam. 4, 14, 3) «demasiadas coisas». Masculino tomado substant.: 3) Muita gente, muitos, multidão (Cíc. Br. 333). III — Sent. poético (sg.): 4) Muitos, numerosos: **multa victima** (Verg. Buc. 1, 34) «numerosas vítimas». IV — Sent. diversos: 5) Adiantado, que vai alto (tratando-se do dia, da noite ou da manhã): **multo die** (Cés. B. Gal. 1, 22, 4) «alto dia»; (Cés. B. Gal. 1, 26, 3). 6) Que insiste muito em, que se demora muito em, importuno, obstinado (Sal. B. Jug. 84, 1). 7) Que se encontra em muitos lugares, ativo (Sal. B. Jug. 96, 3). 8) Prolixo, abundante em palavras (Cíc. Of. 2, 56).
Mulucha, -ae, subs. pr. m. Muluca, rio entre a Mauritânia e a Numídia (Sal. B. Jug. 19, 7).

mūlus, -ī, subs. m. I — Sent. próprio: 1) Macho (Cíc. Top. 35). II — Sent. figurado: 2) Burro, estúpido (homem) (Catul. 83, 3).
Mulviānus, -a, -um, adj. De Múlvio (Cíc. At. 2, 15, 4).
Mulvĭus Pons, subs. pr. m. A ponte de Múlvio, em Roma (Cíc. Cat. 3, 5).
mulxī = mulsī, perf. de mulgĕo.
Mummĭus, -ī, subs. pr. m. Múmio, nome de família romana, em especial Lúcio Múmio Acaico, vencedor de Corinto (Cíc. Of. 2, 76).
Munātĭus, -ī, subs. pr. m. Munácio, nome de família romana, notadamente Lúcio Planco, lugar-tenente de César, com quem Cícero manteve correspondência (Cíc. Fam. 10).
Munda, -ae, subs. pr. f. Munda, cidade da Bética (T. Lív. 24, 42, 1).
mundānus, -ī, subs. m. Cidadão do universo, cosmopolita (Cíc. Tusc. 5, 108).
mundātus, -a, -um, part. pass. de mundo.
mundē, adv. Pròpriamente, precisamente, exatamente (Plaut. Poen. 1177).
Mundēnsis, -ē, adj. De Munda (Suet. Cés. 56).
mundicĭa, v. mundĭtĭa.
mundĭter, adv. I — Sent. próprio: 1) Limpamente (Plaut. Poen. 235) II — Sent. figurado: 2) Com decência (Apul. Apol. 36).
mundĭtĭa, -ae, subs. f. I — Sent. próprio: 1) Limpeza (Plaut. Men. 354). Daí: 2) Elegância, enfeite, adôrno (Hor. O. 1, 5, 5). II — Sent. figurado: 3) Polidez, elegância (do estilo) (Cíc. Or. 79).
mundĭtĭēs, -ēī, subs. f., v. mundĭtĭa (Catul. 23, 18).
mundō, -ās, -āre, -āvī, -ātum, v. tr. Limpar, purificar (Plín. H. Nat. 33, 103).
mundŭlus, a. -um, adj. Limpinho, asseado, elegante (Plaut. Truc. 658).
1. mundus, -a, -um, adj. I — Sent. próprio: 1) Limpo, asseado (Hor. Ep. 1, 5, 7). II — Daí: 2) Elegante (Cíc. Fin. 2, 23).
2. mundus, -ī, subs. m. I — Sent. próprio: 1) Conjunto dos corpos celestes, a abóbada celeste, o firmamento (Verg. G. 1, 340). Daí: 2) O mundo, a criação, o universo (Cíc. Nat. 1, 100). 3) O globo terrestre, a terra (Hor. O. 1, 22, 19). II — Sent. figurado: 4) Habitantes da terra, humanidade (Hor. Sát. 1, 3, 112).
3. mundus, -ī. subs. m. Objetos de toucador (enfeites, jóias de mulher), enfeites, adornos (T. Lív. 34, 7, 9).
mūnerārĭus, -ī, subs. m. Munerário, o que dá um espetáculo de gladiador (Suet. Dom. 10).
mūnerātus, -a, -um, part. pass. de munĕro e de munĕror.
munĕrō, -ās, -āre, -āvī, -ātum, v. tr. 1) Presentear, dar presente a (Plaut. Capt. 935). 2) Recompensar, gratificar (Plaut. Mil. 690).
munĕror, -āris, -ārī, -ātus sum, v. dep. tr. 1) Dar presentes (Cíc. Par. 39). Daí: 2) Dar de presente, gratificar (Cíc. At. 7, 2, 3).
munĭa, -rum, subs. n. pl. Funções oficiais, obrigações (T. Lív. 1, 42).
munĭceps,-cĭpis, subs. m. e f. 1) Munícipe, habitante de um município (Cíc. Verr. 5, 161). 2) Compatriota, concidadão (Cíc. Br. 246).
munĭcĭpālis, -e, adj. I — Sent. próprio: 1) Municipal, de município, de cidade municipal (Cíc. Sull. 25). II — Daí: 2) Provinciano (Juv. 8, 236).
munĭcĭpātim, adv. De município em município (Suet. Cés. 14).
munĭcĭpis, gen. de munĭceps.
munĭcĭpĭum, -ī, subs. n. Município, cidade municipal (Cíc. Sest. 32).
Munĭēnsēs, -ĭum, subs. loc. m. Munienses, povo do Lácio (Plín. H. Nat. 3, 69).
Mūnĭfĭcē, adv. Generosamente, liberalmente (Cíc. Nat. 3, 69).
munĭficentĭa, -ae, subs. f. Munificência, liberalidade, generosidade (Sal. C. Cat. 54, 2).
munĭfĭcō, -ās, -āre, v. tr. Gratificar, recompensar (Lucr. 2, 625).
munĭfĭcus, -a, -um, adj. Munífico, munificente, generoso, liberal (Cíc. Of. 2, 64).
muniī = munīvī, perf. de munĭo.
munīmen, -ĭnis, subs. n. Tudo que serve de defesa, de segurança, fortificação, trincheira (Verg. G. 2, 352).
munīmentum, -ī, subs. n. I — Sent. próprio: 1) Defesa, fortificação, trincheira, reduto, proteção (Cés. B. Gal. 1, 17, 4). II — Sent. figurado: 2) Auxílio, apoio, abrigo, proteção (T. Lív. 2, 10).
munĭō (arc. moenĭō), -is, -īre, -īvī (ou -ĭī), -ītum, v. tr. I — Sent. próprio: 1) Fortificar, munir, construir fortificações (Cés. B. Gal. 1, 24, 3); (Cíc. Prov. 34). Daí: 2) Construir uma estrada, construir, abrir um caminho (Cíc. Mil. 17). II — Sent. figurado: 3) Abrigar, proteger, assegurar, proteger-se (Cíc. C. M. 51); (Cés. B. Cív. 2, 9, 6): se munire ad aliquid (Cíc. Fam. 9, 18, 2) «proteger-se contra alguma coisa». 4) Preparar (Cíc. Mur. 48).
munītĭō, -ōnis, subs. f. I — Sent. próprio: 1) Ação de trabalhar em fortificações,

defesa, fortificação (Cés. B. Gal. 1, 49, 3). Daí: 2) Meio de defesa, muro, tôrre, trincheira, fôsso, etc. (Cés. B. Gal. 1, 10, 3). II — Por extensão: 3) Abertura, construção ou conservação de estrada, caminhos (Cíc. Font. 7). III — Sent. figurado: 4) Acesso, facilidade (Cíc. De Or. 2, 320).

mūnītō, -ās, -āre, v. tr. Abrir um caminho (sent. próprio: e figurado) (Cíc. Amer. 140).

mūnītor, -ōris, subs. m. I — Sent. próprio: 1) O que trabalha em fortificações (Ov. Her. 5, 139). Daí: 2) Soldado que trabalha em obras militares (Tác. An. 1, 64). 3) Sapadores, mineiros (T. Lív. 5, 19, 11).

mūnītus, -a, -um. I — Part. pass. de munĭo. II — Adj.: Munido, fortificado, protegido (Cic. Verr. 5, 39).

mūnus, -ĕris, subs. n. I — Sent. próprio: 1) Cargo, função, ofício público, ocupação (Cíc. Fin. 1, 6). Sent. mais freqüente: 2) Presente (que se dá), brinde: **munera mittere alicui** (Cíc. Verr. 4, 62) «enviar presentes a alguém». II — Sent. diversos: 3) Graça, favor, obséquio, benefício (Cíc. Arch. 18). 4) Exéquias, funeral, deveres (para com um morto): **suprema munera** (Verg. En. 11, 25) «os últimos deveres». 5) Espetáculo público, sobretudo combate de gladiadores (oferecido ao povo por um magistrado) (Cíc. Q. Fr. 3, 8, 6); (Cíc. Of. 2, 55). 6) Obrigação, serviço, tarefa (T. Lív. 25, 7, 4).

mūnuscŭlum, -ī, subs. n. Pequeno presente (Verg. Buc. 4, 18).

Munychĭus, -a, -um, adj. De Muníquia, ateniense (Ov. Met. 2, 709).

mūraena (mūrēna), -ae, subs. f. Moréia (peixe) (Plaut. Aul. 399).

mūrālis, -e, adj. Mural, de muro, de baluarte (Cés. B. Gal. 3, 14, 5): **muralis corona** (T. Lív. 23, 18, 7) «coroa mural» (dada ao soldado que primeiro escalava os muros sitiados).

Murcĭa (Murtĭa), -ae, subs. pr. f. Múrcia, um dos epítetos de Vênus, porque a murta lhe era consagrada (Plín. H. Nat. 15, 121).

Murcus, -ī, subs. pr. m. Murco, sobrenome romano (Cíc. Phil. 11, 30).

1. **mūrēna,** v. **muraena.**
2. **Mūrēna, -ae,** subs. pr. m. Murena, sobrenome na «gens» Licinia, destacando-se L. Licínio Murena, defendido por Cícero (Cíc. Mur. 15).

mūrex, -ĭcis, subs. m. I — Sent. próprio: 1) Múrice (molusco de que se extrai a púrpura) (Plín. H. Nat. 9, 125). Daí: 2) Púrpura (côr), tecido de púrpura (Verg. En. 4, 262). II — Objeto que lembrava o múrice pela forma: 3) Rochedo pontiagudo, ponta de um rochedo (Verg. En. 5, 205). 4) Freio guarnecido de pontas (Estác. Achil. 1, 221). 5) Estrepe (Q. Cúrc. 4, 13, 36).

Murgantĭa, -ae, subs. pr. f. Murgância: 1) Cidade da Sicília (T Lív. 24, 27, 5). 2) Cidade do Sâmnio (T. Lív. 10, 17, 11).

Murgantīnī, -ōrum, subs. loc. m. Murgantinos, habitantes de Murgância (Cíc. Verr. 3, 103).

Murgantīnus, -a, -um, adj. Murgantino, de Murgância, na Sicília (Cíc. Verr. 3, 47).

Murgis, -is subs. pr. f. Múrgis, cidade da Bética (Plín. H. Nat. 3, 6).

murĭa, -ae, subs. f. Salmoura (Hor. Sát. 2, 8, 53).

murĭātĭca, -ōrum, subs. n. pl. Salmoura de atum (Plaut. Poen. 241).

murĭcĭdus, -a, -um, adj. Indolente, cobarde (Plaut. Ep. 333).

murĭcis, gen. sg. de **murex.**

murĭēs, -ēī, v. **murĭa.**

murmur, -ŭris, subs. n. I — Sent. próprio: 1) Murmúrio, ruído surdo, daí, em sent. particular: ruído confuso de vozes (Verg. En. 12, 239). 2) Súplica, oração em voz baixa (Juv. 10, 290). 3) Zumbido (de abelhas) (Verg. En. 6, 709). 4) Rugido (do leão) (Marc. 8, 55, 1). 5) Murmúrio (do mar) (Cíc. De Or. 3, 161). 6) Sons roucos (de uma trombeta) (Hor. 2, 1, 17). 7) Zumbido (nos ouvidos) (Plín. H. Nat. 28, 75). 8) Bramido, ronco (do trovão) (Verg. En. 4, 160). II — Sent. figurado: 9) Boatos (Prop. 2, 5, 29).

murmurātĭō, -ōnis, subs. f. I — Sent. próprio: 1) Murmúrio, grasnado (de uma ave) (Plín. H. Nat. 10, 6). II — Sent. figurado: 2) Queixa, murmuração (Sên. Ben. 5, 15, 2).

murmurātus, -a, -um, part. pass. de **murmŭro.**

murmurīllum, -ī, subs. n. (dimin. de **murmur**). Sussurro, cochicho (Plaut. Rud. 1404).

murmŭrō, -ās, -āre, -āvī, -ātum, v. intr. Murmurar, sussurrar, cochichar, segredar (Cíc. Tusc. 5, 116); (Verg. En. 10, 212).

murmŭror, -āris, -ārī, -ātus sum = **murmŭro,** v. dep. intr. Murmurar, sussurrar, segredar (Varr. Men. 166).

Murrānus, -i, subs. pr. m. Murrano, nome de um companheiro de Turno, inimigo de Enéias (Verg. En. 12, 529).
murrha (murra), -ae, subs. f. Substância mineral com a qual se faziam vasos preciosos (Marc. 10, 80, 1).
murrhěus (murrěus), -a, -um, adj. 1) Feito de mirra (Prop. 4, 5, 26). 2) Veja **myrrhěus**.
Mursa, -ae, subs. pr. f. Mursa, nome de duas cidades da Panônia (Eutr. 9, 6).
Mursia, -ae, v. **Mursa** (Eutr. 9, 6).
murta, etc., v. **myrta**, etc.
mūrus, -i, subs. m. I — Sent. próprio. 1) Muro (de uma cidade, em oposição a **paries**, parede de uma casa); muro de defesa (Cés. B. Gal. 7, 65, 2). II — Por extensão: 2) Cêrca (Cíc. At. 2, 4, 7). III — Sent. figurado: 3) Defesa, proteção, abrigo (Cíc. Pis. 9).
1. mūs, mūris, subs. m. I — Sent. próprio: 1) Rato (Cíc. At. 14, 9, 1). II — Como têrmo de carinho: 2) Meu ratinho (Marc. 11, 29, 3). III — Como têrmo de injúria: 3) Rato (Petr. 58). Obs.: Gen. pl. **murium**, mas, embora raramente, também é atestada a forma **murum** (Cíc. Nat. 2, 157).
2. Mūs, -ris, subs. pr. m. Mus, apelido romano (Cíc. Sest. 48).
1. Mūsa, -ae, subs. pr. f. Uma das nove Musas (Cíc. Nat. 3, 54).
2. Mūsa, -ae, subs. pr. m. Musa, sobrenome romano (Suet. Aug. 59).
Mūsae, -ārum, subs. pr. f. I — Sent. próprio: 1) As Musas que, segundo a lenda, são filhas de Mnemósine e Zeus, e representam a personificação da poesia, do canto e da música. São em número de nove, sendo cada uma inspiradora e protetora de uma arte: Clio (História), Euterpe (Música), Talia (Comédia), Melpômene (Tragédia), Terpsícore (Dança), Érato (Poesia amorosa), Polímnia (Hinos sacros), Urânia (Astronomia), Calíope (Poesia épica) (Cíc. Arch. 27). II — Sent. figurado: 2) Canto, poesia, poema (Hor. O. 2, 1, 37). 3) Estudos, ciência: **Musae mansuetiores** (Cíc. Fam. 1, 9, 23), «estudos mais tranqüilos».
Mūsaeus, -i, subs. pr. m. Museu, poeta grego, contemporâneo de Orfeu (Cíc. Tusc. 1, 98).
1. musca, -ae, subs. f. I — Sent. próprio: 1) Môsca (inseto) (Cíc. De Or. 2, 247). II — Sent. figurado: 2) Pessoa curiosa (Plaut. Merc. 361). 3) Importuno (Plaut. Poen. 690).

2. Musca, -ae, subs. pr. m. Môsca, nome de homem (Cíc. At. 12, 40, 1).
muscarium, -i, subs. n. Enxota-môsca (feito de cauda de pavão ou cavalo) (Marc. 14, 67).
muscipulum, -i, subs. n. Ratoeira (Fedr. 4, 2, 17).
muscōsus, -a, -um, adj. Musgoso, coberto de musgo (Verg. Buc. 7, 45).
musculus, -i, subs. m. I — Sent. próprio: 1) Ratinho (Cíc. Div. 2, 33). Objeto que, pela forma, faz lembrar um rato: 2) Espécie de molusco (mexilhão) (Plaut. Rud. 297). 3) Mantelete (máquina de guerra para proteger os assaltantes) (Cés. B. Gal. 7, 84, 2). II — Sent. figurado: 4) Vigor (Plín. Ep. 5, 8, 10). Obs.: Há quem distinga **musculus, -i** (mexilhão) de **musculus** (ratinho).
muscus, -i, subs. m. Musgo (Hor. Ep. 1, 10, 7).
mūsēum, -i, subs. n. Museu, lugar consagrado às Musas, aos estudos: museu, biblioteca, academia (Varr. R. Rust. 3, 5, 9).
mūsěus, -a, -um, adj. Das Musas, harmonioso, melodioso (Lucr. 2, 412).
1. mūsica, -ae, (musicē, -ēs), subs. f. A música (Cíc. De Or. 3, 132).
2. mūsica, -ōrum, subs. n. pl. A música (Cic. De Or. 1, 10).
1. mūsicē, -ēs, v. **musica 1**.
2. mūsicē, adv. Harmoniosamente (Plaut. Most. 729).
1. mūsicus, -a, -um, adj. I — Sent. próprio: 1) Relativo à música (Cíc. Leg. 2, 39). 2) Relativo à poesia, às letras (Ter. Phorm. 18).
2. mūsicus, -i, subs. m. Músico (Cíc. Of. 1, 146).
Mūsōnius, -i, subs. pr. m. Musônio Rufo, filósofo estóico, amigo de Plínio, o Jovem, e exilado por Nero (Plín. Ep. 3, 11, 5).
mussĭtō, -ās, -āre, -āvī, -ātum, v. freq. intr. e tr. I — Sent. próprio: 1) Calar-se, guardar silêncio, silenciar (Plaut. Mil. 477). Tr.: 2) Murmurar, segredar, sussurrar, resmungar (T. Liv. 1, 50, 3).
II — Sent. figurado: 3) Calar, suportar em silêncio, dissimular (Ter. Ad. 207).
mussō, -ās, -āre, -āvī, -ātum, v. intr. e tr. I — Sent. próprio: Intr.: 1) Falar por entre os dentes, falar baixo, cochichar, murmurar, falar com os seus botões (Verg. En. 11, 454). Daí: 2) Não abrir a bôca, calar-se, ficar silencioso (Verg. En. 12, 718). II — Sent. figurado: 3)

Hesitar, recear (Verg. En. 12, 345). Sent. poético: 4) Zumbir (tratando-se de abelhas) (Verg. G. 4, 188). Tr.: 5) Guardar silêncio, calar, ocultar, dissimular (Plaut. Aul. 131).

mutātus, -a, -um, part. pass. de **muto**.

mustăcĕum (mustăcĕus), -ī, subs. n. e m. Bôlo de casamento, feito de farinha amassada com vinho doce, queijo e anis e cozido em cima de fôlhas de loureiro (Cíc. At. 5, 20, 4).

mustēlla (-ēla), -ae, f. Doninha (Fedr. 1, 22).

mustēlīnus (-tellīnus), -a, -um, adj. De doninha, da côr da doninha (Ter. Eun. 689).

mustes, v. **mysta** (Prop. 3, 3, 29).

mustum, -ī, subs. n. 1) Vinho nôvo, vinho doce, mosto (Verg. G. 1, 295). No n. pl.: 2) Outono, vindima (sent. figurado) (Ov. Met. 14, 146).

Mūta, -ae, subs. pr. f. Muta, divindade, também chamada Lara (Ov. F. 2, 583).

mūtābĭlis, -e, adj. Mudável, mutável, variável, sujeito a mudanças, inconstante (Verg. En. 4, 569).

mūtābĭlĭtās, -tātis, subs. f. I — Sent. próprio: 1) Mutabilidade (Lucr. 2, 932). II — Sent. figurado: 2) Inconstância, volubilidade (Cíc. Tusc. 4, 76).

mūtātĭō, -ōnis, subs. f. I — Sent. próprio: 1) Mudança, variação, mutação (Cíc. Of. 1, 120): **mutatio rerum** (Cíc. At. 8, 3, 4) «mudanças nos negócios do Estado, revolução». Daí: 2) Troca (Cíc. Of. 1, 22). Na língua retórica: 3) Hipálage (Quint. 9, 3, 22).

Muthul, subs. pr. m. indecl. Mútul, rio da Numídia, onde Metelo venceu Jugurta (Sal. B. Jug. 48, 3).

Mūtĭla, -ae, subs. pr. f. Mútila, cidade da Ístria (T. Lív. 41, 11, 7).

mutĭlō, -ās, -āre, -āvī, -ātum, v. tr. I — Sent. próprio: 1) Mutilar, truncar, cortar (Ov. Met. 6, 559). II — Sent. figurado: 2) Diminuir, encurtar, reduzir (Cíc. Phil. 3, 31).

Mutĭlum Castrum, subs. pr. n. Mútilo, cidade da Úmbria (T. Lív. 31, 2, 7).

mutĭlus, -a, -um, adj. I — Sent. próprio: 1) Sem chifre (Hor. Sát. 1, 5, 60). Daí: 2) Mutilado, a que se cortou alguma coisa (Cés. B. Gal. 6, 27, 1). II — Sent. figurado: 3) Truncado (estilo); **mutila loqui** (Cíc. Or. 32) «pronunciar frases truncadas».

Mutĭna, -ae, subs. pr. f. Mútina, cidade da Gália Transpadana, atualmente Modena (Cíc. Phil. 5, 24).

Mutĭnēnsis, -e, adj. Mutinense, de Mútina (Cíc. Fam. 10, 14, 1).

mutĭō = **muttĭō, -īs, -īre**, v. intr.

mūtītĭō (mutti-), -ōnis, subs. f. Ação de murmurar (Plaut. Amph. 519).

mūtō, -ās, -āre, -āvī, -ātum, v. tr. e intr. A) Tr.: I — Sent. próprio: 1) Mudar, modificar, transformar, trocar (Cíc. Mur. 61); (Cíc. Prov. 25); (Hor. A. Poét. 60). 2) Trocar, negociar (Cés. B. Civ. 3, 11, 1). 3) Remover, tirar do seu lugar, deslocar (Plaut. Amph. 274); (Cíc. Phil. 1, 17). B) Intr.: 4) Mudar-se, modificar-se (T. Lív. 39, 51, 10). II — Sent. figurado: 5) Diferir, adiar, dilatar (Varr. R. Rust. 2, 2, 12). Obs.: Constrói-se com acus.; com acusativo com **ad**; intransitivamente.

Muttĭnēs, -is, subs. pr. m. Mutines, nome de homem (T. Lív. 25, 40, 5).

muttĭō, -īs, -īre, -īvī (sem supino), (palavra onomatopaica), v. intr. I — Sent. próprio: 1) Fazer mu, mugir (Plaut. Bac. 800). Daí: 2) Falar por entre dentes, murmurar, resmungar (Plaut. Amph. 381). II — Tr.: 3) Rosnar (Plaut. Curc. 94).

mūtuātĭō, -ōnis, subs. f. I — Sent. próprio: 1) Empréstimo (de dinheiro) (Cíc. Tusc. 1, 100). II — Sent. figurado: 2) Empréstimo (de uma expressão) (Cíc. De Or. 3, 156).

mutuē, adv. Mùtuamente, reciprocamente (Cíc. Fam. 5, 2, 4).

mūtŭō, -ās, -āre, -āvī, -ātum, v. tr. Tomar emprestado, receber de outrem (Plín. H. Nat. 2, 45).

mūtŭor, -āris, -ārī, -ātus sum, v. dep. tr. 1) Obter por empréstimo (Cíc. At. 7, 3, 11). 2) Tomar, tomar de empréstimo, tirar de, receber (Cíc. Tusc. 2, 43).

mūtus, -a, -um, adj. I — Sent. primitivo: 1) Que só sabe dizer «mu», mugir (tratando-se dos animais): **mutae pecudes** (Cíc. Q. Fr. 1, 1, 24) «os brutos, isto é: os animais que só sabem mugir». II — Daí, em sent. próprio: 2) Mudo (tratando-se de pessoas, e, depois, de coisas), silencioso, inanimado: **muta imago** (Cíc. Cat. 3, 10) «imagem muda»; **mutum forum** (Cíc. Sen. 6) «o foro silencioso». III — Sent. particular: 3) Mudo, silencioso (tratando-se do tempo e de lugares) (Cíc. At. 8, 14, 1). No n. pl. — **muta**: 4) Coisas inanimadas (Cic. Or. 138).

Mutūsca, -ae, subs. pr. f. Mutusca, cidade dos sabinos (Verg. En. 7, 711).

mūtŭum, -i, subs. n. I — Sent. próprio: 1) Dinheiro obtido por empréstimo: **mutuo** (Cíc. Or. 86) «a título de empréstimo». II — Por extensão: 2) Reciprocidade: **per mutua** (Verg. En. 7, 66) «mùtuamente».

mūtŭus, -a, -um, adj. I — Sent. próprio: 1) Que se faz por meio de troças, mútuo, recíproco (Cíc. At. 16, 16, 3). II — Daí: 2) Emprestado, dado de empréstimo e tomado de empréstimo (Cíc. Phil. 10, 26).

Mutycēnsis, -e, adj. Muticense, de Mútice, cidade da Sicília (Cíc. Verr. 3, 101).

Mycălē, -ēs, subs. pr. f. 1) Mícale, montanha da Jônia (Ov. Met. 2, 223). 2) Nome de mulher (Ov. Met. 12, 263).

Mycēnae, -ārum e **Mycēna, -ae,** subs. pr. f. Micenas, cidade da Argólia, residência de Agamêmnon (Verg. En. 6, 838).

Mycēnaeus, -a, -um, adj. De Micenas (Verg. En. 11, 266).

Mycēnēnsēs, -ium, subs. loc. m. Micenenses, habitantes de Micenas (Cíc. Fin. 2, 18).

Mycēnis, -idis, subs. pr. f. Micênide, mulher de Micenas, e em especial Ifigênia, filha de Agamêmnon (Ov. Met. 12, 34).

Mycŏnus (Mycŏnos), -i, subs. pr. f. Mícono, uma das ilhas Cíclades (Verg. En. 3, 76).

Mygdonĭdēs, -ae, subs. pr. m. Filho ou descendente de Migdão (Verg. En. 2, 342).

Mygdŏnis, -idis, subs. f. De Migdônia (Ov. Met. 6, 45).

Mygdonĭus, -a, -um, adj. Da Migdônia, na Frígia (Hor. O. 3, 16, 41).

Mȳla (Mȳlās), -ae, subs. pr. m. Milas, rio da Sicília (T. Lív. 24, 30).

Mȳlae, -ārum, subs. pr. f. Milas. 1) Cidade da Sicília (Plín. H. Nat. 3, 90). 2) Cidade da Tessália (T. Lív. 42, 54).

Mylăsa, -ōrum, subs. pr. n. Mílasa, cidade da Cária (Plín. H. Nat. 5, 108).

Mylăsis, -e, adj. De Mílasa (Cíc. Fam. 13, 56, 1).

Myndus (Myndos), -i, subs. pr. f. Mindo, cidade da Cária (Cíc. Verr. 1, 86).

Myonnēsus, -i, subs. pr. f. Mioneso, promontório e cidade da Jônia (T. Lív. 37, 13).

myopărō, -ōnis, subs. m. (acus. pl. -onas). Mióparo, navio estreito e comprido de que se serviam os piratas (Cíc. Verr. 3, 186).

myrīca, -ae, (-cē, -ēs), subs. f. Tamarindo (arbusto) (Verg. Buc. 4, 2).

Myrīna, -ae, subs. pr. f. Mirina. 1) Cidade da Eólia, também chamada Sebastópolis (Cíc. Fam. 5, 20, 8). 2) Cidade de Lesbos (Plín. H. Nat. 4, 73). 3) Cidade da ilha de Creta (Plín. H. Nat. 4, 59).

Myrmĕcĭdēs, -ae, subs. pr. m. Mirmécides, nome de um escultor (Cíc. Ac. 2, 120).

Myrmĭdōn, -ŏnis, subs. pr. m. Mírmidon, filho de Júpiter e Eurimedusa (Ov. Met. 6, 678).

Myrmĭdŏnēs, -um, subs. loc. m. Mirmídones, povo da Tessália, do qual Aquiles era o rei (Verg. En. 2, 7).

Myrō (Myrōn), -ōnis, subs. pr. m. Míron, famoso estatuário (Cíc. Br. 70).

1. myrrha (murra), -ae, subs. f. I — Sent. próprio: 1) Planta de que se extrai a mirra (Plín. H. Nat. 12, 66). Daí: 2) Mirra, perfume extraído dessa planta (Verg. En. 12, 100).

2. Myrrha, -ae, subs. pr. f. Mirra, filha de Cíniras, transformada em mirra (Plín. H. Nat. 12, 66).

myrrhĕus, -a, -um, adj. Perfumado com mirra, da côr da mirra (amarelo-castanho) (Prop. 3, 10, 20).

myrrhĭnus (murr-), -a, -um, adj. De mirra (Plaut. Poen. 1179).

myrta (murta), -ae, v. **myrtus.**

Myrtălē, -ēs, subs. pr. f. Mírtale, nome de mulher (Hor. O. 1, 33, 14).

myrtētum (mur-), -i, subs. n. Lugar plantado de murta, murtal (Verg. G. 2, 112).

myrtĕus (murt-), -a, -um, adj. De murta, feito de murta, (coroado) de murta (Verg. En. 6, 443).

Myrtĭlus, -i, subs. pr. m. Mirtilo, filho de Mercúrio e de Mirto (Cíc. Nat. 3, 90).

Myrtŏum Mare, subs. pr. n. Mar de Mirto, ao sul da Ática (Hor. O. 1, 1, 14).

myrtum (mur-), -i, subs. n. (geralmente no pl.) Murtinho, bagas de murta (Verg. G. 1, 306).

myrtus (mur-), -i e **-ūs,** subs. f. Murta (Hor. O. 1, 4, 9).

Myscĕlus, -i, subs. pr. m. Míscelo, filho de Alêmon (Ov. Met. 15, 20).

Mȳsi, -ōrum, subs. pr. m. Mísios, habitantes da Mísia (T. Liv. 37, 40, 8).

Mȳsia, -ae, subs. pr. f. Mísia, província da Ásia Menor (Cíc. Or. 25).

Mȳsĭus (Mysus), -a, -um, adj. Mísio, da Mísia (Cíc. Q. Fr. 1, 1, 6).

MYSTA — MYXA

mysta (mystēs), -ae, subs. m. O que é iniciado nos mistérios (Ov. F. 4, 536).

mystagōgus, -ī, subs. m. Mistagogo, iniciador, guia (Cíc. Verr. 4, 132).

mystērĭum, -ī, subs. n. (geralmente no pl.) I — Sent. próprio: 1) Mistérios (cerimônias secretas em honra de uma divindade, a que sòmente os iniciados eram admitidos) (Cíc. Leg. 2, 35). II — Sent. figurado: 2) Mistério, segrêdo (Cíc. Tusc. 4, 55).

1. mystēs, v. **mysta**.

2. Mystēs, -ae, subs. pr. m. Mistes, nome de homem (Hor. O. 2, 9, 10).

mystĭcus, -a, -um, adj. Místico, relativo aos mistérios (Verg. G. 1, 166).

myxa, -ae, subs. f. Parte curvada de uma lâmpada, bico (Marc. 14, 41, 2).

N

n, f. n. 13º letra do alfabeto romano. Abreviatura: **N.** = **Numerĭus**, Numério.

Nabalĭa, -ae, subs. pr. m. Nabália, rio da Germânia (Tác. Hist. 5, 26).

Nabis, -is, subs. pr. m. Nábis, nome de um tirano de Esparta (T. Lív. 29, 12, 14).

nablĭa, -ōrum, subs. n. pl. Nablo, espécie de harpa (de origem fenícia) (Ov. A. Am. 3, 327). Obs.: A forma portuguêsa provém do singular **nablum** só atestado na decadência (Vulg. Chron. 1, 15, 28).

nactus, -a, -um, part. pass. de **nancīscor**.

naenĭa, v. **nenĭa**.

Naevĭa Porta, subs. pr. f. Porta Névia, uma das muitas entradas de Roma (T. Lív. 2, 11).

Naeviānus, -a, -um, adj. De Névio, o poeta (Cíc. Fam. 5, 12).

1. Naevĭus, -a, -um, adj. De Névio (Varr. L. Lat. 5, 162).

2. Naevĭus, -ī, subs. pr. m. Gneu Névio, poeta latino contemporâneo de Lívio Andronico (Cíc. Br. 60).

naevus, -ī, subs. m. Mancha no corpo, sinal natural, verruga (Cíc. Nat. 1, 79).

Nāĭădēs, e **Naĭdēs, -um**, subs. pr. f. v. **Nais**.

Nāĭcus, -a, -um, adj. Das Náiades (Prop. 2, 32, 40).

Nāis, -ĭdis ou **Nāĭas, -ădis**, subs. pr. f. Náiade. 1) Ninfa dos rios e das fontes (Verg. Buc. 6, 21). 2) Hamadríade, ninfa dos bosques (Ov. F. 4, 231). 3) Nereida (Ov. Met. 1, 691).

nam. I — Partic. afirmativa: 1) De fato, em verdade, realmente, com efeito (Plaut. Cas. 196). 2) Pois, porque (Cíc. Nat. 3, 13). 3) Quanto a, por exemplo, assim (Cíc. Of. 2, 47). II — Conj.: 4) De fato, realmente (Cíc. Leg. 2, 17). 5) Pois, porque, por isso que (Cés. B. Gal. 1, 12, 4). 6) Assim, por exemplo (Cíc. Br. 81). 7) Pois, com efeito (Cíc. De Or. 3, 192). Obs.: 1) **Nam** é uma partícula de sentido afirmativo como **enim**. Com mais freqüência, porém, serve para introduzir um nôvo desenvolvimento, uma confirmação especial, ou uma explicação, justificação, ou exemplos em apoio de uma afirmação precedente. 2) **-nam**, enclítica, acrescenta-se a pronomes ou a uma partícula de caráter interrogativo ou indefinido, para reforçar a indeterminação: **quisnan, ubinam**. 3) Normalmente **nam** coloca-se no início da frase. Entretanto, principalmente nos cômicos, é costume aparecer depois da primeira, ou até de várias palavras da oração.

Namnētēs, -um, subs. loc. m. Namnetes, povo da Gália Céltica (Cés. B. Gal. 3, 9, 10).

namque (reforçativa de **nam**), conj. O fato é que, e de fato pois (Cíc. Rep. 6, 24) Obs.: César emprega-a sempre antes de vogal. De um modo geral, no período clássico é o primeiro têrmo que encabeça a oração.

nancīscor, -ĕris, -cīscī, nactus sum, v. dep. tr. I — Sent. próprio: 1) Encontrar, achar, topar por acaso (Cés. B. Gal. 4, 23, 6). II — Daí: 2) Obter, adquirir, contrair (moléstia) (Cíc. Fin. 1, 14); (C. Nep. At. 21, 2). Obs.: Inf. arc. **nanciscier** (Plaut. As. 325).

nanctus = **nactus**, part. pass. de **nancīscor** (Cíc. Nat. 2, 81).

nans, -antis, part. pres. de **no**.

Nanneiānī, -ōrum, subs. m. Compradores a preço baixo dos bens de um certo Naneio, proscrito de Sila (Cíc. At. 1, 16, 5).

Nantuātēs, -um, subs. loc. m. Nantuates, povo do vale superior do Ródano (Cés. B. Gal. 3, 1, 1).

nānus, -ī, subs. m. I — Sent. próprio: 1) Anão (Prop. 4, 8, 41). II — Sent. figurado: 2) Espécie de vaso de forma grotesca, semelhante à figura de um anão (Varr. L. Lat. 5, 19).

Napaeae, -ārum, subs. pr. f. Napéias, ninfas dos bosques e vales (Verg. G. 4, 535).

Napē, -ēs, subs. pr. f. Nape. 1) Nome de uma cadela (Ov. Met. 3, 214). 2) Nome de uma escrava (Ov. Am. 1, 12, 4).

Nār, -āris, subs. pr. m. Nar, rio dos sabinos e afluente do Tibre (Verg. En. 7, 517).

Naraggara, -ae, subs. pr. f. Naragara, cidade da Numídia (T. Lív. 30, 29).
Narbō, -ōnis, subs. pr. m. Narbona, cidade da Gália (Cíc. Font. 36).
Narbōnēnsis, -e, adj. Narbanense, de Narbona (Cíc. Br. 160). 2) **Gallia Narbonensis**, a Gália Narbonense, uma das quatro grandes divisões da Gália (Plín. H. Nat. 4, 105).
1. **Narcissus, -ī**, subs. pr. m. Narciso. 1) Filho de Cefiso e da ninfa Liríope; de beleza rara, inspirou uma grande paixão à ninfa Eco. Dizem que, inclinando-se para beber numa clara fonte, ficou enamorado da própria imagem que se refletia nas águas cristalinas, e ali morreu, sendo transformado na flor que tem o seu nome (Ov. Met. 3, 339). 2) Liberto e favorito de Cláudio (Tác. An. 11, 29).
2. **narcissus, -ī**, subs. m. Narciso (flor) (Verg. G. 4, 123).
nardum, -ī, subs. n. e **nardus, -ī**, subs. f. I — Sent. próprio: 1) Nardo (planta) (Hor. O. 2, 11, 16). II — Daí: 2) Essência, perfume de nardo (Tib. 3, 6, 63).
nāris, -is, subs. f. (geralmente no pl.). I — Sent. próprio: 1) Narinas, fossas nasais; e daí: 2) Nariz (Ov. Met. 3, 675). II — Sent. figurado: 3) Esperteza, sagacidade (Hor. Sát. 1, 4, 8).
Narīscī ou **Narīstī, -ōrum**, subs. loc. m Nariscos ou Naristos, povo da Germania (Tác. Germ. 42).
Narnia, -ae, subs. pr. f. Nárnia, cidade da Úmbria (T. Lív. 10, 10).
Narniēnsēs, -ium, subs. loc. m. Narnienses, habitantes de Nárnia (Plín. H. Nat. 3, 113).
Narōna, -ae, subs. pr. f. Narona, cidade da Dalmácia (Cíc. Fam. 3, 9, 2).
narrābilis, -e, adj. Que se pode narrar, narrável (Ov. P. 2, 2, 61).
narrātiō, -ōnis, subs. f. Narração, narrativa (Cíc. De Or. 2, 80).
narrātiuncŭla, -ae, subs. f. Pequena narrativa, conto, historieta (Plín. H. Nat. 6, 33, 8).
narrātor, -ōris, subs. m. Narrador, o que conta, historiador (Cíc. De Or. 2, 219).
1. **narrātus, -a, -um**, part. pass. de **narro**.
2. **narrātus, -ūs**, subs. m. Narração, narrativa (Ov. Met. 5, 499).
narrō, -ās, -āre, -āvī, -ātum, v. tr. I — Sent. próprio: 1) Fazer conhecer, narrar, contar, expor (Cíc. Fam. 1, 8, 4); (Cíc. Fam. 3, 1, 1). Daí, por enfraquecimento de sentido: 2) Dizer, falar (sent. próprio e figurado) (Cíc. Verr. 4, 85). 3) Impess.: **narrant** ou **narratur,** conta-se, diz-se (Hor. Ep. 1, 2, 6). Obs.: Constrói-se com acus.; com acus. e inf.; com abl. acompanhado da prep. **de**.
narthēcium, -ī, subs. n. Caixa ou vaso de guardar medicamentos ou perfumes (Cíc. Fin. 2, 22).
narus, -a, -um, v. **gnarus**.
Nārycia, -ae, subs. pr. f. Narícia, cidade dos locros, pátria de Ajax (Ov. Met. 15, 705).
1. **Nārycius, -a, -um**, adj. Narício. 1) De Narícia, cidade da Itália (Verg. En. 3, 399).
2. **Nārycius, -ī**, subs. pr. m. Narício, rei dos locros (Ov. Met. 8, 312).
Nasamōnēs, -um, subs. loc. m. pl. Nasamones, povo selvagem da África (Luc. 9, 443).
Nasamōniăcus, -a, -um. adj. Dos Nasamones, povo selvagem da África (Ov. Met. 5, 129).
nascēndus, -a, -um, gerundivo de **nascor** (A. Gél. 3, 10, 7).
nascor, -ěris, nascī, natus sum, v. dep. intr. I — Sent. próprio: 1) Nascer, vir ao mundo (Cés. B. Gal. 7, 37, 1); (Cíc. Amer. 46); (Cíc. Tusc. 1, 9). II — Sent. figurado: 2) Nascer (das coisas abstratas e inanimadas), provir, originar-se, levantar, elevar (Cés. B. Gal. 2, 18, 2); (Cés. B. Gal. 5, 12, 5). Obs.: Constrói-se com abl.; com abl. com **de, ex** ou **ab**; como absoluto; ou com **ut**.
Nāsĭca, -ae, subs. pr. m. Nasica. 1) Sobrenome na família dos Cipiões (Cíc. Br. 79). 2) Nome de homem (Hor. Sát. 2, 5, 57).
Nāsidiānus, -a, -um, adj. De Nasídio (Cés. B. Civ. 2, 7).
Nāsidiēnus, -ī, subs. pr. m. Nasidieno, nome de homem (Hor. Sát. 2, 8, 1).
Nāsidius, -ī, subs. pr. m. Nasídio, nome de uma família romana, e especialmente Lúcio Nasídio, partidário de Pompeu (Cíc. Phil. 7, 34).
Nāsō, -ōnis, subs. pr. m. Nasão, sobrenome romano, e especialmente Ovídio, poeta elegíaco latino, designado por seu sobrenome (Ov. Trist. 3, 3, 74).
nassa (naxa), -ae, subs. f. I — Sent. próprio: 1) Nassa (de pescador) (Plín. H. Nat. 9, 91). II — Sent. figurado: 2) Laço, armadilha, lugar perigoso (Cíc. At. 15, 20, 2).
nasturtium (-cium), -ī, subs. n. Mastruço (Cíc. Tusc. 5, 99).

nāsum, -ī, subs. n. (arc.), v. **nasus** (Plaut. Capt. 647).

1. nāsus, -ī, subs. m. I — Sent. próprio: 1) Nariz (Cíc. Nat. 2, 143). Daí, em sent. particular: 2) Nariz (sentido do olfato), olfato, faro (Hor. Sát. 2, 2, 89). 3) Nariz (como indício de cólera) (Pérs 5, 91). II — Sent. figurado: 4) Esperteza, finura de gôsto, zombaria, mofa (Marc. 1, 42, 18); (Hor. Sát. 2, 8, 64). 5) Bico (de um vaso) (Juv. 5, 47).

2. Nāsus (Nasos), -ī, subs. pr. f. Naso. 1) Bairro de Siracusa (T. Lív. 25, 30, 9). 2) Cidade da Acarnânia (T. Lív. 26, 24).

nāsūtē, adv. Com sagacidade, hàbilmente, astuciosamente (Sên. Ben. 5, 6, 6).

nāsūtus, -a, -um, adj. I — Sent. próprio: 1) Que tem um nariz grande, narigudo (Hor. Sát. 1, 2, 93). II — Sent. figurado: 2) Esperto, sagaz, entendido, zombeteiro, mordaz (Marc. 13, 37, 2).

nāta (gnata), -ae, subs. f. Filha (Verg. En. 1, 654).

nātālēs, -ium, subs. m. pl. Nascimento, origem, raça (Tác. Hist. 2, 86).

nātālicia, -ae, subs. f. (subentendido **cena**). (Festa) pelo aniversário natalício (Cíc. Phil. 2, 15).

nātālicius, -a, -um, adj. Natalício (Cíc. Div. 2, 89).

1. nātālis, -e, adj. Do nascimento, natal (Hor. Ep. 2, 2, 87), (i.é: horóscopo).

2. nātālis, -is, subs. m. (subentendido **dies**). Dia do nascimento (Cíc. At. 7, 5, 3).

3. Nātālis, -is, subs. pr. m. Gênio, deus que preside ao nascimento de cada homem e o acompanha durante a vida (Ov. Trist. 3, 13, 2).

4. Nātālis, -is, subs. pr. m. Natal, nome de homem (Tác. An. 15, 50).

natātio, -ōnis, subs. f. Natação (Cíc. C. M. 58).

natātor, -ōris, subs. m. Nadador (Ov. Rem. 122).

natātus, -a, -um, part. pass. de **nato**.

natēs, -ium, subs. f. pl. 1) Nádegas (Plaut. Pers. 847). 2) No sg. (Hor. Sát. 1, 8, 46).

nātio, -ōnis, subs. f. I — Sent. primitivo: 1) Nascimento (personificado e divinizado) (Cíc. Nat. 3, 47). II — Sent. concreto (língua rústica): 2) Ninhada, nascimento dos filhos de um animal, raça, espécie (Varr. L. Lat. 9, 93). Daí: 3) Nação, povo, conjunto de indivíduos nascidos num mesmo lugar ou mesmo tempo (Cíc. Of. 1, 53). Em sent. irônico: 4) Seita, raça, tribo (Cíc. Nat. 2, 74).

nātīvus, -a, -um, adj. I — Sent. próprio. 1) Nascido, que teve nascimento, começo (Cíc. Nat. 1, 25). Daí: 2) Inato, natural (C. Nep. At. 4, 1). 3) Natural, nativo, não artificial (Cíc. Nat. 2, 100). 4) Primitivo (tratando-se de palavras) (Cíc. Part. 16).

nato, -ās, -āre, -āvī, -ātum, v. intr. e tr. A) Intr.: I — Sent. próprio: 1) Nadar, flutuar (sent. físico e moral), navegar (Cíc. Fam. 7, 10, 2); (Verg. En. 4, 398). II — Sent. poético. B) Tr.: 2) Atravessar a nado (Verg. G. 3, 260). III — Sent. figurado: 3) Ser inundado, estar coberto, transbordar (Cíc. Phil. 2, 105). 4) Espalhar-se (Ov. F. 4, 291). 5) Vagar, oscilar, hesitar, estar incerto (Cíc. Nat. 3, 62).

natrix, -īcis, subs. m. e f. Cobra d'água, hidra (Cíc. Ac. 2, 120).

Natta, -ae, subs. pr. m. Nata, nome de homem (Hor. Sát. 1, 6, 124).

nātū, abl. do desusado **nātus, -ūs**. Em idade, pelo nascimento, pela idade (Cíc. C.M. 10). Obs.: Só ocorre no abl. sg. e, geralmente, nas expressões: **maior natu** (Cíc. Tusc. 1, 3) «mais velho»; **minor natu** (Cíc. Ac. 2, 61), «mais moço»; **natu minimus** (Cíc. Clu. 107) «o mais moço»; **natu magno** (C. Nep. Paus. 5, 3) «de idade avançada».

nātūra, -ae, subs. f. I — Sent. primitivo: 1) Ação de fazer nascer, nascimento (Cíc. Verr. 3, 162). Daí: 2) Natureza, caráter natural, índole, temperamento, propriedade (Cíc. Cael. 14). II — Sent. diversos: 3) Ordem natural das coisas, leis da natureza, sentimentos naturais, fôrça da natureza (Cíc. Ac. 2, 55); (Cíc. Of. 3, 31). 4) Natureza, estado natural e constitutivo de uma coisa, a natureza (i.é: a configuração) de um lugar (Cés. B. Gal. 1, 2, 2). 5) Natureza (conjunto de sêres e fenômenos), mundo físico, universo, elemento (Cíc. Fin. 4, 8). 6) Natureza (personificada), o princípio criador (Cíc. Nat. 2, 142). 7) Órgãos da geração (Cíc. Nat. 3, 55).

nātūrālis, -e, adj. I — Sent. primitivo: 1) De nascimento, natural (pai, filho, em oposição ao «adotivo») (T. Lív. 42, 52). II — Daí, em sent. próprio: 2) Dado pela natureza, natural, inato (Cíc. Tusc. 4, 79). 3) Conforme às leis da natureza, natural (Sên. Ep. 116, 2). 4) Relativo à natureza (Cíc. Part. 64).

nātūrāliter, adv. Naturalmente, conforme a natureza, pela natureza (Cíc. Div. 1, 113).

1. nātus (gnātus), -a, -um. I — Part. pass. de nascor. **II** — Adj.: Sent. próprio: 1) Nascido, dado à luz, mortal; daí: 2) Nascido para, destinado para (Cés. B. Gal. 6, 35, 7). 3) Constituído pela natureza, constituído, conformado, feito (Ter. Ad. 295). 4) Com a idade de, da idade de (nas indicações de tempo): **annos natus unum et viginti** (Cíc. De Or. 3, 74) «com 21 anos de idade». Obs.: Constrói-se com dat.; com acus. (na poesia); com inf. (na poesia); seguido de um cardinal designando idade.

2. nātus (gnātus), -ī, subs. m. 1) Filho, filho querido (Cíc. Tusc. 2, 21). 2) Filhote (dos animais) (Verg. En. 7, 518). Obs.: O sg. é poético e, no sg. ou pl., tem, muitas vêzes, um matriz afetivo.

3. nātus, -ūs, subs. m., v. **natu**.

nauārchus, -ī, subs. m. Navarco, comandante do navio, pilôto, capitão (Tác. An. 15, 51).

nauci, v. **naucum**.

nauclērus, -ī, subs. m. Patrão de navio (Plaut. Mil. 1110).

Naucrătēs, -is, subs. pr. m. Náucrates, historiador da Eritréia, discípulo de Isócrates (Cíc. De Or. 3, 173).

naucum, -ī, subs. n. e naucus, -ī, subs.. m. Obs.: Só ocorre no gen. sg. O nom. não é atestado e o gen. é empregado em expressões da língua familiar: **non habere nauci aliquem** (Cíc. Div. 1, 132) «não fazer o mínimo caso de alguém»; **aliquid non nauci facere** (Plaut. Bac. 1102) «não fazer o mínimo caso de alguma coisa»; **nauci non esse** (Plaut. Most. 1031) «ser de nenhuma importância»; **homo non nauci** (Plaut. Truc. 611) «homem sem importância».

naufragium, -ī, subs. n. I — Sent. próprio: 1) Naufrágio (Cíc. Fam. 16, 9, 1). Daí: 2) Restos de um naufrágio, salvados (Cíc. Phil. 13, 3). **II** — Sent. poético: 3) Tempestade (Lucr. 2, 552). **III** — Sent. figurado: 4) Ruína, perda total, destruição (Cíc. Phil. 12, 19). 5) Loc.: **tabula ex naufragio** (Cíc. At. 4, 18, 3) «tábua de salvação».

naufrăgus, -a, -um, adj. I — Sent. próprio: 1) Náufrago, que naufraga (Verg. G. 3, 542). **II** — Sent. poético: 2) Que causa naufrágios, tempestuoso (Ov. F. 4, 500). **III** — Sent. figurado: 3) Que perdeu tudo, arruinado (Cíc. Cat. 2, 24). **IV** — Subs. m.: 4) Um náufrago (Cíc. Inv. 3, 153).

Naulŏchum, -ī, ou Nalŏcha, -ōrum, subs. pr. n. Náuloco, cidade da Sicília (Suet. Aug. 16); (S. It. 14, 264).

naulum, -ī, subs. n. Frete, dinheiro para a passagem, para o transporte (por mar) (Juv. 8, 97).

naumachia, -ae, subs. f. I — Sent. próprio: 1) Naumaquia, representação de um combate naval (Suet. Cl. 22). **II** — Por extensão: 2) Lago em que se dá a naumaquia (Suet. Tib. 7).

1. naumachiārius, -a, -um, adj. Relativo a uma naumaquia (Plín. H. Nat. 16, 190).

2. naumachiārius, -ī, subs. m. O que combate numa naumaquia (Suet. Cl. 21).

Naupāctos (Naupāctus), -ī, subs. pr. f. Naupacto, cidade da Etólia, à entrada do gôlfo de Corinto (Cíc. Pis. 91).

Naupactōus, -a, -um, adj. De Naupacto (Ov. F. 2, 43).

Naupliădēs, -ae, subs. pr. m. Naupliada, filho de Náuplio (Ov. Met. 13, 310).

Nauplĭus, -ī, subs. pr. m. Náuplio, filho de Netuno e rei da ilha Eubéia (Prop. 4, 1, 115).

1. Naupŏrtus, -ī, subs. pr. f. Nauporto, cidade da Panônia Superior (Tác. An. 1, 20).

2. Naupŏrtus, -ī, subs. pr. m. Nauporto, rio da Panônia Superior (Plín. H. Nat. 3, 128).

nausĕa (nausia), -ae, subs. f. I — Sent. próprio: 1) Enjôo (no mar) (Cíc. Fam. 1, 11, 1). **II** — Daí, por extensão: 2) Náuseas, vontade de vomitar (Sên. Ep. 53, 3). **III** — Sent. figurado: 3) Enfado, repugnância (Marc. 4, 37, 9).

nauseābŭndus, -a, -um, adj. I — Sent. próprio: 1) Que sofre ou tem enjôo no mar (Sên. Ep. 108, 37). **II** — Daí: 2) Que tem náuseas (Sên. Ep. 47, 8).

nauseātor, -ōris, subs. m. O que tem enjôo no mar (Sên. Ep. 53, 4).

nausĕō (nausiō), -ās, -āre, -āvī, -ātum, v. intr. I — Sent. próprio: 1) Estar enjoado, ter náuseas, estar com vontade de vomitar (Hor. Ep. 1, 1, 93); (Cíc. Phil. 2, 84). **II** — Sent. figurado: 2) Estar desgostoso (Cíc. Nat. 1, 84).

nauseŏla, -ae, subs. f. Ânsias, náuseas pequenas (Cíc. At. 14, 8, 2).

nausia, v. **nausĕa**.

Nausiphănēs, -is, subs. pr. m. Nausifanes, filósofo grego, que foi discípulo de Demócrito (Cíc. Nat. 1, 33).

Naustăthmos (Naustăthmus), -ī, subs. pr. f. Naustatmo, pôrto da Jônia, perto da Fócida (T. Lív. 37, 31).

nauta, -ae, subs. m. 1) Nauta, marinheiro (Cíc. At. 9, 3, 2). 2) Negociante (Hor. Sát. 1, 1, 29).
Nautēs, -ae, subs. pr. m. Nauta, nome de um sacerdote troiano (Verg. En. 5, 704).
nautĭcī, -ōrum, subs. m. pl. Marinheiros, tripulação de um navio (T. Liv. 37, 28).
nautĭcus, -a, -um, adj. De marinheiro, náutico, naval (Cés. B. Gal. 3, 8, 1).
Nautĭus, -ī, subs. pr. m. Náucio, nome de vários cônsules (T. Liv. 2, 52).
Nāva, -ae, subs. pr. m. Nava, rio da Germânia (Tác. Hist. 4, 70).
năvāle, -is, subs. n. Lugar onde os navios se põem a sêco, onde se guardam os navios a sêco (Ov. Met. 3, 661).
năvālĭa, -ium, subs. n. pl. 1) Estaleiro, arsenal (para construção de navios) (Cíc. Of. 2, 60). 2) Aparelhos de masteação (de navio) (Verg. En. 11, 329).
năvālis, -e, adj. De navio, naval (Cíc. C.M. 13).
navarchus, v. **nauarchus.**
nāvē (gnāvē) = **navĭter,** adv. Com cuidado, zelosamente (Sal. B. Jug. 77, 3).
nācivŭla, -ae, subs. f. Navio pequeno, bote (Cés. B. Civ. 3, 104).
năviculārĭa, -ae, subs. f. Naviculária, profissão de armador ou comércio marítimo (Cíc. Verr. 5, 46).
năviculārĭus, -ī, subs. m. Naviculário, armador (Cíc. Fam. 16, 9, 4).
năvifrăgus, -a, -um, adj. Navífrago, que quebra os navios, em que há naufrágios, tempestuoso (Verg. En. 3, 553).
năvigābĭlis, -e, adj. Navegável, em que se pode navegar (Tác. An. 15, 42).
năvigātĭō, -ōnis, subs. f. Navegação, viagem por mar, lago ou rio (Cíc. C.M. 71).
năvigātor, -ōris, subs. m. Navegador, marinheiro (Quint. 5, 10, 27).
năvigātus, -a, -um, part. pass. de **navĭgo.**
năvĭger, -gĕra, -gĕrum, adj. Navígero, que traz navios (Marc. 12, 99, 4).
năvigĭŏlum, -ī, subs. n. Bote pequeno, pequena embarcação (Cíc. Fam. 12, 15, 2).
năvigĭum, -ī, subs. n. Navio, embarcação (Cic. Nat. 2, 152).
nāvĭgō, -ās, -āre, -āvī, -ātum, v. intr. e tr. A) Intr.: 1) Navegar, viajar por mar, lago ou rio, percorrer os mares (Cíc. Nat. 3, 83). B) Tr.: 2) Navegar (Cíc. Fin. 2, 112); (Sal. C. Cat. 2, 7).
nāvis, -is, subs. f. I — Sent. próprio: 1) Navio, embarcação, nau: **navis longa, oneraria** (Cés. B. Gal. 3, 9, 1) «navio de guerra, (navio) de transporte»; (Cíc. Par. 20). II — Sent. figurado: 2) Nau: **reipublicae** (Cíc. Sest. 46) «a nau do Estado». 3) Argo, navio dos Argonautas, colocado entre as constelações (Cíc. Arat. 277). 4) Com unhas e dentes (expressão proverbial): **navibus et quadrigis** (Hor. Ep. 1, 11, 28) «com unhas e dentes». Obs.: Acus. sg.: **navem,** e, algumas vêzes, **navim** (Cíc. At. 7, 22, 1), abl. sg.: **navi** e também **nave** (Cíc. Fam. 10, 31, 1).
Nāvisalvĭa, -ae, subs. pr. f. Navisálvia, nome da vestal Cláudia Quinta, porque com seu cinto fêz voltar para Roma o navio que levava a imagem de Cibele (Tác. An. 4, 64).
năvĭta, -ae, subs. m. Navegador, marinheiro, navegante (sent. poético) (Hor. O. 1, 1, 14).
năvĭtās (gnāvĭtās), -tātis, subs. f. Zêlo, presteza em socorrer (Cíc. Fam. 10, 25, 1).
nāvĭter, adv. 1) Com empenho, zelosamente (T. Liv. 10, 39). 2) Com propósito deliberado (Cíc. Fam. 5, 12, 3). 3) Completamente (Lucr. 1, 525).
Navĭus, -ī, subs. pr. m. Ácio Návio, célebre adivinho romano (Cíc. Nat. 2, 9).
nāvō, -ās, -āre, -āvī, -ātum, v. tr. Realizar com zêlo, fazer com empenho, fazer com cuidado, prestar um serviço (Cíc. Br. 282).
nāvus, v. **gnāvus.**
naxa, v. **nassa.**
Nāxos (Nāxus), -ī, subs. pr. f. Naxo. 1) Ilha do mar Egeu, a maior das Cíclades (Verg. En. 3, 125). 2) Cidade situada nesta ilha (Plín. H. Nat. 4, 67). 3) Cidade da Sicília (Plín. H. Nat. 3, 88).
1. **nē,** adv. de afirmação. Certamente, sim (Plaut. Men. 899). Obs.: Ne é uma partícula afirmativa, geralmente empregada na língua da conversação, antes de um pron. pessoal ou demonstrativo.
2. **nē,** adv. de negação, arcaico = **non,** mas nunca aparece isolado. Não: **nevolt** (Plaut. Most. 110) «não quer». Obs.: Ocorre como primeiro elemento de numerosos compostos: **nec, neque, neuter, nemo,** etc.
3. **nē,** adv. e conj. negativa. I — Adv.: 1) Não. Nas orações independentes exprime: a) Proibição (com imperativo, nos textos de lei, ou subjuntivo): **ne audeto** (Cíc. Leg. 2, 22) «não ouse»; (Plaut. Pers. 490); (Verg. En. 6, 832); (T. Liv. 3, 2, 9); **ne repugnetis** (Cíc. Clu.

6) «não resistais»; hoc ne feceris (Cíc. Div. 2, 127) «não faças isto»; b) suposição ou concessão: **ne sint in senectute vires** (Cíc. C.M. 34) «admitamos que não haja fôrças na velhice»; c) desejo: **ne istuc Juppiter sirit** (T. Liv. 28, 28, 11) «que Júpiter não o permita». 2) Nem... sequer (ne... quidem): **ne sues quidem** (Cíc. Tusc. 1, 92) «nem sequer os porcos». II — Conj.: 3) Para que não (Cés. B. Gal. 2, 5, 2). 4) Que não (Cíc. Of. 1, 140); (Plaut. Men. 612). 5) Que (com verbos que indicam receio ou proibição) (Cíc. Leg. 1, 12); (Cíc. Verr. 5, 5).

4. **-ně**, partícula interrogativa, proposta à palavra sôbre a qual recai a interrogação, e que, na maior parte das vêzes, vem em princípio da frase: **meministine...?** (Cíc. Cat. 1, 7) «lembras-te?». Obs.: -ne, que é a partícula interrogativa mais usada, implica resposta afirmativa. Unida a **non** forma **nonne**, «não é?, não é verdade?»; e determina resposta obrigatòriamente positiva. Freqüentemente -ne se reduz a -n: **egon?** «eu?».

Neaera, -ae, subs. pr. f. Neera, nome de mulher (Verg. Buc. 3, 3).

Neāpŏlis, -is, subs. pr. f. Nápoles. 1) Cidade da Campânia (Plin. H. Nat. 3, 62). 2) Um bairro de Siracusa (Cíc. Verr. 4, 119).

Neāpŏlītāni, -ōrum, subs. loc. m. Napolitanos, habitantes de Nápoles (Cíc. Fam. 13, 30).

Neāpŏlītānum, -ī, subs. pr. n. Napolitano, propriedade perto de Nápoles (Cíc. Ac. 2, 9).

Neāpŏlītānus, -a, -um, adj. Napolitano, de Nápoles (Plin. H. Nat. 17, 122).

Neārchus, -ī, subs. pr. m. Nearco, almirante de Alexandre (Cíc. C.M. 41).

Nebrophŏnus, -ī, subs. pr. m. Nebrófono, nome de um cão (Ov. Met. 3, 211).

nebŭla, -ae, subs. f. I — Sent. próprio: 1) Névoa, nevoeiro, vapor, bruma (Verg. En. 8, 258). II — Daí, em sent. poético: 2) Nuvem (Hor. O. 3, 3, 56). 3) Nuvem (de poeira, de fumaça) (Ov. F. 5, 269). 4) Substância transparente (Marc. 8, 33, 3). III — Sent. figurado: 5) Obscuridade, trevas (Juv. 10, 4).

nebŭlō, -ōnis, subs. m. Patife, tratante, homem que não serve para nada (Cíc. Amer. 128). Obs.: Etimològicamente significa «o que vive na cerração, ou no nevoeiro».

nebulōsus, -a, -um, adj. I — Sent. próprio: 1) Nebuloso, onde há nevoeiro, coberto de nevoeiro (Cíc. Tusc. 1, 60). II — Sent. figurado: 2) Obscuro, nebuloso (A. Gel. 20, 3, 3).

nec, adv. de negação. Não (Cíc. Leg. 3, 11). Obs.: Não confundir com **nec**, conjunção, forma reduzida de **neque** (v. esta palavra). Nec (adv.) é de emprêgo raro e arcaico, aparecendo no período clássico ùnicamente em alguns compostos como **necopinans, necopinus** e na fórmula jurídica **res nec mancipi**.

necdum e nequědum, adv. Ainda não, nem ainda (Cíc. At. 6, 1, 14).

1. **necessăria, -ae**, subs. f. Parenta, amiga íntima (Cíc. Mur. 35).

2. **necessăria, -iōrum**, subs. n. pl. O necessário, as coisas indispensáveis à existência (Sal. B. Jug. 73, 6).

necessăriē, adv. Necessàriamente, forçosamente, inevitàvelmente, imperiosamente (Cíc. Inv. 1, 44).

1. **necessărius, -a, -um**, adj. I — Sent. próprio: 1) Necessário, inevitável (em oposição a **voluntarius**), urgente, imperioso (Cíc. Tusc. 2, 53); (Cíc. Mil. 16). Daí: 2) Requerido, útil, indispensável, próprio para (Cíc. De Or. 1, 146). II — Por extensão: 3) Íntimo, ligado estreitamente (por parentesco, amizade, etc.) (C. Nep. Dat. 6, 3).

2. **necessărius, -ī**, subs. m. Parente, amigo íntimo (Cés. B. Gal. 1, 11, 4).

necěsse, adj. n. indecl. Sempre usado com **esse** ou **habere** formando as locuções do tipo: **necesse est, necesse habeo**, i.é, «é necessário, indispensável», «tenho por obrigação» (Cíc. Phil. 1, 27); (Cíc. At. 10, 1, 4). Obs.: Constrói-se com or. inf.: inf. (simplesmente); com um pron.; com dat. de pess.; com **ut**; com **necesse habeo** usa-se o inf.

necessitās, -tātis, subs. f. I — Sent. próprio: 1) Necessidade, obrigação, fatalidade, destino (Cíc. Lig. 17). Daí: 2) Necessidade natural, exigência natural, interêsse (T. Liv. 23, 48, 10). II — Sent. figurado: 3) Necessidade, obrigação imperiosa de fazer alguma coisa (Cíc. Mil. 45). 4) Laço de parentesco ou amizade (sent. raro) (Cés. apud. A. Gél. 5, 13, 6).

necessitŭdō, -ĭnis, subs. f. I — Sent. próprio: 1) Relações de parentesco, laços de amizade, amizade, relações (entre amigos, colegas, entre pátrão e clientes, etc.) (Cíc. Fam. 13, 29, 8). II — No pl.:

2) Família, parentes, aliados (Suet. Aug. 17). III — No sent. de **necessitas:** 3) Necessidade (Cíc. Inv. 2, 170). 4) Necessidade imperiosa (Sal. C. Cat. 17, 2). 5) Obrigação imperiosa (Tác. An. 3, 64).

necēssum e necēssus est = necēsse est, v. **necēsse** (Plaut. Rud. 1331).

necis, gen. de **nex**.

necne, adv. Ou não: **sunt haec tua verba, necne?** (Cíc. Tusc. 3, 41) «estas são tuas palavras, ou não?».

necnon, ou nec non, ou neque non, adv. E também, e além disso, demais, e ainda (Verg. En. 1, 707); (Cíc. Nat. 2, 44). Obs.: **Necnon** compõem-se de duas negações e era empregado primitivamente para reforçar uma afirmação. Na língua de Cícero as duas negações ainda aparecem mais freqüentemente separadas, tendendo a se ligarem na língua imperial.

necō, -ās, -āre, -āvī, -ātum, v. tr. I — Sent. próprio: 1) Matar, fazer perecer (Cíc. Q. Fr. 2, 3, 2). II — Sent. figurado: 2) Apagar (tratando-se de fogo) (Plín. H. Nat. 31, 2). 3) Destruir (tratando-se de plantas) (Plín. H. Nat. 31, 52). 4) Corromper (Sên. Hipp. 454).

necopinans (nec opinans), -antis, adj. Que não espera, desprevenido, descuidado (Cíc. Fam. 13, 18, 1).

necopīnātō, adv. Inopinadamente, imprevistamente, de repente (Cíc. Phil. 2, 77).

necopīnātus, -a, -um, adj. 1) Imprevisto, inesperado, inopinado (Cíc. Verr. 4, 94); **ex necopinato** (T. Lív. 4, 27, 8) «de improviso». 2) No neutro pl.: **necopinata** (Cíc. Tusc. 3, 52) «acontecimentos inesperados, surpreendentes».

necopīnus, -a, -um, adj. 1) Imprevisto, inopinado (Ov. Met. 1, 224). 2) Que não se preocupa, descuidado, distraído (Fedr. 1, 9, 6).

nectar, -ăris, subs. n. I — Sent. próprio: 1) Néctar (bebida dos deuses) (Ov. Met. 3, 318). Daí: 2) Coisa doce e agradável, mel, leite, vinho, cheiro agradável (Verg. G. 4, 164). II — Sent. figurado: 3) Doce canto: **Pegaseium nectar** (Pérs. pról. 14) «o doce canto das Musas».

nectarĕus, -a, -um, adj. I — Sent. próprio: 1) De néctar (Ov. Met. 7, 707). II — Daí: 2) Doce como o néctar (Marc. 13, 108).

nectō, -is, -ĕre, nexŭī ou **nexī, nexum,** v. tr. I — Sent. próprio: 1) Enlaçar, ligar, atar, unir, entrelaçar (sent. concreto e abstrato) (Ov. F. 6, 329): **aliquem laqueum** (Hor. Ep. 1, 19, 31) «atar um laço ao pescoço de alguém»; (Cíc. Tusc. 3, 17). Daí: 2) Prender, meter na prisão, acorrentar (Cíc. Rep. 2, 59). II — Sent. figurado: 3) Acumular, juntar (Verg. En. 9, 219). Obs.: O sent. próprio só é comum na poesia.

necŭbi, adv. Para evitar que em alguma parte, para que não... em algum lugar: **necubi Romani copias traducerent** (Cés. B. Gal. 7, 35, 1) «para evitar que os romanos passassem as tropas em alguma parte».

necŭndĕ, adv. Para evitar que de qualquer lugar... (T. Lív. 22, 23, 10).

1. **nēdum,** adv. Com tanto mais razão, e com mais razão ainda, muito menos, muito longe de, de mais a mais (Cíc. Fam. 7, 28, 1). Obs.: É uma negação que reforça outra negação anterior, designando impossibilidade. Posteriormente, porém, passou a ser empregada sem negação anterior e por êste motivo passou a valer, na língua imperial, por uma partícula de refôrço afirmativa «com maior razão» (T. Lív. 7, 40, 3).

2. **nēdum,** conj. Menos ainda, muito menos, bem longe de, muito longe de (Cíc. Clu. 95).

nefāndum, -ī, subs. n. O mal, o crime (Verg. En. 1, 543).

nefāndus, -a, -um, adj. Ímpio, abominável, horrível, nefando, criminoso (Cíc. Cat. 4, 13).

nefārĭē, adv. De modo ímpio, abominavelmente, criminosamente (Cíc. Verr. 2, 117).

nefārĭum, -ī, subs. n. Crime abominável (T. Lív. 9, 34, 19).

nefārĭus, -a, -um, adj. Ímpio, nefário, abominável, criminoso (Cíc. Of. 2, 51).

nefās, n. indecl. I — Sent. próprio: 1) O que é contrário à lei divina, às leis da religião e da natureza, o que é ímpio, sacrílego, criminoso (Cíc. Nat. 3, 56). Daí: 2) Crime, atrocidade (Luc. 2, 507). II — Sent. figurado. 3) Prodígio, monstro de crueldade (Verg. En. 2, 585).

nefāstum, -ī, subs. n. Crime, impiedade (Hor. O. 1, 35, 35).

nefāstus, -a, -um, adj. I — Sent. próprio: 1) Proibido pela lei divina (Cíc. Leg. 2, 21). II — Sent. figurado: 2) Abominável, criminoso, perverso (Plaut. Poen.

584). 3) Nefasto (dia em que não funcionavam os tribunais): **dies nefasti** (T. Lív. 1, 19, 7) «dias nefastos». 4) Infeliz, funesto, maldito (Hor. O. 2, 13, 1).
negantĭa, -ae, subs. f. Negação, proposição negativa (Cíc. Top. 57).
negātĭō, -ōnis, subs. f. 1) Negação, denegação (Cíc. Sull. 39). 2) Partícula negativa (Apul. Plat. 3).
negātus, -a, -um, part. pass. de **nego.**
negĭtō, -ās, -āre, v. freq. de **nego,** tr. Negar diversas vêzes, dizer várias vêzes que não (Cíc. Ac. 2, 69); (Lucr. 4, 910).
negletĭō, -ōnis, subs. f. Ação de desprezar (amigos), de negligenciar, negligência (Cíc. Mur. 9).
1. neglēctus, -a, -um. I — Part. pass. de **neglĕgo.** II — Adj.: Negligenciado, abandonado, desdenhado (Cíc. Fin. 3, 66).
2. neglēctus, -ūs, subs. m. Negligência (Plín. H. Nat. 7, 171). Obs.: O dat. neglectu ocorre em Terêncio (Heaut. 357)
neglĕgens, -ēntis. I — Part. pres. de **neglĕgo.** II — Adj.: Negligente, indiferente, descuidado (Cíc. Lae. 62).
neglegēnter, adv. Com negligência, negligentemente, sem cuidado, com descaso, indiferentemente (Cíc. Com. 7). Obs. Comp.: **neglegentĭus** (Cíc. Caec. 73); superl.: **neglegentissĭme** (Sên. Ep. 63, 7).
neglegentĭa, -ae, subs. f. Negligência, descuido, indiferença, desleixo, esquecimento (Cíc. Of. 1, 28).
neglĕgō, -is, -ĕre, neglēxī, neglēctum, v. tr. I — Sent. próprio: 1) Negligenciar, desdenhar (Cíc. Amer. 112). II — Daí: 2) Não cuidar de, pôr de parte, não fazer caso de, ser indiferente (Cíc. Tusc. 2, 44). Obs.: Constrói-se com acus.; com or. inf.; e, raramente, com abl. com **de.** Formas de perf. oriundas de **neglegi:** (Sal. Cat. 51, 24); (Sal. B. Jug. 40, 1).
neglēxī, perf. de **neglĕgo.**
neglĭg-, v. **neglĕg-.**
negō, -ās, -āre, -āvī, -ātum, v. intr. e tr. A) Intr.: I — Sent. próprio: 1) Dizer que não, negar (Cíc. Of. 3, 91). B) Tr.: II — Sent. figurado: 2) Recusar, recusar-se (Cíc. Fam. 2, 17, 7). 3) Negar a existência de, não reconhecer (Cíc. Verr. 1, 90). 4) Pass. impess.: Diz-se ou dizem que não (Ov. F. 4, 321);(Cíc. Nat. 2, 76). Obs.: Constrói-se como absoluto ou como tr. com acus.; com acus. e dat.; com or. inf.; com **quin;** ou na voz pass. com inf.
negōtĭālis, -e, adj. Relativo a um negócio, (questão) de fato (de ordem material) (Cíc. 1, 14).
negōtĭans, -āntis. I — Part. pres. de **negotĭor.** II — Subs. m.: Negociante, banqueiro, especulador (Cíc. At. 5, 21, 10).
negōtĭātĭō, -ōnis, subs. f. Negócio, comércio, emprêsa comercial, tráfico (Cíc. Fam. 6, 8, 2).
negōtĭātor, -ōris, subs. m. Negociante, banqueiro, empreendedor (Cíc. Verr. 2, 188).
negōtĭŏlum, -ī, subs. n. Pequeno negócio (Cíc. Q. Fr. 3, 4, 6).
negōtĭor, -āris, -ārī, -ātus sum, v. dep. intr. Negociar, traficar, comerciar (sent. próprio e figurado) (Cíc. Of. 3, 58); (Plín. H. Nat. 29, 11).
negōtĭōsus, -a, -um, adj. I — Sent. próprio: 1) Que tem ocupações, muito ocupado, atarefado (Sal. C. Cat. 8, 5). II — Daí, por extensão: 2) Que dá ocupações, embaraçoso, intrincado (Sên. Ir. 2, 13, 2). 3) (Dias) de trabalho, destinados a negócios: **dies negotĭosi** (Tác. An. 13, 41) «dias de trabalho».
negōtĭum, -ī, subs. n. I — Sent. próprio: 1) Ocupação, trabalho, negócio (Cíc. Of. 3, 102). II — Sent. figurado: 2) Dificuldade, embaraço (causado pelo trabalho) (Cíc. Amer. 20). III — Na língua falada: 3) Coisa, negócio, assunto, negócios particulares: **transigere** (Cíc. Phil. 2, 21) «concluir (um negócio)». Em sent. particular: 4) Negócio forense, processo, causa: **forensĭa negotĭa** (Cíc. De Or. 2, 23) «os processos (de um advogado)». 5) Atividade política, negócios públicos (Cíc. De Or. 1, 1). 6) Negócios comerciais, comércio, negócios: **negotium gerere** (Cíc. Sull. 78) «tratar de negócios».
Nēlēĭus (Nēleus), -a, -um, adj. De Neleu (Ov. Her. 1, 63); (Ov. Met. 6, 418).
Nēlēĭus, -ī, subs. pr. m. Nestor, filho de Neleu (Ov. Met. 12, 577).
Nēleus, -ĕī (-ĕos), subs. pr. m. Neleu, filho de Poseidon e rei de Pilos. Casou-se com Clóris, de quem teve doze filhos, os quais foram mortos por Hércules, com exceção de Nestor (Ov. Met. 2, 689).
Nēlĭdēs, -ae, subs. pr. m. Nelida, filho de Neleu, i.é, Nestor (Ov. Met. 12, 553).

1. **Nemĕa**, -ae, subs. pr. f. Nêmea, ou Neméia, cidade e bosque da Argólida (Cíc. Fat. 7).
2. **Nemĕa**, -ae, subs. pr. m. Nêmea, rio do Peloponeso (T. Lív. 33, 15).
3. **Nemĕa**, -ōrum, subs. pr. n. Jogos nemeus, realizados de dois em dois anos na Grécia, durante o verão (T. Lív. 27, 30, 9).
Nemeaeus, -a, -um, adj. Nemeu: **leo nemeaeus** (Cíc. Tusc. 2, 22) «o leão de Neméia», morto por Hércules.
Nemĕsis, -is, subs. pr. f. Nêmesis. 1) Deusa que, em nome dos deuses, castigava os maus. Era filha de Júpiter e da Necessidade e representava a justiça divina (Catul. 50, 20). 2) Mulher cantada por Tíbulo, poeta elegíaco (Tib. 2, 3, 51).
Nemĕtēs, -um, subs. loc. m. Nêmetes, povo da Germânia (Cés. B. Gal. 1, 51, 2).
1. **Nĕmō**, -ĭnis, subs. m. e f. (não tem pl.). 1) Ninguém, nenhuma pessoa (Cíc. At. 8, 2, 4); **nemo non** (Cíc. Lae. 99), «todos, sem exceção»; **non nemo** (Cíc. Cat. 4, 10) «alguns, algumas pessoas». 2) Homem desprezível, sem valor; **is quem tu neminem putas** (Cíc. At. 7, 3, 8) «êsse que tu julgas um joão-ninguém». Obs.: No período clássico ocorrem as formas **nemo, nemini, neminem**.
2. **nĕmō**, -ĭnis, adj. = **nullus**. Nenhum: **nemo homo** (Cíc. Nat. 2, 96) «nenhum homem».
nemorālis, -e, adj. I — Sent. próprio: 1) Nemoral, do bosque, de floresta (Ov. A. Am. 1, 259). II — Daí, em sent. particular: 2) Do bosque de Arícia (em homenagem a Diana) (Marc. 13, 19, 1).
Nemorēnse (subentend. **praedium**), subs. pr. n. Nemorense, casa de campo na Arícia (Cíc. At. 6, 1, 25).
Nemorēnsis, -e, adj. Do bosque da Arícia (Prop. 3, 22, 25).
nemoricŭltrix, -ĭcis, subs. f. A que habita os bosques, nemoricola (Fedr. 2, 4, 3).
nemorivăgus, -a, -um, adj. Nemorívago, que erra pelos bosques (Catul. 63, 72).
nemorōsus, -a, -um, adj. I — Sent. próprio: 1) Nemoroso, coberto de florestas (Verg. En. 3, 270). II — Daí: 2) Espêsso, cerrado (tratando-se de um bosque) (Ov. Met. 10, 687).
Nemōssus, -ī, subs. pr. f. Nemosso, capital dos arvernos, na Gália (Luc. 1, 419).
nempĕ, adv. Com efeito, evidentemente, naturalmente, certamente, sem dúvida, com segurança (Plaut. Rud. 1057). Obs.: Como partícula afirmativa, vem seguida de uma afirmação ou pergunta de resposta afirmativa: **at quo tempore futurum est (judicium)? nempe eo cum** (Cíc. Verr. 5, 177) «mas quando deve ser realizado o julgamento? naturalmente quando...». Pode ainda servir para introduzir uma conclusão (Cíc. Nat. 3, 93), para limitar (Cíc. Ac. 2, 115), para indicar uma oposição (Cíc. At. 9 15, 3). Vem sempre no começo da frase.
1. **nemus**, -ŏris, subs. n. I — Sent. próprio: 1) Bosque (sagrado), bosque, floresta (Hor. O. 2, 17, 9). II — Sent. poético: 2) Árvore (Marc. 9, 62, 9). 3) Vinhedo, olival (Verg. G. 2, 401).
2. **Nemus**, -ōris, subs. pr. n. Nêmus, bosque consagrado a Diana, perto de Arícia (Cíc. At. 15, 4, 5).
nēnĭa (**naenia**), -ae, subs. f. I — Sent. próprio: 1) Nênia, canto fúnebre (Cíc. Leg. 2, 62). Daí: 2) Treno, elegia, canto triste, melopéia (Hor. O. 2, 1, 38). II — Sent. diversos: 3) Canção infantil (Hor. Ep. 1, 1, 62). 4) Fórmulas mágicas (Hor. Epo. 17, 29). 5) Oração fúnebre (Plaut. Truc. 213).
1. **nĕō**, -ēs, -ēre, nēvī, nētum, v. tr. I — Sent. próprio: 1) Fiar (Ov. Med. 14); (Plaut. Merc. 519). II — Daí, por extensão: 2) Tecer, entrelaçar (Verg. En. 10, 818).
2. **Nĕō** ou **Neōn**, -ōnis, subs. pr. m. Neão, nome de um beócio do tempo de Perseu (T. Lív. 44, 43).
Neobŭlē, -ēs, subs. pr. f. Neobule, filha de Licambo. Recusada sua mão a Arquíloco, êste, com seus versos mordazes, levou pai e filha ao suicídio (Hor. O. 3, 12, 5).
Neŏclēs, -is, (-ī), subs. pr. m. Néocles. 1) Pai de Temístocles (C. Nep. Them. 1, 1). 2) Pai do Filósofo Pânfilo (Cíc Nat. 1, 72).
Neoclīdēs, -ae, subs. pr. m. Neoclida, filho de Néocles, i.é, Temístocles (Ov. P. 1, 3, 69).
Neocrētēs, -um, subs. pr. m. Neocretes, nome de alguns soldados de Antíoco, armados como os cretenses (T. Lív. 37, 40).
Neontĭchos, subs. pr. n. Neontico, cidade da Eólia (Plin. H. Nat. 5, 121).
Neoptolĕmus, -ī, subs. pr. m. Neoptólemo ou Pirro, filho de Aquiles. Recebeu êste nome por ter ido muito jovem combater na guerra de Tróia (Verg. En. 2 263).

nepa, -ae, subs. m. 1) Escorpião (animal) (Cíc. Fin. 5. 42). 2) Subs. pr. Escorpião (constelação) (Cíc. poet. Nat. 2, 109). 3) Caranguejo (Plaut. Cas. 443).

Nepĕte, -is, subs. pr. f. Népete, cidade da Etrúria (T. Lív. 6, 9).

Nephelēis, -ĭdos, subs. pr. f. Nefeleida, filha de Néfele, i. é, Hele (Ov. Met. 11, 195).

1. nepōs, -ōtis, subs. m. I — Sent. próprio: 1) Neto (Cíc. Br. 263). 2) Sobrinho (Tác. An. 4, 44). Daí, em sent. geral: 3) Descendentes, posteridade (poético) (Verg. En. 6, 864). 4) Rebento (tratando-se de animais e plantas) (Col. 6, 37, 4). II — Sent. figurado: 5) Dissipador, perdulário, devasso (Cíc. Agr. 1, 2).

2. Nepōs, -ōtis, subs. pr. m. Nepos, nome de família romana, especialmente Cornélio Nepos, prosador latino contemporâneo de Cícero (Plín. H. Nat. 9, 137).

nepōtātus, -ūs, subs. m. Prodigalidade, dissipação (Plín. H. Nat. 9, 114).

nepōtor, -āris, -ārī, v. dep. intr. 1) Viver como pródigo; donde: 2) Tornar-se em prodigalidade (Sên. Ben. 1, 15, 3).

nepōtŭlus, -ī, subs. m. Netinho (Plaut. Mil. 1413).

neptis, -is, subs. f. Neta (Cíc. Tusc. 1, 85).

Neptūnīnē, -ēs, subs pr. f. Netunina, filha de Netuno, i.é, Tétis (Catul. 64, 28).

Neptūnius, -a, -um, adj. De Netuno: **Neptunia arva** (Verg. En. 8, 695) «os campos de Netuno».

Neptūnus, -ī, subs. pr. m. Netuno, filho de Saturno e Ops, era o deus dos mares, entre os romanos. É uma adaptação de Poseidon, o deus grego (Verg. En. 3, 74). Daí, em sent. figurado: o mar, a água (Lucr. 2, 472).

nēquam, adj. indecl. I — Sent. próprio: 1) Que não vale nada, que não presta para nada, mau, de má qualidade: **nequam illud verbum** (Plaut. Trin. 439) «essa palavra não vale nada». 2) Tratante, vil, infame (tratando-se de pessoas) (Cíc. Verr. 2, 71). II — Como subs. n. indecl. 3) Mal, prejuízo (Plaut. Poen. 159). 4) Devassidão, libertinagem, orgia (Plaut. Poen. 658). Obs.: 1) Empregou-se, primeiramente, com **esse** no sentido de **nihili esse** (primeira acepção). de que resultou, aplicando-se a pessoas, a segunda acepção. 2) O emprêgo adverbial subsistiu em Plauto nas locuções como: **nequam facere, nequam habere,** expressões estas em que Cícero substitui **nequam** por **nequiter** (Cíc. Tusc. 3, 17, 36). 3) O comp. de **nequam** é **nequior** e o superl. **nequissimus**.....

nēquāndō (ou **nē quando**), v. **quando** 1. (indef.). Para que em tempo nenhum, nunca (Cíc. Amer. 37).

nēquāquam, adv. Absolutamente não, de forma alguma (Cíc. Clu. 180).

neque ou **nec,** conj. (v. **nec**). E não, nem (Cíc. Leg. 2, 26); (T. Lív. 7, 9, 1).

nequĕō, -is, -īre, -īvī (ou **-iī**), **-itum,** v. intr. Não poder, não ser capaz de (Cíc. Or. 220). Obs.: Constrói-se como absoluto ou com inf. Imperf. **nequibat** (Sal. Cat. 59, 4); fut. **nequibunt** (Lucr. 1, 380). Cícero na 1ª pessoa do ind. pres. só usa **non queo.**

nēquī, v. **quis, qui.**

nequiens, -euntis, part. pres. de **nequĕo** (Sal. Hist. 3, 77, 18).

nequiī = **nequīvī,** perf. de **nequĕo.**

nequior, comp. de **nequam.**

nēquīquam, nēquīcquam, nēquīdquam, adv. 1) Em vão, inùtilmente (Cíc. Quinct. 79). 2) Sem motivo, sem finalidade (Cés. B. Gal. 2, 27, 5). Obs.: Palavra rara na prosa clássica, pela concorrência de **frustra.**

nēquis, nēqua, nēquod (ou melhor: **nē quis, nē qua, nē quod**), pron. indef. Para que ninguém, para que nenhum, para que nenhuma coisa (Cíc. Prov. 39).

nequīsse, nequīssem, formas sincopadas de **nequivisse, nequivissem,** inf. perf. e mais que perf. do subj. de **nequĕo.**

nēquissĭmus, superl. de **nequam.**

nēquĭter, adv. Indignamente, mal, indevidamente (Cíc. Tusc. 3, 36).

nēquĭtia (**nēquitĭēs**), **-ae,** subs. f. I — Sent. próprio: 1) Malícia, maldade, perversidade (Cíc. Tusc. 3, 18). II — Daí: 2) Desregramento, devassidão, dissipação (Cíc. Clu. 141). 3) Frouxidão, indolência, preguiça (Cíc. Cat. 1, 4). 4) Astúcia, fraude, infidelidade (no amor) (Juv. 14, 216).

nēquĭtiēs, -ēī, subs. f. Dissipação, maldade, prodigalidade (Hor. Sát. 2, 2, 131).

Nērēĭdĕs ou **Nērēĭdĕs, -um,** subst. pr. f. Nereidas, ninfas marinhas, filhas de Nereu e Dóris, representadas como donzelas com os longos cabelos entrelaçados de pérolas, cavalgando delfins. A elas se consagraram bosques e se ergueram altares em várias cidades gregas (Catul. 64, 15).

Nērēīnē, -es, subs. pr. f. Nereína, epíteto de Tétis, filha de Netuno (Catul. 64, 28).

Nērĕis ou **Nērĕis**, -ĭdis, subs. pr. f. Uma das nereidas, ninfas do mar (Ov. Her 5, 57).

Nērēĭus, -a, -um, adj. De Nereu (Verg. En. 9, 102).

Nerētum, -ī, subs. pr. n. Nereto, cidade da Calábria (Ov. Met. 15, 51).

Nĕreus, -ĕī (-ĕos), subs. pr. m. Nereu, deus marinho anterior a Netuno. Segundo alguns, é filho do Oceano e de Tétis. Deus bondoso, possuía o dom da adivinhação, tendo predito a Páris a guerra de Tróia, tema usado por Horácio na sua ode XIII, do livro 1º (Ov. Am. 2, 11, 39).

Neria, -ae, ou **Neriēnē**, -ēs, ou **Neriō**, -ēnis, subs. pr. f. Néria, deusa dos sabinos, espôsa de Marte (Plaut. Truc. 515).

Nērĭnē, -ēs, subs. pr. f. Nereida (Verg. En. 7, 37).

Nērĭtos (Nerĭtus), -ī, subs. pr. f. Nérito. 1) Ilha vizinha de Ítaca (Verg En. 3, 271). 2) Montanha de Ítaca (Plín. H. Nat. 4, 55).

Nērītĭus, -a, -um, adj. Da ilha de Nérito (Ov. Met. 14, 159).

Nērĭus, -ī, subs. pr. m. Nério, nome de homem (Cíc. Q. Fr. 2, 3, 5).

Nerō, -ōnis, subs. pr. m. Nero, sobrenome da família Cláudia, onde se destacam: 1) Caio Cláudio Nero, vencedor de Asdrúbal (T. Lív. 27, 41). 2) O imperador Nero, filho de Agripina (Suet. Ner. 55); (Tác. An. 16, 1).

Nerōnia, -ōrum, subs. pr. n. Nerônias, jogos instituídos por Nero em sua própria honra, e que se realizavam de cinco em cinco anos (Tác. An. 14, 20).

Nerōniānus, -a, -um, adj. Neroniano, de Nero (Cíc. De Or. 2, 48).

Neropŏlis, -is, subs. pr. f. Nerópolis, nome que Nero desejava dar a Roma (Suet. Ner. 55).

Nersae, -ārum, subs. f., v. **Nursae** (Verg. En. 7, 744).

Nerthus, -ī, subs. pr. f. Nerto, nome de uma divindade germânica (Tác. Germ. 40).

Nerŭlum, -ī, subs. pr. n. Nérulo, cidade da Lucânia (T. Lív. 9, 20).

nerunt, forma sincopada de **nevērunt**, perf. de **nĕo** (Ov. P. 1, 8, 64).

Nerva, -ae, subs. pr. m. Nerva, sobrenome romano, principalmente de Marco Coceio Nerva, imperador romano (Eutr. 8, 1).

nervĭa, -ōrum, subs. n. pl. Músculos (Petr. 45, 11).

nervĭae, -ārum, subs. f. pl. Cordas de um instrumento musical (A. Gél. 9, 7, 3).

Nervĭcus, -a, -um, adj. Dos Nérvios (Cés. B. Gal. 3, 5, 2).

Nervĭī, -ōrum, subs. loc. m. Nérvios, povo da Bélgica (Cés. B. Gal. 2, 4, 8).

nervĭum, v. **nervĭa**.

nervōsē, adv. Vigorosamente, com personalidade, com fôrça (tratando-se do estilo) (Cíc. Or. 128).

nervōsus, -a, -um, adj. I — Sent. próprio: 1) Cheio de nervos, tendinoso, cheio de fibras (tratando-se de plantas) (Plín. H. Nat. 21, 54). II — Sent. figurado: 2) Vigoroso, musculoso, forte, robusto (Ov. Met. 6, 256). 3) Vigoroso (tratando-se do estilo) (Cíc. Br. 121).

nervŭlus, -ī, subs. m. Sent. próprio: 1) Músculo pequeno, e daí, no pl.: 2) Fôrça, vigor (sent. figurado) (Cíc. At. 16, 16C, 13).

nervus, -ī, subs. m. I — Sent. próprio: 1) Tendão, nervo, músculo (Cíc. Nat. 2, 139). 2) Membro viril (Hor. Epo. 12, 19). Daí: 3) Corda de um arco (Verg. En. 9, 622). 4) Corda de um instrumento de música (Cíc. De Or. 3, 216). 5) Correia, látego, couro (Tác. An. 2, 14). 6) Instrumento de suplício com que se peavam os criminosos, primeiramente feito de cordas e, depois, de cadeias de ferro (Plaut. Capt. 729). Por extensão: 7) Ferros, prisão (Plaut. Curc. 718). II — Sent. figurado: 8) Nervo, fôrça (Cíc. Pomp. 17). 9) Energia, vigor (tratando-se do estilo) (Cíc. De Or. 2, 91). 10) Parte essencial de uma coisa, nervo (Cíc. De Or. 3, 106). 11) Chefe: **nervi conjurationis** (T. Lív. 7, 39, 6) «os chefes da conspiração».

Nesaeē, -ēs, subs. pr. f. Neséia, nome de uma nereida (Verg. En. 5, 826).

nescĭens, -ēntis, part. pres. de **nescĭo**. Que não sabe, que ignora: **nesciens sui** (Apul. Apol. 42) «que não se conhece, inconscientemente».

nescīī = **nescīvī**, perf. de **nescĭo**.

nescĭŏ, -ĭs, -ĭre, -īvī (ou **-ĭī**), **ĭtum**, v. tr. Não saber, ignorar, não conhecer (Cíc. Tusc. 1, 60); (Cíc. Fin. 2, 12); (Cíc. Tusc. 5, 116); (Cíc. Br. 126).

nescĭtus, -a, -um, part. pass. de **nescĭo**.

nescĭus, -a, -um, adj. I — Sent. próprio: 1) Que não sabe, que ignora, que não cuida de: **non sum nescius** (Cíc. De Or. 1, 45) «não ignoro (que)». II — Sent. poético: 2) Que não pode, que não está em estado de, que não quer: **nescius cedere** (Hor. O. 1, 6, 6) «que não sabe ceder (inflexível)». III — Com sent. passivo: 3) Desconhecido, ignorado (Plaut. Capt. 265). Obs.: Constrói-se como absoluto; com gen.; com abl. acompanhado da prep. **de** (raro) (Ov. Her. 16, 140); com inf. (Ov. P. 2, 9, 45); com or. interrog. indir. (Ov. Met. 14, 2).

Nēsiōtae, -ārum, subs. loc. m. Nesiotas, povo da ilha de Cefalênia (T. Lív. 38, 28).

Nēsis, -ĭdis, subs. pr. f. Nésida, pequena ilha perto de Putéolos (Cíc. At. 16, 1, 1).

nesse, forma contrata de **nevĭsse**, inf. perf. de **nĕo**.

Nessēus, -a, -um, adj. De Nesso, o centauro (Ov. Her. 9, 163).

Nessus, -ī, subs. pr. m. Nesso. 1) Nome do centauro morto por Hércules (Ov. Met. 9, 101). 2) Rio da Trácia (T. Lív. 45, 29, 6).

Nestor, -ŏris, subs. pr. m. Nestor, rei de Pilos e um dos heróis do cêrco de Tróia (Cíc. C.M. 31).

Nestorĕus, -a, -um, adj. De Nestor (Marc. 9, 30, 1).

Nētīnensēs, -ĭum, ou **Netīnin, -ōrum**, subs. loc. m. Netinenses, habitantes de Neto (Cíc. Verr. 2, 126).

Nētum, -ī, subs. pr. n. Neto, cidade da Sicília, atualmente Noto (Cíc. Verr. 4, 59).

nētus, -a, -um, part. pass. de **nĕo**.

neuter, -tra, -trum, pron. I — Sent. próprio: 1) Nenhum dos dois, nem um nem outro (Cíc. Br. 207). Daí, na língua gramatical: 2) Neutro (Cíc. Or. 155). Na língua filosófica: 3) Coisas nem boas, nem más, indiferentes (Cíc. Tusc. 4, 28). Obs.: Ainda trissilábico em Plauto.

neutĭquam, adv. De modo algum, absolutamente não (Cíc. C. M. 42). Obs.: Empregado principalmente na língua arcaica.

neutrālis, -e, adj. Neutral, neutro, do gênero neutro (Quint. 1, 4, 24).

neutrō, adv. Para nenhum dos dois lados (T. Lív. 5, 26).

neutrŭbi, adv. Nem num, nem noutro lugar (Plaut. Aul. 233).

nĕvĕ, adv. E que não, e não (Verg. En. 7, 265).

nēvī, perf. de **nĕo**.

nevis, nevult ou **nevolt, nevelles** = **non vis, non vult** ou **volt, nolles**, formas arcaicas do pres. do ind. e impf. do subj. do v. **nolo** (Plaut. Most. 762); (Plaut. Trin. 1156); etc.

Nevĭus, v. **Naevĭus**.

nex, necis, subs. f. I — Sent. próprio: 1) Morte violenta, homicídio, assassínio (Cíc. De Or. 2, 170). II — Na época imperial: 2) Morte natural (Sên. Marc. 21, 7).

nexī, = **nexŭī**, perf. de **necto**.

nexĭlis, -e, adj. Atado, entrelaçado (Ov. Met. 2, 499).

nexŭī, perf. de **necto**.

nexum, -ī, subs. n. ou **nexus, -ūs**, subs. m. I — Sent. próprio: 1) Obrigação, sujeição, escravidão por dívida, obrigação: **omnia nexa civium liberata sunt** (Cíc. Rep. 2, 59) «tôdas as sujeições dos cidadãos a seus devedores foram abolidas». Daí: 2) Contrato de venda, direito de alienar, direito de adquirir, compra (Cíc. Mur. 3).

1. **nexus, -a, -um**, part. pass. de **necto**.

2. **nexus, -ūs**, subs. m. I — Sent. próprio: 1) Laço, nó, enlaçamento, encadeamento (Tác. An. 6, 22). II — Sent. figurado: 2) Rigor, severidade (da lei): **legis** (Tác. An. 3, 28) «(rigor) da lei». Obs.: Como têrmo jurídico v. **nexum**.

1. **nī**, adv. de negação = **non**, ou a **ne**, sem valor subordinativo (Plaut. Mil. 1120); (Verg. En. 3, 686).

2. **nī**, conj. = **si non**. Se não (Cíc. Fam. 6, 6, 4). Obs.: Constrói-se com ind. ou inf.

Nīcaea, -ae, subs. pr. f. Nicéia. 1) Cidade da Bitínia (Cíc. Planc. 84). 2) Cidade da Ligúria (Plín. H. Nat. 3, 47). 3) Cidade da Lócrida (T. Lív. 28, 5, 18). 4) Nome de mulher (T. Lív. 35, 26).

Nīcaeēnsēs, subs. loc. m. pl. Niceenses, habitantes de Nicéia (Cíc. Fam. 13, 61).

Nīcaeus, -ī, subs. pr. m. Niceu, epíteto de Júpiter (T. Lív. 43, 21, 8).

Nīcander, -drī, subs. pr. m. Nicandro, escritor grego nascido em Colofon (Cíc. De Or. 1, 69).

nĭcātŏrēs, -um, subs. m. pl. Os inven-cíveis (nome dado à guarda dos reis da Macedônia) (T. Liv. 43, 19, 11).

Nĭcēphŏrĭum (Nĭcēphŏrĭŏn), -ī, subs. pr. n. 1) Cidade da Mesopotâmia, sôbre o rio Eufrates (Plín. H. Nat. 5, 86). 2) Bosque vizinho de Pérgamo, onde havia um templo dedicado a Vênus (T. Lív. 32, 33, 5).

Nĭcēphŏrĭus, -ī, subs. pr. m. Nicefório, rio da Armênia (Tác. An. 15, 4).

Nĭcēphŏrus, -ī, subs. pr. m. Nicéforo, nome de homem (Cíc. Q. Fr. 3, 1, 4).

Nĭcĕrōs, -ōtis, subs. pr. m. Níceros, nome de um perfumista (Marc. 12, 65, 4).

nĭcētērĭa, -ōrum, subs. n. pl. Insígnias de uma vitória atlética (Juv. 3, 68).

Nĭcĭās, -ae, subs. pr. m. Nícias. 1) Famoso general ateniense, contemporâneo de Péricles (C. Nep. Alcib. 3, 1). 2) Outra pessoa com o mesmo nome (Cíc. Fam. 9,·10, 1).

Nĭcō (Nĭcōn), -ōnis, subs. pr. m. Nícon. 1) Nome de um médico (Cíc. Fam. 7, 20, 3). 2) Pirata célebre (Cíc. Verr. 5, 79).

Nĭcŏclēs, -is, subs. pr. m. Nícocles, tirano de Sicião (Cíc. Of. 2, 81).

Nĭcodāmus, -ī, subs. pr. m. Nicódamo, general dos etólios (T. Lív. 38, 5).

Nĭcŏlāus, -ī, subs. pr. m. Nicolau de Damas, filósofo do tempo de Augusto (Plín. H. Nat. 15, 45).

Nĭcŏmēdēs, -is, subs. pr. m. Nicomedes, filho de Prúsias e rei da Bitínia (Cíc. De Or. 2, 229).

Nĭcŏmēdĭa, -ae, subs. pr. f. Nicomédia, ou melhor Nicomedia, capital da Bitínia (Plín. H. Nat. 5, 148).

Nĭcŏpŏlis, -is, subs. pr. f. Nicópolis, cidade do Epiro (Tác. An. 2, 53).

nictans, -āntis, part. pres. de **nicto** (Lucr. 6, 182).

nictō, -ās, -āre, v. intr. Piscar os olhos, pestanejar (Plaut. As. 784); (Plín. H. Nat. 11, 144).

nīdĭfĭcō, -ās, -āre, v. intr. Nidificar, construir o ninho (Plín. H. Nat. 9, 81).

nīdĭfĭcus, -a, -um, adj. (Época) em que se constroem ninhos (Sên. Med. 714).

nĭdor, -ōris, subs. m. Cheiro a coisa cozida ou queimada, cheiro forte, vapor (Cíc. Pis. 13).

nīdŭlus, -ī, subs. m. Ninho pequeno (Cíc. De Or. 1, 196).

nīdus, -ī, subs. m. I — Sent. próprio: 1) Ninho (de ave) (Hor. O. 4, 12, 5). II — Sent. figurado: 2) Compartimento, receptáculo (de biblioteca) (Marc. 1, 118, 15). Sent. poético: 3) Ninhada (Verg. En. 12, 475).

1. niger, -gra, -grum, adj. I — Sent. próprio: 1) Negro, prêto, escuro, sombrio, tenebroso (Ov. Her. 18, 7). II — Sent. figurado: 2) Sombrio, espêsso, tempestuoso (Verg. G. 3, 278). Sent. moral: 3) Infeliz, de mau agouro (Hor. Sát. 1, 9, 73). 4) Sombrio, negro (com idéia de morte) (Tib. 3, 5, 5). 5). Enlutado, fúnebre, triste, melancólico (Estác. S. 5, 1, 18). 6) Mau, perverso, pérfido, de alma negra (Hor. Sát. 1, 4, 85).

2. Niger, -grī, subs. pr. m. Nigro, sobrenome romano (Suet. Aug. 11).

Nĭgĭdĭus, -ī, subs. pr. m. Nigídio Fígulo, filósofo e gramático amigo de Cícero (Cíc. Fam. 4, 13).

nigrans, -āntis, part. pres. de **nigro.**

nigrātus, -a, -um, part. pass. de **nigro.**

nigrēscō, -is, -ĕre, nigrŭī, v. incoat. de **nigro,** intr. Tornar-se negro, escurecer-se (Verg. En. 4, 454).

nigrĭcō, -ās, -āre, v. intr. Ser escuro, negrejar (Plín. H. Nat. 9, 135).

Nigrīnus, -ī, subs. pr. m. Nigrino, apelido romano (Suet. Tib. 73).

nigrō, -ās, -āre, -āvī, -ātum, v. intr. Ser negro, ter côr negra (Lucr. 2, 733).

nigrum, -ī, subs. n. O negro, a côr negra (Ov. A. Am. 1, 291).

nigrŭī, perf. de **nigrēsco.**

nihil ou nil, n. indecl. É usado como subs. e adv. I — Subs.: Sent. próprio: 1) Nada: nihil agere (Cíc. C.M. 15) «nada fazer». 2) Nada, nulidade, inutilidade (Cíc. Tusc. 3, 77). II — Empregos particulares: 3) **nihil** reforçado por **ne... nec: nihil nec obsignatum nec occlusum** (Cíc. De Or. 2, 248) «nada nem de selado nem de fechado». 4) **nihil est cur, quod, ut,** «não há razão para que» (Cíc. Of. 1, 133). 5) **nihil ad te, ad me** (subent. **attinet**) «nada te importa, nada me importa» (Cíc. Pis. 68). 6) **nihil ad** «nada em comparação com» (Cíc. De Or. 2, 25). 7) **nihil non** «tudo, todo o possível» (Cíc. Br. 140). 8) **Non nihil** «alguma coisa» (Cíc. Fam. 4, 14, 2). 9) **nihil nisi, nihil aliud nisi** «nada mais a não ser» (T. Lív. 2, 29, 4). 10) **nihil minus** «absolutamente nada», «o menos possível» (Cíc. Of. 3, 81). III — Adv.: 11) Por motivo algum, por nada, em nada **absolutamente** (Cés. B. Gal. 2, 20, 4).

nihīldum, adv. Nada ainda, ainda nada (Cíc. Fam. 12, 7, 2).
nihīlī, gen. de **nihīlum**.
nihilōmĭnus, ou **nihīlō mĭnus**, adv. 1) Não menos: **quattuor, nihilo minus** (Plaut. Men. 953) «quatro, não menos». 2) Em correlação com **si, etsi, quamvis, quamquam**: não menos, todavia, contudo, do mesmo modo (Cíc. Fam. 10, 2, 2).
nihīlum, -i, subs. n. e adv. I — Subs. 1) Nada, coisa nenhuma (Cic. Div. 2, 37). Expressões particulares: 2) **nihili**, de nada, sem valor: **esse nihili** (Plaut. Ps. 1104) «não valer nada». 3) **de nihilo**, «por nada, sem razão, sem fundamento» (T. Lív. 30, 29, 4). 4) **nihilo mais** comp., «nada mais»: **nihilo beatior** (Cíc. Fin. 5, 83) «nada mais feliz». II — Adv. 5) De modo nenhum, de forma nenhuma (Hor. Sát. 2, 3, 54).
nīl, v. **nihil** (Cíc. Tusc. 3, 66).
Nīleus, -ĕī, (-ĕos), subs. pr. m. Nileu, companheiro de Fineu (Ov. Met. 5, 187).
Nīlĭăcus, -a, -um, adj. 1) Do Nilo (Luc. 10, 192). 2) Do Egito (Marc. 8, 81, 2).
Nīlōtĭcus, -a, -um, adj. Nilótico, do Nilo (Sên. Nat. 3, 25, 11).
nīlum, -i, v. **nihilum**.
1. Nīlus -i, subs. pr. m. Nilo. 1) Rio que atravessa o Egito, fertilizando, durante suas inundações periódicas, as terras que banha (Lucr. 6, 712). 2) O deus Nilo (Cíc. Nat. 3, 42).
2. nīlus, -i, subs. m. Um aqueduto (Cíc. Leg. 2, 2).
nimbātus, -a, -um, adj. Semelhante a uma nuvem, isto é, inexistente (Plaut. Poen. 348).
nimbĭfer, -fĕra, -fĕrum, adj. Nimbífero, que traz chuva (Ov. P. 4, 8, 60).
nimbōsus, -a, -um, adj. Nimboso, pluvioso, tempestuoso (Verg. En. 1, 535).
nimbus, -i, subs. m. I — Sent. próprio: 1) Nuvem carregada de chuva, nuvem espêssa (Verg. En. 3, 198). Daí: 2) Chuva, borrasca, tempestade, aguaceiro (Cíc. Nat. 2, 14). Donde: 3) Nuvem (em geral) e, em sent. particular, nuvem dourada que envolve os deuses, nimbo, auréola (Verg. En. 10, 634). II — Sent. figurado: 4) Nuvem (de dardos, de pó, de fumaça, de qualquer coisa que lembre o cair da chuva) (Verg. En. 5, 666). 5) Borrasca, desgraça (Cíc. At. 15, 9, 2).
nĭmĭō, adv. Muito, extremamente (Plaut. Poen. 303).

nimiopĕrĕ, adv. De modo excessivo (Cíc. Verr. 4, 132). Obs.: **Nimio opere** (Cíc. Par. 36).
nīmīrum, adv. 1) Certamente, seguramente (Cíc. Mur. 45). 2) Sem dúvida (ironicamente) (Hor. Sát. 2, 2, 106).
nimis, adv. 1) Muito, mais do que o necessário, demasiadamente, excessivamente (Cíc. Br. 318). 2) Extremamente, enormemente, muitíssimo (Cíc. Leg. 1, 27).
1. nimĭum, adv. 1) Muito, bastante: **nimium saepe** (Cíc. Sest. 77) «muito freqüentemente». 2) Excessivamente, em demasia, demais, extremamente (Verg. G. 2, 458).
2. nimĭum, -i, subs. n. Excesso, demasia, quantidade excessiva (Cic. Verr. 3, 78).
nimĭus, -a, um, adj. I — Sent. próprio: 1) Excessivo, que excede os limites, a medida (Cíc. Lae. 45). Daí: 2) Que não tem medida, desmedido (Tác. Hist. 3, 75). 3) Excessivamente grande (Plaut. Mil. 998). Obs.: Constrói-se, absolt.; com abl. de coisa; com gen.
ningit (ninguit), -ĕre, ninxit, v. impess. intr. I — Sentido próprio: 1) Neva, cai neve (Verg. G. 3, 367). II — Sent. figurado: **ningunt rosarum floribus** (Lucr. 2, 627) «cai uma chuva de rosas».
ningor, -ōris, subs. m. Queda de neve, nevada (Apul. Mund. 9).
ninguis, -is, subs. f. arc. = **nix** (Lucr. 6, 736).
ninguit = **ningit**.
Ninnĭus, -i, subs. pr. m. Nínio, nome de uma família da Campânia, de onde descendia Lúcio Nínio Quadrato, tribuno da plebe (Cíc. At. 3, 23, 4).
Ninus, -i, subs. pr. m. Nino. 1) Primeiro rei dos assírios, espôso de Semíramis, e que deu o nome à cidade de Nínive (Ov. Met. 4, 88). 2) A cidade de Nínive, capital do reino assírio (Plín. H. Nat. 6, 117).
ninxit, perf. de **ningit**.
Nĭŏbē, -ēs, ou **Nĭŏba, -ae**, subs. pr. f. Niobe. 1) Figura mitológica grega, filha de Tântalo e mulher de Anfião, rei de Tebas (Ov. Met. 6, 155). 2) Fonte da Argólida (Plín. H. Nat. 4, 14).
Nĭŏbēus, -a, -um, adj. De Níobe (Hor. 4, 6, 1).
Niphătēs, -ae, subs. pr. m. Nifata, uma parte do monte Tauro (Verg. G. 3, 30).

Niphē, -ēs, subs. pr. f. Nife, ninfa companheira de Diana (Ov. Met. 3, 171).
Niptra, subs. pr. n. pl. As Purificações, título de uma tragédia de Sófocles e Pacúvio (Cíc. Tusc. 2, 48).
Nīreus, -ĕī (-ĕos), subs. pr. m. Nireu, rei de Samos (Hor. O. 3, 20, 15).
Nīsa, -ae, subs. pr. f. Nisa, nome de mulher (Verg. Buc. 8, 26).
Nīsaeus, v. **Nīsēius** (Ov. F. 4, 500).
Nīsēis, -ĭdis, subs. pr. f. Niseide, filha de Niso, i. é, Cila (Ov. Rem. 737).
Nīsēius, -a, -um, adj. De Cila (Ov. Met. 8, 35).
nisi, conj. 1) Se não (Cíc. C.M. 82). 2) Salvo se, senão, exceto se, sòmente se (Cíc. Lae. 18); (Cíc. Vat. 2); (Cíc. Tusc. 5,41). 3) Construções especiais: a) **nisi si** (Cíc. Fam. 14, 2, 1) «exceto se»; b) **nisi ut** (Suet. Cl. 35) «a menos que».
Nīsiădēs, -um, subs. f. Nisíades, mulheres de Mégara, onde reinou Niso (Ov. Her. 15, 54).
Nisuetae, -ārum, subs. loc. m. Nisuetas, povo da África (T. Lív. 33, 18).
1. **nīsus, -a, -um** =**nīxus,** part. pass. de **nītor.**
2. **Nīsus, -ĭ,** subs. pr. m. Niso. 1) Pai de Baco (Cíc. Nat. 3, 58). 2) Rei de Mégara, pai de Cila, o qual foi transformado em gavião (Ov. Met. 8, 8). 3) Troiano, fiel amigo de Euríalo (Verg. En. 5, 294).
3. **nīsus, -ĭ,** subs. m. Gavião (Ov. Met. 8, 8).
4. **nīsus, -ūs,** subs. m. I — Sent. próprio: 1) Apoio, finca-pé (para se conservar firme): **nisu eodem** (Verg. En. 5, 437) «na mesma postura, na mesma posição». Daí: 2) Esfôrço, movimento para se deslocar (Tác. An. 12, 67). 3) Dores do parto (Ov. F. 5, 171).
nitēdŭla, -ae, subs. f. Rato do monte (Cíc. Sest. 72).
nĭtēla (nĭtēlla), -ae, subs. f. Rato do monte (Marc. 5, 37, 8).
nitens, -tēntis, part. adj. de **nĭtĕo.** I — Sent. próprio: 1) Nitente, brilhante, luzidio (Hor. O. 2, 7, 7). Daí: 2) Gordo, bem nutrido (Verg. En. 3, 20). 3) Em estado florescente, bem cultivado (tratando-se de campos) (Verg. G. 1, 153). II — Sent. figurado: 4) Brilhante, elegante (tratando-se de estilo) (Cíc. Br. 238). 5) Resplandescente (de glória) (T. Lív. 3, 12).

nĭtĕō, -ēs, -ēre, nitŭī, (sem supino), v. intr. I — Sent. próprio: 1) Brilhar, reluzir, ser luzidio (empregando-se com referência à limpeza) (Cíc. Cat. 2, 5). Daí: 2) Estar nédio, gordo, em bom estado, ter boa saúde (Plaut. Bac. 1124). II — Sent. figurado: 3) Ser brilhante, brilhar, florescer, ser célebre (Hor. O. 1, 5, 12). 4) Ter em abundância, abundar em, ser abundante (Cíc. Agr. 1, 21). Tratando-se do estilo: 5) Ser brilhante, ser claro, ser puro (Cíc. Fin. 4, 5).
nitēscō, -is, -ĕre, v. incoat. de **nĭtĕo,** intr. I — Sent. próprio: 1) Tornar-se brilhante ou luzidio, engordar, tornar-se gordo (Cíc. Arat. 174). Daí: 2) Crescer, aumentar (Plín. H. Nat. 12, 112). II —. Sent. figurado: 3) Aperfeiçoar-se, tornar-se melhor (Quint. 9, 4, 5).
nitĭdē, adv. 1) Com brilho, claramente, nìtidamente (Plaut. Truc. 354). 2) Em esplendor, com magnificência (Plaut. Cist. 11).
nitidiuscŭlē, adv. Um tanto corretamente, como convém (Plaut. Ps. 774).
nitidiuscŭlus, -a, -um, adj. Bastante luzidio (Plaut. Ps. 220).
nitĭdus, -a, -um, adj. I — Sent. próprio: 1) Brilhante, luzidio, resplandescente (tratando-se do sol, de um quadro, do marfim); limpo, asseado (tratando-se de uma casa) (Verg. G. 1, 467). Daí: 2) Gordo, nédio, bem alimentado (tratando-se de animais) (C. Nep. Eum. 5, 6). 3) Gordo, bem disposto, de saúde boa (tratando-se de pessoas) (Hor. Ep. 1, 4, 15). II — Sent. figurado: 4) Belo, elegante, janota (Cíc. Cat. 2, 22). 5) Fértil (tratando-se de campos) (Lucr. 2, 594). 6) Aprimorado (tratando-se de estilo) (Cíc. De Or. 1, 81). 7) Rico, suntuoso (Ov. F. 5, 265).
Nitiobrĭgēs, -um, subs. loc. m. Nitiobrigos, povo da Aquitânia, perto do rio Garona (Cés. B. Gal. 7, 7, 2).
1. **nītor, -ĕris, nitī, nīxus** e **nīsus sum,** v. dep. intr. 1) Apoiar-se em (sent. físico e moral), firmar-se (Cíc. Verr. 5, 86); (Verg. En. 12, 390); (Cíc. Of. 1, 122). Daí: 2) Inclinar-se, dobrar-se com esfôrço, pender: **nīti corporibus** (Sal. B. Jug. 60,4) «dobrar-se com esfôrço (inclinar-se)»; **deorsum niti** (Lucr. 6, 335) «inclinar-se (pender) para baixo». II — Sent. figurado: 3) Fazer esfôrço, esforçar-se (Sal. B. Jug. 31, 17); (Cés. B. Gal. 7, 63, 2); (Cíc. C.M. 82). 4)

Avançar com esfôrço, subir, trepar (Verg. En. 2, 443). Obs.: Constrói-se com abl.; com abl. com in; com acus. com in; com inf.; com locat., e com ut.

2. nitor, -ōris, subs. m. I — Sent. próprio: 1) Brilho, lustro, côr (sent. físico e moral) (Ov. P. 3, 4, 23). II — Sent. figurado: 2) Brilho da cútis, beleza, brilho da beleza (Cíc. Br. 36). 3) Beleza, elegância (da pessoa) (Plaut. Aul. 541). 4) Beleza exterior, elegância (Cíc. Cael. 77). 5) Pureza, elegância, beleza (do estilo) (Cíc. Or. 115). 6) Magnificência, pompa (Plín. Ep. 6, 32, 1).

nitrātus, -a, -um, adj. Misturado com nitro (Marc. 13, 17, 2).

nitŭī, perf. de **nitĕo**.

nivālis, -e, adj. I — Sent. próprio: 1) De neve, coberto de neve (T. Lív. 21, 54, 7). Daí: 2) Branco como neve (Verg. En. 3, 538). II — Sent. figurado: 3) Frio, gelado (Marc. 7, 95).

nivārĭus, -a, -um, adj. Relativo à neve, em que há neve (Marc. 14, 103).

nivātus, -a, -um, adj. Arrefecido na neve (Petr. 31, 3).

nive, abl. de **nix**.

nivĕus, -a, -um, adj. I — Sent. próprio: 1) De neve, níveo (Verg. G. 3, 354). Daí: 2) Branco como a neve (Verg. En. 8, 387). 3) Vestido de branco (Juv. 10, 45). II — Sent. figurado: 4) Claro, puro, transparente (Marc. 7, 32, 11).

nivis, gen. de **nix**.

nivōsus, -a, -um, adj. Cheio de neve, nevoso, abundante em neve (T. Lív. 5, 13, 1).

nix, nivis, subs. f. I — Sent. próprio: 1) Neve (Cíc. Sest. 12). Daí: 2) Os países frios (o norte): nives (Prop. 1, 8, 8) «os países frios». II — Sent. figurado: 3) Brancura (Hor. O. 4, 13, 12).

Nixī, -ōrum, subs. pr. m. Nixos, deuses que presidiam aos partos (Ov. Met. 9, 294).

nixor, -āris, -ārī, v. dep. freq. de **nitor**, intr. 1) Fazer muitos esforços (Lucr. 3, 100). Daí: 2) Apoiar-se em, firmar-se em (Verg. En. 5, 279).

1. nixus = **nisus, -a, -um,** part. pass. de **nitor**.

2. nixus, -ūs, subs. m. (raro). Dores do parto (Verg. G. 4, 199).

nō, -ās, -āre, -āvī, -ātum, v. intr. 1) Nadar, flutuar (sent. físico e moral) (Ov. Met. 1, 304); (Lucr. 3, 480); (Hor. Sát. 1, 4, 120). Daí: 2) Navegar, voar (tratando-se de abelhas) (Catul. 66, 45); (Verg. G. 4, 59).

Nōbilior, -ōris, subs. pr. m. Nobílior, sobrenome dos Fúlvios (T. Lív. 37, 47).

nōbĭlis, -e, adj. I — Sent. próprio: 1) Conhecido, bem conhecido, célebre, famoso, ilustre (Cíc. Rep. 1, 3). II — Sent. particular: 2) De boa origem, de boa ascendência, de origem nobre, nobre (Cíc. Cael. 31). III — Como subs.: 3) Um nobre (Plín. Ep. 5, 17, 5). Obs.: O sent. primitivo é: «que se pode conhecer, fácil de se conhecer» (Plaut. Ps. 1112).

nōbĭlĭtās, -tātis, subs. f. I — Sent. próprio: 1) Notoriedade, celebridade, reputação (Cíc. Arch. 26). II — Sent. particular: 2) Nobreza, origem ilustre (Cíc. Amer. 16). Daí: 3) Nobreza, os nobres, a aristocracia (Cíc. Sest. 136). 4) Excelência, superioridade, mérito (Ov. P. 2, 5, 56). 5) Distinção moral (Tác. An. 1, 29).

nōbĭlĭtātus, -a, -um, part. pass. de **nobilĭto**.

nōbĭlĭter, adv. De maneira distinta, notável, nobremente (Plín. H. Nat. 34, 91).

nōbĭlĭtō, -ās, -āre, -āvī, -ātum, v. tr. Tornar conhecido, tornar famoso (em bom ou mau sentido), ilustrar, nobilitar (Cíc. Tusc. 1, 34).

nōbis, dat. e abl. de **nos**.

nōbīscum = **cum nobis**. Conosco.

nocens, -ēntis. I — Part. pres. de **nocĕo**. II — Adj.: 1) Pernicioso, prejudicial, funesto (tratando-se de pessoas ou coisas) (Hor. Epo. 3, 3). 2) Criminoso, culpado, perverso (Cíc. Of. 2, 51). III — Como subs. m.: 3) Um culpado (Cíc. Of. 2, 51).

nocĕō, -ēs, -ēre, nocŭī, nocĭtum, v. causativo intr. I — Sent. primitivo: 1) Causar a morte, preparar a morte de (Cíc. Caec. 60). Daí, por enfraquecimento de sentido: 2) Fazer mal, prejudicar, ser funesto: rostro enim noceri non posse cognoverant (Cés. B. Gal. 3, 14, 4) «na verdade tinham reconhecido que não podiam prejudicá-las com o esporão»; nocere frugibus (Verg. Buc. 10, 76) «ser funesto às colheitas». Obs.: Constrói-se com dat. ou como absoluto.

nocīvus, -a, -um, adj. Nocivo, prejudicial, perigoso (Fedr. 1, 29, 31).

noctĕ ou **noctū,** ablt. tomado adv. De noite, durante a noite (Cíc. Fam. 4, 3, 4).

noctĭfer, -fĕrī, subs. m. Estrêla da tarde (Héspero) (Catul. 62, 7).

noctilūca, -ae, subs. f. A lua, a que brilha durante a noite (Hor. O. 4, 6, 38).
noctivăgus, -a, -um, adj. Noctívago, que erra durante a noite (Verg. En. 10, 216).
noctū, adv., v. **noctĕ.**
noctŭa, -ae, subs. f. Coruja: **Athenas noctuam mittere** (Cic. Q. Fr. 2, 15, 16) «mandar uma coruja a Atenas», i.é, levar água para um rio (= perder tempo).
noctuābŭndus, -a, -um, adj. Que viaja durante a noite (Cíc. At. 12, 1, 2).
1. **noctuĭnus, -a, -um,** adj. De coruja (Plaut. Curc. 191).
2. **Noctuĭnus, -ī,** subs. pr. m. Noctuíno, nome de homem (Verg. Cat. 4, 1).
noctūrnus, -a, -um, adj. I — Sent. próprio: 1) Noturno, que se faz de noite (Cíc. C.M. 82). II — Sent. poético: 2) Que age nas trevas, durante a noite (Hor. Sát. 1, 3, 117). III — Como subs. pr. m.: 3) O deus da noite (Plaut. Amph. 272).
nocŭī, perf. de **nocĕo.**
nocŭus, -a, -um, adj. Prejudicial (Ov. Hal. 130).
nŏdātus, -a, -um, part. pass de **nŏdo.**
Nodīnus, -ī, subs. pr. m. Nodino, rio do Lácio, adorado como uma divindade (Cic. Nat. 3, 52).
nŏdō, -ās, -āre, -ātum, v. tr. Amarrar, fixar com um nó, ligar, atar (Verg. En. 4, 138).
nŏdōsus, -a, -um, adj. I — Sent. próprio: 1) Nodoso, que tem muitos nós (Ov. Her. 10, 101). Daí: 2) Que prende as articulações, que lhes dá um nó, i.é, a gôta, doença) (Hor. Ep. 1, 1, 31). II — Sent. figurado: 3) Complicado, intrincado, tortuoso, enigmático (Macr. Saturn. 7, 1). 4) Manhoso, chicaneiro (Hor. Sát. 2, 3, 69).
nŏdŭlus, -ī, subs. m. Pequeno nó (de cabelos, de árvore) (Plín. H. Nat. 21, 26).
nōdus, -ī, subs. m. I — Sent. próprio: 1) Nó, laçada (Verg. En. 8, 260). Daí, tôda saliência em forma de nó: 2) Nó de uma árvore, rebento, nodosidade (Verg. En. 7, 507). 3) Parte dura (de uma pedra, de um metal, etc.) (Plín. H. Nat. 34, 136). 4) Rôsca (de réptil) (Verg. En. 5, 279). 5) Ponto de intersecção do Zodíaco e do Equador (Lucr. 5, 688). 6) Articulação, vértebra, espinha dorsal (Cés. B. Gal. 6, 27, 1). II — Sent. poético: 7) Cinto, cintura (Verg. En. 1, 320). 8) Nó de cabelo (Tác. Germ. 38). III — Sent. figurado: 9) Laço, cadeia, encadeamento (Cíc. Lae. 51). 10) Nó, embaraço, dificuldade, obstáculo (Verg. En. 10, 428). 11) Enrêdo, intriga (de uma peça) (Hor. A. Poét. 101).
Noēmōn, -ŏnis, subs. pr. m. Noémon, nome de um guerreiro (Verg. En. 9, 767).
Nōla, -ae, subs. pr. f. Nola, cidade da Campânia (Cíc. Br. 12).
Nōlānus, -a, -um, adj. De Nola (T. Lív. 23, 14).
nōlens, -ēntis, part. pres. de **nōlo.**
nōlō, nōn vīs, nōlle, nōlŭī, v. tr. I — Sent. próprio: 1) Não querer (Cíc. Fin. 4, 71); (Cíc. Mur. 59). 2) O imperativo seguido de inf. serve para exprimir uma interdição delicada: **noli existimare** (Cíc. Br. 148) «não queiras acreditar (não acredites)». II — Sent. figurado: 3) Não querer bem a alguém, não ser favorável a (Cíc. Fam. 1, 1, 3). Obs.: Constrói-se com inf.; ou acus. com inf.; ou com acus. Formas arcaicas: **nevis** (Plaut. Most. 762) = **non vis; nevolt** (Plaut. Most. 110) = **non volt; nevellis** (Plaut. Trin. 1156) = **nolles.**
nōlŭī, perf. de **nōlo.**
Nomădēs, -um, subs. loc. m. Nômades, povo errante da Numídia (Verg. En. 4, 320).
nōmen, -ĭnis, subs. n. I — Sent. próprio: 1) Nome (dado a uma pessoa ou a uma coisa), palavra, têrmo, expressão (Cíc. Verr. 4, 59). Daí, em sent. particular: 2) Nome de família, nome próprio, prenome, sobrenome, título (Cíc. Caec. 27); (Cés. B. Civ. 2, 32, 14). 3) Nome de um povo, raça ou nação (Cíc. Phil. 3, 29). II — Sent. figurado: 4) Renome, celebridade, reputação, glória (Cíc. Verr. 4, 68). Na língua jurídica: 5) Nome de um réu, nome de um devedor, nome de um credor (Cíc. Amer. 64). 6) Título de crédito, título de dívida, dinheiro empregado, crédito, dívida, devedor (Cíc. Verr. 1, 28). No abl.: 7) Por causa de, em nome de: **amicitiae nostrae nomine** (Cíc. Fam. 12, 12, 3) "em nome de nossa amizade". 8) Sob pretexto de, sob a aparência de, a título de (Sal. C. Cat. 38, 3). 9) Em nome de (Cíc. At. 1, 16, 16). 10) Nome, crédito (Cíc. Fam. 5, 6, 2).

nōmenclātor (-culātor), -oris, subs. m. Escravo encarregado de designar o nome dos clientes, o que chama alguém pelo seu nome (Cíc. Mur. 37).

nōmenculātor, -ōris, subs. m., v. **nomenclātor** (Sên. Const. 14, 1).

Nōmentānī, -ōrum, subs. loc. m. Nomentanos, os habitantes de Nomento (T. Lív. 8, 14).

Nōmentānus, -ī, subs. pr. m. Nomentano, nome de homem (Hor. Sát. 1, 1, 101).

Nōmēntum, -ī, subs. pr. n. Nomento, cidade dos Latinos (Verg. En. 6, 773).

nōminātim, adv. Nominalmente, designando pelo nome (Cíc. At. 11, 7, 2).

nōminātiō, -onis, subs. f. Nomeação (para um cargo) (T. Lív. 26, 23, 8).

nōminātus, -a, -um, part. pass. de **nomino**.

nōminĭtō, -ās, -āre, v. freq. de **nomĭno**, tr. Nomear, designar por nome (Lucr. 3, 352).

nōmĭnō, -ās, -āre, -āvī, -ātum, v. tr. I — Sent. próprio: 1) Chamar, nomear, designar pelo nome (Cíc. Lae. 26); (Cíc. Lae. 15). Na língua jurídica: 2) Notificar, citar para juízo, acusar, denunciar (T. Lív. 9, 26, 7). 3) Propor alguém para um cargo, nomear um magistrado (Cíc. Phil. 2, 4); (T. Lív. 1, 32, 1).

nomisma, -ătis, subs. n. Nomisma, ou Numisma, moeda de ouro ou prata, moeda (Hor. Ep. 2, 1, 234).

Nomĭus (Nomios), -ī, subs. pr. m. Nômio, o "Pastor", epíteto de Apolo (Cíc. Nat. 3, 57).

nōn, adv. de negação. 1) Não (colocado antes do verbo). Aparece junto do nome quando a êle se refere: **non curia vires meas desiderat** (Cíc. C.M. 32) «não é a cúria que lastima o desaparecimento de minhas fôrças». 2) Não é verdade que, longe de (Cíc. Or. 51). 3) Ou melhor = **non dico**) (Cíc. Phil. 5, 24). 4) Por acaso não (quando a interrogação está no tom da frase, equivalendo a **nonne**): **non semper otio studui?** (Cíc. Phil. 8, 11) «por acaso não procurei sempre o repouso?». Obs.: Notem-se as expressões: a) **non ita, non tam** (Cíc. Verr. 4, 109) «não assim exatamente; b) **non tam... quam** (Cíc. C.M. 27 «não tanto quanto, i.é, menos... que»; c) **non fere quisquam** (Cíc. Verr. 5, 182) «quase ninguém». **Non** é por excelência a negação do indicativo e da oração principal. Seu uso nas proibições não é permitido pela prosa clássica, mas freqüente em poesia.

1. **nōna**, -ae, subs. f. A 9ª hora do dia, i.é, aproximadamente 3 horas da tarde (Hor. Ep. 1, 7, 71).

2. **Nōna**, -ae, subs pr. f. Nona, uma das três Parcas (A. Gél. 3, 16, 10).

Nōnācrīnus, -a, -um, adj. De Nonácris, i.é, da Arcádia: **virgo Nonacrina** (Ov. Met. 2, 409) «Calisto».

Nōnācris, -is, subs. pr. f. Nonácris, montanha da Arcádia (Plín. H. Nat. 2, 231).

Nōnācrĭus, -a, -um, adj. Nonácrio, de Nonácris: **Nonacrius heros** (Ov. F. 5, 97) «Evandro». Obs.: Subs. f.: **Nonacria** «Atalante» (Ov. Met. 8, 426).

nōnae, -ārum, subs. f. pl. Nonas (divisão do mês romano): o dia 7 de março, de maio, de julho e de outubro, e o dia 5 dos demais meses. As nonas eram assim chamadas porque eram o nono dia antes dos idos.

nōnāgēnārĭus, -a, um, adj. Nonagenário, que contém o número noventa (Plín. H. Nat. 2, 60).

nōnāgēnī, -ae, -a, num. distr. Noventa de cada vez (Plín. H. Nat. 36, 88).

nōnāgesĭmus, -a, -um, num. ord. Nonagésimo (Cíc. C. M. 13).

nōnāgĭēs (nōnāgĭēns), adv. Noventa vêzes (Cíc. Verr. 3, 163).

nōnāgĭntā, num. card. Noventa (Cíc. C.M. 34).

nōnānī, -ōrum, subs. m. pl. Os soldados da 9ª legião (Tác. An. 1, 30).

nōnānus, -a, -um, adj. Da 9ª legião (Tác. An. 1, 23).

nōnārĭa, -ae, subs. f. Cortesã (mulher da nona hora, porque as cortesãs só podiam sair a partir da 9ª hora) (Pers. 1, 133).

nōndum, adv. Ainda não (Cíc. Rep. 3, 17).

nongēntī, -ae, -a, num. card. Novecentos (Cíc. Flac. 91).

Nōnĭus, -ī, subs. pr. m. Nônio. 1) Propretor de Creta e de Cirene (Cíc. At. 6, 1, 13). 2) Nônio Marcelo, gramático latino.

nōnně, adv. A) Interrogação direta: não é verdade que? (Cíc. Nat. 3, 89). B) Interrogação indireta: se não é verdade... (Cíc. Phil. 3, 15). Obs.: Supõe sempre uma resposta afirmativa.

nōnnūllus ou **nōn nullus**, -a, -um, pron. 1) Algum, alguma (Cés. B. Gal. 7, 37, 4). 2) No m. pl.: Alguns (Cíc. Tusc. 4, 64). 3) No n. pl.: Algumas coisas (Cíc. Mil. 61).

nõnnümquam ou **nõn numquam**, adv. Algumas vêzes, às vêzes (Cíc. Fam. 5, 8, 2).

nõnnūsquam, adv. Em alguns lugares, em muitas regiões (Plín. H. Nat. 14, 120).

nõnus, -a, -um, adj. Nono (Cíc. Rep. 6,18).

nõnusdecĭmus, nõnadecĭma, nõnumdecĭmum, num. ord. Décimo nono (Tác. An. 13, 16).

Norba, -ae, subs. pr. f. Norba, cidade do Lácio (T. Lív. 2, 34, 6).

Norbānī, -ōrum, subs. loc. m. Norbanos, habitantes de Norba (T. Lív. 27, 10, 7).

1. Norbānus, -a, -um, adj. Norbano, de Norba, no Lácio (T. Lív. 8, 19).

2. Norbānus, -ī, subs. pr. m. Caio Norbano, acusado por Sulpício e defendido por Antônio (Cíc. De Or. 2, 89).

Nōrēia, -ae, subs. pr. f. Noréia. 1) Cidade dos Carnos (Plín. H. Nat. 3, 131). 2) Cidade do Nórico (Cés. B. Gal. 1, 5, 4).

Nōrēnsis, -e, adj. Norense, de Nora, na Sardenha (Cíc. Scaur. 4) Obs.: Subs. m. pl.: habitantes de Nora (Cíc. Scaur. 9).

Nōricum, -ī, subs. pr. n. Nórico, região entre a Récia e a Panônia, ao sul do Danúbio (Tác. Hist. 1, 70).

Nōrĭcus, -a, -um, adj. Do Nórico, nórico (Cés. B. Gal. 1, 5, 4).

norma, -ae, subs. f. I — Sent. próprio: 1) Esquadro (têrmo técnico) (Plín. H. Nat. 36, 172). II — Sent. moral (o mais comum): 2) Regra, norma, modêlo, lei (Cíc. Mur. 3).

Nortĭa ou **Nurtĭa, -ae**, subs. pr. f. Nórcia, deusa da Fortuna entre os etruscos (T. Liv. 7, 3, 7).

nõs, nostrum ou **nostrī**, pron. pess. Nós (Cíc. Fam. 1, 1, 4). Obs.: 1) **Nostri** é geralmente um gen. objetivo: **miserere nostri** «tem compaixão de nós». 2) **Nostrum** é geralmente um gen. partitivo como: **quis nostrum** «qual de nós». 3) Por vêzes, emprega-se **nos** por **ego**(Verg. Buc. 1, 4).

nõscĭtō, -ās, -āre, -āvī, -ātum, v. freq. tr. 1) Procurar reconhecer, examinar (Plaut. Trin. 863). Daí: 2) Reconhecer, conhecer (T. Lív. 2, 23, 4).

nõscō, -is, -ĕre, nõvī, nõtum, v. incoat. tr. I — Série do infectum: 1) Tomar conhecimento, começar a conhecer, aprender a conhecer: **nosce te, nosce animum tuum** (Cíc. Tusc. 1, 52) «aprende a te conhecer, a conhecer teus sentimentos». II — Série do perfectum: 2) Conhecer, saber: **linguam** (Cíc. De Or. 2, 2) «conhecer (saber) uma língua». Na língua familiar: 3) Reconhecer, admitir, conceber (Cíc. Fam. 4, 4, 1). Em sent. figurado: 4) Examinar, estudar, considerar (Plaut. Ps. 986).

nosmet, pron. pess. Nós mesmos, eu mesmo (Cíc. Tusc. 3, 6).

nõsse = **novisse**, forma sincopada do inf. perf. de **nosco**.

noster, -tra, -trum, pron. poss. I — Sent. próprio: 1) Nosso, nossa (Cíc. Rep. 1, 3). Daí, em sent. particular: 2) Que é do nosso país, da nossa família ou do nosso partido (Cíc. Arch. 24). II — Sent. enfático: 3) Meu, minha: **noster** (Ter. Eun. 154) «meu (senhor)». 4) = **ego** (Plaut. Amph. 399).

nõstī = **nõvĭstī**, perf. de **nosco**.

Nostĭus, -ī, subs. pr. m. Nóstio, nome de uma família romana (Cíc. Fam. 13, 46).

nostrās, -ātis, adj. I — Sent. próprio: 1) Do nosso país, de nossos compatriotas (Cíc. Fam. 2, 11, 1). II — No m. pl.: 2) **nostrates, -ĭum**: compatriotas (Plín. H. Nat. 16, 70).

1. nostrī, gen. de **nos**.

2. nostrī, gen. de **noster**.

nostrōrum, v. **nos** e **noster**.

nostrum, gen. de **nos** e **noster**.

nota, -ae, subs. f. I — Sent. próprio: 1) Sinal, marca (para reconhecimento), marco, indício, cunho (Cíc. Fam. 13, 6, 2). Daí, em sent. poético: 2) Escrito, carta (Hor. O. 4, 8, 13). II — Sent. diversos: 3) Caracteres convencionais, sinais secretos (Suet. Aug. 88). 4) Sinal estenográfico (Sên. Ep. 90, 25). 5) Notas de música (Quint. 1, 12, 14). 6) Sinal, mancha (no corpo) (Hor. O. 4, 2, 59). 7) Tatuagem (Cíc. Of. 2, 25). 8) Impressão (em moedas) (Suet. Aug. 75). 9) Etiquêta (que se colocava nas ânforas para lembrar o ano da produção do vinho) (Cíc. Br. 287). 10) Anotação, marca (Cíc. Pis. 73). Na língua jurídica: 11) Nota do censor, censura (Cíc. Clu. 129). 12) Sinal (feito com a mão) (Ov. Met. 11, 466). III — Sent. figurado: 13) Espécie, qualidade, caráter (Sên. Ben. 3, 9, 1). 14) Marca, labéu, mancha (Cíc. Verr. 2, 115); (Cíc. Cat. 1, 13).

notābĭlis, -e, adj. I — Sent. próprio: 1) Notável, insigne, famoso (no bom e mau sentidos) (Cíc. Fam. 5, 12, 5). Daí: 2) Que se pode distinguir (Sên. Ir. 1, 2, 2).

notābilĭter, adv. 1) Notàvelmente, de modo marcante (Plín. Ep. 1, 5, 12). 2) Claramente, visìvelmente (Plín. H. Nat. 5, 17, 5).
notārĭus, -ī, subs. m. Estenógrafo, secretário (Quint. 7, 2, 24).
notātĭō, -ōnis, subs. f. I — Sent. próprio: 1) Ação de marcar com um sinal, notação (Cíc. Clu. 130). Daí: 2) Observação, exame (Cíc. Or. 183). 3) Aplicação da pena imposta pelo censor, pena imposta pelo censor (Cíc. Clu. 128). 4) Escolha, designação (de juízes) (Cíc. Phil. 5, 13). 5) Etimologia (Cíc. Top. 10).
notātus, -a, -um. I — Part. pass. de noto. II — Adj.: Marcado, notado, explicado, condenado (Cíc. Dom. 23).
nōtēscō, -is, -ĕre, nōtŭī, v. incoat. intr. Tornar-se conhecido, fazer-se conhecer (Catul. 68, 47).
nothus, -a, -um, adj. I — Sent. próprio: 1) Bastardo, ilegítimo (Verg. En. 9, 697). Daí: 2) Filho de animais de espécies ou países diferentes: quos... nothos creavit (Verg. En. 7, 283) «cavalos, que obteve por cruzamento». II — Sent. figurado: 3) Que não é próprio de, emprestado, estrangeiro (Lucr. 5, 575).
nōtĭō, -ōnis, subs. f. I — Sent. próprio: 1) Ação de conhecer (uma coisa), conhecimento, noção, idéia (Cíc. Agr. 2, 57). Daí, em sent. particular: 2) Conhecimento de uma causa, investigação judicial, jurisdição, julgamento (Cíc. Of. 3, 111). 3) Sentido, significação, valor de uma palavra, noção, idéia, concepção (Cíc. Nat. 2, 45).
nōtĭtĭa, -ae, subs. f. I — Sent. primitivo: 1) O fato de ser conhecido, notoriedade (Ov. P. 3, 1, 49). II — Sent. próprio: 2) Conhecimento, noção, idéia (Cíc. Leg. 1, 24). Daí, em sent. particular: 3) Comércio ou relações carnais com uma mulher (Cés. B. Gal. 6, 21, 5). 4) Noção antecipada (Cíc. C.M. 12).
nōtĭtĭēs, -ēī, subs. f., v. nōtĭtĭa.
Notĭum, -ī, subs. pr. n. Nócio, cidade da Jônia (T. Lív. 37, 26).
Notĭum Mare, subs. pr. n. O mar Tirreno (Plín. H. Nat. 3, 75).
notō, -ās, -āre, -āvī, -ātum, v. tr. I — Sent. próprio: 1) Designar com um sinal ou marca, marcar, notar, anotar, designar (Cíc. Verr. 2, 79); (Cíc. Fin. 3, 4); (Cíc. Div. 2, 146). II — Sent. figurado: 2) Censurar, repreender, condenar judicialmente, desacreditar, infamar (Cíc. Br. 224). 3) Escrever por abreviaturas, estenografar, dizer em poucas palavras, anotar por escrito, escrever (Suet. Galb. 5).
nōtor, -ōris, subs. m. O que conhece uma pessoa, o que garante por ela, fiador (Petr. 92, 9).
notŭī, perf. de notēsco.
1. nōtus, -a, -um. A) Part. pass. de nosco. B) Adj.: I — Sent. próprio: 1) Conhecido, reconhecido, averiguado (Cíc. Verr. 3, 134). II — Sent. poético (com gen.): 2) Conhecido por causa de (Hor. O. 2, 2, 6). III — No m. pl.: 3) Pessoas das relações, amigos, parentes, pessoas conhecidas (Cíc. Cael. 3) Obs.: Constrói-se geralmente com dat. ou, na poesia, com gen.
2. Notus (Notos), -ī, subs. pr. m. 1) Noto, o vento do sul (Verg. En. 6, 355). Donde, de um modo geral: 2) Vento (sent. poético) (Verg. En. 3, 268).
novăcŭla, -ae, subs. f. I — Sent. próprio: 1) Navalha de barba, faca (sent. generalizado) (Cíc. Div. 1, 32). II — Sent. diverso: 2) Punhal (Marc. 7,61,7).
Novae (tabērnae), subs. pr. f. Lojas Novas, lugar do Forum de Roma (Cíc. De Or. 2, 266).
novāle, -is, subs. n. I — Sent. próprio: 1) Noval, terra acabada de arrotear (Plín. H. Nat. 17, 39). Daí: 2) Terra de pousio (Plín. H. Nat. 18, 176). II — Sent. poético: 3) Campos cultivados (Verg. Buc. 1, 71).
novālis, -is, subs. f. (subent. terra). Noval, terra de pousio (Verg. G. 1, 71).
Novātĭlla, -ae, subs. pr. f. Novatila, filha de Aneu Novato e sobrinha de Sêneca (Sên. Helv. 18, 7).
novātrix, -ĭcis, adj. Que renova (Ov. Met. 15, 252).
1. novātus, -a, -um, part. pass. de novo.
2. Novātus, -ī, subs. pr. m. Mário Aneu Novato, irmão de Sêneca.
novē, adv. Com inovação, de um modo nôvo (Plaut. Ep. 222).
novēllō, -ās, -āre, v. tr. Plantar novas vinhas (Suet. Dom. 7).
novēllus, -a, -um, adj. I — Sent. próprio: 1) Nôvo, jovem (principalmente tratando-se de animais ou plantas, na língua rústica) (Verg. Buc. 3, 11). II — Sent. poético: 2) Nôvo, recente (T. Lív. 2, 39, 3).
1. novem, num. card. Nove (Cíc. Cat. 3, 14).

2. **Novem Pāgī**, subs. pr. m. pl. Nove Pagos, cidade da Etrúria (Plín. H. Nat. 3, 52).
novēmber, -bris, -e, adj. Do nono mês, de novembro (Cíc. Sull. 52).
novendiālis, -e, adj. I — Sent. próprio: 1) Novendial, do nono dia, que se faz no nono dia, fúnebre (Tác. An. 6, 5). II — Por extensão: 2) Que dura nove dias (T. Lív. 1, 31). Obs.: O adj. **novendialis** origina-se de **novendial, -is**, subs. n., que designa a cerimônia que se realiza nove dias depois dos funerais e da qual constava a **cena novendialis**, i.é, o banquete fúnebre.
Novensiles Dū ou **Divi** subs. pr. m. Nome de divindades introduzidas por estrangeiros (T. Lív. 8, 9, 6).
novēnus, -a, -um (geralmente no pl.), num. distrib. Nove para cada um, em número de nove, nove (T. Liv. 27, 37, 7).
novērca, -ae, subs. f. Madrasta (Cíc. Clu. 199).
novercālis, -e, adj. I — Sent. próprio: 1) De madrasta (Juv. 12, 71). II — Sent. figurado: 2) Hostil (Tác. An. 12, 2).
Novēsium, -ī, subs. pr. n. Novésio, cidade da Germânia (Tác. Hist. 4, 26).
nōvī, perf. de **nōsco**.
Novia, -ae, subs. pr. f. Nóvia, nome de mulher (Cíc. Clu. 27).
novīcius, -a, -um, adj. I — Sent. próprio: 1) Noviço, que é escravo há pouco tempo (Plaut. Capt. 712). II — Daí, por extensão: 2) Nôvo, recente (Plaut. Most. 779).
novies ou **noviens**, adv. Nove vêzes (Verg. G. 4, 480).
Noviodūnum, -ī, subs. pr. n. Novioduno. 1) Cidade dos éduos (Cés. B. Gal. 7, 55, 1). 2) Cidade dos suessiões (Cés. B. Gal. 2, 12, 1). 3) Cidade dos bitúriges (Cés. B. Gal. 7, 12, 2).
novissimē, adv. 1) O mais recentemente, ùltimamente (Sal. C. Cat. 33, 2). 2) Finalmente, por fim (Quint. 3, 6, 24).
novissimus, superl. de **novus**.
novitās, -tātis, subs. f. I — Sent. próprio: 1) Novidade, qualidade do que é nôvo (Cíc. Lae. 68). II — Daí: 2) Coisa inesperada, a que não se está habituado (Cés. B. Gal. 4, 34, 1). 3) Condição de **homo novus**, de nascimento obscuro (Cíc. Fam. 1, 7, 8).
novitius, v. **novicius**.
Novius, -ī, subs. pr. m. Nóvio. 1) Poeta cômico latino (Cíc. De Or. 2, 255). 2) Nome de um liberto (Hor. Sát. 1, 6, 40).

novŏ, -ās, -āre, -āvī, -ātum, v. tr. I — Sent. próprio: 1) Inovar, renovar, refazer (Cíc. Leg. 3, 12); (Cíc. De Or. 2, 131). II — Daí: 2) Mudar, alterar, inventar (Cíc. De Or. 3, 140). Donde, na língua política: 3) Mudar o regime, fazer uma revolução (T. Lív. 24, 23, 6). Na língua da retórica: 4) **novate verba** (Cíc. De Or. 3, 140) «criar novas palavras, fazer neologismos».
Novocōmēnsēs, -ium, subs. loc. m. Novocomenses, habitantes de Novocomo (Como) (Cíc. Fam. 13, 31, 5).
novum, -ī, subs. n. Coisa nova, novidade (Cíc. De Or. 2, 13).
novus, -a, -um, adj. I — Sent. próprio: 1) Nôvo, recente, fresco (Cíc. Br. 287). Daí: 2) Nôvo, inovado, desconhecido, desusado (Cíc. Br. 324). 3) Noviço, inexperiente, que não está habituado (Cíc. Lae. 68). II — Sent. figurado: 4) Estranho, singular, inaudito (Cíc. Lig. 1). 5) Nôvo (= outro, segundo) (Cív. Phil. 13, 25). III — Sent. particulares: 6) Novidades políticas, mudança política, revolução: **res novae** (Cíc. Cat. 1, 3) «novidades políticas». 7) Livros onde são registradas as dívidas, redução ou abolição de dívidas: **tabulae novae** (Cíc. Of. 2, 84) «novos livros de conta, onde se registravam as dívidas». 8) Homem que não tem família nobre (**homo novus**) e que, ao exercer pela primeira vez um cargo público, como que inaugura sua própria nobreza (Cíc. Of. 1, 138). 9) Como subs. m. pl.: os escritores novos, modernos (Quint. 2, 5, 26). 10) No superl.: **novissimus, -a, -um**: último, que vem em último lugar, o mais recente, o último, o maior: **novissimum agmen** (Cés. B. Gal. 1, 15, 2) «a retaguarda».
nox, noctis, subs. f. I — Sent. próprio: 1) Noite: **die et nocte** (Cíc. Nat. 2, 24) «de dia e de noite». Personificado: 2) A Noite (deusa da noite) (Verg. En. 5, 721). II — Sent. figurado: 3) A noite eterna, a morte (Hor. O. 1, 28, 15). 4) Noite de prazeres (Cíc. At. 1, 15, 6). 5) Repouso da noite, sono (Verg. En. 4, 530). 6) Noite da cegueira (sent. próprio e figurado), perda da vista, ignorância (Ov. Met. 7, 2). 7) Obscuridade, trevas (Verg. En. 3, 194). 8) Trevas (políticas), situação embaraçosa, calamitosa (Cíc. Br. 330). Obs.: O abl. arc. **noctu** ainda ocorre em Plauto: **noctu hac** (Míl. 381) «nesta noite».

noxa, -ae, subs. f. I — Sent. próprio: 1) Culpa, falta, delito, crime (T. Liv. 8, 28, 2). II — Daí: 2) Prejuízo (causado) (T. Liv. 36, 21, 3). 3) Desgraça, infelicidade, mal, enfermidade (Col. 12, 3, 7). 4) Punição, castigo (T. Liv. 23, 14, 3).

noxĭa, -ae, subs. f. I — Sent. própri: 1) Prejuízo, dano: **noxiae esse (alicui)** (T. Liv. 8, 18, 4) «causar prejuízo (a alguém)». Daí: 2) Falta, delito (Cíc. Leg. 3, 11).

nōxim, -is, etc. = **nocuĕrim, -is,** etc., formas arcaicas do perf. do subj. de **nocĕo.**

noxiōsus, -a, -um, adj. I — Sent. próprio: 1) Nocivo, prejudicial (Sên. Ben. 7, 10, 2). II — Daí: 2) Culpado (Petr. 130, 7).

noxitūdō, -ĭnis, subs. f. Falta, crime (Ac. Tr. 182).

noxĭus, -a, -um, adj. I — Sent. próprio: 1) Nóxio, nocivo, malfazejo, perigoso: **crimina noxia cordi** (Verg. En. 7, 326) «calúnias nocivas ao coração». II — Daí: 2) Culpado, criminoso: **noxius eodem crimine** (T. Liv. 7, 20, 9) «culpado do mesmo crime, réu do mesmo crime». Obs.: Constrói-se absolut., com abl.; com gen.

Nubae, -ārum, subs. loc. m. pl. Os núbios, povo da Etiópia (S. It. 3, 2, 69).

nūbĕcŭla, -ae, subs. f. I — Sent. próprio: 1) Nuvenzinha (Plín. H. Nat. 18, 356). II — Sent. figurado: 2) Expressão carregada, triste, sombria (tratando-se do rosto) (Cíc. Pis. 20).

nūbēs, -is, subs. f. I — Sent. próprio: 1) Nuvem (Cíc. Div. 2, 44). II — Sent. figurado: 2) Nuvem (de pó) (Verg. En. 9, 33). 3) Nuvem (de gente), multidão, bando, chusma (T. Liv. 25, 49, 5). 4) Bando (de pássaros) (Verg. En. 12, 254). 5) Nuvem (de dardos) (T. Liv. 21, 55, 6). 6) Nuvem (de tristeza), expressão carrancuda do rosto (Hor. Ep. 1, 18, 94). 7) Condição obscura, triste (Ov. Trist. 5, 5, 22). 8) Véu, obscuridade da noite (Hor. Ep. 1, 16, 62). 9) Calamidade, desgraça (Cíc. Dom. 24). 10) Tempestade (da guerra) (Verg. En. 10, 809). Obs.: Em Plauto (Merc. 879) ocorre o nom. sing. **nubis;** e em Lucrécio (6, 145) o abl. **nubi.**

nūbĭfer, -fĕra, -fĕrum, adj. Nubífero, que traz nuvens, tempestuoso (Ov. Met. 2, 226).

nūbĭgĕna, -ae, subs. m. e f. I — Sent. próprio: 1) Nubígeno, gerado nas nuvens, nascido nas nuvens (Estác. S. 5, 2, 131). II — No m. pl.: 2) Centauros (Ov. Met. 12, 211).

nūbĭla, v. **nubĭlum.**

nūbĭlis, -e, adj. Núbil, em idade de casar (Cíc. Clu. 11).

nūbĭlō, -ās, -āre, v. intr. e impress. I — Intr.: 1) Cobrir-se de nuvens, nublar-se, estar nublado (Plín. H. Nat. 37, 94). II — Impess.: 2) Há nuvens (Varr. R. Rust. 1, 13, 5).

nūbĭlōsus, -a, -um, adj. Nublado, nebuloso, produzido pelas nuvens (Sên. Nat. 3, 12, 2).

nūbĭlum, -ī, subs. n. I — Sent. próprio: e figurado: 1) Tempo nublado (Plín. Ep. 2, 17, 7); (Quint. 4, 3, 27). II — No n. pl.: 2) Nuvens (Verg. En. 4, 177).

nūbĭlus, -a, -um, adj. I — Sent. próprio: 1) Nublado, coberto de nuvens, nebuloso (Tib. 2, 5, 76). Daí, por extensão: 2) Que traz nuvens (tratando-se dos ventos) (Ov. P. 2, 1, 26). 3) Sombrio, obscuro, tempestuoso (Ov. F. 3, 322). 4) De côr carregada, negro, escuro (Plín. H. Nat. 9, 108). II — Sent. figurado: 5) Infeliz, triste (Ov. Trist. 1, 1, 40). 6) Inimigo, contrário, funesto (Ov. Trist. 5, 3, 14). 7) Perturbado, cego (de espírito) (Plaut. Cist. 210).

nubis, -is, v. **nūbes.**

nūbĭvăgus, -a, -um, adj. Nubívago, que percorre as nuvens, os ares (S. It. 12, 102).

nūbō, -is, -ĕre, nupsī, nuptum, v. intr. Casar-se (com referência à mulher) (Cíc. Cael. 34); (Plaut. Amph. 99). Obs.: Só na lingua vulgar ou na decadência, e por irrisão, também se emprega êste verbo tratando-se do homem. A expressão própria para o homem é **uxorem ducere,** ou **domum ducere.**

Nūcerĭa, -ae, subs. pr. f. Nucéria, cidade da Campânia (Cíc. Agr. 2, 86).

Nūcerīnī, -ōrum, subs. loc. m. Nucerinos, habitantes de Nucéria (T. Liv. 27, 3, 6).

Nūcerīnus, -a, -um, adj. Nucerino, de Nucéria na Campânia (T. Liv. 9, 38).

nŭcētum, -ī, subs. n. Lugar plantado de nogueiras (Estác. S. 1, 6, 12).

nŭcĕus, -a, -um, adj. De nogueira (madeira) (Cat. Agr. 31).

nūcipersĭcum, -ī, subs. n. Espécie de pêssego (enxertado numa nogueira) (Marc. 13, 46).

nŭcis, gen. de **nux.**

nuclĕus, -ī, subs. m. I — Sent. próprio: 1) Amêndoa (da noz), amêndoa (de qualquer fruto) (Plaut. Curc. 55). Daí: 2) Caroço, pevide (Plín. H. Nat. 37, 188). 3) Núcleo, centro (Plín. H. Nat. 24, 10). II — Sent. figurado: 4) O melhor, a melhor parte (Plaut. Capt. 655).

Nŭcŭla, -ae, subs. pr. m. Núcula, sobrenome romano (Cíc. Phil. 6, 14).

nūdātus, -a, -um, part. pass. de **nudo.**

nūdĭus, adv. Usado nas expressões: **nudius tertius** (Cíc. At. 14, 11, 1); **nudius quintus** (Plaut. Truc. 509) «agora é o 3º dia, faz dois dias»; «há quatro dias».

nūdō, -ās, -āre, -āvī, -ātum, v. tr. I — Sent. próprio: 1) Pôr nu, despir, pôr a descoberto (Cíc. Mil. 66). Daí: 2) Dar a conhecer, revelar (T. Lív. 24, 27, 4). II — Sent. figurado: 3) Despojar, pilhar, saquear, privar (Cíc. Ver. 5, 184); (Cíc. Dom. 2). 4) Abandonar, deixar sem defesa, desguarnecer (Cés. B. Gal. 7, 70, 7).

nūdus, -a, -um, adj. I — Sent. próprio: 1) Nu, despido (Sal. B. Jug. 94, 1). Daí: 2) Ligeiramente vestido, sem toga, vestido apenas de túnica (Verg. G. 1, 299). II — Sent. figurado: 3) Descoberto, pôsto à mostra, vazio (Verg. En. 12, 306); (Cíc. Cat. 1, 16). 4) Privado de, desguarnecido, despojado, vazio (Cíc. At. 7, 13, 1). III — Sent. moral: 5) Abandonado, sem socorro (Cíc. Verr. 4, 148). 6) Pobre, miserável, sem recursos (Cíc. Flac. 51). IV — Na língua retórica: 7) Simples, sem ornato, natural (Cíc. Br. 262). 8) Só, simples (Cíc. Tusc. 5, 14). Obs.: Constrói-se absolt.; com abl. sem prep.; com abl. acompanhado de **ad.**

nūgae, -ārum, subs. f. I — Sent. próprio: 1) Nugas, ninharias, frivolidades (Plaut. Pers. 718). Daí, em sent. particular: 2) Versos ligeiros (Catul. 1, 4). II — Sent. figurado: 3) Homens levianos, cabeças de vento (Cíc. Q. Fr. 1, 2, 2).

nūgātor, -ōris, subs. m. O que diz tolices, pateta, imbecil (Cíc. C.M. 27).

nūgātŏrĭus, -a, -um, adj. I — Sent. próprio: 1) Fútil, frívolo, de pouco valor, vão (Cíc. Caec. 64). II — Daí: 2) Pueril (tratando-se de um exórdio) (Cíc. De Or. 2, 315). 3) Homem fútil (Sên. Ep. 36, 2).

nūgax, -ācis, adj. Frívolo, pueril, farsante, patife (Petr. 52, 4).

nūgĭgĕrŭlus, -ī, subs. m. Vendedor de quinquilharias (Plaut. Aul. 525).

nūgor, -āris, -ārī, -ātus sum, v. dep. intr. 1) Dizer frivolidades, gracejar, chalacear, (Cíc. Div. 2, 30); (Hor. Sát. 2, 1, 73). 2) Passar o tempo, divertir-se (Hor. Ep. 2, 1, 93).

Nuithŏnēs, -um, subs. loc. m. Nuítones, povo da Germânia (Tác. Germ. 40).

nūllae, gen. e dat. f. de **nūllus.**

nūllī, gen., v. **nūllus.**

nūllus, -a, -um, pron. indef. I — Sent. próprio: 1) Nenhum, nenhuma, ninguém, coisa nenhuma (Cíc. Mur. 28). II — Daí: 2) Nulo, de nenhum valor, sem importância (Cíc. Tusc. 2, 13). 3) Que já não existe, morto, aniquilado (Cíc. Tusc. 1, 87): **nullus sum** (T. Lív. 6, 18, 8) «estou aniquilado». III — Emprêgos especiais: 4) = **nemo** (Cíc. Lae. 30) «ninguém». 5) = **non** (Plaut. Cas. 795). 6) = **nihil** (Sên. Ep. 4, 3). 7) **nullo** = **nulla re** (Tác. An. 3, 15). 8) **nullius** = **nullius rei** (Hor. A. Poét. 324). Obs.: Gen. **nulli** (Ter. And. 608); (Cíc. Com. 48); dat. **nullae** (Prop. 1, 20, 35).

nūllūsdum, nūllădum, nūllŭmdum, pron. Ainda nenhum (T. Lív. 5, 34, 6).

num, adv. 1) Por acaso, porventura? (serve para interrogar, equivalendo a uma negação): **num tot ducum naufragium sustulit artem gubernandi? aut num...?** (Cíc. Div. 1, 24) «por acaso os naufrágios de tantos chefes suprimiram a arte da navegação? ou ainda por acaso...?. Obs.: Notem-se as expressões: a) **num quis** (Cíc. Dej. 20) «por acaso alguém?»; b) **num quando** (Cíc. Phil. 5, 29) «acaso alguma vez?»; c) **num nam?** (Plaut. Aul. 389) «acaso pois?»; d) **numne** (Cíc. Nat. 1, 88) «por acaso?».

Numa, -ae, subs. pr. m. Numa Pompílio, segundo rei dos romanos (Cíc. Rep. 2, 25).

Numantĭa, -ae, subs. pr. f. Numância, cidade da Hispânia Tarraconense (Cíc. Of. 1, 35).

Numantīni, -ōrum, subs. loc. m. Numantinos, habitantes de Numância (Juv. 8, 11).

Numantīnus, -a, -um, adj. Numantino, de Numância (Cíc. Rep. 3, 28).

Numānus, -ī, subs. pr. m. Numano, nome de um guerreiro (Verg. En. 9, 592).

nūmen, -ĭnis, subs. n. I — Sent. primitivo: 1) Movimento de cabeça, assentimento, consentimento; daí, em sent. próprio: 2) Vontade, injunção: **mentis** (Lucr. 3, 144) «a (vontade) do espirito». II — Sent. particular: 3) Nume,

NUMERABILIS — **NUMMULUS**

poder divino, vontade divina (Cíc. Verr. 4, 107). Donde: 4) Divindade, deus, deusa (sent. concreto) (Verg. En. 3, 634). 5) Majestade, poder, grandeza, (sent. abstrato) (Verg. En. 3, 543). III — Sent. figurado: 6) Poder: **numen historiae** (Plín. Ep. 9, 27, 1) «o poder (divino) da história».

numerābĭlis, -e, adj. I — Sent. próprio: 1) Que se pode contar (Ov. Met. 5, 588). II — Daí: 2) Pouco numeroso (Hor. A. Poét. 206).

numerātĭō, -ōnis, subs. f. Ação de contar (dinheiro) (Sên. Ep. 18, 4).

numerātum, -i, subs. n. Dinheiro contado (Cíc. Fam. 5, 20, 9).

numerātus, -a, -um, part. pass. de **numero.**

Numeriānus, -i, subs. m. Numeriano, de Numério (Cíc. At. 7, 2, 7).

Numerĭus, -i, subs. pr. m. Numério, prenome romano (Cíc. At. 2, 22, 7).

numĕrō, -ās, -āre, -āvī, -ātum, v. tr. I — Sent. próprio: 1) Contar, numerar (Cíc. Dej. 12); (Verg. Buc. 3, 34). II — Sent. figurado: 2) Pôr no número de, incluir, considerar, enumerar (Cíc. Tusc. 5, 46); (Cíc. Br. 166); (Cíc. Ac. 1, 46). 3) Pagar (Cíc. Pis. 88).

numerōsē, adv. I — Sent. próprio: 1) Em grande número (Plín. H. Nat. 33, 61). II — Sent. figurado: 2) Em cadência, harmoniosamente, de modo harmonioso (Cíc. Br. 34).

numerōsus, -a, -um, adj. I — Sent. próprio: 1) Conforme a medida, rítmico, harmonioso (sent. clássico) (Cíc. Or. 166). No período imperial: 2) Numeroso, abundante, múltiplo, variado (Plín. H. Nat. 35, 138). II — Sent. figurado: 3) Fecundo, complicado (Plín. H. Nat. 35, 130).

numĕrus, -i, subs. m. I — Sent. primitivo: 1) Parte constitutiva de um todo, categoria, classe, ordem (Cés. B. Gal. 5, 27, 2). II — Daí, em sent. próprio: 2) Número (em geral), número requerido, quantidade, grande número (Cés. B. Gal. 7, 76, 3); (Cés. B. Gal. 6, 6, 1). Na língua retórica: 3) Ritmo oratório, medida, ritmo, cadência, compasso musical (Cíc. Br. 274). III — Sent. especiais: 4) Número (gramatical) (Quint. 1, 4, 27). 5) Certa quantidade, o número (em oposição à qualidade) (Cíc. Of. 2, 79). No plural: 6) Divisões de um exército, corpo (de tropas) (Plín. Ep. 10, 29, 2). 7) Funções, deveres, obrigações (sent. figurado) (Ov. Her. 4, 88). 8) A ciência dos números, a matemática (Cíc. Fin. 5, 87).

1. Numĭcĭus (Numĭcus), -i, subs. pr. m. Numício, rio do Lácio (Ov. F. 3, 647).

2. Numĭcĭus, -i, subs. pr. m. Numício, nome de família romana (Cíc. Of. 3, 109).

Numĭda, -ae, subs. pr. m. Númida, nome de um dos oficiais do imperador Augusto (Hor. O. 1, 6, 3).

Numĭdae, -ārum, subs. loc. m. Númidas, povo africano, cavaleiros famosos (Verg. En. 4, 41); (Sal. B. Jug. 46, 3).

Numĭdĭa, -ae, subs. pr. Numídia, extensa região africana, que compreende a atual Argélia. Alguns de seus reis, entre os quais Massinissa, Jugurta, Juba, têm seus nomes ligados a fatos importantes da história de Roma (Sal. B. Jug. 8, 1).

numidĭca, -ae, subs. f. Galinha da Numídia (Marc. 3, 58).

Numidĭcus, -a, -um, adj. Numídio, epíteto de Quinto Metelo, por sua vitória sôbre Jugurta, rei da Numídia (Sal. B. Jug. 91, 4).

Numisĭus, -i, subs. pr. m. Numísio, nome de uma família romana (Cíc. Phil. 12, 4).

Numĭstrō (Numestrō), -ōnis, subs. f. Numistro, cidade da Lucânia (T. Lív. 27, 2, 4).

Numĭtor, -ōris, subs. pr. m. Númitor, rei de Alba, cujo trono lhe foi arrebatado pelo próprio irmão Amúlio (Cíc. Verr. 5, 163).

Numitōrĭa, -ae, subs. pr. f. Numitória, nome de mulher (T. Lív. 2, 58).

Numitōrĭus, -i, subs. pr. m. Numitório, nome de homem (Cíc. Verr. 5, 163).

Numĭus, -i, subs. m., v. **Nummĭus.**

nummārĭus, -a, -um, adj. I — Sent. próprio: 1) Numário, relativo à moeda, ao dinheiro, pecuniário (Cíc. Verr. 2, 69). II — Daí: 2) Que se deixa subornar por dinheiro, venal (Cíc. Clu. 75).

nummātus, -a, -um, adj. Endinheirado, rico (Hor. Ep. 1, 6, 38).

Nummĭus, -i, subs. pr. m. Númio, nome de família romana (Cíc. De Or. 2, 257).

nummulārĭŏlus, -i, subs. m. Pequeno banqueiro ou cambista (Sên. Apoc. 9, 4).

nummulārĭus, -i, subs. m. Banqueiro cambista (Marc. 12, 57, **8).**

nummŭlus, -i, subs. m. Moeda miúda, pequena moeda (Cíc. Verr. 3, 184).

nummus (nŭmus), -ī, subs. m. I — Sent. próprio: 1) Moeda, dinheiro (Cíc. Verr. 4, 11). II — Daí: 2) **Nummus sestertius** ou simplesmente **nummus**: um sestércio (pequena moeda de cobre romana) (Cíc. Verr. 3, 140). III — Sent. particular: 3) Pequena quantia (vintém): **ad nummum** (Cíc. At. 5, 21, 12) «a um vintém». 4) Dracma (moeda grega) (Plaut. Men. 290).

numquam, adv. 1) Jamais, nunca (Cíc. Sest. 132). 2) Absolutamente (Verg. Buc. 3, 49). Obs.: **Nunquam non**: sempre (Cíc. De Or. 1, 112).

numquī, adv. De que modo? (Hor. Sát. 1, 4, 52).

numquid, adv. 1) Acaso?, por ventura? (Ter. Eun. 1043). 2) Se (nas interrogações indiretas): **scire velim numquid necesse sit** (Cíc. At. 12, 8) «eu queria saber se é obrigatório que...»

numquĭdnam, adv. Em verdade?, realmente? (Cíc. Part. 26).

numquis, v. **nunquis**.

nŭmus, v. **nummus**.

nunc, adv. 1) Agora, no momento presente (sent. temporal) (Cíc. Tusc. 1, 23). 2) Então (com verbos no pass. ou no fut.) (Cíc. Verr. 3, 47). 3) Ora, assim sendo, em vista disso (sent. lógico): **vera igitur illa sunt nunc omnia** (Cíc. Ac. 2, 106) «assim sendo, pois, todos êsses dogmas são verdadeiros». 4) Mas em realidade, assim pois (Cíc. Arch. 29).

nuncupātiō, -ōnis, subs. f. I — Sent. próprio: 1) Nuncupação (instituição de herdeiro feita de viva voz, na presença de testemunhas) (Suet. Cal. 38). II — Daí: 2) Pronunciação pública (de votos) (T. Lív. 21, 63, 7). 3) Dedicatória (de livro) (Plín. H. Nat. pref. 8). 4) Denominação (Apul. Plat. 2, 7).

nuncupātor, -ōris, subs. m. O que designa por um nome (Apul. Flor. 15).

nuncupātus, -a, -um, part. pass. de **nuncŭpo**.

nuncŭpō, -ās, -āre, -āvī, -ātum, v. tr. 1) Sent. primitivo: Tomar o nome, e daí: pronunciar o nome. Donde: 2) Designar pelo nome, invocar, proclamar, pronunciar solenemente, em voz alta (Plín. Ep. 8, 18, 5). Na língua religiosa: 3) Pronunciar os votos (Cíc. Phil. 3, 11). Na língua jurídica: 4) Anunciar publicamente, nomear, instituir herdeiro (Tác. Hist. 1, 17). 5) Chamar (Cíc. Rep. 6, 16); (Ov. Met. 14, 608). Obs.: Verbo da língua técnica, considerado por Cícero (De Or. 3, 153) como palavra arcaica. Só em poesia, ou na prosa imperial é que foi usado no sentido de «chamar» (**appellare**).

nŭndĭnae, -ārum, subs. f. pl. I — Sent. próprio: 1) Dia de feira, feira (que se realizava, em Roma, de 9 em 9 dias) (Cíc. At. 1, 41, 1). II — Daí, em sent. geral: 2) Mercado (Cíc. Agr. 2, 89). III — Sent. figurado: 3) Negócio, tráfico (Cíc. Phil. 2, 35). Obs.: Etimològicamente significa: «feira ou folga do nono dia».

nŭndĭnālis, -e, adj. De mercado (Plaut. Aul. 324).

nŭndĭnātiō, -ōnis, subs. f. Comércio, tráfico, venda (sent. próprio e figurado) (Cíc. Verr. 2, 120).

nŭndĭnātus, -a, -um, part. pass. de **nundĭnor**.

nŭndĭnor, -āris, -ārī, -ātus sum, v. dep. intr. 1) Freqüentar os mercados (Cíc. Div. 2, 66). Daí: 2) Negociar, traficar, comprar, vender (Cíc. Phil. 3, 10); (Cíc. Verr. 1, 119).

nŭndĭnus, -a, -um, adj. Que se realiza de nove em nove dias. v. **nundĭnae**.

nunquis (**nunquis** ou **num quis**), ou **-qui, -quae** (-**qua**), -**quod** (-**quid**), pron. inter. 1) Acaso alguém? acaso alguma? acaso alguma coisa? (Cíc. Dej. 20). 2) Se alguém, se alguma coisa (nas orações interr. indir.).

nŭntĭa, -ae, subs. f. I — Sent. próprio: 1) A que anuncia, mensageira (T. Lív. 1, 34). II — Sent. figurado: 2) Mensageira (Cíc. De Or. 2, 36).

nŭntĭātiō, -ōnis, subs. f. Anunciação, comunicação (Cíc. Phil. 2, 81).

nŭntĭō, -ās, -āre, -āvī, -ātum, v. tr. 1) Anunciar, dar a conhecer, trazer uma notícia, comunicar por meio de uma mensagem (Cíc. At. 1, 15, 1); (Cíc. Scaur. 2); (Cés. B. Gal. 5, 10, 2). Daí: 2) Dizer que, ordenar (Tác. An. 2, 79). Obs.: Constrói-se com acus. e dat.; com acus. e inf. e com **ut** ou **ne**.

nŭntium, -ī, subs. n. (geralmente no pl). Notícia, mensagem (Catul. 63, 75).

1. **nŭntĭus** (**nŭncius**), -a, -um, adj. Que anuncia, que dá a conhecer (Ov. Her. 16, 10).

2. **nŭntĭus** (**nŭncius**), -ī, subs. m. I — Sent. próprio: 1) O que anuncia, mensageiro, correio, intérprete, intermediário (Cés. B. Gal. 1, 26, 6) II — Daí, por extensão: 2) Mensagem, notícia, coisa anunciada

(Cíc. Fam. 2, 19, 1). III — Sent. particular: 3) Ordem (trazida pela mensagem), recomendação (Cíc. Fam. 12, 24, 2). 4) Recado, bilhete (com a comunicação de divórcio): **nuntium alicui remittere** (Cíc. De Or. 1, 183) «enviar a alguém a notificação (de divórcio)», e daí, em sent. figurado: 5) Divorciar-se (Cíc. Fam. 15, 16, 3).

nŭō, -is, ĕre, v. intr. Fazer sinal com a cabeça. Obs.: Só aparece em seus derivados e compostos.

nŭper, adv. 1) Há pouco tempo, ainda há pouco, recentemente (Cíc. Verr. 4, 6). 2) Muito recentemente, nos nossos dias (Cíc. Nat. 2, 126). 3) Um pouco antes (Hor. A. Poét. 227).

nŭpĕrus, -a, -um, adj. Que aconteceu há pouco, recente (Plaut. Capt. 718).

nŭpsī, perf. de **nūbo.**

nupta, -ae, subs. f. Casada, espôsa, mulher casada (T. Lív. 3, 45, 6).

nuptiae, -ārum, subs. f. pl. I — Sent. comum: 1) Núpcias, bodas (Cíc. Clu. 27). II — Daí: 2) Coito (Plaut. Cas. 486). Obs.: Etimològicamente significa o conjunto das cerimônias religiosas do casamento.

nuptiālis, -e, adj. Nupcial, de núpcias, conjugal, de casamento (Hor. O. 3, 11, 33).

1. **nuptus, -a, -um,** part. pass. de **nūbo.**
2. **nuptus, -ī,** subs. m Que acabou de casar (têrmo jocoso): **novus nuptus** (Plaut. Cas. 859) «recém-casado».

Nursia, -ae, subs. pr. f. Núrsia, cidade dos sabinos (Verg. En. 7, 715).

Nursīnī, -ōrum, subs. loc. m. Nursinos, habitantes de Núrsia (Plín. H. Nat. 3, 107).

nurus, -ūs, subs. f. I — Sent. próprio: 1) Nora (Verg. En. 2, 501). II — Sent. poético: 2) Mulher jovem (Ov. A. Am. 3, 248). Obs.: Dat. **nuru** (Tác. An. 6, 23).

nusquam, adv. 1) Em nenhuma parte (sem idéia de movimento) (Cíc. Leg. 1, 42). 2) Em nenhuma ocasião (Cíc. Q. Fr. 3, 1, 2). 3) Em nenhum lugar (com verbo de movimento) (Plaut. Mil. 453). Obs.: Note-se a expressão: **nusquam esse** (Hor. Sát. 2, 5, 102) «não existir mais, morrer».

nŭtābŭndus, -a, -um, adj. Hesitante, vacilante (Apul. M. 9, 41).

nŭtātĭō, -ōnis, subs. f. I — Sent. próprio: 1) Balanceamento, oscilação (Sên. Nat. 6, 2, 6). II — Sent. figurado: 2) Situação incerta (do império) (Plín. Paneg. 5, 6).

nūtō, -ās, -āre, -āvī, -ātum, v. freq. de **nŭo,** intr. I — Sent. próprio: 1) Fazer sinais de cabeça, ordenar por sinais, mostrar por meio de sinais (Plaut. Mil. 207); (Suet. Calig 38). Daí: 2) Cambalear, vacilar, oscilar (Verg. En. 2, 629). II — Sent. figurado: 3) Duvidar, hesitar, estar indeciso, irresoluto (Cíc. Nat. 1, 120). 4) Pender, vagar, vacilar, inclinar-se (Tác. Hist. 2, 93).

nŭtrīcātus, -ūs, subs. m. Ação de nutrir, nutrição, crescimento (das plantas) (Plaut. Mil. 656).

nŭtrīcĭum, -ī, subs. n. Cuidados com a criação (Sên. Helv. 19, 2).

nŭtrīcō, -ās, -āre, -āvī, -ātum, v. tr. Nutrir com seu leite, amamentar, nutrir, criar (Plaut. Merc. 609).

nŭtrīcor, -āris, -ārī, -ātus sum = nutrīco, v. dep. tr. Sent. figurado: manter (Cíc. Nat. 2, 86).

nŭtrīcŭla, -ae, subs. f. Ama, alimentadora, criadora (Hor. Ep. 1, 4, 8).

nŭtrĭī, = nŭtrīvī, perf. de **nutrio.**

nŭtrīmen, -inis, subs. n. Nutrição, alimentação (Ov. Met. 15, 354).

nŭtrīmēntum, -ī, subs. n. I — Sent. próprio: 1) Nutrição, alimentação, alimento (Suet. Cal. 9). II — Sent. figurado: 2) Alimento (Cíc. Or. 42).

nŭtrĭō, -īs, -īre, -īvī (ou -ĭī), -ītum, v. tr. I — Sent. próprio: 1) Nutrir com seu leite, amamentar, criar (Ov. F. 2, 415). II — Sent. figurado: 2) Nutrir, alimentar, manter, desenvolver (Tác. Germ. 36); (Hor. O. 4, 4, 26). 3) Cuidar de, tratar, defender, proteger, fazer prosperar (T. Lív. 36, 35, 4).

nŭtrĭor, -īrī, = nutrio.

nŭtrītĭum, v. **nŭtrīcĭum.**

nŭtrītor, imperat. fut. de **nutrior** (Verg. G. 2, 425).

nŭtrīx, -ĭcis, subs. f. I — Sent. próprio: 1) Ama, a que alimenta, que amamenta, que cria (Cíc. De Or. 2, 162). II — Sent. figurado: 2) A que alimenta (Cíc. Verr. 2, 5). 3) Peito, seios (Catul. 64, 18).

nŭtrītus, -a, -um, part. pass. de **nutrio.**

nŭtus, -ūs, subs. m. I — Sent. próprio: 1) Sinal de cabeça, movimento da cabeça (para manifestar uma ordem ou um desejo), sinal, movimento (T. Lív. 34, 62). II — Sent. figurado: 2) Ordem, vontade (Cíc. Fam. 3, 10, 10). 3) Atração dos corpos, gravidade, queda (Cíc. Tusc. 1, 40).

nux, nucis, subs. f. I — Sent. próprio: 1) Noz (Verg. Buc. 8, 30). II — Daí, por extensão: 2) Qualquer fruto de amêndoa ou casca dura (Verg. Buc. 2, 62). III — Sent. particular: 3) Nogueira (T. Lív. 24, 18). 4) Amendoeira (Verg. G. 1, 187).

Nyctēis, -ĭdis, subs. pr. f. Filha de Nicteu, i.é, Antíope (Ov. Met. 6, 111).

Nyctelĭus, -ĭ, subs. pr. m. Nictélio, um dos nomes de Baco, cujo culto se celebrava à noite (Ov. A. Am. 1, 567).

Nyctĕus, -ĕī (-ĕos), subs. pr. m. Nicteu, filho de Netuno e pai de Antíope (Prop. 3, 15, 12).

Nyctimĕnē, -ēs, subs. pr. f. Nictímene, filha de Epopeu, que foi metamorfoseada em coruja (Ov. Met. 2, 591).

nympha, -ae, ou **nymphē, -ēs**, subs. f. I — Sent. próprio: 1) Ninfa, divindade que habita os bosques, o mar, as fontes (Ov. Met. 5, 540). II — Sent. poético: 2) Água (Prop. 3, 16, 4). 3) Fonte (Marc. 6, 43, 2). III — Sent. figurado: 4) Jovem espôsa, mulher jovem (Ov. Her. 1, 27); (Ov. Her. 9, 103).

Nyphaeum, -ĭ, subs. pr. n. Ninfeu, cabo e pôrto da Ilíria (Cés. B. Civ. 3, 26, 4).

Nymphaeus, -ī, subs. pr. m. Ninfeu, rio do Lácio (Plín. H. Nat. 3, 57).

nymphē, -ēs, v. **nympha**.

Nymphidĭus, -ĭ, subs. pr. m. Ninfídio, nome de um prefeito de tempo de Nero (Tác. Hist. 1, 5).

Nyphĭus, -ĭ, subs. pr. m. Nínfio, nome de homem (T. Lív. 8, 25).

Nȳsa, -ae, subs. pr. f. Nisa. 1) Ama de Baco (Plín. H. Nat. 5, 108). 2) Nome de uma ninfa morta por Baco (Cíc. Nat. 3, 58). 3) Montanha e cidade da Índia consagradas a Baco (Verg. En. 6, 805).

Nȳsaeī, -ōrum, subs. loc. m. pl. Niseus, habitantes de Nisa (Cíc. Fam. 13; 64, 1).

Nȳsēis, -ĭdis, adj. f. De Nisa (Ov. Met. 3, 314).

Nȳseus, -ĕī, (-ĕos), subs. pr. m. Niseu, um dos nomes de Baco (Ov. Met. 4, 13).

Nȳsĭas, -ădis, adj. f. De Nisa (Ov. F. 3, 769).

Nȳsigĕna, -ae, subs. m. f. Nascido ou nascida em Nisa (Catul. 64, 252).

Nȳsĭus, -ĭ, subs. pr. m. Nísio, i. é, Baco (Cíc. Flac. 60).

O

1. **o**, 14 letra do alfabeto latino.
2. **ō** — interj. Ó, exclamação que serve para chamar, invocar, ou que indica uma forte agitação de espírito, espanto, admiração, perturbação, etc. Junta-se ao: 1) Voc.: **o mi Furni** (Cíc. Fam. 10, 26, 2) «ó meu querido Fúrnio». 2) Nom. exclamativo: **o conservandus civis** (Cíc. Phil. 13, 37) «ó cidadão digno de ser poupado». 3) Acus.: (indicando que o pensamento do sujeito se dirige para um objeto): **o me perditum** (Cíc. Fam. 14, 4, 3) «ó pobre de mim». 4) Às vêzes, junta-se a uma partícula: **o utinam** (Ov. Her. 1, 5) «oxalá que».

Oaenēum, -ī, subs. pr. n. Oeneu, cidade da Ilíria (T. Lív. 43, 19).

Oariōn, -ōnis, subs. m. = **Orion** (Catul. 66, 94).

Oāxēs (**Oāxis**), **-is**, subs. pr. m. Oaxes, rio da costa setentrional de Creta, que atravessava uma cidade do mesmo nome, da qual restam vestígios (Verg. Buc. 1, 66).

Oāxis, v. **Oāxes**.

ob, obs, prep. e prev. a) Prep. (sent. local — com acus.). I — Sent. próprio: (raro): 1) Diante de, em frente de (com movimento ou sem movimento): **ob oculos versari** (Cíc. Sest. 47) «encontrar-se diante dos olhos». II — Sent. figurado: 2) Em vista de, por causa de, por amor de, em conseqüência de (sent. físico e moral) (T. Lív. 25, 37). 3) Contra (com idéia de hostilidade, sòmente como prevérbio), em troca de, por (Cíc. Verr. 2, 78). III — Em locuções: 4) **ob rem**, vantajosamente, com êxito (Ter. Phorm. 526). b) Como prevérbio, **ob** significa: contra (com idéia de hostilidade). Obs.: 1) Na composição ocorre, por vêzes, com a forma **obs** — que pode reduzir-se a **os** — (ostendo). 2) No período clássico, como prep., usava-se, apenas, na 2ª acepção. 3) Em épocas posteriores, apenas ocorre nas locuções de caráter adverbial: **ob eam rem, quam ob rem, ob hoc, ob id**. Nos outros casos é substituída por **pro** ou **propter**.

1. **obaerātus, -a, -um**, adj. Endividado, carregado de dívidas (Suet. Cés. 46).
2. **obaerātus, -ī**, subs. m. Devedor insolvente (Cés. B. Gal. 1, 4, 2).

obambŭlō, -ās, -āre, -āvī, -ātum, v. intr. e tr. Passear diante ou perto, andar em roda, ir ao redor, ir e vir (Verg. G. 3, 538); (Ov. Met. 14, 118) (tr.). Obs.: Constrói-se com dat. ou com acus.

obarmō, -ās, -āre, -āvī, -ātum, v. tr. Armar (com idéia de lutar contra) (Hor. O. 4, 4, 21).

obarō, -ās, -āre, -āvī, -ātum, v. tr. Lavrar, cultivar a terra (T. Lív. 23, 19, 14).

1. **obba, -ae**, subs. f. Oba, vaso de fundo largo, para vinho (Pérs. 5, 148).
2. **Obba, -ae**, subs. pr. f. Oba, cidade da África, vizinha de Cartago (T. Lív. 30, 7, 10).

obbrūtēscō, -is, -ĕre, obbrūtŭī, v. incoat. intr. Embrutecer-se, tornar-se estúpido (Lucr. 3, 543).

obbrūtŭī, perf. de **obbrūtēscō**.

obdĭdī, perf. de **obdo**.

obdĭtus, -a, -um, part. pass. de **obdo**.

obdō, -is, -ĕre, -dĭdī, -dĭtum, v. tr. I — Sent. próprio: 1) Pôr na frente, diante, fechar (Plaut. Cas. 893); (Ter. Eun. 603). II — Sent. poético: 2) Oferecer, presentear (Hor. Sát. 1, 3, 59).

obdormĭō, -īs, -īre, -īvī, -ītum, v. intr. e tr. I — Sent. próprio: (intr.): 1) Dormir profundamente, dormir (Plín. H. Nat. 16, 51). II — Sent. figurado: 2) Cozer, ou cozinhar (uma bebedeira, a embriaguês) (Plaut. Most. 1122).

obdormīscō, -is, -ĕre, -īvī, -ītum, v. incoat. intr. Adormecer, pegar no sono (sent. próprio e figurado) (Cíc. Tusc. 1, 92).

obdūcō, -is, -ĕre, -dūxī, -dūctum, v. tr. I — Sent. próprio: 1) Conduzir na frente, levar adiante, abrir adiante (Cíc. At. 1, 1, 2); (Cés. B. Gal. 2, 8, 3). 2) Cobrir, pôr diante ou sôbre (Cíc. Nat. 2, 120). II — Sent. figurado: 3) Fechar, encerrar, tapar (Luc. 5, 67). 4) Escurecer, obscurecer, tornar espêssa (a noite), espalhar: **tenebras clarissimis rebus** (Cíc. Ac. 2, 16) «espalhar as trevas sôbre os assuntos mais lúcidos». 5) Beber àvidamente (Cíc. Tusc. 1, 96).

obductĭō, -ōnis, subs. f. Ação de cobrir (Cíc. Rab. Perd. 16).
obductō, -ās, -āre, v. freq. de **obdūco**, tr. Conduzir, levar freqüentemente (Plaut Merc. 786).
obdūctus, -a, -um, part. pass. de **obdūco**.
obdūrēscō, -is, -ĕre, ebdūrŭī, v. incoat. Intr. I — Sent. próprio: 1) Tornar-se duro, endurecer-se (Cat. Agr. 50). II — Sent. figurado: 2) Tornar-se insensível, perder o sentimento (Cíc. Phil. 2, 108).
obdūrō, -ās, -āre, -āvī, -ātum, v. intr. Sofrer, não desanimar, ter paciência (Cíc. At. 12, 3, 1).
obdūrŭī, perf. de **obdurēsco**.
obdūxe, forma sincopada de **obduxisse**, inf. perf. de **obdūco** (Plaut. Merc. 7).
obdūxī, perf. de **obdūco**.
obĕō, -īs, -īre, -īvī, (ou **-ĭī), -ĭtum**, v. tr. e intr. I — Sent. próprio: 1) Ir ao encontro de, encontrar, sobrevir, opor-se, ir contra (Cic. Cat. 3, 25); (T. Lív. 31, 12, 9). 2) Percorrer, cobrir, rodear (Cíc. Fin. 5, 87); (Plín. Ep. 3, 7, 13); (Ov. Met. 5, 51). II — Sent. figurado: 3) Afrontar, arrostar (Cíc. Quinct. 54). 4) Empreender, executar (Cíc. Pomp. 34). 5) Pôr-se (falando-se dos astros), acabar (tratando-se do tempo), acabar, perecer, morrer (Cíc. Rep. 6, 22); (Hor. O. 3, 9, 24); **mortem obire** (Cíc. Phil. 9, 2) «morrer». Obs.: Perf. **obit** (Lucr. 3, 1043).
obequĭtō, -ās, -āre, -āvī, -ātum, v. intr. Cavalgar diante, ou em volta de (T. Lív. 21, 54, 4). Obs.: Constrói-se com dat.
obērrō, -ās, -āre, -āvī, ātum, v. intr. Errar diante ou em volta de, vagar (Tác. An. 1, 65).
obēsĭtās, -tātis, subs. f. Obesidade, gordura excessiva (Suet. Claud. 41).
obēsus, -a, -um, adj. I — Sent. próprio: 1) Roído; daí: magro, descarnado (uso raro). II — Sent. rural: 2) Obeso, gordo, repleto, intumescido (Verg. G. 3, 80). III — Sent. figurado: 3) Espêsso, grosseiro: **homo naris obesae** (Hor. Epo. 12, 3) «homem que não tem o olfato apurado».
obeŭndus, -a, -um, gerundivo de **obĕo**.
obeŭntis, gen. do part. pres. **obiens**.
obex, -ĭcis, subs. m. e f. Geralmente no pl.: **obĭces, -um**. I — Sent. próprio: 1) Trancas ou ferrolhos com que se fecha uma porta, tranca, ferrôlho, barreira (Verg. En. 8, 227). II — Sent. figurado: 2) Obstáculo, óbice (T. Lív. 9, 3, 1). 3) Impedimento (Plín. Paneg. 47, 5).
obf- = **off-**.
obfŭī = **offŭī**, perf. de **obsum**.
obfutūrus, -a, -um, part. fut. de **obsum**.
obg- = **ogg-**.
obhaerĕō, -ēs, -ēre, v. intr. Estar pegado ou aderente a, estar encalhado em (Suet. Tib. 2).
obhaerēscō, -is, -ĕre, -haesī, v. incoat. intr. Aderir a, prender-se a, ligar-se a (Suet. Ner. 19).
obhaesī, perf. de **obhaerēsco**.
obĭcis, gen. de **obex**.
obiens, -eūntis, part. pres. de **obĕo**.
obĭī, = **obīvī**, perf. de **obĕo**.
obiicĭō, = **objicio**.
obīrāscor, -ĕris, -īrascī, -īrātus sum, v. dep. intr. Irritar-se, irar-se contra (Sên. Tranq. 2).
obīrātĭō, -ōnis, subs. f. Cólera, rancor, ressentimento (Cíc. At. 6, 3, 7).
obīrātus, -a, -um, part. pass. de **obirascor**: irritado contra (com dat.) (T. Lív. 1, 31).
obĭter, adv. 1) Em caminho, em viagem (Juv. 3, 241). 2) De passagem, ao passar (Sên. Ir. 3, 1, 3).
obĭtī, gen. de **obĭtus**.
obĭtūrus, -a, -um, part. fut. de **obĕo**.
1. **obĭtus, -a, -um**, part. pass. de **obĕo**.
2. **obĭtus, -ūs**, subs. m. I — Sent. próprio: 1) Aproximação, encontro, chegada (sent. raro); daí: 2) Visita (Ter. Hec. 859). II — Por extensão: 3) Desaparecimento, morte (Cíc. Pis. 34). 4) Pôr (dos astros) (Verg. G. 1, 257). 5) Destruição (de um exercício), aniquilamento (das coisas) (Cés. B. Gal. 2, 29, 5).
obīvī = **obĭī**, perf. de **obĕo**.
objacĕō (obiacĕō), -ēs, -ēre, -jacŭī, v. intr. Estar deitado diante de, estar situado perto, estar diante (T. Lív. 10, 36).
objacŭī, perf. de **objacĕo**.
objēcī, perf. de **objicio**.
objectātĭō (obiectātĭō), -ōnis, subs. f. Repreensão, acusação (Cés. B. Civ. 3, 60, 2).
objectātus, -a, -um, part. pass. de **objécto**.
objēctō (obiēctō), -ās, -āre, -āvī, -ātum, freq. de **objicio**, tr. I — Sent. próprio: 1) Pôr diante, opor (Verg. G. 1, 386). II — Sent. figurado: 2) Objetar, censurar, repreender (Cíc. Dom. 6). 3) Expor (a um perigo) (Sal. B. Jug. 7, 1). 4) Interpor (Ov. Hal. 91).
1. **objēctus, -a, -um**, part. pass. de **objicio**.

2. objĕctus (obiĕctus), -ūs, subs. m. I — Sent. próprio: 1) Ação de pôr diante, opor, obstáculo, barreira (Tác. An. 14, 8). II — Sent. figurado: 2) Objeto que se apresenta à vista (de alguém), espetáculo (C. Nep. Han. 5, 2).

objĭcĭō (obiicĭō), -is, -ĕre, -jēcī, -jēctum, v. tr. I — Sent. próprio: 1) Jogar diante, lançar diante (Cíc. Amer. 71). Daí: 2) Colocar diante (como defesa, proteção), opor, impedir (Cés. B. Civ. 3, 39, 2); (T. Lív. 2, 10, 10); (Cés. B. Gal. 6, 10, 5). II — Sent. figurado: 3) Apresentar, porpor, expor (Cés. B. Gal. 1, 47, 3); (Cíc. Arch. 14); (Cíc. Tusc. 1, 89). 4) Causar, inspirar, fazer penetrar em, insuflar (T. Lív. 27, 1, 6); (Verg. En. 7, 479). Donde: 5) Censurar, repreender, lançar em rosto (Cíc. At. 1, 16, 10). III — Sent. passivo: 6) Oferecer-se, apresentar-se (Cíc. Div. 1, 81). Obs.: Constrói-se com acus. ou com acus. e dat.; com acus. com **in, ad,** ou **contra;** ou com abl. com **pro.**

objurgātĭō (obiurg-), -ōnis, subs. f. Repreensão, censura (Cíc. Lae. 89).

objurgātor (obiurg-), -ōris, subs. m. O que repreende, o que censura, censor (Cíc. Agr. 3, 11).

objurgātōrĭus (obiurg-), -a, -um, adj. De repreensão, de censura (Cíc. At. 13, 6, 3).

objūrgō (obiūrgō), -ās, -āre, -āvī, -ātum, v. tr. I — Sent. próprio: 1) Repreender, censurar (Cíc. Cael. 25). Daí: 2) Castigar, punir (Sên. Ir. 3, 12). II — Sent. figurado: 3) Procurar afastar (Plaut. Trin. 680). Obs.: Constrói-se geralmente com acus. de pessoa ou de coisa.

oblansguēscō, is, -ĕre, -languī, v. incoat. intr. Tornar-se fraco, perder o vigor (sent. figurado) (Cíc. Fam. 16, 10, 2).

oblanguī, perf. de **oblanguēsco.**

oblatrātrix, -īcis, subs. f. A que ladra (sent. figurado) (Plaut. Mil. 681).

oblātrō, -ās, -āre, v. intr. Ladrar (sent. próprio e figurado), encolerizar-se (Sên. Ir. 3, 43, 1). Obs.: Constrói-se como absol. ou com dat.

oblātus, -a, -um, part. pass. de **offĕro.**

oblectāmen, -ĭnis (ou oblectāmēntum, -ī), subs. n. Divertimento, distração (Cíc. C. M. 52).

oblectātĭō, -ōnis, subs. f. Divertimento, distração, recreação (Cíc. De Or. 1, 118).

oblēctō, -ās, -āre, -āvī, -ātum, v. intr. I — Sent. próprio: 1) Atrair ou reter pelos encantos, encantar, agradar a, divertir (Cíc. Arch. 16); (Cíc. Q. Fr. 2, 12, 1). II — Sent. figurado: 2) Ocupar, passar agradàvelmente o tempo (Plín. Ep. 4, 14, 5). Obs.: Constrói-se com acus. e abl. acompanhado ou não de in ou cum, ou simples acus.

oblēnĭō, -is, -īre, v. tr. Acalmar, abrandar (Sên. Ir. 3, 9, 1).

oblēvī, perf. de **oblīno.**

oblicus, v. **oblīquus.**

oblīdō, -is, -ĕre, -līsī, -līsum, v. tr. Esmagar enlaçando, apertar com fôrça, sufocar (Cíc. Scaur. 10).

obligātĭō, -ōnis, subs. f. I — Sent. próprio: 1) Ação de prender, de empenhar a vontade, a palavra, e daí: obrigação (Gai. Dig. 44, 7, 1). II — Sent. figurado: 2) Ação de responder, de se responsabilizar (Cíc. ad Brut. 1, 18, 3).

obligātus, -a, -um. I — Part. pass. de **oblĭgo.** II — Adj.: obrigado, prometido, penhorado (Cíc. Fam. 13, 18, 2).

oblĭgō, -ās, -āre, -āvī, -ātum, v. tr. I — Sent. próprio: 1) Ligar, atar em volta (Cíc. Nat. 3, 57). II — Sent. figurado: 2) Obrigar, empenhar, hipotecar (Cíc. Leg. 2, 41); (Cíc. Cat. 2, 10). 3) Tornar responsável (Cíc. Div. 1, 7). 4) Passivo: ser obrigado, constrangido a (Cíc. Fam. 6, 11, 1).

oblīmātus, -a, -um, part. pass. de **oblīmo.**

oblīmō, -ās, -āre, -āvī, -ātum, v. tr. I — Sent. próprio: 1) Cobrir de limo, tapar com lôdo (Cíc. Nat. 2, 130). II — Sent. figurado: 2) Atolar, dissipar os bens, fazer mau negócio (Hor. Sát. 1, 2, 62).

oblīnō, -is, -ĕre, -lēvī, -lĭtum, v. tr. I — Sent. próprio: 1) Cobrir com um revestimento, emboçar, untar (Cíc. Cat. 2, 10). Daí: 2) Selar, fechar (Cat. Agr. 36). II — Sent. figurado: 3) Impregnar (Cíc. Br. 51). 4) Sujar, manchar (Cíc. Phil. 11, 27).

oblīquē, adv. 1) Oblìquamente (Cés. B. Gal. 4, 17, 9). Daí: 2) Indiretamente, disfarçadamente (Tác. An. 3, 35).

oblīquĭtās, -tātis, subs. f. Obliqüidade (Plín. H. Nat. 2, 81).

oblīquō, -ās, -āre, -āvī, -ātum, v. tr. I — Sent. próprio: 1) Torcer, obliquar, voltar para o lado: ...sinus in ventum (Verg. En. 5, 16) «torcer (obliquar) as velas para o vento». II — Sent. figurado: 2) Fazer indiretamente, fazer disfarçadamente (Quint. 1, 4, 9); (Estác. Theb. 3, 381).

oblīquus (oblīcus), -a, -um, adj. I — Sent. próprio: 1) Oblíquo, que vai de lado, de través, lateral (Cés. B. Civ. 1, 70, 5). II — Daí, em locuções: 2) De lado, oblìquamente, de través: **ob obliquo** (Ov. R. Am. 121); **ex obliquo** (Plín. H. Nat. 2, 99); **per obliquum** (Hor. O. 3, 27, 6). III — Sent. figurado: 3) Indireto, disfarçado, dissimulado (Tác. An. 14, 11). 4) Oblíquo (têrmo gramatical em oposição a **rectus**) (Varr. L. Lat. 8, 49). 5) Inimigo, invejoso, hostil (Flor. 4, 2, 9)

oblīscor (arc.) = **oblivīscor** (Cíc. Tr. 190).

oblīsī, perf. de **oblīdo.**

oblīsus, -a, -um, part. pass. de **oblīdo.**

oblitēscō, -is, -ĕre, -litŭī, v. intr. Esconder-se, ocultar-se (Cíc. Tim. 37).

oblittĕrō (oblitĕrō), -ās, -āre, -āvī, -ātum, v. tr. I — Sent. próprio: 1) Apagar as letras (raro). II — Sent. figurado: 2) Fazer esquecer, apagar uma lembrança (Cic. Vat. 15). Daí: 3) Abolir (Tác. An. 11, 15).

oblitŭī, perf. de **oblitēsco.**

1. **oblĭtus, -a, -um,** part. pass. de **oblĭno.**
2. **oblītus, -a, -um,** part. pass. de **oblivīscor** (Verg. Buc. 9, 53).

oblīvĭō, -ōnis, subs. f. I — Sent. próprio: 1) Ação de esquecer, esquecimento (Cíc. Of. 1, 26). II — Daí, por enfraquecimento: 2) Distração (Suet. Cl. 39).

Oblīvĭo Amnis, subs. pr. m. Lete, rio do inferno, cujas águas traziam aos mortos que a bebiam o esquecimento da vida terrestre (Sên. Marc. 19, 4).

oblīvĭōsus, -a, -um, adj. I — Sent. próprio: 1) Esquecido, que esquece fàcilmente (Cíc. C. M. 36). Daí: 2) Que produz o esquecimento (Hor. O. 2, 7, 21).

oblīvīscēndus, -a, -um, gerundivo de **oblīvīscor.**

oblīvīscor, -ĕris, -vīscī, oblĭtus sum, v. dep. tr. Esquecer, esquecer-se de, perder a lembrança (Cic. Fin. 5, 3); (Cíc. Cael. 50); (Cíc. Br. 218). Obs.: Constrói-se com gen. de pessoa, com gen. ou acus. de coisa, com inf. ou inter. indir.: Sent. passivo, principalmente no part. **oblĭtus, -a, -um** (Verg. Buc. 9, 53).

oblĭvĭum, -ī, subs. n. (geralmente no pl.): esquecimento (Verg. En. 6, 715).

oblocūtus, -a, -um, part. pass. de **oblŏquor.**

oblōngus, -a, -um, adj. Alongado, oblongo (T. Lív. 21, 8).

oblŏquor, -ĕris, -ī, -locūtus sum, v. dep. intr. I — Sent. próprio: 1) Cortar a palavra de alguém, interromper (Cíc. Clu. 63). Daí: 2) Falar contra, contradizer (Cíc. Q. Fr. 2, 8, 1). II — Sent. figurado: 3) Injuriar, reprovar, censurar (Catul. 83, 4). 4) Cantar com acompanhamento, acompanhar (Verg. En. 6, 645).

oblūctor, -āris, -ārī, -ātus sum, v. dep. intr. Lutar contra (Verg. En. 3, 38). Obs.: Constrói-se com dat.

oblūdō, -is, -ĕre, -lūsī, -lūsum, v. intr. Gracejar, brincar (Plaut. Truc. 105).

oblūsī, perf. de **oblūdo.**

obmōlĭor, -īris, -īrī, -ītus sum, v. dep. tr. Construir (alguma coisa) diante (de outra) (T. Lív. 33, 5, 8).

obmurmŭrō, -ās, -āre, -āvī, -ātum, v. intr. 1) Murmurar contra (Ov. Her. 18, 47). 2) Dizer entre dentes, murmurar (Suet. Oth. 7). Obs.: Constrói-se com dat. e acus.

obmūtēscō, -is, -ĕre, -mutŭī, v. incoat. intr. I — Sent. próprio: 1) Emudecer, tornar-se mudo (Cíc. Dom. 135). Daí: 2) Ficar mudo, calar-se, guardar silêncio (Cíc. Mil. 98). II — Sent. figurado: 3) Cessar (Cíc. Br. 324).

obmutŭī, perf. de **obmutēscō.**

obnātus, -a, -um, adj. Nascido ao redor de (com dat.) (T. Lív. 23, 19, 11).

obnīsus, -a, -um = **obnīxus,** part. pass. de **obnītor.**

obnītor, -ĕris, -nītī, -nīxus ou -nīsus sum, v. dep. intr. I — Sent. próprio: 1) Fazer esforços contra, lutar, resistir (Verg. En. 12, 105). II — Sent. figurado: 2) Apoiar-se contra, sôbre: **obnixo genu scuto** (C. Nep. Chab. 1, 2) «tendo apoiado o joelho sôbre o escudo»; (Lucr. 4, 37).

obnīxē, adv. Com esfôrço, instantemente, obstinadamente (Plaut. St. 45).

obnīxus (obnīsus), -a, -um, I — Part. pass. de **obnītor.** II — Adj.: 1) Que faz esfôrço contra, que resiste, firme, inquebrantável, obstinado (T. Lív. 6, 12, 8). III — Advt.: 2) Firmemente: **obnixus premebat** (Verg. En. 4, 332) «comprimia firmemente, isto é: fazia esforços para ocultar (sua mágoa)».

obnoxĭē, adv. De modo submisso, submissamente (T. Lív. 3, 39, 1).

obnoxĭōsē, adv. De modo submisso (Plaut. Ep. 695).

obnoxĭōsus, -a, -um, adj. Submisso, dependente de (Plaut. Trin. 1038).

obnoxĭus, -a, -um, adj. I — Sent. próprio: 1) Submetido a, obnóxio, sujeito a, exposto (geralmente com dat.): **alicui rei**

(T. Lív. 7, 30, 2); (Tác. An. 14, 40) «submetido a alguma coisa». II — Daí, na língua jurídica: 2) Culpado de: **obnoxius turpi facto** (Tib. 3, 4, 15) «culpado de um ato vergonhoso». III — Sent. diversos: 3) Que não tem vontade própria, servil, humilde (T. Lív. 9, 10, 4). 4) Legalmente obrigado (Verg. G. 1, 396). 5) Perigoso, arriscado (com inf.): **obnoxium est** (Tác. D. 10) «é perigoso de...». Obs.: Constrói-se como intr. absoluto; ou com dat.

obnūbō, -is, -ĕre, -nūpsī, -nūptum, v. tr. I — Sent. próprio: 1) Cobrir com um véu, velar (Cic. Rab. Perd. 13); (Verg. En. 11, 77). Daí: 2) Envolver, rodear (Varr. L. Lat. 5, 72).

obnuntiātiō, -ōnis, subs. f. 1) Anunciação (de um mau presságio) (Cíc. Div. 1, 29). No pl.: 2) Ameaças (de uma desgraça) (Cíc. At. 4, 16, 7).

obnuntiō, -ās, -āre, -āvī, -ātum, v. intr. I — Sent. próprio: 1) Declarar que os auspícios são contrários, trazer uma notícia má (Ter. Ad. 547). Daí: 2) Opor-se a uma medida, protestar, resistir: ...**consuli** (Cic. Sest. 79) «opor-se ao cônsul».

obnūpsī, perf. de **obnūbo**.

obnūptus, -a, -um, part. pass. de **obnūbo**.

oboediens, -ēntis, part. adj. de **oboediō**. Obediente, submisso (T. Lív. 28, 16, 11); (Cíc. Of. 1, 132). Obs.: Constrói-se com dat. e com acus.

oboediēnter, adv. Obedientemente, submissamente (T. Lív. 5, 12). Obs.: comp.: **oboedientius** (T. Lív. 38, 34).

oboedientia, -ae, subs. f. Obediência, submissão, dependência (Cíc. Of. 1, 102).

oboediō, -is, -īre, -īvī (ou ĭī), -ītum, v. intr. 1) Obedecer a, ser obediente (Cic. Leg. 3, 5); (Cíc. Rep. 6, 28). 2) Passiva impessoal: obedecer (T. Lív. 4, 26, 12).

oboleō, -ēs, -ēre, **oboluī**, v. intr. e tr. Exalar odor, cheirar a (Plaut. Most. 39).

oboluī, perf. de **oboleō**.

obŏlus, -ī, subs. m. Óbolo (moeda grega, sent. raro), e óbolo (pêso correspondente à 6º parte do dracma) (Plín. H. Nat. 21, 185).

oborior, -iris, -īrī, **obortus sum**, v. dep. intr. Levantar-se diante, surgir, aparecer, nascer (Plaut. Curc. 309).

obortus, -a, -um, part. pass. de **oborior**.

obp-, v. **opp-**.

obrēpō, -is, -ĕre, -rēpsī, -rēptum, v. intr. e tr. A) Intr.: I — Sent. próprio: 1) Arrastar-se para, aproximar-se insensivelmente, introduzir-se às escondidas (Plín. H. Nat. 10, 202). II — Sent. figurado: 2) Suceder insensivelmente (Cíc. C. M. 4). B) — Tr.: 3) Surpreender (Sal. Hist. 1, 77, 19). Obs.: Constrói-se com acus.; com acus. com **ad** ou **in**; com dat.; ou como absoluto.

obrēpsī, perf. de **obrēpo**.

obrēptō, -ās, -āre, -āvī, -ātum, v. intr. Arrastar-se furtivamente, introduzir-se clandestinamente, aproximar-se insensivelmente (Plaut. Pers. 79).

obrēptus, -a, -um, part. pass. de **obrēpo**.

obrētio, -īs, -īre, v. tr. Envolver em rêde (Lucr. 3, 384).

obrigēscō, -is, -ĕre, -riguī, v. incoat. intr. I — Sent. próprio: 1) Tornar-se duro, endurecer-se (Cic. Nat. 1, 24). Daí: 2) Entorpecer-se pelo frio (Cic. Verr. 4, 87).

obriguī, perf. de **obrigēsco**.

obrŏdō, -is, -ĕre, v. tr. Comer em volta, petiscar (Plaut. Amph. 723).

obrŏgō, -ās, -āre, -āvī, -ātum, v. intr. Apresentar uma lei que derrogue outra, invalidar, derrogar (T. Lív. 9, 34, 7); (Cíc. Rep. 3, 33).

obruī, perf. de **obruo**.

obruō, -is, -ĕre, -ruī, -rŭtum, v. tr. I — Sent. próprio: 1) Oprimir, esmagar, aniquilar (Cíc. At. 2, 1, 11); (Cíc. De Or. 2, 285). Daí: 2) Cobrir, esconder, sepultar (Cíc. Nat. 2, 125); (Cíc. C. M. 21); (Cic. Br. 60). II — Sent. figurado: 3) Afogar, mergulhar (Cic. Dej. 26).

obrūssa, -ae, subs. f. I — Sent. próprio: 1) Verificação dos quilates do ouro no cadinho (Suet. Ner. 44). II — Sent. figurado: 2) Prova, pedra de toque (Cíc. Br. 258).

obrutēscō = **obbrutēscō**.

obrūtus, -a, -um, part. pass. de **obruo**.

obsaepiō (**obsēpiō**), -īs, -īre, -saepsī, -saeptum, v. tr. I — Sent. próprio: 1) Tapar, fechar com cêrca ou sebe (Plaut. Cas. 922). II — Sent. figurado: 2) Impedir, embargar, barrar (Cíc. Mur. 48).

obsaepsī, perf. de **obsaepio**.

obsaeptus (**obsēptus**), -a, -um, part. pass. de **obsaepio**.

obsatŭrō, -ās, -āre, v. tr. Fartar, saciar (Ter. Heaut. 869).

Obscē, v. **Osce**.

obscēnē, adv. Obscenamente, de modo indecente (Cíc. Of. 1, 128). Obs.: Comp.: **obscenius** (Cíc. Nat. 3, 56); super.: **obscenissime** (Eutr. 8, 22).

obscēnĭtās, -tātis, subs. f. Indecência, obscenidade (Cic. Fam. 9, 22, 1).

obscēnus, -a, -um, adj. I — Sent. próprio: (língua augural): 1) De mau agouro, sinistro (Verg. G. 1, 470). II — Daí, na língua corrente: 2) De aspecto repelente, que se deve ocultar ou evitar, indecente (Cíc. Fam. 9, 22, 1). 3) Obsceno, impudico, desonesto (Cíc. Of. 1, 128). 4) Imundo, porco (Verg. En. 4, 455).

obscūrātiō, -ōnis, subs. f. I — Sent. próprio: 1) Obscurecimento, trevas, escuridão: *obscuratio solis* (Cíc. frg. F. 5, 54) «eclipse do sol». II — Sent. figurado: 2) Pequenos lucros (Cíc. Fin. 4, 29).

obscūrē, adv. 1) Obscuramente, secretamente, às ocultas (Cíc. Clu. 54). 2) Em têrmos obscuros, indistintamente (Cíc. At. 2, 19, 5). Obs.: Comp.: **obscurĭus** (Cíc. De Or. 2, 328); superl.: **obscurissĭme** (Cíc. Verr. 4, 53).

obscūrĭtās, -tātis, subs. f. I — Sent. próprio: 1) Obscurecimento, obscuridade, (Tác. Hist. 3, 11). II — Sent. figurado: 2) Noite, trevas, mistério, incerteza (Cíc. Clu. 73). 3) Condição obscura, nome obscuro (Cíc. Of. 2, 45).

obscūrō, -ās, -āre, -āvī, -ātum, v. tr. I — Sent. próprio: 1) Escurecer, tornar escuro, obscurecer (sent. físico e moral) (Cíc. Nat. 2, 96). Daí: 2) Esconder, deixar no escuro, ocultar, desaparecer, suprimir, apagar (Cíc. De Or. 2, 95); (Cíc. Fin. 3, 45). II — Sent. figurado: 3) Dissimular, disfarçar (Cíc. Verr. 3, 131). 4) Exprimir em têrmos obscuros, embrulhar as idéias (Cíc. At. 2, 20, 3). 5) Pronunciar indistintamente (Cíc. De Or. 3, 41).

obscūrum, -ī, subs. n. Escuridão, escuro (Verg. G. 1, 478).

obscūrus, -a, -um, adj. I — Sent. próprio: 1) Escuro, obscuro (em oposição a *clarus*), tenebroso, sombrio (sent. físico e moral) (Verg. En. 9, 87). II — Sent. figurado: 2) Obscuro, desconhecido, (Cíc. Verr. 5, 181). 3) Obscuro, difícil de compreender (Cíc. De Or. 2, 153). 4) Duvidoso, incerto, vago (Cíc. Agr. 2, 66). 5) Encoberto, disfarçado, dissimulado (Cíc. Of. 3, 57). 6) Oculto, escondido (Cíc. Fam. 3, 10, 6).

obsecrātiō, -ōnis, subs. f. I — Sent. próprio: 1) Obsecração, preces públicas, e daí: 2) Súplicas, preces ardentes (dirigidas aos deuses para apaziguá-los) (T. Lív. 26, 23, 6). II — Na língua retórica: 3) Obsecração (Cíc. De Or. 3, 105).

obsecrātus, -a, -um, part. pass. de **obsěcro.**

obsěcrō, -ās, -āre, -āvī, -ātum, v. tr. I — Sent. primitivo: 1) Pedir em nome dos deuses (Plaut. Aul. 733). Daí: 2) Pedir com insistência, suplicar, obsecrar (Cíc. Sest. 147); (Cíc. Quinct. 99). Obs.: Constrói-se com acus. de pessoa ou de coisa; com dois acus.; ou com *ut.*

obsecūndō, -ās, -āre, -āvī, -ātum, v. intr. Obedecer, ceder, sujeitar-se a, prestar-se a (Cíc. Pomp. 48).

obsecūtus, -a, -um, part. pass. de **obsěquor.**

obsēdī, perf. de **obsīděo** e de **obsīdo.**

obsēpĭō = **obsaepĭō.**

obsēptus = **obsaeptus.**

obsěquens, -ēntis. A — Part. pres. de **obsěquor.** B — Adj.: I — Sent. próprio: 1) Que se dobra às vontades de alguém, complacente, obediente, submisso, obseqüente (Cíc. Fam. 10, 8, 6). II — Daí: 2, Favorável, propício (Plaut. Rud. 260).

obsequēnter, adv. Complacentemente, condescendentemente, com deferência (T. Lív. 41, 10, 12). Obs.: Superl.: **obsequentissĭme** (Plín. Ep. 7, 24, 3).

obsequentĭa, -ae, subs. f. Complacência, condescendência (Cés. B. Gal. 7, 29, 4).

obsequiŏsus, -a, -um, adj. Obediente, submisso, atento (Plaut. Capt. 418).

obsequĭum, -ī, subs. n. I — Sent. próprio: 1) Complacência, condescendência, obséquio, deferência (Cíc. Leg. 1, 60). Daí: 2) Obediência, submissão (sent. próprio e figurado) (Suet. Aug. 21).

obsěquor, -ěris, -sěquī, -secūtus sum, v. dep. intr. Prestar-se a, ceder a, obedecer, submeter-se (Cíc. Fin. 2, 17); (Cíc. Fam. 1, 9, 21); (Plaut. Mil. 677). Obs.: Constrói-se com dat. de pessoa ou coisa; ou com *ut.*

obserātus, -a, -um, part. pass. de **obsěro.**

1. **obsěrō, -ās, -āre, -āvī, -ātum,** v. tr. Fechar com uma tranca ou ferrôlho, aferrolhar, fechar (sent. próprio e figurado) (Ter. Eun. 763); (Catul. 55, 21).

2. **obsěrō, -is, -ěre, -sēvī, -sĭtum,** v. tr. I — Sent. próprio: 1) Semear, plantar (Cíc. Verr. 3, 47). II — Sent. figurado: 2) Cobrir de, encher de (Verg. En. 8, 307).

observābĭlis, -e, adj. I — Sent. próprio: 1) Que se pode ver, observável (Sên. Ben. 4, 23, 1). II — Daí, por extensão: 2) Admirável, notável (Apul. M. 11, 21).

obsērvans, -āntis. I — Part. pres. de **obsērvo.** II — Adj.: 1) Que tem respeito, consideração para com alguém (Cíc. Q. Fr. 1, 2, 11). Daí: 2) Que observa, cumpridor (Plín. Ep. 7, 30, 1).

observãnter, adv. Com cuidado, com atenção (Macr. S. Scip., 1, 1, 7).

observantia, -ae, subs. f. I — Sent. próprio: 1) Ação de observar, observação (Vel. 2, 106, 3). Daí: 2) Observação, respeito (de costumes, leis, etc.) (V. Máx. 2, 6, 7). II — Em sent. moral: 3) Consideração, atenção (Cíc. Inv. 2, 66).

observātiō, -ōnis, subs. f. I — Sent. próprio: 1) Observação, nota, atenção, cuidado (Cíc. Div. 1, 2). II — Sent. moral: 2) Respeito (V. Máx. 1, 1, 8).

observātor, -ōris, subs. m. Observador, o que nota ou observa (Sên. Ep. 41, 2).

observātus, -a, -um, part. pass. de **obsērvo.**

observĭtō, -ās, -āve, -āvī, -ātum, v. freq. de **obsērvo,** tr. Observar cuidadosamente, notar (Cíc. Div. 1, 2).

obsērvō, -ās, -āre, -āvī, -ātum, v. tr. I — Sent. próprio: 1) Observar (sent. físico e moral), espiar (Cíc. Fam. 6, 6, 7); (Cíc. Amer. 22). II — Sent. figurado. 2) Velar, guardar, vigiar: ...greges (Ov. Met. 1, 513) «guardar os rebanhos». 3) Respeitar, considerar: ...leges (Cic. Of. 2, 40) «respeitar as leis».

obses, -ĭdis, subs. m. f. I — Sent. próprio: 1) Refém, pessoa dada como refém (de guerra) (Cés. B. Gal. 1, 14, 6). Daí: 2) Penhor, fiador, responsável (Cíc. Verr. 3, 124).

obsessĭō, -ōnis, subs. f. Ação de sitiar, cêrco, bloqueio (Cíc. Mur. 33).

obsessor, -ōris, subs m. I — Sent. próprio: 1) O que cerca, sitiante (Cíc. Dom. 13). Daí: 2) O que ocupa um pôsto (Ov. F. 2, 259).

obsessus, -a, -um, part. pass. de **obsidĕo.**

obsēvī, perf. de **obsĕro 2.**

obsidĕō, -ēs, -ĕre, -sēdī, -sēssum, v. intr. e tr. A) Intr.: I — Sent. próprio: 1) Estar sentado ou instalado diante, ocupar um lugar (Ter. Ad. 718); (Cíc. Div. 2, 115). B) Tr. (na língua militar): 2) Acampar diante de uma praça forte para sitiar, sitiar, bloquear (Cíc. Nat. 1, 65). Por extensão: 3) Investir, atacar, invadir (Cés. B. Civ. 2, 36, 1). II — Sent. figurado: 4) Apoderar-se de, dominar (Cic. Or. 210).

obsidĭō, -ōnis, subs. f. I — Sent. próprio: 1) Cêrco, bloqueio (T. Lív. 36, 31, 7). II — Sent. figurado: 2) Perigo iminente, laço (Cíc. Rab. Perd. 29).

obsidiōnālis, -e, adj. De cêrco: ...**corona** (T. Lív. 7, 37, 2) «coroa obsidional, de cêrco» (que era concedida ao general por fazer levantar um cêrco).

1. obsidĭum, -ī, subs. n. I — Sent. próprio: 1) Cêrco, sítio (Tác. Hist. 4, 28). II — Sent. figurado: 2) Perigo (Plaut. Mil. 219).

2. obsidĭum, -ī, subs. n. Qualidade, condição de refém (Tác. An. 11, 10).

obsĭdō, -is, -ĕre, -sēdī, -sēssum, v. tr. Atacar, invadir, sitiar, ocupar (Verg. En. 9, 159); (Sal. C. Cat. 45,2).

obsignātor, -ōris, subs. m. I — Sent. próprio: 1) O que sela, o que fecha (Cíc. Clu. 186). Daí: 2) Testemunha (de testamento) (Cíc. Clu. 37).

obsignō, -ās, -āre, -āvī, -ātum, v. tr. I — Sent. próprio: 1) Fechar por meio de um sinete, selar, pôr o sinal em (Cíc. At. 5, 19, 1); (Cíc. Verr 4, 140). Daí: 2) Assinar (Cíc. Mil. 48). 3) Chancelar, pôr os selos (Cíc. Verr. 1, 50). II — Sent. figurado: 4) Imprimir, empreender (Lucr. 4, 567).

obsistō, -is, -ĕre, obstĭtī, v. intr. I — Sent. próprio: 1) Parar diante, pôr-se diante (Plaut. Cap. 791). Daí: 2) Embargar os passos, opor-se, impedir, resistir (sent. próprio e figurado) (Cic. Tusc. 2, 28); (Cíc. At. 7, 2, 3). Obs. Constrói-se como absoluto; com dat. com **ne;** ou com infinitivo.

obsĭtus, -a, -um, part. pass. de **obsĕro 2.**

obsolefāctus, -a, -um, part. pass. de **obsolefīo.**

obsolefīō, -is, -fĭĕrī, -fāctus sum, passivo, v. tr. Aviltar-se, deslustrar-se (Cíc. Phil. 2, 105).

obsolēscō, -is, -ere, -lēvī (-lētum), v. incoat. intr. I — Sent. próprio: 1) Cair em desuso (Varr. L. Lat. 9, 16). II — Sent. figurado: 2) Apagar-se, riscar-se da memória (Cíc. Ac. 1, 11). 3) Enfraquecer, perder a fôrça, o seu valor, diminuir (Cíc. Pomp. 52).

obsolētē, adv. Sòrdidamente: **obsoletius vestitus** (Cíc. Verr. 1, 152) «vestido muito sòrdidamente».

obsolētus, -a, -um. I — Part. pass. de **obsolēsco.** II — Adj.: Sent. próprio: 1) Obsoleto, caído em desuso, antiquado, velho, gasto pelo tempo, usado (Cíc. Pis. 89); (Cíc. De Or. 3, 150). Daí: 2) Comum, vulgar, banal, vil (Cíc. De Or. 3, 33). 3) Manchado enodoado (Hor. Epo. 17, 46).

obsolēvī, perf. de **obsolēsco**.
obsōnātor (ops-), -ōris, subs. m. Despenseiro, o que compra gêneros alimentícios (Plaut. Mil. 666).
obsonātus (ops-), -ūs, subs. m. Refeição, alimento (Plaut. Men. 288).
obsōnium (ops-), -ī, subs. n. Provisões de bôca, comestíveis, comida (Plaut. Bac. 95).
1. **obsŏnō**, -ās, -āre, v. intr. Pertubar, interromper com um ruído (Plaut. Ps. 208). Obs.: Constrói-se com dat.
2. **obsŏnō** (opsŏnō), -ās, -āre, -āvī, -ātum, v. tr. Comprar provisões, ir às compras, ir às provisões (Plaut. Aul. 280); (Cíc. Tusc. 5, 97). Obs.: Em Plauto aparece como depoente; **obsonari** (Plaut. Aul. 295).
obsorbĕō, -ēs, -ēre, -sorbŭī, v. tr. Engolir, beber, sorver com avidez (Plaut. Curc. 313).
obsorbŭī, perf. de **obsorbĕo**.
obstăcŭlum, -ī, subs n. Obstáculo, impedimento, embaraço (Sên. Nat. 2, 52, 1).
obstantĭa, -ĭum, subs. n. pl. = **obstacŭlum** (Tác. An. 1, 50).
obstātūrus, -a, -um, part. fut. de **obsto** (Sên. Ep. 95, 38).
obstĕtrix, -īcis, subs. f. Parteira (Hor. Epo. 17, 51).
obstinātē, adv. Com constância, com obstinação, obstinadamente (Cés. B. Gal. 5, 6, 4). Obs.: Comp.: **obstinatĭus** Suet. Cés. 29); superl.: **obstinatissĭme** (Suet. Tib. 67).
obstinātĭō, -ōnis, subs. f. Constância, perseverança, firmeza, obstinação (Cíc. Prov. 41).
obstinātus, -a, -um. I — Part. pass. de **obstino**. II — Adj.: Sent. próprio: 1) Constante, perseverante, firme (T. Lív. 6, 3, 9). Daí: 2) Firmemente resolvido, obstinado (Cíc. At. 1, 11, 1). Obs.: Constrói-se com acus. acompanhado de **ad** ou **adversus**; com infinitivo; ou absolutamente.
obstĭnō, -ās, -āre, -āvī, -ātum, v. tr. e intr. Obstinar-se, querer de uma maneira obstinada ou por fôrça, insistir, porfiar (T. Lív. 23, 29, 7); (Tác. Hist. 2, 84). Obs.: Constrói-se com inf.; com acus.; ou como absoluto.
obstipēscō (opstipēscō) = **obstupesco** (Cíc. Div. 2, 50).
obstīpus, -a, -um, adj. I — Sent. próprio: 1) Inclinado para diante (Hor. Sát. 2, 5, 92). Daí: 2) Inclinado, deitado, pendido (Cíc. Nat. 2, 107).
obstĭtī, perf. do **obsisto** e de **obsto**.

obstĭtus, -a, -um, part. adj. de **obsisto**. Danificado, tocado do raio (língua dos áugures) (Cíc. Leg. 2, 21).
obstō, -ās, -āre, **obstĭtī**, **obstātūrus**, v. int. I — Sent. próprio: 1) Pôr-se diante, fazer obstáculo, impedir a passagem (Plaut. St. 287); (Sal. C. Cat. 58, 6). II — Sent. figurado: 2) Impedir, prejudicar, fazer oposição, obstar (Cíc. Mil. 34); (Sal. Hist. 4, 61, 17); (Cíc. Nat. 1, 95). Obs.: Constrói-se com dat.; como intr. absoluto; com **quin** ou **quominus**; com **ne**.
obstrăgŭlum, -ī, subs. n. Correia que prende o calçado (Plín. H. Nat. 9, 114).
obstrĕpō, -is, -ĕre, -strepŭī, -trepĭtum, v. intr. e tr. A) Intr. I — Sent. próprio: 1) Fazer ruído diante, fazer ruído contrário (Hor. O. 2, 18, 2); (T. Lív. 21, 56, 9); (Cíc. De Or. 3, 50). II — Sent. figurado: 2) Interromper com ruído, importunar, incomodar (Cíc. De Or. 3, 50); (Cíc. Fam. 5, 4, 1). B) Tr. — 3) Perturbar com ruído, com gritos (Cíc. Marc. 9). Obs.: Constrói-se com dat.; como intr. absoluto; ou transitivamente.
obstrepŭī, perf. de **obstrĕpo**.
obstrīctus, -a, -um, part. pass. de **obstringo**.
obstrigĭllō (obstringĭllō), -ās, -āre, v. intr. I — Sent. próprio: 1) Impedir, pôr obstáculo (Sên. Ep. 115, 6). II — Sent. figurado: 2) Censurar, repreender (Varr. R. Rust. 1, 2, 24).
obstrīngō, -is, -ĕre, -strīnxī, -trīctum, v. tr. I — Sent. próprio: 1) Apertar fortemente, ligar, atar (Plaut. Aul. 78). II — Sent. figurado: 2) Prender, ligar, constranger, obrigar (Cíc. Inv. 2, 132); (Tác. Hist. 4, 55); (Cíc. Verr. 4, 71). Daí: 3) Tornar responsável ou culpado (Cíc. Of. 3, 83).
obstrīnxī, perf. de **obstrīngo**.
obstructĭō, -ōnis, subs. f. I — Sent. próprio: 1) Ação de encerrar, de fechar, obstrução, ação de ocultar (Arn. 2, 63). II — Sent. figurado: 2) Véu, disfarce, dissimulação (Cíc. Sest. 22).
obstrūctus, -a, -um, part. pass. de **obstrŭo**.
obstrūdō = **obtrūdo**.
obstrŭō, -is, -ĕre, -trūxī, -trūctum, v. tr. e intr. A) Tr.: I — Sent. próprio: 1) Construir na frente (T. Lív. 38, 29, 2). Daí: 2) Obstruir, tapar, fechar (Cés. B. Civ. 3, 49, 3). B) Intr.: II — Sent. figurado: 3) Opor-se (Cíc. Dom. 115).
obstrūsus, -a, -um, part. pass. de **obstrūdo**.
obstrūxī, perf. de **obstrŭo**.

obstupefaciō, -is, -ĕre, -fēcī, -fāctum, v. tr. Tornar entorpecido, tornar estático, paralisar, espantar (Ter. Phorm. 284); (T. Lív. 25, 38, 3).

obstupefīō, -is, -fĭĕrī, -fāctus sum, passiva de **obstupefacio**. Tornar-se estupefato, ficar estupefato, ficar paralisado (Cíc. Cat. 2, 14).

obstupēscō, -is, -ĕre, -stupŭī, v. intr. 1) Tornar-se estupefato, ficar imóvel, ficar gelado (Varr. R. Rust. 3, 16); (Ter. Ad. 613). Daí: 2) Espantar-se, ficar estupefato (Cíc. Verr. 1, 68).

obstupĭdus, -a, -um, adj. Estúpido, parvo, estupefato (Plaut. Mil. 1254).

obstupŭī, perf. de **obstupēsco**.

obsŭī, perf. de **obsŭo**.

obsum, obes, obēsse, obfŭī ou **offŭī**, v. intr. Estar na frente, fazer obstáculo, opor-se, prejudicar, causar dano (sent. próprio e figurado) (Cíc. Fam. 7, 13, 4); (Cíc. De Or. 1, 122).

obsŭō, -is, -ĕre, obsŭī, obsŭtum, v. tr. I — Sent. próprio: 1) Coser, coser na frente (Ov. F. 2, 578). II — Sent. figurado: 2) Tapar, interceptar (Verg. G. 4, 301).

obsurdēscō, -is, -ĕre, obsurdŭī, v. incoat. intr. Tornar-se surdo, ficar surdo (sent. próprio e figurado) (Cíc. Rep. 6, 19).

obsurdŭī, perf. de **obsurdēsco**.

obsūtus, -a, -um, part. pass. de **obsŭo**.

obtēctus, -a, -um, part. pass. de **obtĕgo**.

obtĕgō, -is, -ĕre, -tēxī, -tēctum, v. tr. I — Sent. próprio: 1) Cobrir inteiramente, cobrir (Cés. B. Civ. 3, 19). II — Sent. figurado: 2) Encobrir, ocultar, esconder (Cíc. Cael. 43).

obtemperātĭō, -ōnis, subs. f. Obediência, submissão (Cíc. Leg. 1, 42).

obtempĕro (optempĕrō), -ās, -āre, -āvī, -ātum, v. intr. I — Sent. próprio: 1) Moderar-se diante de alguém, conter-se perante alguém; e daí: 2) Conformar-se com, obedecer a (Cés. B. Gal. 4, 21, 6); (Cíc. Caec. 52). Obs.: Constrói-se geralmente com dat., e raramente com acus. com ad.

obtēndī, perf. de **obtēndo**.

obtēndō, -is, -ĕre, -tēndī, -tēntum, v. tr. I — Sent. próprio: 1) Estender diante, pôr diante de, opor (Verg. En. 10, 82). II — Sent. figurado: 2) Cobrir, encobrir (Cíc. Q. Fr. 1, 1, 15). Daí: 3) Dar como pretexto, apresentar como justificação (Plín. Ep. 8, 6, 15); (Tác. An. 3, 35).

obtēntō, -ās, -āre, v. freq. de **obtinĕo**, tr. Possuir, ocupar (Cíc. At. 9, 10, 3).

1. **obtēntus**, -a, -um, part. pass. de **obtēndo** e de **obtinĕo**.

2. **obtēntus**, -ūs, subs. m. I — Sent. próprio: 1) Ação de estender ou pôr diante, ação de cobrir (Verg. En. 11, 66). II — Sent. figurado: 2) Pretexto, escusa (Tác. An. 1, 10). 3) Véu, disfarce (Sal. Hist. 1, 41, 24).

obtĕrō (optĕrō), -is, -ĕre, -trīvī, -trītum, v. tr. I — Sent. próprio: 1) Esmagar, calcar com os pés, pisar (Cíc. De Or. 2, 353). II — Sent. figurado: 2) Desprezar, oprimir, aniquilar, destruir (Cíc. Caec. 18); (T. Lív. 24, 15, 7).

obtestātĭō, -ōnis, subs. f. I — Sent. próprio: 1) Ação de tomar os deuses como testemunha, súplica em que os deuses são invocados como testemunhas, compromisso solene (Cíc. Dom. 125). Daí: 2) Esconjuro, adjuração (Cíc. Clu. 35). 3) Súplica (aos deuses) (T. Lív. 27, 50, 5). 4) Pedido feito com insistência (Cíc. Fam. 13, 1, 4).

obtestātus, -a, -um, part. pass. de **obtēstor**.

obtēstor, -āris, -ārī, -ātus sum, v. dep. tr. I — Sent. próprio: 1) Obtestar, tomar os deuses por testemunha, invocar o testemunho de, tomar por testemunha (Tác. An. 2, 65); (Cíc. Mur. 86). Daí: 2) Pedir com instância, suplicar, implorar (Cíc. At. 11, 2, 2). II — Sent. figurado: 3) Afirmar solenemente, protestar (Tác. An. 12, 5). Obs.: Constrói-se com acus.; ou com acus. de pessoa e or. introduzida por **ut** ou **ne**.

obtēxī, perf. de **obtĕxo**.

obtĕxō, -is, -ĕre, -texŭī, -tēxtum, v. tr. I — Sent. próprio: 1) Tecer diante ou sôbre (Plín. H. Nat. 11, 65). II — Sent. figurado: 2) Cobrir, envolver (Verg. En. 11, 611).

obtexŭī, perf. de **obtĕxo**.

obticĕō, -ēs, -ēre, v. intr. Calar-se diante, guardar silêncio, estar calado, calar-se (Ter. Eun. 820).

obticēscō, -is, -ĕre, -cŭī, (sem supino), v. intr. incoat. de **obticĕo**. Calar-se diante de, calar-se, guardar silêncio (Hor. A. Poét. 284); (Ov. Met. 14, 523).

obticŭī, perf. de **obticēsco**.

obtigī, perf. de **obtingo**.

obtinĕō, -ēs, -ēre, -tinŭī, -tēntum, v. tr. I — Sent. próprio: 1) Ter, possuir, estar de posse, ocupar, manter, conservar (Cíc. Phil. 2, 48); (Cés. B. Gal. 1, 3, 4); (Cíc. Fam. 4, 14, 1). Daí: 2) Ganhar, obter (Cíc. Br. 233). II — Sent. figurado: 3) Provar, demonstrar, sustentar (Cíc. Cat. 4, 11). 4) Intransiti-

vamente: Manter-se, conservar-se, prevalecer (T. Liv. 21, 46, 10).
obtingō, -is, -ĕre, -tigī, v. tr. e intr. 1) Chegar a; e daí: 2) Suceder, acontecer, tocar a, caber por sorte a (Cíc. Cat. 4, 3); (Cíc. Fam. 2, 19, 1). Obs.: Constrói-se com dat. O emprêgo transitivo (1) só é atestado nos gramáticos latinos.
obtinuī, perf. de **obtinĕo**.
obtorpēscō, -is, -ĕre, -torpuī, v. incoat. intr. I — Sent. próprio: 1) Entorpecer-se, tornar-se imóvel (Cíc. Dom. 135). II — Sent. figurado: 2) Cair em torpor, tornar-se insensível (Cíc. poét. Tusc. 3, 67).
obtorpuī, perf. de **obtorpēsco**.
obtorquĕō, -ēs, -ēre, -torsī, -tortum, v. tr. Virar, torcer com fôrça (Cíc. Clu. 59).
obtōrsī, perf. de **obtorquĕo**.
obtōrtus, -a, -um, part. pass. de **obtorquĕo**.
obtrectātiō, -ōnis, subs. f. I — Sent. próprio: 1) Detratação, difamação, humilhação (Cés. B. Civ. 1, 7, 1). Daí: 2) Inveja (Cíc. Tusc. 4, 18).
obtrectātor, -ōris, subs. m. Detrator, difamador, o que censura por inveja (Cíc. Br. 2).
obtrēctō, -ās, -āre, -āvī, -ātum, v. intr. e tr. A) Intr.: I — Sent. próprio: 1) Opor-se a, prejudicar a (Cíc. Tusc. 4, 56). Daí: 2) Difamar, censurar por inveja (Cíc. Tusc. 4, 56); (Cíc. Pomp. 21). B) Tr.: 3) Atacar injustamente, caluniar, depreciar (T. Liv. 45, 37). Obs.: Constrói-se geralmente com dat., ou transitivamente com acus.
obtrītus, -a, -um, part. pass. de **obtĕro**.
obtrīvī, perf. de **obtĕro**.
obtrūdō (**optrūdō, obstrūdō**), -is, ĕre, -trūsī, -trūsum, v. tr. I — Sent. próprio: 1) Impelir com violência, atirar violentamente (Apul. M. 7, 28). II — Sent. figurado: 2) Impor, obrigar a aceitar (Plaut. Ps. 945). 3) Comer, engolir sôfregamente (Plaut. St. 593). 4) Encobrir (Ov. Met. 11, 48).
obtruncō, -ās, -āre, -āvī, -ātum, v. tr. I — Sent. próprio: 1) Cortar, podar (Col. 4, 29). II — Sent. figurado: 2). Decapitar, assassinar, matar (Verg. G. 3, 374); (Sal. B. Jug. 67, 2).
obtrūsī, perf. de **obtrūdo**.
obtŭdī, perf. de **obtŭndo**.
obtuĕor (**optuĕor**), -ēris, -ērī, v. dep. tr. Olhar de frente, olhar, ver (Plaut. Amph. 900).
obtŭlī, perf. de **offĕro**.

obtŭndō (**optŭndō**), -is, -ĕre, -tŭdī, -tūsum (ou -tŭnsum), v. tr. I — Sent. próprio: 1) Bater fortemente, rebater (Plaut. Cas. 931). Daí: 2) Embotar a ponta de uma arma, embotar, tornar rombudo (Lucr. 6, 399); (Cíc. Tusc. 1, 80). II — Sent. figurado: 3) Enfraquecer (a vista, o ouvido, a voz, etc.), amortecer, diminuir (Cíc. De Or. 2, 182); (Lucr. 3, 452); (Cíc. Tusc. 3, 34). 4) Fatigar, aturdir, importunar (Cíc. At. 8, 1, 4); (Cíc. Verr. 4, 109).
obtūnsus = **obtūsus**, -a, -um, part. pass. de **obtŭndo**.
obtūrātus, -a, -um, part. pass. de **obtūro**.
obtūrbō, -ās, -āre, -āvī, -ātum, v. tr. I — Sent. próprio: 1) Turvar, tornar turvo (Plín. H. Nat. 8, 26). II — Sent. figurado: 2) Derrotar, dispersar, desbaratar (Tác. Hist. 3, 25). 3) Perturbar, importunar, interromper (Cíc. At. 12, 16, 12); (Tác. Hist. 3, 10). 4) Impedir (Tác. An. 6, 24).
obturgēscō, -is, -ĕre, -tūrsī, v. incoat. intr. Inchar-se, inchar (sent. próprio e figurado) (Lucr. 6, 659).
obtūrō (**optūrō**), -ās, -āre, -āvī, -ātum, v. tr. I — Sent. próprio: 1) Fechar, tapar, obturar, obstruir (Cíc. Fat. 10). II — Sent. figurado: 2) Matar a fome, saciar (Lucr. 4, 870).
obtūrsī, perf. de **obturgēsco**.
obtūsus (**obtūnsus**), -a, -um. I — Part. pass. de **obtŭndo**. II — Adj.: 1) Espancado, moído de pancada, e daí: embotado, insensível (Verg. En. 1, 567). Donde: 2) Surdo, esgotado, fraco, enfraquecido (Quint. 11, 3, 15). 3) Estúpido, grosseiro, ignorante, obtuso (Cíc. Nat. 1, 70).
obtūtus, -ūs, subs. m. Olhar fixo, olhar, contemplação (Verg. En. 12, 666).
obumbrō, -ās, -āre, -āvī, -ātum, v. tr. I — Sent. próprio: 1) Sombrear, cobrir de sombra, obumbrar, escurecer (sent. concreto e abstrato) (Ov. Met. 13, 845); (Verg. En. 12, 578). Daí: 2) Cobrir, velar, dissimular (Ov. P. 3, 3, 75). II — Sent. figurado: 3) Cobrir, proteger, defender (Verg. En. 11, 223).
obūncus, -a, -um, adj. Recurvado, adunco (Verg. En. 6, 597).
obūstus, -a, -um, adj. I — Sent. próprio: 1) Queimado na ponta, queimado ao redor (Verg. En. 11, 894). II — Daí: 2) Queimado (pela geada) (Ov. Trist. 5, 2, 66).

obvāllō, -ās, -āre, -āvī, -ātum, v. tr. Cercar com trincheiras, fortificar (Cíc. Agr. 2, 3).

obvēnī, perf. de obvenĭo.

obveniō, -is, -īre, -vēni, -vēntum, v. intr. I — Sent. próprio: 1) Vir diante de, apresentar-se diante de, vir em socorro de (T. Lív. 29, 34, 8). II — Sent. figurado: 2) Tocar por sorte, caber (Cés B. Civ. 1, 6). Na lingua religiosa: 3) Sobrevir, acontecer (Cíc. Phil. 2, 83).

obversātus, -a, -um, part. pass. de obversor.

obversor, -āris, -ārī, -ātus sum, v. dep. intr. I — Sent. próprio: 1) Apresentar-se incessantemente a, mostrar-se, deixar-se ver (T. Lív. 31, 11, 7). II — Sent. figurado: 2) Oferecer-se (Cíc. Sest. 3); (T. Lív. 35, 11, 3).

obversus, -a, -um, part. pass. de obverto.

obvērtī, perf. de obverto.

obvertō (obvōrtō), -is, -ĕre, -vērtī, -vērsum, v. tr. Voltar para, voltar contra (Verg. En. 6, 3).

obvĭam, adv. I — Sent. próprio: 1) No caminho, ao encontro, diante, na passagem (Cíc. Mil. 28). II — Sent. figurado: 2) À mão, ao alcance de (Plaut. Capt 521). 3) Ao encontro de, contra (Cic. Verr. 1, 106).

obvigĭlō, -ās, -āre, -ātum, v. intr. Estar vigilante, velar, vigiar (Plaut. Bac. 398).

obvĭus, -a, -um, adj I — Sent. próprio: 1) Que vai ao encontro de, que sai ao encontro de, que se apresenta a, que se encontra no caminho de (Cíc. At. 6, 5, 1). II — Sent. figurado: 2) Accessível, afável (Tác. An. 2, 2). 3) Exposto a (Verg. En. 10, 794). 4) Que se apresenta por si mesmo, fácil, óbvio, comum (Tác. An. 16, 2).

obvolūtus, -a, -um, part. pass. de obvōlvo.

obvōlvī, perf. de obvōlvo.

obvōlvō, -is, -ĕre, -vōlvī, -volūtum, v. tr. I — Sent. próprio: 1) Envolver, cobrir, encobrir (Cíc. Or. 74). II — Sent. figurado: 2) Ocultar, dissimular (Hor. Sát. 2, 7, 42).

occaecō (obcaecō), -ās, -āre, -āvī, -ātum, v. tr. I — Sent. próprio: 1) Cegar (Cels. 6, 6, 67). Daí: 2) Tornar cego, impedir de ver, cegar (sent. físico e moral) (T. Lív. 22, 43, 11); (Cíc. Fin. 1, 10). II — Sent. figurado: 3) Tornar obscuro, ininteligível, escurecer (T. Lív. 33, 7); (Cic. De Or. 2, 329). 4) Cobrir, encobrir (de terra) (Cíc. C. M. 51). 5) Paralisar, privar de movimentos (Verg. Cul. 198).

occalātus (ob-), -a, -um, adj. Tornado insensível, embotado (Sên. Nat. 4, 13, 10).

occallēscō (obcallēscō), -is, -ĕre, -callŭī, v. incoat. intr. I — Sent. próprio: 1 Tornar-se caloso, duro (Plaut. As. 419). II — Sent. figurado: 2) Tornar-se insensível (Cic. At. 2, 18, 4).

occallŭī, perf. de occallēsco.

occănō, -is, -ĕre, -canŭī, v. intr. 1) Tocar trombeta (Sal. Hist. 1, 71). 2) Soar, ressoar (tratando-se de trombeta) (Tác. An. 2, 81).

occanŭī, perf. de occăno.

occāsĭō, -ōnis, subs. f. Ocasião, oportunidade, momento propício, facilidade, comodidade, bom êxito (Cíc. At. 15, 11, 2). Obs.: Constrói-se com gen.; com ad; com ut mais subjuntivo; com infinitivo.

occasiuncŭla, -ae, subs. f. Pequena ocasião (Plaut. Trin. 974).

occāsūrus, -a, -um, part. fut. de occĭdo 1.

1. occāsus, -a, -um, part. pass. de occĭdo 1.
2. occāsus, -ūs, subs. m. I — Sent. próprio: 1) Pôr do sol, ocaso, poente, ocidente (Cés. B. Gal. 1, 50, 3). II — Sent. figurado: 2) Queda, ruína, destruição (Cic. Cat. 3, 19). 3) Morte (Cíc. Ac. 1, 8).

occātĭō, -ōnis, subs. f. Gradagem, ação de gradar a terra (Cíc. C. M. 51).

occātor, -ōris, subs. m. I — Sent. próprio: 1) Gradador, o que grada (a terra) (Col. 2, 13). II — Sent. figurado: 2) Gradador (Plaut. Capt. 662).

occecĭnī, perf. de occĭno.

occēdō, -is, -ĕre, -cēssī, v. intr. Ir ao encontro de, ir na frente de, avançar, preceder (Plaut. St. 673).

occĕntō, -ās, -āre, -āvī, -ātum, v. tr. Fazer uma serenata a alguém (Plaut. St. 572).

occĕntus, -ūs, subs. m. Chio (do rato, que era considerado de mau agouro) (Plin H. Nat. 8, 223).

occēpī, perf. de occipĭo.

occēpso, forma arcaica de occepĕro. Fut. perf. de occipĭo (Plaut. As. 794).

occeptāssit, forma arcaica de occeptavĕrit (Plaut. Rud. 776).

occĭptō, -ās, -āre, v. freq. de occipĭo, tr. Começar (Plaut. Men. 917).

occĕptus, -a, -um, part. pass. de occipĭo.

occēssī, perf. de occēdo.

Occĭa, -ae, subs. pr. f. Ócia, nome de uma vestal (Tác. An. 2, 86).

occĭdens, -ēntis. I — Part. pres. de occĭdo 1. II — Subs. m.: O ocidente (Cíc. Nat. 2, 164).
1. occĭdī, perf. de occĭdo 1.
2. occĭdī, perf. de occĭdo 2.
occĭdĭō, -ōnis, subs. f. Homicídio, carnificina, matança (Cíc. Fam. 15, 4, 7).
1. occĭdō, -is, -ĕre, occĭdī, occāsum, v. intr. I — Sent. próprio: 1) Cair, desmoronar-se (T. Lív. 23, 24, 7). Daí: 2) Pôr-se (tratando-se dos astros, principalmente o sol) (Cíc. Fin. 2, 23). II — Sent. figurado: 3) Cair morto, sucumbir, perecer (Cíc. Phil. 2, 51).
2. occĭdō, -is, -ĕre, occĭdī, occīsum, v. tr. I — Sent. próprio: 1) Cortar, fazer em pedaços (Ter. Ad. 559); (Varr. R. Rust. 1, 31, 1). Daí: 2) Matar, fazer perecer, causar a morte (Cíc. Mil. 8); (Cíc. De Or. 2, 302). II — Sent. figurado: 3) Importunar, causticar, maçar (Hor. Epo. 14, 5).
occĭdŭus, -a, -um, adj. I — Sent. próprio: 1) Que se põe, do poente, ocidental, situado no ocidente (Ov. Met. 1, 63). II — Sent. figurado: 2) Que vai declinando, que atinge o fim, a morte (Ov. Met. 15, 226).
occĭllō, -ās, -āre, v. tr. Contundir, magoar (Plaut. Amph. 183).
occĭnō, -is, -ĕre, -cecĭnī e occĭnŭi, v. intr. Entoar um canto, soltar um grito de mau agouro (T. Lív. 6, 41, 8).
occĭnŭī = occecĭnī, perf. de occĭno.
occĭpĭō, -is, -ĕre, -cēpī, -cēptum, v. tr. e intr. A) Tr.: 1) Começar, principiar, empreender alguma coisa (T. Lív. 3, 19, 2). B) Intr.: 2) Começar, iniciar-se (Lucr. 5, 889); (T. Lív. 29, 27, 6).
occĭpĭtĭum, -ī, subs. n. Occipício (parte póstero-inferior da cabeça) (Plaut. Aul. 64).
occĭput, -ĭtis, subs. n. = occipitĭum (Pérs. 1, 62).
occīsĭō, -ōnis, subs. f. Carnificina, matança, assassínio (Cíc. Inv. 2, 14).
occīsor, -ōris, subs. m. Assassino (Plaut. Mil. 1055).
occīsus, -a, -um. I — Part. pass. de occīdo 2. II — Adj.: Morto. Superl.: occissisŭmus (Plaut. Cas. 694).
occlāmĭtō, -ās, -āre, v. intr. Gritar aos ouvidos, vociferar, berrar (Plaut. Curc. 183).
occlūdō, -is, -ĕre, -clūsī, -clūsum, v. tr. Fechar, tapar, cerrar, trancar (sent. próprio e figurado) (Cíc. Ac. 2, 47); (Cíc. De Or. 2, 248); (Plaut. Mil. 605).
occlūsī, perf. de occlūdo.

occlūstī = occlusīstī, perf. sincopado de occlūdo (Plaut. Trin. 188).
occlūsus, -a, -um, part. pass. de occlūdo.
occō, -ās, -āre, -āvī, -ātum, v. tr. Desfazer os torrões de terra com a grade ou com o ancinho, gradar (Hor. Ep. 2, 2, 161).
occŭbō, -ās, -āre, -cubŭī, -cubĭtum, v. intr. I — Sent. próprio: 1) Estar deitado, repousar (Plaut. Mil. 212). Daí: 2) Estar sepultado (Verg. En. 5, 371).
occubŭī, perf. de occŭbo e de occŭmbo.
occucŭrrī = occŭrrī, perf. de occŭrro (Plaut. Merc. 201).
occŭlcō (obcŭlcō), -ās, -āre, v. tr. Calcar aos pés, pisar (Cat. Agr. 49, 2).
occŭlō, is, -ĕre, -culŭī, -cŭltum, v. tr. Esconder, ocultar, dissimular (Cíc. Tusc. 2, 36); (Verg. En. 1, 310).
occultāssīs, forma arcaica de occultavĕris, perf. do subj. ou fut. perf. de occŭlto (Plaut. Trin. 627).
occultātĭō, -ōnis, subs. f. Ação de se ocultar, ocultação, ato de se esconder (Cés. B. Gal. 6, 21, 5).
occultātor, -ōris, subs. m. Ocultador, o que esconde, o que oculta (Cíc. Mil. 51).
occultē, adv. Às escondidas, secretamente, ocultamente (Cíc. Agr. 1, 1). Obs.: Comp.: occultius (Cíc. Dej. 18); superl.: occultissime (Cíc. Verr. 4, 65).
occŭltō, -ās, -āre, -āvī, -ātum, v. freq. tr. Ocultar, esconder, fazer desaparecer, dissimular (sent. próprio e figurado) (Cíc. Div. 1, 120); (Cíc. Of. 1, 127); (Cés. B. Gal. 1, 27, 4). Obs.: Constrói-se com acus. e abl. acompanhado ou não de prep.; ou com acus. com in.
occŭltus, -a, -um. A — Part. pass. de occŭlo. B — Adj.: I — Sent. próprio: 1) Escondido, oculto, secreto (Plaut. Curc. 507). II — Sent. figurado: 2) Secreto, oculto (Cíc. Verr. 1, 39). 3) Dissimulado, que encobre (tratando-se de pessoas) (Cíc. Fam. 3, 10, 8). C — Subs.: 4) Segrêdo (Cíc. Cael. 57) III — Em expressões adverbiais: 5) ex occulto «sem ser visto, sem aparecer» (Cíc. Clu. 47). 6) In occulto «na sombra, na escuridão» (Cíc. Rab. perd. 21). 7) Per occultum «secretamente» (Tác. An. 4, 71).
occulŭī, perf. de occŭlo.
occŭmbō, -is, -ĕre, -cubŭī, -cubĭtum, v. tr. e intr. Deitar-se para morrer, cair morto, perecer, sucumbir (Cíc. Tusc. 1, 102); (Ov. Met. 12, 207).

occupāssim, forma arcaica de **occupavĕrim**, perf. do subj. de **occŭpo** (Plaut. Most. 1097).

occupātiō, -ōnis, subs. f. I — Sent. próprio: 1) Ação de ocupar, de se apoderar de, ocupação (Cíc. Of. 1, 21). II — Daí, na língua retórica: 2) Prolepse, pretermissão (Cíc. De Or. 3, 205). 3) Ocupação, cuidado (Cíc. Or. 34).

occupātus, -a, -um. I — Part. pass. de **occŭpo**. II — Adj.: Ocupado, que tem ocupação (Cíc. Tusc. 1, 5).

occupĭō = **occipĭo**.

occŭpō, -ās, -āre, -āvī, -ātum, v. tr. I — Sent. próprio: 1) Apoderar-se de, assenhorear-se de, ocupar (Verg. En. 6, 424); (Cíc. Lae. 40); (Cés. B. Gal. 1, 39, 1). II — Sent. figurado: 2) Ser o primeiro a fazer, a empregar, tomar a iniciativa de, anteceder, antecipar, prevenir, surpreender (Cíc. De Or. 1, 154); (Cíc. Tusc. 5, 27); (T. Lív. 1, 14, 4). III — Empregos especiais: 3) Empregar (o tempo), empregar (o dinheiro) em, dar a juros (Cíc. Flac. 51); (Cíc. Verr. 1, 91).

occŭrrī, perf. de **occŭrro**.

occŭrrō, -is, -ĕre, -cŭrrī, -cŭrsum, v. intr. I — Sent. próprio: 1) Ir ao encontro, apresentar-se, prevenir (Cés. B. Civ. 3, 79, 7); (Cíc. Verr. 3, 67). II — Sent. figurado: 2) Ocorrer, vir ao espírito (Cíc. Tusc. 1, 49); (Cíc. Mil. 25); (Cíc. Fam. 12, 9, 1). Daí, com idéia de oposição: 3) Marchar contra, atacar, dirigir-se contra (Cés. B. Civ. 1, 40, 4). Donde: 4) Opor-se, resistir, pôr um obstáculo, fazer uma objeção (Cíc. Ac. 2, 46). Obs.: Constrói-se geralmente com dat.; às vêzes com acus. com **ad** ou **in**. Por vêzes ocorre o perf. reduplicado **occucurri**: (Plaut. Merc. 201); (Sên. Ep. 120, 4).

occursātiō, -ōnis, subs. f. Agrados, atenção, solicitude (Cíc. Planc. 29).

occūrsō, -ās, -āre, -āvī, -ātum, v. freq. de **occŭrro**, intr. e tr. I — Sent. próprio: 1) Correr ao encontro de, apresentar-se, mostrar-se, acorrer (Verg. Buc. 9, 24). II — Sent. figurado: 2) Ocorrer, vir ao espírito (Plín. Ep. 5, 5, 7). Obs.: Como transitivo é raro e arcaico: (Plaut. Mil. 1047).

occursūrus, -a, -um, part. fut. de **occŭrro**.

occūrsus, -ūs, subs. m. Ação de vir ao encontro de, de se apresentar diante ou pôr obstáculo, encontro (T. Lív. 5, 41, 5).

Oceanītis, -ĭdis, subs. pr. f. Oceanítide, ou Oceanítis, filha do Oceano (Verg. G. 4, 341).

Oceănus, -ī, subs. pr. m. 1) Oceano, deus do mar, espôso de Tétis, pai de todos os rios (Cíc. Nat. 3, 48). 2) Oceano Atlântico (Cíc. Rep. 6, 20). 3) **Mare Oceanus** (Cés. B. Gal. 3, 7, 2) «oceano Atlântico». 4) Sobrenome romano (Marc. 3, 95).

ocellātī, -ōrum, subs. m. pl. Pedrinhas que servem de jôgo para as crianças (Suet. Aug. 83).

Ocellīna, -ae, subs. pr. f. Ocelina, nome de mulher (Suet. Galb. 3).

ocĕllus, -ī, subs. m. dim. de **ocŭlus**. I — Sent. próprio: 1) Olhinho, menina dos olhos, ôlho (Ov. Am. 2, 8, 15). II — Sent. figurado: 2) Pérola, jóia (Cíc. At. 16, 6, 2). 3) Meu bem, meu anjo (têrmo de ternura) (Plaut. Trin. 245).

Ocĕlum, -ī, subs. pr. n. Ócelo, cidade da Gália Cisalpina, na extremidade N. O. da Itália (Cés. B. Gal. 1, 10, 5).

Ocha, -ae, subs. pr. f. Oca, cidade da Eubéia (Plín. H. Nat. 4, 64).

Ochus, -ī, subs. pr. m. Oco. 1) Rio da Bactriana (Plín. H. Nat. 31, 75). 2) Nome de um rei da Pérsia (Q. Cúrc. 4, 14, 22).

ōcĭmum, -ī, subs. n. Manjerição, planta odorífera (Plín. H. Nat. 19, 119). Obs.: Note-se a expressão: **ocima cantare** (Pérs. 4, 22) «apregoar legumes para vender».

ōcĭor, -ius (gen. **-ōris**), adj. comp. (sem grau positivo). Mais rápido (Verg. En. 10, 247). Obs.: Superl.: **ocissĭmus** (Plín. H. Nat. 15, 53).

ōcissĭmē, v. **ocius**.

ōcissĭmus, -a, -um, adj. superl. Muito rápido; v. **ocior**.

ōcĭter, adv. Prontamente (Apul. M. 1, 23).

ōcĭus, adv. (comp.). 1) Mais ràpidamente, mais prontamente, mais depressa (Cíc. At. 16, 3, 1). 2) Ràpidamente, prontamente (Plaut. Most. 664). Obs.: Superl.: **ocissime**: muito depressa (Sal. B. Jug. 25).

ocliferĭus, -a, -um, adj. Que salta aos olhos (Sên. Ep. 33, 3).

Ocnus, -ī, subs. pr. m. 1) Ocno, fundador de Mântua (Verg. En. 10, 198). 2) Personagem alegórica considerada como tipo da indolência (Prop. 4, 3, 21).

Ocra, -ae, subs. pr. f. Ocra, cidade da Venécia (Plín. H. Nat. 3, 131).

1. **Ocrĕa, -ae**, subs. pr. m. Ócrea, sobrenome romano (Cíc. Com. 14).

2. **ocrĕa**, -ae, subs. f. (geralmente no plural): Grevas, polainas de couro (Verg. En. 7, 634).
ocreātus, -a, -um, adj. Que traz grevas ou polainas de couro (Hor. Sát. 2, 3, 234).
Ocrēsĭa (Ocrīsĭa), -ae, subs. pr. f. Ocrísia, escrava de Tanaquil e mãe de Sérvio Túlio (Ov. F. 6, 627).
Ocricuanus, -a, -um, adj. De Ocrículo (Cíc. Mil. 64).
Ocricŭlum, -ī, subs. pr. n. Ocrículo (Otricoli), cidade da Úmbria (T. Lív. 22, 11, 5).
octāvānī, -ōrum, subs. m. Os soldados da 8ª legião romana (Plín. H. Nat. 3, 35).
Octāvĭa, -ae, subs. pr. f. 1) Otávia, irmã de Augusto e espôsa de Marco Antônio (Suet. Aug. 4). 2) Filha de Cláudio e espôsa de Nero (Suet. Claud. 27).
1. **Octāvĭānus**, -a, -um, adj. Otaviano, de Otávio (Cés. B. Civ. 3, 9).
2. **Octāvĭānus**, -ī, subs. pr. m. Otaviano, sobrenome que tomou Otávio (Augusto) quando foi adotado por Júlio César (Cic. Fam. 12, 25, 4).
1. **Octāvĭus**, -a, -um, adj. De Otávio (Suet. Aug. 29).
2. **Octāvĭus**, -ī, subs. pr. m. 1) Otávio, nome de uma família romana (Cíc. Phil. 3, 15). 2) Otávio, mais tarde o imperador Augusto (Juv. 8, 242).
octāvum, adv. 1) Pela oitava vez (T. Lív. 6, 36, 7). 2) **octāvum**, -ī (usado substantivamente) o óctuplo (quantidade 8 vêzes maior): **ager efficit cum octavo** (Cíc. Verr. 3, 112) «o campo produz 8 vêzes (a semente)».
octāvus, -a, -um, num. ord. Oitavo (Cíc. At. 15, 26, 4).
octāvusdecĭmus, octavadecĭma, octavumdecĭmum, num. ord. Décimo-oitavo (Tác. An. 13, 6).
octĭēs (octĭens), adv. Oito vêzes (Cíc. Rep. 6, 12).
octingentēsĭmus, -a, -um, num. ord. Octingentésimo: **octingentesimo** (subent. anno) (Tác. An. 11, 11) «o octingentésimo ano».
octingēntī, -ae, -a, num. card. Oitocentos (Cic. Planc. 60).
octĭpēs, -pĕdis, adj. Octípede, que tem 8 pés (Ov. F. 1, 312).
octō, num. indecl. Oito (Cíc., Cés., T. Liv.).
1. **octōber**, -is, subs. m. Outubro, 8 mês do ano romano (Col. 11, 3).

2. **octōber**, -bris, -bre, adj. De outubro: **Kalendae Octobres** (Cíc. Phil. 5, 19) «calendas de outubro».
octōdĕcim, num. card. indecl. Dezoito (T. Lív. 39, 5, 14); (Entr. 1, 1) Obs.: Forma post-clássica.
Octōdūrus, -ī, subs. pr. m. Octoduro, povoação dos véragros, na Gália Narbonense (Cés. B. Gal. 3, 1, 4).
octōgēnārĭus, -a, -um, adj. Octogenário, de 80 anos (Plín. Ep. 6, 33).
octōgēnī, -ae, -a, num. distr. Oitenta para cada um (T. Lív. 10, 30).
octōgēsĭmus, -a. -um, num. ord. Octogésimo (Cíc. C. M. 32).
octōgĭēs (octogĭens), adv. Oitenta vêzes (Cíc. Pis. 86).
octōgĭntā, num. card. indecl. Oitenta (Cíc. C. M. 69).
Octŏlŏphus, -ī, subs. m. ou **Octolŏphum**, -ī, subs. pr. n. Octólofo, cidade da Tessália (T. Lív. 31, 36, 40).
octōnī, -ae, -a, num. distr. 1) Cada oito, oito de cada vez (Cés. B. Gal. 7, 73, 8). 2) Oito (Ov. Met. 5, 50).
octŏphŏron (octa-) -ī, subs. n. Octóforo, liteira transportada por oito homens (Cíc. Q. Fr. 2, 10, 2).
octŏphŏros (octa-), -on, adj. Levado por 8 homens (Cic. Verr. 5, 27).
octuāgĭēs, v. **octogĭes**.
Octulānī, -ōrum, subs. loc. m. Octulanos, povo do Lácio (Plín. H. Nat. 3, 69).
octuplĭcātus (octi-), -a, -um, adj. Tornado 8 vêzes maior (T. Lív. 4, 24, 7).
octŭplum, -ī, subs. n. Quantia 8 vêzes maior (Cíc Verr. 3, 28).
octŭplus, -a, -um, adj. Óctuplo, oito vêzes maior (Cic. Tim. 20).
octūssis, -is, subs. m. Soma de oito asses (o asse é uma antiga moeda romana, que equivalia a 12 onças (Hor. Sát. 2, 3, 156).
oculātus, -a, -um, adj. I Sent. próprio: 1) Que tem olhos, que vê bem (Plaut. Truc. 489). II — Sent. figurado: 2) Visível (Plaut. Ps. 301).
oculĕus, -a, -um, adj. I — Sent. próprio: 1) Que tem olhos, que vê bem (Plaut. Aul. 555). II — Sent. figurado: 2) Muito perspicaz (Apul. M. 2, 23).
ocŭlus, -ī, subs. m. I — Sent. próprio: 1) Ôlho, vista (Cíc. Cat. 1, 17). Daí, objeto em forma de ôlho (sent. figurado): 2) Ôlho da cauda de um pavão, da pele das panteras (Plín. H. Nat. 8, 62). 3) Ôlho ou botão da videira, rebento (Verg. G. 2. 73). II — Sent. figurado: 4) Objeto de afeto, o que é

querido: in oculis aliquem ferre (Cíc. Phil. 6, 11), «querer bem a alguém»; ocule mi (Plaut. Curc. 203) «luz dos meus olhos».

Ocyrhŏē, -ēs, subs. pr. f. Ocíroe, nome de uma ninfa (Ov. Met. 2, 637).

ōdĕram, mais que perf. de odi.

ōdēum (-ium), -ī, subs. n. Teatro pequeno (Suet. Dom. 5).

ōdī, ōdistī, ōdisse (part. fut. osūrus), v. defect. tr. Odiar, aborrecer (Cíc. Mil. 35). Obs.: Constrói-se com acus.; com inf.; ou como absoluto. Perf. dep. osus sum (Plaut. Amph. 900); (Sên. Suas. 1, 5).

odiōsē, adv. De modo desagradável, cansativamente (Cíc. Br. 284).

odiōsicus, -a, -um, adj. (Plaut. Capt. 87) = odiōsus.

odiōsus, -a, -um, adj. I — Sent. próprio: 1) Odioso (Cíc. Verr. 4, 45). II — Por enfraquecimento de sentido, na língua familiar: 2) Desagradável, importuno, funesto (Plaut. Rud. 1204).

Odītēs, -ae, subs. pr. m. 1) Odites, nome de um centauro (Ov. Met. 12, 457). 2) Guerreiro morto nas bodas de Perseu (Ov. Met. 5, 97).

1. odĭum, -ī, subs. n. I — Sent. próprio: 1) Ódio, aversão, antipatia, enfado, repugnância (Cíc. Phil. 4, 4). Daí: 2) Objeto de ódio, pessoa ou coisa odiada (Cíc. Pomp. 65). 3) Conduta odiosa, maneiras desagradáveis (Hor. Sát. 1, 7, 6). Obs.: Constrói-se com gen.; com acus. e as preps. in, erga, adversus.

2. odĭum, -ī, v. odēum.

Odomāntī, -ōrum, subs. loc. m. Odomantos, povo da Trácia (Plín. H. Nat. 4, 40).

Odomantīcus, -a, -um, adj. Dos odomantos (T. Liv. 45, 4).

odor, -ōris, subs. m. I — Sent. próprio: 1) Odor, cheiro (Cíc. Nat. 2, 141). Daí, em sent. particular: 2) Bom cheiro, perfume; mau cheiro, fedor (Hor. O. 3, 18, 7). No plural: 3) Perfumes, essências (Cíc. Tusc. 3, 43). II — Sent. figurado: 4) Indício, sinal, perfume (Cíc. Verr. 5, 160). Obs.: O antigo nom. odos ainda ocorre em Salústio (B. Jug. 44, 4).

odōrātĭō, -ōnis, subs. f. Ação de cheirar, de sentir cheiro (Cíc. Tusc. 4, 20).

1. odōrātus, -a, -um. I — Part. pass. de odōro. II — Adj.: Perfumado, aromático (Prop. 4, 3, 64); (Verg. En. 7, 13).

2. odōrātus, -a, -um, part. pass. de odōror.

3. odōrātus, -ūs, subs. m. Ação de cheirar, olfato (Cíc. Ac. 2, 20).

odōrĭfer, -fĕra, -fĕrum, adj. 1) Odorífero, perfumado (Verg. En. 12, 419). 2) Que produz perfumes (Plín. H. Nat. 5, 65). 3) Na expressão: odorifera gens (Ov. Met. 4, 209) «os Persas».

odōrō, -ās, -āre, -āvī, -ātum, v. tr. Perfumar, cheirar, odorar (Ov. Met. 15, 734).

odōror, -āris, -ārī, -ātus sum, v. dep. tr. I — Sent. próprio: 1) Reconhecer pelo cheiro, odorar, cheirar, sentir um cheiro, farejar (Hor. Epo. 6, 10). Daí: 2) Procurar cheirando, procurar, perseguir (Cíc. Verr. 4, 31). Donde: 3) Aspirar a (Cíc. Agr. 2, 65).

odōrus, -a, -um, adj. I — Sent. próprio: 1) Odoro, odorífero, perfumado (Ov. Met. 9, 287). II — Sent. figurado: 2) Que tem um fino olfato (Verg. En. 4, 132).

odōs, v. odor.

Odrŭsae (Odrȳsae), -ārum, subs. loc. m. Ódrisas, povo da Trácia (Tác. An. 3, 38).

Odrysĭī, -ōrum, subs. loc. m. Os odrísios, os Trácios (Ov. P. 1, 8, 15).

Odrysĭus, -a, -um, adj. Dos odrísios, dos Trácios (Ov. Met. 6, 490).

Odyssēa, -ae, subs. pr. f. 1) Odisséia, poema épico grego de Homero (Ov. Trist. 2, 375). 2) Poema latino de Lívio Andronico (Cíc. Br. 71).

Odyssēae Portus, subs. pr. m. Ponta de Ulisses (ao sul da Sicília) (Cíc. Verr. 5, 87).

Oea, -ae, subs. pr. f. Ea, cidade da África, hoje Trípoli (S. It. 3, 257).

Oeāgrĭus, -a, -um, adj. De Eagro, da Trácia (Verg. G. 4, 524).

Oeāgrus, -ī, subs. pr. m. Eagro, rei da Trácia, pai de Orfeu (Ov. Ib. 480).

Oebalĭa, -ae, subs. pr. f. Tarento, colônia da Lacedemônia (Verg. G. 4, 125).

Oebalĭdēs, -ae, subs. loc. m. Lacedemônio: Oebalides puer (Ov. Ib. 588) «Jacinto». 2) M. pl.: Oebalidae (Ov. F. 5, 705). «Castor e Pólux».

Oebalĭs, -ĭdis, subs. f. Ebálide, de Esparta, da Lacônia (Ov. Her. 16, 126): Oebalides matres (Ov. F. 3, 230) «as sabinas» (porque os sabinos descendiam dos lacedemônios).

Oebalĭus, -a, -um, adj. 1) Da Lacônia, de Esparta: Oebalia pelex (Ov. R. Am. 458) «Helena»; Oebalius puer (Marc. 14, 173) «Jacinto». 2) Dos sabinos (Ov. F. 1, 260).

Oebălus, -i, subs. pr. m. Ébalo, rei dos Teléboas, aliado de Turno contra Enéias (Verg. En. 7, 734).
Oechalĭa, -ae, subs. pr. f. 1) Ecália, cidade da Eubéia, também chamada Cálcis, que foi destruída por Hércules (Verg. En. 8, 291). 2) Cidade da Messênia (Plín. H. Nat. 4, 15).
Oechălis, -ĭdis, subs. f. Mulher de Ecália (Ov. Met. 9, 331).
Oeclĭdēs, -ae, subs. pr. m. Eclida, filho de Ecleu (Anfiarau) (Ov. Met 8, 317).
oeconomĭcus, -a, -um, adj. 1) Bem ordenado, metódico (Quint. 7, 10, 11). 2) Como subs. pr. masc.: O Econômico (tratado de Xenofonte) (Cíc. Of. 2, 87).
Oedipodĭonĭdēs, -ae, subs. pr. m. 1) Filho de Édipo (Estác. Theb. 1, 313). 2) Pl.: **Oedipodionidae** — Etéocles e Polinice (Estác. Theb. 7, 216).
Oedipodĭonĭus, -a, -um, adj. De Édipo (Ov. Met. 15, 429).
Oedĭpūs, -ŏdis, subs. pr. m. Édipo, herói de uma das lendas mais célebres da literatura grega, filho de Laio e de Jocasta, pai de Etéocles e de Polinice (Cíc. Fin. 5, 3).
Oeēnsēs, -ĭum, subs. loc. m. Habitantes de Ea, na África (Tác. Hist. 4, 50).
Oeneis, -ĭdis, subs. pr. f. Filha de Eneu, Dejanira (Sên. Herc. Oet. 583).
Oeneĭus, -a, -um, adj. De Eneu: **Oeneius Heros** (Estác. Theb. 5, 661) «Tideu».
1. Oeneŭs, -a, -um, adj. De Eneu, de Calidão (Ov. Met. 8, 273).
2. Oeneus, -ĕi (ou **-ĕos**), subs. pr. m. Eneu, rei de Calidão, pai de Meléagro, de Tideu e de Dejanira (Cíc. Tusc. 2, 20).
Oeniădae, -ārum, subs. pr. m. Eníadas, povo e cidade da Acarnânia (T. Lív. 26, 24).
Oenĭdēs, -ae, subs. pr. m. 1) Filho de Eneu, Meléagro (Ov. Met. 8, 414). 2) Neto de Eneu, Diomedes (Ov. F. 4, 76).
Oenoa, v. **Oenŏe.**
Oenŏē, -ēs, subs. pr. f. Énoe. 1) Ilha do mar Egeu (Plín. H. Nat. 4, 70). 2) Antiga cidade da Grécia (Plín. H. Nat. 4, 24)
Oenomăus, -i, subs. pr. m. Título de uma tragédia de Ácio (Cíc. Fam. 9, 16, 4).
Oenōnē, -ēs, subs. pr. f. Enone, ninfa da Frígia, amada por Páris (Ov. Her. 5). 2) Ilha da Ática (Plín. H. Nat. 4, 57).
oenophŏrum, -i, subs. Enóforo, vaso para conservar ou transportar vinho (Hor. Sát. 1, 6, 109).
Oenopĭa, -ae, subs. pr. f. Enópia, nome da ilha de Egina (Ov. Met. 7, 472).
Oenopĭus, -a, -um, adj. De Enópia, de Egina (Ov. Met. 7, 490).
Oenopĭdēs, -ae, subs, pr. m. Enópides, nome de um matemático de Quios (Sên. Nat. 4, 2, 26).
Oenopĭōn, -ōnis, subs. pr. m. Enopião, rei de Quios e pai de Mérope (Cíc. Arat. 673).
Oenotrĭus, -a, -um, adj. De Enótria, da Itália, romano (Verg. En. 7, 85).
Oenōtrus, -a, -um, adj. = **Oenotrĭus** (Verg. En. 1, 532).
Oenŭs, -ūntis, subs. pr. m. Enunte, rio da Lacônia (T. Lív. 34, 28, 1).
oestrus, -i, subs. m. I — Sent. próprio: 1) Tavão (cuja picada torna os animais furiosos) (Verg. G. 3, 148). II — Sent. figurado: 2) Delírio profético, estro poético (Juv. 4, 123).
oesus (arc.) = **usus** (Cíc. Leg. 2, 10).
oesy̆pum, -i, subs. n. I — Sent. próprio: 1) Êsipo, gordura de lã, lã engordurada (Plín. H. Nat. 29, 35). 2) Ungüento, essência para remédio ou toucador (Ov. A. Am. 3, 213).
Oeta, -ae, subs. pr. f., v. **Oetē, -ēs** (Cíc. Tusc. 2, 19).
Oetaeus, -a, -um, adj. Do Eta: **Oetaeus deus,** ou simplesmente **Oetaeus** (Prop. 4, 1, 32); (Ov. Ib. 349) «Hércules».
Oetē, -ēs, subs. pr. f. Eta, monte entre a Tessália e a Dória, sôbre o qual Hércules se queimou (Ov. Met. 9, 165).
1. ofēlla, -ae, subs. f. Pequeno pedaço de carne (Juv. 11, 142).
2. Ofēlla (Offēlla) -ae, subs. pr. m. Ofela, sobrenome romano (Cíc. Br. 178).
Ofēllus, -i, subs. pr. m. Ofelo, nome de homem (Hor. Sát. 2, 2, 2).
offa, -ae, subs. f. I — Sent. próprio: 1) Pequena bola de massa ou de carne, pedaço de carne (Verg. En. 6, 420). II — Sent. figurado: 2) Tumor (causado por pancada) (Juv. 16, 11). 3) Pedaço (de poesia), fragmento (Pérs. 5, 5).
offătim, adv. Aos bocadinhos (Plaut. Truc. 613).
offēci, perf. de **officio.**
offēctus, -a, -um, part. pass. de **officio.**
offēndi, perf. de **offendo.**
offendicŭlum, -i, subs. n. Obstáculo, tropêço, impedimento (Plín. Ep. 9, 11, 1).
offendō, -is, -ĕre, -fēndi, -fēnsum, v. intr. e tr. A) Intr.: I — Sent. próprio: 1) Chocar-se, esbarrar, bater (Hor. Sát. 2, 1, 78). Daí: 2) Ferir, ofender (sent. físico e moral) (Cíc. Fam. 3, 8, 7). II — Sent. figurado: 3) Sofrer um revés, um desastre, não se sair bem (Cés. B. Civ.

OFFENSA — 673 — **OFFIRMO**

3, 8, 2). 4) Cometer uma falta, faltar, errar (Cíc. Clu. 98). 5) Estar descontente, ofendido, chocado (Cíc. At. 12, 40, 2). B) Tr.: 6) Esbarrar (Cíc. Clu. 175). 7) Encontrar, topar (Cíc. Verr. 4, 64). 8) Chocar, ferir, descontentar, ofender (Lucr. 6, 791); (Cic. Fin. 1, 3); (Cíc. Bab. 59).

offēnsa, -ae, subs. f. I — Sent. próprio: 1) Ação de ir de encontro a, de topar com (Plin. H. Nat. 34, 104). II — Sent. figurado: 2) Descontentamento, desagrado (Tác. Hist. 2, 92). 3) Ofensa, injúria (Ov. Trist. 3, 8, 40). 4) Indisposição, incômodo, agravo (Sên. Ep. 7, 1). 5) Descrédito, falta de prestígio, desgraça (Cíc. At. 9, 2a, 2).

offensacŭlum, v. **offendicŭlum** (Apul. M. 9, 9).

offensātĭō, -ōnis, subs. f. I — Sent. próprio: 1) Ação de ir de encontro a, de bater, choque, embate (Plin. H. Nat. 28, 221). II — Sent. figurado: 2) Falta (Sên. Ben. 5, 25, 6).

offensātor, -ōris, subs. m. O que tropeça, o que se engana (sent. figurado) (Quint. 10, 3, 20).

offensĭō, -ōnis, subs. f. I — Sent. próprio: 1) Ação de bater contra, de tropeçar, de esbarrar (Cíc. Div. 2, 84). II — Sent. figurado: 2) Incômodo, doença, indisposição (Cíc. Fam. 16, 10, 1). 3) Revés, mau êxito, malôgro (Cíc. Pomp. 28). 4) Descontentamento, desagrado, irritação, aversão, inimizade (Cíc. De Or. 2, 208). 5) Antipatia, aversão, desprazer (Cíc. Of. 3, 105). 6) Descrédito, má reputação (Cíc. Verr. 5, 178).

offensiuncŭla, -ae, subs. f. 1) Pequena ofensa (Cíc. Fam. 13, 1, 4). 2) Pequeno dissabor (Cíc. Planc. 51).

offēnsō, -ās, -āre, v. freq. de **offēndo,** tr e intr. A) Tr.: 1) Bater, chocar (Lucr. 2, 1059). B) Intr.: 2) Hesitar (ao falar), gaguejar, balbuciar (Quint. 10, 7, 10).

1. offēnsus, -a, -um. I — Part. pass. de **offēndo.** II — Adj. 1) Ofendido, irritado, descontente, hostil (Cíc. At. 1, 5, 5); (Cíc. Tusc. 5, 106). 2) Odioso, detestado (Cíc. Inv. 1, 92); (Cíc. Sest. 125).

2. offēnsus, -ūs, subs. m. Encontro, embate (Lucr. 2, 223).

offĕrō, -fers, -fērre, obtŭlī, oblātum, v. tr. I — Sent. próprio: 1) Levar à frente, e daí, apresentar (Verg. En. 6, 290); (Cíc. Fam. 6, 20, 1). Donde: 2) Oferecer, expor (Cíc. Sest. 76); (Cíc. Tusc. 1, 32); (T. Lív. 40, 23, 1). II — Sent. figurado: 3) Opor (Cíc. Fam. 10, 12, 3). 4) Fornecer, inspirar, dar, proporcionar: ...**mortem patri** (Cíc. Amer. 40) «dar a morte a seu pai».

officīna, -ae, subs. f. I — Sent. próprio: 1) Oficina, fábrica, laboratório, loja (T. Liv. 26, 51, 8). II — Sent. figurado: 2) Fábrica, oficina, escola: **officīna eloquentiae** (Cíc. Or. 40) «escola de eloqüência».

officĭō, -is, -ĕre, -fēcī, -fēctum, v. intr. e tr. I — Sent. próprio: 1) Pôr-se à frente, pôr à frente, fazer obstáculo, impedir, obstruir (Cíc. Nat. 2, 49). II — Sent. figurado: 2) Prejudicar, fazer mal, embargar (Sal. C. Cat. 27, 4); (Lucr. 4, 763). Obs.: Transitivamente só ocorre em Lucrécio, com o sentido de prejudicar, estorvar (Lucr. 2, 155).

officiōsē, adv. Cortêsmente, delicadamente, obsequiosamente, oficiosamente (Cíc. At. 1, 20, 1) Obs.: Comp.: **officiosĭus** (Cic. At. 6, 1, 22).

1. officiōsus, -a, -um, adj. I — Sent. próprio: 1) Conforme o dever; daí: 2) Cortês, atencioso, obsequioso, serviçal (Cíc. Planc. 46). Donde, por extensão: 3) Ditado pelo dever, justo, legítimo (Cíc. Mil. 12).

2. officiōsus, -ī, subs. m. 1) Vil lisonjeiro (apelido dado à gente imoral) (Sên. Contr. 4, pref. 10). 2) Escravo que guardava a roupa dos banhistas (Petr. 92, 11).

officĭum, -ī, subs. n. I — Sent. primitivo: 1) Trabalho, execução de uma tarefa ou tarefa a executar; daí, na língua jurídica: 2) Obrigações (de um cargo), deveres de um magistrado, cargo, função pública, ocupação, ofício (Cíc. At. 16, 14, 3); (Cés. B. Civ. 3, 103, 4); (Cés. B. Civ. 3, 5, 4). Na língua filosófica: 3) Dever, obrigação moral, fidelidade ao dever, obediência (Cíc. Fam. 14, 1, 5). Por aproximação com «**ops**»: 4) Serviço prestado, favor, obséquio, demonstração de respeito, homenagens, honras prestadas (Cíc. Fam. 13, 21, 2).

offīgō (obfīgō), -is, -ĕre, -fīxī, -fīxum, v. tr. Fixar, prender a (Plaut. Most. 360).

offirmātē, adv. Com firmeza (Suet. Tib. 25).

offirmātus, -a, -um, part. -adj. de **offirmo,** Firme, decidido, obstinado (Cíc. At. 1, 11, 1).

offirmō (obfirmō), -ās, -āre, -āvī, -ātum, v. tr. I — Sent. próprio: 1) Fortificar, consolidar, tornar sólido, firme (Apul. M. 7, 20). II — Sent. figurado: 2) Firmar, fortificar (Plaut. Merc. 82).

Daí: 3) Persistir, perseverar, obstinar--se (Plaut. Bac. 1199).
offixi, perf. de **offigo**.
offla, -ae, subs. f., v. **offula** (Petr. 58).
offrēgi, perf. de **offringo**.
offrēnātus (obfren-), -a, -um, adj. Dominado (sent. figurado) (Plaut. Capt. 755).
offūcia, -ae, subs. f. 1) Pintura (para rosto) (Plaut. Most. 264). 2) No pl.: Trapaças, embustes (Plaut. Capt. 666).
offūdī, perf. de **offundo**.
offūi = **obfūi**, perf. de **obsum**.
offūla, -ae, subs. f. Pedacinho de carne, pedacinho, bolinha (de pão, de massa, etc.) (Varr. R. Rust. 2, 4, 11).
offulgěō, -es, -ēre, -fūlsī, v. intr. Brilhar diante, brilhar aos olhos, brilhar (Verg. En. 9, 110).
offūlsī, perf. de **offulgěo**.
offundō, -is, -ěre, -fūdī, -fūsum, v. tr. I — Sent. próprio: 1) Espalhar diante, espalhar em volta, estender, envolver (Cic. Nat. 1, 6); (Cíc. Tim. 49). II — Sent. figurado: 2) Cobrir, escurecer, eclipsar, ofuscar (Tác. An. 11, 31); (Cic. Marc. 10).
offūsus (obfūsus), -a, -um, part. pass. de **offundo**.
Ofilius (**Offilius**, **Ofillius**), -ī, subs. pr. m. Ofilio, nome de homem: 1) **Aulus Ofilius**, jurisconsulto, amigo de César (Cíc. Fam. 7, 21). 2) Campaniano ilustre (T. Liv. 9, 7, 2).
oggannǐō (obg-), -is, -īre, -īvī (-ǐī), -ītum, v. tr. Repetir muitas vezes, repisar (Ter. Phorm. 1030).
oggěrō (obg-), -is, -ěre, v. tr. Trazer em quantidade, cobrir de (Plaut. Truc. 103).
Ogulnǐus, -ī, subs. pr. m. e **Ogulnǐa**, -ae, subs. pr. f. Ogúlnio, nome de homem; Ogúlnia, nome de mulher (T. Liv. 27, 3); (Juv. 6, 352).
Ogygǐdae, -ārum, subs. loc. m. pl. Descendentes de Ógiges, tebanos (Estác. Theb. 2, 586).
Ogyges, -is, ou -ī, subs. pr. m. Ógiges, fundador de Tebas, na Beócia (Varr. R. Rust. 2, 1, 2).
Ogygǐus, -a, -um, adj. De Ógiges: ...deus (Ov. Her. 10, 48) «Baco».
oh, interj. que exprime os sentimentos mais diversos: oh! ah! (Plaut. Capt. 200).
ōhē (ŏhē), interj. para chamar alguém, ou marcar a impaciência: Oh! Olá! Basta! (Hor. Sát. 1, 5, 12).
oiei, interj. de dor e de mêdo: Ah! Oh! Ai! (Plaut. Mil. 1400).

Oileus, -ěī ou -ěos, subs. pr. m. 1) Oileu, rei dos Lócrios e pai de Ajax (Cíc. Tusc. 3, 71). 2) Ajax (Sên. Med. 661).
oinos, v. **unus**.
Olbǐa, -ae, subs. pr. f. Ólbia. 1) Cidade da Panfília (P. Mel. 2, 1, 6). 2) Cidade da Bitínia, mais tarde Nicéia (Plín. H. Nat. 5, 148). 3) Cidade da Gália Narbonense (P. Mel. 2, 5). 4) Cidade da Sardenha (Cíc. Q. Fr. 2, 6, 7).
Olbǐānus, -a, -um, adj. Olbiano, de Ólbia (na Bitínia) (Mel. 1, 19, 4).
Olbǐēnsis, -e, adj. Olbiense, de Ólbia, na Sardenha (Cíc. Q. Fr. 2, 3, 7).
Olbus, -ī, subs. pr. m. Olbo, nome de um guerreiro (V. Flac. 6, 638).
Olcādes, -um, subs. loc. m. Ólcades, povo da Hispânia Tarraconense (T. Liv. 21, 5).
Olcinǐātēs, -um (**Olciniātae**, -ārum), subs. loc. m. Olciniates, habitantes de Olcínio (T. Liv. 45, 26, 2).
Olcinǐum, -ī, subs. pr. n. Olcínio, cidade marítima da Ilíria (T. Liv. 45, 26).
olěa, -ae, subs. f. I — Sent. próprio: 1) Azeitona: nil intra est oleam (Hor. Ep. 2, 1, 31) «negar o que é evidente» (expressão proverbial que, literalmente, significa «não há nada dentro da azeitona»)». 2) Oliveira (árvore) (Cíc. Div. 2, 16).
oleaginěus, -a, -um, adj. De oliveira, da côr da oliveira, semelhante à oliveira (Plín. H. Nat. 14, 38).
oleāgǐnus, -a, -um, adj. De oliveira (Verg. G. 2, 31).
oleārǐus, -a, -um, adj. 1) Relativo ao azeite, de azeite (Cíc. C. M. 56). 2) Como subs. masc.: Fabricante, negociante de azeite (Plaut. Capt. 489).
Oleǎros (**Oleǎrus**, **Oliǎros**), -ī, subs. pr. f. Oléaro, uma das Ciclades (Verg. En. 3, 126).
oleāster, -trī, subs. m. Zambujeiro (árvore) (Verg. G. 2, 182).
oleǐtas, -tātis subs. f. Colheita das azeitonas (Cat. Agr. 68).
Olenǐdēs, -ae, subs. pr. m. Olênida, filho de Óleno (V. Flac. 3, 204).
Olenǐus, -a, -um, adj. De Óleno, da Acaia (Ov. F. 5, 113).
Olennǐus, -ī, subs. pr. m. Olênio, governador de um distrito da Germânia, no tempo de Tibério (Tác. An. 4, 72).
olens, -ēntis. I — Part. pres. de **olěo**. II — Adj.: 1) Olente, odorífero, perfumado, que cheira bem (Verg. G. 1, 188). 2) Fedorento, que cheira mal, infecto (Hor.

OLENTICETUM — 675 — **OLUS**

O. 1, 17, 7). Em sent. figurado: 3) Velho, caído em desuso (Tác. D. 22).
olenticētum, -i, subs. n. Lugar imundo (Apul. Apol. 8).
1. Olĕnus (Olĕnos), -ī, subs. pr. f. Óleno, cidade da Acaia, onde Júpiter foi alimentado pela cabra Almatéia (Plín H. Nat. 4, 13).
2. Olĕnus (Olĕnos), -ī, subs. pr. m. Óleno, filho de Júpiter que foi transformado num penedo (Ov. Met. 10, 69).
olĕō, -ēs, -ēre, olŭī, v. intr. e tr. A) Intr. I — Sent. próprio: 1) Exalar um perfume, exalar cheiro, rescender, perfumar, cheirar bem ou mal (Cic. At. 2, 1, 1); (Hor. Ep. 1, 19, 5). B) Tr.: 2) Cheirar a (Cíc. De Or. 3, 99). II — Sent. figurado: 3) Cheirar a, indicar, deixar perceber (Cíc. Com. 20). Obs.: Constrói-se como absoluto; com acus.; ou com abl.
olĕra, nom. pl. de **olus.**
olerōrum, gen. pl. de **olus.**
1. olētum, -ī, subs. n. Plantação de oliveira (Cat. Agr. 3, 5).
2. olētum, -ī, subs. n. Excrementos (Pérs. 1, 112).
olĕum, -ī, subs. n. I — Sent. próprio: 1) Azeite de oliveira, óleo (em sent. genérico): **oleum et operam perdere** (Cíc. Fam. 7, 1, 3) «perder tempo e trabalho» (expressão proverbial). II — Sent. figurado: 2) Palestra (onde os atletas se untavam com óleo para lutar) (Catul. 63, 65).
olfăciō, -is, -ĕre, -fēcī, -fāctum, v. tr. I — Sent. próprio: 1) Cheirar, farejar (Cíc. Tusc. 5, 111). II — Sent. figurado: 2) Farejar (Cic. Agr. 1, 11). 3) Dar o cheiro de (Varr. R. Rust. 2, 2, 16).
olfāctō, -ās, -āre, -āvī, -ātum, freq. de **olfacio,** v. tr. I — Sent. próprio: 1) Cheirar, farejar (Plaut. Men. 167). 2) Aspirar, chupar (Plín. H. Nat. 18, 364).
1. olfāctus, -a, -um, part. pass. de **olfacio.**
2. olfāctus, -ūs, subs. m. Ação de cheirar, farejar, olfato (Plín. H. Nat. 10, 194).
olfēcī, perf. de **olfacio.**
Olfīcus, -ī, subs. pr. m. Ólfico, nome de homem (Marc. 9, 96).
Oliăros (Oliărus), v. **Oleăros** (Ov. Met. 7, 469).
Olĭdus, -a, -um, adj. Que cheira mal, fétido (Hor. Ep. 1, 5, 29).
ōlim, adv. 1 — No passado: outrora, uma vez, naquele momento (Cíc. Fam. 7, 24, 1). 2 — No futuro: um dia, qualquer dia (Cíc. At. 11, 4, 1). 3 — Empregos particulares: há muito tempo (Sên. Ep. 77, 3); de longa data, a maior parte das vêzes (Verg. En. 5, 125).
Olisīpō (Olisīppō), -ōnis, subs. pr. m. Olisipo, cidade da Lusitânia, na embocadura do Tejo (hoje Lisboa) (Varr. R. Rust. 2, 1, 19).
olĭtor (hol-), -ōris, subs. m. Hortelão (Cíc. Fam. 16, 18, 2).
olitōrĭus (hol-), -a, -um, adj. Relativo à hortaliça, a legumes (T. Lív. 21, 62).
olīva, -ae, subs. f. I — Sent. próprio: 1) Oliveira (árvore) (Cíc. Nat. 3, 45). 2) Azeitona (Plaut. Curc. 90). II — Sent. poético: 3) Ramo de oliveira (Hor. O. 1, 7, 7). Donde: 4) Bastão, cajado de oliveira (Verg. Buc. 8, 16).
olīvētum, -ī, subs. n. Olival (Cíc. Rep. 3, 16).
olīvĭfer, -fĕra, -fĕrum, adj. 1) Olivífero, que produz muitas oliveiras (Verg. En. 7, 711). 2) Feito de ramos de oliveira (Marc. 12, 99).
olīvĭtas, -tātis, subs. f. Colheita de azeitonas (Varr. Men. 219).
olīvum, -ī, subs. n. I — Sent. próprio: 1) Azeite de oliveira (Verg. Buc. 5, 68). Daí: 2) Azeite para os atletas (Hor. O. 1, 8, 8). II — Sent. figurado: 3) Perfume, óleo perfumado, essência (Catul. 6, 8).
olla, -ae, subs. f. Panela (Cíc. Fam. 9, 18, 4).
olle (arc.) = **ille** (Verg. En. 1, 252).
olli, dat. arc. de **ille** = **illi.**
Olliculāni, -ōrum, subs. loc. m. Oliculanos, povo do Lácio (Plín. H. Nat. 3, 66).
Ollĭus, -ī, subs. pr. m. 1) Ólio, rio da Récia, afluente do Pó (Plín. H. Nat. 3, 118). 2) Rio da Eólida (Plín. H. Nat. 5, 122). 3) Nome de homem (Tác. An. 4, 1).
ollus, -a, -um (arc.) = **ille** (Verg. En. 5, 197). Obs.: As formas mais usadas são: 1) Dat. sg.: **olli;** 2) nom. pl.: **olli** 3) dat. pl.: **ollis.**
olō, -is, -ĕre = **olĕo** (Plaut. Poen. 268).
olor, -ōris, subs. m. Cisne (ave) (Hor. O. 4, 1, 10).
olōrīnus, -a, -um, adj. De cisne (Verg. En. 10, 187).
Olōstrae, -ārum, subs. loc. m. Olostras, povo da Índia (Luc. 3, 249).
olŭī, perf. de **olĕo.**
olus (hob), -ĕris, subs. n. Legumes, hortaliças: **holus prandere** (Hor. Ep. 1, 17, 13) «jantar legumes». Obs.: A grafia preferível é **holus,** sendo que **olus** é uma forma rústica sem aspiração; atestado em Catão (Agr. 149, 2).

oluscŭlum (hol-), -ī, subs. n. Leumes, hortaliça (Hor. Sát. 2, 6, 64). Obs.: **Holusculum** é a grafia preferível.

Olympēnī, -ōrum, subs. loc. Olimpenos, habitante de Olimpo, cidade da Lícia (Cíc. Agr. 1, 5).

1. Olympĭa, -ae, subs. pr. f. Olímpia, lugar da Élida, onde se realizavam os jogos olímpicos (Cic. Tusc. 1, 111).

2. Olympĭa, -ōrum, subs. pr. n. pl. Os jogos olímpicos (Cíc. Div. 2, 144).

Olympĭădēs, -um, subs. pr. f. Olimpíades, as musas que habitam o Olimpo (Varr. L. Lat. 7, 2).

1. Olympĭas, -ădis, subs. pr. f. Olimpíade, filha de Neoptólemo e mãe de Alexandre Magno (Cíc. Div. 1, 47).

2. olympĭas, -ădis, subs. f. I — Sent. próprio: 1) Olimpíada (espaço de 4 anos) (Cíc. Rep. 2, 18, 28). II — Sent. figurado: 2) Lustro (espaço de 5 anos) (Ov. P. 4, 6, 5).

Olympĭcus, -a, -um, adj. Olímpico (Hor. O. 1, 1, 3).

Olympĭī, -ōrum, subs. m. pl. (sent. figurado) Mortais dignos do céu (V. Máx. 5, 10, 1).

Olympĭō, -ōnis, subs. pr. m. Olímpio, embaixador do rei da Ilíria (T. Lív. 44, 23).

Olympiodōrus, -ī, subs. pr. m. Olimpiodoro, tocador de flauta e mestre de Epaminondas (C. Nep. Ep. 2).

olympionīcēs, -ae, subs. m. Vencedor nos jogos olímpicos (Cíc. Tusc. 1, 111).

Olympĭum, -ī, subs. pr. n. Templo de Júpiter, em Olímpia (T. Lív. 33, 3).

Olympĭus, -a, -um, adj. Olímpico, dos jogos olímpicos (T. Lív. 24, 21, 29).

1. Olympus, -ī, subs. pr. m. 1) Olimpo, montanha entre a Tessália e a Macedônia, morada dos deuses (Verg. G. 1, 282). 2) Montanhas da Bitínia, da Lícia, da Jônia, da Mísia, da Galácia (Plín. H. Nat. 5, 148; 21, 31; 5, 118; 5, 142); (T. Lív. 38, 18). 3) Cidade marítima da Panfília (Cíc. Verr. 1, 58).

2. Olympus, -ī, subs. pr. m. Olimpo, célebre tocador de flauta, discípulo de Mársias (Ov. Met. 6, 393).

Olynthĭī, -ōrum, subs. loc. m. pl. Olíntios, habitantes de Olinto (C. Nep. Tim. 1).

Olynthĭus, -a, -um, adj. De Olinto (Q. Cúrc. 8, 8, 19).

Olynthos (**Olynthus**), -ī, subs. pr. f. Olinto, cidade da Trácia, destruída pelos atenienses (C. Nep. Pel. 1, 2).

omāsum, -ī, subs. n. Tripas de boi, dobrado (Hor. Sát. 2, 5, 40).

Omber, v. **Umber**.

Ombrĭa, v. **Umbrĭa**.

ōmen, -ĭnis, subs. n. I — Sent. próprio: 1) Presságio, prognóstico, indício (bom ou mau) (Cíc. Sest. 72). II — Daí, em sent. particular: 2) Casamento (Verg. En. 1, 345). 3) Desejo, voto (Cíc. Pis. 31).

ōmentum, -ī, subs. n. I — Sent. próprio: 1) Epíploon, membrana que envolve os intestinos (Plín. H. Nat. 11, 204). Daí: 2) Entranhas (Pérs. 2, 47).

ōmĭnor, -āris, -ārī, -ātus sum, v. dep. tr. Pressagiar, prognosticar, predizer (Hor. O. 3, 14, 11); (Cíc. Of. 2, 74).

ōmĭnōsus, -a, -um. adj. De mau agouro (Plín. Ep. 3, 14, 6).

omīsī, perf. de **omitto**.

omīssus, -a, -um. I — Part. pass. de **omitto**. II — Adj.: Negligente, descuidado (Ter. Heaut. 962). Obs.: Comp. **omissior** (Ter. Ad. 830) «mais negligente».

omīttō, -is, -ĕre, -mīsī, -mīssum, v. tr. I — Sent. próprio: 1) Deixar escapar, deixar partir, deixar ir, largar (Plaut. Amph. 240); (T. Lív. 5, 47, 5). II — Sent. figurado: 2) Omitir, renunciar, abandonar, deixar de lado (Ter. Ad. 267); (Cíc. Fin. 1, 36); (Cíc. Of. 1, 111). Obs.: Constrói-se com acus.; com inf., ou com interrog. ind.

omnēs, -ĭum, v. **omnis**, -e 6).

omnĭa, -ĭum, v. **omnis**, -e 5).

omnĭfer, -fĕra, -fĕrum, adj. Onífero, que produz tôdas as coisas (Ov. Met. 2, 275).

1. omnĭgĕnus, indecl. (= omne genus, acus. adv.). De tôdas as espécies (Lucr. 2, 759).

2. omnĭgĕnus, -a, -um, adj. Onígeno, de tôdas as espécies (Verg. En. 8, 698).

omnimŏdis, adv. Onìmodamente, de tôdas as maneiras, de todos os modos (Lucr. 1, 683).

omnimŏdō, adv. Onìmodamente, de todos os modos, de tôdas as maneiras (A. Gel. 18, 15, 2).

omnimŏdus, -a, -um, adj. Onímodo, que é de todos os modos, de tôdas as maneiras (Apul. M. 5, 25).

omnīnō, adv. 1) Em totalidade, inteiramente (Cíc. Tusc. 1, 1). 2) Em geral (Cíc. Fin. 5, 33). 3) No conjunto, ao todo, sòmente (Cés. B. Gal. 1, 6, 1). 4) Em verdade (Cíc. Lae. 98).

omnĭpărens, -ēntis, adj. Oniparente, que produz tôdas as coisas (Verg. En. 6, 595).

omnĭpŏtens, -ēntis, adj. 1) Todo poderoso, onipotente (Verg. En. 8, 334). 2) Como subs. masc.: Júpiter, o Todo Poderoso,

OMNIS — 677 — **OPERA**

(Deus) (Ov. Met. 2, 505).
omnis, -e, adj. e pron. indef. I — Sent. próprio: 1) Todo, tôda (Cíc. Agr. 2, 70). 2) De tôda a espécie, qualquer (com sent. indefinido) (Cés. B. Gal. 5, 6, 3). 3) Todo, cada (idéia de número) (Cíc Amer. 16), em todo o tempo. II — No neutro sing. **omne:** 4) Tudo (Cíc. De Or. 2, 158). No neutro pl.: 5) Tôdas as coisas, tudo (Cíc. Lae. 35). No masculino pl.: 6) Tôdas as pessoas, tôda gente, todos (T. Lív. 31, 45, 7).
omnivăgus, -a, -um, adj. Onívago, que vaga por tôda parte, errante, vagabundo (Cíc. Nat. 2, 68).
omnivŏlus, -a, -um, adj. Onívolo, que tudo cobiça (Catul. 68, 140).
Omole, v. **Homole.**
Omphălē, -ēs, subs. pr. f. Ônfale, rainha da Lídia, que comprou Hércules, quando êle foi vendido como escravo (Ter. Eun. 1027).
onăger (onăgrus), -ī, subs. m. Ônagro, burro selvagem (Marc. 13, 97).
onăgos, -ī, subs. m. Burriqueiro (Plaut. As. 10).
Onchae. -ārum, subs. pr. f. pl. Oncas, cidade da Síria (Q. Cúrc. 4, 1, 3).
Onchesmītēs, -ae, subs. pr. m. Onquesmita, vento que sopra de Onquesmo, pôrto do Epiro (Cíc. At. 7, 2, 1).
Onchestĭus, -a, -um, adj. De Onquesto, da Beócia (Ov. Met. 18, 605).
Onchēstus (Onchēstos), -ī, subs. pr. I — F.: Onquesto, cidade da Beócia (Plín. H. Nat. 4, 25). 2) — M.: Rio da Tessália (T. Lív. 33, 6).
Oncheus, -ĕī ou -ĕos, subs. pr. m. Onqueu, nome de guerreiro (V. Flac. 6, 256).
onĕra, nom. pl. de **onus.**
onerărĭa, -ae, subs. f. Navio de carga, navio mercante (Cíc. At. 10, 12, 2).
onerărĭus, -a, -um, adj. De carga, de transporte (T. Lív. 41, 4).
onĕris, gen. sing. de **onus.**
onĕrō, -ās, -āre, -āvī, -ātum, v. tr. I — Sent. próprio: 1) Carregar, onerar (Cés. B. Gal. 5, 1, 2). II — Sent. figurado: 2) Cumular, sobrecarregar, oprimir (Cíc. Nat. 3, 8); (T. Lív. 4, 13, 13). 3) Agravar, aumentar, acusar (Tác. An. 16, 30). 4) Encher de, cobrir (Verg. En. 1, 195). Obs.: Constrói-se com acus. e abl.
onerōsus, -a, -um, adj. I — Sent. próprio. 1) Pesado, que pesa (Verg. En. 9, 384). II — Sent. figurado: 2) Oneroso, penoso, molesto, incômodo (Ov. Met. 9, 674).

Onesicrĭtus, -ī, subs. pr. m. Onesícrito, autor de uma história de Alexandre Magno (Q. Cúrc. 9, 10, 3).
Onēsĭmus, -ī, subs. pr. m. Onésimo, macedônio da côrte de Perseu, que se refugiou em Roma (T. Lív. 44, 16).
Onisĭa, v. **Onysĭa.**
Onomărchus, -ī, subs. pr. m. Onomarco, general do exército de Antígono (C. Nep. Eum. 11, 3).
Onomăstus, -ī, subs. pr. m. 1) Onomasto, nome de um macedônio (T. Lív. 39, 34). 2) Nome de um liberto de Otão (Tác. Hist. 1, 25).
onus, -ĕris, subs. n. I — Sent. próprio: 1) Carga, pêso, fardo (Cés. B. Civ. 1, 80, 2). Daí, por eufemismo: 2) Gravidez (Ov. Am. 2, 13, 1). II — Sent. figurado: 3) Encargo, coisa difícil, embaraço, pêso, ônus (Cíc. Amer. 10). 4) Fardo, pêso (Cés. B. Gal. 2, 30). No plural: 5) Impostos (T. Lív. 1, 43, 9). 6) Despesas (Suet. Dom. 12).
onŭstus, -a, -um, adj. I — Sent. próprio: 1) Onusto, carregado (Cíc. At. 1, 16, 2). II — Sent. figurado: 2) Cheio de (Cíc. Div. 1, 60). 3) Saciado, farto (Plaut. Merc. 746). 4) Abatido, carregado de (Plaut. Aul. 414). Obs.: Constrói-se com abl.; com gen. (mais raramente).
Onysĭa, -ae, subs. pr. f. Onísia, ilha perto de Creta (Plín. H. Nat. 4, 61).
Onÿtēs, -ae, subs. pr. m. Onita, nome de guerreiro (Verg. En. 12, 514).
onyx, -ÿchis, subs. m. I — Sent. próprio: 1) Ônix (espécie de ágata) (Plín. H. Nat. 36, 59). II — Daí: 2) Vaso de ônix (para perfumes) (Hor. O. 4, 12, 17).
opăcĭtās, -tātis, subs. f. Sombra (das árvores), sombra (da noite), trevas (Tác. An. 11, 3).
opăcō, -ās, -āre, -āvī, -ātum, v. tr. Sombrear, cobrir de sombra, escurecer, tornar sombrio (Cíc. De Or. 1, 28).
opăcus, -a, -um, adj. I — Sent. próprio: 1) Que está à sombra, em que há sombra (Verg. Buc. 1, 53). Daí: 2) Escuro, em que não entra a luz, negro, sombrio, tenebroso (Verg. En. 2, 725). 3) Que dá sombra, espêsso, frondoso (tratando-se de uma árvore), opaco (Verg. En. 11, 855).
opĕla, -ae (dim. de **opĕra**), subs. f. Pequeno trabalho (Hor. Ep. 1, 7, 8).
opĕra, -ae, subs. f. I — Sent. próprio: 1) Atividade (do trabalhador), trabalho, ocupação (Cíc. Mur. 21). II — Daí: 2) Atividade ao serviço de alguém ou

de alguma coisa, emprêgo, função, serviço (Cíc. Of. 2, 68). III — Sent. concreto: 3) Um dia de trabalho (na língua rústica) (Varr. R. Rust. 18, 2). 4) Trabalhador, operário (geralmente no plural) (Cíc. Verr. 2, 13). IV — Sent. diversos: 5) Cuidado, atenção, trabalho (sent. freqüente) (Cíc. Lae. 84). V — Em locuções: 6) **opera mea, tua** «graças a mim, a ti» (Cíc. C. M. 11). 7) eadem opera «na mesma ocasião» (Plaut. Capt. 563). 8) **dedita opera, data opera,** «de propósito, de caso pensado» (Cíc. Br. 33). VI — Em expressões: 9) **operae non est** «não é possível, não é oportuno» (T. Lív. 44, 36, 13). Obs.: A locução operam dare constrói-se com dat., com ut; com ne.
opĕrans, -ántis, part. pres. de opĕror.
operaria, -ae, subs. f. A que trabalha, operária (Plaut. Bac. 74).
1. operarĭus, -a, -um, adj. Relativo ao trabalho, de trabalho, de trabalhador: ...homo (Cíc. At. 7, 2, 8) «homem de trabalho, isto é: trabalhador».
2. operarĭus, -ĭ, subs. m. I — Sent. próprio: 1) Trabalhador, operário (Cíc. Tusc. 5, 104). II — Sent. figurado: 2) Podão, rábula (tratando-se de um mau advogado) (Cíc. De Or. 1, 83). 3) Secretário, escriba (Cíc. Fam. 8, 1, 2).
operatĭo, -ōnis, subs. f. Ação de trabalhar, obra, trabalho (Plín. H. Nat. 11, 61).
operātus, -a, -um, part. pass. de opĕror.
opercŭlum, -ĭ, subs. n. Tampa, cobertura (Cíc. Nat. 2, 136).
operīmēntum, -ĭ, subs. n. Cobertura, coberta (Cíc. Leg. 2, 56).
operĭo, -ĭs, -ĭre, -perŭi, -pērtum, v. tr. I — Sent. próprio: 1) Fechar, cobrir (Cíc. C. M. 34); (Cíc. Phil. 2, 106). II — Sent. figurado: 2) Ocultar, manter escondido, dissimular (Cíc. Fin. 2, 5); (Plín. Ep. 3, 16, 16). Daí: 3) Sepultar, enterrar (Tác. An. 15, 28). Obs.: Imperf. operibat (Prop. 3, 13, 35).
opĕror, -āris, -ārī, -ātus sum, v. dep. intr. 1) Trabalhar, realizar um trabalho, ocupar-se em fazer um trabalho (T. Lív. 4, 60, 2); (Verg. En. 3, 136). Na língua religiosa: 2) Realizar uma cerimônia religiosa, fazer um sacrifício (T. Lív. 1, 31, 8). Obs.: Constrói-se com dat., ou como absoluto.
operōsē, adv. 1) Com trabalho, laboriosamente (Cíc. Or. 149). 2) Com cuidado, com precaução, com cautela (Plín. H. Nat. 18, 238). Obs.: Comp.: **operosius** (Sên. Brev. 9, 1).
operōsĭtās, -tātis, subs. f. Excesso de trabalho, de cuidado (Quint. 8, 3, 55).
operōsus, -a, -um, adj. I — Sent. próprio: 1) Operoso, laborioso, ativo, que se ocupa em (Cíc. C. M. 26). II — Daí: 2) Que dá muito trabalho, feito com trabalho, penoso, difícil (Hor. O. 4, 2, 31). III — Sent. poético: 3) Ativo, eficaz (Ov. Met. 14, 22).
opērtē, adv. Enigmàticamente (A. Gél. 4, 11, 10).
opertōrĭum, -ĭ, subs. n. Cobertura (Sên. Ep. 87, 2).
opērtum, -ĭ, subs. n. (forma neutra do adj. usado substantivamente) Lugar fechado, secreto (Cíc. Div. 1, 115).
opērtus, -a, -um, part. pass. de operĭo.
operŭĭ, perf. de operĭo.
opēs, opum, subs. f. pl. I — Sent. próprio: 1) Recursos, meios, fôrça, poder (Cíc. Tusc. 3, 25). II — Daí: 2) Poder, autoridade, consideração, crédito (Cíc. Fin. 5, 81). 3) Fôrças, tropas, poderio (C. Nep. Con. 4, 3). 4) Riqueza, abundância, suntuosidade (Cíc. Leg. 2, 19).
Ophēltēs, -ae, subs. pr. m. 1) Ofeltes, o mesmo que Arquêmoro (Estác. Theb. 5, 538). 2) O pai de Euríalo (Verg. En. 9, 201). 3) Nome de outras personagens (Ov. Met. 3, 605).
Ophĭas, -ădis, subs. pr. f. Ofíade, filha de Ófio (Combe) (Ov. Met. 7, 383).
Ophĭōn, -ōnis, subs. pr. m. 1) Ofião, um dos centauros (Ov. Met. 12, 245). 2) Donde, em sentido figurado: animal fabuloso (Plín. H. Nat. 28, 151).
Ophĭonĭus, -a, -um, adj. De Ofião (Sên. Oed. 483).
Ophĭonĭdēs, -ae, subs. pr. m. Amico, filho do centauro Ofião (Ov. Met. 12, 245).
Ophītēs, -ae, subs. pr. m. Ofites, filho de Hércules (Plín. H. Nat. 36, 56).
Ophĭŭchus, -ĭ, subs. pr. m. Serpentário, a constelação (Cíc. Arat. 77).
Ophĭŭsĭus, -a, -um, adj. De Ofiusa, de Chipre (Ov. Met. 10, 229).
Ophĭŭssa (Ophĭŭsa), -ae, subs. pr. f. Ofiussa (Ofiusa). 1) Antigo nome de Rodes e de Chipre (Plín. H. Nat. 24, 63). 2) Nome de outras ilhas (Plín. H. Nat. 3, 78; 4, 61).
ophthalmĭās, -ae, subs. m. Espécie de peixe (Plaut. Capt. 850).
ophthalmĭcus, -ĭ, subs. m. Oculista (Marc. 8, 74, 1).

Opĭcus, -a, -um, adj. I — Sent. próprio: 1) Dos Ópicos, povo da Campânia. II — Sent. figurado: 2) Bárbaro, grosseiro, inculto (Juv. 3, 207).

opĭfer, -fĕra, -fĕrum, adj. Opífero, que traz auxílio, benéfico, salutar (Ov. Met. 15, 653).

opĭfex, -ĭcis, subs. m. e f. I — Sent. próprio: 1) Àquêle ou aquela que faz uma obra, autora (Cíc. Tusc. 5, 34). II — Daí: 2) Trabalhador, artista (Cic. Nat. 1, 77). III — Sent. poético: 3) Mestre na arte de (Pérs. 6, 3).

opificīna, -ae, subs. f., v. **officīna** (Plaut. Mil. 880).

ōpiliō (ūpiliō), -ōnis, subs. m. Pastor (Verg. Buc. 10, 19).

Opilĭus, -ī, subs. pr. m. Opílio. 1) Aurélio Opílio, nome de um gramático. (Suet. Gram. 6). 2) Nome de um médico (Plin. H. Nat. 28, 38).

opĭmē, adv. Gordamente, abundantemente (Plaut. Bac. 373); (Varr. L. Lat. 5, 92).

Opĭmĭa, -ae, subs. pr. f. Opímia, nome de uma vestal (T. Liv. 22, 57).

Opĭmĭānum, -ī, subs. n. Vinho da colheita feita durante o consulado de Opímio (Marc. 3, 82, 24).

opĭmĭtās, -tātis, subs. f. Geralmente no plural: Riquezas (Plaut. As. 282).

Opĭmĭus, -ī, subs. pr. m. Opímio, nome de família romana da qual foi notável Lucius Opimius, em cujo consulado (121 a.C.) o vinho se tornou afamado (Cic. Br. 287). Êle foi encarregado pelo senado de proteger o Estado contra C. Graco (Cíc. Cat. 1, 4).

opĭmus, -a, -um, adj. I — Sent. próprio: 1) Gordo, bem nutrido (Cíc. Br. 64). Daí: 2) Opimo, fértil, fecundo, rico (tratando-se de uma região) (Hor. O. 1, 7, 11). 3) Copioso, abundante, opulento, esplêndido (Cíc. Amer. 8). II — Sent. figurado: 4) Cevado, empolado (Cíc. Verr. 1, 132); (Cíc. Or. 25). 5) Fértil, rico, fecundo (Tác. Hist. 1, 2). 6) Copioso, abundante: ...accusatio (Cíc. Flac. 81) «acusação (abundante)».

opĭnābĭlis, -e, adj. I — Sent. próprio: 1) Problemático, conjectural (Cíc. Div. 1, 24). II — Daí: 2) Que está sòmente no pensamento (Cíc. Tusc. 3, 74).

opīnātĭō, -ōnis, subs. f. Opinião, concepção, suposição, idéia (Cíc. Ac. 2, 78).

opīnātor, -ōris, subs. m. O que só tem ou forma conjecturas, que presume apenas (Cíc. Ac. 2, 66).

1. opīnātus, -a, -um, part. pass. de **opīno.** Em sent. passivo: Imaginado, imaginário, suposto (Cíc. Tusc. 3, 24).

2. opīnātus, -ūs, subs. m. Opinião (Lucr. 4, 463).

opīnĭō, -ōnis, subs. f. I — Sent. próprio: 1) Opinião, suposição, conjectura, espectativa (Cíc. Br. 196). II — Daí, em sent. particular: 2) Crença, convicção (T. Lív. 3, 36, 9). 3) Crença falsa, crendice (Cíc. Scaur. 7). 4) Reputação, fama (Cés. B. Gal. 7, 59, 5). 5) Estima (T. Lív. 21, 39, 9).

opīnor, -āris, -ārī, -ātus sum, v. dep. tr. Ter uma opinião, ser de uma opinião (principalmente em orações intercaladas), pensar, julgar, conjecturar (Cíc. Verr. 5, 139); (Cíc. Mur. 62).

opĭpărē, adv. Opìparamente, copiosamente, suntuosamente, ricamente (Cíc. Of. 3, 58).

opĭpărus, -a, -um, ou **opĭpăris, -e,** adj. Opíparo, abundante em recursos, ricamente preparado, abundante, rico, suntuoso (Plaut. Mil. 107).

1. opis, gen. sing. de **ops.**

2. Opis, -is, subs. pr. f. 1) Ópis, ninfa companheira de Diana (Verg. En. 11, 836). 2) Nome de uma Náiade (Verg. G. 4, 343).

Opĭter, -tĕris (ou -tris), subs. pr. m. Ópiter Vergínio, nome de um cônsul (T. Lív. 2, 17).

Opĭternĭus, -ī, subs. pr. m. Opitérnio, um dos fundadores das Bacanais (T. Lív. 39, 17).

opĭtŭlor, -āris, -ārī, -ātus sum, v. dep. intr. Trazer socorro, socorrer, auxiliar, assistir (Cic. Of. 1, 154). Obs.: Constrói-se com dat.; e às vêzes com acus. com **contra.**

opobalsămum, -ī, subs. n. Opobálsamo, suco do bálsamo, bálsamo (no pl.) (Juv. 2, 41).

opōrinus (-nos), -a, -um, adj. Do outono (Marc. 9, 12, 1).

opōrtet, -ēbat, -portēre, -portŭit, v. impess. intr. Ser preciso, convir, ser bom, ser necessário, ser mister (Cíc. Fam. 13, 57, 1); (Cíc. At. 13, 24, 2); (Cíc. Tull. 5). Obs.: Primitivamente indicava «a conveniência», «o dever moral», e não a «necessidade», passando em seguida a exprimir a idéia de «dever», a «obrigação». Constrói-se com or. inf.; com subjuntivo com ut; ou como intr. absoluto.

opōrtŭit, perf. de **opōrtet.**

oportūnus, v. **opportūnus.**

oppāngō, -is, -ĕre, -pēgī, -pāctum, v. tr. Pregar diante ou contra (Plaut. Curc. 60).

oppēdō, -is, -ĕre, v. intr. Expelir ares diante de alguém (Hor. Sát. 1, 9, 70). Obs.: Constrói-se com dat.

opperībor, forma arcaica de **opperĭar** (fut. imperf. de **opperĭor**) (Plaut. Ps. 323).

opperĭor, -īris, -īrī, -pērtus sum, v. dep. intr. e tr. Esperar, aguardar (Cíc. At. 3, 10, 1); (T. Lív. 1, 56, 8). Obs.: Constrói-se como absoluto; com **ut**; ou com acus.

oppetĭī = **oppetīvī**, perf. de **oppĕto**.

oppĕtō, -is, -ĕre, -īvī (ou -iī), -ītum, v. tr. Ir contra, afrontar, e, especialmente, afrontar a morte, morrer (Cíc. Phil. 14, 28); (Verg. En. 1, 96).

Oppĭa, -ae, subs. pr. f. Ópia, nome de mulher (Cíc. Fam. 13, 28, 1).

Oppianĭcus, -ī, subs. pr. Opiânico, nome de homem (Cíc. Clu. 19).

Oppiānus, -ī, subs. pr. m. Opiano, nome de homem (Marc. 6, 42, 24).

oppidānī, -ōrum, subs. m. pl. Habitantes, cidadãos (de qualquer cidade, que não seja Roma) (Cés. B. Gal. 2, 33, 1).

oppidānus, -a, -um, adj. I — Sent. próprio: 1) Provinciano, da província (Cíc. De Or. 2, 240). II — Sent. figurado: 2) Provinciano: **oppidanum genus dicendi** (Cíc. Br. 242). «modo de falar provinciano».

oppidātim, adv. De cidade em cidade (Suet. Aug. 59).

Oppidĭus, -ī, subs. pr. m. Opídio, nome de homem (Hor. Sát. 2, 3, 168).

oppĭdō, adv. 1) Muito, extremamente, grandemente (Cíc. Fin. 3, 33). 2) Inteiramente, completamente (Plaut. Aul. 410). 3) Sim, certamente (no diálogo) (Plaut. Bac. 681).

oppidŭlum, -ī, subs. n. Pequena cidade (Hor. Sát. 1, 5, 87).

oppĭdum, -ī, subs. n. I — Sent. próprio: 1) Cidade fortificada, praça-forte, fortaleza (Cíc. Rep. 1, 41). Daí: 2) Cidade (em geral, em oposição a **Urbs**, cidade de Roma) (Cíc. Verr. 4, 72).

oppignĕrō, -ās, -āre, -āvī, -ātum, v. tr. I — Sent. próprio: 1) Empenhar, dar como penhor (Cíc. Sest. 110). II — Sent. figurado: 2) Empenhar, ligar, prometer (Sên. Ben. 3, 5, 2).

oppĭlō, -ās, -āre, -āvī, -ātum, v. tr. Tapar, obstruir (Lucr. 6, 725); (Cíc. Phil. 2, 21).

1. Oppĭus, -a, -um, adj. De ópio: **Oppia lex** (T. Lív. 34, 1) «lei ópia»; **Oppius mons** (Varr. L. Lat. 5, 50) «um dos dois cumes do Esquilino, o monte Ópio».

2. Oppĭus, -ī, subs. pr. m. Ópio, nome de família romana (Cíc. At. 4, 16, 14).

opplĕō, -ēs, -ēre, -ēvī, -ētum, v. tr. I — Sent. próprio: 1) Encher completamente, vir encher, encher (Cíc. Nat. 2, 138). II — Sent. figurado: 2) Encher, difundir-se, propalar-se (Cíc. Nat. 2, 63).

opplētus, -a, -um, part. pass. de **opplĕo**.

oppōnō, -is, -ĕre, -posŭī, -posĭtum, v. tr. 1) Pôr diante, opor, apresentar, propor (sent. concreto e abstrato) (Ov. F. 4, 178); (Cíc. Sest. 42); Cés. B. Civ. 3 75, 5). Daí: 2) Expor (sent. próprio e figurado), propor, alegar, responder, objetar (Cíc. Mur. 87); (Cíc. Or. 138); (Cíc. Flac. 100).

opportūnē, adv. A propósito, oportunamente, a tempo (Cés. B. Gal. 4, 22, 2). Obs.: Superl. **opportunissĭme** (Cés. B. Civ. 3, 101).

opportūnĭtās (ōport-), -tātis, subs. f. I — Sent. próprio: 1) Oportunidade, ocasião favorável; daí: 2) Situação favorável (de um lugar) (Cíc. Marc. 6). 3) Vantagem, facilidade (Cés. B. Gal. 3, 12, 4). 4) Comodidade, utilidade, proveito (Cíc. Lae. 22).

opportūnus (ōport-), -a, -um, adj. I — Sent. etimológico: 1) Que impele para o pôrto (tratando-se do vento; têrmo de língua náutica); daí: II — Sent. próprio: 2) Que vem a propósito, oportuno, propício, favorável (Cíc. Of. 1, 142): **locus opportunus ad rem** (Cíc. Inv. 1, 39) «lugar propício para uma coisa». 3) Apto, próprio para, disposto a (Ter. Eun. 1077). 4) Útil, proveitoso (Cíc. Verr. pr. 13). 5) Exposto, sujeito a (Plín. H. Nat. 18, 68). No n. pl.: 6) Coisas vantajosas, vantagens (Tác. An. 4, 24).

1. opposĭtus, -a, -um, I — Part. pass. de **oppōno**. II — Adj.: Oposto, colocado diante, exposto (Cíc. Of. 2, 14).

2. opposĭtus, -ūs, subs. m. Ação de colocar diante, de opor, oposição (Cíc. Marc. 32).

oppōstus, forma sincopada de **opposĭtus**, -a, -um. (Lucr. 4, 150).

oppōsŭī, perf. de **oppōno**.

oppressī, perf. de **opprĭmo**.

oppressĭō, -ōnis, subs. f. I — Sent. próprio: 1) Opressão, sujeição, violência (Cíc. Dom. 5). Daí: 2) Destruição (Cíc. Of. 3, 83).

oppressor, -ōris, subs. m. Destruidor (Br. apud Cíc. Ep. ad Brut. 1, 16, 6).
oppressus, -a, -um, part. pass. de opprĭmo.
opprĭmō, -is, -ĕre, -prēssī, -prēssum, v. tr. I — Sent. próprio: 1) Apertar contra, comprimir, fechar apertando, esmagar (Cat. Agr. 45); (Cíc. Div. 2, 51). II — Daí, em sent. moral: 2) Oprimir, subjugar, aniquilar, destruir, reprimir, acabrunhar (Cíc. Tusc. 2, 54); (Cíc. Amer. 10). 3) Surpreender, apanhar de improviso (Cíc. Verr. 3, 213). 4) Ocultar, dissimular (Sal. B. Jug. 72, 1).
opprobrĭum, -ī, subs. n. I — Sent. próprio: 1) Opróbrio, vergonha, desonra (Catul. 28, 15). II — Daí, por extensão: 2) Injúria, afronta (Hor. Ep. 1, 16, 38).
opprŏbrō (obprŏbrō), -ās, -āre, v. tr. Censurar, lançar em rosto (Plaut. Most. 301).
oppugnātĭō, -ōnis, subs. f. Assalto, ataque, opugnação (sent. próprio e figurado): **oppugnatio Gallorum** (Cés. B. Gal. 2, 6, 2) «assalto (método de assalto) dos gauleses».
oppugnātor, -ōris, subs. m. Assaltante, agressor (sent. próprio e figurado) (Cíc. Phil. 22, 8).
oppŭgnō, -ās, -āre, -āvī, -ātum, v. tr. I — Sent. próprio: 1) Opugnar, travar batalha em volta, atacar, assaltar, sitiar (Cíc. Pomp. 20); (Cés. B. Gal. 1, 44, 3). II — Sent. figurado: 2) Atacar, perseguir, acusar (Cíc. Or. 223). Obs.: O sentido etimológico de «bater com o punho em», «esmurrar» ocorre em Plauto, numa criação jocosa: **postquam oppugnatum est os** (Cas 412) «depois que a cara foi esmurrada».
1. Ops, Opis', subs. pr. f. Ops, deusa da abundância, a Terra, identificada com Cibele (Ov. Met. 9, 498).
2. ops, opis, subs. f. (geralmente no pl.). I — Sent. próprio: 1) Abundância; daí: recursos, riqueza (raro) (Ên. apud Cíc. Tusc. 3, 44). 2) Poder, fôrça (sent usual) (Verg. En. 1, 601). 3) Auxílio, ajuda, apoio (Cíc. Tusc. 5, 5). 4) Fôrças militares (Verg. En. 8, 685). Obs.: No sg. **ops** quase só é encontrado no gen., acus. e abl..
Opsĭus, -ī, subs. pr. m. Ópsio, nome de homem (Tác. An. 4, 68).
opsonĭum, v. obsonĭum.
optābĭlis, -e, adj. Desejável, apetecível (Cíc. Of. 1, 45).
optāssis = optavĕris (Plaut. Mil. 669).
optātĭō, -ōnis, subs. f. 1) Opção, escolha, faculdade de desejar (Cíc. Of. 3, 94). 2) Optação (língua retórica) (Cíc. De Or. 3, 205).
optātō, adv. De acôrdo com a vontade, como se quer (Cíc. At. 13, 28, 3).
optātum, -ī, subs. n. Desejo, vontade (Cíc. Of. 3, 94).
optātus, -a, -um. I — Part. pass. de opto. II — Adj.: Desejado, apetecido, agradável, aprazível (Cíc. Q. Fr. 2, 8, 2).
optĭgo = obtĕgo.
optĭmās, -ātis, adj. Pertencente aos melhores, ao partido dos **optimates**; aristocrático (Cíc. Rep. 2, 41).
optimātēs, -ĭum (ou -um), subs. m. pl. Os optimates, isto é, os que pertenciam ao partido conservador e aristocrático do Senado; os aristocratas, os nobres (Cíc. Sest. 96).
optĭmē (optŭmē), adv. (superlativo de bene). Muito bem (Cíc. Fam. 4, 13, 7).
optĭmus (optŭ-), -a, -um, adj. Ótimo, o melhor, excelente, esplêndido (Cíc. Planc. 97); (Cíc. C. M. 43).
optĭnĕo = obtĭnĕo.
1. optĭō, -ōnis, subs. f. Faculdade ou liberdade de escolha, livre escolha, opção (Cíc. Caec. 64).
2. optĭō, -ōnis, subs. m. Ajudante ou adjunto escolhido pelo centurião, assessor (Plaut. As. 101).
optīvus, -a, -um, adj. Escolhido (Hor. Ep. 2, 2, 101).
optō, -ās, -āre, -āvī, -ātum, v. tr. I — Sent. próprio: 1) Escolher, optar (Cíc. Amer. 30); (Plaut. Rud. 854). II — Sent. figurado: 2) Escolher em seu espírito, desejar, apetecer, pedir (Cíc. Pomp. 48). Obs.: Constrói-se com acus.; com **ut** (por vêzes oculto); com inf.; e com acus. e abl. com **ab**.
optŭĕor = obptŭĕor.
optŭmē, v. optĭme.
optŭmus, v. optĭmus.
optŭndo = obtŭndo.
opturgēsco = obturgēsco.
opŭlens, -ēntis, v. opulēntus (C. Nep. Chab. 3, 3).
opulēntē, adv., v. opulēnter (Apul. Apol. 93).
opulēnter, adv. Opulentamente, com opulência, ricamente, suatuosamente (Sal. B. Jug. 85, 34). Obs.; comp.: **opulentĭus** (T. Lív. 1, 35, 7).

opulentĭa, -ae, subs. f. I — Sent. próprio: 1) Opulência, riqueza, suntuosidade (Verg. En. 7, 262). II — No pl.: 2) Recursos, farturas, grandezas (Plaut. Trin. 490). 3) Poder (Tác. An. 4, 55).

opulentō, -ās, -āre, v. tr. Enriquecer (Hor. Ep. 1, 16, 2).

opulentus, -a, -um, adj. I — Sent. próprio: 1) Rico em, abundante em, opulento (Sal. B. Jug. 16, 5). Daí: 2) Ricos em relação a (Hor. O. 1, 17, 16). II — Sent. figurado: 3) Poderoso, influente (T. Lív. 32, 32, 3). 4) Suntuoso, magnífico (tratando-se de coisas) (Cíc. Sest. 93). Obs.: Constrói-se com abl.; absolutamente; com gen.

Opuntiī, -ōrum, subs. loc. m. pl. Opúncios, habitantes de Opunte (T. Lív. 28, 6, 12).

Opuntĭus, -a, -um, adj. De Opunte (Cíc. Verr. 2, 109).

1. Opus, -ĕris, subs. n. I — Sent. próprio: 1) Trabalho, obra (Cíc. C. M. 13). Daí, na língua agrícola: 2) Trabalho dos campos, agricultura (Cíc. C. M. 24). Na língua militar: 3) Obras militares (obras de defesa) (Cés. B. Gal. 1, 49, 4). 4) Obra (de um autor) (Cíc. Fam. 16, 18, 3). 5) Obra (de um artista) (Cíc. Par. 36). 6) Trabalho das abelhas, fabrico do mel (Varr. R. Rust. 13, 16). 7) Edifício, construção (Cíc. Verr. pr. 12). 8) Ato (realização de alguma coisa que está nas atribuições de alguém), obra (Cíc. De Or. 2, 367). II — Em locuções: 9) **opus est** «é necessário», «é bom», «é útil»; v. **opus 2.** 10) **Magno opere, magnopere** «com muito esfôrço» (Cíc. Verr. 5, 107).

2. opus, n. indecl. na locução **opus esse.** I — Sent. próprio: 1) Coisa necessária (construção pessoal, na expressão **opus esse**): **mihi frumentum non opus est** (Cíc. Verr. 3, 196) «eu não preciso de trigo». II — Constr. impessoal: 2) Com ablativo instrumental de coisa e dativo de pessoa: **nihil opus est conjectura** (Cíc. Amer. 107) «não há absolutamente necessidade de conjectura». 3) Com o abl. do supino ou com o part. pass. neutro, quando o complemento de **opus est** é um verbo: **si quid opus facto csset** (Cés. B. Gal. 1, 42, 6) «se algo fôsse preciso ser feito». 4) Com infinitivo ou oração infinitiva (Cíc. Tusc. 1, 89). 5) Com **ut** (Tác. D. 31). 6) Com gen. (raro) (T. Lív. 22, 51, 3).

3. opus, -ūntis, subs. f. Opunte, cidade da Lócrida (T. Lív. 28, 7, 8).

opuscŭlum, -ī, subs. n. I — Sent. próprio: 1) Obra pequena (Cíc. Ac. 2, 120). Daí: 2) Opúsculo, pequena obra literária (Hor. Ep. 1, 19, 35).

1. ōra, -ae, subs. f. I — Sent. próprio: 1) Borda, extremidade (de qualquer coisa: vaso, peça de vestuário, etc.) (Cíc. Nat. 2, 101). II — Daí: 2) Borda do mar, beira-mar, costa, litoral (Cés. B. Gal. 3, 8, 5). Por extensão: 3) Zona, país, região (Verg. En. 1, 1). II — Sent. poético (= **fines**): 4) O contôrno, o que limita, e daí: o que é limitado, limite, quadro: **orae belli** (Verg. En. 9, 528) «os contornos (o quadro) da guerra».

2. ōra, -ae, subs. f. Cabo que prende um navio, amarras (T. Lív. 22, 19, 10).

3. ōra, nom. pl. de **os 1.**

4. Ora (Hora) -ae, subs. pr. f. = **Hersilia,** Ora, mulher de Rômulo (Ov. Met. 14, 851).

ōrāclum, v. **oracŭlum** (Cíc. Div. 1, 34).

ōracŭlum, -ī, subs. n. I — Sent. próprio: 1) Oráculo (resposta) de um deus (Verg. G. 4, 449). Daí: 2) Sede de um oráculo, templo em que são dados oráculos (Cíc. Div. 1, 37). II — Por extensão: 3) Predição, profecia, (sent. comum) (Cíc. Div. 1, 70). 4) Sentença, adágio (com valor de oráculo) (Cíc. Nat. 1, 66).

ōrārĭus, -a, -um, adj. Costeiro, relativo à costa (Plín. Ep. 10, 15).

ōrāssis (orasseis), forma arc. = **oravĕris,** fut. perf. de **oro.**

Orāta (Aurāta), -ae, subs. pr. f. Orata, sobrenome de família dos Sergii: **C. Sergius Orata** (Varr. R. Rust. 3, 3, 10).

Oratēllī, -ōrum, subs. loc. m. Oratelos, povo dos Alpes (Plín. H. Nat. 3, 137).

ōrātĭō, -ōnis, subs. f. I — Sent. próprio: 1) Faculdade de falar, linguagem, palavra (Cíc. Of. 1, 50). Daí, em sent. especial: 2) Linguagem preparada, com arte (em oposição a **sermo,** conversação), eloqüência (Cíc. De Or. 2, 187). Donde, na língua retórica: 3) Estilo: **genus orationis** (Cíc. Or. 87) «espécie de estilo». 4) Discurso (tratando-se do orador) (Cíc. Br. 91). 5) Prosa (em oposição à poesia) (Cíc. De Or. 3, 153). 6) Carta, mensagem do imperador (na época imperial) (Tác. An. 16, 27).

ōrātiuncŭla, -ae, subs. f. Pequeno discurso (Cíc. Br. 77).

ōrātor, -ōris, subs. m. I — Sent. próprio: 1) Embaixador encarregado de uma mensagem verbal (Cíc. Leg. 2, 21). Daí: 2) Orador (Cíc. De Or. 1, 64). II — Sent. figurado: 3) Intercessor (Plaut. Poen. 358).

ōrātōria, -ae, subs. f. A arte oratória (Quint. 2, 14, 1).

ōrātōriē, adv. Oratòriamente, à maneira dos oradores (Cíc. Or. 227).

ōrātōrius, -a, -um, adj. Oratório, do orador (Cíc. Br. 261).

ōrātrix, -īcis, subs. f. A que pede ou suplica, a intercessora (Cíc. Rep. 2, 8).

1. ōrātus, -a, -um. I — Part. pass. de oro. II — Subs. n. pl. — orata, -orum: súplicas, rogos (Ter. Hec. 385).

2. ōrātus, -ūs, subs. m. Súplica, pedido (Cíc. Flac. 92).

orba, -ae, subs. f. Uma órfã (Ter. Phorm. 125).

orbātiō, -ōnis, subs. f. Privação (Sên. Ep. 87, 39).

orbātor, -ōris, subs. m. O que priva (alguém) dos filhos (Ov. Met. 13, 500).

orbātus, -a, -um, part. pass. de orbo.

Orbilius, -ī, subs. pr. m. Orbílio, gramático, mestre de Horácio (Hor. Ep. 2, 1, 71).

orbis, -is, subs. m. I — Sent. próprio: 1) Círculo (em oposição a globus) (Cíc. Rep. 6, 15). II — Daí, em sent. especial, passou a designar objetos de forma esférica ou circular, como: 2) Círculo da Terra, o globo terrestre, o mundo, a Terra (Ov. F. 5, 93). 3) Disco (do sol, da lua) (Verg. G. 1, 459). 4) Mesa (redonda) (Ov. Her. 17, 87). 5) Espelho (Marc. 9, 18, 5). 6) Escudo (redondo) (Verg. En. 10, 783). 7) Roda (Verg. G. 3, 361). 8) Roda (da Fortuna) (Ov. Trist. 5, 8, 7). 9) Órbita do ôlho (Ov. Met. 14, 200). 10) Ôlho (Ov. Am. 1, 8, 16). 11) Pandeiro (Suet. Aug. 68). 12) Prato de balança (Tib. 4, 1, 44). 13) Círculo (formado pelas tropas) (Cés. B. Gal. 4, 37, 2). Sent. poético: 14) Região, país (Ov. F. 3, 466). Sent. diversos: 15) Superfície circular, volta, rodeio, giro (T. Lív. 1, 17, 6). III — Sent. figurado: 16) Círculo, curso (de negócios) (T. Lív. 3, 10, 8); (Cíc. Fin. 5, 23). 17) Período (na língua retórica): orbis verborum (Cíc. De Or. 3, 198) «período».

orbīta, -ae, subs. f. I — Sent. próprio: 1) Sulco deixado por rodas, carril (Verg. G. 3, 293). 2) Risco, traço (Plín. H. Nat. 17, 210). Daí: 3) Linha circular, curso, órbita (da lua) (Sên. Nat. 7, 10, 2). II — Sent. figurado: 4) Exemplo (Juv. 14, 37).

Orbitanium, -ī, subs. pr. n. Orbitânio, cidade do Sâmnio (T. Lív. 24, 20).

orbitās, -tātis, subs. f. I — Sent. próprio: 1) Privação (de pais, de filhos, de pessoa querida), orfandade, viuvez (Cíc. De Or. 1, 228). II — Daí: 2) Privação (em geral), perda (da vista) (Cíc. Fam. 10, 3, 3).

orbitōsus, -a, -um, adj. Cheio de rodeiras, cheio de marcas de rodas (Verg. Catal. 8, 17).

Orbius, -ī, subs. pr. m. Órbio, nome de homem (Hor. Ep. 2, 2, 160).

orbō, -ās, -āre, -āvī, -ātum, v. tr. I — Sent. próprio: 1) Privar alguém dos filhos (Cíc. Clu. 45). Daí, em sent. geral: 2) Privar (Cíc. Pis. 57).

Orbōna, -ae, subs. pr. f. Orbona, deusa da orfandade (invocada contra a orfandade (Cíc. Nat. 3, 63).

orbus, -a, -um, adj. I — Sent. próprio: 1) Privado de (Cíc. Fam. 4, 13, 3). Daí, em sent. especial: 2) Privado dos pais, órfão, privado dos filhos, viúvo: orbus senex (Cíc. Par. 39) «velho sem filhos»; filii orbi (Cíc. Q. Fr. 1, 3, 10) «filhos órfãos». II — Sent. figurado: 3) Órfão, órfã: orba eloquentia (Cíc. Br. 330) «eloqüência órfã». Substantivadamente: 4) Órfão: orbi (Cíc. Rep. 2, 36) «os órfãos». Obs.: Constrói-se com abl.: com abl. acompanhado de ab (na poesia) (Ov. Hec. 6, 156); com gen. (Ov. Met. 3, 518).

orca, -ae, subs. f. Sent. diversos: 1) Orca, espécie de baleia (Plín. H. Nat. 9, 12). 2) Vaso bojudo, espécie de talha (para vinho ou peixe salgado) (Hor. Sát. 2, 4, 66). 3) Copo para dados (Pérs. 3, 50).

Orcādēs, -um, subs. pr. f. Órcades, ilhas ao N. das ilhas Britânicas (Juv. 2, 161).

Orchamus, -ī, subs. pr. m. Órcamo, rei da Assíria e pai de Leucótoe (Ov. Met. 4, 212).

orchas, -ādis, subs. f. Espécie de azeitona, de forma oblonga (Verg. G. 2, 86).

orchēstra, -ae, subs. f. I — Sent. próprio: 1) Orquestra (parte do teatro grego onde o côro executava as suas evoluções); daí: 2) Orquestra (lugar destinado aos senadores no teatro romano) (Juv. 7, 47). II — Sent. figurado: 3) O senado (Juv. 3, 177).

Orchivĭus, -ī, subs. pr. m. Orquívio, pretor colega de Cicero (Cíc. Clu. 94).

Orchomĕnĭi, -ōrum, subs. loc. m. Orcomênios, habitantes de Orcómeno (C. Nep. Lys. 3, 4).

Orchomĕnos (Orchomĕnus), -ī, subs. pr. m. Orcómeno. 1) Cidade da Beócia (Cés. B. Civ. 3, 56). 2) Cidade da Arcádia (Ov. Met. 5, 607).

Orcīnĭānus, -a, -um, adj. De Plutão dos infernos (Marc. 10, 5, 9).

orcīnus, -a, -um, adj. Que diz respeito à morte: **orcini senatores** (Suet. Aug. 53) «senadores que entraram para o senado após a morte de César».

Orcus, -ī, subs. pr. m. 1) Orco, divindade infernal, o Plutão grego (Cíc. Verr. 4, 111). 2) A morte (Hor. O. 3, 27, 50). 3) Orco, os infernos (Verg. En. 6, 273).

ordĕum, v. **hordĕum.**

ordĭnārĭus, -a, -um, adj. Conforme a ordem, a regra ou o costume, regular, normal, usual: **ordinarius consul** (T. Lív. 41, 18) «cônsul ordinário» (em oposição ao **suffectus**), isto é, cônsul que começou a exercer o cargo no começo do ano.

ordĭnātim, adv. Em ordem, regularmente (Cés. B. Civ. 2, 10, 5).

ordĭnātĭo, -ōnis, subs. f. I — Sent. próprio: 1) Ação de pôr em ordem, disposição, plano (Plín. Ep. 9, 28, 4). Daí em sent especial: 2) Organização política (Plín. Ep. 8, 24, 8). 3) Distribuição de cargos (Suet. Dom. 4).

ordĭnātor, -ōris, subs. m. O que põe em ordem, ordenador, regulador (Sên. Ep. 109, 14).

ordĭnātus, -a, -um. I — Part. pass. de **ordĭno.** II — Adj.: Regular, regularizado, normal, ordenado, disposto (Cíc. Nat. 2, 101)

ordĭnō, -ās, -āre, -āvī, -ātum, v. tr. — Sent. próprio: 1) Pôr em ordem, ordenar, regular, organizar (Cíc. Inv. 1, 19); (Cíc. Sull. 53). Na língua imperial: 2) Pôr ordem em (Hor. O. 2, 1, 11). Donde: 3) Governar, dispor, repartir (Suet. Galb. 7).

ordĭor -īris, -īrī, orsus sum, v. dep. tr. I — Sent. próprio: 1) Urdir (uma trama), começar a tecer (Plín. H. Nat. 11, 80). Daí, por extensão: 2) Começar, empreender (Cíc. Or. 122); (Cíc. Tusc. 5, 37). Donde: 3) Começar a falar (Verg. En. 1, 325). Obs.: Constrói-se com acus.; com inf.; com abl. com de ou como intransitivo absoluto.

ordō, -ĭnis, subs. m. I — Sent. primitivo: 1) Ordem (dos fios na teia). II — Sent. próprio: (concreto): 2) Linha, fileira, disposição (Cíc. Caec. 22). III — Sent. especiais (linguagem técnica): 3) Fila de soldados, linha, ordem de batalha (língua militar): **ordine egredi** (Sal. B. Jug. 45, 2) «sair da fila». 4) Corpo (de tropas), centúria (Cés. B. Gal. 1, 40, 1). 5) Centurião, o que comanda: **primi ordines** (Cés. B. Gal. 5, 30, 1) «os centuriões mais graduados» (os da 1ª coorte). 6) Ordem, classe social (na língua jurídica): **ordo senatorius** (Cíc. Clu. 104) «ordem senatorial». 7) Senado (por extensão): **in hoc ordine** (Cíc. Phil. 2, 31) «neste senado». IV — Sent. figurado: 8) Ordem, boa ordem, disposição regular (Cíc. Ac. 1, 17). 9) Ordem, sucessão, série, encadeamento, alinhamento (Cíc. Br. 244). Em expressões: 10) **ordine** (T. Lív. 3, 50, 4) «bem, segundo o rito, prudentemente» 11) **Ex ordine** (Cíc. Verr. 4, 143) «seguindo a ordem», «por ordem», «sucessivamente». 12) **in ordine** (Verg. En. 8, 629) «pela ordem, sucessivamente».

Ordovĭcēs, -um, subs. loc. m. Ordovices, povo da Bretanha (Tác. An. 12, 33).

Orĕădes, -um, subs. pr. f. pl. Oréades, ninfas das montanhas (Verg. En. 1, 500).

Orĕas, -ădis, subs. pr. f. Oréade (Ov. Met. 8, 786).

Oresĭtrŏphos, -ī, subs. pr. m. Oresítrofo, nome de um cachorro de Acteão (Ov. Met. 3, 233).

Orestae, -ārum, subs. loc. m. pl. Orestas, povo do Epiro, submetido aos macedônios (T. Lív. 33, 34).

Orēstēs, -ae, (-is ou -ī), subs. pr. 1) Orestes, filho de Agamêmnon e de Clitemnestra, irmão de Ifigênia, vingador do pai e assassino da própria mãe; suas aventuras trágicas foram levadas à cena por Sófocles, Eurípides e principalmente por Ésquilo que o tornou uma figura de primeiro plano (Verg. En. 4, 471). 2) Tragédia de Eurípedes (Cíc. Tusc. 4, 63). Obs.: Voc. **Oresta** (Ov. Trist. 1, 6, 22) e **Oreste** (Ov. Her. 8, 15); gen. **Orestae** ou **Orestis** (Ov.), dat. **Orestae** ou **Oresti** (Ov.), acus. **Orestem, Oresten** (Cíc.), abl. **Oreste** (Cíc. Pis. 47).

ORESTĒUS — ORNĀMĒNTUM

Orestēus, -a, -um, adj. De Orestes (Ov. Met. 15, 489).
Orestilla, -ae, subs. pr. f. Orestila, sobrenome de família da «gens» Aurélia (Sal. C. Cat. 15, 2).
Orestis, -ĭdis, subs. pr. f. Oréstide, ou melhor, Oréstis, província entre o Epiro e a Macedônia (Cíc. Har. 35).
Orētāni, -ōrum, subs. loc. m. 1) Oretanos povo da Celtibéria (T. Lív. 21, 11, 13). 2) Habitantes de Oreto (Plín. H. Nat. 3, 19).
orēxis, -is, subs. f. Apetite (Juv. 6, 428).
Orfītus, -ī, subs. pr. m. Órfito, sobrenome de um Cornélio (Tác. An. 16, 12).
orgănum, -ī, subs. n. I — Sent. próprio: 1) Instrumento, engenho (Col. 3, 13). Daí, em sent. especial: 2) Órgão, instrumento musical (Quint. 11, 3, 20) II — Sent. figurado (no pl.): 3) Meios (Quint. 1, 2, 30).
Orgēssum, -ī, subs. pr. n. Orgesso, praça-forte da Macedônia (T. Lív. 31, 27).
Orgĕtŏrix, -ĭgis, subs. pr. m. Orgétorix, ou melhor, Orgetorige, nome de um helvécio (Cés. B. Gal. 1, 2, 1).
orgĭa, -ōrum, subs. n. pl. I — Sent. próprio: 1) Orgias, mistérios de Baco (Verg. En. 4, 303). Daí: 2) Mistérios, cerimônias religiosas (em geral) (Juv. 91). Donde, em sent particular: 3) Objetos sagrados (que serviam para as cerimônias dos mistérios de Baco) (Hor. O. 1, 18, 12).
Orgus, -ī, subs. pr. Orgo, rio da Itália, afluente do Pó (Plín. H. Nat. 3, 118).
Orĭbăsos, -ī, subs. pr. Oríbaso, cão de Acteão (Ov. Met. 3, 210).
orĭchālcum, -ī, subs. n. Latão (Cíc. Of. 3, 92).
oricīlla, v. **auricīlla.**
Oricīnī, -ōrum, subs. loc. pl. Oricinos, habitantes de Órico (T. Lív. 26, 25).
Oricĭus, -a, -um, adj. De Órico (Verg. En. 10, 136).
Oricos (Oricus), -ī, subs. f. v. **Oricum** (Prop. 1, 8, 20).
oricŭla, v. **auricŭla.**
oriculārĭus, v. **auricularĭus.**
Orĭcum, -ī, subs. pr. n. Órico, cidade e pôrto do Epiro (Hor. O. 3, 7, 5).
oriens, -ēntis, A) Part. pres. de **orĭor.** B) Subs. m.: I — Sent. próprio: (subentend. **dies** ou **sol**): 1) O oriente, as regiões do oriente (T. Lív. 26, 37, 6). II — Daí, por extensão: 2) O sol (Verg. En. 5, 739).

1. origō, -ĭnis, subs. f. I — Sent. próprio: 1) Fonte, origem, nascimento (Cíc. Tim. 9). Daí, na língua poética: 2) Raça, sangue, família (Suet. Vit. 1). 3) Antepassado, fundador, tronco (tratando-se de pessoas) (Verg. En. 12, 166). II — Sent. figurado: 4) Origem, causa, fonte, princípio (Cíc. Rep. 2, 51). No pl.: 5) As **Origens** (obra de Catão) (Cíc. C. M. 38).
2. Origō, -ĭnis, subs. pr. f. Orígine, ou Origem, nome de mulher (Hor. Sát. 1, 2, 55).
orīgis, v. **Orōngis.**
Oriōn, -ŏnis. e -ōnis, subs pr. m. Oríon, caçador transformado, por Diana, em uma constelação que tem seu nome (Ov. F. 5, 493).
orĭor, -ĭris, -ĭrī, ortus sum, v. dep. intr. I — Sent. próprio: 1) Levantar-se (principalmente tratando-se dos astros), elevar-se (Cíc. Nat. 2, 102); (T. Lív. 8, 23, 15). Daí: 2) Lançar-se para fora de, surgir (Cés. B. Gal. 5, 8, 2); (Cíc. C. M. 53). Donde: 3) Nascer, tirar sua origem de, originar-se (Cíc. Leg. 1, 35); (Cíc. Tusc. 1, 54); (Cíc. Of. 1, 116). 4) Começar (Cés. B. Gal. 1, 1, 6); (Cíc. Or. 218).
orirētur, -ēntur (formas pela 3ª conjugação do v. **orĭor**) (Ov. Met. 10, 166); (Verg. En. 2, 411).
oris, gen. de **os.**
Orītae, -ārum, subs. loc. m. Oritas, povo da Gedrósia (Q. Cúrc. 9, 10, 6).
Oritānī, -ōrum,, subs. loc m. pl. Oritanos, habitantes de Oreu (T. Lív. 28, 8, 13).
Orithyĭa, -ae, subs. pr. f. Oritia, filha de Erecteu, raptada por Bóreas, que a levou para a Trácia (Ov. Met. 6, 683).
oritūrus, -a, -um, part. fut. de **orĭor.**
oriūndus, -a, -um, adj. Originário, oriundo, nascido de (sent. próprio e figurado) (T. Lív. 2, 9).
Orĭus (Orĭos), -ī, subs. pr. m. Orio, nome de um Lápita (Ov. Met. 12, 262).
Ormĕnis, -ĭdis, subs. pr. f. Astidâmia, filha de Ormênio (Ov. Her. 9, 50).
ornāmēntum, -ī, subs. n. I — Sent. próprio: 1) Equipamento, aprestos, armas defensivas (principalmente no pl.) (Cíc. Cat. 2, 24). Daí, por extensão: 2) Ornamento, o que serve para embelezar (Cíc. Verr. 4, 97). Na língua retórica: 3) Ornamentos de estilo, figuras (Cíc. Br. 140). 4) Qualidades literárias, beleza da expressão (Cíc. De Or. 2, 122). II

— Sent. figurado: 5) Ornamento, glória (Cíc. Mil. 37). 6) Distinção, título honorífico, honra, dignidade (Cíc. Verr. 5, 175).

ornātē, adv. De modo elegante, com adôrno, com elegância (Cíc. Or. 22).

ornāti, gen., v. ornātus 2.

ornātrix, -ĭcis, subs. f. A que veste, a que enfeita, a criada de quarto (Ov. Am. 1, 14, 16).

1. ornātus, -a, -um. A) Part. pass. de orno. B) Adj.: I — Sent. próprio: 1) Provido, equipado (Cés. B. Gal. 3, 14, 2). Daí: 2) Preparado, ornado, enfeitado, elegante: verba ornatissima (Cíc. De Or. 1, 154) «as mais elegantes expressões». II — Sent. moral: 3) Honrado, distinto, considerado (Cíc. Br. 147). 4) Honorífico, honroso (Cíc. Fam. 15, 4, 13).

1. ornātus, -ūs, subs. m. I — Sent. próprio: 1) Apresto, equipamento (Ter. And. 365). II — Daí: 2) Ornamento, enfeite, ornato, beleza (Cíc. Verr. 4, 120). III — Na língua retórica: 3) Beleza (do estilo) (Cíc. Or. 80).

Ornēus, -ī, subs. pr. m. Orneu, centauro, filho de Ixião e de Núbis (Ov. Met. 12, 302).

Ornī, -ōrum, subs. pr. m. pl. Ornos, fortaleza da Trácia (C. Nep. Alc. 7, 4).

ornō, -ās, -āre, -āvī, -ātum, v. tr. I — Sent. próprio: 1) Aprestar, preparar, equipar, aparelhar, guarnecer (Cíc. Pomp. 9); (Cíc. Verr. 4, 44). II — Sent. figurado: 2) Embelezar, enfeitar, ornar (Cíc. Of. 2, 76). 3) Distinguir, honrar (Cíc. Fam. 1, 1, 4).

ornus, -ī, subs. f. Freixo silvestre (Verg. G. 2, 111).

Ornȳtus, -ī, subs. pr. m. Ornito, nome de homem (Verg. En. 11, 677).

ōrō, -ās, -āre, orāvī, orātum, v. tr. e intr. Na língua religiosa e jurídica: 1) Pronunciar uma fórmula ritual, uma súplica, um discurso, rogar, pedir (Verg. En. 9, 24). Daí: 2) Advogar, pleitear, pedir (Suet. Vesp. 16); (Cíc. At. 3, 1); (Cíc. Br. 47). Obs.: Constrói-se com acus; com duplo acus.; com ut ou ne; com inf.; ou como absoluto.

Oroānda, subs. pr. n. pl. Oroandos, ou Oroanda, cidade da Pisídia (T. Lív. 38, 37, 11).

Oroandēnsēs, -ĭum, subs. loc. m. pl. Oroandenses habitantes de Oroandos (T. Lív. 38, 18, 2).

Oroāndēs, -is, subs. pr. m. 1) Oroandes, nome de um cretense (T. Lív. 45, 6), 2) Montanha da Média (Plín. H. Nat. 5, 98).

Oroandĭcus, -a, -um, adj. De Oroandos (Cíc. Agr. 2, 50).

Orōdēs, -is, subs. pr. m. pl. 1) Orodes, rei dos partos que aprisionou Crasso (Cíc. Fam. 15, 1, 2). 2) Nome de um guerreiro (Verg. En. 10, 732). 3) Rei da Albânia (Eutr. 6, 11). Obs.: Gen.: Orodī (Cíc. Fam. 15, 1, 2).

Orōngis (Orīngis), subs. pr. f. Oronge, cidade da Hispânia (T. Lív. 28, 3, 2).

Orōntēs, -ae, (Orōntis, -is), subs. pr. m. pl. 1) Orontes, um dos companheiros de Enéias e capitão dos Lícios (Verg. En. 1, 220). 2) Rio da Síria (Plín. H. Nat. 5, 79).

Orontēus, -a, -um, adj. Do Orontes (Prop. 1, 2, 3).

Orōpos (Orōpus), -ī, subs. pr. f. Oropo, cidade da Beócia, perto da Ática (Cíc. At. 12, 23, 2).

Orphēus, -a, -um, adj. De Orfeu (Prop. 1, 3, 42).

Orpheus, -ĕī ou -ĕos, subs. pr. m. Orfeu, filho de Eágro e da musa Calíope, espôso de Eurídice e célebre como cantor, músico e poeta; tocador de lira e de cítara, é tomado muitas vêzes como o inventor desta (Cíc. Nat. 1, 170).

Orphĭcus, -a, -um, adj. De Orfeu (Cíc. Nat. 1, 107).

Orphidĭus, -ī, subs. pr. m. Orfídio, nome de homem (Tác. Hist. 2, 43).

Orphnē, -ēs, subs. pr. f. Orfne, mãe de Ascálafo (Ov. Met. 5, 539).

orsa, -ōrum, subs. n. pl. I — Sent. próprio: 1) Princípios, emprêsas, tentativas, projetos (T. Lív. pr. 13). II — Sent. poético: 2) Palavras, discursos, obras (literárias) (Verg. En. 7, 435).

1. orsus, -a, -um, part. pass. de ordĭor.

2. orsus, -ūs, subs. m. Começo, tentativa (Cíc. poet. Div. 2, 63).

Ortălus, v. Hortălus.

Ortensĭus, v. Hortensĭus.

Orthobŭla, -ae, subs. pr. f. Ortobula, nome de mulher (T. Lív. 1, 30).

orthographĭa, -ae, subs. f. Ortografia (Suet. Aug. 88).

Orthōsĭa, -ae, subs. pr. f. 1) Ortósia, cidade da Cária (T. Lív. 45, 25). 2) Cidade da Fenícia (Plín. H. Nat. 5, 78).

Ortōna, -ae, subs. pr. f. Ortona, cidade marítima do Lácio (T. Lív. 2, 43, 2).

ORTULANUS — **OSPHAGUS**

ortulānus, v. **hortulānus**.
1. **ortus, -a, -um**, part. pass. de **orīor**.
2. **ortus, -ī**, v. **hortus**.
3. **ortus, -ūs**, subs. m. I — Sent. próprio: 1) O nascer (dos astros) (Cíc. Div. 1, 121). II — Daí: 2) Nascimento, origem, começo: **ortu Tusculanus** (Cíc. Leg. 2, 5) «tusculano de nascimento».
Ortygĭa, -ae, subs. pr. f. Ortígia. 1) Nome por que também era conhecida a ilha de Delos (Verg. En. 3, 124). 2) Ilha diante de Siracusa (Verg. En. 3, 694). 3) Floresta perto de Éfeso (Tác. An. 3, 61).
Ortygĭē, -ēs, subs. pr. f., v. **Ortygĭa**. 1) (Ov. Met. 15, 337). 2) (Ov. F. 4, 471).
Ortygĭus, -a, -um, adj. Ortígio, de Ortígia, de Delos (Ov. Met. 1, 694).
orȳza, -ae, subs. f. Arroz (Hor. Sát. 2, 3, 155).
1. **ōs, ōris**, subs. n. I — Sent. próprio: 1) Bôca (como órgão da fala) (Cíc. Verr. 2, 56). Daí: 2) Voz, linguagem, palavra, idioma: **uno ore** (Cíc. Lae. 86) «a uma voz». Por extensão: 3) Expressão fisionômica, rosto, face (T. Lív. 28, 19, 12). II — Sent. figurado: 4) Fisionomia, ar, aspecto (Cíc. R. Post. 34). Donde: 5) Descaramento, imprudência (sent. pejorativo) (Cíc. Verr. 4, 66). 6) Abertura, entrada, goela (Cíc. Verr. 5, 30). 7) Embocadura (T. Lív. 1, 22, 9). 8) Fonte, princípio (Verg. En. 1, 245). 9) Proa de navio (Hor. Epo. 4, 17).
2. **os, ossis**, subs. n. I — Sent. próprio. 1) Osso, ossos, ossada (no pl.) (Cíc. Verr. 5, 128). Daí: 2) A parte interior do corpo (tratando-se de árvore, fruto), coração, caroço (Suet. Claud. 8). II — Sent. figurado: 3) Esqueleto (Cíc. Fin. 4, 6). III — Sent. poético: 4) Coração, entranhas (Verg. En. 5, 172).
oscē, adv. Na língua dos oscos (Varr. L. Lat. 5, 131).
oscen, -ĭnis, subs. n. Óscen, ave cujo canto servia de presságio (Cíc. Div. 1, 120).
Oscēnsēs, -ĭum, subs. loc. m. pl. Oscenses, habitantes de Osca (Cés. B. Civ. 1, 60).
Oscēnsis, -e, adj. Oscense, de Oscã, cidade da Hispânia Tarraconense (T. Lív. 34, 10).
Oscī, -ōrum, subs. loc. m. pl. Oscos, antigo povo, que ficava entre os volscos e a Campânia (Verg. En. 7, 730).
oscillātĭō, -ōnis, subs. f. Ação de balançar (Petr. 140, 9).

oscillum, -ī, subs. n. Pequena imagem (que se pendurava nas árvores, para que fôsse agitada pelo vento, em oferenda a Saturno e Baco) (Verg. G. 2, 389).
oscĭtans, -āntis. I — Part. pres. de **oscĭto** II — Adj.: Ocioso, negligente (Cíc. De Or. 2, 144).
oscĭtānter, adv. Com negligência, negligentemente (Cíc. Br. 277).
oscĭtātĭō, -ōnis, subs. f. I — Sent. próprio: 1) Bocejo (Sên. Ep. 74, 33). II — Sent. figurado: 2) Tédio, aborrecimento (Quint. 11, 3, 3).
oscĭtō, -ās, -āre, -āvī, -ātum, v. intr. I — Sent. próprio: 1) Abrir a bôca, bocejo, bocejar (Cíc. Br. 200). II — Sent. figurado: 2) Estar na ociosidade, descansar (Cíc. Nat. 1, 72). 3) Abrir-se (Plín. H. Nat. 16, 88).
oscĭtor, -āris, -ārī = **oscĭto**, v. dep. intr. Bocejar (Plaut. Men. 834).
osculabūndus, -a, -um, adj. Que cobre de beijos (Suet. Vit. 2).
osculātĭō, -ōnis, subs. f. Ação de beijar (Cíc. Cael. 49).
osculātus, -a, -um, part. pass. de **oscŭlor**.
oscŭlor, -āris, -ārī, -ātus sum, v. dep. tr. I — Sent. próprio: 1) Oscular, beijar (Cíc. Tusc. 1, 92). II — Sent. figurado: 2) Acariciar (Cíc. Mur. 23).
oscŭlum, -ī, subs. n. I — Sent. próprio: 1) Boquinha (Verg. En. 12, 434). II — Sent. especial: 2) Beijo, ósculo (Cíc. Rep. 4, 6).
Oscus, -a, -um, adj. Osco (Cíc. Fam. 7, 1).
Osdroēnī, -ōrum, subs. loc. m. Osdroenos, habitantes de Osdroena, na Mesopotâmia (Eutr. 8, 3).
Osi, -ōrum, subs. loc. m. pl. Osos, povo da Germânia (Tác. Germ. 28).
Osĭnĭus, -ī, subs. pr. m. Osínio, rei de Clúsio e aliado de Enéias (Verg. En. 10, 655).
Osīris, -is, e **-ĭdis**, subs. pr. m. 1) Osíris, uma das grandes divindades do Egito (Hor. Ep. 1, 17, 60). 2) Nome de um guerreiro rútulo (Verg. En. 12, 458).
Osismī, -ōrum, subs. loc. m. pl. Osismos, povo da Gália, que ficava junto ao Oceano (Cés. B. Gal. 2, 34, 1).
ōsor, -ōris, subs. m. O que odeia, inimigo (Plaut. Poen. 74).
ospes, v. **hospes**.
Osphăgus, -ī subs. pr. m. Ósfago, rio da Macedônia (T. Liv. 31, 39).

1. **ossa**, pl. de **os 2**.
2. **Ossa, -ae**, subs. pr. f. Ossa, monte da Tessália, onde habitavam os Centauros (Verg. G. 1, 281). Obs.: **Ossan** (acus. gr.) (Ov. F. 1, 307).
Ossaeus, -a, -um, adj. De Ossa (Luc. 6, 334).
ossĕus, -a, -um, adj. I — Sent. próprio: 1) De osso, ósseo (Plín. H. Nat. 12, 115). Daí: 2) Ossudo, magro (Juv. 5, 53).
ossifrăga, -ae, subs. f. Xofrango (ave de rapina) (Lucr. 5, 1077).
ossifrăgus, a, -um, adj. Ossífrago, que quebra os ossos (Sên. Contr. 10, 4).
ossis, gen. de **os 2**.
ossĭum, gen. pl. de **os 2**.
ostēndī, perf. de **ostēndo**.
ostēndō, -is, -ĕre, ostēndī, ostēntum, v. tr. I — Sent. próprio: 1) Expor, estender diante (Cat. Agr. 6, 2). Daí: 2) Pôr diante dos olhos, apresentar, mostrar, demonstrar, indicar (Cíc. Verr. 1, 1); (Cés. B. Civ. 3, 105, 6). Obs.: Constrói-se com acus.; com or. inf. ou interrog. ind.; ou como intr. absoluto.
ostēnsus = **ostēntus, -a, -um**, part. pass. de **ostēndo** (Luc. 2, 192).
ostentātĭō, -ōnis, subs. f. I — Sent. próprio: 1) Ação de mostrar com ostentação, exibição (Plín. Paneg. 56). II — Sent. particular: 2) Promessa (Cíc. At. 5, 13, 1): 3) Exibição militar (Cés. B. Gal. 7, 45, 3). 4) Falsa aparência, simulação (Cíc. Fin. 2, 77). III — Sent. figurado: 5) Ostentação, gala, aparato (Cíc. Lae. 86).
ostentātor, -ōris, subs. m. I — Sent. próprio: 1) O que se gaba de, o que ostenta (Tác. Hist. 2, 80). Daí: 2) O que chama a atenção (Tác. An. 24, 3).
ostēntō, -ās, -āre, -āvī, -ātum, v. tr. I — Sent. próprio: 1) Apresentar:, oferecer (Cíc. At. 1, 16, 4). Daí: 2) Mostrar com afetação ou ostentação, gabar, os tentar (Cíc. Clu. 22); (Sal. B. Jug. 85, 29). II — Sent. figurado: 3) Mostrar para meter mêdo, ameaçar com (Cíc. Fam. 4, 14, 1). 4) Prometer (Cíc. Fam. 9, 6, 2).
ostēntum, -ī, subs. n. I — Sent. próprio: 1) Presságio (na língua augural), daí: 2) Prodígio, maravilha (sent. próprio e figurado) (Cíc. Verr. 4, 108).
1. **ostentus, -a, -um**, part. pass. de **ostēndo**.
2. **ostēntus, -ūs**, subs. m. I — Sent. próprio: 1) Ação de mostrar, de expor à vista, amostra, exibição (Tác. An. 1, 29). Daí: 2) Prova, sinal evidente (Tác. An. 15, 64).
1. **Ostĭa -ae**, subs. pr. f. Óstia, pôrto na foz do Tibre (Cíc. Fam. 9, 6, 1).
2. **Ostĭa, -ōrum**, subs. n. pl. (T. Lív. 9, 19, 4), v. **Ostia, -ae**.
ostiārĭum, -ī, subs. n. Impôsto sôbre as portas (Cés. B. Civ. 3, 32, 2).
ostiātim, adv. De porta em porta, de casa em casa (Cíc. Verr. 4, 53).
Ostiēnsis, -e, adj. Ostiense, de Óstia (Cíc. At. 12, 23, 3).
1. **ostĭum, -ī**, subs. n. I — Sent. próprio: 1) Entrada, abertura (Varr. R. Rust. 1, 51). II — Daí, em sent. particular: 2) Bôca (de um rio), embocadura, foz (Cés. B. Civ. 2, 1). 3) Porta: **rectum ostium** (Plaut. Mil. 329) «porta da frente».
2. **Ostĭum oceănī**, subs. pr. (Cíc. Pomp. 33). Entrada do Oceano (estreito de Gibraltar).
Ostōrĭus, -ī, subs. pr. m. Ostório, nome de homem (Tác. An. 16, 23).
ostrĕa, -ae, subs. f. Ostra (Cíc. frg. F. 5, 78).
ostreōsus (-ĭōs), -a, -um, adj. Abundante em ostras (Catul. 18, 4).
ostrĕum, v. **ostrĕa** (Hor. Sát. 2, 4, 33).
ostrĭa, v. **ostrĕa**.
ostrĭfer, -fĕra, -fĕrum, adj. Ostrífero, que produz ostras, abundante em ostras (Verg. G. 1, 207).
ostrīnus, -a, -um, adj. De púrpura (Prop. 1, 14, 20).
ostrum, -ī, subs. n. 1) Púrpura (Verg. En. 5, 111). 2) Tecido de púrpura (Verg. En. 1, 700). Obs.: Sentidos especializados, por se extrair a púrpura da ostra.
Osȳris, v. **Osīris**.
Otăcilĭus, -ī, subs. pr. m. Otacílio, nome de família (Cés. B. Civ. 3, 28).
Othō, -ōnis, subs. pr. m. Otão, sobrenome romano, destacando-se: a) **L. Roscius Othon**, tribuno do povo que determinou o lugar dos cavaleiros no teatro (Cíc. Mur. 40); b) **M. Salvius Othon** que destronou Galba e foi vencido por Vitélio (Juv. 2, 99).
Othōnĭanī, -ōrum, subs. m. pl. Soldados de Otão (Tác. Hist. 1, 34).
Othōnĭānus, -a, -um, adj. De Otão (Tác. Hist. 2, 24).
Othos, v. **Otus**.
Othryădēs, -ae, subs. pr. m. 1) Otríades, filho de Otris (Verg. En. 2, 319). 2) General espartano, único sobrevivente

de um combate contra os Argivos (Ov. F. 2, 665).

ōtĭor, -āris, -ārī, -ātus sum, v. dep. intr. Estar de folga, descansar, estar sem fazer nada (Cíc. Of. 3, 58); (Hor. Sát. 1, 6, 128).

ōtĭōsē, adv. 1) Na ociosidade (Cíc. Of. 3, 97). 2) Lentamente, sem pressa, sem preocupação, à vontade, pouco a pouco (Cíc. Verr. 4, 33); (Ter. Heaut. 342).

ōtĭōsus, -a, -um, adj. I — Sent. próprio: 1) Ocioso, desocupado, que nada faz (Cíc. Lae. 16). II — Sent. figurado: 2) Calmo, tranqüilo (Cíc. Fam. 9, 25, 3). 3) Neutro, que guarda neutralidade (Cíc. Of. 2, 26). 4) Lento, insípido, apático (tratando se do estilo) (Tác. D. 18). III — Sent. moral: 5) Ocioso, inútil (Plín. Ep. 9, 6, 4). IV — Forma masculina usada substantivadamente: 6) homem afastado da política (Cíc. Of. 1, 70).

ōtĭum, -ī, subs. n. I — Sent. próprio: 1) Tempo de repouso, vagar, ócio (Cíc. Of. 3, 1). Daí, pór extensão: 2) Lugar de repouso, retiro, solidão (Cíc. De Or. 1, 1). II — Sent. figurado: 3) Calma, paz, tranqüilidade, sossêgo, ventura, felicidade (Cés. B. Civ. 1, 5, 5). 4) Lazer produtivo (Cic. Tusc. 5, 105). 5) Estudos feitos com vagar, estudos de gabinete (Cíc. Leg. 3, 14). 6) Inação, ociosidade (Cíc. Ac. 2, 5).

ōtŏpēta, -ae, subs. m. Que tem orelhas compridas (Petr. Sat. 35).

Otreus, -ĕī, ou -ĕos, subs. pr. m. Otreu, nome de homem (V. Flac. 4, 162).

Otriculānus, v. Ocriculānus.

Otus (Othus, Othos, Oetus), -ī, subs. pr. m. Oto, nome de um gigante (Verg. Cul. 233).

1. ŏvātus, -a, -um, adj. Que tem a forma de um ôvo, oval (Plín. H. Nat. 15 85).

2. ovātus, -a, -um, Part. pass. de ovo: adquirido pela vitória (Pérs. 2, 55).

3. ovātus, -ūs, subs. m. Grito de vitória (V. Flac. 6, 187).

Ovĭa, -ae, subs. pr. f. Óvia, nome de mulher (Cíc. At. 12, 21, 4).

Ovidĭānus, -a, -um, adj. De Ovídio, que imita Ovídio (Sên. Contr. 1, 2, 22).

Ovidĭus, -ī, subs. pr. m. Ovídio. 1) P. Ovídio Nasão, o grande poeta elegíaco latino, nascido em Sulmona, no Lácio, no ano 43 a.C. (Quint. 10, 1, 88). 2) Um romano, amigo de Marcial (Márc. 7, 44).

ovīle, -is, subs. n. I — Sent. próprio: 1) Curral (de ovelhas), redil, aprisco (Verg. G. 3, 537). II — Daí, em sent. especial: 2) Curral (de cabras) (Ov. Met. 13, 828). 3) Recinto no Campo de Marte onde se reuniam as tribos para votar (T. Lív. 26, 22, 11).

ovīlis, -e, adj. De ovelha (Apul. M. 4, p. 145, 13).

ovis, -is, subs. f. I — Sent. próprio: 1) Ovelha, carneiro (Cíc. Rep. 2, 16). II — Daí, por extensão: 2) A lã (das ovelhas) (Tíb. 2, 4, 28). III — Sent. figurado: 3) Um simplório, um imbecil (Plaut. Bac. 112).

Ovĭus, -ī, subs. pr. m. Óvio, nome de homem (Cíc. At. 16, 1, 5).

ovō, -ās, -āre, -ātum, v. intr. I — Sent. próprio: 1) Soltar gritos de alegria (Verg. En. 3, 189); (Verg. G. 1, 346). Daí, por especialização: 2) Regozijar-se com a vitória, alcançar um triunfo, triunfar por ovação (Cíc. De Or. 2, 195).

ŏvum, -ī, subs. n. I — Sent. próprio: 1) Ôvo: **ab ovo usque ad mala** (Hor. Sát. 1, 3, 6) «desde o ôvo até as maçãs» (expressão proverbial que significa: «do começo ao fim do jantar» e, por extensão, «do começo ao fim de alguma coisa»). Daí: 2) Ôvo de madeira que servia para marcar quantas vêzes os carros davam volta à arena (T. Lív. 41, 27, 6).

Oxăthrēs, -is, subs. pr. m. Oxatres, irmão de Dario Codomano (Q. Cúrc. 3, 11, 8).

Oxĭmum, v. Auxĭmum.

Oxĭŏnēs, -um, subs. loc. m. pl. Oxiões, povo da Germânia (Tác. Germ. 46).

oxўgărum, -ī, subs. n. Salmoura com vinagre (Marc. 3, 50, 4).

P

p, f. n. 15ª letra do alfabeto latino. Abreviaturas: 1) P. = Publius, parte, pater, pedes, pia, pondo, populus, publicus, etc. 2) P.C. = patres conscripti, senadores. 3) P.M. = pontifex maximus, pontífice máximo. 4) P.R. = populus romanus, povo romano. 5) P.S. = pecunia sua, com seu dinheiro.

pābulāris, -e, adj. Relativo ao sustento (dos animais de carga) (Plín. H. Nat. 18, 142).

pābulātĭō, -ōnis, subs. f. 1) Ação de pastar, pastagem (Varr. R. Rust. 3, 16). 2) Forragem, ação de forragear (Cés. B. Gal. 7, 16, 3).

pābulātor, -ōris, subs. m. Forrageador, o que vai à forragem (Cés. B. Gal. 5, 17, 2).

pābŭlor, -āris, -ārī, -ātus sum, v. dep. intr. Ir à forragem, forragear, procurar víveres, ir às provisões (Cés. B. Gal. 5, 17, 2); (Plaut. Rud. 295).

pābŭlum, -ī, subs. n. I — Sent. próprio: 1) O que serve para alimentar; daí: pasto, pastagem, forragem (Cés. B. Gal. 7, 18, 1). 2) Alimento (Verg. G. 1, 86). II — Sent. figurado: 3) Alimento (Cíc. C.M. 49).

pācālis, -e, adj. De paz, pacífico (Ov. Met. 6, 101).

Pācārius, -ī, subs. pr. m. Pacário, nome de homem (Tác. Hist. 2, 16).

pācātē, adv. Pacatamente, pacificamente (Petr. 10, 3).

pācātor, -ōris, subs. m. Pacificador (Sên. Ben. 1, 13, 3).

pācātus, -a, -um. I — Part. pass. de paco. II — Adj.: Pacífico, em paz, tranquilo, sossegado, calmo, benévolo, afável (Cíc. Leg. 4). III — Subs. m. pl.: **pacati, -ōrum** — povo com que se está em paz (Sal. B. Jug. 32, 3).

Paccĭus, -ī, subs. pr. m. Pácio, nome de homem (Juv. 7, 12).

Pācēnsis, -is, subs. pr. m. Pacense, nome de homem (Tác. Hist. 1, 20).

Pachȳnum, -ī, subs. pr. n. (Cíc.) e **Pachȳnus (-os), -ī**, subs. pr. m. e f. Paquino, promontório a L. da Sicília, atual cabo Pássaro (Ov. Met. 13, 725).

Pacidēiānus, -ī, subs. pr. m. Pacideiano, nome de um gladiador célebre (Cíc. Tusc. 4, 48).

pācifer, -fĕra, -fĕrum, adj. Pacificador, pacífico (Verg. En. 8, 116).

pācificātĭō, -ōnis, subs. f. Volta à paz, reconciliação, pacificação (Cíc. Fam. 10, 27, 2).

pācificātor, -ōris, subs. m. Pacificador (T. Lív. 27, 30, 4).

pācificātōrius, -a, -um, adj. Que deve restabelecer a paz, destinado a tratar da paz (Cíc. Phil. 12, 3).

pācificātus, -a, -um, part. pass. de pacifico.

pācificō, -ās, -āre, -āvī, -ātum, v. intr. e tr. I — Sent. próprio: Intr.: 1) Tratar da paz, negociar a paz, fazer a paz (Sal. B. Jug. 66, 2). II — Sent. figurado: Tr.: 2) Apaziguar, acalmar (Catul. 68, 76).

pācificor, -āris, -ārī, -ātus sum, v. dep. intr. Fazer a paz (Plaut. St. 517).

pācificus, -a, -um, adj. Pacífico, que gosta da paz, que estabelece a paz (Cíc. At. 8, 12, 4).

Pacilus, -ī, subs. pr. m. Pacilo, sobrenome romano na família Fúria (T. Lív. 4, 12, 1).

pācis, gen. de **pax**.

pacīscō, -is, -ĕre = **paciscor** (Plaut. Bac. 871).

pacīscor, -ĕris, -ciscī, pactus sum, v. dep. intr. e tr. I — Intr.: Sent. próprio: 1) Fazer um tratado, fazer um pacto, pactuar, ajustar, contratar (Cíc. Verr. 3, 36); (T. Lív. 25, 33). II — Tr.: Sent. figurado: 2) Estipular, prometer, empenhar (Cíc. Sest. 55); (Verg. En. 5, 230); (T. Lív. 4, 4, 10).

pācō, -ās, -āre, -āvī, -ātum, v. tr. I — Sent. próprio: 1) Pacificar (depois de ter vencido) (Cíc. Fam. 15, 4, 8). II — 2) Domar, submeter, vencer (sent. próprio e figurado) (Hor. Ep. 1, 2, 45).

Pacōniānus, -ī, subs. pr. m. Paconiano, nome de homem (Tác. An. 6, 3).

Pacōnius, -ī, subs. pr. m. Pacônio, nome de família romana (Cíc. Mil. 74).

Pacŏrus, -ī, subs. pr. m. Pácoro. 1) Filho de Orodes, rei dos partos; invadiu três vêzes as províncias romanas além do Eufrates, mas não conseguiu expulsar os romanos da Ásia. Foi aprisionado e morto em 38 a.C. por **Ventidius Bassus**, lugar-tenente de Antônio (Cíc. At. 5, 18, 1). 2) Outro rei dos partos, contemporâneo de Domiciano (Plín. Ep. 10, 16, 2).

pacta, -ae, subs. f. Noiva (Verg. En. 10, 79).

pactĭō, -ōnis, subs. f. I — Sent. próprio: 1) Convenção, pacto, acôrdo, tratado (T. Liv. 9, 11, 4). II — Daí: 2) Promessa, compromisso (T. Lív. 4, 4, 8). Na língua jurídica: 3) Adjudicação dos impostos públicos (Cic. Fam. 13, 65, 1). 4) Combinação, acôrdo (sent. pejorativo) (Cíc. Verr. 1, 17).

Pactōlis, -ĭdis, subs. loc. f. Pactólida, do Pactolo (Ov. Met. 6, 16).

Pactōlus, -ī, subs. pr. m. Pactolo, rio da Lídia, cujas areias têm ouro, atual Sarabat (Verg. En. 10, 142).

pactum, -ī, subs. n. I — Sent. próprio: 1) Pacto, convenção, acôrdo, contrato, promessa, palavra (Cic. Verr. pr. 16). II — Sent. figurado: 2) Modo, maneira, forma (sòmente no abl. sg).: **nullo pacto** (Cíc. Fin. 1, 27) «de forma alguma».

Pactumējus (**Pactumeĭus**), ī, subs. pr. m. Patumeio, nome de homem (Hor. Epo. 17, 50).

1. **pactus**, -a, -um, part. pass. de **paciscor**. I — Sent. próprio: 1) Que fêz uma convenção, que ajustou (Plín. H. Nat. 35, 99). Sent. passivo: 2) Convencionado, combinado, ajustado (Cíc. Of. 3, 107). II — Daí: 3) Prometida em casamento, noiva: **filla pacta alicui** (Cíc. At. 5, 21, 2) «filha prometida em casamento a alguém», i.é, «noiva de alguém».

2. **pactus**, -a, -um, part. pass. de **pango**.
3. **pactus**, -ī, subs. m. Noivo (Estác. Theb. 3, 17).

Pacūlla, -ae, subs. pr. f. Pacula Mínia, sacerdotisa de Baco (T. Lív. 39, 13).

Pācuviānus, -a, -um, adj. Pacuviano, do poeta Pacúvio (Cíc. Div. 1, 131).

Pācuvĭus, -ī, subs. pr. m. Pacúvio. 1) **Marcus Pacuvius**, poeta dramático latino, natural de Brundísios, sobrinho de Ênio, e contemporâneo de Públio Cipião, o Africano (Cíc. Br. 229). 2) **Pacuvius Calavius**, senador de Cápua, que aconselhou a aliança com Aníbal (T. Lív. 23, 2, 2). 3) **Pacuvius Minius Celer**, hóspede de Aníbal em Cápua (T. Lív. 23, 8, 1).

Padŭa, -ae, subs. pr. f. Pádua, uma das desembocaduras do Pó (Catul. 95, 7).

Padus, -ī, subs. pr. m. Pó, grande rio da Itália, que desemboca no mar Adriático (Verg. En. 9, 680).

Padūsa, -ae, subs. f. Padusa, braço do rio Pó, que passa em Ravena, hoje Canal de Sto. Alberto (Verg. En. 11, 457).

Paeăn, -ānis, subs. pr. m. Peão, um dos nomes de Apolo (Ov. Met. 14, 720).

paeant-, v. **Poeant-**.

paedagōgĭum, -ī, subs. n. I — Sent. próprio: 1) Escola (para escravos destinados a ofícios mais elevados) (Plín. Ep. 7, 27, 13). II — Daí, por extensão: 2) Crianças que freqüentavam essa escola (Sên. Ep. 123, 7).

paedagōgus, -ī, subs. m. I — Sent. próprio: 1) Escravo que acompanhava as crianças, preceptor, mestre (Cíc. Lae. 74). Daí: 2) Pedagogo (Suet. Ner. 37). II — Sent. figurado: 3) Guia, condutor, mentor (Sên. Ep. 110, 1).

1. **paedīcō**, -ās, -āre, v. tr. Dar-se à pederastia, homossexualismo, praticar o homossexualismo (Catul. 16, 1).

2. **paedīco**, -ōnis, subs. m. Pederasta (Marc. 6, 33, 1).

paedĭdus, -a, -um, adj. Porco, sujo (Petr. 34, 5).

paedor, -ōris, subs. m. Imundície, aspecto repugnante (no plural) (Cíc. Tusc. 3, 62).

Paeducēus, v. **Peducaeus**.

paelex, v. **pellex**.

Paelĭgnī, v. **Pelĭgni**.

Paemānī, -ōrum, subs. loc. m. Pemanos, povo da Bélgica, de origem germânica (Cés. B. Gal. 2, 4, 10).

paenĕ ou **pēnĕ**, adv. Quase, por um fio, a ponto de (Cíc. At. 5, 20, 6).

paeninsŭla (**pēninsŭla**), -ae, subs. f. Península (T. Lív. 26, 42, 8).

paenitēndus, -a, -um, gerundivo de **paenitĕo**.

paenĭtens, -ēntis, part. pres. de **paenitĕo**. Obs.: Constrói-se como absoluto; com gen.; e com abl. com **de**.

paenitentĭa, -ae, subs. f. Arrependimento, pesar, contrição (Tác. D. 15).

paenitĕō, -ēs, -ēre, -ŭī, v. tr. e intr., v. **paenitet**.

paenĭtet, -ēbat, -ēre, **paenituit**, v. impess. e intr. I — Sent. próprio: 1) Não ter bastante, não estar satisfeito com (Cíc. De Or. 3, 32); (Plaut. St. 550/551).

II — Daí: 2) Ter pesar de, arrepender-se (Cíc. Fam. 9, 5, 2); (Cíc. At. 8, 1, 3). Obs.: Na língua falada, tendia a se tornar pessoal, sendo atestado como tal no latim arcaico e até em Cícero. Ex.: **consili** (Sal. Hist. 1, 68) «arrepender-se do projeto»; (T. Lív. 36, 22, 3). Constrói-se com acus. de pess. e gen. de coisa; ou só com acus. de pess.; com acus. de pess. e inf.; com acus. de um pron. n.; ou com uma or. introduzida por **quod**; finalmente como absol.
paenitŭit, perf. de **paenĭtet**.
paenitūrus, -a, -um, part. fut. de **paenĭtet**.
1. paenŭla (pēnŭla), -ae, subs. f. I — Sent. próprio: 1) Pênula, capa com capuz (usada nas viagens) (Cíc. Mil. 54). II — Sent. figurado: 2) Cobertura (Marc. 13, 1, 1).
2. Paenŭla, -ae, subs. pr. m. Pênula, sobrenome romano (T. Lív. 25, 19, 9).
paenulātus, -a, -um, adj. Vestido com pênula (capa com capuz) (Cíc. Mil. 28).
paeŏn, -ōnis, subs. m. Péon (pé formado por uma sílaba longa e três breves) (Cíc. De Or. 3, 183).
Paeŏnēs, -um, subs. loc. m. pl. Péones, habitantes da Peônia (Ov. Met. 5, 513). Obs.: sg.: **Paeon** (T. Lív. 42, 51, 6).
Paeŏnia, -ae, subs. pr. f. Peônia. 1) Parte setentrional da Macedônia (Plín. H. Nat. 4, 33). 2) Emátia ou Macedônia (T. Lív. 40, 3).
Paeŏnis, -ĭdis, subs. loc. f. Peônide, da Peônia (Ov. Met. 5, 303).
Paeŏnĭus, -a, -um, adj. 1) De Peão, i. é, do deus da medicina, e daí: 2) Medicinal, salutar (Verg. En. 7, 769).
Paestāni, -ōrum, subs. loc. m. pl. Pestanos, habitantes de Pesto (T. Lív. 37, 10).
Paestānus, -a, -um, adj. Pestano, de Pesto (Cíc. At. 16, 6, 1).
Paestum, -ī, subs. pr. n. Pesto, cidade da Lucânia, na Itália, célebre pelas suas rosas (Cíc. At. 11, 17, 3).
Paetil-, v. **Petil**.
Paetīna, -ae, subs. pr. f. Élia Petina, quarta espôsa de Cláudio (Suet. Claud. 26).
paetŭlus, -a, -um, adj. Ligeiramente vesgo ou estrábico (Cíc. Nat. 1, 80).
1. paetus, -a, -um, adj. Um tanto vesgo ou estrábico (Hor. Sát. 1, 3, 45) Obs.: **Paeta** era um epíteto de Vênus, aludindo às olhadelas furtivas com o canto dos olhos (Ov. A. Am. 2, 659).

2. Paetus, -ī, subs. pr. m. Peto, sobrenome romano de muitas pessoas, entre as quais Peto Cecina, condenado à morte no govêrno de Cláudio (Tác. An. 16, 34).
pāgānĭca, -ae, subs. f. (subent. **pila**). Bola especial, usada primeiramente pelos camponeses (Marc. 7, 32, 7).
1. pāgānus, -a, -um, adj. I — Sent. próprio: 1) Da aldeia, do campo (Ov. F. 1, 670). II — Daí: 2) Civil (em oposição a soldado, na língua militar), paisano (Plín. Ep. 7, 25, 6).
2. pāgānus, -ī, subs. m. 1) Camponês, aldeão, (Cíc. Dom. 74). 2) População civil (no pl., em oposição aos soldados) (Tác. Hist. 1, 53).
Pagăsa, -ae, subs. pr. f. Págasa, cidade marítima da Tessália, onde se construiu o navio dos argonautas, Argo (Prop. 1, 20, 17).
Pagasaeus e Pagasëĭus, -a, -um, adj. Pagaseu e pagaseio, de Págasa, dos argonautas (Ov. Met. 7, 1).
pāgātim, adv. Por aldeias (T. Lív. 31, 39).
pāgĕlla, -ae, subs. f. Pequena página, fôlha de papel (Cíc. Fam. 11, 25, 2).
pager, v. **phager**.
Pagĭda, -ae, subs. pr. m. Págida. 1) Rio da África, provàvelmente na Numídia (Tác. An. 3, 20). 2) Rio da Fenícia (Plín. H. Nat. 5, 75).
pāgĭna, -ae, subs. f. I — Sent. próprio (língua rústica): 1) Latada, ramada (Plín. H. Nat. 17, 169). II — Sent. figurado (usual): 2) Coluna de um escrito ou papiro, página (Cíc. At. 13, 34). Por extensão: 3) Carta, livro, obra literária (Cíc. Fam. 16, 4, 1).
pāgĭnŭla, -ae, subs. f. Página pequena, pàginazinha (Cíc. At. 4, 8b, 2).
pāgus, -ī, subs. m. I — Sent. próprio: 1) Marco ou balisa metida na terra (Verg. G. 2, 383). II — Daí: 2) Território rural limitado por marcos, distrito (na Gália e na Germânia) (Cés. B. Gal. 1, 12, 4). 3) Aldeia, povoação (Cíc. Fin. 2, 12).
pāla, -ae, subs. f. I — Sent. próprio: 1) Enxada, pá (T. Lív. 3, 26, 9). II — Sent. figurado: 2) Engaste de um anel (Cíc. Of. 3, 38). 3) Pá (de limpar o grão) (Cat. Agr. 11).
Palāemōn, -ŏnis, subs. pr. m. Palemão ou Palémon. 1) Filho de Átamas e Leucótoe, transformado em deus marinho (Vergi En. 5, 823). 2) **Remmius Palaemon**, gramático latino do I séc.

PALAEPHARSALUS — **PALLA**

d.C., que viveu em Roma durante o império de Tibério e Cláudio (Quint. 1, 4, 20). 3) Nome de um pastor (Verg. Buc. 3, 50).

Palaepharsălus, -i, subs. pr. f. Palefarsalo, cidade da Tessália, vizinha de Farsala, hoje Farsa (T. Lív. 44, 1, 5).

Palaephatĭus, -a, -um, adj. De Palefato, escritor grego (Verg. Cir. 88).

Palaepŏlis, -is, subs. pr. f. Palépolis, cidade da Campânia, reunida posteriormente a Nápoles (T. Lív. 8, 22, 5).

Palaepolītănī, -ōrum, subs. loc. m. Paleponitanos, habitantes de Palépolis (T. Lív. 8, 22, 8).

Palaestē, -ēs, subs. pr. f. Paleste, pôrto do Epiro (Cés. B. Civ. 3, 6, 3).

Palaestīnī, -ōrum, subs. loc. m. pl. Palestinos, habitantes da Palestina (Ov. Met. 4, 46).

Palaestīnus, -a, -um, adj. Da Palestina (Ov. F. 2, 464).

palaestra, -ae, subs. f. I — Sent. próprio: 1) Palestra, exercício da luta, luta (Cíc. De Or. 1, 73). Daí: 2) Lugar onde se pratica a ginástica, ginásio (Verg. En. 6, 642). II — Sent. figurado: 3) Escola, exercícios de retórica (Cíc. Br. 37). 4) Exercício, habilidade (na política) (Cíc. At. 5, 13, 1). 5) Cultura, elegância (Cíc. Or. 186).

palaestrĭca, -ae, subs. f. A ginástica (Quint. 2, 21, 11).

palaestrĭcus, -a, -um, adj. 1) Relativo à luta ou palestra (Cíc. Of. 1, 130). 2) Que favorece a palestra (Cíc. Verr. 2, 54).

palaestrīta, -ae, subs. m. 1) Palestrita, mestre da palestra (Cíc. Verr. 2, 36). 2) Atleta, lutador (Cíc. Opt. 8).

palam, adv. 1) Em público, na frente de todos, claramente (Cíc. Mil. 25). 2) É de uso freqüente na expressão esse palam, «ser de notoriedade pública»: haec, quae sunt palam (Cíc. Pis. 11) «essas coisas, que são de notoriedade pública». 3) Na língua imperial palam passou a ser empregada como prep. acompanhada de abl.: diante de, perante (Ov. Trist. 5, 10, 39).

Palamēdēs, -is, subs. pr. m. Palamedes, herói grego, filho de Náuplio, rei da Eubéia, e de Clímene (Cíc. Tusc. 1, 98).

palang-, v. **phal-**.

palans, -antis, part. pres. de **palor**.

Palantēum, v. **Pallantēum**.

palathĭum, -i, subs. n. Seirinha de figos, pequeno bolo de frutas cristalizadas, especialmente de figos (Marc. 13, 27).

Palātīna, -ae, subs. pr. f. Palatina, a décima região de Roma (Plín. H. Nat. 18, 13).

Palātīnus, -a, -um, adj. Palatino, do monte Palatino: **Palatini colles** (Ov. Met. 15, 560) «os cumes do Palatino», i.é, o monte Palatino.

Palātĭum, -i, subs. pr. n. Palácio. 1) Monte de Roma, também chamado monte Palatino (T. Lív. 1, 7, 3). 2) Residência dos Césares, no monte Palatino, a partir de Augusto (Ov. A. Am. 3, 119).

palātum, -i, subs. n. ou **palātus, -i,** subs. m. I — Sent. próprio: 1) Palato, céu da bôca (Verg. G. 3, 388). II — Sent. figurado: 2) Abóbada celeste, céu (Cíc. Nat. 2, 49).

1. **pălātus, -a, -um,** part. pass. de **palor**.
2. **palātus, -i,** v. **palātum**.

palĕa, -ae, subs. f. Palha (Verg. G. 3, 134).

palĕar, -āris, subs. n. (geralmente no pl.). Papada do boi (Verg. G. 3, 53).

Palēnses, -ĭum, subs. loc. pl. Palenses, habitantes de Pale, cidade da ilha Cefalênia (T. Lív. 38, 28).

Palēs, -is, subs. pr. f. Pales, deusa dos pastores e das pastagens (Verg. Buc. 5, 35).

Palēstē, Palestīnus, v. **Palaest-**.

palestrīta, v. **palaestrīta**.

Palĭcānus, -i, subs. pr. m. Palicano, sobrenome romano (Cíc. Verr. 2, 100).

Palĭcī, -ōrum, subs. pr. m. Palicos, irmãos gêmeos, filhos de Júpiter e de Talia, adorados na Sicília (Ov. Met. 5, 406).

Palĭcus, -i, subs. pr. m. sg. Um dos dois Palicos (Verg. En. 9, 585).

Palīlĭa (Parīlĭa), -ĭum, ou **-iōrum,** subs. n. pl. Palílias, festas em honra de Pales (Cíc. Div. 2, 98).

Palīlis, -e, adj. De Pales, deusa dos pastores e das pastagens (Ov. Met. 14, 774).

palimpsēstus (-os), -i, subs. m. e f. Palimpsesto (pergaminho que foi raspado para aí se escrever de novo) (Cíc. Fam. 7, 18, 2).

Palinūrus, -i, subs. pr. m. Palinuro. 1) Pilôto de Enéias (Verg. En. 5, 847). 2) Cabo Palinuro, na Lucânia, onde Palinuro foi enterrado (Verg. En. 6, 381).

paliŭrus, -i, subs. f. Paliúro (planta) (Verg. Buc. 5, 39).

palla, -ae, subs. f. I — Sent. próprio: 1) Grande mantilha usada pelas senhoras romanas (Verg. En. 11, 576). II —

Sent. diversos: 2) Veste que usavam os atôres, em cena (Ov. Am. 2, 18, 15). 3) Veste que usavam os músicos, em cena (Ov. F. 2, 107). 4) Cortina, tapeçaria (Sên. Ir. 3, 22, 2).

pallăca, -ae, subs. f. Concubina (Suet. Vesp. 21).

Palladĭum, -ī, subs. pr. n. Paládio, estátua de Palas, como era chamada Minerva pelos troianos, que a veneravam como protetora da sua cidade (Verg. En. 2, 166).

Palladĭus, -a, -um, adj. I — Sent. próprio: 1) De Palas (Verg. G. 2, 181). Daí: 2) **Palladia corona** (Ov. A. Am. 1, 727) «coroa de oliveira». 3) **Palladiae arces** (Ov. Met. 7, 399) «Atenas». II — Sent. figurado: 4) Douto, instruído, sábio (Marc. 9, 100, 3). 5) Destro, hábil (Estác. S. 1, 1, 5).

Pallantēum, -ī, subs. pr. n. Palanteu. 1) Cidade da Arcádia, no Peloponeso, fundada por Palas, filho de Licaon, e pátria do rei Evandro (T. Lív. 1, 5, 1). 2) Cidade da Itália, no Lácio, fundada por Evandro, no monte Palatino, e englobada na Roma de Rômulo (Verg. En. 8, 54).

Pallantēus, -a, -um, adj. Palanteu, de Palanteu (Verg. En. 9, 196).

Pallantĭas, -ădis e **Pallāntis, -ĭdis,** subs. pr. f. Palancíade ou Palântis, descendente do gigante Palas, i.é, a Aurora (Ov. Met. 15, 700).

Pallāntis, subs. f., v. **Pallantĭas.**

Pallantĭus, -a, -um, adj. Que descende de Palas: **Pallantius heros** (Ov. F. 5, 647) «Evandro».

1. Pallas, -ădis, e **-ădos,** subs. pr. f. Palas. 1) Outro nome ou sobrenome de Atena ou Minerva, deusa da guerra e das belas artes. Em Homero, a deusa é chamada sempre de **Pallas Atena** (Verg. En. 7, 154). 2) V. **Palladium** (Ov. Met. 13, 99). Daí: 3) Templo de Palas, onde estava o Paládio (Prop. 4, 4, 45). 4) A árvore consagrada a Palas e seus derivados: a oliveira, a azeitona e o azeite (Ov. Trist. 4, 5, 4); (Ov. Her. 19, 44). 5) **Palladis ales** (Ov. F. 2, 89) «a coruja».

2. Pallās, -āntis, subs. pr. m. Palante. 1) Pai de uma certa Minerva, morto pela filha (Cíc. Nat. 3, 59). 2) Filho e antepassado de Pandião (Ov. Met. 7, 500). 3) Filho e ancestral de Evandro (Verg. En. 8, 54). 4) Liberto de Cláudio (Tác. An. 12, 53).

Pallatīnus, -a, -um, v. **Palatīnus.**

Pallēne, -es, subs. pr. f. Palene. 1) Cidade da Macedônia, na península formada pelo gôlfo Termaico (Ov. Met. 15, 356). 2) Cidade da Arcádia (Plín. H. Nat. 4, 20).

Pallēnēnsis -e, adj. Palenense, de Palene, cidade da Macedônia (T. Lív. 44, 10).

pallens, -ēntis, I — Part. press. de **pallĕo.** II — Adj.: Sent. próprio: 1) Palente, pálido, de côr pálida, lívido, amarelado (Verg. Buc. 2, 47). Daí: 2) Pálido, pouco luminoso, sombrio (Verg. En. 4, 26). III — Sent. poético: 3) Que torna pálido, que faz empalidecer (Verg. En. 6, 275).

pallĕō, -ēs, -ēre, pallŭī, v. intr. e tr. A) Intr.: I — Sent. próprio: 1) Estar pálido, estar amarelo, perder a côr (Ov. F. 2, 468); (Cíc. Phil 2, 84). Daí: 2) Perder a côr pelo mêdo, recear por, tremer por (Hor. Ep. 1, 7, 7). B) Tr.: II — Sent. figurado: 3) Temer, recear (Hor. O. 3, 27, 28). Obs.: Constrói-se como absol.; com dat.; ou com acus.

pallēscō, -is, -ĕre, pallŭī, v. incoat. de **pallĕo,** intr. Empalidecer, tornar-se pálido, amarelo ou escuro (Hor. Ep. 1, 1, 61); (Ov. A. Am. 3, 704).

palliātus, -a, -um, adj. Vestido de **pallium,** traje próprio dos gregos; dos gregos (Cíc. Phil. 5, 14).

pallidŭlus, -a, -um, adj. Um tanto pálido, lívido (Catul. 65, 6).

pallĭdus, -a, -um, adj. I — Sent. próprio: 1) Pálido, descorado (Hor. Sát. 2, 2, 76). II — Sent. figurado: 2) Pálido de susto (Ov. Her. 12, 97). III — Sent. diversos: 3) Amarelado, de côr pálida (Ov. Met. 4, 134). 4) Pálido, pouco luminoso (Plín. H. Nat. 2, 22). 5) Que torna pálido (Hor. O. 1, 4, 13).

palliolātus, -a, -um, adj. Coberto com capuz (Marc. 9, 32, 1).

palliŏlum, -ī, subs. n. I — Sent. próprio: 1) Pequeno **pallium,** capa pequena, mantilha (Marc. 11, 27, 8). II — Sent. diverso: 2) Capuz (Ov. A. Am. 1, 734).

pallĭum, -ī, subs. n. I — Sent. próprio: 1) Peça principal do vestuário dos gregos, manto grego (Ov. Am. 1, 4, 50). II — Daí, por extensão: 2) Manto, toga ampla (Marc. 3, 63, 10). III — Sent. particular: 3) Coberta, manta da cama (Ov. Her. 21, 170).

pallor, -ōris, subs. m. I — Sent. próprio: 1) Palor, palidez, côr pálida (Verg. En. 4, 449). II — Sent. figurado: 2) Palidez (do mêdo) (Plaut. Men. 610). 3) Côr pálida dos objetos (Ov. Met. 8, 759).

pallŭī, perf. de **pallĕo** e de **pallēsco**.
pallŭla, -ae, subs. f. Pequena capa ou manto (Plaut. Truc. 52).
palma, -ae, subs. f. I — Sent. próprio: 1) Palma (da mão), concavidade da mão e, por metonímia, mão (Cíc. Sest. 117). Daí: 2) Pata (de um palmípede) (Plín. H. Nat. 10, 52: pata de um ganso ou pato). II — Sent. derivados: 3) Parte do tronco de onde saem os ramos e, em sent. especial: tronco da palmeira, palmeira (Cíc. Verr. 5, 87). 4) Palma, ramo da palmeira (Cat. Agr. 113). 5) Tâmara (fruto da palmeira) (Ov. F. 1, 185). 6) Vassoura (de palmeira) (Hor. Sát. 2, 4, 83). 7) Palma (dada aos vencedores como símbolo da vitória), vitória, vencedor, o primeiro lugar (Cíc. At. 4, 15, 6); (Verg. En. 5, 339). III — Na língua náutica: 8) Pá do remo, remo (Catul. 64, 7).
Palmārĭa (insŭla), subs. pr. f. Ilha das Palmeiras, na embocadura do Tibre (Plín. H. Nat. 3, 81).
palmāris, -e, adj. Sent. próprio: 1) De palmeira; e daí: 2) Que merece a palma da vitória (sent. próprio e figurado) (Cíc. Phil 6, 15); **illa palmaria, quod** (Cíc. Nat. 1, 20) «o que há de mais prodigioso é que...»
palmārĭus, -a, -um, adj. I — Sent. próprio: 1) De palmeira, plantado de palmeiras (Plín. H. Nat. 3, 81). II — Daí: 2) Que merece a palma (tratando-se de uma coisa) (Ter. Eun. 930).
palmāta, v. **palmātus, -a, -um**.
palmātus, -a, -um, adj. I — Sent. próprio: 1) Marcado com a palma da mão (Quint. Decl. 1, 11). II — Daí: 2) Em que há palmas pintadas ou bordadas: **palmata tunica** (T. Lív. 30, 15, 11) «túnica ornada de palmas» (atributo de Júpiter Capitolino e, a seguir, dos que triunfavam). A túnica era também usada por pessoas de alta categoria.
palmes, -ĭtis, subs. m. I — Sent. próprio (língua rústica): 1) Vara da videira, sarmento (Verg. Buc. 7, 48). II — Daí: 2) Videira (Marc. 8, 40). 3) Rebento (de uma árvore) (Q. Cúrc. 4, 3, 10).
palmētum, -ī, subs. n. Palmar, lugar onde crescem palmeiras, palmeiral (Hor. Ep. 2, 2, 184).
1. **palmĕus, -a, -um**, adj. (**palma**). De palmeira, que tem a forma da palmeira (Plín. H. Nat. 12, 79).
2. **palmĕus, -a, -um**, adj. (**palmus**). Do comprimento de um palmo (Plín. H. Nat. 26, 95).

palmĭfer, -fĕra, -fĕrum, adj. Palmífero, que produz palmeiras (Ov. Am. 2, 13, 8).
palmĭger, -gĕra, -gĕrum, adj. Palmígero, que produz palmeiras (Plín. H. Nat. 35, 27).
1. **palmĭpēs, -pĕdis**, adj. (**palma**). Que tem o pé espalmado, palmípede (Plín. H. Nat. 10, 29).
2. **palmĭpēs, -pĕdis**, adj. (**palmus**). Que tem a altura de um pé e um palmo (Plín. H. Nat. 17, 143).
Palmīra, v. **Palmȳra**.
palmōsus, -a, -um, adj. Abundante em palmeiras (Verg. En. 3, 705).
palmŭla, -ae, subs. f. I — Sent. próprio: 1) A palma da mão, mão (Apul. M. 8, 917). II — Na língua náutica: 2) Remo, pá do remo (Verg. En. 5, 163). III — Sent. derivado: 2) Tâmara (fruto da palmeira) (Suet. Aug. 76).
palmus, -ī, subs. m. Palmo (medida de comprimento) (Plín. H. Nat. 12, 48).
Palmȳra, -ae, subs. pr. f. Palmira, cidade da Síria, num oásis entre Damas e o Eufrates (Plín. H. Nat. 5, 88).
pălor, -āris, -ārī, -ātus sum, v. dep. intr. Errar daqui e dali, errar, dispersar-se, desgarrar-se, espalhar-se (T. Lív. 5, 44, 5); (Sal. B. Jug. 18, 2).
palpātĭō, -ōnis, subs. f. Apalpadela, contacto (Plaut. Men. 607).
palpātor, -ōris, subs. m. Lisonjeiro, adulador (Plaut. Men. 260).
palpātus, -a, -um, part. pass. de **palpo**.
palpĕbra, -ae, subs. f. (geralmente no pl.). 1) Pálpebra, pálpebras (Cíc. Pis. 43). 2) Cílios (Plín. H. Nat. 11, 154).
palpĭtātĭo, -ōnis, subs. f. Palpitação, pulsação (Plín. H. Nat. 32, 49).
palpĭtō, -ās, -āre, -āvī, -ātum, v. freq. intr. Agitar-se vivamente, palpitar (Ov. Met. 6, 559); (Cíc. Nat. 2, 24); (Petr. 100, 4).
palpō, -ās, -āre, -āvī, -ātum, v. tr. I — Sent. próprio: 1) Tocar ligeiramente com a mão, apalpar (Ov. Met. 2, 867). II — Sent. figurado: 2) Acariciar, lisonjear (Juv. 1, 35).
palpor, -āris, -ārī, -ātus sum, v. dep. intr. I — Sent. próprio: 1) Tocar ligeiramente com a mão, apalpar, acariciar (Plaut. Amph. 507). II — Sent. figurado: 2) Lisonjear (Hor. Sát. 2, 1, 20).
palpum, -ī, subs. n. ou **palpus, -ī**, subs. m. Carícia, lisonja (Plaut. Amph. 526).
palūdāmentum, -ī, subs. n. Paludamento, manto militar de púrpura ou escarlate, insígnia do comando, e por isso reservado aos generais (T. Lív. 1, 26, 2).

Obs.: No império é a insígnia do poder supremo.
palŭdātus, -a, -um, adj. Vestido com traje militar, com o **paludamentum** (T. Lív. 41, 10).
palūdis, gen. de **palus**.
palūdōsus, -a, -um, adj. Paludoso, pantanoso (Ov. Met. 15, 268).
palŭmba, -ae, v. **palŭmbes**.
palŭmbēs, -bis, -is, ou **palŭmbus, -ī** subs. m. I — Sent. próprio: 1) Pombo bravo (Verg. Buc. 1, 57). II — Sent. figurado: 2) Pombinho (amante) (Plaut. Bac. 51).
Palumbīnum, -ī, subs. pr. n. Palumbino, cidade do Sâmnio, na Itália (T. Lív. 10, 45, 9).
1. pălus, -ī, subs. m. I — Sent. próprio: 1) Estaca, poste, pelourinho (Cíc. Verr. 5, 11). II — Sent. figurado: 2) **Exerceri ad palum** (Sên. Ep. 18, 6) «exercitar-se no pelourinho, i. é, aguerrir-se».
2. pălŭs, -ūdis, subs. f. I — Sent. próprio: 1) Pântano, lagoa, paul (Cés. B. Gal. 2, 9, 1). II — Sent. diversos: 2) Junco, cana (Marc. 14, 160, 1). III — Sent. poético: 3) Água do Estige (rio dos infernos) (Verg. En. 6, 414).
pălŭster (pălŭstris), -tris, -tre, adj. I — Sent. próprio: 1) Pantanoso (Cés. B. Gal. 7, 20, 4). Daí: 2) Que vem aos pântanos ou vive nos pântanos (Hor. Sát. 1, 5, 14). II — Sent. figurado: 3) Pantanoso (Pérs. 5, 60). III — Subs. n. pl.: 4) Lugares pantanosos (Plín. H. Nat. 14, 110).
Pammĕnēs, -is, e **-ī**, subs. pr. m. Pâmenes. 1) Orador grego, amigo de Bruto (Cíc. At. 5, 20, 10). 2) Astrólogo de Nero (Tác. An. 16, 14). Obs.: Gen.: **-ī**, (Cíc. At. 5, 20, 10). Gen.: **-is**, (Tác. An. 16, 14).
Pamphăgus, -ī, subs. pr. m. Pânfago, nome de um cão (Ov. Met. 3, 210).
Pamphĭlus, -ī, subs. pr. m. Pânfilo, nome de diversas personagens: 1) Discípulo de Platão e mestre de Epicuro (Cíc. Nat. 1, 72). 2) Orador grego (Cíc. De Or. 3, 81). 3) Pintor grego dos inícios do IV séc. a.C. (Plín. H. Nat. 35, 75).
Pamphўlĭa, -ae, subs. pr. f. Panfília, região ao sul da Ásia Menor, perto do mar Egeu (Cíc. Div. 1, 2).
Pamphўlītus, -a, -um, adj. Panfílio, de Panfília (Cíc. Div. 1, 25).
pampinārĭus, -a, -um, adj. Que produz pâmpanos (Plín. H. Nat. 17, 157).
pampinātĭō, -ōnis, subs. f. Desparra (da videira) (Plín. H. Nat. 17, 7).
pampinĕus, -a, -um, adj. I — Sent. próprio: 1) Coberto de pâmpanos ou parras (Verg. En. 7, 396). 2) De pâmpano, feito de pâmpano (Ov. P. 2, 1, 13). II — Sent. derivado: 3) De vinho (Prop. 2, 24, 30).
pampĭnus, -ī, subs. m. I — Sent. próprio: 1) Pâmpano, ramo da videira com as fôlhas, parra, folhagem (da videira) (Verg. G. 1, 148). II — Daí: 2) Gomo da videira, renôvo (Plín. H. Nat. 17, 175).
Pān, Pānos, subs. pr. m. Pã, deus grego, especialmente arcádico, protetor dos pastores, das pastagens e dos bosques. Nascido na Arcádia, filho de Hermes e da filha de Driops ou de Calisto, foi logo abandonado pela mãe por ser disforme e feio, com seus chifres e pés de bode, e levado pelo pai para o Olimpo. A êle se deve a invenção da flauta de sete tubos, chamada, por isso «flauta de Pã» (Verg. En. 8, 344). Obs.: Acus.: **Pana** (Cíc. Nat. 3, 56).
panăca, -ae, subs. f. Espécie de vaso de barro para beber (Marc. 14, 100).
1. panacēa -ae, subs. f. Erva legendária, a que se atribuía o poder de curar tôdas as doenças, panacéia (Verg. En. 12, 419).
2. Panacēa, -ae, subs. pr. f. Panacéia, uma das quatro filhas de Esculápio, deus da medicina (Plín. H. Nat. 35, 137).
Panaetĭus, -ī, subs. pr. m. Panécio, filósofo estóico grego do II séc. a.C., natural de Rodes, mestre e amigo de Cipião, o segundo Africano (Cíc. Of. 1, 90).
panaetōlĭcus, -a, -um, adj. Panetólico, que abrange tôda a Etólia (T. Lív. 31, 32, 3).
Panaetōlĭum, -ī, subs. pr. n. Panetólio. 1) Assembléia geral dos etólios (T. Lív. 31, 29, 1). 2) Alta montanha da Etólia (Plín. H. Nat. 4, 6).
pānārĭŏlum, -ī, subs. n. Cestinho de pão (Marc. 5, 49, 10).
pānārĭum, -ī, subs. n. Cesto de pão (Plín. Ep. 1, 6, 3).
Panathēnăĭcus, -ī, subs. m. Panatenaico, discurso de Isócrates pronunciado durante as Panatenéias (Cíc. Or. 38).
Panchaeus, -a, -um, adj. De Pancaia (Lucr. 2, 417); **Panchaei ignes** (Verg. G. 4, 379) «incenso queimado», «fumaça de incenso».
Panchāĭa, -ae, subs. pr. f. Pancaia, região da Arábia Feliz (Verg. G. 2, 139).
Panchāĭus, -a, -um, adj. De Pancaia (Ov. Met. 10, 309).
panchrēstus, -a, -um, adj. Pancresto, útil

ou bom para tudo (Cíc. Verr. 3, 152).
pancratiãstēs (-ta), -ae, subs. m. Pancraciasta, atleta que combate no pancrácio (Quint. 2, 8, 13).
pancratĭcē, adv. À maneira dos atletas, atlèticamente (Plaut. Bac. 248).
pancratĭon (-ĭum), -ĭ, subs. n. Pancrácio, combate que reunia a luta e o pugilato (Prop. 3, 14, 8).
Panda, -ae, subs. pr. m. Panda, rio da Cítia asiática (Tác. An. 12, 16).
Pandărus, -ĭ, subs. pr. m. Pândaro. 1) Companheiro de Enéias, morto por Turno (Verg. En. 9, 672). 2) Filho de Licaon, chefe dos lícios na guerra de Tróia. Feriu Menelau e foi morto por Diomedes (Verg. En. 5, 496).
Pandātarĭa, -ae, subs. pr. f. Pandatária, ilha do mar Tirreno, no Mediterrâneo, para onde foram desterrados Júlia, filha de Augusto, Agripina, espôsa de Germânico, e Otávia, filha de Cláudio (Tác. An. 1, 53).
pandī, perf. de **pando 2**.
pandicŭlor, -āris, -ārī, v. intr. Estender-se, alongar-se (Plaut. Men. 834).
Pandīōn, -ōnis, subs. pr. m. Pandíon, nome de diversas personagens: 1) Lendário rei ateniense, filho e sucessor de Ericteu e pai de Procne e Filomela (Ov. Met. 6, 426). 2) Rei da Índia, no tempo de Augusto (Plín. H. Nat. 6, 23). Em sent. figurado: 3) O rouxinol (Ov. P. 1, 3, 39).
Pandĭonĭus, -a, -um, adj. Pandiônio, de Pandíon (Ov. Met. 15, 430).
1. pandō, -ās, -āre, -āvī, -ātum, v. tr. Curvar, vergar, dobrar (Quint. 11, 3, 100).
2. pandō, -ĭs, -ĕre, pandī, pansum e passum, v. tr. I — Sent. próprio: 1) Estender, desdobrar, afastar (Cés. B. Gal. 1, 51, 3). Daí: 2) Abrir (afastando), fender (Verg. En. 2, 234); (T. Lív. 4, 15, 5). II — Sent. figurado: 3) Mostrar, revelar, desvendar (Lucr. 5, 54). 4) Pôr a sêco (Plaut. Poen. 312).
Pandōra, -ae, subs. pr. f. Pandora, nome da primeira mulher, segundo a tradição recolhida por Hesíodo, que Hefestos formou de terra e água e que foi dotada pelos deuses de «todos os dons», donde o seu nome (Plín. H. Nat. 36, 19). Obs.: Gen.: **-as** (Plín. H. Nat. 36, 19).
Pandōsĭa, -ae, subs. pr. f. Pandósia. 1) Cidade do Epiro (T. Lív. 8, 24, 3). 2) Lago no Epiro (Plín. H. Nat. 4, 4).
Pandrŏsos, -ĭ, subs. pr. f. Pândroso, filha de Cécrope (Ov. Met. 2, 559).

1. pandus, -a, -um, adj. I — Sent. próprio: 1) Curvado, curvo, recurvado: **panda carina** (Verg. G. 2, 445) «quilha recurvada». II — Daí: 2) Que se curva, inclinado, dobrado (Ov. A. Am. 1, 543).
2. Pandus, -ī, subs. pr. m. Pando, nome de homem (Tác. An. 2, 66).
pāne, -is, subs. n., v. **panis** (Plaut. Curc. 367).
panēgyrĭcus, -a, -um, I — Adj.: 1) Apologético (Aus. Prof. 1, 13). II — Subs. m.: 2) Panegírico, elogio (Quint. 2, 10, 11). 3) O panegírico (de Isócrates) (Cíc. Or. 37).
Pānĕs, -um, subs. pr. m. pl. Pãs, Faunos ou Silvanos, divindades campestres (Ov. Her. 4, 171).
pangō, -ĭs, -ĕre, panxī (pepĭgī e pēgī), panctum e pactum, v. tr. I — Sent. próprio: 1) Fixar, enterrar, plantar (T. Lív. 7, 3, 5). Daí: 2) Estabelecer sòlidamente, firmar, concluir (um tratado) (Cíc. Pis. 37); (T. Lív. 9, 11, 7). II — Sent. figurado: 3) Prometer, convencionar, prometer em casamento (Catul. 62, 28). 4) Escrever, produzir, compor (Cíc. Fam. 16, 18, 3).
Panhormitānus, -a, -um, adj. Panormitano, de Panormo (Cíc. Verr. 2, 13).
Panhŏrmus, -ĭ, subs. pr. f. Panormo. 1) Cidade da Sicília, atual Palermo (Cíc. Verr. 2, 63). 2) Pôrto de Samos (T. Lív. 37, 10). 2) Pôrto do Quersoneso da Trácia (Plín. H. Nat. 4, 13). 4) Pôrto da Acaia (Plín. H. Nat. 4, 49). Obs.: O gênero neutro ocorre em Plínio (H. Nat. 3, 40).
pānĭcum, -ĭ, subs. n. Milho painço (Cés. B. Civ. 2, 22).
pānĭfĭcĭum, -ĭ, subs. n. 1) Panificação (Varr. L. Lat. 5, 105). 2) Qualquer coisa cozida no forno: bôlo, bolacha, etc. (Suet. Vesp. 7).
pānis, -is, subs. m. Pão (Hor. Ep. 2, 1, 23).
Pānĭscus, -ĭ, subs. pr. m. Panisco, Silvano, pequeno Pã (Cíc. Div. 1, 33).
pannĭcŭlus, -ĭ, subs. m. Pedaço de pano, trapo (Juv. 6, 258).
Pannonĭa, -ae, subs. pr. f. Panônia, região da Europa central entre o Danúbio e o Nórico, englobando ao sul e a oeste do Danúbio uma parte da Áustria, da Hungria e da Iugoslávia atuais (Ov. Trist. 2, 225).
Pannonĭcus, -a, -um, adj. Panônio, da Panônia (Suet. Aug. 20).

Pannŏnis, -ĭdis, subs. pr. f. Panônide, mulher habitante da Panônia (Luc. 6, 220).
pannōsus, -a, -um, adj. I — Sent. próprio: 1) Esfarrapado, andrajoso (Cíc. At. 4, 3, 5). II — Por extensão: 2) Rugoso, enrugado (Marc. 3, 72, 3).
pannūcĕus (-ĭus), -a, -um, adj. Remendado (Petr. 14).
pannus, -ī, subs. m. I — Sent. próprio: 1) Pedaço de pano, pano (Hor. O. 1, 35, 21). II — Sent. pejorativo (mais comum): 2) Farrapo, trapo (Ter. Eun. 236). III — Sent. especiais: 3) Cueiro, faixa (V. Máx. 7, 2, 5). 4) Saco, mochila (Petr. 135, 4). IV — Sent. figurado: 5) Um pedaço (Hor. A. Poét. 16).
Panomphaeus, -a, -um, adj. Invocado por tôda a parte (epíteto de Júpiter) (Ov. Met. 11, 198).
1. Panŏpē, -ēs, (Ov. F. 6, 499) e **Panopēa, -ae** (Verg. En. 5, 240), subs. pr. f. Panopéia, uma das nereidas.
2. Panŏpē, -ēs, subs. pr. f. Pânope, cidade da Fócida (Ov. Met. 3, 19).
Panopeus, -ĕī, ou **-ĕos,** subs. pr. m. Panopeu, nome de guerreiro (Ov. Met. 8, 312).
Panorm-, v. **Panhorm-.**
1. pansa, -ae, subs. m. Que anda com as pernas arqueadas (Plaut. Merc. 640).
2. Pansa, -ae, subs. pr. m. Pansa, apelido romano, notadamente o de **Caius Vibius Pansa,** cônsul romano com **Hirtius,** e lugar-tenente de César na Gália (Cíc. Fam. 10, 33, 3). Obs.: No pl. (Plín. H. Nat. 11, 254).
pansus, -a, -um, part. pass. de **pando.**
Pantagĭās e **Pantagĭēs (Pantacўēs), -ae,** subs. pr. m. Pantácia, regato da Sicília, perto de Siracusa (Verg. En. 3, 689).
Pantalĕōn, -ōntis, subs. pr. m. Pantaleão, nobre etólio, amigo do rei Eumenes (T. Lív. 42, 15).
pantex, -ĭcis, subs. m. (geralmente no pl). Tripas, intestinos, abdômen (Plaut. Ps. 184).
Panthĕon (-ēum), -ī, subs. pr. n. Pânteon ou Panteão, templo de Roma, situado no campo de Marte, e consagrado a Júpiter (Plín. H. Nat. 36, 38).
panthēra, -ae, subs. f. Pantera (Ov. Met. 3, 669).
panthērīnus, -a, -um, adj. I — Sent. próprio: 1) De pantera, parecido com a pele da pantera, malhado (Plín. H. Nat. 13, 96). II — Sent. figurado: 2) Arteiro, manhoso (Plaut. Ep. 18).
Panthēum, v. **Panthĕon.**

Panthoĭdēs, -ae, subs. pr. m. Pantóida. 1) Filho de Pantou ou Panto, i.é, Euforbo (Ov. Met. 15, 161). 2) Pitágoras (Hor. O. 1, 28, 10).
1. Panthūs, vocat. **-ū,** subs. pr. m. Panto, filho de Otreu e pai de Euforbo (Verg. En. 2, 319).
2. Panthus, -ī, subs. pr. m. Panto, nome de homem (Prop. 2, 17, 1).
pantĭcēs, nom. pl. de **pantex.**
Pantĭlĭus, -ī, subs. pr. m. Pantílio, nome de homem (Hor. Sát. 1, 10, 78).
Pantolăbus, -ī, subs. pr. m. Pantólabo, nome de homem (Hor. Sát. 1, 8, 11).
pantomīma, -ae, subs. f. Mulher que representa por gestos (Sên. Helv. 12, 6).
pantomīmĭcus, -a, -um, adj. Relativo à pantomima (Sên. Ep. 29, 12).
pantomīmus, -ī, subs. m. 1) Pantomimo, o que representa por gestos (Sên. Ep. 95, 56). 2) Uma pantomima, uma representação mímica (Plín. H. Nat. 7, 54).
Panūrgus, -ī, subs. pr. m. Panurgo, nome de escravo (Cíc. Com. 27).
panxī, perf. de **pango.**
1. pāpa (pappa, papas e **pappas), -ae,** subs. m. Palavra com que as crianças designam a alimentação (Varr. apud. Non. 81, 3).
2. pāpa (pappa), -ae, subs. m. 1) Aio (de meninos), pedagogo (Juv. 6, 632). 2) Papai (têrmo de afeto e respeito, tomado de empréstimo ao grego).
papae, interj. Oh! ah! Fora! Apre! Irra! (indicando admiração) (Plaut. Rud. 1320).
papāver, -ĕris, subs. n. Papoula (Verg. En. 4, 486).
papāverĕus, -a, -um, adj. De papoula (Ov. F. 4, 438).
Paphĭē, -ēs, subs. pr. f. Vênus, adorada em Pafos (Marc. 7, 74, 4).
Paphĭus, -a, -um, adj. De Pafos, de Vênus: **Phaphiae lampades** (Estác. S. 5, 4, 8) «a estrêla de Vênus».
Paphlagonia, -ae, subs. pr. f. Paflagônia, região ao norte da Ásia Menor, situada entre a Bitínia e o Ponto (Cíc. Agr. 1, 6).
1. Paphus (-os), -ī, subs. pr. f. Pafos, nome de duas cidades a oeste da ilha de Chipre; a primeira, célebre pelo seu culto a Vênus (Cíc. Phil. 2, 39); a segunda, denominada **Nea Paphos,** não chegou nunca a atingir a importância da primeira (Plín. H. Nat. 6, 5).
2. Paphus, -ī, subs. pr. m. Pafo, filho do

escultor Pigmalião; deu seu nome a Pafos (Ov. Met. 10, 297).
1. **Pāpĭa Lex**, subs. f. A lei Pápia (Cíc. Of. 3, 47).
2. **Pāpĭa, -ae**, subs. pr. f. Pápia, nome de mulher (Cíc. Clu. 27).
pālĭlĭō, -ōnis, subs. m. Borboleta (Ov. Met. 15, 374).
papĭlla, -ae, subs. f. I — Sent. etimológico: 1) Bordulha pequena. II — Daí, em sent. próprio: 2) Bico do seio, seio (Verg. En. 11, 803).
Pāpĭnĭus, -ī, subs. pr. m. Papínio, nome de família romana (Tác. An. 6, 40).
Pāpĭnus, -ī, subs. pr. m. Papino, montanha da Gália Transpadana (T. Lív. 45, 12).
Papĭrĭa, v. **Papĭrĭus**.
Papĭrĭānus, -a, -um, adj. Papiriano, de Papírio (Cíc. Fam. 7, 20).
1. **Papĭrĭus, -a, -um**, adj. Papírio, de Papírio: **Papiria tribus** (T. Lív. 8, 37) «a tribo Papíria».
2. **Papĭrĭus, -ī**, subs. pr. m. Papírio, nome de uma família romana (Cíc. Fam. 9, 21, 2).
Pāpĭus, -, subs. pr. m. Pápio, nome de família (Cíc. Of. 3, 47).
pāpō ou pāppō, -ās, -āre, v. tr. Comer, papar (tratando-se de crianças) (Plaut. Ep. 727); (Pérs. 3, 17). Obs.: Têrmo da linguagem infantil e familiar.
pappa, v. **pāpa**.
pappārĭum, -ī, subs. n. Alimento das crianças (Sên. Contr. 2, 1, 35).
pappus, -ī, subs. m. I — Sent. próprio: 1) Velho, ancião (Varr. L. Lat. 7, 29). II — Sent. figurado: 2) Penugem do cardo (Lucr. 3, 387).
papŭla, -ae, subs. f. Borbulha, pápula botão (Verg. G. 3, 564).
papȳrĭfer, -fĕra, -fĕrum, adj. Fértil em papiro (Ov. Trist. 3, 10, 27).
papȳrum, -ī, subs. n. ou **papȳrus, -ī**, subs. f. I — Sent. próprio: 1) Papiro (cana do Egito de que se fazia papel, cordas, etc.) (Plin. H. Nat. 13, 71). II — Daí: 2) Papel, escrito, manuscrito, livro, fôlha de escrever, página (Marc. 3, 2, 4).
pār, parĭs, adj. I — Sent. próprio: 1) Igual, igual em fôrça, em altura ou mérito, rival (Cíc. Font. 24). 2) Semelhante, igual (Cíc. C.M. 7). 3) Conveniente, justo (Cíc. Verr. 5, 10). II — Usado substantivamente (m. e f.): Sent. próprio: 4) Companheiro, companheira da mesma categoria, semelhante, par (Cíc. Pis. 18). Daí, em sent. particular: 5) Espôso, espôsa (Ov. F. 3, 193). 6) O antagonista que se juntava a um combatente nas lutas de gladiadores (T. Lív. 28, 2, 8). III — Daí, no neutro **par**: 7) Casal, par: **gladiatorum par** (Cíc. Opt. 17) «um par de gladiadores». 8) Coisa igual (Cíc. At. 6, 1, 22). Obs.: Constrói-se como absoluto; com dat.; com gen. (raro) ou inf. (na poesia); com abl. (raro). Como adj. faz o abl. **pari**, mas como subs. **pare**.
parābĭlis, -e, adj. De fácil aquisição, que se obtém fàcilmente (Cíc. Tusc. 5, 93).
parabŏla, -ae, ou **parabŏlē, -ēs**, subs. f. Comparação, semelhança (têrmo de retórica) (Sên. Ep. 59, 6).
Parachelōis, -ĭdis, subs. pr. f. Paraquelóis, cidade da Tessália, na Grécia, às margens do rio Aquelôo (T. Lív. 39, 26).
paradŏxon, -ī, subs. n. Paradoxo (Cíc. Par. 4) Obs.: No pl. **Paradoxa**, título de uma obra de Cícero.
Paraetonĭum, -ī, subs. pr. n. Paretônio, cidade da Líbia, próxima de Alexandria (Ov. Am. 2, 13, 7).
Parălus, -ī, subs. pr. m. Páralo, herói ateniense a quem atribuem a construção do primeiro navio com três ordens de remos — a nau trirreme — e cujo nome ficou ligado a uma das duas galeras sagradas de Atenas (a galeria **Parália**), reservadas ao serviço do Estado, e usadas principalmente para transportar as embaixadas religiosas a Delos (Cíc. Verr. 4, 135).
paralytĭcus, -ī, subs. m. Paralítico (Petr. 131).
parap-, v. **Parop-**.
paraphrăsis, -is, subs. f. Paráfrase (Quint. 1, 9, 2).
parārĭus, -ī, subs. m. Intermediário, corretor, agente (Sên. Ben. 2, 23, 2).
parasīta, -ae, subs. f. Mulher parasita (Hor. Sát. 1, 2, 98).
parasītaster, -trī, subs. m. Um parasita reles (Ter. Ad. 779).
parasītătĭō, -ōnis, subs. f. Lisonjas de parasita (Plaut. Amph. 521).
parasītĭcus, -a, -um, adj. De parasita (Plaut. Capt. 469).
parasītor, -āris, -ārī, v. dep. intr. Levar vida de parasita (Plaut. Pers. 56).
parasītus, -ī, subs. m. I — Sent. próprio: 1) Parasita, papa-jantares (palavra da comédia) (Cíc. Lae. 98). Daí: 2) Hóspede, convidado (no bom sentido) (Apul. M. 10, 16). II — Sent. figu-

rado: 3) Comediante (Marc. 9, 28, 9).
parastĭchis, -ĭdis, subs. f. Acróstico (Suet. Gram. 6).
parātē, adv. Com preparação, com cuidado, diligentemente, prontamente (Cíc. Br. 241). Obs.: Superl.: **paratissĭme** (Plín. Ep. 3, 9).
parātĭō, -ōnis, subs. f. Sent. próprio: Preparação; daí: esfôrço para obter, aspiração a alguma coisa (Sal. B. Jug. 31, 7).
paratragoedō, -ās, -āre, v. intr. Declamar, exprimir-se com ênfase, à maneira de um ator trágico (Plaut. Ps. 707).
1. **parātus, -a, -um**. I — Part. pass. de paro. II — Adj.: 1) Preparado, pronto, disposto (Cíc. Fin. 5, 57); (Cés. B. Gal. 5, 5, 2). Daí: 2) Bem preparado, bem provido, bem exercitado, sábio, hábil, sagaz (Cíc. At. 9, 13, 4); (Tác. Agr. 42).
2. **parātus, -ūs**, subs. m. I — Sent. próprio: 1) Preparação, preparativos, preparo (Tác. An. 13, 17). II — Daí: 2) Ornamentos, vestes (Ov. Her. 16, 191).
parazōnĭum, -ī, subs. n. Cinturão com a espada (Marc. 14, 32).
Parca, -ae, e Parcae, -ārum, subs. pr. f. A Parca, as Parcas, o Destino. Nome genérico das deusas que se encarregavam de tecer os destinos dos homens: Nona, Décuma e Morta (entre os romanos) (Cíc. Nat. 3, 44) (ou Cloto, Laquesis e Átropos, entre os gregos).
parcē, adv. I — Sent. próprio: 1) Com comedimento, moderadamente (Cíc. Fam. 6, 7, 3). II — Daí: 2) Com economia, pouco (Cés. B. Gal. 7, 71, 7). Donde: 3) Raramente (Hor. O. 1, 25, 1) Obs.: Comp.: **parcĭus** (Cíc. Mur. 29).
parcĭtās, -tātis, subs. f. Economia, moderação, raridade (Sên. Clem. 7, 22).
parcō, -is, -ĕre, pepĕrcī, e parsī, parsum, v. tr. e intr. I — Sent. próprio: A) Tr.: 1) Conter, reter (Plaut. Mil. 1220). B) Intr.: 2) Conter-se, deter-se, abster-se de (Verg. En. 3, 42). 3) Conter-se em favor de alguém, poupar alguém, conservar, salvar (Cíc. Verr. 4, 120). II — Sent. figurado: 4) Poupar alguma coisa, economizar (Cíc. Fam. 16, 4, 2). Obs.: Constrói-se transitivamente ou intransitivamente com dat.; com abl.; com abl. acompanhado da prep. **de**; ou como intr. absoluto. **Parsis = peperceris** (Plaut. Bach. 909); perf. **parcui** (Név. Com. 69).

parcus, -a, -um, adj. I — Sent. próprio: 1) Parco, econômico, poupado, avaro (Cíc. De Or. 2, 287); (Hor. Sát. 2, 5, 79). II — Sent. poético: 2) Pouco abundante, pequeno, fraco, moderado (Verg. G. 3, 403). III — Na língua retórica: 3) Sóbrio (tratando-se do estilo) (Cíc. Br. 148). Obs.: Constrói-se como absoluto; com gen.
pardălis, -is, subs. f. Pantera (Q. Cúrc. 5, 1, 21).
pardus, -ī, subs. m. Leopardo (Juv. 11, 123).
parēās, -ae, subs. m. Espécie de serpente (Luc. 9, 721).
parĕdrus, v. **Parhĕdrus**.
1. **parens, -ēntis**, subs. m. e f. I — Sent. próprio: 1) Pai ou mãe: **parens tuus** (Cíc. Sull. 81) «teu pai»; **parens Idaea deum** (Verg. En. 10, 252) «a deusa do Ida, mãe dos deuses». Daí, em sent. particular: 2) Pai ou mãe (dos animais) (Plín. H. Nat. 8, 165). 3) Avô (T. Lív. 21, 43, 6). II — Sent. figurado: 4) Autor, inventor, fundador (Cíc. Fin. 2, 1). 5) Pai, venerando (título de respeito) (Estác. S. 1, 2, 178). 6) Júpiter (Hor. O. 1, 12, 13). III — No m. pl.: **parentes, -um:** 7) Os pais (o pai e mãe) (Cíc. Lae. 27). 8) Os antepassados (Verg. En. 9, 3). 9) Os parentes (Q. Cúrc. 6, 10, 30). Obs.: O gen. pl. é geralmente **parentum**, mas a forma **parentium** também é atestada.
2. **părens, -ēntis**. I — Part. pres. de **parĕo**. 1) Obediente, submisso: **parentior** (Cíc. Of. 1, 76) «mais obediente». II — Subs. m. pl.: **parentes, -ium:** os súditos (Sal. B. Jug. 102, 7).
Parentālĭa, -ĭum, subs. pr. n. Parentálias, festas fúnebres anuais, em memória dos mortos da família (Cíc. Phil. 1, 13).
parentālis, -e, adj. I — Sent. próprio: 1) Do pai e da mãe, dos pais (Ov. Trist. 4, 10, 87). II — (Subent. **dies**): 2) Relativo às Parentálias (festas em honra dos mortos) (Ov. F. 2, 548).
parentō, -ās, -āre, -āvī, -ātum, v. intr. I — Sent. próprio: 1) Fazer um sacrifício ou uma oferenda (aos **dî parentes**), celebrar uma cerimônia fúnebre (Cíc. Flac. 96). II — Sent. figurado: 2) Vingar a morte de alguém, apaziguar, acalmar os manes (T. Lív. 24, 21, 2).
părĕō, -ēs, -ēre, parŭī, parĭtum, v. intr. I — Sent. próprio: 1) Aparecer, mostrar-se (Verg. En. 10, 176). II — Daí: 2) Submeter-se à ordem de alguém, ce-

PARHĔDRUS — 701 — **PARNASSUS**

der (Cíc. Of. 1, 84); (Cíc. Tusc. 5, 36); (Cíc. Or. 202); (Cés. B. Civ. 3, 81, 2). Impess.: 3) Ser manifesto, ser evidente, ser patente (Cic. Mil. 15).
Parhĕdrus, -ī, subs. pr. m. Páredro, nome de homem (Cíc. Fam. 16, 18, 2).
parhēlĭon (parēlĭon), -ī, subs. n. Parélio (têrmo de astronomia) (Sên. Nat. 1, 13, 1).
pariămbus, -ī, subs. m. Pariambo, pé métrico formado por duas sílabas breves, também chamado pirríquio (Quint. 9, 4, 80).
Parĭānus, -a, -um, adj. Pariano, de Pário, cidade da Mísia (Cíc. Fam. 13, 53, 2).
paricid-, v. **parric-.**
parĭens, -ēntis, part. pres. de **parĭo.**
parĭēs, -ĕtis, subs. m. I — Sent. próprio: 1) Parede (de uma casa), parede (Cíc. Verr. 4, 122). Daí, em sent. particular: 2) Cêrca (de vime), sebe, barreira (de madeira) (Ov. F. 6, 262). II — Sent. figurado: 3) Parede, muralha (Plaut. Truc. 788).
parietĭnae, -ārum, subs. f. pl. I — Sent. próprio: 1) Paredes em ruínas, destroços (Cíc. Tusc. 3, 53). II — Sent. figurado: 2) Destroços (Cíc. Fam. 4, 3, 2).
Parīī, -ōrum, subs. loc. m. pl. Pários, habitantes de Paros (T. Lív. 31, 31).
Parīlĭa, v. **Palīlĭa.**
1. **parīlis, -e,** adj. Semelhante, igual (Ov. Met. 8, 631).
2. **Parīlis,** v. **Palīlis.**
parĭō, -is, -ĕre, pepĕrī, partum (paritūrus), v. tr. I — Sent. próprio: 1) Produzir, gerar, criar (Cíc. Nat. 1, 4); verba (Cíc. Fin. 3, 3) «criar (produzir) palavras». Daí: 2) Dar à luz, pôr no mundo (Cíc. Ac. 2, 57); (Cíc. De Or. 2, 267). II — Sent. figurado: 3) Fazer nascer, engendrar, procurar (Cic. Fin. 1, 49). 4). Adquirir, granjear (Cés. B. Gal. 6, 40, 7).
Parĭon, v. **Parĭum.**
1. **paris,** gen. de **par.**
2. **Paris, -ĭdis,** subs. pr. m. Páris. 1) Páris ou Alexandre, herói troiano, filho de Príamo e Hécuba. Abandonado criança ainda no monte Ida, aí cresceu no meio dos pastores. Escolhido para juiz de uma disputa entre Minerva, Juno e Vênus, a respeito de qual seria a mais bela, concedeu o prêmio a esta última, ganhando com isto o ódio das duas outras deusas. Fugiu com Helena, espôsa de Menelau, rei de Esparta, e provocou assim a guerra de Tróia (Varr. L. Lat. 7, 82). Daí, em sent. figurado: 2) Páris, um homem que rapta a mulher de outro (Cíc. At. 1, 18, 3). 3) Nome de um histrião (Tác. An. 13, 21); de um livreiro (Juv. 6, 87).
Parīsīī, -ōrum, subs. loc m. pl. Parísios, povo da Gália Céltica (Cés. B. Gal. 6, 3, 5).
parĭter, adv. 1) Igualmente, semelhantemente (Cíc. Or. 38). 2) Juntamente, ao mesmo tempo (Cés. B. Civ. 3, 52).
1. **paritūrus, -a, -um,** part. fut. de **parĭo.**
2. **pāritūrus, -a, -um,** part. fut. de **parĕo.**
Parĭum, -ī, subs. pr. n. Pário, cidade da Mísia (Sal. Hist. 4, 61, 14).
Parĭus, -a, -um, adj. Pário, de Paros (Verg. En. 1, 592).
1. **parma, -ae,** subs. f. I — Sent. próprio: 1) Parma, escudo redondo (T. Lív. 2, 20, 10). Daí: 2) Escudo (em geral) (Marc. 9, 21, 10). II — Sent. figurado: 3) Gladiador da Trácia (armado de escudo redondo) (Marc. 9, 69, 8).
2. **Parma, -ae,** subs. pr. f. Parma, cidade da Gália Transpadana, na Itália, entre Cremona e Placência, famosa pelas suas lãs (Cíc. Fam. 12, 5, 2).
parmātus, -a, -um, adj. Armado de escudo redondo, de escudo (T. Lív. 4, 38, 3).
Parmenĭdēs, -is, subs. pr. m. Parmênides, filósofo grego do VI e V séc. a.C., natural de Eléia, na Magna Grécia. Suas idéias se opõem às de Heráclito, e tiveram grande influência na filosofia grega (Cíc. Ac. 2, 129).
Parmenĭō (-ĭōn), -ōnis, subs. pr. m. Parmênion, deputado do rei dos ilírios (T. Lív. 44, 23).
Parmēnsēs, -ĭum, subs. loc. m. pl. Parmenses, habitantes de Parma (Cíc. Phil. 14, 8).
Parmēnsis, -e, adj. Parmense, de Parma (Hor. Ep. 1, 4, 3).
parmŭla, ae, subs. f. Pármula, pequeno escudo redondo, pequeno escudo (Hor. O. 2, 7, 10).
parmŭlārĭus, -ī, subs. m. Parmulário, partidário dos gladiadores armados de escudo (Quint. 2, 11, 2).
Parnāssis ou **Parnāsis, -ĭdis,** subs. loc. f. Parnássida ou parnásida, do Parnaso (Ov. Met. 11, 165).
Parnāssĭus, ou **Parnāsĭus, -a, -um,** adj. Parnássio ou parnásio, do Parnaso, das Musas (Verg. G. 2, 18).
Parnāssus ou **Parnāsus, -ī,** subs. pr. m. Parnaso, montanha da Grécia continen-

tal, na Fócida, perto de Delfos, morada de Apolo e das Musas. É entre os seus dois cumes que nasce e corre a fonte Castália (Verg. G. 3, 291).

1. **parō, -ās, -āre, -āvī, -ātum, v. tr. e intr.** I — Sent. próprio: 1) Preparar e preparar-se, fazer preparativos, arranjar (Cés. B. Gal. 3, 9, 3); (Sal. B. Jug. 31, 7); (T. Lív. 42, 53, 1). II — Sent. figurado: 2) Esforçar-se para obter ou conseguir uma coisa, obter, alcançar, adquirir, comprar (Sal. B. Jug. 31, 11); (Cés. B. Gal. 4, 2, 2). Obs.: Constrói-se com acus. e dat.; como absoluto; com inf.; com acus. e pron. reflexivo; com acus. e or. introduzida por ut ou ne.

2. **parō, -ās, -āre, v. tr.** 1) Tornar igual, igualar (Plaut. Curc. 506). 2) Comparar, acomodar (Cíc. Fam. 1, 9, 25).

3. **parō, -ōnis, subs. m.** Pequeno navio de guerra (A. Gél. 10, 25, 5).

parŏchus, -ī, subs. m. I — Sent. próprio: 1) Fornecedor dos magistrados em viagem (Hor. Sát. 1, 5, 46). II — Por extensão: 2) O dono da casa, o anfitrião (Hor. Sát. 2, 8, 36).

parōpsis (parāpsis), -ĭdis, subs. f. Prato comprido (Petr. 34).

Parorēa ou Parorēia, -ae, subs. pr. f. Paroréia, região da Trácia ou país vizinho da Trácia (T. Lív. 39, 27).

Paros, -ī subs. pr. f. Paros, uma das ilhas Ciclades, no Mediterrâneo, famosa pelo seus mármores, e pátria do poeta grego Arquíloco (Verg. En. 3, 126).

parra, -ae, subs. f. Nome de uma ave de mau agouro (Hor. O. 3. 27, 1).

Parrhăsis, -ĭdis, adj. f. Parrásida, da Arcádia: **Parrhasis ursa** (Ov. Her. 18, 152) ou **Arctos** (Ov. Trist. 1, 3, 48) «a ursa arcádica». i.é, «a Grande Ursa» chamada também Calisto, porque esta, filha do rei Licáon, da Arcádia, foi transformada em ursa por Juno, e depois em constelação, por Júpiter. Obs.: subs. pr. f.: A parrasiana, a arcádica, i.é., Calisto (Ov. Met. 2, 460).

1. **Parrhasĭus, -a, -um, adj.** Parrásio. 1) De Parrásia, e, por extensão, da Arcádia, arcádico (Verg. En. 11, 31). 2) Do monte Palatino, onde se havia estabelecido o arcádico Evandro (Marc. 7, 56, 2).

2. **Parrhasĭus, -ī, subs. pr. m.** Parrásio, pintor grego dos fins do V séc. a.C., natural de Éfeso (Hor. O. 4, 8, 6). Obs.: No pl. (Cíc. Tusc. 1, 4).

parricida (paric-), -ae, subs. m. e f. I — Sent. próprio: 1) Parricida, assassino de um dos pais (Cíc. Mil. 17). II — Daí, na língua jurídica: 2) Assassino de um parente (T. Lív. 3, 50, 5). III — Sent. especial: 3) Assassino de um concidadão (Cíc. Cat. 1, 29). 4) Sacrílego (Cíc. Leg. 2, 22). 5) Traidor, que faz guerra à pátria, réu de crime de traição (Cíc. Phil. 4, 5).

parricidĭum (paricīd-), -ī, subs. n. I — Sent. próprio: 1) Parricídio (Cíc. Phil. 3, 18). II — Daí, em sent. especial: 2) Assassinio de um parente (Cíc. Clu. 31). 3) Assassinio de um concidadão (Cíc. Verr. 5, 170). 4) Atentado contra a pátria, alta traição (Cíc. Phil. 2, 17). 5) Época de um parricídio (referindo-se aos idos de março, dia do assassinio de César) (Suet. Cés. 38).

pars, partis, subs. f. I — Sent. próprio: 1) Parte (de um quinhão concedida a alguém), porção, o que faz parte de, partilha (Cíc. Verr. 5, 98). II — Daí: 2) Lado, direção, sentido (Cíc. Fin. 2, 63). III — Sent. particular: 3) Região, país: **orientis partes** (Cíc. Mur. 89) «as regiões do Oriente». IV — No pl.: sent. especiais: 4) Parte de uma peça (confiada a um ator), papel (sent. próprio e figurado) (Ter. Phorm. 27): **transactis meis partibus** (Cíc. De Or. 2, 15) «tendo acabado meu papel». 5) Partido, facção, partido de oposição, partido popular (Cíc. Dej. 35). V — Em expressões como: 6) **pars... pars**, «uns... outros» (T. Lív. 22, 8, 2). 7) **parte... parte** «em parte» (Ov. Met. 3, 483). 8) **pro parte**, «segundo os (seus) recursos» (Cíc. Verr. 2, 145). 9) **ex parte** «em parte» (T. Lív. 6, 42, 2). 10) **in parte... in parte** «parte... parte» (Quint. 10, 7, 25). 11) (**maximam, magnam, bonam**) **partem**, «a maior, grande, boa parte» (Cés. B. Gal. 4, 1, 8). 12) **in partem**, «de uma parte» (Hor. Epo. 2, 39). 13) **in aliquam partem** «em tal ou tal sentido» (Cíc. Amer. 56). 14) **in omnes partes** «de tôdas as maneiras» (Cíc. Fam. 4, 10, 2). Obs.: Acus. **partim** (T. Lív. 26, 46, 8); abl. **parti** (Plaut. Pers. 72); (Lucr. 4, 514).

Parsī = pepĕrcī, perf. de **parco**.

parsimōnĭa (parcim-), -ae, subs. f. I — Sent. próprio: 1) Economia, parcimônia (Cíc. Of. 2, 87). No pl.: 2) Economias (Plaut. Trin. 1028). II — Sent. figurado: 3) Sobriedade (de um orador) (Cíc. Or. 84).

parsīs, forma sincopada de **parsĕris** =

perpercĕris, fut. perf. de **parco** (Plaut. Bac. 909).

Parstrymonĭa, -ae, subs. pr. f. Parstrimônia, cidade da Trácia, às margens do Estrimão (T. Lív. 42, 51).

parsūrus, -a, -um, part. fut. de **parco** (T. Lív. 26, 13, 16).

Parthāōn, -ŏnis, subs. pr. m. Partáon, filho de Marte e pai de Eneu, rei de Calidon, na Etólia (Ov. Met. 9, 12).

Parthāonius, -a, -um, adj. Partaônio, de Partáon (Ov. Met. 8, 441).

parthenĭcē, -ēs, subs. f. Matricária (planta) (Catul. 61, 194).

1. Parthenĭus, -a, -um, adj. Partênio, do monte Partênio (Verg. Buc. 10, 57).

2. Parthenĭus, -ī, subs. pr. m. Partênio. 1) Monte da Arcádia (T. Lív. 34, 26). 2) Rio da Paflagônia (Plín. H. Nat. 6, 5).

3. Parthenĭus, -ī, subs. pr. m. 1) Partênio, um dos companheiros de Enéias (Verg. En. 10, 748). 2) Poeta e gramático, mestre de Vergílio (Suet. Tib. 70). 3) Criado de quarto do imperador Domiciano (Suet. Dom. 16).

Parthĕnōn, -ōnis, subs. pr. m. Partenon, ou Partenão. 1) Templo de Minerva, na Acrópole de Atenas, e obra prima da arquitetura grega (Plín. H. Nat. 34, 54). 2) Pórtico da casa de campo de Pompônio Ático (Cíc. At. 13, 40, 1).

Parthenopaeus, -ī, subs. pr. m. Partenopeu, rei da Arcádia, filho de Meleagro e de Atlanta, um dos sete chefes que sitiaram Tebas e morreram às portas desta cidade (Verg. En. 6, 430).

Parthenŏpē, -ēs, subs. pr. f. Partênope, uma das sereias que, quando Ulisses lhes escapou, atirou-se ao mar; seu corpo foi lançado pelas águas no lugar em que depois se fundou Nápoles, que tomou o seu nome (Verg. G. 4, 564).

Parthenopēĭus, -a, -um, adj. Partenopeu, de Partênope ou Nápoles (Ov. Met. 14, 101).

Parthenopŏlis, -is, subs. pr. f. Partenópolis. 1) Cidade da Mésia inferior (Eutr. 6, 6). 2) Antiga cidade da Bitínia (Plín. H. Nat. 5, 148).

Parthī, -ōrum, subs. loc. m. pl. Partos, povo da Pérsia, habitantes de além do Eufrates, célebres como cavaleiros e arqueiros; e, por extensão, os persas (Cíc. At. 5, 18, 1).

Parthĭa, -ae, subs. pr. f. Pártia, país dos partos, e, por extensão, a Pérsia (Plín. H. Nat. 6, 44).

Parthĭcus, -a, -um, adj. Pártico, dos partos, dos persas (Cíc. Fam. 2, 10, 2).

Parthīnī, -ōrum, subs. loc. m. pl. Partinos, habitantes de Parto, cidade da Iliria, perto de Dirráquio (Cés. B. Civ. 3, 11).

Parthus, -a, -um, adj. Dos partos, dos persas (Cíc. Fam. 9, 25, 1).

parti, dat. de **pars**.

particeps, -ĭpis, adj. I — Sent. próprio: 1) Partícipe, participante, que toma uma parte (do despôjo) (Plaut. Most. 312). II — Daí, na língua comum: 2) Que tem uma parte de, que tem parte em, que partilha (Cíc. Div. 1, 34). 3) Confidente (Tác. An. 15, 50). III — Como subs. m.: 4) Companheiro, camarada (Cíc. At. 9, 10, 5).

participālis, -e, adj. Que está no particípio, da natureza do particípio, participial (Varr. L. Lat. 10, 34); (Quint. 1, 4, 29).

participātus, -a, -um, part. pass. de **particĭpo**.

participĭum, -ī, subs. n. Particípio (Quint. 1, 4, 19).

particĭpō, -ās, -āre, -āvī, -ātum, v. tr. I — Sent. próprio: 1) Fazer participar, dar uma parte em, repartir (Plaut. Mil. 263). II — Daí: 2) Ser participante, participar, comunicar (Cíc. Leg. 1, 23).

particŭla, -ae, subs. f. Pequena parte, parcela, partícula (Cíc. De Or. 2, 162).

particulātim, adv. 1) Por pedaços, com pormenor (Sên. Ep. 24, 14). E daí: 2) Em particular, especialmente (Varr. R. Rust. 2, Praef. 2).

partiī = **partīvī**, perf. de **partĭo**.

partim, antigo acus. de **pars**, tomado adverbialmente: I — Sent. próprio: 1) Em parte, parcialmente (Cés. B. Gal. 5, 6, 3). 2) (Em correlação com **aliī**): Uma parte, uns, os outros (Cic. Nat. 1, 103).

partĭō, -īs, -īre, -īvī (ou **-iī**), **-ītum**, v. tr. Distribuir, dividir, repartir (Lucr. 5, 684); (Cíc. Or. 188); (Cés. B. Gal. 6, 6, 1).

partĭor, -īris, -īrī, -ītus sum, v. dep. tr. Dividir, repartir, distribuir, partilhar (Cíc. Or. 117); (Cés. B. Civ. 1, 73, 4).

partītē, adv. Metòdicamente, dividindo bem as partes (Cíc. Or. 99).

partītĭō, -ōnis, subs. f. I — Sent. próprio: 1) Repartição, divisão, distribuição (Cic. Verr. 4, 121). II — Daí: 2) Classificação (Cíc. Br. 19). 3) Divisão

em parte ou capítulos (Cíc. Inv. 1, 31). Na língua filosófica: 4) Enumeração das partes (Cic. Top. 28).
partitūdŏ, -ĭnis, subs. f. Parto (Plaut. Aul. 75).
partītus, -a, -um, part. pass. de **partĭo** e de **partĭor**.
partum, n. de **partus, -a, -um.**
parturĭŏ, -īs, -īre, -īvī, v. desiderativo intr. e tr. I — Sent. próprio: 1) Estar com as dores do parto, dar à luz, conceber (Ter. Hec. 413). II — Sent. figurado (aplicando-se às plantas e às coisas): 2) Dar à luz, conceber (Verg. Buc. 3, 56); (Hor. A. Poét. 139). Daí, em geral: 3) Produzir, gerar, criar (Cic. Mur. 84).
1. partus, -a, -um. I — Part. pass. de **parĭo.** II — Subs. n. pl.: **parta, -ōrum:** aquisições (Sal. C. Cat. 51, 42).
2. pārtus, -ūs, subs. m. I — Sent. próprio: 1) Parto, ação de dar à luz, dores do parto (Cíc. Fam. 6, 18, 5). II — Por extensão: 2) Criança, ninhada (de animais) (T. Liv. 40, 4, 4). III — Sent. figurado: 3) Concepção, produto (do espírito) (Cic. Br. 49).
parŭī, perf. de **parĕo.**
parum, adv. Pouco, e daí, muito pouco (Cíc. Verr. 4, 29). Obs.: Freqüentemente aparece em oposição a **nimis, nimium** (Cíc. Or. 73).
parūmper, adv. Pouco tempo, em pouco tempo, por pouco tempo (Cíc. Phil. 2, 104).
parvī, gen. de **parvum.**
parvĭor, parvissĭmus, comp. e superl. (raros) de **parvus.**
parvĭtās, -tātis, subs. f. I — Sent. próprio: 1) Pequenez, tenuidade (Cíc. Tim. 41). II — Sent. figurado: 2) Insignificância, pouca importância, futilidade (A. Gél. 7, 17).
parvŭlum, n. tomado advt. Muito pouco, pouquinho (Plín. Ep. 8, 14, 14).
parvŭlus, -a, -um, adj. I — Sent. próprio: 1) Pequenino, muito pequeno (Cés. B. Gal. 2, 30, 1). II — Daí: 2) Muito novo, criança ainda: **a parvulo** (Ter. And. 35) «desde tenra idade».
parvum, -ī, subs. n. (geralmente usado no gen. e abl. em uma série de expressões): 1) **parvi esse** «ser de pouco valor» (Cíc. At. 15, 3, 1). 2) **parvi refert** «pouco importa» (Cíc. Q. Fr. 1, 1, 20). 3) **parvo contentus** «contente com pouco» (Cíc. Fin. 2, 91). 4) **parvo vendere** «vender barato, vender por pouco preço»

(Cíc. Verr. 3, 117). 5) **parvo plures** «um pouco mais numerosos» (T. Lív. 10, 45, 11), 6) **consequi aliquid parvo** «obter algo com pouca despesa» (Cic. Fin. 2, 92).
parvus, -a, -um, adj. I — Sent. próprio: 1) Pequeno (Cíc. Leg. 1, 17). II — Sent. particular: 2) Breve, curto (Cic. Verr. 5, 165). 3) Pouco abundante, em pequeno número (Cic. Of. 3, 114). 4) Pouco importante (com idéia de valor) (Cic. Caec. 26). 5) De pouca idade, muito jovem (Cíc. Cat. 3, 19). III — Sent. moral: 6) Mesquinho, baixo (Cic. Arch. 30). 7) Humilde, de baixa categoria, pequeno (Hor. Ep. 1, 3, 28). IV — No m. pl. usado substantivadamente: 8) As crianças (Cíc. Fin. 3, 16). V — Em expressões adverbiais: 9) **a parvis** (referindo-se a vários), «desde pequeno», «desde a infância» (Cíc. Nat. 1, 81). 10) **a parvo** (referindo-se a um só), «desde pequeno», «desde a infância» (T. Liv. 1, 39, 6).
Pasargădae, -ārum, subs. pr. f. Pasárgada, cidade da Pérsia (Plín. H. Nat. 6, 99).
pascŏ, -is, -ĕre, pāvī, pastum, v. tr. 1) Nutrir, alimentar, engordar, fazer crescer (sent. próprio e figurado) (Cíc. At. 6, 1, 13); (Hor. Sát. 2, 3, 35); (Verg. En. 10, 627). Daí: 2) Pastar, andar a pastar (Cíc. Div. 1, 31). Obs.: Na segunda acepção é mais usado na forma depoente.
pascor, -ĕris, pascī, pastus sum, v. dep. intr. e tr. Pastar, andar a pastar, comer (Verg. G. 3, 162); (Verg. En. 2, 471); (Cíc. Div. 2, 72). Obs.: Constrói-se com abl.; ou como absoluto.
pascŭa, -ōrum, subs. n. pl. Pastagem, prado (Cíc. Agr. 1, 3).
pascŭus, -a, -um, adj. Próprio para pastagem (Cíc. Rep. 5, 2).
Păsiphăa, -ae, subs. f. (Cíc. Div. 1, 96), e **Păsiphăē, -ēs,** subs. pr. f., Pasifae, ou Pasifaa, filha do Sol, esposou Minos, rei de Creta, e teve vários filhos, entre os quais Ariana e Fedra. Tomada de paixão por um touro branco que Posseidon fizera sair do mar, tornou-se também a mãe do Minotauro (Verg. Buc. 6, 46).
Păsiphaēĭa, -ae, subs. pr. f. Passifaéia, filha de Pasifae, i. é, Fedra (Ov. Met. 15, 500).
Păsitĕlēs, -is, subs. pr. m. Pasiteles, nome de dois escultores (Cíc. Div. 1, 79).
Păsithĕa, ou **Pasitea, -ae,** e **Păsĭthĕē, -ēs,**

subs. pr. f. Pasítea ou Pasitéia, uma das três graças (Catul. 63, 43).
Passagārdae, v. **Pasargădae**.
Passărōn ou **Passărō**, **-ōnis**, subs. pr. f. Passarão, ou melhor, Pássaro, ou ainda Pássaron, cidade do Epiro, no país dos molossos (T. Lív. 45, 26, 33).
passer, -ĕris, subs. m. 1) Pardal (Cíc. Div. 2, 63). 2) Rodovalho (peixe) (Hor. Sát. 2, 8, 20). 3) Têrmo de carinho (Plaut. Cas. 128).
passercŭlus, -ī, subs. m. 1) Pardal, pardalzinho (Cíc. Div. 2, 65). 2) Têrmo de carinho (Plaut. Asin. 666).
Passerīnus, -ī, subs. pr. m. Nome de um cavalo muito veloz, vencedor no Circo (Marc. 7, 7, 10).
Passiēnus, -ī, subs. pr. m. Passieno, nome de homem (Tác. An. 6, 20).
passim, adv. Espalhando-se por aqui e por ali, daqui e dali, a cada passo, em desordem, confusamente (Cíc. De Or. 2, 23).
passum, -ī, subs. n. Vinho de uvas passas (Verg. G. 2, 93).
1. **passus, -a, -um**, part. pass. de **pando** e de **patior**.
2. **passus, -ūs**, subs. m. I — Sent. diversos: 1) Passo, medida de comprimento: **mille passus** (Cíc. Phil. 7, 26) «mil passos». 2) Passo (Cíc. Leg. 1, 54); (Ov. Met. 13, 533). Obs.: gen. pl.: normalmente é **passuum**, mas, às vêzes: **passum** (Plaut. Men. 177).
pastĭllus, -ī, subs. m. Pastilha (perfumada para o hálito) (Hor. Sát. 1, 2, 27).
pastinātus, -a, -um, part. pass. de **pastīno**.
pastĭnō, -ās, -āre, -āvī, -ātum, v. tr. Cavar, amanhar com a enxada (Plín. H. Nat. 17, 159).
pastĭō, -ōnis, subs. f. Pastagem, pasto (Cíc. Pomp. 14).
1. **pastor, -ōris**, subs. m. Pastor (Cés. B. Civ. 1, 24).
2. **Pastor, -ōris**, subs. pr. m. Pastor, nome de homem (Marc. 9, 22).
pastōrālis, -e, adj. Pastoral, campestre, pastoril (Cíc. Div. 1, 107).
pastōricius (pastōrius), -a, -um, adj. De pastor, pastoral (Ov. Met. 2, 680); (Cíc. Cael. 26).
pastōrius, -a, -um, adj. De pastor, pastoral (Ov. F. 4, 723).
1. **pastus, -a, -um**, part. pass. de **pasco** e de **pascor**.
2. **pastus, -us**, subs. m. I — Sent. próprio: 1) Pasto alimentação (dos animais) (Cíc. Of. 1, 11). Daí: 2) Alimentação (do homem) (Lucr. 6, 1127). II

— Sent. figurado: 3) Alimentação (do espírito) (Cíc. Tusc. 5, 66).
Patălē, -ēs, subs. pr. f. Pátale, cidade na ilha de Patalena (Plín. H. Nat. 37, 122).
Patalīus (-lītānus), -a, -um, adj. De Pátale ou Patalena (Q. Cúrc. 9, 8, 28).
Patăra, -ōrum, subs. pr. n. pl. Pátaros, cidade da Lícia, célebre por um oráculo de Apolo (T. Lív. 33, 41, 5).
Pataraeus (-ĭcus), -a, -um, adj. Patareu e patárico, de Pátaros (Ov. Met. 1, 516).
Patarānī, -ōrum, subs. pr. m. pl. Pataranos, habitantes de Pátaros (Cíc. Flac. 78).
Patareus, -ĕī ou **-ĕos**, subs. pr. m. Patareu, sobrenome de Apolo, adorado em Pátaros (Hor. O. 3, 4, 64).
Patavīnī, -ōrum, subs. loc. m. Patavinos, habitantes de Patávio (Cíc. Phil. 12, 19).
Patavĭum, -ī, subs. pr. n. Patávio, cidade da Venécia, pátria de Tito Lívio, atual Pádua (T. Lív. 10, 2, 14).
patefăcĭō, -is, -ĕre, -fēcī, -făctum, v. tr. I — Sent. próprio: 1) Abrir, escancarar (Cíc. Nat. 2, 141). II — Sent. figurado: 2) Esclarecer, desvendar (Cíc. Sull. 45).
patefactĭō, -ōnis, subs. f. Ação de desvendar, de dar a conhecer, revelação (sent. figurado) (Cíc. Fin. 2, 5).
patefăctus, -a, -um, part. pass. de **patefacio**.
patefēcī, perf. de **patefacio**.
patefīō, -is, -ĕrī, -făctus sum, v. passivo de **patefacio**. I — Sent. próprio: 1) Abrir-se (Cés. B. Gal. 3, 1, 2). II — Sent. figurado: 2) Descobrir-se, manifestar-se, ser desvendado (Cíc. Verr. 4, 8).
patēlla, -ae, subs. f. I — Sent. próprio: 1) Prato pequeno empregado nos sacrifícios (Cíc. Verr. 4, 46). II — Daí: 2) Prato (Hor. Ep. 1, 5, 2).
Patellārĭī (subent. **dĭī**), subs. pr. m. Deuses a quem se oferecem iguarias em **patellae** (deuses Lares) (Plaut. Cist. 223).
patens, -ēntis. I — Part. pres. de **pateo**. II — Adj.: 1) Descoberto, aberto, patente, exposto (Cíc. Div. 1, 2). Daí: 2) Evidente, manifesto (Ov. Met. 9, 536).
patēnter, adv. Manifestamente, abertamente: **patentius** (Cic. Inv. 2, 69) «mais abertamente».
patĕō, -ēs, -ēre, patŭī, v. intr. I — Sent. próprio: 1) Estar aberto (Cíc. Phil. 2, 112). Daí: 2) Estar exposto, estar acessível (Cés. B. Gal. 7, 8, 3). 3) Ser evi-

dente, visível, estar patente (Cíc. De Or. 1, 23); (Cíc. Com. 5). II — Sent. figurado: 4) Estar à disposição de (Cíc. Fam. 6, 10, 3); (Cés. B. Gal. 1, 2, 5); (Cíc. De Or. 1, 235). 5) Ter o campo livre (Cíc. Lae. 83).: Constrói-se com acus.; com acus. e in; com dat.; com or. inf., ou como absoluto.

pater, -tris, subs. m. I — Sent. próprio: 1) Pai: **patre certo nasci** (Cíc. Amer. 46) «nascer de pai conhecido». Daí, em sent. especial: 2) Pai (título de respeito dado aos deuses), augusto, divino (Verg. G. 1, 328); (Hor. O. 3, 3, 13). Donde: 3) Divindade, deus (Verg. En 8, 454). II — Sent. figurado: 4) Venerável, nobre (tratando-se de homens) (Verg. En. 1, 699). 5) Pai da pátria (título de honra) (Cíc. Pis. 6). III — Sent. concreto: 6) Chefe de família, dono da casa (Cíc. Rep. 5, 4). No pl.: 7) Pais, antepassados, avós (Cíc. Or. 18). 8) Senadores, senado, patrícios (Cíc. Rep. 2, 14). 9) Fundador: **pater Stoicorum** (Cíc. Nat. 3, 23) «fundador do estoicismo». 10) Velho (Verg. En. 5, 521). Obs.: **Pater** não envolve a idéia de paternidade física, expressa por **genitor** ou **parens;** tem antes um valor social.

patĕra, -ae, subs. f. Pátera (espécie de vaso largo e chato, de bordas dilatadas, usado nos sacrifícios para se derramar vinho sôbre o altar ou a cabeça da vítima) (Hor. Sát. 1, 6, 118).

Patercŭlus, -i, subs. pr. m. Patérculo, sobrenome latino, v. **Velleius.**

paterfamiliãs, (pater familiãs e paterfamiliae), patris-familiãs (ou patris-familiae), subs. m. Pai de família, chefe de família, dono da casa (Cíc. Amer. 48).

patĕrnus, -a, -um, adj. I — Sent. próprio: 1) Paterno, paternal, de pai (Cíc. Agr. 3, 7). II — Sent. poético: 3) Dos pais, dos antepassados (Hor. O. 1, 20, 5).

patēscō, -is, -ĕre, patŭī, v. incoat. intr. I — Sent. próprio: 1) Descobrir-se, mostrar-se, aparecer (Verg. En. 2, 483). Daí: 2) Estender-se, desenrolar-se (T. Lív. 22, 4, 2). II — Sent. figurado: 3) Desvendar-se, manifestar-se, dar-se a mostrar (Verg. En. 2, 309).

Pathīssus (Pathyssus), -i, subs. pr. m. Patisso, rio da Dácia (Plín. H. Nat. 4, 80).
Pathmos, v. **Patmos.**
Pathȳssus, v. **Pathīssus.**

patibĭlis, -e, adj. I — Sent. próprio: 1) Suportável, tolerável (Cíc. Tusc. 4, 51). II — Daí, na língua filosófica: 2) Sensível, suscetível de sofrer (Cíc. Nat. 3, 29).

patibulātus, -a, -um, adj. Prêso ao patíbulo (Plaut. Most. 56).

patibŭlum, -i, subs. n. Espécie de fôrca, fôrca a que se prendiam os condenados para serem açoitados, patíbulo (Cíc. Verr. 4, 90).

patiens, -ēntis, I — Part. pres. de **patĭor.** II — Adj.: Sent. próprio: 1) Que suporta, que sofre, que resiste (T. Lív. 21, 31, 10). III — Sent. figurado: 2) Paciente, sofredor, resignado, resistente (Cíc. Cael. 13).

patiēnter, adv. Pacientemente, com resignação, indulgentemente (Cés. B. Civ. 3, 15). Obs.: comp.: **patientĭus** (Cíc. Fam. 1, 8, 4).

patientĭa, -ae, subs. f. I — Sent. próprio: 1) Ação de sofrer, sofrimento, experiência (Hor. Ep. 1, 17, 25). II — Daí: 2) Coragem para suportar, resignação, constância, firmeza (Cíc. Cat. 1, 26). 3) Tolerância, paciência (Cíc. Cat. 1, 1). 4) Submissão, servilismo (sent. pejorativo) (Tác. An. 14, 26).

1. **patĭna, -ae,** subs. f. Tijela, tacho (para cozinhar alimentos) (Cíc. At. 4, 8a, 1).

2. **Patĭna, -ae,** subs. pr. m. Pátina, nome de homem (Cíc. Mil. 46).

patinārĭus, -a, -um, adj. I — Sent. próprio: 1) De prato fundo (Plaut. Men. 102). II — Sent. figurado: 2) Comilão, glutão (que esvazia os pratos) (Suet. Vit. 1, 7).

patĭō, -is, -ĕre (arcaico) = **patĭor** (Cíc. Leg. 3, 11).

patĭor, -ĕris, patī, passus sum, v. dep. tr. I — Sent. próprio: 1) Sofrer, suportar, aturar (Cíc. Phil. 12, 9); (Cíc. Phil. 6, 19). II — Daí: 2) Permitir, consentir, admitir (Cíc. De Or. 3, 143). Na língua gramatical: 3) Ser passivo (Quint. 1, 6, 10). Obs.: Constrói-se com acus.; com acus. e inf., ou simples inf.; com ut e subj.; ou como absoluto.

patisco (arcaico) = **patēsco.**
Patiscus, -i, subs. pr. m. Patisco, nome de homem (Cíc. Fam. 2, 11).
patiŭntō, imperat. fut. do arcaico **patĭo.**
Patmos (-us), -i, subs. pr. f. Patmos, uma das ilhas Espórades (Plín. H. Nat. 4, 69).
Patrae, -ārum, subs. pr. f. pl. Patras, cidade da Acaia, no gôlfo de Corinto, atual Patras (T. Lív. 27, 29, 9).
patrātor, -ōris, subs. m. Executor, autor (Tác. An. 14, 62).

patrātus, -a, -um, part. pass. de **patro**.
Patrēnsēs, -ĭum, subs. loc. pl. Patrenses, habitantes de Patras (Cíc. Fam. 12, 19).
Patrēnsis, -e, adj. Patrense, de Patras (Cíc. Fam. 13, 19).
patrĭa, -ae, subs. f. I — Sent. próprio: 1) Pátria, terra natal (Cíc. Cat. 1, 17). Daí, por extensão: 2) Pátria adotiva (Verg. En. 1, 380). II — Sent. poético: 3) País de origem (Verg. G. 2, 116).
Patriāna, v. **Pariāna**.
Patricĭa Colōnĭa, subs. pr. f. Colônia patrícia da Espanha Bética (Corduba) (Plín. H. Nat. 3, 11).
patriciātus, -ūs, subs. m. Patriciado, qualidade de patrício (Suet. Aug. 2).
patricīda, v. **parricida** (Cíc. Dom. 26).
1. patricĭus, -ī, subs. m. (geralmente no pl.). Patrício, patrícios (Cíc. Dom. 14).
2. patricĭus, -a, -um, adj. De patrício (Cíc. Cat. 3, 22).
patrĭē, adv. Paternalmente (Quint. 11, 1, 68).
patrimōnĭum, -ī, subs. n. I — Sent. próprio: 1) Patrimônio, bens de família, haveres (Cíc. Of. 2, 54). II — Sent. figurado: 2) Herança, patrimônio (Cíc. De Or. 1, 245).
patrīmus (**patrĭmes**), adj. m. Que tem o pai vivo (Cíc. Har. 23).
patrissō, -ās, -āre, v. intr. Proceder como pai (Ter. Ad. 564).
patrītus, -a, -um, adj. De pai, paterno, paternal (Cíc. Tusc. 1, 45).
patrĭus, -a, -um, adj. I — Sent. próprio: 1) Do pai, pertencente ao pai, próprio de pai, paternal (Cíc. Phil. 2, 46); (Cíc. Fin. 1, 23). Daí, por extensão: 2) Que vem dos pais, tradicional, hereditário (Cíc. C.M. 37). II — Sent. especial: 3) Da pátria, nacional, pátrio (Cíc. Fin. 1, 4).
1. patrō, v. **Patrōn**.
2. patrō, -ās, -āre, -āvī, -ātum, v. tr. Acabar, levar a bom fim, executar, realizar, concluir (Cíc. At. 1, 14, 7); (Sal. B. Jug. 75, 2); (T. Lív. 1, 24, 6). Obs.: Palavra da língua religiosa que significa: pronunciar juramento ou compromisso solene na qualidade de **pater**, celebrar um tratado na qualidade de **pater**. Caindo em desuso estas cerimônias, a palavra foi perdendo o seu sentido religioso. As vêzes, tomou um sentido pejorativo, como em (Quint. 8, 3, 44); e na língua familiar, um sentido obsceno que a fêz ser evitada pelos puristas.
Patrobĭus, -ī, subs. pr. m. Patróbio, nome de homem (Suet. Galb. 20).

patrōcinātus, -a, -um, part. pass. de **patrocinor**.
patrōcinĭum, -ī, subs. n. I — Sent. próprio: 1) Patrocínio, patronato, proteção (dos patrícios aos plebeus) (Fest. 233). Daí: 2) Defesa (em juízo) (Cíc. Br. 319). 3) Socorro, auxílio, apoio (C. Nep. Phoc. 3, 1). II — Sent. figurado: 4) Defesa, justificação, desculpa (Cíc. Fin. 2, 67).
patrōcinor, -āris, -ārī, -ātus sum, v. dep. intr. Patrocinar, proteger, defender (Ter. Phorm. 939); (Plín. H. Nat. 14, 28).
Patrŏclēs, -is, subs. pr. m. Pátrocles. 1) Nome de um escultor (Plín. H. Nat. 33, 8). 2) Capitão de Perseu (T. Lív. 24, 58). 3) Almirante de Seleuco e de Antíoco (Plín. H. Nat. 6, 17).
Patrŏclus, -ī, subs. pr. m. Pátroclo. 1) Herói grego, amigo de Aquiles, morto no cêrco de Tróia por Heitor (Ov. P. 1, 3, 73). 2) Nome de um elefante de Antíoco (Plín. H. Nat. 8, 12).
Patrōn ou **Patrō**, -ōnis, subs. pr. m. Pátron. 1) Filósofo epicurista, amigo de Cícero (Cíc. Q. Fr. 1, 2, 14). 2) Companheiro de Evandro (Verg. En. 5, 298).
patrōna, -ae, subs. f. I — Sent. próprio: 1) Protetora (Plaut. Rud. 261). II — Sent. figurado: 2) Advogada, defensora (Cíc. De Or. 2, 199).
patrōnus, -ī, subs. m. I — Sent. próprio: 1) Patrono (em oposição a **cliente**), protetor (dos plebeus) (T. Lív. 6, 18, 6). Daí: 2) Advogado, defensor (em juízo) (Cíc. Mur. 4). II — Sent. figurado: 3) Defensor, protetor, apoio (Cíc. Lae. 24). III — Sent. particular: 4) Antigo senhor de um liberto (Cic. Fam. 13, 21, 2).
1. patruēlis, -is, subs. m. e f. Primo, prima (do lado paterno) (Cíc. Fin. 5, 1).
2. patruēlis, -e, adj. De primo (descendente do irmão do pai) (Ov. Her. 14, 61).
1. patrŭus, -a, -um, adj. I — Sent. próprio: 1) De tio paterno (Ov. F. 4, 55). II — Sent. figurado: 2) Severo, rabujento (Hor. O. 3, 12, 2).
2. patrŭus, -ī, subs. m. I — Sent. próprio: 1) Tio paterno (Hor. Sát. 1, 6, 131). II — Sent. figurado: 2) Pessoa severa, resmungão, brigão (Hort. Sát. 2, 3, 88).
patŭī, perf. de **patĕo** e de **patēsco**.
Patulciānus, -a, -um, adj. Patulciano, de Patúlcio, um devedor de Cícero (Cíc. At. 14, 18, 2).

Patulcius, -i, subs. pr. m. Patúlcio, sobrenome de Jano, cujo templo ficava aberto durante a guerra (Ov. F. 1, 129).
Patuleius, -i, subs. pr. m. Patuleio, apelido de Jano (Ov. F. 1, 129).
patŭlus, -a, -um, adj. I — Sent. próprio: 1) Aberto, de grande abertura: **patula pina** (Cíc. Nat. 2, 123) «concha de grande abertura». Daí: 2) Largo, vasto, extenso (Cíc. De Or. 1, 28). II — Sent. figurado: 3) Aberto, atento: **patulae aures** (Hor. Ep. 1, 18, 70) «ouvidos atentos». 4) Aberto para todos, banal (Hor. A. Poét. 132).
pauca, -ōrum, subs. n. Poucas coisas, pouco (Hor. Sát. 1, 6, 61).
paucī, -ōrum, subs. m. pl. Poucos, um pequeno número, apenas algumas pessoas (Cés. B. Gal. 1, 15, 2).
pauciloquĭum, -i, subs. n. Laconismo, sobriedade de palavras (Plaut. Merc. 31)
paucĭtās, -tātis, subs. f. I — Sent. próprio: 1) Pequeno número, raridade (Cíc. De Or. 1, 8). II — Sent. figurado: 2) Sobriedade (Cíc. Inv. 1, 32).
paucŭlī, -ae, -a, adj. (raro no sg.). Muito poucos, muito pouco numerosos (Cíc. At. 5, 21, 6).
paucus, -a, -um, adj. I — Sg. (raro); 1) Pouco, pouco numeroso (Hor. A. Poét. 203). II — Pl. (freqüente): 2) Poucos (Cíc. Lae. 3).
Paula ou **Paulla, -ae,** subs. pr. f. Paula, nome de mulher (Marc. 1, 74).
paulatim (paull-). adv. Pouco a pouco, insensivelmente (Cés. B. Gal. 1, 33, 3).
Paulīna (Paull-), -ae, subs. pr. f. Paulina. 1) **Lollia Paulina,** espôsa de Calígula (Tác. An. 12, 1). 2) **Pompeia Paulina,** espôsa de Sêneca (Tác. An. 15, 60).
Paulīnus (Paull-), -i, subs. pr. m. Paulino, sobrenome romano, principalmente de: 1) **Pompeius Paulinus,** general dos exércitos romanos na Germânia, no tempo de Nero (Tác. An. 13, 53). 2) **C. Suetonius Paulinus,** v. **Suetonius.** 3) **Valerius Paulinus,** general ao tempo de Vespasiano (Tác. Hist. 3, 42).
paulīsper (paull-), adv. Pouco tempo, durante pouco tempo, um pequeno momento: **paulisper dum** (Cíc. Mil. 28) «um pequeno momento enquanto».
paulō (paullō), adv. Pouco (Cíc. Or. 82).
paulŭlō, adv. Um pouquinho. Obs.: Constrói-se com comparativo (Ter. Eun. 75).
paulŭlum (paull-), -i, subs. n. Quantidade muito pequena, muito pouco (Cíc. Com. 49).

paulŭlus (paull-), -a, -um, adj. 1) Que é em muito pequena quantidade, muito pouco (Plaut. Bac. 865). 2) Muito pequeno, curto (T. Lív. 8, 11, 4).
paulum (paull-), -i, subs. n. Uma pequena quantidade de, pouca coisa (Cíc. De Or. 1, 229).
1. paulus (paull-), -a, -um, adj. Pequeno, que é em pequena quantidade, pouco considerável, fraco: **paulo sumptu** (Ter. Ad. 876) «com pouca despesa» Obs.: Só é usado no sg., sendo seu emprêgo como adj. raro e arcaico.
2. Paulus (Paull-), -i, subs. pr. m. Paulo, sobrenome romano, encontrado sobretudo na **gens Aemilia,** principalmente Paulo Emílio, morto na batalha de Canas, e seu filho, vencedor de Perseu (Cíc., T. Lív.).
pauper, -ĕris, adj. I — Sent. próprio: 1) Pobre (referindo-se a pessoas ou coisas) (Cíc. Vat. 29). II — Sent. figurado: 2) Pequeno, estéril, pouco abundante (Ov. P. 4, 2, 20). III — Sent. poético: 3) Pobre de, sem recursos (Tib. 1, 1, 19). No pl.: 4) Os pobres (Cíc. Phil. 5, 22).
paupercŭlus, -a, -um, adj. Pobre, necessitado (Hor. Ep. 1, 17, 46).
pauperĭēs, -ēī, subs. f. Pobreza, indigência (Verg. En. 6, 437).
paupĕrō, -ās, -āre, -ātum, v. tr. 1) Empobrecer (Plaut. Ps. 1128). 2) Frustrar, despojar, esbulhar (Hor. Sát. 2, 5, 36).
paupertās, -tātis, subs. f. I — Sent. próprio: 1) Pobreza, necessidade (Marc. 11, 32, 8). Daí, em sent. particular: 2) Indigência, miséria (= **egestas, inopia**) (Cíc. Fin. 5, 84). II — Sent. figurado: 3) Penúria, pobreza (tratando-se da língua) (Quint. 8, 3, 33).
pausa (arcaico: **paussa), -ae,** subs. f. Pausa, cessação, fim (Plaut. Poen. 459).
Pausanĭās, -ae, subs. pr. m. Pausânias. 1) Filho de Cleômbroto, general dos lacedemônios (Cíc. Of. 1, 76). 2) Chefe dos habitantes de Feras (T. Lív. 36, 9). 3) Pretor dos epirotas (T. Lív. 32, 10).
pausĕa (pōs-), e **-sĭa, -ae,** subs. f. Espécie de azeitona (Cat. Agr. 6).
Pausĭās, -ae, subs. pr. m. Páusias, pintor grego (Plín. H. Nat. 21, 4).
pausĭăcus, -a, -um, adj. Pausíaco, de Páusias (Hor. Sát. 2, 7, 95).
pausillus, v. **pauxillus.**
Pausistrătus, -i, subs. pr. m. Pausístrato, pretor dos ródios (T. Lív. 36, 45).
pauxillātim (paus-), adv. Pouco a pouco (Plaut. Rud. 929).

pauxillŭlum (paus-), -ī, subs. n. Um pouco (Plaut. Poen. 538).
pauxillŭlus (paus-), -a, -um, adj. Que é em muito pequena quantidade, um bocadinho (Plaut. St. 163).
pauxillus, -a, -um, adj. Muito pequeno (Plaut. Poen. 566).
pavefāctus, -a, -um, part. pass. do desusado **pavefacio**. Espantado, assustado, aterrorizado (Ov. Met. 13, 878).
pavěō, -ēs, -ēre, pāvī, v. intr. e tr. A) Intr.: Sent. próprio: 1) Estar tomado de espanto ou de pavor, estar agitado (Ov. F. 3, 362); (T. Lív. 7, 34, 8). Daí, por enfraquecimento de sentido: 2) Estar com mêdo, estar assustado, tremer (Ter. Phorm. 187). B) Tr.: 3) Temer, recear (Hor. O. 4, 5, 25); (Tác. Hist. 1, 29); (Ov. Met. 1, 386).
pavēscō, -ĭs, -ĕre, v. intr. e tr. A) Intr.: 1) Espantar-se, assustar-se (Sal. B. Jug. 72, 2). B) Tr.: 2) Temer, recear (Tác. An. 1, 4).
pavī, perf. de pasco e de pavěo.
pavicŭla, -ae, subs. f. Maço, macête de calcar e aplainar (Cat. Agr. 91).
pavĭdē, adv. Com espanto, com pavor, com mêdo (T. Lív. 5, 39, 8).
pavĭdum, n. tomado adverbialmente: com temor, timidamente (Ov. Met. 9, 569).
pavĭdus, -a, -um, adj. I — Sent. próprio: 1) Pávido, cheio de pavor, apavorado, espantado, aterrado, alarmado (T. Lív. 1, 58, 3). 2) Trêmulo, horrorizado (Verg. En. 2, 489). 4) Tímido, medroso (T. Lív. 3, 26, 3). 4) Receoso, que receia (Tác. An. 4, 38). 5) De pessoa assustada, que denota terror (Luc. 5, 255). 6) Que causa espanto, pavoroso, medonho (Estác. Theb. 5, 567).
pavīmentātus, -a, -um, adj. Calçado, ladrilhado (Cíc. Q. Fr. 3, 1, 1).
pavīmēntum, -ī, subs. n. Sent. próprio: 1) Terra batida, e daí, em sent. geral: 2) Calçada, pavimento, ladrilhado, lajeado (Hor. O. 2, 14, 26).
pavĭō, -īs, -īre, -īvī, -ĭtum, v. tr. I — Sent. próprio: 1) Bater a terra para aplaná-la, nivelar (Cat. Agr. 18, 7). II — Daí: 2) Bater, ferir (Cíc. Div. 2, 72).
pavĭtō, -ās, -āre, -āvī, v. freq. de pavěo, intr. e tr. A) Intr.: 1) Estar espantado, estar aterrado, estar assustado, tremer de mêdo (Verg. En. 2, 107). B) Tr.: 2) Recear, temer (Lucr. 2, 57).
pavĭtus, -a, -um, part. pass. de pavio.
pāvō, -ōnĭs, subs. m. Pavão (Cíc. Fin. 3, 18).
pāvōnīnus, -a, -um, adj. 1) De pavão (Varr. R. Rust. 3, 9, 10). 2) De cauda de pavão (Marc. 14, 67).
1. **pavor**, -ōrĭs, subs. m. I — Sent. próprio: 1) Pavor, espanto, horror (T. Lív. 28, 3, 9). Daí, por extensão: 2) Comoção, agitação, emoção (Verg. G. 3, 106). II — Por enfraquecimento de sentido: 3) Mêdo, temor (T. Lív. 24, 22, 2).
2. **Pavor**, -ōrĭs, subs. pr. m. Pavor, divindade consagrada por Tulo Hostílio (T. Lív. 1, 27, 7).
1. **pāx, pācis**, subs. f. I — Sent. próprio: 1) Paz (ausência de guerra), tratado de paz (T. Lív. 2, 1, 1). Daí: 2) Aprovação de uma convenção, paz (com alguém) (Cíc. Phil. 1, 11). 3) Consolidação de relações (entre dois países, cidades, etc.) (Cíc. Fam. 10, 27, 1). II — Sent. figurado: 4) Permissão, indulgência (Ter. Eun. 467). 5) Graça, favor, benevolência, boa disposição (tratando-se dos deuses) (Cíc. Font. 30). 6) Tranqüilidade, calma (do mar, ventos) (Hor. O. 3, 29, 35). Donde: 7) Tranqüilidade (de espírito), serenidade (Cíc. Tusc. 5, 48). 8) Domínio, império (Sên. Prov. 4, 14). 9) Interjeição: pax! Está bom, basta (Plaut. Mil. 808). Obs.: Etimològicamente significa acôrdo ou fixação de uma convenção entre duas partes beligerantes, tratado de paz (T. Lív. 9, 11, 7).
2. **Pāx, -Pācis**, subs. pr. f. Paz, a deusa da paz (Ov. F. 1, 709).
3. **Pāx, -ācĭs**, subs. pr. m. Pace, nome de escravo (Plaut. Trin. 889).
Paxaea, -ae, subs. pr. f. Paxéia, nome de mulher (Tác. An. 6, 29).
paccans, -āntis. I — Part. pres. de pecco. II — Subs. m.: culpado (C. Nep. Ages. 5).
peccāsso, forma arcaica = peccavěro, fut. perf. de pecco.
peccātum, -ī, subs. n. 1) Falta, ação má, crime (Verg. En. 10, 32). 2) Falta, êrro (Cíc. Tusc. 3, 47).
peccō, -ās, -āre, -āvī, -ātum, v. intr. I — Sent. próprio: 1) Tropeçar, dar um passo em falso (Hor. Ep. 1, 1, 9). Daí, em sent. moral: 2) Cometer uma falta, cometer um êrro (Cíc. At. 3, 15, 4); (Cíc. De Or. 1, 125). Donde, transitivamente: 3) Enganar-se em, cometer um êrro (Plaut. Bac. 433); (Cíc. Of. 1, 33). 4) Passiva impess. (Cíc. Or. 70). Obs.: Constrói-se como intr. absoluto; com acus. com **in**; com abl. com **in**; ou transitivamente com acus. interno.
pecŏra, n. pl. de pecus.

pecŏris, gen. de **pecus**.
pecorōsus, -a, -um, adj. Rico em gado (Prop. 4, 9, 3).
pecten, -ĭnis, subs. m. I — Sent. próprio: 1) Pente (Plaut. Capt. 268). II — Daí, em sent. particular: 2) Pente do tear (Verg. En. 7, 14). 3) Carda, instrumento de cardar (Plín. H. Nat. 11, 77). II — Objeto análogo ao pente ou carda: 4) Ancinho (Ov. Rem. 191). 5) Plectro (da lira) (Verg. En. 6, 647). III — Sent. figurado: 6) Lira (V. Flac. 3, 159). 7) Canto (Ov. F. 2, 121). 8) Disposição em forma de pente (Ov. Met. 9, 299).
pectĭnātus, -a, -um, part. pass. de **pectĭno**.
pectĭnis, gen. de **pecten**.
pectĭno, -ās, -āre, -āvī, -ātum, v. tr. Pentear, gradar (Plín. H. Nat. 18, 186); (Apul. M. 6, 28).
pectĭtus, -a, -um, part. pass. de **pecto**.
pectō, -is, -ĕre, pexī, pexum ou **pectĭtum**, v. tr. I — Sent. próprio: 1) Pentear, cardar (Hor. O. 1, 15, 14). II — Daí, em sent. jocoso: 2) Desancar, maltratar (Plaut. Rud. 661).
pectus, -ŏris, subs. n. I — Sent. próprio: 1) Peito (do homem ou dos animais), seio (Verg. En. 9, 347). II — Daí: 2) O peito (considerado como a sede do coração e da alma), coração (Cíc. Leg. 1, 49). 3) Inteligência, pensamento, memória (Cíc. Tusc. 2, 58).
pecu, n. indecl. (geralmente no pl. **pecŭa, -ŭum**). Gado, rebanho, rebanhos (Plaut. Bac. 1123).
1. pecuārĭa, -ae, subs. f. 1) Pecuária, criação de gado (Suet. Cés. 42). 2) Rebanhos, gado, haveres em gado (Varr. R. Rust., 2, pref. 6).
2. pecuārĭa, -ōrum, subs. n. pl. Rebanhos, manadas de gado (Verg. G. 3, 64).
1. pecuārĭus, -a, -um, adj. Pecuário, de rebanhos, de animais (Cíc. Quinct. 12).
2. pecuārĭus, -ī, subs. m. 1) Criador de gado, dono de rebanhos (Cíc. Dej. 27). 2) Rendeiro de pastagens públicas (Cíc. Font. 46).
pecŭda (= **pecŭdes**), n. pl., v. **pecus 2**.
pecŭdes, n. pl., v. **pecus 2**.
pecuĭnus, -a, -um, adj. De gado (Cat. Agr. 132, 2).
peculātor, -ōris, subs. m. Peculador, concussionário, ladrão dos dinheiros públicos (Cíc. Of. 3, 73).
peculātus, -ūs, subs. m. Peculato, concussão: **peculatus damnari** (Cíc. Flac. 43) «ser condenado por peculato».
peculĭārĭs, -e, adj. I — Sent. próprio: 1) Adquirido com o pecúlio, relativo ao pecúlio (Ulp. Dig. 33, 6, 9). II — Sent. figurado (mais comum): 2) Próprio, peculiar, particular, especial, distinto, notável (Cíc. Verr. 3, 36); (T. Lív. 3, 19, 9).
peculĭārĭter, adv. Especialmente, particularmente (Quint. 11, 3, 130).
peculĭō, -ās, -āre, -āvī, -ātum, v. tr. Presentear, recompensar, gratificar com um pecúlio (Plaut. Pers. 192).
peculĭum, -ī, subs. n. I — Sent. próprio: 1) Pequena parte de um rebanho, concedido como propriedade ao escravo que o guardava, economias do escravo (Verg. Buc. 1, 33). Daí: 2) Pecúlio dos filhos de família (T. Lív. 2, 41, 10). II — Sent. comum: 3) Economias, haveres particulares, bens, posses (Hor. A. Poét. 330). III — Sent. figurado: 4) Brinde, presente pequeno (Sên. Ep. 12, 10).
pecūnĭa, -ae, subs. f. I — Sent. primitivo: 1) Riqueza em gado (Varr. L. Lat. 5, 95). II — Daí, em sent. geral: 2) Riqueza, fortuna (Cíc. Div. 1, 111). 3) Dinheiro (Cíc. Verr. 1, 101). III — Sent. especial: 4) Pagamento (Cíc. At. 10, 5, 3).
pecūnĭārĭus, -a, -um, adj. Pecuniário, de dinheiro (Cíc. Amer. 117).
pecūnĭōsus, -a, -um, adj. I — Sent. próprio: 1) Rico em gado (Cíc. Rep. 2, 16). Daí, em sent. geral: 2) Rico (Cíc. Com. 44). II — Sent. especial: 3) Lucrativo (Marc. 5, 56, 8).
1. pecus, -ŏris, subs. n. I — Sent. próprio: 1) Rebanho, gado, grande número de animais da mesma espécie (Ov. Met. 14, 288). II — Daí, em sent. particular: 2) Gado lanígero, ovelhas, carneiros, cabras (Verg. G. 3, 554). 3) Bando (tratando-se de focas) (Hor. O. 1, 2, 7). 4) Referindo-se a um só animal (Ov. Ib. 459). III — Sent. figurado: 5) Bando (de homens), cortejo (Hor. Ep. 1, 19, 19).
2. pecus, -ŭdis, subs. f. I — Sent. próprio: 1) Cabeça de gado, animal (considerado individualmente): **pecus Helles** (Ov. F. 4, 903) «o carneiro de Hele» (com o tosão de ouro). Daí: 2) Animal (doméstico), animal (Cíc. Of. 1, 105). II — Sent. figurado: 3) Animal, estúpido (têrmo injurioso) (Cíc. Phil. 8, 9).
pedālĭs, -e, adj. De um pé, do tamanho de um pé (Cíc. Ac. 2, 82).
Pedānī, -ōrum, subs. loc. m. pl. Pedanos, habitantes de Pedo, no Lácio (T. Lív. 8, 14).

Pedānĭus, -ī, subs. pr. m. Pedânio, nome de várias personagens (T. Liv. 25, 14); (Tác. An. 14, 42).

Pedānum, -ī, subs. pr. n. Pedano, casa de campo situada em Pedo (Cíc. At. 9. 18, 3).

Pedānus, -a, -um, adj. Pedano, de Pedo, cidade da Itália, perto de Preneste (Hor. Ep. 1, 4, 2).

pedārĭus, -a, -um, adj. Relativo ao pé, que vai a pé, e daí, em sent. pejorativo: **pedarii senatores** (Cíc. At. 1, 19, 9) «senadores que não tinham exercido nenhum cargo e que não tinham voto deliberativo». Obs.: Como quem vai a pé é inferior a quem vai a cavalo, **pedarii senatores** ou, simplesmente **pedarii**, tomou um sent. pejorativo.

Pĕdăsum, -ī, subs. pr. n. (Plín. H. Nat. 5, 107), e **Pedăsa, -ōrum**, subs. n. (T. Liv. 33, 30). Pédaso, cidade da Cária (T. Liv. 33, 30).

pedātus, -a, -um, adj. Que tem pés: **male pedatus** (Suet. Oth. 12) «que tem os pés disformes».

1. pedes, -ĭtis, subs. m. I — Sent. próprio: 1) Peão, pedestre, o que vai a pé (T. Liv. 28, 9, 15). II — Daí: 2) Soldado de infantaria (geralmente no pl. ou no sg. coletivo) (T. Liv. 30, 34). 3) Os plebeus (em oposição aos cavaleiros) (Hor. A. Poét. 113).

2. pedes, -um, pl. de **pes**.

3. pēdes, -um, pl. de **pedis**.

pedēster, -tris, -tre, ou pedēstris, -e, adj. I — Sent. próprio: 1) Que está de pé, pedestre, que se faz de pé, ou a pé (Cíc. Phil. 9, 6). Daí: 2) De infantaria, de infante (Cíc. Fin. 2, 112). II — Por extensão: 3) Que é feito em terra, por terra (Cés. B. Gal. 3, 9, 4). III — Sent. figurado: 4) Em prosa, escrito em prosa (Hor. O. 2, 12, 9). Donde: 5) Prosaico (Hor. A. Poét. 95).

pedetēmptim adv. I — Sent. próprio: 1) Pé ante pé, andando com precaução (Pacuv. Tr. 256). II — Sent. figurado: 2) Lentamente, pouco a pouco, com precaução (Cíc. Of. 1, 120).

Pediānus, -ī, subs. pr. m. Pediano. **Asconius Pedianus**, v. **Asconius**.

Pediātia, -ae, subs. pr. f. Pediácia, nome dado por ironia a **Julius Pediatius** (Hor. Sát. 1, 8, 39).

pedĭca, -ae, subs. f. I — Sent. próprio: 1) Armadilha (para apanhar animais pela perna ou pelos pés), laço (Verg. G. 1, 307). II — Daí: 2) Peias, ferros presos aos pés (Apul. M. 2, p. 116, 40).

pĕdiculōsus, -a, -um, adj. Piolhento, cheio de piolhos (Marc. 12, 59, 8).

1. pedicŭlus, -ī, subs. m. (**pes**). Pé pequeno (Plín. H. Nat. 9, 83).

2. pĕdicŭlus, -ī, subs. m. (**pĕdis**). Piolho (Plín. H. Nat. 29, 121).

1. pedis, gen. de **pes**.

2. pēdis, -is, subs. m. e f. Piolho (Varr. R. Rust. 3, 9).

pedisĕqua, -ae, subs. f. I — Sent. próprio: 1) Criada, escrava que acompanha a pé (Ter. And. 123). II — Sent. figurado: 2) Companheira, aia (Cíc. De Or. 1, 236).

pedisĕquus (-sĕcus), -ī, subs. m. I — Sent. próprio: 1) Escravo que acompanha a pé, pagem, lacaio (Cic. At. 2, 16, 1). II — Sent. figurado: 2) Sequaz, partidário (Apul. Plat. 2, p. 253).

peditastēllus, -ī, subs. m. Um reles soldado de infantaria (Plaut. Mil. 54).

peditātus, -ūs, subs. m. Infantaria (Cés. B. Gal. 5, 3, 4).

pedītes, pl. de **pedes 1**.

pēdĭtum, -ī, subs. n. Ventosidade (Catul. 154, 3).

Pedĭus, -ī, subs. pr. m. Pédio, nome de família, principalmente de: 1) **Quintus Pedius**, herdeiro com Augusto dos bens de César (Cíc. At. 9, 14). 2) **Pedius Blaesus**, expulso do senado por Nero (Tác. An. 14, 18). Obs.: Adjetivado: **Pedia Lex** (Vell. 2, 65) «a lei Pédia».

1. pēdō, -is, -ĕre, pepēdī, pēdĭtum, v. intr. Expelir ares, peidar (Hor. Sát. 1, 8, 46).

2. Pedō, -ōnis, subs. pr. m. Pedão. 1) **Pedo Albinovanus**, poeta latino do século de Augusto (Ov. P. 4, 16, 6). 2) Apelido romano (Cíc. Clu. 107).

1. Pĕducaeus, -a, -um, adj. Peduceu, de Peduceu (Cíc. Nat. 3, 74).

2. Pĕducaeus, -ī, subs. pr. m. Peduceu, nome de família romana (Cíc. Verr. 2, 138).

Pĕducaenus, -a, -um, adj., v. **Paeducaeus, -a, -um** (Cíc. Verr. 2, 139).

peducul-, v. **pedic-**.

pedŭle, -is, subs. n. Chinela (Petr. 56, 9).

1. pedum, -ī, subs. n. Cajado (de pastor) (Verg. Buc. 5, 88). Obs.: Êste cajado tinha um gancho de ferro com que se seguravam os pés das ovelhas para serem tosquiadas.

2. Pedum, -ī, subs. pr. n. Pedo, cidade do Lácio (T. Liv. 2, 39, 4).

Pĕgasēĭus ou Pĕgasēus, -a, -um, adj. Pegáseo, do Pégaso (Sên. Troad. 385).

PÊGASIS — 712 — **PELIGNUS**

1. Pēgăsis, -ĭdis, adj. f. Pegásida, de Pégaso (Ov. Trist. 3, 7, 15).
2. Pēgăsis, -ĭdis, subs. pr. f. Pegásida, náiade, ninfa que presidia à fonte de Pégaso = Hipocrene (Ov. Her. 5, 3).
Pēgasĭdēs, -um, subs. pr. f. pl. Pegásides, as Musas (Ov. Her. 15, 27).
Pēgăsus (-os), -ī, subs. pr. m. Pégaso. I — Sent. próprio: 1) Cavalo alado, nascido do sangue de Medusa, morta por Perseu. A princípio, serviu de montada a êste em suas expedições. Um dia, porém, estando a beber na fonte Pirene, foi capturado por Belerofonte que, graças a êle, venceu a Quimera. Mais tarde tornou-se a montada de Zeus, que o transformou em constelação (Ov. Met. 4, 785). II — Sent. figurado: 2) Pégaso, mensageiro rápido (Cíc. Quinct. 80). 3) Nome de um jurisconsulto romano, cônsul no tempo de Vespasiano (Juv. 4, 77).
pĕgī = pepĭgī = panxi, perf. de **pango.**
pegma, -ătis, subs. n. I — Sent. próprio: 1) Máquina teatral (que se armava e desarmava ràpidamente e por meio da qual os atores eram de repente levantados ao ar) (Sên. Ep. 88, 19). II — Sent. diverso: 2) Estante de livros (Cíc. At. 4, 8a, 2).
pegmāris, -e, adj. Que combate no teatro (Suet. Cal. 26).
pĕjerātus (pēieratus), -a, -um, part. de **pejero.** Violado por perjúrio (Ov. Am. 3, 11, 22).
pējĕrō (pēlĕrō), -ās, -āre, -āvī, -ātum, v. intr. e tr. I — Sent. próprio: A) Intr.: 1) Perjurar, fazer um juramento falso, jurar falso (Cíc. Com. 46). Daí: 2) Mentir (Plaut. Poen. 480). II — B) Tr.: 3) Atestar por um falso juramento (Luc. 6, 749). Obs.: A forma **perjurare** ocorre em Plauto (Asin. 322) e em Cícero (Of. 3, 108).
pējor (pēĭor), -us, (gen. **-ōris**), comp. de **malus.** Pior, mais perverso, mais vicioso (Cíc. Phil. 8, 29).
pējūrus, v. **perjūrus.**
pelagĭus, -a, -um, adj. Do mar, marinho, do alto mar (Fedr. 4, 22, 7).
Pelăgŏ e Pelăgŏn, -ōnis, subs. pr. m. Pelagão, nome de homem (Ov. Met. 8, 360).
Pelagŏnēs, -um, subs. loc. m. pl. Pelágones, habitantes da Pelagônia (T. Lív. 45, 30, 6).
Pelagonĭa, -ae, subs. pr. f. Pelagônia. 1) Parte setentrional da Macedônia (T. Lív. 26, 25, 4). 2) Cidade desta região (T. Lív. 45, 29, 9).
pelăgus, -ī, subs. n. I — Sent. próprio: 1) Mar alto, mar (Verg. En. 6, 8). II — Daí: 2) Águas (de um rio) que transbordaram (Verg. En. 1, 246). Obs.: O neutro **pelagē** ocorre em Lucrécio (6, 619).
pēlāmis, -ĭdis e pēlămys, -ȳdis, subs. f. Atum nôvo que não tem um ano (Juv. 7, 120).
Pelāsgī, -ōrum, subs. loc. m. pl. Pelasgos população pré-helênica da Grécia; donde, em poesia, os próprios gregos (Verg. En. 2, 83).
Pelasgĭas, -ădis, adj. f. Pelasgíade, grega (Ov. Her. 9, 3).
Pelāsgis, -ĭdis, subs. loc. f. Pelásgide, de Pelásgia, de Lesbos, i.é, Safo (Ov. Her. 15, 217).
Pelāsgus, -a, -um, adj. Pelasgo, grego, dos gregos (Verg. En. 9, 154).
Pēlēĭus, -a, -um, adj. 1) De Peleu (S. It. 13, 803). 2) De Aquiles (Estác. Ach. 2, 213).
Pelendŏnes, v. **Pellendŏnes.**
Pelethronĭus, -a, -um, adj. Peletrônio, de Peletrônia, região da Tessália habitada pelos lápitas, e, por extensão, tessálio, da Tessália (Verg. G. 3, 115); (Luc. 6, 387).
Pēleus, -ĕī ou -ĕos, subs. pr. m. Peleu, filho de Éaco, espôso de Tétis e pai de Aquiles (Cíc. De Or. 3, 57).
pēlex, -ĭcis, v. **pellex** (Cíc. Clu. 199).
Pēliăcus, -a, -um, adj. Peliaco, do monte Pélio (Ov. Met. 12, 74).
1. Pēlĭas, -ădis, subs. pr. f. 1) Felíade, filha de Pélias. 2) Do monte Pélion, donde: 3) Com madeira do monte Pélion: **Pelias hasta** (Ov. Her. 3, 126) «a lança de Aquiles (feita com a madeira do Pélion)». Obs.: pl. **Peliades, -um** (Fedr. 4, 7, 16).
2. Pelĭās, -ae, subs. pr. m. Pélias, rei da Tessália, a quem suas filhas mataram querendo remoçá-lo, segundo o conselho de Medéia (Cíc. C. M. 83).
pēlicātus, -ūs, subs. m. Concubinato (Cíc. Of. 2, 25).
pelicŭla, v. **pellicŭla.**
Pēlīdēs, -ae, subs. pr. m. Filho de Peleu i.é, Aquiles (Verg. En. 12, 350).
Pēlignī e melhor Paelignī, -ōrum, subs. loc. m. Pelignos, povo do Sâmnio, próximo do Adriático (Cés. B. Cív. 1, 15)
1. Pelignus, -a, -um, adj. Peligno, dos pelignos (Hor. O. 3, 19, 8).

2. **Pelignus, -i,** subs. pr. m. Peligno, nome de um cortesão do imperador Cláudio (Tác. An. 12, 49).
Pelinaeum, v. **Pellinaeum.**
Pēlion, -i, subs. pr. n. Pélion, montanha da Tessália (Ov. Met. 12, 513).
1. **Pēlius mons,** subs. pr. m. v. **Pelion** (Cíc. Fat. 35).
2. **Pēlius, -a, -um,** adj. Pélio, do monte Pélion (Fedr. 4, 7, 6).
Pella, -ae, subs. pr. f. Pela, pôrto da Macedônia, pátria de Felipe e de Alexandre (Cíc. At. 3, 8, 2).
pellācia, ae, subs. f. Embuste, cilada, armadilha (Lucr. 5, 1004).
Pellaeus, -a, -um, adj. Peleu. 1) De Pela, e por extensão, da Macedônia, macedônio: **Pellaeus juvenis** (Juv. 10, 168) «o jovem peleu», i.é, «Alexandre». 2) De Alexandria, e, por extensão, do Egito (Verg. G. 4, 287). 3) **Pellaeus pagus,** povoação na extremidade do gôlfo Pérsico (Plin. H. Nat. 6, 138).
pellax, -ācis, adj. Enganador, pérfido (Verg. En. 2, 90).
pellectiō, -ōnis, subs. f. Leitura completa (Cíc. At. 1, 13, 1).
Pellendōnēs, -um, subs. loc. m. Pelêndones, povo da Celtibéria (Plin. H. Nat. 3, 26).
Pellēnē, -ēs, subs. pr. f. Pelene, cidade da Acaia, no gôlfo de Corinto (T. Liv. 33, 15, 14).
Pellenēnsis, -e, adj. Pelenense, de Pelene (T. Liv. 33, 14).
Pellēus, v. **Pelaeus.**
pellex (pēlex, paelex), -ĭcis, subs. f. I — Sent. próprio: 1) Concubina (Paul. Dig. 50, 16, 144). Daí: 2) Rival (de uma mulher casada) (Cíc. Clu. 199). II — Por extensão: 3) Homem prostituído, favorito (Marc. 12, 97, 3).
pellēxi, perf. de **pellicio.**
pelliārius, -a, -um, adj. De pele, de peleiro (Varr. L. Lat. 8, 55).
pelliciō, -is, -ĕre, -lēxi, -lēctum, v. tr. I — Sent. próprio: 1) Atrair insidiosamente, seduzir, aliciar, embair (Cíc. Flac. 72). II — Sent. figurado: 2) Obter com artifício, captar (Cíc. De Or. 1, 243). 3) Atrair (tratando-se do amante) (Lucr. 6, 1001).
pellĭcis, gen. de **pellex.**
pellicŭla, -ae, subs. f. I — Sent. próprio: 1) Pele pequena, película, pele fina, pele (Cíc. Mur. 75). II — Sent. figurado: 2) Em expressões como: **pelliculam curare** (Hor. Sát. 2, 5, 38) «cuidar de sua pessoa».

Pellīnaeum ou Pēlīnaeum, -i, subs. pr. n. Pelineu, cidade da Tessália (T. Liv. 36, 10).
pelliō, -ōnis, subs. m. Peleiro (Plaut. Men. 404).
pellis, -is, subs. f. I — Sent. próprio: 1) Pele (dos animais): **pellis caprina** (Cic. Nat. 1, 82) «pele de cabra». II — Sent. diversos: 2) Pele (para agasalho), pele (para dormir) (Verg. En. 2, 722). 3) Pele (curtida) couro, daí: sapato (Ov. A. Am. 1, 516). 4) Cordão do sapato (Hor. Sát. 1, 6, 27). 5) Pergaminho (Marc. 14, 190). Por extensão: 6) Tenda dos soldados (recobertas de peles): **sub pellibus** (Cés. B. Gal. 3, 29, 2) «no acampamento». III — Sent. figurado: 1) Capa, manto, aparência (Hor. Sát. 2, 1, 64). 8) Condição (Hor. Sát. 1, 6, 22).
pellitus, -a, -um, adj. I — Sent. próprio: 1) Coberto de pele, vestido de peles (Hor. O. 2, 6, 10). II — Sent. figurado: 2) De baixa condição (Cíc. Scaur. 45).
pellō, -is, -ĕre, pepŭli, pulsum, v. tr. I — Sent. próprio: 1) Impelir, lançar (com idéia acessória de bater), ferir, tanger (Verg. En. 12, 320); (Lucr. 5, 1402); (Cíc. Br. 199). Daí: 2) Expulsar, afastar (Cíc. Par. 27); (Cíc. Fin. 1, 43); (Cés. B. Gal. 1, 31, 11). Na língua militar: 3) Repelir, rechaçar, pôr em debandada, derrotar (Cés. B. Gal. 7, 62, 3); (Cés. B. Gal. 1, 7, 4). II — Sent. figurado: 4) Atingir, tocar, comover, fazer impressão (Cíc. Fin. 2, 32); (T. Liv. 30, 14, 3). Obs.: Constrói-se com acus. (de obj. dir.) e abl. acompanhado ou não de **ex,** ou abl. com **ab.**
pellūcĕō ou perlūcĕō, -ēs, -ēre, -ūxi, v. intr. I — Sent. próprio: 1) Ser transparente, ser diáfano (Cíc. Nat. 2, 54). II — Sent. figurado: 2) Aparecer através, mostrar-se, manifestar-se (Juv. 2, 78); (Cic. Of. 2, 32).
pellūcidŭlus, -a, -um, adj. Brilhante, transparente (Catul. 69, 4).
pellūcĭdus (perlucidus), -a, -um, adj. I — Sent. próprio: 1) Transparente, diáfano (Cíc. Nat. 2, 142). Daí: 2) Que traz um vestido transparente (Sên. Const. 18, 3). II — Sent. figurado: 3) Transparente, muito luminoso (Hor. O. 1, 18, 16).
Pelopēias, -ădis, subs. loc. f. (Ov. Met. 6, 414) e **Pelopēis, -ĭdis,** subs. f. (Ov. F. 4, 205). Pelópida, filho ou descendente de Pélops, da Argólida.
Pelopēius (Ov.) e **Pelopēus, -a, -um,** adj.

(Verg. En. 2, 193). Pelopeu, de Pélops, da Argóliada.

Pelopĭdae, -ārum, subs. loc. m. Pelópidas, a raça de Pélops (Cíc. Fam. 7, 28, 2).

Peloponnēsĭus (-nesiăcus), -a, -um, adj. Peloponésio, peloponesíaco, do Peloponeso (Cíc. At. 6, 2, 3).

Peloponnēsus (-os), -ī, subs. pr. f. Peloponeso, península da Grécia, ligada ao continente pelo istmo de Corinto, e constituindo a parte mais meridional da Península dos Balcãs (Cíc. Rep. 2, 8).

Pelops, -ŏpis, subs. pr. m. Pélops. 1) Herói epônimo do Peloponeso, filho de Tântalo, rei da Frígia. Seu pai esquartejou-o, e o serviu aos deuses em um festim. Júpiter, porém, resuscitou-o Cíc. Nat. 3, 53). 2) Nome de um rei da Lacedemônia (T. Lív. 34, 32). 3) Nome de um bizantino (Cíc. At. 14, 8, 1).

Pelōrĭas, -ădis, subs. pr. f. (Ov. F. 4, 479) e **Pelōris, -ĭdis**, subs. pr. f. (Cíc. Verr. 5, 6). Pelóris, ou Pelóride, cidade da Sicília, em um promontório do mesmo nome.

pelŏris, ĭdis, subs. f. Espécie de améijoa grande (Hor. Sát. 2, 4, 32).

Pelōros, -ī, subs. pr. m. (Ov. Met. 13, 727) e **Pelōrum, -ī**, subs. pr. n. (Plín. H. Nat. 3, 87). Peloro, promontório a leste da Sicília.

pelta, -ae, subs. f. Pelta, escudo dos trácios (Verg. En. 1, 490).

peltastae, -ārum, subs. m. pl. Peltastas, soldados armados de peltas (T. Lív. 28, 5, 11).

peltātus, -a, -um, adj. Armado de pelta: **peltatae puellae** (Ov. Am. 2, 14, 2) «as Amazonas».

peltĭfer, -fĕra, -fĕrum, v. peltatus (Estác. Theb. 12, 761).

Pēlūsĭăcus, -a, -um, adj. Pelusíaco, de Pelúsio (Verg. G. 1, 228).

Pēlūsĭum, -ī, subs. pr. n. Pelúsio, cidade marítima do Baixo Egito, na foz oriental do Nilo (Cés. B. Civ. 3, 103).

Pēlūsĭus, -a, -um, adj. Pelúsio, de Pelúsio (Fedr. 2, 5).

pelvis, -is, subs. f. Bacia, caldeirão (Juv. 3, 271).

pēminōsus (paen-), -a, -um, adj. Que se fende, que racha (Varr. R. 1, 51).

Pemma, -a, subs. pr. f. Pema, cidade do Egito ou da Etiópia (Plín. H. Nat. 6, 29).

penārĭus, -a, -um, adj. Em que se guardam gêneros alimentícios: **cella penaria** (Cíc. C.M. 56) «despensa».

Penātēs, -tĭum, ou -tum, subs. pr. m. pl. I — Sent. próprio: 1) Os deuses Penates (cujas imagens se conservavam no interior da casa) (Verg. En. 1, 68). II — Por extensão: 2) Casa, lar (Cíc. Quinct. 83). III — Sent. fig.: 3) Colmeia (Verg. G. 4, 155). Obs.: Os Penates eram divindades protetoras da casa e do Estado.

penātĭger, -gĕra, -gĕrum, adj. Que leva os Penates (Ov. Met. 15, 450).

pendes, -ēntis, part. pres. de **pendĕo**.

pendĕo, -ēs, -ēre, pepēndī, v. tr. I — Sent. próprio: 1) Estar pendurado, pender, estar suspenso (Cíc. Verr. 4, 74); (Verg. G. 1, 214). II — Sent. figurado: 2) Estar na expectativa, estar perplexo, hesitar, estar incerto (Cíc. Tusc. 1, 96); (Ov. Met. 8, 12). 3) Estar absorto, estar prêso a, ter os olhos fixos em (Verg. En. 4, 79). 4) Depender de (Cíc. De Or. 2, 107). Obs.: Constrói-se com abl. acompanhado ou não das preps. **ab, ex, in** ou **de**.

pendō, -is, -ĕre, pepēndī, pensum, v. tr. e intr. A) Tr.: I — Sent. primitivo: 1) Suspender, pendurar, daí: pesar (Cíc. Or. 51). Donde, por especialização do sentido: 2) Pesar o dinheiro, pagar (Cíc. Prov. 5); (Cés. B. Gal. 5, 22, 4). II — Sent. figurado: 3) Pagar por um crime, uma falta, sofrer um castigo, ser punido (Cíc. At. 1, 8, 1). 4) Ponderar, avaliar, examinar (Hor. Sát. 2, 4, 93). B) Intr.: 5) Ser pesado, pesar (Lucr. 1, 361); (T. Lív. 38, 38, 13). Obs.: Constrói-se com abl. com **ex**; com acus.; com acus. e gen.; com acus. e dat.

pendŭlus, -a, -um, adj. I — Sent. próprio: 1) Pendente, que pende, suspenso, pendurado (Hor. O. 3, 27, 58). Daí: 2) Em declive, ladeirento (Marc. 13, 112). II — Sent. figurado: 3) Que está incerto, inquieto, hesitante (Hor. Ep. 1, 18, 110).

pĕnĕ, adv., v. paene.

Pēnēis, -ĭdis, subs. pr. f. Peneide, do Peneu: **nympha Peneis** (Ov. Met. 1, 472) «Dafne».

Pēnēĭus, -a, -um, adj. Peneio, do Peneu (Verg. G. 4, 317). Obs.: Como subs. f.: filha do Peneu, i.é, Dafne (Ov. Met. 1, 452)

Pēnĕlŏpa, -ae, subs. pr. f. Penélopa. 1) Espôsa de Mercúrio e mãe de Pã (Cíc. Nat. 3, 56). 2) v. **Penelope** (Hor. Sát. 2, 5, 76).

Penelopaeus, v. **Penelopēus**.

Pēnĕlŏpē, -ēs, subs. pr. f. Penélope. I — Sent. próprio: 1) Filha de Icário e Peribéia, espôsa de Ulisses, rei de ítaca e mãe de Telêmaco. Homero fêz dela, na Odisséia, o tipo da espôsa virtuosa e fiel guardiã do lar (Cíc. Ac. 2, 95). II — Sent. figurado: 2) Espôsa virtuosa (Marc. 1, 63).

Pēnelopēus, -a, -um, adj. Penelopeu, de Penélope (Ov. Trist. 5, 14, 36).

Pēnēos, v. **Pĕnēus.**

penes, prep. (com acus.). I — Sent. próprio: 1) Entre, no país de, em; e daí: em poder de, na mão de, na posse de: **penes quem est potestas** (Cíc. Fam. 4, 7, 3) «nas mãos de quem está o poder»; (Hor. Sát. 2, 3, 273). Obs.: Aparece freqüentemente posposta ao acus. quando êste fôr o de um pron. relativo: **quem penes, quos penes** (Cíc. Fam. 9, 16, 3); (Plaut. Amph. 653).

Penēstae, -ārum, subs. loc. m. pl. Penestas, habitantes de Penéstia (T. Lív. 43, 21).

Penestĭa, -ae, subs. pr. f. Penéstia, região da Ilíria grega (T. Lív. 43, 19, 2).

Penestĭāna Terra, v. **Penestĭa** (T. Lív. 43, 20).

penetrābĭlis, -e, adj. I — Sent. próprio: 1) Penetrável, que pode ser traspassado (Ov. Met. 12, 166). 2) Que penetra, penetrante (Verg. G. 1, 93). Daí: 3) O que pode ser penetrado, acessível (Estác. S. 3, 5, 21).

penetrāle, -is, subs. n. (geralmente no. pl.). I — Sent. próprio: 1) Santuário (dos deuses Penates), santuário (Ov. Met. 15, 35). Daí: 2) Lugar mais retirado de uma casa, de uma cidade, de um país (Verg. En. 2, 484). II — Sent. figurado: 3) O íntimo, o fundo, mistérios, segredos (Tác. D. 12).

penetrālis, -e, adj. I — Sent. próprio: 1) Colocado na parte mais retirada de uma casa, secreto, retirado (Verg. G. 1, 379). II — Sent. figurado: 2) Penetrante, agudo (Lucr. 1, 495).

penetrātus, -a, -um, part. pass. de **penĕtro.**

penĕtrō, -ās, -āre, -āvī, -ātum, v. tr. e intr. I — Sent. próprio: 1) Penetrar, entrar em (Cíc. Prov. 32); (Cíc. Ac. 2, 122); (Lucr. 4, 613); (Verg. En. 1, 243). II — Sent. figurado: 2) Insinuar-se, introduzir-se (Cic. Br. 142). Obs.: Em Cícero só é usado como intr., sendo que seu emprêgo transitivamente aparece, principalmente, em poesia e nos escritores arcaicos e imperiais.

1. Pēnēus ou **Pēnēos, -ī,** subs. pr. m. Peneu, rio da Tessália (Verg. G. 4, 355).

2. Pēnēus, -a, -um, adj. Peneu, do Peneu (Ov. Met. 7, 230).

pēnicīllum, -ī, subs. n. e **pēnicīllus, -ī,** subs. m. I — Sent. próprio: 1) Pincel (Cíc. Fam. 9, 22, 2). II — Sent. figurado: 2) Estilo, maneira própria (do escritor) (Cíc. Q. Fr. 2, 15, 2).

penicŭlus, -ī, subs. m. Escôva, extremidade da cauda de certos animais que servia de escôva, vassoura (Plaut. Men. 391).

peninsŭla, v. **paeninsŭla.**

pēnis, -is, subs. m. I — Sent. próprio: 1) Pênis (Hor. Epo. 12, 8). II — Sent. diverso: 2) Cauda (de quadrúpedes) (Cíc. Fam. 9, 22, 2).

Penĭtē, v. **penĭtus** (Catul. 61, 178).

1. penĭtus, adv. 1) No fundo, até o fundo, profundamente (Cíc. Verr. 2, 169). 2) Completamente, inteiramente (Cíc. Nat. 1, 119).

2. penĭtus, -a, -um, adj. Que se encontra no fundo, interior, profundo (Plaut. As. 40).

Penĭus, -ī, subs. pr. m. 1) Rio da Tessália (Plín. H. Nat. 4, 30). 2) Rio e cidade do Ponto (Plín. H. Nat. 6, 14).

penna, -ae, subs. f. I — Sent. próprio: 1) Asa (o que serve para voar) (Ov. Met. 4, 664). II — Daí, em sent. particular: 2) Asa (das abelhas) (Verg. G. 4, 73). 3) Pena (em geral), pluma, flecha, penacho de capacete (Ov. Met. 4, 728). III — Sent. poético: 4) Vôo de presságio (Prop. 3, 10, 11).

pennātus, pennĭger, pennirăpus, pennŭla, v. **pinn-.**

Pennīnus (Peni-, Poeni-), -a, -um, adj. Penino, relativo aos Alpes Peninos: **Penninae Alpes** (Tác. Hist. 1, 87) ou **Pennina juga** (Tác. Hist. 1, 61) ou **Penninus** (T. Lív. 5, 35, 2) «Alpes Peninos».

pennĭpes, v. **pennĭpes.**

pennipotēntes, -um, adj. 1) Penipotente, de asas poderosas (Lucr. 2, 878). 2) F. pl.: aves (Lucr. 5, 786).

Pennus, -ī, subs. pr. m. Peno, sobrenome romano (T. Lív. 4, 26, 2).

pensātĭō, -ōnis, subs. f. Compensação (Petr. 141, 6).

pensātus, -a, -um, part. pass. de **penso.**

pensĭlis, -e, adj. I — Sent. próprio: 1) Pendurado, pendente, suspenso, que pende: **pensĭlis uva** (Hor. Sát. 2, 2, 121)

«uvas penduradas (sêcas)». II — Daí: 2) Construído sôbre pilastras, suspenso, pênsil (Q. Cúrc. 5, 1, 32).
pensĭō, -ōnis, subs. f. I — Sent. próprio: 1) Pagamento, paga (Cíc. Fam. 6, 18, 5). II — Daí, em sent. particular: 2) Pagamento do aluguel, aluguel, pensão (Suet. Ner. 44). 3) Indenização (Petr. 136, 12).
pensĭtō, -ās, -āre, -āvī, -ātum, v. freq. tr. I — Sent. moral: 1) Pesar (Plín. H. Nat. 7, 44). II — Sent. figurado: 2) Pensar, ponderar (T. Lív. 4, 41, 3). III — Por especialização: 3) Pagar (Cíc. Pomp. 16).
pensō, -ās, -āre, -āvī, -ātum, v. tr. I — Sent. próprio: 1) Suspender, pesar (sent. físico e moral) (Hor. Ep. 2, 1, 29). II — Sent. figurado: 2) Ponderar, examinar (T. Lív. 22, 51, 3). Por especialização de sent.: 3) Pagar, comprar, dar o equivalente, compensar, recompensar (Tác. Híst. 3, 26); (Ov. Her. 2, 143).
pensum, -ī, subs. n. I — Sent. próprio: 1) Pêso de lã para fiar (distribuído às escravas) (Verg. G. 1, 390). Daí: 2) Tarefa (de uma fiandeira), rocada, tarefa cotidiana (Verg. En. 8, 412). II — Sent. figurado: 3) Tarefa, dever, obrigação (Cíc. Verr. 3, 109).
pensus, -a, -um. I — Part. pass. de **pendo.** II — Adj. 1) Pesado (sent. físico e moral), vantajoso (Plaut. St. 118). Daí: 2) Ponderado, estimado, avaliado, examinado (Tác. An. 13, 15); (Sal. B. Jug. 41, 9).
pentamĕter, -trī, subs. m. Pentâmetro, ou o verso elegíaco (Quint. 9, 4, 98).
Pentapŏlis, -is, subs. pr. f. Pentápoles, antiga região da Cirenaica (S. Ruf. Brev. 13).
Pentelĭcus, -a, -um, adj. Pentélico, do monte Pentélico, na Ática (Cíc. At. 1, 8, 2).
Penthesilēa, -ae, subs. pr. f. Pentesiléia, rainha das Amazonas, morta por Aquiles no cêrco de Tróia (Verg. En. 1, 491).
Pentheus, -ĕī, ou **-ĕos,** subs. pr. m. Penteu, rei de Tebas, filho de Equião e Agave, que se opôs à introdução do culto dionisíaco na cidade e foi despedaçado pelas bacantes (Ov. Met. 3, 514).
Penthĭdēs, -ae, subs. pr. m. Pentides, neto de Penteu (Ov. Ib. 449).
Pentolăbus, -ī, subs. m. v. **Pantolăbus.**
Pentrī, -ōrum, subs. loc. m. Pentros, povo do Sâmnio (T. Lív. 9, 31, 4).

pēnŭrĭa, -ae, subs. f. I — Sent. próprio: 1) Falta, necessidade, privação, penúria, escassez de víveres (Cíc. Verr. 5, 2). II — Daí: 2) Falta, em geral: **penuria aquarum** (Sal. B Jug. 17, 5) «falta d'água. Obs.: Constrói-se com gen.; raramente abs.
penus, -ŏris, ou **penum, -ī,** subs. n. (ou **penus, -ī,** e **-ūs,** subs. m. f.). I — Sent. próprio: 1) Comestíveis (Verg. En. 1, 703). II — Daí: 2) Despensa (Pérs. 3, 73).
Peparēthos (-thus), -ī, subs. pr. f. Pepareto, pequena ilha do mar Egeu (T. Lív. 28, 5, 10).
pepĕdī, perf. de **pedo.**
pependī, perf. de **pendĕo** e de **pendo.**
pepercī, perf. de **parco.**
pepĕrī, perf. de **parĭo.**
pepĭgī = **panxi,** perf. de **pango.**
peplum, -ī, subs. n. ou **peplus, -ī,** subs. m. Peplo (manto honorífico de Minerva), manto de cerimônia para uso dos deuses, das senhoras da alta aristocracia, imperadores, etc. (Verg. En. 1, 480).
pepŭgī, forma arcaica de **pupŭgī,** perf. de **pungo** (Cíc. Amer. 60).
pepŭlī, perf. de **pello.**
per, prep. (acus.) e prevérbio. Prep.: I — Sent. local: 1) Através de, por, por entre: **per forum** (Cíc. At. 14, 16, 2) «pelo fôro». 2) Por cima de: **per corpora** (Cés. B. Gal. 2, 10, 2) «atravessar por cima dos cadáveres». 3) Diante de, ao longo de: **per ora vestra incedunt** (Sal. B. Jug. 31, 10) «passam diante dos olhos». 4) Por, para, de (idéia de distribuição e sucessão): **invitati per domos** (T. Lív. 1, 9, 9) «convidados para diferentes casas»; **per manus** (Cés. B. Gal. 6, 38, 4) «de mão em mão». II — Sent. temporal: 5) Durante, cada: **per triennium** (Cíc. Verr. 4, 136) «durante 3 anos». III — Sent. diversos: 6) Por meio de, com o auxílio de, por intermédio de: **per litteras** (Cíc. Fam. 2, 6, 2) «por carta, isto é: por meio de uma carta». 7) Por causa de, por amor de, por: **per imprudentiam vestram** (Cíc. Agr. 2, 25) «por causa de vossa imprudência». 8) Em nome de, por (nas fórmulas de súplica): **per deos!** (Cíc. Of. 2, 5) «em nome dos deuses». Obs.: Como prevérbio indica: 1) Através, durante, do princípio ao fim (sent. local e temporal). 2) Acabamento, perfeição **(perficio).**

3) Junta-se a adjetivos ou advérbios originando uma forma de superlativo absoluto, como: **perfacilis, peracute.** 4) Serve de refôrço junto a verbos (**peragito**). 5) Pode indicar às vêzes, desvio, afastamento: **perfidus**.

pēra, -ae, subs. f. Alforje, sacola (Marc. 4, 53, 3).

perabsŭrdus, -a, -um, adj. Muito absurdo, inteiramente absurdo (Cíc. Fin. 3. 27).

peraccŏmodātŭs, -a, -um, adj. Inteiramente conveniente (Cíc. Fam. 3, 5, 3).

perācer, -cris, -cre, adj. Sent. próprio: 1) Muito azêdo; daí, em sent. figurado: 2) Muito apurado, penetrante (Cíc. Fam. 9, 16, 4).

peracěrbus, -a, -um, adj. I — Sent. próprio: 1) Muito azêdo (Cíc. C. M. 53). II — Sent. figurado: 2) Muito desagradável (Plín. Ep. 6, 5, 6).

peracēscō, -is, -acŭī, -ĕre (sem supino), v. incoat. intr. Irritar-se, azedar-se muito (sent. figurado) (Plaut. Bac. 1099).

peractĭō, -ōnis, subs. f. Acabamento, fim (Cic. C. M. 86).

peracūtē, adv. Muito engenhosamente, com muita finura (Cíc. Ac. 1, 35).

perāctus, -a, -um, part. pass. de **perāgo**.

peracūtus, -a, -um, adj. I — Sent. próprio: 1) Muito agudo (Marc. 3, 24, 5). II — Sent. figurado: 2) Muito penetrante, muito sutil (Cíc. Br. 264).

peradulēscens, -ēntis, ad. Muito novo (Cic. Pomp. 61).

peradulescentŭlus, -ī, subs. m. Rapaz muito jovem (C. Nep. Eum. 1, 4).

Peraea, -ae, subs. pr. f. Peréia. 1) Província marítima da Cária (T. Lív. 32, 33, 6). 2) Região além do rio Jordão (Plín. H. Nat. 5, 70). 3) Colônia de Mitilene (T. Lív. 37, 21, 4).

peraequē, adv. Exatamente, do mesmo modo (Cíc. Pis. 86).

peragitātus, -a, -um, part. pass. de **peragito**.

peragĭtō, -ās, -āre, -āvī, -ātum, v. tr. I — Sent. próprio: 1) Agitar em todos os sentidos (Sên. Ben. 3, 37). II — Sent. figurado: 2) Excitar (Sên. Ir. 1, 7). 3) Perseguir (o inimigo) (Cés. B. Civ. 1, 80). 4) Acabar, terminar (Plín. H. Nat. 18, 169).

perăgō, -is, -ĕre, perēgī, perāctum, v. tr. I — Sent. próprio: 1) Levar ao fim, acabar (Verg. En. 4, 653); (Verg. En. 4, 452). Daí: 2) Realizar (Cíc. Nat. 2, 10). (Cés. B. Gal. 6, 4, 5). Donde:

3) Perseguir: **reum** (T. Lív. 4, 42, 6) «perseguir um acusado». II — Sent. figurado: 4) Percorrer, correr, discorrer (Ov. Met. 13, 618); (T. Lív. 1, 32, 6).

peragrātĭō, -ōnis, subs. f. Ação de percorrer, percurso (Cíc. Phil. 2, 57).

peragrātus, -a, -um, part. pass. de **perăgro**.

perăgrō, -ās, -āre, -āvī, -ātum, v. tr. I — Sent. próprio: 1) Percorrer, visitar sucessivamente (Cic. Tusc. 5, 97); (Cíc. Br. 51). II — Tr.: 2) Penetrar, insinuar-se (Cíc. De Or. 1, 222).

perālbus, -a, -um, adj. Muito branco (Apul. M. 1, 2).

perămans, -āntis, adj. Muito ligado a, muito amigo de (Cíc. At. 4, 8b, 3).

peramānter, adv. Muito afetuosamente (Cíc. Fam. 9, 20, 3).

perambŭlō, -ās, -āre, -āvī, -ātum, v. tr. 1) Percorrer, atravessar (sent. próprio e figurado) (Hor. O. 4, 5, 17). 2) Visitar sucessivamente (Sên. Ben. 6, 16, 2).

peramoenus, -a, -um, adj. Muito agradável, encantador (Tác. An. 4, 67).

perāmplus, -a, -um, adj. De grandes proporções, vastíssimo (Cíc. Verr. 4, 109).

perangŭstē, adv. De maneira muito restrita, muito estreitamente (Cic. De Or. 1, 163).

perangŭstus, -a, -um, adj. Muito estreito, muito apertado (Cés. B. Gal. 7, 15, 5).

Perănna ou **Perēnna, -ae,** subs. pr. f. (Ana) Perana ou Perena, deusa dos romanos (Ov. F. 3, 654).

perānnō, -ās, -āre, -āvī = perēnno, v. intr. (Suet. Vesp. 5).

perantīquus, -a, -um, adj. Muito antigo (Cíc. Verr. 4, 4).

perapposĭtus, -a, -um, adj. Muito conveniente a (Cíc. De Or. 2, 274).

perarātus, -a, -um, part. pass. de **peraro**.

perardŭus, -a, -um, adj. Muito difícil (Cic. Verr. 3, 166).

perargūtus, -a, -um, adj. I — Sent. próprio: 1) Que tem um som muito agudo (Apul. M. 10, 18). II — Sent. figurado: 2) Muito espirituoso, muito sagaz (Cíc. Br. 167).

perārĭdus, -a, -um, adj. Muito sêco, inteiramente árido (Cat. Agr. 5, 8).

perārō, -ās, -āre, -āvī, v. tr. I — Sent. próprio: 1) Sulcar (de rugas), sulcar (Ov. Met. 14, 96); (Sên. Med. 650). II — Sent. figurado: 2) Traçar, escrever (Ov. Met. 9, 563).

perattēntē, adv. Com muita atenção (Cíc. Cael. 25).

perattēntus, -a, -um, adj. Muito atento (Cíc. Verr. 3, 10).
pērātus, -i, subs. m. Homem munido de um alforje (Plaut. Ep. 351).
perbacchātus, -a, -um, part. pass. de **perbācchor.**
perbācchor, -āris, -ārī, -ātus sum, v. dep. intr. Passar na orgia, embriagar-se, entregar-se à orgia (Cíc. Phil. 2, 104).
perbāsiō, -ās, -āre, v. tr. Beijar com paixão, com ternura (Petr. 41, 8).
perbeātus, -a, -um, adj. Muito feliz (Cíc. De Or. 1, 1).
perbēllē, adv. Perfeitamente bem, muito belamente (Cíc. Fam. 16, 18, 1).
perbĕnĕ, adv. Muito bem, perfeitamente (Cíc. Br. 108).
perbenevŏlus, -a, -um, adj. Muito bem disposto para, que quer muito bem a, muito amigo de (Cíc. Fam. 14, 4, 6).
perbenīgnē, adv. Com muita bondade (Ter. Ad. 702). Obs.: Com tmese: per **mihi benigne** (Cíc. Q. Fr. 2, 9, 2) «com muita bondade para mim.»
perbībō, -is, -ĕre, -bĭbī (sem supino), v. tr. Beber inteiramente, embeber-se, impregnar-se (sent. próprio e figurado) (Sên. Ep. 71, 31); (Plaut. St. 340).
perbĭbī, perf. de **perbĭbo.**
perbītō, -is, -ĕre, v. intr. I — Sent. próprio: 1) Ir-se embora para sempre, desaparecer (Plaut. Rud. 4, 95). II — Sent. figurado: 2) Perecer (Plaut. Ps. 778).
perblāndus, -a, -um, adj. Muito afável (T. Lív. 23, 10, 1).
perbŏnus, -a, -um, adj. Muito bom, excelente (Cíc. Verr. 4, 38).
perbrĕvī, adv. Muito brevemente, dentro de muito pouco tempo (Cíc. Fam. 6, 12, 3).
perbrĕvis, -e, adj. Muito curto, muito breve, muito conciso (Cíc. Verr. 3, 22).
perbrevĭter, adv. Muito sucintamente (Cíc. De Or. 2, 235).
percalefăcĭō, -is, -ĕre, v. tr. Aquecer muito (Lucr. 6, 178).
percalefāctus, -a, -um, part. pass. de **percalefacĭo.**
percalēscō, -is, -ĕre, -calŭī, v. incoat. intr. Aquecer-se muito, tornar-se muito quente (Ov. Met. 1, 418).
percalfāctus (percalefactus), -a, -um, part. pass. de **percalefacio.** Tornado muito quente (V. Máx. 9, 12, 4).
percallēscō, -is, -ĕre, -callŭī, v. incoat. intr. I — Sent. próprio: 1) Endurecer-se, e daí, em sent. figurado: 2) Endurecer-se, tornar-se calejado (Cíc. Mil. 76). II — Donde, transitivamente: 3) Conhecer a fundo, saber completamente (A. Gél. 28, 1, 20).
percalŭī, perf. de **percalēsco.**
percārus, -a, -um, adj. I — Sent. próprio: 1) Muito caro, de grande preço (Ter. Phorm. 558). II — Sent. figurado: 2) Muito querido, muito amado (Cíc. Scaur. 39).
percautus, -a, -um, adj. Muito circunspecto (Cíc. Q. Fr. 1, 1, 18).
percelebrātus, -a, -um, part. pass. de **percelĕbro.**
percelĕbrō, -ās, -āre, -āvī, -ātum, v. tr. Tornar conhecido pela palavra, falar muito de (Cíc. Verr. 5, 81).
percĕler, -ĕris, -ĕre, adj. Muito rápido (Cíc. Cael. 58).
percelerĭter, adv. Muito ràpidamente (Cíc. Fam. 6, 12, 3).
percēllō, -is, -ĕre, percŭlī, percŭlsum, v. tr. I — Sent. próprio: 1) Bater, ferir violentamente, abalar com um golpe ou pancada (T. Lív. 9, 10, 10). 2) Abater (sent. físico e moral), abalar, vexar (Cíc. Verr. 3, 132). II — Sent. figurado: 3) Arruinar, destruir (Cíc. Mil. 56).
Percennĭus, -ī, subs. pr. m. Percênio, nome de homem (Tác. An. 1, 17).
percensĕō, -ēs, -ēre, -cēnsŭī, v. tr. I — Sent. próprio: 1) Passar uma revista completa, enumerar completamente (Cíc. Part. 127). II — Daí: 2) Examinar sucessivamente, percorrer (sent. próprio e figurado) (Cíc. Sen. 1); (T. Lív. 34, 52, 2).
percensŭī, perf. de **percensĕo.**
percēpī perf. de **percipio.**
perceptĭō, -ōnis, subs. f. I — Sent. próprio: 1) Ação de colher, colheita (Cíc. Of. 2, 12). II — Na língua filosófica: 2) Percepção, noção, conhecimento (Cíc. Ac. 1, 45).
percēptus, -a, -um. I — Part. pass. de **percipĭo.** II — Subs. n. pl. — **percepta:** conhecimento (Cíc. Fat. 11).
percĭdī, perf. de **percĭdo.**
percĭdō, -is, -ĕre, -cĭdī, -cīsum, v. tr. Cortar em pedaços, destruir, destroçar (Plaut. Pers. 283).
percĭĕō, -ēs, -ēre ou percĭō, -īs, -īre, -īvī (ou ĭī), -ītum, v. tr. I — Sent. próprio: 1) Pôr em movimento, agitar, abalar (Lucr. 3, 303). II — Sent. figurado: 2) Atacar com palavras, insultar (Plaut. As. 475).
percĭō = percĭĕo.

percipiō, -is, -ēre, -cēpī, -cēptum, v. tr. I — Sent. próprio: 1) Tomar, apanhar através, apoderar-se de (Ter. Eun. 972); (Lucr. 6, 985). II — Sent. figurado: 2) Perceber, compreender, ouvir, conhecer (Cíc. Or. 8); (Cés. B. Gal. 6, 8, 7); (Cíc. Cat. 1, 27). 3) Receber, adquirir (Cés. B. Civ. 2, 32, 6); (Cíc. Nat. 2, 91). 4) Colhêr, recolher, apreender (Cíc. C.M. 24). 5) Aprender, saber (Cíc. De Or. 1, 219).

percīsus, -a, -um, part. pass. de **percīdo**.

percĭtus, -a, -um, I — Part. pass. de **percĭo**. II — Adj.: 1) Fortemente agitado, excitado, irritado, furioso (Cíc. Mil. 63). 2) Fogoso, ardente (tratando-se de caráter, temperamento) (Sal. Hist. 2, 35); (T. Lív. 21, 53, 8).

percīvīlis, -e, adj. Cheio de bondade, muito benévolo (Suet. Tib. 28).

perclāmō, -ās, -āre, v. tr. Gritar fortemente (Plaut. Truc. 29).

percōctus, -a, -um, part. pass. de **percŏquo**.

percognĭtus, -a, -um, I — Part. pass. do desusado **percognosco**. II — Adj.: Bem conhecido (Plín. H. Nat. 2, 116).

percōlātus, -a, -um, part. pass. de **percŏlo 1**.

1. percōlō, -ās, -āre, -āvī, -ātum, v. tr. I — Sent. próprio: 1) Coar, filtrar, fazer passar através (Lucr. 2, 475). II — Sent. figurado: 2) Digerir (Sên. Nat. pref. 3).

2. percŏlō, -is, -ĕre, -coluī, -cultum, v. tr. I — Sent. próprio: 1) Honrar muito, tratar com tôdas as atenções (Plaut. Trin. 280); (Tác. An. 4, 68). 2) Adornar, enfeitar (Tác. Agr. 10). 3) Habitar, cultivar (Apul. M. 11, 2). II — Sent. figurado: 4) Terminar, concluir (Plín. Ep. 5, 6, 41).

percolŏpō, -ās, -āre, v. tr. Esbofetear a valer (Plaut. Trin. 44, 5).

percoluī, perf. de **percŏlo 2**.

percōmis, -e, adj. Muito amável, muito dedicado (Cíc. Br. 212).

percommŏde, adv. Muito a propósito, muito oportunamente (Cíc. Tusc. 4, 64).

percommŏdus, -a, -um, adj. Muito conveniente, muito oportuno (T. Lív. 22, 43, 11).

percōnor, -āris, -ārī, v. dep. tr. Levar ao fim (uma emprêsa) (Sên. Ep. 95, 46).

percontātĭō, -ōnis, subs. f. I — Sent. próprio: 1) Ação de se informar, pergunta (Cés. B. Gal. 1, 39, 1). II — Na língua retórica: 2) Interrogação (Cíc. De Or. 3, 203).

percontātor, -ōris, subs. m. O que pergunta, inquiridor (Hor. Ep. 1, 18, 69).

percontātus, -a, -um, part. pass. de **percontor**.

percontor (percūnctor), -āris, -ārī, -ātus sum, v. dep. tr. 1) Sondar (sent. próprio e moral) (Cíc. Fin. 2, 1, 2). Daí: 2) Perguntar, interrogar, indagar, informar-se, investigar (Cíc. Ac. 1, 2); (Cíc. Fin. 2, 118). Obs.: Constrói-se com acus. e abl. com **de**, ou **ab**; com acus. e or. interrog.; com dois acus.; ou como intr. absoluto. **Percontor** é a única grafia correta, sendo que **percunctor** é devido a uma falsa aproximação com as palavras **cuncto**, ou **cunctor**.

percontŭmax, -ācis, adj. Muito teimoso, muito obstinado (Ter. Hec. 504).

percopiōsus, -a, -um, adj. Muito abundante (tratando-se de um orador) (Plín. Ep. 9, 31, 1).

percŏquō, -is, -ĕre, -cōxī, -cōctum, v. tr. 1) Cozer bem, cozinhar bem (Plaut. Merc. 579). 2) Aquecer um líqüido (Lucr. 6, 858). 3) Tornar bem maduro, amadurecer (Sên. Ben. 7, 31, 3); (Ov. Rem. 83).

Percōtē, -ēs, subs. pr. f. Percote, cidade da Tróade (Plín. H. Nat. 5, 141).

percōxī, perf. de **percŏquo**.

percrēbrēscō (-bēscō), is, -ĕre, -crebruī ou **-crebuī**, v. intr. 1) Tornar-se freqüente (Tác. An. 12, 6). Daí: 2) Espalhar-se, divulgar-se, tornar-se público (Cíc. Verr. 4, 94).

percrebuī, perf. de **percrebrēsco**.

percrĕpō, -ās, -āre, -crepuī, -crepĭtum, v. tr. e intr. I — Sent. próprio: A) Intr.: 1) Ressoar com fôrça, fazer grande estrondo (Cíc. Verr. 5, 31). II — Sent. figurado: B) Tr.: 2) Cantar, celebrar (Lucil. 26, 57). Obs.: Constrói-se com abl. ou transitivamente.

percrepuī, perf. de **percrĕpo**.

precruciō, -ās, -āre, v. tr. Atormentar cruelmente (Plaut. Bac. 1099).

percucurrī = **percŭrrī**, perf. de **percŭrro**.

percŭlī, perf. de **percĕllo**.

perculsus, -a, -um, part. pass. de **percĕllo**.

percultus, -a, -um, part. pass. de **percŏlo 2**.

percupĭdus, -a, -um, adj. Muito ligado, muito amigo de (Cíc. Fam. 1, 7, 2).
percupĭō, -is, -ĕre, v. tr. Desejar ardentemente (Ter. Eun. 896).
percūrātus, -a, -um, part. pass. de **percūro.**
percūriōsus, -a, -um, adj. Muito vigilante, muito curioso (Cíc. Clu. 175).
percūrō, -ās, -āre, -āvī, -ātum, v. tr. Curar completamente (sent. próprio e figurado) (T. Lív. 21, 57, 9).
percūrrī, perf. de **percūrro.**
percūrrō, -is, -ĕre, -cucūrrī ou **-cūrrī, -cūrsum,** v. intr. e tr. I — Tr.: 1) Percorrer (sent. físico e moral) (Cés. B. Civ. 1, 15, 1); (Cíc. De Or. 1, 218). II — Sent. figurado: 2) Passar ràpidamente sôbre um assunto, expor sucessivamente (Cíc. De Or. 1, 205). III — Intr.: 3) Correr sem parar, correr através (sent. próprio e figurado) (Lucr. 6, 668); (Cíc. Verr. 3, 100); (Ter. And. 355).
percursātĭō, -ōnis, subs. f. Ação de percorrer, digressão por (Cíc. Phil. 2, 62).
percursĭō, -ōnis, subs. f. I — Sent. próprio: 1) Ação de percorrer. II — Daí, em sent. figurado: 2) Revista (Cíc. Tusc. 4, 31).
percūrsō, -ās, -āre, v. intr. e tr. I — Intr.: 1) Correr por aqui e por ali. (T. Lív. 23, 42, 10). II — Tr.: 2) Percorrer (Plín. Pan. 12, 11).
percūrsus, -a, -um, part. pass. de **percūrro.**
percūssī, perf. de **percutĭo.**
percussĭō, -ōnis, subs. f. I — Sent. próprio: 1) Percussão, pancada, golpe (Cíc. Tusc. 3, 62). II — Daí: 2) Tempo ou compasso marcado (Cíc. De Or. 3, 182).
percūssor, -ōris, subs. m. I — Sent. próprio: 1) O que fere (Plín. H. Nat. 8, 51). II — Daí: 2) Assassino, sicário (Cíc. Phil. 2, 74).
1. **percūssus, -a, -um,** part. pass. de **percutĭo.**
2. **percūssus, -ūs,** subs. m. I — Sent. próprio: 1) Percussão, ação de bater, golpe, pancada (Ov. P. 2, 7, 40). II — Sent. figurado: 2) Pulsação, pancada (Sên. Ir. 3, 25, 3).
percūstī, forma sincopada de **percussisti,** perf. de **percutĭo** (Hor. Sát. 2, 3, 273).
percutĭō, -is, -ĕre, -cūssī, -cūssum, v. tr. I — Sent. próprio: 1) Atravessar batendo, penetrar batendo (T. Lív. 2, 19, 8). Daí: 2) Bater, bater com fôrça, atingir, ferir, matar (Cíc. De Or. 2, 197); (Cíc. Nat. 3, 57). 3) Percutir (as cordas da lira), tocar, tanger (Ov. Am. 3, 12, 40). 4) Cunhar moeda: **nummum** (Suet. Aug. 94) «cunhar uma moeda». II — Sent. figurado: 5) Impressionar, comover, afligir (Cíc. Br. 305). 6) Enganar, lograr (Cíc. Flac. 46).
perdēlīrus, -a, -um, adj. Muito insensato, insensato, extravagante (Lucr. 1, 692).
Perdīccās, -ae, subs. pr. m. Perdicas, nome de vários reis da Macedônia (Cíc. Tusc. 5, 34).
perdĭcis, gen. de **perdix.**
perdĭdī, perf. de **perdo.**
perdidĭcī, perf. de **perdisco.**
perdifficĭlis, -e, adj. Muito difícil (Cíc. Verr. 4, 110).
perdifficĭlĭter, adv. Muito dificilmente (Cíc. Ac. 2, 47).
perdignus, -a, -um, adj. Muito digno (Cíc. Fam. 13, 6, 4).
perdiligĕnter, adv. Com muita exatidão (Cíc. Br. 14).
perdilĭgens, -ēntis, adj. Muito cuidadoso (Cíc. Q. Fr. 3, 5, 6).
perdiscō, -is, -ĕre, perdidĭcī, v. tr. Aprender inteiramente, aprender de princípio a fim, saber perfeitamente (Cíc. De Or. 1, 13); (Cíc. De Or. 2, 69).
perdisērtē, adv. Muito eloqüentemente (Cic. De Or. 1, 62).
perdĭtē, adv. De maneira infame, à maneira de uma pessoa perdida (Cíc. At. 9, 2a, 2).
perdĭtor, -ōris, subs. m. Destruidor, flagelo, peste (Cíc. Pis. 84).
perdĭtus, -a, -um, I — Part. pass. de **perdo.** II — Adj.: 1) Perdido, depravado (sent. físico e moral) (Cíc. Phil. 2, 78); (Cíc. Amer. 62). 2) Imoderado, excessivo (Catul. 89, 2).
perdĭū, adv. Durante muito tempo (Cíc. De Or. 1, 8).
perdiutūrnus, -a, -um, adj. Que dura muito tempo (Cíc. Nat. 2, 85).
perdīves -ĭtis, adj. Muito rico (Cíc. At. 6, 1, 3).
1. **perdix, -ĭcis,** subs. f. Perdiz (Marc. 3, 58, 15).
2. **Perdix, -ĭcis,** subs. pr. m. Perdiz, jovem ateniense transformado em perdiz por Minerva (Ov. Met. 8, 237).
perdō, -is, -ĕre perdĭdī, perdĭtum, v. tr. I — Sent. próprio: 1) Perder, dar ou gastar inùtilmente (Cíc. Fam. 5, 16, 3); (Cíc. C.M. 21). Daí: 2) Arruinar, destruir (sent. físico e moral) (Cíc. Amer. 131); (Cíc. Fin. 1, 49). II —

PERDOCĔŎ — 721 — **PEREGRĪNUS**

Sent. figurado: 3) Corromper, perverter (Plaut. Bac. 407). Loc.: **di te perduint!** (Cíc. Dej. 21) «que os deuses causem a tua ruína (maldito sejas)!».

perdocĕō, -ēs, -ēre, -docŭī, -dŏctum, v. tr. Ensinar cabalmente, instruir profundamente (Cíc. Sest. 96).

perdŏctē, adv. Muito sàbiamente, profundamente (Plaut. Most. 279).

perdŏctus, -a, -um I — Part. pass. de **perdocĕo.** II — Adj.: 1) Muito instruído, muito douto (Cíc. Balb. 60). 2) Bem ensinado, bem amestrado (Plaut. Mil. 258).

perdocŭī, perf. de **perdocĕo.**

perdolŭīt, perf. de **perdŏlet.**

perdŏlet. -dolēbat, -dolēre, -dolŭit ou **-dolĭtum est,** v. impess. Sentir profundamente, ter uma grande dor (Ter. Eun. 154).

perdolēscō, -is, -ĕre, -dolŭī, v. intr. Sentir uma dor aguda (Cés. B. Civ. 2, 15, 1).

perdolŭī, perf. de **perdolēsco.**

perdomĭtus, -a, -um, part. pass. de **perdŏmo.**

perdŏmō, -ās, -āre, -domŭī, -domĭtum, v. tr. I — Sent. próprio: 1) Domar completamente, subjugar, submeter (T. Liv. 28, 12, 12). II — Sent. figurado: 2) Amassar (tratando-se de farinha) (Sên. Ep. 90, 23).

perdomŭī, perf. de **perdŏmo.**

perdormīscō, -is, -ĕre, v. intr. Dormir profundamente (Plaut. Men. 928).

perdūcō, -is, -ĕre, -dūxī, -dūctum, v. tr. 1) Conduzir até ao fim, levar a (sent. próprio e abstrato) (Cés. B. Gal. 7, 13, 2); (Cíc. Inv. 2, 169). Daí: 2) Estender até, prolongar (sent. físico e moral) (Cés. B. Gal. 1, 8, 1); (Cés. B. Gal. 5, 31, 3). II — Sent. figurado: 3) Cobrir, untar, envolver (Verg. G. 4, 416).

perdūctō, -ās, -āre, v. tr. Levar alguém a, aliciar (Plaut. Most. 846).

perdūctor -ōris, subs. m. I — Sent. próprio: 1) Condutor, guia (com o fim de subornar ou aliciar) (Plaut. Most. 848). II — Daí, em sent. particular 2) Corruptor, subornador (Cíc. Verr. 1, 34).

perdūctus, -a, -um, part. pass. de **perdūco.**

perdūdum, adv. Há muito tempo (Plaut. St. 575).

perduellĭō, -ōnis, subs. f. Atentado contra o Estado, crime de alta traição (T. Lív. 26, 3, 9).

perduēllis, -is, subs. m. Inimigo (= **hostis e inimicus** na língua clássica) (Cíc. Of. 1, 37).

perdŭim, -is, -it-, -int, forma arcaica do pres. do subj. de **perdo** (= **perdam**) (Plaut. Aul. 664).

perdūrō, -ās, -āre, -āvī, -ātum, v. intr. Durar muito tempo, perdurar (Ter. Hec. 268).

perdūxī, perf. de **perdūco.**

perēdī, perf. de **perēdo.**

perĕdō, -is, -ĕre, -ēdī, -ēsum, v. tr. Consumir, devorar, roer (Verg. En. 6, 442).

perēgī, perf. de **perăgo.**

perĕgrē, adv. Ao longe, no estrangeiro (Cíc. Phil. 5, 30).

perĕgrī, adv. Em país estrangeiro (Plaut. Amph. 5).

peregrīnābŭndus, -a, -um, adj. Que percorre terras estrangeiras, dado a longas viagens (T. Liv. 28, 18, 10).

peregrīnātĭō, -ōnis, subs. f. Longa viagem, grande viagem, peregrinação (Cíc. Fam. 2, 12, 2).

peregrīnātor, -ōris, subs. m. O que viaja muito, o que corre terras (Cíc. Fam. 6, 18, 5).

peregrīnātus, -a, -um, part. pass. de **peregrīnor.**

peregrīnĭtās, -tātis, subs. f. I — Sent. próprio: 1) Condição de estrangeiro (Suet. Cl. 15). II — Daí: 2) Costumes, hábitos estrangeiros, provincial (Cíc. Fam. 9, 15, 2). 3) Sotaque estrangeiro (Quint. 11, 3, 30).

peregrīnor, -āris, -ārī, -ātus sum, v. dep. intr. I — Sent. próprio: 1) Viajar por lugares distantes, por países estrangeiros, peregrinar (Cíc. Br. 51); (Cíc. Arch. 16). Daí: 2) Estar em país estrangeiro (Cíc. Fin. 3, 40). II — Sent. figurado: 3) Ser estrangeiro num assunto, ser noviço, parecer desconhecido (Cíc. Fin. 3, 4).

peregrīnus, -a, -um, adj. I — Sent. próprio: 1) Que viaja no estrangeiro, que vem do estrangeiro, peregrino, exótico (Plín. H. Nat. 15, 43). Daí: 2) Do estrangeiro, relativo ao estrangeiro (Ov. Her. 9, 47). 3) Estrangeiro (em oposição ao cidadão romano) (Cíc. Verr. 4, 77). II — Sent. figurado: 4) Estranho, novato (numa coisa) (Cíc. At. 6, 3, 4).

perēlĕgans, -āntis, adj. Muito elegante, muito delicado, de muito bom gôsto (Cíc. De Or. 2, 270).
perēlegānter, adv. Em um estilo muito apurado (Cíc. Br. 197).
perēlŏquens, -ēntis, adj. Muito eloqüente (Cíc. Br. 247).
perēmī, perf. de **perĭmo**.
peremnĭa, -ĭum, subs. n. pl. Auspícios tomados antes de atravessar um rio (Cíc. Nat. 2, 9).
perēmō = perĭmo (Plin. H. Nat. 33, 3).
peremptālis, -e, adj. Que destrói (Sên. Nat. 2, 49, 2).
perēmptor (-emt-), -ōris, subs. m. Assassino (Sên. Oed. 221).
peremptŏrĭus, -a, -um, adj. Que mata, mortal (Apul. Met. 10, 11).
perēmptus (-emt-), -a, -um, part. pass. de **perĭmo**.
perendĭē, adv. Depois de amanhã (Cíc. At. 12, 44, 3).
perendĭnus, -a, -um, adj. De depois de amanhã, que é do dia de depois de amanhã (Cés. B. Gal. 5, 30, 3).
Perēnna, v. **Perānna**.
perēnnis, -e, adj. I — Sent. próprio: 1) Que dura todo o ano (tratando-se de rios, fontes, etc.) (Plin. H. Nat. 10, 73). Daí: 2) Durável, duradouro, sólido (Hor. O. 3, 30, 1). 3) Perene, inextinguível (Cés. B. Gal. 8, 43, 5). II — Sent. figurado: 4) Inalterável, eterno, contínuo (Cíc. Prov. 23).
perennisērvus, -ī, subs. m. Escravo perpétuo, escravo para sempre (Plaut. Pers. 421).
perennĭtās, -tātis, subs. f. Perenidade, duração contínua, perpetuidade (Cíc. Nat. 2, 98).
perēnnō, -ās, -āre, -āvī, -ātum, v. intr. I — Sent. próprio: 1) Durar um ano (Macr. Saturn. 1, 12, 6). II — Daí: 2) Durar muito, ter uma longa duração (Ov. F. 1, 721).
perĕō, -is, -ī, (-īvī, raro), **-ĭtum**, v. intr. I — Sent. próprio: 1) Ir-se embora inteiramente, desaparecer de todo (Plaut. Curc. 532). Daí: 2) Perecer, morrer (Cíc. Dej. 25); (Cíc. Cat. 2, 21); (Ov. Her. 17, 83). II — Sent. figurado: 3) Estar perdido, estar destruído ou arruinado, estar em grandes dificuldades (Plaut. Most. 148); (Cíc. At. 2, 17, 1): **perii!** (Plaut. Aul. 713) «estou perdido!» III — Sent. poético: 4) Consumir-se (de amor), estar apaixonado, morrer de amôres (Verg. Buc. 10, 10); (Prop. 2, 12, 3). Obs.: Serve de passiva a **perdo**.

Perfeitos sincopados: **peristi** (Prop. 2, 33, 31); **peristis** (Plaut. Capt. 749); **perit** (Lucr. 4, 769); **perisse** (Ov. Am. 19, 56).
perequĭtō, -ās, -āre, -āvī, -ātum, v. intr. e tr. I — Sent. próprio: Intr.: 1) Andar a cavalo de um para outro lado (Cés. B. Civ. 1, 46). Daí: 2) Atravessar, cortar a cavalo (Cés. B. Gal. 7, 66, 7). II — Tr.: 3) Percorrer a cavalo (T. Lív. 5, 28, 12). III — Sent. figurado: **perequitare maria** (Plin. H. Nat. 9, 27) «atravessar os mares a cavalo (num delfim)».
pererrātus, -a, -um, part. pass. de **pererro**.
pererrō, -ās, -āre, -āvī, -ātum, v. tr. Errar através, percorrer sucessivamente ou em tôdas as direções, visitar sucessivamente ou freqüentemente (Hor. Sát. 1, 6, 113); (Verg. En. 5, 441); (Verg. En. 4, 363).
pererudītus, -a, -um, adj. Muito instruído (Cíc. At. 4, 15, 2).
pereūndus, -a, -um, gerundivo de **perĕo**.
pereūntis, gen. do part. pres. de **periens**.
perexcēlsus, -a, -um, adj. Muito alto, muito elevado (Cíc. Verr. 4, 107).
perexigŭē, adv. Muito mesquinhamente (Cíc. At. 16, 1, 5).
perexigŭus, -a, -um, adj. Muito pequeno, muito estreito, muito restrito (Cés. B. Gal. 5, 15).
perexpedītus, -a, -um, adj. Muito pouco carregado de bagagens, muito desembaraçado (de carga) (Cíc. Fin. 3, 36).
perfabrĭcō, -ās, -āre, v. tr. Lograr, enganar completamente (Plaut. Pers. 781).
perfacētē, adv. De maneira muito graciosa, ou muito divertida: **dicta** (Cíc. Verr. 1, 121) «palavras muito espirituosas».
perfacētus, -a, -um, adj. Muito espirituoso, muito engraçado, cheio de graça (Cíc. Br. 105).
perfacĭlē, adv. Muito fàcilmente (Cíc. Fin. 2, 209).
perfacĭlis, -e, adj. 1) Muito fácil: **perfacilis cognĭtu** (Cíc. Tusc. 4, 6) «muito fácil de aprender». 2) Muito condescendente (Cíc. De Or. 1, 93).
perfamĭlĭāris, -e, adj. 1) Muito amigo, muito íntimo (Cíc. Q. Fr. 13, 4). 2) Como subs. m.: amigo íntimo (Cíc. Fin. 5, 94).
perfēcī, perf. de **perficĭo**.

perfēctē, adv. Completamente, perfeitamente (Cíc. Br. 282).
perfectĭō, -ōnis, subs. f. Acabamento completo, e daí, perfeição (Cíc. Br. 137).
perfēctor, -ōris, subs. m. O que faz completamente, autor de, o que aperfeiçoa (Cíc. De Or. 1, 257).
perfēctus, -a, -um. I — Part. pass. de perficio. II — Adj.: 1) Acabado, completo, inteiramente acabado (Cíc. Verr. 4, 124). 2) Perfeito (Cíc. De Or. 1, 59); (Cíc. Br. 70).
perfĕrens, -ēntis. I — Part. pass. de perfero. II — Adj.: Que sofre com muita paciência (Cíc. De Or. 2, 184).
perfĕrō, -fers, -fērre, -tŭlī, -lātum, v. tr. I — Sent. próprio: 1) Levar através ou até ao fim, trazer, anunciar (Cíc. Q. Fr. 3, 1, 18); (Cíc. Fam. 2, 10, 1). II — Sent. figurado: 2) Suportar, sofrer (Cíc. Fin. 5, 48). 3) Cumprir, executar (Prop. 1, 18, 26). 4) Loc.: **perferre legem** (T. Lív. 33, 46, 6) «fazer aprovar (uma lei)».
perfĭca, -ae, subs. f. Aquela que acaba aperfeiçoando, aperfeiçoadora (referindo-se à natureza) (Lucr. 2, 1115).
perficĭō, -is, -ĕre, -fēcī, -fēctum, v. tr. I — Sent. próprio: 1) Acabar, perfazer, completar (Cés. B. Gal. 1, 8, 2). II — Daí: 2) Realizar, executar (Cíc. Clu. 194); (Cíc. Dej. 21). 3) Conseguir, obter (Cíc. Agr. 1, 27). Donde, na língua técnica: 4) Acabar o preparo de uma coisa, aperfeiçoar, instruir completamente (Cíc. Br. 120). Obs.: Constrói-se com acus.; com ut ou ne.
perfĭdē, adv. Pèrfidamente, traiçoeiramente (Sên. Contr. 9, 3, 11).
perfidēlis, -e, adj. Muito fiel, muito digno de confiança, digno de tôda a confiança (Cíc. At. 2, 19, 5).
perfĭdĭa, -ae, subs. f. Perfídia, traição, deslealdade (Cíc. Clu. 51).
perfĭdĭōsē, adv. Pèrfidamente (Cíc. Amer. 118).
perfĭdĭōsus, -a, -um, adj. I — Sent. próprio: 1) De caráter pérfido, pérfido, desleal, cheio de perfídia (Cíc. Pis. 66). II — Sent. figurado: 2) Pérfido (tratando-se de coisas) (Cíc. Fam. 3, 10, 7).
perfĭdum, n. tomado adverbialmente: Pèrfidamente (Hor. O. 3, 27, 67).
perfĭdus, -a, -um, adj. I — Sent. próprio: 1) Pérfido, que falta à sua palavra, que viola a fé (Cíc. Of. 3, 60). II — Sent. figurado: 2) Pérfido, falso (tratando-se de coisas): **perfida via** (Prop. 4, 4, 49) «caminho perigoso».
perfīxus, -a, -um, part. pass. de **perfīgo**. Furado, atravessado, transpassado (Lucr. 2, 360).
perflābĭlis, -e, adj. Permeável (ao ar); exposto ao ar, natureza aérea (Cíc. Div. 2, 40).
perflāgĭtĭōsus, -a, -um, adj. Muito desonroso, muito vergonhoso, infame (Cíc. Cael. 50).
perflātus, -a, -um, part. pass. de **perflo**.
perflō, -ās, -āre, -āvī, -ātum, v. tr. e intr. I — Tr.: 1) Soprar através, soprar com fôrça, abalar soprando (Lucr. 6, 132); (Cíc. Rep. 2, 11). II — Intr.: 2) Soprar (Plín. H. Nat. 2, 240).
perfluctŭō, -ās, -āre, v. tr. Flutuar através de, espalhar-se em (Lucr. 2 721).
perflŭō, -is, -ĕre, -flūxī, -flūxum, v. intr. I — Sent. próprio: 1) Correr através, correr até ao fim (Lucr. 2, 392). II — Sent. figurado: 2) Deixar escapar um segrêdo, ser indiscreto (Ter. Eun. 105).
perflūxī, perf. de **perflŭo**.
perfōdī, perf. de **perfodĭo**.
perfodĭō, -is, -ĕre, fōdī, -fōssum, v. tr. I — Sent. próprio: 1) Furar de um lado a outro, transpassar (Cíc. Vat. 11) 2) Lavar (T. Lív. 33, 17, 6). II — Sent. figurado: 3) Ferir (Verg. En. 11, 10). Obs.: O perf. arc. **perfodivi** ocorre em Plauto (Mil. 142).
perforātŭs, -a, -um, part. pass. de **perforo**.
perfŏrō, -ās, -āre, -āvī, -ātum, v. tr. I — Sent. próprio: 1) Furar, perfurar, transpassar (Cíc. Scaur. 45). II — Daí: 2) Abrir, fazer uma abertura através (Cíc. Fam. 7, 1, 1).
perfortĭter, adv. Com muita bravura (Ter. Ad. 567).
perfōssus, -a, -um, part. pass. de **perfodĭo**.
perfrāctus, -a, -um, part. pass. de **prefringo**.
perfrēgī, perf. de **perfrĭngo**.
perfrĕquens, -ēntis, adj. Muito freqüentado (T. Lív. 41, 1, 5).
perfricātus, -a, -um, part. pass. de **perfrico**.
perfrĭcō, -ās, -āre, -āvī, (ou -fricŭī), -fricātum ou -frīctum, v. tr. 1) Esfregar completamente, limpar de todo (Plín. H. Nat. 28, 190); (Cíc. Pis. 61). 2) Loc.: **perfricare os** (Cíc. Tusc. 3, 41) «esfregar o rosto (perder a vergonha)».
perfrīctus = **perfricātus, -a, -um**, part. pass. de **perfrico**.

perfrĭcŭī = **perfricāvī**, perf. de **perfrĭco**.
perfrīgefăcĭō, -is, -ĕre, v. tr. Gelar, tornar muito frio (o coração) (Plaut. Ps. 1216).
perfrĭgēscō, -is, -ĕre, -frīxī, v. incoat. intr. Tornar-se muito frio, resfriar-se (Plín. H. Nat. 31, 66).
perfrīgĭdus, -a, -um, adj. Muito frio (Cíc. Verr. 4, 86).
perfrĭngō, -is, -ĕre, -frēgī, -frāctum, v. tr. I — Sent. próprio: 1) Quebrar inteiramente, fazer em pedaços (Cíc. Verr. 5, 89). Daí: 2) Romper, abrir, fender (sent. próprio e figurado) (Cés. B. Gal. 1, 25, 2). II — Sent. figurado: 3) Abater, destruir, quebrar (Cíc. Mil. 87). 4) Forçar, penetrar (Tác. Hist. 4, 1); (Cíc. Br. 38).
perfrīxī, perf. de **perfrigēsco**.
perfrūctus, -a, -um, part. pass. de **perfrŭor**.
perfrŭor, -ĕris, -frŭī, -frūctus sum, v. dep. intr. Gozar inteiramente, ter grande alegria ou prazer de, gozar sem interrupção (Cíc. Pis, 45); (Cíc. Of. 1, 8). Obs.: Constrói-se com abl.
perfūdī, perf. de **perfŭndo**.
perfŭga, -ae, subs. m. Desertor, trânsfuga (Cés. B. Gal. 3, 18, 6).
perfŭgī, perf. de **perfŭgĭo**.
perfŭgĭō, -is, -ĕre, -fŭgī, v. intr. 1) Refugiar-se em, escapar-se para (C. Nep. Dion. 5, 1). Daí: 2) Desertar (Cés. B. Civ. 3, 61).
perfŭgĭum, -ī, subs. n. Refúgio, asilo, abrigo (Cíc. Fam. 12, 6, 2).
perfunctĭō, -ōnis, subs. f. 1) Exercício (de um cargo) (Cíc. De Or. 3, 7). 2) Realização (de trabalhos), acabamento de um trabalho (Cíc. Fin. 1, 49).
perfūnctus, -a, -um, part. pass. de **perfŭngor**.
perfŭndō, -is, -ĕre, -fūdī, -fūsum, v. tr. I — Sent. próprio: 1) Verter através, derramar em ou sôbre (Col. 12, 24, 3). Daí: 2) Inundar, molhar, banhar (Ov. Her. 11, 115). II — Sent. figurado: 3) Cobrir, dar uma tintura de (Sên. Ep. 115, 9); (T. Lív. 30, 28, 5). 4) Percorrer (Cíc. At. 8, 6, 3). 5) Cumular, encher de, inundar; **aliquem voluptatibus** (Cíc. Nat. 1, 112) «cumular alguém de prazeres».
perfŭngor, -ĕris, -fŭngī, -fūnctus sum, v. dep. intr. e tr. I — Sent. próprio: 1) Exercer até ao fim, cumprir, desempenhar (Cíc. C.M. 77); (Cíc. Dom. 44). II — Daí: 2) Ter passado por, estar livre de (Cíc. Mur. 4). Obs.: Constrói-se com abl., ou como intr. absoluto; transitivamente é raro.
perfŭrō, -is, -ĕre, v. intr. Enfurecer-se encher-se de cólera (Verg. En. 9, 343).
perfūsĭō, -ōnis, subs. f. Ação de molhar, banhar (Plín. H. Nat. 23, 164).
perfūsōrĭus, -a, -um, adj. 1) Superficial (Sên. Ep. 23, 4) 2) Vago, impreciso (Suet. Dom. 8).
perfūsus, -a, -um, part. pass. de **perfŭndo**.
Perga, -ae, subs. pr. f. Perga, cidade da Panfília (Cíc. Verr. 4, 71).
Pergăma, -ōrum, subs. pr. n. pl. ou **Pergămum, -ī**, n. sg.; ou **Pergămus, -ī**, f. sg.; ou **Pergămos, -ī**, f. sg. Pérgamo, fortaleza da cidade de Tróia, e, por extensão, Tróia (Verg. En. 1, 651); (Ov. Met. 12, 445).
Pergamēnī, -ōrum, subs. loc. m. pl. Pergamenos, habitantes de Pérgamo, cidade da Mísia (Cíc. Flac. 74).
Pergamēnus, -a, -um, adj. Pergameno, de Pérgamo, cidade da Mísia (Cíc. Flac. 64).
Pergamēus, -a, -um, adj. De Pérgamo (Verg. En. 3, 110).
Pergămos, -ī, subs. pr. f., v. **Pergăma**.
Pergămum, -ī, subs. pr. n. Pérgamo. 1) Veja **Pergama**. 2) Cidade da Grande Mísia, que foi capital do reino de Pérgamo e residência dos reis Átalos (T. Lív. 27, 19, 1). 3) Cidade de Creta, fundada por Enéias (Verg. En. 3, 133).
Pergămus, -ī, subs. f., v. **Pergăma**.
pergaudĕō, -ēs, -ēre, v. intr. Regozijar-se imensamente, estar muito contente (Cíc. Q. Fr. 3, 1, 9).
pergin = **pergisne** (Plaut. Mil. 300).
pergnārus, -a, -um, adj. Que conhece perfeitamente (Sal. Hist. 4, 1 [22]). Obs.: Constrói-se com gen.
pergō, -is, -ĕre, perrēxī, perrēctum, v. tr. I — Sent. próprio: 1) Prosseguir o caminho, dirigir-se através, ir (Sal. B. Jug. 79, 5). Daí: 2) Continuar, avançar, seguir (sent. próprio e figurado) Cíc. Mur. 35); (Cíc. Phil. 13, 40); (Cíc. Div. 1, 123); (Cíc. Br. 258). Obs.: Constrói-se com acus.; com inf., e como intr. absoluto.
pergracĭlis, -e, adj. Muito delgado, muito franzino (Plín. H. Nat. 25, 159).
pergraecor, -ārĭs, -ārī, -ātus sum, v. dep. intr. Viver exatamente como os gregos, passar bem, viver na orgia (Plaut. Most. 22).

pergrandis, -e, adj. 1) Muito grande, enorme: **natu** (T. Lív. 29, 29, 6) «muito idoso». 2) Muito importante (Cíc. Verr. 2, 141).

pergraphicus, -a, -um, adj. Acabado, perfeito (como cópia) (Plaut. Trin. 1139).

pergratus, -a, -um, adj. Muito agradável (Cíc. Lae. 16).

pergravis, -e, adj. 1) De grande pêso (sent. figurado): **pergravis testis** (Cíc. Cael. 63) «testemunho de grande pêso». 2) Muito importante (Ter. Hec. 392).

pergraviter, adv. Muito gravemente, muito fortemente (Cíc. De Or. 1, 227).

pergula, -ae, subs. f. I — Sent. próprio: 1) Pérgula, balcão, varanda lançada para fora da parede, galeria exterior (Plín. H. Nat. 35, 84). **II** — Sent. diversos: 2) Escola (Suet. Gram. 18). 3) Observatório de astrônomo (Suet. Aug. 94). 4) Quarto de meretriz (Plaut. Ps. 214).

Pergus, -i, subs. pr. m. Pergo, lago da Sicília, perto de Ena (Ov. Met. 5, 386).

perhibeo, -es, -ere, -bui, -bitum, v. tr. I — Sent. próprio: 1) Fornecer, dar (Cíc. At. 1, 1, 4); (Varr. R. Rust. 2, 5, 1). **II** — Sent. figurado: 2) Espalhar um boato, contar, referir (Verg. En. 8, 135). 3) Chamar, denominar, designar (Cíc. poet. Div. 2, 12).

perhibui, perf. de **perhibeo.**

perhilum, adv. Muito pouco (Lucr. 6, 576).

perhonorifice, adv. De uma maneira muito honrosa (Cíc. At. 14, 12, 2).

perhonorificus, -a, -um, adj. 1) Muito honroso (Cíc. At. 2, 18, 1). 2) Muito atencioso para com (Cíc. At. 1, 13, 2).

perhorresco, -is, -ere, -horrui, v. incoat. intr. e tr. I — Sent. próprio: A) Intr.: 1) Tremer de mêdo (Cíc. Pis. 45). **II** — Daí: B) Tr.: 2) Ter horror a, detestar, abominar, recear (Cíc. Cat. 4, 16); (Cíc. Mil. 42).

perhorridus, -a, -um, adj. Terrível, horrível (T. Lív. 22, 16, 4).

perhorrui, perf. de **perhorresco.**

perhumaniter, adv. Com muita cortesia, muito afàvelmente (Cíc. Fam. 7, 8, 1).

perhumanus, -a, -um, adj. Muito bondoso, muito cortês (Cíc. At. 16, 12).

Pericles, -is, subs. pr. m. Péricles, célebre homem de Estado e orador ateniense do V séc. a.C. (Cíc. Rep. 1, 25). Obs.: Voc. **Pericle** (Cíc. Of. 1, 144). Acus **Periclem** (Cíc. Of. 1, 108); **Periclen** (Cíc. Rep. 4, 11); **Periclea** (Quint. 3, 1, 12).

periclitatio, -onis, subs. f. Ensaio, experiência (Cíc. Nat. 2, 161).

periclitatus, -a, -um, part. pass. de **periclitor.**

periclitor, -aris, -ari, -atus sum, v. dep. intr. e tr. A) Intr.: 1) Experimentar, ensaiar, fazer uma tentativa (Cíc. Of. 3, 73). 2) Periclitar, arriscar se, estar em perigo, comprometer-se (Cés. B. Gal. 6, 34, 8). B) Tr.: 3) Fazer a experiência de, tentar (Cíc. Verr. 5, 132); (Cíc. Lae. 63). 4) Arriscar, pôr em perigo (Cíc. Cat. 1, 11).

periclum, v. **periculum.**

Periclymenus, -i, subs. pr. m. Periclímeno. 1) Filho de Neleu e irmão de Nestor, tinha o privilégio de tomar qualquer forma (Ov. Met. 12, 556). 2) Nome de um escultor (Plín. H. Nat. 34, 91).

periculose, adv. Perigosamente, com perigo, com risco (Cíc. At. 8, 2, 3).

periculosus, -a, -um, adj. Perigoso, arriscado, que é causa de perigo (Cíc. At. 13, 27, 1). Obs.: Constrói-se absolutamente; com dat. ou acus. (com **in**)

periculum (periclum), -i, subs. n. I — Sent. próprio: 1) Ensaio, experiência (Cíc. Caecil. 27). **II** — Sent. comum. 2) Risco, perigo (Cíc. Pomp. 12); (Cíc. Arch. 13). **III** — Na língua jurídica: 3) Processo, causa, ação, julgamento, sentença (Cíc. Pomp. 2). 4) Sentença escrita (C. Nep. Ep. 8, 2).

peridoneus, -a, -um, adj. Muito próprio para (Cés. B. Civ. 2, 24, 2). Obs.: Constrói-se com dat.; com acus. acompanhado de **ad.**

periero = **perjero.**

perii, perf. de **pereo.**

Perilla, -ae, subs. pr. f. Perila, nome de mulher (Ov. Trist. 3, 7, 1).

Perilleus, -a, -um, adj. De Perilo (Ov. Ib. 439).

Perillius, -i, subs. pr. m. Perílio, nome de homem (Hor. Sát. 2, 3, 75).

Perillus, -i, subs. pr. m. Perilo, ateniense que fêz para Fálaris o famoso touro de bronze para torturar-lhe as vítimas, e foi morto pelo tirano no ensaio da mesma obra (Ov. A. Am. 1, 653).

perillustris, -e, adj. Muito conhecido, muito afamado (Cíc. At. 5, 20, 1).

perimbecillus, -a, -um, adj. Muito fraco, muito débil (Cíc. At. 10, 18, 1).

Perimele, -es, subs. pr. f. Perimele, filha de Hipodamante, transformada em ilha (Ov. Met. 8, 590).

perĭmō (perĕmō), -is, -ĕre, perēmi, perēmptum ou perēmtum, v. tr. I — Sent. próprio: 1) Destruir, aniqüilar (Cíc. Tusc. 1, 89); (Cíc. Planc. 101). II — Daí: 2) Matar, fazer perecer, fazer morrer (Verg. En. 6, 163).

perinānis, -e, adj. Inteiramente vazio (Marc. 1, 76, 10).

perincērtus, -a, -um, adj. Muito incerto (Sal. Hist. 4, 35).

perincommŏdē, adv. Inteiramente fora de propósito, muito infelizmente (Cíc. At. 1, 17, 2).

perincommŏdus, -a, -um, adj. Muito incômodo, muito inconveniente (T. Lív. 37, 41, 3).

perindĕ, adv. 1) De modo absolutamente igual, igualmente (Cíc. Fin. 1, 72). 2) perinde ut: Do mesmo modo que, tanto como (Cíc. Br. 188).

perindignē, adv. Com muita indignação (Suet. Tib. 50).

perindūlgens, -ēntis, adj. Excessivamente indulgente (Cíc. Of. 3, 112).

perinfāmis, -e, adj. Muito desacreditado (Suet. Vit. 2).

perinfīrmus, -a, -um, adj. I — Sent. próprio: 1) — Muito débil (Cels. 2, 14). II — Sent. figurado: 2) Fraco, de nenhum valor (Cíc. Fin. 2, 55).

peringeniōsus, -a, -um, adj. Muito engenhoso, muito hábil (Cíc. Br. 92).

peringrātus, -a, -um, adj. Muito ingrato (Sên. Ep. 98, 11).

periniquus, -a, -um, adj. 1) Muito injusto (Cíc. Pomp. 63). 2) Muito indignado, muito a contra gôsto (Cíc. Fam. 12, 18, 1).

perinjūrius (periniūrius), -a, -um, adj. Muito injusto (Cat. Or. frg. 21).

perinsīgnis, -e, adj. Muito notável, muito extraordinário (no mau sent.) (Cíc. Leg. 1, 51).

Perinthĭa, -ae, subs. pr. f. A Perintiana, nome de unma comédia de Menandro (Ter. And. 9).

Perīnthus (-os), -ī, subs. pr. f. Perinto, cidade da Trácia (T. Lív. 33, 30).

perinvalĭdus, -a, -um, adj. Muito fraco (Q. Cúrc. 9, 6, 2).

perinvīsus, -a, -um, adj. Muito odioso a (Cíc. frg. A. 7, 53).

perinvītus, -a, -um, adj. Muito constrangido, muito contra a vontade (Cíc. Fam. 3, 9, 1).

periŏdus, -ī, subs. m. Período (têrmo de retórica) (Cíc. Or. 204).

Peripatētĭcī, -ōrum, subs. m. Peripatéticos, discípulos de Aristóteles (Cíc. Ac. 1, 17).

peripetāsma, -ătis, subs. n. Tapeçaria, tapête, cortina (Cíc. Verr. 4, 27).

Perĭphās, -āntis, subs. pr. m. Perifante, 1) Rei da Ática (Ov. Met. 7, 400). 2) Um dos chefes gregos no cêrco de Tróia (Verg. En. 2, 476). 3) Um dos lápitas (Ov. Met. 12, 449).

Perĭphētēs, -ae, subs. pr. Perifetes, gigante filho de Héfaistos, ou Hefesto e Anticléia, morto por Teseu (Ov. Met. 7, 437).

periphrăsis, -is, subs. f. Perífrase (Quint. 8, 3, 53).

perīplūs, -ī, subs. m. Périplo, circunavegação (Plín. H. Nat. 7, 155).

perīrātus, -a, -um, adj. Muito irritado, muito encolerizado (Cíc. Fam. 9, 6, 3).

periscĕlis, -ĭdis, subs. f. Periscélide (espécie de pulseira preciosa que as mulheres usavam na perna, acima do tornozelo) (Hor. Ep. 1, 17, 56).

perīsse, forma sincopada de periīsse, inf. perf. de perĕo (Ov. Am. 2, 19, 56).

peristăsis, -is, subs. f. Assunto, argumento (Petr. 48, 4).

peristrōma, -ătis, subs. n. Cobertura ou armação de leito (Plaut. Ps. 146).

peristȳlĭum, -ī, subs. n. Peristilo (Suet. Aug. 83).

peristȳlum, v. peristȳlium (Cíc. Dom. 116).

peritē, adv. Com perícia, hàbilmente, com arte (Cíc. Leg. 2, 29). Obs.: Comp.: perītius (Cíc. Balb. 2); superl.: peritissime (Cíc. Verr. 2, 135).

Pērithŏus. v. Pirithŏus.

perītĭa, -ae, subs. f. I — Sent. próprio: 1) Conhecimento (adquirido pela experiência), experiência (Sal. B. Jug. 46, 8). II — Daí: 2) Saber, talento, perícia (Tác. An. 4, 58).

perītus, -a, -um, adj. I — Sent. próprio: 1) Que tem a experiência de, experimentado (Cíc. Of. 1, 147). II — Daí: 2) Versado, instruído, perito, hábil em (Cíc. Clu. 107). Obs.: Constrói-se absolutamente; com gen.; com abl.; com acus. acompanhado de ad; com inf.

perīvī (raro) = perĭī, perf. de perĕo.

perjĕrō (perĭĕrō) = pejĕro (Plaut. As. 293).

perjūcūndē (periūcūndē), adv. Muito agradàvelmente (Cíc. At. 13, 52, 1).

perjūcūndus (periūcūndus), -a, -um, adj. Muito agradável (Cíc. Fam. 1, 7, 3).

perjūriōsus (periūriōsus), -a, -um, adj. Que tem o hábito de perjurar ou jurar falso (Plaut. Truc. 153).

perjūrĭum (periūrĭum), -ī, subs. n. Perjúrio (Cíc. Of. 3, 108).

perjūrō (periūrō), -ās, -āre, -āvī, -ātum, v. intr. Jurar falso, perjurar (Cíc. Of. 3, 108).

perjūrus (periūrus), -a, -um, adj. Perjuro, falsário, pérfido, mentiroso, impostor (Hor. O. 3, 24, 59).

perlābor, ěris, -lābī, -lāpsus sum, v. dep. intr. e tr. I — Sent. próprio: A) Intr.: 1) Deslizar através, deslizar em, passar sôbre (Lucr. 4, 248). Daí: 2) Chegar a (Cíc. Tusc. 1, 28). II — B): Tr. 3) Atravessar (Verg. En. 1, 147).

perlaetus, a, -um, adj. Muito alegre (T. Lív. 10, 21, 6).

perlāpsus, -a, -um, part. pass. de **perlābor**.

perlātē, adv. Muito longe (Cíc. De Or. 2, 17).

perlătĕō, -ēs, -ēre, -lātŭī, v. intr. Estar constantemente oculto (Ov. A. Am. 3 416).

perlatŭī, perf. de **perlatĕo**.

perlātus, -a, -um, part. pass. de **perfĕro**.

perleçěbra (**pellecěbra**), -ae, subs. f. Isca, engôdo, meio de sedução (Plaut. Bac. 1167).

perlēctus (**pellēctus**), -a, -um, part. pass. de **perlĕgo**.

perlēgī, perf. de **perlĕgo**.

perlĕgō (**pellĕgo**), -is, -ĕre, perlēgī, -lēctum, v. tr. I — Sent. próprio: 1) Recolher até ao fim (sent. figurado), percorrer com os olhos (Verg. En. 6, 33). II — Daí: 2) Ler do princípio ao fim (Cíc. Div. 1, 8). 3) Ler em voz alta (Plaut. As. 748).

perlepĭdē, adv. Com muita graça, com muito agrado (Plaut. Cas. 927).

perlĕvis, -e, adj. Muito ligeiro, muito pequeno (T. Lív. 21, 43, 11).

perlevĭter, adv. Muito ligeiramente, muito fracamente (Cíc. Tusc. 3, 61).

perlēxī, perf. de **perlĭcio**.

perlĭbens (-lŭbens), -ēntis, part. adj. I — Sent. próprio: 1) Que faz (alguma coisa) de muito boa vontade (Plaut. Trin. 780). II — Daí: 2) Que consente de boa vontade, muito condescendente (Cíc. Q. Fr. 2, 6, 6).

perlibēnter (-lu-), adv. De muito bom grado, muito voluntàriamente, com muito boa vontade (Cíc. At. 8, 14, 2).

perlīberālis, -e, adj. De modos distintos, muito distinto (Ter. Hec. 864).

perlīberālĭter, adv. Muito generosamente, muito liberalmente (Cíc. At. 10, 4, 10).

perlĭbet, (**perlŭbet**), -ēbat, -ēre, -libŭit, v. impess. intr. Ser muito agradável (Plaut. Capt. 833). Obs.: Constrói-se com inf.

perlibŭit (**perlubŭit**), perf. de **perlĭbet**.

perlicĭo = **pellicĭo**.

perlĭtō, -ās, -āre, -āvī, -ātum, v. intr. Sacrificar com auspícios muito favoráveis, oferecer um sacrifício agradável aos deuses (T. Lív. 41, 14, 7).

perlongē, adv. Muito longe (Ter. Eun. 609).

perlongīnquus, -a, -um, adj. Muito longo, muito dilatado (Plaut. Bac. 1193).

perlongus, -a, -um, adj. I — Sent. próprio: 1) Muito comprido, muito longo (Cíc. At. 5, 20, 8). II — Sent. figurado: 2) De longa duração (Plaut. Trin. 745).

perlub- v. **perlib-**.

perluc-, v. **pell-**.

perluctuōsus, -a, -um, adj. Muito aflito, muito deplorável (Cíc. Q. Fr. 3, 8, 5).

perlŭī, perf. de **perlŭo**.

perlŭō, -is, -ĕre, -lŭī, -lŭtum, v. tr. 1) Lavar, limpar, banhar (Ov. F. 5, 435); (Cés. B. Gal. 6, 21, 5). Daí: 2) Umedecer abundantemente (Petr. 123).

perlustrātus, -a, -um, part. pass. de **perlŭstro**.

perlŭstrō, -ās, -āre, -āvī, -ātum, v. tr. I — Sent. próprio: 1) Percorrer, explorar (T. Lív. 7, 34, 15); (T. Lív. 23, 46, 13). II — Sent. figurado: 2) Examinar atentamente (Cíc. Part. 38).

perlūtus, -a, -um, part. pass. de **perlŭo**.

permadefacĭō, -is, -ĕre, v. tr. Inundar (sent. figurado) (Plaut. Most. 143).

permadēscō, -is, -ĕre, -dŭī, v. incoat. intr. I — Sent. próprio: 1) Tornar-se inteiramente úmido (Col. 2, 4). II — Sent. figurado: 2) Viver nos prazeres, tornar-se efeminado, fraco, debilitar-se (Sên. Ep. 20, 13).

permadŭī, perf. de **permadēsco**.

permāgnī, gen. de preço de **permagnus**. De grande preço, muito: **per enim magni aestĭmo** (Cíc. At. 10, 1, 1) «julgo de grande preço».

permāgnō, adv. Muito caro, de preço muito elevado (Cíc. Verr. 4, 13). Obs.: Usado com verbos como: **aestimare, vendere**, etc.

permāgnus, -a, -um, adj. Sent. próprio: 1) Muito grande; daí, em sent. figurado: 2) Muito importante, considerável (Cés. B. Gal. 7, 31, 4).

permănānter, adv. Em comunicação, comunicando-se (Lucr. 6, 916).
permănens, -ēntis. I — Part. pres. de permaneo. II — Adj.: Permanente (Cíc. Br. 141).
permaneõ, -ēs, -ēre, -mānsī, -mānsum, v. intr. I — Sent. próprio: 1) Ficar até ao fim, permanecer, conservar-se (Cíc. Tusc. 1, 108); (Sên. Ep. 76, 19). II — Daí, por enfraquecimento de sent.: 2) Ficar, restar, persistir (Cíc. Fam. 5, 2, 10); (Cés. B. Gal. 5, 4, 2).
permănõ, -ās, -āre, -āvī, -ātum, v. intr. I — Sent. próprio: 1) Correr através, insinuar-se, circular (Lucr. 1, 348). II — Daí: 2) Penetrar em, chegar até a, espalhar se (sent. próprio e figurado) (Cíc. Clu. 173); (Plaut. Cap. 220).
permānsī, perf. de permaneo.
permansĭõ, -ōnis, subs. f. I — Sent. próprio: 1) Ação de morar, morada (Cíc. At. 11, 18, 1). II — Sent. figurado: 2) Permanência, perseverança, persistência (Cíc. Fam. 1, 9, 21).
Permarīnī (subent. dii ou lares), subs. pr. m. pl. Deuses que acompanham através dos mares (T. Lív. 40, 52, 3).
permātūrēscō, -is, -ĕre, -mātūrŭī, v. incoat. intr. Tornar-se inteiramente maduro, chegar a uma completa maturação (Ov. Met. 4, 165).
permaturŭī, perf. de permaturēsco.
permeātus, -a, -um, part. pass. de permeo.
permediŏcris, -e, adj. Muito pouco importante, muito fraco (Cíc. De Or. 1, 220).
permeditātus, -a, -um, adj. Bem instruído (Plaut. Ep. 375).
permēnsus, -a, -um, part. pass. de permetior.
permĕõ, -ās, -āre, -āvī, -ātum, v. intr. e tr. A) Intr.: 1) Ir até ao fim, penetrar até, chegar a (sent. próprio e figurado) (Tác. An. 15, 9). B) Tr.: 2) Atravessar (Ov. P. 4, 11, 16).
Permēssus, -ī, subs. pr. m. Permesso, rio da Beócia cujas águas, consagradas a Apolo e às Musas, passavam por inspirar os poetas (Verg. Buc. 6, 64).
permētĭor, -īris, -īrī, -mēnsus sum, v. dep. tr. I — Sent. próprio: 1) Medir em todos os sentidos (Cíc. Ac. 2, 126). II — Sent. figurado: 2) Percorrer, atravessar (Verg. En. 3, 157).
permingō, -is, -ĕre, -mīnxī, v. tr. I — Sent. próprio: 1) Urinar sôbre, inundar de urina (Lucíl. Sát. 3, 55). II — Sent. figurado: 2) Desonrar, manchar (Hor. Sát. 1, 2, 44).
permīnxī, perf. de permingo.

permīrus, -a, -um, adj. Muito admirável (Cíc. Div. 2, 99).
permiscĕõ, -ēs, -ēre, -miscŭī, -mĭxtum, ou -mīstum, v. tr. 1) Misturar (sent. próprio e figurado), juntar, confundir (Cíc. Tim. 22); (Cíc. Planc. 92). Daí: 2) Perturbar, turbar, pôr em desordem (Cíc. Planc. 41).
permiscŭī, perf. de permiscĕo.
permīsī, perf. de permitto.
permissĭõ, -ōnis, subs. f. I — Sent. próprio: 1) Ação de entregar, entrega (T. Lív. 37, 7, 2). II — Daí: 2) Permissão, licença (Cíc. Q. Fr. 3, 1, 9).
permissum, -ī, subs. n. Permissão (Hor. Ep. 2, 1, 45).
1. permīssus, -a, -um, part. pass. de permitto.
2. permīssus, -ūs, subs. m. Permissão, autorização (Cíc. Verr. 3, 184). Obs.: Só ocorre no abl. sg.
permīstus, v. permīxtus.
permitĭēs, v. perniciēs (Plaut. Most. 3).
permittō, -is, -ĕre, -mīsī, -mīssum, v. tr. I Sent. próprio: 1) Enviar através, lançar (Ov. Met. 12, 282). Daí: 2) Deixar ir, deixar passar (T. Lív. 3, 61, 9). II — Sent. figurado: 3) Permitir, conceder, autorizar (Cíc. Fam. 6, 8, 1); (Cíc. Verr. 5, 22). Daí: 4) Confiar, entregar, pôr à disposição, abandonar (Cíc. Cat. 1, 4). 5) Sacrificar (Cíc. Sest. 72). Obs.: Constrói-se com acus. de obj. dir. e acus. com in; com acus. e dat.; com dat. e inf.
permĭxtē (Cíc. Inv. 1, 32) ou permĭxtim (Cíc. Inv. 1, 49), adv. Confusamente, misturadamente.
permixtĭõ, -ōnis, subs. f. I — Sent. próprio: 1) Mistura (Cíc. Tim. 37). II — Sent. figurado: 2) Confusão (Sal. B. Jug. 41, 10).
permĭxtus, -a, -um, part. pass. de permiscĕo: misturado, confuso (Lucr. 3, 643).
permodēstus, -a, -um, adj. Muito moderado, muito modesto (Cíc. Cat. 2, 12).
permodĭcus, -a, -um, adj. I — Sent. próprio: 1) Pouco extenso (Suet. Aug. 6). II — Sent. figurado: 2) De muito pouca importância (Dig. 11, 7, 20).
permolēstē, adv. Com o maior desprazer (Cíc. Verr. 4, 131).
permolēstus, -a, -um, adj. Muito incômodo, insuportável (Cíc. At. 1, 18, 2).
permŏlõ, -is, -ĕre, v. tr. Moer (em sent. obsceno), manchar a honra (Hor. Sát. 1, 2, 35).
permōtĭõ, -ōnis, subs. f. I — Sent. próprio (moral): 1) Emoção, agitação (de

espírito), comoção, perturbação (Cíc. De Or. 2, 216). II — Daí: 2) Paixão (Cíc. De Or. 1, 42).

permōtus, -a, -um, part. pass. de permovĕo.

permovĕō, -ēs, -ēre, -mōvī, -mōtum, v. tr. I — Sent. próprio: 1) Agitar através, agitar bem (Lucr. 6, 726). II — Sent. figurado: 2) Excitar, comover profundamente, abalar (Cíc. Of. 2, 27); (Cíc. Div. 1, 120). 3) Suscitar, causar (Tác. An. 1, 21).

permōvī, perf. de permovĕo.

permulcĕō, -ēs, -ēre, -mulsī, -mulsum e -mulctum, v. tr. I — Sent. próprio: 1) Tocar de leve, acariciar (Ov. F. 4, 551). II — Sent. figurado: 2) Lisonjear, encantar, cativar (Cíc. Or. 163). 3) Acalmar, apaziguar: **animos** (Cés. B. Gal. 4, 6, 5) «acalmar os espíritos (ânimos)».

permulctus = permulsus, -a, -um, part. pass. de permulcĕo (Sal. Hist. 4, 6).

permulsī, perf. de permulcĕo.

permulsus, -a, -um, part. pass. de permulcĕo.

permultō, adv. (usado antes de um compar.). Extremamente (Cíc. Div. 2, 126).

permultum, -ī, subs. n. 1) Uma grande quantidade de (Cíc. Fam. 5, 16, 5). 2) No pl.: Muitos: **permulti** (Cíc. Clu. 116) «muitas pessoas».

permultus, -a, -um, adj. Que é em muito grande quantidade, muito numeroso (Cíc. Leg. 3, 31).

permūniō, -īs, -īre, -īvī, -ītum, v. tr. I — Sent. próprio: 1) Acabar de fortificar (T. Lív. 30, 16, 1). II — Daí: 2) Fortificar sòlidamente (Tác. An. 4, 24).

permūtātiō, -ōnis, subs. f. I — Sent. próprio: 1) Grande mudança, alteração (Cíc. Sest. 73). II — Daí: 2) Troca, permutação (Juv. 6, 653). 3) Troca (de mercadorias), câmbio (de dinheiro) (Cíc. Fam. 3, 5, 4).

permūtātus, -a, -um, part. pass. de permūto.

permūtō, -ās, -āre, -āvī, -ātum, v. tr. I — Sent. próprio: 1) Trocar completamente, inverter, trocar, permutar, mudar (Cíc. Leg. 3, 20); (Verg. En. 9, 307). II — Daí: 2) Trocar por dinheiro, comprar, obter por empréstimo, fazer empréstimo (Plín. H. Nat. 6, 198); (Cíc. At. 5, 15, 2).

perna, -ae, subs. f. I — Sent. próprio: 1) Perna (compreendendo a coxa) (Plín. H. Nat. 28, 179). II — Sent. particular: 2) Perna de porco, pernil, perninha (Hor. Sát. 2, 2, 117).

pernecessarĭus, -a, -um, adj. 1) Muito necessário (Cíc. At. 5, 21, 1). 2) Como subs.: amigo íntimo (Cíc. Fam. 9, 13, 1).

pernecēsse est, v. impess. É muito necessário (Cíc. Tull. 49).

pernĕgō, -ās, -āre, -āvī, -ātum, v. tr. 1) Negar terminantemente, negar até ao fim (Plaut. Aul. 765); (Cíc. Cael. 65). Daí: 2) Recusar obstinadamente (Cíc. Verr. 1, 106).

pernĕō, -ēs, -ēre, -ēvī, -ētum, v. tr. Fiar até ao fim, acabar de fiar (sent. figurado, tratando-se das Parcas) (Marc. 1, 88, 9).

perniciābilis, -e, adj. Pernicioso, funesto (T. Lív. 27, 23, 6).

perniciē, ant. dat. de pernicies.

perniciēs, -ēī, subs. f. I — Sent. próprio: 1) Massacre, morticínio, e daí, em sent. figurado: ruína, destruição, perda (Cíc. Cat. 1, 5). II — Daí: 2) Flagelo, causa da ruína, condenação (Cíc. Mil. 84). Obs.: Gen. arc. **pernicii** (A. Gél. 9, 14, 13).

perniciī, ant. gen. de pernicies.

perniciōsē, adv. Perniciosamente, de modo funesto (Cíc. Leg. 2, 13). Obs.: comp. **perniciosius** (Cíc. Leg. 3, 32).

perniciōsus, -a, -um, adj. Pernicioso, funesto, perigoso (Cíc. Mur. 81).

pernicis, gen. de pernix.

pernicitās, -tātis, subs. f. Agilidade, rapidez, ligeireza (dos membros) (Cíc. Tusc. 5, 45).

perniciter, adv. Com agilidade, ligeiramente (T. Lív. 26, 4, 5).

pernĭger, -nĭgra, nĭgrum, adj. Muito negro (Plaut. Poen. 1113).

pernitiēs, v. pernicies.

pernix, -īcis, adj. I — Sent. próprio: 1) Ágil, rápido, pronto, ligeiro (Verg. En. 11, 718). II — Sent. figurado: 2) Incansável, infatigável (Sên. Ep. 108, 27). Em Lucrécio (5, 559) ocorre o abl. sg. **pernici**.

pernōbĭlis, -e, adj. Muito célebre, muito notável (Cíc. Verr. 4, 127).

pernoctō, -ās, -āre, -āvī, -ātum, v. intr. e tr. Passar a noite, pernoitar (Intr.: Cíc. Clu. 37); (tr.: Cíc. Arch. 16).

pernōscō, -is, -ĕre, -nōvī, -nōtum, v. tr. I — Sent. próprio: 1) Reconhecer perfeitamente II — Daí: 2) Aprender a fundo, aperfeiçoar (Cíc. Fat. 10).

pernōtēscō, -is, -ĕre, v. incoat. intr. Tornar-se bem conhecido, tornar públicamente conhecido (Tác. An. 12, 67).

pernotŭī, perf. de pernotēsco.

pernōtus, -a, -um, part. pass. de pernōsco (Q. Cúrc. 9, 7, 16).

pernŏvī, perf. de **pernōsco**.
pernox, -ōctis, adj. Que dura tôda a noite (T. Liv. 5, 28, 10). Obs.: Só ocorre no nom. e abl..
pernŭmĕrō, -ās, -āre, -āvī, -ātum, v. tr. Contar inteiramente (T. Liv. 28, 34, 12).
1. **pērō, -ōnis**, subs. m. Meia bota, bota de couro por curtir (Verg. En. 7, 690).
2. **Pērō, -ūs**, subs. pr. f. Pero, filha de Neleu (Prop. 2, 3, 53).
perobscūrus, -a, -um, adj. Muito obscuro (sent. figurado) (Cíc. Nat. 1, 1).
perodiōsus, -a, -um, adj. Muito aborrecido, muito desagradável (Cíc. At. 10, 17, 2).
perofficiōsē, adv. Muito atenciosamente (Cíc. Fam. 9, 20, 3).
perolĕō, -ēs, -ēre, -ēvī, v. intr. Rescender, exalar um cheiro infecto (Lucr. 6, 1155).
perolescō, -is, -ĕre, -ēvī, v. intr. Desenvolver-se inteiramente, aumentar (Lucíl. 30, 131).
perolēvī, perf. de **perolĕo** e **perolēsco**.
pĕrōnātus, -a, -um, adj. Calçado com botas de couro (Pérs. 5, 102).
peropportūnē, adv. Muito a propósito, muito oportunamente (Cíc. Nat. 1, 15).
peropportūnus, -a, -um, adj. Muito oportuno, que vem muito a propósito (Cíc. Fam. 6, 6, 6).
peroptātō, adv. Muito a gôsto (Cíc. De Or. 2, 20).
perŏpus est, v. impess. É absolutamente necessário (Ter. And. 265). Obs.: Constrói-se com inf.
perōrātĭō, -ōnis, subs. f. I — Sent. próprio: 1) Ação de falar durante muito tempo, longo discurso (Plín. H. Nat. 27, 4). II — Daí, na língua retórica: 2) Peroração (Cíc. Or. 122). Obs.: A **peroratio** pròpriamente era o último discurso numa causa que comportava vários discursos (Cic. Or. 130), passando daí a significar a última parte do discurso, a peroração.
perōrātus, -a, -um, part. pass. de **perōro**.
perornātus, -a, -um, adj. Muito enfeitado (Cíc. Br. 158).
perōrnō, -ās, -āre, -āvī, -ātum, v. tr. Ornar bem, encher, cobrir de honras (Tác. An. 16, 26).
perōrō, -ās, -āre, -āvī, -ātum, v. tr. I — Sent. próprio: 1) Falar do princípio ao fim, advogar a fundo ou minuciosamente (Cic. Sest. 4). II — Daí: 2) Acabar de advogar, concluir, levar ao fim, terminar (Cíc. Verr. 3, 154); (Cíc. Q. Fr. 2, 1, 1). 3) Fazer o último discurso (Cíc. Br. 190). 4) Fazer a peroração (Cic. Amer. 60).

perōsus, -a, -um, adj. Que odeia muito, que detesta (Verg. En. 6, 435).
perpācō, -ās, -āre, -āvī, -ātum, v. tr. Pacificar completamente, pacificar inteiramente (T. Lív. 36, 21).
perpārcē, adv. Com extrema parcimônia, muito escassamente (Ter. And. 455).
perparvŭlus, -a, -um, adj. Muito pequenino (Cíc. Verr. 4, 95).
perpārvus, -a, -um, adj. Muito pequeno (Cíc. Leg. 1, 54).
perpāstus, -a, -um, part. de **perpāscor**. Bem nutrido (Fedr. 3, 7, 2).
perpaucī, -ae, -a, adj. 1) Muito pouco numerosos (Cíc. Verr. 1, 75). Como subs. m.: 2) Muito poucos (Cíc. Nat. 3, 75). Como subs. n.: 3) Muito poucas coisas (Cíc. Verr. 3, 105).
perpaucŭlī, -ae, -a, adj. Muito poucos, muito pouco numerosos (Cíc. Leg. 1, 54).
perpaulum, -ī, subs. n. Uma quantidade muito pequena (Cíc. De Or. 2, 234).
perpauper, -ĕris, adj. Muito pobre (Cíc. At. 6, 3, 5).
perpavefacĭō, -is, -ĕre, v. tr. Encher de terror (Plaut. St. 85).
perpellō, -is, -ĕre, -pŭlī, -pūlsum, v. tr. I — Sent. próprio: 1) Empurrar, impelir com fôrça. II — Sent. figurado: 2) Abalar, comover, agitar (Cic. Cael. 36). 3) Decidir a, resolver a, determinar (Sal. C. Cat. 26, 4).
perpēndī, perf. de **perpēndo**.
perpendicŭlum, -ī, subs. n. Fio de prumo, nível: **ad perpendiculum** (Cíc. Fat. 22) «(estar) a prumo» (numa direção vertical).
perpēndō, -is, -ĕre, -pēndī, -pēnsum, v. t. 1) Pesar exatamente; donde: 2) Examinar com cuidado, avaliar (Cíc. Mur. 3).
Perpēnna, -ae, subs. pr. m. Perpena, nome de homem (Tác. An. 3, 62).
perpēnsus, -a, -um, part. pass. de **perpēndo**.
perpĕram, adv. 1) Mal, incorretamente, falsamente (Cíc. Caec. 69). 2) Por engano, por êrro (Plaut. Most. 968).
Perpērna, -ae, subs. pr. m. Perperna, nome de homem (T. Lív. 44, 27, 11).
perpes, -ĕtis, adj. Ininterrupto, contínuo, perpétuo (Plaut. Amph. 280).
perpessīcĭus, -a, -um, adj. Acostumado ao sofrimento, muito sofredor, muito paciente (Sên. Ep. 53, 6).
perpessĭō, -ōnis, subs. f. Ação de sofrer, coragem em sofrer, firmeza, resignação (Cíc. Rab. Perd. 16).

perpessus, -a, -um, part. pass. de **perpetior.**
perpetior, -ĕris, -pĕtī, -pĕssus sum, v. dep. tr. I — Sent. próprio: 1) Sofrer até o fim, suportar (Cíc. Fin. 1, 48). II — Daí: 2) Suportar com paciência, resignar-se, admitir (Verg. En. 12, 644). Donde: 3) Admitir, comportar (Plín Ep. 2, 11, 15). Obs.: Constrói-se com acus.; com inf.; ou or. inf.
perpetrātus, -a, -um, part. pas.. de **perpĕtro.**
perpĕtrō, -ās, -āre, -āvī, -ātum, v. tr. Fazer completamente, acabar, concluir, consumar (T. Liv. 24, 45, 8). Obs.: Constrói-se com acus.; com ut ou ne; ou com inf.
perpetuālis, -e, adj. Geral, universal (Quint. 2, 13, 14).
perpetuārĭus, -a, -um, adj. Que está sempre em ação (Sên. Apoc. 6, 2).
perpetuātus, -a, -um, part. pass. de **perpetŭo.**
perpetŭē, adv. De modo contínuo, sem interrupção (Plaut. Ep. 17).
perpetuĭtās, -tātis, subs. f. I — Sent. próprio: 1) Continuidade, continuação (Cíc. Fin. 2, 87). II — Daí: 2) Perpetuidade: **ad perpetuitatem** (Cíc. Of. 2, 23) «para sempre».
1. perpetŭō, adv. Ininterruptamente, continuamente, perpètuamente, sempre (Cés. B. Gal. 1, 31, 7).
2. perpetŭō, -ās, -āre, -āvī, -ātum, v. tr. Fazer sem interrupção, continuar sem interrupção, perpetuar: **judĭcum potestatem** (Cíc. Sull. 64) «perpetuar o poder dos juízes».
perpetŭus, -a, -um, adj. I — Sent. próprio: 1) Que avança de modo contínuo, ininterrupto, contínuo (Cíc. Verr. 4, 72). Daí: 2) Perpétuo, eterno: **in perpetuum** (Cic. Phil. 2, 91) «para sempre». II — Donde: 3) Geral, universal, sempre aplicável (Cic. Or. 126).
perplacĕō, -ēs, -ēre, -placŭī, v. intr. Agradar muito (Cíc. At. 3, 23, 4).
perplacŭī, perf. de **perplacĕo.**
perplexābĭlis, -e, adj. Enredado, embaraçado (Plaut. As. 792).
perplĕxē, adv. De maneira ambígua, equívoca, duvidosamente (sent. figurado) (Ter. Eun. 817); (T. Liv. 30, 20, 2).
perplĕxor, -āris, -ārī, v. dep. tr. Enredar, equivocar, embrulhar (Plaut. Aul. 259).
perplĕxus, -a, -um, adj. I — Sent. próprio: 1) Confundido, misturado (Lucr. 2, 102). II — Sent. figurado: 2) Perplexo, embaraçado, obscuro, equívoco (T. Liv. 25, 12, 8).
perplŭō, -is, -ĕre, v. intr. I — Sent. próprio: 1) Deixar correr, deixar passar a chuva ou a água (Plaut. Most. 111). Impess.: 2) Chover, chover através (Cat. Agr. 155). II — Sent. figurado: 3) Escapar-se, perder-se (Plaut. Trin. 323). 4) Tr.: Fazer chover (Plaut. Most. 163). 5) Molhar, borrifar, aspergir (Apul. M. 10, 34).
perpolĭō, -īs, -īre, -īvī, -ītum, v. tr. I — Sent. próprio: 1) Polir inteiramente (Plín. H. Nat. 33, 46). II — Sent. figurado: 2) Dar o último retoque, rever com cuidado, limar, tratar de maneira acabada (Cíc. De Or. 1, 58).
perpolītus, -a, -um, part. pass. de **perpolĭo.**
perpopulātus, -a, -um, part. pass. de **perpopŭlor.**
perpopŭlor, -āris, -ārī, -ātus sum, v. dep. tr. Devastar inteiramente, arrasar (T. Lív. 22, 9, 2).
perpōtātĭō, -ōnis, subs. f. Ação de beber ininterruptamente, orgia (Cíc. Pis. 22).
perpōtō, -ās, -āre, āvī, -ātum, v. tr. e intr. Sent. próprio: A) Tr.: 1) Beber sem parar (Lucr. 1, 940). B) Intr.: 2) Beber continuadamente, beber excessivamente, entregar-se à orgia (Cic. Phil. 2, 77); (Cíc. Verr. 5, 87).
perprĕmo = **perprĭmo** (Sên. Ep. 99,18).
perprĕssī, perf. de **perprĭmo.**
perprĕssus, -a, -um, part. pass. de **perprĭmo.**
perprĭmō, -is, -ĕre, -prĕssī, -prĕssum, v. tr. I — Sent. próprio: 1) Apertar bem, apertar continuadamente (sent. próprio e figurado, e, em Ovídio, sent. erótico) (Ov. A. Am. 1, 394). II — Daí: 2) Fazer sair apertando, espremer (Sên. Ep. 99, 18).
1. perpropĭnquus, -a, -um, adj. Muito próximo (Ác. apud Cíc. Div. 1, 22).
2. perpropĭnquus, -ī, subs. m. Parente muito próximo (Cíc. Clu. 21).
perprōsper, -pĕra, -pĕrum, adj. Muito feliz, muito favorável (Suet. Cl. 31).
perprūrīscō, -is, -ĕre, v. intr. Sentir grande comichão (Plaut. St. 761).
perpūgnax, -ācis, subs. m. Argumentador obstinado (Cíc. De Or. 1, 93).
perpŭlcher, -chra, -chrum, adj. Muito belo (Ter. Eun. 468).
perpŭlī, perf. de **perpĕllo.**
perpulsus, -a, -um, part. pass. de **perpĕllo.**
perpurgātus, -a, -um, part. pass. de **perpūrgo.**

perpūrgō, -ās, -āre, -āvī, -ātum, v. tr. I — Sent. próprio: 1) Purgar inteiramente, expurgar (Cíc. Nat. 2, 127). II — Sent. figurado: 2) Esclarecer um assunto, tratar a fundo (Cíc. Mur. 54). 3) Verificar as contas (Cíc. At. 12, 12, 1).
perpusíllus, -a, -um, adj. Muito pequeno (Cíc. De Or. 2, 245).
perpŭtō, -ās, -āre, v. tr. Explicar completamente, esquadrinhar (Plaut. Cist. 155).
perquam, adv. Inteiramente (Cíc. De Or. 2, 161). Obs.: Emprega-se mais freqüentemente com adj. e adv., podendo aparecer também junto de verbos.
perquírō, -is, -ĕre, perquisīvī, -quisītum, v. tr. I — Sent. próprio: 1) Procurar com cuidado, procurar por tôda a parte (Cíc. Verr. 4, 39). II — Sent. figurado: 2) Informar-se bem, indagar bem, inquirir (Cés. B. Gal. 6, 9, 8); (Cíc. Clu. 180).
perquisīvī, perf. de **perquiro.**
perquisītĕ, adv. desus. Profundamente, aprofundando. Obs.: comp. **perquisitĭus** (Cíc. Inv. 1, 77).
perquisītor, -ōris, subs. m. O que busca, pesquisador (Plaut. St. 385).
perquisītus, -a, -um, part. pass. de **perquiro.**
Perrānthēs (-this), -is, subs. pr. m. Perrantes, montanha vizinha da Ambrácia (T. Liv. 38, 4, 1).
perrārō, adv. Muito rāramente (Cíc. Rep. 2, 67).
perrārus, -a, -um, adj. Muito raro (T. Liv. 29, 38, 7).
perreconditus, -a, -um, adj. Muito oculto, muito misterioso (Cíc. De Or 1, 135).
perrectūrus, -a, -um, part. fut. de **pergo.**
perrēctus, -a, -um, part. pass. de **pergo.**
perrēptō, -ās, -āre, -āvī, -ātum, v. tr. Arrastar-se para, introduzir-se, penetrar, percorrer (Ter. Ad. 715).
perrēxī, perf. de **pergo.**
Perrhaebī, -ōrum, subs. loc. m. pl. Perrebos, habitantes da Perrébia (T. Liv. 33, 32).
Perraebia, -ae, subs. pr. f. Perrébia, região nos confins da Macedônia e da Trácia (Cíc. Pis. 96).
Perrhaebus, -a, -um, adj. Perrebo, da Perrébia (Ov. Met. 12, 172).
perrīdĭcŭlē, adv. De uma maneira muito engraçada, muito espirituosa (Cíc. De Or. 2, 239).
perrīdĭcŭlus, -a, -um, adj. Muito ridículo (Cíc. Or. 2, 77).

perrogātĭō, -ōnis, subs. f. Aprovação (de uma lei) (Cíc. Mur. 47).
perrŏgō, -ās, -āre, -āvī, -ātum, v. tr. Pedir sucessivamente, fazer passar uma lei (depois de colhêr os votos) (T. Liv. 29, 19, 10).
perrŭmpō, -is, -ĕre, -rūpī, -rūptum, v. tr. I — Sent. próprio: 1) Quebrar inteiramente, despedaçar, derrotar, destruir (sent. próprio e figurado) (Cés. B. Civ. 1, 26); (Cíc. Of. 3, 86). II — Daí: 2) Forçar, invadir, penetrar violentamente, fazer irrupção (Cés. B. Gal. 7, 19, 2); (Cíc. Verr. 1, 13).
perrūpī, perf. de **perrŭmpo.**
perrūptus, -a, -um, part. pass. de **perrŭmpo.**
Persa, -ae, subs. pr. m. Persa, nome de um cão (Cíc. Div. 1, 103).
Persae, -ārum, subs. loc. m. pl. Persas. I — Sent. próprio: 1) Povo da Ásia Central (Cíc. Rep. 3, 15). II — Linguagem poética: 2) Os partos (Hor. O. 1, 2, 22).
Persaea, -ae, subs. pr. f. Persia, i.é Hécate, filha de Perses (Verg. Cir. 66).
persaepĕ, adv. Muito freqüentemente (Cíc. Lae. 75).
Persaepŏlis, v. **Persepŏlis.**
Persaeūs, -ī, subs. pr. m. Perseu, filósofo, discípulo de Zenão (Cíc. Nat. 1, 38).
Persagădae, v. **Pasargădae.**
persālsē, adv. Muito espirituosamente (Cíc. Q. Fr. 2, 13, 3).
persālsus, -a, -um, adj. Muito engraçado, muito espirituoso (Cíc. De Or. 2, 279).
persalūtātĭō, -ōnis, subs. f. Saudação a todos, saudação (Cíc. Mur. 44).
persalūtō, -ās, -āre, -āvī -ātum, v. tr. Saudar um após outro, até o último; saudar a todos sem exceção (Cíc. Flac. 42).
persānctĕ, adv. Muito religiosamente (Ter. Hec. 771).
persānō, -ās, -āre, -āvī, -ātum, v. tr. Curar perfeitamente (Plín. H. Nat. 20, 244).
persapĭens, -ēntis, adj. Muito sábio, muito prudente (Cíc. Prov. 44).
persapĭēnter, adv. Muito sàbiamente (Cíc. Mil. 11).
perscĭdī, perf. de **perscindo.**
perscĭēnter, adv. Muito sàbiamente (Cíc. Br. 202).
perscīndō, -is, -ĕre, -scĭdī, -scĭssum, v. tr. Fender, rasgar de um extremo a outro, abrir inteiramente, rasgar (Lucr. 6, 111); (T. Liv. 21, 58, 57).
perscĭssus, -a, -um, part. pass. de **perscindo.**

perscĭtus, -a, -um, adj. 1) Muito lindo (Ter. And. 486). 2) Muito engenhoso, muito espirituoso (Cíc. De Or. 2, 271: com tmese).

perscrībō, -ĭs, -ĕre, -scrīpsī, -scrīptum, v. tr. I — Sent. próprio: 1) Escrever por inteiro, escrever circunstanciadamente (Cíc. Verr. 4, 74); (Cés. B. Gal. 5, 47, 5). II — Daí: 2) Escrever, registrar, transcrever (Cíc. Verr. 4, 148); (Cíc. Fam. 5, 4, 2). Donde, na língua comercial: 3) Fazer um lançamento, fazer a escrituração comercial (Cíc. Flac. 44). 4) Dar a sua assinatura, obrigar-se por, pagar por uma ordem (T. Liv. 24, 18, 14).

perscrīpsī, perf. de **perscrībo.**

perscriptĭō, -ōnis, subs. f. I — Sent. próprio: 1) Escrita, escrituração (comercial), livro de contas (geralmente no pl.) (Cíc. Phil. 5, 11). II — Daí: 2) Ordem de pagamento, letra de câmbio (Cíc. At. 4, 18, 2). 3) Redação (de um registro), protocolo (Cíc. Fam. 5, 2, 4).

perscrīptor, -ōris, subs. m. Escriturário, escrevente (Cíc. Verr. 3, 167).

perscrīptus, -a, -um, part. pass. de **perscrībo.**

perscrūtātĭō, -ōnis, subs. f. Perscrutação, investigação, pesquisa (Sên. Helv. 10, 5).

perscrūtātus, -a, -um, part. pass. de **perscrūtor.**

perscrūtō, -ās, -āre, -āvī, -ātum = **perscrūtor** (Plaut. Aul. 657).

perscrūtor, -āris, -ārī, -ātus sum, v. dep. tr. I — Sent. próprio: 1) Procurar cuidadosamente, pesquisar, esquadrinhar (Cíc. Inv. 1, 68). II — Sent. figurado: 2) Perscrutar, sondar, investigar (Cíc. Inv. 2, 128).

1. Persēa, v. **Persaea.**

2. Persēa, acus. de **Perseus.**

3. Persēa, f. de **Persēus.**

persĕcō, -ās, -āre, -secŭī, -sĕctum, v. tr. I — Sent. próprio: 1) Cortar, dissecar, cortar inteiramente, separar, dividir (Cíc. Ac. 2, 122). II — Sent. figurado: 2) Deduzir, descontar, abater (Cíc. At. 13, 23, 3).

persēctor, -āris, -ārī, -ātus sum, v. dep. tr. I — Sent. próprio: 1) Perseguir encarniçadamente, perseguir incessantemente (Lucr. 4, 1000). II — Daí: 2) Procurar muito bem, investigar (Plaut. Mil. 430).

persecŭī, perf. de **persĕco.**

persecutĭō, -ōnis, subs. f. 1) Prosseguimento; daí, em sent. figurado: 2) Prosseguimento judicial, instância (Cíc. Or. 141).

persedĕō, -ēs, -ēre, -sēdī, v. intr. Ficar sentado, manter-se imóvel, ficar, morar (T. Liv. 45, 39, 18).

persēdī, perf. de **persedĕo** e de **persīdo.**

persēgnis, -e, adj. Muito pouco ativo, inativo (T. Liv. 25, 15, 12).

1. Persēis, -ĭdis, subs. pr. f. Perseida. 1) Ninfa, mãe de Perses, Circe, Eeta e Pasífae (Cíc. Nat. 3, 48). 2) Poema sôbre Perseu (Ov. P. 4, 16, 25).

2. Persēis, -ĭdis, adj. f. Perseida, de Hécate (Ov. R. Am. 263).

Persēĭus, -a, -um, adj. Perseu, de Perseu (Ov. Met. 5, 128).

persenēscō, -ĭs, -ĕre, -senŭī, v. incoat. intr. Tornar-se velho (Eutr. 1, 11).

persĕnex, -sĕnis, adj. Muito velho (Suet. Gram. 9).

persēnsī, perf. de **persentĭo.**

persentĭō, -īs, -īre, -sēnsī, (-sēnsum), v. tr. I — Sent. próprio: 1) Sentir, sentir profundamente (Verg. 4, 448). II — Daí: 2) Perceber, notar (Verg. En. 4, 90).

persentīscō, -ĭs, -ĕre, v. incoat. tr. I — Sent. próprio: 1) Sentir, sentir uma sensação (Lucr. 3, 250). II — Daí: 2) Perceber claramente (Ter. Heaut. 769).

persenŭī, perf. de **persenēsco.**

Persephŏnē, -ēs, subs. pr. f. Perséfone. I — Sent. próprio: 1) Divindade grega, filha de Zeus e de Deméter; esposou Hades ou Plutão, tornando-se, assim, rainha dos infernos (Corresponde à deusa Prosérpina dos romanos (Ov. F. 4, 591). II — Sent. figurado: 2) A Morte (Ov. Her. 21, 46).

Persepŏlis, -is, subs. pr. f. Persépole, cidade da Pérsia (Q. Cúrc. 5, 4, 33).

persĕquens, -ēntis, part. pres. de **persĕquor.**

persĕquor, -ĕris, -sĕquī, -secūtus (-secuūtus) sum, v. dep. tr. I — Sent. próprio: 1) Seguir do princípio ao fim, seguir obstinadamente, percorrer (Cíc. Verr. 5, 91); (Cíc. Fam. 4, 13, 6). Daí: 2) Perseguir, ir à cata, procurar (Cés. B. Gal. 7, 67, 5); (Cíc. Rab. Post. 2). II — Donde: 3) Procurar imitar, seguir as pegadas de (Cíc. Verr. 5, 181). 4) Na língua jurídica: Perseguir judicialmente, reivindicar, reclamar (Cíc. Verr 4, 3); (Cíc. Caec. 8). Empregos especiais: 5) Acabar, terminar (Cíc. Prov. 19). 6) Expor minuciosamente, tratar um assunto, escrever, enumerar (Cíc.

Ac. 1, 12). 7) Guardar (o dinheiro) em Caixa (Cíc. Leg. 3, 18).
persĕrō, -ĭs, -ĕre, -serŭī, v. tr. Passar através, inserir (Varr. R. Rust. 1, 41, 5).
perserŭī, perf. de **persĕro.**
1. Persēs, -ae, subs. pr. m. Perses, 1) Filho de Perseu e Andrômeda, fundador da nação persa (Plín. H. Nat. 7, 201). 2) Filho de Filipe, rei da Macedônia, vencido por Paulo Emílio (Cíc. Cat. 4, 21). Obs.: gen. **Persi** (Tac. An. 4, 55); dat. **Persi** (Cíc. Tusc. 5, 118); abl. **Perse** (Cíc. Tusc. 3, 53); acus. **Persea** (Cíc. Nat. 2, 6).
2. Persēs, -ae, adj. m. Persa, da Pérsia (Cíc. Tusc. 1, 101).
1. Persēus, -a, -um, adj. De Perseu (Prop. 3, 22, 8).
2. Perseus, -ĕī ou **-ĕos,** subs. pr. m. Perseu. 1) Filho de Júpiter e de Dânae, que cortou a cabeça da Medusa (Ov. Met. 4, 610). 2) Cf. **Perses,** rei da Macedônia (T. Liv. 31, 28). 3) Constelação (Cíc. Nat. 2, 112).
persevĕrans, -antis. I — Part. pres. de **persevĕro.** II — Adj.: Perseverante, persistente, constante (Plín. Ep. 1, 12, 9).
persevĕranter, adv. Com perseverança, com persistência, com tenacidade (T. Liv. 4, 60, 5).
persevĕrantia, -ae, subs. f. Perseverança, constância (Cíc. Phil. 7, 14).
persevĕrātus, -a, -um, part. pass. de **persevĕro.**
persevĕrō, -ās, -āre, -āvī, -ātum, v. intr. e tr. A) Intr.: 1) Perseverar, persistir, sustentar (Cíc. Leg. 3, 26); (Cés. B. Civ. 3, 14, 2). B) Tr.: 2) Continuar, prosseguir (Cíc. Quinct. 76). Obs.: Constrói-se com abl. com **in**; com acus. e inf.; com acus.; ou com inf.
persevērus, -a, -um, adj. Muito severo muito rigoroso (Tác. An. 15, 48).
Persi, v. **Perses.**
Persia, -ae, subs. pr. f. A Pérsia, província da Ásia (Plaut. Pers. 398).
Persĭca, -ōrum, pr. pl. n. usado substant. Pérsica, a história da Pérsia (Cíc. Div. 1, 46).
1. Persĭcē, adv. À maneira persa (Quint. 11, 2, 5).
2. Persĭcē Portĭcus, subs. f. Pórtico pérsico, pórtico de Esparta ornado com os despojos dos persas (Cíc. At. 15, 9, 1)
persĭcum, -ī, subs. n. Pêssego (Plín. H. Nat. 15, 42).

Persĭcus, -a, -um, adj. Pérsico, da Pérsia, província da Ásia: **sinus Persĭcus** (Plín. H. Nat. 6, 115) «gôlfo Pérsico»
persidĕō, -ēs, -ēre, v. intr. Morar, residir (Plín. H. Nat. 17, 222).
persĭdō, -ĭs, -ĕre, -sēdī, v. intr. Sentar-se, fixar-se (Verg. G. 3, 442).
persignō, -ās, -āre, v. tr. Tomar nota de, registrar (T. Liv. 25, 7, 5).
persimĭlis, -e, adj. Muito parecido, muito semelhante (Cíc. Pis. 93). Obs.: Constrói-se com gen. e com dat.
persimplex, -ĭcis, adj. Muito simples, muito frugal (Tác. An. 15, 45).
1. Persis, -ĭdis, e **-ĭdos,** adj. f. Persa, da Pérsia (Ov. A. Am. 1, 172).
2. Persis, -ĭdis, e **-ĭdos,** subs. pr. f. Pérsia, (Verg. G. 4, 290).
persistō, -ĭs, -ĕre, -stĭtī, v. intr. Persistir, continuar firme (T. Liv. 38, 14, 11).
Persĭus, -ī, subs. pr. m. Pérsio. 1) Nome de um orador (Cíc. Br. 99). 2) **Aulus Persius Flaccus,** poeta satírico latino do séc. I d.C., nascido na cidadezinha etrusca de Volaterras (Quint. 10, 1, 94).
persōlla, -ae, subs. f. Máscara pequena (Plaut. Curc. 192).
persolūtus, -a, -um, part. pass. de **persōlvo.**
persōlvī, perf. de **persōlvo.**
persōlvō, -ĭs, -ĕre, -sōlvī, -solūtum, v. tr. I — Sent. próprio: 1) Pagar inteiramente, ter quitação, satisfazer (Cíc. At. 5, 14, 1); (Sal. C. Cat. 35, 3). II — Sent. figurado: 2) Resolver (um problema) (Cíc. At. 7, 3, 10). 3) Sofrer, expiar (Cés. B. Gal. 1, 12, 6).
persōna, -ae, subs. f. I — Sent. próprio: 1) Máscara (de teatro) (Cíc. De Or. 2, 193) Daí, por extensão: 2) Papel (atribuído a essa máscara) (Cíc. Phil. 2, 65). II — Sent. figurado: 3) Papel, cargo, função, caráter (Cíc. Pis. 71). 4) Individualidade, personalidade, personagem, ator (Cíc. At. 15, 1a, 2). 5) Pessoa gramatical (Varr. L. Lat. 8, 20).
personātus, -a, -um, adj. I — Sent. próprio: 1) Mascarado (Cíc. De Or. 3, 221). II — Sent. figurado: 2) Que se mascara, que se disfarça, aparente, dissimulado, fictício (Sên. Ep. 80, 8).
persŏnō, -ās, -āre, sŏnŭī, -sŏnĭtum, v. intr. e tr. I — Sent. próprio: 1) Intr.: Ressoar por tôda parte, retumbar (Cíc. Pis. 22); (T. Liv. 39, 15, 6). 2) Tr.: Fazer ressoar, fazer retumbar (Veg. En. **1,** 417). II — Sent. figurado: 3) Dizer em voz alta, gritar (Cíc. Cael. 47).

personŭī, perf. de persŏno.
persŏnus, -a, -um, adj. Que ressoa, que retumba (Petr. 120).
persorbĕō, -ēs, -ēre, -sorbŭī, v. intr. Beber completamente, absorver (Plín. H. Nat. 31, 123).
persorbŭī, perf. de persorbĕo.
perspĕctē, adv. Com sagacidade, astuciosamente (Plaut. Mil. 757).
perspĕctō, -ās, -āre, -āvī, -ātum, v. tr. I — Sent. próprio: 1) Olhar até o fim (Suet. Aug. 98). II — Daí: 2) Examinar atentamente (Plaut. Most. 815).
perspĕctus, -a, -um. I — Part. pass. de perspicĭo. II — Adj. (sent. figurado): 1) Bem examinado, sondado, meditado, aprofundado (Cíc. De Or. 1, 92). 2) Reconhecido, manifesto, evidente (Cíc. At. 11, 1, 1).
perspecŭlor, -ārīs, -ārī, -ātus sum, v. dep. tr. Olhar até o fim, observar com atenção (Suet. Cés. 58).
perspĕrgō, -is, -ĕre, v. tr. Regar inteiramente, borrifar tudo (Tác. An. 15, 44)
perspĕxī, perf. de perspicĭo.
perspĭcāx, -ācis, adj. I — Sent. próprio: 1) Que vê bem, que tem a vista penetrante (Apul. M. 2, 23). II — Sent. figurado: 2) Perspicaz, penetrante (Cíc. Of. 1, 100).
perspicientĭa, -ae, subs. f. Visão clara, e daí: conhecimento perfeito, perfeita compreensão (sent. figurado) (Cíc. Of. 1, 15).
perspicĭō, -is, -ĕre, -spēxī, -pēctum, v. tr. I — Sent. próprio: 1) Olhar através, ver bem, olhar atentamente (Cés. B. Gal. 2, 17, 4). II — Daí: 2) Examinar com cuidado, reconhecer claramente (Cíc. Verr. 2, 4); (Cés. B. Gal. 7, 36, 1).
perspicŭē, adv. I — Sent. próprio: 1) Muito distintamente, muito claramente (Cíc. Fin. 3, 19). II — Daí: 2) Evidentemente (Cíc. Cael. 26).
perspicuĭtās, -tātis, subs. f. I — Sent. próprio: 1) Transparência (Plín. H. Nat. 37, 141). II — Sent. figurado: 2) Clareza (de estilo) (Quint. 8, 2, 1). Na língua filosófica: 3) Evidência (Cíc. Nat. 3, 9).
perspicŭus, -a, -um, adj. I — Sent. próprio: 1) Transparente, diáfano (Ov. Met. 5, 588). II — Sent. figurado: 2) Perspícuo, claro, evidente, certo (Cíc. Nat. 3, 11).
perspīrō, -ās, -āre, v. intr. I — Sent. próprio: 1) Soprar através (Plín. H. Nat. 2, 116). II — Daí: 2) Transpirar (Cat. Agr. 157, 7).

perspīssō, adv. Muito lentamente (Plaut. Poen. 792).
perstĕrnō, -is, -ĕre, -strāvī, -strātum, v. tr. Ladrilhar inteiramente, pavimentar (T. Lív. 10, 47, 4).
perstimŭlō, -ās, -āre, v. tr. Excitar muito, estimular, irritar (Tác. An. 4, 12).
perstĭtī, perf. de persīsto e de persto.
perstō, -ās, -āre, -stĭtī, -statūrus, v. intr. I — Sent. próprio: 1) Ficar de pé, ficar imóvel (T. Lív. 44, 33, 10). II — Sent. figurado: 2) Persistir (sent. físico e moral), perseverar (Cíc. Com. 56); (Verg. En. 5, 812). Obs.: Constrói-se com abl. com in; com inf.; dat. de posse; ou como absoluto.
perstrātus, -a, -um, part. pass. de perstĕrno.
perstrāvī, perf. de perstĕrno.
perstrĕpō, -is, -ĕre, -strepŭī, v. intr. Fazer grande barulho, fazer algazarra; retumbar (Ter. Eun. 600).
perstrepŭī, perf. de perstrĕpo.
perstrĭctus, -a, -um, part. pass. de perstrīngo.
perstrīngō, -is, -ĕre, -strīnxī, -strīctum, v. tr. I — Sent. próprio: 1) Ligar fortemente, apertar (sent. físico e moral) (Cat. Agr. 32, 2). II — Daí: 2) Ofuscar, deslumbrar, impressionar vivamente, abalar (Hor. O. 2, 1, 18); (T. Lív. 1, 25, 4). 3) Tocar (sent. próprio e figurado), ofender, picar (Cíc. Agr. 2, 67); (Cíc. Br. 323). II — Sent. figurado: 4) Criticar (Tác. An. 2, 59). 5) Expor em poucas palavras, resumir, tocar de leve (Cíc. Verr. 4, 105).
perstrīnxī, perf. de perstrīngo.
perstudiōsē, adv. Com muito zêlo (Cíc. Br. 207).
perstudiōsus, -a, -um, adj. Muito inclinado a, que tem muito gôsto por (Cíc. C.M. 3).
persuādĕō, -ēs, -ēre, -suāsī, -suāsum, v. tr. e intr. I — Sent. próprio: 1) Persuadir, convencer, levar a crer, induzir, aconselhar (Cés. B. Gal. 1, 2, 1); (Cíc. Phil. 2, 24); '(Cíc. Com. 51). II — Daí: 2) Decidir a, resolver (Cíc. Of. 3, 85). Obs.: Constrói-se com dat e or. inf.; com dat. e or. introduzida por ut ou ne; ou como absoluto.
persuāsī, perf. de persuādĕo.
persuāsibĭlis, -e, adj. Persuasivo, próprio para persuadir (Quint. 2, 15, 13).
persuāsibilĭter, adv. De modo persuasivo (Quint. 2, 15, 14).
persuāsĭō, -ōnis, subs. f. I — Sent. próprio: 1)Persuasão, ação de persuadir

(Cíc. Inv. 1, 6). II — Daí: 2) Convicção, crença (Quint. 1, 1, 8).

persuāstrix, -ĭcis, subs. f. A que persuade, a que seduz (Plaut. Bac. 1167).

1. persuāsus, -a, -um, part. pass. de **persuadĕo.**

2. persuāsus, -ūs, subs. m. Instigação, conselho (Cíc. apud. Quint. 5, 10, 69). Obs.: só ocorre no abl. sg.

persubtīlis, -e, adj. I — Sent. próprio: 1) Muito sutil (Lucr. 3, 179). II — Sent. figurado: 2) Muito engenhoso (Cíc. Planc. 58).

persultō, -ās, -āre, -āvī, -ātum, v. intr. e tr. A) Intr.: 1) Saltar através, saltar, pular (T. Lív. 44, 9, 7). B) Tr.: 2) Percorrer com insolência (o território inimigo) (T. Lív. 34, 20, 6).

pertaedēscō, -ĭs, -ĕre, -taedŭī, v. incoat. intr. Enfadar-se, aborrecer-se (Cat. Agr. 156).

pertaedet, -ēbat, -ēre, -taesum est, v. impess. intr. Aborrecer-se muito, estar muito aborrecido (Lucr. 3, 1061); (Plaut. Most. 316). Obs.: Constrói-se com acus. de pess. e gen. de coisa.

pertaedŭī, perf. de **pertaedēsco.**

pertaesus, -a, -um, adj. Aborrecido, enfastiado (Tác. An. 15, 51).

pertĕgō, -ĭs, -ĕre, -tēxī, -tēctum, v. tr. I — Sent. próprio: 1) Cobrir (Plaut. Rud. 123). II — Daí: 2) Encobrir (Plaut. Trin. 320).

pertēmptō = **pertento.**

pertēndī, perf. de **pertēndo.**

pertēndō, -ĭs, -ĕre, -tēndī, v. tr. e intr. I Sent. próprio: Tr.: 1) Acabar, concluir, cumprir (Ter. Heaut. 1053). II — Intr.: 2) Dirigir-se para, ir até o fim (T. Lív. 5, 8, 12). Donde: 3) Persistir, obstinar-se (Prop. 2, 15, 17).

pertentātus, -a, -um, part. pass. de **pertēnto.**

pertēntō (pertēmptō), -ās, -āre, -āvī, -ātum, v. tr. I — Sent. próprio: 1) Experimentar, tentar, provar (Cíc. Q. Fr. 1, 4, 5); (Verg. En. 7, 354). II — Daí: 2) Penetrar, invadir (Verg. En. 1, 502).

pertenŭis, -e, adj. I — Sent. próprio: 1) Muito fino (tratando-se da areia) (Plín. H. Nat. 18, 34). II — Sent. figurado: 2) Muito pequeno, muito fraco, muito leve (Cíc. Clu. 168).

perterĕbrō, -ās, -āre, -āvī, -ātum, v. tr. Varar, furar de um lado a outro, transpassar, perfurar (Cíc. Div. 1, 48).

pertergĕō, -ēs, -ēre, -tērsī, -tērsum, v. tr. Enxugar inteiramente, limpar completamente (Hor. Sát. 2, 8, 11); (Lucr. 4, 249).

pertĕrō, -ĭs, -ĕre, -trītum, v. tr. Esmagar, pisar completamente, esmigalhar (Col. 8, 5, 21).

perterrefaciō, -ĭs, -ĕre = **perterrĕo** (Ter. And. 169).

perterrĕō, -ēs, -ēre, -terrŭī, -terrĭtum, v. tr. Aterrorizar, apavorar (Cés. B. Gal. 7, 4, 10); (Cíc. Caec. 42, 44).

perterricrĕpus, -a, -um, adj. Que faz um ruído pavoroso (Lucr. 6, 129).

perterrĭtus, -a, -um, part. pass. de **perterrĕo.**

perterrŭī, perf. de **perterrĕo.**

pertērsī, perf. de **pertergĕo.**

pertēxō, -ĭs, -ĕre, -texŭī, -tēxtum, v. tr. I — Sent. primitivo: 1) Tecer completamente (Apul. M. 10, 3). II — Daí: 2) Dizer com minúcia, descrever pormenorizadamente (Cíc. At. 1, 14, 3).

pertēxtus, -a, -um, part. pass. de **pertēxo.**

pertexŭī, perf. de **pertēxo.**

pertĭca, -ae, subs. f. Vara, pau, bastão (Plaut. As. 589).

perticātus, -a, -um, adj. Que traz uma vara (Marc. 5, 12, 1).

pertimēscō, -ĭs, -ĕre, -timŭī, v. tr. e intr. A) Tr.: 1) Ter grande mêdo, estar apavorado, recear muito (Cíc. Fam. 1, 9, 11). B) Intr.: 2) Recear muito por (Cíc. Sest. 105). Obs.: Constrói-se com acus.; como intr. absoluto; com or. introduzida por **ne**; ou com interrog. indir.

pertimescŭī perf. de **pertimēsco.**

pertinācĭa, -ae, subs. f. I — Sent. próprio: 1) Pertinácia, teimosia, obstinação (T. Lív. 42, 62). II — Daí: 2) Constância, firmeza, perseverança (Cés. B. Gal. 1, 42, 3).

pertinācĭter, adv. 1) Com pertinácia, com tenacidade, com persistência (Suet. Tib. 74). 2) Com perseverança (Suet. Claud. 40).

pertĭnax, -ācis, adj. I — Sent. próprio: 1) Que agarra bem, que não larga. II — Sent. figurado: 2) Avarento (Plaut. Capt. 289). 3) Obstinado, teimoso, pertinaz (T. Lív. 29, 1, 17). 4) Firme, perseverante, constante (T. Lív. 28, 22, 14). 5) Que dura muito (T. Lív. 2, 40, 113). III — Sent. poético: 6) Incessante (Hor. O. 3, 29, 51). Obs.: Constrói-se como absoluto; com abl. acompanhado de **in**; com acus. com **in, adversus** ou **ad**; com inf. (na poesia).

pertĭnens, -ēntis, part. pres. de **pertinĕo.**

pertĭnĕō, -ēs, -ĕre, -tĭnŭī, v. intr. I — Sent. próprio: 1) Estender-se até, ir até, tender a, visar a (sent. concreto e abstrato) (Cés. B. Gal. 1, 6, 3); (Cíc. Lae. 50). II — Daí, em sent. moral: 2) Tocar a, referir-se a, dizer respeito a, concernir, pertencer a, ser de (Cíc. Verr. 4, 61); (Cíc. Amer. 36); (Cíc. Planc. 7). Impess.: 3) Ser conveniente, importar, ser útil (Cíc. Div. 2, 46); (Cíc. Phil. 9, 12). Obs.: Constrói-se geralmente com acus. com **ad** ou com adv.; às vêzes com acus. com **in** ou per.

pertĭnŭī, perf. de **pertĭnĕo.**

pertĭngō, -ĭs, -ĕre, v. intr. I — Sent. próprio: 1) Atingir, alcançar. II — Daí: 2) Estender-se (Sal. B. Jug. 48, 3).

pertŏlĕrō, -ās, -āre, -āvī, -ātum, v. tr. Aturar, suportar até ao fim (Lucr. 5, 316).

pertorquĕō, -ēs, -ēre, v. tr. Fazer caretas, contorcer (Lucr. 2, 401).

pertractātē, adv. De modo repetido, comum (Plaut. Bac. 55).

pertractātĭō, -ōnis, subs. f. 1) Administração, manejo (de negócios) (Cíc. De Or. 1, 48). 2) Estudo assíduo, leitura freqüente (Cíc. De Or. 1, 187).

pertractātus, -a, -um, part. pass. de **pertracto.**

pertractō (pertrēctō), -ās, -āre, -āvī, -ātum, v. tr. I — Sent. próprio: 1) Manejar longamente ou com cuidado (Cíc. Par. 38). II — Sent. figurado: 2) Examinar minuciosamente, estudar a fundo, aprofundar (Cíc. Nat. 1, 9). 3) Na língua retórica: dirigir (os sentimentos, os pensamentos), influir (sôbre o auditório), induzir alguém a (Cíc. De Or. 1, 222).

pertrāctus, -a, -um, part. pass. de **pertrăho.**

pertrăhō, -ĭs, -ĕre, -trāxī, -trāctum, v. tr. Puxar até um determinado ponto, arrastar, trazer (T. Liv. 7, 39, 14).

pertransĕō, -ĭs, -ire, -ĭvī (ou -ĭi), -ĭtum, v. intr. Passar além, ir além (Plín. H. Nat. 37, 68).

pertransĭī = **pertransīvī,** perf de **pertransĕo.**

pertrāxī, perf. de **pertrăho.**

pertrēcto = **pertrācto.**

pertrĭstis, -e, adj. 1) Muito triste, muito sinistro (Cíc. Div. 1, 14). 2) Muito severo (Cíc. Cael. 25).

pertrītus, -a, -um, I — Part. pass. de **pertĕro.** II — Adj. Sent. próprio: 1) Esmagado (Col. 8, 5, 21). Em Sent. figurado: 2) Banal, muito vulgar, muito batido (Sên. Ep. 63, 12).

pertŭdī, perf. de **pertŭndo.**

pertŭlī, perf. de **perfĕro.**

pertumultuōsē, adv. Em grande desordem, muito confusamente (Cíc. Fam. 15, 4, 3).

pertŭndō, -ĭs, -ĕre, -tŭdī, -tūsum, v. tr. Varar de um lado a outro, furar, perfurar, cavar (Cat. Agr. 41, 3); (Plaut. Ps. 170).

perturbātē, adv. Confusamente (Cíc. Or. 122).

perturbātĭō, -ōnis, subs. f. I — Sent. próprio: 1) Perturbação, desordem, perturbação política, revolução (Cés. B. Gal. 4, 29, 3). II — Daí: 2) Perturbação (do espírito), paixão, emoção (Cíc. Of 1. 27).

perturbātor, -ōris, subs. m. e **perturbātrix, -īcis,** subs. f. Perturbador, perturbadora (Cíc. Leg. 1, 39).

perturbātus, -a, -um, A) Part. pass. de **pertŭrbo.** B) Adj. I — Sent. próprio: 1) Muito perturbado, desordenado, tumultuoso (Sên. Nat. 7, 10, 3). Daí: 2) Muito perturbado (de espírito), agitado (Cíc. Fam. 6, 5, 2). II — Sent. figurado: 3) Perturbado, confuso (Cíc. Div. 2, 122).

pertŭrbō, -ās, -āre, -āvī, -ātum, v. tr. I — Sent. próprio: 1) Perturbar grandemente, lançar uma grande perturbação, pôr em desordem, confundir (Cíc. Flac. 17); (Cíc. Br. 223). II — Sent. figurado: 2) Agitar, abalar, comover (Cíc. Verr. 3, 132).

pertŭrpis, -e, adj. Muito vergonhoso, muito desonroso (Cic. Cael. 50).

pērŭla, -ae, subs. f. Alforje pequeno (Sên. Ep. 90, 14).

perunctĭō, -ōnis, subs. f. Ação de untar, fricção (Plín. H. Nat. 24, 131).

perūnctus, -a, -um, part. pass. de **perūngo.**

perūngō, -ĭs, -ĕre, -ūnxī, -ūnctum, v. tr. Untar inteiramente (Cíc. Tusc. 1, 113).

perūnxī, perf. de **perūngo.**

perurbānus, -a, -um, adj. I — Sent. próprio: 1) Muito fino, muito delicado (Cíc. Br. 239). II — Sent. figurado: 2) Muito espirituoso (Cic. De Or. 1, 72).

perurgĕō, -ēs, -ēre, -ūrsī, v. tr. Apertar muito, oprimir, perseguir (Suet. Tib. 25).

perūrō, -ĭs, -ĕre, -ūssī, -ūstum, v. tr. I — Sent. próprio: 1) Queimar inteiramente, consumir (Lucr. 5, 396); **zona pe-**

rusta (Lucr. 4, 679) «zona tórrida».
II — Sent. figurado: 2) Abrasar, irritar, indignar (Cíc. Fam. 13, 15, 2); (Catul. 78, 3).
perūrsī, perf. de **perurgĕo**.
Perusĭa, -ae, subs. pr. f. Perúsia, cidade etrusca da Itália peninsular, perto do Tibre e do lago de Perúsia ou Trasimeno (T. Lív. 9, 37, 12).
Perusīnī, -ōrum, subs. loc. m. pl. Perusinos, habitantes de Perúsia (T. Lív. 10, 30).
Perusīnum, -ī, subs. pr. n. Perusino, território de Perúsia (Plín. Ep. 1, 4, 1).
Perusīnus, -a, -um, adj. Perusino, de Perúsia (T. Lív. 23, 17).
perūssī, perf. de **perūro**.
perūstus, -a, -um, part. pass. de **perūro**.
perūtĭlis, -e, adj. Muito útil (Cíc. C. M. 59).
pervădō, -is, -ĕre, -vāsī, -vāsum, v. intr. e tr. I — Sent. próprio: Intr.: 1) Avançar através, penetrar até (Cíc. Verr. 3, 66). II — Tr.: 2) Invadir, penetrar, percorrer (T. Lív. 42, 13, 8); (T. Lív. 5, 7, 6).
pervagātus, -a, -um. I — Part. pass. de **pervăgor**. II — Adj. 1) Vulgarizado, muito conhecido, comum, vulgar, banal (Cíc. De Or. 1, 165). 2) Geral (Cíc. Inv. 2, 47).
pervăgor, -āris, -ārī, -ātus sum, v. dep. Intr. I — Sent. próprio: 1) Ir daqui e dali, errar, espalhar, vulgarizar-se (Cíc. Verr. 5, 98); (Cíc. Verr. 4, 64). II — Daí: 2) Percorrer em todos os sentidos, invadir (sent. próprio e figurado) (T. Lív. 1, 29); (Cíc. Leg. 1, 32).
pervăgus, -a, -um, adj. Que anda por tôda a parte, errante, vagabundo (Ov. A. Am. 2, 18).
pervarĭe, adv. De uma maneira muito variada (Cíc. De Or. 2, 327).
pervāsī, perf. de **pervādo**.
pervāstō, -ās, -āre, -āvī, -ātum, v. tr Assolar inteiramente, devastar, arrasar (sent. físico e moral) (T. Lív. 6, 4, 8).
pervāsus, -a, -um, part. pass. de **pervādo**.
pervēctus, -a, -um, part. pass. de **pervĕho**.
pervĕhō, -is, -ĕre, -vēxī, -vēctum, v. tr. I — Sent. próprio: 1) Transportar até um ponto determinado, levar até, ir a (T. Lív. 5, 40, 10). II — Daí: 2) Entrar em, aportar a, chegar a (passivo) (Cíc. At. 14, 19, 1); (Cíc. Of. 2, 19).
pervĕlim, pres. do subj. de **pervŏlo 2**.
pervĕlle, inf. pres. de **pervŏlo 2**.
pervēllem, imperf. do subj. de **pervŏlo 2**.
pervēllī, perf. de **pervēllo**.
pervēllō, -is, -ĕre, -vēllī, v. tr. I — Sent. próprio: 1) Puxar em todos os sentidos, puxar: **aurem** (Fedr. 5, 5, 32) «(puxar) a orelha». II — Sent. figurado: 2) Atormentar, estimular, espicaçar, repreender, maltratar (Cíc. Tusc. 2, 46); (Cíc. De Or. 1, 265).
pervēnī, perf. de **pervenĭo**.
pervenĭō, -is, -ĭre, -vēnī, -vēntum, v. intr. I — Sent. próprio: 1) Chegar a, atingir (Cíc. Verr. 4, 28); (Cíc. Flac. 42); (Cíc. Verr. 2, 45). II — Daí: 2) Caber como parte, tocar em partilha (Cés. B. Civ. 1, 26, 4). Obs.: Subj. pres.: **pervenat** (Plaut. Rud. 626).
pervēnor, -āris, -ārī, v. dep. tr. Correr, percorrer caçando (Plaut. Merc. 805).
pervērrō, -is, -ĕre, v. tr. Varrer com cuidado (Verg. Mor. 23).
pervērsē (arc. -vŏrsē), adv. I — Sent. próprio: 1) Obliquamente, às avessas (Suet. Galb. 18). II — Sent. figurado: 2) Perversamente, mal: **perverse dicere** (Cíc. De Or. 1, 150) «falar mal».
perversĭtās, -tātis, subs. f. I — Sent. próprio: 1) Extravagância, desvario (Cíc. Fam. 1, 7, 7). II — Sent. figurado: 2) Depravação, corrupção, vício, perversão (Suet. Aug. 62).
pervērsus (**pervŏrsus**) -a, -um. I — Part. pass. de **pervērto**. II — Adj.: 1) Pôsto às avessas, desordenado, irregular (Cíc. Nat. 1, 79). Em sent. figurado: 2) Transtornado, disparatado, desregrado, vicioso (Cíc. Mur. 75); (Cíc. Clu. 71). Como subs.: 3) Mal (Sên. Vit. 5, 2).
pervērtī, perf. de **pervērto**.
pervērtō (**pervŏrtō**), -is, -ĕre, -vērtī, -vērsum, v. tr. I — Sent. próprio: 1) Pôr em completa desordem, pôr às avessas (Cíc. Div. 1, 49). Daí: 2) Encaminhar mal, perverter, viciar, corromper (Cíc. Br. 273). II — Sent. figurado: 3) Destruir, aniquilar, confundir, transtornar (Cíc. Of. 1, 26).
pervespĕrī, adv. Muito tarde, ao anoitecer (Cíc. Fam. 9, 2, 1).
pervestīgātĭō, -ōnis, subs. f. Investigação cuidadosa (Cíc. De Or. 1, 9).
pervestīgō, -ās, -āre, -āvī, -ātum, v. tr. I — Sent. próprio: 1) Seguir o rastro, a pista de (Cíc. Verr. 4, 31). II — Sent. figurado: 2) Procurar com cuidado, explorar, examinar (Cíc. Verr. 5, 174).

pervĕtus, -ĕris, adj. Muito antigo, muito velho (Cíc. Verr. 4, 72).
pervetūstus, -a, -um, adj. Muito antigo, arcaico (Cíc. De Or. 3, 201).
pervĕxī, perf. de **pervĕho.**
pervĭam, adv. De modo acessível, mais fàcilmente, (Plaut. Aul. 438).
pervicācĭa, -ae, subs. f. I — Sent. próprio: 1) Pervicácia, obstinação, teimosia, persistência (sent. pejorativo) (T. Lív. 9, 34, 24). II — Daí: 2) Firmeza, constância (Tác. An. 12, 20).
pervicācĭter, adv. Com persistência, obstinadamente. Obs.: Comp.: **pervicacĭus** (T. Lív. 42, 14).
pervĭcax, -ācis, adj. Sent. próprio: 1) Pervicaz, que se obstina, que porfia na luta; daí: obstinado, teimoso, pertinaz (no bom e mau sentido) (Hor. O. 3, 3, 70). 2) Resistente, firme, sólido (Plín. H. Nat. 16, 161).
pervīcī, perf. de **pervinco.**
pervīctus, -a, -um, part. pass. de **pervinco.**
pervĭdĕō, -ēs, -ēre, -vīdī, (vīsum), v. tr. I — Sent. próprio: 1) Ver a fundo, ver distintamente: **sol qui pervidet omnia** (Ov. Met. 14, 375) «o sol que vê distintamente tudo». II — Daí: 2) Ver claramente, distinguir nitidamente, compreender (Cíc. Of. 3, 75). Examinar com cuidado, inspecionar (Hor. Sát. 1, 3, 25).
pervīdī, perf. de **pervidĕo.**
pervĭgĕō, -ēs, -ēre, -vĭgŭī, v. intr. Continuar a florescer, ser florescente (Tác. An. 4, 34).
pervĭgil, -ĭlis, adj. I — Sent. próprio: 1) Pervígil, acordado tôda a noite, que não dorme, que vela (Ov. Her. 12, 60). II — Daí: 2) Sempre acordado, passado sem dormir (Just. 12, 13, 7).
pervigilātĭō, -ōnis, subs. f. Longa vigília, vigília (Cíc. Leg. 2, 37).
pervigilĭum, -ī, subs. n. I — Sent. próprio: 1) Vigília prolongada (Sên. Ir. 3, 29, 1). II — Por extensão: 2) Culto noturno, vigília religiosa (T. Lív. 23, 35, 18).
pervigilō, -ās, -āre, -āvī, -ātum, v. intr. Prolongar a vigília, passar a noite velando, velar a noite inteira (Plaut. Amph. 314); (Cíc. Amer. 98); (Ov. F. 6, 326).
pervigŭī, perf. de **pervigĕo.**
pervīlis, -e, adj. De preço muito baixo, muito barato (T. Lív. 31, 50, 1).
pervīncō, -is, -ĕre, -vīcī, -victum, v. tr. I — Sent. próprio: 1) Vencer completamente, acabar por vencer (Tác. An. 11, 10); (Cíc. At. 2, 1, 7). II — Sent. figurado: 2) Acabar por convencer, convencer, persuadir, decidir (Hor. Ep. 2, 1, 200); (T. Lív. 42, 45, 4). Donde: 3) Provar, demonstrar (Lucr. 5, 99). 4) Conseguir, obter com esfôrço (T. Liv. 37, 16, 4). Obs.: Constrói-se com acus.; com acus. com **ut**; ou como intr. absoluto.
pervĭum, -ī, subs. n. Passagem (T. Lív. 30, 10, 5).
pervĭus, -a, -um, adj. I — Sent. próprio: 1) Pérvio, que tem passagem através de, que se pode atravessar, acessível, patente, aberto (Ov. Met. 8, 377). II — Sent. figurado: 2) Aberto, patente (Tác. An. 13, 4).
pervīvō, -is, -ĕre, -vixī, -victum, v. intr. Continuar a viver (Plaut. Capt. 742).
pervīxī, perf. de **pervīvo.**
pervōlgō = **pervulgo.**
pervolĭtō, -ās, -āre, -āvī, -ātum, v. intr. e tr. I — Sent. próprio: 1) Intr.: Voar através (Lucr. 6, 952). II — Tr.: 2) Percorrer voando, percorrer ràpidamente (Verg. En. 8, 24).
1. **pervŏlō, -ās, -āre, -āvī, -ātum,** v. intr. e tr. I — Sent. próprio: Intr.: 1) Voar através, voar até (Ov. F. 6, 27); (Cíc. Rep. 6, 29). II — Daí: 2) Percorrer voando, percorrer ràpidamente (Verg. En. 12, 473); (Cíc. Amer. 19).
2. **pervŏlō, pervis, pervĕlle, pervolŭī,** v. tr. Desejar ardentemente, ter um grande desejo de (Cíc. At. 15, 4, 2); (Cíc. At. 13, 13, 1).
pervolŭī, perf de **pervĕlle (pervŏlo** 2).
pervolūtō, -ās, -āre, v. tr. Folhear, ler assìduamente (Cíc. Or. 158).
pervolūtus, -a, -um, part. pass. de **pervōlvo.**
pervōlvī, perf. de **pervōlvo.**
pervōlvō, -is, -ĕre, -vōlvī, -volūtum, v. tr. 1) Rolar, revolver (sent. próprio e figurado): **aliquem in luto** (Ter. And. 711) «revolver alguém em lama». Daí: 2) Folhear, ler (Catul. 95, 5).
pervulgātus, -a, -um, I — Part. pass. de **pervulgo.** II — Adj.: Divulgado, comum, banal, vulgar (Cíc. Fam. 5, 16, 2).
pervulgō (pervolgō), -ās, -āre, -āvī, ātum, v. tr. I — Sent. próprio: 1) Espalhar por tôda a parte, divulgar propalar (Cíc. Fin. 2, 15). II — Sent. figurado: 2) Oferecer a todos, prodigalizar (Cíc. Inv. 2, 114). Donde: 3) Reflexivo: Prostituir-se (Cíc. Cael. 38). 4) Ir sempre, freqüentar (Lucr. 2, 346).
pēs, pĕdis, subs. m. I — Sent. próprio:

1) **Pé** (do homem ou do animal) (considerado como órgão de locomoção) (Cíc. C.M. 34). II — Daí, em expressões diversas: 2) **pedem ferre** «ir, vir» (Verg. En. 2, 756). 3) **pedem inferre** «entrar» (Cíc. Caec. 39); **pedem efferre** «sair» (Cíc. At. 8, 2, 4), **Pedes conjicere** «fugir» (Plaut. Bac. 374). 5) **sub pedibus esse, ou jacere**, «ser desprezado» (Ov. Met. 14, 490). 6) **ante pedes positum esse** «estar à mão» (Cíc. De Or. 3, 160). 7) **omni pede stare** «estar com tudo pronto para o ataque» (Quint. 12, 9, 18). 8) **pede aequo congredi** «atacar firmemente» (Verg. En. 12, 465). 9) **pes secundus, felix** «favoràvelmente» (Verg. En. 8, 302). 10) **pedem conferre** (lingua militar) «bater-se com, combater». 11) **pedibus merere** «servir na infantaria» (T. Lív. 24, 18, 9). III — Sent. particulares: 12) Pé (medida de comprimento = 0,296 m); **pedem non discedere, non egredi** (Cíc. Dej. 42) «não se afastar», «não arredar pé», i.é, «o comprimento de um pé». 13) Pé (na poesia e na música): **pedibus claudere verba** (Hor. Sát. 2, 1, 28) «enfeixar as palavras em pés (métricos)». 14) Verso, metro (Hor. O. 4, 6, 35). Na língua náutica: 15) Escota (cabo que governa as velas do navio), vela bem esticada: **pedem facere** (Verg. En. 5, 830) «manobrar uma escota»; **pede aequo** (Ov. F. 3, 565) «com a vela igualmente esticada», i.é, «a plenas velas». IV — Sent. figurado: 16) Pé (de uma mesa) (Ov. Met. 8, 661). 17) Pé, marcha: **crepante pede** (Hor. Epo. 16, 48) «com marcha estrepitosa».

Pescennĭus, -ī, subs. pr. m. Pescênio, um amigo de Cícero (Cíc. Fam. 14, 4, 6).

pessĭmus (pessŭmus), -a, -um, adj. (superl. de **malus**). Péssimo, muito mau, detestável: **in pessimis** (Cíc. At. 11, 23, 3) «numa situação péssima».

Pessĭnūs, -ūntis, subs. pr. f. Pessinunte, cidade da Galácia, na Ásia Menor, às margens do Sangário e a oeste de Górdio. Foi o centro do culto de Cibele (Cíc. Fam. 2, 12, 2).

Pessĭnuntĭus, -a, -um, adj. Pessinúncio, de Pessinunte (Cíc. Sest. 56).

pessŭlus, -ī, subs. m. Ferrôlho, lingüeta de fechadura (Ter. Eun. 603). Obs.: Plauto emprega a palavra no pl., porque há dois ferrolhos na fechadura (Aul. 103).

pessum, adv. 1) No fundo, para o fundo, em baixo (Lucr. 6, 589). 2) Locuções: **pessum ire** (Tác. An. 1, 79) «ir à ruína»; **aliquem pessum premere** (Plaut. Most. 117) «esmagar alguém», «aniqüilar».

pessumdătus, -a, -um, part. pass. de **pessūmdo**.

pessūmdŏ, pessŭndŏ ou pessum dŏ, -ās, -ăre, -dĕdī, -dătum, v. tr. I — Sent. próprio: 1) Submergir, afogar (Luc. 5, 616). II — Sent. figurado: 2) Perder, arruinar, aniqüilar, destruir (Cíc. apud Quint. 8, 6, 47); (Sal. B. Jug. 1, 4).

pestĭfer, -fĕra, -fĕrum, adj. I — Sent. próprio: 1) Pernicioso, muito funesto, fatal, desastroso (Cíc. Nat. 2, 120). II — Daí: 2) Pestilencial, pestífero, pestilento (T. Lív. 26, 26, 11).

pestĭfĕrē, adv. De maneira desastrosa (Cíc. Leg. 2, 13).

pestĭlens, -ēntis, adj. I — Sent. próprio: 1) Pestilencial, infecto, insalubre, empestado (Cíc. Fam. 5, 16, 4). II — Sent. figurado: 2) Pernicioso, funesto (Cíc. Fam. 7, 24, 1).

pestĭlentĭa, -ae, subs. f. I — Sent. próprio: 1) Peste, epidemia, contágio (Cíc. Of. 2, 16). Daí: 2) Insalubridade (Cíc. Agr. 1, 15). II — Sent. figurado: 3) Veneno, virulência, peste (Catul. 44, 11).

pestĭlĭtās, -tātis, subs. f. Peste, pestilência (Lucr. 6, 1096).

pestis, -is, subs. f. I — Sent. próprio: 1) Destruição (de qualquer espécie), meio de destruição, morte, flagelo (Cíc. Nat. 1, 101). Daí: 2) Perda, epidemia, peste, desgraça, calamidade, ruína (T. Lív. 25, 26, 12). Donde: 3) Pessoa funesta, coisa funesta (Cíc. C.M. 39). II — Sent. figurado: 4) Ruína, destruição (Cíc. De Or. 1, 3). 5) Mal (de amor), paixão destruidora (Verg. En. 4, 90).

petasātus, -a, -um, adj. Coberto com o **petasus** (chapéu), pronto para a viagem (Cíc. Fam. 15, 17, 1).

petasĭō (-so), -ōnis, subs. m. Presunto (Marc. 3, 77, 6).

petasuncŭlus, -ī, subs. m. Presunto pequeno (Juv. 7, 119).

petăsus, -ī, subs. m. Pétaso (chapéu de viagem, de abas largas) (Plaut. Amph. 143).

petaurum, -ī, subs. n. Petauro, trampolim (Juv. 14, 265).

Petēlĭa (-tĭlĭa), -ae, subs. pr. f. Petélia, cidade do Brútio, na Itália, fundada por Filoctetes (T. Lív. 23, 30, 5).

Petelīnī, -ōrum, subs. loc. n. pl. Peteli-

PETELÍNUS — 741 — **PETRÕSUS**

nos, habitantes de Petélia (T. Lív. 23, 30).
Petelínus Lucus, subs. pr. m. Lugar perto de Roma, além da porta Flumentana (T. Lív. 6, 20, 11).
Petellía, v. **Petelía.**
Peteõn, -õnis, subs. pr. f. Peteão, cidade da Beócia (Plín. H. Nat. 4, 26).
petessõ ou **petissõ, -is, -ere,** v. tr. Pedir com instância, buscar àvidamente (Cíc. Tusc. 2, 62).
Petícus, -i, subs. pr. m. Sulpício Pético, cônsul (T. Lív. 7, 2).
petii = **petivi,** perf. de **peto.**
Petilia, Petilínus, v. **Petelía, Petelínus.**
1. Petillius, -i, subs. pr. m. Petílio. 1) Nome de família romana (T. Lív. 44, 27). 2) Nome de dois tribunos que acusaram o primeiro Cipião Africano (T. Lív. 38, 50).
2. Petillius, -a, -um, adj. Petílio, de Petílio (T. Lív. 38, 50).
petissõ = **petessõ.**
Petitarus, -i, subs. pr. m. Petitaro, pequeno rio da Etólia (T. Lív. 43, 22).
petítiõ, -õnis, subs. f. I — Sent. próprio: 1) Ataque, assalto, investida (Cíc. Cat. 1, 15). II — Na língua política: 2) Pretensão, solicitação (de altos cargos), candidatura (Cíc. At. 1, 1, 1). III — Na língua jurídica: 3) Petição, requerimento, reclamação, instância (em juízo) (Cíc. Com. 56).
petítor, -õris, subs. m. I — Sent. particular (na língua política): 1) Candidato, concorrente, pretendente (a cargos) (Hor. O. 3, 1, 10). — Na língua jurídica: 2) O queixoso (em juízo), o autor (de um processo judicial) (Cíc. Part. 110).
petitum, -i, subs. n. Pedido (Catul. 68, 39).
petiturio, -is, -ire, v. desiderativo de **peto,** intr. Desejar disputar um cargo, ter vontade de ser candidato (Cíc. At. 1, 14, 7).
1. petítus, -a, -um, part. pass. de **peto.**
2. petítus, -us, subs. m. I — Sent. próprio: 1) Inclinação para, aproximação de (Lucr. 3, 192). II — Daí: 2) Pedido (A. Gél. 18, 3, 6).
petõ, -is, -ere, -ivi, (ou **-ii), -itum,** v. tr. I — Sent. próprio: 1) Dirigir-se para, procurar atingir (primeiramente com idéia secundária de violência ou hostilidade), atacar (sent. físico e moral), visar (Cíc. Nat. 2, 125); (Verg. G. 3, 522); (Cíc. Nat. 2, 2, 2); (Cíc. Quinct. 29). Daí, por enfraquecimento de sentido: 2) Acercar-se de, procurar, aspirar (Cés. B. Gal. 3, 15, 2); (Cíc. Or. 56). II — Sent. figurado: 3) Pedir, solicitar, reclamar (Cíc. Tusc. 5, 5); (Cíc. At. 1, 16 7); (Cíc. Fam. 5, 15, 4). Na língua política: 4) Pretender um mandato, ser candidato (Cíc. Phil. 2, 76). Obs.: Constrói-se com acus.; com acus. de coisa e abl. de pess.; com abl.; com duplo acus.; com abl. de pess. com **ab** ou **ut.**
petit = **petiit** (Ov. F. 1, 109).
petõritum (-torr-), -i, subs. n. Carro de quatro rodas (de origem gaulesa) (Hor. Ep. 2, 1, 192).
Petosiris, -idis, subs. pr. m. 1) Petosíris, nome de um astrólogo egípcio (Plín. H. Nat. 2, 88). 2) Um Petosíris, um astrólogo (Juv. 6, 581).
1. Petra, -ae, subs. pr. f. Petra, nome de várias cidades construídas sôbre rochedos: 1) Cidade da Piéria (T. Lív. 39, 26). 2) Cidade da Média (T. Lív. 40, 22, 12). 3) Colina perto de Dirráquio (Cés. B. Cív. 3, 42).
2. Petra, -ae, subs. pr. m. Petra, sobrenome romano (Tác. An. 11, 4).
3. petra, -ae, subs. f. Rochedo, pedra (Q. Cúrc. 7, 11, 1).
Petreius, -i, subs. pr. m. Petreio (Marcus), lugar-tenente do cônsul Antônio, venceu Catilina em Pistóia; mais tarde lugar-tenente de Pompeu na Hispânia, foi vencido por César em Tapso e suicidou-se (Cíc. Sest. 12).
Petríni, -õrum, subs. loc. m. Petrinos, habitantes de Petra, na Sicília (Cíc. Verr. 3, 90).
Petrinum, -i, subs. pr. n. Petrino, casa de campo de Petrino, em uma pequena vila perto de Sinuessa (Cíc. Fam. 6,19,1).
1. petrõ, -õnis, subs. m. Carneiro velho (que tem a carne dura) (Plaut. Capt. 820).
2. Petrõ, -õnis, subs. pr. m. Flávio Petrão, avô do imperador Vespasiano (Suet. Vesp. 1).
Petrocorii, -õrum, subs. loc. m. pl. Petrocórios, povo da Aquitânia, no Perigord (Cés. B. Gal. 7, 75, 3).
Petrõnia, -ae, subs. pr. f. Petrônia, primeira mulher de Vitélio (Tác. Hist. 2, 64).
Petrõnius, -i, subs. pr. m. Petrônio, nome de família romana, principalmente **Petronius Arbiter,** poeta e prosador latino da época de Nero (Tác. An. 16, 17).
petrõsus, -a, um, adj. Pedregoso, penhascoso (Plín. H. Nat. 9, 96).

Pettălus, i, subs. pr. m. Pétalo, nome de um guerreiro (Ov. Met. 5, 115).
petŭlans, -āntis, adj. Sent. próprio:1) Sempre pronto a atacar; daí: impudente, atrevido, insolente (Cíc. Clu. 39). 2) Petulante, arrebatado (A. Gél. 17, 20, 8).
petulānter, adv. Insolentemente, petulantemente, e daí: impudentemente, sem moderação (Cíc. At. 2, 19, 3). Obs.: Comp.: **petulantĭus** (Cíc. Cael. 6); superl.: **petulantissĭme** (Cíc. At. 9, 19, 1).
petulantia, -ae, subs. f. I — Sent. próprio: 1) Propensão para atacar ou insultar; daí: 2) Insolência, audácia, atrevimento (Cíc. Cat. 2, 25). 3) Ardor, vivacidade, petulância (Col. 7, 6, 4). 4) Leviandade, desatino (Plaut. Cist. 672). II — Sent. figurado: 5) Exuberância, violência: **morbi** (A. Gél. 12, 5, 9) «(Violência) da doença».
petŭlcus, -a, -um, adj. Provocante; e por especialização: que marra, que dá marradas (Verg. G. 4, 10).
Peucē, -ēs, subs. pr. f. Peuce, ilha numa das bôcas do Danúbio (Luc. 3, 202).
Peucēnī (-cīnī), -ōrum, subs. loc. m. pl. Peucenos, habitantes da ilha de Peuce (Tác. Germ. 46).
Peucetĭus, -a, -um, adj. Peucécio, da Peucécia, região da Apúlia (Ov. Met. 14, 513).
pexātus, -a, -um, adj. Que veste um traje de pêlos compridos, i.é, novo (Marc. 2, 58, 1).
pexī, perf. de **pecto**.
pexus, -a, -um. I — Part. pass. de **pecto**. II — Adj.: Peludo, cabeludo, bem penteado, novo (tratando-se de roupa) (Hor. Ep. 1, 1, 95).
Phacĭum, -ī, subs. pr. n. Fácio, cidade da Tessália (T. Lív. 32, 13).
Phacus, -ī, subs. pr. m. Faco, praça forte perto de Pela, na Macedônia (T. Lív. 44, 6, 2).
Phaeăcēs, -um, subs. loc. m. Feaces, povo lendário de marinheiros, amante do luxo, que habitava a ilha Quéria, cujo rei Alcínio hospedou Ulisses e fê-lo depois reconduzir a Ítaca (Verg. En. 3, 291).
Phaeax, -ācis, subs. loc. m. Feace. I — Sent. próprio: 1) Habitante da ilha Quéria (Verg. En. 3, 291). II — Sent. figurado: 2) O que ama as delícias da vida (Hor. Ep. 1, 15, 24).
Phaeācĭus (Tib. 4, 1, 78) e **-cus, -a, -um** (Prop. 3, 1, 51), adj. Feácio, dos feaces.
Phaeācis, -ĭdis, subs. pr. f. A Feácia, título de um poema (Ov. P. 4, 12, 27).
Phaecadum, v. **Phēcadum**.

phaecasĭum, -ī, subs. n. Fecásio (calçado branco ou chinelas usadas pelos sacerdotes em Atenas) (Sên. Ben. 7, 21, 1).
Phaedīmus, -ī, subs. pr. m. Fédimo, um dos filhos de Anfião e Níobe (Ov. Met. 6, 239).
Phaedō (-dōn), -ōnis, subs. pr. m. Fédon, título de um diálogo de Platão (Cíc. Nat. 1, 93).
Phaedra, -ae, subs. pr. f. Fedra, filha de Minos e Pasífae, e espôsa de Teseu (Verg. En. 6, 445).
Phaedrus, -ī, subs. pr. m. Fedro. 1) Um dos discípulos de Sócrates, cujo nome Platão usou como título de um de seus diálogos (Cíc. Tusc. 1, 53). 2) Filósofo grego epicurista do I séc. a.C. (Cíc. Fam. 13, 1, 2). 3) Fedro, fabulista latino (Marc. 3, 20, 5).
Phaenĕās, -ae, subs. pr. m. Fêneas, chefe dos etólios (T. Lív. 32, 32).
Phaeocŏmēs, -ae, subs. pr. m. Feócomes, nome de um Centauro (Ov. Met. 12, 431).
Phaestĭus, -a, -um, adj. Féstio, de Festo, cidade da ilha de Creta (Ov. Met. 9, 668).
Phaestĭās, -ădis, adj. f. Festíada, de Festo (Ov. Met. 9, 715).
Phaetĭas, -ădis, adj. f. Faetíada, de Faetonte (Verg. Buc. 6, 62).
Phaethōn, -ōntis, subs. pr. m. Faetonte. 1) Filho do Sol e de Clímene, quis conduzir o carro de seu pai, mas, não sabendo fazê-lo, incendiou a terra e foi fulminado por Júpiter (Cíc. Of. 3, 94). 2) O sol (Verg. En. 5, 105).
Phaethōntēus, -a, -um, adj. Faetonteu, de Faetonte (Ov. Met. 4, 246).
Phaethontiădēs, -um, subs. pr. f. Faetontíadas, irmãs de Faetonte, transformadas em choupos ou álamos (Verg. En. 10, 190).
Phaethūsa, -ae, subs. pr. f. Faetusa, uma das irmãs de Faetonte (Ov. Met. 2, 346).
phager, -grī, subs. m. Espécie de peixe (Ov. Hal. 107).
Phagita, ae, subs. pr. m. Fagita, sobrenome romano (Suet. Cés. 74).
Phalacrīnē, -ēs, subs. pr. f. Falacrina, ou Falacrine, povoação no território dos sabinos e pátria do imperador Vespasiano (Suet. Vesp. 2).
Phalăcrus, -ī, subs. pr. m. Fálacro, nome de homem (Cíc. Verr. 5, 116).
phalāngae, -ārum, subs. f. pl. Rolos de madeira (para fazer deslocar os navios na praia) (Cés. B. Cív. 2, 1, 7).

phalangītēs (-ta), -ae, subs. m. Soldado de uma falange (T. Liv. 37, 40, 1).
Phalanna, -ae, subs. pr. f. Falana, cidade da Pelasgiótida (T. Liv. 42, 54, 6).
phalannaeus, -a, -um, adj. Falaneu, de Falana (T. Liv. 42, 65, 1).
Phalāntus, -ī, subs. pr. m. Falanto, chefe da colônia lacedemônia, que veio estabelecer-se em Tarento, na Itália (Hor. O. 2, 6, 11).
phalanx, -ăngis, subs. f. I — Sent. próprio: 1) Falange (grega) (C. Nep. Chabr. 1, 2). II — Daí: 2) Gente armada, batalhão, exército (Verg. En. 6, 489).
Phalăra, -ōrum, subs. pr. n. pl. Fálaros, cidade da Ftiótida (T. Liv. 27, 30, 3).
Phalăris, -ĭdis, subs. pr. m. Fálaris, tirano de Agrigento, célebre por sua crueldade (Cíc. Of. 2, 26). Obs.: acus.: -idem ou -im.
Phalasarnēus, -a, -um, adj. Falasarneu, de Falasarna, cidade da ilha de Creta (T. Liv. 42, 51, 7).
Phalasia, -ae, subs. pr. f. Falásia, promontório da Eubéia (T. Liv. 31, 46, 4).
phalĕrae, -ārum, subs. f. pl. I — Sent. próprio: 1) Fáleras (colar com placas de metal que era usado pelos patrícios como adôrno e como insígnia ou condecoração pelos militares) (Cíc. Verr. 4, 29). Daí, em sent. particular: 2) Enfeite suspenso ao pescoço dos cavalos (Verg. En. 5, 310). II — Sent. figurado: 3) Adôrno (Pérs. 3, 30).
phalerātus, -a, -um, adj. I — Sent. próprio: 1) Enfeitado com fáleras (tratando-se dos homens ou dos cavalos) (T. Liv. 30, 17, 13). II — Sent. figurado: 2) Ornado, florido (tratando-se do estilo) (Ter. Phorm. 500).
Phalēreus, -ĕi e -ĕos, adj. m. Falereu, de Falera, pôrto e povoado da Ática (Cíc. Leg. 2, 64). Obs.: Acus.: -ea.
Phalērĭcus, -a, -um, adj. Falérico, de Falera (Cíc. Fin. 5, 5).
Phalērĭa, v. **Phalorĭa**.
Phalorĭa, -ae, subs. pr. f. Falória, cidade da Tessália (T. Liv. 32, 12).
Phămĕa, -ae, subs. pr. m. Fâmea, nome de homem (Cíc. At. 9, 9, 4).
Phanae, -ārum, subs. pr. f. Fanes, pôrto e promontório da ilha de Quios, célebre pelos seus vinhos (T. Liv. 36, 43, 11).
Phanaeus, -a, -um, adj. Faneu, dos faneus (Verg. G. 2, 98).
Phanŏtē, -ēs, subs. pr. f. Fánote, praça forte do Epiro (o mesmo que Panope) (T. Liv. 42, 25).

Phanotēa, -ae, subs. pr. f. Fanotéia, cidade da Fócida (T. Liv. 32, 18).
phantasia, -ae, subs. f. I — Sent. próprio: 1) Idéia, noção (Sên. Suas. 2, 15). II — Sent. diverso: 2) Fantasma, visão, aparição, (Petr. 38).
phantāsma, -ătis, subs. n. Ser imaginário, falsa aparição, visão, fantasma, espectro (Plín. Ep. 7, 27, 1).
Phantăsos, -ī, subs. pr. m. Fântaso, filho do Sono (Ov. Met. 11, 642).
Phaōn, -ōnis, subs. pr. m. Fáon, jovem da ilha de Lesbos, a quem Safo amava sem ser correspondida (Ov. Her. 15, 11).
Pharae, v. **Pherae**.
Pharasmanēs, -is, subs. pr. m. Farasmanes, rei da Ibéria, no tempo de Tibério (Tác. An. 12, 44).
pharētra, -ae, subs. f. Aljava (Verg. En. 1, 323).
pharetrātus, -a, -um, adj. Que traz aljava, armado de aljava (Verg. G. 4, 290).
Pharĭus, -a, -um, adj. Fário, de Faros e, por extensão, do Egito: **Pharius piscis** (Ov. A. Am. 3, 270) «crocodilo».
pharmacopōla, -ae, subs. m. Farmacêutico, droguista (Hor. Sát. 1, 2, 1).
pharmăcus, -ī, subs. m. Envenenador, mágico (Petr. 107, 15).
Pharmacūsa (-ssa), -ae, subs pr. f. Farmacusa, ilha situada perto da ilha de Creta (Suet. Cés. 4).
Pharnăcēs, -is, subs. pr. m. Fárnaces. 1) Rei do Ponto, vencido por Pompeu (Plín. H. Nat. 33, 151). 2) Filho do grande Mitridates, foi, por sua vez, vencido por César (Cíc. Dej. 14). 3) Escravo de Cícero (Cíc. At. 13, 30, 2).
Pharos (-rus), -ī, subs. pr. f. Faros, farol da ilha de Faros, situado perto de Alexandria, no Egito (Cés. B. Cív. 3, 112).
Pharsălĭa, -ae, subs. pr. f. Farsália. 1) Território da Farsália. 2) A Farsália, poema épico de Lucano (Luc. 9, 985).
Pharsălĭcus, -a, -um, adj. Farsálico, de Farsalos (Cíc. Phil. 2, 71).
Pharsălĭus, -a, -um, adj. Farsálio, de Farsalos (Cíc. Phil. 2, 39).
Pharsălus (-los), -ī, subs. pr. f. Farsalo, cidade da Tessália onde César venceu Pompeu (T. Liv. 32, 33, 16).
1. **Pharus**, subs. pr. f., v. **Pharos**.
2. **Pharus**, -ī, subs. pr. m. Faro, nome de um guerreiro (Veg. En. 10, 322).
Phasēlis, -ĭdis, subs. pr. f. Fasélida, pôrto da Lícia (Cíc. Verr. 4, 21).
Phaselītae, -ārum, subs. loc. m. pl. Faselitas, habitantes de Fasélida, na Lícia (Cíc. Agr. 2, 50).

phaselus (-os), -i, subs. m. e f. I — Sent. próprio: 1) Feijão (Verg. G. 1, 227). II — Daí: 2) Barco (com a forma de um feijão), embarcação ligeira, chalupa (Cíc. At. 1, 13, 1).

Phāsĭas, -ădis, subs. pr. Fasíada, mulher do Fásis, i.é, Medéia (Ov. Her. 6, 103).

Phasiăcus, -a, -um, adj. Fasíaco, do Fásis, da Cólquida, de Medéia (Ov. Trist. 2, 439).

1. Phăsis, -is, ou ĭdis, subs. pr. m. Fásis, rio da Cólquida que deságua no Ponto Euxino (Verg. G. 4, 367).

2. Phăsis, -ĭdis, subs. pr. f. Fáside, mulher do Fásis, i.é, Medéia (Ov. F. 2, 42).

Phasma, -ătis, subs. pr. n. 1) O Fantasma, título de uma peça de Menandro (Ter. Eun. 9). 2) Nome de um mimo do mimógrafo Catulo (Juv. 8, 186).

Pheca, -ae, subs. pr. f. Feca, cidade da Tessália (T. Lív. 32, 14).

Phēcadum, -i, subs. n., ou **-dus, -i,** subs. pr. f. Fecado, cidade da Tessália, talvez a mesma que Feca (T. Lív. 31, 41).

Phēgēĭus, -a, -um, adj. Fegeio, de Fegeu, rei de uma região da Tessália (Ov. Met. 9, 412).

Phēgis, -ĭdis, subs. pr. f. Fégida, filha de Fegeu, i.é, Alfesibéia (Ov. Rem. 455).

phēlēta, -ae, subs. m. (palavra egípcia). Ladrão (Sên. Ep. 51, 13).

Phēmĭus, -i, subs. pr. m. Fêmio, célebre músico de Ítaca (Ov. Am. 3, 7, 61).

Phēmŏnŏē, -ēs, subs. pr. f. 1) Femônoe, nome de uma Pítia (Luc. 5, 126). 2) Filha de Apolo a quem se atribui a invenção do verso heróico (Plín. H. Nat. 10, 7).

Pheneātae, -ārum, subs. loc. m. pl. Feneatas, habitantes de Feneu (Cíc. Nat. 3, 56).

Phenĕos, -i, subs. pr. m. Fêneo, cidade e lago na Arcádia (Verg. En. 8, 165).

Pherae, -ārum, subs. pr. f. Feras. 1) Cidade da Tessália onde morava Admeto (Cíc. Div. 1, 53). 2) Cidade da Messênia (T. Lív. 35, 30, 9).

Pheraeī, -ōrum, subs. loc. m. pl. Fereus, habitantes de Feras (Cíc. Inv. 2, 144).

Pheraeus, -i, subs. pr. m. Fereu, i.é, Alexandre, tirano de Feras (Ov. Ib. 321).

Pherecleūs, -a, -um, adj. Ferecleu, de Ferecleu, carpinteiro que construiu o navio em que Páris foi raptar Helena (Ov. Her. 16, 22).

Pherecrătēs, -is, subs. pr. m. Ferécrates, ancião de Ftia, introduzido por Dicearco em um de seus diálogos (Cíc. Tusc. 1, 21).

Pherecȳdēs, -is, subs. pr. m. Ferecides. 1) Filósofo grego do VI séc. a.C., natural da ilha de Siros, mestre de Pitágoras (Cíc. Tusc. 1, 38). 2) Historiador grego do V séc. a.C., natural da ilha de Leros (Cíc. De Or. 2, 53).

Pherecȳdēus, -a, -um, adj. Ferecideu, de Ferecides, de Leros (Cíc. Div. 2, 31).

Pherēs, -ētis, subs. pr. m. Feres. 1) Nome de um guerreiro (Verg. En. 10, 413). 2) Filho de Creteu, fundador da cidade de Feras, na Tessália (v. **Pheretiades**).

Pherētĭădēs, -ae, subs. pr. m. Fereciada, ou Feretíades, filho de Feres, i.é, Admeto (Ov. A. Am. 3, 19).

pherētrum, v. **ferētrum.**

Pherinĭum, -i, subs. pr. n. Ferínio, praça forte da Tessália (T. Lív. 32, 14).

phĭăla (fĭăla), -ae, subs. f. Copo pouco fundo e largo, feito de metal (Marc. 8, 32, 2).

Phĭălē, -ēs, subs. pr. f. Fíale, uma das ninfas de Diana (Ov. Met. 3, 172).

Phĭdĭăcus, -a, -um, adj. De Fídias (Juv. 8, 103).

Phĭdĭās, -as, subs. pr. m. Fídias, o mais célebre dos escultores gregos; natural de Atenas, viveu no V séc. a.C., (Cíc. Ac. 2, 146).

Phĭdippus, -i, subs. pr. m. Fidipo, nome de um médico (Cíc. Dej. 17).

phĭdĭtĭa, -iōrum, subs. n. pl. Refeição pública dos lacedemônios (Cíc. Tusc. 5, 98).

Phĭdȳlē, -ēs, subs. pr. f. Fídile, nome de mulher (Hor. O. 3, 23, 2).

Phila, -ae, subs. pr. f. Fila, cidade da Macedônia (T. Lív. 42, 67).

Philadelphēnī, -ōrum, subs. loc. m. pl. Filadelfenos, habitantes de Filadélfia, cidade da Lídia (Tác. An. 2, 47).

Philadēlphus, -i, subs. pr. m. Filadelfo, sobrenome de várias personalidades (Cíc. Phil. 13, 26).

Philae, -ārum, subs. pr. f. pl. Filas, pequena ilha do Egito e cidade do mesmo nome nessa ilha (Plín. H. Nat. 36, 37).

Philaenī, -ōrum, subs. pr. m. pl. Filenos: dois irmãos cartagineses que se sacrificaram pela pátria. Sua história é contada por Salústio (B. Jug. 79, 5).

Phĭlămmōn, -ōnis, subs. pr. m. Filâmon, célebre músico e poeta, filho de Apolo (Ov. Met. 11, 317).

Philargȳrus, -i, subs. pr. m. Filárgiro, nome de homem (Cíc. Fam. 6, 1, 6).

Philĕās, -ae, subs. pr. m. Fíleas, embaixador de Tarento, enviado a Roma (T. Lív. 25, 7, 11).

philēma, -ătis, subs. n. Beijo (Lucr. 4, 1169).
Philēmĕnus, -ī, subs. pr. m. Filêmeno Tarentino, que entregou sua pátria a Aníbal (T. Lív. 25, 8, 5).
Philēmō (-mōn), -ōnis, subs. pr. m. 1) Filêmon, marido de Baucis (Ov. Met. 8, 631). 2) Poeta grego (Plaut. Trin. 10).
Philetaerus, -ī, subs. pr. m. Filetero, irmão de Êumenes (T. Lív. 42, 55).
Philētaeus, -a, -um, adj. Fileteu, de Filetas (Prop. 3, 3, 52).
Philētăs, -ae, subs. pr. m. Filetas, crítico e poeta alexandrino do IV séc. a.C., natural de Cós. (Prop. 3, 1, 1).
Philētēs, -ae, subs. pr. m. Filetes, nome de um amigo de Fedro (Fedr.).
Philippēī Nummī e **Philippēī**, -ōrum, v. Philippi (T. Lív. 39, 7, 1).
Philippēus, -a, -um, adj. De Filipe (Prop. 3, 9, 39).
1. Philippī, -ōrum, subs. m. pl. Moedas (de ouro) com a efígie de Filipe (Hor. Ep. 2, 1, 234).
2. Philippī, -ōrum, subs. pr. m. pl. Filipos, cidade da Macedônia onde Bruto e Cássio foram vencidos por Antônio e Otávio (T. Lív. Epit. 124).
Philippĭcae, -ārum, subs. pr. f. As Filípicas, discursos de Cícero contra o triúnviro Marco Antônio (Juv. 10, 125).
Philippĭcus, -a, -um, adj. Filípico, de Filipe: **Philippicae orationes** (Cíc. At. 2, 1, 3) «as Filipicas» (discursos de Demóstenes contra Filipe)».
Philippopŏlis, -is, subs. pr. f. Filipópolis, cidade da Trácia (T. Lív. 39, 53, 13).
Philippus, -ī, subs. pr. m. Filipe, nome de vários reis da Macedônia, entre os quais o pai de Alexandre (Cíc. Of. 1, 90).
Philistĭō, (-ĭōn), -ōnis, subs. pr. m. Filistião, lugar-tenente de Epícido, morto em Siracusa (T. Lív. 25, 28).
Philistus, -ī, subs. pr. m. Filisto, historiador grego, nascido em Siracusa, que viveu entre o V e o IV séc. a.C. (Cíc. De Or. 2, 57.
philitĭa, -iōrum, subs. n. pl. v. **phiditĭa** (Cíc. Tusc. 5, 98).
Philō (-lōn), -ōnis, subs. pr. m. Fílon, ou Filão. 1) Arquiteto e orador ateniense do tempo de Demétrio de Falera (Cíc. De Or. 1, 62). 2) Filósofo grego natural de Larissa, que viveu do II ao I séc. a.C., pertencente à Academia e cujas lições Cícero freqüentou (Cíc. Ac. 2, 17).

Philŏclēs, -is, subs. pr. m. Fílocles, lugar-tenente de Filipe (T. Lív. 31, 16).
Philocrătēs, -is, subs. pr. m. Filócrates chefe da embaixada ródia (T. Lív. 45, 25).
Philoctētēs, (-ta), -ae, subs. pr. m. Filoctetes, lendário rei dos málios, célebre por sua habilidade como arqueiro e sua amizade por Hércules, que lhe legou suas armas (Cíc. Tusc. 2, 19).
Philoctētaeus, -a, -um, adj. Filocteteu, de Filoctetes (Cíc. Fin. 2, 94).
Philodēmus, -ī, subs. pr. m. Filodemo. 1) Filósofo grego epicurista nascido em Gândara, contemporâneo de Cicero, que louva sua erudição e amabilidade (Cíc. Fin. 2, 119). 2) General de Argos, que entregou uma praça forte aos romanos (T. Lív. 25, 25).
Philodŏrus, -ī, subs. pr. m. Filodoro, nome de homem (Cíc. Flac. 53).
Philogĕnēs, -is, subs. pr. m. Filógenes nome de homem (Cíc. At. 5, 20, 8).
Philogŏnus, -ī, subs. pr. m. Filógono, nome de homem (Cíc. Q. Fr. 1, 3, 3).
philograecus, -a, -um, adj. Que gosta dos gregos, fileleno (Varr. R. Rust. 3, 10, 1).
Philolāus, -ī, subs. pr. m. Filolau, filósofo pitagórico do V séc. a.C., natural de Crotona (Cíc. De Or. 3, 139).
philologĭa, -ae, subs. f. I — Sent. próprio: 1) Instrução, ciência, erudição (Cíc. At. 2, 17, 1). II — Daí: 2) Filologia, comentário, explicação dos escritores (Sên. Ep. 108, 24).
philolŏgus, -ī, subs. m. Homem instruído, um erudito, um sábio, filólogo (Cíc. At. 13, 12, 3).
Philomēdēs, -ae, ou -is, subs. pr. m. Filomedes, nome de homem (Varr. L. Lat. 8, 68).
Philomēla, -ae, subs. pr. f. Filomela. I — Sent. próprio: 1) Filha de Pandíon, rei de Atenas, transformada em rouxinol (Ov. Met. 6, 424). II — Sent. figurado: 2) Rouxinol (Verg. G. 4, 511).
Philomēlĭum, -ī, subs. pr. n. Filomélio, cidade da Grande Frígia (Cíc. Fam. 3, 8, 3).
Philomelĭēnsēs, -ium, subs. loc. m. Filomelienses, habitantes de Filomélio (Cíc. Verr. 3, 191).
Philon, v. **Philo**.
Philopător, -ŏris, subs. pr. m. Filópator. 1) Nome de um rei da Cilícia (Tác. An. 2, 42). 2) Apelido de um Ptolomeu, rei do Egito (Plín. H. Nat. 7, 208).

Philopoemēn, -ĕnis, subs. pr. m. Filopêmen, famoso general grego, chefe da liga acaia (T. Lív. 35, 25).
Philorōmaeus, -ī, subs. pr. m. Filoromeu, amigo dos romanos (Cíc. Fam. 15, 2, 4).
philosŏpha, -ae, subs. f. Filósofa (Cíc. Q. Fr. 3, 1, 5).
philosophĭa, -ae, subs. f. I — Sent. próprio: 1) Filosofia (Cíc. Of. 2, 5). II — No pl.: 2) Doutrinas ou escolas filosóficas (Cíc. De Or. 3, 107).
philosŏphor, -āris, -ārī, -ātus sum, v. dep. intr. 1) Ser filósofo, agir como filósofo, filosofar (Cíc. Tusc. 1, 89). Pass. impess.: 2) Filosofar-se: satis est **philosophatum** (Plaut. Ps. 687) «filosofou-se bastante».
philosophūmĕnos, -ōn, adj. Filosófico (Sên. Contr. 1, 3, 8).
1. philosŏphus, -ī, subs. m. Filósofo (Cíc. Tusc. 2, 9).
2. philosŏphus, -a, -um, adj. De filósofo, filosófico (Cíc. Tusc. 5, 121).
Philostrătus, -ī, subs. pr. m. Filóstrato, chefe dos epirotas (T. Lív. 43, 23).
Philōtās, -ae, subs. pr. m. Filotas, nome de homem (T. Lív. 37, 12).
Philotĭmus, -ī, subs. pr. m. Filotimo, liberto de Cícero (Cíc. At. 4, 10, 2).
Philoxĕnus, -ī, subs. pr. m. Filóxeno, sobrenome romano (Cíc. Fam. 13, 35, 1).
philtrum, -ī, subs. n. Filtro (amoroso), beberagens próprias para inspirar amor (Ov. A. Am. 2, 105).
Philus, -ī, subs. pr. m. Filo, sobrenome que aparece na gens **Fúria**; note-se **Lucius Furius Philus,** amigo de Lélio e de Cipião, e interlocutor do **De Republica** (Cíc. Rep. 1, 13).
Philўra (-lŭra), -ae, subs. f. Cordão feito da casca da tília para entrançar coroas (Hor. O. 1, 38, 2).
Philyrēĭus, -a, -um, adj. Filireu, de Fílira, ninfa, filha do Oceano e mãe de Quíron, transformada em árvore (Ov. Met. 2, 676).
Philyrĭdes, -ae, subs. pr. m. Filírida, filho de Filira, i. é, Quíron (Verg. En. 3, 550).
Phimēs, -is, subs. pr. m. Fimes, sobrenome de homem (Cíc. Verr. 3, 93).
phĭmus, -ī, subs. m. Copo para dados (Hor. Sát. 2, 7, 17).
Phīnēĭus e -nēus, -a, -um, adj. De Fineu (Verg. En. 3, 212).
Phīneus, -ĕī ou **-ĕos,** subs. pr. m. Fineu. 1) Rei da Arcádia ou da Trácia que, por ter maltratado os filhos, ficou privado da visão, pelos deuses (Ov. Met. 7, 3). 2) Irmão de Cefeu, petrificado por Perseu com a cabeça de Medusa (Ov. Met. 5, 8).
Phīnīdēs, -ae, subs. pr. m. Finides, filho de Fineu (Ov. Ib. 273).
1. Phintĭa, -ae, subs. pr. f. Fíntia, cidade da Sicília (Cíc. Verr. 3, 192).
2. Phintĭa (-ās), -ae, subs. pr. m. Fíntias, filósofo pitagórico, célebre por sua amizade por Dámon (Cíc. Of. 2, 45).
Phlegĕthōn, -ōntis, subs. pr. m. Flegetonte, rio dos infernos, cuja corrente é de chamas (Verg. En. 6, 265).
Phlegethōntis, -ĭdis, subs. pr. f. Flegetôntida, do Flegetonte (Ov. Met. 15, 532).
Phlegōn, -ōntis, subs. pr. m. Flegonte, um dos cavalos do Sol (Ov. Met. 2, 154).
Phlegraeus, -a, -um, adj. Flegreu, de Flegra, cidade da Macedônia, posteriormente chamada Palena, onde a tradição situa a luta dos gigantes contra os deuses: **Phlegraei campi** (Ov. Met. 10, 151) «os campos flegreus».
Phlegraeos (-graeus), -ī, subs. pr. m. Flegreu, nome de um centauro (Ov. Met. 12, 378).
Phlegỹae, -ārum, subs. pr. m. pl. Flégias povoação de ladrões, na Tessália (Ov. Met. 11, 414).
Phlegỹās, -ae, subs. pr. m. Flégias, filho de Marte, rei dos lápitas, ameaçado eternamente de ser esmagado por uma enorme rocha, nos infernos (Verg. En. 6, 618).
Phliāsĭus, -a, -um, adj. Fliásio, de Fliunte (Cíc. Tusc. 5, 10).
Phliāsĭī, -ōrum, subs. loc. m. pl. Fliásios, habitantes de Fliunte (Cíc. Tusc. 5, 8).
Phliuntĭī, -ōrum, subs. loc. m. pl. Fliúncios, habitantes de Fliunte (Cíc. Rep. 2, 8).
Phlĭūs, -ūntis, subs. pr. m. Fliunte, cidade da Acaia, entre Sicião e a Argólida (Cíc. Tusc. 5, 8).
Phlogis, -ĭdis, subs. pr. f. Flógide, nome de mulher (Marc. 11, 60).
Phobētor, -ŏris, subs. pr. m. Fobetor, um dos filhos de Morfeu (Ov. Met. 11, 640).
1. phōca, -ae, e phōcē, -ēs, subs. f. Foca (Ov. Met. 1, 200).
2. Phōca, -ae, subs. pr. m. Foca, neto de Cefiso, transformado em foca (Ov. Met. 7, 388).
Phōcaea, -ae, subs. pr. f. Focéia, cidade marítima da Jônia, de onde partiu a colônia que fundou **Massilia,** atual Marselha (T. Lív. 37, 31).

Phōcaeēnsēs, -ium, subs. loc. m. pl. Foceenses, habitantes de Focéia (T. Liv. 37, 21, 7).
Phōcaeī, -ōrum, subs. loc. m. pl. Foceus, habitantes de Focéia (Hor. Epo. 16, 17).
Phōcaïcus, -a, -um, adj. Focaico. 1) Da Focéia (Ov. Met. 6, 9). 2) Da Fócida (Ov. Met. 2, 569).
Phōcēnsēs, -ium, subs. loc. m. pl. Focenses, habitantes da Fócida (T. Lív. 33, 34).
Phōcēus, -a, -um, adj. Foceu, da Fócida: juvenis (Ov. Trist. 1, 5, 21) «o jovem foceu». i.é, Pílades, filho do rei da Fócida.
Phōcii, -iōrum, subs. loc. m. pl. Fócios, habitantes da Fócida, (Cíc. Pis. 96).
Phōcis, -idis, subs. pr. f. Fócida, região da Grécia, entre a Beócia e a Etólia (T. Lív. 28, 5, 16).
Phōcus, -ī, subs. pr. m. Foco, filho de Éaco, morto por seu irmão Peleu (Ov. Met. 7, 477).
Phoebas, -ādis, subs. pr. f. Fébada, ou Febas, sacerdotisa de Apolo, profetisa (Ov. Am. 2, 8, 12).
Phoebē, -ēs, subs. pr. f. Febe. 1) Diana ou a Lua, irmã de Febo (Verg. En. 3, 371). 2) Nome de uma filha de Leda (Ov. Her. 8, 77). 3) Filha de Leucipo (Prop. 1, 2, 18).
Phoebēum, -ī, subs. pr. n. Febeu, lugar perto de Esparta, consagrado a Apolo (T. Lív. 34, 38).
Phoebēus, -a, -um, adj. De Febo, Apolíneo, de Apolo. Obs.: Notem-se as expressões: **Phoebea lampas** (Verg. En. 4, 6) «o sol»; **Phoebea virgo** (Ov. P. 2, 2, 82) «Dafne»; **Phoebea ars** (Ov. F. 3, 827) «a medicina».
Phoebigĕna, -ae, subs. pr. m. Filho de Apolo, i.é, Esculápio (Verg. En. 7, 773).
1. Phoebus, -ī, subs. pr. m. Febo. I — Sent. próprio: 1) Apelido de Apolo, deus do sol (Verg. En. 3, 251). II — Daí: 2) O sol (Hor. O. 3, 21, 24).
2. Phoebus, -ī, subs. pr. m. Febo, nome de um liberto de Nero (Tác. An. 16, 5).
Phoenīca, v. Phoenīce, (Cíc. Fin. 4, 56).
Phoenīcē, -ēs, subs. pr. f. Fenícia. 1) Região da Ásia anterior, estendendo-se ao longo do Mediterrâneo, no litoral da Síria (Cíc. Ac. 2, 66). 2) Cidade do Epiro (T. Lív. 29, 12, 11).
Phoenīcēs, -um, subs. loc. m. pl. Fenícios, habitantes da Fenícia, e fundadores de Cartago (Cic. Nat. 2, 106).
Phoenīcĕus, -a, -um, adj. Da côr da púrpura, vermelho brilhante (Plín. H. Nat. 21, 164).

Phoenīcius, -a, -um, adj. Fenício, da Fenícia (Plín. H. Nat. 5, 67).
phoenīcoptĕrus, -ī, subs. m. Flamingo (ave) (Sên. Ep. 110, 12).
Phoenīcūs, -ūntis, subs. pr. f. Fenicunte 1) Pôrto da Jônia (T. Lív. 3, 6, 45). 2) Pôrto da Lícia (T. Lív. 37, 16).
Phoenīssus, -a, -um, adj. Fenício, cartaginês. Obs.: 1) Geralmente é usado no f.: **Phoenissa Dido** (Verg. En. 1, 714) «a fenícia Dido». 2) Raramente aparece no pl. (S. It. 17, 174).
1. phoenix, -īcis, subs. pr. f. Fênix (ave fabulosa) (Ov. Met. 15, 392).
2. Phoenix, -īcis, subs. pr. m. Fênix, filho de Amintor e aio de Aquiles, a quem seguiu no cêrco de Tróia (Cíc. De Or. 3, 57).
Pholŏē, -ēs, subs. pr. f. Fóloe, montanha da Arcádia (Ov. F. 2, 273).
Pholus, -ī, subs. pr. m. Folo, centauro, filho de Ixião (Verg. G. 2, 456).
phōnāscus, -ī, subs. m. Mestre de declamação (Suet. Ner. 23).
Phonōlenĭdēs, -ae, subs. pr. m. Fonolênida, centauro, filho de Fonoleu (Ov. Met. 12, 433).
Phorbās, -āntis, subs. pr. m. Forbante. 1) Filho de Príamo, morto por Menelau (Verg. En. 5, 842). 2) Nome de diferentes personagens (Ov. Met. 5, 74).
Phorcis, -idis, ou -idos, subs. pr. f. Fórcida. 1) Filha de Forco, i.é, Medusa (Prop. 3, 22, 8). 2) **Sorores Phorcides** (Ov. Met. 4, 773) «as irmãs Górgones» (que só tinham um ôlho e um dente).
Phorcus, -ī, subs. pr. m. Forco, filho de Netuno, pai das Górgones, transformado em um deus marinho (Verg. En. 5, 240).
Phorcȳnis, -idos, subs. f. = Phorcis (Ov. Met. 5, 230).
Phormĭō, -ōnis subs. pr. m Formião, filósofo peripatético do tempo de Aníbal (Cíc. De Or. 2, 75).
Phorōnis, -idis, e -idos, subs. pr. f. Forônis, filha de Ínaco, i. é, Io ou Ísis (Ov. Met. 1, 668).
Phosphŏrus, -ī, subs. pr. m. Estrêla da manhã (Marc. 8, 21, 1).
Phraātēs, -ae, subs. pr. m. Fraates, rei dos partos (Hor. O. 2, 2, 17).
Phrahates = Phraātes.
phrasis, -is, subs. f. Dicção, elocução, estilo (Quint. 10, 1, 87).
phrenēsis, -is, subs. f. Frenesi, delírio frenético (Sên. Ir. 1, 13, 3).
phrenētĭcus, -a, -um, adj. Frenético (Cíc. Div. 1, 81).

Phrixēus, -a, -um, adj. Frixeu, de Frixo: **Phryxea vellera** (Ov. Met. 7, 7) «o velo de ouro».
Phrixus, -ī, subs. pr. m. Frixo, filho de Atamante, morto por Eetes, que quis apoderar-se do velo de ouro (Ov. Her. 18, 143).
Phrugēs, -gīus, v. **Phryg.**
Phrygēs, -um, subs. loc. m. Frígios, habitantes da Frígia, os troianos (Cíc. Div. 1, 92).
Phrygĭa, -ae, subs. pr. f. Frígia. I — Sent. próprio: 1) Frígia, região da Ásia Menor (Plín. H. Nat. 5, 145). II — Daí: 2) Tróia (Prop. 4, 12, 63).
Phrygĭae, -ārum, subs. loc. f. pl. Frígias, as troianas (Verg. En. 9, 617).
phrygiānus, -a, -um, adj. Bordado a ouro (Sên. Ben. 1, 3, 7).
phrygĭō, -ōnis, subs. m. O que borda a ouro (Plaut. Aul. 508).
Phrygĭus, -a, -um, adj. Frígio, da Frígia: **Phrygia mater** (Verg. En. 7, 139) mãe frígia», i.é, «Cibele».
Phrynē, -ēs, subs. pr. f. 1) Frinéia, ou Friné, ou ainda Frine, ou Frina. Cortesã de Atenas, célebre pela sua beleza (Quint. 2, 15, 9). 2) Cortesã de Roma (Hor. Epo. 14, 16).
Phryx, -ygis, subs. loc. m. Frígio, natural da Frígia (Verg. En. 12, 99).
Phryxēus, v. **Phrixēus.**
Phryxus, v. **Phrixus.**
Phthās, subs. pr. m. Ftas, nome egípcio de Vulcano (Cíc. Nat. 3, 55).
Phthīa, -ae (-ēs), subs. pr. f. Ftia, cidade da Tessália, pátria de Aquiles (Verg. En. 1, 284).
Phthĭōta, -ae, subs. loc. m. Ftiota, natural da Ftia ou da Ftiótida, parte meridional da Tessália (Cíc. Tusc. 1, 21).
Phthĭōticus ou **Phthīus, -a, -um,** adj. De Ftia ou da Ftiótida (Catul. 64, 35); (Prop. 2, 13, 38).
phthĭsis, -is, subs. f. Tísica (doença) (Sên. Ep. 91, 5).
phthongus, -ī, subs. m. Nota de música, som, tom (Plín. H. Nat. 2, 84).
phy, fy, phi ou **fi,** interj. de admiração. Ah! oh! apre! que diacho! (Ter. Ad. 412).
Phyăcēs, -ae, subs. pr. m. Fiaces, nome do chefe dos getas (Ov. P. 4, 10, 23).
phylăca, -ae, subs. f. Cárcere, prisão (Plaut. Capt. 751).
Phylăcē, -ēs, subs. pr. f. Fílace, cidade da Molóssia, no Epiro (T. Lív. 45, 26, 4).
Phylacēis, -ĭdis, adj. f. Filácida, de Fílace (Ov. H. 13, 35).

Phylacēĭus, -a, -um, adj. Filaceu, de Fílace: **Phylaceia conjux** (Ov. Trist. 5, 14, 39) «Laodamia (natural de Fílace)».
Phylacĭdēs, v. **Phyllacĭdes.**
phylacīsta, -ae, subs. m. Carcereiro (Plaut. Aul. 513).
phȳlarchus, -ī, subs. m. Chefe de tribo (Cíc. Fam. 15, 1, 2).
Phylĕās, v. **Philĕas.**
Phyllacĭdēs, -ae, subs. pr. m. Filácida, descendente de Fílaco, i.é, Protesilau (Ov. A. Am. 2, 356).
Phyllēĭus, -a, -um, adj. Fileu, de Filos (Ov. Met. 12, 479).
Phyllis, -ĭdis, subs. pr. f. Fílis, nome de mulher (Verg. Buc. 3, 78).
Phyllĭus, -ī, subs. pr. m. Fílio, nome de um beócio amigo de Cicno (Ov. Met. 7, 372).
Phyllodŏcē, -ēs, subs. pr. f. Filódoce, uma das nereidas (Verg. G. 4, 336).
1. **physĭca, -ae,** ou **physĭcē, -ēs,** subs. f. A física, as ciências naturais (Cíc. Fin. 3, 72).
2. **physĭca, -ōrum,** subs. n. pl., v. **physĭca** 1 (Cíc. Fin. 1, 17).
physĭcē, adv. Como físico (Cíc. Nat. 3, 18).
1. **physĭcus, -a, -um,** adj. Físico, natural, das ciências naturais (Cíc. Div. 2, 122).
2. **physĭcus, -ī,** subs. m. Físico, naturalista (Cíc. De Or. 1, 42).
physiognōmōn, -ŏnis, subs. m. Fisionomista (Cíc. Fat. 10).
physiologĭa, -ae, subs. f. As ciências naturais, a física (Civ. Div. 2, 37).
piābĭlis, -e, adj. Que pode ser expiado, expiável (Ov. F. 3, 289).
piăculāris, -e, adj. Piacular, expiatório (T. Lív. 1, 26).
piăcŭlō, -ās, -āre, v. tr. Apaziguar, acalmar (por meio de expiações) (Cat. Agr. 141).
piăcŭlum, -ī, subs. n. I — Sent. próprio: 1) Piáculo, sacrifício (expiatório ou propiciatório), expiação (Cíc. Leg. 2, 57); (T. Lív. 21, 10, 12). II — Daí: 2) Piáculo, crime ou maldade que exige um sacrifício purificatório, impiedade, sacrilégio, coisa indigna, crime (T. Lív. 29, 18, 9). 3) Pena expiatória, castigo, vingança (T. Lív. 29, 18, 18). III — Sent. figurado: 4) Infelicidade, calamidade (Plín. H. Nat. 25, 84).
piāmen, -ĭnis, subs. n. Expiação, sacrifício expiatório (Ov. F. 2, 19).
piămēntum, -ī, subs. n. Expiação, vítima expiatória (sent. próprio e figurado) (Sên. Helv. 18, 6).

piātĭŏ, -ōnis, subs. f. Sacrifício expiatório, expiação (Plín. H. Nat. 28, 27).
piātus, -a, -um, part. pass. de pio.
pīca, -ae, subs. f. I — Sent. próprio: 1) Pêga (ave) (Ov. Met. 5, 299). II — Sent. figurado: 2) Tagarela (Petr. 37, 7).
picārĭa, -ae, subs. f. Fábrica de pez (Cíc. Br. 85).
picātus, -a, -um. I — Part. pass. de pico. II — Adj.: 1) Coberto de pez; daí: 2) Que tem o gôsto de pez (Marc. 13, 107).
pice, abl. de pix.
picĕa, -ae, subs. f. Espécie de abeto, abeto negro, pinheiro alvar (Verg. G. 2, 257).
Pĭcens, -entis, adj. Do Piceno (Cíc. C. M. 11).
Pĭcĕntēs, -ĭum, subs. loc. m. Picentes, habitantes do Piceno (Cíc. Sull. 25).
Pĭcēnum, -ī, subs. pr. n. Piceno, região da Itália situada na costa do mar Adriático (Cíc. At. 8, 8, 1).
Pĭcēnus, -a, -um, adj. Do Piceno (Cíc. Br. 57).
picĕus, -a, -um, adj. I — Sent. próprio: 1) De pez (Lucr. 6, 135). II — Sent. figurado: 2) Negro, sombrio, tenebroso (Verg. G. 2, 305).
picis, gen. de pix.
pĭcō, -ās, -āre, -āvī, v. tr. Engordurar, untar com resina (Suet. Claud. 16).
pictĭlis, -e, adj. Bordado (Apul. M. 10, 18).
Pictŏnēs, -um, subs. loc. m. Píctones, povo da Aquitânia (Cés. B. Gal. 3, 11, 5).
1. pictor, -ōris, subs. m. Pintor (Cíc. Ac. 2, 20).
2. Pictor, -ōris, subs. pr. m. Píctor, apelido romano que aparece na gens Fábia (Cíc. Tusc. 1, 4).
pictūra, -ae, subs. f. I — Sent. próprio: 1) Pintura (Cíc. De Or. 3, 26). Daí: 2) Obra de pintura, pintura, painel: pictura textilis (Cíc. Verr. 4, 1) «tapeçaria». 3) Mosaico (Verg. Cul. 64). 4) Pintura da face (Plaut. Most. 262). II — Sent. figurado: 5) Pintura, descrição, quadro (Cíc. Tusc. 5, 14).
pictūrātus, -a, -um, adj. I — Sent. próprio: 1) Matizado de várias côres, esmaltado (Estác. Theb. 6, 58). II — Daí: 2) Bordado (Verg. En. 3, 483).
pictus, -a, -um. A) Part. pass. de pingo. B) Adj.: I — Sent. próprio: 1) Pintado, ornado, bordado, colorido, matizado (Marc. 10, 72, 7). II — Sent. figurado: 2) Ornado, florido (tratando-se do estilo) (Cíc. Br. 293). 3) Sem fundamento, sem existência real, que só existe em pintura (Prop. 4, 6, 50).
1. pīcus, -ī, subs. m. Picanço (ave) (Plaut. As. 260).
2. Pīcus, -ī, subs. pr. m. Pico, rei do Lácio, filho de Saturno, transformado em picanço por Circe (Verg. En. 7, 189).
pĭē, adv. Piedosamente, devotamente, religiosamente, piamente, afetuosamente, com ternura (Cíc. Nat. 1, 56).
Pĭerĭa, -ae, subs. pr. f. Piéria. 1) Região da Macedônia (T. Lív. 39, 26). 2) Região e cidade da Síria (Cíc. At. 11, 20, 1).
Pĭerĭae, -ārum, subs. pr. f. pl. Piérias, as Musas (Cíc. Nat. 3, 54).
Pĭerĭdēs, -um, subs. pr. f. Piérides. 1) As nove filhas de Píero, que tinham os nomes das nove Musas, e foram transformadas por elas em pêgas, pois ousaram desafiá-las (Ov. Met. 5, 295). 2) As Musas (Cíc. Nat. 3, 54).
Pĭerĭs, -ĭdis, subs. pr. f. Piéride (Musa) (Hor. O. 4, 3, 18).
Pĭerĭus, -a, -um, adj. Piério, do monte Píero, situado nos confins da Tessália e da Macedônia e consagrado às Musas (Hor. O. 3, 4, 40).
Pĭerus (-os), -ī, subs. pr. m. Píero. 1) Pai das Musas (Cíc. Nat. 3, 54). 2) Rei da Emácia, pai das Piérides, transformadas em pêgas (Ov. Met. 5, 302).
1. pĭĕtās, -tātis, subs. f. I — Sent. próprio: 1) Piedade (sentimento do dever para com os deuses, para com os pais e para com a pátria), sentimento do dever, culto, devoção (Cíc. Nat. 1, 115) (para com os deuses). 2) Afeto aos pais (Cíc. Lae. 11). 3) Amor à pátria, patriotismo (Cíc. Rep. 6, 15). II — Sent. geral: 4) Amor, amizade, dedicação, ternura (Plaut. Poen. 1277). 5) Justiça, bondade divina (Verg. En. 2, 536). 6) Simpatia, bondade, benevolência, indulgência, clemência (Suet. Dom. 11).
2. Pĭĕtās, -tātis, subs. pr. f. Piedade, nome de uma deusa (Cíc. Leg. 2, 19).
piger, -gra, -grum, adj. I — Sent. próprio: 1) Lento, vagaroso e daí: preguiçoso, indolente, inativo, ocioso (Cíc. Fam. 7, 17, 1). — II — Sent. figurado: 2) Demorado, duradouro, que se arrasta (Ov. F. 2, 727). 3) Calmo, tranqüilo, dormente (Tác. Germ. 45). 4) Estéril (Hor. O. 1, 22, 17). 5) Inerte, pouco enérgico (Tib. 1, 2, 29). Obs.: Constrói-se como absoluto; com abl. acompanhado de in; com gen. (na poesia); com

inf. (na poesia); com acus. acompanhado de **ad**.

piget, -ēbat, -ēre, pigŭit ou **pigĭtum est**, v. impess. intr. I — Sent. primitivo: 1) Fazer devagar, ser moroso, fazer de má vontade (Plaut. Ps. 281). II — Daí, em sent. moral: 2) Estar pesaroso, estar desgostoso, ter pena, enfadar-se (Cíc. Dom. 29). 3) Causar aborrecimento, mortificar, contrariar (Plaut. Ps. 281). Obs.: Constrói-se com acus. de pess. e gen. de coisa; com inf.; com acus. e inf.; com acus. de um pron. n.

pigmentārĭus, -ī, subs. m. Droguista, perfumista (Cíc. Fam. 15, 17, 2).

pigmēntum, -ī, subs. n. (geralmente no pl.). I — Sent. próprio: 1) Substância corante, cosmético, côr para pintar (o rosto), côr (Cíc. Div. 1, 23). II — Sent. figurado: 2) Ornamentos, flôres (de estilo) (Cíc. At. 2, 1, 1). 3) Disfarce, falso brilho (Cíc. De Or. 2, 188).

pignerātor (pignor-), -ōris, subs. m. O que recebe penhores ou hipotecas (Cíc. Verr. 3, 27).

pignerātus, -a, -um, part. pass. de **pignĕro**.

pignĕro (pignōrō), -ās, -āre, -āvī, -ātum, v. tr. Empenhar, dar em penhor (T. Lív. 29, 36, 12).

pignĕror, -ārĭs, -ārī, -ātus sum, v. dep. tr. I — Sent. próprio: 1) Tomar como penhor, receber como garantia (Cíc. Phil. 14, 32). II — Daí: 2) Tomar como certo, aceitar uma coisa como vontade divina (Ov. Met. 7, 621).

pignus, -ŏris ou **-ĕris**, subs. n. I — Sent. próprio: 1) Penhor (do devedor ao credor), objeto penhorado, garantia, caução, hipoteca (Tác. Hist. 3, 65). Daí: 2) Refém, garantia (T. Lív. 28, 34, 9). 3) Garantia de uma aposta, prova, sinal, testemunho, penhor (Ov. A. Am. 1, 168). II — Sent. figurado (no pl.): 4) Penhores (do amor), os filhos, a prole, as pessoas queridas (Ov. Met. 11, 543). 5) Garantia (Cíc. Phil. 12, 22).

pigrē, adv. Preguiçosamente, lentamente (Sên. Ir. 3, 17, 1).

pigrēscō, -is, -ĕre, v. incoat. intr. Correr mais lentamente, tornar-se preguiçoso (Sên. Nat. 5, 18, 1).

pigritĭa, -ae, subs. f. I — Sent. próprio: 1) Lentidão, vagar; daí: 2) Preguiça (Cíc. Tusc. 4, 18). 3) Lazer (Marc. 12, 4, 6). II — Sent. figurado: 4) Preguiça (do estômago) (Sên. Prov. 3, 6)

pigritĭēs, -ēī, subs. f. Lentidão (T. Lív. 44, 42, 9).

pigror, -ārĭs, -ārī, v. dep. intr. Ser lento, ser preguiçoso (Lucr. 1, 410); (Cíc. At. 14, 1, 2).

pigŭit, perf. de **piget**.

1. pīla, -ae, subs. f. Almofariz, pilão (Cat Agr. 14, 2).

2. pīla, -ae, subs. f. I — Sent. próprio: 1) Pilha, montão, e daí: pilar, coluna, suporte (T. Lív. 40, 51, 4), II — Sent particular: 2) Colunas dos pórticos onde os livreiros expunham à venda os livros (Hor. Sát. 1, 4, 71).

3. pila, -ae, subs. f. I — Sent. próprio: 1) Bola (de jogar), péla: **studium pilae** (Cíc. De Or. 3, 88) «amor, gôsto pela péla». II — Daí: 2) Bola, globo, esfera (Cíc. Mil. 18).

pīlānus, -ī, subs. m. Pilano, soldado armado de dardo (que combatia na terceira linha), triário (Ov. F. 3, 129).

pīlārĭus, -ī, subs. m. Prestidigitador, o que faz habilidades com bolas (Quint. 10, 7, 11).

pīlātus, -a, -um, adj. Armado de dardo (Verg. En. 12, 121).

pileātus (pill-), -a, -um. I — Part. pass. de **pileo**. II — Adj.: Coberto com o barrete chamado pilleus: **pileati fratres** (Catul. 37, 2) «Castor e Pólux».

pīlēntum, -ī, subs. n. Pilento, carruagem de gala de quatro rodas (Verg. En. 8, 666).

pīleŏlus (pill-), -ī, subs. m. Pequeno barrete (Hor. Ep. 1, 13, 15).

pīlĕus (pill-), -ī, subs. m. e **pīlĕum (pill-), -ī**, subs. n. I — Sent. próprio: 1) Píleo (barrete de lã para homem, usado pelos pontífices, flâmines e sálios, e que se dava aos escravos em sinal de libertação) (T. Lív. 30, 45, 5). II — Sent. figurado: 2) Liberdade, libertação (T. Lív. 24, 32, 9).

Pīlĭa, -ae, subs. pr. f. Pília, mulher de Ático (Cíc. At. 4, 4).

pilicrĕpus, -ī, subs. m. Jogador de péla (Sên. Ep. 56, 2).

pilōsus, -a, -um, adj. Coberto de pêlos, peludo (Cíc. Pis. 1).

pilpĭtō, -ās, -āre, v. intr. Chiar (tratando-se de ratos) (Suet. frag. 161).

1. pīlum, -ī, subs. n. Pilão (Cat. Agr. 10, 50).

2. pīlum, -ī, subs. n. Pilo (arma de arremêsso, muito antiga na Itália), dardo (Cés. B. Gal. 1, 25, 2).

Pīlūmnus, -ī, subs. pr. m. Pilumno, trisavô de Turno (Verg. En. 9, 4).

1. pilus, -ī, subs. m. I — Sent. próprio: 1) Pêlo, cabelo (Cíc. Nat. 2, 143). II —

Sent. figurado: 2) Um nada, uma coisa de nada (Cíc. At. 5, 20, 6). Obs.: Difere de **capilus** porque êste vocábulo tem valor coletivo e **pilus** significa «pêlo» ou «cabelo» considerado isoladamente. Na segunda acepção emprega-se geralmente com uma negação.

2. **pĭlus, -ī**, subs. m. Manípulo, companhia dos soldados chamados «triários» (Cés. B. Gal. 5, 35, 6).

Pimplēa, -ae, subs. pr. f. Pimpléia, um dos sobrenomes das Musas (Hor. O. 1, 26, 9).

Pimplēus, -a, -um, adj. Pimpleu, de Pimpla, lugar consagrado às Musas, e, por extensão, das Musas (Catul. 105).

pĭna, -ae, subs. f. Pinha marinha (ma risco) (Cíc. Nat. 2, 123).

Pĭnārĭī, -ōrum, subs. pr. m. Pinários, antiga família do Lácio, consagrada ao culto de Hércules (T. Lív. 1, 7, 12).

Pĭnārĭus, -a, -um, adj. Pinário, dos Pinários (Verg. En. 8, 270).

pĭnāster, -trī, subs. m. Pinheiro bravo (Plín. H. Nat. 14, 127).

Pindărĭcus, -a, -um, adj. Pindárico, de Píndaro, lírico (Hor. Ep. 1, 3, 10).

Pindărus, -ī, subs pr. m. Píndaro. 1) Poeta lírico grego, que viveu do VI ao V séc. a.C. Suas odes constituem a obra prima do lirismo grego (Cíc. Fin. 2, 115). 2) Nome de escravo (Cíc. At. 16, 1, 5).

Pindenissītae, -ārum, subs. loc. m. pl. Pindenissitas, habitantes de Pindenisso (Cíc. At. 5, 20, 1).

Pindenissus, -ī, subs. pr. f. Pindenisso, praça forte da Cilícia (Cíc. At. 5, 20, 5).

Pindos, (-dus), -ī, subs. pr. m. Pindo, montanha da Trácia consagrada a Apolo e às Musas (Verg. Buc. 10, 11).

pĭnētum, -ī, subs. n. Pinhal (Ov. F. 2, 275).

1. **pĭnĕus, -a, -um**, adj. De pinheiro: pinea texta (Ov. Met. 14, 530) «navios» (geralmente feitos de madeira do pinheiro).

2. **Pĭnĕus (Pinn-), -ī**, subs. pr. m. Píneo, rei da Ilíria (T. Lív. 22, 33).

pingō, -is, -ĕre, pinxī, pictum, v. tr. 1) Bordar com fios de várias côres, bordar (Marc. 10, 72, 7); (Cíc. Tusc. 5, 61); (Ov. Met. 6, 23). Daí: 2) Pintar (sent. próprio e figurado) (Cíc. Inv. 2, 1). II — Sent. figurado: 3) Colorir, enfeitar, ornar (Cíc. At. 4, 5, 3); (Cíc. Br. 141).

pingue, -is, subs. n. 1) Gordura, banha (Verg. G. 3, 124). 2) Banha, produto animal (Plín. H. Nat. 22, 144).

pinguefacĭō, -is, -ĕre, -fēcī, -fāctum, v. tr. Engordar (Plín. H. Nat. 16, 246).

pinguefēcī, perf. de **pinguefacĭō**.

pinguēscō, -is, -ĕre, v. incoat. intr. I — Sent. próprio: 1) Tornar-se gordo, engordar, tornar-se fértil (Verg. G. 1, 492). II — Sent. figurado: 2) Enriquecer (Plín. H. Nat. 14, 54).

pinguiārĭus, -ī, subs. m. Amigo de gordura (Marc. 11, 100, 6).

pinguis, -e, adj. I — Sent. próprio: 1) Gordo, bem alimentado, pingue (Hor. Ep. 1, 4, 15). Daí: 2) Que faz engordar, calmo, pacífico, profundo (tratando-se do sono) (Ov. Rem. 206). 3) Pingue, fértil, fecundo, fertilizante, que fecunda, rico (Verg. G. 4, 118). 4) Oleoso, untuoso, viscoso, resinoso (Verg. En. 4, 62). 5) Espêsso, denso, consistente (tratando-se do ar) (Cíc. Div. 1, 130). II — Sent. figurado: 6) Espêsso, pesado, grosseiro, estúpido, ignorante (Ov. Met. 11, 148). 7)) Confortável, venturoso (Plín. Ep. 1, 3, 3).

pinguitĭa, -ae, e **pinguitĭēs, -ēī**, subs. f. Banha, gordura (Apul. M. 10, 15).

pinguitūdō, -ĭnis, subs. f. I — Sent. próprio: 1) Gordura (Varr. R. Rust. 2, 4, 6). II — Sent. figurado: 2) Pronúncia pesada, pronúncia arrastada (Quint. 1, 11, 4).

pĭnĭfer, -fĕra, -fĕrum, adj. Pinífero, que produz pinheiros, coberto de pinheiros (Verg. Buc. 10, 14).

pĭnĭger, -gĕra, -gĕrum, v. **pĭnĭfer** (Ov. F. 3, 84).

pinna, -ae, subs. f. I — Sent. próprio: 1) Pena (grossa das aves), asa (Cíc. At. 4, 2, 5). Daí, todo objeto em forma de pena ou asa: 2) Ameia (das muralhas) (Cés. B. Gal. 5, 40, 6). 3) Barbatana (de peixe) (Plín. H. Nat. 9, 42). II — Sent. poéticos: 4) Flecha (Ov. F. 2, 110). 5) Vôo de presságio (Ov. F. 1, 448).

pinnātus, -a, -um, adj. I — Sent. próprio: 1) Provido de asas, alado (Cíc. Nat. 3, 58). II — Sent. figurado: 2) Emplumado (Plín. H. Nat. 16, 48).

pinnĭger, -gĕra, -gĕrum, adj. I — Sent. próprio: 1) Alado (Cíc. Tim. 35). II — Daí: 2) Emplumado (S. It. 8, 373).

pinnĭpēs, -ĕdis, adj. Que tem penas nos pés (Catul. 55, 16).

pinnĭrăpus, -ī, subs. m. Antagonista do gladiador samnita (que devia tirar a êste o penacho do capacete) (Juv. 3, 158).

pinnŭla, -ae, subs. f. I — Sent. próprio: 1) Asa pequena (Plaut. Amph. 143). II — Daí: 2) Pena pequena (Col. 8, 5, 5). 3) Barbatana (Plín. H. Nat. 9, 175).
pinotērēs, -ae, subs. m. Pequeno caranguejo que vive na pinha marítima (Cíc. Fin. 3, 63).
pinsātus, -a, -um, part. pass. de **pinso 1.**
pinsĭtō, -ās, -āre, v. tr. Esmagar bem, moer (Plaut. As. 36).
pinsĭtus, -a, -um, part. pass. de **pinso 2.**
1. pinsō (pīsō), -ās, -āre, -ātus, v. tr. Pisar, triturar (Varr. R. Rust. 1, 63, 2).
2. pinsō (pīsō), -is, -ĕre, pinsŭī ou **pinsī, pinsĭtum** ou **pinsum,** ou **pistum,** v. tr. 1) Pisar, moer, triturar (Plín. H. Nat. 18, 97). 2) Bater, moer (de pancadas), desancar (Plaut. Merc. 416).
pinsus = **pinsĭtus, -a, -um,** part. pass. de **pinso 2.**
pinŭla, v. **pinnŭla.**
pīnus, -ūs ou **-ī,** subs. f. I — Sent. próprio: 1) Pinheiro (Verg. G. 2, 389). II — Sent. figurado: 2) Navio (Verg. En. 10, 206). 3) Remo (Lucr. 3, 531). 4) Lança (Estác. Theb. 8, 539). 5) Coroa de pinheiro (Ov. Met. 14, 638). 6) Floresta de pinheiro (Juv. 3, 307). 7) Archote de pinheiro (Verg. En. 9, 72).
pinxī, perf. de **pingo.**
piō, -ās, -āre, -āvī, -ātum, v. tr. I — Sent. próprio: 1) Purificar, expiar (Cíc. Dom. 132). II — Sent. figurado: 2) Apaziguar, tornar propício, honrar segundo o rito (Verg. En. 6, 379). 3) Apagar (por uma expiação), resgatar, vingar, punir (Verg. En. 2, 140).
piper, -ĕris, subs. n. I — Sent. próprio: 1) Pimenta (Hor. Ep. 2, 1, 270). II — Sent. figurado: 2) Espírito causticante (Petr. 44).
pīpĭlō, -ās, -āre, v. intr. Pipilar (palavra onomatopaica), chilrear (Catul. 3, 10).
Piplēus, v. **Pimplēus.**
pīpō, -ās, -āre, v. intr. Cacarejar (Varr. Men. 3).
pīpŭlum, -ī, subs. n. ou **pīpŭlus, -ī,** subs. m. Gritaria (Plaut. Aul. 446).
Pīraca, ōrum, n., c. **Pīraeus** (Ov. F. 4, 563).
Piraeeus, -ĕī ou **-ĕos,** subs. pr. m. e **Pīraeus, -ī,** subs. pr. m. Pireu, pôrto de Atenas (Cíc. Rep. 3, 44). Obs.: Acus. -eum e -ea, forma esta não recomendada por Cícero (cf. Cíc. At. 7, 3, 10).
Pīraeus, -a, -um, adj. Do Pireu (Ov. Met. 6, 446).

pīrămĭs, v. **pyrămis.**
pīrāta, -ae, subs. m. Pirata (Cíc. Verr. 5, 96).
pīrătĭca, -ae, subs. f. (subent. **ars**). Ofício de pirata, pirataria (Cíc. Sen. 11).
pīrătĭcus, -a, -um, adj. De pirata: **piraticum bellum** (Cíc. Sen. 11) «a guerra contra os piratas».
Pirenaeus, -a, -um, v. **Pyrenaeus.**
Pīrēnē, -ēs, subs. pr. f. Pirene, fonte de Corinto, consagrada às Musas (Pérs. pról. 4).
Pīrēnis, -ĭdis, subs. pr. f. Pirênida, de Pirene, fonte de Corinto consagrada às Musas; de Corinto (Ov. Met. 7, 391).
pirētrum, v. **pyrĕthrum.**
Pīrĭthŏus, -ī, subs. pr. m. Perítoo, filho de Ixião, amigo de Teseu, que desceu aos infernos para raptar Prosérpina, e foi morto por Cérbero (Ov. Met. 8, 302).
pirum, -ī, subs. n. Pêra (fruto) (Verg. G. 2, 88).
pirus, -ī, subs. f. Pereira (árvore) (Verg. Buc. 1, 74).
Pīrūstae, -ārum, subs. loc. m. pl. Pirustas, povo da Ilíria (Cés. B. Gal. 5, 1, 5).
Pīsa, -ae, subs. pr. f. Pisa, cidade da Élida, perto do Olimpo (Verg. G. 3, 180).
Pisae, -ārum, subs. pr. f. Pisas, cidade da Etrúria (Verg. En. 10, 179).
Pisaeus, -a, -um, adj. Piseu, de Pisas (Ov. Met. 5, 409).
Pisānus, -a, -um, adj. Pisano, de Pisas, na Etrúria (T. Lív. 39, 2).
Pisānī, -ōrum, subs. loc. m. Pisanos, habitantes de Pisas, na Etrúria (T. Lív. 40, 43).
Pīsānder (-dros ou **-ūs), -drī,** subs. pr. m. Pisandro, um dos pretendentes de Penélope (Ov. Her. 1, 91).
pīsātus, -a, -um, part. pass. de **piso.**
Pisaurēnsis, -e, adj. Pisaurense, de Pisauro (Cíc. Br. 271).
Pisaurum, -ī, subs. pr. n. Pisauro, cidade do Piceno (Cíc. Fam. 16, 12, 2).
Pisaurus, ī, subs. pr. m. Pisauro, pequeno rio do Piceno (Catul. 81, 3).
piscārius, -a, -um, adj. De peixe, de pescador: **forum piscarium** (Plaut. Curc. 474) «mercado de peixe».
piscātor, -ōris, subs. m. 1) Pescador (Cíc. Of. 3, 58). 2) Comerciante de peixe (Plaut. Capt. 813).
piscātŏrius, -a, -um, adj. De pescador, de pesca (Cés. B. Civ. 2, 4).

piscātus, -ūs, subs. m. 1) Pesca (ação de pescar) (Plaut. Rud. 299). 2) Pesca (produto da pesca) (Plaut. Most. 67).

piscicŭlus, -ī, subs. m. Peixinho (Cíc. Nat. 2, 123).

piscīna, -ae, subs. f. I — Sent. próprio 1) Viveiro (de peixes), aquário (Cíc. At. 2, 1, 7). II — Daí: 2) Piscina (reservatório de água para nadar (T. Lív. 23, 34, 4).

piscīnārĭus, -ī, subs. m. O que tem aquários ou viveiros, o que cria peixes em viveiros (Cíc. At. 1, 19, 6).

piscis, -is, subs. m. I — Sent. próprio 1) Peixe (Ov. A. Am. 2, 482). II — Daí, no pl.: 2) Pisces (Os Peixes), signo do Zodíaco (Ov. F. 2, 458). 3) Os Peixes (no sg.) (Verg. G. 4, 234).

piscor, -āris, -ārī, -ātus sum, v. intr. 1) Pescar (Cíc. Of. 3, 58). 2) Loc.: **piscari in aere** (Plaut. As. 99) «pescar no bronze», i.é, perder seu tempo.

piscōsus, -a, -um, adj. Abundante em peixe, piscoso (Verg. En. 4, 255).

pisculēntus, -a, -um, adj. Abundante em peixe (Plaut. Rua. 907).

Pīsēnor, -ŏris, subs. pr. m. Pisenor, nome de homem (Ov. Met. 12, 303).

Pīsĭdae, -ārum, subs. loc. m. Pisidas, habitantes da Pisídia (Cíc. Div. 1, 2). Obs.: Usado no sg. (Cíc. Div. 1, 105).

Pīsĭdĭa, -ae, subs. pr. f. Pisidia, região da Ásia Menor, perto da Panfília (T. Lív. 37, 54).

Pīsistratĭdae, -ārum, subs. pr. m. pl. Os filhos de Pisístrato (Hiparco e Hípias) (T. Lív. 31, 44, 8).

Pīsistrātus, -ī, subs. pr. m. 1) Pisístrato, tirano ateniense (Cíc. Nat. 3, 82). 2) Chefe dos beócios, amigo dos romanos (T. Lív. 31, 44, 8).

1. pīsō, -ās, -āre e pīsŏ, -is, -ĕre = pinso.

2. Pīsō, -ōnis, subs. pr. m. 1) Pisão, sobrenome da **gens Calpurnĭa**, notadamente Pisão, alcunhado **Frugi**, cônsul e orador (Cíc. Br. 106). 2) C. **Calpurnius Piso**, acusado de violência pelos Alóbrogos e defendido por Cícero (Cíc. Flac. 98). 3) No pl. **Pisones** (Hor. A. Poét. 6) «os Pisões», a quem foi dirigida a Arte Poética de Horácio.

Pisonĭānus, -a, -um, adj. De Pisão (Suet. Ner. 63).

pistīllum, -ī, subs. n. e **pistīllus, -ī**, subs m. Pilão (Plaut. Aul. 95).

pistor, -ōris, subs. m. I — Sent. próprio: 1) O que tritura o trigo para fazer pão (Plaut. Capt. 807). Daí: 2) Padeiro, pasteleiro (Cíc. Pis. 67). II — Sent. figurado: 3) Epíteto de Júpiter (que deu aos romanos a idéia de atirarem pães aos gauleses, quando se viram sitiados no Capitólio) (Ov. F. 6, 350).

Pistŏriēnsis, -e, adj. De Pistório, cidade da Etrúria, atual Pistóia (Sal. C. Cat. 57, 1).

pistŏrĭus, -a, -um, De padeiro, de pasteleiro (Plín. H. Nat. 18, 105).

pistrinēnsis -e adj. De moinho, que faz girar a mó (Suét. Calíg. 39).

pistrīnum, -ī, subs. n. I — Sent. próprio: 1) Lugar onde o trigo era triturado num almofariz por meio de um pilão, moinho: **in pistrinum tradere** (Plaut. Most. 17) «mandar para o moinho (i.é, condenar a rodar a mó do moinho)». II — Daí, por extensão: 2) Padeiro, ofício de padeiro (Suet. Aug. 4).

pistris, v. **pristis**.

pistrix, -ĭcis, subs. f. I — Sent. próprio: 1) Baleia (Verg. En. 3, 427). II — Sent. figurado: 2) A Baleia (constelação) (Cíc. Arat. 152).

pistus, -a, -um, part. pass. de **pinso 2**.

Pisuētae, -ārum, subs. loc. m. Pisuetas, habitantes de Písua, cidade da Cária (T. Lív. 33, 18).

pīsum, -ī, subs. n. Ervilha (Plín. H. Nat. 18, 123).

pithēcĭum, -ī, subs. n. Mulher muito feia, macaca (sent. figurado) (Plaut. Mil. 989).

Pithēcūsa, -ae, subs. pr. f. e **-cūsae, -ārum**, subs. f. pl. Ilha ou ilhas Pitecusas, em frente a Nápoles (Ov. Met. 14, 90).

piteus, -ĕī, ou **-ĕos**, subs. m.; **pithĭās, -ae**, subs. m.; **pithus, -ī**, subs. m. Espécie de cometa (Sên. Nat. 1, 14, 1).

Pĭtholāus, -ī, subs. pr. m. Pitolau, nome de homem (Suet. Cés. 75).

Pĭtholĕŏ (-lĕŏn), -ōntis, subs. pr. m. Pitoleonte, mau poeta, natural de Rodes (Hor. Sát. 1, 10, 22).

pittacĭum, -ī, subs. n. Sent. próprio: 1) Tabuinha de escrever bilhete; daí acepções diversas: 2) Etiquêta, rótulo de uma vasilha (Petr. 34, 6). 3) O que cobre, emplastro (na língua médica) (Cels. 3, 10, 2).

Pittăcus (-os), -ī, subs. pr. m. Pítaco, um dos sete sábios da Grécia, nascido em Mitilene e que viveu no VI séc. a. C. (Cíc. De Or. 3, 56).

Pitthēis, -ĭdos, subs. pr. f. Piteida, de Piteu (Ov. Her. 10, 131).
Pitthēĭus (-ēus), -a, -um, adj. De Piteu, de Trezena (Ov. Met. 6, 418).
Pittheus, -ĕī, ou -ĕos, subs. pr. m. Piteu, lendário rei de Trezena, filho de Pélops e Hipodâmia, célebre por sua eloqüência e sabedoria (Ov. Met. 8, 622).
Pituānĭus, -ī, subs. pr. m. Pituânio, nome de homem (Tác. An. 2, 32).
pītuīta, -ae, subs. f. I — Sent. próprio: 1) Goma, resina que corre das árvores (Plín. H. Nat. 17, 252). II — Daí, por extensão: 2) Humor aquoso, mucosidade, pituíta, defluxo (Cíc. Tusc. 4, 23).
pītuītōsus, -a, -um, adj. Pituitoso (Cíc. Fat. 7).
Pityūssae, -ārum, subs. pr. f. Pitiússas, ilhas do Mediterrâneo, perto da Espanha (Plín. H. Nat. 3, 76). Obs.: No sg. (T. Lív. 28, 37, 3).
pĭus, -a, -um, adj. I — Sent. próprio: 1) Piedoso (no sent. religioso ou profano), que cumpre os seus deveres para com os deuses, para com os pais, etc. (Cíc. Rep. 3, 15). II — Daí: 2) Justo, virtuoso, santo, sagrado (Cíc. Balb. 35). 3) Afeiçoado aos pais, dedicado à família, afetuoso, terno, dedicado a (Ov. Met. 11, 389). 4) Bom, benévolo, clemente, amigo, querido (Hor. O. 3, 21, 4). No pl.: 5) Os justos, os bem-aventurados (Cíc. Phil. 14, 32). Obs.: O superlativo piissimus foi censurado por Cícero (Phil. 14, 43), mas se tornou corrente no latim imperial (Sên. Polyb. 26).
pix, pĭcis, subs. f. Pez (Cés. B. Gal. 7, 25, 2).
pixis, -is, subs. f. Caixa (Petr. 29).
plācābĭlis, -e, adj. I — Sent. próprio: 1) Aplacável, que pode ser aplacável, que se pode apaziguar (T. Lív. 4, 42, 9). Daí: 2) Próprio para acalmar, capaz de mitigar ou apaziguar, moderado (Ter. Ad. 608). II — Sent. poético: 3) Doce, bom, clemente (Verg. En. 7, 764).
plācābĭlĭtās, -tātis, subs. f. Clemência, disposição para se deixar dobrar (Cíc. Of. 1, 88).
plācāmen, -ĭnis, subs. n. 1) Meio de acalmar ou pacificar, lenitivo (T. Lív. 7, 2, 3). 2) Vítimas expiatórias (no pl.) (S. It. 13, 415).
plācāmēntum, v. plācāmen (Tác. An. 15, 44).

plācātē, adv. Com calma, suavemente, brandamente (Cíc. Fam. 6, 1, 4). Obs.: Comp.: placatĭus (Cíc. Fam. 6, 13, 3).
plācātĭō, -ōnis, subs. f. Ação de aplacar, de abrandar, apaziguamento (Cíc. Tusc. 4, 60).
plācātus, -a, -um. I — Part. pass. do placo. II — Adj.: Sent. próprio: 1) Acalmado, apaziguado, benévolo, bem disposto, propício (T. Lív. 2, 60, 3). Daí 2) Calmo, sereno, tranqüilo (Cíc. Tusc. 1, 97).
plācēndus, -a, -um, gerundivo de placĕo.
placens, -ēntis, I — Part. pres. de placĕo. II — Adj.: Amado, amável, querido (Hor. O. 2, 14, 21).
placēnta, -ae, subs. f. Bôlo chato, bôlo sagrado (Hor. Sát. 1, 10, 11).
Placentĭa, -ae, subs. pr. f. Placência, cidade às margens do rio Pó, na Gália Cispadana (Itália), atual Piacenza (Cíc. At. 6, 9, 5).
Placentīnus, -a, -um, adj. Placentino, de Placência (Cíc. Pis. 53).
Placentīnī, -ōrum, subs. loc. m. pl. Placentinos, habitantes de Placência (T. Lív. 27, 10, 8).
placĕō, -ēs, -ēre, -cŭī, -cĭtum, v. intr. 1) Agradar a, ser agradável (Cíc. Q. Fr. 3, 1, 13); (Cíc. De Or. 2, 15); (Cíc. Of. 2, 57). Impess.: 2) Aprazer, agradar (Cés. B. Gal. 3, 3, 4); (Plaut. Capt. 454). Obs.: Constrói-se com dat.; com or. inf.; com ut; ou com absoluto. O perf. placĭtum est ocorre em Cícero (Verr. 4, 4).
placĭdē, adv. Com brandura, bondosamente, plàcidamente, suavemente, com calma, devagar (Cíc. Or. 92).
placidĭtās, -tātis, subs. f. Bom humor, mansidão, brandura (Varr. R. Rust. 2, 14).
placĭdus, -a, -um, adj. Sent. próprio 1) Acalmado, apaziguado, aplacado, serenado; daí, em sent. comum: 2) Plácido, manso, brando, calmo, tranqüilo, pacífico, em paz, benévolo (Cíc. Tusc. 5, 48).
placĭta, v. placĭtum.
placĭtō, -ās, -āre, v. freq. de placĕo, intr. Ser muito agradável (Plaut. Bac. 1018).
placĭtum, -ī, subs. n. I — Sent. próprio: 1) O que agrada, vontade, desejo, agrado (Verg. Buc. 7, 27). II — No pl.: 2) Regras, preceitos, máximas (Tác. Hist. 3, 81).
placĭtūrus, -a, -um, part. fut. de placĕo.

placĭtus, -a, -um, part. adj. de **placĕo**. Que agradou, que agrada, agradável (Verg. G. 2, 405).

plăcō, -ās, -āre, -āvī, -ātum (causativo de **placĕo**), v. tr. 1) Aplacar, apaziguar, acalmar, reconciliar (Cíc. Tusc. 4, 9); (Ov. Met. 11, 432). 2) Procurar tornar propício, tornar propício (Cíc. Nat. 3, 15).

placŭī, perf. de **placĕo**.

Plaetōrĭa Lex, subs. pr. f. Lei Pletória, apresentada pelo tribuno Pletório (Varr. L. Lat. 6, 2, 5).

Plaetōrĭānus, -a, -um, adj. Pletoriano, de Pletório (Cíc. At. 5, 20, 8).

Plaetōrĭus, -ī, subs. pr. m. Pletório, nome de diversas personagens (Cíc. Clu. 165).

1. plaga, -ae, subs. f . (Geralmente no pl., I — Sent. próprio: 1) Rêde de caça (que se atravessa num caminho), armadilha (Cíc. Verr. 5, 151). II — Sent. figurado: 2) Laço, armadilha, emboscada (Cíc. Of. 3, 68).

2. plaga, -ae, subs. f. I — Sent. próprio: 1) Extensão, espaço (celeste), zona, região, território, plaga: **quattuor plagae** (Verg. En. 7, 226) «as quatro zonas». II — Daí: 2) Cantão, distrito (T. Liv. 9, 41, 15).

3. plāga, -ae, subs. f. I — Sent. próprio: 1) Golpe, pancada (Cíc. Verr. 5, 140). Daí: 2) Chaga, ferida, lesão (Cíc. Sest. 44). II — Sent. figurado: 3) Golpe, dano, desgraça, desventura, calamidade (Cíc. Or. 228).

plagiărĭus, -ī, subs. m. I — Sent. próprio: 1) O que rouba os escravos alheios, o que compra e vende como escravo uma pessoa livre (Cíc. Q. Fr. 1, 2, 6). II — Sent. figurado: 2) Plagiário (tratando-se de um autor) (Marc. 1, 52, 9).

plăgĭger, -gĕra, -gĕrum e plagigerŭlus, -a, -um, adj. O que leva muita pancada, saco de pancadas (Plaut. Ps. 153).

plăgĭpatĭda, -ae, subs. m. Saco de pancadas, aquêle que leva pancadas (Plaut. Capt. 472).

plăgōsus, -a, -um, adj. 1) Coberto de cicatrizes ou feridas (Apul. M. 9, p. 222, 27). 2) Que gosta de bater, brutal (Hor. Ep. 2, 1, 78).

plagŭla, -ae, subs. f. Sent. diversos: 1) Cortina de cama ou liteira (Suet. Tit. 10). 2) Tapête, alcatifa (T. Liv. 39, 6). 3) Banda (de uma túnica) (Varr. L. Lat. 9, 79). 4) Fôlha de papel (Plín. H. Nat. 13, 77).

Plăgulēĭus, -ī, subs. pr. m. Plaguleio, nome de homem (Cíc. At. 10, 8, 3).

plagūsĭa, -ae, subs. f. Espécie de peixe desconhecido (Plaut. Rud. 298).

Planasĭa, -ae, subs. pr. f. Planásia, ilha entre a Córsega e a Etrúria, atual Pianosa (Tác. An. 1, 3, 6).

Plancīnă, -ae, subs. pr. f. Plancina, nome de mulher (Tác. An. 2, 43).

Plancĭus, -ī, subs. pr. m. Plâncio, nome de família romana, notadamente **Cn. Plancius**, tribuno militar defendido por Cícero (Cíc. At. 1, 12, 2).

planctus, -ūs, subs. m. I — Sent. próprio: 1) Ação de bater com ruído, pancada, murro (V. Flac. 4, 494). II — Sent. figurado: 2) Lamentação, pranto (Tác. An. 1, 41).

plānē, adv. I — Sent. próprio: 1) Uniformemente, claramente, nìtidamente (Cíc. Phil. 7, 17). 2) Completamente, inteiramente (Cíc. Fam. 14, 4, 3).

planētēs, -um, subs. m. pl. Planetas (A. Gél. 14, 1, 12).

plangō, -is, -ĕre, planxī, planctum, v. tr. e intr. I — Sent. próprio: 1) Bater (Lucr. 2, 1155). II — Daí, por especialização: 2) Bater no peito e nas coxas em sinal de dor (Ov. Met. 6, 248). E, por enfraquecimento de sentido: 3) Lamentar-se, lastimar-se, chorar (Ov. Met. 3, 505); (Verg. En. 11, 145).

plangor, -ōris, subs. m. I — Sent. próprio: 1) Ação de bater, pancada (Catul. 64, 272). II — Sent. figurado: 2) Pancadas (que se dão em si próprio em sinal de dor), lamentações, gemidos (Verg. En. 2, 487).

planicĭēs, -ēī, v. **planitĭēs**.

plānĭlŏquus, -a, -um, adj. Que fala com clareza (Plaut. Truc. 864).

plānĭpēs, -pĕdis, subs. m. Espécie de ator de pantomimas (que representa sem o **soccus** nem o **cothurnus**) (Juv. 8, 191).

plănĭtās, -tātis, subs. f. Simplicidade (têrmo de retórica) (Tác. D. 23).

plānitĭa, -ae, subs. f. Planície, planura, superfície plana (Cíc. Div. 1, 2).

plānitĭēs, -ēī, subs. f. Superfície plana, planície, planura, campina (Cíc. Verr. 4, 107).

1. planta, -ae, subs. f. Planta ou sola do pé, pé (Verg. Buc. 10, 49).

2. planta, -ae, subs. f. I — Sent. próprio: 1) Haste ou rebento que se tira do pé ou do tronco de uma árvore para ser plantado (Cíc. C.M. 52). II — Sent. raro: 2) Planta, vegetal (Juv. 3, 227).

plantārĭa, -ĭum, subs. n. pl. I — Sent. próprio: 1) Estacas ou rebentos para plantas, plantas novas (Verg. G. 2, 27).

PLANTARIS — 756 — **PLEBECULA**

Sent. raro: 2) Plantas, legumes (Juv. 13, 123). II — Sent. figurado: 3) Vegetação (Pérs. 4, 39). 4) Asas talares de Mercúrio (V. Flac. 1, 67).
plantãris, -e, adj. Relativo às plantas dos pés (Estác. Theb. 1, 304).
plantãrĭum, -ī, subs. n. Viveiro de plantas (Plín. H. Nat. 17, 109).
plantātĭō, -ōnis, subs. f. Plantação (Plín. H. Nat. 21, 17).
plantātus, -a, -um, part. pass. de **planto**.
plantĭger, -gĕra, -gĕrum, adj. Que produz rebentos (Plín. H. Nat. 13, 59).
plantō, -ās, -āre, -āvī, -ātum, v. tr. Plantar (Plín. H. Nat. 17, 67).
1. plānus, -a, -um, adj. 1 — Sent. próprio: 1) Plano, liso, igual, chato (Cés. B Gal. 4, 23, 6). II — Sent. figurado: 2) Fácil (em oposição a **arduus**), sem asperezas (Cíc. Flac. 105). 3) Claro, nítido, evidente, manifesto (Cíc. Clu. 98). 4) **In plano** (express.) (Sên. Clem. 1, 5, 3) «no chão, ao rés do chão, i.é, na vida comum».
2. planus, -ī, subs. m. 1) Vagabundo (Petr. 82). 2) Charlatão, impostor (Hor. Ep. 1, 17, 59).
planxī, perf. de **plango**.
plasma, -ătis, subs. n. I — Sent. próprio (língua religiosa) 1) Criatura (o homem formado de barro) (Prud. Cath. 7, 184). II — Sent. figurado: 2) Declamação efeminada (Pérs. 1, 17).
plastēs, -ae, subs. m. Modelador, escultor (Plín. H. Nat. 35, 154).
plastĭca, -ae, e **plastĭcē, -ēs,** subs. f. A plástica, a arte de modelar (Plín. H. Nat. 35, 131).
Plataeae, -ārum, subs. pr. f. Platéias, cidade da Beócia, onde Pausânias venceu os persas (Cíc. Of. 1, 61).
Plataeēnsēs, -ĭum, subs. loc. m. pl. Os plateenses, habitantes de Platéias (C. Nep. Milc. 5, 1).
platalĕa, -ae, subs. f. Espécie de ave marinha (talvez o pelicano) (Cíc. Nat. 2, 124).
platănōn, -ōnis, subs. m. Lugar plantado de plátanos (Sên. Ep. 55, 6).
platănus, -ī, ou **-ūs,** subs. f. Plátano (árvore) (Cíc. De Or. 1, 28).
platĕa, -ae, subs. f. Rua larga, praça pública (Cés. B. Civ. 1, 37).
Platō, -ōnis, subs. pr. m. Platão. 1) Filósofo grego que viveu do V ao IV séc. a.C., nascido em Egina, perto de Atenas, foi discípulo de Sócrates e fundador da Academia (Cíc. Tusc. 1, 39). 2) Outro do mesmo nome (Cíc. Q. Fr. 1, 2, 14).
Platōnĭcī, -ōrum, subs. m. Platônicos, seguidores das idéias de Platão (Cíc. Of. 1, 2).
Platonĭcus, -a, -um, adj. De Platão (Sên. Ep. 58, 26).
Plator, -ōris, subs. pr. m. Plator, nome de homem (T. Liv. 44, 30).
plaudō (plōdō), -is, -ĕre, plausī, plausum, v. intr. e tr. I — Sent. próprio: 1) Bater, bater um contra o outro, estalar (Verg. En. 5, 515); (Ov. Met. 2, 866); (Verg. En. 6, 644). Daí: 2) Bater as mãos, aplaudir (Cíc. At. 16, 2, 3). II — Sent. figurado: 3) Aprovar (Cíc. Q. Fr. 2, 4, 1). Obs.: Constrói-se com abl. acompanhado ou não de **in** com acus. e abl. acompanhado ou não de **in**; com dat. **Plodo** (Quint. 6, 1, 52).
plausī, perf. de **plaudo**.
plausibĭlis, -e, adj. Que deve ser aplaudido ou aprovado, plausível, aprovado, louvável (Cíc. Tusc. 3, 51); (Cíc. Caecil. 8).
plausor, -ōris, subs. m. O que aplaude, o que bate palmas (Hor. Ep. 2, 2, 130).
plaustrum (plōs-), -ī, subs. n. I — Sent. próprio: 1) Carro de duas rodas, carrêta (para transporte) (Cíc. Div. 1, 57). II — Sent. figurado: 2) A Carrêta ou Ursa-Maior (constelação) (Ov. Met. 10, 447).
1. plausus, -a, -um, part. pass. de **plaudo**.
2. plausus, -ūs, subs. m. I — Sent. próprio: 1) O bater das mãos, das asas ou dos pés (Verg. En. 5, 215). Daí: 2) Palmas, aplausos (Cíc. At. 2, 18, 1). II — Sent. figurado: 3) Aplauso, aprovação (Cíc. Tusc. 2, 64).
Plautĭa, -ae, subs. pr. f. Pláucia Urgulanila, terceira mulher de Cláudio (Suet. Claud. 26).
Plautiānus, -a, -um, adj. Plauciano, de Pláucio (Cic. Fam. 13, 8, 2).
Plautīnus, -a, -um, adj. Plautino, de Plauto (Hor. A. Poét. 270).
1. Plautĭus, -a, -um, adj. Pláucio, de Pláucio: **Plautĭa lex** (Cíc. Mil. 35) «a lei Pláucia».
2. Plautĭus (Plōt-), -ī, subs. pr. m. Pláucio, nome de família romana (Cíc. Arch. 20).
Plautus, -ī, subs. pr. m. Plauto, célebre poeta cômico latino que viveu do III ao II séc. a.C., natural de Sársina, na Úmbria (Cíc. Br. 60).
plēbēcŭla, -ae, subs. f. Poviléu, populacho, ralé (Cíc. At. 1, 16, 11).

plēbēius (-jus), -a, -um, adj. I — Sent. próprio: 1) Plebeu, da plebe, do povo (Cíc. Mur. 15). II — Sent. figurado: 2) Comum, vulgar, trivial: **plebeius sermo** (Cíc. Fam. 9, 21, 1) «língua comum (corrente)».

plēbēs, -ĕi e -ī, subs. f., v. **plebs** (Cíc. Br. 54).

plēbicŏla, -ae, subs. m. O que lisonjeia o povo, demagogo (T. Liv. 3, 68, 10).

plebis, gen. de **plebs**.

plēbiscītum, -ī, subs. n. Plebiscito, decreto do povo (Cíc. Dom. 44).

plebs (**pleps**), **plebis**, subs. f. I — Sent. próprio: 1) Plebe (conjunto de cidadãos romanos que não eram nobres, em oposição aos patrícios) (Cíc. Leg. 3, 10). II — Sent. raro: 2) O populacho, o vulgo, as classes inferiores (Cíc. Mil. 95). III — Na expressão **plebs superum**: 3) Os semideuses (Ov. Ib. 81).

plectīlis, -e, adj. Enlaçado, entrelaçado (Plaut. Bac. 70).

1. plectō, -is, -ĕre, v. tr. 1) Bater, castigar, punir (Cíc. Clu. 5); (Cíc. Lae. 85). Em sent. passivo: 2) Sofrer um prejuízo, um dano (Hor. O. 1, 28, 27).

2. plectō, -is, -ĕre, plexī, plexum, v. tr. Entrelaçar, entrançar, enlaçar (Lucr. 5, 1399).

plectrum, -ī, subs. n. I — Sent. próprio: 1) Plectro (varinha de marfim com que se tocavam as cordas da lira) (Cíc. Nat. 2, 149). Por extensão: 2) Lira (Tib. 3, 4, 39). II — Sent. figurado: 3) Poesia lírica (Hor. O. 2, 13, 26).

Plecūsa, -ae, subs. pr. f. Plecusa, nome de mulher (Marc. 2, 66, 4).

Plēiădēs (**Pliă-**), -um, subs. pr. f. Plêiades, nome das sete filhas de Atlas e Plêione, e irmãs das Híades (Verg. G. 1, 138). Obs.: **Pleias** e **Plias**, subs. f. sg. (Ov. Met. 1, 670).

Plēiŏnē, -ēs, subs. pr. f. Plêione, ninfa, filha do Oceano e de Tétis, espôsa de Atlas e mãe das Plêiades: **Pleiones nepos** (Ov. Her. 16, 62) «neto de Pleione», i.é, «Mercúrio».

Plēmĭnĭus, -ī, subs. pr. m. Plemínio, nome de uma família romana (T. Liv. 29, 6).

Plemmyrium (**Plēmy-**), -ī, subs. pr. n. Plemírio, nome de um promontório próximo de Siracusa (Verg. En. 3, 693).

plēnē, adv. I — Sent. próprio: 1) Por completo, plenamente, inteiramente (Plin. H. Nat. 14, 139). II — Sent. figurado: 2) Plenamente, completamente, inteiramente (Cíc. Div. 2, 1). Obs.: comp. **plenius** (Ov. P. 2, 11, 20).

plēnilūnĭum, -ī, subs. n. Tempo da lua cheia, plenilúnio (Plín. H. Nat. 7, 45).

plēnus, -a, -um, adj. I — Sent. próprio: 1) Cheio, pleno (Cíc. Verr. 1, 53). II — Daí, em sent. particular: 2) Farto, satisfeito (Hor. Ep. 1, 20, 8). 3) Desenvolvido, grosso, corpulento, espêsso (Ov. A. Am. 2, 661). 4) Grávida (Cíc. Div. 1, 101). III — Sent. figurado: 5) Abundante, rico (tratando-se do estilo) (Cíc. De Or. 3, 16). 6) Inteiro, completo, todo (Cíc. Tusc. 5, 67). 7) Decorrido, passado, completado (Cíc. Mil. 24). 8) Guarnecido, bem fornecido, abundante em, carregado de (Cíc. Verr. 2, 12). 9) Completo, substancial, nutritivo (Cels. 3, 20). 10) Intenso, forte, cheio (Cíc. Br. 289). Obs.: Constrói-se com gen.; com abl.; ou absoluto.

pleō, -ēs, -ēre, v. intr. Só aparece nos seus compostos: **complĕo**, **explĕo**.

plērīque, -aeque, -ăque, v. **plerūsque**.

plērūmque, adv. A maior parte do tempo, ordinariàmente, geralmente (Cíc. Div. 2, 14).

plērus (**ploerus**), -a, -um, v. **plerūsque** (Cíc. Leg. 3, 6).

plērūsque, -ăque, -ūmque, adj. 1) A maior parte (raro, no sg.) (Sal. C. Cat. 17, 6). 2) No pl.: **plerique**, **-aeque**, **-ăque**: a maior parte, o maior número, muitos (Cés. B. Gal. 2, 4, 1). Obs.: Constrói-se absol. ou seguido de um subs. com o qual concorda; com gen; com abl. acompanhado de **ex** (mais raro): **plerique e Graecis** (Plín. H. Nat. 5, 8) «a maior parte dentre os gregos».

Plestina, -ae, subs. pr. f. Plestina, cidade dos marsos, na Itália (T. Liv. 10, 3, 5).

Pleumoxĭi, -ōrum, subs. pr. m. Pleumóxios, povo belga (Cés. B. Gal. 5, 39, 1).

Pleurōn, -ōnis, subs. pr. f. Plêuron, cidade da Etólia (Plín. H. Nat. 4, 6).

Pleuronius, -a, -um, adj. Pleurônio, de Plêuron, cidade da Etólia (Ov. Met. 14, 494).

plexī, perf. de **plecto 2**.

plexus, -a, -um, part. pass. de **plecto 2**.

Pliădēs, v. **Pleiădes**.

plicătrix, -īcis, subs. f. A que dobra os vestidos (Plaut. Mil. 695).

plicătūra, -ae, subs. f. Ação de dobrar ou franzir (Plín. H. Nat. 7, 171).

plicō, -ās, -āre, -āvī, -ātum, v. tr. Dobrar, redobrar, dobrar de novo (Verg. En. 5, 279).

Plīnĭus, -ī, subs. pr. m. Plínio, nome de várias pessoas, entre as quais Plínio, o Jovem, escritor latino (Marc. 10, 19, 3).

e Plínio, o Velho, cientista e erudito romano, falecido na erupção do Vesúvio de 79.

Plisthenĭcus, -a, -um, adj. Plistênico, de Agamêmnon, filho de Plístenes (Ov. Rem. 778).

Plistĭca, -ae, subs. pr. f. Plística, cidade do Sâmnio (T. Lív. 9, 21, 6).

Plitendum, -i, subs. pr. n. Plitendo, cidade da Bitínia ou da Galácia (T. Lív. 38, 18).

plŏdŏ = plaudo.

ploera, v. plura.

ploeres, v. plures (Cíc. Leg. 3, 6).

plōrābĭlis, -e, adj. Lamentável (Pérs. 1, 34).

plōrābundus, -a, -um, adj. Todo banhado em lágrimas (Plaut. Aul. 317).

plōrātor, -ōris, subs. m. O que chora, o que se lamenta (Marc. 14, 54, 1).

1. plōrātus, -a, -um, part. pass. de ploro.

2. plōrātus, -ūs, subs. m. Chôro, pranto, lamentações (Cíc. At. 5, 16, 2).

plōrŏ, -ās, -āre, -āvi, -ātum, v. intr. e tr. A) Intr.: 1) Lastimar-se, lançar gritos de dor, chorar gemendo (Sên. Ep. 63, 1); (Cíc. At. 15, 9, 1). B) Tr.: 2) Deplorar, lamentar (Hor. O. 4, 2, 22). Obs.: Constrói-se como absoluto; com dat.; com acus.; com inf. ou or. inf.

plōstrum, v. plaustrum.

Plōtiānus, v. Plautiānus.

Plōtius, -i, subs. pr. m. Plócio, nome de dois romanos: Plócio Firmo, prefeito do pretório (Tác. Hist. 1, 46). e Plócio Grifo, pretor (Tác. Hist. 4, 39).

plŭit, -ĕre, plŭit ou plŭvit, v. impess. intr. Chover, cair como chuva (Cíc. Div. 2, 58); (T. Lív. 28, 27, 16); (Verg. G. 4, 81).

plūma, -ae, subs. f. I — Sent. próprio: 1) Pena (que reveste o corpo das aves), penugem, plumagem (Cíc. Fin. 3, 18). II — No pl.: 2) Escamas de uma cota de armas ou de uma couraça (Verg. En. 11, 771). III — Sent. figurado: 3) Primeira barba (Hor. O. 4, 10, 2). 4) Um nada (Plaut. Most. 408).

plūmātĭlis, -e, adj. Bordado (Plaut. Ep. 233).

plumbārĭus, -a, -um, adj. De chumbo: plumbarium metallum (Plín. H. Nat. 33, 119) «chumbo».

plumbātus, -a, -um, adj. 1) Guarnecer de chumbo (Plín. H. Nat. 10, 97). 2) De chumbo (V. Máx. 3, 7, 2).

plumbĕum, -i, subs. n. (subent. vas). Vaso de chumbo (Marc. 6, 55, 3).

plumbĕus, -a, -um, adj. I — Sent. próprio: 1) De chumbo, feito de chumbo, plúmbeo (Cíc. At. 1, 16, 2). II — Sent. figurado: 2) De má qualidade, ruim (Marc. 10, 49, 5). III — Sent. poético: 3) Pesado (Hor. Sát. 2, 6, 18). 4) Estúpido, bronco (Cíc. Tusc. 1, 71).

plumbŏ, -ās, -āre, -āvi, -ātum, v. tr. Chumbar, soldar com chumbo (Cat. Agr. 21); (Plín. H. Nat. 34, 161).

plumbōsus, -a, -um, adj. Misturado com chumbo (Plín. H. Nat. 34, 173).

plumbum, -i, subs. n. I — Sent. próprio: 1) Chumbo (metal): plumbum album (Cés. B. Gal. 5, 12, 5) «estanho». II — Por extensão: 2) Bola de chumbo (atirada com a funda) (Verg. En. 9, 587). 3) Tubo de chumbo (Hor. Ep. 1, 10, 20).

plŭmēscŏ, -is, -ĕre, v. incoat. intr. Começar a cobrir-se de penas (Plín. H. Nat. 10, 149).

plŭmĕus, -a, -um, adj. I — Sent. próprio: 1) De penas, de penugem (Cíc. Tusc. 3, 46). II — Daí: 2) Leve como a pluma (Marc. 4, 19, 7).

plūmĭger, -gĕra, -gĕrum, adj. Plunígero, emplumado, de plumas (Plín. H. Nat. 10, 53).

plūmĭpēs, -ĕdis, adj. Que tem os pés guarnecidos de penas (Catul. 55, 27).

plŭmōsus, -a, -um, adj. I — Sent. próprio: 1) Que tem penugem, aveludado (Plín. H. Nat. 25, 65). II — Daí: 2) Das aves (Prop. 4, 2, 34).

plūrālis, -e, adj. Plural (têrmo de gramática) (Quint. 1, 5, 42).

plūrālĭter, adv. No plural (Sên. Nat. 2, 56).

plūre, v. plus.

plūrēs, -a, (pl. de plus). 1) Mais numerosos, um maior número de (Cíc. Rep. 1, 48). 2) Bastante numerosos, vários, muitos (Cíc. Br. 62). 3) Vários (= complures) (T. Lív. 4, 31, 2).

plūrĭfārĭam, adv. Em diversos lugares, em muitos pontos (Suet. Aug. 46).

plūrĭmī, gen. de plurĭmum (gen. de preço). Muito caro, caríssimo, por preço muito elevado (sent. próprio e figurado): plumiri esse (Cíc. Par. 48) «ter um preço muito elevado», «ser de grande valor»; plurimi facere (C. Nep. Eum 2, 2) «fazer muito caso de».

plūrĭmum, -i, n. de plurimus usado substantivamente: grande quantidade de, muito (Cíc. Inv. 1, 25).

plŭrĭmus, -a, -um, adj. superl. de **multus** (raro no sg.). I — Sent. próprio: 1) Que é em muito grande número, muito numeroso: **plurĭmo sudore** (Cíc. Agr. 2, 16) «com o maior trabalho». II — Sent. particular: 2) Muito grosso, muito espêsso, muito abundante (Verg. G. 3, 52). III — Sent. poético: 3) Grandíssimo número (Verg. G. 2, 182).

plŭris, gen. de **plus** (subent. **pretii**). Por maior preço, de maior valor, de maior preço (sent. próprio e figurado). (Cíc. Com. 33); (Cíc. Phil. 6, 10).

plŭs, plŭris, comp. de **multus.** I — Subs.: 1) Maior quantidade, mais, melhor (Cíc. Verr. 4, 141). II — Adv.: 2) Mais (Cíc. C.M. 83). 3) Em correlação com **quam** ou **ac:** mais... do que; **plus quam semel** (Cíc. Of. 3, 61) «mais do que uma vez»; **non plus ao** (Hor. Sát. 1, 1, 46) «não mais do que». Obs.: Às vêzes **plus quam** se emprega para indicar um grau excessivo: **confiteor eos plus quam sicarios esse** (Cíc. Phil. 2, 13) «confesso que êles são mais do que assassinos».

pluscŭlum, -ī, subs. n. Um pouco mais (Cíc. De Or. 2, 99).

pluscŭlus, -a, -um, adj. Em quantidade um pouco maior, um pouco mais (Ter. Phorm. 665).

plusĭmus, v. **plurĭmus.**

plusscĭus, -a, -um, adj. Que sabe mais (Petr. 63, 9).

Plŭtărchus, -ī, subs. pr. m. Plutarco, célebre escritor grego, natural de Queronéia, autor de biografias paralelas de gregos e romanos (A. Gél. 1, 3, 31).

plutĕum, -ī, subs. n. e **plutĕus, -ī,** subs. m. I — Sent. próprio: Tudo o que é feito de tábuas; grades reunidas de maneira a formar uma cobertura; daí, na linguagem militar: 1) Mantelete, parapeito (T. Lív. 21, 61, 10). II — Sent. particular: 2) Estante, prateleira (Juv. 2, 7). 3) Almofada da parte superior do leito, espaldar do leito (de mesa) (Suet. Cal. 26). 4) Leito (de mesa) (Prop. 4, 8, 68).

Plŭtō (-tōn), -ōnis, subs. pr. m. Plutão, filho de Cronos e Réia, irmão de Zeus e Posseidon, rei dos Infernos e deus dos mortos (Verg. En. 7, 327).

Plŭtōnia, -ōrum, subs. pr. n. Plutônia, região empestada da Ásia (Cíc. Div. 1, 79).

Plŭtōnĭus, -a, -um, adj. Plutônio, de Plutão (Hor. O. 1, 4, 17).

Plŭtus, -ī, subs. pr. m. Pluto, deus da riqueza, filho de Deméter e Jasião (Fedr. 4, 12, 5).

pluvĭa, -ae, subs. f. Chuva (Verg. G. 1, 92).

pluviălis, -e, adj. I — Sent. próprio: 1) Pluvioso, chuvoso (Verg. G. 3, 429). 2) Pluvial, de chuva (Sên. Nat. 3, 7, 4). II — Por extensão: 3) Produzido pela chuva (Ov. Met. 7, 393).

pluviōsus, -a, -um, adj. Pluvioso, chuvoso (Plín. H. Nat. 18, 225).

plŭvit, perf. arc. de **plŭit = plŭit.**

plŭvĭus, -a, -um, adj. I — Sent. próprio: 1) De chuva, pluvial (Cíc. Mur. 22). II — Daí: 2) Pluvioso, chuvoso: **arcus pluvius** (Hor. A. Poét. 18) «o arco-íris». III — Por extensão: 3) Que faz chover (epíteto de Júpiter) (Tib. 1, 8, 26).

Poblĭlĭa tribus, v. **Publĭlĭa.**

pōcĭllum, -ī, subs. n. Copo pequeno (T. Liv. 10, 42).

pōcŭlum, -ī, subs. n. I — Sent. próprio: 1) Copo (Cíc. Clu. 31). II — Daí, em sent. particular: 2) Bebida encantada, filtro (amoroso) (Hor. Epo. 5, 38). 3) Bebida envenenada, veneno (Cíc. Clu. 30).

podăgra, -ae, subs. f. Gôta (nos pés), podagra (Cíc. Tusc. 2, 45).

podagrĭcus, -a, -um, adj. Gotoso, que tem gôta nos pés (Sên. Ep. 95, 21).

podagrōsus, -a, -um, adj. Gotoso (Plaut. Merc. 595).

Podalīrĭus, -ī, subs. pr. m. Podalírio. 1) Médico grego da época heróica, filho de Esculápio e irmão de Macaonte. Foi um dos pretendentes à mão de Helena e fêz parte da armada grega no cêrco de Tróia (Ov. A. Am. 2, 735). 2) Um dos companheiros de Enéias (Verg. En. 12, 304).

pōdex, -ĭcis, subs. m. O ânus (Hor. Epo. 8, 6).

podĭum, -ī, subs. n. I — Sent. próprio: 1) Balcão, parapeito, muro largo (que cercava a arena do anfiteatro e sôbre o qual se colocavam várias fileiras de assentos, lugares de honra) (Suet. Ner. 12). II — Daí: 2) Eminência, lugar elevado (Plín. Ep. 5, 6, 22).

Poeantĭădēs, -ae subs. pr. m. Peantíada, filho de Peante, i.é, Filoctetes (Ov. Met. 13, 313).

Poeantĭus, -a, -um, adj. Peâncio, de Peante (Ov. Met. 13, 45). Obs.: Como subs. pr. m.: **Poeantĭus, -ī,** (Ov. Trist. 5, 1, 61) «Filoctetes».

Poeās, -āntis, subs. pr. m. Peante, herói grego, tessálio de Melibéia, pai de Filoctetes, e que tomou parte na expedição dos argonautas (Ov. Met. 9, 233).

poēma, -ătis, subs. n. I — Sent. próprio: 1) Poema, composição em verso (Hor. Ep. 1, 18, 40). II — Sent. genérico: 2) Poesia (em oposição à prosa) (Cíc. Or. 198). Obs.: Cícero emprega o dat.- -abl. pl. **poematis** (Of. 3, 15); a forma **poematibus** é rara (Apul. Apol. 5).

poēmatĭum, -ī, subs. n. Pequeno poema, pequena composição em versos (Plín. Ep. 4, 14, 9).

poena, -ae, subs. f. I — Sent. próprio: 1) Indenização dada por uma falta cometida ou crime, resgate (Cés. B. Gal. 5, 1, 9). II — Daí: 2) Expiação, castigo, punição (Cíc. Pis. 43); (Cíc. Phil. 2, 1). 3) Vingança, ato de vingar alguém (Cíc. At. 9, 14, 2); (Sal. B. Jug. 68, 3). 4) Pena, sofrimento, dor (Plín. H. Nat. 9, 13).

poenālis, -e, adj. Penal, relativo à punição ou castigo, que serve de castigo (Plín. H. Nat. 4, 31).

poenārĭus, -a, um, adj. Penal (Quint. 4, 3, 9).

Poeni, -ōrum, subs. loc. m. Cartagineses, habitantes de Cartago (Cíc. Rep. 2,9). Obs.: No sg. **Poenus** (Cíc. De Or. 2,77). «Aníbal», e, com sent. coletivo (T. Liv. 22, 14, 6) «os cartagineses».

Poenĭcē, adv. Em língua púnica (Varr. R. Rust. 1, 2, 13).

Poenicĕus, -a, -um, adj. v. **Punicĕus** (Ov. Met. 12, 184).

Poenĭcus, (Varr. R. Rust. 1, 1, 10) e **Pūnĭcus, -a, -um,** adj. 1) Púnico, de Cartago: **Punicum Bellum** (Cíc. Br. 75) «Guerra Púnica». 2) Pejorativamente na expressão **fides Punica** (Sal. B. Jug. 108, 3) «fé púnica» i. é, «má fé, perfídia».

Poeninae Alpēs, Poenina jŭga, Poeninus mons, etc., ortografia que deriva de **Poenus,** por alusão à passagem de Aníbal pelos Alpes; subs. pr. (T. Liv. 5, 35, 2); (Tác. Hist. 1, 70); (Plín. H. Nat. 3, 123; Alpes Peninos.

poenĭo, -īre = pūnīre.
poenĭtĕo = paenitĕo.
poenitĭo, v. punitĭo.
poenitus = punītus, -a, -um.

Poenĭus, -ī, subs. pr. m. Pênio, nome de homem (Tác. An. 14, 37).

Poenŭlus, -ī, subs. pr. m. «O jovem cartaginês», nome de uma comédia de Plauto.

Poenus, -a, -um, adj. Cartaginês, de Cartago, africano (Verg. Buc. 5, 27).

poēsis, -is, subs. f. A poesia, obra poética, obra em verso (Cíc. De Or. 3, 100).

poēta, -ae, subs. m. 1) Poeta (Cíc. De Or. 2, 194). 2) O que faz (alguma coisa), artista (Plaut. As. 748).

Poetelĭus Lucus, subs. pr. m. Bosque sagrado perto de Roma (Varr. L. Lat. 5, 50).

poētĭca, -ae, e **poētĭcē, -ēs,** subs. f. Poesia, obra poética (Cíc. De Or. 3, 174).

poētĭcē, adv. Poèticamente, como poeta (Cíc. Fin. 5, 9).

poētĭcus, -a, -um, adj. Poético, dos poetas (Cíc. Nat. 3, 77).

Poetnēum, -ī, subs. pr. n. Petneu, praça forte da Atamânia (T. Liv. 39, 25, 17).

Poetovĭŏ, -ōnis, subs. pr. f. Petovião, cidade da Panônia (Tác. Hist. 3, 1).

poētrĭa, -ae, subs. f. Poetisa (Ov. Her. 15, 183).

pōgōnĭās, -ae, subs. m. Cometa com cabeleira (Sên. Nat. 1, 15, 4).

pol, interj. Fórmula de juramento: Por Pólux! (Hor. Ep. 1, 7, 92).

Polĕās, -ae, subs. pr. m. Póleas, nome de homem (Cíc. Verr. 4, 92).

Polĕmō (-mōn), -ōnis, subs. pr. m. Polemão, filósofo grego, nascido em Atenas; viveu do IV ao III séc. a.C. (Cíc. 1, 34).

Polemōnēus, -a, -um, adj. Do filósofo Polemão (Cíc. Ac. 2, 132).

Polemōnĭăcus, -a, -um, adj. Polemoníaco, de Polemão, rei do Ponto (Eutr. 7, 14).

Polemocrătēs, -is, subs. pr. m. Polemócrates, nome grego (Cíc. Flac. 74).

polenta, -ae, subs. f. Polenta, farinha de cevada torrada ao fogo (Cat. Agr. 108).

polentārĭus, -a, -um, adj. De polenta (Plaut. Curc. 295).

polentĭa, v. pollentĭa.

polĭō, -īs, -īre, -īvī, -ītum, v. tr. 1) Dar lustro a um objeto, dar o arremate, polir, lapidar, rematar, acabar (sent. próprio e figurado) (T. Liv. 40, 51, 3); (Cíc. Rep. 1, 28). 2) Na língua da agricultura: arrotear, limpar um campo (Varr. R. Rust. 3, 2, 5).

Poliorcētēs, -ae, subs. pr. m. Demétrio Poliorcetes, rei da Macedônia (Sên. Ep. 9, 15).

polītē, adv. Com acabamento, polidamente, elegantemente (Cíc. Ac. 2, 120). Obs.: Comp.: **politīus**, (Cíc. Ac. 1, 2).

Polītēs, -ae, subs. pr. m. Polites, um dos filhos de Príamo, morto por Pirro (Verg. En. 2, 526).

polītīa, -ae, subs. f. I — Sent. próprio: 1) Organização política, govêrno (Cassiod. Var. 9, 2). II — Sent. particular: 2) A República (obra de Platão) (Cíc. Div. 1, 60).

polītīcus, -a, -um, adj. Político, relativo ao govêrno ou Estado (Cíc. De Or. 3, 109).

polītor, -ōris, subs. m. O que dá o último amanho à terra (Cat. Agr. 5, 136).

Polītōrĭum, -ī, subs. pr. n. Politório, cidade do Lácio (T. Lív. 1, 33).

polītūra, -ae, subs. f. I — Sent. próprio: 1) Polimento, ação de igualar, polir (Plín. H. Nat. 17, 246). II — Sent. figurado: 2) Polimento (Sên. Ep. 100, 5).

polītus, -a, -um. I — Part. pass. de **polīo**. II — Adj.: 1) Polido, lustroso, brilhante (Cíc. De Or. 2, 154). 2) Bem acabado, perfeito (Cíc. Fam. 1, 9, 15). 3) Na língua da retórica: limado, castigado, elegante, esmerado (Cíc. De Or. 1, 38).

Polla, -ae, subs. pr. f. Pola (Valéria), espôsa de **D. Brutus** (Cíc. Fam. 11, 8, 1).

pollen, -ĭnis, subs. n., e **pollis, -ĭnis**, subs. m. e f. I — Sent. próprio: 1) Flor de farinha, farinha-flor, farinha fina (Cat. Agr. 156). II — Daí: 2) Pó de farinha, pó muito fino (Ter. Ad. 846).

pollens, -ēntis. A) Part. pres. de **pollĕo** B) Adj.: I — Sent. próprio: 1) Poderoso, temível: **pollens vini (Liber)** (Plaut. Curc. 114) «Baco, (deus) poderoso do vinho». II — Daí: 2) Capaz de, superior (S. It. 14, 80). Obs.: Constrói-se absolutamente; com abl.; com gen.; com inf.

1. **pollentĭa, -ae**, subs. f. Poder, fôrça, superioridade (Plaut. Rud. 618).
2. **Pollentĭa, -ae**, subs. pr. f. A Superioridade, uma divindade (T. Lív. 39, 7, 8).
3. **Pollentĭa, -ae**, subs. pr. f. Polência, cidade da Ligúria (Cíc. Phil. 11, 14).

pollĕo, -ēs, -ēre, v. intr. I — Sent. próprio: 1) Ser forte, ser poderoso, ter muito poder (Cíc. Br. 190). II — Daí: 2) Sobressair, estar em voga, ter a virtude de, ser eficaz (Plín. H. Nat. 19, 47); (Plín. H. Nat. 24, 171).

1. **Pollex, -ĭcis**, subs. m. Pólice, nome de um escravo de Cícero (Cíc Fam. 14, 6, 1).
2. **pollex, -ĭcis**, subs. m. I — Sent. próprio: 1) Polegar (dedo) (Cés. B. Gal. 3, 13, 4). II — Daí, em expressão como: 2) **pollice utroque laudare** (Hor. Ep. 1, 18, 66) «aprovar sem restrições» (v. observação). III — Em sent. particular: 3) Polegar (do pé) (Suet. Cal. 57). 4) Polegar (como medida), polegada (Cés. B. Gal. 3, 13, 4). 5) Nó (das árvores) (Plín. H. Nat. 13, 29). Obs.: Os romanos apoiavam o polegar no indicador em sinal de aprovação, viravam-no para baixo em sinal de desaprovação: **police verso** (Juv. 3, 36) «com o polegar voltado para baixo», em sinal de desaprovação, ou de condenação à morte para o gladiador vencido nas lutas do anfiteatro.

Pollĭa Tribus, subs. pr. f. Tribo Pólia, uma das tribos rústicas de Roma (T. Lív. 29, 37, 8).

pollicĕō, -ēre = **pollicĕor** (Varr. Men. 41).

pollicĕor, -ēris, -ērī, pollicĭtus sum, v. dep. tr. I — Sent. próprio: 1) Fazer uma oferta, lançar em hasta pública ou leilão (Plaut. Merc. 438). II — Daí, na língua comum: 2) Oferecer, propor, prometer (Cíc. Fam. 15, 2, 4); (Sal. C. Cat. 23, 3); (Cés. B. Gal. 4, 21, 5). Obs.: Constrói-se com acus.; com acus. e dat.; com dat. e abl.; com inf.; com or. inf. e inf. fut.

pollicitātĭō, -ōnis, subs. f. Oferecimento, proposta, oferta (Plaut. Trin. 738).

pollicĭtor, -ārīs, -ārī, -ātus sum, v. dep. tr. intr. Prometer, fazer muitas promessas (Ter. And. 912); (Sal. C. Cat. 38, 1).

pollicĭtum, -ī, subs. n. Promessa (Ov. Met. 11, 107).

pollicĭtus, -a, -um, part. pass. de **pollicĕor**, com sent. passivo (Ov. F. 3, 366).

pollinārĭus, -a, -um, adj. De farinha-flor, muito fina (Plaut. Poen. 512).

pollinctor (pollīctor), -ōris, subs. m. O que lava os cadáveres e os prepara para o entêrro (Marc. 10, 97, 3).

pollingō, -is, -ĕre, pollinxī, pollinctum, v. tr. Lavar o cadáver e prepará-lo para a cremação (Plaut. Poen. 63); (Sên. Vit. 7, 3).

pollinxī, perf. de **pollingo**.

Pollĭō, -ōnis, subs. pr. m. Polião, sobrenome romano, notadamente Asinio Polião, amigo de Augusto (Verg. Buc. 4, 12).

pollis, v. **pollen**.
pollŭcĕō, -ēs, -ēre, pollūxī, pollūctum, v. tr. I — Sent. próprio: 1) Colocar iguarias no altar para um banquete de sacrifício, colocar como oferenda, oferecer em sacrifício (Cat. Agr. 132); (Plín. H. Nat. 32, 20). II — Daí, por enfraquecimento de sentido: 2) Oferecer, presentear: **virgis polluctus** (Plaut. Curc. 193) «presenteado com golpes de varas».
pollūcĭbĭlĭter, adv. Esplêndidamente (Plaut. Mos. 24).
pollūctum, -ī, subs. n. Parte da vítima reservada ao público (Plaut. Rud. 1419).
polluctūra, -ae, subs. f. Refeição esplêndida, mesa lauta (Plaut. St. 688).
pollūctus, -a, -um, part. pass. de **pollucĕo**.
pollŭī, perf. de **pollŭo**.
pollŭō, -is, -ĕre, pollŭī, pollūtum, v. tr. I — Sent. próprio: 1) Molhar sujando; daí: sujar (sent. físico e moral), poluir, manchar (Verg. En. 3, 234); (Fedr. 3, 10, 17). II — Sent. figurado: 2) Profanar, violar, insultar (Cíc. Verr. 5. 187); (Prop. 4, 9, 8); (Verg. En. 7, 467). 3) Seduzir, desonrar, atentar contra o pudor (Tác. An. 12, 46).
pollūtus, -a, -um. I — Part. pass. de **pollŭo**. II — Adj.: Poluído, sujo, manchado (sent. fiísico e moral) (T. Lív. 10, 23, 10).
Pollux, -ūcis, subs. pr. m. Pólux, herói grego, filho de Tíndaro ou de Zeus e de Leda, irmão de Castor (Cíc. Nat. 3, 53).
pollūxī, perf. de **pollucĕo**.
pŏlŭlus (poll-), -ī, (arc.) v. **paulŭlus**.
polus, -ī, subs. m. I — Sent. próprio: 1) Polo (do mundo) (Ov. Met. 2, 75). II — Sent. particular: 2) O norte (Ov. Met. 2, 173). 3) O céu (Verg. En. 3, 586).
Polūsca, -ae, subs. pr. f. Poluscá, cidade dos volscos (T. Lív. 2, 33).
polvīnar, v. **pulvīnar**.
Palyaenus, -ī, subs. pr. m. Polieno. 1) Geômetra grego do III séc. a.C., amigo de Epicuro (Cíc. Ac. 2, 106). 2) Senador de Siracusa (T. Liv. 24, 22).
Polyarātus, -ī, subs. pr. m. Poliarato, chefe dos ródios (T. Lív. 44, 23).
Polybētēs (-boetēs), -ae, subs. pr. m. Polibetes, nome de homem (Verg. En. 6, 484).
Polybĭus, -ī, subs. pr. m. Políbio, historiador grego que viveu do III ao II séc.

a.C., natural de Megalópolis, na Arcádia; autor de obra substanciosa e crítico muito bem informado (Cíc. Rep. 1, 34).
Polȳbus, -ī, subs. pr. m. Pólibo, um dos pretendentes de Penépole (Ov. Her. 1, 91).
Polychārmus, -ī, subs. pr. m. Policarmo, nome de homem (Marc. 8, 37).
Polyclītus, -ī, subs. pr. m. Policleto, célebre escultor grego, natural de Sicião (Cíc. Br. 70).
Polycrătēs, -is, subs. pr. m. Polícrates, tirano de Samos (Cíc. Fin. 5, 92).
Polycratĭa -ae, subs. pr. f. Policrácia, espôsa de Arato, chefe dos aqueus (T. Lív. 27, 31, 8).
Polydaemon, -ŏnis, subs. pr. m. Polidemão, nome de um guerreiro inimigo de Perseu (Ov. Met. 5, 85).
Polydāmās, -āntis, subs. pr. m. Polidamante, príncipe troiano, amigo de Heitor e morto por Ajax (Ov. Met. 12, 547).
Polydēctēs, -ae, subs. pr. m. Polidectes, rei da ilha Serifo. Acolheu Dânae, esposou-a e educou-lhe o filho Perseu (Ov. Met. 5, 242). Obs.: Acus.: **-ta** (Ov. Met. 5, 242).
Polydŏrēus, -a, -um, adj. De Polidoro (Ov. Met. 13, 629).
Polydŏrus, -ī, subs. pr. m. Polidoro, último filho de Príamo (Verg. En. 3, 45).
Polygnōtus, -ī, subs. pr. m. Polignoto, pintor e escultor grego da primeira metade do V séc. a.C., nascido na ilha de Tasos (Cíc. Br. 70).
Polyhymnĭa, -ae, subs. pr. f. Polímnia, musa dos ritmos múltiplos e da pantomima (Hor. O. 1, 1, 33).
Polyĭdus, -ī, subs. pr. Políido, áugure de Corinto (Cíc. Div. 1, 89).
Polymēstor (-mnēs), -ŏris, subs. pr. m. Polimestor ou Polimnestor, rei da Trácia, que matou Polidoro (Ov. Met. 13, 430).
polymĭtus, -a, -um, adj. 1) Tecido de várias côres (Petr. 40, 15). 2) No n. pl.: tapeçarias do Egito (Plín. H. Nat. 8, 198).
polȳmyxos, -ī, subs. f. Lâmpada de muitos bicos ou braços (Marc. 14, 41).
Polynĭcēs, -is, subs. pr. m. Polinices, filho de Édipo e irmão de Etéocles (Plín. H. Nat. 35, 144).
Polypēmōn, -ŏnis, subs. pr. m. Polipemão, pai de Procusto (Ov. Ib. 407).

polyphăgus, -ī, subs. m. Comilão (Suet. Ner. 37).
Polyphēmus (-mos), -ī, subs. m. Polifemo, gigante filho de Netuno, um dos Ciclopes (Cíc. Tusc. 5, 115).
polypōsus, -a, -um, adj. Que tem um pólipo (Marc. 12, 37, 2).
polўpus, -ī, subs. m. I — Sent. próprio: 1) Pólipo (espécie de zoófito) (Plaut. Rud. 1010). Daí, em sent. particular: 2) Pólipo (no nariz) (Hor. Sát. 1, 3, 40). II — Sent. figurado: 3) Homem rapace (Plaut. Aul. 198).
Polyxĕna, -ae, subs. pr. f. Políxena, filha de Príamo e Hécuba, imolada por Pirro sôbre o túmulo de Aquiles, que a amava (Ov. Met. 13, 448).
Polyxenĭus, -a, -um, adj. De Políxena (Catul. 64, 369).
pōmārĭum, -ī, subs. n. Pomar, vergel (Cíc. C.M. 54).
pōmārĭus, -ī, subs. m. Fruteiro (Hor. Sát. 2, 3, 227).
pōmerĭdĭānus (postm-, posm-), -a, -um, adj. Pós-meridiano, que é ou se realiza depois do meio-dia (Cíc. Tusc. 3, 7).
pōmērĭum, v. pomoerĭum.
Pōmētĭa, -ae, subs. pr. f. Pomécia: Suessa Pometia (Cíc. Rep. 2, 45) «Pomécia».
Pōmētĭī, -ōrum, subs. pr. m. Pomécia, cidade dos volscos (Verg. En. 6, 775).
Pōmētīnus, -a, -um, adj. Pometino, de Pomécia, cidade dos volscos (T. Lív. 1, 55, 7).
pōmĭfer, -fĕra, -fĕrum, adj. Pomífero, que produz frutos, abundante em frutos, frutífero (Plín. H. Nat. 12, 15).
pōmĭfĕrae, -ārum, subs. f. pl. Árvores frutíferas, fruteiras (Plín. H. Nat. 17, 253).
pomoerĭum (pōmē-), -ī, subs. n. Espaço considerado como sagrado (onde não era permitido nem construir nem plantar), situado fora das muralhas de Roma (T. Lív. 1, 44, 3).
Pomoetĭa, v. Pometĭa.
Pōmōna, -ae, subs. pr. f. Pomona, deusa dos frutos (Varr. L. Lat. 7, 45).
pōmōsus, -a, -um, adj. Cheio de frutos, abundante em frutos (Tib. 1, 1, 21).
pompa, -ae, subs. f. I — Sent. próprio: 1) Procissão (nas solenidades públicas, funerais, etc.) (Cíc. Mil. 39). Daí, em sent. geral: 2) Cortejo, séquito (Cíc. Fam. 2, 16, 2). II — Sent. figurado: 3) Aparato, pompa: **rhetorum pompa** (Cíc. Tusc. 4, 48) «pompa dos rétores», declamação.

Pompēĭa, -ae, subs. pr. f. Pompéia. 1) Espôsa de Vatínio (Cíc. Fam. 5, 11, 2). 2) Espôsa de Júlio César (Suet. Cés. 6). 3) Pompéia Macrina, condenada à morte por Tibério (Tác. An. 6, 18). 4) Pompéia Paulina, mulher do filósofo Sêneca (Tác. An. 15, 60).
1. **Pompĭānī**, -ōrum, subs. pr. m. pl. Pompeanos, os soldados do partido de Pompeu (Cés. B. Civ. 3, 46).
2. **Pompēĭānī**, -ōrum, subs. loc. m. Pompeanos, habitantes de Pompéia ou Pompeios (Cíc. Sull. 60).
Pompēĭānum, -ī, subs. pr. n. Pompeano, quinta de Cícero em Pompéia ou Pompios Fam. 7, 3, 1).
Pompēĭānus, -a, -um, adj. Pompeano, de Pompeu, partidário de Pompeu (Cés. B. Civ. 3, 58).
Pompēĭī, -ōrum, subs. pr. m. pl. Pompéia (ou Pompéios), cidade marítima da Campânia, destruída pelo Vesúvio em 79 d.C. (Sên. Nat. 6, 1, 1).
Pompeiopŏlis, -is, subs. pr. f. Pompeiópolis, cidade da Cilícia (Tác. An. 2, 58).
1. **Pompēĭus**, -a, -um, adj. De Pompeu, ou referente a Pompeu (Cíc. Verr. 5, 169).
2. **Pompēĭus**, -ī, subs. pr. m. Pompeu, nome de uma gens romana, sobressaindo **Cn. Pompeĭus**, cognominado o Grande, que viveu do II ao I séc. a.C., rival de César, vencido em Farsala e traiçoeiramente assassinado no Egito (Cés. B. Civ. 3, 103).
1. **Pompilĭus**, -a, -um, adj Pompílio, de Pompílio, dos Pompílios, da família Pompília (Hor. A. Poét. 292).
2. **Pompilĭus**, -ī, subs. pr. m. Pompílio, nome de família romana, destacando-se **Numa Pompilius**, o segundo rei de Roma (Hor. O. 1, 12, 34).
Pompillus, -ī, subs. pr. m. Pompilo, nome de um poeta latino (Marc. 6, 60).
pompĭlus, -ī, subs. m. Pilôto (nome de um peixe que segue os navios (Ov. Hal. 101).
Pompōnĭa, -ae, subs. pr. f. Pompônia, irmã de Ático e espôsa de Q. Cícero (Cíc. At. 5, 1, 3).
Pompōnĭānus, -a, -um, adj. Pomponiano, de Pompônio (Cíc. Q. Fr. 2, 2, 1).
Pompōnĭus, -ī, subs. pr. m. Pompônio. 1) Nome de uma família romana que pretendia descender de Numa. 2) Pompônio Ático, amigo de Cícero e seu editor (Cíc. At. 1, 5).

Pomptīnum, -i, subs. pr. n. Pontino, território Pontino, região do Lácio, na Itália (T. Liv. 2, 34, 4).

Pomptīnus (**Pomt-**, **Pont-**), -a, -um, adj. Pontino, de Pontino (Cíc. At. 7, 5, 3).

Pomtīnus, v. **Pomptīnus**.

pōmum, -i, subs. n. I — Sent. próprio: 1) Fruto (Verg. Buc. 7, 54). II — Por extensão: 2) Árvore frutífera (Verg. G. 2, 426).

pōmus, -i, subs. f. Árvore frutífera (Tib. 2, 1, 43).

ponderātus, -a, -um, part. pass. de **pondĕro**.

pondĕris, gen. de **pondus**.

pondĕrō, -ās, -āre, -āvī, -ātum, v. tr. I — Sent. próprio: 1) Pesar (Plín. H. Nat. 18, 66). II — Sent. figurado: 2) Ponderar, considerar, julgar, calcular, apreciar (Cíc. De Or. 3, 150); (Cíc. Pis. 98).

ponderōsus, -a, -um, adj. Pesado, muito ponderado (sent. próprio e figurado) (Plaut. Capt. 722); (Cíc. At. 2, 11, 1).

pondō, abl. do desusado **pondus**, -i, I — Sent. próprio: 1) Em pêso, de pêso (T. Liv. 3, 29, 3). II — Daí, por extensão: 2) Libra (estando **libra** subentendido): **auri quinque pondo auferre** «levar cinco libras (pêso) de ouro» (Cíc. Clu. 179).

pondus, -ĕris, subs. n. I — Sent. próprio: 1) Pêso, gravidade (dos corpos), pêso (com que se pesa) (T. Liv. 5, 48, 9). Daí: 2) Pêso de uma libra (sent. raro) (Marc. 7, 53, 12). 3) Volume pesado, carga, grande quantidade, grande número (Cíc. Tusc. 1, 40). II — Sent. figurado: 4) Pêso, influência, autoridade, valor, importância (Cíc. Balb. 60). 5) Constância, firmeza (Prop. 2, 25, 22).

pōnĕ. I — Adv.: 1) Atrás, por trás (Cíc. Tim. 48). II — Prep. acus.: 2) Atrás de, por detrás de (Cíc. Tim. 37).

pōnō, -is, -ĕre, posŭī, positum, v. tr. I — Sent. próprio: 1) Pôr de lado, depor, afastar (Cés. B Gal. 4, 37, 1); (Cíc. Tusc. 5, 60); (Cíc. Tusc. 3, 66). Daí: 2) Pôr, colocar, pousar, pôr na mesa, servir (Ov. Met. 8, 452); (Cés. B. Civ. 3, 108, 6); (Cat. Agr. 79, 81); (Cíc. Verr. 3, 165). II — Sent. figurado: 3) Estabelecer, fixar, instalar, construir, edificar (Cíc. Agr. 2, 96); (Verg. En. 6, 19). 4) Propor, expor, apresentar (Cíc. Fam. 1, 9, 21); (Cíc. De Or. 2, 214). Donde: 5) Atribuir, considerar como, fazer consistir em (Cíc. Fin. 2, 86). 6) Contar como, olhar como (Cíc. Fin. 3, 29).

1. pons, -tis, subs. m. I — Sent. próprio: 1) Ponte (Cés. B. Gal. 1, 13, 1). II — Daí, em sent. particular: 2) Ponte móvel, prancha ou estacada que serve para dar passagem (Verg. En. 10, 288). 3) Andares das tôrres (Verg. En. 9, 530). 4) Pontes de comunicação entre as tôrres (Verg. En. 9, 170). 5) Ponte por onde passavam os eleitores, para votar (Cíc. At. 1, 14, 5).

2. Pons Campānus, subs. pr. m. Ponte Campana, no distrito de Falerno, na Itália (Hor. Sat. 1, 5, 45).

1. Pontĭa, -ae, e -tĭae, -ārum, subs. pr. f. Pôncia e Pôncias, ilha ou arquipélago, em frente ao Lácio e perto do cabo Circeios (T. Liv. 9, 28, 7).

2. Pontĭa, -ae, subs. pr. f. Pôncia, nome de mulher (Juv. 5, 638).

Pontiānī, -ōrum, subs. loc. m. pl. Poncianos, de Pôncia (T. Liv. 27, 10, 7).

pontĭcŭlus, -i, subs. m. Ponte pequena (Cíc. Tusc. 5, 59).

Pontĭcum Mare, subs. pr. n. O Ponto Euxino ou Mar Negro (T. Liv. 40, 21).

1. Pontĭcus, -a, -um, adj., v., **Pontus** 2.

2. Pontĭcus, -i, subs. pr. m. Pôntico, autor de um poema sôbre a guerra de Tebas (Ov. Trist. 4, 10, 47).

pontĭfex, -ĭcis, subs. m. Sacerdote, pontífice: **pontifex maximus** (Cíc. Agr. 2, 18) «o pontífice máximo» (presidente do Colégio dos pontífices).

pontificālis, -e, adj. 1) De pontífice, dos pontífices, pontifical (Cíc. Leg. 2, 52). 2) Do grande pontífice (Ov. F. 3, 420).

pontificātus, -ūs, subs. m. Pontificado, dignidade de pontífice (Cíc. Har. 18).

1. pontificĭus, -a, -um, adj. De pontífice, dos pontífices (Cíc. Br. 156).

2. Pontificĭus, -i, subs. pr. m. Pontifício, nome de um tribuno da plebe (T. Liv. 2, 44).

pontīna, -tīnus, v. **Pompt-**.

pontis, gen. de **pons**.

Pontĭus, -i, subs. pr. m. Pôncio (Herênio), general dos samnitas, que obrigou os romanos a passar por debaixo do jugo nas Fôrças Caudinas (Cíc. Of. 2, 75).

pontō, -ōnis, subs. m. Pontão, barcaça para transporte (entre as duas margens de um rio) (Cés. B. Civ. 3, 29, 3).

pontŭfex, v. **pontĭfex**.

1. pontus, -ī, subs. m. I — Sent. próprio: 1) Ponto, o alto mar, o mar (sent. poético) (Verg. En. 1, 556). II — Sent. particular: 2) Vaga enorme, vagalhão (Verg. En. 1, 114).

2. Pontus, -ī, subs. pr. m. Ponto. 1) O mar Negro, o Ponto Euxino (Cíc. Verr. 4, 129). 2) Região vizinha do mar Negro (Cíc. Pomp. 22). 3) Região a NE. da Ásia Menor, reino de Mitridates, tornada província romana (Cíc. Pomp. 7).

popa, -ae, subs. m. Popa, sacerdote de categoria inferior, cuja missão era conduzir a vítima até o altar e matá-la com uma pancada na cabeça; manter o fogo sagrado; tratar do incenso, etc. (Cíc. Mil. 75).

popănum, -ī, subs. n. Espécie de bôlo (oferenda aos deuses) (Juv. 6, 540).

popēllus, -ī, subs. m. Populaça, povo miúdo (Hor. Ep. 1, 7, 65).

Popilĭa (-Ilĭa), -ae, subs. pr. f. Popília, nome de mulher (Cíc. De Or. 2, 44).

1. Popilĭus -(llĭus), -ī, subs. pr. m. Popílio, nome de família romana, à qual pertencia **Popilĭus Lenas**, tribuno militar que matou Cícero (T. Lív. Ep. 120).

2. Popilĭus (-llĭus), -a, -um, adj. De Popílio (Cíc. Leg. 2, 55).

popīna, -ae, subs. f. I — Sent. próprio: 1) Popina, taberna, tasca, estalagem barata (Cíc. Phil. 2, 69). II — Daí: 2) Orgia de taberna (Cíc. Pis. 13).

popīnō, -ōnis, subs. m. Freqüentador de taberna (Hor. Sát. 2, 7, 39).

poples, -ĭtis, subs. m. I — Sent. próprio: 1) Curva da perna, jarrete (região posterior do joelho) (Verg. En. 9, 762); II — Sent. particular: 2) Joelho (Verg. En. 12, 927).

Poplicŏla, v. **Publicŏla**.

poploe, v. **popŭlus**.

poplus, v. **popŭlus**.

popōscī, perf. de **posco**.

Poppaea, -ae, subs. pr. f. Popéia. 1) Popéia Sabina, condenada à morte por adultério (Tác. An. 11, 2). 2) Popéia, segunda mulher de Nero (Suet. Ner. 35).

Poppaeus, -ī, subs. pr. m. Popeu, nome de homem (Tác. An. 1, 80).

poppÿsma, -ătis, subs. n. I — Sent. próprio: 1) Sibilo, assobiada, murmúrio, rumor em sinal de aprovação (Juv. 6, 584). II — Sent. figurado: 2) Murmúrio (Marc. 7, 8, 11).

populābĭlis, -e, adj. Que pode ser assolado (Ov. Met. 9, 262).

populābŭndus, -a, -um, adj. Assolador, devastador (T. Lív. 1, 15, 1).

populārĭa, -ĭum, subs. n. pl. Popu'ares, lugares da plebe no anfiteatro (Suet. Cl. 25).

1. populāris, -e, adj. I — Sent. próprio: 1) Do povo, popular, público, feito para o povo (Cíc. Br. 165). Daí, na língua política: 2) Democrático (Cíc. Rep. 2, 41). II — Sent. derivados: 3) Amigo do povo, do agrado do povo (tratando-se de coisas) (T. Lív. ·7, 33, 3). 4) Que é do mesmo povo, do mesmo país (tratando-se de pessoas ou coisas) (Ov. Met. 1, 577).

2. populāris, -is, subs. m. e f. I — Sent. próprio: 1) Compatriota, patrício, conterrâneo, concidadão (Cíc. At. 10, 1, 2). II — Daí: 2) Companheiro, associado, cúmplice, que é da mesma seita (Sal. C. Cat. 24, 1). No pl.: 3) Os democratas (em oposição a **optimates**) (Cíc. Sest. 96).

populărĭtās, -tātis, subs. f. I — Sent. próprio: 1) Esfôrço para agradar ao povo, conquistar o favor público, donde: popularidade (Tác. An. 3, 69). II — Daí: 2) Laço que une os compatriotas (Plaut. Poen. 1041).

populărĭter, adv. I — Sent. próprio: 1) Ao modo do povo, vulgarmente (Cíc. Rep. 6, 24). II — Daí: 2) Demagògicamente (Cíc. Verr. 1, 151).

populātĭō, -ōnis, subs. f. I — Sent. próprio: 1) Assolação, devastação, depredação, pilhagem (Cés. B. Gal. 1, 15, 4). No pl.: 2) Prêsas, despojos (T. Lív. 2, 43). II — Sent. figurado: 3) Corrupção, ruína, destruição (Plín. H. Nat. 9, 104).

populātor, -ōris, subs. m. Devastador, assolador, destruidor, arrasador, saqueador (T. Lív. 3, 68).

populātrix, -īcis, subs. f. A que devasta ou assola, que saqueia, que colhe o mel (tratando-se da abelha) (Marc. 13, 104).

populātus, -a, -um, part. pass. de **popŭlor**.

popŭlĕus, -a, -um, adj. De choupo (Verg. G. 4, 511).

popŭlĭfer, -fĕra, -fĕrum, adj. Abundante em choupos (Ov. Met. 1, 579).

populĭfugĭa (Popli-), -ōrum, subs. n. Populifúgias, festas comemorativas da retirada de um povo (Varr. L. Lat. 6, 18).

populiscītum (popŭlī scītum), -ī subs. n. Decreto do povo (Cíc. Rep. 1, 43).

popŭlō, -ās, -āre, -āvī, -ātum, v. tr. Devastar, assolar, destruir, aniqüilar (Verg. En. 12, 263).

Populōnĭa, -ae, subs. pr. f. Populônia, cidade marítima da Etrúria, perto de Piombino (Verg. En. 10, 172).

Populōnĭēnsēs, -ĭum, subs. pr. m. Populonienses, habitantes de Populônia (T. Lív. 28, 45, 15).

Populōnĭi, -ōrum, T. Lív. v. **Populōnĭa** (30, 39, 2).

popŭlor, -āris, -ārī, -ātus sum, v. dep. tr. 1) Devastar, assolar (Cíc. Of. 1, 33). Daí: 2) Destruir, consumir, arruinar, aniqüilar (Verg. En. 12, 525).

populōsus, -a, -um, adj. Numeroso (Apul. Flor. p. 342).

1. popŭlus, -ī, subs. m. 1 — Sent. próprio: 1) Povo (conjunto dos cidadãos) (Cíc. Phil. 6, 12). II — Sent. particular: 2) O público, a população (Cíc. Tusc. 2, 64). 3) O povo (com exclusão do senado). 4) O povo (em oposição a **plebs**, como o todo a uma parte) (Cíc. Mur. 1). 5) Plebe, populaça (= **plebs**) (Marc. 8, 15, 3) (sent. raro). 6) Grande agrupamento de pessoas, população, habitantes (Ter. Ad. 93). 7) Região, povoação (sent. raro) (T. Lív. 21, 34, 1).

2. pŏpŭlus, -ī, subs. f. Choupo (Verg. Buc. 7, 61).

por-, prevérbio que entra na formação de verbos como: **porrigo**; com assimilação: **polliceor**, etc. Obs.: **Por-** alterna com **per-** e **pro-**.

porca, -ae, subs. f. I — Sent. próprio: 1) Porca (Cíc. Leg. 2, 55). II — Sent. poético: 2) Porco (Verg. En. 8, 641).

porcēlla, -ae, subs. f. Porca nova (Plaut. Mil. 1060).

porcēllus, -ī, subs. m. Porco pequeno, bacorinho (Fedr. 2, 4, 15).

1. Porcĭa, -ae, subs. pr. f. Pórcia, irmã de Catão de Útica, e espôsa de Domício Aenobarbo (Cíc. At. 13, 37, 3).

2. Porcĭa lex, subs. pr. f. Lei Pórcia, proposta por Pórcio, tribuno da plebe (Cíc. Verr. 5, 163).

1. porcīna, -ae, subs. f. Carne de porco (Plaut. Aul. 375).

2. Porcīna, -ae, subs. pr. m. Porcina, sobrenome do Emílio Lépido, orador contemporâneo de Cícero (Cíc. Br. 95).

porcinārĭus, -ī, subs. m. Salsicheiro (Plaut. Capt. 905).

porcīnus, -a, -um, adj. De porco (Plaut. Men. 211).

1. Porcĭus, -a, -um, adj. De Pórcio (T. Lív. 39, 44, 7).

2. Porcĭus, -ī, subs. pr. m. Pórcio, nome de família romana, distinguindo-se: 1) **M. Porcius Cato**, Marco Pórcio Catão, chamado o Censor ou o Velho (Cíc. Rep. 1, 1). 2) Catão, o Jovem, ou Catão de Útica, contemporâneo de Cícero, que se suicidou em Útica.

porcŭlus, -ī, subs. m. Leitão, bacorinho (Plaut. Rud. 1170).

porcus, -ī, subs. m. Porco (doméstico): **porcus femina** (Cíc. Leg. 2, 57) «porca».

porfirĭōn v. **porphyrĭo**.

porgō, -ĭs, -ĕre = **porrĭgo** (Cíc. Nat. 2, 114).

porphyrētĭcus, -a, -um, adj. Da côr da púrpura (Suet. Ner. 50).

1. porphyrĭō, -ōnis, subs. m. Porfirião, (ave) (Plín. H. Nat. 10, 129).

2. Porphyrĭō (-ĭōn), -ōnis, subs. pr. m. Porfírio ou Porfirião, um dos gigantes filho de Uranos e da Terra, e que foi fulminado por Júpiter (Hor. O. 3, 4, 54).

porrēcī = **porrēxī**, perf. de **porricio**.

porrectĭō, -ōnis, subs. f. Alongamento (Cíc. Nat. 2, 150).

porrēctus, -a, -um, I — Part. pass. de **porrigo**. II — Adj.: 1) Estendido, alongado (Tác. Agr. 25). Na língua gramatical: 2) Longo, alongado (Quint. 1, 6, 32).

porrēxī, perf. de **porrĭgo** e de **porrĭcĭo**.

porricĭō, -ĭs, -ĕre, porrēcī ou porrēxī, porrēctum, v. tr. 1) Jogar para frente e especialmente no sentido de: apresentar as entranhas da vítima, oferecer em sacrifício (Verg. En. 5, 238). 2) Loc.: **inter caesa et porrecta** (Cíc. At. 5, 18, 1) «entre o sacrifício da vítima e a apresentação sôbre o altar», i.é, «à última hora».

1. porrĭgō, -ĭnis, subs. f. Espécie de tinha (doença), dartro (Hor. Sát. 2, 3, 126).

2. porrĭgō, -ĭs, -ĕre, porrēxī, porrēctum, v. tr. I — Sent. próprio: 1) Estender para a frente, estender a mão (Cíc. Cael 63); (T. Lív. 7. 6, 4). Daí: 2) Alongar, prolongar (Verg. En. 6, 596); (Tác.An. 13, 38). II — Sent. figurado: 3) Apresentar, oferecer, dar (Cíc. De Or. 1, 184). 4) Estender as mãos para se apoderar de uma coisa, agarrar (Sên. Ep. 119, 4). Obs.: Forma sincopada: **porgere** (Verg. En. 8, 274).

Porrīma, subs. pr. f. (v. **Antevorta** ou **Prorsa**). Pórrima, provàvelmente outro nome de Carmenta, deusa que preside aos nascimentos (Ov. F. 1, 633).

porro, adv. I — Sent. próprio: 1) Para a frente, continuando, avançando, para diante (no tempo e no espaço): *porro agere armentum* (T. Liv. 1, 7, 6) «levar o gado para a frente». II — Daí: 2) Para o futuro, de agora em diante, depois (T. Liv. 40, 36, 1). 3) Além disso, ora, pois (indicando uma progressão num raciocínio) (Cíc. De Or. 1, 32). Obs.: Emprega-se ainda como interjeição de encorajamento: «vamos! para a frente!», *age porro* (Cíc. Verr. 5, 68) «vamos! para a frente!».

porrum, -ī, subs. n. e **porrus, -ī,** subs. m. Alho-porro (Juv. 3, 293).

Porsēna (-sēna, -sīna, -sēnna, -sīnna), -ae, subs. pr. m. Porsena, rei de Clúsio, na Etrúria, do VI séc. a.C.; fêz guerra contra Roma para restabelecer os Tarquínios, que daí haviam sido expulsos (Verg. En. 8, 646).

porta, -ae, subs. f. I — Sent. próprio: 1) Passagem (Verg. En. 1, 82). II — Daí, em sent. particular: 2) Porta de uma cidade (em oposição a **fores**, porta da casa), porta (de um campo, de um templo, de uma casa, etc.) (Cíc. Tusc. 1, 13). 3) Abertura, saída, desfiladeiro, garganta (C. Nep. Dat. 7, 2).

portātiō, -ōnis, subs. f. Transporte (Sal. C. Cat. 42, 2).

portātus, -a, -um, part. pass. de **porto**.

portēndī, perf. de **portēndo**.

portēndō, -is, -ĕre, -tēndī, -tēntum, v. tr. Anunciar, predizer, prognosticar (Cíc. Div. 1, 93); (Cíc. Nat. 2, 7).

portentōsus, -a, -um, adj. Portentoso, prodigioso, maravilhoso, extravagante, monstruoso, singular (Cíc. Div. 2, 60).

portēntum, -ī, subs. n. I — Sent. próprio: 1) Presságio revelado por qualquer fenômeno estranho às leis da natureza, prodígio, prognóstico (Cíc. Nat. 2, 7). Daí: 2) Monstruosidade, milagre (Cíc. Div. 2, 61). 3) Monstro (Cíc. Rep. 3, 14). II — Sent. figurado: 4) Homem perigoso, flagelo (Cíc. Pis. 9). 5) Fato monstruoso, prodigioso (Cíc. Tusc. 1, 11).

portēatus, -a, -um, part. pas. de **portēndo**.

Porthāōn, v. **Parthāon**.

porthmeus, -ĕi ou **-ĕos,** subs. m. Barqueiro dos infernos (Caronte) (Petr. 121).

portī, gen. de **portus**.

portĭcŭla, -ae, subs. f. Pórtico pequeno (Cíc. Fam. 7, 23, 3).

portĭcus, -ūs, subs. f. I — Sent. próprio: 1) Pórtico (espaço destinado à passagem, coberto por um teto sustentado por colunas) (Cíc. Rep. 1, 18). II — Sent. particular: 2) Pórtico (onde ficava o tribunal do pretor) (Cíc. Verr. 4, 86). III — Sent. figurado: 3) O pórtico, a doutrina dos estóicos, a escola de Zenão (Hor. Sát. 2, 3, 44). Na língua militar: 4) Galeria, alpendre (para defender os soldados nos cercos) (Cés. B. Civ. 2, 2, 3).

portĭō, -ōnis, subs. f. I — Sent. próprio: 1) Porção, parte: *pro rata portione* (Plín. H. Nat. 11, 40) «de sua parte». II — Por extensão: 2) Proporção: *pro portione* (Cíc. Verr. 5, 55) «proporcionalmente». Obs.: Primeiramente *portio* só se usava na expressão *pro portione*, só no Império passando a ser empregado isoladamente.

portiscŭlus, -ī, subs. m. Instrumento que servia para marcar o ritmo do movimento dos remos (Plaut. As. 520).

1. **portĭtor, -ōris,** subs. m. (**porto**). I — Sent. próprio. 1) Barqueiro (Sên. Ben. 6, 18, 1). II — Sent. particular: 2) O barqueiro dos infernos (Caronte) (Verg. En. 6, 298). 3) Bateleiro (sent. geral) (Marc. 9, 71, 7).

2. **portĭtor, -ōris,** subs. m. (**portus**). Empregado da alfândega incumbido de receber os direitos de portagem (Cíc. Of. 1, 150).

Portius, v. **Porcius**.

portō, -ās, -āre, -āvī, -ātum, v. tr. I — Sent. próprio: 1) Fazer passar, transportar, levar do pôrto (Cés. B. Gal. 5, 23, 3). II — Daí, por enfraquecimento de sentido: 2) Levar, trazer (Sal. C. Cat. 6, 5); (T. Liv. 1, 34, 10). Obs.: A princípio, encerrava a idéia de movimento, mas, com o tempo, tornou-se sinônimo de **fero** e **gero**.

portōrium, -ī, subs. n. Direito de entrada ou saída num pôrto, impôsto alfandegário (Cíc. At. 2, 16, 4).

portŭla, -ae, subs. f. Porta pequena (T. Liv. 25, 9, 9).

Portūnālĭa, -ĭum, subs. pr. n. Portunálias, festas em honra de Portuno (Varr. L. 6, 19).

Portūnus, -ī, subs. pr. m. Portuno, deus da mitologia etrusca e romana, que presidia os portos (Verg. En. 5, 241).

portuōsus, -a, -um, adj. 1) Que tem muitos portos (Cíc. De Or. 3, 19, 69). 2) Que encontra um pôrto (Cíc. Fam. 6 20, 1).

portus, -ūs, subs. m. I — Sent. primitivo: 1) Passagem, porta, entrada de um pôrto e, daí, em sent. particular: 2) Pôrto (Cíc. Fam. 1, 9, 21). II — Sent. figurado: 3) Asilo, refúgio, retiro (Cíc. Fam. 7, 30, 2). III — Sent. poético: 4) Foz de um rio (Ov. Her. 14, 107). Obs.: Gen. sg. **porti** (Turp. Com. 49); dat e abl. pl. **portubus** (Cíc. Pomp. 16); **portibus** (T. Lív. 77, 30, 7).

posca, -ae, subs. f. Mistura de água com vinagre (Plaut. Mil. 836).

poscō, -is, -ĕre, popōscī, v. tr. I — Sent. próprio: 1) Pedir (Cíc. Fin. 2, 1). II — Daí: 2) Pedir em casamento (Plaut. Trin. 450). 3) Reclamar, exigir, requerer (Cic. Verr. 2, 174); (Cic. Verr. 2, 117); (Verg. En. 8, 12). Donde: 4) Reclamar em justiça (Cíc. Amer. 13): (Plaut. Merc. 490). Obs.: Constrói-se com duplo acus.; com acus. e dat.; com acus. e abl. com **ab**; com **ut**; com acus. e inf.; e- com inf.

Posidēum, -ī, subs. pr. n. Posideu, promontório da Macedônia (T. Lív. 44, 11).

Posidōnius, -ī, subs. pr. m. Posidônio, escritor grego que viveu entre o II e o I séc. a.C., nascido na Síria. Discípulo de Panécio, fixou-se em Rodes, onde teve como ouvintes Cícero e Pompeu (Cíc. At. 2, 1, 2).

positĭō, -ōnis, subs. f. I — Sent. próprio: 1) Posição, situação, lugar (Sên. Nat. 1, 16, 7). Daí: 2) Ação de colocar no lugar, plantação, cultura (Col. 11, 3, 24). Na língua retórica: 3) Proposição, tema, argumento (Quint. 2, 10, 15). 4) Abaixamento da voz (na pronúncia), tempo fraco (Quint. 9, 4, 48). 5) Terminação, desinência (Quint. 1, 5, 60). No pl.: 6) Circunstâncias, acidentes (Quint. 7, 4, 40). II — Sent. figurado: 7) Disposição (Sên. Ep. 64, 3).

positor, -ōris, subs. m. Fundador (Ov. Met. 9, 549).

positūra, -ae, subs. f. Disposição, arranjo (Lucr. 1, 685).

1. positus, -a, -um, part. pass. de **pōno.**

2. positus, -ūs, subs. m. I — Sent. próprio: 1) Posição, situação, lugar (Tác. An. 6, 21). Daí: 2) Posição, assento (de um lugar) (Ov. P. 4, 7, 23). II — Sent. figurado: 3) Disposição, arranjo (Ov. A. Am. 3, 151).

posīvī = posŭī, perf. do **pōno** (Plaut. Ps. 1281).

possēdī, perf. de **possidĕo** e de **possīdo.**

possessĭō, -ōnis, subs. f. I — Sent. próprio: 1) Aquisição, ato de tomar posse, posse (sent. abstrato e concreto), gôzo, propriedade (Cíc. Caec. 19). No pl.: 2) Propriedades, bens, fortuna (Cés. B. Gal. 1, 11, 5) II — Sent. particular: 3) Ocupação (de um pôsto militar): in possessionem mittere (Cic. Quinct. 83) «mandar ocupar (tomar posse de)».

possessiuncŭla, -ae, subs. f. Pequena propriedade (Cíc. At. 13, 23, 3).

possessīvus, -a, -um, adj. Possessivo (têrmo gramatical) (Quint. 1, 5, 45).

possessor, -ōris, subs. m. I — Sent. próprio: 1) Proprietário, dono, possuidor (Cíc. De Or. 2, 283). II — Na língua jurídica: 2) Defensor (Quint. 7, 1, 38). III — Sent. figurado: 3) Senhor, soberano (Petr. 114).

1. possessus, -a, -um, part. pass. de **possidĕo** e de **possīdo.**

2. possessus, -ūs, subs. m. Propriedade (Apul. Apol. 13). Obs.: Só ocorre no abl. sg.

possibĭlis, -e, adj. Possível (Quint. 3, 8, 25).

possĭdĭō, -is, -ĕre, -sēdī, -sēssum, v. tr. I — Sent. próprio: 1) Possuir, estar de posse de, ter a posse de (Cés. B. Gal. 6, 12, 4); (Cíc. Amer. 66). II — Intransitivamente: 2) Ser proprietário, ter como seu (Cíc. Caec. 94).

possīdō, -is, -ĕre, -sēdī, -sēssum, v. tr. Tomar posse de, apossar-se de, ocupar (Cic. De Or. 2, 283); (Cés. B. Gal. 4, 7, 3).

possĭem (arc. = **possim,** pres. do subj. de **possum** (Plaut. Bac. 763).

possum, potes, posse, potŭī, v. tr. I — Sent. próprio: 1) Poder, ser capaz de (Cíc. Fam. 5, 14, 2); (Cíc. Fam. 6, 13, 1). II — Daí: 2) Ter poder, ser eficaz, ter influência (Cíc. Verr. 5, 97); (Cíc. Tusc. 2, 34). III — Impess.: 3) É possível: **non potest** «não é possível, é impossível» (Ter Phorm. 303); (Cíc. Tusc. 1, 23).

1. post. adv. Para trás, depois, em seguida (no sent. local e temporal): **servi, qui post erant** (Cic. Mil. 29) «os escravos que estavam atrás»; **in praesentia... sed post** (Cíc. Verr. 5, 105) «no momento... mas depois». Obs.: Aparece também nas enumerações (cf. Cíc. Fin. 5, 65).

2. post, prep. (acus.) a) Sent. local. I — Sent. próprio: 1) Atrás de, por trás de:

POSTAUTUMNĀLIS — **POSTPŌNŌ**

post urbem (Cíc. Verr. 5, 169) «atrás da cidade». II — Sent. figurado: 2) Depois de: **post hunc** (Cés. B. Gal. 6, 17, 1) «depois dêste». b) — Sent. temporal: 3) Depois de, a partir de: **post Hirtium conventum** (Cíc. At. 10, 4, 6) «depois de uma visita a Hírcio»; **post urbem conditam** (Cíc. Cat. 4, 14) «a partir da fundação da cidade».

postautumnālis, -e, adj. Que vem (ou amadurece) depois do outono (Plín. H. Nat. 15, 54).

postĕā, adv. Em seguida, depois, além disso (Cíc. Clu. 130).

posteāquam, conj. Depois que (Cíc. Verr. pr. 20). Obs.: Pode introduzir orações com o verbo no presente, pretérito imperfeito, pretérito perfeito ou pretérito mais que perfeito do indicativo, e no subjuntivo, ainda que o verbo esteja no presente histórico.

poster, v. **postĕrus.**

postĕrī, -ōrum, subs. m. pl. Os descendentes, a posteridade, as gerações futuras: **nostri** (Cíc. Br. 324) «nossos (descendentes)».

posterior, -ius, comp. de **postĕrus,** gen. **-ōris** (tratando-se de duas pessoas ou coisas). I — Sent. próprio: 1) Posterior, de trás: **pedes priores, posteriores** Plín. H. Nat. 11, 248) «patas da frente, de trás». II — Daí: 2) Que está em segundo lugar, o segundo, posterior (Cíc. Br. 43). 3) O último (em oposição a **prior, superior**) (Cíc. Phil. 12, 5). III — Sent. figurado: 4) Menos precioso, inferior, que fica abaixo de (Cíc. Phil. 13, 6).

posterĭtās, -tātis, subs. f. I — Sent. próprio: 1) O futuro, o porvir (Cíc. Fam. 2, 18, 3). II — Por extensão: 2) Os que vêm mais tarde, descendentes, posteridade, as idades futuras (Cíc. Phil. 2, 33).

posterĭus, adv. Em segundo lugar, em seguida, depois, mais tarde, posteriormente (Cíc. Fam. 15, 16, 2).

postĕrus (desusado), **-a, -um,** adj. Que vem depois, póstero, futuro, seguinte, resultante (Cíc. Verr. 2, 41).

postfĕrō, -fers, -fĕrre, v. tr. Colocar depois, pôr em segundo lugar ou em segundo plano (T. Lív. 3, 64, 3).

postfutūrus, -a, -um, adj. (part. fut. de **postsum**). 1) Que virá depois, futuro; daí:, o m. pl.: **postfutūrī, -ōrum,** os que estão para nascer, a posteridade (Sal. Hist. 1, 41, 6). 2) No n.: o futuro (Plín. H. Nat. 7, 190).

postgenĭtī, -ōrum, subs. m. pl. Os descendentes, a posteridade (Hor. O. 3, 24, 30).

posthabĕō, -ēs, -ēre, -habŭī, -habĭtum, v. tr. Colocar depois, em segundo plano, estimar menos (Cíc. Tusc. 5, 2).

posthabŭī, perf. de **posthabĕo.**

posthāc, adv. 1) Em seguida, de agora em diante, para o futuro, daqui em diante, depois (Cíc. Cat. 4, 19). 2) Emprêgo raro: desde então (no passado) (Suet. Tit. 9).

posthaec (post haec), adv. Em seguida, depois disto (Tác. An. 1, 10).

posthum-, posthum-, v. **postum-.**

postĭbi, adv. Em seguida, depois (Plaut. Mil. 1418).

postīca, -ae, subs. f. Porta traseira (Apul. M. 9, p. 217, 25).

postĭcŭlum, -ī, subs. n. Pequeno quarto que fica nos fundos da casa (Plaut. Trin. 194).

postīcum, -ī, subs. n. Porta traseira (de uma casa) (Hor. Ep. 1, 5, 31).

postĭcus, -a, -um, adj. Que se encontra atrás, de trás, da parte de trás (T. Lív. 23, 8, 8).

postĭdĕa, adv. A seguir, depois (Plaut. Aul. 118).

postilĭō, -ōnis, subs. f. Reclamação feita por uma divindade sôbre uma omissão de sacrifício que lhe é devido; daí, satisfação, expiação (Cíc. Har. 31).

postis, -is, subs. m. (geralmente no pl). I — Sent. próprio: 1) Ombreiras de uma porta (Cíc. Dom. 120). II — Daí: 2) Porta (geralmente no pl.) (Verg. En. 2, 480). III — Sent. figurado: 3) O órgão da visão, a vista (Lucr. 3, 369).

postlātus, -a, -um, part. pass. de **postfĕro.**

postlīminĭum, -ī, subs. n. I — Sent. próprio: 1) Volta à pátria, direito de volta à pátria (Cíc. De Or. 1, 181). II — Daí: 2) Recuperação (Apul. M. 2, p. 127, 4).

postmerĭdĭānus (posm-), v. **pomerĭdĭānus.**

postmŏdŏ, adv. Logo depois, em seguida, depois (Hor. O. 1, 28, 31).

postmŏdum, adv. v. **postmŏdo** (T. Lív. 1, 9, 15).

postpārtor, -ōris, subs. m. Fututro proprietário, herdeiro, sucessor (Plaut. Truc. 62).

postpōnō, -ĭs, -ĕre, -posŭī, -posĭtum, v. tr. 1) Colocar depois, pospor (Cés. B. Gal. 5, 7, 6). 2) Pôr abaixo de, desprezar, sacrificar (Hor. Ep. 1, 18, 34).

postposŭī, perf. de **postpōno**.
postpŭtō, -ās, -āre, v. tr. Pôr em segunda linha, em segundo plano (Ter. Hec. 483).
postquam, conj. Depois que (Cíc. Clu. 177). Obs.: Pode introduzir orações com o verbo no presente, pretérito perfeito ou mais que perfeito do indicativo, com o verbo no imperfeito do indicativo e nesse caso equivale a «como»; com o verbo no mais que perfeito do indicativo, equivalendo ao imperfeito de duração; com o verbo no presente histórico e ainda com o verbo no subjuntivo.
postrēmō, adv. I — Sent. próprio: 1) Enfim, finalmente (Cés. B. Gal. 7, 1, 8). II — Daí, em uma enumeração: 2) Finalmente, em último lugar (Cíc. Nat. 1, 104).
postrēmum, adv. Pela última vez (Cíc. De Or. 3, 6).
postrēmus, -a, -um, adj. (superl. de **postĕrus**). I — Sent. próprio: 1) Que ocupa o lugar mais afastado, que está no fim, o último (Sal. B. Jug. 45, 2): **postrema acies** (Sal. B. Jug. 101, 5) «a retaguarda»; **ad postremum** (T. Liv. 38, 16, 13) «por fim, finalmente». II — Sent. figurado: 2) O último, o mais desprezível, o pior (Cíc. Amer. 137).
postrīdiē, adv. No dia seguinte (Cíc. Fam. 14, 7, 1).
postscrībō, -is, -ĕre, -scrīpsī, v. tr. Escrever depois ou em seguida (Tác. An. 3, 64).
postscrīpsī, perf. de **postscrībo**.
postulātīcius, -a, -um, adj. Concedido a pedido do povo (tratando-se de gladiadores) (Sên. Ep. 7, 4).
postulātiō, -ōnis, subs. f. — Sent. próprio: 1) Ação judicial, demanda, requerimento, processo (Cíc. Quinct. 71). II — Daí, em sent. geral: 2) Pedido, súplica (Cíc. Mur. 47). 3) Reclamação, queixa (Plaut. Bac. 449).
postulātor, -ōris, subs. m. O que reclama em juízo, o queixoso (Suet. Ner. 15).
postulātum, -ī, subs. n. Pedido, pretensão (Cíc. Verr. 2, 146).
1. **postulātus**, -a, -um, part. pass. de **postŭlo**.
2. **postulātus**, -ūs, subs. m. Reclamação, queixa (T. Liv. 4, 9, 6).
postŭlō, -ās, -āre, -āvī, -ātum, v. tr. I — Sent. próprio: 1) Pedir (Cés. B. Gal. 1, 31, 9); (Cíc. Lae. 35). II — Donde: 2) Solicitar, pretender, desejar, exigir (Plín. Ep. 3, 4, 4); (Cíc. Fin. 3, 58).

3) Requerer, reclamar, reclamar judicialmente (Cíc. Tull. 39); (Cíc. De Or. 2, 274). Obs.: Constrói-se com acus.; com acus. e abl. com **ab** ou **de**; com **ut** ou **ne**; com simples subj.; com inf.
Postumĭa, -ae, subs. pr. f. Postúmia. 1) Nome de uma Vestal (T. Liv. 44, 4). 2) Espôsa de **Serv. Sulpicius** (Cíc. Fam. 4, 2, 1).
Postumiānus, -a, -um, adj. Postumiano, de Postúmio (T. Liv. 4, 29, 6).
1. **Postumĭus**, -a, -um, adj. De Postúmio (Tác. Hist. 3, 21).
2. **Postumĭus**, -ī, subs. pr. m. Postúmio, nome de uma família romana, distinguindo-se o ditador **A. Postumius Tubertus** (T. Liv. 4, 26).
1. **postŭmus**, -a, -um, adj. Que está no fim, que vem em último lugar, último (Verg. En. 6, 763).
2. **postŭmus**, -ī, subs. m. Criança nascida depois da morte do pai, (filho) póstumo (Cíc. De Or. 2, 140).
3. **Postŭmus**, -ī, subs. pr. m. Póstumo, sobrenome romano (Cíc. Fam. 13, 5, 2).
postus, -a, -um, part. pass. sincopado de **pōno** = **posĭtus**.
posŭī, perf. de **pōno**.
Potămō, -ōnis, subs. pr. m. Potamão, nome de homem (Cíc. Caec. 9).
pōtātĭō, -ōnis, subs. f. I — Sent. próprio: 1) Ação de beber (vinho) (Sên. Ep. 12, 4). II — Na língua familiar: 2) Orgia, bebedeira (Plaut. St. 211).
pōtātor, -ōris, subs. m. Bebedor, bêbedo, beberrão (Plaut. Men. 259).
pōtātūrus, -a, -um, part. fut. de **pōto**.
pōtātus, -a, -um, part. pass. de **pōto**.
potens, -ēntis, adj. I — Sent. próprio: 1) Poderoso, influente, eficaz, forte, ativo (Cíc. Pomp. 4); (T. Liv. 9, 17, 3). Daí: 2) Senhor, soberano (Q. Cúrc. 4, 13, 23); (Hor. O. 1, 3, 1). 3) Capaz de (T. Liv. 24, 4, 9). II — Sent. poético: 4) Que está na posse de (Ov. Met. 8, 80). Obs.: Constrói-se absolutamente; com gen.; com abl.
potentātus, -ūs, subs. m. I — Sent. próprio: 1) Poder (político), autoridade, mando (Cíc. Rep. 2, 14). II — Daí: 2) Primazia (T. Liv. 26, 38, 7). 3) Hegemonia (de um povo) (Cés. B. Gal. 1, 31, 4).
potēnter, adv. Segundo suas fôrças (Hor. A. Poét. 40). Obs.: Comp.: **potentĭus** (Hor. O. 3, 16, 9).

1. **potentĭa, -ae,** subs. f. I — Sent. próprio: 1) Fôrça, poder (Verg. G. 1, 92). Daí: 2) Poder (político), autoridade, influencia (Cíc. Mur. 11). II — Sent. particular: 3) Eficácia, virtude, propriedade (de uma planta, água, etc.) (Ov. Met. 1, 522). 4) Violência (do calor, de uma doença), influência, ação (Ov. Met. 10, 573).

2. **Potentĭa, -ae,** subs. pr. f. Potência, cidade marítima do Piceno (Cíc. Har. 62).

Poteŏlī, v. **Puteŏli.**

potes, potest, 2ª e 3ª pess. sg. do pres. do indicat. de **possum.**

potĕsse, inf. pres. arc. de **possum** =**posse** (Plaut. Cist. 30).

potĕssem, imperf. do subj. arc. de **possum** = **possem**

potēstās, -tātis, subs. f. I — Sent. próprio: 1) Poder, autoridade, domínio (Cíc. Fat. 45). II — Daí, em sent. particular: 2) Poder (político), poder do magistrado, dignidade, magistratura (Cíc. Pomp. 69). No pl.: 3) As autoridades (Cíc. Leg. 3, 9). 4) Propriedade, virtude, valor, influência (Verg. En. 12, 396). 5) Faculdade de dispor (de alguém ou de alguma coisa) (Cíc. Rep. 3, 23). 6) Possibilidade, oportunidade (de fazer alguma coisa) : **potestatem sui facere** (Cés. B. Gal. 1, 40, 8) «dar disposição de si», i.é, «aceitar combate». Mas em Cícero (Q. Fr. 1, 2, 15) significa «dar audiência».

Pothĭnus, -ī, subs. pr. m. Potino, eunuco de Ptolomeu, irmão de Cleópatra, o qual matou Pompeu (Cés. B. Civ. 3, 108).

Poticĭus, v. **Pinarĭus.**

Potidānĭa, -ae, subs. pr. f. Potidânia, cidade da Etólia (T. Lív. 28, 8, 9).

1. **potĭō, -īs, -īre, -īvī, -ītum** (arc.), v. tr. 1) Pôr sob poder de, sujeitar a (Plaut. Amph. 178). 2) Passivo: Cair em poder de (Plaut. Capt. 92).

2. **pōtĭō, -ōnis,** subs. f. I — Sent. próprio: 1) Bebida (Cíc. Clu. 46). II — Sent. particular: 2) Filtro (mágico) (Hor. Epo. 5, 73). 3) Veneno (Cíc. Clu. 40).

pōtĭōnō, -ās, -āre, -āvī, -ātum, v. tr. Dar uma beberagem a alguém (Suet. Cal. 59).

1. **potĭor, -īris, -īrī, -ītus sum,** v. dep. tr. e intr. Tornar-se dono de, apoderar-se de, tomar posse de, apossar-se de, dominar (Cés. B. Gal. 2, 7, 2); (Cés. B. Gal. 1, 2, 2); (Ter. Ad. 876); (Cíc. C.M. 48); (Cíc. At. 12, 3). Obs.: Constrói-se com abl.; com gen.; com acus. no período arcaico, ou, então, como absoluto.

2. **potĭtor, -īus,** comp. de **potis** (gen.: **potiōris**). I — Sent. próprio: 1) Mais poderoso, superior (Cíc. Lae. 18). II — Daí: 2) Melhor, preferível (Cés. B. Civ. 1, 8).

potis, -e, adj. I — Sent. primitivo: 1) Senhor de, possuidor de; daí: 2) Que exerce o poder sôbre, poderoso, capaz de, que pode (Ter. And. 437). II — No n.: **pote,** possível: **quantum pote** (Cíc. At. 4, 13, 1) «tanto quanto possível». Obs.: No positivo apenas ocorre o nom. sg. m. e n.

potissĭmum, adv. Principalmente, de preferência, acima de tudo (Cíc. Mur. 4).

potissĭmus, -a, -um, adj. superl. de **potis.** O mais poderoso, o mais importante, o principal, o melhor (Tác. An. 14, 65).

Potitĭī, -ōrum, subs. pr. m. pl. Potícios, nome de uma antiga família do Lácio, consagrada ao culto de Hércules, juntamente com os Pinários (T. Lív. 1, 7).

1. **Potītĭus, -a, -um,** adj. Potício, de Potício, da família dos Potícios (T. Lív. 9, 29).

2. **Potītĭus, -ī,** subs. pr. m. Potício, o chefe da família Potícia (Verg. En. 8, 269).

pōtĭtō, -ās, -āre, v. freq. de **poto,** tr. Beber muito, beber freqüentemente, bebericar (Plaut. As. 771).

potĭtor, -ōris, subs. m. O que se apodera de (V. Máx. 3, 2, 20).

1. **potĭtus, -a, -um,** part. pass. de **potio** e de **potior.**

2. **Potītus, -ī,** subs. pr. m. Potito, sobrenome romano (T. Lív. 4, 53).

pōtĭuncŭla, -ae, subs. f. Bebida pouco abundante (Petr. 47, 7).

potĭus, adv. Antes, mais depressa, de preferência (Cíc. Of. 1, 112).

potīvī, perf. de **potĭo.**

Potnĭădēs, -um, subs. loc. f. Potníades, que são de Pótnia, cidade beócia, vizinha de Tebas (Verg. G. 3, 268).

pōtō, -ās, -āre, -āvī, -ātum e **pōtum,** v. tr. Beber (Plaut. Men. 915); (Cíc. Phil. 2, 67). 2) Abeberar, embeber, impregnar-se (Hor. Ep. 1, 10, 27).

pŏtor, -ōris, subs. m. I — Sent. próprio: 1) Bebedor, o que bebe (Prop. 1, 16, 5). Daí: 2) Bêbedo, beberrão (Hor. Ep. 1, 18, 91). II — Sent. poético: 3) Bebedor (de água) (Hor. Ep. 1, 19, 3). III

— Sent. figurado: 4) **Rhodani potores** (Hor. O. 3, 20, 20) «habitantes das margens do Ródano».
pŏtrix, -ĭcis, subs. f. Bêbeda (Fedr. 4, 5, 25).
potŭī, perf. de **possum**.
pōtulentum, -ī, subs. n. O que se bebe, bebida: **esculenta et potulenta** (Cíc. Nat. 2, 141) «as comidas e as bebidas».
pōtulentus, -a, -um, adj. 1) Bom para beber (A. Gél. 4, 1, 17). 2) O que bebeu muito, bêbedo (Suet. Oth. 2).
pōtum = potātum, supino de **pōto**.
1. pōtus, -a, -um. I — Part. pass. de **pōto**. II — Adj.: Que bebeu, bêbedo (Cíc. Mil. 56).
2. pōtus, -ūs, subs. m. I — Sent. próprio: 1) Ação de beber, o beber (Cíc. Div. 1, 60). II — Daí: 2) Bebida (Tác. An. 13, 16).
1. prae, adv. Na frente, adiante (Ter. And. 171).
2. prae, prep. (abl.) e prevérbio. I — Sent. próprio: 1) Adiante de, diante de, em frente de, defronte de: **prae se agere** (T. Lív. 1, 7, 4) «conduzir adiante de si, conduzir na frente». II — Sent. diversos: 2) Por causa de (em frases negativas ou de sent. negativo): **nec loqui prae maerore potuit** (Cíc. Planc. 99) «não pôde falar por causa da dor». 3) Em comparação com, à vista de: **tu prae nobis beatus es** (Cíc. Fam. 4, 4, 2) «tu és feliz, em comparação conosco». Donde: 4) Mais que, de preferência: **prae ceteris** (Her. 2, 34) «mais que o resto». III — Sent. figurado: 5) Ostensivamente, diante de todos: **prae se gerere** (Cíc. Inv. 2, 30) «fazer ostensivamente».
praeacūtus, -a, -um, adj. Pontudo na ponta, que termina em ponta (Cés. B. Gal. 2, 29, 3).
praeāltus, -a, -um, adj. Muito elevado, muito alto, muito profundo (T. Lív. 10, 2).
praebĕō, -ēs, -ēre, -bŭī, -bĭtum, v. tr. I — Sent. próprio: 1) Apresentar, estender (Cés. B. Gal. 3, 25, 1); (Juv. 10, 269). II — Sent. figurado: 2) Oferecer, dar, fornecer (Cíc. Nat. 2, 117); (T. Lív. 3, 46, 3); (Cés. B. Gal. 3, 17, 6). 3) Fazer nascer, causar, provocar (T. Lív. 25, 27, 3). 4) Reflexivo (com atributo): Mostrar-se (Cíc. Cat. 4, 12).
praebĭbī, perf. de **praebĭbo**.
praebĭbō, -is, -ĕre, -bĭbī, v. tr. Beber antecipadamente, beber à saúde de (Cíc. Tusc. 1, 96).

praebĭta, -ārum, subs. n. pl. Fornecimento das coisas necessárias à vida, manutenção (Suet. Tib. 50).
prabĭtor, -ōris, subs. m. Fornecedor, despenseiro (Cíc. Of. 2, 53).
praebĭtus, -a, -um. I — Part. pass. de **praebĕo**. II — Subs. n. pl.: **praebĭta**, -ōrum: Manutenção, coisas necessárias à vida (Suet. Tib. 50).
praebŭī, perf. de **praebĕo**.
praecalĭdus, -a, -um, adj. Muito quente (Tác. An. 13, 16).
praecalvus, -a, -um, adj. Muito calvo (Suet. Galb. 21).
praecănō, -is, -ĕre. v. tr. Profetizar, predizer (Plín. H. Nat. 29, 69).
praecantō, -ās, -āre, -āvī, -ātum, v. tr. Submeter a encantamentos prèviamente (Petr. 131).
praecantrix (-centrix), -ĭcis, subs. f. A que destrói os encantamentos (Plaut. Mil. 693).
praecānus, -a, -um, adj. Com os cabelos brancos antes do tempo, encanecido precocemente (Hor. Ep. 1, 20, 24).
praecautus, -a, -um, part. pass. de **praecavĕo**.
praecavĕō, -ēs, -ēre, -cāvī, -cautum, v. tr. e intr. Acautelar-se, precaver-se, tomar precauções, prevenir-se (Cíc. Verr. 4, 91); (Suet. Cal. 23); (Cés. B. Gal. 1, 38, 2). 2) Tomar precauções para impedir que (Plaut. Merc. 333). Obs.: Constrói-se com acus.; com abl. com **de** ou **ab**; com **ne**; com dat.; ou com dat. e abl. com **ab**.
praecāvī, perf. de **praecavĕo**.
praececĭnī, perf. de **praecino**.
praecēdō, -is, -ĕre, -cēssī, -cēssum, v. intr. e tr. I — Sent. próprio: 1) Ir na frente, preceder (Verg. En. 9, 47); (Ov. Met. 9, 133). II — Sent. figurado: 2) Levar vantagem, exceder (Cés. B. Gal. 1, 1, 41). Obs.: Constrói-se como intr. absoluto, ou com acus. No período arcaico aparece com dat., como em Plaut. As. 629.
praecĕler, -ĕris, -ĕre, adj. Muito pronto, muito rápido (Plín. H. Nat. 8, 86).
praecēllens, -entis. I — Part. pres. de **praecēllo**. II — Adj.: Eminente, superior, distinto, raro, extraordinário (Cíc. Balb. 25).
praecellĕō, -ēs, -ēre = **praecēllo** (Plaut. Ps. 680).
praecēllō, -is, -ĕre, v. intr. e tr. A) Intr.: 1) Exceder, ser superior (Lucr. 2, 161). B) Tr.: 2) Ultrapassar (Tác. An. 2, 43).

praecēlsus, -a, -um, adj. Muito alto, muito elevado (sent. próprio e figurado) (Verg. En. 3, 245); (Estác. S. 3, 3, 85).

praecentĭō, -ōnis, subs. f. Prelúdio (Cíc. Har. 21).

praecēntō, -is, -ĕre, v. tr. Recitar uma fórmula mágica preventiva (Cíc. Fin. 2, 94).

praecēntor, -ōris, subs. m. Corifeu, o que canta os solos (Apul. Mund. 35).

praecēpī, pref. de **praecipĭo.**

1. praeceps, -cipĭtis, adj. I — Sent. próprio: 1) Que vai de cabeça para a frente, que cai de cabeça para diante (Cíc. Verr. 4, 86). Daí: 2) Que se precipita, que resvala, que se inclina para (T. Lív. 10, 42, 1). 3) Que chegou ao seu têrmo, que está no fim (T. Lív. 4, 9, 13). 4) Precipitado, precipite, arrastado violentamente (Cíc. Caec. 60). 5) Íngreme, escarpado (Cíc. Ac. 2, 941). II — Sent. figurado: 6) Rápido, ligeiro, impetuoso (Hor. O. 1, 7, 13). 7) Arrebatado, atraído (T. Lív. 26, 38, 3). 8) Em declive, em ladeira (Cíc. Rep. 1, 44). 9) Perigoso, crítico (Ov. F. 2, 400). 10) Arrastado violentamente (Cíc. Verr. 5, 121). 11) Temerário, cego (Cíc. Phil. 37).

2. praeceps, -cipĭtis, forma n. do adj. usado substantivamente: Precipício, abismo, perigo mortal (sent. próprio e figurado) (Tác. An. 6, 17).

3. praeceps, adv. No fundo, nas profundezas, no abismo (Tác. An. 6, 17).

praeceptĭō, -ōnis, subs. f. I — Sent. primitivo: 1) Recebimento antecipado (têrmo jurídico) (Plín. Ep. 5, 7, 1). II — Sent. próprio: 2) Noção prévia (Cíc. Part. 123). II — Daí: 3) Prescrição, recomendação, preceito, ensinamento, doutrina: **Praeceptio Stoicorum** (Cíc. Of. 1, 6) «doutrina dos estóicos».

praeceptīvus, -a, -um, adj. Que ensina, didático (Sên. Ep. 95, 1).

praecēptor, -ōris, subs. m. 1) Preceptor, o que ensina, mestre (Cíc. De Or. 3, 57). 2) O que manda, o que dá uma ordem (A. Gél. 1, 13, 8).

praecēptrix, -īcis, subs. f. Preceptora, a que ensina, mestra, (Cíc. Fin. 1, 43).

praecēptum, -ī, subs. n. 1) Preceito, lição, instrução (Cíc. Tusc. 2, 58). 2) Ordem, mandado (Cés. B. Gal. 6, 36, 1).

praecēptus, -a, -um, part. pass. de **praecipĭo.**

praecērpsī, perf. de **praecērpo.**

praecērpō, -is, -ĕre, -cērpsī, -cērptum, v. tr. I — Sent. próprio: 1) Colhêr antes do tempo, fazer a colheita antes do tempo (Ov. Her. 20, 143). II — Daí: 2) Tirar, apoderar-se, usurpar (Cíc. Verr. 4, 80). 3) Estragar, deteriorar (Plín. Ep. 5, 20, 8).

praecērptus, -a, -um, part. pass. de **praecērpo.**

praecēssī, perf. de **praecēdo.**

praecīdī, perf. de **praecīdo.**

praecīdō, -is, -ĕre, -cīdī, -cīsum, v. tr. I — Sent. próprio: 1) Cortar pela frente, ferir pela frente, cortar (Cíc. Verr. 5, 88); (Cíc. Tusc. 5, 55). II — Sent. figurado: 2) Cortar ràpidamente, abreviar, resumir (Cíc. Ac. 2, 133). Daí: 3) Suprimir, tirar (Cíc. Of. 1, 120). 4) Intr.: Cortar com uma recusa (Cíc. At. 8, 4, 2). Obs.: Constrói-se com acus.; com acus. e dat.; com acus. e gen.; ou como absoluto.

praecīnctus, -a, -um, part. pass. de **praecīngo.**

praecīngō, -is, -ĕre, -cīnxī, -cīnctum, v. tr. I — Sent. próprio: 1) Cingir, cingir a fronte (Hor. Sát. 2, 8, 70). II — Daí: 2) Rodear, cercar (Prop. 4, 4, 7). 3) Cobrir, vestir (Plín. Ep. 10, 48, 4).

praecīnō, -is, -ĕre, -cecīnī ou **-cinŭī,** v. intr. e tr. A) Intr.: 1) Preludiar, tocar um instrumento diante de, ou para (Cíc. Tusc. 4, 4). B) Tr.: 2) Entoar (um canto fúnebre), predizer cantando (Estác. S. 5, 59); (Cíc. Har. 20).

praecīnxī, perf. de **praecīngo.**

praecipēs, v. **praeceps** (Plaut. Rud. 671).

praecipĭens, -ēntis. I — Part. pres. de **praecipĭo.** II — Subs. m. pl.: **praecipĭēntēs, -ium** «os mestres» (Quint. 2, 3, 5).

praecipĭō, -is, -ĕre, -cēpī, -cēptum, v. tr. I — Sent. próprio: 1) Tomar de antemão, apoderar-se antecipadamente (Cés. B. Cív. 3, 31, 2); (T. Lív. 1, 7, 1). Daí: 2) Prescrever, recomendar (Cíc. Mur. 4); (Cíc. Fam. 1, 8, 2). II — Sent. figurado: 3) Compreender prèviamente, adivinhar (Cíc. At. 1, 10, 2). 4) Ensinar, instruir, dar lições (Cíc. De Or. 2, 4). Obs.: Constrói-se com acus.; com acus. e dat.; com inf.; com ut ou subj.; como absoluto.

praecipĭtans, -āntis, part. pres. de **praecipĭto.**

praecipitānter, a d v. Precipitadamente (Lucr. 3, 1061).

praecipitātĭō, -ōnis, subs. f. Queda (Sên. Ir. 1, 12).
praecipitātus, -a, -um, part. pass. de **praecipĭto**.
praecipĭtis, gen. de **praeceps**.
praecipitĭum, -ī, subs. n. Precipício, abismo (Suet. Aug. 79).
praecipĭtō, -ās, -āre, -āvī, -ātum, v. tr. e intr. A) Tr.: I — Sent. próprio: 1) Precipitar, lançar de cima para baixo (Cés. B. Gal. 4, 15, 2); (Cíc. Fin. 5, 31); (Cíc. Arat. 349). 2) Impelir, empurrar, arrastar (sent. concreto e abstrato) (Verg. En. 11, 3); (Verg. En. 2, 317). 3) Afastar, suprimir (Verg. En. 8, 443). 4) Passivo: Chegar ao fim, terminar (Ov. Trist. 1, 3, 47). B) Intr.: 5) Precipitar-se, cair (sent. próprio e figurado) (Verg. En. 2, 9); (T. Lív. 5, 18, 7); (Cíc. Rep. 6, 19).
praecipŭē, adv. Precipuamente, antes de tudo, mormente, sobretudo, principalmente, particularmente (Cíc. Cat. 3, 21).
praecipŭum, -ī, subs. n. O precípuo (bens que se podem tirar para um herdeiro, antes da divisão geral da propriedade) (Suet. Galb. 5).
praecipŭus, -a, -um, adj. I — Sent. etimológico: 1) Que se recebe primeiro; daí, em sent. próprio: Precípuo, principal, notável, superior, excelente, de primeira categoria (Tác. An. 15, 56). Daí: 2) Particular, especial, privilegiado (Cíc. Pomp. 58). II — Subs.: 3) **praecipŭī**, -ōrum, os primeiros (Quint. 10, 1, 116). 4) Superioridade: nihil praecipui (Cíc. Fin. 2, 110) «nenhuma superioridade». 5) **praecipŭa**, -ōrum, n., as principais coisas, o principal (Tác. An. 4, 40).
praecīsē, adv. I — Sent. próprio: 1) Em poucas palavras, brevemente (Cíc. Nat. 2, 73). II — Sent. figurado: 2) Decisivamente, categòricamente (Cíc. At. 8, 4, 2).
praecīsus, -a, -um. I — Part. pass. de **praecīdo**. II — Adj.: 1) Cortado, truncado, abrupto, escarpado, cortado a pique (Verg. En. 8, 233). Na língua da retórica: 2) Preciso, conciso (Quint. 10, 2, 17). 3) Truncado (Cíc. De Or. 3, 193).
praeclārē, adv. I — Sent. próprio: 1) Muito claramente, muito nìtidamente, (Cíc. Ac. 1, 33). II — Sent. figurado: 2) Excelentemente, notàvelmente, superiormente, às mil maravilhas (Cíc. Phil. 13, 8). Obs.: Comp. -rĭus (Cíc. Of. 1, 64); superl.: -rissĭme (Cíc. Fam. 3, 8, 5).

praeclārus, -a, -um, adj. I — Sent. próprio: 1) Muito claro, muito brilhante, luminoso (Cíc. Br. 288). II — Sent. figurado (o mais comum): 2) Brilhante, superior, preclaro, notável, excelente, ilustre, admirável, surpreendente (Cíc. Rep. 3, 8); (Sal. B. Jug. 14, 21). 3) Muito eficiente (têrmo medicinal) (Plín. H. Nat. 35, 33).
praeclūdō, -is, -ěre, -clūsī, -clūsum, v. tr. I — Sent. próprio: 1) Fechar, tapar, obstruir (Cíc. Verr. 5, 168). II — Sent. figurado: 2) Fechar, impedir, embargar (Sên. Ben. 3, 18); (T. Lív. 33, 13, 5).
praeclūsī, perf. de **praeclūdo**.
praeclūsus, -a, -um, part. pass. de **praeclūdo**.
praecō, -ōnis, subs. m. I — Sent. próprio: 1) Pregoeiro, arauto (Cíc. Fam. 5, 12, 8). II — Sent. figurado: 2) Panegirista (Cíc. Arch. 24).
praecŏcis, gen. de **praecox**.
praecŏctus, -a, -um, part. pass. de **praecŏquo**.
praecogĭtō, -ās, -āre, -āvī, -ātum, v. tr. Pensar antecipadamente, premeditar (Sên. Ep. 76, 34).
praecognōscō, -is, -ĕre, v. tr. Conhecer de antemão (Suet. Aug. 97).
praecŏlō, -is, -ĕre, -colŭī, -cultum, v. tr. Afeiçoar-se a, cultivar (Cíc. Part. 80).
praecolŭī, perf. de **praecŏlo**.
praecommovĕō, -ēs, -ēre, v. tr. Comover muito, sensibilizar (Sên. Th. 302).
praecomposĭtus, -a, -um, adj. Composto, preparado antecipadamente (Ov. F. 6, 674).
praeconĭum, -ī, subs. n. I — Sent. próprio: 1) Cargo ou profissão de pregoeiro público: facere (Cíc. Fam. 6, 18, 1) «ser pregoeiro». II — Sent. figurado: 2) Publicação, anúncio, proclamação (Cíc. At. 13, 12, 2). 3) Elogio, apologia, panegírico (Cíc. Fam. 5, 12, 7).
praeconĭus, -a, -um, adj. De pregoeiro (Cíc. Quinct. 95).
praeconsūmō, -is, -ĕre, -sūmptum, v. tr. Esgotar antecipadamente (sent. figurado) (Ov. Met. 7, 489).
praecontrēctō, -ās, -āre, v. tr. Tocar, apalpar antecipadamente (Ov. Met. 6, 478).
praecŏquō, -is, -ĕre, -cōxī, -cōctum, v. tr. Apressar a maturação de, amadurecer completamente (Plín. H. Nat. 18, 288).
praecordĭa, -ĭōrum, subs. n. pl. I — Sent. próprio: 1) Invólucro do coração, diafragma (têrmo de anatomia) (Cíc.

Tusc. 1, 20). Por extensão: 2) Vísceras, entranhas (Hor. Epo. 11, 15). II — Sent. poético: 3) Seio, peito (Ov. Met. 12, 140). III — Sent. figurado: 4) Coração, espírito, sentimentos (Ov. Met. 11, 149).

praecorrŭmpō, -is, -ĕre, v. tr. Corromper antecipadamente, seduzir (Ov. Met. 9, 295).

praecox, -ŏcis, adj. I — Sent. próprio: 1) Precoce (tratando-se de frutos e plantas) (Plín. H. Nat. 19, 112). II — Sent. figurado: 2) Prematuro, que vem antes de tempo, precoce (Sên. Brev. 6, 2).

praecŏxī, perf. de **praecŏquo**.

praecrāssus, -a, -um, adj. Muito espêsso (Plín. H. Nat. 16, 34).

praecucŭrrī = **praecŭrrī**, perf. de **praecŭrro**.

praecŭltus, -a, -um, adj. I — Sent. próprio: 1) Predisposto, preparado (Cíc. Part. 80). II — Daí, na língua retórica: 2) Muito ornado, florido (Quint. 11, 1, 31).

praecupĭdus, -a, -um, adj. Muito ávido de, muito desejoso de (Suet. Aug. 70).

praecŭrrens, -ēntis. I — Part. pres. de **praecŭrro**. II — Subs. (na língua retórica) (n. pl.): **praecurrentia** «os antecedentes» (Cíc. De Or. 2, 166).

praecŭrrī, perf. de **praecŭrro**.

praecŭrrō, -is, -ĕre, -cŭrrī (e -cucŭrrī), -cŭrsum, v. intr. e tr. A) Intr. I — Sent. próprio: 1) Correr na frente (Cés. B. Gal. 6, 39, 1). B) Tr.: 2) Preceder, antecipar (sent. próprio e figurado) (Cíc. Cat. 4, 19). II — Sent. figurado: 3) Prevenir (Cíc. Lae. 62). 4) Ultrapassar, levar vantagem (C. Nep. Thras. 1, 3).

praecursĭō, -ōnis, subs. f. I — Sent. próprio: 1) Ação de ir ou vir adiante de, preceder (Cíc. Fat. 44). II — Daí: 2) Preparação (Cíc. Top. 59). 3) Primeiro recontro ou escaramuça (Plín. Ep. 6. 13, 6).

praecŭrsor, -ōris, subs. m. I — Sent. próprio: 1) O que corre à frente, o que precede, vanguarda (Plín. Pan. 76, 7). Daí: 2) Explorador (de campo), batedor, espia (T. Lív. 26, 17, 16). II — Sent. figurado: 3) Emissário, agente (Cíc. Verr. 5, 108).

praecŭrsus, -a, -um, part. pass. de **praecŭrro**.

praecŭssī, perf. de **praecutĭo**.

praecutĭō, -is, -ĕre, -cŭssī, -cŭssum, v. tr. Sacudir diante de si, agitar (Ov. Met. 4, 757).

praeda, -ae, subs. f. I — Sent. próprio: 1) Prêsa, despojos (conjunto de coisas tomadas ao inimigo) (Cés. B. Gal. 4, 34, 5). Daí: 2) Proveito, ganho, lucro (Fedr. 5, 6, 4). II — Sent. particular: 3) Pilhagem, roubo (Cíc. Verr. 3, 119). 4) Caçada (animais apanhados em caça), pesca (Verg. En. 3, 223). 5) Prêsa, pasto dos animais (Hor. O. 4, 4, 50). III — Sent. figurado: 6) Prêsa (Ov. Her. 15, 51).

praedābŭndus, -a, -um, adj. Que faz pilhagem (Sal. B. Jug. 90, 2).

praedāmnō (**praedēmnō**), -ās, -āre, -āvī, -ātum, v. tr. Condenar antecipadamente (T. Lív. 4, 41, 11).

praedātĭō, -ōnis, subs. f. Pilhagem, pirataria (Tác. An. 12, 29).

praedātor, -ōris, subs. e adj. m. I — Sent. próprio: 1) Ladrão, saqueador (Sal. B. Jug. 44, 1). II — Sent. particular: 2) Caçador (Estác. Theb. 4, 316). III — Sent. figurado: 3) Ambicioso, ávido (Tib. 2, 3, 43). 4) Sedutor, corruptor (Petr. 85, 3).

praedātōrĭus, -a, -um, adj. I — Sent. próprio: 1) De ladrão (Sal. B. Jug. 20, 7). II — Daí: 2) De pirata (T. Lív. 29, 28, 5).

praedātus, -a, -um, part. pass. de **praedo** e de **praedor**.

praedelāssō, -ās, -āre, v. tr. Amortecer, abrandar, enfraquecer (a ira, a cólera) (Ov. Met. 11, 730).

praedēmnō = **praedāmno**.

praedes, v. **praes**.

praedestĭnō, -ās, -āre, -āvī, -ātum, v. tr. Reservar antecipadamente, destinar, predestinar (T. Lív. 45, 40, 8).

praedĭātor, -ōris, subs. m. O que adquire propriedades vendidas em hasta pública, adjudicatário (Cíc. At. 12, 14, 2).

praedĭātōrĭus, -a, -um, adj. Relativo aos adjudicatários (Cíc. Balb. 45).

praedĭātus, -a, -um, adj. Que possui propriedades ou bens de raiz (Apul. Flor. p. 349, 40).

praedicābĭlis, -e, adj. Digno de louvor, de elogios (Cíc. Tusc. 5, 49).

praedicātĭō, -ōnis, subs. f. I — Sent. próprio: 1) Proclamação, publicação, pregão público (Cíc. Fam. 6, 11, 2). II — Daí: 2) Apologia, elogio pomposo (T. Lív. 4, 49, 10).

praedicātor, -ōris, subs. m. I — Sent. próprio: 1) Pregoeiro público, arauto (Apul. M. 6, 8). II — Daí: 2) Elogiador, preconizador (Cíc. Fam. 1, 9, 6).
praedicātus, -a, -um, part. pass. de **praedico.** 1.
1. praedĭcō, -ās, -āre, -āvī, -ātum, v. tr. I Sent. próprio: 1) Proclamar, publicar (Cíc. Verr. 3, 40); (Cíc. Cat. 1, 23). II — Sent. figurado: 2) Gabar, elogiar, celebrar (Cíc. Arch. 20). Por enfraquecimento de sentido: 3) Dizer. Obs.: Constrói-se com acus.; com acus. e abl. com de; com or. inf.; e intransitivamente.
2. praedīcō, -is, -ĕre, -dīxī, -dīctum, v. tr. I — Sent. próprio: 1) Dizer antecipadamente, começar por dizer, predizer, fixar de antemão (Cíc. De Or. 3, 37); (Cíc. Div. 1, 128); (Tác. An. 11, 27). II — Daí: 2) Recomendar, ordenar, avisar (Cíc. Div. 1, 48). (Cés. B. Civ. 3, 92, 2). Obs.: Constrói-se com acus;. com **ut** ou **ne.**
praedictĭō, -ōnis, subs. f. 1) Ação de predizer (Cíc. Div. 1, 9). 2) Predição (coisa predita) (Cíc. Div. 1, 98).
praedictum, -ī, subs. n. I — Sent. próprio: 1) Predição, prognóstico (Cíc. Div. 2, 88). II — Por extensão: 2) Ordem, recomendação (T. Lív. 23, 19, 5). 3) Ajuste, acôrdo (T. Lív. 33, 6, 8).
praedictus, -a, -um, part. pass. de **praedico** 2.
praedidĭcī, perf. de **praedīsco.**
praedĭōlum, -ī, subs. n. Pequena propriedade (Cíc. De Or. 3, 108).
praedis, gen. de **praes.**
praedīscō, -is, -ĕre, praedidĭcī, v. tr. Aprender prèviamente, saber antecipadamente (Cíc. De Or. 1, 147).
praedĭtus, -a, -um, adj. I — Sent. próprio: 1) Particularmente dotado, provido de, que possui (Cíc. Nat. 1, 8). II — Daí: 2) Revestido, cercado, munido (Plaut. Amph. 218). Obs.: Constrói-se com abl.
praedĭum, -ī, subs. n. (geralmente no pl.). Propriedade, herdade, terras (Cíc. Verr. 2, 199).
praedĭvĕs, -ĭtis, adj. Muito opulento, muito rico (T. Lív. 45, 40, 3).
praedixī, perf. de **praedico** 2.
1. praedō, -ās, -āre = **praedor** (sent. passivo) (Plaut. Rud. 1242).
2. praedō, -ōnis, subs. m. I — Sent. próprio: 1) Ladrão, salteador, pirata, corsário (Cíc. Verr. 4, 21). II — Sent. figurado: 2) Usurpador (Marc. 14, 116).

praedocĕō, -ēs, -ēre, v. tr. Ensinar antecipadamente (Sal. B. Jug. 94, 1).
praedōctus, -a, -um, part. pass. de **praedocĕo.**
praedŏmō, -ās, -āre, -domŭī, v. tr. Vencer, submeter antecipadamente, superar prèviamente (sent. figurado) (Sên. Ep. 113, 27).
praedomŭī, perf. de **praedŏmo.**
praedor, -āris, -ārī, -ātus sum, v. dep. intr. e tr. I — Sent. próprio: A) Intr.: 1) Fazer pilhagem, entregar-se à rapinagem (Cíc. Of. 3, 72). B) Tr.: 2) Pilhar, rapinar, roubar: **socios praedari** (Tác. An. 12, 49) «pilhar os aliados». II — Sent. figurado: 3) Furtar, subtrair (Hor. Ep. 2, 2, 55).
praedūcō, -is, -ĕre, -dūxī, -dūctum, v. tr. Levar, conduzir diante, construir ou cavar diante (Cés. B. Gal. 7, 46, 3).
praedūctus, -a, -um, part. pass. de **praedūco.**
praedūlcis, -e, adj. I — Sent. próprio: 1) Muito doce, muito agradável (Plín. H. Nat. 13, 44). II — Sent. figurado: 2) Muito agradável (Verg. En. 11, 155).
praedūrātus, -a, -um, part. pass. de **praedūro.**
praedūro, -ās, -āre, -āvī, -ātum, v. tr. Tornar muito duro, endurecer (Plín. H. Nat. 23, 139).
praedūrus, -a, -um, adj. I — Sent. próprio: 1) Muito duro (Tác. Hist. 1, 79). II — Sent. figurado: 2) Duro, endurecido, resistente, vigoroso (Verg. En. 10, 748). 3) Muito penoso: **praedurus labor** (V. Flac. 1, 235) «trabalho muito penoso».
praedūxī, perf. de **praedūco.**
praeēmĭnĕō (praemĭnĕō), -ēs, -ēre, v. intr. e tr. A) Intr. 1) Estar acima de, ser proeminente (Sal. Hist. 2, 85). B) Tr. 2) Exceder, ultrapassar, levar vantagem (Sal. Hist. 2, 85); (Tác. An. 12, 12).
praeĕō, -īs, -īre, -īvī (ou -ĭī), -ĭtum, v. intr. e tr. A) Intr.: I — Sent. próprio: 1) Ir adiante, caminhar adiante, preceder (Cíc. Rep. 2, 55); (Tác. An. 6, 21). II — Sent. figurado: 2) Guiar (Cíc. Fin. 5, 28). 3) Prescrever (T. Lív. 43, 13, 8). B) Tr.: 4) Na língua religiosa (com referência ao sacerdote que precede aos magistrados): Recitar primeiro, ditar (Tác. Hist. 1, 36); (Cíc. Dom. 133). 5) Preceder (Tác. An. 15, 4).

praeësse, inf. pres. de **praesum**.
praeëuntis, gen. sg. de **praeiens**, part. pres. de **praeëo**.
praefandus, -a, -um. I — Gerundivo de **praefor**. II — Adj.: Desonesto, obsceno (Plín. H. Nat. 7, 171). III — Subs. n. pl.: **praefanda, -ōrum**, expressões desonestas (Quint. 8, 3, 45).
praefāri, inf. pres. dep. de **praefor**.
praefascīnō, -ās, -āre, v. tr. Fascinar antecipadamente (Hor. Epo. 8, 1).
praefātiō, -ōnis, subs. f. I — Sent. próprio: 1) Ação de falar primeiramente (Suet. Dom. 11). II — Daí: 2) O que se diz em primeiro lugar, no princípio, preâmbulo, prefácio, exórdio, considerações preliminares (T. Lív. 45, 5, 4).
praefātus, -a, -um, part. pass. de **praefor**.
praefēcī, perf. de **praeficio**.
praefectūra, -ae, subs. f. I — Sent. próprio: 1) Administração, direção, govêrno (Suet. Aug. 38). II — Sent. particulares: 2) Dignidade de prefeito (lugar concedido pelo governador de uma província, geralmente a cavaleiros, e de importância menor que a **legatio** e a questura) (Cíc. At. 6, 1, 4). 3) Govêrno da província (Suet. Ner. 47). 4) Prefeitura, cidade italiana administrada por um prefeito enviado de Roma (Cíc. Cat. 3, 5). 5) Território de uma prefeitura, distrito, província (Tác. An. 11, 8).
1. **praefēctus, -a, -um**, part. pass. de **praeficio**.
2. **praefēctus, -ī**, subs. m. I — Sent. próprio: 1) Prefeito, governador (administrador, chefe intendente (Tác. An. 11, 31). II — Daí, em sent. particular: 2) Comandante (de uma frota), almirante, prefeito, capitão (de um navio), general (Cés. B. Gal. 1, 39, 2); (Tác. Hist. 3, 12); (Tác. An. 1, 24). 3) Governador de província (no Império) (Suet. Aug. 18).
praeferō, -fers, -fērre, praetūlī, praelātum, v. tr. I — Sent. próprio: 1) Levar na frente, trazer diante, apresentar (Cíc. Verr. 4, 74); (Cíc. Cat. 1, 13). Daí: 2) Pôr diante, preferir (Cíc. Lae. 63). II — Sent. figurado: 3) Mostrar, deixar ver, expor, ostentar, revelar (Cíc. Amer. 87). 4) Adiantar, apressar (T. Lív. 39, 5, 12). 5) Estar na frente, ser superior (Cés. B. Gal. 5, 54, 5).

praeferox, -ōcis, adj. Muito altivo, cheio de arrogância, muito violento (T. Lív. 5, 36).
praeferrātus, -a, -um, adj. I — Sent. próprio: 1) Carregado de grilhões de ferro (Cat. Agr. 11, 3). II — Daí: 2) Guarnecido de ferro, terminado em ponta de ferro (Plaut. Pers. 22).
praefervĭdus, -a, -um, adj. I — Sent. próprio: 1) Muito quente (Col. 3, 1, 3). II — Sent. figurado: 2) Muito violento, furioso (T. Lív. 9, 18, 5).
praefestīnō, -ās, -āre, -āvī, -ātum, v. intr. e tr. A) Intr.: 1) Ir com muita pressa, apressar-se (Plaut. Rud. 119). B) Tr.: 2) Atravessar ràpidamente (Tác. An. 5, 10).
praefica, -ae, subs. f. Carpideira (A. Gél. 18, 7, 3).
praeficiō, -is, -ĕre, -fēcī, -fēctum, v. tr. Pôr à frente de, pôr à testa de, estabelecer como chefe (Cés. B. Gal. 5, 24, 3); (Cíc. Dom. 20).
praefīdens, -ēntis, adj. Que tem muita confiança: **sibi** (Cíc. Of. 1, 90) «que tem muita confiança em si, presunçoso».
praefīgō, -is, -ĕre, -fīxī, -fīxum, v. tr. I — Sent. próprio: 1) Fixar de antemão, prefixar (Verg. En. 10, 479). Daí: 2) Espetar na ponta ou na frente (Verg. G. 3, 399). 3) Atar, amarrar, apertar (Plín. H. Nat. 19, 59). II — Sent. figurado: 4) Encantar, enfeitiçar (Quint. Decl. 10, 8).
praefīniī = **praefīnivī**, perf. de **praefinio**.
praefīniō, -is, -īre, -īvī (ou **-ĭī**), v. tr. Delimitar antecipadamente, fixar, determinar prèviamente (Cíc. Prov. 36).
praefīnītus, -a, -um, part. pass. de **praefinio**.
praefīxī, perf. de **praefīgo**.
praefīxus, -a, -um, part. pass. de **praefīgo**.
praeflōrātus, -a, -um, part. pass. de **praefloro**.
praeflōrō, -ās, -āre, -āvī, -ātum, v. tr. Murchar antes do tempo, murchar (T. Lív. 37, 58, 7).
praeflŭō, -is, -ĕre, v. intr. e tr. I — Intr.: 1) Correr diante de (T. Lív. 1, 45, 6). II — Tr.: 2) Correr diante, banhar, regar (Hor. O. 4, 14, 26); (Tác. An. 15, 15).
praefōcō, -ās, -āre, -āvī, -ātum, v. tr. Obstruir, tapar, sufocar (Ov. Ib. 560).
praefōdī, perf. de **praefodio**.

praefŏdĭō, -is, -ĕre, -fōdī, -fōssum, v. tr. I — Sent. próprio: 1) Cavar diante de, abrir um fôsso diante de (Verg. En. 11, 473). II — Daí: 2) Sepultar, enterrar antes (Ov. Met. 13, 60).

praefor (des.), -āris, -ārī, -fātus sum, v. dep. tr. I — Sent. próprio: 1) Chamar ou invocar antes de, em primeiro lugar (Cat. Agr. 141, 2). II — Sent. particular: na língua religiosa: 2) Dizer no princípio, recitar em primeiro lugar (uma fórmula) (Cíc. Tim. 37). Na língua comum: 3) Começar por dizer, anunciar logo no princípio (T. Lív. 21, 1, 1). 4) Citar, nomear alguém como autoridade (Plín. H. Nat. 8, 43). 5) Predizer (Catul. 64, 383).

praeformātus, -a, -um, part. pass. de **praeformo.**

praeformĭdō, -ās, -āre, -āvī, -ātum, v. tr. Temer, recear antecipadamente (Quint. 4, 5, 5).

praefŏrmō, -ās, -āre, -āvī, -ātum, v. tr. I — Sent. próprio: 1) Preparar, formar (Quint. 5, 14, 31). II — Daí: 2) Traçar, esboçar (Quint. 2, 6, 5).

praefŏssus, -a, -um, part. pass. de **praefodio.**

praefrāctē, adv. Inflexivelmente, com obstinação, teimosamente (Cíc. Of. 3, 88).

praefrāctus, -a, -um. I — Part. pass. de **praefringo.** II — Adj.: Sent. próprio: 1) Quebrado na extremidade, quebrado, truncado (Cíc. Or. 48) (língua retórica). III — Sent. figurado: 2) Teimoso, obstinado (V. Máx. 6, 5, 4).

praefrēgī, perf. de **praefringo.**

praefrigĭdus, -a, -um, adj. Muito frio (Ov. P. 4, 12, 35).

praefringō, -is, -ĕre, -frēgī, -frāctum, v. tr. Quebrar na extremidade, quebrar (Cés. B. Civ. 2, 6).

praefŭī, perf. de **praesum.**

praefulcĭō, -is, -īre, -fūlsī, -fūltum, v. tr. 1) Fortalecer, apoiar, corroborar: primum illud praefulci at praemuni, ut... (Cíc. At. 5, 13, 3) «antes de tudo corrobora e trata de...». Daí: 2) Pôr como sustentáculo, como apoio (Plaut. Pers. 12).

praefulgĕō, -ēs, -ēre, -fūlsī, v. intr. Brilhar, resplandecer (Verg. En. 8, 553).

praefūlsī, perf. de **praefulcio** e de **praefulgeo.**

praefūltus, -a, -um, part. pass. de **praefulcio.**

praegelĭdus, -a, -um, adj. Muito frio, glacial (T. Lív. 21, 54, 7).

praegermĭnō, -ās, -āre, v. intr. Germinar antes do tempo (Plín. H. Nat. 16, 119).

praegestĭō, -is, -īre, v. intr. Desejar ardentemente, desejar vivamente (Cíc. Cael. 67).

praegnans, -āntis, adj. I — Sent. próprio: 1) Grávida (tratando-se da mulher ou de uma fêmea) (Cíc. De Or. 1, 183); (Plín. H. Nat. 10, 180). II — Daí, por extensão: 2) Cheio, inchado (Col. 10, 379). III — Sent. figurado: 3) Cheio de (Plaut. As. 276).

praegnās, -ātis, adj. v. **praegnans** (Ter. Hec. 641).

praegnātĭō, -ōnis, subs. f. Gravidez, gestação (Apul. M. 1, 9).

praegracĭlis, -e, adj. Muito delgado, muito franzino (Tác. An. 4, 57).

praegrandis, -e, adj. Muito grande, enorme, descomunal, colossal (Pac. Tr. 67); (Pérs. 1, 124).

praegravĭdus, -a, -um, adj. Muito pesado (Estác. S. 6, 700).

praegrăvis, -e, adj. I — Sent. próprio: 1) Muito pesado (T. Lív. 44, 4, 10). Daí: 2) Carregado de (Tác. Hist. 2, 21). II — Sent. figurado: 3) Pesado, penoso, incômodo, insuportável (Tác. An. 4, 71).

praegrăvō, -ās, -āre, -āvī, -ātum, v. tr. I — Sent. próprio: 1) Pesar muito sôbre, sobrecarregar (T. Liv. 5, 34). II — Sent. figurado: 2) Levar vantagem, eclipsar, ofuscar (Plín. H. Nat. 17, 184); (Hor. Ep. 2, 1, 13). 3) Ser preponderante, preponderar, prevalecer (Suet. Cés. 76).

praegredĭor, -ĕris, -grĕdī, -grēssus sum, v. dep. intr. e tr. A) Intr.: 1) Caminhar diante, preceder, levar diante (Cíc. Phil. 13, 4); (Varr. R. Rust. 2, 7, 6). B) Tr.: 2) Ultrapassar, preceder alguém (T. Lív. 36, 31, 7). Obs.: Constrói-se com dat.; com acus.; ou como intr. absoluto.

praegressĭō, -ōnis, subs. f. I — Sent. próprio: 1) Ação de preceder (Cíc. Tusc. 1, 62). II — Sent. figurado: 2) Precedência (Cíc. Fat. 44).

1. **praegrēssus, -a, -um,** part. pass. de **praegredior.**

2. **praegrēssus, -ūs,** subs. m. Ação de preceder, antecipação (Cíc. Of. 1, 11).

praegustātor, -ōris, subs. m. I — Sent. próprio: 1) Provador (escravo encarregado de provar as comidas e bebidas antes de serem servidas à mesa) (Suet. Cl. 44). II — Sent. figurado: 2) O que recebe as primícias de (Cíc. Dom. 25).

praegūstō, -ās, -āre, -āvī, -ātum, v. tr. 1) Provar primeiro (Plín. H. Nat. 21, 12). 2) Tomar prèviamente (um antídoto) (Juv. 6, 660).

praehēndī, perf. de **praehēndo**.

praehēndō ou **prehēndō** ou **prendō**, -is, -ĕre, -hēndī, -hēnsum, v. tr. I — Sent. próprio: 1) Tomar, agarrar, segurar (sent. físico e moral) (Cíc. De Or. 1, 240); (Cíc. Quinct. 97). Daí: 2) Apanhar alguém em flagrante, surpreender, prender (Plaut. Bac. 6, 96). 3) Ocupar, apoderar-se (Cés. B. Cív. 3, 112). 4) Chegar a, atingir (Verg. En. 6, 61). II — Sent. figurado: 5) Apreender, compreender, aprender (Cíc. Leg. 1, 61).

praehēnsus, -a, -um, part. pass. de **praehēndo**.

praehibĕō, -ēs, -ēre, -hĭbŭī, -hĭbĭtum, v. tr. Fornecer, dar, ministrar (Plaut. Ps. 368); (Plaut. Rud. 138).

praehibŭī, perf. de **praehibĕo**.

praeĭens, **praeeŭntis**, part. pres. de **praeĕo**.

praeĭī = **praeĭvī**, perf. de **praeĕo**.

praeīstī, **praeīvīstī**, 2ª pess. sing. perf. do indicat. de **praeĕo**.

praejacĕō (-iacĕō), -ēs, -ēre, -jacŭī, v. intr. e tr. A) Intr. 1) Estar situado diante (Plín. H. Nat. 3, 32). B) Tr. 2) Estender-se diante de (Tác. An. 12, 36). Obs.: Constrói-se com acus. ou com dat.

praejāctō (-iāctō), -ās, -āre, -āvī, -ātum, v. tr. Dizer com arrogância (Cíc. Planc. 24).

praejacŭī, perf. de **praejacĕo**.

praejūdĭcātum (**praeiūdĭc-**), -ī, subs. n. I — Sent. próprio: 1) O que foi julgado prèviamente, primeiro julgamento (T. Lív. 26, 2, 4). II — Sent. figurado: 2) Juízo antecipado, prevenção (Cíc. Clu. 6).

praejūdĭcātus (**praeiūd-**), -a, -um. I — Part. pass. de **praejudĭco**. II — Adj. Prejulgado, julgado em primeira instância, antecipado, preconcebido (Cíc. Nat. 1, 10).

praejūdĭcĭum (**praeiūdĭc-**), -ī, subs. n. I — Sent. próprio: 1) Julgamento anterior, decisão ou sentença anterior (Cíc. Verr. 3, 152). II — Daí: 2) Juízo antecipado, presunção, opinião prévia (Cés. B. Cív. 2, 32, 3)

praejūdĭcō (**praeiūd-**), -ās, -āre, -āvī, -ātum, v. tr. Julgar em primeira instância, julgar prèviamente, prejulgar (Cíc. Verr. 3, 153); (Cíc. Clu. 49).

praejūvī, perf. de **praejŭvo**.

praejŭvō (**praeiŭv-**), -ās, -āre, -jūvī, v. tr. Auxiliar antecipadamente (Tác. Hist. 3, 65).

praelābor, -ĕris, -lābī, -lāpsus sum, v. dep. tr. I — Sent. próprio: 1) Escorregar diante, deslisar diante ou ao longe de (Verg. G. 3, 180). II — Daí: 2) Passar ràpidamente diante de (Petr. 99). 3) Correr diante de, banhar (Luc. 9, 355). 4) Escapar-se para, procurar chegar primeiro, abordar (Tác. Hist. 2, 35).

praelāmbō, -is, -ĕre, v. tr. Provar antes, provar primeiro (Hor. Sát. 2, 6, 109).

praelāpsus, -a, -um, part. pass. de **praelābor**.

praelārgus, -a, -um, adj. I — Sent. próprio: 1) Muito abundante (Juvênc. 3, 754). II — Sent. figurado: 2) Muito amplo (Pérs. 1, 14).

praelātĭō, -ōnis, subs. f. Preferência, escolha (V. Máx. 7, 7, 4).

praelātus, -a, -um, part. pass. de **praefĕro**.

praelautus, -a, -um, adj. Faustoso (Suet. Ner. 30).

praelectĭō, -ōnis, subs. f. Explicações preliminares (Quint. 1, 2, 15).

praelēctus, -a, -um, part. pass. de **praelĕgo** 2.

praelēgī, perf. de **praelĕgo** 2.

1. **praelēgō**, -ās, -āre, -āvī, -ātum, v. tr. Legar como privilégio ou parte precípua (Plín. H. Nat. 33, 38).

2. **praelĕgō**, -is, -ĕre, -lēgī, -lēctum, v. tr. I — Sent. próprio 1) Costear, navegar ao longo (Tác. An. 6, 1). II — Daí: 2) Ler (explicando aos ouvintes), explicar (um autor) (Quint. 1, 5, 11).

praelībō, -ās, -āre, v. tr. Provar antes, prelibar, degustar (Estác. S. 3, 4, 60).

praelĭgō, -ās, -āre, -āvī, -ātum, v. tr. I — Sent. próprio: 1) Ligar pela frente ou pela ponta, ligar por cima (T. Lív. 22, 16, 7). 2) Ligar em volta (Suet. Cés. 79). 3) Cobrir, envolver (Cíc. Inv. 2, 149). II — Sent. figurado: 4) Fechar (Plaut. Bac. 136).

praelĭum, v. **proelium**.

praelōngō, -ās, -āre, -āvī, v. tr. Alongar muito, tornar muito longo (Plín. H. Nat. 11, 3).

praelōngus, -a, -um, adj. Muito longo (T. Lív. 22, 46, 5).

praelŏquor, -ĕris, -lŏquī, -locūtus sum, v. dep. intr. e tr. 1) Falar em primeiro lugar, dizer prèviamente (Plaut. Rud. 119). 2) Fazer um preâmbulo (Quint. 4, 1, 2).

praelūcĕō, -ēs, -ĕre, -lūxī, v. intr. e tr. A) Intr.: 1) Luzir na frente, brilhar na frente (Marc. 12, 42, 3). 2) Ultrapassar em brilho (Hor. Ep. 1, 1, 83). 3) Brilhar vivamente, intensamente (Plín. H. Nat. 32, 141). B) Tr.: 4) Fazer luzir, fazer brilhar (Cíc. Lae. 23).

praelūdō, -is, -ĕre, -lūsī, -lūsum, v. intr. Preludiar (Plín. H. Nat. 37, 19).

praelum, v. **prēlum**.

praelūsī, perf. de **praelūdō**.

praelūsĭō, -ōnis, subs. f. Prelúdio (de um combate), escaramuça (Plín. Ep. 6, 13, 6).

praelūstris, -e, adj. Muito brilhante, muito luminoso (Ov. Trist. 3, 4, 5).

praelūxī, perf. de **praelucĕo**.

praemandāta, -ōrum, subs. n. pl. Mandado de prisão (Cíc. Planc. 31).

praemāndō, -ās, -āre, -āvī, -ātum, v. tr. Recomendar, ordenar antecipadamente (Plaut. Trin. 335).

praemātūrē, adv. Prematuramente, muito cedo (Plaut. Most. 500).

praemātūrus, -a, -um, adj. I — Sent. próprio: 1) Precoce, prematuro (Col. 11, 3, 51). II — Sent. figurado: 2) Prematuro (Tác. An. 1, 30).

praemedicātus, -a, -um, adj. Que tomou um preservativo (Ov. Her. 12, 15).

praemeditātĭō, -ōnis, subs. f. Premeditação, previsão (Cíc. Tusc. 3, 29).

praemeditātus, -a, -um. I — Part. pass. de **praemeditor**. II — Sent. passivo: Prèviamente ajustado, combinado, meditado (Cíc. Tusc. 3, 32).

praemeditor, -āris, -ārī, -ātus sum, v. dep. tr. 1) Exercitar-se prèviamente, preludiar (na lira) (Tac. An. 14, 15). Daí: 2) Premeditar (Cíc. Phil. 11, 7).

praemērcor, -āris, -ārī, -ātus sum, v. dep. tr. Comprar antes, comprar antecipadamente (Plaut. Epid. 407).

praemetuēnter, adv. Com uma grande apreensão (Lucr. 4, 821).

praemetŭō, -is, -ĕre, v. tr. Temer antecipadamente, recear prèviamente (Cés. B. Gal. 7, 49, 1); (Verg. En. 2, 572). Obs.: Constrói-se com dat; com acus.; com gen. objetivo.

praemĭgrō, -ās, -āre, v. intr. Retirar-se antecipadamente, mudar de habitação antes do tempo (Plín. H. Nat. 88, 103).

praeminĕō = **prēmĭnĕō**.

praemĭor, -āris, -ārī, v. dep. tr. Estipular um ganho, beneficiar, premiar (Suet. Tit. 7).

praemīsī, perf. de **praemītto**.

praemīssus, -a, -um, part. pass. de **praemītto**.

praemīttō, -is, -ĕre, -mīsī, -mīssum, v. tr. I — Sent. próprio: 1) Enviar antecipadamente ou antes (Cíc. Of. 2, 25). II — Sent. figurado: 2) Falar antes, anunciar (Suet. Cal. 58); (Cés. B. Civ. 2, 20, 6). Obs.: Constrói-se com acus. com **ad**; com abl. com **de**; ou com inf.

praemĭum, -ī, subs. n. I — Sent. etimológico: Parte da prêsa (tomada ao inimigo e retirada em primeiro lugar para ser oferecida à divindade que deu a vitória, ou ao vencedor); daí, em sent. próprio: 1) Despojos, prêsa (Verg. En. 11, 78). II — Sent. particular: 2) Vantagem, benefício, proveito (Cíc. Ac. 2, 1). 3) Recompensa legítima, prêmio (Cíc. Br. 281).

praemodulātus, -a, -um, adj. Que regulou (seu gesto) (Quint. 11, 3, 109).

praemoenĭō = **praemūnĭō**.

praemolestĭa, -ae, subs. f. Inquietação, ansiedade (Cíc. Tusc. 4, 64).

praemōlĭor, -īris, -īrī, v. dep. tr. Dispor, preparar (T. Liv. 28, 17, 4).

praemollĭō, -is, -īre, -ītum, v. tr. Adoçar, suavisar de antemão (Quint. 2, 9, 3).

praemōllis, -e, adj. Muito mole, muito tenro (sent. próprio e figurado) (Plín. H. Nat. 9, 165); (Quint. 9, 4, 65).

praemollītus, -a, -um, part. pass. de **praemollĭo**.

praemonĕō, -ēs, -ēre, -monŭī, -monĭtum, v. tr. I — Sent. próprio: 1) Lembrar antecipadamente, avisar prèviamente, advertir antes (Cíc. Verr. pr. 23). II — Daí: 2) Pressagiar, predizer (Ov. Met. 15, 784). Obs.: Constrói-se com acus. e **ut** ou **ne**; com acus. e subj.: com or. introduzida por **quod**; com acus.; com abl. com **de**.

1. **praemonĭtus, -a, -um,** part. pass. de **praemonĕo**.

2. **praemonĭtus, -ūs,** subs. m. Advertência prévia (Ov. Met. 15, 800).

praemonstrātor, -ōris, subs. m. Guia (Ter. Heaut. 875).

praemŏnstrō, -ās, -āre, -āvī, -ātum, v. tr. 1) Mostrar antecipadamente, ensinar (Lucr. 6, 93). 2) Anunciar, predizer, pressagiar (Cíc. Har. 21).

praemonŭi, perf. de **praemoneo**.
praemordĕo, -ēs, -ēre, -mōrdī ou **-mōrsī, -mōrsum**, v. tr. I — Sent. próprio: 1) Morder na ponta, na extremidade, morder (Sên. Clem. 1, 5, 5). II — Daí: 2) Cortar, diminuir (Juv. 7, 217).
praemōrdī, perf. de **praemordĕo**.
praemorĭor, -ĕris, -mŏrī, -mortŭus sum, v. dep. intr. I — Sent. próprio: 1) Morrer prematuramente (Ov. Her. 8, 121). II — Sent. figurado: 2) Perder-se (Plín. H. Nat. 7, 168).
praemōrsī = **praemōrdī**, perf. de **praemordĕo**.
praemōrsus, -a, -um, part. pass. de **praemordĕo**.
praemortŭus, -a, -um. I — Part. pass. de **praemorĭor**. II — Adj.: Sent. próprio: 1) Já morto, paralisado (Ov. Am. 3, 7, 65). III — Sent. figurado: 2) Esgotado, perdido (T. Lív. 3, 72, 5).
praemūnĭō (praemoenĭō), -īs, -īre, -īvī, -ītum, v. tr. 1) Fortificar antecipadamente (Cés. B. Civ. 3, 58) 2) Permunir, proteger (Cíc. De Or. 3, 32).
praemūnītĭō, -ōnis, subs. f. Preparação, precaução, premunição (oratória) (Cíc. De Or. 2, 304).
praemūnītus, -a, -um, part. pass. de **praemunĭo**.
praenārrō, -ās, -āre, v. tr. Narrar antes (Ter. Eun. 982).
praenătō, -ās, -āre, v. intr. e tr. I — Sent. próprio: Intr.: 1) Nadar diante (Plín. H. Nat. 9, 146). II — Tr.: 2) Correr ao longo de, banhar (Verg. En. 6, 705).
praenāvĭgātĭō, -ōnis, subs. f. Navegação ao longo de (Plín. H. Nat. 4, 57).
praenāvĭgō, -ās, -āre, -āvī, -ātum, v. intr. e tr. A) Intr.: 1) Navegar diante ou ao longo de (Plín. H. Nat. 6, 146). B) Tr.: 2) Costear (Sên. Ep. 70, 1).
Praenĕste, -is, subs. pr. n. Preneste, cidade do Lácio (Cíc. Cat. 1, 8). Obs.: Subs. f. (Verg. En. 8, 561).
Praenestīnī, -ōrum, subs. loc. m. pl. Prenestinos, habitantes de Preneste (T. Lív. 6, 21).
Praenestīnus, -a, -um, adj. Prenestino, de Preneste (Cíc. Agr. 2,78).
praenĭtĕō, -ēs, -ēre, -nĭtŭī, v. intr. Brilhar muito, ser muito brilhante, brilhar mais, exceder (em brilho) (Hor. O. 1, 33, 4). Obs.: Constrói-se como intr. absoluto, ou com dat.
praenĭtŭī, perf. de **praenitĕo**.

praenōmen, -ĭnis, subs. n. 1) Prenome (Cíc. Fam. 7, 32, 1). 2) Título (de imperador) (Suet. Tib. 26). Obs.: O prenome vem antes do nome gentilício e quase sempre abreviado: **M.**= **Marcus.**
praenōscō, -is, -ĕre, -nōvī, -nōtum, v. tr. Conhecer prèviamente, saber antecipadamente, adivinhar (Cíc. Div. 1, 82).
praenōtĭō, -ōnis, subs. f. Prenoção, conhecimento prévio (Cíc. Nat. 1, 44).
praenōvī, perf. de **praenōsco**.
praenūbĭlus, -a, -um, adj. Muito escuro, muito sombrio (Ov. Am. 3, 13, 7).
praenuntĭa, -ae, subs. f. Mensageira, a que anuncia (Ov. F. 6, 207).
praenuntĭō, -ās, -āre, -āvī, -ātum, v. tr. 1) Prenunciar, anunciar, prevenir, predizer (Cíc. Div. 1, 12). 2) Anunciar, marcar, indicar (Plín. H. Nat. 16, 223).
1. **praenuntĭus, -a, -um**, adj. Que pressagia (Sên. Ir. 3, 10, 2).
2. **praenuntĭus, -ī**, subs. m. 1) Precursor, antecessor (Lucr. 5, 737). 2) Aquêle que anuncia, mensageiro (Ov. F. 2, 767).
praeoccĭdō, -is, -ĕre, v. intr. Pôr-se antes (tratando-se dos astros) (Plín. H. Nat. 18, 285).
praeoccupātĭō, -ōnis, subs. f. Ocupação prévia (de um lugar) (C. Nep. Eum. 3, 6).
praeoccupātus, -a, -um, part. pass. de **praeoccŭpo**.
praeoccŭpō, -ās, -āre, -āvī, -ātum, v. tr. I — Sent. próprio: 1) Ocupar o primeiro lugar, ser o primeiro a ocupar, apoderar-se prèviamente (Cés. B. Civ. 2, 17). II — Daí: 2) Invadir (sent. próprio e figurado) (Cés. B. Gal. 6, 41, 3). 3) Tomar a iniciativa, preceder, prevenir (C. Nep. Dion. 4, 1).
praeŏlō, -is, -ĕre, v. intr. Exalar cheiro (de longe) (Plaut. Mil. 41).
praeōptō, -ās, -āre, -āvī, -ātum, v. tr. Preferir, escolher de preferência, escolher (T. Lív. 29, 30, 12); (Cés. B. Gal. 25, 4). Obs.: Constrói-se com acus. e dat.; com acus. e **quam**; ou com inf.
praepāndō, -is, -ĕre, v. tr. I — Sent. próprio: 1) Estender diante, abrir diante (Verg. Cul. 16). II — Sent. figurado: 2) Anunciar, indicar (Cíc. Arat. 274). III — Daí: 3) Espalhar (a luz) (Lucr. 1, 144).
praepărātĭō, -ōnis, subs. f. Preparação (Cíc. Tusc. 3, 30).

1. **praeparātus, -a, -um.** I — Part. pass. de **praeparo.** II — Adj.: Preparado, disposto, pronto (sent. próprio e figurado) (Cíc. Div. 1, 121).

2. **praeparātus, -ūs,** subs. m. Preparativos, aprestos (A. Gél. 10, 11, 7).

praepăro, -ās, -āre, -āvī, -ātum, v. tr. Preparar (sent. próprio e figurado), aprestar de antemão (Cíc. Of. 1, 11); (Cíc. Tusc. 2, 13); (Cíc. Leg. 1, 9).

praepedīmēntum, -i, subs. n. Impedimento, obstáculo (Plaut. Poen. 606).

praepedĭō, -is, -ire, -īvī (ou **-ĭī**), v. tr. Impedir, embaraçar, opor-se a (T. Lív. 8, 38, 13).

praepedītus, -a, -um, part. pass. de **praepedĭo.**

praependĕō, -ēs, -ēre, v. intr. Estar pendurado pela frente, estar suspenso pela frente (Cés. B. Civ. 2, 9, 3).

1. **praepes, -ĕtis,** adj. I — Sent. próprio: 1) Alado, que voa alto (na língua dos áugures); daí: vôo de feliz presságio (Verg. En. 3, 361). II — Sent. particular: 2) Que voa ràpidamente (Verg. En. 6, 15). III — Sent. figurado: 3) Rápido, pronto, ligeiro (Ov. Her. 8, 38). 4) Feliz, favorável (A. Gél. 6, 6, 9).

2. **praepes, -ĕtis,** subs. m. e f. I — M.: 1) O que tem asa, o que voa, homem ou animal alado: praepes Medusaeus (Ov. Met. 5, 257) «Pégaso» (cavalo alado que nasceu do sangue de Medusa). II — F.: 2) Ave (em geral), ave (de rapina): **Jovis** (Ov. Met. 4, 713) «(ave) de Júpiter (a águia)».

praepĕtō, -is, -ĕre, v. tr. Pedir com insistência, desejar ardentemente (Lucr. 4, 1152).

praepilātus, -a, -um, adj. Arredondado na ponta, que não tem ponta (tratando-se de dardos ou lanças) (T. Lív. 26, 51, 4).

praepinguis, -e, adj. I — Sent. próprio: 1) Muito gordo (tratando-se de animais) (Plin. H. Nat. 8, 129). II — Daí: 2) Muito fértil (tratando-se do terreno) (Verg. En. 3, 698).

praepōllens, -ēntis. I — Part. pres. de **procpolleo.** II — Adj.: Muito poderoso (T. Lív. 1, 57).

praepollĕō, -ēs, -ēre, -pollŭī, v. intr. Ser muito poderoso, ser superior (Tác. An. 2, 51).

praepollŭī, perf. de **praepolleo.**

praeponderātus, -a, -um, part. pass. de **praepondero.**

praeponderō, -ās, -āre, -āvī, -ātum, v. intr. e tr. 1) Ser mais pesado, ter mais pêso (Sên. Ben. 6, 4, 1). 2) Pender, inclinar-se (Quint. 7, 2, 39). 3) Transitivamente: ultrapassar em pêso (Cíc. Of. 3, 18).

praepōnō, -is, -ĕre, -posŭī, -posĭtum, v. tr. I — Sent. próprio: 1) Pôr diante, pôr à frente, prepor (Cíc. Pomp. 63); (Cíc. Inv. 1, 58). II — Sent. figurado: 2) Preferir (Cic. Phil. 2, 27). Obs.: Perf. arc.: **praeposivi** (Plaut. Rud. 916); partic. sincopado **praepostus** (Lucr. 6, 997).

praepōrtō, -ās, -āre, -āvī, -ātum, v. tr. Levar diante de si, estar armado de (sent. próprio e figurado) (Lucr. 2, 621); (Cíc. Arat. 682).

praepositĭō, -ōnis, subs. f. I — Sent. próprio: 1) Ação de pôr diante ou à frente de, preferência (Cíc. Inv. 1, 42). II — Daí: 2) Fim proposto, fim (Cíc. Fin. 3, 54). Na língua gramatical: 3) Preposição (Cíc. Or. 158).

1. **praeposĭtus, -a, -um.** I — Part. pass. de **praepono.** II — Subs. n. pl.: **praeposita, -ōrum,** coisas preferidas, vantajosas (Cíc. Fin. 4, 72).

2. **praeposĭtus, -ī,** subs. m. Comandante, oficial (Tác. Hist. 1, 36).

praeposīvī, perf. arcaico de **praepōno** = **praeposŭī** (Plaut. Rud. 916).

praepōssum, -potes, -pōsse, v. intr. Ter preponderância, ter mais poder (Tác. Hist. 5, 8).

praepostĕrē, adv. Em ordem inversa, às avessas (Cíc. At. 7, 16, 1).

praepostĕrus, -a, -um, adj. I — Sent. próprio: 1) Que está em sentido contrário, em ordem inversa ou às avessas, daí: fora de propósito, que vem fora de tempo (Cíc. Lae. 85). II — Sent. figurado: 2) Desajeitado, que faz tudo às avessas (Cic. Clu. 71).

praepōstus, -a, -um, part. pass. sincopado de **praepōno** = **praepositus.**

praeposŭī, perf. de **praepōno.**

praepŏtens, -ēntis, adj. I — Sent. próprio e figurado: 1) Muito poderoso (Cic. Div. 2, 42). II — No m. pl.: 2) Os poderosos, os grandes, os ricos (Cíc. Lae. 54). Obs.: Constrói-se com gen.; com abl.

praepotŭī, perf. de **praepōssum.**

praeproperānter, v. **praepropere** (Lucr. 3, 779).

praepropĕrē, adv. Com grande pressa, muito precipitadamente (T. Lív. 37, 23, 10).

praepropĕrus, -a, -um, adj. I — Sent. próprio: 1) Muito rápido, rápido demais, precipitado (Cíc. Fam. 7, 8, 1). II — Sent. figurado: 2) Irrefletido, precipitado (T. Liv. 22, 41, 1).

praequēstus, -a, -um, adj. Que se queixou antes (Ov. Met. 4, 251).

praeradĭō, -ās, -āre, v. tr. Eclipsar com o brilho, deslumbrar, ofuscar (Ov. Her. 6, 116).

praerapĭdus, -a, -um, adj. I — Sent. próprio: 1) Muito rápido, muito ligeiro (T. Liv. 29, 32, 9). II — Sent. figurado: 2) Muito impaciente, impetuoso (Sên. Ir. 1, 12, 5).

praerēptus, -a, -um, part. pass. de **praeripio.**

praerigŭī, perf. do desusado **praerigēsco,** v. intr. Tornar-se excessivamente rígido (com o frio) (Tác. An. 13, 65).

praeripĭō, -is, -ĕre, -ripŭī, -rēptum, v. tr. 1) Ser o primeiro a agarrar, apressar-se em tomar (Lucr. 3, 896). 2) Levar diante de, levar prematuramente (Plaut. Cas. 102); (Cíc. Phil. 14, 5). 3) Arrebatar, roubar, privar de (Cíc. Amer. 2). 4) Antecipar-se, preceder (Cíc. Of. 1, 108).

praeripŭī, perf. de **praeripio.**

praerōdō, -is, -ĕre, (-rōsi), -rōsum, v. tr. Roer na frente, ou na ponta, ou em parte (Hor. Sát. 2, 5, 25).

praerogātĭō, -ōnis, subs. f. Distribuição, escolha anterior (Sên. Contr. 1, 2, 19).

praerogātīva, -ae, subs. f. Sent. próprio: 1) Ação de votar em primeiro lugar, e daí: primeira escolha (T. Liv. 21, 3, 1). 2) Presunção favorável, prognóstico, indício (Cíc. Verr. pr. 26). 3) Prerrogativa, privilégio (Plín. H. Nat. 37, 129). 4) A centúria prerrogativa, que votava em primeiro lugar (Cíc. Planc. 49).

praerogātīvus, -a, -um, adj. Chamado a votar em primeiro lugar (tratando-se da tribo ou centúria) (T. Liv. 26, 22).

praerōsi, perf. de **praerōdo.**

praerōsus, -a, -um, part. pass. de **praerōdo.**

praerumpō, -is, -ĕre, -rūpī, -ruptum, v. tr. Quebrar, romper pela frente, cortar, romper (Cés. B. Gal. 3, 14, 6).

praerūpī, perf. de **praerumpo.**

praerūptus, -a, -um. I — Part. pass. de **praerumpo.** II — Adj.: 1) Escarpado, abrupto (Cíc. Verr. 5, 145). III — Sent. figurado: 2) Violento, fogoso (Tác. An. 16, 7).

praes, praedis, subs. m. I — Sent. próprio: 1) Fiador (de uma pessoa que fêz alguma compra ao Estado, perante o qual êle fica responsável): **praedem esse pro aliquo** (Cíc. At. 12, 52, 1) «ser fiador de alguém». II — Sent. figurado: 2) Penhor, caução (Cíc. At. 6, 1, 8).

praesaep-, v. **praesēp-.**

praesāgĭō, -īs, -īre, -īvī, (ou -ĭī), v. tr. Adivinhar, augurar, pressagiar, prever, anunciar (Cíc. Div. 1, 65).

praesāgĭor, -īris, -īrī = praesagio (Plaut. Bac. 679).

praesāgītĭō, -ōnis, subs. f. Pressentimento (Cíc. Div. 1, 66).

praesāgĭum, -ī, subs. n. I — Sent. próprio: 1) Presságio (Vel. 2, 57, 1). II — Daí: 2) Predição, oráculo (Ov. Met. 15, 879).

praesāgus, -a, -um, adj. I — Sent. próprio: 1) Que pressente, que prevê, que adivinha (Verg. En. 10, 843). II — Daí: 2) Pressago, que pressagia, que anuncia, profético (Verg. En. 10, 177).

praescĭō, -īs, -īre, -īvī, -ītum, v. tr. Saber de antemão, antecipadamente (Ter. And. 239).

praescīscō, -is, -ĕre, praescīvī, v. tr. 1) Procurar saber de antemão, adivinhar, prever, pressentir (Verg. G. 4, 70). 2) Decidir antecipadamente (T. Liv. 27, 35, 5).

praescītus, -a, -um, part. pass. de **praescio.**

praescĭus, -a, -um, adj. I — Sent. próprio: 1) Que sabe de antemão, conhecedor de antemão (Tác. An. 11, 29). II — Daí: 2) Que prevê, que presente (Verg. En. 6, 66). 3) Que prediz, profético (V. Flac. 5, 529). Obs.: Constrói-se absolutamente e com gen.

praescīvī, perf. de **praescisco.**

praescrībō, -is, -ĕre, -scripsi, -scriptum, v. tr. I — Sent. próprio: 1) Escrever no princípio de uma lei, pôr como título, escrever antes (Cés. B. Gal. 3, 71, 3). II — Daí: 2) Prescrever, dar prescrições (Cíc. C.M. 27); (Cic. Div. 2, 123). 3) Mencionar antecipadamente, indicar prèviamente (Tác. An. 13, 4). Na língua jurídica: 4) Alegar uma exceção, fazer oposição (Quint. 7, 5, 3).

praescripsī, perf. de **praescribo.**

praescripsti, forma sincopada da 2ª pess. sg. do perf. de **praescrībō = praescripsisti** (Ter. And. 151).

praescriptĭo, -ōnis, subs. f. I — Sent. próprio: 1) Ação de escrever antes ou no frontispício de um escrito, título, prefácio (Cíc. Agr. 2, 22). II — Sent. figurado: 2) Prescrição, preceito, regra, lei (Cíc. Tusc. 4, 22). 3) Alegação, desculpa, pretexto (Cés. B. Civ. 3, 32). III — Na língua jurídica: 4) Exceção (Quint. 7, 5, 2). IV — Na língua filosófica: 5) Sofisma, subterfúgio (Sên. Ep. 48, 12).

praescriptum, -ī, subs. n. I — Sent. próprio: 1) Modêlo de escrito (Sên. Ep. 94, 9). II — Sent. figurado: 2) Prescrição, preceito, ordem, regra (Cés. B. Gal. 1, 36, 1).

praescriptus, -a, -um, part. pass. de **praescrībo**.

praesecātus, -a, -um, part. pass. de **praesēco**.

praesēco, -ās, -āre, -secŭī, -secātum e -sectum, v. tr. Cortar pela ponta, roer (Ov. R. Am. 112); (Hor. A. Poét. 294).

praesecātus, -a, -um, part. pass. de **praesēco**.

praesecŭī, perf. de **praesēco**.

praesēdī, perf. de **praesidĕo**.

praesēgmen, -ĭnis, subs. n. Pedaço (cortado), parcela (Plaut. Aul. 313).

praesens, -ēntis, adj. I — Sent. próprio: 1) Presente (no espaço e no tempo): *praesentis alicujus laus* (Cíc. Caec. 77) «elogio de alguém presente»; (Cíc. Part. 13). II — Daí: 2) Que está à vista, iminente, imediato, que se realiza imediatamente (Cíc. Div. 2, 122). III — Sent. figurado: 3) Eficaz, poderoso, salutar (Cíc. Verr. 4, 107). Sent. poético: 4) Capaz de (Hor. O. 1, 35, 2). 5) Propício, favorável (tratando-se dos deuses) (Cíc. Tusc. 1, 28). 6) De viva voz (Cic. Q. Fr. 2, 6, 1). 7) Senhor de si, firme, imperturbável, intrépido (Ter. Eun. 769). No n. pl.: 8) **praesentĭa**, -ium «as circunstâncias presentes», «o presente» (Cíc. Div. 1, 63).

praesēnsī, perf. de **praesentĭo**.

praesēnsĭo, -ōnis, subs. f. I — Sent. próprio: 1) Pressentimento, previsão (Cíc. Div. 1, 1). II — Daí: 2) Noção primitiva, idéia inata (Cic. Nat. 2, 45).

praesēnsus, -a, -um, part. pass. de **praesentĭo**.

praesentānĕum, -ī, subs. n. Remédio que age imediatamente (Plín. H. Nat. 30, 79).

praesentānĕus, -a, -um, adj. Sent. próprio: 1) Presente, atual; daí: 2) Instantâneo, enérgico (Suet. Ner. 33).

praesentārĭus, -a, -um, adj. Que está à disposição, de contado (tratando-se de dinheiro), que age imediatamente (Plaut. Most. 361); (Apul. Mel. 10, 4).

praesēntātus, -a, -um, part. pass. de **praesēnto**.

praesentĭa, -ae, subs. f. I — Sent. próprio: 1) Presença (Cíc. Fam. 5, 8, 5). Daí: 2) Tempo presente (Cés. B. Gal. 1, 15, 4). II — Sent. figurado: 3) Presença de espírito, sangue-frio, intrepidez (junto a *animi*) (Cíc. Mil. 62). 4) Eficácia, poder, fôrça (Ov. Met. 4, 611).

praesentĭo, -īs, -īre, -sēnsī, -sēnsum, v. tr. I — Sent. próprio: 1) Pressentir, prever, saber antecipadamente (Cíc. Div. 2, 100). II — Daí: 2) Ter a idéia inata de (Cíc. Nat. 2, 45).

praesēnto, -ās, -āre, v. tr. Apresentar, oferecer, dar (Plín. H. Nat. 37, 181).

praesēpe (**praesaepe**) -is, subs. n., **praesēpes** (-**saepes**), -is, subs. f., **praesēpis** (-**saepis**), -is, subs. f., **praesēpĭum** (-**saepĭum**), -ī, subs. n. I — Sent. próprio: 1) Presépio, estábulo, curral, redil, cavalariça, estrebaria (Verg. En. 7, 275). Daí, em sent. particular: 2) Manjedoura (Varr. R. Rust. 2, 5). II — Sent. figurado: 3) Lugar onde se come, sala de jantar, mesa (Hor. Ep. 1, 15, 28). 4) Morada, casa (geralmente no pl.) (Plaut. Rud. 1038). 5) Cortiço (de abelhas), colmeia (Verg. G. 4, 168). 6) Prostíbulo (Cíc. Pis. 42).

praesēpĭo (**praesaepĭo**), -īs, -īre, -sēpsī, -sēptum, v. tr. Obstruir, fechar, tapar (Cés. B. Gal. 7, 77, 11).

praesēpis (-**pĭum**), v. **praesēpe**.

praesēptus, -a, -um, part. pass. de **praesepĭo**.

praesēpsī, perf. de **praesepĭo**.

praesērtim, adv. Especialmente, principalmente, sobretudo: *praesertim homines tantulae staturae* (Cés. B. Gal. 2, 30, 4) «especialmente os homens de pequena estatura».

praeservĭo, -īs, -īre, v. intr. Servir com cuidado (Plaut. Amph. 124).

praeses, -ĭdis, subs. m. e f. I — Sent. próprio: 1) O ou a que preside, que está à testa de, chefe (Verg. En. 11, 483); (Suet. Aug. 23). II — Sent. figurado: 2) Protetor, defensor, sustentáculo (Cíc. Agr. 2, 15).

praesĭcō = **praesĕco**.
praesĭdens, -ēntis. I — Part. pres. de **praesĭdĕo**. II — Subs.: Aquêle que governa, governador (Tác. An. 3, 40).
praesĭdĕō, -ēs, -ēre, -sēdī, v. intr. e tr. I — Intr.: 1) Ocupar o primeiro lugar, presidir, estar à testa de, governar, comandar (Cés. B. Civ. 1, 85, 8); (Sal. C. Cat. 57, 2). II — Tr.: 2) Comandar, dirigir (Tác. An. 3, 39). III — Sent. figurado: 3) Proteger: agros (Sal. Hist. 3, 97) «proteger os territórios». Obs.: Constrói-se geralmente com dat.; às vêzes com acus., ou abl. com **in**.
praesidiārĭus, -a, -um, adj. Colocado nos postos avançados (língua militar) (T. Lív. 29, 8, 7).
praesidĭum, -ī, subs. n. I — Sent. próprio: 1) Presídio, guarnição, guarda (incumbida de guardar ou defender) (Cés. B. Gal. 1, 51, 1). Daí: 2) Guarda, escolta (Cíc. Amer. 13). 3) Pôsto, reduto, presídio (Cés. B. Gal. 6, 34, 1). Sent. particular: 4) Escolta militar (Cés. B. Gal. 1, 42, 5). 5) Fileiras (Cíc. Lig. 28). II — Sent. figurado: 6) Apoio, sustentáculo, defesa, socorro (sent. comum) (Cíc. Verr. 5, 167). 7) Pôsto (Cíc. Fin. 1, 10). 8) Garantia, defesa, meio de segurança (Cíc. Pomp. 70).
praesignĭfĭcō, -ās, -āre, v. tr. Dar a conhecer antecipadamente (Cíc. Div. 1, 82).
praesĭgnis, -e, adj. Muito notável (Ov. A. Am. 3, 773).
praesĭgnō, -ās, -āre, -āvī, -ātum, v. tr. Marcar prèviamente, marcar antes (Plín. H. Nat. 28, 36).
praesŏnō, -ās, -āre, -sonŭī, v. intr. Ressoar primeiro, ressoar melhor (Ov. Am. 3, 13, 11).
praesonŭī, perf. de **praesŏno**.
praespargō, -is, -ĕre, v. tr. Espalhar diante (Lucr. 5, 738).
praestābĭlis, -e, adj. I — Sent. próprio: 1) Excelente, notável, distinto, superior (Cíc. Lae. 104). II — Daí: 2) Vantajoso (Cíc. Vat. 10).
praestans, -āntis. I — Part. pres. de **praesto**. II — Adj.: 1) Que excede, superior, notável, eminente (Cíc. Br. 7); (Verg. En. 12, 69). 2) Enérgico, eficaz, poderoso (Plín. H. Nat. 13, 130). Obs.: Constrói-se como intr. absoluto; com gen. e, na poesia, com inf.

praestantĭa, -ae, subs. f. I — Sent. próprio: 1) Prestância, superioridade (Cíc. Lae. 70). II — Daí: 2) Eficácia (Plín. H. Nat. 12, 16).
praestat, impess. de **praesto**.
praestātĭō, -ōnis, subs. m. Sent. próprio: 1) Satisfação, pagamento; daí, em sent. figurado: 2) Garantia (sent. comum) (Sên. Brev. 13, 9).
praestātūrus, -a, -um, part. fut. de **praesto** 2 e 3.
praestātus, -a, -um, part. pass. de **praesto** 2 e 3.
praestērnō, -is, -ĕre, v. tr. Espalhar ou estender diante, abrir (sent. figurado) (Plín. Pan. 31, 1).
praestes, -ĭtis, subs. m. e f. Sent. próprio: 1). Que preside, soberano (epíteto dado aos deuses). Daí: 2) Defensor, guarda, protetor: **praestĭtes Lares** (Ov. F. 5, 129) «os Lares protetores».
praestĭgĭae, -ārum, subs. f. pl. Espécies de prestidigitação, artimanhas, ardis, artifícios (Cíc. Fin. 4, 74).
praestĭgĭātor, -ōris, subs. m. I — Sent. próprio: 1) Escamoteador (Sên. Ep. 45, 8). — Sent. figurado: 2) Charlatão, impostor (Plaut. Aul. 630).
praestĭgĭātrix, -īcis, subs. f. Enganadora, embusteira (Plaut. Amph. 782).
praestĭnātus, -a, -um, part. pass. de **praestĭno**.
praestĭnō, -ās, -āre, -āvī, -ātum, v. tr. Fixar de antemão o preço de um objeto, apreçar, comprar (Plaut. Capt. 848).
praestĭtes lares, v. **praestes**.
praestĭtī, perf. de **praesto** 3.
praestĭtŭī, perf. de **praestĭtŭo**.
praestĭtŭō, -is, -ĕre, -stĭtŭī, -stĭtūtum, v. tr. Fixar de antemão, determinar, designar (Cíc. Verr. 1, 148).
praestĭtus, -a, -um = **praestātus** (T. Lív. 43, 18, 11).
praestĭtūtus, -a, -um, part. pass. de **praestĭtŭo**.
1. **praestō**, adv. I — Sent. próprio: 1) À mão, ao alcance de (Cíc. Fam. 3, 5, 1). II — Donde: 2) Ao serviço de, às ordens de, à disposição de (Cic. Mur. 19). Obs.: É empregado, principalmente, junto aos verbos **sum** e **adsum**.
2. **praestō, -ās, -āre, -āvī, -ātum**, v. tr. I — Sent. próprio: 1) Estar à disposição de (Cíc. Fam. 1, 8, 4). II — Daí: 2) Fornecer, emprestar, dar. Donde: 3) Garantir, afiançar, responder por, ser fiador de (Cíc. Pomp. 47); (T. Lív.

40, 34, 14). Obs.: Constrói-se com acus.; com acus. e dat.; com acus. e abl. com de ou ab. Deriva-se do adv. acima referido (praesto 1).

3. **praestō, -ās, -āre, -stĭtī, -stătum,** v. intr. e tr. A) Intr. I — Sent. próprio: 1) Estar na frente, exceder, ultrapassar (Cíc. Br. 230); (T. Lív. 5, 36). B) Tr.: 2) Levar vantagem, ser superior (Cíc. Inv. 2, 1); (Cíc. Rep. 2, 2). II — Sent. figurado: 3) Defender, proteger, sustentar, garantir (Cíc. Pomp. 55); (Cíc. Flac. 31). 4) Provar, mostrar (Cíc. Br. 126). 5) Preencher, cumprir, executar (Cíc. De Or. 2, 38). 6) Fornecer, pôr à disposição, dar (Suet. Dom. 9). 7) Impess.: Ser preferível, ser melhor, valer mais (Cíc. At. 14, 9, 2). Obs.: Constrói-se com dat. e abl.; com dat.; com acus.; com acus. e dat.; com acus. e abl.; com inf.

praestŏlor, -āris, -ārī, -ātus sum, v. dep. intr. e tr. Esperar, aguardar, espreitar (Cíc. Cat. 1, 24); (Cés. B. Civ. 2, 23, 2). Obs.: Constrói-se com dat. ou acus.

praestrangŭlō, -ās, -āre, v. tr. Tapar a bôca a, estrangular (sent. próprio e figurado) (Quint. Decl. 3).

praestrīctus, -a, -um, part. pass. de praestringo.

praestringō, -is, -ĕre, -strīnxī, -strictum, v. tr. Tocar de leve, atingir, ferir, roçar (sent. próprio e figurado) (Cíc. Caecil. 46); (Cíc. Vat. 24).

praestrīnxī, perf. de praestringo.

praestrūctus, -a, -um, part. pass. de praestruo.

praestrŭō, -is, -ĕre, -strūxī, -structum v. tr. I — Sent. próprio: 1) Elevar antes, construir primeiro; estabelecer primeiramente (T. Lív. 28, 42, 7). II — Daí: 2) Obstruir, construir na frente (Ov. F. 1, 563).

praestrūxī, perf. de praestruo.

praesul, -ŭlis, subs. m. e f. Sent. próprio: 1) O que dança na frente (epíteto do sacerdote principal dos Sálios, que dançava à frente da procissão anual); daí: 2) O primeiro dos dançarinos (nos jogos públicos) (Cíc. Div. 1, 55).

praesultātor, -ōris, subs. m. O principal dos dançarinos (nos jogos) (T. Lív. 2, 36, 2).

praesultō, -ās, -āre, v. intr. Saltar diante de (sent. próprio e figurado) (T. Lív. 7, 10, 3).

praesultor, -ōris, v. **praesultātor** (V. Máx. 1, 7, 4).

praesum, praees, praeĕsse, praefŭī, v. intr. I — Sent. próprio: 1) Estar à frente, estar à testa de, presidir, comandar (Cés. B. Civ. 3, 25, 2); (Cíc. Verr. 4, 17). II — Daí: 2) Ser governador, governar: **praeesse in provincia** (Cíc. Verr. 3, 180) «ser governador numa província». Donde: 3) Guiar, dirigir, inspirar (Cíc. Lae. 37). III — Sent. poético: 4) Proteger (Ov. F. 5, 135). Obs.: Constrói-se geralmente com dat.; às vêzes aparece como absoluto.

praesūmō, -is, -ĕre, -sūmpsī, -sūmptum, v. tr. I — Sent. próprio: 1) Tomar adiantadamente (sent. concreto e abstrato) (Plín. Ep. 6, 10, 5); (Plín. H. Nat. 28, 55). Daí: 2) Antecipar, presumir (Verg. En. 11, 18). II — Sent. figurado: 3) Tirar, anular, suprimir (Quint. 10, 5, 4).

praesūmpsī, perf. de praesumo.

praesumptĭō, -ōnis, subs. f. I — Sent. próprio: 1) Idéia antecipada, presunção, hipótese (Plín. Ep. 4, 15, 11). II — Na língua filosófica: 2) Concepção primeira, idéia inata (Sên. Ep. 117, 5).

praesūmptus, -a, -um, part. pass. de praesumo.

praesŭō, -is, -ĕre, -sūtum, v. intr. Coser pela frente, cobrir cosendo (Ov. Met. 11, 9).

praesūtus, -a, -um, part. pass. de praesuo.

praetēctus, -a, -um, part. pass. de praetego.

praetĕgō, -is, -ĕre, -tēxī, -tēctum, v. tr. Cobrir pela frente, cobrir; daí: proteger, abrigar (Plín. Pan. 15).

praetēmptō = praetento, -ās, -āre.

praetēndī, perf. de praetendo.

praetēndō, -is, -ĕre, -tēndī, -tēntum, v. tr. I — Sent. próprio: 1) Estender diante, cobrir, pôr diante (Verg. G. 1, 270); (Verg. En. 8, 116). II — Daí: 2) Interpor, alegar, pretextar (T. Lív. 3, 45, 1); (T. Lív. 37, 54, 13).

praetĕner, -ĕra, -ĕrum, adj. Muito tenro (Plín. H. Nat. 14, 25).

praetentātus, -a, -um, part. pass. de praetento.

praetēntō (praetēmptō), -ās, -āre, -āvī, -ātum, v. tr. I — Sent. próprio: 1) Apalpar, tatear prèviamente; explorar, tateando (Ov. Ib. 269). II — Sent. figurado: 2) Sondar, experimentar, tentar (Ov. Met. 8, 7).

praetentus, -a, -um, part. pass. de **praetendo.**

praetenuis, -e, adj. I — Sent. próprio: 1) Muito fino, muito delgado (Plin. H. Nat. 16, 38). II — Sent. figurado: 2) Fraco (tratando-se do som) (Quint. 11. 3, 41).

praetepesco, -is, -ere, -tepui, v. incoat. intr. Aquecer-se prèviamente, aquecer-se antes (Ov. Am. 2, 3, 6).

praetepui, perf. de. **praetepesco.**

1. **praeter,** adv. e prevérbio. A) Adv.: Sent. figurado: exceto, exceção feita, além disso (Cíc. Q. Fr. 1, 1, 5); (Sal. C. Cat. 36, 2); (T. Lív. 4, 59, 7); (Plín. H. Nat. 4, 21). B) Como prevérbio encerra a idéia de passar na frente, ultrapassar: **praetereo,** ir na frente, passar à frente, ultrapassar; **praetermitto,** deixar passar na frente, deixar passar.

2. **praeter,** prep. (acus.) 1) Diante de, ao longo de: praeter castra Caesaris suas copias traduxit (Cés. B. Gal. 1, 48, 2) «êle fêz passar suas tropas ao longo do acampamento de César». 2) Além de, contra, em oposição a: **praeter spem** (Cíc. Verr. 5, 91) «contra tôda esperança». 3) Mais que, acima de: **praeter alios** (Cíc. Sull. 9) «mais que aos outros». 4) Exceto, com exceção de, sem contar: **omnibus sententiis praeter unam** (Cíc. Clu. 55) «por todos os sufrágios exceto um». 5) Além de, independente de: **praeter pecunias imperatas** (Cés. B. Civ. 3, 32, 4) «além das somas impostas».

praeterago, -is, -ere, -actum, v. tr. Fazer passar além (Hor. Ep. 1, 15, 10).

praterbito, -is, -ere, v. tr. Passar além (Plaut. Poen. 1163). Obs.: Constrói-se com acus.; ou como absoluto.

praeterduco, -is, -ere, v. tr. Conduzir para além (Plaut. Mil. 67).

praeterea, adv. Além disso, demais, depois disso (Cés. B. Gal. 3, 20, 2).

praetereo, -is, -ire, -ii (ou -ivi), -itum, v. intr. e tr. I — Sent. próprio: 1) Ultrapassar, exceder (sent. físico e moral) (Verg. En. 4, 157). 2) Passar perto ou no longo de, passar (Plaut. Cist. 683); (Plaut. Merc. 227); (Cíc. Fin. 5, 3); (Ov. P. 4, 7, 51). Daí: 3) Escapar (Cíc. Caec. 101). II — Sent. figurado: 4) Omitir, negligenciar, silenciar, preterir (Cíc. Verr. 5, 16); (Cés. B. Civ. 1, 6, 5). Obs.: Constrói-se como absoluto; com acus.; com or. inf.; com interrog. ind.; com inf.; ou com **quin.**

praeterequitans, -antis, adj. Que avança a cavalo (T. Lív. 3, 61, 9).

praetereundus, -a, -um, gerundivo de **praetereo.**

praeterferor, -ferri, -latus sum, passivo. Ser levado para além (T. Lív. 21, 55, 9). Obs.: Verbo raro, não usado por Cícero, e cujas abonações conhecidas só se encontram no **perfectum.**

praeterfluo, -is, -ere, v. intr. e tr. A) Intr.: Sent. próprio: 1) Correr perto, ou ao longo (Varr. R. Rust. 3, 16). II — Sent. figurado: 2) Escapar-se, perder-se (Cíc. Tusc. 5, 96). B) Tr.: 3) Banhar (T. Lív. 41, 11, 3).

praetergredior, -eris, -gredi, -gressus sum, v. dep. tr. Caminhar para diante, passar, transpor, ultrapassar (Cic. Fam. 3, 7, 4).

praeterhac, adv. Daqui por diante, a partir dêste momento (Plaut. Rud. 1118).

praeteriens, -euntis, part. pres. de **praetereo.**

praeteritus, -a, -um. I — Part. pass. de **praetereo.** II — Subs. n. pl.: **praterita, -orum,** o passado (Cíc. Pis. 59).

praeterlabor, -eris, -labi, -lapsus sum, v. dep. tr. I — Sent. próprio: 1) Correr perto de (Quint. 10, 3, 24). Daí: 2) Costear (Verg. En. 3, 478). II — Sent. figurado: 3) Escapar de (Cíc. De Or. 2, 109).

praeterlatus, -a, -um, part. pass. de **praeterferor.**

praetermeo, -as, -are, v. intr. e tr. I — Intr.: 1) Passar além ou adiante (Lucr. 1, 317). II — Tr.: 2) Correr ao longo de, banhar (Sên. Nat. 7, 6, 1).

praetermisi, perf. de **praetermitto.**

praetermissio, -onis, subs. f. I — Sent. próprio: 1) Omissão (Cíc. Top. 31). II — Daí: 2) Recusa (Cíc. Of. 2, 58).

praetermissus, -a, -um, part. pass. de **praetermitto.**

praetermitto, -is, -ere, -misi, -missum, v. tr. I — Sent. próprio: 1) Deixar passar (sent. físico e moral): **neminem** (Cíc. Fam. 11, 21, 1) «não deixar passar ninguém». Daí: 2) Deixar de lado, negligenciar (Cíc. Fam. 1, 8, 1); (Cíc. Nat. 3, 35). II — Sent. figurado: 3) Omitir, silenciar, esquecer (Cíc. Cat. 3, 18).

praeternavigo, -as, -are, v. intr. e tr. I — Sent. próprio: Tr.: 1) Passar, transpor, dobrar navegando (Suet. Ner. 27). II — Intr.: 2) Navegar perto, aportar (Suet. Tib. 12).

praetĕrō, -is, -ĕre, -trīvī, -trītum, v. tr. Esfregar por diante, usar, gastar (Plín. H. Nat. 11, 167).

praeterprŏpter, adv. Pouco mais ou menos, com pouca diferença, aproximadamente, quase, cêrca de (A. Gél. 19, 10, 2).

praetĕrquam, adv. Além, além de que, exceto, salvo (T. Liv. 22, 53, 6); (Cíc. Fam. 3, 7, 1); (Cés. B. Gal. 7, 77, 6).

praetervectĭō, -ōnis, subs. f. Travessia (Cíc. Verr. 5, 170).

praetervēctus, -a, -um, part. pass. de **praetervĕhor**.

praetervĕhens, -ēntis, part. pres. de **praetervĕhor**. Passando além de, avançando (T. Liv. 22, 49, 6).

praetervĕhor, -ĕris, -vĕhī, -vēctus sum, v. dep. intr. e tr. I — Sent. próprio: 1) Tomar a dianteira, passar além navegando, navegar adiante (Cíc. Fin. 5, 49); (Cíc. Verr. 5, 86). 2) Ultrapassar, dobrar (Verg. En. 3, 688). II — Sent. figurado: 3) Passar, silenciar (Cíc. Phil. 7, 8). Obs.: Geralmente é transitivo, raramente ocorrendo intransitivamente (Cíc. Fin. 5, 86).

praetervērtō, -is, -ĕre, v. tr. Passar diante de, ir em frente, ter em frente (Plín. H. Nat. 2, 181).

praetervŏlō, -ās, -āre, -āvī, -ātum, v. tr. I — Sent. próprio: 1) Voar além, ultrapassar, passar voando (Cíc. Arat. 412). II — Sent. figurado: 2) Passar despercebido, escapar a, não ser notado por (Cíc. Or. 197).

practēxī, perf. de **praetĕgo**.

praetĕxō, -is, -ĕre, -texŭī, -tēxtum, v. tr. I — Sent. próprio: 1) Tecer diante, tecer um bordado, bordar (sent. físico e moral) (Ov. P. 3, 8, 7); (Verg. En. 6, 5). Daí: 2) Colocar diante (Plín. Pan. 52). II — Sent. figurado: 3) Ocultar, encobrir: hoc praetexit nomine culpam (Verg. En. 4, 172) «com êste nome (de casamento) encobre a sua culpa». 4) Alegar, pretextar (Cíc. Pis. 56).

praetēxta, -ae, subs. f. I — Sent. próprio: 1) Pretexta (toga branca, com uma larga banda de púrpura, que os filhos dos patrícios usavam até os 16 anos mais ou menos, e os altos magistrados, nas cerimônias públicas) (Cíc. Verr. 1, 113). II — Sent. particular: 2) **Praetexta** (subent. **fabula**), tragédia romana (em que os atôres usavam a pretexta) (Hor. A. Poét. 288).

1. **praetextātus, -a, -um**, adj. I — Sent. próprio: 1) Vestido com a pretexta, ainda criança (Cíc. Pis. 8). II — Sent. particular: 2) Da infância, da adolescência: **praetextata amicitia** (Marc. 10, 20, 4) «amizade de infância». III — Sent. figurado: 3) Licencioso, obsceno (Suet. Vesp. 22); **praetextati mores** (Juv. 2, 170) «costumes dissolutos».

2. **praetextātus, -ī**, subs. m. Adolescente (até 16 anos) (T. Liv. 22, 57).

praetēxtum, -ī, subs. n. I — Sent. próprio: 1) Pretexto, desculpa (Tác. Hist. 2, 100). II — Sent. figurado: 2) Ornamento (Sên. Ep. 71, 9).

1. **praetēxtus, -a, -um**. I — Part. pass. de **praetēxo**. II — Adj.: Ornado, vestido com a toga pretexta (Prop. 4, 1, 11).

2. **praetēxtus, -ūs**, subs. m. I — Sent. próprio: 1) Ação de colocar diante de. II — Sent. figurado: 2) Pretexto (Petr. 97).

praetexŭī, perf. de **praetēxo**.

praetimĕō, -ēs, -ĕre, -timŭī, v. tr. Recear antecipadamente, ter mêdo (Plaut. Amph. 29).

praetingō, -is, -ĕre, -tīnctum, v. tr. Molhar primeiro (Ov. Met. 7, 123).

praetor, -ōris, subs. m. I — Sent. próprio: 1) Magistrado supremo, pretor, cônsul (palavras usadas concorrentemente) (T. Liv. 30, 43, 9). II — Sent. particular: 2) Comandante, general (Cíc. Div. 1, 123). 3) Pretor, magistrado que ministrava a justiça (T. Liv. 30, 2, 4). 4) Procônsul, propretor, governador (de província) (Cíc. Fam. 2, 17, 6). 5) Intendente (no séc. de Augusto): **praetores aerarii** (Tác. An. 1, 75) «intendentes do tesouro público». Note-se a expressão: **praetor maximus** (T. Liv. 7, 3, 5) «ditador ou cônsul que tinha os feixes». Obs.: Primitivamente o título de pretor era dado, apenas, ao magistrado supremo, que tinha o comando supremo do exército; depois, como as atribuições judiciais fôssem tiradas aos cônsules, o nome de **pretor** passou a ser dado ao magistrado que ministrava a justiça (**praetor urbanus, praetor peregrinus**).

praetōriānus, -a, -um, adj. De pretor, pretoriano, do pretório (Tác. An. 1, 24).

praetōriānī, -ōrum, subs. m. pl. Os pretorianos, a guarda pretoriana (Tác. An. 6, 3).

praetōrĭum, -ī, subs. n. I — Sent. próprio: 1) Pretório, tenda do general, ponto do acampamento onde fica a tenda do general (T. Lív. 10, 33). Daí, por extensão: 2) Residência do pretor (governador numa província) (Cíc. Verr. 4, 65). II — Sent. particular: 3) Conselho de guerra (T. Lív. 21, 54, 3). 4) Alvéolo da abelha mestra (Verg. G. 4, 75). 5) Milícia ou guarda pretoriana (Tác. Hist. 4, 26). 6) Casa de Campo (Suet. Aug. 72).

1. **praetŏrĭus, -a, -um,** adj. I — Sent. próprio: 1) De pretor, do pretor, pretoriano (Cíc. Pomp. 69). II — Daí, em sent. particular: 2) Do pretor = do governador de província (propretor) (Cíc. Verr. 1, 137). 3) Do comandante, do general: **praetoria cohors** (Cés. B. Gal. 1, 40, 15) «guarda pretoriana (que dependia do general em chefe)».

2. **praetŏrĭus, -ī,** subs. m. Ex-pretor, antigo pretor (Cíc. At. 16, 7, 1).

praetorquĕō, -ēs, -ēre, -tōrtus, v. tr. Torcer por diante, ou torcer antes (Plaut. Rud. 626).

praetōrtus, -a, -um, part. pass. de **praetorquĕo.**

praetrepĭdans, -āntis, adj. Tremendo muito, muito agitado (sent. figurado) (Catul. 46, 7).

praetrepĭdus, -a, -um, adj. Muito agitado, muito trêmulo (Suet. Tib. 63).

praetrītus, -a, -um, part. pass. de **praetĕro.**

praetrīvī, perf. de **praetĕro.**

praetrūncō, -ās, -āre, v. tr. Cortar pela extremidade, aparar (Plaut. Capt. 902).

praetŭlī, perf. de **praefĕro.**

praetūra, -ae, subs. f. Pretura, cargo de pretor (Cíc. Mur. 53).

Praetūtĭānus Ager, subs. pr. m. Território Pretuciano, região do Piceno, na Itália, perto de Ancona (T. Lív. 22, 9, 5).

praeŭmbrans, -āntis, adj. Que ofusca, que eclipsa (Tác. An. 14. 47).

praeŭrō, -is, -ĕre, -ūssī, -ūstum, v. tr. Queimar na ponta, na extremidade (Cés. B. Gal. 5, 40, 6).

praeūssī, perf. de **praeūro.**

praevalĕō, -ēs, -ēre, -valŭī, v. intr. I — Sent. próprio: 1) Valer mais, prevalecer, levar vantagem (Suet. Galb. 19). II — Daí: 2) Ter mais eficácia (Plín. H. Nat. 21, 152).

praevalĭdus, -a, -um, adj. I — Sent. próprio: 1) Muito forte, muito vigoroso, muito sólido (T. Lív. 7, 5). II — Sent. figurado: 2) Muito fértil (Verg. G. 2, 252). 3) Poderoso, considerado, respeitado, temido (Tác. An. 3, 53).

praevalŭī, perf. de **praevalĕo.**

praevārĭcātĭō, -ōnis, subs. f. Prevaricação (Cíc. Part. 124).

praevārĭcātor, -ōris, subs. m. Prevaricador (Cíc. Phil. 2, 25).

praevārĭcor, -āris, -ārī, -ātus sum, v. dep. intr. I — Sent. próprio: 1) Afastar-se da linha reta, quando está arando, desviar (Plín. H. Nat. 18, 179). II — Daí, na língua jurídica: 2) Prevaricar, transgredir, estar de conivência (tratando-se do advogado que entra em conivência com a parte contrária) (Cíc. Clu. 58). Obs.: Constrói-se como absoluto, ou com dat.

praevĕhor, -ĕris, -vĕhī, -vēctus sum, v. dep. intr. e tr. I — Intr.: 1) Tomar a dianteira (indo a cavalo), passar na frente de, ultrapassar (Verg. En. 7, 166). II — Tr.: 2) Passar ao lado, passar diante, passar além, exceder (Tác. Hist. 4, 71).

praevēlox, -ōcis, adj. Muito rápido, muito velox (sent. próprio e figurado) (Plín. H. Nat. 11, 111); (Quint. 11, 2, 24).

praevēnī, perf. de **praevenio.**

praevenĭō, -īs, -īre, -vēnī, -vēntum, v. intr. e tr. I — Sent. próprio: Intr.: 1) Tomar a dianteira, vir diante, preceder (T. Lív. 22, 24, 6). II — Sent. figurado: Tr.: 2) Antecipar, prevenir (T. Lív. 8, 16). Obs.: Constrói-se como absoluto ou com acus.

praevēntus, -a, -um, part. pass. de **praevenĭo.**

praevērrō, -is, -ĕre, v. tr. Varrer ou escovar diante (Ov. Am. 3, 13, 24).

praevērsus, -a, -um, part. pass. de **praevērto.**

praevērtī (praevŏrtī), perf. de **praevērto.**

praevērtō (praevŏrtō), -is, -ĕre, -vērtī, -vērsum, v. tr. I — Sent. próprio: 1) Fazer passar diante (Cíc. Div. 1, 10). II — Daí: 2) Preferir (Plaut. Ps. 293). Donde: 3) Ir na frente, preceder, prevenir (Cés. B. Gal. 7, 33, 1). 4) Ocupar em primeiro lugar, ocupar antecipadamente, tomar primeiramente, surpreender, vencer (Verg. En. 1, 721); (Ov. Met. 2, 657).

praevērtor (praevŏrtor), -ĕris, -vērtī, v. dep. intr. 1) Fazer passar adiante (T. Lív. 8, 13, 1). 2) Anteceder, preceder, exceder (Verg. En. 1, 317). 3) Ir na frente, prevenir (Plaut. Cas. 509). 4) Sent. reflexivo: Voltar-se primeiramente ou antecipadamente, ocupar-se de preferência com (Tác. An. 2, 55); (Plín. H. Nat. 28, 123).

praevĭdī, perf. de **praevĭdĕo**.
praevĭdĕō, -ēs, -ēre, -vīdī, -vīsum, v. tr. Ver antes, perceber antecipadamente, prever (sent. físico e moral) (Verg. En. 5, 44); (Cíc. At. 6, 9, 5).
praevīsus, -a, -um, part. pass. de **praevĭdĕo**.
praevĭtĭō, -ās, -āre, -ātum, v. tr. Corromper ou viciar prèviamente, envenenar (águas) (Ov. Met. 14, 55).
praevĭus, -a, -um, adj. Que vem adiante, que precede, guia, precursor (Ov. Met. 11, 65).
praevŏlō, -ās, -āre, -āvī, v. tr. Voar na frente (Cíc. Nat. 2, 125).
praevŏrtō = **praevĕrto**.
1. pragmatĭcus, -a, -um, adj. 1) Que tem experiência, hábil em política (Cíc. At. 14, 3, 2). 2) Experiente em questão de leis (Cíc. At. 2, 20, 1).
2. pragmatĭcus, -ī, subs. m. Legista, advogado, consultor (Cíc. De Or. 1, 253).
prandĕō, -ēs, -ēre, **prandī**, **pransum**, v. intr. e tr. A) Intr.: 1) Almoçar, tomar a refeição da manhã (Cíc. Fam. 7, 30, 1). B) Tr.: 2) Almoçar alguma coisa, comer no almôço (Hor. Sát. 2, 3, 45).
prandī, perf. de **prandĕo**.
prandĭum, -ī, subs. n. 1) Almôço (ao meio-dia, geralmente constituído de peixe, legumes e frutas) (Cíc. Mur. 73). 2) Refeição (em geral) (Marc. 4, 49, 3).
pransor, -ōris, subs. m. O que almoça fora de casa, convidado (Plaut. Men. 274).
pransōrĭus, -a, -um, adj. Que serve para o almôço (Quint. 6, 3, 99).
pransus, -a, -um, part. pass. de **prandĕo**: **pransus potus** (Cíc. Mil. 56) «tendo almoçado e bebido».
Prāsĭae, -ārum, subs. pr. f. Prásias, nome de um lugar da Ática, na Grécia (T. Liv. 31, 45, 10).
prasĭnātus, -a, -um, adj. Vestido de verde (Petr. 28, 8).
prasĭnus, -a, -um, adj. Verde (Plín. H. Nat. 37, 181).
prātēnsis, -e, adj. De prado, que nasce nos prados (Hor. Sát. 2, 4, 20).
prātŭlum, -ī, subs. n. Pequeno prado, tapête de verdura (Cíc. Br. 24).
prātum, -ī, subs. n. I — Sent. próprio: 1) Prado, campina (Cíc. C.M. 57). II — Sent. poético: 2) Erva, relva, tapête de verdura (Ov. A. Am. 1, 299). 3) Planície, lugar plano: **Neptunia prata** (Cíc. Arat. 129) «a planície líqüida», i.é, «as planícies de Netuno, i.é, os mares».

prāvē, adv. I — Sent. próprio: 1) De revés, defeituosamente (Hor. Ep. 1, 1, 104). II — Sent. figurado: 2) Depravadamente, perversamente, funestamente (Cíc. Ac. 1, 37).
prāvĭtās, -tātis, subs. f. I — Sent. próprio: 1) Deformidade (física), defeito (Cíc. Tusc. 4, 29). II — Sent. figurado: 2) Vício, defeito (moral) (Cíc. De Or. 1, 156). 3) Falta de juízo, êrro, desatino (Tác. Hist. 3, 41). III — Sent. moral: 4) Perversidade, depravação (Cíc. Fin. 2, 27).
prāvus, -a, -um, adj. I — Sent. próprio: 1) Torto (em oposição a **rectus** e referindo-se às pernas, braços, bôca, etc.), disforme, mal feito (Cíc. Fin. 5, 46). II — Sent. figurado: 2) Defeituoso, vicioso, depravado, corrupto (Cíc. Br. 184). 3) Que julga mal, cego, imprudente, errôneo (Cíc. Br. 258). III — Sent. moral: 4) Mau (Tác. Hist. 4, 68). IV — Subs., no n. pl.: 5) O mal (Tác. An. 11, 33).
praxis, -is, subs. f. Maneira de proceder, prática (Petr. 39, 4).
Praxĭtĕlēs, -is, subs. pr. m. Praxíteles, célebre escultor grego (Cíc. Verr. 4, 4).
Praxĭtelĭus, -a, -um, adj. De Praxíteles (Cíc. Div. 2, 48).
Praxō, -ūs, ou -ōnis, subs. pr. f. Praxo, nome de uma ateniense nobre (T. Liv. 42, 15).
precans, -āntis, part. pres. de **precor**.
precārĭō, adv. I — Sent. próprio: 1) Com súplica, com instância (Cíc. Verr. 2, 59). II — Em linguagem jurídica: 2) A título precário, precàriamente (Plín. Ep. 7, 30, 4).
precārĭus, -a, -um, adj. I — Sent. próprio: 1) Que só se obtém com súplicas (T. Liv. 3, 47, 2). II — Daí: 2) Precário, mal asssegurado, pouco seguro, passageiro (Tác. Hist. 1, 52).
precātĭō, -ōnis, subs. f. I — Sent. próprio: 1) Ação de pedir, súplica (Cíc. Tusc. 1, 114). II — Daí: 2) Votos, desejos, imprecações (Plín. H. Nat. 28, 42).
precātor, -ōris, subs. m. O que pede, o que implora, intercessor (Plaut. Ps. 606).
1. precātus, -a, -um, part. pass. de **precor**.
2. precātus, -ūs, subs. m. Ação de pedir, súplica (Estác. Theb. 11, 103).

precēs, -um, subs. f. pl. I — Sent. próprio: 1) Pedidos, súplicas, instâncias (Cés. B. Gal. 5, 6, 3). II — Sent. particular: 2) Votos, desejos (de feliz ano nôvo) (Ov. F. 1, 177). 3) Preces, orações (aos deuses), súplicas (Cíc. Clu. 201). 4) Imprecações, pragas (Cés. B. Gal. 6, 31, 5).

prĕcĭae (prĕtĭae) vites, subs. f. pl. Espécie de videira temporã (Verg. G. 2, 95).

Preciānus, -ī, subs. pr. m. Preciano, nome de homem (Cíc. Fam. 7, 8, 2).

precor, -āris, -ārī, -ātus sum, v. dep. tr. I — Sent. próprio: 1) Pedir, suplicar, invocar (Cíc. Cat. 2, 29); (Cíc. Nat. 3, 84); (Cíc. Q. Fr. 1, 3, 9). II — Daí: 2) Desejar bem ou mal (Cíc. Pis. 43); (Cíc. Pis. 33). Obs.: Constrói-se com acus. acompanhado ou não de ad; com acus. e dat.; com acus. e abl. com ab ou pro; com duplo acus.; com ut, ne ou quominus; com or. inf. Na poesia aparece simplesmente acompanhado de subjuntivo, sem conjução: **venias precamur** (Hor. O. 1, 2, 30) «pedimos que venhas». Aparece também como intr. absoluto, como em Verg. En. 6, 117.

prehĕndō = praehĕndo.

prehēnsō (prensō), -ās, -āre, -āvī, -ātum, v. tr. I — Sent. próprio: 1) Esforçar-se por apanhar (Verg. En. 2, 444). Daí: 2) Tomar com fôrça, apertar, segurar: **genua** (Tác. Hist. 1, 66) «apertar os joelhos (suplicando)». II — Sent. figurado: 3) Solicitar (cargo), implorar (sufrágios) (Cíc. At. 1, 1, 1).

prehēnsus, -a, -um = praehēnsus, -a, -um, part. pass. de **praehĕndo**.

Prelīus (Pri-) Lacus, subs. pr. m. Lago Prélio, na Etrúria, atual lago de Castiglione (Cíc. Mil. 74).

prĕlum, -ī, subs. n. I — Sent. próprio: 1) Vara do lagar, lagar (Verg. G. 2, 242). II — Sent. particular: 2) Prensa (de apertar papel ou para tecidos) (Marc. 2, 46, 3).

prĕmō, -is, -ĕre, pressī, pressum, v. tr. I — Sent. próprio: 1) Apertar (sent. físico e moral), estreitar, premer (Verg. En. 8, 288); (Cíc. Amer. 97). Daí: 2) Comprimir, fazer pressão sôbre, carregar (sent. físico e moral), reduzir (Verg. G. 3, 4); (Tác. An. 6, 50); (Verg. G. 1, 157); (Verg. G. 1, 303). Donde: 3) Enterrar, plantar, esconder, ocultar (Verg. G. 2, 346). 4) Imprimir, marcar (Ov. F. 6, 610). II — Sent. figurado: 5) Insistir, perseguir (Cíc. Tusc. 1, 88). Daí: 6) Fazer sair apertando, espremer

(Hor. Sát. 2, 8, 46). 7) Abaixar, abater, relaxar, deprimir (Ov. Met. 2, 135); (Tác. Hist. 4, 2); (T. Lív. 22, 12, 12). 8) Deter, fazer parar, suspender (Tác. An. 15, 64); (Verg. En. 6, 197); (Verg. En. 9, 324). Metafòricamente: 9) Irritar-se contra alguém, açular, incitar (T. Lív. 39, 40, 9); (Cíc. At. 6, 1, 3).

prendō = praehĕndo.

prensātĭō, -ōnis, subs. f. Sent. figurado: esforços para atingir, busca, solicitação (dos candidatos) (Cíc. At. 1, 1, 1).

prensō = prehēnso.

prensus = praehēnsus.

pressē, adv. Sent. próprio: 1) Com apêrto, no apêrto da multidão. Daí, em sent. figurado: 2) Com precisão, com clareza (Cíc. De Or. 3, 45).

pressī, perf. de **premo**.

pressĭō, -ōnis, subs. f. Sent. próprio: 1) Pressão, pêso (Vitr. 10, 3, 5). Daí: 2) Guindaste, cabrestante (Cés. B. Civ. 2, 9, 5).

pressō, -ās, -āre, v. freq. de **premo**, tr. Apertar (Verg. Buc. 3, 99).

pressūra, -ae, subs. f. I — Sent. próprio: 1) Ação de apertar, pressão (Apul. M. 5, 17). Daí: 2) Pêso, carga (Apul. M. 7, p. 195, 35).

1. **pressus, -a, -um**. I — Part. pass. de **premo**. II — Adj.: 1) Apertado, comprimido, esmagado, acabrunhado (T. Lív. 28, 14, 14). III — Sent. figurado: 2) Lento, marcado (Cíc. Tusc. 1, 106). Daí: 3) Contido, retido, surdo (Cíc. Sen. 13). Donde, na língua retórica: 4) Conciso, preciso, exato (Cíc. De Or. 2, 96). 5) Bem articulado, pronunciado distintamente, claro (Cíc. Nat. 2, 149).

2. **pressus, -ūs**, subs. m. I — Sent. próprio: 1) Pressão, ação de apertar (Cíc. Tusc. 2, 54). II — Sent. figurado: 2) Ação de apertar (os lábios): **oris** (Cíc. De Or. 3, 43) «maneira de mover os lábios, pronúncia, articulação».

prestēr, -ēris, subs. m. 1) Meteoro ígneo, coluna de fogo (Lucr. 6, 24). 2) Espécie de serpente cuja picada produzia uma sêde ardente (Luc. 9, 721).

pretĭōsē, adv. Ricamente, magnificamente (Cíc. Inv. 2, 116).

pretĭōsus, -a, -um, adj. I — Sent. próprio: 1) Que fica caro, dispendioso, precioso, caro (Cíc. Of. 3, 89). II — Daí: 2) Que custa caro, que paga caro, por bom preço (Hor. O. 3, 6, 32).

pretĭum, -ī, subs. n. I — Sent. próprio: 1) Preço (quantia paga por um serviço ou dada por uma coisa) (Cíc. At. 12,

31, 2). Daí: 2) Preço, valor (Cíc. Amer. 77). II — Sent. figurado: 3) Mérito, utilidade, excelência (Tác. An. 1, 57). 4) Na locução: **operae pretium est** «vale a pena de», «é conveniente que» (T. Lív. 25, 30, 3). 5) Recompensa, prêmio, salário, castigo (Hor. O. 3, 24, 24). 6) Ouro, dinheiro, moeda (Hor. O. 3, 16, 8). III — Sent. particular: 7) Resgate (Cíc. Of. 3, 107).

prex (desusado), **precis**, subs. f. 1) Pedido, súplica (Hor. Sát. 2, 6, 13). 2) Prece, súplica (aos deuses) (Ov. F. 6, 251). Obs.: 1) Geralmente usado no pl.: **preces, -um**. 2) No sg. apenas ocorrem as formas de acus., dat. e abl.

Priamēis, -ĭdis, subs. pr. f. Priameida, filha de Príamo, i.é, Cassandra (Ov. Am. 1, 9, 37).

Priamēĭus, -a, -um, adj. Priameu, de Príamo: **Priameia virgo** (Verg. En. 2, 403) «virgem priaméia», i.é, «Cassandra».

Priamĭdēs, -ae, subs. pr. m. Priâmida, filho de Príamo (Heleno) (Verg. En. 3, 295). Obs.: subs. m. pl.: **-dae** (Ov. Met. 13, 482).

Priămus, -i, subs. pr. m. Príamo. 1) Filho de Laomedonte, a quem sucedeu, como último rei de Tróia, e espôso de Hécuba. Entre seus numerosos filhos contam-se Heitor, Páris e Cassandra (Verg. En. 1, 458). 2) Filho de Polites, e neto do rei Príamo, que acompanhou Enéias à Itália (Verg. En. 5, 564).

Priāpus (-os), -ĭ, subs. pr. m. Priapo. I — Sent. próprio: 1) Filho de Baco e de Vênus, nascido em Lampsaco: é o deus dos jardins, das vinhas, da navegação e símbolo da fecundidade (Verg. G. 4, 111). II — Sent. figurado: 2) Devasso, libertino, dissoluto (Catul. 47, 4).

Priatĭcus Campus, subs. pr. m. Campo Priático, na Trácia, perto de Maronéia (T. Lív. 38, 41).

prĭdem, adv. Há já algum tempo, há muito tempo, desde há muito, outrora (Cíc. Verr. 1, 126).

prĭdiānus, -a, -um, adj. Da véspera (Suet. Tib. 34).

pridiē, adv. Na véspera, de véspera (Cés. B. Gal. 1, 47, 2).

Priēnē, -ēs, (-na, -ae), subs. pr. f. Priene, cidade jônia da Ásia Menor, no mar Egeu, fronteira à ilha de Samos e perto da foz do rio Meandro. Foi pátria de Bias (Cíc. Par. 8).

Prilĭus Lacus, v. **Prelĭus**.

prīma, -ōrum, subs. n. pl. I — Sent. próprio: 1) O começo, o princípio; daí: 2) Os elementos, os princípios das coisas (Lucr. 4, 186). 3) Os primeiros impulsos da natureza humana (Cíc. Fin. 2, 34). 4) As primeiras coisas (Tác. Hist. 2, 11). II — Sent. moral: 5) O escol, a flor, a nata (Cíc. Or. 4).

prīmae, -ārum, subs. f. pl. Primeiro lugar, primeira categoria, primeiro papel (Cíc. Br. 183).

prīmaevus, -a, -um, adj. Primevo, que está na flor da idade (Verg. En. 7, 162).

prīmānĭ, -ōrum, subs. m. pl. Soldados da primeira legião (Tác. Hist. 2, 43).

prīmārĭus, -a, -um, adj. O primeiro (em categoria), da primeira categoria, principal, de primeira ordem (Plaut. Mil. 667).

prīmās, -ātis, adj. m. e f. Que está na primeira categoria (Apul. M. 2, p. 123, 1).

Prīmigenĭa, -ae, subs. pr. f. Primigênia, epíteto da deusa Fortuna (Cíc. Leg. 2, 28).

primigenĭus, -a, -um, adj. Primigênio, primitivo, original, o primeiro da espécie (Varr. R. Rust. 2, 2).

prīmigĕnus, -a, -um, adj. O primeiro (no tempo), mais velho (Lucr. 2, 1106).

prīmipīlāris, -is, adj. Primipilar, centurião do primeiro manípulo dos triários, centurião primipilo (Tác. Hist. 2, 22).

prīmipĭlus, -ĭ, subs. m. Primipilo, centurião do primeiro manípulo dos triários (Cés. B. Gal. 2, 25, 2).

prīmitĭae, -ārum, subs. f. pl. I — Sent. próprio: 1) Primícias, primeiros frutos (Ov. F. 2, 520). II — Daí: 2) Primícias, começo (Verg. En. 11, 156).

prīmĭtus, adv. No começo, primitivamente, originàriamente (Lucr. 4, 1030). Obs.: **Primitus cum** (Varr. R. Rust. 1, 31, 2) «desde que».

prīmō, adv. No começo, primeiramente, no primeiro momento (Cíc. Verr. 4, 66).

prīmordĭum, -ĭ, subs. n. (geralmente no pl.). I — Sent. próprio: 1) Origem, primórdio, começo (Cíc. Part. 7). II — Sent. particular: 2) Elevação ao trono (de um príncipe) (Tác. An. 1, 7). Obs.: Em Lucrécio: **ordia prima**, «as moléculas, os elementos» (Lucr. 4, 32).

prīmōrēs, -um, subs. m. pl. 1) Os que estão em primeiro lugar, os primeiros (sent. próprio e figurado): **primores** (T. Lív. 1, 47, 11) «os homens da primeira categoria, os principais, os patrícios». 2) A primeira linha de combate, os primei-

ros combatentes, a vanguarda (Q. Cúrc. 4, 6, 17).
primōris, -e, adj. I — Sent. próprio: 1) O primeiro, a primeira, que está em primeiro lugar (Plín. H. Nat. 7, 70). 2) Que fica na extremidade ou na frente, na ponta ou no extremo (Cíc. Cael. 28) II — Sent. figurado: 3) De primeira categoria, ilustre: **primores feminae** (Tác. An. 2, 29) «damas de primeira categoria».
primŭlum, adv. Para começar, em primeiro lugar (Ter. Ad. 289).
primŭlus, -a, -um, adj. O primeiro (Plaut. Amph. 737).
primum, adv. 1) Primeiramente, em primeiro lugar (Cíc. Verr. 2, 143). 2) Pela primeira vez (Cíc. Clu. 8).
primumdum, adv. Primeiramente, antes de tudo (Plaut. Most. 400).
1. prīmus, -a, -um, num. or. I — Sent. próprio: 1) Que está na frente de tudo, o primeiro (no tempo, no lugar) (Cíc. At. 9, 6, 5). II — Daí, em sent. moral: 2) O mais importante, o principal, o primeiro, o melhor (pela sua categoria): **primus civitatis** (Cíc. Verr. 4, 15) «o principal (homem) da cidade». Por extensão: 3) Que está no começo, que começa, próximo: **prima nocte** (Cés. B. Gal. 1, 27, 7) «ao cair da noite»; **primo vere** (Cés. B. Gal. 6, 3, 4) «no começo da primavera». Em locuções: 4) **a primo,** «desde o princípio» (Cíc. Or. 26). 5) **in primo** «no começo» (Cíc. Or. 215). 6) **in primo** (língua militar) «na primeira linha» (T. Lív. 25, 21, 6). Obs.: É um superlativo que serve de ordinal a **unus.**
2. Prīmus, -i, subs. pr. m. Primo, sobrenome dos Cornélios e dos Antônios (Tác. An. 14, 40).
1. princeps, -cĭpis, adj. e subs. I — Sent. próprio: 1) Que ocupa o primeiro lugar, que ocupa a primeira categoria, que toma a primeira parte, o primeiro (Cíc. Verr. 2, 2). II — Daí: 2) O principal, o chefe: **princeps legationis** (Cíc. Verr. 4, 15) «o chefe da embaixada». 3) Que dirige, guia, conselheiro (Cic. De Or. 1, 216). III — Sent. particular: 4) Príncipe (do senado), i.é: o que primeiro votava, que era o primeiro inscrito na lista do senado pelos censores (T. Lív. 27, 11, 9). 5) Imperador (título a partir de Augusto que, como **princeps,** concentrou, nas mãos, todo o poder) (Tác. An. 1, 1). 6) A flor da nobreza (na época republicana) (T. Lív. 2, 12, 15).
IV — Na língua militar: 7) Soldados da primeira linha, a princípio, e, depois, os da segunda linha (T. Lív. 8, 8, 6). 8) Um manípulo formado de soldados da primeira linha, de **principes** (T. Lív. 26, 6, 1). 9) Um centurião dos **principes** (Cés. B. Civ. 3, 64, 4).
2. Princeps, -ĭpis, subs. pr. m. Príncipe, nome de homem (Fedr. 5, 7, 4).
principālis, -e, adj. I — Sent. próprio: 1) Primitivo, originário (Cíc. Fat. 9). II — Daí: 2) Principal, capital, fundamental, superior (Quint. 4, 3, 1). 3) Relativo ao príncipe, ao soberano, ao imperador, imperial (Tác. Hist. 2, 81). 4) Relativo ao quartel-general no acampamento (T. Lív. 4, 19).
principālĭter, adv. À maneira de um príncipe, principescamente (Sên. Pol. 36).
principātus, -ūs, subs. m. I — Sent. primitivo (raro): 1) Começo, origem (Cíc. Tim. 4). II — Sent. próprio: 2) Supremacia, preeminência, supremo mando, autoridade (Cíc. Of. 1, 64). Daí: 3) Supremacia, hegemonia (entre nações) (Cés. B. Gal. 1, 43, 7). III — Sent. particular: 4) Princípio dominante (língua filosófica) (Cíc. Tusc. 1, 20). 5) Império, realeza, reino, comando (Tác. Agr. 3).
principes, v. **princeps.**
principia, -iōrum, subs. n. pl. I — Sent. próprio: 1) Princípios, primórdios, fundamento, origem (Cíc. Leg. 1, 18). II Na língua militar: 2) As primeiras linhas, a vanguarda (T. Lív. 2, 65, 2). 3) Quartel-general no acampamento (T. Lív. 28, 24, 10).
principiālis, -e, adj. Primitivo, originário (Lucr. 2, 423).
principĭum, -i, subs. n .I — Sent. próprio: 1) Princípio, começo, origem (Cíc. C.M. 78). II — Daí, em sent. particular: 2) Exórdio, começo (de um trabalho), prelúdio (Cíc. Br. 210). 3) O que começa primeiro (T. Lív. 9, 38, 15). 4) Fundamento, origem (Cíc. Of. 1, 54). III — Em locuções: 5) **principio** «em primeiro lugar, primeiramente» (Cíc. Of. 1, 11). 6) **a princípio** «desde a origem» (Cíc. Br. 157).
prior, prius, adj. comparat. (gen.: **priōris**). I — Sent. próprio: 1) Que está adiante (no tempo ou no espaço e tratando-se de dois) (C. Nep. Eum. 5, 5). Daí: 2) Precedente, anterior, primeiro (tratando-se de dois) (Cíc. Cat. 1, 8). II — Sent. figurado: 3) Superior, mais importante (T. Lív. 27, 8, 6).

priōrēs, -um, subs. m. pl. Os antigos, os nossos antepassados (Verg. En. 3, 693).
priscē, adv. Como os antigos, à antiga, severamente (Cíc. Cael. 33).
priscī, -ōrum, subs. m. pl. Os antigos (Cíc. Tusc. 1, 27).
Priscĭlla, -ae, subs. pr. f. Priscila, nome de mulher (Estác. S. 5, 1, 3).
1. priscus, -a, -um, adj. I — Sent. próprio: 1) Prisco, antigo, velho, dos primeiros tempos, primitivo (Cíc. Tim. 38); (Cíc. De Or. 1, 193). Daí: 2) De outros tempos, venerável, virtuoso (Hor. Saec. 57). II — Sent. figurado: 3) Severo (Catul. 64, 159).
2. Priscus, -ī, subs. pr. m. Prisco, sobrenome romano, distinguindo-se: Tarquinius Priscus (T. Liv. 1, 34, 10) ou Priscus Tarquinius (T. Liv. 5, 34, 1). Tarquínio Prisco, ou Prisco Tarquínio, um dos reis de Roma. Obs.: v. Helvidius.
pristĭnus, -a, -um, adj. I — Sent. próprio: 1) Pristino, antigo, de outrora, primitiva (Cés. B. Gal. 7, 54, 4). II — Daí: 2) Precedente, imediatamente anterior, passado (Cés. B. Gal. 4, 14, 3). 3) Velhos tempos (= priscus) (Plaut. Truc. 6). Obs.: É sinônimo de priscus, mas diz-se de coisas que ainda duram.
pristis, -is, subs. f. I — Sent. próprio: 1) Monstro marinho, baleia (Verg. En. 10, 211). II — Sent. figurado: 2) Espécie de navio (T. Liv. 35, 26, 1). 3) Nome de um navio (Verg. En. 5, 116).
prius, adv. I — Sent. próprio: 1) Antes, primeiramente (Cés. B. Gal. 7, 47, 7). II — Daí, em linguagem poética: 2) Outrora, antigamente (Catul. 2, 25).
priŭsquam ou prius...quam, conj. 1) Antes que, antes do momento em que (Cés. B. Gal. 1, 5). 2) Antes que, sem que antes (Cés. B. Gal. 3, 26, 3). 3) Até que (com idéia de futuro ou de eventualidade) (Cíc. Balb. 18). Obs.: Pode ser empregado como equivalente de potius quam (cf. Cés. B. Civ. 3, 1, 5).
privantĭa, -ium, subs. n. pl. Partículas privativas (têrmo gramatical) (Cíc. Top. 48).
privātim, adv. Particularmente, separadamente, em especial (Cíc. Verr. 4, 17).
privātĭō, -ōnis, subs. f. Privação, falta (de alguma coisa) (Cíc. Fin. 1, 37).
1. privātus, -a, -um. I — Part. pass. de privo. II — Adj.: Privado, próprio, particular, pessoal (Cíc. Phil. 3, 14); (Cíc. Phil. 11, 25); (Cíc. C. M. 22). Subs. m.: privātus, -ī, simples cidadão.

2. privātus, -ī, subs. m. Um particular, simples cidadão (Cíc. Cat. 1, 3).
Privērnās, -ātis, adj. Privernate, de Priverno (Cíc. Clu. 141).
Privernātēs, -ĭum, subs. loc. m. Privernates, habitantes de Priverno (T. Liv. 7, 15).
Privērnum, -ī, subs. pr. n. Priverno, cidade dos volscos, na Itália, atual Piperno (Verg. En. 11, 540).
privīgna, -ae, subs. f. Enteada (Cíc. At. 13, 20, 2).
privīgnus, -ī, subs. m. Enteado (Cíc. Clu. 188).
privilēgĭum, -ī, subs. n. I — Sent. próprio: 1) Lei ou medida tomada em favor de um particular, lei excepcional (Cíc. Br. 89). II — Daí: 2) Privilégio (Sên. Ben. 3, 11, 1).
privō, -ās, -āre, -āvī, -ātum, v. tr. 1) Pôr de parte, isentar, livrar (Cíc. Fin. 1, 37). 2) Com matiz pejorativo: privar de, despojar (Cíc. At. 9, 10, 1); (Cíc. Fin. 5, 87). Obs.: Constrói-se com acus. e abl.
privus, -a, -um, adj. I — Sent. próprio: 1) Particular (sg. tomado isoladamente), próprio, especial (Hor. Ep. 1, 1, 92). II — Daí: 2) Dado pessoalmente, dado a cada um (sent. distributivo) (T. Liv. 7, 37, 2). 3) Privado de, desprovido de (com gen.) (Sal. Hist. 1, 100). Obs.: É de uso pouco freqüente, sendo substituído ou por privatus ou por proprius, e, no sent. distributivo, por singuli.
1. prō, interj. Indica espanto ou indignação: oh!, ah!: pro dii immortales! (Cíc. Pomp. 33) «ah! deuses imortais!». Obs.: Pode vir empregada com voc., acus. ou isoladamente.
2. prō, prep. (abl.). I — Sent. próprio: 1) Diante de, defronte de, em presença de: pro castris copias producere (Cés. B. Gal. 1, 48) «fazer avançar as tropas defronte do acampamento». II — Daí: 2) Por, a favor de, no interêsse de (em oposição a contra): contra aliquem, pro aliquem (Cíc. Clu. 88) «contra alguém, a favor de alguém». 3) Por causa de: pro commerita noxia amicum hodie meum concastigabo (Plaut. Trin. 26) «hoje castigarei meu amigo pela falta cometida». 4) Em vez de, em lugar de (idéia de substituição): pro consule (Cíc. De Or. 1, 82) «como procônsul» (veja proconsul). 5) Como, por: pro occiso relictus (Cíc. Ses. 81) «deixado como morto». 6) Pelo preço de, por: aliquid pro

carmine dare (Cíc. De Or. 2, 351) «dar alguma coisa por um poema». 7) Segundo, conforme, em proporção, proporcionalmente: **pro hostium numero** (Cés. B. Gal. 1, 51, 1) «proporcionalmente ao número dos inimigos». 8) Em virtude de, em atenção a: **pro tua prudentia** (Cíc. Fam. 4, 10, 2) «em virtude de tua sabedoria». Obs.: Como prevérbio, alternam as formas pro e prod, empregando-se esta última apenas antes de vogal e de forma não sistemática: **proconsul, profero, prodeo, proavus, prout,** etc.

proăgŏrus, -i, subs. m. Proágoro, primeiro magistrado de uma cidade (na Sicília) (Cíc. Verr. 4, 50).

proauctor, -ōris, subs. m. Fundador, primeiro autor (Suet. Cl. 24).

proăvī, -ōrum, subs. m. pl. Os antepassados (Juv. 3, 312).

proavia, -ae, subs. f. Bisavó (Suet. Cal. 10).

proavītus, -a, -um, adj. Relativo ao bisavô, aos antepassados, hereditário (Ov. Met. 13, 416).

proăvus, -i, subs. m. I — Sent. próprio: 1) Bisavô (Cíc. Mur. 15). II — Por extensão: 2) Trisavô, um dos antepassados (Cíc. Fam. 3, 11, 4).

probăbĭlis, -e, adj. I — Sent. próprio: 1) Provável, plausível, verossímil: **probabilis ratio** (Cíc. Of. 1, 8) «razão plausível». II — Daí: 2) Digno de aprovação, louvável, recomendável, estimável (Cíc. Br. 263).

probăbĭlĭtās, -tātis, subs. f. Probabilidade, verossimilhança (Cíc. Fin. 3, 72).

probăbĭlĭter, adv. Com probabilidade, verossimilhantemente, de modo digno de aprovação (Cíc. Or. 122). Obs.: Comp.: **probabilius** (Cíc. Inv. 2, 136).

probātĭō, -ōnis, subs. f. I — Sent. próprio: 1) Prova, ensaio, inspeção, verificação (Cíc. Of. 1, 144). II — Daí: 2) Prova, argumento (Quint. 5, 10, 8). 3) Aprovação (Cíc. Font. 17). 4) Probabilidade (têrmo filosófico) (Cíc. Ac. 2, 96).

probātor, -ōris, subs. m. O que aprova, aprovador (Cíc. Caec. 85).

probātus, -a, -um. I — Part. pass. de probo. II — Adj.: 1) Aprovado, estimado, excelente (Cíc. Caec. 10). 2) Agradável, bem-vindo (Cíc. Tusc. 3, 1).

probē, adv. Bem excelentemente, dignamente (Cíc. At. 7, 3, 3). Obs.: No diálogo ou discussão, significa: muito bem, apoiado, bravo (cf. Ter. Ad. 419).

probĕat = prohibĕat, forma sincopada do pres. do subj. de **prohibĕo** (Lucr. 1, 977).

probĭtās, -tātis, subs. f. Probidade, honradez, honra, virtude, bondade (Cíc. Lae. 29).

probĭter, v. **probē** (Verr. Men. 342).

problēma, -ătis, subs. n. Problema, questão a resolver (Sên. Contr. 1, 3, 8).

probō, -ās, -āre, -āvī, -ātum, v. tr. I — Sent. próprio: 1) Achar bom, apreciar (Cés. B. Civ. 1, 29, 1); (Cés. B. Gal. 4, 21, 7). Daí: 2) Aprovar (Cés. B. Gal. 7, 67, 1). Donde: 3) Fazer aprovar, experimentar, ensaiar (Cíc. Verr. 4, 28); (Cíc. Br. 184). II — Sent. figurado: 4) Demonstrar, provar, fazer reconhecer, fazer aceitar (Cíc. Tusc. 5, 1); (Cíc. De Or. 2, 115). Obs.: Constrói-se com acus.; com acus. e dat.; com inf.

probrōsus, -a, -um, adj. — Sent. próprio: 1) Vergonhoso, infame (Suet. Dom. 8). II — Daí: 2) Injurioso, ultrajante, difamatório (Tác. An. 14, 48).

probrum, -i, subs. n. I — Sent. próprio: 1) Censura (feita a alguém), ultraje, injúria (Cíc. At. 11, 9, 2). Daí: 2) Ação digna de censura, torpeza (Cíc. Verr. 3, 162). II — Sent. particular: 3) Adultério, incesto (Cíc. Phil. 2, 39). 4) Vergonha, opróbrio, desonra, infâmia (Cíc. Cael. 42).

probus, -a, -um, adj. I — Sent. etimológico: 1) Que brota bem, daí: bom, de boa qualidade (Cíc. Ac. 2, 100). II — Sent. figurado: 2) Bom, probo, honrado, íntegro, reto, leal (Cíc. Verr. 3, 161). 3) De bons costumes, virtuoso (Cíc. Mil. 9).

Proca, -ae, subs. pr. m., V. **Procās** (Ov. Met. 14, 622).

procăcĭtās, -tātis, subs. f. Procacidade, audácia, atrevimento, descaramento, insolência (Cíc. Rep. 4, 19).

procăcĭter, adv. Com ousadia, audaciosamente, insolentemente (Q. Cúrc. 8, 1, 32). Obs.: Comp. **procacius** (T. Lív. 28, 24).

Procās, -ae, subs. pr. m. Procas, rei de Alba, avô de Rômulo e Remo (Verg. En. 6, 767).

procax, -ācis, adj. Sent. figurado: Procaz, descarado, atrevido, insolente, petulante, desenfreado (Tác. An. 13, 46).

prōcēdō, -is, -ĕre, -cēssī, -cēssum. v. tr. I — Sent. próprio 1) Avançar, ir para frente, alongar-se (Cés. B. Gal. 5, 44, 4); (Cic. Fam. 16, 9, 1); (Cíc. Tusc. 3,

53). 2) Continuar, prolongar (T. Liv. 5, 48, 7). II — Sent. figurado: 3) Produzir, prosperar, fazer progresso (Cíc. Fin. 4, 65). 4) Ter bom ou mau êxito, sair-se bem (Cíc. Fam. 12, 9, 3). 5) Aproveitar a, ser útil a, servir (Sal. B. Jug. 85, 5).

procēlla, -ae, subs. f. I — Sent. próprio: 1) Tempestade, borrasca, procela (Verg. En. 1, 85). II — Sent. figurado: 2) Perturbação, tumulto, perigos, infelicidade, flagelo, tempestade: **eloquentiae procellam** (Quint. 11, 3, 158) «tempestade de eloqüência» (T. Liv. 28, 25, 8). 3) Carga de cavalaria (T. Liv 30, 18, 4).

procēllō, -is, -ĕre, v. tr. Pôr em movimento, agitar, levar para diante (Plaut. Mil. 762).

procellōsus, -a, -um, adj. Proceloso, tempestuoso, que traz tempestades (T. Liv. 40, 2, 1).

procer, v. **procĕres**.

prōcĕrē, adv. (desusado). Obs.: Comp.: **procerĭus** (Cíc. De Or. 3, 220) «mais adiante, demasiadamente na frente».

procĕrēs, -um, subs. m. pl. I — Sent. próprio: 1) Os próceres, os grandes, os nobres, os chefes, os principais (Luc. 7, 69). II — Daí, em sent. particular: 2) Os mestres (de uma arte) (Plín. H. Nat. 7, 112). Obs.: O sg. é raro.

prōcĕrĭtās, -tātis, subs. f. I — Sent. próprio: 1) Alongamento, forma alongada (Cíc. Nat. 2, 122). Daí: 2) Proceridade, grande estatura (Cíc. Cael. 36). 3) Altura (das plantas) (Cíc. C.M. 59). II — Sent. figurado: 4) Quantidade longa (de uma sílaba) (Cíc. Or. 212).

prōcĕrŭlus, -a, -um, adj. Um tanto alongado (Apul. Flor. 15).

prōcĕrus, -a, -um, adj. I — Sent. próprio: 1) De grande estatura, alongado, comprido (Cíc. Br. 313). II — Daí: 2) Elevado, alto (tratando-se de plantas) (Cíc. Leg. 1, 15). II — Sent. figurado: 3) Longo (tratando-se de sílaba), grave (tratando-se de pé métrico) (Cíc. De Or. 3, 185).

processī, perf. de **procēdo**.

prōcessĭō, -ōnis, subs. f. Ação de avançar, de ir para diante, marcha (Cíc. Pomp. 24).

1. **prōcēssus, -a, -um**, part. pass. de **procēdo**.

2. **prōcēssus, -ūs**, subs. m. I — Sent. próprio: 1) Ação de avançar, avanço, marcha (Sên. Ben. 3, 29, 4). II — Sent. figurado: 2) Progresso, êxito, bom resultado (Cíc. Br. 232).

Prochӯta, -ae, (-tē, -ēs [Ov. Met. 14, 89]), subs. pr. f. Prócita, pequena ilha italiana do mar Tirreno, a sudoeste do cabo Miseno, e pertencente à província de Nápoles (Verg. En. 9, 715).

prōcĭdī, perf. de **procĭdo**.

prōcĭdō, -is, -ĕre, -cĭdī, v. intr. 1) Cair para diante, prostrar-se (Hor. Epo. 17, 13). 2) Deslocar-se (tratando-se de um órgão) (Plín. H. Nat. 23, 103).

prōcĭdŭus, -a, -um, adj. I — Sent. próprio: 1) Caído para diante (Plín. H. Nat. 16, 133). II — Sent. figurado: 2) Que desce, deslocado (tratando-se de um órgão) (Plín. H. Nat. 21, 151).

Prōcilĭus, -ī, subs. pr. m. Procílio, nome de homem (Cíc. At. 2, 2, 2).

prōcinctus, -ūs, subs. m. I — Sent. próprio: 1) Estado do soldado equipado e pronto para combater (Tác. Hist. 3, 2). II — Sent. figurado: 2) Pronto, improvisado: **in procinctu habere** (Quint. 10, 1, 2) «ter à mão». Obs.: Só ocorre no acus. e abl.

prōclāmō, -ās, -āre, -āvī, -ātum, v. intr. I — Sent. próprio: 1) Gritar abertamente, pleitear ruidosamente, proclamar (Cíc. Verr. 5, 108). II — Daí: 2) Protestar, reclamar (T. Liv. 22, 26, 2).

Proclēs, -is, subs. pr. m. Procles, lendário rei de Esparta, filho de Aristodemo e irmão de Euristenes (Cíc. Div. 2, 90).

prōclīnō, -ās, -āre, -āvī, -ātum, v. tr. Inclinar para diante, inclinar, pender (sent. próprio e figurado) (Ov. Am. 2, 11, 39); (Cés. B. Gal. 7, 42, 2).

prōclīvē, n. tomado advt., v. **prōclīvī** (Lucr. 2, 455).

prōclīvī, adv. I — Sent. próprio: 1) Em declive, inclinadamente. II — Donde: 2) Mais depressa (Cíc. Tusc. 4, 42). Obs.: Comp.: **proclivius** (Cíc. Or. 191).

prōclīvis, -e, adj. I — Sent. próprio: 1) Proclive, inclinado para diante, inclinado para frente (Varr. R. Rust. 2, 2, 7). II — Sent. figurado: 2) Inclinado a, predisposto, bem disposto, sujeito a (Cíc. Tusc. 4, 28). 3) Fácil de executar, fácil (Cíc. Of. 2, 69). Obs.: Constrói-se como absoluto; com acus. acompanhado de **ad**.

prōclīvĭtās, -tātis, subs. f. I — Sent. próprio: 1) Proclividade, descida, ladeira (B. Afr. 37). II — Sent. figurado: 2) Tendência natural, predisposição (geralmente em sent. pejorativo) (Cíc. Tusc. 4, 27).

prōclīvus, -a, -um, v. **prōclīvis** (Plaut. Mil. 10, 18).
Procnē (-gnē), -ēs, subs. pr. f. Procne, ou Progna. I — Sent. próprio: 1) Filha de Pandião, rei de Atenas, transformada em andorinha (Ov. Met. 6, 440). I — Daí, em linguagem poética: 2) Andorinha (Verg. G. 4, 15).
procō, -ās, -āre, v. tr. Pedir (Cíc. Rep. 4, 6).
prōcōnsul, -ŭlis, subs. m. 1) Procônsul, (governador de uma província com autoridade de cônsul) (Cíc. Leg. 1, 53). 2) Procônsul (governador de uma província proconsular no tempo dos imperadores) (Suet. Aug. 47).
prōconsulāris, -e, adj. Proconsular, de procônsul (T. Liv. 5, 2, 9).
prōconsulātus, -ūs, subs. m. Proconsulado (Tác. An. 16, 23).
procor, -āris, -ārī = **procō**, v. tr. (Sên. Nat. 4, pr. 5).
prōcrastinātiō, -ōnis, subs. f. Procrastinação, adiamento, demora (Cic. Phil. 6, 7).
prōcrastinō, -ās, -āre, v. tr. Procrastinar, deixar para amanhã, adiar (Cíc. Amer. 26).
prōcreātiō, -ōnis, subs. f. Procriação (Cíc. Tusc. 1, 31).
prōcreātor, -ōris, subs. m. Procriador, criador, progenitor (Cíc. Tim. 26).
prōcreātrix, -icis, subs. f. Mãe (sent. figurado) (Cíc. De Or. 1, 9).
prōcreō, -ās, -āre, -āvī, -ātum, v. tr. 1) Procriar, engendrar (Cíc. Rep. 2, 34). 2) Produzir, criar (Lucr. 2, 880). II — Sent. figurado: 3) Causar, fazer nascer (Cíc. Leg. 3, 19).
prōcrēscō, -is, -ēre, v. incoat. intr. I — Sent. próprio: 1) Crescer, brotar (Lucr. 1, 715). II — Sent. figurado: 2) Aumentar, engrandecer (Lucr. 6, 664).
Procris, -is, ou -ĭdis, subs. pr. f. Prócris, filha de Erecteu, morta involuntàriamente em uma caçada por Céfalo, seu espôso (Verg. En. 6, 445).
Procrūstēs (**Procūstēs**), -ae, subs. pr. m. Procrustes, ou Procusta, sateador da Ática, morto por Teseu (Ov. Met. 7, 438).
prōcŭbō, -ās, -āre, v. intr. Estar deitado para frente ou ao comprido, estar deitado, projetar-se (tratando-se de sombra), estender-se (Verg. G. 3, 145).
prōcubŭī, perf. de **procumbo**.
prōcucŭrrī = **prōcŭrrī**, perf. de **procŭrro**.
prōcūdī, perf. de **procūdo**.

prōcūdō, -is, -ĕre, -cūdī, -cūsum, v. tr. I — Sent. próprio: 1) Produzir forjando, forjar (sent. físico e moral) (Hor. O. 4, 15, 19). II — Sent. figurado: 2) Formar, produzir, engendrar (Lucr. 2, 1115). 3) Polir, aperfeiçoar, cultivar (Cíc. De Or. 3, 121). 4) Inventar (Lucr. 3, 1081).
procul, adv. À distância, ao longe, de longe (Cés. B. Gal. 5, 34, 3).
prōculcātiō, -ōnis, subs. f. I. — Sent. próprio: 1) Ação de marchar sôbre (Plín. H. Nat. 8, 68). II — Sent. figurado: 2) Desprêzo, altivez (Sên. Tranq. 11, 9).
prōculcātus, -a, -um, part. pass. do **prōcūlco**.
prōcūlcō, -ās, -āre, -āvī, -ātum, v. tr. I — Sent. próprio: 1) Pisar com os pés, caminhar por cima, esmagar (Ov. Met. 12, 374). II — Sent. figurado: 2) Desprezar, desdenhar (Tác. Hist. 1, 40).
Proculēius, -i, subs. pr. m. Proculeio, nome de homem (Hor. O. 2, 2, 5).
Procŭlus, -ī, subs. pr. m. Próculo. 1) **Proculus Julius**, que, depois da morte de Rômulo, afirmou ter-lhe êste aparecido na colina, mais tarde chamada Quirinal, sob a forma de divindade (Cíc. Rep. 2, 20). 2) Célebre jurisconsulto romano, discípulo de Labeão e, provàvelmente, contemporâneo de Nero (Tác. Hist. 1, 87).
prōcumbō, -is, -ĕre, -cubŭī, -cubĭtum, v. intr. I — Sent. próprio: 1) Cair para a frente, inclinar-se para a frente, dobrar-se (Cés. B. Gal. 4, 17, 4); (Verg. En. 5, 197). II — Daí: 2) Prostrar-se, lançar-se (Cés. B. Gal. 7, 15, 4). 3) Cair por terra (Cés. B. Gal. 2, 27, 1). Donde: 4) Tombar, sucumbir (Tác. An. 1, 59); (Sên. Ep. 18, 3). 5) Deitar (Ov. P. 1, 9, 14).
prōcūrātiō, -ōnis, subs. f. I — Sent. próprio: 1) Ação de ocupar-se com, administração, direção (Cíc. At. 4, 1, 6). II — Donde: 2) Expiação, sacrifício expiatório (T. Lív. 7, 6).
prōcūrātiuncŭla, -ae, subs. f. Pequena ocupação (Sên. Ep. 31, 2).
prōcūrātor (**prō**-), -ōris, subs. m. I — Sent. próprio: 1) O que tem cuidado por alguém, o que cuida de alguma coisa, administrador, diretor (Cíc. Br. 17). II — Sent. particular: 2) Procurador (governador ou administrador de uma província) (Tác. Hist. 1, 2).
prōcūrātrix, -icis, subs. f. A que cuida de, governante (sent. figurado) (Cíc. Fin. 4, 17).

prŏcūrātus, -a, -um, part. pass. de prŏcūro.
prŏcūrō, -ās, -āre, -āvī, -ātum, v. tr. e intr. I — Sent. próprio: Tr.: 1) Ocupar-se de, olhar por, tratar de, administrar (Cés. B. Gal. 6, 13, 4); (Cíc. Fam. 12, 24, 3). Intr.: 2) Ser administrador, ter o cargo de administrador (procurador) (Plín. Ep. 3, 5, 17). II — Sent. figurado: 3) Afastar por meio de expiações, oferecer um sacrifício expiatório, fazer expiações, afastar (uma coisa funesta) (Cíc. Div. 1, 3); (T. Lív. 40, 2, 4).
prŏcŭrrī, perf. de procŭrro.
prŏcŭrrō, -is, -ĕre, -cŭrrī, e -currŭrrī, -cŭrsum, v. intr. I — Sent. próprio: 1) Correr para a frente, avançar rapidamente, avançar (Cés. B. Cív. 2, 8, 2). II — Sent. figurado: 2) Afluir, vir em abundância (Sên. Ep. 101, 4).
prŏcursātĭō, -ōnis, subs. f. Combate na vanguarda, escaramuça (T. Lív. 42, 64, 6).
prŏcursātōrēs, -um, subs. m. pl. Soldados da vanguarda, tropa de choque (T. Lív. 42, 64, 6).
prŏcursĭō, -ōnis, subs. f. I — Sent. próprio: 1) Avanço, ação de avançar (Quint. 11, 3, 125). II — Sent. figurado: 2) Digressão (Quint. 4, 3, 9).
prŏcursō, -ās, -āre, v. intr. Correr na frente para combater (T. Lív. 27, 2).
prŏcursus, -ūs, subs. m. I — Sent. próprio: 1) Marcha rápida para a frente, corrida, investida (T. Lív. 22, 41, 1). II — Sent. figurado: 2) Explosão (de cólera), violência, impulso, arrojo (V. Máx. 7, 3, 6).
prŏcurvus, -a, -um, adj. Curvado, recurvado, sinuoso (Verg. En. 5, 765).
procus, -ī, subs. m. O que pede uma mulher em casamento, pretendente (Cíc. Br. 330).
Procūstēs, v. Procrūstes.
Procўōn, -ōnis, subs. pr. m. Prócion, nome de uma constelação também chamada Antecanis, e que corresponde à atual constelação do Pequeno Cão (Cíc. Nat. 2, 144).
prŏdeambŭlō, -ās, -āre, v. intr. Sair para passear (Ter. Ad. 766).
prŏdēgī, perf. de prodīgo.
prŏdĕō, -is, -īre, prodĭī, -ĭtum, v. intr. I — Sent. próprio: 1) Avançar, progredir (Cés. B. Cív. 3, 86, 2); (Hor. Ep. 1, 1, 32); (Cíc. Caecil. 68). II — Sent. figurado: 2) Aparecer em público, apresentar-se (Cic. At. 8, 11, 7); (Cíc. Amer.

100). 3) Sair (Ov. Met. 8, 808); (Cés. B. Cív. 3, 7, 2).
prŏdēsse, prŏdest, inf. pres. e pres. do indicat. de prōsum.
Prŏdĭcĭus, -a, -um, adj. De Pródico (Cíc. Of. 1, 118).
prŏdīcō, -is, -ĕre, -dīxī, -dictum, v. tr. Adiar, diferir (Cíc. Q. Fr. 2, 3, 1).
prŏdictus, -a, -um, part. pass. de prodīco.
Prŏdĭcus, -ī, subs. pr. m. Pródico, sofista grego do V séc. a.C., natural da ilha de Ceos (Cíc. Nat. 1, 118).
prŏdĭdī, perf. de prōdo.
prŏdĭens, -eŭntis, part. pres. de prodĕo.
prŏdĭgē, adv. Com prodigalidade, prodigamente (Cic. Phil. 11, 13).
prŏdĭgentĭa, -ae, subs. f. Prodigalidade, profusão (Tác. An. 6, 14).
prŏdĭgĭālĭter, adv. Prodigiosamente, de modo maravilhoso, por prodígios (Hor. A. Poét. 29).
prŏdĭgĭōsus, -a, -um, adj. I — Sent. próprio: 1) Prodigioso, maravilhoso (Ov. Met. 13, 968). II — Daí: 2) Monstruoso (Quint. 1, 1, 2). Donde: 3) Nunca visto (Juv. 13, 62).
prŏdĭgĭum, -ī, subs. n. I — Sent. próprio: 1) Sinal profético, presságio (T. Lív. 1, 20, 7). II — Sent. figurado: 2) Prodígio, coisa maravilhosa, milagre (Cíc. Verr. 4, 107). 3) Monstro, ser monstruoso (Ov. Met. 13, 917). 4) Flagelo, praga (Cíc. Cat. 2, 1).
prŏdĭgō, -is, -ĕre -dēgī, -dāctum, v. tr. I — Sent. próprio: 1) Empurrar na frente, jogar na frente (Varr. R. Rust. 2, 4). II — Sent. figurado: 2) Prodigalizar, dissipar (Plaut. Aul. 380); (Tác. Hist. 1, 20).
prŏdĭgus, -a, -um, adj. I — Sent. próprio: 1) Pródigo, que prodigaliza (Hor. A. Poét. 164). Daí: 2) Que dá ou produz em abundância, fértil, abundante (Ov. Met. 15, 81). II — Sent. figurado. 3) Voluptuoso, desregrado (A. Gél. 19, 2, 3). 4) Pródigo (Hor. O. 1, 18, 16). Obs.: Constrói-se absolutamente; com gen.
prŏdĭī, perf. de prodĕo.
prŏdĭtĭō, -ōnis, subs. f. I — Sent. próprio: 1) Traição, perfídia (Cíc. C.M. 4). II — Daí: 2) Revelação, denúncia (Plín. H. Nat. 7, 150). Obs.: Constrói-se com gen. objetivo e com gen. subjetivo.
prŏdĭtor, -ōris, subs. m. I — Sent. próprio: 1) O que revela, o que divulga, revelador, indiscreto (Hor. O. 1, 9, 21) II — Daí: 2) O que trai, traidor: proditor patriae (Cíc. Fin. 3, 64) «traidor da pátria».

prōdĭtus, -a, -um, part. pass. de **prōdo**.
prōdĭxī, perf. de **prodīco**.
prōdō -is, -ĕre, -dĭdī, -dĭtum, v. tr. I — Sent. próprio: 1) Entregar, revelar (Ov. Met. 2, 447); (Cíc. Verr. 1, 84) (Cíc. Verr. 5, 106). 2) Fazer sair, dar à luz, dar a lume, produzir, tirar (Lucr. 3, 603); (Cíc. Flac. 25); (Ov. F. 5, 518). II — Sent. figurado: 3) Transmitir, propagar (Verg. En. 4, 231). 4) Transmitir por escrito, legar (Cíc. Tusc. 1, 29). 5) Entregar por traição, trair (Cíc. Verr. 5, 106); (Cíc. Flac. 81).
prōdocĕō, -ēs, -ĕre, v. tr. Ensinar pùblicamente (Hor. Ep. 1, 1, 55).
prodrŏmus, -ī, subs. m. O que corre adiante, precursor, mensageiro (Cíc. At. 16, 6, 1: referindo-se aos ventos que sopram oito dias antes da canícula como que para anunciá-la).
prōdūcō, -is, -ĕre, -dūxī, -dūctum, v. tr. I — Sent. próprio: 1) Levar para a frente, fazer avançar, conduzir para diante, conduzir (Cés. B. Civ. 3, 56, 1); (Cíc. Verr. 5, 157); (Verg. En. 9, 486). Daí: 2) Produzir, criar (Cic. Verr. 5, 131); (Cíc. At. 4, 15, 6). II — Sent. figurado: 3) Expor, mostrar, apresentar, revelar (Cíc. Com. 30). Donde: 4) Pôr um escravo à venda, prostituir (Ter. Eun. 134). 5) Prolongar, estender (Cíc. C. M. 46); (Juv. 2, 94). 6) Diferir, adiar (Cés. B. Gal. 4, 30, 2). 7) Elevar (às honras) (Cíc. Dom. 21). 8) Educar, fazer a educação de uma criança (Cíc. Q. Fr. 2, 12, 2). Na língua retórica; 9) Alongar, pronunciar uma sílaba como longa (Cíc. Or. 159); (Quint. 1, 5, 18). Sent. poético: 10) Traçar, marcar: **producere lineas** (Plín. H. Nat. 33, 98) «traçar as linhas». Obs.: Inf. perf.: **produxe** (Ter. Ad. 562).
prōdūcta, -ōrum, subs. n. pl. As coisas boas (segundo os estóicos) (Cíc. Fin. 3, 52).
prōdūctē, adv. Alongado na pronúncia, como longa: **producte dicitur** ((Cíc. Or. 159) «(a sílaba) se pronuncia alongada».
prōdūctĭō, -ōnis, subs. f. I — Sent. próprio: 1) Alongamento, prolongamento (Cíc. Fin. 3, 45). II — Sent. particular: 2) Alongamento (da sílaba) (Cíc. De Or. 3, 196).
prōdūctus, -a, -um. I — Part. pass. de **prodūco**. II — Adj.: Alongado, estendido, longo (Tác. An. 13, 40); (Cíc. De Or. 3, 183). III — Subs. n. pl.: **producta**, **-ōrum**, as coisas boas, os bens exteriores (segundo os estóicos) (Cíc. Fin. 3, 52).
prōdūxe, forma arcaica do inf. perf. de **prodūco** = **prōdūxīsse** (Ter. Ad. 562).
prōdūxī, perf. de **prodūco**.
proegmĕna, -ōrum, v. **prōdūcta, -ōrum** (Cíc. Fin. 3, 15).
proeliāris, -e, adj. De combate, de batalha campal (Plaut. Curc. 573).
proeliātor, -ōris, subs. m. e adj. I — Subs.: Combatente, guerreiro (Tác. D. 37). II — Adj.: Belicoso, guerreiro, batalhador (Tác. An. 2, 73).
proelĭor, -āris, -ārī, -ātus sum, v. dep. intr. I — Sent. próprio: 1) Combater, travar luta (Cés. B. Gal. 2, 23, 3). II — Sent. figurado: 2) Lutar, batalhar (Cic. At. 1, 16, 1).
proelĭum, -ī, subs. n. I — Sent. próprio: 1) Prélio, combate, batalha (Cíc. Tusc. 4, 43). II — Sent. figurado: 2) Combate, luta (Cíc. Fam. 9, 11, 2). Sent. particular: 3) Rivalidade (em amor) (Prop. 2, 1, 45). Sent. poético: 4) Combatentes, guerreiros (no pl.) (Prop. 3, 11, 10).
Proetĭdēs, -um, subs. pr. f. Prétides, as três filhas de Preto: **Ifianassa, Ifínoe e Lisipa** — enlouquecidas por Juno (Verg. Buc. 6, 48).
Proetus, -ī, subs. pr. m. Preto, rei de Tirinto, na Argólida, irmão de Acrísio e pai das Prétides, transformado em pedra por Perseu (Ov. Met. 5, 238).
profānātus, -a, -um, part. pass. de **profāno**.
1. **profānō, -ās, -āre, -āvī, -ātum**, v. tr. Consagrar alguma coisa aos deuses, oferecer aos deuses (Cat. Agr. 50).
2. **profānō, -ās, -āre, -āvī, -ātum**, v. tr. I — Sent. próprio: 1) Entregar-se ao uso profano (T. Liv. 31, 34, 4). II — Daí: 2) Profanar, manchar (Q. Cúrc. 5, 1, 38); (Quint. 11, 1, 14). 3) Violar (Apul. M. 5, p. 164, 13).
profans, -āntis, part. pres. de **profor**.
profānus, -a, -um, adj. I — Sent. próprio: 1) Profano (em oposição a **sacer**) (Cíc. Verr. 4, 122). II — Sent. figurado: 2) ímpio, sacrílego, profano (Ov. Met. 2, 833). 3) Profano, não iniciado (nos mistérios), ignorante (Macr. Somn. 1, 18). Por extensão: 4) Sinistro, de mau agouro (Ov. Met. 6, 431).
profātum, -ī, subs. n. Máxima, sentença (A. Gél. 16, 8, 2).
1. **profātus, -a, -um**, part. pass. de **profor**.
2. **profātus, -ūs**, subs. m. Ação de falar, pronúncia (Sên. Apoc. 7).

prōfēcī, perf. de **profício**.
profectĭō, -ōnis, subs. f. I — Sent. próprio: 1) Partida (Cíc. Sull. 70). II — Sent. figurado: 2) Ponto de partida, fonte, origem (Cíc. Clu. 82).
profēctō, adv. Certamente, seguramente, verdadeiramente (do ponto de vista da pessoa que fala) (Cíc. Cat. 2, 2).
profectūrus, -a, um, part. fut. de **profícīscor** e de **profício**.
1. **profēctus, -a, -um**, part. pass. de **profícīscor** e de **profício**.
2. **prōfēctus, -ūs**, subs. m. I — Sent. próprio: 1) Progresso, avanço (Sên. Ep. 11, 1). II — Sent. figurado: 2) Sucesso, proveito, bom êxito (Ov. Met. 9, 50).
prōfĕrō, -fers, -fĕrre, -tŭlī, -lātum, v. tr. I — Sent. próprio: 1) Exibir, mostrar, deixar ver (Cíc. Verr. 4, 140). Daí: 2) Fazer avançar, estender, levar para diante (T. Lív. 4, 32, 10); (Cés. B. Civ. 1, 81, 3). 3) Publicar, citar, divulgar, revelar, declarar (Cíc. Amer. 47); (Cíc. Ac. 2, 2). II — Sent. figurado: 4) Adiar, diferir, retardar (Cíc. At. 13, 12, 4).
profēssē, adv. Abertamente, sem rodeios (Flor. 4, 1, 7).
professĭō, -ōnis, subs. f. I — Sent. próprio: 1) Declaração, manifestação, testemunho (Tác. Agr. 3). II — Daí: 2) Declaração pública, oficial (do que se possui) (Cíc. Verr. 3, 26). 3) Ação de fazer profissão de (Cíc. De Or. 1, 21).
professor, -ōris, subs. m. O que ensina, professor, mestre (Quint. 12, 11, 20).
professōrĭus, -a, -um, adj. De professor, de retor (Tác. An. 13, 14).
profēssus, -a, um. I — Part. pass. de **profĭtĕor**. II — Com sent. passivo em Ov. Am. 3, 14, 6.
profēstus, -a, -um, adj. Não feriado (tratando-se de dias) (T. Lív. 34, 3).
prōfícĭō, -is, -ĕre, -fēcī, -fēctum, v. intr. I — Sent. próprio: 1) Fazer progressos, avançar (Cés. B. Gal. 7, 20, 11); (Cés. B. Gal. 1, 38, 1). Daí: 2) Ser útil a, servir (Cíc. Br. 92). II — Sent. figurado: 3) Crescer, aumentar (Plín. H. Nat. 14, 57).
profĭcīscō, -is, -ĕre = **profĭcīscor**, v. intr. (Plaut. Mil. 1329).
profĭcīscor, -ĕris, -cīsci, -fectus sum, v. dep. intr. I — Sent. próprio: 1) Por-se a caminho, partir, ir-se embora (Cés. B. Gal. 1, 7, 1); (Cíc. Div. 2, 119). II — Sent. figurado: 2) Vir de, sair de, provir de, emanar (Cíc. Div. 1, 113). 3) Partir de, começar por (Cíc. De Or. 2, 58). Obs.: Constrói-se como intr. absoluto; com acus. com **ad, in** ou **contra**; com abl. com **ab, ex** ou **de**; com dois dativos; ou com supino.

profĭtĕor, -ēris, -fĭtērī, -fēssus sum, v. dep. tr. I — Sent. próprio: 1) Confessar alto e bom som, confessar pùblicamente (Cíc. Caec. 24) (Cíc. Phil. 2, 118). Daí: 2) Proclamar, prometer (Hor. A. Poét. 14). II — Sent. figurado: 3) Se profiteri: propor-se, apresentar-se, dar a conhecer, revelar (Cés. B. Gal. 5, 38, 4); (Cíc. Tusc. 2, 12). 4) Oferecer (Cíc. Amer. 153). 5) Declarar, fazer declaração (Cíc. Arch. 7); (Cíc. Verr. 3, 38). 6) Professar, ensinar (Cíc. Pis. 71). Obs.: Professus: part. pass. com sentido passivo: reconhecido, confessado (Ov. Am. 3, 14, 6). **Ex professo** (Sên. Ep. 14, 8) «abertamente».
prōflātus, -a, -um, part. pass. de **prōflo**.
prōflĭgātor, -ōris, subs. m. Pródigo, dissipador (Tác. An. 16, 18).
prōflĭgātus, -a, -um. I — Part. pass. de **proflīgo**. II — Adj.: 1) Perdido (sent. físico e moral), depravado, corrupto (Cíc. Verr. 3, 65). 2) Avançado (Sên. Ot. 29, 2).
prōflīgō, -ās, -āre, -āvī, -ātum, v. tr. I — Sent. próprio: 1) Abater, acabar, derrubar (Cés. B. Civ. 2, 32). II — Sent. figurado: 2) Arruinar, desbaratar, destruir (Cíc. De Or. 3, 3). 3) Levar ao fim (Cíc. Tusc. 5, 15); (Tác. An. 14, 36).
prōflō, -ās, -āre, -āvī, -ātum, v. tr. 1) Exalar, soprar: **flammas proflare** (Ov. F. 1, 573) «exalar chamas». Daí: 2) Fundir (um metal) (Plín. H. Nat. 34, 97).
prōflŭens, -ēntis. A) Part. pres. de **proflŭo**. B) Adj.: I — Sent. próprio: 1) Que corre, corrente: **profluens amnis** (Cíc. Nat. 2, 20) «água corrente». II — Sent. figurado: 2) De curso rápido, contínuo (língua retórica) (Cíc. De Or. 2, 159). III — Como subs. f.: 3) Regato, água corrente (Cíc. Inv. 2, 149).
prōflŭēnter, adv. Sent. figurado: Abundantemente, em grande número (Cíc. Tusc. 5, 53).
prōfluentia, -ae, subs. f. Abundância (de linguagem) (Cíc. Part. 81).
prōflŭō, -is, -ĕre, -flūxī, -flūxum, v. intr. I — Sent. proprio: 1) Correr para frente, correr abundantemente, correr, nascer (Cés. B. Gal. 4, 10, 1). II — Sent. figurado: 2) Chegar a, atingir (Cíc. Cael. 3).
prōfluvĭum, -ī, subs. n. Escoamento, fluxo (Lucr. 6, 1205).

prōflūxī, perf. de proflŭo.
profor (desusado), -āris, -ārī, -ātus sum, v. dep. tr. e intr. A) Tr.: 1) Falar, dizer (Verg. 1, 561). B) Intr.: 2) Predizer, profetizar (Lucr. 1, 739).
prōfŏre, inf. fut. de prōsum = prōfutūrum.
profūdī, perf. de profūndo.
profūgī, perf. de profugĭo.
profugĭo, -is, -ĕre, -fūgī, -fugĭtum, v. intr. e tr. A) Intr.: Sent. próprio: 1) Fugir, escapar-se, livrar-se, evitar (Cíc. Br. 306); (Cíc. Dom. 86); (Sên. Polyb. 17, 4). B) Tr.: 2) Abandonar, evitar (Hor. Epo. 16, 18).
profŭgus, -a, -um, adj. I — Sent. próprio: 1) Prófugo, fugitivo, pôsto em fuga, que fugiu (T. Lív. 1, 1, 4). II — Daí: 2) Exilado, desterrado, banido (T. Lív. 34, 60, 2). 3) Errante, nômade (Hor. O. 1, 35, 9).
prōfŭī, perf. de prōsum.
profūndō, -is, ĕre, -fūdī, -fūsum, v. tr. I — Sent. próprio: 1) Espalhar em abundância, espalhar profusamente, derramar abundantemente (Cés. B. Civ. 3, 93, 3); (Cíc. At. 11, 7, 6). II — Sent. figurado: 2) Prodigalizar, dissipar, dar, desperdiçar (Cíc. Cat. 2, 10); (Cíc. Fam. 5, 5, 3). 3) Fazer sair, lançar fora, expelir, exalar (Cíc. Marc. 31). 4) Emitir, soltar (Catul. 64, 202); (Cíc. Tusc. 2, 56). 5) Desenvolver, expor uma coisa (Cíc. At. 1, 18, 2). Sent. poético: 6) Estender, relaxar (Lucr. 4, 757).
profūndum, -ī, subs. n. I — Sent. próprio: 1) Abismo, fundo do mar, profundeza (Cíc. Fin. 3, 48). II — Sent. figurado: 2) Abismo (Cíc. Sest. 45). 3) O mar (Verg. En. 12, 263). 4) Abismo (de desgraças, etc.) (V. Máx. 2, 10, 6).
profūndus, -a, -um, adj. I — Sent. próprio: 1) Profundo (Cíc. Planc. 15). Daí: 2) Que está no fundo, debaixo da terra, subterrâneo (Verg. G. 1, 243); (Estác. Theb. 1, 615). II — Sent. poético: 3) Que forma uma abóbada, alto, elevado (Verg. G. 4, 222). 4) Denso, espêsso (Verg. En. 4, 26). III — Sent. figurado: 5) Imenso, excessivo, insaciável, sem limites (Cíc. Pis. 48). 6) Profundo, secreto (Apul. M. 2, 25).
profūsē, adv. Em profusão, profusamente, desordenadamente (T. Lív. 10, 36, 7).
profūsĭō, -ōnis, subs. f. Profusão, prodigalidade (Suet. Ner. 30).
profūsus, -a, -um. I — Part. pass. de profūndo. II — Adj.: 1) Profuso, derramalo profusamente, pródigo, dissipador (Sal. C. Cat. 5, 4); (Cíc. Quinct. 93). Daí: 2) Excessivo, desenfreado (Cíc. Of. 1, 103).
prōfutūrus, -a, -um, part. fut. de prōsum.
prōgĕner, -ĕrī, subs. m. Marido da neta (em relação ao avô) (Tác. An. 6, 45).
prōgenĕrō, -ās, -āre, v. tr. Gerar, criar (Hor. O. 4, 4, 31).
prōgenĭēs, -ēī, subs. f. I — Sent. próprio: 1) Descendência, progênie, posteridade, descendentes, filhos (T. Lív. 1, 13, 2). II — Sent. particular: 2) Filho, filha (Verg. En. 10, 470). 3) Filhotes (de animais) (Verg. G. 1, 414). 4) Raça, família, tronco (Cíc. Tusc. 1, 26). III — Sent. figurado: 5) Filhos (Ov. Trist. 3, 14, 14).
prōgenĭtor, -ōris, subs. m. Progenitor, antepassado (Ov. Met. 11, 319).
prōgenĭtus, -a, -um, part. pass. de progīgno.
prōgenŭī, perf. de progīgno.
prōgĕrō, -is, -ĕre, -gēssī, -gēstum, v. tr. Levar diante ou para diante, levar para fora (Plín. H. Nat. 11, 63).
prōgēssī, perf. de progĕro.
prōgīgnō, -is, -ĕre, -genŭī, -genĭtum, v. tr. I — Sent. próprio: 1) Prolongar a raça engendrando, gerar, criar (Cíc. Div. 1, 128). II — Daí: 2) Produzir, causar, engendrar (Cíc. Of. 3, 66).
1. prōgnātus, -a, -um, adj. I — Sent. próprio: 1) Saído, descendente de (Hor. Sát. 1, 6, 78). II — Daí: 2) Nascido de (tratando-se de pessoas ou plantas), produto (Catul. 64, 1).
2. prōgnātus, -ī, subs. m. Filho, descendente (Cés. B. Gal. 2, 29, 4).
Prognē, -ēs, subs. f. v. Procne.
Prognis, -ĭdis, subs. f., v. Procris (Ov. Rem. 453).
prognostica, -ōrum, subs. n. pl. 1) Prognósticos, presságios (Cíc. Div. 2, 47). 2) «Os prognósticos», obra do matemático grego Arato (Cíc. Div. 1, 13).
prōgredĭor, -ĕris, -grĕdī, -grēssus sum, v. dep. intr. I — Sent. próprio: 1) Avançar, ir para a frente (Cés. B. Civ. 1, 45, 2); (Cíc. Of. 1, 33). II — Sent. figurado: 2) Progredir, fazer progressos (Cíc. Fin. 4, 64); (Cíc. Fin. 5, 41).
prōgredīrī = prōgrĕdī, inf. pres. pela 4ª conj. (Plaut. Cas. 717).
prōgrēssĭō, -ōnis, subs. f. I — Sent. próprio: 1) Progresso, aperfeiçoamento, desenvolvimento (Cíc. Of. 3, 14). II — Na língua retórica: 2) Gradação (Cíc. De Or. 3, 206).

1. **prŏgrēssus, -a, -um**, part. pass. de **progrĕdĭor**.
2. **prŏgrēssus, -ūs**, subs. m. I — Sent. próprio: 1) Ação de avançar, de caminhar para frente, marcha (Cíc. Phil. 11, 4). II — Sent. figurado: 2) Marcha para frente (Cíc. At. 2, 21, 3). 3) (Primeiros) passos: **primo progressu** (Cíc. Ac. 2, 92) «desde os primeiros passos». 4) Desenvolvimento: **rerum progressus** (Cíc. Of. 1, 11) «os desenvolvimentos das coisas». 5) Progresso, aperfeiçoamento (Cíc. Phil. 5, 47); (Cíc. Tusc. 4, 44).
progymnāstēs, -ae, subs. m. Treinador de ginástica (Sên. Ep. 83, 4).
prōh, v. **prō**, interj. 1.
prohĭbĕō, -ēs, -ēre, -hĭbŭī, hĭbĭtum, v. tr. I — Sent. próprio: 1) Afastar, manter à parte, desviar (Cés. B. Gal. 4, 34, 4); (Cés. B. Gal. 1, 1, 4). Daí: 2) Proibir, impedir, opor-se (Cíc. Fam. 1, 9, 7); (Cíc. At. 11, 9, 3); (Cíc. Agr. 2, 72); (Cés. B. Civ. 3, 44, 1). II — Sent. figurado: 3) Preservar, livrar (Cíc. Pomp. 19); (Cíc. Of. 2, 41). Obs.: Constrói-se com acus. e abl. acompanhado ou não da prep. **ab**; com **ut, ne, quominus**; or. inf.; ou com acus. **Prohibessit**: subjuntivo-optativo arcaico (Plaut. Ps. 14); **probeat**: pres. subj. (Lucr. 1, 977).
prohĭbĭtĭō, -ōnis, subs. f. Proibição, interdição (Cíc. Verr. 3, 37).
prohĭbĭtus, -a, -um. I — Part. pass. de **prohĭbĕo**. II — Subs. n. pl.: **prohĭbĭta, -ōrum**, as coisas proibidas, ilícitas, o mal (Sên. Ep. 83, 19).
prohĭbŭī, perf. de **prohĭbĕo**.
proĭcĭō = **projĭcĭo**.
proin, adv., v. **proĭnde** (Catul. 20, 16).
proĭnde, adv. I — Sent. próprio: 1) Por conseqüência, por conseguinte, assim (acompanhando, geralmente, subj. ou imperat.) (Cés. B. Gal. 7, 38, 8). II — Daí: 2) Na mesma proporção, do mesmo modo, como (em correlação com **ac, atque, quam, ut** ou **quasi**) (Cíc. Tusc. 5, 6).
prōjēcī, perf. de **projĭcĭo**.
prōjectĭcĭus (**prōĭectĭcĭus**), **-a, -um**, adj. Exposto, abandonado (Plaut. Cist. 191).
prōjectĭō (**prōĭectĭō**), **-ōnis**, subs. f. Ação de estender para a frente, alongamento (Cíc. Or. 59).
1. **prōjēctus** (**prōĭēctus**), **-a, -um**. I — Part. pass. de **projĭcĭo**. II — Adj.: 1) Lançado para frente, proeminente, saliente (Suet. Tib. 3); (Cíc. Verr. 4, 21). Donde, em sent. figurado: 2) Pronto, disposto (Cic. Verr. 1, 2). 3) Imprudente, desenfreado (Cíc. Dom. 115). 4) Que se abaixa, aviltante, abjeto, vil (Tác. An. 3, 65).
2. **prōjēctus** (**prōĭēctus**), **-ūs**, subs. m. Ação de se estender, extensão (Plin. H. Nat. 17, 92). Obs.: Só usado no abl.
prōjĭcĭō, -is, -ĕre, -jēcī, -jēctum, v. tr. I — Sent. próprio: 1) Lançar para diante (sent. próprio e figurado), projetar (Cés. B. Gal. 1, 31, 2); (Cíc. Cael. 22). Donde: 2) Lançar fora, rejeitar, depor, abandonar (Cés. B. Civ. 3, 98, 1); (Cés. B. Gal. 2, 15, 5); (Cíc. At. 3, 19, 3); (Cíc. Cat. 2, 2). II — Sent. figurado: 3) Banir, exilar, expulsar (Tác. An. 1, 3).
prōlābor, -ĕris, -lābī, -lāpsus sum, v. dep. intr. I — Sent. próprio: 1) Escorregar para a frente (Cíc. Nat. 2, 114). Daí: 2) Escorregar, resvalar, cair (T. Lív. 27, 27, 7). II — Sent. figurado: 3) Deixar-se levar ou arrastar, deixar-se ir, chegar a (Cíc. Leg. 1, 52); (Cíc. Caec. 101). 4) Cometer uma falta, errar (Cíc. Quinct. 77). 5) Perder-se, aviltar-se (T. Lív. 6, 22, 6).
prōlāpsĭō, -ōnis, subs. f. Queda, ruína, êrro, falta (Cíc. Cael. 41).
prōlāpsus, -a, -um, part. pass. de **prolābor**.
prōlātātus, -a, -um, part. pass. de **prolāto**.
prōlātĭō, -ōnis, subs. f. I — Sent. próprio: 1) Prolongamento, prorrogação, demora, prolação (Cíc. At. 7, 12, 2). II — Daí: 2) Ação de estender, aumento, alargamento (T. Lív. 31, 5, 7). Por extensão: 3) Apresentação, citação, menção (Cíc. Or. 120).
prōlātō, -ās, -āre, -āvī, -ātum, v. tr. I — Sent. próprio: 1) Estender, prolongar (Lucr. 1, 983); (Tác. An. 11, 37). II — Daí: 2) Adiar, diferir (Cíc. Cat. 4, 6).
prōlātus, -a, -um, part. pass. de **profĕro**.
prōlectātus, -a, -um, part. pass. de **prolēcto**.
prōlēctō, -ās, -āre, -āvī, -ātum, v. tr. Arrastar, seduzir, atrair (Ov. F. 4, 433).
prōlēs, -is, subs. f. I — Sent. próprio: 1) Prole, descendência, filhos, filho (Verg. En. 4, 236). II — Sent. particular: 2) Filhos (dos animais) (Verg. G. 3, 65). 3) Frutos (tratando-se de plantas) (Verg. G. 2, 3). III — Sent. figurado: 4) Jovens, rapazes (Cíc. Leg. 3, 3, 7).
1. **prōlētārĭus, -a, -um**, adj. Do povo, das classes humildes (Plaut. Mil. 752).

2. prōlētārius, -ī, subs. m. Proletário (cidadão pobre, das últimas classes) (Cíc. Rep. 2, 40).

prōlībō, -ās, -āre, v. tr. e intr. Fazer libações, derramar em libações (Plín. H. Nat. 14, 117).

prōlíciō, -is, -ĕre, v. tr. Atrair, seduzir, induzir, persuadir (Ov. A. Am. 2, 712); (Tác. An. 3, 73).

prōlixē, adv. I — Sent. próprio: 1) Largamente, abundantemente (Ter. Eun. 1082). II — Daí: 2) Liberalmente, com solicitude (Cíc. At. 7, 14, 2).

prōlixus, -a, -um, adj. I — Sent. próprio: 1) Alongado, comprido (Suet. Cl. 30). II — Sent. figurado: 2) Prolixo, difuso (A. Gél. 12, 28, 3). 3) Generoso, benévolo, cortês (Cíc. Fam. 3, 8, 8).

prōlocūtus, -a, -um, part. pass. de prolŏquor.

prologūmĕnē lex, subs. f. Lei precedida de um preâmbulo (Sên. Ep. 94, 38).

prolŏgus, -ī, subs. m. 1) Prólogo (de uma obra de teatro) (Ter. And. 5). 2) Ator (que recita o prólogo) (Ter. Heaut. 11).

prōlŏquor, -ĕris, -lŏqui, -locūtus sum, v. dep. intr. e tr. I — Sent. próprio: A) Intr.: 1) Falar abertamente, falar claramente (Plaut. Trin. 162). B) Tr.: 2) Declarar, expor em voz alta (Plaut. Capt. 6). II — Sent. figurado: 3) Predizer, falar antecipadamente (Prop. 3, 13, 59).

prōlubĭum, -ī, subs. n. Vontade, desejo, capricho (Ter. Ad. 985).

prōlūdō, -is, -ĕre, -lūsī, -lūsum, v. intr. Ensaiar-se para, exercitar-se prèviamente, preparar-se, preludiar (Verg. G. 3, 234).

prōluī, perf. de prolūo.

prōlŭō, -is, -ĕre -lŭī, -lūtum, v. tr. 1) Levar (correndo), arrastar, levar na corrente (Verg. G. 3, 543). 2) Banhar, molhar, regar (Ov. F. 4, 778). Daí: 3) Levar inundando, arrastar, arrebatar (Cés. B. Civ. 1, 48).

prōlūsī, perf. de prolūdo.

prōlūsĭo, -ōnis, subs. f. Preparação para o combate, prelúdio (Cíc. De Or. 2, 325).

prōlūtus, -a, -um, part. pass. de prolŭo.

prōluvĭēs, -ēī, subs. f. Inundação, fluxo, superabundância (Verg. En. 3, 217).

prōmerĕō, -ēs, -ēre, -merŭī, -meritum, v. tr. e prōmerĕor, -ĕris, -ĕrī, -meritus sum, v. dep. A) Tr.: 1) Merecer, ganhar, ser digno (Plaut. Trin. 641). B) Intr.: 2) Prestar bons ou maus serviços, portar-se bem ou mal para com. (Cíc. Mur. 70); (Cíc. Of. 2, 53).

prōmeritum, -ī, subs. n. I — Sent. próprio: 1) Favor, serviço, benefício (Cíc. Sen. 1). II — Daí: 2) Mérito, benefício (Plaut. Trin. 1173). 3) Falta (Cíc. Inv. 2, 83).

prōmeritus, -a, -um, part. pass. de promerĕo e de promerĕor.

prōmerŭī, perf. de promerĕo.

1. Prōmēthēus, -a, -um, adj. De Prometeu: Promethea juga (Prop. 1, 12, 10) «os montes de Prometeu», i.é, «o Cáucaso».

2. Prōmētheus (trissílabo oxítono), -ĕī, ou -ĕos, subs. pr. m. Prometeu, titã filho de Jápeto e pai de Deucalião, fêz o homem de argila e animou-o com o fogo celeste que havia furtado. Como castigo, foi acorrentado sôbre o Cáucaso, onde um abutre vinha roer-lhe o fígado que não cessava de renascer (Cíc. Tusc. 3, 76).

Prōmēthĭădēs, -ae, subs. pr. m. Filho de Prometeu, i.é, Deucalião (Ov. Met. 1, 390).

prōmĭnens, -entis. I — Part. pres. de promĭnĕo. II — Adj. 1) Que sai para diante, que se projeta, que se salienta, proeminente (Plín. H. Nat. 11, 141). 2) No n. pl.: **prōminentĭa, -ĭum,** saliências, partes salientes (Tác. An. 1, 53).

prōminĕō, -ēs, -ēre, -minŭī, v. intr. I — Sent. próprio: 1) Ser saliente, proeminente (T. Liv. 27, 48, 7). Daí: 2) Fazer saliência, alongar-se, estender-se (Ov. Met. 13, 778). II — Sent. figurado: 3) Elevar-se, sobressair (T. Liv. 28, 43, 5).

prōminŭī, perf. de promĭnĕo.

prōmiscē, v. prōmiscŭē (Cíc. De Or. 3, 72).

prōmiscŭē, adv. Promiscuamente, em comum, indistintamente, misturadamente (Cés. B. Gal. 6, 21, 5).

prōmiscus, -a, -um, v. prōmiscŭus (T. Liv. 5, 13, 7).

prōmiscŭus, -a, -um, adj. I — Sent. próprio: 1) Promíscuo, em comum, misturado, indistinto (T. Liv. 34, 44, 5). II — Daí: 2) Indiferente, confuso (Tác. Hist. 1, 84). 3) Público (em oposição a particular) (A. Gél. 16, 13, 4).

prōmīsī, perf. de promĭtto.

prōmisse, inf. perf. sincopado de promīttō = promīsisse.

prōmissĭō, -ōnis, subs. f. Ação de prometer, promessa (Cíc. Fam. 4, 13, 1).

prōmissor, -ōris, subs. m. Prometedor (Hor. A. Poét. 138).

prōmissum, -ī, subs. n. Promessa (Cíc. Of. 3, 92).
prōmissus, -a, -um. I — Part. pass. de promitto. II — Adj.: Comprido, longo (Cés. B. Gal. 5, 14 3).
prōmisti, forma sincopada de prōmisisti, perf. de promitto.
prōmittō, -is, -ĕre, -mīsī, -missum, v. tr. I — Sent. primitivo: 1) Pôr ou enviar na frente (Plin. H. Nat. 16, 107). Daí: 2) Prolongar, deixar crescer para diante, deixar pender (T. Liv. 6, 16, 4); (Plin. H. Nat. 10, 28). Na língua augural: 3) Pôr diante dos olhos (Plaut. Poen. 1205). Na língua comum: 4) Prometer, comprometer-se a, assegurar (Verg. En. 2, 96); (Cíc. Of. 1, 32). II — Sent. figurado: 5) Predizer, anunciar (Cíc. At. 9, 7, 5). Obs.: Perf. sincopado: promisti (Catul. 110, 3); inf. perf. sincopado: promisse (Catul. 110, 5).
prōmō, -is, -ĕre, prompsī, promptum, v. tr. I — Sent. próprio: 1) Pôr diante, fazer aparecer, tirar de (Cíc. Verr. 3, 195). Donde: 2) Publicar, manifestar, exprimir, expor (Quint. 8, pref. 32); (T. Liv. 30, 12, 8). II — Sent. figurado: 3) Fornecer, dar (Cíc. At. 9, 18, 2).
Promŏlus, -ī, subs. m. Prômolo, nome de guerreiro (Verg. En. 9, 574).
prōmontōrĭum, v. prōmunturĭum.
prōmōtus, -a, -um. I — Part. pass. de promovĕo. II — Subs. n. pl.: prōmōta, -ōrum: as coisas boas, os bens exteriores (na doutrina estóica) (Cíc. Fin. 3, 12).
prōmovĕō, -ēs, -ĕre, -mōvī, -mōtum, v. tr. I — Sent. próprio: 1) Impelir para frente, fazer avançar (Cés. B. Gal. 7, 27, 1); (Cés. B. Gal. 1, 48, 1). Daí: 2) Estender, aumentar, avançar: imperium promovere (Ov. P. 2, 2, 72) «estender (aumentar) o império». II — Sent. figurado: 3) Desenvolver (Hor. O. 4, 4, 33). 4) Fazer sair, tirar (Hor. Epo. 11, 14). 5) Adiar, diferir, retardar (Ter. And. 711).
prōmōvī, perf. de promovĕo.
prompsī, perf. de prōmo.
promptarĭus, -a, -um, adj. Onde se guarda, onde se conserva fechado; e daí: prisão (Plaut. Amph. 156).
promptē, adv. Claramente (Cíc. Verr. 2, 176).
promptō, -ās, -āre, v. freq. de prōmo, tr. Distribuir, despender, gastar à larga (Plaut. Bac. 460).

1. promptus, -a, -um. A) Part. pass. de prōmo. B) Adj.: I — Sent. próprio: 1) Tirado para fora de, tirado de; daí: exposto, visível, exterior, patente (Sal. C. Cat. 10, 5). 2) Ao alcance de, fácil, cômodo (Cíc. De Or. 1, 237). II — Sent. figurado: 3) Disposto, ativo, pronto, inclinado a, corajoso, resoluto (Cíc. Verr. 4, 37). Obs.: Constrói-se absolutamente; com ad ou in; com gen.; com dat. (raro); com abl.

2. promptus, -ūs, subs. m. Sòmente usado na expressão: in promptu (esse, habere, etc.) «ao alcance, à mão, à disposição, à vista, em evidência»: in promptu esse (Cíc. Ac. 2, 10) «estar à vista».
prōmulgātĭō, -ōnis, subs. f. Promulgação, publicação (Cíc. Phil. 2, 109).
prōmulgō, -ās, -āre, -āvī, -ātum, v. tr. Tornar conhecido do público, publicar, promulgar (uma lei) (Cíc. Verr. 5, 177); (Cíc. Phil. 1, 25).
prōmulsis, -idis, subs. f. I — Sent. próprio: 1) Aperitivo, entradas (Cic. Fam. 9, 16, 8). II — Sent. figurado: 2) Antegôsto (Petr. 24).
prōmunturĭum, -ī, subs. n. Promontório, cabo (Cíc. Verr. 5, 145).
prōmus, -ī, subs. m. I — Sent. próprio: 1) Despenseiro, ecônomo (Hor. Sát. 2, 2, 16). II — Sent. figurado: 2) Bibliotecário (Apul. Apol. 53).
prōmūtŭus, -a, -um, adj. Pago adiantado (Cés. B. Civ. 3, 32, 6).
prōnē, adv. Estando inclinado para a frente (Cés. B. Gal. 4, 17, 4).
pronĕpōs, -ōtis, subs. m. Bisneto (Cíc. Tusc. 3, 26).
pronēptis, -is, subs. f. Bisneta (Pérs. 6, 53).
Pronoea, -ae, subs. pr. f. A Providência (Cíc. Nat. 2, 160).
prōnōmen, -inis, subs. n. Pronome (Quint. 1, 4, 18).
prōnŭba, -ae, subs. f. A que preside ao casamento (epiteto de Juno) (Verg. En. 4, 165).
prōnuntĭātĭō, -ōnis, subs. f. I — Sent. próprio: 1) Declaração, publicação, anúncio (Cés. B. Civ. 2, 25, 7). II — Sent. particular: 2) Sentença (do juiz) (Cíc. Clu. 56). 3) Declamação, expressão, palavra (Cíc. Inv. 1, 9). 4) Proposição (Cíc. Fat. 26).
prōnuntĭātor, -ōris, subs. m. Recitador, narrador (sent. figurado) (Cíc. Br. 287).
prōnuntĭātum, -ī, subs. n. Proposição (enunciativa) (Cíc. Tusc. 1, 14).

prōnuntiātus, -a, -um, part. pass. de pronuntio.
prōnuntiō, -ās, -āre, -āvī, -ātum, v. tr. I — Sent. próprio: 1) Anunciar pùblicamente (Cíc. De Or. 1, 66). II — Daí: 2) Anunciar em voz alta, proclamar, expor, designar, nomear (Cés. B. Gal. 7, 38, 8); (T. Lív. 24, 27, 3). 3) Pronunciar uma sentença, pronunciar-se, manifestar a sua opinião, declarar (Cíc. Fin. 2, 36); (Cíc. Verr. 2, 94). Donde: 4) Pronunciar, propor (Cés. B. Cív. 1, 2, 5). 5) Prometer pùblicamente, assegurar (Cíc. Clu. 78). 6) Declarar, recitar em voz alta (Cíc. De Or. 1, 261).
pronūrus, -ūs, subs. f. Mulher do neto (Ov. Her. 17, 206).
prōnus, -a, -um, adj. I — Sent. próprio: 1) Que pende para diante, inclinado para a frente, que vai em declive (Verg. En. 10, 586). II — Daí: 2) Inclinado, propenso a, em declive (Ov. Met. 2, 67). 3) Que declina (tratando-se de um astro) (Hor. O. 3, 27, 18). III — Sent. figurado: 4) Em declínio, que foge, tratando-se do tempo (Hor. O. 4, 6, 39). 5) Que se precipita para a frente, rápido (Verg. G. 1, 203). 6) Inclinado para, propenso a (Cíc. Rep. 2, 47). 7) Bem disposto, benévolo, favorável (Tác. Hist. 1, 1). 8) Fácil (T. Lív. 21, 28, 6). Obs.: Constrói-se absolutamente; com acus. acompanhado de ad ou in; com dat.
prooemĭum, -ī, subs. n. I — Sent. próprio: 1) Proêmio, prelúdio, prefácio, preâmbulo, introdução (Cíc. Clu. 58). II — Daí: 2) Exórdio (Quint. 4, 1, 1). 3) Começo, origem (Juv. 3, 288).
propāgātĭō, -ōnis, subs. f. I — Sent. próprio: 1) Ação de mergulhar, mergulhia (Cíc. C.M. 53). Daí: 2) Propagação (Cíc. Of. 1, 54). II — Sent. figurado: 3) Extensão, aumento, prolongamento (Cíc. Tusc. 1, 86).
propāgātor, -ōris, subs. m. I — Sent. próprio: 1) Ampliador; daí: 2) O que consegue prorrogação (de um mandato) (Cíc. At. 8, 3, 3). II — Sent. figurado: 3) Conquistador (epíteto de Júpiter) (Apul. Mund. 37).
propāgātus, -a, -um, part. pass. de propāgo.
propāgēs, -is, subs. f. Descendentes, raça (sent. figurado) (Pac. Tr. 20).
1. propāgō, -ās, -āre, -āvī, -ātum, v. tr. I — Sent. próprio: 1) Reproduzir por mergulhia (Cat. Agr. 52, 1); (Plín. H Nat. 17, 96). II — Daí: 2) Propagar, multiplicar (Cíc. Verr. 5, 180). 3) Prolongar, aumentar, estender (sent. próprio e figurado) (Cíc. Rep. 3, 21); (Cíc. Inv. 1, 2).
2. propāgō, -ĭnis, subs. f. I — Sent. próprio: 1) Mergulhão, propagem (têrmo agrário) (Cíc. C.M. 52). Daí: 2) Rebentos, renovos (Hor. Epo. 2, 9). II — Sent. figurado: 3) Filhos, descendentes, raça, nação (C. Nep. At. 18, 2).
prōpălam, adv. Em pleno dia, ostensivamente, abertamente, pùblicamente (Cíc. De Or. 1, 161).
prōpānsus (-pāssus), -a, -um, adj. Estendido, desdobrado (Apul. M. 6, 15).
prōpatŭlō, ou melhor in propatŭlō, abl. n. tomado advt. Em público, à vista de todos, a descoberto (Sal. C. Cat. 13, 3).
prōpatŭlus, -a, -um, adj. Descoberto, patente, aberto (Cíc. Verr. 4, 110).
1. propĕ, prep. (acus.). Perto de: prope oppidum (Cés. B. Gal. 7, 36, 2) «perto da cidade».
2. prope, adv. I — Sent. próprio: 1) Perto, junto (referindo-se ao tempo e ao espaço (Ter. Ad. 307); (Cíc. Verr. 5, 6). II — Sent. figurado: 2) Quase, perto de, a ponto de (Cíc. Verr. 3, 62).
propedĭem ou prope dĭem, adv. Daqui a dias, dentro de pouco tempo, breve (Cíc. Div. 1, 47).
prōpellō, -is, -ĕre, -pŭlī, -pulsum, v. tr. I — Sent. próprio: 1) Impelir para a frente, fazer avançar (Cíc. Tusc. 4, 9); (Cíc. Sull. 64). II — Sent. figurado: 2) Repelir, fazer recuar, afastar (Cés. B. Gal. 7, 80, 6); (Hor. Sát. 1, 2, 6).
propemŏdo, v. propemŏdum (Plaut. Trin. 780).
propemŏdum, adv. Quase, pouco mais ou menos (Cíc. Or. 147).
prōpendĕō, -ēs, -ēre, -pēndī, -pēnsum, v. intr. I — Sent. próprio: 1) Pender para a frente (Suet. Galb. 21). Daí: 2) Estar pendente, estar inclinado, propender (Plín. H. Nat. 26, 36). II — Sent. figurado: 3) Pender, estar propenso a (Cíc. De Or. 2, 187). 4) Descer, baixar, ter mais pêso (tratando-se de balança) (Cíc. Tusc. 5, 86).
prōpēndī, perf. de propendĕo.
prōpēnsē, adv. Por um movimento natural, espontâneamente. Obs.: Comp.: propensĭus (T. Lív. 37, 52).
prōpensĭō, -ōnis, subs. f. Inclinação, propensão (Cíc. Fin. 4, 47).
prōpēnsus, -a, -um. A) Part. pass. de propendĕo. B) Adj.: I — Sent. próprio:

1) Que pende para a frente. II — Sent. moral: 2) Propenso, inclinado a, dado a, levado para (Cic. Amer. 85). 3) Que se aproxima de (Cíc. Nat. 3, 95). 4) Preponderante, pesado, importante (Plaut. Bac. 513).

propĕrans, -antis. I — Part. pres. de propĕro. II — Adj.: Que se apressa, pronto, rápido (Cíc. At. 4, 4).

properantĭa, -ae, subs. f. I — Sent. próprio: 1) Pressa, diligência (Sal. B. Jug. 36, 3). II — Daí: 2) Precipitação (Tác. An. 12, 20).

properātĭō, -ōnis, subs. f.: v. properantĭa (Cíc. Fam. 5, 12, 2).

properātus, -a, -um. I — Part. pass. de propĕro. II — Adj.: Apressado, feito ràpidamente (Ov. Met. 9, 586).

propĕrē, adv. À pressa, depressa, ràpidamente (Sal. B. Jug. 86, 1).

properĭpēs, -pĕdis, adj. De pés ligeiros, ágil (Catul. 63, 34).

propĕrō, -ās, -āre, -āvī, -ātum, v. tr. e intr. A) Tr.: 1) Apressar, precipitar (Sal. B. Jug. 112, 2); (Verg. En. 9, 401). B) Intr.: 2) Apressar-se, despachar-se, aviar-se (Cés. B. Gal. 2, 11, 1); (Cíc. Mil. 49).

Propertĭus, -i, subs. pr. m. Propércio, sobrenome romano, em especial o do poeta elegíaco latino Propércio (Quint. 10, 1, 93).

propĕrus, -a, -um, adj. I — Sent. próprio: 1) Pronto, rápido, apressado (Verg. En. 12, 85). II — Sent. figurado: 2) Ávido, impaciente (Tác. An. 14, 7).

prōpexus, -a, -um, adj. Penteado para diante, pendente, comprido (Verg. En. 10, 838).

prophēta, (-tēs), -ae, subs. m. Sacerdote de um templo ou de uma divindade (Apul. M. 2, 28).

propīnātĭō, -ōnis, subs. f. Provocação ou convite para beber, brinde à saúde de alguém (Sên. Ben. 2, 21, 5).

propincus, v. propinquus (T. Lív. 21, 53, 7).

propīnō, -ās, -āre, -āvī, -ātum, v. tr. I — Sent. próprio: 1) Fazer um brinde a, beber à saúde de (Plaut. St. 708). Daí: 2) Propinar, dar a beber (Plaut. St. 425). Na língua médica: 3) Dar um remédio a beber, ministrar uma poção (Plin. H. Nat. 28, 7). II — Por extensão: 4) Passar a, oferecer, propinar (Ter. Eun. 1087).

propinquē, adv. Perto (Plaut. Truc. 575).

propinquĭtās, -tātis, subs. f. I — Sent. próprio: 1) Propinqüidade, proximidade, vizinhança (Cés. B. Gal. 2, 20, 4). II — Sent. figurado: 2) Parentesco, aliança (Cíc. Planc. 27).

propinquō, -ās, -āre, -āvī, -ātum, v. intr. e tr. I — Intr.: 1) Aproximar-se, avizinhar-se, apropinquar (Verg. En. 5, 185); (Tác. An. 15, 39). II — Tr.: 2) Aproximar, adiantar, acelerar (Verg. En. 10, 254).

1. propinquus, -a, -um, adj. I — Sent. próprio: 1) Propínquo, próximo, vizinho (Ov. Trist. 4, 4, 5). II — Daí: 2) Próximo (no tempo), pouco distante (Cíc. Div. 1, 65). 3) Próximo (no parentesco), parente (Sal. B. Jug. 10, 3). 4) Que se aproxima de, parecido (Cíc. De Or. 2, 185).

2. propinquus, -i, subs. m.; propinqua, -ae, subs. f. O parente, a parenta; no pl.: os parentes (Cíc. Of. 1, 59).

propĭor, -ĭus (gen. -ōris), (comp. de um positivo desusado: prope). I — Sent. próprio: 1) Mais próximo, mais perto, mais vizinho de (Ov. P. 1, 2, 130). II — Daí: 2) Mais próximo (no tempo), mais recente (Cíc. At. 15, 3, 2). 3) Mais próximo (pelo parentesco), mais chegado, mais ligado (Cíc. Quinct. 97). 4) Que se aproxima mais, mais parecido (T. Lív. 4, 37, 1). 5) Que toca de mais perto, que interessa mais (Cíc. Sest. 40). Obs.: Constrói-se absolutamente; com dat.; com acus.

propĭōra, -um, subs. n. pl. Lugares mais próximos (Tác. Hist. 5, 16).

propitĭō, -ās, -āre, -āvī, -ātum, v. tr. Tornar propício por meio de um sacrifício, tornar favorável, propiciar, oferecer um sacrifício expiatório (Sên. Ep. 95, 50); (Plaut. Poen. 333).

propitĭus, -a, -um, adj. Propício, favorável, benévolo (Cíc. Caecil. 41).

propĭus, adv. comp. de prope. Mais perto (Cíc. Nat. 1, 87).

Prōpoetĭdēs, -um, subs. pr. f. Propétidas, filhas de Amatonte, transformadas em rochedos por Vênus, a quem desprezavam (Ov. Met. 10, 220).

propōla, -ae, subs. m. Vendedor, revendedor, regatão (que vende por miúdo) (Plaut. Aul. 512).

prōpollŭō, -is, -ĕre, v. tr. Poluir, contaminar (Tác. An. 3, 66).

prōpōnō, -is, -ĕre, -posŭī, -posĭtum, v. tr. I — Sent. próprio: 1) Colocar diante, expor à vista (Cés. B. Gal. 2, 20, 1). Daí: 2) Pôr na mesa, servir à mesa, expor para vender, pôr à venda (Cíc. Verr. 2, 78). II — Sent. figurado: 3)

PROPÔNTIS — 807 — **PROPULSATIO**

Propor, apresentar, oferecer (Cíc. De Or. 2, 93); (Cíc. Tusc. 5, 20). 4) Expor, narrar, declarar, anunciar, fazer ver (Cés. B. Gal. 6,11, 1); (Cés. B. Gal. 5, 12, 5). 5) Estabelecer antecipadamente, fixar, determinar, prescrever (Cíc. Inv. 1, 70).

Propôntis, -idis, subs. pr. f. Propôntida, nome do atual mar de Mármara, situado entre o mar Egeu e o Ponto Euxino (T. Lív. 38, 16).

Propontiăcus, -a, -um, adj. Da Propôntida (Ov. Trist. 1, 10, 29).

prōpŏrrō, adv. De mais, além disso (Lucr. 2, 979).

prōportĭō, -ōnis, subs. f. Proporção, relação, analogia (têrmo gramatical) (Cíc. Tim. 13).

prōpositĭō, -ōnis, subs. f. I — Sent. próprio: 1) Ação de pôr diante dos olhos, apresentação (Cíc. Tusc. 3, 39). II — Na língua retórica: 2) Proposição (parte de um discurso), exposição do assunto, tema (Cíc. De Or. 3, 203). 3) Proposição, frase (Quint. 7, 1, 47). 4) Proposição maior (de um silogismo) (Cíc. Inv. 1, 67).

prōpositum, -i, subs. n. I — Sent. próprio: 1) Plano, intenção, fim, resolução (Cíc. Fin. 3, 22). II — Na língua retórica: 2) Assunto tratado, tema (Cíc. Or. 137). 3) Proposição geral (Cíc. Top. 79). 4) Proposição maior (do silogismo) (Cíc. De Or. 2, 215).

prōpositus, -a, -um, part. pass. pe propōno.

prōposŭi, perf. de propōno.

prō praetōre, prōpraetōre ou **prōpraetor, -ōris**, subs. m. Propretor, pretor substituto (T. Lív. 27, 22, 55).

proprĭē, adv. I — Sent. próprio: 1) Em particular, particularmente (Cíc. Sest. 37). II — Daí: 2) Pròpriamente, especialmente, pessoalmente (Cíc. Fam. 9, 15, 1). 3) Com propriedade, em têrmos apropriados (Cíc. Phil. 2, 77).

propriĕtās, -tātis, subs. f. I — Sent. próprio: 1) Propriedade, qualidade própria, caráter específico (Cíc. Ac. 2, 56). Por extensão: 2) Direito de posse, propriedade (Suet. Gal. 7). II — Sent. figurado: 3) Propriedade (de têrmos) (Quint. 8, 2, 1).

propritim, por **propriātim**, adv. De uma maneira própria (Lucr. 2, 975).

proprĭum, -i, subs. n. Propriedade, o que se possui (Marc. 12, 78, 2).

proprĭus, -a, -um, adj. I — Sent. próprio: 1) Próprio, o que é propriedade de, que pertence a, particular, especial, característico (Cíc. Fam. 14, 3, 1); (Cíc. Tusc. 2, 43). II — Daí: 2) Permanente, duradouro, sólido, estável (Cíc. Pomp. 48). III — Na língua gramatical: 3) Próprio (Cíc. De Or. 3, 150).

1. propter, prep. (acus.) I — Sent. próprio: 1) Perto de, ao lado de, ao longo de: **propter Platōnis statuam** (Cíc. Br. 23) «ao lado da estátua de Platão». II — Sent. figurado: 2) Por causa de, por amor de, por, em vista de: **propter metum** (Cíc. Par. 34) «por mêdo»; (Cíc. Mil. 93).

2. propter, adv. Ao lado, perto, nas proximidades (Cíc. Verr. 3, 107).

proptereā, adv. Por causa disto, por esta razão, em conseqüência disto, por conseguinte (Cíc. Nat. 2, 31). Obs.: Pode vir empregado em correlação com **quod, quia** (cf. Cíc. Of. 3, 12) ou com **ut** (cf. Cíc. Leg. 8), significando respectivamente: por isso que, porque e para que.

prōpudĭōsus, -a, -um, adj. Que não tem pudor, desavergonhado, infame (Plaut. St. 334).

prōpudĭum, -i, subs. n. I — Sent. próprio: 1) Ação infamante, infâmia, torpeza (Plín. H. Nat. 28, 122). II — Sent. particular: 2) Pessoa infame (têrmo de injúria) (Plaut. Bac. 579).

prōpugnācŭlum, -i, subs. n. I — Sent. próprio: 1) Propugnáculo, baluarte, fortaleza, trincheiras, fortificações (Verg. En. 9, 170). II — Sent. figurado: 2) Baluarte, defesa (Cíc. Verr. 3, 186). 3) Meio de defesa, de justificação (Cíc. Pis. 9).

prōpugnātĭō, -ōnis, subs. f. Defesa de uma praça, defesa (sent. figurado) (Cíc. Fam. 5, 8, 1).

prōpugnātor, -ōris, subs. m. I — Sent. próprio: 1) O que defende uma praça sitiada, combatente, propugnador, defensor (Cés. B. Gal. 7, 25, 4). II — Sent. figurado: 2) Defensor, protetor (Cíc. Mil. 16).

prōpugnātus, -a, -um, part. pass. de **propūgno**.

prōpūgnō, -ās, -āre, -āvi, -ātum, v. intr. e tr. I — Intr.: 1) Combater em sua própria defesa, bater-se (Cés. B. Gal. 7, 86, 5); (Cíc. Tusc. 5, 79). 2) Combater por, propugnar, ser o defensor de (Cíc. Of. 1, 62). II — Tr.: 3) Defender (Tác. An. 13, 31).

prōpŭli, perf. de **propello**.

prōpulsātĭō, -ōnis, subs. f. Propulsão, ação de repelir, afastar para longe (um

prōpulsātor

perigo ou uma acusação) (Cíc. Sull. 2).
prōpulsātor, -ōris, subs. m. Defensor (sent. figurado) (V. Máx. 7, 8, 7).
prōpūlsō, -ās, -āre, -āvī, -ātum, v. tr. I — Sent. próprio: 1) Propulsar, repelir, rechaçar, afastar (Cíc. Mur. 2). II — Daí: 2) Livrar-se de, defender-se, conjurar (Cíc. Fin. 4, 69); (Cíc. Clu. 144).
1. **prōpūlsus, -a, -um,** part. pass. de **propēllo.**
2. **prōpūlsus, -ūs,** subs. m. Propulsão, fôrça impulsiva (Sên. Nat. 5, 14, 3).
Propylaeon, -ī, subs. pr. n. ou **propylaea, -ōrum,** subs. pr. n. pl. Propileu, pórtico da Acrópole (em Atenas) (Cíc. Of. 2, 60).
prō quaestōre, subs. m. Proquestor (Cíc. Phil. 10, 26).
prōquam ou **prō quam,** adv. À proporção que, ao passo que, à medida que (Lucr. 2, 1137).
prōra, -ae, subs. f. I — Sent. próprio: 1) Proa (de navio) (Cés. B. Gal. 3, 13, 2). II — Sent. poético: 2) Navio, embarcação (Verg. En. 10, 223).
prōrēpō, -is, -ěre, -rēpsī, -rēptum, v. intr. Avançar rastejando, rastejar (Hor. Sát. 1, 1, 37).
prōrēpsī, perf. de **prorēpo.**
prōrēta, -ae, subs. m. Marinheiro que está de observação na proa de um navio, vigia (Plaut. Rud. 1014).
prōreus, -ěi, ou **-ěos,** subs. m., v. **prorēta** (Ov. Met. 3, 634).
prōripiō, -is, -ěre, -ripūī, -rēptum, v. tr. e intr. I — Tr.: 1) Arrastar para fora, arrastar, arrebatar, levar à fôrça, impelir (Cíc. Verr. 5, 161). II — Intr.: 2) Precipitar-se, correr (Verg. En. 5, 741).
prōripūī, perf. de **proripio.**
prōris, -is, subs. f. v. **prōra** (Ac. Tr. 575).
prōrītō, -ās, -āre, -āvī, -ātum, v. tr. 1) Provocar, estimular, excitar (Plín. H. Nat. 26, 90). 2) Atrair, chamar (Sên. Ep. 23, 2).
prōrogātiō, -ōnis, subs. f. Prorrogação, prolongamento, adiamento, demora (Cíc. At. 13, 43).
prōrogātīvus, -a, -um, adj. Que pode ser diferido (Sên. Nat. 2, 47).
prōrogātus, -a, -um, part. pass. de **prorŏgo.**
prōrŏgō, -ās, -āre, -āvī, -ātum, v. tr. 1) Prorrogar (os podêres de um magistrado) (Cíc. At. 5, 11, 1). Daí: 2) Na língua comum: Prolongar, adiar (Tác. An. 3, 51).

prōscrībō

prorsum, adv., v. **prorsus** (Plaut. Mil. 1193).
1. **prorsus** (arc. **prōsus,** cf. Plaut. Trin. 730), adv. I — Sent. próprio: 1) Para diante, em frente, em linha reta (Varr. Men. 28). II — Sent. figurado: 2) Diretamente, sem obstáculo, bem (Cíc. At. 14, 20, 4). Donde: 3) Inteiramente, absolutamente (Cíc. Tusc. 2, 14). 4) Em suma, em uma palavra (Sal. C. Cat. 15, 5).
2. **prorsus, -a, -um,** adj. I — Sent. próprio: 1) Que vai em linha reta. II — Sent. figurado: 2) Prosaico (Apul. Flor. 18, p. 32, 1).
prōrūī, perf. de **proruo.**
prōrūmpō, -is, -ěre, -rūpī, -rūptum, v. tr. e intr. I — Tr.: 1) Empurrar com violência para frente, impelir, lançar, fazer sair (Verg. En. 3, 572). II — Sent. figurado: 2) Precipitar, desencadear (Verg. En. 1, 246); (Cíc. Amer. 68). II — Intr.: 3) Prorromper, lançar-se, precipitar-se (sent. próprio e figurado) (Cíc. Amer. 12); (Tác. An. 6, 51).
prōrŭō, -is, -ěre -rŭī, -rŭtum, v. intr. e tr. I — Intr.: 1) Cair para a frente, cair sôbre (Cés. B. Civ. 3, 69, 3). II — Tr.: 2) Fazer cair para a frente, impelir, precipitar (Ter. Eun. 599). Donde, em sent. figurado: 3) Abater, destruir, arrasar (T. Lív. 26, 13, 16).
prōrūpī, perf. de **prorūmpo.**
prōrūptus, -a, -um, part. pass. de **prorūmpo.**
prōrŭtus, -a, -um, part. pass. de **proruo.**
prōsa, -ae, subs. f. Prosa (Quint. 1, 8, 2).
prōsāpĭa, -ae, subs. f. Descendência, antepassados, raça, família, nobreza (Plaut. Merc. 633). Obs.: Palavra antiga, segundo Cícero (Tim. 39).
prōsātus, -a, -um, part. pass. de **prosěro.**
proscēnĭum (-caenĭum), -ī, subs. n. Proscênio (Verg. G. 2, 381).
prōscĭdī, perf. de **proscĭndo.**
prōscĭndō, -is, -ěre, -scĭdī, -scīssum, v. tr. I — Sent. próprio: 1) Fender diante, fender, rasgar, abrir, dilacerar (Verg. G. 1, 97); (Lucr. 5, 209). II — Sent. moral: 2) Difamar, atacar (Ov. P. 4, 16, 47).
prōscīssus, -a, -um, part. pass. de **proscīndo.**
prōscrībō, -is, -ěre, -scrīpsī, -scrīptum, v. tr. I — Sent. próprio: 1) Publicar por escrito, afixar um escrito, anunciar por edital (Cíc. Verr. 1, 141); (Cíc. At. 16, 4, 1). II — Daí: 2) Afixar o nome e os bens de um condenado, proscrever,

confiscar (Cíc. Dom. 43); **vicinos proscribere** (Cíc. Agr. 3, 14) «confiscar os bens dos vizinhos». Daí: 3) Pôr à venda (Cíc. Quinct. 20); (Cíc. Of. 3, 65).

prōscrīpsī, perf. de **proscrībo**.

prōscriptiō, -ōnis, subs. f. I — Sent. próprio: 1) Afixação do edital de venda, venda em hasta pública (Cíc. Quinct. 56). II — Por extensão: 2) Proscrição (envolvendo exílio e confiscação de bens) (Cíc. Prov. 45).

prōscriptŭriō, -is, -ĭre, v. intr. Ter grande desejo de proscrever (Cíc. At. 9, 10, 6).

1. **prōscrīptus, -a, -um**, part. pass. de **proscrībo**.

2. **prōscrīptus, -ī**, subs. m. Proscrito (Cíc. Verr. 1, 123).

prōsĕcō (arc. **prosico**), **-as, -āre, -secŭī, -sectum, v. tr.** 1) Cortar pela frente, cortar as entranhas das vítimas (Plaut. Poen. 456); (T. Lív. 5, 21). Daí: 2) Fender, abrir, lavrar (Plín. Ep. 5, 6, 10). Obs.: Inf. pass. arc. **prosicarier** (Plaut. Poen. 451).

prōsĕcta, -ōrum, subs. n. pl. Entranhas (cortadas) da vítima (Ov. Met. 12, 152).

1. **prōsĕctus, -a, -um**, part. pass. de **prosĕco**.

2. **prōsĕctus, -ūs**, subs. m. Golpe, incisão, corte (Apul. M. 8, 28).

prōsecŭī, perf. de **prosĕco**.

prōsecūtus, -a, -um, part. pass. de **prosĕquor**.

prōsĕda, -ae, subs. f. Prostituta (Plaut. Poen. 266).

prōsēmĭnō, -ās, -āre, -āvī, -ātum, v. tr. I Sent. próprio: 1) Semear, disseminar (Cíc. frg. F. 5, 78). II — Sent. figurado: 2) Gerar, produzir, criar (Cíc. De Or. 3, 61).

prōsēnsī, perf. de **prosentio**.

prōsentiō -is, -ire, -sēnsī, -sēnsum, v. tr. Pressentir (Plaut. Mil. 1152).

prōsĕquor, -ĕris, -sĕquī, -secūtus sum, v. dep. tr. I — Sent. próprio: 1) Seguir, acompanhar (Cíc. Fam. 3, 10, 8); (Cíc. Leg. 2, 62); (Cíc. Clu. 201). Daí: 2) Prosseguir, continuar (Verg. En. 2, 107). Donde: 3) Procurar, buscar, perseguir (Cés. B. Civ. 2, 8, 2). II — Sent. figurado: 4) Acompanhar alguém em seu séquito, escoltar (Cíc. Verr. 4, 77). Donde: 5) Honrar, recompensar (Cíc. Tusc. 2, 61). 6) Narrar, expor, descrever (Verg. G. 3, 339).

prōsĕrō, -is, -ĕre, -sēvī, -sătum, v. tr. Produzir (Luc. 4, 411).

Proserpĭna, -ae, subs. pr. f. Prosérpina, deusa da agricultura e rainha dos infernos, filha de Júpiter e de Ceres. Certa vez, quando colhia flôres nos campos de Ena, na Sicília, foi raptada por Plutão, deus dos infernos, que a desposou (Cíc. Nat. 3, 53).

prōsērpō, -is, -ĕre, v. intr. Caminhar de rastos, arrastar-se (Plaut. Poen. 1034).

prōsēvī, perf. de **prosĕro**.

prōsĭcō = prōsĕcō.

prōsilĭbō = prōsilĭam, fut. impf. de **prosilĭo** (Quint. Decl. 4, 19).

prōsilĭī, = prosilŭi e **prosilīvī**, perf. de **prosilĭo**.

prōsilĭō, -is, -ĭre, -silŭī, (-silīvī ou -silĭī), v. intr. I — Sent. próprio: 1) Saltar para diante, arremessar-se, lançar-se, precipitar-se: **temere prosiluerunt** (Cíc. Cael. 63) «lançar-se inconsideradamente». Daí: 2) Sair violentamente, brotar, jorrar (Ov. Met. 6, 260); (T. Lív. 28, 14, 10). II — Sent. figurado: 3) Vir depressa, correr, dirigir-se ràpidamente (Plín. H. Nat. 4, 8). Obs.: O perf. **prosilui** é o geralmente usado. **Prosilii** ocorre em (Sên. Clem. 1, 3, 3); e **prosilivi** (Sên. Ep. 115, 15).

prōsilŭī, perf. de **prosilĭo**.

prōsīstens, -ēntis, part. adj. Saliente, proeminente (Apul. M. 11, 24).

prōsŏcer, -ĕrī, subs. m. Avô da espôsa, pai do sôgro (Ov. Her. 3, 74).

prosōpopeīa, -ae, subs. f. 1) Prosopopéia (figura de retórica) (Quint. 6, 1, 25). 2) Discurso imaginado (Quint. 2, 1, 2).

prospectō, -ās, -āre, -āvī, -ātum, v. tr. I Sent. próprio: 1) Olhar para a frente, olhar diante de si, contemplar (Cíc. At. 9, 10, 2); (T. Lív. 24, 21, 8). II — Daí: 2) Orientar-se, estar voltado para (Tác. Hist. 5, 6).

1. **prospectus, -a, -um**, part. pass. de **prospicio**.

2. **prospectus, -ūs**, subs. m. I — Sent. próprio: 1) Ação de olhar ao longe, vista ao longe, olhar, perspectiva (Cíc. At. 12, 9). Daí: 2) Fato de ser visto ao longe (Cés. B. Gal. 5, 10, 2). II — Por extensão: 3) Aspecto (exterior) (Cíc. Dom. 116). III — Sent. figurado: 4) Previdência (A. Gél. 5, 11, 10).

prospecŭlor, -āris, -ārī, v. dep. intr. e tr. I — Intr.: 1) Observar os lugares, explorar (T. Lív. 3, 43, 3). II — Tr.: 2) Espiar, espreitar, observar (T. Lív. 33, 1, 3).

prosper e prospĕrus, -a, -um, adj. I — Sent. próprio: 1) Que corre bem, que prospera, próspero, feliz (Cíc. Nat. 3, 89); (Cíc. Br. 12). II — Sent. figura-

do: 2) Propício, favorável (Cíc. Rep. 6, 17). Obs.: Ambas as formas de nom. m. são encontradas nos clássicos.
prospěra, -ōrum, subs. n. pl. I — Sent. próprio: 1) Circunstâncias favoráveis, boa sorte, prosperidade (T. Liv. 28, 42, 15). II — Sent. poético: 2) Propício (Hor. O. 4, 6, 39).
prosperātus, -a, -um, part. pass. de prospěro.
prospěrē, adv. Com felicidade, prosperamente, favoravelmente (Cíc. Fam. 3, 12, 2).
prosperĭtās, -tātis, subs. f. Prosperidade, felicidade (C. Nep. At. 21, 1).
prospěrō, -ās, -āre, -āvī, -ātum, v. tr. e intr. I — Tr.: 1) Conceder ou ocasionar uma ocasião feliz, tornar feliz (T. Liv. 8, 9, 7). II — Intr.: 2) Ser favorável a, trazer a prosperidade a (Plaut. Pers. 263).
prospěrus, v. prosper.
prospēxī, perf. de prospicio.
prospĭciens -entis, part. pres. de prospicio.
prospĭcientia, -ae, subs. f. Previdência, circunspecção, precaução (Cíc. Phil. 7, 19).
prospĭciō, -is, -ěre, -spēxī, -spēctum, v. intr. e tr. A) Intr.: I — Sent. próprio: 1) Olhar para diante, ver diante de si (Cés. B. Civ. 2, 5, 3); (Verg. En. 6, 357). B) Tr.: II — Sent. figurado: 2) Prever (Cic. Div. 1, 111); (Cíc. Lae. 40). 3) Olhar por, prover, estar atento a, velar (Cíc. Cat. 4, 3); (T. Liv. 4, 49, 14). 4) Vigiar, espreitar, examinar, ver, descobrir (C. Nep. Han. 12, 4); (T. Liv. 21, 49, 8). 5) Lançar um golpe de vista sôbre alguma coisa, entrever (Cíc. Sull. 55); (Sên. Ep. 66, 42).
prospĭcǔus, -a, -um, adj. I — Sent. próprio: 1) Elevado (que se vê de longe ou que tem longa vista) (Estác. Theb. 12, 15). II — Daí: 2) Profético, que vê o futuro (Apul. M. 6, 20).
prostans, -antis, part. pres. de prosto.
prostěrnō, -is, -ěre, -strāvī, -strātum, v. tr. I — Sent. próprio: 1) Deitar para a frente, deitar por terra, prosternar, prostrar-se (Ter. Ad. 319); (Cíc. Phil. 2, 45). II — Sent. figurado: 2) Abater, arruinar, destruir (Cíc. Cat. 2, 2). Obs.: Inf. perf. sincopado prostrasse (Ov. Trist. 3, 5, 35).
prostibĭlis, -e, adj. Prostituída (Plaut. Pers. 836).
prostibŭlum, -ī, subs. n. Prostituta, cortesã (Plaut. Aul. 285).

prostĭtuī, perf. de prosto.
prostĭtuī, perf. de prostituo.
prostĭtǔō, -is, -ěre, -ī, -ūtum, v. tr. I — Sent. próprio: 1) Colocar diante, expor (Plaut. Ps. 178). II — Sent. figurado: 2) Prostituir (Suet. Ner. 29). 3) Desonrar, manchar (Ov. Am. 1, 15, 5).
prostĭtūtus, a, -um, part. pass. de prostituo. 1) Prostituído (Marc. 9, 6, 7). 2) Subs. f.: Prostituída (Suet. Cal. 36).
prostō, -ās, -āre, -stĭtī (-stātum), v. intr. I — Sent. primitivo: 1) Avançar, fazer saliência (Lucr. 2, 428). Daí: 2) Pôr-se na frente, expor-se aos olhares do público (Plaut. Curc. 507). Donde: 3) Ser pôsto à venda (Hor. Ep. 1, 20, 2). II — Sent. figurado: 4) Prostituir-se (Cíc. Quinct. 95).
prostrāsse, forma sincopada do inf. perf. de prostěrno = prostravisse (Ov. Tris. 3, 5, 33).
prostrātus, -a, -um, part. pass. de prostěrno.
prostrāvī, perf. de prostěrno.
prōsubĭgō, -is, -ěre, v. tr. I — Sent. próprio: 1) Preparar antes, forjar (V. Flaec. 4, 288). II — Daí: 2) Revolver diante de si com o pé, cavar a terra com o pé (Verg. G. 3, 256).
prōsulĭō = prōsilĭō.
prōsum, prōdes, prōdesse, prōfuī, v. intr. Ser útil, servir, aproveitar a (Cíc. Fam. 12, 17, 7); (Cíc. Nat. 2, 64); (Cíc. Tusc. 4, 64). Obs.: Constrói-se com dat.; com inf.; com or. inf.; com or. introduzida por quod; ou ainda com acus. com ad ou in. Inf. fut. profore (Hor. Ep. 1, 8, 11).
Prōtagŏrās, -ae, subs. pr. m. Protágoras, sofista grego do V séc. a. C., nascido em Abdera (Cíc. Nat. 1, 2).
prōtēctus, -a, -um, part. pass. de protěgo.
prōtěgō, -is, -ěre, -tēxī, -tēctum, v. tr. I — Sent. próprio: 1) Cobrir por diante, abrigar (Verg. En. 8, 662). II — Sent. figurado: 2) Garantir, proteger (Cíc. Sull. 50).
prōtēlum, -ī, subs. n. I — Sent. próprio: 1) Ação de puxar para diante, esfôrço contínuo a puxar. II — Sent. figurado: 2) Continuidade (Catul. 56, 7). Obs.: Só ocorre no abl. sg. e pl.
prōtěnam, v. protĭnam.
prōtendī, perf. de protěndo.
prōtěndō, -is, -ěre, -tēndī, -tēnsum e -tēnsum, v. tr. I — Sent. próprio: 1) Estender, alongar, estender adiante (Ov. Met. 14, 191). II — Daí: 2) Apresen-

tar (Verg. En. 11, 606). Na língua gramatical: 3) Alongar, tornar longa (A. Gél. 2, 17, 11).
Prōtēnor, -ŏris, subs. pr. m. Protenor, nome de um guerreiro (Ov. Met. 5, 98).
prōtĕntus, -a, -um, part. pass. de protĕndo.
prōtĕnus, v. **prōtĭnus.**
prōtĕrō, -is, -ĕre, -trīvī, -trītum, v. tr. I — Sent. próprio: 1) Pisar, esmagar, calcar com os pés (Cés. B. Civ. 2, 41, 5); (Verg. En. 12, 330). II — Sent. figurado: 2) Esmagar, desbaratar, destruir (Tác. Hist. 2, 26).
prōterrĕō, -ēs, -ēre, -terrŭī, -terrĭtum, v. tr. Pôr em fuga pelo terror, pôr em fuga, expulsar pelo terror (Cíc. Dom. 133).
prōterrŭī, perf. de **proterrĕo.**
protērvē, adv. Ousadamente, desaforadamente, atrevidamente, impudentemente (Cíc. Rep. 1, 68).
protervĭtās, -tātis, subs. f. Impudência, audácia, atrevimento (Cíc. Cael. 29).
protērvus, -a, -um, adj. I — Sent. próprio: 1) Impudente, audacioso, libertino, ousado (tratando-se de pessoas ou coisas) (Cíc. Fin. 5, 35). II — Sent. poético: 2) Violento, veemente (Hor. O. 1, 26, 2).
Prōtesilāēus, -a, -um, adj. De Protesilau (Catul. 68, 74).
Prōtesilāus, -ī, subs. pr. m. Protesilau, herói tessálio, rei de Filaquéia, e filho de Ifíclo; partiu para o cêrco de Tróia e foi morto por Heitor ao desembarcar, sendo assim a primeira perda que os gregos sofreram (Prop. 1, 19, 9).
prōtēstor, -āris, -ārī, -testātus, sum, v. dep. tr. Declarar alto e bom som, protestar, afirmar (Quint. Decl. 4, 21).
Prōteus, -ĕī, ou **-ĕos,** subs. pr. m. Proteu. I — Sent. próprio: 1) Deus marinho, filho do Oceano, guarda do gado de Netuno, e célebre por seus oráculos e metamorfoses (Verg. G. 4, 338). I — Sent. figurado: 2) Um proteu, um homem versátil (Hor. Ep. 1, 1, 90).
prōtēxī, perf. de **protĕgo.**
Prothoēnor, -ŏris, subs. m., v. **Protēnor** (Ov. Met. 5, 98).
prothȳmia, -ae, subs. f. Boa vontade, benevolência, boa disposição (Plaut. St. 636).
pretĭnam (protĕnam). adv., v. **protĭnus** (Varr. L. Lat. 7, 107).
prōtĭnus (prōtĕnus), adv. Sent. próprio e figurado: 1) Em linha reta, para diante, continuando o seu caminho, sem parar (Verg. Buc. 1, 13); (Cíc. Inv. 1, 20). Donde: 2) Imediatamente, logo (Verg. En. 7, 601).
Prōtogĕnēs, -is, subs. pr. m. Protógenes, célebre pintor grego da segunda metade do IV séc. a.C., natural da Cária e que, mais tarde, estabeleceu-se em Rodes (Cíc. Br. 70).
prōtollō, -is, -ĕre, v. tr. I — Sent. próprio: 1) Levar para diante, estender (Plaut. Ps. 860). II — Sent. figurado: 2) Diferir, adiar (Plaut. Cas. 680).
prōtopraxĭa, -ae, subs. f. Crédito privilegiado (Plín. Ep. 10, 108).
prōtotŏmus caulis ou **prōtotŏmus, -ī,** subs. m. Bróculos (planta) (Marc. 10, 48, 16).
prōtrāctus, -a, -um, part. pass. de **protrăho.**
prōtrăhō, -is, -ĕre, -trāxī, -trāctum, v. tr. I — Sent. próprio: 1) Puxar para diante, alongar, estender (Cíc. Verr. 4, 24). Daí: 2) Levar à fôrça, arrastar (Lucr. 5, 1031); (Plaut. Trin. 109). II — Sent. figurado: 3) Protrair, prolongar (Suet. Ner. 27). 4) Adiar, diferir (Suet. Ner. 32). 5) Revelar, desvendar, trazer a lume (T. Lív. 45, 5, 9).
prōtrāxe, forma sincopada de **prōtrāxisse,** inf. perf. de **protrăho** (Lucr. 5, 1157).
prōtrāxī, perf. de **protrăho.**
prōtrīmĕnta, -ōrum, subs. n. pl. Espécie de caldo grosso (Apul. M. 8, 31).
prōtrītus, -a, -um, part. pass. de **protĕro.**
prōtrīvī, perf. de **protĕro.**
protrŏpon (-pum), -ī, subs. n. Vinho que corre antes das uvas serem pisadas (Plín. H. Nat. 14, 85).
prōtrūdō, -is, -ĕre, -trūsī, -trūsum, v. tr. I — Sent. próprio: 1) Impelir para a frente, empurrar (Cíc. Fat. 43). II— Sent. figurado: 2) Adiar, diferir (Cíc. Fam. 10, 26, 3).
prōtrūsī, perf. de **protrūdo.**
prōtŭlī, perf. de **profĕro.**
prōtŭrbō, -ās, -āre, -āvī, -ātum, v. tr. I — Sent. figurado: 1) Pôr em debandada, em fuga, obrigar a fugir, lançar para fora, expulsar (Cés. B. Gal. 2, 19, 7). II — Sent. figurado: 2) Derrubar, deitar abaixo (árvore), devastar (Ov. Met. 3, 80).
prout, conj. Segundo o que, conforme o que, à medida que (Cíc. Verr. 2, 83).
prōvĕctus, -a, -um. A) Part. pass. de **provĕho.** B) Adj.: I — Sent. próprio: 1) Levado para diante, impelido e daí: 2) Adiantado, avançado, proveto (Tác. An. 13, 20). II — Sent. particular: 3)

Avançado (em idade), em idade provecta (Cíc. Tusc. 1, 94).
prŏvĕhō, -is, -ĕre, -vēxī, -vēctum, v. tr. I — Sent. próprio: 1) Levar para diante, levar para a frente, transportar para diante, impelir (Plaut. Rud. 862); (Cíc. Dom. 32); (T. Liv. 2, 50, 5). II — Daí: 2) Dar impulso, fazer subir, elevar, promover, fazer progredir (Cíc. Phil. 13, 24). Passivo: 3) Atirar-se, atingir, chegar a, sair (Cíc. Verr. 5, 87); (Cés. B. Gal. 5, 8, 2). Passivo-reflexivo: 4) Estender-se, elevar-se (Verg. En. 3, 480); (Quint. 2, 8, 4,).
prŏvēnī, perf. de **provenio.**
prŏvĕniō, -is, -īre, -vēnī, -vēntum, v. intr. I — Sent. próprio: 1) Vir para diante, aparecer, vir à luz, tornar-se público (Plaut. Ps. 568). Daí: 2) Provir, brotar, nascer, crescer (Cés. B. Gal. 5, 24, 1); (Sal. C. Cat. 8, 3). II — Sent. figurado: 3) Ter bom êxito, correr bem, prosperar (Tác. Hist. 3, 41). 4) Ter lugar, produzir-se, suceder, acontecer, sobrevir (Suet. Aug. 94).
prŏventūrus, -a, -um, part. fut. de **provenio.**
prŏvēntus, -ūs, subs. m. I — Sent. próprio: 1) Produção, colheita (freqüentemente com idéia de abundância), ceifa, frutos (Verg. G. 2, 518). II — Sent. figurado: 2) Bom êxito, bom resultado (Cés. B. Gal. 7, 80, 2). 3) Abundância, aumento, multiplicação, grande número (Plín. Ep. 1, 13, 1).
prŏverbĭum, -ī, subs. n. I — Sent. próprio: 1) Provérbio, ditado (Cíc. Or. 235). II — Em locuções: 2) **proverbi locum obtinere** (Cíc. Tusc. 4, 36) «tornar-se proverbial». 3) **quod proverbi loco dici solet** (Cíc. Phil. 13, 27) «o que se costuma dizer proverbialmente».
prŏvēxī, perf. de **provĕho.**
prŏvĭdens, -ēntis. I — Part. pres. de **provideo.** II — Adj.: Previdente, prudente, seguro, acautelado (Cíc. Fam. 3, 1, 1).
prŏvĭdēnter, adv. Com precaução, prudentemente, (Sal. B. Jug. 90, 1). Obs.: Superl.: -tissĭme (Cíc. Nat. 3, 94).
prŏvĭdēntĭa, -ae, subs. f. I — Sent. próprio: 1) Previdência, presciência, conhecimento do futuro (Cíc. Inv. 2, 160). 2) Providência, sabedoria suprema (Cíc. Nat. 1, 18). II — Sent. particular: 3) A Providência (= Deus) (Sên. Nat. 2, 45, 2).
prŏvĭdĕō, -ēs, -ēre, -vīdī, -vīsum, v. tr. I — Sent. próprio: 1) Ver antecipadamente, prever, pressentir (Hor. Ep. 1, 7, 69); (Cíc. Tusc. 3, 32); (Cíc. Mur. 4). II — Daí: 2) Prover a, olhar por, fazer provisão (Cés. B. Gal. 5, 8, 1); (Cíc. Nat. 2, 133). 3) Conhecer antecipadamente, precaver-se, acautelar-se (Cés. B. Civ. 3, 34, 2); (Cíc. Phil. 13, 6). Obs.: Constrói-se com dat.; com abl. acompanhado da prep. **de**; com acus.; com **ut** ou **ne**; e também como intr. absoluto.
prŏvīdī, perf. de **provideo.**
prŏvĭdus, -a, -um, adj. I — Sent. próprio: 1) Que prevê (Cíc. Div. 2, 117). Daí: 2) Previdente, prudente, próvido (Cíc. Leg. 1, 22). II — Por extensão: 3) Que vela por, que olha por (Cíc. Nat. 2, 58).
1. prŏvincĭa, -ae, subs. f. I — Sent. próprio: 1) Cargo confiado a um magistrado, cargo de governador de província (têrmo técnico jurídico). II — Daí, em sentido particular: 2) Administração de um território conquistado, govêrno de província (Cíc. Fam. 15, 14, 5). 3) Província (sent. geral): **provincia peregrina, urbana** (T. Liv. 27, 7, 8) «pretura peregrina, urbana». 4) Província (considerando-se o país em si, a circunscrição territorial): **Asia provincia** (Cíc. Flac. 85) «a província da Ásia». Na língua comum: 5) Cargo, função, missão, emprêgo (Cíc. Sull. 52).
2. Prŏvincĭa, -ae, subs. pr. f. A Província, região ao sudeste da França, correspondente a uma parte da Gália Narbonense, hoje Provença (Cés. B. Gal. 1, 1, 3).
1. prŏvincĭālis, -e, adj. I — Sent. próprio: 1) Provincial, da província, das províncias (Cíc. Q. Fr. 1, 1, 43). II — Daí: 2) Do governador de província, do govêrno de província (Cíc. Sest. 7).
2. prŏvincĭālis, -is, subs. m. Provinciano; habitante de uma província (Cíc. Q. Fr. 1, 1, 15).
prŏvincĭātim, adv. Por província, de província em província (Suet. Aug. 49).
prŏvīsĭō, -ōnis, subs. f. 1) Ação de prever, previsão (Cíc. Part. 69). Daí: 2) Ação de prover a, precaução (Cíc. Lae. 78).
prŏvīsō, -is, -ĕre, v. intr. e tr. A) Intr.: 1) Ir ou vir ver antecipadamente (Ter. And. 957). B) Tr.: 2) Ir informar-se, ir saber se alguém vem (Plaut. St. 642).
prŏvīsor, -ōris, subs. m. 1) O que prevê (Tác. An. 12, 4). 2) O que provê a (Hor. A. Poét. 164).

PRŎVISUS — 813 — **PRŬDENTĬA**

1. **prŏvīsus, -a, -um,** part. pass. de **provĭdĕo**.
2. **prŏvīsus, -ūs,** subs. m. I — Sent. próprio: 1) Previsão (Tác. An. 1, 27). II — Daí: 2) Aprovisionamento, abastecimento (Tác. An. 15, 8). 3) Providência (Tác. An. 12, 6).
prŏvīvō, -is, -ĕre, -vīxīsse, v. intr. Continuar a viver, prolongar a própria vida (Tác. An. 6, 25).
prŏvocātĭō, -ōnis, subs. f. I — Sent. próprio: 1) Provocação, desafio (Plín. H. Nat. 7, 81). II — Sent. particular: 2) Apelação (para um tribunal superior), direito de apelação (Cíc. Leg. 3, 6).
prŏvocātor, -ōris, subs. m. Espécie de gladiador (Cíc. Sest. 134).
prŏvocātus, -a, -um, part. pass. de **prŏvŏco**.
prŏvŏcō, -ās, -āre, -āvī, -ātum, v. tr. 1) Chamar para fora, intimar a sair (Plaut. Mil. 1122); (Ter. Eun. 443). Daí: 2) Provocar, desafiar (Cíc. Tusc. 4, 49); (Cíc. Fam. 1, 7, 3); (Quint. 10. 1, 93); (Tác. Germ. 35). Na língua jurídica: 3) Apelar (Cíc. Phil. 1, 21); (Cíc. At. 6, 1, 7).
prŏvōlgō = **prŏvŭlgō**.
prŏvŏlō, -ās -āre, -āvī, -ātum, v. intr. I — Sent. próprio: 1) Voar para diante, fugir voando (Plín. H. Nat. 10, 159). II — Sent. figurado: 2) Avançar ràpidamente, acudir, ràpidamente (Cés. B. Gal. 2, 19, 6); (T. Lív. 2, 46, 7).
prŏvolūtus, -a, -um, part. pass. de **prŏvŏlvo**.
prŏvŏlvī, perf. de **provŏlvo**.
prŏvŏlvō, -is, -ĕre -vŏlvī, -vŏlūtum, v. tr. 1) Rolar para diante, lançar, precipitar (T. Lív. 24, 10, 8); (T. Liv. 6, 3, 4). Daí: 2) Abater (sent. físico e moral), humilhar, desprezar (Tác. An. 14, 2); (Tác. An. 6, 17).
prŏvŏmō, -is, -ĕre, v. tr. Vomitar (sent. figurado), lançar para diante (Lucr. 6, 447).
prŏvulgātus, -a, -um, part. pass. de **prŏvŭlgo**.
prŏvŭlgō (prŏvōlgō), -ās, -āre, -āvī, -ātum, v. tr. Tornar público, divulgar (Suet. Ner. 36).
proxenēta (-tēs), -ae, subs. m. Agente, intermediário, proxeneta (Marc. 10, 3, 4).
1. **proxĭmē (-xŭmē),** prep. (acus.). I — Sent. próprio: 1) Muito perto de, muito próximo de (sent. local): **quam proxime hostem** (Cíc. At. 6, 5, 3) «o mais próximo possível do inimigo». II — Sent. figurado: 2) Quase, muito parecido com: **proxime morem Romanum** (T. Liv. 24, 48, 11) «de modo aproximadíssimo do costume romano».
2. **proxĭmē,** adv. I — Sent. próprio 1) O mais perto, muito perto (com sent temporal ou locativo) (Cés. B. Gal. 3, 29, 3). II — Sent. figurado: 2) O mais aproximadamente, o mais exatamente (Cíc. Fam. 9, 13, 2).
proxĭmī, -ōrum subs. m. pl. Os parentes (de alguém) (Cíc. Verr. 165).
proxĭmĭtās, -tātis, subs. f. I — Sent. próprio: 1) Proximidade, vizinhança (Vitr. 2, 9). II — Sent. figurado: 2) Afinidade (Quint. 3, 6, 95). 3) Semelhança (Ov. A. Am. 2, 662).
proxĭmō, adv. v. **proxĭme** (Cíc. At. 4, 17, 3).
proxĭmus, (-ŭmus), -a, -um, adj. (superl. de **propĭor**). I — Sent. próprio: 1) O que está mais perto, o mais próximo (sent. local) (Cés. B. Gal. 3, 7, 2). II — Daí, em sent. particular: 2) O mais próximo (no tempo), o primeiro, o último (Cíc. Fam. 10, 26, 2); (Cíc. Cat. 1, 1). 3) O mais próximo (em parentesco), o mais íntimo (Cíc. Inv. 2, 144). III — Sent. figurado: 4) O mais parecido, o que mais se aproxima (Cíc. Br. 186). Obs.: Constrói-se absolutamente; com dat.; com acus.; com abl. acompanhado de **ab**.
prūdens, -ēntis, adj. I — Sent. próprio: 1) Que prevê, previdente (Cíc. Div. 2, 11). Daí: 2) Que está ao corrente de, prudente, experiente, sagaz, hábil, versado, sábio, competente (sent. comum) (Cíc. Part. 15); (Cíc. Lae. 6); (Cíc. Or. 18). 3) Que age de caso pensado (Cíc. Marc. 14). Obs.: Constrói-se com gen.; com abl.; como absoluto.
prūdēnter, adv. Com sagacidade, hàbilmente, prudentemente, com clarividência (Cíc. Lae. 1).
prūdentĭa, -ae, subs. f. I — Sent. próprio: 1) Previdência, previsão (Cíc. C. M. 78). II — Sent. comum: 2) Sagacidade, bom senso, prudência, discrição (Cíc. De Or. 1, 151). III — Sent. particular: 3) Saber, ciência, habilidade, competência (Cíc. Div. 2, 11); (Cíc. Mur. 28). Na língua filosófica: 4) Discernimento (das coisas boas, más ou indiferentes) (Cíc. Of. 1, 153). Na língua retórica: 5) Conhecimentos práticos (Cic. De Or. 2, 1).

pruina, -ae, subs. f. I — Sent. próprio: 1) Geada, neve (Verg. G. 3, 368). II — Por extensão: 2) Inverno (Verg. G. 1, 230).

pruinōsus, -a, -um, adj. Arrefecido pela geada, frio, coberto de geada, glacial, gelado (Ov. Am. 2, 19, 22).

pruna, -ae, subs. f. Brasa, tição aceso (Verg. En. 11, 788).

prunicius (-cĕus), -a, -um, adj. De madeira de ameixeira (Ov. Met. 12, 272).

prunum, -ī, subs. n. 1) Ameixa (fruto) (Verg. Buc. 2, 53). 2) Abrunho (Verg. G. 4, 145).

prunus, -ī, subs. f. Ameixeira (Verg. G. 2, 34).

prurīgō, -ĭnis, subs. f. Prurido, comichão (Marc. 4, 48, 3).

prurĭō, -is, -ĭre, v. intr. I — Sent. próprio: 1) Ter comichão (Juv. 6, 578). II — Sent. figurado: 2) Desejar ardentemente, estar roído de inveja por (Marc. 3, 58, 11).

Prūsĭās, -ae, subs. pr. m. Prúsias, rei da Bitínia, junto a quem Aníbal se refugiou (Cíc. Div. 2, 52).

prytanēum, -ī, subs. n. Pritaneu (edifício público destinado aos prítanes) (Cic. De Or. 1, 232).

1. prytănis, -is, subs. m. 1) Prítane (um dos principais magistrados em alguns Estados da Grécia) (Sên. Tranq. 4, 5). 2) Prítane (1º magistrado de Rodes) (T. Liv. 42, 45, 4).

2. Prytănis, -is, subs. pr. m. Prítanis, nome de um guerreiro (Ov. Met. 13, 258).

psallī, perf. de **psallo**.

psallō, -is, -ĕre, psallī, v. intr. Tocar cítara, cantar ao som da cítara (Sal. C. Cat. 25, 2); (Hor. O. 4, 13, 7).

psaltērium, -ī, subs. n. Psaltério (espécie de cítara) (Cíc. Har. 44).

psaltēs, -ae, subs. m. Tocador de cítara, cantor, músico (Quint. 1, 10, 18).

psaltria, -ae, subs. f. Tocadora de cítara, cantora (Cic. Sest. 116).

Psamāthē, -ēs, subs. pr. f. Psâmate. 1) Filha de Crotopo e amada por Apolo (Ov. Ib. 575). 2) Nereida, mãe do Forco (Ov. Met. 11, 389). 3) Fonte da Beócia (Plín. H. Nat. 4, 25).

1. psĕcas, -ădis, subs. f. Escrava camareira e cabeleireira (Juv. 6, 489).

2. Psĕcas, -ădis, subs. pr. f. Psécade, uma das ninfas de Diana (Ov. Met. 3, 172).

psēphisma, -ătis, subs. n. Decreto do povo (entre os gregos) (Cíc. Flac. 15).

Pseudocătō, -ōnis, subs. pr. m. Pseudocatão, um falso Catão (Cíc. At. 1, 14, 6).

Pseudodamasīppus, -ī, subs. pr. m. Pseudodamasipo, um falso Damasipo, um falso filósofo (Cic. Fam. 7, 23, 3).

Pseudŏlus, -ī, subs. pr. m. Psêudolo, título de uma comédia de Plauto (Cíc. C.M. 50).

pseudomĕnos, -ī, subs. m. Espécie de falso silogismo (Cic. Ac. 2, 147).

Pseudophilīppus, -ī, subs. pr. m. Pseudofilipo, o falso Filipe, isto é, o escravo Andrisco, que pretendia fazer-se reconhecer por Filipe, filho de Perseu, e contra o qual os romanos fizeram a terceira guerra da Macedônia (Cíc. Agr. 2, 90).

pseudothyrum, -ī, subs. n. Escapatória, subterfúgio (sent. figurado) (Cíc. Verr. 2, 50).

Pseudŭlus, -ī, subs. m., v. **Pseudŏlus**.

psilocitharīsta (-ēs), -ae, subs. m. Tocador de cítara (Suet. Dom. 4).

psilōthrum, -ī, subs. n. Ungüento para fazer cair o cabelo e amaciar a pele (Marc. 6, 93, 9).

psithĭa (psy-) e **psithĭa vitis**, subs. f. Espécie de videira e uva (própria para fazer passas), uva-passa (Verg. G. 2, 93).

psittăcus, -ī, subs. m. Papagaio (Plín. H. Nat. 10, 117).

psychomantium, -ī, subs. n. 1) Lugar onde se evocam os espíritos dos mortos (Cíc. Tusc. 1, 115). 2) Evocação dos espíritos (Cic. Div. 1, 132).

psychrolūta (-tēs), -ae, subs. m. O que toma banhos frios (Sên. Ep. 53, 3).

Psyllī, -ōrum, subs. loc. m. Psilos, povo da Líbia, que encantava serpentes e conhecia a cura para as suas picadas (Suet. Aug. 17).

psythĭa, v. **psithĭa**.

-pte, partícula enclítica. Obs.: Coloca-se depois dos pronomes possessivos (em geral no abl. sg.), principalmente quando usados como adjetivos: **suopte** (Cíc. Nat. 1, 69).

Ptelĕum, -ī, subs. pr. m. Ptéleo, cidade marítima da Tessália (T. Liv. 35, 43, 6).

Pterĕlās, -ae, subs. pr. m. Ptérela, ou Ptérelas. 1) Rei dos táfios (Ov. Ib. 364). 2) Um dos cães de Acteão (Ov. Met. 3, 212).

ptisăna, -ae, subs. f. Cevada moída e sem casca, tisana (Marc. 12, 72, 5).

ptisanărĭum, -ī, subs. n. Tisana de cevada ou de arroz (Hor. Sát. 2, 3, 155).

Ptolemaeēum, -ī, subs. n. Sepultura dos Ptolemeus (Suet. Aug. 18).

Ptolemaei, -ōrum, subs. pr. m. Os Ptolemeus (Luc. 8, 696).

Ptolemaeum (subent. **gymnasĭum**), subs. n. Ginásio Ptolemeu, nome de um ginásio de Atenas (Cíc. Fin. 5, 1).

1. **Ptolemaeus, -a, -um,** adj. De Ptolemeu (Cíc. Fin. 5, 1).

2. **Ptolemaeus, -ī,** subs. pr. m. Ptolemeu. 1) Nome de um general de Alexandre, que foi rei do Egito (Q. Cúrc. 9, 8, 22). 2) Nome de seus descendentes (Cíc. Tusc. 1, 83). 3) Filho de Juba (Tác. An. 4, 23). 4) Nome de um astrólogo (Tác. Hist. 1, 22). 5) Rio que se lança no mar Vermelho (Plín. H. Nat. 6, 167).

Ptolemăis, -ĭdis, subs. pr. f. 1) Ptolemaida ou Ptolemais, cidade do Egito (Cíc. Fam. 1, 7, 9). 2) Filha de Ptolemeu, Cleópatra (Luc. 10, 69).

Ptolemocratĭa, -ae, subs. pr. f. Ptolemocrácia, nome de mulher (Plaut. Rud. 481).

pūbens, -ēntis, adj. I — Sent. próprio 1) Que está na puberdade. II — Sent. figurado: 2) Coberto de penugem (tratando-se de plantas), em pleno vigor, florescente, nôvo, fresco (Verg. En. 4, 514).

pūbērtās, -tātis, subs. f. I — Sent. próprio: 1) Puberdade, adolescência (Suet. Dom. 1). Daí: 2) Barba, pêlos (sinal da puberdade) (Cíc. Nat. 2, 86). II — Sent. figurado: 3) Juventude vigorosa (Tác. Germ. 20, 2).

1. **pūbēs (pūbis, pūber), -ĕris,** adj. I — Sent. próprio: 1) Púbere, adulto (T. Liv. 1, 3, 1). II — Sent. figurado: 2) Coberto de pêlos, de penugem (tratando-se de plantas), nôvo (Verg. En. 12, 413). III — Pubĕres, subs. m. e f. pl.: 3) Jovens (rapazes e môças) (Cés. B. Gal. 5, 56, 2).

2. **pūbēs, -is,** subs. f. I — Sent. próprio: 1) Pêlo (que caracteriza a puberdade), buço (Plín. H. Nat. 34, 58). Daí, por extensão: 2) Parte do corpo que se cobre dêsse pêlo, púbis (Verg. En. 3, 427). II — Sent. figurado (coletivo): 3) Jovens (em idade de pegar em armas), mocidade (Plaut. Ps. 126). 4) Povo, multidão (Catul. 64, 4).

pūbēscō, -is, -ĕre, -bŭī, v. incoat. intr. 1) Cobrir-se de pêlos, chegar à puberdade (Cíc. Of. 1, 118). Daí: 2) Cobrir-se (de flôres, de lanugem, etc.) (Ov. 3, 12 7). II — Sent. figurado: 3) Brotar, crescer, desenvolver-se (Cíc. Nat. 1, 4).

pūbis, v. **pūbes** 1.

Publiānus, -a, -um, adj. De Públio (Sên. Contr. 3, 18).

1. **pūblicānus, -a, -um,** adj. De publicano (Cíc. Verr. 3, 78).

2. **pūblicānus, -ī,** subs. m. Publicano, o que traz de renda os impostos do Estado, rendeiro público (Cíc. Planc. 23).

pūblicātĭō, -ōnis, subs. f. Confiscação, venda em hasta pública (Cíc. Cat. 4, 10).

pūblicātus, -a, -um, part. pass. de **publĭco.**

pūblĭcē, adv. Em nome do Estado, por deliberação pública, oficialmente, à custa do Estado, pùblicamente, em massa (Cíc. Verr. 4, 17).

Pūblicĭānus, -a, -um, adj. Publiciano, de Publício (Cíc. At. 12, 38, 4).

pūblicĭtus, adv. 1) Em nome do Estado, pelo Estado (Plaut. Amph. 161). 2) Pùblicamente (Apul. M. 3, p. 136).

Pūblicĭus, -ī, subs. pr. m. Publício, nome de família romana. Obs.: Como adj.: nome de uma rua romana, em declive, no monte Aventino: **clivus Publicius** (T. Liv. 26, 10, 6) «ladeira Publícia».

pūblĭcō -ās, -āre, -āvī, -ātum, v. tr. I — Sent. próprio: 1) Tornar público, por à disposição do público (T. Liv. 3, 31, 1). Daí: 2) Confiscar (Cíc. At. 1, 19, 4). II — Sent. figurado: 3) Prostituir (Tác. Germ. 19). 4) Na época imperial: Publicar (Plín. Ep. 1, 1, 1).

Pūblicŏla ou **Poplicŏla. -ae,** subs. pr. m. Publícola ou Poplícola, i.é, amigo do povo, sobrenome de **Publius Valerius,** cônsul com o primeiro **Brutus,** que sucedeu a **Tarquinius Collatinus** (Cíc. Rep. 2, 53).

pūblĭcum, -ī, subs. n. I — Sent. próprio: 1) Bens do Estado, domínio público (Cíc. Agr. 2, 38). II — Sent. particular: 2) Lugar público (Cíc. Verr. 5, 92). 3) Tesouro público (T. Liv. 4, 15, 8). 4) Rendimentos públicos (Cíc. Prov. 12). 5) Impôsto, contribuição (Cés. B. Civ. 1, 36, 3). III — Sent. figurado: 6) Interêsse público (Plín. Ep. 9, 13, 21). 7) Público, multidão (Cíc. Mil. 18).

PŪBLĬCUS — 816 — PUERILĬTER

pūblĭcus, -a, -um, adj. I — Sent. próprio: 1) Relativo ao povo, ao Estado, público (em oposição a **privatus**), oficial, à custa do Estado (Cíc. Agr. 1, 2). II — Daí: 2) De todos, que é propriedade pública ou de uso público, geral, comum a todos (Cíc. Verr. 2, 66); (Hor. Ep. 2, 1, 92). III — Sent. poético: 3) Ordinário, banal, trivial (Ov. P. 4, 13, 4).

1. **Pūblĭlĭa** tribus, adj. f. Tribo Publília (T. Lív. 7, 15, 11).

2. **Pūblĭlĭa**, -ae, subs. pr. f. Publília, segunda espôsa de Cícero (Cíc. At. 12, 32, 1).

Pūblĭlĭus, -ĭi, subs. pr. m. Publílio, nome de família romana, citando-se: **Publilius Syrus**, comediógrafo latino do I séc. a.C., natural da Síria (Cíc. Fam. 12, 18, 2).

Publĭus, -ĭi, subs. pr. m. (abrev. P.) Públio, prenome romano (Cíc. Fam. 1, 1).

pūbŭī, perf. de **pubēsco**.

pudēnda, -ōrum, subs. n. pl. As partes pudendas (Sên. Marc. 22, 3).

pudēndus, -a, -um, adj. (gerundivo de **pudet**). De que se deve ter vergonha, vergonhoso, aviltante, vil (Verg. En. 11, 55).

pudens, -ēntis. I — Part. pres. de **pudĕo**. II — Adj.: Que tem vergonha, envergonhado, tímido, modesto, reservado (Cés. B. Civ. 2, 31, 4).

pudēnter, adv. Com pudor, com reserva, com discreção (Cíc. Vat. 6). Obs.: comp.: pudentĭus (Cíc. De Or. 2, 364); superl.: pudentissĭme (Cíc. At. 15, 5).

pudĕō, -ēs, -ēre, pudŭī, pudĭtum, v. intr. e tr. I — Intr.: 1) Ter vergonha (Plaut. Cas. 877). II — Tr.: 2) Causar vergonha (Plaut. Mil. 624); (Cíc. Fat. 37); (Cíc. De Or. 1, 40).

pudet, pudēbat, pudēre, pudŭit, pudĭtum est, v. impess. intr. Ter vergonha, envergonhar-se de (Cíc. Verr. pr. 35): **quod pudet dicere** (Cíc. Fin. 2, 77) «o que se tem vergonha de dizer». Obs.: Constrói-se com acus. de pess. e gen. de coisa; com inf. ou com or inf.; raramente com supino, como em (Tác. Agr. 32).

pudibūndus, -a, -um, adj. 1) Que cora fàcilmente, pudico (Ov. Am. 3, 7, 67). 2) Infame, desonroso (V. Flac. 1, 809).

pudĭcē, adv. Pudicamente, castamente, com honra (Tác. And. 274). Obs.: comp.: pudicĭus (Plaut. Merc. 714).

pudĭcitĭa, -ae, subs. f. I — Sent. próprio: 1) Pudicícia, castidade, pudor, honra (Cíc. Cael. 49). II — Sent. particular: 2) A Pudicícia (deusa) (T. Lív. 10, 23, 5).

pudĭcus, -a, -um, adj. I — Sent. próprio: 1) Pudico, casto, virtuoso, honesto (Ov. F. 2, 7, 94). II — Por extensão: 2) Probo, íntegro, irrepreensível (Ov. Her. 1, 85).

pudor, -ōris, subs. m. I — Sent. próprio: 1) Vergonha, pejo (Cíc. Prov. 14). II — Sent. particular: 2) Timidez, modéstia, reserva (Cíc. De Or. 2, 3). 3) Pudor, castidade, honra (Ov. Met. 6, 616). 4) Honradez, sentimentos de honra, virtude (Cíc. Cat. 2, 25). 5) Vergonha, desonra, infâmia (Ov. Her. 11, 79).

pudŭī, perf. de **pudĕo**.

pudŭit, perf. de pudet.

puēlla, -ae, subs.. f. I — Sent. próprio: 1) Menina (Verg. En. 6, 307). Daí, por extensão: 2) Moça, mulher nova (Ov. F. 2, 557). II — Sent. particular: 3) Querida, amada (língua amorosa) (Catul 2, 1). 4) Cadelinha (Marc. 1, 109, 16).

puellāris, -e, adj. De menina, terno, delicado, inocente (Tác. An. 14, 2).

puellŭla, -ae, subs. f. Menininha (Ter. Phorm. 81).

puēllus, -ī, subs. m. Criança pequena, rapaz nôvo (Lucr. 4, 1252).

puer, -ĕrī, subs. m. e f. I — Sent. próprio: 1) Menino, criança (menino ou menina), rapazinho, rapaz nôvo (Cíc. Phil. 4, 3). II — Daí, em sent. particular: 2) Escravo nôvo (Cíc. Amer. 77). 3) Pagem (T. Lív. 45, 6, 7). 4) Filho (menino ou menina) (Verg. En. 4, 94). 5) Rapaz (= celibatário) (Ov. F. 4, 226). III — Na loc.: 6) **a puero, a pueris** «desde a infância» (Cíc. De Or. 1, 2).

puĕra, -ae, subs. f. Menina (Suet. Cal. 8).

puerāscō, -is, -ĕre, v. incoat. intr. Entrar na puerícia, fazer-se rapaz, crescer (Suet. Cal. 7).

puerīlis, -e, adj. I — Sent. próprio: 1) De menino, pueril (Cíc. Arch. 4). II — Sent. figurado: 2) Irrefletido, inconseqüente, frívolo (Cíc. At. 14, 21, 3).

puerilĭtās, -tātis, subs. f. Puerilidade (Sên. Ep. 4, 2).

puerilĭter, adv. I — Sent. próprio: 1) À moda das crianças, infantilmente, inocentemente (T. Lív. 21, 1, 4). II — Sent. figurado: 2) Puerilmente, sem reflexão (Cíc. Fin. 1, 19).

PUERITIA — 817 — **PULCHER**

puerĭtĭa, -ae, subs. f. Puerícia, infância, adolescência (até os 17 anos): **a pueritia** (Cíc. Rep. 1, 10) «desde a infância, desde a adolescência».
puerpĕra, -ae, subs. f. Mulher que acaba de dar à luz, parturiente (Plaut. Amph. 1092).
puerperĭum, -ī, subs. n. I — Sent. próprio: 1) Dores do parto, parto (Tác. An. 15, 23). II — Por extensão: 2) Criança recém-nascida, filho (Plín. H. Nat. 7, 48).
puerpĕrus, -a, -um, adj. De parto, de nascimento (Ov. Met. 10, 511).
puerŭlus, -ī, subs. m. Rapazinho, escravo nôvo (Cíc. Amer. 12).
pūga, -ae, subs. f. Nádega (Hor. Sát. 1, 2, 133).
pugil, -ĭlis, subs. m. Pugilista, atleta perito no exercício do pugilato (Cíc. Br. 243).
pugilātus, -ūs, subs. m. Pugilato (Plaut. Capt. 793).
pugĭlis, v. pugil.
pugillārēs, -ĭum, subs. m. pl. e **pugillarĭa, -ĭum,** subs. n. pl. Tabuinhas para escrever (Sên. Ep. 15, 6). Obs.: Etimològicamente significa: que cabem na mão fechada.
pugillāris, -e, adj. De punho, do tamanho de um punho (Juv. 11, 156).
pugillātōrĭus, -a, -um, adj. De punho (Plaut. Rud. 721).
pugillātus, -ūs, v. pugilātus.
pūgĭō, -ōnis, subs. m. I — Sent. próprio: 1) Punhal (Tác. Hist. 4, 29). II — Sent. figurado: 2) Argumento inconsistente (punhal que não fere), na expressão: **plumbeus pugio** (Cíc. Fin. 4, 48) «punhal de chumbo». 3) Símbolo do poder dos imperadores, que tinham o direito de vida e de morte sôbre os súditos (Tác. Hist. 1, 43).
pūgiuncŭlus, -ī, subs. m. Punhal pequeno (Cíc. Or. 224).
pugna, -ae, subs. f. I — Sent. próprio: 1) Arma de combate (sent. raro) (Plaut. Curc. 573). II — Sent. comum: 2) Batalha, combate, pugna (Cíc. Verr. 4, 122). II — Sent. particular: 3) Pugilato (Cíc. Verr. 5, 28). IV — Sent. figurado: 4) Luta, rixa, discussão (Cíc. Div. 2, 105).
pugnācĭtās, -tātis, subs. Ardor bélico, vivacidade, combatividade (sent. próprio e figurado) (Tác. D. 31).
pugnācŭlum, v. propugnacŭlum (Plaut. Mil. 334).

pugnans, -āntis. I — Part. pres. de **pugno.** II — Subs.: 1) M. pl.: **pugnāntes, -um,** os combatentes (Cés. B. Gal. 3, 25, 1). 2) N. pl.: **pugnantĭa, -ōrum,** antíteses, coisas contraditórias (Cíc. Or. 38); (Cíc. Or. 16).
pugnātor, -ōris, subs. m. Combatente, guerreiro (T. Lív. 24, 15).
pugnātōrĭus, -a, -um, adj. Próprio para o combate (Suet. Cal. 74).
pugnātus, -a, -um, part. pass. de **pugno.**
pugnax, -ācis, adj. I — Sent. próprio: 1) Combativo, belicoso, pugnaz, ardente (Q. Cúrc. 3, 9, 3). II — Sent. figurado: 2) Violento, veemente (Cíc. Br. 121). 3) Obstinado, encarniçado (Cíc. Pis. 70).
pugnĕus, -a, -um, adj. De punhos (Plaut. Rud. 763).
pugnō, -ās, -āre, -āvī, -ātum, v. intr. I — Sent. próprio: 1) Bater com os punhos, combater com os punhos (cf. Plaut. Cas. 412). II — Por extensão: 2) Combater, travar batalha, pugnar (Cíc. Nat. 2, 6); (Sal. B. Jug. 54, 7). III — Sent. figurado: 3) Lutar contra, resistir a, opor-se a (Verg. Én. 4, 38). 4) Estar em luta, estar em desacôrdo (Cíc. Phil 2, 18). 5) Lutar por, fazer esfôrços (por obter), esforçar-se (Cíc. Nat. 1, 75). Obs.: Constrói-se como intr. absoluto; com abl. com **cum**; com acus. com **in, contra** ou **adversus**; com acus. de obj. interno (ou **cognato**); com dat.; com **ut** ou **ne**; ou or. inf.
pugnus, -ī, subs. m. I — Sent. próprio: 1) Punho, mão fechada e daí: murro, sôco (Cíc. Tusc. 5, 77). 2) Mão (como medida) (Sên. Ir. 3, 33, 3). II — Sent. poético: 3) Pugilato (Hor. O. 3, 12, 8).
pulcēllus, pulcer, v. pulchēllus, pulcher.
1. pulchēllus (pulcēllus), -a, -um, adj. Encantador (Cíc. Fam. 7, 23, 2).
2. Pulchēllus, -ī, subs. pr. m. Pulquelo, sobrenome pejorativo que Cícero dava a Clódio, em substituição a **Pulcher** (Cíc. At. 2, 1, 4).
1. pulcher (pulcer), -chra (-cra), -chrum (-crum), adj. I — Sent. próprio: 1) Belo, formoso, pulcro, poderoso, forte (Cíc. Verr. 4, 117); (Hor. Ep. 1, 16, 60). Daí: 2) Magnífico, precioso, excelente, corpulento (tratando-se de um animal) (Ov. Her. 4, 125). II — Sent. figurado: 3) Belo, nobre, ilustre, honroso (Cíc. Phil. 2, 114). Obs.: A grafia **pulcer, pulcra, pulcrum** é ainda encontrada nos bons manuscritos de Cícero.

2. **Pulcher, -chri**, subs. pr. m. Pulcro, sobrenome romano da família Cláudia ou Clódia: **P. Claudius Pulcher** (T. Liv. 38, 35, 9). Obs.: V. o precedente.

Pulchra, -ae, subs. pr. f. Pulcra, sobrenome de mulher (Tác. An. 4, 52).

pulchrē ou pulcrē-, adv. Bem, excelentemente, belamente, muito bem (Cíc. Nat. 1, 114). Obs.: superl.: **pulcherrime** (Cíc. Verr. 4, 128).

pulchritūdō (pulcr-), -inis, subs. f. I — Sent. próprio: 1) Beleza (Cíc. Flac. 62). II — Sent. moral: 2) Beleza, excelência (Cíc. De Or. 3, 71); **pulchritudo virtutis** (Cíc. Of. 2, 37) «a beleza da virtude».

pūlēium (pūlējum), -i, subs. n. I — Sent. próprio: 1) Poejo (planta aromática) (Cíc. Div. 2, 33). II — Sent. figurado: 2) Perfume, encanto, doçura (Cíc. Fam. 16, 23, 2).

pulenta, v. **polenta**.

pūlex, -icis, subs. m. I — Sent. próprio: 1) Pulga (Plaut. Curc. 500). II — Sent. particular: 2) Pulgão (das plantas) (Plín. H. Nat. 19, 177).

pullārius, -i, subs. m. Pulário, áugure que consulta os frangos sagrados, o que tem a seu cargo a guarda e alimentação dos frangos (Cíc. Div. 2, 72).

pullāti, -ōrum, subs. m. pl. A populaça (Suet. Aug. 44).

pullātus, -a, -um, adj. 1) Vestido de luto (Juv. 3, 212). 2) Vestido de toga escura (como os pobres) (Plín. Ep. 7, 17, 9).

pullinus, -a, -um, adj. Dos animais ainda pequenos, de potro (Plín. H. Nat. 8, 172).

pullūlō, ās, -āre, -āvi, -ātum, v. intr I — Sent. próprio: 1) Ter ou produzir rebentos (plantas ou animais), germinar, pulular (Verg. En. 7, 329). II — Sent. figurado: 2) Aumentar, estender-se (C. Nep. Cat. 2, 3).

pullum, -i, subs. n. 1) Escuro, a côr escura (Ov. Met. 11, 48). 2) No pl.: As côres (roupas) escuras (Ov. A. Am. 3, 189).

1. **pullus, -a, -um**, adj. Pequenino (Plaut. Cas. 138).

2. **pullus, -a, -um**, adj. (palleo). I — Sent. próprio: 1) Escuro, castanho escuro (Cíc. Vat. 30). II — Sent. figurado: 2) De pobre (Cíc. Verr. 4, 54).

3. **pullus, -i**, subs. m. I — Sent. próprio: 1) Animal ainda nôvo (Cíc. Fam. 9, 18, 3). II — Sent. particular: 2) Filho de um animal, frango, pintainho: pulli (Cíc. Div. 1, 77) «os frangos sagrados». 3) Rebento (Cat. Agr. 51). III — Sent. figurado: 4) Amorzinho (têrmo de carinho) (Hor. Sát. 1, 3, 45).

pulmentārium, -i, subs. n. Massa para engordar aves domésticas, comida para aves; daí: iguaria (Sên. Ep. 87, 3).

pulmentum, -i, subs. n. Iguaria, manjar (Plaut. Aul. 316).

pulmō, -ōnis, subs. Pulmão, bofes, entranhas das vítimas (Cíc. Div. 1, 85).

pulmōnēus, -a, -um, adj. 1) De pulmão (Plaut. Rud. 511). 2) Esponjoso (Plín. H. Nat. 15, 52).

pulpa, -ae, subs. f. I — Sent. próprio: 1) Carne magra, carne (Sên. Nat. 6, 24, 1). II — Sent. figurado: 2) A carne (= o homem, a humanidade) (Pérs. 2, 62).

pulpamentum, -i, subs. n., v. **pulmentum** (Cíc. Tusc. 5, 90).

pulpitum, -i, subs. n. e **pulpita, -ōrum**, n. pl. ·I — Sent. próprio: 1) Estrado, tablado (Hor. Ep. 1, 19, 40). II — Daí: 2) Cena de teatro, teatro (Hor. Ep. 2, 1, 174).

puls, pultis, subs. f. Papas de farinha, massa, pastel (de frangos sagrados, usadas nos sacrifícios) (Cíc. Div. 2, 73).

pulsātiō, -ōnis, subs. f. Ação de bater, pancada, choque (T. Liv. 31, 39, 13).

pulsātus, -a, -um, part. pass. de **pulso**.

pulsō, -ās, -āre, -āvi, -ātum, v. tr. I — Sent. próprio: 1) Impelir, agitar, repelir (Ov. Met. 12, 228). II — Daí: 2) Tocar, bater, ferir (Hor. O. 3, 18, 15); (Hor. Sát. 1, 1, 10); (Verg. En. 6, 647); (Ov. Met. 11, 529).

1. **pulsus, -a, -um**, part. pass. de **pello**.

2. **pulsus, -ūs**, subs. m. I — Sent. próprio: 1) Agitação, abalo, movimento, impulso (Cíc. Tusc. 1, 54). Daí: 2) Embate, choque, pancada (T. Liv. 22, 19, 7). II — Sent. particular: 3) Ação de fazer vibrar (as cordas da lira) (Ov. F. 5, 667). III — Sent. figurado: 4) Impressão, sensação (Cíc. Div. 2, 137).

pultārius, -i, subs. m. I — Sent. próprio: 1) Terrina (Plín. H. Nat. 7, 185). II — Sent. particular: 2) Vaso para o mosto (Petr. 42).

pultis, gen. de **puls**.

pultō, -ās, -āre, v. tr. Bater (Plaut. Bac. 581).

pulver, -ēris, v. **pulvis**.

pulverēus, -a, -um, adj. I — Sent. próprio: 1) De pó, de poeira (Verg. En. 8, 593). II — Por extensão: 2) Coberto de pó, empoeirado (Ov. Met. 6, 705).

pulvĕris, gen. de **pulvis**.
pulvĕrō, -ās, -āre, -āvī, -ātum, v. tr. Cobrir de poeira (Plín. H. Nat. 11, 114).
pulverulēntus, -a, -um, adj. I — Sent. próprio: 1) Coberto de poeira, poeirento, pulverulento (Cíc. At. 5, 14, 1). II — Sent. figurado: 2) Obtido com grande esfôrço (Ov. Am. 1, 15, 4).
1. **pulvīllus**, -ī, subs. m. Almofada pequena (Hor. Epo. 8, 16).
2. **Pulvīllus**, -ī, subs. pr. m. Pulvilo, apelido romano (T. Lív. 2, 8, 4).
pulvīnar, (polv-), -āris, subs. n. I — Sent. próprio: 1) Pulvinar, travesseiro, leito coberto por uma rica colcha e destinado aos deuses e às pessoas com honras divinas, leito para os deuses nos **lectisternii** (Hor. O. 1, 37, 3). II — Sent. particular: 2) Leito das deusas, das imperatrizes (Ov. P. 2, 2, 71). 3) Camarote imperial no circo (Suet. Aug. 45). III — Sent. figurado: 4) Deus (Cíc. Cat. 3, 23).
pulvīnāris, -e, adj. De travesseiro, de leito (Petr. 37, 7).
pulvīnārium, -ī, subs. n., v. **pulvīnar** (T. Lív. 21, 62, 4).
pulvīnātus, -a, -um, adj. Arqueado, boleado (Plín. H. Nat. 15, 86).
pulvīnus, -ī, subs. m. I — Sent. próprio: 1) Travesseiro, almofada (Cíc. Verr. 5, 27). II — Sent. figurado: 2) Objeto em forma de almofada: platibanda (Plín. H. Nat. 17, 159).
pulvis, -ĕris, subs. m. I — Sent. próprio: 1) Poeira, pó (Cíc. Inv. 1, 47). II — Sent. particular: 2) Poeira da arena, do campo de corridas, do campo de batalha (Hor. O. 1, 1, 3). III — Sent. figurado: 3) Campo de batalha, carreira, liça (Marc. 12, 82, 5). 4) Luta, esfôrço, trabalho, fadiga (Hor. Ep. 1, 1, 51): **forensis pulvis** (Quint. 10, 1, 33) «as lutas do fôro». 5) Poeira, areia onde os matemáticos costumavam representar figuras: **eruditum pulverem attingere** (Cíc. Nat. 2, 48) «alcançar o estudo da matemática». IV — Sent. poético: 6) Terra: **pulvis Etrusca** (Prop. 1, 22, 6) «a terra da Etrúria».
pulviscŭlus, -ī, subs. m. e **pulviscŭlum**, -ī, subs. n. I — Sent. próprio: 1) Pó fino (Apul. M. p. 222, 23). II — Sent. figurado: 2) A geometria, a matemática (propriamente: areia fina para traçar figuras) (Apul. Apol. p. 284, 1). 3) Na expressão: **rem cum pulvisculo auferre** (Plaut. Truc. 19) «levar tudo» (inclusive a poeira), i.é, sem deixar nada (cf. Plaut. Rud. 845).
pūmex, -ĭcis, subs. m. e f. I — Sent. próprio: 1) Pedra-pomes (Hor. Ep. 1, 20, 2). II — Sent. poético: 2) Rocha, rochedo, penedo (Verg. En. 5, 214). Obs.: O gênero feminino é raro, ocorrendo em Catulo (1, 2).
pūmicātus, -a, -um, part. pass. de **pumico**.
pūmicĕus, -a, -um, adj. 1) De Pedra-pomes (Ov. F. 6, 3, 18). 2) Sêco como pedra-pomes: **pumicei oculi** (Plaut. Ps. 75) «olhos secos como pedra-pomes».
pūmicō, -ās, -āre, -āvī, -ātum, v. tr. Esfregar, polir com pedra-pomes (Marc. 5, 41, 6).
pūmiliō, -ōnis, subs. m. e f. Anão, anã (Marc. 1, 43, 10).
pūmĭlus, -ī, subs. m. Anão, pigmeu (Suet. Aug. 83).
punctim, adv. Com a ponta, de ponta, às estocadas (T. Lív. 22, 46, 5).
punctiō, -ōnis, subs. f. Picada, punção (Plín. H. Nat. 25, 150).
punctiuncŭla, -ae, subs. f. Pequena picada ou punção (Sên. Ep. 53, 6).
punctum, -ī, subs. n. I — Sent. próprio: 1) Picada (Plín. H. Nat. 11, 100). Daí: 2) Pequeno buraco feito por uma picada (Marc. 11, 45, 6). II — Sent. figurado: 3) Pequeno membro (da frase), pequeno corte (Cíc. Par. 2). 4) Ponto (geométrico) (Cíc. Ac. 2, 116). 5) Ponta, espaço ínfimo (Cíc. Rep. 6, 16). 6) Momento, instante: **punctum temporis** (Cíc. Phil. 8, 20) «durante um instante». 7) Voto (ponto que se colocava ao lado de cada nome daquele a quem se dava o voto) (Hor. A. Poét. 343). 8) Ponto (no jôgo de dados) (Suet. Ner. 30).
punctus, -a, -um. I — Part. pass. de **pungo**. II — Adj.: Curto, pequeno (Lucr. 2, 263).
pungō, -is, -ĕre, pugŭgī, punctum, v. tr. I — Sent. próprio: 1) Picar (sent. físico e moral) (Cíc. Sest. 24); (Lucr. 4, 625). II — Sent. figurado: 2) Atormentar, fazer sofrer, pungir (Cíc. Tusc. 2, 33).
1. **pūnicĕus**, -a, -um, adj. 1) Da côr da púrpura, vermelho (Verg. En. 5, 269). 2) Da côr de laranja, amarelo (Ov. F. 5, 318).
2. **Pūnicĕus**, -a, -um, adj. Púnico, cartaginês (Ov. Ib. 284).
pŭnĭcum, -ī, subs. n. Romã (Plín. H. Nat. 15, 112).

Pūnĭcus (Poe-), -a, -um, adj. Púnico. I — Sent. próprio: 1) Cartaginês, dos cartagineses, de Cartago: **Punica bella** (Cíc. Verr. 4, 103) «as guerras púnicas». II — Sent. figurado (em linguagem poética): 2) Rubro (Hor. Epo. 9, 27).

pūnĭō (poenĭō), -is, -ĭre, -ĭvī, -ĭtum, v. tr. I — Sent. próprio: 1) Punir, castigar (Cíc. Mil. 18). II — Daí: 2) Vingar (Cíc. Rep. 3, 15); (Cíc. De Or. 1, 220).

pūnĭor (poenĭor), -ĭris, -ĭrī, -ĭtus, sum, v. dep. tr. I — Sent. próprio: 1) Punir, castigar (Cíc. Mil. 33). II — Daí: 2) Vingar (Cíc. Phil. 8, 7).

pūnĭtĭō, -ōnis, subs. f. Punição (V. Máx. 8, 1, 1).

pūnĭtor, -ōris, subs. m. 1) O que pune (Suet. Cés. 67). 2) Vingador (Cíc. Mil. 35).

pūnĭtus, -a, -um, part. pass. de **punio** e de **punior**.

pūpa (puppa), -ae, subs. f. 1) Menina (Marc. 4, 20, 1). 2) Boneca (Pérs. 2, 70).

Pūpĭa Lex, subs. pr. f. Lei Púpia, apresentada pelo tributo **Pupius** (Cíc. Fam. 1, 4, 1).

pūpilla, -ae, subs. f. 1) Menina, pupila, órfã menor (língua jurídica) (Cíc. De Or. 3, 165). 2) Pupila (menina dos olhos) (Lucr. 4, 249).

pūpillāris, -e, adj. De pupilo (língua jurídica) (T. Lív. 24, 18).

pūpillus, -ī, subs. m. Pupilo, órfão ainda menor (Cíc. De Or. 3, 165).

Pūpĭnĭa, -ae, subs. pr. f. Pupínia, região situada a oito milhas ao norte de Roma (Cíc. Agr. 2, 96).

Pūpĭnĭēnsis, -e, adj. Pupiniense, de Pupínia (T. Lív. 9, 41, 10).

Pūpĭus, -ī, subs. pr. m. Púpio, nome de uma família romana (Cés. B. Civ. 1, 13).

puppis, -is, subs. f. I — Sent. próprio: 1) Pôpa (parte posterior de um navio) (Cíc. At. 13, 21, 3). Por extensão: 2) Navio, embarcação (Verg. En. 1, 399). II — Sent. figurado: 3) O Navio, a Nau Argo (constelação) (Cíc. Arat. 389).

pupŭgī, perf. de **pungo**.

pūpŭla, -ae, subs. f. 1) Menina (Apul. M. 6, 16). 2) Menina (dos olhos), pupila (Cíc. Nat. 2, 142). 3) Ôlho (Apul. M. 3, 22).

pūpŭlus, -ī, subs. m. Menino (Catul. 56, 5).

pūpus, -ī, subs. m. Menino, rapazinho (Suet. Cal. 13).

pūrē, adv. I — Sent. próprio: 1) Puramente, de modo limpo (T. Lív. 5, 22, 4). II — Sent. figurado: 2) Virtuosamente, sem mancha, corretamente, de modo irrepreensível (Cíc. Opt. 5); (Cíc. C.M. 13).

purgāmen, -ĭnis, subs. n. I — Sent. próprio: 1) Imundície (Ov. F. 6, 713). II — Sent. figurado: 2) Expiação, purificação (Ov. F. 2, 23).

purgāmēntum, -ī, subs. n. I — Sent. próprio: 1) Imundície (T. Lív. 1, 56, 2). Daí: 2) Imundo (têrmo de injúria) (Petr. 74, 9). II — Sent. figurado: 3) Purificação, expiação (Petr. 134, 1).

purgātĭō, -ōnis, subs. f — Sent. próprio: 1) Purgação (Cíc. Nat. 2, 57). II — Sent. figurado: 2) Expiação, justificação (Cíc. Inv. 1, 15).

purgātus, -a, -um, I — Part. pass. de **purgo**. II — Adj.: Limpo, purificado (sent. próprio e figurado) (Hor. Ep. 1, 1, 7).

purgō, -ās, -āre, -āvī, -ātum, v. tr. I — Sent. próprio: 1) Purgar, purificar, limpar, desembaraçar (sent. físico e moral) (Cat. Agr. 65, 1); (Cíc. Cat. 1, 10); **purgatus morbi** (Hor. Sát. 2, 3, 7) «desembaraçado (livre) da doença». Daí: 2) Expulsar, fazer evacuar (Cíc. Div. 1, 16). II — Sent. figurado: 3) Desculpar-se (Cíc. Fam. 7, 27, 2). Na época imperial: 4) Justificar, desculpar (T. Lív. 1, 9, 16); (T. Lív. 9, 26, 17).

pūrĭfĭcātĭō, -ōnis, subs. f. Purificação, expiação (Marc. 8, pref.).

pūrĭfĭcō, -ās, -āre, v. tr. I — Sent. próprio: 1) Limpar (Plín. H. Nat. 30, 93). II — Sent. figurado: 2) Purificar (Suet. Aug. 94).

purpŭra, -ae, subs. f. I — Sent. próprio: 1) Púrpura (o **murex** que produz a púrpura) (Plín. H. Nat. 9, 125). 2) Púrpura (a côr) (Verg. G. 4, 274). 3) Púrpura (tecido ou roupa dessa côr) (Cíc. Clu. 111). II — Sent. figurado: 4) A púrpura (consular), a dignidade imperial, os magistrados, os patrícios (Cíc. Sest. 57).

purpŭrātus, -a, -um, adj. 1) Vestido de púrpura (Plaut. Most. 289). Como subs. m.: 2) Cortesão (de um rei), favorito, sátrapa (Cíc. Tusc. 1, 102). 3) Alto dignatário (T. Lív. 30, 42, 6).

purpŭrĕus, -a, -um, adj. I — Sent. próprio: 1) Purpúreo, de côr de púrpura, tingido

PURPURIÕ

de púrpura, vermelho (Cíc. Verr. 5, 31). Daí: 2) De côr carregada como a púrpura, negro, escuro (Verg. En. 9, 349). 3) Vestido de púrpura (Hor. O. 1, 35, 12). II — Sent. figurado: 4) De côr viva, brilhante, belo (como a púrpura) (Verg. En. 1, 591).

Purpuriõ, -õnis, subs. pr. m. Purpurião, sobrenome (T. Lív. 35, 41, 8).

purpurissãtus, -a, -um, adj. Tingido com **purpurissum** (Plaut. Truc. 290).

purpurissum, -ī, subs. n. Côr de púrpura (feita da espuma da púrpura e empregada como cosmético) (Plaut. Most. 261).

Purrhus, v. **Pyrrhus**.

pūrulēntus, -a, -um, adj. Purulento (Sên. Ep. 95, 26).

pūrus, -a, -um, adj. I — Sent. próprio: 1) Puro, sem mancha (Cíc. Div. 1, 121); (Verg. G. 4, 163). Daí: 2) Puro, sem mistura, limpo, límpido, claro, sereno (Verg. En. 12, 771). II — Sent. figurado: 3) Purificado, santo, consagrado (língua religiosa) (T. Liv. 25, 17, 3). 4) Pura, corrente, elegante (tratando-se da linguagem) (Cíc. Br 260). 5) Isento de, livre de, que não tem (Hor. O. 1, 22, 1). 6) Simples, sem ornato (Cíc. Br. 274). Obs.: Constrói-se absolutamente; com abl. acompanhado de **ab**; com gen. (raro).

pūs, pūris, subs. n. I — Sent. próprio: 1) Pus, escória (Cels. 5, 26, 20). II — Sent. figurado: 2) Pessoa imunda, pústula (têrmo de injúria) (Hor. Sát. 1, 7, 1).

pusīllus, -a, -um, adj. De muito pequena estatura, pequeno, fraco (sent. próprio e figurado) (Cíc. At. 6, 1, 23); (Cíc. Fam. 2, 17, 7).

pūsiõ, -õnis, subs. m. Rapazinho (Cíc. Cael. 36).

pustŭla, -ae, subs. f. Pústula, bôlha (Sên. Ep. 72, 6).

pustulãtus, -a, -um, adj. I — Sent. próprio: 1) Que tem bôlhas. II — Sent. figurado: 2) Purificado ao fogo (tratando-se da prata) (Marc. 7, 86, 7).

pūsŭla, -ae, subs. f., v. **pustŭla** (Sên. Ir. 3, 43, 4).

puta, imperat. de **puto**, tomado adverbialmente: por exemplo, como suposição (Hor. Sát. 2, 5, 32).

putãmen, -ĭnis, subs. n. Sent. próprio: 1) Aquilo que sai das árvores quando se podam ou aparam, ramos podados (de uma árvore): daí: 2) Casca da noz (Cíc. Tusc. 5, 58).

putãtiõ, -õnis, subs. f. Ação de cortar, poda (das árvores) (Cíc. De Or. 1, 249).

putãtus, -a, -um, part. pass. de **puto**.

putĕal, -ãlis, subs. n. I — Sent. próprio: 1) Bocal (de um poço) (Cíc. At. 1, 10, 3). II — Sent. particular: 2) Puteal, vedação com que se rodeavam alguns lugares onde tinha caído um raio: e, especialmente, lugar destinado aos banqueiros, no **forum** (Hort. Ep. 1, 19, 8).

pūtĕõ, -ēs, -ēre, pūtŭī, v. intr. Estar podre, estar estragado, cheirar mal (Hor. Ep. 1, 19, 11).

Puteolãnī, -õrum, subs. loc. m. Puteolanos, habitantes de Putéolos (Cíc. Tusc. 1, 86).

Puteolãnum, -ī, subs. pr. n. Casa de campo de Putéolos (Cíc. At. 16, 1, 1).

Puteolãnus, -a, -um, adj. De Putéolos (Cíc. Agr. 2, 78).

Putĕõlī, -õrum, subs. pr. m. pl. Putéolos, cidade da Campânia (atual Puzzuoli) (Cíc. At. 15, 20, 3).

puter (putris), -tris, -tre, adj. I — Sent. próprio: 1) Podre, apodrecido, estragado (Ov. Met. 7, 585). Daí: 2) Que se decompõe, que se segrega (Verg. G. 1, 44). 3) Arruinado (Hor. Ep. 1, 10, 49). II — Sent. figurado: 4) Mole, flácido, lânguido, lascivo (Hor. O. 1, 36, 17).

pūtēscō ou **pūtīscō, -is, -ĕre, pŭtŭī**, v. incoat. intr. Corromper-se, estragar-se Cíc. Fin. 5, 38).

putĕus, -ī, subs. m. I — Sent. próprio: 1) Poço (Cíc. Prov. 6). II — Sent. particular: 2) Cova (para plantar árvores) (Verg. G. 2, 231). 3) Subterrâneo (Plaut. Aul. 347).

pūtĭdē, adv. Com afetação (Cíc. Br. 284). Obs.: comp.: **putidius** (Cíc. De Or. 3, 41).

pūtidiuscŭlus, -a, -um, adj. Um tanto mais afetado, um pouco importuno (Cíc. Fam. 5, 7, 3).

pūtidŭlus, -a, -um, adj. Afetado (Marc. 4, 20, 4).

pūtĭdus, -a, -um, adj. I — Sent. próprio: 1) Que cheira mal, fétido (Cíc. Pis. 19). II — Sent. figurado: 2) Rebuscado (tratando-se do estilo), afetado (Cíc. At. 1, 14, 1). 3) Decrépito, insuportável, imbecil, estúpido (Plaut. Bac. 1163).

putīllus, -ī, subs. m. Menino, rapazinho (têrmo de afeto) (Plaut. As. 694).

pūtīscō = **pūtēscō**.

putō, -ās, -āre, -āvī, -ātum, v. tr. I — Sent. próprio: 1) Limpar, purificar (Varr. R. Rust. 2, 2, 18). Daí, nas línguas técnicas: 2) Desbastar, podar, cortar (Verg. G. 2, 407). II — Sent. figurado: 3) Verificar uma conta, apurar (Cíc. At. 4, 11, 1). Daí: 4) Contar, calcular (Cat. Agr. 14, 4). E depois: 5) Avaliar, considerar, estimar (Cíc. Phil. 7, 5); (Cíc. De Or. 2, 344). Donde, por generalização: 6) Julgar, pensar, crer (Cíc. C.M. 4); (Cíc. At. 12, 18, 1). 7) Imaginar, supor (Sên. Contr. 3, 19, 4). Obs.: Constrói-se com acus.; com duplo acus.; com gen.; ou como absoluto.

pūtor, -ōris, subs. m. Mau cheiro, fedor (Lucr. 2, 872).

putrefaciō, -is, -facĕre, -fēcī, -factum, v. tr. Putrefazer (T. Lív. 21, 37, 2).

putrefēcī, perf. de **putrefaciō.**

putrefīō, -īs, -fiĕrī, -factus sum, pass. de **putrefaciō.** Apodrecer-se, tornar-se podre, deteriorar-se (T. Lív. 42, 3).

putrēscō, -is, -ĕre, -truī, v. incoat. intr. Estragar-se, entrar em putrefação, putrefazer-se (Hor. Sát. 2, 3, 119).

putrĭdus, -a, -um, adj. I — Sent. próprio: 1) Apodrecido, estragado (Plín. H. Nat. 23, 88). Daí: 2) Cariado (Cíc. Pis. 1). II — Sent. figurado: 3) Murcho (pela idade), velho (Catul. 64, 351).

putris, v. **puter.**

putruī, perf. de **putrēsco.**

pŭtŭī, perf. de **putĕo** e de **putēsco.**

1. **putus, -a, -um,** adj. I — Sent. próprio: 1) Puro, purificado, limpo, cuidado (Plaut. Ps. 1200). II — Sent. figurado: 2) Puro, brilhante (Cíc. At. 2, 9, 1).

2. **putus, -ī,** subs. m. Rapazinho, menino (Verg. Cat. 9, 2).

pycta (-tēs), -ae, subs. m. Pugilista (Sên. Contr. 1, 3).

Pydna, -ae, subs. pr. f. Pidna, cidade marítima da Macedônia (T. Lív. 44, 6, 3).

Pydnaeī, -ōrum, subs. loc. m. pl. Pidneus, habitantes de Pidna (T. Lív. 44, 45).

pȳgargos (-gus), -ī, subs. m. 1) Espécie de águia (Plín. H. Nat. 10, 7). 2) Espécie de gazela (Juv. 11, 138).

Pygĕla, -ōrum, subs. pr. n. Pigela, cidade da Jônia (T. Lív. 37, 11, 5).

pygmaeus, -a, -um, adj. Pigmeu, dos pigmeus, lendário povo de anões (Ov. F. 6, 176).

Pygmaliōn, -ōnis, subs. pr. m. Pigmalião. 1) Rei de Tiro, do IX séc. a.C., irmão de Dido e assassino de seu cunhado Siqueu (Verg. En. 1, 347). 2) Lendário escultor da ilha de Chipre, que se apaixonou por uma de suas estátuas denominada Galatéia (Ov. Met. 10, 243).

Pylădēs, -ae, subs. pr. m. Pílades. I — Sent. próprio: 1) Herói focídio, célebre pela amizade que o uniu a Orestes (Cíc. Lae. 24). II — Sent. figurado: 2) Amigo fiel (Marc. 6, 11).

Pyladēus, -a, -um, adj. De Pílades: **Pyladea amicitia** (Cíc. Fin. 2, 84) «uma amizade sincera».

1. **pylae, -ārum,** subs. f. pl. Garganta, desfiladeiro, portas (de um país) (Cíc. At. 5, 20, 2).

2. **Pylae, -ārum,** subs. f. pl. v. **Thermopȳlae** (T. Lív. 32, 4).

Pylaemĕnēs, -ēs, subs. pr. m. Pilêmenes, rei da Paflagônia (T. Lív. 1, 1, 2).

Pylaĭcus, -a, -um, adj. Pilaico, das Termópilas (T. Lív. 31, 32).

Pylĭus, -a, -um, adj. De Pilos, de Nestor (Ov. Met. 2, 684). Obs.: Subs. m. sg.: Nestor (Ov. Met. 8, 365).

Pylos (-lus), -ī, subs. pr. f. Pilos, cidade da Messênia, no mar Jônio, em frente à ilha Esfatéria, pátria de Nestor (Ov. Met. 6, 418).

1. **pyra, -ae,** subs. f. Fogueira fúnebre, pira (Verg. En. 6, 215).

2. **Pyra, -ae,** subs. pr. f. Pira, nome de um lugar do monte Eta, onde Hércules se queimou em uma fogueira (T. Lív. 36, 30, 3).

Pyracmōn, -ōnis, subs. pr. m. Pirácmon, um dos ciclopes, ferreiros de Vulcano (Verg. En. 8, 425).

Pyracmos, -ī, subs. pr. m. Piracmo, um dos centauros (Ov. Met. 12, 460).

pȳrămis, -ĭdis, subs. f. Pirâmide (Cíc. Nat. 1, 24).

Pȳrămus, -ī, subs. pr. m. Píramo. 1) Jovem babilônio, célebre pelos seus trágicos amores com Tisbe (Ov. Met. 4, 55). 2) Rio da Cilícia (Cíc. Fam. 3, 1, 1).

Pȳrēnē, -ēs, subs. pr. f. Pirene, nome dado aos Pireneus por aí ter sido sepultada Pirene, filha de Bébrice e amada de Hércules (Tib. 1, 7, 9).

Pȳrēnaeus, -a, -um, adj. Dos Pireneus, pireneu: **Pyrenaei montes** (Cés. B. Gal. 1, 1, 7) «os montes Pireneus».

Pȳrēneus, -ĕī, e **-ĕos,** subs. pr. m. Pireneu, rei de Daulis, na Fócida, que, perseguindo as Musas, caiu do alto de seu palácio e morreu (Ov. Met. 5, 274).

pyrēthrum (-on), -ī, subs. n. Piretro (nome de uma planta) (Ov. A. Am. 2, 418).

Pyrētus, -ī, subs. pr. m. Pireto, nome de um centauro (Ov. Met. 12, 449).

Pyrgēnsis, -e, adj. Pirgense, de Pirgo (Cíc. De Or. 2, 287).

Pyrgī, -ōrum, subs. pr. m. Pirgos, cidade da Etrúria (Verg. En. 10, 184).

Pyrgō, -ūs, subs. pr. f. Pirgo, ama dos filhos de Príamo (Verg. En. 5, 645).

Pyrgus, -ī, subs. pr. m. Pirgo, fortaleza da Élida (T. Lív. 27, 32, 7).

Pyriphlegĕthōn, -ōntis, subs. pr. m. Periflegetonte, um dos rios dos Infernos (dos gregos) (Cíc. Nat. 3, 43).

Pyrŏīs e Pyrŏeis, -ēntis, subs. pr. m. Piroente ou Pirois um dos cavalos do Sol (Ov. Met. 2,153).

pyrōpus, -ī, subs. m. Piropo (liga de cobre e ouro) (Ov. Met. 2, 2).

Pyrrha, -ae, subs. pr. f. Pirra, espôsa de Deucalião (Hor. O. 1, 2, 6).

Pyrrhēum, -ī, subs. pr. n. Pirreu, bairro da cidade de Ambrácia (T. Lív. 38, 5).

Pyrrhĭa, -ae, subs. pr. f. Pirria, nome de mulher (Hor. Ep. 1, 13, 14).

1. Pyrrhĭas, -ădis, adj. e subs. pr. f. Pirríade, de Pirra, nome de várias cidades, entre as quais uma na ilha de Lesbos (Ov. Her. 15, 15).

2. Pyrrhĭas, -ae, subs. pr. m. Pírrias, comandante dos eólios (T. Lív. 27, 30, 1).

pyrrhĭcha, -ae, e **pyrrhĭchē, -ēs,** subs. f. Pírrica (dança guerreira dos lacedemônios) (Suet. Cés. 39).

pyrrhichĭus, -ī, subs. m. Pirríquio (pé formado por duas sílabas breves) (Quint. 9, 4, 101).

Pyrrhō, -ōnis, subs. pr. m. Pírron, o primeiro dos grandes filósofos cépticos da Grécia. Nasceu na Élida, no IV séc. a.C. e foi discípulo de Anaxarco (Cíc. Fin. 2, 35).

Pyrrhōnēī, -ōrum, subs. m. Pirrônios, discípulos de Pírron, fundador da escola céptica (Cíc. De Or. 3, 62).

Pyrrhī Castra, subs. pr. 1) Lugar da Lacônia (T. Lív. 35, 27, 14). 2) Lugar da Trifília (T. Lív. 32, 13, 2).

Pyrrhus, -ī, subs. pr. m. Pirro. 1) Pirro ou Neoptolemo, filho de Aquiles e Deidamia, fundador do reino do Epiro (Verg. En. 2, 469). 2) Pirro, rei do Epiro, que viveu do IV ao III séc. a.C., famoso por sua expedição contra os romanos (Cíc. Of. 1, 38).

Pyrrus, v. **Pyrrhus.**

Pȳthagŏrās, -ae, subs. pr. m. Pitágoras, moralista e legislador grego, que deixou seu nome ligado a um corpo de doutrinas e a um conjunto de instituições célebres. Natural de Samos, viveu no VI séc. a.C., e ensinou durante muito tempo em Crotona (Cíc. Tusc. 1, 20).

Pȳthagorēus (-rīus), -a, -um, adj. Pitagoreu, pitagórico, de Pitágoras (Cíc. Tusc. 4, 3).

Pȳthagorēī (-rīī), -ōrum, subs. m. Pitagóricos, discípulos do filósofo Pitágoras (Cíc. De Or. 2, 154).

Pȳthagorĭcus, -a, -um, adj. Pitagórico, de Pitágoras (T. Lív. 40, 29, 8).

Pȳtharātus, -ī, subs. pr. m. Pitarato, um dos arcontes de Atenas (Cíc. Fat. 19).

pȳthaula (-lēs), -ae, subs. m. Tocador de flauta (Sên. Ep. 76, 3).

1. Pȳthĭa, -ae, subs. pr. f. Pítia ou Pitonisa, sacerdotisa de Apolo, em Delfos, a qual transmitia os oráculos (Cíc. Div. 1, 38).

2. Pȳthĭa, -ōrum, subs. pr. n. Píticas, ou jogos píticos, realizados em Delfos e em outras cidades, de quatro em quatro anos, em honra de Apolo, vencedor da serpente Píton (Ov. Met. 1, 447).

Pȳthĭas, -ădis, subs. pr. f. Pitíade, nome de uma criada. (Hor. A. Poét. 238).

Pȳthĭcus, -a, -um, adj. Pítico, pítio, de Apolo (T. Lív. 5, 15).

Pȳthĭōn, -ōnis, subs. pr. m. Pitião de Rodes, autor de um tratado sôbre agricultura (Varr. R. Rust. 1, 1, 8).

Pȳthĭum, -ī, subs. pr. n. Pítio, cidade da Tessália ou da Macedônia (T. Lív. 42, 53).

Pȳthĭus, -a, -um, adj. Pítio, de Pito, de Delfos; pítico, de Apolo Pítio (Cíc. Of. 2, 77).

1. Pȳthō, -ōnis, subs. pr. m. Pitão, nome de homem (T. Lív. 44, 12).

2. Pȳthō, -ūs, subs. pr. m. Pito, antigo nome da região da Fócida onde ficava situada Delfos; depois, nome da cidade que ficou célebre pelo oráculo de Apolo (Luc. 5, 134).

Pȳthōn, -ōnis, subs. pr. m. Píton, serpente monstruosa morta por Apolo, perto de Delfos. Êste fato deu origem à instituição dos jogos píticos (Ov. Met. 1, 438).

pȳtissō, -ās, -āre, v. intr. Cuspir fora (Ter. Heaut. 457).

pyxis, -ĭdis, subs. f. Caixinha, cofrezinho (Cíc. Cael. 63).

Q

q, q. 16º letra do alfabeto romano. Abreviaturas: 1) Q. = **Quintus**, Quinto, prenome romano. 2) Q. = **-que** na fórmula: **S.P.Q.R.**: Senatus Populusque Romanus «o senado e o povo romano».

1. qua, v. **quis**.

2. quā, adv. (abl. f. de **qui**). I — Sent. próprio: 1) Por onde, pelo lugar em que (Cíc. Verr. 5, 66). 2) Do lado que (T. Lív. 39, 48, 6). 3) Pelo meio que (Verg. En. 11, 293). II — Interrogativo: 4) Int. direta: por que meio? como? (Cíc. At. 8, 16, 1). 5) Int. Indireta: por onde (Cíc. At. 9, 1, 2). III — Indefinido: 6) Por qualquer meio (Cíc. Verr. 4, 29). 7) **qua... qua**: por um lado... por outro lado; tanto... quanto (Cíc. At. 2, 19, 3).

quāad, v. **quoad**.

quācŭmquĕ (quācŭnquĕ), adv. (abl. f. de **quicūmque**). I — Sent. próprio: 1) Por onde quer que, em qualquer lugar que, de qualquer lado que (Cíc. Verr. 1, 44). 2) Indefinido: por qualquer meio que (Verg. Buc. 9, 14).

quādam, adv., v. **quādāmtĕnus**.

quādāmtĕnus, adv. I — Sent. próprio: 1) Até um certo ponto (com tmese) **quadam prodire tenus** (Hor. Ep. 1, 2, 32) «adiantar-se até um certo ponto». II — Sent. figurado: 2) Em certa medida, em certa extensão (A. Gél. 17, 21, 7).

Quādī, -ōrum, subs. loc. m. pl. Quados, antigo povo da Germânia, nas margens do Istro, na Morávia (Tác. An. 2, 63).

1. quadra, -ae, subs. f. I — Sent. próprio: 1) Quadrado (Quint. 1, 10, 43). Daí: 2) Pedaço quadrado, um quarto (de pão, queijo, etc.) (Verg. En. 7, 115). II — Sent. figurado: 3) Na expressão: **aliena vivere quadra** (Juv. 5, 2) «viver às custas dos outros».

2. Quadra, -ae, subs. pr. m. Quadra, sobrenome romano (Sên. Nat. 1, 16, 1).

quadrāgēnārĭus, -a, -um, adj. 1) Que contém 40 (Cat. Agr. 105, 1). 2) Que tem 40 anos (Sên. Ep. 25, 1).

quadrāgēnī, -ae, -a, num. distr. Quarenta de cada vez, quarenta para cada um (Cíc. Verr. 1, 147). Obs.: Gen. pl. mais comum: **quadragenum** (Cés. B. Gal. 4, 17, 5).

quadrāgēsĭma, -ae, subs. f. 1) Quadragésima parte (Suet. Cal. 40). 2) Impôsto de quarenta por cento (Tác. An. 13, 51).

quadrāgēsĭmus, -a, -um, num. ord. Quadragésimo (Cíc. Verr. 1, 30).

quadrāgĭens (quadrāgĭēs), adv. Quarenta vêzes (Cíc. Flac. 30).

quadrāgĭntā, ind., num. card. Quarenta (Cíc. Rep. 2, 52).

quadrans, -antis, subs. m. I — Sent. próprio: 1) Quarta parte de um asse (3 onças) (Hor. Sát. 1, 3, 137). Daí: 2). Um quarto, a quarta parte de um todo: **heres ex quadrante** (Suet. Cés. 83) «herdeiro de um quarto (da fortuna)». II — Sent. figurado: 3) Um quarto de libra (Marc. 11, 105). 4) Um quarto (do sextário = 3 ciatos) (Marc. 9, 94, 2).

quadrāntal, -ālis, subs. n. Quadrantal, vasilha quadrada com a capacidade de uma ânfora (medida para líquidos) (Plaut. Curc. 103).

quadrantārĭus, -a, -um, adj. 1) Que custa um quarto do asse (Cíc. Cael. 62). 2) De um quarto (Cíc. Font. 2).

Quadrātĭlla, -ae, subs. pr. f. Quadratila, nome romano de mulher (Plín. Ep. 7, 24, 7).

quadrātum, -ī, subs. n. 1) Um quadrado (Hor. Ep. 1, 1, 100). 2) Quadrado (língua astronômica) (Cíc. Div. 2, 89).

quadrātus, -a, -um, adj. I — Sent. próprio: 1) Quadrado (Petr. 29). Daí: 2) Cortado em esquadria, bem proporcionado (Suet. Vesp. 20). II — Sent. figurado: 3) Bem arredondado (tratando-se da frase) (Quint. 2, 5, 9).

quadrĭdens, -entis, adj. Que tem 4 dentes ou pontas (Cat. Agr. 10, 3).

quadrĭdŭum, -ī, subs. n. Espaço de 4 dias (Cíc. Amer. 20).

quadriennĭum, -ī, subs. n. Quadriênio, espaço de 4 anos (Cíc. Caec. 19).

quadrifārĭam, adv. Em 4 partes (T. Lív. 4, 22, 5).

quadrifĭdus, -a, -um, adj. Fendido em quatro (Verg. G. 2, 25).

quadrīga, -ae, subs. f., v. **quadrīgae** (Suet. Vit. 17).

quadrīgae, -ārum, subs. f. pl. I — Sent. próprio: 1) Tiro de 4 cavalos, carro puxado por 4 cavalos, quadriga (usada especialmente nas corridas, nos jogos) (Cíc. Div. 2, 144). II — Sent. particular: 2) Carro do Sol, carro da Noite (Verg. En. 6, 535). 3) Tiro de 4 burros, de 4 camelos, etc. (Suet. Ner. 11). 4) O próprio carro, quadriga (T. Lív. 37, 41, 7). III — Sent. figurado: 5) Com ardor, por todos os meios (na expressão **navibus atque quadrigis**): **navibus atque quadrigis petimus bene vivere** (Hor. Ep. 1, 11, 29) «com ardor perseguimos a felicidade».

1. quadrīgārius, -a, -um, adj. De quadriga (Suet. Cal. 17).

2. quadrīgārius, -ī, subs. m. Quadrigário, cocheiro de quadriga (Suet. Ner. 16).

3. Quadrīgārius, -ī, subs. pr. m. Quadrigário, nome romano: **Q. Claudius Quadrigarius,** historiador latino (A. Gél. 1, 7, 9).

1. quadrīgātus, -a, -um, adj. Que tem a marca de uma quadriga (T. Lív. 22, 52, 2).

2. quadrīgātus, -ī, subs. m. (subent. **nummus**) Quadrigato, moeda que tem por cunho uma quadriga (Plin. H. Nat. 33, 46).

quadrīgŭla, -ae, subs. f. (geralmente no plural) Pequena quadriga (Cíc. Fat. 5).

quadrijŭgēs equī, subs. m. Quadriga (Verg. En. 10, 571).

quadrijŭgī, -ōrum, subs. m. pl. Quadriga (Ov. Met. 2, 167).

quadrijŭgus (quadriiŭgus), -a, -um, adj. Tirado por 4 cavalos (Verg. En. 12, 162).

quadrilībris, -e, adj. Que tem o pêso de 4 libras (Plaut. Aul. 809).

quadrimēstris, -e, adj. Quadrimestre, de 4 meses (Suet. Ner. 14).

quadrīmŭlus, -a, -um, adj. De 4 anos (Plaut. Capt. 981).

quadrīmus, -a, -um, adj. De 4 anos de idade: **quadrimum merum** (Hor. O. 1, 9, 7) «vinho de 4 anos».

quadringēnārius, -a, -um, adj. Que contém quatrocentos, de quatrocentos cada um (Cíc. At. 6, 1, 14).

quadringēnī, -ae, -a, num. distr. Quatrocentos cada um (T. Lív. 45, 16, 3).

quadringentēsĭmus, -a, -um, num. ord. Quadringentésimo (T. Lív. 5, 45 4).

quadringēntī, -ae, -a, num. card. Quatrocentos (Cíc. Pis. 10).

quadringentĭēs, (-ĭens), adv. Quatrocentas vêzes (Cíc. Verr. 2, 26).

quadripartītĭō, -ōnis, subs. f. Quadripartição, divisão em quatro (Varr. L. Lat. 5, 1).

quadripartītus (quadripertītus), -a, -um, adj. Quadripartido, dividido em quatro (Cíc. Tusc. 1, 68).

quadrĭpēs, v. **quadrŭpēs.**

quadrirēmis, -is, subs. f. Quadrirreme, navio com quatro ordens de remos (Cíc. Verr. 5, 86).

quadrivĭum, -ī, subs. n. Quadrívio, lugar onde vão ter quatro caminhos, encruzilhada (Catul. 58, 4).

quadrō, -ās, -āre, -āvī, -ātum, v. tr. e intr. A) Tr. I — Sent. próprio: 1) Esquadriar, cortar em esquadria (Col. 12, 2, 13). II — Sent. figurado: 2) Completar de maneira a formar um quadrado, i.é, concluir, terminar (uma frase) (Cíc. Or. 197). B) Intr. 3) Adaptar-se, convir, quadrar (Cíc. At. 4, 19, 2). 4) Formar um todo harmonioso (Cíc. De Or. 3, 175). 5) Impess.: quadrar (Cíc. At. 13, 30, 3). 6) Ajustar, ser ou estar exato (tratando-se de uma quantia) (Cíc. Verr. 1, 92).

quadrum, -ī, subs. n. Um quadrado (sent. próprio e figurado) (Cíc. Or. 208).

1. quadrupĕdans, -āntis, adj. Quadrupedante, que tem 4 pés (Verg. En. 8, 596).

2. quadrupĕdans, -āntis, subs. m. Cavalo (Verg. En. 11, 614).

1. quadrŭpēs, -pĕdis, adj. Que tem quatro pés, quadrúpede (Ov. Met. 15, 222).

2. quadrŭpēs, -ĕdis, subs. m. e f. Quadrúpede, cavalo, égua (Verg. Buc. 5, 26).

1. quadruplātor, -ōris, subs. m. (**quadrŭplo**). I — Sent. próprio: 1) O que quadruplica (Apul. Apol. 89). II — Sent. figurado: 2) O que exagera (Sên. Ben. 7, 25, 1).

2. quadruplātor, -ōris, subs. m. (**quadrŭplor**). Delator (que tinha a quarta parte dos bens do acusado) (Cíc. Verr. 2, 21).

quadrŭplex, -ĭcis, adj. I — Sent. próprio: 1) Quádruplo (T. Lív. 30, 10, 5). Sent. poético: 2) Quatro (Cíc. Arat. 93). II — Subs. neutro: 3) O quádruplo (T. Lív. 45, 42, 1).

quadruplĭcō, -ās, -āre, -āvī, -ātum, v. tr. Quadruplicar (Plaut. St. 405).

quadrŭplō, -ās, -āre, v. tr. Quadruplicar.

quadrŭplor, -āris, -ārī, v. dep. intr. Ser delator (Plaut. Pers. 62).

quadrŭplum, -i, subs. n. O quádruplo (Cíc. Verr. 3, 34).

quadrŭplus, -a, -um, adj. Quádruplo (Suet. Tib. 34).

quae, v. **qui, quis.**

quaeritō, -ās, -āre, -āvī, -ātum, (iterativo de **quaero),** v. tr. I — Sent. próprio: 1) Procurar sem cessar, procurar constantemente (Plaut. Amph. 1014). Daí: 2) Pedir, solicitar (Plaut. Poen. 688). II — Sent. figurado: 3) Conseguir com lutas, obter, ganhar penosamente (Ter. And. 75). 4) Inquirir, perguntar (Ter Eun. 523).

quaerō, -is, -ĕre, quaesīvī (quaesiī), quaesītum e **quaestum,** v. tr. I — Sent. próprio: 1) Procurar, buscar, fazer uma busca ou investigação (Cíc. Nat. 2, 123); (Cés. B. Gal. 2, 21, 6); (Cíc. Leg. 1, 40). Daí: 2) Informar-se, fazer um inquérito, procurar saber, perguntar (Cés. B. Gal. 1, 18, 2); (Cíc. Vat. 15). II — Sent. figurado: 3) Procurar obter, obter, adquirir (Cíc. Clu. 29); (Sal. B. Jug. 87, 2). 4) Procurar encontrar, procurar em vão (Cíc. Verr. 3, 47). Donde: 5) Reclamar, pedir, exigir (Varr. R. Rust. 1, 23, 4). 6) Na língua jurídica: demandar, perseguir judicialmente (Cíc. Caec. 97). Obs.: Constrói-se com acus., com abl. com **ab, de** ou **ex,** com inter. indireta, com infinitivo ou **ut,** e como absoluto.

quaesiī = **quaesīvī,** perf. de **quaero** e de **quaeso.**

quaesīsse, quaesīssem, formas sincopadas de **quaesiīsse, quaesiīssem,** inf. perf. e mais que perf. do subj. de **quaero.**

quaesītiō, -ōnis, subs. f. I — Sent. próprio: 1) Busca, procura (Apul. Met. 5, 28). II — Sent. figurado: 2) Tortura, tormentos (Tác. An. 4, 45).

quaesītor, -ōris, subs. m. O que procura investigador, pesquisador, pretor (que preside às investigações criminais), juiz (Cíc. Verr. pr. 29).

quaesītum, -i, subs. n. I — Sent. próprio: 1) Quesito, pergunta, questão (Ov. Met. 4, 793). II — Sent. figurado: 2) O que se adquiriu ou acumulou, o adquirido (Hor. Sát. 2, 6, 82).

quaesītus, -a, -um. I — Part. pass. de **quaero.** II — Adj.: 1) Procurado, buscado (Tác. An. 5, 3). Donde: 2) Rebuscado, afetado, requintado, raro (Tác. An. 3, 26).

quaesīvī, perfeito de **quaero** e de **quaeso.**

quaesō, -is, -ĕre, quaesīvī ou **quaesiī** (desiderativo de **quaero),** v. tr. Procurar obter, pedir, suplicar (Cat. Agr. 141, 2); (Cíc. Verr. 4, 102). Obs.: As formas **quaeso** e **quaesumus** são muito usadas como fórmulas de polidez: por favor, se te apraz, por gentileza, peço-te, pedimos-te (Cíc. At. 7, 10, 10); (Cíc. Mil. 23). Obs.: Algumas vêzes, tem valor interjectivo: peço-te, vamos (Cíc. Fam. 3, 7, 5).

quaestī, gen. arc. de **quaestus.**

quaesticŭlus, -i, subs. m. dimin. Pequeno lucro (Cíc. Div. 2, 34).

quaestiō, -ōnis, subs. f. I — Sent. próprio: 1) Busca, procura: **esse in quaestione alicui** (Plaut. Capt. 253) «ser procurado por alguém». II — Sent. figurado: 2) Problema, questão: **infinita** (Cíc. De Or. 2, 134) «(questão) indefinita (isto é: de ordem geral)». 3) Inquérito, investigação, interrogatório: **captivorum** (Cés. B. Gal. 6, 32, 2) «(interrogatório) dos cativos». 4) Investigação judiciária, informação: **habere** (Cíc. Clu. 182) «fazer (a investigação), isto é: tomar informações». 5) Investigação com tortura, tortura: **quaestionem habere ex aliquo** (T. Liv. 33, 28, 6) «submeter alguém à tortura».

quaestiuncŭla, -ae, subs. f. Questão de pouca importância (Cíc. De Or. 1, 102).

quaestor, -ōris, subs. m. I — Sent. próprio: 1) Questor (magistrado romano incumbido, principalmente, da gerência das contas do tesouro) (Varr. L. Lat. 5, 81). II — Sent. particular: 2) Assessor do imperador no senado (no período imperial) (Tác. An. 16, 27).

quaestōrium, -i, subs. n. 1) Tenda do questor (T. Liv. 10, 32, 8). 2) Residência do questor (na província) (Cíc. Planc. 99).

1. **quaestōrius, -a, -um,** adj. 1) Do questor (Cíc. Rep. 1, 18). 2) **Porta quaestoria** (T. Liv. 34, 47, 2) «porta do acampamento vizinha à tenda do questor».

2. **quaestōrius, -i,** subs. m. Antigo questor (Cíc. Br. 263).

quaestuōsē, adv. Usado só no comparativo — **quaestuōsius** — (Plín. H. Nat. 19, 56) «com mais lucro, com mais proveito»; e no superlativo — **quaestuosissime** — (Sên. Ben. 4, 3, 3) «vantajosamente».

quaestuōsus, -a, -um, adj. I — Sent. próprio: 1) Questuoso, lucrativo, rendoso (Cíc. Agr. 1, 10). II — Sent. moral: 2) Ambicioso, interesseiro (Cíc. Par. 49). 3) Enriquecido, rico (Tác. An. 12, 63).

quaestūra, -ae, subs. f. Questura (cargo, função de questor) (Cíc. Mur. 18)

quaestus, -ūs, subs. m. I — Sent. etimológico (part.): 1) Maneira de obter dinheiro, profissão (Plaut. Capt. 129). II — Daí: 2) Ganho, lucro, proveito, benefício (sent. próprio e figurado) (Cés. B. Gal. 6, 17, 1).

quālĭbet (quālŭbet), adv. 1) Por qualquer lugar, em qualquer parte (Plaut. Most. 809). 2) Por todos os meios (Catul. 40, 6).

quālis, -e, adj. e pron. relat. e interrog. I — Relativo (com «talis», expresso ou subentendido) — Sent. próprio: 1) Tal como, da natureza que: **oratorem talem informabo, qualis...** (Cíc. Or. 7) «representarei um ideal de orador tal que...». Sent. poético: 2) Assim, igualmente (com sent. adverbial) (Verg. G. 4, 511). II — Interrogativo: 3) Qual, de que espécie, de que natureza (em interr. dir. e indir.): **qualis ista philosophia est?** (Cíc. Fin. 2, 27) «que espécie de filosofia é esta»?. III — Sent. filosófico: 4) Com tal ou tal qualidade (Sên. Ep. 117, 28). No neutro plural: 5) As qualidades dos sêres (têrmo de lógica): **qualia** (Cíc. Ac. 1, 28) «as qualidades dos sêres». 6) Com sentido adverbial: assim, dêste modo, paralelamente (Verg. G. 4, 511).

quāliscūmquĕ (quāliscūnquĕ), quālecūmquĕ, pron. relat. e indef. I — Relativo: 1) Qualquer que, qualquer, tal como: **homines benevoli, qualescumque sunt** (Cíc. At. 14, 14, 5) «os homens benevolentes, quaisquer que sejam». II — Indefinido: 2) Não importa qual, qualquer que, qualquer: **sin qualemcumque locum sequimur** (Cíc. Fam. 4, 8, 2) «se ao contrário procuramos não importa qual lugar»...

quālislĭbet, quālelĭbet, pron. indef. De qualquer espécie ou qualidade (Cíc. Nat. 2, 93).

quālĭsnam, quālĕnam, pron. interr. Qual, pois? de que sorte? (Apul. Apol. 2).

quālĭtās, -tātis, subs. f. Qualidade, natureza das coisas (Cíc. Nat. 2, 94).

quālĭter, adv. I — Interrogativo: 1) De que modo? (Marc. 5, 7, 1). II — Relativo: 2) Como, assim como (Ov. Am. 1, 7, 57).

quālŭbet, v. **quālĭbet.**

quālum, -ī, subs. n. e **quālus, -ī,** subs. m. Cêsto de vime entrelaçado (Hor. O. 3, 12, 41).

1. quam (quamde, quande), adv. 1) Quão, quão grande, quanto, a que ponto (Cíc. Br. 265); (Cíc. Cael. 64). 2) Quão pouco (sent. raro) (Cíc. De Or. 2, 180); (Cíc. Sull. 33). 3) Quanto possível (com superl.): **quam maxime** (Cíc. Inv. 2, 20).

2. quam, conj. 1) Quanto, como (em correlação com **tam**) (Cíc. Rep. 1, 33); (Cíc. Top. 2). 2) Do que (numa comparação) (Cíc. Verr. 2, 70); (Cíc. Mil. 78). 3) Com **tantus, tanti, tanto** (v. êsses vocábulos) (Cíc. Mil. 58); (Cíc. Lig. 15).

quamde, arc., v. **quam** (Ên. An. 29); (Lucr. 1, 640).

quamdĭū (quandĭū), adv. I — Interrogativo: 1) Há quanto tempo? (Plaut. Capt. 980). II — Relativo: 2) Tanto tempo quanto (Cíc. Of. 1, 2); (Cés. B. Gal. 1, 17, 6). Obs.: Pode ocorrer a tmese: **quam voluit diu** (Cíc. Q. Fr. 1, 1, 21) «o tempo que quis, por tanto tempo quanto quis». Tem por correlativo **tamdiu** (Cíc. Fam. 12, 19).

quamdūdum, adv. interr. Há quanto tempo? (Cíc. At. 14, 12, 3).

quamlĭbet (quamlŭbet), adv. e conj. I — adv.: 1) Tanto quanto quiser, até não querer mais, a bel prazer (Lucr. 2, 541); (Plín. Ep. 2, 14, 6). II — Conj.: 2) Por mais que (Quint. 12, 29). (V. **quamvis**).

quammāxĭmē, v. **quam 1.**

quamŏbrem (quam ob rem), adv. I — Inter.: 1) Por quê? Por que razão? (Cíc. Verr. 5, 75). II — Relat.: 2) Por que, pelo que (Cíc. Verr. 4, 135). III — Inicial de coordenação: 3) Por isso é que, eis porque (Cíc. Flac. 65).

quamplūrēs (má leitura), v. **complūrēs**.

quam plūrĭmī, -ae, -a, adj. O maior número possível de, muitíssimos, muito numerosos (Cíc. Div. 2, 1).

quam prĭdem, adv. Há quanto tempo? desde há quanto tempo? (Cíc. Verr. 1, 126).

quam prīmum, adv. O mais cedo possível, logo que possível, o quanto antes, (Cíc. Cat. 3, 8).

quamquam (quanquam) (forma reduplicada de **quam**), conj. 1) Ainda que, embora, se bem que (Cíc. Tusc. 5, 85); (Verg. En. 6, 394). 2) Todavia, contudo, aliás, quanto ao resto (Cíc. Br. 62). Obs.: Constrói-se: 1) Com indic. (Cíc., Cés., Sal., T. Lív. etc.). 2) Com subjuntivo potencial (Cíc. Tusc. 5, 85). 3) Iniciando or. coord. (Cíc. Br. 62). 4) Tem por correlativo **tamen**, da mesma forma que **quam** corresponde a **tam**.

quamvīs, adv. e conj. I — Adv.: 1) Tanto quanto quiser, tanto quanto se queira (Cíc. Tusc. 3, 73). 2) Pode ter idéia concessiva, antes de um adj., significando: de fato, sem dúvida (Cíc. Verr. 3, 224). II — Conj.: 3) Com subj.: a qualquer ponto que, por mais que (Cíc. Lae. 11). 4) Com ind.: ainda que, pôsto que, se bem que (Verg. En. 5, 542); (Hor. Sát. 1, 3, 129).

quānam, adv. Por onde, então; por que maneira, então (T. Lív. 5, 34, 7); (Plín. H. Nat. 11, 137).

quandīū v. **quamdīū**.

1. quandō, adv. I — Interr.: 1) Quando, em que época? em que ocasião? (Cíc. De Or. 1, 102); (Cíc. Pis. 49). II — Indef.: 2) = **aliquando**, às vêzes (depois de **num, ne, si**) (Cíc. Lae. 60).

2. quandō, conj. I — Sent. temporal: 1) Quando, na época em que (Cíc. Agr. 2, 41). II — Sent. causal: 2) Pois que, já que, visto que (Cíc. Nat. 3, 43); (Cíc. Tusc. 4, 34); (Sal. B. Jug. 102, 9).

quandōcŭmquĕ (quadōcŭnquĕ), adv. e conj. I — Adv.: 1) Um momento qualquer, não importa em que momento, num dia ou noutro (Ov. Met. 6, 544). II — Conj.: 2) Tôdas as vêzes que, em qualquer momento que (Hor. Ep. 1, 14, 17).

1. quandōquĕ, adv. e conj. I — Adv.: 1) Algum dia, um dia (= **aliquando**) (Cíc. Fam. 6, 19, 2); (Tác. An. 6, 20) 2) Às vêzes, por vêzes (Sên. Nat. 1, 1, 15). II — Conj.: 3) Temporal = **quandocumque** (Cíc. Rep. 6, 24). 4) Causal: do momento em que, pois que, considerando que (Cíc. Caec. 54); (Cíc. Verr. 3, 187).

2. quandōquĕ = **et quando** (Hor. Sát. 2, 6, 60).

quandoquĭdem, conj. Pois que, visto que, já que (Cíc. De Or. 3, 54); (Cíc. Phil. 2, 31).

quanquam, v. **quamquam**.

quantī (subent. pretīī), gen. de **quantum**. Por que preço, por quanto, quanto (em correlação com **tanti**) (Cíc. Fam. 15, 21, 2).

quantĭllus, -a, -um, adj. Quão pequeno (exclam. e interr.) (Plaut. Ps. 1192).

quantĭtās, -tātis, subs. f. Quantidade (Quint. 7, 2, 6).

quantō (abl. de **quantum**, tomado adverbialmente, empregado com os comparativos ou expressões que indiquem comparação, superioridade). I — Inter. exclam.: 1) Quanto! Como! (Cíc. Rab. Perd. 18); (Cíc. Rep. 4, 1). II — — Relativo (em correlação com **tanto** ou **tantum**, expresso ou subentendido): 2) Tanto... quanto, tanto mais... quanto (Cíc. Nat. 1, 60).

quantopĕrĕ (quantō opĕrĕ), adv. 1) Interr.: Quanto? Até que ponto? (Cíc. Tusc. 3, 6). 2) Relat.: (em correlação com **tantopĕre**) (Tanto) quanto (Cíc. De Or. 1, 164).

quantŭlum, -ī, subs. n. I — Interr.: 1) Que pequena quantidade? Quão pouco? (Cíc. Verr. 3, 3). II — Relat.: 2) Em correlação com **tantŭlum**, expresso ou subentendido: Tão pouco que (Cíc. De Or. 1, 133).

quantŭlus, -a, -um, adj. I — Interr. 1) Quão pequeno? (Cíc. Ac. 2, 82). II — Relat. 2) Tão pequeno quanto (em correlação com **tantŭlus**, expresso ou subentendido) (A. Gél. pref. 24).

quantuluscŭmque (**quantuluscŭmque**), **-acŭmque, -umcŭmque**, indef. Tão pequeno que, por pequeno que (Cíc. De Or. 1, 135).

1. quantum, n. de **quantus** usado substantivamente: I — Interr. exclam. 1) Que quantidade, quanto de: **quantum terroris injecit!** (Cíc. Verr. 5, 14) «quanto terror êle inspirou!». II — Relat. 2) Em correlação com **tantum**, expresso ou subentendido: Uma tão grande quantidade que, tanto que (Cíc. Of. 3, 121). Obs.: Com gen. de preço: v. **quanti**.

2. quantum, adv. 1) Quanto (Cíc. Tusc. 5, 107). 2) Quanto (correlativo de **tantum**), tanto que, na medida que, ao passo que, à proporção que (Cíc. At. 9, 7, 7); (Cíc. Of. 3, 6); (Verg. En. 12, 20).

quantūmvīs, adv. e conj. I — Adv. 1) Tanto quanto queiras, tanto quanto se quiser (Suet. Cal. 53). II — Conj. (= **quamvis**). 2) Por mais que, ainda que, a qualquer ponto que (Hor. Ep. 2, 2, 39).

quantus, -a, -um, adj. I — Interr. exclam.: 1) Quão grande, que: **quantum adiit periculum** (Cíc. Fin. 2, 56) «que grande perigo êle afrontou!». 2) Quão pequeno (= **quantulus**) (Cíc. Or. 130). II — Relativo (em correlação com **tantus**): 3) Quão grande, quanto, tão grande como, tal como (Cíc. Verr. pr. 23). III — **Quantus quantus** (= **quantuscumque**): **tu, quantus quantu's** (Ter. Ad. 394) «tu, tão grande quanto és, i.é, tu da cabeça aos pés»; **quanta quanta haec mea paupertas est** (Ter. Phorm. 904) «por grande que seja a minha pobreza».

quantuscūmque, -acūmque, -umcūmque, relat. e indef. I — Relat. 1) Por grande que seja, tão grande que (Cíc. Phil. 5, 22). II — Indef. 2) Qualquer que seja a grandeza, de qualquer grandeza (T. Liv. 27, 31, 3).

quantuslĭbet, -alĭbet, -umlĭbet, pron. indef. 1) Por grande que seja (T. Liv. 9, 18, 8). 2) **Quantumlibet** (neutro), adv. O mais possível, no último grau (T. Lív. 39, 37, 14).

quantūsvīs, -ăvīs, -ūmvīs, pron. indef. Por grande que seja, o maior possível (Cés. B. Gal. 5, 18, 4).

quāprŏpter, adv. I — Inter. 1) Por que? Por que razão? (Plaut. Most. 825). II — Relat. 2) Por que, pelo qual (Plaut. Bac. 1144). 3) É porque, por isso é que (Cíc. Caecil. 34); (Cíc. Phil. 6, 17).

quāquā (abl. fem. de **quisquis**), adv. Por qualquer lugar que, por onde quer que (Plaut. Mil. 92). Obs.: Advérbio arcaico de uso raro (cf. **quoquo**).

quāquāvērsus, adv. De todos os lados (Apul. M. 4, 6).

quāre, conj. e adv. (de **qua re**, pròpriamente: por que coisa). 1) Pelo que, por isso, pela qual razão, porque (Cés. B. Gal. 5, 31, 5); (Cíc. Amer. 94); (Cíc. Planc. 14). 2) Por que? Por que razão? (Cíc. Verr. 2, 44).

quarta, -ae, subs. f. (subent. **pars**). O quarto, a quarta parte (Quint. 8, 5, 19).

quartadecimānī (-decu-), -ōrum, subs. m. pl. Soldados da 14ª legião (Tác. Hist. 2, 16).

quartāna febris ou **quartāna, -ae**, subs. f. Febre quartã (que sobrevém de quatro em quatro dias) (Cíc. Fam. 16, 11, 1).

quartānī, -ōrum, subs. m. pl. Soldados da quarta legião (Tác. Hist. 37).

quartārĭus, -ī, subs. m. Quartário, a quarta parte de uma medida, a quarta parte do «**sextarius**» (medida para sólidos e líquidos) (T. Lív. 5, 47, 8).

quartō (quartus), adv. 1) Em quarto lugar (Varr. apud A. Gél. 10, 1, 3). 2) Pela quarta vez (Ov. F. 2, 823).

quartum, adv. Pela quarta vez (Cíc. C. M. 10).

quartus, -a, -um, num. ord. Quarto (Cés. B. Gal. 1, 12, 2). Obs.: Notem-se as construções: **quartus ab Arcesila** (Cíc. Ac. 2, 16) «o terceiro depois de Arcésilas»; **quartus pater** (Verg. En. 10, 619) «trisavô».

quartus decimus, -a, -um, num. ord. Décimo quarto (Cíc. Br. 72).

quasi, conj. e adv. I — Conj.: 1) Como se, da mesma forma que se, como (Cíc. Of. 3, 39); (Cíc. Fam. 3, 7, 33). II — Adv.: 2) De algum modo, por assim dizer (com atenuação), mais ou menos, aproximadamente (Cíc. Br. 66); (Cíc. Verr. 1, 22). Obs.: Constrói-se a conj. com subj.; em correlação com **sic, ita, perinde, proinde**. Por vêzes também ocorre a forma **quase** (Quint. 1, 7, 24).

quasillārĭa, -ae, subs. f. Fiandeira (Petr. 132, 3).

quasillum, -ī, subs. n. Cestinho, cêsto de pôr a lã (Cíc. Phil. 3, 10).

quassābĭlis, -e, adj. Que pode ser abalado (Luc. 6, 22).

quassāns, -āntis, part. pres. de **quasso**.

quassātĭō, -ōnis, subs. f. Abalo, tremor, agitação (T. Lív. 22, 17, 3).

quassātus, -a, -um, part. pass. de **quasso**.

quassō, -ās, -āre, -āvī, -ātum, v. freq. tr. e intr. I — Tr.: 1) Sacudir fortemente, agitar incessantemente (Verg. En. 7, 292). 2) Quebrar sacudindo, quebrar (Verg. En. 1, 551). II — Intr.: 3) Abalar, enfraquecer, quebrar, tremer (Plaut. Bac. 305).

1. **quassus, -a, -um**. I — Part. pass. de **quatĭo**. II — Adj.: 1) Sacudido, abalado, batido (Sên. Herc. F. 1308). 2) Quebrado, espedaçado (Hor. O. 4, 8, 32).

2. **quassus** (abl. **-ū**), subs. m. Abalo, tremor (Pac. apud Cíc. Tusc. 2, 50).

quatefacĭō, -ĭs, -ĕre, -fēcī, -făctum, v. tr. Abalar (sent. figurado) (Cíc. Ep. Br. 1, 10, 4).

quatefēcī, perf. de **quatefacĭo**.

quatēnus, adv. e conj. I — Adv.: 1) Até que ponto, até onde (Cíc. Or. 73). 2) Na medida em que, até onde, enquanto (Cíc. Of. 3, 15). 3) (Interr.). Até quando, por quanto tempo? (Cíc. Phil. 14, 14). II — Conj.: 4) Pois que, visto que, já que (Hor. O. 3, 24, 30); (Hor. Sát. 1, 1, 64); (Ov. Trist. 5, 5, 21). Obs.: Forma clássica, mas de uso restrito. No baixo latim encontra-se **quatenus** com valor de **quomodo** e de **ut**.
quater, adv. Quatro vêzes (Verg. En. 2, 242); (Cíc. Verr. 1, 100); (Verg. En. 1, 94); (Hor. O. 1, 31, 13).
quatērnī, -ae, -a, num. distr. Quatro cada um, quatro a quatro, aos quatro, quatro: **tribus lectis cenare quaternos** (Hor. Sát. 1, 4, 86) «jantar em três leitos de quatro convidados cada um».
quatērnus, -a, -um, sing. do distr. **quatērni** (Marc. 12, 76, 1).
quatiō -is, -ēre, quassum, v. tr. I — Sent. próprio: 1) Sacudir, agitar (Verg. En. 3, 226). 2) Abalar, bater (Verg. En. 2, 611). 3) Impelir, lançar para fora (Cía. poét. Nat. 109). II — Sent. figurado: 4) Assediar, atacar (Verg. En. 9, 608).
quatridŭum, v. **quadridŭum**.
quattŭor, num. card. Quatro (Verg. G. 1, 258).
quattuordĕcim, num. ord. Catorze (Cíc. Phil. 2, 44).
quattuorvirī, -ōrum, subs. m. pl. Senadores das cidades municipais e colônias (sent. especial) (Cíc. Clu. 25).
quāvīs, adv. Em qualquer direção, para qualquer lado, indiferentemente (Hor. Sát. 1, 4, 87).
-que, conj. copulativa, enclítica (= et) - 1) E, também: **senatus populusque Romanus** «o senado e o povo romano». 2) Isto é, a saber: **ad Rhenum finesque Germanorum contendere** (Cés. B. Gal. 1, 27, 4) «dirigir-se para o Reno, isto é, para o território dos Germanos». 3) E mesmo (Cés. B. Gal. 5, 14, 4). 4) E ao contrário (oposição a uma negação) (Cíc. Tusc. 1, 71). 5) E também, semelhante (v. **itemque**) (Cíc. Of. 3, 96). Obs.: Partícula enclítica, ligando duas palavras ou membros de frase. Em geral, não se emprega depois de **ab, ob, sub, apud, a, ad**, mas: **exque** (Cíc. Phil. 3, 38). Geralmente não se emprega depois de **sic, tunc, nunc, huc, illuc**, mas. raramente: **hucque** (Tác. An. 13, 37); **tuneque** (Tác. An. 14, 15). Pode apare cer repetida: **-que... -que** (Plaut. Rud. 369); (Sal. B. Jug. 10, 2). Encontra-se também: **-que... et** (em lugar de **et... et**) (Sald. B. Jug. 26, 1), aparece; **-que... atque** (Verg. G. 1, 182). A forma **-quē** (alongada na cesura) aparece em Verg. En. 3, 91.
quei, arc., v. **qui**.
queis e **quīs**, arc. = **quibus**.
quemadmŏdum (quem ad modum), adv. e conj. I — Adv. (inter.): 1) Como, de que maneira? (Cíc. Verr. 5, 68); (Cés. B. Gal. 3, 16, 3). II — Conj.: 2) Como, da mesma forma que (Cés. B. Gal. 1 36, 1). 3) Em correlação com **sic, ita, item, eodem modo, adaeque**: Como, do mesmo modo que (Cíc. Verr. 4, 68); (Cíc. Of. 1, 144). 4) Assim, por exemplo (Quint. 2, 5, 20).
queō -is, -īre, quīvī (ou **quīī**), **quītum**, v. defect. intr. Poder (principalmente no sentido de: ser capaz de) (Cíc. C. M. 32). Obs.: 1) Usado quase que exclusivamente com a negação **non**. 2) As formas passivas são arcaicas e vêm acompanhadas de infin. passivo, como: **forma nosci non quita est** (Ter. Hec. 752) «a fisionomia não pôde ser reconhecida». Forma sincopada: inf. perf. **quisse** (Lucr. 5, 1422).
Quercens, -ēntis, subs. pr. m. Quercente, nome de homem (Verg. En. 9, 684).
quercĕus, -a, -um, adj. De carvalho (Tác. An. 2, 83).
quercus, -ūs, subs. f. I — Sent. próprio: 1) Carvalho (árvore) (Verg. En. 3, 680). II — Sent. figurado: 2) O navio Argo (poèticamente) (V. Flac. 5, 65). 3) Azagaia (espécie de dardo). 4) Coroa de fôlhas de carvalho (Verg. En. 6, 772). 5) Bolota (Juv. 14, 184). Obs.: Dat. -abl. pl. **quercubus** (Serv. G. 1, 111). Gen. pl. **quercorum** (Cíc. frag. F. 12).
querēla (querēlla), -ae, subs. f. I — Sent. próprio: 1) Queixa (Cíc. Lae. 2) Daí: 2) Reclamação, queixume, lamentação (Cíc. Fam. 2, 16, 1). II — Sent. particular: 3) Acusação, queixa judicial (Petr. 15). 4) Canto lamentoso (Verg. G. 1, 378). III — Sent. figurado: 5) Dor (física), doença (Sên. Nat. 3, 1, 3).
querēlla, v. **querēla**.
queribŭndus, -a, -um, adj. Que se queixa, lastimoso, queixoso (Cíc. Sull. 30).
querimōnia, -ae, subs. f. I — Sent. próprio: 1) Queixa, lamentação (Cíc. Cat. 1, 27). II — Sent. particular: 2) Pesar, desavença, reclamação (Cíc. Vorr. 3, 132).

queritor, -āris, -āri, v. dep. intr. Lamentar-se muito, lastimar-se muito (Tác. An. 16, 34).

quernĕus (quernus), -a, -um, adj. De carvalho (Verg. G. 1, 305).

queror, -ĕris, querī, questus sum, v. dep. tr. I — Sent. próprio: 1) Soltar gritos de lamentação (tratando-se de pessoas ou de animais) (Ov. Am. 3, 1, 4). Daí, por generalização: 2) Lastimar-se, queixar-se, deplorar, gemer, suspirar (Cés. B. Gal. 1, 39, 4); (Cíc. At. 9, 14, 2). II Na língua jurídica: 3) Queixar-se judicialmente, perante a justiça (Plín. Ep. 3, 4, 2). Obs.: Constrói-se com acus. acompanhado ou não da preposição **apud;** com abl. acompanhado das preps. **de** ou **cum;** com or. inf. ou **quod;** e com dativo.

Querquētulāni, -ōrum, subs. loc. m. pl. Querquetulanos, povo do Lácio (Plín. H. Nat. 3, 69).

Querquētulānus, -ī, subs. pr. m. sing. Querquetulano, apelido do monte Célio em Roma (Tác. An. 4, 65).

querquētum (quercētum), -ī, subs. n. Carvalhal, mata de carvalhos (Hor. O. 2, 9, 7).

querŭlus, -a, -um, adj. I — Sent. próprio: 1) Que se queixa, lastimoso (Hor. A. Poét. 173). Daí: 2) Ruidoso, sonoro, que faz ruído, que grita (tratando-se do som, principalmente) (Verg. G. 3, 328: tratando-se da cigarra) ; (Ov. A. Am. 2, 308; tratando-se da voz); (Prop. 4, 3, 20: tratando-se da trombeta); (Ov. Her. 5, 73: tratando-se do gemido).

questio, -ōnis, subs. f. Queixa, patético (na língua retórica): **questiones** (Cíc. Br. 142) «(passagens) patéticas».

1. **questus,** -a, -um, part. pass. de queror.

2. **questus,** -ūs, subs. m. I — Sent. próprio: 1) Queixa, lamentação, gemidos (Verg. En. 9, 480). Daí: 2) Canto lastimoso (do rouxinol) (Verg. G. 4, 515).

1. **qui, quae, quod,** pron. relat. I — Relativo: 1) Que, o qual, quem (Cés. B. Gal. 1, 3, 1). II — Sent. particular: 2) O que (com omissão do antecedente) (Cíc. Of. 1, 118). 3) Visto que, pois que, porque (matiz causal): **Antiochus qui animo puerili esset...** (Cíc. Verr. 4, 65) «Antíoco, porque tinha uma alma pueril». 4) Se bem que, que, portanto (matiz concessivo): **egomet, qui sero Graecas litteras attigissem** (Cíc. De Or. 1, 82) «eu mesmo, se bem que tenha me aproximado das letras gregas tardiamente». 5) A fim de que, para que (matiz final): **eripiunt aliis quod aliis largiantur** (Cíc. Of. 1, 43) «tiram a uns a fim de dar a outros». 6) De tal sorte que, tal que (matiz consecutivo): **is es, qui nescias** (Cíc. Fam. 5, 12, 6) «tu és (homem) capaz de ignorar». III — Interrogativo (com valor adj. e subs., salvo o neutro **quod,** sempre adj.): 7) Que ? Quem? Qual?: **qui esse ignorabas** (Cíc. Verr. 5, 166) «ignoravas quem êle era?». IV — Indefinido: 8) Alguém, algum: **si qui in foro cantet** (Cíc. Of. 1, 145) «se alguém cantasse (ou cantar) no fôro». Obs.: Além das formas de abl. sg. **qui** e pl. **quis** ou **queis,** ocorrem ainda o gen. sg. **quoius,** o dat. sg. **quoi,** o nom. ac. n. pl. **qua,** e as formas com a prep. **cum** enclítica: **quocum, quibuscum, quicum,** etc.

2. **qui,** (antigo abl. sing. de **quis**). I — Adv. inter.: 1) Em que, com que, como? (Cíc. Nat. 3, 76); (Cíc. Verr. 5, 7). 2) Pelo que, por que, graças a que? (Cíc. Ac. 2, 48). II — Indef.: 3) De algum modo, de qualquer modo (Plaut. As. 930). 4) Nas expressões que exprimem desejo, súplica (substituído por **utinam** na língua clássica): **qui illi di frati** (Cíc. At. 4, 7, 1) «que os deuses se encolerizem com êle!».

quia, conj. Porque. Obs.: Constrói-se em correlação com **eo, hoc, ideo, idcirco, ob id propterea, ea re** (Cíc. Tusc. 1, 13); (Cíc. Rep. 3, 45); (T. Lív. 2, 1, 7). Geralmente com o verbo no indicativo (Cíc. Mur. 51), porém, o subjuntivo pode ser empregado no estilo indireto (Cíc. Nat. 2, 69), ou indicando simples hipótese (Cíc. Tusc. 1, 1).

quiānam (arc.), adv. Por quê? (En. An. 130); (Verg. En. 5, 13).

quiăne, intr. É por quê? Será por quê? É por isso quê? (Plaut. Pers. 851); (Verg. En. 4, 538).

quibo, futuro de **queo** (Plaut. Mil. 1240).

quicquam, quicquid, v. **quisquam, quisquis.**

quicum, v. **qui.**

quicūmque (-cūnque), **quaecūmque, quodcūmque,** pron. relat. indef. I — Relativo: 1) Todo aquêle que, qualquer que, qualquer coisa que (Cíc. Lae. 60). II — Indefinido: 2) Não importa qual, por qualquer que, seja quem fôr (Cíc. At. 3, 21).

quicümvis = **cum quivis**, adv. Com qualquer que seja (Plaut. St. 627).

1. quid, pron. n. de **quis**. I — Inter.: 1) Quê? que coisa? (Cíc. Rep. 1, 49); (Cíc. Verr. 2, 134). II — Indef.: 2) Alguma coisa (Cíc. At. 3, 15, 4). II — Relat.: 3) Aquilo que, o que (Cíc. Agr. 148, 1). IV — Em locuções: 4) **quid quod**, além disso (Cíc. C. M. 83). 5) **quid est quod**, que significa isto? que razão há para que...? (Cíc. Verr. 4, 43). 6) **quid, si...**, e se (Plaut. Curc. 145).

2. quid, n. de **quis**, usado adverbialmente. Por quê? (Cíc. Mil. 18). Obs.: É usado tanto na interrogação direta como na indireta.

quidam, quaedam, quoddam (adj.) ou **quiddam** (subs.), pron. indef. I — Forma adj.: 1) Um certo, algum, um, alguma (Cíc. Verr. 5, 153). II — Forma subs.: 2) Um certo, algum, alguma coisa (Cíc. Or. 75); (Cíc. Nat. 3, 88). III — No plural: 3) Alguns, vários (T. Lív. 23, 30, 7).

quidem, part. enclítica afirmat. 1) Na verdade, certamente, é verdade (preparando uma oposição) (Cíc. Phil. 2, 102). 2) O certo é que, mas ao menos, ao menos (Cíc. Or. 210). 3) **Et... quidem is... quidem, ac... quidem**, e o que é mais, e o que é melhor (Cíc. Fin. 1, 1). 4) **Ne... quidem**, v. **ne**.

quidnam, v. **quisnam**.

quidni ou **quid ni**, adv. Por que não? Como não? (Cíc. Of. 2, 76) (com tmese: Plaut. Mil. 1120).

quidpiam, quidquam, v. **quispiam, quisquam**.

quidque, v. **quisque**.

quidquid (quicquid), pron. n. de **quis, quis**. I — Relativo: 1) Tudo o que, tudo aquilo que (Cíc. Verr. 2, 135). II — Indefinido: 2) Seja o que fôr, qualquer coisa, tudo (Cíc. Tusc. 5, 98).

quidum, adv. Como, então? De que modo, pois? (Ter. Hec. 319).

quidvis, n. de **quivis**. Seja o que fôr, qualquer coisa (Cíc. Verr. 2, 134).

quiens, -ēntis part. pres. de **queo** (Apul. M. 6, 5).

quieram, quierim, quierunt, formas sincopadas de **quieveram, quieverim, quieverunt** do verbo **quiesco**.

1. quies, -ētis, subs. f. I — Sent. próprio: 1) Repouso, calma, tranqüilidade (Cés. B. Civ. 2, 14, 1). II — Sent. particular: 2) Repouso (do sono), sono (Cíc. Div. 1, 60); (Tác. An. 1, 65). 3) Sono (da morte), sono eterno (Verg. En. 10, 745). 4) Paz, sossêgo, neutralidade (tratando-se de política) (Tác. An. 14, 47). 5) Calma, silêncio (Tác. An. 1, 25). III — Sent. figurado: 6) Calma (dos ventos) (Plín. H. Nat. 18, 231).

2. Quies, -ētis, subs. pr. f. O Repouso (divindade) (T. Lív. 4, 41, 8).

quiesco, -is, -ere, -evi, -etum, v. intr. I — Sent. próprio: 1) Repousar, estar em repouso, descansar (Cíc. Nat. 2, 132); (Verg. En. 10, 836). Daí: 2) Dormir (Cíc. Verr. 4, 32). II — Sent. figurado: 3) Estar tranqüilo, não se inquietar, viver como simples particular, longe da vida pública (Cíc. At. 9, 10, 10); (Cíc. Phil. 11, 37). Daí: 4) Não combater, não se opor, tornar-se imóvel, acalmar-se (T. Lív. 3, 51, 7). 5) Calar-se (Cíc. De Or. 2, 230); (Cíc. Caec. 71). 6) Morrer (Verg. En. 1, 249).

quiesse, quiessem, formas sincopadas de **quievisse, quievissem**.

quietē, adv. Tranqüilamente, pacificamente (Cíc. Fin. 1, 52). Obs.: Compar.: **quietius** (T. Lív. 27, 12, 13); superl.: **quietissime** (Cés. B. Civ. 3, 46, 5).

quietis, gen. de **quies**.

quieturus, -a, -um, part. futuro de **quiesco**.

quietus, -a, -um, adj. I — Sent. próprio: 1) Que repousou. II — Sent. próprio e figurado: 2) Que está em repouso, tranqüilo, calmo (Cíc. Cat. 2, 19). 3) Que está em paz, pacífico: **homo quietissimus** (Cíc. Verr. 4, 40) «homem dos mais pacíficos». 4) Calmo de espírito, sem ambições (Tác. Hist. 1, 52). 5) Neutro (tratando-se de política) (Cíc. Phil. 11, 37). 6) Adormecido (Tác. An. 1, 49).

quievi, perf. de **quiesco**.

quii = **quivi**, perf. de **queo**.

quilibet (quilubet), quaelibet, quodlibet (quidlibet), pron. indef. 1) Qualquer que seja, qualquer, não importa qual (Cíc. Ac. 2, 132). 2) O primeiro que aparecer (Cíc. Div. 2, 71).

quin (qui, ne), adv. e conj. I — Adv.: 1) Como não? Por que não? (Cíc. Fam. 7, 8, 2). 2) (Refôrço de uma afirmação): Ainda mais, há mais, há melhor (Cíc. Mil. 98). 3) = **ut non** (com subj., sentido consecutivo, sendo a principal geralmente negativa), que não (Cíc. Nat. 2, 24). 4) Sem que (Cíc. Mil. 30). II — Conj. (com sub.): 1) Que — após verbos de impedimento, empregados com uma negação ou com uma interrogação (Cíc. At. 12, 27, 3). 3) Que — com verbos de dúvida, de ignorância, interrogação —: **non dubitare quin** (Cíc. Tusc. 1, 88) «não duvidar que»; **quis ignorat quin** (Cíc. Flac. 64) «quem ignora que...».

quīnam, quaenam, quodnam, pron. interr. Quem? qual? que, qual? (= uter) (Cés. B. Gal. 5, 44, 2).

Quinctiānus (Quinctĭus), -a, -um, adj. De (Lúcio) Quíncio (Cincinato) (Cíc. Clu. 113).

1. Quinctĭus, -a, -um, adj. De Quíncio (T. Lív. 3, 12, 3).

2. Quinctĭus, -ĭ, subs. pr. m. Quíncio, nome de família romana, especialmente: 1) **L. Quinctius Cincinnatus** (T. Lív. 3, 26, 8) «Lúcio Quíncio Cincinato». 2) **T. Quinctius Flamininus** (T. Liv. 32, 10, 7) «Tito Quíncio Flaminino (vencedor de Filipe, da Macedônia)».

quinctus, -a, -um, arc. por **quintus** (Plaut. Trin. 524).

quincunx, -ūncis, subs. m. e algumas vêzes adj. I — Sent. próprio: 1) Os 5/12 da unidade, cinco onças (Hor. A. Poét. 327). Daí: 2) Os 5/12 do asse (moeda de cobre que pesava cinco onças) (Marc. 1, 27, 2). 3) Quincôncio: **directi in quincuncem ordines** (Cíc. C. M. 59) «(árvores) plantadas em quincôncio».

quincŭplex, -ĭcis, adj. Dobrado em cinco (Marc. 14, 4).

quindeciēs (quindeciens), adv. mult. Quinze vêzes (Cíc. Verr. 2, 61).

quindĕcim, num. card. Quinze (Cés. B. Gal. 1, 15, 5).

quindecimprimī, -ōrum, subs. m. pl. Os quinze primeiros magistrados do município (Cés. B. Civ. 1, 35, 1).

quindecimvirālis, -e, adj. Quindecinviral (Tác. An. 11, 11).

quindecimvirī, -ōrum, (-um), subs. m. pl. Quindecênviros (magistrados incumbidos da guarda dos livros sibilinos (Tác. An. 6, 12).

quīne, quaene, etc., pron. interr. É êste que? é esta que? (Verg. En. 10, 673).

quingenārius, -a, -um, adj. De quinhentos cada um (Q. Cúrc. 5, 2, 3).

quingēnī, -ae, -a, **num**. distr. Quinhentos cada um, quinhentos (Cíc. At. 16, 18, 1).

quingentēsĭmus, -a, -um, num. ord. Quingentésimo (Cíc. Flac. 1).

quingēntī, -ae, -a, num. card. Quinhentos (Cíc. Rep. 2, 40).

quingentiēs (-tiens), adv. Quinhentas vêzes (Suet. Aug. 101).

quīnī, -ae, -a, num. distr. Cinco cada um, cinco a cinco, cinco cada vez, cinco (Plaut. Ps. 345); (Verg. En. 7, 538).

quīnidēnī, -ae, -a, num. distr. Quinze cada um, quinze a quinze (T. Lív. 35, 40, 6).

quīnivicēnī (quīnī vicēnī), quīnaevicēnae, quīnavicēna, num. distr. Vinte e cinco para cada um (T. Lív. 37, 39, 6).

quinquāgēnī, -ae, -a, num. distr. Cinqüenta para cada um, cinqüenta (Cíc. Verr. 3, 69).

quinquāgēsĭma, -ae, subs. f. Impôsto da quinquagésima parte (Cíc. Verr. 3, 116).

quinquāgēsĭmus, -a, -um, num. ord. Quinquagésimo (Cíc. Rep. 1, 25).

quinquāgiēs (-iens), adv. Cinqüenta vêzes (Plín. H. Nat. 7, 92).

quinquāgintā, num card. Cinqüenta (Cíc. At. 4, 2, 5).

quinquātrūs, -ŭum, -ĭbus, subs. f. pl. Quinquátrias. 1) Grandes Quinquátrias (festas em honra de Minerva, realizadas cinco dias depois dos idos de março) (Cíc. Fam. 12, 25, 1); (Ov. F. 3, 809). 2) **Quinquatrus minusculae** (Varr. L. Lat. 6, 17); **Quinquatrus minores** (Ov. F. 6, 561) «Pequenas Quinquátrias» (realizadas cinco dias depois dos idos de junho).

quinque, num. card. Cinco (Ov. Met. 8, 749).

Quinquegentiānī, -ōrum, subs. loc. m. Povo da Cirenaica, que devastou êste país no tempo de Diocleciano (Eutr. 9, 22).

quinquennālis, -e, adj. 1) Quinquenal, que se realiza de cinco em cinco anos (Cíc. De Or. 3, 127). 2) Que dura cinco anos (T. Lív. 4, 24, 4).

quinquennis, -e, adj. 1) Quinquenal (sent. poético) (Ov. P. 4, 6, 5). 2) Que tem cinco anos, com cinco anos de idade (Hor. Sát. 2, 8, 47).

quinquennĭum, -ĭ, subs. n: Qüinqüênio, espaço de cinco anos, lustro (Cíc. Lae. 96).

quinquepĕdal, -ālis, subs. n. Régua ou vara de cinco pés (Marc. 14, 91).

quinquepertītus, -a, -um, adj. Dividido em cinco partes (Cíc. Inv. 1, 59).

quinqueprīmī, -ōrum, subs. m. pl. Os cinco primeiros dignatários (de um município) (Cíc. Verr. 3, 68).

1. quinquerēmis, -is, subs. f. Qüinqüerreme, navio de cinco ordens de remos (Cíc. Verr. 4, 103).
2. quinquerēmis, -e, adj. De cinco ordens de remos (T. Liv. 41, 9, 1).
quinquĕvir, -ĭ, subs. m. (geralmente no plural: **quinqueviri, -ōrum**), Qüinqüéviros (magistrados encarregados de diferentes funções administrativas) (T. Liv. 6, 21, 4).
quinquevirātus, -ūs, subs. m. Qüinqüevirato (cargo de qüinqüéviro) (Cíc. Prov. 41).
quīnquĭēs, (-ĭens), adv. Cinco vêzes (Cíc. Phil. 11, 11).
quīnquĭplēx, v. **quīncŭplēx** (Marc. 14, 4, 2).
quīnquĭplĭcō, -ās, -āre, (quinque plĭcō), v. tr. Quintuplicar (Tác. An. 2, 36).
Quīnta, -ae, subs. pr. f. Quinta, prenome de mulher (Cíc. Cael. 34).
quīntadecumānī (-decimānī), -ōrum, subs. m. pl. Soldados da 15ª legião (Tác. An. 1, 23).
quīntāna, -ae, subs. f. I — Sent. próprio: 1) A via Quintana (rua transversal do acampamento romano, atrás do **praetorium**, na qual ficava o mercado) (T. Liv. 41, 2, 11). II — Daí: 2) Mercado (Suet. Ner. 26).
quīntānus, -a, -um, adj. Que é de cinco a cinco, que cai a cinco do mês. (Varr. L. Lat. 6, 27).
quītānī, -ōrum, subs. m. pl. Soldados da quinta legião (Tác. Hist. 1, 37).
1. Quīntĭliānus, a- , -um, adj. De Quintiliano (Fest. 257).
2. Quīntĭliānus, -ĭ, subs. pr. m. Quintiliano (famoso retor, nascido na Espanha, que lecionava em Roma) (Plín. Ep. 2, 14, 9); (Juv. 7, 180).
Quīntĭlis (Quīnctīlis), -is, subs. m. (só ou com mensis) O mês de julho (o 5º mês do ano romano) (Cíc. At. 14, 7, 2).
Quīntĭlĭus (Quīnctīlĭus), -ĭ, subs. pr. m. Quintílio, nome de várias personagens da gens **Quīnctĭlia**, especialmente: 1) **Quīntĭlius Varus,** «Quintílio Varo», de Cremona, amigo de Horácio (Hor. O. 1, 24, 5); (Hor. A. Poét. 438). 2) **Quīntĭlius Varus,** «Quintílio Varo», procônsul, aniquilado com seu exército na Germânia (Tác. An. 1, 3).
Quīntīlla, -ae, subs. pr. f. Quintila, nome de mulher (Catul. 96, 7).
quīntō, adv. Pela quinta vez, em quinto lugar (T. Liv. 8, 25, 1).
quīntum, adv. Pela quinta vez (T. Liv. 27, 6, 11).

1. quīntus, -a, -um, num. ord. Quinto (Cíc. Inv. 1, 102).
2. Quīntus, -ĭ, (abrev. **Q.**), subs. m. pr. Quinto, prenome romano (Cíc. Mil. 46).
quīntusdecĭmus, -tadecīma, -tumdecĭmum, num. ord. Décimo quinto (T. Liv. 45, 33, 8).
quippĕ (quid e pe), adv. e conj. 1) Por que então? Então por quê? (sent. primitivo) e daí: certamente, é lógico, é claro (Cíc. Caec. 55). 2) De fato, o fato é que (Hor. Sát. 1, 2, 4). 3) Pois, com efeito (Sal. B. Jug. 85, 5). Obs.: Constrói-se com conjunções que indicam causa: **quippe quoniam** (Plín. H. Nat. 26, 100) «pois que»; com **cum** (v. **cum**); com o relativo: a) **quippe qui** com indic. (Cíc. Nat. 1, 28); b) com subj. (mais freqüentemente) (Cíc. De Or. 3, 74).
quippīnī, adv. Por que não? (seguindo-se uma resposta afirmativa: sim...) (Plaut. Men. 1109).
Quirīnālia, -ĭum, (ou -iōrum), subs. pr. n. pl. Quirinais, festas em honra de Rômulo (**Quirinus**) (Cíc. Q. Fr. 2, 3, 4).
Quirīnālis, -e, adj. De Quirino (Rômulo). Obs.: **Quirinalis mons** ou **collis** (Ov. F. 2, 511) «o monte Quirinal, uma das 7 colinas de Roma».
Quirīnĭus, -ĭ, subs. pr. m. Quirínio, nome de homem (Tác. An. 2, 30).
1. Quirīnus, -a, -um (collis), adj. Quirinal (Ov. Met. 14, 836). V. **Quirinalis.**
2. Quirīnus, -ĭ, subs. pr. m. (Cures ou curis: Ov. F. 2, 477); (Macr. Saturn. 15, 2). 1) Nome de Rômulo depois de morto (Cíc. Rep. 2, 20). 2) Nome de Jano (Suet. Aug. 22). 3) Sent. poético: Augusto (Verg. G. 3, 27). 4) Antônio (Prop. 4, 6, 21).
1. quiris, -is, subs. f. Dardo, lança (Ov. *F. 2, 477) (v. curis).
2. quiris, -ītis, subs. m. Cidadão romano, simples particular (Hor. Ep. 1, 6, 7).
quirītātĭō, -ōnis, subs. f. e **quirītātus, -ūs,** subs. m. Gritos de socorro, aflição, susto (T. Liv. 33, 28, 3); (Plín. Ep. 6, 20, 14).
Quirītēs, -ĭum (e -um), subs. m. I — Sent. próprio: Quirites. 1) Sabinos fundidos na população romana (Verg. En. 7, 718). 2) Quirites, cidadãos romanos vivendo na condição privada, paisanos **jus Quiritium** (Plín. Ep. 10, 6, 1) «direito romano» (direito civil) (Tác. An. 1, 42). II — Sent. figurado: 3) **parvi Quirites** (Verg. G. 4, 201) «jovens cidadãos» (referindo-se às abelhas).

quirītō, -ās, -āre, -ātum, v. intr. Gritar por socorro, apelar, invocar os cidadãos (T. Liv. 39, 8, 8).

quis, quae (qua), quid (quod), pron. inter. ou indef. I — Inter.: a) Subs.: 1) Quem? qual? que pessoa? que coisa? que?: **quis clarior in Graecia Themistocle?** (Cíc. Lae. 42) «quem foi mais ilustre na Grécia do que Temístocles?». b) Adj.: 2) Qual? de que espécie? de que qualidade? como?: **quis senator...?** (Cíc. Cat. 2, 12) «qual o senador...?». II — Indef.: 3) Algum, alguma, alguém, alguma coisa (Cíc. Par. 44). 4) Algum, alguma, alguém, alguma coisa (depois de **si, nisi, ne, num, cum,** etc.): **num quis...?** (Cíc. Nat. 3, 87) «acaso alguém...?». Obs.: 1) A forma fem. **quae** é própria do relat. e emprega-se com significação interrogativa e raramente indefinida. 2) A forma fem. **qua** só ocorre com significação indefinida.

quisnam, quaenam, quidnam (quodnam), pron. interr. e indef. I — Interr.: Quem? que? qual? que coisa? (Cíc. Verr. 2, 187). II — Indef.: (depois de **num**) (Cíc. Amer. 107).

quispĭam, quaepĭam, quodpĭam (quidpĭam ou **quippĭam),** pron. indef. 1) Alguém, algum, um qualquer: **quispiam dicet...** (Cíc. Verr. 3, 111) «alguém dirá...». 2) Em alguma coisa, um pouco: **quippiam nocere** (Cíc. Nat. 3, 86) «prejudicar em alguma coisa».

quisquam, quaequam, quodquam e quidquam ou **quicquam,** pron. indef. Algum, alguma coisa, alguém: **estne quisquam...?** (Cíc. Com. 18) «existe alguém...?»; (T. Liv. 2, 9, 8); **quisquam unus** (T. Liv. 3, 45, 4) «uma única pessoa». Obs.: Emprega-se, principalmente, em frases negativas e nas de carater dubitativo ou interrogativo.

quisque, quaeque, quodque e quidque ou **quicque,** pron. indef. 1) Cada um, cada: **pro se quisque** (Cíc. Verr. 1, 68) «cada um por si», isto é: por sua conta. 2) Cada um de dois, ambos (Ov. F. 2, 715). 3) = **quicumque,** todo aquêle que (T. Liv. 1, 24, 3). 4) Em locuções: **quinto quoque anno** (Cíc. Verr. 2, 139) «cada cinco anos», isto é: de cinco em cinco anos; **primo quoque tempora** (Cíc. Phil. 3, 39) «logo que seja possível, na primeira ocasião»; **cosilia cujusque modi** (Cés. B. Gal. 7, 22, 1) «disposições tomadas de uma maneira ou de outra».

quisquilĭae, -ārum, subs. f. pl. ou **quisquilĭa, -ōrum,** subs. n. pl. I — Sent. próprio: 1) Fôlhas sêcas (Cecil. apud. Fest. 257). II — Sent. figurado: 2) Rebotalho, gentalha (Cíc. At. 1, 16, 6).

quisquis, quidquid ou **quicquid,** pron. indef. Quem quer que seja, seja quem fôr, seja o que fôr: **quoquo modo res se habet** (Cíc. Q. Fr. 2, 2, 1) «qualquer que seja a situação em que o caso esteja».

quisse, quissem, formas sincopadas de **quivisse, quivissem.**

quitus, -a, -um, part. pass. de **quĕo.**

quivī = quiī, perf. de **quĕo.**

quivīs, quaevīs, quodvīs e quidvīs, pron. indef. Qualquer, qualquer que seja, seja quem fôr, seja o que fôr: **quamvis excipere fortunam** (Cíc. Prov. 41) «suportar qualquer sorte»; **quidvis perpeti** (Cíc. Of. 1, 109) «suportar seja o que fôr»; **quivis unus ex populo** (Cíc. Br. 320) «um qualquer saído do povo».

quiviscŭmque, quaeviscŭmque, quodviscŭmque ou **quidviscŭmque,** pron., indef. = **quivis** (Marc. 14, 1, 13).

1. quō, adv. (indica movimento). I — Inter.: 1) Para onde? Para que lugar? (Cíc. Verr. 5, 126); (Cíc. Ac. 2, 93). 2) Para que = **ad quam rem: quo tantum pecuniam** (Cíc. Verr. 2, 137 «para que tanto dinheiro?». II — Indef.: 3) Para algum lugar, para alguma parte (Cíc. Verr. 5, 45).

2. quō, conj. (abl. de **qui** empregado como conj.). 1) Pelo que, é por isso que, porque (Cíc. Lae. 86); (Cíc. Fin. 3, 4). 2) Correlativo de **eo, hoc:** por isso, pelo fato de que, para que (final) (Hor. Sát. 2, 1, 37); (Cíc. Quinct. 5); (Cíc. Fin. 3, 43); **quo... eo** (Cíc. Amer. 121) «quanto mais... tanto mais». 3) Para que, a fim de que (Cíc. Of. 3, 33); (Cíc. Verr. 4, 26); (Cíc. Clu. 9, 140). Obs.: **Quo** é muito freqüente diante de comparações; a negação que a acompanha é **ne** (Cíc. Fam. 7, 2, 1).

quoad, adv. interr. e relat. 1) Até onde? até que ponto? (Cíc. Phil. 11, 6). 2) Até quando, enquanto (idéia temporal) (Ter. Phorm. 148); **quoad vixit** (Cíc. Verr. 1, 60) «enquanto viveu». 3) Até que (Cíc. Rep. 2, 23).

quōcircā, conj. Pelo que, em conseqüência, por conseguinte (Cíc. C. M. 41); (Hor. Sát. 2, 6, 95 — com tmese).

quōcum = cum quo.

quōcūmquē, adv. I — Relat.: 1) Para qualquer lugar que, onde quer que (Cíc. Mil. 1). II — Indef.: 2) Para qualquer lugar, não importa para onde (Verg. En. 3, 682).
quod, acus. neutro de **qui**, tomado como conj. 1) Relativamente a que; donde; por causa de que, por que, em que (Plaut. Ep. 456); (Plaut. Poen. 547). 2) Iniciando frase: Quanto a isso, relativamente a êsse ponto (Cíc. Phil. 10, 9). 3) Porque (muitas vêzes em correlação com **eo, ideo, idcirco, propterea**: v. estas palavras) (Cíc. Verr. 3, 65). 4) Por, pelo fato de (Cíc. At. 3, 3, 1). 5) (Introduzindo uma oração completiva ou uma explicação) (Cíc. Phil, 2, 91); (Cés. B. Gal. 3, 18, 6); (Cíc. Fam. 5, 13, 1).
quōdammŏdō (quōdam modō), adv. De algum modo (Cíc. Br. 261).
quodnam, n. de **quisnam**.
quoī, arc. = **cui**.
quŏiās, -ātis, v. **cujas, -ātis**.
1. quŏius, -a, -um, v. **cuius, -a, -um**.
2. quŏius = **cuius**, gen. de **qui, quae, quod**, ou de **quis, quae (qua), quid (quod)**.
quōlĭbet, adv. Não importa para onde, para onde quiser (Lucr. 4, 901).
quom, v. **cum**.
quōmĭnus, conj. 1) Que, que não — depois de verbos que indiquem impedimento, como: **impedire, tenere, recusare**, etc. — (Cíc. Verr. 2, 187). 2) Para que... não (Cíc. Nat. 1, 35).
quōmŏdo, adv. I — Inter: 1) De que maneira? Como? (Cíc. Verr. 3, 25). II — Relat.: 2) De modo como, como (Cíc. At. 13, 2, 2). 3) Em correlação com **sic, ita**: Do mesmo modo que, (Cíc. Agr. 2, 3).
quōmŏdocūmquē (-cūnque), adv. I — Relat.: 1) De qualquer modo que (Cíc. Fin. 5, 30). II — Indef.: 2) De tôda maneira, de qualquer maneira (Plaut. Poen. 405); (Sên. Nat. 1, 5, 12).
quōmŏdŏnam, adv. Como então? Então como? (Cíc. Q. Fr. 2, 15, 5).
quŏnam, adv. interr. Para onde? então? Para onde, pois? (Cíc. Sest. 95).
quondam, adv. (**quom, dam**). 1) Em um certo momento, um dia (Cíc. Div. 1, 98). 2) Em certos momentos, por vêzes (Cíc. De Or. 1, 135); (Verg. En. 2, 367). 3) Outrora, antigamente (Cíc. Arch. 4). 4) No futuro: Por vêzes, um dia (Hor. Sát. 2, 2, 82); (Verg. En. 6, 876).

quonĭam, conj. (**quom, iam**). 1) Depois que (Plaut. As. 711). 2) Pois que, porque (com indicativo) (Cés. B. Gal. 5, 3, 5); (Cíc. Fam. 13, 7, 5).
quōpĭam, adv. Para qualquer lugar (Ter. Eun. 462).
quōquam, adv. Para qualquer lugar (Cíc. Verr. 2, 52).
1. quŏque, abl. de **quisque**.
2. quōque = **et quo**.
3. quoque, adv. Também, igualmente, do mesmo modo (Cés. B. Gal. 1, 1, 4); (Cic. Verr. 3, 206).
quōquō, adv. Para qualquer lugar que, para qualquer parte, de qualquer lado que (Cíc. Div. 2, 24).
quōquōmŏdō (quōquō modō), adv. 1) De qualquer maneira que (Cic. Fam. 1, 5, 2). 2) De um modo qualquer (Cíc. Verr. 5, 38).
quōquōvērsus (quōquōvērsum, ou quōquōvŏrsum), adv. Em tôdas as direções, de todos os lados (Cés. B. Gal. 7, 4, 5).
quorsum (quorsus), adv. I — Sent. próprio: 1) Em que direção, de que lado? (Ter Eun. 305). Daí: 2) Para que, para que fim (Cíc. De Or. 3, 91).
quot, pron. indecl. 1) Quantos? (Cíc. Tusc. 4, 5). 2) Quanto, quantos (em correlação com **tot**): **quot homines, tot sententiae** (Cíc. Fin. 1, 15) «quantas cabeças, tantas sentenças». 3) Indef.: Todo, cada: **quot annos** (Cic. Nat. 2, 130) «todos os anos cada ano».
quotānnīs, adv. Em todos os anos, anualmente (Cic. Verr. 4, 151).
quotcalēndīs, adv. Ao se renovarem as calendas, i.é, todos os meses (Plaut. St. 60).
quotcūmque, pron. rel. indecl. Tantos quantos, qualquer que seja o número de (Cíc. Leg. 3, 8).
quotēnī, -ae, -a, adj. Quantos, em que número (Cic. At. 12, 33, 1).
quotĭdĭānō (cotīdiānō), adv. = **quotīdiē** (Cíc. Verr. 4, 18).
quotĭdĭānus, -a, -um, adj. I — Sent. próprio: 1) Cotidiano, de cada dia (Cés. B. Gal. 3, 17, 4). II — Sent. figurado: 2) Comum, vulgar, habitual, familiar (Cíc. Fam. 9, 21, 1).
quotĭdĭē, adv. Todos os dias, cada dia, cotidianamente (Cíc. Phil. 1, 5).
quotĭens (quotĭēs), adv. 1) Quantas vêzes (Cíc. Verr. 2, 145). 2) Em correlação com **toties**: Tôdas as vêzes que (Cic. Fam. 7, 7, 1).

quotienscŭmquĕ, adv. Tôdas as vêzes que (Cíc. Verr. 4, 57).

quotquot, pron. relat. e indef., indecl. I — Relat.: 1) Quantos, quaisquer que: **quotquot eunt dies** (Hor. O. 2, 14, 5) (quantos dias passam». II — Indef.: 2) Todos aquêles que, todos, cada: **quotquot annis** (Varr. L. Lat. 5, 40). «todos os anos».

quotŭmus, -a, -um, adj. = **quotus** (Plaut. Ps. 962).

quotus, -a, -um, adj. Em que número? de que número? qual? (Cíc. Verr. 3, 220); (Hor. Sát. 2, 6, 44).

quotuscŭmque, quotacŭmque, quotumcŭmque, pron. indef. Em qualquer número que, seja lá em que pequeno número fôr (Tib. 2, 6, 54).

quotusquisque, quotaquaeque, quotumquŏdque ou **quotumquĭdque**, pron. indef. Quão poucos, em quão pequeno número, quão pequeno (Cíc. Planc. 62).

quoŭsque, adv. Até quando, até onde, até que ponto (Quint. 1, 5, 53); (Cíc. Cat. 1, 1).

quŏvis, adv. Para onde tu queiras, não importa para onde (Ter. Heaut. 928).

R

R, r, 17º letra do alfabeto romano. Abreviaturas: 1) R. = Romanus, «Romano». 2) S. P. Q. R. = Senatus populusque Romanus «o senado e o povo romano». 3) R. = Rufus, «Rufo (nome)». 4) R. P. = res publica «a república».

rabĭdē, adv. Raivosamente, com raiva, com furor (Cíc. Tusc. 5, 16).

rabĭdus, -a, -um, adj. I — Sent. próprio: 1) Enraivecido, raivoso (Verg. G. 2, 151). II — Sent. figurado: 2) Violento, furioso, impetuoso, arrebatado, devorador (Sên. Ir. 1, 12, 5). III — Sent. poético: 3) Escumante, em delírio, inspirado: **ora rabida** (Verg. En. 6, 102) «bôca espumante» (da Sibila, em delírio).

Rabiēnus, -ī, subs. pr. m. Rabieno, nome dado por escárnio ao orador Labieno (Sên. Contr. 10, pr. 5).

rabĭēs, -ēī, subs. f. I — Sent. próprio: 1) Raiva (do cão). Daí: 2) Raiva (doença) (T. Lív. 21, 48, 3). II — Sent. figurado: 3) Fúria, furor, violência (Ov. Met. 5, 7). 4) Delírio (da Sibila), furor (da inspiração) (Verg. En. 6, 49). Obs.: Gen. rabies (Lucr. 4, 1083).

rabĭō, -is, -ĕre, v. intr. Estar furioso, raivoso, desesperado (Sên. Ep. 29, 7).

rabĭōsē, adv. Raivosamente, com fúria (Cíc. Tusc. 4, 49).

rabĭōsŭlus, -a, -um, adj. Um tanto furioso (Cíc. Fam. 7, 16, 1).

rabĭōsus, -a, -um, adj. I — Sent. próprio: 1) Raivoso (Hor. Ep. 2, 2, 75). II — Sent. figurado: 2) Cheio de raiva, furioso, arrebatado, violento (Cíc. Tusc. 4, 50). 3) Frenético (Plaut. Capt. 547).

Rabiriānus, -a, -um, adj. De Rabírio (Cíc. At. 1, 6, 1).

Rabĭrius, -ī, subs. pr. m. Rabírio, nome de família romana, devendo-se notar: 1) C. Rabirius Postumus e C. Rabirius, defendidos por Cícero. 2) C. Rabirius, poeta contemporâneo de Vergílio (Ov. P. 4, 16, 5).

rabō = rabiō.

Rabocēntus, -ī, subs. pr. m. Rabocento, nome de um chefe dos Bessos (Cíc. Pis. 84).

rabŭla, -ae, subs. m. Sent. próprio: 1) Gritador. Daí: 2) Mau advogado, mau orador, rábula: **rabula de foro** (Cíc. Or. 47) «rábula de praça pública».

Rabulēius, -ī, subs. pr. m. Rabuleio, nome de um decênviro (T. Lív. 3, 35).

racēmĭfer, -fĕra, -fĕrum, adj. Que dá ou tem cachos de uvas (Ov. Met. 15, 413).

recēmor, -āris, -ārī, -ātus sum, v. dep. tr. Seguir as pegadas de um autor (Varr. R. Rust. 3, 9).

racēmus, -ī, subs. m. I — Sent. próprio: 1) Cacho (Plín. H. Nat. 15, 115). Daí: 2) Cacho de uvas (Verg. G. 2, 60). II — Por extensão: 3) Vinho (Ov. F. 5, 343).

Racĭlĭa, -ae, subs. pr. f. Racilia, espôsa de Cincinato (T. Lív. 3, 26, 9).

Racĭlĭus, -ī, subs. pr. m. Racilio, nome de um tribuno da plebe, contemporâneo de Cícero (Cíc. Verr. 2, 31).

radĭans, -antis. A) Part. pres. de radio. B) Adj.: I — Sent. próprio: 1) Radiante, radioso, luminoso, brilhante (Verg. En. 8, 23). II — Sent. figurado: 2) Brilhante (V. Flac. 8, 257).

radiātĭō, -ōnis, subs. f. Brilho luminoso, radiação (Plín. H. Nat. 36, 32).

radiātus, -a, -um. I — Part. pass. de radio. II — Adj.: Sent. próprio: Ferido pelos raios, e daí: que tem raios, radiante, brilhante, luminoso (Cíc. Ac. 2, 126).

rādīcātus, -a, -um, part. pass. de radicor.

rādīcēscō, -is, -ĕre, v. incoat. intr. Tomar, criar raiz (Sên. Ep. 86, 20).

rādīcĭtus, adv. I — Sent. próprio: 1) Até às raízes, com a raiz (Cat. Agr. 50). II — Sent. figurado: 2) Radicalmente, por completo (Cíc. Nat. 1, 121).

rādīcor, -āris, -ārī, -ātus sum, v. dep. intr. Criar raízes, enraizar (Plín. H. Nat. 13, 36).

rādīcŭla, -ae, subs. f. Pequena raiz, radícula (Cíc. Div. 2, 136).

radĭō, -ās, -āre, -āvī, -ātum, v. tr. e intr. I — Sent. próprio: 1) Enviar raios, irradiar (Ov. Met. 2, 4). 2) Munir de raios (Cíc. Ac. 2, 126); (Plín. Pan. 52, 1). II — Daí, em sent. figurado: 3)

RADIŌSUS

Tornar brilhante: radiari gemmis (Ov. P. 3, 4, 103) «tornar-se brilhante pelas jóias (pedras preciosas)».

radiōsus, -a, -um, adj. Que emite muitos raios, radioso (Plaut. St. 365).

radĭus, -ĭ, subs. m. I — Sent. próprio: 1) Varinha pontiaguda, estaca, vara (T. Lív. 33, 5, 11). Daí: 2) Vara (de geômetra), compasso (Cíc. Tusc. 5, 64). 3) Raio (de uma roda), raio (de uma circunferência) (Verg. En. 6, 616); (Cíc. Tim. 17). Donde: 4) Qualquer objeto pontiagudo, ou de forma aguçada: 5) Esporão (das aves), ferrão (dos insetos), esporão (em geral) (Plín. H. Nat. 11, 257). 6) Lançadeira (do tecelão) (Verg. En. 9, 476). 7) Espécie de azeitona comprida (Verg. G. 2, 86). II — Sent. figurado: 8) Sulco de luz produzido pelo raio (Cíc. Rep. 6, 17). 9) Clarões do raio (Verg. En. 8, 429). 10) Raios de uma coroa (Verg. En. 12, 163).

radīx, -īcis, subs. f. I — Sent. próprio: 1) Raiz (Cés. B. Gal. 6, 27, 4). II — Sent. figurado: 2) Fundamento, base, raiz (da língua), sopé (da montanha) (Cíc. Tusc. 2, 52). 3) Fonte, origem, raça (Cíc. At. 6, 6, 4).

radō, -is, -ĕre, rāsī, rāsum, v. tr. I — Sent. próprio: 1) Raspar, tirar raspando (Cíc. Amer. 20). Daí: 2) Tosquiar, barbear (Verg. G. 2, 358); (Cíc. Leg. 2, 59). 3) Riscar, apagar (um nome) (Tác. An. 3, 17). 4) Varrer, limpar (Hor. Sát. 2, 4, 83). II — Sent. figurado: 5) Polir, aperfeiçoar (Lucr. 5, 1267). 6) Ferir os ouvidos (Quint. 3, 1, 3). 7) Tocar de leve, costear, banhar (Verg. En. 3, 700); (Lucr. 5, 256).

Raecĭus, -ĭ, subs. pr. m. Récio, nome de homem (T. Lív. 27, 36).

raeda (rēda), -ae, subs. f. Carro (de quatro rodas), carro de viagem (Cés. B. Gal. 1, 51, 2).

1. raedārĭus (rēd.), -a, -um, adj. De carro (Varr. R. Rust. 3, 17, 7).

2. raedārĭus (rēd-), -ĭ, subs. m. Cocheiro, condutor de carros (Cíc. Mil. 29).

Raeti-, v. Rhaeti.

Ralla, -ae, subs. pr. m. Rala, sobrenome romano, encontrado na família Márcia (T. Lív. 29, 11, 11).

rallus, -a, -um, adj. Ralo, de pelos lisos (Plaut. Ep. 230).

rāmāle, -is, subs. n. (geralmente no plural). Ramagens, rama, ramaria (Tác. An. 13, 58).

RAPĀX

rāmēnta, -ae, subs. f., v. ramēntum (Plaut. Bac. 513).

rāmēntum, -ĭ, subs. n. (geralmente no plural). I — Sent. próprio: 1) Raspadura, aparas (Plín. H. Nat. 24, 6). II — Sent. figurado: 2) Apara, óbolo (Plaut. Bac. 680).

rāmĕus, -a, -um, adj. De ramos (secos) (Verg. G. 4, 303).

Ramnēs, v. Rhamnēs.

rāmōsus, -a, -um, adj. I — Sent. próprio: 1) Ramoso, que tem muitos ramos, ramalhudo (Plín. H. Nat. 21, 89). II — Sent. figurado: 2) Que tem vários ramos, semelhante a uma ramagem, múltiplo (Ov. Met. 9, 73).

rāmŭlus, -ĭ, subs. m. Ramo pequeno, haste (Cíc. Cíc. Div. 1, 123).

rāmus, -ĭ, subs. m. I — Sent. próprio: 1) Ramo, pernada, braço (de árvore), (Cíc. De Or. 3, 179). Daí, objeto em forma de ramo ou braço: 2) Braço (de um rio) (Sên. Nat. 4, 2, 11). 3) Cornadura, chifres ramalhudos ou ramosos (Cés. B. Gal. 6, 26, 2). 4) Haste que serve de maça (Prop. 1, 1, 13). 5) Haste (de letra) (Pérs. 3, 56). II — Sent. poético: 6) Frutos das árvores frutíferas (Verg. En. 8, 318). 7) Árvore (genealógica) (Pérs. 3, 28).

rāna, -ae, subs. f. 1) Rã (Verg. G. 1, 378). 2) Rã do mar (peixe) (Cíc. Nat. 2, 125).

rancĭdŭlus, -a, -um, adj. Um tanto desagradável (sent. figurado) (Pérs. 1, 33).

rancĭdus, -a, -um, adj. I — Sent. próprio: 1) Rançoso, estragado (Hor. Sát. 2, 2, 89). II — Sent. figurado: 2) Desagradável, insuportável (Plín. H. Nat. 22, 92).

rancō, -ās, -āre, v. intr. Rosnar (tratando-se do tigre) (Suet. frg. 161).

rānŭla, -ae, subs. f. Rãzinha (Apul. M. 9, 34).

rānuncŭlus, -ĭ, subs. m. I — Sent. próprio: 1) Rãzinha (Cíc. Div. 1, 15). II — Sent. particular (jocoso): 2) Habitante de um lugar pantanoso (Cíc. Fam. 7, 18, 3).

rapācĭda (-dēs), -ae, subs. m. Filho, ou descendente de ladrão (Plaut. Aul. 370).

rapācĭtās, -tātis, subs. f. Propensão para o roubo, rapacidade (Cíc. Cael. 13).

1. rapax, -ācis, adj. I — Sent. próprio e figurado: 1) Que leva com violência, rapace, ávido, devorador, impetuoso

(Ov. A. Am. 1, 388). II — Daí: 2) Que arrebata, que arrasta, que arranca (Sên. Ep. 95, 36). III — Sent. particular: 3) Propenso ao roubo, ladrão (Cíc. Pis. 66).
2. **Rapāx, -ācis,** adj. Rapace, apelido de uma legião romana (Tác. Hist. 2, 43). E daí: **Rapaces** «rapaces», os soldados dessa legião (Tác. Hist. 3, 22).
raphănus, -ī, subs. m. Rábano silvestre (Catul. 15, 19).
rapĭdē, adv. I — Sent. próprio: 1) Ràpidamente (Cíc. Leg. 2, 6). II — Sent. figurado: 2) Impetuosamente (Cíc. Or. 128).
rapidĭtās, -tātis, subs. m. Rapidez, violência (Cés. B. Gal. 4, 17, 2).
rapĭdus, -a, -um, adj. I — Sent. próprio: 1) Que arrebata, que arrasta (Ov. Met. 3, 242). Daí: 2) Impetuoso, violento, rápido, devorador (Cés. B. Civ. 1, 50, 3); (Tác. Hist. 12, 67). II — Sent. figurado: 3) Veemente, violento, devorador, pronto (Cíc. Fin. 2, 3).
rapīna, -ae, subs. f. (geralmente no plural). Rapina, roubo, pilhagem, prêsa, rapto (Cíc. Cat. 2, 10).
rapĭō, -ĭs, -ĕre, rapŭī, raptum, v. tr. I — Sent. próprio: 1) Arrebatar, tomar violentamente ou à fôrça (sent. físico e moral) (Verg. En. 8, 220); (Verg. En. 7, 340); (Hor. O. 2, 13, 20); (Cíc. Pis. 57). Daí: 2) Arrastar, seduzir, levar à fôrça, tirar, raptar (Cíc. Rep. 2, 12); (Plaut. Men. 999); (Verg. En. 10, 308); (Cíc. Fin. 3, 19). 3) Tomar, roubar, pilhar, saquear (Cíc. Phil. 2, 62). II — Sent. figurado: 4) Aproveitar (Hor. Epo. 13, 3). Obs.: Fut. perf. **rapsit** (Cíc. Rep. 2, 22).
rapsī, fut. perf. de **rapĭo = rapuĕro** (Cíc. Leg. 2, 22).
raptātus, -a, -um, part. pass. de **rapto.**
raptim, adv. Violentamente, à pressa, precipitadamente, ràpidamente (Cíc. At. 2, 9, 1).
raptĭō, -ōnis, subs. f. Rapto (de uma mulher), rapto (Ter. Ad. 356).
raptō, -ās, -āre, -āvī, -ātum, v. tr. I — Sent. próprio: 1) Arrebatar, arrastar, raptar (sent. físico e moral) (Cíc. Sest. 145); (Cíc. Dom. 59). II — Daí: 2) Roubar, pilhar (Tác. An. 4, 23).
raptor, -ōris, subs. m. O que toma à fôrça, ladrão, raptor, usurpador (sent. próprio e figurado) (Plaut. Men. 65).
raptum, -ī, subs. n. O que é roubado, roubo, rapina, rapto (T. Lív. 22, 39, 13).

1. **raptus, -a, -um,** part. pass. de **rapĭo.**
2. **raptus, -ūs,** subs. m. I — Sent. próprio: 1) Ação de arrastar, impulso, e daí: 2) Roubo, rapina (Tác. An. 2, 52). II — Sent. particular: 3) Rapto (de uma pessoa) (Cíc. Verr. 4, 107).
rapŭī, perf. de **rapĭo.**
rāpŭlum, -ī, subs. n. Rábano pequeno (Hor. Sát. 2, 2, 43).
rāpum, -ī, subs. n. 1) Nabo (Cat. Agr. 6). 2) Raiz de tubérculo (Sên. Ep. 86, 17).
rārē, adv. Raramente (Plaut. Rud. 995).
rārĕfacĭō, -is, -ĕre, -fēcī, -fāctum, v. tr. Rarefazer (Lucr. 6, 233).
rārĕfēcī, perf. de **rarefacĭo.**
rārĕfīō, -is, -fĭĕrī, -factus sum, pass. de **rarefacĭo.** Rarefazer-se (Lucr. 1, 648).
rārēscō, -is, -ĕre, v. incoat. intr. Tornar-se menos denso, menos espêsso rarificar-se, rarefazer-se (Verg. En. 3, 411).
rārĭtās, -tātis, subs. f. I — Sent. próprio: 1) Porosidade (Cíc. Nat. 2, 136). Daí: 2) Pouca densidade, pouca espessura, pequeno número (Cíc. De Or. 2, 247). II — Sent. figurado: 3) Raridade, emprêgo pouco freqüente, pouca freqüência (Plín. H. Nat. 8, 154).
rārō, adv. De modo espaçado, daqui e dali, raramente (Cíc. De Or. 3, 153). Obs.: comp.: **rarĭus** (Cíc. Fam. 1, 7, 1).
rārus, -a, -um, adj. I — Sent. próprio: 1) Que apresenta intervalos, daí: pouco cerrado, pouco espêsso, pouco denso, raro (Verg. En. 4, 131). 2) Espaçoso, espalhado, disseminado (Cíc. Rep. 6, 20). II — Sent. figurado: 3) Isolado, raro, pouco numeroso (Cíc. Fin. 2, 81). 4) Pouco freqüente (Tác. An. 4, 33). III — Sent. poético: 5) Notável, extraordinário, raro (Hor. Sát. 2, 2, 26).
rāsī, perf. de **rado.**
rasĭlis, -e, adj. I — Sent. próprio: 1) Que se pode polir (Verg. G. 2, 449). II — Daí: 2) Polido, alisado, liso, aplainado, sem relêvo (Ov. Her. 7, 76).
rāsĭto, -ās, -āre, -āvī, v. freq. tr. Raspar muitas vêzes (Suet. Oth. 12).
rastēllus, -ī, subs. m. (geralmente no plural). Pequeno ancinho (Suet. Ner. 19).
raster, -trī, subs. m. (geralmente no plural). Utensílio de lavoura que é formado por vários dentes de ferro ou de madeira, e serve ao mesmo tempo de forcado, ancinho e enxada, sendo utilizado principalmente para desfazer os torrões (Verg. G. 1, 93).

rastra, -ōrum, subs. n. pl., v. raster (Ov. Met. 14, 2).
rāsus, -a, -um, part. pass. de rado.
ratiō, -ōnis, subs. f. I — Sent. próprio: 1) Cálculo, conta, objeto de cálculo, livro de contas, registro (Cés. B. Gal. 7, 71, 4); (Cíc. Verr. 5, 71); (Cíc. Verr. 5, 147). II — Sent. figurado: 2) Cálculo, consideração, interêsse, empenho, causa, partido (Cíc. Verr. 5, 38). Daí: 3) Faculdade de calcular, razão, inteligência, juízo, bom senso (Cíc. Fin. 1, 32). 4) Método, plano, disposição, sistema, regra, ordem, doutrina, opinião, pensamento, ponto de vista (Cíc. Pomp. 1). 5) Argumentação, razão determinante, causa, motivo, prova (na língua filosófica) (Cíc. Nat. 2, 22). 6) Modo, maneira, meio, gênero, espécie, natureza (Cés. B. Gal. 2, 19, 1). 7) Relação, trato, comércio, negócios (sent. genérico) (Cíc. At. 2, 5, 2).
ratiōcinātiō, -ōnis, subs. f. I — Sent. próprio: 1) Raciocínio, reflexão (Cíc. Inv. 2, 18). II — Sent. particular: 2) Silogismo (Cíc. Inv. 1, 57).
ratiōcinātīvus, -a, -um, adj. Em que se emprega o raciocínio (Cíc. Inv. 1, 17).
ratiōcinātor, -ōris, subs. m. Calculador, avaliador (Cíc. Of. 1, 59).
ratiōcinor, -āris, -ārī, -ātus sum, v. dep. o intr. e tr. I — Sent. próprio: 1) Contar, calcular, fazer cálculos (Cíc. Inv. 2, 115). II — Sent. figurado: 2) Avaliar, apreciar (Cíc. Nat. 3, 66).
ratiōnābĭlis, -e, adj. Racional, dotado de razão (Sên. Vit. 14, 1).
ratiōnālis, -e, adj. 1) Racional, dotado de razão (Quint. 5, 10, 56). Daí: 2) Em que se emprega o raciocínio (Sên. Ep. 89, 17).
ratiōnālĭter, adv. Com a razão, racionalmente (Sên. Ep. 109, 11).
ratiōnārĭum, -ī, subs. n. Estatística (Suet. Aug. 28).
ratis, -is, subs. f. I — Sent. primitivo: 1) Conjunto de remos: daí, por extensão: Jangada (Cíc. Verr. 5, 5). Donde: 2) Ponte volante (T. Lív. 21, 47, 6). II — Sent. poético: 3) Navio (Verg. G. 2, 445). 4) Barca (de Caronte) (Verg. En. 6, 302). III — Sent. figurado: 5) Barco (Plaut. Most. 918).
ratiuncŭla, -ae, subs. f. I — Sent. próprio: 1) Pequena conta (Plaut. Capt. 192). II — Sent. moral: 2) Fraco raciocínio (Cíc. Tusc. 4, 43). Daí, no plural: 3) Sutilezas, pequenos argumentos (Cíc. Tusc. 2, 29).

ratus, -a, -um. I — Part. pass. de reor. II — Adj.: 1) Que está contado, que entra em linha de conta, calculado (Cíc. Tusc. 1, 94). 2) Ratificado, aprovado, confirmado (Cíc. Phil. 5, 8); (Cíc. Top. 125). 3) Fixo, regulado, invariável (Cíc. Nat. 2, 97).
raucĭō, -īs, -īre, rausī, rausum, v. intr. Enrouquecer (Lucíl. 19, 11).
raucisŏnus, -a, -um, adj. Raucíssono, que tem um som rouco (Catul. 64, 263).
raucus, -a, -um, adj. I — Sent. próprio: 1) Rouco, que tem um som rouco (tratando-se do grito das aves, do som da trombeta, do murmúrio dos rios, etc.) (Verg. Buc. 2, 12). II — Sent. figurado: 2) Ruidoso, retumbante (Cíc. Fam. 9, 2, 5).
Raudĭius Campus ou Raudĭi campi, subs. pr. m. Planície Ráudia, planície da Itália setentrional, onde Mário venceu os cimbros (Flor. 3, 314); (V. Pat. 2, 12, 5).
raudusculum, -ī, subs. n. I — Sent. próprio: 1) Moeda de cobre de pouco valor (Fest. 265). II — Sent. figurado: 2) Pequena dívida (Cíc. At. 4, 8, 1).
Raurăcī, -ōrum, subs. pr. m. Ráuracos, povo da Gália romana, vizinho dos helvécios (Cés. B. Gal. 1, 5, 4).
rausī, perf. de raucĭo.
rausūrus, -a, -um, part. fut. de raucĭo.
rāvastēllus (rāvistēllus), -a, -um, adj. Que fica grisalho (Plaut. Ep. 620 A).
Ravĕnna, -ae, subs. pr. f. Ravena, cidade da Gália Cispadana, na Itália, próxima do mar Adriático (Cíc. Fam. 1, 9, 9).
Ravennās, -ātis, adj. Ravenate, de Ravena (Cíc. Balb. 50).
ravĭō, -īs, -īre, v. intr. Enrouquecer gritando (Plaut. Poen. 778). Obs.: A quantidade do -a- é duvidosa.
ravis, -is, subs. f. Rouquidão (Plaut. Aul. 336).
rāvus, -a, -um, adj. Pardo-amarelado (Hor. O. 3, 27, 3).
re-, red-, partícula que serve para formar palavras compostas: 1) re- antes de consoantes: reduco, revello, etc. 2) red- antes de vogal: redeo, redigo, etc. 3) Assimilado em: relligio, reccido.
rea, -ae, subs. f. Ré, mulher acusada em juízo (Cíc. Mil. 50).
reāpse, adv. Realmente, com efeito, na realidade (Cíc. Rep. 1, 2).
Reātĭnus, -a, -um, adj. Reatino, de Reate, cidade dos sabinos (Cíc. Nat. 2, 6).

Reātīnī, -ōrum, subs. loc. m. pl. Reatinos, habitantes de Reate, cidade dos sabinos (Cíc. Scaur. 27).
rebellātĭō, -ōnis, subs. f. Rebelião, revolta (Tác. An. 14, 31).
rebellātrīx, -ĭcis, subs. f. A que se revolta, rebelde (T. Liv. 40, 35, 13).
rebelliō, -ōnis, subs. f. Rebelião, revolta (Cés. B. Gal. 4, 38, 1).
rebellis, -e, adj. I — Sent. próprio: 1) Que começa de nôvo a guerra, rebelde, revoltoso (Verg. En. 12, 185). II — Sent. figurado: 2) Rebelde, indócil (Ov. Rem. 246). III — Subs. pl.: 3) Os rebeldes (Tác. An. 1, 40).
rebellō, -ās, -āre, -āvī, -ātum, v. intr. I — Sent. próprio: 1) Retomar a guerra, retomar as armas (T. Liv. 8, 14, 5). Daí: 2) Rebelar-se, revoltar-se (Sên. Ag. 138). II — Sent. figurado: 3) Reincidir (Plín. H. Nat. 25, 174).
rebītō, -is, -ĕre, v. intr. Voltar (Plaut. Capt. 380).
rebŏō, -ās, -āre, v. intr. e tr. 1) Intr.: Ressoar, retumbar (Verg. G. 3, 222). 2) Tr.: Emitir um ruído, ecoar (Lucr. 2, 28).
recalcĭtrō, -ās, āre, -āvī, -ātum, v. intr. Recalcitrar, resistir; e, em sent. figurado: responder com maus modos (Hor. Sát. 2, 1, 20).
recalefacĭō = **recalfacĭō.**
recalefactus, -a, -um, part. pass. de **recalefacĭō.**
recalĕō, -ēs, -ĕre, v. intr. Aquecer-se de nôvo (Verg. En. 12, 35).
recalēscō, -is, -ĕre, -caluī, v. incoat. intr. Tornar-se quente de nôvo, aquecer-se novamente (Cíc. Nat. 2, 26).
recalfacĭō, -is, -ĕre, -fēcī, v. tr. Reaquecer, aquecer-se novamente, requentar (Ov. Met. 8, 443).
recalfēcī, perf. de **recalfacĭō.**
recaluī, perf. de **recalēscō.**
recalvus, -a, -um, adj. Calvo (Plaut. Rud. 317).
recandēscō, -is, -ĕre, -canduī, v. incoat. intr. I — Sent. próprio: 1) Tornar-se branco, embranquecer (Ov. Met. 4, 529). II — Daí: 2) Tornar-se de nôvo ardente, reacender-se reaquecer-se (sent. próprio e figurado) (Ov. Met. 1, 435); (Ov. Met. 3, 707).
recanduī, perf. de **recandēscō.**
recănō, -is, -ĕre, v. intr. I — Sent. próprio: 1) Responder cantando (Plín. H. Nat. 10, 102). II — Daí: 2) Destruir um encantamento (Plín. H. Nat. 28, 19).
recāntō, -ās, -āre, v. tr. Repetir, tornar a dizer (Marc. 2, 86, 3).
recantātus, -a, -um. I — Part. pass. de **recănto.** II — Adj.: 1) Retratado, desdito (Hor. O. 1, 16, 27). 2) Curado, afastado por encantamento ou magias (Ov. Rem. 259).
recāsūrus, -a, -um, part. fut. de **recĭdō 1.**
reccĭdō = **recĭdō 1.** Obs.: Aparece nos poetas devido à métrica, isto é, para tornar longa a primeira sílaba (Lucr. 1, 857); (Ov. Met. 6, 212).
recēdō, -is, -ĕre, -cēssī, -cēssum, v. intr. I — Sent. próprio: 1) Caminhar para trás, recuar, bater em retirada (Cés. B. Gal. 5, 43, 6). II — Daí: 2) Retirar-se (sent. próprio e figurado) (Cíc. Amer. 112); (Verg. En. 2, 300); (Cíc. Tusc. 4, 40). 3) Afastar-se, desviar-se, ir-se embora (Verg. G. 4, 191); (Cíc. Of. 1, 37); (Cíc. Of. 3, 19). 4) Separar-se, desprender-se (Plín. H. Nat. 22, 22).
recēllō, -is, -ĕre, v. intr. e tr. Fazer recuar, pôr em movimento para trás, recuar, retirar-se (Lucr. 6, 573); (T. Liv. 24, 34, 10).
1. recēns, -ēntis, adj. I — Sent. próprio: 1) Fresco, acabado de chegar, recente, nôvo (Verg. En. 6, 450). II — Sent. figurado: 2) Disposto, não fatigado, nôvo (T. Liv. 21, 52, 2). Obs.: Entre os poetas, abl. sg. **recente** (Catul. 63, 7); gen. pl. **recentum** (Hor. O. 1, 10, 2).
2. recens, n. tomado, advt. Recentemente (Plaut. Capt. 718).
recensĕō, -ēs, -ĕre, -censuī, -cēnsum ou **-censĭtum,** v. tr. I — Sent. próprio: 1) Enumerar, contar, passar em revista (Cés. B. Gal. 7, 76, 3). II — Sent. figurado: 2) Fazer uma revisão (Verg. En. 6, 683).
recensĭō, -ōnis, subs. f. Enumeração, recenseamento (Cíc. Mil. 73).
recensĭtus, -a, -um = **recēnsus,** part. pass. de **recensĕō.**
recensuī, perf. de **recensĕō.**
recēnsus, -a, -um, part. pass. de **recensĕō.**
recēntō, v. **recănto.**
Recentorĭcus Ager, subs. pr. m. Território Recentórico, nome de uma região da Sicília (Cíc. Agr. 1, 10).
recēpī, perf. de **recipĭō.**
recēpsō = **recepĕro,** fut. perf. de **recipĭō** (Catul. 44, 19).

RECEPTACÜLUM — 843 — **RECIPIÖ**

receptăcŭlum, -ī, subs. n. I — Sent. próprio: 1) Lugar de refúgio ou retiro, asilo, refúgio (Cés. B. Gal. 7, 14, 9). Daí: 2) Receptáculo, lugar onde se recolhe alguma coisa: ...**Nili** (Tác. An. 2, 61) «a descarga do Nilo». II — Sent. figurado: 3) Asilo, refúgio (Cíc. Tusc. 5, 117).

receptĭō, -ōnis, subs. f. Ocultamento, sonegação (Plaut. As. 920).

recēptō, -ās, -āre, -āvī, -ātum, v. freq. tr. I — Sent. próprio: 1) Retirar, retomar (Verg. En. 10, 383). II — Daí: 2) Receber, acolher (Lucr. 2, 1001); (Verg. G. 1, 336); (Ter. Hec. 747).

recēptor, -ōris, subs. m. O que oculta ou sonega (Cíc. Mil. 50).

recēptrix, -īcis, subs. f. A que oculta ou sonega (Cíc. Verr. 4, 17).

recēptum, -ī, subs. n. Fiança, garantia (Cíc. Phil. 2, 79).

1. **recēptus, -a, -um,** part. pass. de **recipio.**
2. **recēptus, -ūs,** subs. m. I — Sent. próprio (língua militar): 1) Retirada (Cés. B. Gal. 7, 47, 1). Daí: 2) Retiro, asilo, refúgio (Cés. B. Gal. 6, 9, 2). II — Sent. figurado: 3) Refúgio, recurso (T. Liv. 4, 57, 4).

recēsse, recēssem (arc.), inf. perf. e mais-que-perf. do subj. = **recessīsse, recessīssem.**

recēssī, perf. de **recēdo.**

recēssim (recēssum), adv. Recuando, fazendo retroceder (Plaut. Amph. 1112).

recēssus, -ūs, subs. m. I — Sent. próprio: 1) Ação de retroceder, de recuar, de se afastar, retirada (Cíc. De Or. 3, 178). Daí: 2) Recesso, lugar retirado, distante ou secreto (T. Liv. 5, 6, 2). 3) Profundeza, lugar fundo (Verg. En. 8, 193). II — Sent. figurado: 4) Movimento de retirada (Cíc. Fam. 9, 14, 7). 5) Movimento de retração (Cíc. Tusc. 4, 15). 6) Plano situado por trás de outro (tratando-se de pintura) (Cíc. De Or. 3, 101). 7) Recônditos do coração (Cíc. Marc. 22).

recharmĭdō, -ās, -āre, v. intr. Deixar de ser Cármida (personagem cômica) (Plaut. Trin. 977).

1. **recĭdī (reccĭdī),** perf. de **recĭdo** 1.
2. **recĭdī,** perf. de **recĭdo** 2.

recidīvus, -a, -um, adj. I — Sent. próprio: 1) Que brota de nôvo, que renasce (Plín. H. Nat. 30, 104). II — Sent. poético: 2) Renascente, nôvo (Verg. En. 4, 344).

1. **recĭdō (reccĭdō), -is, -ĕre, recĭdī** ou **reccĭdī, recāsum,** v. intr. I — Sent. próprio: 1) Cair de nôvo, recair (sent. físico e moral) (Cíc. Nat. 2, 66); (T. Liv. 24, 29, 3); (Cíc. Sest. 146). II — Daí: 2) Cair sôbre, passar a, vir a, atingir (Cíc. Sull. 91). Donde: 3) Cair em, coincidir, pertencer (Cíc. At. 1, 1, 2). 4) Caber como quinhão, ser privilégio (Ter. Her. 39).

2. **recĭdō, -is, -ĕre, recĭdī, recīsum,** v. tr. I — Sent. próprio: 1) Tirar cortando, cortar, suprimir (Plín. H. Nat. 10, 106); (Verg. En. 12, 208). II — Sent. figurado: 2) Destruir (Cíc. Prov. 31).

recīnctus, -a, -um, part. pass. de **recingo.**

recīngō, -is, -ĕre, -cīnxī, -cīnctum, v. tr. Sent. primitivo: 1) Cingir por trás, e daí: 2) Tirar o cinto de, soltar, desapertar, despir (Ov. Her. 2, 116); (Verg. En. 4, 518).

recĭnō, -is, -ĕre v. intr. e tr. A) Intr.: 1) Cantar de nôvo (em versos), repetir (Hor. O. 3, 27), 1). B) Tr.: 2) Cantar muitas vêzes, repetir, ressoar (Hor. O. 3, 18, 11); (Hor. Ep. 1, 1, 55).

recīnxī, perf. de **recingo.**

recip-, v. **recup-.**

recipĭō, -is, -ĕre, recēpī, recēptum, v. tr. I — Sent. próprio: 1) Recolher, retirar (Verg. En. 9, 348); (Cés. B. Gal. 7, 12, 6). Daí: 2) Retomar, recuperar (sent. físico e moral) (Cíc. C. M. 11); (Cíc. Fin. 2, 66); (Ter. Ad. 324). Donde, com enfraquecimento de sentido do preverbio: 3) Receber, acolher, aceitar, admitir (Cíc. Sest. 80); (Cés. B. Gal. 4, 10, 1); (Cíc. Phil. 2, 78). (Cíc. Fam. 13, 19, 2); (Cíc. Rep. 2, 19); (Cíc. Rep. 3, 18). II — Sent. figurado: 4) Guardar para si, tirar para si, reservar (Cat. Agr. 149, 2). 5) Incumbir-se de, encarregar-se de, prometer (Cíc. Fam. 13, 10, 3); (Cíc. At. 13, 1, 2). III — Empregos especiais: 6) Reflexivo: voltar a si, restabelecer-se, recobrar-se (sent. físico e moral) (Cíc. Rep. 6, 18); (Cés. B. Gal. 4, 27, 1); (Cíc. At. 4, 15, 2). 7) Na língua militar: refugiar-se, retirar-se, sair (Cés. B. Gal. 5, 50, 5); (Cés. B. Gal. 1, 46, 2). 8) Na língua jurídica: Receber uma acusação, ouvir (Cíc. Verr. 2, 94). 9) Na língua da retórica: Reconduzir, retomar, recuperar (o fôlego), fazer descer (o tom da voz) (Quint. 11, 3, 55); (Cíc. De Or. 1, 251). 10) Loc.: **ad frugem bonam se recipero** (Cíc. Cael. 28) «retornar aos bons princípios».

reciprocătus, -a, -um, part. pass. de **reciprŏco**.
reciprŏco, -ās, -āre, -āvī, -ātum, v. tr. e intr. A) Tr.: Fazer ir e vir, impelir alternadamente, fazer recuar (Cíc. Nat. 3, 24). B) Intr.: Ter afluxo e refluxo, refluir (T. Liv. 28, 6, 10).
reciprŏcus, -a, -um, adj. I — Sent. próprio: 1) Que vai para a frente e para trás, que vai e vem (tratando-se principalmente do mar) (Plín. H. Nat. 5, 26). II — Sent. figurado: 2) Recíproco, alternativo (A. Gél. 15, 18, 3).
recīsus, -a, -um. I — Part. pass. de **recīdo** 2. II — Adj.: Diminuído, curto, abreviado (Plín. Ep. 1, 20, 8).
recitātĭō, -ōnis, subs. f. I — Sent. próprio: 1) Recitação, ação de ler em voz alta, leitura (Cíc. Clu. 141). II — Sent. particular: 2) Leitura (feita por um autor), leitura pública (Tác. D. 9).
recitātor, -ōris, subs. m. I — Sent. próprio: 1) Leitor (por ofício), o que lê documentos em processos judiciais (Cíc. Clu. 141). II — Sent. particular: 2) Leitor (autor que lê pùblicamente suas obras) (Sên. Ep. 95, 2).
recitātus, -a, -um, part. pass. de **recíto**.
recíto, -ās, -āre, -āvī, -ātum, v. tr. I — Sent. próprio: 1) Fazer novamente a chamada dos nomes citados perante o tribunal (Cíc. Verr. 5, 61); (Cíc. Verr. 5, 50). II — Daí, por generalização: 2) Ler em voz alta, recitar (Marc. 9, 83, 4); (Hor. Sát. 1, 4, 75).
reclāmātĭō, -ōnis, subs. f. 1) Aclamação (Cíc. Phil. 4, 5). 2) Gritos de desaprovação (Apul. Apol. 63).
reclāmĭto, -ās, -āre, v. freq. intr. Gritar contra, protestar (Cíc. Amer. 63). Obs.: Constrói-se com dat. no segundo significado.
reclāmo, -ās, -āre, -āvī, -ātum, v. intr. Reclamar, repetir gritando, repetir aos gritos, protestar (Cíc. De Or. 3, 196); (Cíc. Verr. 4, 76); (Verg. G. 3, 261).
reclīnātus, -a, -um, part. pass. de **reclīno**.
reclīnis, -e, adj. Reclinado, inclinado para trás, apoiado sôbre, deitado (Marc. 9, 90, 1).
reclīno, -ās, -āre, -āvī, -ātum, v. tr. I — Sent. próprio: 1) Inclinar para trás, apoiar, reclinar (Cés. B. Gal. 6, 27, 5); (Hor. O. 2, 3, 7). II — Daí: 2) Depositar, depor (Verg. En. 12, 130).
reclūdō, -is, -ĕre, -clūsī, -clūsum, v. tr. I — Sent. próprio: 1) Abrir (Verg. En. 4, 63); (Tác. An. 2, 25). II — Sent. figurado: 2) Desvendar, revelar (Hor. O. 1, 24, 17); (Tác. An. 16, 32).
reclūsī, perf. de **reclūdo**.
reclūsus, -a, -um, part. pass. de **reclūdo**.
recōctus, -a, -um, part. pass. de **recŏquo**.
recōgĭto, -ās, -āre, -āvī, v. intr. Revolver no espírito, refletir, meditar (Cíc. Q. Fr. 2, 2, 1).
recognĭtĭō, -ōnis, subs. f. Revista, investigação, exame (T. Liv. 42, 19, 1).
recognĭtus, -a, -um, part. pass. de **recognōsco**.
recognōvī, perf. de **recognōsco**.
recognōscō, -is, -ĕre, -cognōvī, -cognĭtum, v. tr. I — Sent. próprio: 1) Reconhecer (Cíc. Tusc. 1, 57). Daí: 2) Lembrar à memória (Cíc. Verr. 2, 18). II — Sent. figurado: 3) Passar em revista, inspecionar (T. Liv. 42, 31, 7). Donde: 4) Fazer um exame crítico de uma obra, fazer uma revisão (Cíc. Leg. 3, 37).
recollēctus, -a, -um, part. pass. de **recolligo**.
recollēgī, perf. de **recolligo**.
recolligō, -is, -ĕre, -lēgī, -lēctum, v. tr. 1) Ajuntar, reunir de nôvo (Plín. Ep. 4, 11, 9). 2) Retomar, recobrar, recuperar (sent. concreto e abstrato) (Ov. Met. 7, 216); (Cíc. At. 1, 5, 6).
recolŭī, perf. de **recŏlo**.
recŏlo, -is, -ĕre, -colŭī, -cŭltum, v. tr. I — Sent. próprio: 1) Cultivar de nôvo, tornar a cultivar (T. Liv. 27, 5, 5). Daí: 2) Visitar de nôvo (Fedr. 1, 18, 1). II — Sent. figurado: 3) Praticar de nôvo, exercer novamente, retomar (Cíc. De Or. 1, 2). 4) Restaurar (Tác. Hist. 3, 7).
recommĕntor, -āris, -ārī, v. dep. tr. Lembrar-se de (Plaut. Trin. 912).
recommĭnīscor, -ĕris, -ī, v. dep. intr. Recordar-se' (Plaut. Trin. 915).
recompōnō, -is, -ĕre, v. tr. Recompor, arranjar de nôvo (Ov. Am. 1, 7, 68).
recompŏsĭtus, -a, -um, part. pass. de **recompōno**.
reconciliāssō, fut. perf. arc. de **reconcilio** = **reconciliavĕro** (Plaut. Capt. 576).
reconciliātĭō, -ōnis, subs. f. Reconciliação, restauração (Cíc. Cat. 3, 25).
reconciliātor, -ōris, subs. m. Reconciliador, restaurador (T. Liv. 35, 45, 3).
reconciliātus, -a, -um, part. pass. de **reconcilio**.
reconcilĭō, -ās, -āre, -āvī, -ātum, v. tr. I — Sent. próprio: 1) Reunir, ajuntar de nôvo, reconciliar, pacificar (Cíc. At. 6, 7, 1); (T. Liv. 8, 36, 7); (Cíc. Dej. 35). Daí: 2) Reconduzir, fazer entrar

de nôvo (Plaut. Capt. 33); (Plaut. Capt. 576). II — Sent. figurado: 3) Restaurar, restabelecer (Cés. B. Cív. 2, 15, 4); (T. Lív. 8, 2, 2).

reconcinnō, -ās, -āre, v. tr. Remendar, reparar, restaurar (Cíc. Q. Fr. 2, 4, 3).

recondĭdī perf. de **recōndo**.

recondĭtus, -a, -um, I — Part. pass. de **recōndo**. II — Adj.: 1) Encerrado, escondido, oculto, secreto (Cíc. Verr. 3, 207). 2) Fechado, pouco acessível (Cíc. Br. 191). 3) Profundo, abstrato (Cíc. Br. 274). 4) Pouco expansivo (tratando-se do caráter) (Cíc. Quinct. 59). Como subs. n. pl.: **recondita, -ōrum:** as partes secretas, lugares reservados, santuários (Cés. B. Civ. 3, 105, 4).

recōndō, -is, -ĕre, -condĭdī, -condĭtum, v. tr. I — Sent. próprio: 1) Esconder de nôvo, esconder, ocultar (Cíc. Verr. 4, 24); (Tác. An. 4, 57). II — Daí: 2) Pôr de parte, subtrair à vista, encerrar (Col. 12, 16, 3). Donde: 3) Enterrar, cravar (Verg. En. 10, 387). 4) Repor, recolocar (Cíc. Inv. 2, 14).

reconflō, -ās, -āre, v. tr. Reparar, restabelecer (Lucr. 4, 924).

reconmĕntor = **recommĕntor**.

recŏquō, -is, -ĕre, -cōxī, -cōctum, v. tr. 1) Recozer, cozer de nôvo (Sên. Ep. 71, 31); (Cíc. C. M. 83). 2) Forjar novamente (Verg. En. 7, 636). Daí, em sent. figurado: 3) Transformar, fazer sair de nôvo (Hor. Sát. 2, 5, 55).

recordātĭō, -ōnis, subs. f. Lembrança, recordação (Cíc. De Or. 3, 1).

recordātus, -a, -um, part. pass. de **recōrdor**.

recŏrdor, -āris, -ārī, -ātus sum, v.dep. tr. I — Sent. próprio: 1) Trazer ao pensamento, lembrar-se de, recordar-se de (Cíc. Phil. 1, 30); (Cíc. At. 13, 6, 3); (Cíc. Clu. 70). II — Daí: 2) Revolver no espírito, imaginar (Cíc. Verr. 3, 22). Obs.: Constrói-se com acus., com or. inf., com or. interrog. ind., ou ainda com abl. com **de**.

recorrēxī, perf. de **recorrĭgo**.

recorrĭgō, -is, -ĕre, -corrēxī, -corrēctum, v. tr. Corrigir de nôvo, reformar (Sên. Ep. 50, 6).

recōxī, perf. de **recŏquo**.

recrastĭnō, -ās, -āre, v. tr. Adiar, diferir (Plín. H. Nat. 17, 113).

recreātus, -a, -um, part. pass. de **recrĕo**.

recrĕō, -ās, -āre, -āvī, -ātum, v. tr. I — Sent. próprio: 1) Fazer crescer de nôvo, produzir, criar de nôvo (Lucr. 5, 277). II — Sent. figurado: 2) Dar vida nova ou nôvo vigor, reanimar, reconfortar (Cíc. At. 1, 16, 8); (Cíc. Verr. 3, 212).

recrĕpō, -ās, -āre, v. intr. e tr. A) Intr.: Ressoar, retumbar (Catul. 63, 29). B) Tr.: Fazer ressoar (Verg. Cir. 108).

recrēscō, -is, -ĕre, -crēvī, -crētum, v. incoat. intr. Crescer de nôvo, renascer (Lucr. 5, 260); (T. Lív. 26, 41, 22).

recrēvī, perf. de **recrēsco**.

recrūdēscō, -is, -ĕre, -crūdŭī, v. incoat. intr. Tornar-se mais cruel, mais violento, recrudescer (Cíc. Fam. 4, 6, 2).

recrūdŭī, perf. de **recrūdēsco**.

rēctā, adv. Em linha reta, diretamente (Cíc. Of. 3, 80).

rēctē, adv. I — Sent. próprio: 1) Em linha reta, diretamente (Cíc. Fin. 1, 20). II — Sent. figurado: 2) De maneira direita, convenientemente, bem, justamente (Cíc. Mil. 8). 3) Com segurança (Cés. B. Gal. 7, 6, 4). Obs.: comp.: **rectius** (Hor. O. 2, 10, 1).

rēctĭō, -ōnis, subs. f. Direção, govêrno (Cíc. Fin. 5, 11).

rēctor, -ōris, subs. m. I — Sent. próprio: 1) O que dirige, o que tem a direção, o que governa. Daí: 2) Diretor, guia, chefe, Senhor (Cíc. Nat. 2, 90); **divum tu maxime rector** (Verg. En. 8, 572) «tu, o máximo senhor, dos deuses». Donde, em sentido especial: 3) Pilôto, comandante de navio, comandante (Cíc. Div. 1, 24). 4) Condutor: **rector elephanti** (T. Lív. 27, 49, 1) «condutor de elefante»; 5) Preceptor, tutor (Plín. Ep. 3, 3, 4). II — Sent. figurado: 6) **Animus... rector humani generis** (Sal. B. Jug. 2, 3) «o espírito, guia do gênero humano».

rēctrīx, -īcis, subs. f. A que dirige, senhora, rainha, diretora (Sên. Ep. 85, 32).

rēctum, -ī, subs. n. I — Sent. próprio: 1) Linha reta (Ov. Met. 2, 715). II — Sent. figurado: 2) O bem (moral), o reto, o justo, o direito, a razão (Cíc. Lae. 82).

rēctus, -a, -um. A) Part. de **rego**. B) Adj.: I — Sent. próprio: 1) Reto (em sentido vertical ou horizontal), em linha reta, direito (Cés. B. Civ. 1, 69, 5); (T. Lív. 21, 36, 1). II — Sent. figurado: 2) Direto, simples, sem rodeios (Cíc. Of. 1, 130). 3) Conveniente, bom, belo, excelente (Marc. 2, 69, 7). 4) Reto, honrado, justo, virtuoso (Cíc. Quinct. 66). 5) Dirigido para diante, que não se volta, fixo, firme (sent. moral) (Cíc. Fam. 12, 5, 2). 6) Bom, razoável (Cíc. Rep. 1, 62).

recŭbō, -ās, -āre, v. intr. Estar deitado para trás, estar deitado de costas (Cíc. De Or. 3, 63); (Verg. En. 3, 392).
recubŭī, perf. de **recŭmbo.**
recucŭrrī, perf. de **recŭrro.**
recŭltus, -a, -um, part. pass. de **recŏlo.**
recŭmbō, -is, -ĕre, -cubŭī, v. intr. I — Sent. próprio: 1) Deitar-se para trás, deitar-se (Cíc. De Or. 2, 287). Daí: 2) Pôr-se à mesa, deitar-se à mesa (porque os romanos comiam deitados) (Cíc. Verr. 3, 61); (Plín. Ep. 2, 6, 3). Donde: 3) Cair sôbre, pender, reclinar-se (Verg. G. 3, 86). II — Sent. figurado: 4) Estender-se, alongar-se (Marc. 4, 64, 3).
recŭperātiō (recip-), -ōnis subs. f. Recuperação (Cíc. Phil. 10, 20).
recŭperātor, -ōris, subs. m. I — Sent. próprio: 1) O que recupera, o que retorna (Tác. An. 2, 52). II — Sent. particular: 2) Recuperador (juiz de causas em que se trata de recuperar o perdido) (Cíc. Verr. 3, 32).
recŭperātŏrĭus, -a, -um, adj. Relativo ao recuperador (Cíc. Inv. 2, 60).
recŭperātus, -a, -um, part. pass. de **recŭpĕro.**
recŭpĕrō (arcaico: recĭpĕrō), -ās, -āre, -āvī, -ātum, v. tr. Recuperar, retomar (sent. próprio e figurado) (Cíc. Mur. 50); (Cíc. Verr. 4, 77); (Cíc. Verr. 5, 173).
recŭrō, -ās, -āre, -āvī, -ātum, v. tr. I — Sent. próprio: 1) Tratar, medicar, curar, restabelecer (Catul. 44, 15). II — Sent. figurado: 2) Fazer com cuidado (Plín. H. Nat. 13, 75).
recŭrrī, perf. de **recŭrro.**
recŭrrō, -is, -ĕre, -cŭrrī, -cŭrsum, v. intr. I — Sent. próprio: 1) Voltar correndo, ràpidamente (Cíc. At. 2, 11, 1). 2) Voltar em seu curso (tratando-se de astros), reaparecer (Cíc. Nat. 2, 50); (Hor. Ep. 2, 1, 147). II — Sent. figurado: 3) Recorrer a, ter recursos (Quint. 1, 6, 13). 4) Acudir à memória, voltar à lembrança (Plín. Pan. 88, 10).
recŭrsō, -ās, -āre, v. intr. I — Sent. próprio: 1) Correr para trás, afastar-se ràpidamente (Lucr. 2, 106). 2) Correr de nôvo (Plaut. Most. 581). II — Sent. figurado: 3) Vir muitas vêzes ao espírito, lembrar-se constantemente (Verg. En. 1, 662).
recŭrsus, -ūs, subs. m. I — Sent. próprio: 1) Corrida para trás, volta (Verg. En. 5, 583). Daí: 2) Possibilidade de voltar, volta (T. Lív. 26, 42, 10). 3) Caminho para voltar, caminho de volta (Plín. H. Nat. 36, 85). II — Sent. figurado: 4) Volta, retôrno (Sên. Nat. 1, 13, 2). Na língua jurídica: 5) Recurso (Cod. Just. 7, 62, 6).
recŭrvō, -ās, -āre, -ātum, v. tr. Recurvar (Ov. Her. 4, 79).
recŭrvus, -a, -um, adj. I — Sent. próprio: 1) Recurvado, curvo (Verg. En. 7, 513). II — Sent. figurado: 2) Labiríntico, cheio de curvas (Ov. Her. 10, 71).
recŭsātĭō, -ōnis, subs. f. I — Sent. próprio: 1) Recusa (Cíc. Cat. 3, 5). Na língua jurídica: 2) Protesto, reclamação (Cíc. Clu. 148). 3) Defesa (Cíc. Inv. 1, 7). II — Sent. figurado: 4) Náusea (Petr. 141, 6).
recŭsātus, -a, -um, part. pass. de **recŭso.**
recŭsō, -ās, -āre, -āvī, -ātum, v. tr. I — Sent. próprio: 1) Recusar, não querer aceitar, declinar, rejeitar, esquivar-se (Cés. B. Gal. 1, 44, 5); (Cíc. Flac. 97). Na língua jurídica: 2) Repelir uma acusação, opor um protesto, uma objeção (Quint. 3, 10, 1); (Cíc. Caec. 81). Obs.: Constrói-se com acus.; com inf.; com abl. acompanhado da prep. **de**; com **ne, quin** ou **quominus;** com or. inf.
recŭssī, perf. de **recŭtio.**
recŭssus, -a, -um, part. pass. de **recŭtio.**
recŭtĭō, -is, -ĕre, -cŭssī, -cŭssum, v. tr. Fazer ressoar, abalar, sacudir (Verg. En. 2, 52).
recŭtītus, -a, -um, adj. I — Sent. próprio: 1) Esfolado (Marc. 9, 57, 4). II — Sent. particular: 2) Circuncidado (Marc. 7, 30, 5). 3) Judeu, dos judeus (Pérs. 5, 184).
rēda, rēdārĭus, v. raeb-.
redāctus, -a, -um, part. pass. de **redĭgo.**
redambŭlō, -ās, -āre, -āvī, -ātum, v. intr. Voltar de um passeio (Plaut. Capt. 900).
redămō, -ās, -āre, v. tr. Corresponder ao amor de alguém (Cíc. Lae. 49).
redardēscō, -is, -ĕre, v. incoat. intr. Inflamar-se de nôvo (Ov. Rem. 734).
redargŭī, perf. de **redargŭo.**
redargŭō, -is, -ĕre, -gŭī, -gŭtum, v. tr. Refutar, mostrar a falsidade de, o êrro de (Cíc. Part. 33); (Cíc. Tusc. 2, 5).
reddĭbō = **reddam,** fut. imperf. de **reddo.**
reddĭdī, perf. de **reddo.**
1. reddĭtus, -a, -um, part. pass. de **reddo.**
2. reddĭtus, -ūs, v. redĭtus.
reddō, -is, -ĕre, reddĭdī, reddĭtum, v. tr. I — Sent. próprio: 1) Devolver, restituir, entregar (Cíc. Lae. 26); (Cés. B. Gal. 1, 35, 3); (Cíc. Amer. 136). Daí: 2) Pagar, resgatar (uma dívida), cum-

REDDŪCŌ — 847 — **REDIVIVUS**

prir (uma promessa) (Verg. En. 2, 537); (Cíc. Leg. 2, 22). Donde: 3) Dar de volta, recompensar, oferecer (Plaut. Capt. 940). II — Sent. figurado: 4) Traduzir, verter (Cíc. De Or. 1, 155). 5) Responder, repetir, replicar (Hor. Ep. 1, 18, 14); (Verg. En. 1, 409). 6) Refletir (uma luz ou imagem), reproduzir, representar, imitar, fazer reviver (Verg. En: 6, 768). 7) Levar de um estado para outro, tornar, transformar (Hor. Ep. 1, 7, 27); (Cíc. Rep. 1, 3). 8) Remeter, transmitir (Cíc. At. 1, 20, 1). Na língua jurídica: 9) Fazer justiça (Cés. B. Gal. 6, 13, 7). II — Empregos especiais: 10) Expor, citar (Quint. 8, 6, 76). 11) Fazer sair, expelir, exalar, vomitar (Verg. G. 3, 495); (Plín. Ep. 5, 19, 6).

reddūcō = redūco (Ter. Ad. 830).

redēgī, perf. de redigo.

redēmī, perf. de redimo.

redēmptĭō, -ōnis, subs. f. I — Sent. próprio: 1) Ação de tomar de renda ou aluguel, arrendamento, adjudicação (Cíc. Prov. 11). II — Daí: 2) Compra, tráfico (Cic. Verr. pr. 16). 3) Resgate (T. Liv. 25, 6, 14).

redēmptō, -ās, -āre, v. tr. Resgatar, redimir (Tác. Hist. 3, 36).

redēmptor, -ōris, subs. m. I — Sent. próprio: 1) Encarregado de trabalhos públicos, empreiteiro, o que arrenda as cobranças públicas, o que se encarrega de fornecimentos (Cic. Phil. 9, 16). II — Sent. figurado: 2) O que resgata (a escravidão) (Sên. Ben. 2, 21, 1).

redemptūra, -ae, subs. f. Empreitada de trabalhos públicos, arrendamento (T. Liv. 23, 48, 10).

redēmptus, -a, -um, part. pass. de redimo.

redĕō, -īs, -īre, redĭī, redĭtum, v. intr. I Sent. próprio: 1) Voltar (sent. físico e moral) (Cic. Verr. pr. 16); (Cés. B. Gal. 7, 54, 4); (Cíc. Fam. 12, 10, 1); (Cíc. Lae. 1). Daí: 2) Voltar em benefício, restituir (Plaut. Trin. 530); (C. Nep. Them. 2). II — Sent. figurado: 3) Vir a, passar a, tender a (Cés. B. Civ. 3, 93, 2); (T. Liv. 1, 22, 1).

redeūntis, gen. de rediens.

redhālō, -ās, -āre, v. tr. Exalar (Lucr. 6, 523).

redhĭbĕō, -ēs, -ēre, -dhĭbŭī, -dhĭbĭtum, v. tr. 1) Retomar (Plaut. Merc. 423). 2) Restituir (Cíc. Of. 3, 91).

redhĭbĭtus, -a, -um, part. pass. de redhibĕo.

redhĭbŭī, perf. de redhibĕo.

redī, imperativo de redĕo.

rediens, redeūntis, part. pres. de redĕo.

redĭēs, redĭet = **redĭbis, redĭbit.** Fut. excepcional de redĕo (Sên. Ben. 1, 2, 3).

redĭgō, -is, -ĕre, -dēgī, -dāctum, v. tr. I — Sent. próprio: 1) Trazer para trás, reconduzir (T. Liv. 26, 10, 4); (Cíc. Phil. 2, 18); (Cés. B. Cív. 1, 76, 5). Daí: 2) Reduzir (sent. físico e moral) (Cés. B. Gal. 2, 28, 2); (Cés. B. Gal. 2, 14, 3); (Ter. Heaut. 929). II — Sent. figurado: 3) Recolher, cobrar, tirar (Cic. Caecil. 56). 4) Conduzir, levar de um estado a outro; donde: reduzir a, submeter a:... **Galliam sub populi Romani imperium** (Cés. B. Gal. 5, 29, 4) «(submeter) a Gália ao domínio romano».

redĭī, perf. de redĕo.

redĭmĭcŭlum, -ī, subs. n. I — Sent. próprio: 1) Faixa (com que se ornava a testa), colar, bracelete, cordão (Verg. En. 9, 616). II — Sent. figurado: 2) Vínculo, união (Plaut. Truc. 395).

redĭmĭī, perf. de redimio.

redĭmĭō, -īs, -īre, -ĭī, -ītum, v. tr. Cingir, rodear, coroar, ornar (Cíc. Tusc. 3, 43); (Cíc. Rep. 4, 5).

redĭmītus, -a, -um, part. pass. de redimio.

redĭmō, -is, -ĕre, redēmī, redēmptum, v. tr. I — Sent. próprio: 1) Resgatar, remir, libertar (Cic. Sest. 66); (Cíc. Verr. 5, 90); (T. Liv. 22, 59, 7). II — Daí: 2) Arrendar, tomar de renda (Cés. B. Gal. 1, 18, 3). Donde: 3) Comprar (sent. próprio e figurado) (Cíc. Verr. 5, 119); (Cés. B. Civ. 1, 39, 4).

redĭntĕgrō, -ās, -āre, -āvī, -ātum, v. tr. I — Sent. próprio: 1) Restabelecer, renovar, restaurar, reavivar, reparar (Cés. B. Gal. 2, 25, 3). II — Daí: 2) Recomeçar (Cés. B. Gal. 1, 25, 6).

redĭpīscor, -ĕris, -ī, v. dep. tr. Recuperar (Plaut. Trin. 1020).

redĭtĭō, -ōnis, subs. f. Volta (Cés. B. Gal. 1, 5, 3).

redĭtūrus, -a, -um, part. fut. de redĕo.

redĭtus, -ūs, subs. m. I — Sent. próprio: 1) Volta (Cíc. Lae. 13); (Cíc. Pis. 7); (Cíc. Phil. 8, 32). II — Sent. particular (sing. ou pl.): 2) Renda, rendimentos, lucros, proveitos (T. Liv. 42, 52). III — Sent. figurado: 3) Reconciliação (Cíc. At. 2, 3).

redĭvĭa, v. reduvĭa.

redĭvīvus, -a, -um, adj. I — Sent. próprio: 1) Renovado, restaurado (tratando-se principalmente, de materiais de construção) (Cíc. Verr. 1, 147). II — Daí: 2) Que volta de nôvo à vida, renovado, recomeçado (Am. Marc. 28, 1, 1). 3)

Ressuscitado, redivivo (Sên. Contr. 3, 4). III — Subs.: 4) Velhos materiais (Cíc. Verr. 1, 148).

redŏlĕō, -ēs, -ēre, -dŏlŭī, v. intr. e tr. I — Sent. próprio: 1) Exalar um cheiro, cheirar (Ov. Met. 4, 393); (Cíc. Phil. 2, 63). II — Sent. figurado: 2) Ter a aparência de, respirar a (Cíc. Br. 82). Obs.: Constrói-se como absoluto; com acus.; ou com abl.

redŏlŭī, perf. de **redŏlĕo**.

redŏmĭtus, -a, -um, adj. Seguro de si, dominado pela razão (Cíc. Sull. 1).

Rēdŏnes (Rh-), -um, subs. loc. m. Rédones, povo da Armórica (Cés. B. Gal. 2, 34, 1).

redŏnō, -ās, -āre, -āvī, v. tr. 1) Gratificar novamente, tornar a dar (Hor. O. 2, 7, 3). 2) Fazer o sacrifício de, sacrificar (Hor. O. 3, 3, 83).

redormĭō, -ĭs, -ĭre, v. intr. Tornar a adormecer (Plín. Ep. 9, 36, 3).

redūcĕ, imperat. arc. = **reduc**.

redŭcis, genit. de **redux**.

redūcō, -ĭs, -ĕre, -dūxī, -dūctum, v. tr. I — Sent. próprio: 1) Retirar, trazer, reconduzir (Cés. B. Gal. 7, 24, 5); (Cíc. Phil. 2, 9); (Cíc. Fam. 1, 2, 1). Daí: 2) Reduzir (Plín. H. Nat. 24, 46). II — Sent. figurado: 3) Restabelecer, restaurar, reparar (Suet. Aug. 40). 4) Reconciliar (Cíc. Clu. 101). 5) Na língua militar: Fazer voltar, chamar, retirar (Cés. B. Gal. 1, 50, 2). Obs.: Constrói-se com acus.; com acus. com **ad** ou **in**; com acus. com prep. e abl. acompanhado de **cum**; com abl. com **ab** ou **de**; com or. interrog. indireta. Imperat. arc.: **reduce** (Ter. Hec. 605).

reductĭō, -ōnis, subs. f. Ação de reconduzir, de fazer voltar (Cíc. Fam. 1, 7, 4).

redūctor, -ōris, subs. m. I — Sent. próprio: 1) O que reconduz (T. Lív. 2, 33, 11). II — Sent. figurado: 2) O que faz reviver, o que restaura (Plín. Ep. 8, 12, 1).

redūctus, -a, -um. A) Part. pass. de **redūco**. B) Adj.: I — Sent. próprio: 1) Reconduzido, conduzido para trás, e daí: retirado, afastado (Verg. G. 4, 420). II —Sent. figurado: 2) Afastado, distante (Hor. Ep. 1, 18, 9). III — No plural neutro: 3) Os males físicos (na língua filosófica): **reducta** (Cíc. Fin. 5, 90) «coisas indesejáveis».

redūncus, -a, -um, adj. I — Sen. próprio: 1) Curvado para traz (Plín. H. Nat. 11, 125). II — Daí: 2) Recurvado, adunco (Ov. Met. 12, 562).

redūndans, -āntis, part. pres. de **redūndo**.

redundantĭa, -ae, subs. f. — Sent. próprio: 1) Superabundância, excesso (Apul. Plat. 2, 5). II — Sent. figurado (na língua retórica): 2) Redundância (de estilo) (Cíc. Or. 108).

redundātus, -a, -um, part. pass. de **redūndo**.

redūndō, -ās, -āre, -āvī, -ātum, v. intr. I — Sent. próprio: 1) Transbordar, ser demasiadamente abundante, abundar (Cíc. Nat. 2, 116); (Lucr. 6, 712); (Cíc. Verr. 4, 26). Daí: 2) Estar inundado, estar cheio de, abundar em, regorgitar de (sent. físico e moral) (Cíc. Lig. 15). II — Sent. figurado: 3) Redundar, exceder, passar além, recair sôbre (Cíc. Prov. 31); (Cíc. Lae. 76). 4) Jorrar, brotar (Cíc. Verr. 1, 100). Na língua retórica: 5) Ser abundante, ser supérfluo, excessivo, superabundar (Cíc. Br. 51). Obs.: Constrói-se geralmente como absoluto; ou com abl. acompanhado ou não de preposição.

reduvĭa (redĭv-), -ae, subs. f. I — Sent. próprio: 1) Película em volta das unhas, espiga (das unhas) (Plín. H. Nat. 28, 40). II — Sent. figurado: 2) Ninharia (expressão proverbial): **qui, cum capiti Sex. Roscii mederi debeam, reduviam curem** (Cíc. Amer. 128) «eu que me ocupo de uma ninharia, quando se trata de salvar a vida de Róscio».

redux, -ŭcis, adj. m. e f. I — Sent. próprio: 1) Que volta, que está de volta (T. Lív. 21, 50, 6). II — Sent. poético: 2) Que reconduz, que procura voltar (Ov. Her. 13, 50). Obs.: Abl. **reduce** (Plaut. Capt. 923), mas a forma **reduci** é atestada (Ov. H. 6, 1).

redūxī, perf. de **redūco**.

refēcī, perf. de **reficĭo**.

refectĭō, -ōnis, subs. f. I — Sent. próprio: 1) Restauração, reparação (de edifício) (Suet. Cés. 15). II — Sent. figurado: 2) Repouso, descanso, consolação, alívio (Plín. H. Nat. 37, 63).

refēctor, -ōris, subs. m. Restaurador (de monumentos) (Suet. Vesp. 18).

refēctus, -a, -um, part. pass. de **reficĭo**.

refēllī, perf. de **refēllo**.

refēllō, -is, -ĕre, -fēllī, v. tr. Refutar, repelir uma mentira, desmentir (Cíc. Br. 31).

referbŭī, perf. de **refervēsco**.

refercĭō, -ĭs, -ĭre, -fērsī, -fērtum, v. tr. I — Sent. próprio: 1) Encher bem, atulhar (sent. próprio e figurado) (Cíc.

REFERIÖ — 849 — **REFODIÖ**

Sest. 77). II — Sent. figurado: 2) Acumular, amontoar (Cíc. De Or. 1, 163).

referiõ, -ís, -íre, v. tr. I — Sent. próprio: 1) Ferir por sua vez, revidar um golpe (Plaut. Asin. 375). II — Sent. poético: 2) Refletir, reverberar (Ov. Met. 4, 349).

refěrō, -fers, -fěrre, retǔlī (ou rettǔlī), relātum, v. tr. I — Sent. próprio: 1) Trazer de nôvo, tornar a levar (Cíc. At. 15, 16 a.). Daí: 2) Entregar, restituir (Cic. Div. 1, 54); (Cic. Verr. 3, 223). Donde: 3) Tornar a enviar, enviar, remeter, reenviar, devolver (Cic. Nat. 2, 144). II — Sent. figurado: 4) Reproduzir, repetir, representar, renovar, restabelecer, restaurar (Cíc. De Or. 3, 75); (Lucr. 1, 597). 5) Voltar, volver (Cíc. Quinct. 47). 6) Responder, replicar (Verg. En. 4, 31). 7) Referir, transcrever, consignar, pôr, incluir (Cíc. Fam. 1, 9, 10); (Cíc. Verr. 4, 134); (Cíc. Verr. 5, 109). III — Empregos especiais: 8) Na língua militar: Recuar, retroceder (Cés. B. Gal. 1, 25, 5); (T. Liv. 1, 14, 8). 9) Levar para, apresentar (Cés. B. Gal. 7, 71, 6). Na língua jurídica: 10) Submeter à deliberação de, consultar (Cíc. Verr. 4, 85); (Cíc. Pomp. 58); (Cíc. Dom. 136). 11) Com **pedem, gressum, ou cursum:** «voltar» (emprêgo poético) (Ov. Her. 16, 88).

refērsī, perf. de **refercĭo.**

rēfert, rēferēbat, -fērre, v. intr. e impess. I — Intr.: 1) Importar, interessar, ser de importância (Plaut. Curc. 395); **id mea minime refert** (Ter. Ad. 881) «isto em nada me interessa». II — Impess. 2) Importa, interessa, é do interêsse (Plaut. Ep. 166); (Cic. De Or. 3, 211); **quid refert, si...?** (Cíc. Nat. 1, 79) «que importa se...? Obs.: Constrói-se com pronome neutro como suj., ou com gen. (ou acus. com **ad**), ou dat. ou abl. fem. do pron. possessivo.

refērtus, -a, -um. I — Part. pass. de **refercĭo.** II — Adj.: Cheio, atulhado, bem abastecido (Cic. Pomp. 55). Obs.: Constrói-se com abl.; com gen.; com abl. acompanhado da prepos. **de;** como absoluto.

refērvens, -ēntis, adj. Muito quente, ardente (sent. próprio e figurado) e daí: atroz (sent. figurado) (Cíc. Com. 17).

refervēscō, -is, -ěre (-ferbǔī), v. incoat. intr. Aquecer-se bem, ferver (Cíc. Div. 1, 46).

refībǔlō, -ās, -āre, v. tr. Desafivelar, tornar livre, desapertar as fivelas (Marc. 9, 27, 12).

reficiō, -is, -ěre, -fěcī, -fāctum, v. tr. I — Sent. próprio: 1) Refazer, restaurar, reparar, fabricar de nôvo, reconstruir (Cíc. Rep. 3, 15); (Sal. B. Jug. 66, 1). II — Sent. figurado: 2) Restabelecer, reanimar (Cés. B. Civ. 2, 42, 5); (Cés. B. Gal. 7, 32, 1); (Cés. B. Civ. 2, 15, 1). III — Empregos especiais: 3) Reeleger, nomear novamente (Cic. Lae. 96). 4) Tirar (lucro ou proveito) (Cíc. Verr. 3, 119).

refīgō, -is, -ěre, -fīxī, -fīxum, v. tr. I — Sent. próprio: 1) Despregar, arrancar, desprender, tirar (Cic. Phil. 12, 12); (Verg. En. 5, 360). II — Sent. figurado: 2) Abolir, anular, suprimir (Cic. Phil. 13, 5).

refīngō, -is, -ěre, v. tr. Formar de nôvo, refazer (sent. próprio e figurado) (Verg. G. 4, 202); (Apul. M. 3, 12).

refīxī, perf. de **refīgo.**

refīxus, -a, -um, part. pass. de **refīgo.**

reflāgǐtō, -ās, -āre, v. tr. Pedir com insistência (Catul. 42, 6).

1. **reflātus, -a, -um,** part. pass. de **reflo.**
2. **reflātus, -ūs,** subs. m. Vento contrário (Cív. At. 12, 2, 1).

reflēctō, -is, -ěre, -flēxī, -flēxum, v. tr. e intr. I — Sent. próprio: 1) Voltar para trás, recurvar (Plín. H. Nat. 11, 265); (Ov. Met. 7, 341). II — Sent. figurado: 2) Regredir, voltar, desviar, abrandar, apaziguar (Lucr. 3, 502); (Verg. En. 2, 741); (Cíc. De Or. 1, 53).

reflēxī, perf. de **reflēcto.**

reflēxus, -a, -um, part. pass. de **reflēcto.**

reflō, -ās, -āre, -āvī, -ātum, v. intr. e tr. A) Intr.: 1) Soprar para trás, soprar em sentido contrário (sent. próprio e figurado) (Cíc. Tusc. 1, 119); (Cic. Of. 2, 19). B) — Tr.: 2) Espirar (contrário de aspirar), exalar (Lucr. 4, 938).

reflōrēscō, -is, -ěre, -florǔī, v. incoat. intr. Reflorescer (sent. próprio e figurado) (Plín. H. Nat. 18, 146).

reflōrǔī, perf. de **reflorēsco.**

reflǔō, -is, -ěre, v. intr. Refluir, correr em sentido contrário (Verg. En. 8, 240).

reflǔus, -a, -um, adj. Que reflui, que corre para trás (Ov. Met. 7, 267).

refōdī, perf. de **refodĭo.**

refodĭō, -is, -ěre, -fōdī, -fōssum, v. tr. Cavar, pôs a descoberto cavando, de-

senterrar (Plín. H. Nat. 7, 74); (Col. 2, 2, 28).
reformātiō, -ōnis, subs. f. I — Sent. próprio: 1) Metamorfose (Apul. M. 3, 24). II — Sent. figurado: 2) Reforma (dos costumes) (Sên. Ep. 58, 26).
reformātor, -ōris, subs. m. Reformador (Plín. Ep. 8, 12, 1).
reformātus, -a, -um, part. pass. de reformo.
reformīdātiō, -ōnis, subs. f. Apreensão, mêdo (Cíc. Part. 11).
reformīdō, -ās, -āre, -āvī, -ātum, v. tr. Recuar de pavor, temer grandemente (Cíc. Phil. 14, 9).
reformō, -ās, -āre, -āvī, -ātum, v. tr. I — Sent. próprio: 1) Devolver à primeira forma, refazer, restabelecer, reformar (Ov. Met. 11, 254). II — Sent. figurado: 2) Corrigir, melhorar (Sên. Ep. 25, 1).
refossus, -a, -um, part. pass. de refodio.
refōtus, -a, -um, part. pass. de refoveo.
refoveō, -ēs, -ēre, -fōvī, -fōtum, v. tr. I — Sent. próprio: 1) Reaquecer (Ov. Met. 8, 536). II — Sent. figurado: 2) Reacender, reanimar, reconfortar, reparar, restabelecer (Ov. Am. 2, 19, 15); (Plín. Pan. 18, 1).
refōvī, perf. de refoveo.
refractāriŏlus, -a, -um, adj. Um tanto rebelde, um pouco teimoso (Cíc. At. 2, 1, 3).
refractārius, -a, -um, adj. Refratário, rebelde, indócil (Sên. Ep. 73, 1).
refractus, -a, -um, part. pass. de refringo.
refrāgor, -āris, -āri, -ātus sum, v. dep. intr. 1) Votar contra, ser de opinião contrária, opor-se a, resistir (Cíc. Mur. 46). II — Sent. figurado: 2) Ser incompatível com, ser opôsto a, repugnar (Quint. 5, 7, 2).
refrēgī, perf. de refringo.
refrēnātiō, -ōnis, subs. f. Ação de refrear, repressão (Sên. Ir. 3, 15, 3).
refrēnō, -ās, -āre, -āvī, -ātum, v. tr. Refrear, conter com o freio (sent. próprio e figurado), impedir (Cíc. Div. 2, 4); (Cíc. Phil. 11, 4); (Cíc. Cael. 76).
refricātūrus, -a, -um, part. futuro de refrico.
refrīcō, -ās, -āre, -fricŭī, -fricātum, v. tr. I — Sent. próprio: 1) Esfregar novamente, esfregar, irritar pela fricção, abrir de nôvo (Cíc. At. 5, 15, 2). II — Sent. figurado: 2) Despertar, reanimar, reavivar (Cíc. Phil. 3, 18); (Cíc. Sull. 19).

refricŭī, perf. de refrico.
refrīgerātiō, -ōnis, subs. f. Refrigério, frescura (Cíc. C. M. 46).
refrīgerātus, -a, -um, part. pass. de refrigero.
refrīgerō, -ās, -āre, -āvī, -ātum, v. tr. I — Sent. próprio: 1) Refrigerar, refrescar (Cíc. Com. 17); (Ov. Met. 13, 903). II — Sent. moral: 2) Esfriar, perder o interêsse, enfraquecer (Cíc. Fam. 3, 8, 1); (Suet. Claud. 41).
refrīgēscō, -is, -ĕre, -frīxī, v. incoat. intr I — Sent. próprio: 1) Refrescar-se, resfriar-se (Lucr. 4, 703). II — Sent. figurado: 2) Perder o interêsse, esfriar, diminuir (Cíc. At. 1, 1, 2); (Cíc. Q. Fr. 3, 2, 3).
refringō, -is, -ĕre, -frēgī, -fractum, v. tr. I — Sent. próprio: 1) Quebrar, arrombar (Cíc. Mur. 17); (Cés. B. Gal. 2, 33, 6). Daí: 2) Rasgar, dilacerar (Ov. Met. 9, 208). II — Sent. figurado: 3) Reprimir, abater, conter, destruir (Cés. B. Gal. 7, 56, 4).
refrīxī, perf. de refrigesco.
refūdī, perf. de refundo.
refūgī, perf. de refugio.
refugiō, -is, -ĕre, -fūgī, v. intr. e tr. A — Intr.: I — Sent. próprio: 1) Fugir para trás, recuar fugindo (Cés. B. Civ. 3, 99, 5). Daí: 2) Refugiar-se: ad legatos (Cíc. Dej. 32) «refugiar-se junto aos embaixadores». II — Sent. figurado: 3) Desviar-se, descartar-se, recusar-se a (Cíc. De Or. 1, 99). B — Tr.: 4) Evitar, recusar (Cíc. Caec. 22); (Hor. O. 1, 1, 34).
refugĭum, -ī, subs. n. Refúgio, asilo (sent. próprio e figurado) (T. Lív. 9, 37, 10).
refŭgus, -a, -um, adj. I — Sent. próprio: 1) Fugitivo, que foge, que escapa (Tác. Hist. 2, 24). II — Subs. masc.: 2) Fugitivo (Tác. Hist. 3, 61).
refulgĕo, -ēs, -ēre, -fūlsī, v. intr. I — Sent. próprio: 1) Mandar um clarão, resplandecer, refulgir, brilhar, cintilar (Cíc. Nat. 2, 114); (Verg. En. 8, 623). II — Sent. figurado: 2) Brilhar, ser brilhante (Hor. O. 2, 17, 23).
refūlsī, perf. de refulgeo.
refundō, -is, -ĕre, -fūdī, -fūsum, v. tr. I — Sent. próprio: 1) Derramar de nôvo, refluir, transbordar (Cíc. Nat. 2, 118); (Verg. En. 6, 107). Daí: 2) Tornar líquido, fundir (Plín. H. Nat. 2, 223). II — Sent. figurado: 3) Repelir (Verg. En. 7, 590). 4) Devolver, restituir (Plín. Pan. 31, 3).

refūsus, -a, -um, part. pass. de **refundo.**
refūtātĭō, -ōnis, subs. f. Refutação (Cíc. Top. 93).
refūtātus, -ūs, subs. m. Refutação (Lucr. 3, 525). Obs.: Usado apenas no abl. sg.
refūtō, -ās, -āre, -āvī, -ātum, v. tr. 1) Repelir (sent. próprio e figurado) (Cíc. Prov. 32). Na língua da retórica: 2) Refutar (Cíc. Font. 35). Sent. poético: 3) Recusar admitir que (Lucr. 3, 350).
rēgālis, -e, adj. I — Sent. próprio: 1) Real, de rei (Cíc. Rep. 2, 52). II — Daí: 2) Relativo à realeza, digno de um rei, real (Cic. Verr. 4, 68).
rēgālĭter, adv. I — Sent. próprio: 1) Como rei, à maneira de um rei (T. Lív. 42, 51, 2). II — Donde: 2) Despòticamente (Ov. Met. 2, 397).
regelātus, -a, -um, part. pass. de **regĕlo.**
regĕlō, -ās, -āre, -āvī, -ātum, v. tr. Derreter o gelo, arrefecer (Col. 1, 5, 8); (Sên. Ep. 67, 1).
regĕmō, -is, -ĕre, v. intr. Responder com um gemido (Estác. Theb. 8, 17).
regenĕrō, -ās, -āre, v. tr. Reproduzir, fazer reviver (Plín. H. Nat. 7, 51).
regens, -entis, part. pres. de **rego.**
regermĭnō, -ās, -āre, v. intr. Germinar de nôvo, brotar novamente (Plín. H. Nat. 16, 141).
regĕrō, -is, -ĕre, -gessī, -gestum, v. tr. I — Sent. próprio: 1) Levar para trás, tornar a levar, retirar, levar (sent. concreto e abstrato) (Ov. Met. 11, 188). Daí: 2) Transcrever, consignar (Quint. 2, 11, 7). II — Sent. figurado: 3) Lançar sôbre, replicar, reenviar (Quint. 11, 1, 22); (Hor. Sát. 1, 7, 29).
regessī, perf. de **regĕro.**
regestus, -a, -um, part. pass. de **regĕro.**
1. rēgĭa, -ae, subs. f. I — Sent. próprio: 1) Palácio real (Cíc. Fin. 3, 52). Daí: 2) Tenda do rei, residência real, trono, côrte (T. Lív. 1, 46, 3). II — Sent. figurado: 3) Capital (Verg. En. 9, 737). 4) Reino, realeza (Q. Cúrc. 6, 6, 2). 5) Basílica (Suet. Aug. 76).
2. Rēgĭa, -ae, subs. pr. f. Régia, antigo palácio de Numa, construído em Roma, na via Sagrada, a leste do Forum, perto do templo de Vesta, e transformado mais tarde na residência do **Pontifex Maximus** (Cíc. Mil. 37).
rēgĭē, adv. I — Sent. próprio: 1) Ao modo de um rei, règiamente, magnificamente (Varr. R. Rust. 1, 2, 10). II — Donde: 2) Como senhor absoluto, despòticamente (Cíc. Cat. 1, 30).

Rēgĭensēs, -ĭum, subs. loc. m. pl. Regienses, habitantes de Régio (Cíc. Fam. 13, 7, 4).
rēgĭfĭcus, -a, -um, adj. Real, régio, magnífico (Verg. En. 6, 605).
regignō, -is, -ĕre, v. tr. Reproduzir (Lucr. 5, 244).
Rēgillānus, -ī, subs. pr. m. Regilano, sobrenome de Ápio Cláudio (Suet. Tib. 2).
Rēgillensis, -is, subs. pr. m. Regilense, sobrenome de **Aulus Postumius Albus,** cônsul e depois ditador do V séc. a.C., por ter levado os romanos, perto do lago Regilo, a vencer os latinos (T. Lív. 4, 49, 7).
Rēgillum, -ī, subs. pr. n. Regilo, cidade da Itália peninsular, na Sabina (T. Lív. 2, 16, 4).
1. rēgillus, -a, -um, adj. (rectus). De fios retos, verticais: **regilla inducta** (Plaut. Ep. 223) «revestida a túnica de fios verticais» ou «túnica real» (trocadilho).
2. Rēgillus, -ī, subs. pr. m. Regilo, pequeno lago do Lácio, na Itália (Cíc. Nat. 3, 11). Obs.: **lacus Regillus** (T. Lív. 3, 20, 4).
3. Rēgillus, -ī, subs. pr. m. Regilo, sobrenome romano da família dos **Aemilii** (Cic. At. 12, 24, 2).
regĭmen, -inis, subs. n. I — Sent. próprio: 1) Ação de conduzir, guiar, direção (Tác. An. 2, 23). II — Sent. poético: 2) Manobra de pilôto (Ov. Met. 11, 552). III — Sent. figurado: 3) Direção, comando, govêrno, administração (Tác. An. 1, 31).
rēgīna, -ae, subs. f. I — Sent. próprio: 1) Rainha (Hor. O. 1, 37, 1). II — Sent. particular: 2) Princesa, a filha do rei (Verg. En. 6, 28). 3) Título de honra dado às deusas: soberana, augusta (Verg. En. 1, 9). 4) Grande dama (Ter. Eun. 168).
Rēgīnī, -ōrum, subs. pr. m. pl. Reginos, habitantes de Régio (Cíc. Verr. 4, 26).
1. Rēgīnus, -a, -um, adj. Regino, de Régio, cidade do Brútio (Cíc. Phil. 1, 7).
2. Rēgīnus, -ī, subs. pr. m. Regino, sobrenome romano (Cíc. At. 10, 12, 1).
regĭō, -ōnis, subs. f. I — Sent. próprio: 1) Direção (em linha reta), linha reta (Cés. B. Gal. 7, 46, 1). II — Sent. particular: 2) Linhas retas determinadas no céu pelos áugures para lhe delimitarem as zonas (Cíc. Div. 1, 31). Daí: 3) Limites, fronteiras (Cíc. Cat. 4, 21). 4) Região, país, lugar, local, bairro (Cíc. Nat. 2, 50). 5) Na expressão adverbial: **e regione:** em linha reta, par-

tindo da direção de: **e regione moveri** (Cíc. Fat. 18) «ter um movimento retilíneo». III — Sent. figurado: 6) Em oposição a, na extremidade contrária, em frente (Cíc. Nat. 2, 103). 7) Esfera, domínio, campo (Cíc. De Or. 2, 5). 8) Em sent. particular: quarteirão, distrito (divisões da cidade de Roma) (Tác. An. 14, 12).
Rěgion, v. **Regium** (Ov. Met. 14, 48).
regiōnātim, adv. Por região (T. Lív. 40, 51, 9).
1. **rěgis**, 2ª pes. do sg. do pres. do ind. de **rego**.
2. **rēgis**, gen. de **rex**.
1. **Rěgium, -ī**, subs. pr. n. Régio, cidade do Brútio, na Itália (Cíc. Verr. 2, 55).
2. **Rěgium, -ī**, ou **Rěgium Lepidum**, subs. pr. n. Régio, cidade da Gália Cispadana (Tác. Hist. 2, 50).
rěgius, -a, -um, adj. I — Sent. próprio: 1) Que pertence ao rei, real, do rei (Cíc. Verr. 4, 65). II — Sent. figurado: 2) Digno de um rei (excelente, magnífico) (Hor. O. 2, 15, 1). 3) Absoluto, despótico, tirânico (Cíc. Verr. 5, 175). III — No masc. plural: 4) Tropas do rei (T. Lív. 37, 41, 3). 5) Sátrapas (C. Nep. Ages. 8, 3).
reglūtĭnō, -ās, -āre, v. tr. Descolar (Catul. 25, 9).
regnāndus, -a, -um, gerundivo de **regno**.
regnātor, -ōris, subs. m. I — Sent. próprio: 1) Senhor, soberano, monarca, rei (Plaut. Amph. 45). II — Sent. figurado: 2) Que reina, possuidor (Marc. 10, 65, 3).
regnātrīx, -īcis, adj. f. Reinante, imperial (Tác. An. 1, 4).
regnātus, -a, -um, part. pass. de **regno**.
rěgnō, -ās, -āre, -āvī, -ātum, v. intr. e tr. — I — Sent. próprio: 1) Ser rei, governar, ser soberano, reinar (Cíc. Rep. 2, 17); (Verg. En. 3, 14). II — Sent. figurado: 2) Dominar (Cíc. Phil. 2, 29); (Cíc. Or. 128). Obs.: Só é transitiva na forma passiva: **terra regnata Lycurgo** (Verg. En. 3, 14) «terra governada por Licurgo».
rěgnum, -ī, subs. n. I — Sent. próprio: 1) Realeza, autoridade real, monarquia, trono: **regnum obtinere** (Cés. B. Gal. 5, 54, 2) «ocupar o trono». II — Sent. figurado: 2) Poder absoluto, tirania, despotismo (Cíc. Verr. pr. 35). 3) Reino, império, domínio (Cíc. C. M. 41). 4) Reino, estados de um rei (Cés. B. Gal. 5, 26, 2). 5) Domínio, império (Verg. Buc. 1, 70).

rěgō, -is, -ěre, rēxī, rēctum, v. tr. I — Sent. próprio: 1) Dirigir em linha reta, marcar os limites (sent. físico e moral) (Cíc. Leg. 1, 55); (Verg. En. 9, 409). II — Sent. figurado: 2) Ter a direção de, ter o comando de, dirigir, guiar, reger, governar (Cíc. Rep. 1, 61); (Cíc. At. 10, 6, 2); (Cíc. Rep. 2, 15); (Cés. B. Gal. 6, 17, 2). Intr.: 3) Comandar, exercer o poder (Tác. An. 4, 33).
regrědĭor, -ěris, -grědī, -grěssus sum, v. dep. intr. Andar para trás, voltar, retroceder, regredir (sent. próprio e figurado) (Cíc. Of. 1, 33); (Cíc. Fat. 35).
regressĭō, -ōnis, subs. f. 1) Volta (Apul. M. 2, 18). Na língua retórica: 2) Regressão (Quint. 9, 3, 35).
1. **regrěssus, -a, -um**, part. pass. de **regrědĭor**.
2. **regrěssus, -ūs**, subs. m. I — Sent. próprio: 1) Regresso, volta (T. Lív. 38, 4, 10). II — Sent. figurado: 2) Volta, faculdade de voltar (T. Lív. 24, 26, 15). 3) Recurso, refúgio, acolhida (Tác. An. 12, 10).
rěgŭla, -ae, subs. f. I — Sent. próprio: 1) Régua (direita e simples) (Cíc. Ac. fr. 8). Daí: 2) Peça, barra direita e lisa de madeira ou metal (Cés. B. Civ. 2, 10, 4). II — Sent. figurado: 3) Regra, lei (Cíc. Leg. 1, 19).
1. **rěgŭlus, -ī**, subs. m. I — Sent. próprio: 1) Jovem rei, príncipe jovem, rei de um pequeno Estado (T. Lív. 45, 14, 1). II — Sent. particular: 2) Abelha-mestra (Varr. R. Rust. 3, 16, 18).
2. **Rěgŭlus, -ī**, subs. pr. m. Régulo, nome romano, devendo-se ressaltar: 1) **Marcus Attilius Regulus**, Marco Atílio Régulo, general romano, ilustre pela sua lealdade e devotamento, cônsul no III séc. a.C. (Cíc. Of. 3, 99). 2) L. **Livineius Regulus**, Lúcio Livineio Régulo, lugar-tenente de César, na guerra da África (Cíc. Fam. 13, 60, 1).
regŭstō, -ās, -āre, -āvī, -ātum, v. tr. I — Sent. próprio: 1) Tornar a provar, tornar a tomar o gôsto (Sên. Prov. 3, 13). II — Sent. figurado: 2) Saborear novamente, tornar a ler com prazer (Cíc. At. 13, 13, 3).
rehālō = **redhālo**.
rēĭcĭō (e às vêzes como ditongo: **reicĭō**) = **rējĭcĭō**.
rējēcī, perf. de **rejicio**.
rējectānĕa (**rēiectānĕa**), **-ōrum**, subs. n. pl. O refugo, o rebotalho (língua filosófica) (Cíc. Fín. 4, 72).

rējēctĭō (**rĕiēct-**), **-ōnis**, subs. f. I — Sent. próprio: 1) Ação de lançar fora (Plín. H. Nat. 33, 146). II — Sent. figurado: 2) Rejeição (Cíc. Balb. 29). 3) Recusa (Cíc. Sull. 92).

rējēctō (**rĕiēct-**), **-ās, -āre, -āvī, -ātum**, v. tr. Repercutir, repetir (um som) (Lucr. 2, 328).

rējēctus (**rĕiēct-**), **-a, -um**. I — Part. pass. de rejicio. II — Subs. n. pl.: **rējēcta, -ōrum**: o que se rejeita (cf. **rejectanĕa**) (Cíc. Ac. 1, 37).

rējĭcĭō (**rĕicĭō**), **-is, -ĕre, -jēcī, -jēctum**, v. tr. I — Sent. próprio: 1) Lançar para trás (Cíc. Mil. 29). II — Sent. figurado: 2) Repelir, afastar (Ov. Trist. 1, 1, 66); (Cés. B. Gal. 1, 24, 5); (Cíc. Mur. 79). 3) Rejeitar, não admitir, não tolerar, excluir (Cíc. Rep. 1, 16). 4) Recusar, desprezar (Cíc. Planc. 36). 5) Enviar para, remeter, adiar, esperar (Cíc. At. 9, 13, 8); (Cíc. Br. 31).

relābor, ĕris, -lābī, -lāpsus sum, v. dep. tr. I — Sent. próprio: 1) Correr para traz, refluir (Verg. En. 10, 307). II — Sent. figurado: 2) Voltar para, tornar (Hor. Ep. 1, 1, 18). 3) Retroceder (Ov. Met. 3, 616).

relanguēscō, -is, -ĕre, -languī, v. incoat. intr. I — Sent. próprio: 1) Ir perdendo a fôrça, perder a fôrça, tornar-se fraco, enfraquecer-se (Ov. Met. 6, 291); (Ov. Am. 2, 9, 27). II — Daí: 2) Acalmar-se (Cíc. At. 13, 41, 1).

relanguī, perf. de **relangēsco**.

relāpsus, -a, -um, part. pass. de **relābor**.

relātĭō, -ōnis, subs. f. I — Sent. próprio: 1) Ação de levar de nôvo (Quint. 10, 3, 31). Daí, mais comumente: 2) Relação, relatório, deliberação, discussão (T. Lív. 26, 28, 3). Donde: 3) Moção, proposta (Tác. An. 1, 13). 4) Imputação (Cíc. Inv. 2, 78). 5) Testemunho (Sên. Ep. 74, 13). 6) Narração, exposição, relação (Quint. 2, 7, 4).

1. **relātus, -a, -um**, part. pass. de **refĕro**.
2. **relātus, -ūs**, subs. m. I — Sent. próprio: 1) Ação de relatar (uma questão ou uma proposta) (Tác. An. 15, 22). II — Daí: 2) Relato, narração, exposição (Tác. Hist. 1, 30).

relaxātĭō, -ōnis, subs. f. Descanço, repouso (Cíc. De Or. 2, 22).

relaxātus, -a, -um, part. pass. de **relāxo**.

relāxō, -ās, -āre, -āvī, -ātum, v. tr. I — Sent. próprio: 1) Afrouxar, relaxar (Ov. F. 2, 321); (Cíc. At. 10, 6, 2). Daí: 2) Dilatar, alargar, (Verg. G. 1, 89). II — Sent. figurado: 3) Descansar, repousar (Cíc. Arch. 12). 4) Diminuir, rebaixar, deprimir (Cíc. Leg. 1, 11). 5) Desembaraçar, liberar (Cíc. Or. 176). Intransitivamente: 6) Descansar (Cíc. Fin. 2, 94).

relēctus, -a, -um, part. pass. de **relĕgo** 2.

relēgātĭō, -ōnis, subs. f. Relegação, destêrro, exílio, degrêdo (Cíc. Amer. 44).

relēgātus, -a, -um, part. pass. de **relĕgo** 1.

relēgī, perf. de **relĕgo** 2.

1. **relĕgō, -ās, -āre, -āvī, -ātum**, v. tr. I — Sent. próprio: 1) Afastar, relegar, mandar para longe, banir (Cíc. Amer. 42); (Hor. Sát. 1, 10, 84). II — Daí: 2) Fazer recair em, imputar a (Quint. 1, pr. 13). 3) Reenviar (Plín. H. Nat. 7, 8).

2. **relĕgō, -is, -ĕre, -lēgī, -lēctum**, v. tr. I — Sent. próprio: 1) Tomar ou colhêr de nôvo, recolher novamente (Ov. Met. 8, 173). II — Daí: 2) Percorrer de nôvo, tornar a passar por (Verg. En. 3, 690). Donde: 3) Tornar a revistar, repassar (pelo pensamento) (Cíc. Nat. 2, 72). 4) Reler (Hor. Ep. 1, 2, 2).

relentēscō, -is, -ĕre, v. intr. Tornar-se lento ou vagaroso, afrouxar, diminuir (Ov. Am. 1, 8, 76).

relevātus, -a, -um, part. pass. de **relĕvo**.

relēvī, perf. de **relĭno**.

relĕvō, -ās, -āre, -āvī, -ātum, v. tr. I — Sent. próprio: 1) Erguer, levantar, avaliar (de um pêso): **caput** (Plín. Ep. 1, 24, 4) «erguer a cabeça»; **relevari catena** (Ov. Am. 1, 6, 25) «estar aliviado da cadeia». II — Sent. figurado: 2) Suavizar, aliviar, mitigar (Cíc. Q. Fr. 1, 4, 4); (Cíc. Cat. 1, 31). 3) Confortar (Cíc. Cat. 2, 7).

relictĭō, -ōnis, subs. f. Abandono (Cíc. At. 16, 7, 5).

relictus, -a, -um, part. pass. de **relĭnquo**.

relicŭus, v. **relĭquus** (Cíc. Rep. 2, 39).

religātĭo, -ōnis, subs. f. Ação de atar (as videiras) (Cíc. C. M. 53).

religātus, -a, -unm, part. pass. de **relĭgo**.

religĭō, -ōnis, subs. f. I — Sent. próprio: 1) Religião, culto prestado aos deuses, prática religiosa (Cíc. Div. 2, 148); (Cíc. Nat. 1, 61). Daí: 2) Religião, a lei religiosa (Cíc. Dom. 69). 3) Escrúpulo religioso, receio de consciência, receio religioso, superstição (T. Lív. 27, 23, 1); (Cés. B. Gal. 6, 37, 8). 4) Sentimento de respeito, veneração, culto (Cíc. Phil. 2, 110). 5) Santidade, caráter sagrado (Cíc. Verr. 4, 78). 6) Objeto de veneração, adoração ou culto, coisa

venerada, objeto sagrado (Cíc. Verr. 4, 93). Por extensão: 7) Profanação, sacrilégio, impiedade (Cíc. Phil. 2, 83). II — Sent. moral: 8) Cuidado minucioso, escrúpulo, delicadeza de consciência, cumprimento do dever, lealdade (Cíc. De Or. 1, 31).

religiōsē, adv. I — Sent. próprio: 1) Religiosamente, com escrúpulo religioso, com caráter de consagração religiosa (Cíc. Div. 2, 85). Daí: 2) Religiosamente, piedosamente (Cíc. Inv. 1, 48). 3) Religiosamente, escrupulosamente, conscienciosamente (Cíc. Cael. 55).

religiōsus, -a, -um, adj. I — Sent. próprio: 1) Religioso, piedoso (tratando-se de pessoas) (Cíc. Nat. 2, 72). Daí: 2) Consagrado pela religião, santo, sagrado (Cic. Har. 30). 3) Venerado, respeitado (Cíc. Verr. 4, 93). II — Sent. particular: 4) Supersticioso (sent. pejorativo) (Ter. Heaut. 650). 5) Proibido pela religião, sacrílego, ímpio (T. Lív. 2, 5, 3). 6) Nefasto (Cic At. 9, 5, 2). III — Sent. moral: 7) Escrupuloso, conscencioso (Cíc. Vat. 1).

religō, -ās, -āre, -āvī, -ātum, v. tr. 1) Ligar, ligar por trás (Cíc. Tusc. 1, 105); (Cíc. Tusc. 3, 37). 2) Soltar, desatar (Catul. 63, 84).

relinō, -is, -ĕre, -lēvī, -litum, v. tr. Tirar o rebôco, destapar, tirar (Verg. G. 4, 228).

relinquō, -is, -ĕre, -liquī, -lictum, v. tr. I — Sent. próprio: 1) Deixar para trás (Cés. B. Gal. 7, 40, 3). Daí, por enfraquecimento de sentido: 2) Deixar, abandonar, depor (Cíc. Fam. 4, 1, 2); (Cés. B. Gal. 6, 38, 4); (Cés. B. Gal. 1, 44, 2). Donde: 3) Deixar por morte, deixar como herança, transmitir (Cíc. Amer. 20); (Cíc. Arch. 30). II — Sent. figurado: 4) Deixar de parte, omitir, desprezar (Cíc. Prov. 6); (Cíc. Caec. 50). 5) Deixar, permitir, fechar os olhos a (Cíc. Pomp. 11); (Ov. Met. 14, 100). 6) Renunciar a (sent. poético) (Lucr. 6, 654).

1. reliquī, v. reliquus.
2. reliquī, perf. de relinquo.

reliquiae, -ārum, subs. f. pl. I — Sent. próprio: 1) O que resta, os restos, o resto (Plaut. Curc. 388); (Cés. B. Civ. 3, 21, 4). II — Sent. figurado: 2) Sobreviventes (T. Lív. 5, 13, 12). 3) Restos mortais, cinzas (Cíc. Leg. 2, 56). 4) Restos, vestígios (Cíc. Prov. 19). Obs.: O sg. é raro e da decadência (Apul. Apol. 6).

reliquum (-quom, -cuom, -cum), -ī, subs. n. I — Sent. próprio: 1) O que resta, o restante, o resto (T. Lív. 2, 25, 2) II — No plural: 2) O resto de uma conta, o saldo (Cíc. At. 16, 3, 5).

reliquus (relicŭus), -a, -um, adj. I — Sent. próprio: 1) Restante, que resta (Cíc. Fam. 13, 39). II — Sent. particular: 2) Que resta (tratando-se do tempo que falta para chegar), futuro: **in reliquum tempus** (Cés. B. Gal. 1, 20, 6) «no futuro». 3) Deixado, poupado, omitido (Sal. B. Jug. 76, 4). 4) No masc. pl.: os restantes, os outros (Cíc. Rep. 2, 21). 5) Advt.: **reliqua** (Cíc. Q. Fr. 1, 3, 10) «quanto ao resto».

rellātus (poético) = relātus 1.

relūcĕō, -ēs, -ēre, -lūxī, v. intr. Brilhar em volta, reluzir, rebrilhar, refletir a luz (Verg. En. 2, 312).

relūcēscō, -is, -ĕre, -lūxī, v. incoat. intr. Começar a brilhar, brilhar de nôvo, tornar a reluzir (Ov. Met. 14, 769).

reluctans, -antis, part. pres. de reluctor.
reluctātus, -a, -um, part. pass. de reluctor.

reluctor, -āris, -ārī, -ātus sum, v. dep. intr. Lutar contra, oferecer oposição, relutar, resistir (Hor. O. 4, 4, 11); (Tác. An. 4, 22).

relūdō, -is, -ĕre, v. intr. Responder (aos gracejos), repelir os gracejos (Sên. Contr. 2, 10, 7).

relūxī, perf. de relucĕo e de relucēsco.

remacrēscō, -is, -ĕre, -crŭī, v. incoat. intr. Emagrecer (Suet. Dom. 18).

remacrŭī, perf. de remacrēsco.

remaledīcō, -is, -ĕre, v. intr. Responder com injúrias, responder a uma injúria com outra (Suet. Vesp. 9).

1. remandō, -ās, -āre, v. tr. Notificar em resposta (Eutr. 2, 13).

2. remandō, -is, -ĕre, v. tr. Mastigar de nôvo, remoer, ruminar (sent. próprio e figurado) (Plin. H. Nat. 10, 200); (Quint. 11, 2, 41).

remanĕō, -ēs, -ēre, -mānsī, -mānsum, v. intr. I — Sent. próprio: 1) Ficar para trás, demorar, parar (Cíc. Ac. 2, 148); (Cíc. Cat. 1, 7). II — Sent. figurado: 2) Permanecer, restar, subsistir (Cés. B. Gal. 7, 35, 4).

remānō, -ās, -āre, v. intr. Correr para trás, refluir (Lucr. 5, 269).

remānsī, perf. de remanĕo.

remansiō, -ōnis, subs. f. Morada, ação de residir, permanência (Cic. Lig. 4).

remediābilis, -e, adj. Remediável (Sên. Ep. 95, 29).

remedĭum, -ī, subs. n. I — Sent. próprio: 1) Remédio, medicamento (Cíc. Fam. 5, 15, 1). II — Sent. figurado: 2) Remédio, expediente, preservativo, recurso (Ter. Heaut. 539).

remelĭgō, -ĭnis, subs. f. Mulher que anda lentamente, pachorrenta (Plaut. Cas. 804).

remēnsus, -a, -um, part. pass. de remetior.

remĕō, -ās, -āre, -āvī, -ātum, v. intr. 1) Voltar, tornar (Plaut. Ep. 662); (Cíc. Nat. 2, 118). Daí: 2) Percorrer de nôvo, recomeçar (Hor. Sát. 1, 6, 94).

remētĭor, -īris, -īrī, -mēnsus sum, v. dep. tr. I — Sent. próprio: 1) Medir de nôvo ou em sentido contrário (Verg. En. 5, 25). 2) Percorrer em sentido inverso (Verg. En. 2, 181). II — Sent. figurado: 3) Revolver no espírito, refletir, ruminar (Sên. Ir. 3, 36). 4) Igualar a medida (Quint. Decl. 12, 19).

rēmex, -ĭgis, subs. m. Remador (Cíc. Div 2, 114).

Rēmī (Rh-), -ōrum, subs. loc. m. Remos, povo da Gália Bélgica (Cés. B. Gal, 2, 3, 1).

rēmigātĭō, -ōnis, subs. f. Ação de navegar, manobra feita com os remos (Cíc. At. 13, 21, 3).

rēmĭgis, gen. de remex.

rēmigĭum, -ī, subs. n. I — Sent. próprio: 1) Ordem de remos, remos (Verg. G. 1, 202). Daí: 2) Manobra feita com os remos, ação de remar, navegação (a remo) (Cíc. Tusc. 5, 114). Por extensão: 3) Remadores, tripulação (Verg. En. 3, 471). II — Sent. figurado: 4) Movimento (das asas) (Verg. En. 1, 301).

rēmigō, -ās, -āre, -āvī, -ātum, v. intr. Remar, conduzir remando (Cíc. Tusc. 4, 9).

remigrō, -ās, -āre, -āvī, -ātum, v. intr. Voltar a habitar, voltar (Cíc. Tusc. 1, 118); (Cíc. Tusc. 5, 62).

reminīscor, -ĕris, -nīscī, v. incoat. intr. e tr. I — Intr. 1) Recordar-se, lembrar-se (Cíc. Lig. 35). II — Tr.: 2) Lembrar alguma coisa (Cíc. C. M. 78). Obs.: Constrói-se com gen.; com acus.; com abl. acompanhado da prep. de; e com inf. ou inter. indireta.

remiscĕō, -ēs, -ēre, -miscŭī, -mixtum (-mistum), v. tr. Misturar de nôvo, misturar, confundir (sent. próprio e figurado) (Sên. Ep. 71, 15); (Hor. A. Poét. 1, 151).

remiscŭī, perf. de remiscĕo.

remīsī, perf. de remitto.

remissē, adv. I — Sent. próprio: 1) Com relaxamento, de modo livre, de maneira não rigorosa (Cíc. De Or. 3, 184). II — Sent. figurado: 2) Docemente, sem veemência, brandamente (Cíc. Verr. 4, 76). Obs.: Comp.: remissius (Cíc. Fin. 1, 1).

remissĭō, -ōnis, subs. f. I — Sent. próprio: 1) Ação de mandar para trás, entrega, restituição (T. Lív. 27, 17, 1). II — Sent. diversos: 2) Afrouxamento, abaixamento, cessação, abatimento, diminuição (Cíc. Of. 1, 146); (Cíc. De Or. 1, 261); (Cíc. Lae. 76). III — Sent. figurado: 3) Ação de repousar, de descansar (o espírito), distração (Cíc. Arch. 16). 4) Brandura, suavidade (Cíc. Cat. 4, 13). 5) Indulgência, demasiada brandura, fraqueza de caráter (Cíc. Fam. 5, 2, 9). 6) Decréscimo, declínio de uma doença (Cíc. Fam. 7, 26, 1).

remissus, -a, -um. I — Part. pass. de remitto. II — Adj.: 1) Relaxado, frouxo (Quint. 11, 3, 42). Em sent. figurado: 2) Doce, indulgente (Cíc. Rep. 1, 66). 3) Calmo, tranqüilo (Cíc. Do Or. 1, 193). 4) Lento, mole, negligente, inativo, indolente (Cíc. Mur. 52); (Hor. Ep. 1, 18, 90). Na língua comercial: 5) Mais barato, de preço mais baixo (Cíc. Verr. 3, 214).

remistus = remixtus, -a, -um, part. pass. de remiscĕo.

remittō, -is, -ĕre, -mīsī, -mīssum, v. tr. I — Sent. próprio: 1) Reenviar, tornar a mandar, remeter, responder (Cíc. At. 7, 23, 2); (Cés. B. Gal. 5, 47, 5); (Verg. En. 12, 929); (Cés. B. Gal. 7, 20, 7). Daí: 2) Repelir, rejeitar (Cíc. Clu. 6). 3) Despedir, deixar ir, largar (Cíc. Lae. 45). II — Sent. figurado: 4) Desprezar, abandonar, renunciar (Cíc. Phil. 8, 25); (Cíc. Phil. 1, 2). 5) Deixar, conceder, consentir, permitir (Cíc. Planc. 73). 6) Afrouxar, desapertar, descansar, suspender, diminuir (Verg. G. 1, 202); (Cés. B. Gal. 1, 44, 5). 7) Amolecer, abrandar, atenuar, aplacar (Verg. G. 4, 36); (T. Lív. 5, 25, 11). Intransitivamente: 8) Acalmar-se, cessar, desistir (Cés. B. Civ. 3, 26, 4).

remixtus, -a, -um, part. pass de remiscĕo.

Remmia Lex, subs. pr. f. Lei Rêmia, lei de Rêmio, sobre os caluniadores (Cíc. Amer. 55).

remōlĭor, -īris, -īrī, -ītus sum, v. dep. tr. Deslocar com dificuldade (Ov. Met. 5, 354).

remōlĭtus, -a, -um, part. pass. de **remolĭor.** Demolido, derrubado (Sên. Herc. F. 504).

remollēscō, -ĭs, -ĕre, v. incoat. intr. I — Sent. próprio: 1) Tornar-se mole (Ov. Met. 10, 285). II — Sent. figurado: 2) Enervar-se (Cés. B. Gal. 4, 2, 6). 3) Acalmar-se, apaziguar-se (Ov. Met. 1, 378).

remolliō, -ĭs, -ĭre, -ĭtum, v. tr. Sent. figurado: 1) Amolecer, enervar (Ov. Met. 4, 286). 2) Abrandar, acalmar (Suet. Aug. 79).

1. remŏra, -ae, subs. f. Demora, obstáculo (Plaut. Trin. 38).

2. Remŏra, -ae, subs. pr. f. Rêmora, nome proposto para designar Roma, a cidade de Remo, irmão de Rômulo (Cíc. Div. 1, 107).

remōram, forma sincopada de **removēram,** m. q. perf. do ind. de **removĕo.**

remorāmen, -ĭnis, subs. n. Demora, impedimento, atraso (Ov. Met. 3, 567).

remorātus, -a, -um, part. pass. de **remŏror.**

remordĕō, -ēs, -ēre, -mōrsum, v. tr. I — Sent. próprio: 1) Morder de nôvo, remorder (sent. físico e moral) (Verg. En. 1, 261). II — Daí: 2) Morder por sua vez, vingar-se (Hor. Epo. 6, 4).

remŏror, -āris, -ārī, -ātus sum, v. dep. intr. e tr. 1) Parar, deter-se, morar (Ov. Met. 4, 137). Daí: 2) Demorar-se, retardar, reter, impedir (Cíc. Cat. 1, 4); (Cíc. Pomp. 40).

remōsse, forma sincopada de **removisse,** inf. perf. de **removĕo.**

remōtē, adv. (desus.). Ao longe, afastadamente. Obs.: Comp. **remotĭus** (Cíc. Nat. 1, 87) «mais ao longe».

remōtĭō, -ōnis, subs. f. Ação de afastar, afastamento (sent. próprio: ação de fazer recair sôbre outrem (uma acusação) (sent. figurado) (Cíc. Inv. 2, 86).

remōtus, -a, -um, A) Part. pass. de **removĕo.** B) Adj.: I — Sent. próprio: 1) Remoto, longínquo, afastado, apartado, distante (Cés. B. Gal. 7, 1, 4); (Cíc. Fam. 7, 20, 2). II — Sent. figurado: 2) Afastado de, estranho, isento, livre (Cíc. Agr. 2, 31); (Cíc. Mur. 73).

removĕō, -ēs, -ēre, -mōvī, -mōtum, v. tr. I — Sent. próprio: 1) Levar para trás. Daí: 2) Afastar, separar, remover (Cés B. Gal. 1, 25, 1); (Cíc. Or. 5). 3) Tirar, suprimir, fazer desaparecer (Cíc. Amer. 23).

remōvī, perf. de **removĕo.**

remūgĭō, -ĭs, -ĭre, v. intr. I — Sent. próprio: 1) Responder com mugidos, responder berrando (Ov. Met. 1, 657). Daí: 2) Ressoar, retumbar, fazer eco (Verg. En. 6, 99); (Verg. En. 12, 722).

remulcĕō, -ēs, -ēre, -mŭlsī, -mŭlsum, v. tr. 1) Acariciar, encantar (Apul. M. 1, 2). 2) Dobrar (Verg. En. 11, 812).

remŭlcum, -ī, subs. n. e **remŭlcus, -ī,** subs. m. Reboque, cabo de trazer a reboque (Cés. B. Civ. 2, 23, 5). Obs.: O nom. é desusado.

remŭlsī, perf. de **remulcĕo.**

remŭlsus, -a, -um, part. pass. de **remulcĕo.**

Remŭlus, -ī, subs. pr. m. Rêmulo. 1) Rei de Alba, fulminado por ter querido imitar o raio (Ov. Met. 14, 616). 2) Nome de vários guerreiros (Verg. En. 9, 36). Obs.: Em vez de **Remulus,** Tito Lívio (1, 3, 9) registra **Romulus Silvius,** rei de Alba.

remūnerātĭō, -ōnis, subs. f. Remuneração, recompensa (Cíc. Lae. 49).

remūnerātus, -a, -um, part. pass. de **remŭneror.**

remŭnĕrō = **remŭneror** (Petr. 140, 7).

remŭnĕror, -āris, -ārī, -ātus sum, v. dep. tr. Recompensar, remunerar, gratificar, retribuir um presente (Cíc. At. 8, 1, 4); (Cíc. Fam. 9, 8, 1). Obs.: A forma ativa é atestada no império (Petr. 140, 7).

Remŭrĭa, subs. n. pl., v. **Lemurĭa** (Ov. F. 5, 479).

remurmŭrō, -ās, -āre, -āvī, -ātum, v. intr. Responder por um murmúrio, murmurar, ecoar (Verg. En. 10, 291).

1. Rēmus, -ī, subs. loc. m. Remo (habitante da Gália Bélgica) (Cés. B. Gal. 2, 6, 4). Obs.: No plural: remos, habitantes da Gália Bélgica (Cés. B. Gal. 2, 3, 1).

2. Remus, -ī, subs. pr. m. Remo, irmão gêmeo de Rômulo, morto por êste por haver transposto os muros de Roma (Cíc. Rep. 2, 4). Obs.: **Remi nepotes** (Catul. 58, 5) «os romanos».

3. rēmus, -ī, subs. m. I — Sent. próprio: 1) Remo (Cés. B. Gal. 5, 8, 3). II — Sent. figurado: 2) Remo: **dialecticorum remis** (Cíc. Tusc. 4, 9) «com os remos da dialética». 3) Asa (Ov. Met. 5, 558). III — Loc.: 4) **velis remisque** (Cíc. Tusc. 3, 25) «com tôdas as fôrças»; 5) **ventis remis** (Cíc. Fam. 12, 25, 3) «com tôdas as fôrças, mui ràpidamente»; 6) **remis ventisque** (Verg. En. 3, 563) «por todos os meios possíveis».

renārrō, -ās, -āre, v. tr. Contar novamente, narrar outra vez (Verg. En. 3, 717).
renāscor, -ĕris, -nāscī, -nātus sum, v. dep. intr. Renascer (sent. próprio e figurado), reviver (Cíc. Leg. 3, 19); (Cíc Fam. 11, 14, 3).
renātus, -a, -um, part. pass. de **renāscor.**
renāvĭgō, -ās, -āre, -āvī, v. intr. e tr. I — Intr.: Voltar por mar a (Cíc. At. 14, 16, 1). II — Tr.: Atravessar de nôvo (um rio) (Sên. Herc. F. 716).
renĕō, -ēs, -ēre, v. tr. Fiar de nôvo (Ov. F. 6, 757).
rēnēs, -um, (-ium), subs. m. pl. Rins (Cíc. Tusc. 2, 60).
renīdĕō, -es, -ēre, v. intr. 1) Brilhar, resplandecer, reluzir (Lucr. 2, 27); (Hor. O. 2, 18, 21). II — Sent. figurado: 2) Brilhar de alegria, estar radiante (Ov. Met. 8, 197). Donde: 3) Rir, sorrir (Tác. An. 4, 60).
renīdēscō, -is, -ēre, v. incoat. intr. Começar a brilhar (Lucr. 2, 326).
renītor, -ĕris, -nītī, -nīsus sum, v. dep. intr. Fazer esforços contra, resistir, opor-se (T. Lív. 5, 49, 2).
renō, -ās, -āre, v. intr. Sobrenadar, voltar a nado (Hor. Epo. 16, 25).
renōdātus, -a, -um, part. pass. de **renōdo.**
renōdō, -ās, -āre, v. tr. Desatar, desprender, soltar (Hor. Epo. 11, 28).
renovāmen, -ĭnis, subs. n. Metamorfose (Ov. Met. 8, 729).
renovātĭō, -ōnis, subs. f. I — Sent. próprio e figurado: 1) Renovação (Cíc. Nat. 2, 118). II — Sent. particular: 2) Acumulação de juros (Cíc. At. 6, 1, 5).
renovātus, -a, -um, part. pass. de **renŏvo.**
renŏvō, -ās, -āre, -āvī, -ātum, v. tr. I — Sent. próprio: 1) Renovar (Cíc. Nat. 2, 118); (Cíc. Nat. 2, 61). Daí: 2) Restaurar, fazer remoçar (T. Lív. 21, 21, 8). II — Sent. figurado: 3) Recomeçar (Cés. B. Gal. 3, 2, 2). 4) Fazer reaparecer, abrir de nôvo, fazer reviver (Cíc. De Or. 3, 1); (Cíc. Mur. 16). 5) Repetir, retomar (Cíc. Agr. 2, 24).
renŭī, perf. de **renŭo.**
renŭmĕrō, -ās, -āre, -āvī, -ātum, v. tr. Contar, pagar, reembolsar (Ter. Hec 502).
renuntiātĭō, -ōnis, subs. f. I — Sent. próprio: 1) Declaração, anúncio, publicação (Cíc. Verr. 1, 88). II — Sent. particular: 2) Proclamação (do candidato eleito, feita pelo magistrado que preside aos comícios) (Cic. Mur. 18).

renuntiātus, -a, -um, part. pass. de **renuntĭo.**
renuntĭō, -ās, -āre, -āvī, -ātum, v. tr. I — Sent. próprio: 1) Anunciar em resposta, informar (Cés. B. Gal. 1, 10, 1); (Cic. Verr. 3, 73). Daí: 2) Proclamar o resultado de uma eleição, proclamar oficialmente, nomear (Cíc. Mur. 1); (Cíc. Rep. 2, 71). II — Sent. figurado: 3) Anunciar a retirada de, revogar, renunciar, abandonar (Cíc. Verr. 1, 141); (Cíc. De Or. 1, 230). 4) Dar contra-ordem, desdizer-se de (Sên. Clem. 1, 9).
renuntĭus, -ī, subs. m. Segundo mensageiro (Plaut. Trin. 254).
renŭō, -is, -ĕre, -nŭī, v. intr. e tr. A — Intr. I — Sent. próprio: 1) Fazer com a cabeça um sinal negativo, não consentir (Hor. Ep. 1, 16, 49). B — Tr.: 2) Recusar (Cic. Cael. 27). Donde: 3) Proibir (Hor. Ep. 2, 2, 63).
Rĕnus, v. **Rhemnus.**
renūtō, -ās, -āre, v. intr. Recusar (Lucr. 4, 598).
reor, -ĕris, rērī, ratus sum, v. dep. tr. I — Sent. primitivo: 1) Contar, calcular. II — Donde, por enfraquecimento de sentido: 2) Pensar, avaliar, julgar, ser de opinião (Sal. C. Cat. 48, 5); (Cíc. Tusc. 1, 94); (Verg. En. 10, 608).
repāgŭla, -ōrum, subs. n. pl. I — Sent. próprio: 1) Barreiras, barreira (Ov. Met. 2, 155). Daí: 2) Trancas da porta (Cíc. Div. 1, 74). II — Sent. figurado: 3) Barreira (Cíc. Verr. 5, 39).
repāndus, -a, -um, adj. Revirado, arrebitado (Cíc. Nat. 1, 82).
reparābĭlis, -e, adj. Que se pode adquirir de nôvo, reparável, que se pode recuperar (Ov. Met. 1, 379).
reparātus, -a, -um, part. pass. de **repăro.**
repārcō, -is, -ĕre, v. intr. Abster-se (Lucr. 1, 667).
repărō, -ās, -āre, -āvī, -ātum, v. tr. I — Sent. próprio: 1) Conseguir de nôvo, recuperar (T. Lív. 30, 7, 7). 2) Obter por troca (Hor. O. 1, 31, 12). II — Daí: 3) Reparar, restaurar, restabelecer (T. Lív. 3, 37); (Cíc. Verr. 3, 199).
repastinātĭō, -ōnis, subs. f. Segunda cava, segundo amanho (dado à terra) (Cíc. C. M. 53).
repĕctō, -is, -ĕre, -pexum, v. tr. Pentear de nôvo (Ov. A. Am. 3, 154).
repĕllō, -is, -ĕre, reppŭlī, e repŭlī, repŭlsum, v. tr. 1) Repelir, afastar, rejeitar (Cés. B. Civ. 1, 75, 2); (Cíc. Cat.

1, 27). Daí: 2) Repelir empurrando (Ov. Met. 2, 786).
repêndī, perf. de repêndo.
repêndō, -is, -ĕre, -pêndī, -pēnsum, v. tr. I — Sent. próprio: 1) Pesar de nôvo ou em troca, contrabalançar, compensar (Ov. Her. 9, 78). Daí: 2) Pagar em troca, dar em igual pêso (Tác. An. 4, 35); (Plín. H. Nat. 33, 48). II — Sent. figurado: 3) Recompensar (Verg. En. 2, 161).
1. repēns, -ēntis. I — Adj.: 1) Súbito, repentino, imprevisto (Cíc. Tusc. 3, 52). 2) Recente (Tác. An. 6, 7). II — Adv.: 3) Imediatamente (Ov. F. 1, 96).
2. repens, -ēntis, part. pres. de repo.
repēnsō, -ās, -āre, -āvī, -ātum, v. tr. Compensar (Sên. Ir. 2, 32, 1).
repēnsus, -a, -um, part. pass. de repēndo.
repēntĕ, adv. De repente, repentinamente, súbito, sùbitamente (Cíc. De Or. 1, 252).
repentīnō = repēnte (Cés. B. Gal. 2, 33, 2).
repentīnus, -a, -um, adj. Repentino, imprevisto, súbito (Cíc. Br. 242).
repērcō = repārco (Plaut. Truc. 376).
repercūssī, perf. de repercutĭo.
repercussĭō, -ōnis, subs. f. Reflexão (da luz), reflexo (Sên. Nat. 7, 19, 1).
1. repercūssus, -a, -um, part. pass de repercutĭo.
2. repercūssus, -ūs, subs. m. Ação de repelir, repercussão, reflexão (Tác. Germ. 3).
repercutĭō, -ĭs, -ĕre, -cūssī, -cūssum, v. tr. I — Sent. próprio: 1) Repelir por um choque, refletir a luz, repercutir o som (Plín. Ep. 4, 30, 3); (T. Lív. 21, 33, 6). (Ov. Met. 2, 110). II — Daí, em sentido moral: 2) Repelir (Plín. H. Nat. 28, 35).
repĕrī (reppĕrī), perf. de reporĭo.
reperĭō, -ĭs, -īre, repĕrī e reppĕrī, repērtum, v. tr. I — Sent. próprio: 1) Encontrar de nôvo, reencontrar (Cíc. Tusc. 1, 114). Daí: 2) Descobrir, procurar (Cés. B. Gal. 1, 53, 2); (Plaut. Ep. 109). II — Sent. figurado: 3) Descobrir, encontrar, imaginar, inventar (Cíc. Verr. 3, 110). Obs.: Constrói-se com acus., com duplo acus.; com or. inf.; ou com inf. Inf. pass. acus. reperirier (Lucr. 4, 480); fut. acus. reperibo (Plaut. Ep. 151).
repērtor, -ōris, subs. m. Inventor, autor (Verg. En. 12, 829).
1. repērtor, -a, -um. I — Part. pass. de repērto II — Subs. n. pl.: repērta,

-ōrum: descobrimentos, invenções (Lucr. 1, 732).
2. repērtus, -ūs, subs. m. Ação de encontrar, de tornar a encontrar, descoberta, invenção (Apul. M. 11, 11).
repetentĭa, -ae, subs. f. Ato de lembrar-se recordação (Lucr. 3, 849).
repetītĭō, -ōnis, subs. f. Repetição, recapitulação (Cíc. De Or. 3, 206).
repetītor, -ōris, subs. m. O que reclama (Ov. Her. 8, 19).
repetītus, -a, -um, part. pass. de repĕto.
repĕtō, -ĭs, -ĕre, -īvī (ou -ĭī), -ītum, v. tr. I — Sent. próprio: 1) Atacar de nôvo (Ov. Met. 4, 734). Daí: 2) Retomar, recuperar (Verg. En. 2, 749); (Cíc. Br. 63). II — Sent. figurado: 3) Remontar (sent. físico e moral), rememorar (Cíc. Tusc. 1, 116); (Cíc. Verr. 4, 105); (Cíc. De Or. 1, 1). 4) Recomeçar (Cíc. Fat. 4). 5) Tornar a pedir, reclamar, reivindicar (Cíc. Verr. 4, 71); (Cíc. Planc. 101); (Cíc. Verr. 4, 17); (Sal. C. Cat. 18, 3).
repetūndae pecūnĭae ou repetūndae, -ārum, subs. f. pl. Concussão, peculato (Sal. C. Cat. 18, 3).
repēxus, -a, -um, part. pass. de repĕcto.
replĕō, -ēs, -ēre, -plēvī, -plētum, v. tr. 1) Encher novamente, tornar a encher (Cíc. Prov. 4). 2) Encher completamente, preencher, perfazer, completar (sent. físico e moral) (Cíc. De Or. 1, 191); (Lucr. 5, 992). Obs.: Constrói-se com acus., com acus. e abl. Formas sincopadas: replerat = repleverat (Lucr. 6, 1270); replessent = replevissent (T. Lív. 24, 26, 14).
replērat, forma sincopada de replēvĕrat, mais que perf. do ind. de replĕo (Lucr. 6, 1270).
replētus, -a, -um, part. pass. de replĕo. Obs.: Constrói-se como absoluto; com abl. ou com gen.
replicātĭō, -ōnis, subs. f. Revolução celeste (volta de um astro ao ponto de partida) (Cíc. Nat. 1, 33).
replicātus, -a, -um, part. pass. de replĭco.
replĭcō, -ās, -āre, -āvī, -ātum, v. tr. I — Sent. próprio: 1) Dobrar para trás, recurvar, desviar (Cat. Agr. 41, 4). II — Sent. figurado: 2) Percorrer, compulsar (Cíc. Sull. 27); (Cíc. Div. 1, 127). 3) Recordar (Apul. M. 3, 1).
replūmbō, -ās, -āre, v. tr. Dessoldar, tirar a solda, desunir (Sên. Nat. 4, 2, 17).
rēpō, -ĭs, -ĕre, rēpsī, rēptum, v. intr. I — Sent. próprio: 1) Arrastar-se (Sal. B. Jug. 93, 2); (Lucr. 6, 661). Daí: 2)

REPŎNŌ — 859 — **REPRĬMŌ**

Caminhar lentamente, caminhar com dificuldade, dar os primeiros passos (Hor. Sát. 1, 5, 25). II — Sent. figurado: 3) Ser rasteiro, não ter elevação (Hor. Ep. 2, 1, 251).

repŏnō, -is, -ĕre, -posŭī, -posĭtum, v. tr. I — Sent. próprio: 1) Tornar a pôr no lugar, repor, restabelecer, restaurar (Tác. An. 1, 63); (Cíc. Verr. 1, 147); (Hor. A. Poét. 190). 2) Pôr em lugar retirado, guardar, pôr dinheiro de parte, reservar (Cíc. Nat. 2, 156); (Quint. 10, 4, 2); (Cés. B. Civ. 2, 14, 1); (Verg. En. 1, 26). 3) Pôr ou pousar sôbre, estender (Verg. En. 6, 220). II — Sent. figurado: 4) Pôr em lugar de, substituir (Cíc. Fam. 7, 18, 2). 5) Entregar dinheiro, pagar, dar em troca, entregar (Sên. Ir. 2, 28). 6) Pôr no número de, colocar, depositar em, enfileirar entre (Cés. B. Civ. 2, 41, 3); (Cíc. Nat. 2, 54). Obs.: Perf. arc. **reposĭvī** (Plaut. As. 513); part. sincopado: **repostus** (Verg. G. 3, 527).

reporrĭgō, -is, -ĕre, v. tr. Apresentar ou estender de nôvo (Petr. 51, 2).

reportātus, -a, -um, part. pass. de **repŏrto.**

repŏrtō, -ās, -āre, -āvī, -ātum, v. tr. I — Sent. próprio: 1) Levar para trás, retirar, transportar para trás, levar ou trazer (Cíc. Verr. 4, 64); (Cés. B. Civ. 2, 43, 1). II — Daí: 2) Trazer uma resposta (Verg. En. 2, 115).

repŏscō, -is, -ĕre, v. tr. Tornar a pedir, reclamar, tornar a exigir (Cíc. Caecil. 27); (Plín. Ep. 7, 12, 6). Obs.: Constrói-se com duplo acus., com acus. e abl. com **ab**; ou com acus.

repositōrĭum, -ī, subs. n. Prato, bandeja, travessa (Sên. Ep. 78, 23).

repositus, (poét. **repŏstus**), **-a, -um,** I — Part. pass. de **repŏno.** II — Adj.: Colocado em lugar à parte, afastado, colocado em lugar retirado (Verg. En. 6, 59). III — Subs. n.: **repositum, -ī:** Coisa reservada, reserva (Sên. Nat. 6, 7, 3).

reposĭvī = **reposŭī,** perf. de **repŏno** (Plaut. As. 513).

repŏstor, -ōris, subs. m. Restaurador (de templos) (Ov. F. 2, 63).

repŏstus, forma poética de **repositus.**

reposŭī, perf. de **repŏno.**

repŏtĭa, -ōrum, subs. n. pl. I — Sent. próprio: 1) Ação de beber depois de um banquete (Apul. Mund. 35). II — Sent. comum: 2) Nôvo festim, no dia seguinte ao de uma festa e, particularmente, o dia seguinte ao das bodas nupciais (Hor. Sát. 2, 2, 60).

reppĕrī = **repĕrī,** perf. de **reperĭo.**

reppŭlī = **repŭlī,** perf. de **repēllo** (Cíc. Mil. 70).

repraesentātĭō, -ōnis, subs. f. I — Sent. próprio: 1) Ação de pôr sob os olhos, e daí: representação, imagem, retrato (Quint. 8, 3, 61). II — Donde: 2) Pagamento com dinheiro à vista (Cíc. Fam. 16, 24, 1).

repraesentātus, -a, -um, part. pass. de **repraesento.**

repraesentō, -ās, -āre, -āvī, -ātum, v. tr. 1) Executar imediatamente, realizar (Cés. B. Gal. 1, 40, 14). 2) Pagar à vista, satisfazer de pronto (Cíc. At. 12, 25, 1). 3) Tornar presente, pôr diante dos olhos (Cíc. Sest. 26). Donde: 4) Representar (por pintura ou linguagem), reproduzir, repetir (Plín. H. Nat. 34, 88); (Hor. Ep. 1, 19, 14).

reprehĕndī, perf. de **reprehĕndo.**

reprehĕndō (**reprĕndo**), **-is, -ĕre, -prehĕndī, -prehēnsum,** v. tr. I — Sent. próprio: 1) Agarrar por trás, daí: segurar, retomar (sent. físico e moral) (Cíc. Ac. 2, 139); (Lucr. 6, 569). II — Sent. figurado: 2) Repreender, censurar, criticar (Cíc. Clu. 98). Na língua da retórica: 3) Refutar (Cíc. Part. 44).

reprehensĭō, -ōnis, subs. f. I — Sent. próprio: 1) Ato de reter, segurar, retomar (alguma coisa omitida) (Cíc. De Or. 3, 100). II — Sent. moral: 2) Repreensão, censura, crítica, acusação (Cíc. Or. 11). Na língua retórica: 3) Refutação (Cíc. De Or. 3, 207). 4) Correção (figura de retórica) (Quint. 3, 11, 22).

reprehēnsō, -ās, -āre, v. tr. Reter, deter, segurar sem largar (T. Lív. 2, 10, 3).

reprehēnsor, -ōris, subs. m. Censor, o que repreende (Cíc. Ac. 2, 7).

reprehēnsus ou **reprēnsus, -a, -um,** part. pass. de **reprehĕndo.**

reprĕndō = **reprehĕndo.**

reprēssī, perf. de **reprimo.**

reprēssor, -ōris, subs. m. O que reprime (Cíc. Sest. 144).

reprēssus, -a, -um, part. pass. de **reprimo.**

reprĭmō, -is, -ĕre, -prēssī, -prēssum, v. tr. I — Sent. próprio: 1) Fazer recuar, reter (Cíc. Mur. 32); (Cés. B. Gal. 7, 8, 1). II — Sent. figurado: 2) Reprimir, repelir, conter (Cés. B. Civ. 3, 92, 5); (Cíc. Verr. 2, 64); (Cíc. At. 10, 9, 1).

reprōmīsī, perf. de reprōmitto.
reprōmissiō, -ōnis, subs. f. Promessa recíproca (Cíc. Com. 39).
reprōmittō, -is, -ĕre, -mīsī, -mīssum, v. tr. Prometer por sua vez, prometer em paga ou em troca (Cíc. Br. 18).
rĕpsī, perf. de repo.
reptābundus, -a, -um, adj. Que se arrasta, arrastando-se (Sên. Vit. 18, 2).
reptātiō, -ōnis, subs. f. Ação de se arrastar (Quint. 1, 12, 20).
reptātus, -a, -um, part. pass. de repto.
reptō, -ās, -āre, -āvī, -ātum, v. intr. Rastejar, arrastar-se, andar lentamente ou com dificuldade (Hor. Ep. 1, 4, 4); (Plín. H. Nat. 9, 95).
repudiātiō, -ōnis, subs. f. Ação de rejeitar, recusa, rejeição (Cíc. Mur. 9).
repudiō, -ās, -āre, -āvī, -ātum, v. tr. I — Sent. próprio: 1) Rejeitar, recusar (Cíc. Lae. 96). II — Daí, por especialização: 2) Repudiar uma mulher, divorciar-se, abandonar (Suet. Claud. 26).
repudiōsus, -a, -um, adj. Rejeitável, indigno (Plaut. Pers. 384).
repudĭum, -ī, subs. n. I — Sent. próprio: 1) Repúdio (da mulher pelo marido), divórcio (Tác. An. 3, 22). II — Daí: 2) Rompimento (com um noivo ou uma noiva), recusa (Plaut. Aul. 792). Obs.: Etimològicamente significa: «repelir com o pé».
repuerāscō, -is, -ĕre, v. incoat. intr. Tornar-se novamente jovem, fazer-se môço (Cíc. C. M. 83).
repūgnans, -āntis. I — Part. pres. de repūgno. II — Subs. n. pl.: repugnantia, -ium — «coisas contraditórias» (Cíc. De Or. 2, 170).
repugnānter, adv. Contra a vontade, de má vontade (Cíc. Lae. 91).
repugnantĭa, -ae, subs. f. Desacôrdo, antipatia, oposição, incompatibilidade (Cíc. Of. 3, 34).
repugnātiō, -ōnis, subs. f. Oposição, resistência (Apul. Plat. 1, 12).
repūgnō, -ās, -āre, -āvī, -ātum, v. intr. I — Sent. próprio: 1) Repelir combatendo, rechaçar, opor resistência, combater (Cés. B. Gal. 3, 4, 2). Daí: 2) Lutar contra, opor-se (Cíc. C. M. 5); (Cíc. De Or. 1, 256). II — Donde: 3) Estar em oposição, ser incompatível (Ov. A. Am. 2, 72).
repŭlī = reppŭlī, perf. de repēllo.
repulsa, -ae, subs. f. I — Sent. próprio: 1) Mau êxito, revés (de uma candidatura) (Cíc. De Or. 2, 280). II —
Daí: 2) Mau êxito, mau resultado, recusa (Ov. Met. 2, 97).
repūlsans, -āntis, part. pres. de repūlso.
repūlsō, -ās, -āre, v. tr. I — Sent. próprio: I) Repercutir (Lucr. 4, 579). II — Sent. figurado: 2) Recusar, rejeitar (Lucr. 4, 914).
1. repūlsus, -a, -um. I — Part. pass. de repēllo. II — Adj.: Repelido, afastado (Lucr. 5, 406).
2. repūlsus, -ūs, subs. m. 1) Repercussão (do som) (Cíc. poét. Div. 1, 13). 2) Reverberação, reflexo (Lucr. 4, 106).
repūungō, -is, -ĕre, v. tr. Picar de nôvo, picar por sua vez (Cíc. Fam. 1, 9, 19).
repūrgātus, -a, -um, part. pass. de repūrgo.
repūrgō, -ās, -āre, -āvī, -ātum, v. tr. I — Sent. próprio: 1) Limpar (T. Liv. 44, 4). II — Daí: 2) Desembaraçar, tirar limpando (Ov. Met. 14, 603).
reputātiō, -ōnis, subs. f. Ponderação, meditação, consideração (Tác. Hist. 2, 38).
repŭtō, -ās, -āre, -āvī, -ātum, v. tr. 1) Fazer e refazer as contas, calcular (Cíc. Rep. 1, 25). Daí: 2) Refletir, meditar, examinar (Cíc. Dej. 38); (Cíc. Fam. 1, 9, 6).
requiĕrant = requievĕrant, forma sincopada do mais-que-perf. do ind. de requiēsco (Catul. 84, 7).
requiĕrunt = requievĕrunt, forma sincopada do perf. de requiēsco (Verg. Buc. 8, 4).
requiēs, -quiētis, subs. f. I — Sent. próprio: 1) Repouso, descanso, cessação (de um trabalho) (Cíc. Of. 2, 6). II — Sent. poético: 2) = quies (Ov. Met. 15, 224). Obs.: O dat. é desusado. Além do acus. requietem (Cíc. Fin. 5, 19), ocorre o acus. requiem (Cíc. Arch. 6), como além do abl. requiete (Cíc. Div. 1, 13) ocorre o abl. requie (Ov. Her. 4, 89); (T. Liv. 22, 9, 5).
requiēscō, -is, -ĕre, requiēvī, -quiētum, v. intr. Repousar, descansar (sent. próprio e figurado) (Cíc. Of. 3, 2); (Cíc. Cael. 79).
requiēssem = requievīssem, forma sincopada do mais-que-perf. do subj. de requiēsco (Cíc. De Or. 2, 290).
requiētus, -a, -um, adj. Repousado, descansado (Ov. A. Am. 2, 351).
requīrĭtō, -ās, -āre, v. freq. tr. Indagar, pesquisar (Plaut. Most. 1003).
requīrō, -is, -ĕre, -quīsīvī, -quīsītum, v. tr. I — Sent. próprio: 1) Rebuscar, estar à cata de, procurar (Cíc. Fin. 3, 10);

(Cés. B. Civ. 2, 35, 1). II — Daí: 2) Reclamar, pedir, exigir (Cíc. Br. 120): (Cíc. Par. 7). Obs.: Constrói-se com acus.; com interr. indir.; com abl. com ab ou ex.

requīsītus, -a, -um. I — Part. pass. de **requīro.** II — Subs. n. pl.: **requīsīta, -ōrum:** necessidade, falta, pobreza (Quint. 8, pr. 38).

requīsīvī, perf. de **requīro.**

requŏquŏ = **recŏquo.**

rēre = **rēris,** 2ª pes. sg. do pres. do ind. de **reor.**

rēs, rĕī [em poesia também **rēī** ou **rei** (monos.)], subs. f. I — Sent. próprio: 1) Bens, propriedade, posses, interêsse em alguma coisa (Cés. B. Gal. 1, 18, 4). Daí: 2) Utilidade, vantagem, interêsse (em várias locuções): **in rem esse alicui** (Plaut. Aul. 129) «ser vantajoso para alguém»; **ex tua re non est, ut** (Plaut. Ps. 388) «não é vantajoso para ti que...»; **e re publica** (Cíc. De Or. 2, 124) «no interêsse geral»; **ab re aliquid orare** (Plaut. Capt. 338) «pedir alguma coisa contrária aos seus interêsses». II — Sent. particular: 3) Assunto judiciário, litígio, questão judicial, processo (Cíc. Mil. 15). Daí: 4) Negócio (sent. genérico) (Cíc. Verr. 2, 172). III — Sent. diversos: 5) Fato, realidade (Cíc. Verr. 5, 87). 6) Ação realizada, fato, coisa, acontecimento, emprêsa, façanhas, feitos militares, fatos históricos, feitos notáveis (sent. mais comum) (Cíc. Verr. 4, 63). 7) Situação, condição, circunstância, ocasião (Ter. Ad. 293); (Cíc. At. 7, 8, 2). 8) A coisa pública, os negócios públicos, o Estado, poder, autoridade (Cíc. Rep. 1, 12). 9) Motivo, causa, fim, plano (Cíc. At. 8, 8, 1). Obs.: Do sentido de bens, propriedade, decorre o de proveito em alguma coisa e daí: interêsse a discutir, negócio a tratar ou discutir (principalmente na justiça), e depois em sua acepção geral. **Res,** designando bens concretos, passou a exprimir o que existe, a realidade, a coisa ou o fato, sendo assim, por seu sentido vago, como que um substituto polido de uma expressão que se quer evitar. Em poesia também aparece **rēī** (Luc. 1, 688) ou **rei** como monossílabo (Lucr. 4, 885).

resăcrō = **resĕcro** (C. Nep. Alc. 6, 5).

resaevĭō, -īs, -īre, v. intr. Irritar-se, enfurecer-se de nôvo (Ov. Trist. 1, 1, 103).

resalūtātĭō, -ōnis, subs. f. Saudação retribuída (Suet. Ner. 37).

resalūtō, -ās, -āre, -āvī, -ātum, v. tr. Retribuir uma saudação, saudar em resposta (Cíc. Phil. 2, 106).

resănēscō, -is, -ĕre, -sănŭī, v. incoat. intr. Recuperar a razão, recuperar a saúde, começar a sarar (Ov. Am. 1, 10, 9).

resănŭī, perf. de **resanēsco.**

resarcĭō, -īs, -īre, -sārsī, -sārtum, v. tr. I — Sent. próprio: 1) Consertar (Ter. Ad. 121). II — Sent. figurado: 2) Reparar (um dano), recompensar (Cés. B. Gal. 6, 1, 4).

resārsī, perf. de **resarcĭo.**

rescĭdī, perf. de **rescīndo.**

rescīndō, -is, -ĕre, -scĭdī, -scīssum, v. tr. I — Sent. próprio: 1) Separar rasgando, cortar, rasgar, abrir (Verg. En. 12, 390). Daí: 2) Destruir cortando (Cés. B. Gal. 4, 19, 4). II — Sent. figurado: 3) Abrogar, anular, rescindir (Cíc. Phil. 2, 109).

rescĭī = **rescīvi,** perf. de **rescĭo.**

rescĭō, -īs, -īre, -īvī (ou **-ĭī),** v. tr. Vir a saber, ser informado, descobrir (Cés. B. Gal. 1, 28, 1).

rescīscō, -is, -ĕre, v. incoat. tr. Vir a saber, ser informado (Ter. Hec. 867).

rescīssus, -a, -um, part. pass. de **rescīndo.**

rescrībō, -is, -ĕre, -scrīpsī, -scrīptum, v. tr. I — Sent. próprio: 1) Escrever novamente, escrever em resposta (Cíc. At. 13, 23, 1); (Suet. Cés. 56). II — Sent. especial: 2) Responder (tratando-se da resposta do imperador a uma pergunta feita) (Suet. Aug. 40). Daí: 3) Restituir dinheiro, pagar, reembolsar (Cíc. At. 16, 2, 1).

rescrīptum, -ī, subs. n. Resposta (por escrito) do imperador, rescrito (Tác. An. 6, 15).

rescrīptus, -a, -um, part. pass de **rescrībo.**

resecātus, -a, -um, part. pass. de **resĕco.**

resĕcō, -ās, -āre, -secŭī, -sēctum, v. tr. 1) Tirar cortando, cortar (Cíc. Div. 2, 96). 2) Tirar, suprimir (Cíc. Cat. 2, 11).

resăcrō (**resăcrō**), **-ās, -āre, -āvī, -ātum,** v. tr. I — Sent. próprio: 1) Libertar de uma praga ou maldição, levantar a excomunhão ou interdição que pesa sôbre alguém (C. Nep. Alcib. 6, 5). II — Daí: 2) Tornar a pedir, suplicar (Plaut. Aul. 684).

resēctus, -a, -um, part. pass. de **resĕco.**

resecŭī, perf. de **resĕco.**

resecūtus, -a, -um, part. pass. de **resĕquor.**

resēdī, perf. de **residĕo** e de **resīdo.**

resēdō, -ās, -āre, v. tr. Acalmar um mal, curar (Plín. H. Nat. 27, 131).
resēmĭnō, -ās, -āre, v. tr. Semear de nôvo, reproduzir (Ov. Met. 15, 392).
resĕquor, -ĕris, -sĕquī, -secūtus sum, v. dep. tr. Responder imediatamente a alguém, replicar (Ov. Met. 6, 36).
reserātus, -a, -um, part. pass. de **reserō 1.**
1. reserō, -ās, -āre, -āvī, -ātum, v. tr. I — Sent. próprio: 1) Abrir a porta (Verg. En. 7, 613). Daí, por enfraquecimento de sentido: 2) Abrir, descobrir (Ov. Met. 15, 145). II — Sent. figurado: 3) Abrir o caminho, começar (Ov. P. 4, 423). 4) Tornar acessível (Cíc. Phil. 7, 2).
2. reserō, -is, -ĕre, resēvī, v. tr. Tornar a semear, replantar (Varr. L. Lat. 5, 39).
reservātus, -a, -um, part. pass. de **reservo.**
reservō, -ās, -āre, -āvī, -ātum, v. tr. I — Sent. próprio: 1) Reservar, pôr de lado, guardar (Cíc. Prov. 47); (Cés. B. Gal. 3, 3, 4). II — Daí: 2) Conservar, salvar (Cíc. Fam. 5, 4, 2). Obs.: Constrói-se com acus. acompanhado ou não de **ad** ou **in**; com acus. e dat.
resĕs, -ĭdis, adj. I — Sent. próprio: 1) Que fica, que reside em, residente (T. Liv. 2, 32, 5). II — Sent. figurado: 2) Preguiçoso, inativo, ocioso (Verg. En. 6, 813).
resēvī, perf. de **reserō 2.**
residĕō, -ēs, -ēre, -sēdī, -sessum, v. intr. I — Sent. próprio: 1) Ficar, permanecer, residir (Cíc. Cat. 1, 12). II — Sent. figurado: 2) Ficar para trás, parar, estar ocioso (Cíc. Tusc. 1, 104). Obs.: Constrói-se com abl. acompanhado de **in**; raramente com abl. sem preposição, e dat. ou acus. com **apud.**
residis, gen. de **reses.**
residō, -is, -ĕre, -sēdī, -sessum, v. intr. I — Sent. próprio: 1) Repousar, assentar-se, parar (Cíc. Fin. 3, 9). Daí: 2) Fixar-se, estabelecer-se, ficar (Cíc. Mil. 51). Donde: 3) Cessar, baixar, decrescer, diminuir (Cíc. Pis. 82); (Verg. G. 2, 480). II — Sent. figurado: 4) Amainar, abrandar, acalmar (Cés. B. Gal. 7, 64, 7).
residŭum, -ī, subs. n. Resíduo, resto, o restante (Cíc. Verr. 3, 226).
residŭus, -a, -um, adj. I — Sent. próprio: 1) Que resta, que subsiste, que dura ainda (Tác. An. 11, 23). II — Sent. particular: 2) Que está por pagar, que fica ainda em dívida, atrasados (de uma dívida) (geralmente no plural): **residuae pecuniae** (Cíc. Clu. 94) «quantias que estão por pagar, ou, restos a pagar». III — Sent. figurado: 3) Inativo, ocioso (Ác. Tr. 696).
resignātus, -a, -um, part. pass. de **resigno.**
resignō, -ās, -āre, -āvī, -ātum, v. tr. I — Sent. próprio: 1) Rasgar o sêlo, abrir (uma carta ou testamento) (Cíc. At. 11, 9, 2). Daí: 2) Violar o segrêdo, desvendar, descobrir (Ov. F. 6, 535). II — Sent. figurado: 3) Anular, cancelar, rescindir, romper, violar (Cíc. Arch. 9). 4) Entregar, renunciar, resignar (Hor. O. 3, 29, 54).
resiliō, -īs, -īre, -silŭī, -sultum, v. intr. I — Sent. próprio: 1) Saltar para trás, voltar saltando (Ov. Met. 6, 374). Daí: 2) Recair, brotar, ser repelido para longe (Cíc. Amer. 79). II — Sent. figurado: 3) Retirar-se sôbre si mesmo, reduzir-se, encurtar-se (Ov. Met. 3, 677). Obs.: Perf. **resilivi** (Sên. Contr. 1, 3, 4); **resilii** (Petr. 46, 7).
resilŭī, perf. de **resilio.**
resimus, -a, -um, adj. Arrebitado (tratando-se do nariz), recurvado, revirado (Ov. Met. 14, 95).
rēsīna, -ae, subs. f. Resina, goma (Cat. Agr. 23, 3).
rēsīnātus, -a, -um, adj. 1) Misturado com resina (Marc. 3, 77, 8). 2) Untado com resina, efeminado (Juv. 8, 114).
resipĭō, -ĭs, -ĕre, v. tr. Ter gôsto de, ter sabor de, ter perfume de (sent. próprio e figurado) (Varr. R. Rust. 1, 54, 3); (Cíc. Nat. 2, 46).
resipīscō, -ĭs, -ĕre, -sipŭī, v. incoat. intr. Recobrar os sentidos, voltar a si, recuperar-se (Cíc. Sest. 80).
resipŭī, perf. de **resipisco.**
resistō, -ĭs, -ĕre, restĭtī, v. intr. I — Sent. próprio: 1) Ficar para trás, parar (Cíc. Fin. 4, 50); (Cés. B. Gal. 5, 51, 5). II — Sent. figurado: 2) Resistir, opor resistência (Cés. B. Gal. 4, 7, 3); (Cíc. Fam. 4, 6, 1); (Tác. An. 2, 16). Obs.: Constrói-se como intr. absoluto; com dat. com **adversus** ou **contra**; com **ne** e com gen.
resolūtus, -a, -um. I — Part. pass. de **resolvo.** II — Adj.: Mole, fraco, brando. Obs.: Comp.: **resolutior** (Marc. 10, 98, 2).
resolvō, -ĭs, -ĕre, -solvī, -solūtum, v. tr. I — Sent. próprio: 1) Desligar, separar, desamarrar (Ov. F. 4, 180); (Ov. Met. 4, 737). Daí: 2) Abrir (T. Liv. 26, 15, 9); (Tác. An. 6, 48). II — Sent. figu-

rado: 3) Resolver, explicar, esclarecer (Verg. En. 6, 29); (Lucr. 5, 772). 4) Dissolver, desfazer, dissipar (Lucr. 6, 967); (Verg. En. 8, 591). 5) Estender, relaxar, soltar (Verg. En. 6, 422); (Tác. Hist. 1, 51). 6) Quebrar, romper, violar, anular (Verg. En. 4, 27). 7) Pagar, compensar (Plaut. Ep. 142).

resonābĭlis, -e, adj. Que repete (tratando-se do eco) (Ov. Met. 3, 358).

resŏnō, -ās, -āre, -sonŭī e -sonāvī, v. intr. e tr. A — Intr. I — Sent. próprio: 1) Ressoar, retumbar, ecoar (Cíc. Tusc. 3, 3); (Cíc. Tusc. 1, 96). B — Tr.: 2) Fazer ressoar, repetir (Verg. Buc. 1, 5); (Verg. En. 7, 11). Obs.: Constrói-se como intr. absoluto; com abl.; transitivamente com acus., com dat. e, às vezes, com acus. com ad.

resonŭī, perf. de **resŏno**.

resŏnus, -a, -um, adj. 1) Que produz eco, que repete ou responde, que retumba (Luc. 7, 480). 2) Que faz ruído (Ov. Met. 3, 496).

resorbĕō, -ēs, -ēre, v. tr. Engolir outra vez, reabsorver (Ov. Her. 12, 125); (Lucr. 6, 1054).

respectō, -ās, -āre, -āvī, -ātum, v. intr. e tr. I — Sent. próprio: 1) Olhar para trás, olhar para trás freqüentemente (Ter. Ad. 157); (T. Lív. 4, 18, 6). Daí: 2) Voltar os olhos para (T. Lív. 3, 48, 5); (Cíc. C. M. 84). II — Sent. figurado: 3) Prestar atenção, ter olhos em, ocupar-se de (Verg. En. 1, 603).

1. respectus, -a, -um, part. pass. de **respicĭo**.

2. respectus, -ūs, subs. m. I — Sent. próprio: 1) Ação de olhar para trás (T. Lív. 32, 12, 8). Daí: 2) Visão, espetáculo (Cic. Div. 1, 68). II — Sent. figurado: 3) Respeito, atenção, consideração (T. Lív. 42, 37, 2). 4) Asilo, refúgio (Cíc. Phil. 5, 49).

respergō, -ĭs, -ĕre, -spersī, -spersum, v. tr. 1) Borrifar, salpicar, manchar de (sent. próprio e figurado) (Cíc. Verr. 5, 100); (Tác. Hist. 1, 48). Sent. poético: 2) Inundar (de luz) (Lucr. apud. Macr. Saturn. 6, 1, 25).

respersī, perf. de **respergo**.

respersĭō, -ōnis, subs. f. 1) Ação de derramar (vinho e perfumes sôbre um túmulo) (Cíc. Leg. 2, 60). 2) Ação de jogar côres (num quadro) (Cíc. Div. 2, 48).

respersus, -a, -um, part. pass. de **respergo**.
respexī, perf. de **respicĭo**.

respexis, forma arcaica sincopada de **respexĕris** (Plaut. Aul. 58).

respicĭō, -is, -ĕre, -spexī, -spectum, v. intr. e tr. A) Intr.: I — Sent. próprio: 1) Olhar para trás, volver os olhos para (Cíc. Div. 1, 73); (Cés. B. Gal. 5, 43, 4) II — Sent. figurado: 2) Olhar com atenção, volver a atenção, examinar, ponderar, ter respeito a (Cíc Verr. 3, 26). B) Tr. III — Sent. próprio: 3) Olhar para, voltar-se para olhar (Cés. B. Gal. 3, 91, 3). 4) Olhar por, proteger (Ter. Phorm. 817). 5) Esperar, aguardar, sonhar (T. Lív. 4, 17, 5). Obs.: **respexis** = **respexeris** (Plaut. Aul. 58).

respīrāmen, -ĭnis, subs. n. Canal respiratório (traquéia-artéria) (Ov. Met. 2, 828).

respīrātĭō, -ōnis, subs. f. 1) Respiração, pausa (para tomar a respiração) (Cíc. Or. 53). 2) Exalação, evaporação (Cíc. Nat. 2, 27).

respīrātus, -ūs, subs. m. Respiração (Cíc. Nat. 2, 136).

respīrō, -ās, -āre, -āvī, -ātum, v. tr. e intr. A — Tr.: 1) Expirar, exalar: **animam** (Cíc. Nat. 2, 136) «exalar a alma (expirar)». B — Intr.: 2) Respirar, tomar fôlego (sent. próprio e figurado) (Cíc. Nat. 2, 138); (Cíc. Fin. 3, 48); (Cíc. Mil. 47). Impessoal: 3) Restabelecer-se (T. Lív. 29, 4); (Cíc. Clu. 200). Obs.: Constrói-se como absoluto ou com abl. acompanhado de **ab**.

resplendĕō, -ēs, -ēre, -splendŭī, v. intr. Resplandecer, rebrilhar (Verg. En. 12, 741).

resplendŭī, perf. de **resplendĕo**.

respondĕō, -ēs, -ēre, -spondī, -sponsum, v. tr. I — Sent. próprio: 1) Comprometer-se por seu lado, corresponder a um compromisso solenemente feito (Plaut. Capt. 899). Daí, na língua comum: 2) Responder (Cíc. Mur. 3); (Cíc. Cael. 67). II — Empregos especiais — Na língua jurídica: 3) Dar consultas (responder a consultas) (Cíc. De Or. 1, 198). 4) Responder a uma citação (em justiça) (Cíc. Verr. 1, 1). 5) Corresponder a, estar à altura de: **honoribus majorum** (Cíc. Br. 117) «corresponder às honras dos antepassados» (estar à altura dos ancestrais dos magistrados). Na língua religiosa: 6) Responder a um oráculo (Cíc. Div. 1, 79). Na língua da agricultura: 1) Produzir, prosperar (Sên. Ep. 23, 5).

respondī, perf. de **respondĕo**.

responsĭō, -ōnis, subs. f. I — Sent. próprio: 1) Resposta (Cíc. Balb. 36). II — Na língua retórica: 2) Subjecção, resposta a si próprio **sibi ipsi responsio** (Cíc. De Or. 3, 207) «resposta feita a si próprio».
responsĭtō, -ās, -āre, -āvī, -ātum, v. freq. tr. Dar uma opinião ou conselho (principalmente tratando-se de questões jurídicas) (Cíc. Leg. 1, 14).
respōnsō, -ās, -āre, -āvī, -ātum, v. intr. I — Sent. próprio: 1) Responder (Plaut. Most. 403). Daí: 2) Replicar, recalcitrar (Plaut. Men. 621). II — Sent. figurado: 3) Resistir a, opor-se a (Hor. Sát. 2, 7, 85). 4) Ressoar, retumbar (Verg. En. 12, 757).
respōnsor, -ōris, subs. m. O que pode dar uma resposta (Plaut. Rud. 226).
respōnsum, -ī, subs. n. I — Sent. próprio: 1) Resposta (verbal, por carta, etc.) (Cíc. Verr. 5, 40). II — Sent. particular: 2) Resposta (de um oráculo, dos arúspices) (Cíc. Cat. 3, 9). 3) Resposta (de um jurisconsulto), decisão, solução (Cíc. De Or. 1, 239).
respōnsus, -a, -um, part. pass. de **respondĕo**.
rēspūblĭca, v. **res**.
respŭī, perf. de **respŭo**.
respŭō, -is, -ĕre, respŭī, v. tr. I — Sent. próprio: 1) Cuspir para trás ou para fora, vomitar (Cíc. Nat. 2, 24). II — Sent. figurado: 2) Rejeitar, recusar, repelir (Lucr. 6, 1054); (Cés. B. Gal. 1, 42, 2).
restāgnō, -ās, -āre, v. intr. I — Sent. próprio: 1) Formar uma acumulação de água, ser inundado (Cés. B. Gal. 2, 24, 4). II — Daí: 2) Inundar (Ov. Met. 11, 364).
restāns, -āntis, part. pres. de **resto**.
restaurō, -ās, -āre, -āvī, -ātum, v. tr. Restaurar, restabelecer, reconstruir (Tác. An. 3, 72).
restĭcŭla, -ae, subs. f. Cordel, corda delgada (Cíc. Scaur. 10).
restīnctĭō, -ōnis, subs. f. Ação de matar (a sêde) (Cíc. Fin. 2, 9).
restīnctus, -a, -um, part. pass. de **restīnguo**.
restīnguō, -is, -ĕre, -stīnxī, -stīnctum, v. tr. I — Sent. próprio: 1) Extinguir (Cíc. Cat. 3, 2); ...**cupiditates** (Cíc. Nat. 2, 148) «extinguir as paixões». II — Daí: 2) Aniquilar, destruir (Cíc. Fam. 11, 12, 1). 3) Matar (Plín. H. Nat. 29, 62).
restīnxī, perf. de **restīnguo**.
restĭō, -ōnis, subs. m. Cordoeiro, negociante de cordas (Plaut. Most. 884).
restĭpŭlātĭō, -ōnis, subs. f. Estipulação recíproca (Cíc. Com. 37).
restĭpŭlor, -āris, -ārī, v. dep. tr. Estipular de nôvo, estipular reciprocamente (Cíc. Com. 38).
restis, -is, subs. f. I — Sent. próprio: 1) Corda, cabo (T. Lív. 27, 37, 14). II — Sent. particular: 2) Rama do alho ou da cebola, réstia (Marc. 12, 32, 20). Obs.: Além do acus. sg. **restem** ocorre o acus. **restim** (Ter. Phorm. 686).
restĭtī, perf. de **resisto** e de **resto**.
restĭtō, -ās, -āre, v. freq. intr. I — Sent. próprio: 1) Parar muitas vêzes (Ter. Eun. 668). II — Sent. figurado: 2) Resistir, fazer frente (T. Lív. 7, 39, 14).
restĭtŭī, perf. de **restĭtŭo**.
restĭtŭō, -is, -ĕre, restĭtŭī, restĭtūtum, v. tr. I — Sent. próprio: 1) Pôr no primitivo estado ou lugar, restabelecer (Cíc. Fam. 12, 25a, 1); (Cíc. Agr. 2, 36); (Cés. B. Gal. 1, 53, 1). II — Daí: 2) Reparar, reconstruir, restaurar, reerguer (Cíc. Verr. 4, 69); (T. Lív. 31, 43, 4). Donde: 3) Restituir, entregar (Cíc. Verr. 4, 73).
restĭtūtĭō, -ōnis, subs. f. I — Sent. próprio: 1) Restabelecimento, reparação, restauração (Suet. Ner. 40). II — Sent. particular: 2) Restituição (de um exilado à pátria) (Cíc. Pis. 35). 3) Reintegração (de um condenado à sua situação primitiva) (Cíc. Agr. 2, 10).
restĭtūtor, -ōris, subs. m. 1) Restaurador (de edifícios) (T. Lív. 4, 20, 7). 2) O que restabelece, salvador (Cíc. Mil. 39).
restĭtūtus, -a, -um, part. pass. de **restĭtŭo**.
restō, -ās, -āre, restĭtī, v. intr. I — Sent. próprio: 1) Ficar atrás, ficar, permanecer (Ên. An. 475). Donde: 2) Persistir (Prop. 2, 25, 18). Na língua militar: 3) Resistir, opor-se (Sal. Híst. 1, 75). II — Sent. figurado: 4) Subsistir, sobreviver, restar (Cíc. C. M. 46); **restat ut** (Cíc. Pomp. 27) «resta que». Impessoal (poético): 5) Estar reservado (Verg. En. 7, 270); (Lucr. 5, 227). Obs.: Constrói-se como intr. absoluto; raramente com dat. ou com acus. com **adversum**; ou impessoalmente, na poesia.
restrictē, adv. I — Sent. próprio: 1) Restritamente, rigorosamente (Cíc. Lae. 58). II — Daí: 2) Com circunspecção,

com moderação, com discrição, com reserva (Cíc. Fin. 2, 42).
restrictus, -a, -um. I — Part. pass. de **restringo.** II — Adj.: 1) Estreito, limitado (Suet. Aug. 73). 2) Curto (Suet. Dom. 18). Em sent. figurado: 3) Modesto, poupado, econômico (Cíc. Fam. 3, 8, 8). 4) Rigoroso, severo, rígido (Tác. An. 15, 48).
restringō, -is, -ĕre, -strīnxī, -strīctum, v. tr. I — Sent. próprio: 1) Ligar, fortemente, apertar bem (Catul. 64, 296); (Hor. O. 3, 5, 35). II — Sent. figurado: 2) Conter, reprimir, confranger (Tác. An. 16, 16); (Sên. Ben. 1, 4). 3) Despertar, abrir, mostrar (Plaut. Capt. 486). Obs.: O sentido nº 3) não é clássico.
restringuō = restringo.
resultō, -ās, -āre, -āvī, -ātum, v. intr. I — Sent. próprio: 1) Saltar para trás (Lucr. 2, 98). Daí: 2) Saltar, pular, saltitar (Verg. En. 10, 330). Sent. poético: 3) Retumbar, ecoar, atroar (Verg. En. 5, 150). II — Sent. figurado: 4) Repugnar a, não concordar com, repelir (Plín. Ep. 8, 4, 3).
resūmō, -is, -ĕre, -sūmpsī, -sūmptum, v. tr. I — Sent. próprio: 1) Tomar outra vez, recobrar (Quint. 10, 4, 3); (Ov. Met. 9, 193). II — Daí: 2) Recomeçar, renovar (Tác. Hist. 2, 41).
resūmpsī, perf. de **resūmo.**
resūmptus, -a, -um, part. pass. de **resūmo.**
resŭō, -is, -ĕre, -sūtum, v. tr. Descoser (Suet. Aug. 94).
resupinātus, -a, -um, part. pass. de **resupino.**
resupīnō, -ās, -āre, -āvī, -ātum, v. tr. I — Sent. próprio: 1) Inclinar para trás, puxar para trás, dobrar o corpo ou a cabeça para trás (Ter. Phorm. 863). 2) Deitar de costas (Plín. H. Nat. 24, 162). II — Sent. figurado: 3) Cair por terra, arruinar-se, destruir-se (Sên. Ben. 2, 13, 1).
resupīnus, -a, -um, adj. I — Sent. próprio: 1) Inclinado para trás, reclinado, deitado de costas (Verg. En. 1, 476). II — Sent. figurado: 2) Altivo, soberbo (Ov. Met. 6, 275). 3) Mole, efeminado (Quint. 5, 12, 20).
resūrgō, -is -ĕre, -surrēxī, -surrēctum, v. intr. I — Sent. próprio: 1) Levantar-se (Hor. O. 2, 17, 14); (Ov. Met. 5, 349). II — Sent. figurado: 2) Reerguer-se, restabelecer-se, reanimar-se, ressurgir (Verg. En. 1, 206).

resurrēxī, perf. de **resūrgo.**
resuscĭtō, -ās, -āre, -āvī, -ātum, v. tr. Despertar de nôvo, reanimar, incitar (a cólera) (Ov. Met. 8, 474).
resūtus, -a, -um, part. pass. de **resŭo.**
retardātĭō, -ōnis, subs. f. Demora, detenção, atraso, retardação, procrastinação (Cíc. Phil. 5, 30).
retardātus, -a, -um, part. pass. de **retārdo.**
retārdō, -ās, -āre, -āvī, -ātum, v. tr. I — Sent. próprio: 1) Atrasar, retardar, demorar, deter (Cíc. Phil. 10, 11); (Cíc. Nat. 2, 103). II — Sent. figurado: 2) Paralisar, reter, impedir (Cíc. Sest. 67); (Cíc. Fam. 5, 17, 1).
retāxō, -ās, -āre, v. tr. Censurar por sua vez (Suet. Vesp. 13).
rēte, -is, subs. n. (muitas vêzes no pl.). I — Sent. próprio: 1) Rêde, rêdes (Cíc. Nat. 2, 123). II — Sent. figurado: 2) Laço, armadilha (Plaut. Pers. 74).
retēctus, -a, -um, part. pass. de **retĕgo.**
retĕgō, -is, -ĕre, -tēxī, -tēctum, v. tr. Descobrir, desvendar, revelar (sent. próprio e figurado) (Cíc. At. 4, 7, 2); (Verg. En. 12, 374); (Verg. En. 1, 356).
retēmptō, v. **retēnto.**
retēndī, perf. de **retēndo.**
retēndō, -is, -ĕre, -tēndī, -tēnsum, v. tr. Distender, relaxar (sent. próprio e figurado) (Ov. Met. 2, 419); (Quint. 1, 3, 8).
retēnsus, -a, -um, part. pass. de **retēndo.**
retentātus, -a, -um, part. pass. de **retēnto** 1 e 2.
retentĭō, -ōnis, subs. f. I — Sent. próprio: 1) Retenção, ação de reter, de paralisar (Cíc. At. 13, 21, 3). II — Daí: 2) Ação de suspender, suspensão (Cíc. Ac. 2, 59).
1. **retēntō, -ās, -āre, -āvī, -ātum** (freq. de **retinĕo**), v. tr. I — Sent. próprio: 1) Reter com fôrça (Ov. Am. 2, 9, 30). Daí, por enfraquecimento de sentido: 2) Reter, suster, conter (T. Lív. 10, 5). II — Sent. figurado: 3) Preservar, conservar (Cíc. Div. 1, 17).
2. **retēntō (retēmptō), -ās, -āre, -āvī, -ātum,** v. tr. 1) Tocar de nôvo (Ov. Met. 1, 746). 2) Tentar novamente, experimentar outra vez (Ov. Met. 11, 792).
retēntus, -a, -um, part. pass. de **retēndo** e de **retinĕo.**
retēxī, perf. de **retĕgo.**
retēxō, -is, -ĕre, -texŭī, -tēxtum, v. tr. I — Sent. próprio: 1) Desfazer um tecido (Cíc. Ac. 2, 95). Daí: 2) Desfazer, des-

truir, desagregar (Cíc. Fin. 5, 84); (Lucr. 1, 529). II — Sent. figurado: 3) Refazer, recomeçar (Verg. En. 12, 763).
retêxtus, -a, -um, part. pass. de **retêxo**.
retexŭī, perf. de retêxo.
1. **rētĭā**, -ĭum, pl. de rete.
2. **rētĭa**, -ae, subs. f. Rêde (Plaut. Rud. 900).
rētĭārĭus, -ī, subs. m. Retiário, o que combate com uma rêde e um tridente (gladiador) (Suet. Cal. 30).
reticentĭa, -ae, subs. f. I — Sent. próprio: 1) Reticência, omissão do que se deveria dizer; daí: silêncio obstinado (Cíc. Of. 3, 65). II — Na língua retórica: 2) Reticência (Cíc. De Or. 3, 205).
reticĕō, -ēs, -ēre, **reticŭī**, v. tr. e intr. A) Intr.: I — Sent. próprio: 1) Guardar silêncio durante muito tempo, estar calado (Cic. Clu. 17); (Cíc. Verr. 1, 139). B) Tr.: II — Sent. figurado: 2) Calar, ocultar, dissimular (Ov. Met. 3, 357).
reticŭī, perf. de **reticĕo**.
rēticŭlātus, -a, -um, adj. Em forma de rêde, reticulado (Plín. H. Nat. 36, 172).
rēticŭlum, -ī, subs. n. e **rēticŭlus**, -ī, subs. m. Rêde pequena, saco de malhas, sacola, alforje (Hor. Sát. 1, 1, 47).
Rētĭcus, v. **Rhetĭcus**.
retinăcŭlum, -ī, subs. n. O que serve para reter, segurar: laço, corda, rédeas, amarra (Verg. En. 4, 580).
retinēns, -ēntis, part. pres. de **retinĕo**.
retinentĭa, -ae, subs. f. Recordação (Lucr. 3, 673).
retinĕō, -ēs, -ēre, -tinŭī, -tēntum, v. tr. I — Sent. próprio: 1) Reter, conter, reprimir (Plaut. Men. 114). Daí: 2) Manter, conservar, guardar (Cíc. Verr. 4, 74); (Cés. B. Gal. 7, 21, 3); (Cíc. Of. 2, 24); (Cíc. Quinct. 59). II — Donde: 3) Ter à parte, apropriar-se de (Cíc. Of. 1, 102).
retinnĭō, -īs, -īre, v. intr. Ressoar, retumbar (Cíc. Br. 171).
retinŭī, perf. de **retinĕo**.
rētĭŏlum, -ī, subs. n. Rêde pequena (Apul. M. 8, 41).
rētis, -is, v. **rete**.
retŏnō, -ās, -āre, v. intr. Retumbar (Catul. 63, 82).
retorquĕō, -ēs, -ēre, -tōrsī, -tōrtum, v. tr. I — Sent. próprio: 1) Voltar, virar para trás (Cíc. Cat. 2, 2). II — Daí: 2) Fazer voltar, atrair os olhares. 3) Lançar para trás, repelir com violência, fazer recuar (Verg. En. 12, 400); (Hor. O. 1, 2, 13); (Sên. Ben. 3, 3, 3). 4) Fazer voltar atrás, mudar de opinião (Verg. En. 12, 841).
retorrĭdus, -a, -um, adj. I — Sent. próprio: 1) Queimado ao sol, mirrado, sêco (Sên. Ep. 12, 2). II — Sent. figurado: 2) Astuto, matreiro (Fedr. 4, 2, 7).
retōrsī, perf. de **retorquĕo**.
retōrtus, -a, -um, part. pass. de **retorquĕo**.
retractātĭō (**retrectātĭō**), -ōnis, subs. f. I — Sent. próprio: 1) Retratação, ação de se desdizer, mudança de opinião (Cíc. Tusc. 5, 82). II — Por extensão: 2) Hesitação, resistência, recusa (Cíc. Phil. 14, 38).
retractātus, -a, -um, part. pass. de **retrācto**. Revisto, corrigido.
retrāctō (**retrēctō**), -ās, -āre, -āvī, -ātum, v. tr. I — Sent. próprio: 1) Manejar de nôvo, retomar (sent. próprio e figurado) (Ov. Trist. 5, 7, 63); (Verg. En. 7, 694); (Cíc. Nat. 2, 72). Daí: 2) Retocar, corrigir (Cíc. Mur. 54); (Plín. Ep. 8, 21, 6). 3) Puxar para trás, recuar, resistir (Cíc. Tusc. 1, 76). II — Sent. figurado: 4) Recusar, retratar, retirar (Verg. En. 12, 11).
retrāctus, -a, -um. I — Part. pass. de **retrăho**. II — Adj.: Apartado, retirado, afastado, metido para dentro (T. Lív. 34, 9).
retrăhō, -is, -ĕre, -trāxī, -trāctum, v. tr. I — Sent. próprio: 1) Puxar para trás, retirar (Cíc. Cael. 63). II — Sent. figurado: 2) Retrair, retirar, desviar (Cíc. Sest. 34). 3) Obrigar a voltar, arrastar de nôvo (Cíc. Fin. 2, 56). 4) Renovar, restabelecer (Tác. An. 3, 38).
retrĭbŭī, perf. de **retribŭo**.
retrĭbŭō, -is, -ĕre, -trĭbŭī, -trĭbŭtum, v. tr. I — Sent. próprio: 1) Retribuir, dar em trôco (Cíc. Com. 44). Daí: 2) Devolver, restituir, entregar (Lucr. 5, 275).
retrĭbūtus, -a, -um, part. pass. de **retrĭbŭo**.
retrītus, -a, -um, adj. Muito usado, muito gasto pelo uso (Sên. Ep. 47, 5).
retrō, adv. e prep. A — Adv.: I — Sent. próprio: 1) Para trás, recuando sôbre seus passos, em sentido contrário, em sentido inverso, reciprocamente (Cíc. Fin. 5, 35); (Cíc. Fin. 5, 83). II — Sent. figurado: 2) Para trás (com relação ao tempo): quodcumque retro est (Hor. O. 3, 29, 46) «tudo que está para trás», i.é, «o passado». B — Prep. (com acusativo): Atrás de (Apul. M. 6, 8). Obs.: Como preposição só ocorre na decadência.

retroăgō (retrō ăgō), -is, -ĕre, retroēgī, -troāctum, v. tr. I — Sent. próprio: 1) Fazer recuar (Quint. 11, 3, 160). Daí: 2) Retroagir, pôr na ordem inversa (Plín. H. Nat. 7, 145). II — Sent. figurado: 3) Recalcar, dominar (a cólera) (Sên. Ir. 1, 16, 10).
retrōcēdō, -is, -ĕre, -cēssī, v. intr. Recuar, retroceder (T. Lív. 8, 8, 9).
retrōcēssī, perf. de **retrōcēdo.**
retroēgī, perf. de **retroăgo.**
retroĕō (retrō ĕō), -īs, -īre, v. intr. Retroceder (Sên. Nat. 7, 21, 1).
retrōgrădis, -e, adj. Retrógado (Apul. M. 4, 20).
retrōgrădus, -a, -um, adj. Retrógrado (Sên. Nat. 7, 25).
retrōrsum, e retrōrsus (-trovērsum ou **-vōrsum; -trovērsus** ou **-vōrsus),** adv. I — Sent. próprio: 1) Em direção retrógrada, para trás, em sentido inverso (Hor. O. 1, 34, 3). II — Daí, em sent. figurado: 2) Reciprocamente (Cíc. Nat. 2, 84).
retrōrsus, v. **retrōrsum.**
retrōvērsus, -a, -um, adj. Voltado para trás (Ov. Met. 4, 655).
retrūdō, -is, -ĕre, -trūsum, v. tr. Impelir para trás, fazer recuar (Plaut. Ep. 249).
retrūsus, -a, -um, part. pass. de **retrūdo.** I — Sent. próprio: 1) Pôsto de lado, atirado para o lado, relegado (Cíc. Verr. 1, 7). II — Sent. figurado: 2) Dissimulado (Q. Cíc. Pet. 44). 3) Fechado (Cíc. De Or. 1, 87). 4) Encoberto (Cíc. De Or. 1, 87).
rettŭdi = retŭdi, perf. de **retūndo.**
rettŭli = retŭli, perf. de **refĕro.**
retūndō, -is, -ĕre, rettŭdī e retŭdī, retūsum e retūnsum, v. tr. I — Sent. próprio: 1) Rebater uma ponta, embotar (sentido concreto e abstrato) (Cíc. Cat. 3, 2); (Cíc. Clu. 123). II — Sent. figurado: 2) Reprimir, rebater, abater, quebrar (T. Lív. 2, 33, 7). Obs.: Perf. **retŭdi** (Fedr. 4, 24, 21). Part. pass. **retunsus** (Plaut. Ps. 1045).
retūsus (retūnsus), -a, -um. I — Part. pass. de **retūndo.** II — Adj.: Embotado, obtuso, bronco (sentido físico e moral) (Cíc. Div. 1, 79).
reus, -ī, subs. m. de **rea, -ae,** subs. f. I — Sent. primitivo: 1) Uma das partes litigantes (o autor ou o réu), as partes interessadas em uma causa (no plural): **reos oppello omnes, quorum de re disceptatur** (Cíc. De Or. 2, 183) «chamo reos todos cujos interêsses estão em causa». II — Sent. próprio (genérico): 2) O réu, o acusado (Cíc. Verr. 2, 94). III — Sent. figurado: 3) Responsável, fiador (Verg. En. 5, 237).
revalēscō, -is, -ĕre, -valŭī, v. incoat. intr. Recuperar a saúde, restabelecer-se (Ov. Her. 21, 231); (Tác. An. 14, 27).
revalŭī, perf. de **revalēsco.**
revĕhō, -is, -ĕre, -vēxī, -vēctum, v. tr. I — Sent. próprio: 1) Levar para trás, tornar a trazer (Cíc. Verr. 4, 77). II — Daí: 2) Transportar, levar consigo (Plín. Ep. 8, 14, 8). 3) Voltar, tornar a vir (na voz passiva) (Cíc. Br. 225).
revēlātus, -a, -um, part. pass. de **revēlo.**
revēllī, perf. de **revēllo.**
revēllō, -is, -ĕre, -vēllī, -vūlsum, v. tr. I — Sent. próprio: 1) Arrancar, tirar à fôrça (Cíc. Verr. 4, 26); (Cíc. Pis. 25). II — Sent. figurado: 2) Arrancar, levar, separar (Cíc. Caec. 70). 3) Apagar, destruir (Cíc. At. 5, 20, 1).
revēlō, -ās, -āre, -āvī, -ātum, v. tr. Tirar o véu, descobrir, pôr a nu (Ov. F. 6, 619); (Tác. Germ. 31).
revēnī, perf. de **revenio.**
revĕniō, -īs, -īre, -vēnī, -vēntum, v. intr. Voltar, tornar a vir (Cíc. De Or. 1, 175); (Plaut. Bac. 606).
rēvērā ou **rē vērā,** adv. Realmente, com efeito (Cíc. Div. 1, 82).
reverbĕrō, -ās, -āre, v. tr. I — Sent. próprio: 1) Repelir, lançar para trás (Sên. Contr. 1, 3, 11). II — Daí: 2) Refletir (Sên. Clem. 2, 5, 4).
reverēndus, -a, -um. I — Gerundivo de **reverĕor.** II — Adj.: Venerável (Ov. Ib. 75).
revĕrēns, -ēntis. A) Part. pres. de **reverĕor.** B) Adj.: I — Sent. próprio: 1) Que receia, que teme, que respeita, que venera (Tác. Hist. 1, 17). II — Sent. particular: 2) Modesto, pudico (Prop. 2, 30, 33).
reverēnter, adv. Com deferência, respeitosamente (Plín. Ep. 3, 21, 5). Obs.: comp. **reverentīus** (Tác. Hist. 2, 27); sup. **reverentissime** (Suet. Aug. 93).
reverentĭa, -ae, subs. f. I — Sent. próprio: 1) Receio de (Col. 11, 1, 40). Daí: 2) Temor respeitoso, respeito, reverência, deferência (Cíc. Of. 1, 99). II — Sent. figurado: 3) Pudor (Prop. 3, 13, 13).
reverĕor, -ēris, -ērī, -verĭtus sum, v. dep. tr. I — Sent. próprio: 1) Respeitar, reverenciar, venerar (Cíc. Inv. 2, 66). II — Daí: 2) Ter temor respeitoso

(Ter. Phorm. 233). Donde: 3) Recear, temer (Cíc. Tusc. 1, 73).
reverĭtus, -a, -um, part. pass. de **reverĕor**.
revĕrrō (revŏrrō), -is, -ĕre, v. tr. Afastar varrendo, dissipar (Plaut. St. 389).
reversĭō, -ōnis, subs. f. I — Sent. próprio: 1) Ação de dar meia-volta (do caminho), volta (Cíc. At. 16, 7, 5). II — Sent. especiais: 2) Volta (da febre) (Cíc. Nat. 3, 24). 3) Giro (do Sol) (Cíc. Nat. 2, 102). Na língua retórica: 4) Anástrofe (Quint. 8, 6, 65).
revĕrsus, -a, -um, part. pass. de **revĕrtor** e de **revĕrto**.
revĕrtī, perf. de **revĕrto**.
revĕrtō (revŏrtō), -is, -ĕre, -vērtī, -vērsum, v. intr. e **revĕrtor (revŏrtor), -ĕris, -vĕrtī, -vĕrsus sum,** v. dep. intr. Voltar, tornar (sent. próprio e figurado): **ex itinere** (Cíc. Div. 1, 26) «voltar do caminho»; **a foro** (Plaut. Ps. 163) «voltar da praça»; **ad sanitatem** (Cés. B. Gal. 1, 42, 2) «voltar à razão»; **ad pristinum animum** (Cíc. Fam. 10, 28, 1) «voltar ao seu primeiro sentimento». Obs.: De um modo geral as formas depoentes ocorrem no **infectum** e as ativas no **perfectum**.
revēxī, perf. de **revĕho**.
revīcī, perf. de **revinco**.
revictūrus, -a, -um, part. fut. de **revīvo**.
revictus, -a, -um, part. pass. de **revinco**.
revidĕō, -ēs, -ēre, v. intr. Ver de nôvo, ir ver novamente (Plaut. Truc. 313).
revilēscō, -is, -ĕre, v. intr. Perder o valor, tornar-se vil ou desprezível (Sên. Tranq. 15, 9).
revincĭō, -is, -īre, -vīnxī, -vīnctum, v. tr. I — Sent. próprio: 1) Ligar, amarrar por trás (Verg. En. 2, 57). II — Daí: 2) Amarrar fortemente, prender (sent. próprio e figurado) (Cés. B. Gal. 3, 13, 5).
revincō, -is, -ĕre, -vīcī, -victum, v. tr. I — Sent. próprio: 1) Vencer de nôvo (Hor. O. 4, 4, 24). II — Daí: 2) Refutar (Cíc. Arch. 11). 3) Convencer (Tác. An. 6, 5).
revinctus, -a, -um, part. pass. de **revincĭo**.
revīnxī, perf. de **revincĭo**.
revirēscō, -is, -ĕre, -virŭī, v. incoat. intr. I — Sent. próprio: 1) Tornar verde novamente, reverdecer (Tác. An. 13, 58). II — Sent. figurado: 2) Remoçar (Ov. Met. 7, 305). 3) Reviver, recuperar as fôrças, restabelecer-se (Cíc. Prov. 34).
revirŭī, perf. de **revirēsco**.

revisĭtō, -ās, -āre, v. tr. Visitar de nôvo (Plín. H. Nat. 18, 13).
revīsō, -is, -ĕre, -vīsī, -vīsum, v. intr. e tr. A) Intr.: 1) Voltar para ver (Plaut. Truc. 433). B) Tr.: 2) Visitar outra vez (Verg. En. 6, 330); (Cíc. At. 1, 18, 8).
revivēscō = **revivīsco** (Cíc. Fam. 6, 10, 5).
revivīscō (revivēscō), -is, -ĕre, revīxī, revictum, v. incoat. intr. Voltar de nôvo à vida, reviver (sentido próprio e figurado) (Cíc. Mil. 79); (Cíc. Fam. 4, 4, 3).
revīvō, -is, -ĕre, v. intr. Reviver (Sên. Med. 477).
revīxī, perf. de **revivīsco**.
revocābĭlis, -e, adj. 1) Que se pode fazer voltar (Ov. Met. 6, 264). 2) Sôbre o qual se pode voltar (Sên. Ir. 1, 6, 3).
revocāmen, -ĭnis, subs. n. Ação de dissuadir, de desviar (Ov. F. 1, 561).
revocātĭō, -ōnis, subs. f. I — Sent. próprio: 1) Chamamento, chamada (Cíc. Phil. 13, 15). II — Sent. figurado: 2) Chamamento, chamada (Cíc. Tusc. 3, 33). Na língua retórica: 3) Retomada de uma palavra (para insistir) (Cíc. De Or. 3, 206).
revocātor, -ōris, subs. m. O que evoca, ou ressuscita os mortos (Quint. Decl. 10, 19).
revocātus, -a, -um, part. pass. de **revŏco**.
revŏcō, -ās, -āre, -āvī, -ātum, v. tr. I — Sent. próprio: 1) Chamar, fazer voltar, reconduzir (Cíc. Div. 2, 20); (Cés. B. Cív. 2, 18, 7); (Verg. En. 9, 125). Daí: 2) Chamar à cena um ator (Cíc. Arch. 18). Na língua jurídica: 3) Chamar de nôvo a juízo (T. Lív. 24, 8, 20); (Cíc. Q. Fr. 2, 4, 6). 4) Convocar de nôvo (Cíc. Agr. 3, 1). 5) Convidar de nôvo ou por sua vez (Suet. Cl. 32); (Cíc. Amer. 52). 6) Revogar, reparar, retratar (Ov. Met. 9, 617). II — Sent. figurado: 7) Afastar, desviar, dissuadir (Cíc. Rep. 2, 25). 8) Restabelecer, reparar, refazer, fazer reviver, renovar (T. Lív. 39, 41, 4); (Cíc. Fam. 7, 26, 2). 9) Reter, conservar (Cíc. Sull. 46). 10) Referir a, aplicar, atribuir (Cíc. Lae. 59). 11) Fazer vir a, trazer a, dirigir a (T. Lív. 10, 24, 4); (Cíc. Clu. 136). Na língua militar: 12) Chamar, fazer retroceder, recuar em boa ordem (Cés. B. Gal. 2, 20, 1). Na língua jurídica: 13) Provocar por sua vez (Cíc. Mur. 26).

revŏlō, -ās, -āre, -āvī, -ātum, v. intr. Voltar voando, revoar (Cíc. Nat. 2, 125).
revols-, v. revuls-.
revolŭbĭlis, -e, adj. I — Sent. próprio: 1) Que volta rolando (Ov. Ib. 193). II — Sent. figurado: 2) Irrevogável (com negação) (Prop. 4, 7, 51).
revolūtus, -a, -um, part. pass. de revŏlvo.
revŏlvī, perf. de revŏlvo.
revŏlvō, -is, -ĕre, -vōlvī, -volūtum, v. tr. I — Sent. próprio: 1) Rolar para trás, enrolar (Tác. An. 6, 33). Daí: 2) Rolar de nôvo (Hor. Ep. 2, 1, 223). II — Sent. figurado: 3) Revolver no espírito, recordar, desenrolar (Verg. En. 2, 101). Donde: 4) Desenrolar um manuscrito, ler (T. Lív. 34, 5, 7). 5) Percorrer, refazer (Verg. En. 5, 336).
revŏmō, -is, -ĕre, -vomŭī, v. intr. I — Sent. próprio: 1) Lançar fora, vomitar (Verg. En. 5, 182). II — Sent. figurado: 2) Rejeitar (Lucr. 2, 199).
revomŭī, perf. de revŏmo.
revor-, v. rever-.
revŏrtō e revŏrtor = revĕrto e revĕrtor.
revulsĭō (revol-), -ōnis, subs. f. Ação de arrancar (Plín. H. Nat. 13, 80).
revŭlsus, -a, -um, part. pass. de revĕllo.
1. Rēx, Rēgis, subs. pr. m. Rei, sobrenome da gens Marcia (Sal. C. Cat. 30, 3).
2. rēx, rēgis, subs. m. I — Sent. próprio: 1) O que dirige os negócios do Estado, rei, soberano, monarca (Cíc. Rep. 2, 5). II — Sent. particular: 2) Rei (entre os deuses): rex aquarum (Ov. Met. 10, 606) «rei das águas, i.é, Netuno». 3) Rei (dos sacrifícios): rex Nemorensis (Suet. Cal. 35) «sacerdote de Diana Aricina». 4) Rei (de um festim ou de jogos) (Marc. Saturn. 2, 1, 3). 5) A família real (T. Lív. 1, 59, 5). 6) Príncipe, filho de rei (Cíc. Verr. 4, 61). 7) Senhor absoluto, déspota (no período republicano) (Cíc. Of. 3, 83). 8) Soberano, chefe, senhor, o que dirige (Verg. En. 1, 544). 9) Protetor, patrono (dos parasitas) (Plaut. Capt. 92). Sent. poético: 10) Os ricos, os nababos (Hor. Sát. 1, 2, 86). 11) No pl.: reges (T. Lív. 1, 39, 2) «o rei e a rainha, o casal real».
rēxī, perf. de rego.
Rhacōtēs, -ae, subs. pr. f. Racotes, antigo nome de Alexandria, cidade do Egito (Tác. Hist. 4, 84).
Rhadamānthus (-thos), -ī, subs. pr. m. Radamanto, filho de Zeus e Europa. Sua sabedoria e eqüidade fizeram-no,

depois da morte, um dos juízes dos Infernos, juntamente com seus irmãos Minos e Éaco (Cíc. Tusc. 1, 10).
Rhadamīstus, -ī, subs. pr. m. Radamisto, rei da Armênia, filho de Fraates (Tác. An. 12, 44).
rhadĭnē, -ēs, adj. f. Delicada, delgada (Lucr. 4, 1167).
Rhaetī (Raetī), -ōrum, subs. loc. m. Retos, ou recianos, habitantes da Récia (Tác. Hist. 1, 68).
Rhaetĭa (Raetĭa), -ae, subs. pr. f. Récia, região dos Alpes Orientais, entre os rios Reno e Danúbio (Tác. An. 1, 44).
Rhaetĭcus, v. Rhetĭcus.
Rhaetus, -a, -um, adj = Rhaetĭcus (Hor. O. 4, 4, 17).
Rhamnēnsēs (Ram-), -ĭum, subs. loc. m. (Cíc. Rep. 2, 36) e Ramnes, -ĭum, subs. loc. m. (Ov. F. 3, 131) Ramnenses ou ramnes, uma das três tribos primitivas com que Rômulo formou as três centúrias de cavaleiros, a ordem eqüestre.
Rhamnēs, -ētis, subs. pr. m. Ramnete, nome de um guerreiro (Verg. En. 9, 325).
Rhamnūsĭa Virgo, subs. pr. f. = Rhamnūsis (Catul. 66, 71).
Rhamnūsis, -ĭdis, subs. pr. f. Ramnúsia, isto é, Nêmesis, deusa da Vingança e da Justiça distributiva, assim cognominada por estar seu mais importante templo em Ramnute, na Ática (Ov. Met. 14, 694).
Rhamnūsĭus, -a, -um, adj. Ramnúsio, de Ramnunte (Cíc. Br. 47).
Rhanis, -ĭdis, subs. pr. f. Rânis, uma das ninfas de Diana (Ov. Met. 3, 171).
rhapsōdĭa, -ae, subs. f. Rapsódia, canto ou livro dos poemas de Homero (C. Nep. Diom. 6, 4).
1. Rhēa ou Rhĕa, -ae, subs. pr. f. Réia, Ops ou Cibele, filha do Céu e da Terra, espôsa de Saturno, e mãe de todos os deuses (Ov. F. 4, 201).
2. Rhĕa, -ae, subs. pr. f. Réia Sílvia ou Ília, filha de Numitor, rei de Alba, mãe de Rômulo e Remo (T. Lív. 1, 3, 11).
rhēda, (red-, raed-), -ae, subs. f. Carro (de quatro rodas), carro de viagem (Cés. B. Gal. 1, 51, 2).
rhēdārĭus (rēdārĭus ou raedārĭus), -ī, subs. m. Cocheiro (Cíc. Mil. 29).
Rhēdŏnes, v. Redŏnes.
Rheg-, v. Reg-.
Rhemi, v. Remi.
Rhemm-, v. Remm-.

Rhēnī, -ōrum, subs. loc. m. Renos, povos ribeirinhos do Reno (Ov. F. 1, 236).
rhēnŏ (rēnō), -ōnis, subs. m. Espécie de rena, agasalho feito de pele de rena (Cés. B. Gal. 6, 21, 5).
Rhēnum Flūmen, subs. pr. n. Rio Reno (Hor. A. Poét. 18).
Rhēnus, -ī, subs. pr. m. Reno, grande rio da Europa norte-ocidental, entre a Gália e a Germânia (Cés. B. Gal. 1, 1, 5).
Rhēsus, -ī, subs. pr. m. Reso, rei da Trácia, que ia em auxílio de Tróia e foi morto por Ulisses e Diomedes (Cíc. Nat. 3, 45).
Rhētēnor, -ŏris, subs. pr. m. Retenor, um dos companheiros de Diomedes (Ov. Met. 14, 504).
Rhetĭeus, -a, -um, adj. Rético, dos réticos, da Récia, região dos Alpes Orientais, entre o Reno e o Danúbio (Verg. G. 2, 96).
rhētor, -ŏris, subs. m. 1) Orador (C. Nep. Epam. 6, 3). 2) Retórico, retor, professor de retórica (Cic. De Or. 1, 84).
rhētorĭca, -ae, subs. f. e **rhetorĭcē, -ēs**, subs. f. Retórica (Cíc. Fin. 2, 17).
rhētorĭcē, adv. Como orador (Cic. Br. 43).
rhētorĭcus, -a, -um, adj. 1) Relativo à eloqüência, ou relativo à retórica (Cíc. De Or. 3, 75). 2) No neutro plural: os preceitos de retórica ou eloqüência, a retórica (Cíc. Fat. 4).
rhinocĕrōs, -ōtis, subs. m. I — Sent. próprio: 1) Rinoceronte (Q. Cúrc. 9, 1, 5). Daí, por extensão: 2) Vaso de chifre de rinoceronte (Juv. 7, 130). II — Sent. figurado: 3) Gôsto apurado (Marc. 1, 3, 1). Obs.: Acus. sg. **rhinocerotem** (Suet. Aug. 43); **rhinocerota** (Marc. 14, 52, 2); acus. pl. **rhinocerotas** (Q. Cúrc. 8, 9, 16).
Rhīnocolūra, -ae, subs. pr. f. Rinocolura, cidade do Egito, nos confins da Palestina (T. Lív. 45, 11, 10).
Rhinthōn (-tōn), -ōnis, subs. pr. m. Rínton ou Rintão, poeta cômico grego, natural de Tarento (Cíc. At. 1, 20, 3).
Rhion (Rhium), -ī, subs. pr n. Ríon ou Rio, promontório e cidade da Acaia, na Grécia (T. Lív. 27, 29, 9).
Rhīpaeus, -a, -um, adj. Ripeu, dos montes Ripeus, na Cítia (Verg. G. 1, 240).
Rhīpeus (-pheus), -ĕĭ ou **-ĕos**, subs. pr. m. Ripeu ou Rifeu. 1) Nome de um centauro (Ov. Met. 12, 352). 2) Nome de um guerreiro (Verg. En. 2, 339).

Rhium, v. **Rhion**.
Rhīzō, -ōnis, subs. pr. f. Rizão, cidade da Ilíria (T. Lív. 45, 26, 2).
Rhīzōnītae, -ārum, subs. loc. m. pl. Rizonitas, habitantes de Rizão (T. Lív. 45, 26, 13).
rhō, n. indecl. Rô (letra do alfabeto grego) (Cíc. Div. 2, 96).
Rhoda, -ae, subs. pr. f. Roda, cidade da Hispânia Tarraconense, próxima do litoral, atual Rosas (T. Lív. 34, 8, 7).
Rhodănus, -ī, subs. pr. m. Ródano, grande rio da Gália, que desemboca no mar Mediterrâneo (Cés. B. Gal. 1, 1, 5).
Rhodĭī, -ōrum, subs. loc. m. Os ródios, habitantes de Rodes (Cíc. Rep. 3, 48).
Rhodĭus, -a, -um, adj. Ródio, da cidade ou ilha de Rodes (Cíc. Br. 51).
Rhodō, -ōnis, subs pr. m. Rodão, nome de homem (Cíc. Fam. 2, 18, 1).
Rhodŏpē, -ēs, subs. pr. f. Ródope, montanha da Trácia (Verg. G. 3, 351).
Rhodopēius (Rhodopēus), -a, -um, adj. Rodopeio, de Ródope: **Rhodopeius vates** (Ov. Met. 10, 11) «o vate do Ródope», isto é, «Orfeu»; (Luc. 6, 618).
Rhodos (-dus), -ī, subs. pr. f. Rodes, ilha e cidade do mar Egeu, no Mediterrâneo, célebre por sua escola de retores e sua colossal estátua do Sol, que constitui uma das sete maravilhas do mundo (Cíc. Rep. 1, 47).
Rhoduntĭa, -ae, subs. pr. f. Rodúncia, cume do monte Eta (T. Lív. 36, 16).
Rhoetēum, -ī, subs. pr. n. Reteu. 1) Cidade da Tróade, no Helesponto, sôbre o promontório Reteu (T. Lív. 37, 9, 7). 2) Mar da Tróade (Ov. F. 4, 279).
Rhoetēĭus (-tēus), -a, -um, adj. Reteu troiano: **Rhoeteius ductor** (Verg. En. 12, 456) «o guia troiano», isto é, Enéias.
Rhoeteus, -ĕĭ ou **-ĕos**, subs. pr. m. Reteu, nome de um guerreiro (Verg. En. 10, 399).
Rhoetus, -ī, subs. pr. m. Reto. 1) Um dos gigantes (Hor. O. 2, 19, 23). 2) Um dos centauros (Verg. G. 2, 456). 3) Rei dos marrúbios (Verg. En. 10, 388).
rhombus (-os), -ī, subs. m. I — Sent. próprio: 1) Rombo, losango (Capel. 6, 712). 2) Fuso de bronze utilizado nos encantamentos (Prop. 2, 28, 35). 3) Rodovalho (peixe) (Hor. Sát. 1, 2, 116).
rhonchus, -ī, subs. m. 1) Ronco (Marc. 3, 82, 30). 2) Zombaria (Marc. 3, 5).
Rhōsĭcus, -a, -um, adj. Rósico, de Rosos, ilha da Síria (Cíc. At. 6, 1, 13).

rhythmus, -i, subs. m. Ritmo, cadência (língua retórica) (Quint. 9, 4, 45).
rhytion (-ium), -i, subs. n. Ricio, vaso de beber, em forma de chifre (Marc. 2, 35, 2).
ricinium, -i, subs n. e **ricinius**, -i, subs. m. Coifa em forma de rica (pano quadrado, com franja, que as mulheres usavam à maneira de touca) que as mulheres usavam em sinal de luto (Cíc. Leg. 2, 59).
ricinus, -i, subs. m. Carrapato (Petr. 57).
rictum, -i, subs. n., v. **rictus**.
rictus, -us, subs. m. I — Sent. próprio: 1) Ação de mostrar os dentes, ricto, abertura da bôca, bôca aberta (sobretudo para rir) (Hor. Sát. 1, 10, 7). II — Sent. particular: 2) Goela aberta (tratando-se de animais) (Ov. Met. 1, 741).
ridendus, -a, -um, gerundivo de **rideo**: Risível, ridículo (Petr. 80, 9).
rideo, -es, -ere, risi, risum, v. intr. e tr. I — Sent. próprio: 1) Rir e rir-se (Cíc. De Or. 2, 242); (Cíc. At. 14, 14, 1). Daí: 2) Sorrir, ter o espírito alegre, ser agradável, favorável (Catul. 61, 219); (Lucr. 1, 8). II — Sent. figurado: 3) Zombar, escarnecer (Cíc. Har. 8); (Cíc. Fam. 2, 9, 2).
rideor = **rideo** (Petr. 57, 3).
ridibundus, -a, -um, adj. Todo risonho (Plaut. Ep. 413).
ridicularius, -a, -um, adj. 1) Como subs. m. (geralmente): um bôbo, chocarreiro (A. Gél. 4, 20, 3). 2) No n. plural: gracejos, jocosidades (Plaut. As. 330).
ridicule, adv. 1) Alegremente, com graça, espirituosamente (Cíc. Br. 172). 2) Ridiculamente (Cíc. Verr. 4, 148).
ridiculum, -i, subs. n. Coisa risível, que faz rir, gracejo, facécia (Cíc. Of. 1, 134).
1. **ridiculus**, -a, -um, adj. I — Sent. próprio: 1) Risível, que faz rir, gracioso, jocoso (no bom sentido) (Cíc. At. 1, 13, 2). II — Sent. pejorativo: 2) Ridículo, absurdo, extravagante (Cíc. Verr. 4, 148).
2. **ridiculus**, -i,. subs. m. Bôbo, chocarreiro (Plaut. Capt. 469).
rigatus, -a, -um, part. pass. de **rigo**.
rigeo, -es, -ere, rigui, v. intr. I — Sent. próprio: 1) Estar inteiriçado, ser rijo, ser duro (Cíc. Tusc. 1, 69). II — Sent. figurado: 2) Ser insensível (Marc. 5, 31, 5).

rigesco, -is, -ere, rigui, v. incoat. intr. 1) Tornar-se rijo, enregelar-se, congelar-se (Verg. G. 3, 363). 2) Eriçar, arrepiar (Ov. F. 1, 97).
rigide, adv. Sent. próprio e figurado: Rigidamente, sòlidamente, duramente (Ov. Trist. 2, 251).
rigido, -as, -are, v. tr. Tornar rijo, tornar duro, endurecer (Sên. Ep. 71, 20).
rigidus, -a, -um, adj. I — Sent. próprio: 1) Rijo, duro (Ov. Met. 5, 673). Daí: 2) Enregelado, transido (de frio) (Verg. G. 2, 316). 3) Têso, imóvel, hirto: **rigida cervice** (T. Lív. 35, 11, 7) «com o pescoço hirto». Por extensão: 4) Rijo (no trabalho), robusto (Marc. 7, 71, 4). II — Sent. moral: 5) Rígido, austero, severo, inflexível (Hor.Ep. 1, 1, 17). 6) Cruel, insensível (Ov. Met. 8, 20).
rigo, -as, -are, -avi, -atum, v. tr. I — Sent. próprio: 1) Regar, banhar, irrigar, espalhar para regar (Verg. En. 9, 251); (Lucr. 6, 612); (Cíc. Div. 1, 20). II — Sent. figurado: 2) Espalhar, distribuir (tratando-se de água ou de sangue) (Lucr. 2, 262).
Rigodulum, -i, subs pr. n. Rigodulo, cidade da Bélgica (Tác. Hist. 4, 71).
rigor, -oris, subs. m. I — Sent. próprio: 1) Rigor, dureza, rigidez (Ov. Met. 1, 401). Sent. particular: 2) Rigidez causada pelo frio; daí, frio, geada (T. Lív. 21, 58, 9). II — Sent. figurado: 3) Rigidez, severidade, inflexibilidade (Tác. An. 6, 50). 4) Imobilidade, fixidez (do acento de uma palavra) (Quint. 12, 10, 33).
rigui, perf. de **rigesco** e de **rigeo**.
riguum, -i, subs. n. (geralmente no plural) Lugares úmidos (Plín. H. Nat. 5, 74).
riguus, -a, -um, adj. I — Sent. próprio: 1) Que rega, que banha, que refresca (Verg. G. 2, 485). II — Sent. figurado: 2) Banhado, úmido (Ov. Met. 8, 646).
rima, -ae, subs. f. I — Sent. próprio: 1) Fenda, racha, grêta (freqüente em locuções): **rimas agere** (Cíc. At. 14, 9, 1) «fender-se, entreabrir-se». II — Sent. poético: 2) Sulco (Verg. En. 8, 392). III — Sent. figurado: 3) Saco furado, que não sabe guardar um segrêdo, indiscreto (sentido jocoso) (Ter. Eun. 105).
rimatus, -a, -um, part. pass. de **rimor**.

rĭmor, -āris, -ārī, -ātus sum, v. dep. tr. I — Sent. próprio: 1) Fender, abrir (Verg. G. 3, 534). Donde, na língua augural: 2) Abrir as entranhas de um animal sacrificado para examiná-las (Verg. En. 6, 599). Daí, por enfraquecimento de sentido, na língua comum: 3) Sondar, explorar, examinar (Cíc. Div. 1, 130).

rĭmōsus, -a, -um, adj. I — Sent. próprio: 1) Cheio de fendas, rachado, fendido (Verg. En. 6, 414). II — Sent. figurado: 2) Indiscreto: **rimosa auris** (Hor. Sát. 2, 6, 46) «ouvido indiscreto».

ringor, -ĕris, ringī, rictus sum, v. dep. intr. I — Sent. próprio: 1) Mostrar os dentes, arreganhar os dentes (Pompon. Com. 124). II — Sent. figurado: 2) Enraivecer-se, irar-se, enfurecer-se (Hor. Ep. 2, 2, 128).

rīpa, -ae, subs. f. I — Sent. próprio: 1) Margem (geralmente de um rio) (Cés. B. Gal. 1, 38, 5). Daí: 2) Costa, litoral (Hor. O. 3, 27, 22). II — Sent. figurado: 3) Margem (Plaut. St. 279).

Rīpheus, v. Rhipeus.

rīpŭla, -ae, subs. f. Pequena ribanceira (Cíc. At. 15, 16b).

riscus, -ī, subs. m. Cesto de vime forrado de couro, cofre (Ter. Eun. 754).

rīsī, perf. rĭdĕo.

rīsĭō, -ōnis, subs. f. Ação de rir, riso (Plaut. St. 658).

risor, -ōris, subs. m. Bôbo, chocarreiro (Hor. A. Poét. 225).

1. rīsus, -a, -um, part. pass. de rĭdĕo.

2. rīsus, -ūs, subs. m. I — Sent. próprio: 1) O rir, riso, risada (Cíc. At. 6, 3, 7). II — Sent. particular: 2) Riso de escárnio, zombaria, risada (T. Lív. 6, 34). 3) Objeto de troça, de zombaria (Ov. F 1, 438).

rītĕ, adv. I — Sent. próprio: 1) Segundo os ritos, segundo os costumes religiosos, religiosamente (Cíc. Leg. 2, 21). II — Sent. figurado: 2) Pontualmente, convenientemente, exatamente (Verg. En. 4, 555).

rītuālēs librī, subs. m. Livros que tratam dos ritos (Cíc. Div. 1, 72).

rītus, -ūs, subs. m. I — Sent. próprio (língua religiosa): 1) Rito, cerimônia religiosa (Cíc. Leg. 2, 20). Na língua comum: 2) Uso, costume, maneira, forma, modo, processo (Cíc. Phil. 2, 62). 3) Maneira de viver, usos, costumes (Ov. Met. 15, 5).

rīvālis, -e, adj. I — Sent. próprio (pouco usado): 1) De rio, ribeirinho (Col. 8, 15, 6). II — Como subs. m. pl. (sentido mais freqüente): 2) Ribeirinhos, os que conduzem a água pelo mesmo ribeiro (A. Gél. 14, 1, 4). III — Sent. metafórico: 3) Rival (em amor), rival, concorrente (sentido comum) (Ter. Eun. 354).

rīvālĭtās, -tātis, subs. f. Rivalidade, concorrência, ciúme (Cíc. Tusc. 4, 56).

rīvŭlus, -ī, subs. m. Riacho, regato (sent. figurado) (Cíc. Rep. 2, 34).

rīvus, -ī, subs. m. I — Sent. próprio: 1) Regato, ribeiro (Cés. B. Civ. 3, 37, 3). II — Sent. particular: 2) Canal de irrigação, rêgo d'água, vala (Tác. An. 11, 20). III — Sent. figurado: 3) Torrente (de fogo, sangue, lágrimas, etc.) (Verg. En. 11, 668).

rixa, -ae, subs. f. Rixa, disputa, contenda, luta (Cíc. Fam. 9, 22, 1).

rixātor, -ōris, subs. m. Rixador, amigo de contendas (Quint. 11, 1, 19).

rixō, -ās, -āre, v. intr. = rixor (Varr. Men. 43).

rixor, -āris, -ārī, -ātus sum, v. dep. intr. I — Sent. próprio: 1) Rixar, disputar, contender, brigar, querelar (Cíc. De Or. 2, 240). II — Sent. figurado: 2) Lutar, resistir (Plín. H. Nat. 16, 6).

robĭdus, v. rubĭdus.

Rōbĭgālia, -ĭum, subs. pr. n. Robigálias, festas em honra de Robigo, celebradas em Roma, para invocar-lhe a proteção para o trigo (Varr. L. Lat. 6, 16).

rōbĭgĭnōsus, -a, -um, adj. I — Sent. próprio: 1) Enferrujado (Plaut. St. 228). II — Sent. figurado: 2) Invejoso (Marc. 5, 28, 7).

1. Rōbĭgō, -ĭnis, subs. f. e Rōbĭgus, -ī, subs. pr. m. Robigo, divindade que se invoca para preservar os cereais de uma moléstia que os ataca, cobrindo-lhes as fôlhas de uma poeira negra (Ov. F. 4, 907).

2. rōbĭgō, -ĭnis, subs. f. I — Sent. próprio: 1) Ferrugem (dos metais), ferrugem (das searas), alfôrra (Verg. G. 1, 485). II — Sent. particular: 2) Sarro dos dentes (Ov. Met. 2, 776). III — Sent. figurado: 3) Ociosidade, preguiça (Ov. Trist. 5, 12, 21). 4) Maus hábitos (Sên. Ep. 7, 7). 5) Inveja, malignidade (Marc. 12, pref.)

rōbor, v. robur.

rōborātus, -a, -um, part. pass. de robŏro.

rŏbŏrō, -ās, -āre, -āvī, -ātum, v. tr. Fortificar (sentido próprio e figurado), consolidar, corroborar (Lucr. 4, 1038); (Cíc. Of. 1, 112).

rōbur (rōbor), -ŏris, subs. n. I — Sent. próprio: 1) Roble, carvalho, madeira de carvalho (Plín. H. Nat. 16, 19). Daí: 2) Tôda espécie de madeira dura e com a côr do carvalho (Cés. B. Gal. 3, 13, 3). Objeto feito de carvalho: 3) Assento: **in robore accumbere** (Cíc. Mur. 74) «sentar-se num banco de carvalho (para comer)». 4) Lança, dardo (Verg. En. 10, 474). 5) Armação de charrua (Verg. G. 1, 162). 6) Instrumento de tortura (Lucr. 3, 1017). 7) Argola pregada num poste para prender pelo pescoço o condenado, prisão, róbur (T. Lív. 38, 59, 10). II — Sent. poético: 8) A oliveira (árvore) (Verg. En. 12, 783). III — Sent. figurado: 9) Fôrça, vigor, resistência (sent. moral) (Cíc. Planc. 21). 10) Dureza, solidez (do ferro, da pedra, dos navios) (T. Lív. 37, 30, 2). 11) A elite, o cerne, o coração (de uma coisa): **haec sunt nostra robora** (Cíc. At. 6, 5, 3) «eis a elite de minhas tropas».

1. rŏbus, -a, -um, adj. Vermelho (Juv. 8 155).

2. rōbus, -ŏris, v. robur.

rōbūstus, -a, -um, adj. I — Sent. próprio: 1) De roble, de carvalho (T. Lív. 38, 5, 4). II — Sent. figurado: 2) Forte, robusto, vigoroso (fisicamente) (Cíc. Agr. 2, 84). 3) Firme, inabalável, sólido (Cic. Tusc. 4, 51).

rōdō, -is, -ĕre, rōsī, rōsum, v. tr. I — Sent. próprio: 1) Roer (sent. concreto e abstrato) (Cíc. Div. 2, 59). II — Sent. figurado: 2) Falar mal de alguém, roer na pele de (Hor. Sát. 1, 4, 81). 3) Minar (tratando-se de água) (Ov. P. 1, 1, 71).

rogālis, -e, adj. De fogueira funerária, de pira (Ov. Am. 3, 9, 41).

rogātiō, -ōnis, subs. f. I — Sent. próprio: 1) Pergunta (Cíc. Inv. 1, 54). II — Daí, em sent. particular: 2) Pedido, súplica, solicitação (Cíc. Fam. 6, 12, 2). III — Sent. técnico: 3) Projeto de lei: **rogationem ferre** (Cíc. Balb. 33) «apresentar um projeto de lei».

rogātiuncŭla, -ae, subs. f. I — Sent. próprio: 1) Pequena pergunta (Cíc. Fin. 1, 39). II — Sent. particular: 2 Projeto de lei de pouca importância (Cíc. Dom. 51).

rogātor, -ōris, subs. m. I — Sent. técnico: 1) O que pede ou solicita votos para um candidato: **rogator comitiorum** (Cíc. Nat. 2, 10) «presidente dos comícios». II — Sent. diversos: 2) Mendigo (Marc. 10, 5, 4). 3) O que propõe (uma lei), o autor de um projeto de lei (Cíc. At. 16, 16b, 9).

rogātum, -ī, subs. n. Pergunta (Cíc. Flac. 10).

1. rogătus, -a, -um, part. pass. de rogo.

2. rogătus, -ūs, subs. m. Pedido, súplica (Cíc. Lae. 4). Obs.: Só ocorre no ablat. sing.

rogĭtātiō, -ōnis, subs. f. Proposta de lei (Plaut. Curc. 509).

rogĭtō, -ās, -āre, -āvī, -ātum, v. freq. tr. Interrogar, perguntar, pedir com insistência (Ter. Eun. 554); (T. Lív. 1, 9, 5).

rogō, -ās, -āre, -āvī, -ātum, v. tr. I — Sent. primitivo: 1) Dirigir-se a, e daí: dirigir-se para perguntar, fazer uma pergunta, interrogar, perguntar (Cíc. Q. Fr. 2, 2, 1); (Cíc. Fin. 5, 83); (Plaut. Curc. 245); (Cíc. Fin. 5, 83). Daí: 2) Pedir perguntando, rogar, solicitar (Cíc. Fam. 13, 5, 3); (Hor. O. 2, 16, 1); (Cíc. Verr. 4, 63). II — Empregos especiais: Na língua jurídica: 3) Consultar, consultar a vontade de (Cíc. Phil. 5, 1); (Cíc. Phil. 1, 26). Na língua política: 4) Propor uma lei (Cíc. Rep. 3, 17). 5) Propor um magistrado à assembléia do povo, nomear, eleger (T. Lív. 6, 42, 14). Na língua militar: 6) Convocar, chamar, recrutar (Cés. B. Gal. 6, 1, 2). Obs.: Constrói-se com duplo acusativo; com abl. com **de**; com interrog. indir.; com oração introduzida por **ut**; ou como intr. absoluto. Forma arcaica: **rogassit = rogaverit** (Cíc. Leg. 3, 9); **rogassint = rogaverint** (Cíc. Leg. 3, 10).

rogus, -ī. subs. m. I — Sent. próprio: 1) Pira, fogueira funerária (Cíc. Tusc. 1, 85). II — Sent. particular: 2) Túmulo (Prop. 4, 11, 8).

Rōma, -ae, subs. pr. f. Roma, cidade da Itália peninsular, às margens do Tibre e próximo à sua embocadura, capital do império romano (Cíc. Rep. 1, 58, 37).

Rōmānēnsis, -e, adj. Romano, dos romanos, de Roma (Varr. L. Lat. 8, 33).

Rōmānī, -ōrum, subs. loc. m. Os romanos, habitantes de Roma: **Romanus** (T. Lív. 2, 27, 1) «os romanos» (coletivo).

Rōmānŭla Porta, subs. pr. f. Porta Românula, uma das portas de Roma (Varr. L. Lat. 5, 164).

Rōmānus, -a, -um, adj. Romanos, de Roma: **Romani ludi** (Cíc. Verr. 5, 36) «jogos romanos».

Rōmechĭum, -ī, subs. pr. n. Roméquio, cidade marítima da Magna Grécia (Ov. Met. 15, 705).

Rōmilĭa ou **Rōmulĭa tribus**, subs. pr. f. Tribo Romília ou Romúlia, tribo romana na Etrúria (Cíc. Agr. 2, 79).

Rōmilĭus, -ī, subs. pr. m. Romílio, nome de um cônsul que foi nomeado decênviro (T. Lív. 3, 33).

Rōmulĕa, -ae, subs. pr. f. Romúlea, cidade da Itália, no Sâmnio (T. Lív. 10, 17).

Rōmulĕus, -a, -um, adj. Romúleo, de Rômulo, dos romanos, romano (Ov. F. 3, 67).

Rōmulĭa, v. **Romilĭa**.

Rōmulĭdae, -ārum, e **-um**, subs. m. Romúlidas, descendentes de Rômulo, isto é, os romanos (Verg. En. 8, 638).

1. Rōmŭlus, -ī, subs. pr. m. Rômulo. 1) Segundo a lenda, filho de Marte e Réia Silvia ou Ília, irmão gêmeo de Remo, foi com êste o fundador de Roma, e depois primeiro rei dos romanos, tendo sido, após sua morte, deificado (Cíc. Div. 1, 20). 2) **Romulus Salvĭus**, Rômulo Sálvio, rei de Alba (T. Lív. 1, 3).

2. Rōmŭlus, -a, -um, v. **Romulĕus** (Verg. En. 6, 877).

rōrāns, -āntis, part. pres. de roro.

rōrārĭī, -iōrum, subs. m. pl. Rorários, soldados armados à ligeira (encarregados de escaramuças preliminares) (T. Lív. 8, 8, 8).

rōrātĭō, -ōnis, subs. f. Queda de orvalho (Apul. M. 9, 32).

rōrātus, -a, -um, part. pass. de roro.

rōrĭdus, -a, -um, adj. Coberto de orvalho (Prop. 4, 4, 48).

rōrĭfer, -fĕra, -fĕrum, adj. Rorífero, orvalhante, que espalha orvalho (Lucr. 6, 864).

rōrō, -ās, -āre, -āvī, -ātum, v. intr. e tr. I — Sent. próprio: Intr.: 1) Estar molhado de orvalho, orvalhar, rorejar (Ov. Met. 13, 622); (Verg. En. 8, 645). Daí: 2) Cair gôta a gôta (Lucr. 2, 977). Tr.: 3) Molhar de orvalho, umedecer, regar (Lucr. 3, 469). II — Impess.: 4) Orvalha, cai orvalho (Varr. L. Lat. 7, 58).

rōs, rōris, subs. m. I — Sent. próprio: 1) Orvalho (Cés. B. Civ. 3, 15, 4). II — Sent. figurado: 2) Água (que vai, corre ou brota), onda, lágrimas, líquido (em geral) (Hor. O. 3, 3, 56). 3) Alecrim: **ros marinus** (Hor. O. 3, 23, 6); ros (Verg. G. 2, 213) «alecrim», «rosmaninho».

rosa, -ae, subs. f. I — Sent. próprio: 1) Rosa (flor) (Cíc. Tusc. 5, 73). 2) Roseira (Hor. O. 2, 3, 14). II — Sent. figurado: 3) Têrmo de afeto (Plaut. Bac. 83).

rosārĭum, -ī, subs. n. Campo de rosas, rosal (Verg. G. 4, 119).

rosārĭus, -a, -um, adj. De rosas (Suet. Ner. 27).

Roscia Lex, subs. pr. f. Lei Róscia, que regulava os lugares nos teatros (Cíc. Mur. 40).

Roscĭānus, -a, -um, adj. Rosciano, de Róscio (Cíc. De Or. 2, 242).

roscĭdus, -a, -um, adj. I — Sent. próprio: 1) Róscido, de orvalho, orvalhado, úmido de orvalho (Verg. Buc. 8, 37). 2) Que derrama orvalho, úmido: **roscida dea** (Ov. A. Am. 3, 180) «a Aurora»; (Verg. G. 3, 337). II — Sent. poético: 3) Banhado, molhado, úmido (Verg. En. 7, 683).

Roscius, -ī, subs. pr. m. Róscio, nome de uma família romana, notando-se: 1) **L. Roscius Othon**, autor da lei que regulava os lugares no teatro (Cíc. Mur. 40). 2) **Q. Roscius**, célebre comediante, amigo de Cícero (Cíc. Arch. 17). 3) **Sext. Roscius Amerinus**, defendido por Cícero (Cíc. Of. 2, 51). 4) **L. Roscius**, lugar-tenente de César (Cés. B. Gal. 5, 24, 2).

Rōsĕa, -ae, subs. pr. f. Rósea, distrito dos sabinos (Cíc. At. 4, 15, 5).

Rōsĕānus, -a, -um, adj. Roseano, de Rósea (Varr. R. Rust. 2, 7, 6).

Rosellānī, v. **Rusellānī**.

rosētum, -ī, subs. n. Roseira (Verg. Buc. 5, 18).

1. rosĕus, -a, -um, adj. I — Sent. próprio: 1) De rosa, guarnecido de rosas (Sên. Med. 70). II — Por extensão: 2) Róseo, da côr de rosa, rosado, vermelho, purpurino (Verg. En. 11, 913). 3) Vermelho (das faces, dos lábios, etc.) (Verg. En. 2, 593).

2. Rōsĕus, -a, -um, adj. = **Roseānus, -a, -um** (Verg. En. 7, 712).

rōsī, perf. de **rodo**.

Rōsĭa, -ae, subs. f. = **Rosĕa**.

rōsĭdus, v. **roscĭdus** (Catul. 61, 24).

rōsmarīnus, rōrismarīnī, subs. m. Alecrim (arbusto), rosmaninho (Hor, O. 3, 23, 16).

rostra, -ōrum, subs. n. pl. I — Sent. próprio: 1) Os rostros, tribuna para os oradores na praça pública ou «forum» (ornada com os esporões dos navios tomados aos Volscos de Âncio durante a guerra latina); daí: 2) Tribuna, praça pública: **in rostra escendere** (Cíc. Of. 3, 80) «subir para a tribuna». II — Por extensão: 3) = **Forum** (Hor. Sát. 2, 6, 50).

rostrātus, -a, -um, adj. I — Sent. próprio: 1) Recurvado (como um bico) (Plín. H. Nat. 18, 171). II — Daí: 2) Guarnecido de um esporão (tratando-se de um navio): **columna rostrata** (T. Lív. 42, 20, 1) «coluna rostral» (coluna guarnecida de esporões de navios tomados ao inimigo, durante a 1ª guerra púnica, por ocasião da vitória de Duílio).

rostrum, -ī, subs. n. I — Sent. próprio: 1) Rostro, bico (de ave), focinho, bico (em geral), ponta (Cíc. Nat. 1, 101). II — Sent. figurado: 2) Rostro, esporão de navio (Cés. B. Gal. 3, 13, 8). Objeto em forma de bico: 3) Ponta da rêlha do arado (Plín. H. Nat. 18, 171). 4) Bico de lâmpada (Plín. H. Nat. 28, 163).

rōsus, -a, -um, part. pass. de **rodo**.

rota, -ae, subs. f. I — Sent. próprio: 1) Roda (em geral) (Plín. H. Nat. 16, 229). II — Sent. particular: 2) Roda (instrumento de suplício) (Verg. G. 3, 484). 3) Roda (de oleiro) (Hor. A. Poét. 22). 4) Rôlo (Tác. Hist. 4, 23). III — Sent. figurado: 5) Carro (Ov. Met. 1, 448). 6) Disco do sol (Lucr. 5, 432). 7) Roda (da Fortuna, símbolo da instabilidade): **rota fortunae** (Cíc. Pis. 22) «a roda da fortuna».

1. rotātus, -a, -um, part. pass. de **roto**.

2. rotātus, -ūs, subs. m. Ação de fazer rodar (Estác. Ach. 2, 417).

rotē, -ās, -āre, -āvī, -ātum, v. tr. I — Sent. próprio: 1) Fazer rodar, rodar, fazer dar a volta (Ov. Met. 4, 517); (Verg. En. 9, 441). 2) Fazer rolar, rolar (Sên. Nat. 3, 27, 6); (Verg. En. 10, 362). II — Sent. figurado: 3) Arremessar, brandir (Juv. 6, 449).

rotŭla, -ae, subs. f. Roda pequena (Plaut. Pers. 443).

rotundātus, -a, -um, part. pass. de **rotundo**.

rotundē, adv. Sent. próprio: 1) Redondamente, e daí, em sent. figurado: 2) Elegantemente (Cíc. Fin. 4, 7).

rotundĭtās, -tātis, subs. f. I) Redondeza (Plín. H. Nat. 37, 190). 2) Construção periódica da frase (Macr. Sát. 7, 5, 1).

rotundō, -ās, -āre, -āvī, -ātum, v. tr. I — Sent. próprio: 1) Arredondar (Cíc. Tim. 31). II — Daí: 2) Arredondar uma quantia, completá-la (Hor. Ep. 1, 6, 34).

rotundus, -a, -um, adj. I — Sent. próprio: 1) Redondo, em forma de roda (Cíc. Tim. 17). II — Sent. figurado: 2) Arredondado: **teres atque rotundus** (Hor. Sát. 2, 7, 86) «liso e redondo» (referindo-se ao sábio estóico, que não tem por onde se lhe pegue). 3) Harmonioso (tratando-se de estilo) (Hor. A. Poét. 323).

rubefaciō, -is, -ĕre, -fēcī, -factum, v. tr. Tornar vermelho (Ov. Met. 8, 383).

rubefēcī, perf. de **rubefacio**.

Rubellĭus, -ī, subs. pr. m. Rubélio, nome de homem (Tác. An. 13, 19).

rubellum, -ī, subs. n. Vinho palheta (rosé) (Pérs. 5, 147).

rubellus, -a, -um, adj. Vermelho (Marc. 1, 104, 9).

rubēns, -ēntis. A) Part. pres. de **rubeo**. B) Adj.: I — Sent. próprio: 1) Vermelho (Verg. Buc. 4, 43). II — Sent. poético: 2) Matizado, florido, colorido (Verg. G. 2, 319). III — Sent. figurado: 3) Vermelho (de pudor, de modéstia) (Tib. 3, 4, 32).

rubĕō, -ēs, -ēre, -bŭī, v. intr. I — Sent. próprio: 1) Estar vermelho (Verg. G. 2, 430). II — Sent. figurado: 2) Tornar-se vermelho, enrubecer, corar de vergonha, ou de pudor (Cíc. Verr. 2, 187).

1. ruber, -bra, -brum, adj. Vermelho, rubro: **Oceani rubrum aequor** (Verg. G. 3, 359) «a planície vermelha do Oceano».

2. Ruber, -bra, -brum, adj. Vermelho (epíteto). 1) **Rubrum mare** (Cíc. Nat. 1, 97) ou **Rubra aequora** (Prop. 1, 14, 12) ou **mare Rubrum** (T. Lív. 36, 17, 15) «o mar Vermelho, o mar das Índias, o gôlfo Pérsico». 2) **Saxa Rubra** (Cíc. Phil. 2, 77) «povoado da Etrúria, perto de Cremera».

rubēscō, -is, -ĕre, -bŭī, v. incoat. intr. Tornar-se vermelho, enrubecer, corar (sent.

próprio e figurado) (Verg. En. 3, 521); (Sên. Ep. 11, 4).

rubēta, -ae, subs. f. Espécie de sapo venenoso (Juv. 1, 70).

rubētum, -i, subs. n. (geralmente no pl.) Moita de silvas, silvado (Ov. Met. 1, 105).

1. rubĕus, -a, -um, (ruber), adj. Vermelho, ruivo (Varr. R. Rust. 2, 5, 8).

2. rubĕus, -a, -um (rubus), adj. De silva (Verg. G. 1, 266).

Rubī, -ōrum, subs. pr. m. pl. Rubos, cidade da Apúlia, na Itália, hoje Ruvo (Hor. Sát. 1, 5, 94).

Rubĭcŏ, -ōnis, subs. pr. m. Rubicão, pequeno rio que formava o limite entre a Gália Cisalpina e a Itália. César atravessou-o, dando assim o sinal da guerra civil, pois era proibido a qualquer general romano entrar, em armas, na Itália (Cíc. Phil. 6, 5).

rubicundŭlus, -a, -um, adj. Um tanto rubicundo (Juv. 6, 424).

rubicŭndus, -a, -um, adj. 1) Vermelho, dourado (Verg. G. 1, 297). 2) Rubicundo (Plaut. Ps. 1219).

rubĭdus, (rŏ), -a, -um, adj. 1) Vermelho: **rubidus panis** (Plaut. Cas. 310) «pão prêto». 2) Rubicundo (Suet. Vit. 17).

Rūbīg-, v. **Robig-.**

rūbīginōsus, v. **robiginosus.**

rūbīgō, v. **robigo.**

rubor, -ōris, subs. m. I — Sent. próprio: 1) Vermelhidão, côr vermelha, rubor (Cíc. Or. 79). Daí: 2) Púrpura (Verg G. 3, 307). II — Sent. particular: 3) Rubor (tratando-se do rosto) (T. Lív 30, 15, 1). III — Sent. figurado: 4) Reserva, pudor, modéstia (Cic. De Or. 2, 242). 5) Vergonha, ignomínia, desonra (Cíc. Rep. 4, 6). 6) Vergonha, confusão (Ov. Am. 3, 14, 21).

rubrīca, -ae, subs. f. I — Sent. próprio: 1) Terra vermelha, ocra vermelha (que servia principalmente para títulos ou artigos de leis) (Plín. H. Nat. 18, 135). II — Daí: 2) Rubrica, título das leis, leis (Quint. 12, 3, 11). III — Sent. particular: 3) Vermelhão, tinta vermelha (para o rosto) (Plaut. Truc. 294).

rubrīcātus, -a, -um, adj. Avermelhado (Petr. 46, 7).

Rubrĭus, -ī, subs. pr. m. Rúbrio, nome de família romana (Cíc. Verr. 2, 64).

Rubrum mare, v. **Ruber 2.**

rubuī, perf. de **rubĕo** e de **rubēsco.**

rubus, -ī, subs. m. I — Sent. próprio: 1) Amora brava, silva (Cés. B. Gal. 2, 17, 4). II — Sent. particular: 2) Framboesa (Prop. 3, 13, 28). 3) Framboeseiro (Plín. H. Nat. 16, 180).

ructābŭndus, -a, -um, adj. Que arrota sem cessar (Sên. Vit. 12, 3).

ructātrīx, -īcis, subs. f. A que arrota (Marc. 10, 48, 10).

ructō, -ās, -āre, -āvī, -ātum. v. intr. e tr. Arrotar, dar arrotos (Cíc. Phil. 2, 63); (Marc. 9, 49).

ructor, -āris, -ārī (= **ructo**), v. dep. intr. e tr. A) Intr.: I — Sent. próprio: 1) Arrotar (Varr. R. Rust. 3, 2, 3). B) Tr.: II — Sent. figurado: 2) Declamar, dizer com ênfase: **versus** (Hor. A. Poét. 457) «declamar com ênfase os versos».

ructus, -ūs, subs. m. Arrôto (Cíc. Fam. 9, 22, 5).

1. rudens, -ēntis, part. pres. de **rudo.**

2. rudens, -ēntis, subs. m. (e f.). I — Sent. próprio: 1) Cabo, calabre, amarra (Verg. En. 3, 267). II — Sent. figurado: 2) Navio (V. Flac. 1, 267).

Rudĭae, -ārum, subs. pr. f. Rúdias, cidade da Calábria, que foi o berço de Ênio (Plín. H. Nat. 3, 102).

rudiārĭus, -ī, subs. m. Rudiário, gladiador licenciado, gladiador que recebeu do pretor uma vara (símbolo da baixa que lhe era concedida) (Suét. Tib. 7).

rudīmēntum, -ī, subs. n. I — Sent. próprio: 1) Primeiros estudos, aprendizado, noviciado (T. Lív. 31, 11, 15). Daí: 2) Rudimentos, ensaio, esbôço (Quint. 2, 5, 1).

Rudīnus, -a, -um, adj. Rudino, de Rúdias, cidade da Calábria, pátria do poeta Ênio (Cíc. Arch. 22).

1. rudis, -e, adj. I — Sent. próprio: 1) Grosseiro, tôsco, bruto, não desbastado (tratando-se da terra) (Verg. G. 2, 211). Daí: 2) Rude, não polido, inculto, por cardar (tratando-se da lã) (Ov. Met. 6, 19). II — Sent. poético: 3) Nôvo, jovem, não experimentado (Marc. 7, 95, 8). III — Sent. figurado: 4) Rude, grosseiro, ignorante, inexperiente, noviço, simples, ingênuo (Cíc. Nat. 3, 7). Obs.: Constrói-se como absoluto; com abl. acompanhado de **in**; com gen; com abl. sem preposição (raro); com acus. acompanhado de **ad** (raro); Não tem comparativo nem superlativo.

2. rudis, -is, subs. f. I — Sent. próprio: 1) Vara, espécie de vara ou florete de que se serviam os gladiadores (T. Lív.

RUDĪTĀS — 877 — **RŪMOR**

26, 51, 4). Daí: 2) Vara que os gladiadores recebiam do pretor quando eram licenciados: **rudem accipere** (Cíc. Phil. 2, 74) «receber baixa, ser licenciado».
rudītās, -tātis, subs. f. Imperícia (Apul. Flor. 20).
rudītus, -ūs, subs. m. Zurro (do burro) (Apul. M. 8, 29).
rudō, -is, -ěre, -īvī, -ītum, v. tr. I — Sent. próprio: 1) Zurrar, rugir, urrar (Verg. En. 7, 16). II — Sent. figurado: 2) Gritar fortemente (tratando-se do homem), urrar (Verg. En. 8, 248).
rudor, -ōris, subs. m. Estrondo, fragor (Apul. Flor. 17).
rŭdus, -ěris, subs. n. Caliça, cascalho, entulho, escombros (Tác. An. 15, 43).
Rūfa, -ae, subs. pr. f. Rufa, nome de mulher (Hor. Sát. 2, 5, 216).
rūfēscō, -is, -ěre, v. incoat. intr. Tornar-se ruivo (Plín. H. Nat. 28, 194).
Rūfīllus, -ī, subs. pr. m. Rufilo, nome de homem (Hor. Sát. 1, 2, 27).
Rūfīnus, -ī, subs. pr. m. Rufino, comandante nas Gálias, condenado à morte por Vitélio, por ter mantido a revolta de Víndex (Tác. Hist. 2, 94).
Rūfīō, -ōnis, subs. pr. m. Rufião, nome de homem (Cíc. At. 6, 2, 18).
rūfō, -ās, -āre, v. intr. Tornar ruivo (Plín. H. Nat. 15, 87).
Rufrae, -ārum, subs. pr. f. Rufras, cidade da Campânia, na Itália (Verg. En. 7, 739).
Rufrĭum, -ī, subs. pr. n. Rúfrio, cidade do Sâmnio, hoje Ruvo (T. Lív. 8, 25, 4).
Rūfŭlī, -ōrum, subs. m. Tribos militares criadas pelos cônsules e não pelo povo (T. Lív. 7, 5, 9).
1. **rūfus, -a, -um,** adj. Vermelho, ruivo, avermelhado (Plaut. Ps. 1218).
2. **Rūfus, -ī,** subs. pr. m. Rufo, sobrenome romano, devendo-se notar: 1) **M. Minucius Rufus,** chefe de cavalaria no tempo de **Fabius Maximus** (T. Lív. 22, 8). 2) **M. Caelius Rufus,** correspondente de Cícero. 3) **Q. Curtius Rufus,** autor de uma história de Alexandre. 4) Sobrenome de vários Minúcios (T. Lív. 32, 27).
rŭga, -ae, subs. f. (geralmente no plural). I — Sent. próprio: 1) Ruga (do rosto) (Cíc. C. M. 62). II — Por extensão: 2) Prega, dobra (do vestido) (Plín. H. Nat. 35, 56). III — Sent. figurado: 3) Rugosidade, aspereza (Plín. H. Nat. 9, 109).
rŭgātus, -a, -um, part. pass. de **rugo.**

Rugĭī, -ōrum, subs. pr. m. Rúgios, povo germano que habitava o litoral do mar Báltico setentrional (Tác. G. 43).
rūgō, -ās, -āre, -āvī, -ātum, v. tr. e intr. A) Tr.: 1) Enrugar, franzir. Intr.: 2) Enrugar-se, fazer pregas (Plín. H. Nat. 9, 102); (Plaut. Cas. 246).
rugōsus, -a, -um, adj. I — Sent. próprio: 1) Rugoso, enrugado (Ov. Am. 1, 8, 112). II — Sent. poético: 2) Rugoso, encarquilhado (Tib. 3, 5, 25).
ruī, perf. de **ruo.**
ruīna, -ae, subs. f. I — Sent. próprio: 1) Queda, ruína (T. Lív. 44, 5, 1). No plural: 2) Ruínas, entulhos, escombros (Cíc. At. 2, 4, 7). II — Sent. figurado: 3) Ruína, desmoronamento, destruição (Cíc. Leg. 1, 39). 4) Catástrofe, desgraça, carnificina, desastre (T. Lív. 23, 25, 3). 5) Escombros (T. Lív. 9, 18, 7). III — Sent. poético: 6) O que cai: **caeli ruina** (Verg. En. 1, 129) «torrentes caídas do céu».
ruīnōsus, -a, -um, adj. 1) Ruinoso, que ameaça ruína (Cíc. Of. 3, 54). 2) Arruinado, desabado (Ov. Her. 1, 56).
ruitūrus, -a, -um, part. fut. de **ruo.**
Rullus, -ī, subs. pr. m. Rulo, sobrenome romano, convindo notar: **P. Servilius Rullus,** contra o qual Cícero pronunciou seus discursos sôbre a lei agrária (Cíc. Fam. 8, 6, 5).
Rūmĭa (manusc.) e **Rumĭna, -ae,** subs. pr. f. Rúmia ou Rúmina, deusa que presidia ao aleitamento das crianças (Varr. R. Rust. 2, 11, 5).
rūmifĭcō, -ās, -āre, v. tr. Divulgar, espalhar um boato (Plaut. Amph. 678).
rūmĭgō, -ās, -āre, v. tr. Ruminar (Apul. M. 4, 22).
1. **Rūmĭna,** v. **Rumĭa.**
2. **rūmĭna ficus,** subs. f. Figueira ruminal (debaixo da qual uma lôba amamentou Rômulo e Remo) (Ov. F. 2, 412).
rūminālis, -e, adj. Ruminante (Plín. H. Nat. 8, 260).
rūminātĭō, -ōnis, subs. f. I — Sent. próprio: 1) Ruminação (Plín. H. Nat. 11, 201). II — Sent. figurado: 2) Repetição, recrudescência (Plín. H. Nat. 15, 94). 3) Reflexão, meditação (Cíc. At. 2, 12, 2).
rūminō, -ās, -āre, v. intr. e tr. Ruminar (Plín. H. Nat. 11, 160); (Verg. Buc. 6, 54).
rūmor, -ōris, subs. m. I — Sent. próprio: 1) Boato, rumor (Cés. B. Gal. 4, 5, 3). II — Sent. particular: 2) Fama, reputação (boa ou má) (Cíc. Pis. 57). 3)

Opinião pública, censura pública (Cíc. Fin. 2, 49). 4) Propósitos favoráveis, aprovação geral, ruído (tratando-se de pessoas ou coisas) (Verg. En. 8, 90).

rumpō, -is, ěre, rūpī, ruptum, v. tr. I — Sent. próprio: 1) Quebrar com fôrça, romper (com idéia acessória de arrancar, arrebentar) (Cíc. Cat. 4, 8); (Cíc. Div. 2, 33); (Ov. Met. 6, 131); (Verg. En. 12, 683). Daí: 2) Fender, rasgar, abrir, separar (Verg. En. 10, 372); (Ov. Met. 6, 251). II — Sent. figurado: 3) Violar, infringir, anular (Cíc. De Or. 1, 241). 4) Interromper, impedir, perturbar (Verg. En. 7, 458); (Cíc. Rep. 6, 12). 5) Fazer sair com fôrça, lançar, soltar, proferir (Verg. En. 2, 129); (Verg. En. 3, 246). 6) Pass.: arrebentar, lançar-se (Hor. Sát. 1, 3, 136).

rūmuscŭlus, -ī, subs. m. Boato de pouca importância (Cíc. Clu. 105).

runcō, -ās, -āre, v. tr. I — Sent. próprio: 1) Sachar (Cat. Agr. 2). II — Daí: 2) Pelar, depilar (Pérs. 4, 35).

ruō, -is, ěre, ruī, ruitūrus, v. intr. e tr. I — Sent. próprio: Intr.: 1) Deitar ao chão, desabar, desmoronar-se (Verg. En. 2, 290); (Plaut. Most. 147). Daí: 2) Precipitar-se, cair bruscamente sôbre, cair (Cíc. Fin. 1, 34); (Cíc. Marc. 14); (Verg. En. 10, 811). 3) Lançar-se sôbre, correr para, sair precipitadamente (Cíc. Sest. 133). II — Sent. figurado: 4) Sair-se mal, arruinar-se (Cíc. Pomp. 19). III — Tr.: 5) Derrubar, deitar ao chão, fazer cair, arruinar, desfazer (Plaut. Trin. 837); (Verg. G. 1, 105). 6) Precipitar, arrojar, lançar (Verg. G. 2, 308). 7) Tirar de, extrair, desenterrar (Hor. Sát. 2, 5, 22).

rūpēs, -is, subs. f. I — Sent. próprio: 1) Rocha, rochedo, montanha (Cés. B. Gal. 2, 29, 3). II — Sent. particular: 2) Antro, gruta, caverna: **rupes cava** (Verg. G. 3, 253) «antro (gruta)». 3) Desfiladeiro com parede rochosa (T. Lív. 21, 36, 1). 4) Precipício (T. Lív. 21, 40, 9).

rūpī, perf. de **rumpo.**

Rupilĭa Lex, subs. pr. f. Lei Rupília (Cíc. Verr. 2, 40).

Rupilĭus, -ī, subs. pr. m. Rupílio, nome de uma gens romana, notando-se: 1) P. **Rupilius,** cônsul que fêz votar uma lei em favor da Sicília (Cíc. Verr. 2, 39). 2) A. **Rupilius,** médico (Cíc. Clu. 176). 3) Ator do tempo de Cícero (Cíc. Of. 1, 114). 4) P. **Rupilius Rex,** pretor de Preneste, proscrito pelos triúnviros (Hor. Sát. 1, 7, 1).

ruptor, -ōris, subs. m. O que rompe, o que perturba (sent. figurado) (T. Lív. 21, 40, 11).

ruptus, -a, -um, part. pass. de **rumpo.**

rūrī, locativo de **rus.**

1. **rūricŏla, -ae,** subs. m. Rurícola, lavrador, camponês, agricultor (Col. 10, 337).

2. **rūricŏla, -ae,** adj. Rurícola, que cultiva os campos (Ov. Met. 5, 479). Obs.: Como adj. tem os dois gêneros, masculino ou feminino. No neutro é muito raro: **ruricola aratrum** (Ov. Trist. 4, 6, 1) «o arado que cultiva os campos».

rūrigěna, -ae, subs. m. e f. Rurígena, nascido no campo, que habita no campo (Ov. Met. 7, 765).

rūrō, -ās, -āre, v. intr. e **rūror, -āris, -ārī,** v. dep. intr. Viver no campo, morar no campo (Plaut. Capt. 84); (Varr. Men. 457).

rūrsus e **rūrsum,** arc.: **rūsum** e **rūssum,** adv. I — Sent. próprio: 1) Para trás: **rursus ac prorsus** (Varr. apud. Non. 384, 32) «para trás e para frente». II — Sent. figurado: 2) Pelo contrário, inversamente, em revide (Cíc. Tusc. 1, 40). 3) De nôvo, pela segunda vez, ainda uma vez (Cíc. Br. 291).

rūs, rūris, subs. n. I — Sent. próprio: 1) Campo (em oposição a **domus** e **urbs**) (Cíc. Of. 3, 1). Daí: 2) Terras de lavoura, casa de campo, campo: **rure esse** (Plaut. Cas. 110) «ficar no campo». No plural: 3) Propriedade rural, o campo (Hor. Epo. 2, 3); (Cíc. Amer. 39). II — Sent. figurado: 4) Rusticidade, rudeza (Hor. Ep. 2, 1, 57).

Rusca, -ae, subs. pr. m. Rusca. M. **Pinarius Rusca,** tribuno da plebe (Cíc. De Or. 2, 261).

Rūscĭnō, -ōnis, subs. pr. m. Ruscinão, cidade da Gália Narbonense (T. Lív. 21, 24, 2).

ruscus, -ī, subs. f. e **ruscum, -ī,** subs. n. Gilbardeira (planta) (Verg. Buc. 7, 42).

Rusellāni, -ōrum, subs. loc. m. Ruselanos, habitantes de Ruselana, cidade da Etrúria (T. Lív. 28, 45, 18).

Rūsō, -ōnis, subs. pr. m. Rusão, sobrenome romano (Hor. Sát. 1, 3, 86).

russěus, -a, -um, adj. Puxado a vermelho carregado, que se pintou de vermelho (Petr. 27, 1).

russus, -a, -um, adj. Ruivo, vermelho (Catul. 39, 19).

rūsticānus, -a, um. I — Adj.: 1) Do campo, rústico (sent. próprio e figurado) (Cíc.

Amer. 44). II — Subs. m.: 2) **rūsticānī, -ōrum**: povo do campo, camponeses (Eutr. 9, 20).

rūsticātiō, -ōnis, subs. f. Morada no campo, vida de campo (Cíc. Lae. 103).

rūsticē, adv. I — Sent. próprio: 1) À moda do campo, como camponês (Cíc. De Or. 3, 25). II — Sent. figurado: 2) Grosseiramente, desajeitadamente (Cíc. Of. 3, 39). Obs.: Comp.: **rusticĭus** (Hor. Sát. 1, 3, 31).

rūsticĭtās, -tātis, subs. f. I — Sent. próprio: 1) Rusticidade, ar de campônio, costumes campestres, simplicidade da gente do campo (no bom sentido) (Plín. Ep. 1, 14, 4). II — Sent. pejorativo: 2) Rusticidade, rudeza (Suet. Cés. 53). 3) Acanhamento, bisonhice (Ov. Her. 20, 59).

rūstĭcor, -āris, -ārī, v. dep. intr. Viver no campo (Cíc. De Or. 2, 22).

1. rūstĭcŭlus, -ī, subs. m. Campônio, camponês (Cíc. Sest. 82).

2. rūstĭcŭlus, -a, -um, adj. Um tanto rústico, grosseiro (Marc. 10, 19).

rūstĭcus, -a, -um, adj. I — Sent. próprio: 1) Dos campos, do campo, rústico, campestre, rural (Cíc. Amer. 42). II — Sent. figurado: 2) Rústico, rude, grosseiro, inculto, desajeitado, simples, ingênuo (no bom e mau sentido) (Cíc. Amer. 75). 3) Esquivo, bisonho (Ov. Am. 2, 4, 13).

2. rūstĭcus, -ī, subs. m. Camponês, lavrador, campônio (Cíc. Fin. 2, 77).

rūsum e rūssum, v. **rursus e rursum**.

1. rūta, -ae, subs. f. I — Sent. próprio: 1) Arruda (planta) (Cíc. Fam. 9, 22, 3). II — Sent. figurado: 2) Amargor (Cíc. Fam. 16, 23, 2).

2. rūta caesa, subs. n. pl. Bens móveis (têrmo jurídico) (Cíc. Part. 107).

Rutēnī, -ōrum, subs. pr. e loc. m. Rutenos, povo e cidade da Aquitânia (Cés. B. Gal. 1, 45, 2).

Ruthēnī, v. **Rutēni**.

rutĭlāns, -āntis, part. pres. de **rutĭlo**.

rutĭlātus, -a, -um, adj. Vermelho, ruivo (T. Lív. 38, 17, 3).

rutĭlēscō, -is, -ĕre, v. incoat. intr. I — Sent. próprio: 1) Tornar-se ruivo (Plín. H. Nat. 8, 217). II — Sent. figurado: 2) Brilhar, refulgir (Capel. 2, 123).

Rutīlĭa, -ae, subs. pr. f. Rutília, nome de mulher (Sên. Helv. 16, 7).

Rutīlĭus, -ī, subs. pr. m. Rutilio, nome de uma família romana, notando-se: 1) P. Rutilius Rufus, orador, jurista e historiador do II séc. a.C. (Cíc. Br. 85). 2) P. Rutilius Lupus, retor do século de Augusto (Quint. 9, 2, 102).

rutĭlō, -ās, -āre, -āvī, -ātum, v. tr. e intr. I — Tr.: Tornar ruivo (o cabelo), tingir de vermelho (Tác. Hist. 4, 61). II — Intr.: Brilhar, refulgir, rutilar (Verg. En. 8, 529).

1. rutĭlus, -a, -um, adj. I — Sent. próprio: 1) De côr vermelha brilhante (tratando-se dos cabelos), ruivo (Ov. Met. 2, 319). II — Por extensão: 2) Brilhante como o fogo ou o ouro, brilhante, ardente (Verg. En. 8, 430).

2. Rutĭlus, -ī, subs. pr. m. Rútilo, sobrenome romano (T. Lív. 3, 7).

rutrum, -ī, subs. n. Espécie de pá ou enxada (T. Lív. 28, 45, 17).

Rutŭba, -ae, subs. pr. m. Rútuba, nome de um gladiador (Hor. Sát. 2, 7, 96).

rŭtŭla, -ae, subs. f. Um pedaço de arruda (Cíc. Fam. 9, 22, 3).

Rutŭlī, -ōrum, subs. loc. m. Rútulos, antigo povo do Lácio, cuja capital era Ardéia (Cíc. Rep. 2, 5). Obs.: No sing. (Verg. En. 7, 409).

Rutŭlus, -a, -um, adj. Rútulo, dos rútulos (Verg. En. 9, 728).

rutŭndus, v. **rotŭndus**.

rythmĭcī, -ōrum, subs. m. pl. Oradores que afetam um estilo ritmado (Cíc. De Or. 3, 190).

S

s, f. n. 18ª letra do alfabeto latino. Abreviaturas: 1) S. = **Sextus** «Sexto» (prenome). 2) Sp. = **Spurius** «Espúrio» (prenome). 3) S. = **semissis** «meio asse». 4) S. C. = **senatus consultum** «decreto do senado» 5) S. P. = **sua pecunia**. 6) S.P.Q.R. = **senatus populusque Romanus** «o senado e o povo romano».

Sabaea, -ae, subs. pr. f. Sabéia, uma parte da Arábia Félix (Hor. O. 1, 29, 3).

Sabaeī, -ōrum, subs. loc. m. Sabeus, habitantes da Sabéia (Verg. G. 1, 57).

Sabarĭa, -ae, subs. pr. f. Sabária, cidade da Panônia (Plín. H. Nat. 3, 146).

Sābātĭa Stagna, subs. pr. n. pl. Lago de Sabe (S. It. 8, 492).

Sābātīna Tribus, subs. f. A tribo sabatina (T. Lív. 6, 5, 8).

Sābātīnī, -ōrum, subs. loc. m. Habitantes de Sabate (T. Lív. 26, 33, 12).

Sabāzĭa, -ōrum, subs. pr. n. Sabázias, festas em honra a Baco (Cíc. Nat. 3, 58).

Sabāzĭus, -ī, subs. pr. m. Sabázio. 1) Um dos nomes de Baco (Cíc. Leg. 2, 37). 2) Epíteto de Júpiter em Creta e na Frígia (V. Máx. 1, 3, 3).

Sabbatārĭī, -iōrum, subs. m. pl. Os Judeus (Marc. 4, 4, 7).

sabbătum, -ī, subs. n. (geralmente no pl.). I — Sent. próprio: 1) Sábado (Suet. Aug. 76). II — Sent. particular: 2) Festas dos judeus (Juv. 6, 159).

Sabbŭra, -ae, subs. pr. m. Sábura, nome de um lugar-tenente de Juba (Luc. 4, 723).

Sabēlla, -ae, subs. pr. f. Sabela, nome de mulher (Marc. 2, 41).

Sabēllī, -ōrum, subs. pr. e loc. m. Sabelos. 1) Pequena nação vizinha dos sabinos (Plín. H. Nat. 19, 141). 2) Sabinos (Hor. Sát. 2, 1, 36).

Sabellĭcus, -a, -um, adj. Dos sabelos, dos sabinos (Verg. G. 3, 255).

1. **Sabēllus, -ī**, subs. m. O sabino, isto é, Horácio, que possuía bens na Sabínia (Hor. Ep. 1, 16, 49).

2. **Sabēllus, -a, -um**, adj. Dos sabelos, dos sabinos (Verg. G. 2, 167).

Sabīna, -ae, subs. pr. f. Sabina, sobrenome de Popéia (Tác. An. 13, 45).

sabina herba ou **sabīna, -ae**, subs. f. Sabina (planta) (Ov. F. 1, 343).

Sabīnae, -ārum, subs. loc. f. As mulheres sabinas (Cíc. Rep. 2, 12).

Sabīnē, adv. À maneira dos sabinos, em língua sabina (Varr. L. Lat. 5, 159).

Sabīnī, -ōrum, Subs. loc. m. Sabinos, um dos povos mais importantes da Itália antiga. Habitavam a Sabínia, situada no centro da Itália, a nordeste de Roma. Com esta cidade os romanos mantiveram contacto até que se deu o conhecido rapto das sabinas (Plín. H. Nat. 3, 108).

sabīnum, -ī, subs. n. Vinho do país dos sabinos (Hor. O. 1, 20, 1).

1. **Sabīnus, -a, -um**, adj. Dos sabinos, sabino (Cíc. Lig. 32).

2. **Sabīnus, -ī** subs. pr. m. Sabino, nome próprio romano, notadamente: 1) **Quinto Sabino**, lugar-tenente de César, na Gália. 2) **Aulo Sabino**, poeta latino amigo e imitador de Ovídio (Ov. Am. 2, 18, 27). 3) **Flávio Sabino**, irmão do imperador Vespasiano (Tác. Hist. 1, 46). 4) Nome de um escravo (Cíc. Fam. 16, 16, 2).

Sabis, -is, subs. pr. m. Sábis, rio da Bélgica (Cés. B. Gal. 2, 16, 1).

Sabrīna, -ae, subs. pr. m. Sabrina, rio da Bretanha, atual Severn (Tác. An. 12, 31).

1. **sabūrra, -ae**, subs. f. Lastro (de navio), balastro (Verg. G. 4, 195).

2. **Sabūrra**, v. **Sabbŭra** (Cés. B. Civ. 2, 38, 1).

saburrātus, -a, -um, adj. Sent. próprio e figurado: Que tem lastro, lastrado (Plaut. Cist. 121).

sabūrrō, -ās, -āre, v. tr. Lastrar (Plín. H. Nat. 81, 361).

Sacae, -ārum, subs. loc. m. Sacas, povo cítio (Catul. 11, 6).

Sacassānī, -ōrum, subs. loc. m. Sacassanos, povo do Cáucaso (Plín. H. Nat. 6, 29).

saccārĭa -ae, subs. f. Profissão do carregador de sacos (Apul. M. 1, 7).

saccārĭus, -a, -um, adj. De saco: saccaria navis (Quint. 8, 2, 13) «navio carregado de sacos (de farinha)».
saccatus, -a, -um. I — Part. pass. de sacco. II — Subs. saccātus humor, m. e saccātum -i, subs. n. — Urina (Lucr. 4, 1021).
saccēllus, -ī, subs. m. Bôlsa, sacola (Petr. 140, 15).
sacchăron (-um), -ī, subs. n. Açúcar (Luc. 3, 237).
saccipērĭum, -ī, subs. n. Algibeira para trazer dinheiro (Plaut. Rud. 548).
saccō, -ās, -āre, -āvī, -ātum, v. tr. Filtrar, coar (Plín. H. Nat. 18, 77); (Marc. 2, 40, 5).
saccŭlus, -ī, subs. m. Saco pequeno, bôlsa (Catul. 13, 8).
saccus, -ī, subs. m. I — Sent. próprio: 1) Saco, alforje (Hor. Sát. 2, 3, 149). II — Sent. particular: 2) Saco para filtrar, coador (Marc. 14, 104); (Plaut. Capt. 90).
sacēllum, -ī, subs. n. Pequeno santuário (Cíc. Agr. 2, 36).
sacēllus, -ī, subs. m., v. saccēllus (Petr. 140, 15).
1. sacer, -cra, -crum, adj. I — Sent. próprio: 1) O que não pode ser tocado sem ser manchado ou sem manchar. II — Sent. figurado: 2) Sagrado (em oposição a profanus), santo, inviolável, venerável (Luc. 9, 980). 3) Maldito, execrável, abominável, infame (tratando-se de pessoas e coisas) (Verg. En. 3, 57). III — Sent. particular: 4) Consagrado a uma divindade, sagrado (T. Lív. 24, 21, 10): luces sacrae (Hor. O. 4, 15, 26) «dias consagrados, isto é: dias de festa». Obs.: Também ocorrem as formas sacer, sacris, sacre (Plaut. Men. 289); (Plaut. Rud. 1208).
2. sacer, -cra, -crum, adj. Epíteto aplicado a: 1) Mons Sacer (Cíc. Rep. 2, 58) «monte Sagrado», perto de Roma, onde o povo fazia retiro. 2) Sacra via (Cíc. Planc. 17) «via Sacra», uma rua de Roma.
3. Sacer, -crī, subs. pr. m. Sacro, sobrenome romano.
1. sacerdōs, -ōtis, subs. m. e f. I — Sent. próprio: 1) O que realiza as cerimônias sagradas, e daí: sacerdote (sent. geral) (Verg. En. 5, 760). 2) Sacerdotisa (como subs. f.) (Cíc. Balb. 55). II — Sent. figurado: 3) Ministro (de) (Cíc. Phil. 2, 110).

2. Sacerdōs, -ōtis, subs. pr. m. Sacerdote, nome romano, especialmente na «gens» Licínia (Cíc. Verr. 1, 27).
sacerdōtālis, -e, adj. Sacerdotal, de sacerdote (Plín. Ep. 7, 24, 6).
sacerdōtĭum, -ī, subs. n. Sacerdócio (Cíc. Agr. 2, 18).
Sacēs, -ae, subs. pr. m. Saces, nome de um guerreiro (Verg. En. 12, 651).
sacra, -ōrum, v. Sacrum.
sacrāmentum, -ī, subs. n. I — Sent. próprio (jurídico): 1) Depósito de uma certa quantia feito aos deuses pelos litigantes, como penhor de boa fé ou da legitimidade da sua causa num processo (Varr. L. Lat. 5, 180). II — Daí: 2) Juramento (Hor. O. 2, 17, 10). III — Sent. particular: 3) Juramento militar, alistamento (Cés. B. Civ. 1, 23, 5). 4) Reivindicação, pretensão (Cíc. Caec. 97).
Sacrānus, -a, -um, adj. Dos Sacranos, povo do Lácio (Verg. En. 7, 796).
sacrārĭum, -ī, subs. n. I — Sent. próprio: 1) Lugar onde se guardam as coisas sagradas, santuário, capela (Cíc. Verr. 4, 4). II — Sent. figurado: 2) Lugar secreto, asilo inviolável (Cíc. Cat. 1, 24).
sacrātus, -a, -um. I — Part. pass. de sacro. II — Adj.: 1) Consagrado, santificado: dies sacratior (Marc. 4, 1, 1) «dia mais santificado». 2) Sagrado, venerável (Ov. F. 2, 60).
sacrem porcum, sacrēs porcī. Leitão recém-nascido (Plaut. Men. 289). Obs.: As formas arcaicas com -a- longo são usadas na língua religiosa.
sacrĭcŏla, -ae, subs. m. Sacerdote (que sacrificava as vítimas), vitimário (Tác. Hist. 3, 74).
sacrĭfer, -fĕra, -fĕrum, adj. Sacrífero, que traz ou leva as coisas sagradas (Ov. F. 4, 252).
sacrificālis ou sacrificiālis, -e, adj. Relativo aos sacrifícios (Tác. An. 2, 69).
sacrificātĭō, -ōnis, subs. f. Cerimônia (do culto), sacrifício, culto (Cíc. Nat. 2, 67).
sacrificātus, -a, -um, part. pass. de sacrifico e de sacrificor.
sacrificĭum, -ī, subs. n. Sacrifício (Cés. B. Gal. 6, 13, 4).
sacrificō, -ās, -āre, -āvī, -ātum, v. intr. e tr. I — Sent. próprio: Intr.: 1) Oferecer um sacrifício, sacrificar (Cíc. Nat. 2, 67); (T. Lív. 32, 1, 13). II — Daí: Tr.: 2) Oferecer como sacrifício, imolar (Ov. F. 4, 414).

sacrifĭcor, -āris, -āri = **sacrifīco**, v. dep. (Varr. Men. 266).

sacrificŭlus, -ī, ou **sacrificiŏlus, -ī**, subs. m. Sacrificador (sacerdote subalterno, encarregado dos sacrifícios): **rex** (T. Lív. 2, 2, 1) «rei (dos sacrifícios)».

sacrifĭcus, -a, -um, adj. I — Sent. próprio: 1) Que sacrifica (Ov. Met. 12, 249). Daí: 2) Do sacrifício, relativo aos sacrifícios, do sacerdote (Ov. Met. 13, 590).

sacrilegĭum, -ī, subs. n. I — Sent. próprio: 1) Roubo (de objeto sagrado), roubo (de templo), sacrilégio (T. Lív. 29, 8, 9). Daí: 2) Sacrilégio, profanação, impiedade (C. Nep. 6, 4).

sacrilĕgus, -a, -um, adj. I — Sent. próprio: 1) Que rouba objetos sagrados, ladrão de objetos sagrados (Cíc. Verr. 1, 9). Daí: 2) Sacrílego, ímpio, profanador, criminoso (Ov. F. 3, 700). III — Sent. particular (nos cômicos): 3) Bandido, celerado (Plaut. Ps. 364).

Sacripōrtus, -ūs, subs. pr. m. Sacripôrto. 1) Bairro do Lácio, perto de Preneste (Luc. 2, 134). 2) Cidade sôbre o gôlfo de Tarento (T. Lív. 26, 39, 6).

sacris, v. **sacer**.

sacrō, -ās, -āre, -āvī, -ātum, v. tr. I — Sent. próprio: 1) Consagrar, votar a uma divindade (Cíc. Leg. 2, 22); (Verg. En. 5, 48). Daí: 2) Dedicar, tornar sagrado (Verg. En. 10, 419); (Cíc. Balb. 33). II — Sent. figurado: 3) Celebrar, imortalizar (Hor. O. 1, 26, 11).

sacrosānctus, -a, -um, adj. I — Sent. próprio: 1) De caráter sagrado ou inviolável, oficialmente reconhecido: **sacrosancta potestas** (T. Lív. 29, 20, 11) «o poder sagrado (dos tribunos)». II — Daí: 2) Santo, sagrado, augusto, sacrossanto (Plín. Ep. 7, 11, 3).

Sacrōvir, -ĭrī, subs. pr. m. Sacróviro, nome de um nobre gaulês (Tác. An. 3, 40).

Sacroviriānus, -a, -um, adj. De Sacróviro (Tác. An. 4, 18).

sacrufĭcō = **sacrifĭco**.

sacrum, -ī, subs. n. e **sacra, -ōrum**, subs. n. pl. I — Sent. próprio: 1) Coisa sagrada, objeto sagrado, objetos do culto (Hor. O. 3, 3, 52). Daí: 2) Cerimônias do culto, ritos, culto: **sacra Cereris** (Cíc. Balb. 55) «o culto de Ceres». 3) Cerimônia religiosa, festa, sacrifício (T. Lív. 1, 7, 3). 4) Sacrifícios (particulares), culto (doméstico) (Cíc. Of. 1, 55).

III — Sent. figurado: 5) Culto (das musas), talento poético: **caelestia sacra** (Ov. Trist. 4, 10, 19) «o culto divino (das Musas)». 6) Santidade, caráter sagrado (Tác. D. 11).

Sadăla ou **Sadălēs, -ae**, subs. pr. m. Sádala. 1) Rei da Trácia (Cíc. Verr. 1, 63). 2) Um dos filhos de Cótis, rei da Trácia (Cés. B. Civ. 3, 4, 3).

saeclum, v. **saecŭlum**.

saeculāris, -e, adj. Secular: **saeculares ludi** (Tác. An. 11, 11) «jogos seculares», isto é: celebrados de cem em cem anos.

saecŭlum (saeclum) ou **sēcŭlum, -ī**, subs. n. I — Sent. próprio: 1) Geração, gerações (geralmente no pl) (Lucr. 1, 21). Daí: 2) Duração de uma geração, século, espaço de cem anos (Hor. O. 4, 6, 42). II — Sent. figurado: 3) Longo período de duração indeterminada, longa duração (Cíc. Rep. 2, 20). 4) O século, o tempo em que se vive, tempo, idade, época (Cíc. Div. 1, 36). 5) Espírito do século, costumes (Tác. Germ. 19).

saepĕ, adv. Muitas vêzes, freqüentemente (Cíc. Fin. 2, 41). Obs.: Comp.: **saepius**; superl.: **saepissĭme** (Cíc.).

saepenumĕrō ou **saepe numĕrō**, adv. Freqüentemente, inúmeras vêzes (Cíc., De Or. 1, 1).

saepēs (sēpēs), -is, subs. f. Sebe, cêrca (Cés. B. Gal. 2, 17, 4).

saepicŭlē, adv. Com muita freqüência (Plaut. Cas. 582).

saepīmēntum, -ī, subs. n. Cêrca, cercado (Cíc. Leg. 1, 62).

Saepīnātes, -ĭum, subs. loc. m. Sepinates, habitantes de Sepino (Plín. H. Nat. 3, 107).

Saepīnum, -ī, subs. pr. n. Sepino, cidade do Sâmnio (T. Lív. 10, 44, 9).

saepĭō (sēpĭō), -īs, -īre, saepsī, saeptum, v. tr. I — Sent. próprio: 1) Cercar com uma sebe, cercar, cingir (Cíc. Tusc. 5, 64); (Cíc. Sest. 91). 2) Fechar (Cíc. Phil. 5, 9). II — Sent. figurado: 3) Proteger, defender (Cíc. Br. 330).

saepiuscŭlē, v. **saepicŭle**.

saeps, v. **saepes**.

saepsī (sēpsī), perf. de **saepĭo**.

saepta, -ōrum, subs. n. pl. Recinto, cercado (de madeira, onde os cidadãos eram encerrados por centúrias e de onde saíam para votar um de cada vez) (Ov. F. 1, 53).

SAEPTUM **SAGINŌ**

saeptum (sĕp-), -ī, subs. n. Cercado (de madeira), cêrca, tapume (Cíc. Phil. 13, 5).
saeptus (sēptus), -a, -um, part. pass. de saepio.
saeta (sēta), -ae, subs. f. (geralmente no pl.). I — Sent. próprio: 1) Sêdas, (dos animais: porco, javali, cerdas, pêlo áspero ou espinhos (dos animais) (Lucr. 5, 786); (Ov. Met. 8, 428). II — Daí: 2) Crina (de cavalo) (Verg. En. 7, 667). 3) Linha de pescador (Marc. 1, 56, 9). 4) Pincel (Plín. H. Nat. 33, 122). Obs.: A grafia **saeta** é a mais usada, aparecendo principalmente em Vergílio.
Saetābus, -a, -um, adj. De Sétabis, cidade da Hispânia Tarraconense (Catul. 12, 14).
1. saetĭger (sēt-), -gĕra, -gĕrum, adj. Eriçado de sêdas ou cerdas (Verg. En. 2, 170).
2. saetĭger, -gĕri, subs. m. Javali (Ov. Met. 8, 376).
saetōsus (sēt-), -a, -um, adj. 1) Eriçado de cerdas (Verg. Buc. 7, 29). 2) Coberto de pêlos (Hor. Sát. 1, 5, 61).
saevē, adv. Cruelmente (Suet. Tib. 59). Obs.: Comp.: **saevĭus** (Hor. O. 2, 10, 9).
saevidĭcus, -a, -um, adj. Que ameaça, ameaçador, de linguagem violenta (Ter. Phorm. 213).
saevīī, perf. de saevio.
saeviō, -is, -īre, -īī, -ītum, v. intr. I — Sent. próprio: 1) Estar furioso, estar irritado, ser violento, enraivecer-se (Ov. Met. 11, 369); (Verg. En. 6, 544); (Cés. B. Gal. 3, 13, 9). Daí: 2) Praticar crueldades ou sevícias, maltratar, usar de extremo rigor (T. Liv. 28, 34, 9). II — Sent. figurado: 3) Ser ardente, ser fogoso (Lucr. 5, 1075). Obs.: Imperf.: **saevibat** (Lucr. 5, 1001).
saevĭter, adv. Com rigor, severamente (Plaut. Ps. 1290).
saevĭtĭa, -ae, subs. f. I — Sent. próprio: 1) Fúria, furor, violência, cólera (Plín. H. Nat. 8, 146). II — Sent. figurado: 2) Rigor, dureza, crueldade (Cíc. Of. 2, 24). 3) Rigor, violência (Tác. An. 2, 87).
saevĭtĭēs, -ēī, subs. f., v. **saevitia** (Apul. M. 6, 19).
saevus, -a, -um, adj. I — Sent. próprio: 1) Arrebatado, furioso, irritado (Verg. G. 3, 246). Daí: 2) Furioso, cruel, selvagem, bárbaro, desumano, sevo (T. Liv. 34, 32, 3). II — Sent. figurado: 3) Furioso, cruel, impetuoso, violento (Cíc. At. 5, 12).
sāga, -ae, subs. f. Saga, feiticeira, bruxa (Cíc. Div. 1, 65).
sagācĭtās, -tātis, subs. f. I — Sent. próprio: 1) Finura do olfato, delicadeza (dos sentidos) (Cíc. Nat. 2, 158). II — Sent. figurado: 2) Sagacidade, finura, penetração (Cíc. Verr. 4, 29).
sagācĭter, adv. I — Sent. próprio: 1) Com sutileza de olfato (Col. 7, 12, 7). II — Sent. figurado: 2) Sagazmente, sutilmente (Cíc. De Or. 1, 51).
sagācĭus, adv. I — Sent. próprio: 1) Com muita sutileza de olfato (Cíc. At. 6, 4, 3). II — Sent. figurado: 2) Com muita sagacidade, sutilmente (Cíc. De Or. 1, 223). Obs.: superl.: **sagacissĭme** (Cíc. De Or. 2, 186).
Sagalassēnus Ager, subs. pr. m. Região Sagalassena, da Pisídia (T. Liv. 38, 15, 9).
Sagalāssos, -ī, subs. pr. f. Sagalasso, cidade da Pisídia (Plín. H. Nat. 5, 94).
Sagăna, -ae, subs. pr. f. Ságana, nome de mulher (Hor. Epo. 5, 25).
Sagarīnus, -ī, subs. pr. m. Sagarino, nome de homem (Plaut. St. 644).
Sagăris, -is, subs. pr. m. Ságaris. 1) Rio da Frígia, também chamado Sangário (Ov. P. 4, 10, 47). 2) Nome de homem (Verg. En. 9, 575).
Sagarītis, -ĭdis, subs. pr. f. Sagarítide, do rio Ságaris (Ov. F. 4, 229).
sagātus, -a, -um, adj. Vestido de sago (sagum) (Cíc. Phil. 14, 2).
sagāx, -ācis, adj. I — Sent. próprio: 1) De olfato sutil (Cíc. Div. 1, 65). Daí: 2) Que tem um ouvido sutil, sempre alerta, vigilante (Ov. Met. 11, 599). II — Sent. figurado: 3) Sagaz, penetrante, fino, perspicaz (Cíc. Cat. 1, 19). Obs.: Constrói-se como absoluto; com gen. (poét.); com inf.
sagīna, -ae, subs. f. I — Sent. próprio: 1) Engorda (de animais), ceva (Suet. Cal. 27). Daí: 2) Regime alimentar (principalmente dos gladiadores), alimentação substancial (Tác. Hist. 2, 88). II — Sent. figurado: 3) Festim abundante (Cíc. Flac. 17). 4) Bandulho, pança (língua dos cômicos) (Plaut. Most. 65). 5) Alimentação, alimento (Quint. 10, 5, 7).
sagīnō, -ās, -āre, -āvī, -ātum, v. tr. Engordar, cevar, alimentar (sent. próprio e figurado) (Cíc. Sest. 78).

săgĭō, -īs, -īre, v. intr. Ter uma grande sutileza de sentidos, ter olfato apurado, delicado (Cíc. Div. 1, 65).

1. sagītta, -ae, subs. f. I — Sent. próprio: 1) Seta, flecha ou qualquer objeto em forma de seta (Verg. En. 4, 69). II — Sent. particular: 2) A Flecha (constelação) (Cíc. Arat. 382).

2. Sagītta, -ae, subs. pr. m. Sagita, sobrenome romano (Tác. Hist. 4, 49).

1. sagittărĭus, -a, -um, adj. Próprio para fazer flechas (Plín. H. Nat. 16, 166).

2. sagittărĭus, -ī, subs. m. I — Sent. próprio: 1) Sagitário, frecheiro (Cés. B. Gal. 2, 7, 1). II — Sent. particular: 2) O Sagitário (constelação) (Cíc. Arat. 525).

sagittĭfer, -fĕra, -fĕrum, adj. I — Sent. próprio: 1) Sagitífero, armado de setas (Verg. En. 8, 725). II — Daí: 2) Que contém setas (Ov. Met. 1, 468).

sagittĭpŏtēns, -ēntis, subs. m. O Sagitário, signo do Zodíaco (Cíc. Arat. 73).

sagittŭla, -ae, subs. f. Flechinha, flecha pequena (Apul. M. 10, 32).

sagmen, -ĭnis, subs. n. Ramo de verbena (colhido num lugar sagrado pelo cônsul ou pretor, e que tornava invioláveis os embaixadores que partiam para celebrar um tratado ou declarar a guerra) (T. Lív. 1, 24, 4).

Sagra, -ae, subs. pr. m. ou f. Sagra, rio do Brútio, em cujas margens os lócrios venceram os crotoniatas, que lhes eram superiores em número (Cíc. Nat. 2, 6).

sagulātus, -a, -um, adj. Vestido de sago (Suet. Vit. 11).

sagŭlum, -ī, subs. n. Sago (principalmente de general romano) (Cés. B. Gal. 5, 42, 3).

sagum, -ī, subs. n. I — Sent. próprio: 1) Saio (espécie de manto de lã grosseira, de origem gaulesa), manto de soldado (Tác. Germ. 17). Daí: 2) Cobertura, chairel (Suet. Ot. 2). II — Sent. figurado: 3) Armas: saga sumere (Cíc. Phil. 5, 31) «tomar as armas; esse in sagis (Cíc. Phil. 8, 32) «estar em armas»; sagum sumere (Cíc. Verr. 5, 94) «vestir o uniforme de campanha, o uniforme de guerra».

Saguntīnī, -ōrum, subs. loc. m. Saguntinos, habitantes de Sagunto (T. Lív. 21, 19, 4).

Saguntīnus, -a, -um, adj. Saguntino, de Sagunto (T. Lív. 21, 19, 10).

Sagūntum, -ī, subs. pr. n. Sagunto, cidade da Hispânia Tarraconense (Cíc. Div. 1, 49).

săgus, -a, -um, adj. Que pressagia, profético (Estác. Ach. 1, 519).

Saītae, -ārum, subs. loc. m. Saítas, habitantes de Sais, cidade do Egito (Cíc. Nat. 3, 29).

sāl, sălis, subs. m. I — Sent. próprio: 1) Sal (Cíc. Lae. 67). II — Sent. poético: 2) Água do mar, mar (Verg. En. 1, 173). III — Sent. figurado: 3) Graça, jovialidade, gracejo, dito mordaz (Cíc. De Or. 2, 98). 4) Inteligência, finura de espírito (Ter. Eun. 400). 5) Bom gôsto (C. Nep. At. 13, 2).

Salācĭa, -ae, subs. pr. f. Salácia. 1) Deusa do mar (Cíc. Tim. 35). 2) O próprio mar (Pacúv. Tr. 418). 3) Cidade da Lusitânia (Plín. H. Nat. 8, 191).

salācĭtās, -tātis, subs. f. Lascívia (Plín. H. Nat. 9, 59).

salācō, -ōnis, subs. m. Vaidoso, fanfarrão (Cíc. Fam. 7, 24, 2).

Salaeca, -ae, subs pr. f. Saleca, cidade da África (T. Lív. 29, 34, 6).

salamāndra, -ae, subs. f. Salamandra (Plín. H. Nat. 10, 188).

Salamīna, -ae, subs. pr. f., v. Salămis (Just. 2, 7, 7).

Salamĭnĭăcus, -a, -um, adj. De Salamina (Luc. 5, 109).

Salamīnĭī, -ōrum, subs. loc. m. Salamínios, habitantes de Salamina, em Chipre (Cíc. Arch. 19).

Salamīnĭus, -a, -um, adj. Salamínio, de Salamina (Cíc. Tusc. 1, 110).

Salămis, -ĭnis, subs. pr. f. Salamina. 1) Ilha do Peloponeso; no canal que a separa do continente deu-se a famosa batalha naval em que Temístocles derrotou Xerxes (Cíc. Of. 1, 61). 2) Cidade da ilha de Chipre (Cíc. At. 6, 1, 6).

Salapĭa, -ae, subs. pr. f. Salápia, cidade da Apúlia (T. Lív. 24, 20, 15).

Salapīnī, -ōrum, subs. loc. m. Salapinos, habitantes de Salápia (Cíc. Agr. 2, 71).

salaputtĭum, -ī, subs. n. Pigmeu, significação pejorativa de um homem pequenino.

Salārĭa, -ae, subs. pr. f. Via Salária, que começava em Roma e se dirigia para o sul, terminando no pôrto de Tarento (Cíc. Nat. 3, 11).

salārĭum, -ī, subs. n. Sent. etimológico: 1) Quantia paga aos soldados para comprarem o sal; daí, em sent. próprio:

SALARIUS — 885 — **SALLUSTIANUS**

2) Sôldo, salário, ordenado (Tác. Agr. 42).
1. salarius, -a, -um, adj. Relativo ao sal (T. Lív. 29, 37, 3).
2. salarius, -i, subs. m. Negociante de carne ou peixe salgado (Marc. 1, 41, 8).
Salassi, -ōrum, subs. loc. m. Salassos, povo dos Alpes Peninos (T. Lív. 28, 31, 7).
salax, -ācis, adj. I — Sent. próprio: 1) Lascivo, lúbrico (Hor. Sát. 1, 2, 45). II — Sent. poético: 2) Afrodisíaco (Ov. Rem. 799).
salĕbra, -ae, subs. f. (geralmente no plural). I — Sent. próprio: 1) Asperezas do solo, terreno escabroso (Hor. Ep. 1, 17, 53). II — Sent. figurado: 2) Rudeza (de estilo) (Cíc. Or. 39). 3) Dificuldades (Cíc. Fin. 2, 30).
salebrosus, -a, -um, adj. I — Sent. próprio: 1) Áspero, escabroso (Apul. Met. 8, p. 208, 37). II — Sent. figurado: 2) Penoso, embaraçoso, trabalhoso (Quint. 11, 2, 46).
Saleius, -i, subs. pr. m. Saleio, nome de homem (Juv. 7, 80).
Salentini (Sallentini), -ōrum, subs. loc. m. Salentinos, habitantes de Salento (Cíc. Amer. 133).
Salentinus, -a, -um, adj. Dos salentinos (Verg. En. 3, 400).
Salernum, -i, subs. pr. n. Salerno, antiga capital do Piceno (Plín. H. Nat. 3, 70).
Saliae, -ārum (subent. epulae), subs. f. Refeições sálias, i.é, magníficas (Apul. M. 4, 22).
Saliāris, -e, adj. I — Sent. próprio: 1) Dos sacerdotes sálios (Hor. Ep. 2, 1, 86). II — Sent. figurado: 2) À maneira dos sálios: **saliares dapes** (Hor. O. 1, 37, 2) «festins esplêndidos».
saliatus, -ūs, subs. m. Dignidade de sacerdote sálio (Cíc. Scaur. 34).
salicis, gen. de **salix**.
salictum, -i, subs. n. 1) Salgueiral (Cíc. Agr. 2, 36). 2) Salgueiro (Verg. Buc. 1, 55).
saliēns, -entis. I — Part. pres. de **salio**. II — Subs. m. pl.: **salientēs, -ium** (subentendendo-se **aquae**), jorros de água, fontes (Cíc. Q. Fr. 3, 1, 3).
salignus, -a, -um, adj. 1) De salgueiro (Hor. Sát. 1, 5, 22). 2) De vime (Verg. En. 7, 632).
Salīlli, -ōrum, subs. pr. m. Sálios, sacerdotes de Marte. Acredita-se que a corporação tenha sido instituída por Numa Pompílio, a fim de guardar os escudos sagrados de Marte. Todos os anos havia uma procissão ao Palatino, onde os sacerdotes dançavam, acompanhando-se com hinos religiosos. Fragmentos dêsses hinos chegaram até nós graças a Varrão: são os chamados **carmina Saliorum** (Varr. L. Lat. 5, 85); (Cíc. Rep. 2, 26).
salillum, -i, subs. n. Saleiro pequeno (Catul. 23, 19).
1. salinae, -ārum, subs. f. pl. I — Sent. próprio: 1) Salinas (Cíc. Nat. 2, 132). II — Sent. figurado: 2) Palavras mordazes (Cíc. Fam. 7, 32, 1).
2. Salinae, -ārum, subs. pr. f. As Salinas, bairro de Roma (T. Lív. 24, 47, 15).
Salinātor, -ōris, subs. pr. m. Salinátor, sobrenome romano (Cíc. C. M. 7).
salinum, -i, subs. n. Saleiro (vaso) (Hor. O. 2, 16, 14).
salio, -is, -ire, saluī, saltum, v. intr. e tr. I — Sent. próprio: Intr.: 1) Saltar, pular (T. Lív. 25, 24); (Hor. O. 3, 23, 20). Daí: 2) Palpitar, pulsar (Ov. Met. 8, 606). Tr.: 3) Brotar, rebentar (Lucr. 4, 1196). Obs.: O perf. **salii** é raro (Estác. Theb. 9, 132).
salipotēns, -entis, subs. m. Rei do mar (epíteto de Netuno) (Plaut. Trin. 820).
Salisubsili, -ōrum, subs. pr. pl. m. Sálios, sacerdotes que dançavam (Catul. 17, 6).
saliunca, -ae. subs. f. Valeriana, nardo céltico (planta) (Verg. Buc. 5, 17).
saliva, -ae, subs. f. I — Sent. próprio: 1) Saliva, baba (de certos animais) (Catul. 23, 16). II — Sent. figurado: 2) Sabor, saliva (como sinal de apetite) (Prop. 4, 8, 38). 3) Em expressões: desejo, inveja: **salivam movere** (Sên. Ep. 79, 6) «fazer vir água à bôca, isto é: causar inveja».
salivo, -ās, -āre, v. tr. Produzir um líquido viscoso, curar pela salivação (Plín. H. Nat. 9, 125).
salix, -icis, subs. f. Salgueiro (árvore) (Verg. Buc. 3, 65).
Sallentini, v. **Salentini**.
sallio, -is, -ire = **sallo** (Cat. Agr. 23, 1).
sallo, -is, -ĕre, v. tr. Salgar (Varr. L. Lat. 5, 110).
1. Sallustiānus, -a, -um, adj. De Salústio (Quint. 4, 2, 45).
2. Sallustiānus, -i, subs. pr. m. Salustiano, admirador de Salústio (Sên. Ep. 114, 17).

Sallustĭus, -ī, subs. pr. m. Salústio. 1) Historiador latino, partidário e amigo de César. Governou uma província da África, onde se enriqueceu escandalosamente. Com a morte de César, retirou-se da vida pública. Dedicou-se, então, ao estudo, tendo deixado três obras: «Sôbre a conjuração de Catilina», «Guerra contra Jugurta» e uma terceira de que só nos chegaram fragmentos: «Histórias» (Tác. An. 3, 30). 2) Outras pessoas do mesmo nome (Cíc. Fam. 14, 4, 6).

Salmăcis, -ĭdis, subs. pr. f. Sálmacis, ou Salmácida, ninfa e fonte da Cária (Ov. Met. 4, 286).

Salmōneus, -ĕī ou **-ĕos,** subs. pr. m. Salmoneu, filho de Éolo, fulminado pelo raio de Júpiter (Verg. En. 6, 585).

Salmŏnis, -ĭdis, subs. pr. f. Salmônis ou Salmônide, filha de Salmoneu (Tiro) (Ov. Am. 3, 6, 43).

Salō, -ōnis, subs pr. m. Salão, rio dos celtiberos, afluente do Ebro (Marc. 10, 103, 2).

Salōnae, -ārum, subs. pr. f. Salonas, cidade da Dalmácia (Cés. B. Cív. 3, 8).

Salōnĭna, -ae, subs. pr. f. Salonina, nome de mulher (Tác. Hist. 2, 20).

salpa, -ae, subs. f. Badejo (peixe) (Ov. Hal. 121).

Salpēsa, -ae, subs. pr. f. Salpesa, cidade da Bética (Plín. H. Nat. 3, 14).

Salpīnās, -ātis, adj. Salpinate, de Sálpis, cidade da Etrúria (T. Lív. 5, 31, 5).

salsāmentārĭus, -ī, subs. m. Negociante de peixe salgado (Suet. Vit. Hor.).

salsāmēntum, -ī, subs. n. 1) Salga, peixe salgado (Varr. R. Rust. 3, 17, 7). 2) Salmoura (Cíc. Div. 2, 117).

salsē, adv. Com sal, com espírito (Cíc. De Or. 2, 275).

salsĭpŏtēns, -ēntis, subs. m. Rei dos mares (epíteto de Netuno) (Plaut. Trin. 820).

salsūra, -ae, subs. f. I — Sent. próprio: 1) Salga, salgação (Varr. R. Rust. 2, 4, 18). II — Sent. figurado: 2) Mau humor, aspereza (Plaut. St. 92).

salsūrus, -a, -um, part. fut. de **sallo.**

salsus, -a, -um. I — Part. pass. de **sallo.** II — Adj.: Sent. próprio: 1) Salso, salgado, que tem sabor salgado (Verg. En. 5, 158). Em sent. figurado: 2) Picante, espirituoso, jovial, engraçado (Cíc. Fam. 9, 15, 2).

saltātĭō, -ōnis, subs. f. Dança, ação de dançar (Cíc. Br. 225).

saltātor, -ōris, subs. m. Dançarino (Cíc. Mur. 13).

saltātōrĭus, -a, -um, adj. De dança (Cíc. Pis. 22).

saltātrīx, -īcis, subs. f. Dançarina (Cíc. Pis. 18).

1. saltātus, -a, -um, part. pass. de **salto.**

2. saltātus, -ūs, subs. m. Dança (T. Lív. 1, 20). Obs.: Só ocorre no abl. sg. e pl.

saltem (saltim), adv. Pelo menos, ao menos (Cíc. Fam. 12, 23, 3). Obs.: Saltem é usado após uma oração concessiva precedida ou não de si.

saltī, gen. de **saltus.**

saltō, -ās, -āre, -āvī, -ātum (v. freq. intensivo de **salĭo**), intr. e tr. A) Intr.: I — Sent. próprio: 1) Saltar (com gestos, com pantomima), representar (Cíc. Pis. 22). II — Daí: 2) Dançar (Cíc. Pis. 22); (Cíc. De Or. 3, 83). B) Tr.: 3) Exprimir pela dança, representar pela dança ou por uma pantomima, representar (Ov. A. Am. 1, 501).

saltuārĭus, -ī, subs. m. Guarda-florestal (Petr. 53, 9).

saltuōsus, -a, -um, adj. Cheio de bosques ou florestas (T. Lív. 27, 12).

saltus, -ūs, subs. m. I — Sent. próprio: 1) Salto, pulo (Cíc. C. M. 19). II — Daí: 2) Passagem estreita, estreito, desfiladeiro, garganta (Cés. B. Cív. 1, 37, 1). III — Sent. particular: 3) Bosque, floresta, prado, pastagem (Verg. G. 3, 40). IV — Sent. figurado: 4) Situação (Plaut. Men. 988).

salūber, -bris, bre, adj. I — Sent. próprio: 1) Salutar, útil, vantajoso, salubre, útil para a saúde, sadio (Cés. B. Cív. 3, 2, 3). Daí: 2) Que passa bem, são, que tem saúde (T. Lív. 1, 31). II — Sent. figurado: 3) Salutar, favorável (Cíc. Dom. 16).

salūbrĭtās, -tātis, subs. f. I — Sent. próprio: 1) Salubridade (Cíc. Leg. 2, 3). Daí: 2) Bom estado físico, saúde (Tác. An. 2, 33). II — Sent. figurado. 3) Pureza (de estilo) (Cíc. Br. 51). 4) Meios de assegurar a saúde, conselhos de higiene (Cíc. Mur. 29).

salūbrĭter, adv. I — Sent. próprio: 1) De maneira saudável, que faz bem à saúde, sàmente (Cíc. C. M. 57). II — Sent. figurado: 2) Em boas condições, em condições vantajosas (Plín. Ep. 1, 24, 4).

salŭī, perf. de **salĭo.**

salum, -ī, subs. n. I — Sent. próprio: 1) Mar alto, mar (Verg. En. 1, 537). II — Daí: 2) Balanço de navio, vagas, ondas (Cés. B. Civ. 3, 28, 4). III — Sent. figurado: 3) Mar: **aerumnoso navigare salo** (Cíc. poét. Tusc. 3, 67) «navegar num mar de infortúnio».

1. salūs, -ūtis, subs. f. I — Sent. próprio: 1) Bom estado, conservação, salvaguarda (Cíc. Verr. 2, 16). Daí: 2) Meio de salvação, afastamento do perigo, salvação (T. Liv. 7, 35, 9). II — Sent. particular: 3) Bom estado físico, saúde, cura (Cíc. Nat. 3, 91). 4) Bom estado moral, saúde moral, aperfeiçoamento (Cíc. Lae. 90). 5) Saudação, cumprimentos (Cíc. At. 2, 12, 3).

2. Salūs, -ūtis, subs. pr. f. A Salvação, divindade romana (Cíc. Div. 1, 105).

1. salūtāris, -e, adj. I — Sent. próprio: 1) Salutar, útil, favorável (Cíc. Tusc. 4, 58). II — Daí: 2) Que dá saúde, que cura, eficaz, salutar (Cíc. At. 9, 7, 2).

2. Salūtāris, -is, subs. pr. m. Salutar, epíteto de Júpiter (Cíc. Fin. 3, 66).

3. Salūtāris Collis, subs. pr. m. Um dos quatro cumes do Quirinal (Varr. L. Lat. 5, 52).

salūtāriter, adv. Salutarmente, utilmente, com vantagem (Cíc. Br. 8).

salūtātiō, -ōnis, subs. f. I — Sent. próprio: 1) Saudação (Cíc. Br. 13). II — Sent. particular: 2) Homenagem, atenção (que se dispensa a alguém), acolhimento, recepção (Cíc. Fam. 7, 28, 2).

salūtātrīx, -īcis, adj. f. A que saúda (Marc. 7, 87, 6).

salūtātus, -a, -um, part. pass. de **salūto.**

salūtifer, -fera, -ferum, adj. 1) Salutar, salutifero (Ov. Met. 2, 642). 2) Salubre (Marc. 5, 1, 6).

salūtigerulus, -a, -um, adj. Encarregado de saudar (Plaut. Aul. 502).

Salūtiō ou Salvīttō, -ōnis, subs. pr. m. Salucião, sobrenome de um Cipião (Suet. Cés. 59).

salūtis, gen. de **salus.**

salūtō, -ās, -āre, -āvī, -ātum, v. tr. Sent. primitivo: 1) Dar a salvação, salvar, e daí, por enfraquecimento: 2) Saudar, cumprimentar (Cíc. Amer. 56). 3) Dizer (raro) (Plaut. Mil. 1339).

1. salvē, adv. Com saúde, em bom estado (Plaut. Men. 765).

2. salvē, salvēte, imperativo de **salvěo.** 1) Saúde! Bom dia! 2) Salve! (tratando-se de Deus, imperador, etc.). 3) Adeus! (tratando-se de um morto): Vale, salve! (Cíc. Fam. 16, 9, 4) «adeus e passe bem!»; salve (Verg. En. 11, 97) «adeus».

salvěō, -ēs, -ēre, v. intr. Estar são e salvo, estar de boa saúde, estar passando bem, enviar saudações, cumprimentar, (Cíc. At. 4, 14, 2).

salvētō, imperativo fut. de **salvěo** = salve. Saúde! Bom dia! Salve!: **multum salveto!** (Plaut. Rud. 416) «muito bom dia!».

Salvia, -ae, subs. pr. f. Sálvia, nome de mulher (Suet. Aug. 69).

Salvius, -ī, subs. pr. m. Sálvio, nome de homem (Tác. Hist. 2, 48).

salvus, -a, -um, adj. Sent. próprio: 1) Inteiro, intacto e daí: 2) São e salvo, incólume, salvo (Cés. B. Civ. 2, 32, 12).

Samaeī, -ōrum, subs. loc. m. Sameus, habitantes de Same (T. Liv. 38, 28, 6).

Samaria, -ae, subs. pr. f. Samaria, cidade da Palestina (Plín. H. Nat. 5, 68).

Samarītae, -ārum, subs. loc. m. Samaritanos, habitantes de Samaria (Tác. An. 12, 54).

Samarobrīva, -ae, subs. pr. f. Samarobriva, cidade da Gália Bélgica, atual Amiens (Cés. B. Gal. 5, 24, 1).

sambūca, -ae, subs. f. Sambuca (espécie de harpa) (Pérs. 5, 95).

sambūcistria, -ae, subs. f. Sambucístria, tocadora de sambuca (T. Liv. 39, 6, 8).

Samē, -ēs, subs. pr. f. Same. 1) Antigo nome da Cefalênia (Ov. Trist. 1, 5, 67). 2) Cidade e pôrto da Cefalênia (T. Liv. 38, 29, 9).

Samīrāmis, v. **Semirāmis.**

Samiī, -ōrum, subs. pr. m. Sâmios, habitantes da ilha de Samos (Cíc. Verr. 1, 52).

Samius, -a, -um, adj. De Samos, pátria de Pitágoras: **Samius senex** (Ov. Met. 15, 60) «o velho de Samos», i. é., Pitágoras.

Samnīs, -ītis, adj. Do Sâmnio, samnita (T. Liv. 24, 20, 4).

Samnītēs, -ium, subs. loc. m. 1) Samnitas, habitantes do Sâmnio, de organização política rudimentar (Cíc. C. M. 55). 2) Em sent. particular designa os gladiadores (Cíc. De Or. 2, 325).

Samnium, -ī, subs. pr. n. Sâmnio, região da Itália antiga, a leste do Adriático, e atravessada pela cordilheira dos Apeninos (Cíc. Clu. 197).

Samos (Samus), -i, subs. pr. f. Samos. 1) Ilha do grupo das Espórades, na costa da Ásia Menor. Foi centro de grande movimento intelectual e artístico; muitos são os grandes homens nascidos em Samos, como Pitágoras, o grande filósofo e matemático, e outros (Cíc. Pomp. 33). 2) Cf. **Same** (Ov. Met. 13, 711). 3) Cf. **Samothracia** (Ov. Trist. 1, 10, 20).

Samothrācia, -ae, subs. pr. f. Samotrácia, ilha do mar Egeu, onde em recentes escavações descobriu-se a estátua da Vitória, alada e sem rosto (Verg. En. 7, 208).

Sampsicerămus, -i, subs. pr. m. Sampsicéramo, rei de um cantão da Síria (Cíc. At. 2, 14, 1).

sānābĭlis, -e, adj. Curável, salutar (sent. próprio e figurado) (Cíc. Tusc. 4, 80).

sānātĭō, -ōnis, subs. f. Cura (sent. próprio e figurado) (Cíc. Tusc. 3, 5).

sānātus, -a, -um, part. pass. de **sano**.

Sancĭa, -ae, subs. pr. f. Sância, nome de mulher (Tác. An. 6, 18).

sancĭō, -is, -ire, sanxi, sānctum, v. tr. I — Sent. próprio: 1) Tornar sagrado ou inviolável, consagrar (Cíc. Planc. 44); (Cíc. Quir. 13). Daí: 2) Estabelecer solenemente por meio de uma lei, ordenar, prescrever (Cíc. Rep. 2, 63); (Cíc. Rep. 2, 54). Donde: 3) Sancionar, ratificar (Cíc. Phil. 10, 17); (Cíc. Phil. 13, 12). II — Sent. figurado: 4) Punir, castigar (Cíc. Leg. 2, 22); (Cíc. Of. 3, 55). Obs.: Constrói-se com acus.; com **ut, ne** ou **quomĭnus**; com acus. e inf.; e com acus. e abl.

sancĭtus = **sanctus**, -a, -um, part. pass. de **sancĭo** (Lucr. 1, 587).

sanctē, adv. I — Sent. próprio: 1) De modo sagrado, inviolável (T. Lív. 24, 18, 14). Daí: 2) Religiosamente, santamente (Cíc. Nat. 1, 56). II — Sent. figurado: 3) Escrupulosamente, lealmente, fielmente (Cíc. Fam. 5, 8, 5). 4) Com honra, honestamente (Cíc. Q. Fr. 1, 2, 13).

sanctĭmōnĭa, -ae, subs. f. 1) Santidade (dos deuses) (Cíc. Rab. Perd. 30). 2) Pureza, probidade, virtude (Cíc. Quinct. 93).

sanctĭō, -ōnis, subs. f. I — Sent. próprio: 1) Sanção da lei, pena, punição (Cíc. Verr. 4, 149). II — Daí: 2) Ação de sancionar, sanção (Cíc. Balb. 33).

sanctĭtās, -tātis, subs. f. I — Sent. próprio: 1) Inviolabilidade, santidade, caráter sagrado (Cíc. Sest. 79). II — Sent. particular: 2) Probidade, integridade, honra (Cíc. Fam. 4, 3, 2). 3) Pureza de costumes (Cíc. Of. 2, 11).

sanctĭtūdō, -ĭnis, subs. f. Santidade, caráter sagrado (Cíc. Rep. 4, 8).

sanctor, -ōris, subs. m. O que decreta (Tác. An. 3, 26).

sanctus, -a, -um, I — Part. pass. de **sancĭo**. II — Adj. 1) Tornado sagrado ou inviolável, sancionado: **officium sanctum** (Cíc. Quinct. 26) «um dever tornado sagrado»; (Cíc. Leg. 3, 9). 2) Sagrado, santo, augusto (Verg. En. 3, 406). Em sent. figurado: 3) Venerável, probo, íntegro, puro (Cíc. Arch. 9). 4) Nobre, divino (Ov. Met. 1, 76).

Sancus, -i, subs. pr. m. Sanco, o Hércules dos sabinos (Ov. F. 6, 213).

sandalĭgerŭla, -ae, subs. f. Escrava encarregada de levar as sandálias (Plaut. Trin. 252).

sandalĭum, -i, subs. n. Sandália, espécie de calçado usado pelas mulheres (Ter. Eun. 1028).

sandapĭla, -ae, subs. f. Espécie de padiola ou caixão (para a classe baixa) (Marc. 2, 81, 2).

sandix, -ĭcis, ou **sandўx**, -ўcis, subs. m. e f. Espécie de vermelho artificial, vermelhão (Verg. Buc. 4, 46).

sāne, adv. 1) De modo são, razoàvelmente (Hor. O. 2, 7, 26). 2) Na verdade, realmente (Cíc. Of. 2, 5). 3) Certamente, sem dúvida (nas respostas) (Cíc. Leg. 2, 1). 4) De acôrdo, sim (nas concessões) (Cíc. Mil. 12). 5) Plenamente, absolutamente, por completo (Cíc. Verr. 4, 74). 6) Antes de adj. ou verbos: completamente, absolutamente (Cíc. Leg. 2, 23); (Cíc. Q. Fr. 1, 2, 7).

Sangarĭus, -i, v. **Sagaris**, -is.

sanguen, v. **sanguis**.

sanguĭnārĭus, -a, -um, adj. I — Sent. próprio: 1) De sangue (Plín. H. Nat. 27, 113). II — Sent. figurado: 2) Sanguinário (Cíc. At. 2, 7, 3).

sanguĭnĕus, -a, -um, adj. I — Sent. próprio: 1) De sangue, ensangüentado, tinto de sangue (Ov. Met. 2, 260). Daí: 2) Da côr do sangue (Verg. En. 2, 207). II — Sent. figurado: 3) Sangüinário, cruel, sangrento (Verg. En. 12, 332).

sanguĭnō, -ās, -āre, v. intr. Sangrar, estar ensangüentado (Quint. Decl. 10, 8).

sanguinolēntus, -a, -um, adj. I — Sent. próprio: 1) Ensangüentado, sangrento, sangüinolento, coberto de sangue (Ov. F. 4, 844). II — Sent. figurado: 2) Cruel (Ov. Ib. 4).

sanguĭs, -ĭnis, subs. m. I — Sent. próprio: 1) Sangue (que corre, em oposição a cruor, sangue coagulado) (Cíc. Sest. 54). II — Sent. poético: 2) Parentesco, raça, família, descendente (Hor. O. 4, 2, 14). III — Sent. figurado: 3) Fôrça vital, vigor, sangue, vida (Cíc. At. 6, 1, 2) Obs.: No latim arcaico ocorre o n. sanguen (Ên. An. 117), que ainda aparece em Lucrécio (1, 837).

saniēs, -ēī, subs. f. I — Sent. próprio: 1) Sangue corrupto, sânie, pus, líquido, viscoso (Verg. G. 3, 493). II — Sent. particular: 2) Veneno, baba (da serpente) (Verg. En. 2, 221).

sānĭtās, -tātis, subs. f. I — Sent. próprio: 1) Saúde (do corpo e do espírito) (Cíc. Tusc. 3, 9). II — Sent. moral: 2) Bom senso, razão, sanidade mental (Cés. B. Gal. 1, 42, 2). III — Sent. figurado: 3) Pureza, bom gôsto (do estilo) (Cíc. Br. 51).

sanna, -ae, subs. f. 1) Careta (Juv. 6, 305). 2) Zombaria, escárnio (Pérs. 1, 62).

sannĭō, -ōnis, subs. m. Bôbo, palhaço (Cíc. De Or. 2, 251).

sānō, -ās, -āre, -āvī, -ātum, v. tr. I — Sent. próprio: 1) Tornar são (físico e moral), curar (Cíc. Nat. 3, 70). II — Daí: 2) Abrandar, compensar (Cés. B. Gal. 7, 29, 5).

sanquālis, -is, subs. f. Xofrango (ave) (T. Liv. 41, 13).

Sanquīnĭus, -ī, subs. pr. m. Sanquínio, nome de homem (Tác. An. 6, 4).

Santŏnes, -um, subs. loc. m. Santões ou sântones, povo da Aquitânia (Cés. B. Gal. 1, 10, 1).

Santŏnī, -ōrum, subs. loc. m. v. Santones (Cés. B. Gal. 3, 11, 5). Obs.: Gen. pl.: Santŏnum (Cés. B. Gal. 1, 10, 1).

sānus, -a, -um, adj. I — Sent. próprio: 1) São, que está de saúde, que está bom (Hor. Sát. 2, 3, 284). Daí: 2) Que está em bom estado (tratando-se das coisas), intacto, florescente: **sana res publica** (Cíc. Fam. 12, 23, 3) «um govêrno florescente». II — Sent. figurado: 3) São (de espírito), sensato, prudente (Plaut. Trin. 454); (Cíc. Fam. 9, 5, 2). 4) São, puro, de bom gôsto, sóbrio (Cíc. Br. 51). Obs.: Constrói-se: absolutamente; com gen.; com abl.

sanxī, perf. de **sancĭo.**

sapa, -ae, subs. f. Vinho cozido até a redução de dois terços (Marc. 7, 53, 6).

Sapāeī, -ōrum, subs. loc. m. Sapeus, povo da Trácia (Ov. F. 1, 389).

săpērda, -ae, subs. m. Peixe de que se fazia escabeche (Pérs. 5, 134).

Săphō, v. **Săpphō.**

1. **sapĭēns, -ēntis,** part. pres. adj. I — Sent. figurado: 1) Sensato, prudente (Cíc. At. 8, 12, 2). 2) Inteligente, que conhece, que tem experiência (A. Gél. 13, 8, 2).

2. **sapĭēns, -ēntis,** subs. m. Homem prudente, pessoa discreta, o sábio: **sapientium praecepta** (Cíc. Rep. 3, 7) «os preceitos dos sábios».

sapĭēnter, adv. Sàbiamente, judiciosamente, razoàvelmente (Cíc. Rep. 2, 31). Obs.: Compar.: **sapientĭus;** superl.: **sapientissĭme.**

sapīī, perf. de **sapĭo.**

sapientĭa, -ae, subs. f. Sent. figurado: 1) Aptidão, capacidade, saber (numa arte ou ciência) (Cíc. De Or. 2, 154). 2) Prudência, bom senso, inteligência, moderação (Cíc. Marc. 7).

Sapīnĭa ou **Sappīnĭa tribus,** subs. pr. f. Tribo Sapínia, cantão da Úmbria, perto do rio Sápis (T. Liv. 3, 2, 6).

săpīnus (sappīnus), -ī, subs. f. 1) Espécie de abeto (Plín. H. Nat. 16, 61). 2) Parte inferior do abeto (sem nós) (Plín. H. Nat. 16, 196).

sapĭō, -is, -ĕre, -ĭī (ou **-īvī**), v. intr. e tr. A) Intr. I — Sent. próprio: 1) Saber, ter gôsto, ter sabor de (Plín. H. Nat. 11, 18). 2) Rescender, exalar um perfume (Cíc. De Or. 3, 99). II — Sent. figurado: 3) Ter bom gôsto, ter discernimento (Cíc. Phil. 2, 8); (Cés. B. Gal. 5, 30, 2); (Ter. Eun. 76). B) Tr.: 4) Saber, conhecer, compreender (Plaut. Ps. 496). Obs.: Constrói-se como intr. absoluto; com acus. de obj. interno, ou transitivamente.

sapīstī = **sapiīstī,** forma sincopada do perf. de **sapĭo** (Marc. 3, 2, 6).

sapor, -ōris, subs. m. I — Sent. próprio: 1) Gôsto, sabor, o sentido do gôsto (Cíc. Fin. 3, 34). II — Sent. figurado: 2) O que tem sabor de (Cíc. Sen. 14). No pl.: 3) Coisas de bom gôsto (Plín. H. Nat. 9, 63). 4) Perfume, substância odorífera (Verg. G. 4, 62).

Sapphĭcus, -a, -um, adj. Sáfico, de Safo (Catul. 35, 16).

Sapphō, -ūs, subs. pr. f. Safo, célebre poetisa grega, nascida em Lesbos; sua vida está envôlta em lendas e sua fama foi grande na antigüidade. Platão chamou-a de «décima musa» (Hor. O. 2, 13, 25).
Sapripōrtus, -ūs, subs. pr. m. Sapripôrto, cidade da costa da Lucânia (T. Lív. 26, 39, 6).
saprophăgō, -ās, -āre, v. intr. Comer alimentos estragados (Marc. 3, 77, 10).
sarăpis, -is, subs. f. Espécie de túnica persa, com uma banda branca (Plaut. Poen. 1312).
sarcĭna, -ae, subs. f. (geralmente no pl.) I — Sent. próprio: 1) Pacote, embrulho, bagagem (primitivamente envolvida num pano cosido em volta). Daí: 2) Bagagem pessoal dos soldados (Cés. B. Gal. 2, 17, 2). II — Sent. figurado: 3) Carga, pêso, fardo (Ov. Met. 6, 224).
sarcinărĭa jumēnta, subs. n. pl. Animais da carga (que transportam a bagagem de guerra) (Cés. B. Civ. 1, 81, 6).
sarcinātor, -ōris, subs. m. Alfaiate, remendão (Plaut. Aul. 515).
sarcinātus, -a, -um, adj. Carregado de bagagem (Plaut. Poen. 979).
sarcinŭla, -ae, subs. f. 1) Pequena bagagem (A. Gél. 19, 1, 14). 2) Enxoval de môça (Juv. 3, 161).
sarciō, -īs, -īre, sarsī, sartum, v. tr. 1). Tornar a coser, remendar (Verg. G. 4, 249). Daí: 2) Consertar, reparar (Cés. B. Gal. 6, 1, 3); (Cés. B. Civ. 3, 74, 1).
sarcophăgus, -ī, subs. m. Sarcófago, túmulo (Juv. 10, 172).
sarcŭlum, -ī, subs. n. Enxada, sancho (Hor. O. 1, 1, 11).
Sarda, -ae, subs. f. Mulher sarda, da Sardenha (Cíc. Scaur. 5).
Sardanapālus (Sardanapăllus), -ī, subs. pr. m. Sardanapalo, último rei do primeiro império da Assíria, célebre por sua vida luxuosa (Cíc. Tusc. 5, 101).
Sardī, -ōrum, subs. loc. m. Sardos, habitantes da Sardenha (Cíc. Of. 2, 50).
Sardiānī, -ōrum, subs. loc. m. Sardianos, habitantes de Sardes (Cíc. Fam. 13, 55, 1).
Sardinĭa, -ae, subs. pr. f. Sardenha, ilha do Mediterrâneo, ao sul da Córsega (Cíc. Q. Fr. 2, 2, 1).
Sardis, -ĭum, subs. pr. f. Sardes, capital da Lídia (Cíc. C. M. 59).
sardonĭa herba, subs. f. Ranúnculo (Verg. Buc. 7, 41).
sardonychātus, -a, -um, adj. Ornado de sardônicas (Marc. 2, 29, 2).

sardŏnyx, -ўcis, subs. m. ou f. Sardônica (pedra preciosa) (Juv. 13, 139).
Sardŏus, -a, -um, adj. Da Sardenha, sardo (Ov. F. 4, 289).
Sardus, -a, -um, adj. Da Sardenha, sardo (Hor. Sát. 1, 3, 3).
Sarē, -ēs, subs. pr. f. Sare, cidadezinha da Trácia (T. Lív. 38, 41, 8).
Sariolēnus, -ī, subs. pr. m. Sarioleno, nome de homem (Tác. Hist. 4, 41).
sarīssa (sarīsa), -ae, subs. f. Lança dos macedônios, sarissa (T. Lív. 9, 19).
sarissŏphŏrus, -ī, subs. m. Soldado que traz sarissa (T. Lív. 36, 18).
Sarmătae, -ārum, subs. loc. m. Sármatas, habitantes da Sarmácia (Plín. H. Nat. 6, 38). Obs.: No sg.: **Sarmata** (Luc. 1, 430).
Sarmatĭcē, adv. À maneira dos sármatas (Ov. Trist. 5, 12, 58).
Sarmatĭcus, -a, -um, adj. Dos sármatas: **sarmaticum mare** (Ov. P. 4, 10, 38) «o Ponto Euxino».
Sarmătis, -ĭdis, adj. f. Da Sarmácia (Ov. Trist. 1, 2, 82).
sarmen, -ĭnis, v. **sarmēntum** (Plaut. Most. 1114).
sarmēntum, -ī, subs. n. I — Sent. próprio: 1) Sarmento, vara de videira (Cíc. C. M. 52). No pl.: 2) Feixe ou molho de sarmentos (Cés. B. Gal. 3, 18, 8).
Sarmēntus, -ī, subs. pr. m. Sarmento, nome de homem (Hor. Sát. 1, 5, 52).
Sarnus, -ī, subs. pr. m. Sarno, rio da Lucânia (Verg. En. 7, 738).
Sarpēdōn, -ŏnis, subs. pr. m. Sarpedão ou Sarpédon. 1) Filho de Júpiter (Cíc. Div. 2, 25). 2) Promontório da Cilícia (Plín. H. Nat. 5, 92).
Sarrānus, -a, -um, adj. De Tiro, fenício (Verg. G. 2, 506).
Sarrāstēs, -um, subs. loc. m. Sarrastes, povo da Campânia (Verg. En. 7, 738).
sarsī, perf. de **sarcio.**
Sarsĭna (Sassĭna), -ae, subs. pr. f. Sársina, cidade da Úmbria, e pátria de Plauto, autor latino de comédias (Marc. 9, 59, 4).
Sarsinātis, -ĭdis, adj. f. Sarsinate, mulher de Sársina (Plaut. Most. 770).
sartor, -ōris, subs. m. Sachador (Plaut. Capt. 661).
sartūra, -ae, subs. f. Consêrto, remendo (Sên. Vit. 25, 2).
sartus, -a, -um. I — Part. pass. de **sarcio.** II — Adj.: Consertado, remendado, reparado (Cíc. Verr. 1, 131). Obs.: É freqüente o uso de **sartus** nas expressões:

sartus et tectus, sartus tectus, sarta tecta «que está em bom estado».

Sarus, -ī, subs. pr. m. Saro, rio da Capadócia (T. Lív. 33, 41, 7).

Sasērna, -ae, subs. pr. m. Saserna, nome de homem (Cíc. Phil. 13, 28).

Sassŭla, -ae, subs. pr. f. Sássula, cidade do Lácio (T. Lív. 7, 19).

sat (= satis), adv. 1) Bastante, muito (Cíc. Amer. 89); (Plaut. Aul. 561). 2) Como atributo: suficiente, muito (Cíc. C. M. 48). Obs.: Constrói-se com gen.; com infinitivo (basta de); com or. infinitiva (é suficiente que).

sata, -ōrum, subs. n. pl. Terras semeadas, e, por extensão, searas, colheita, ceifa (Verg. Buc. 3, 82).

sataccipĭō = satis accipio.

satagĭtō, -ās, -āre, v. intr. Estar muito embaraçado, ter grandes dificuldades com, temer por: **is quoque suarum rerum satagit** (Ter. Heaut. 225) «êle também tem grandes dificuldades com suas coisas.»

satagĭus, -a, -um, adj. Que procura atormentar-se (Sên. Ep. 98, 8).

satăgō = satis ago.

satēgī, perf. de **satăgo**.

satēlles, -ĭtis, subs. m. I — Sent. próprio: 1) Guarda (de um príncipe), soldado da guarda real ou imperial, satélite. Principalmente no pl.: 2) Guarda, escolta (Hor. O. 3, 16, 9). II — Sent. figurado: 3) Companheiro ou companheira, escolta (Cíc. Tusc. 2, 24); (Hor. Ep. 1, 1, 17). 4) Auxiliar, cúmplice (Cíc. Cat. 1, 3).

Satelĭus, -ī, subs. pr. m. Satélio, nome de homem (Sên. Ep. 90, 27).

satĭās, -ātis, subs. f. Saciedade (sent. próprio e figurado) (Plaut. Ps. 335). Obs.: Usado geralmente só no nom.

satiātus, -a, -um, part. pass. de **satĭo**.

Satĭcŭla, -ae, subs. pr. f. Satícula, cidade do Sâmnio (T. Lív. 7, 32).

Saticulānī, -ōrum, subs. loc. m. Saticulanos, habitantes de Satícula (T. Lív. 27, 10).

satĭĕtās, -tātis, subs. f. I — Sent. próprio: 1) Abundância, quantidade suficiente, saciedade (Plaut. Poen. 87). II — Sent. figurado: 2) Saturação, desgôsto, tédio (Cíc. Lae. 67).

satin (= satisne). Por acaso... bastante? (Cíc. Nat. 1, 114).

satine (= satisne). Por acaso... bastante? (Ter. And. 804).

1. **satĭō, -ōnis**, subs. f. I — Sent. próprio: 1) Ação de semear, sementeira, plantação: **optima vinetis satio** (Verg. G. 2, 319) «a melhor estação para plantar a vinha». No pl.: 2) Campos semeados (Cíc. Verr. 3, 38).

2. **satĭō, -ās, -āre, -āvī, -ātum**, v. tr. I — Sent. próprio: 1) Saciar, satisfazer (Cíc. Fin. 2, 25). II — Sent. figurado: 2) Fartar, saciar, impregnar (Ov. Met. 4, 758); (Cíc. Phil. 11, 8). Daí: 3) Enfastiar, fatigar, saturar, encher (Cíc. Or. 215).

satĭra, v. **satŭra**.

satis, adv. 1) Suficientemente, suficiente, bastante, muito (Cíc. Or. 125); (Cíc. Amer. 150). 2) De modo satisfatório, bem, muito bem (Cíc. Br. 147). 3) De modo suficiente, passàvelmente (Cíc. At. 2, 19, 4); (Cíc. Of. 89). Obs.: Constrói-se como absoluto, ou com gen.: **ad dicendum temporis satis habere** (Cíc. Verr. 2, 2) «ter muito (de) tempo para falar».

satis accipĭō, -is, -ĕre, v. tr. Receber como caução ou garantia (Cic. Com. 40).

satis agĭtō, = **satagito**.

satis agō (satăgō), -is, -ĕre, -ēgī, v. intr. Estar muito ocupado, ter bastante que fazer, ter grandes dificuldades com (Cíc. At. 4, 15, 9).

satisdatĭō, -ōnis, subs. f. Ação de dar caução (Cíc. At. 5, 1, 2).

satisdō (satis dō), -ās, -ăre, -dĕdī, -dătum, v. intr. Dar uma garantia suficiente, dar caução, prestar fiança (Cíc. Fam. 13, 28).

satisdĕdī, perf. de **satisdo**.

satisfacĭō, -is, -ĕre, -fēcī, -fāctum, v. intr. I — Sent. próprio: 1) Dar satisfação, reparar um agravo (Cés. B. Gal. 5, 1, 7); (Cés. B. Gal. 5, 54, 3). Daí: 2) Satisfazer a um credor, saldar uma conta, pagar (Cíc. Flac. 47). II — Sent. figurado: 3) Livrar-se de um encargo, satisfazer, cumprir, executar (Cíc. Phil. 14, 26); (Cíc. Caec. 47). Obs.: Constrói-se com dat.; com abl. com in ou de; raramente com dat. e or. inf.; ou como absoluto.

satisfactĭō, -ōnis, subs. f. I — Sent. próprio: 1) Satisfação, reparação (Tác. Germ. 21). Daí: 2) Excusa, justificação, confissão pública de um crime (Cés. B. Gal. 6, 9, 8).

satisfēcī, perf. de **satisfacio**.

satisfīō, satisfĭĕrī, satisfāctum est, pass. de **satisfacio**, v. impess. Estar ou ficar

satisfeito, receber ou aceitar desculpa (Cíc. Phil. 2, 49).
satĭus, compar. de **satis**. Melhor, a propósito, preferível: **satius est** (Cíc. At. 7, 1, 4) «é melhor»; (Cíc. Nat. 3, 70). Obs.: Constrói-se com infinitivo, ou com or. inf.
sator, -ōris, subs. m. I — Sent. próprio: 1) Plantador, semeador (Cíc. Nat. 2, 86). II — Sent. figurado: 2) Criador, autor, pai (Verg. En. 1, 254). 3) Autor, promotor (T. Lív. 21, 6, 2).
satrăpa, v. **satrăpes** (Ter. Heaut. 452).
satrapēa, -ae, subs. f., v. **satrapĭa** (Q. Cúrc. 5, 1, 44).
Satrapēnē, -ēs, subs. pr. f. Satrapene, região da Ásia Menor (Q. Cúrc. 5, 2, 1).
satrăpēs, -ae, subs. m. Sátrapa, governador de província entre os persas (C. Nep. Paus. 1, 2).
satrapĭa, ou **satrapēa, -ae**, subs. f. Satrapia, província governada por um sátrapa (Plín. H. Nat. 6, 78).
Satricānī, -ōrum, loc. m. Satricanos, habitantes de Sátrico (T. Lív. 28, 11).
Satrĭcum, -ī, subs. pr. n. Sátrico, cidade do Lácio (Cíc. Q. Fr. 3, 1, 4).
satur, -tŭra, -tŭrum, adj. I — Sent. próprio: 1) Saciado, farto (Hor. Ep. 1, 7, 35). II — Sent. figurado: 2) Saturado, carregado (Verg. G. 4, 335). 3) Rico, fértil, abundante (Verg. G. 3, 214).
satŭra (satīra, satўra), -ae, subs. f. Iguaria formada pela mistura de várias frutas ou legumes, iguaria em que entram vários elementos. I — Daí, em sent. próprio: 1) Mistura de prosa e verso, composição literária em que se misturam vários gêneros (Hor. Sát. 2, 1, 1). II — Sent. particular: 2) Sátira dramática, espécie de farsa (T. Lív. 7, 2). 3) Sátira literária, sátira, gênero literário criado por Lucílio, em que se criticam os vícios e as pessoas. Primeiramente, em metros vários, fixando-se depois no hexâmetro datílico (Hor. Sat. 2, 1, 1). Obs.: A grafia **satura** é a empregada durante todo o período republicano, só começando a aparecer **satira** no período imperial. **Satyra** é grafia errônea.
Satŭrae Palus, subs. pr. Pântano de Sáturas (Verg. En. 7, 801).
saturātus, -a, -um, I — Part. pass. de **satŭro**. II — Adj.: Saturado, cheio (Plín. H. Nat. 21, 46).
Saturēlānus, -a, -um, adj. De Satureio, cidade da Apúlia (Hor. Sát. 1, 6, 59).

saturēĭum, -ī, subs. n. Segurelha (planta) (Ov. Am. 2, 415).
Saturĭō, -ōnis, subs. pr. m. Saturião, nome de parasita, nas comédias de Plauto.
saturĭtās, -tātis, subs. f. I — Sent. próprio: 1) Saciedade, fartura (Plaut. Capt. 109). Daí: 2) Abundância (Cíc. C. M. 56). II — Sent. figurado: 3) Saciedade, saturação (Plaut. Rud. 758).
Satŭrĭus, -ī, subs. pr. m. Satúrio, nome de homem (Cíc. Com. 1).
Sāturnālĭa, -ĭum, subs. pr. n. I — Sent. próprio: 1) Saturnais, festas religiosas celebradas pelos romanos em honra de Saturno, que trouxe a prosperidade e a abundância para o Lácio (Cíc. Cat. 3, 10) II — Sent. figurado: 2) Dias de alegria, de festa, de liberdade (Sên. Apoc. 12, 2).
Sāturnĭa, -ae, subs. pr. f. Satúrnia. 1) Antiga cidade fundada por Saturno, no cume do monte Capitolino (Verg. En. 8, 358). 2) A filha de Saturno, i.é., Juno, mulher de Júpiter (Verg. En. 1, 23). 3) Cidade da Etrúria (T. Lív. 39, 55).
Sāturnīnī, -ōrum, subs. loc. m. Saturninos, habitantes de Satúrnia, na Etrúria (Plín. H. Nat. 3, 52).
Sāturnīnus, -ī, subs. pr. m. Saturnino, nome de várias personagens: 1) O tribuno Lúcio Apuleio, que fêz exilar o censor Quinto Metelo (Cíc. Cat. 1, 4). 2) Nome de um imperador romano.
1. **Sāturnĭus, -a, -um**, adj. De Saturno. Obs.: Notem-se as expressões: **Saturnia arva** (Verg. En. 1, 569) «o Lácio», **Saturnia Juno** (Verg. En. 12, 156) «Juno, a filha de Saturno»; **Saturnia stella** (Cíc. Rep. 6, 17) « planêta Saturno»; **Saturnia regna** (Verg. Buc. 4, 6) «a idade de ouro».
2. **Sāturnĭus, -ī**, subs. pr. m. Filho de Saturno, i. é., Júpiter, Plutão (Ov. Met. 8, 703).
Sāturnus, -ī, subs. pr. m. Saturno. 1) Divindade romana, que corresponde ao Cronos dos gregos. Era filho de Urano e Vesta e dêle descendem outras divindades como: Júpiter, Juno, Netuno, Plutão, etc. Entre os latinos, Saturno presidia à vida agrícola, representando a abundância e a riqueza da terra (Verg. En. 8, 319). 2) Deus do tempo (Cíc. Nat. 2, 64). 3) O planêta Saturno (Hor. O. 2, 17, 23).
satŭrō, -ās, -āre, -āvī, -ātum, v. tr. I — Sent. próprio: 1) Saciar, fartar, alimentar (Cíc. Nat. 2, 128); (Verg. Buc. 10, 30). II — Sent. figurado: 2) Satisfazer,

saciar, encher, cumular, saturar (Cíc. Phil. 5, 59); (Verg. En. 5, 608).
1. **satus, -a, -um**, part. pass. de **sero 3**. Obs.: Constrói-se com abl. acompanhado ou não das preps. **ab, de,** ou **ex.**
2. **satus, -üs**, subs. m. I — Sent. próprio: 1) Ação de semear ou plantar (Cíc. Div. 2, 68). II — Sent. figurado: 2) Geração, paternidade, raça, origem (Cíc. Of. 1, 118). No pl.: 3) Sementes (Cíc. Tusc. 2, 13).
satỹra, v. **satūra**.
Satyricon (Satiricon), -ĭ, subs. pr. n. Satíricon, nome de uma obra de Petrônio.
satyricus, -a, -um, adj. Que se refere aos sátiros (Plín. H. Nat. 19, 20).
satyriscus, -ĭ, subs. m. Pequeno Sátiro (Cíc. Div. 1, 39).
Satỹrus, -ĭ, subs. pr. m. Sátiro. 1) Semideus companheiro de Baco, representado com orelhas, rabo e pés de cabra. Mais tarde, transformou-se em gênio rústico, confundido com Fauno (Ov. Met. 6, 110). 2) Drama satírico em que tomavam parte os Sátiros (Hor. A. Poét. 235). 3) Nome de homem (T. Lív. 42, 14).
saucăptis, -ĭdis, subs. f. Espécie de tempêro (Plaut. Ps. 833).
sauciātiō, -ōnis, subs. f. Ação de ferir, ferida (Cíc. Caec. 43).
sauciātus, -a, -um, part. pass. de **saucio.**
saucĭō, -ās, -āre, -āvī, -ātum, v. tr. Ferir, rasgar, dilacerar, abrir (a terra) (Cíc. Verr. 1, 67); (Ov. Rem. 172).
saucĭus, -a, -um, adj. I — Sent. próprio: 1) Ferido (Cés. B. Gal. 3, 4, 4). II — Sent. figurado: 2) Prejudicado, estragado, maltratado (Hor. O. 1, 14, 5). 3) Ferido, atingido (moralmente), ferido em sua reputação (Verg. En. 4, 1). 4) Irritado, exasperado (Cíc. At. 1, 17, 1).
Saufēius, -ĭ, subs. pr. m. Saufeio, nome de homem (Cíc. At. 1, 3, 1).
Sauroctŏnos, -ĭ, subs. pr. m. Sauróctono, i. é, matador de lagartos. Era o epíteto de Apolo, que foi motivo de uma estátua de Praxíteles (Plín. H. Nat. 34, 70).
Sauromătae, -ārum, subs. m., v. **Sarmătae** (Ov. Trist. 2, 198).
Sāvō, -ōnis, subs. pr. m. e f. Savão. 1) Rio da Campânia (Plín. H. Nat. 3, 61). 2) Cidade da Ligúria (T. Lív. 28, 46).
saxētum, -ĭ, subs. n. Terreno pedregoso (Cíc. Agr. 2, 67).
saxĕus, -a, -um, adj. I — Sent. próprio: 1) Sáxeo, de rocha, de pedra, de mármore (Verg. G. 3, 145). II — Sent. firado: 2) Duro (como a pedra), insensível, petrificado (Plín. Ep. 2, 3, 7).
saxĭfer, -fĕra, -fĕrum, adj. Que leva ou atira pedras (V. Flac. 5, 608).
saxifĭcus, -a, -um, adj. Que petrifica (Ov. Ib. 555).
Saxŭla, -ae, subs. pr. m. Sáxula, nome romano (T. Liv. 41, 28).
saxŭlum, -ĭ, subs. n. Pequeno rochedo (Cíc. De Or. 1, 196).
saxum, -ĭ, subs. n. I — Sent. próprio: 1) Pedra (Cés. B. Gal. 2, 29, 3). II — Sent. particular: 2) Pedra grande, rochedo, penedo (Cíc. Tusc. 1, 107). 3) A rocha Tarpéia (Hor. Sát. 1, 6, 39). 4) O monte Aventino (Cíc. Dom. 136). 5) Bloco de pedra, de mármore (Cíc. Ac. 2, 100). III — Sent. poético: 6) Muro, parede (Ov. F. 3, 431).
scabēllum (scabīllum), -ĭ, subs. n. I — Sent. próprio: 1) Tamborete pequeno, escabêlo (Quint. 1, 4, 12). 2) Instrumento de música, semelhante às castanholas, mas tocado com os pés (Cíc. Cael. 65).
scaber, -bra, -brum, adj. I — Sent. próprio: 1) Rugoso, áspero, escabroso, desigual (Verg. G. 1, 495). II — Sent. figurado: 2) Sujo, imundo, porco (Hor. Ep. 1, 7, 90).
scăbī, perf. de **scăbo**.
scabĭēs, -ēĭ, subs. f. I — Sent. próprio: 1) Aspereza, rugosidade, ferrugem (Verg. G. 2, 220). Daí: 2) Sarna, lepra, comichão (sent. próprio e figurado) (Verg. G. 3, 441). II — Sent. figurado: 3) Desejo veemente, apetite (Hor. Ep. 1, 12, 14). 4) Atração, sedução (Cíc. Leg. 1, 47).
scabō, -is, -ĕre, scābī, v. tr. Raspar, rapar, coçar (Hor. Sát. 1, 10, 71).
Scădināvĭa ou **Scandināvĭa, -ae**, subs. pr. f. Escandinávia, região ao norte da Europa (Plín. H. Nat. 4, 96).
Scaea Porta, -ae, ou **Scaeae portae, -ārum**, subs. pr. f. A porta Céia, em Tróia (Verg. En. 2, 612).
scaena (scēna), -ae, subs. f. I — Sent. própro: 1) Cena, teatro: *esse in scaena* (Plaut. Poen. 20) «estar em cena»; (Cíc. Nat. 3, 69). II — Sent. poético: 2) Caramanchão de verdura, lugar coberto de sombra (Verg. En. 1, 164). III — Sent. figurado: 3) Cena, espetáculo (Hor. Sát. 2, 1, 71). 4) Teatro de eloqüência, escola de retórica (Tác. D. 35). 5) Comédia, intriga, «mise en scène» (Tác. An. 14, 7).

scaenĭcē, adv. Como na cena, como no teatro (Quint. 6, 1, 38).
1. scaenĭcus, -a, -um, adj. Da cena, de teatro: **scaenĭcī ludī** (T. Lív. 7, 2) «jogos cênicos».
2. scaenĭcus, -ī, subs. m. Ator, comediante (Cíc. Of. 1, 114).
scaeptrum, v. **sceptrum**.
1. scaeva, -ae, subs. f. Presságio, agouro (Plaut. Ps. 1138).
2. Scaeva, -ae, subs. pr. m. Ceva, sobrenome romano, entre os quais: 1) O cônsul Bruto Ceva (T. Lív. 10, 47). 2) Centurião de César (Cés. B. Civ. 3, 53). 3) Um amigo de Horácio (Hor. Ep. 1, 17, 1). 4) Nome de outras pessoas (Hor. Sát. 2, 1, 53).
Scaevŏla, -ae, subs. pr. m. dim. de Scaeva. Cévola, sobrenome romano na «gens» Múcia. Destacam-se: 1) Múcio Cévola, que, indo matar Porsena, abateu seu secretário e depois foi detido. Para punir sua mão direita pelo golpe incerto, fê-la consumir-se no fogo (T. Lív. 2, 12). 2) Múcio Cévola, cônsul romano em 620, célebre jurisconsulto e orador (Cíc. Leg. 1, 13).
scaevus, -a, -um, adj. I — Sent. próprio: 1) Esquerdo, que fica à esquerda, que vem do lado esquerdo (Serv. En. 3, 351). II — Sent. figurado: 2) Desastrado (A. Gél. 12, 13, 4). 3) Sinistro, desfavorável (Apul. M. 4, 27).
scafa, v. **scapha**.
scălae, -ārum, subs. f. 1) Escada, escadaria (Cés. B. Gal. 5, 43, 3). 2) Degraus de escada (Marc. 7, 20, 20). 3) Andar, sótão (Marc. 1, 117).
Scaldis, -is, subs. pr. m. O Escalda, rio da Bélgica (Cés. B. Gal. 6, 33, 3).
scalmus, -ī, subs. m. 1) Cavilha para os remos (Cíc. Br. 197). 2) Remo (Cíc. De Or. 1, 174).
scalpĕllum, -ī, subs. m. Escalpêlo, lancêta, bisturi (Cíc. Sest. 135).
scalpō, -is, -ĕre, scalpsī, scalptum, v. tr. I — Sent. próprio: 1) Raspar, cavar levemente (Hor. Sát. 1, 8, 26). Na língua técnica: 2) Gravar, esculpir (Hor. O. 3, 12, 52). II — Sent. figurado: 3) Fazer cócegas (Pérs. 1, 21).
scalprum, -ī, subs. n. I — Sent. próprio: 1) Instrumento cortante (Hor. Sát. 2, 3, 106). II — Sent. particular: 2) Lancêta, bisturi (Tác. An. 5, 8). 3) Trinchante (faca de sapateiro) (T. Lív. 27, 49, 1).
scalpsī, perf. de **scalpo**.

scalptŏrĭum, -ī, subs. n. Raspadeira (Marc. 14, 83).
scalptūra, -ae, subs. f. Ação de gravar, escultura (Suet. Galb. 10).
scalptus, -a, -um, part. pass. de **scalpo**.
Scamānder, -drī, subs. pr. m. Escamandro. 1) Rio da planície de Tróia (Verg. En. 1, 473). 2) Nome de um liberto (Cíc. Clu. 47).
scamnum, -ī, subs. n. Escabêlo, tamborete, banco (Ov. F. 6, 305).
scandī, perf. de **scando**.
scandō, -is, -ĕre, scandī, scansum, v. intr. e tr. 1) Subir, trepar, escalar (sent. próprio e figurado) (T. Lív. 3, 67, 11); (Cíc. C. M. 17); (Lucr. 2, 1123). 2) Na língua da gramática: escandir versos.
1. Scantĭa, -ae, subs. pr. f. Escância, nome de mulher (Cíc. Mil. 75).
2. Scantĭa Silva, subs. pr. f. Floresta Escância, na Campânia (Cíc. Agr. 1, 3).
Scantīnĭa Lex, subs. pr. f. Lei Escantínia, elaborada pelo tribuno Escantínio (Cíc. Fam. 8, 12, 3).
Scantīnĭus, -ī, subs. pr. Escantínio, nome de homem (T. Lív. 23, 31).
scapha, -ae, subs. f. Barco, canoa (Hor. O. 3, 29, 62).
scaphĭum, -ī, subs. n. I — Sent. próprio: 1) Vaso côncavo, bacia em forma de barco (Lucr. 6, 1044). II — Daí: 2) Copo (Cíc. Verr. 4, 37). 3) Pinico (Marc. 11, 11, 6).
1. Scaptĭus, -a, -um, adj. De Escápcia, antiga cidade do Lácio (T. Lív. 8, 17).
2. Scaptĭus, -ī, subs. pr. m. Escápcio, nome de homem (Cíc. At. 5, 21).
Scapŭla, -ae, subs. pr. m. Escápula, sobrenome romano (Cíc. Fam. 9, 13, 1).
scapŭlae, -ārum, subs. f. pl. I — Sent. próprio: 1) Espáduas, ombros (Ov. A. Am. 3, 273). II — Daí, por extensão: 2) Costas (Plaut. Poen. 153).
scapulānus, -a, -um, adj. De Escápula (Cíc. At. 12, 40, 4).
scapus, -ī, subs. m. Sent. próprio: Em geral tudo o que serve de apoio: o fuste de uma coluna (Vitr. 3, 2), a haste de uma planta (Plín. H. Nat. 18, 95), a base de um candeeiro (Plín. H. Nat. 34, 11), cilindro no qual se enrolavam os manuscritos (Varr. Men. 58).
scarus, -ī, subs. n. Sargo (peixe) (Hor. Sát. 2, 2, 22).
scatēbra, -ae, subs. f. Jôrro, repuxo, cascata (Verg. G. 1, 110).

scatĕō, -ēs, -ēre; escatō, -is, -ĕre, v. intr. I Sent. próprio: 1) Brotar, jorrar (Plaut. Aul. 558); (Lucr. 5, 1162). II — Sent. figurado: 2) Ser abundante, abundar, estar cheio (Lucr. 5, 40); (Hor. O. 3, 27, 26). Obs.: Constrói-se com abl. e, às vêzes, com gen.

1. scaurus, -a, -um, adj. Que tem os calcanhares demasiadamente salientes (Hor. Sát. 1, 3, 48).

2. Scaurus, -ī, subs. pr. m. Escauro, apelido romano nas famílias Emília e Aurélia, em especial Emílio Escauro, que, acusado de concussão, foi defendido por Cícero (Cíc. De Or. 1, 214).

scāzōn, -ōntis, subs. m. Escazonte (metro jâmbico trímetro, cujo último pé é espondeu ou troqueu) (Marc. 1, 97, 1).

scelerātē, adv. Criminosamente, malvadamente (Cíc. Sull. 67). Obs.: Superl.: **sceleratissĭme** (Cíc. Sest. 133).

scelerātus, -a, -um. A) Part. pass. de **scelĕro.** B) Adj.: I — Sent. próprio: 1) Criminoso, celerado (tratando-se de pessoas) (Cíc. Planc. 98). Daí: 2) Criminoso (tratando-se de coisas), sacrílego, ímpio, abominável (Cíc. Of. 2, 29). II — Sent. figurado: 3) Manchado, poluído (Verg. En. 3, 60). 4) Desastroso, funesto, fatal (Plín. H. Nat. 24, 117).

scelĕrō, -ās, -āre, -ātum, v. tr. Tornar criminoso, manchar, profanar (Verg. En. 3, 42).

scelerōsus, -a, -um, adj. Criminoso (tratando-se de pessoas e coisas), funesto (Ter. Eun. 643).

scelĕrus, -a, -um, adj. Abominável (Plaut. Ps. 817).

scelēstē, adv. Criminosamente (Cíc. Phil. 6, 11).

scelēstus, -a, -um, adj. I — Sent. próprio: 1) Criminoso, celerado (tratando-se de pessoas e coisas), sacrílego, ímpio, horrível (Cíc. Amer. 37). Daí: 2) Funesto, maldito, desgraçado (Plaut. Most. 494). 3) Manhoso, ardiloso (Plaut. Ps. 360).

scelus, -ĕris, subs. n. I — Sent. próprio: 1) Ação má, crime, ato criminoso (Cíc. De Or. 1, 220). Daí, entre os cômicos ter valor injurioso, usado com pron. masc.: 2) Celerado, malvado, desgraçado (Plaut. Bac. 1095). II — Sent. figurado: 3) Infelicidade, calamidade, desgraça, infortúnio (Plaut. Capt. 756).

scēma, v. **schēma.**

scēna, v. **scaena.**

1. Scēpsĭus, -a, -um, adj. De Cépsis, cidade da Mísia (Cíc. Tusc. 1, 59).

2. Scēpsĭus, -ī, subs. pr. m. Metrodoro, nascido em Cépsis (Ov. P. 4, 14, 38).

sceptrĭfer, -ĕrī, subs. m. O que traz ou empunha um cetro (Ov. F. 6, 480).

sceptrĭger, subs. m. O mesmo que o precedente (S. It. 16, 244).

scēptrum (scaeptrum), -ī, subs. n. I — Sent. próprio: 1) Cetro (Cíc. Sest. 57). II — Sent. figurado: 2) Trono, reino, realeza (Verg. En. 1, 78).

scēptŭchus, -ī, subs. m. Rei (no Oriente) (Tác. An. 6, 33).

Scerdilaedus, -ī, subs. pr. m. Cerdiledo, nome de vários reis da Ilíria (T. Liv. 26, 24).

Scētānus, -ī, subs. pr. m. Cetano, nome de homem (Hor. Sát. 1, 4, 112).

scheda (schida), -ae, subs. f. Fôlha de livro, página (Plín. H. Nat. 13, 77).

schedĭum, -ī, subs. n. Versos improvisados, improviso (Petr. 4).

schēma, -ae, subs. f. Aspecto, forma, figura (Plaut. Amph. 117).

schēmatĭsmus, -ī, subs. m. Expressão figurada (Quint. 1, 8, 14).

Schoenēia Virgō (Schoenēis), subs. pr. f. Atalanta, jovem de rara beleza, famosa por sua espantosa ligeireza (Ov. Met. 10, 609).

Schoenēis, -ĭdis, subs. pr. f. Esqueneida, filha do rei Esqueneu, i. é, Atalanta (Ov. Her. 16, 263).

schoenobătēs, -ae, subs. m. Funâmbulo (Juv. 3, 97).

schoenus, -ī, subs. m. I — Sent. próprio: 1) Espécie de junco (Cat. Agr. 105, 2). II — Daí: 2) Perfume ordinário (que era extraído do junco) (Plaut. Poen. 267).

schola, -ae, subs. f. I — Sent. próprio: 1) Escola (sent. concreto e abstrato), escola (de filosofia), sistema, doutrina (Cíc. De Or. 1, 56). II — Daí: 2) Exercício escolar, lição, curso, tese, matéria, conferência (Cíc. Tusc. 1, 7).

1. scholastĭcus, -a, -um, adj. De escola, pertencente a uma escola (Plín. Ep. 9, 2, 3).

2. scholastĭcus, -ī, subs. m. Declamador, retórico (Tác. D. 35).

Sciăthus (Sciăthos), -ī, subs. pr. f. Cíato, pequena ilha do mar Egeu (T. Liv. 31, 28).

scībam, imperf. arcaico de **scio** = **sciēbam** (Lucr. 5, 934).

scida, -ae, subs. f., v. **scheda** (Cíc. Fam. 15, 16, 1).

scidī, perf. de **scindo.**

sciens, -ēntis, part. pres. de **scio**. I — Sent. próprio: 1) Que sabe (oposto a **insciens** ou **imprudens**), informado. Daí: 2) Hábil, instruído (Cíc. De Or. 1, 214). 3) Ciente, com conhecimento de causa, de caso pensado (Cíc. Planc. 41). Obs.: Constrói-se absolutamente; com gen.; com inf.

sciënter, adv. 1) Com conhecimento, cientemente (Cíc. De Or. 2, 5). 2) Sàbiamente, judiciosamente, hàbilmente (Cíc. De Or. 1, 132). Obs.: Comp.: **scientĭus**; superl.: **scientissĭme**.

scientia, -ae, subs. f. I — Sent. próprio: 1) Conhecimento, ciência, arte, habilidade (Cíc. Div. 2, 23). II — Na língua filosófica: 2) O conhecimento (Cíc. Ac. 1, 41). 3) Especulação (Cíc. Part. 76).

sciĕrim = scivĕrim, perf. subj. de **scio**.

scĭī, perf. de **scio**.

scīlĭcet, adv. 1) Evidentemente, logo se vê, é claro (Lucr. 2, 469). 2) Naturalmente, bem entendido, lògicamente (nos parênteses) (Cíc. C. M. 26). 3) Sem dúvida, naturalmente (com ironia) (Cíc. Pis. 19).

scin = scisne.

scindō, -is, -ĕre, scidī, scissum, v. tr. I — Sent. próprio: 1) Fender (Verg. G. 2, 399); (Verg. En. 7, 510). Daí: 2) Rasgar, arrancar (Cíc. Fam. 5, 20, 9); (Cés. B. Gal. 3, 5, 1). II — Sent. figurado: 3) Dividir, cingir, separar, e, às vêzes, interromper (Tác. Germ. 43). 4) Partir, romper, destruir (Plín. Paneg. 37); (Plaut. Bac. 1053).

scintilla, -ae, subs. f. Centelha, fagulha, faísca (sent. próprio e figurado) (Verg. En. 1, 174).

scintillō, -ās, -āre, v. intr. Cintilar, brilhar, fulgurar (Verg. G. 1, 392).

sciō, -īs, -īre, -īvī (ou -ĭī), -ītum, v. tr. e intr. I — Sent. próprio: 1) Saber, conhecer, ter conhecimento (Cíc. At. 12, 22, 2); (Cíc. Lae. 77); (Cíc. Rep. 1, 27); (Cíc. De Or. 2, 265). 2) Decidir, decretar (T. Lív. 26, 33, 10). Obs.: A significação de decidir, decretar, com que aparece às vêzes nos historiadores da época imperial, é devida a uma confusão com **scisco**, cujo perfeito e supino são idênticos aos de **scio**. Constrói-se com acus.; com inf. ou or. inf.; com interrog. indireta; com abl. com **de**; com advérbio. Imperf. arc. **scibam** (Lucr. 5, 934); fut. arc. **scibo** (Cat.

Agr. 5, 5); perf. sincopado **scisti** (Ov. F. 527).

Scipiădas, -ae, subs. pr. m. Cipião (Hor. Sát. 2, 1, 17).

1. scipĭō, -ōnis, subs. m. I — Sent. próprio: 1) Bastão, cetro (Plaut. Amph. 520). II — Sent. particular: 2) Bastão de marfim, bastão triunfal (T. Lív. 5, 41).

2. Scipĭō, -ōnis, subs. pr. m. Cipião, sobrenome de um ramo ilustre da família Cornélia. Destacam-se: 1) Públio Cornélio Cipião Africano, o 1º Africano (Cíc. Fin. 4, 22). 2) Públio Cornélio Cipião Emiliano, o 2º Africano (Cíc. Br. 85). 3) Cipião o Asiático, irmão do 1º Africano (A. Gél. 6, 19, 1, fr. 3). 4) Cipião Nasica, primo dêste (Cíc. Br. 79).

Scirōn, -ōnis, subs. pr. m. Cirão, salteador morto por Teseu (Cíc. Fin. 2, 117).

scirpĕa (sirpĕa), -ae, subs. f. Cêsto de junco (Ov. F. 6, 680).

scirpĕus (sirpĕus), -a, -um, adj. De junco (Plaut. Aul. 595).

scirpicŭlus, -ī, subs. m. Cêsto de junco (Prop. 4, 2, 40).

scirpō (ou sirpō), -ās, -āre, -ātum, v. tr. Ligar, entrelaçar com junco (Varr. L. Lat. 5, 137).

scirpus (sirpus), -ī, subs. m. Junco (Plaut. Men. 247).

sciscitātĭō, -ōnis, subs. f. Informação, indagação (Petr. 24, 5).

sciscitātor, -ōris, subs. m. O que se informa, o que indaga (Marc. 3, 82, 16).

sciscitātus, -a, -um, part. pass. de **sciscito** e de **sciscĭtor**.

sciscitō, -ās, -āre, -ātum = sciscĭtor (Plaut. Merc. 386).

sciscĭtor, -āris, -ārī, -ātus sum, v. dep. tr. 1) Perguntar, informar-se de, indagar (Cíc. Nat. 1, 17). Daí: 2) Consultar (T. Lív. 45, 27, 8). Obs.: Constrói-se com acus.; com acus. e abl.; com abl. com **de** ou **ex**; com interrog. indireta; e como absoluto.

sciscō, -is, -ĕre, scīvī, scītum, v. incoat. tr. I — Sent. próprio: 1) Procurar saber, informar-se (Plaut. Amph. 1060). II — Na língua jurídica: 2) Discutir, debater uma questão. Daí: 3) Decretar, decidir (Cíc. Flac. 15); (Cíc. Prov. 36). 4) Aprender, vir a saber (Plaut. Bac. 302).

scisse, scisset = sciisse, sciisset, inf. perf. e m. q. perf. do subj. de **scio** (Quint. 1, 6, 17).

scissor, -ōris, subs. m. O que trincha (a carne) (Petr. 36, 6).
scissūra, -ae, subs. f. Corte, separação, divisão (Sên. Nat. 6, 2, 5).
scissus, -a, -um. I — Part. pass. de scindo. II — Adj.: Fendido, rasgado, quebrado (Cíc. De Or. 3, 216).
scīstī, perf. sincopado de scio (Ov. F. 4, 527).
scītāmēnta, -ōrum, subs. m. Manjares delicados, gulodices (Plaut. Men. 209).
scītē, adv. Bem, hàbilmente, artisticamente (Cíc. Leg. 1, 39).
scītor, -āris, -ārī, -ātus sum, v. dep. tr. Procurar saber, informar-se, interrogar, consultar (Ov. Met. 2, 741); (Verg. En. 2, 114).
scītŭlus, -a, -um, adj. Bonito, encantador, elegante (Plaut. Rud. 565).
scītum, -ī, subs. n. I — Sent. próprio: 1) Decisão, decreto (T. Lív. 22, 26, 4). II — Sent. figurado: 2) Máxima, princípio de um filósofo (Sên. Ep. 95, 9).
1. scītus, -a, -um, part. pass. de scio.
2. scītus, -a, -um. A) Part. pass. de scisco. B) Adj.: I — Sent. próprio: 1) Sabido, conhecido, notório (T. Lív. 35, 49, 6). Daí: 2) Instruído, que sabe, hábil (Cíc. De Or. 3, 228). II — Donde: 3) Esperto, fino, espirituoso (Cíc. Nat. 1, 93). 4) Bonito, belo, elegante (Plaut. Merc. 755).
3. scītus, -ūs, subs. m. Decreto: **plebi scitu** (Cíc. At. 4, 2, 3) «por um plebiscito».
scīvī, perf. de scisco e de scio.
sclingō, -is, -ĕre, v. intr. Grasnar (Suet. frg. 161).
scloppus (stloppus), -ī, subs. m. Ruído produzido por uma bochecha, puxando-a, com um dedo introduzido na bôca (Pérs. 5, 13).
scobis, -is, subs. f. I — Sent. próprio: 1) Raspadura, raspa, limalha. Daí: 2) Serradura (Hor. Sát. 2, 4, 81).
scola, v. schola.
Scolus ou **Scolos**, -ī, subs. pr. m. Escolos, pequena cidade da Beócia (Estác. Theb. 7, 266).
scomber, -brī, subs. m. Espécie de sarda, cavala (peixe) (Catul. 95, 8).
scōpae, -ārum, subs. f. pl. I — Sent. próprio: 1) Vergônteas, raminhos (Cat. Agr. 152). II — Sent. figurado: 2) Vassoura = coisa inútil: **scopas dissolvere** (Cíc. Or. 235) «desfazer uma vassoura, isto é: fazer uma coisa inútil ; **scopae**

solutae (Cíc. At. 7, 13a, 2) «pessoa sem préstimo nenhum».
Scopās, -ae, subs. pr. m. Escopas. 1) Célebre estatuário (Cíc. Div. 1, 23). 2) Vencedor cantado por Simônides (Cíc. De Or. 2, 352).
scopulōsus, -a, -um, adj. I — Sent. próprio: 1) Cheio de rochedos, rochoso, cheio de penedos, coberto de escolhos (Cíc. De Or. 3, 69). II — Sent. figurado: 2) Espinhoso, difícil (Cíc. Caecil. 35).
scopŭlus, -ī, subs. m. I — Sent. próprio: 1) Rochedo, penedo, rocha (Verg. En. 4, 445). Daí: 2) Escolho (Cés. B. Civ. 3, 27, 2). II — Sent. figurado: 3) Rochedo, **pedra**: **scopulos in corde gestare** (Ov. Met. 7, 33) «ter um coração de pedra» (Hor. O. 3, 7, 21). 4) Flagelo, grande **mal** (Cíc. Pis. 41).
scordălus, -ī, subs. m. Disputador, altercador (Petr. 95, 7).
Scordiscī, -ōrum, subs. loc. m. Escordiscos, povo da Ilíria (T. Lív. 40, 57).
Scordus, **Scardus** ou **Scodrus**, -ī, subs. pr. m. Escordo, Escardo ou Escodro, montanha da Ilíria (T. Lív. 43, 20).
scorpiō, -ōnis, subs. m. I — Sent. próprio: 1) Escorpião (inseto venenoso) (Plín. H. Nat. 11, 86). Daí: 2) O Escorpião (constelação) (Petr. 39, 11). II — Sent. particular: 3) Máquina de guerra (para atirar dardos, pedras, etc.) (Cés. B. Gal. 7, 25, 3).
scorpios (-ĭus), -ī, subs. m. I — Sent. próprio: 1) Escorpião (inseto) (Ov. Met. 15, 371). Daí: 2) Subs. pr.: O Escorpião (constelação) (Cíc. Arat. 208). II — Sent. particular: 3) Peixe (Ov. Hal. 117).
scortātor, -ōris, subs. m. Homem dissoluto, libertino (Hor. Sát. 2, 5, 75).
scortātus, -ūs, subs. m. Libertinagem, devassidão (Apul. M. 5, 28).
scortĕa, -ae, subs. f. Capa de pele (Marc. 14, 130, 2).
scortĕus, -a, -um, adj. De couro, de pele (Ov. F. 1, 629).
scortillum, -ī, subs. n. diminutivo de **scortum**. Pequena meretriz (Catul. 10, 3).
scortor, -āris, -ārī, v. dep. intr. Freqüentar os prostíbulos, ser devasso, ser libertino, entregar-se à libertinagem (Ter. Heaut. 260).
scortum, -ī, subs. n. I — Sent. próprio: 1) Pele, couro (Tert. Nat. 2, 10) II — Sent. figurado: 2) Prostituta (Cíc.

Mil. 55). 3) Homem prostituído (Cíc. Sest. 39).

scotīnus (scotīnos), -a, -um, adj. O tenebroso, epíteto do filósofo Heráclito (Sên. Ep. 12, 6).

Scotūssa (Scotūsa), -ae, subs. pr. f. Escotussa. 1) Cidade da Trácia (Plín. H. Nat. 4, 52). 2) Cidade da Macedônia (T. Lív. 38, 5).

screātor, -ōris, subs. m. O que escarra (Plaut. Mil. 648).

screātus, -ūs, subs. m. Expectoração, ação de escarrar (Ter. Heaut. 373).

screō, -ās, -āre, v. intr. Escarrar, expectorar (Plaut. Curc. 115).

scrība, -ae, subs. m. 1) Secretário, amanuense (Cíc. Fam. 5, 20). 2) Escriba (Cíc. Verr. 3, 183).

scrīblīta, -ae, subs. f. Pastel de queijo (Petr. 35, 4).

scrībō, is, -ĕre, scrīpsi, scrīptum, v. tr. I — Sent. próprio: 1) Escrever letras, obra ou carta, traçar caracteres (Cíc. Tusc. 5. 113); (Cíc. Leg. 2, 11); (Cíc. Br. 287); (Cíc. Tusc. 1, 116). 2) Escrever, contar, descrever, mencionar (Cíc. At. 3, 27); (Cíc. Mil. 48); (Cíc. Nat. 2, 124); (T. Lív. 21, 1, 1). II — 3) Na língua jurídica e militar: inscrever, alistar (Hor. Ep. 1, 9, 13); (Cíc. Fam. 3, 3, 1).

Scrībōnĭa, -ae, subs pr. f. Escribônia, filha de Escribônio e mulher de Augusto (Tác. An. 2, 27).

Scrībōniānus, -ī, subs. pr. m. Escriboniano, nome de homem (Tác. Hist. 2, 72).

Scrībōnius, -ī, subs. pr. m. Escribônio, nome de família romana, onde se destacam: 1) Escribônio Cúrio, correspondente de Cícero (Cíc. Fam. 2, 1). 2) Escribônio Libão, antigo historiador latino (Cíc. Br. 89).

scrīnĭum, -ī, subs. n. Pequeno cofre, escrínio, caixa de forma circular (onde se colocavam objetos portáteis, como: papéis, cartas, livros, perfumes, etc.) (Hor. Ep. 2, 1, 113).

scrīpse = scrīpsīsse (Lucil. Sat. 29, 26).

scrīpsī, perf. de scrībo.

scrīpstī =scrīpsīstī, perf. ind. sincopado de scrībo (Plaut. As. 802).

scrīptĭō, -ōnis, subs. m. I — Sent. próprio: 1) Ação de escrever, escrita (Cíc. At. 10, 17, 2). II — Daí: 2) Escrito (Cíc. Br. 92). Donde: 3) Redação, exposição escrita (Cíc. Fam. 9, 12, 2).

scrīptĭtō, -ās, -āre, -āvī, -ātum, v. freq. de scrībo, tr. Escrever freqüentemente, compor com freqüência (Cíc. Br. 170); (Plín. H. Nat. 13, 69).

scrīptor, -ōris, subs. m. I — Sent. próprio: 1) Escrevente, copista (Hor. A. Poét. 354). Daí: 2) Escritor, autor (Cíc. De Or. 1, 91).

scrīptŭlum, -ī, subs. n. Pequeno traço (no tabuleiro das damas) (Ov. A. Am. 3, 364).

scrīptum, -ī, subs. n. I — Sent. próprio: 1) Escrito, coisa escrita, escritura (Cíc. Br. 145). Daí: 2) Redação, composição (Cíc. Q. Fr. 3, 8, 5). II — Sent. particular: 3) Texto de lei (Cíc. Inv. 1, 55). No plural: 4) Obras (de um autor), escritos (Cíc. Verr. 4, 124). Loc.: **de scripto** «por manuscrito» (Cíc. Planc. 74).

scrīptūra, -ae, subs. f. I — Sent. próprio: 1) Ação e arte de escrever, escrita, redação (Marc. 1, 67, 3). Daí: 2) Obra escrita, escrito, composição escrita (Cíc. Fam. 15, 21, 3). II — Sent. particular: 3) Linha traçada, traço (Petr. 126, 15). 4) Texto (de testamento) (Cíc. Inv. 2, 117). 5) Impôsto sôbre as pastagens do Estado (fixado por escrito) (Cíc. At. 5, 15, 3).

scrīptus, -a, -um, part. pass. de scrībo.

scrīpulātim, adv. Por escrúpulos, em pequenas doses (Plín. H. Nat. 22, 118).

scrīpŭlum (scrūpŭlum), -ī, subs. n. I — Sent. próprio: 1) Pedra pequena; e daí: 2) Escrúpulo, 24ª parte da onça (Cíc. At. 4, 16, 13). 3) A ducentésima octogésima oitava parte do asse (Cíc. At. 4, 16, 13); ou do alqueire (Colum. 5, 1, 8). II — Sent. figurado: 4) A menor fração de uma unidade de medida, pequena quantidade (Plín. H. Nat. 2, 48).

scrobis (scrobs), -is, subs. m. e f. Fôsso, buraco (Ov. Met. 7, 243).

1. scrōfa, -ae, subs. f. Porca (Varr. R. Rust. 2, 4, 4).

2. Scrōfa, -ae, subs. pr. m. Escrofa, sobrenome romano (Cíc. At. 5, 4, 2).

scrōfĭpascus, -ī, subs. m. Porqueiro, pastor de porcos (Plaut. Capt. 807).

scrūpĕus, -a, -um, adj. Pedregoso, áspero (Verg. En. 6, 238).

scrūpōsus, -a, -um, adj. I — Sent. próprio: 1) Pedregoso, áspero (Plaut. Capt. 185). II — Sent. figurado: 2) Rude, grosseiro, difícil (Lucr. 4, 523).

scrŭpŭlōsē, adv. Minuciosamente, escrupulosamente (Quint. 4, 5, 6).
scrŭpŭlōsus, -a, -um, adj. I — Sent. próprio: 1) Pedregoso, áspero (Cíc. Tusc. 4, 33). II — Sent. figurado: 2) Minucioso, escrupuloso (Quint. 9, 1, 7).
scrŭpŭlum, v. **scrīpŭlum**.
scrŭpŭlus, -ī, subs. m. I — Sent. próprio: 1) Pequena pedra ponteaguda (Don. Andr. 940). II — Sent. figurado (o mais comum): 2) Dificuldade, embaraço, inquietação, escrúpulo: **scrupulum injicere alicui** (Cíc. Clu. 76) «inspirar inquietação a alguém».
scrŭpus, -ī, subs. m. I — Sent. próprio: 1) Pedra pontiaguda (Petr. 79, 3). II — Sent. figurado: 2) Inquietação, cuidado (Cíc. Rep. 3, 26).
scrūta, -ōrum, subs. n. pl. Roupa usada, móveis velhos (Hor. Ep. 1, 7, 65).
scrūtāns, -āntis, part. pres. de **scrūtor**.
scrūtātĭō, -ōnis, subs. f. Perscrutação, pesquisa minuciosa (Sên. Vit. 23, 2).
scrūtātus, -a, -um, part. pass. de **scrūtor**.
scrūtātor, -ōris, subs. m. O que sonda (algum lugar ou alguém) (Suet. Cl. 35).
scrūtĭnĭum, -ī, subs. n. Busca, investigação, pesquisa (Apul. M. 9, 41).
scrūtor, -āris, -ārī, -ātus sum, v. dep. tr I — Sent. próprio: 1) Sondar, procurar cuidadosamente, examinar com cuidado, explorar (sent. concreto e abstrato) (Cíc. Vat. 12); (Cíc. De Or. 2, 146). Daí: 2) Procurar, buscar (Ov. Met. 15, 137).
sculpō, -is, -ĕre, sculpsī, sculptum, v. tr. Esculpir, gravar, talhar (Cíc. Ac. 2, 100); (Ov. Met. 10, 248).
sculpōnĕae, -ārum, subs. f. Socos, tamancos (Plaut. Cas. 386).
sculpsī, perf. de **sculpo**.
sculptĭlis, -e, adj. Esculpido, cinzelado (Ov. P. 4, 9, 28).
sculptūra, -ae, subs. f. 1) Trabalho de escultura (Plín. H. Nat. 16, 209). 2) Gravura em pedras (Quint. 2, 21, 9).
sculptus, -a, -um, part. pass. de **sculpo**.
scurra, -ae, subs. m. I — Sent. próprio: 1) Paisano, civil (geralmente com idéia de desprêzo ou injúria) (Plaut. Trin. 202). Daí: 2) Janota, bôbo, bufão, histrião, farsista, parasita: **scurra Atticus** (Cíc. Nat. 1, 93) «o bufão de Atenas», apelido dado a Sócrates por Zenão.
scurrīlis, -e, adj. I — Sent. próprio: 1) De bôbo, de bufão (Cíc. Br. 143). Daí: 2) Divertido, gracioso (V. Máx. 8, 8, 2).

scurrīlĭtās, -tātis, subs. f. Chocarrice (Tác. D. 22).
scurror, -āris, -ārī, v. dep. intr. Fazer o papel de chocarreiro, fazer o papel de bôbo, lisonjear, divertir (Hor. Ep. 1, 17, 19).
scurrŭla, -ae, subs. m. Pequeno bôbo, pequeno bufão (Apul. Met. 10, 16).
scŭtăle, -is, subs. n. Couro da funda (para atirar pedras) (T. Lív. 38, 29, 6).
scŭtărĭus, -ī, subs. m. Fabricante de escudos (Plaut. Ep. 37).
scŭtātus, -a, -um, adj. Armado de escudo (Verg. En. 9, 370).
scŭtātī, -ōrum, subs. m. pl. Soldados armados de escudo (T. Lív. 28, 2, 4).
scutēllă, -ae, subs. f. Escudela, vaso pequeno (Cíc. Tusc. 3, 46).
scutĭca, -ae, subs. f. Azorrague feito de correia, látego (Hor. Sát. 1, 3, 119).
scŭtĭgerŭlus, -ī, subs. m. Escudeiro (Plaut. Cas. 154).
scutra, -ae, subs. f. Escudela, espécie de prato de madeira, gamela (Plaut. Pers. 88).
1. **scutŭla, -ae**, subs. f. Escudela em forma de losango, pratinho (Marc. 11, 31, 19).
2. **scutŭla, -ae**, subs. f. Cilindro, rôlo de madeira (Cés. B. Civ. 3, 40, 4).
scutulātus, -a, -um, adj. 1) Em forma de losango, de malhas (Plín. H. Nat. 11, 81). 2) Subs. n. pl.: Roupas em quadrados, em xadrez (Juv. 2, 97).
scŭtŭlum, -ī, subs. n. Escudo pequeno (Cíc. Nat. 1, 82).
scŭtum, -ī, subs. n. I — Sent. próprio: 1) Grande escudo oblongo, escudo (Cés. B. Gal. 2, 21, 5). II — Sent. figurado: 2) Defesa (Cíc. Tull. 43).
scyfus, v. **scyphus**.
Scylacēum, -ī, subs. pr. n. Promontório Cilaceu na Calábria (Verg. En. 3, 553).
Scylax, -ăcis, subs. pr. m. Cílax, antigo geógrafo (Cíc. Div. 2, 88).
Scylla, -ae, subs. pr. f. Cila. 1) Filha de Forco, transformada em monstro marinho (Ov. Met. 14, 52). 2) Filha de Niso, rei de Mégara, mudada em garça (Ov. Met. 8, 8). 3) Banco de areia, no mar da Sicília (Cíc. Verr. 5, 146).
Scyllaeum, -ī, subs. pr. n. Cileu. 1) Cidade e promontório da Calábria (Plín. H. Nat. 3, 73). 2) Cidade e promontório da Argólida (T. Lív. 31, 44).
Scyllaeus, -a, -um, adj. 1) De Cila, do mar de Sicília (Verg. En. 1, 200). 2) De Cila, de Mégara (Estác. Theb. 1, 333).

scymnos (-us), -i, subs. m. Filhote de animal (Lucr. 5, 1034).
scyphus, -i, subs. m. Copo (Cíc. Verr. 4, 32).
Scyrēis, -idis, subs. f. De Ciros (Estác. Ach. 2, 147).
Scyrias, -adis, subs. f. Mulher natural de Ciros (Ov. A. Am. 1, 682).
Scyrius, -a, -um, adj. De Ciros: Scyria pubes (Verg. En. 2, 477) «soldados de Ciros, i. é, comandados por Pirro».
Scyrōn, -ōnis, subs. pr. m. Cirão, filósofo epicurista do tempo de Cícero (Verg. Catal. 7, 9).
Scyrus (Scyros), -i, subs. pr. f. Ciros, ilha do mar Egeu (Cíc. At. 5, 12, 1).
Scythae, -arum, subs. loc. m. Citas, habitantes da Cítia (Plín. H. Nat. 4, 81).
Scythēs, -ae, subs. m. Um cita, natural da Cítia (Cíc. Tusc. 5, 90).
Scythia, -ae, subs. pr. f. Cítia, vasta região ao norte do mundo conhecido pelos antigos (Cíc. Nat. 2, 88).
Scythicus, -a, -um, adj. Da Cítia, dos citas, cítico (Cíc. Tusc. 5, 90).
Scythis, -idis, subs. loc. f. Cítida, mulher cita (Ov. Met. 15, 360).
1. sē, acus. e abl. de sui.
2. sē, prep. arc. e prevérbio. I — Prep.: 1) Sem: se fraude esto (XII T. Apud Cíc. Leg. 2, 60) «que esteja sem êrro» II — Prevérbio: 2) Sem: sēcūrus «sem cuidado», sēdūlō «sem engano».
3. sē (em composição) = sēmi «meio»: sēlībra, sēmodius.
4. sē (em composição) = sēx «seis»: Sēmestris, sējūgis.
Sēbēthis, -idis, subs. pr. f. Sebétide, filha de Sebeto (Verg. En. 7, 734).
Sēbēthos (Sēbēthus), -i, subs. pr. m. Sebeto, rio da Campânia, que se lança no gôlfo de Nápoles (Estác. S. 1, 2, 263).
Sēbōsus, -i, subs. pr. m. Seboso, sobrenome romano (Cíc. At. 2, 14, 2).
sēbum (sēvum, saevum), -i, subs. n. Sebo (Cés. B. Gal. 7, 25, 2).
Sebūsiāni, -ōrum, subs. loc. m. Sebusianos, povo da Gália Lionesa, também chamados segusianos (Cíc. Quinct. 80).
sēcēdō, -is, -ĕre, sēcēssī, sēcēssum, v. intr. I — Sent. próprio: 1) Afastar-se, retirar-se, refugiar-se (Cíc. Cat. 1, 32); (Sal. C. Cat. 33, 3). 2) Ir à parte, estar afastado, distante (Ov. F. 6, 279).
sēcērnō, -is, -ĕre, sēcrēvī, sēcrētum, v. tr. I — Sent. próprio: 1) Pôr de lado, separar (Cíc. Cat. 1, 32); (Cíc. Of. 1, 95). II — Sent. figurado: 2) Distinguir, discenir (Cíc. Lae. 95). Donde: 3) Rejeitar, recusar, eliminar (Cíc. Mil. 21). Obs.: inf. pass. arc.: secernier (Lucr. 3, 263).
sēcēssī, perf. de secēdo.
sēcēssiō, -ōnis, subs. f. I — Sent. próprio: 1) Secessão, ação de se separar, de se retirar, retirada (T. Lív. 21, 14, 1). Daí: 2) Revolta (Cíc. Rep. 1, 62). 3) Desunião, separação (T. Lív. 7, 40, 2).
sēcēssus, -ūs, subs. m. I — Sent. próprio: 1) Retirada, separação, partida (Plín. H. Nat. 10, 76). Daí: 2) Secesso, lugar retirado, retiro, isolamento, solidão (Ov. Trist. 1, 1, 41).
sēcius (sequius ou sētius), adv. 1) Menos (Verg. En. 9, 441). 2) Menos bem, menos bom (Plaut. Cist. 692).
sēclūdō, -is, -ĕre, sēclūsī, sēclūsum, v. tr. 1) Encerrar separadamente, isolar (Cíc. Verr. 5, 23): nemus seclusum (Verg. En. 6, 704) «bosque isolado». 2) Separar de (Cés. B. Civ. 3, 97, 4). 3) Expulsar, banir (Verg. En. 1, 562).
sēclum, v. saeculum.
sēclūsī, perf. de seclūdo.
sēclūsus, -a, -um, part. pass. de seclūdo.
secō, -ās, -āre, secūī, sectum, v. tr. I — Sent. próprio: 1) Cortar, recortar, golpear (Cés. B. Gal. 7, 14, 4); (Hor. Epo. 4, 11). Daí: 2) Cortar em dois, dividir (Verg. En. 10, 440); (Cíc. De Or. 2, 117). Donde: 3) Fender, abrir (Verg. En. 9, 103); (Verg. En. 6, 899). II — Sent. figurado: 4) Pôr côbro a uma questão, decidir (Hor. Sát. 1, 10, 15).
sēcrētārium, -i, subs. n. Lugar retirado, conselho privado (Apul. Mund. 64, 39).
sēcrētiō, -ōnis, subs. f. Separação (das partes), dissolução (Cíc. Tusc. 1, 71).
sēcrētō, adv. 1) À parte, em separado (Plaut. Aul. 133). 2) Em segrêdo, sem testemunhas (Cíc. Verr. 4, 100). 3) Entre si (Cíc. Fam. 7, 25, 2). Obs.: Comp.: sēcrētius (Sên. Nat. 5, 4, 2) «muito discretamente».
sēcrētum, -i, subs. n. I — Sent. próprio: 1) Lugar retirado, retiro, solidão (Plín. Ep. 2, 17, 22). Daí: 2) Audiência secreta, particular (Tác. Hist. 2, 4). II — Sent. particular: 3) Segrêdo (Tác. An. 6, 3). 4) Mistério (culto) (Ov. Met. 2, 556).
sēcrētus, -a, -um. A) Part. pass. de secērno. B) Adj.: I — Sent. próprio: 1) Separado, afastado de, particular (Verg. En. 6, 478). Daí: 2) Solitário, isolado, retirado (Hor. A. Poét. 298) II — Sent. figurado: 3) Secreto, escondido, confi-

dencial (Tác. Agr. 40). 4) Raro, pouco comum (Quint. 1, 1, 35). 5) Privado de (Lucr. 1, 194).
sēcrēvī, perf. de secērno.
secta, -ae, subs. f. I — Sent. próprio: 1) Seita, escola (filosófica) (Cíc. Br. 120). Por extensão: 2) Linha de coduta política, partido (Cíc. Fam. 13, 4, 2). II — Sent. figurado: 3) Princípios práticos, método, gênero de vida (Cíc. Nat. 2, 57).
sectārĭus, -a, -um, adj. Cortado, castrado (Plaut. Capt. 820).
sectātor, -ōris, subs. m. I — Sent. próprio: 1) Companheiro assíduo (Tác. An. 4, 68). Daí: 2) Sectário, o que acompanha: sectatores (Cíc. Mur. 70) «cortejo que acompanha o candidato» 3) Sectário, discípulo (de uma doutrina) (Tác. D. 34).
sectātus, -a, -um, part. pass. de sector.
sectĭlis, -e, adj. O que é suscetível de ser cortado (Marc. 10, 48, 9).
sectĭō, -ōnis, subs. f. I — Sent. próprio: 1) Ação de dividir cortando, corte (Plín. H. Nat. 19, 137). II — Na língua jurídica: 2) Venda em hasta pública de bens confiscados (Cíc. Phil. 2, 64). III — Por extensão: 3) Objetos confiscados e postos à venda, prêsa (Cés. B. Gal. 2, 33, 6).
1. sector, -āris, -ārī, -ātus sum, v. dep. tr. I — Sent. próprio: 1) Seguir habitualmente, acompanhar, ir atrás (Cíc. Amer. 77); (Cíc. Mur. 67). Daí: 2) Perseguir (Verg. Buc. 3, 75). II — Sent. figurado: 3) Procurar, visitar freqüentemente (Tác. An. 1, 80); (Plín. Ep. 1, 22, 6). 4) Visar a (Quint. 1, 10, 1).
2. sector, -ōris, subs. m. I — Sent. próprio: 1) O que corta, cortador (Cíc. Amer. 80). II — Na língua jurídica: 2) Comprador de bens confiscados pelo Estado, vendidos em hasta pública (Cíc. Amer. 103).
sectūra, -ae, subs. f. Corte; e daí, corte na terra, escavação, pedreira (Cés. B. Gal. 3, 21, 3).
sēcŭbĭtus, -ūs, subs. m. I — Sent. próprio: 1) Ação de se deitar à parte (Catul. 64, 381). II — Sent. figurado: 2) Castidade (Ov. Am. 3, 10, 43).
sēcŭbō, -ās, -āre, -cubŭī, -cubĭtum, v. intr. 1) Dormir só, deitar-se só, guardar castidade (Catul. 61, 105). 2) Viver retirado (Prop. 2, 25, 5).
secŭī, perf. de seco.
secŭlāris, sēcŭlum, v. saec-.
sēcum, v. cum.

secŭndae, -ārum, subs. f. pl., v. secŭndus.
secundānī, -ōrum, subs. m. pl. Soldados da segunda legião (T. Lív. 34, 15).
secundārĭus, -a, -um, adj. De segunda ordem, secundário (Cíc. Rep. 1, 65).
1. secŭndō, adv. 1) Em segundo lugar, a seguir (Cíc. Planc. 50). 2) Pela segunda vez (Eutr. 2, 19).
2. secŭndō, -ās, -āre, -āvī, v. tr. Favorecer, tornar feliz (Verg. G. 4, 397); (Tác. An. 2, 24).
1. secŭndum, adv. Em seguida, após, depois (Plaut. Amph. 551).
2. secŭndum, prep. (acus.). 1) Segundo, conforme, consoante (Cíc. B. Gal. 4, 17, 4). 2) Atrás de, depois de, após (Plaut. Mil. 1349). 3) Ao lado de, ao longo de, ao pé de: secundum mare (Cíc. At. 16, 8, 2) «ao longo do mar». 4) Durante: secundum quietem (Cíc. Div. 2, 126) «durante o sono». 5) A favor de, por (Cíc. Verr. 2, 41).
1. secŭndus, -a, -um, adj. I — Sent. etimológico: 1) Que segue, seguinte: secundo lumine (En. apud Cíc. At. 7, 26, 1) «no dia seguinte». Daí: 2) Que vai na direção ou no sentido de: secundo flumine (Cés. B. Gal. 7, 58, 5) «seguindo o curso do rio, isto é, indo o rio no mesmo sentido». II — Sent. figurado: 3) Propício, favorável, que não encontra obstáculos (Cíc. Planc. 94). III — Subs.: No pl. n. secunda: 4) Felicidade, prosperidade, acontecimentos favoráveis (Hor. O. 2, 10, 13). No f. pl. secundae, -arum: 5) Papel secundário (Hor. Sát. 1, 9, 46). IV — Num. ord.: 6) Segundo, que vem depois do primeiro, segundo (no tempo): secundus a rege (T. Lív. 7, 1, 10) «o primeiro depois do rei». Donde: 7) Inferior, de qualidade inferior: panis secundus (Hor. Ep. 2, 1, 123) «pão de qualidade inferior».
2. Secŭndus, -ī, subs. pr. m. Segundo. 1) Sobrenome dos dois Plínios. 2) Sobrenome de um orador: Júlio Segundo (Tác. D. 2).
sēcūrē, adv. 1) Sem preocupação, tranqüilamente (Plín. Ep. 1, 4, 3). 2) Em segurança (Plín. Ep. 2, 17, 6).
secūricŭla, -ae, subs. f. Machadinha (Plaut. Rud. 1158).
secūrĭfer, -fĕra, -fĕrum, adj. Que traz uma machadinha (Ov. Her. 4, 117).
secūris, -is, subs. f. I — Sent. próprio: 1) Machado, machadinha (Cíc. Verr. 5, 75). II — Sent. particular: 2) Ma-

chadinha que levavam os lictores (Cíc. Rep. 2, 55). III — Sent. figurado: 3) Golpe mortal (Cíc. Planc. 70). 4) Domínio, poderio, dignidade consular, magistratura (representada pelas machadinhas dos feixes, símbolo da autoridade) (Cés. B. Gal. 7, 77, 16). Obs.: Acus. sing. geralmente **securim**, bem como abl. sing. **securi**. Entretanto, as formas **securem** (Cic. Verr. 5, 123) e **secure** (Apul. M. 8, 30) também são atestadas.

sēcŭrĭtās, -tātis, subs. f. I — Sent. próprio: 1) Tranqüilidade (de espírito), ausência de preocupações ou de cuidados (Plín. H. Nat. 7, 184). Daí: 2) Segurança, ausência de perigo (Tác. Agr. 3). II — Sent. pejorativo: 3) Descuido, indiferença (Tác. Hist. 3, 83).

sēcūrus, -a, -um, adj. I — Sent. próprio: 1) Livre de inquietações, tranqüilo, sossegado (Cíc. Flac. 46). Daí: 2) Seguro, sem inquietações (tratando-se de coisas), livre de (Ov. Met. 12, 199). 3) Isento de perigo, em segurança (T. Lív. 39, 1, 6). Obs.: Constrói-se como absoluto; com abl. acompanhado de **ab** ou **de**; com gen.; com or. interrog. indir.; com **ne**.

1. **secus**, adv. 1) De outra maneira, de outra forma, diferentemente (Cíc. Br. 293); (Verg. En. 2, 382). 2) Diferente do que devia ser, mal: **secus existimare de aliquo** (Cíc. Clu. 124) «ter uma opinião má de alguém». Obs.: Constrói-se com gen. acompanhado ou não de negação: **secus quam** (Cíc. Cael. 32) «de outro modo que»; **non secus ac si** (Cíc. Clu. 143) «como se». Na poesia é usado para introduzir uma comparação: **nos secus ac** (Verg. En. 8, 391) «paralelamente, assim, do mesmo modo».

2. **secus**, prep. acus. = **secūndum**. Ao longo de, ao lado de, à beira de (Cat. Agr. 21, 2).

3. **secus**, n. indecl. (= **sexus**) «sexo»: **liberorum capitum virile secus ad decem milia** (T. Lív. 26, 47, 1) «cêrca de dez mil pessoas de condição livre do sexo masculino». Obs.: Só ocorre no nom. e acus. e sempre acompanhado dos adjetivos **virile** ou **muliebre**.

secūtor, -ōris, subs. m. I — Sent. próprio: 1) O que segue outrem, companheiro (Apul. M. 9, 17). II — Sent. especial: 2) Gladiador (Suet. Cal. 30).

secūtus, -a, -um, part. pass. de **sequor**.

sed, conj. 1) Mas, porém (Cíc. Mil. 59). 2) Notem-se as expressões: a) **non solum... sed, nom modo... sed** «não sòmente... mas». b) **sed etiam** (Cíc. Mil. 61) «mas também, mas ainda». c) **sed tamen** (Cíc. Phil. 2, 104) «mas em todos os casos». 3) Iniciando ou voltando a um assunto: **sed redeamus ad Hortensium** (Cíc. Br. 291) «mas voltemos a Hortênsio». 4) Ora, mas também (Verg. En. 10, 576). Obs.: Na língua antiga **sed** (ou **se**) funcionava como prep., sendo neste emprêgo substituída por **sine** na língua literária. Nos textos literários **sed**, **se** ou **so** aparecem como prevérbio, indicando a separação, o afastamento, a privação: **seditio, sedulo, secedo, sepono, socors**.

sēdāmen, -ĭnis, subs. n. Alívio, consolação (Sên. Hip. 1188).

sēdātē, adv. Com calma, tranqüilamente, com brandura (Cíc. Tusc. 2, 46).

sēdātĭō, -ōnis, subs. f. I — Sent. próprio: 1) Ação de abrandar, calma, tranqüilidade (Cíc. Of. 1, 93). II — Daí: 2) Alívio (Cíc. Fin. 1, 64).

sedātus, -a, -um. A) Part. pass. de **sedo**. B) Adj.: I — Sent. próprio: 1) Acalmado, calmo, tranqüilo (Cíc. At. 8, 3, 7). Daí: 2) Calmo, sossegado, tranqüilo (Cíc. Or. 176).

sēdĕcim (sexdĕcim), num. card. Dezesseis (Cés. B. Gal. 1, 8, 1).

sēdĕcŭla, -ae, subs. f. Cadeirinha (Cíc. At. 4, 10, 1).

sedens, -entis, part. pres. de **sedĕo**.

sedentārĭus, -a, -um, adj. I — Sent. próprio: 1) Que trabalha sentado (Plaut. Aul. 507). II — Sent. figurado: 2) Sedentário, imóvel (Plín. Paneg. 73, 3).

sedĕō, -ēs, -ēre, sēdī, sessum, v. intr. I Sent. próprio: 1) Estar sentado, tomar assento (Cíc. Div. 1, 104); (Cic. At. 4, 10, 1). Daí: 2) Estacionar, ficar, estar colocado, morar, permanecer num lugar, residir (Cíc. At. 12, 44, 2); (Cíc. Br. 161). II — Sent. figurado: 3) Ficar ocioso, ficar imóvel, ficar inativo (Cíc. Sest. 33); (Varr. R. Rust. 1, 2, 2). 4) Ficar constantemente, fixar-se, ficar decidido, fixo, resolvido, estabelecer-se, convir (Verg. En. 5, 418); (Quint. 11, 3, 161). Obs.: A **sedeo** correspondem dois verbos: **sedo**, factitivo ou causativo (veja êsse verbo), e ainda a forma **sido**, de aspecto determinado, que possui numerosos compostos.

sēdēs, -is, subs. f. I — Sent. próprio: 1) Assento, cadeira (banco, trono, etc.) (T. Lív. 1, 18, 7). Daí: 2) Morada, habitação, domicílio, residência (Cíc. Mur. 85). II — Sent. figurado: 3) Sede, posição, asilo, teatro de (T. Liv. 28, 44, 15). 4) Fundamento: **Roma prope convulsa sedibus suis** (Cíc. Pis. 52) «Roma quase arrancada a seus fundamentos». Obs.: Gen. pl. **sedum** é a forma clássica, **sedium** é forma rara atestada em V. Patérculo (2, 109, 3).

sēdī, perf. de **sedĕo** e de **sido**.

Sēdigītus, -ī, subs. pr. m. Volcácio Sedígito, poeta romano (A. Gél. 3, 3, 1).

sedīle, -is, subs. n. Assento, banco, assento (de teatro), banco (de remador) (Verg. En. 8, 176).

sēditĭō, -ōnis, subs. f. I — Sent. próprio: 1) Sedição (língua política ou militar), discórdia, desavença, contenda, tumulto (Cíc. Sest. 77). II — Sent. figurado: 2) Revolta, tumulto (T. Liv. 2, 32, 12).

sēditĭōsē, adv. Sediciosamente, com indisciplina (Cíc. Mil. 8). Obs.: Compar.: **seditiosius** (Tác. Hist. 5, 12). Superl.: **seditiosissime** (Cíc. At. 2, 21, 5).

sēditĭōsus, -a, -um, adj. I — Sent. próprio: 1) Sedicioso, amotinado, turbulento, faccioso (Cíc. Clu. 103). II — Daí: 2) Exposto aos motins, às desordens, tumultuoso (Cíc. Inv. 1, 4).

sēdō, -ās, -āre, -āvī, -ātum (causativo de **sedĕo**), v. tr. I — Sent. próprio: 1) Fazer assentar, fazer voltar ao estado anterior (Fedr. 2, 5, 18). II — Sent. figurado: 2) Fazer cessar, acalmar, amainar, abrandar, apaziguar (Cíc. Rep. 1, 65); (Cíc. Verr. 1, 46); (Cíc. Cat. 2, 28); (Cíc. Phil. 1, 1).

sēdūcō, -is -ĕre, -dūxī, -dūctum, v. tr. I — Sent. próprio: 1) Desviar, afastar (Cíc. Fam. 10, 28, 1); (Prop. 1, 9, 27). Daí: 2) Separar, dividir, partilhar (Verg. En. 4, 385); (Ov. Met. 13, 611); (Luc. 8, 291).

sēductĭō, -ōnis, subs. f. Ação de tomar à parte, separação (Cíc. Mur. 49).

sēdūctus, -a, -um. I — Part. pass. de **sedūco**. II — Adj.: Afastado, separado, solitário (Pérs. 6, 42); (Ov. Met. 4, 623); (Sên. Tranq. 3, 2).

sēdulĭtās, -tātis, subs. f. I — Sent. próprio: 1) Cuidado assíduo, zêlo, aplicação, diligência (Hor. Ep. 1, 7, 8). II — Daí: 2) Demasiado empenho, solicitude (Cíc. Arch. 25).

Sēdulĭus, -ī, subs. pr. m. Sedúlio, nome de homem (Cés. B. Gal. 7, 88, 4).

sēdŭlō, adv. Sem engano, francamente, com aplicação, com zêlo, sinceramente (Cíc. At. 3, 12, 1).

sēdŭlus, -a, -um, adj. Diligente, zeloso, delicado, solícito, aprimorado (tratando-se de um escritor) (Cíc. Br. 176); (Hor. Ep. 2, 1, 178).

Sedūnī, -ōrum, subs. loc. m. Sedunos, habitantes de Seduno (Cés. B. Gal. 3, 1, 1).

Sedusĭī, -ōrum, subs. loc. m. Sedúsios, povo da Germânia (Cés. B. Gal. 1, 51, 2).

sēdūxī, perf. de **sedūco**.

seges, -ĕtis, subs. f. I — Sent. próprio: 1) Terra preparada e pronta para ser semeada (Cíc. Tusc. 2, 13). 2) Terra já semeada (Cés. B. Gal. 6, 36, 2). Daí: 3) Produções da terra, fruto, produto, rendimento, colheita (Verg. G. 1, 77). II — Sent. figurado: 4) Ceifa, seara (Verg. En. 7, 526).

Segesta, -ae, subs. pr. f. Segesta. 1) Cidade grega da Sicília (Cíc. Verr. 4, 72). 2) Deusa da colheita (Plín. H. Nat. 18, 8). 3) Cidade da Ligúria (Plín. H. Nat. 3, 48).

Segestānī, -ōrum, subs. loc. m. Segestanos, habitantes de Segesta (Cíc. Verr. 4, 72).

Segestānum, -ī, subs. n. O território de Segesta (Cíc. Verr. 3, 93).

Segestānus, -a, -um, adj. De Segesta (Cíc. Verr. 3, 13).

Segestēs, -ae, subs. pr. m. Segesta, nome de um chefe germano (Tác. An. 1, 55).

Segestĭca, -ae, subs. pr. f. Segéstica. 1) Cidade da Hispânia Tarraconense (T. Liv. 34, 17). 2) Cidade da Panônia (Plín. H. Nat. 3, 148).

segmentātus, -a, -um, adj. Guarnecido de ornatos de várias côres (Juv. 6, 89).

segmēntum, -ī, adj. I — Sent. próprio: 1) Entalhe, golpe, corte, segmento (Plín. H. Nat. 36, 53). II — Daí: 2) Enfeites (de vestido) bordados, guarnições (Ov. A. Am. 3, 169). 3) Vestido bordado (Juv. 2, 124).

Segnī, -ōrum, subs. loc. m. Segnos, povo da Bélgica (Cés. B. Gal. 6, 32, 1).

sēgnĭpēs, -pĕdis, adj. Que caminha lentamente (Juv. 8, 67).

sēgnis, -e, adj. I — Sent. próprio: 1) Lento, preguiçoso, vagaroso, ocioso, inativo (Tác. An. 14, 23). Daí: 2) Enfraquecido, fraco, sem energia, covarde (T. Liv. 26, 21, 16). Donde: 3) Improdutivo, estéril (Cíc. Leg. 2, 45).

sēgnĭtās, -tātis, subs. f. Lentidão (Cíc. De Or. 1, 185).

sēgnĭter, adv. Com indolência, lentamente, vagarosamente, preguiçosamente, sem energia (Cíc. Mil. 82).
sēgnitĭa, -ae, subs. f. Segnícia, lentidão, vagar, preguiça, indolência, apatia, calma, fraqueza (T. Lív. 31, 38).
sēgnitĭēs, -ēī, v. sēgnitĭa (Verg. En. 2, 374).
Segodūnum, -ī, subs. pr. n. Segoduno, cidade da Aquitânia (Cíc. Font. 19).
Segontĭa, Seguntĭa ou Saguntĭa, subs. pr. f. Segúncia, cidade da Hispânia Tarraconense (T. Lív. 34, 19, 10).
Segontĭăcī, -ōrum, subs. loc. m. Segontíacos, povo da Bretanha (Cés. B. Gal. 5, 21, 1).
Segovax, -ăctis, subs. pr. m. Segovacte, rei de uma parte da Bretanha (Cés. B. Gal. 5, 22, 1).
Segovĭa, -ae, subs. pr. f. Segóvia, cidade da Hispânia Tarraconense (Plín. H. Nat. 3, 27).
segregātus, -a, -um, part. pass. de segrĕgo.
segrĕgis, gen. de segrex.
segrĕgō, -ās, -āre, -āvī, -ātum, v. tr. I — Sent. primitivo: 1) Separar do rebanho (Nemes. Cyn. 156). Daí: 2) Pôr de parte, separar, afastar, isolar, segregar (Cíc. Phil. 5, 29); (Plaut. Mil. 655); (Cíc. Fin. 3, 30); (Cíc. Nat. 2, 148). Obs.: Aparece separado por tmese o prevérbio se-: seque gregari (Lucr. 1, 452).
segrex, -ĕgis, adj. Separado (dos outros), colocado à parte, isolado (Sên. Ben. 4, 18, 2).
Segulĭus, -ī, subs. pr. m. Segúlio, nome de homem (Cíc. Fam. 11, 20).
Segūsiăvī, -ōrum, subs. loc. m. Segusiavos, povo da Gália Lionêsa (Cés. B. Gal. 1, 10, 5).
Sēius (Sējus), -ī, subs. pr. m. Seio, nome de homem (Cíc. Planc. 12).
Sējānĭānus, -a, -um, adj. De Sejano (Sên. Marc. 1, 2).
Sējānus, -ī, subs. pr. m. Sejano, o favorito do imperador Tibério (Tác. An. 4, 1).
sējugātus, -a, -um, part. pass. de sejūgo.
sējūgēs, -ĭum, subs. m. pl. Carro puxado por três cavalos (T. Lív. 38, 35, 4).
sējūgō, -ās, -āre, -ātum, v. intr. Separar (Cíc. Div. 1, 70).
sējunctĭō, -ōnis, subs. f. Separação (Cíc. De Or. 3, 203).
sējūnctus, -a, -um, part. pass. de sejūngo.
sējūngō, -ĭs, -ĕre, sējūnxī, sējūnctum, v. tr. I — Sent. próprio: 1) Separar, desunir, afastar distanciar (Cíc. Verr. 3, 193); (Lucr. 2, 728). 2) Distinguir, pôr de lado (Cíc. De Or. 2, 105).
sējūnxī, perf. de sejūngo.
sēlēctĭō, -ōnis, subs. f. Escolha, seleção (Cíc. Fin. 3, 12).
sēlēctus, -a, -um, part. pass. de selĭgo.
sēlēgī, perf. de selĭgo.
Selēnē, -ēs, subs. pr. f. Selene. 1) Filha de Antíoco, i. é, Cleópatra (Cíc. Verr. 4, 27). 2) Filha de Marco Antônio e Cleópatra (Suet. Cal. 26).
Selepītānī, -ōrum, subs. loc. m. Selepitanos, povo da Ilíria (T. Lív. 45, 26).
Seleucēnsēs, -ĭum, subs. loc. m. Habitantes da Seleucia: 1) Cidade da Babilônia (Tác. An. 6, 42). 2) Cidade da Galácia (Plín. H. Nat. 5, 147).
Seleucĭa, -ae, subs. pr. f. Seleucia. 1) Cidade de Babilônia (Plín. H. Nat. 10, 132). 2) Cidade da Cilícia (Plín. H. Nat. 5, 93).
Seleucĭānus, -a, -um, adj. De Seleucia (Cíc. At. 4, 18).
Seleucus, -ī, subs. pr. m. Seleuco. 1) Nome de um matemático, confidente de Vespasiano (Tác. Hist. 2, 78). 2) Nome de um escravo (Cíc. Fam. 6, 18, 1). 3) General de Alexandre que se tornou rei da Síria, sendo o fundador da dinastia dos Seleucidas (Just. 13, 4, 16).
sēlībra, -ae, subs. f. Meia libra (Marc. 4, 46, 7).
sēlĭgō, -ĭs, -ĕre, sēlēgī, sēlēctum, v. tr. Escolher, estremar (Cíc. Or. 47); (Cíc. Clu. 121).
Selīnuntĭī, -ōrum, subs. loc. m. Selinúncios, habitantes de Selinunte (Sicília) (Plín. H. Nat. 3, 91).
Selīnūs, -ūntis, subs. pr. m. e f. Selinunte. 1) Masculino: cidade e rio da Cilícia (T. Lív. 33, 20, 5). 2) Fem.: cidade da Sicília (Verg. En. 3, 705).
sella, -ae, subs. f. I — Sent. próprio: 1) Assento, cadeira (Cíc. Div. 1, 104). II — Sent. especiais: 2) Cadeirinha (de transportar alguém) (Suet. Aug. 53). 3) Cadeira curul (Cíc. Verr. 1, 119). 4) Assento dos cocheiros (Fedr. 3, 6, 5). 5) Cadeira (do professor) (Cíc. Phil. 2, 85). 6) Cadeira de pequenos artífices (que trabalhavam sentados) (Cíc. Cat. 4, 17).
sellārĭa, -ae, subs. f. Quarto mobiliado com cadeiras ou bancos (Suet. Tib. 43).
sellārĭŏlus, -a, -um, adj. De devassidão, de orgia (Marc. 5, 70, 3).

sellārĭus, -ī, subs. m. Devasso (Tác. An. 6, 1).
Sellasĭa, -ae, subs. pr. f. Selásia, cidade da Lacônia (T. Lív. 34, 28).
Sellē, -ēs subs. pr. f. Sele, cidade da Lucânia (Estác. S. 5, 3, 127).
Sellī ou Selloe, subs. pr. m. Selos, antigos habitantes de Dodona (Luc. 3, 180).
sellisternĭum, -ī, subs. n. Selistérnio (refeição sagrada oferecida às deusas, cujas estátuas eram colocadas em assentos) (Tác. An. 15, 44).
Sellĭus, -ī, subs. pr. m. Sélio, nome de homem (T. Lív. 4, 42).
sellŭla, -ae, subs. f. Cadeira pequena, banquinho, cadeirinha (de transporte) (Tác. Hist. 3, 84).
Sēlymbrĭa, -ae, subs. pr. f. Selímbria, cidade da Trácia (T. Lív. 33, 39).
sēmanĭmis, v. **semianĭmis**.
semel, adv. 1) Uma vez, uma só vez: **plus quam semel** (Cíc. Verr. 4, 125) «mais de uma vez». 2) De uma vez por tôdas, de vez (Cíc. Dej. 9). 3) Uma 1ª vez (Cíc. Sest. 49). 4) Com conjunções: **quoniam semel** (Cíc. De Or. 2, 121) «pois que»; **ut semel** (Cíc. Br. 51), **cum semel** (Cíc. Lae. 41) «uma vez que».
Semĕlē, -ēs, subs. pr. f. Sêmele, filha de Cadmo e amada de Júpiter, de cujos amores nasceu Baco, o deus do vinho (Ov. Met. 3, 293). Obs.: Nos casos oblíquos: **Semela, -ae**,
Semelēĭus, -a, -um, adj. De Sêmele, epíteto de Baco (Ov. Met. 3, 520).
Semelēus, -a, -um, adj. de Sêmele, epíteto de Baco (Estác. Theb. 10, 903).
sēmen, -ĭnis, subs. n. I — Sent. próprio: 1) Semente, grão, semente de trigo (Cíc. C. M. 51). Por extensão: 2) Rebento que se planta, planta nova (Verg. G. 2, 354). II — Sent. figurado: 3) Semente, germe, causa, princípio, origem (Cíc. Phil. 2, 55). 4) Descendência, sangue, raça, posteridade (Ov. Met. 2, 629). No pl.: 5) Sementes, elementos, átomos, partículas (sent. poético) (Verg. En. 6, 6).
sēmentis, -is, subs. f. I — Sent. próprio: 1) Sementeira (em oposição a **messis**), tempo das sementeiras: **sementes facere** (Cés. B. Gal. 1, 3, 1) «fazer sementeiras». No pl.: 2) Sementes que brotam, searas novas (Ov. F. 1, 679). II — Sent. figurado: 3) Sementeira (Cíc. Nat. 3, 75).
sēmentīvus, -a, -um, adj. Relativo às sementeiras (Ov. F. 1, 658).

sēmēntō, -ās, -āre, v. intr. Dar semente (Plín. H. Nat. 18, 259).
sēmērmis, v. **sēmiērmis**.
sēmēssus, v. **sēmēsus**.
sēmēstris, -e, adj. De seis meses, que dura seis meses, de seis meses de idade (Cíc. At. 10, 8, 7). Obs.: A forma **semenstris** aparece nos melhores manuscritos de Cícero e César.
sēmēsus, -a, -um, adj. Meio comido, meio roído (Verg. En. 3, 244).
sēmet, acus. e abl. de **suimet**.
sēmi: meio, metade. Só é empregado como primeiro têrmo justaposto ou primeiro elemento de compostos, dos quais um grande número pertence à língua literária, principalmente da época imperial, como: **semianimis, semideus**, etc. Obs.: O i de **semi** pode ser elidido antes de vogal, como em **semuncia**, de **semi uncia**.
sēmiadopertŭlus, -a, -um, adj. Meio fechado (Apul. M. 3, 14) .
sēmiadapērtus (sēmadapērtus), -a, -um, adj. Meio aberto (Ov. Am. 1, 6, 4).
sēmiambūstus (sēmambūstus), -a, -um, adj. Meio queimado (Suet. Cal. 59).
sēmianĭmis (sēmanĭmis) (Verg. En. 10, 396) ou **sēmianĭmus, -a, -um**, adj. Semimorto, moribundo (Cíc. Div. 1, 105).
sēmiapērtus, -a, -um, adj. Meio aberto (T. Lív. 26, 39, 22).
sēmibarbărus, -a, -um, adj. Semibárbaro (Suet. Cés. 76).
sēmibōs, -bŏvis, subs. m. e f. Que é metade boi (Ov. A. Am. 2, 24).
sēmicăper, -căprī, subs. m. Homem que é metade bode (referindo-se aos Sátiros) (Ov. Met. 14, 515).
sēmicinctĭum, -ī, subs. n. Cinto estreito (Marc. 14, 153).
sēmicremātus (Marc. 11, 54, 2), **(sēmicrēmus), -a, -um**, adj. Meio queimado (Ov. Met. 12, 287).
sēmicrūdus, -a, -um, adj. Meio cru, digerido pela metade (Colum. 6, 25); (Estác. S. 4, 9, 48).
sēmicubitālis, -e, adj. De meio côvado (T. Lív. 42, 65, 9).
sēmidĕa, -ae, subs. f. Semideusa (Ov. Her. 4, 49).
sēmidĕus, -ī, subs. m. Semideus (Ov. Met. 14, 673). Obs.: Gen. pl. **semideum** (Estác. Theb. 6, 112).
sēmidōctus, -a, -um, adj. Meio sábio (Cíc. De Or. 2, 178).

sēmiēmis (sēmērmis), -e, (T. Liv. 27, 1, 15), ou sēmiērmus, -a, -um, adj. Meio armado (Tác. An. 1, 68).

sēmifāctus, -a, -um, adj. Meio feito, inacabado (Tác. An. 15, 7).

1. sēmifer, -fĕra, -fĕrum, adj. Que é metade homem e metade animal, ser monstruoso (Verg. En. 10, 212).

2. sēmifer, -fĕri, subs. m. Ser monstruoso, centauro (Verg. En. 8, 267).

sēmifultus, -a, -um, adj. Meio apoiado (Marc. 5, 14, 9).

sēmifūnium, -ī, subs. n. Cordinha (Cat. Agr. 135, 5).

Sēmigermānus, -a, -um, adj. Meio germano (T. Lív. 21, 38, 8).

Sēmigraecē, adv. Meio à grega (Lucil. Sát. 9, 330).

Sēmigraecus, -a, -um, adj. Meio grego (Varr. R. Rust. 2, 1, 2).

sēmigrăvis, -e, adj. Meio carregado (T. Liv. 25, 24, 2).

sēmigrō, -ās, -āre, v. intr. Separar-se de, ir-se embora (Cíc. Cael. 18).

sēmihiāns, -āntis, adj. Entreaberto (Catul. 61, 220).

sēmihiulcus ou sēmulcus, -a, -um, adj. Entreaberto (Macrob. 2, 2, 17).

sēmihŏmō, -ĭnis, subs. m. Que é metade homem e metade animal, que tem cabeça de homem (Verg. En. 8, 194).

sēmihōra, -ae, subs. f. Meia hora (Cíc. Rab. Perd. 6).

sēmilăcer, -cĕra, -cĕrum, adj. Meio rasgado (Ov. Met. 7, 344).

sēmilautus, -a, -um, adj. Meio lavado (Catul. 54, 2).

sēmiliber, -bĕra, -bĕrum, adj. Meio livre (Cíc. At. 13, 31, 3).

sēmilīxa, -ae, subs. m. Meio servente (T. Liv. 28, 28, 4).

sēmilōtus, v. sēmilautus.

sēmimarīnus, -a, -um, adj. Metade peixe, peixe pela metade (Lucr. 5, 889).

sēmimās, -māris, adj. e subs. m. 1) Que é metade macho e metade fêmea, hermafrodita (Ov. Met. 4, 381). 2) Eunuco (Ov. F. 4, 183). 3) Libertino, devasso (T. Liv. 31, 12).

sēmimortŭus, -a, -um, adj. Meio morto (Catul. 10, 15).

sēminārium, -ī, subs. n. I — Sent. próprio: 1) Viveiro (de plantas) (Plín. H. Nat. 18, 295). II — Sent. figurado: 2) Fonte, causa, origem (Cíc. Pis. 97).

sēminātor, -ōris, subs. m. I — Sent. próprio: 1) Semeador (Cíc. Nat. 2, 86). II — Sent. figurado: 2) Fonte, causa, princípio (Cíc. Nat. 3, 66).

sēminātus, -a, -um, part. pass. de semino.

sēminex, -nĕcis, adj. Semimorto, ainda palpitante, com um resto de vida: semineces artus (Ov. Met. 1, 228) «membros ainda palpitantes».

sēminis, gen. de sēmen.

sēminium, -ī, subs. n. Descendência, raça (tratando-se dos animais) (Varr. R. Rust. 2, 1, 14).

sēminō, -ās, -āre, -āvī, -ātum, v. tr. I — Sent. próprio: 1) Semear (Col. 2, 8, 1). Daí: 2) Produzir (Verg. En. 6, 206). Donde: 3) Procriar, engendrar (Col. 6, 24, 1).

sēminūdus, -a, -um, adj. I — Sent. próprio: 1) Meio vestido, quase nu (T. Liv. 24, 40). II — Sent. figurado: 2) Quase desarmado (T. Liv. 31, 35, 6).

sēmiōrbis, -is, subs. m. Semicírculo (Sên. Nat. 1, 8, 4).

sēmipagānus, -a, -um, adj. Meio aldeão (Pérs. Prol. 6).

sēmiperfēctus, -a, -um, adj. Inacabado, incompleto, imperfeito (Suet. Cal. 21).

sēmipēs, -ĕdis, subs. m. Meio pé (medida) (Varr. R. Rust. 3, 5, 15).

Sēmiplacentīnus, -ī, subs. m. Meio Placentino, i. é, Placentino do lado materno (Cíc. Pis. 14).

sēmiplēnus, -a, -um, adj. Meio cheio (Cíc. Verr. 5, 63).

sēmiputātus, -a, -um, adj. Meio podado (Verg. Buc. 2, 70).

Semirămis, -is, (-ĭdis), subs. pr. f. Semiramis, mulher de Nino, rei dos assírios, a quem fêz matar para poder reinar sòzinha. Embelezou Babilônia com maravilhosos jardins e edifícios, empreendendo depois a conquista da Ásia, com um poderoso exército por ela própria comandado (Ov. Met. 4, 58). Daí, em sentido figurado: um homem sem energia (Cíc. Prov. 9).

Semirămĭus, -a, -um, adj. De Semiramis, da Babilônia (Ov. Met. 5, 85).

sēmirāsus, -a, -um, adj. Meio tosquiado (Catul. 59, 5).

sēmiredūctus, -a, -um, adj. Meio curvado para trás (Ov. A. Am. 2, 614).

sēmirefēctus, -a, -um, adj. Meio reparado (Ov. Her. 7, 176).

Sēmirōmānus, -a, -um, adj. Meio romano (Hor. Sát. 1, 7, 2).

sēmirŭtus, -a, -um, adj. Meio arruinado (T. Liv. 28, 44).

sēmis, -issis (semis, indecl.). I — Adj.: 1) Metade da unidade, meio, meio asse: **panem semissem ponebat supra torum** (Petr. 64, 6) «êle colocava a metade de um pão no leito». II — Subs.: 2) Metade: **Africae semissem possidere** (Plín. H. Nat. 18, 35) «possuir a metade da África». 3) Meio asse (sent. próprio e figurado) (Cíc. Sest. 55). 4) Juro de meio por cento ao mês, juro de seis por cento ao ano (Cíc. Fam. 5, 6, 2).

sēmisepūltus, -a, -um, adj. Meio enterrado (Ov. Her. 1, 55).

sēmisōmnis, -e, ou sēmisōmnus, -a, -um, adj. Meio adormecido (Sên. Brev. 14, 4); (Cíc. Fam. 7, 1, 1).

sēmīssis, gen. de sēmis.

sēmisupīnus, -a, -um, adj. Meio deitado de costas (Ov. Am. 1, 14, 20).

sēmīta, -ae, subs. f. I — Sent. próprio: 1) Senda, atalho, vereda (Cés. B. Gal. 5, 19, 2). II — Sent. particular: 2) Viela (Cíc. Of. 2, 58). III — Sent. figurado: 3) Caminho desviado, atalho, senda (Hor. Ep. 1, 18, 103).

Sēmitālēs Dīī, subs. pr. m. pl. Deuses que presidiam às ruas e encruzilhadas (Verg. Catal. 8, 20).

sēmitārĭus, -a, -um, adj. De atalho (Catul. 37, 16).

sēmitātus, -a, -um, adj. Que tem sulcos (de óleo ou perfume, na cabeça) (Marc. 6, 74).

sēmitēctus, -a, -um, adj. Meio coberto (Sên. Vit. 25, 2).

sēmītō, -ās, -āre, v. tr. Dividir em atalhos (Plín. H. Nat. 17, 169).

sēmiustulātus (sēmust-), -a, -um, adj. Meio queimado (Cíc. Phil. 2, 91).

sēmiustŭlō, -ās, -āre, v. tr. Queimar metade, queimar uma parte (Suet. Tib. 75).

sēmiūstus (sēmūstus), -a, -um, adj. Meio queimado, quase queimado (sent. próprio e figurado) (Ov. F. 4, 167).

sēmivir, -virī, adj. e subs. m. I — Sent. próprio: 1) Que é metade homem e metade animal (Centauro) (Ov. F. 5, 380). Daí: 2) Eunuco (Juv. 6, 513). II — Donde: 3) Efeminado, voluptuoso (Verg. En. 4, 215). 4) Um devasso, um libertino (T. Lív. 33, 28, 7).

sēmivīvus, -a, -um, adj. Semimorto (Cíc. Verr. 1, 45).

sēmivocālis, -e, adj. Que tem pela metade a voz articulada (Varr. R. Rust. 1, 17, 1).

sēmivocālēs, -ĭum, subs. f. pl. As semivogais (Quint. 1, 4, 6).

Sēmō, -ōnis, subs. pr. m. Semão, divindade de ordem inferior na Itália antiga (Ov. F. 6, 214).

sēmōtus, -a, -um. I — Part. pass. de **semoveo**. II — Adj.: Separado, afastado, distante (Hor. Ep. 2, 1, 21).

sēmovĕō, -ēs, -ēre, -mōvī, -mōtum, v. tr. Afastar, separar (sent. próprio e figurado) (Cíc. Ac. 1, 34); (Cíc. Fin. 2 39).

sēmōvī, perf. de **semoveo**.

semper, adv. De uma vez por tôdas, para sempre, sem cessar (Cíc. Tusc. 1, 53).

sempitērnum, adv. Sempre (Plaut. Aul. 147).

sempitērnus, -a, -um, adj. Sempiterno, que dura sempre, eterno, perpétuo (Cíc. Lae. 32).

Semprōnia, -ae, subs. pr. f. Semprônia, nome de mulher (Sal. C. Cat. 25).

Semprōniānus, -a, -um, adj. De Semprônio (Cíc. Fam. 12, 29, 2).

1. Semprōnius, -a, -um, adj. De Semprônio: **Sempronia lex** (Cíc. Br. 222) «lei Semprônia».

2. Semprōnius, -ī, subs. pr. m. Semprônio, nome de uma das «gens» que mais nomes ilustres deu à Roma. Compreendia várias famílias, entre as quais a dos Gracos, a dos Longos, dos Atratinos, etc. (Cíc., Lív., Tác.).

sēmuncia, -ae, subs. f. I — Sent. próprio: 1) Meia onça (de pêso ou capacidade) (Varr. L. Lat. 5, 171). Por extensão: 2) Vigésima-quarta parte de um todo (Cíc. Caec. 17). II — Sent. figurado: 3) Uma parcela, pequena parte (Pérs. 5, 121).

sēmunciārius, -a, -um, adj. De meia onça: **semunciarium fenus** (T. Lív. 7, 27, 3) «juros de meio por cento (ao ano)».

Sēmurium, -ī, subs. pr. n. Semúrio, cantão próximo de Roma, onde existia um templo de Apolo (Cíc. Phil. 6, 14).

1. Sēna, -ae, subs. pr. f. Sena, cidade da Úmbria (T. Lív. 27, 46, 4).

2. Sēna, -ae, subs. pr. m. Sena, rio da Úmbria (Luc. 2, 407).

senācŭlum, -ī, subs. n. Lugar de reunião ou das assembléias do senado (T. Lív. 41, 27, 7).

sēnārĭŏlī, -ōrum, subs. m. pl. Uns versos jâmbicos, pequena poesia em versos jâmbicos (Cíc. Tusc. 5, 64).

sēnārĭus, -a, -um, adj. ou **sēnārĭus, -ī,** subs. m. De 6 pés métricos, senário (Cíc. Or. 184).
senātor, -ōris, subs. m. Senador (Cíc. Leg. 3, 40).
senātōrĭus, -a, -um, adj. De senador, senatorial (Cíc. Verr. 4, 25).
senātus, -ūs ou **-ī,** subs. m. I — Sent. próprio: 1) Assembléia dos velhos, senado: **senatus populusque Romanus** (Cíc. Planc. 90) «o senado e o povo romano». Por extensão: 2) Sala do senado, lugares dos senadores (no teatro) (Suet. Ner. 12). 3) Reunião do senado: **senatum habere** (Cíc. Phil. 3, 9) «realizar uma reunião do senado». II — Sent. figurado: 4) Conselho deliberativo (Plaut. Most. 688).
senātuscōnsūltum, -ī, subs. n. Decreto do senado: **senatusconsultum facere** (Cíc. Phil. 13, 19) «provocar um decreto do senado».
Senĕca, -ae, subs. pr. m. 1) Lúcio Aneu Sêneca, o filósofo, preceptor e, mais tarde, ministro de Nero. Acusado de conspirar contra o govêrno, teve ordem de se suicidar. Deixou muitas obras, entres as quais: Consolações, Epístolas, e vários tratados filosóficos (Tác. An. 12, 8). 2) Pai do precedente, famoso retor (Quint. 9, 2, 42).
Senecĭō, -ōnis, subs. pr. m. Senecião, nome de homem (Tác. An. 13, 12).
senēcta, -ae, subs. f. Velhice (Hor. O. 1, 31, 19).
1. senēctus, -a, -um, adj. Envelhecido, velho (Sal. Hist. 4, 63).
2. senēctūs, -tūtis, subs. f. I — Sent. próprio: 1) Velhice (Cíc. Lae. 4). II — Sent. poético: 2) Cabelos brancos (Verg. En. 5, 416). III — Sent. figurado. 3) Severidade, ar carregado (Cíc. Br. 8). 4) Maturidade (Cíc. Br. 265).
Sēnēnsis, -e, adj. Senense, de Sena, na Etrúria (Cíc. Br. 73).
senĕō, -ēs, -ēre, v. intr. I — Sent. próprio: 1) Ser velho, envelhecer (Catul. 4, 26). II — Sent. figurado: 2) Estar sem fôrças (Pac. Tr. 275).
senēscō, -is, -ĕre, senŭī, v. incoat. intr. I — Sent. próprio: 1) Envelhecer, encanecer (Cíc. C. M. 38). II — Sent. figurado: 2) Enfraquecer, decair, perder as fôrças (Cíc. Nat. 2, 95); (Cíc. Tusc. 2, 5).
senex, senis, adj. e subs. m. e f. I — Adj.: 1) Velho, velha (T. Lív. 2, 30, 4). II — Subs. masc.: 2) Velho (Cíc. C. M. 36). III — Subs. fem.: 3) Velha (Tib. 1, 6, 82). Obs.: O comparativo — **senĭor** — substantivo opõe-se a — **junĭor** — geralmente com idéia de respeito. Neste caso, aparece quase sempre no pl.: **seniores** (Cíc. Rep. 2, 39).
sēnī, -ae, -a, num. distr. 1) Seis para cada um, seis a seis, cada seis, que vem de seis em seis (Cíc. Verr. 2, 122). 2) = **sex** «seis»; **seni pedes** (Hor. Sát. 1, 10, 59) o hexâmetro (que tem 6 pés).
Senĭae balnĕae, -ārum, subs. f. Banhos públicos em Roma (Cíc. Cael. 62).
sēnīdēnī (sēnī dēnī), -ae, -a, num. distr. Dezesseis para cada um, cada dezesseis (T. Lív. 9, 30).
senīlis, -e, adj. De velho, senil, com aparência de velho (Cíc. C. M. 38).
sēnĭō, -ōnis, subs. m. A sena (no jôgo dos dados) (Marc. 13, 1, 6).
senĭor, -ōris, comparat. de **senex.** 1) Mais velho, mais antigo, já velho: **(Servius Tullius) seniores a junioribus divisit** (Cíc. Rep. 2, 39) «(Sérvio Túlio) separou os mais idosos dos mais jovens» 2) Como masc. pl.: os velhos, os senadores, o senado (Cés. B. Civ. 2, 4).
senis, genit. de **senex.**
senĭum, -ī, subs. n. I — Sent. próprio: 1) Velhice, pêso da idade (Cíc. Tusc. 3, 27). II — Sent. figurado: 2) Declinação, minguante (da lua), enfraquecimento (Plín. H. Nat. 7, 155). 3) Caráter moroso, gravidade (Hor. Ep. 1, 18, 47). 4) Pesar, mágoa, dor, enfado (Cíc. Mil. 20). 5) Velho, decrépito (têrmo de injúria) (Ter. Eun. 302).
Sennātēs, -um (-ĭum), subs. loc. m. Senates, povo da Aquitânia (Plín. H. Nat. 4, 108).
Senŏnēs, -um, subs. loc. m. Sênones. 1) Habitantes da Gália Lionesa (Cés. B. Gal. 5, 54, 2). 2) Povo gaulês, que habitava na Gália Cisalpina (T. Lív. 5, 35, 3).
sēnsa, -ōrum, subs. m. pl. Sentimentos, pensamentos (Cíc. De Or. 1, 32).
sēnsī, perf. de **sentĭō.**
sēnsibĭlis, -e, adj. Sensível, que pode ser percebido pelos sentidos (Sên. Ep. 124, 2).
sēnsicŭlus, -ī, subs. m. Pensamento pequeno, sentença curta (Quint. 8, 5, 14).
sēnsĭfer, -ĕra, -ĕrum, adj. Que produz sensação (Lucr. 3, 245).
sēnsĭlis, -e, adj. Sensível, o que se percebe pelos sentidos, tangível, material (Lucr. 2, 888).

sēnsim, adv. 1) Insensivelmente, pouco a pouco, despercebidamente, gradualmente, lentamente (Cíc. C. M. 38); (Cíc. Cael. 25). 2) Moderadamente (Fedr. 4, 16, 9).
sēnstī, perf. sincopado de **sentĭo** = **sēnsīstī** (Ter. And. 882).
1. **sēnsus, -a, -um**, part. pass. de **sentĭo**.
2. **sēnsus, -ūs**, subs. m. I — Sent. próprio: 1) Sentido, órgão dos sentidos, faculdade de sentir, sensibilidade (Cíc. Tusc. 5, 111). Daí: 2) Ação de sentir, sensação, sentimento (Cíc. Nat. 3, 32). II — Sent. moral: 3) Sentimento, modo de sentir (Cic. Lae. 27). III — Sent. figurado: 4) Maneira de ver, de pensar (Cic. De Or. 1, 12). Daí: 5) Inteligência, faculdade de apreciação, julgamento (Cíc. De Or. 3, 195). Donde: 6) Pensamento, idéia (Quint. 1, 8, 1). Na língua retórica: 7) Frase, período (Quint. 9, 4, 26).
sententĭa, -ae, subs. f. I — Sent. próprio: 1) Maneira de ver, opinião (Cíc. Rep. 1, 42). Daí: 2) Projeto, intenção, voto, desejo, resolução (Cíc. Fam. 12, 10, 2). II — Sent. particular: 3) Voto, sufrágio, parecer, sentença, decreto (Cic. Verr. 2, 77). III — Sent. figurado: 4) Pensamento, idéia, frase (Cíc. De Or. 3, 16). 5) Máxima, sentença (Cíc. Nat. 1, 85). Na língua gramatical: 6) Sentido, significação (Cíc. Or. 135).
sententĭŏla, -ae, subs. f. Pequena máxima ou sentença (Cíc. Phil. 3, 21).
sententĭōsē, adv. 1) Com grande riqueza de idéias, de pensamentos (Cic. Or. 236). 2) De modo sentencioso, sentenciosamente (Cíc. Or. 2, 286).
sententĭōsus, -a, -um, adj. Sentencioso, rico de idéias (Cíc. Br. 325).
sentīna, -ae, subs. f. I — Sent. próprio: 1) Sentina (Cíc. C. M. 17). II — Sent. figurado: 2) Rebotalho, refugo (Cíc. At. 1, 19, 4).
Sentīnās, -ātis, adj. m. f. e n. De Sentino, cidade da Úmbria (T. Lív. 10, 27, 1).
sentĭō, -īs, -īre, sēnsī, sēnsum, v. tr. e intr. A) Intr.: I — Sent. próprio: 1) Sentir, experimentar uma sensação ou um sentimento (Cíc. Nat. 3, 33); (Cíc. Phil. 2, 83). B) Tr.: 2) Perceber (pelos sentidos ou pela inteligência) (Cíc. Cat. 2, 27); (Cés. B. Gal. 5, 33, 1); (Cíc. Arch. 1). II — Sent. figurado: 3) Ser de opinião, ser de parecer, pensar, julgar (Cíc. Rep. 3, 32); (Cíc. De Or. 3, 33); (Sal. C. Cat. 26, 5). Em sent. moral: 4) Sentir, ressentir-se, sofrer (Cíc. Verr. 3, 108). Na língua jurídica: 5) Decidir, votar (Cíc. Verr. 2, 76). Obs.: Constrói-se com acus.; com inf. ou or. inf.; como intr. absoluto; com interr. indireta; e com abl. com **de**.
sentis, -is, subs. m. (geralmente no pl.). I — Sent. próprio: 1) Silvado, espinhos (Cés. B. Gal. 2, 17, 4). II — Sent. jocoso: 2) Mãos ávidas (Plaut. Cas. 592).
sentiscō, -is, -ĕre, v. incoat. intr. Começar a sentir, a perceber (Lucr. 3, 393).
Sentĭus, -ī, subs. pr. m. Sêncio, nome de uma família romana (Cíc. Pis. 84).
sentus, -a, -um, adj. I — Sent. próprio: 1) Espinhoso. II — Sent. figurado: 2) Horrível, repelente (Verg. En. 6, 462).
senŭī, perf. de **senēsco**.
1. **seōrsum** (ou **seōrsus**), adv Separadamente, à parte (Cíc. Rep. 6, 1). Obs.: A forma **sorsum** é atestada em Lucrécio (3, 631).
2. **seōrsum** (ou **seōrsus**), prep. abl. Independentemente de, sem (Lucr. 3, 564).
sēpār, -ăris, adj. Separado, à parte (V. Flac. 5, 58).
sēparābĭlis, -e, adj. Separável (Cíc. Tusc. 1, 21).
sēparātim, adv. 1) Separadamente, à parte, isoladamente (Cíc. Br. 198). 2) Com abl.: à parte de, de um modo diferente de (Cíc. Fam. 2, 16, 5). 3) Independentemente, com amplitude (Cic. De Or. 2, 118).
sēparātĭō, -ōnis, subs. f. Separação (Cíc. De Or. 3, 132).
sēparātĭus (comp. de desusado **separāte**), adv. À parte, muito especialmente (Cíc. Inv. 2, 156).
1. **sēparātus, -a, -um**. I — Part. pass. de **sepăro**. II — Adj.: Separado, afastado, colocado à parte (Cíc. At. 14, 17, 6).
2. **sēparātus, -ūs**, subs. m. Separação (Apul. Flor. p. 350, 40).
sēpărō, -ās, -āre, -āvī, -ātum, v. tr. Separar, pôr à parte, distinguir (sent. próprio e figurado) (Cíc. Tusc. 4, 34); (Cíc. Of. 1, 95); (T. Lív. 38, 43, 12). Obs.: Constrói-se com acus. e abl.; ou com acus.
sepelĭbĭlis, -e, adj. Que se pode esconder ou dissimular (Plaut. Cist. 62).
sepelĭī = **sepelīvī**, perf. de **sepelĭo**.
sepelĭō, -īs, -īre, -īvī (ou **-iī**), **sepūltum**, v. tr. Sepultar, enterrar, pôr no túmu-

lo (sent. próprio e figurado) (Cíc. Tusc. 1, 103); (Cíc. Tusc. 2, 32); **sepultus somno vinoque** (Verg. En. 2, 265) «enterrado no sono e no vinho». Obs.: Perf. **sepeli** (Pérs. 3, 97); m.q.perf. subj. **sepelisset** (Prop. 1, 17, 19); **sepelissent** (Quint. 8, 5, 16).

1. sĕpēs, v. **saepēs.**

2. sĕpēs, -ĕdis, adj. Que tem seis pés (Apul. Met. 6, 10).

sephўrus, v. **zephўrus.**

sēpĭa, -ae, subs. f. 1) Siba (peixe) (Cíc. Nat. 2, 127). 2) Tinta prêta (Pérs. 3, 13).

sēpĭŏ = **saepĭo.**

sēpĭŏla, -ae, subs. f. Siba pequena (peixe) (Plaut. Cas. 493).

sēpis, gen. de **sēpes** (v. **saepes**).

Sĕplăsĭa, -ae, subs. pr. f. Seplásia, lugar de Cápua, onde se vendiam perfumes (Cic. Pis. 24).

sĕplăsĭum, -ĭ, subs. n. Perfume que se vende em Seplásia (Petr. 76, 6).

sēpōnō, -is, -ĕre, sēposŭī, sēposĭtum, v. tr. I — Sent. próprio: 1) Pôr à parte, apartar, pôr de lado, excluir (Cíc. Verr. 4, 23); (T. Lív. 42, 52, 12). II — Daí: 2) Exilar, banir, relegar (Ov. Her. 1, 10); (Ov. Met. 3, 319). 3) Separar, reservar (Cíc. De Or. 1, 22); (Cíc. Or. 143).

sēposĭtus, -a, -um. I — Part. pass. de **sēpōno.** II — Adj.: 1) Pôsto à parte, afastado, separado (Prop. 1, 20, 24). Donde: 2) Escolhido, distinguido (Marc. 2, 43, 4).

sēposŭī, perf. de **sepōno.**

Seppĭus, -ĭ, subs. pr. m. Sépio, nome de um campaniano (T. Lív. 26, 6, 13).

sepse = **se + pse** (partícula de refôrço): **omnes magis quam sepse diligit** (Cíc. Rep. 3, 12) «(a virtude) estima mais a todos do que a si mesma».

sĕpsī, = **saepsī,** perf. de **saepĭo.**

sĕpta, -ōrum, v. **saeptum.**

1. septem, num. card. Sete (Cíc. Rep. 2, 17). Obs.: Notem-se as expressões: **unus e septem** (Cíc. Lae. 59) «um dos sete sábios da Grécia»; **sapientissimus in septem** (Cíc. Leg. 2, 6) «o mais sábio dentre os sete sábios da Grécia»; **septem stellae** (Sên. Tr. 443) «o Setentrião, i.é, as sete estrêlas da Ursa Maior».

2. Septem Aquae, subs. pr. f. Sete Águas, lago perto de Reate (Cíc. At. 4, 15, 5).

semptĕmber, -bris. I — Subs. m. 1) Setembro, primeiramente 7° mês do ano (Varr. L. Lat. 6, 34). II — Adj.: de setembro: **mense septembri** (Cíc. At. 1, 1, 2) «no mês de setembro».

septemdĕcim ou **septendĕcim,** num. indecl. Dezessete (Cic. Verr. 5, 124).

septemflŭus, -a, -um, adj. Setênfluo, que tem 7 embocaduras (o rio Nilo) (Ov. Met. 1, 422).

septemgemĭnus, -a, -um, adj. Que contém sete, que é um número de sete (Verg. En. 6, 800).

septempedālis, -e, adj. Que tem 7 pés de altura (Plaut. Curc. 441).

Septempedāni, -ōrum, subs. pr. m. Setempedanos, povoação do Piceno (Plín. H. Nat. 3, 111).

septĕmplex, -ĭcis, adj. Septêmplice, composto de 7 partes, coberto de 7 couros: **clipeus** (Verg. En. 12, 925) «escudo coberto de 7 couros».

septĕmvir, -ĭ, subs. m. Setênviro (Cíc. At. 15, 19, 2).

septemvĭrī, -ōrum, subs. m. pl. Setênviros (comissão de 7 membros encarregados da partilha das terras) (Cíc. Phil. 5, 21).

septemvirālis, -e, adj. Setenviral, de setênviro (Cíc. Phil. 12, 23).

septemvirātus, -ūs, subs. m. Setenvirato, dignidade de setênviro (Cíc. Phil. 2, 99).

septēnārĭus, -a, -um, adj. Setenário, composto de 7: **numerus** (Plín. H. Nat. 11, 120) «o número (sete)». Obs.: O pl. m. **septenarii**: versos setenários ou septenários, constituídos de sete pés (iambos ou troqueus).

septēnī, -ae, -a, num. distr. Sete de cada vez, sete para cada um, sete (T. Lív. 40, 29, 6).

septentrĭō (septemtrĭō), -ōnis, subs. m. (geralmente no pl.). I — Sent. próprio: 1) As 7 estrêlas da Ursa Menor (Cíc. Ac. 2, 66). Daí: 2) Subs. pr. O Setentrião, vento do norte (T. Lív. 26, 45). 3) Subs. pr. O Setentrião, regiões setentrionais (Cés. B. Gal. 1, 1, 5).

septēnus, v. **septēnī.**

septerēmos, v. **septirēmis.**

Septicĭus, -ĭ, subs. pr. m. Septício, nome de homem (Hor. Ep. 1, 5, 26).

septĭēs (ou **septĭēns**), adv. Sete vêzes (Cíc. Phil. 2, 93).

septiflŭus, -a, -um, adj. Que tem 7 braços (tratando-se de um rio) (Petr. 133, 3).

septimānī, -ōrum, subs. m. pl. Soldados da 7ª legião (Tác. Hist. 3, 25).

Septimātrūs, -ŭum, subs. pr. f. pl. Septimátrias, festas em honra de Minerva (Varr. L. Lat. 6, 14).

Septimia ou **Septumia**, -ae, subs. pr. f. Septímia ou Septúmia, nome de mulher (Cíc. At. 16, 11, 1).

Septimillus, -ī, subs. pr. m. dimin. de Septímio (Catul. 45, 14).

Septimius, -ī, subs. pr. m. Septímio. 1) Nome de uma família romana (Cíc. At. 12, 13, 2). 2) Nome de um poeta lírico e trágico (Hor. Ep. 1, 9, 1). 3) Septímio Severo, imperador romano (Eutr. 8, 10).

Septimontiālis, -e, adj. Referente à festa do Septimontium (Suet. Dom. 4).

Septimontium, -ī, subs. pr. n. Septimôncio. 1) Conjunto das 7 colinas que circundavam Roma (Varr. L. Lat. 5, 41). 2) Festa celebrada a 21 de dezembro, que comemorava a união das 7 colinas (Varr. L. Lat. 6, 24).

Septimulēius, -ī, subs. pr. m. Septimuleio, assassino de Caio Graco (Cíc. De Or. 2, 269).

septĭmum, adv. Pela sétima vez (Cíc. Nat. 3, 81).

septĭmus, -a, -um, num. ord. Sétimo (Cíc. Tusc. 3, 63).

septingentēsĭmus, -a, -um, num. ord. Septingentésimo (T. Liv. Pref. 4).

septingentī, -ae, -a, num. card. Setecentos (Cíc. Or. 120).

septingentiēs (-tiens), adv. Setecentas vezes (Plín. H. Nat. 28, 183).

septirēmis, -e, adj. f. Que tem 7 ordens de remos (Q. Cúrc. 10, 1, 10).

septuāgēni, -ae, -a, num. distr. Setenta de cada vez, setenta (Plín. H. Nat. 36, 92).

septuāgēsĭmus, -a, -um, num. ord. Setuagésimo (Cíc. Div. 1, 46).

septuāgintā, num. card. Setenta (Cíc. Verr. 3, 121).

septuennis, -e, adj. De 7 anos de idade (Plaut. Bac. 440).

sēptum, v. saeptum.

septŭmus, v. septĭmus.

septunx, -ūncis, subs. m. I — Sent. próprio: 1) Pêso de 7 onças (T. Liv. 23, 19, 16). II — Sent. particular: 2) Sete ciatos (para os líquidos) (Marc. 3, 82, 29).

sēptus = saeptus, part. pass. de saepio.

sepulcrālis, -e, adj. Sepulcral (Ov. Met. 8, 479).

sepulcrētum, -ī, subs. n. Lugar de sepulturas, cemitério (Catul. 59, 2).

sepulcrum (**sepulchrum**), -ī, subs. n. I — Sent. próprio: 1) Sepulcro, sepultura, túmulo (Cíc. Arch. 22). II — Sent. poético: 2) Os mortos (Ov. F. 2, 33).

sepultūra, -ae, subs. f. Sepultura, entêrro, túmulo (Cíc. Tusc. 1, 102).

sepultus, -a, -um, part. pass. de sepelio.

Sepyra, -ae, subs. pr. f. Sépira, bairro da Cilícia (Cíc. Fam. 15, 4, 9).

Sēquăna, -ae, subs. pr. m. Rio Sena, que banhava a Gália (Cés. B. Gal. 7, 58, 3).

Sēquănī, -ōrum, subs. loc. m. Séquanos, habitantes da região banhada pelo Sena, e cujo contacto com o mundo clássico deveu-se a César (Cés. B. Gal. 1, 1, 5).

Sēquanĭcus ou **Sēquănus**, -a, -um, adj. Sequânico (Marc. 4, 19, 1); (Luc. 1, 425).

sēquāx, -ācis, adj. I — Sent. próprio: 1) Sequaz, que segue assìduamente, que caminha sem parar (Verg. En. 8, 432). Daí: 2) Assíduo, contínuo (Verg. En. 10, 305). II — Sent. figurado: 3) Dócil, obediente, flexível (Plín. H. Nat. 7, 65). 4) Penetrante (Verg. G. 4, 230). Como subs. masc.: 5) Sectário (Man. 5, 143).

sequens, -ēntis. I — Part. pres. de sequor. II — Adj.: que segue, seguinte (Q. Cúrc. 4, 8, 10).

1. sequĕster, -tra, -trum e **sequĕster**, -tris, -tre, adj. I — 1) Que intervém, mediador, intermediário (Verg. En. 11, 133). II — Subs. n. **sequĕstrum**, nas expressões: **sequestro ponere, dare**: «dar como depósito, em seqüestro» (Plaut. Merc. 737).

2. sequĕster, -tris (-trī), subs. m. 1) Depositário (de objeto em litígio) (Plaut. Rud. 1004). 2) Mediador, intermediário (Sên. Helv. 12, 5).

sequestra, -ae, subs. f. 1) Mediadora (Estác. Theb. 7, 542). 2) Medianeira (Apul. Met. 9, p. 224, 1).

sequor, -ĕris, sequī, secūtus sum, v. dep. tr. I — Sent. próprio: 1) Seguir, acompanhar, ir atrás (sent. físico e moral) (Cés. B. Gal. 7, 50, 4); (Cés. B. Gal. 1, 24, 4); (Cíc. Lae. 19); (Cíc. Dej. 25). Daí: 2) Dirigir-se para (Cíc. At. 10, 18, 2). II — Sent. figurado: 3) Perseguir, ir no encalço de, ir buscar (Cés. B. Gal. 1, 22, 5). 4) Ceder sem resistência, conformar-se, obedecer (Verg. En. 6, 146). III — Sent. especiais: 5) Segue-se, conclui-se (indicando uma seqüência ou conseqüência) (Cíc. Div. 2, 105); (Cíc. Of. 2, 54). 6) Cair por sorte a, caber a (T. Liv. 33, 13, 10).

Sēr, Sēris ou **Sērĕs, -um,** subs. loc. m. Seres, povo da índia oriental, talvez os chineses (Verg. G. 2, 121).
1. sera, -ae, subs. f. I — Sent. próprio: 1) Peça de madeira com que se fechavam as portas, fechadura (Varr. L. Lat. 7, 18). II — Por extensão: 2) Ferrôlho (Ov. Met. 14, 710).
2. sēra, adv. Tarde, tardiamente (Verg. G. 4, 122).
Serāpĭōn, -ōnis, subs. pr. m. Serapião. 1) Sobrenome de um Cipião (Plín. H. Nat. 7, 54). 2) Egípcio, governador da ilha de Chipre (Cés. B. Civ. 3, 109). 3) Escravo de Ático (Cíc. At. 10, 7, 1).
Serāpis (Sarāpis), -is, (-ĭdis), subs. pr. m. Serápis, divindade egípcia, adotada pelos gregos e romanos (Cíc. Div. 2, 123).
serēnātus, -a, -um, part. pass. de **sereno.**
serēnĭtās, -tātis, subs. f. I — Sent. próprio: 1) Serenidade, calma (Cíc. Div. 2, 94). II — Sent. figurado: 2) Calma (T. Lív. 42, 62, 4).
serēnō, -ās, -āre, -āvī, -ātum, v. tr. I — Sent. próprio: 1) Serenar, tornar tranqüilo (Cíc. poét. Div. 1, 18); (Verg. En. 1, 255). II — Sent. figurado: 2) Acalmar, apaziguar (Plín. H. Nat. 2, 13).
serēnum, -ī, subs. n. 1) Tempo sereno, céu sereno (T. Lív. 31, 12, 5). 2) No plural: tempos serenos (Verg. G. 1, 393).
serēnus, -a, -um, adj. I — Sent. próprio: 1) Sereno, puro, sem nuvens (Cíc. Fam. 16, 9, 2). II — Sent. figurado: 2) Sereno, calmo, pacífico, feliz (Ov. Trist. 1, 1, 39).
Sērĕs, v. **Sēr.**
1. serēscō, -is, -ĕre, v. incoat. intr. Tornar-se sêco, secar (Lucr. 1, 306).
2. serēscō, -is, -ĕre, v. incoat. intr. Converter-se em sôro (Plín. H. Nat. 11, 238).
Serēstus, -ī, subs. pr. m. Seresto, nome de um guerreiro (Verg. En. 1, 661).
Sergēstus, -ī, subs. pr. m. Sergesto, nome de um dos companheiros de Enéias (Verg. En. 1, 51).
Sergĭa, -ae, subs. pr. f. 1) Sérgia, nome de mulher (T. Lív. 8, 18). 2) Adj.: Sérgia, de Sérgio (Cíc. Vat. 36).
Sergĭŏlus, -ī, subs. pr. m. Sergíolo, nome de homem (Juv. 6, 105).
Sergĭus, -ī, subs. pr. m. Sérgio, nome de uma «gens» romana, na qual se destaca Lúcio Sérgio Catilina, que chefiou uma conspiração contra o poder (Cíc. Of. 3, 67).
sērĭa, -ae, subs. f. Jarro, cântaro (T. Lív. 24, 10).
sērĭca, -ōrum, subs. n. pl. Tecidos, vestidos de sêda (Marc. 9, 38, 3).
sērĭcātus, -a, -um, adj. Vestido de sêda (Suet. Cal. 51).
sērĭcĕus, -a, -um, adj. De sêda (Flor. 3, 11).
sērĭcus, -a, -um, adj. 1) De Seres (Hor. Epo. 8, 15). 2) De sêda (Plín. H. Nat. 21, 11).
serĭēs, -ēī, subs. f. I — Sent. próprio: 1) Série, encadeamento, enfileiramento, conexão (Q. Cúrc. 3, 1, 17). II — Sent. figurado: 2) Série, encadeamento (Cíc. Leg. 1, 52). 3) Série de gerações, descendência (Ov. Met. 13, 29).
sērĭō, adv. Sèriamente, com seriedade (Plaut. Amph. 906); (T. Lív. 7, 41, 3).
sērĭŏla, -ae, subs. f. Jarro pequeno (Pérs. 4, 29).
Serīphĭus, -a, -um, adj. De Serifo (Cíc. C. M. 8).
Serīphos (Serīphus), -ī, subs. pr. f. Serifo, uma das ilhas Cíclades (Cíc. Nat. 1, 88).
Serĭppō, -ōnis, subs. pr. f. Seripão, cidade da Bética (Plín. H. Nat. 3, 14).
sērisapĭa, -ae, subs. f. Designação de uma iguaria (inventada por Petrônio) (Petr. 56, 8).
sērĭus, -a, -um, adj. I — Sent. próprio: 1) Sério (tratando-se de coisas ou pessoas), grave (Cíc. Of. 1, 103). II — Subs. n. **seria, -ōrum:** 2) Coisas sérias, trabalhos sérios (Cíc. Fin. 2, 85).
Sermĭō, v. **Sirmĭō.**
sermō, -ōnis, subs. I — Sent. próprio: 1) Conversa, conversação (Cíc. Phil. 10, 14). II — Sent. especial: 2) Maneira de falar, língua, idioma (Cíc. Lae. 21). III — Sent. figurado: 3) Assunto (de conversa), diálogo, discussão (Cíc. Rep. 1, 38). 4) Rumor (principalmente desagradável), maledicência (Cíc. Fam. 3, 11, 1). 5) Língua familiar, tom da conversação (Cíc. Br. 259). 6) Estilo (Cíc. Fam. 9, 21, 1).
sermōcĭnātĭō, -ōnis, subs. f. Palestra, conversação (Quint. 9, 2, 31).
sermōcĭnor, -āris, -ārī, -ātus sum, v. dep. intr. Conversar, discorrer, conversando (Cíc. Verr. 1, 138); (Cíc. Inv. 2, 54).
sermuncŭlus, -ī, subs. m. I — Sent. próprio: 1) Pequeno discurso (escrito) (S. Jer. Ep. 32, 1). II — No plural: 2)

Rumores malévolos (Cíc. At. 13, 10, 3).
1. sērō, adv. 1) Tarde (Cíc. Br. 39). 2) Muito tarde, tarde demais (Cíc. Verr. 5, 164).
2. serō, -is, -ĕre, serŭī, sertum, v. tr. I — Sent. próprio: 1) Trançar, entrelaçar, enlaçar (C. Nep. Iph. 1, 4). Daí: 2) Ligar, encadear, atar (Cíc. Fat. 27). II — Sent. figurado: 3) Embrulhar, enredar, complicar (Plaut. Most. 1100).
3. serō, -is, -ĕre, sēvī, satum, v. tr. I — Sent. próprio: 1) Semear, plantar (Cíc. C. M. 59); (Cíc. Verr. 3, 112). II — Sent. figurado: 2) Criar, gerar, procriar (Cíc. Leg. 1, 24); (Verg. En. 5, 244). 3) Semear, engendrar, espalhar, disseminar, implantar (Cíc. Leg. 1, 20; (T. Lív. 3, 40, 10).
sērōtīnus, -a, -um, adj. Da tarde, da noite (Sên. Contr. 7, 6).
serpens, -ēntis, subs. m. e f. Serpente (Cíc. Nat. 2, 124).
serpentigĕna, -ae, subs. m. Nascido de uma serpente (Ov. Met. 7, 212).
serpentĭpēs, -pĕdis, adj. Cujos pés são serpentes (Ov. Trist. 4, 7, 17).
serperāstra, -ōrum, subs. n. pl. I — Sent. próprio: 1) Talas para endireitar as pernas das crianças (Varr. L. Lat. 9, 11). II — Sent. figurado: 2) Oficiais que contêm os soldados por ocasião de um revés (Cíc. At. 7, 3, 8).
serpō, -is, -ĕre, serpsī, serptum, v. intr. I — Sent. próprio: 1) Rastejar, andar de rastros, esgueirar-se (Cíc. Fin. 5, 42). Daí: 2) Insinuar-se, avançar lentamente (Cíc. Cat. 4, 6); (Cíc. Mur. 45).
serpsī, perf. de serpo.
serpūllum (serpȳllum, serpĭllum), -ī, subs. n. Serpão (planta) (Verg. Buc. 2, 11).
serra, -ae, subs. f. I — Sent. próprio: 1) Serra (Cíc. Tusc. 5, 116). Na língua militar: 2) Manobra militar que se assemelha ao vai e vem da serra (A. Gél. 10, 9, 1).
Serrānus, -ī, subs. pr. m. Serrano. 1) Sobrenome de Atílio Régulo (Cíc. Sest. 72). 2) Nome de um guerreiro (Verg. En. 9, 335).
serrātus, -a, -um, adj. Parecido com a serra, que tem dentes, feito ao modo da serra (Petr. 136, 4).
Serrētēs, -um, subs. loc. m. Serretes, povo vizinho da Cólquida (Plín. H. Nat. 3, 147).
Serrĭum, Serrhĭum ou Serrhĕum, -ī, subs. pr. n. Sérrio. 1) Montanha e promontório da Trácia (Plín. H. Nat. 4, 43). 2) Fortaleza nesta montanha (T. Lív. 31, 16, 5).
serrŭla, -ae, subs. f. Serra pequena (Cíc. Clu. 180).
serta, -ae, subs. f., v. sertum (Prop. 2, 33, 37).
Sertōriānus, -a, -um, adj. De Sertório (Cíc. Verr. 5, 72).
Sertōrius, -ī, subs. pr. m. Sertório, general romano, de extraordinárias qualidades, partidário leal de Mário. Tentou resistir aos generais enviados por Síla, mas acabou morto por seu lugar-tenente (Cíc. Br. 180).
sertum, -ī, subs. n. (geralmente no pl.). Grinalda, coroa (de flôres) (Verg. En. 1, 417).
sertus, -a, -um, part. pass. de sero 2.
serŭī, perf. de sero 2.
1. serum, -ī, subs. n. I — Sent. próprio: 1) Sôro do leite (Verg. G. 3, 406). II — Sent. geral: 2) Liquido seroso (Catul. 80, 8).
2. sērum, -ī, subs. n. A tarde (T. Lív. 7, 8, 4).
sērus, -a, -um, adj. I — Sent. próprio: 1) Que vem tarde, tardio (Cíc. Fam. 2, 7, 1). Daí: 2) Que é feito demasiadamente tarde, tardio (Tib. 1, 10, 3). II — Por extensão: 3) Que é demorado, que se prolonga, de longa duração (Verg. G. 4, 144). 4) Demorado, lento, vagaroso (Cíc. Phil. 5, 1). 5) Com sent. adverbial: Tarde, ao cair da noite (Ov. Her. 17, 107).
serva, -ae, subs. f. Uma escrava (Hor. O. 2, 5, 3).
servābĭlis, -e, adj. Que pode ser salvo (Ov. Trist. 4, 5, 21).
Servaeus, -ī, subs. pr. m. Serveu, nome de homem (Tác. An. 2, 56).
servans, -āntis. I — Part. pres. de servo. II — Adj.: Que observa, observante (Verg. En. 2, 427).
servāssō, forma arcaica do fut. perf. de servo (= servāvĕrō) (Plaut. Most. 228).
servātĭō, -ōnis, subs. f. Observação de uma regra (Plín. Ep. 10, 120, 1).
servātor, -ōris, subs. m. I — Sent. próprio: 1) Conservador, salvador, libertador (T. Lív. 6, 17). II — Sent. particular: 2) Salvador (epíteto de Júpiter) (Plín. H. Nat. 34, 74).
servātrix, -īcis, subs. f. Libertadora (Ov. Met. 7, 50).
servātus, -a, -um, part. pass. de servo.

SERVIBAM — 914 — **SESQUIPEDALIS**

servībam = serviēbam, impf. do ind. arcaico de **servĭo** (Plaut. Capt. 247).
servībō = serviam, fut. imperf. arcaico de **servĭo** (Plaut. Men. 1101).
servĭi, perf. de **servĭo** (= servīvī).
Servīlĭa, -ae, subs. pr. f. Servília, nome de mulher (Cíc. At. 14, 21, 3).
Servīliānus, -a, -um, adj. De Servílio (Suet. Ner. 47).
servīlis, -e, adj. 1) De escravo, servil, de liberto (Cíc. Pomp. 28). 2) No n. plural: **servīlĭa, -ĭum**: adulações vis (Tác. An. 16, 2).
servīlĭter, adv. À maneira dos escravos, servilmente (Cíc. Tusc. 2, 55).
1. **Servīlĭus, -a, -um**, adj. De Servílio (Cíc. Amer. 89).
2. **Servīlĭus, -ī**, subs. pr. m. Servílio, nome de uma família romana, destacando-se: 1) Caio Servílio Ahala, assassino de Espúrio Mélio (T. Lív. 4, 13). 2) Caio e Públio Servílio Casca, assassinos de César (Cíc. Phil. 2, 27).
servĭō, -īs, -īre, -īvī (ou **-ĭi**), **-ītum**, v. intr. I — Sent. próprio: 1) Ser escravo, levar vida de escravo (Cíc. Rep. 3, 28); (Cíc. De Or. 1, 182). II — Sent. figurado: 2) Ser escravo de, obedecer, sujeitar-se (Cíc. Lae. 82); (Cíc. Planc. 11). Obs.: Constrói-se como absoluto; com dat.; com acus. de obj. interno (cognato).
servitĭum, -ī, subs. f. I — Sent. próprio: 1) Condição de escravo, escravidão, jugo, servidão (T. Lív. 2, 23, 6). II — Sent. figurado: 2) Escravidão (Verg. G. 3, 168). Sent. coletivo: 3) Escravos (Cíc. Verr. 5, 9).
servitrĭcĭus, -a, -um, adj. De escravo, dos escravos (Plaut. Pers. 418).
servĭtūs, -tūtis, subs. f. I — Sent. próprio: 1) Servidão, escravidão, condição de escravo (Cés. B. Gal. 7, 14, 10). II — Sent. particular: 2) Sujeição, escravidão (política) (Cíc. Lae. 42). III — Sent. figurado: 3) Servidão, situação de dependência (Cíc. Planc. 74). IV — Sent. poético: 4) Escravo (= servitium) (Hor. O. 2, 8, 18).
Servĭus, -ī, subs. pr. m. Sérvio, prenome na família Sulpícia. Destacam-se: 1) Sérvio Túlio, 6º rei de Roma. 2) Sérvio Mauro Honorato, gramático comentador de Vergílio.
servō, -ās, -āre, -āvī, -ātum, v. tr. e intr. I — Sent. próprio: 1) Preservar, guardar, assegurar a salvação ou a conservação (Plín. H. Nat. 7, 103); (Cés. B. Gal. 4, 26, 1); (Cíc. Phil. 7, 22). Daí:

2) Não tirar os olhos de, observar, vigiar (Plaut. Rud. 895); (Cés. B. Gal. 5, 19, 1). II — Sent. figurado: 3) Não sair de, não largar, permanecer, ficar, habitar (Hor. Ep. 1, 10, 6); (Verg. G. 4, 383). 4) Conservar, manter, reservar (Cíc. Planc. 13).
servŏlus, v. **servŭlus**.
servŭla, -ae, subs. f. Uma pobre escrava (Cíc. At. 1, 12, 3).
servulicŏla, -ae, subs. f. A que anda com escravo de baixa classe, prostituta ordinária (Plaut. Poen. 137).
servŭlus, -ī, subs. m. Escravo (de baixa categoria) (Cíc. Quinct. 27).
1. **servus, -a, -um**, adj. I — Sent. próprio: 1) De escravo, pertencente ou relativo a um escravo. II — Daí: 2) Servil, dependente, dominado (Hor. Ep. 1, 19, 17). 3) Escravo (em oposição a **liber**): **serva capita** (T. Lív. 29, 29, 3) «escravos». Na língua jurídica: 4) Sujeito à servidão: **praedia serva** (Cíc. Agr. 3, 9) «terras sujeitas à servidão».
2. **servus, -ī**, subs. m. I — Sent. próprio: 1) Escravo (Ter. And. 37). II — Sent. figurado: 2) Servo, escravo: **cupiditatum** (Cíc. Verr. 1, 58) «escravo das paixões».
sēsămum (sīsămum), -ī, subs. n. Sésamo (planta) (Col. 2, 10, 18).
sescen-, v. **sexc-**.
sēscŭplex e sēsquĭplex, -ĭcis, adj. Que contém uma vez e meia (Cíc. Or. 193).
sēsē, acus. e abl. de **sui** (forma reduplicada) = **sē**.
sesĕlis, -is, subs. f. Séselis (planta) (Cíc. Nat. 2, 127).
Sesōstris, -is, (-idis), subs. pr. m. Sesóstris, célebre rei do Egito (Plín. H. Nat. 33, 52).
sēsqui, adv. Em quantidade sesquiáltera, um meio a mais, e mais metade (Cíc. Or. 188). Obs.: Geralmente empregado como primeiro elemento de compostos.
sēsquiălter, -tĕra, -tĕrum, adj. Sesquiáltero, que contém uma vez e meia (Cíc. Tim. 20).
sēsquimodĭus, -ī, subs. m. Um módio e meio (Cíc. Verr. 3, 215).
sēsquioctāvus, -a, -um, adj. num. Que contém uma vez e um oitavo (ou 9/8) (Cíc. Tim. 21).
sēsquiōpus, -ĕris, subs. n. Dia e meio de trabalho (Plaut. Capt. 725).
sēsquipedālis, -e, adj. I — Sent. próprio: 1) Sesquipedal, de pé e meio (Cés. B. Gal. 4, 17, 3). II — Sent. figurado: 2)

De comprimento desmedido (Hor. A. Poét. 97).
sēsquĭpēs, -pĕdis, subs. m. Pé e meio (Varr. R. Rust. 1, 43).
sēsquiplāga, -ae, subs. f. Ferida e meia (Tác. An. 13, 67). Obs.: Palavra forjada por Tácito.
sēsquitertĭus, -a, -um, adj. Sesquitércio, que contém uma vez e um têrço (4/3) (Cíc. Tim. 21).
sessĭlis, -e, adj. Que pode servir de assento, de base (Ov. Met. 12, 401).
sessĭō, -ōnis, subs. f. I — Sent. próprio: 1) Ação de se assentar, ação de assentar (Cíc. Of. 1, 128). Por extensão: 2) Assento, cadeira (Cíc. De Or. 2, 20). II — Sent. figurado: 3) Pausa (Cíc. De Or. 3, 121).
sessĭtō, -ās, -āre, v. freq de **sedĕo,** intr. Estar habitualmente sentado, repousar habitualmente (Cíc. Br. 59).
sessiuncŭla, -ae, subs. f. Pequeno grupo (de pessoas) (Cíc. Fin. 5, 56).
sessor, -ōris, subs. m. I — Sent. próprio: 1) O que está sentado, espectador, cavaleiro (Hor. Ep. 2, 2, 130). II — Por extensão: 2) Habitante (C. Nep. Cim. 2, 5).
sessōrĭum, -ī, subs. n. Morada, habitação (Petr. 77, 4).
sēstertĭārĭus, -a, -um, adj. De pouco valor (sent. figurado) (Petr. 45, 8).
sēstertĭŏlus, -ī, subs. m. ou **sēstertĭŏlum, -ī,** subs. n. Um pequeno sestércio (Marc. 1, 59, 5).
1. sēstertĭus, -a, -um, adj. I — Sent. próprio: 1) Que contém 2 e meio (Cíc. Or. 56). II — Sent. figurado: 2) De pouco valor (Cíc. Rab. Post. 45).
2. sēstertĭus, -ī, subs. m. Sestércio (moeda de prata, primitivamente equivalente a 2 asses e meio) (Cíc. Of. 3, 93). Obs.: 1) No plural: **sestertii** ou **sestertia** (subent. **milia**). 2) Abreviaturas: HS XX = 20 sestércios; HS $\overline{XX}$ = 20.000 sestércios; $\overline{HS}$ $\overline{XX}$ = 2.000.000 sestércios.
Sestĭānus, v. **Sextĭānus.**
sēta, v. **saeta.**
Sētĭa, -ae, subs. f. Sécia, burgo da Campânia, afamado por seus vinhos (T. Lív. 6, 30).
sētĭger, v. **saetĭger.**
Sētīnī, -ōrum, subs. loc. m. Setinos, habitantes de Sécia (T. Lív. 8, 1).
Sētīnus, -a, -um, adj. De Sécia (Cíc. Agr. 2, 66).
sētĭus, v. **sēcĭus.**

sētōsus, v. **saetōsus.**
seu, conj. (v. sive). 1) Ou se (Plaut. Rud. 633). 2) seu... seu (Cés. B. Gal. 5, 31, 2) «ou... ou». 3) Ou (depois de uma part. neg) (Verg. En. 2, 739). 4) A menos que (Cíc. Rep. 1, 29).
Seuthēs, -ae, subs. pr. m. Seutes, rei da Trácia (C. Nep. Alc. 8, 3).
sēvĕhor -ĕris, -ī, -vĕctus sum, dep. intr. Ir-se para longe de (Prop. 3, 3, 21).
sevērē, adv. Severamente, duramente, rigorosamente (Cíc. Mur. 42). Obs.: Comp.: **sevĕrĭus** (Cíc. At. 10, 12, 3); superl.: **severissĭme** (Cíc. Of. 1, 71).
sevērĭtās, -tātis, subs. f. I — Sent. próprio: 1) Severidade, austeridade, gravidade (Cíc. Of. 1, 103). II — Daí: 2) Rigor, dureza (Cíc. Fin. 1, 24).
sevērĭtūdō, -ĭnis, subs. f. Severidade (Plaut. Ep. 609).
1. sevĕrus, -a, -um, adj. I — Sent. próprio: 1) Severo, rigoroso, austero, grave (Cíc. Lae. 95). II — Daí: 2) Duro, rigoroso (Cíc. Of. 3, 112). 3) Grave, verídico (Cíc. Verr. 4, 133). 4) Terrível, triste, espantoso (Lucr. 4, 460).
2. Sevĕrus, -ī, subs. pr. m. Severo, sobrenome romano (Quint. 10, 1, 89).
3. Sevĕrus Mons, subs. pr. m. Monte Severo, dos sabinos (Verg. En. 7, 713).
sēvī, perf. de **sero 3.**
sēvīrātus (sexvīrātus), -ūs, subs. m. Sevirato (Petr. 71, 12).
sēvocātus, -a, -um, part. pass. de **sevŏco.**
sēvŏcō, -ās, -āre, -āvī, -ātum, v. tr. I — Sent. próprio: 1) Chamar à parte, tomar à parte (Cíc. Phil. 2, 34); (Cíc. Mur. 15). II — Sent. figurado: 2) Separar, afastar (Cíc. Tusc. 1, 75).
sex, num. card. indecl. Seis (Cíc. Rep. 2, 39).
sexāgēnārĭus, -a, -um, adj. Sexagenário, de sessenta anos (Quint. 6, 3, 75); (Eutr. 8, 3, 8).
sexāgēnī, -ae, -a, num. distr. Sessenta para cada um, sessenta cada um (Cíc. Verr. 5, 53).
sexāgēsĭmus, -a, -um, num. ord. Sexagésimo (Cíc. Br. 324).
sexāgĭēs (ou **sexāgĭēns**), adv. Sessenta vêzes (Cíc. Phil. 2, 45).
sexāgĭntā, num. card. I — Sent. próprio: 1) Sessenta (Cíc. Amer. 100). II — Sent. figurado: 2) Um grande número (Marc. 12, 26, 1).
sexangŭlus, -a, -um, adj. Hexagonal (Ov. Met. 15, 382).
sexcēnārĭus, -a, -um, adj. Composto de seiscentos (Cés. B. Civ. 3, 4, 3).

sexcēnī (sexcentēnī), -ae, -a, num. distr. Seiscentos cada um (Suet. Claud. 32).
sexcēntī, -ae, -a, num. card. I — Sent. próprio: 1) Seiscentos (Cés. B. Gal. 5, 2, 2). II — Sent. figurado: 2) Um grande número (Cíc. Verr. 1, 125).
sexcentiēs ou **sexcentiēns**, adv. Seiscentas vêzes (Cíc. At. 4, 16, 14).
sexēnnis, -e, adj. De 6 anos de idade, de 6 anos (Cés. B. Civ. 3, 20, 5).
sexennium, -ī, subs. n. Espaço de 6 anos (Cíc. Phil. 5, 7).
sexiēs ou **sexiēns**, adv. Seis vêzes (Cíc. Verr. 3, 102).
sexprīmī, -ōrum, subs. m. pl. Os 6 primeiros de um colégio (Cíc. Nat. 3, 74).
sextadecimānī, -ōrum, subs. m. pl. Soldados da 16ª legião (Tác. Hist. 3, 22).
sextans, -āntis, subs. m. I — Sent. próprio: 1) Sexta parte de uma unidade (moeda, medida, etc.), moeda que vale um sexto do asse (Cíc. De Or. 2, 254). II — Por extensão: 2) Pêso de 2 onças (um sexto da libra) (Plín. H. Nat. 26, 121).
sextārius, -ī, subs. m. Sexta parte de uma unidade, sextário, medida que contém a 6ª parte do côngio (Cíc. Of. 2, 56).
Sextia, -ae, subs. pr. f. Séxtia, nome de mulher (Tác. An. 6, 29).
Sextiānus, -a, -um, adj. De Séxtio (Catul. 44, 10).
Sextilia, -ae, subs. pr. f. Sextília, mãe de Vitélio (Tác. Hist. 2, 64).
sextīlis, -is, subs. m. Agôsto (sexto mês do ano romano) (Cíc. Fam. 10, 26, 1).
1. Sextius, -a, -um, adj. De Séxtio (Cíc. Quinct. 25).
2. Sextius, -ī, subs. pr. m. Séxtio, nome de uma família romana (Cíc. Br. 130).
sextula, -ae, subs. f. Sexta parte da onça, vaso que contém a 6ª parte da hemina, 1/72 de um todo: **heres ex duabus sextulis** (Cíc. Caec. 17) «herdeiro da 1/36 da parte».
1. sextus, -a, -um, num. ord. Sexto (Cíc. Rep. 2, 57).
2. Sextus, -ī, subs. pr. m. Sexto, prenome romano (Cíc. Amer. 15).
sextus decimus, -a, -um, num. ord. Décimo sexto (Cíc. Rep. 2, 57).
sexus, -ūs, subs. m. Sexo (Cíc. Inv. 1, 35).
sī, conj. I — Sent. condicional: 1) Se, se porventura, se por acaso (verbo no ind. ou no subj.) (Cíc. Fam. 5, 12, 10); (Cíc. C. M. 83). 2) Pois que, já que, visto que (Cíc. Br. 4). II — Sent. explicativo: 3) Que, de que (Cíc. Of. 2, 31); (Cés. B. Gal. 3, 5, 2). 4) Mesmo se, ainda que, pôsto que (Cíc. Mur. 8); (Cíc. At. 5, 4). 5) Se, oxalá (= **utinam**) (Verg. En. 6, 187). Obs.: Geralmente é empregada no princípio da oração, introduzindo quase sempre uma frase condicional; leva o verbo para o indicativo, se a suposição é considerada real; ou para o subjuntivo, se fôr considerada irreal ou eventual. Pode ser reforçada por um advérbio, como por exemplo: **si modo** «se ao menos; **si quidem** «se realmente»; **si forte** «se por acaso». É empregada com relativa freqüência para introduzir uma oração completiva, apresentando ainda a tendência para substituir **num** nas interrogações completivas.
sibi, dat. de **sui**.
sībila, -ōrum, subs. n. pl. Sibilo, silvo (Ov. Met. 3, 38).
sībilō, -ās, -āre, v. intr. e tr. Assobiar, sibilar, fazer assuada, vaiar (Verg. En. 11, 754); (Cíc. At. 2, 19, 2).
1. sībilus, -a, -um, adj. Sibilante (Verg. G. 3, 421).
2. sībilus, -ī, subs. m. I — Sent. próprio: 1) O assobiar, sibilo, silvo (Verg. Buc. 5, 82). II — Por extensão: 2) Vaia, assuada (Cíc. Pis. 65).
Sibulla, v. **Sibylla**.
Sibuzātes, -um, (-ium), subs. loc. m. Sibuzates, povo da Aquitânia (Cés. B. Gal. 3, 27, 1).
Sibylla, -ae, subs. pr. f. Sibila, nome dado à mulher que tinha o dom da profecia, e que era a mensageira da vontade divina. Muitas cidades disputaram a honra de ter uma Sibila: em Roma, a Sibila de Cumas, sacerdotisa de Apolo, tornou-se um oráculo nacional (Verg. En. 6, 10). Daí, em linguagem familiar: uma Sibila, i.é, uma profetisa (Plaut. Ps. 25). Obs.: As predições das sibilas, muito obscuras, foram reunidas nos livros sibilinos, depositados no Capitólio, onde eram guardados por sacerdotes especiais (Cíc. Nat. 3, 5).
sibyllīnus, -a, -um, adj. Sibilino, de profetisa (Cíc. Verr. 4, 108).
sīc, adv. 1) Assim, desta maneira, eis como (Cíc. Br. 310). 2) Conseqüentemente, nestas condições (Cíc. Sest. 55). 3) Assim, nem mais nem menos, pura e simplesmente (Cíc. Fin. 5, 7). 4) Em correlação: **sic... ut** (Cíc. Br. 250) «de tal modo que, a tal ponto que».

SICA — **SICUT**

sĭca, -ae, subs. f. I — Sent. próprio: 1) Punhal (Cíc. Cat. 1, 16). II — Sent. figurado: 2) Assassínio (Cíc. Of. 3, 36). Obs.: Sica é principalmente o punhal usado como arma nacional dos trácios, considerado em Roma como arma de bandidos.

Sicămbrī, -ōrum, subs. loc. m. Sicambros, povo da Germânia, habitantes das margens do Remo (Cés. B. Gal. 4, 6, 2).

Sicănī, -ōrum, subs. loc. m. Sicanos. 1) Povo ibérico estabelecido na Sicília, e daí: Sicilianos (Verg. En. 5, 293). 2) Antigo povo do Lácio (Verg. En. 7, 795).

Sĭcanĭa, -ae, subs. pr. f. A Sicília (Ov. Met. 5, 464).

Sĭcanĭus (Sĭcānus), -a, -um, adj. Da Sicília (Verg. En. 5, 24).

sĭcārĭus, -ī, subs. m. Sicário, assassino (acepções oriundas do sent. pejorativo de sica) (Cíc. Phil. 2, 8).

1. Sicca, -ae, subs. pr. m. Sica, nome de homem (Cíc. Fam. 14, 4, 6).

2. Sicca, -ae, subs. pr. f. Sica, cidade da Numídia (Sal. B. Jug. 56, 3).

siccātus, -a, -um, part. pass. de sicco.

siccē, adv. I — Sent. próprio: 1) Em lugar sêco (Col. 6, 12, 2). II — Sent. figurado: 2) Concisamente, sêcamente (tratando-se de estilo) (Cíc. Opt. 12).

Siccēnsēs, -ĭum, subs. loc. m. Sicenses, habitantes de Sica (Sal. B. Jug. 56, 4).

siccēscō, -is, -ĕre, v. incoat. intr. Tornar-se sêco (Plín. H. Nat. 18, 339).

siccĭne, sĭcĭne ou sĭcĭn, adv. É desta maneira quê? É assim quê? (Cíc. Flac. 82).

siccĭtas, -tātis, subs. f. I — Sent. próprio: 1) Secura, sequidão (Cés. B. Gal. 4, 38, 2). Por extensão: 2) Compleição sêca (do corpo), disposição, saúde (Cíc. Tusc. 5, 99). Donde: 3) Tempo de sêca, época estéril (Cíc. Q. Fr. 3, 1, 1). II — Na língua retórica: 4) Secura, pobreza (de estilo) (Cíc. Nat. 2, 1).

siccō, -ās, -āre, -āvī, -ātum, v. tr. I — Sent. próprio: 1) Secar, fazer secar (Verg. Buc. 3, 95); (Cíc. Phil. 5, 7). II — Sent. figurado: 2) Tornar árido; exaurir, esgotar, esvaziar (Verg. Buc. 2, 42).

siccum, -ī, subs. n. I — Sent. próprio: 1) Lugar sêco, a terra (por oposição à água), o continente (Verg. G. 1, 353). II — No plural: 2) Lugares secos, terreno sêco (Plín. H. Nat. 16, 165).

siccus, -a, -um, adj. I — Sent. próprio: 1) Sêco, sem umidade (Verg. G. 1, 389). II — Por extensão: 2) Sêco, firme, são (Catul. 23, 12). III — Sent. figurado: 3) Sêco, sedento (Hor. Sát. 2, 2, 14). 4) Em jejum, que não bebeu (Hor. Sát. 2, 3, 281). 5) Indiferente, insensível (Ov. Am. 2, 686).

Sicĕlis, -ĭdis, subs. f. Da Sicília (Verg. Buc. 4, 1).

Sĭchaeus ou Sīchaeus, -ī, subs. pr. m. Siqueu, espôso de Dido, rainha de Cartago (Verg. En. 1, 343).

Sicilĭa, -ae, subs. pr. f. Sicília, ilha a oeste da Itália, e a maior do Mediterrâneo; desempenhou papel importante na época clássica, nas relações entre a África e o continente (Cíc. Verr. 2, 1).

Sicilĭēnsis, -e, adj. Da Sicília, siciliano (Cíc. Br. 318).

sicilissō ou sicelissō, -ās, -āre, v. intr. Imitar os sicilianos, ter o sotaque siciliano (Plaut. Men. 12).

Sicimīna, -ae, subs. pr. m. Sicimina, montanha da Gália Cisalpina (T. Lív. 45, 12).

Sicinĭus, -ī, subs. pr. m. Sicínio, nome de um tribuno da plebe (Cíc. Br. 216).

Sicŏris, -is, subs. pr. m. Sícoris, rio da Hispânia Tarraconense (Cés. B. Civ. 1, 40, 1).

sĭcŭbi, adv. Se em alguma parte, se em algum lugar (Cíc. Sest. 110).

sĭcŭla, -ae, subs. f. Pequeno punhal (Catul. 67, 31).

Sicŭlī, -ōrum, subs. loc. m. Sículos. 1) Antigos povos da Gália Cisalpina, mais tarde do Lácio (Varr. L. Lat. 5, 101). 2) Sicilianos (Cíc. Verr. 4, 95).

1. Sicŭlus, -a, -um, adj. Da Sicília, siciliano (Verg. En. 1, 34).

2. Sicŭlus, -ī, subs. loc. m. Um siciliano (Cíc. De Or. 2, 278).

sĭcŭndĕ, adv. Se de algum lugar (Cíc. At. 13, 30, 3).

sĭcut ou sĭcŭtī, adv. 1) Do mesmo modo que, assim como, como (Cíc. Rep. 1, 64). Em comparações: 2) Assim como, por assim dizer, desta forma (Cíc. Rep. 2, 69). Exemplificando: 3) Como, por exemplo (Cíc. De Or. 1, 238). 4) Na maneira, no estado, na posição em que estava (Ov. Met. 3, 178). 5) Nos parênteses: dicat Epicurus, sicut dicit (Cíc. Of. 3, 117) «que Epicuro diga, como disse com efeito».

Sicyŏn, -ōnis, subs. pr. f. Sicione. 1) Antiga cidade da Acaia, rica em oliveiras, e pátria de Aratos (Cíc. Of. 2, 81). 2) Cidade da África (Plín. H. Nat. 37, 38).
Siciōnii, -ōrum, subs. loc. m. pl. Siciônios, habitantes de Sicione (Cíc. Tusc. 3, 53).
Sicyōnĭus, -a, -um, adj. De Sicione (Cíc. De Or. 1, 231).
Sīda, -ae, subs. pr. f. Sida, cidade da Panfília (Cíc. Fam. 3, 6, 1).
sīderĕus, -a, -um, adj. I — Sent. próprio: 1) Sidéreo, pertencente ou relativo a um astro ou aos astros (Ov. Met. 15, 665). II — Sent. poético: 2) Celeste, divino (V. Flac. 7, 166). 3) Estrelado (Verg. En. 3, 586). 4) Relativo ao sol, do sol (Ov. Met. 1, 779). III — Sent. figurado: 5) Brilhante (Verg. En. 12, 167). 6) Belo, formoso (Marc. 9, 37, 10).
sīdĕris, gen. de **sīdus**.
Sīdētae, -ārum, sub. loc. m. Sidetas, habitantes de Sida (T. Lív. 35, 48, 6).
sīdī (sēdī), perf. de **sīdo**.
Sidicīnī, -ōrum, subs. loc. m. Sidicinos, habitantes de Sidicino (Cíc. Phil. 2, 107).
Sidicīnus, -a, -um, adj. De Sidicino, cidade da Campânia (Verg. En. 7, 727).
1. Sīdō, -ōnis, subs. pr. m. Sidão, rei dos suevos (Tác. Hist. 3, 5).
2. sīdō, -is, ĕre, sēdī (ou sīdī), sessum, v. intr. I — Sent. próprio: 1) Assentar-se, pousar (Cíc. Nat. 3, 74);(Verg. En. 6, 203). II — Daí: 2) Parar, cessar, deter-se, estabelecer-se (T. Lív. 26, 45, 7). Donde: 3) Abater, cair (sent. próprio e figurado) (Prop. 3, 9, 37).
Sīdōn, -ōnis, subs. pr. f. Sídon, cidade da Fenícia, e daí, por extensão: Tiro (Verg. En. 1, 619).
Sīdōnis (-ōnis, -ĭdis, subs. pr. f. 1) De Sídon, de Tiro (Ov. Met. 2, 840). 2) Dido e sua irmã Ana, originárias de Sídon (Ov. Met. 14, 80).
Sīdōnĭi, -ōrum, subs. loc. m. Sidônios, habitantes de Sídon, tírios (Sal. B. Jug. 78, 1): **Sidonium ostrum** (Hor. Ep. 1, 10, 26) «púrpura».
Sīdōnĭus (Sīdŏnĭus), -a, -um, adj. 1) Sidônio, de Sídon, de Tiro da Fenícia (Verg. En. 4, 545). 2) De Tebas na Beócia, cidade fundada pelo tírio Cadmo (Ov. Met. 4, 542).
sīdus, -ĕris, subs. n. (geralmente no pl.). I — Sent. próprio: 1) Estrêlas em grupo (formando uma figura), constelação (em oposição a **stella** «estrêla isolada») (Cíc. Rep. 6, 15). Por extensão: 2) Astro (considerado isoladamente), estrêla, planêta, o Sol (língua imperial) (Cíc. Div. 2, 91). II — Sent. figurado: 3) O céu, a noite (Hor. O. 1, 1, 36). 4) Brilho, beleza, ornamento (Ov. P. 3, 3, 2). 5) Clima, país, região (Plín. Paneg. 15, 3). 6) Tormenta, tempestade (Verg. En. 11, 260). 7) Estação, época (do ano) (Verg. G. 1, 1).
siem, sies, siet = **sim, sis, sit**, v. **sum**.
Sīgēum, -ī, subs. pr. n. Sigeu, promontório da Tróade, onde se encontrava o túmulo de Aquiles (Cíc. Arch. 24).
Sīgēus (Sīgēĭus), -a, -um, adj. De Sigeu, troiano: **Sigei campi** (Verg. En. 7, 294) «a planície de Tróia».
1. Sigillārĭa, -ĭum, (-iōrum), subs. pr. n. Sigilárias, festas que se seguiam às **Saturnalia** (Macr. 1, 10, 24).
2. Sigillārĭa, -ĭōrum, subs. pr. n. Sigilárias, um subúrbio de Roma (Suet. Claud. 16).
sigillātus, -a, -um, adj. Ornado de pequenas figuras, ornado de figuras em relêvo (Cíc. Verr. 4, 32).
sigīllum, -ī, subs. n. I — Sent. próprio: 1) Pequena imagem, estatueta (Cíc. Verr. 4, 48). II — Sent. figurado: 2) Sêlo, sinete (Hor. Ep. 1, 20, 3).
sigma, -ătis, subs. n. Leito (de mesa) semicircular (Marc. 10, 48, 6).
signātor, -ōris, subs. m. Signatário (Sal. C. Cat. 16, 2).
signātus, -a, -um, part. pass. de **signo**
Signĭa, -ae, subs. pr. f. Sígnia, cidade dos volscos (T. Lív. 1, 56, 3).
1. signĭfer, -fĕra, -fĕrum, adj. I — Sent. próprio: 1) Ornado de estátuas, de imagens (Luc. 3, 558). II — Por extensão: 2) Esmaltado de astros, estrelado (Lucr. 6, 481).
2. signĭfer, -fĕrī, subs. m. I — Sent. próprio: 1) Porta-bandeira, porta-estandarte, signífero (Cés. B. Gal. 2, 25, 1). II — Sent. figurado: 2) Chefe, guia, condutor (Cíc. Sull. 34). 3) Zodíaco (Sên. Nat. 7, 24).
signĭfĭcāns, -āntis. I — Part. pres. de **significo**. II — Adj.: Que exprime bem, claro, expresso (Quint. 9, 2, 44).
significānter, adv. De maneira expressiva, significativamente (Quint. 11, 1, 53). Obs.: Comp.: **significantĭus** (Cíc. Fam. 3, 12, 3).
significātĭō, -ōnis, subs. f. I — Sent. próprio: 1) Ação de fazer sinal (Cés. B. Gal. 7, 12, 6). Daí: 2) Sinal, sintoma (Cíc. Of. 1, 131). II — Sent. particular: 3) Sinal de aprovação, expressão

de aplauso (T. Lív. 31, 15, 2). 4) Alusão (Cíc. Fam. 1, 9, 20). 5) Significação, ênfase (na linguagem retórica) (Cíc. De Or. 3, 202).

significătus, -a, -um, part. pass. de **significo**.

signíficŏ, -ās, -āre, -āvī, -ātum, v. tr. e intr. A) Tr.: I — Sent. próprio: 1) Mostrar por sinais, significar, indicar, fazer compreender (Cés. B. Gal. 7, 40, 6); (Cíc. Br. 280). 2) Anunciar, revelar, declarar (Cíc. Div. 1, 2). II — Daí: 3) Querer dizer (Cíc. Tusc. 1, 88). B) Intr.: 4) Fazer sinal, fazer-se compreender (Cíc. De Or. 1, 122).

Signīnī, -ōrum, subs. loc. m. Signinos, habitantes de Signia (T. Lív. 27, 10).

Signīnus, -a, -um, adj. De Sígnia (Juv. 11, 73).

signō, -ās, -āre, -āvī, -ātum, v. tr. I — Sent. próprio: 1) Marcar com um sinal, assinalar, caracterizar: ...**campum** (Verg. G. 1, 126) «marcar o campo com um sinal, marcar os limites de um campo». Daí: 2) Selar, pôr o sinete, lacrar (Cíc. At. 11, 1, 1). Donde: 3) Gravar, imprimir (Cíc. Verr. 5, 63); (Ov. Met. 8, 539); (Verg. G. 3, 171). II — Sent. figurado: 4) Selar, firmar (Marc. 4, 45, 3); (Luc. 3, 302). 5) Designar, notar, indicar (Quint. 2, 14, 1). 6) Distinguir (Verg. En. 2, 423).

signum, -ī, subs. n. I — Sent. próprio: 1) Sinal, marca, distintivo, indício (Verg. G. 1, 263). II — Na linguagem militar: 2) Insígnia, insígnias (que distinguem as divisões do exército), estandarte (Cés. B. Gal. 5, 16, 1). III — Na linguagem dos artistas: 3) Figura pintada ou esculpida, estátua, efígie (Cíc. Verr. 4, 1). IV — Sent. particular: 4) Sêlo, sinete (Cíc. Cat. 3, 6). 5) Sinal, presságio, prognóstico, sintoma (Verg. G. 3, 440). 6) Gesto, sinal (militar) (Cés. B. Gal. 2, 20, 1). 7) Ordem, senha (Suet. Cal. 56). 8) Manípulo, coorte, corpo de tropas, sinal de reunião (Cíc. Pomp. 66). 9) Signo do Zodíaco, constelação, astro (Cíc. Inv. 1, 59).

Sigovesus, -ī, subs. pr. m. Sigoveso, antigo príncipe da Gália (T. Lív. 5, 34).

sīī (= **sīvī**), perf. sincopado de **sino** (Ter. Ad. 104).

Sīla, -ae, subs. pr. f. Sila, floresta do Brúcio (Verg. G. 3, 219).

Sīlăna, -ae, subs. pr. f. Silana. 1) Cidade da Tessália (T. Lív. 36, 13). 2) Nome de mulher (Tác. An. 11, 12).

Sīlănĭŏ, ou **Sīlănĭŏn, -ōnis**, subs. pr. m. Silanião, nome de um estatuário ateniense (Cíc. Verr. 4, 126).

1. **Sīlānus, -ī**, subs. pr. m. Silano, sobrenome da família Júnia (Cíc. Br. 135).

2. **sīlānus, -ī**, subs. m. Torneira, fonte (Lucr. 6, 1265).

Sīlărus, -ī, subs. pr. m. Sílaro, rio da Lucânia (Verg. G. 3, 146).

Sīlēnē, -ēs, subs. pr. f. Silene, mulher de Sileno (Lucr. 4, 1164).

Sīlēnī, -ōrum, subs. pr. m. Silenos, gênios das florestas, que formavam ao lado dos Sátiros. Acreditava-se que protegessem as colheitas e, em especial, a das vinhas (Catul. 64, 252).

Sīlēnĭcus, -a, -um, adj. De Sileno (Plín. H. Nat. 16, 146).

silens, -ēntis. I — Part. pres. de **silĕo**. II — Adj.: Sent. próprio: 1) Que se cala, silencioso, que não faz ruído (T. Lív. 26, 5, 9). III — Subs. m. pl.: **silēntēs, -um**: 2) As sombras, a alma dos mortos (Verg. En. 6, 432).

silentĭum, -ī, subs. n. I — Sent. próprio: 1) Silêncio (Cíc. De Or. 3, 143). Na língua augural: 2) Ausência de todo sinal desfavorável (nos agouros) (Cíc. Div. 2, 71). II — Sent. particular: 3) Repouso, inação, descanso, ociosidade, sombra (Cíc. Pis. 32).

Sīlēnus, -ī, subs. pr. m. Sileno. 1) Divindade que habitava os montes e as florestas, representado como um velho a quem as ninfas encarregaram de criar Baco (Cíc. Tusc. 1, 114). 2) Historiador grego (Cíc. Div. 1, 49).

silĕō, -ēs, -ēre, silŭī, v. intr. e tr. A) Intr. I — Sent. próprio: 1) Estar silencioso, calar-se (Plaut. Poen. 3); (Cíc. Sull. 80). II — Sent. figurado: 2) Não fazer barulho, estar em repouso, descansar (Cíc. Mil. 10); (Cíc. Leg. 3, 39). B) Tr.: 3) Calar, fazer silêncio, silenciar (Cíc. Clu. 18); (Cíc. Flac. 6). Obs.: O gerundivo **silēndus, -a, -um**, no n. pl., é tomado como substantivo: o que se deve ocultar, mistérios, segredos (T. Lív. 39, 10, 5). Constrói-se como intr. absoluto; com abl. com **de**, e como tr.

siler, -ĕris, subs. n. Planta flexível, provàvelmente o vime (Verg. G. 2, 12).

silēscō, -is, -ĕre, v. incoat. intr. Tornar-se silencioso, tornar-se calmo (Verg. En. 10, 101).

silex, -ĭcis, subs. m. e f. I — Sent. próprio: 1) Pedra (Cíc. Div. 2, 85). II — Sent. poético: 2) Rocha, seixo (Verg.

En. 8, 233). III — Sent. figurado: 3) Rochedo, pedra (Cíc. Tusc. 3, 12). Obs.: O silex era uma espécie de lava que servia para as construções dos edifícios e pavimentação das ruas.

Siliānus, -a, -um, adj. De Sílio (Cíc. At. 12, 31).

silĭca, v. **silĭqua.**

silicernĭum, -ĭ, subs. n. Cadáver ambulante (têrmo injurioso) (Ter. Ad. 587).

silĭcis, gen. de **silex.**

silĭginĕus, -a, -um, adj. De farinha flor (Sên. Ep. 123, 2).

silĭgō, -ĭnis, subs. f. 1) Trigo de primeira qualidade (Varr. R. Rust. 1, 23). 2) Flor de farinha (Juv. 5, 70).

silĭqua, -ae, subs. f. I — Sent. próprio: 1) Síliqua (casca ou vagem das leguminosas) (Verg. G. 1, 74). II — No pl.: 2) Legumes secos (Hor. Ep. 2, 1, 123).

Silĭus, -ĭ, subs. pr. m. Sílio, nome de família romana. Destacam-se: 1) Públio Sílio, propretor na Bitínia (Cíc. Fam. 13, 47). 2) Sílio Itálico, autor de uma epopéia sôbre a segunda guerra púnica (Plín. Ep. 3, 7). 3) Outro do mesmo nome (Cés. B. Gal. 3, 7, 4).

Silpĭa, -ae, subs. pr. f. Sílpia, cidade da Hispânia Tarraconense (T. Lív. 28, 12).

silŭī, perf. de **silĕo.**

Silŭrēs, -um, subs. loc. m. Silures, povo da Bretanha (Tác. An. 12, 32).

1. silus, -a, -um, adj. Que tem o nariz chato (Cíc. Nat. 1, 80).

2. Sīlus, -ĭ, subs. pr. m. Silo, sobrenome na «gens» Sérgia (Cíc. De Or. 2, 285).

silva, -ae, subs. f. I — Sent. próprio: 1) Floresta, mata (Cés. B. Gal. 2, 19, 5). Daí: 2) Bosque, arvoredo, vegetação, plantas (Cíc. Verr. 1, 51). II — Sent. figurado: 3) Grande número, abundância, multidão (Cíc. Or. 12, 139).

Silvānī, -ōrum, subs. pr. m. Silvanos, divindades das florestas (Ov. Met. 1, 193).

Silvānus, -ĭ, subs. pr. m. Silvano. 1) Divindade campestre, que protegia as terras e seus limites (Verg. Buc. 10, 24). 2) Sobrenome dado a Marte (Cat. Agr. 83). 3) Sobrenome de muitos Plócios (Tác. An. 4, 22).

silvēscō, -is, -ĕre, v. intr. Tornar-se silvestre, tornar-se inculto (Cíc. C. M. 52).

silvēstris (silvēster, -is), -e, adj. I — Sent. próprio: 1) De floresta, silvestre (Cés. B. Gal. 2, 18, 2). II — Sent. figurado: 2) Coberto de florestas (T. Lív.

38, 49, 7). 3) Que vive nos bosques, bárbaro, selvagem (Cíc. Rep. 2, 4).

Silvĭa ou **Sylvĭa, -ae,** subs. pr. f. Sílvia. 1) Filha de Tirreno (Verg. En. 7, 487). 2) Réia Sílvia, mãe de Rômulo e Remo (T. Lív. 1, 3).

silvicŏla, -ae, subs. m. e f. Silvícola, ou o que habita nas florestas, selvícola (Verg. En. 10, 551).

silvicŭltrix, -īcis, adj. f. Que habita nas florestas (Catul. 63, 72).

silvifrăgus, -a, -um, adj. Que quebra as árvores (Lucr. 1, 275).

Silvĭus ou **Sylvĭus, -ĭ,** subs. pr. m. Sílvio. 1) Filho de Enéias e Lavínia (Verg. En. 6, 763). 2) Filho de Ascânio, segundo rei da Alba (T. Lív. 1, 3, 6). 3) Daí, o nome Sílvio ser dado a todos os reis de Alba (T. Lív. 1, 3, 7).

silvōsus, -a, -um, adj. Silvoso, coberto de florestas (T. Lív. 9, 2, 7).

sīmĭa, -ae, subs. m. e f. I — Sent. próprio: 1) Macaco, macaca (Cíc. Div. 1, 76). II — Sent. figurado: 2) Imitador (Plín. Ep. 1, 5, 2).

simĭla, -ae, subs. f. Farinha flor (Marc. 13, 10).

simĭle, -is, subs. n. Semelhança, comparação, paralelo, símile (Cíc. Div. 2, 48).

simĭlis, -e, adj. I — Sent. próprio: 1) Semelhante, parecido (Cíc. Rep. 2, 63). II — Daí: 2) Feito à semelhança (Cíc. Fam. 9, 21, 1). Obs.: Constrói-se com gen.; com dat.; com **inter, atque, et ut si, tamquam si;** como absoluto. Superl.: **simillĭmus.**

similĭter, adv. 1) Semelhantemente, paralelamente (Cíc. Tusc. 4, 25). 2) **Similiter ac** (Cíc. Phil. 1, 9) «do mesmo modo que». 3) **Similiter ac si** (Cíc. Nat. 3, 8) «como se, assim como».

similitūdō, -ĭnis, subs. f. I — Sent. próprio: 1) Similitude, semelhança, analogia, comparação, relação (Cíc. Leg. 1, 25). Por extensão: 2) Representação, imitação, imagem (Cíc. Or. 9). Na língua retórica: 3) A analogia (Cíc. De Or. 2, 168). II — Sent. figurado: 4) Monotonia (do estilo) (Cíc. Inv. 1, 76).

simĭŏlus, -ĭ, subs. m. Macaco pequeno (Cíc. Fam. 7, 2, 3).

simĭtū, adv. Ao mesmo tempo, a uma só vez, simultâneamente (Plaut. Amph. 631).

sīmĭus, -ĭ, subs. m. I — Sent. próprio: 1) Macaco (Fedr. 1, 10, 6). II — Sent. figurado: 2) Imitador, macaco (Hor. Sát. 1, 10, 18).

1. sĭmō, -ās, -āre, -āvī, -ātum, v. tr. Achatar (Lucíl. Sát. 7, 14).
2. Simō, -ōnis, subs. pr. m. Simão, personagem de comédia (Hor. A. Poét. 238).
Simŏīs, -ēntis (-ēntos), subs. pr. m. Simoente ou Símois rio de Tróia (Verg. En. 1, 100).
Simōnĭdēs, -is, subs. pr. m. Simônides, poeta grego natural de Ceos (Cíc. Rep. 2, 20).
Simōnĭdēus, -a, -um, adj. De Simônides (Catul. 38, 8).
1. simplex, -ĭcis, adj. I — Sent. próprio: 1) Simples, singelo, único (Cíc. Nat. 3, 34). II — Sent. figurado: 2) Natural, simples, não rebuscado (Cíc. De Or. 3, 45). III — Sent. moral: 3) Simples, franco, ingênuo, sincero (Cíc. Of. 1, 63).
2. Simplex, -ĭcis, subs. pr. m. Símplice, sobrenome romano (Tác. Hist. 2, 60).
simplicĭtās, -tātis, subs. f. I — Sent. próprio: 1) Simplicidade (Lucr. 1, 609). II — Sent. moral: 2) Simplicidade, ingenuidade, candura, credulidade (T. Lív. 40, 47, 3).
simplicĭter, adv. 1) Isoladamente, separadamente (Cíc. De Or. 3, 149). 2) Pura e simplesmente, sem cerimônia, sem aparato, sem ornamentos (Cíc. De Or. 2, 11). 3) Sem rodeios, simplesmente (Cíc. De Or. 2, 68). 4) Francamente, ingênuamente (Plín. Ep. 1, 13, 2).
simplum, -ī, subs. n. A unidade (Cíc. Top. 49).
simpŭlum, -ī, subs. n. Espécie de colher grande de cabo comprido (que servia para as libações nos sacrifícios) (Cíc. Leg. 3, 36).
simpuvĭum, -ī, v. **simpŭlum** (Cíc. Rep. 6, 11).
1. simul, adv. 1) No mesmo momento que, ao mesmo tempo que, juntamente (Cíc. Mil. 48). 2) **Simul... simul** (Cés. B. Gal. 4, 14, 5) «de uma parte..., de outra parte».
2. simul, conj. 1) Logo que, assim que (Cíc. Verr. 2, 46). 2) Logo (Cíc. Tusc. 4, 12).
3. simul, prep. (abl.). Sent. poético: Ao mesmo tempo que: **simul his** (Hor. Sát. 1, 10, 86) «ao mesmo tempo que êstes».
simŭlac, simulātque, v. **simul 2**.
simulācrum, -ī, subs. n. I — Sent. próprio: 1) Imagem, representação (pela pintura, escultura, etc.), imitação, reprodução (Cíc. Pis. 60). Daí: 2) Efígie, retrato (Cíc. Verr. 4, 72). II — Sent. figurado: 3) Espectro, fantasma, simulacro (Verg. G. 1, 477). 4) Representação material das idéias (Cíc. De Or. 2, 354). 5) Retrato moral (T. Lív. 45, 25, 3). 6) Aparência (Cíc. Of. 1, 46).
simulāmen, -ĭnis, subs. n. Imitação, representação (Ov. Met. 10, 727).
1. simŭlāns, -āntis. I — Part. pres. de **simŭlo**. II — Adj.: Imitador (Ov. Am. 2, 6, 23). Obs.: Como adj. constrói-se com gen.
2. Simŭlāns, -āntis, subs. pr. m. Simulante, título de uma comédia de Afrânio (Cíc. Sest. 118).
simulātē, adv. De maneira simulada, simuladamente, fingidamente (Cíc. Nat. 2, 168).
simulātĭō, -ōnis, subs. f. I — Sent. próprio: 1) Imitação, semelhança, aparência, falsa aparência (Cíc. Lae. 92). II — Daí: 2) Fingimento, mentira, disfarce, simulação (Cíc. Of. 2, 43).
simulātŏr, -ōris, subs. m. I — Sent. próprio: 1) Imitador, o que copia (Ov. Met. 11, 634). II — Sent. moral: 2) O que finge, simulador (Cíc. Of. 1, 108).
simulātrīx, -īcis, subs. f. A transformadora, i.é, Circe, célebre feiticeira (Estác. Theb. 4, 551).
simulātus, -a, -um, part. pass. de **simŭlo**.
simŭlō, -ās, -āre, -āvī, -ātum, v. tr. I — Sent. próprio: 1) Representar exatamente, copiar, imitar (Hor. Ep. 1, 19, 13); (Cíc. De Or. 2, 189). II — Daí: 2) Tomar a aparência de, fingir, simular, aparentar (Cíc. Lae. 26); (Ov. Met. 2, 687); (Cíc. At. 9, 8, 2). Intr.: 3) Usar de fingimento, dissimular (Cíc. Q. Fr. 1, 1, 15).
simultās, -tātis, subs. f. Inimizade, rivalidade, competição, ódio (Cés. B. Gal. 5, 44, 2).
1. sĭmŭlus, -a, -um, adj. De nariz um pouco chato (Lucr. 4, 1169).
2. Sĭmŭlus, -ī, subs. pr. m. Símulo, nome de homem (Ter. Ad. 465).
1. sĭmus, -a, -um, adj. Que tem o nariz chato (Verg. Buc. 10, 7).
2. Sĭmus, -ī, subs. pr. m. Simo, sobrenome romano (Plín. H. Nat. 11, 158).
sĭn, conj. 1) Mas se, ao contrário (Cíc. Cat. 1, 18). 2) Em caso contrário: **sin autem** (Cíc. Agr. 3, 2). Obs.: Pode ou não vir precedido de **si**, **nisi**. Introduz uma segunda hipótese contrária à primeira.
sincērē, adv. 1) Sem alteração, de modo claro, de modo puro (Plaut. Ep. 634).

2) Francamente, sinceramente, lealmente (Cés. B. Gal. 7, 20, 8).
sincērĭtās, -tatis, subs. f. I — Sent. próprio: 1) Pureza, integridade (Plín. H. Nat. 15, 22). II — Sent. figurado: 2) Sinceridade, lealdade (Sên. Vit. 15).
sincērus, -a, -um, adj. I — Sent. próprio: 1) Puro, que é sem mistura, intacto, não alterado: **sincerus populus** (Tác. Hist. 4, 64) «povo sem mistura», i. é, «raça pura». II — Sent. figurado: 2) Sincero, franco, leal, puro (Cíc. Div. 2, 118). 3) Reto, íntegro, justo (Cíc. Br. 287).
sincipĭtāmēntum, -ī, subs. n. Metade da cabeça (de um animal) (Plaut. Men. 211).
sincĭput, -ĭtis, subs. n. I — Sent. próprio: 1) Meia cabeça, metade da cabeça (Pérs. 6, 70). II — Sent. figurado: 2) Miolos, cabeça (Plaut. Men. 506).
1. sine, prep. (abl.). Sem: **sine regibus** (Cíc. Rep. 1, 58) «sem reis». Obs.: É usada isoladamente ou com uma negativa em litotes: **haud sine** «não sem».
2. sine, imperat. de **sino: sinedum,** permite, pois; deixa, então (Plaut. Truc. 628).
Singăra, -ōrum, subs. pr. f. Síngaros, cidade da Mesopotâmia (Plín. H. Nat. 5, 86).
Singarēnus, -a, -um, adj. Singareno, de Síngaros (S. Ruf. Brev. 27).
singillātim (sīgillātim), adv. 1) Isoladamente, um a um, individualmente (Cíc. Verr. 5, 143). 2) Por miúdo, um a um (Suet. Aug. 9).
singulārēs, -ium, subs. m. pl. Cavalaria que servia de guarda ao imperador (Tác. Hist. 4, 70).
singulāris, -e, adj. I — Sent. próprio: 1) Isolado, solitário, singular, único (Cés. B. Gal. 7, 8, 2). Daí: 2) Particular, pessoal, próprio (Cíc. Sull. 1). II — Sent. figurado: 3) Singular, único, notável, extraordinário, raro (Cíc. Ac. 2, 132). 4) Singular (têrmo gramatical) (Quint. 1, 5, 42).
singulārĭter, adv. 1) Individualmente, isoladamente (Lucr. 6, 1067). 2) Extraordinàriamente, de modo singular, diferentemente (Cíc. Verr. 2, 117). Têrmo de gramática: 3) No singular (Quint. 1, 5, 16). Obs.: Ocorre também uma forma sincopada atestada em Lucrécio (6, 1067) **singlariter.**
singulārĭus, -a, -um, adj. I — Sent. próprio: 1) Isolado, separado, individual

(Plaut. Capt. 112). II — Daí: 2) Extraordinário (A. Gél. 9, 4, 6).
singŭlī, -ae, -a, num. distr. I — Sent. próprio: 1) Um a um, cada um (Cíc. Leg. 2, 29). II — Daí: 2) Um, um só (Cíc. Nat. 2, 164). Obs.: O sing. **singŭlus, -a, -um,** é raro (Plaut. Cist. 701).
singūltim, adv. Em soluços, de modo interrompido, irregularmente (Hor. Sát. 1, 6, 56).
singultĭō, -īs, -īre, v. intr. I — Sent. próprio: 1) Soluçar, estar com soluços (Plín. H. Nat. 23, 48). II — Sent. figurado: 2) Palpitar de prazer, fremir (Pérs. 6, 72).
singūltō, -ās, -āre, v. intr. e tr. A) Intr.: 1) Soluçar, estar com soluços (Quint. 10, 7, 10). 2) Palpitar (Verg. En. 9, 333). B) Tr.: 3) Exalar com soluços ou em soluços (Ov. Met. 5, 134). 4) Entrecortar de soluços (Ov. Trist. 3, 5, 16).
singūltus, -ūs, subs. m. I — Sent. próprio: 1) Suspiro, soluço (Cíc. Planc. 76). II — Sent. particular: 2) Estertor, últimos suspiros (Verg. En. 9, 415).
singŭlus, -a, -um, v. **singŭli.**
Sinis, -is, subs. pr. m. Sínis, ladrão morto por Teseu (Ov. Met. 7, 440).
sinĭster, -tra, -trum, adj. I — Sent. próprio: 1) Esquerdo, que é do lado esquerdo (Cés. B. Gal. 7, 62, 4). II — Sent. figurado: 2) Favorável, feliz (na língua religiosa) (Cíc. Div. 2, 74). 3) De mau presságio, desfavorável, funesto, sinistro (mais freqüente) (Ov. Her. 13, 49). Obs.: O sentido de «favorável» e o de «desfavorável» provêm da linguagem dos áugures: segundo o rito etrusco-romano, interpretavam-se os presságios tendo os áugures a face voltada para o sul, com o oriente à esquerda; e, segundo o rito grego, tinham a face voltada para o norte, com o oriente à direita. Daí se interpretarem os presságios vindos do lado esquerdo ora como favoráveis, ora como desfavoráveis.
sinisterĭtās, -tātis, subs. f. Rusticidade, falta de jeito (Plín. Ep. 6, 17, 3).
sinistra, -ae, subs. f. 1) A mão esquerda, braço esquerdo (Cés. B. Gal. 1, 25, 3). Em locuções: 2) **a sinistra** (Cíc. Phil. 6, 12) «à esquerda»; **dextra ac sinistra** (Cés. B. Cív. 2, 15, 3) «à direita e à esquerda».
sinīstrē, adv. Mal, desfavoràvelmente (Hor. A. Poét. 452).

sinistrōrsum (sinistrōrsus), adv. Para a esquerda, à esquerda, do lado esquerdo (Hor. Epo. 9, 20); (Cés. B. Gal. 6, 25, 3).

Sinnăcēs, -is, subs. pr. m. Sínaces, nome de homem (Tác. An. 6, 31).

sinō, -is, -ĕre, sīvī (siī), situm, v. tr. I — Sent. primitivo: 1) Colocar (Verg. G. 4, 47). II — Daí: 2) Deixar, permitir, consentir (Cíc. Lae. 89); (Verg. En. 10, 598); (T. Lív. 28, 28, 11); (Ter. Eun. 381). Obs.: Constrói-se com inf.; com subj.; com acus.; e raramente com ut. O sent. primitivo aparece no part. pass. situs e no composto pono (de *po -sino). Formas sincopadas: **sisti, sistis, siris, sirit, sisset.**

Sinōn, -ōnis, subs. pr. m. Sínon, personagem importante na guerra de Tróia, pois foi êle quem aconselhou os troianos a introduzirem na cidade o cavalo de madeira, que trazia em seu bôjo soldados gregos (Verg. En. 2, 79).

Sinōpē (Sinōpa), -ēs, (-ae), subs. pr. f. Sinope, cidade e pôrto da Paflagônia, pátria de Diógenes (Cíc. Pomp. 21).

Sinopēnsēs, -ium, subs. loc. m. Sinopenses, habitantes de Sinope (T. Lív. 40, 2, 6).

Sinōpeus, -ēī, (-ĕī), e Sinōpĭcus, -a, -um, adj. De Sinope: **Sinopeus cynicus** (Ov. P. 1, 3, 67) «Diógenes, o cínico de Sinope».

Sintĭcē, -ēs, subs. pr. f. Síntica ou Síntice, região da Macedônia (T. Lív. 44, 46).

Sintiī, -iōrum, subs. loc. m. pl. Síntios, habitantes da Síntica (T. Lív. 42, 51, 7).

sinuātus, -a, -um, part. pass. de **sinŭo.**

Sinuēssa, -ae, subs. pr. f. Sinuessa, cidade da Campânia (Cíc. At. 9, 16, 1).

Sinuessānus, -a, -um, adj. De Sinuessa (Cíc. At. 14, 8, 1).

sīnum, -ī, subs. n. ou **sīnus, -ī**, subs. m. Vaso largo e fundo (para vinho) (Verg. Buc. 7, 33).

sinŭō, -ās, -āre, -āvī, -ātum, v. tr. Tornar curvo, encurvar, curvar, recurvar (Verg En. 2, 208); (Ov. Met. 8, 381); (Ov. Met. 3, 42).

sinuōsus, -a, -um, adj. I — Sent. próprio: 1) Sinuoso, curvo, recurvado (Verg. En. 11, 753). II — Sent. figurado: 2) Prolixo, cheio de digressões (Quint. 2, 4, 3). III — Sent. poético: 3) No fundo (do coração) (Pérs. 5, 27).

sinus, -ūs, subs. m. I — Sent. próprio: 1) Prega (côncavo ou em forma de semicírculo), cavidade, curva, sinuosidade (Ov. Met. 15, 689). Daí: 2) Prega semicircular que forma o vestido, e na qual as mães levavam os filhos; parte do vestido que cobre o peito, o seio (Verg. En. 1, 320). II — Sent. figurado: 3) Centro, coração (Cíc. Q. Fr. 2, 13, 1). III — Sent. técnicos: 4) Velas enfunadas (Verg. En. 3, 455). 5) Bôlso, bôlsa (Ov. Am. 1, 10, 18). 6) Baía, enseada, gôlfo (Cíc. Verr. 5, 30). 7) Prega (da toga) (Hor. Sát. 2, 3, 172).

sīparĭum, -ī, subs. n. I — Sent. próprio: 1) Pano de bôca (de teatro) (Apul. M. 1, 8). Daí: 2) Comédia, teatro (Sên. Tranq. 11, 8). II — Loc.: 3) **Post siparium** (Cíc. Prov. 14) «por trás das cortinas, em segrêdo».

sīphō, -ōnis, subs. m. Sifão, cano, tubo, jato (de um líquido) (Sên. Nat. 2, 16).

Sīpontīnus, -a, -um, adj. De Siponto (Cíc. Agr. 2, 71).

Sīpōntum (Sīpŭntum), -ī, subs. pr. n. Siponto, cidade da Apúlia (Cíc. At. 9, 15, 1).

Sipўlus, -ī, subs. pr. m. Sípilo. 1) Sípilo, nome de um filho de Níobe (Ov. Met. 6, 231). 2) Monte da Lídia (Cíc. Q. Fr. 2, 11, 3).

sī quandō, sīquăndō, v. **quando.**

1. **sīquī, sī quī**, adv. Se de qualquer forma.

2. **sīquī** ou **sī quī**, v. **qui.**

sīquĭdem, sī quidem, conj. 1) Se realmente (Cíc. Tusc. 1, 3). 2) Contanto que, visto que, pois (Cíc. Tusc. 2, 39).

sīquis ou **sī quis**, v. **quis**, pron. indef. Se alguém, se algum, se alguma coisa.

Sirae, -ārum, subs. pr. f. Siras, cidade da Trácia (T. Lív. 45, 4).

Sīren, -ēnis, subs. pr. f. (geralmente no pl.) Sereias, divindades marinhas, representadas com corpo de ave e cabeça de mulher. Dotadas de voz maravilhosa, atraíam os navegantes que passavam pelas imediações da Sicília, levando-os a atirarem-se na água, encantados com suas vozes harmoniosas (Cíc. Fin. 5, 49); **Sirenum scopuli** (Verg. En. 5, 854) «rochedos das Sereias, perto de Capri».

sīrinx v. **sўrinx.**

1. **Sīrĭus, -a, -um**, adj. De Sírio (Verg. En. 10, 273).

2. **Sīrĭus, -ī**, subs. pr. m. Sírio, uma das estrêlas da Canícula; a Canícula (Verg. G. 4, 425).

Sirmĭō, -ōnis, subs. pr. f. Sirmião, península do lago Benaco, onde Catulo tinha uma casa (Catul. 31, 1).

Sirpĭcus, -ī, subs. pr. m. Sírpico, nome de homem (Tác. An. 1, 23).

sirpō = scirpō.
1. sīs = sī vis. Se queres, se te agrada, peço-te, por favor (Cíc. Amer. 48). Obs.: Expressão de polidez a que corresponde o plural sultis.
2. sīs, 2ª pess. do sg. do subj. pres. de sum.
Sisăpō, -ōnis, subs. pr. f. Sisapão, cidade da Bética (Cíc. Phil. 2, 48).
Sīsēnna, -ae, subs. pr. m. 1) Sisena, sobrenome romano, especialmente Lúcio Cornélio Sisena, orador e historiador latino, contemporâneo de Cícero (Cíc. Br. 228). 2) Outras pessoas do mesmo nome (Hor. Sát. 1, 7, 8).
sīser, ĕris, subs. f. e n. Cherívia (planta) (Hor. Sát. 2, 8, 9).
sīssent, forma sincopada de sīvīssent, mais-que-perf. do subj. de sino.
sīstis, forma sincopada de sīvīstis, perf. do indic. de sino, pres. ind. de sisto.
sistō, -is, ĕre, stetī (ou stĭtī), statum, v. tr. e intr. A) Intr.: I — Sent. próprio: 1) Parar, subsistir, manter-se, existir (Tác. An. 4, 97). (Verg. G. 1, 479). II — Sent. figurado: 2) Pôr um têrmo a, reter, reprimir (Ov. F. 1, 367); (Plín. Pan. 50, 4). B) Tr.: 3) Pousar, fixar, pôr, colocar, erguer, erigir (Verg. En. 2, 245); (Tác. An. 12, 13); (Tác. An. 4, 37). Na língua jurídica: 4) Comparecer, apresentar-se, fazer comparecer (em juízo) (Cíc. Quinct. 67); (Cíc. Quinct. 30). 5) Pass. impess.: Não poder resistir, não resistir (Plaut. Trin. 720).
sistrātus, -a, -um, adj. Que traz sistro (Marc. 12, 29, 19).
sistrum, -ī, subs. n. Sistro (instrumento de música usado nas festas de Ísis, no Egito) (Verg. En. 8, 696).
sisymbrĭum, -ī, subs. n. Planta odorífera consagrada a Vênus, sisímbrio (Ov. F. 4, 869).
Sīsyphĭdēs, -ae, subs. pr. m. Sisífida, filho de Sísifo, i. é, Ulisses (Ov. A. Am. 3, 313).
Sīsyphĭus, -a, -um, adj. De Sísifo (Ov. Her. 12, 204).
Sīsyphus (Sīsyphos), -ī, subs. pr. m. Sísifo, filho de Éolo e pai de Ulisses. Personagem mitológica grega, célebre por suas trapaças e malícia. Foi morto por Teseu, e por sua ambição desmedida os deuses condenaram-no a rolar incessantemente até o cume de uma montanha uma pesada pedra, que caía novamente, reiniciando-se então o trabalho. Daí a expressão «trabalho de Sísifo» (isto é, um trabalho infindável) (Ov. Met. 4, 459).
sitēlla, -ae, subs. f. Urna (de escrutínio) (T. Lív. 25, 3, 16).
Sīthōn, -ŏnis, subs. pr. m. Síton, nome de um hermafrodita (Ov. Met. 4, 280).
Sīthōnē, -ēs, subs. pr. f. Sitone, cidade da Macedônia (Plín. H. Nat. 4, 38).
Sīthŏnes, -um, adj. Sítones, dos trácios (Ov. F. 3, 719).
Sīthonĭī, -ōrum, subs. loc. m. Os sitônios, os trácios (Hor. O. 1, 18, 9).
Sīthŏnis, -ĭdis, adj. f. Da Trácia (Ov. Her. 2, 6). Obs.: Subs. f. Mulher da Trácia (Ov. Rem. 605).
Sīthonĭus, -a, -um, adj. Sitônio, da Trácia (Verg. Buc. 10, 66).
sitĭculōsus, -a, -um, adj. Árido, sêco (Hor. Epo. 3, 16).
sitĭēns, -ēntis. I — Part pres. de sitio. II — Adj.: Sedento, sequioso, ávido (Cíc. Fin. 2, 64).
sitĭēnter, adv. Avidamente, ardentemente (Cíc. Tusc. 4, 37).
sitĭī, perf. de sitĭō = sitĭvī.
sitĭō, -is, -īre, -īvī (ou -ĭī), -ītum, v. intr. e tr. A) Intr.: I — Sent. próprio: 1) Ter sêde, estar com sêde, estar sêco (sent. concreto ou abstrato) (Plaut. Cas. 725); (Cíc. Or. 81); (Marc. 10, 98). B) Tr.: II — Sent. figurado: 2) Ter sêde de, desejar ardentemente, ser ávido de (Cíc. Phil. 2, 20).
sitis, -is, subs. f. I — Sent. próprio: 1) Sêde (Cíc. C. M. 26). II — Sent. poético: 2) Aridez, secura (Verg. G. 2, 353). III — Sent. figurado: 3) Sêde, avidez (Cíc. Rep. 1, 66). Obs.: Acus.: sitim; abl.: siti.
sitītor, -ōris, subs. m. O que tem sêde de, ávido (Marc. 12, 3, 12).
Sitōnēs, -um, subs. loc. m. Sítones, povo da Germânia (Tác. Germ. 45).
Sittĭānus, -a, -um, adj. De Sítio (Cíc. Fam. 8, 2, 2).
Sittĭus (Sitĭus), -ī, subs. pr. m. Sítio, nome de homem (Cíc. Fam. 5, 17).
sittybos, -ī, subs. m. Rótulo (de livro) (Cíc. At. 4, 5, 3).
situla -ae, subs. f. I — Sent. próprio: 1) Balde (Plaut. Amph. 671). II — Por extensão: 2) Urna (para votar) (Plaut. Cas. 359).
sitūrus, -a, -um, part. fut. de sino.
1. situs, -a, -um. A) Part. pass. de sino. B) Adj.: I — Sent. próprio: 1) Situado (Cíc. Verr. 4, 106). Daí: 2) Pôsto,

colocado (Cíc. Nat. 2, 149). II — Sent. particular: 3) Construído (Tác. An. 3, 38). 4) Enterrado (tratando-se dos mortos) (Cíc. Leg. 2, 56). III — Sent. figurado: 5) O que depende de, o que consiste em (Cíc. Arch. 1).

2. situs, -ūs, subs. m. I — Sent. próprio: 1) Situação, posição, disposição, ordem (Cés. B. Gal. 5, 57, 3). II — Sent. particular: 2) Desleixo, abandono (tratando-se dos campos) (Verg. G. 1, 72). Por extensão: estado que resulta do abandono ou desleixo: 3) Desmazêlo corporal, sujidade (Ov. Met. 8, 802). 4) Ferrugem, bolor (Quint. 10, 1, 30). III — Sent. figurado: 5) Inação, ociosidade (T. Liv. 33, 45, 7). 6) Velhice, decrepitude (Hor. Ep. 2, 2, 118).

sīve (seu), conj. 1) Ou se (Cés. B. Gal. 4, 17, 10). 2) Seja... seja (Cíc. At. 10, 4, 6). 3) Ou, ...ou mesmo (Cíc. Sull. 17).

sīvī, perf. de **sino**.

smarăgdus, -ī. subs. m. e f. Esmeralda (Ov. Met. 2, 24).

smaris, -ĭdis, subs. f. Espécie de peixe do mar (Ov. Hal. 120).

1. Sminthĕus, -a, -um, adj. De Esminteu, i. é, de Apolo (Sên. Agam. 176).

2. Smintheus, -ĕī (-ĕos), subs. pr. m. Esminteu, epíteto de Apolo (Ov. Met. 12, 585).

1. Smyrna, -ae, subs. pr. f. Esmirna, o mesmo que Mirra, assunto de um poema de Hélvio Cina (Catul. 95, 1).

2. Smyrna, -ae, subs. pr. f. Esmirna, cidade da Jônia, uma das muitas que ambicionavam a honra de ter dado o berço a Homero (Cíc. Flac. 71).

Smyrnaeī, -ōrum, subs. loc. m. Habitantes de Esmirna (Cíc. Arch. 19).

Smyrnaeus, -a, -um, adj. 1) De Esmirna (Plín. H. Nat. 5, 120). 2) De Homero, e daí: épico, heróico (Luc. 9, 984).

sobŏles, v. **subŏles**.

sōbrĭĕtās, -tātis, subs. f. Uso moderado do vinho, sobriedade (Sên. Tranq. 15, 16).

sobrīna, -ae, subs. f. Prima pelo lado materno (Tác. An. 12, 6).

sobrīnus, -ī, subs. m. Primo coirmão (Cíc. Of. 1, 54).

sōbrĭus, -a, um, adj. I — Sent. próprio: 1) Que não está embriagado; daí: 2) Sóbrio, moderado, frugal (Hor. O. 2, 10, 8). II — Sent. moral: 3) Prudente, vigilante, reservado, de bom senso (Cíc. Cael. 74). III — Sent. particular: 4) Que não embriaga (Plín. H. Nat. 14, 31).

soccātus, -a, -um, adj. Calçado com socos ou borzeguins (Sên. Ben. 2, 12, 2).

soccŭlus, -ī, subs. m. Borzeguins pequeno (Sên. Ben. 2, 12, 1).

soccus, -ī, subs. m. I — Sent. próprio: 1) Soco, borzeguim (espécie de sapato usado pelos gregos, principalmente) (Cic. De Or. 3, 127). II — Por extensão: 2) Soco, característica da comédia, gênero cômico, comédia (Hor. Ep. 2, 1, 174).

socer, -ĕrī, subs. m. Sogro (Cíc. Of. 1, 129).

socĕrus, -ī, v. **socer** (Plaut. Men. 957).

socĭa, -ae, subs. f. Companheira (Cíc. Br. 45).

sociābĭlis, -e, adj. Sociável, que pode ser unido (T. Liv. 40, 8, 12).

Sociăle Bellum, subs. pr. n. A guerra social (feita pelos romanos contra a Itália revoltada) (Juv. 5, 31).

sociālis, -e, adj. I — Sent. próprio: 1) Relativo aos aliados, de aliado, de aliança (Cíc. Caecil. 18). II — Daí: 2) Social, sociável, feito para a sociedade: **(homo) sociale animal** (Sên. Ben. 7, 1, 7) «(o homem) animal social». III — Por extensão: 3) Nupcial, conjugal (Ov. Met. 7, 800).

sociālĭtās, -tātis, subs. f. Os familiares, séquito (Plin. Paneg. 49, 4).

sociālĭter, adv. Em boa companhia (Hor. A. Poét. 258).

sociātus, -a, -um, part. pass. de **socio**.

sociĕtās, -tātis, subs. f. I — Sent. próprio: 1) Companhia, sociedade, pessoas agrupadas (para o comércio ou indústria), associação (Cíc. Quinct. 12). Por extensão: 2) Aliança, união política, confederação (Cés. B. Civ. 3, 107, 2). II — Sent. figurado: 3) Relação, afinidade, semelhança (Cíc. Of. 3, 32). 4) Comunidade, participação (Cíc. Br. 2).

sociŏ, -ās, -āre, -āvī, -ātum, v. tr. I — Sent. próprio: 1) Associar, aliar (Cíc. Leg. 1, 32). 2) Unir, ligar (Cic. De Or. 3, 131); (Verg. En. 4, 16). II — Daí: 3) Fazer partilhar de, partilhar (Cíc. Rep. 2, 13).

sociofraudus, -a, -um, adj. Que engana o seu associado (Plaut. Ps. 362).

1. socĭus, -a, -um, adj. I — Sent. próprio: 1) Que acompanha, que vai com. Daí: 2) Associado, em comum, unido (Cíc. Phil. 2, 45). 3) Aliado, confederado: (T. Liv. 27, 1, 6). II — Sent. figurado: 4) Auxiliar, protetor (Cíc. Fam. 15, 4, 3).

2. socĭus, -ī, subs. m. I — Sent. próprio: 1) Companheiro, associado, sócio (Cíc. Rep. 2, 35). II — Daí: 2) Aliado, confederado (Cíc. Lae. 12). 3) Colega, associado (em um negócio) (Cíc. Verr. 3, 50). Obs.: Gen. pl.: **socium** (Verg. En. 5, 174).

socordĭa (secordĭa), -ae, subs. f. I — Sent. próprio: 1) Indolência, apatia, inação, falta de coragem (T. Liv. 22, 14, 5). II — Daí: 2) Negligência, imprudência, estupidez (Tác. An. 4, 35).

socordĭus, adv. (comp. do desusado **socordĭter**). Com mais negligência, mais desleixadamente (T. Liv. 1, 22, 5).

socors (secors), -cordis, adj. I — Sent. próprio: 1) Estúpido, sem inteligência, de espírito limitado (Cíc. Nat. 1, 4). II — Daí: 2) Indolente, desleixado, apático (Cíc. Br. 239). Obs.: Constrói-se como absoluto; com gen.; com abl.

Sōcrătēs, -is, subs. pr. m. Sócrates, filósofo ateniense. Empregava para atingir a filosofia o método da introspecção, o «conhece-te a ti mesmo». Acusado de corruptor da mocidade, foi condenado a beber cicuta. (Cíc. Fin. 2, 1).

Sōcrătĭcī, -ōrum, subs. m. Os discípulos de Sócrates (Cíc. At. 14, 9, 1).

Sōcrătĭcus, -a, -um, adj. Socrático, de Sócrates (Hor. A. Poét. 310).

Sōcratĭon, -ōnis, subs. m. Socratião, nome de homem (Catul. 47, 1).

socrus, -ūs, subs. f. Sogra (Cíc. Clu. 23).

sodālicĭum, -ī, subs. n. I — Sent. comum: 1) Trato, convivência, companhia, camaradagem (Catul. 100, 4). II — Sent. particular: 2) Sociedade secreta (Cíc. Planc. 36).

1. sodālis, -is, adj. m. e f. 1) De companheiro, de amigo (Ov. Rem. 586). 2) Companheiro (Hor. O. 1, 25, 19).

2. sodālis, -is, subs. m. I — Sent. próprio: 1) Companheiro, camarada, amigo (Cíc. C. M. 45). II — Sent. particular: 2) Amigo (político), partidário (Cíc. Planc. 46). 3) Membro de uma confraria, de uma corporação (Cíc. Cael. 26).

sodālĭtās, -tātis, subs. f. I — Sent. próprio: 1) Camaradagem, companhia, sociedade, amizade (Cíc. Verr. 1, 94). II — Sent. particular: 2) Corporação, confraria (Cíc. Cael. 26). 3) Círculo, reunião de camaradas (Cíc. C. M. 45). 4) Associação secreta (sent. político) (Cíc. Planc. 37).

sōdēs (= **si audes**). Peço-te, se te apraz, por favor (Cíc. At. 7, 3, 11). Obs.: Fórmula de polidez.

Sohaemus, -ī, subs. pr. m. Soemo, rei dos itureus (Tác. An. 12, 23).

1. sōl, sōlis, subs. m. I — Sent. próprio: 1) O sol (Cíc. De Or. 2, 60). II — Sent. poético: 2) Dia, luz, claridade (Verg. En. 3, 203). III — Sent. figurado: 3) A vida pública, a luz do dia (Cíc. Leg. 3, 14). 4) Um astro = um grande homem (Cíc. Nat. 2, 14).

2. Sōl, Sōlis, subs. pr. m. O Sol (divindade) (Cíc. Nat. 3, 51).

sōlācĭŏlum, -ī, subs. n. Pequeno alívio, ligeiro confôrto (Catul. 2, 7).

sōlācĭum, -ī, subs. n. Alívio, confôrto, consolação (Cíc. Verr. 4, 134).

sōlāmen, -ĭnis, subs. n. Consolação, alívio (Verg. En. 3, 661).

sōlāris, -e, adj. De sol, solar (Ov. Trist. 5, 9, 37).

sōlārĭum, -ī, subs. n. I — Sent. próprio: 1) Quadrante solar (Cíc. Quinct. 59). Daí: 2) Clépsidra (Cíc. Nat. 2, 87). II — Por extensão: 3) Galeria ou terraço exposto ao sol (Plaut. Mil. 340).

sōlătĭŏlum, v. **sōlācĭŏlum**.

sōlātor, -ōris, subs. m. Consolador (Tib. 1, 3, 16).

sōlātus, -a, -um, part. pass. de **solor**.

soldūrĭī, -ĭōrum, subs. m. pl. Soldúrios, soldados da guarda de um gaulês, ou seus vassalos (Cés. B. Gal. 3, 22, 1).

soldus, -a, -um, v. **solĭdus** (Hor. Sát. 1, 2, 113).

solĕa, -ae, subs. f. I — Sent. próprio: 1) Sandália (formada por uma sola em que assentava a planta do pé) (Hor. Sát. 2, 8, 77). II — Sent. particular: 2) Ferradura (de animais), espécie de chapa de ferro que se colocava debaixo do casco dos animais de carga (Suet. Ner. 30). 3) Entraves, peias (Cíc. Inv. 2, 149). 4) Linguado (peixe) (Plin. H. Nat. 9, 52).

soleārĭus, -ī, subs. m. Fabricante de sandálias (Plaut. Aul. 514).

soleātus, -a, -um, adj. Calçado de sandálias (Cíc. Verr. 5, 86).

solemn-, v. **soll-**.

solēnnis, v. **sollēmnis**.

solens, -ēntis, part. pres. de **solĕo**.

Solēnsēs, -ium, subs. loc. m. Solenses, habitantes de Solos (Cíc. Leg. 2, 41).
solĕō, -ēs, -ēre, solĭtus sum, v. semidep. intr. I — Sent. próprio: 1) Costumar, estar acostumado, estar habituado (Cíc. De Or. 2, 56); (Cíc. Fin. 5, 1). II — Daí, por eufemismo: 2) Ter relações carnais (com alguém) (Catul. 113, 2).
sŏlers, v. **sollers.**
1. **solī,** gen. de **solum.**
2. **sōlī,** dat. de **sol.**
3. **sōlī,** dat. de **solus.**
4. **Solī, -ōrum,** subs. pr. m. pl. Solos. 1) Cidade marítima da Cilícia, pátria de Menandro e Arato (Cíc. Leg. 2, 41). 2) Cidade da ilha de Chipre (Plín. H. Nat. 5, 130).
solidātus, -a, -um, part. pass. de **solĭdo.**
solĭdē, adv. 1) Sòlidamente, compactamente (A. Gél. 19, 5). 2) Fortemente, muito, completamente (Plaut. Trin. 850).
solidēscō, -is, -ĕre, v. incoat. intr. Tornar sólido (Plín. H. Nat. 11, 276).
solidĭtās, -tātis, subs. f. Sent. próprio: 1) Solidez, firmeza, dureza (Vitr. 2, 6). 2) Qualidade do que é maciço, denso, compacto, sólido (Cíc. Nat. 1, 49).
solĭdō, -ās, -āre, -āvī, -ātum, v. tr. Tornar sólido, consolidar, endurecer (Verg. G. 1, 179).
1. **solĭdum,** n. tomado advèrbialmente. Fortemente (Apul. M. 5, 28).
2. **solĭdum, -ī,** subs. n. I — Sent. próprio: 1) O sólido (têrmo de geometria) (Cíc. Nat. 2, 47). II — Sent. diversos: 2) Totalidade, soma total (Cíc. Rab. Post. 46). III — Sent. figurado: 3) Chão firme (T. Lív. 44, 5). 4) Lugar seguro (Verg. En. 11, 427).
solĭdus, -a, -um, adj. I — Sent. próprio: 1) Sólido, maciço, consistente (Verg. En. 2, 765). 2) Inteiro, completo, total (Cíc. At. 6, 1, 3). II — Sent. figurado: 3) Sólido, real (Cíc. De Or. 3, 103). 4) Duradouro, firme, inabalável (Hor. O. 3, 3, 4). 5) Certo, seguro (na língua da retórica) (Cíc. Br. 291). Obs.: Forma sincopada: **soldus** (Hor. Sát. 1, 2, 113).
sōlĭfer, -fĕra, -fĕrum, adj. Oriental, donde nasce o sol (Sên. Herc. Oet. 159).
sōlĭferrĕum (sōllĭf-), -ī, subs. n. Soliférreo, dardo todo de ferro (T. Lív. 34, 14, 11).
sōlistĭmum (sōlistŭmum) ou sollistĭmum tripudĭum, -ī, subs. n. Augúrio favorável (Cíc. Div. 1, 28).

sōlistitĭum, v. **solstitĭum.**
sōlitārĭus, -a, -um, adj. Isolado, separado, solitário (Cíc. Lae. 83).
sōlĭtās, -tātis, subs. f. Solidão, isolamento (Apul. M. 9, 18).
sōlitūdō, -ĭnis, subs. f. I — Sent. próprio: 1) Solidão, retiro (Cíc. Lae. 87). II — Sent. figurado: 2) Abandono, vida isolada e sem proteção (Cic. Verr. 1, 153). 3) Falta, privação (T. Lív. 6, 25, 10).
solĭtum, -ī, subs. n. O que é habitual (Ov. Met. 7, 84).
solĭtus, -a, -um. I — Part. pass. de **solĕo.** II — Adj.: habitual, costumeiro (Ov. Her. 21, 127).
solĭum, -ī, subs. n. I — Sent. próprio: 1) Assento, trono, sólio (T. Lív. 1, 47, 4). Daí: 2) Poltrona (do **pater famĭlias,** do jurisconsulto, etc.) (Cíc. De Or. 2, 226). II — Sent. figurado: 3) Cetro, realeza (T. Lív. 39, 53, 4). Sent. diversos: 4) Banheira, banhos (T. Lív. 44, 6, 1). 5) Sarcófago (Q. Cúrc. 10, 10, 9).
sōlivăgus, -a, -um, adj. 1) Que anda só, que vive só (Cíc. Tusc. 5, 38). 2) Isolado, solitário (Cíc. Of. 1, 157).
sollēmne, -is, subs. n. (geralmente no pl.). I — Sent. próprio: 1) Solenidade, rito religioso, cerimônia religiosa (T. Lív. 7, 3, 8). No pl.: 2) Funeral, exéquias (T. Lív. 9, 29, 9). II — Sent. diverso: 3) Coisa habitual, costume antigo, hábito (Cíc. At. 7, 6, 1).
sollēmnis (solēmnis, sollēnnis), -e, adj. I — Sent. próprio: 1) Solenemente seguido ou celebrado em data fixa (na língua religiosa), feito com solenidade, segundo o rito, consagrado, solene (Cíc. Mil. 73). II — Sent. diverso: 2) Habitual, ordinário, comum (Hor. Ep. 2, 1, 103).
sollemnĭter, adv. 1) Solenemente (T. Lív. 5, 46). 2) Segundo o rito, segundo o costume (Plín. Ep. 8, 1, 1).
sollers (sōlers), -tis, adj. Hábil, engenhoso, solerte, esperto, fino (Hor. O. 4, 8, 8). Obs.: Constrói-se com gen., e com inf.
sollērter, adv. Engenhosamente, hàbilmente (Cíc. Leg. 1, 26). Obs.: Comp.: **sollertĭus,** (Cíc. Nat. 2, 88); superl.: **sollertissĭme** (Cíc. Verr. 4, 98).
sollertĭa (sōlertĭa), -ae, subs. f. I — Sent. próprio: 1) Solércia, habilidade, engenho, destreza (Cíc. C. M. 59). II — Daí: 2) Sagacidade, esperteza, ardil, manha (Cic. Opt. 11).

sollicitātĭō, -ōnis, subs. f. I — Sent. próprio: 1) Cuidado, preocupação (Ter. And. 261). II — Daí: 2) Solicitação instância (Cíc. Cat. 3, 14).
sollicitātor, -ōris, subs. m. Sedutor (Sên. Contr. 2, 15, 3).
sollicitātus, -a, -um, part. pass. de sollicito.
sollicitē, adv. 1) Com inquietação (Sên. Ep. 76, 30). 2) Com precaução, cuidadosamente, com solicitude (Sên. Clem. 1, 26, 2).
sollicitō, -ās, -āre, -āvī, -ātum, v. tr. I — Sent. próprio: 1) Atormentar, inquietar (Cíc. At. 1, 18, 1); (Hor. Sát. 2 2, 43). Daí: 2) Agitar fortemente, pôr em movimento (Verg. G. 2, 503); (Verg. G. 2, 418). II — Sent. figurado: 3) Perseguir, acossar (Cés. B. Gal. 3, 8, 4); (Cíc. Fam. 15, 2, 6). 4) Provocar, excitar (Cíc. Phil. 7, 18); (Cíc. Clu. 47). 5) Tentar, seduzir, encantar, solicitar, atrair (Ov. Met. 7, 721). Obs.: Constrói-se com acus.; com acus. com **ad**; com acus. e abl.; com abl. com **de**; com inf.; com **ne** ou com **ut.**
sollicitūdō, -ĭnis, subs. f. Solicitude, inquietação, cuidado (Cíc. At. 5, 21, 3).
sollicĭtus, -a, -um, adj. I — Sent. próprio: 1) Inteiramente agitado, pôsto em movimento (Verg. G. 4, 262). II — Sent. moral: 2) Muito inquieto, alarmado, desassossegado, cheio de ansiedade (Cíc. Sest. 25). 3) Solícito, cuidadoso, atento, vigilante (T. Lív. 5, 47, 3). 4) Que causa perturbação, que traz inquietação (Cíc. Mil. 42). 5) Tímido (Ov. F. 5, 372).
solliferrĕum, v. **soliferrĕum.**
Solō, -ōnis, subs. m. v. **Solon.**
soloecismus, -ī, subs. m. Solecismo (Quint. 1, 5, 16).
soloecus, -a, -um, adj. Que peca contra a língua (Cíc. At. 1, 19, 10).
Solōn (Solō), -ōnis, subs. pr. m. Sólon, legislador ateniense, filósofo e poeta. Foi um dos mais brilhantes reformadores gregos, estabelecendo em sua constituição leis justas e equilibradas (Cíc. Br. 27).
Solonĭum, -ī, subs. pr. n. Solônio, lugar de Lanúvio (Cíc. Div. 1, 79).
sōlor, -āris, -ārī, -ātus sum, v. dep. tr. I — Sent. próprio: 1) Procurar aliviar, reconfortar (Verg. En. 9, 290). II — Sent. moral: 2) Consolar (Verg. En. 4, 394). Daí: 3) Aliviar, apaziguar, acalmar, abrandar (Verg. G. 1, 159); (Ov. F. 2, 821).

Solovettĭus, -ī, subs. pr. m. Solovétio, chefe gaulês (T. Lív. 45, 34).
sōlstitiālis, -e, adj. I — Sent. próprio: 1) Solstical, do solstício, do estio, que nasce no solstício (do verão) (Cíc. Tusc. 1, 94). II — Daí: 2) Do sol, solar, anual (T. Lív. 1, 19, 6). 3) Do verão, do maior calor (T. Lív. 35, 49, 6).
sōlstitĭum, -ī, subs. n. I — Sent. próprio: 1) Solstício: **solstitium brumale** (Col. 7, 3, 11) «solstício de inverno»; **solstitium hibernum** (Col. 11, 2, 94) «solstício de inverno». 2) Especialmente: solstício de verão (Cíc. Nat. 2, 19). II — Sent. figurado: 3) Calor do verão (Verg. G. 1, 100).
1. **solŭī,** = **solvī,** perf. de **solvo** (Catul. 2, 13).
2. **solŭī,** perf. arcaico de **solĕo.**
1. **solum,** adv. 1) Sòmente, unicamente (Cíc. Leg. 1, 53). 2) Não sòmente... mas também (Cíc. Rep. 2, 4): **non solum... sed (verum) etiam.**
2. **sōlum, -ī,** subs. n. I — Sent. próprio: 1) Parte chata e inferior do corpo, base, sustentáculo. Daí: 2) Fundo (de um fôsso, do mar, etc.) (Cés. B. Gal. 7, 72, 1). 3) Planta dos pés (Cíc. Tusc. 5, 90). II — Sent. figurado: 4) Base, fundamento (Cíc. Br. 258). 5) Solo, chão, terra (Cés. B. Gal. 1, 11, 5). 6) País, território, região (Cíc. Caec. 100).
Soluntīnī, -ōrum, subs. loc. m. pl. Soluntinos, habitantes de Solunte (Cíc. Verr. 3, 103).
sōlus, -a, -um, adj. I — Sent. próprio: 1) Só, único (Cíc. Prov. 18). II — Sent. moral: 2) Só, solitário (Ter. Ad. 291). 3) Solitário, deserto (Cíc. Div. 1, 59).
solūtē, adv. 1) De modo desembaraçado, fàcilmente (Cíc. Br. 280). 2) Livremente, sem entraves (Cíc. Div. 2, 100). 3) Frouxamente, com negligência (Cíc. Br. 277).
solūtĭlis, -e, adj. Que se pode desmanchar (Suet. Ner. 34).
solūtĭō, -ōnis, subs. f. I — Sent. próprio: 1) Dissolução, desagregação, decomposição (Cíc. Tusc. 3, 61). II — Daí: 2) Paga, liquidação (Cíc. Of. 2, 84).
solūtus, -a, -um. A) Part. pass. de **solvo.** B) Adj.: I — Sent. próprio: 1) Desligado, livre, sôlto (Cíc. Dej. 22); (Cíc. Nat. 1, 2, 10). Daí: 2) Não sujeito a regras fixas (Cíc. Br. 32). II — Sent. figurado: 3) Impune, sem freio (Cíc. Mil. 34). 4) Licencioso, dissoluto (V.

Máx. 6, 9, 2). 5) Fraco, mole, negligente, efeminado (Cíc. Cat. 2, 27).

solvī, perf. de **solvo**.

solvō, -is, -ĕre, solvī, solūtum, v. tr. I — Sent. próprio: 1) Desatar, desligar, desprender, soltar (Cíc. Verr. 5, 12); (Ov. Met. 11, 682). Daí: 2) Afrouxar os laços, desagregar, dissolver, romper (Verg. G. 4, 302); (T. Lív. 42, 65, 8). II — Sent. figurado: 3) Resolver (Quint. 5, 10, 96). 4) Livrar, isentar, pôr em liberdade, libertar (Cíc. Mil. 31); (Cíc. Rep. 1, 30). 5) Afastar, dissipar, destruir, anular (Cíc. Fin. 1, 22); (Hor. Epo. 9, 38); (T. Lív. 8, 7, 16). 6) Afrouxar, relaxar, amolecer, abrandar, enfraquecer (Verg. En. 12, 951); (Sên. Ep. 51, 5). III — Empregos especiais: 7) Na língua náutica: Levantar âncora, levantar ferros, dar à vela, partir (Cíc. At. 1, 13, 1); (Cés. B. Gal. 4, 28, 1). 8) Na língua jurídica: Pagar, solver uma dívida, saldar (Cíc. Pis. 86); (Cíc. Phil. 3, 11). 9) Pagar (por um crime), sofrer, expiar, ser condenado (Cíc. Mil. 85); (Sal. B. Jug. 69, 4). Obs.: Constrói-se com acus.; com abl. acompanhado ou não de prep. **ab** ou **ex**; como intr. absoluto (subentendendo-se **naves, navem, se a litore**, ou tendo como sujeito **navis** ou **naves**).

Solȳmus, -ī, subs. pr. m. Sólimo, um dos companheiros de Enéias, e que fundou uma colônia em Sulmona (Ov. F. 4, 79).

somniātor, -ōris, subs. m. Intérprete de sonhos, visionário (Sên. Contr. 3, 22, 15).

somnĭculōsē, adv. Indolentemente (Plaut. Capt. 227).

somnĭculōsus, -a, -um, adj. Que dorme, sonolento (Cíc. C. M. 36).

somnĭfer, -fĕra, -fĕrum, adj. Sonífero, que produz sono, narcótico (Ov. Met. 1, 672).

somnĭfĭcus, -a, -um, adj. Que faz dormir, narcótico (Plín. H. Nat. 25, 150).

somnĭō, -ās, -āre, -āvī, -ātum, v. intr. e tr. A) Intr.: I — Sent. próprio: 1) Sonhar, ter um sonho (Cíc. Div. 2, 121); (Plaut. Rud. 597). B) Tr.: II — Sent. figurado: 2) Sonhar com, imaginar (Cíc. At. 9, 13, 6).

somnĭor, -āris, -ārī, = **somnĭo**, v. dep. (Petr. 74, 14).

somnĭum, -ī, subs. n. I — Sent. próprio: 1) Sonho (Cíc. Div. 1, 39). II — Sent. figurado: 2) Sonho, quimera (Hor. Ep. 2, 1, 52). 3) Nada, bagatela (Ter. Phorm. 874).

somnolēntus (-ulēntus), -a, -um, adj. Sonolento, adormecido (Apul. M. 1, 26).

somnus, -ī, subs. m. I — Sent. próprio: 1) Sono (Cíc. Tusc. 4, 44). II — Sent. particular: 2) O Sono (personificado) (Verg. En. 5, 838). III — Sent. figurado: 3) Inação, indolência, ociosidade (Cíc. Sest. 138). 4) A noite (o tempo do sono) (Verg. G. 1, 208).

sonābĭlis, -e, adj. Sonoro, retumbante (Ov. Met. 9, 784).

sonans, -āntis. I — Part. pres. de **sono**. II — Adj.: Sonoro, retumbante, harmonioso, melodioso (Ov. Met. 1, 333).

sonātūrus, -a, -um = **sonĭtūrus**, part. fut. de **sono** (Hor. Sát. 1, 4, 44).

sonāx, -ācis, adj. Retumbante, ruidoso, sonoro (Apul. M. 4, 31).

sonĭpēs, -pĕdis, subs. m. Sonípede, (cavalo) de pés retumbantes, que faz barulho com os pés (Verg. En. 11, 600).

sonĭtī, gen. arc. de **sonĭtus** (Pacuv. Tr. 133).

sonĭtus, -ūs, subs. m. I — Sent. próprio: 1) Som, ruído, estrondo (Cés. B. Gal. 7, 60, 4). II — Sent. particular: 2) Brado, clamor (Cíc. At. 1, 14, 4).

sonĭvĭus, -a, -um, adj. Que faz ruído (língua dos áugures) (Cíc. Fam. 6, 6, 7).

1. **sonō, -ās, -āre, sonŭī, sonĭtum (sonātum)**, v. intr. e tr. A) Intr.: I — Sent. próprio: 1) Soar, fazer ouvir um som, ressoar, retumbar (Cés. B. Civ. 3, 105, 4); (Verg. En. 1, 328). B) Tr.: Fazer ouvir, fazer soar, entoar (Verg. En. 12, 529). Daí: 3) Cantar, recitar, declamar, celebrar (Hor. O. 2, 13, 26). II — Sent. figurado: 4) Significar, ter o sentido, querer dizer (Cíc. Fin. 2, 6); (Cíc. Of. 3, 83).

2. **sonō, -is, -ĕre** = **sono 1** (Lucr. 3, 156).

sonor, -ōris, subs. m. Som, ruído, brado, crepitar (da chama) (Verg. G. 3, 199).

sonōrus, -a, -um, adj. Sonoro, ruidoso, retumbante (Verg. En. 1, 53).

sōns, sontis, adj. I — Adj.: Prejudicial, funesto, contrário (Tib. 1, 8, 51). II — Subs. m.: Culpado (Cíc. Phil. 2, 18).

Sontiātēs, -um, subs. loc. m. Sonciates, povo da Aquitânia (Cés. B. Gal. 3, 20, 2).

sonŭī, perf. de **sono**.

sonus, -ī, subs. m. I — Sent. próprio: 1) Som, ruído (Cés. B. Gal. 7, 47, 2). II — Sent. particular: 2) Som (da voz humana), voz, palavra (Cíc. Tusc. 5,

73). 3) Sonoridade, inflexão (de voz), acento (Cíc. De Or. 1, 114). III — Sent. figurado: 4) Sonoridade, brilho do estilo (Quint. 10, 1, 68).
Sōpăter, -trī, subs. pr. m. Sópatro, nome de várias pessoas, entre as quais duas vítimas de Verres (Cíc. Verr. 2, 68).
sophĭa, -ae, subs. f. A sabedoria (Marc. 1, 112, 1).
sophĭsma, -ătis, subs. n. Sofisma (Sên. Ep. 45, 8).
sophistēs e **sophĭsta, -ae**, subs. m. Sofista (Cíc. Ac. 2, 23).
Sophŏclēs, -is, subs. pr. m. Sófocles, poeta grego que forma com Ésquilo e Eurípedes a tríade máxima dos tragediógrafos gregos (Cíc. Fin. 5, 3).
Sophoclēus, -a, -um, adj. De Sófocles (Cíc. Fam. 16, 18, 3).
Sophonĭba (ou **Sophonĭsba**), **-ae**, subs. pr. f. Sofonisba, filha de Asdrúbal e mulher de Sífax (T. Lív. 30, 12, 11).
Sōphronīscus, -ī, subs. pr. m. Sofronisco, estatuário, pai de Sócrates (Sên. Ben. 3, 32, 2).
Sophus, -ī, subs. pr. m. Sofo, sobrenome romano (T. Lív. 9, 45).
sōpū = **sopīvī**, perf. de **sopĭo**.
sōpĭō, -is, -īre, -īvī (ou **-ĭi**), **-ĭtum**, v. tr. Adormecer, entorpecer (sent. próprio e figurado) (Cíc. Div. 1, 115); (T. Lív. 9, 30, 8); (Cíc. Cael. 41).
sōpītus, -a, -um, part. pass. de **sopĭo**.
Sōpŏlis, -is, subs. pr. m. Sópolis, pintor do tempo de Cícero (Cíc. At. 4, 16).
1. sopor, -ōris, subs. m. I — Sent. próprio: 1) Fôrça que faz adormecer, daí: sono profundo, Sono (personificado) (Verg. En. 4, 522). II — Sent. particular: 2) Sono da morte, letargia, o sono eterno (Hor. O. 1, 24, 5). III — Sent. figurado: 3) Torpor moral, indolência (Tác. Hist. 2, 76). 4) Narcótico (C. Nep. Dion. 2, 5).
2. Sopor, -ōris, subs. pr. m. O Sono (divindade) (Verg. En. 6, 278).
sopōrātus, -a, -um. I — Part. pass. de **sopōro**. II — Adj. — Sent. próprio: 1) Adormecido, entorpecido (Ov. Am. 1, 9, 21). III — Sent. figurado: 2) Soporífico (Verg. En. 5, 855).
sopōrĭfer, -fĕra, -fĕrum, adj. Soporífico, narcótico (Verg. En. 4, 486).
sopōrō, -ās, -āre, -āvī, -ātum, v. tr. Adormecer, entorpecer (Plín. H. Nat. 21, 182).
sopōrus, -a, -um, adj. Soporífero (Verg. En. 6, 390).

Sŏra, -ae, subs. pr. f. Sora, cidade do Lácio (T. Lív. 7, 28, 6).
Sōrācte, -is, subs. pr. n. Soracte, monte a nordeste de Roma, consagrado a Apolo (Verg. En. 7, 696).
sōrācum, -ī, subs. n. Sóraco, cabaz, cêsto (para guardar as roupas dos comediantes) (Plaut. Pers. 362).
1. Sōrānus, -a, -um, adj. De Sora (Cíc. De Or. 3, 43).
2. Sōrānus, -ī, subs. pr. m. Sorano, sobrenome de Plutão (Serv. En. 11, 785).
sorbĕō, -ēs, -ēre, sorbŭī (sorbĭtum), v. tr. Engolir, tragar, absorver, devorar (sent. próprio e figurado) (Verg. En. 3, 422); (Cíc. Phil. 11, 10).
sorbĭlis, -e, adj. Que se pode engolir (Petr. 33, 5).
sorbĭllō, -ās, -āre, v. tr. Beber a pequenos tragos, bebericar (Ter. Ad. 591).
sorbĭtĭō, -ōnis, subs. f. I — Sent. próprio: 1) Absorção (Pérs. 4, 2). II — Por extensão: 2) Beberagem, caldo, papas (Sên. Ep. 78, 25).
sorbō, -is, -ĕre, sorpsī, sorptum = **sorbĕo** (Apul. M. 2, 11).
sorbsī = **sorpsī**, perf. de **sorbo**.
sorbŭī, perf. de **sorbĕo**.
sorbum, -ī, subs. n. Sorva (fruto da sorveira) (Verg. G. 3, 380).
sorbus, -ī, subs. f. Sorveira (planta) (Plín. H. Nat. 16, 74).
sordĕō, -ēs, -ēre, sordŭī, v. intr. I — Sent. próprio: 1) Estar sujo, estar porco (Plaut. Truc. 379). II — Sent. figurado: 2) Ser miserável, ser desprezível, ser sórdido (Plaut. Poen. 1179); (Verg. Buc. 2, 44).
sordēs, -is, subs. f. (geralmente no plural). I — Sent. próprio: 1) Imundície (das unhas, cêra dos ouvidos, remela) (Ov. A. Am. 1, 519). Daí: 2) Aspecto sórdido, pobreza, miséria, pessoa sórdida (Cíc. Pis. 62). II — Sent. particular: 3) Vestido de luto, luto, dor, aflição (Cíc. Mur. 86). III — Sent. figurado: 4) Baixeza de condição (Cíc. Br. 224). 5) Avareza sórdida, mesquinharia (Cíc. Mur. 76). 6) Ação vergonhosa, baixeza, infâmia (Cíc. At. 1, 16, 2). 7) Trivialidade do estilo (Tác. D. 21). Obs.: Gen. arc. **sorderum** (Plaut. Poen. 314). O sg. é raro, mas ainda assim usado por Cícero (At. 1, 6, 11), aparecendo o abl. **sorde** (Hor. Ep. 1, 2, 53); (Lucr. 6, 1271).

sordēscō, -is, -ĕre, sordŭī, v. incoat. intr. Tornar-se sujo, sujar-se (Hor. Ep. 1, 20, 11).
sordidātus, -a, -um, adj. I — Sent. próprio: 1) Mal vestido, sujo desmazelado (Cíc. Pis. 67). II — Sent. particular: 2) Vestido de luto (Cíc. Verr. 2, 62).
sordĭdē, adv. Sent. figurado: 1) De modo sujo, sòrdidamente, mesquinhamente (Cíc. De Or. 2, 352). 2) Num estilo inferior, trivial (Cíc. De Or. 2, 339).
sordidŭlus, -a, -um, adj. I — Sent. próprio: 1) Um tanto sujo (Juv. 3, 149). II — Sent. figurado: 2) Vil, abjecto (Plaut. Poen. 137).
sordĭdus, -a, -um, adj. I — Sent. próprio: 1) Sujo, imundo, maltratado, desmazelado (Verg. En. 6, 301). II — Sent. figurado: 2) Vil, abjecto, ignóbil (Cíc. At. 9, 9, 3). 3) Infame, sórdido, avaro (Hor. Sát. 1, 1, 96). 4) Insignificante, desprezível, miserável (Cíc. Flac. 52). 5) Trivial (estilo) (Quint. 8, 3, 17).
sordĭtūdō, -ĭnis, subs. f. Imundície (Plaut. Poen. 824).
sordŭī, perf. de **sordĕo** e de **sordēsco**.
sōrex, -ĭcis, subs. m. Rato (Ter. Eun. 1023).
sōricīnus, -a, -um, adj. De rato (Plaut. Bac. 889).
sōrītēs, -ae, subs. m. Sorites, espécie de argumento (Cíc. Div. 2, 11).
soror, -ōris, subs. f. I — Sent. próprio: 1) Irmã (Ov. Met. 6, 662). II — Sent. particular: 2) Companheira (Verg. En. 1, 321). 3) Prima (Ov. Met. 1, 351). III — Sent. figurado: 4) Irmã gêmea (tratando-se de coisas iguais, como a mão esquerda relativamente à direita) (Plaut. Poen. 418); anéis do cabelo (Catul. 66, 51).
sorōricīda, -ae, subs. m. Sorocida, assassino da irmã (Cíc. Dom. 26).
sorōrĭō, -ās, -āre, v. intr. Crescer (como duas irmãs gêmeas, tratando-se dos seios), intumescer-se (Plín. H. Nat. 31, 66).
sorōrĭus, -a, -um, adj. De irmã (Cíc. Sest. 16).
sorpsī, perf. de **sorbo**.
sors, sortis, subs. f. I — Sent. próprio: 1) Sorte, ação de tirar a sorte: **extra sortem** (Cíc. Verr. 2, 127) «sem tirar a sorte». II — Por extensão: 2) Resultado (da sorte), resultado, cargo ou função atribuída pela sorte (T. Lív. 23, 30, 18). III — Sent. figurado: 3) Oráculo, predição (Hor. A. Poét. 403). 4) Parte (que cabe em sorte), destino, sorte, a Sorte, o Destino (Verg. En. 10, 501). 5) Ordem, classe, condição (T. Lív. 22, 29, 9). 6) Quinhão (T. Lív. 1, 34, 3). Na língua jurídica: 7) Capital, herança (Cíc. At. 6, 1, 3). Obs.: Nom. arc. **sortis** (Plaut. Cas. 271); (Ter. And. 985); abl.: **sorti** (Plaut. Cas. 319); (Verg. G. 4, 165).
sorticŭla, -ae, subs. f. Cédula (para o escrutínio) (Suet. Ner. 21).
sortilĕgus, -a, -um, adj. I — Sent. próprio: 1) Profético (Hor. A. Poét. 219). II — Subs. m.: 2) Adivinho (Cíc. Div. 1, 132).
sortĭō, -is, -ĭre, -ĭvī, -ĭtum, arc. v. **sortĭor** (Plaut. Cas. 286).
sortĭor, -ĭris, -ĭrī, -ĭtus sum, v. dep. intr. e tr. I — Sent. próprio: A) Intr.: 1) Tirar à sorte (Cíc. Verr. 2, 127); (Cíc. At. 1, 13, 5). B) Tr.: 2) Obter por sorte, caber por herança (Suet. Cés. 18); (Ov. Met. 2, 241). II — Daí: 3) Distribuir, escolher, obter (Verg. En. 3, 634); (Verg. En. 12, 920).
1. sortis, gen. de **sors**.
2. sortis, nom. arc. de **sors** (Plaut. Cas. 271).
sortītĭō, -ōnis, subs. f. Sorteio (Cíc. Planc. 53).
sortītō, adv. 1) Por sorte, por sorteio (Cíc. Verr. 4, 142). 2) Por fatalidade, por designios do destino (Hor. Epo. 4, 1).
sortītor, -ōris, subs. m. O que tira os nomes da urna (Sên. Tr. 982).
1. sortītus, -a, -um, part. pass. de **sortĭor**.
2. sortītus, -ūs, subs. m. I — Sent. próprio: 1) Sorteio, partilha (Verg. En. 3, 323). II — Por extensão: 2) Cédula (para votar) (Estác. Theb. 6, 389). 3) Lote, destino (Estác. Theb. 12, 557).
1. Sōsĭa, -ae, subs. pr. m. Sósia, nome de um escravo de comédia (Plaut. Amph.).
2. Sōsĭa, -ae, subs. pr. f. Sósia, nome de mulher (Tác. An. 4, 19).
Sōsĭbĭus, -ī, subs. pr. m. Sosíbio, preceptor de Britânico (Tác. An. 11, 1).
Sōsĭlāus, -ī, subs. pr. m. Sosilau, nome de homem (T. Lív. 34, 30).
Sosĭlus, -ī, subs. pr. m. Sósilo, historiador grego que escreveu a vida de Aníbal (C. Nep. Han. 13, 3).
Sōsĭppus, -ī, subs. pr. m. Sosipo, nome de homem (Cíc. Verr. 2, 25).
Sōsis, -is, subs. pr. m. Sósis, nome de homem (Cíc. Fam. 13, 30).

Sōsithĕus, -ī, subs. pr. m. Sositeu. 1) Nome de um escravo, leitor de Cícero (Cíc. At. 1, 12, 4). 2) Outra pessoa do mesmo nome (Cíc. Verr. 3, 200).

Sōsĭus, -ī, subs. pr. m. 1) Sósio, nome de homem (Cíc. At. 8, 6, 1). 2) No pl.: **Sosīī, -ōrum:** Sósios, livreiros célebres do tempo de Augusto (Hor. A. Poét. 345).

sospes, -pĭtis, adj. m. e f. I — Sent. próprio: 1) São e salvo, incólume (Hor. O. 3, 14, 10). II — Sent. figurado: 2) Favorável, propício (Hor. Saec. 40). Obs.: Sent. antigo: salvador, que salva (Ên. An. 577).

Sospĭta, -ae, subs. pr. f. Libertadora, protetora (epíteto de Juno) (Cíc. Mur. 90).

sospitālis, -e, adj. Salvador, protetor, tutelar (Plaut. Ps. 247).

sospitātor, -ōris, subs. m. e **sospĭtātrīx, -īcis,** subs. f. Salvador e libertadora (Apul. M. 9, 3).

sospĭtō, -ās, -āre, v. tr. Salvar, conservar são e salvo, proteger (Plaut. Aul. 546); (T. Lív. 1, 16, 3).

Sōsus, -ī, subs. pr. m. Soso. 1) Nome de homem (Plín. H. Nat. 36, 84). 2) Título de uma obra de Antíoco (Cíc. Ac. 2, 12).

Sōtēr, -ēris, subs. pr. m. Salvador. 1) Epíteto de Júpiter (Cíc. Verr. 2, 154). 2) Epíteto de Ptolomeu I, rei do Egito (Plín. H. Nat. 7, 208).

sōtēria, -iōrum, subs. n. pl. Presentes que se enviavam às pessoas amigas por terem melhorado de saúde, escapando a um perigo (Marc. 12, 56, 3).

Sōtērĭcus, -ī, subs. pr. m. Sotérico, nome de homem (Cíc. Balb. 56).

Sotīmus, -ī, subs. pr. m. Sotimo, nome de homem (T. Lív. 8, 24).

spādīx equus, subs. m. Cavalo baio (Verg. G. 3, 82).

spadō, -ōnis, subs. m. Eunuco (T. Lív. 9, 17, 16).

spargō, -is, -ĕre, sparsī, sparsum, v. tr. I — Sent. próprio: 1) Espalhar, espargir, dispersar, disseminar (sent. concreto e abstrato) (Cíc. Amer. 50); (Hor. Ep. 2, 2, 195); (Cíc. C. M. 77); (Verg. En. 2, 98). II — Daí: 2) Cobrir, juncar, encher (sent. físico e moral) (Verg. G. 2, 347); (Lucr. 2, 977). 3) Regar, borrifar (Hor. O. 4, 11, 8).

spargĭer, inf. pres. passivo = **spargī** (Hor. O. 4, 11, 8).

sparsī, perf. de **spargo.**

sparsim, adv. Aqui e ali, esparsamente (Apul. M. 10, 34).

sparsĭō, -ōnis, subs. f. Aspersão (de perfume no circo e no teatro) (Sên. Nat. 2, 9, 1).

sparsus, -a, -um. I — Part. pass. de **spargo.** II — Adj.: Esparso, disperso (Plín. H. Nat. 16, 146).

Sparta, -ae e **Spartē, -ēs,** subs. pr. f. Esparta ou Lacedemônia, cidade da Lacônia (Ov. Met. 6, 414).

Spartăcus, -ī, subs. pr. m. Espártaco. 1) Gladiador que fêz contra os romanos a chamada guerra dos gladiadores (Cíc. Har. 26). 2) Epíteto dado a Antônio (Cíc. Phil. 4, 15).

Spartānus, -a, -um, adj. De Esparta, espartano (Verg. En. 1, 316).

spartĕus, -a, -um, adj. De esparto (espécie de junco) (Pac. Tr. 107).

Spartiātae, -ārum, subs. loc. m. pl. Esparciatas, habitantes de Esparta (Cíc. Tusc. 1, 102).

Spartiātĭcus, -a, -um, adj. De Esparta (Plaut. Poen. 719).

Spartĭcus, -a, -um, adj. De Esparta (Verg. Cul. 400).

spartum, -ī, subs. n. Esparto, espécie de junco (Plín. H. Nat. 19, 26).

sparŭlus, -ī, subs. m. Brema (peixe) (Ov. Hal. 106).

sparus, -ī, subs. m. Venábulo, espécie de dardo (Verg. En. 11, 682).

spatha, -ae, subs. f. I — Sent. próprio: 1) Espátula, instrumento para apartar os tecidos (Sên. Ep. 90, 20). Daí: 2) Espada larga e comprida (Tác. An. 12, 35).

spathalĭum (-on), -ī, subs. n. Ramo (de palmeira) (Marc. 13, 27).

spatiātus, -a, -um, part. pass. de **spatior.**

spatĭor, -āris, -ārī, -ātus sum, v. dep. intr. I — Sent. próprio: 1) Passear, vagar, errar (Cíc. Amer. 59). II — Daí: 2) Estender-se, alargar-se (Ov. Met. 14, 629). Donde: 3) Avançar, alastrar, espalhar-se (Verg. En. 4, 62).

spatiōsē, adv. Ao largo (Plín. Ep. 3, 18, 1). Obs.: Comp.: **spatiosĭus** (Prop. 3, 20, 11) «num espaço maior, num tempo mais longo».

spatiōsus, -a, -um, adj. I — Sent. próprio: 1) Espaçoso, extenso, vasto (Ov. Met. 11, 754). II — Sent. figurado: 2) Longo, de longa duração (Ov. Met. 8, 529).

spatĭum, -ī, subs. n. I — Sent. próprio: 1) Espaço (livre), extensão, distância, intervalo (Cés. B. Gal. 3, 17, 5). Daí: 2) Espaço (de tempo), tempo, época, duração, intervalo (sent. temporal) (Cíc. De Or. 2, 353). 3) Demora, vagar, dilação (Cés. B. Civ. 1, 3, 7). 4) Grande dimensão, grandeza (Ov. Met. 11, 176). II — Sent. particular: 5) Lugar de passeio, passeio, praça (Cíc. Rep. 1, 41). 6) Pista (Ov. Met. 6, 487). III — Sent. figurado: 7) Giro, revolução (dos astros) (Cíc. De Or. 3, 178).

speciālis, -e, adj. Especial, particular (Sên. Ep. 58, 9).

speciālĭter, adv. Em particular, especialmente (Quint. 5, 10, 43).

specĭēs, -ēī, subs. f. I — Sent. próprio: 1) Vista, sentido da vista, vista de olhos (Lucr. 4, 236). II — Sent. usual: 2) Aspecto, aparência (Cic. Of. 2, 39). 3) Forma, exterior, ar (Cíc. Cat. 2, 18). III — Sent. figurado: 4) Bela aparência, beleza (sent. laudatório) (Cíc. Tusc. 1, 68). 5) Falsa aparência, pretexto (T. Liv. 39, 35, 4). 6) Espectro, fantasma (Ov. Met. 9, 473). 7) Imagem, retrato, visita, espetáculo (Cíc. poét. Div. 1, 21). IV — Na língua jurídica: 8) Espécie (Plín. Ep. 10, 56, 4). V — Na língua filosófica: 9) Aspecto, consideração, ponto de vista (Cíc. Of. 3, 46). 10) Idéia que se faz de uma coisa (Cíc. Tusc. 2, 54). 11) Tipo, espécie (de um gênero) (Cíc. Or. 6).

specillum, -ī, subs. n. Sonda (Cíc. Nat. 3, 57).

specĭmen, -ĭnis, subs. n. I — Sent. próprio: 1) Indício, marca, sinal (Cíc. De Or. 3, 160). Daí: 2) Espécimen, exemplo, modêlo, ideal, tipo (Cíc. Nat. 3, 80). 3) Imagem, símbolo, emblema (Verg. En. 12, 164). Obs.: Só ocorre no sing.

specĭō (spicĭō), -is, -ĕre, spexī, spectum, v. tr. Avistar, ver, olhar (Plaut. Cas. 516).

specĭōsē, adv. 1) Com aspecto brilhante, magnificamente (Plín. H. Nat. 35, 49). 2) Com graça, com elegância (Hor. Ep. 1, 18, 52).

specĭōsus, -a, -um, adj. I — Sent. próprio: 1) De belo aspecto, formoso (Quint. 5, 10, 47). II — Sent. figurado: 2) De aparência brilhante, elegante, brilhante (T. Liv. 4, 8, 6). 3) Ilusório, especioso, pomposo (T. Liv. 1, 23, 7).

spectābĭlis, -e, adj. I — Sent. próprio: 1) Visível, que está à vista (Ov. Met. 3, 709). II — Sent. figurado: 2) Belo, notável, brilhante (Ov. Met. 6, 166).

spectācŭlum, -ī, subs. n. I — Sent. próprio: 1) Espetáculo, vista, aspecto (Cíc. Verr. 5, 100). II — Sent. particular: 2) Jogos públicos, espetáculo, teatro (T. Liv. 2, 36, 1). III — No plural: 3) Lugares (em um circo, teatro) (T. Liv. 1, 35, 8).

spectāmen, -ĭnis, subs. n. 1) Espetáculo (Apul. M. 4, 20). 2) Prova, indício (Plaut. Men. 966).

spectātĭō, -ōnis, subs. f. I — Sent. próprio: 1) Ação de olhar, vista (de um espetáculo), espetáculo (Cíc. At. 13, 44, 2) II — Sent. particular: 2) Exame, prova (Cíc. Verr. 3, 181).

spectātor, -ōris, subs. m. I — Sent. próprio: 1) Espectador, observador (T. Liv. 24, 34, 2). Daí: 2) Testemunho (Cíc. Of. 2, 26). 3) Espectador (no teatro) (Cíc. Har. 22). II — Por extensão: 4) Apreciador, crítico (T. Liv. 42, 34, 7).

spectātrīx, -īcis, subs. f. Espectadora (Ov. Am. 2, 12, 26).

spectātus, -a, -um. I — Part. pass. de specto. II — Adj. Sent. próprio: 1) Olhado, visto, e daí: experimentado (T. Liv. 1, 57, 7). Em sent. moral: 2) Estimado, considerado, notável (Cíc. Fam. 5, 12, 7).

spectĭō, -ōnis, subs. f. Observação (dos áugures) (Cíc. Phil. 2, 81).

spectō, -ās, -āre, -āvī, -ātum, v. tr. e intr. I — Sent. próprio: 1) Olhar habitualmente, estar voltado para, ter os olhos fixos em, observar, considerar (sent. físico e moral) (Cíc. Of. 1, 58); (Cíc. Rep. 6, 25); (Cíc. Tusc. 5, 32). Daí: 2) Olhar um espetáculo, assistir a (Cíc. Har. 22). II — Sent. figurado: 3) Ver, notar, apreciar (Cíc. Com. 28); (Cíc. Tusc. 5, 31). 4) Ter em vista, visar, aspirar (Cíc. At. 8, 7, 1); (Cíc. Vat. 24); (Cíc. Tusc. 1, 82); (Cíc. Verr. 5, 188). 5) Experimentar, ensaiar, pôr à prova, reconhecer (Ov. Trist. 1, 5, 25). 6) Olhar, estar voltado para (Cés. B. Gal. 1, 1, 6). 7) Ter relação com, referir-se a (Cíc. Dej. 5).

spectrum, -ī, subs. n. Espectro, simulacro (têrmo filosófico, geralmente no plural) (Cíc. Fam. 15, 16, 1).

1. specŭla, -ae, subs. f. I — Sent. próprio: 1) Lugar de observação, altura, lugar elevado, observatório (Cíc. Verr. 5, 93). II — Sent. figurado: 2) Vigilância, observação (Cíc. Dej. 22). III — Sent. poético: 3) Lugar elevado, montanha (Verg. Buc. 8, 59).

2. spĕcŭla, -ae, subs. f. Pequena esperança, fio de esperança (Cíc. Clu. 72).

speculābĭlis, -e, adj. Visível colocado à vista (Estác. Theb. 12, 624).

speculābŭndus, -a, -um, adj. I — Sent. próprio: 1) Que está de observação, na expetativa (Tác. Hist. 4, 50). Daí: 2) Que observa (com acus.) (Suet. Tib. 65).

speculārĭa, -ĭum, (-ĭōrum), subs. n. pl. Vidros, vidraça de uma janela (Sên. Ep. 90, 25).

speculāris, -e, adj. De espelho (Sên. Nat. 1, 5, 9).

speculātor, -ōris, subs. m. Observador, espião, batedor, explorador (língua militar) (Cíc. Verr. 5, 164).

speculātŏrĭus, -a, -um, adj. I — Sent. próprio: 1) De observação, de espia (Cés. B. Gal. 4, 26, 4). II — Sent. particular: 2) Speculatoriae naves, subs. f. Navios de observação (T. Lív. 22, 19, 5). 3) Speculatoria caliga — calçado para uso dos espiões (Suet. Cal. 52).

speculātrix, -ĭcis, subs. f. I — Sent. próprio: 1) Observadora, a que faz papel de espiã (Cíc. Nat. 3, 46). II — Sent. figurado: 2) A que tem a vista em (Estác. S. 2, 2, 3).

speculātus, -a, -um, part. pass. de **specŭlor**.

specŭlŏr, -āris, -ārī, -ātus sum, v. dep. tr. e intr. Sent. próprio: 1) Tr.: Observar, espreitar, espiar (Cíc. Cat. 1, 6). 2) Intr.: Estar de observação de um lugar alto, estar com olhos em (Ov. Met. 1, 667). Obs.: Constrói-se com acus.; com interr. indir.; como intr. absoluto.

specŭlum, -ī, subs. n. I — Sent. próprio: 1) Espelho (Cíc. Pis. 71). II — Sent. figurado: 2) Reprodução fiel, imagem (Cíc. Fin. 2, 32).

specus, -ūs, subs. m. I — Sent. próprio: 1) Gruta, caverna (T. Lív. 1, 56, 10). Daí: 2) Subterrâneo (Verg. G. 3, 376). 3) Canal coberto (de um aqueduto) (Cíc. At. 15, 26, 4). II — Sent. figurado: 4) Cavidade, o côncavo (Verg. En. 9, 700).

spēlaeum, -ī, subs. n. Covil, toca (Verg. Buc. 10, 52).

1. spēlŭnca, -ae, subs. f. Caverna, antro, gruta (Cíc. Verr. 4, 107).

2. Spēlŭnca, -ae, subs. pr. f. Nome de uma casa de campo de Tibério (Tác. An. 4, 59).

Spendŏphŏrus, -ī, subs. pr. m. Espendóforo, nome de homem (Marc. 9, 56).

spērābĭlis, -e, adj. Que se pode esperar (Plaut. Capt. 518).

spērātus, -a, -um, part. pass. de **spēro**.

Sperchēis, -ĭdis, adj. f. Do Esperquio (Ov. Met. 2, 250).

Sperchēos (-chēus, -chĭos, -chĭus), -ī, subs. pr. m. Esperquio, rio da Tessália (Verg. G. 2, 487).

Sperchĭonĭdes, -ae, subs. loc. m. Habitantes das margens do Esperquio (Ov. Met. 5, 86).

Sperchīae, -ārum, subs. pr. f. pl. Esperquias, cidade da Tessália (T. Lív. 32, 13, 10).

spernō, -is, -ĕre, sprēvī, sprētum, v. tr. Sent. próprio: 1) Afastar (Plaut. Capt. 517). Daí: 2) Afastar com desprêzo, repelir com desprêzo, desprezar, desdenhar (Tác. An. 14, 40); (Cíc. Lae. 54).

spernor, -āris, -ārī, v. dep. tr. Desprezar (Juv. 4, 4).

spērō, -ās, -āre, -āvī, -ātum, v. tr. Sent. próprio: 1) Esperar, ter esperança, contar com (Cíc. Dej. 38); (Cíc. At. 16, 3, 4); (Cíc. Phil. 12, 10); (Cés. B. Civ. 3, 6, 1); (Ter. Eun. 920); (Verg. En. 11, 275). Daí: 2) Recear, prever (Cíc. De Or. 3, 51). Obs.: Constrói-se como absoluto; com acus.; com inf. fut.; com ut ou subj. e com abl. acompanhado da prep. de.

1. spēs, spĕī, subs. f. Sent. próprio: 1) Esperança, expectativa (de uma coisa feliz) (Cíc. Cat. 2, 25). Daí: 2) Esperança (aquilo que se espera), expectativa (de um bem ou mal) (Verg. En. 5, 672). 3) Perspectiva, espera (T. Lív. 21, 6, 5). Obs.: Constrói-se absolutamente; com gen. objet.; com gen. subjet.; com oração infinitiva; com ut; com abl. acompanhado de de; com o gerúndio acompanhado de ad.

2. Spēs, Spĕī, subs. pr. f. A Esperança divindade que os romanos consideravam irmã do Sono, representada por uma jovem coroada de flôres e sorridente (Cíc. Nat. 2, 61).

Speusĭppus, -ī, subs. pr. m. Espeusipo, ateniense, filósofo acadêmico (Cíc. Ac. 1, 17).

spēxī, perf. de **specio**.
sphaera, -ae, subs. f. I — Sent. próprio:
1) Esfera, globo (Cíc. Nat. 2, 47). II
— Daí: 2) Esfera celeste (na língua
filosófica) (Cíc. Tusc. 1, 63). 3) Movimento dos planêtas (Cíc. Nat. 2, 55).
Sphaerus, -ī, subs. pr. m. Esfero, nome
de um filósofo estóico (Cíc. Tusc. 4, 53).
Sphinx, -ingis, subs. pr. f. 1) Esfinge,
monstro alado com cabeça de mulher e
corpo de leão, que espalhava a morte
e o terror em Tebas (Sên. Oed. 92).
2) Estátua de esfinge (Plaut. Poen.
444).
spīca, -ae, subs. f. Sent. próprio: 1) Espiga
(Cíc. Fin. 4, 37). Daí, objeto em forma
de espiga: 2) Vagem (dos legumes)
(Col. 8, 5, 21).
spīcātus, -a, -um, part. pass. de **spīco**.
spīcĕus, -a, -um, adj. De espigas, coberto
de espigas (Hor. Saec. 30).
spīcĭfer, -fĕra, -fĕrum, adj. Que produz
espiga, fértil (em cereais) (Marc. 10,
74, 9).
spicio = **specio**.
spīcō, -ās, -āre, -āvī, -ātum, v. tr. Dispor
em forma de espiga, dar forma de espiga (Plín. H. Nat. 18, 60).
spīcŭlō, -ās, -āre, v. tr. Aguçar, tornar
pontiagudo (Plín. H. Nat. 11, 3).
spīcŭlum, -ī, subs. n. I — Sent. próprio:
1) Ponta de um dardo, de uma flecha,
etc. (Hor. O. 1, 15, 17). II — Por extensão: 2) Dardo, flecha (Verg. Buc.
10, 60). 3) Ferrão (de abelha, serpente,
etc.) (Ov. F. 5, 542).
spīcum, -ī, subs. n., v. **spīca** (Cíc. C. M.
51).
spīna, -ae, subs. f. I — Sent. próprio: 1)
Espinheiro (planta), roseira brava
(Verg. En. 3, 594). Daí: 2) Espinho de
um vegetal), ponta, pico, espinha (dorsal), coluna vertebral (Verg. G. 3, 87).
II — Sent. poético: 3) Costas (Ov. Met.
6, 380). III — Sent. figurado: 4) Dificuldades, rodeios (Cíc. Fin. 4, 79). 5)
Vícios, defeitos (Hor. Ep. 2, 2, 212). 6)
Cuidados (Hor. Ep. 1, 14, 4).
spīnētum, -ī, subs. n. Sarça, silvado (Verg.
Buc. 2, 9).
spīnĕus, -a, -um, adj. De espinhos (Ov.
Met. 2, 789).
Spīnō, -ōnis, subs. pr. m. Espinão, nome
de um rio vizinho de Roma, considerado
como divindade (Cíc. Nat. 3, 52).
spīnōsus, -a, -um, adj. I — Sent. próprio:
1) Cheio de espinhos, espinhoso (Plín.

H. Nat. 19, 47). II — Sent. figurado:
2) Picante, agudo (Catul. 64, 72). 3)
Sutil, obscuro (Cíc. Tusc. 1, 16).
Spinthărus, -ī, subs. pr. m. Espíntaro, liberto de Cícero (Cíc. At. 13, 25, 3).
spinthēr (-tēr), -ēris, subs. n. Bracelete
que as mulheres usavam no alto do
braço esquerdo (Plaut. Men. 527).
spinturnīcĭum, -ī, subs. n. Sent. figurado:
Ave agoureira (têrmo de injúria)
(Plaut. Mil. 989).
spīnus, -ī, subs. f. Ameixeira brava (Verg.
G. 4, 145).
Spĭō, -ūs, subs. pr. f. Espio, nome de uma
nereida (Verg. G. 4, 338).
spīra, -ae, subs. f. Sent. diversos: 1) Espira, base da coluna, pilar (Plín. H.
Nat. 36, 179). 2) Espécie de bôlo, em
forma de rôsca (Cat. Agr. 77). 3) Anéis
das serpentes (Verg. G. 2, 154). 4) Nós
das árvores (Plín. H. Nat. 16, 198).
spīrabĭlis, -e, adj. Respirável, aéreo (Cíc.
Nat. 2, 91).
spīrăcŭlum, -ī, subs. n. Respiradouro,
abertura (Verg. En. 7, 568).
Spīraeum, -ī, subs. pr. n. Espireu, promontório da Argólida (Plín. H. Nat. 4, 18).
spīrāmēntum, -ī, subs. n. I — Sent. próprio: 1) Respiradouro, canal, conduto
(Verg. G. 1, 90). II — Sent. figurado:
2) Pausa, tempo de respirar (Tác.
Agr. 44).
spīrans, -āntis, part. pres. de **spīro**.
Spīridĭōn, -ōnis, subs. pr. m. Espiridião,
nome de homem (Quint. 6, 1, 41).
spīrĭtus, -ūs, subs. m. I — Sent. próprio:
1) Sôpro, vento, hálito, respiração, exalação (Verg. En. 12, 365). Daí: 2) O
ar (Cíc. Amer. 72). II — Sent. figurado: 3) Suspiro (Hor. Epo. 11, 10). 4)
Inspiração, sôpro divino, gênio, espírito, criador (Hor. O. 4, 6, 29). 5) Espírito, sentimento (T. Lív. 2, 35, 6). 6)
Ira, cólera, arrogância, orgulho, presunção (Cíc. Phil. 8, 24). 7) Espírito, alma
(Ov. Met. 15, 167).
spīrō, -ās, -āre, -āvī, -ātum, v. intr. e tr.
A) Intr.: I — Sent. próprio: 1) Soprar,
exalar um sôpro (Lucr. 6, 428); (Lucr.
5, 29). 2) Exalar um cheiro (Verg. En.
1, 404); (Verg. G. 4, 31). 3) Respirar
(Cíc. Sest. 54); (Cíc. Mil. 91). II —
Sent. figurado: 4) Estar animado, viver,
estar inspirado (Hor. O. 4, 4, 24); (Hor.
Ep. 2, 1, 166). B) Tr.: 5) Respirar, aspirar, estar ávido (Cíc. At. 15, 11, 1).
6) Dar sinais de, manifestar, anunciar
(Prop. 1, 3, 7). 7) Soprar, emitir soprando (Verg. En. 7, 281).

SPISSĀTUS

spissātus, -a, -um, part. pass. de spisso.
spissē, adv. De modo lento, vagarosamente (Cíc. Br. 138).
spissēscō, -is, -ĕre, v. incoat. intr. Tornar-se espêsso, condensar-se (Lucr. 6, 176).
spissigrădus, -a, -um, adj. Que anda lentamente (Plaut. Poen. 506).
spissitūdō, -ĭnis, subs. f. Condensação (Sên. Nat. 2, 30, 4).
spissō, -ās, -āre, -āvī, -ātum, v. tr. 1) Condensar, tornar espêsso, coagular (Ov. Met. 15, 250). 2) Apertar (Petr. 140, 9).
spissus, -a, -um, adj. I — Sent. próprio: 1) Espêsso, denso, compacto, consistente, sólido (Verg. En. 2, 621). II — Sent. figurado: 2) Lento, vagaroso, penoso (Cíc. Fam. 2, 10, 4). 3) Numeroso, acumulado em grande número (Petr. 31, 1).
splēn, splēnis, subs. m. Baço (Pérs. 1, 12).
splendĕō, -ēs, -ēre, v. intr. I — Sent. próprio: 1) Esplender, brilhar (sent. físico e moral) (Verg. En. 7, 9). II — Sent. figurado: 2) Cintilar, resplandecer, brilhar (Cíc. Sest. 60).
splendēscō, -is, -ĕre, splendŭī, v. incoat. intr. Tornar-se brilhante, adquirir brilho (Verg. G. 1, 46); (Cíc. Par. 3).
splendĭdē, adv. 1) Brilhantemente, magnificamente, esplêndidamente (sent. próprio e figurado) (Cíc. Tusc. 3, 61); (Cíc. C. M. 64). 2) Em estilo brilhante (Cíc. Of. 1, 4).
splendĭdus, -a, -um, adj. I — Sent. próprio: 1) Brilhante, luminoso, resplandecente (Cíc. Rep. 6, 16). II — Sent. figurado: 2) Puro, límpido, transparente (Hor. O. 3, 13, 1). 3) Brilhante, opulento, magnífico, esplêndido, suntuoso (Cíc. Lae. 22). 4) Glorioso, honroso, ilustre, considerado, estimado (Cíc. Fin. 2, 58). 5) De aparência brilhante, aparatoso (Cíc. Fin. 1, 61).
splendor, -ōris, subs. m. I — Sent. próprio: 1) Brilho, esplendor (Hor. Sát. 1, 4, 28). II — Sent. figurado: 2) Esplendor, magnificência, fausto (Cíc. Cael. 77). 3) Lustre, glória, consideração, honra (Cíc. De Or. 1, 200). 4) Brilho, elegância, pompa (do estilo) (Cíc. Or. 110).
splendŭī, perf. de splendēsco.
splēniātus, -a, -um, adj. Emplastrado (Marc. 10, 22, 1).
splēnĭon (-ĭum), -ī, subs. n. Emplastro (Marc. 2, 29, 9).
Spŏlētīnus, -a, -um, adj. De Espoleto (Cíc. Balb. 48).

SPONDĒUS

Spŏlētīnī, -orum, subs. loc. m. Espoletinos, habitantes de Espoleto (T. Liv. 27, 10).
Spŏlētĭum (-tum), -ī, subs. pr. n. Espoleto, cidade da Úmbria (T. Liv. 22, 9).
spoliārĭum, -ī, subs. n. 1) Lugar onde se despojavam os gladiadores mortos (Sên. Ep. 93, 12). 2) Covil de salteadores (Sên. Contr. 5, 33).
spoliātĭō, -ōnis, subs. f. I — Sent. próprio: 1) Espoliação, roubo, pilhagem (Cíc. Verr. 4, 132). II — Sent. figurado: 2) Roubo (Cíc. Mur. 87).
spoliātor, -ōris, subs. m. Espoliador (T. Liv. 29, 18, 15).
spoliātrīx, -īcis, subs. f. Espoliadora (Cíc. Cael. 52).
spoliātus, -a, -um. I — Part. pass. de spolĭo. II — Adj.: Despojado, vazio, privado de (Cíc. At. 6, 1, 4).
spolĭō, -ās, -āre, -āvī, -ātum, v. tr. I — Sent. próprio: 1) Despojar, espoliar (Cíc. Verr. 4, 86). 2) Pilhar, roubar (Cíc. Sull. 71). II — Sent. figurado: 3) Privar de, despojar de (Cíc. Cael. 3).
spolĭum, -ī, subs. n. (geralmente no plural). I — Sent. próprio: 1) Despojos de um animal, tosão (sobretudo de uso poético) (Ov. Met. 6, 13). Daí: 2) Despojos de um inimigo, prêsa (de guerra) (T. Liv. 1, 10, 6). Donde: 3) Produtos do roubo, roubos (Cíc. Pomp. 55). II — Sent. figurado: 4) Vitória, triunfo (Cíc. Of. 3, 22).
sponda, -ae, subs. f. I — Sent. próprio: 1) Madeira de leito, armação de leito (Ov. Met. 8, 657). Daí: 2) Cama, leito (Verg. En. 1, 698). II — Sent. particular: 3) Leito de morte, esquife (Marc. 10, 5, 9).
spondaulĭum, -ī, subs. n. Declamação com acompanhamento de flauta (Cíc. De Or. 2, 193).
spondĕō, -ēs, -ēre, spopŏndī, spōnsum, v. tr. e intr. I — Sent. próprio: 1) Tr.: Tomar um compromisso solene, prometer solenemente, obrigar-se, garantir (Cíc. Caec. 7); (Cíc. Phil. 5, 28). II — Daí: 2) Intr.: Responder por alguém, ficar como fiador (Cíc. Planc. 47); (Hor. Ep. 2, 2, 67). 3) Prometer solenemente, em nome do Estado, prestar juramento (T. Liv. 9, 5, 4). Obs.: Constrói-se com inf. fut.; com inf. pres.; com acus. de coisa e, às vêzes, com dat.
spondēus (-ĭus), -ī, subs. m. Espondeu (pé métrico formado de duas sílabas longas) (Cíc. Or. 216).

SPONDYLUS — 937 — **SPURCUS**

spondўlus, -ī, subs. m. Espécie de molusco (Marc. 7, 20, 14).

1. spongĭa (-gĕa), -ae, subs. f. I — Sent. próprio: 1) Esponja (Cíc. Nat. 2, 136). II — Sent. figurado: 2) Almofada de esponja, cota de malha (dos gladiadores, para proteção do peito) (T. Lív. 9, 40, 3).

2. Spongĭa, -ae, subs. pr. m. Espônja, sobrenome romano (Cíc. At. 1, 16, 6).

spōnsa, -ae, subs. f. Noiva (Hor. O. 4, 2, 21).

spōnsālĭa, -ĭum (-ĭōrum), subs. n. pl. I — Sent. próprio: 1) Esponsais (Cíc. At. 6, 6, 1). II — Daí: 2) Banquete de núpcias (Cíc. Q. Fr. 2, 5, 2).

spōnsālis, -e, adj. De esponsais (Varr. L. Lat. 6, 70).

spōnsĭō, -ōnis, subs. f. I — Sent. próprio: 1) Promessa solene, compromisso, garantia, fiança (T. Lív. 9, 9, 4). II — Na língua jurídica: 2) Consignação judiciária (Cíc. Com. 10). III — Sent. particular: 3) Convênio, estipulação, tratado (Cíc. Caec. 91).

spōnsiuncŭla, -ae, subs. f. Pequena promessa ou estipulação (Petr. 58, 8).

spōnsor, -ōris, subs. m. I — Sent. próprio: 1) Fiador (Cíc. At. 15, 15, 2). II — Sent. particular: 2) Fiadora (epíteto de Vênus) (Ov. Her. 16, 116).

spōnsum, -ī, subs. n. Coisa prometida, promessa (Hor. Sát. 1, 3, 95).

1. spōnsus, -a, -um, part. pass. de spondĕo.

2. spōnsus, -ī, subs. m. Noivo, pretendente (Hor. Ep. 1, 2, 28).

3. spōnsus, -ūs, subs. m. Promessa, esponsais (Cíc. At. 12, 19, 2).

sponte (abl. do desusado spons). 1) Espontâneamente, por vontade própria, voluntàriamente, nas expressões: sponte mea, tua, sua (Cíc. Verr. 4, 72) «por minha, tua, sua espontânea vontade». 2) Por si mesmo, por suas próprias fôrças, sem apoio (Cíc. Fam. 7, 2, 3). 3) Por sua própria natureza, naturalmente (Cíc. Verr. 1, 108).

spontis, gen. do desusado spons. Vontade, autoridade (Cels. 1, 1). Obs.: Ainda ocorre na expressão: suae spontis: homo... suae spontis (Cels. 1, 1) «homem senhor de si».

spopōndī, perf. de spondĕo.

sportēlla, -ae, subs. f. Pequeno cêsto e, em sent. particular, espécie de alimento frio colocado nos referidos cestos (Cíc. Fam. 9, 20, 2).

sportŭla, -ae, subs. f. I — Sent. próprio: 1) Pequeno cêsto (Plaut. Curc. 289). II — Sent. particular: 2) Cêsto em que os senhores ofereciam aos clientes presentes em dinheiro ou víveres (Juv. 1, 95). Daí: 3) Presente, espórtula (Plín. Ep. 2, 14, 4).

Sporus, -ī, subs. pr. m. Esporos, nome de homem (Suet. Ner. 28).

sprērunt, forma sincopada de sprēvērunt, perf. de sperno.

sprētor, -ōris, subs. m. Desprezador, desdenhador (Ov. Met. 8, 613).

1. sprētus, -a, -um, part. pass. de sperno.

2. sprētus, -ūs, subs. m. Desprêzo (Apul. Socr. 3).

sprēvī, perf. de sperno.

spŭī, perf. de spŭo.

spūma, -ae, subs. f. Espuma, baba (Verg. En. 1, 35).

spūmāns, -āntis, part. pres. de spūmo.

1. spūmātus, -a, -um, part. pass. de spūmo.

2. spūmātus, -ūs, subs. m. Espuma, baba (de uma serpente) (Estác. S. 1, 4, 103).

spūmēscō, -is, -ĕre, v. incoat. intr. Tornar-se espumoso (Ov. Her. 2, 87).

spūmĕus, -a, -um, adj. Espumante, espumoso (Verg. En. 2, 419).

spūmĭfer, -fĕra, -fĕrum, adj. Espumoso (Ov. Met. 11, 140).

spūmĭger, -gĕra, -gĕrum, adj. Espumoso (Lucr. 5, 985).

spūmō, -ās, -āre, -āvī, -ātum, v. intr. e tr. A) Intr.: 1) Espumar (Verg. En. 1, 158); (Verg. Buc. 5, 67). B) Tr.: 2) Cobrir de espuma (Cíc. Div. 1, 13).

spūmōsus, -a, -um, adj. Espumoso, espumante (Verg. En. 6, 174).

spŭō, -is, -ĕre, spŭī, spŭtum, v. intr. e tr. I — Intr.: Cuspir (Plín. H. Nat. 28, 36). II — Tr.: Lançar fora cuspindo (Verg. G. 4, 97).

spurcātus, -a, -um. I — Part. pass. de spurco. II — Adj. Manchado (sent. figurado) (Cíc. Dom. 25).

spurcē, adv. Em sent. figurado: obscenamente (Cíc. Phil. 2, 99). Obs.: Superl.: supurcissīme (Cíc. At. 11, 13, 2).

spurcidĭcus, -a, -um, adj. Obsceno, torpe (Plaut. Capt. 56).

spurcifĭcus, -a, -um, adj. Culpado de ações torpes (Plaut. Trin. 826).

spurcō, -ās, -āre, -āvī, -ātum, v. tr. Sujar (Catul. 108, 2).

spurcus, -a, -um, adj. I — Sent. próprio: 1) Sujo, imundo (Lucr. 6, 782). Daí: 2) Negro, sombrio, tenebroso (Suet. Cés. 60). II — Sent. figurado: 3) Vil, desprezível, indigno (Cíc. Phil. 11, 1).

Spurinna, -ae, subs. pr. m. Espurina, sobrenome de vários romanos (Cíc. Div. 1, 119).
Spurius, -i, subs. pr. m. Espúrio, prenome romano (Cíc. Rep. 2, 50).
spūtātor, -ōris, subs. m. Cuspidor (Plaut. Mil. 648).
spūtō, -ās, -āre, v. tr. Cuspir (Ov. Met. 12, 256).
spūtum, -i, subs. n. I — Sent. próprio: 1) Cuspo, escarro (Lucr. 6, 1188). II — Sent. figurado: 2) Ligeira camada (Marc. 8, 33, 11).
squālĕō, -ēs, -ēre, v. intr. I — Sent. próprio: 1) Estar coberto de placas ou escamas (Verg. En. 10, 314). Daí: 2) Estar rugoso, escabroso ou áspero (Verg. G. 2, 348). II — Sent. figurado: 3) Estar coberto de imundície, estar sujo (Ov. Met. 2, 760). 4) Estar em desalinho, usar roupas escuras, estar de luto (Cíc. Mil. 20).
squālidius, adv. Em estilo pouco cuidado, negligentemente (Cíc. Fin. 4, 5). Obs.: Comp. do desusado **squālide.**
squālidus, -a, -um, adj. I — Sent. próprio: 1) Eriçado, áspero sent. raro) (Lucr. 2, 469). II — Sent. figurado: 2) Sujo esquálido, horrível, medonho (T. Lív. 21, 39, 2). 3) Vestido com desalinho, de luto (Ov. Met. 15, 38). 4) Inculto, árido, (Ov. F. 1, 558). 5) Árido, escuro (Cíc. Or. 115).
squālĭtās, -tātis, subs. f. v. **squālitūdō** (Ác. Tr. 617).
squālitūdō, -inis, subs. f. Aspecto de miséria, exterior em desalinho (Ác. Tr. 340).
squālor, -ōris, subs. m. I — Sent. próprio: 1) Crosta, aspereza (Lucr. 2, 425). II — Sent. particular: 2) Imundície (T. Lív. 2, 23, 3). 3) Pobreza miséria (Q. Cúrc. 5, 6, 13). III — Sent. figurado: 4) Luto, aflição, dor (Cíc. Mur. 86).
squāma, -ae, subs. f. I — Sent. próprio: 1) Escama (Cíc. Nat. 2, 121). II — Sent. particular: 2) Malhas (de metal, das couraças) (Verg. En. 9, 707). 3) Peixe (Juv. 4, 25).
squāmĕus, -a, -um, adj. Escamoso, coberto de escamas (Verg. G. 2, 154).
squāmiger, -gĕra, -gĕrum, adj. v. **squāmĕus** (Cíc. Arat. 328).
squāmōsus (-ōssus), -a, -um, adj. I — Sent. próprio: 1) Escamoso, coberto de escamas (Verg. G. 4, 408). II — Sent. poético: 2) Áspero, escabroso (Luc. 4, 325).

squīlla, -ae, subs. f. Esquila (peixe) (Hor. Sát. 2, 4, 58).
Stabiānus, -a, -um, adj. De Estábias (Sên. Nat. 6, 1, 1).
Stabiānum, -i, subs. pr. n. Estabiano. 1) Casa de Estábias (Cíc. Fam. 7, 1, 1). 2) Território de Estábias (Plín. H. Nat. 31, 9).
stabilĭmēntum, -i, subs. n. Apoio, sustentáculo (Plaut. Curc. 367).
stabiliō, -is, -īre, -īvī, -ītum, v. tr. I — Sent. próprio: 1) Tornar firme, tornar estável (Cés. B. Gal. 7, 73, 7). II — Sent. figurado: 2) Estabelecer, fortificar, fortalecer, corroborar, apoiar (Cíc. Sest. 143).
stabĭlis, -e, adj. I — Sent. próprio: 1) Que está firme, firme, consistente (T. Lív. 44, 9, 7). Daí: 2) Sólido, estável, constante, certo, imutável (T. Lív. 44, 35, 19). II — Sent. figurado: 3) Duradouro, imutável, firme (Cíc. Lae. 64). 4) Determinado, decidido (Plaut. Bac. 520). 5) Grave (tratando-se de um pé métrico ou de sílabas longas) (Hor. A. Poét. 256).
stabilĭtās, -tātis, subs. f. I — Sent. próprio: 1) Estabilidade, firmeza, solidez, consistência, imobilidade (Cés. B. Gal. 4, 33, 4). II — Sent. figurado: 2) Firmeza, solidez (Cíc. Tusc. 5, 40).
stabilĭter, adv. Sòlidamente, com firmeza (Vitr. 10, 9, 2). Obs.: Comp.: **stabilius** (Suet. Claud. 20).
stabilĭtor, -ōris, subs. m. Apoio, sustentáculo (Sên. Ben. 4, 7, 2).
stabilītus, -a, -um, part. pass. de **stabilio.**
stabulātus, -a, -um, part. pass. de **stabulor** e de **stabulo.**
stabulō, -ās, -āre, v. tr. e intr. Sent. próprio: 1) Tr.: Guardar num estábulo (Varr. R. Rust. 1, 21). 2) Intr.: Estar no estábulo, habitar (Verg. En. 6, 286).
stabulor, -āris, -ārī, -ātus sum, v. dep. intr. Ter seu estábulo, habitar (Ov. Met. 13, 822).
stabulum, -i, subs. n. I — Sent. próprio: 1) Lugar onde alguém se estabelece, domicílio, morada (Plaut. Aul. 231). II — Sent. particular: 2) Estábulo, estrebaria (Verg. G. 3, 295). 3) Lupanar (Cíc. Phil. 2, 69). 4) Albergue (Marc. 6, 94, 3). 5) Cortiço (de abelhas) (Verg. G. 4, 14). 6) Têrmo de injúria (Plaut. Cas. 158).
stacta, -ae, (stactē, -ēs), subs. f. Essência de mirra, mirra (Plaut. Curc. 100).

stadĭum, -ī, subs. n. Sent. diversos: 1) Estádio (medida itinerária) (Cíc. Fin. 5, 1). 2) Estádio (lugar onde se realizam corridas) (Cíc. Of. 3, 42).

Stagīrītēs, -ae, subs. loc. m. Estagirita, natural de Estagira, i. é, Aristóteles (Cíc. Ac. 1, 17).

stăgnātus, -a, -um, part. pass. de **stagno.**

stagnō, -ās, -āre, -āvī, -ātum, v. intr. e tr. A) Intr.: I — Sent. próprio: 1) Formar um pântano, estagnar, estacionar (Verg. G. 4, 288). Daí: 2) Estar coberto de pântano (Ov. Met. 1, 324). B) Tr.: II — Sent. figurado: 3) Inundar, submergir (Ov. Met. 15, 269).

stagnum, -ī, subs. n. I — Sent. próprio: 1) Água estagnada (Ov. Met. 1, 38). II — Sent. particular: 2) Lago, tanque, pântano (Verg. En. 10, 764). 3) Águas, extensão (dos mares) (Ov. P. 1, 8, 38).

Staiēnus, -ī, subs. pr. m. (Caio Élio) Estaieno, juiz do processo de Opiânico (Cíc. Clu. 66).

Stăius, -ī, subs. pr. m. Estaio, nome de homem (Tác. An. 4, 27).

stalagmĭum, -ī, subs. n. Brinco (das orelhas) (Plaut. Men. 542).

stāmen, -ĭnis, subs. n. I — Sent. próprio: 1) Estame, fio de tecer, fio da roca (Ov. Met. 4, 34). II — Sent. particular: 2) Fio das Parcas (Tib. 1, 7, 2). Donde: 3) Destino (Juv. 10, 252). Em geral, tôda espécie de fio: 4) Fio de Ariadne (Prop. 4, 4, 42). 5) Fio (da aranha) (Plín. H. Nat. 11, 80). III — Por extensão: 6) Corda (de instrumento) (Ov. Met. 11, 170). 7) Fita sagrada (Prop. 4, 9, 52).

stămĭnātus, -a, -um, adj. Encerrado numa bilha (Petr. 41, 12).

stămĭnĕus, -a, -um, adj. Coberto de fio, filamentoso (Prop. 3, 6, 26).

Stasĕās, -ae, subs. pr. m. Estáseas, filósofo peripatético de Nápoles (Cíc. Fin. 5, 8).

Stata Māter, subs. pr. f. Deusa Vesta (Cíc. Leg. 2, 28).

statārĭus, -a, -um, adj. I — Sent. próprio: 1) Que fica de pé, imóvel, sem se mexer (T. Lív. 9, 19, 8). II — Sent. figurado: 2) Calmo, sereno, de pouca ação: **stataria comoedia** (Ter. Heaut. 36) «comédia de gênero calmo», isto é, «com pouca ação».

statārĭī, -ōrum, subs. m. pl. Atores de comédia **stataria** (Cíc. Br. 116).

statēra, -ae, subs. f. I — Sent. próprio: 1) Balança (Cíc. De Or. 2, 159). II — Sent. figurado: 2) Preço, valor (Plín. H. Nat. 12, 127).

staticŭlus, -ī, subs. m. Dança lenta (Plaut. Pers. 824).

Statīlĭa, -ae, subs. pr. f. Estatília Messalina, mulher de Nero (Suet. Ner. 35).

Statīlĭus, -ī, subs. pr. m. Estatílio, nome de uma família romana. 1) Lúcio Estatílio, cúmplice de Catilina (Cíc. Cat. 3, 6). 2) Nome de um áugure (Cíc. At. 12, 13).

statim, adv. I — Sent. próprio: 1) De pé firme, sem recuar, no mesmo lugar (Plaut. Amph. 276). II — Daí: 2) De modo estável, constantemente (Ter. Phorm. 790). Donde: 3) Incontinenti, imediatamente, logo (Cíc. Tusc. 1, 18).

statĭō, -ōnis, subs. f. I — Sent. próprio: 1) Ação de ficar direito e imóvel, imobilidade (Lucr. 4, 396). II — Sent. particular: 2) Morada, residência, lugar de pouso (Verg. En. 5, 128). 3) Pôsto militar, guarda, sentinela, guarnição (Cés. B. Gal. 4, 32, 1). 4) Ancoradouro, pôrto, estação naval, enseada (T. Lív. 10, 2, 6). III — Sent. figurado: 5) Posição, situação, lugar (Ov. Am. 1, 7, 68).

Statĭus, -ī, subs. pr. m. Estácio. 1) Cecílio Estácio, poeta cômico latino (Cíc. Opt. 2). 2) Nome de um procônsul (Cíc. Phil. 11, 39). 3) Nome de um escravo de César (Cíc. At. 5, 2, 1). 4) Estácio, poeta latino, autor de «Silvas» e «Tebaida».

statīva, -ōrum, subs. n. pl. (subentendido **castra**). Acampamento fixo, acantonamento, guarnição (T. Lív. 1, 57, 4).

statīvus, -a, -um, adj. Imóvel, estacionário, que fica num lugar (Cíc. Phil. 12, 24).

1. Stator, -ōris, subs. pr. m. Estator, epíteto de Júpiter (que detém os fugitivos) (Cic. Cat. 1, 11).

2. stator, -ōris, subs. m. Escravo público que tinha a seu cargo o correio, ordenança de um magistrado (Cíc. Fam. 2, 19, 2).

Statōrĭus, -ī, subs. pr. m. Estatório, nome de homem (T. Lív. 24, 4S).

statŭa, -ae, subs. f. I — Sent. próprio: 1) Estátua (Cíc. Verr. 2, 87). II — Sent. figurado: 2) Estátua (homem imóvel) (Hor. Ep. 2, 2, 83).

statuārĭus, -ī, subs. m. Estatuário (Sên. Ep. 88, 15).

statŭī, perf. de **statŭo**.
statūmen, -ĭnis, subs. n. 1) Base, fundação, leito de pedras (Vitr. 7, 1, 1). 2) Caverna (do navio) (Cés. B. Civ. 1, 54, 2).
statūmĭnō, -ās, -āre, v. tr. Escorar, apoiar (Plín. H. Nat. 18, 47).
statŭō, -is, -ĕre, statŭī, statūtum, v. tr. I — Sent. próprio: 1) Pôr de pé, fazer ficar direito ou firme (Cíc. Phil. 5, 41). Daí: 2) Levantar, erigir, construir (Cíc. Inv. 2, 69); (Verg. En. 1, 573); (T. Lív. 5, 55, 1). Donde: 3) Fixar, estabelecer, pôr, colocar (sent. próprio e figurado, físico e moral) (Plaut. Pers. 759); (Verg. En. 1, 724); (Cíc. Caec. 34); (Cíc. Balb. 25). II — Sent. figurado: 4) Estatuir, estabelecer, decidir, decretar, resolver (Cés. B. Gal. 7, 21, 2); (Cíc. Verr. 4, 19). 5) Julgar, pensar, persuadir (Cíc. Phil. 11, 3); (Cés. B. Gal. 4, 17, 1); (Cíc. Phil. 1, 1). Obs.: Constrói-se com acus.; com acus. e dat. ou acus. e gen.; com interrog. indireta; com abl. com **de**; com interrog. indireta e abl. com **de**; com **ut** ou **ne**; com inf., e como intr. absoluto na expressão: **ut ego mihi statuo** (Cíc. Mur. 32) «segundo penso».
statūra, -ae, subs. f. Estatura (Cíc. Phil. 2, 41).
statūrus, -a, -um, part. fut. de **sto**.
1. **status, -a, -um**, part. pass. de **sisto**.
2. **status, -ūs**, subs. m. I — Sent. próprio: 1) Maneira de estar de pé, postura, atitude, posição (Cíc. Verr. 1, 57). II — Sent. figurado: 2) Posição, estado, situação (Cíc. At. 3, 10, 2). 3) Posição, bom estado, estabilidade (Cíc. Cat. 1, 3). 4) Estado de uma questão, refutação de uma acusação (Quint. 3, 6).
statūtus, -a, -um, part. pass. de **statŭo**.
stēla, -ae, subs. f. Cipo, coluna (Petr. 62, 4).
stēlla, -ae, subs. f. I — Sent. próprio: Estrêla, estrêla cadente (Cíc. Rep. 6, 15). Por extensão: 2) Astro, constelação, planêta (Cíc. Nat. 2, 51). II — Sent. diverso: 3) Sol (Ov. F. 6, 718).
stellāns, -antis. I — Part. pres. de **stello**. II — Adj. — Sent. próprio: 1) Estrelado, semeado de estrêlas (Verg. En. 7, 210). Daí: 2) Luminoso, brilhante (Ov. Met. 1, 723).
Stellātis Campus ou **Ager**, subs. pr. m. Cantão de Estela, na Campânia (Cíc. Agr. 1, 2).
Stellātīna Tribus, subs. pr. f. Tribo Estelatina, na Etrúria (T. Lív. 6, 5, 8).

stellātus, -a, -um, adj. I — Sent. próprio: 1) Estrelado, semeado de estrêlas (Cíc. Tusc. 5, 8). II — Sent. figurado: 2) Brilhante, cintilante (Verg. En. 4, 261). 3) Que tem cem olhos (**Argus**) (Ov. Met. 1, 664).
stellĭfer, -fĕra, -fĕrum, adj. Estelífero, estrelado (Cíc. Rep. 6, 18).
stellĭger, gĕra, -gĕrum, adj. Estelígero, que leva os astros, estrelado (Cíc. Arat. 482).
1. **stelliō (stēliō), -ōnis**, subs. m. I — Sent. próprio: 1) Estelião (espécie de lagarto) (Verg. G. 4, 243). II — Sent. figurado. 2) Velhaco, imposto (Plín. H. Nat. 30, 89).
2. **Stelliō, -ōnis**, subs. pr. m. Estélio, sobrenome romano (T. Lív. 39, 23, 2).
stellō, -ās, -āre, -ātum, v. tr. Semear estrêlas, cobrir de estrêlas (Plín. H. Nat. 37, 100).
stemma, -ătis, subs. n. I — Sent. próprio: 1) Guirlanda (principalmente referindo-se àquelas com que se ornavam os retratos dos antepassados) (Sên. Ben. 3, 28, 1). II — Sent. figurado: 2) Árvore genealógica (Sên. Ep. 44, 1). 3) Origem antiga (Marc. 8, 6, 3).
Stena, -ōrum, subs. pr. n. pl. Estenos, nome de um desfiladeiro (T. Lív. 32, 5).
Stentor, -ŏris, subs. pr. m. Estentor, herói da Ilíada, cuja voz era muito possante (Juv. 13, 112).
Stephanĭō, -ōnis, subs. pr. m. Estefânio, nome de homem (Plín. H. Nat. 7, 159).
stercorĕus, -a, -um, adj. Sent. figurado: Imundo (têrmo de injúria) (Plaut. Mil. 90).
stercŏris, gen. de **stercus**.
stercŏrō (stercĕrō), -ās, -āre, -āvī, -ātum, v. tr. Adubar, estrumar (Cíc. C. M. 54).
sterculīnum, -ī, subs. n. I — Sent. próprio: 1) Estrumeira (Plaut. Cas. 114). II — Sent. figurado: 2) Imundície (têrmo de injúria) (Plaut. Pers. 406).
stercus, -ŏris, subs. n. I — Sent. próprio: 1) Estêrco, estrume (Cíc. Div. 1, 57). II — Sent. figurado: 2) Estêrco (têrmo de injúria) (Cíc. De Or. 3, 164).
Stĕrĭa, -ae, subs. pr. f. Estéria, cidade da Ática (Plín. H. Nat. 4, 24).
sterilēscō, -is, -ĕre, v. incoat. intr. Tornar-se estéril (Plín. H. Nat. 8, 45).
sterĭlis, -e, adj. I — Sent. próprio: 1) Estéril (Verg. G. 2, 70). Daí: 2) Que torna estéril (sent. poético) (Hor. O.

STERILĬTAS — STILPŎ

3, 23, 6). II — Sent. figurado: 3) Privado de, que tem falta de, desprovido de, vazio (Plín. H. Nat. 15, 130). 4) Improdutivo, inútil, vão (Ov. Met. 1, 496).

sterilĭtās, -tātis, subs. f. Esterilidade, falta, privação (Cíc. Div. 1, 131).

sternax, -ācis, adj. Que deita abaixo (o cavaleiro), que cai prostrado (Verg. En. 12, 364).

sternō, -is, -ĕre, strāvī, strātum, v. tr. I — Sent. próprio: 1) Estender (Ov. F. 4, 954); (Verg. En. 4, 432); (Cíc. At. 10, 4, 3); (Cíc. De Or. 3, 22). 2) Deitar por terra, deitar abaixo, abater, derrubar (T. Lív. 1, 29, 2); (Verg. En. 10, 119). 3) Aplanar, nivelar (sent. próprio e figurado) (Verg. En. 5, 763); (Lucr. 3, 1030). II — Sent. figurado: 4) Juncar, cobrir de (Cíc. Mur. 75); (Verg. En. 9, 666). 5) Guarnecer de pedras, pavimentar (T. Lív. 10, 23, 12); (T. Lív. 8, 15, 8). 6) Selar, aparelhar um cavalo (T. Lív. 37, 20, 12).

sternŭī, perf. de **sternŭo.**

sternŭmēntum, -ī, subs. n. Espirro (Cíc. Div. 2, 84).

sternŭō, -is, -ĕre, sternŭī, sternūtum, v. intr. e tr. A) Intr.: 1) Espirrar (sent. próprio e figurado), crepitar (Ov. Her. 19, 151). B) Tr.: 2) Dar, espirrando, um presságio (favorável) (Catul. 45, 9).

sternūtāmēntum, -ī, subs. n. Espirro (Sên. Ir. 2, 25, 4).

sternūtō, -ās, -āre, v. freq. intr. Espirrar muitas vêzes (Petr. 98, 4).

Sterŏpē, -ēs, subs. pr. f. Estérope, filha de Atlas, amada por Marte e transformada numa das Plêiades (Ov. F. 4, 172).

Sterŏpēs, -ae, subs. pr. m. Estéropes, um dos Ciclopes (Verg. En. 8, 425).

sterquilinĭum ou **sterquilīnum, -ī,** subs. n. = **sterculīnum.** Estrumeiro, montão de estrume (Fedr. 3, 12, 1).

1. Stertinĭus, -a, -um, adj. De Estertínio (Hor. Ep. 1, 12, 20).

2. Stertinĭus, -ī, subs. pr. m. Estertínio, filósofo estóico do século de Augusto (Hor. Sát. 2, 3, 33).

stertō, -is, -ĕre, stertŭī, v. intr. Ressonar, roncar, dormir profundamente (Cíc. At. 4, 3, 5).

stertŭī, perf. de **sterto.**

Stēsichŏrus, -ī, subs. pr. m. Estesícoro, poeta lírico da Sicília (Cíc. C. M. 23).

stetī, perf. de **sto** e de **sisto.**

Stheneleïs, -ĭdis, subs. f. De Estênelo (Ov. Met. 12, 581).

Sthenelēĭus, -a, -um, adj. De Estênelo (Ov. Met. 9, 273).

Sthenĕlus, -ī, subs. pr. m. Estênelo. 1) Filho de Capaneu um dos chefes gregos do cêrco de Tróia, companheiro de Diomedes (Verg. En. 2, 261). 2) Rei da Ligúria, pai de Cicno, metamorfoseado em cisne (Ov. Met. 2, 367).

Sthenĭus, -ī, subs. pr. m. Estênio, nome de homem (Cíc. Verr. 2, 83).

stibadĭum, -ī, subs. Leito semicircular (de mesa) (Plín. Ep. 5, 6, 36).

Stichus, -ī, subs. pr. m. Estico, personagem que dá nome a uma comédia de Plauto.

Stictē, -ēs, subs. pr. f. Esticte, nome de uma cadela de Acteão (Ov. Met. 3, 217).

stigma, -ătis, subs. n. I — Sent. próprio: 1) Marca feita com ferro em brasa, ferrete (Sên. Ben. 4, 37, 4). II — Daí: 2) Marca de ignomínia, estigma (Marc. 6, 64, 26). 3) Cicatriz, ferida (feita no rosto por um barbeiro inábil) (Marc. 11, 84, 13). Obs.: Em Petrônio (45, 9) ocorre a forma **stigma, -ae,** f.

stigmatĭās, -ae, subs. m. Escravo marcado com ferrete (Cíc. Of. 2, 25).

stigmōsus, -a, -um, adj. Marcado com ferro em brasa (Petr. 109, 8).

stiliadĭum, -ī, subs. n., v. **stillicidĭum** (Lucr. 1, 313).

stilla, -ae, subs. f. I — Sent. próprio: 1) Gôta (Cíc. Fin. 3, 45). II — Sent. figurado: 2) Um nada, uma gôta (Marc. 12, 70, 3).

stillārĭum, -ī, subs. n. Pequena adição, pequeno acréscimo (Sên. Ep. 97, 2).

stillātim, adv. Gôta a gôta, por gôtas (Varr. L. Lat. 5, 27).

stillātus, -a, -um, part. pass. de **stillo.**

stillicidĭum, -ī, subs. n. I — Sent. próprio: 1) Água que cai gôta a gôta, corrimento lento (Plín. H. Nat. 30, 66). II — Sent. particular: 2) Água do telhado, água da chuva (Cíc. De Or. 1, 173).

stillō, -ās, -āre, -āvī, -ātum, v. intr. e tr. I — Sent. próprio: 1) Intr.: Escorrer gôta a gôta, correr lentamente, pingar, destilar (sent. concreto e abstrato) (Cíc. Phil. 2, 30); (Ov. Met. 1, 112). 2) Tr.: Fazer correr gôta a gôta (Hor. A. Poét. 429).

Stilpō ou **Stilpōn, -ōnis,** subs. pr. m. Estilpão ou Estílpon filósofo de Mégara (Cíc. Ac. 2, 75).

stilus (stylus), -ī, subs. m. I — Sent. próprio: Instrumento formado de haste pontiaguda, especializando-se como: 1) Estilo (ponteiro de ferro ou osso, largo e chato numa das extremidades e cuja ponta servia para escrever em tábuas enceradas, servindo a parte oposta para apagar o que se tinha escrito) (Cíc. Br. 93). 2) Sonda (usada na agricultura (Col. 11, 3, 53). 3) Ponta de estrepe (estaca cravada no chão para nela se espetarem os inimigos, quando atacam as linhas contrárias) (B. Afr. 31, 5). II — Sent. figurado: 4) Exercício escrito, trabalho de escrever (Cíc. Fam. 7, 25, 2). 5) Maneira de escrever, estilo (Plín. Ep. 1, 8, 5). 6) Obra literária (V. Máx. 8, 13, 4).

Stimichōn, -ōnis, subs. pr. m. Estimicão, nome de um pastor (Verg. Buc. 5, 55).

Stimōn, -ōnis, subs. pr. f. Estimão ou Estimon, cidade da Tessália (T. Lív. 32, 14).

Stimŭla, -ae, subs. pr. f. Estímula, nome de uma divindade romana (Ov. F. 6, 503).

stimulātiō, -ōnis, subs. f. Ação de aguilhoar, daí: estímulo, estimulante (Tác. Hist. 1, 90).

stimulātrīx, -īcis, subs. f. Instigadora (Plaut. Most. 203).

stimulātus, -a, -um, part. pass. de stimŭlo.

stimulĕus, -a, -um, adj. De aguilhão (Plaut. Mil. 511).

stimŭlō, -ās, -āre, -āvī, -ātum, v. tr. I — Sent. próprio: 1) Aguilhoar (sent. físico e moral), excitar, estimular (Cíc. Planc. 69). II — Sent. figurado: 2) Atormentar, dilacerar (Cíc. Amer. 6).

stimŭlus, -ī, subs. m. I — Sent. próprio: 1) Aguilhão (para excitar os animais) (Cic. Phil. 2, 86). II — Sent. figurado: 2) Estímulo, encorajamento (Cíc. Arch. 29). 3) Picada, ferida, dor pungente, sofrimento (Cíc. Tusc. 2, 66). III — Sent. particular (no plural): 4) Estrepes (estacas pontiagudas, ocultas debaixo da terra, para impedir a marcha das tropas inimigas) (Cés. B. Gal. 7, 73, 9).

stinguō, -is, -ĕre, stinxī, stinctum, v. tr. Extinguir, apagar (Lucr. 1, 666).

stinxī, perf. de stinguo.

stīpātiō, -ōnis, subs. f. I — Sent. próprio: 1) Condensação (dos corpos), aperto de gente (Cíc. Sull. 66). II — Sent. figurado: 2) Amontoamento (Quint. 5, 14, 27).

stīpātor, -ōris, subs. m. O que acompanha, satélite, guarda (Cíc. Of. 2, 25).

stīpātus, -a, -um, part. pass. de stīpo.

stīpendiārĭus, -a, -um, adj. I — Sent. próprio: 1) Tributário que paga uma contribuição em dinheiro (Cíc. Verr. 3, 12). Daí: 2) Que está a sôldo, que ganha sôldo (T. Lív. 8, 8, 3). II — Subs. m. pl.: 3) Os que pagam tributo, contribuintes (Cíc. Verr. 4, 134).

stīpendiātus, -a, -um, part. pass. de stipendior.

stīpendĭor, -āris, -ārī, -ātus sum, v. dep. intr. Estar a sôldo, andar na vida militar (Plín. H. Nat. 6, 68).

stīpendĭum, -ī, subs. n. I — Sent. próprio: 1) Tributo, impôsto, contribuição (em dinheiro) (Cés. B. Gal. 7, 54, 4). II — Na língua militar: 2) Sôldo (pago aos soldados) (Cíc. Pis. 88). II — Sent. figurado: 3) Serviço militar, anos de serviço (geralmente no plural) (Cíc. Cael. 11). Daí: 4) Obrigação (Sên. Ep. 93, 4). III — Sent. poético: 5) Resgate (Hor. Epo. 17, 36).

stīpes, -ĭtis, subs. m. I — Sent. próprio: 1) Estaca redonda (fixada no chão), estaca, cepo, tronco, tronco de uma árvore (Verg. En. 4, 444). II — Sent. particular: 2) Bastão (Verg. En. 7, 524). 3) Árvore (sent. poético) (Ov. F. 3, 37). III — Sent. figurado: 4) Bronco, imbecil (têrmo de injúria) (Cíc. Pis. 19).

stīpō, -ās, -āre, -āvī, -ātum, v. tr. I — Sent. próprio: 1) Apertar, apinhar, acumular (Cíc. Pis. 67); (Verg. G. 4, 164). II — Daí: 2) Rodear estreitamente (Cíc. Mur. 49). Donde: 3) Escoltar, acompanhar (Cíc. At. 1, 18, 1).

1. stips, stipis, subs. f. I — Sent. próprio: 1) Pequena moeda, um óbulo (Varr. L. Lat. 5, 182). Daí: 2) Pequena oferta, pequena cota, pequeno tributo, brinde (Cíc. Leg. 2, 40). II — Sent. figurado: 3) Ganho, proveito (Ov. F. 4, 350).

2. stips, v. stīpes.

stipŭla, -ae, subs. f. I — Sent. próprio: 1) Haste (dos cereais), côlmo, palha, restôlho (Verg. G. 1, 315). II — Por extensão: 2) Gaita pastoril, cana (Verg. Buc. 3, 27). 3) Haste (da fava ou do milho) (Ov. F. 4, 725). III — Sent. figurado: 4) Palha: na expressão: **flamma de stipula** (Ov. Trist. 5, 8, 20) «fogo de palha».

stipulātĭō, -ōnis, subs. f. Estipulação, ajuste, promessa (Cíc. Leg. 2, 53).

stipulātiuncŭla, -ae, subs. f. Pequena estipulação, ajuste ou promessa insignificante (Cíc. De Or. 1, 174).

stipulātor, -ōris, subs. m. O que reclama uma promessa solene (Suet. Vit. 14).

stipŭlor, -āris, -ārī, -ātus sum, v. dep. tr. Exigir uma promessa formal, estipular em um contrato (Cíc. Leg. 2, 53).

stĭrĭa, -ae, subs. f. 1) Gôta gelada (Verg. G. 3, 366). 2) Pingo do nariz, ranha (Marc. 7, 37, 5).

stirpēs, -is, v. **stirps.**

stirpēscō, -is, -ĕre, v. intr. Deitar rebentos, ter filhos (Plín. H. Nat. 19, 149).

stirpis, gen. de **stirps.**

stirpĭtus, adv. Radicalmente (Cíc. Tusc. 4, 83).

stirps, -is, subs. f. e m. I — Sent. próprio: 1) Tronco, cepa, raiz (Cíc. Verr. 5, 131). Daí: 2) Planta (de tôda a espécie), vegetação, arbustos (Cíc. Fin. 5, 10). Donde: 3) Rebento, enxêrto (Cat. Agr. 40, 2). II — Sent. figurado: 4) Estirpe, tronco (de família), ramo, linhagem, descendência, família, sangue, raça (Cíc. Rep. 2, 24). 5) Prole, descendentes (Verg. En. 6, 864). 6) Raiz, origem, princípio, fundamento (Cíc. Leg. 1, 20). Obs.: O gênero masc. ocorre nos autores arcaicos (Cat. Agr. 40, 2), aparecendo ainda em Vergílio (En. 12, 208), e o nom. stirps em T. Lív. (1, 1, 11).

stīva, -ae, subs. f. Rabiça de arado (Cíc. Scaur. 25).

stlīs, -ītis, subs. f. arc. = **līs** (Cíc. Or. 156).

stō, -ās, -āre, stetī, stătum, v. intr. I — Sent. próprio: 1) Estar de pé, estar levantado, estar erecto (Cíc. Br. 269); (Cíc. De Or. 2, 353). Daí: 2) Estar imóvel (sent. próprio e figurado) (Cíc. Div. 2, 120). Donde: 3) Ficar firme (Ov. Met. 5, 34). II — Sent. figurado: 4) Estacionar, parar, morar (Cíc. Cat. 2, 5). Na língua militar: 5) Não recuar, parar, fazer alto (Cés. B. Civ. 1, 47, 2); (Cíc. Tusc. 2, 54); (Cés. B. Gal. 5, 43, 6). Daí: 6) Persistir, perseverar, manter-se (Cíc. Fin. 1, 47); (Cíc. Of. 1, 32). 7) Estar com alguém, ser do lado de (Cés. B. Gal. 5, 43, 6). Donde: 8) Estar resolvido, estar estabelecido, estar determinado, resolver (Ter. Eun. 224). 9) Custar, valer, ser do preço de (Verg. En. 10, 494). Na língua poética: 10) Estar, ser (= **sum**) (Verg. En. 1, 646). 11) Impess.: Depender de (Cés. B. Civ. 1, 41, 3); (T. Lív. 2, 31, 11). Obs.: Constrói-se como intr. absoluto; com abl.; com **quomĭnus, quīn,** ou **ne**; com dat.; e como impessoal.

Stobī, -ōrum, subs. pr. m. Estobos, cidade da Peônia, ao N da Macedônia (T. Lív. 33, 19, 3).

stŏĭca, -ōrum, subs. n. pl. A filosofia dos estóicos (Cíc. Nat. 1, 15).

stŏĭcē, adv. À maneira dos estóicos, estòicamente (Cíc. Mur. 74).

1. stŏĭcus, -a, -um, adj. Dos estóicos, estóico (Cíc. Ac. 2, 85).

2. stŏĭcus, -ī, subs. m. Um estóico (Cíc. Mur. 61).

1. stola, -ae, subs. f. I — Sent. próprio: 1) Vestido comprido (de mulher) (Cíc. Verr. 4, 74). II — Sent. figurado: 2) Mulher de alta categoria, dama categorizada (Plín. H. Nat. 33, 140). II — Sent. particular: 3) Tocadoras de flauta na festa de Minerva (Ov. F. 6, 654).

2. Stola, -ae, subs. pr. m. Estola, sobrenome romano (Cíc. Flac. 46).

stolātus, -a, -um, adj. I — Sent. próprio: 1) Vestido de **stola** (Vitr. 1, 1). II — Sent. figurado: 2) Casto (Marc. 1, 36, 8). III — Subs. f. pl.: 3) Matronas (Petr. 44, 18).

stolĭdē, adv. Estùpidamente, loucamente (Tác. An. 1, 3). 2) De maneira insensata (Plín. H. Nat. 15, 52).

stolĭdĭtās, -tātis, subs. f. Estupidez (A. Gél. 18, 4, 6).

stolĭdus, -a, -um, adj. I — Sent. próprio: 1) Estólido, estúpido, imbecil, tolo, insensato (T. Lív. 22, 28, 9). II — Sent. figurado: 2) Inerte (Cíc. Top. 59).

Stolō, -ōnis, subs. pr. m. Estolão, sobrenome romano (Varr. R. Rust. 1, 2, 9).

stomachātus, -a, -um, part. pass. de **stomăchor.**

stomachĭcus, -ī, subs. m. O que sofre do estômago (Sên. Ep. 24, 14).

stomăchor, -āris, -ārī, -ātus sum, v. dep. intr. e tr. Estar de mau humor, encolerizar-se, irar-se, irritar-se (Cíc. De Or. 2, 267); (Cíc. Nat. 1, 93); (Cíc. Fam. 10, 26, 1); (Cíc. At. 14, 21, 3). Obs.: Constrói-se com abl. acompanhado ou não de **cum**; com acus.; com acus. com **ob**; com **quod** ou **si**; e como intr. absoluto.

stomachōsĭus, adv. Com um pouco de mau humor (Cíc. At. 10, 5, 3).

stomachōsus, -a, -um, adj. Sent. figurado: 1) Irritado, colérico, arrebatado (Hor. Ep. 1, 15, 12). 2) De mau humor (Cíc. Fam. 3, 11, 5).

stomăchus, -i, subs. m. I — Sent. próprio: 1) Tubo digestivo, esôfago, estômago (Cíc. Nat. 2, 134). II — Sent. figurado: 2) Mau humor, indigestão, despeito, cólera (Cíc. Q. Fr. 3, 8, 1). 3) Gôsto, desejo, apetite (Cíc. Fam. 7, 1, 2). 4) Resignação, paciência, bom humor (Cíc. apud Quint. 6, 3, 112).

storĕa (-ĭa), -ae, subs. f. Esteira (de junco ou de corda) (Cés. B. Civ. 2, 9, 5).

1. strabō, -ōnis, subs. m. I — Sent. próprio: 1) Vesgo, estrábico (Cíc. Nat. 1, 80). II — Sent. figurado: 2) Invejoso (Varr. Men. 176).

2. Strabō, -ōnis, subs. pr. m. Estrabão, sobrenome romano (Cíc. Ac. 2, 81).

strabōnus, -a, -um, adj. v. strabus (Petr. 68, 8).

strabus, -a, -um, adj. Vesgo (Varr. Men. 344).

strāgēs, -is, subs. f. I — Sent. próprio: 1) Desabamento, ruína, estragos, destruição (T. Lív. 32, 17, 10). II — Sent. particular: 2) Matança, carnificina, derrota (Verg. En. 6, 829). 3) Montão (T. Liv. 35, 30, 5).

strāgŭla, -ae, subs. f. I — Sent. próprio: 1) Cobertura, coberta para a cama (Apul. M. 2, 21). II — Sent. particular: 2) Mortalha (Petr. 78, 1).

strāgŭlum, -i, subs. n. I — Sent. próprio: 1) Cobertura (Sên. Ep. 87, 2). Daí: 2) Coberta (de cama), colcha, manta (Cíc. Tusc. 5, 61). II — Sent. particular: 3) Mortalha (Suet. Ner. 50). 4) Chairel, alcatifa, tapête (Marc. 14, 86, 1).

strāgŭlus, -a, -um, adj. Que se estende, daí: stragula vestis (Cíc. Amer. 133) «coberta (para a cama)».

strāmen, -ĭnis, subs. n. Côlmo, palha, leito de palha, cama de palha ou fôlhas (para animais) (Ov. Met. 5, 447).

strāmēntum, -i, subs. n. I — Sent. próprio: 1) Palha (Hor. Sát. 2, 3, 117). II — Sent. particular: 2) Coberta, albarda, chairel (Cés. B. Gal. 7, 45, 2).

strāmĭnĕus, -a, -um, adj. Feito de palha, coberto de côlmo (Ov. Am. 2, 9, 18).

strangŭlātĭō, -ōnis, subs. f. Estrangulamento, sufocação (Plín. H. Nat. 23, 59).

strangŭlātus, -a, -um, part. pass. de strangŭlo.

strangŭlō, -ās, -āre, -āvī, -ātum, v. tr. I — Sent. próprio: 1) Estrangular (Cíc. Fam. 9, 22, 4). II — Daí: 2) Sufocar (sent. próprio e figurado) (Plín. H. Nat. 20, 63); (Ov. Trist. 5, 1, 63).

strangūrĭa, -ae, subs. f. Retenção de urina (Cíc. Tusc. 2, 45).

Strapellīnī, -ōrum, subs. loc. Estrapelinos, povo do sul da Itália (Plín. H. Nat. 3, 105).

strāta, -ae, subs. f. Caminho calçado, estrada pública (Eutr. 9, 15).

stratēgēma, -ătis, subs. n. I — Sent. próprio: 1) Estratagema (de guerra) (Flor. 1, 13, 6). II — Sent. comum: 2) Manha, ardil, estratagema (Cíc. At. 5, 2, 2).

stratēgus, -i, subs. m. I — Sent. próprio: 1) General, comandante (Plaut. Curc. 265). II — Sent. figurado: 2) Presidente (de um banquete) (Plaut. St. 697).

Stratĭī, -ōrum, subs. loc. m. Estrácios, habitantes de Estratos (T. Lív. 43, 22, 7).

stratiōtĭcus, -a, -um, adj. De soldado, militar (Plaut. Mil. 1359).

Stratius, -i, subs. pr. m. Estrácio, médico do rei Êumenes (T. Lív. 45, 19, 8).

Stratō (Stratōn), -ōnis, subs. pr. m. Estratão. 1) Filósofo peripatético (Cíc. Ac. 1, 34). 2) Nome de um médico (Cíc. Clu. 176).

Stratŏclēs, -is, subs. pr. m. Estrátocles, nome de um comediante famoso (Quint. 11, 3, 178).

Stratōn, v. Stratō.

Stratonīcēa, -ae, subs. pr. f. Estratonicéia, cidade da Cária (T. Lív. 33, 18, 7).

Stratonĭcēnsēs, -ĭum, subs. loc. m. pl. Estratonicenses, habitantes de Estratonicéia (Tác. An. 3, 62).

Stratonĭcēnsis, -e, adj. De Estratonicéia (T. Lív. 33, 18, 4).

Stratonīceus, -ēī (-ĕos), adj. m. Originário de Estratonicéia, na Cária (Cíc. Br. 315).

Stratonīcis, -ĭdis, subs. pr. f. Estratonícide, epíteto de Vênus em Esmirna (Tác. An. 3, 63).

Stratonicus, -i, subs. pr. m. Estratonico. 1) Nome de uma personagem de Plauto (Plaut. Rud. 932). 2) Nome de um escultor grego (Plín. H. Nat. 34, 84).

Stratōnĭdās, -ae, subs. pr. m. Estratônidas, nome grego (T. Lív. 33, 28, 10).

Stratos (-us), -i, subs. pr. f. Estratos, cidade da Acarnânia (T. Lív. 36, 11).

strātum, -ī, e strāta, -ōrum, subs. n. I — Sent. próprio: 1) Roupa de cama, coberta, cobertor (Ov. Met. 5, 34). II — Sent. particular: 2) Chairel, selim, albarda (Ov. Met. 8, 33). Por extensão: 3) Cama (Verg. En. 3, 513).

strātūra, -ae, subs. f. Calcetaria, pavimento (Suet. Cl. 24).

strātus, -a, -um, part. pass. de **sterno**.

strāvī, perf. de **sterno**.

strēna, -ae, subs. f. I — Sent. próprio: 1) Bom presságio, prognóstico (Plaut. St. 673). II — Sent. particular: 2) Presente (dado a título de bom presságio), consuada, brinde (Suet. Cal. 42).

strēnŭē, adv. Vivamente, com diligência, ativamente (Cíc. Fam. 14, 5, 1).

strēnŭĭtās, -tātis, subs. f. Atividade, zêlo, diligência (Ov. Met. 9, 320).

strēnŭus, -a, -um, adj. I — Sent. próprio: 1) Estrênuo, ativo, corajoso, vivo, intrépido, infatigável, diligente (Cíc. Phil. 2, 78). II — Daí: 2) Turbulento, sedicioso (Tác. Hist. 1, 52). Obs.: Comp.: strenuĭor (Plaut. Ep. 447); superl.: strenuissĭmus (Sal. C. Cat. 61, 7).

strepĭtō, -ās, -āre, v. freq. intr. Fazer grande barulho, retumbar, ressoar (Verg. G. 1, 413).

strepĭtus, -ūs, subs. m. I — Sent. próprio: 1) Ruído, estrondo, estrépito (Hor. O. 3, 10, 5). Daí: 2) Murmúrio (das águas) (Cíc. Leg. 1, 21). 3) Ruído de uma multidão, tumulto, gritos (Cés. B. Gal. 2, 11, 1). III — Sent. poético: 4) Som (da lira) (Hor. O. 4, 3, 18).

strepō, -ās, -āre, strepŭī, strepĭtum, v. intr. Fazer ruído, retumbar, ressoar, murmurar (Cíc. Div. 1, 29); (Hor. O. 2, 1, 18). Obs.: Designa principalmente um ruído surdo e violento.

strepŭī, perf. de **strepo**.

striātus, -a, -um. I — Part. pass. de **strio**. II — Adj.: Estriado (Plaut. Rud. 297).

strictim, adv. Sent. figurado: Levemente, ràpidamente, ligeiramente (Cíc. Clu. 29). Obs.: O sent. próprio, estreitamente, estritamente não é clássico.

strictūra, -ae, subs. f. Massa de ferro em brasa, brasa de ferro (Verg. En. 8, 421).

strictus, -a, -um. I — Part. pass. de **stringo**. II — Adj. — Sent. próprio: 1) Apertado, estreito (Ov. Rem. 233). Daí: 2) Breve, conciso, estrito (Quint. 10, 11, 77).

strīdĕō, -ēs, -ēre, strīdī e strīdō, -is, -ĕre, strīdī, v. intr. I — Sent. próprio: 1) Ranger, fazer um barulho estridente ou sibilante (Verg. En. 6, 287); (Lucr. 2, 410). II — Daí: 2) Fazer ruído, ressoar, zunir (Verg. G. 4, 556).

strīdī, perf. de **strīdĕo** e de **strīdo**.

strīdor, -ōris, subs. m. I — Sent. próprio: 1) Estridor, som agudo, ruído, zumbido, murmúrio (Ov. Met. 11, 608). II — Daí: 2) Gritos ou sons (de homens ou animais), murmúrio (Cíc. Agr. 2, 70).

strīdŭlus, -a, -um, adj. Agudo, penetrante, sibilante (Verg. En. 12, 267).

striga, -ae, subs. f. Feiticeira (Petr. 63).

strigēs, -um, v. **strix**.

strigĭlis, -is, subs. f. I — Sent. próprio: 1) Espécie de almofaça que servia para tirar o suor e o pó da pele (Cíc. Fin. 4, 30). II — Por extensão: 2) Instrumento canelado, semelhante à almofaça, para introduzir líquidos nos ouvidos (Plín. H. Nat. 25, 164). 3) Palheta de ouro nativo (Plín. H. Nat. 33, 62).

strigis, gen. de **strix**.

strigō, -ās, -āre, v. intr. Repousar (lavrando), parar (Plín. H. Nat. 18, 117).

strigōsus, -a, -um, adj. I — Sent. próprio: 1) Descarnado, magro (T. Lív. 27, 47, 1). II — Sent. figurado: 2) Sêco, conciso (Cíc. Br. 64).

stringō, -is, -ĕre, strinxī, strictum, v. tr. 1) Cerrar, apertar, estreitar, comprimir (sent. próprio e figurado) (Cíc. Tim. 13); (Verg. En. 9, 294). Daí: 2) Restringir, contrair (Quint. 4, 2, 128). Na língua da agricultura: 3) Podar, desbastar, tirar a azeitona, colhêr (Verg. G. 1, 305); (Verg. Buc. 9, 61); (Cat. Agr. 65, 1). Na língua náutica: 4) Passar rente, costear, ir ao longo (Verg. En. 5, 163). Daí: 5) Bordejar, tocar de leve, roçar (sent. físico e moral) (Verg. En. 10, 331). Na língua militar: 6) Empunhar a espada (para desembainhá-la), desembainhar a espada, puxar da espada (sent. próprio e figurado) (Verg. En. 10, 577); (Ov. Rem. 377).

strinxī, perf. de **stringo**.

striō, -ās, -āre, v. tr. Estriar, canelar (Plaut. Rud. 297).

strittō, -ās, -āre, v. intr. Manter-se dificilmente de pé (Varr. L. Lat. 7, 65).

strix, strigis, subs. f. I — Sent. próprio: 1) Espécie de bufo ou coruja (que chupava o sangue das crianças, segundo

STRONGYLE — **STULTILOQUUS**

a crença dos antigos) (Ov. F. 6, 133). II — Daí: 2) Bruxa, feiticeira (Estác. Theb. 3, 503).

Strongylē, -ēs, subs. pr. Estrôngile, uma das ilhas Eólias, atual Stromboli (Plín. H. Nat. 3, 94).

stropha, -ae, subs. f. (geralmente no plural). Artifício, manha (Marc. 11, 7, 4).

Strophădes, -um, subs. pr. f. Estrófades, duas ilhas do mar Jônio (Verg. En. 3, 210).

strophĭum, -ī, subs. n. Estrófio, faixa (que segurava o seio das mulheres) (Cíc. Har. 44).

Strophĭus, -ī, subs. pr. m. Estrófio, rei da Fócida (Ov. P. 2, 6, 25).

structĭlis, -e, adj. De construção, edificado, construído (Marc. 9, 76, 1).

structor, -ōris, subs. m. I — Sent. próprio: 1) Construtor, arquiteto, autor (Cíc. At. 14, 3, 1). II — Sent. figurado: 2) O que prepara um banquete, o que serve a comida e trincha (Marc. 10, 48, 15).

structūra, -ae, subs. f. I — Sent. próprio: 1) Construção, estrutura (Cés. B. Civ. 2, 9, 1). II — Sent. figurado: 2) Arranjo das palavras (na frase para produzir um ritmo) (Cíc. Br. 33).

structus, -a, -um, part. pass. de **struo**.

struēs, -is, subs. f. I — Sent. próprio: 1) Montão, monte, pilha (T. Lív. 23, 5, 12). II — Sent. particular: 2) Bôlo sagrado (Ov. F. 1, 276).

struix, -ĭcis, subs. f., v. **struēs** (Plaut. Men. 102).

1. strūma, -ae, subs. f. Escrófula, chaga horrenda (sent. próprio e figurado) (Cíc. Sest. 135).

2. Strūma, -ae, subs. pr. m. Estruma, sobrenome romano (Catul. 52, 2).

struō, -is, -ĕre, struxī, structum, v. tr. I — Sent. próprio (raro): 1) Dispor em pilhas ou em camadas, empilhar, levantar (Ov. Met. 1, 153); (Verg. En. 11, 204); (Verg. En. 5, 54). Daí: 2) Erigir, construir, edificar (sent. próprio e figurado) (Cat. Agr. 38, 1); (Cíc. Or. 232). II — Sent. figurado: 3) Tramar, preparar, maquinar (Cíc. Clu. 190); (Tác. An. 4, 10).

strūthĭocamēlus (strūthoc-), -ī, subs. m. e f. Avestruz (Petr. 137, 5).

struxī, perf. de **struo**.

Strȳmō (Strȳmōn), -ŏnis (-ŏnos), subs. pr. m. Estrimão ou Estrímon rio da Trácia (Verg. G. 4, 508).

Strȳmŏnis, -ĭdis, subs. f. 1) Do Estrimão, da Trácia. 2) Amazona (Prop. 4, 4, 72).

Strȳmonĭus, -a, -um, adj. 1) Do Estrimão, da Trácia (Verg. G. 1, 120). 2) Setentrional (Ov. Ib. 602).

studĕō, -ēs, -ēre, studŭī, v. intr. I — Sent. próprio: 1) Ter gôsto, ter dedicação, gostar de (Plaut. Mil. 1437). Daí: 2) Estar desejoso de, desejar, esforçar-se por (Cíc. At. 13, 20, 3); (Cíc. Sest. 96). Donde: 3) Aplicar-se a, dar-se a (Cés. B. Gal. 7, 14, 2); (Cés. B. Gal. 6, 22, 1); (Cíc. Br. 322). Na época imperial: 4) Estudar, instruir-se (Sên. Ep. 94, 20); (Tác. D. 21). 5) Interessar-se por, ligar-se a, ser afeiçoado a (Cíc. At. 4, 15, 7). Obs.: Constrói-se geralmente com dat., muitas vêzes com inf. ou com acus. e inf.; raramente com acus; raramente com ut ou ne; ou como intr. absoluto no período arc.; às vêzes aparece com genitivo.

studiōsē, adv. 1) Com aplicação, com diligência (Cíc. Fam. 13, 54). 2) Com paixão, com entusiasmo (Cíc. Tusc. 3, 50).

studiōsus, -a, -um, adj. I — Sent. próprio: 1) Aplicado, zeloso, cuidadoso (Cíc. Fam. 5, 19, 1). II — Sent. particular: 2) Que se interessa, que gosta de (Cíc. Lae. 74). 3) Dedicado a, partidário, amigo, admirador (Cíc. Or. 105). 4) Que estuda, que aprende, estudioso, douto, letrado, instruído (Hor. Ep. 1, 3, 6). Obs.: Constrói-se com gen.; como absoluto; com dat. (raro).

studĭum, -ī, subs. n. I — Sent. próprio: 1) Aplicação, zêlo, gôsto, dedicação (Cíc. Fin. 1, 1). II — Sent. particular: 2) Gôsto pelo estudo, estudo, os frutos do estudo, escritos, obras (Cíc. De Or. 2, 232). 3) Gôsto, amor (por alguma coisa), inclinação, vontade, intenção, paixão (Cíc. Agr. 2, 95). Obs.: Constrói-se absolutamente; com gen.; com acus. acompanhado de **ad**.

studŭī, perf. de **studĕo**.

stultē, adv. Loucamente, tolamente, estùpidamente (Cíc. Sull. 70). Obs.: Superl.: **stultissĭme** (Cíc. Nat. 2, 70).

stultiloquentĭa, -ae, subs. f. e **stultiloquĭum, -ī**, subs. n. Estupidez ao falar, eloqüência tola, discurso tolo (Plaut. Mil. 296).

stultilŏquus, -a, -um, adj. Que diz tolices (Plaut. Pers. 514).

stultitĭa, -ae, subs. f. I — Sent. próprio: 1) Estultícia, estupidez, tolice, disparate, insensatez (Cíc. Par. 36). Daí: 2) Loucura, imprudência (Cíc. Nat. 3, 84). II — No plural: 3) Loucuras, extravagâncias (da mocidade) (Plaut. Aul. 752).

stultivĭdus, -a, -um, adj. Que vê mal, que tem cataratas nos olhos (Plaut. Mil. 335).

stultus, -a, -um, adj. I — Sent. próprio: 1) Estulto, tolo, imbecil, estúpido, insensato (Cés. B. Civ. 3, 59, 3). II — Daí: 2) Louco, imprudente (Cíc. Pis. 58).

stūpa, v. **stuppa.**

stupefacĭō, -is, -ĕre, -fēcī, -factum, v. tr. Entorpecer, tornar estupefato (T. Lív. 5, 39, 5).

stupefēcī, perf. de **stupefacĭō.**

stupefīō, -īs, -fĭĕrī, -factus sum, pass. de **stupefacĭō,** v. intr. Estar estupefato, estar pasmado, estar admirado (Cíc. De Or. 3, 53).

stupendus, -a, -um. I — Gerundivo de **stupĕō.** II — Adj.: Estupendo, admirável (V. Máx. 5, 7, 1).

stupēns, -ēntis. I — Part. pres. de **stupĕō.** II — Adj.: Estupefato (Q. Cúrc. 8, 2, 3).

stupĕō, -ēs, -ĕre, stupŭī, v. intr. e tr. A) Intr.: 1) Estar entorpecido, estar parado (Cíc. Verr. 5, 95); (T. Lív. 6, 36, 8); (Hor. Sát. 1, 4, 28). Daí: 2) Estar pasmado, ficar estático, ficar estupefato (Hor. Sát. 1, 6, 17); (Verg. En. 2, 31); (Verg. En. 12, 707). B) Tr.: 3) Olhar com admiração, com espanto (Marc. 12, 15, 4); (Verg. Buc. 6, 37). Obs.: Constrói-se como intr. absoluto; com abl.; com abl. com **in**; com acus. com **ad**; com acus.

stupēscō, -is, -ĕre, v. incoat. intr. Espantar-se, tornar-se estupefato, admirar-se (Cíc. De Or. 3, 102).

stupidĭtās, -tātis, subs. f. Falta de senso, estupidez (Cíc. Phil. 2, 80).

stupĭdus, -a, -um, adj. I — Sent. próprio: 1) Estupefato, pasmado, abismado, espantado (Plaut. Poen. 1250). II — Daí: 2) Ficar imobilizado, em êxtase, fascinado (Cíc. Par. 37). 3) Estúpido, tolo, imbecil (Cíc. Fat. 10).

stupor, -ōris, subs. m. I — Sent. próprio: 1) Entorpecimento, estupefação, insensibilidade, pasmo (Cíc. Tusc. 3, 12). II — Daí: 2) Estupidez, loucura (Cíc. Phil. 2, 30).

stuppa (-ūpa), -ae, subs. f. Estôpa (Cés. B. Civ. 3, 101, 2).

stuppĕus, -a, -um, adj. De estôpa (Verg. En. 2, 236).

stuprātor, -ōris, subs. m. Sedutor, corruptor (Quint. 4, 2, 69).

stuprātus, -a, -um, part. pass. de **stuprō.**

stuprō, -ās, -āre, -āvī, -ātum, v. tr. I — Sent. próprio: 1) Desonrar, deflorar (Cíc. Fin. 2, 66). II — Sent. figurado: 2) Manchar, sujar (Cíc. Har. 33).

stuprōsus, -a, -um, adj. Corruptor, sedutor (V. Máx. 6, 1, 8).

stuprum, -ī, subs. n. I — Sent. próprio: 1) Desonra, vergonha (Név. apud Fest. 317, 20). Daí: 2) Atentado ao pudor, violência, estupro, desonra resultante do estupro (Cíc. Of. 3, 38). II — Sent. particular: 3) Relações ilícitas, adultério (Cíc. Mil. 73).

stupŭī, perf. de **stupĕō.**

Stura, -ae, subs. pr. m. Estura, rio da Gália Cisalpina, que se lança no Pó (Plín. H. Nat. 3, 118).

Sturnīnī, -ōrum, subs. loc. m. Esturninos, povo da Calábria (Plín. H. Nat. 3, 105).

sturnus, -ī, subs. m. Estorninho (ave) (Marc. 9, 54, 7).

Stygiālis, -e, adj. Estigial, do Estige (Verg. Cir. 373).

Stygĭus, -a, -um, adj. 1) Estígeo, do Estige, dos infernos (Verg. En. 6, 323). 2) Fatal, pernicioso, funesto (Verg. En. 5, 855).

stylus, v. **stilus.**

Stymphālis, -ĭdis, subs. f. Estinfálide, do Estinfalo (Ov. Met. 9, 187).

Stymphālĭus, -a, -um, adj. Do Estinfalo (Catul. 68, 113).

Stymphālos (-us), -ī, subs. pr. m. Estinfalo, montanha e lago da Arcádia (Plín. H. Nat. 4, 20). Obs.: É também atestada a forma **Stymphalum** (Estác. S. 4, 6, 100).

Styphĕlus, -ī, subs. pr. m. Estífelo, nome de um centauro (Ov. Met. 12, 459).

Styx, -ygis (-ygos), subs. pr. f. Estige. 1) Fonte da Arcádia, cuja água era mortal (Sên. Nat. 3, 25, 1). 2) Rio dos infernos, pelo qual juravam os deuses (Cíc. Nat. 3, 43). 3) Os infernos (Ov. Met. 10, 13).

Suāda, -ae, subs. pr. f. Suada, deusa da persuasão (Cíc. Br. 59).

suādēla, -ae, subs. f. 1) Persuasão, talento persuasivo (Plaut. Cist. 296). 2) Suada, deusa da persuasão (Hor. Ep. 1, 6, 38).

suādĕō, -ēs, -ēre, suāsī, suāsum, v. intr. e tr. I — Sent. próprio: 1) Aconselhar, dar conselhos (Cíc. At. 11, 16, 1); (Cíc. Phil. 2, 27); (Cíc. Fam. 7, 3, 2). Daí: 2) Exortar, impedir (Ter. Hec. 481); (Cíc. Rep. 3, 28). 3) Persuadir (Cíc. Caec. 15). Obs.: Constrói-se como absoluto; com dat. de pessoa; com acus. de coisa; com inf.; com **ut** ou **ne**; com acus. de coisa e dat. de pessoa; e com acus. de pessoa.

suādus, -a, -um, adj. Convidativo, insinuante, persuasivo (Estác. Theb. 4, 413).

Suardŏnēs, -um, subs. loc. m. Suárdones, povo da Germânia (Tác. Germ. 40).

suāsī, perf. de **suadĕo.**

suāsĭō, -ōnis, subs. f. I — Sent. próprio: 1) Ação de aconselhar, conselho (Sên. Ep. 95, 65). II — Sent. particular: 2) Discurso para persuadir (na língua retórica) (Cíc. Or. 37).

suāsor, -ōris, subs. m. 1) Conselheiro, o que exorta ou persuade (Cíc. At. 16, 7, 2). 2) O que apóia uma lei (Cíc. At. 16, 16B, 9).

suāsŏrĭa, -ae, subs. f. Discurso para aconselhar (espécie de declamação em que o rétor procurava persuadir uma personagem histórica ou mitológica a tomar um determinado partido) (Quint. 2, 4, 25).

suāsōrĭus, -a, -um, adj. Suasório, para aconselhar, para persuadir (Quint. 2, 10, 1).

suāsum, -ī, subs. n. Côr escura (Plaut. Truc. 271).

1. suāsus, -a, -um, part. pass. de **suadĕo.**

2. suāsus, -ūs, subs. m. Conselho (Ter. Phorm. 730).

suāvĕ n. tomado advt. Agradàvelmente (Hor. Sát. 1, 4, 76).

suāveŏlēns (suāve olēns), -ēntis, adj. Que exala um cheiro agradável, perfumado (Catul. 61, 7).

suāvĭātĭō (sāvĭātĭō), -ōnis, subs. f. Beijo terno (Plaut. Bac. 129).

suāvĭātus, -a, -um, part. pass. de **suavĭor.**

suāvĭdĭcus, -a, -um, adj. De sons agradáveis, harmoniosos (Lucr. 4, 178).

suāvĭllum (sāv-), -ī, subs. n. Espécie de bôlo (feito com mel e queijo) (Cat. Agr. 84).

suāvĭlŏquens, -ēntis, adj. Que fala agradàvelmente (Lucr. 1, 945).

suāvĭŏlum (sāv-), -ī, subs. n. Beijo terno (Catul. 99, 2 e 14).

suāvĭor (sāvĭor), -āris, -ārī, -ātus sum, v. dep. tr. Beijar ternamente, afetuosamente (Cíc. Br. 53).

suāvis, -e, adj. I — Sent. próprio: 1) Doce, agradável (aos sentidos), daí: suave, odorífero, encantador, harmonioso (Cíc. Verr. 3, 23). II — Sent. figurado: 2) Doce, agradável (Cíc. At. 2, 13, 1). 3) Amável, bondoso, afetuoso (Cíc. Fam. 7, 33, 1).

suāvĭsāvĭātĭō, -ōnis, subs. f. Beijo terno (Plaut. Ps. 61).

suāvĭsŏnus, -a, -um, adj. De som agradável, harmonioso (Ác. Tr. 572).

suāvĭtās, -tātis, subs. f. I — Sent. próprio: 1) Sabor agradável, bom gôsto, doçura, suavidade, perfume (Cíc. C. M. 59). II — Sent. figurado: 2) Doçura, encanto, beleza, amabilidade (Cíc. Cael. 25).

suāvĭter, adv. De modo doce, suavemente, agradàvelmente (Cíc. Fam. 13, 18, 1).

suāvĭtūdō, -ĭnis, subs. f. Meu amor (têrmo de afeição) (Plaut. St. 755).

suāvĭum (sāvĭum), -ī, subs. n. I — Sent. próprio: 1) Beijo terno, beijo de amor (Cíc. At. 16, 11, 8). II — Sent. particular: 2) Meu amor, expressão de ternura (Ter. Eun. 456). 3) Lábios estendidos para o beijo (Plaut. Mil. 94).

sub (subs), prep. de abl. ou acus. e preverbio. A) Preposição: I — Sent. diversos: 1) Sob, debaixo de, no fundo de: **sub terra habitare** (Cíc. Nat. 2, 95) «habitar sob a terra». 2) Sob, debaixo de, na base de, no sopé de (abl.): **sub monte** (Cés. B. Gal. 1, 21, 1) «ao pé de uma montanha». 3) Nas proximidades de, em presença de, diante de, perante (acus.): **sub dies festos** (Cíc. Quinct. 2, 1, 1) «nas proximidades dos dias de festa». 4) Na ocasião de, logo depois de, um pouco antes, no tempo de, durante: **sub ipso** (Verg. En. 5, 323) «depois dêle»: **sub eas (litteras) statim recitatae sunt tuae** (Cíc. Fam. 10, 16, 1). «logo depois desta carta, a tua foi lida». 5) Sob (com idéia de sujeição, inferioridade ou dependência): **sub rege** (Cíc. Rep. 2, 43) «(estar) sob um rei»; **sub legis vincula aliquid conjicere** (T. Lív. 4, 4, 10) «colocar alguém sob os grilhões de uma lei». 6) Em direção a, para perto de (Cés. B. Civ. 1, 45, 2). 7) Com: **sub sarcinis** (Cés. B. Civ. 1, 66, 2) «com suas bagagens». II — Sent. figurado: 8) Sob, debaixo de:

sub nomine pacis bellum latet (Cíc. Phil. 12, 17) «sob o nome de paz se esconde a guerra». B) Prevérbio: 1) Sob, debaixo de: **subjaceo, subjicio**. 2) De baixo para cima: **sublatus, sublevo**. 3) Imediatamente depois: **succresco, subinde, suboles**. 4) Secretamente: **subripio, subaccuso**. 5) Um pouco: **subiratus**. Obs.: As acepções gerais da prep. são «sob», «no fundo de»; donde se derivam as significações particulares: «debaixo de» (sentido físico e moral), «ao pé de», «perto de», «na vizinhança de». Daí: «na proximidade de», «ao alcance de», «na presença de», «perante», ou, com sentido temporal: «no momento de», «na ocasião de», e «pouco depois de», «imediatamente depois de». Em sentido moral indica, freqüentemente, uma inferioridade moral, ou dá idéia de submissão ou de dependência. Quanto à construção, observa-se que o emprêgo com o abl. restringe-se ao ablativo locativo que exprime o repouso; e que a construção com acus. prende-se essencialmente ao acusativo de movimento (questão **quo**) e a alguns empregos temporais, decorrentes em geral da noção de movimento. Como prevérbio **sub** pode vir acrescido de um **s**: **subs-** (como **ab-** e **abs-**; **ob-** e **obs-**); donde a forma **sus-** empregada antes das oclusivas surdas **c, q, p, t**: **suscito, susque** (na locução proverbial **susque deque** «indiferentemente»), **suspicio, sustineo**. O **b** de **sub** permanece antes de vogal e das consoantes **b, d, j, l, n, s, t, v**, assimilando-se normalmente antes de **c, f, g, p**, e freqüentemente antes de **m** e **r**.

subabsŭrdē, adv. De modo um tanto absurdo (Cíc. De Or. 2, 275).

subabsŭrdus, -a, -um, adj. Um tanto absurdo, um pouco estranho, ridículo (Cíc. At. 16, 3, 4).

subaccūsō, -ās, -āre, v. tr. Acusar levemente (Cíc. Planc. 86).

subactĭō, -ōnis, subs. f. Sent. figurado: Preparação, formação do espírito (Cíc. De Or. 2, 131).

subāctus, -a, -um, part. pass. de **subĭgo**.

subadrogānter, adv. Com um pouco de presunção, de vaidade (Cíc. Ac. 2, 114).

subaerātus, -a, -um, adj. Que tem cobre debaixo (Pérs. 5, 106).

subagĭtō, v. **subigĭto**.

subagrēstis, -e, adj. Um tanto rústico, um tanto grosseiro, pouco culto (Cíc. Rep. 2, 12).

subamārus, -a, -um, adj. Um tanto amargo (sent. próprio e figurado) (Cíc. Inv. 1, 25).

subaquĭlus, -a, -um, adj. Um tanto escuro, pardo (Plaut. Rud. 423).

subarrogānter, v. **subadrogānter**.

subaurātus, -a, -um, adj. Ligeiramente dourado (Petr. 32, 3).

subbasilicānus, -ī, subs. m. O que vive a passear pelas basílicas, ocioso (Plaut. Capt. 815).

subauscŭltō, -ās, -āre, v. tr. Escutar secretamente, espiar (Cíc. De Or. 2, 153).

subbĭbō, -is, -ĕre, v. tr. Beber um pouco (Suet. Ner. 20).

subblandĭor, -īris, -īrī, v. dep. intr. Acariciar um pouco, acariciar secretamente, lisonjear (Plaut. Cas. 585).

subc- = **succ-**.

subcenturĭō, -ōnis, subs. m. Subcenturião, o substituto do centurião (T. Lív. 8, 8, 18).

subcontumēliōsē, adv. De modo um tanto ignominioso (Cíc. At. 2, 7, 3).

subcrīspus, -a, -um, adj. Um tanto crespo (Cíc. Verr. 2, 108).

subcūstus, -ōdis, subs. m. Substituto do guarda (Plaut. Mil. 868).

subdēbĭlis, -e, adj. Um tanto fraco (Suet. Vit. 17).

subdebilitātus, -a, -um, adj. Um pouco paralisado, e em sent. figurado: desencorajado (Cíc. At. 11, 5, 1).

subdĭdī, perf. de **subdo**.

subdifficĭlis, -e, adj. Um tanto difícil (Cíc. Lae. 67).

subdiffīdō, -is, -ĕre, v. intr. Desconfiar um pouco (Cíc. At. 15, 20, 2).

subditīvus, -a, -um, adj. Suposto, falso, substituído (Cíc. Verr. 5, 69).

subdĭtus, -a, -um, part. pass. de **subdo**.

subdō, -is, -ĕre, subdĭdī, subdĭtum, v. tr. I — Sent. próprio: 1) Pôr em baixo (Cat. Agr. 105, 1); (Cíc. Nat. 2, 27); (Suet. Oth. 11). Donde: 2) Submeter, sujeitar (Tác. An. 12, 40). 3) Substituir, pôr em lugar de, supor (Cíc. Dom. 85); (Tác. An. 14, 40). 4) Expor a (Plín. Ep. 3, 19, 4).

subdocĕō, -ēs, -ēre, v. tr. Ensinar em lugar do professor, substituir um mestre (Cíc. At. 8, 4, 1).

subdŏlē, adv. De modo um tanto artificial (Cíc. Br. 35).

subdŏlus, -a, -um, adj. I — Sent. próprio: 1) Astuto, astucioso, manhoso (Tác. An. 6, 51). II — Daí: 2) Enganador (Cés. B. Gal. 7, 31, 2).

subdŏmō, -ās, -āre, v. tr. Submeter, domar (Plaut. As. 702).

subdubĭtō, -ās, -āre, v. intr. Duvidar um pouco (Cíc. At. 14, 15, 2).

subduc, imperativo de **subdūco.**

subdūcō, -is, -ĕre, subdūxī, subdūctum, v. tr. I — Sent. próprio: 1) Tirar por baixo (Cés. B. Civ. 2, 11, 4); (Verg. En. 6, 524). Daí: 2) Subtrair, furtar, roubar (Plaut. Curc. 360); (T. Lív. 9, 11, 6). 3) Retirar (tropas de um pôsto), mandar retirar, fazer avançar, dirigir (Cés. B. Gal. 1, 22, 3); (T. Lív. 27, 48, 13). Donde: 4) Retirar, afastar (Cíc. Quinct. 3, 4, 1). 5) Tirar levantando, fazer subir, levantar, elevar (T. Lív. 27, 28, 10). 6) Puxar (os navios para a praia), pôr a sêco (Cés. B. Gal. 4, 29, 2). II — Sent. figurado: 7) Calcular, contar, computar (Cíc. At. 5, 21, 11). Obs.: Perf. sincopado: **subduxti** (Ter. Eun. 795).

subductĭō, -ōnis, subs. f. I — Sent. próprio: 1) Ação de retirar (os navios para a praia) (Cés. B. Gal. 5, 1, 2). II — Sent. figurado: 2) Cálculo, conta (Cíc. De Or. 2, 132).

subdūxe, forma sincopada do inf. perfeito de **subdūco** = **subduxīsse** (Varr. R. Rust. 2, 1, 6).

subdūxī, perf. de **subdūco.**

subdūxtī = **subduxīsti** (forma sincopada do perf. do ind. de **subdūco).**

subēdī, perf. de **subĕdo.**

subĕdō, -is, -ĕre, -ēdī, v. tr. Roer por baixo, minar (Ov. Met. 11, 783).

subēgī, perf. de **subĭgo.**

subĕō, -īs, -īre, subĭī, subĭtum, v. intr. e tr. I — Sent. próprio: 1) Aproximar-se de, ir para, avançar, marchar contra (T. Lív. 36, 18, 8); (Verg. En. 7, 161); (T. Lív. 31, 45, 4). Daí, em poesia: 2) Insinuar-se, introduzir-se, aproximar-se sorrateiramente (Ov. Am. 1, 2, 6). 3) Vir por baixo, vir para debaixo, meter-se debaixo (Verg. G. 1, 180). Donde: 4) Penetrar, entrar (Ov. Met. 4, 601); (Ov. Met. 1, 121). 5) Vir em lugar de, suceder, substituir (Ov. Met. 3, 282); (T. Lív. 27, 2, 7). II — Sent. figurado: 6) Aparecer, brotar, surgir, sobrevir, ocorrer, vir à mente (Cíc. De Or. 1, 151); (Verg. En. 2, 562). 7) Sofrer, suportar (Cíc. Prov. 41); (Cíc. Sest. 139). Obs.: Constrói-se como intr. absoluto; com acus. acompanhado ou não de **ad, in** ou **sub;** com dat.

sŭber, -ĕris, subs. n. Sent. particular: Rôlha de cortiça, sobreiro (Verg. En. 11, 554).

Sŭberīnus, -ī, subs. pr. m. Subérino, sobrenome romano (Plín. Ep. 6, 33, 6.)

subest, 3ª p. sg. do pres. do ind. de **subsum.**

subeŭndus, -a, -um, gerundivo de **subĕo.**

subf- = **suff-.**

subfūscus, -a, -um, adj. Um tanto escuro (de pele), um tanto moreno (Tác. Agr. 12).

subg- = **sugg-.**

subgrandis, -e, adj. Um tanto grande (Cíc. Q. Fr. 3, 1, 2).

subhorrĭdus, -a, -um, adj. Um tanto desalinhado (Cíc. Sest. 21).

subicĭō = **subjĭcĭo.**

subiĕctus = **subjĕctus, -a, -um** (Sên. Hip. 287).

subigĭtātĭō, -ōnis, subs. f. Carícia lasciva (Plaut. Capt. 1030).

subigĭtātrīx, -īcis, subs. f. Sedutora, a que seduz (Plaut. Pers. 227).

subigĭtō, -ās, -āre, v. tr. 1) Solicitar (Apul. Apol. 87). 2). Acariciar, procurar seduzir (Ter. Heaut. 567).

subĭgō, -is, -ĕre, subēgī, subāctum, v. tr. I — Sent. próprio: 1) Conduzir debaixo, conduzir, fazer avançar (Verg. G. 1, 202). Daí: 2) Obrigar, forçar, constranger; **ad deditionem** (T. Lív. 6, 2, 13) «obrigar à rendição (a se render)». Donde: 3) Submeter, subjugar, vencer (Cíc. Amer. 103). II — Sent. figurado: 4) Formar, disciplinar (T. Lív. 42, 52, 10). 5) Revolver a terra, arar (Cíc. Agr. 2, 84). 7) Aguçar, afiar: **subigunt in cote secures** (Verg. En. 7, 627) «afiam os machados na pedra». Obs.: Constrói-se com acus. acompanhado ou não de **ad, in** e, às vêzes, com inf.

subĭī, perf. de **subĕo.**

subimpŭdēns, -ēntis, adj. Um tanto impudente (Cíc. Fam. 7, 17, 1).

subinānis, -e, adj. Um tanto vão (Cíc. At. 2, 17, 2).

subindĕ, adv. 1) Imediatamente após (Hor. Ep. 1, 8, 15). 2) De tempos em tempos, freqüentemente (Plín. Ep. 2, 7, 6).

subinsŭlsus, -a, -um, adj. Um tanto insípido (Cíc. Opt. 7).
subinvĭdĕō, -ēs, -ēre, v. intr. Ter um pouco de inveja de (Cíc. Fam. 7, 10, 1).
subinvīsus, -a, -um, adj. Um tanto mal visto por, um tanto odioso (Cíc. Rab. Post. 40).
subinvītō, -ās, -āre, -āvī, v. tr. Convidar um pouco, excitar, provocar (Cíc. Fam. 7, 1, 6).
subīrāscor, -ĕris, -ī, v. dep. intr. Irritar-se um pouco (Cíc. Fin. 2, 12).
subīrātus, -a, -um, adj. Um tanto irritado, enfadado contra alguém (Cíc. Fam. 3, 9, 1).
subīssem = **subiīssem** (forma sincopada do m. q. perf. subj. de **subĕo**).
subīstī = **subiīstī** (forma sincopada do perf. do ind. de **subĕo**).
subĭtānĕus, -a, -um, adj. Súbito, repentino (Sên. Nat. 7, 22, 1).
subĭtārĭus, -a, -um, adj. Feito às pressas, de improviso, urgente (Tác. An. 15, 39).
subĭtō, adv. Subitamente, de repente (Cíc. Font. 42).
subĭtum, -ī, subs. n. (geralmente no plural). Coisa inesperada, imprevista (Tác. An. 15, 59).
subĭtus, -a, -um. A) Part. pass. de **subĕo**. I — Adj.: B) Sent. próprio: 1) Súbito, repentino, imprevisto: **subitae dictiones** (Cíc. De Or. 1, 152) «improvizações». II — Daí: 2) Improvisado, precipitado (Tác. Hist. 4, 76).
subjăcĕō, -ēs, -ēre, subjacŭī, v. intr. I — Sent. próprio: 1) Estar deitado debaixo, estar colocado debaixo: **alicui rei** (Plín. H. Nat. 18, 301) «estar colocado debaixo de alguma coisa». II — Sent. figurado: 2) Estar submetido ou subordinado a (Quint. 3, 6, 27).
subjăctō = **subjĕctō**.
subjacŭī, perf. de **subjăcĕo**.
subjēcī, perf. de **subjĭcĭo**.
subjectĭō (subiectĭō), -ōnis, subs. f. I — Sent. próprio: 1) Ação de pôr debaixo de, diante de (Cíc. De Or. 3, 202). II — Daí: 2) Sujeição, suposição, falsificação (de testamento) (T. Lív. 39, 18, 4).
subjectissĭmē, adv. O mais modestamente, muito humildemente (Cés. B. Civ. 1, 84, 5).
subjĕctō, -ās, -āre, v. tr. 1) Pôr debaixo ou perto, aproximar (Ov. Met. 4, 359). 2) Elevar, levantar, lançar (Verg. G. 3, 241).

subjĕctor (subiĕctor), -ōris, subs. m. Falsificador (de documento) (Cíc. Cat. 2, 7).
subjĕctus, -a, -um. I — Part. pass. de **subjĭcĭo**. II — Adj.: 1) Vizinho, próximo, limítrofe (Cíc. Rep. 6, 20). 2) Submetido sujeito, dependente (Cíc. Nat. 2, 77). 3) Exposto (Hor. Sát. 2, 6, 47). III — Subs. n. pl.: 4) Lugares fundos, vales, baixios (Cíc. Nat. 2, 77). 5) Masc. pl.: Os sujeitos (Plín. H. Nat. 25, 7).
subjĭcĭō ou **subĭcĭō, -is, -ĕre, -jēcī** (ou **-iēci**), **-jēctum** (ou **-iēctum**), v. tr. I — Sent. próprio: 1) Lançar debaixo ou por baixo, pôr debaixo (Cíc. Phil. 2, 51). 2) Lançar de baixo para cima, elevar (Cés. B. Gal. 1, 26, 3); (Verg. Buc. 10, 74). Daí: 3) Pôr ao pé, pôr junto, aproximar (Cés. B. Gal. 3, 55, 1). II — Sent. figurado: 4) Submeter, subjugar, subordinar (Cés. B. Gal. 7, 77, 9); (Cíc. Of. 2, 22); (Cíc. Tusc. 4, 16). 5) Expor a, arriscar (Cés. B. Gal. 4, 36, 2). 6) Apresentar, fornecer, sugerir (Cíc. Flac. 53); (Cíc. Arch. 25). 7) Pôr depois (sent. próprio e figurado), dizer depois, ajuntar, acrescentar (Cíc. Div. 2, 104). 8) Substituir, supor, falsificar, forjar (Cíc. Or. 92); (Cíc. Phil. 14, 7). Obs.: Constrói-se com acus. e dat., com acus. com **sub** ou **in**.
subjŭgātus, -a, -um, part. pass. de **subjŭgo**.
subjŭgō (ou subiŭgō), -ās, -āre, -āvī, -ātum, v. tr. Fazer passar sob o jugo, subjugar (Eutr. 4, 17).
subjŭngō (ou subiŭngō), -is, -ĕre, subjūnxī, subjūnctum, v. tr. I — Sent. próprio: 1) Submeter ao jugo, jungir, prender, atrelar (Verg. Buc. 5, 29). II — Sent. figurado: 2) Submeter, subjugar, pôr debaixo (Cíc. Verr. 1, 55). 3) Subordinar, acompanhar (Ov. Met. 5, 340); (Cíc. De Or. 1, 218). Na língua imperial: 4) Pôr depois, colocar em seguida, acrescentar, ajuntar (Quint. 4, 2, 31).
subjūnxī, perf. de **subjŭngo**.
sublābor, -ĕris, -lābī, -lāpsus sum, v. dep. intr. I — Sent. próprio: 1) Deslizar por baixo, ir abaixo, escorregar (sent. físico e moral) (Verg. En. 2, 169). II — Sent. figurado: 2) Insinuar-se (Verg. En. 7, 354).
sublāpsus, -a, -um, part. pass. de **sublābor**.
Sublaquĕum, -ī, subs. pr. n. Subláqueo, pequena cidade dos équos, no Lácio (Plín. H. Nat. 3, 109).

sublātē, adv. Em sent. figurado: 1) Num estilo elevado (Cíc. Br. 201). 2) Orgulhosamente (Cíc. Dom. 95). Obs.: Comp.: **sublatĭus** (Cíc. Dom. 95).

sublātĭō, -ōnis, subs. f. I — Sent. próprio: 1) Ação de levantar (Quint. 9, 4, 48). II — Sent. figurado: 2) Arrebatamento (de espírito), exaltação (Cíc. Fin. 2, 13).

sublātus, -a, -um. I — Part. pass. de **tollo**. II — Adj.: Soberbo, orgulhoso, arrogante (Cés. B. Gal. 1, 15, 3).

sublēctō, -ās, -āre, v. tr. Seduzir, enganar (Plaut. Mil. 1066).

sublēgī, perf. de **sublēgo**.

sublĕgō, -is, -ĕre, -lēgī, -lēctum, v. tr. I — Sent. próprio: 1) Colhêr, recolher por baixo ou secretamente (Hor. Sát. 2, 8, 12); (Verg. Buc. 9, 21). II — Daí: 2) Escolher em lugar de, eleger como substituto (T. Lív. 23, 23, 4). Donde: 3) Subtrair ou ajuntar (Plaut. Rud. 749); (Tác. An. 11, 25).

sublēstus, -a, -um, adj. Leve, fraco, frívolo (Plaut. Pers. 348).

sublevātĭō, -ōnis, subs. f. Alívio, consolação (Cic. Rep. 2, 59).

sublevātus, -a, -um, part. pass. de **sublĕvo**.

sublēvī, perf. de **sublino**.

sublĕvō, -ās, -āre, -āvī, -ātum, v. tr. I — Sent. próprio: 1) Levantar, erguer, sustentar (Cés. B. Gal. 6, 27, 2); (Cíc. At. 10, 4, 3). II — Sent. figurado: 2) Aliviar, abrandar, atenuar, diminuir (Cés. B. Gal. 6, 32, 5); (Cíc. Tusc. 4, 26). 3) Levantar, erguer, sustentar. 4) Ajudar, auxiliar, socorrer, defender, favorecer (Cés. B. Gal. 1, 40 5); (Cíc. Verr. 4, 20).

sublīca, -ae, subs. f. I — Sent. próprio: 1) Estaca (Cés. B. Civ. 3, 49, 3). II — Daí: 2) Estacaria, pilotis (Cés. B. Gal. 4, 17, 4).

sublĭcēs, -um, subs. f. Estacaria, pilotis (Sal. Hist. 4, 74).

sublicĭus (pons), subs. m. Ponte sublícia, de madeira (feita sôbre estacas, em Roma, e mandada construir por Anco Márcio) (T. Lív. 1, 33, 6).

subligācŭlum, -ī, subs. n., v. **sublĭgar** (Cíc. Of. 1, 129).

sublīgar, -āris, subs. n. Espécie de bragas, espécie de aventał (usado pelos atores, para encobrir a nudez (Marc. 3, 87, 4).

sublĭgō, -ās, -āre, -āvī, -ātum, v. tr. Sent. próprio: 1) Ligar por baixo, atar em baixo. Daí: 2) Ligar, atar, amarrar (Verg. En. 8, 459).

sublīmātus, -a, -um, part. pass. de **sublīmo**.

1. **sublīme**, adv. I — Sent. próprio: 1) Nas alturas, nos ares, em cima (Cíc. Tusc. 1, 102). II — Daí: 2) Num estilo sublime, de modo superior (Quint. 9, 4, 130).

2. **sublīme, -is**, subs. n. Altura (Suet. Cl. 27).

sublīmis, -e, adj. I — Sent. próprio: 1) Que se eleva, que está no ar, nas regiões aéreas (T. Lív. 1, 16, 8). Daí: 2) Alto, elevado (Verg. En. 12, 133). II — Sent. figurado: 3) Elevado, sublime, ilustre, célebre, glorioso (Ov. F. 1, 301).

sublīmĭtās, -tātis, subs. f. I — Sent. próprio: 1) Altura, elevação (Quint. 12, 5, 5). II — Sent. figurado: 2) Grandeza, nobreza (Plín. H. Nat. 7, 94). 3) Sublimidade (de estilo) (Plín. Ep. 1, 16, 4).

sublīmō, -ās, -āre, -āvī, -ātum, v. tr. I — Sent. próprio: 1) Elevar (Apul. M. 3, 21). II — Sent. figurado: 2) Exaltar, glorificar (Macr. S. 1, 24).

sublīmus, -a, -um, v. **sublīmis** (Lucr. 1, 340).

sulīnō, -is, -ĕre, -lēvī, -lĭtum, v. tr. 1) — Sent. próprio: 1) Cobrir com um revestimento, emboçar (Plín. H. Nat. 30, 80). II — Sent. figurado: 2) Zombar, escarnecer, lograr (Plaut. Mil. 110).

sublītus, -a, -um, part. pass. de **sublino**.

sublŭcĕō, -ēs, -ēre, -lūxī, v. intr. Luzir pouco, dar pouca luz, luzir por baixo ou através (Cíc. Arat. 289); (Verg. G. 4, 275).

sublūcĭdus, -a, -um, adj. Um tanto escuro (Apul. M. 6, 3).

sublŭī, perf. de **sublŭo**.

sublŭō, -is, -ĕre, -lŭī, -lūtum, v. tr. 1) Cavar por baixo, solapar (Marc. 6, 81, 2). 2) Banhar, correr pelo sopé de (Cés. B. Gal. 7, 69, 2).

sublūstris, -e, adj. Que espalha pouca luz, pouco claro (Hor. O. 4, 27, 31).

sublūtus, -a, -um, part. pass. de **sublŭo**.

sublūxī, perf. de **sublucĕo**.

submērgō, -is, -ĕre, -mērsī, -mērsum, v. tr. I — Sent. próprio: 1) Submergir, mergulhar (Verg En. 1, 40). II — Sent. figurado: 2) Engolir (Cíc. Div. 1, 73).

submērsī, perf. de submērgo.
submērsus, -a, -um, part. pass. de submērgo.
submĕrus, -a, -um, adj. (Vinho) misturado com pouca água, vinho quase puro (Plaut. St. 273).
submĭnĭa, -ae, subs. f. Peça de vestuário para mulher (um tanto vermelha) (Plaut. Ep. 232).
submĭnistrātor, -ōris, subs. m. Fornecedor (Sên. Ep. 114, 25).
submĭnistrātus, -a, -um, part. pass. de submĭnistro.
submĭnistrō, -ās, -āre, -āvī, -ātum, v. tr. Fornecer, subministrar, dar (sent. próprio e figurado) (Cíc. Dej. 25); (Cíc. Inv. 1, 7).
submīsī, perf. de submītto.
submissē, adv. 1) Modestamente, de modo submisso, humildemente (Cíc. Planc. 12). 2) Simplesmente, sem brilho (tratando-se do estilo) (Cíc. De Or. 2, 215).
submīssim (summīssim), adv. Baixinho, suavemente (Suet. Aug. 74).
submissiō (summ-), -ōnis, subs. f. I — Sent. próprio: 1) Ação de abaixar (a voz) (Cíc. Of. 1, 146). II — Daí: 2) Inferioridade (Cíc. Top. 71). 3) Simplicidade (do estilo) (Cíc. Or. 85).
submīssus (summīssus), -a, -um. I — Part. pass. de submītto. II — Adj.: Sent. próprio: 1) Pôsto debaixo, e daí: Abaixado, curvado, abatido, baixo (sent. próprio e figurado) (T. Lív. 44, 9, 6). III — Sent. figurado: 3) Humilde, submisso, humilhado, suplicante (Luc. 8, 594). 4) Simples (tratando-se do estilo) (Cíc. Or. 76).
submīttō (summīttō), -is, -ĕre, -mīsī, -mīssum, v. tr. I — Sent. próprio: 1) Pôr debaixo, enviar debaixo (Col. 4, 14, 1). II — Sent. figurado: 2) Submeter, sujeitar (T. Lív. 6, 6, 7); (Verg. En. 4, 414). Daí: 3) Rebaixar, abater, reduzir, diminuir, enfraquecer (sent. físico e moral) (Ov. Met. 4, 340); (Plín. Ep. 5, 6, 12); (T. Lív. 38, 52, 2); (Cíc. Lae. 72). 4) Produzir, fazer nascer, surgir (Lucr. 1, 8). Donde: 5) Fazer ou deixar crescer (Tác. Germ. 31); (Verg. G. 3, 159). 6) Enviar secretamente, enviar em refôrço, enviar: subsidia alicui (Cés. B. Gal. 4, 26, 4) «enviar refôrço (socorro) para alguém». 7) Endereçar (Cíc. Verr. 3, 69).

submolēstē, adv. Com um pouco de desagrado, custosamente (Cíc. At. 5, 21, 1).
submolēstus, -a, -um, adj. Um tanto desagradável (Cíc. At. 16, 4, 4).
submonĕō (summonĕō), -ēs, -ēre, -monŭī, v. tr. Advertir, avisar secretamente (Ter. Eun. 570).
submonŭī, perf. de submonĕo.
submōrōsus, -a, -um, adj. Um tanto mal humorado (Cíc. De Or. 2, 279).
submōtus (summōtus), -a, -um, part. pass. de submovĕo.
submovĕō (summovĕō), -ēs, -ēre, -mōvī, -mōtum, v. tr. I — Sent. próprio: 1) Afastar, desviar (sent. físico e moral) (Cés. B. Gal. 7, 50, 5); (Cíc. Amer. 70). Daí: 2) Expulsar, repelir (Cés. B. Civ. 2, 11, 3). II — Sent. figurado: 3) Exilar, desterrar, banir (Ov. P. 4, 16, 47). Obs.: Forma sincopada: summosses = summovisses (Hor. Sát. 1, 9, 48).
submōvī, perf. de submovĕo.
submūtō, -ās, -āre, v. tr. Trocar (Cíc. Or. 93).
subnāscor, -ĕris, -nāscī, -nātus sum, v. dep. intr. I — Sent. próprio: 1) Nascer debaixo, ou por baixo (Plín. H. Nat. 17, 234). II — Daí: 2) Brotar de novo, renascer, reaparecer (Plín. H. Nat. 11, 78).
subnātus, -a, -um, part. pass. de subnāscor.
subnēctō, -is, -ĕre, -nexŭī, -nēxum, v. tr. I — Sent. próprio: 1) Ligar por baixo, prender por baixo (Ov. Met. 11, 33). Daí: 2) Ligar, prender (Verg. En. 1, 492). II — Sent. figurado: 3) Acrescentar (Quint. 3, 3, 5).
subnĕgō, -ās, -āre, v. tr. Recusar um pouco ou de algum modo (Cíc. Fam. 7, 19).
subnexŭī, perf. de subnēcto.
subnĕxus, -a, -um, part. pass. de subnēcto. Obs.: Constrói-se com abl. ou como absoluto.
subnĭger, -gra, -grum, adj. Um tanto negro, fusco, escuro (Plaut. Ps. 1218).
subnīxus (-nīsus), -a, -um, adj. I — Sent. próprio: 1) Apoiado sôbre (Verg. En. 1, 506). II — Sent. figurado: 2) Que descansa em, fiado em, defendido por (Cíc. De Or. 1, 246).
subnŏtō, -ās, -āre, v. tr. I — Sent. próprio: 1) Notar tàcitamente, anotar em baixo (Sên. Ep. 108, 30); (Suet. Cal.

41); (Marc. 1, 28, 5). II — Daí: 2) Assinar, subscrever (Plín. H. Nat. 1, 10, 9).

subnūba, -ae, subs. f. Amante, concubina (Ov. Her. 6, 153).

subnūbĭlus, -a, -um, adj. Um tanto escuro, um pouco tenebroso (Cés. B. Civ. 3, 54, 2).

subō, -ās, -āre, v. tr. Estar no cio (Lucr. 4, 1199); (Hor. Epo. 12, 11).

subobscēnus, -a, -um, adj. Um tanto obsceno, livre (Cíc. Or. 88).

subobscūrus, -a, -um, adj. Um tanto obscuro (figurado) (Cíc. Br. 29).

subodiōsus, -a, -um, adj. Um tanto enfadonho (Cíc. At. 1, 5, 4).

suboffēndō, -is, -ēre, v. intr. Desagradar um pouco (Cíc. Q. Fr. 2, 6, 5).

subŏlēs (sobŏlēs), -is, subs. f. I — Sent. próprio: 1) Rebento, renôvo (Plín. H. Nat. 17, 65). II — Sent. figurado: 2) Descendência, raça, posteridade (Cíc. Of. 1, 54). 3) Filho dos animais (Hor. O. 3, 13, 8). Obs.: Palavra poética, segundo Cícero (De Or. 3, 153).

subolēscō, -is, -ēre, v. intr. Nascer em seguida, vir depois, formar linhagem (T. Lív. 29, 3, 13).

subŏlet, -ēbat, -ēre, v. impess. intr. Exalar um odor e daí: sentir um cheiro, farejar (Ter. Phorm. 474).

subolfacĭō, -is, -ĕre, v. tr. Farejar (sent. próprio e figurado) (Petr. 45, 10).

suborĭor, -īris (-ĕris), -īrī, v. intr. Brotar por baixo, reproduzir-se, refazer-se (Lucr. 1, 1035).

subōrnō, -ās, -āre, -āvī, -ātum, v. tr. I — Sent. próprio: 1) Equipar, preparar, armar secretamente (sent. físico e moral) (Cíc. Leg. 1, 59). II — Daí: 2) Subornar (Cíc. Dej. 17).

Subōta, -ōrum, subs. pr. m. pl. Súbotos, ilha do mar Egeu (T. Lív. 44, 28, 6).

subp- = **supp-**.

subraucus, -a, -um, adj. Um tanto rouco (Cíc. Br. 141).

subrēctus, -a, -um, part. pass. de **subrĭgo**.

subrēmĭgō, -ās, -āre, v. intr. Remar por baixo, ou em baixo (Verg. En. 10, 227).

subrēpō ou **surrēpō**, -is, -ĕre, -rēpsī, -rēptum, v. tr. e intr. I — Sent. próprio: 1) Esgueirar-se sob, arrastar-se sob (Cíc. Sest. 126). II — Sent. figurado: 2) Insinuar-se (Cíc. Marc. 1, 5).

subrēpsī (surrēpsī), perf. de **subrepo**.

subreptĭcĭus, -a, -um, adj. Clandestino, sub-reptício (Plaut. Curc. 205).

subrēpstī, perf. sincopado de **subrēpo** = **subrepsisti** (Catul. 77, 3).

subrēptus, -a, -um, part. pass. de **subrēpo** e de **subripĭo**.

subrēxī, perf. de **subrĭgo**.

subrĭdĕō, -ēs, -ēre, -rīsī, -rīsum, v. intr. Sorrir (Cíc. Com. 22).

subrĭdĭcŭlē, adv. Bastante ridiculamente (Cíc. De Or. 2, 249).

subrĭgō ou **surrĭgō**, -is, -ĕre, -rēxī, -rēctum, v. tr. Levantar, erguer, elevar (sent. próprio e figurado) (Verg. En. 4, 183); (Plín. H. Nat. 10, 86).

subrīngor, -ĕris, -ī, v. dep. intr. Fazer caretas, agastar-se, encolerizar-se um pouco (Cíc. At. 4, 5, 2).

subripĭō ou **surripĭō**, -is, -ĕre, -ripŭī, -rēptum, v. tr. Tirar furtivamente, subtrair, desviar furtivamente, furtar, roubar (sent. próprio e figurado) (Cíc. Inv. 2, 55); (Cíc. At. 5, 16, 1). Obs.: O latim arcaico oferece numerosas formas de uma conjugação: **subrupio, subrupui, subruptum** (Plaut. Aul. 39; 347), etc.; e o latim clássico, numerosos casos de síncope: **surpite** (Hor. Sát. 2, 3, 283); **surpuerat** (Hor. O. 4, 13, 20); **surpere** (Lucr. 2, 314).

subripŭī, perf. de **subripĭo**.

subrīsī, perf. de **subridĕo**.

Subrĭus, -ī, subs. pr. m. Súbrio, nome de homem (Tác. An. 15, 49).

subrŏgō ou **surrŏgō**, -ās, -āre, -āvī, -ātum, v. tr. Subrogar (refere-se principalmente ao presidente dos comícios que propõe outro candidato que não foi anteriormente indicado) (Cíc. Rep. 2, 62).

subrubĕō, -ēs, -ēre, v. intr. Ser um tanto vermelho (Ov. Am. 2, 5, 36).

subrubicūndus, -a, -um, adj. Avermelhado (Sên. Ir. 3, 4, 1).

subrūfus, -a, -um, adj. Avermelhado, puxado a ruivo (Plaut. Capt. 648).

subrŭī, perf. de **subrŭo**.

subrŭō ou **surrŭō**, -is, -ĕre, -rŭī, -rŭtum, v. tr. Ruir, minar, escavar, arruinar (sent. próprio e figurado) (Cés. B. Gal. 2, 6, 2); (T. Liv. 41, 23, 8).

subrupĭō = **subripio**.

subrustĭcus, -a, -um, adj. Um tanto rústico, um pouco grosseiro, tímido (Cíc. Fam. 5, 12, 1).

subscrībō, -is, -ĕre, -scrīpsī, -scrīptum, v. tr. I — Sent. próprio: 1) Subscrever, assinar uma acusação (Cíc. Clu. 119).

Daí: 2) Acusar, ser acusador (Cíc. Clu. 131). Na língua comum: 3) Escrever em baixo, pôr em inscrição (Cíc. Clu. 101). 4) Escrever no fim, assinar (Suet. Ner. 10). 5) Transcrever em seguida, acrescentar (Cíc. At. 8, 11D, 3). II — Sent. figurado: 6) Tomar a defesa, aderir a, aprovar (T. Lív. 33, 47, 4). 7) Registrar, notar furtivamente, tomar nota (Tác. Agr. 45).

subscrīpsī, perf. de **subscrībo**.

subscrīptĭō, -ōnis, subs. f. I — Sent. próprio: 1) Inscrição (em baixo de uma estátua, etc.) (Cíc. At. 6, 1, 17). II — Daí: 2) Assinatura, subscrição (Suet. Tib. 32). III — Por extensão: 3) Objeto ou notificação de uma acusação, acusação, censura, repreensão (Cíc. Clu. 118). 4) Minuta, lista, registro (Cíc. Verr. 3, 113).

subscrīptor, -ōris, subs. m. 1) O que se dá como acusador (juntamente com outrem) (Cíc. Caec. 51). 2) Partidário, advogado (do autor) (A. Gél. 5, 21, 6).

subscrīptus, -a, -um, part. pass. de **subscrībo**.

subsĕcō, -ās, -āre, -secŭī, -sēctum, v. tr. Cortar por baixo, cortar em baixo (Ov. F. 6, 230).

subsecŭī, perf. de **subsĕco**.

subsecūtus, -a, -um, part. pass. de **subsĕquor**.

subsēdī, perf. de **subsīdo**.

subsellĭum, -ī, subs. n. (geralmente no pl.). I — Sent. próprio: 1) Banco, assento (Cíc. Br. 290). II — No pl.: 2) Tribunal (Cíc. De Or. 1, 32).

subsēnsī, perf. de **subsentĭo**.

subsentĭō, -īs, -īre, -sēnsī, v. tr. Suspeitar, ter o pensamento (Ter. Heaut. 471).

subsĕquor, -ĕris, -sĕquī, -secūtus sum, v. dep. tr. I — Sent. próprio: 1) Seguir imediatamente, seguir de perto, vir logo depois (Cés. B. Gal. 4, 26, 1); (Cés. B. Gal. 2, 19, 1). Daí: 2) Seguir as pegadas, acompanhar (Cíc. De Or. 2, 220). II — Sent. figurado: 3) Imitar, reproduzir (Cíc. Fam. 3, 1, 2). Obs.: Constrói-se com acus. ou como absoluto.

subservĭō, -īs, -īre, v. intr. Servir, obedecer, estar sob as ordens de (Ter. And. 735). Obs.: Constrói-se com dat.

subsēssor, -ōris, subs. m. O que está de emboscada, o que está à espera de (Petr. 40, 1).

subsicīvum, -ī, subs. n. Pequena porção de terra que fica além da medida (Suet. Dom. 9).

subsicīvus (subsecīvus), -a, -um, adj. Sent. próprio: Que se corta além da medida e daí, em sent. figurado: que se corta às ocupações, acessório, secundário (Cíc. Phil. 2, 20).

subsidiārĭī, -iōrum, subs. m. pl. Tropas de reserva, tropas de reforço (T. Lív. 5, 38, 2).

subsidiārĭus, -a, -um, adj. Que é da reserva, subsidiário, de reforço (T. Lív. 9, 27, 9).

subsidĭum, -ī, subs. n. I — Sent. próprio: 1) Reserva, tropas de reserva (Cés. B. Gal. 2, 22, 1). Daí: 2) Reforço, socorro, corpo auxiliar (Cés. B. Gal. 7, 87, 2). II — Sent. figurado: 3) Auxílio, ajuda, sustentáculo, defesa (Cíc. Clu. 3). 4) Recursos, meios (Cíc. Cat. 2, 9). 5) Refúgio, asilo (Tác. An. 5, 8).

subsīdō, -is, -ĕre, -sēdī, -sēssum, v. intr. e tr. I — Sent. próprio: Intr. 1) Baixar, abaixar-se (T. Lív. 44, 5, 7); (Verg. En. 5, 820). Daí: 2) Depositar-se, ir ao fundo (Lucr. 5, 497); (Verg. En. 5, 498). II — Sent. figurado: 3) Deter-se, parar, fazer alto, morar (Cíc. At. 6, 8, 2). Donde: 4) Cessar, acalmar-se, sossegar (Ov. Trist. 2, 151). 5) Ceder (Ov. Met. 10, 284). 6) Ser pôsto de reserva, ser da reserva (Varr. L. Lat. 5, 89). 7) Agachar-se, aceitar o macho (Hor. Epo. 16, 31). III — Tr.: 8) Esperar numa emboscada, atacar inesperadamente (Verg. En. 11, 268). 9) Tomar por um ardil (Luc. 5, 226).

subsignānus, -a, -um, adj. Que combate ou serve sob uma bandeira (Tác. Hist. 1, 70).

subsīgnō, -ās, -āre, -āvī, -ātum, v. tr. I — Sent. próprio: 1) Inscrever embaixo ou em seguida a, consignar (Plín. H. Nat. 18, 228). II — Daí: 2) Oferecer como garantia (Cíc. Agr. 3, 9).

subsilĭō, -īs, -īre, -silŭī, v. intr. I — Sent. próprio: 1) Saltar, saltar no espaço (Lucr. 2, 191). II — Sent. figurado: 2) Elevar-se (Sên. Ep. 13, 3). Donde: 3) Desprender-se, soltar-se (Sên. Clem. 1, 3, 5).

subsilŭī, perf. de **subsilĭo**.

subsipĭō, -is, -ĕre, v. intr. Ter um pouco de saber (Varr. L. Lat. 5, 128).

subsīstō, -is, -ĕre, -stĭtī, v. intr. e tr. I — Sent. próprio: Intr.: 1) Parar, deter-se, fazer alto (Cés. B. Gal. 1, 15, 3). 2) Ficar, permanecer, subsistir (Varr. L.

Lat. 5, 155). Donde: 3) Cessar (Ov. Met. 1, 207). II — Sent. figurado: 4) Fazer frente a, resistir (Cés. B. Gal. 5, 10. 2). III — Tr.: 5) Fazer frente, combater, atacar (T. Lív. 1, 4, 9).

1. subsŏlănus, -a, -um, adj. Voltado para o oriente (Plín. H. Nat. 7, 24).

2. subsŏlănus, -i, subs. m. Vento leste (Sên. Nat. 5, 16, 4).

subsortĭor, -īris, -īri, -ītus sum, v. dep. tr. Tirar à sorte em substituição, tirar à sorte novamente, designar novamente um juiz (Cíc. Clu. 96).

subsortītĭō, -ōnis, subs. f. I — Sent. próprio: 1) Ação de tirar à sorte para substituição de magistrados, segundo sorteio de nomes (Cíc. Verr. 1, 157).

substantĭa, -ae, subs. f. I — Sent. próprio: 1) Substância, ser real, essência (Sên. Ep. 113, 4). II — Sent. figurado: 2) Sustentáculo (Tác. D. 8).

substērnō, -is, -ĕre, -strāvī, -strātum, v. tr. I — Sent. próprio: 1) Estender em baixo (Ter. And. 727); (Cat. Agr. 37. 2) Cobrir, juncar (Varr. R. Rust. 1, 57, 2). II — Sent. figurado: 3) Submeter, subordinar (Cíc. Tim. 26). 4) Pôr à disposição (Lucr. 2, 22). 5) Sacrificar miseràvelmente, abandonar vergonhosamente (Suet. Aug. 68). 6) Pôr como base, guarnecer o fundo (Cíc. Nat. 2, 129).

substĭnĕō = **sustĭnĕo.**

substĭtī, perf. de **subsĭsto.**

substĭtŭī, perf. de **substĭtŭo.**

substĭtŭō, -is, -ĕre, -stĭtŭī, -stĭtūtum, v. tr. I — Sent. próprio: 1) Pôr debaixo e daí: pôr em lugar de, substituir (Cíc. Verr. 5, 72); (T. Lív. 29, 1, 10). 2) Dar em substituição (Cíc. Verr. 3, 161). 3) Instituir um herdeiro ou sucessor (Suet. Tib. 76). Obs.: O sentido primitivo de «pôr debaixo» só ocorre na decadência.

substĭtūtus, -a, -um, part. pass. de **substĭtŭo.**

substō, -ās, -āre, v. intr. I — Sent. primitivo: 1) Estar debaixo (Cels. 6, 10). II — Daí: 2) Resistir, subsistir (Ter. And. 914).

substrātus, -a, -um, part. pass. de **substĕrno.**

substrāvī, perf. de **substĕrno.**

substrīctus, -a, -um. I — Part. pass. de **substringo.** II — Adj.: Apertado, serrado, delgado, magro (Ov. Met. 2, 216).

substrĭngō, -is, -ĕre, -strīnxī, -strīctum, v. tr. I — Sent. próprio: 1) Apertar, ligar. atar: **crinem nodo** (Tác. Germ. 38) «atar por um só nó o cabelo». II — Sent. figurado: 2) Conter, cortar, suprimir (Quint. 10, 5, 4). 3) Prestar atenção (Hor. Sát. 2, 5, 95).

substrīnxī, perf. de **substrīngo.**

substructĭō, -ōnis, subs. f. Substrução, construção no subsolo, construção feita na base, base de um edifício, fundações (Cíc. Mil. 53).

substrŭctus, -a, -um, part. pass. de **substrŭo.**

substrŭō, -is, -ĕre, -trūxī, -strŭctum, v. tr. 1) Construir no subsolo (Plaut. Most. 121). 2) Construir em baixo ou na base de (T. Lív. 6, 4, 12).

substrūxī, perf. de **substrŭo.**

subsultō, -ās, -āre, -āvī, v. intr. I — Sent. próprio: 1) Saltar de alegria (Plaut. Capt. 637). II — Sent. figurado: 2) Ir aos saltinhos (Quint. 11, 3, 43).

subsum, subes, subesse, v. intr. I — Sent. próprio: 1) Estar debaixo, estar sob, estar no fundo, estar oculto (Hor. O. 4, 5, 40); (Cíc. Rep. 1, 69); (Cíc. Amer. 28). II — Daí: 2) Estar próximo, aproximar-se (Cés. B. Gal. 5, 29, 3); (Cés. B. Cív. 3, 97, 4); (Ov. Met. 11, 359).

subsūtus, -a, -um, adj. Cosido por baixo, guarnecido (Hor. Sát. 1, 2, 29).

subtēmen (subtēgmen), -ĭnis, subs. n. I — Sent. próprio: 1) Trama, fio de um tecido (Verg. En. 3, 483). II — Sent. figurado: 2) Fio (das Parcas), fio (Hor. Epo. 13, 15).

subtēgmen, v. **subtēmen.**

subtēndī, perf. de **subtēndo.**

subter, adv. e prep. I — Adv.: Em baixo, por baixo (Cíc. Nat. 2, 106). II — Prep. (acus. e abl.). A) com acus.: 1) Debaixo de, sob, abaixo de (Cíc. Tusc. 1, 20). 2) No fundo de, na base de (T. Lív. 34, 20, 8). B) com abl.: 2) Sob (Verg. En. 9, 514). Obs.: Preposição de emprêgo raro. Na prosa, **subter** constrói-se sempre com acus., seja qual fôr a sua acepção. A construção com abl. pertence à língua poética.

subterdūcō, -is, -ĕre, -dūxī, v. tr. 1) Subtrair, roubar (Plaut. As. 278). Como reflexivo: 2) Esquivar-se (Plaut. Mil. 343).

subterdūxī, perf. de **subterdūco.**

subterflŭō, -is, -ĕre, v. intr. e tr. A) Intr.: 1) Correr por baixo, debaixo dos pés (Plín. H. Nat. 8, 201). B) Tr.: 2) O mesmo sentido (Sên. Nat. 3, 30, 4).

subterfūgī, perf. de **subterfugĭo.**

subterfugĭō, -is, -ĕre, -fūgī, v. intr. e tr. A) — Intr.: Fugir secretamente, desaparecer (Plaut. Bac. 771). B) — Tr.: Furtar-se a, subtrair-se a, evitar, fugir a (Cíc. Of. 3, 97).

subterlăbor, ĕris, -lābī, v. dep. tr. I — Sent. próprio: 1) Correr, debaixo, correr junto de (Verg. G. 2, 157). II — Sent. figurado: 2) Escapar-se, esquivar--se (T. Liv. 30, 25, 6).

subterlĭnō, -is, -ĕre, v. tr. Untar por baixo (Plín. H. Nat. 28, 83).

subtermĕō, -ās, -āre, v. intr. Correr, ou passar debaixo da terra (Plín. H. Nat. 2, 214).

subtĕrō, -is, -ĕre, -trīvī, -trītum, v. tr. 1) Gastar por baixo (com o atrito) (Cat. Agr. 72). 2) Esmigalhar (Col. 12, 5, 1).

subterrānĕus, -a, -um, adj. Subterrâneo, que está debaixo da terra (Cíc. At. 15, 26, 4).

subtersĕcō, -ās, -āre, v. tr. Cortar por baixo (Cíc. Arat. 273).

subtervăcāns, -āntis, adj. Que está vazio por baixo (Sên. Nat. 6, 25, 1).

subtervŏlō, -ās, -āre, v. intr. Voar sob (Estác. Theb. 3, 670).

subtĕxō, -is, -ĕre, -texŭī, -tēxtum, v. tr I — Sent. próprio: 1) Tecer debaixo ou na frente (Ov. Met. 14, 368); (Cíc. Flac. 5, 414). 2) Cobrir, velar, esconder (Lucr. 5, 466); (Verg. En. 3, 582). II — Sent. figurado: 3) Acrescentar, inserir, expor a seguir (T. Liv. 37, 48, 6).

subtexŭī, perf. de subtēxo.

subtēxus, -a, -um, part. pass. de subtēxo.

subtīlis, -e, adj. I — Sent. próprio: 1) Fino, sutil, delgado, tênue (Lucr. 6, 225). II — Sent. figurado: 2) Fino, delicado (Hor. Sát. 2, 8, 38). 3) Fino, penetrante, preciso, meticuloso (Cíc. At. 5, 14, 3). 4) Simples, preciso, sóbrio (tratando-se do estilo) (Cíc. Or. 78).

subtīlĭtās, -tātis, subs. f. I — Sent. próprio: 1) Finura, delgadeza (Plín. H. Nat. 35, 82). II — Sent. figurado: 2) Delicadeza, penetração, sutileza, precisão (Cíc. Nat. 2, 1). 3) Simplicidade (do estilo) (Cíc. Br. 67).

subtīlĭter, adv. I — Sent. próprio: 1) De modo fino, sutilmente, tênuemente (Lucr. 3, 739). II — Sent. figurado: 2) Finamente, com penetração (Cíc. Verr. 4, 127). 3) Com precisão minuciosa (Cíc. At. 2, 21, 1). 4) Simplesmente, sobriamente (tratando-se de estilo) (Cíc. Or. 72).

subtĭmĕō, -ēs, -ēre, v. tr. Recear secretamente, temer um pouco (Cíc. Phil. 2, 36).

subtrāctus, -a, -um, part. pass. de subtrăho.

subtrăhō, -is, -ĕre, -trāxī, -trāctum, v. tr. I — Sent. próprio: Tirar por baixo, subtrair (Cés. B. Gal. 7, 22, 2); (Cés. B. Gal. 1, 44, 5). II — Sent. figurado: 2) Afastar, retirar, renunciar (Cíc. frg. F. 5, 85); (Cíc. Mur. 80).

subtrāxī, perf. de subtrăho.

subtrīstis, -e, adj. Melancólico (Ter. And. 447).

subtrītus, -a, -um, part. pass. de subtĕro.

subtrīvī, perf. de subtĕro.

subturpĭcŭlus, -a, -um, adj. Um tanto ou quanto vergonhoso (Cíc. At. 4, 5, 1).

subtūrpis, -e, adj. Um tanto vergonhoso (Cíc. De Or. 2, 264).

subtus, adv. Em baixo, por baixo (Cat. Agr. 48, 2); (T. Liv. 36, 25).

subtūsus, -a, -um, adj. Levemente magoado (Tib. 1, 10, 55).

subūcŭla, -ae, subs. f. Túnica inferior, camisa (Hor. Ep. 1, 1, 94).

sūbŭla, -ae, subs. f. Sovela (agulha especial usada pelos sapateiros) (Marc. 3, 16, 2).

subūlcus, -ī, subs. m. Porqueiro (Marc. 10, 98, 10).

Sŭbŭlō, -ōnis, subs. pr. m. Subulão, sobrenome romano (T. Liv. 43, 17).

Subūra, -ae, subs. pr. f. Subura ou Suburra bairro muito povoado e freqüentado de Roma, de má reputação (Varr. L. Lat. 5, 48).

Subūrānus, -a, -um, adj. Suburano ou suburanense, da Subura (Cíc. Agr. 2, 79).

Suburbānī, -ōrum, subs. loc. m. pl. Suburbanos, habitantes dos arredores de Roma (Ov. F. 6, 58).

suburbānĭtās, -tātis, subs. f. Proximidade (da cidade) (Cíc. Verr. 2, 7).

Suburbānum, -ī, adj. n. usado substantivamente. Casa de campo nas proximidades de Roma (Cíc. At. 16, 13, 1).

suburbānus, -a, -um, adj. Dos subúrbios, do arrabalde, suburbano (Cíc. Amer. 133).

suburbĭum, -ī, subs. n. Subúrbio, arredores (Cíc. Phil. 12, 24).

suburgĕō, -ēs, -ēre, v. tr. Passar perto de, aproximar (Verg. En. 5, 202).

subūrō, -is, -ĕre, -ūstum, v. tr. Queimar levemente (Suet. Aug. 68).

Subūrra, Suburrānus, v. **Subūra, Suburānus**.

subus, dat. e abl. pl. de sus.

subūstus, -a, -um, part. pass. de subūro.

subvectĭō, -ōnis, subs. f. Transporte (por água), chegada (por água) (Cés. B. Gal. 7, 10, 1).
subvēctō, -ās, -āre, v. tr. Transportar, carregar (Verg. En. 11, 131).
1. subvēctus, -a, -um, part. pass. de **subvĕho.**
2. subvēctus, -ūs, subs. m. Transporte (por água) (Tác. An. 15, 4). Obs.: Só ocorre no abl. sg.
subvĕhō, -is, -ĕre, -vēxī, -vēctum, v. tr. Carregar de baixo para cima, transportar de baixo para cima, levar para cima elevar (Verg. En. 11, 478); (Cés. B. Gal. 1, 16, 3).
subvēllō, -is, -ĕre, v. tr. Pelar ligeiramente (Lucil. 7, 12).
subvēnī, perf. de **subvenio.**
subvenībō = **subveniam,** forma arc. do fut. imperf. de **subvenio** (Plaut. Men. 1009).
subveniō, -is, -īre, -vēnī, -vēntum, v. intr. I — Sent. próprio: 1) Sobrevir, vir ilicitamente ou subrepticiamente (Plín. H. Nat. 31, 74). Na língua militar: 2) Vir em socorro, levar socorro a, auxiliar, proteger (Cés. B. Gal. 5, 35, 7); (Cíc. Fam. 10, 10, 2). Daí: 3) Dar socorro, remediar a (Cíc. Of. 1, 83); (Cíc. Of. 2, 56). II — Sent. figurado: 4) Ocorrer, vir ao espírito (Apul. M. 3, 29). Obs.: Constrói-se com dat.
subvēntō, -ās, -āre, v. freq. intr. Vir em socorro de, socorrer (Plaut. Rud. 231).
subventūrus, -a, -um, part. fut. de **subvenio.**
subverĕor, -ēris, -verērī, v. dep. intr. Estar um pouco receoso ou apreensivo (Cíc. Fam. 4, 10, 1).
subvērsō, -ās, -āre, v. freq. tr. Destruir, arruinar (Plaut. Curc. 484).
subvērsor, -ōris, subs. m. O que destrói, subversor (Tác. An. 3, 28).
subvērsus, -a, -um, part. pass. de **subvērto.**
subvērtī, perf. de **subvērto.**
subvērtō (subvŏrtō), -is, -ĕre, -vērtī, -vērsum, v. tr. I — Sent. primitivo: 1) Fazer voltar de baixo, fazer voltar (Hor. Ep. 1, 10, 43). Daí: 2) Derrubar, abater: **subvorsi montes** (Sal. C. Cat. 13, 1) «montanhas derrubadas». II — Sent. figurado: 3) Subverter, destruir, arruinar (Sal. C. Cat. 10, 4); (Lucr. 5, 1136).
subvēxī, perf. de **subvĕho.**
subvĕxus, -a, -um, adj. Que se eleva de baixo para cima, em inclinação suave (T. Liv. 25, 36, 6).

subvirĭdis, -e, adj. Esverdeado (Plín. H. Nat. 25, 113).
subvŏlō, -ās, -āre, v. intr. Elevar-se voando (Cíc. Tusc. 1, 40).
subvŏlvō, -is, -ĕre, v. tr. Rolar de baixo para cima, elevar (Verg. En. 1, 424).
subvŭlsus, -a, -um, part. pass. de **subvēllo.**
subvulturĭus, -a, -um, adj. Pardacento, cinzento, mais ou menos da côr do abutre (Plaut. Rud. 423).
succānō, v. **succĭno.**
succēdānĕus (succĭdānĕus), -a, -um, adj. Sucedâneo, que se segue a, pôsto em lugar de (Plaut. Ep. 140).
succēdō, -is, -ĕre, -cēssī, -cēssum, v. intr. e raramente tr. I — Sent. próprio: 1) Vir por baixo, entrar em baixo, penetrar em baixo (Verg. G. 3, 418); (Verg. En. 5, 93). Daí: 2) Ir de baixo para cima, escalar, subir (sentido próprio e figurado) (Verg. G. 4, 227); (T. Liv. 27, 18, 13); (Lucr. 5, 1122). 3) Aproximar-se, avançar (sent. próprio e figurado) (T. Liv. 26, 44, 7); (Cés. B. Gal. 4, 3, 3). Donde: 4) Vir em seguida, tomar o lugar de, suceder a, herdar (Cíc. Verr. 4, 81); (Cíc. Or. 40). Donde: 5) Vir em lugar de, substituir (Cés. B. Gal. 5, 16, 4). II — Sent. figurado: 6) Acontecer, suceder, sair-se bem ou mal, ser bem sucedido: **res nulla successerat** (Cés. B. Gal. 7, 26, 1) «nada acontecera (nenhuma coisa tinha sido bem sucedida)». 7) Ligar-se, prender-se (Quint. 3, 10, 4). Obs.: Constrói-se como intr. absoluto; com ablativo; com acusativo; com acusativo com preposição **ad, in** ou **sub;** com dativo ou como impessoal.
succēndī, perf. de **succēndo.**
succēndō, -is, -ĕre, -cēndī, -cēnsum, v. tr. I — Sent. próprio: 1) Pôr fogo por baixo ou na base (Cíc. Pis. 42). Daí: 2) Incendiar, inflamar (sent. próprio e figurado) (Luc. 9, 792); (Ov. Met. 8, 74). II — Sent. figurado: 3) Acender, excitar (Luc. 6, 166).
succēnsĕō (ou suscēnsĕō), -ēs, -ēre, -cēnsŭī, -cēnsum, v. intr. e tr. Sent. próprio: Censurar, submeter à censura e daí: irritar-se com, exasperar-se, indignar-se (Cíc. Tusc. 1, 99); (Cíc. De Or. 3, 75). Obs.: Constrói-se com dativo; com oração infinitiva ou como intr. absoluto.
succēnsŭī, perf. de **succēnsĕo.**
succēnsus, -a, -um, part. pass. de **succēndo** e de **succēnsĕo.**

successī, perf. de **succēdo**.

successĭō, -ōnis, subs. m. I — Sent. próprio: 1) Ação de suceder, sucessão; substituição (Cíc. Fin. 1, 37). II — Daí: 2) Sucessão, herança (Tác. Germ. 32).

succēssor, -ōris, subs. m. e f. Sucessor o que sucede a, herdeiro, substituto (Ov. Met. 13, 51).

succēssus, -us, subs. m. I — Sent. próprio: 1) Aproximação, chegada (Cés. B. Gal. 2, 20, 2). II — Sent. particular: 2) Sucesso, êxito, bom resultado (Verg. En. 2, 386).

succĭdānĕus, v. **succedanĕus**.

1. **succĭdī**, perf. de **succĭdo** 1.
2. **succĭdī**, perf. de **succĭdo** 2.

succĭdĭa, -ae, subs. f. I — Sent. próprio: 1) Pedaço de carne de porco (cortada), carne cortada (Varr. R. Rust. 2, 4, 3). II — Sent. figurado: 2) Reserva (Cíc. C. M. 56).

succĭdŭus, -a, -um, adj. Vacilante, cambaleante (Ov. Met. 10, 458).

1. **succĭdō, -is, -ĕre, -cĭdī**, v. intr. I — Sent. próprio: 1) Abaixar-se, dobrar-se, curvar-se (Verg. En. 12, 911). II — Sent. figurado: 2) Cair sob, sucumbir (Varr. L. Lat. 5, 116).

2. **succĭdō, -is, -ĕre, -cĭdī, -cīsum**, v. tr. Cortar por baixo, ceifar (Cés. B. Gal. 5, 9, 5); (Cés. B. Gal. 4, 19, 1).

succĭdus, -a, -um, v. **sucĭdus**.

succīnctus, -a, -um. I — Part. pass. de **succīngo**. II — Adj.: 1) Arregaçado, que tem o vestido curto (Ov. Met. 10, 536). 2) Sucinto, breve (Plín. H. Nat. 16, 39), 3) Cingido, rodeado, cercado, armado (Quint. 2, 2, 12).

succīngō, -is, -ĕre, -cīnxī, -cīnctum, v. tr. I — Sent. próprio: 1) Atar por baixo, arregaçar, levantar (Hor. Sát. 2, 6, 107). II — Daí: 2) Cingir, rodear (Ov. Met. 13, 732); (Cíc. Verr. 5, 146); (Verg. Buc. 6, 75). 3) Armar, munir (sent. próprio e figurado) (Quint. 12, 5, 1).

succīngŭlum, -ī, subs. n. Cinto, boldrié (Plaut. Men. 200).

succĭnō, -is, -ĕre, (-cĭnŭī), v. intr. e tr. A) Intr.: 1) Acompanhar com o próprio canto (Hor. Ep. 1, 17, 48). B) Tr.: 2) Cantar em resposta, responder (Petr. 69, 4); (Pérs. 3, 20).

succĭnŭī, perf. de **succĭno**.

succīnxī, perf. de **succīngo**.

succīsus -a, -um, part. pass. de **succĭdo** 2.

succlāmātĭō, -ōnis, subs. f. Gritos, clamores (T. Lív. 28, 26, 12).

succlāmātus, -a, -um, part. pass. de **succlāmo**.

succlāmō, -ās, -āre, -āvī, -ātum, v. intr. Responder com gritos (geralmente com matiz pejorativo), gritar em resposta (T. Lív. 26, 22, 8).

succōllō, -ās, -āre, -āvī, -ātum, v. tr. Carregar aos ombros, levar às costas (Suet. Ot. 6).

succrēscō, -is, -ĕre, -crēvī, -crētum, v. intr. I — Sent. próprio: 1) Crescer por baixo (Cels. 7, 7, 8). Daí: 2) Crescer de nôvo, reproduzir-se (Ov. Met. 9, 352). II — Sent. figurado: 3) Suceder (Cíc. De Or. 3, 230).

succrēvī, perf. de **sucrēsco**.

succubŭī, perf. de **succŭmbo**.

succŭmbō, -is, -ĕre, -cubŭī, -cubĭtum, v. intr. I — Sent. próprio: 1) Deitar-se por baixo, cair sob, cair (Catul. 64, 370); (Plín. H. Nat. 36, 106). II — Daí: 2) Sucumbir, ceder, deixar-se abater (Cíc. Planc. 82); (Cíc. De Or. 3, 129). 3) Cair de cama, morrer (Suet. Aug. 98). Obs.: Constrói-se com dat. ou como absoluto.

succŭrrī, perf. de **succŭrro**.

succŭrrō, -is, -ĕre, -cŭrrī, -cŭrsum, v. intr. I — Sent. próprio: 1) Correr debaixo, correr para, afrontar (Lucr. 5, 753); (Cíc. Amer. 31). Daí: 2) Correr em socorro, socorrer (Cés. B. Gal. 7, 80, 3); (Cíc. De Or. 1, 169). II — Sent. figurado: 3) Apresentar-se ao espírito, ocorrer, vir à mente (Cíc. At. 14, 1, 2).

succursūrus, -a, -um, part. fut. de **succŭrro**.

succus, v. **sūcus**.

succūssī, perf. de **succutĭo**.

succussĭō, -ōnis, subs. f. Abalo (da terra) (Sên. Nat. 6, 21, 2).

1. **succūssus, -a, -um**, part. pass. de **succutĭo**.

2. **succūssus, -ūs**, subs. m. Abalo, sacudidela (Pacúv. Tr. 257).

succutĭō, -ĭs, -ĭre, -cūssī, -cūssum, v. tr. Sacudir por baixo, sacudir, abalar (Lucr. 6, 551).

sūcĭdus, -a, -um, adj. I — Sent. próprio: 1) Cheio de seiva, gordo, suculento (Marc. 11, 27, 8). II — Sent. figurado: 2) Cheio de viço (Plaut. Mil. 787).

sūcĭnum, -ī, subs. n. 1) Âmbar (Tác. Germ. 45). 2) Enfeites de âmbar (no plural) (Marc. 3, 65, 5).

sūcĭnus, -a, -um, adj. De âmbar (Mare. 4, 59, 2).

sŭcōsus, -a, -um, adj. I — Sent. próprio: 1) Cheio de seiva, úmido (Plín. H. Nat. 25, 117). II — Sent. figurado: 2) Rico (Petr. 38, 6).
Sucrōnēnsis, -e, adj. Sucronense, do Sucrão (Cíc. Balb. 5).
1. **sŭctus, -a, -um,** part. pass. de **sūgo.**
2. **sŭctus, -ūs,** subs. m. Sucção, ação de sugar (Plín. H. Nat. 9, 91).
sŭcŭla, -ae, subs. f. 1) Porca nova (Plaut. Rud. 1170). 2) No plural: As Híades (Cíc. Nat. 2, 111).
sŭculēntus, -a, -um, adj. Suculento, cheio de seiva, cheio de saúde (Apul. M. 2, p. 115, 22).
sŭcus (succus), -ī, subs. m. I — Sent. próprio: 1) Suco, sumo, seiva (Cíc. Nat. 2, 120). Daí: 2) Gôsto, sabor (Hor. Sát. 2, 4, 13). II — Sent. figurado: 3) Vigor, fôrça, boa saúde (Cíc. At. 4, 16, 10). 4) Seiva (tratando-se de estilo) (Cíc. Or. 76).
sūdārĭum, -ī, subs. n. Lenço (Catul. 12, 14).
sūdātĭō, -ōnis, subs. f. Ação de suar, transpiração (Sên. Ep. 86, 5).
sūdātōrĭum, -ī, subs. n. Estufa (Sên. Ep. 51, 6).
sūdātōrĭus, -a, -um, adj. Sudorífico (Plaut. St. 229).
sūdātrix, -īcis, subs. f. Que faz suar (Marc. 12, 18, 5).
sūdātus, -a, -um, part. pass. de **sūdo.**
sūdĭcŭlum (sūducŭlum), -ī, subs. n. Espécie de açoite (que faz suar) (Plaut. Pers. 419).
sudis (sudes), -is, subs. f. I — Sent. próprio: 1) Estaca, vara (Cés. B. Gal. 5, 18, 3). II — Sent. particular: 2) Dardo endurecido ao fogo, chuço, venábulo (Tib. 1, 10, 65).
sūdō, -ās, -āre, -āvī, -ātum, v. intr. e tr. A) Intr.: I — Sent. próprio: 1) Suar, transpirar, transudar, destilar (Cíc. De Or. 2, 223); (Verg. Buc. 4, 30). II — Sent. figurado: 2) Suar, fazer esforços, esforçar-se, fatigar-se, ter um grande trabalho de (Cic. Sest. 139). B) Tr.: 3) Estar úmido de, escorrer, pingar (Verg. Buc. 4, 30). 4) Fazer com suor, i.é, com grande esfôrço (S. It. 3, 921). Obs.: Constrói-se como intr. absoluto ou com abl.
sūdor, -ōris, subs. m. I — Sent. próprio: 1) Suor, transpiração (Cíc. Nat. 2, 143) II — Sent. particular: 2) Água que cai gôta a gôta, destilação (Sên. Nat. 3, 15). III — Sent. figurado: 3) Trabalho penoso, fadiga, esfôrço (Verg. En. 9, 458).
sūdus, -a, -um, adj. 1) Sêco, sem chuva, limpo, sereno (Verg. G. 4, 77). 2) **sūdum, -ī,** n. usado subst.: Tempo claro, céu puro (Verg. En. 8, 529).
Suēbī, v. **Suēvī.**
Suēbrī, -ōrum, subs. loc. m. Os Suebros, povo da Gália Narbonense (Plín. H. Nat. 3, 35).
Suedĭus, -ī, subs. pr. masc. Suédio, nome de homem (Tác. Hist. 1, 87).
suĕō, -ēs, -ēre = **suēsco.**
suĕrint, suĕrunt, formas sincopadas de **suevĕrint** e **suevĕrunt;** fut. perf. e perf. do ind. de **suēsco.**
suēscō, -is, -ĕre, suēvī, suētum, v. incoat. intr. e tr. A) — Intr.: Acostumar-se, habituar-se a (Tác. An. 2, 44); (Cíc. Nat. 2, 111). B) — Tr.: Habituar (Tác. An. 2, 52). Obs.: Verbo raro e usado só em estilo poético.
Suēssa, -ae, subs. pr. f. Suessa. 1) Cidade da Campânia, chamada também **Suessa Aurunca,** pátria de Lucílio (Cíc. Phil. 3, 10). 2) Cidade dos volscos, chamada **Suessa Pometia** (Cic. Rep. 2, 44).
Suessānus, -a, -um, adj. Suessano, de Suessa (Cat. Agr. 22, 3).
suēsse, forma sincopada de **suevisse,** inf. perf. de **suēsco** (Lucr. 5, 912).
Suessĭōnēs, -um, subs. loc. m. Suessiões, povo da Gália Bélgica (Cés. B. Gal. 2, 3, 5).
Suetĭus, -ī, subs. pr. m. Suécio, nome de homem (Cíc. Verr. 5, 147).
Suetōnĭus, -ī, subs. pr. m. Suetônio, nome de uma família romana. Destacam-se: 1) Suetônio Paulino, general de Oton (Tác. An. 14, 29). 2) Suetônio Tranqüilo, historiador latino (Plín. Ep. 1, 24, 1).
suētus, -a, -um. I — Part. pass. de **suēsco.** II — Adj. Sent. próprio: 1) Acostumado a, habituado (Verg. En. 3, 541). Daí: 2) Habitual, costumeiro, ordinário (Tác. An. 1, 64).
1. **suēvī,** perf. de **suēsco.**
2. **Suēvī (Suēbī), -ōrum,** subs. loc. m. Suevos, povo da Germânia (Cés. B. Gal. 4, 1, 3).
Suēvĭa, -ae, subs. pr. f. Suévia, país dos suevos (Tác. Germ. 43).
Suēvus, -a, -um, adj. Dos suevos (Cés. B. Gal. 1, 53, 4).
sūfes (suffes), -ētis, subs. m. Súfete (cônsul entre os cartagineses) (T. Lív. 28, 37, 2).

suffarcinātus, -a, -um, part. pass. de **suffarcino.**
suffarcinō, -ās, -āre, -āvī, -ātum, v. tr. Carregar, cumular (de presentes) (Ter. And. 770).
suffēccī, perf. de **sufficio.**
suffēctus, -a, -um, part. pass. de **sufficio.**
Suffēnātēs (Sūfēnātēs), -um (-ĭum), subs. loc. m. Sufenates, povo do Lácio (Plín. H. Nat. 3, 107).
Suffēnus, -ī, subs. pr. m. Sufeno, mau poeta do tempo de Catulo (Catul. 14, 19).
suffĕrō (subfĕrō), -fers, -fērre, sustŭlī, sublātum, v. tr. I — Sent. próprio: 1) Suportar, sofrer, resistir, sustentar (Plaut. Merc. 861). II — Daí: 2) Incorrer em um castigo, ser condenado, castigado: **poenas sustulit** (Cíc. Nat. 3, 82) «foi castigado».
suffĕrtus, -a, -um, adj. Farto, cheio, nutrido (Suet. Ner. 20).
suffes, v. **sūfes.**
sufficĭens, -ēntis, part. pres. de **sufficio,** adjetivado. Suficiente, adequado (Q. Cúrc. 3, 6, 19).
sufficĭō, -is, -ĕre, -fēcī, -fēctum, v. tr. e intr. I — Sent. próprio: A) Tr. 1) Pôr em baixo (Cic. frg. F. 5, 23). Daí: 2) Pôr no lugar de, substituir, suprir (Cíc. Mur. 85). Donde: 3) Fornecer, pôr à disposição (Verg. G. 2, 435). B) — Intr.: 4) Colocar-se em baixo, ser capaz de sustentar, agüentar, bastar a, ser suficiente (T. Liv. 4, 30, 7); (Cíc. Phil. 2, 16); (Plín. Ep. 9, 21, 3). Obs.: Constrói-se como intr. absoluto; com dat.; com acus. com **ad, in** ou **adversus;** com inf.; com **ut, ne** ou **si.**
suffīgō (subfīgō), -is, -ĕre, -fīxī, -fīxum, v. tr. I — Sent. próprio: 1) Fixar por baixo ou por trás (Plaut. Mil. 209). II — Daí: 2) Pregar, suspender, pendurar (Hor. Sát. 1, 3, 82).
suffīī = **suffīvī,** perf. de **suffīo.**
suffīmen, -ĭnis, subs. n. Fumigação, defumação, perfume (Ov. F. 4, 731).
suffīmēntum, -ī, subs. n., v. **suffīmen** (Cíc. Leg. 1, 40).
suffīō, (subfīō), -is, -īre, -ĭvī (ou -īī), -ītum, v. tr. I — Sent. próprio: 1) Perfumar, defumar com vapor, fumigar (Verg. G. 4, 241); (Ov. F. 5, 676). II — Sent. figurado: 2) Aquecer (Lucr. 2, 1098).
suffītus, -a, -um, part. pass. de **suffīo.**
suffīxī, perf. de **suffīgo.**
suffīxus, -a, -um, part. pass. de **suffīgo.**
sufflāmem, -ĭnis, subs. n. I — Sent. próprio: 1) O que serve para travar uma roda, calço, travão (Juv. 8, 148). II — Sent. figurado: 2) Obstáculo, demora (Juv. 16, 50).
sufflāmĭnō, -ās, -āre, v. tr. Travar, moderar (Sên. Apoc. 3).
sufflātus, -a, -um. I — Part. pass. de **sufflo.** II — Adj.: 1) Cheio de orgulho, orgulhoso (Varr. Men. 6). 2) Encolerizado, cheio de cólera (Plaut. Bac. 603).
sufflō, -ās, -āre, -āvī, -ātum, v. tr. e intr. A) Intr. 1) Soprar (Marc. 3, 17, 4); (Plín. H. Nat. 34, 79). B) Tr. 2) Inchar (sent. próprio e figurado) (Plín. H. Nat. 8, 138); (Plaut. Cas. 582).
suffōcātĭō, -ōnis, subs. f. Sufocação, abafamento (Plín. H. Nat. 20, 30).
suffōcō, -ās, -āre, -āvī, -ātum, v. tr. Sufocar, abafar, asfixiar, estrangular (sent. próprio e figurado) (Cíc. Mur. 61).
suffōdī, perf. de **suffodio.**
suffodĭō (subfodĭō), -is, -ĕre, -fōdī, -fōssum, v. tr. I — Sent. próprio: 1) Cavar debaixo, escavar, solapar (Tác. Hist. 2, 21); (Cíc. Har. 32). II — Daí: 2) Furar por baixo, ferir embaixo (Cés. B. Gal. 4, 12, 2).
suffōssus, -a, -um, part. pass. de **suffodio.**
suffrāgātĭō, -ōnis, subs. f. I — Sent. próprio: 1) O que dá o voto (por alguém), ou a favor de alguém), voto, sufrágio (Cíc. Mur. 38). II — Sent. figurado: 2) Aprovação, apoio (Sên. Marc. 24, 3).
suffrāgātor, -ōris, subs. m. I — Sent. próprio: 1) O que dá o voto (por alguém), partidário (Cíc. Mur. 16). II — Sent. figurado: 2) Partidário (Plaut. Cas. 299).
suffrāgĭum, -ī, subs. n. I — Sent. próprio: 1) Sufrágio, voto (Cíc. Leg. 3, 53). Daí: 2) Direito de votar (T. Liv. 38, 36, 8). II — Sent. figurado: 3) Sufrágio, aprovação, favor, estima (Hor. Ep. 1, 19, 37).
suffrāgor, -āris, -ārī, -ātus sum, v. dep. intr. I — Sent. próprio: 1) Dar o seu sufrágio, votar por, sufragar (Cic. Mur. 71). II — Sent. figurado: 2) Dar aprovação ou apoio, apoiar (Cíc. Verr. 5, 178); (Cíc. Fam. 10, 5, 3). Obs.: Constrói-se com dat. ou como intr. absoluto.
suffrēgī, perf. de **suffringo.**
suffrīngō (subfrīngō), -is, -ĕre, -frēgī, -frāctum, v. tr. Quebrar por baixo, quebrar (Cíc. Amer. 56).

Suffucĭus, -ī, subs. pr. m. Sufúcio, nome de homem (Cíc. Div. 2, 85).

suffūdī, perf. de **suffŭndo.**

suffūgī, perf. de **suffugĭo.**

suffugĭō, -is, -ĕre, -fūgī, v. intr. e tr. A) — Intr.: 1) Escapar por baixo, fugir por baixo (para abrigar-se) (T. Lív. 24, 46, 5). B) — Tr.: 2) Escapar a, fugir de (Lucr. 5, 150).

suffugĭum, -ī, subs. n. Refúgio (sent. próprio e figurado) (Tác. An. 4, 47); (Tác. An. 4, 66).

suffulcĭō (subfulcĭō), -īs, -ĭre, -fūlsī, -fūltum, v. tr. Sustentar por baixo, sustentar, manter (Lucr. 4, 427).

suffū:tus, -a, -um, part. pass. de **suffulcĭo.**

suffŭndō (subfŭndō), -is, -ĕre, -fūdī, -fūsum, v. tr. I — Sent. próprio: 1) Derramar, espalhar por baixo (Plaut. Curc. 160); (Cíc. Tusc. 1, 19). Daí: 2) Banhar, regar, molhar, inundar, impregnar (Verg. En. 1, 228); (Cíc. Nat. 2, 54). II — Sent. figurado: 3) Colorir, cobrir com côr (Verg. G. 1, 430); (Lucr. 3, 39).

suffūror, -āris, -ārī, v. dep. tr. Roubar furtivamente, às escondidas (Plaut. Truc. 566).

suffūsĭō (subf-), -ōnis, subs. f. Sufusão, derramamento (Plín. H. Nat. 22, 104).

suffūsus, -a, -um, part. pass. de **suffŭndo.**

Sugāmber, -bra, -brum, adj. Dos sicambros (Tác. An. 4, 47).

suggĕrō, -is, -ĕre, -gēssī -gēstum, v. tr. I — Sent. próprio: 1) Trazer debaixo, levar debaixo (Verg. En. 7, 463). 2) Pôr de baixo para cima, amontoar (Prop. 4, 4, 8). II — Sent. figurado: 3) Fornecer, dar, produzir (Ov. Met. 15, 82). Donde: 4) Proporcionar, sugerir (Q. Cúrc. 10, 5, 8). 5) Ajuntar, pôr depois, pôr em seguida, acrescentar (Cíc. De Or. 2, 117). 6) Suprir (Cíc. De Or. 2, 110).

suggēssī, perf. de **suggĕro.**

suggestĭō (subgestĭō), -ōnis, subs. f. Sugestão (Quint. 9, 2, 15).

suggēstum, -ī, subs. n. e **suggēstus, -ūs** subs. m. I — Sent. próprio: 1) Lugar elevado, construção, elevação (Varr. R. Rust. 3, 5, 16). II — Sent. particular: 2) Tribuna (para falar ao povo ou aos soldados) (Cíc. Tusc. 5, 59).

1. suggēstus, -a, -um, part. pass. de **suggĕro.**

2. suggēstus, -ūs, v. **suggēstum.**

suggilātĭō, -ōnis, subs. f. I — Sent. próprio: 1) Contusão (Sên. Ben. 5, 22, 4). II — Sent. figurado: 2) Zombaria, mofa, ultraje (T. Lív. 43, 14, 5).

suggilātus, -a, -um. I — Part. pass. de **suggīllo.** II — Subs. n. pl.: **suggillāta, -ōrum:** contusões (Plín. H. Nat. 20, 55).

suggīllō (sŭgīllō), -ās, -āre, -āvī, -ātum, v. tr. I — Sent. próprio: 1) Pisar, contundir (Sên. Ep. 13, 2). II — Sent. figurado: 2) Difamar, desonrar (T. Lív. 4, 35, 10).

suggrāndis, v. **subgrāndis.**

suggredĭor (subgredĭor), -gredĕris, -grĕdī, -grĕssus sum, v. dep. intr. e tr. A) — Intr.: Avançar ocultamente, sem fazer ruído (Tác. An. 2, 12). B) — Tr.: Atacar, dar assalto a (Sal. Hist. 4, 67). Obs.: Constrói-se como intr. absoluto ou com acus.

sŭgīllō = suggīllō.

sŭgō, -is, -ĕre, sūxī, sūctum, v. tr. Sugar, chupar (sent. próprio e figurado) (Cíc. Nat. 2, 122); (Cíc. Tusc. 3, 2).

1. suī, perf. de **suo.**

2. sŭī, sibī (sibĭ), sē, pron. reflex. da 3ª p. do sg. e do pl. De si, dêle, dela, dêles, delas; para si, a si, lhe, lhes; se, a si, a êle, a ela, a êles, a elas (Cíc. Lae. 98). Obs.: Formas com enclítica: **sepse** (Cíc. Rep. 3, 12); **semet** (T. Lív. 2, 12, 7). Forma reduplicada: **sese** (Cés. B. Gal. 2, 6, 4).

suillus, -a, -um, adj. De porco (T. Lív. 22, 10).

Suĭōnēs, -um, subs. loc. m. Suíones, povo da Germânia setentrional (Tác. Germ. 44).

suis, gen. de **sus.**

Suismontĭum, -ī, subs. pr. n. Suismôncio, montanha da Ligúria (T. Lív. 40, 41).

sulcātus, -a, -um, part. pass. de **sulco.**

Sulcĭus, -ī, subs. pr. m. Súlcio, nome de homem (Hor. Sát. 1, 4, 65).

sulcō, -ās, -āre, -āvī, -ātum, v. tr. Sulcar, lavrar, cultivar (Ov. Trist. 3, 10, 68); (Verg. En. 5, 158).

sulcus, -ī, subs. m. I — Sent. próprio: 1) Sulco (Verg. G. 1, 223). II — Sent. figurado: 2) Lavor, lavra, trabalho do lavrador (Plín. Ep. 5, 6, 10). 3) Escavação, estrias (Verg. G. 2, 24). 4) Rêgo (de água) (Verg. En. 5, 142). 5) Rugas (da pele) (Marc. 3, 72, 4). 6) Raios de luz (Verg. En. 2, 697).

sulfur (sulphur, sulpur), -ŭris, subs. n. Enxôfre (T. Lív. 39, 13, 12).

sulfurātĭŏ, -ōnis, subs. f. Veio ou filão de enxôfre (Sên. Nat. 3, 5, 15).

sulfurātus, -a, -um, adj. Sulfuroso (Marc. 10, 3, 3).

sulfurĕus (sulphu-, sulpu-), -a, -um, adj. Sulfúreo, que contém enxôfre, sulfuroso (Ov. Met. 15, 340).

Sulla (Sylla), -ae, subs. pr. m. Sula, sobrenome na «gens» Cornelia. Destacam-se: 1) Lúcio Cornélio Sula, vencedor de Mitridates, rival de Mário e ditador perpétuo de Roma (Cíc. Div. 1, 72). 2) Cornélio Sula, filho do ditador (Cíc. Clu. 94). 3) Públio Cornélio Sula, sobrinho do ditador e cúmplice de Catilina (Cíc. Sull. 4). 4) Públio Cornélio Sula, parente do ditador, defendido por Cícero. 5) Astrólogo do tempo de Calígula (Suet. Cal. 57).

Sullānī, -ōrum, subs. m. Os partidários de Sula (Cíc. Agr. 3, 7).

Sullānus, -a, -um, adj. De Sula (Cíc. Par. 46).

sullăturĭŏ, -īs, -īre, v. desiderativo intr. Ter vontade de imitar Sula (Cíc. At. 9, 10, 6).

1. Sulmŏ, -ōnis, subs. pr. m. Sulmona. 1) Cidade do Lácio, onde nasceu Ovídio (Ov. Am. 3, 15, 11). 2) Antiga cidade do Lácio (Plín. H. Nat. 3, 68).

2. Sulmŏ, -ōnis, subs. pr. m. Sulmão, nome de um guerreiro (Verg. En. 9, 412).

Sulmōnēnsēs, -ĭum, subs. loc. m. Sulmonenses, habitantes de Sulmona (Cés. B. Civ. 1, 18, 1).

Sulmōnēnsis, -e, adj. De Sulmona (Plín. H. Nat. 17, 250).

sulphur, v. **sulfur**.

Sulpicĭa, -ae, subs. pr. f. Sulpícia, sobrinha de Messala, autora de seis pequenas elegias, que constam do livro IV do «Corpus Tibullianum».

Sulpiciānus, -a, -um, adj. De Sulpício (Cés. B. Civ. 3, 101, 4).

1. Sulpicius, -a, -um, adj. De Sulpício (Hor. O. 4, 12, 18).

2. Sulpicius, -ī, subs. pr. m. Sulpício, nome de uma família romana, onde se destacam: 1) Sulpício Galba, orador (Cíc. Br. 86). 2) Sulpício Galo, também orador (Cíc. Br. 78). 3) Sulpício Rufo, jurista e correspondente de Cícero (Cíc. Fam. 4, 1).

sultis = si vultis. Se quereis (Plaut. As. 1).

sum, es, esse, fuī, v. de existência e copulativo, intr. I — Sent. próprio: 1) Ser, existir (Cíc. Fam. 11, 21, 1); (Cíc. Fam. 6, 18, 4); (Cíc. Phil. 5, 42); (Cíc. Rep. 1, 12); (Cíc. Opt. 15). 2) Estar, viver, morar (com locativo ou abl. com **in**): esse apud aliquem (Cíc. Rep. 1, 21) «estar em casa de alguém»; esse cum aliquo (Cíc. Br. 309) «viver (estar) com alguém»; (Cíc. Verr. 2, 100). Daí: 3) Ser de, ser próprio de, pertencer a (Cíc. C. M. 20); (Cíc. Fam. 5, 16, 5); (Cíc. Verr. 1, 66). II — Empregos especiais: 4) Impessoal: Haver (Cés. B. Gal. 1, 12, 1); (Cíc. Fam. 1, 9, 25). 5) Ser avaliado, custar, valer (Cíc. Com. 33); (Cíc. Of. 3, 92). 6) Ter, possuir (Cíc. Verr. 3, 168); (Cíc. Phil. 2, 77); (Cés. B. Gal. 5, 40, 7). 7) Servir de, causar, dar, trazer (T. Lív. 4, 13, 2); (Cíc. Verr. 5, 100). 8) Tratar de, versar sôbre, compor-se de (Cíc. Tusc. 1, 24); (Cíc. Verr. 5, 110); (Cíc. De Or. 3, 183). Obs.: Constrói-se como intr. absoluto; com predicativo; locativo; com abl. com **in**; com gen.; com dat.; com duplo dat.; com acus. com **in**. Obs.: Formas arcaicas: siem, sies, siet, sient (Plaut.. Amph. 57); (Lucr. 3, 101), etc.; fuam, fuas, fuat, fuant (Plaut. Bac. 156); (Plaut. Amph. 985), etc.

sūmen, -ĭnis, subs. n. I — Sent. primitivo: 1) Bico de seio, mamilo, têta. Daí: 2) Têta de porca (prato muito apreciado pelos romanos) (Plaut. Ps. 166). II — Sent. figurado: 3) Solo fértil, fecundo, fertilidade (Plín. H. Nat. 17, 32).

summ- = **subm-**.

summa, -ae, subs. f. I — Sent. etimológico: 1) A coisa mais alta, o cimo, o ponto mais alto, o primeiro lugar, a primeira categoria (Cíc. Cat. 4, 15). Por extensão: 2) Soma (formada pela reunião ou adição das partes), total, conjunto (Cíc. Verr. 2, 131). II — Sent. particular: 3) Soma, quantia (T. Lív. 22, 61, 2). III — Sent. figurado: 4) A parte mais importante, ponto culminante, apogeu, parte essencial (Quint. 3, 2, 1). 5) Totalidade, conjunto (Cés. B. Gal. 6, 34, 3). 6) Supremo poder, mando, autoridade suprema (Cés. B. Gal. 2, 23, 4). IV — Em expressões adverbiais: 7) ad summam «em suma, em resumo» (T. Lív. 45, 4, 1). 8) in summa «no total» (Cíc. Q. Fr. 2, 16, 3).

summānŏ, -ās, -āre, v. tr. Umedecer (Plaut. Curc. 410).

Summānus, -ī, subs. pr. m. Sumano, divindade que presidia aos fenômenos atmosféricos noturnos. É incerta a natureza dessa divindade, que possuía um templo no Capitólio (Cíc. Div. 1, 16).

summās, -ātis, adj. m. e f. Da mais alta categoria, eminente, superior (Plaut. Cist. 25).

summātim, adv. Em sent. figurado: 1) Sumàriamente, em traços gerais (Cíc. Or. 51). 2) Superficialmente, sucintamente (Sên. Ep. 121, 12).

summātus, -ūs, subs. m. Soberania (Lucr. 5, 1140).

summē, adv. No mais alto grau, extremamente (Cíc. Quinct. 69).

summō, adv. Por fim, finalmente (Quint. 7, 1, 10).

summopĕrĕ, adv. Com o maior cuidado (Cíc. Inv. 1, 260).

summovĕō, v. **submovĕō**.

summŭla, -ae, subs. f. Pequena soma, pequena quantia (Sên. Ep. 77, 8).

1. summum, adv. Ao máximo, quando muito (Cíc. Verr. 3, 201).

2. summum, -ī, subs. n. e **summa, -ōrum**, subs. n. pl. I — Sent. próprio: 1) A parte mais alta, o cimo, a extremidade (Cés. B. Gal. 6, 26, 2). II — Sent. figurado: 2) O fastígio, o apogeu (Cíc. Leg. 1, 25).

summus, -a, -um, adj. (superlativo). I — Sent. próprio: 1) O mais alto, o mais elevado, sumo (Hor. Sát. 2, 8, 20). II — Sent. particular: 2) Na extremidade superior, que está à superfície de, no cume, no cimo de (Cíc. Planc. 17). 3) Que está na ponta, no extremo (Cíc. Rep. 1, 1). 4) Último, derradeiro (Verg. En. 2, 324). III — Sent. figurado: 5) O mais elevado, o primeiro, superior, muito poderoso, muito ilustre (Cíc. Div. 1, 5). 6) O mais importante, soberano, essencial, capital (Cíc. Lae. 20). 7) Difícil, crítico (Cíc. Phil. 5, 46). Obs.: Serve de superlativo a **superior** e emprega-se, por vêzes, em lugar de **suprēmus**.

sūmō, -is, -ĕre, sūmpsī, sūmptum, v. tr. I — Sent. próprio: 1) Tomar (sôbre si), encarregar-se (Cíc. Verr. 4, 63); (Cíc. Fam. 13, 50, 1). Daí: 2) Empreender, assumir, atribuir-se, arrogar-se (Sal. B. Jug. 83, 1); (Cés. B. Civ. 3, 51, 5); (Cíc. Verr. 4, 69). Donde: 3) Tomar por adoção ou escolha, adotar, escolher (Cíc. Flac. 50); (Cíc. Fam. 7, 21, 7). II — Sent. figurado: 4) Tomar de empréstimo, gastar (Cíc. Flac. 46). 5) Comprar (Cíc. Fam. 7, 23, 2). 6) Tomar, receber (Cíc. Fin. 4, 1); (Tac. Agr. 31). 7) Pôr como princípio, estabelecer, supor, reconhecer (Cíc. Div. 2, 104); (Cíc. Nat. 1, 89).

sumpsī, perf. de **sūmo**.

sumptī, gen. de **sumptus**.

sumptifacĭō, -is, -ĕre, -fēcī, -fāctum, v. tr. Fazer (correr com) as despesas de, pagar (Plaut. Cas. 425).

sumptĭō, -ōnis, subs. f. Ação de tomar e, em sent. especial: a proposição menor de um silogismo, premissa (Cíc. Div. 2, 108).

sumptĭtō, -ās, -āre, -āvī, v. freq. tr. Tomar muitas vêzes (Plín. H. Nat. 25, 51).

sumptuārĭus, -a, -um, adj. Relativo à despesa (Cíc. Fam. 7, 26, 2).

sumptuōsē, adv. Com grandes gastos, suntuosamente, com magnificência (Catul. 47, 5). Obs.: Comp.: **sumptuosius** (Cíc. Cat. 2, 20).

sumptuōsus, -a, -um, adj. I — Sent. próprio: 1) Custoso, dispendioso, caro (Cíc. Q. Fr. 3, 8, 6). II — Daí: 2) Suntuoso, faustoso, pródigo (Cic. De Or. 2, 135).

1. sūmptus, -a, -um, part. pass. de **sūmo**.

2. sumptus, -ūs, subs. m. Despesa, gasto, dispêndio, custo (Cíc. Of. 2, 59).

Sūnĭum (Sūnion), -ī, subs. pr. n. Súnio, cabo e cidade da Ática (Cíc. At. 13, 10, 3).

sunto, imperat. fut. de **sum**.

sŭō, -is, -ĕre, sŭī, sūtum, v. tr. Coser, costurar (Cíc. Nat. 2, 150).

suovetaurīlĭa (suovi-), -ĭum, subs. n. pl. Suovetaurílias, sacrifício de um porco, de uma ovelha, e de um touro (nas purificações) (T. Lív. 1, 44, 2).

supellectĭlis, gen. de **suppēllex**.

supēllex, -lectĭlis, subs. f. I — Sent. próprio: 1) Supeléctiles, mobiliário, móveis, mobília, utensílios de casa, trastes (Cíc. Verr. 4, 97). II — Sent. figurado: 2) Bagagem, posses (Cíc. Lae. 55). Obs.: O nom. **supellectilis** ocorre em Catão (frg. 60, 1) e em Eutrópio (3, 23).

1. super, adv. I — Sent. próprio: 1) Em cima, por cima (Verg. En. 9, 168). 2) De cima, do alto (Verg. En. 8, 245). II — Sent. figurado: 3) A mais, além de, demais (Verg. En. 7, 462). 4) Lá em cima (Verg. En. 5, 482). 5) A mais, de resto (Verg. Buc. 6, 6).

2. super, prep. de acus. e abl. I — Acus.: 1) Em cima de, sôbre, por cima de (Cíc. Fin. 2, 59). 2) Acima de, além de (T. Lív. 26, 50, 12). 3) Durante (Q. Cúrc. 6, 11, 27). II — Abl.: 4) Durante

(Verg. En. 9, 61). 5) Mais do que, acima de (Hor. Sát. 2, 6, 3). 6) A respeito de, por causa de, por meio de (Cic. At. 16, 6, 1). 7) Sôbre (Cés. B. Civ. 2, 10, 4). Obs.: Por vêzes, a prep. vem depois do caso que acompanha (Verg. Buc. 1, 60); (Tác. An. 16, 35).

1. **supĕra**, v. **supĕrus**.
2. **supĕrā**, adv. Mais acima (Lucr. 4, 670).
3. **supĕra, -ōrum**, subs. n. pl. As coisas do alto, os astros, as regiões celestes (Cíc. Tusc. 1, 42).

superābĭlis, -e, adj. I — Sent. próprio: 1) Superável, que pode ser superado, ou ultrapassado (T. Lív. 25, 23, 12). II — Sent. figurado: 2) Que pode ser vencido, de que se pode triunfar (Tác. An. 2, 25).

superāddō (super addō), -is, -ĕre, -ĭtum, v. tr. Pôr por cima, acrescentar (Verg. Buc. 5, 42).

superadornātus, -a, -um, adj. Ornado na superfície (Sên. Nat. 4, 2, 18).

superādstō, -ās, -āre, v. intr. Pairar sôbre, pousar sôbre (Sal. Hist. 1, 74).

supĕrāns, -āntis, part. pres. de **supĕro**.
superāstō, v. **superādsto**.
superātor, -ōris, subs. m. Vencedor (Ov. Met. 4, 699).

superātus, -a, -um, part. pass. de **supĕro**.
superaurātus, -a, -um, adj. Dourado (Ov. Hal. 107).

supĕrbē, adv. Orgulhosamente, com arrogância, soberbamente (Cés. B. Gal. 1, 31). Obs.: Comp.: **superbius** (Cíc. Pomp. 11); superl.: **superbissĭme** (Cíc. Pis. 64).

superbĭa, -ae, subs. f. I — Sent. próprio: 1) Orgulho, soberba, altivez, tirania (Cíc. Verr. 4, 89). II — Sent. particular: 2) Grandeza de alma (Hor. O. 3, 30, 14).

superbĭbō, -is, -ĕre, v. tr. Beber por cima, beber depois (Plín. H. Nat. 23, 42).

superbifĭcus, -a, -um, adj. Que inspira orgulho (Sên. Herc. F. 48).

superbĭō, -is, -īre, v. intr. I — Sent. próprio: 1) Ser orgulhoso, orgulhar-se, ensoberbecer-se (Ov. Met. 11, 218). II — Daí: 2) Ser soberbo, esplêndido, ser brilhante (Prop. 4, 5, 22).

1. **supĕrbus, -a, -um**, adj. I — Sent. etimológico: 1) Que está ou que julga estar por cima; daí, em sent. próprio: altivo, soberbo, orgulhoso, presunçoso, insolente (Cíc. Fam. 7, 13, 1). 2) Esplêndido, notável, magnífico, soberbo, rico (Verg. En. 1, 21). II — Sent. figurado: 3) Altivo, desdenhoso (Cíc. Lae. 50). 4) Despótico, tirânico, injusto (Cíc. Rep. 2, 39).

2. **Supĕrbus, -ī**, subs. pr. m. O Soberbo, epíteto de Tarquínio, último rei de Roma (Cíc. Rep. 2, 28).

superciliōsus, -a, -um, adj. Carrancudo, demasiadamente severo (Sên. Ep. 123, 11).

supercilĭum, -ī, subs. n. I — Sent. próprio: 1) Supercílio, sobrancelha (Hor. Ep. 1, 18, 94). II — Sent. figurado: 2) Cara carrancuda, ar grave, austeridade (Cíc. Prov. 8). 3) Cimo, cume, crista, pincaro (T. Lív. 27, 13, 10). 4) Altura, eminência, cabeço (Verg. G. 1, 108). 5) Orgulho, arrogância (Cíc. Agr. 2, 93).

supercrēscō, -is, -ĕre, -crēvī, v. incoat. intr. Crescer por cima, ajuntar-se (Quint. Decl. 5, 14).

supercŭrrō, -is, -ĕre, v. tr. Exceder em velocidade, ultrapassar (Plín. Ep. 7, 18, 3).

supercrēvī, perf. de **supercrēsco**.

superdūcō, -is, -ĕre, -dūxī, -dūctum, v. tr. I — Sent. próprio: 1) Conduzir, levar sôbre. II — Sent. usual: 2) Trazer ou dar (uma madrasta para os filhos) (Quint. Decl. 38). 3) Acrescentar (Tert. An. 36).

superdūctus, -a, -um, part. pass. de **superdūco**.
superdūxī, perf. de **superdūco**.

superēmĭnĕō, -ēs, -ēre, v. intr. e tr. A) Tr.: 1) Elevar-se acima, ultrapassar, dominar (Verg. En. 6, 857); (Ov. Met. 10, 765). B) Intr.: 2) Elevar-se acima da superfície (Sên. Nat. 5, 15, 1).

superēscit, fut. arc. de **supērsum** (Ên. An. 486).

supĕrest, pres. do ind. **supērsum**.

superēvŏlō, -ās, -āre, v. tr. Voar sôbre (Lucr. 3, 299).

superfĕrō, -fers, -fērre, -tŭlī, -lātum, v. tr. Levar acima, levar além, colocar sôbre (Plín. H. Nat. 28, 103).

superficĭēs, -ēī, subs. f. I — Sent. próprio: 1) A face superior (de uma caixa), superfície (Plín. H. Nat. 16, 130). II — Por extensão: 2) O que está sôbre o solo, construção (Cíc. At. 4, 1, 7).

superfīō, -is, -fĭĕrī, v. intr. Restar, sobrar (Plaut. Ep. 346).

superfīxus, -a, -um, adj. Sobreposto (T. Lív. 42, 60, 2).

superflŭens, -ēntis, part. pres. de **superflŭo**.

superflŭō, -is, -ĕre, -flūxī, v. intr. e tr. A) I — Intr. Sent. próprio: 1) Transbor-

dar (Tác. An. 2, 61). II — Sent. figurado: 2) Ser supérfluo (Sên. Ben. 1. 11, 5). B) Tr.: 3) Passar além de, escapar (Quint. 2, 51, 13).
superflŭxī, perf. de **superflŭo**.
superfūdī, perf. de **superfŭndo**.
superfŭī, perf. de **supêrsum**.
superfŭndō, -is, -ĕre, -fūdī, -fūsum, v. tr. I — Sent. próprio: 1) Derramar sôbre, espalhar sôbre (Tác. Agr. 36). II — Sent. figurado: 2) Estender (T. Lív. 45, 9, 5). 3) Envolver, submergir (Tác. Hist. 3, 2).
superfūsus, -a, -um, part. pass. de **superfŭndo**.
superfutūrus, -a, -um, part. fut. de **supêrsum**.
supergredĭor, -ĕris, -grĕdī, -grēssus sum, v. dep. tr. I — Sent. próprio: 1) Marchar sôbre (Plín. H. Nat. 32, 133). II — Sent. figurado: 2) Exceder, ultrapassar (Tác. An. 13, 45).
supergrēssus, -a, -um, part. pass. de **supergredĭor**.
superillĭgō, -ās, -āre, v. tr. Ligar, atar por cima (Plín. H. Nat. 29, 40).
superillĭnō, -is, -ĕre, -lĭtum, v. tr. Estender sôbre, untando; untar (Plín. H. Nat. 30, 111).
superimmĭnĕō, -ēs, -ēre, v. intr. Estar suspenso sôbre, pender sôbre, estar iminente (Verg. En. 12, 306).
superimpēndēns, -ēntis, adj. Iminente, pendente sôbre, ameaçador (Catul. 64, 286).
superimpōnō, -is, -ĕre, -posĭtum, v. tr. Pôr por cima, colocar sôbre, sobrepor (T. Lív. 39, 50, 3).
superimposĭtus, -a, -um, part. pass. de **superimpōno**.
superincērnō, -is, -ĕre, v. tr. Peneirar sôbre (Plín. H. Nat. 17, 73).
superincĭdō, -is, -ĕre, v. intr. Cair de cima (T. Lív. 2, 10, 11).
superincŭbāns, -āntis, adj. Deitado sôbre (T. Lív. 22, 51, 9).
superincŭmbō, -is, -ĕre, -cubŭī, v. intr Deitar-se por cima, deitar-se em cima (Ov. Her. 11, 57).
superindūcō, -is, -ĕre, -dūxī, -dūctum, v. tr. Espalhar, derramar por cima (Plín. H. Nat. 15, 61).
superindūctus, -a, -um, part. pass. de **superindūco**.
superindŭī, perf. de **superindŭo**.
superindŭō, -is, -ĕre, -dŭī, -dūctum, v. tr. Pôr por cima, vestir por cima (Suet. Ner. 48).

superingĕrō, -is, -ĕre, -gēstum, v. tr. Pôr sôbre, acumular por cima (Plín. H. Nat. 18, 308).
superindūxī, perf. de **superindūco**.
superinjēcī, perf. de **superinjĭcĭo**.
superinjĭcĭō, -is, -ĕre, -jēcī, -jēctum, v. tr. Lançar sôbre, lançar por cima (Ov. F. 5, 533); (Verg. G. 4, 46).
superinstērnō, -is, -ĕre, -strāvī, -strātum, v. tr. Estender sôbre, cobrir (T. Lív. 30, 10, 5).
superinstrātus, -a, -um, part. pass. de **superinstērno**.
superinstrāvī, perf. de **superinstērno**.
superintĕgō, -is, -ĕre, v. tr. Cobrir (Plín. H. Nat. 18, 47).
superĭor, -ĭus, comp. de **supĕrus** (gen. **superiōris**). I — Sent. próprio: 1) Mais alto, mais elevado, a parte superior, o mais alto de (Cíc. Verr. 2, 104). II — Sent. figurado: 2) Superior, mais alto, mais poderoso, eminente (Cés. B. Gal. 6, 40, 7). 3) Anterior, precedente, passado (Cés. B. Gal. 6, 36, 1). 4) O primeiro (de dois) (Cíc. Of. 1, 7).
superĭus, n. de **superĭor**.
superjacĭō, (superiacĭō) -ĭs, -ĕre, -jēcī, -jēctum, v. tr. I — Sent. próprio: 1) Lançar sôbre, colocar por cima (Hor. O. 1, 2, 11). II — Sent. figurado: 2) Acrescentar falando (T. Lív. 10, 30, 4). 3) Arremessar por cima (Verg. En. 11, 625). Obs.: O part. **superjectus** ocorre, além de Salústio, em Tácito (Hist. 5, 6), e em Plínio (H. Nat. 11, 270).
superjăctō (superiăctō), -ās, -āre, v. tr. 1) Lançar por cima (V. Máx. 9, 2, 4). 2) Ultrapassar, transpor (Plín. H. Nat. 9, 54).
superjăctus, v. **superjēctus** (Sal. Hist. 2, 83).
superjēcī, perf. de **superjacĭo**.
superjēctus, -a, -um, part. pass. de **superjacĭo**.
superlābor, -ĕris, -lābī, v. dep. intr. Rolar, correr, deslizar por cima (Sên. Ep. 90, 42).
superlātĭō, -ōnis, subs. f. Sent. próprio: 1) Exageração: daí, na língua retórica: 2) Hipérbole (Cíc. De Or. 3, 303).
superlātus, -a, -um, part. pass. de **superfĕro**.
superlēvī, perf. de **superlĭno**.
superlĭnō, -is, -ĕre, -lēvī, -lĭtum, v. tr. Untar, esfregar, aplicar um revestimento em (Plín. H. Nat. 27, 42).
superlĭtus, -a, -um, part. pass. de **superlĭno**.

supermândō, -is, -ĕre, v. tr. Comer em cima, comer a mais (Plín. H. Nat. 31, 65).

supermĕō, -ās, -āre, v. tr. Ir, deslizar, correr sôbre (Plín. H. Nat. 2, 224).

supernās, -ātis, adj. Que vem do alto, do Adriático (Plín. H. Nat. 15, 40).

supernătō, -ās, -āre, -āvī, -ātum, v. intr. Flutuar, sobrenadar, vagar sôbre (Plín. H. Nat. 7, 65).

supĕrnē, adv. 1) Do alto, de cima (Lucr. 1, 1105). 2) No alto, por cima (Hor. A. Poét. 4). 3) Por cima, para o alto (Verg. En. 6, 659).

supĕrnus, -a, -um, adj. Que se encontra por cima, superior (Ov. Met. 15, 128).

supĕrō, -ās, -āre, -āvī, -ātum, v. intr. e tr. — Sent. próprio: 1) Estar acima, elevar-se (Verg. En. 2, 219). II — Sent. figurado: 2) Sobressair, elevar-se acima de, ser superior (Cés. B. Gal. 3, 14, 8). 3) Passar por cima, ultrapassar, passar além, atravessar, subir (tratando-se de rio) (Cés. B. Civ. 1, 48, 2); (T. Lív. 35, 13, 4). Donde: 4) Exceder (Cíc. Planc. 6). 5) Vencer, triunfar, superar, dominar, subjugar (Cés. B. Gal. 1, 45, 2). 6) Restar, ser a mais, sobreviver (Sal. B. Jug. 70, 2); (Hor. A. Poét. 328); (T. Lív. 29, 7, 7); (Verg. En. 2, 643). 7) Ser abundante, abundar (Cíc. Or. 224). Obs.: Nos sentidos 1, 2), 6) e 7) é intr., e nos demais é tr.

superobruī, perf. de **superobrŭo.**

superobrŭō, -is, -ĕre, -obruī, -obrŭtum, v. tr. Esmagar debaixo de (Prop. 4, 91).

superoccŭpō, -ās, -āre, v. tr. Surpreender (Verg. En. 10, 384).

superpĕndēns, -entis, adj. Suspenso em cima (T. Lív. 37, 27, 7).

superpōnō, -is, -ĕre, -posŭī, -positum, v. tr. I — Sent. próprio: 1) Pôr sôbre, sobrepor, pôr acima (T. Lív. 1, 34, 9). II — Sent. figurado: 2) Preferir (Sên. Ep. 58, 13). 3) Nomear para (Petr. 56).

superposĭtus, -a, -um, part. pass. de **superpōno.**

superposŭī, perf. de **superpōno.**

superrāsus, -a, -um, adj. Raspado por cima (Plín. H. Nat. 22, 104).

superscândō, -is, -ĕre, v. tr. Saltar, trepar por cima (T. Lív. 7, 36, 2).

superscrībō, -is, -ĕre, -scripsī, -scriptum, v. tr. Escrever por cima, escrever como correção (Plín. Ep. 7, 12, 3).

superscripsī, perf. de **superscrībo.**

supersedĕō, -ēs, -ēre, -sēdī, -sessum, v. intr. e tr. I — Sent. próprio: 1) Estar sentado sôbre, estar pousado sôbre (Suet. Ner. 11). Daí: 2) Presidir (Cat. Agr. 5, 1). II — Sent. figurado: 3) Abster-se de, evitar, dispensar-se (Cés. B. Gal. 2, 8, 1); (Cíc. Fam. 4, 2, 4). 4) Suprimir, suspender, interromper (Cíc. Inv. 1, 30). Obs.: Constrói-se com abl. acompanhado ou não da prep. **ab;** com dat.; com acus. e com inf.

supersēdī, perf. de **supersedĕo.**

supersessus, -a, -um, part. pass. de **supersedĕo.**

superstăgnō, -ās, -āre, -āvī, v. intr. Formar um lago, espraiar-se (Tác. An. 1, 79).

superstĕrnō, -is, -ĕre, -strāvī, -strātum, v. tr. Estender sôbre (T. Lív. 10, 29, 19).

supĕrstĕs, -titis, adj. I — Sent. etimológico: 1) Que está ou fica em cima. II — Sent. próprio: 2) Que sobrevive, que resta, que ainda dura (Hor. O. 2, 2, 8). III — Sent. particular: 3) Presente, testemunha (Cíc. Mur. 26). Obs.: Constrói-se, geralmente, com dat., com gen., e como intr. absoluto.

superstĕtī, perf. de **supĕrsto.**

superstitĭō, -ōnis, subs. f. I — Sent. próprio: 1) Superstição, excessivo receio dos deuses (Cíc. Nat. 1, 117). II — Por extensão: 2) Religião, culto, veneração (Sên. Ep. 95, 35). 3) Objeto de temor religioso (Verg. En. 12, 817). III — Sent. figurado: 4) Observação demasiado escrupulosa (Quint. 4, 2, 85).

superstitĭōsē, adv. 1) Supersticiosamente (Cíc. Nat. 3, 92). 2) Com muito cuidado (Quint. 10, 6, 5).

superstitĭōsus, -a, -um, adj. I — Sent. próprio: 1) Supersticioso (T. Lív. 6, 5, 6). II — Sent. particular: 2) Profético (Plaut. Rud. 1138).

superstĭtis, gen. de **supĕrstes.**

superstĭtō, -ās, -āre, v. intr. e tr. A) Tr.: 1) Preservar, conservar, fazer durar (Ên. Tr. 331). B) Intr.: 2) Sobreviver (Plaut. Pers. 331).

supĕrstō, -ās, -āre, -stĕtī, v. intr. e tr. A) Intr.: 1) Estar por cima, dominar, estar sobranceiro (T. Lív. 40, 2, 2). B) Tr.: 2) Estar por cima de alguém, dominar (Verg. En. 10, 540). Obs.: Constrói-se com dat.; com acus.; ou como intr. absoluto.

superstrātus, -a, -um, part. pass. de **superstĕrno.**

superstrāvī, perf. de **superstĕrno.**

superstrŭō, -is, -ĕre, -strūxī, -strūctum, v. tr. Construir por cima, edificar sôbre (sent. próprio e figurado) (Tác. An. 4, 62); (Quint. 1, 4, 5).

superstrūxī, perf. de **superstrŭō.**

supĕrsum, -es, -ĕsse, -fŭī, v. intr. I — Sent. próprio: 1) Ser a mais, restar, subsistir (Cíc. Marc. 21); (Cíc. Verr 1, 13); (Cíc. At. 9, 19, 3). Daí: 2) Sobreviver, viver ainda, durar (Cés. B. Gal. 1, 26, 5). II — Sent. figurado: 3) Haver em abundância, superabundar (Cíc. Fam. 13, 63, 2). Donde: 4) Ser demasiado, ser supérfluo (Cíc. De Or. 2, 108). 5) Ser suficiente, bastar (Verg. G. 3, 127). 6) Estar acima, dominar (V. Flác. 6, 760). Obs.: Constrói-se como absoluto, com dat., ou com inf. O prevérbio vem separado de **sum** por tmese em: (C. Nep. Alc. 8, 1); (Verg. Buc. 6, 6); (Tác. Hist. 1, 20).

supertĕgō, -is, -ĕre, -tēxī, -tēctum, v. tr. Cobrir por cima, abrigar (Tib. 3, 2, 10).

supertrăhō, -is, -ĕre, v. tr. Arrastar sôbre (Plín. H. Nat. 18, 173).

supertŭlī, perf. de **superfĕro.**

supĕrus, -a, -um, adj. I — Sent. próprio: 1) Que está em cima, superior, alto (Cíc. Lae. 12). II — Por extensão: 2) Do céu, celeste (Cíc. Nat. 2, 140). III — 3) Como subs. m. pl. **supĕrī, -ōrum:** os habitantes da terra, os mortais, os homens (em oposição aos mortos, habitantes das regiões infernais) (Verg. En. 6, 481). 4) **Supĕrī (dii), -ōrum:** os deuses superiores, habitantes do céu ou das regiões superiores (em oposição aos **infĕri,** habitantes das regiões inferiores) (Verg. En. 10, 34).

supervacānĕus, -a, -um, adj. Sent. próprio: 1) Sobressalente, e daí: 2) Demasiado, inútil, supérfluo, supervacâneo (Cíc. Nat. 1, 99).

supervacŭō, adv. Sem necessidade, inùtilmente (Plín. H. Nat. 11, 87).

supervacŭus, -a, -um, adj. Superabundante, supérfluo, inútil supervácuo (Hor. Ep. 1, 15, 3).

supervădō, -is, -ĕre, v. tr. Transpor, escalar (Sal. B. Jug. 75, 2).

supervĕhor, -vehĕris, -vĕhī, -vĕctus sum, passivo, v. intr. 1) Ser levado através de, transpor (T. Liv. 42, 48, 7). 2) Dobrar um cabo (Catul. 66, 43).

supervēnī, perf. de **supervenio.**

supervĕnĭō, -īs, -īre, -vēnī, -vēntum, v. tr. e intr. I — Sent. próprio: 1) Vir acima, cobrir, sobrepor (Hor. Ep. 2, 2, 176). II — Daí: 2) Sobrevir, chegar inesperadamente, vir surpreender, surpreender (T. Liv. 34, 40, 7); (T. Liv. 30, 25, 9). Donde: 3) Vir, chegar (Verg. En. 12, 356). Obs.: Constrói-se com acus.; com dat.; e como intr. absoluto.

supervēntus, -ūs, subs. m. Chegada imprevista, vinda súbita (Tác. Hist. 2, 54).

supervīxī, perf. de **supervīvo.**

supervīvō, -is, -ĕre, -vīxī, v. tr. Sobreviver (Plín. Ep. 2, 1, 2). Obs.: Constrói-se com dat., ou como intr. absoluto.

supervŏlĭtō, -ās, -āre, -āvī, -ātum, v. tr. Esvoaçar acima (Verg. Buc. 6, 81).

supervŏlō, -ās, -āre, v. intr. Voar acima, voar por cima, sobrevoar (Verg. En. 10, 522). Obs.: Raramente tr.: (Ov. Met. 4, 624).

supīnātus, -a, -um, part. pass. de **supino.**

supīnē, adv. Com indolência, molemente (Sên. Ben. 2, 24, 3).

supīnĭtās, -tātis, subs. f. Posição de uma pessoa que cai de costas (Quint. 11, 3, 122).

supīnō, -ās, -āre, -āvī, -ātum, v. tr. Sent. próprio: 1) Dobrar, inclinar para trás, voltar para trás (Quint. 11, 3, 100). Na língua rústica: 2) Revolver a terra, lavrar (Verg. G. 2, 261).

supīnus, -a, -um, adj. I — Sent. próprio: 1) Dobrado, inclinado para trás, deitado de costas, voltado para o céu (Verg. En. 3, 176). II — Sent. particular: 2) Que reflui, que volta para trás (Ov. P. 4, 5, 43). 3) Que vai em declive, levemente inclinado (tratando-se de lugares) (Verg. G. 2, 276). 4) Suavemente estendido, reclinado (Hor. Sát. 1, 5, 19). III — Sent. figurado: 5) Preguiçoso, indolente, desleixado (Quint. 10, 2, 17). 6) Orgulhoso (Marc. 5, 8, 10).

suppaenĭtet, -ēbat, -ēre, v. impess. Arrepender-se um tanto, ter alguns remorsos (Cíc. At. 7, 14, 1).

suppālpor (subpālpor), -āris, -ārī, v. dep. intr. Acariciar, afagar, adular (Plaut. Mil. 106).

suppār, -ăris, adj. Quase igual (Cíc. Br. 29).

supparasītor (subparasītor), -āris, -ārī, v. intr. Lisonjear alguém (como um parasita), fazer por agradar a alguém, acariciar (Plaut. Amph. 993).

suppărus, -ī, subs. m. e **suppărum, -ī,** subs. n. I — Sent. próprio: 1) Vela (que apenas tinha uma escota) (Luc. 5, 428). II — Sent. particular: 2) Espécie de véu (de mulher) (Luc. 2, 364).

suppěditātǐō, -ōnis, subs. f. Abundância, fornecimento abundante, afluência (Cíc. Nat. 1, 111).

suppěditātus, -a, -um, part. pass. de **suppěditō.**

suppěditō (subpěditō), -ās, -āre, -āvī, -ātum, v. intr. e tr. I — Sent. próprio: 1) Fornecer em reforço, chegar como reforço (Cíc. Verr. 5, 99); (Cíc. Lae. 87). II — Daí: 2) Fornecer, subministrar (Cíc. Agr. 2, 32). 3) Vir em grande abundância, bastar, ser suficiente (Cíc. Scaur. 46). Obs.: Constrói-se como intr. absoluto; com acus.; com dat.

suppēdō (subpēdō), -is, -ěre, v. intr. Expelir ares, peidar (Cíc. Fam. 9, 22, 4).

suppēgī, perf. de **suppingo.**

suppellex, v. **supellex** (Plaut. Poen. 1145).

suppernātus -a, -um, adj. Cortado (Sent. figurado) (Catul. 17, 19).

suppětiae, -ārum, subs. f. pl. Recursos, assistência, auxílio (Plaut. Ep. 677).

suppětīī = suppětīvī, perf. de **suppěto.**

suppěto (subpěto), -is, -ěre, -īvī (ou -ĭī), -ītum, v. intr. I — Sent. próprio: 1) Apresentar-se, estar à mão (Cés. B. Gal. 1, 16, 2). 2) Estar à disposição (Cíc. Verr. 1, 31). II — Donde: 3) Ser em abundância (sent. próprio e figurado), bastar (Cíc. Tusc. 5, 89).

suppīlō (subpīlō), -ās, -āre, -ātum, v. tr. Roubar secretamente, furtar, subtrair, despojar (Plaut. Truc. 566).

suppingō, -is, -ěre, -pēgī, -pāctum, v. tr. 1) Pregar debaixo, fixar debaixo (Plaut. Trin. 720). 2) Guarnecer por baixo (Plaut. Bac. 332).

supplāntō (subplāntō), -ās, -āre, -āvī, -ātum, v. tr. I — Sent. próprio: 1) Derrubar, fazer cair ao chão (Cíc. Of. 3, 42). II — Sent. figurado: 2) Mutilar, estropiar as palavras, falando (Pérs. 1, 35).

supplēmēntum, -ī, subs. n. I — Sent. próprio: 1) Suplemento, complemento (T. Lív. 29, 13, 8). II — Daí, na língua militar: 2) Recrutamento, novas levas de soldados (T. Lív. 30, 20, 2). III — Sent. figurado: 3) Ajuda, auxílio (Suet. Aug. 80).

supplěō, -ēs, -ēre, -ēvī, -ētum, v. tr. I — Sent. próprio: 1) Completar, suprir, preencher (Cíc. Q. Fr. 3, 4, 5); (Cíc. Phil. 8, 27). 2) Acrescentar, ajuntar (para completar) (Cíc. Phil. 12, 74). II — Donde: 3) Substituir, restaurar (Tác. An. 1, 71).

supplētus, -a, -um, part. pass. de **supplěō.**

supplex, -plĭcis. I — Adj.: Suplicante (Cíc. Phil. 2, 86). Obs.: Constrói-se absolutamente (Cíc. Cat. 4, 18); com dat. (Cíc. Tusc. 1, 71). II — Subs. m. Um suplicante (Cés. B. Gal. 2, 28, 3). Obs.: Etimològicamente o sentido primitivo de **supplex** é «que se curva, que se dobra sôbre os joelhos» (que era a atitude física tomada pelo suplicante), passando depois ao sentido de «quem se prosterna»; donde: suplicante.

supplicātǐō, -ōnis, subs. f. Preces públicas, ações de graças (Cíc. Sull. 35).

supplĭcis, gen. de **supplex.**

supplicĭter, adv. Como suplicante e daí: de modo suplicante, humildemente (Cíc. Flac. 21).

supplicĭum, -ī, subs. n. I — Sent. próprio: 1) Suplicação, preces públicas (feitas aos deuses para obter alguma coisa, ou em sinal de ação de graças) (Sal. B. Jug. 55, 2). II — Por extensão: 2) Ato pelo qual se acalmam os deuses, oferenda (aos deuses), sacrifício (oferecido para aplacar os deuses) (T. Lív. 22, 57, 5). 3) Pena de morte, pena capital, suplício, pena, castigo (Cés. B. Gal. 6, 17, 5) 4) Súplica (aos homens) (Sal. B. Jug. 66, 2).

supplĭcō (subplĭcō), -ās, -āre, -āvī, -ātum, v. tr. I — Sent. próprio: 1) Ajoelhar-se diante de (Cíc. Planc. 5, 12). II — Daí: 2) Suplicar, pedir (Cíc. Lae. 57); (Sal. B. Jug. 38, 1). Donde: 3) Prestar culto a, fazer ofertas a, oferecer (Sal. B. Jug. 63, 1); (Plaut. Aul. 24). Obs.: Constrói-se com dat.; como intr. absoluto; e, raramente, com acus.

supplōdō ou **supplaudō, -is, -ěre, -plōsī, -plōsum,** v. tr. 1) Bater no chão: **pedem** (Cíc. De Or. 1, 230) «bater com o pé no chão». 2) Calcar aos pés, espezinhar (Macr. Scip. 1, 2, 3).

supplōsī, perf. de **supplōdō.**

supplōsǐō (supplausǐō), -ōnis, subs. f. Ação de bater (no chão) (Cíc. De Or. 3, 47).

suppoenǐtet = suppaenǐtet.

suppōnō (supōnō), -is, -ěre, -posǔī, -posǐtum, v. tr. I — Sent. próprio: 1) Pôr debaixo (Cíc. Nat. 2, 124); (Ov. Met. 7, 118). Daí: 2) Substituir, pôr no lugar (Cíc. Verr. 5, 72). Donde: 3) Substituir fraudulentamente, falsificar (Ter. Eun. 39). 4) Pôr em seguida (Cíc. At. 8, 6, 3). 5) Pôr antes, preferir (Ov. F. 6, 48). II — Sent. figurado: 6) Submeter,

subordinar (Ov. F. 1, 306); (Cíc. Inv. 1, 12). 7) Supor (Cíc. Par. 43).
suppŏrtō, -ās, -āre, -āvī, -ātum, v. tr. I — Sent. próprio: 1) Levar de baixo para cima, transportar subindo (Cés. B. Gal. 1, 48, 2). II — Daí: 2) Levar, transportar (Cés. B. Gal. 1, 39, 6).
supposĭtĭcĭus (subp-), -a, -um, adj. Pôsto em lugar de outro, substituto (Marc. 5, 24, 8).
supposĭtĭō (subp-), -ōnis, subs. f. Substituição fraudulenta (Plaut. Cist. 142).
supposĭtus, -a, -um, part. pass. de suppōno.
supposīvī = supposŭī, perf. de suppōno (Plaut. Truc. 449).
suppŏstrix, -ĭcis, subs. f. A que substitui fraudulentamente (Plaut. Truc. 763).
suppŏstus, forma sincopada de suppositus. (Verg. En. 6, 24).
supposŭī, perf. de suppōno.
supprēssī, perf. de supprīmo.
suppressĭō (subp-), -ōnis, subs. f. I — Sent. próprio: 1) Opressão, abafamento (Plín. H. Nat. 27, 87). II — Sent. particular: 2) Retenção injusta (de dinheiro) (Cíc. Clu. 2).
supprēssus, -a, -um. I — Part. pass. de supprĭmo. II — Adj.: Baixo (Cíc. Sull. 30).
supprĭmō (subprĭmō), -is, -ĕre, -prēssī, -prēssum, v. tr. I — Sent. próprio: 1) Afundar, enterrar fazendo pressão, engolir (T. Lív. 22, 19, 12). Daí: 2) Fazer desaparecer, suprimir (T. Lív. 3, 55, 13). II — Sent. figurado: 3) Conter, parar (Cés. B. Civ. 1, 45, 1).
supprōmus (sub-), -ī, subs. m. Vice-despenseiro (Plaut. Míl. 825).
suppŭdet (subpŭdet), -ēbat, -ēre, v. impess. Ter alguma vergonha (Cíc. Fam. 9, 1, 2).
suppūrāns, -antis, I — Part. pres. de suppūro. II — Subs. n. pl.: Abscesso (Plín. H. Nat. 22, 122).
suppūrātĭō, -ōnis, subs. f. Supuração, abscesso, tumor (Sên. Ep. 14, 6).
suppūrō, -ās, -āre, -āvī, -ātum, v. intr. e tr. 1) Supurar, deitar pus (Cat. Agr. 157, 3). 2) Formar pus, fazer supurar (Sên. Brev. 12, 1).
supputātus, -a, -um, part. pass. de suppŭto.
suppŭtō, -ās, -āre, -āvī, -ātum, v. tr. 1) Contar, computar (Sên. Ep. 88, 26). Na língua rústica: 2) Podar (Cat. Agr. 27).
suprā, adv. e prep. de acus. I — Adv.: 1) Da parte de cima, do alto, de cima

(Cíc. Nat. 2, 135). 2) Mais acima, anteriormente: **ut supra dixi** (Cíc. Rep. 2, 9) «como disse acima». 3) A mais, além de, mais: **amor tantus ut nihil supra possit** (Cíc. Fam. 14, 1, 4) «uma afeição tão grande que nada pode (ir) além dela», i. é, «ultrapassá-la». 4) **Supra quam** (Cíc. Or. 139) «mais que». II — Prep.: 5) Acima de: **versus supra tribunal scribebantur** (Cíc. Verr. 3, 77) «escreviam-se versos por cima do tribunal». 6) Antes de (sent. temporal): **supra hanc memoriam** (Cés. B. Gal. 6, 19, 4) «antes de nosso tempo».
suprāscāndō, -is, -ĕre, v. tr. Passar além de, ultrapassar (T. Lív. 1, 32, 8).
suprēma, -ōrum, subs. n. pl. (subent. officia). I — Sent. próprio: 1) Últimos deveres, últimas homenagens, exéquias (Tác. An. 1, 61). II — Daí: 2) Últimas disposições, testamento (Tác. An. 1, 8).
1. suprēmum, -ī, n. de suprēmus, usado adverbialmente. Pela última vez, uma última vez, para sempre (Ov. Met. 12, 526); (Verg. En. 3, 68); (Tác. Híst. 4, 14).
2. suprēmum, -ī, n. de suprēmus usado subst. Hora suprema, decisiva (Verg. En. 12, 803).
suprēmus, -a, -um, adj. (superl. de supĕrus). I — Sent. próprio: 1) O mais alto, muito alto, o cume de (Verg. G. 4, 460). II — Sent. figurado: 2) Muito alto, muito elevado, soberano, supremo (Cíc. Leg. 2, 92). 3) Que fica na extremidade, o último (numa ordem ou no tempo) (Ov. Rem. 114). 4) O último (em relação à vida), supremo, extremo, derradeiro (Hor. O. 2, 17, 11).
1. sūra, -ae, subs. f. Barriga da perna, perna (Verg. Buc. 7, 32).
2. Sūra, -ae, subs. pr. m. Sura, sobrenome romano (Cíc. Fam. 5, 11, 2).
surcŭlus, -ī, subs. m. I — Sent. próprio: 1) Rebento, vergôntea, ramo pequeno (Verg. G. 2, 87). II — Por extensão: 2) Enxêrto (Cíc. De Or. 2, 278).
surdāster, -tra, -trum adj. Meio surdo (Cíc. Tusc. 5, 116).
surdĭtās, -tātis, subs. f. Surdez (Cíc. Tusc. 5, 116).
surdus, -a, -um, adj. I — Sent. próprio: 1) Surdo, que não ouve (Cíc. Tusc. 5, 117). II — Sent. figurado: 2) Indistinto (tratando-se da voz, do cheiro, som, côr, etc.) (Quint. 12, 10, 28). 3) Que não se quer ouvir, surdo, insensí-

vel, inexorável (T. Liv. 9, 7, 3). 4) Mudo, silencioso, pouco perceptível (Prop. 4, 5, 58). 5) Desconhecido, ignorado (Juv. 13, 194).
surēna, -ae, subs. m. Grão-vizir (1° ministro entre os Partos) (Tác. An. 6, 42).
surgō, -is, -ĕre, surrēxī, surrēctum, v. intr. I — Sent. próprio: 1) Levantar-se (Cíc. Verr. 4, 147). Daí: 2) Surgir, elevar-se, aparecer, sair (Verg. G. 3, 400); (Ov. P. 4, 9, 53). II — Sent. figurado: 3) Levantar-se contra alguém, sublevar-se (Verg. En. 8, 494). Sent. poético: 4) Crescer, brotar (Verg. En. 4, 274).
1. Surĭus, -a, -um, v. Syrĭus.
2. Surĭus, -ī, subs. pr. m. Súrio, rio da Cólquida (Plín. H. Nat. 6, 13).
surpĕre, forma sincopada de **subripĕre,** inf. pres. de **subripĭo.**
surpĭte, surpŭī, surpuĕram, formas sincopadas de: **subripĭte, subripŭī, subripuĕram** (Hor. Sát. 2, 3, 283); (Hor. O. 4, 13, 20).
surr- = subr-.
surrectūrus, -a, -um = subrectūrus, part. fut. de **subrĭgo** e de **surgo.**
surrēctus, -a, -um = subrēctus, part. pass. de **subrĭgo** e de **surgo.**
Surrentīnī, -ōrum, subs. loc. m. Surrentinos, habitantes de Surrento (T. Liv. 22, 61, 12).
Surrentīnus, -a, -um, adj. De Surrento (Plín. H. Nat. 3, 60).
Surrēntum, -ī, subs. pr. n. Surrento, cidade da Campânia, afamada por seus vinhos, atual Sorrento (Tác. An. 6, 1).
surrēxī, perf. de **surgo.**
surripĭō, v. **subripĭo.**
sursum, adv. 1) De baixo para cima, para o alto, em ascensão (Cíc. Nat. 2, 84). 2) No alto, em cima (Cíc. Nat. 2, 141). Obs.: A forma **sursus** ocorre em Lucr. (2, 188).
sūs, sŭis, subs. m. e f. 1) Javali, porco, porca (Cíc. Fam. 9, 18, 3). 2) Espécie de peixe (Ov. Hal. 132).
Sūsa, -ōrum, subs. pr. n. Susas ou Susa, antiga capital da Pérsia (Q. Cúrc. 5, 1, 7).
suscenseō = succenseō.
suscēpī, perf. de **suscipĭo.**
susceptĭō, -ōnis, subs. f. Ação de receber ou tomar (uma causa) (Cíc. Mur. 2).
suscēptum, -ī, subs. n. Emprêsa (Ov. Met 11, 200).
suscēptus, -a, -um, part. pass. de **suscipĭo.**
suscipĭō, -is, -ĕre, -cēpī, -cēptum, v. tr. I — Sent. próprio: 1) Pôr por baixo, receber o que cai, suster, amparar (Verg. En. 6, 249); (Verg. En. 11, 806). Daí: 2) Tomar a seu cargo, encarregar-se de, assumir, empreender (Cíc. Of. 2, 56); (Cíc. Verr. 4, 82); (Cíc. Pomp. 35); (Cíc. At. 4, 15, 2). II — Sent. figurado: 3) Expor-se a, afrontar, suportar, sofrer (Cíc. Verr. 5, 180); (Cíc. Pomp. 7). 4) Reconhecer, acolher (Cíc. Verr. 5, 123). 5) Criar, gerar, dar o ser, ter um filho (Ter. Phorm. 943). Daí: 6) Tomar, adotar (Cíc. Verr. 4, 69). 7) Receber, acolher, admitir (Cíc. Leg. 2, 5); (Cíc. Div. 1, 7). 8) Retomar, responder (Quint. 2, 15, 28); (Verg. En. 6, 723).
suscitātus, -a, -um, part. pass. de **suscĭto.**
suscĭtō, -ās, -āre, -āvī, -ātum, v. tr. 1) Fazer levantar, levantar, erguer, elevar (Verg. G. 1, 97); (Lucr. 5, 1166); (Cíc. Com. 37). II — Sent. figurado: 2) Despertar, excitar, animar, estimular (Verg. En. 5, 743). Na língua militar: 3) Chamar às armas (Verg. En. 9, 462). Na língua médica: 4) Curar (Hor. Sát. 1, 1, 83).
Sūsiāna Regĭō, subs. pr. f. A Susiana (Q. Cúrc. 5, 2, 17).
Sūsiānē, -ēs, subs. pr. f. Susiana, província da Pérsia (Plín. H. Nat. 6, 133).
Sūsiānī, -ōrum, subs. loc. m. Susianos, habitantes da Susiana (Q. Cúrc. 4, 12, 5).
suspectō, -ās, -āre, -āvī, -ātum, v. tr. I — Sent. próprio: 1) Olhar para cima (Ter. Eun. 584). II — Sent. figurado: 2) Suspeitar, desconfiar (Tác. Ant. 12, 65).
1. suspēctus, -a, -um. I — Part. pass. de **suspicĭo.** II — Adj.: Suspeito, que causa suspeita, perigoso (Cíc. Cat. 1, 17); (Tác. Hist. 1, 46).
2. suspēctus -ūs, subs. m. I — Sent. próprio: 1) Ação de olhar para cima (Verg. En. 6, 579). II — Por extensão: 2) Altura, elevação (Verg. En. 9, 530). III — Sent. figurado: 3) Admiração, estima (Ov. F. 5, 31).
suspēndī, perf. de **suspēndo.**
suspēndĭum, -ī, subs. n. Suplício da fôrca, ação de se enforcar (Cíc. Scaur. 10).
suspēndō, -is, -ĕre, -pēndī, -pēnsum, v. tr. 1) Suspender (sent. próprio e figurado), pendurar (Verg. En. 5, 489); (Hor. Ep. 2, 1, 97). Na língua religiosa: 2) Pendurar oferendas (Verg. En. 6, 859). Donde: 3) Consagrar, oferecer. 4) Ter suspenso no ar, levantar (Cíc. Top. 22). 5) Suster, sustentar, suportar (Quint. 11, 3, 125). II — Sent. figurado: 6) Ter suspenso, ter na expecta-

SUSPÊNSUS — 972 — **SUSURRO**

tiva, estar na incerteza (T. Lív. 39, 29, 1). 7) Interromper, suspender, reter, conter (Ov. F. 4, 849).
suspēnsus, -a, -um. I — Part. pass. de **suspēndo**. II — Adj.: Sent. próprio: 1) Suspenso, pendurado, elevado (T. Lív. 1, 34, 8). Sent. figurado: 2) Em suspenso, na expectativa, incerto, inquieto, indeciso (Cíc. Verr. 5, 14); (Cíc. At. 10, 1, 2). 3) Dependente, que depende, submisso (Cíc. Fam. 5, 13, 1).
suspēxī, perf. de **suspicio**.
suspicātus, -a, -um, part. pass. de **suspicor**.
suspĭcāx, -ācis, adj. I — Sent. próprio: 1) Suspeitoso, desconfiado (T. Lív. 40, 14, 5). II — Daí: 2) Em que entra suspeita (Tác. An. 3, 11).
1. suspĭcĭō, -is, -ĕre, -spēxī, -spēctum, v. intr. e tr. A) Intr.: I — Sent. próprio: 1) Olhar para cima (Cíc. Rep. 3, 3); (Cíc. Tusc. 1, 62). B) Tr.: II — Daí: 2) Contemplar, admirar (Cíc. Of. 2, 36). 3) Olhar debaixo, suspeitar (Sal. B. Jug. 70, 1).
2. suspĭcĭō (-tĭō), -ōnis, subs. f. I — Sent. próprio: 1) Suspeita (Cíc. Clu. 180). Daí: 2) Suspeição (T. Liv. 25, 7, 10). 3) Conjectura, suposição, noção (Cíc. Nat. 1, 62). II — Por extensão: 4) Sinal, começo (Cíc. At. 16, 4, 4).
suspĭcĭōsē, adv. De modo a suscitar suspeitas, suspeitosamente (Cíc. Br. 131).
suspiciōsus, -a, -um, adj. I — Sent. próprio: 1) Suspeitoso, desconfiado, que desconfia dos outros (Cíc. Lae. 65). II — Daí: 2) Suspeito, que inspira suspeitas (Cíc. Amer. 18).
suspĭcō, -ās, -āre = **suspicor** (Plaut. Cas. 285).
suspĭcor, -āris, -ārī, -ātus sum, v. dep. tr. I — Sent. próprio: 1) Suspeitar (Cíc. Mil. 63). II — Daí: 2) Conjecturar, supor (Cíc. Nat. 1, 28); (Cíc. Inv. 2, 2). Obs.: Constrói-se com acus.; com or. inf.; com inter. indireta; ou como absoluto.
suspīrātĭō, -ōnis, subs. f. Ação de suspirar, suspiro (Quint. 11, 3, 158).
1. suspīrātus, -a, -um, part. pass. de **suspiro**.
2. suspīrātus, -ūs, subs. m. Suspiro (Ov. Met. 14, 129).
suspīrĭtus, -ūs, subs. m. Profundo suspiro (Plaut. Merc. 124).
suspīrium, -ī, subs. n. I — Sent. próprio: 1) Respiração profunda (Ov. Met. 10, 402). Daí: 2) Suspiro (Cíc. Tusc. 4,

72). II — Sent. particular: 3) Asma (Sên. Ep. 54, 1).
suspīrō, -ās, -āre, -āvī, -ātum, v. intr. e tr. A) Intr.: I — Sent. próprio: 1) Respirar profundamente (Ov. Met. 2, 655). Daí: 2) Suspirar (Cíc. At. 1, 13, 1). B) Tr.: 3) Exalar (Hor. O. 3, 7, 10). II — Sent. figurado: 4) Ter saudades, suspirar por (Catul. 64, 90).
susquē dēquē, adv. De baixo para cima e de cima para baixo, de todos os modos, indiferentemente (Cíc. At. 14, 6, 1).
sustentācŭlum, -ī, subs. n. Sustentáculo, apoio, arrimo (Tác. Hist. 2, 28).
sustentātus, -a, -um, part. pass. de **sustēnto**.
sustentātĭō, -ōnis, subs. f. I — Sent. próprio: 1) Ação de sustentar, e daí: sustento, alimento (Ulp. Dig. 34, 3, 22, 9). II — Na língua retórica: 2) Ação de suspender, donde: suspensão, atraso, dilação (Cíc. Inv. 2, 146).
sustēntō, -ās, -āre, -āvī, -ātum, v. tr. I — Sent. próprio: 1) Sustentar, suportar, suster (Verg. En. 10, 339). Daí: 2) Sustentar, alimentar (sent. próprio e figurado) (Cíc. Rep. 2, 4). 3) Manter, conservar, cuidar de (Cíc. Mur. 3). 4) Proteger, defender, auxiliar (Cíc. Rab. Post. 4). 5) Resistir, suportar (Cíc. Pis. 89). 6) Diferir, adiar (Cíc. Cat. 4, 6).
sustĭnĕō, -ēs, -ēre, -tinŭī, -tēntum, v. tr. I — Sent. próprio: 1) Suster, não deixar cair (Cíc. Nat. 2, 101); (Cés. B. Gal. 2, 25, 1). II — Sent. figurado: 2) Ter a seu cargo, estar encarregado de (Ov. Met. 13, 584). Donde: 3) Desempenhar um cargo, um papel, administrar (Cíc. De Or. 2, 102); (Cíc. Caecil. 27). 4) Manter, sustentar, proteger (Cíc. Of. 1, 124); (Cés. B. Gal. 5, 37, 6); (Cíc. Verr. 3, 11). 5) Fazer frente a, resistir, suportar, sofrer (Cíc. Br. 6); (Cíc. Dom. 77); (T. Lív. 5, 45, 7); (Cíc. At. 12, 51, 3).
sustinŭī, perf. de **sustinĕo**.
sustōllō, -is, -ĕre, v. tr. I — Sent. próprio: 1) Levantar para o alto, elevar (Ov. Met. 12, 542). Daí: 2) Carregar, levantar (Sên. Ep. 71, 25). II — Sent. figurado: 3) Tirar, levar, roubar (Plaut. Cist. 279).
sustŭlī, perf. de **tollo**.
susūrrō, -ās, -āre, v. intr. 1) Sussurrar, murmurar, zumbir (Verg. G. 4, 260). Daí: 2) Cochichar, falar ao ouvido (Ov. Met. 3, 643). II — Sent. figurado: 3)

Espalhar-se, divulgar-se (Ov. Her. 21, 233).
1. susŭrrus, -a, -um, adj. Que cochicha, que fala ao ouvido (Ov. Met. 7, 825).
2. susŭrrus, -ī, subs. m. I — Sent. próprio: 1) Zumbido, murmúrio, sussurro (Verg. Buc. 1, 56). II — Sent. particular: 2) Conversa em voz baixa (Hor. O. 1, 9, 19). 3) Boato (Ov. Met. 12, 61).
sūta, -ōrum, subs. n. pl. Objetos costurados, daí: reunião de coisas cosidas (Verg. En. 10, 313).
sūtēla, -ae, subs. f. Astúcia, manha (sent. figurado) (Plaut. Capt. 692).
Suthul, -ŭlis, subs. pr. n. Sutul, fortaleza da Numídia (Sal. B. Jug. 37, 3).
sūtīlis, -e, adj. Cosido, feito de peles ou de pedaços cosidos (Verg. En. 12, 273).
sūtor, -ōris, subs. m. I — Sent. próprio: 1) Sapateiro, remendeiro, o que cose (Plaut. Aul. 73). II — Sent. figurado: 2) Homem do povo (Cíc. Flac. 17).
sūtōrĭus, -a, -um, adj. 1) De sapateiro (Cíc. Fam. 9, 21, 3). 2) Como subs. m.: Um ex-sapateiro (Cíc. At. 6, 1, 15).
Sūtrīnī, -ōrum, subs. loc. m. Sutrinos, habitantes de Sútrio (T. Liv. 6, 3).
sūtrīnum, -ī, subs. n. Obra, ofício de sapateiro (Sên. Ep. 90, 23).
sūtrīnus, -a, -um, adj. De sapateiro (Tác. An. 15, 34).
Sūtrĭum, -ī, subs. pr. n. Sútrio, cidade da Etrúria (T. Liv. 6, 3, 2).
sūtūra, -ae, subs. f. Costura, sutura (T. Liv. 38, 29, 6).
sūtus, -a, -um, part. pass. de sŭo.
suus, -a, -um, pron. poss. I — Sent. próprio: 1) Seu, sua (sent. reflexivo) (Cíc. Cat. 3, 3). 2) Próprio, que pertence como propriedade particular, particular, especial (Cíc. Cat. 1, 32). II — Sent. particular: 3) Favorável, afeiçoado, dedicado, útil, propício (Cíc. Mil. 89). III — No m. pl.: 4) Os seus, os seus parentes, os seus partidários, os seus concidadãos (Cíc. Fin. 2, 97). IV — No n. pl.: sua, -ōrum: 5) As suas propriedades, os seus bens, a sua fortuna (Cés. B. Gal. 1, 43).
suŭsmet, suămet, suŭmmet, pron. poss. com reforço da enclítica -met: seu próprio (Cíc. De Or. 3, 10).
sūxī, perf. de sugo.
1. Sybăris, -is, subs. pr. f. Síbaris, cidade da Itália meridional, no gôlfo de Tarento, célebre pelo luxo (Cíc. Rep. 2, 28).
2. Sybăris, -is, subs. pr. m. Síbaris, nome de homem (Hor. O. 1, 8, 2).

Sybarītis, -ĭdis, subs. pr. f. A Sibarita, título de um poema latino (Ov. Trist. 2, 417).
1. Sychaeus, -a, -um, adj. De Siqueu (Verg. En. 4, 552).
2. Sychaeus, -ī, subs. m., v. Sichaeus (Verg. En. 1, 343).
sȳcophănta (suc-), -ae, subs. m. Sicofanta, impostor, hipócrita, parasita (Plaut. Amph. 506).
sȳcophantĭōsē, adv. Com trapaça, astuciosamente (Plaut. Ps. 1211).
Sycurĭum, -ī, subs. pr. n. Sicúrio, cidade da Tessália (T. Liv. 42, 54).
Syēnītēs, -ae, subs. m. Sienite, de Siene, cidade do Egito (Ov. Met. 5, 74).
Sygămbra, -ae, subs. loc. f. Sicambra, mulher dos sicambros, povo germânico (Ov. Am. 1, 94, 49).
syllăba, -ae, subs. f. 1) Sílaba (Hor. A. Poét. 251). No pl.: 2) Versos, poesias (Marc. 1, 62, 1).
syllabātim, adv. Palavra por palavra, textualmente (Cíc. Ac. 2, 119).
syllogismus, -ī, subs. m. Silogismo (Sên. Ep. 108, 12).
Symaethēus (Symaethĭus), -a, -um, adj. Do Simeto (Ov. F. 4, 472); (Verg. En. 9, 584).
Symaethis, -ĭdis, adj. f. Do Simeto (Ov. Met. 13, 750).
Symaethum, -ī, subs. pr. n. Simeto, rio da Sicília (Plín. H. Nat. 3, 89).
symbŏla, -ae, subs. f. Quantia com que contribui cada uma das pessoas que comem juntas, piquenique (Plaut. Curc. 473).
symbŏlus, -ī, subs. m. Marca, sinal, sêlo (Plaut. Bac. 263).
sympathĭa, -ae, subs. f. Simpatia, afinidade, analogia (Plín. H. Nat. 20, 1).
symphōnĭa, -ae, subs. f. Concêrto, sinfonia (Cíc. Verr. 3, 105).
symphōnĭăcus, -a, -um, adj. Harmonioso (Cíc. Mil. 55).
symplēgma, -ătis, subs. n. União, grupo, em escultura (Marc. 12, 43, 8).
Symposĭon, -ī, subs. pr. n. «O Banquete», título de uma obra de Platão e outra de Xenofonte (Plín. H. Nat. 34, 79).
Synaristōsae, -ārum, subs. pr. f. As companheiras de banquete, título de uma comédia de Menandro, imitada por Cecílio (Plín. H. Nat. 23, 159).
Synĕdrus, -ī, subs. pr. m. Conselheiro (senador entre os Macedônios) (T. Liv. 45, 32, 1).

Synephēbi, -ōrum, subs. pr. m. Os Sinefebos, comédia de Menandro, imitada por Cecílio (Cíc. Fin. 1, 4).
syngrăpha, -ae, subs. f. Convenção por escrito, nota promissória, título (Cíc. Phil. 2, 95).
syngrăphus, -ī, subs. m. 1) Contrato escrito (Plaut. As. 746). 2) Salvo-conduto (Plaut. Capt. 506).
Synnăda, -ōrum, subs. pr. n. Sínados, cidade da Frigia, famosa por seus mármores (Cíc. Fam. 3, 8, 3).
Synnadēnsis, -e, adj. De Sínados (Cíc. At. 5, 21, 9).
synoecium, -ī, subs. n. Quarto comum (para várias pessoas) (Petr. 93, 3).
synthesīna, -ae, subs. f. Vestimenta (Suet. Ner. 51).
synthĕsis, -is, subs. f. I — Sent. próprio: 1) Coleção, conjunto (Marc. 4, 46, 15). II — Sent. poético: 2) Vestimenta própria para as refeições (Marc. 5, 79, 2).
Syphax, -ācis, subs. m. Sifax, rei dos númidas (Sal. B. Jug. 5, 4).
Syracosīī, -ōrum, subs. loc. pl. m. Siracusanos (Cíc. Div. 1, 39).
Syracosĭus, -a, -um, adj. De Siracusa, siracusano (Verg. Buc. 6, 1).
Syracŭsae, -ārum, subs. pr. f. Siracusa, principal cidade da Sicília (Cíc. Verr. 4, 115).
Syracŭsānī, -ōrum, subs. loc. m. Siracusanos, habitantes de Siracusa (Cíc. Verr. 5, 71).
Syracŭsānus, -a, -um, adj. De Siracusa (Cíc. Verr. 5, 68).
Syracŭsĭus, -a, -um, adj. De Siracusa (Cíc. Tusc. 5, 100).

Syrīī, -ōrum, subs. loc. m. Os sírios (Cíc. Nat. 1, 81).
Syria, -ae, subs. pr. f. Síria, região da Ásia situada entre o Mediterrâneo e o Eufrates (Cíc. Div. 1, 91).
1. sȳrinx, -ĭngis, subs. f. Caniço, flauta de caniço, flauta de Pan (Verg. Buc. 2, 31).
2. Sȳrinx, -ĭngis, subs. pr. f. Siringe ou Sirinx, ninfa da Arcádia, transformada em caniço (Ov. Met. 1, 691).
Syrīscus, -ī, subs. pr. m. Sirisco, diminutivo de Siro, nome de um escravo (Ter. Ad. 763).
Syrĭum, -ī, subs. pr. n. Sírio, rio da Bitínia (Plín. H. Nat. 5, 149).
1. Syrĭus (Syriăcus), -a, -um, adj. Da Síria, sírio (Verg. G. 2, 88).
2. Syrĭus, -a, -um, adj. De Siros (Cíc. Tusc. 1, 38).
syrma, -ătis, subs. n. 1) Vestido roçagante (Juv. 8, 229). 2) Tragédia (Marc. 12, 95, 4).
Sȳrō, -ōnis, subs. pr. m. Sirão, epicurista contemporâneo de Cícero (Cíc. Fam. 6, 11, 2).
Syrtēs, -um, subs. pr. f. 1) Sirtes, dois recifes na costa N. da África entre Cirena e Cartago (Sal. B. Jug. 78, 1). 2) Recife, escolho (Cíc. De Or. 3, 163).
Syrtĭcus, -a, -um, adj. De Sirtes (Sên. Ep. 90, 17).
Syrtis, -is, subs. pr. f. Sirtes, banco de areia (Sal. B. Jug. 78, 3).
1. Syrus, -a, -um, adj. Sírio, da Síria (Hor. O. 1, 31, 2).
2. Syrus, -ī, subs. pr. m. Siro, nome de um escravo (Ter. And.).

T

t, f. n., 19³ letra do alfabeto latino. Abreviaturas: 1) **T. = Titus**, Tito. 2) **T.P. = Tribunicia potestate**. 3) **Ti = Tiberius**, Tibério.

Tabae, -arum, subs. pr. f. Tabas, cidade da Frígia, na Ásia Menor (T. Lív. 38, 13, 11).

tabēlla, -ae, subs. f. I — Sent. próprio: 1) Tábua pequena, tabuinha (Catul. 32, 5). II — Sent. particular: 2) Tábua votiva, quadro de madeira, ex-voto (Ov. F. 3, 268). 3) Tabuinha (em que se escrevia o voto), boletim (Cíc. Verr. 2, 79). 4) Tabuleiro de jôgo (Ov. A. Am. 3, 365). 5) Espécie de bôlo (Marc. 11, 31, 9). 6) Berço (onde foram expostos Rômulo e Remo) (Ov. F. 2, 408). No pl.: 7) Tabuinhas de escrever (Plin. H. Nat. 34, 59). 8) Escrito, carta Cíc. Cat. 3, 10). III — Por extensão: 9) Contrato escrito de casamento, despacho, mensagem, título de contrato (no sg.) (Suet. Claud. 29).

1. tabellārĭus, -a, -um, adj. I — Sent. próprio: 1) Relativo aos votos dados por escrito (Cíc. Leg. 3, 35). 2) Relativo às cartas, de correio (Sên. Ep. 77, 1).

2. tabellārĭus, -ĭ, subs. m. Correio, mensageiro (Cíc. Fam. 9, 15, 1).

tăbĕō, -ēs, -ēre, v. intr. I — Sent. próprio: 1) Fundir-se, liquefazer-se, escorrer, desagregar-se (Lucr. 4, 1262); (Verg. En. 1, 173). II — Daí: 2) Deteriorar-se, consumir-se, definhar-se (Ov. Met. 7, 541).

taberna, -ae, subs. f. I — Sent. próprio: 1) Cabana, choupana, qualquer casa feita de tábuas (Hor. O. 1, 4, 13). II — Sent. particular: 2) Loja, armazém (Hor. Sát. 1, 4, 71). 3) Taberna (Cíc. Inv. 2, 14). 4) Camarim (Cíc. Mur. 73).

tabernācŭlum, -ī, subs. n. I — Sent. próprio: 1) Tenda, barraca (Cés. B. Civ. 1, 81, 2). II — Sent. particular: 2) Tenda dos arúspices (Cíc. Div. 1, 33).

tabĕrnae, -ārum, subs. f., v. **Tres Tabernae**.

1. tabernārĭus, -a, -um, adj. De loja, de taverna (sent. próprio), grosseiro, vulgar (sent. figurado) (Apul. Apol. 87).

2. tabernārĭus, -ĭ, subs. m. Lojista (Cíc. Flac. 18).

1. tabernŭla, -ae, subs. f. I — Sent. próprio: 1) Pequena cabana (Apul. M. 7. 7). II — Sent. particular: 2) Pequena loja (Suet. Ner. 26).

2. Tabernŭla (-nŏla), -ae, subs. pr. f. Tabérnula, nome de um lugar de Roma (Varr. L. Lat. 5, 47).

tābēs, -is, subs. f. I — Sent. próprio: 1) Liquefação, decomposição, putrefação, corrupção (T. Lív. 30, 34, 10). Daí, por extensão: 2) Veneno, mau cheiro, infecção (Ov. P. 3, 1, 26). 3) Doença contagiosa, epidemia (Tác. Hist. 5, 3). II — Sent. figurado: 4) Definhamento (T. Lív. 2, 32, 10). 5) Flagelo, contágio, peste (T. Lív. 7, 38, 7). 6) Doença que acaba moralmente com alguém, melancolia (Verg. En. 6, 442).

tābēscō, -is, -ĕre, -bŭī, v. incoat. intr. I — Sent. próprio: 1) Fundir-se, liquefazer-se (Cíc. Nat. 2, 26). II — Sent. figurado: 2) Consumir-se, definhar-se: tabescere otio (Cíc. At. 2, 14, 1) «consumir-se na ociosidade». 3) Deteriorar-se, putrefazer-se, corromper-se (Ov. Met. 15, 363). Daí: 4) Mirrar-se de inveja, consumir-se de inveja (Hor. Sát. 1, 1, 111). 5) Diminuir (Lucr. 5, 680).

tābĭdus, -a, -um, adj. I — Sent. próprio: 1) Que se desagrega, liquefeito, derretido (T. Lív. 21, 36, 7). Daí: 2) Que desagrega, que corrompe (Verg. En. 3, 137). 3) Destruidor (Ov. P. 4, 8, 49). II — Sent. figurado: 4) Corrompido (Ov. P. 1, 1, 67).

tābĭfĭcābĭlis, -e, adj. Que consome (de desgôsto) (Tác. Tr. 421).

tābĭfĭcus, -a, -um, adj. I — Sent. próprio: 1) Que liquefaz, que faz derreter (Lucr. 6, 737). Daí: 2) Que desagrega, que corrompe, deletério (Suet. Tib. 73). II — Sent. figurado: 3) Que faz abater, que consome (Cíc. Tusc. 4, 36).

tŭbŭī, perf. de **tabēsco**.

tăbŭla, -ae, subs. f. I — Sent. próprio: 1) Tábua (Cíc. Of. 3, 89). II — Sent. particulares: 2) Tábua de escrever (v.

tabella 7.) (Hor. Sát. 1, 6, 74). 3) Livro de contas (no pl.) (Cíc. Verr. 1, 60). 4) Quadro que ficava afixado com leis, listas de coletores, proclamações públicas, editais, etc. (Cíc. Rep. 2, 54). 5) Quadro pintado em madeira (Cíc. Verr. 4, 132). 6) Mapa (Cíc. At. 6, 2, 3). 7) Testamento (Ov. A. Am. 2, 332). 8) Quadro votivo (Hor. O. 1, 5, 19).

tabulāris, -e, adj. Feito em forma de tábuas (de madeira) (Petr. 75, 7).

tabulārĭum, -ĭ, subs. n. Arquivo, cartório, arquivos públicos (Cíc. Nat. 3, 74).

tabulātĭō, -ōnis, subs. f. Sobrado, pavimento (Cés. B. Civ. 2, 9, 4).

tabulātum, -ĭ, subs. n. I — Sent. próprio: 1) Soalho, sôlho, sobrado (T. Liv. 28. 6, 2). II — Daí: 2) Andar (que se faz para fazer trepar a vinha) (Verg. G. 2, 361).

tābum, -ĭ, subs. n. I — Sent. próprio: 1) Corrimento pútrido, pus, sangue corrupto (Verg. En. 3, 29). II — Daí: 2) Doença infecciosa, peste, chaga (Verg. G. 3, 557).

Tabūrnus, -ĭ, subs. pr. m. Taburno, monte do Sâmnio, na Itália (Verg. G. 2, 38).

tacĕō, -ēs, -ēre, tacŭī, tacĭtum, v. intr. e tr. A) Intr. I — Sent. próprio: 1) Calar-se, calar, guardar silêncio (Cíc. Sest. 40). B) Tr.: 2) Fazer silêncio, não falar de, não dizer (Verg. G. 4, 123). Donde: 3) Estar silencioso, estar calmo (Verg. En. 4, 525).

Tacfarīnas, -ātis, subs. pr. m. Tacfarinate, chefe númida que lutou contra os romanos, durante o govêrno de Tibério (Tác. An. 2, 52).

Tacĭta, -ae, subs. pr. f. Tácita, deusa do Silêncio (Ov. F. 2, 572).

tacĭtē, adv. I — Sent. próprio: 1) Tàcitamente, sem dizer nada, em silêncio (Cíc. Mil. 11). II — Donde: 2) Sem ruído, silenciosamente, em segrêdo (Cíc. Quinct. 50).

tacĭtum, -ĭ, subs. n. 1) Silêncio (Verg. En. 9, 31). 2) Segrêdo (Ov. Am. 3, 7, 51).

taciturnĭtās, -tātis, subs. f. I — Sent. próprio: 1) Silêncio (Cíc. Cat. 1, 16). II — Sent. moral: 2) Discrição, taciturnidade (Cíc. Br. 231). 3) Caráter fechado (Cíc. Fam. 1, 5, 2).

tacitūrnus, -a, -um, adj. I — Sent. próprio: 1) Taciturno, silencioso (Hor. O. 3, 29, 24). II — Sent. moral: 2) Obscuro, que está no olvido (Hor. Ep. 2, 2, 83).

tacitūrus, -a, -um, part. fut. de tacĕo.

1. **tacĭtus, -a, -um.** I — Part. pass. de tacĕo. II — Adj.: 1) Tácito (Cíc. Inv. 2, 140). 2) Que se cala, que cala, calado (Cíc. Fam. 3, 8, 2). 3) Silencioso, calmo (Verg. En. 6, 386). 4) Que guarda silêncio, discreto, mudo (Cíc. Clu. 63); (Verg. En. 4, 364). 5) Secreto (Cíc. At. 4, 17, 3).

2. **Tacĭtus, -ĭ,** subs. pr. m. Tácito, nome de um historiador latino (Plín. Ep. 2, 1, 6).

tactĭlis, -e, adj. Tangível, palpável, táctil (Lucr. 5, 152).

tactĭō, -ōnis, subs. f. I — Sent. próprio: 1) Ação de tocar, toque (arc.) (Plaut. Aul. 744). II — Daí: 2) O tato (Cíc. Tusc. 4, 20).

1. **tactus, -a, -um,** part. pass. de tango.

2. **tactus, -ūs,** subs. m. I — Sent. próprio: 1) Ação de tocar, toque (Cíc. De Or. 3, 216). Daí: 2) O tato, o sentido do tato (Cíc. Ac. 2, 76). II — Sent. figurado: 3) Efeito, influência, ação (de um astro, etc.) (Cíc. Div. 2, 97).

tacŭī, perf. de tacĕo.

taeda (tēda), -ae, subs. f. I — Sent. próprio: 1) Espécie de pinho resinoso (Plín. H. Nat. 16, 44). II — Por extensão: 2) Ramo de pinheiro (Verg. En. 4, 505). II — Sent. particular: 3) Facho (de resina, usado principalmente nos casamentos), archote, tocha (Ov. Met. 4, 758). Daí: 4) Casamento, himeneu (Verg. En. 4, 339). Donde: 5) Amor (Prop. 1, 8, 21). IV — Sent. diversos: 6) Tocha (Cíc. Verr. 4, 106). 7) Instrumento de tortura (Juv. 1, 155).

taedet, -ēbat, -ēre, taedŭit e taesum est, v. impess. intr. 1) Estar aborrecido com ou de (Cíc. At. 5, 16, 2). 2) Causar aborrecimento (Ter. Phorm. 486).

Taedĭfĕra Dea, subs. pr. f. Deusa Tedífera, i. é, deusa da tocha, nome atribuído a Ceres, deusa que era representada com uma tocha na mão (Ov. Her. 2, 42).

taedĭum, -ĭ, subs. n. (geralmente no pl.). I — Sent. próprio: 1) Tédio, aborrecimento, desgôsto, enfado (Sal. B. Jug. 62, 9). Daí: 2) Repugnância, aversão, nojo (Plín. Ep. 8, 18, 8). II — Sent. figurado: 3) Enfado, aborrecimento, repugnância, o que causa nojo (Plín. H. Nat. 15, 7).

taedŭit, perf. de taedet.

Taenarĭdēs, -ae, subs. pr. m. Tenárida, i.é, Jacinto, que era natural de Tênaro, localidade da Lacônia (Ov. Met. 10, 183).

Taenăris, -ĭdis, subs. pr. f. Tenárida. I — Sent. próprio: 1) Mulher originária de Tênaro, na Lacônia (Ov. Her. 16, 30). II — Donde: 2) Helena (Ov. Her. 8, 70).

Taenarĭus, -a, -um, adj. Tenário. I — Sent. próprio: 1) De Tênaro, da Lacônia, de Esparta: **Taenaria marita** (Ov. Her. 13, 45) «espôsa tenária», i.é, «Helena de Tróia». II — Sent. figurado, em linguagem poética: 2) Dos Infernos (Verg. G. 4, 467).

Taenărum, -ī, subs. pr. n. (Plín. H. Nat. 4, 16); **-năra, -ōrum,** subs. pr. n. (Sên. Troad. 404); **-nărus, -ī,** subs. m. (Sên. Herc. F. 663) ou **-năros, -ī,** subs. pr. m. (Luc. 9, 36). Tênaro. I — Sent. próprio: 1) Promontório e cidade da Lacônia, na parte meridional do Peloponeso, onde se elevava um templo a Netuno e, segundo a lenda, uma das entradas dos Infernos. II — Sent. figurado (na poesia): 2) Os Infernos (Hor. O. 1, 34, 10).

taenĭa, -ae, subs. f. Fita, faixa (Verg. En. 5, 269).

taesum est = taedŭit.

taeter (tēter), -tra, -trum, adj. I — Sent. próprio: 1) Horrível, desagradável, repugnante, abominável (à vista, ao olfato, etc.) (Cés. B. Civ. 3, 49). Daí: 2) Negro, sombrio, escuro (Verg. En. 10, 727). II — Sent. moral: 3) Odioso, detestável, abominável, funesto, fatal, pernicioso (Cíc. Cael. 13).

taetrē, adv. De modo horrível, odiosamente (Cíc. Div. 1, 60). Obs.: Superl.: **taeterrĭme** (Cíc. At. 7, 12, 2).

taetrĭcus (tetr-), -a, -um, adj. Severo, cruel, ameaçador, funesto (T. Lív. 1, 18, 4).

taetritūdō (tetr-), -ĭnis, subs. f. Ar sombrio, carrancudo (Ác. Tr. 556).

tagax, -ācis, adj. Ladrão, gatuno (pròpriamente: o que toca) (Cíc. At. 6, 3, 1).

Tagēs, -ētis, subs. pr. m. Tagete, deus etrusco, inventor da adivinhação. Segundo a lenda, surgiu bruscamente, sob a forma de uma criança, em um campo onde um lavrador revolvia o solo. Ensinou aos etruscos a ciência dos adivinhos (Cíc. Div. 2, 50).

Tagus, -ī, subs. pr. m. Tago. 1) Rio da Hispânia (T. Lív. 21, 5, 8). 2) Nome de um guerreiro (Verg. En. 9, 418).

Talaĭonĭus, -a, -um, adj. Talaiônio, de Tálao (pai de Adrasto, Eurídice e Erifila) (Ov. A. Am. 3, 13).

tălārĭa, -ĭum, subs. n. pl. I — Sent. próprio: 1) Artelhos, tornozelos (Sên. Ep. 53, 7). II — Por extensão: 2) Asas talares (que os poetas atribuem a Mercúrio) (Verg. En. 4, 239). 3) Hábitos talares, roupa comprida que desce até os tornozelos (Ov. Met. 10, 591).

tălāris, e, adj. Que chega até os tornozelos, talar, comprido, roçagante (Cíc. Verr. 5, 31).

1. **tălārĭus, -a, -um,** adj. (subent. ludus). Jôgo, representação de caráter licencioso ou efeminado (Cíc. Of. 1, 150). Obs.: Assim talvez se chamava porque os atôres representavam vestidos com a **tunica talaris** (que era de caráter efeminado).

2. **Tălārĭus, -ī,** subs. pr. m. Talário, nome de homem (Suet. Cal. 8).

talass-, v. **Thalass-.**

Talăus, -ī, subs. pr. m. Tálao, pai de Adrasto, Eurídice e Erifila, e um dos Argonautas (Ov. Ib. 356).

tălĕa, -ae, subs. f. I — Sent. próprio: 1) Vergôntea, renôvo (Cat. Agr. 45). II — Daí: 2) Estaca com ponta de ferro, estaca (Cés. B. Gal. 7, 73, 9).

talentum, -ī, subs. n. 1) Talento (quantia de dinheiro que, entre os áticos, correspondia a 60 minas) (Cíc. Tusc. 5, 91). 2) Talento (pêso grego que corresponde, mais ou menos, a 50 libras) (Verg. En. 11, 333).

tălĭō, -ōnis, subs. m. e f. Talião, pena de talião (Cíc. Leg. frg. 4).

tălis, -e, pron. I — Sent. próprio: 1) Tal, de tal natureza, de tal espécie (Cíc. Nat. 3, 92). II — Sent. particular: 2) Igual, semelhante (Cíc. Rep. 2, 43). 3) Tão importante, tão considerável (Cíc. Quinct. 42). III — Em correlação: 4) **talis... qualis,** tal... qual (Cíc. Mur. 32). 5) **talis... ac, atque,** tal... qual (Cíc. Vat. 10). 6) **talis... ut, qui,** tal... que (Cíc. Of. 1, 91).

tălĭtrum, -ī, subs. n. Piparote (Suet. Tib. 68).

Talĭus, -ī, subs. pr. m. Tálio, nome de homem (Tác. An. 14, 50).

Talna, -ae, subs. pr. m. Talna, nome de homem (Cíc. At. 13, 29, 1).

TALPA — 978 — **TANGO**

talpa, -ae, subs. m. e f. Toupeira (animal) (Verg. G. 1, 183).
Talthybĭus, -ī, subs. pr. m. Taltíbio, arauto grego no cêrco de Tróia (Ov. Her. 3, 9).
tālus, -ī, subs. m. I — Sent. primitivo: 1) Pequeno osso do artelho de alguns animais, que era utilizado em certos jogos; dado de jogar (Cíc. De Or. 3, 58). II — Sent. próprio: 2) Astrágalo (pequeno osso do homem) (Cels. 8, 1). Por extensão: 3) Tornozelo (Ov. Met. 4, 343). 4) Calcanhar (Cíc. Clu. 111).
tam, adv. demonst. Tão, tanto, de tal forma (Cíc. Verr. 3, 85). Obs.: Este advérbio pode ser empregado tendo como correlativo: **quam, quasi, ut** ou **qui, quae, quod,** com subjuntivo; **quin** com subjuntivo, quando a or. principal é negativa (Cíc. At. 13, 20, 4); (Cíc. Nat. 1, 1); (Cíc. Div. 2, 119); (Cíc. Verr. 4, 95).
Tamasēus, -a, -um, adj. Tamaseu, de Tâmasos, cidade da ilha de Chipre (Ov. Met. 10, 644).
tamdĭū, ou **tam dĭū,** adv. Tanto tempo, há tanto tempo (Cíc. At. 1, 2, 1). Obs.: Pode vir empregado em correlação com **quamdiu, quod, dum, donec, quam** (Cíc. Br. 4), ou com **ut** consecutivo (Cíc. Ac. 2, 69).
tamen, conj. Todavia, contudo, entretanto, ainda que (Cíc. Verr. 4, 123). Obs.: Pode ser empregado introduzindo uma restrição a uma afirmação (Cíc. Tusc. 4, 52), ou uma restrição depois de uma pontuação forte (Cíc. Or. 6), ou ainda depois de uma subordinada de sentido concessivo (Cíc. Br. 143).
tamenētsi ou **tamen ētsi,** conj. Ainda que, se bem que, v. **tamětsi** (Cíc. De Or. 2, 210).
Tamĕsis, -is, subs. pr. m. Tâmesa, rio da Bretanha, atual rio Tâmisa (Cés. B. Gal. 5, 11, 8).
1. tamětsi, conj. Ainda que, se bem que, pôsto que (Cíc. Verr. 3, 62). Obs.: Pode introduzir orações cujo verbo esteja no modo indicativo (Cíc. Verr. 3, 62) ou no modo subjuntivo (Ter. Eun. 216).
2. tamětsi, adv. Entretanto, contudo, mas (Cic. Cat. 1, 22).
Tamlăni, -ōrum, subs. loc. m. Tamianos, povo da África (T. Lív. 33, 18).
Tamphĭlus, -ī, subs. pr. m. Tânfilo, sobrenome romano (T. Lív. 31, 49).
tamquam (tanquam), adv. Como, como se, como que (Cíc. Of. 2, 43). Obs.: Pode ser usado para introduzir uma comparação, em correlação com **sic** ou **ita** (Cíc. Fam. 13, 69, 1) ou para introduzir uma comparação hipotética, contrária à realidade.
Tamȳris, v. **Tomȳris.**
Tana, v. **Tanas.**
Tanăger, -grī, subs. pr. m. Tânagro, rio da Lucânia (Verg. G. 3, 151).
Tanăgra, -ae, subs. pr. f. Tânagra, cidade da Grécia continental, na Beócia, às margens do rio Asopo (Cíc. Dom. 111).
Tanagraeus, -a, -um, adj. Tanagreu, de Tânagra (Cic. Dom. 111).
Tanaïs, -is (ou **-idis**), subs. pr. m. Tânais ou Tanaída. 1) Rio que separa a Europa da Ásia, atual rio Don (Hor. O. 3, 10, 1). 2) Nome de homem (Verg. En. 12, 513). 3) Rio da Numídia, na África (Sal. B. Jug. 90, 3). Obs.: acus. **Tanain** (Sal. B. Jug. 90, 3).
Tanaïtis, -idos ou **-idis,** subs. loc. f. Habitante das margens do Tânais, i.é, Amazona (Sên. Phaed. 399).
Tanăquil, -ĭlis, subs. pr. f. Tanaquil, mulher ambiciosa, filha de Lucumão e espôsa de Tarquínio Prisco (T. Lív. 1, 34).
Tanarus, -ī, subs. pr. m. Tanaro, afluente do rio Pó (Plín. H. Nat. 3, 118).
Tanās ou **Tana, -ae,** subs. pr. m. Tanas, rio da Numídia, na África (Sal. B. Jug. 90, 3). Obs.: Em manuscritos: **Tanāis,** v. esta palavra.
tandem, adv. I — Sent. próprio: 1) Por fim, por último (Cés. B. Gal. 1, 25, 5). II — Daí: 2) Enfim, finalmente (Cíc. Cat. 1, 8).
tandĭū, v. **tamdĭū.**
Tanētum (ou **Tannētum**), **-ī,** subs. pr. n. Taneto, povoação da Gália Cispadana (T. Lív. 21, 25).
Tanfāna, -ae, subs. pr. f. Tanfana, divindade germânica (Tác. An. 1, 51).
tangō, -is, -ĕre, tetĭgī, tāctum, v. tr. I — Sent. próprio: 1) Tocar (sent. físico e moral) (Cíc. Tusc. 2, 57). Daí: 2) Tocar em, pegar em, levar, furtar (Cíc. Fam. 2, 17, 4). Donde: 3) Tocar em, estar contíguo a (Cés. B. Gal. 5, 3, 1). 4) Tocar batendo, bater, ferir (Cíc. At. 15, 11, 2). 5) Tocar, seduzir (Ter. Eun. 638). 6) Banhar, molhar, impregnar (Ov. F. 4, 790). II — Sent. figurado: 7) Impressionar, comover (Cíc. At. 2, 19, 1). 8) Enganar, iludir, lograr (Plaut. Poen. 101). 9) Zombar, escarnecer (Ter. Eun. 420). 10) Tocar, tratar (um assunto, falar de (Cíc. Amer 83). 11) Tentar, experimentar (Ov. Am. 3, 12, 17).

tanquam, v. **tamquam**.
1. **Tantaleus, -a, -um**, adj. Tantálico de Tântalo (Prop. 2, 1, 66).
2. **Tantaleus, ĕï** (ou **ĕos**), subs. pr. m. v. **Tantălus** (Prop. 4, 11, 24).
Tantalĭdēs, -ae, subs. pr. m. Tantálida, i.é, filho ou descendente de Tântalo (Pélops, Atreu, Tieste, Agamêmnon, Orestes, etc.) (Ov. F. 2, 627).
Tantălis, -ĭdis, subs. pr. f. Tantálida, filha ou neta de Tântalo (Ov. Met. 6, 211).
Tantălus, -i, subs. pr. m. Tântalo. 1) Lendário rei da Lídia, filho de Júpiter, pai de Pélops e Níobe. Roubou o néctar e a ambrósia dos deuses para os mortais, e serviu seu próprio filho, Pélops, em um festim aos deuses, com o fim de comprovar-lhes a presciência. Precipitado no Tártaro, foi prêso a uma árvore carregada de frutos, próxima de um lago límpido, e condenado a ver inùtilmente a água escapar-lhe dos lábios e os galhos erguerem-se quando queria colher-lhes os frutos. Daí a expressão: «suplício de Tântalo» (Cíc. Tusc. 1, 10). 2) Filho de Anfião e de Níobe (Ov. Met. 6, 240).
tantī, adv., gen. n. de **tantus**, indicando preço. I — Sent. próprio: 1) Tão caro, por preço tão alto (Cíc. Verr. 3, 194). II — Sent. figurado: 2) Tão importante, de tanto valor (Cés. B. Gal. 1, 20, 5).
tantīdem, adv. Do mesmo preço, do mesmo valor (Cíc. Amer. 115).
tantĭllum, -i, subs. n. Um pouquinho (Plaut. St. 620).
tantĭllus, -a, -um, adj. Tão pequeno (Ter. Ad. 563).
tantīsper, adv. Durante tanto tempo, durante todo êste tempo (Cíc. At. 12, 14, 3). Obs.: Pode ser usado em correlação com **dum** (Cíc. Inv. 2, 149).
tantō, adv. 1) Tanto, tão (geralmente acompanhado de um comparativo ou expressão equivalente de sentido comparativo): **bis tanto amici sunt quam** (Plaut. Amph. 943) «êles são duas vêzes tão amigos quanto» ou «êles são duas vêzes mais amigos do que». 2) Em correlação com **quanto**: Tanto... quanto: **tanto ille superiores vicerat gloria, quanto tu omnibus praestitisti** (Cíc. Dej. 12) «tanto aquêle vencera pela glória seus predecessores, quanto tu ultrapassaste a todos».
tantopĕrĕ, e **tantō opĕrĕ**, adv. De tal maneira, tanto, a tal ponto (Cíc. Rep. 1, 30).

tantŭlō, abl. n. (indicando preço). A tão baixo preço, tão barato (Cíc. Amer. 130).
1. **tantŭlum**, n. (tomado adverbialmente). Tão pouquinho (Cíc. Verr. 2, 124).
2. **tantŭlum, -i**, n. usado substantivadamente. Um quase nada, uma tal insignificância (Hor. Sát. 1, 1, 59).
tantŭlus, -a, -um, adj. 1) Tão pequeno (Cés. B. Gal. 2, 30, 4). 2) Tão fraco, tão pouco importante (Cíc. Tusc. 2, 66).
1. **tantum**, n. de **tantus** tomado adverbialmente. I — Sent. próprio: 1) Tanto, tão grandemente, a tal ponto (Cíc. Verr. 2, 134). II — Daí: 2) Simplesmente, apenas (Cíc. Par. 17).
2. **tantum**, forma n. usada substantivadamente. 1) Tanto, tão grande quantidade de (Cíc. C. M. 44). 2) Tão pouco, tão fraco (Cés. B. Gal. 6, 35, 9). 3) Tão sòmente, não mais (Cíc. Leg. 2, 6).
tantūmdem, forma n. usada substantivadamente: 1) Tanto, tão grande quantidade (Cés. B. Gal. 7, 72, 1). 2) Outro tanto (Cíc. Tusc. 1, 104).
tantummŏdŏ, adv. Sòmente (Cíc. Rep. 2, 51).
tantus, -a, -um, pron. I — Sent. próprio: 1) Tanto, tão grande, tamanho, tão grande quanto (em correlação com **quantus**) (Cés. B. Gal. 2, 11, 6). II — Sent. moral: 2) Tão importante, tão célebre, tal, de tal qualidade (Cíc. Fam. 13, 66, 1). 3) Tão pouco importante, tão pequeno, tão fraco (Cíc. Pomp. 14).
tantūsdem, tantădem, tantūmdem, pron. Tão grande, tão considerável (Plaut. Poen. 633).
Tanŭsĭus, -i, subs. pr. m. Tanúsio, nome de um historiador (Suét. Cés. 9).
tapănta, -ae, subs. n. pl. Tôdas as coisas tudo (Petr. 37, 4).
tapēte, -is, e **tapētum, -i**, subs. n. Tapête, alcatifa (Verg. En. 9, 325). Obs.: Nom. pl. **tapetia** (Plaut. Ps. 147); acus. sg. **tapeta** (S. It. 4, 270); acus. pl. **tapetas** (Verg. En. 9, 358); abl. pl. **tapetibus** (Verg. En. 9, 325); abl. pl. **tapetis** (Verg. En. 7, 277).
Tappŭlus, -i, subs. pr. m. Tápulo, sobrenome romano (T. Lív. 29, 38, 4).
Tāprobănē, -ēs, subs. pr. f. Taprobana, ilha do mar das Índias, atual Ceilão (Ov. P. 1, 5, 80).
Taps-, v. **Thaps-**.
Tarbĕllī, -ōrum, subs. loc. m. Tarbelos, povo da Aquitânia (Cés. B. Gal. 3, 27, 1).
Tarbĕllus, -a, -um, adj. Tarbelo, dos Tarbelos (Tib. 1, 7, 9).

Tarchō, ou **Tarchon, -ōnis,** e **-ontis,** subs. pr. m. Tarco ou Tarcão, chefe etrusco, amigo de Enéias (Verg. En. 8, 506).
Tarcondimotus, -i, subs. pr. m. Tarcondimoto, nome de um rei da Pisídia (Cíc. Ep. 15, 1, 2).
tardātus, -a, -um, part. pass. de **tardo.**
tardē, adv. 1) Lentamente, vagarosamente. Comp.: **tardius** (Cíc. Nat. 2, 51) «mais lentamente». 2) Tardiamente, tarde (Cíc. At. 4, 14, 1).
tardēscō, -is, -ēre, tardŭī, v. incoat. intr. Tornar-se lento, fazer-se vagaroso, entorpecer-se (Lucr. 3, 477).
tardilŏquus, -a, -um, adj. Tardíloquo, que fala devagar (Sên. Ep. 40, 14).
tardĭpēs, -pĕdis, subs. m. Que anda devagar (Catul. 36, 7).
tardĭtās, -tātis, subs. f. I — Sent. próprio: 1) Lentidão, andamento lento, atraso, retardamento (Cés. B. Civ. 1, 58, 3). II — Sent. figurado: 2) Estupidez, pouca esperteza (Cíc. De Or. 1, 125).
tardĭtiēs, -ēī, subs. f. Lentidão, indolência (Ác. Tr. 278).
tardĭtūdo, -ĭnis, subs. f. Marcha lenta, lentidão (Plaut. Poen. 532).
tardiuscŭlus, -a, -um, adj. Um tanto lento (Ter. Heaut. 515).
tardō, -ās, -āre, -āvī, -ātum, v. tr. e intr. Sent. próprio e figurado: A) Tr.: 1) Tornar lento, retardar, reter, demorar, moderar (Cíc. Fam. 7, 5, 1); (Cés. B. Gal. 2, 25, 3); (Cíc. Phil. 11, 24). B) Intr.: 2) Tardar, estar atrasado (Plín. H. Nat. 11, 27).
tardŭī, perf. de **tardēsco.**
tardus, -a, -um, adj. I — Sent. próprio: 1) Lento, vagaroso, indolente, tardio (Cíc. Of. 1, 33). II — Sent. figurado: 2) Rude (de espírito), inepto, curto (no raciocínio), sem vivacidade (Cíc. Tusc. 5, 68). 3) Difícil (Cíc. At. 7, 3, 5). 4) Que retarda, que faz andar com lentidão (Cíc. De Or. 1, 254). III — Sent. poético: 5) Pesado, que amortece (Hor. Sat. 2, 2, 88).
Tarentīnī, -ōrum, subs. loc. m. Tarentinos, habitantes de Tarento (Cíc. Arch. 5).
Tarentīnus, -a, -um, adj. Tarentino, de Tarento (T. Liv. 24, 13, 2).
Tarentōs, v. **Terentum.**
1. **Tarentum, -i,** subs. pr. n. Tarento, cidade da Magna Grécia, na Itália peninsular, no gôlfo de Tarento (Cíc. C.M. 11).
2. **Tarentum,** v. **Terentum.**

tarmes, -ĭtis, subs. m. Térmita, traça que rói a madeira (Plaut. Most. 825).
Tarpa, -ae, subs. pr. m. Tarpa, sobrenome romano, em especial **Maecius Tarpa,** crítico da época de Augusto (Hor. Sát. 1, 10, 38).
Tarpēia, -ae, subs. pr. f. Tarpéia, jovem vestal romana, filha de **Tarpeius,** que entregou a cidade de Roma — o Capitólio — aos sabinos (T. Liv. 1, 11, 6).
1. **Tarpēius, -a, -um,** adj. Tarpeio, de Tarpéia. 1) **Tarpeius mons,** o monte Tarpeio, designação do Capitólio, relembrando a traição de Tarpéia (T. Liv. 1, 55, 1). Daí, por restrição de sentido: 2) **Saxum Tarpeium** (T. Liv. 6, 20, 12) «a rocha Tarpéia» (ponto da montanha de onde se precipitavam os criminosos). 3) Epíteto de Júpiter, v. **Capitolinus** (Prop. 4, 1, 7).
2. **Tarpēius, -ī,** subs. pr. m. Tarpeio, nome de família romana, em especial **Sp. Tarpeius,** pai de Tarpéia, e comandante da fortaleza de Roma — o Capitólio — no tempo de Rômulo (T. Liv. 1, 11, 6).
Tarquiniēnsēs, -ium, subs. pr. m. Tarquinienses, habitantes de Tarquínios (T. Liv. 2, 6).
Tarquiniēnsis, -e, adj. Tarquiniense, de Tarquínios (Cíc. Div. 2, 50).
1. **Tarquiniī, -ōrum,** subs. pr. m. Tarquínios, cidade da Etrúria, pátria dos Tarquínios (Cíc. Rep. 2, 34).
2. **Tarquiniī, -ōrum,** subs. pr. m. Os Tarquínios (Cíc. Rep. 2, 46).
1. **Tarquinius, -a, -um,** adj. Tarquínio, de Tarquínio (T. Liv. 1, 47).
2. **Tarquinius, -ī,** subs. pr. m. Tarquínio, nome de dois reis de Roma: Tarquínio Prisco e Tarquínio, o Soberbo, respectivamente o quinto e o último dos reis de Roma (Cíc. Rep. 2, 35).
Tarracīna, -ae, subs. pr. f. (Cíc. At. 7, 5, 3), **-cīnae, -ārum,** subs. pr. f. (T. Liv. 4, 59, 4). Tarracina, cidade do Lácio.
Tarracinēnsēes, -ium, subs. loc. m. Tarracinenses, habitantes de Tarracina (Tác. Hist. 4, 3).
Tarracinēnsis, -e, adj. Tarracinense, de Tarracina (Sal. C. Cat. 46, 3).
Tarrăcō, -ōnis, subs. pr. f. Tarracão, cidade principal da Hispânia Tarraconense, atual Tarragona (Cíc. Balb. 28).
Tarracōnēnsis, -e, adj. Tarraconense, da Hispânia Tarraconense (T. Liv. 26, 19).
Tarsa, -ae, subs. pr. m. Tarsa, nome de um chefe trácio (Tác. An. 4, 50).

Tarsēnsēs, -ium, subs. loc. m. Tarsenses, habitantes da cidade de Tarso (Cíc. Fam. 12, 13, 4).
Tarsos, v. **Tarsus**.
Tarsumēnnus, v. **Trasumēnus**.
Tārsus, -i, subs. pr. f. Tarso, cidade da Cilícia, na Ásia Menor (Cís. Fam. 2. 17, 1).
Tartărus, (ou -ros), **-i**, subs. pr. m. (Verg. En. 6, 577), e **Tartăra, -ōrum**, subs. pr. n. (Verg. En. 4, 243). Tártaro, lugar subterrâneo situado no fundo dos Infernos, onde Júpiter precipitava os que o haviam ofendido; daí, por generalização, os Infernos.
Tartarĕus, -a, -um, adj. I — Sent. próprio: 1) Tartáreo, do Tártaro, dos Infernos (Verg. En. 6, 395). II — Daí: 2) Infernal, pavoroso, horrível (Verg. En. 7, 514).
Tartēsius, v. **Tartessius**.
Tartessii -ōrum, subs. loc. m. Tartéssios, habitantes de Tartesso (Cíc. C.M. 69).
Tartessius, -a, -um, adj. Tartéssio, de Tartesso, cidade da Hispânia Bética, situada na foz do Bétis (Ov. Met. 14, 416).
Tarusātēs, -um ou **-ium**, subs. loc. m. Tarusates, povo da Aquitânia (Cés. B. Gal. 3, 23, 1).
Tarutius, -i, subs. pr. m. Tarúcio, sábio do I séc. a.C., natural do Piceno, versado em astronomia (Cíc. Div. 2, 98).
Tasgetius, -i, subs. pr. m. Tasgécio, chefe dos carnutos, povo da Gália (Cés. B. Gal. 5, 25, 1).
tata, -ae, subs. m. Papai (têrmo da língua infantil) (Marc. 1, 100, 1).
1. Tatius, -i, subs. pr. m. Tácio (**Titus Tatius**), rei dos sabinos, que tomou Roma para vingar o rapto das mulheres de sua nação por Rômulo. A traição de Tarpéia entregou-lhe o Capitólio, mas as sabinas fizeram cessar a guerra, interpondo-se entre seus pais e seus maridos. Rômulo repartiu o poder com Tácio, que foi assassinado cinco anos depois (Cíc. Rep. 2, 7, 13).
2. Tatius, -a, -um, adj. De Tácio (Prop. 4, 4, 31).
Tāugĕta, v. **Taygĕta**.
Tāugĕte, v. **Taygĕte**.
Taulantii, -ōrum, subs. pr. m. Taulâncios, povo da Ilíria (T. Liv. 45, 26, 14).
Taum, -i, subs. pr. m. ou **Tanaum, -i**, subs. pr. n. Taum ou Tanau, lago da Bretanha (Tác. Agr. 22).

Taunus, -i, subs. pr. m. Tauno, montanha e cidadela da Germânia (Tác. An. 1, 56).
1. taurĕa, -ae, subs. f. Correia de couro de boi (Juv. 6, 492).
2. Taurĕa, -ae, subs. pr. m. Táurea, sobrenome de um campânio (Cíc. Pis. 24).
taurĕus, -a, -um, adj. Táureo, de touro, de couro de boi (Verg. En. 9, 706).
Tauri, -ōrum, subs. loc. m. Tauros, habitantes da Táurida ou Quersoneso Táurico (Cíc. Rep. 3, 15).
Taurĭcus, -a, -um, adj. Táurico, da Táurida (Ov. P. 1, 2, 80).
tauriformis, -e, adj. Tauriforme, que tem a forma de um touro (Hor. O. 4, 14, 25).
taurigĕnus, -a, -um, adj. De touro, nascido de um touro (Ác. Tr. 463).
Taurii, -ōrum, subs. pr. m. Táurios, jogos e sacrifícios em honra dos deuses infernais (T. Liv. 39, 22).
Taurini, -ōrum, subs. pr. m. Taurinos, povo dos Alpes Cotianos, no norte da Itália (T. Liv. 21, 38).
1. taurinus, -a, -um, adj. Taurino, de touro, de boi (Ov. F. 6, 197).
2. Taurinus, -a, -um, adj. Taurino, dos Taurinos: **Taurinus saltus** (T. Liv. 5, 34) «desfiladeiro Taurino».
Tauriscus, -i, subs. pr. m. Taurisco, nome de um ator (Cíc. De Or. 3, 221).
Taurŏis, -oēntis, subs. pr. m. Tauroente, pôrto fortificado da Gália Narbonense (Cés. B. Cív. 2, 4, 5).
Tauromenium (-minium), -i, subs. pr. n. Tauromênio, cidade marítima da Sicília (Cíc. At. 16, 11, 7).
Tauromenitāni, -ōrum, subs. loc. m. Tauromenitanos, habitantes de Tauromênio (Cíc. Verr. 2, 160).
Tauromenitānus, -a, -um, adj. Tauromenitano, de Tauromênio (Cíc. Verr. 2, 13).
Tauromĕnum, -i, subs. n. v. **Tauromenium** (Ov. F. 4, 475).
Tauropŏlos, -i, subs. pr. f. Taurópola, sobrenome de Diana, que tinha sob êste nome um templo perto de Anfrópole (T. Liv. 44, 44, 4).
taurŭlus, -i, subs. m. Touro pequeno (Petr. 39, 6).
1. taurus, -i, subs. m. I — Sent. próprio: 1) Touro, boi (Cés. B. Gal. 6, 28, 1). II — Sent. figurado: 2) Subs. pr. O Touro (constelação) (Verg. G. 1, 218). 3) O touro de Fálaris (instrumento de tortura) (Cíc. Verr. 4, 73).

2. **Taurus, -ī,** subs. pr. m. Tauro, montanha da Lícia, na Ásia Menor: **Tauri Pylae** (Cíc. At. 5, 20, 2) «as portas do Tauro», i.é, os desfiladeiros do Tauro, entre a Capadócia e a Cilícia.

3. **Taurus, -ī,** subs. pr. m. Tauro, nome de homem (Cíc. Q. Fr. 3, 1).

taxātiō, -ōnis, subs. f. Avaliação, apreciação (Cíc. Tull. 7).

taxīllus, -ī, subs. m. Pequeno dado de jogar (Cíc. Or. 153).

Taximagŭlus, -ī, subs. pr. m. Taximágulo, rei de uma região da Bretanha (Cés. B. Gal. 5, 22, 1).

tāxō, -ās, -āre, -āvī, -ātum, v. freq. de tango, tr. 1) Aludir a, tocar fortemente, atacar, argüir (Suet. Aug. 4). Daí: 2) Taxar, avaliar, estimar (Plin. H. Nat. 35, 136). 3) Apreciar (Sên. Marc. 19). Obs.: As duas séries de significações explicam-se por derivar a primeira acepção de **tango,** de que **taxo** é freqüentativo, e a segunda e terceira acepções por se relacionarem com um verbo grego semelhante.

tăxus, -ī, subs. f. I — Sent. próprio: 1) Teixo (árvore) (Cés. B. Gal. 6, 31, 5). Daí: 2) Lança e haste de lança feita de teixo (S. It. 13, 210).

Tāygĕta (Tāugĕta), -ōrum, subs. pr. n. (Verg. G. 2, 488) e **Tāygĕtus, -ī,** subs. pr. m. (Cíc. Div. 1, 112). Taígeto, montanha do Peloponeso meridional, na Lacônia.

Tāygĕtē, -ēs, subs. pr. f. Taígeta, filha de Atlas (Ov. Met. 3, 595).

tē, acus. e abl. de **tu.**

Teănēnses, -ĭum, subs. loc. m. Teanenses, habitantes de Teano, cidade da Apúlia (T. Lív. 9, 20, 4).

Teānum, -ī, subs. pr. n. Teano, nome de duas cidades da Itália. 1) **Teanum Apulum,** Teano da Apúlia, atual Civitare (Cíc. At. 7, 12, 2). 2) **Teanum Sidicinum,** Teano dos sidicinos, cidade da Campânia, hoje Tiano (Cíc. At. 8, 11, 2).

Teātēs, -um, subs. loc. m. Teates, povo da Apúlia (T. Lív. 9, 20, 7).

Tebassus, -ī, subs. pr. m. Tebasso, nome de homem (Cíc. At. 14, 10, 2).

techna, -ae, subs. f. Ardil, manha (Plaut. Capt. 642).

Tecmēssa, -ae, subs. pr. f. Tecmessa, heroína frígia, filha de Telentas e espôsa de Ajax (Hor. O. 2, 4, 6).

Tecmōn, -ōnis, subs. pr. m. Tecmão, cidade do Epiro (T. Lív. 45, 26, 4).

tecta, -ae, subs. f. Teta, uma das vias de Roma (Ov. F. 6, 192).

tectē, adv. I — Sent. próprio: 1) Cobertamente, sem se expor (Cíc. Or. 228). II — Daí: 2) Às ocultas, secretamente (Cíc. At. 1, 14, 4).

tector, -ōris, subs. m. Estucador, caiador, o que faz rebocos (Cíc. Planc. 62).

tectōriŏlum, -ī, subs. n. Pequena obra de estuque (Cíc. Fam. 9, 22, 3).

tectōrium, -ī, subs. n. (subent. **opus**). I — Sent. próprio: 1) Revestimento de estuque, caiadura, reboco (de uma parede), embôço (Cíc. Verr. 1, 145). II — Sent. figurado: 2) Tinta branca, côr postiça (na maquilagem das mulheres) (Juv. 6, 467). 3) Falso brilho (de linguagem) (Pérs. 5, 25).

tectōrĭus, -a, -um, adj. I — Sent. próprio: 1) Que serve para cobrir (Plaut. Mil. 18). II — Daí: 2) Relativo a rebôco ou embôço, de estuque, de caiador (Cíc. Leg. 2, 65).

Tectosāgēs, -um (Cés. B. Gal. 6, 24, 2) ou **Tectosăgī, -ōrum** subs. loc. m. (T. Lív. 38, 16, 11). Tetósages ou tetósagos, povo da Gália Narbonense.

tectum, -ī, subs. n. I — Sent. próprio: 1) Teto, telhado, cobertura (Cíc. Q. Fr. 3, 1, 14). Daí: 2) Casa, habitação, abrigo, teto (Cés. B. Gal. 7, 66, 7). II — Sent. particular: 3) Covil (de feras) (Verg. En. 6, 8). 4) Ninho (de ave) Verg. En. 5, 216) **tectus, -a, -um.** I — Part. pass. de **tego.** II — Adj.: 1) Coberto, velado, escondido, oculto (Cíc. Fam. 9, 22, 5). Daí: 2) Impenetrável, secreto, discreto (Cíc. Or. 146); (Cíc. Amer. 104).

tecum = **cum te.** Contigo.

ted (arc.) = **te** (Plaut. Bac. 571).

tēda, v. **taeda.**

Tedĭus, -ī, subs. pr. m. Tédio, nome de homem (Suet. Aug. 27).

Tegeaeus, ou **Tegeēus, -a, -um** adj. Tegeu, de Tégea, cidade da Arcádia, e por extensão: da Arcádia (Verg. En. 5, 299); **Tegeaea** (Ov. Met. 8, 317) «a Arcádia Atalante».

Tegeātae, -ārum, subs. loc. m. Tegeatas, habitantes de Tégea, cidade da Arcádia (Cíc. Div. 1, 37).

tegeēus, v. **Tegeaeus.**

tegetĭcŭla, -ae, subs. f. Esteira pequena (Marc. 9, 93, 3).

tegillum, -ī, subs. n. Pequeno capuz (para a cabeça) (Plaut. Rud. 576).

tegĭmen, v. **tegmen** (Ov. Met. 3, 52).

tegimēntum, v. **tegumēntum** (Cés. B. Gal. 2, 21, 5).

tegmen (**tegĭmen, tegŭmen**), **-ĭnis**, subs. n. I — Sent. próprio: 1) Cobertura, tudo que serve para cobrir (pele, couro, carne, etc.). Daí: 2) Vestido (Ov. Met. 3, 52). 3) Couraça, escudo (T. Lív. 5, 38, 8). 4) Capacete (Tác. An. 2, 21). 5) Abóbada (celeste) (Cíc. poét. Nat. 2, 112). II — Sent. figurado: 6) Sombra, abrigo, asilo (T. Lív. 4, 39, 3).

tegmēntum, -ī, v. **tegumēntum**.

tegō, -**is**, -**ĕre**, **tēxī**, **tectum**, v. tr. I — Sent .próprio: 1) Cobrir, vestir, revestir (Cés. B. Gal. 5, 43, 1); (Cíc. Div. 2, 143). II — Sent. figurado: 2) Garantir, proteger (sent. concreto e abstrato) (Cés. B. Civ. 3, 26, 4); (Cíc. Pomp. 70). Daí: 3) Ocultar, dissimular, esconder, abrigar (Cíc. Fam. 9, 22, 1); (Cés. B. Gal. 6, 30, 4). 4) Acompanhar, marchar ao lado (Verg. En. 11, 12). Obs.: Constrói-se com acus. ou com abl. acompanhado ou não de prep.

tēgŭla, -**ae**, subs. f. (geralmente no pl.). I — Sent. próprio: 1) Telha, telhas (Cíc. At. 9, 7, 5). II — Daí: 2) Telha do, cumieira (de uma casa) (T. Lív. 36, 37, 2).

tegŭmen, v. **tegmen** (T. Lív. 1, 20, 4).

tegumēntum (**tegim-, tegm-**), -**ī**, subs. n. I — Sent. próprio: 1) Cobertura, vestido, o que cobre (Cíc. Fin. 5, 32). II — Sent. figurado: 2) Proteção, abrigo (T. Lív. 1, 43, 2).

tēgus (arc.) = **tergus** (Plaut. Capt. 902).

Tēĭī, -**ōrum**, subs. loc. m. Teios, habitantes de Teos (T. Lív. 37, 12).

Tēius, -**a**, -**um**, adj. Teio, de Teos (Hor. O. 1, 17, 18).

tēla, -**ae**, subs. f. I — Sent. próprio: 1) Teia, fio de uma teia, tela, tecido de fio (Verg. En. 4, 264). Daí: 2) Teia de aranha (Catul. 68, 49). Por extensão: 3) Tear, tecelão (Ov. Met. 4, 35) II — Sent. figurado: 4) Trama, intriga, enrêdo (Cíc. De Or. 3, 226).

Telămō (-**ōn**), -**ōnis**, subs. pr. m. Telamão, herói grego, filho de Éaco, rei de Egina (Cíc. Nat. 3, 79).

Telamōniădēs, -**ae**, subs. pr m. Telamoníada, filho de Telamão, Ajax (Ov. Met 13, 231).

Telamōnĭus, -**ī**, subs. pr. m. Telamônio, Ajax (Ov. Met. 13, 194).

Telchīnēs, -**um**, subs. pr. m. Telquines, família de sacerdotes que exerciam a magia e se estabeleceram em Rodes (Ov. Met. 7, 365).

Tēlebŏae, -**ārum**, subs. loc. m. Teléboas, povo da Acarnânia, que veio colonizar a ilha Capréia (atual Capri) (Verg. En. 7, 735).

Tēlegŏnus, (-**os**), -**ī**, subs. pr. m. Telégono. I — Sent. próprio: 1) Filho de Ulisses e de Circe, que matou o próprio pai sem o saber (Hor. O. 3, 29, 8). II — Daí, em sent. figurado: 2) Que é funesto ao seu autor (Ov. Trist. 1, 1, 114).

Tēlemăchus, -**ī**, subs. pr. m. Telêmaco, filho de Ulisses e de Penélope (Catul. 61, 229).

Tēlĕmus, -**ī**, subs. pr. m. Télemo, adivinho, filho de Proteu (Ov. Met. 13, 770).

Tēlĕphus, -**ī**, subs. pr. m. Télefo. 1) Filho de Hércules e rei da Mísia (Hor. Epo. 17, 8). 2) Um amigo de Horácio (Hor. O. 1, 13, 1).

Telesĭa, -**ae**, subs. pr. f. Telésia, cidade do Sâmnio (T. Lív. 22, 13).

Telēstēs, -**ae**, (ou -**is**), subs. pr. m. Telestes, cretense pai de Iante (Ov. Met. 9, 716).

Telethūsa, -**ae**, subs. pr. f. Teletusa, mulher de Ligdo e mãe de Ífis (Ov. Met. 9, 682).

tēlĭger, -**gĕra**, -**gĕrum**, adj. Que leva dardos (Sên. Herc. Oet. 543).

Tellēna, -**ōrum**, subs. pr. n. Telenos, antiga cidade do Lácio (T. Lív. 1, 33).

tellūs, -**ūris**, subs. f. I — Sent. próprio: 1) A terra (Cíc. Tusc. 1, 40). II — Sent. poético: 2) Terreno, solo (Ov. Met. 1, 15). 3) Bem, propriedade, domínio (Hor. O. 2, 14, 21). 4) País, região (Verg. En. 6, 23). 5) A Terra (deusa) (Hor. Ep. 2, 1, 143).

Telmēssēs, -**ĭum**, subs. loc. m. Telmesses, habitantes de Telmesso (Cíc. Div. 1, 64).

Telmessĭcus, -**a**, -**um**, ou **Telmessĭus**, -**a**, -**um**, adj. Telméssico ou telméssio, de Telmesso (T. Lív. 37, 56, 4).

Telmēssis, -**ĭdis**, adj. f. Telméssida, de Telmesso (T. Lív. 37, 16, 13).

Telmēssus (-**os**), -**ī**, subs. pr. f. Telmesso, cidade marítima da Lícia (Cíc. Div. 1, 91).

Telmiss-, v. **Telmess-**.

Telō, v. **Telon**.

Telōn, -**ōnis**, subs. pr. m. Telão, chefe dos teléboas, que se estabeleceram na ilha Capréia (atual Capri) (Verg. En. 7, 734).

Telōnum, -**ī**, subs. pr. n. Telono, rio dos marsos, na Itália (atual Tarano) (Ov. F. 5, 565).

telum, -i, subs. n. I — Sent. próprio: 1) Dardo, arma de arremêsso (Cés. B. Gal. 3, 4, 2). Daí: 2) Arma ofensiva (de qualquer espécie), arma (em geral) (Cíc. Verr. 4, 95). II — Sent. particular: 3) Chifre (Ov. Met. 8, 883). III — Sent. figurado: 4) Pancada, golpe (Cíc. Fam. 5, 16, 2). 5) Estímulo, arma para fazer alguma coisa (Cíc. Lae. 61).

Temenites, -ae, subs. pr. m. Temenita, sobrenome de Apolo, por ser adorado em Temeno, lugar perto de Siracusa (Cíc. Verr. 4, 119).

Temenitis, -idis, subs. pr. f. Temenítis, nome de uma das portas de Tarento (T. Lív. 25, 9, 9).

Temenos (-us), -i, subs. pr. m. Têmeno, lugar próximo de Siracusa, onde havia um templo de Apolo (Suet. Tib. 74).

temerarie, adv. Temeràriamente, com imprudência (Sên. Nat. 3, 18, 7).

temerarius, -a, -um, adj. I — Sent. próprio: 1) Que é devido ao acaso, acidental (Plaut. As. 262). II — Sent. figurado: 2) Temerário, imprudente (Cés. B. Gal. 6, 20, 2). 3) Temerário, audacioso (Cíc. Quinct. 81). III — Sent. poético: 4) Fortuito (Ov. Met. 2, 616).

temeratus, -a, -um, part. pass. de temero.

temere, adv. I — Sent. próprio: 1) Às cegas e daí: inconsideradamente, ao acaso, sem ponderação (Cíc. Nat. 2, 115). II — Loc.: **non temere** (Cíc. Q. Fr. 1, 1, 13) «difìcilmente».

temeritas, -tatis, subs. f. I — Sent. próprio: 1) Acaso (Cíc. Nat. 2, 82). Daí: 2) Irreflexão, desatino, temeridade (Cíc. C. M. 20). II — Na língua filosófica: 3) A parte cega do homem, em oposição à parte que raciocina (Cíc. Tusc. 2, 47).

temeritudo, -inis, subs. f. Irreflexão, desatino (Pacúv. Tr. 149).

temero, -as, -are, -avi, -atum, v. tr. I — Sent. próprio: 1) Tratar inconsideradamente as coisas sagradas; e daí: profanar, violar as coisas sagradas (Verg. En. 6, 840). II — Na língua comum: 2) Desonrar, ultrajar (Tác. An. 1, 53). Donde: 3) Manchar, sujar (Luc. 1, 147).

Temese, -es, subs. pr. f. (Ov. Met. 15, 707) e **Tempsa**, -ae, subs. pr. f. (T. Lív. 34, 45, 4). Têmesa ou Tempsa, cidade do Brútio.

Temesaeus, -a, -um, adj. Temeseu, de Têmesa (Ov. Met. 7, 207).

Temeseius, -a, -um, adj., v. **Temesaeus**, -a, -um (Ov. Med. 41).

temetum, -i, subs. n. Vinho puro (Hor. Ep. 2, 2, 163).

Temnites, -ae, subs. loc. m. Temnita, de Temnos (Cíc. Flac. 42).

Temnitae, -arum, subs. loc. m. Temnitas, habitantes de Temnos (Cíc. Flac. 45).

temno, -is, -ere, v. tr. Desprezar, desdenhar (Verg. En. 6, 620); (Tác. Hist. 3, 47).

Temnos, -i, subs. pr. f. Temnos, cidade da Eólida (Cíc. Flac. 42).

temo, -onis, subs. m. I — Sent. próprio: 1) Timão (do carro, da charrua, etc.) (Verg. G. 3, 173). II — Sent. figurado: 2) Carro (Juv. 4, 126). 3) A Ursa Maior (constelação) (Ov. Met. 10, 447).

Tempanius, -i, subs. pr. m. Tempânio, nome de homem (T. Lív. 4, 38).

Tempe, subs. pr. n. indecl. Tempe. I — Sent. próprio: 1) Vale da Tessália, entre os montes Olimpo e Ossa, célebre pelo seu aspecto alegre e grandioso (Verg. G. 4, 317). II — Daí, por extensão, em sent. figurado: 2) Vale delicioso (Verg. G. 2, 469).

temperamentum, -i, subs. n. I — Sent. próprio: 1) Combinação harmoniosa de elementos de um todo, proporção, medida justa. (Tác. Hist. 2, 5). II — Sent. figurado: 2) Moderação, comedimento (Tác. Hist. 1, 83).

temperans, -antis. I — Part. pres. de **tempero**. II — Adj.: Moderado, comedido, sóbrio (T. Lív. 26, 22, 14); (Cíc. Font. 40).

temperanter, adv. Com moderação. Obs.: Comp.: **temperantius**, (Cíc. At. 9, 2a, 2) «com mais moderação».

temperantia, -ae, subs. f. I — Sent. próprio: 1) Medida, proporção, moderação (Cíc. Pomp. 36). II — Sent. figurado: 2) Sobriedade, temperança (Tác. Germ. 23).

temperate, adv. Com moderação, com medida (Cíc. At. 12, 32, 1). Obs.: Comp.: **temperatius** (Cíc. At. 13, 1, 1).

temperatio, -onis, subs. f. I — Sent. próprio: 1) Mistura, combinação, liga (Cíc. Verr. 4, 98). II — Sent. figurado: 2) Organização, constituição, regra (Cíc. Leg. 3, 12). 3) Estado, constituição física (Cíc. Tusc. 4, 30). 4) Justa proporção, ação de manter uma justa medida, ação de moderar (Cíc. Leg. 3, 27).

temperator, -oris, subs. m. I — Sent. próprio: 1) O que dispõe ou ordena, o que regula (Cíc. Or. 70). II — Sent. poético: 2) Que dá têmpera (às armas de ferro) (Marc. 5, 55, 15).

temperātūra, -ae, subs. f. I — Sent. próprio: 1) Combinação na justa medida, constituição bem dosada, constituição bem equilibrada (Plín. H. Nat. 34, 97). Daí: 2) Temperamento, constituição física (Sên. Ep. 11, 6). II — Sent. particular: 3) Temperatura (Sên. Ep. 86, 10).

temperātus, -a, -um. I — Part. pass. de **tempĕro.** II — Adj.: 1) Devidamente misturado, preparado (Cíc. De Or. 2, 212). 2) Temperado, moderado, comedido (Cés. B. Gal. 5, 12, 7).

tempĕrī (locat. de **tempus**), adv. A tempo, a propósito (Plaut. Men. 445).

temperiēs, -ēī, subs. f. I — Sent. próprio: 1) Mistura, combinação (Plín. H. Nat. 34, 8). Daí: 2) Justa proporção, equilíbrio: (Ov. Met. 1, 430). II — Sent. particular: 3) Temperatura (Ov. Met. 15, 211).

temperĭus, comp. de **tempĕri:** muito cedo, breve, logo (Cíc. Fam. 9, 16, 8).

tempĕrō, -ās, -āre, -āvī, -ātum, v. tr. e intr. A) Tr.: I — Sent. próprio: 1) Misturar, adicionar (Ov. F. 5, 402); (Cíc. Rep. 6, 18). Daí: 2) Adicionar água ao vinho ou a qualquer líquido para o tornar mais suave, temperar (Plín. H. Nat. 29, 50). Donde: 3) Retemperar um metal, combinar, aliar, ligar (Plín. H. Nat. 34, 145); (Cíc. Nat. 2, 19). II — Sent. figurado: 4) Temperar, moderar, abrandar (Hor. O. 3, 19, 6); (Verg. En. 1, 57). 5) Regular, organizar, dirigir (Cíc. Tusc. 1, 2); (Hor. O. 1, 12, 16). B) Intr.: 6) Moderar-se (T. Lív. 2, 52, 5); (Plaut. Rud. 1254). 7) Abster-se de (Cés. B. Gal. 1, 7, 5); (T. Lív. 21, 22, 7). Obs.: Constrói-se com acus.; com abl. acompanhado ou não de **ab**; com dat.; com or. introduzida por **quin** ou **ne.**

tempēstās, -tātis, subs. f. I — Sent. próprio: 1) Espaço, parte ou fração do tempo, lapso de tempo, momento, época, período, estação (Cíc. Div. 1, 75). II — Sent. particular: 2) Bom tempo, tempo favorável (Cés. B. Gal. 4, 23, 1). 3) Mau tempo, má estação, tempestade, borrasca (Cés. B. Cív. 1, 48, 1). III — Sent. figurado: 4) Tempestade, desgraça, perigo, calamidade, tormenta, desastre, flagelo, ruína (Cíc. Ses. 101).

tempestīvē, adv. A tempo, a propósito, oportunamente (Cíc. Nat. 2, 156). Obs.: Comp.: **tempestivius** (Hor. O. 4, 1, 9).

tempestīvĭtās, -tātis, subs. f. I — Sent. próprio: 1) Tempo próprio, oportunidade, tempo favorável, disposição apropriada (Plín. H. Nat. 10, 105). II — Daí: 2) Boa constituição, constituição física, temperamento (Plín. H. Nat. 29, 120).

tempestīvus, -a, -um, adj. I — Sent. próprio: 1) Que vem a tempo, na ocasião propícia, oportuno (Cíc. Nat. 2, 131). II — Daí: 2) Maduro (sent. próprio e figurado) (Cíc. C. M. 5). 3) Que começa cedo, longo, demorado (Cíc. Mur. 13).

templum, -ī, subs. n. I — Sent. primitivo (língua augural): 1) Quadrado delimitado pelo áugure no céu e na terra, no interior do qual toma e interpreta os presságios; daí: 2) Terreno consagrado pelos áugures (T. Lív. 1, 6, 4). Por extensão: 3) O céu, vasto espaço, a superfície do mar, as regiões infernais, espaço que a vista abarca, recinto (Cíc. Rep. 6, 15). II — Sent. particular: 4) Espaço consagrado aos deuses, templo, santuário (Cíc. Verr. 4, 94). 5) Cúria, senado, tribuna dos oradores (T. Lív. 1, 30, 2). 6) Tribunal (T. Lív. 23, 10, 5). 7) Asilo (de uma divindade) (T. Lív. 2, 1, 4). III — Sent. figurado: 8) Recesso, santuário (Cíc. Mil. 90).

tempŏra, pl. de **tempus.**

temporālis, -e, adj. Temporário (Sên. Nat. 7, 23, 1).

temporārĭus, -a, -um, adj. Temporário, dependente das circunstâncias, inconstante, variável (C. Nep. At. 11, 3).

tempŏrī, adv. (locativo de **tempus**). A tempo (Cíc. At. 12, 39, 2).

Tempsa ou **Temsa, -ae,** subs. f. v. **Temĕse.**

Tempsānus ou **Temsānus,** v. **Temesaeus** (Cíc. Verr. 5, 39).

temptābŭndus, -a, -um, adj. Que anda às apalpadelas, tateante (T. Lív. 21, 26, 1).

temptāmen, -ĭnis, subs. n. Experiência, tentativa (Ov. Met. 7, 734).

temptāmēntum, -ī, subs. n. (geralmente no pl.). Ensaio, tentativa (Verg. En. 8, 144).

temptātĭō, -ōnis, subs. f. I — Sent. próprio: 1) Experiência, ensaio, prova (T. Lív. 3, 38, 7). II — Sent. particular: 2) Acesso (de doença), ataque (Cíc. At. 10, 17, 2).

temptātor, -ōris, subs. m. O que atenta contra a honra (de uma mulher), sedutor (Hor. O. 3, 4, 71).

temptātus, -a, -um, part. pass. de **tempto.**

temptō (**tentō**), **-ās, -āre, -āvī, -ātum,** v. tr. I — Sent. próprio: 1) Tocar, apalpar, tatear (Cíc. Leg. 2, 6). II — Daí: 2) Tentar, experimentar, fazer a experiência (Cíc. Div. 1, 32); (Cés. B. Gal. 1, 36, 3). 3) Atacar, agitar, inquietar (Cés. B. Gal. 7, 73, 1); (Cíc. Tusc. 4, 31). 4) Procurar corromper, procurar seduzir (Cíc. Clu. 9). Obs.: Constrói-se com acus.; com interr. indir.; com inf.; ou com ut.

1. tempus, -ŏris, subs. n. I — Sent. próprio: 1) Tempo (sent. genérico) (Cíc. Rep. 1, 14). Daí: 2) Momento, hora, instante, ano, estação (Cíc. Verr. 4, 107). II — Sent. particular: 3) Momento favorável, oportunidade, ocasião (Cíc. Fam. 11, 16, 1). 4) Circunstância, posição, situação moral, interêsses (Cíc. Agr. 2, 80). Na língua poética e retórica: 5) Tempo, medida (Hor. Sát. 1, 4, 58). 6) Tempo (de verbo) (Quint. 1, 5, 47). III — Em expressões adverbiais: 7) **Tempore, in tempore** «em tempo oportuno» (Cíc. Of. 1, 104). 8) **in tempus** «temporàriamente» (Tác. An. 14, 20). 9) **in omne tempus** «para sempre, para nunca mais» (Cíc. Fam. 5, 15, 1). 10) **ad tempus** «a propósito, momentâneamente» (Cíc. At. 13, 45, 2). 11) **ante tempus** «prematuramente» (Cíc. Lae. 11). 12) **ex tempore** «prematuramente» (Cíc. Arch. 18). 13) **pro tempore** «segundo as circunstâncias» (Cés. B. Gal. 5, 8, 1). 14) **per tempus** «oportunamente» (Plaut. Men. 139). Obs.: Tempus é considerado principalmente como uma fração da duração, donde seu emprêgo, no pl. **tempora,** como porções de tempo, épocas, momento, instante, hora, estação do ano, e, especialmente, momento favorável, oportunidade, ocasião, circunstâncias.

2. tempus, -ŏris, subs. n. (geralmente no pl.). I — Sent. próprio: 1) Fontes (da cabeça), têmporas (Verg. En. 5, 416). II — Daí: 2) Cabeça (Prop. 4, 9, 15). 3) Rosto (Prop. 2, 18, 32).

Tempyra, -ōrum, subs. pr. n. Tempira, cidade da Trácia (Ov. Trist. 1, 10, 21).

Temsa, Temsānus, v. **Tempsa, Tempsānus.**

tēmulentĭa, -ae, subs. f. Embriaguez (V. Máx. 2, 5, 4).

tēmulentus, -a, -um, adj. I — Sent. próprio: 1) Ébrio, embriagado (Tác. Hist. 2, 68). II — Sent. figurado: 2) Saturado de, embebido (Apul. M. 5, 22).

tenācĭtās, -tātis, subs. f. I — Sent. próprio: 1) Fôrça para agarrar sòlidamente, tenacidade (Cíc. Nat. 2, 122). II — Sent. figurado: 2) Avareza (T. Lív. 34, 7, 4).

tenācĭter, adv. I — Sent. próprio: 1) Com fôrça, com tenacidade (Ov. Her. 9, 21). II — Sent. figurado: 2) Tenazmente, obstinadamente, com tenacidade (Ov. Her. 3, 43).

tenax, -ācis, adj. I — Sent. próprio: 1) Que agarra, que segura, tenaz (Verg. En. 12, 404). II — Sent. figurado: 2) Que se agarra ao que tem, avarento (Cíc. Cael. 66). 3) Muito aderente, tenaz, compacto, espêsso (Hor. Epo. 2, 24). 4) Resistente, sólido, firme (T. Lív. 28, 30, 11). 5) Firme, constante (Hor. O. 3, 3, 1). 6) Teimoso, obstinado, inflexível, implacável (sent. próprio e figurado) (T. Lív. 39, 25, 13).

Tenchtērī ou **Tenctērī, -ōrum,** subs. loc. m. Tencteros, povo da Germânia (Cés. B. Gal. 4, 1, 1).

Tendēba, -ōrum, subs. pr. n. Tendeba, cidade da Cária (T. Lív. 33, 18, 6).

tendicŭla, -ae, subs. f. Espécie de laço, armadilha (sent. figurado) (Cíc. Caec. 65).

tendō, -is, -ĕre, tetĕndī, tentum (ou **tensum**), v. tr. e intr. A) Tr.: I — Sent. próprio: 1) Estender (Verg. En. 7, 164); (Cés. B. Gal. 2, 13, 2). Daí: 2) Apresentar, oferecer (sent. próprio e figurado) (Cíc. De Or. 1, 184). Donde: 3) Prosseguir, prolongar, continuar (Hor. Ep. 1, 5, 11). B) Intr.: II — Sent. figurado: 4) Tender a, inclinar-se para, dirigir-se a, visar a, visar (Cíc. At. 16, 5, 3); (Hor. Sát. 1, 9, 63); (T. Lív. 4, 13, 4) Na língua militar: 5) Fazer esforços, combater, resistir, lutar, esforçar-se por (Sal. C. Cat. 60, 5); (Verg. En. 5, 21); (Verg. En. 2, 220). 6) Acampar, armar a tenda (Cés. B. Civ. 3, 82, 1); (Cés. B. Gal. 6, 37, 2).

Tenĕa, -ae, subs. pr. f. Tênea, pequena cidade da Acaia, entre Corinto e Micenas (Cíc. At. 6, 2, 3).

tenĕbrae, -ārum, subs. f. pl. I — Sent. próprio e figurado: 1) Escuridão, trevas, noite (Cíc. Rep. 1, 25). II — Sent. poético: 2) Névoa nos olhos, vertigem (Verg. En. 11, 824). 3) Trevas da morte (Prop. 2, 20, 17). 4) Cegueira (Ov. Met. 3, 515). 5) Prisão (Sal. B. Jug. 14, 15). 6) Esconderijo (Catul. 55, 2). 7)

TENEBRICŌSUS — 987 — **TENŬIS**

Os infernos (Verg. En. 7, 325). III — Sent. figurado: 8) Obscuridade do espírito, baixeza de sentimentos (Cíc. Ac. 2, 61). 9) Trevas do esquecimento (Cíc. Arch. 14). 10) Situação difícil (Cíc. Dom. 24). 11) Pesar, tristeza, desgraça (Cíc. Tusc. 3, 72).

tenebricōsus, -a, -um, adj. Tenebroso, escuro, secreto (Cíc. Ac. 2, 73).

tenebrĭcus, -a, -um, adj. Tenebroso, sombrio (Cíc. poét. Tusc. 2, 22).

tenebrōsus, -a, -um, adj. Tenebroso, sombrio, obscuro (Verg. En. 5, 839).

Tenedĭus, -a, -um, adj. Tenédio, de Tênedos (Cíc. Q. Fr. 2, 11, 2).

Tenedĭi, -ōrum, subs. loc. m. Tenédios, habitantes de Tênedos (Cíc. Q. Fr. 2, 11, 2).

Tenĕdos (ou -us), -ī, subs. pr. f. Tênedos, pequena ilha em frente à cidade de Tróia (Cíc. Arch. 21).

tenellus, -a, -um, adj. Um tanto tenro, delicado (Plaut. Cas. 108).

tenĕō, -ēs, -ēre, tenŭī, tentum, v. tr. e intr. I — Sent. próprio: A) Tr.: 1) Segurar, ter (Cíc. Cael. 63); (Cíc. Sest. 69). Daí: 2) Possuir, ocupar, ser senhor de, ganhar, obter, conseguir (Cíc. Br. 137); (Cés. B. Gal. 3, 22, 1); (Verg. Buc. 1, 31); (Cíc. Tusc. 1, 97). 3) Estar imóvel, manter, parar, reter, conter, fazer parar (Cés. B. Gal. 1, 40, 8); (Cíc. At. 11, 3, 1); (Cíc. Fam. 16, 7). 4) Guardar, conservar, observar (Cíc. Clu. 128); (Cíc. Verr. pr. 13); (Cíc. Phil. 1, 27). Donde: 5) Deter no espírito, lembrar-se (Cíc. Cat. 3, 19); (Hor. A. Poét. 336). II — Sent. figurado: 6) Compreender, saber, perceber (Cíc. Sest. 22); (Cíc. De Or. 1, 165). 7) Cativar, encantar, seduzir (Cíc. Br. 232); (Cíc. Fin. 5, 48). 8) Abrigar, sujeitar, prender (Cíc. Phil. 5, 10); (Cíc. At. 12, 18, 1). B) Intr.: Na língua militar: 9) Manter uma posição (Cés. B. Civ. 1, 44, 4). Daí: 10) Dirigir, chegar (Verg. En. 1, 370); (T. Lív. 1, 37, 4); (Tác. Agr. 38). Na língua náutica: 11) Manter-se numa direção, singrar para (T. Lív. 1, 1, 4). 12) Durar, subsistir, persistir (T. Lív. 23, 44, 6); (Tit. Lív. 23, 12, 2). Obs.: Constrói-se com acus.; com **ne** ou **quin**; com inf.; ou como intr. absoluto.

tener, -ĕra, -ĕrum, adj. I — Sent. próprio: 1) Tenro (Cés. B. Civ. 3, 58, 3). II — Sent. particular: 2) Delicado, doce, brando (Verg. Buc. 10, 49). 3) Tenro, de pouca idade, infantil (Cíc. Lae. 67). III — Sent. figurado: 4) Terno, amoroso, meigo, delicado, afetuoso (Hor. A. Poét. 246). 5) Mole, efeminado (Juv. 12, 29).

tenerāscō, -is, -ĕre, v. incoat. intr. Tornar-se tenro (Lucr. 3, 765).

tenĕrē, adv. Maciamente, delicadamente, com ternura (Plín. Ep. 4, 27, 1).

tenerēscō, -is, -ĕre, v. incoat. intr. Tornar-se tenro, tornar-se mole (Plín. H. Nat. 17, 189).

tenerĭtās, -tātis, subs. f. Qualidade do que é tenro, moleza, delicadeza (sent. próprio e figurado) (Cíc. Fin. 5, 58).

teneritūdō, -ĭnis, subs. f., v. **tenerĭtas** (Suet. Tib. 44).

Tenēs (ou Tennēs), -ae, (ou -is), subs. pr. m. Tenes, segundo a lenda, filho de um certo Cicno, que reinou na Tróia (Cíc. Nat. 3, 39).

Tenĭi, -ōrum, subs. loc. m. Tênios, habitantes de Tenos (Tác. An. 3, 63).

Tennēs, v. **Tenes**.

tennĭtur = **tendĭtur** (Ter. Phorm. 330).

tenor, -ōris, subs. m. I — Sent. próprio: 1) Continuidade, movimento contínuo, movimento não interrompido, ininterrupto (Verg. En. 10, 340). II — Sent. figurado: 2) Continuidade, sem interrupção (T. Lív. 30, 18, 12).

Tĕnos (ou -us), -ī, subs. pr. f. Tenos, uma das ilhas Cíclades, vizinha da ilha de Delos (Ov. Met. 7, 469).

tensa, -ae, subs. f. Carro sagrado em que se transportavam os objetos do culto nos **ludi circenses** (Cic. Verr. 1, 154).

tensus, -a, -um, part. pass. de **tendo**.

tenta-, v. **tempta-**.

tentĭgō, -ĭnis, subs. f. Priapismo, ardor amoroso (Hor. Sát. 1, 2, 118).

tentipellĭum, -ī, subs. n. Fôrma de sapateiro (Marc. 9, 73, 1).

tentō = **tempto**.

tentōrĭum, -ī, subs. n. Tenda (Verg. En. 1, 469).

tentus, -a, -um, part. pass. de **tenĕo**.

Tentyrītae, -ārum, subs. loc. m. Tentiritas, habitantes de Têntira, cidade do Alto Egito (Sên. Nat. 4, 2, 15).

tenuātus, -a, -um, part. pass. de **tenŭo**.

tenŭī, perf. de **tenĕo**.

tenuicŭlus, -a, -um, adj. Delgadinho, magro, muito tênue (Cíc. Fam. 9, 19, 1).

tenŭis, -e, adj. I — Sent. próprio: 1) Tênue, fino, delgado (Cíc. Nat. 2, 142). Daí: 2) Sutil, delicado, leve (Cíc. Fat.

7). 3) Pequeno, sem importância, fraco, de condição humilde (Cíc. Verr. 2, 53). 4) Pequeno, estreito, pouco elevado, pouco profundo (Cíc. Rep. 2, 34). 5) Pouco numeroso, pouco abundante, frugal (Cíc. Lae. 86). II — Sent. figurado: 6) Fino, sutil, engenhoso (Cíc. Ac. 2, 43). 7) Claro, límpido (Ov. F. 2, 250). 8) Simples (tratando-se do estilo) (Cíc. Or. 20). 9) Precário (Cés. B. Gal. 5, 40, 7).

tenuïtās, -tātis, subs. f. I — Sent. próprio: 1) Tenuidade, finura, magreza, pequenez (Cíc. Br. 64). II — Sent. figurado: 2) Sutileza, finura (Cíc. Fin. 3, 40). 3) Indigência, pobreza, miséria (Cés. B. Gal. 7, 17, 3). 4) Simplicidade (de estilo) (Cíc. Br. 64).

tenuïter, adv. I — Sent. próprio: 1) De uma maneira fraca, dèbilmente, tênuemente (Cés. B. Gal. 3, 13, 6). II — Sent. figurado: 2) Com finura, delicadamente, sutilmente (Cíc. Or. 456). 3) Pobremente, miseràvelmente, mesquinhamente (Ter. Phorm. 145).

tenŭō, -ās, -āre, -āvī, -ātum, v. tr. I — Sent. próprio: 1) Afinar, atenuar, diminuir, diluir, rarefazer (Sên. Nat. 5, 3, 2); (Quint. 11, 3, 32); (Verg. G. 3, 129). II — Sent. figurado: 2) Diminuir, enfraquecer, abrandar (Ov. Her. 20, 73). 3) Rebaixar (Hor. O. 3, 3, 72).

1. tenus, prep. (abl. ou gen.). I — Com abl.: 1) Até, até a: **Tauro tenus** (Cíc. Dej. 36) «até ao Tauro». 2) Sòmente em relação a, quanto a: **verbo tenus** (Cíc. Leg. 3, 14) «sòmente em relação à palavra». II — Com gen.: 3) Até, até a: **lumborum tenus** (Cíc. Arat. 83) «até aos rins». Obs.: **Tenus** é uma preposição pospositiva, colocando-se, pois, sempre em seguida às palavras a que se refere (v. exemplos acima).

2. tenus (-ŏris), subs. n. Laço armado, armadilha (sent. figurado) (Plaut. Bac. 793). Obs.: Só ocorre no nom. e acus.

3. Tenus, v. Tenos.

Tĕōs, -ī, subs. pr. f. Teos, cidade da Jônia, na Ásia menor, pátria de Anacreonte (T. Lív. 37, 27, 9).

tepefacĭō, -is, -ĕre, -fēcī, -fāctum, v. tr. Amornar, tornar tépido (Cíc. Nat. 2, 40).

tepefāctō, -ās, -āre, v. tr. Aquecer (Catul. 68, 29).

tepefāctus, -a, -um, part. pass. de **tepefacio**.

tepefēcī, perf. de **tepefacio**.

tepĕō, -ēs, -ēre, v. intr. I — Sent. primitivo: estar quente. Daí: 1) Estar ligeiramente quente, estar tépido (sent. físico e moral), estar mõrno (Verg. G. 2, 330). II — Sent. figurado: 2) Estar apaixonado (Hor. O. 1, 4, 20). 3) Estar sem entusiasmo por, arrefecer o entusiasmo (amoroso) (Ov. R. Am. 7); (Ov. Am. 2, 2, 53).

tepēscō, -is, -ĕre, tepŭī, v. incoat. intr. I — Sent. próprio: 1) Tornar-se tépido, aquecer-se (passando do frio para o quente) (Cíc. Nat. 2, 26). II — Donde: 2) Arrefecer, esfriar (Marc. 2, 1, 10) (passando do quente para o frio).

tepidarĭum, -ī, subs. n. Sala de banhos mornos onde se tomam banhos mornos (Vitr. 5, 10, 1).

tepĭdō, -ās, -āre, v. tr. Tornar tépido, aquecer pouco (Plín. H. Nat. 17, 250).

tepĭdus, -a, -um, adj. I — Sent. próprio: 1) Tépido, mõrno (Verg. En. 6, 248). II — Sent. figurado: 2) Arrefecido, lânguido, indolente (Ov. R. Am. 629).

tepor, -ōris, subs. m. I — Sent. próprio: 1) Tepidez, calor moderado (Cíc. C. M. 54). Daí: 2) Tepidez (de um banho), resfriamento (Tác. Hist. 3, 32). II — Sent. figurado. 3) Frieza (de estilo) (Tác. D. 21).

tepŭī, perf. de **tepēsco**.

ter, adv. num. Três vêzes (Cés. B. Gal. 1, 53, 7). Obs.: Às vêzes é empregado para dar simplesmente a idéia de repetição, equivalente a: muitas vêzes (Verg. En. 4, 690).

tercēntī, v. **trecēnti**.

terdecĭēs, ou **ter decĭēs (-cĭens)**, adv. num. Treze vêzes (Cíc. Verr. 3, 184).

terebinthĭnus, -a, -um, adj. De terebinto (Petr. 33).

terebĭnthus, -ī, subs. f. Terebinto (Verg. En. 10, 136).

terĕbra, -ae, subs. f. Instrumento que serve para furar, broca, verruma, etc. (Cat. Agr. 41, 3).

terebrātus, -a, -um, part. pass. de **terebro**.

terĕbrō, -ās, -āre, -āvī, -ātum, v. tr. I — Sent. próprio: 1) Furar com a verruma, furar com trépano (Cat. Agr. 41, 3); (T. Lív. Epit. 52). Daí: 2) Furar, perfurar, cavar (Verg. En. 2, 38). II — Sent. figurado: 3) Insinuar-se, abrir caminho (Plaut. Bac. 1198).

terēdō, -ĭnis, subs. f. Verme que rói a madeira, caruncho (Ov. P. 1, 69).

Tēreĭdēs, -ae, subs. pr. m. Tereida, filho de Tereu, i.é, Ítis (Ov. Ib. 432).

1. Terentĭa, -ae, subs. pr. f. Terência, primeira espôsa de Cícero. Êste a repudiou depois de uma união de trinta anos e casou-se com a jovem e rica Publília. Terência casou-se depois com o historiador Salústio, depois com Messala Corvino e, talvez, finalmente com Víbio Rufo (Cíc. Fam. 14).

2. Terentĭa Lex, subs. pr. f. Lei Terência, proposta pelos cônsules Cássio e Terêncio (Cíc. Verr. 5, 52).

Terentiānus, -a, -um, adj. Terenciano: 1) Do poeta Terêncio (Cíc. Tusc. 3, 65). 2) De **Terentius Varro** (T. Lív. 23, 32, 16).

Terentĭlla Lex, subs. pr. f. Lei Terentila, proposta por Terentilo, tribuno do povo (T. Lív. 3, 9).

Terentĭllus, -ī, subs. pr. m. Terentilo, nome de família romana, notando-se **C. Terrentillus Arsa**, tribuno do povo, que propôs a lei Terentila (T. Lív. 3, 9).

Terentīnus, -a, -um, adj. Terentino, de Terento (Cíc. Planc. 43).

Terentĭus, -ī, subs. pr. m. Terêncio, nome de família romana; notem-se: 1) **Publius Terentius Afer**, poeta cômico latino, que viveu no II séc. a.C., natural de Cartago. 2) **M. Terentius Varro**, polígrafo. 3) **C. Terentius Varro**, cônsul vencido na batalha de Canas (T. Lív. 22, 61).

Terēntum (Tar-), -ī, subs. pr. n. Terento, lugar no campo de Marte onde se celebravam os jogos seculares (Ov. F. 1, 501).

teres, -ĕtis, adj. I — Sent. próprio: 1) Arredondado, bem torneado, cilindrico (Cés. B. Gal. 7, 73, 6). II — Sent. figurado: 2) Polido, elegante, fino, delicado (tratando-se do estilo) (Cíc. De Or. 3, 199).

Tēreus, -ĕī (ou **-ĕos**), subs. pr. m. Tereu. 1) Rei da Trácia, transformado em poupa (ave) (Ov. Met. 6, 497). 2) Título de uma tragédia de Attius (Cíc. At. 16, 2, 3).

Tergemĭna, v. **Trigemĭna**.

tergemĭnus (trigemĭnus), -a, -um, adj. I — Sent. próprio: 1) Que foi o terceiro a nascer do mesmo parto, trigêmeo (T. Lív. 1, 26, 2). II — Por extensão: 2) Triplo, tríplice (Verg. En. 4, 511).

tergĕō, -ēs, -ēre, tersī, tersum, v. tr. I — Sent. próprio: 1) Enxugar (Cíc. Par. 37). Daí: 2) Esfregar, limpar, polir (T. Lív. 26, 51, 4). II — Sent. poético: 3) Agradar (Hor. Sát. 2, 2, 24). III — Sent. figurado: 4) Corrigir, aperfeiçoar (Marc. 6, 1, 3). Obs.: **Tergo, -is, -ĕre**, formas da 3ª conj., freqüentes na língua imperial, desde Propércio (4, 8, 84).

tergīnum, -ī, subs. n. Chicote, açoite, correia (Plaut. Ps. 152).

tergiversātĭō, -ōnis, subs. f. Tergiversação, rodeio, evasivas, subterfúgios (Cíc. Mil. 54).

tergivērsor, -āris, -ārī, -ātus sum, v. dep. intr. Sent. primitivo: 1) Voltar as costas; e daí: 2) Vir com rodeios, buscar evasivas, tergiversar (Cíc. Planc. 48).

tergō, -is, -ĕre = **tergĕo**.

tergŏris, gen. de **tergus**.

tergŏrō, -ās, -āre, v. tr. Cobrir com couraça, revestir, cobrir (Plín. H. Nat. 8, 212).

tergum, -ī, subs. n. I — Sent. próprio: 1) Pele (que cobre as costas), couro, pele (Plín. H. Nat. 8, 30). Daí: 2) Costas, dorso, lombo (Cés. B. Gal. 1, 53, 1). II — Sent. figurado: 3) Face posterior das coisas, retaguarda (Cés. B. Gal. 4, 15, 1). 4) Superfície (do mar, de um rio, do solo) (Verg. G. 1, 97). 5) Corpo (de animal) (Verg. G. 3, 426). 6) Cobertura, invólucro, pele, couro (Verg. En. 1, 368). 7) Objetos feitos de couro ou pele (tambor, escudo) (Ov. F. 4, 342).

1. tergus, -ī, subs. m., v. **tergum** (Plaut. As. 319).

2. tergus, -ŏris, subs. n. I — Sent. próprio: 1) Pele (que cobre as costas). Daí: 2) Costas (Prop. 2, 26, 6). II — Sent. figurado: 3) Corpo (de animal) (Ov. Met. 8, 649). 4) Pele, couro (de uma prêsa) (Verg. En. 1, 211). 5) Pele do escudo (Ov. Met. 13, 347). 6) Couraça (Marc. 7, 2, 2).

Teridātēs, v. **Tirīdātes**.

Terīna, -ae, subs. pr. f. Terina, cidade do Brútio (T. Lív. 8, 24).

Terīnaeus, -a, -um, adj. Terineu, de Terina (Cíc. Tusc. 1, 115).

termēntum, -ī, subs. n. Prejuízo (Plaut. Bac. 929).

termes, -ĭtis, subs. m. Ramo (Hor. Epo. 16, 45).

Termessēnsēs, -ĭum, subs. loc. m. Termessenses, habitantes de Termesso (T. Lív. 38, 15).

Termēssus, -ī, subs. pr. f. Termesso, cidade da Pisídia (T. Lív. 38, 15, 4).

Termestīnī, -ōrum, subs. loc. m. Termestinos, habitantes de Termes, cidade da Hispânia Tarraconense (T. Lív. Epit. 54).

Termestīnus, -a, -um, adj. De Termes (Tác. An. 4, 45).

Terminālĭa, -ĭum (ou **-ĭōrum**), subs. pr. n. Terminálias, festas, principalmente rurais e familiares, que se celebravam anualmente em honra do deus Término, protetor dos limites (Cíc. At. 6, 1, 1).

terminātĭō, -ōnis, subs. f. I — Sent. próprio: 1) Delimitação (T. Lív. 34, 62, 11). II — Sent. figurado: 2) Delimitação, limitação (Cíc. Or. 178). 3) Cláusula, fim de frase (na língua retórica) (Cíc. Or. 200).

terminātus, -a, -um, part. pass. de **termĭno.**

termĭnŏ, -ās, -āre, -āvī, -ātum, v. tr. I — Sent. próprio: 1) Limitar, delimitar, separar, fixar (T. Liv. 42, 1, 6); (Cíc. Cat. 3, 26); (Cíc. Tusc. 2, 45). II — Daí: 2) Terminar, acabar, fechar, encerrar (Cíc. Fam. 3, 12, 4).

1. termĭnus, -ī, subs. m. I — Sent. próprio: 1) Têrmo, limite (Cíc. Mil. 74). II — Sent. figurado: 2) Têrmo, fim, extremidade (Cíc. Fam. 6, 22, 2). 3) Limite (Cíc. De Or. 1, 214).

2. Termĭnus, -ī, subs. pr. m. Têrmino, deus latino protetor dos limites, representado a princípio sob a forma de um simples bloco de pedra, a que depois, por imitação dos gregos, acrescentaram cabeça e braços sòmente (Ov. F. 2, 639).

Termissus, v. **Termēssus.**

ternī, -ae, -a, num. distr. I — Sent. próprio: 1) Três a três, três para cada um (Cés. B. Gal. 3, 15, 1). II — Sent. poético: 2) Três (Verg. En. 5, 560).

ternus, -a, -um, num. distr. (sg. raro de **ternī**). Três a três (Verg. En. 5, 120).

terŏ, -is, -ĕre, trīvī, trītum, v. tr. I — Sent. próprio: 1) Esfregar, polir (Ter. Eun. 68); (Verg. Buc. 2, 34); (Verg. G. 2, 444) Daí: 2) Gastar esfregando, gastar (Ov. Trist. 4, 6, 14). Na língua agrícola: 3) Malhar os cereais, debulhar, pisar, triturar (Verg. G. 1, 192); (Plín. H. Nat. 34, 104). II — Sent. figurado: 4) Gastar, passar (o tempo) (Cíc. De Or. 3, 123); (T. Lív. 1, 57, 5). 5) Freqüentar, trilhar (um caminho) (Verg. G. 1, 380). 6) Empregar muitas vêzes (Cíc. Ac. 2, 18). Donde: 7) Tornar-se banal, comum (Cíc. Fin. 3, 15).

Terpsichŏrē, -ēs, subs. pr. f. Terpsícore, musa da dança; daí, por extensão: musa, poesia (Juv. 7, 35).

1. terra, -ae, subs. f. I — Sent. próprio: 1) Terra, a terra firme, o continente (Cíc. Mur. 33). Daí: 2) A Terra (planêta em que habitamos), o globo terrestre (Cíc. Tusc. 1, 40). 3) A parte da terra em que se habita, região, país (Cíc. Lae. 13). 4) Solo, terreno, chão (Cíc. Nat. 2, 120). II — Sent. particular: 5) A Terra (personificada e divinizada) (Ov. F. 6, 299). No pl.: 6) As nações, o universo (Cíc. Agr. 2, 33). III — Sent. figurado: 7) Um homem da terra, um desconhecido (Cíc. At. 1, 13, 4). Obs.: Gen. arc. **terrāī** (Lucr. 1, 212).

2. Terra, -ae, subs. pr. f. Terra, divindade greco-romana, personificação da terra e conhecida por vários nomes. Segundo as mais antigas tradições, era espôsa de Uranos e mãe do Oceano, dos Gigantes, dos Titãs, dos Ciclopes, etc. (Cíc. Nat. 3, 52).

terracīn-, v. **Tarracīn-.**

Terrăcō, v. **Tarrăco.**

terrāneŏla, -ae, subs. f. Espécie de cotovia (Fedr. Ap. 30, 1).

terrēnum, -ī, subs. n. Terra, terreno, território (T. Liv. 23, 19, 14).

terrēnus, -a, -um, adj. I — Sent. próprio: 1) De terra, formado de terra (T. Lív. 33, 17, 8). Daí: 2) Que se refere à terra, terrestre (Cíc. Nat. 1, 103). II — Sent. poético: 3) Mortal (em oposição aos deuses) (Hor. O. 4, 11, 27). No pl.: **terrēna, -ōrum:** 4) Os animais terrestres (Quint. 12, 11, 13).

terrĕŏ, -ēs, -ēre, terruī, terrĭtum, v. tr. I — Sent. próprio: 1) Fazer tremer, aterrorizar (Cíc. Amer. 67); (Hor. O. 1, 2, 5). II — Daí: 2) Fazer fugir pelo terror, afugentar, repelir (Hor. O. 4, 11, 25); (Cíc. Rep. 5, 6).

terrestris, e, adj. I — Sent. próprio: 1) Terrestre, da terra (Cíc. Nat. 2, 75). II — Daí: 2) Terrestre (em oposição a marítimo) (Cíc. Tim. 35).

terribilis, -e, adj. Terrível, medonho, horrendo, que inspira terror (Cíc. Sest. 19).

terricŭla, -ae, subs. f. e **terricŭlum, -ī,** subs. n. Espantalho (T. Liv. 5, 9, 7).

terrĭfĭcŏ, -ās, -āre, -āvī, -ātum, v. tr. Terrificar, assustar, amedrontar, horrorizar (Verg. En. 4, 210).

terrifĭcus, -a, -um, adj. Terrífico, horroroso, medonho, espantoso, terrível (Verg. En. 5, 524).

terrĭgĕna, -ae, subs. m. e f. Nascido da terra, filho da terra, terrígena (Lucr. 5, 1411).

terrĭlŏquus, -a, -um, adj. Horrível, assustador (quanto às palavras): (Lucr. 1, 103).

terrĭtō, -ās, -āre, -āvī, -ātum, v. freq. tr. Aterrorizar, apavorar (Cés. B. Gal. 5, 57, 3).

terrĭtōrĭum, -ī, subs. n. Território (Cíc. Phil. 2, 102).

terrĭtus, -a, -um, part. pass. de **terrĕo.**

terror, -ōris, subs. m. I — Sent. próprio: 1) Tremor produzido pelo mêdo, terror, pavor (Cés. B. Gal. 7, 66, 6). II — Por extensão: 2) O que causa terror (Cíc. Rep. 1, 71).

tērsī, perf. de **tergĕo.**

tersus, -a, -um. A) Part. pass. de **tergĕo.** B) Adj.: I — Sent. próprio: 1) Limpo, polido, terso (Ov. Met. 2, 736). II — Sent. figurado: 2) Terso, elegante, puro, esmerado (Quint. 10, 1, 93).

Tertĭa, -ae, subs. pr. f. Tércia, nome de mulher (Suet. Cés. 50).

tertĭadecĭmānī (tertĭadecŭmānī), -ōrum, subs. m. pl. Soldados da 13ª legião (Tác. Hist. 3, 27).

tertĭānī, -ōrum, subs. m. pl. Soldados da 3ª legião (Tác. An. 13, 38).

tertĭānus, -a, -um, adj. Que volta de três em três dias (Cíc. Nat. 3, 24).

1. tertĭō, adv. I — Sent. próprio: 1) Pela terceira vez (Cíc. Amer. 60). II — Daí: 2) Em terceiro lugar (Cés. B. Civ. 3, 43, 4).

2. tertĭō, -ās, -āre, -āvī, -ātum, v. tr. Repetir pela terceira vez (Apul. M. 5, 18).

tertĭum, adv. Pela terceira vez (Cíc. Div. 2, 121).

tertĭus, -a, -um, adj. Terceiro (Cíc. Lae. 56).

terŭī, perf. de **tero.**

teruncĭus, -ī, subs. m. (subent. **nummus**). I — Sent. próprio: 1) Terúncio, 3/12 ou 1/4 do asse (Varr. L. Lat. 5, 174). Por extensão: 2) A quarta parte de um todo (Cíc. At. 7, 2, 3). II — Sent. figurado: 3) Um quase nada, um valor mínimo (Cíc. At. 6, 2, 4).

tervenēfĭcus, -ī, subs. m. Triplo envenenador (Plaut. Bac. 813).

tesca (tesqua), -ōrum, subs. n. pl. Lugares desertos, regiões selvagens (Hor. Ep. 1, 14, 19).

tessēla, -ae, subs. f. 1) Tessela, cubo para obras de marchetaria, mosaico (Sên. Nat. 6, 31, 2). 2) Dado de jogar (Juv. 11, 132).

tessellātus, -a, -um, part. pass. de **tessēllo.**

tessēllō, -ās, -āre, -āvī, -ātum, v. tr. Assoalhar ou ladrilhar de mosaico, pavimentar com mosaico (Suet. Cés. 46).

tessĕra, -ae, subs. f. I — Sent. primitivo: 1) Cubo; daí, em sent. particular: 2) Dado de jogar (Cíc. De Or. 3, 58). 3) Téssera, senha de hospitalidade (Plaut. Cist. 232). 4) Téssera, quadrado que continha uma senha, ou as ordens no exército (Verg. En. 7, 637). 5) Bilhete para a distribuição de alimento ou dinheiro (Marc. 8, 78). 6) Cubo de mosaico (Marc. 10, 33).

tesserārĭus, -ī, subs. m. Tesserário, soldado que transmite a senha dada pelo general (Tác. Hist. 1, 25).

tesserŭla, -ae, subs. f. 1) Tabuinha em que se escrevia o voto (Varr. R. Rust. 3, 5, 18). 2) Senha para obter trigo (Pérs. 5, 47).

Tessuĭnum, -ī, subs. pr. n. Tessuino, cidade da Itália (Plín. H. Nat. 3, 110).

1. testa, -ae, subs. f. I — Sent. próprio: 1) Concha, casca, ostra (Cíc. Nat. 2, 100). II — Daí: 2) Vaso de barro cozido, vasilha de barro, jarro, ânfora, lâmpada (Hor. Ep. 1, 2, 70). 3) Telha, pedaço de telha, caco (Cíc. Dom. 61).

2. Testa, -ae, subs. pr. m. Testa, sobrenome romano (Cíc. Fam. 7, 5).

testācĕus (testācĭus), -a, -um, adj. De barro cozido, de tijolo, da côr do tijolo (Plín. Ep. 10, 37, 2).

1. testāmentārĭus, -a, -um, adj. Relativo aos testamentos, testamentário (Cíc. Verr. 1, 108).

2. testāmentārĭus, -ī, subs. m. O que altera testamento, falsificador de testamento (Cíc. Of. 3, 73).

testāmēntum, -ī, subs. n. Testamento (Cíc. Mil. 48).

testātĭō, -ōnis, subs. f. I — Sent. próprio: 1) Ação de alterar, testemunho (Quint. 5, 7, 32). II — Daí: 2) Ação de tomar como testemunha (T. Liv. 8, 6, 3).

testātor, -ōris, subs. m. Testador (Suet. Ner. 17).

testātus, -a, -um. I — Part. de **testor.** II — Adj.: 1) Atestado, certificado (Cíc. Cael. 64). Daí: 2) Evidente, manifesto (Cíc. Verr. 2, 187).

testĭcŭlus, -ī, subs. m. Testículo (Marc. 3, 24, 5).

testificātiō, -ōnis, subs. f. Depoimento, declaração, testemunho (Cíc. Mur. 49).
testificātus, -a, -um, part. pass. de **testífícor**.
testifícor, -āris, -ārī, -ātus sum, v. dep. tr. I — Sent. próprio: 1) Testemunhar, ser testemunha (Cíc. Fam. 2, 4, 2). 2) Atestar, certificar, declarar (Cíc. Verr. 5, 17). 3) Tomar como testemunha, apelar para o testemunho de (Ov. F. 5, 250).
testimōnĭum, -ī, subs. n. I — Sent. próprio: 1) Testemunho, depoimento (Cíc. Caec. 95). II — Sent. figurado: 2) Prova, argumento (Cés. B. Cív. 3, 53, 4).
1. testis, -is, subs. m. I — Sent. próprio e figurado: 1) Testemunha (Cíc. Br. 323). II — Sent. particular: 2) Espectador (Ov. A. Am. 3, 398).
2. testis, -is, subs. m. (geralmente no pl.). Testículos (Hor. Sát. 1, 2, 45).
testor, -āris, -ārī, -ātus sum, v. dep. tr. e intr. I — Sent. próprio: 1) Testemunhar, ser testemunha (Ov. P. 4, 15, 11). II — Daí: 2) Atestar, afirmar, declarar (Cíc. Verr. 3, 168); (Cíc. Or. 227). Donde: 3) Tomar como testemunha, invocar como testemunha (Cíc. Clu. 194); (Cíc. Sull. 86). Na linguagem dos tabeliães: 4) Testar, fazer testamento (Cíc. Inv. 2, 62); (Catul. 68, 122).
testū, n. indecl. 1) Tampa de argila (Cat. Agr. 75). 2) Vaso de argila (Ov. F. 2, 645).
testūdĭnĕus, -a, -um, adj. De tartaruga, de concha de tartaruga (Plaut. Aul. 49).
testūdō, -ĭnis, subs. f. I — Sent. próprio: 1) Tartaruga, carapaça de tartaruga (T. Lív. 36, 32, 6). II — Daí: 2) Incrustações de escama de tartaruga (Verg. G. 2, 463). 3) Lira, cítara (Verg. G. 4, 464). 4) Quarto ou aposento em forma de abóbada (Verg. En. 1, 505). III — Na língua militar: 5) Tartaruga (máquina de guerra que os soldados formavam com os escudos, colocando-os sôbre as cabeças) (Cés. B. Gal. 2, 6, 3). 6) Tartaruga (cobertura de madeira para a proteção dos sitiantes) (Cés. B. Gal. 5, 42, 5).
testŭla, -ae, subs. f. Téstula, concha em que se escrevia o voto (em Atenas) (C. Nep. Arist. 1, 2).
tēte, acus. e abl. de **tute**.
tetĕndī, perf. de **tendo**.
tēter, tētrĭcus, tētrĭtūdō, v. **taeter, taetrĭcus, taetrĭtūdō**.

Tēthys, -yos, subs. pr. f. Tétis. 1) Divindade marinha, filha de Uranos e da Terra, espôsa do Oceano e mãe de Nereu e das Oceânidas. Personificava a água em sua forma fecundante (Verg. G. 1, 31). 2) O mar (Ov. Met. 2, 69).
tetĭgī, perf. de **tango**.
tetrăchmum (tetradrăchmum), -ī subs. n. Moeda grega de prata que valia quatro dracmas (T. Lív. 34, 52, 6).
tetradĭum (tetradēum), -ī, subs. n. O número quatro (Sên. Contr. 10, perf. 12).
tetrăō, -ōnis, subs. m. Tetraz (ave) (Suet. Cal. 22).
Tetraphylĭa, -ae, subs. pr. f. Tetrafília, cidade da Atamânia (T. Lív. 38, 1).
tetrărcha (tetrărchēs), -ae, subs. m. Tetrarca (Cíc. Mil. 76).
tetrarchĭa, -ae, subs. f. Tetrarquia (subdivisão da falange grega) (Cíc. Dej. 42).
tetrastĭcha, -ōn, subs. n. pl. Quadra (Marc. 7, 85, 1).
tetrē, v. **taetrē**.
Tetrĭca, -ae, subs. pr. f. Tétrica, montanha da Sabina, na Itália (Varr. R. Rust. 2, 1, 5).
tetrĭcus, v. **taetrĭcus**.
Tetrilĭus, -ī, subs. pr. m. Tetrílio, nome de homem (Cíc. Ac. 2, 11).
tetrissĭtō, -ās, -āre, v. intr. Grasnar (tratando-se dos patos) (Suet. fr. 161).
Tettĭus, -ī, subs. pr. m. Tétio, nome de homem (Cíc. At. 4, 3, 3).
tetŭlī, perf. arcaico de **fero** (com redôbro) = **tulī** (Plaut. Men. 629).
Teucer (Teucrus: Verg. En. 3, 108), -crī, subs. pr. m. Teucro. 1) Filho do rio Escamandro e da ninfa do monte Ida, primeiro rei da Tróade, de onde vem o nome de «teucros» dado aos troianos (Verg. En. 1, 235). 2) Filho de Telamon, rei de Salamina e irmão de Ajax (Hor. O. 1, 7, 21).
Teucrī, -ōrum, subs. loc. m. Teucros, os troianos (Verg. En. 1, 38).
Teucrĭa, -ae, subs. pr. f. Têucria, a Tróade (Verg. En. 2, 26).
Teucris, -dis, subs. loc. f. Têucrida, troiana (Cíc. At. 1, 12, 1) (tom pejorativo).
1. Teucrus, -a, -um, adj. Teucro, de Tróia, troiano (Catul. 64, 345).
2. Teucrus, v. **Teucer**.
Tēus, v. **Tēos**.
Teuthōnī, v. **Teutŏnī**.
Teuthrans, v. **Teuthrās**.

Teuthrantēus e Teuthrantĭus, -a, -um, adj. Teutranteu, de Teutras, da Mísia: **Teuthrantia turba** (Ov. Her. 9, 51) «a multidão teutrântia, i.é, as cinqüenta filhas de Téspio, filho de Teutras».

Teuthrās, -āntis, subs. pr. m. Teutrante. 1) Filho de Pandião e rei da Mísia (Hig. Fab. 99). 2) Pequeno rio da Campânia (Prop. 1, 11, 11). 3) Um dos companheiros de Enéias (Verg. En. 10, 302).

Teutĭcus, -ī, subs. pr. m. Têutico, embaixador de Gêncio (T. Lív. 44, 31, 9).

Teutomatus, -ī, subs. pr. m. Teutomato, rei dos niciobrigos (Cés. B. Gal. 7, 31, 7).

Teutŏnī, -ōrum, subs. pr. m. Teutões, povo da Germânia (Cés. B. Gal. 1, 33, 4).

Teutonĭcus, -a, -um, adj. Teutônico, dos teutões (Prop. 3, 3, 44).

tēxī, perf. de tego.

tēxō, -is, -ĕre, texŭī, textum, v. tr. 1) Tecer, entrelaçar, entrançar, tramar (sent. próprio e figurado) (Ter. Heaut. 285); (Cíc. Nat. 2, 150); (Cíc. De Or. 3, 226); (Ov. Met. 10, 123). Daí: 2) Arranjar, dispor, compor (Cíc. Fam. 9, 21, 1). 3) Construir (Cíc. At. 4, 16, 14).

textĭle, -is, subs. n. Tecido, teia, bordado (Cíc. Verr. 4, 1).

textĭlis, -e, adj. 1) Tecido (Cíc. Tusc. 5, 61). 2) Entrelaçado, entrançado (Marc. 6, 80, 8).

textor, -ōris, subs. m. Tecelão (Hor. Ep. 1, 19, 13).

textŏrĭus, -a, -um, adj. I — Sent. próprio: 1) De tecelão, de tecido (Col. 9, 6). II — Sent. figurado: 2) Falaz, inextricável (Sên. Ep. 113, 26).

textrīna, -ae, subs. f. (subent. **officina** ou **ars**). Oficina de tecelão, ofício de tecelão (Sên. Ep. 90, 20).

textrīnum, -ī, subs. n. (subent. **opus**). Oficina de tecelão, ofício de tecelão (Cíc. Verr. 4, 58).

textrīx, -īcis, subs. f. 1) Tecedeira (Marc. 4, 19, 1). 2) As Parcas (no pl.) (Apul. M. 6, 19).

textum, -ī, subs. n. I — Sent. próprio: 1) Tecido, pano (Ov. Met. 8, 640). Por extensão: 2) Obra formada de várias partes reunidas, contextura (Verg. En. 8, 625). II — Sent. figurado: 3) Contextura (do estilo) (Quint. 9, 4, 17).

textūra, -ae, subs. f. Tecido, contextura, encadeamento, ligação (Plaut. St. 348).

1. textus, -a, -um, part. pass. de texo.

2. textus, -ūs, subs. m. Contextura, encadeamento, série (Lucr. 4, 728).

texŭī, perf. de texo.

Thabusĭon (-ĭum), -ī, subs. pr. n. Tabúsio, fortaleza da Frígia Maior (T. Lív. 38, 14).

Thāis, -ĭdis, subs. pr. f. Taís, célebre cortesã ateniense (Ov. A. Am. 3, 604).

Thala, -ae, subs. pr. f. Tala, cidade da Numídia (Sal. B. Jug. 75, 1).

thalamēgus, -ī, subs. m. Navio com beliches (Suet. Cés. 52).

thalămus, -ī, subs. m. I — Sent. próprio: 1) Quarto no interior da casa, quarto nupcial (Verg. En. 6, 623). II — Sent. figurado: 2) Quarto de dormir (Ov. Met. 10, 456). 3) Leito nupcial, leito (Prop. 2, 15, 14). No pl.: 4) Casamento, himeneu (Verg. En. 4, 550).

thalassĭcus, -a, -um, adj. De côr verde-mar (Plaut. Mil. 1179).

Thalassĭō ou Thalāsĭō, -ōnis, subs. pr. m. (Verg. Cat. 5, 15), **Talāsĭus, -ī**, subs. pr. m. (Catul. 61, 134). Talassião, Talasião ou Talásio, antigo deus latino identificado com o Himeneu dos gregos.

Thalēs, -lētis (ou **-lis**), subs. pr. m. Tales, filósofo grego, nascido em Mileto, que viveu do VII ao VI séc. a.C.; foi o mais antigo e mais ilustre dos sete sábios da Grécia (Cíc. Nat. 1, 25). Obs.: acus.: **Thaletim** (Cíc. Rep. 1, 25); **Thalem** (Cíc. Div. 1, 111); **Thalen** (Cíc. De Or. 3, 137); abl.: **Thalete** (Cíc. Rep. 1, 22); **Thale** (Cíc. Nat. 1, 91).

Thalīa, -ae, subs. pr. f. Talia. I — Uma das nove Musas, divindade campestre que presidia também aos banquetes alegres. Mais tarde tornou-se: 1) Musa da comédia (Verg. Buc. 6, 2). E, por extensão: 2) Musa da poesia (Hor. O. 4, 6, 25). II — 3) Uma das Nereidas (Verg. En. 5, 826). 4) Uma das Graças (Sên. Ben. 1, 3, 6).

Thalĭārchus, -ī, subs. pr. m. Taliarco, destinatário de uma das odes de Horácio (Hor. O. 1, 9).

Thallūmētus, -ī, subs. pr. m. Talumeto, nome de um liberto de Ático (Cíc. At. 5, 12, 2).

thallus (tallus), -ī, subs. m. Ramo de mirto (Verg. Cir. 376).

Thalna, v. **Talna** (T. Lív. 39, 31).

Thamīrās, v. **Thamȳras**.

Thamyras, -ae, subs. pr. Tâmira, poeta da Trácia que, desafiando as Musas, foi por elas derrotado e depois privado da vista e da voz (Prop. 2, 22, 19).

Thapsos (-us), -ī, subs. pr. f. Tapsos. 1) Cidade da Bizacena, na África (T. Lív. 33, 48). 2) Península da Sicília, perto de Siracusa (Verg. En. 3, 689).

Thasos (-us), -ī, subs. pr. f. Tasos, ilha do mar Egeu, no Mediterrâneo, próxima da Trácia (Cíc. Pis. 89).

Thassos, v. **Thasos.**

1. Thasus (ou Thrasus), -ī, subs. pr. m. Taso ou Traso, nome de homem (Ov. Ib. 477).

2. Thasus, -ī, subs. f., v. **Thasos.**

Thaumăcī, -ōrum, subs. loc. m. Táumacos, povo da Tessália (T. Lív. 32, 4, 1).

Thaumantēus, -a, -um, adj. Taumanteu, de Taumante: **Thaumantea virgo** (Ov. Met. 14, 845) «virgem taumantéia», i.e, Íris.

Thaumantias, -ădis, subs. pr. f. Taumantíada, filha de Taumante, i.é, Íris (Ov. Met. 4, 480).

Thaumāntis, -ĭdis, subs. pr. f. Taumântida, filha de Taumante (Ov. Met. 11, 647).

Thaumās, -āntis, subs. pr. m. Taumante. 1) Filho da Terra e do Oceano, esposou Electra e foi pai de Íris (Cíc. Nat. 3, 51). 2) Nome de um centauro (Ov. Mét. 12, 303).

Theaetētus, -ī, subs. pr. m. Teeteto, nome de um almirante dos ródios (T. Lív. 45, 25).

Theānum, v. **Teānum.**

theātrālis, -e, adj. I — Sent. próprio: 1) De teatro, teatral (Cíc. Sest. 115). II — Daí: 2) Falso, mentiroso (Quint. 2, 2, 10).

theātrum, -ī, subs. n. I — Sent. próprio: 1) Teatro (local destinado aos jogos públicos) (Hor. Ep. 2, 2, 130). Por extensão: 2) Reunião de espectadores ou ouvintes, auditório, assembléia (Cíc. Tusc. 1, 106). II — Sent. figurado: 3) Cena, lugar próprio para exibição, teatro (Cíc. Br. 6).

Thebae, -arum, subs. pr. f. Tebas. 1) Capital do Alto Egito, a «cidade das cem portas», como era chamada pelos estrangeiros, que tomavam por portas os pilões de seus templos (Plín. H. Nat. 5, 60). 2) Cidade da Mísia, destruída por Aquiles (Ov. Met. 12, 110). 3) Cidade da Grécia continental, na Beócia, fundada por Cadmo, e pátria de Píndaro (Cíc. Inv. 1, 93).

Thēbāgĕnēs, -ae, subs. loc. m. Tebágena, originário de Tebas, na Beócia (Varr. Men. 112).

Thēbaīdēs, -um, subs. loc. f. Tebaidas, tebanas, de Tebas, na Beócia (Ov. Met. 6, 163).

Thēbăis, -ĭdos, subs. pr. f. Tebaida, nome de um poema de Estácio (Juv. 7, 83).

Thēbāna, -ae, subs. pr. f. A tebana, i.é, Andrômaca, natural de Tebas, na Mísia (Ov. Trist. 4, 3, 29).

Thēbānī, -ōrum, subs. loc. m. Tebanos, habitantes de Tebas, na Beócia (Cíc. Fat. 7).

Thēbānus, -a, -um, adj. Tebano, de Tebas, cidade da Beócia: **Thebani duces** (Prop. 2, 9, 50) «os chefes tebanos», i.é, Etéocles e Polinice; **Thebani modi** (Hor. Ep. 1, 3, 13) «o ritmo de Píndaro» (poeta natural de Tebas); **Thebanus deus** (Prop. 3, 18, 6) «Hércules».

1. Thēbē, -ēs, subs. pr. f. Tebe. 1) Ninfa da Beócia, amada pelo rio Asopo (Ov. Am. 3, 6, 33). 2) Filha de Jasão, esposa de Alexandre, tirano de Feres, na Tessália, no IV séc. a.C. (Cíc. Inv. 2, 144).

2. Thēbē, -ēs, subs. pr. f. Tebe. 1) Cidade do Egito (Juv. 15, 6). 2) Cidade da Cilícia (Plín. H. Nat. 5, 92). 3) Cidade da Eólida (Plín. H. Nat. 5, 122).

Thēbēs Campus, subs. pr. m. Campo Tebes, região da Mísia (T. Lív. 37, 19).

Thēbogĕnēs, v. **Thēbagĕnēs.**

thēca, -ae, subs. f. Caixa, cofre, bôlsa, estôjo (Cíc. Verr. 4, 52).

Theīum, -ī, subs. pr. n. Teío, cidade da Atamânia, na Macedônia (T. Lív. 38, 1).

Thēlebŏae, v. **Tēlebŏae.**

Thelxinŏē, -ēs, subs. pr. f. Telxínoe, uma das quatro primitivas Musas (Cíc. Nat. 3, 54).

thema, -ătis, subs. n. I — Sent. próprio: 1) Tema, assunto, tese, proposição (Sên. Contr. 3, 20). II — Sent. particular: 2) Tema de natividade, horóscopo (Suet. Aug. 94).

Themis, -ĭdis, subs. pr. f. Têmis, divindade grega, personificação da justiça, filha de Uranos e da Terra. Esposou Zeus e foi mãe das Horas e das Moiras (Catul. 68, 155).

Themista, -ae, subs. pr. f. ou **Themistē, -ēs,** subs. f. Temista ou Temiste, nome de uma filósofa de Lampsaco, adepta de Epicuro (Cíc. Pis. 63).

Themistagŏrās, -ae, subs. pr. m. Temistágoras, nome de um habitante de Lampsaco (Cíc. Verr. 1, 83).

Themistŏclēs, -ī (e -is), subs. pr. m. Temístocles, célebre general e estadista ateniense, que viveu do VI ao V séc. a.C. (Cíc. At. 7, 11, 3). Obs.: Acus. **Themistoclem** (Cíc. Sest. 141): **Themistoclen** (C. Nep. Them. 8, 7); **Themistoclea** (V. Máx. 5, 3, 3).

Themistoclēus, -a, -um, adj. Temistocleu, de Temístocles (Cíc. At. 10, 8, 4).

Theocrĭtus, -ī, subs. pr. m. Teócrito, poeta bucólico grego, nascido em Siracusa (Quint. 10, 1, 55).

Theodēctēs, -is, (ou -ī), subs. pr. m. Teodecte, orador natural da Cilícia, célebre por sua memória (Cíc. Or. 172).

Theodōreī, -ōrum, subs. m. Discípulos de Teodoro de Gádara (Quint. 4, 2, 32).

Theodōrus, -ī, subs. pr. m. Teodoro. 1) Teodoro de Bizâncio, sofista grego (Cíc. Br. 48). 2) Teodoro de Cirene, cognominado o Ateu, filósofo grego dos fins do IV séc. a.C., discípulo e sucessor de Aristipo, o Jovem (Cíc. Nat. 1, 2).

Theodosĭa, -ae, subs. pr. f. Teodósia, cidade do Quersoneso Táurico (Plín. H. Nat. 4, 85).

Theodŏtos (-us), -ī, subs. pr. m. Teódoto, nome de homem (T. Lív. 45, 26).

Theogĕnēs, -is, subs. pr. m. Teógenes, nome de homem (T. Lív. 44, 32).

Theogonĭa, -ae, subs. pr. f. Teogonia, i.é, genealogia dos deuses (título de um poema de Hesíodo) (Cíc. Nat. 1, 36).

theolŏgus, -ī, subs. m. Teólogo, o que escreve sôbre a teologia (Cíc. Nat. 3, 53).

Theōn, -ōnis, subs. pr. m. Teão ou Téon 1) Pintor grego da época helenística, natural de Samos (Plín. H. Nat. 35, 144). 2) Nome de um caluniador famoso (Hor. Ep. 1, 18, 82).

Theōndās, -ae, subs. pr. m. Teondas, magistrado supremo na Samotrácia (T. Liv. 45, 5, 6).

Theōnĭnus, -a, -um, adj. Teonino, de Teão, o caluniador (Hor. Ep. 1, 18, 82).

Theophănēs, -is, subs. pr. m. Teófanes, historiador e poeta grego nascido em Mitileno, e que viveu no I séc. a.C. (Cíc. Arch. 24).

Theophĭlus, -ī, subs. pr. m. Teófilo, nome de homem (Cíc. Fam. 4, 9, 1).

Theophrāstus, -ī, subs. pr. m. Teofrasto, filósofo e sábio grego, que viveu do IV ao III séc. a.C., natural de Eresos, na ilha de Lesbos. Seu verdadeiro nome era Tirtamos, mas Aristóteles o chamava de Teofrasto (Cíc. Or. 62).

Theopompĕus (ou -pĭus), -a, -um, adj. Teopompeu, de Teopompo, o historiador (Cíc. Or. 207).

Theopōmpus, -ī, subs. pr. m. Teopompo. 1) Orador e historiador grego do IV séc. a.C., natural de Quios, discípulo de Isócrates (Cíc. De Or. 2, 57). 2) Partidário de César (Cíc. At. 13, 7, 4).

Theorāctus, -ī, subs. pr. m. Teoracto, sobrenome de Teomasto, siracusano partidário de Verres (Cíc. Verr. 4, 148).

Theoxĕna, -ae, subs. pr. f. Teóxena, nome de mulher (T. Lív. 40, 4, 3).

Theoxĕnus, -ī, subs. pr. m. Teóxeno, nome de homem (T. Lív. 33, 18).

Thĕraeī, -ōrum, subs. loc. m. Tereus, habitantes de Tera, ilha do mar de Creta (Sal. B. Jug. 19, 3).

Thĕrāmĕnēs, -is (ou -ae), subs. pr. m. Terâmenes, um dos trinta tiranos de Atenas (Cíc. Tusc. 1, 96).

Theramnaeus, v. **Therapnaeus**.

Therapnaeus, -a, -um, adj. 1) Terapneu, de Terapne, cidade da Lacônia. Daí, por extensão: 2) Da Lacônia, de Esparta (Ov. Her. 15, 196).

Thĕrasĭa, -ae, subs. pr. f. 1) Ilha vizinha a Creta (Plín. H. Nat. 2, 202). 2) Uma das ilhas Lípari (Plín. H. Nat. 3, 93).

Thĕriclēus, -a, -um, adj. Tericleu, de Téricles, famoso oleiro de Corinto (Cic. Verr. 4, 38).

1. **thermae**, -ārum, subs. f. pl. Caldas, termas, banhos quentes (Marc. 7, 34, 5).

2. **Thermae**, -ārum, subs. pr. f. Termas, cidade da Sicília (Plín. H. Nat. 3, 90).

Thermaeus ou **Thermaïcus sinus**, subs. pr. m. Gôlfo Termaico, na Macedônia (Tác. An. 5, 10).

Thermitānī, -ōrum, subs. loc. m. Termitanos, habitantes de Termas (Cic. Verr. 3, 99).

Thermitānus, -a, -um, adj. Termitano, de Termas (Cíc. Verr. 2, 83).

Thermōdōn, -ōntis, subs. pr. m. Termodonte, rio da Capadócia, perto do qual habitavam as Amazonas (Verg. En. 11, 659).

Thermodontēus (Prop. 3, 14, 6) ou **-dontiăcus** e **-dontīus, -a, -um,** adj. Termodonteu, termodontíaco ou termodôncio, do Termodonte, das Amazonas (Ov. Met. 12, 611).

Thermopōlĭum, -ī, subs. n. Taberna onde se vendem bebidas quentes (Plaut. Rud. 529).

thermopōtō, -ās, -āre, -āvī, v. tr. Umedecer, molhar com bebida quente (Plaut. Trin. 1014).

Thermopÿlae, -ārum, subs. pr. f. Termópilas, desfiladeiro da Grécia continental, na Lócrida, estreita passagem entre o mar Egeu e a montanha; tornou-se célebre pelo devotamento de Leônidas com seus trezentos espartanos e também pela vitória dos romanos sôbre Antíoco, o Grande (Cíc. Tusc. 1, 101).

thermŭlae, -ārum, subs. f. pl. Pequenas termas (Marc. 6, 42, 1).

Thermus, -ī, subs. pr. m. Têrmo, sobrenome romano (Cíc. Fam. 2, 17, 6).

Thērodamantēus ou **Thēromedontēus, -a, -um,** adj. Terodamanteu ou teromedonteu, de Terodamante ou Teromedonte (Ov. Ib. 381).

Thērodămās, -āntis ou **Thēromědōn, -ōntis,** subs. pr. m. Terodamante ou Teromedonte, nome de um rei da Cítia (Ov. P. 1, 2, 121).

Thērōn, -ōnis, subs. pr. m. Terão. 1) Nome de um guerreiro (Verg. En. 10, 312). 2) Nome de um cão (Ov. Met. 3, 211).

Thersilŏchus, -ī, subs. pr. m. Tersíloco, filho de Antenor, morto no cêrco de Tróia (Verg. En. 6, 483).

Thersītēs, -ae, subs. pr. m. Tersites, um dos gregos que tomou parte no cêrco de Tróia, célebre por sua disformidade e má língua (Ov. Met. 13, 233).

thēsaurārĭus (thens-), -a, -um, adj. De tesouro (Plaut. Aul. 395).

thēsaurum, -ī, v. **thēsaurus** (Petr. 46, 8).

thēsaurus (thens-), -ī, subs. m. I — Sent. próprio: 1) Tesouro, grandes riquezas (Cíc. Div. 2, 134). Daí: 2) Armazém, lugar onde se guardam riquezas (T. Liv. 29, 8, 9). II — Sent. figurado: 3) Grande quantidade de, uma infinidade de (Plaut. Merc. 163). 4) Armazém, depósito (Cíc. De Or. 1, 18).

Thēsēĭus, -a, -um, adj. De Teseu (Ov. Met. 15, 492).

1. Thēsēus, -a, -um, adj. 1) De Teseu (Ov. Met. 8, 263). Daí, por extensão: 2) Da Ática, ateniense (Prop. 3, 21, 24).

2. Thēseus, -ĕī (ou **-ĕos**), subs. pr. m. Teseu, lendário rei de Atenas, matador do Minotauro, participante da expedição dos Argonautas, vencedor das Amazonas (Cíc. Nat. 3, 45).

Thēsīdēs, -ae, subs. pr. m. Tesida, descendente de Teseu, i.é, Hipólito, seu filho e da rainha das Amazonas (Ov. Her. 4, 65). Obs.: No pl.: **Thesidae, -arum:** os atenienses (Verg. G. 2, 383).

thesis, -is, subs. f. Tese, proposição, tema (Quint. 2, 4, 24).

Thesmophorĭa, -ōrum, subs. pr. n. Tesmofórias, festas em honra de Ceres, deusa da agricultura (Plín. H. Nat. 24, 59).

Thespĭădēs, -um, subs. pr. f. Tespíades, as Musas, veneradas em Téspias, na Beócia (Cíc. Verr. 4, 4).

Thespĭae, -ārum, subs. pr. f. Téspias, cidade da Beócia (Cíc. Verr. 4, 4).

Thespiēnsēs, -ĭum, subs. loc. m. Tespienses, habitantes de Téspias (Cíc. Verr. 4, 135).

Thĕspis, -is (ou, **-ĭdis**), subs. pr. m. Téspis, trágico grego, nascido em Icária, perto de Maratona, na Ática, e que viveu no VI séc. a.C. Segundo as tradições atenienses, é o criador do drama grego (Hor. A. Poét. 276).

Thesprōtī, -ōrum, subs. loc. m. Tesprotos habitantes da Tesprótia (T. Liv. 43, 21, 4).

Thesprōtĭa, -ae, subs. pr. f. Tesprótia, região do Epiro (Cíc. At. 6, 3, 2).

Thesprōtĭus, -a, -um, adj. Tesprótio, da Tesprótia (T. Liv. 8, 24).

Thesprōtus, -ī, subs. pr. m. Tesproto, rei da região de Putéolos, perto de Nápoles (Prop. 1, 11, 3).

Thessălī, -ōrum, subs. loc. m. Tessálios, habitantes da Tessália (Cés. B. Civ. 3, 4, 6).

Thessalĭa, -ae, subs. pr. f. Tessália, grande região ao norte da Grécia, limitada ao Norte pelo monte Olimpo, ao Sul pelo monte Etna, a O. pelo Pindo e a L. pelo Ossa e Pelião, e situada ao sul da Macedônia e a O. do Epiro (Cíc. Pis. 96).

Thessalĭcus, -a, -um, adj. Tessálico, da Tessália (Ov. Her. 9, 100).

Thessălis, -ĭdis, subs. loc. f. Mulher natural da Tessália (Ov. Her. 13, 112).

Thessalonīca, -ae (Cíc. Planc. 99), e **Thessalonīcē, -ēs** (T. Liv. 39, 27, 1), subs. pr. f. Tessalonica, cidade da Macedônia.

Thessalonĭcēnsēs, -ĭum, subs. loc. m. Tessalonicenses, habitantes de Tessalonica (Cíc. Pis. 84).
Thessălus, -a, -um, adj. Téssalo, da Tessália, tessálio (Hor. O. 2, 4, 10).
Thessāndrus, -ī, subs. pr. m. Tessandro, nome de um guerreiro grego (Verg. En. 2, 261).
Thestĭădēs, -ae, subs. pr. m. Testíada, descendente de Téstio (Ov. Met. 8, 304).
Thestĭas, -ădis, subs. pr. f. Testíada, filha de Téstio, i.é, Altéia (Ov. Met. 8, 452).
Thestĭus, -ī, subs. pr. m. Téstio, lendário rei da Etólia, pai de Altéia, Leda, Hipermnestra, etc. (Ov. Met. 8, 487).
Thestorĭdēs, -ae, subs. pr. m. Testórida, filho de Téstor, i.é, Calcas, famoso adivinho (Ov. Met. 12, 19).
Thestȳlis, -is (ou **-ĭdis**)**,** subs. pr. f. Téstilis, nome de mulher (Verg. Buc. 2, 10).
thēta, indecl. Teta (nome de uma letra grega) (Marc. 7, 37, 2). Obs.: O teta era sinal de condenação à morte (como letra inicial de **thanatos,** morte).
Thetidĭum, -ī, subs. pr. n. Tetídio, cidade da Tessália (T. Lív. 33, 6).
Thetis, -ĭdis, subs. pr. f. Tétis. I — Sent. próprio: 1) Divindade marinha, filha de Nereu e de Dóris. Zeus e Poseidon quiseram desposá-la, mas Têmis predissera que o filho de Tétis seria mais forte que seu pai. Os deuses decidiram então casá-la com um mortal: Peleu, rei de Iolco, cidade da Tessália. Dessa união nasceu Aquiles (Hor. Epo. 13, 12). II — Sent. figurado (em poesia): 2) O mar (Verg. Buc. 4, 32).
Theudās, -ae, subs. pr. m. Teudas, liberto de Trebiano (Cíc. Fam. 6, 10).
Theudŏrĭa, -ae, subs. pr. f. Teudória, cidade da Atamânia (T. Lív. 38, 1, 7).
Theudŏtos, -ī, subs. pr. m. Têudoto, sábio de Quios (Ov. Ib. 468).
Theuma, -ătis, subs. pr. n. Têumate, povoado da Tessália (T. Lív. 32, 13, 12).
Theutŏnī, v. **Teutŏnī.**
Thĭa, -ae, subs. pr. f. Tia, espôsa de Hiperion, e mãe do Sol (Catul. 66, 44).
thĭăsus, -ī, subs. m. I — Sent. próprio: 1) Dança em honra de Baco (Verg. Buc. 5, 30). II — Por extensão: 2) Cortejo ou côro (de Baco, Cibele, de sátiros) (Catul. 63, 28).
Thimărum, -ī, subs. pr. n. Timaro, cidade da Tessália (T. Lív. 32, 14).

Thirmĭda, -ae, subs. pr. f. Tirmida, cidade da Numídia (Sal. B. Jug. 12, 3).
Thisbaeus ou **Thisbēus, -a, -um,** adj. Tisbeu, de Tisbe (Ov. Met. 11, 300).
Thisbē, -ēs, subs. pr. f. Tisbe, jovem de Babilônia amada por Píramo (Ov. Met. 4, 55).
Thoāctēs, -ae (ou **-is**)**,** subs. pr. m. Toactes, nome de um guerreiro (Ov. Met. 5, 147).
Thoantĭas, -ădis, subs. pr. f. Toantíada, i.é, Hipsipila, filha de Toante, rei de Lemos (Ov. Her. 6, 163).
Thŏās, -āntis, subs. pr. m. Toante. 1) Rei da Táurida, onde Ifigênia era sacerdotisa de Diana, e que foi morto por ela, que auxiliava seu irmão Orestes (Ov. Trist. 1, 9, 28). 2) Rei de Cálidon, na Etólia (Verg. En. 2, 262). 3) Companheiro de Enéias (Verg. En. 10, 415).
tholus, -ī, subs. m. I — Sent. próprio: 1) Abóbada (de um templo), cúpula (Marc. 2, 59, 2). II — Daí: 2) Templo de forma redonda (Varr. R. Rust. 3, 5, 12). 3) Edifício com cúpula (Marc. 2, 59, 2).
thŏrax, -ācis, subs. m. 1) Couraça, armadura (T. Lív. 4, 20, 7). 2) Peito, tórax (Plín. H. Nat. 27, 49). 3) Tôda roupa que cobre o peito (Suet. Aug. 82). Obs.: Além do acus. **thoracem,** ocorre ainda em poesia o acus. **thoraca** (V. Flac. 3, 87).
Thorĭa Lex, subs. pr. f. Lei Tória, proposta pelo tribuno Tório (Cíc. De Or. 2, 284).
Thorĭus, -ī, subs. pr. m. Thorius Balbus, tribuno da plebe (Cíc. Br. 136).
thorus, -ī, subs. m., v. **torus.**
Thoth ou **Thot,** subs. pr. m. Tot, nome de uma divindade e do primeiro mês dos egípcios (Cíc. Nat. 3, 56).
Thrāca, -ae (Cíc. Rep. 2, 9), e **Thrācē, -ēs** (Hor. O. 2, 16, 5), subs. f., v. **Thracia.**
Thrāces, -um, subs. loc. m. Trácios, habitantes da Trácia (Verg. En. 3, 14). Obs.: No sg.: **Thrax, -ācis,** (Hor. O. 2, 19, 16).
Thrācĭa, -ae, subs. pr. f. Trácia, região ao norte da Grécia (T. Lív. 44, 27).
Thrācĭus, -a, -um, adj. Trácio, da Trácia (Verg. En. 5, 565).
Thrāchas, -ădis, subs. f. Trácade, cidade da Itália, geralmente conhecida sob o nome de Terracina (Ov. Met. 15, 717).
Thraecē, v. **Thrēcē.**

thraecidĭca, -ōrum, subs. n. Trecídicas, armas de um gladiador trácio (Cíc. Phil. 7, 17).
Thraecĭus, -a, -um, v. Thracĭus (Cíc. Of. 2, 25).
Thraeissa (Thrēĭs-), -ae, ou Thraessa, -ae, subs. loc. f. Treíssa ou tressa, mulher Trácia (Verg. En. 1, 316).
thraex ou thrēx, -cis, subs. m. Trex, espécie de gladiador trácio (Cíc. Phil. 6, 13).
thrasciās, -ae, subs. m. Vento que sopra do NNO. (Sên. Nat. 5, 16, 6).
Thrasĕa, -ae, subs. pr. m. Trásea, filósofo estóico (Tác. Agr. 2).
Thrasimēnus, v. Trasumēnus.
Thrasĭpus, ī, subs. pr. m. Trasipo, general macedônio (T. Lív. 42, 51).
Thrasus, v. Thasus.
Thrasybŭlus, -ī, subs. pr. m. Trasibulo, ateniense que expulsou os trinta tiranos (Cíc. At. 8, 3, 6).
Thrasȳllus, -ī, subs. pr. m. Trasilo, astrólogo do tempo de Tibério (Juv. 6, 576).
Thrasymăchus, -ī, subs. pr. m. Trasimaco, retor e sofista grego, natural da Calcedônia (Cíc. Br. 30).
Thrasymēnnus, v. Trasumēnus.
Thrausī (ou Traūsī), -ōrum subs. loc. m. Trausos, povo da Trácia (T. Lív. 38, 41).
Thrax, -ācis, subs. loc. m. Um trácio, habitante da Trácia (Hor. O. 2, 19, 16).
Thrēcē, -ēs, subs. f., v. Thraca (Ov. Met. 7, 223).
Thrēcia, -ae, subs. pr. f. v. Thracia (T. Lív. 43, 27, 3).
Thrēcĭus, v. Thracĭus (Ov. Am. 1, 14, 21).
Thrēicĭus, -a, -um, adj. Treício, da Trácia (Verg. En. 6, 645).
Thrēissa e Thrēssa, -ae, subs. f., v. Thrae-.
Thrēx, v. Thraex.
Thronĭum, -ī, subs. pr. n. Trônio, principal cidade dos locrenses (T. Lív. 32, 36).
thronus, -ī, subs. m. Trono (Plín. H. Nat. 35, 63).
Thubūscum, -ī, subs. pr. n. Tubusco, cidade da Mauritânia (Tác. An. 4, 24).
Thūcȳdĭdēs, -ī, e -is, subs. pr. m. Tucídides, célebre historiador grego, que viveu do V ao IV séc. a.C. (Cíc. Br. 287).
Thūcȳdĭdĭus, -a, -um, adj. De Tucídides (Cíc. Opt. 16).
Thūcȳdĭdĭī, -ōrum, subs. m. Tucidídios, imitadores de Tucídides (Cíc. Or. 30).

Thūlē, -ēs, subs. pr. f. Tule, ilha imprecisa que formava o limite setentrional do mundo dos antigos (Tác. Agr. 10).
thūrĕus, thūrĭfer, v. tur-.
Thurĭa, -ae, subs. f., v. Turĭa.
Thūrĭae, -ārum, subs. f., v. Thurĭum (T. Lív. 10, 2).
Thūrĭī, v. Thurĭum (Cíc. At. 9, 19, 3).
Thūrĭum, -ī, subs. pr. n. Túrio, cidade da Magna Grécia (Cíc. At. 3, 5).
Thūrīnus, -a, -um, adj. Turino, de Túrio (Cés. B. Civ. 3, 22, 3).
thūs, v. tūs.
Thuscĭa, etc. v. Tuscĭa, etc.
1. thya, -ae, subs. f. Tuia (árvore) (Prop. 3, 7, 49).
2. thya, v. thia.
Thyămis, -ĭdis, subs. pr. m. Tiâmida ou Tiamis, pequeno rio da Tesprótia (Cíc. Leg. 2, 7, 7).
Thȳas (ou Thȳĭas), -ădis, subs. pr. f. e Thyĭădēs, -um, subs. f. pl. Tíada e tíades, bacante e bacantes (Verg. En. 4, 302).
Thyatĭra, -ae, subs. f. e Thyatĭra, -ōrum, subs. pr. n. Tiatira, cidade da Lídia (T. Lív. 37, 44, 4).
Thybris, v. Tibĕris.
Thyēnē, -ēs, subs. pr. f. Tiene, uma das Híades (Ov. F. 6, 711).
Thyestaeus (ou -tēus), -a, -um, adj. Tiesteu, de Tieste (Cíc. Pis. 43).
Thyēstēs, -ae (e raramente -is), subs. pr. m. Tiestes, filho de Pélops e Hipodâmia. Tinha um irmão, Atreu, que, por vingança, mandou matar os sobrinhos, filhos de Tiestes, e servi-los num festim (Cíc. Tusc. 4, 77).
Thyestĭădēs, -ae, subs. pr. m. Tiestíada, filho de Tieste, i.é, Egisto (Ov. A. Am. 2, 407).
thȳmbra, -ae, subs. f. Segurelha (planta) (Verg. G. 4, 31).
Thymbraeus, -a, -um, adj. Timbreu, de Timbra ou Timbre, cidade da Tróade que possuía um templo de Apolo, dentro do qual Páris matou Aquiles (Verg. En. 3, 85).
Thȳmbris, -is, subs. pr. m. Timbre. 1) Rio da Bitínia (T. Lív. 36, 18). 2) Nome do guerreiro (Verg. En. 10, 124).
Thymĕlē, -ēs, subs. pr. f. Timele, nome de mulher (Juv. 1, 36).
Thymoetēs, -ae, subs. pr. m. Timetes, um dos filhos de Príamo (Verg. En. 2, 32).
thȳmum, -ī, subs. n. e thȳmus, -ī, subs. m. Tomilho (planta) (Verg. En. 1, 436).

Thynĭa, -ae, subs. pr. f. Tínia, região da Bitínia; a Bitínia, por extensão (Catul. 31, 5).
Thynĭăcus, -a, -um, adj. Tiníaco, da Bitínia (Ov. Trist. 1, 10, 35).
Thrynĭăcus, -a, -um, adj. Tiníaco, da Bitínia (Prop. 1, 20, 34).
Thynna, -ae, subs. f., v. **Thynĭa.**
thynnus (ou **thunnus**), **-i,** subs. m. Atum (Hor. Sát. 2, 5, 44).
Thynus, -a, -um, adj. Tino, da Bitínia (Hor. O. 3, 7, 3).
Thyōnē, -ēs, subs. pr. f. Tione, espôsa de Niso e mãe do quinto Baco (Cíc. Nat. 3, 58).
Thyōneus, -ĕī (ou **-ĕos**), subs. pr. m. Tioneu, filho de Tione, i.é, Baco (Hor. O. 1, 17, 23).
Thyraeum, -ī, subs. pr. n. Tireu, cidade da Acarnânia, perto de Leucádia (Cíc. Fam. 16, 5, 1).
Thyreātis, -ĭdis, subs. pr. f. Tireátida, de Tire, cidade da Messênia (Ov. F. 2, 663).
Thyrĕum, ou **Thyrium,** v. **Thyraeum** (Cíc. Fam. 16, 5, 1).
Thyriēnsēs, -ĭum, subs. loc. m. Tirienses, habitantes de Tireu (T. Lív. 36, 12, 8).
thyrsĭger, -gĕra, -gĕrum, adj. Que traz um tirso (Sên. Med. 110).
Thyrsis, -is, subs. pr. m. Tirsis. 1) Nome de um pastor (Verg. Buc. 7, 2). 2) Nome de homem (T. Lív. 40, 24).
thyrsus, -ī, subs. m. I — Sent. próprio: 1) Haste das plantas (Plín. H. Nat. 19, 129). II — Sent. particular: 2) Tirso (de Baco) (Hor. O. 2, 19, 8).
tiāra, -ae, subs. f. e **tiārās, -ae,** subs. m. Tiara (cobertura para a cabeça usada pelos persas e pelos frígios) (Verg. En. 7, 247).
Tibarānī, -ōrum, subs. loc. m. Tibaranos, povo da Cilícia (Cíc. Fam. 15, 4, 10).
Tibarēnī, -ōrum, subs. loc. m. Tibarenos, povo cita, que habitava nas proximidades do Mar Negro (Plín. H. Nat. 6, 11).
Tiberĭānus, -a, -um, adj. De Tibério, imperador romano, sucessor de Augusto (Suet. Vit. 15).
Tiberīnis, -ĭdis, subs. pr. f. Tiberínida, do Tibre (Ov. F. 2, 597).
1. **Tiberīnus, -a, -um,** adj. Tiberino, do Tibre (Cíc. Pomp. 33).
2. **Tiberīnus, -ī,** subs. pr. m. 1) Rei de Alba, que deu seu nome ao rio Tibre (T. Lív. 1, 3). 2) O rio Tibre (Verg. En. 7, 30).

Tibĕris, -is, e **Thybris, -ĭdis,** subs. pr. m. Tibre. 1) Rio da Etrúria, que banha Roma e desemboca no mar Tirreno (Cíc. At. 13, 33, 4). 2) O deus do rio Tibre (Verg. En. 8, 72). Obs.: Acus. **Tiberim** (Verg. En. 3, 500).
Tiberius, -ī, subs. pr. m. 1) Tibério, imperador romano, sucessor de Augusto. 2) Prenome romano de outras personagens.
tibi, dat. de **tu.**
tibĭa, -ae, subs. f . I — Sent. diversos: 1) Flauta (sent. mais antigo) (Verg. En. 11, 737). 2) Tíbia, osso da perna (Cels. 8, 1). II — Daí: 3) Perna (Plín. Ep. 1, 20, 15).
tibĭālis, -e, adj. De flauta, próprio para fazer flauta (Plín. H. Nat. 16, 168).
tibīcen, -ĭnis, subs. n. I — Sent. próprio: 1) Flautista, tocador de flauta (Cíc. Leg. 2, 62). II — Sent. figurado: 2) Suporte, pilar de madeira, esteio (Catul. 61, 158).
tibīcĭna, -ae, subs. f. Tocadora de flauta (Plaut. Aul. 289).
tibīcinĭum, -ī, subs. n. Arte de tocar flauta (Cíc. Nat. 2, 22).
Tibŭllus, -ī, subs. pr. m. Tibulo, poeta latino do I séc., amigo de Horácio e Ovídio (Hor. O. 1, 33, 1).
Tibur, -ŭris, subs. pr. n. Tibur, cidade vizinha de Roma, célebre por suas minas de pedra, pela beleza natural, constituída principalmente por suas quedas d'água (Verg. En. 7, 630).
1. **Tibŭrnus, -a, -um,** adj. Tiburno, de Tíbur (Prop. 3, 22, 23).
2. **Tibŭrnus, -ī,** subs. pr. m. Tiburno, o fundador de Tíbur (Hor. O. 1, 7, 13).
Tiburs, -ŭrtis, adj. m., f., n. Tiburte, de Tíbur (Verg. En. 7, 670).
Tibŭrtēs, -ĭum, subs. loc. m. Tiburtes, habitantes de Tíbur (T. Lív. 7, 11).
Tiburtīnum, -ī, subs. pr. n. Tiburtino, casa de campo em Tíbur (Cíc. Phil. 5, 19).
Tiburtīnus, -a, -um, adj. Tiburtino, de Tíbur (Prop. 4, 7, 85).
Tibŭrtus, -ī, subs. pr. m. Tiburto, nome do fundador de Tíbur (Verg. En. 7, 671).
Tichĭūs, -ūntis, subs. pr. m. Tiquiunte, nome de um dos cumes do monte Eta (T. Lív. 36, 16).
Ticĭda ou **Ticĭdās, -ae,** subs. pr. m. Tícidas (**Aulus**), poeta latino (Ov. Trist. 2, 433).

Ticīnum, -i, subs. pr. n. Ticino, cidade da Gália Cisalpina, atual Pavia (Tác. An. 3, 5).
Ticīnus, -i, subs. pr. m. Ticino, rio da Gália Cisalpina (T. Lív. 5, 34, 9).
Tifāta, -ōrum, subs. pr. n. Tifata, montanha e cidade da Campânia, onde há um templo de Diana (T. Lív. 7, 29, 6).
Tifērnum, -i, subs. pr. n. Tiferno, cidade do Sâmnio, na Itália (T. Lív. Lív. 9, 44, 6).
Tifērnus, -i, subs. pr. m. Tiferno, montanha do Sâmnio, na Itália (T. Lív. 10, 30, 7).
Tigellīnus, -i, subs. pr. m. Tigelino, nome de um prefeito do pretório, favorito de Nero (Tác. An. 14, 48).
Tigellīus, -i, subs. pr. m. Tigélio, nome de dois músicos. 1) **Tigellius** de Sardes, favorito de César (Cíc. Fam. 7, 24, 1). 2) **Tigellius Hermogenes,** contemporâneo de Horácio (Hor. Sát. 1, 3, 129).
tigillum, -i, subs. n. I — Sent. próprio: 1) Bocado de madeira, barrote pequeno (T. Lív. 1, 26, 13). II — Daí: 2) Trave do teto, teto (Plaut. Aul. 301).
tignārius, -a, -um, adj. De barrote, de obra de carpinteiro, de carpinteiro (Cíc. Rep. 2, 39).
tignum, -i, subs. n. (geralmente no pl.). Barrote, caibro (Cés. B. Gal. 4, 17).
Tigrānēs, -is, subs. pr. m. Tigranes, nome de vários reis da Armênia, entre os quais o célebre Tigranes II, cognominado o Grande, que viveu entre o II e I séc. a.C., genro e aliado de Mitridates (Cíc. At. 2, 4, 2).
Tigranocērta, -ōrum, subs. pr. n. pl. Tigranocerta, cidade da Armênia (Tác. An. 12, 50).
1. tigris, -is, ou **-ĭdis,** subs. m. e f. Tigre (Verg. G. 2, 151).
2. Tigris, -is, ou **-ĭdis,** subs. pr. m. Tigre. 1) Grande rio dos planaltos e planícies da Ásia anterior, que recebe o Eufrates (Hor. O. 4, 14, 16). 2) Nome de um cão de pele malhada como um tigre, e pertencente a Acteão (Ov. Met. 3, 217). 3) Nome de um navio que tinha, como emblema, na proa, a figura de um tigre (Verg. En. 10, 166).
Tigurīni, -ōrum, subs. loc. m. Tigurinos, habitantes do cantão Tigurino (Cés. B. Gal. 1, 12, 4).
Tigurīnus Pagus, subs. pr. m. Cantão Tigurino, um dos cantões da Helvécia (Cés. B. Gal. 1, 12, 4).

tilĭa, -ae, subs. f. Tília (árvore) (Verg. G. 1, 173).
Tillius, -i, subs. pr. m. Tílio, nome de homem (Hor. Sát. 1, 6, 107).
Timaeus, -i, subs. pr. m. Timeu. 1) Orador e historiador grego do III séc. a.C., nascido na Sicília (Cíc. Br. 63). 2) Filósofo pitagórico, natural de Locres, que viveu entre o IV e o III séc. a.C. (Cíc. Fin. 5, 87). 3) Título de um diálogo de Platão, traduzido em latim por Cícero (Cíc. Tusc. 1, 63).
Timāgēnēs, -is, subs. pr. m. Timágenes, historiador grego do I séc. a.C., que vivia em Alexandria. Quando Gabínio sitiou a cidade para recolocar Ptolomeu Auleto no trono, Timágenes foi feito prisioneiro e enviado a Roma como escravo. Mais tarde, já liberto, abriu aí uma escola de retórica (Hor. Ep. 1, 19, 15).
Timānor, -ŏris, subs. pr. m. Timanor, um dos oficiais de Perseu (T. Lív. 42, 58).
Timānthēs, -is, subs. pr. m. Timantes, pintor grego (Cíc. Br. 70).
Timārchides, -is, subs. pr. m. Timárquides, nome de um liberto de Verres (Cíc. Verr. 4, 94).
Timāsicrătēs, -is, subs. pr. m. Timasicrates, nome de um ródio (T. Lív. 37, 14).
Timāsithĕus, -i, subs. pr. m. Timasíteo, nome de um príncipe da ilha Lípara (T. Lív. 5, 28).
Timāvus, -i, subs. pr. m. Timavo, rio da Venécia (Verg. En. 1, 244).
timefāctus, -a, -um, adj. Atemorizado, assustado (Cíc. Of. 2, 24).
timēnda, -ōrum, subs. n. pl. As coisas temíveis, que apavoram (Sên. Ep. 88, 29).
timens, -ēntis. I — Part. pres. de **timĕo,** II — Adj.: Temente, receoso, apavorado, tímido (Lucr. 6, 1239). III — Subs. pl.: Os que temem, os receosos (Cés. B. Gal. 7, 7, 4).
timĕo, -ēs, -ēre, timŭi, v. tr. e intr. Temer, recear, ter mêdo, estar com mêdo, hesitar (Cés. B. Gal. 1, 40, 2); (Cés. B. Gal. 5, 57, 1); (Cíc. Phil. 2, 116); (Hor. Ep. 1, 17, 37); (Cíc. Fam. 14, 2, 3); (Cíc. Ac. 2, 135). Obs.: Constrói-se com acus.; com dat.; com abl. com **de** ou **ab;** com inf. com **ut** ou **ne;** com or. interr. indr.; e como absoluto.
Timēsithĕus, v. **Timāsithĕus.**
timidē, adv. Timidamente, com mêdo (Cíc. Div. 2, 67). Obs.: Comp.: **timidĭus** (Cíc. Caec. 77); superl.: **timidissĭme** (Quint. 11, 1, 77).

timidĭtās, -tātis, subs. f. Timidez, receio, apreensão (Cíc. Cael. 36).

timĭdus, -a, -um, adj. Receoso, tímido, circunspecto (Cíc. Fam. 1, 17, 1). Obs.: Constrói-se como absoluto; com gen.; com inf. (uso poético).

Tīmocrătēs, -is, subs. pr. m. Timócrates. 1) Filósofo epicurista (Cíc. Fin. 2, 101). 2) Governador de Argos (T. Lív. 34, 29).

Tīmolĕŏ (ou -lĕōn), -ōntis, subs. pr. m. Timoleonte, homem de Estado grego, natural de Corinto, que viveu do V ao IV séc. a.C. (Cíc. Fam. 5, 12, 7).

Tīmolītēs, v. Tmolītes (Cíc. Flac. 8).

Tīmōlus e Tymōlus, -ī, subs. m., v. Tmolus (Ov. Met. 6, 15).

Tīmōn, -ōnis, subs. pr. m. Timão, filósofo ateniense do V séc. a.C., cognominado o misantropo (Cíc. Lae. 87).

Tīmōnĕus, -a, -um, adj. do filósofo Timão (Sên. Ep. 18, 7).

timor, -ōris, subs. m. I — Sent. próprio: 1) Temor, mêdo, receio (Cíc. Mil. 4). II — Daí, emprêgo poético: 2) Temor religioso (Lucr. 5, 1223). 3) Objeto de temor, que inspira temor (Hor. Sát. 1, 4, 67). 4) O Temor (divindade) (Verg. En. 9, 719). No pl. 5) Receios, apreensões (Cíc. Rep. 1, 68).

Tīmothĕus, -ī, subs. pr. m. Timóteo. 1) Músico de Mileto (Cíc. Leg. 2, 39). 2) Filho de Conão, restaurador dos muros de Atenas (Cíc. Of. 1, 116).

tīmŭī, perf. de timĕo.

timum, v. thymum.

Tincās, -ae, subs. pr. m. Tincas, nome de homem (Cíc. Br. 172).

tincta, -ōrum, subs. n. pl. Panos de côres, fazendas tintas (Cíc. Leg. 2, 45).

tinctĭlis, -e, adj. Que serve para tingir ou pintar (Ov. Trist. 3, 10, 64).

tīnctus, -a, -um, part. pass. de tingo.

tĭnĕa, -ae, subs. f. Qualquer espécie de verme ou traça (Hor. Sát. 2, 3, 119).

tĭngō (tĭnguō), -is, -ĕre, tīnxī, tīnctum, v. tr. I — Sent. próprio: 1) Mergulhar num líqüido, molhar, banhar (Cíc. Nat. 3, 70); (Ov. Met. 4, 343). Por especialização: 2) Tingir, colorir (Hor. O. 2, 16, 36). Daí: 3) Produzir uma côr, uma tinta (Plín. H. Nat. 6, 201). II — Sent. figurado: 4) Impregnar (Cíc. De Or. 2, 85); (Marc. 8, 3, 19).

1. Tĭnĭa, -ae, subs. pr. m. Tínia, rio da Umbria, afluente do Tibre (Plín. H. Nat. 3, 53).

2. tĭnĭa, v. tĭnĕa (Verg. G. 4, 246).

tinnĭō (tīnĭō), -is, -ĭre, -ĭvī (ou -ĭī), -ĭtum, v. intr. I — Sent. próprio: 1) Tinir, retinir (Quint. 12, 10, 31). 2) Por imagem: Fazer tinir a moeda, pagar (Cíc. At. 14, 21, 4). II — Sent. figurado: 3) Gorjear, cantar, tagarelar (Suet. Ner. 20); (Plaut. Cas. 250).

tinnītus, -ūs, subs. m. I — Sent. próprio: 1) Tinido, som agudo dos metais (Verg. En. 9, 809). Por extensão: 2) Zumbido (nos ouvidos) (Plín. H. Nat. 20, 162). II — Sent. figurado: 3) Tinido (de palavras) (Tác. D. 26).

tinnŭlus, -a, -um, adj. Que produz um som agudo, sonoro, estrepitoso (Ov. Met. 4, 393).

tintinnăbŭlum, -ī, subs. n. Campainha, sinêta (Marc. 14, 163).

tintinnăcŭlus, -ī, subs. m. Escravo que açoitava os outros (Plaut. Truc. 782).

tĭnus, -ī, subs. f. Loureiro silvestre (Ov. Met. 10, 98).

tīnxī, perf. de tingo.

Tĭphys, -yis (ou yos), subs. pr. m. Tífis, piloto dos Argonautas (Verg. Buc. 4, 34).

tippŭla, tippŭlla ou tipŭlla, -ae, subs. f. Alfaiate (inseto que corre ràpidamente sôbre a água) (Plaut. Pers. 244).

Tirēnus Pons, subs. pr. m. Ponte Tirena, sôbre o rio Líris, em Minturnas (Cíc. At. 16, 13).

Tĭresĭās, -ae, subs. pr. m. Tirésias, célebre adivinho de Tebas, que ficou cego (Cíc. Tusc. 5, 115).

Tīridătēs, -ae (ou -is), subs. pr. m. Tiridates, rei dos partos (Hor. O. 1, 26, 5).

1. tīrō, -ōnis, subs. m. I — Sent. próprio: 1) Recruta (Cés. B. Civ. 3, 28, 3). II — Sent. figurado: 2) Principiante, aprendiz, noviço (Cíc. De Or. 1, 218).

2. Tīrō, -ōnis, subs. pr. m. M. Tullius Tiro, Marco Túlio Tirão, liberto de Cícero e seu secretário (Cíc. Fam. 16, 10).

tīrōcĭnium, -ī, subs. n. I — Sent. primitivo: 1) Toque de corneta dos recrutas (palavra formada segundo tubicinium). II — Sent. figurado: 2) Aprendizado, tirocínio, estréia, inexperiência (T. Lív. 45, 37, 3). III — Sent. particular: 3) Recrutas, soldados alistados recentemente (T. Lív. 40, 35, 12).

tirsus, v. thyrsus.

tīruncŭlus, -ī, subs. m. Recruta, aprendiz, noviço (sent. prôprio e figurado) (Sên. Ep. 108, 23).

TIRYNTHIUS — 1002 — **TITULUS**

1. **Tīrynthĭus, -a, -um**, adj. Tiríntio, de Tirinto, cidade da Argólida, onde Hércules foi educado (Ov. Met. 7, 410).
2. **Tīrynthĭus, -i**, subs. pr. m. Tiríntio, i.é. Hércules, que foi educado em Tirinto, cidade da Argólida (Verg. En. 7, 662).
Tīsaeus, -i, subs. pr. m. Tiseu, montanha da Tessália, na Grécia (T. Liv. 28, 5, 17).
Tīsamĕnus, -i, subs. pr. m. Tisâmeno, rei de Argos, filho de Orestes e de Hermíona (Ov. Ib. 348).
Tīsĭās, -ae, subs. pr. m. Tísias, retor siciliano dos meados do V séc. a.C., que foi, com Córax, seu mestre, o fundador da retórica (Cíc. Br. 46).
Tisidĭum, -i, subs. pr. n. Tisídio, cidade da África, perto de Túnis (Sal. B. Jug. 62).
Tīsiphŏnē, -ēs, subs. pr. f. Tisífone, uma das três Erínias gregas, ou das Fúrias latinas, encarregadas de punir os culpados no momento em que êles entravam nos Infernos (Verg. En. 6, 561).
Tīsiphonēus, -a, -um, adj. Tisifoneu, de Tisífone, das Fúrias (Ov. Trist. 4, 9, 6).
Tīsippus, -i, subs. pr. m. Tisipo, etólio partidário dos romanos (T. Lív. 45, 28).
Tīsō, -ōnis, subs. pr. m. Tisão de Patras, almirante dos aqueus (T. Liv. 35, 26).
Tissēnsēs, -ĭum, subs. pr. m. Tissenses, habitantes de Tissa, povoação no sopé do monte Etna (Cíc. Verr. 3, 86).
Tītān, -ānis, subs. pr. m. Titã, descendente de um Titã, principalmente: 1) Hiperíon, i.é, o Sol (Verg. En. 4, 119). 2) Prometeu (Juv. 14, 35). Obs.: Acus. **Titana** (Luc. 1, 90).
Tītānēs, -um, subs. pr. m. Titãs, filhos do Céu e da Terra, que foram vencidos na luta contra Júpiter (Cic. Leg. 3, 5). Obs.: acus.: **Titanas** (Hor. O. 3, 4, 43).
Tītānī, -ōrum, subs. m., v. **Tītānes** (Cíc. Nat. 2, 70).
Tītānĭa, -ae, subs. pr. f. Titânia, filha ou irmã de um Titã, i.é, Circe, Pirra, Latona, Diana (Ov. Met. 14, 382).
Tītānĭăcus, -a, -um, adj. Titaníaco, descendente de um Titã (Ov. Met. 7, 398).
Tītānis, -ĭdis, subs. pr. f. Titânida, dos Titãs: Circe, filha do Sol (Ov. Met. 14, 14).
Tītānĭus, -a, -um, adj. Titânio, de Titã ou dos Titãs (Verg. En. 6, 580).
Tīthōnĭa, -ae, subs. pr. f. Titônia, i.é, a Aurora, espôsa de Titono (Ov. F. 4, 943).
Tīthōnĭus, -a, -um, adj. Titônio, de Titono (Ov. F. 3, 403).

Tīthōnus, -i, subs. pr. m. Titono, príncipe troiano, filho de Laomedonte, espôso de Aurora. Esta conseguiu que Zeus concedesse a imortalidade a seu marido, mas esqueceu-se de pedir-lhe que o dotasse de juventude eterna. Titono começou a apresentar sintomas de decrepitude e os deuses, então, o transformaram em cigarra (Verg. En. 4, 585).
Titidĭus, -i, subs. pr. m. Titídio, nome de homem (Tác. An. 2, 85).
Titiēnsēs, -ĭum, subs. pr. m. Ticienses. 1) Uma das três primitivas tribos de Roma (Ov. F. 3, 131). Uma das Centúrias de cavaleiros, instituídas por Rômulo, do nome de **Titus Tatius** (Cíc. Rep. 2, 36).
Titiēs, subs. m. v. **Titiēnses** (Prop. 4, 1, 31).
titillātĭō, -ōnis, subs. f. ou **titillātus, -ūs**, subs. m. Cócegas (sent. próprio e figurado) (Cíc. Nat. 1, 113).
titillō, -ās, -āre, -āvī, -ātum, v. tr. 1) Titilar, fazer cócegas (sent. próprio e figurado) (Cíc. Fin. 1, 39); (Lucr. 2, 429). Daí: 2) Acariciar, lisonjear (Hor. Sát. 2, 3, 179).
Titinĭa, -ae, subs. pr. f. Titínia, espôsa de Cota (Cíc. Br. 60).
titĭō, -ās, -āre, v. intr. Chilrear, piar (Suet. frg. 161).
1. **Titĭus, -a, -um**, adj. Tício, de Tício (Cíc. Mur. 18).
2. **Titĭus, -i**, subs. pr. m. Tício, nome de família romana (Cíc. Br. 225).
titivillicĭum, -i, subs. n. Coisa sem valor, um nada (Plaut. Cas. 347).
titubānter, adv. Titubeando, com hesitação (Cíc. Cael. 15).
titubantĭa, -ae, subs. f. Hesitação: **linguae** (Suet. Claud. 30) «gaguez».
titubātĭō, -ōnis, subs. f. I — Sent. próprio: 1) Hesitação, andar hesitante (Sên. Ep. 95, 16). II — Sent. figurado: 2) Embaraço, estôrvo (Cíc. Inv. 2, 41).
titubātus, -a, -um, part. pass. de **titŭbo**.
titŭbō, -ās, -āre, -āvī, -ātum, v. intr. I — Sent. próprio: 1) Titubear, vacilar, cambalear (sent. físico e moral) (Ov. Met. 11, 90). Daí: 2) Balbuciar, gaguejar (Ov. A. Am. 1, 598). II — Sent. figurado: 3) Hesitar, estar hesitante (Cíc. Flac. 22); (Cíc. De Or. 3, 192).
titŭlus, -i, subs. m. I — Sent. próprio: 1) Cartaz (usado nos triunfos, com o número de prisioneiros, cidades capturadas, etc.), cartaz (de indicação de

aluguel ou venda de casa), letreiro (que se levava nos enterros e que realçava os feitos da pessoa falecida) (Ov. R. Am. 302). Daí: 2) Inscrição, epitáfio Hor. O. 4, 14, 4). 3) Título (de obra), rótulo (de vinho), título (dado a alguém), cartaz (pendurado ao pescoço de um escravo ou de um condenado) (Prop. 4, 5, 51). II — Sent. figurado: 4) Título (de honra, nobreza ou glória) (Cíc. Tusc. 5, 30). 5) Honra (T. Lív. 28, 41, 3). 6) Pretexto (T. Lív. 35, 16, 2). 7) Sinal, indício, insígnia (Cíc. Pis, 19).

Titurianus, -a, -um, adj. De Titúrio (Suet. Cés. 25).

Titurius, -i, subs pr. m. Titúrio, lugar-tenente de César (Cés. B. Gal. 5, 27, 1).

Titurnius, -i, subs. pr. m. Titúrnio, nome de homem (Cíc. Fam. 13, 39).

Titus, -i, subs. pr. m. Tito, prenome romano, destacando-se: 1) Tito Lívio, historiador romano do tempo de Augusto. 2) Tito Flávio Vespasiano, imperador romano.

Tityos, -i, subs. pr. m. Tício, gigante filho da Terra, morto a flechadas por Apolo e Diana, e precipitado nos Infernos onde um abutre lhe roía o fígado (Verg. En. 6, 595).

Tityrus, -i, subs. pr. m. Títiro. I — Sent. próprio: 1) Nome de um pastor (Verg. Buc. 1, 1). II — Sent. figurado (em poesia): 2) As Bucólicas (Ov. Am. 1, 15, 25). 3) Vergílio (Prop. 2, 34, 72). 4) Um pastor (Verg. Buc. 8, 55).

Tlepolemus, -i, subs. pr. m. Tlepólemo, filho de Hércules e Astroquéia, chefe dos ródios no cêrco de Tróia (Ov. Met. 12, 537).

Tmarus, -i, subs. pr. m. Tmaro, montanha do Epiro, na Grécia (Verg. Buc. 8, 44).

Tmolitae, -arum, subs. loc. m. pl. Tmolitas, habitantes do Tmolo, montanha da Lídia, na Ásia Menor (Cíc. Flac. 5). Obs.: No sg.: **Tmolita, -ae,** subs. loc. m.: Tmolita, habitante do Tmolo (Cíc. Flac. 8).

Tmolites, -ae, adj. m. Tmolita, do Tmolo, montanha da Lídia, na Ásia Menor (Plín. H. Nat. 14, 74).

Tmolius, -a, -um, adj. Tmólio, do Tmolo, montanha da Lídia (Plín. H. Nat. 14, 74).

Tmolus, -i, subs. pr. m. Tmolo, montanha da Lídia, na Ásia Menor (Verg. G. 1, 56).

tocullio, -onis, subs. m. Usurário, avaro (Cíc. At. 2, 1, 12).

tofinus, -a, -um, adj. De tufo (Suet. Claud. 21).

tofus (tophus), -i, subs. m. Tufo, pedra esponjosa (Verg. G. 2, 214).

toga, -ae, subs. f. I — Sent. primitivo: 1) Cobertura (Titin. 43). Daí: 2) Qualquer vestimenta (de homem ou mulher, indiferentemente) (Varr. apud Non. 541, 2). Em sent. particular: 3) Toga (veste própria dos cidadãos romanos em tempo de paz e símbolo do civismo e da nacionalidade romana): **toga virilis** (Cíc. Sest. 144) «toga viril» (que os rapazes usavam ao atingir a maioridade, a partir dos 17 anos, em substituição à toga pretexta). 4) Toga (veste própria das pessoas de alta categoria, em oposição aos que usavam a túnica) (T. Lív. 10, 7, 9). 5) Qualidade de cidadão romano, nacionalidade romana (Hor. O. 3, 5, 10). II — Sent. figurado: 6) Vestimenta de paz, e daí: paz: **cedant arma togae** (Cíc. poét. Of. 1, 77) «que as armas cedam à toga». Donde: 7) Vida civil, cidadão (Cíc. C.M. 11). 8) Cliente (Marc. 10, 47, 5). 9) Traje de prostituta, prostituta (Sulpicia apud Tib. 4, 10, 3).

togata, -ae, subs. f. 1) Mulher adúltera (Hor. Sát. 1, 2, 63). 2) Peça teatral de assunto romano (subent. **fabula**) (Hor. A. Poét. 288).

Togata Gallia, subs. pr. f. A Gália Romana, também chamada Cisalpina (Plín. H. Nat. 3, 112).

togatarius, -i, subs. m. Ator que representava numa **togata** (Suet. Aug. 45).

togati, -orum, subs. m. pl. Cidadãos romanos (Cíc. De Or. 1, 111).

togatulus, -i, subs. m. Pequeno cliente (Marc. 10, 74, 3).

togatus, -a, -um, adj. I — Sent. próprio: 1) Vestido de toga, que traz toga (Cíc. Phil. 5, 14). II — Sent. figurado: 2) Civil, relativo à paz (Cic. Of. 1, 79). 3) Cliente (Juv. 1, 96).

Togonius, -i, subs. pr. m. Togônio, nome de homem (Tác. An. 6, 2).

togula, -ae, subs. f. Toga pequena (Cíc. Pis. 55).

Tolenum Flumen, subs. pr. n. e **Tolenus, -i,** subs. pr. m. Rio Toleno, que banhava o Lácio (Ov. F. 6, 565).

tolerabilis, -e, adj. Tolerável, suportável (Cic. Cat. 4, 16).

tolerābilĭter, adv. De modo suportável, toleràvelmente, pacientemente. Obs.: Comp.: **tolerabilĭus** (Cíc. Fin. 3, 42) «com mais paciência».

tolerāndus, -a, -um, gerundivo de **tolĕro**: suportável (T. Lív. 38, 8, 2).

talĕrans, -āntis. I — Part. pres. de **tolĕro**. II — Adj.: Tolerante, paciente (Tác. Ap. 4, 1).

tolerānter, adv. Tolerantemente, com resignação (Cíc. Tusc. 2, 43).

tolerāntia, -ae, subs. f. 1) Constância em suportar (Cíc. Par. 27). 2) Paciência (Sên. Ep. 66, 13).

tolerātĭō, -ōnis, subs. f. — Capacidade de suportar (Cíc. Fin. 2, 94).

tolerātus, -a, -um. I — Part. pass. de **tolĕro**. II — Adj.: Suportável (Tác. An. 12, 11).

Toleriēnsēs, -ĭum, subs. loc. m. Tolerienses, povo do Lácio (Plín. H. Nat. 3, 69).

tolĕrō, -ās, -āre, -āvī, -ātum, v. tr. e intr. I — Sent. próprio: 1) Suportar (raro no sent. físico de suportar um fardo, pêso) (Plín. H. Nat. 10, 10). II — Daí: 2) Suportar, tolerar, sofrer (Cíc. Cat. 2, 23); (Cíc. Fam. 7, 18, 1). 3) Sustentar, agüentar (Tác. An. 3, 3). Donde: 4) Sustentar manter, alimentar (Cés. B. Cív. 3, 58, 4);(Cés. B. Gal. 7, 77, 12). 5) Persistir (Tác. An. 4, 40). 6) Resistir a, combater, aliviar (Cés. B. Gal. 1, 28, 3); (Plaut. Rud. 918).

Tolētum, -ī, subs. pr. n. Toledo, cidade da Hispânia Tarraconense (T. Lív. 35, 7).

Tolētānī, -ōrum, subs. loc. m. Toledanos, habitantes de Toledo, na Hispânia Tarraconense (T. Lív. 35, 22).

Tolistoboīī, -ōrum, subs. loc. m. Tolistoboios, povo narbonense, estabelecido na Galácia (T. Lív. 38, 15, 15).

tollēnō, -ōnis, subs. m. 1) Aparelho para tirar água (de um poço) (Plín. H. Nat. 19, 60). 2) Máquina de guerra para erguer pesos (T. Lív. 24, 34, 10).

tollō, -is, -ĕre, sustŭlī, sublātum, v. tr. I — Sent. próprio: 1) Levantar, elevar, erguer (Cíc. Verr. 4, 65); (Cíc. Ac. 2, 63); (Cíc. Fam. 16, 10, 2); (Cés. B. Gal. 4, 23. 6). Daí: 2) Levar, transportar, embarcar (Cés. B. Gal. 4, 28, 1); (Verg. En. 3, 601). Donde: 3) Levar, tirar, tomar (Cíc. Verr. 4, 103); (Cíc. Verr. 3, 36). II — Sent. figurado: 4) Destruir, dar cabo de, suprimir, fazer desaparecer, abolir (Cíc. Of. 1, 35); (Cíc. Nat. 3, 81); (Cíc. Phil. 1, 3); (Cíc. De Or. 1, 247). 5) Lançar, impedir, soltar (Verg. En. 11, 745); (Hor. A. Poét. 381). 6) Exaltar, celebrar (Cíc. At. 4, 16, 8); (T. Lív. 3, 67, 6). 7) Suportar, sofrer (Cíc. Nat. 3, 82). 8) Gerar, criar, ter filhos (Cíc. Phil. 13, 23). 9) Divulgar, espalhar (Plaut. Mil. 293). Obs.: O perf. **tuli** aparece em Suetônio (Aug. 63; Cal. 7).

Tolōsa, -ae, subs. pr. f. Tolosa, célebre cidade da Gália Narbonense, atual Toulouse (Cés. B. Gal. 3, 20, 2).

Tolosānī, -ōrum, subs. loc. m. pl. Tolosanos, habitantes de Tolosa (Plín. H. Nat. 3, 37).

Tolōsānus, -a, -um, adj. Tolosano, de Tolosa (Cíc. Nat. 3, 74).

Tolōsātēs, -um (ou **-ĭum**), subs. loc. m. pl. Tolosates, habitantes de Tolosa (Cés. B. Gal. 1, 10, 1).

Tolumnĭus, -ī, subs. pr. m. Tolúmnio. 1) **Lars Tolumnĭus**, rei dos veios, na Itália (T. Lív. 4, 17). 2) Nome de um áugure dos latinos (Verg. En. 11, 429).

tolūtārĭus equus, subs. m. Cavalo que anda a trote (Sên. Ep. 87, 10).

tolūtim, adv. A trote (Plaut. As. 706).

tomācŭlum (-clum), -ī, subs. n. Espécie de salpicão, salsicha (Marc. 1, 42, 9).

tōmēntum, -ī, subs. n. Tudo que serve para encher ou estofar, crina, lã, penas, etc. (Tác. An. 6, 23).

Tomī, -ōrum, subs. pr. m. pl. Tomos, cidade na foz do rio Íster, onde Ovídio morreu exilado (Estác. S. 1, 2, 254).

Tomis, -is, subs. pr. f. Tomos (v. **Tomī**), cidade da foz do Íster (Ov. Trist. 3, 9, 33).

Tomītae, -ārum, subs. loc. m. pl. Tomitas, habitantes de Tomos (Ov. Trist. 1, 2, 85).

Tomītānus, -a, -um, adj. Tomitano, de Tomos (Ov. P. 1, 1, 1).

tomus, -ī, subs. m. Pedaço, bocado (Marc. 1, 66, 3).

Tomўris e Thamўris, -is, subs. pr. f. Tômiris ou Tâmiris, rainha dos masságetas, que venceu e matou Ciro (Tib. 4, 143).

tonans, -āntis, part. pres. de **tono**: que troveja, tonante (epíteto de Júpiter): **Jupiter Tonans, Capitolinus Tonans** (ou **Tonans** apenas) (Ov. Met. 1, 170) «Júpiter Tonante».

tondĕō, -ēs, -ēre, totōndī, tōnsum, v. tr. I — Sent. próprio: 1) Tosquiar, raspar, cortar (Cíc. Tusc. 5, 58); (Quint 1, 6, 44). Na língua da agricultura: 2) Ceifar, segar, podar (Verg. G. 4, 137). Na língua familiar: 3) Despojar de

TONITRUS — 1005 — **TORPĔŎ**

(Plaut. Bac. 242). II — Sent. figurado: 4) Devorar (Verg. En. 6, 598).
tŏnĭtrus, -ūs, subs. m. e tonitrŭum, -ī, subs. n. Trovão (T. Lív. 1, 16, 1).
tŏnō, -ās, -āre, tonŭī, v. intr. I — 1) Trovejar (sent. próprio e figurado) (Cíc. Div. 2, 43); (Cíc. Div. 2, 149). Daí: 2) Fazer grande barulho, ribombar (Verg. En. 9, 541). II — Sent. figurado: 3) Falar com voz de trovão (tratando-se do orador) (Cíc. Or. 29). Donde: 4) Invocar com voz forte (Verg. En. 4, 510).
tōnsa, -ae, subs. f. e tonsae, -ārum, subs. f. pl. Remo, remos (Verg. En. 7, 28).
tōnsĭllae, -ārum, subs. f. pl. Amígdalas (Cíc. Nat. 2, 135).
tōnsĭtō, -ās, -āre, v. freq. tr. Tosquiar freqüentemente (Plaut. Bac. 1127).
tōnsor, -ōris, subs. m. I — Sent. próprio: 1) O que tosquia, tosquiador, barbeiro (Cíc. Tusc. 5, 58). II — Sent. particular: 2) O que apara as unhas (Plaut. Aul. 312).
tōnsōrius, -a, -um, adj. I — Sent. próprio: 1) De barbeiro, que serve para tosquiar ou cortar: tonsorius culter (Cíc. Of. 2, 25) «navalha de barba». II — Sent. particular: 2) Que serve para aparar as unhas: tonsorius cultellus (V. Max. 3, 2, 15) «navalha própria para aparar as unhas (era o barbeiro o encarregado dêsse serviço).
tōnstrĭcŭla, -ae, subs. f. Barbeira, cabeleireira (Cíc. Tusc. 5, 58).
tōnstrīna, -ae, subs. f. (subent. taberna). Loja de barbeiro (Plaut. As. 343).
tōnstrīnum, -ī, subs. n. (subent. opus). Obra ou arte de barbeiro (o trabalho, os gestos) (Petr. 64, 4).
tōnstrīnus, -ī, subs. m. Barbeiro (Petr. 46, 7).
tōnstrix, -ĭcis, subs. f. Cabeleireira, barbeira, mulher que faz barbas (Marc. 2, 17, 1).
1. tōnsus, -a, -um, part. pass. de tondĕo.
2. tōnsus, -ūs, subs. m. Corte de cabelo (Plaut. Amph. 444).
tonŭī, perf. de tono.
topiārĭa, -ae, adj. f. (subent. ars). Arte de jardineiro (Cíc. Q. Fr. 3, 1, 5).
topiārĭus, -ī, subs. m. Jardineiro, horticultor (Cíc. Q. Fr. 3, 1, 5).
Topica, -ōrum, subs. pr. n. «Tópicos», título de um tratado de Cícero, traduzido de Aristóteles, sôbre os lugares comuns (Cíc. Fam. 7, 19).
topĭcē, -ēs, subs. f. A tópica, arte de encontrar os argumentos (Cíc. Top. 6).

topothesĭa, -ae, subs. f. Situação fictícia de um lugar (Cíc. At. 1, 13, 5) (em grego).
toral, -ālis, ou torāle, -is, subs. n. Coberta de leito, cobertura de leito (mesa) (Hor. Sát. 2, 4, 84).
torārĭa, -ae, subs. f. Enfermeira (Plaut. Mil. 694).
toreuma, -ătis, subs. n. Obra cinzelada, trabalho feito em relêvo, vaso de ouro ou prata (Cíc. Verr. 4, 38).
tormēntum, -ī, subs. n. I — Sent. próprio: 1) Máquina de atirar projéteis; corda dessa máquina que se enrolava em volta de um cabrestante (Cés. B. Gal. 2, 30, 3). Por extensão: 2) Projétil lançado pela máquina (Cés. B. Civ. 2, 9, 4). 3) Instrumento de tortura, tortura, suplício (Cés. B. Gal. 6, 19, 3). II — Sent. figurado: 4) Tortura, angústia, tormento, inquietação (Hor. Ep. 1. 2, 59). 5) Lances (da fortuna) (Cíc. Tusc. 5, 1).
tormĭna, -um, subs. n. Cólicas, dores agudas nos intestinos (Cíc. Tusc. 2, 45).
tormĭnōsus, -a, -um, adj. Sujeito a cólicas (Cíc. Tusc. 4, 27).
tornātus, -a, -um, part. pass. de torno.
tornō, -ās, -āre, -āvī, -ātum, v. tr. Tornear (sent. próprio e figurado), lavrar ao tôrno, arredondar (Cíc. Rep. 1, 22); (Hor. A. Poét. 441).
tornus, -ī, subs. m. I — Sent. próprio: 1) Tôrno (instrumento de tornear) (Verg. G. 2, 449). II — Sent. figurado: 2) Arte (de poeta) (Prop. 2, 34, 43).
Torōnē, -ēs, subs. pr. f. Torone, cidade da Macedônia (T. Lív. 28, 7, 9).
Torōnaeus, -a, -um, adj. De Torone (Tác. An. 5, 10).
Torōnāĭcus, -a, -um, adj. Toronaíco, de Torone (T. Lív. 44, 11).
torōsus, -a, -um, adj. I — Sent. próprio: 1) Nodoso (Sên. Nat. 1, 7, 1). II — Daí: 2) Musculoso (Ov. Met. 7, 429). 3) Carnudo (Plín. H. Nat. 31, 90).
torpēdō, -ĭnis, subs. f. I — Sent. próprio: 1) Torpor, entorpecimento (Sal. Hist. 1, 48, 19). II — Sent. particular: 2) Torpedo, tremelga (peixe) (Cíc. Nat. 2, 127).
torpĕō, -ēs, -ēre, v. intr. I — Sent. próprio: 1) Estar entorpecido (sent. físico e moral) (T. Lív. 21, 58, 9); (T. Lív. 28, 29, 11). II — Daí: 2) Estar trôpego, estar apático, estar extasiado (Hor. Sát. 2, 7, 95); (T. Lív. 1, 41, 3).

torpēscō, -is, -ĕre, torpŭī, v. incoat. intr. Entorpecer-se (sent. próprio e figurado) (Ov. Her. 11, 82); (T. Lív. 23, 9, 6).
torpĭdus, -a, -um, adj. Entorpecido, trôpego (T. Lív. 7, 36, 3).
torpor, -ōris, subs. m. I — Sent. próprio: 1) Entorpecimento, torpor (Verg. En. 12, 867). II — Sent. figurado: 2) Torpor (de espírito), inação, inércia, indolência (Tác. Hist. 2, 77).
torpŭī, perf. de **torpēsco**.
1. torquātus, -a, -um, adj. Que traz um colar (Ov. Herr. 2, 119).
2. Torquātus, -ī, subs. pr. m. Torquato. 1) Sobrenome de **Titus Manlius**, que despojou do colar de ouro um gaulês, vencido por êle em combate singular (T. Lív. 7, 10). Como seu pai, o ditador **T. Manlius**, usava o sobrenome de **Imperiosus**, em virtude de sua reputação de severidade, que permaneceu como apanágio da família (Cíc. Of. 3, 112). 2) Sobrenome conservado pelos descendentes de **T. Manlius** (Cic. Fin. 1, 23).
torquĕō, -ēs, -ēre, torsī, tortum, v. tr. I — Sent. próprio: 1) Fazer um movimento de torsão, dar volta, torcer, dobrar (Cíc. Leg. 2, 39); (Verg. G. 3, 38). Daí: 2) Fazer rolar, revolver (Verg. En. 6, 551). Especialmente: 3) Torcer os membros, torturar, atormentar (sent. físico e moral) (Verg. G. 2, 247); (Cíc. Fin. 3, 42); (Cic. Par. 18); (Plín. Ep. 7, 30, 1). Na lingua militar: 4) Dar voltas com uma arma antes de arremessá-la, brandir, lançar (Verg. En. 10, 585). II — Sent. figurado: 5) Experimentar, sondar, examinar (Hor. A. Poét. 435). 6) Poético: Sustentar, suportar (Verg. En. 6, 796). Obs.: Inf. pass. **torquerier** (Hor. Sát. 2, 8, 67).
torquis (**torquēs**), -is, subs. m. e f. I — Sent. próprio: 1) Colar, bracelete (Cíc. Fin. 1, 35). 2) Coleira (para animais) (Verg. G. 3, 168). II — Sent. figurado: 3) Guirlanda (Verg. G. 4, 276). Obs.: O gênero feminino é raro (Prop. 4, 10, 44).
1. torrens, -ēntis. A) Part. pres. de **torrĕo**. B) Adj.: I — Sent. próprio: 1) Ardente, abrasador (Verg. En. 6, 550). II — Sent. figurado: 2) Impetuoso, violento (Verg. En. 10, 603).
2. torrens, -ēntis, subs. m. I — Sent. próprio: 1) Torrente, rio impetuoso (Verg. En. 7, 567). II — Sent. figurado: 2) Onda, multidão, torrente (Tác. D. 24).
torrĕō, -ēs, -ēre, torrŭī, tostum, v. tr. I — Sent. próprio: 1) Fazer secar, secar (Verg. En. 7, 720). Daí: 2) Secar ao fogo, tostar, queimar, consumir (sent. próprio e figurado) (Verg. En. 1, 179); (Cés. B. Gal. 5, 43, 4); (Sên. Ep. 14, 6); (Hor. O. 1, 33, 6).
torrēscō, -is, -ĕre, v. incoat. intr. Queimar-se, começar a queimar-se (Lucr. 3, 890).
torrĭdus, -a, -um, adj. I — Sent. próprio: 1) Sêco, estancado, esgotado (T. Lív. 4, 30, 7). Daí: 2) Abrasado, tórrido (Plín. H. Nat. 12, 98). 3) Que queima, ardente (Verg. Buc. 7, 48). II — Sent. figurado: 4) Entorpecido, dormente (T. Lív. 21, 32, 7).
torris, -is, subs. m. Tição (aceso ou apagado) (Verg. En. 12, 298).
torrŭī, perf. de **torrĕo**.
torsī, perf. de **torquĕo**.
tortē, adv. De lado, atravessado (Lucr. 4, 303).
tortĭlis, -e, adj. Torcido, que se enrola, enrolado (Ov. Met. 1, 336); (Luc. 6, 198); **tortile aurum** (Verg. En. 7, 351) «colar de ouro».
tortō, -ās, -āre, v. freq. tr. passivo. Torcer-se com dores, contorcer-se (Lucr. 3, 661).
tortor, -ōris, subs. m. O que submete à tortura, carrasco, algoz (Cíc. Clu. 177).
tortum, -ī, subs. n. Corda (instrumento de tortura) (Pacúv. Tr. 159).
tortuōsus, -a, -um, adj. I — Sent. próprio: 1) Tortuoso, sinuoso, cheio de rodeios (Cíc. Clu. 180). II — Sent. figurado: 2) Tortuoso, embaraçado, complicado, sutil (Cíc. Div. 2, 129).
1. tortus, -a, -um. I — Part. pass. de **torquĕo**. II — Adj.: Torcido, torto, sinuoso (Verg. G. 1, 349); (Prop. 4, 4, 42).
2. tortus, -ūs, subs. m. Dobra, volta, sinuosidade, rôsca (de serpente): **tortus dare** (Verg. En. 5, 276) «fazer rodeios».
torŭlus, -ī, subs. m. Trança de cabelos, penacho, enfeite de cabelos (Plaut. Amph. 144).
torus, -ī subs. m. I — Sent. primitivo: 1) Corda pequena, pedaço de corda (Cat. Agr. 135). II — Daí: 2) Corda, atadura (Col. 5, 6, 25). Por extensão, objeto que, pela forma, faz lembrar as saliências que formam as cordas de um cabo entrançado: 3) Parte elevada (de um terreno), elevação (Verg. En. 6,

674). 4) Saliência de um músculo, músculos (na língua imperial) (Verg. En. 12, 7). 5) Colchão, almofada (primitivamente feitos de ervas entrançadas) (Verg. En. 5, 388). III — Sent. poético: 6) Leito (mesa) (Verg. En. 2, 2). 7) Leito, cama, leito fúnebre, leito nupcial (Verg. En. 6, 220). IV — Por extensão: 8) Casamento (Ov. Met. 1, 620).

torvĭtās, -tātis, subs. f. Expressão ameaçadora (do rosto ou do olhar), caráter feroz, de alguém ou de alguma coisa (Tác. Hist. 2, 9).

torvum, n. sg. e **torva**, n. pl. tomados adverbialmente. De esguelha, de um modo feroz, ameaçador (Verg. En. 7, 399).

torvus, -a, -um, adj. I — Sent. próprio: 1) Que olha de través, de esguelha (Prop. 3, 18, 24). Daí: 2) Que tem um olhar ameaçador, feroz, terrível, torvo (Verg. En. 6, 591). II — Sent. figurado: 3) Intratável, áspero (Plín. H. Nat. 17, 212).

tostus, -a, -um, part. pass. de **torrĕo**.

tot, adv. Tantos, tão grande número (Cés. B. Gal. 3, 10, 2). Obs.: Só é empregado com plurais, com objetos cujo número se considera. Pode estar em correlação com **quot, quotiens, quantum** ou **ut** consecutivo: **quot homines, tot sententiae** (Cíc. Fin. 1, 15) «tantos homens, tantas sentenças», i.é, «tantas cabeças quantas sentenças».

tŏtī, dat. de **totus**.

totĭdem, adv. Precisamente tantos, outros tantos precisamente (Cés. B. Gal. 1, 48, 5). Obs.: Pode vir empregado em correlação com **quot** ou **atque**: **totidem ...quot** (Cíc. Rep. 1, 22) «precisamente tantos... quantos».

totiens (**totiēs**), adv. Tantas vezes, tão freqüentemente (Cíc. At. 7, 12, 3). Obs.: Pode aparecer empregado em correlação com **quotiens** (Cíc. De Or. 1, 251).

tōtīus ou **tŏtīus**, gen. de **totus**.

totōndī, perf. de **tondĕo**.

tŏtum, -ī, n. usado substantivamente. O todo, a totalidade, o essencial, todo (sinônimo de **omnis**) (Cíc. Tim. 22).

1. **tŏtus**, -a, -um, pron. adj. Todo, inteiro: **tota res publica** (Cíc. Mil. 61) «a república inteira». Obs.: Notem-se as expressões: **ex toto** (Sên. Ir. 1, 12, 6) e **in totum** (Sên. Ep. 72, 6) «totalmente, inteiramente».

2. **totus**, -a, -um (**tot**), adj. Tão grande (Col. 5, 3, 5).

Toxeus, -ĕī (ou -ĕos), subs. pr. m. Toxeu, filho de Téstio (Ov. Met. 8, 441).

toxĭcum (ou -**on**), -ī, subs. n. 1) Veneno (em que se embebiam as flechas) (Ov. P. 4, 7, 11). 2) Veneno (em geral), tóxico (Hor. Epo. 17, 61).

trabālis, -e, adj. I — Sent. próprio: 1) Relativo às traves (Hor. O. 1, 35, 18). Daí: 2) Da grossura de uma trave (Verg. En. 12, 294). II — Sent. figurado: 3) Prego sólido, que prende com firmeza (Cíc. Verr. 5, 53).

1. **trabĕa**, -ae, subs. f. Espécie de toga de tecido côr de púrpura ou enfeitado com franjas dessa côr, usada pelos reis (Ov. F. 2, 503).

2. **Trabĕa**, -ae, subs. pr. m. Trábea. Q Trabea, poeta cômico latino do II séc. a.C., do qual nos restam alguns versos (Cíc. Fam. 9, 21, 1).

trabeāta, -ae, subs. f. (subent. **fabula**). Espécie de comédia (em que as personagens eram de alta categoria) (Suet. Gram. 21).

trabeātus, -a, -um, adj. Vestido de trabĕa (Ov. F. 1, 37).

trabēcŭla, -ae, subs. f. Pequena trave (Cat. Agr. 18, 3).

trabs, trabis, subs. f. I — Sent. próprio: 1) Trave, viga (Cés. B. Gal. 2, 29, 3). 2) Árvore crescida (Ov. Met. 8, 329). II — Daí: 3) Navio (Hor. O. 1, 1, 13). 4) Teto, habitação (Hor. O. 4, 1, 20). 5) Aríete (máquina de guerra) (V. Flac. 6, 383). 6) Mesa (Marc. 14, 91, 2). Tocha, archote (Sên. Herc. f. 103).

Trāchās, -āntis, subs. pr. m. Tracante, outro nome da cidade de Tarracina (Ov. Met. 15, 717).

Trāchīn, -īnis, subs. pr. f. Traquine, cidade da Tessália onde se ergueu a pira mortuária de Hércules (Ov. Met. 11, 627).

Trāchīnius, -a, -um, adj. Traquínio, de Traquine (Ov. Met. 11, 269).

Trāchȳniae (**Trāchīniae**), -ārum, subs. pr. f. pl. Traquínias, tragédia de Sófocles (Cíc. Tusc. 2, 20).

Trāchȳn, -ȳnos, v. **Trāchīn**.

tractābĭlis, -e, adj. I — Sent. próprio: 1) Que se pode tocar, palpável (Cíc. Tim. 13). Daí: 2) Que se pode manejar, que pode ser trabalhado, flexível (Verg. En. 4, 53). II — Sent. figurado: 3) Tratável, flexível, dócil (Cíc. Lae. 48).

tractātĭō, -ōnis, subs. f. I — Sent. próprio: 1) Ação de manejar, manejo, uso (Cíc. Div. 2, 9). II — Sent. figurado: 2) Maneira de tratar, de proceder, trato,

tratamento (Sên. Contr. 3, 7). 3) Prática, exercício, estudo (Cíc. Ac. 2, 6). 4) Elaboração (de uma obra) maneira de tratar (um assunto) (Cíc. Or. 201).
tractātor, -ōris, subs. m. Massagista (escravo) (Sên. Ep. 66, 53).
tractātrix, -īcis, subs. f. Massagista (Marc. 3, 82, 13).
1. tractātus, -a, -um, part. pass. de tracto.
2. tractātus, -ūs, subs. m. I — Sent. próprio: 1) Manejo, ação de manejar (Plín. H. Nat. 15, 87). II — Sent. figurado: 2) Manejo, cultura, prática, exercício (Cíc. De Or. 3, 86). 3) Maneira de tratar de um assunto, tratado, obra (Quint. 1, 8, 16).
tractim, adv. Arrastando-se, lentamente, sem interrupção, prolongadamente (Verg. G. 4, 26).
tractō, -ās, -āre, -āvī, -ātum, v. intensivo e freq. de **traho**, tr. I — Sent. próprio: 1) Arrastar violentamente, arrastar por muito tempo, arrastar com dificuldade (Ov. Met. 13, 410); (Plaut. Mil. 490); (Lucr. 5, 932). Na língua rústica: 2) Traçar sulcos (Lucr. 5, 1289). II — Sent. figurado: 3) Trabalhar, tocar, manusear, manusear (Cíc. Par. 38). (T. Lív. 7, 32, 11); (Ov. Met. 10, 285). Daí: 4) Tratar de, ocupar-se de, dirigir (Cic. Caec. 32); (Cíc. Fam. 13, 77, 3). Donde: 5) Praticar, exercitar, examinar (Cíc. Ac. 2, 22); (Cíc. Tusc. 4, 53). E ainda: 6) Discutir, expor, tratar um assunto (Cés. B. Civ. 3, 28, 5); (Cíc. Ac. 1, 30). 7) Comportar-se, conduzir-se (Cíc. Fam. 1, 3). 8) Meditar, refletir (Cíc. Tusc. 5, 70).
1. tractus, -a, -um. I — Part. pass. de **traho**. II — Adj.: Arrastado, seguido, extenso, que se prolonga: **genus orationis fusum atque tractum** (Cíc. De Or. 2, 64) «estilo oratório difuso e arrastado».
2. tractus, -ūs, subs. m. I — Sent. próprio: 1) Ação de puxar, arrastar (Verg. G. 3, 183). 2) Ação de se arrastar, alongamento, prolongamento, desenvolvimento, extensão (Verg. G. 2, 154). 3) Delimitação por meio de traços; região, lugar, quarteirão (Cés. B. Cív. 3, 112, 8). II — Sent. figurado: 4) Encaminhamento lento, movimento lento e progressivo, lentidão (Cíc. De Or. 2, 54).
trādĭdī, per. de **trado**.
trādĭtĭō, -ōnis, subs. f. I — Sent. próprio: 1) Ação de entregar ou dar (alguém ou alguma coisa), entrega, transmissão (Cíc. Top. 28). Daí: 2) Rendição (de uma cidade) (T. Lív. 32, 14, 3). II — Sent. figurado: 3) Narração histórica, narrativa (Tác. An. 16, 16). 4) Tradição (A. Gél. 13, 22, 14). 5) Transmissão de conhecimentos, ensino (Quint. 3, 1, 3).
trādĭtor, -ōris, subs. m. Traidor (Tác. Hist. 4, 24).
trādō (transdō), -is, -ĕre, -dĭdī, -dĭtum, v. tr. I — Sent. próprio: 1) Entregar, ceder, fazer passar a, abandonar (Cíc. Tusc. 1, 96); (Cés. B. Gal. 1, 28, 2); (Cés. B. Civ. 1, 76, 1). 2) Transmitir, confiar, dar (T. Lív. 8, 10, 8); (Cíc. Verr. 2, 46); (Cés. B. Gal. 6, 4, 4); (Cíc. Fam. 7, 5, 3); (Cíc. Rep. 6, 10); (Tác. An. 4, 40). II — Sent. figurado: 3) Narrar, contar, dizer (Cíc. Amer. 66). 4) Ensinar (Cíc. De Or. 1, 84). Impess.: 5) Conta-se, diz-se segundo a tradição (Cíc. Sest. 141). Obs.: Constrói-se com acus.; com dat.; com dat. e or. inf.; com or. inf.; e impessoalmente.
trādūcō (transdūcō), -is, -ĕre, -dūxī, -dūctum, v. tr. I — Sent. próprio: 1) Conduzir para o outro lado, fazer passar (Cés. B. Gal. 1, 35, 3); (Cés. B. Gal. 1, 12, 2). Daí: 2) Fazer passar de um ponto para outro, transferir, atravessar, levar a (Cés. B. Gal. 1, 11, 1). Donde: 3) Conduzir diante de, fazer desfilar (T. Lív. 45, 39, 12). II — Sent. figurado: 4) Elevar, promover (Cés. B. Gal. 6, 40, 7). 5) Dar um espetáculo, exibir (T. Lív. 2, 38, 3); (Juv. 11, 31). 6) Passar, gastar (o tempo) (Cíc. C.M. 82); (Cíc. Planc. 31). 7) Expor ao riso, expor ao desprêzo (Sên. Ep. 100, 10). Na língua gramatical: 8) Traduzir, verter (A. Gél. 1, 18, 1). Obs.: Constrói-se com acus.; ou com duplo acus. Imperat. arc. **traduce** (Ter. Ad. 910); perf. sinc. **traduxti** (Plaut. Cas. 469).
trādūctĭō, -ōnis, subs. f. Sent. figurado: 1) Passagem de um ponto a outro, ou de uma ordem ou classe social à outra (Cíc. Sest. 15). 2) Curso, o decorrer do tempo (Cíc. Div. 1, 127). 3) Metonímia (Cíc. De Or. 3, 167).
trādūctor, -ōris, subs. m. O que faz passar (de patrício para plebeu) (Cíc. At. 2, 9, 1).
trādūctus, -a, -um, part. pass. de **trādūco**.
trādux, -ŭcis, subs. m. Sarmento de videira (que passa de uma árvore à outra

ou de uma videira à outra) (Tác. Hist. 2, 25).
trādūxī, perf. de **trādŭco**.
trăfĕrō = **transfĕro**.
tragĭcē, adv. À maneira dos poetas trágicos, tràgicamente (Cíc. Br. 43).
tragicocōmoedĭa (ou **tragicōmoedĭa**), **-ae**, subs. f. Tragicomédia (Plaut. Amph. 59).
1. **tragĭcus, -a, -um**, adj. I — Sent. próprio: 1) Trágico, de tragédia (Cíc. Pis. 47). II — Sent. figurado: 2) Trágico, patético, veemente (Cíc. Br. 203). 3) Terrível, horrível (Ov. Trist. 2, 407).
2. **tragĭcus, -ī**, subs. m. 1) Autor ou poeta trágico (Cíc. Opt. 2). 2) Ator trágico (Plaut. Pers. 465).
tragœdĭa, -ae, subs. f. I — Sent. próprio: 1) Tragédia, gênero trágico (Cíc. C.M. 22). II — Sent. figurado: (no pl.): 2) Sublimidade (de estilo), linguagem elevada (Cíc. De Or. 2, 205).
tragoedus, -ī, subs. m. Ator ou autor trágico (Cíc. De Or. 1, 128).
trăgŭla, -ae, subs. f. I — Sent. próprio: 1) Trágula, espécie de dardo (Cés. B. Gal. 5, 35, 6). II — Sent. figurado: 2) Isca, armadilha (Plaut. Ep. 690).
tragus, -ī, subs. m. 1) Catinga, mau cheiro dos sovacos (Marc. 11, 22, 7). 2) Espécie de peixe (Ov. Hal. 112).
trahax, -ācis, adj. Que puxa tudo para si, ávido (Plaut. Pers. 410).
trahō, -is, -ĕre, traxī, tractum, v. tr. e intr. I — Sent. próprio: 1) Arrastar, puxar, carregar (Cíc. Tusc. 1, 105); (Sal. B. Jug. 78, 3); (Hor. A. Poét. 215); (Verg. En. 5, 468); (Verg. G. 3, 536); (Verg. En. 3, 425). II — Sent. figurado: 2) Levar consigo, cativar, atrair (Cíc. Arch. 16); (Verg. Buc. 2, 65). 3) Esticar (Ov. Met. 14, 265). Donde: 4) Fiar (Hor. O. 2, 18, 8). 5) Estender, prolongar, passar (Cíc. At. 10, 8, 2); (Verg. En. 2, 92). 6) Retirar, atirar de, extrair (Cíc. Nat. 2, 25); (Ov. Met. 5, 95). Donde: 7) Exalar (Ov. Met. 2, 753). 8) Contrair, enrugar, encolher (Lucr. 6, 967); (Ov. A. Am. 2, 2, 33). 9) Aspirar, absorver, sorver, engolir de um trago (Ov. Met. 2, 230). 10) Tomar (Verg. En. 4, 701); (Ov. Met. 3, 399). 11) Dar a côr ou o ar de, explicar, interpretar (Tác. An. 1, 62).
trăĭcĭō = **trajicĭo**.
trājēcī, perf. de **trajicĭo**.
trājectĭō (**trāĭectĭō, transjectĭō**), **-ōnis**, subs. f. I — Sent. próprio: 1) Ação de lançar para além, de atravessar, travessia, passagem, trajeto (Cíc. At. 8, 15, 2). II — Sent. figurado: 2) Ação de fazer passar (uma responsabilidade) para outro (Cíc. De Or. 3, 204). 3) Hipérbole (figura de retórica) (Cíc. De Or. 3, 203).
1. **trājēctus, -a, -um**, part. pass. de **trajicĭo**.
2. **trājēctus** (**trāĭēctus, transjēctus**), **-ūs**, subs. m. Trajeto, travessia, passagem (T. Lív. 1, 3, 8).
trājĭcĭō (**trāĭcĭō** ou **transjĭcĭō**), **-is, -ĕre, -jēcī, -jēctum**, v. tr. e intr. I — Sent. próprio: 1) Jogar para além (Cés. B. Gal. 3, 19, 1). Daí: 2) Fazer passar de um para outro lado, atravessar, transportar (T. Lív. 30, 10, 5); (Cíc. Fin. 4, 22); (T. Lív. 23, 31, 4); (T. Lív. 21, 39, 10); (Cíc. Quir. 20). Donde: 3) Traspassar, varar, abrir caminho (Cés. B. Gal. 7, 82, 1); (Cés. B. Gal. 5, 35, 6). 4) Passar, decantar: **in alia vasa** (Varr. R. Rust. 1, 64, 1) «decantar de uns vasos para outros». II — Sent. figurado: 5) Lançar sôbre, atribuir a (Cíc. Caecil. 46). Obs.: Constrói-se com acus.; com **se**; com dois acus.; ou como absoluto.
Trallēs, -ĭum, subs. pr. f. Trales, cidade da Lídia, na Ásia Menor (Cíc. Flac. 57).
Tralliānī, -ōrum, subs. loc. m. Tralianos, habitantes de Trales, na Lídia (Cíc. Flac. 52).
Tralliānus, -a, -um, adj. Traliano, de Trales (Cíc. Or. 234).
trălŏquor (**translŏquor**), **-ĕris, -lŏquī**, v. dep. tr. Dizer, narrar do princípio ao fim (Plaut. Pers. 411).
trălūcĕō = **translūcĕo**.
trăma, -ae, subs. f. I — Sent. próprio: 1) Fios da urdidura que, quando separados pelos liços, dão passagem à lançadeira; daí: tecido, fio (Sên. Ep. 90, 20). II — Sent. particular: 2) Teia de aranha (Plín. H. Nat. 11, 81). III — Sent. figurado: 3) Trama (Plaut. Rud. 1324).
trămĕō = **transmĕo**.
trămes, -ĭtis, subs. m. I — Sent. próprio: 1) Atalho, vereda (Cíc. Phil. 12, 26). Por extensão: 2) Caminho, estrada (Verg. En. 5, 610). II — Sent. figurado: 3) Trâmite, via, meio, método (A. Gél. 13, 19, 15).
trănătō (**transnătō**), **-ās, -āre**, v. tr. e intr. Atravessar a nado (Cíc. Rep. 6, 22); (Tác. Hist. 4, 66).
trănō (**transnō**), **-ās, -āre, -āvī, -ātum**, v. tr. e intr. I — Sent. próprio: 1) Atra-

TRANQUILLĀTUS — 1010 — **TRANSD-**

vessar a nado (Cés. B. Cív. 1, 48, 7); (Cés. B. Gal. 1, 53, 2). II — Sent. figurado: 2) Atravessar, passar através de (Cíc. Nat. 2, 25).
tranquillātus, -a, -um, part. pass. de **tranquillo.**
tranquillē, adv. Tranqüilamente, calmamente (Cíc. Tusc. 3, 25). Obs.: comp.: **tranquillius** (Sên. Ep. 71, 15); superl.: **tranquillissime** (Suet. Aug. 2).
tranquillĭtās, -tātis, subs. f. I — Sent. próprio: 1) Calma, bonança, calmaria (no mar) (Cés. B. Gal. 3, 15, 3). II — Sent. figurado: 2) Calma, serenidade, tranqüilidade, repouso (Cíc. Of. 1, 69). 3) Vossa Serenidade: Tranquillitas tua (título honorífico dado aos últimos imperadores) (Eutr. pref. 1, 12).
1. **tranquillō,** adv., v. **tranquille** (T. Lív. 3, 14, 6).
2. **tranquillō, -ās, -āre, -āvī, -ātum,** v. tr. Acalmar, abrandar (sent. próprio e figurado) (Plín. H. Nat. 2, 234); (Cíc. Top. 98).
tranquillum, -ī, subs. n. I — Sent. próprio: 1) Calmaria (do mar), tempo calmo (T. Lív. 31, 23, 4). II — Sent. figurado: 2) Calma, tranqüilidade, repouso (T. Lív. 4, 43, 3).
tranquillus, -a, -um, adj. I — Sent. próprio: 1) Tranqüilo, calmo (principalmente tratando-se do mar) (Cíc. Clu. 138). Daí: 2) Sereno, calmo (tratando-se do ar) (Plín. H. Nat. 2, 114). II — Sent. figurado: 3) Calmo, pacífico, tranqüilo (Cíc. Or. 176).
trāns, prep. (acus.) e prevérbio. I — Prep.: Além de, para o outro lado de (Cés. B. Gal. 1, 35, 3). 2) Do outro lado de, por sôbre (T. Lív. 41, 4, 2). II — Como prevérbio, além de significar «além de», pode ainda ter o sentido de: «de um lado para outro, inteiramente».
trānsabĕō, -īs, -īre, -bīī, bĭtum, v. tr. 1) Atravessar, ultrapassar, ir além de (Est. Theb. 6, 507). 2) Varar, transpassar (Verg. En. 9, 432).
trānsabĭī, perf. de **transabeo.**
trānsāctor, -ōris, subs. m. Intermediário, medianeiro (Cíc. Verr. 2, 69).
trānsāctus, -a, -um, part. pass. de **transigo.**
trānsadēgī, perf. de **transadigo.**
trānsadĭgō, -is, ĕre, -dēgī, -dāctum, v. tr. I — Sent. próprio: 1) Fazer passar através, fazer penetrar (Verg. En. 12, 508). 2) Traspassar, varar de lado a lado (Verg. En. 12, 276).

Trānsalpīnus, -a, -um, adj. 1) Que está ou fica além dos Alpes, transalpino (Cíc. Mur. 89). 2) Como subs. loc. m. pl.: Os povos transalpinos (Suet. Cés. 24).
trānscēndī, perf. de **transcendo.**
trānscēndō (trānsscēndō), -is, -ĕre, -scēndī, -scēnsum, v. intr. e tr. I — Sent. próprio: 1) Elevar-se além, passar por cima, subir, escalar (Cés. B. Gal. 1, 15, 1); (Cíc. Cat. 4, 6). Daí: 2) Atravessar, transpor, ultrapassar, passar para (Tác. An. 4, 44); (T. Lív. 28, 42, 14). II — Sent. figurado: 3) Transgredir, violar (Lucr. 3, 60).
trānscēnsus, -a, -um, part. pass. de **transcendo.**
trānscīdī, perf. de **transcido.**
trānscīdō, -is, -ĕre, -cīdī, -cīsum, v. tr. Bater até ferir, fustigar até ferir, ferir batendo (Plaut. Pers. 731).
trānscrībō (trānsscrībō), -is, -ĕre, -scrīpsī, -scrīptum, v. tr. I — Sent. próprio: 1) Transcrever (Cíc. Clu. 41). II — Na língua jurídica: 2) Transportar por um ato (T. Lív. 35, 7, 2). 3) Fazer passar a (verg. En. 7, 422). 4) Registrar, inscrever, alistar (Verg. En. 5, 750). 5) Copiar (em pintura) (Plín. H. Nat. 25, 8).
trānscrīpsī, perf. de **transcribo.**
trānscrīptus, -a, -um, part. pass. de **transcribo.**
trānscucŭrrī = **trānscŭrrī,** perf. de **transcurro.**
trānscŭrrī, perf. de **transcurro.**
trānscŭrrō, -is, -ĕre, -cucŭrrī (ou **-cŭrrī**), **-cūrsum,** v. intr. e tr. A) Tr.: I — Sent. próprio: 1) Correr para o outro lado, correr de um lado para o outro (Ter. Eun. 764). Daí: 2) Passar ràpidamente diante de (Cés. B. Civ. 1, 58, 1). II — Sent. figurado: 3) Transcorrer (Quint. 9, 3, 89). 4) Passar ràpidamente, de uma coisa à outra, tornar-se, mudar ràpidamente (Hor. Sát. 2, 2, 82). B) Tr.: 5) Atravessar ràpidamente, transpor correndo (Q. Cúrc. 6, 3, 16). Donde: 6) Tratar ràpidamente um assunto, tratar levianamente um assunto (Quint. 10, 5, 8).
1. **trānscŭrsus, -a, -um,** part. pass. de **transcurro.**
2. **trānscursus, -ūs,** subs. m. I — Sent. próprio: 1) Ação de atravessar, passagem (Sên. Nat. 2, 7, 1). II — Sent. figurado: 2) Rápida exposição, resumo (Vel. 2, 99, 4).
transd- = **trad-.**

trānsēgī, perf. de transigo.
transēnna (trāsēnna), -ae, subs. f. I —
Sent. próprio: 1) Armadilha para apanhar pássaros, armadilha, grade, caniçado (Plaut. Bac. 792). II — Sent. figurado: 2) De relance (como quem olha através de uma grade): **per transennam aspicere** (Cíc. De Or. 1, 162) «olhar de relance».
trānsĕo, -īs, -īre, -iī (ou -īvī), -ītum, v. intr. e tr. I — Sent. próprio: 1) Ir além, atravessar, passar, transpor (Cés. B. Gal. 4, 16, 4); (Cíc. Verr. 5, 5); (Sal. B. Jug. 107, 5); (Cíc. Fam. 3, 8, 5); (Cíc. At. 9, 3, 1). II — Sent. figurado: 2) Passar de um partido a outro, seguir ou adotar uma outra opinião (Cíc. Verr. 1, 40). 3) Percorrer (sent. próprio e figurado) (Cíc. Amer. 91). Donde: 4) Passar, decorrer (Cés. B. Gal. 3, 2, 1). 5) Passar adiante (Verg. En. 11, 719). 6) Passar em silêncio (Cíc. At. 2, 19, 3); (Plín. Ep. 5, 3, 6). 7) Mudar-se, transformar-se, converter-se em (Ov. Met. 11, 643). Obs.: Fut. imperf. **transiet** (Tib. 1, 4, 27); pret. perf. **transivi** (Sên. Ben. 1, 13, 3).
trānsfĕrō, -fers, -fērre, -tŭlī, -lātum, v. tr. I — Sent. próprio: 1) Levar além, transportar (Cíc. Dom. 62); (Cés. B. Civ. 1, 61, 2). Daí: 2) Transplantar (Varr. R. Rust. 1, 39, 3). II — Sent. figurado: 3) Transcrever, traduzir (Cíc. Fam. 3, 8, 4); (Cíc. Fin. 1, 7). 4) Transferir, mudar (Ov. Met. 15, 420). Na língua da retórica: 5) Empregar metafòricamente (Cíc. De Or. 3, 161). 6) Adiar, diferir (Cíc. Mil. 24).
trānsfīgō, -is, -ĕre, -fīxī, -fīxum, v. tr. Furar de lado a lado, transpassar, enfiar através (Cíc. Fin. 2, 97); (Verg. En. 11, 645).
trānsfĭgŭrātĭō, -ōnis, subs. f. Transformação, mudança, metamorfose, transfiguração (Plín. H. Nat. 7, 188).
trānsfĭgŭrō, -ās, -āre, -āvī, -ātum, v. tr. Transformar, metamorfosear, transfigurar (Suet. Ner. 28).
trānsfīxī, perf. de transfigo.
transfīxus, -a, -um, part. pass. de transfigo.
trānsflŭō, -is, -ĕre, -flūxī, v. intr. Correr para além, correr através (Plín. H. Nat. 16, 155).
trānsflūxī, perf. de transfluo.
trānsfŏdī, perf. de transfodio.
trānsfŏdĭō, -is, -ĕre, -fōdī, -fōssum, v. tr. Transpassar (Cés. B. Gal. 7, 82, 1); (Verg. En. 9, 544).

trānsformātus, -a, -um, part. pass. de transformo.
trānsfōrmis, -e, adj. Que se transforma (Ov. F. 1, 373).
trānsfōrmō, -ās, -āre, -āvī, -ātum, v. tr. Transformar, metamorfosear, mudar de forma (Verg. En. 7, 416).
trānsfŏrō, -ās, -āre, v. tr. Transpassar, varar de um lado a outro (Sên. Ben. 2, 6, 1).
trānsfōssus, -a, -um, part. pass. de transfodio.
trānsfrĕtō, -ās, -āre, -āvī, -ātum, v. intr. Fazer uma travessia (Suet. Cés. 34).
trānsfūdī, perf. de transfundo.
trānsfŭga, -ae, subs. m. Trânsfuga (sent. próprio e figurado), desertor (Cíc. Div. 1, 100).
trānsfūgī, perf. de transfugio.
trānsfŭgĭō, -is, -ĕre, -fūgī, -fugĭtum, v. intr. I — Sent. próprio: 1) Fugir para o outro lado, passar para o inimigo (T. Lív. 34, 25, 12). II — Sent. figurado: 2) Desertar, afastar-se (Cíc. Quinct. 93).
trānsfŭgĭum, -ī, subs. n. Deserção (T. Lív. 22, 43, 5).
trānsfūndō, -is, -ĕre, -fūdī, -fūsum, v. tr. I — Sent. próprio: 1) Transvasar (Cat. Agr. 112, 2). II — Sent. figurado: 2) Espalhar, infundir, transfundir (Cíc. Rep. 1, 30); (Cíc. Fam. 9, 14, 4).
trānsfūsĭō, -ōnis, subs. f. I — Sent. próprio: 1) Ação de transvasar (Plín. H. Nat. 34, 172). II — Daí: 2) Mistura, aglomeração (de povos) (Cíc. Scaur. 43).
trānsfūsus, -a, -um, part. pass. de transfundo.
trānsgĕrō, -is, -ĕre, v. tr. Transportar (Plín. H. Nat. 10, 98).
trānsgrĕdĭor, -ĕris, -grĕdī, -grēssus sum, v. dep. intr. e tr. I — Sent. próprio: 1) Passar além, passar por cima, passar (T. Lív. 39, 45, 6); (Tác. An. 3, 66). Daí: 2) Atravessar, transpor (Cíc. Fam. 3, 8, 5). II — Sent. figurado: 3) Exceder, superar, chegar a (Plín. H. Nat. 7, 160).
trānsgressĭō, -ōnis, subs. f. I — Sent. próprio: 1) Ação de passar além ou por cima de, ação de transpor ou atravessar (Cíc. Pis. 81). II — Na língua retórica: 2) Hipérbato (Cíc. De Or. 3, 207).
1. trānsgrĕssus, -a, -um, part. pass. de transgredior.

2. trānsgrĕssus, -ūs, subs. m. Ação de transpor, travessia, passagem (Tác. An. 6, 37).
trānsĭgō, -is, -ĕre, -ēgī, -āctum, v. tr. e intr. I — Sent. próprio: 1) Impelir através, enfiar (S. It. 13, 376). Daí: 2) Transpassar, varar (Tác. An. 14, 37). II — Sent. figurado: 3) Acabar, terminar (Cíc. Fam. 13, 14, 2); (Cíc. De Or. 2, 15). 4) Arranjar, acomodar, transigir (Cíc. Verr. 2, 79). 5) Passar o tempo, viver (Suet. Tib. 7).
trānsĭī, perf. de trānsĕo.
trānsĭlĭī, perf. de trānsĭlĭo.
trānsĭlĭō (trānssĭlĭō), -is, -īre, -sĭlŭī (ou -sĭlĭī ou -sĭlīvī), v. intr. e tr. I — Sent. próprio: 1) Saltar de um para outro lado, saltar por cima (sent. concreto e absoluto) (T. Lív. 30, 25, 6); (T. Lív. 1, 7, 2); (Cíc. Phil. 2, 84). II — Sent. figurado: 2) Exceder, ultrapassar, abusar (Hor. O. 1, 18, 7). Obs.: Perf. transilui (Ov. F. 4, 727); (T. Lív. 1, 7, 2); (Sên. Ep. 74, 34). Perf. transilivi (Plín. H. Nat. 29, 1, 5).
trānsĭlŭī = trānsĭlĭī, perf. de trānsĭlĭo (T. Lív. 1, 7, 2); (Ov. F. 4, 727).
trānsĭtĭō, -ōnis, subs. f. I — Sent. próprio: 1) Ação de passar, passagem (Cíc. Nat. 1, 109). Daí: 2) Passagem (de uma para outra ordem social) (Cíc. Br. 62). 3) Deserção, defecção (T. Lív. 28, 15, 14). II — Sent. figurado: 4) Contágio (Ov. R. Am. 616).
trānsĭtōrĭus, -a, -um, adj. Que serve de passagem, por onde se passa (Eutr. 7, 23).
1. trānsĭtus, -a, -um, part. pass. de trānsĕo.
2. trānsĭtus, -ūs, subs. m. I — Sent. próprio: 1) Ação de passar, passagem (Cíc. Tusc. 5, 59). II — Sent. particular: 2) Via, canal, conduto (têrmo de anatomia) (Plín. H. Nat. 23, 59). III — Sent. figurado: 3) Passagem (para um outro partido ou família) (Tác. Hist. 1, 76). 4) Passagem, mudança, transição (Ov. Met. 6, 66).
trānsĭvī = trānsĭī, perf. de trānsĕo.
transj. = traj.
trānslātĭcĭus (trālātĭcĭus), -a, -um, adj. I — Sent. próprio: 1) Transmitido pela tradição, tradicional, habitual, hereditário (Cíc. Verr. 1, 114). II — Sent. figurado: 2) Tradicional, consagrado, ordinário, comum (Suet. Ner. 33). 3) Metafórico (Quint. L. Lat. 6, 55).
trānslātĭō (trālātĭō), -ōnis, subs. f. I — Sent. próprio: 1) Transplantação (Plín. H. Nat. 17, 75). 2) Transferência (Cíc. Of. 1, 43). II — Sent. figurado: 3) Ação de transferir (uma falta) a outrem (Cíc. Verr. 4, 91). Na língua gramatical: 4) Metáfora (Cíc. De Or. 3, 156). 5) Tradução, versão (Quint. 1, 4, 18).
trānslātīvus (trālātīvus), -a, -um, adj. Relativo à transferência, que produz mudança (Cíc. Inv. 1, 10).
trānslātor, -ōris, subs. O que traslada, o que transfere (Cíc. Verr. 5, 152).
1. trānslātus, -a, -um, part. pass. de trānsfĕro.
2. trānslātus (trālātus), -ūs, subs. m. Procissão, marcha pomposa (Sên. Tranq. 1, 8).
trānslĕgō, -is, -ĕre, v. tr. Ler à pressa, ràpidamente (Plaut. Asin. 570).
trānslŏquor = trālŏquor.
trānslūcĕō (trālūcĕō), -ēs, -ēre, v. intr. I — Sent. próprio: 1) Refletir-se, refletir, brilhar através de (Lucr. 4, 308); (Ov. Met. 4, 354). II — Daí: 2) Ser transparente, diáfano (Plín. H. Nat. 37, 181).
trānslūcĭdus, -a, -um, adj. Transparente, diáfano (sent. próprio e figurado) (Plín. H. Nat. 37, 129).
trānsmarīnus (trāmarīnus), -a, -um, adj. De além-mar, ultramarino (Cés. B. Gal. 6, 24, 5).
trānsmĕō (trāmĕō), -ās, -āre, -āvī, -ātum, v. intr. e tr. Passar além, atravessar, ir além (Plín. H. Nat. 30, 96); (Tác. An. 12, 62).
trānsmigrātus, -a, -um, part. pass. de transmigro.
trānsmigrō, -ās, -āre, -āvī, -ātum v. intr. Passar de um lugar para outro, emigrar, transmigrar, mudar de morada (T. Lív. 5, 53, 2); (Suet. Tib. 15).
trānsmīsī, perf. de transmītto.
trānsmissĭō, -ōnis, subs. f. Passagem de um lugar para outro, travessia, trajeto (Cíc. At. 4, 17, 1).
1. trānsmīssus (trāmīssus), -a, -um, part. pass. de transmītto.
2. trānsmīssus (trāmīssus), -ūs, subs. m. Travessia, trajeto (Cés. B. Gal. 5, 13, 2).
trānsmīttō (trāmīttō), -is, -ĕre, -mīsī, -mīssum, v. tr. I — Sent. próprio: 1) Enviar para o lado de lá, para além (Cés. B. Gal. 7, 61, 2). Daí: 2) Fazer passar, transportar (T. Lív. 8, 24, 13). 3) Passar, atravessar, transpor (Cíc. Pomp. 32). II — Sent. figurado: 4) Transmitir, legar, consagrar (Cíc. Pomp. 42); (Cíc. Pomp. 1). 5) Renun-

ciar, deixar de lado (Tác. An. 4, 41) 6) Passar em silêncio, negligenciar (Tác. Hist. 1, 13). 7) Passar o tempo, viver (Plín. Ep. 9, 6, 1).

Tränsmontäni, -ōrum, subs. loc. m. pl. Habitantes transmontanos (T. Lív. 39, 2, 9).

tränsmověō, -ēs, -ēre, -mōtum, v. tr. Transportar, remover (Tác. An. 13, 53).

tränsmütātiō, -ōnis, subs. f. Transposição (Quint. 1, 5, 39).

tränsmütō, -ās, -āre, v. tr. Transportar, transferir (Hor. O. 3, 29, 51).

tränsnătō = trănătō.

tränsnō = trănō.

tränsnōmĭnō, -ās, -āre, -āvī v. tr. Mudar de nome, mudar o nome de (Suet. Dom. 13).

Tränspadāni, -ōrum, subs. loc. m. pl. Transpadanos, habitantes da Itália Transpadana (Cíc. At. 5, 2, 3). Obs.: No sg.: (Catul. 39, 13).

Tränspadānus, -a, -um, adj. Transpadano, que se encontra além do rio Pó (Cíc. Fam. 12, 5, 2).

tränspēctus, -ūs, subs. m. Aquilo que se vê através de, que aparece por entre (Lucr. 4, 272).

tränspĭcĭō (träspĭcĭō) -is, -ĕre, v. tr. Ver através de (Lucr. 4, 270).

tränspōnō, -is, -ĕre, -posŭī, -posĭtum, v. tr. Transportar, transpor, transferir (Tác. An. 2, 8).

tränsportātiō, -ōnis, subs. f. Emigração (Sên. Helv. 7, 5).

tränsportātus, -a, -um, part. pass de transpōrto.

tränspōrtō, -ās, -āre, -āvī, -ātum, v. tr. I — Sent. próprio: 1) Transportar, levar para outro lado (Cíc. Pis. 47); (Cés. B. Gal. 4, 16, 6). II — Daí: 2) Deportar, desterrar, exilar (Suet. Aug. 65). Obs.: Constrói-se com acus.; ou com dois acus.

tränspositus, -a, -um, part. pass. de transpōno.

tränsposŭī, perf. de transpōno.

Tränsrhēnāni, -ōrum, subs. loc. m. pl. Transrenanos, os que habitam regiões além do Reno (Cés. B. Gal. 4, 16, 5).

Tränsrhēnānus, -a, -um, adj. Transrenano, que habita ou está situado além do Reno (Cés. B. Gal. 5, 2, 5).

transs- = trans-.

Tränstĭbĕrīnī, -ōrum, subs. loc. m. pl. Transtiberinos, habitantes de regiões situadas além do Tibre (Cíc. At. 12, 23, 3).

Tränstĭbĕrīnus, -a, -um, adj. Transtiberino (Marc. 1, 41, 3).

tränstĭnĕō, -ēs, -ēre, v. tr. Passar através de, dar acesso através de (Plaut. Mil. 468).

tränstrum, -ĭ, subs. n. I — Sent. próprio: 1) Prancha ou barrote colocado horizontalmente sôbre o espaço compreendido entre duas paredes (Cés. B. Gal. 3, 13, 4). II — No pl.: 2) Bancos de remadores (Ov. Met. 14, 534).

tränstŭlī, perf. de **transfěrō**.

tränsultō (tränssultō), -ās, -āre, v. intr. Saltar de um cavalo para outro (T. Lív. 23, 29, 5).

tränsŭī, perf. de transŭo.

tränsūmō (ou tränssūmō), -is, -ĕre, -sūmpsī, -sūmptum, v. tr. Tomar, ou receber de outro (Estác. Theb. 2, 242).

tränsumptĭō, -ōnis, subs. f. Metalepse (Quint. 8, 6, 37).

tränsŭō (transsŭō), -is, -ĕre, -sŭī, -sūtum, v. tr. Coser, furar com a agulha (Ov. F. 2, 363).

tränsvectĭō (trävectĭō), -ōnis, subs. f. I — Sent. próprio: 1) Ação de transportar, transporte (Plín. Paneg. 51, 1). II — Daí: 2) Passagem, travessia (Cíc. Tusc. 1, 10). III — Sent. particular: 3) Revista de um corpo de cavalaria (Suet. Aug. 38).

tränsvēctus, -a, -um, part. pass. de transvěho.

tränsvěhō (trävěhō), -is, -ĕre, -vēxī, -vēctum, v. tr. I — Sent. próprio: 1) Transportar para lá, fazer passar para o outro lado (Cés. B. Civ. 3, 29, 3). Daí: 2) Transportar os soldados, fazê-los desfilar (T. Lív. 9, 46, 15). II — Sent. figurado: 3) Passar, decorrer (o tempo) (Tác. Agr. 18).

tränsverběrō, -ās, -āre, -āvī, -ātum, v. tr. Transpassar, atravessar (Cíc. Fam. 7, 1, 3).

tränsversārius (träv-), -a, -um, adj. Pôsto transversalmente, transversal (Cés. B. Civ. 2, 15, 2).

tränsvērsō, -ās, -āre, v. tr. Remexer através de (Verg. Mor. 45).

tränsvērsus (tränsvŏrsus ou trävērsus), -a, -um, part. pass. tomado adjetivamente. I — Sent. próprio: 1) Que atravessa, oblíquo, transversal, atravessado (Cic. Verr. 4, 119). II — Sent. figurado: 2) Afastado do caminho reto, transviado (Sal. B. Jug. 6, 3). Daí: 3) Contrário, hostil, de través (Verg. En. 5, 19); (Cíc. At. 15, 4, 5).

trānsvēxī, perf. de transvěho.
trānsvolĭtō, -ās, -āre, -āvī, v. tr. Atravessar voando (Lucr. 1, 355).
trānsvŏlō (trāvŏlō), -ās, -āre, -āvī, -ātum, v. tr. e intr. 1) Atravessar voando, passar voando (sent. próprio e figurado) (Hor. O. 4, 13, 9). Daí, em sent. figurado: 2) Fugir, desaparecer ràpidamente (Lucr. 6, 369). 3) Negligenciar, omitir (Hor. Sát. 1, 2, 108). 4) Não causar impressão (Quint. 4, 2, 45).
trānsvŏrsus = trānsvērsus.
trapētum, -ī, subs. n., trapētus, -ī, subs. m. ou trapētēs, -um, subs. m. pl. Mó de lagar de azeite Verg. G. 2, 519).
trapezīta, -ae, subs. m. Cambista, banqueiro (Plaut. Curc. 559).
trapezophŏrum, -ī, subs. n. Pé de mesa (Cíc. Fam. 7, 23, 3).
Trapezūs, -ūntis, subs. pr. f. Trapezunte, cidade do Ponto (Tác. An. 13, 39).
trāsēnna, v. trāsēnna (Plaut. Pers. 480).
1. Trasumēnus (-mēnnus) ou menos corretamente Trasimēnus, -ī, subs. pr. m. Trasumeno ou Trasimeno, lago da Etrúria, na Itália, célebre pela vitória de Aníbal (Cíc. Div. 2, 21).
2. Transumēnus, -a, -um, adj. Trasumeno, do lago Trasumeno (Ov. F. 6, 765).
Trasymēnus, v. Trasumēnus.
traulizi, ela murmura, ela sussura (Lucr. 4, 1165). Obs.: Adaptação do grego.
Trausĭus, -ī, subs. pr. m. Tráusio, nome de homem (Hor. Sát. 2, 2, 99).
trav- = transv-.
trāvŏlō = transvŏlo.
traxe, traxem = traxīsse, traxīssem, formas sincopadas do inf. perf. e m. q. perf. do subj. de traho (Verg. En. 5, 786).
traxī, perf. de traho.
Trebātĭus, -ī, subs. pr. m. Trebácio. C. Trebatius Testa, jurisconsulto amigo de Cicero (Cíc. Fam. 11, 27, 1).
Trebellĭus, -ī, subs. pr. m. Trebélio, nome de família romana (Cíc. Phil. 10, 22).
Trebĭa, -ae, subs. pr. m. Trébia, afluente do rio Pó, célebre pela vitória que Aníbal obteve sôbre os romanos (T. Lív. 21, 52).
Trebiānī, -ōrum, subs. loc. m. Trebianos, habitantes de Trébia (Suet. Tib. 31).
1. Trebiānus, -a, -um, adj. Trebiano, de Trébia, da Úmbria (T. Lív. 23, 14, 13).
2. Trebiānus, -ī, subs. pr. m. Trebiano, nome de um correspondente de Cícero (Cíc. Fam. 6, 10).

Trebĭum, -ī, subs. pr. m. Trébio, cidade do Lácio, na Itália (T. Lív. 2, 39, 4).
Trebĭus, -ī, subs. pr. m. Trébio, nome de homem (T. Lív. 23, 1, 1).
Trebōnĭus, -ī, subs. pr. m. Trebônio, nome de uma família romana, na qual se ressaltava C. Trebonius, embaixador de César na Gália e amigo de Cícero (Cés. B. Gal. 5, 24, 3).
Trēbŭla, -ae, subs. pr. f. 1) Trebula Mutusca, povoação dos sabinos (Verg. En. 7, 711). 2) Cidade da Campânia (T. Liv. 23, 39, 6).
Trebulānum, -ī, subs. pr. n. Trebulano, casa de campo na Campânia (Cíc. At. 5, 2, 1).
Trēbulānus, -a, -um, adj. Trebulano, de Trébula, na Campânia (T. Lív. 10, 1, 2).
trecēnī, -ae, -a, num. distr. Trezentos cada um, trezentos (T. Lív. 39, 38, 11).
trecentēsĭmus, -a, -um, num. ord. Trecentésimo (Cíc. Rep. 1, 25).
trecēntī, -ae, -a, num. card. 1) Trezentos (Cíc. Phil. 3, 10). Daí, em sent. figurado: 2) Grande número (Hor. O. 3, 4, 79).
trecentĭēs, (-tĭens), adv. Trezentas vêzes (Catul. 29, 14).
trechedīpnum, -ī, subs. n. Vestido ligeiro usado à mesa pelos parasitas (Juv. 3, 67).
tredĕcim, num. card. indecl. Treze (T. Lív. 36, 45, 3).
tremebūndus (tremibūndus), -a, -um, adj. Que treme, que se agita, palpitante (Ov. Met. 4, 133).
tremefacĭō, -ĭs, -ĕre, -fēcī, -fāctum, v. tr. I — Sent. próprio: 1) Fazer tremer, tremer, abalar, agitar (Verg. En. 9, 106): se tremefacere (Cíc. poét. Div. 1, 18) «tremer»; (Prop. 2, 9, 34). II — Daí: 2) Assustar, espantar (Verg. En. 2, 228).
tremefēcī, perf. de tremefacĭō.
tremēndus, -a, -um. I — Gerundivo de tremo. II — Adj.: Que faz tremer, tremendo, terrível, temível (Verg. G. 4, 469).
tremēscō (tremīscō), -ĭs, -ĕre, v. incoat. intr. e tr. A) Intr.: 1) Começar a tremer (Verg. En. 5, 694). Daí: B) Tr.: 2) Tremer diante de (Verg. En. 3, 648).
tremīscō = tremēscō.
tremō, -ĭs, -ĕre, tremŭī, v. intr. e tr. Sent. próprio: 1) Tremer, agitar-se (Cíc. Pis. 82). Na língua imperial: 2) Tremer diante de, ter mêdo de, temer (Verg. En. 8, 296); (Hor. Sát. 2, 7, 57).

tremor, -ōris, subs. m. I — Sent. próprio: 1) Tremor, agitação (Verg. G. 3, 250). II — Sent. particular: 2) Tremor de terra (Sên. Nat. 6, 21, 3). III — Sent. moral: 3) Tremura, estremecimento, terror (Marc. 5, 24, 4).
tremŭī, perf. de **tremo.**
tremŭlus, -a, -um, adj. I — Sent. próprio: 1) Que treme, que se agita, trêmulo, agitado, entrecortado (tratando-se da voz), caduco (Verg. Buc. 8, 105). II — Sent. poético: 2) Que faz tremer ou estremecer (Cíc. Arat. 68).
trepidānter, adv. De maneira agitada, desordenadamente, timidamente. Obs.: Comp.: **trepidantĭus** (Cés. B. Civ. 1, 19, 3) «de maneira mais agitada».
trepidātĭō, -ōnis, subs. f. Sent. próprio e figurado: Agitação, desordem, perturbação, precipitação, tremor (T. Lív. 3, 3, 2); (Sên. Ir. 3, 10, 2).
trepĭdē, adv. Em desordem, com agitação (T. Lív. 22, 31, 5).
trepĭdō, -ās, -āre, -āvī, -ātum, v. intr. e tr. I — Sent. próprio: 1) Agitar-se, andar agitado (Cés. B. Gal. 5, 33, 1); (T. Lív. 23, 7, 10). II — Daí: 2) Tremer (Ter. Eun. 979). Donde: 3) Palpitar (Ov. Met. 15, 576).
trepĭdus, -a, -um, adj. I — Sent. próprio: 1) Agitado, inquieto, desassossegado (Verg. G. 4, 73). II — Daí: 2) Apressado, cheio de mêdo, tímido, receoso (T. Lív. 36, 31, 5). 3) Alarmante, inquietante (T. Lív. 1, 27, 7). 4) Precipitado, pressuroso (Verg. En. 4, 672).
trēs, tria, num. card. 1) Três (Cíc. Tusc. 4, 14). 2) Três (= pequeno número) (Ter. Phorm. 638).
Três Tabērnae, subs. pr. f. Três Tabernas, lugar à beira da Via Ápia (Cíc. At. 1, 13, 1).
tressis, -is, subs. m. I — Sent. próprio: 1) Tresse, três asses (moeda) (Varr. L. Lat. 5, 169). II — Daí: 2) Valor de três asses, valor insignificante (Pérs. 5, 76).
trēsvĭrī (três vĭrī), trium virōrum, subs. m. pl. I — Sent. próprio: 1) Triúnviros (três homens que desempenhavam um cargo em conjunto) (Plaut. Aul. 416). II — Sent. particular: 2) Sacerdotes subalternos (encarregados dos banquetes oferecidos aos deuses) (Cíc. De Or. 3, 73). 3) Homens encarregados de zelar pela fabricação do dinheiro (Cíc Fam. 7, 13, 3). 4) Homens encarregados de governar as colônias (T. Lív. 32, 2, 6).

Trēvĕrī ou **Trēvĭrī, -ōrum,** subs. loc. m. pl. Tréveros ou tréviros, povo da Bélgica (Cés. B. Gal. 1, 37, 1).
Trēvir, -ĭrī, subs. loc. m. Um trévero, habitante de Tréveros (Tác. Hist. 3, 35).
Trēvĕrĭcus, -a, -um, adj. De Tréveros (Tác. An. 3, 42).
triangŭlum, -ī, subs. n. Triângulo (Cíc. Nat. 2, 125).
triangŭlus, -a, -um, adj. Triangular, que tem três ângulos (Cíc. Div. 2, 89).
Triārĭa, -ae, subs. pr. f. Triária, nome da mulher do imperador Vitélio (Tác. Hist. 2, 63).
triārĭī, -ōrum, subs. m. pl. Triários, soldados da terceira linha (T. Lív. 22, 5, 7).
Triārĭus, -ī, subs. pr. m. Triário, sobrenome romano, notando-se: **C. Valerĭus Triarius,** interlocutor do «**De Finibus**» de Cícero (Cíc. Br. 266).
tribas, -ădis, subs. f. Tríbade, lésbia (Fedr. 4, 16).
Tribocī, -ōrum ou **Tribocēs, -um,** subs. loc. m. pl. Tribocos ou triboces, povo do norte da Germânia (Cés. B. Gal. 4, 10, 3).
tribŏlus, v. **tribŭlus.**
tribuārĭus, -a, -um, adj. Relativo à tribo (Cíc. Planc. 36).
tribŭī, perf. de **tribŭo.**
tribulis, -is, subs. m. I — Sent. próprio: 1) Tribul, que é da mesma tribo (Cíc. Fam. 13, 23, 1). II — Sent. figurado: 2) Pobre, miserável (Hor. Ep. 1, 13, 15).
tribŭlum, -ī, subs. n. Espécie de grade para debulhar o trigo, trilho (Verg. G. 1, 164).
tribŭlus (tribŏlus), -ī, subs. m. Tríbulo (espécie de cardo) (Verg. G. 1, 153).
tribūnal, -ālis, subs. n. I — Sent. primitivo: 1) Lugar onde se sentavam os tribunos; daí: 2) Tribuna onde se sentavam os magistrados, os juízes (Cíc. Verr. 2, 94). 3) Tribuna (do general) (T. Lív. 28, 27, 15). II — Sent. particular: 4) Plataforma destinada à colocação de um monumento fúnebre (Tác. An. 2, 83). III — Sent. figurado: 5) Altura, elevação (Apul. Flor. 16, d. 24).
tribūnātus, -ūs, subs. m. Tribunato, dignidade de tribuno: 1) Tribunato da plebe (Cíc. Lae. 41). 2) Dos soldados, tribunato militar (Cíc. Sest. 7).
1. **tribūnĭcĭus, -a, -um,** adj. Tribunício, de tribuno (Cíc. De Or. 2, 124).
2. **tribūnĭcĭus, -ī,** subs. m. Ex-tribuno (Cíc. Phil. 13, 30).

tribūnus, -i, subs. m. I — Sent. primitivo: 1) Chefe de uma das três tribos de Roma. II — Daí: 2) Tribuno, tribuno da plebe **tribunus plebis**) (Cíc. Rep. 2, 58); tribuno militar (**tribunus militum**) (T. Liv. 4, 6, 8); tribuno do tesouro (**tribunus aerarii**), (Cíc. Cat. 4, 15). Obs.: **Tribunus** significava pròpriamente «o magistrado da tribo», estendendo-se depois a diversos magistrados, civis ou militares.

tribŭo, -is, -ĕre, tribŭī, tribūtum, v. tr. e intr. A) Tr.: I — Sent. próprio (na língua jurídica): 1) Dividir entre as tribos (Varr. L. Lat. 5, 180). II — Daí (na língua comum): 2) Distribuir, repartir, dividir (Cíc. Br. 152). Donde: 3) Atribuir, conceder, dar, destinar, imputar (Cíc. Of. 1, 15); (Cíc. Cael. 29); (Cés. B. Gal. 7, 53, 1). B) Intr.: 4) Ter consideração ou condescendência para com (Cíc. Fam. 13, 9, 2).

1. tribus, dat. abl. de **três**.

2. tribus, -ūs, subs. f. I — Sent. próprio: 1). Tribo, divisão do povo romano (Cíc. Clu. 122). No pl.: 2) O povo, a classe pobre (em oposição aos senadores e cavaleiros) (Marc. 8, 15, 4). II — Sent. figurado: 3) Classe ou categoria de pessoas (Hor. Ep. 1, 19, 40).

tribūtārĭus, -a, -um, adj. I — Sent. próprio: 1) Tributário, que paga um tributo (Plín. H. Nat. 12, 6). II — Sent. figurado: 2) De tributo, de crédito (Cíc. Verr. 4, 148).

tribūtim, adv. Por tribos (T. Liv. 3, 55, 3).

tribūtĭo, -ōnis, subs. f. Distribuição, divisão (Cíc. Nat. 1, 50).

tribūtum, -ī, subs. n. I — Sent. próprio: 1) Tributo, impôsto, contribuição (Cíc. Of. 2, 74). II — Sent. figurado: 2) Presente (Marc. 10, 17, 1).

1. tribūtus, -a, -um, adj. De tribos, que se faz por tribos, por tribos (T. Liv. 2, 56, 2).

2. tribūtus, -a, -um, part. pass. de **tribŭo**.

3. tribūtus, -ūs, subs. m., v. **tribūtum** (Plaut. Ep. 228).

trīcae, -ārum, subs. f. pl. 1) Ninharias, bagatelas, futilidades (Plaut. Most. 572). 2) Tricas, dificuldades, intrigas (Cíc. At. 10, 8, 9).

Tricca, -ae (Triccē, -ēs), subs. pr. f. Trica, cidade da Tessália (T. Liv. 32, 13, 5).

tricēnārĭus, -a, -um, adj. Tricenário, de trinta, que contém trinta (Sên. Contr. 3, 3, 5).

tricēnī, -ae, -a, num. distr. Trinta de cada vez, trinta cada um, trinta (Cíc. Verr. 4, 58).

tricĕps, -cipĭtis, adj. Tricípite, que tem três cabeças (Cíc. Tusc. 1, 10).

tricēsimus (trigēsimus), -a, -um, num. ord. Trigésimo (Cíc. Fam. 12, 2, 1).

trichīla, -ae, subs. f. Ramada, latada, caramanchão (Cés. B. Civ. 3, 96).

triciēs (-ĭens), adv. Trinta vêzes (Cíc. Rep. 3, 17).

Tricipitīnus, -ī, subs. pr. m. Tricipitino, sobrenome dos **Lucretii** (Cíc. Leg. 2, 10).

tricipĭtis, gen. de **triceps**.

triclīnĭa, -ae, subs. f. v. **triclinĭum** (Petr. 71, 10).

triclīnĭāris, adj. Que se refere ao triclínio ou à sala de jantar (Plín. H. Nat. 37, 14).

triclīnĭum, -ī, subs. n. I — Sent. próprio: 1) Triclínio, sala de jantar com três leitos) (Cic. Verr. 2, 183). II — Sent. particular: 2) Leito de mesa para três pessoas (algumas vêzes para quatro ou cinco pessoas) (Cíc. Verr. 3, 61).

tricō, -ōnis, subs. m. Trapaceiro, intrigante (Plaut. Bac. 280).

tricōlum (-on), -ī, subs. n. Período de três membros (Sên. Contr. 2, 4, 12).

tricor, -āris, -ārī, -ātus sum, v. dep. intr. Procurar dificuldades ou embaraços a, buscar subterfúgios, chicanar (Cíc. At. 14, 19, 4).

Tricorĭī, -ōrum, subs. loc. m. Tricórios, povo da Gália Narbonense (T. Liv. 21, 31).

tricōrpor, -ŏris, adj. Tricorpóreo, que tem três corpos (Verg. En. 6, 289).

tricŭspis, -ĭdis, adj. Que tem três pontas, tricúspide (Ov. Met. 1, 330).

1. tridens, -dēntis, adj. Que tem três dentes (Verg. En. 5, 143).

2. tridens, -dēntis, subs. m. Tridente (de Netuno), arpão (Verg. G. 1, 13).

tridentĭfer (tridentĭger), -fĕra, -fĕrum, adj. Tridentífero, que traz um tridente, armado de tridente, epíteto poético de Netuno (Ov. Met. 8, 595).

trĭdŭum (-dŭom), -ī, subs. n. Espaço de três dias, tríduo (Cés. B. Gal. 1, 38, 1).

Triennĭa, -ĭum, subs. pr. n. pl. Festas de Baco, celebradas em Tebas, de três em três anos (Ov. Met. 9, 642).

triennĭum, -ī, subs. n. Espaço de três anos, triênio (Cés. B. Gal. 4, 4, 2).

triēns, -ēntis, subs. m. I — Sent. próprio: 1) Triente, a têrça parte de um asse (Hor. A. Poét. 328). II — Sent. parti-

TRIENTABŬLUM — 1017 — **TRIŎ**

cular: 2) Têrça parte de um sextário (quatro cíatos) (Prop. 3, 10, 29). III —Sent. geral: 3) Um têrço, a têrça parte de um todo (Cíc. At. 7, 8, 3).

trientabŭlum, -ī, subs. f. Porção de terreno equivalente a um têrço (T. Lív. 3J, 13, 9).

triĕrarchus, -ī, subs. m. Trierarco, comandante de uma trirreme (Cíc. Verr. 1, 52).

triĕris, -is, subs. f. Trirreme (C. Nep. Alc. 4, 3).

Trietērĭca, -ōrum, subs. pr. n. Festas em honra a Baco, realizadas em Tebas de três em três anos (Ov. Rem. 593).

trietērĭcus, -a, -um, adj. Que se realiza de três em três anos (Verg. En. 4, 302).

Trietērĭdēs, subs. f. pl., v. **Trietericā** (Cíc. Nat. 3, 58).

trietēris, -ĭdis, subs. f. Espaço de 3 anos (Marc. 9, 85, 9).

Trifānum, -ī, subs. pr. n. Trifano, cidade do Lácio, na Itália (T. Lív. 8, 11).

trifārĭam, adv. Em três partes, em três lugares, de três lados (T. Lív. 3, 22, 7).

trifaux, -faucis, adj. Trifauce, que tem três goelas, triplo (Verg. En. 6, 417).

trifer, -ĕra, -ĕrum, adj. Que dá frutos de 3 em 3 anos (Plín. H. Nat. 15, 71).

trifīdus, -a, -um, adj. Trífido, fendido em três, que tem três pontas (Ov. Met. 2, 325).

trifīlis, -e, adj. Que tem três fios, três fios de cabelo (Marc. 6, 74, 2).

Trifolīnus, -a, -um, adj. De Trifólio, montanha da Campânia (Juv. 9, 56).

trifōrmis, -e, adj. Triforme, que tem três formas, três corpos (tratando-se de Quimera, de Cérbero, etc.) (Hor. O. 1, 27, 23).

trifūr, -ūris, subs. m. Refinado ladrão (Plaut. Aul. 633).

trifurcĭfer, -fĕrī, subs. m. Refinado patife (Plaut. Aul. 326).

trigārĭus, -ī, subs. m. O condutor de uma triga, tiro de três cavalos (Plín. H. Nat. 28, 338).

Trigemĭna Porta, subs. pr. f. Porta Trigêmina, uma das portas da cidade de Roma (T. Lív. 4, 16, 2).

trigemĭnus, -a, -um, v. **tergemĭnus** (T. Lív. 1, 25, 1).

trigēsĭmus, v. **tricēsĭmus.**

trigīntā, num. card. indecl. Trinta: **triginta tyranni** (Cíc. Tusc. 1, 96) «os trinta tiranos» (de Atenas).

trigōn, -ōnis, subs. m. Péla para jogos a três (Marc. 4, 19, 5).

trigōnālis, -e, adj. Triangular: **trigonalis pila** (Marc. 14, 46) = **trigon.**

trigŏnus (trȳgōnus), -ī, subs. m. Espécie de atum (peixe) (Plaut. Capt. 851).

trilībris, -e, adj. Que pesa três libras (Hor. Sát. 2, 2, 33).

trilinguis, -e, adj. Trilíngüe, que tem três línguas, que fala três línguas (Hor. O. 3, 11, 20).

trilīx, -īcis, adj. I — Sent. próprio: 1) Tecido de três fios (Marc. 14, 143, 1). II — Daí: 2) Que tem um tríplice tecido (Verg. En. 3, 468).

trimestrĭa, -ĭum, subs. n. pl. Sementes que dão frutos três meses depois da sementeira (Plín. H. Nat. 18, 240).

trimēstris, -e, adj. De três meses, que tem três meses (Plín. H. Nat. 37, 163).

trimĕtrus (trimĕtros), -ī, subs. m. Trímetro, verso jâmbico trímetro (Hor. A. Poét. 252).

trimodĭa, -ae, subs. f. e **trimodĭum, -ī,** subs. n. Vasilha de três módios (Plaut. Men. 15).

trimŭlus, -a, -um, adj. (dim. de **trimus**). De três anos, de três anos de idade (Suet. Ner. 6).

trimus, -a, -um, adj. De três anos, que tem três anos de idade (Hor. Sát. 2, 3, 251).

Trīnacrĭa, -ae, subs. pr. f. Trinácria, nome dado à Sicília por causa de seus três promontórios (Verg. En. 3, 440).

Trīnnăcris, -ĭdis, adj. f. Trinácrida, da Sicília (Ov. F. 4, 420). Obs.: subs. f.: **Trinācris, -ĭdis,** Trinácrida, i. é, a Sicília (Ov. P. 2, 10, 22).

Trīnacrĭus, -a, -um, adj. Trinácrio, da Sicília (Verg. En. 3, 429).

trīnī, -ae, -a, num. distr. I — Sent. próprio: 1) Três cada um, três (Cíc. At. 11, 17, 1). II — Daí: 2) Três, triplo (com o sg.) (Tác. Hist. 1, 2).

Trinobāntēs, -ĭum (ou -um), subs. loc. m. Trinobantes, nome de um povo que habitava certa região a leste da Bretanha (Cés. B. Gal. 5, 20, 1).

trinoctĭālis, -e, adj. De três noites (Marc. 12, 77, 5).

trinoctĭum, -ī, subs. n. Espaço de três noites (V. Máx. 2, 4, 5).

trinōdis, -e, adj. Que tem três nós (Ov. Her. 4, 115).

trinundĭnum (trinum nundĭnum), -ī, subs. n. Intervalo de vinte e sete dias durante os quais se realizavam três feiras em Roma (Cíc. Phil. 5, 8).

Trĭŏ, -ōnis, subs. pr. m. Trião, sobrenome romano (Tác. An. 2, 28).

triobŏlus, -ī, subs. m. Trióbolo, moeda que vale três óbolos, meio dracma (Plaut. Bac. 260).

Triocalīnus, -a, -um, adj. Triocalino, de Triócalos, cidade da Sicília (Cíc. Verr. 5, 10).

triōnēs, -um, subs. m. pl. I — Sent. próprio: 1) Bois de lavra (Varr. L. Lat. 7, 74). II — Sent. figurado: 2) As duas Ursas (constelações) (Verg. En. 3, 516).

Triopēis, -ĭdis, subs. pr. f. Triopeida, i.é, Mestra, neta de Tríopas, rei da Tessália (Ov. Met. 8, 872).

Triopēius, (-os), -ī, subs. pr. m. Triopeu, i.é, filho de Tríopas (Ov. Met. 8, 751).

tripārcus, -a, -um, adj. Mesquinho, avaro (Plaut. Pers. 266).

tripartītō (ou **tripertītō**), adv. Em três partes (Cés. B. Gal. 7, 67, 2): **tripertito adire** (Cés. B. Gal. 6, 6, 1) «atacar em três colunas».

tripartītus (tripertītus), -a, -um, adj. Dividido em três, tripartido (Cíc. Sest. 129).

tripectŏrus, -a, -um, adj. De três peitos, que tem três peitos (Lucr. 5, 28).

tripedālis, -e, adj. e **tripedānĕus, -a, -um,** adj. De três pés, que tem a dimensão de três pés (T. Lív. 38, 21, 13).

tripedānĕus, -a, -um, adj. Que tem três pés de tamanho, que mede três pés (Plín. H. Nat. 34, 24).

tripēs, -pĕdis, adj. 1) Que tem três pés (T. Lív. 40, 2, 4). 2) Que se firma em três pés (Hor. Sát. 1, 3, 13).

Triphȳlĭa, -ae, subs. pr. f. Trifília, cantão da Éclida (T. Lív. 28, 8).

triplex, -plĭcis, adj. I — Sent. próprio: 1) Triplo, tríplice (Ov. Met. 5, 368). II — Sent. poético: 2) Três (Ov. Met. 8, 452). Como subs. n.: 3) O triplo (T. Lív. 45, 40, 5).

triplicātus, -a, -um, part. pass. de **triplico.**

triplicēs, -ĭum, sbs. m. (subent. **codicilli**). Tabuinhas enceradas de três fôlhas (Cíc. At. 31, 8, 1).

triplĭcis, gen. de **triplex.**

triplĭcō, -ās, -āre, -āvī, -ātum, v. tr. Triplicar, multiplicar por três (Plín. H. Nat. 7, 153).

triplus, -a, -um, adj. Triplo (Cíc. Tim. 20).

tripŏdis, gen. de **tripus.**

Tripolĭtānus, -a, -um, adj. 1) Tripolitano, de Trípoli, cidade da África (Eutr. 8, 18). 2) De Trípolis, cantão da Tessália (T. Lív. 36, 10, 5).

Tripŏlis, -is, subs. pr. f. Trípolis. 1) Cantão da Tessália (T. Lív. 42, 53, 6). 2) Cidade da Lacônia (T. Lív. 35, 27, 9).

Triptolĕmus, -ī, subs. pr. m. Triptólemo, rei lendário de Elêusis, inventor da agricultura (Cíc. Tusc. 1, 98).

tripudĭō, -ās, -āre, v. intr. I — Sent. próprio: 1) Dançar as danças religiosas, dançar, saltar (Sên. Tranq. 17); (T. Lív. 23, 26, 9). II — Sent. figurado: 2) Estar radiante de alegria (Cíc. Sest. 88).

tripudĭum, -ī, subs. n. I — Sent. próprio: 1) Dança de caráter sagrado (executada pelos Sálios e pelos Irmãos Arvais) (T. Lív. 1, 20, 4). Daí: 2) Dança, salto (T. Lív. 21, 42, 3). II — Sent. figurado: 3) Augúrio favorável (quando os frangos sagrados comiam com tal avidez que deixavam cair os grãos) (Cíc. Div. 2, 72).

tripūs, -ŏdis, subs. m. I — Sent. próprio: 1) Tripeça ou trípode (mesa de três pés que se dava como prêmio nos jogos) (Verg. En. 5, 110). 2) Tripeça (em que a sibila de Delfos dava os oráculos) (Verg. En. 3, 360). II — Daí: 3) Oráculo (de Delfos) (Ov. F. 3, 855); oráculo (em geral) (Sên. Med. 785).

triquĕtrus, -a, -um, adj. I — Sent. próprio: 1) Que tem três ângulos, triangular (Plín. H. Nat. 2, 93). II — Por extensão: 2) Grã-Bretanha (por sua forma triangular) (Cés. B. Gal. 5, 13, 1). 3) Da Sicília (por causa das três pontas desta ilha) (Hor. Sát. 2, 6, 55).

1. trirēmis, -e, adj. Que tem três ordens de remos (Cés. B. Civ. 2, 6, 4).

2. trirēmis, -is, subs. f. Trirreme (navio com três ordens de remos) (Cés. B. Civ. 2, 23, 3).

tristĕ, n. tomado advte. 1) Tristemente (Hor. Sát. 1, 8, 41). 2) Com muitas dificuldades, duramente (Cíc. C.M. 67). Obs.: Comp.: **tristĭus** (Prop. 2, 20, 2).

tristī, forma sincopada de **trīvistī,** perf. de **tero** (Catul. 66, 30).

tristĭa, -ĭum, subs. n. pl. A adversidade (Cíc. Fam. 15, 7).

tristicŭlus, -a, -um, adj. Um tanto triste (Cíc. Div. 1, 103).

tristifĭcus, -a, -um, adj. Que entristece, que contrista (Cíc. poét. Div. 1, 13).

tristimōnĭum, -ī, subs. n. Tristeza (Petr. 63, 4).

trĭstis, -e, adj. I — Sent. próprio: 1) De aspecto sombrio ou triste, triste (Cés. B. Gal. 1, 32, 2). II — Sent. particular:

TRISTITAS — 1019 — **TRIVIA**

2) De aspecto sinistro (tratando-se das entranhas das vítimas), funesto, de mau agouro, infeliz, desventurado (Cíc. Div. 2, 36). 3) Amargo (tratando-se do sabor), desagradável (Verg. G. 2, 126). 4) Austero, grave, severo, íntegro, terrível, medonho, impiedoso (Cíc. Verr. pr. 30) 5) Carrancudo, agastado; irado (Plaut. Cas. 230).

tristĭtãs, -tãtis, subs. f., v. **trĭstĭtĭa** (Pac. Tr. 59).

trĭstĭtĭa, -ae, subs. f. I — Sent. próprio e figurado: 1) Tristeza, aspecto triste (Cíc. De Or. 2, 72). II — Daí: 2) Gravidade, austeridade, severidade (Cíc. Lae. 66). 3) Mau humor, cólera (Ov. Her. 3, 90).

trĭstĭtĭes, -ēĭ, subs. f., v. **trĭstĭtĭa** (Ter. Ad. 267).

trĭsŭlcus, -a, -um, adj. Que tem três pontas, que tem três fendas, dividido em três, trissulco (Verg. En. 2, 475).

trĭtăvus, -ī, subs. m. Pai do **atavus** ou da **atavia** (ascendente do 6º grau) (Plaut. Pers. 57).

Trĭtĭa, -ae, subs. pr. f. Trícia, cidade da Acaia (Cíc. At. 6, 2, 3).

trĭtĭcēĭus (trĭtĭcĕus), -a, -um, adj. de trigo (Verg. G. 1, 219).

trĭtĭcum, -ī, subs. n. Trigo (Cíc. Verr. 3, 170).

Trĭtōn, -ōnis, subs. pr. m. Tritão. I — Sent. próprio: 1) Deus marinho, filho de Poseidon e Anfitrite, cultuado primeiramente no litoral da Líbia, onde acolheu os argonautas, aí lançados em virtude de uma tempestade (Cíc. Nat. 1, 78). II — Sent. figurado: 2) O que cria peixes em aquários (Cíc. At. 2, 9, 1). 3) Nome de um navio (Verg. En. 10, 209). 4) Rio e lago da África (P. Mel. 1, 74); (Luc. 9, 347).

Trĭtōnĭa, -ae, subs. pr. f. Tritônia, sobrenome de Minerva que, segundo a tradição, havia nascido às margens do lago Tritão, na Líbia (Verg. En. 2, 171).

Trĭtōnĭăcus, -a, -um, adj. Tritoníaco. 1) De Minerva (Ov. Met. 6, 384). 2) **Tritoniaca palus**, o lago Tritoníaco, na Macedônia (Ov. Met. 15, 358).

Trĭtōnis, -ĭdis, subs. pr. f. Tritônida, i. é, Minerva (Verg. En. 2, 226).

Trĭtōnĭus, -a, -um, adj. Tritônio: **Tritonia Virgo** (Verg. En. 11, 483) «virgem Tritônia», i.é, Minerva.

Trĭtōnos, -ī, subs. pr. f., ou **Trĭtōnon, -ī**, subs. pr. n. Tritono, cidade da Grécia, na Dórida (T. Lív. 28, 7).

trĭtor, -ōris, subs. pr. m. 1) O que mói as côres, o que mistura as côres (Plín. H. Nat. 35, 11). 2) O que usa, que traz consigo (Plaut. Pers. 420).

trĭtūra, -ae, subs. f. I — Sent. próprio: 1) Ação de esfregar, fricção (Apul. M. 9,13). II — Sent. particular: 2) Debulha de trigo (Verg. G. 1, 190).

1. **trĭtus, -a, -um**. I — Part. pass. de tero. II — Adj.: 1) Pisado, moído, esfregado, gasto (Cíc. Br. 281); (Sên. Beat. 1, 2). Daí: 2) Muito empregado, usado, comum, batido (Cíc. Br. 171). Donde: 3) Habitual, exercitado, costumeiro, habituado (Cíc. Fam. 9, 16, 4); (Cíc. Br. 124).

2. **trĭtus, -ūs**, subs. m. Fricção, trituração (Cíc. Nat. 2, 25). Obs.: Só ocorre no abl. sg.

trium, gen. de **três**.

triumf-, v. **triumph-**.

triumphālis, -e, adj. Triunfal, de triunfo (Cíc. Pis. 55).

triumphātor, -ōris, subs. m. Triunfador, o que triunfa de (Apul. Apol. 17).

triumphātus, -a, -um, part. pass. de **triumpho**.

triumphō, -ās, -āre, -āvī, -ātum, v. intr. e tr. I — Sent. próprio: 1) Ter as honras do triunfo, celebrar o triunfo, triunfar (Cíc. Phil. 11, 18). II — Daí: 2) Exultar, estar radiante de alegria (Cíc. Verr. 5, 121). Obs.: Como transitivo só é usado na voz passiva: **gentes triumphatae** (Verg. G. 3, 33) «povos que (pela derrota) deram lugar ao triunfo»; **triumphari** (Tác. Germ. 37) «ser levado em triunfo».

triumphus, -ī, subs. m. I — Sent. próprio: 1) Triunfo (entrada solene de um general vencedor em Roma) (T. Lív. 10, 46, 2). II — Daí: 2) Triunfo, vitória (sent. próprio e figurado) (Cíc. Verr. 5, 100).

triŭmvir, -vĭrī, subs. m. Triúnviro (membro de uma comissão de três pessoas) (T. Lív. 27, 21, 10).

triumvirālis, -e, adj. De triúnviro, dos triúnviros (Hor. Epo. 4, 11).

triumvirātus, -ūs, subs. m. 1) Triunvirato (magistratura exercida por três pessoas) (Plín. H. Nat. 9, 122). 2) Comissão de triúnviros (T. Lív. 9, 46, 3).

trivenēfĭca, -ae, subs. f. Envenenadora tríplice, feiticeira, bruxa (Plaut. Aul. 86).

trivī, perf. de tero.

Trivia, -ae, subs. pr. f. Trívia, sobrenome de Diana, deusa das encruzilhadas (Verg. En. 6, 35).

triviālis, -e, adj. Trivial, comum, vulgar (Juv. 7, 55).
Trivĭcus, -ī, subs. pr. m. (ou **Trivĭcum**), -ī, subs. pr. n. Trivico, povoação da Apúlia (Hor. Sát. 1, 5, 79).
trivĭum, -ī, subs. n. I — Sent. próprio: 1) Cruzamento de três ruas ou caminhos, encruzilhada (Cíc. Div. 1, 123). II — Daí: 2) Lugar freqüentado, praça pública (Verg. En. 4, 609).
trivĭus, -a, -um, adj. De encruzilhada, epíteto das divindades que tinham altares nas encruzilhadas: **trivia virgo** (Lucr. 1, 84) «Diana».
Trōas, -ădis, adv. f. Tróade, da Tróade, região do nordeste da Ásia Menor, cuja capital era Tróia (Ov. Her. 13, 94). Obs.: Subs. loc. f.: 1) Troiana (Verg. En. 5, 613). 2) Título de uma tragédia de Q. Cíc. (Cíc. Q. Fr. 3, 6, 7).
trochaeus, -ī, subs. m. 1) Troqueu ou coreu (pé composto de uma sílaba longa e uma breve) (Cíc. Or. 3, 182). 2) = **tribrăchus** (três sílabas breves) (Cíc. Or. 191).
trochlĕa (troclĕa), -ae, subs. f. Roldana (Lucr. 4, 902).
trochus, -ī, subs. m. Troco, círculo metálico guarnecido de anéis móveis, com o qual brincavam as crianças (Hor. O. 3, 24, 57).
Trocmī, -ōrum, subs. loc. m. Trocmos, povo da Galácia (T. Lív. 38, 16).
Trões, -um, subs. loc. m. Troianos (Verg. En. 1, 172). Obs.: No sg. v. **Trōs**.
Troezēn, -ēnis, subs. pr. f. Trezena, cidade de Peloponeso (Cíc. Of. 3, 48).
Trogĭlī, -ōrum, subs. pr. m. Trogilos, cidade ao norte de Siracusa (T. Lív. 25, 23, 10).
Trōglodȳtae, -ārum, subs. loc. m. Trogloditas, i.é, de um modo geral, os povos habitantes das cavernas (Cíc. Div. 2, 93).
Trogmī, -ōrum, subs. m., v. **Trocmī** (Cíc. Div. 2, 79).
Trōia, v. **Trōja** (Sên. Troad. 824).
Trōiădes, -um, subs. loc. f. As troianas, mulheres da cidade de Tróia (Pérs. 1, 4).
Trōĭcus, -a, -um, adj. Troiano (Cíc. Br. 40).
Trōilĭum, -ī, subs. pr. n. Troílio, cidade da Etrúria (T. Lív. 10, 46).
Trōĭlus (-os), -ī, subs. m. Troilo, herói troiano, filho de Príamo e de Hécuba, morto por Aquiles (Verg. En. 1, 474).
Trōĭus, -a, -um, adj. Troiano, de Tróia (Verg. En. 1, 596).

Trōja (Trōia), -ae, subs. pr. f. Tróia. 1) Cidade da Frígia, na Ásia Menor, capital da Tróade, perto do litoral do Helesponto (Verg. En. 1, 1). 2) Cidade fundada na Itália por Enéias (T. Lív. 1, 1, 3). 3) Cidade do Epiro, fundada por Heleno (Verg. En. 3, 349).
Trōjānī (Trōiānī), -ōrum, subs. loc. m. Troianos (Cíc. Phil. 2, 59).
Trōjānus (Trōiānus), -a, -um, adj. Troiano, de Tróia; equus Trojanus (Cíc. Mur. 78) «cavalo de Tróia».
1. **Trōjugĕna (Trōiugĕna)**, -ae, adj. m. Troiano: **Trojugenae gentes** (Lucr. 1, 465) «os povos troianos».
2. **Trōjugĕna (Trōiugĕna)**, -ae, subs. m. Troiano (Verg. En. 3, 359).
Trōjugĕnae (Troiugĕnae), -ārum, subs. loc. m. I — Sent. próprio: 1) Troianos (Verg. En. 8, 117). II — Por extensão: 2) Romanos (Juv. 1, 100).
Tromentīna Tribus, subs. pr. f. Tribo Tromentina, uma das tribos rústicas romanas (T. Lív. 6, 5, 8).
tropaeum, -ī, subs. n. I — Sent. próprio: 1) Troféu (Cíc. Pis. 92). Daí: por extensão: 2) Triunfo, vitória (Hor. O. 2, 9, 19). II — Sent. figurado: 3) Troféu, monumento, lembrança (Cíc. Verr. 2, 115).
Trophōniānus, -a, -um, adj. Trofoniano, de Trofônio (Cíc. At. 6, 2, 3).
Trophōnĭus, -ī, subs. pr. m. Trofônio. 1) Herói beócio, filho de Erginos, que, segundo a lenda, construiu, com seu irmão Agamedes, o templo de Apolo, em Delfos (Cíc. Tusc. 1, 114). 2) Deus que habitava um subterrâneo perto de Labadéia, na Beócia, e fazia presságios (Cíc. Div. 1, 74).
Trōs, -ōis, subs. pr. m. Tros, rei da Frígia, que deu seu nome a Tróia (Verg. G. 3, 36). Obs.: Subs. m.: troiano, v. **Trões**.
Trosmis, -is, subs. pr. f. Trósmis, cidade da Mésia, às margens do Danúbio (Ov. P. 4, 9, 79).
trossŭlī, -ōrum, subs. m. pl. I — Sent. próprio: 1) Nome dado aos cavaleiros romanos (por terem tomado a cidade de Tróssulo sem ajuda da infantaria) (Varr. Men. 480). II — Sent. figurado: 2) Janotas (Sên. Ep. 76, 2).
trucĭdātĭō, -ōnis, subs. f. Carnificina, matança (T. Lív. 28, 16, 6).
trucĭdō, -ās, -āre, -āvī, -ātum, v. tr. I — Sent. próprio: 1) Degolar, assassinar, trucidar (sent. próprio e figurado) (Cíc. Cat. 1, 9); (Cíc. Cael. 42). II —

TRUCILÕ — 1021 — **TUBŬLA**

Sent. figurado: 2) Esmagar, destruir (Cíc. Har. 2). Expressão poética: **ignem trucidari** (Lucr. 6, 147) «apagar o fogo». Obs.: Parece que o verbo se aplicava primeiramente apenas aos animais, estendendo-se depois aos homens e até aos inanimados.
trucílõ, -ãs, -ãre, v. intr. Piar (tratando-se do tordo) (Suet. frg. 161).
trucis, gen. de **trux**.
truculênter, adv. Com um ar feroz, brutalmente (Cassiod. Var. 1, 13). Obs.: Comp.: **truculentĭus** (Cíc. Agr. 2, 13); superl.: **truculentissĭme** (Quint. 6, 1, 43).
truculentĭa, -ae, subs. f. I — Sent. próprio: 1) Truculência, dureza, violência, aspereza (Apul. M. 9, 36). II — Sent. figurado: 2) Inclemência, aspereza (Tác. An. 2, 24).
1. **truculêntus, -a, -um**, adj. I — Sent. próprio: 1) Que tem aspecto cruel, feroz, ameaçador, truculento (Tác. An. 1, 25). II — Daí: 2) Truculento, duro, desumano, terrível, tremendo (Cíc. Sest. 19).
2. **Truculêntus, -ī**, subs. pr. m. Truculento, título de uma comédia de Plauto (Cíc. C.M. 50).
trudis, -is, subs. f. Lança (com ferro em forma decrescente) (Verg. En. 5, 208).
trūdō, -is, -ĕre, trūsī, trūsum, v. tr. I — Sent. próprio: 1) Empurrar, impelir (Verg. G. 1, 310); (Cíc. Tusc. 1, 71). II — Daí: 2) Fazer sair da terra, fazer brotar, nascer (Verg. G. 2, 31); (Verg. G. 2, 74).
trulla, -ae, subs. f. I — Sent. próprio: 1) Pequena espumadeira ou colher com buracos (Cat. Agr. 13, 2). II — Sent. particular: 2) Vaso para vinho (Cíc. Verr. 4, 62).
truncātus, -a, -um, part. pass. de **trunco**.
truncō, -ãs, -ãre, -ãvī, -ãtum, v. tr. Truncar, cortar, diminuir, encurtar (Ov. Met. 8, 647).
1. **truncus, -a, -um**, adj. I — Sent. próprio: 1) Privado dos ramos, cortado (tratando-se de árvores, do corpo humano, de objetos) (T. Lív. 41, 9, 5). Daí: 2) Imperfeito, encurtado, diminuído, defeituoso (Prop. 4, 8, 42). II — Sent. figurado: 3) Mutilado, cortado (T. Lív. 31, 29, 11).
2. **truncus, -ī**, subs. m. I — Sent. próprio: 1) Tronco (da árvore ou do corpo humano) (Cíc. Lae. 48). II — Sent. figurado: 2) Pessoa estúpida (Cíc. Pis. 19).

trūsī, perf. de **trūdō**.
trūsō, -ãs, -ãre, v. freq. tr. Impelir muitas vêzes, empurrar com fôrça (Catul. 56, 6).
trūsus, -a, -um, part. pass. de **trūdō**.
trutĭna, -ae, subs. f. I — Sent. próprio: 1) Balança (Varr. L. Lat. 5, 183). II — Sent. figurado: 2) Apreciação (Hor. Ep. 2, 1, 30).
trutĭnor, -ãris, -ãrī, v. tr. Examinar, pesar (em sent. figurado) (Pérs. 3, 82).
trux, trucis, adj. Feroz, selvagem, cruel, carrancudo (T. Lív. 5, 37, 8). Obs.: Aplica-se aos homens como aos animais, às coisas concretas ou abstratas.
tryblĭum, -ī, subs. n. Prato, tigela (Plaut. St. 691).
tū, tuī, tibi, tē, pron. pess. Tu, te, ti (Cíc. De Or. 2, 94).
tuātim, adv. A tua maneira à tua feição (Plaut. Amph. 554).
tuba, -ae, subs. f. I — Sent. próprio: 1) Trombeta (Cés. B. Gal. 2, 20, 1). II — Sent. figurado: 2) Tuba, trombeta épica (Marc. 8, 3, 22). 3) Instigador (sent. metafórico (Cíc. Fam. 6, 12, 3).
Tubāntēs, -um, subs. loc. m. Tubantes, povo da Germânia (Tác. An. 1, 51).
1. **tuber, -ĕris**, subs. n. Fruto do azaroleiro, azarola (espécie de maçã) (Marc. 13, 42, 1).
2. **tŭber, -ĕris**, subs. n. I — Sent. próprio: 1) Tumor, excrescência, nó (das árvores) (Hor. Sát. 1, 3, 73). II — Sent. particular: 2) Espécie de cogumelo (Marc. 13, 50, 2).
Tūbĕrō, -ōnis, subs. pr. m. Tuberão, sobrenome que aparece na **gens Aelia**, sobressaindo-se: 1) **Q. Aelius Tubero** — Q. Élio Tuberão, adversário de Tibério Graco (Cíc. Br. 117). 2) **L. Aelius Tubero** — L. Élio Tuberão, historiador (Cés. B. Civ. 1, 31, 2). 3) **Q. Aelius Tubero.** — Q. Élio Tuberão, jurisconsulto romano do I séc. a.C., vencido por Cícero no processo contra Ligário (Cíc. Lig. 1; 9).
Tubērtus, -ī, subs. pr. m. Tuberto, sobrenome romano (Cíc. Leg. 2, 58).
tubicen, -ĭnis, subs. m. Trombeteiro, tocador de trombeta (T. Lív. 2, 64, 10).
tubilustrĭum (tubul-), -ī, subs. n. (geralmente no pl.). Festa das trombetas (festa em que eram purificadas as trombetas usadas nos sacrifícios) (Ov. F. 5, 725).
tubŭla, -ae, subs. f. Trombeta pequena (Sên. Ep. 56, 4).

tubulātus, -a, -um, adj. 1) Que tem tubos ou canudos (Plín. Ep. 2, 17, 9). Donde, em sent. figurado: 2) Ôco como um tubo (Plín. H. Nat. 9, 130).

Tubŭlus, -ī, subs. pr. m. Túbulo, sobrenome na gens Hostilia (Cíc. Fin. 2, 54).

tuburcĭnor, -āris, -ārī, -ātus sum, v. dep. tr. Comer com sofreguidão, devorar (Plaut. Pers. 122).

tubus, -ī, subs. m. 1) Tubo, canal, conduto (de água) (Sên. Ep. 90, 25). 2) Trombeta (usada nos sacrifícios) (Varr. L. Lat. 5, 117).

Tucca, -ae, subs. pr. m. Tuca, sobrenome romano, principalmente de: **M. Plotius Tucca**, amigo de Vergílio, cuja Eneida publicou juntamente com **Varius** (Hor. Sát. 1, 5, 40).

Tuccĭus, -ī, subs. pr. m. Túcio, nome de família romana (T. Lív. 35, 41).

Tudicĭus, -ī, subs. pr. m. Tudício, nome de família romana (Cíc. Clu. 198).

Tudītānus, -ī, subs. pr. m. Tuditano, sobrenome na gens Sempronia (Cíc. C.M. 10).

tudĭtō, -ās, -āre, v. tr. Impelir, chocar (Lucr. 2, 1142).

Tudrī, -ōrum, subs. loc. m. Tudros, povo germano (Tác. Germ. 42).

tueō, -ēs, -ēre = tueor, v. tr. (Cíc. Leg. 3, 7).

tueor, -ēris, -ērī, tuĭtus sum, v. dep. tr. I — Sent. próprio: 1) Ver, olhar, observar (Verg. En. 1, 713); (Verg. En. 4, 362). II — Sent. figurado: 2) Guardar, proteger, defender, velar (Cíc. Of. 1, 11); (Cíc. Tusc. 1, 2); (Cés. B. Civ. 3, 94, 5); (Cíc. Br. 80). 3) Proteger contra (Cés. B. Civ. 3, 39, 2). Obs.: Constrói-se com acus.; com acus. e abl. com **ab**; com acus. com **ad**.

Tugĭō, -ōnis, subs. pr. m. Tugião, nome de homem (Cíc. Balb. 45).

tugurĭum, -ī, subs. n. Cabana, choupana (Verg. Buc. 1, 69).

tuī, gen. de **tu**.

Tŭīscō, -ōnis, subs. pr. m. Tuiscão, nome de uma divindade germânica (Tác. Germ. 2, 6).

tuĭtus, -a, -um, part. pass. de **tueor**.

tulī, perf. de **fero**.

Tulingī, -ōrum, subs. loc. m. Tulingos, povo da Bélgica (Cés. B. Gal. 1, 5, 4).

Tulla, -ae, subs. pr. f. Tula, uma das companheiras da rainha Camila (Verg. En. 11, 656).

Tullēĭus, -ī, subs. pr. m. Tuleio, nome de homem (Cíc. Fam. 15, 4, 8).

Tullĭa, -ae, subs. pr. f. Túlia. 1) Filha de Sérvio, que fêz passar seu carro sôbre o cadáver do pai (T. Lív. 1, 48). 2) Filha de Cícero e de Terência (Cíc. Fam. 16, 11).

Tullĭānum, -ī, subs. pr. n. Tuliano, calabouço na prisão do Estado, construído por Sérvio Túlio (T. Lív. 29, 22, 10).

Tullĭānus -a, -um, adj. Tuliano, de Túlio (Cíc. At. 15, 29, 1).

Tullĭō, -ōnis, subs. pr. m. Tulião, nome de homem (Cíc. Har. 1).

Tulliŏla, -ae, subs. pr. f. Diminutivo de Túlia, pequena Túlia, querida Túlia (Cíc. At. 1, 8, 3).

Tullĭus, -ī, subs. pr. m. Túlio, nome de família, ressaltando: 1) **Servius Tullius**, sexto rei de Roma (T. Lív. 1, 41). 2) **M. Tullius Cícero**, Marco Túlio Cícero, o grande orador, homem de Estado e escritor latino. 3) **Q. Tullius Cícero**, irmão mais moço do precedente, nascido em 102 a.C., lugar-tenente de César, na guerra da Gália.

Tullus, -ī, subs. pr. m. Tulo, nome de homem. 1) **Tullus Hostilius** — Tulo Hostílio, terceiro rei de Roma, belicoso sucessor do pacífico Numa. Atribui-se-lhe a organização militar de Roma (T. Lív. 1, 22). 2) **Tullus Cluilius** — Tulo Cluílio (Cíc. Phil. 9, 5).

tulo, tetŭlī, v. **fero** (Plaut. Most. 471); (Ter. And. 808); (Catul. 63, 47).

tum, adv. I — Sent. próprio: 1) Então, naquele tempo (Cíc. Rep. 2, 16). II — Daí: 2) Depois disso, depois (Cés. B. Gal. 5, 26, 4). Donde: 3) Além disso, por outro lado (Cés. B. Gal. 7, 56, 2). Obs.: Freqüentemente é usado junto de outro advérbio de tempo para reforçá-lo; muitas vêzes o valor temporal de **tum** é nulo, sendo empregado na língua falada como simples partícula de insistência: **tum... cum** (Cíc. Div. 1, 118) «quando».

tumefacĭō, -is, -ĕre, -fēcī, -fāctum, v. tr. Inchar, intumescer (sent. próprio e figurado) (Ov. Met. 15, 303); (Prop. 3, 6, 6).

tumefēcī, perf. de **tumefacio**.

tumens, -ēatis. I — Part. pres. de **tumĕo**.

II — Subs. n. pl. **tumentĭa, -ōrum**, abscesso, tumor (Plín. H. Nat. 29, 30).
tumĕō, -ēs, -ēre, v. intr. I — Sent. próprio: 1) Estar inchado, estar intumescido (sent. físico e moral) (Ov. Met. 3, 33); (Verg. En. 11, 854). II — Sent. figurado: 2) Estar em fermentação, ameaçar, estar ameaçador (Tác. Hist. 2, 32).
tumēscō, -ĭs, -ĕre, tumŭi, v. incoat. intr. I — Sent. próprio: 1) Inchar-se, intumescer-se (sent. físico e moral) (Verg. G. 2, 479); (Tác. Hist. 2, 77). II — Sent. figurado: 2) Fermentar, preparar-se. (Verg. G. 1, 465). 3) Inchar, encher-se (de cólera) (Ov. Her. 8, 57).
tumĭdus, -a, -um, adj. I — Sent. próprio: 1) Inchado, intumescido, túmido (Hor. Ep. 1, 6, 61). II — Sent. figurado: 2) Irado, irritado, encolerizado (Verg. En. 6, 407). 3) Orgulhoso, soberbo, presunçoso (Ov. Met. 1, 754). 4) Empolado, enfático (tratando-se do estilo) (T. Lív. 45, 23, 16). III — Sent. poético: 5) Que incha (Verg. En. 3, 357).
tumor, -ōris, subs. m. I — Sent. próprio: 1) Inchação, intumescência (Cíc. Tusc. 3, 19). II — Sent. figurado: 2) Perturbação (de espírito), dor, aflição (Cíc. Tusc. 3, 26). 3) Indignação, cólera, ira (Verg. En. 8, 40). 4) Orgulho (Quint. 2, 2, 12). 5) Fermentação, estado ameaçador (das coisas) (Cíc. At. 14, 5, 2). Na língua da retórica: 6) Estilo empolado, linguagem enfática (Sên. Ben. 2, 11, 5).
tumŭi, perf. de **tumēsco**.
tumŭlō, -ās -āre, -āvī, -ātum, v. tr. Pôr no túmulo, enterrar, sepultar (Catul. 64, 153); (Ov. Met. 8, 710).
tumulōsus, -a, -um, adj. Cheio de elevações, cheio de eminências (Sal. B. Jug. 91, 3).
tumultuārĭus, -a, -um, adj. I — Sent. próprio: 1) Feito desordenadamente e à pressa, recrutado desordenadamente e à pressa (T. Lív. 5, 37, 7). II — Sent. figurado: 2) Tumultuário, feito precipitadamente (T. Lív. 6, 29, 4).
tumultuātĭō, -ōnis, subs. f. Perturbação, desordem (T. Lív. 38, 2, 8).
tumultŭō, -ās, -āre, v. intr. Fazer tumulto, causar uma perturbação, fazer barulho (Plaut. Rud. 629); (Cés. B. Gal. 7, 61, 3).
tumultŭor, -āris, -ārī, -ātus sum, v. dep. intr. Fazer tumulto, causar perturbação, fazer barulho (Cíc. Agr. 2, 101); (Quint. 10, 7, 12).

tumultuōsē, adv. Com ruído, com desordem, em tumulto (T. Lív. 2, 28, 2). Obs.: Comp.: **tumultuosĭus** (Cés. B. Gal. 7, 45, 1); superl.: **tumultuosissĭme** (Cíc. Verr. 2, 37).
tumultuōsus, -a, -um, adj. I — Sent. próprio: 1) Tumultuoso, desordenado, confuso, cheio de tumulto (Cíc. Inv. 1, 4); (T. Lív. 2, 10, 7). II — Daí: 2) Alarmante, inquietante (Cíc. Fam. 12, 17, 1).
tumŭltus, -ūs, subs. m. I — Sent. próprio: 1) Sublevação, agitação (muitas vêzes repentina), desordem, tumulto, pânico (Cíc. Cat. 3, 7). Daí: 2) Grande ruído, estrondo (Cés. B. Gal. 7, 47, 4). 3) Tempestade, tormenta (sent. poético) (Hor. O. 1, 16, 12). II — Sent. particular: 4) Recrutamento em massa (na língua militar) (Cíc. Phil. 5, 31). 5) Rebelião, revolta, insurreição (T. Lív. 41, 6, 1). III — Sent. figurado 6) Agitação, perturbação (do espírito) (Hor. O. 2, 16, 10). 7) Desordem, confusão (na pronúncia) (Plín. H. Nat. 7, 55). 8) Confusão (Quint. Decl. 1, 4). Obs.: Gen. **tumulti** (Plaut. Cas. 649); (Ter. And. 365).
tumŭlus, -ī, subs. m. I — Sent. próprio: 1) Altura, eminência (natural ou artificial), elevação de terreno, elevação (Cés. B. Gal. 2, 27, 4). Daí: 2) Colinas (Cíc. At. 14, 13, 1). II — Sent. particular: 3) Montículo de terra com que se cobre um cadáver, túmulo (Verg. Buc. 5, 42).
tunc, adv. I — Sent. próprio: 1) Então, naquele momento (Cíc. Arch. 25). II — Daí: 2) Depois disso (Cíc. Verr. 2, 130). Obs.: Freqüentemente aparece em correlação com **si** (cf. Cíc. Verr. 4, 22) ou **cum** (cf. Cíc. At. 10, 8, 2).
tundō, -ĭs, -ĕre, tutŭdī, tūnsum (ou **tūsum**). v. tr. I — Sent. próprio: 1) Bater, bater repetidas vêzes e com instrumento contundente, malhar em (Cíc. De Or. 2, 162). Daí: 2) Pisar, moer, esmagar, reduzir a pó (Plín. H. Nat. 13, 126); (Verg. G. 4, 267). II — Sent. figurado: 3) Atordoar, importunar, fatigar (Verg. En. 4, 448).
Tūnēs, -ētis, v. **Tўnēs**.
Tungrī, -ōrum, subs. loc. m. Tungros, povo da Bélgica (Tác. Germ. 2).
tunĭca, -ae, subs. f. I — Sent. próprio: 1)Túnica (peça de vestuário, própria de homens e mulheres, comparável pelo uso à camisa e pela forma a uma blusa) (Cíc. Tusc. 5, '60). II — Por extensão: 2) Tegumento, pele, película

ou membrana, que reveste certos corpos ou certos órgãos (Plín. H. Nat. 11, 147). 3) Pele da casca (Verg. G. 2, 75).
tunicātus, -a, -um, adj. I — Sent. próprio: 1) Vestido de túnica (Cíc. Cael. 11). II — Sent. figurado: 2) De condição humilde (Cíc. Agr. 2, 94).
tunicŭla, -ae, subs. f. Túnica pequena (Plaut. Rud. 549).
tūnsus, -a, -um, part. pass. de **tundo**.
tuor, -ĕris, tuī = tuĕor (Catul. 20, 5); (Lucr. 1, 300).
Tūrānius, v. **Turrānius**.
turba, -ae, subs. f. I — Sent. próprio: 1) Agitação, desordem (de uma multidão), confusão (Cíc. Verr. 4, 148). Daí: 2) Multidão em desordem, multidão numerosa e em confusão, turba (Cíc. Br. 251). II — Sent. particular: 3) Desordem, algazarra, ruído, gritaria (na língua dos cômicos) (Plaut. Pers. 726). 4) Querela, disputa (Plaut. Mil. 479). III — Sent. poético: 5) Multidão, grande número, afluência (Cíc. Br. 122).
Turbaliō, -ōnis, subs. pr. m. Turbalião, nome de escravo (Plaut. Rud. 657).
turbāmēntum, -ī, subs. n. I — Sent. próprio: 1) Perturbação, desordem (Tác. Hist. 1, 23). II — Sent. figurado: 2) O que perturba (Sal. Hist. 1, 41, 25).
turbāsso, fut. perf. arc de **turbo**.
turbātē, adv. Em desordem (Cés. B. Civ. 1, 5, 1).
turbātiō, -ōnis, subs. f. Perturbação da ordem, tumulto, desordem, confusão (T. Liv. 24, 28, 1).
turbātor, -ōris, subs. m. Perturbador, agitador, fomentador (T. Liv. 2, 16, 4).
turbātus, -a, -um. I — Part. pass. de **turbo**. II — Adj.: 1) Perturbado, agitado, em desordem (Suet. Cal. 23). 2) Perturbado, espantado, horrorizado, irritado (Verg. En. 8, 435).
turbēlae (turbellae), -ārum, subs. f. pl. Perturbação, desordem, confusão (Plaut. Bac. 1057).
turben, -ĭnis, subs. n. Pião, piorra (Tib. 1, 5, 3).
turbĭdē, adv. Turbulentamente, em desordem (Cíc. Tusc. 4, 24).
turbĭdum, n. de **turbĭdus** tomado advte Com muita agitação, com perturbação (Hor. O. 2, 19, 6).
turbĭdus, -a, -um, adj. I — Sent. próprio 1) Perturbado, agitado (Ov. Her. 17 7). Daí: 2) Confuso, em que houve perturbação ou desordem, desordenado turbulento (Ov. Her. 10, 16). II — Sent particular: 3) Turvo (tratando-se de um líqüido), toldado (Cíc. Tusc. 5, 97). III — Sent. figurado: 4) Perturbado, confuso, desordenado (Verg. En. 11, 814). 5) Violento, furioso, impetuoso (Verg. En. 11, 742). 6) Alarmante, tempestuoso, sombrio (Cic. Phil. 2, 39).
turbinĕus, -a, -um, adj. Impetuoso, rápido (Ov. Met. 8, 556).
1. **turbō, -ās, -āre, -āvī, -ātum**, v. tr. e intr. I — Sent. próprio: A) Tr.: 1) Perturbar, pôr em desordem, agitar (sent. físico e moral) (Cíc. Clu. 138); (Ov. Met. 4, 474); (T. Liv. 3, 66, 2); (Cíc. Nat. 1, 33). Daí: 2) Tornar turvo, turvar (Ov. Met. 3, 410). II — Sent. figurado: 3) Fazer tolices, asneiras (Cíc. Q. Fr. 3, 1, 24). B) Intr.: 4) Perturbar-se, agitar-se (Cíc. Fin. 1, 34).
2. **turbō, -ĭnis**, subs. m. I — Sent. próprio: todo objeto animado de movimento rápido e circular, como: 1) Turbilhão, redemoinho (de vento ou de água), tromba, sorvedouro, voragem (Cíc. Cael. 79). 2) Pião, pitorra (Verg. En. 4, 378). Daí: 3) Movimento circular movimento de um astro, rotação, andar sinuoso (dos répteis) (Verg. En. 12, 531). 4) Movimento de um fuso, fuso fuso empregado nas cerimônias mágicas (Hor. Epo. 17, 7). II — Sent. figurado: 5) Agitação, perturbação, desordem, confusão, tempestade (Cíc. Pis. 20). 6) Círculo (Ov. Am. 3, 15, 6).
3. **Turbō, -ōnis**, subs. pr. m. Turbão, nome de homem (Hor. Sát. 2, 3, 310).
turbulēntē, adv. Perdendo a cabeça, perturbando-se, em desordem, violentamente (Cíc. Tusc. 4, 60). Obs.: Comp.: **turbulentius** (Cíc. Part. 105).
turbulēnter, adv. Com arrebatamento, de maneira desordenada (Cíc. Fam. 2, 16, 7).
turbulēntus, -a, -um, adj. I — Sent. próprio: 1) Agitado (tratando-se do mar), revôlto, tempestuoso (Cíc. Verr. 5, 26). II — Daí: 2) Turvo, turbulento, agitado, perturbado, inquieto (Cíc. De Or. 2, 48). 3) Sedicioso (Cíc. At. 4, 3, 4).
1. **turda, -ae**, subs. f. Tordo fêmea (Pérs. 6, 24).
2. **Turda, -ae**, subs. pr. f. Turda, cidade da Hispânia Tarraconense (T. Liv. 33, 44, 4).
Turdētānī, -ōrum, subs. loc. m. pl. Turdetanos, povo da Bética, na Espanha (T. Liv. 21, 6, 1).
Turdētānia, -ae, subs. pr. f. Turdetânia, região da Bética, na Espanha (T. Liv. 34, 17, 1).

Turdŭlus, -a, -um, adj. Túrdulo, dos Túrdulos, povo da Lusitânia (T. Lív. 34, 20, 2).
turdus, -i, subs. m. Tordo (ave) (Hor. Ep. 1, 15, 41).
Tŭrēnus, v. **Tyrrhēnus**.
tŭrĕus (thŭrĕus), -a, -um, adj. De incenso, relativo ao incenso (Verg. G. 2, 117).
turgĕō, -ēs, -ēre, v. intr. I — Sent. próprio: 1) Estar duro, inchado, estar cheio de (Verg. G. 1, 315). II — Sent. figurado: 2) Estar cheio de cólera (Plaut. Cas. 216). Na língua da retórica: 3) Estar ou ser empolado, enfático (Hor. A. Poét. 27).
turgēscō, -is, -ĕre, v. incoat. intr. I — Sent. próprio: 1) Inchar-se, intumescer-se (Ov. Am. 3, 10, 11). II — Sent. figurado: 2) Inflamar-se (Cíc. Tusc. 3, 19). Na língua retórica: 3) Tornar-se empolado, enfático (Quint. 12, 10, 73).
turgĭdŭlus, -a, -um, adj. Bastante inchado, um tanto inchado (Catul. 13, 18).
turgĭdus, -a, -um, adj. I — Sent. próprio: 1) Inchado (Cíc. Tusc. 3, 19); (Hor. O. 1, 3, 19). II — Sent. figurado: 2) Enfático, empolado (Hor. Sát. 1, 10, 36).
Tŭrĭa, -ae, subs. pr. m. Túria, rio da Hispânia Tarraconense, atual rio Guadalaviar (Sal. Hist. 2, 96, 6).
Turĭānus, -a, -um, adj. Turiano, de Túrio (Cíc. Fam. 12, 26, 2).
tŭrĭbŭlum (thŭrĭbŭlum), -i, subs. n. Turíbulo (vaso em que se queima incenso) (Cíc. Verr. 4, 46).
tŭrĭcrĕmus (thŭrĭcrĕmus), -a, -um, adj. Que queima incenso (Verg. En. 4, 453).
Tŭriēnsis, -e, adj. Turiense, do rio Túria (Cíc. Balb. 5).
tŭrĭfer (thŭrĭfer), -fĕra, -fĕrum, adj. Que produz incenso (Ov. F. 3, 720).
Tŭrĭī, Turīnus, v. **Thur-**.
tŭrĭlĕgus (thŭrĭlĕgus), -a, -um, adj. Que recolhe incenso (Ov. F. 4, 569).
Turĭus, -i, subs. pr. m. Túrio, nome de família romana (Cíc. Br. 237).
turma, -ae, subs. f. I — Sent. próprio: 1) Turma, destacamento de cavalaria (composto, primitivamente, de 30 soldados e 3 oficiais), batalhão (Cés. B. Gal. 4, 33, 1). II — Sent. figurado: 2) Tropa, multidão, grande número (Hor. O. 3, 4, 43).
1. turmālis, -e, adj. I — Sent. próprio: 1) De esquadrão, relativo a um esquadrão (Claud. Gild. 347). II — Sent. figurado: 2) De cavaleiro romano (Estác. S. 5, 2, 17).

2. turmālis, -is, subs. m. (geralmente no pl.). I — Sent. próprio: 1) Soldados de um esquadrão (T. Lív. 8, 7, 1). II — Sent. figurado: 2) Companheiros numerosos (Cíc. De Or. 2, 262).
turmātim, adv. I — Sent. próprio: 1) Por esquadrões (Cés. B. Civ. 3, 93, 4). II — Sent. figurado: 2) Em bandos (Lucr. 2, 118).
Turnus, -i, subs. pr. m. Turno. 1) Rei dos rútulos, filho de Dauno e noivo de Lavínia, filha do rei Latino, com quem se casou Enéias, ao desembarcar na Itália (Verg. En. 7, 344). 2) **Turnus Herdonius** — Turno Herdônio, inimigo de Tarquínio, o Soberbo (T. Lív. 1, 50).
Turŏnēs, -um (Cés. B. Gal. 2, 35, 3) e **Turŏnī**, -ōrum, subs. loc. m. pl. Turões ou túronos, povo que habitava as margens do Loire (Cés. B. Gal. 7, 4, 6).
turpātus, -a, -um, part. pass. de **turpo**.
turpĭcŭlus, -a, -um, adj. Bastante feio (sent. próprio e figurado) (Cíc. De Or. 2, 248).
turpĭfĭcātus, -a, -um, adj. Sujo, manchado, degradado (Cíc. Of. 3, 105).
Turpĭlĭa, -ae, subs. pr. f. Turpília, nome de mulher (Cíc. Fam. 7, 21).
Turpĭlĭus, -i, subs. pr. f. Turpílio, Sexto Turpílio, poeta cômico latino, contemporâneo e amigo de Terêncio (Cíc. Fam. 9, 22, 1).
Turpĭŏ, -ōnis, subs. pr. m. Turpião, Ambívio Turpião, ator cômico (Cíc. C.M. 48).
turpis, -e, adj. I — Sent. próprio: 1) Feio, disforme, horrendo (sent. físico e moral) (Hor. Sát. 1, 2, 102). Daí: 2) Desagradável (ao ouvido) (Cíc. Or. 158). II — Sent. figurado: 3) Torpe, vergonhoso, desonroso, infame, ignóbil (Cíc. Fin. 2, 97). Como subs. n.: **turpe**, -is, as coisas vergonhosas (Cíc. Fin. 3, 38); (Cíc. Fin. 4, 75).
turpĭter, adv. I — Sent. próprio: 1) De modo feio, disforme (Hor. A. Poét. 3). II — Sent. figurado: 2) Vergonhosamente, torpemente, ignòbilmente (Cés. B. Gal. 7, 20, 6). Obs.: Comp.: **turpius** (Ov. Trist. 5, 6, 13); superl.: **turpissĭme** (Cíc. Nat. 1, 29).
turpĭtūdō, -ĭnis, subs. f. I — Sent. próprio: 1) Fealdade, disformidade (Cíc. Of. 1, 105). II — Sent. moral: 2) Infâmia, indignidade, desonra, torpeza, vergonha (Cés. B. Gal. 2, 27, 2).
turpō, -ās, -āre, -āvī, -ātum, v. tr. I — Sent. próprio: 1) Tornar feio, desfigurar (Hor. O. 4, 13, 12). II — Daí: 2)

Desonrar, manchar, sujar (Cíc. Tusc.
1, 85).
Turrānĭus, -ĭ, subs. pr. m. Turrânio, nome
de família romana, convindo notar:
1) **Turranius Niger** — Turrânio Niger,
eminente agricultor, amigo de Varrão
e de Cícero (Cíc. Phil. 3, 25). 2) Um
poeta trágico (Ov. P. 4, 16, 29).
turrĭger, -gĕra, -gĕrum, adj. I — Sent.
próprio: 1) Que traz uma tôrre, que
traz tôrres (tratando-se de elefantes),
que tem tôrres (tratando-se de navios)
(Plín. H. Nat. 11, 4). Daí: 2) Rodeado
de tôrres, defendido por tôrres (Verg.
En. 10, 253). 3) Coroado de tôrres (Ov.
F. 4, 224). Obs.: Como subs. f.: **turrigĕra** — epíteto de Cibele (Ov. F. 6, 321).
turris, -is, subs. f. I — Sent. próprio:
1) Edifício elevado, palácio, castelo,
lugar fortificado (Hor. O. 1, 4, 14).
II — Sent. particular: 2) Tôrre (fixa
ou móvel, destinada à defesa ou ao
ataque das fortalezas) (Cés. B. Gal. 2,
30, 3). 3) Tôrre (levada por um elefante)
(T. Lív. 37, 40, 4). 4) Tôrre (de
navio), lugar de observação (T. Lív.
37, 24, 6).
turrītus, -a, -um, adj. I — Sent. próprio:
1) Munido de tôrres, que tem tôrres,
que traz uma tôrre (Verg. En. 8, 693).
II — Sent. particular: 2) Que leva
uma tôrre (tratando-se de elefantes)
(Plín. H. Nat. 8, 22). III — Sent. figurado:
3) Elevado em forma de tôrre
ou como uma tôrre (Verg. En. 3, 536).
Turrus (ou **Thurrus**), -ĭ, subs. pr. m. Turro,
rei da Hispânia (T. Lív. 40, 49).
Turselĭus, -ĭ, subs. pr. m. Tursélio, nome
de homem (Cíc. Phil. 2, 41).
tursī, perf. arc. de **turgēsco** (Ên. An. 32).
turtur, -ŭris, subs. m. e f. Rôla (ave),
pomba rôla (Verg. Buc. 1, 59).
turturīlla (turturēlla), -ae, subs. f. I —
Sent. próprio: 1) Pombinha rôla. II
— Daí, em sent. figurado: 2) Pessoa
efeminada (Sên. Ep. 96, 5).
Turutĭus, -ĭ, subs. pr. m. Turúcio, nome
de homem (Cíc. Fam. 12, 13).
tūs (thūs), -ŭris, subs. n. Incenso, grão
de incenso (Cíc. Of. 3, 80).
Tuscānĭcus (Varr. L. Lat. 5, 161) e **Tuscānus, -a, -um,** adj. Toscano, etrusco,
dos toscanos, dos etruscos (Quint. 12, 10, 1).
Tuscēnĭus, -ĭ, subs. pr. m. Tuscênio, nome
de homem (Cíc. Q. Fr. 1, 1, 6).

Tuscī, -ōrum, subs. loc. m. pl. Tuscos
ou etruscos, habitantes da Etrúria (Cíc.
Div. 2, 106).
Tuscĭa, -ae, subs. pr. f. Túscia, a Etrúria,
a Toscana, região da Itália peninsular,
entre os Apeninos e o mar Tirreno
(Eutr. 3, 9).
Tuscilĭus, -ĭ, subs. pr. m. Tuscílio, nome
de homem (Cíc. At. 8, 12, 2).
Tusculānēnsis, -e, adj. Tusculanense, de
Tusculano (Cíc. Fam. 9, 6, 4).
Tusculānī, -ōrum, subs. loc. m. pl. Tusculanos,
habitantes de Túsculo (Cíc. Of.
1, 35).
Tusculānum, -ĭ, subs. pr. n. Tusculano.
I — Sent. próprio: 1) Nome de várias
casas de campo situadas perto de Túsculo,
como, por exemplo, a de Cícero
(Cíc. At. 1, 1, 4). II — Daí, por extensão:
2) Casa de campo (Cíc. Verr. 4, 126).
Tusculānus, -a, -um, adj. Tusculano, de
Túsculo (Cíc. Balb. 45). Obs.: **Tusculanae disputationes:** «As Tusculanas»,
obra filosófica de Cícero.
1. **tuscŭlum (thuscŭlum), -ĭ,** subs. n. Um
grão de incenso (Plaut. Aul. 385).
2. **Tuscŭlum, -ĭ,** subs. pr. n. Túsculo, cidade
do Lácio, próxima da Via Latina
(Cíc. Font. 41).
Tuscŭlus, -a, -um, adj. De Túsculo (Tib.
1, 7, 57).
1. **Tuscus, -a, -um,** adj. Toscano, etrusco:
Tuscus amnis (Hor. Sát. 2, 2, 33) «rio
etrusco», i.é, o Tibre.
2. **Tuscus, -ĭ,** subs. pr. m. Tusco, nome
de um rei da Etrúria (Varr. L. Lat.
5, 46).
tussĭō, -īs, -īre, v. intr. Tossir (Hor. Sát.
2, 5, 107).
tussis, -is, subs. f. Tosse (Plín. H. Nat.
23, 136). Obs.: Acus. **tussim** (Catul.
44, 7).
tūsus, -a, -um, part. pass. de **tundo.**
tūtāmen, -ĭnis, subs. n. Defesa, proteção,
abrigo (Verg. En. 5, 262).
tūtāmēntum, -ĭ, subs. n. Defesa, abrigo
(T. Lív. 21, 61, 10).
Tūtānus, -ĭ, subs. pr. m. Tutano, uma das
divindades tutelares dos romanos (Varr.
Men. 213).
tūtātus, -a, -um, part. pass. de **tūtor.**
tūte, pron. pess. (forma de refôrço), com
a enclítica **-te.** Tu mesmo (Cíc. Rep.
1, 59).
tūtēla, -ae, subs. f. I — Sent. próprio:
1) Defesa, proteção, apoio, guarda (Cíc.
Nat. 3, 55). II — Na língua jurídica:
2) Tutela (Cíc. Caec. 7). III — Sent.

TUTELINA

diversos: 3) Guarda, protetor, patrono (Hor. O. 4, 14, 43). 4) O que é protegido (Hor. O. 4, 6, 33).
Tūtēlīna (ou **Tūtīlīna**), **-ae**, subs. pr. f. Tutelina, a Tutelar, a Protetora, deusa evocada em uma necessidade, em um momento difícil (Varr. Men. 216).
1. Tūtĭa, -ae, subs. pr. f. Túcia, nome de mulher (Cíc. At. 16, 2, 5).
2. Tūtĭa, -ae, subs. pr. m. Túcia, pequeno rio afluente da margem esquerda do Ânio (T. Lív. 26, 11, 8).
Tūtĭcănus, -ī, subs. pr. m. Tuticano, nome de homem (Ov. P. 4, 12, 10).
Tūtĭcus, v. **Equus Tutĭcus**.
Tūtĭlīna, v. **Tūtēlīna**.
Tūtĭlĭus, -ī, subs. pr. m. Tutílio, nome de um retor latino (Plín. Ep. 6, 32, 1).
1. tūtō, adv. Em segurança, sem perigo (Cíc. Fam. 14, 3, 3). Obs.: Comp.: **tutius** (Cés. B. Gal. 3, 13, 9); superl.: **tutissime** (Cíc. At. 8, 1, 2).
2. tūtō, -ās, -āre, v. **tūtor** (Plaut. Merc 865).
1. tūtor, -āris, -ārī, -ātus sum, v. dep. tr. I — Sent. próprio: 1) Proteger, guardar, defender, garantir (Cíc. Pomp. 14); (T. Liv. 5, 2, 6). II — Daí: 2) Sustentar, proteger contra, acudir a, socorrer (Cés. B. Civ. 1, 52, 4). 3) Pre servar-se de, procurar afastar (Cés. B. Civ. 1, 52, 4).
2. tŭtor, -ōris, subs. m. I — Sent. próprio: 1) Protetor, defensor, guarda (Hor. Epo. 2, 22). II — Sent. particular: 2) Tutor, curador (Cíc. Verr. 4, 37).
3. Tūtor, -ōris, subs. pr. m. Tutor, nome de homem (Cíc. De Or. 2, 259).
tutŭdī, perf. de **tundo**.
tūtus, -a, -um. A) Part. pass. de **tuĕor**. B) Adj.: I — Sent. próprio: 1) Que está em segurança, que nada tem a re cear, seguro (Cíc. Verr. 5, 39); (Cíc. Pomp. 31). II — Sent. figurado: 2) Prudente, circunspecto (Ov. Trist. 3, 12, 36); (T. Liv. 9, 32, 3). Obs.: Constrói-se como absoluto; com abl. com **ab** ou **in**; com acus. com **ad** ou **adversum**; e com inf. na expressão: **tutum est** — «é prudente», por exemplo: **Tutius est... potiri** (Cés. B. Gal. 3, 24, 2) «é mais prudente... apoderar-se de».
tuus, -a, -um, pron. possessivo. I — Sent. próprio: 1) Teu, tua (Plaut. Amph. 375). II — Sent. particular: 2) Teu querido (Cíc. De Or. 1, 45). III — Sent. diversos: 3) **Tuī, -ōrum**, m. pl. Os teus (parentes, amigos, partidários)

TYNDARUS

(Cíc. Fám. 13, 16, 3). 4) **Tuum, -ī e tua, -ōrum**, n. sg. e pl.: os teus bens, a tua fortuna (Cíc. Tull. 53). 5) **Tuum est mais inf.**: cabe a ti... (Plaut. St. 718). 6) Loc.: **Tempore tuo, occasio tua**, «ocasião oportuna para ti» (T. Lív. 22, 39, 21).
Tyba, -ae, subs. pr. f. Tiba, cidade além do Eufrates (Cíc. Fam. 15, 1, 2).
Tycha, -ae, subs. pr. f. Tica, o mais populoso dos quatro bairros de Siracusa, assim chamado por possuir um templo dedicado à deusa Fortuna (Cíc. Verr. 4, 119).
Tychius, -ī, subs. pr. m. Tíquio, beócio que passava por inventor do ofício de sapateiro (Ov. F. 3, 824).
Tўdeus, -ěi, ou **-ěos**, subs. pr. m. Tideu, herói etólio, filho de Eneu e pai de Diomedes (Verg. En. 6, 479).
Tydīdēs, -ae, subs. pr. m. Tidida, filho de Tideu, i.é, Diomedes (Verg. En. 1, 97).
Tymoethēs, v. **Thymoethes**.
Tymōlus, v. **Timōlus**.
tympanīzō, -ās, -āre, v. intr. Tocar tambor frígio (Suet. Aug. 68).
tympanotrĭba, -ae, subs. m. O que toca tambor (= efeminado) (Plaut. Truc. 611).
tympănum, -ī, subs. n. I — Sent. próprio: 1) Tambor frígio, tambor (Verg. En. 9, 619). — Sent. figurado: 2) Tambor ou roda (de máquinas para levantar pesos) (Lucr. 4, 905). 3) Roda de uma só peça (Verg. G. 2, 444).
Tyndarĕus, -ī, subs. pr. m. Tindáreo ou Tíndaro, lendário rei de Esparta, espôso de Leda, pai de Castor e Pólux, de Helena e de Clitemnestra (Cíc. Fat. 34).
Tyndarīdēs, -ae, subs. pr. m. Tindárida, filho de Tindaro (V. Flac. 4, 247). Obs.: No pl.: Os Tindáridas: 1) Castor e Pólux (Cíc. Tusc. 1, 28). Ou, de um modo geral: 2) Os filhos de Tíndaro (Hor. Sát. 1, 1, 100).
1. Tyndărĭs, -ĭdis, subs. pr. f. Tindárida, filha de Tíndaro: 1) Helena (Verg. En. 2, 602). 2) Clitemnestra (Ov. Trist. 2, 396).
2. Tyndărĭs, -ĭdis, subs. pr. f. Tíndaris, cidade no litoral norte da Sicília (Cíc. Verr. 5, 128).
Tyndarītānī, -ōrum, subs. loc. m. Tindaritanos, habitantes de Tíndaris (Cíc. Verr. 4, 84).
Tyndarītānus, -a, -um, adj. Tindaritano, de Tíndaris (Cic. Verr. 4, 17).
Tyndarium, v. **Tyndărĭs 2**.
Tyndărus, v. **Tyndarĕus**.

Týnēs, -ētis, subs. pr. m. Tines, antigo nome de Tunes (T. Lív. 30, 9, 10).
Typhōeus, -ĕi (ou **-ĕos**), subs. pr. m. Tifeu, um dos gigantes sepultados sob o Etna (Verg. En. 9, 716).
Typhōis, -ĭdis, adj. f. Tifóida, de Tifeu (Ov. Her. 15, 11).
Typhōĭus, -a, -um, adj. De Tifeu (Verg. En. 1, 665).
Typhōn, -ōnis, subs. pr. m. Tifão, o mesmo gigante também chamado Tifeu (Ov. F. 2, 461).
typus, -i, subs. m. Figura, imagem, estátua (Cíc. At. 1, 10, 3).
tyrannĭcē, adv. Com tirania, tirânicamente (Cíc. Verr. 3, 115).
tyrannicīda, -ae, subs. m. Tiranicida, assassino de um tirano (Sên. Ir. 2, 23, 1).
tyrannicīdĭum, -i, subs. n. Tiranicídio, assassínio de um tirano (Sên. Contr. 1, 7).
tyrannĭcus, -a, -um, adj. Tirânico, de tirano, cruel (Cíc. Leg. 1, 42).
Tyrannĭō, -ōnis, subs. pr. m. Tiranião, geógrafo e gramático do tempo de Cícero (Cic. Q. Fr. 2, 4, 2).
tyrannis, -ĭdis, subs. f. I — Sent. próprio: 1) Tirania, poder absoluto, despotismo, poder usurpado (Cíc. At. 14, 9, 2). II — Sent. figurado: 2) Realeza (T. Lív. 38, 14, 12).
tyrannus, -i, subs. m. I — Sent. próprio: 1) Tirano, déspota, usurpador (Cíc. Lae. 52). Daí: 2) Rei absoluto, monarca, soberano (Verg. En. 4, 430). II — Sent. particular: 3) Rei (dos rios ou dos infernos, tratando-se de Netuno ou de Plutão) (Ov. Met. 1, 276).
Tyrās, -ae, subs. pr. m. Tira, rio da Sarmácia européia, atual Dniester (Ov. P. 4, 10, 50).
Tyrēs, acus. **-en**, subs. pr. m. Tires, nome de um troiano (Verg. En. 10, 403).
Tyridătēs, v. **Tiridătēs**.

Tyrĭi, -ōrum, subs. loc. m. pl. 1) Tírios, os habitantes de Tiro (Cíc. Phil. 11, 35). 2) Cartagineses (Verg. En. 1, 574).
tyrin-, v. **tiryn-**.
Tyrĭus, -a, -um, adj. 1) Tírio, de Tiro, da Fenícia (Cíc. Flac. 70). 2) Cartaginês, de Cartago (Verg. En. 1, 20). Daí: 3) Púrpura (Tíb. 1, 2, 75).
1. tyrō, -ōnis, v. **tiro**.
2. Tyrō, -ūs, subs. pr. f. Tiro, filha de Salmonéia, amada do rio Enipeu (Prop. 2, 28, 51).
Tyros, -i, subs. f., v. **Tyrus** (Verg. En. 4, 670).
tyrotarĭchum, -i, subs. n. Prato rústico em cuja preparação entrava peixe salgado e queijo (Cíc. Fam. 9, 16, 9).
Tyrrhēni, -ōrum, subs. loc. m. pl. Tirrenos ou etruscos, habitantes da Tirrênia ou Etrúria (Verg. En. 11, 171).
Tyrrhēnĭa, -ae, subs. pr. f. Tirrênia, a Etrúria (Ov. Met 14, 452).
Tyrrhēnĭcus, -a, -um, adj. Tirrênico, do mar Mediterrâneo (Suet. Claud. 42).
1. Tyrrhēnus, -a, -um, adj. Tirreno, da Tirrênia, etrusco, da Etrúria (Verg. En. 1, 64).
2. Tyrrhēnus, -i, subs. pr. m. Tirreno, herói epônimo da Tirrênia ou Etrúria (Verg. G. 2, 193).
Tyrrhĭdae, -ārum, subs. pr. m. pl. Tirridas, os filhos de Tirro (Verg. En. 7, 484).
Tyrrhus, -i, subs. pr. m. Tirro, nome do pastor do rei Latino (Verg. En. 7, 485).
Tyrtaeus, -i, subs. pr. m. Tirteu, poeta lírico grego do VII séc. a.C., nascido na Ática (Hor. A. Poét. 402).
Tyrus (ou **Tyros**), **-i**, subs. pr. f. Tiro, pôrto da Fenícia, célebre por sua púrpura (Cíc. Nat. 3, 42).
Tyscos, -i, subs. pr. m. Tisco, povoado da Galácia (T. Lív. 38, 18).
Tysĭās, v. **Tisĭās**.

U

u, f. n. 2éª letra do alfabeto latino. Obs.: 1) Quando maiúscula, grafava-se **V**. 2) Abreviaturas: **V.C.** ou **u.c.** = **urbis conditae**; **ab u.c.** = **ab urbe condita** «a partir da fundação de Roma», abreviaturas freqüentes nos historiadores.

1. ŭber, -ĕris, subs. n. (geralmente no pl.: **ūbĕra, -um**). I — Sent. próprio: 1) Seio, peito, mama, têta (Verg. Buc. 3, 30). II — Sent. figurado: 2) Riqueza, fecundidade, fertilidade, abundância (Verg. G. 2, 185).

2. ūber, -ĕris, adj. I — Sent. próprio: 1) Úbere, fecundo, fértil, abundante (Cíc. Nat. 2, 156). II — Sent. figurado: 2) Rico, copioso (tratando-se do estilo), grande, proveitoso, fecundo (Cíc. Or. 15).

Ŭberī, -ōrum, subs. loc. m. Uberos, povo dos Alpes (Plín. H. Nat. 3, 137).

ūberĭus, ūberrĭmē (positivo desus.), adv. Sent. próprio e figurado: Muito abundantemente, o mais abundantemente (Cíc. Phil. 2, 77).

ūbertās, -tātis, subs. f. I — Sent. próprio: 1) Fecundidade, abundância, fertilidade, uberdade (Cíc. Nat. 3, 68). Daí: 2) Vantagens, produto, proveito (Cíc. Pomp. 14). II — Sent. figurado: 3) Riqueza (de expressão), abundância (de estilo) (Cíc. Tusc. 1, 116).

ūbertim, adv. Abundantemente (Catul. 66, 17).

ūbērtō, -ās, -āre, v. tr. Tornar fecundo, fecundar, fertilizar (Plín. Paneg. 32, 2).

ubi (ou **ubī**). I — Adv. de lugar relativo-interrogativo: 1) No lugar em que, onde (Cíc. Phil. 2, 48). 2) Onde? Em que lugar? (interr. dir. ou indir.) (Cíc. De Or. 2, 59). (Cíc. At. 9, 1, 2). II — Conj. (sent. próprio): 1) No momento em que, quando (Cíc. Verr. 2, 61). 2) Do momento em que, depois de (com subj.) (Hor. O. 3, 6, 41). Obs.: Como adv. pode estar construído: com um antecedente de lugar, como **ibi** (Cés. B. Gal. 1, 13, 3); como substituto de um relativo em ablativo, precedido de **in**, ou em acusativo precedido de **apud** (Cíc. De Or. 1, 243); com subj. consecutivo (Cíc. Quinct. 5); inicialmente (Cíc. Leg. 1, 14) ou em interrogação direta (Cíc. De Or. 2, 59) e indireta (Cíc. At. 9, 1, 2).

ubicŭmquĕ (ou **-cŭnquĕ** ou **-quōmquĕ**), adv. relativo ou indef. 1) Em qualquer lugar que, onde quer que (Cíc. Fam. 2, 5, 1). 2) Por tôda a parte (Hor. Sát. 1, 2, 62).

Ubĭī, -ōrum, subs. loc. m. Úbios, povo da Germânia estabelecido na margem oriental do Reno, e cuja capital era Colônia (Cés. B. Gal. 4, 8, 3).

ubilĭbet, adv. Em qualquer lugar que seja (Sên. Tranq. 1, 6).

ubĭnam, adv. interr. Onde pois?, em que lugar? (Cíc. Cat. 1, 9); (Cíc. Nat. 1, 24).

ubiquāquĕ, adv. indef. Por tôda a parte (Ov. Am. 3, 10, 5).

1. ubĭquĕ, adv. Por tôda a parte, em qualquer lugar que (Cíc. Verr. 4, 132).

2. ubĭquĕ = **et ubi** (Hor. Sát. 2, 2, 84).

ubiquŏmquĕ, v. **ubicŭmque**.

Ubĭus, -a, -um, adj. Dos úbios (Tác. Hist. 5, 22).

ubĭvīs, adv. indef. Por tôda a parte, em todos os lugares (Cíc. Fam. 6, 1, 1).

Ucalĕgōn, -ōnis, subs. pr. m. Ucalegão, nome de um troiano, cuja casa foi incendiada na tomada de Tróia (Verg. En. 2, 312).

ūdō, -ōnis, subs. m. Espécie de calçado de couro, ou de pêlo de cabra (Marc. 4, 140).

ūdus, -a, -um, adj. I — Sent. próprio: 1) Molhado, umedecido, banhado (Hor. O. 1, 7, 13). II — Sent. particular: 2) Embriagado (Marc. 5, 84, 5). III — Subs. n.: 3) Umidade (Plín. H. Nat. 35, 49).

Ufens, -ēntis, subs. pr. m. Ufente. 1) Pequeno rio do Lácio (Verg. En. 7, 802). 2) Nome de homem (Verg. En. 7, 745).

Ufentīnus, -a, -um, adj. Ufentino, de Ufente (T. Lív. 9, 20, 6).

Uffugum, -ī, subs. pr. n. Ufugo, cidade do Brútio, atual Fognano (T. Lív. 30, 19).

ulcerātĭō, -ōnis, subs. f. Ulceração, úlcera (Sên. Const. 6, 3).

ulcĕris, gen. de **ulcus**.

ulcĕrō, -ās, -āre, -āvī, -ātum, v. tr. Ferir, fazer uma chaga, ulcerar (Cíc. Fat. 36); (Hor. Sát. 1, 6, 106).

ulcerōsus, -a, -um, adj. I — Sent. próprio: 1) Ulceroso, ulcerado, coberto de úlceras (Tác. An. 4, 57). II — Sent. figurado: 2) Ferido (de amor) (Hor. O. 1, 25, 15).

ulcīscor, -ĕris, ulcīscī, ultus sum, v. dep. tr. I — Sent. próprio: 1) Vingar (Cíc. Amer. 66); (Cíc. Mil. 38). II — Daí: 2) Vingar-se de, tirar vingança, castigar (Cíc. Verr. 2, 9); (Cés. B. Gal. 1, 14, 5); (Cíc. Verr. 1, 68).

ulcus (hulcus), -ĕris, subs. n. I — Sent. próprio: 1) Úlcera, chaga (Verg. G. 3, 454). Daí: 2) Chaga (física ou moral) (Ter. Phorm. 690). II — Sent. figurado: 3) Ferida (de amor), chaga (Cíc. Nat. 1, 104).

ulcuscŭlum, -ī, subs. n. Pequena chaga (Sên. Ep. 72, 5).

ūligō, -ĭnis, subs. f. Umidade (natural) da terra (Verg. G. 2, 184).

Ulixēs, -is, subs. pr. m. Ulisses, herói grego, lendário rei de Ítaca, espôso de Penépole e pai de Telêmaco. Participou da guerra de Tróia, da qual foi um dos mais célebres heróis. Caracterizava-se pela esperteza, astúcia, habilidade, eloquência e coragem (Cíc. Of. 1, 113 Obs.: gen.: Ulixi (Cíc. Tusc. 98) e Ulixei (Hor. O. 1, 6, 7); acus.: Ulixen (Hor. Sát. 2, 3, 197).

ūllae, dat. f. de **ūllus** (Tib. 4, 6, 9).

ūllī, gen., v. **ūllus**.

ūllius, gen., v. **ūllus**.

ūllus, -a, -um, pron. Algum, alguma, alguém, alguma coisa, coisa alguma, ninguém, nada (com uma negação) (Cíc. Br. 312); (Cíc. Clu. 39); (Cíc. Planc. 6). Obs.: Geralmente é empregado em frases negativas, interrogativas ou condicionais. Gen. normalmente **ullīus**, mas em Catulo (4, 3): **ullĭus** Gen. **ullī** (Plaut. Truc. 293). Dat. f. **ullae** (Tib. 4, 6, 9).

ulmārium, -ī, subs. n. Olmedo, lugar plantado de olmeiros (Plín. H. Nat. 17, 76).

ulmĕus, -a, -um, adj. De olmeiro, da madeira de olmeiro (Plaut. As. 363) (sent. figurado).

ulmĭtrĭba, -ae, subs. m. e f. Pessoa que faz um grande consumo de varas, pessoa em cujas costas se quebram varas de olmeiro, isto é: que é constantemente castigada (Plaut. Pers. 278).

ulmus, -ī, subs. f. I — Sent. próprio: 1) Olmeiro, olmo (Verg. G. 1, 2). II — Sent. figurado: 2) Vara de olmo (para açoitar escravos) (Plaut. Amph. 1029).

ulna, -ae, subs. f. I — Sent. próprio: 1) Antebraço (Plín. H. Nat. 11, 243). II — Sent. poético: 2) Braço (Ov. Met. 7, 847). 3) Braça (medida de comprimento) (Verg. Buc. 3, 105).

ulpĭcum, -ī, subs. n. Espécie de alho (Plaut. Poen. 1314).

1. ulterĭor, -ĭus, comp. de **ulter** (desus.) (gen.: **ulterĭōris**). I — Sent. próprio: 1) Mais afastado (no espaço ou no tempo), que está mais adiante (T. Lív. 34. 20, 5). Daí: 2) Que está do outro lado, ulterior, que vem depois (Cíc. At. 8, 3, 3). II — No neutro: **ulterius** (sent. figurado): 3) A mais que, além de, alguma coisa a mais (T. Lív. 4, 26, 10).

2. Ulterĭor Portus, subs. pr. m. Pôrto Ulterior, pôrto da Gália, em frente à Britânia (Cés. B. Gal. 4, 23, 1).

ulterĭōra, -um, subs. n. pl. (subent. **loca** ou **negotĭa**): 1) As regiões mais afastadas, o que fica além (Tác. Hist. 4, 77). 2) O passado (Tác. Hist. 4, 8). 3) O futuro, o tempo que está por vir (Ov. F. 5, 532).

ulterĭōrēs, -um, subs. m. pl. (subent. **homĭnes**). As pessoas mais remotas, mais distantes (em oposição a **proxĭmī**) (T. Lív. 3, 60, 7).

ulterĭus, adv. I — Sent. próprio: 1) Mais além, mais longe (Prop. 1, 6, 4). II — Sent. figurado: 2) Mais além (Verg. En. 12, 938).

ultĭma, -ōrum, subs. n. pl. (subent. **negotĭa**). 1) As coisas mais afastadas, mais remotas, as últimas coisas (Hor. O. 2, 18, 4). 2) O fim, a morte (Cíc. Fam. 17, 17, 2).

ultĭmē, adv. 1) No último ponto, tanto quanto possível, ao máximo (Apul. M. 10, 24). 2) Por fim, em último lugar (Sên. Ep. 76, 29).

ultĭmī, -ōrum, subs. m. pl. (subent. **homĭnes**). Os últimos, as pessoas mais afastadas (Cés. B. Gal. 5, 43, 5).

ultĭmō, adv. Enfim, finalmente (Suet. Ner. 32).

ultĭmum, -ī, subs. n. 1) Fim, o extremo (T. Lív. 2, 56, 5). 2) O último grau (Cíc. Mur. 65). Adv. 3) Pela última vez (Q. Cúrc. 5, 12, 8).

ultĭmus, -a, -um, superl. do desus. **ulter**. I — Sent. próprio: 1) Que está inteiramente do lado de lá, o mais afastado, o mais remoto, extremo, último, que fica no fim, na extremidade (Cíc. Rep. 6, 16). II — Sent. figurado: 2) O mais antigo (no tempo), o mais afastado, o último (da vida), fúnebre, de morte, que está no fim (Cíc. C. M. 38). 3) O maior, o mais elevado, o supremo (Cíc. Fin. 3, 30). 4) O menor, o último, o mais ínfimo (T. Lív. 34, 18, 5).

ultĭō, -ōnis, subs. f. I — Sent. próprio: 1) Vingança, punição, castigo (T. Lív. 38, 24, 10). Daí: 2) Ação de saciar (a cólera) (T. Lív. 7, 30, 14). II — Sent. particular: 3) A Vingança (deusa) (Tác. An. 3, 18).

ultor, -ōris, subs. m. I — Sent. próprio: 1) Vingador, o que pune, o que tira vingança de (Cíc. Mil. 85). II — Sent. figurado: 2) Vingador (epíteto de Marte) (Ov. F. 5, 577).

ultrā, adv. e prep. de acus. A) Adv. I — Sent. próprio: 1) Além, do outro lado (Ov. Met. 5, 186). II — Daí: 2) Mais longe, demais, além disso (Cíc. Tusc. 1, 94). B) Prep.: I — Sent. próprio: 1) Além de, do outro lado de, adiante de, fora de (Hor. Sát. 1, 1, 107). II — Daí: 2) Além de, depois de (sent. temporal) (Quint. 3, 1, 9). 3) Mais de, além de, acima de (em número, medida, etc.) (Cíc. Tusc. 4, 38).

ultrīx, -īcis, subs. f. A que vinga, a vingadora (Verg. En. 4, 473).

ultrō, adv. I — Sent. próprio: 1) Além de, ao longe de, ao largo de, demais, além disso, fora disso (Cíc. Amer. 60). II — Daí: 2) Espontâneamente, de sua própria vontade (Cíc. Phil. 2, 1).

ultus, -a, -um, part. pass. de **ulcīscor**.

Ulŭbrae, -ārum, subs. pr. f. Úlubras, povoado do Lácio (Cíc. Fam. 7, 18, 3).

Ulubrānus, -a, -um, adj. Ulubrano, de Úlubras (Cíc. Fam. 7, 12, 2).

ulŭla, -ae, subs. f. Coruja (Verg. Buc. 8, 55).

1. **ululātus**, -a, -um, part. pass. de **ululo**.
2. **ululātus**, -ūs, subs. m. I — Sent. próprio: 1) Uivo, grito penetrante, vociferações (Cés. B. Gal. 5, 37, 3). II — Daí: 2) Gemidos, gritos de lamentação (Verg. En. 4, 667).

ulŭlō, -ās, -āre, -āvī, -ātum, v. intr. e tr. A) Intr.: Sent. próprio: 1) Uivar (onomatopéia freqüente e antiga, aplicável aos homens e aos animais) (Verg. En. 6, 257). Daí: 2) Vociferar, gritar (Verg. En. 4, 168); (Cíc. Or. 27). B) Tr.: 3) Chamar em altos gritos, fazer retumbar com uivos (Verg. En. 4, 609).

ulva, -ae, subs. f. Ulva (erva dos pântanos) (Verg. G. 3, 175).

Ulysīppō, -ōnis, subs. f. v. **Olisīpō**.

umbēlla, -ae, subs. f. Guarda-sol, sombrinha (Marc. 11, 73, 6). Obs.: O sent. etimológico é: «pequena sombra».

1. **Umber**, -bra, -brum, adj. Umbro, da Úmbria (Catul. 39, 11).
2. **umber**, -bri, subs. m. 1) Umbro, variedade de carneiro (Plín. 8, 199). 2) Umbro, cão da Úmbria, especial para a caça (Verg. En. 12, 753).

umbilīcus, -ī, subs. m. I — Sent. próprio: 1) Umbigo (T. Lív. 26, 45, 8). II — Por extensão, tudo o que, pela forma, faz lembrar o umbigo: 2) Extremidade do cilindro em tôrno do qual se enrolava um volume ou livro antigo: **ad umbilīcum adducere** (Hor. Epo. 14, 8) «chegar ao umbigo», isto é, «chegar à fase final de enrolar o volume». 3) Haste metálica que formava o centro do quadrante solar (Plín. H. Nat. 6, 212). 4) Espécie de concha (Cíc. De Or. 2, 22). III — Sent. figurado: 5) O meio, o ponto central, o centro (Cíc. Verr. 4, 106).

umbō, -ōnis, subs. m. I — Sent. próprio: 1) Tudo que faz saliência em uma superfície, principalmente quando esta é redonda ou cônica. II — Daí, nas línguas técnicas, vários sentidos particulares: 2) Bossa de escudo, escudo (de forma convexa) (Verg. En. 2, 546). 3) Cotovelo (Marc. 3, 46, 5). 4) Prega ou dobra da toga que forma saliência sôbre o peito, a toga (Pérs. 5, 33).

umbra, -ae, subs. f. I — Sent. próprio: 1) Sombra (produzida por um corpo interposto entre a luz e a Terra) (Cíc. De Or. 1, 28). Daí: 2) Sombra, lugar à sombra, objeto que dá sombra, escuridão, trevas (Cíc. Mur. 30). II — Sent. figurado: 3) Proteção, socorro, asilo (T. Lív. 34, 9, 10). 4) Sombra, aparência (Cíc. Of. 3, 69). 5) As sombras (dos mortos), as almas dos mortos, os manes, os infernos (no pl.) (Ov. Met. 9, 410). Donde (no sg.): 6) Sombra, fantasma, espectro (Hor. O. 4, 7, 16). 7) Sombra (pessoa não convidada, levada por um conviva, da qual era como que a sombra) (Hor. Sát. 2, 8, 22).

umbrācŭlum, -ī, subs. n. (geralmente no pl.) I — Sent. próprio: 1) O que dá sombra, lugar sombreado ou sombrio (Varr. R. Rust. 1, 51, 2). II — Daí:

UMBRĀTĬCŎLA — 1032 — **UNCTŌRĬUM**

2) Sobrinha, guarda-sol (Ov. F. 2, 311). III — Sent. figurado: 3) Escola (Cíc. Br. 37).

umbrātĭcŏla, -ae, subs. m. e f. Um mole, um efeminado (Plaut. Truc. 611).

umbrātĭcus, -a, -um, adj. I — Sent. próprio: 1) De sombra, relativo à sombra. II — Daí: 2) Que gosta de estar à sombra, ocioso, efeminado (Sên. Ben. 4, 2, 1). 3) Retirado, privado, que se faz em casa (Plín. Ep. 9, 2, 3).

umbrātĭlis, -e, adj. Que passa o tempo à sombra, isto é, que vive em casa, retirado, ocioso, desocupado (Cíc. Tusc. 2, 27).

umbrātus, -a, -um, part. pass. de **umbro**.

Umbrēnus, -ī, subs. pr. m. Umbreno, um cúmplice de Catilina (Cíc. Cat. 3, 14).

Umbrī, -ōrum, subs. loc. m. Umbros, habitantes da Úmbria (Plín. H. Nat. 3, 50).

Umbrĭa, -ae, subs. pr. f. Úmbria, província da Itália peninsular, a leste da Etrúria (Cíc. Mur. 42).

Umbrĭcus, -a, -um, adj. Da Úmbria, úmbrico (Plín. H. Nat. 35, 197).

Umbrĭcĭus, -ī, subs. pr. m. Umbrício, nome de homem (Tác. Hist. 1, 27).

umbrĭfer, -fĕra, -fĕrum, adj. Umbrífero, que dá ou produz sombra, sombrio (Verg. En. 6, 473).

1. umbrō, -ās, -āre, -āvī, -ātum, v. tr. Dar sombra, cobrir de sombra, escurecer, sombrear (Verg. En. 6, 772).

2. Umbrō, -ōnis, subs. pr. m. Umbrão, rio da Etrúria (Plín. H. Nat. 3, 51).

umbrōsus, -a, -um, adj. I — Sent. próprio: 1) Umbroso, coberto de sombra (Cíc. Q. Fr. 3, 1, 3). II — Daí: 2) Sombrio, escuro (Verg. En. 8, 242). 3) Que dá sombra, umbroso (Verg. Buc. 2, 3).

ūmēctō, v. **hūmēctō**.
ūmĕrus, v. **humĕrus**.
ūmefacĭō, v. **hūmefacĭō**.
ūmĕō, v. **hūmĕō**.
ūmĕrus, v. **humĕrus**.
ūmēscō, v. **hūmēscō**.
ūmĭdŭlus, v. **hūmĭdŭlus**.
ūmĭdus, v. **hūmĭdus**.
ūmĭfer, v. **hūmĭfer**.
ūmor, v. **hūmor**.

umquam (unquam), adv. Em algum momento, algum dia, alguma vez (Plín. H. Nat. 2, 100). Obs.: Nas frases negativas, interrogativas e condicionais, significa: Nunca, jamais (Cíc. Lae. 51): **nemo unquam** (Cíc. Rep. 2, 17) «nunca pessoa alguma».

ūnā, adv. Juntamente, ao mesmo tempo (Cíc. Rep. 1, 18). Obs.: Freqüentemente acompanha **cum**: **una cum reliqua Gallia Haeduis libertatem eripere** (Cés. B. Gal. 1, 17, 4) «tirar a liberdade dos éduos ao mesmo tempo que do resto da Gália».

ūnae, dat. de **unus** (Cíc. Tull. 36).

ūnaetvĭcēsĭma legĭō, subs. f. A 21ª legião (Tác. An. 1, 45).

ūnaetvĭcēsĭmanī, -ōrum, subs. m. pl. Soldados da 21ª Legião (Tác. An. 1, 51).

ūnănĭmans, -āntis = **ūnănĭmus** (Plaut. Truc. 435).

ūnănĭmĭtās, -tātis, subs. f. Harmonia, concórdia, unanimidade (T. Lív. 40, 8, 14).

ūnănĭmus, -a, -um, adj. I — Sent. próprio: 1) Que vive em boa harmonia, em acôrdo (Catul. 30, 1). II — Daí: 2) Que tem os mesmos sentimentos, unânime (Plaut. St. 731).

uncĭa, -ae, subs. f. I — Sent. próprio: 1) 12ª parte de um todo (libra, jeira, pé, herança, etc.) (Cíc. At. 13, 48, 1). II — Sent. particular: 2) Onça (moeda que vale 1/12 do asse) (Marc. 1, 107). III — Sent. figurado: 3) Quantidade muito pequena (Marc. 9, 49, 12).

uncĭālis, -e, adj. De um duodécimo, do pêso de uma onça (Plín. H. Nat. 33, 45).

uncĭārĭus, -a, -um, adj. I — Sent. próprio: 1) Da duodécima parte (T. Lív. 7, 16, 1). II — Sent. particular: 2) Do pêso de uma onça (Col. 3, 2, 2).

uncĭātim, adv. Moeda por moeda (sent. figurado) (Ter. Phorm. 43).

uncīnātus, -a, -um, adj. Adunco, curvo, recurvado (Cíc. Ac. 2, 121).

uncō, -ās, -āre, v. intr. Roncar, rosnar (tratando-se do urso) (Suet. frg. 161).

unctĭō, -ōnis, subs. f. I — Sent. próprio: 1) Ação de untar, fricção (Plaut. St. 226). II — Sent. figurado: 2) Exercícios do ginásio, luta (Cíc. De Or. 2, 21).

unctĭtō, -ās, -āre, v. freq. de **ungo**, tr. Untar muitas vêzes, untar habitualmente (Plaut. Most. 274).

unctĭuscŭlus, -a, -um, adj. Um tanto untuoso, bastante gorduroso (tratando-se de um prato) (Plaut. Ps. 221).

unctor, -ōris, subs. m. Escravo que unta com azeite ou essência, que fricciona (Cíc. Fam. 7, 24, 2).

unctōrĭum, -ī, subs. n. Lugar onde se friccionava azeite ou essência, sala de fricção (Plín. Ep. 2, 17, 11).

UNCTUM — 1033 — **UNGUENTARIA**

unctum, -ī, subs. n. Boa mesa, bom jantar, luxo na mesa (Hor. A. Poét. 422).
unctus, -a, -um. I — Part. pass. de **unguo.** II — Adj.: 1) Untado, ungido, perfumado (Hor. Ep. 2, 1, 33). Daí, em sent. figurado: 2) Rico, opulento, elegante, bem guarnecido (Cíc. Br. 78).
1. uncus, -a, -um, adj. I — Sent. próprio: 1) Recurvado, recurvo, em forma de gancho, adunco (Verg. G. 1, 19). II — Sent. poético: 2) Recurvado, arredondado (Verg. En. 1, 169).
2. uncus, -ī, subs. m. I — Sent. próprio: 1) Gancho (T. Lív. 30, 10, 16). Daí: 2) Bastão terminado por um gancho, com o qual se arrastava alguém para o lugar de suplício (Cíc. Phil. 1, 5). II — Sent. poético: 3) Âncora (V. Flac. 2, 428).
unda, -ae, subs. f. I — Sent. próprio: 1) Água (em movimento), onda, vaga (Hor. Ep. 2, 2, 176). Daí: 2) Água (em geral), água (do mar), mar (Ov. Met. 1, 266). II — Sent. figurado: 3) Turbilhão de fumo (Verg. En. 8, 257). 4) Agitação das águas, tormenta, tempestade (Cíc. Planc. 15). 5) Multidão, onda (de gente) (Verg. G. 2, 462).
undātus, -a, -um, adj. Que tem ondas, onduloso, ondulado (Plín. H. Nat. 9, 103).
undĕ, adv. relativo e interrogativo. Donde, de que lugar, daí (Cés. B. Gal. 3, 14, 9).
undēcentēsĭmus, -a, -um, num. ord. Nonagésimo nono (V. Máx. 8, 7, 11).
undēcĕntum, num. card. indecl. Noventa e nove (Plín. H. Nat. 7, 214).
undĕcim, num. card. indecl. Onze (Cíc. Fam. 6, 18, 2).
undecĭmus, -a, -um, num. ord. Undécimo (T. Lív. 30, 18, 10).
undecirēmis, -is, subs. f. Undecireme, navio com onze ordens de remos (Plín. H. Nat. 16, 203).
undecumānī, -ōrum, subs. m. pl. Soldados da 11³ legião (Plín. H. Nat. 3, 107).
undecūmquĕ, adv. I — Rel. indeterm.: De qualquer lugar, de onde quer que seja (Quint. 7, 3, 33). II — Indef.: Não importa de onde, de qualquer parte que seja (Plín. H. Nat. 2, 235).
undēnī, -ae, -a, num. distr. Onze cada um, onze de cada vez (Ov. Am. 1, 1, 30).
undēnōnāgēsĭmus, -a, -um, num. ord. Octogésimo nono (Suet. Oth. 11).
undēnōnāgīntā, num. card. indecl. Oitenta e nove (T. Lív. 37, 30, 2).
undeoctōgīntā, num. card. indecl. Setenta e nove (Hor. Sát. 2, 3, 117).
undēquādrāgēsĭmus, -a, -um, num. ord. Trigésimo nono (V. Máx. 8, 7, 10).
undēquadrāgĭēs (-ĭens), adv. Trinta e nove vêzes (Plín. H. Nat. 7, 92).
undēquādrāgīntā, num. card. Trinta e nove (Cíc. Rep. 2, 27).
undēquinquāgēsĭmus, -a, -um, num. ord. Quadragésimo nono (Cíc. Pomp. 35).
undēquinquāgīntā, num. card. Quarenta e nove (T. Lív. 37, 58, 4).
undēsexāgīntā, num. card. Cinqüenta e nove (T. Lív. 23, 37, 6).
undētrīcēsĭmus (undetrīgē-), -a, -um, num. ord. Vigésimo nono (T. Lív. 25, 36, 14).
undēvīcēnī, -ae, -a, num. distr. Dezenove cada vez (Quint. 1, 10, 44).
undētrīcēsĭmus (undetrīgē-), -a, -um, num. ord. Décimo nono (Cíc. C. M. 14).
undēvīgintī, num. card. Dezenove (Cíc. Br. 229).
undicŏla, -ae, subs. m. f. Undícola, o que vive na água, aquático (Varr. Men. 130).
undīquĕ, adv. 1) De tôdas as partes, de todos os lados (Cíc. Verr. 3, 149). Daí: 2) Por todos os lados, sob todos os aspectos (Cíc. Tusc. 5, 86).
undisŏnus, -a, -um, adj. Undíssono, que retumba com o ruído das vagas, que faz retinir as vagas (Prop. 3, 21, 18).
undō, -ās, -āre, -āvī, -ātum, v. intr. Sent. próprio: 1) Estar agitado (tratando-se do mar), correr aos borbotões (Sên. Nat. 3, 286); (Verg. G. 1, 472). 2) Flutuar (Verg. En. 12, 471).
undōsus, -a, -um, adj. Undoso, cheio de ondas, de ondas agitadas, revôlto, tempestuoso (Verg. En. 3, 693).
Unēllī, -ōrum, subs. loc. m. Unelos, povo da Gália Armórica (Cés. B. Gal. 2, 34, 1).
ūnēscō (ūnīscō), -is, -ĕre, v. intr. Unir-se (Plín. H. Nat. 17, 161).
ūnetvīcēsĭmānī, -ōrum, subs. m. pl. Soldados da 21ª legião (Tác. Hist. 2, 43).
ūnetvīcēsĭmus, -a, -um, adj. num. ord. Vigésimo primeiro (Tác. An. 1, 45).
ungō = unguō.
unguen, -ĭnis, subs. n. Corpo gordo, gordura, óleo, ungüento (Verg. G. 3, 450).
unguentārĭa, -ae, subs. f. 1) Arte de perfumaria (Plaut. Poen. 703). 2) Perfumista (subent. **mulier**) (Plín. H. Nat. 8, 14).

unguentărĭus, -ī, subs. m. Perfumista (Cíc. Of. 1, 150).
unguentātus, -a, -um, adj. Perfumado (Plaut. Truc. 288).
unguēntum, -ī, subs. n. Perfume (líquido), essência, óleo perfumado (Cíc. Verr. 3, 62).
unguicŭlus, -ī, subs. m. Unha (da mão ou do pé) (Cíc. Fin. 5, 80).
unguĭnis, gen. de **unguen**.
unguinōsus, -a, -um, adj. Gordo, oleoso (Plín. H. Nat. 23, 147).
unguis, -is, subs. m. I — Sent. próprio: 1) Unha (da mão ou do pé, do homem ou dos animais), casco, garra, esporão (Cíc. Tusc. 5, 77). Daí, objeto em forma de unha ou garra: 2) Unha (parte inferior das pétalas) (Plín. H. Nat. 12, 36). 3) Fateixa, arpéu (Col. 12, 18, 2). II — Em várias expressões proverbiais: 4) **Ab imis unguibus usque ad verticem** (Cíc. Com. 20) «dos pés à cabeça». 5) **Ab aliqua re traversum unguem non discedere** (Cíc. At. 13, 20, 4) «não se afastar de alguma coisa nem mesmo uma polegada», i.é: seguir à risca, com o maior rigor. 6) **De tenero ungui** (Hor. O. 3, 6, 24) «desde a mais tenra idade, desde a infância». 7) **Ad unguem carmen castigare** (Hor. A. Poét. 294) «corrigir um poema até à perfeição». 8) **Ad unguem factus homo** (Hor. Sat. 1, 5, 32) «homem perfeito». 9) **In unguem** (Verg. G. 2, 277) «perfeitamente».
ungŭla, -ae, subs. f. I — Sent. próprio: 1) Unha, casco (dos herbívoros) (Verg. En. 8, 596). II — Sent. figurado: 2) Cavalo (Hor. Sát. 1, 1, 114). II — Expressão proverbial: 3) **Toto corpore atque omnibus ungulis** (Cíc. Tusc. 2, 56) «com unhas e dentes».
ungŭlus, -ī, subs. m. 1) Anel (Plín. H. Nat. 33, 10). 2) Bracelete (Pacúv. Tr. 64).
unguŏ (ungō), -is, -ĕre, unxī, unctum, v. tr. I — Sent. próprio: 1) Untar, ungir, perfumar (Cíc. Verr. 4, 77). Daí: 2) Friccionar (Cíc. Par. 37); (Cíc. At. 13, 52, 1). II — Sent. figurado: 3) Embeber, molhar, impregnar, tingir (Verg. En. 9, 773). 4) Temperar (Hor. Sát. 2, 3, 125).
ūnĭcē, adv. De um modo único, excepcionalmente, particularmente, especialmente (Cíc. Or. 1).
ūnĭcŏlor, -ōris, adj. Que tem uma só côr, unicolor (Plín. H. Nat. 11, 145).
ūnĭcus, -a, -um, adj. I — Sent. próprio: 1) Único, só (Cíc. Cael. 79). II — Daí: 2) Único, incomparável, sem igual, excelente, notável (Cíc. Quinct. 41). 3) Querido, caro (Plaut. Capt. 150).
ūnĭfŏrmis, -e, adj. Uniforme, homogêneo (Tác. D. 32).
ūnĭgĕna, -ae, adj. m. e f. 1) Que nasceu só, único (Cíc. Tim. 10). Daí, que nasceu do mesmo parto, gêmeo, gêmea. 2) Irmão (Catul. 66, 53). 3) Irmã (Catul. 64, 301).
ūnĭmănus, -a, -um, adj. Unímano, que tem uma só mão (T. Lív. 35, 21, 3).
ūnĭō, -īs, -īre, v. tr. Unir, reunir (Sên. Nat. 2, 2, 4).
ūnĭscō = **ūnēscō**.
ūnĭtās, -tātis, subs. f. Unidade, unidade de sentimentos, identidade (Sên. Beat. 8, 5).
ūnĭter, adv. De maneira a só fazer um (Lucr. 3, 844).
ūnītus, -a, -um, part. pass. de **unio**.
ūnīus, gen. de **unus**.
ūnīuscūjūsque, gen. de **unusquisque**.
ūnīusmŏdī, ou melhor:: **ūnīus modī**, adv. De uma mesma espécie (Cíc. At. 9, 7, 5).
ūnĭversālis, -e, adj. Universal, que é comum a todos no mundo, geral (Quint. 2, 13, 14).
ūnĭversē, adv. Geralmente, em geral (Cíc. Verr. 5, 143).
ūnĭversi, -ōrum, subs. m. pl. Todos juntos (em oposição a **singuli**), todos sem exceção (Cíc. Rep. 3, 43).
ūnĭversĭtās, -tātis, subs. f . I — Sent. próprio: 1) Universalidade, a totalidade, o todo (Cíc. Nat. 2, 164). II — Daí: 2) O universo, o conjunto das coisas (Cíc. Nat. 1, 120).
ūnĭversum, -ī, subs. n. O universo, conjunto das coisas (Cíc. Nat. 2, 30).
ūnĭversus, -a, -um, (**ūnĭvŏrsus**, arc.), adj. Todo, inteiro (Cíc. Verr. 2, 168). Obs.: Sent. etimológico: «inteiramente voltado para».
ūnŏcŭlus, -ī, subs. m. Pessoa de um só ôlho (Plaut. Curc. 392).
unquam, v. **umquam**.
Unsĭngĭs, -is, subs. pr. m. Unsingis, rio da Germânia (Tác. An. 1, 70).
ūnus, -a, -um, adj. num. I — Sent. próprio: 1) Um, um só, único (Cíc. Fam. 2, 7, 3). II — Sent. diversos: 2) Um mesmo, o mesmo (Cíc. Clu. 28). 3) Um mais que todos os outros, o primeiro (Verg. En. 1, 15). 4) Um certo, certa pessoa (Cíc. De Or. 1, 132). Obs.: O gen. normal é **ūnīus**, mas **ūnĭus** é fre-

ŪNUSQUISQUE — **URNA**

qüente (Verg. En. 1, 41). Gen. **uni** (Catul. 17, 17). Dat. **unae** (Cíc. Tull. 36). Voc. **une** (Catul. 37, 17).

ūnusquīsque, ūnaquaeque, ūnumquŏdque (**unumquĭdque**, subs.), pron. Cada, cada um, cada uma, cada qual (Cíc. Rep. 1, 48).

(**ūnusquīsquis**), **ūnumquĭdquid**, pron. indef. Quem quer que seja, o que quer que seja (Plaut. Trin. 881).

unxī, perf. de **unguo** (**ungo**).

ūpiliŏ, -ōnis, v. **opiliŏ** (Verg. Buc. 10, 19).

1. Upis, -is, subs. pr. m. Úpis, pai da Diana Úpis dos gregos (Cíc. Nat. 3, 58).

2. Upis, -is, subs. pr. f. Úpis, Diana (Cíc. Nat. 3, 58).

upŭpa, -ae, subs. f. 1) Poupa (ave) (Plín. H. Nat. 10, 86). 2) Enxada, ou picareta (Plaut. Capt. 1004).

Uranĭa, -ae, subs. pr. f. Urânia, uma das nove musas, que presidia à astronomia e à geometria (Cíc. Div. 1, 17).

Uranĭē, -ēs, subs. f., v. **Uranĭa** (Ov. F. 5, 55).

urbānē, adv. I — Sent. próprio: 1) Com urbanidade, civilmente, polidamente (Cíc. Cael. 33). II — Daí, referindo-se ao estilo: 2) Com finura, finamente, delicadamente, espirituosamente (Cíc. Fin. 1, 39). Obs.: Comp. **urbanĭus** (Cíc. Cael. 36).

urbānĭtās, -tātis, subs. f. I — Sent. próprio: 1) Morada na cidade, morada em Roma, vida de Roma (Cíc. Fam. 7, 6, 1). II — Sent. figurado: 2) Polidez, urbanidade, civilidade (Cíc. Fam. 3, 7, 5). 3) Graça, elegância, polidez (de linguagem) (Cíc. Cael. 6). 4) Zombaria, gracejo, dito espirituoso (Tác. Hist. 2, 88).

1. urbānus, -a, -um, adj. I — Sent. próprio: 1) Da cidade, da cidade de Roma, urbano (Cés. B. Gal. 7, 6, 1). II — Sent. figurado: 2) Polido, fino, delicado, urbano (Cíc. Fam. 3, 8, 3). 3) Espirituoso, engraçado, folgazão, gracejador (Cíc. Fam. 9, 15, 2). 4) Impudente, indiscreto (Hor. Ep. 1, 10, 11).

2. urbānus, -ī, subs. m. Habitante da cidade, cidadão (Cíc. Fin. 2, 77).

Urbiaca, v. **Urbicŭa**.

urbicăpus, -ī, subs. m. Conquistador de cidades (Plaut. Mil. 1055).

Urbicŭa, -ae, subs. pr. f. Urbicua, cidade da Hispânia Tarraconense (T. Lív. 40, 16, 8).

1. urbĭcus, -a, -um, adj. De Roma (Suet. Aug. 18).

2. Urbĭcus, -ī, subs. pr. m. Úrbico, sobrenome romano (Tác. An. 11, 35).

Urbigĕnus Pagus, subs. pr. m. Cantão Urbígeno, um dos quatro cantões da Helvécia (Cés. B. Gal. 1, 27, 4).

Urbīnās, -ātis, subs. loc. m. Urbinate, natural de Urbino, cidade da Úmbria (Cíc. Phil. 12, 19).

Urbīnātēs, -um, (ou **-ĭum**), subs. loc. m. Urbinates, habitantes de Urbino (Plín. H. Nat. 3, 114).

Urbīnum, -ī, subs. pr. n. Urbino, cidade da Úmbria (Tác. Hist. 3, 62).

Urbĭus Clivus, subs. pr. m. Úrbio, nome de um dos bairros de Roma (T. Lív. 1, 48, 6).

urbs, urbis, subs. f. I — Sent. próprio: 1) Cidade (em oposição a **rus** «campo», e **arx** «a cidadela») (T. Lív. 9, 41, 16). Daí: 2) Roma, a cidade por excelência (Cés. B. Gal. 1, 7, 1). II — Por extensão: 3) Cidade, população (de uma cidade), cidadãos (Verg. En. 2, 265).

urcĕus, -ī, subs. m. Jarro, pote (Hor. A. Poét. 22).

urcō, -ās, -āre, v. intr. Emitir sons, gritar (tratando-se do lince) (Suet. Frg. 161).

ūrēdō, -ĭnis, subs. f. Alforra, mangra (doença das plantas) (Cíc. Nat. 3, 86).

urgens, -ēntis, part. pres. de **urgĕo**.

urgĕō (**urguĕō**), **-ēs, -ēre, ursī**, v. tr. I — Sent. próprio: 1) Apertar, pesar sôbre, acossar (Sal. B. Jug. 56, 6); (Sal. C. Cat. 52, 35); (Cíc. C. M. 2). 2) Impelir, empurrar (Ov. Met. 4, 460). II — Sent. figurado: 3) Ameaçar, estar iminente (Cés. B. Gal. 2, 26, 1). 4) Apressar, perseguir (Hor. Sát. 2, 7, 6). 5) Insistir, ocupar-se de, persistir (Cíc. Of. 3, 67); (Cíc. Nat. 1, 97); (Hor. O. 2, 18, 20); (Tác. An. 11, 26).

ūrīna, -ae, subs. f. Urina (Cíc. Fat. 5).

ūrīnātor, -ōris, subs. m. Mergulhador (T. Lív. 44, 10, 3).

ūrīnō = **ūrīnor**.

ūrīnor, -āris, -ārī, v. dep. intr. Mergulhar (na água) (Varr. L. Lat. 5, 126); (Plín. H. Nat. 9, 91).

Urĭos (-**us**), **-ī**, subs. pr. m. Úrio, isto é, o que dá um vento favorável, epíteto de Júpiter (Cíc. Verr. 4, 128).

Urītēs, -um, subs. loc. m. Urites, povo do sul da Itália (T. Lív. 42, 48).

urna, -ae, subs. f. I — Sent. próprio: 1) Urna (vaso de gargalo estreito e grande bôjo, que servia para vários fins). Daí: 2) Urna para líquidos (Plaut. Ps. 157). 3) Urna cinerária (Ov. Met. 4, 166). 4) Urna (para votar) (Cíc. Verr.

2, 42). 5) Urna (para tirar sortes). (T. Lív. 23, 3, 7). 6) Urna (para conter dinheiro) (Hor. Sát. 2, 6, 10). II — Sent. particular: 7) Urna (medida de capacidade equivalente à metade de uma ânfora) (Cat. Agr. 148, 1).

urnŭla, -ae, subs. f. Urna pequena (Cíc. Par. 11).

ūrō, -is, -ĕre, ussī, ustum, v. tr. I — Sent. próprio: 1) Queimar (sent. concreto e abstrato, físico e moral) (Cíc. Tusc. 1, 69); (Cíc. Phil. 8, 15); (Cíc. Tusc. 2, 40). Daí: 2) Incendiar, inflamar (Cíc. Leg. 2, 58). Donde: 3) Assolar, destruir (T. Lív. 10, 17, 1). II — Sent. figurado: 4) Abrasar, excitar, consumir (Verg. Buc. 2, 68); (Verg. En. 4, 68). 5) Irritar, atormentar, inquietar (Ter. Eun. 274).

ursa, -ae, subs. f. I — Sent. próprio: 1) Ursa (Ov. Met. 2, 485). II — Sent. particular: 2) Subs. pr.: A Ursa-Maior, a Ursa-Menor (constelações) (Ov. Her. 18, 152). III — Por extensão: 3) O Norte, as regiões do Norte (V. Flac. 4, 724). IV — Sent. poético: 4) O urso (Verg. En. 5, 37).

Ursānius, -ī, subs. pr. m. Ursânio, nome de homem (T. Lív. 33, 22).

ursī, perf. de **urgĕo.**

ursus, -ī, subs. m. Urso (quadrúpede) (Hor. Ep. 2, 1, 186).

urtīca, -ae, subs. f. I — Sent. próprio: 1) Urtiga (plant) (Plín. H. Nat. 21, 92). II — Sent. figurado: 2) Comichão, grande desejo (Juv. 2, 128). III — Sent. particular: 3) Urtiga do mar (zoófito) (Plaut. Rud. 298).

ūrūca, -ae, subs. f. Lagarta (das plantas) (Plín. H. Nat. 11, 112).

ūrus, -ī, subs. m. Uro (touro selvagem, espécie de búfalo) (Cés. B. Gal. 6, 28, 1).

Uscāna, -ae, subs. pr. f. Uscana, cidade da Ilíria (T. Lív. 43, 18).

Uscānēnsēs, -ĭum, subs. loc. m. Uscanenses, habitantes de Uscana (T. Lív. 43, 18).

Usipĕtēs, -um, subs. loc. m. Usípetes, povo germano que habitava às margens do Reno (Cés. B. Gal. 4, 1, 4).

ūsitātē, adv. Segundo o uso, conforme o uso, de acôrdo com o costume (Cíc. Fin. 4, 72).

ūsitātus, -a, -um, part. adj. de **usĭtor:** usado, costumado, em uso, corrente (Cíc. Nat. 1, 36).

ūsĭtor, -āris, -ārī, v. fre. intr. Usar freqüentemente de (A. Gél. 10, 21, 2).

Uspē, -ēs, subs. pr. f. Uspe, cidade da Cítia asiática (Tác. An. 12, 16).

Uspēnses, -ĭum, subs. loc. m. Uspenses, habitantes de Uspe (Tác. An. 12, 17).

uspĭam, adv. Em qualquer lugar, em qualquer parte, em algum lugar (Cíc. At. 16, 13 b, 1). Obs.: Só é empregado nas frases negativas, interrogativas ou condicionais.

usquam, adv. De algum modo, em algum lugar (sent. próprio e figurado) (Cíc. Flac. 50).

usquĕ, adv. e prep. (acus.). I — Adv.: Em qualquer lugar, em qualquer tempo, sempre, sem interrupção, com continuidade, até (Hor. Sát. 1, 9, 19). II — Prep. de acus.: Até, até a (Plín. H. Nat. 2, 84). Obs.: Emprega-se absolutamente ou junto a outras partículas, advérbios ou preposições. Pode marcar a continuidade do movimento no tempo ou no espaço, encarado no seu ponto de partida ou de chegada. Seu emprêgo como preposição data do Império.

usquequāquĕ, adv. I — Sent. próprio: 1) Por tôda a parte, em qualquer lugar (Cíc. Verr. 5, 10). II — Daí: 2) Em qualquer ocasião (Cíc. At. 4, 9, 1).

ussī, perf. de **uro.**

Ustīca, -ae, subs. pr. f. Ustica, colina dos sabinos (Hor. O. 1, 17, 11).

ustĭō, -ōnis, subs. f. 1) Queimadura (Plín. H. Nat. 34, 151). 2) Inflamação (de uma parte do corpo) (Plín. H. Nat. 20, 239).

ustor, -ōris, subs. m. O que queima os cadáveres (Cíc. Mil. 90).

ustŭlō, -ās, -āre, -āvī, -ātum, v. tr. Queimar (Catul. 36, 8).

ustus, -a, -um, part. pass. de **uro.**

1. **ūsūcapĭō (ūsū capĭō), -is, -ĕre, -cēpī, -cāptum,** v. tr. Tomar pelo uso, adquirir por longo uso ou usucapião (Cíc. At. 1, 5, 6).

2. **ūsūcapĭō, -ōnis,** subs. f. Usucapião, maneira de adquirir pela posse ou pelo uso (Cíc. Caec. 74).

ūsūcāptus, -a, -um, part. pass. de **usucapĭo.**

ūsūcēpī, perf. de **usucapio.**

ūsūfacĭō, -is, -ĕre, -fēcī, -făctum, v. tr. Apropriar-se de (Plaut. Amph. 375).

ūsūra, -ae, subs. f. I — Sent. próprio: 1) Uso de uma coisa, gôzo, faculdade de usar (Cíc. Tusc. 1, 93). II — Sent. particular (na língua jurídica): 2) Lucro tirado do dinheiro emprestado, juros, usura (Cíc. At. 12, 22, 3). 3) Rendimento, lucro, ganho (C. Nep. At. 2, 5). 4)

ūsūrārīus

Dinheiro emprestado, sem juros (Cíc. Verr. 3, 168).

ūsūrārīus, -a, -um, adj. 1) De que se tem o gôzo, usual, que serve ou é próprio para uso (Plaut. Amph. 498). 2) Usurário (Dig. 16, 2, 11).

ūsurpātĭō, -ōnis, subs. f. Uso, emprêgo, prática (Cíc. Br. 250).

ūsurpātus, -a, -um, part. pass. de **usurpo.**

ūsūrpō, -ās, -āre, -āvī, -ātum, v. tr. I — Sent. próprio: 1) Tomar posse pelo uso (têrmo da língua jurídica) (Cíc. De Or. 3, 110). Daí: 2) Apropriar-se de, tomar posse ou conhecimento de, usurpar (T. Lív. 34, 32, 2); (Suet. Cl. 125) II — Por enfraquecimento de sentido: 3) Fazer uso, empregar, usar, praticar (Cíc. Cat. 4, 7); (Cíc. Lae. 8). Daí: 4) Denominar, designar (Cíc. Tim. 39); (Cíc. Of. 2, 40).

1. **ūsus, -a, -um,** part. pass. de **ūtor.**

2. **ūsus, -ūs,** subs. m. I — Sent. próprio: 1) Uso, emprêgo, utilidade (Cés. B. Gal. 7, 66, 5). II — Sent. particular (língua jurídica): 2) Usucapião, usufruto, longa posse (**usus fructus, usus et fructus, usus fructusque**) (Cíc. Caec. 11). 3) Relações de amizade, relações íntimas, amizade (Cíc. Amer. 15). 4) Uso, prática, experiência (Cíc. Rep. 1, 37). 5) Uso, hábito, costume (Hor. A. Poét. 71). 6) Vantagem, utilidade, fruto (Cíc. Of. 2, 14). 7) Necessidade, o que é necessário a, aquilo de que se tem necessidade (T. Lív. 26, 43, 7). III — Em locuções: 8) **usus est = opus est** «é necessário» (Cés. B. Gal. 4, 2, 3). 9) **Usus venit** «acontece, sucede» (Cés. B. Gal. 7, 80, 1).

ūsūvĕnit (ou **ūsū venit**), **-iēbat, -īre,** v. intr. impess. Suceder, acontecer, dar-se (Cíc. Quinct. 49); (Cíc. De Or. 1, 183).

ut, adv. e conj. I — Adv.: 1) Como, de que modo, de que maneira: **Ciceronem et ut rogas, amo, et ut meretur, et ut debeo** (Cíc. Q. Fr. 3, 9, 9) «amo teu filho Cícero como me pedes, como êle merece e como devo»; (Cíc. Ac. 2, 69); (Cíc. Fin. 4, 51). 2) Assim como, como, do mesmo modo (em correlação com **sic,** ou **ita**): **ut optasti, ita est** (Cíc. Fam. 2, 10) «é assim como o desejaste» **Pomponium Atticum sic amo, ut alterum fratrem** (Cíc. Fam. 13, 1) «gosto de Pompônio Ático assim como de um segundo irmão». 3) Como, de que modo (nas interrogações diretas ou indiretas, e nas exclamações): **ut vales?** (Plaut. Most. 718) «como vais?»; **vidēmusne, ut pueri aliquid scire se gaudeant?** (Cíc. Fin. 5, 48) «não vemos como as crianças gostam de saber alguma coisa?»; **quae ut sustinuit!** (Cíc. Mil. 64) «como suportou estas coisas!». 4) Que, oxalá (com o subjuntivo optativo): **ut te di deaeque perduint** (Ter. Heaut. 810) «que (ou oxalá) os deuses e as deusas causem a tua perda». II — Conj. subordinativa: 5) Que (integrante): **volo ut facias** (Plaut. Bac. 988a) «quero que faças»; **huic mandat ut ad se quam primum revertatur** (Cés. B. Gal. 4, 21, 2) «recomenda a êste que volte o mais depressa possível»; (Cíc. At. 13, 45, 1); (Cíc. Nat. 2, 41); (T. Lív. 2, 43, 11). 6) Que (correlativa, ou consecutiva, construindo-se geralmente em correlação com um pronome ou advérbio da oração principal: **is, talis, tantus, adeo, ita, sic, tam, tantum**): **ea celeritate atque eo impetu milites ierunt... ut hostes impetum legionum atque equitum sustinere non possent** (Cés. B. Gal. 5, 18, 5) «os soldados avançaram com tal rapidez e com tal impetuosidade... que os inimigos não puderam sustentar o embate das legiões e da cavalaria»; **id que natura loci sic muniebatur ut magna ad ducendum bellum daret facultatem** (Cés. B. Gal. 1, 38, 4) «e a referida cidade era de tal maneira defendida pela natureza do terreno que havia uma grande possibilidade de prolongar a guerra»; (Cés. B. Gal. 1, 39, 1); (Cíc. Arch. 17). 7) Para que, a fim de que (final): **Dumnorigi custodes ponit ut, quae agat, quibuscum loquatur, scire possit** (Cés. B. Gal. 1, 20, 6) «César põe guardas para vigiar a Dunorige, para que possa saber o que êle faz e com quem fala»; (Cíc. Verr. 4, 32). 8) Quando, desde quando (temporal): **ut illos de republica libros edidisti** (Cíc. Br. 19) «desde quando publicaste aquêles livros sôbre a república». 9) Como (comparativa): **perge ut instituisti** (Cic. De Or. 2, 124) «continua como começaste». 10) Ainda que, embora (concessiva): **ut desint vires, tamen est laudanda voluntas** (Ov. P. 3, 4, 79) «embora faltem as fôrças, entretanto deve ser louvada a vontade, i.é, o espírito de determinação». 11) Porque, como (causal): **ego, ut contendere durum cum victore, sequor** (Hor. Sát. 1, 9, 42) «quanto a mim, como é difícil lutar com o vencedor, sigo».

utcŭmquĕ, adv. I — Relativo indeterminado: 1) De qualquer maneira que (Cíc. Or. 55). 2) Segundo (T. Liv. 26, 42, 8). II — Indef.: 3) De tôdas as maneiras, de bom ou mau grado, apesar de tudo (T. Liv. 31, 15, 10).

ūtēndus, -a, -um, gerundivo de **utor**.

1. Utens, -ēntis, subs. pr. m. Utente, pequeno rio da Gália Cisalpina (T. Liv. 5, 35, 3).

2. ūtens, -ēntis. I — Part. pres. de **utor**. II — Adj.: Que possui, rico, provido (Cíc. Of. 2, 71).

ūtensĭlĭa, -ium, subs. n. pl. Tudo o que é necessário ao nosso uso: móveis, utensílios, provisões, etc. (T. Liv. 3, 42, 5).

1. uter, utra, utrum, pron. interr. indef. 1) Qual dos dois? (Cíc. Rab. Perd. 11). 2) Não importa qual dos dois, um dos dois (Cíc. Verr. 3, 35). 3) Aquêle dos dois que (pron. relativo) (Cés. B. Gal. 6, 19, 2).

2. uter, utris, subs. m. I — Sent. próprio: 1) Odre (para líquidos) (Verg. G. 2, 384). 2) Odre (para atravessar correntes de água) (T. Liv. 21, 27, 5). II — Sent. figurado: 3) Homem vaidoso (Hor. Sát. 2, 5, 98). Obs.: gen. pl.: **utrium** (Sal. B. Jug. 91, 1).

utercŭmque (-cūnque), **utracumque, utrumcūmque**, pron. indef. Qualquer dos dois (Cíc. Fam. 6, 4, 1).

uterlĭbet, utralĭbet, utrumlĭbet, pron. indef. Qualquer dos dois (T. Liv. 10, 24, 17).

utĕrque, utrăque, utrŭmque, pron. 1) Um e outro, cada um de (Cíc. Rep. 3, 4). 2) Uns e outros, ambos (no pl.) (Cíc. Mur. 26).

utĕrum, -ī, subs. n., v. **utĕrus** (Plaut. Aul. 683).

utĕrus, -ī, subs. m. I — Sent. prprio: 1) Ventre, útero (Hor. O. 3, 22, 2). II — Sent. particular: 2) Feto, criança no ventre da mãe (Tác. An. 1, 59). 3) Ventre, flanco de um animal, cavidade, interior (Verg. En. 7, 499).

utĕrvīs, utrăvīs, utrŭmvis, pron. indef. Qualquer dos dois (Cíc. C. M. 33).

1. utī, v. **ut**.

2. ūtī, inf. pres. de **ūtor**.

ūtibĭlis, -e, adj. Que pode servir, útil, vantajoso (Plaut. Merc. 1005).

Utĭca, -ae, subs. pr. f. Útica, pôrto da Tingitânia, na África (Cíc. At. 12, 2, 1)

Utĭcēnsis, -e, adj. Uticense, de Útica (T. Liv. 7, 5, 8). Obs.: subs. loc. m. pl.: os uticenses, habitantes de Útica (Cés. B. Cív. 2, 36).

ūtĭle, n. e ūtilĭa, -ium, subs. n. pl. O útil, as coisas úteis, a utilidade (Hor. A. Poét. 343).

ūtĭlis, -e, adj. I — Sent. próprio: 1) Útil, bom, vantajoso, aproveitável (Cíc. Of. 3, 76). Obs.: Constrói-se absolutamente; com dat. de pessoa; com acus. acompanhado de **ad**; com inf.

ūtĭlĭtās, -tātis, subs. f. I — Sent. próprio: 1) Utilidade, vantagem, proveito (Cíc. De Or. 2, 207). Daí: 2) Serviços prestados (Cíc. Fam. 16, 3, 2). II — Por extensão: 3) Necessidade (Cíc. Pomp. 14).

ūtĭlĭter, adv. Utilmente, com vantagem, com proveito (Cíc. Ac. 2, 135).

utĭnam, adv. Oxalá que, praza aos deuses que (Cíc. At. 3, 15, 7).

utĭquam, v. **neutĭquam**.

1. utĭquĕ, adv. indef. 1) Em todo o caso, de qualquer maneira (Cíc. At. 13, 48, 2). 2) A tôda fôrça (Cíc. At. 5, 9, 2). 3) Principalmente (T. Liv. 3, 65, 8).

2. utĭquĕ = **et uti** e **et ut**.

ūtor, -ĕris, ūtī, ūsus sum, v. dep. intr. e tr. I — Sent. próprio: 1) Usar, fazer uso de, servir-se, empregar, utilizar (Cés. B. Gal. 4, 31, 2). II — Daí: 2) Ter relações com (Cíc. Clu. 46). 3) Ter à sua disposição, ter, gozar de (Hor. Ep. 1, 7, 57). 4) Encontrar (Cíc. Fin. 1, 2). Obs.: Constrói se com abl.; como intr. absoluto e, no período arcaico, como transitivo (Plaut. Poen. 1088).

utpŏtĕ, adv. Como é natural, como é possível (Cíc. Phil. 5, 30). Obs.: Pode vir empregado junto a um relativo (Sal. C. Cat. 57, 4), com um matiz de causalidade: «como é natural da parte de alguém que», ou «visto que»; junto a **cum** (Cíc. At. 5, 8, 1): «visto que», e junto a um particípio ou um a adjetivo (Hor. Sát. 1, 5, 94): «porque, visto que».

utqui = **ut** (Lucr. 1, 755).

utrae, utraeque, gen. e dat. v. **uter, utĕrque**.

utrălĭbet, adv. De um lado ou de outro (Plín. H. Nat. 2, 79).

utrārĭus, -ī, subs. m. Aguadeiro, o que traz água (em odres) (T. Liv. 44, 33, 1).

ūtrĭcŭlārĭus, -ī, subs. m. Tocador de gaita de foles (Suet. Ner. 54).

utricŭlus, -i, subs. m. 1) Pequeno ventre (Plín. H. Nat. 11, 31). 2) Pequeno cálice (têrmo da botânica) (Plín. H. Nat. 16, 94).

utrīmquĕ (utrīnquĕ), adv. Dos dois lados, de uma parte e de outra (Hor. Ep. 1, 18, 9).

utrimquesĕcus (utrinque-), adv. De uma parte e de outra, dos dois lados (Lucr. 4, 939). Obs.: Pode ser grafado em uma ou duas palavras.

utrīnquĕ, v. **utrīmque**.

utrinquesĕcus, v. **utrimquesĕcus**.

utrō, adv. Para um dos dois lados, para qual dos dois lugares (interr.) (Cíc. Par. 24).

utrŏbi, adv. 1) Num dos dois lugares. 2) Interr.: em qual dos dois lugares? (Plaut. St. 700).

utrobīquĕ (utrubīquĕ), adv. Nos dois lados, em ambas as partes, num e noutro lado (Cíc. Rep. 3, 48).

utrōquĕ, adv. Dos dois lados, para ambos os lados, para um e outro lado, nos dois sentidos, nas duas direções (Verg. En. 5, 469).

utrum, adv. interr. Acaso, porventura, se, se porventura (Cíc. Verr. 2, 167). Obs.: Pode ser usado na interrogativa direta, indireta ou dupla, e vir construído com **ne, an, necne**.

utrŭmnam, adv., v. **utrum** (T. Lív. 34, 32, 16).

utrŭmne, v. **utrum**.

utut, v. **ut**.

ūva, -ae, subs. f. I — Sent. próprio: 1) Uva (Cíc. C. M. 53). II — Por extensão: 2) Cacho de uvas (Prop. 3, 17, 18). 3) Videira (Verg. G. 2, 60).

ūvens, -ēntis, part. pres. do desus. **uvĕo**, tomado como adj.: úmido (Petr. 115).

ūvēscō, -is, -ĕre, v. freq. intr. I — Sent. próprio: 1) Tornar-se úmido (Lucr. 1, 306). II — Sent. figurado: 2) Molhar a garganta, beber (Hor. Sát. 2, 6, 70).

ūvidŭlus, -a, -um, adj. Ligeiramente molhado (Catul. 66, 63).

ūvĭdus, -a, -um, adj. I — Sent. próprio: 1) Úmido, molhado (Verg. Buc. 10, 20). Daí: 2) Regado, refrescado (Hor. O. 4, 2, 30). II — Sent. figurado: 3) Ligeiramente embriagado (Hor. O. 2, 19, 18).

uxor, -ōris, subs. f. I — Sent. próprio: 1) Espôsa (mulher legìtimamente casada): **uxorem ducere** (Cíc. Fin. 3, 68) «casar-se». II — Sent. particular: 2) Fêmea (dos animais) (Hor. O. 1, 17, 7).

uxorcŭla, -ae, subs. f. Espôsa, querida espôsa (Plaut. Cas. 844).

uxōrĭus, -a, -um, adj. I — Sent. próprio: 1) Relativo à espôsa ou ao casamento, de espôsa, de mulher casada (Cíc. Top. 66). II — Daí: 2) Que é todo carinhos para sua mulher, espôso terno (Verg. En. 4, 266).

V

V, v. Abrev. de **vir, vivus, vixit, voto, vale, vales, verba,** etc. V = 5 (número).

Vacălus, -is, subs. m., v. **Vahălis** (Cés. B. Gal. 4, 10, 1).

vacans, -antis. I — Part. pres. de **vaco.** II — N. pl. **vacantia, -ium:** bens vacantes (têrmo jurídico) (Tác. An. 3, 28).

vacānter, adv. Em excesso, inùtilmente (A. Gél. 17, 10, 16).

vacātĭō, -ōnis, subs. f. I — Sent. próprio (língua jurídica): 1) Isenção, dispensa (de um cargo) (Cíc. Verr. 4, 23). II — Sent. particular: 2) Isenção do serviço militar, dispensa de serviço (Cíc. Nat. 2, 6). III — Sent. figurado: 3) Direito à reforma, privilégio da idade (Cíc. Leg. 1, 10). 4) Preço da dispensa para ser isento (Tác. Hist. 1, 46). 5) Isenção (de castigo), graça, indulgência, perdão (Cíc. Cael. 30). Obs.: Constrói-se com gen.; com abl. acompanhado de **ab;** absol., com **quominus.**

1. vacca, -ae, subs. f. Vaca (Verg. En. 4, 61).

2. Vacca, -ae, subs. pr. f. Vaca, cidade da Numídia (Sal. B. Jug. 29, 4).

Vaccaeī, -ōrum, subs. loc. m. Vaceus, povo da Hispânia Tarraconense, próximo do Douro (Cíc. Planc. 84).

Vaccēnsēs, -ium, subs. loc. m. Vacenses, habitantes de Vaca (Sal. B. Jug. 66, 2).

vaccillo = **vacillo, -ās, -āre** (Lucr. 3, 504).

vaccĭnĭum, -ī, subs. n. (geralmente no pl.) 1) Mirtilo, murtinho (arbusto) (Plín. H. Nat. 16, 77). 2) Baga do murtinho, murtinhos (Verg. Buc. 2, 18).

Vaccĭus, -ī, subs. pr. m. Vácio, nome de homem (Varr. R. Rust. 2, 1, 7).

vaccŭla, -ae, subs. f. Vaca pequena (Catul. 20, 14).

Vaccus, -ī, subs. pr. m. Vitrúvio Vaco, nome de homem (Cíc. Dom. 101).

vacefĭō, -is, -fĭĕrī, v. pass. intr. Tornar-se vazio (Lucr. 6, 1003).

Vacerra, -ae, subs. pr. m. Vacerra, nome de um jurisconsulto do tempo de Cícero (Cíc.).

vacillātĭō, -ōnis, subs. f. Balanceamento, hesitação (Suet. Cl. 21).

vacillō, (vaccillō), -ās, -āre, -āvī, -ātum, v. intr. Vacilar, cambalear, hesitar, tremer (sent. próprio e figurado) (Cíc. Of. 3, 118); (Cíc. Br. 216); (Cíc. Fam. 16, 15, 2).

vacīvē, adv. À vontade, descansadamente (Fedr. 4, prol. 14).

vacīvĭtās, -tātis, subs. f. Defeito, falta de (Plaut. Curc. 319).

vacīvus, -a, -um, adj. I — Sent. próprio: 1) Desprovido de (Plaut. Bac. 154). II — Daí: 2) Vago, vazio, desocupado (sent. próprio e moral) (Ter. Heaut. 90).

vacō, -ās, -āre, -āvī, -ātum, v. intr. I — Sent. próprio: 1) Estar vazio, estar vazio de (Cíc. At. 12, 10). Daí: 2) Estar vago, estar livre (Cíc. Nat. 1, 25); (Cíc. Fam. 7, 3, 4). Donde: 3) Ter tempo para, estar desocupado, ter vagar para (Cíc. Fam. 12, 30, 1); (Cíc. Div. 1, 10). II — Sent. figurado: 4) Consagrar-se a, dedicar-se (Quint. 10, 1, 114); (Quint. 12, 1, 10). Impessoalmente: 5) Haver tempo para, ser lícito, ser permitido (Verg. En. 1, 373); **dum vacat** (Ov. Am. 3, 170) «enquanto há tempo». Obs.: Constrói-se como absoluto; com abl.; com abl. com a prep. **ab;** com dat., às vêzes com acus. com **ad** ou **in;** com inf.

vacuātus, -a, -um, part. pass. de **vacŭo.**

vacuĕfăcĭō, -is, -ĕre, -fēcī, -factum, v. tr. Tornar vazio, esvaziar, desguarnecer (Cíc. Cat. 1, 16).

vacuĭtās, -tātis, subs. f. I — Sent. próprio: 1) Espaço vazio, vácuo (Vitr. 2, 7, 2). II — Daí: 2) Ausência (de alguma coisa) (Cíc. Of. 1, 73).

Vacūna, -ae, subs. pr. f. Vacuna, deusa do alqueive dos campos, venerada entre os sabinos (Hor. Ep. 1, 10, 49).

Vacunālis, -e, adj. De Vacuna (Ov. F. 6, 308).

vacŭō, -ās, -āre, -āvī, -ātum, v. tr. Tornar vazio, esvaziar, despejar, desguarnecer (Lucr. 6, 1023).

vacŭus, -a, -um, adj. I — Sent. próprio: 1) Vazio, desocupado (Cés. B. Gál. 7, 45, 7). Daí: 2) Privado de, desprovido de, falto de, sem (Cés. B. Gal. 2, 12, 2).

Por extensão: 3) Livre de, desocupado, sem dono (Cés. B. Civ. 3, 112, 10). 4) Livre (tratando-se de uma mulher que não tem marido ou está viúva) (Ov. Met. 14, 831). II — Sent. figurado: 5) Livre de, desembaraçado (de cuidados), calmo, tranqüilo (Cíc. Div. 2, 27). 6) Livre de, desembaraçado (de cuidado), so (Cíc. Leg. 1, 13). 7) Livre (de amor) (Hor. O. 1, 5, 10). 8) Livre, aberto, acessível (Hor. Ep. 1, 16, 26). 9) Sem realidade, vão, inútil (Tác. Hist. 1, 30). 10) Vaidoso (Hor. O. 1, 18, 15). III — Subs.: **Vacuum, -ī,** (n.): 11) Espaço vazio, desocupado, o espaço, o vácuo (Hor. Ep. 1, 19, 21). Obs. Constrói-se: absolutamente; com abl. sem prep. ou acompanhado de **ab**; com gen. (raramente).

Vada, -ae, subs. pr. f. Vada, cidade da Bélgica (Tác. Hist. 5, 20).

vadātus, -a, -um, part. pass. de **vador.**

Vadimōnis Lacus, subs. pr. m. Lago de Vadimão, na Etrúria (Plín. H. Nat. 2, 209).

vadimōnĭum, -ī, subs. n. I — Sent. próprio: 1) Promessa, obrigação, compromisso (de comparecer ao tribunal num dia determinado) (Cíc. Quinct. 22). II — Em locuções: 2) **Vadimonium sistere, obire** ou **ad vadimonium venire** «comparecer em juízo» (mediante intimação) (Cíc. Quinct. 29). 3) **Vadimonium deserere,** «não comparecer ao tribunal» (no dia marcado) (Cíc. Quinct. 75). 4) **Vadimonium differre** «adiar uma causa» (Cíc. Quinct. 63).

vadis, genit. de **vas** 1.

vādō, -is, -ĕre, (vāsī), v. intr. Ir, caminhar, dirigir-se (Cíc. At. 4, 10, 2); (T. Lív. 7, 24, 6).

vador, -āris, -ārī, -ātus sum, v. dep. tr. I — Sent. próprio: 1) Receber caução, prestar caução (Hor. Sát. 1, 9, 36). II — Daí: 2) Citar para comparecer em juízo (Cíc. Quinct. 61).

vadōsus, -a, -um, adj. Que tem muitos vaus, que se pode passar a vau em vários pontos, pouco profundo (Cés. B. Civ. 1, 25, 5).

vadum, -ī, subs. n., e **vadus, -ī,** subs. m. I — Sent. próprio: 1) Vau, lugar vadeável, banco de areia (Cés. B. Gal. 1, 6, 2). No plural: 2) Mar, águas, vagas (Verg. En. 5, 158). II — Sent. figurado: 3) Fundo (do mar, de um rio) (Ov. F. 4, 300). 4) Segurança (lugar por onde se pode passar) (Plaut. Aul. 803). 5) Dificuldade, perigo (Cíc. Cael. 51).

vae, interj. Indica o sofrimento ou a infelicidade: ai! ah! (Verg. Buc. 9, 28); (Hor. O. 1, 13, 3). Obs.: Vem freqüentemente acompanhada de dat.: **vae victis** (T. Lív. 5, 48, 9) «ai dos vencidos!». Às vêzes com acus. (Catul. 8, 15).

vafer, -fra, -frum, adj. Fino, sagaz, sutil, velhaco (sent. próprio e moral) (Cíc. Of. 3, 57).

vafrē, adv. Com astúcia, ardilosamente (Cíc. Verr. 2, 132).

vafritĭa, -ae, subs. f. Sutileza, esperteza, astúcia (Sên. Ep. 49, 7).

Vaga, -ae, subs. pr. f. Vaga, cidade da Numídia (Sal. B. Jug. 29, 4).

vagātĭō, -ōnis, subs. f. I — Sent. próprio: 1) Vida errante (Apul. Socr. 15). II — Sent. figurado: 2) Mudança (Sên. Nat. 3, 18, 1).

vagātus, -a, -um, part. pass. de **vagor.**

vagē, adv. Aqui e ali, de um lado e de outro (T. Lív. 26, 39, 22).

Vagēnsēs, -ĭum, subs. loc. m. Vagenses, habitantes de Vaga (Sal. B. Jug. 66, 2)

Vagĭennī (Bagĭennī), -ōrum, subs. loc. m. Vagienos, povo da Ligúria (Plín. H. Nat. 3, 47).

vāgīna, -ae, subs. f. I — Sent. próprio: 1) Bainha (da espada), bainha (em geral) (Cés. B. Gal. 5, 44, 8). II — Por extensão: 2) Invólucro, casca (Cíc. C. M. 51).

vāgĭō, -īs, -īre, -īvī (ou -ĭī), -ītum, v. intr. Vagir, soltar vagidos (tratando-se de crianças, de animais, etc.) (Cíc. Rep. 2, 21).

vāgītus, -ūs, subs. m. I — Sent. próprio: 1) Vagido (Verg. En. 6, 426). II — Daí: 2) Grito, berro (de animais) (Ov. Met. 15, 466). 3) Grito (de dor) (Lucr. 2, 579).

vagō, -ās, -āre = **vagor,** v. intr. (Plaut. Mil. 424).

1. vagor, -āris, -ārī, -ātus sum, v. dep. intr. I — Sent. próprio: 1) Vaguear, errar, ir ao acaso (Cíc. Inv. 1, 2); (Cíc. Phil. 11, 6). II — Sent. figurado: 2) Divagar, espalhar-se (Cíc. De Or. 1, 209); (Cíc. Marc. 29).

2. vāgor, -ōris, subs. m. = **vagītus** (Lucr. 2, 576).

vagus, -a, -um, adj. I — Sent. próprio: 1) Errante, que vai ao acaso (Cíc. Clu. 175). II — Sent. figurado: 2) Indeciso, incerto, inconstante, leviano (Cíc. Nat. 2, 2). 3) Indeterminado, indefinido, genérico, comum (Cíc. De Or. 2, 67). 4) Livre, espontâneo (na língua retórica) (Cíc. Br. 119).

vah, interj. Oh! Ah! (exprimindo espanto, dor, alegria, desdém, etc.) (Ter. Eun. 730).
Vahălis, -is, subs. pr. m. Váalis, nome de um dos braços do rio Reno (Tác. An. 2, 6).
valdē, adv. 1) Excessivamente, muito, grandemente (Cíc. At. 14, 1, 2). 2) Certamente, inteiramente (nas respostas) (Plaut. Ps. 344). Obs.: comp. **valdĭus** (Hor. Ep. 1, 9, 6).
valē, valēte, imperativo de **valĕo,** usado como interjeição. Passa bem, adeus! (Verg. En. 11, 98).
valedīcō, -is, -ĕre, -dīxī, v. intr. Dizer adeus (Sên. Ep. 17, 11).
valedīxī, perf. de **valedīco.**
1. **valens, -ēntis.** I — Part. pres. de **valĕo.** II — Adj.: Forte, robusto, vigoroso (sent. próprio e figurado) (Cíc. Agr 2, 84); (Cíc. Fat. 12). II — Subst. m.: **valentes, -ĭum,** os fortes, i.é, as pessoas de boa saúde (Cíc. Of. 2, 15).
2. **Valens, -ēntis,** subs. pr. m. 1) Valente pai de um dos Mercúrios (Cíc. Nat. 3, 56). 2) Imperador romano (Eutr).
valēnter, adv. 1) Fortemente, com vigor (Ov. Met. 11, 481). Daí, em sent. figurado: 2) Com fôrça, de modo expressivo (Sên. Contr. 7, 7, 10).
Valentĭa, -ae, subs. pr. f. Valência, nome de duas cidades da Hispânia Tarraconense (Plín. H. Nat. 3, 20).
Valentīni, -ōrum, subs. m. Valentinos, habitantes de Vibo Valência, cidade do **Bruttium** (Cíc. Verr. 5, 40).
Valentĭus, -ī, subs. pr. m. Valêncio, nome de homem (Cíc. Verr. 4, 58).
valentŭlus, -a, -um, adj. Bastante vigoroso (Plaut. Cas. 852).
valĕō, -ēs, -ĕre, valŭī, (valĭtum), v. intr. I — Sent. próprio: 1) Ser forte, vigoroso, eficaz (Plaut. Truc. 812); (Cíc. Leg. 3, 38); (Cés. B. Civ. 1, 61, 2). Donde: 2) Ter saúde, estar bem, passar bem: qui valuerunt (Cíc. Clu. 195) «aquêles que têm boa saúde»; (Cíc. Fin. 2, 43); si vales, bene est, (ego) valeo (S. V. B. E. V.) (Cíc. Fam. 13, 6) «se estás bem, tanto melhor, eu passo bem». II — Sent. figurado: 3) Prevalecer, ser influente, levar vantagem, exceder (Cíc. Leg. 2, 23); (Cíc. Tusc. 2, 53). 4) Manter-se, estabelecer-se (Cíc. Tusc. 2, 63). 5) Visar a, dirigir-se a (Cíc. Leg. 1, 29). Com inf.: 6) Ter a fôrça ou o poder de, poder (Hor. Epo. 16, 3). Emprêgo especial: 7) Valer, ter o valor de (tratando-se de moedas) (T. Lív. 38, 11, 8). Na língua gramatical: 8) Ter a significação, significar (Cíc. Fin. 2, 13). Obs.: Constrói-se como intr. absoluto; com acus. com **ad;** com abl. com **ab;** com inf.
Valeriānī, -ōrum, subs. m. pl. Os soldados de Valério (T. Lív. 6, 9, 11).
1. **Valerĭus, -a, -um,** adj. De Valério: **lex Valeria** (Cíc. Agr. 3, 6) «lei Valéria».
2. **Valerĭus, -ī,** subs. pr. m. Valério, nome de família romana, destacando-se: Valério Volúsio Publícola, que ajudou a expulsar os Tarquínios (Cíc. Rep. 2, 55). 2) Valério Flaco, poeta épico latino.
Valĕrus, -ī, subs. pr. m. Válero, nome de um guerreiro rútulo (Verg. En. 10, 752).
valēscō, -is, -ĕre, v. incoat. intr. Tornar-se forte, vigoroso (Lucr. 1, 942). (Tác. An. 2, 39).
valēte = **valē,** imperativo de **valĕo.**
valētūdinārĭum, -ī, subs. n. Casa de saúde, hospital, enfermaria (Tác. D. 21).
valētūdinārĭum, -ī, subs. n. Casa de saúde, valetudinário (Sên. Ir. 3, 33, 2). 2) Como subs. m.: um doente (Sên. Ben. 1, 11, 6).
valētūdō, -ĭnis, subs. f. I — Sent. próprio: 1) Boa saúde (Cíc. Lae. 22). Daí: 2) Estado de saúde (bom ou mau), saúde (em geral) (Cíc. C.M. 35). II — Sent. particular: 3) Doença, mau estado de saúde, indisposição (Cíc. At. 11, 23, 1). III — Sent. figurado: 4) Doença (do espírito) (Cíc. Tusc. 4, 80). 5) Caráter (do estilo) (Cíc. Br. 4).
Valgĭus, -ī, subs. pr. m. Válgio, nome de família romana. Destacam-se: 1) Sôgro de Rulo (Cíc. Agr. 3, 3). 2) Válgio Rufo, poeta do século de Augusto (Hor. Sát. 1, 10, 82).
valĭdē, adv. 1) Muito, grandemente, fortemente (Plaut. Amph. 1062). 2) Perfeitamente, sim, sem dúvida (nas conversas (Plaut. Ps. 344).
valĭdus, -a, -um, adj. I — Sent. próprio: 1) Forte, robusto, vigoroso (Plaut. Amph. 159). Daí: 2) Que passa bem (T. Lív. 3, 13, 2). II — Sent. figurado: 3) Eficaz, bom, salutar (um remédio, um veneno, etc.) (Tác. An. 13, 15). 4) Vigoroso, enérgico (estilo) (Quint. 12, 10, 63). 5) Violento, impetuoso (os ventos, os rios, etc.) (Lucr. 6, 137).
valĭtūdō, -ĭnis, v. **valētūdō.**
valĭtūrus, -a, -um, part. fut. de **valĕo.**

vallāris, -e, adj. De trincheira, relativo à trincheira: **vallaris corona** (T. Liv. 10, 46, 3) «coroa dada àquele que primeiro entrasse nas trincheiras inimigas».

vallātus, -a, -um, part. pass. de **vallo**.

vallēs, v. **vallis**.

vallis (**vallēs**), -is, subs. f. I — Sent. próprio: 1) Vale (Cés. B. Gal. 7, 47, 2). II — Sent. figurado: 2) Concavidade (Catul. 69, 6).

vallō, -ās, -āre, -āvī, -ātum, v. tr. I — Sent. próprio: 1) Fortificar, entrincheirar (T. Liv. 9, 41, 15). II — Sent. figurado: 2) Defender, proteger, armar (Cic. Mur. 59).

valuī, perf. de **valĕo** e de **valēsco**.

vallum, -ī, subs. n. I — Sent. próprio: 1) Paliçada (construída sôbre terra amontoada), circunvalação, trincheira (Cés. B. Gal. 2, 5, 6). II — Sent. figurado: 2) Baluarte, defesa, proteção (Cic. C. M. 51).

vallus, -ī, subs. m. I — Sent. próprio: 1) Estaca (para fazer uma paliçada), estaca, tanchão (T. Liv. 33, 6, 1). Por extensão: 2) Paliçada, trincheira (Cés. B. Civ. 3, 63, 1). II — Sent. figurado: 3) Trincheira (Ov. Am. 1, 14, 15).

valvae, -ārum, subs. f. pl. Porta de dois batentes, porta dupla (Cíc. Verr. 4, 94).

Vandilī (**-dalīī**), -ōrum, subs. loc. m. Vândalos, povo germano (Tác. Germ. 2).

vānēscō, -is, -ĕre, v. incoat. intr. Desaparecer, evanescer, dissipar-se (Ov. Trist. 1, 2, 107); (Tác. An. 2, 40).

Vangĭō, -ōnis, subs. pr. m. Vangião, nome de um rei dos suevos (Tác. An. 12, 29).

Vangĭōnēs, -um, subs. loc. m. Vangiones, povo das margens do Reno (Cés. B. Gal. 1, 51, 2).

vānidĭcus, -a, -um, adj. Mentiroso, trapaceiro (Plaut. Trin. 275).

vāniloquentĭa, -ae, subs. f. I — Sent. próprio: 1) Vaniloqüência, palavras frívolas, fúteis, tagarelice (Plaut. Rud. 905). II — Daí: 2) Fanfarronada, jactância (T. Liv. 34, 24, 1). III — Sent. particular: 3) Vaidade (de autor) (Tác. An. 3, 49).

vānilŏquus, -a, -um, adj. 1) Vaniloquo, mentiroso (Plaut. Amph. 379). 2) Cheio de jactância, fanfarrão (T. Liv. 35, 48, 2).

vānĭtās, -tātis, subs. f. I — Sent. próprio: 1) Sem substância, ôco, fútil, de aparência vã (Cíc. Leg. 1, 29). II — Daí: 2) Inutilidade (T. Liv. 40, 22, 5). 3) Inconstância, leviandade, frivolidade (T. Liv. 44, 22, 10). 4) Mentira, falsidade (Cíc. Of. 1, 150). 5) Vaidade, fanfarronice (T. Liv. 45, 31, 7).

vānitūdō, -ĭnis, subs. f. I — Sent. próprio: 1) Mentira (Plaut. Capt. 569). II — Daí: 2) Vaidade (Pacúv. Tr. 123).

Vannĭus, -ī, subs. pr. m. Vânio, rei de uma parte dos suevos (Tác. An. 2, 63).

vannus, -ī, subs. f. Joeira, ciranda (Verg. G. 1, 166).

vānus, -a, -um, adj. I — Sent. próprio: 1) Vazio, desguarnecido, que não contém nada (Verg. G. 1, 226). II — Sent. figurado: 2) Ôco, sem substância, sem realidade, vão, fútil, inútil (Cic. Lae. 98). 3) Malogrado, sem sucesso, que teve mau êxito, falto de (Tác. Hist. 2, 22). 4) Mentiroso, pérfido, impostor (Sal. B. Jug. 103, 5). 5) Vão, vaidoso (T. Liv. 35, 47, 7). III — Em locuções: 6) **Ad vanum** «inútil» (T. Liv. 26, 27, 8). 7) **Ex vano** «sem fundamento, sem razão, sem motivo» (T. Liv. 27, 26, 1). 8) **Vanum est** com oração infinitiva = é falso que (Plin. H. Nat. 30, 25).

vapĭdus, -a, -um, adj. I — Sent. próprio: 1) Estragado (tratando-se da vinha) (Col. 12, 5, 1). 2) Estragado (tratando-se da pez, que dá um mau gôsto) (Pérs. 5, 148). II — Sent. figurado: 3) Estragado, corrupto (Pérs. 5, 117).

vapor, -ōris, subs. m. I — Sent. próprio: 1) Vapor (proveniente de um líquido geralmente quente) (Cíc. Nat. 2, 27). Daí: 2) Vapor, exalação, fumo (Verg. En. 7, 466). Na língua imperial e em poesia: 3) Calor, ar quente (Cíc. C. M. 51). II — Sent. figurado: 4) Fogo (do amor) (Sên. Hip. 640). Obs.: Nom. **vapos** (Lucr. 6, 952).

vapōrārĭum, -ī, subs. n. Estufa de vapor, tubo que conduzia o vapor para os banhos quentes (Cíc. Q. Fr. 3, 1, 2).

vapōrātĭō, -ōnis, subs. f. I — Sent. próprio: 1) Evaporação, exalação (Sên. Nat. 6, 11). II — Por extensão: 2) Transpiração (Plin. H. Nat. 28, 55).

vapōrātus, -a, -um, part. pass. de **vapōro**.

vapōrō, -ās, -āre, -āvī, -ātum, v. intr. e tr. I — Sent. próprio: 1) Exalar vapôres, evaporar (Plin. H. Nat. 31, 5). 2) Queimar, encher de vapôres (Verg. En. 11, 481). II — Donde: 3) Ser consumido, ser queimado, evaporar-se (Lucr. 5, 1132).

vapōs, v. vapor.
vappa, -ae, subs. f. I — Sent. próprio: 1) Vinho estragado, zurrapa (Hor. Sát. 2, 3, 144). II — Sent. figurado: 2) Homem patife, mandrião, inútil, ordinário (Hor. Sát. 1, 1, 104).
văpulāris, -e, adj. Que recebe ou apanha açoites, que é açoitado (Plaut. Pers. 22).
văpŭlō, -ās, -āre, -āvī (-ātum), v. intr. Ser açoitado, ser surrado, ser batido (sent. próprio e figurado) (Quint. 9, 2, 12); (Cíc. At. 2, 17, 1).
Vargunteius, -ī, subs. pr. Vargunteio, cúmplice de Catilina (Sal. C. Cat. 17, 3).
Vargŭla, -ae, subs. pr. m. Várgula, nome de homem (Cíc. De Or. 2, 244).
Varia, -ae, subs. pr. f. Vária. 1) Cidade dos équos (Hor. Ep. 1, 14, 3). 2) Cidade da Apúlia (Plín. H. Nat. 3, 100). 3) Cidade da Hispânia Tarraconense (Plín. H. Nat. 3, 21).
variantia, -ae, subs. f. Variedade (Lucr. 1, 654).
variātiō, -ōnis, subs. f. Ação de variar, variação, diferença (sent. próprio e figurado) (T. Lív. 24, 9, 3).
variātus, -a, -um, part. pass. de varĭo.
varicātus, -a, -um, part. pass. de varĭco.
varĭcis, gen. de varĭx.
vărĭcō, -ās, -āre, -āvī, -ātum, v. intr. Afastar as pernas, andar a passos largos (Quint. 11, 3, 125).
vărĭcus, -a, -um, adj. Que afasta as pernas (Ov. A. Am. 3, 304).
varie, adv. 1) Com diferentes matizes (Plín. H. Nat. 37, 67). 2) Variadamente, de modo variado, diversamente (Cíc. Div. 2, 89).
variĕtās, -tātis, subs. f. I — Sent. próprio: 1) Variedade, diversidade, diferença (Cíc. Of. 2, 9). II — Sent. figurado: 2) Situações variadas, perigos, vicissitudes (Cíc. Arch. 21). 3) Inconstância, falta de persistência, mobilidade de caráter (Cíc. Dom. 11).
Varīnī, -ōrum, subs. loc. m. Varinos, povo da Germânia (Tác. Germ. 40, 3).
Vărīnĭus, -ī, subs. pr. m. Varínio Glaber, propretor na Ásia (Cíc. Flac. 45).
varĭō, -ās, -āre, -āvī, -ātum, v. tr. e intr. A) Tr.: I — Sent. próprio: 1) Variar, matizar (Lucr. 2, 759); (Ov. F. 3, 449). Donde: 2) Mudar, variar, diversificar, diferir (Cíc. Or. 59); (Cíc. De Or. 2, 36); (Lucr. 2, 484). B) Intr.: 3) Ser diferente, ser variado (Lucr. 4, 648); (T. Lív. 23, 5, 8).

Variŏla, -ae, subs. pr. f. Ácia Varíola, nome de mulher (Plín. Ep. 6, 33, 2).
Varisidĭus, -ī, subs. pr. m. Varisidio, nome de homem (Cíc. Fam. 10, 7, 1).
1. varĭus, -a, -um, adj. I — Sent. próprio: 1) Que é de várias côres, mosqueado, matizado (tratando-se principalmente da pele dos homens ou dos animais) (Verg. G. 3, 264). II — Sent. moral: 2) Variado, diverso, diferente (Cíc. Fin. 2, 10). 3) Variado, abundante, fecundo (em idéias) (Cíc. Ac. 1, 17). 4) Inconstante, mudável, incerto, instável (Verg. En. 4, 569).
2. Varĭus, -ī, subs. pr. m. Vário, nome de uma família romana, e em especial: 1) Quinto Vário Híbrida, tribuno da plebe (Cíc. Sest. 101). 2) Lúcio Vário, poeta amigo de Horácio e Vergílio (Verg. Buc. 9, 35); (Hor. Sát. 1, 5, 40).
varĭx, -ĭcis, subs. m. e f. Variz (principalmente das pernas) (Cíc. Tusc. 2, 35).
Varrō, -ōnis, subs. pr. m. Varrão, sobrenome na família Terência, principalmente: 1) Caio Terêncio Varrão, derrotado por Aníbal, em Canes (T. Lív. 22, 34, 2). 2) Terêncio Varrão Atacino, poeta contemporâneo de Augusto (Hor. Sát. 1, 10). 3) Marco Terêncio Varrão, o polígrafo.
Varrōniānae, -ārum, subs. f. Varronianas, as vinte e uma comédias de Plauto, reconhecidas como autênticas por Varrão (A. Gél. 3, 3, 3).
Varrōniānus, -a, -um, adj. De Varrão (T. Lív. 23, 38, 9).
1. vărus, -a, -um, adj. I — Sent. próprio: 1) Que tem as pernas voltadas para dentro, cambado, cambaio (Hor. Sát. 1, 3, 47). II — Por extensão: 2) Recurvado, vergado (Ov. Met. 12, 382).
2. Vărus, -ī, subs. pr. m. Varo, sobrenome romano, particularmente na «gens» Quintília (Suet. Aug. 23).
3. Vărus, -ī, subs. pr. m. Varo, rio da Gália Narbonense (Cés. B. Cív. 1, 86, 3).
1. vas, vadis, subs. m. Fiador (quem toma o compromisso verbal de pagar ao credor uma quantia, caso o afiançado não cumpra a sua obrigação) (Cíc. Fin. 2, 79).
2. vās, vāsis, subs. n. e vāsa, -ōrum, n. pl. I — Sent. próprio: 1) Vaso, recipiente, vasilha (Cíc. Tusc. 1, 52). II — No plural: 2) Equipamento, bagagens (T. Lív. 21, 47, 2). 3) Utensílios de cozinha, móveis (Cíc. Q. Fr. 1, 1, 13). Obs.:

VASACES — 1045 — **– VE**

Vas, vasis pròpriamente só é usado no singular, sendo **vasa, -ōrum** o pl. de um subs. desusado no sing.: **vasum, -ī**.

Vasaces, -is, subs. pr. m. Vasaces, nome de um general dos partos (Tác. An. 15, 14).

vāsārium, -ī, subs. n. I — Sent. próprio: 1) Fornecimento, equipamento, e daí: mobiliário de banhos (Vitr. 5, 9, 9). Donde: 2) Arquivo (Plín. H. Nat. 7, 162). 3) Quantia concedida aos governadores de província para os gastos de seu estabelecimento na mesma, indenização de instalação, ajuda de custo (Cíc. Pis. 86).

Vascōnēs, -um, subs. loc. m. Váscones, povo que habitava nas duas vertentes dos Pireneus (atualmente os bascos) (Plín. H. Nat. 3, 22).

vasculārius, -ī, subs. m. Fabricante de vasos (de ouro e de prata) (Cíc. Verr. 4, 54).

vascŭlum, -ī, subs. n. Vaso pequeno (Plaut. Aul. 270).

vāsī, perf. de **vādo**.

vastātĭō, -ōnis, subs. f. Devastação, assolação (Cíc. Cat. 2, 18).

vastātor, -ōris, subs. m. Devastador, assolador (Ov. Met. 9, 192).

vastātrīx, -īcis, subs. f. Devastadora, assoladora (Sên. Ep. 95, 19).

vastātus, -a, -um, part. pass. de **vasto**.

vastē, adv. 1) Grosseiramente, mal feito, rudemente (Cíc. De Or. 3, 45). 2) Numa grande extensão, ao longe (Ov. Met. 11, 530).

vastifĭcus, -a, -um, adj. Devastador (Cíc. poét. Tusc. 2, 22).

vastĭtas, -tātis, subs. f. I — Sent. próprio: 1) Desolação, ruína, devastação (Cíc. Cat. 1, 12). II — Sent. particular: 2) Imensidade, vastidão, grandeza, abismo (na época imperial) (Plín. H. Nat. 16, 6). 3) Deserto, solidão (Cíc. Br. 21).

vastĭtĭēs, -ēī, subs. f. Destruição (Plaut. Ps. 70).

vastĭtūdō, -ĭnis, subs. f. Devastação, ruína (Ac. Tr. 615).

vastō, -ās, -āre, -āvī, -ātum, v. tr. I — Sent. próprio: 1) Devastar, despovoar (Cíc. Sest. 53); (Verg. En. 8, 8). Daí: 2) Desolar, assolar, arruinar, destruir (Cés. B. Gal. 5, 19, 2); (Cíc. Verr. 3, 119); (Sal. C. Cat. 15, 4).

vastus, -a, -um, adj. I — Sent. próprio: 1) Devastado, despovoado, deserto, assolado (sent. passivo) (Cíc. Sest. 53) Daí: 2) Inculto (sent. próprio e figurado), grosseiro, rude, desagradável (Cíc. De Or. 1, 117). 3) Que se estende ao longe, vasto, imenso, espaçoso, alto, profundo (Cés. B. Gal. 3, 12, 5). II — Sent. figurado: 4) Incomensurável, insaciável, desmedido, colossal, horrível (Sal. C. Cat. 5, 4). 5) Grande (tratando-se de um ruído), retumbante (como sinônimo de **magnus**, porém mais expressivo) (Verg. En. 10, 716).

vāsum e **vāsus,** v. **vas** 2.

vātēs (vātis), -is, subs. m. e f. I — Sent. próprio: 1) Adivinho, adivinha, profeta, profetisa, sibila, oráculo (Verg. En. 6, 65); (V. Máx. 8, 12, 1). II — Por extensão: 2) Poeta, vate, poetisa (Ov. Trist. 3, 7, 20).

1. Vātĭcānus, -a, -um, adj. Do Vaticano (Cíc. Agr. 2, 96).

2. Vātĭcānus, -ī, subs. pr. m. Vaticano, deus que presidia ao aprendizado da fala pelas crianças (A. Gél. 15, 17, 1).

3. Vātĭcānus (mons, collis), subs. pr. m. O Vaticano, uma das sete colinas de Roma (Hor. O. 1, 20, 7).

vātĭcĭnātĭō, -ōnis, subs. f. Vaticínio, predição, profecia, oráculo (Cíc. Nat. 2, 10).

vātĭcĭnātor, -ōris, subs. m. Adivinho, profeta (Ov. P. 1, 1, 42).

vātĭcĭnĭum, -ī, subs. n. Predição, oráculo, vaticínio (Plín. H. Nat. 7, 178).

vātĭcĭnor, -āris, -ārī, -ātus sum, v. dep. tr. I — Sent. próprio: 1) Profetizar, vaticinar (Cíc. Div. 1, 67); (Ov. Met. 4, 9). Daí: 2) Exortar, advertir (na qualidade de profeta) (Cíc. Lae. 24). II — Sent. figurado: 3) Cantar como poeta, celebrar (Ov. Met. 6, 159). 4) Delirar, tresvairar (Cíc. Sest. 23).

vātĭcĭnus, -a, -um, adj. Profético (Ov. Met. 2, 640).

vatīllum, -ī, subs. n., v. **batīllum**.

Vatīnĭānus, -a, -um, adj. De Vatínio (Catul. 53, 2).

1. vatīnius, -ī, subs. m. Espécie de vaso (inventado por um sapateiro chamado Vatínio) (Marc. 10, 3, 4).

2. Vatīnĭus, -ī, subs. pr. m. Vatínio, partidário de César, conhecido por seus vícios (Cíc. Vat. 1).

1. -ve, part. enclítica Ou: **albus aterve** (Cíc. Phil. 2, 41) «branco ou prêto». Obs.: Na poesia usa-se em lugar de **vel**.: **quod fuimusve sumusve** (Ov. Met. 15, 215) «ou o que nós fomos, ou o que somos».

2. vē, prevérbio de sentido privado ou pejorativo: **vecors, vesanus**.

Vecilius, -i, subs. pr. m. Vecílio, montanha do Lácio (T. Liv. 3, 50, 1).

vēcordĭa (vaec-), -ae, subs. f. Loucura, demência, fúria, delírio (Sal. C. Cat. 15, 5).

vēcors (vaec-), -dis, adj. Furioso, louco, insensato, furibundo (Cíc. Tusc. 1, 18).

vectābĭlis, -e, adj. Transportável (Sen. Nat. 3, 25, 9).

vectātĭō, -ōnis, subs. f. Ação de ser transportado (de carro ou de liteira), transporte (Sên. Tranq. 17, 8).

vectātus, -a, -um, part. pass. de vecto.

vectīgal, -ālis, subs. n. (subent. **aes**). I — Sent. próprio: 1) Impôsto, contribuição (Cíc. Agr. 2, 55). II — Por extensão: 2) Renda, rendimento (Cíc. Pomp. 15). 3) Lucro (a título privado) (Cíc. Of. 2, 88). 4) Tributo impôsto ao povo vencido (Cés. B. Gal. 5, 22, 4).

vectīgālis, -e, adj. I — Sent. próprio: 1) Relativo a impôsto, de impôsto (Cíc. Verr. 1, 89). II — Por extensão: 2) Tributário, que paga impôsto (Cíc. Verr. 3, 79). 3) De aluguel (Cíc. Phil. 2, 62). 4) Submetido a pagar um tributo (tratando-se de um povo vencido) (Cés. B Gal. 4, 3, 4).

vectĭō, -ōnis, subs. f. Transporte (Cíc. Nat. 2, 151).

vectis, -is, subs. m. I — Sent. próprio: 1) Alavanca (Cíc. Verr. 4, 95). II — Por extensão: 2) Tranca (de uma porta), ferrôlho (Verg. En. 7, 609).

vectō, -ās, -āre, -āvī, -ātum, v. freq. de **veho**, tr. I — Sent. próprio: 1) Arrastar, levar, transportar, puxar (Verg. En. 6, 391). II — Passivo: 2) Passear, viajar (Hor. Epo. 17, 74); (Ov. Met. 8, 374).

vector, -ōris, subs. m. I — Sent. próprio (passivo): 1) O que é transportado, passageiro (Cíc. At. 2, 9, 3). 2) O que arrasta, leva ou transporta (Ov. F. 1 433). II — Sent. particular: 3) Cavaleiro (Ov. A. Am. 3, 555).

vectōrĭus, -a, -um, adj. Que serve para transportar, de transporte (Cés. B. Gal. 5, 8, 4).

vectūra, -ae, subs. f. 1) Transporte (Cíc. At. 1, 3, 2). 2) Preço do transporte, frete (Plaut. Most. 823).

vectus, -a, -um, part. pass. de veho.

Vēdĭus, -i, subs. pr. m. Védio, nome de uma família romana, especialmente Védio Polião, do tempo de Augusto, e conhecido por sua crueldade com os escravos (Sên. Clem. 1, 18, 2).

vegĕō, -ēs, -ēre, v. intr. e tr. A) Intr.: 1) Ser vivo, ardente, fogoso (Varr. Men. 268). B) Tr.: 2) Animar, excitar, impelir (Ên. An. 477).

vegĕtus, -a, -um, adj. Vivo, animado, vigoroso, forte (sent. próprio e figurado) (Cíc. At. 10, 16, 6).

vēgrandis (vagrandis), -e, adj. 1) Pequeno, magro, franzino (Ov. F. 3, 445). 2) Muito grande, maior do que o tamanho normal (Cíc. Agr. 2, 93).

vehĕmens, -ēntis, adj. I — Sent. próprio: 1) Violento, arrebatado, veemente, ardente, furioso, colérico (Cíc. Br. 88). Daí: 2) Rigoroso, severo (Cíc. Cat. 4, 12). 3) Veemente (tratando-se do estilo (Cíc. Br. 97). 4) Forte, enérgico (tratando-se de coisas) (Cíc. Cat. 1, 3). II Sent. figurado: 5) Violento, intenso, terrível (Lucr. 6, 517).

vehemēnter, adv. 1) Com violência, impetuosamente, com paixão (Cíc. Tusc. 4, 51). 2) Vivamente, fortemente, muito (Cíc. Balb. 60). 3) Com veemência (na maneira de falar) (Cíc. De Or. 1, 227).

vehementĭa, -ae, subs. f. Veemência, fôrça, intensidade (Plin. H. Nat. 36, 33).

vehicŭlum, -i, subs. n. I — Sent. próprio: 1) Meio de transporte, veículo (Cíc. Verr. 5, 59). II — Daí: 2) Carro, carruagem (Cíc. Verr. 5, 186).

Vehilius, -i, subs. pr. m. Veílio, nome de homem (Cíc. Phil. 3, 25).

vehō, -is, -ĕre, vexī, vectum, v. tr. I — Sent. próprio: 1) Transportar por terra ou por mar, por meio de qualquer veículo, a cavalo, em navio, levar às costas (Cíc. Nat. 1, 68); (Cíc. Div. 2. 140); (Cíc. Phil. 2, 58). II — Intr. (sòmente no gerúndio e part. pres.): 2) Fazer-se transportar (Cíc. Br. 331); (Suet. Cl. 28).

Vēia, -ae, subs. pr. f. Véia, nome de mulher (Hor. Epo. 5, 29).

Vēiānĭus, -i, subs. pr. m. Veiânio, nome de um gladiador (Hor. Ep. 1, 1, 4).

Vēiānus, -i, subs. pr. m. Veiano, nome de homem (Tác. An. 15, 67).

Vēiens, -ēntis, adj. De Veios (Cíc. Amer. 47).

Vēientāni, -ōrum, subs. loc. m. Veientanos, habitantes de Veios (Plin. H. Nat. 3, 52).

Vēientānum, -i, subs. n. Vinho de Veios (Hor. Sát. 2, 3, 143).

Vēientānus, -a, -um, adj. De Veios, veientano (T. Liv. 4, 91).

Vēientō, -ōnis, subs. pr. m. Veientão, sobrenome na «gens» Fabrícia (Cíc. At. 4, 16, 6).

Vēii, -ōrum, subs. pr. m. Veios, antiga cidade da Etrúria, que fêz parte da Liga Etrusca, juntamente com outras onze cidades, inclusive Roma (Cíc. Div. 1, 100).

Vējŏvis, -is, subs. pr. m. 1) Véjovis, antiga divindade identificada com o Júpiter dos infernos, representando, assim, o contrário de Júpiter (Cíc. Nat. 3, 62). 2) Parecido com Júpiter menino (Ov. F. 3, 447).

1. vel, adv. Ou se o queres, ou, ou melhor: 1) Permitindo escolha (Cíc. Cat. 2, 1). 2) Retificando: **a plerisque, vel dicam ab omnibus** (Cíc. Fam. 4, 7, 3) «pela maior parte, ou direi melhor, por todos». 3) Mesmo: **vel mediocris orator** (Cíc. Br. 193) «o orador mesmo de valor mediocre». 4) Por exemplo (Cíc. Fam. 2, 13, 1). 5) Talvez: **domus vel optima, notissima quidem certe** (Cíc. Verr. 4, 3) «talvez a melhor casa, mas certamente a mais conhecida».

2. vel, conj. coord. 1) Ou, ou melhor (Cíc. Rep. 1, 41). 2) Vel... vel, ou ...ou, seja... seja (Cés. B. Gal. 1, 6, 3).

Vēlābra, -ōrum, subs. pr. n. Os dois Velabros (Ov. F. 6, 405).

Vēlābrum, -ī, subs. pr. n. 1) Velabro, lugar de Roma onde ficava o mercado de azeite e comestíveis (Hor. Sát. 2, 3, 229). 2) **Velabrum minus** (Varr. L. Lat. 5, 156) «o pequeno Velabro», que ficava perto das Carinas.

vēlāmen, -ĭnis, subs. n. Cobertura, vestido traje de magistrado, pele (que largam os animais) (Verg. En. 1, 649).

vēlāmentum, -ī, subs. n. I — Sent. próprio: 1) Cobertura, véu (Sên. Marc. 15, 2). II — No pl.: 2) Ramos de oliveira rodeados de fitas (levados pelos suplicantes), ramo de suplicante (Ov. Met. 11, 279). III — Sent. figurado: 3) Véu para dissimular qualquer coisa (Sên. Vit. 12, 4).

Vēlănĭus, -ī, subs. pr. m. Velânio, nome romano (Cés. B. Gal. 3, 7, 4).

vēlārĭum, -ī, subs. n. Tôldo (que se estendia por cima de um teatro ou de um anfiteatro para protegê-lo contra o sol) (Juv. 4, 122).

vēlātus, -a, -um, part. pass. de **vēlo.**

Velēda, -ae, subs. pr. f. Véleda, profetiza divinizada pelos germanos (Tác. Germ. 8).

vēles, -ĭtis, subs. m. (geralmente no pl.: **vēlĭtēs, -um**). I — Sent. próprio: 1) Vélite (soldado da infantaria ligeira) (T. Liv. 26, 4, 4). II — Sent. figurado: 2) Provocador (o palhaço da companhia de atôres) (Cíc. Fam. 9, 20).

Velĭa, -ae, subs. pr. f. Vélia. 1) Cidade da Lucânia (Cíc. Verr. 5, 44). 2) Uma das saliências do monte Palatino (Cíc. Rep. 2, 54).

Veliēnsēs, -ĭum, subs. loc. m. Velienses, habitantes de Vélia (Cíc. Verr. 2, 99).

vēlĭfer, -fĕra, -fĕrum, adj. I — Sent. próprio: 1) Velífero, provido de velas, que vai à vela (Ov. Met. 15, 719). Daí: 2) Que enfuna as velas (Sên. Thy. 129).

vēlĭfĭcātĭō, -ōnis, subs. f. Ação de soltar as velas (sent. próprio e figurado) (Cíc. Fam. 1, 9, 21).

vēlĭfĭcātus, -a, -um, part. pass. de **velifico** e de **velificor.**

vēlĭfĭcō, -ās, -āre, -āvī, -ātum, v. intr. e tr. A) Intr.: 1) Pôr as velas, dar à vela, navegar (Prop. 4, 9, 6). B) Tr.: 2) Fazer uma travessia de navio (Juv. 10, 174).

vēlĭfĭcor, -āris, -ārī, -ātus sum, v. dep. intr. I — Sent. próprio: 1) Fazer-se à vela, dar às velas, navegar (Prop. 2, 28, 40). II — Sent. figurado: 2) Trabalhar ardentemente, contribuir para, favorecer, secundar (Cíc. Agr. 1, 27).

velim, pres. do subj. de **volo. 2.**

Velīnĭa, -ae, subs. pr. f. Velínia, nome de uma deusa (Varr. L. Lat. 5, 71).

Velīnus, -a, -um, adj. De Vélia, velino (Verg. En. 6, 366).

Veliocāssēs (Veliocāssī), -ĭum (-ōrum), subs. loc. m. Veliocassos, povo gaulês cuja capital era Rotomago (atual Rouen) (Cés. B. Gal. 2, 4, 9).

vēlĭtāris, -e, adj. Relativo aos vélites, de vélite (T. Liv. 26, 4, 4).

vēlĭtātĭō, -ōnis, subs. f. Escaramuça, disputa, investida (sent. próprio e figurado) (Plaut. Asin. 307).

Velĭtĕrnī, -ōrum, subs. loc. m. Veliternos, habitantes de Velitras (T. Liv. 8, 14).

vēlĭtor, -āris, -ārī, -ātus sum, v. dep. intr. e tr. A) Intr.: I — Sent. próprio: 1) Travar combate, travar escaramuças (Apul. M. 9, 234). II — Sent. figurado: 2) Disputar, altercar (Plaut. Men. 778). B) Tr.: 3) Ameaçar de (Apul. M. 5, 11).

Velĭtrae, -ārum, subs. pr. f. Velitras, cidade dos volscos, na Via Ápia (T. Liv. 2, 31).

vēlivŏlus, -a, -um, adj. e **vēlivŏlans, -ăntis,** adj. 1) Que vai à vela, alado (Ov. P. 4, 5, 42). 2) Em que se vai à vela (epíteto do mar) (Verg. En. 1, 224).

Vellaunodūnum, -ī, subs. pr. n. Velaunoduno, cidade dos sênones (Cés. B. Gal. 7, 11, 1).

Vellăvĭī, -ōrum, subs. loc. m. Velávios, povo da confederação dos Arvernos (Cés. B. Gal. 7, 75, 2).

velle, vellem, inf. pres. e imperf. do subj. de volo 2.

Vellēius, -ī, subs. pr. m. Veleio, nome de uma família romana especialmente: 1) Caio Veleio, filósofo epicurista, amigo do orador Crasso (Cíc. De Or. 3, 78). 2) Veleio Patérculo, historiador latino, pretor de Tibério.

vellicātĭō, -ōnis, subs. f. Picadura (sent. próprio), dito mordaz (sent. figurado) (Sên. Ir. 3, 43, 5).

vellĭcō, -ās, -āre, -āvī, -ātum, v. tr. I — Sent. próprio: 1) Picar, espicaçar, beliscar (Plaut. Most. 834). II — Daí: 2) Implicar com, falar mal de (Cíc. Balb. 57). Donde: 3) Sacudir, excitar, despertar (Sên. Ep. 20, 11).

vellī = vulsī, perf. de vello.

vellō, -is, -ĕre, vulsī (volsī e vellī), volsum (vulsum), v. tr. I — Sent. próprio: 1) Arrancar, puxar violentamente (especialmente cabelo, lã, pêlo, penas) (Hor. Ep. 2, 1, 45); (Cíc. Fin. 4, 6); (Verg. G. 4, 108). Daí: 2) Tirar sem arrancar (Hor. Sát. 1, 3, 133); (Verg. Buc. 6, 4). 3) Intransitivamente: tirar a roupa (Hor. Sát. 1, 9, 63). Obs.: Perf. **volsi** (Sên. Prov. 3, 6). O perf. **velli** é tardio e da decadência.

Vellocātus, -ī, subs. pr. m. Velocato, nome de homem (Tác. Hist. 3, 45).

vellus, -ĕris, subs. n. I — Sent. próprio: 1) Velo, tosão (que a princípio se arrancava com as mãos, antes de se fazer a tosquia por meio de tesoura), pele de ovelha com lã (Verg. En. 7, 95). II — Daí: 2) Pele de animal, velocino, tosão (Verg. Buc. 3, 95). III — Sent. particular: 3) Flocos de lã (Verg. G. 1, 597). 4) Flocos (de sêda, neve) (Verg. G. 2, 121). 5) Faixa de lã (Estác. S. 5, 3, 8).

Vellūtus, -ī, subs. pr. m. Veluto, nome de um tribuno da plebe (T. Lív. 2, 33).

vēlō, -ās, -āre, -āvī, -ātum, v. tr. I — Sent. próprio: 1) Velar, cobrir (Cíc. Nat. 2, 10); (T. Lív. 3, 26, 10); (Tác. An. 12, 61). II — Daí: 2) Cingir, coroar (Verg. En. 5, 72).

vēlōcĭtās, -tātis, subs. f. Velocidade, rapidez, ligeireza (Sent. próprio e figurado) (Cés. B. Gal. 6, 28, 2).

vēlōcĭtĕr, adv. Velozmente, ràpidamente, prontamente, com presteza (Ov. Met. 4, 509). Obs.: Comp.: **velocĭus** (Cíc. Rep. 6, 29); superl.: **velocissĭme** (Cíc. Tim. 30).

Vēlōcĭus, -ī, subs. pr. m. Velócio, nome de homem (Cíc. De Or. 3, 86).

vēlox, -ōcis, adj. I — Sent. próprio: 1) Rápido, veloz, ligeiro (Verg. G. 2, 530). II — Daí: 2) Ágil, ativo, enérgico, violento (Cés. B. Gal. 1, 48, 5).

1. vēlum, -ī, subs. n. 1) Pano, reposteiro, cortina, véu (Cíc. Cat. 2, 22). 2) Máscara, disfarce (Plín. Ep. 4, 19, 3).

2. vēlum, -ī, subs. n. (geralmente no pl.). I — Sent. próprio: 1) Vela de navio) (Cíc. Verr. 5, 88). II — Sent. poético: 2) Navio (Ov. Met. 7, 664). III — Sent. figurado: 3) Nas expressões: **vela pandere** «dar largas» (à eloquência, por ex.) (Cíc. Tusc. 4, 9). 4) **Remigio velo fugere** «fugir a tôda pressa» (Plaut. As 157). 5) **Vela dare** ou **facere** «pôr-se à vela, navegar» (Cíc. Or. 75).

Velunum, -ī, subs. pr. n. Veluno, cidade da Itália (Plín. H. Nat. 3, 130).

velut ou **velŭtī,** adv. 1) Por exemplo, como assim (Cíc. Verr. 4, 95). 2) Como, do mesmo modo que, assim como: **veluti pecora** (Sal. C. Cat. 1, 1) «como os animais». 3) Como que, por assim dizer (C. Nep. Han. 1, 3). 4) Como se, assim como se (nas hipóteses) (Cés. B. Gal. 1, 32, 4).

vēna, -ae, subs. f. I — Sent. próprio: 1) Conduto, veio ou fio de água, veio ou filão metálico (Cíc. Nat. 2, 151). II — Sent. particular: 2) Veia, artéria (Cíc. Pis. 83). No pl.: 3) Pulsação, pulso (Cíc. Fat. 15). III — Por extensão, o que faz lembrar uma veia: 4) Veios (da madeira, do mármore, etc.) (Plín. H. Nat. 16, 184). 5) Fila de árvores (Plín. H. Nat. 17, 76). IV — Sent. figurado: 6) O coração, a parte íntima de uma cousa (Cíc. Cat. 1, 31). 7) Talento, inspiração, veia poética (Hor. O. 2, 18, 10).

vēnābŭlum, -ī, subs. n. Venábulo (de caçador) (Cíc. Fam. 7, 1, 3).

Venāfrānus, -a, -um, adj. De Venafro (Hor. O. 3, 5, 55).

Venāfrum, -ī, subs. pr. n. Venafro, cidade da Campânia, célebre por suas oliveiras (Cíc. Q. Fr. 3, 1, 3).

vēnālicĭum, -ī, subs. n. Mercado de escravos (expostos à venda) (Petr. 29, 3).

1. vēnālicĭus, -a, -um, adj. Relativo à venda, exposto à venda, de escravos postos à venda (Petr. 76).

2. vēnālicĭus, -ī, subs. m. Negociante de escravos (Cíc. Or. 232).

vēnālis, -e, adj. I — Sent. próprio: 1) Exposto à venda, que está para ser vendido, de escravos postos à venda (Cíc. Of. 3, 58). II — Como subs. m.: 2) Escravo nôvo destinado à venda, escravo (Hor. Sát. 1, 1, 47). III — Sent. figurado: 3) Venal, que se deixa subornar (Cíc. Verr. 3, 144).

vēnātĭcus, -a, -um, adj. I — Sent. próprio: 1) De caça, relativo à caça (Cíc. Verr. 4, 31). II — Sent. figurado: 2) Que anda à caça (Plaut. Capt. 85).

vēnātĭō, -ōnis, subs. f. I — Sent. próprio: 1) Caça, caçada (Cés. B. Gal. 4, 1, 8). II — Por extensão: 2) Produto da caçada, pesca (T. Lív. 25, 9, 8). 3) Caçada (espetáculo oferecido ao público, no circo, em que pelejavam os escravos uns com os outros ou com as feras) (Cíc. Fam. 7, 1, 3).

vēnātor, -ōris, subs. m. I — Sent. próprio: 1) Caçador (Cés. B. Gal. 6, 27, 4). II — Sent. figurado: 2) O que está à espreita, investigador (Cíc. Nat. 1, 83).

vēnātōrĭus, -a, -um, adj. Venatório, de caça, de caçador (C. Nep. Dat. 3).

vēnātrix, -īcis, adj. f. Que caça, caçadora (Verg. En. 1, 319).

vēnātūra, -ae, subs. f. Venatura, caçada, caça (sent. próprio e figurado) (Plaut. Mil 990).

1. vēnātus, -a, -um, part. pass. de venor.

2. vēnātus, -ūs, subs. m. I — Sent. próprio: 1) Caça, caçada (Verg. En. 7, 747). Por extensão: 2) Produto da caçada, caça (abatida) (Plín. H. Nat. 8, 58). II — Sent. figurado: 3) Pesca (Plaut. Rud. 970).

vendĭbĭlis, -e, adj. I — Sent. próprio: 1) Fácil de vender, vendável (Cíc. Agr. 2, 36). II — Sent. figurado: 2) Agradável, recomendável (Cíc. Br. 264).

vendĭcō = **vindĭcō.**

vendĭdī, perf. de **vendo.**

vendĭtātĭō, -ōnis, subs. f. Ação de fazer valer, ostentação (Cic. Lae. 86).

vendĭtātor, -ōris, subs. m. O que faz ostentação de, o que se vangloria de (Tác. Hist. 1, 49).

vendĭtĭō, -ōnis, subs. f. Venda, ação de pôr à venda (Cíc. Phil. 2, 103).

vendĭtō, -ās, -āre, -āvī, -ātum, v. freq. tr. I — Sent. próprio: 1) Procurar vender (Cíc. At. 1, 14, 7). 2) Negociar, traficar (Cíc. Verr. 2, 135). II — Sent. figurado: 3) Gabar, elogiar, fazer valer (Cíc. Verr. 3, 132).

vendĭtor, -ōris, subs. m. I — Sent. próprio: 1) Vendedor (Cíc. Of. 3, 51). II — Sent. figurado: 2) O que trafica com, o que vende (Cic. Sen. 10).

vendĭtum, -ī, subs. n. Venda (Cíc. Nat. 3, 74).

vendō, -is, -ĕre, vendĭdī, vendĭtum, v. tr. I — Sent. próprio: 1) Vender, pôr à venda (Cíc. Of. 3, 51); (Cíc. Pis. 84). II — Sent. figurado: 2) Gabar, elogiar, fazer valer (Cíc. At. 13, 12, 2). Obs.: Contrói-se com gen.; com acus.; com acus. e abl.

Venĕdī, -ōrum, subs. loc. m. pl. Vênedos, povo germânico que habitava próximo ao rio Vístula (Tác. Germ. 46).

venēfĭcĭum, -ī, subs. n. I — Sent. próprio: 1) Envenenamento, crime de envenenamento (Cíc. Amer. 90). II — Sent. particular (mais antigo): 2) Preparação de filtros (amorosos), sortilégio, feitiço (Cíc. Br. 217).

venēfĭcus, -a, -um, adj. I — Sent. próprio: 1) Mágico (Ov. Met. 14, 365). II — Como subs. m.: 2) Envenenador, mágico (Cíc. Cat. 2, 7). III — Como subs. f.: 3) Feiticeira, bruxa (Hor. Epo. 5, 71). IV — Como têrmo de injúria: 4) Bruxo, feiticeiro (Ter. Eun. 825).

venēnārĭus, -ī, subs. m. Envenenador (Suet. Ner. 33).

venēnātus, -a, -um. I — Part. pass. de **veneno.** II — Adj.: 1) Envenenado (Cíc. Nat. 2, 126). 2) Venenoso (Cíc. Har. 50). 3) Encantado, mágico (Ov. Met. 14, 413).

venēnĭfer, -fĕra, -fĕrum, adj. Venenoso (Ov. Met. 3, 85).

venēnō, -ās, -āre, -āvī, -ātum, v. tr. Envenenar, empestar (sent. próprio e figurado) (Cíc. Quinct. 8); (Hor. Ep. 1, 14, 38).

venēnum, -ī, subs. n. I — Sent. próprio: 1) Decocção de plantas mágicas, beberagem (Cíc. Clu. 148). II — Sent. particular: 2) Veneno (Cíc. Cael. 58). 3) Filtro amoroso, feitiço (Hor. Epo. 5, 62). 4) Tinta para tingir de púrpura (Verg. G. 2, 465).

vēnĕō, -is, -ire, vēnīī, v. intr. I — Sent. primitivo: 1) Ir à venda. E daí: 2) Ser vendido (Cic. Fam. 7, 2, 1); (Cíc. Verr. 4, 13).

venerābĭlĭs, -e, adj. I — Sent. próprio: 1) Venerável, respeitável, augusto (Hor. Sát. 2, 5, 14). II — Daí: 2) O que acata, respeitoso (V. Máx. 1, 1, 15).

venerābundus, -a, -um, adj. Cheio de respeito, respeitoso (T. Lív. 1, 16, 6).

venerandus, -a, -um. 1) Gerundivo de venĕror. 2) Adj.: Venerando, digno de respeito (Hor. Ep. 1, 18, 73).

venerārĭus, -a, -um, adj. Amoroso, de amor (Petr. 61, 7).

venerātĭō, -ōnĭs, subs. f. Veneração, respeito, homenagem (Cíc. Nat. 1, 45).

venerātor, -ōris, subs. m. Venerador, o que respeita (Ov. P. 2, 2, 1).

venerātus, -a, -um, part. pass. de venĕror.

1. Venerĭus, -a, -um, adj. De Vênus, relativo a Vênus: **res Veneriae** (Cíc. C. M. 47)) «os prazeres do amor».

2. Venerĭus, -ī, subs. m. 1) O lance de Vênus (no jôgo de dados) (Cíc. Div. 1, 23). 2) Escravo do templo de Vênus (Cic. Verr. 4, 32).

venerivăgus, -a, -um, adj. Devasso, libertino (Varr. Men. 164, 5).

venĕrō, -ās, -āre = venĕror (Plaut. Truc 476).

venĕror, -ārĭs, -ārī, -ātus sum, v. dep. tr I — Sent. próprio: 1) Dirigir um pedido aos deuses, pedir aos deuses um favor ou uma graça, suplicar (Hor. Sát. 2, 9, 8); (Plaut. Rud. 256). II — Daí: 2) Venerar, cultuar, honrar (Cíc. Verr. 4, 129); (Cic. Nat. 3, 53).

Venĕtī, -ōrum, subs. loc. m. Vênetos. 1) Povo do N. da Itália, habitante da Venécia (Plín. H. Nat. 3, 130). 2) Habitantes da Venécia gaulesa (Cés. B. Gal. 3, 9, 3).

Venetia, -ae, subs. pr. f. Venécia. 1) Região ao nordeste da Gália Cisalpina, tornada mais tarde província romana (Plín. H. Nat. 3, 126). 2) Província da Gália (Cés. B. Gal. 3, 9, 3).

Veneticus, -a, -um, adj. Dos Vênetos (Cés. B. Gal. 4, 21, 4).

Venetulānī, -ōrum, subs. loc. m. Venetulanos, antigo povo do Lácio (Plín. H. Nat. 3, 69).

vēnī, perf. de **venio**.

venĭa, -ae, subs. f. I — Sent. próprio: 1) Favor, graça (concedida pelos deuses) (Cic. Rab. Perd. 2, 5). Daí: 2) Favor, graça (sent. genérico) (Cíc. At. 5, 21, 12). II — Donde: 3) Desculpa, perdão, remissão (Cíc. Lae. 61). 4) Permissão, concessão (Cíc. De Or. 1, 242).

vēnībam, imp. de **venĕo**.

vēnībō, fut. simples de **venĕo**.

vēnīī, perf. de **venĕo**.

Venīlĭa, -ae, subs. pr. f. Venilia. 1) Mãe de Turno (Verg. En. 10, 76). 2) Mulher de Jano (Ov. Met. 14, 334).

venĭō, -ĭs, -īre, vēnī, ventum, v. intr. I — Sent. próprio: 1) Vir, chegar (Cíc. At. 5, 12, 1); (Cíc. Clu. 93); (Plaut. Bac. 631); (Cés. B. Gal. 7, 66, 2); (Cic. Marc. 25). Daí: 2) Vir sôbre, avançar, chegar a, cair sôbre (Cíc. Of. 1, 113); (Cés. B. Civ. 1, 17, 2). Donde: 3) Apresentar-se, mostrar-se (Cíc. Fin. 1, 24). II — Sent. figurado: 4) Provir, nascer, crescer (Quint. 2, 4, 4); (Verg. G. 1, 54). 5) Incorrer em, cair em suportar, sofrer (Cés. B. Civ. 2, 32, 4); (Cés. B. Gal. 3, 17, 5). 6) Impess.: Vir ao espírito, chegar-se a (Cic. Br. 139). Obs.: Impf.: **venibat** (Ter. Phorm. 652); gen. pl. do part. pres.: **venientum** (Verg. En. 1, 434).

Vennō, -ōnĭs, subs. pr. m. Venão, sobrenome de um cônsul (T. Lív. 9, 20).

Vennōnĭus, -ī, subs. pr. m. Venônio, nome de um historiador latino (Cíc. Leg. 1, 6).

vennucŭla (**vennuncŭla uva**), subs. f. Espécie de uva (Hor. Sát. 2, 4, 71).

vēnor, -ārĭs, -ārī, -ātus sum, v. dep. intr. e tr. A) Intr: 1) Caçar, perseguir a caça (sent próprio e figurado) (Cíc. Nat. 2, 158).; (Plaut. Capt. 184). B) Tr.: 2) Perseguir, procurar (Cíc. de Or. 2, 147); (Cic. Verr. 4, 47).

vēnōsus, -a, -um, adj. I — Sent. próprio: 1) Venoso, cheio de veias (Plín. H. Nat. 18, 58). II — Sent. figurado: 2) Velho (que tem as veias salientes) (Pérs. 1, 76).

venter, -trĭs, subs. m. I — Sent. próprio: 1) Ventre (do homem ou dos animais) (Cic. Div. 2, 119). II — Sent. figurado: 2) Útero, receptáculo do feto (T. Lív. 1, 34, 2).

Ventidĭus, subs. pr. m. Ventídio, nome de família romana, especialmente Ventídio Basso, lugar-tenente de Antônio na luta contra os partos (Cíc. Phil. 12, 23).

ventĭlō, -ās, -āre, -āvī, -ātum, v. tr. e intr. A) Tr.: 1) Expor ao vento, ventilar (Varr. R. Rus. 1, 55, 6). Na língua rústica: 2) Expor os cereais ao vento, secar.

VENTĬŎ — 1051 — **VĒR**

Em sent. figurado: 3) Agitar (Ov. Am. 1, 7, 54); (Prop. 4, 3, 50). B) Intr.: 4) Fazer vento (Suet. Aug. 82). Na língua militar: 5) Agitar-se, esgrimir-se, exercitar-se (Cíc. Flac. 54); (Sên. Ep. 117, 25).

ventĭō, -ōnis, subs. f. Vinda, chegada (Plaut. Truc. 622).

ventĭlō, -ās, -āre, -āvī, -ātum, v. freq. de **venĭo**, intr. Vir freqüentemente (Cíc. Leg. 1, 13); (Cés. B. Gal. 4, 3, 3).

ventōsus, -a, -um, adj. I — Sent. próprio: 1) Cheio de vento, ventoso, em que há muito vento, batido pelos ventos (Verg. En. 8, 449). II — Sent. figurado: 2) Inconstante, mudável como o vento, caprichoso (Hor. Ep. 1, 8, 12). 3) Rápido, ligeiro como vento (Ov. F. 4, 392). 4) Vazio, ôco, sem realidade (Verg. En. 11, 390).

ventrĭcŭlus, -ī, subs. m. 1) Pequeno ventre (Juv. 3, 97). 2) Ventrículo (do coração (Cíc. Nat. 2, 138). 3) Estômago (Cels. 4, 1, 12).

ventrĭōsus, -a, -um, adj. Barrigudo, bojudo (sent. próprio e figurado) (Plaut As. 400).

ventŭlus, -ī, subs. m. Viração, vento ligeiro (Plaut. Curc. 315)

ventum est, impess. de **venĭo**: «chegou-se».

ventūrus, -a, -um. I — Part. fut. de **venĭo**. II — Adj.: Futuro, que virá. III — Subs. n. pl.: **ventūra, -ōrum**: «o futuro, o porvir» (Verg. En. 6, 66); (Luc. 6, 591).

ventus, -ī, subs. m. I — Sent. próprio: 1) Vento (Cíc. Clu. 138). II — Sent. figurado: 2) Sôpro, bafejo (da sorte) (Cic. At. 2, 1, 16). 3) Aura popular (Cíc. Clu. 130). 4) Correntes de opinião, tendências, influências, planos (Cíc. Clu. 77). 5) Desventura, calamidade (Cíc. Sull. 41). III — Em expressões proverbiais: 6) **In vento et aqua scribere** (Catul. 70, 4) «perder seu tempo». 7) **Verba dare ventis** (Ov. Her. 2, 25) «não cumprir as promessas feitas».

Venulēia, -ae, subs. pr. f. Venuléia, nome de mulher (Cíc. At. 12, 24, 2).

Venŭlus, -ī, subs. pr. m. Vênulo, nome de um guerreiro rútulo (Ov. Met. 14, 457)

venumdĕdī, perf. de **venūmdo**.

vēnūmdō (vēnūndo), -ās, -āre, -dĕdī, -dătum, v. tr. Pôr à venda, vender (Sal. B. Jug. 91, 6); (T. Lív. 4, 29, 4).

1. **vēnus, -ī, (-ūs)**, subs. m. e **venum, -ī**, subs. n. Venda, tráfico (Sal. Hist. 1, 4, 17). Obs.: Só ocorre o acus. e o dat.

2. **Venus, -ĕris**, subs. pr. f. Vênus, 1) Deusa da beleza e do amor, nascida, segundo a lenda, da espuma das ondas. Mãe de Enéias, tornou-se protetora de Roma e dos romanos (Cíc. Nat. 3, 59). II — Daí, em sent. figurado: 2) O amor, os prazeres do amor (Ov. Met. 10, 80). Outros sentidos: 3) Amante, pessoa amada: **mea Venus** (Verg. Buc. 3, 68) «minha namorada». Como nome comum: 4) Encanto, graça, elegância, sedução (Hor. O. 4, 13, 17). 5) O planêta Venus (Cíc. Nat. 2, 53). 6) O mês de abril, dedicado a Vênus (Ov. F. 4, 61). 7) Lance de Vênus, no jôgo de dados (Hor. O. 2, 7, 25). Obs.: Abl.: **Veneri** (Plaut. Poen. 256).

Venusĭa, -ae, subs. pr. f. Venúsia, cidade da Apúlia, pátria de Horácio (Cíc. At. 5, 5, 1).

Venusīnī, -ōrum, subs. loc. m. Venusinos, habitantes de Venúsia (T. Lív. 22, 54).

Venusīnus, -a, -um, adj. De Venúsia, venusino (Hor. O. 1, 28, 26).

venustās, -tātis, subs. f. I — Sent. próprio: 1) Beleza, formosura, encanto, elegância (Cic. Of. 1, 130). II — Por extensão: 2) Graça, elegância (de maneiras, gestos, estilo) (Cíc. De Or. 1, 142). 3) Alegria, encanto (Ter. Hec. 848).

venŭstē, adv. Com graça, com elegância, com encanto (Cíc. Fam. 8, 4, 2).

venustŭlus, -a, -um, adj. Bonitinho, encantador (Plaut. As. 223).

venŭstus, -a, -um, adj. I — Sent. próprio: 1) Venusto, cheio de encanto, de elegância, formoso, encantador, sedutor (Cíc. Br. 203). II — Daí: 2) Agradável, gracioso (Cíc. Pis. 70). 3) Elegante, espirituoso (tratando-se de estilo) (Cíc. Br. 325).

vēpallĭdus, -a, -um, adj. Extremamente pálido (Hor. Sát. 1, 2, 129).

veprēcŭla, -ae, subs. f. Sarça pequena (Cíc. Sest. 72).

veprēs, -is, subs. m. (geralmente no pl.). Espinheiro, sarça (Ov. Met. 5, 628). Obs.: Em Lucrécio (4, 62), é feminino. Gen. pl. normalmente **veprium**, mas em Estácio (S. 5, 2, 44) ocorre a forma **veprum**.

vēr, vēris, subs. n. I — Sent. próprio: 1) A primavera (Verg. G. 1, 43). II — Por extensão: 2) Flôres, produtos da

primavera (Marc. 9, 14, 2). III — Sent. figurado: 3) Primavera (da vida), juventude (Ov. Met. 10, 85).
Verăgri, -ōrum, subs. loc. m. Véragros, po vo da Helvécia (Cés. B. Gal. 3, 1, 1).
Vĕrania, -ae, subs. pr. f. Verânia, nome de mulher (Tác. Hist. 1, 47).
Vĕrānĭus, -ĭ, subs. pr. m. Verânio, nome de um amigo de Catulo (Catul. 9, 1).
Vĕraniŏlus, -ĭ, subs. pr. m. Querido Verânio (Catul. 12, 17).
vĕrātrum, -ĭ, subs. n. Eléboro (planta) (Lucr. 4, 640).
vĕrax, -ācis, adj. Veraz, verídico, verdadeiro, que não engana (Cíc. Div. 1, 38).
verbēna, -ae, subs. f. (geralmente no pl.). I — Sent. próprio: 1) Ramo de alecrim (com que se coroavam os oficiais quando celebravam tratados ou declaravam guerra); depois passou a designar qualquer folhagem de árvore sagrada (murta, oliveira, loureiro, etc.) (Verg. En. 12, 120).
verbēnārĭus, -ĭ, subs. m. Aquêle que leva um ramo sagrado (Plín. H. Nat. 22, 5).
verbēnātus, -a, -um, adj. Coroado com um ramo sagrado (Suet. Cal. 27).
verber, -bĕris, subs. n. (geralmente no pl.). I — Sent. próprio: 1) Açoite, vara, azorrague (Verg. En. 3, 106). II — Por extensão: 2) Correia (da funda) (Verg. G. 1, 309). Daí, no pl.: 3) Pancadas, vergastadas (Cíc. Verr. 3, 59). 4) Pancada (com o remo), golpe (dado), choque (Hor. Sát. 2, 7, 49). II — Sent. figurado: 5) Agressão, ataque, mau trato, golpe (Hor. O. 3, 12, 3). Obs.: No sg. só ocorre no gen. e abl.
verberābĭlis, -e, adj. Que merece ser açoitado (Plaut. Aul. 633).
verberābŭndus, -a, -um, adj. Que açoita, que bate, que fere (Plaut. St. 444).
verberātus, -a -um, part. pass. de **verbĕro**.
verberĕus, -a, -um, adj. Digno de açoites (Plaut. Pers. 184).
1. verbĕro, -ōnis, subs. m. O que é digno de açoites, velhaco, patife (Plaut. Amph. 284); (Cíc. At. 14, 6, 1).
2. verbĕro, -ās, -āre, -āvī, -ātum, v. tr. I — Sent. próprio: 1) Chicotear, vergastar, bater com chicote (sent. físico e moral) (Cíc. Rep. 2, 54). Daí: 2) Bater, ferir, maltratar (Verg. En. 11, 756). II — Sent. figurado: 3) Maltratar com palavras (Cíc. De Or. 3, 79).
verbex, v. **vervex**.

verbivēlĭtātĭō, -ōnis, subs. f., v. **velitatĭo** (Plaut. As. 307).
verbōsē, adv. Com prolixidade, verbosamente (Cíc. Mur. 26). Obs.: Comp.: **verbosĭus** (Cíc. Fam. 7, 3, 5).
verbōsus, -a, -um, adj. Verboso, difuso, prolixo, longo (Cíc. Mur. 30).
verbum, -ĭ, subs. n. I — Sent. próprio: 1) Palavra, têrmo (Cíc. De Or. 2, 150). No pl.: 2) Palavras, linguagem, conversa (Cíc. Rep. 6, 9). II — Sent. particular: 3) Forma (Cíc. Or. 77). 4) Palavra (em oposição a **res**), aparência (Cíc. Verr. 3, 133). III — Locuções: 5) **Ad verbum** (Cíc. Fin. 1, 4) «palavra por palavra». 6) **Verbum pro verbo reddere** (Cíc. Opt. 14) «traduzir literalmente, isto é, palavra por palavra».
Vercēllae, -ārum, subs. pr. f. Vercelas, cidade da Gália Transpadana, perto do lago de Como (Tác. Hist. 1, 70).
Vercellēnsis, -e, adj. De Vercelas (Plín. H. Nat. 33, 78).
Vercingetŏrix, -ĭgis, subs. pr. m. Vercingetorige, príncipe dos avernos, que lutou contra César (Cés. B. Gal. 7, 4, 1).
vercŭlum, -ĭ, subs. n. Diminut. de **ver**, usado como têrmo de carinho: **meum verculum** (Plaut. Cas. 837) «minha primavera, minha florzinha».
vērē, adv. Verdadeiramente, conforme a verdade, justamente (Cíc. Rep. 1, 28). Obs.: Comp.: **verĭus** (Cíc. Mil. 78). Superl.: **verissĭme** (Cíc. Rep. 2, 8).
verēcūndē, adv. Com reserva, reservadamente, discretamente, escrupulosamente, com pudor (Cíc. Br. 87). Obs.: Comp.: **verecundĭus** (Cíc. De Or. 1, 171).
verēcundĭa, -ae, subs. f. I — Sent. próprio: 1) Respeito, modéstia, reserva, discrição, pudor (Cíc. Fam. 5, 12, 3). II — Daí: 2) Vergonha de uma coisa censurável, sentimento de vergonha, temor (da vergonha) (T. Lív. 24, 42, 9). 3) Excessiva modéstia, timidez (Quint. 12, 5, 2).
verēcūndor, -āris, -ārī, -ātus sum, v. dep. intr. I — Sent. próprio: 1) Ter vergonha, ter respeito, ser acanhado (Cíc. De Or. 3, 36). II — Daí: 2) Recear (Cíc. De Or. 2, 249). 3) Manifestar respeito (Quint. 11, 3, 87). 4) Não ousar (com inf.) (Cíc. De Or. 2, 249).
verēcundus, -a, -um, adj. I — Sent. próprio: 1) Respeitoso, reservado, discreto, modesto (Cíc. Or. 81). II — Daí: 2) Ruborizado (por causa da vergonha) (Quint. 7, 1, 56).

veréndus, -a, -um, I — Gerundivo de vereor. II — Adj.: Respeitável, digno de respeito, venerável (Ov. Met. 4, 540). III — Subs. n. pl.: **verénda, -órum:** partes sexuais (Plín. Ep. 3, 18, 14).

veréor, -éris, -éri, verítus sum, v. dep. tr. I — Sent. próprio: 1) Ter mêdo religioso ou receio respeitoso para com, ter escrúpulos, respeitar (Cíc. Of. 1, 136). Daí: 2) Temer, recear, ter mêdo (Cés. B. Gal. 1, 39, 6); (Cés. B. Gal. 5, 9, 1); (Cíc. De Or. 2, 14). Obs.: Constrói-se com acus.; com inf.; com **ut** ou **ne;** com interr. indireta; com dat.; como absoluto; ou com gen. de relação.

verétrum, -i, subs. n. Partes sexuais (Fedr. 4, 14, 1).

Vergae, -árum, subs. pr. m. Vergas, cidade do Brútio (T. Lív. 30, 19, 10).

Vergestáni, -órum, subs. loc. m. Vergestanos, habitantes de Vérgio (T. Lív. 34, 21).

Vergestánus, -a, -um, adj. Vergestano, de Vérgio (T. Lív. 34, 21).

Vergíliae, -árum, subs. pr. f. As Plêiades (constelação) (Cíc. poét. Nat. 2, 112).

Vergiliánus, -a, -um, adj. De Vergílio, vergiliano (Quint. 1, 3, 13).

Vergílius (Virgílius), -i, subs. pr. m. Vergílio, nome de várias pessoas, entre as quais Públio Vergílio Marão, o príncipe dos poetas romanos, autor da Eneida, das Bucólicas e das Geórgicas (Hor. O. 1, 3, 6).

Vergíum, -i, subs. pr. n. Vérgio, cidadela da Hispânia Tarraconense (T. Lív. 34, 21).

vergó, -is, -ére, v. intr. e tr. I — Sent. próprio: 1) Inclinar, pender para (Cíc. Q. Fr. 3, 1, 14). II — Sent. figurado: 2) Declinar, aproximar-se do ocaso (Tác. An. 2, 43). Na língua geográfica: 3) Estar voltado para, estender-se (Cés. B. Gal. 1, 1, 5). 4) Dirigir-se, pender para (Cíc. Phil. 11, 16). Voz passiva: 5) Inclinar-se, dirigir-se (Lucr. 2, 212). 6) Verter, derramar (Lucr. 5, 1010).

vergobrétus, -i, subs. m. Vergóbreto, 1º magistrado dos éduos (palavra céltica) (Cés. B. Gal. 1, 16, 5).

verídicus, -a, -um, adj. I — Sent. próprio: 1) Verídico, que diz a verdade (Cíc Div. 1, 101). II — Por extensão: 2) Confirmado pela verdade, pelos fatos (Plín. H. Nat. 7, 69).

veriloquíum, -i, subs. n. Etimologia.

véris gen. de **vér.**

verissimílis (véri simílis), -e, adj. Verossímil, provável (Cíc. Nat. 1, 66).

véri similitúdó, -inis, subs. f. Verossimilhança (Cíc. Ac. 2, 107).

véritás, -tátis, subs. f. I — Sent. próprio: 1) Verdade (Cíc. Lae. 91). Daí: 2) Realidade (Cíc. De Or. 3, 215). 3) A verdade em matéria de justiça, justiça, eqüidade (Cíc. Quinct. 10). 4) Regras, preceitos (Cíc. Or. 159).

verítus, -a, -um, part. pass. de **veréor.**

veriverbíum, -i, subs. n. Veracidade (Plaut. Capt. 568).

vermicŭlus, -i, subs. m. Pequeno verme, vermezinho (Lucr. 2, 899).

1. **Vermína, -ae,** subs. pr. m. Vermina, filho de Sífax, rei dos númidas (T. Lív. 30, 40).

2. **vermína, -um,** subs. n. pl. Espasmos, convulsões (Lucr. 5, 995).

vermimátió, -ónis, subs. f. I — Sent. próprio: 1) Doença causada pelos vermes (nos animais) (Plín. H. Nat. 28, 180). II — Sent. figurado: 2) Comichão, dor aguda (Sên. Ep. 78, 9).

vermĭnó, -ás, -áre, v. intr. 1) Ter vermes, ser roído pelos vermes (Sên. Nat. 2, 31, 2). 2) Ter comichão, cócegas (Marc. 14, 23, 1).

verminor, -áris, -árí, v. dep. intr. Ter dores (tratando-se de gôta) (Sên. Vit. 17, 4).

verna, -ae, subs. m. e f. I — Sent. próprio: 1) Verna, escravo nascido na casa do senhor (Hor. Sát. 1, 2, 117). Daí: 2) Escravos (geral), bôbo (escravo que se faz de bôbo) (Marc. 1, 42, 2). II — Sent. figurado: 3) Indígena, nascido no país (Marc. 10, 76, 4). III — Adj.: 4) Doméstico, romano, nascido em Roma, escrito em Roma (Marc. 3, 1, 6).

1. **vernăcŭlus, -i,** subs. m. 1) Criado (Apul. M. 1, 26). 2) Escravo que se faz de bôbo (Marc. 10, 3, 1).

2. **vernăcŭlus, -a, -um,** adj. I — Sent. próprio: 1) De escravo nascido em casa, de escravo (Tác. An. 1, 31). II — Sent. figurado: 2) Indígena, doméstico, de casa, nascido ou produzido no país, nacional (Cíc. Fam. 9, 15, 2).

vernílis, -e, adj. I — Sent. próprio: 1) Servil, de escravo, nascido em casa de escravo (Ps. Quint. Decl. 9, 12). II — Sent. figurado: 2) Servil, indigno de um homem livre (Tác. Hist. 2, 59). 3) Chocarreiro (Tác. Hist. 3, 32).

vernilĭtās, -tātis, subs. f. I — Sent. próprio: 1) Servilismo, subserviência (Sên. Ep. 95, 2). II — Sent. figurado: 2) Chocarrice (Quint. 1, 11, 2).

vernīlĭter, adv. Como escravo da casa, servilmente (Hor. Sát. 2, 6, 108).

vernō, -ās, -āre, v. intr. I — Sent. próprio: 1) Estar na primavera, estar na flor da idade, reflorescer, reverdecer (Plin. H. Nat. 7, 26); (Ov. Met. 7, 284). II — Daí: 2) Retomar o canto, recomeçar o trabalho (tratando-se de aves, abelhas, etc.) (Ov. Trist. 3, 12, 8). 3) Remoçar, estar jovem, ser ardente (Prop. 4, 5, 57).

vernŭla, -ae, subs. m. e f. I — Sent. próprio: 1) Escravo nôvo nascido em casa, escravo, escrava (Sên. Prov. 1, 6). II — Adj.: 2) Indígena, nacional, do mestiço (Juv. 5, 105).

vernus, -a, -um, adj. Da primavera, primaveril (Cic. C. M. 70).

1. vĕrō, adv. 1) Verdadeiramente, com tôda certeza, em verdade (Cíc. Of. 3, 1). 2) Sim, perfeitamente (nas respostas) (Cíc. Br. 300). 3) Em verdade, de fato, a verdade é que (Cíc. Mil. 12). 4) Até, também, ainda (no meio da frase, para inserir outro fato) (Cíc. Mur. 45).

2. vĕrō, conj. 1) Mas que, e que (Cés. B. Gal. 1, 12, 2). 2) Mas em verdade, mas, porém (Cíc. Sest. 143). 3) Quanto a (para destacar uma palavra) (Cíc. Arch. 19).

Vĕrōna, -ae, subs. pr. f. Verona, cidade dos vênetos, pátria de Catulo (Catul. 35, 3).

Vĕrōnēnsēs, -ĭum, subs. loc. m. Veronenses, habitantes de Verona (Tác. Hist. 3, 8).

Verōnēnsis, -e, adj. Veronense, de Verona (Catul. 100, 2).

verpus, -ī, subs. m. Circuncidado (Catul. 47, 4).

1. verrēs, -is, subs. m. Varrão, varrasco (Cíc. Verr. 4, 95).

2. Verrēs, -is, subs. pr. m. Caio Cornélio Verres, protetor da Sicília, atacado por Cícero nas célebres Verrinas.

Verrĭa, -ōrum, subs. pr. n. Vérrias, festas em homenagem a Verres (Cíc. Verr. 2, 114).

verrĭcŭlum, -ī, subs. n. Espécie de rêde (para pescar) (V. Máx 4, 1, 7).

Verrīnus, -a, -um, adj. De Verres (Cíc. Verr. 1, 121).

Verrītus, -ī, subs. pr. m. Verrito, nome de homem (Tác. An. 13, 54).

1. Verrĭus, -a, -um, adj. De Verres (Cíc. Verr. 3, 117).

2. Verrĭus, -ī, subs. pr. m. Vérrio, nome de família romana (Suet. Gram. 17).

verrō, -is, -ĕre, versum, v. tr. I — Sent. próprio: 1) Varrer (sent. concreto e abstrato) (Plaut. Merc. 397); (Verg. En. 8, 674). Daí: 2) Levar varrendo, levar de rasto, arrastar (Lucr. 1, 279); (Ov. Met. 13, 961). II — Sent. figurado: 3) Levar, arrebatar, roubar (Cíc. apud Quint. 6, 3, 55); (Plaut. Truc. 545).

verrūca, -ae, subs. f. I — Sent próprio: 1) Altura, eminência (Cat. apud A. Gél. 3, 7, 6). II — Sent. figurado: 2) Defeito ligeiro, pecha (Hor. Sát. 1 3, 74).

1. verrūcōsus, -a, -um, adj. I — Sent. próprio: 1) Que tem verruga. II — Daí, em sentido figurado: 2) Áspero, grosseiro (tratando-se do estilo) (Pérs. 1, 77).

2. Verrūcōsus, -ī, subs. pr. m. Verrucoso, sobrenome de um Fábio (Cíc. Br. 57).

Verrūgō, -ĭnis, subs. pr. f. Verrugo, cidade dos volscos (T. Lív. 4, 1, 4).

verrūncō, -ās, -āre, v. intr. Voltar, virar (T. Lív. 29, 27).

Verrutĭus, -ī, subs. pr. m. Verrúcio, nome falso usado por Verres (Cíc. Verr. 2, 187).

versābĭlis, -e, adj. I — Sent. próprio: 1) Móvel, que se pode virar (Sên. Nat. 6, 16, 4). II — Sent. figurado: 2) Versátil, inconstante, variável (Q. Cúrc. 5, 8, 15).

versābŭndus, -a, -um, adj. Que gira em tôrno de si mesmo, que redemoinha (Lucr. 6, 437).

versātĭlis, -e, adj. I — Sent. próprio: 1) Que gira fàcilmente, que anda à roda (Sên. Ep. 90, 15). II — Sent. figurado: 2) Versátil, inconstante, que se dobra a tudo (T. Lív. 39, 40, 5).

versātĭō, -ōnis, subs. f. I — Sent. próprio: 1) Ação de virar, de fazer andar à roda (Plin. H. Nat. 8, 121). II — Sent. figurado: 2) Mudança, alteração, instabilidade (Sên. Tranq. 11, 10).

versātus, -a, -um. I — Part. pass. de verso e versor. II — Adj.: experimentado, perito, versado (Cíc. Arch. 1).

versicapillus, -ī subs. m. Aquêle cujo cabelo se torna grisalho (Plaut. Pers. 220).

versicŏlor, -ōris, adj. I — Sent. próprio: 1) Que se matiza de várias côres, que é de diferentes côres (T. Lív. 34, 1, 3). II — Sent. figurado: 2) Variado (tratando-se de estilo) (Quint. 8, pref. 30).

versicŭlus, -ī, subs. m. I — Sent. próprio: 1) Pequena linha (escrita) (Cíc. Verr. 1, 98). II — Daí: 2) Versículo, pequeno verso (Cíc. Or. 67).

versifĭcō, -ās, -āre, -āvī, -ātum, v. tr. Pôr em verso, escrever em verso, versificar (Quint. 9, 4, 143).

versifĭcor, -āris, -ārī, v. dep. = versifĭcō (Verg. Buc. 8, 13).

versipēllis (vors-), -e, adj. I — Sent. próprio: 1) Que muda de pele, que muda de forma (Plaut. Amph. 123). II — Sent. figurado: 2) Dissimulado, manhoso, matreiro (Plaut. Bac. 658).

versō (vorsō), -ās, -āre, -āvī, -ātum, v. tr. I — Sent. próprio: 1) Fazer voltar ou virar com fôrça ou, habitualmente, fazer voltar muitas vêzes, voltar com dificuldade, volver, revolver, rolar (Sent. concreto, físico e moral) (Verg. En. 12, 664); (Cíc. Nat. 3, 93); (Cíc. Verr. 2, 74); (Verg. En. 4, 563); (Cíc. Clu. 70). II — Sent. figurado: 2) Agitar, perturbar (Verg. En. 7, 336). 3) Mudar, alterar, modificar (Cíc. Fin. 4, 56); (Hor. O. 2, 3, 26).

versor (vorsor), -āris, -ārī, -ātus sum, passivo de verso. I — Sent. primitivo: voltar-se constantemente, e daí: 1) Achar-se habitualmente, encontrar-se habitualmente, morar, viver, residir (Cíc. Cat. 1, 10); (Cíc. Phil. 8, 6); (Cíc. Of. 2, 44). Donde: 2) Estar ocupado em, ocupar-se de, aplicar-se a, exercer, versar (Cíc. Of. 1, 150). II — Sent. figurado: 3) Estar situado em, consistir em (Cíc. Of. 1, 19). Obs.: Constrói-se geralmente com abl. acompanhado ou não da prep. **in**

versōria (vors-), -ae, subs. f. Escota, cordas que servem para virar as velas do navio (Plaut. Merc. 876).

versūra (vors-), -ae, subs. f. I — Sent. próprio: 1) Ação de se voltar, volta (Varr. R. Rust. 1, 46). II — Sent. figurado: 2) Empréstimo feito para pagamento de dívida, empréstimo (em geral) (Cíc. Tusc. 1, 100).

1. versur (ou versum ou vorsus), adv. Na direção de, do lado de (Cíc. Lae. 96); (Cés. B. Gal. 6, 33, 1).

2. versus, -a, -um, part. pass. de **verto** e de **verro**.

3. versus, -ūs, subs. m. I — Sent. etimológico: 1) Ação de voltar o arado no fim do sulco, volta; e daí: sulco, rêgo (Plín. H. Nat. 18, 177). Donde: 2) Linha, fileira (Verg. G. 4, 144). 3) Ordem (de remos) (Verg. En. 5, 119). II — Sent. particular: 4) Linha (da escrita), verso (sent. mais comum) (Cíc. At. 2, 16, 4). 5) Dança, passo de dança (Plaut. Trin. 707).

versūtē, adv. Com sutileza, com astúcia, hàbilmente (referindo-se à ação dos advogados) (Cíc. Br. 35).

versūtia, -ae, subs. f. Astúcia, manha (T. Lív. 42, 47, 7).

versūtus, -a, -um, adj. I — Sent. etimológico: 1) Que sabe voltar-se, que se vira com facilidade. II — Em sent. figurado: 2) Esperto, hábil, fino, astuto, ágil, que tem expediente para tudo (Cíc. Nat. 3, 25). 3) Astucioso, velhaco, manhoso (Cíc. De Or. 3, 57).

vertăgus (vertrăgus), -ī, subs. m. Cão de caça (espécie de galgo), perdigueiro (Marc. 14, 200).

vertĕbra, -ae, subs. f. Articulação, vértebra (Sên. Ep. 78, 8).

vertebrātus, -a, -um, adj. 1) Vertebrado, que tem forma de vértebra (Plín. H. Nat. 11, 177). Daí: 2) Móvel, flexível (Plín. H. Nat. 34, 75).

vetex (vortex), -ĭcis, subs. m. I — Sent. próprio: 1) Turbilhão, redemoinho: de água (Verg. En. 7, 567), de vento ou de fogo (Lucr. 1, 293); (Verg. En. 12, 673). 2) Cimo (da cabeça) (Hor. Ep. 2, 2, 4). Daí: 3) Cabeça (sent. poético) (Verg. En. 7, 784). 4) Cimo, cume (de um monte, de edifício ou de uma árvore) (Verg. En. 3, 679). 5) O ponto mais alto do céu, polo (Cíc. Nat. 2, 105). II — Sent. figurado: 6) O mais alto grau (Cíc. poét. Tusc. 2, 21). Obs.: **vortex** é grafia arcaica ou arcaizante.

vertī, perf. de **verto**.

verticōsus, -a, -um, adj. Cheio de redemoinho (Sên. Nat. 7, 8, 2).

vertīgō, -ĭnis, subs. f. I — Sent. próprio: 1) Turbilhão, redemoinho (Ov. Met. 2, 70). II — Sent. figurado: 2) Vertigem, tontura (T. Lív. 44, 6, 8). 3) Movimento de rotação (Sên. Nat. 5, 13, 3). 4) Revolução, mudança (Lucr. 8, 16).

vertō (vortō), -is, -ĕre, vertī, versum, v. tr. e intr. A) Tr.: 1) Voltar, virar (Sent. próprio e figurado, físico e moral) (Hor. Epo. 4, 9); (Verg. G. 1, 147); (Cíc. Caecil. 57). Donde: 2) Converter, transformar, mudar em (Verg. En. 2, 250); (Cíc. Nat. 3, 31); (Cíc. Amer. 61). II — Sent. figurado: 3) Traduzir (Cíc. Fin. 1, 7); (Cic. Tusc. 2, 26). 4) Destruir, arrasar, derrubar (Verg. En. 5, 810); (Tác. Hist. 1, 2). 5) Atribuir, imputar, levar a (Ter. Phorm. 552); (Cés. B. Civ. 1, 8, 3); (T. Liv.28, 11,1). Passivo, reflexivo: 6) Voltar-se para, transformar-se em: ad lapidem verti (Lucr. 5, 1199) «transformar-se em pedra». B) Intr.: 7) Voltar-se, dirigir-se, recair sôbre (T. Liv. 38, 26, 8). 8) Mudar, tornar-se em, transformar-se (T. Liv. 5, 49, 5). 9) Correr, decorrer (Cíc. Quinct. 40). Obs.: Constrói-se com acus. acompanhado ou não de in ou ad; com duplo dat.; como intr. absoluto; ou com dat.

Vertumnalia, -ĭum. subs. pr. m. Vertumnálias, festas em honra a Vertumno (Varr. L Lat. 6, 21).

1. Vertŭmnus, -ī, subs. pr. m. Vertumno, divindade que presidia à mudança das estações (Ov. 6, 410).

2. Vertŭmnus, -ī, subs. pr. m. Estátua de Vertumno, na esquina de uma praça pública, onde havia as lojas dos livreiros (Hor. Ep. 1, 20, 1).

verū, -ūs, subs. n. I — Sent. próprio: 1) Espêto para assar (carne, peixe, etc.) (Verg. En. 1, 212). II — Por extensão: 2) Dardo (Verg. En. 7, 665).

veruina, -ae, subs. f. Dardo pequeno (Plaut. Bac. 887).

Verulamĭum, -ī, subs. pr. n. Verulâmio, município da Bretanha (Tác. An. 14, 33).

Vurulāna, -ae, subs. pr. f. Verulānus, -ī, subs. m. Verulana ou Verulano, nome de mulher, nome de homem (Tác. Hist. 3, 69).

Verulānus, -a, -um, adj. De Vérulas, cidade dos hérnicos (T. Liv. 9, 42).

1. vērum, adv. e conj. I — Adv.: Realmente, em verdade (Ter. Eun. 347). II — Conj.: 1) Mas em verdade (Cíc. Rep. 1, 51). 2) Mas, contudo (Cíc. Br 147).

2. vērum, -ī, subs. n. 1) O verdadeiro, a verdade (Cíc. Of. 1, 13). 2) O justo (Sal. B. Jug. 16, 1).

3. verum, -ī, subs. n. = veru (Plaut. Rud. 1302).

vērumtămen (vēruntāmen) ou separadamente **vērum tamen,** adv. 1) Contudo, mas, entretanto (Cíc. Verr. 5, 101). 2) Digo (para retomar o fio do discurso) (Cíc. Verr. 3, 4).

vērus, -a, -um, adj. I — Sent. próprio: 1) Verdadeiro, verídico, real (Cíc. De Or. 3, 64). II — Sent. particular: 2) Justo, razoável, bem fundado (Cés. B. Gal. 4, 8, 2). 3) Franco, sincero, consciencioso (Cíc. Verr. 5, 165).

verūtum, -ī, subs. n. Dardo (Cés. B. Gal 5, 44, 7).

verūtus, -a, -um, adj. Armado de dardo (Verg. G. 2, 168)

vervăgō, -ĭs, -ĕre, vervĕgī, vervăctum, v. tr.: Lavrar a terra que está de pousio, arrotear (Plin. H. Nat. 18, 176).

vervĕgī, perf. de **vervăgo.**

vervex, -ēcis, subs. m. I — Sent. próprio: 1) Carneiro (castrado) (Cíc. Leg. 2, 55). II — Sent. figurado: 2) Homem estúpido (Juv. 10, 50).

Vesaevus, v. **Vesuvĭus** (Verg. G. 2, 224).

vēsānĭa, -ae subs. f. Vesânia, loucura, desvario, delírio, extravagância (Hor. Sát. 2, 3, 174).

vēsānĭens, -ēntis, adj. Furioso (com referência aos ventos) (Catul. 25, 13).

vēsānus, -a, -um, adj. I — Sent. próprio: 1) Vesano, que não está em seu juízo, louco, furioso, insensato (Hor. A. Poét. 455). Daí: 2) Furioso, violento (T. Liv. 7, 33, 17).

Vescelia, -ae, subs. pr. f. Vescélia, cidade da Hispânia Tarraconense (T. Liv. 35, 52).

Vescĭa, -ae, subs. pr. f. Véscia, cidade da Ausônia, no Lácio (T. Liv 8, 11, 5).

Vescīni, -ōrum, subs. loc. m. Vescinos, habitantes de Véscia (T. Liv. 10, 20).

Vescīnus, -a, -um, adj. De Véscia (Cíc. Agr. 2, 66).

vescor, -ĕris, vescī, v. dep. tr. e intr. I — Sent. próprio: 1) Alimentar-se, nutrir-se (Cíc. Tusc. 5, 90); (Cíc. Nat. 2, 160). II — Daí, por extensão de sentido: 2) Gozar de, regalar-se (Cíc. Fin. 5, 57). Obs.: Constrói-se com abl.; como absoluto: ou, raramente, com acus.

Vescularĭus, -ī, subs. pr. m. Vesculário, nome de homem (Tác. An. 2, 28).

1. vescus, a, -um, adj. Que come, que se come, comestível (sent. próprio e figurado) (Verg. G. 4, 131).

2. vescus, -a, -um, adj. I — Sent. próprio: 1) Que come mal, mal alimentado, magro, que não engorda (Verg. G. 3, 175). II — Sent. figurado: 2) Insuficiente, magro (A. Gél. pr. 16).

Vesĕris, -is, subs. pr. m. Véseris, rio da Campânia, junto ao Vesúvio (Cíc. Fin. 1, 23).

Vesēvus, -a, -um, adj. Do Vesúvio (Verg. G. 2, 224).

vēsīca, -ae, subs. f I — Sent. próprio: 1) Bexiga (Hor. Sát. 1, 8, 46). II — Sent. figurado: 2) Empôla, bôlha (Plín. H. Nat. 20, 51). 3) Rebuscamento ou empolamento (de estilo) (Marc. 4, 49, 7).

vēsĭcŭla, -ae, subs. f. I — Sent. próprio: 1) Bexiga, vesícula (Lucr. 6, 130). II — Por extensão: 2) Vagem (das plantas) (Cíc. Div. 2, 33).

Vesontĭō, -ōnis, subs. pr. f. Vesôncio, cidade do séquanos (Cés. B. Gal. 1, 38, 1).

vespa, -ae, subs. f. Vespa (Fedr. 3, 13).

Vespasĭa, -ae, subs. pr. f. Vespásia, mãe do imperador Vespasiano (Suet. Vesp. 1).

Vespasĭānus, -ī, subs. pr. m. Flávio Vespasiano, imperador romano (Suet. Vesp. 1).

Vespasĭus, -ī, subs. pr. m. Vespásio, avô materno do imperador Vespasiano (Suet. Vesp. 1).

vesper, -ĕrī (-ŏris), e vespĕrus, -ī, subs. m. I — Sent. próprio: 1) Tarde, a estrêla da tarde (Vênus) (Hor. O. 2, 9, 10). II — Daí: 2) Ocidente, poente (Verg. En. 5, 19). 3) Os povos do ocidente (S. It. 3, 325).

vespĕra, -ae, subs. f. A tarde (Cíc. Cat. 2, 6).

vesperāscō, -is, -ĕre, -rāvī, v. incoat. intr. Aproximar-se a noite, cair a noite (C. Nep. 2, 5).

vesperāvī perf. de **vesperāsco.**

vespertīnus, -a, -um, adj. I — Sent. próprio: 1) Da tarde, vespertino, feito à tarde (Cíc. Nat. 2, 52). II — Daí: 2) Ocidental, situado ao poente (Hor. Sát. 1, 4, 30).

vespillō, -ōnis, subs. f. Gato-pingado (o que leva a enterrar à tarde os pobres, porque êstes só se enterravam à tarde) (Marc. 1, 47, 1).

Vesta, -ae, subs. pr. f. 1) Vesta ou Cibele, também chamada Terra, mulher de Céu e mãe de Saturno (Cíc. Nat. 2, 67). 2) Vesta, filha de Saturno e neta da precedente, adorada como deusa do fogo (Cíc. Leg. 2, 29). Daí, em sent. poético: 3) O templo de Vesta (Ov. F. 6, 437). 4) O fogo (Verg. G. 4, 384).

Vestālĭa, -ĭum, subs. pr. n. Vestálias, festas em honra a Vesta (Varr. L. Lat. 6, 17).

1. vestālis, -e, adj. Vestal, de Vesta: **Vestalis virgo** ou **Vestalis** (Cíc. Leg. 2, 20) «vestal, sacerdotisa de Vesta».

2. Vestālis, -e, adj. De vestal: **Vestales oculi** (Ov. Trist. 2, 311) «olhos castos».

vester (voster), -tra, -trum, pron. poss. I — Sent. próprio: 1) Vosso, vossa (subjetivo e objetivo) (Cíc. Rep. 6, 14); (T. Lív. 30, 44, 7). II — Sent. figurado: 2) O vosso senhor (Plaut. St. 664). Como neutro: 3) Vossa maneira de ser (Ter. Eun. 1066). 4) Vossos bens, vossos haveres (T. Lív. 6, 15, 10). Como masc. pl.: 5) Os vossos, vossos amigos, vosso século (Cíc. Nat. 3, 35). Como neutro pl.: 6) Vossas obras, vossas teorias (Cíc. Nat. 2, 73). Obs.: Gen. pl.: **vestrum** (= **vestrorum**) (Plaut. Mil. 174).

Vestĭa, -ae, subs. pr. f. Véstia, nome de mulher (T. Lív. 26, 33).

vestĭārĭum, -ī, subs. m. Guarda-roupa, vestiário (Sên. Ben. 3, 21).

vestĭbŭlum, -ī, subs. n. I — Sent. próprio: 1) Vestíbulo, pátio de entrada de uma casa (Cíc. Verr. 2, 160). II — Por extensão: 2) Entrada, soleira (Cíc. Leg. 2, 61).

vestĭgātor, -ōris, subs. m. I — Sent. próprio: 1) Aquêle que segue os rastos, que procura, caçador (Varr. L. Lat. 5, 94). II — Sent. figurado: 2) Espião (Sên. Ben. 3, 26, 2).

vestīgĭum, -ī, subs. n. I — Sent. próprio: 1) Planta ou sola do pé, pé (Verg. En. 5, 666). Daí: 2) Pegada (do homem ou dos animais), rasto, pista, vestígio (Cíc. Phil. 3, 31). 3) Sinal, marca, impressão, passo (Cíc. Verr. 3, 79). II — Sent. figurado: 4) Traço, marca, indício, vestígio (Cíc. Verr. 3, 4). 5) Instante, momento (Cés. B. Civ. 2, 26, 2). 6) Resto, ruína (Cíc. Cat. 4, 12). 7) Lugar (Cíc. De Or. 3, 6).

vestīgō, -ās, -āre, -āvī, -ātum, v. tr. I — Sent. próprio: 1) Seguir o rasto, ir na pista de (sent. concreto e abstrato) (Plín. H. Nat. 8, 66). Donde: 2) Ir à procura de, investigar, procurar (Verg. En. 6, 145); (Cíc. De Or. 2, 166). II — Sent. figurado: 3) Descobrir (T. Lív. 31, 19, 2).

vestĭī (= **vestīvī**), perf. de **vestĭo.**

vestīmentum, -ī, subs. n. I — Sent. próprio: 1) Vestido, roupa (Cíc. Mil. 28). II — Sent. particular: 2) Coberta, roupa de cama, tapeçaria (Ter. Heaut. 903).

Vestīnī, -ōrum, subs. loc. m. Vestinos, povo do Sâmnio (T. Lív. 8, 29).

Vestīnus, -i, subs. pr. m. Júlio Ático Vestino, cônsul que Nero fêz matar (Tác. An. 15, 48).

vestĭō, -is, -ire, -īvī (ou -ĭī), -ītum, v. tr. I — Sent. próprio: 1) Vestir, cobrir com uma roupa (sent. concreto e abstrato) (Cíc. Pis. 61); (Cíc. At. 2, 9, 2). Donde: 2) Revestir, cobrir, guarnecer (Cíc. Nat. 2, 121); (Cíc. Nat. 2, 99); (Cíc. Br. 274). Obs.: Impf. **vestībat** (Verg. En. 8, 160).

vestiplĭca, -ae, subs. f. Criada de quarto (Plaut. Trin. 252).

vestis, -is, subs. f. I — Sent. figurado: 1) Vestido, roupa (Cíc. Verr. 4, 103). Daí: 2) Traje, maneira de vestir (T. Lív. 22, 1, 3). II — Sent. particular: 3) Tapête, cortina, tapeçaria (Cíc. Phil. 2, 66). 4) Véu de mulher (Estác. Theb. 7, 244).

1. vestītus, -a, -um, part. pass. de **vestio**.

2. vestītus, -ūs, subs. m. I — Sent. próprio: 1) Vestido, roupa, vestuário, traje (Cíc. At. 1, 13, 3). II — Sent. figurado: 2) Adôrno (da terra), roupagem (que cobre a terra) (Cíc. Nat. 2, 98). 3) Adôrno (do estilo), forma (do pensamento) (Cíc. Br. 327).

Vestōriānus, -a, -um, adj. De Vestório (Plín. H. Nat. 33, 162).

Vestōrĭus, -i, subs. pr. m. Vestório, nome de um amigo de Cícero (Cíc. At. 4, 6, 4).

vestrī, gen. de **vōs**.

Vestricĭus, -i, subs. pr. m. Vestrício Espurina, nome de um poeta (Tác. Hist. 2, 11).

vestrum (vostrum), gen. de **vōs**.

Vesŭlus, -i, subs. pr. m. Vésulo, montanha da Ligúria, atual monte Viso (Verg. En. 10, 708).

Vesuvĭus, -i, subs. pr. m. O Vesúvio, vulcão perto de Nápoles (Plín. H. Nat. 14, 22).

veter, v. **vetus**.

Vetĕra, -um, e **Vetĕra castra**, subs. n. Véteros, cidade dos batavos (Tác. An. 1, 15).

veterānus, -a, -um, adj. Velho, antigo, e daí: veterano (Cés. B. Gal. 1, 24, 2).

veterārĭum, -i, subs. n. Adega para vinho velho (Sên. Ep. 114, 26).

veterārĭus, -a, -um, adj. Velho (Sên. Nat. 4, 3, 13).

veterātor, -ōris, subs. m. I — Sent. próprio: 1) O que envelheceu num ofício, o que tem longa prática (Cíc. Br. 178).

II — Daí: 2) Homem de longa experiência, matreiro (Cíc. Of. 3, 57).

veterātōrĭē, adv. Hàbilmente (Cíc. Or. 99).

veterātōrĭus, -a, -um, adj. Fino, manhoso, matreiro (Cíc. Verr. 1, 41).

1. vetĕrēs, -um, subs. m. pl. 1) Os antigos, os antepassados (Cíc. Phil. 5, 47). 2) Antigos escritores (Plín. H. Nat. 36, 59).

2. vetĕrēs, -um, subs. f. (subent. **tabernae**). As Antigas Lojas, lugar de Roma (Plaut. Curc. 480).

vetĕris, gen. de **vetus**.

veternōsus, -a, -um, adj. I — Sent. próprio: 1) Letárgico (Plín. H. Nat. 20, 24). II — Sent. figurado: 2) Adormecido, inativo, lânguido (Ter. Eun. 688).

vetērnus, -i, subs. m. (subent. **aevus**). I — Sent. próprio: 1) Velhice, antiguidade (Tác. D. 20). II — Sent. particular: 2) Sonolência, letargia (Plaut. Men. 891). III — Sent. figurado: 3) Marasmo, torpor, inércia, apatia (Verg. G. 1, 124).

Vetilĭus, -i, subs. pr. m. Vetílio, nome de homem (Cíc. Caec. 24).

vetĭtus, -a, -um, I — Part. pass. de **veto**. II — Subs.: 1) N. sg.: **vetĭtum, -i**: coisa proibida, proibição, o que é proibido (Ov. Met. 10, 435). 2) Interdição (Verg. En. 10, 9). 3) N. pl.: **vetĭta, -ōrum**: as proibições, as coisas proibidas (Cíc. Leg. 2, 9).

vetō (votō), -ās, -āre, vetŭī, vetĭtum, v. tr. e intr. I — Sent. próprio: 1) Não permitir, proibir, vedar, vetar (Quint. 7, 5, 5); (T. Lív. 3, 13, 6). Daí: 2) Impedir, opor-se, privar de (Hor. Sát. 1, 10, 32). (Verg. En. 2, 84). Obs.: Constrói-se com acus. e inf.; com inf.; com acus.; com **ut** ou **ne**; com simples subjuntivo; ou como intr. absoluto. O perf. **vetavi** ocorre em Pérsio (5, 90). As formas **voto, votui**, etc., são arcaicas (Plaut. Trin. 457).

Vettĭēnus, -i, subs. pr. m. Vetieno, nome de homem (Cíc. At. 10, 5, 3).

Vettĭī, -ōrum, subs. pr. m. Vétios, povo da Macedônia (T. Lív. 45, 30, 5).

Vettĭus, -i, subs. pr. m. Vétio, nome de família romana (Cíc. Vat. 24).

Vettōnēs, -um, subs. loc. m. Vetões, povo da Lusitânia (Cés. B. Civ. 1, 38, 1).

Vettōniānus, -i, subs. pr. m. Vetoniano, nome de homem (Tác. An. 15, 7).

vetŭī, perf. de **veto**.

Vetulēnus, -ī, subs. pr. m. Vetuleno, nome de homem (Plín. H. Nat. 14, 49).
vetŭlus, -a, -um, adj. I — Sent. próprio: 1) Velhinho, bastante velho, velho (Cíc. Lae. 67). II — Subs. m.: 2) Velho, velhote (Plaut. Ep. 187). III — Subs. f.: 3) Velha, velhota (Plaut. Most. 275). IV — Na língua familiar: 4) Meu caro, meu velho (Cíc. Fam. 7, 16, 1).
vetŭō = vetō (Petr. 47, 5).
Veturia, -ae, subs. pr. f. Vetúria, mãe de Coriolano (T. Lív. 2, 40, 1).
Veturia Tribus, subs. pr. f. Tribo Vetúria, em Roma (T. Lív. 26, 22).
Veturius, -ī, subs. pr. m. Vetúrio, nome de uma família romana (Cíc. C. M. 41).
vetus, -ĕris, adj. I — Sent. próprio: 1) Velho, antigo, idoso, que não é recente (T. Lív. 42, 27, 4). II — Daí: 2) De outrora, anterior, do passado, antigo (Cíc. Of. 2, 5). Obs.: Comp.: comumente **vetustĭor**; superl. **veterrĭmus**.
Vetusius, -ī, subs. pr. m. Vetúsio, nome de homem (T. Lív. 2, 19).
vetūstās, -tātis, subs. f. I — Sent. próprio: 1) Velhice, idade avançada, muita idade, de velha data (Cíc. Agr. 2, 57). Daí: 2) A antiguidade, os antigos (Cíc. De Or. 2, 36). 3) Longo espaço de tempo, duração, tempo (Cíc. Br. 60). Posteridade, longo espaço de tempo a vir (Cíc. Mil. 98). 5) Relações antigas, velha amizade (Cíc. Fâm. 13, 32, 2).
vetūstus, -a, -um, adj. I — Sent. próprio: 1) Velho, idoso, antigo (T. Lív. 23, 32, 10). II — Daí: 2) De longa duração, que dura há muito tempo (Cíc. Clu. 4). 3) Arcaico, antiquado, vetusto (Cíc. Br. 83).
vexāmen, -ĭnis, subs. n. Forte agitação, abalo (Lucr. 5, 340).
vexātĭō, -ōnis, subs. f. I — Sent. próprio: 1) Movimento violento, abalo, tremor (Petr. 60). II — Sent. figurado: 2) Dor (física), sofrimento, maus tratos (Cíc. Tusc. 4, 18). 3) Vexame, perseguição, tormento (Cíc. Cat. 1, 18).
vexātor, -ōris, subs. m. Perseguidor, algoz, carrasco (Cíc. Phil. 3, 27).
vexātus, -a, -um, part. pass. de **vexo**.
vēxī perf. de **veho**.
vexillārius, -ī, subs. m. I — Sent. próprio: 1) Porta-bandeira (T. Lív. 8, 8, 4). II No pl.: 2) Vexilários, corpo de veteranos no tempo do império (Tác. An. 1, 38).
vexillātĭō, -ōnis, subs. f. Destacamento de vexilários (Suet. Galb. 20).

vexillum, -ī, subs. n. I — Sent. próprio: 1) Estandarte, bandeira, insígnia da cavalaria ou das tropas auxiliares (Cés. B. Gal. 6, 36, 3). Daí: 2) Bandeira (vermelha que era colocada na tenda do general para dar o sinal de combate) (Cés. B. Gal. 2, 20, 1). II — Por extensão: 3) Tropas pertencentes a um **vexillum**, companhia, corpo, esquadrão (T. Lív. 8, 8, 7).
vexō, -ās, -āre, -āvī, -ātum, v. intensivo tr. I — Sent. próprio: 1) Agitar, sacudir, abalar (Cíc. Rep. 2, 68). Daí: 2) Inquietar, atormentar, atacar (sent. físico e moral) (Cíc. Verr. 5, 179); (Cíc. Sest. 60); **sollicitudo vexat impĭos** (Cíc. Leg. 1, 40) «a inquietação atormenta os ímpios». 3) Fazer sofrer (T. Lív. 40, 22, 6).
via, -ae, subs. f. I — Sent. próprio: 1) Via, estrada, caminho, rua (Cíc. At. 5, 14, 1). Daí: 2) Caminho percorrido, marcha, viagem, trajeto (Cés. B. Gal. 6, 7, 2). Donde: 3) Caminho andado, travessia, trajeto (por mar), curso (de um rio) (Ov. Met. 11, 747). 4) Canal, passagem (Ov. Met. 15, 344). II — Sent. figurado: 5) Via, gênero, método (Cíc. Of. 1, 118). 6) Meio, processo, método (Cíc. Br. 181). Obs.: Em Lucrécio (1, 406), aparece o gen. sg. **viai**.
viālis, -e, adj. Das ruas, que preside às ruas (tratando-se dos deuses Lares, colocados nas estradas) (Plaut. Merc. 865).
viātĭcātus, -a, -um, adj. Munido de provisões para a viagem (Plaut. Men. 255).
viātĭcum, -ī, subs. n. I — Sent. próprio: 1) Provisões de viagem, dinheiro para a viagem (Cic. C. M. 66). II — Sent. figurado: 2) Pecúlio ou economias (de um soldado) (Hor. Ep. 2, 2, 26).
viātĭcus, -a, -um, adj. De viagem (Plaut. Bac. 94).
viātor, -ōris, subs. m. I — Sent. próprio: 1) Viajante, viandante (Cés. B. Gal. 4, 5, 2). II — Sent. particular: 2) Funcionário às ordens de um tribuno, mensageiro oficial (Cíc. C. M. 56).
Vibennĭus, -ī, subs. pr. m. Vibênio, nome de homem (Catul. 34, 1).
vībex, -ĭcis, subs. f. (geralmente no pl.) Vergões (de açoites no corpo humano), pisadura (de pancada) (Pérs. 4, 49).
Vībidĭus, -ī, subs. pr. m. Vibídio, nome de homem (Hor. Sát. 2, 8, 22).
Vībiēnus, -ī, subs. pr. m. Vibieno, nome de homem (Cíc. Mil. 37).

Vibilĭus, -i, subs. pr. m. Vibílio, nome de homem (Tác. An. 2, 63).

Vībĭus, -i, subs. pr. m. Víbio, nome de uma família romana, e especialmente o cônsul Víbio Pansa, partidário de César e seu questor na Gália (Cés. B. Civ. 1, 24, 3).

Vībŏ, -ōnis, subs. pr. f. Vibão, cidade do Brútio, atual Bivona (Cíc. At. 16, 6, 1).

Vibonēnsis, -e, adj. De Vibão (T. Liv. 21, 51, 4).

vibrātus, -a, -um, part. pass. de vibro.

vibrŏ, -ās, -āre, -āvī, -ātum, v. tr. e intr. I — Sent. próprio: 1) Agitar ràpidamente, sacudir, vibrar (Cíc. De Or. 2, 325). Daí: 2) Lançar, brandir, dardejar (Cíc. Cat. 2, 23); (Verg. En. 8, 524); (Lucr. 3, 657). II — Donde: 3) Agitar-se, tremer, luzir, cintilar (Cíc. Ac. 2, 105); (Cíc. Br. 326).

Vibulānus, -i, subs. pr. m. Vibulano, sobrenome de um Fábio (T. Liv. 4, 43).

Vibullĭus, -i, subs. pr. m. Vibúlio, nome de família romana, notadamente Vibúlio Rufo, partidário de Pompeu (Cíc. At. 8, 1, 1); (Cés. B. Civ. 1, 15, 4).

vibūrnum, -i, subs. n. Viburno (arbusto) (Verg. Buc. 1, 25).

Vica Pota, subs. pr. f. Vica Pota, deusa da Vitória e da Conquista (Cíc. Leg. 2, 28).

vicānus, -i, subs. m. Habitantes de uma aldeia, de um lugarejo (Cíc. Flac. 8).

vicarĭa, -ae, subs. f. Substituta (Sên. Helv. 19, 5).

1. vicarĭus, -a, -um, adj. Que faz às vêzes de, que substitui (Cíc. Amer. 111).

2. vicarĭus, -i, subs. m. I — Sentido próprio: 1) Substituto (Cíc. Verr. 4, 81). Daí: 2) Escravo às ordens de outro escravo (Hor. Sát. 2, 7, 79). 3) Substituto de um soldado (Cíc. Phil. 12, 3).

vicātim, adv. De bairro em bairro, de rua em rua (Cíc. Dom. 129).

vicem, adv. 1) No lugar de, por (Cíc. Fam. 12, 23, 3). 2) À moda de, como (Cíc. At. 10, 8, 7).

vicēnarĭus, -a, -um, adj. Que tem 20 anos de idade, que tem 20 polegadas de diâmetro (Plaut. Ps. 303).

vicēnī, -ae, -a, num. distr. 1) Vinte cada um, vinte, aos vinte (Cés. B. Gal. 6, 14, 3). 2) Vinte (Marc. 4, 26, 3).

vicēsĭma, -ae, subs. f. (subent. pars). I — Sent. próprio: 1) A 20ª parte, a vintena (T. Liv. 43, 2, 12). II — Sent. particular: 2) Impôsto da vitena (a 20º parte do valor de um escravo a quem era concedida a liberdade) (Cíc. At. 2, 16, 1). 3) Impôsto da vitena (sôbre mercadorias) (Cíc. Verr. 2, 185).

vicēsĭmānī, -ōrum, subs. m. pl. Soldados da 20ª legião (Tác. An. 1, 51).

1. vicesĭmarĭus, -a, -um, adj. Que provém do impôsto da vintena (sôbre as liberações de escravos) (T. Liv. 27, 10, 11).

2. vicēsĭmarĭus, -i, subs. m. Recebedor do impôsto da vintena (Petr. 65, 10).

vicēsĭmus (**vicensĭmus, vigēsĭmus**), -a, -um, num. ord. Vigésimo (Cíc. Verr. 2, 25).

Vicētĭa, -ae, subs. pr. f. Vicécia, cidade da Venécia, entre Verona e Pádua (Plín. H. Nat. 3, 132).

Vicētīnī, -ōrum, subs. loc. Vicetinos, habitantes de Vicécia (Plín. Ep. 5, 4, 2).

vicī, perf. de vinco.

vicĭa, -ae, subs. f. Ervilhaca (planta) (Verg. G. 1, 75).

vicĭēs (**vicĭens**), adv. Vinte vêzes: sestertium viciens (Cíc. At. 4, 2, 5) «dois milhões de sestércios».

Vicilīnus, -i, subs. pr. m. Vicilino, epíteto de Júpiter (T. Liv. 24, 44, 8).

vicīna, -ae, subs. f. Uma vizinha (Cíc. Of. 3, 104).

vicīnālis, -e, adj. De vizinho, da vizinhança, vizinho (T. Liv. 21, 26, 8).

vicīnĭa, -ae, subs. f. I — Sent. próprio: 1) Vizinhança, proximidade (Cíc. Tusc. 1, 37). Daí: 2) Os vizinhos, a vizinhança (Hor. Sát. 2, 5, 106). II — Sent. figurado: 3) Analogia, afinidade (Plín. H. Nat. 31, 37).

vicīnĭtās, -tātis, subs. f. I — Sent. próprio: 1) Vizinhança, proximidade (Cíc. At. 5, 10, 5). Daí: 2) Pessoas da vizinhança (Cíc. Verr. 4, 96). 3) Lugares próximos, arredores (Cíc. Amer. 48, 134). II — Sent. figurado: 4) Relação, afinidade, analogia (Quint. 1, 5, 5).

vicīnum, -i, subs. n. e **vicīna, -ōrum**, n. pl. Um lugar vizinho, vizinhança, imediações (Plín. H. Nat. 2, 68).

1. vicīnus, -i, subs. m. Um vizinho (Cíc. Cat. 2, 21).

2. vicīnus, -a, -um, adj. I — Sent. próprio: 1) Que é do mesmo bairro ou da mesma aldeia, vizinho, próximo (Verg. G. 1, 510). II — Sent. figurado: 2) Que se assemelha, que se parece, análogo (Cíc. Or. 113). Obs.: Constrói-se absolutamente; com dat.; com gen.; com acus. do gerúndio, acompanhado de ad.

vicis, gen. f. (sem nom.). I — Sent. próprio: 1) Lugar ocupado por alguém (Plaut. Capt. 526). Daí, em locuções adverbiais: 2) **vicem:** em lugar de, por (Cíc. Fam. 12, 23, 3). 3) **vice:** em lugar de, como, por (T. Lív. 1, 25, 6). 4) **in vicem, in vices, per vices:** por sua vez, alternadamente (Ov. Met. 4, 40). 5) **vice versa:** vice-versa, inversamente (Sên. Herc. Oet. 470). II — Daí: 6) Vez, sucessão, alternativa (Verg. En. 6, 535). 7) Mudança, vicissitude (Verg. En. 2, 433). 8) Troca, reciprocidade (Cíc. Sest. 10). 9) Sorte, destino, condição (Hor. O. 1, 28, 32). III — Sent. figurado: 10) Papel, ofício, cargo, função (T. Lív. 38, 48, 7). Obs.: 1) No singular só ocorrem o gen., acus. e abl. 2) No plural: nom., acus., dat. e abl.

vicissātim, adv. Alternadamente (Plaut. Poen. 46).

vicissim, adv. 1) Inversamente, ao contrário: **accipere vicissimque reddere** (Cíc. Lae. 26) «receber e dar de volta». 2) Por sua vez, em compensação (Cíc. Nat. 3, 2).

vicissitūdō, -inis, subs. f. I — Sent. próprio: 1) Vicissitude, mudança, sucessão, alternativa (Cíc. Nat. 2, 84). II — Daí: 2) Troca (de favores) (Cíc. Lae. 49).

victi, gen. de **victus 2.**

victĭma, -ae, subs. f. I — Sent. próprio: 1) Vítima (animal oferecido em sacrifício aos deuses) (Verg. G. 2, 147). II — Sent. figurado: 2) Vítima (Cíc. Fin 2, 61).

1. victimārius, -a, -um, adj. Relativo às vítimas (Plín. H. Nat. 7, 12).

2. victimārius, -ī, subs. m. 1) Vitimário (ministro que preparava tudo para o sacrifício das vítimas) (T. Lív. 40, 29. 14). 2) Negociante de animais destinados aos sacrifícios (V. Máx. 9, 14, 3).

victĭtō, -ās, -āre, -āvī, v. freq. de **vīvo,** intr. 1) Viver (Plaut. Truc. 315). 2) Alimentar-se (Plaut. Capt. 83).

victŏr, -ōris, subs. m. I — Sent. próprio: 1) Vencedor (Cés. B. Gal. 1, 44, 2). II — Sent. figurado: 2) Vencedor, o que triunfou de (Sal. B. Jug. 63, 2). III — Como adj.: 3) Vitorioso (Cés. B. Gal. 7, 20, 12).

1. victōria, -ae, subs. f. I — Sent. próprio: 1) Vitória (Cés. B. Gal. 7, 80, 6). II — Sent. figurado: 2) Vitória, superioridade, triunfo (T. Lív. 4, 50, 8).

2. Victōria, -ae, subs. pr. f. 1) A deusa Vitória, divinizada pelos gregos e celebrada em muitos templos da Itália (Cíc. Nat. 2, 61). 2) A estátua da Vitória, geralmente representada alada, levando uma coroa de lauréis numa das mãos, e às vêzes de pé, sôbre um globo, para indicar sua dominação sôbre a Terra (T. Lív. 22, 37, 5).

victōriātus, -ī, subs. m. (subent. **nummus**). Moeda de prata (do valor de cinco asses) com a efígie da Vitória (Cíc. Font. 9).

victōriŏla, -ae, subs. f. Pequena estátua da Vitória (Cíc. Nat. 3, 84).

Victōrius, -ī, subs. pr. m. Vitório, nome de um centurião (T. Lív. 34, 46).

victrix, -īcis, adj. f. I — Sent. próprio: 1) Vitoriosa, relativa à vitória, de vitória (Cíc. Tusc. 1, 146). II — Sent. figurado: 2) Que triunfa de, vitoriosa, que teve bom êxito (Cíc. Clu. 14). III — No neutro plural: 3) **victricia** «vitoriosas» (Verg. En. 3, 54). Obs.: Abl.: **victrice** (Cíc. Phil. 13, 7), mas, em T. Lívio (28, 6, 8), **victrici;** gen. pl.: **victricium** (Sên. Ep. 120, 7).

victuālis, -e, adj. Relativo à alimentação, alimentar (Apul. Plat. 1, 15).

Victumŭlae, -ārum, subs. pr. f. Victúmulas, cidade da Gália Cispadana (T. Lív. 21, 45, 3).

victūrus, -a, -um, part. fut. de **vinco** e de **vīvo.**

1. victus, -a, -um. I — Part. pass. de **vinco.** II — Subs. m. pl.: **victī, -ōrum** «os vencidos».

2. victus, -ūs, subs. m. I — Sent. próprio. 1) Meio de subsistência, alimento, sustento, alimentação, víveres, (Cés. B. Gal. 6, 22, 1) Vitualhas. II — Sent. figurado: 2) Modo de viver, gênero de vida, hábitos morais (Cés. B. Gal. 1, 31, 11). Obs.: Gen. **victi** (Phaut. Cap. 855); dat. **victu** (Verg. G. 4, 158).

vicŭlus, -ī, subs. m. Aldeola, lugarejo (T. Lív. 21, 33, 11).

vicus, -ī, subs. m. I — Sent. próprio: 1) Reunião de casas, bairro, rua (Cíc. Mil. 64). II — Por extensão: 2) Aldeia, burgo (Cíc. Font. 9). 3) Herdade, propriedade (no campo) (Cíc. Fam. 14, 1, 5).

1. vidēlĭcet, v. impess. Pode-se fàcilmente ver, é claro que, é evidente que (Cíc. At. 5, 11, 7).

2. vidēlĭcet, adv. 1) Por si só, naturalmente, claramente (Cíc. Inv. 2, 14). 2) Com ironia: sem dúvida, provàvelmente, certamente (Cic. Phil. 2, 15).

viden = vidēsne, pres. do ind. de **vidĕo**. Vês? Vês por acaso? (Cíc. Fam. 9, 22, 3); (Ter. Eun. 241).

vidēns, ēntis, part. pres. de **vidĕo**.

vidĕō, -ēs, -ēre, vīdī, vīsum, v. tr. e intr. I — Sent. próprio: 1) Ver (Cíc. Of. 1, 105); (Cíc. Phil. 2, 63); (Cíc. Verr. 4, 146); (Cíc. Planc. 29); (Cíc. Mil. 77). Daí: 2) Olhar, ir ver (Cíc. Phil. 1, 9). II — Por extensão: 3) Perceber (Cíc. At. 2, 2, 2); (Cíc. Br. 1); (Cíc. De Or. 1, 116), III — Sent. figurado: 4) Compreender, examinar, observar (Cíc. Ac. 2, 40). Daí: 5) Verificar, encontrar (Cíc. Tusc. 3, 59). 6) Ocupar-se de (Cíc. At. 5, 1, 3). 7) Ver, presenciar, ser testemunha (Cíc. At. 16, 11, 1). 8) Evitar (Cíc. Of. 1, 42). Obs.: Constrói-se com acus.; como intr. absoluto; com **ut** ou **ne** com subj.; com **ut** e ind. ou subj.; com acus. e inf.

vidĕor, -ēris, -ērī, vīsus sum, v. pass. de **vidĕo**. I — Sent. próprio: 1) Ser visto (Cíc. Of. 3, 38). Daí: 2) Ser visto como, parecer, passar por, assemelhar-se (Cíc. Lae. 58); (Cíc. Lae. 86). 3) Aparecer, mostrar-se (Cés. B. Gal. 6, 1, 3). II — Impess.: 4) Parecer (Cíc. Verr. 4, 138); (Cés. B. Gal. 4, 8, 1). Fórmula de polidez: 5) Se te parece bem, se queres, se te agrada (Cíc. Ac. 1, 35); (Cés. B. Gal. 5, 36, 3). Obs.: Constrói-se com dat. de pessoa; com abl.; com abl. com **ab**; com inf.; com acus. e inf.; ou como absoluto.

vidēsīs, ou vide sis (ou sis vide), imperat. Vê lá, toma cuidado (Plaut. Ps. 153).

vīdī, perf. de **vidĕo**.

Vidicēnī, -ōrum, subs. pr. m. Vidicenos, cidade do Piceno (Plín. H. Nat. 3, 108).

Vidĭus, -ī, subs. pr. m. Vídio, nome de homem (Cíc. Fam. 9, 10).

vidŭa, -ae, subs. f. Viúva (Cíc. Caec. 14).

vidŭitās, -tātis, subs. f. I — Sent. próprio: 1) Privação (Plaut. Rud. 665). II — Sent. particular: 2) Viuvez (Cíc. Caec. 13).

Vīdulāria, -ae, subs. pr. f. Vidulária, título de uma comédia perdida de Plauto.

vidŭlus, -ī, subs. m. Mala de viagem, alforje (Plaut. Men. 1036).

vidŭō, -ās, -āre, -āvī, -ātum, v. tr. I — Sent. próprio: 1) Ficar viúvo; enviuvar (Suet. Galb. 5). II — Sent. figurado: 2) Privar de, despojar, esvaziar (Verg. En. 8, 571).

1. vidŭus, -a, -um, adj. I — Sent. próprio: 1) Privado de, que tem falta de, despojado (Hor. O. 1, 10, 11). II — Sent. particular: 2) Viúvo, viúva (Plaut. St. 2). 3) Que não tem mulher, separada do marido ou do amante, que não tem marido, solteira (T. Lív. 1, 46, 7). III — Sent. figurado: 4) Que não é casada, ligada a (Hor. O. 4, 5, 30). Obs.: Constrói-se com abl. acompanhado de **ab**; com abl. sem preposição; com gen.; absolutamente.

2. vidŭus, -ī, subs. m. Homem viúvo (Plaut. Men. 113).

Viēnna, -ae, subs. pr. f. Viena, cidade sôbre o Reno (Cíc. Fam. 10, 9, 3).

Viennēnsēs, -ium, subs. loc. m. Vienenses, habitantes de Viena (Plín. H. Nat. 14, 57).

Viennēnsis, -e, adj. De Viena (Plín. H. Nat. 14, 18).

viĕō, -ēre, -ētum, v. tr. Entrançar, ligar, prender (Varr. R. Rust. 1, 23, 5).

viētus, -a, -um, adj. I — Sent. próprio: 1) Que pende, murcho, mole, maduro (tratando-se dos frutos) (Cíc. C. M. 5). II — Sent. figurado: 2) Débil, fraco (Cíc. Div. 2, 37).

Vigellĭus, -ī, subs. pr. m. Vigélio, nome de homem (Cíc. De Or. 3, 78).

vīgēnī, v. **vīcēnī**.

vigĕō, -ēs, -ēre, vigŭī, v. intr. I — Sent. próprio: 1) Estar cheio de vida, ser vigoroso, ser forte (Cíc. Tusc. 1, 66); (Cíc. De Or. 2, 355); (Cíc. At. 4, 3, 6). II — Sent. figurado: 2) Florescer, prosperar (Cíc. Tusc. 1, 116).

vigēsĭmus, v. **vīcēsĭmus**.

vigēscō, -is, -ĕre, incoat. de **vigĕo**, v. intr. Tornar-se vigoroso, recuperar a vida ou o vigor (Lucr. 1, 674); (Catul. 46, 8).

1. vigil, -ĭlis, adj. I — Sent. próprio: 1) Bem vivo, que não dorme, vigilante (Verg. En. 4, 182). Daí: 2) Passado sem dormir, feito ao serão (Tác. An. 4, 48). II — Sent. figurado: 3) Que conserva acordado, esperto, que mantém vigilante (Ov. Met. 3, 396).

2. vigil, -ĭlis, subs. m. Sentinela, vigia, guarda-noturno (T. Lív. 44, 33, 8).

vigĭlāns, -āntis. I — Part. pres. de **vigĭlo**. II — Adj.: Vigilante, atento, cuidadoso (Cíc. Agr. 1, 3).

vigilānter, adv. Com vigilância, vigilantemente, cuidadosamente, atentamente (Cíc. Verr. 4, 144). Obs.: Comp.: **vigilantĭus** (Cíc. Rep. 6, 26); superl.: **vigilantissĭme** (Cíc. Mur. 32).

vigilantia, -ae, subs. f. I — Sent. próprio: 1) Hábito de velar (Cíc. Fam. 7, 30, 1). II — Daí: 2) Vigilância, atenção, cuidado (Cíc. At. 8, 9, 4).
vigilārĭum, -ī, subs. n. Casa da guarda, guarita (Sên. Ep. 57, 6).
vigilātus, -a, -um, part. pass. de **vigĭlo**.
vigĭlax, -ācis, adj. I — Sent. próprio: 1) Vigilante, que está sempre a velar (Col. 7, 12, 5). II — Sent. figurado: 2) Que mantém acordado (Ov. Met. 2, 779).
vigĭlĭa, -ae, subs. f. I — Sent. próprio: 1) Vigília, insônia, privação de sono (Cés. B. Gal. 5, 31, 4). II — Sent. particular: 2) Vigília ou quarto (uma das quatro partes em que os romanos dividiam a noite) (Cés. B. Gal. 1, 21, 3). 3) Guarda noturna, vigilância (Cíc. Verr. 4, 93). 4) Vigília (religiosa), mistérios noturnos (Plaut. Aul. 36). 5) Sentinela, guarda (Cíc. Mil. 67). III — Sent. figurado: 6) Vigilância (Cíc. Phil. 7, 19). 7) Pôsto de vigília, guarda (Cíc. Fam. 11, 24, 1).
vigĭlŏ, -ās, -āre, -āvī, -ātum, v. intr. e tr. I — Sent. próprio: 1) Estar acordado, vigiar, velar, não dormir, passar sem dormir (Cíc. Cat. 3, 6); (Ov. Her. 12, 169). Daí: 2) Estar vigilante, estar alerta (Cíc. Phil. 6, 18). II — Sent. figurado: 3) Fazer com cuidado, evitar que (Cíc. Fam. 2, 10, 4).
vĭgintī, num. card. Vinte (Cíc. Planc. 90).
vĭgintĭvĭrātus, -ūs, subs. m. Vigintivirato, dignidade de vigintíviro (Cíc. At. 9, 2, 1).
vĭgintĭvĭrī, -ōrum, subs. m. pl. 1) Vigintíviros (comissão de vinte membros, instituída para repartir o território de Cápua) (Cíc. At. 2, 6, 2). 2) Magistra dos subalternos (que prestavam serviço junto do pretor ou tratavam da conservação das ruas, da cunhagem das moedas e das execuções criminais), v. **vigintivirātus** (Tác. An. 3, 29).
vigor, -ōris, subs. m. I — Sent. próprio: 1) Vigor, robustez (Verg. En. 9, 611) II — Sent. moral: 2) Vigor, energia, fôrça (do espírito) (T. Lív. 5, 18, 4).
vĭguī, perf. de **vigĕo**.
vīlĭca (villĭca) -ae, subs. f. Caseira, a que toma da casa de campo (Marc. 1, 56 11).
vīlĭcātĭo (villĭcātĭo), -ōnis, subs. f. Administração de uma fazenda (Petr. 69)
vīlĭcō (villĭcō), -ās, -āre, v. intr. Exercer a função de vilicus «capataz», administrar uma propriedade, administrar (Cic Rep. 5, 5).

vīlĭcus (villĭcus), -ī, subs. m. Caseiro, administrador de uma propriedade rústica, feitor (Cíc. Verr. 3, 119).
vīlis, -e, adj. I — Sent. próprio: 1) Barato, de pouco preço, de pouco valor (Cíc. Verr. 3, 195). II — Sent. figurado: 2) De pouco valor, sem valor, vil, desprezível (Cíc. Cat. 1, 19). 3) Comum, vulgar (Verg. G. 1, 227).
vīlĭtās, -tātis, subs. f. I — Sent. próprio: 1) Baixo preço, barateza (Cíc. Verr. 3, 227). Daí: 2) Ausência de valor, insignificância (Quint. 5, 7, 23). II — Sent. figurado: 3) Vulgaridade, baixeza (Plín. H. Nat. 20, pref. 1).
vīlĭter, adv. Por baixo preço, barato (Plaut. Curc. 244).
villa, -ae, subs. f. I — Sent. próprio: 1) Casa de campo, propriedade, quinta, fazenda (Cíc. C. M. 56). II — Sent. particular: 2) Na locução: **villa publica**, edifício público, no campo de Marte (onde se fazia o censo, o alistamento, etc.) (T. Lív. 4, 22, 7). 3) Residência (onde se recebiam embaixadores) (T. Lív. 30, 21, 12).
villĭca, villĭcatĭo, villĭcus, v. **vīl-**.
villōsus, -a, -um, adj. I — Sent. próprio: 1) Coberto de pêlos, peludo (Verg. En. 8, 177). II — Sent. figurado: 2) Eriçado de (Ov. Met. 10, 21).
villŭla, -ae, subs. f. Pequena casa de campo (Cíc. At. 8, 9, 3).
villum, -ī, subs. n. Vinho fraco, zurrapa (Ter. Ad. 786).
villus, -ī, subs. m. Pêlo (de animais, tecidos ou plantas) (Verg. G. 3, 446).
vīmen, -ĭnis, subs. n. I — Sent. próprio 1) Vara flexível que serve para atar ou entrelaçar (de vime, choupo ou vide), vime, vara de vime (Cés. B. Gal. 2, 33, 2). II — Por extensão: 2) Objeto feito de vime, cêsto (Marc. 4, 88, 7).
vīmentum, -ī, subs. n. Ramada de madeira flexível (Tác. An. 12, 16).
Vīmĭnālis Collis, subs. p. m. O Viminal, uma das colinas de Roma (T. Lív. 1, 44).
vīmĭnĕus, -a, -um, adj. De vime, de madeira flexível (Verg. G. 1, 95).
Vĭmĭtellārī, -ōrum, subs. loc. m. Vimitelaros, antigo povo do Lácio (Plín. H. Nat. 3, 69).
vin' = **visne?** Queres ou não? (Hor. Sát. 1, 9, 69).
vīnācĕus, -ī, subs. m. Grainha (da uva) (Cíc. C. M. 52).

Vinālĭa, -ĭum, subs. pr. n. Vinálias, duas festas em que se celebravam em Roma a florescência da vinha e a vindima (Ov. F. 4, 863).
vīnārĭum, -ī subs. n. Vasilha para vinho, ânfora (Hor. Sát. 2, 8, 39).
1. vīnārĭus, -a, -um, adj. De vinho, relativo ao vinho (Cíc. Verr. 4, 62).
2. vīnārĭus, -ī, subs. m. Negociante de vinho (Plaut. As. 436).
vincēnter, adv. De maneira vitoriosa, vitoriosamente (Cíc. Mil. 18).
vincibĭlis, -e, adj. Que pode ser fàcilmente vencido, vencível, que fàcilmente se pode ganhar (Ter. Phorm. 225).
vincĭō, -ĭs, -ĭre, vinxī, vinctum, v. tr. I — Sent. próprio: 1) Atar, ligar (sent. físico e moral) (Cés. B. Gal. 1, 53, 5). Daí: 2) Prender, amarrar (Cíc. Verr. 5, 170); (Cíc. Or. 64). II — Sent. figurado: 3) Conter, tolher, comprimir (Ter. Eun. 314). Donde: 4) Prender, cativar, seduzir (T. Lív. 5, 44, 7).
vincō, -ĭs, -ĕre, vīcī, victum, v. tr. e intr. I — Sent. próprio: 1) Ser vencedor, vencer (sent. físico e moral) (Cés. B. Gal. 1, 36, 1); (Cés. B. Gal. 1, 34, 4); (Cíc. Of. 1, 68); (Cíc. Verr. 1, 139). Daí: 2) Ganhar no jôgo (Suet. Aug. 71). II — Sent. figurado: 3) Triunfar de, triunfar, superar (Verg. En. 1, 727); (Cíc. Amer. 73). 4) Convencer, demonstrar, provar (Cíc. Clu. 124); (Plaut. Amph. 433); (Hor. Sát. 1, 3, 115).
vinctus, -a, -um, part. pass. de **vincĭo.**
vincŭlum (vinclum), -ī, subs. n. I — Sent. próprio: 1) Laço, liame (Verg. En. 5, 510). No plural: 2) Algemas, grilhões, cadeias (Cíc. Verr. 3, 59). II — Sent. figurado: 3) Laço, liame, prisão (Cíc. C. M. 81).
Vindelĭcī, -ōrum, subs. loc. m. Vindélicos, habitantes de Vindelícia, região entre os Alpes e o rio Danúbio (Tác. An. 2, 17).
vindēmĭa, -ae, subs. f. I — Sent. próprio: 1) Vindima (Plaut. Curc. 105). II — Sent. particular: 2) Uvas na videira, uva (Verg. G. 2, 89). 3) Colheita (Plin. H. Nat. 15, 5).
vindēmĭātor, -ōris, subs. m. Vindimador (Hor. Sát. 1, 7, 30).
vindēmĭō, -ās, -āre, v. intr. e tr. Vindimar, fazer a vindima, colhêr (Plin. H. Nat. 14, 30); (Plin. H. Nat. 18, 319).
vindēmĭŏla, -ae, subs. f. Pequena colheita (sent. próprio), pequenas economias (sent. figurado) (Cíc. At. 1, 10, 4).

vindēmĭtor, -ōris, subs. m. v. **vindemiātor** (Ov. F. 3, 407).
1. vindex, -ĭcis, subs. m. e f. I — Sent. próprio: 1) Fiador dado pelo acusado, substituto (que se responsabiliza pelas conseqüências do processo) (Lex XII T. apud A. Gél. 16, 10, 5). Daí: 2) Defensor, protetor (sent. comum) (T. Lív. 3, 56, 6). 3) Vingador, o que vinga, o que pune (Cíc. Fam. 5, 6, 2). II — Sent. figurado: 4) Intervenção (Hor. A. Poét. 191).
2. Vindex, -ĭcis, subs. pr. m. Caio Júlio Vindex, procurador da Gália, que se revoltou contra Nero (Suet. Ner. 40).
vindĭcātĭō, -ōnis, subs. f. I — Sent. genérico: 1) Defesa, proteção (Cíc. Inv. 2, 161). II — Daí: 2) Vingança, punição (Cíc. Inv. 2, 66).
vindĭcātus, -a, -um, part. pass. de **vindĭco.**
vindĭcĭae, -ārum, subs. f. pl. I — Sent. próprio: 1) Pedido de posse provisória de uma coisa que está em litígio (T. Lív. 3, 47, 5). II — Daí: 2) Reclamação em juízo (Cíc. Mil. 74).
vindĭcis, gen. de **vindex.**
Vindicĭus, -ī, subs. pr. m. Vindício, escravo que descobriu a conspiração dos filhos de Bruto (T. Lív. 2, 5, 10).
vindĭcō, -ās, -āre, -āvī, -ātum, v. tr. I — Sent. próprio: 1) Exercer a função de **vindex.** II — Daí: 2) Reivindicar, reclamar em juízo (T. Lív. 3, 45, 11); (Cíc. Marc. 6). Daí: 3) Libertar, livrar (sent. próprio e figurado) (Cíc. Br. 212); (Cíc. Br. 329). 4) Vingar, punir, castigar (Cíc. Amer. 12); (Sên. Ben. 6, 5, 3).
vindicta, -ae, subs. f. I — Sent. próprio: 1) Reivindicação. Daí, em sent. particular: 2) Reivindicação de liberdade de um escravo (cerimônia especial que obrigava ao uso da varinha de que estava munida cada uma das partes), varinha (Hor. Sát. 2, 7, 76). 2) Castigo, punição, vingança (Tác. An. 6, 32). II — Sent. figurado: 4) Ação de reconquistar (T. Lív. 24, 37, 10). 5) Livramento, resgate (T. Lív. 26, 15, 14).
Vindĭnātēs, -um (-ĭum), subs. loc. m. Vindinates, habitantes de Vindino, cidade da Úmbria (Plin. H. Nat. 3, 114).
Vindonīssa, -ae, subs. pr. f. Vindonissa, cidade da Helvécia (Tác. Hist. 4, 61).
Vindŭllus, -ī, subs. pr. m. Vindulo, sobrenome romano (Cíc. At. 6, 1, 24).

vīnĕa, -ae, subs. f. I — Sent. próprio: 1) Plantação de videiras, vinha (Verg. G. 2, 390). Daí: 2) Cêpa de vinha, vide (Cat. Agr. 6). II — Sent. diverso: 3) Barraca rodante (Espécie de abrigo que protegia os soldados quando atacavam os muros de uma praça) (Cés. B. Gal. 2, 12, 3). Obs.: O nome da **vinea** se prende ao fato de que o centurião que comandava os soldados usava um cepo de videira.

vīnētum, -ī, subs. n. Vinhedo, lugar plantado de videira (Cíc. Nat. 2, 167).

1. Vīniciānus, -a, -um, adj. De Vinício, que conspirou contra Nero (Suet. Ner. 36).

2. Vīniciānus, -ī, subs. pr. m. Viniciano, nome de homem (Tác. An. 6, 9).

Vīnicĭus, -ī, subs. pr. m. Vinício, nome de homem (Tác. An. 14, 40).

vīnĭtor, -ōrĭs, subs. m. Vinhateiro, vindimador (Verg. Buc. 10, 36).

Vinĭus, -ī, subs. pr. m. Vínio, nome de homem (Tác. Hist. 1, 1).

vinnŭlus, -a, -um, adj. Agradável, insinuante (tratando-se da voz) (Plaut. As. 223).

vinolentĭa (vīnul-), -ae, subs. f. Embriaguez, bebedeira (Cíc. Phil. 2, 101).

vīnolēntus (vīnul-), -a, -um, adj. I — Sent. próprio: 1) Vinolento, embriagado, bêbedo (Cíc. Fam. 12, 25, 4). II — Daí: 2) Em que entra vinho, preparado com vinho (Cíc. Pis. 13).

vīnōsus, -a, -um, adj. I — Sent. próprio: 1) Vinoso, abundante em vinho. Daí: 2) Que gosta de vinho, dado ao vinho (Hor. Ep. 1, 19, 6). 3) Ébrio, embriagado (T. Lív. 41, 4, 4). 4) Que lembra o vinho, que sabe a vinho (Plín. H. Nat. 12, 47).

vīnum, -ī, subs. n. I — Sent. próprio: 1) Vinho (Cíc. C. M. 65). II — Por metonímia: 2) Videira, uvas (Plaut. Trin. 526). III — Sent. particular: 3) Vinho bebido, embriaguez (Cíc. Cael. 67).

vinxī, perf. de **vincĭo.**

vĭŏla, -ae, subs. f. I — Sent. próprio: 1) Violeta (Verg. Buc. 2, 47). II — Daí: 2) Côr de violeta (Hor. O. 3, 10, 14).

violābĭlis, -e, adj. I — Sent. próprio: 1) Que pode ser violado, injuriado, ultrajado (Ov. Her. 15, 79). II — Sent. figurado: 2) Que pode ser ferido ou ultrajado (Verg. En. 2, 155).

violārĭum, -ī, subs. n. Lugar plantado de violetas (Verg. G. 4, 32).

violārĭus, -ī, subs. m. Tintureiro que tinge de côr de violeta (Plaut. Aul. 510).

violātĭō, -ōnis, subs. f. Profanação, injúria (T. Lív. 29, 8, 11).

violātor, -ōris, subs. m. Profanador, violador (sent. próprio e figurado) (Ov. P. 2, 2, 27).

violātus, -a, -um, part. pass. de **vĭŏlo.**

vĭŏlens, -ēntis, adj. I — Sent. próprio: 1) Violento, impetuoso (Hor. O. 3, 30, 10). II — Sent. figurado: 2) Fogoso, arrebatado (Hor. Ep. 1, 10, 37).

violēnter, adv. 1) Com violência, com impetuosidade (tratando-se de um rio) (Hor. O. 1, 2, 14). 2) Violentamente, com arrebatamento (tratando-se dos atos, das palavras) (Sal. B. Jug. 40, 5).

violentĭa, -ae, subs. f. I — Sent. próprio: 1) Violência, rigor (do inverno), ardor (do sol) (Plín. H. Nat. 2, 70). II — Sent. moral: 2) Violência, caráter violento, arrebatamento, veemência (Cíc. Phil. 12, 26). 3) Ferocidade, aspecto feroz (Tác. An. 2, 63).

violēntus, -a, -um, adj. I — Sent. próprio: 1) Violento, impetuoso, forte, enérgico (Cíc. Clu. 138). II — Sent. moral: 2) Violento, arrebatado, soberbo, cruel, despótico (T. Lív. 9, 34, 3). III — Sent. figurado: 3) Excessivo, demasiado (Cíc. Fin. 5, 72).

vĭŏlō, -ās, -āre, -āvī, -ātum, v. tr. I — Sent. próprio: 1) Violar, fazer violência a (Cíc. Leg. 2, 22); (Cíc. Fam. 9, 22, 1). Daí: 2) Ultrajar, violentar, atentar contra (Cíc. Nat. 3, 59); (Cíc. Verr. 4, 68). Donde: 3) Profanar (Cíc. Verr. 5, 97); (Cíc. Arch. 19). II — Sent. figurado: 4) Prejudicar, danificar, lesar, ferir (Cés. B. Gal. 6, 32, 2). Sent. poético: 5) Alterar a côr, tingir (Verg. En. 12, 67).

vīpĕra, -ae, subs. f. I — Sent. próprio: 1) Víbora, serpente (Verg. G. 3, 417). II — Sent. figurado: 2) Víbora (com referência a uma pessoa) (Juv. 6, 641).

vīpĕrĕus, -a, -um, adj. I — Sent. próprio: 1) De víbora, de serpente (Verg. En. 6, 281). II — Daí: 2) Cingido de víboras, formado de víboras (Ov. Met. 4, 615).

viperīnus, -a, -um, adj. Viperino, de víbora, de serpente (Hor. O. 1, 8, 9).

Vipsānĭa, -ae, subs. pr. f. Vipsânia, filha de Agripa e espôsa de Tibério, que foi obrigado por Augusto á repudiá-la (Tác. An. 1, 12).

Vipsānĭus, -ī, subs. pr. m. Vipsânio, nome de famílias romanas, entre as quais a de Agripa (Suet. Aug. 42).

Vipsānus, -a, -um, adj. De Vipsânio, de Agripa (Mar. 109, 3).

Vipstānus, -ī, subs. pr. m. Vipstano Messala, orador e historiador do I séc. d.C. (Tác. Hist. 3, 25).

vir, virī, subs. m. I — Sent. próprio: 1) Homem (em oposição a **mulier** ou **femina**) (Ter. Phorm. 791). 2) Homem (indicando as qualidades másculas do homem), virilidade (Cíc. Br. 293). II — Daí: 3) Marido, espôso (Cíc. Tusc. 3, 31). 4) O macho (falando dos animais) (Verg. Buc. 7, 7). 5) Homem feito (em oposição a **puer**) (Cíc. Tusc. 2, 34). 6) Soldado, soldado de infantaria (T. Lív. 38, 17, 8). 7) Indivíduo, pessoa, cabeça (Plaut. Aul. 108). 8) Personagem, varão, homem ilustre (Cíc. C. M. 77). 9) Os homens, a humanidade (no plural) (Ov. Met. 1, 286). Obs.: O gen. pl. **virum** é freqüente em poesia (Catul. 68, 90); (Verg. G. 2, 142).

virāgō, -ĭnis, subs. f. I — Sent. próprio: 1) Virago, mulher forte ou corajosa como um homem (Plaut. Merc. 414). II — Sent. particular: 2) Heroína, guerreira (Ov. Met. 2, 765).

Virbĭus, -ī, subs. pr. m. Vírbio. 1) Nome que Hipólito tomou quando ressuscitou e foi admitido entre os deuses inferiores (Ov. Met. 15, 544). 2) Filho de Hipólito e Arícia (Verg. En. 7, 762).

Virdĭus, -ī, subs. pr. m. Vírdio, nome de homem (Tác. Hist. 3, 48).

Virdomărus (-dumărus), -ī, subs. pr. m. Virdômaro, chefe gaulês, que matou Cláudio Marcelo, consagrando seus despojos a Júpiter Feretrino (Prop. 4, 10, 41).

virēctum (virētum), -ī, subs. n. (geralmente no pl.). Vergel, jardim coberto de verdura (Verg. En. 6, 638).

vĭrĕō, -ēs, -ēre, virŭī, v. intr. I — Sent. próprio: 1) Estar verde, verdejante (Cíc. Tusc. 5, 37); (Ov. Met. 2, 777). II — Sent. figurado: 2) Estar vigoroso, ser vigoroso, estar forte, florescer (Hor. O. 1, 9, 17); (T. Lív. 6, 22, 7).

vīrēs, -ĭum, pl. de **vis**.

virēscō, -ĭs, -ĕre, virŭī, v. incoat. intr. Tornar-se verde, verdejar (Verg. G. 1, 55).

virga, -ae, subs. f. I — Sent. próprio: 1) Ramo flexível e delgado, rebento, vergôntea (Verg. G. 1, 266). Daí: 2) Vara, chibata (Plaut. Capt. 650). 3) Vara mágica (Verg. En. 7, 190). 4) Caduceu (de Mercúrio) (Estác. Theb. 2, 70). 5) Vara (do litor ou do magistrado) (Cíc. Verr. 5, 161). 6) Varinha enviscada para apanhar pássaros (Ov. Met. 15, 474). II — Sent. figurado: 7) Raios, listras (no céu, num vestido) (Ov. A. Am. 3, 269).

virgātor, -ōris, subs. m. O que açoita (os escravos) (Plaut. As. 65).

virgātus, -a, -um, adj. I — Sent. próprio: 1) Feito com varas de vime (Catul. 64, 319). II — Sent. figurado: 2) Raiado, listrado (Verg. En. 8, 660).

virgētum, -ī, subs. n. Vimieiro, salgueiral (Cíc. Leg. 2, 21).

virgĕus, -a, -um, adj. Feito de varas, feito de vime (Verg. G. 1, 165).

virgĭdēmĭa, -ae, subs. f. Sova (Plaut. Rud. 636).

virgĭnālis, -e, adj. Virginal, de virgem (Cíc. Verr. 4, 5).

virgĭnārĭus, -a, -um, adj. De virgem, relativo a virgens (Plaut. Pers. 751).

virgĭnĕus, -a, -um, adj. I — Sent. próprio: 1) Virgíneo, virgem, virginal (Verg. G. 1, 430). II — Daí: 2) Relativo a virgens ou moças (Ov. Met. 13, 697).

Virgĭnĭa (Verg-), -ae, subs. pr. f. Virgínia, filha do centurião Virgínio (T. Lív. 3, 44).

Virgĭnisvendōnĭdēs, subs. m. Vendedor de moças (Plaut. Pers. 702).

virgĭnĭtās, -tātis, subs. f. Virgindade (Verg. En. 12, 141).

Virgĭnĭus, -ī, subs. pr. m. 1) Virgínio, centurião que matou a filha para livrá-la das perseguições do decênviro Ápio Cláudio (Cíc. Rep. 2, 63). 2) Virgínio Rufo, lugar-tenente de Galba (Tác. An. 15, 23).

virgō, -ĭnis, subs. f. I — Sent. próprio: 1) Virgem, jovem (menina ou mulher nova) (Cíc. Rep. 2, 63). II — Sent. particular: 2) As Vestais (Cíc. Cat. 3, 9). 3) Diana (Hor. O. 1, 12, 22). 4) As Danaides (Hor. O. 3, 11, 26). 5) A Virgem (constelação) (Verg. Buc. 4, 6). 6) **Aqua Virgo** ou **Virgo**, nome de um aqueduto de Roma (Ov. Trist. 3, 12, 22). III — Adj.: 7) Virgem, nôvo, que ainda não serviu (sent. figurado) (Plín. H. Nat. 33, 52).

virgŭla, -ae, subs. f. Vara pequena, pequeno traço ou linha (Cíc. Phil. 8, 23).

virgŭlta, -ōrum, subs. n. pl. I — Sent. próprio: 1) Ramagem, moita, silvado, rebentos (Cés. B. Gal. 3, 18, 8). II — Daí: 2) Sarças, matagais (T. Lív. 1, 14, 7). Donde: 3) Vergôntea, plantas novas (Verg. G. 2, 346).

virgŭltum, -ī, v. **virgŭlta.**

virguncŭla, -ae, subs. f. Menina nova, mocinha (Q. Cúrc. 8, 4, 25).

Viriātus, -ī, subs. pr. m. Viriato, chefe do exército lusitano, que combateu contra os romanos (Cíc. Of. 2, 40).

Viriātīnus, -a, -um, adj. De Viriato (Suet. Galb. 3).

virĭdāns, -āntis, part. pres. de **virĭdo.**

viridārĭum (viridiārĭum), -ī, subs. n. Vergel, parque (Cíc. At. 2, 3, 2).

virĭdē, adv. De côr verde (Plín. H. Nat. 37, 62).

viridĭa, -ĭum, subs. n. pl. I — Sent. próprio: 1) As plantas verdes (Sên. Ep. 86, 3). II — Por extensão: 2) Jardim, vergel (Fedr. 2, 5, 14).

virĭdis, -e, adj. I — Sent. próprio: 1) Verde, verdejante (Cíc. Verr. 3, 47). II — Sent. figurado: 2) Nôvo, fresco, recente (Cíc. Rep. 6, 8).

viridĭtās, -tātis, subs. f. I — Sent. próprio: 1) Verdura, verdor (Cíc. C. M. 51). II — Sent. figurado: 2) Flor da idade, vigor (Cíc. Lae. 11).

virĭdō, -ās, -āre, v. tr. e intr. Tornar verde, tornar-se verde, ser verde (Ov. Hal. 90).

virīlis, -e, adj. I — Sent. próprio: 1) Do homem, viril, masculino, macho (Cíc. De Or. 1, 231). II — Sent. particular: 2) Individual, que toca a cada um (Cíc. Sest. 1, 38). III — Sent. figurado: 3) Másculo, digno de um homem, viril, corajoso (Cíc. De Or. 1, 231).

virīlĭtās, -tātis, subs. f. I — Sent. próprio: 1) Virilidade, idade viril (Plín. H. Nat. 33, 155). Daí: 2) Virilidade, sexo masculino (Tác. An. 6, 5). II — Sent. figurado: 3) Caráter másculo (V. Máx. 2, 4, 2).

virīlĭter, adv. Virilmente, de modo másculo (Cíc. Tusc. 2, 65). Obs.: comp. **virīlĭus** (Sên. Contr. 5, 53).

viriŏla, -ae, subs. f. Bracelete pequeno (Plín. H. Nat. 33, 40).

viripŏtens, -ēntis, adj. Poderoso (Plaut. Pers. 252).

virītim, adv. 1) Por homem, por cabeça, individualmente (Cíc. Br. 57). 2) Em particular, separadamente, à parte (Plín. H. Nat. 6, 22).

virĭum, gen. de **vires.**

Vīromandŭī, -ōrum, subs. loc. m. Veromânduos, povo da Bélgica (Cés. B. Gal. 2, 4, 9).

vīrōsus, -a, -um, adj. Fétido, de mau cheiro (sent. figurado) (Verg. G. 1, 58).

virtūs, -tūtis, subs. f. I — Sent. etimológico: 1) Fôrça (própria do **vir**), vigor (Verg. En. 2, 390). II — Sent. próprio: 2) Valor, coragem (Cés. B. Gal. 1, 1, 4). 3) Energia, qualidades viris, vigor, mérito (Cíc. Phil. 5, 1). III — Sent. moral: 4) Virtude (amor e prática do bem), mérito (Cíc. Fin. 5, 38). Daí: 5) O mérito, o valor (de alguma coisa ou alguém), as qualidades (Cíc. Verr. 5, 181). 6) Virtude, perfeição moral (Cíc. Lae. 20). 7) A Virtude (deusa dos Romanos) (Cíc. Nat. 2, 61). IV — Sent. figurado: 8) Mérito, valor (Cíc. Leg. 1, 45).

virŭī, perf. de **virĕo** e de **virēsco.**

vīrus, -ī, subs. n. I — Sent. próprio: 1) Suco das plantas (Plín. H. Nat. 19, 89). Daí: 2) Humor, veneno (dos animais), veneno, peçonha (em geral) (Cíc. Lae. 87). II — Sent. figurado: 3) Amargor (Lucr. 2, 476). 4) Mau cheiro (Plín. H. Nat. 11, 257).

1. vīs, sg. e pl. **vīres, -ĭum,** subs. f. I — Sent. próprio: 1) Fôrça, fôrça usada contra alguém, violência (Cic. Verr. 4, 116). II — Sent. diversos: 2) Quantidade, número, grande número (Cíc. Verr. 4, 131). No pl.: 3) Fôrças (físicas), fôrças (Cíc. C. M. 27). 4) Fôrças (militares), tropas (na língua militar) (T. Lív. 9, 13, 12). III — Sent. particular: 5) Fôrça (das coisas), violência (Cíc. Div. 1, 144). 6) Assalto, ataque (Cés. B. Gal. 4, 4, 4). IV — Sent. figurado: 7) Natureza (das coisas), propriedade, eficácia, valor, virtude, mérito (Ov. Met. 13, 942). 8) Poder, influência, autoridade (Cíc. Br. 39). 9) Animosidade (Cíc. Verr. 4, 69). 10) Sentido (de uma palavra) (Cíc. Fin. 2, 15). 11) Essência, substância (Cíc. Lae. 15). Obs.: No sing. são usados o nom. (**vīs**), o acus. (**vim**) e o abl. (**vī**). Do gen. e dat. há poucos vestígios.

2. vīs, 2ª pess. do sg. do ind. pres. de **volo 2.**

viscātus, -a, -um, adj. I — Sent. próprio: 1) Enviscado, untado com visgo (Ov. Met. 15, 474). II — Sent. figurado: 2) Que ficou como que prêso no visgo (Sên. Ep. 8, 3).

Viscellīnus, -ī, subs. pr. m. Espúrio Cássio Viscelino, acusado de aspirar à realeza, e por isso lançado da rocha Tarpéia (Cíc. Lae. 36).

viscĕra, v. **viscus**.

viscerātĭō, -ōnis, subs. f. Distribuição pública de carne (Cíc. Of. 2, 55).

viscō, -ās, -āre, -āvī, -ātum, v. tr. Untar com substância viscosa, com visgo (Juv. 6, 466).

viscum, -ī, subs. n. I — Sent. próprio: 1) Visco (planta parasita) (Verg. En. 6, 205). Daí: 2) Visgo (preparado com o visgo) (Verg. G. 1, 139). II — Sent. figurado: 3) Visgo (Plaut. Bac. 50).

1. viscus, -ĕris, subs. n. (geralmente no pl.: **viscera, -um**). I — Sent. próprio: 1) Partes internas do corpo, vísceras, intestinos, entranhas (Ov. Met. 6, 290). II — Por extensão: 2) Carne (Cíc. Tusc. 2, 20). III — Sent. figurado: 3) Ventre (materno), fruto das entranhas, filho (Ov. Met. 8, 478). 4) Entranhas, coração, âmago (Cíc. Cat. 1, 31). 5) O mais puro, o melhor, o substancial (Cíc. Q. Fr. 1, 3, 7).

2. Viscus, -ī, subs. pr. m. Visco, nome de homem (Hor. Sát. 1, 9, 22). Obs.: Aparece também no plural (Hor. Sát. 2, 8, 20).

Visēlĭus, -ī, subs. pr. m. Viseio, nome de homem (Cíc. Phil. 13, 26).

Visellĭus, -ī, subs. pr. m. Visélio, nome de homem (Hor. Sát. 1, 1, 105).

vīsī, perf. de **viso**.

vīsĭō, -ōnis, subs. f. I — Sent. próprio: 1) Visão (sent. concreto e abstrato), vista, faculdade de ver (Cíc. Nat. 1, 105). Daí: 2) Sonho, simulacro, aparição (Cíc. Div. 2, 120). II — Sent. figurado: 3) Idéia, concepção, noção (Cíc. Tusc. 2, 42).

vīsĭtō, -ās, -āre, -āvī, -ātum, v. freq. tr. I — Sent. próprio: 1) Ver freqüentemente (Plaut. Curc. 343). II — Daí: 2) Ir ver freqüentemente, visitar (Cíc. Fin. 5, 94).

vīsō, -is, -ĕre, vīsī, vīsum, v. tr. e intr. I — Sent. próprio: 1) Procurar ver, ir ver, visitar, fazer visita (Plaut. Capt. 894); (Cíc. Verr. 4, 4); (Cíc. Verr. 4, 5); (Cíc. Fam. 9, 23). II — Sent. figurado: 2) Examinar, ver, contemplar (Cíc. Tusc. 5, 9); (T. Lív. 42, 11, 3).

Vistŭla ou Vistla, -ae, subs. pr. f. Vístula, rio que faz o limite oriental da Germânia (Plín. H. Nat. 4, 81).

vīsum, -ī, subs. n. I — Sent. próprio: 1) Coisa vista, visão, aparição, sonho (Cíc. Tusc. 1, 97). II — Por extensão: 2) Percepção exterior, o que se vê, espetáculo (Cíc. Ac. 1, 40).

Visūrgis, -is, subs. pr. m. Weser, rio da Germânia (Tác. An. 2, 9).

1. vīsus, -a, -um, part. pass. de **vidĕo**: visto, avistado (Cés. B. Gal. 1, 22, 4).

2. vīsus, -ūs, subs. m. I — Sent. próprio: 1) Vista, faculdade de ver e de ser visto (Ov. F. 3, 406). II — Daí: 2) O que se vê, visão (T. Lív. 8, 9, 10). 3) Aspecto, aparência, vista, espetáculo (Cíc. Nat. 1, 12).

vīta, -ae, subs. f. I — Sent. próprio: 1) Vida (em oposição a **mors**) (Tác. An. 2, 88). II — Sent. figurado: 2) Maneira de viver, subsistência, recursos (Plaut. Trin. 477). 3) A vida, realidade (Cíc. Tusc. 4, 45). 4) Pessoa querida, objeto querido (Cíc. Fam. 14, 2, 3). 5) A vida, a humanidade (Tib. 2, 1, 37). 6) Modo de vida, condição, estado, vida (Cíc. Amer. 48). 7) Vida, biografia, história (C. Nep. pref. 8). 8) Almas, sombras (dos mortos) (Verg. En. 6, 292).

vītābĭlis, -e, adj. Que pode ser evitado, que deve ser evitado (Ov. P. 4, 14, 31).

vītābundus, -a, -um, adj. Que procura evitar (T. Lív. 25, 13, 4).

vītālĭa, -ĭum, subs n. pl. I — Sent. próprio: 1) As partes vitais, os órgãos essenciais à vida (Sên. Ir. 2, 1, 2). Daí: 2) O princípio vital (Plín. H. Nat. 17, 251). II — Sent. particular: 3) As vestes de um morto (Petr. 77, 7).

vītālis, -e, adj. I — Sent. próprio: 1) Da vida, vital, relativo à vida (Cic. Nat. 2, 94). Daí: 2) Que conserva a vida, capaz de viver (Hor. Sát. 2, 1, 61). II — Sent. figurado: 3) Digno de ser vivido (En. apud Cíc. Lae. 22).

vītālĭtās, -tātis, subs. f. Vitalidade, o princípio da vida, a vida (Plín. H. Nat. 11, 182).

vītālĭter, adv. Com sôpro de vida, de modo vital (Lucr. 5, 145).

vītātĭō, -ōnis, subs. f. Ação de evitar (Cic. Phil. 3, 24).

vītātus, -a, -um, part. pass. de **vīto**.

Vitellĭa, -ae, subs. pr. f. Vitélia. 1) Cidade dos équos (T. Lív. 2, 39). 2) Divindade latina, espôsa de Fauno (Suet. Vit. 1).

Vitelliānī, -ōrum, subs. m. Vitelianos, soldados de Vitélio (Tác. Hist. 3, 79).

Vitelliānus, -a, -um, adj. De Vitélio (Tác. Hist. 1, 84).
Vitellïus, -ï, subs. pr. m. Aulo Vitélio, nono imperador romano (Tác. Hist. 1).
1. vitēllus, -ī, subs. m. Gema de ôvo (Hor. Sát. 2, 4, 14).
2. vitēllus, -ī, subs. m. Vitelo, bezerrinho (Plaut. As. 667).
vitĕus, -a, -um, adj. De videira (Verg. G. 3, 380).
vitiārïum, -ī, subs. n. Plantação de videiras (Cat. Agr. 40).
vitiātïō, -ōnis, subs. f. Violação, corrupção (Sên. Contr. 7, 8, 6).
vitiātor, -ōris, subs. m. Corruptor, sedutor (Sên. Contr. 1, 5, 6).
vitiātus, -a, -um, part. pass. de **vitĭo.**
vīticŭla, -ae, subs. f. Videira pequena (Cíc. Nat. 3, 86).
vitĭgĕnus, -a, -um, adj. De vinha, que provém da vinha (Lucr. 5, 15).
vitĭō, -ās, -āre, -āvī, -ātum, v. tr. I — Sent. próprio: 1) Viciar, alterar, corromper, estragar (Ov. Met. 15, 626); (Cíc. Phil. 2, 80). II — Daí: 2) Adulterar, falsificar (Cíc. Sest. 115). Donde: 3) Violar, ultrajar, desonrar (Ter. Eun. 705); (Ov. Her. 11, 37).
vitĭōsē, adv. I — Sent. próprio: 1) De modo defeituoso, mal (Cíc. Tusc. 3, 19) II — Sent. figurado: 2) De modo falso, irregularmente, defeituosamente (Cíc. Phil. 5, 10).
vitĭōsĭtās, -tātis, subs. f. I — Sent. próprio: 1) Defeito, corrupção, tara, vício (Macr. Saturn. 7, 10, 10). II — Sent. figurado: 2) Predisposição ao vício (Cíc. Tusc. 4, 29).
vitĭōsus, -a, -um, adj. I — Sent. próprio: 1) Que tem defeitos, defeituoso, irregular, repreensível, pejorativo (Cíc. Tusc. 4, 43). II —Daí: 2) Perverso, mau, corrupto, vicioso (Cíc. Br. 207). 3) Estragado, apodrecido, corrompido (Hor. O. 3, 6, 48).
vītis, -is, subs. f. I — Sent. próprio: 1) Videira, cêpa (de videira) (Cíc. C. M. 52). II — Por extensão: 2) Pâmpano, uva, vinho (Marc. 8, 51, 12). 3) Cêpa de centurião (vara de videira usada pelos centuriões) (Ov. A. Am. 3, 527) II — Sent. figurado: 4) Centurião (Juv. 14, 193).
vītisātor, -ōris, subs. m. O que plantou vinha (Verg. En. 7, 179).
vitĭum, -ī, subs. n. I — Sent. próprio: 1) Defeito físico, falha, imperfeição, má qualidade (Cíc. De Or. 2, 266). Daí: 2) Defeito (em geral), vício, imperfeição moral (Cíc. De Or. 1, 116). II — Sent. figurado: 3) Êrro, falta, crime, culpa (Cíc. Fam. 7, 6, 1). 4) Violência, atentado contra o pudor (Plaut. Amph. 811). 5) Presságio ou sinal desfavorável ou contrário, mau agouro (Cíc. Div. 1, 29).
vītō, -ās, -āre, -āvī, -ātum, v. tr. Evitar (sent. físico e moral), fugir de, escapar a (Cés. B. Gal. 2, 25, 1); (Cés. B. Gal. 5, 20, 1); (Cíc. Prov. 44); (Hor. Sát. 2, 7, 113); (Plaut. Poen. 25). Obs.: Constrói-se com acus.; com dat.; com ne; com inf.
vitor, -ōris, subs. m. Cesteiro, o que entrelaça vime (Plaut. Rud. 998).
vitreārïus, -ī, subs. m. Vidraceiro, aquêle que trabalha ou fabrica o vidro (Sên. Ep. 90, 31).
vitrĕus, -a, -um, adj. I — Sent. próprio: 1) Vítreo, de vidro (Verg. G. 4, 350). Daí: 2) Claro, transparente, límpido (como o vidro) (Verg. En. 7, 759). II — Sent. figurado: 3) Brilhante e frágil (Hor. Sát. 2, 3, 222). III — No n. pl.: **vitrĕa, -ōrum:** 4) Objetos de vidro, vidros (Marc. 1, 42, 5).
vitrĭcus, -ī, subs. m. Padrasto (Cíc. At. 15, 12, 2).
vitrum, -ī, subs. n. I — Sent. próprio: 1) Vidro (Hor. O. 3, 13, 1). II — Sent. especial: 2) Pastel-dos-tintureiros (planta usada pelos tintureiros, que dá uma côr azul (Cés. B. Gal. 5, 14, 2).
vitta, -ae, subs. f. I — Sent. próprio: 1) Faixa, fita para segurar os cabelos (caraterística das mulheres de condição livre) (Ov. P. 3, 3, 51). II — Daí: 2) Fita (para enfeitar as vítimas, sacerdotes, poetas ou altares) (Verg. En. 6, 665). 3) (Ramos de oliveira) ornados de fitas, que traziam os suplicantes (Verg. En. 7, 237).
vitttāus, -a, -um, adj. Ornado de fitas (Ov. Am. 1, 7, 17).
vitŭla, -ae, subs. f. Novilha, bezerra (Verg. Buc. 3, 29).
Vitulārĭa Via, subs. pr. f. Via Vitulária, estrada no território de Arpos (Cíc. Q. Fr. 3, 1, 3).
vitulīna, -ae, subs. f. Carne de bezerro (Plaut. Aul. 375).
vitulīnus, -a, -um, adj. De novilho, de bezerro (Cíc. Div. 2, 52).

vĭtŭlor, -āris, -ārī, v. dep. intr. Estar em festas depois de uma vitória, regozijar-se, celebrar uma vitória (Plaut. Pers. 254).

vĭtŭlus, -ī, subs. m., I — Sent. próprio: 1) Novilho, bezerro (Cíc. Div. 2, 36). II — Por extensão: 2) Filhote (de animal) (Plín. H. Nat. 8, 2).

vituperābĭlis, -e, adj. Censurável, repreensível (Cíc. Fin. 3, 40).

vituperātĭō, -ōnis, subs. f. Repreensão, censura, crítica (Cíc. At. 14, 13, 4).

vituperātor, -ōris, subs. m. Censor, crítico (Cíc. Tusc. 2, 4).

vitŭpĕrō, -ās, -āre, -āvī, -ātum, v. tr. I — Sent. primitivo: 1) Achar defeitos em. II — Daí: 2) Vituperar, depreciar, censurar, criticar, acusar (Cíc. Mur. 60); (Cíc. Br. 47).

vīvācĭtās, -tātis, subs. f. Fôrça vital, vida longa, duração longa (Plín. Ep. 3, 7, 13).

vīvārĭum, -ī, subs. n. Viveiro (Sên. Clem. 1, 18, 2).

vīvātus, -a, -um, adj. Animado, que vive (Lucr. 3, 409).

vīvax, -ācis, adj. I — Sent. próprio: 1) Que vive muito tempo (Hor. Sat. 2, 1, 53). II — Sent. particular: 2) Vivaz (tratando-se das plantas) (Verg. G. 2, 181). III — Sent. figurado: 3) Duradouro (Hor. A. Poét. 69). 4) Animado, vivo, vivificante (Ov. Met. 3, 374).

vīvē (vīvĭdē), adv. Vivamente, com muita intensidade (Plaut. Ep. 283).

vīvēscō (vīvĭscō), -is, -ĕre, vīxī, v. incoat. intr. I — Sent. próprio: 1) Tomar vida, começar a viver (Plín. H. Nat. 9, 160). II — Daí: 2) Animar-se, avivar-se (Lucr. 4, 1068).

vīvī, -ōrum, subs. m. pl. Os vivos, os sêres vivos, os viventes (Cíc. Amer. 113).

Vīvĭānus, -ī, subs. pr. m. Viviano, nome de homem (Tác. An. 15, 28).

vīvĭdĭus, adv. De modo muito expressivo (A. Gél. 6, 3, 53).

vīvĭdus, -a, -um, adj. I — Sent. próprio: 1) Cheio de vida, vívido, vivo, ativo (Lucr. 1, 178). Daí: 2) Que tem vivacidade, ardente, impetuoso, enérgico, vigoroso (Tác. An. 6, 27). II — Sent. figurado: 3) Que parece respirar, que parece ter vida (referindo-se a um retrato) (Prop. 2, 31, 8).

vīvirādīx, -īcis, subs. f. Planta viva, planta com raiz (Cíc. C. M. 52).

Vīvīscī, -ōrum, subs. loc. m. Viviscos, habitantes das margens do Garona (Plín. H. Nat. 4, 108).

vīvīscō = vīvēscō.

vīvō, -is, -ĕre, vīxī, victum, v. intr. I — Sent. próprio: 1) Viver, ter vida, existir (Cíc. Sest. 108); (Cíc. C. M. 24); (Cíc. Of. 3, 8); (Cíc. Verr. 2, 118); (Cíc. Cat. 1, 2). II — Daí: 2) Passar a vida, morar, residir (Cíc. Amer. 39). Donde: 3) Viver de, alimentar-se de (Cés. B. Gal. 4, 1, 8); (T. Lív. 27, 12, 5); (Plaut. Mil. 706). 4) Viver, durar, subsistir, conservar-se (Cíc. Lae. 102); (Verg. En. 4, 67). Loc.: 5) **Ita vivam** (Cíc. Fam. 2, 13, 3) «pela minha vida»; 6) **Ne vivam, si scio** (Cíc. At. 4, 16, 8) «morto seja eu, se sei»; 7) **Si vivo** (Plaut. Aul. 555) «se eu viver», i.é, «se os deuses me derem vida»; 8) **Vive valeque** (Hor. Sát. 2, 5, 110) «goza a vida e passa bem»; 9) **Vivite, silvae** (Verg. Buc. 8, 58) «adeus, florestas»; 10) **Vixit** (Plaut. Most. 1002) «viveu» (i. é, «seus dias estão terminados»).

vīvum, -ī, subs. n. 1) O vivo, a carne viva (T. Lív. 22, 17, 2). 2) O capital (Cíc. Flac. 91).

vīvus, -a, -um, adj. I — Sent. próprio: 1) Vivo (Cíc. Rep. 2, 14). Daí: 2) Cheio de vida, vivo, ardente (Cíc. De Or. 2, 8). II — Sent. figurado: 3) Que parece respirar, que parece estar vivo, animado (Verg. En. 6, 848). 4) Vivo, natural, corrente, nativo (Verg. En. 2, 719).

vix, adv. 1) Com custo, dificilmente, sòmente, apenas (Cés. B. Gal. 2, 28, 2). 2) Com esfôrço, mas enfim, em suma (com **tandem**) (Cíc. Fam. 3, 9, 1).

vixdum, adv. Apenas ainda, apenas (Cíc. Cat. 1, 10).

vīxet = vīxisset, mais-que-perfeito do subj. de **vīvo** (Verg. En. 11, 118).

vīxī, perf. de **vīvēsco** e de **vīvo.**

vōbīs, dat.-abl. de **vōs.**

vōbīscum, v. **vōs. Convosco.**

vocābŭlum, -ī, subs. n. I — Sent. próprio: 1) Nome, vocábulo, têrmo, palavra (Cíc. De Or. 3, 159). II — Daí: 2) Nome (próprio) (Tác. An. 12, 66). 3) Nome (em oposição ao verbo) (Quint. 1, 4, 20).

1. vōcālis, -e, adj. I — Sent. próprio: 1) Dotado de voz, de palavra, de voz humana, que fala (Cíc. Br. 242). II —

vŏcālis — **VOLCIANI**

Sent. particular: 2) Que tem voz sonora, que canta harmoniosamente, harmonioso (Hor. O. 1, 12, 7). 3) Sonoro, retumbante (Quint. 8, 3, 16).

2. vŏcālis, -is, subs. f. Geralmente no pl. (subent. **litterae**): vogal, as vogais (Cíc. Or. 77).

vŏcālĭter, adv. Aos gritos (Apul. M. 1, 22).

vŏcāmen, -ĭnis, subs. n. Nome (de uma coisa) (Lucr. 2, 657).

Vocātēs, -um, (-ĭum), subs. loc. m. Vocates, povo da Aquitânia (Cés. B. Gal. 3, 23, 1).

vocātĭŏ, -ōnis, subs. f. Convite (Catul. 47, 5).

vocātor, -ōris, subs. m. 1) Aquêle que chama, que convoca. Donde: 2) O encarregado de fazer convites (para uma refeição) (Sên. Ir. 3, 37, 3).

1. vocātus, -a, -um, part. pass. de voco.

2. vocātus, -ūs, subs. m. I — Sent. próprio: 1) Chamamento, convocação (Cíc. De Or. 3, 2). II — Daí: 2) Invocação, apêlo, súplica (Verg. En. 12, 95). 3) Convite (para jantar) (Suet. Cal. 39).

Vocetĭus Mons, subs. pr. m. Monte Vocécio, na Helvécia (Tác. Hist. 1, 68).

vŏcĭfĕrātĭŏ, -ōnis, subs. f. Vociferação, grandes gritos, clamor (Cíc. Clu. 30).

vŏcĭfĕror, -āris, -ārī, -ātus sum, v. dep. intr. e tr. I — Sent. próprio: 1) Vociferar, gritar, fazer alarido (Cíc. Verr. 4, 39); (Verg. En. 2, 679); (Cíc. Verr. 2, 52). II — Sent. figurado: 2) Falar alto (Lucr. 3, 14).

Vocĭŏ, -ōnis, subs. pr. m. Vocião, rei da Nórica (Cés. B. Gal. 1, 53, 4).

vŏcis, gen. de **vōx.**

vocĭtō, -ās, -āre, -āvī, -ātum, v. freq. tr. Chamar habitualmente, chamar, denominar, gritar (Cíc. Nat. 2, 111); (Cíc. Rep. 2, 50).

χcō, -ās, -āre, -āvī, -ātum, v. tr. I — Sent. próprio: 1) Chamar, mandar vir (Cés. B. Gal. 1, 20, 6); (Verg. En. 7, 614). Daí: 2) Convocar (T. Liv. 23, 32, 3); (Cíc. Ac. 2, 144). Donde: 3) Nomear, pronunciar o nome de alguém, designar (Cic. Leg. 1, 22); (Cíc. Vat. 29); (Verg. En. 6, 247); (Verg. G. 1, 157). II — Sent. figurado: 4) Convidar (Cíc. Mur. 72); (Cic. Mur. 71). Donde: 5) Exortar, incitar (Cíc. At. 3, 15, 6). Na língua jurídica: 6) Intimar, citar, fazer vir, processar (Cic. Quinct. 61); (Cíc. Verr. 2, 34). Na língua militar: 7) Provocar (Cés. B. Gal. 5, 43, 6); (Tác.

Germ. 14). 8) Causar, suscitar (Cíc. At. 3, 7, 2); (Cíc. Verr. 5, 10). 9) Destinar a, levar a (Cíc. Cat. 1, 12).

Vocōnia Lex, subs. pr. f. Lei Vocônia, que limitava o direito de sucessão das mulheres (Cíc. Balb. 21).

Vocōnĭus, -ī, subs. pr. m. Quinto Vocônio Saxa, autor da lei Vocônia (Cíc. Rep. 3, 10, 17).

Vocontĭī, -ōrum, subs. loc. m. Vocôncios, povo da Gália Narbonense (Cés. B. Gal. 1, 10, 5).

1. vŏcŭla, -ae, subs. f. I — Sent. próprio: 1) Voz fraca (Cíc. At. 2, 23, 1). II — Sent. particular: 2) Inflexão, tom de voz (suave) (Cíc. De Or. 3, 98). III — No plural: 3) Palavras murmuradas em voz baixa, segredinhos, maledicências (Cíc. Fam. 2, 16, 2).

2. Vŏcŭla, -ae, subs. pr. m. Vócula, sobrenome romano (Tác. Hist. 4, 24).

Volāndum, -ī, subs. pr. n. Volando, praça-forte da Armênia (Tác. An. 13, 39).

Volānē, -ēs, subs. pr. f. Volane, uma das embocaduras do rio Pó (Plín. H. Nat. 3, 120).

Volānerĭus, -ī, subs. pr. m. Volanério, nome de homem (Hor. Sát. 2, 7, 15).

Volatĕrrae, -ārum, subs. pr. f. Volaterras, cidade da Etrúria, atual Volterra (Cíc. Amer. 20).

Volaterrānī, -ōrum, loc. m. Volaterranos, habitantes de Volaterras (Cíc. At. 1, 19, 4).

Volaterrānus, -a, -um, adj. De Volaterras (Cíc. Quinct. 24).

volātĭcus, -a, -um, adj. I — Sent. próprio: 1) Que voa, alado (Plaut. Poen. 473). II — Sent. figurado: 2) Volúvel, inconstante, leviano (Cíc. At. 13, 25, 3).

volātĭlis, -e, adj. I — Sent. próprio: 1) Que voa, que tem asas, volátil (Ov. Am. 2, 7, 27). II — Sent. figurado: 2) Passageiro, fugidio, efêmero (Ov. Met. 10, 519). 3) Rápido, ligeiro (Lucr. 1, 970).

volātus, -ūs, subs. m. I — Sent. próprio: 1) Ação de voar, vôo (Cíc. Div. 1, 26). II — Sent. figurado: 2) Decurso rápido (Marc. 11, 91, 9).

Volcae, -ārum, subs. loc. m. Volcas ou volcos, povo da Gália Narbonense (Cés. B. Gal. 6, 24, 2).

Volcentīnī, -ōrum, subs. loc. m. Volcentinos, povo etrusco (Plín. H. Nat. 3, 52).

Volciānī, -ōrum, subs. loc. m. Volcianos, povo da Espanha (T. Lív. 21, 19, 8).

volēma pira ou **volēma, -ōrum**, subs. n. Espécie de pêras grandes (Verg. G. 2, 88).

volens, -ēntis. I — Part. pres. de **volo** 2. II — Adj.: 1) Que quer bem, favorável, propício (Plaut. Curc. 89). 2) Dócil, obediente (Cíc. Tim. 41). II — Subs. n. pl.: **volentia, -ōrum**, coisas agradáveis (Sal. Hist. 4, 56).

volēnter, adv. Voluntàriamente, de boa vontade (Apul. M. 6, 12).

Volĕrō, -ōnis, subs. pr. m. Volerão, nome de homem (T. Liv. 2, 58, 9).

Volĕsus, -ī, subs. pr. m. Vóleso, nome de família romana (T. Liv. 1, 58, 6).

volgātus (vulgātus), -a, -um. I — Part. pass. de **volgo**. II — Adj.: 1) Divulgado, espalhado, difundido, mostrado, corrente (T. Liv. 1, 7, 2). 2) Entregue ao público, público (Cíc. Har. 59). 3) Habitual, ordinário (Tác. An. 13, 49). 4) Prostituído (Suet. Dom. 22).

volgō (vulgō), -ās, -āre, -āvī, -ātum, v. tr. I — Sent. próprio: 1) Espalhar entre a multidão, propagar, divulgar (T. Liv. 28, 27, 6); (Cíc. Flac. 65). II — Daí: 2) Dar a público, oferecer a todo mundo (Cíc. Har. 59). Donde: 3) Prostituir (T. Liv. 1, 4, 7). 4) Comunicar, atribuir a (T. Liv. 28, 27, 10).

volĭtō, -ās, -āre, -āvī, -ātum. v. freq. intens. intr. I — Sent. próprio: 1) Voejar, esvoaçar, voar daqui e dali (Cíc. De Or. 2, 23); (Cíc. Nat. 1, 54). Donde: 2) Correr daqui e dali (Cíc. Pis. 59). II — Sent. figurado: 3) Discorrer (Cíc. Flac. 38).

volgus, v. **vulgus**.

voln-, v. **vuln-**.

volnerātus, -a, -um, part. pass. de **volnĕro**.

volnĕrō (vulnĕrō), -ās, -āre, -āvī, -ātum, v. tr. 1) Ferir (sent. próprio e figurado) (Cíc. Sest. 24); (Plín. H. Nat. 7, 103); (Cíc. Cat. 1, 9). Donde: 2) Ofender, danificar (Verg. En. 8, 583).

1. volō, -ās, -āre, -āvī, -ātum, v. intr. 1) Voar (sent. próprio e figurado) (Cíc. Nat. 2, 122); (Cíc. Div. 1, 120). Daí, em sent. figurado: 2) Correr com a rapidez do vôo das aves, voar, ir e vir ràpidamente (Verg. En. 5, 819); (Cíc. Tusc. 1, 76); (Sal. B. Jug. 60, 2). Obs.: O part. pres. substantivadamente no t. pl.: **volantes, -ium** = pássaros, as aves (Verg. En. 6, 239).

2. volo, vīs, vult, velle, volŭī, v. tr. I — Sent. próprio: 1) Querer, desejar (Ter. Eun. 813); (Cíc. Nat. 1, 17); (Cíc. Verr. 3, 196); (Cíc. At. 13, 32, 2); (Cíc. Rep. 1, 38); (Cíc. Tusc. 1, 34); (Cíc. C. M. 73); (Ter. Ad. 432); (Cíc. Of. 2, 78); (Cíc. Rep. 1, 15). 2) Ter vontade de, ter intenção de, consentir ((Cíc. At. 9, 1, 3); (Cíc. Tusc. 1, 88). 3) Querer bem ou mal (**bene, male**) (Plaut. Cas. 464). 4) Querer ver (Cíc. Q. Fr. 3, 9, 3). 5) Querer falar a (Cíc. At. 10, 16, 4); (Ter. And. 536). 6) Querer dizer, significar (Cíc. Verr. 2, 150). II — Locução (na língua jurídica): 7) **velitis, jubeatis, Quirites, ut** (Cíc. Dom. 44; Pis. 72) «ordenai, se vos apraz, Romanos, que». Obs.: Constrói-se como intr. absoluto; com acus. (de pessoa ou de coisa); com pronome neutro; com inf.; com or. inf. com acus. e inf.; com duplo acus.; e com **ut** ou **ne**.

3. volō, -ōnis, subs. m. Geralmente no pl.: **volōnēs, -um**: voluntários (T. Liv. 22, 57, 11).

Vologēsus, -ī, subs. pr. m. Vologeso, rei dos partos (Tác. Hist. 4, 51).

volpes ou **volpis**, v. **vulpis**.

volpīnor (vulpīnor), -āris, -ārī, v. dep. intr. Fazer de raposa, ser esperto como uma raposa, usar de velhacarias (Varr. Men. 327).

Volscēns, -ēntis, subs. pr. m. Volscente, nome de um guerreiro (Verg. En. 9, 420).

Volscī, -ōrum, subs. loc. m. Volscos, povo do Lácio, vizinho dos albanos (Cíc. Br. 41).

Volsciānī, -ōrum, subs. loc. m. Volscianos, povo da Hispânia Tarraconense (T. Liv. 21, 19).

Volscĭus, -ī, subs. pr. m. Vólscio, nome de um tribuno da plebe (T. Liv. 3, 13).

Volscus, -a, -um, adj. Dos volscos (Cíc. Rep. 3, 7).

voisella (vuls-), -ae, subs. f. Pinça (para arrancar pêlos), pinça (de cirurgião) (Plaut. Curc. 577).

volsī = **vulsī**, perf. de **vello** (Sên. Prov. 3, 6).

Volsiniēnsēs, -ium, subs. loc. m. Volsinienses, habitantes de Volsínios (T. Liv. 5, 31).

Volsiniēnsis, -e, adj. De Volsínios (Plín. H. Nat. 36, 168).

Volsinīī, -ōrum, subs. pr. m. Volsínios, cidade da Etrúria (T. Liv. 10, 37, 1).

VOLSUS — 1073 — **VOLŬPTAS**

volsus (vulsus), -a, -um. I — Part. pass. de **vello. II** — Adj.: 1) Arrancado (Quint. 2, 5, 12). 2) Pelado, efeminado (Marc. 2, 36, 63). 3) Que tem espasmo, destruído (Plin. H. Nat. 21, 126).
volt = vult, 3ª pes. sg. do ind. pres. de volo 2. (Cíc. Rep. 3, 45).
Voltinĭa Tribus, subs. pr. f Voltínia, uma das tribos romanas (Cíc. Planc. 38).
Voltiniēnsēs, -ĭum, subs. loc. m. Voltinienses, cidadãos da tribo Voltínia (Cíc. Planc. 43).
Voltŭmna, -ae, subs. pr. f. Voltumna, divindade dos etruscos (T. Lív. 4, 23).
voltur, voltur-, voltus, v. vult-.
volūbĭlis, -e, adj. I — Sent. próprio: 1) Que rola, que corre rolando, que tem um movimento giratório (Verg. En. 7, 382). Daí: 2) Enrolado, enroscado, redondo (Ov. Met. 3, 41). II — Sent. figurado: 3) Rápido (tratando-se da palavra de um orador), fluente, fácil (Cíc. Br. 108). 4) Inconstante, volúvel, mudável, pouco duradouro (Cíc. Mil. 69).
volūbĭlĭtās, -tātis, subs. f. I — Sent. próprio: 1) Movimento giratório, circular, rotação (Cíc. Nat. 2, 49). Daí: 2) Forma redonda (Ov. Met. 12, 434). II — Sent. figurado: 3) Facilidade (de palavra), fluência, torrente (Cíc. De Or. 1, 17). 4) Inconstância, volubilidade (Cíc. Div. 2, 15).
volūbĭlĭter, adv. Fluentemente (sent. figurado) (Cíc. Or. 210).
volŭcer, -cris, -cre, adj. I — Sent. próprio: 1) Que voa, alado (Ov. Met. 9, 482). II — Sent. figurado: 2) Rápido, veloz, ligeiro (Cíc. Planc. 57). 3) Inconstante, passageiro, fugitivo, efêmero, volúvel (Hor. O. 3, 28, 6).
volŭcris, -is, subs. f. (subent. **avis**). Ave (Ov. Met. 15, 385). Obs.: Gen. pl.: **volucrum** (Verg. En. 3, 216); (Cíc. Nat. 2, 99); **volucrium** (Cíc. Fin. 2, 110).
volŭi, perf. de **volo** 2.
volūmen, -ĭnis, subs. n. I — Sent. próprio: 1) Rôlo, dobra, rôsca (de uma serpente) (Verg. En. 2, 208). II — Sent. particular: 2) Rôlo de papiro (em que está escrita uma obra), volume, livro, obra (Cíc. Amer. 101). Por extensão: 3) Turbilhão de fumaça (Ov. Met. 13, 601). 4) Revolução (dos astros), movimento circular, giro, volta (Ov. Met. 2, 71). III — Sent. figurado: 5) Revolução, vicissitude (Plín. H. Nat. 7, 147).

Volumnĭa, -ae, subs. pr. f. Volúmnia. 1) Mulher de Coriolano (T. Lív. 2, 40). 2) Amante de Antônio (Cíc. Phil. 2, 58).
Volumnĭānus, -a, -um, adj. De Volúmnio (T. Lív. 19, 12).
Volumnĭus, -ī, subs. pr. m. Volúmnio, nome de família romana (T. Lív. 3, 10).
voluntārĭus, -a, -um, adj. I — Sent. próprio: 1) Que procede livremente, de livre vontade, voluntàriamente (Cíc. Fam. 15, 4, 3). Daí: 2) Feito voluntàriamente, voluntário, livre, espontâneo (Cíc. At. 9, 13, 4). II — Subs. m. pl.: 3) Voluntários, soldados voluntários (Cés. B. Gal. 5, 56, 1).
volūntās, -tātis, subs. f. I — Sent. próprio: 1) Boa vontade, boas disposições (Cés. B. Gal. 7, 10, 2). Daí: 2) Benevolência, favor, afeição (Ter. Phorm. 29). 3) Vontade, faculdade de querer, vontade, desejo, intenção, mira (Cíc. Pomp. 48). 4) Disposição (para com alguém) (Cíc. Fam. 2, 17, 6). 5) Vontade expressa, escolha (Cíc. Br. 198). III — Em expressões: 6) **Sua voluntate** «por sua livre vontade, espontâneamente» (Cés. B. Gal. 1, 44, 4). 7) **Mea voluntate** «livremente, por minha livre vontade» (Cíc. Caecil. 27). 8) **Voluntate** «livremente, espontâneamente» (T. Lív. 29, 38, 1). 9) **Ex voluntate** «segundo os desejos (de alguém)» (Cíc. Fam. 13, 29, 7). 10) **Ad voluntatem** «como se deseja» (Cíc. Quinct. 93). 11) **Contra voluntatem** «contra a vontade» (Cíc. Mur. 42).
volup, adv. De acôrdo com os desejos, satisfatòriamente, agradàvelmente (Plaut. Cas. 784).
Volupĭa, -ae, subs. pr. f. Volúpia, deusa do prazer (Varr. L. Lat. 7, 164).
voluptābĭlis, -e, adj. Agradável, aprazível (Plaut. Ep. 21).
voluptārĭē, adv. Com prazer, voluptuosamente (Apul. M. 3, 21).
voluptārĭus, -a, -um, adj. I — Sent. próprio: 1) De prazer, de alegria (Cíc. De Or. 3, 62). II — Daí: 2) Dado aos prazeres, sensual, voluptuoso (Plaut. Rud. 54). 3) Que causa prazer, delicioso, agradável (Cíc. At. 12, 25, 1).
volŭptās, -tātis, subs. f. I — Sent. próprio: 1) Prazer (em oposição a **dolor**), alegria, satisfação, contentamento (Cíc. Nat. 1, 84). Daí: 2) Prazer (dos sentidos), voluptuosidade, sensualidade (Cíc. Fin. 1, 54). II — Sent. particular:

VOLUPTUÕSUS — 1074 — **VORATUS**

3) A Voluptuosidade (personificada) (Cíc. Nat. 2, 61). 4) (Minha) alegria, (minha) delícia (expressão de ternura) (Verg. En. 8, 581). 5) Passatempos, divertimentos, jogos, festas (no pl.) (Cíc. Mur. 74).
voluptuõsus, -a, -um, adj. Agradável, delicioso, que encanta (Plín. Ep. 3, 19, 2).
Volusēnus, -ī, subs. pr. m. Voluseno, tribuno dos soldados (Cés. B. Gal. 3, 5, 2).
Volusiēnus, -ī, subs. pr. m. Volusieno, nome de homem (Cíc. Clu. 198).
Volusīus, -ī, subs. pr. m. Volúsio. 1) Nome de família romana (Cíc. Fam. 16, 12, 2). 2) Nome de um mau poeta de Pádua (Catul. 36, 1).
Volustāna, -ōrum, subs. pr. n. Volustanos, montanhas da Tessália (T. Lív. 44, 2).
Volūsus, -ī, subs. pr. m. Vóluso, nome de um chefe volsco (Verg. En. 11, 463).
volūtābrum, -ī, subs. n. Lamaçal, atoleiro (onde se banha o javali) (Verg. G. 3, 411).
volūtābundus, -a, -um, adj. Que gosta de se revolver na lama (sent. figurado) (Cíc. Rep. 2, 68).
volūtātiō, -ōnis, subs. f. I — Sent. próprio: 1) Ação de rolar (Sên. Prov. 1, 4). Daí: 2) Ação de revolver-se (Cíc. Pis. 83). II — Sent. figurado: 3) Agitação, inquietação (Sên. Tranq. 2, 8). 4) Instabilidade (Sên. Ep. 99, 9).
1. volūtātus, -a, -um, part. pass. de **volūto.**
2. volūtātus, -ūs, subs. m. Ação de rolar, redemoinho (Plín. H. Nat. 10, 17).
volūtō, -ās, -āre, -āvī, -ātum, v. tr. e intr. I — Sent. próprio: 1) Rolar várias vêzes (sent. físico e moral) (Plín. H. Nat. 30, 148); (Cíc. Sest. 145); (Verg. En. 1, 725). II — Sent. figurado: 2) Revolver no espírito, meditar (T. Lív. 34, 60, 2); (Cíc. Rep. 1, 28). Daí: 3) Agitar, perturbar (T. Lív. 9, 17, 2).
1. volūtus, -a, -um, part. pass. de **volvo.**
2. volūtus, -ūs, subs. m. Ação de rastejar (serpentes) (Apul. Flor. 10).
volva, v. **vulva.**
volvī, perf. de **volvo.**
volvō, -is, -ēre, volvī, volūtum, v. tr. e intr. I — Sent. próprio: 1) Rolar, fazer rolar (Lucr. 1, 288); (Hor. O. 4, 6, 40). II — Sent. figurado: 2) Revolver no espírito, meditar, refletir (Sal. B. Jug. 6, 2); (Verg. En. 7, 254); (T. Lív. 35, 18, 6). 3) Fazer rolar por terra, derrubar, precipitar (Verg. En. 12, 329); (Verg. G. 3, 85). 4) Desenrolar, folhear (Cíc. Br. 298). Na língua da retórica: 5) Desenvolver (um período, um tema) (Cíc. Br. 280). Donde: 6) Decorrer, passar, percorrer (Verg. En. 1, 269); (Verg. En. 6, 748). Na voz passiva: 7) Rolar, cair (Verg. En. 4, 449); (Verg. En. 9, 433).
Vomānum Flumen, subs. pr. n. Rio Vomano, no Piceno (Plín. H. Nat. 3, 110).
vōmer (vōmis), -ĕris, subs. m. Rêlha (do arado), arado (Verg. G. 1, 46). Obs.: Nom. **vomis** aparece em Vergílio (G. 1, 162).
vomica, -ae, subs. f. I — Sent. próprio: 1) Abscesso, acumulação de matéria ou de pus, tumor com matéria (Cíc. Nat. 3, 70). II — Sent. figurado: 2) Peste, flagelo (T. Lív. 25, 12, 9).
vōmis, v. **vomer.**
vomitiō, -ōnis, subs. f. Vômito, ação de vomitar (Cíc. Nat. 2, 126).
vomitō, -ās, -āre, v. freq. intr. Vomitar muitas vêzes, vomitar muito (Suet. Vit. 13).
vomitor, -ōris, subs. m. O que vomita (Sên. Ep. 88, 19).
vomitōria, -ōrum, subs. n. pl. Entradas para os teatros ou anfiteatros, que conduziam aos lugares onde o povo se sentava (Marc. Saturn. 6, 4, 3).
1. vomitus, -a, -um, part. pass. de **vomo.**
2. vomitus, -ūs, subs. m. Vômito, ação de vomitar (sent. próprio e figurado) (Plaut. Rud. 511).
vomō, -is, -ĕre, vomuī, vomitum, v. tr. e intr. I — Sent. próprio: 1) Vomitar (Cíc. Fin. 2, 23); (Cíc. Phil. 2, 63). II — Sent. figurado: 2) Vomitar, lançar, expelir (Verg. G. 2, 462).
vomuī, perf. de **vomo.**
Vonōnes, -is, subs. pr. m. Vonones, rei dos partos (Tác. An. 2, 1).
Vopīscus, -ī, subs. pr. m. Vopisco, sobrenome romano, principalmente: 1) Júlio César Vopisco (Cíc. Phil. 11, 11). 2) Flávio Vopisco, um dos autores da «Historia Augusta».
vorācitās, -tātis, subs. f. Voracidade, avidez (Apul. M. 7, 27).
voragō, -inis, subs. f. I — Sent. próprio: 1) Abismo, sorvedouro (T. Lív. 7, 6, 1). II — Sent. figurado: 2) Sorvedouro, voragem, o que engole ou devora (Cíc. Pis. 41).
Voranus, -ī, subs. pr. m. Vorano, nome de homem (Hor. Sát. 1, 8, 39).
voratus, -a, -um, part. pass. de **voro.**

vorāx, -ācis, adj. Voraz, devorador, sôfrego, insaciável (Ov. Met. 15, 94).
vorō, -ās, -āre, -āvī, -ātum, v. tr. I — Sent. próprio: 1) Devorar, engolir, comer com sofreguidão (Cíc. Nat. 2, 122); (Verg. En. 1, 117); (Cíc. At. 4, 11, 2). II — Sent. figurado: 2) Dissipar (Plín. H. Nat. 37, 19).
vors-, v. **vers-.**
vort-, v. **vert-.**
vortex, v. **vertex.**
vōs, pronome pess. Vós (Cíc. Phil. 4, 4).
Vosĕgus, -ī, subs. pr. m. Vosgos, cadeia de montanhas na Gália (Cés. B. Gal. 4, 10, 1).
vōsmet, pron. pess. (forma reforçada de vos). Vós mesmos (Cíc. Cael. 43).
vōspte = vōsmet.
voster, v. **vester.**
Vōtiēnus, -ī, subs. pr. m. Vocieno Montano, poeta exilado por Tibério (Tác. An. 4, 42).
vōtīvus, -a, -um, adj. I — Sent. próprio: 1) Votivo, relativo a um voto, prometido por um voto, consagrado, dedicado, oferecido (Cíc. Verr. pr. 31). II — Daí: 2) Desejado, agradável (Apul. M. 7, p. 193, 9).
vōtum, -ī, subs. n. I — Sent. próprio: 1) Voto, promessa, oferenda feita aos deuses (por um benefício pedido ou concedido), súplica, orações (Cíc. Leg. 2, 22). Daí: 2) Coisa desejada, desejo expresso, desejo (Hor. Sát. 2, 6, 1). II — No pl.: 3) Votos pronunciados por ocasião do casamento, casamento (Apul. Flor. p. 342, 27).
vōtus, -a, -um, part. pass. de **vovĕo.**
vovĕō, -ēs, -ēre, vōvī, vōtum, v. intr. e tr. I — Sent. próprio: 1) Fazer um voto, prometer por um voto, devotar, consagrar a, dedicar a (Cíc. Nat. 3, 88); (Cíc. Nat. 2, 93); (T. Lív. 4, 12, 2). Daí, por extensão: 2) Desejar, aspirar (Hor. Ep. 1, 4, 8); (Ov. Met. 11, 128). Obs.: Constrói-se como intr. absoluto; com acus. e com dat.; com acus.; com acus. e inf.: ou com ut e subjuntivo.
vōvī, perf. de **vovĕo.**
vōx, vōcis, subs. f. I — Sent. próprio: 1 Voz (Cíc. C. M. 14). II — No pl.: 2) Sons emitidos pela voz, **notas,** tons, sons articulados, palavras, ditos, opiniões (Cés. B. Gal. 1, 39, 1). Daí, no sg.: 3) Palavra (linguagem), palavra, têrmo, vocábulo (Cíc. Lae. 37). III — Sent. diversos: 4) Voz (modificada pelo canto), canto, voz (dos animais), som (dos instrumentos), ruído, murmúrio (Cíc. De Or. 3, 197). IV — Sent. figurado: 5) Voz (Cíc. Scaur. 16). 6) Palavra (= língua), linguagem (Hor. O. 1, 10, 3).
Vulcānal, -ālis, subs. pr. n. Vulcanal, lugar de Roma, onde havia um templo de Vulcano (Plín. H. Nat. 16, 236).
Vulcānālĭa, -ĭum (-ĭōrum), subs. pr. n. Vulcanálias, festas em honra a Vulcano (Varr. L. Lat. 6, 20).
Vulcānĭus, -a, -um, adj. 1) De Vulcano: **Vulcaniae insulae** (Cíc. Nat. 3, 55) «ilhas Eólias, perto da Sicília». Daí: 2) Do fogo, do incêndio (Verg. En. 10, 408).
Vulcānus, -ī, subs. pr. m. 1) Vulcano, deus do fogo, filho de Júpiter e Juno, espôso de Vênus. Morava sob o monte Etna, onde, com o auxílio dos Ciclopes, forjava sem cessar os raios de Júpiter (Cíc. Nat. 1, 83). II — Sent. figurado: 2) O fogo, a chama, o incêndio (Verg. En. 7, 77).
Vulchalō (Vulchalōn), -ōnis, subs. pr. m. ou f. Vulcalão, localidade da Gália Narbonense (Cíc. Font. 9, 19).
vulgāris (volg-), -e, adj. Vulgar, comum, ordinário, banal, público (Cíc. Of. 1, 52).
vulgarĭter, adv. Vulgarmente, comumente (Plín. H. Nat. 8, 13).
vulgātor (volg-), -ōris, subs. m. O que divulga, revelador, vulgarizador (Ov. Am. 3, 7, 51).
Vulgiēntēs, -ĭum, subs. pr. m. Vulgientes, povo da Gália Narbonense, perto do Reno (Plín. H. Nat. 3, 36).
vulgivăgus (volg-), -a, -um, adj. Que erra por tôda parte, sem destino, vagabundo (Lucr. 5, 932).
1. vulgō, abl. tomado advte. 1) Em grande número, indistintamente (Cés. B. Gal. 1, 39, 5). 2) Em público, abertamente (Cíc. Verr. 4, 64). 3) Comumente, correntemente (Cíc. At. 16, 10, 1). 4) Em todos os lugares, por tôda parte (Verg. Buc. 4, 25).
2. vulgō (volgō), -ās, -āre, -āvī, -ātum, v. tr. I — Sent. próprio e figurado: 1) Espalhar, propalar, divulgar (T. Lív. 3, 34, 7). II — Sent. particular: 2) Prostituir (T. Lív. 1, 4, 7). No pass. com sent. reflexivo: 3) Relacionar-se com (T. Lív. 3, 35, 6).

VULGUS

vulgus (volgus), -i, subs. n. I — Sent. próprio: 1) A multidão, o povo, o vulgo (Cíc. Planc. 9). II — Daí: 2) Multidão (em geral), massa (Cés. B. Gal. 1, 46, 4). Obs.: Vu'gus é masculino na expressão in vulgum (Cés. B. Gal. 6, 14, 4); e em Vergílio (En. 2, 99). Acus. vulgum (Lucr. 2, 921); (T. Liv. 6, 34, 5), etc.
vulnerābĭlis, -e, adj. Vulnerável (Sên. Ep 82, 24).
1. vulnerārĭus (voln-), -a, -um, adj. Relativo a feridas, que se aplica nas feridas (Plín. H. Nat. 23, 81).
2. vulnerārĭus, -ī, subs. m. Cirurgião (Plín. H. Nat. 29, 13).
vulnerātĭō (voln-), -ōnis. subs. f. I — Sent. próprio: 1) Ferida, lesão (Cíc. Caec. 47). II — Sent. figurado: 2) Injúria, agravo (Cíc. Pis. 47).
vulnĕrō (volnĕrō), -ās, -āre, -āvī, -ātum, v. tr. 1) Ferir (sent. próprio e figurado) (Cíc. Sest. 24); (Plín. H. Nat. 7, 103); (Cíc. Cat. 1, 9). Donde: 2) Ofender, danificar (Verg. En. 8, 583).
vulnĭfĭcus, -a, -um, adj. Que fere, homicida (Verg. En. 8, 446).
vulnus (volnus), ĕris, subs. n. I — Sent. próprio: 1) Ferida, golpe (dado ou recebido) (Cés. B. Gal. 1, 50, 3). Daí: 2) Corte, talho, fenda, abertura (Verg. En. 2, 630). II — Sent. figurado: 3) Ferida (moral), golpe, chaga, desgraça (Cíc. At. 1, 16, 7). 4) Angústia, dor, aflição (Verg. En. 4, 2).
vulpēcŭla (volp-), -ae, subs. f. Raposinha, raposa (Cíc. Nat. 1, 88).
Vulpēnĭus, -ī, subs pr. m. Vulpênio, nome de homem (Pérs. 5, 190).
vulpēs e vulpis (volpēs, volpis), -is, subs. f. I — Sent. próprio: 1) Raposa (Hor. Ep. 1, 1, 73). II — Sent. figurado: 2) Astúcia, manha, dissimulação (Hor. A. Poét. 437).
vulpīnus (volp-), -a, -um, adj. De raposa (Plín. H. Nat. 28, 712).
vulpĭō, -ōnis, subs. m. Velhaco, matreiro (como uma raposa) (Apul. Apol. 86).
vulpis, v. vulpes.
vulsī (volsī), perf. de vello.
Vulsō, -ōnis, subs. pr. m. Vulsão, sobrenome romano (T. Liv. 22, 35, 1).

VULVA

vulsus (volsus), -a, -um, part. pass. de vello.
vult (volt), 3ª pess. sg. do ind. pres. de volo 2.
Vultēius, -ī, subs. pr. m. Vulteio, nome de homem (Cíc. Verr. 3, 155).
vultĭcŭlus, -ī, subs. m. Semblante, aspecto um tanto sombrio (Cíc. At. 14, 20, 5).
vultis, 2ª pess. pl. do ind. pres. de volo 2.
vultum, -ī, v. vultus.
vultuōsus (volt-), -a, -um, adj. De semblante carregado, carrancudo, demasiadamente expressivo, afetado (Cíc. Or. 60).
1. vultur (voltur), -ŭris e voltŭrus, -ī, subs. m. I — Sent. próprio: 1) Abutre (ave de rapina) (Verg. En. 6, 597). II — Sent. figurado: 2) Abutre (símbolo da rapacidade), pessoa avarenta (Sên. Ep. 95, 43).
2. Vultur, -ŭris, subs. pr. m. Vúlture, montanha da Apúlia (Hor. O. 3, 4, 9).
Vulturcĭus, -ī, subs. pr. m. Vultúrcio, conspirador que acompanhou Catilina (Cíc. Cat. 3, 4).
vultūrīnus (volt-), -a, -um, adj. De abutre (Marc. 9, 28, 2).
vultŭrĭus (volt-), -ī, subs. m. I — Sent. próprio: 1) Abutre (ave de rapina) (Fedr. 2, 28, 8). II — Sent. figurado: 2) Homem espoliador (Cíc. Pis. 38). 3) Lance de dados (Plaut. Curc. 357)
Vultŭrnum, -ī, subs. pr. n. Vulturno, cidade da Campânia (T. Liv. 34, 45, 1).
1. vultŭrnus (volt-), -ī, subs. m. O Vulturno (vento que sopra de sudeste) (T. Liv. 22, 43, 10).
2. Vultŭrnus, -ī, subs. pr. m. Vulturno, rio da Campânia, atual Volturno (Plín. H. Nat. 17, 7).
vultus (voltus), -ūs, subs. m. I — Sent. próprio: 1) Rosto, fisionomia, semblante (Cíc. De Or. 3, 221). II — Por extensão: 2) Figura (facies) (Ov. Met. 5, 59). III — Sent. figurado: 3) Traços (Plín. H. Nat. 35, 5). 4) Aparência, ar, aspecto (Verg. En. 5, 848). Obs.: N. pl.: volta (Lucr. 4, 1213).
vulva (volva), -ae, subs. f. I — Sent. próprio: 1) Vulva, útero, madre (Plín. H. Nat. 11, 209). II — Sent. particular: 2) Ventre de porca (prato muito apreciado pelos romanos) (Hor. Ep. 1, 15, 41).

X

x, f. n. 21º letra do alfabeto romano. Correspondente ao ξ grego. Abrev.: 1) **decem**, dez.: 2) **denarius**, denário (moeda romana antiga).

Xanthippē, -ēs, subs. pr. f. Xantipa, espôsa de Sócrates, célebre pelo seu mau gênio (Cíc. Tusc. 3, 31).

Xanthippus, -i, subs. pr. m. Xantipo. 1) Estadista ateniense, do V séc. a.C., pai de Péricles, que se distinguiu nas guerras médicas (Cíc. Br. 44). 2) General lacedemônio das fôrças cartaginesas na primeira guerra púnica, que venceu Régulo e fê-lo prisioneiro (Cíc. Of. 3, 99).

Xanthō, -ūs, subs. pr. f. Xanto, uma das Oceânidas (Verg. G. 4, 336).

Xanthus (-ŏs), -i, subs. pr. m. Xanto. 1) Pequeno rio de Tróia, também chamado Escamandro (Verg. En. 1, 473). 2) Pequeno rio da Lícia (Verg. En. 4, 143). 3) Pequeno rio do Epiro (Verg. En. 3, 350).

Xenarchus, -i, subs. pr. m. Xenarco, general dos aqueus (T. Lív. 41, 28).

xenium, -i, subs. n. (geralmente no pl.). I — Sent. próprio: 1) Presente (Marc. 13, 3, 1). II — Por extensão: 2) Honorários (de um advogado) (Plín. Ep. 5, 14, 8).

Xenō, -ōnis, subs. pr. m. Xenão, filósofo epicurista contemporâneo de Cícero (Cíc. At. 5, 10, 5).

Xenŏclēs, -is, subs. pr. m. Xênocles, orador de Adramita (Cíc. Br. 316).

Xenocrătes, -is, subs. pr. m. Xenócrates, nome de um cidadão de Cálcis (T. Lív. 35, 38).

Xenocrătēs, -is, subs. pr. m. Xenócrates, filósofo grego do V-IV séc. a. C., natural da Calcedônia, discípulo de Platão (Cíc. Ac. 1, 17).

Xenomĕnēs, -is, subs. pr. m. Xenômenes, nome de homem (Cíc. Fam. 16, 5).

Xenōn, v. **Xenō**.

Xenophănēs, -is, subs. pr. m. Xenófanes, filósofo grego do VI-V séc. a.C., nascido em Colofon, na Jônia, fundador da escola de Eléia (Cíc. Ac. 2, 118).

Xenŏphōn, -ōntis, subs. pr. m. Xenofonte, historiador, filósofo e polígrafo grego, do V-IV séc. a.C., natural da Ática, discípulo de Sócrates, depois de ter seguido as lições de Pródicos. Foi general ateniense e autor de várias obras (Cíc. Tusc. 5, 99).

Xenophontēus (-īus), -a, -um, adj. De Xenofonte (Cíc. Br. 132).

xērampelīna, -ae, subs. f. Clâmide de côr verde (como a côr da fôlha sêca da videira) (Juv. 6, 518).

Xerxēs, (-sēs), -is e -i, subs. pr. m. Xerxes, rei acmênida da Pérsia, no V séc. a.C., filho de Dario I, vencido pelos gregos na batalha de Salamina (Cíc. Tusc. 5, 20).

xiphĭās, -ae, subs. m. Peixe espada (Ov. Hal. 97).

Xychus, -i, subs. pr. m. Xico, nome de um delator grego, a serviço de Filipe da Macedônia (T. Lív. 40, 55).

Xylīnē, -ēs, subs. pr. f. Xíline, aldeia da Panfília, na Ásia (T. Lív. 38, 15).

Xyniae, -ārum, subs. pr. f. Xínias, cidade da Tessália, na Grécia (T. Lív. 32, 13, 14).

xystĭci, -ōrum, subs. m. pl. Atletas que se exercitavam nos xistos (Suet. Aug. 45).

xystus (xystum, n.), -i, subs. m. I — Entre os gregos: 1) Pórtico coberto (debaixo do qual se exercitavam os atletas quando fazia mau tempo) (Tert. Apol. 38). II — Entre os romanos: 2) Aléia (de jardim), rua arborizada (Cíc. At. 1, 8, 2).

Y

y, f. n. Letra grega usada, no latim, para palavras de importação grega.

ypogaeum, v. **hypogēum**.

Z

z, f. n. Letra, como o «y», de importação grega.

Zacynthius, -a, -um, adj. Da Ilha Zacinto (Plaut. Merc. 904).

Zacynthos (-ūs), -ī, subs. pr. f. Zacinto, ilha da Grécia ocidental, a mais meridional das ilhas Jônicas, no mar Jônio, ao largo da costa da Moréia (Verg. En. 3, 270).

Zaleucus, -ī, subs. pr. m. Zaleuco, legislador dos lócrios, na Itália, no VII séc. a.C. (Cíc. At. 6, 1, 18).

Zama, -ae, subs. pr. f. Zama, localidade da Ásia Menor, na Numídia, onde Cipião, o primeiro Africano, derrotou Aníbal e obrigou Cartago a se dar por vencida ao fim da 2ª guerra púnica (T. Lív. 30, 29).

zămĭa, -ae, subs. f. Perda, dano, prejuízo (Plaut. Aul. 197).

Zanclē, -ēs, subs. pr. f. Zancle, antigo nome de Messina, na Sicília (Ov. Met. 14, 5).

Zanclaeus (ou -clēius), -a, -um, adj. De Zancla, de Messina (Ov. Met. 13, 729).

zăplūtus, adj. m. Extremamente rico (Petr. 37, 6).

Zēlasĭum ou Zēlagĭum, -ī, subs. pr. n. Zelásio ou Zelágio, promontório de Eubéia (T. Lív. 31, 46).

zēlotўpa, -ae, subs. f. Ciumenta (Petr. 69).

zēlotўpĭa, -ae, subs. f. Inveja (por amor), ciúme (Plín. H. Nat. 25, 75).

1. zēlotўpus, -ī, subs. m. Invejoso (por amor), ciumento (Marc. 1, 93, 13).

2. zēlotўpus, -a, -um, adj. Invejoso, ciumento (Juv. 5, 45).

Zēnō e (Zēnōn), -ōnis, subs. pr. m. Zenão. 1) Zenão de Cítio, na ilha de Chipre, que viveu do IV ao III séc. a.C. e fundou a escola estoica pela síntese da cosmologia de Heráclito, a ética cínica e parte da lógica aristotélica (Cíc. Fin. 3, 5). 2) Zenão de Eléia, filósofo grego do V séc. a.C., discípulo de Parmênides (Cíc. Ac. 2, 129). 3) Zenão de Sido, filósofo da escola epicurista, da qual se tornou chefe no ano 100 a.C., mestre de Cícero e Filodemo (Cíc. Fin. 1, 16).

Zēnobĭa, -ae, subs. pr. f. Zenóbia, rainha de Palmira, vencida por Aureliano (Eutr. 9, 9).

zephyrĭa ova, n. pl. Ovos estéreis (Plín. H. Nat. 10, 167).

Zephyrītis, -ĭdis, subs. pr. f. Zefirítida, Vênus Zefirítida, nome por que Arsinoé, irmã de Ptolomeu Filadelfo, era adorada (Catul. 66, 57).

Zephyrĭum (-on), -ī, subs. pr. n. Zefírio, promontório e cidade da Cilícia (T. Lív. 33, 20, 4).

Zephўrus, -ī, subs. pr. m. I — Sent. próprio: 1) Zéfiro (vento que anuncia a primavera) (Hor. O. 3, 1, 24). II — Daí: 2) Zéfiro (personificado) (Verg. En. 1, 131). III — Sent. poético: 3) Vento (em geral) (Verg. En. 4, 562).

Zērynthĭus, -a, -um, adj. Zeríntio, de Zerinto, cidade da Samotrácia (Ov. Trist. 1, 10, 19).

Zētēs, -ae, subs. pr. m. Zetes, um argonauta, filho de Boreu e Oritia (Ov. Met. 6, 7, 16).

Zēthus, -ī subs. pr. m. Zeto, lendário rei de Tebas, filho de Zeus e de Antíope, irmão de Anfião, a quem ajudou a se vingar de Dirceu e fundar a cidade de Tebas (Cíc. Rep. 1, 30).

Zeugma, -ătis, subs. pr. n. Zeugmate, cidade da Cele-Síria, às margens do Eufrates (Tác. An. 12, 12).

Zeuxippus, -ī, subs. pr. m. Zeuxipo, chefe dos beócios (T. Lív. 33, 27).

Zeuxis, -is (e -ĭdis)), subs. pr. m. Zeuxis. 1) Célebre pintor grego do V séc. a.C., natural de Heracléia (Cíc. Br. 70). 2) Um habitante de Blaundos, que matara a mãe (Cíc. Q. Fr. 1, 2, 4).

Ziminth-, v. **Sminth-**.

zinzĭō (ou zinzĭtō), -ās, -āre, v. intr. Piar (tratando-se do tordo) (Suet. frag. 161).

Znyrn-, v. **Smyr-**.

Zōdĭăcus, -ī, subs. pr. m. Zodíaco (Cíc. Arat. 317).

Zōĭlus, -ī, subs. pr. m. Zoilo. I — Sent. próprio: 1) Gramático de Alexandria, detrator de Homero (Vitr. 7, pref. 8). Donde: II — Sent. figurado: 2) Um

ZŌNA — ZȲTHUM

Zoilo, um detrator, um mau crítico (Ov. Rem. 366).

zōna, -ae, subs. f. I — Sent. próprio: 1) Cinto (usado pelas mulheres em volta dos rins), cinto (usado pelos homens e onde guardavam dinheiro) (Ov. F. 2, 320); (Hor. Ep. 2, 2, 40). II — Sent. particular: 2) Zona (Verg. G. 1, 233) 3) Constelação de Órion (Ov. F. 6, 787).

zōnărĭus, -ī, subs. m. Fabricante de cintos (Cíc. Flac. 17).

zōnŭla, -ae, subs. f. Cinto pequeno (Catul. 61, 53).

Zōpўrus, -ī, subs. pr. m. Zópiro, nome de um célebre fisiognomista do tempo de Sócrates (Cíc. Tusc. 4, 80).

Zōsĭppus, -ī, subs. pr. m. Zosipo, nome de um cidadão de Tindaro (Cíc. Verr. 4, 92).

Zostĕr, -ēris, subs. pr. m. Zoster, cidade e promontório da Ática (Cíc. At. 5, 12).

zygĭa, -ae, adj. f. Relativo ao himeneu, que preside ao casamento (epíteto de Juno) (Apul. M. 4, 33).

Zȳthum, -ī, subs. n. Cerveja (feita com cevada) (Plín. H. Nat. 22, 164).

**CONFIRA NOSSOS
LANÇAMENTOS AQUI!**

GARNIER
DESDE 1844